U0063102

80000词
英汉词典

AN ENGLISH-CHINESE DICTIONARY
OF 80000 WORDS

张柏然　主编

·全新版·

NEW EDITION

四川辞书出版社

图书在版编目（CIP）数据

80000 词英汉词典：全新版 / 张柏然主编. —成都：四川辞书出版社，2024. 1

ISBN 978-7-5579-1415-8

Ⅰ. ①8… Ⅱ. ①张… Ⅲ. ①英语-词典 ②词典-英、汉 Ⅳ. ①H316

中国国家版本馆 CIP 数据核字（2023）第 220404 号

80000 词英汉词典 全新版

80000 CI YING-HAN CIDIAN QUANXINBAN

张柏然　主编

责任编辑 / 刘　煜
封面设计 / 编悦文化
版式设计 / 王　跃
责任印制 / 肖　鹏
出版发行 / 四川辞书出版社
地　　址 / 成都市三色路 238 号
邮政编码 / 610000
印　　刷 / 成都国图广告印务有限公司
开　　本 / 700 mm×1000 mm　1/32
版　　次 / 2024 年 1 月第 1 版
印　　次 / 2024 年 1 月第 1 次印刷
印　　张 / 42
书　　号 / ISBN 978-7-5579-1415-8
定　　价 / 59. 80 元

· 本书若有印装质量问题，请寄回出版社调换。
· 电话：（028）83631826

编纂委员会

主　　编　张柏然

执行主编　郭启新

副 主 编　戎林海　耿伯华　魏向清　刘华文

编纂人员　（以姓氏汉语拼音字母为序）

陈　莉　耿伯华　郭启新　刘华文

鲁晓英　戎林海　邵党喜　田　军

魏向清　肖　平　熊亚芳　徐海江

许文胜　杨　蔚　张柏然　张春燕

张淑文　朱　江　朱月兰等

目　录

出版说明

为了满足广大读者，尤其是大、中学生和教师学习使用英语的需要，我们约请了英语教育专家精心编写了这本《80000词英汉词典》。

本词典收录英语核心词汇、习语和近几年产生的英语新词近8万条（含派生词等），总篇幅300余万字；坚持从中国人学英语的特点出发，博采英美英语学习词典的长处，力求体例严谨，释义准确，文字简明，例证鲜活；注重收录日常用语和口语，翻译力求简明扼要，体现地道的汉语风格；针对读者难以把握的词句和语法、用法现象，设立用法说明和同义词辨析，并在正文中附加诸多语法和用法提示，为读者释疑解惑。

限于编写时间有限等客观原因，词典中难免会存在疏漏或不足。我们欢迎广大读者不吝赐教，我们将不断修订，使之更臻完善。

四川辞书出版社

2020.5

凡 例

1. 词目

1.1 词目按字母顺序排列，用黑正体印刷。但词目若为外来语，则用黑斜体印刷。

1.2 分写的复合词在本词典中立为独立条目。

1.3 词目以黑中圆点（·）划分音节，如：**ap•point**。对于立为词目的分写的复合词，其组成部分的各单词若在本词典中已立为词目，该分写词不再划分音节，如：**baby carriage**，**record player** 等。

1.4 拼法相同但词源及词义不同的词，分立条目，在词的右上角标以 **1**、**2**、**3** 等数码，如：**date**[1]，**date**[2]。

1.5 一个词的不同拼写形式有下列三种表达方式：

1.5.1 拼法接近、按照字母顺序排列又较邻近的两种形式可以并列，两种拼法之间用逗号隔开，一般把较常见形式列在前面，如：**au•thor•ize**，**au•thor•ise**。

1.5.2 用圆括号括去有差异的字母，如**i•dyl(l)**，表示该词有**i•dyl**和**i•dyll**两种拼写形式。

1.5.3 拼法差异较大或按字母顺序排列间隔较远的两种形式分立条目，以较常用形式为主词条，另一种形式引见至主词条，如立**de•fence**为主词条，**de•fense**为参见条，**de•fense**/diˈfens/*n.* &*vt.*〈主美〉＝defence。

1.6 对于英美拼法有差异的词，若两种形式较接近而不影响排序，则列在同一条目内，如：**be•hav•i•o(u)r**。若相差较远，则分立条目。分立后以英国形式（如**ma•noeu•vre**）为主条目，美国形式则以参见形式引见至主条目，如：**ma•neu•ver** /məˈnuːvəʳ/ *n.* & *v.*〈主美〉＝manoeuvre。

2. 注音

2.1 词的读音一般紧接词目标出，音标符号置于双斜线号（//）内。

2.2 注音用国际音标，采用宽式注音法。为适应中国读者的使用习惯，未使用最新国际音标。多音节词的重音符号置于其重读音节的音标符号之前，主重音符号置于上方，次重音符号置于下方，如：**wal•let** /ˈwɔlit/；**math•e•mat•ics**

/ˌmæθiˈmætiks/。可省略的音素用上标字母表示，如：**no•ta•tion** /nəuˈteiʃᵊn/ 中的 /ə/音。对位于词尾的字母 r 的读音，本词典只标注/ʳ/，表示在英国英语中不发音，而在美国英语中发音为/r/。

2.3 缩略语词目（除书写缩略语）都注发音。如：**NATO, Na • to** /ˈneitəu/; **UFO** /ˈjuːfəu, ˌjuːefˈəu/。

2.4 对于分写的复合词，若其组成部分的各单词已在本词典中分别立为条目并注音，一般不再注音，如：**red tape**。若其组成部分的某个单词在本词典中没有立为条目，则只在该单词后面注音，如：**Bun•sen** /ˈbʌnsən/ **burner**。

2.5 一个词因词类或释义不同而发音不同时，在发音有变化的有关词类或释义前另行注音，如：**rec•ord I** /riˈkɔːd/ *vt.* … **II** /ˈrekəd/*n.* …。

2.6 对于英美发音差别较大的词，英式发音排列在前，美式发音排列在后，中间以分号隔开，相同的部分音节用“-”代替，如：**worth•while** /ˌwəːθˈwail; -hwail/。

2.7 当一个词有强读和弱读两种发音时，两种音分别标注，中间以逗号（,）分开，如：**of** /强 ɔv，弱 əv/。

3. 词类

3.1 词类用白斜体英语缩写形式标注。词类缩写形式见 12.1 条。

3.2 一个词若有几种不同的词类功能，用黑正体罗马数码分别标注，如：**rack**[1] /ræk/ **I** *n.* … **II** *vt.* …。

3.3 分写的复合词目一律标注词类，如：**bull ring** *n.* 。

3.4 前缀、后缀、构词要素以及缩略语分别注以白斜体英语缩略词 *pref.* (prefix), *suf.* (suffix), *comb. form* (combining form)以及 *abbr.* (abbreviation)。

3.5 动词直接标注及物动词（*vt.*）和不及物动词（*vi.*）；如一动词在本词典中涉及的义项或几个义项既可作及物动词又可作不及物动词，则以 *vt.* & *vi.* 标注；如一动词的及物用法的义项和不及物用法的义项不完全相同，则以“*vt.* ❶… ❷… —*vi.* ❶… ❷…”或类似形式标注。如：

scur•ry /ˈskʌri/*vt.* 急匆匆地走，急赶；小步快跑

in•ter•con•nect /ˌintəkəˈnekt/*vt.* & *vi.* (使)互相连接；(使)互相联系

inquire /inˈkwaiəʳ, iŋ-/*vi.* ❶打听，询问… ❷查问，查究，调查… — *vt.* 打听，询问…

4. 词的屈折变化

4.1 不规则动词的变化形式置于动词词类之后，放在圆括号内，用黑正体印刷。过去式和过去分词之间用逗号隔开，现在分词形式与过去形式之间用分号隔开。若过去式和过去分词形式相同，则不再重复标注；规则变化中需重复词尾辅音字母的形式，也予以注明。例如：

be•fall /…/ *vt.* (**-fell**/-ˈfel/, **fall•en** /-ˈfɔːlᵊn/)

let/let/ *vt.* (**let; let•ting**)…

4.2 关于名词

4.2.1 名词复数的不规则变化形式置于名词词类之后，放在圆括号内，用黑正体印刷，并注明[复]。例如：

child /…/ *n.* [C] ([复]**chil•dren** /ˈtʃildrᵊn/) …

4.2.2 名词的复数形式属规范变化但读音有变化时，也予以注明，如：

house **I** /haus/ *n.* [C]([复]**hous•es** /ˈhauziz/)…

4.2.3 对于以 o 结尾的名词，无论是加-s，还是加-es，均予以注明，如：

po•ta•to /…/ *n.* [C]([复]**-toes**) …

4.2.4 如果复数形式与单数相同，则在名词词类后以[单复同]注明，如：

sheep /…/ *n.* [C] ❶[单复同]…

4.2.5 名词词类前若注有[复]，表示该词目本身是复数形式。如果词类后没有说明文字，表示该词在使用时应作为复数，如：**civil rights** [复] *n.* …。如果词类后有[常用作单]或[常用作复]等说明文字，则表示该名词后接谓语动词时对数的要求。如"**cat•tle**/…/*n.* [C][用作复]"表示该名词虽以单数形式出现，但使用时作为复数名词；又如"**mea•sles** /…/ [复] *n.* [用作单]…"，表示该词可以作为单数名词后接谓语动词。

4.3 关于形容词和副词

4.3.1 对所有在比较时用-er，-est 结尾的形容词和副词，均在词类后面的圆括号内用黑正体标注。比较级和最高级形式之间用逗号分隔。无标志的，则说明只能用 more，most 构成比较级和最高级。如：

hot /…/ **I** *adj.* (**hot•ter**，**hot•test**) …

bad /…/ **I** *adj.* (**worse** /wɜːs/，**worst** /wɜːst/) …

4.3.2 为预防误用，对那些平时无比较级和最高级的词(如 **each**，**same** 等)，均标注[无比较级]。

5. 释义

5.1 一个词有多个义项时，各义项前标以❶❷❸等序号。同一义项内意义较近的释义用逗号分隔，稍远的用分号分隔。如：**a•bate** /…/ *vt.* ❶减少，减弱；减轻，减退…

5.2 一个词有两种以上不同的词类功能，但释义用语大致相同时，也可合并释义。如：**off-white** /…/ *n.* [U]& *adj.* 灰白色(的)；黄白色(的)…

5.3 〈口〉、〈婉〉、〈俚〉、〈旧〉、〈英〉、〈美〉等用来标明词的修辞色彩或词源等，专科条目中比较专门的术语标明科目，详见 12.2、12.3、12.4 条。

6. 语法标示

6.1 对各种词类的语法特征给予标注，放在方括号内，如[后接副词或介词]、[不用进行时态]、[无比较级]、[用于名词前]、[用于名词后]、[后接形容词或副词]、[后接 that 引导的从句]、[常用被动语态]、[作定语]等。其意自见。

6.2 关于名词

6.2.1 普通名词释义前一般注有[U]或[C],分别表示不可数或可数。若整个条目各个义项均为不可数或可数,[U]或[C]则标在第一义项之前;只适用于个别义项的,标在有关义项的序数之后;既可数又不可数的标注[C;U]。专有名词不标注可数或不可数。名词释义前所注的[**a** ~]或[**an** ~]或[**the** ~]等表示该义项对冠词的要求。

6.2.2 [用单]或[常用单]表示一名词只能或经常用单数形式。

6.2.3 名词释义前若有[**~s**]、[**~es**]或[常作**~s**]等,表示该名词在释作某义时须用或常用复数形式,如"**air** /…/ **I** *n.* … ❺[**~s**]不自然的态度,做作的姿态;傲气;架子…"表示 air 后需加-s 才能作该义解。

6.2.4 释义前的方括号内若有该词目的首字母大写字母加一短线,表示该词作该义解时第一个字母须大写,如"**dem•o•crat** /…/ *n.* … ❸[**D-**]民主党人",表示作第三项释义时应为 Democrat。

6.3 关于动词:动词的语法特征在方括号中标注出来,如:

a•bide /…/ …—*vt.* [通常用于否定句或疑问句]忍受,忍耐,容忍…

be•lieve /…/ *vt.* [不用进行时态]❶相信…

7.例证

7.1 词目释义后收入词组或句子作为例证,例证后附汉语译文;同义词辨析栏中的例证译文置于圆括号内。

7.2 例证及译文均用白正体印刷,前后可替换的词语置于方括号内,可以省略的词语置于圆括号内。如:He dabbed the ointment on[over]the rash. 他把药膏抹在疹子上。/Please debit(the cost to)my account。请(把这笔费用)记入我账户的借方。

7.3 例证(或习语)中用 one, one's 分别指"本人""本人的",如:a pain in one's abdomen 腹部疼痛。

7.4 例证(或习语)中用 sb., sb.'s分别指"某人""某人的",如:attend sb.'s health 关心某人的健康,an audience to sb. 接见某人。

7.5 同一个释义下有多个例证的,则例证之间以斜线号(/)隔开。

8.习语

8.1 习惯用语(包括成语、熟语和谚语)用黑斜体印刷;习语列在词的释义和例证之后,以平行号(‖)开始。

8.2 同一词目下的两条或数条习语,按字母顺序排列;一条习语若有几个不同的释义,各义项前标以❶、❷等序号;一条习语若有多个例证,则例证之间以斜线(/)隔开。

8.3 动词与名词,或者介词与名词构成的习语,一般收在名词条目内,如 ***hold one's breath*** 收在 **breath** 条内;***by chance*** 收在 **chance** 条内。其他习语一般收在习语中起主要作用的条目内,如 ***abide by*** 收在 **abide** 条内。

8.4 习语中 one，one's，sb.，sb.'s的用法与7.3和7.4相同。

9. 派生词

9.1 收在词条内部的派生词以平行号(‖)开始。派生词全部拼出，用黑正体印刷，也划分音节。

9.2 收在词条内部的派生词仅注词类，不予以释义；如是名词，用［U］或［C］标注可数或不可数。

9.3 收在词条内部的派生词，凡按词目的读音加上后缀部分的读音发音者，一般不再注音。如：

dam•age /ˈdæmidʒ/ **I** *n.* … ‖ ˈ**dam•age•a•ble** *adj.*

如派生词的读音跟词目的读音在重音或音素方面有变化，则注音。如：

an•gu•lar /ˈæŋgjuləʳ/ *adj.* … ‖ **an•gu•lar•i•ty** /ˌæŋgjuˈlæriti/ *n.*［U；C］

10. 同义词辨析及用法说明

10.1 本词典特别设立同义词辨析栏，对常见词的某个义项的意义、用法、修辞色彩等进行分析和说明，并配以例证和译文。同义词辨析前有星号(☆)，以引起注意。

10.2 同义词辨析有两组以上时，每组前标示❶、❷等序号。

10.3 本词典在诸多中国学生容易混淆或可能感到困难的词目下设有用法说明栏。用法说明前也用星号(☆)表示。

11. 若干符号的用法

11.1 黑中圆点(•)用以分隔音节。

11.2 双斜线号(//)用以标注发音。

11.3 一横线(—)用于及物动词与不及物动词中后者的开始。

11.4 斜线号(/)用以分隔同一个释义下的多个例证。

11.5 平行号(‖)用以表示词条内习语部分或派生词部分的开始。

11.6 短横线(-)用于音标注释中的截同示异。

11.7 圆括号(())用于：

11.7.1 注明词的屈折变化。如：

di•ag•no•sis条目内的(［复］**-ses** /-siːz/)

ab•hor条目内的(**ab•hor•red；ab•hor•ring**)

11.7.2 释义时的补充说明。如：

yew /…/ *n.* ❶［C］【植】紫杉属树木(尤指浆果紫杉)

ohm /…/ *n.*［C］【电】欧(姆)(电阻单位；符号 Ω)

11.7.3 可以省略的部分。如：

cag(e)•y /ˈkeidʒi/*adj.* …

11.7.4 在某些动词的释义中注明宾语或主语。如：

de•vel•op /…/ *vt.* …❻开发(资源、土地等)

o•ver•cast /…/ *adj.* 阴云蔽日的；【气】(天空、天气)多云的，阴的

11.7.5 在某些名词或形容词的释义中规定范围。如：

co·lo·nel /…/ *n.* [C]【军】(美国陆军、空军和海军陆战队的)上校

gal·lant /…/ *adj.* ❶(情操或行为)高尚的;仗义的,侠义的

11.7.6 注明某些词经常后接的副词或介词。如:

delve /…/ *vi.* ❶(在抽屉、口袋等中)翻查;搜寻(*in*,*into*)…

11.7.7 归并某些词的相近的释义或用法。如:

me·tab·o·lize /…/ *vt.* & *vi.* (使)发生新陈代谢…

al·pha·bet·i·cal /…/ *adj.* 按字母(表)顺序的

11.8 方括号([])用于:

11.8.1 加注语法或使用等方面的补充性说明。如:[常用被动语态]、[用作插入语]、[常用以构成复合词]、[总称]、[只用单]、[U]、[C]、[**the ～**]、[**～s**]、[**J-**]、[**～ oneself**]等。

11.8.2 括注例证或译文等中前后可替换的词语。见 7.2 条。

11.9 尖括号(〈〉)用于注明词的词源或修辞色彩等。如:〈英〉、〈主美〉、〈英口〉、〈美俚〉、〈旧〉、〈书〉等。见 12.2、12.3 条。

11.10 鱼尾号(【】)用于注明学科,如:【化】、【音】、【电】、【会计】等。见 12.4 条。

11.11 星号(☆)用于同义词辨析和用法说明部分前,见 10.1、10.3 条。

12. 略语表

12.1 词类缩略语

abbr. abbreviation 缩略语

adj. adjective 形容词

art. article 冠词

aux. v. auxiliary verb 助动词

[C] countable noun 可数名词

comb. form combining form 构词要素

conj. conjunction 连词

int. interjection 感叹词

n. noun 名词

pref. prefix 前缀

prep. preposition 介词

pron. pronoun 代词

suf. suffix 后缀

[U] uncountable noun 不可数名词

v. verb 动词

vi. intransitive verb 不及物动词

vt. transitive verb 及物动词

12.2 词源

〈澳〉澳大利亚特有用语

〈德〉德语

〈俄〉俄语

〈法〉法语

〈加〉加拿大特有用语

〈拉〉拉丁语

〈美〉美国特有用语

〈日〉日语

〈苏〉苏格兰方言

〈西〉西班牙语

〈希〉希腊语

〈意〉意大利语

〈英〉英国特有用语

12.3 修辞色彩

〈贬〉贬义词
〈粗〉粗俗语
〈儿〉儿语
〈方〉方言
〈古〉古语
〈罕〉罕用
〈忌〉禁忌
〈旧〉旧时用法
〈口〉口语
〈俚〉俚语
〈诗〉诗歌用语
〈书〉书面语
〈婉〉委婉语
〈谐〉诙谐幽默用法
〈谑〉戏谑语
〈谚〉谚语
〈喻〉比喻

12.4 学科

【板】板球
【棒】棒球
【船】造船,船舶
【地理】地理学
【地质】地质学
【电】电学
【动】动物(学)
【纺】纺织
【古生】古生物学
【海】航海(学)
【化】化学
【机】机械(工程)
【计】计算机科学
【建】建筑
【解】解剖(学)
【经】经济(学)
【军】军事
【空】航空(学)
【矿】矿业
【律】法律
【罗神】罗马神话
【逻】逻辑学
【鸟】鸟类
【气】气象学
【摄】摄影
【生】生物学
【生化】生物化学
【生态】生态学
【数】数学
【天】天文学
【统】统计(学)
【无】无线电
【物】物理学
【希神】希腊神话
【戏】戏剧
【心】心理学
【药】药物(学)
【冶】冶金
【医】医学
【音】音乐
【印】印刷
【鱼】鱼类(学)
【语】语言学
【植】植物(学)
【宗】宗教,神学
【足】足球

A

A a

A,a /ei/ *n.* ([复]**A's,a's** 或 **As,as**) ❶[C]英语字母表中第一个字母 ❷[C;U](学业成绩的)甲,优;学业成绩得优(或甲)者:Mary got *A* for English. 玛丽的英语得了优秀。‖ ***from A to Z*** *adv.* 〈口〉从头至尾;彻底地;完全地:He knows *the Bible from A to Z.* 他对《圣经》了如指掌。

a /强 ei;弱 ə/,**an** /强 æn;弱 ən,n/ *ind. art.* ❶(非特指的)一(个):I mean *a* boy,not this boy. 我指的是一个男孩,而不是这个男孩。❷(同类事物中的)任何(一个)(相当于 any):*An* ostrich cannot fly. 鸵鸟不会飞。❸每一(个):Admission is $1 *a* person. 入场费每人 1 美元。❹[用于某些物质名词前]一种:*a* dessert wine 一种餐末甜酒 ❺[用于某些表示食物、饮料的物质名词前]一份:Two teas and *a* beer, please. 请来两杯茶和一杯啤酒。❻[用于人名、地名,或表示节日、日期等的名词前]某一个(相当于 a certain):*A* Mrs Smith wishes to speak to you. 有一位史密斯太太想和你谈谈。

a- /ə/ *pref.* [附于形容词前]表示"否定":*a*moral,*a*tonal

A-1,A 1,A one /ˌeiˈwʌn/ *adj.* 极好的,头等的,一流的

AAA *abbr.* ❶ Amateur Athletic Association (of Great Britain) (英国)业余体育协会 ❷ American Automobile Association 美国汽车协会

a·back /əˈbæk/ *adv.* 突然地,猝不及防地 ‖ ***be taken aback*** *vi.* 大吃一惊;仓皇失措;被弄糊涂:I was *taken aback* by his harsh criticism. 他粗声粗气的一顿抢白,让我大吃一惊。

ab·a·cus /ˈæbəkəs/ *n.* [C]([复]**-cus·es** 或**-ci** /-sai/) 算盘:operate [use,work] an *abacus* 打算盘

a·ban·don /əˈbændᵊn/ **I** *vt.* ❶(因危险、情势紧迫等)离弃,丢弃:*abandon* one's farm 离弃农场 ❷(不顾信义、责任、义务等而)抛弃,遗弃:He *abandoned* his wife and child for another woman. 他抛弃妻儿,另觅新欢。❸放弃:*abandon* a habit 弃绝习惯 ❹使屈从:He *abandoned* it to its fate. 对此事他无可奈何,只得听其自然。❺放纵,恣意,沉溺于:*abandon* oneself to drinking 纵酒 **II** *n.* [U]任性,纵情,狂放不羁:sing and dance with wild *abandon* 狂歌劲舞 ‖ **aˈban·don·ment** *n.* [U]

☆**abandon,desert,forsake** 均有"抛弃,放弃"之意。**abandon**表示完全放弃,尤指对已有的兴趣或所负责任的绝对舍弃,暗含撒手不管被舍弃的人或事物之命运如何的意思:A scientist may *abandon* an unpromising subject to engage in more useful and rewarding research. (一个科学家可以放弃一项毫无前景的项目去从事更有用又有益的研究。) **desert** 指违背允诺、誓言等,强调逃避法律上或道德上应尽的义务、责任,多含贬义:The soldier *deserted* his post. (那个士兵擅自离开了他的岗位。) **forsake** 强调遗弃者与被遗弃者之间依附关系的破裂,常含对所眷恋的或所依附的人的一种失望之情:She pleaded with her husband not to *forsake* her. (她请求她的丈夫不要遗弃她。)

a·ban·doned /əˈbændᵊnd/ *adj.* 被放弃的;被抛弃的;被遗弃的:He was left *abandoned* with nothing but the clothes he was wearing. 他被遗弃了,除了身上穿的外一无所有。

a·base /əˈbeis/ *vt.* 贬抑,降低…的地位(或身份、职级、威信等);使卑下(见 degrade):Heaven delights in *abasing* the proud. 上苍总爱让骄者出丑丢脸。‖ **aˈbase·ment** *n.* [U]

a·bashed /əˈbæʃt/ *adj.* 局促不安的;窘迫的;羞愧的:My clumsiness left me *abashed*. 我为自己的笨拙而感到羞愧。‖ **aˈbashed·ly** *adv.* —**aˈbashed·ness** *n.* [U]

a·bate /əˈbeit/ *vt.* ❶减少,减弱;减轻,减退(见

A

decrease):*abate* sb.'s enthusiasm 挫伤某人的热情 ❷降(价);减(税);削减(成本或费用等):*abate* a tax 减税—*vi*. 减小,减弱;减轻,减退(见 decrease):My terror has *abated* a little. 我的恐怖感稍有减退。‖ **aˈbate·ment** *n*. [U]

ab·at·toir /ˈæbəˌtwɑːʳ/ *n*. [C]屠宰场

ab·bey /ˈæbi/ *n*. ❶[C]大修道院;大寺院 ❷[**the A-**]〈英〉威斯敏斯特大教堂(=Westminster Abbey)

ab·bre·vi·ate /əˈbriːviˌeit/ *vt*. ❶缩写:*abbreviate* "building" as "bldg" 把"building"缩写为"bldg" ❷缩短;紧缩;节略,使简短:*abbreviate* one's discourse 精简自己的演说词

ab·bre·vi·a·tion /əˌbriːviˈeiʃᵊn/ *n*. [C]缩写词,缩略语;缩写式(略作 **abbr**):"Mr" is the *abbreviation* of [for] "Mister". "Mr"是"Mister"的缩写式。

☆在美国英语中,缩略语通常有".":I. B. M.;而在英国英语中,却不带".":the USA;最后一个字母通常要重读。

ABC /ˌeibiːˈsiː/ *n*. ([复] **ABC's**, **ABCs** /ˌeibiːˈsiːz/) ❶字母表:The little girl already knows her *ABC*. 这个小女孩已会读写字母表。❷[常作~s](学科的)基础知识,入门:the *ABCs* of electricity 电学入门

ab·di·cate /ˈæbdiˌkeit/ *vt*. 正式(或自愿、公开)放弃(权力、权利、责任、要求等);退位,逊位;辞职:*abdicate* a right 放弃权利—*vi*. 正式(或自愿、公开)放弃权力(或权利、责任、要求等);退位,逊位;辞职:The aging founder of the firm decided to *abdicate*. 该公司年事已高的创办人决定引退。‖ **ab·di·ca·tion** /ˌæbdiˈkeiʃᵊn/ *n*. [C;U]

ab·do·men /ˈæbdəmᵊn, æbˈdəu-/ *n*. [C]腹(部):a pain in one's *abdomen* 腹部疼痛

ab·dom·i·nal /æbˈdɔminᵊl/ *adj*. 腹部的

ab·duct /æbˈdʌkt/ *vt*. 诱拐;绑架;劫持:His fore-father was *abducted* to America two centuries ago. 他的祖先是 200 年前被绑架到美洲的。‖ **abˈduc·tion** *n*. [C; U] —**abˈduc·tor** *n*. [C]

ab·er·ra·tion /ˌæbəˈreiʃᵊn/ *n*. [C; U]偏离正路,越出常轨;偏差;犯规:A lie is an *aberration* from the truth. 谎言是对真理的背离。‖ **a·ber·rant** /æˈberᵊnt/ *adj*. —**ˌab·erˈra·tion·al** *adj*.

a·bet /əˈbet/ *vt*. (**a·bet·ted**; **a·bet·ting**) 唆使;怂恿;煽动:*abet* a crime 教唆犯罪 ‖ **aˈbet·ment** *n*. [U]

ab·hor /əbˈhɔːʳ/ *vt*. (**ab·hor·ring**) 憎恶;厌恶;痛恨:We all *abhor* cruelty to animals. 我们都憎恨虐待动物。

ab·hor·rence /əbˈhɔrᵊns/ *n*. [U]憎恶;厌恶;痛恨:hold sb. [sth.] in *abhorrence* 痛恨某人[某事]

ab·hor·rent /əbˈhɔrᵊnt/ *adj*. ❶令人讨厌的;令人憎恶的(*to*):Lying and stealing are *abhorrent to* every honest man. 撒谎和行窃是每一个诚实的人十分憎恶的行为。❷相抵触的,不相符的(*to*);悖逆的,背离的,不相容的(*from*):be *abhorrent to* reason 与理性相悖 / be *abhorrent from* the spirit of law 与法律精神背道而驰 ‖ **abˈhor·rent·ly** *adv*.

a·bide /əˈbaid/ (**a·bode** /əˈbəud/或**a·bid·ed**) *vi*. ❶停留,逗留;等候:*Abide* with me for a time. 和我在一起待一会儿吧。❷继续下去;维持下去(见 continue):You shall *abide* in my love. 我爱你,直到永远。—*vt*. [通常用于否定句或疑问句]忍受,忍耐,容忍(见 bear):I can hardly *abide* the way that man boasts. 我实在难以忍受那个人大吹大擂的劲儿。‖ ***abide by*** *vt*. ❶遵守(法律、规则等);信守(原则、诺言等):*abide by* one's promise 履行自己的承诺 ❷承担(后果等);忍受(不愉快的事等):You must *abide by* the consequences of your decision. 你必须承担你所做决定引起的后果。‖ **aˈbid·ance** /-dᵊns/ *n*. [U]

a·bil·i·ty /əˈbiliti/ *n*. ❶[U;C](体力或智力的)能力;(法律、道义、财力等方面的)办事能力:One's *ability* grows by practice. 一个人的能力靠实践来提高。❷[U]才干,能耐,本领:have the *ability* to swim like a fish 有像鱼一样的游泳本领

ab·ject /ˈæbdʒekt, æbˈdʒekt/ *adj*. ❶凄惨的;绝望的:an *abject* failure [frustration] 惨败[痛创] ❷卑鄙的,可鄙的;卑劣的;卑怯的:What an *abject* performance! 多么卑劣的行为! ‖ **abˈject·ly** *adv*. —**abˈject·ness** *n*. [U]

ab·jure /əbˈdʒuəʳ/ *vt*. 正式发誓断绝;正式放弃(意见、事业、要求等):I would rather die than *abjure* a single article of my creed. 我宁死也不

放弃我的信条,一条也不放弃。

a·blaze /əˈbleiz/ *adj.* [通常作表语] & *adv.* ❶着火的(地);熊熊燃烧的(地):set the logs *ablaze* 点燃木柴 ❷发光的(地),闪耀的(地)(*with*):The sky was *ablaze with* stars. 天空中繁星闪烁。

a·ble /ˈeibᵊl/ *adj.* ❶[通常作表语,后常接动词不定式](因具有体力、智能、财力、技能、时间或机遇等而)能够…的;会…的;得以…的:*able* to lift a two-hundred-pound weight 能举起200磅重量 ❷聪明能干的;能力出众的:an *able* administrator 干练得力的行政官员 ❸显示出才华(或智慧、技巧、本领等)的;出类拔萃的:The audience applauded his *able* speech. 听众对他的精彩演说报以掌声。‖ **ˈa·bly** *adv.*

☆**able, capable, competent, qualified** 均有“有能力的,能干的”之意。**able** 指具备做事的实际能力或本领,强调“能干”:They must be *able* to cope intelligently with weighty problems of public policy.(他们一定能够明智地处理重大的公共政策问题。) **capable** 指具有适合做某事的一般能力,符合做某事的一般要求,强调适合性:I'm sure she is *capable* of performing well.(我肯定她一定能表演好。)该词还可以用于事物和动物:an electronic computer *capable* of storing millions of bits of information(可以存储数百万比特信息的电子计算机) **competent** 指具备完成某项具体工作的必要条件,强调符合条件和能够胜任,含“称职”之义:a *competent* housekeeper(一个称职的管家) **qualified** 则强调为从事某种职业受过一定的教育和专业训练,并已经取得某种任职资格,有“合格”之意:A *qualified* teacher has completed the academic training prescribed, but is not necessarily competent.(一个有任职资格的教师虽受过规定的专业训练,但不一定就称职。)

-a·ble /əbᵊl/ *suf.* ❶[与动词结合构成形容词]表示“可…的”,“能…的”;“应…的”:deb*atable*, enjoy*able* ❷表示“适合…的”:drink*able*, wear*able* ❸表示“易于…的”:break*able*

a·ble-bod·ied /ˌeibᵊlˈbɔdid/ *adj.* 强健的;体格健全的:*Able-bodied* labourers are in full employment. 壮劳力全部就业。

a·bloom /əˈbluːm/ *adj.* [通常作表语]开着花的;开满花的:parks *abloom* with roses 玫瑰盛开的公园

ab·ne·gate /ˈæbniˌgeit/ *vt.* ❶克制(私欲等);不容自己享受(特权、优待、玩乐等):a humble and self-*abnegating* life 淡泊清贫的生涯 ❷放弃(权利、要求、信仰、思想等);交出(权力等):*abnegate* an idea 放弃念头 / *abnegate* God 不承认上帝 / The department was asked to *abnegate* its financial powers. 该部门被要求交出其财权。‖ **ab·ne·ga·tion** /ˌæbniˈgeiʃᵊn/ *n.* [U] ‖ **ab·ne·ga·tion** /ˌæbniˈgeiʃᵊn/ *n.* [U]

ab·nor·mal /æbˈnɔːmᵊl/ *adj.* 反常的;不规则的:an *abnormal* interest 反常的兴趣 / *abnormal* powers of concentration 高度集中的注意力 ‖ **abˈnor·mal·ly** *adv.* —**ab·nor·mi·ty** /æbˈnɔːmiti/ *n.* [U]

a·board /əˈbɔːd/ *adv.* & *prep.* 在船(或火车、公共汽车、飞机)上;上船,上车,登机:The ship left port as soon as all the passengers were *aboard*. 全部乘客上船后,轮船便驶离港口。

a·bode /əˈbəud/ *n.* [C]住所,住处,寓所:have no fixed *abode* 没有固定住所

a·bol·ish /əˈbɔliʃ/ *vt.* 废除(法律、规章、习俗等);废止:Slavery was *abolished* in the United States in 1865. 美国1865年废除了奴隶制度。

ab·o·li·tion /ˌæbəˈliʃᵊn/ *n.* [U] ❶废止;废除;消灭:the *abolition* of unfair taxes 废除不合理的税收❷[常作 **A-**]【史】(美国)废奴运动,黑奴制度的废除 ‖ **ab·o·li·tion·ism** /ˌæbəˈliʃəˌnizᵊm/ *n.* [U] —**ab·o·li·tion·ist** /ˌæbəˈliʃənist/ *n.* [C] & *adj.*

A-bomb /ˈeiˌbɔm/ *n.* [C]原子弹(=atomic bomb)

a·bom·i·na·ble /əˈbɔminəbᵊl/ *adj.* ❶讨厌的;可恶的,可憎的,可鄙的:Shall we pass by this *abominable* practice? 难道我们能对此卑劣的行为置之不理吗? ❷〈口〉(天气、食物等)糟糕透顶的,极坏的:The weather was *abominable*. 天气糟透了。‖ **aˈbom·i·na·bly** *adv.*

a·bom·i·nate /əˈbɔmiˌneit/ *vt.* 很不喜欢,讨厌;憎恨,厌恶:*abominate* operas 不喜欢看歌剧

ab·o·rig·i·nal /ˌæbəˈridʒinᵊl/ **I** *adj.* [通常作定语] ❶土著居民的,具有土著人特征的;[**A-**]澳洲土著居民的:*aboriginal* customs in Australia 澳洲土著风俗 ❷(据文献记载)最早存在的;当地一向就有的;土著的;最初的,原始的:The Indians are the *aboriginal* inhabitants of Ameri-

A

ca. 印第安人是美洲的土著居民。**II** *n.* [C]土著居民;[常作 A-]澳大利亚土著居民(＝aborigine) ‖ ˌ**ab·o'rig·i·nal·ly** *adv.*

ab·o·rig·i·ne /ˌæbəˈridʒini/ *n.* [C] ❶土著居民:The Eskimos are among the *aborigines* of North America. 因纽特人属北美土著居民。❷[常作 A-]澳大利亚土著居民(常略作 **Abo.**)〔亦作 **Aboriginal**〕

a·bort /əˈbɔːt/ **I** *vi.* ❶流产,小产:She *aborted* when she was four months pregnant. 她怀孕4个月后流产了。❷(计划等)中途失败,夭折;中辍:Many colds *abort* without treatment. 感冒往往可不治而愈。—*vt.* ❶使流产;堕(胎):The doctor had to *abort* the baby . 医生只得让胎儿流产。❷使中途失败,使夭折;使中辍:The space flight had to be *aborted* because of difficulties with computer. 因计算机发生故障,这次航天飞行只得中辍。**II** *n.* [C]中途失败;中止;(飞行任务等的)中辍;中途失败的行动

a·bor·tion /əˈbɔːʃ°n/ *n.* ❶[U]流产,堕胎,打胎:habitual *abortion* 习惯性流产 ❷[U;C]早产,小产 ‖ **a·bor·tion·ist** /əˈbɔːʃ°nist/ *n.* [C]

a·bor·tive /əˈbɔːtiv/ *adj.* 失败的,夭折的;落空的,毫无结果的(见 futile):It would be an *abortive* effort to try to close this wide price gap. 试图缩小这么大的价格差额将是徒劳的。

a·bound /əˈbaund/ *vi.* ❶大量存在:Rock *abounds* under the soil. 土壤下面多岩石。❷充满;富于;盛产(*in*, *with*):The speech *abounds in* wise counsel. 那篇演说富于真知灼见。

a·bout /əˈbaut/ **I** *prep.* ❶关于;有关;对于:a book *about* the Civil War 一本关于美国内战的书 ❷(空间上)在…附近,离…不远;在(人体的)…部位:a man *about* my height 一个跟我差不多高矮的男子 ❸(时间上)在…前后,在…左右:The rain began *about* midnight. 午夜前后开始下雨。❹在…身边;在…身上(或性格中):I haven't any money *about* me. 我身上没带钱。❺在…周围,环绕着;在…各处:The streets *about* the castle are full of places of historic interest. 城堡周围的街道上尽是名胜古迹。**II** *adv.* ❶(数量、时间、价值、程度、比率等上)大约,几乎,差不多:He is *about* 50 years old. 他50岁的光景。❷在附近,在近处:Is anyone *about* in your office at 8 am? 上午8点你们办公室里有人吗?❸到处,各处:important papers strewn *about* 撒了一地的重要文件 ❹沿相反方向;到相反位置:bring a car *about* 驾车掉头 **III** *adj.* [通常作表语] ❶(起床等后)四处走动的;活动着的:How is Mr. Smith? Is he still *about*? 史密斯这一向可好?还在上班吗?❷实际上有的;在起作用的;在流传中:Be sure to wrap up well: there is a lot of flu *about*. 要穿得暖和一些,外面正在闹流感。 ‖ ***be about to*** *vi.* 就要;刚要;正打算:The conference *is about to* begin. 会议就要开始了。***not about to*** *adv.* 不打算,不要:I'm not *about to* stop when I'm so close to success. 成功在望,我岂能罢手。***how about*** 见 how ***it's about time*** 到做…的时间了:*It's about time* to leave. 该离开了。

☆**about** 和 **on** 都有"关于"的意思,在实际使用中,**about** 常用于泛指:a romantic novel *about* the Civil War (一部有关美国内战的爱情小说);**on** 常用于特指,有专门描述、探讨之意:an important article *on* the Civil War (一篇专门论述美国内战的重要文章)

a·bout-face /əˌbautˈfeis/ **I** *n.* [C] ❶(军事操练动作等的)向后转;向相反方向行进:do [execute, perform] an *about-face* 向后转❷(态度、观点、立场等的)彻底改变:The government has done a complete *about-face* in its policy on military spending. 政府在军费开支政策上来了一个180°的大转变。**II** *vi.* 做向后转动作;朝相反方向行进:After swimming the length of the pool, she *about-faced* and swam all the way back. 她游到池子尽头后随即转身游了回来。

a·bove /əˈbʌv/ **I** *adv.* ❶在(或向)上面,在(或向)较高处;在头顶上;在(或向)楼上:the blue sky *above* 头上的蓝天 ❷(在数量等方面)以上;(气温)在零度以上:children of 12 and *above* 12岁和12岁以上的儿童 ❸在上文,在前文:the remark quoted *above* 上述引语 **II** *prep.* ❶在…之上;朝…的上方:The plane flew *above* the clouds. 飞机飞行在云层上空。❷(在数量等方面)多于;(在程度、尺码等方面)大于:The weight is *above* a ton. 重量超过1吨。❸(在职位、级别等方面)高于,在…之上;(在价值、重要性等方面)优于,先于,在…之前:We value honour *above* wealth. 在我们看来,财富诚宝贵,但荣誉价更高。❹不屑于,耻于:be *above* petty gossiping 不屑于飞短流长 ❺在…的那边；在…的北面；从…往北：six miles *above* Baltimore 巴尔的摩以北 6 英里 **III** *adj.* 上述的，前面提到过的：the *above* statement 上面的陈述 **IV** *n.* [U] ❶[通常作 **the ～**]上文；上面提到的事情：refer to *the above* 参见上文 ❷上苍，老天：a gift from *above* 天赐之物 ❸上级，上司：an order from *above* 上级的命令 ‖ ***above all*** *adv.* 见 all ***get above oneself*** *adj.* 自高自大，自命不凡：She's *got* a bit *above herself* since she went to live in that district. 她打住进那个地区之后，就变得有点儿自命不凡。

☆**above** 作介词时，常常可以同 **over** 替换使用，意为"在…上方"：Let's hang the picture *over* [*above*] the fireplace.（让我们把这幅画挂在壁炉的上方。）但在下列情况下，还是用 **over**：❶当表示"运动"时：The bird flew *over* the lake.（这只鸟从湖面上飞过。）❷当表示"覆盖"时：He pulled the blanket *over* his head and fell asleep.（他把毯子蒙在头上睡着了。）**above** 做介词时，还有"超过；多于"的意思，与 **over** 相似；在表示垂直的刻度上的数量、数字时，常用 **above**，如：Her temperature was almost three degrees *above* normal.（她的体温几乎超出正常体温三度。）用于一般的数量、数字的时候则常用 **over**，如：*Over* 600 students are enrolled here.（这儿招收了 600 多个学生。）

a·bove board /əˌbʌvˈbɔːd/ *adj.* [通常作表语] & *adv.* 公开的(地)，光明正大的(地)，坦率的(地)：Be open and *above board* with me. 对我要坦诚相见。

a·brade /əˈbreid/ *vt.* 磨损，磨蚀；擦毛…的表面：Glaciers *abrade* rocks. 冰川磨蚀岩石。

a·bra·sion /əˈbreiʒᵊn/ *n.* ❶[U]磨损；磨耗；刮擦：All coins will, by wear or *abrasion*, become thinner. 所有的硬币因磨损都会变薄。❷[C]擦伤处；磨损处：The least *abrasion* of the skin is likely to result in an ulcer. 皮肤稍有擦伤很可能导致溃疡。

a·bra·sive /əˈbreisiv/ **I** *adj.* ❶有研磨作用的：*abrasive* polishing 磨光 ❷生硬粗暴的；粗鲁的；伤人感情的：*abrasive* criticism 生硬的批评 **II** *n.* [C]（研）磨料 ‖ **aˈbra·sive·ly** *adv.* —**aˈbra·sive·ness** *n.* [U]

a·breast /əˈbrest/ *adv.* & [通常作表语] *adj.* ❶（同方向）并排(的)；并肩(的)：The soldiers marched three *abreast*. 士兵们三人一排并肩前进。❷保持与…并列；了解…的最新情况：be *abreast* of recent scientific developments 跟上科学的最新发展

a·bridge /əˈbridʒ/ *vt.*（在保留主要内容的同时）精简…的篇幅，删节，节略：The play has been *abridged* for radio. 该剧已缩编成广播剧。‖ **a·bridg(e)·ment** /əˈbridʒmᵊnt/ *n.* [C；U]

a·broad /əˈbrɔːd/ *adv.* & [通常作表语] *adj.* ❶在国外(的)；到国外(的)（在美国英语中尤指在欧洲或去欧洲）：have a holiday *abroad* 在国外度假 ❷（消息、谣言等）在四处流传中(的)：The good news was soon spread *abroad*. 那个好消息很快传开了。

ab·ro·gate /ˈæbrəˌgeit/ *vt.*（通过行政命令）废除(法令、条约、习俗等)：The new government *abrogated* many laws made by the previous government. 新政府下令废除了前届政府所颁布的许多法令。‖ **ab·ro·ga·tion** /ˌæbrəˈgeiʃᵊn/ *n.* [U] —**ˈab·roˌga·tor** *n.* [C]

a·brupt /əˈbrʌpt/ *adj.* ❶突然的；意外的：an *abrupt* turn in the road 马路上的急转弯 ❷（言谈、举止等）唐突的，生硬的，冒失的，鲁莽的：an *abrupt* manner 唐突的举止 ‖ **abˈrupt·ly** *adv.* —**abˈrupt·ness** *n.* [U]

ab·scess /ˈæbsis/ *n.* [C]【医】脓肿：have *abscesses* on the gums 齿龈脓肿 ‖ **ˈab·scessed** *adj.*

ab·scond /əbˈskɔnd/ *vi.*（尤指为躲避罪责、法律制裁等）潜逃，逃匿，逃亡：*abscond* from one's creditors 躲债

ab·sence /ˈæbsᵊns/ *n.* [U；C]❶缺席；离开；不在：ask for leave of *absence* 请假 ❷缺席时间；外出期：It happened during his *absence* for business in Washington. 这件事是在他去华盛顿出差期间发生的。❸缺乏；缺少；无(*of*)：*an absence of* detail 缺乏细节

ab·sent I /ˈæbsᵊnt/ *adj.* ❶缺席的；不在的：Three members of the class are *absent* today. 班上今天有三人缺席。❷不存在的；缺乏的：Snow is *absent* in some countries. 有些国家从不下雪。❸心不在焉的；茫然的；恍惚的；走神的：an *absent* stare 茫然的凝视 **II** /əbˈsent/ *vt.* [**～ oneself**]使缺席；使摆脱；使退出(*from*)：She had *absented herself* for an entire day. 她

A

一整天都没有露面。‖ ˈ**ab·sent·ly** *adv.*

ab·sen·tee /ˌæbsᵊnˈtiː/ *n.* [C]缺席者；不在者 ‖ **ab·sen·tee·ism** /ˌæbsᵊnˈtiːizᵊm/ *n.* [U]

ab·sent-mind·ed /ˌæbsᵊntˈmaindid/ *adj.* ❶心不在焉的：The *absent-minded* professor came to college without his socks on. 那位心不在焉的教授连袜子都没穿就跑到学院里来了。❷健忘的：He became *absent-minded* with age. 他因上了年纪而变得丢三落四。‖ ˌ**ab·sent-ˈmind·ed·ly** *adv.* —ˌ**ab·sent-ˈmind·ed·ness** *n.* [U]

ab·so·lute /ˈæbsəˌlʲuːt/ *adj.* ❶完全的；纯粹的；十足的：an *absolute* lie 弥天大谎❷专制的，独裁的；有无限权力的：An *absolute* ruler has *absolute* power. 一个专制独裁统治者握有无限权力。❸绝对的；无条件的：*absolute* authority 绝对权威 ‖ ˈ**ab·soˌlute·ness** *n.* [U]

ab·so·lute·ly /ˈæbsəˌlʲuːtli/ *adv.* ❶完全地；彻底地；非常，极其：You're *absolutely* right. 你完全正确。❷〈口〉一点不错，完全正确；当然，对极了：A：I trust that we are still brothers-in-arms. B：*Absolutely*！甲：我想我们仍然是战友吧？乙：那当然！

absolute zero *n.* [C；U]【物】绝对零度

ab·so·lu·tion /ˌæbsəˈlʲuːʃᵊn/ *n.* [U]（罪责等的正式）赦免；解罪：*absolution* from [of] all sins【宗】一切原罪的赦免

ab·solve /əbˈzɔlv/ *vt.* ❶赦免，宽恕；使免受惩罚(*from*, *of*)：*absolve* sb. from [of] (any) blame 使某人免受处罚 ❷解除…的责任（或义务、履行诺言等）(*from*, *of*)：The aircraft company was *absolved* liability following the investigation of the disaster. 在事故调查之后，该航空公司才被免除了承担空难的责任。‖ **abˈsolv·er** *n.* [C]

ab·sorb /əbˈsɔːb, -ˈzɔːb/ *vt.* ❶吸收（液体、气体等）：Plants *absorb* energy from the sun. 植物吸取太阳的能量。❷把…并入，使合并，吞并；同化：The surrounding villages have been *absorbed* by [into] the growing city. 周围的村庄并入了日益扩展的城市。❸吸引…的注意力；使全神贯注；使感兴趣：An airplane over head completely *absorbed* the boy's attention. 这男孩的注意力完全被头顶上方的那架飞机吸引住了。❹吸收（光、声等）；消减（振动等）；缓冲（震动等）：Rugs *absorb* sounds and make a house quieter. 地毯消减噪音，可使屋子里安静些。❺占用（时间、收入、资源）：This job *absorbs* all of my time and energy. 这项工作耗去我的全部时间和精力。❻承担（费用等）：We will not *absorb* these charges. 我们不会承担这些费用。

☆**absorb, assimilate, imbibe** 均有"吸收"之意。**absorb** 最为常用，词义宽泛，可指各种各样的吸收或丰富充实，有被吸收物完全消失之含义：The roots of plants *absorb* moisture.（植物的根部吸收水分。）**assimilate** 比 absorb 更进一层，指转化或同化：*assimilate* a mass of material in a brief time（在短期内吸收大量的物质）**imbibe** 通常指吸入液体，有时也用于表示不知不觉地吸收或接受思想、知识等，并产生深远影响；但主要用于正式语体：Children *imbibe* the values of their parents.（孩子继承父母的价值观。）

ab·sorbed /əbˈsɔːbd, -ˈzɔː-/ *adj.* 聚精会神的，专心致志的；极感兴趣的：I was so *absorbed* in this book that I didn't hear you. 我正入神地看这本书，连你进来的脚步声也没听见。

ab·sorb·ent /əbˈsɔːbᵊnt, -ˈzɔː-/ **I** *adj.* 能吸收（水、光、热等）的：*absorbent* paper towels 吸水纸巾 **II** *n.* [C]【物】【化】吸收剂；吸收物：high-powered *absorbents* 强力吸收剂 ‖ **abˈsorb·en·cy** *n.* [U]

ab·sorb·ing /əbˈsɔːbiŋ, -ˈzɔː-/ *adj.* 非常有趣的；引人入胜的：He finds chess quite *absorbing*. 他发觉下棋非常有趣。

ab·sorp·tion /əbˈsɔːpʃᵊn, -ˈzɔːp-/ *n.* ❶[U]吸收；吸收过程；吸收作用：in the *absorption* of moisture from the air 在从空气中吸收水分的过程中 ❷[U；C]聚精会神，专心致志；热衷：*absorption* in one's work 埋头工作

ab·stain /əbˈstein/ *vi.* ❶（自制地）戒除，戒绝；有意回避(*from*)：I *abstain from* all alcohol. 凡是含酒精的饮料，我一概不喝。❷弃权（不投票）：He *abstained* (from voting [on the vote]) in the election. 选举中他弃权了。‖ **abˈstain·er** *n.*

ab·ste·mi·ous /əbˈstiːmiəs/ *adj.*（尤指在饮食方面）（人）有节制的；（生活等）以节制为特点的：*an abstemious* person 饮食有度的人

ab·sten·tion /əbˈstenʃᵊn/ *n.* ❶[U]戒除，戒绝；回避(*from*)：total *abstention from* alcohol

滴酒不沾 ❷[C](投票表决时的)弃权：an *abstention on the vote* 表决中弃权

ab·sti·nence /ˈæbstinᵊns/, **ab·sti·nen·cy** /-si/ *n.* [U]节制；禁欲；戒酒(*from*)：practise complete *abstinence from* alcoholic beverages 完全禁饮含酒精的饮料

ab·sti·nent /ˈæbstinᵊnt/ *adj.* [通常作表语]节制的；禁欲的

ab·stract /ˈæbstrækt/ **I** *adj.* ❶抽象的；(语词等)表示抽象概念的：an *abstract* concept 抽象概念 ❷深奥的；难理解的：Astronomy is an *abstract* subject. 天文学是一门深奥的学科。❸纯理论的，纯概念的；非应用性的：*abstract* science 理论科学 ❹[常作 A-](艺术)抽象(派)的，形式至上的(指一味强调线条、色彩、几何图形及其相互间关系的)：an *abstract* painting [painter] 抽象画[抽象派画家] **II** *n.* [C](文章、书籍等的)摘要，提要，梗概(常略作 **abs.**)：make [submit] an *abstract* of approximately 100 words 做[提交]一篇 100 字左右的论文概要 **III** /əbˈstrækt/ *vt.* 做…的摘要(或提要、梗概)：Please *abstract* this scientific article. 请给这篇科学论文做摘要。‖ ***in the abstract*** *adv.* & *adj.* 抽象；空泛；从理论上：Try to consider this problem *in the abstract*. 试从理论上来考虑这个问题。‖ **ˈab·stract·ly** *adv.* —**ˈab·stract·ness** *n.*

ab·strac·tion /æbˈstrækʃᵊn/ *n.* ❶[C]抽象概念：Good and evil are *abstractions*. "好"和"坏"都是抽象概念。❷[U]出神；心不在焉，分心：He pretended to be listening to me but his *abstraction* was obvious. 他装作专心听我讲，不过一眼就可以看出他走神儿了。

ab·struse /æbˈstruːs/ *adj.* 难懂的；深奥的；晦涩的：*abstruse* legal documents 深奥的法律文件 ‖ **abˈstruse·ly** *adv.* —**abˈstruse·ness** *n.* [U]

ab·surd /əbˈsəːd/ *adj.* 悖理的，不合理的；荒谬的，荒唐的；荒诞不经的；滑稽可笑的；愚蠢的：It was *absurd* of you to suggest such a thing. 你居然提出这么个建议，真荒唐！‖ **abˈsurd·ly** *adv.* —**abˈsurd·ness** *n.* [U]

ab·surd·i·ty /əbˈsəːditi/ *n.* ❶[U]悖理；荒谬；荒唐；荒诞：the *absurdity* of superstition 迷信的荒谬❷[C]荒谬(或怪诞)的言行：a quixotic *absurdity* 堂吉诃德式的荒唐行为 / utter an *absurdity* 讲蠢话

a·bun·dance /əˈbʌndᵊns/ *n.* [U][时用单]多，大量；充足；丰富：There was good food in *abundance* at the party. 宴会上有丰盛的美味佳肴。

a·bun·dant /əˈbʌndᵊnt/ *adj.* ❶多的，大量的；充足的：There's *abundant* evidence for pressing charges. 有大量的证据支持起诉。❷丰富的；富裕的；富饶的(*in*, *with*)：a fair and *abundant* land 美丽而富饶的土地 ‖ **aˈbun·dant·ly** *adv.*

a·buse /əˈbjuːz/ **I** *vt.* ❶滥用，乱用，妄用；误用(见 misuse)：*abuse* one's authority [office] 滥用权力[职权]❷[常用被动语态]虐待；欺凌；伤害(见 wrong)：a much *abused* wife 备受虐待的妻子 ❸辱骂；侮辱；诋毁：Instead of debating the issues the candidates *abused* each other. 竞选者们相互谩骂而不是在辩论问题。**II** /əˈbjuːs/ *n.* ❶[U；C]滥用，乱用，妄用；误用：alcohol *abuse* 酗酒 ❷[U]虐待；欺凌；伤害：human rights *abuse* 侵犯人权的行为 ❸[U]辱骂：words of *abuse* 骂人话 ‖ **a·bu·sive** /əˈbjuːsiv/ *adj.* —**aˈbu·sive·ly** *adv.*

a·but /əˈbʌt/ *vi.* (**a·but·ted**; **a·but·ting**) 邻接，毗连，紧靠(*on*, *upon*, *against*)：There is a fence where the two yards *abut*. 一道篱笆将毗连着的两个院子隔开。

a·but·ment /əˈbʌtmᵊnt/ *n.* [U；C]邻接，毗连；接界(处)；【建】端接(面)；(斜屋面与女儿墙的)连接处

a·buzz /əˈbʌz/ *adj.* [通常作表语]嗡嗡响的；嘈杂的；欢闹的；活跃的；骚动的：The company was *abuzz* over the new owner. 全公司的人都对新来的老板议论纷纷。

a·bys·mal /əˈbizmᵊl/ *adj.* ❶极坏的，糟糕透顶的：work in *abysmal* conditions 在极其恶劣的条件下工作 ❷深渊(似)的；无底的；深不可测的：an *abysmal* precipice 万丈峭壁 ‖ **aˈbys·mal·ly** *adv.*

a·byss /əˈbis/ *n.* ❶[C]深渊，无底洞：an *abyss* four thousand feet deep 4 000 英尺深的深渊 ❷[C]绝望(或恐怖)的境地；深不可测的事物：an *abyss* of disgrace 丢尽脸面

a·byss·al /əˈbisᵊl/ *adj.* ❶深海的；海底的：an *abyssal* zone 深海区(或深海带) ❷无底的，深不可测的

A/C, a/c *abbr.* ❶ account ❷ air conditioning

A

a·ca·cia /əˈkeiʃə/ *n.* [C]【植】刺槐，洋槐

ac·a·dem·ic /ˌækəˈdemik/ **I** *adj.* ❶[作定语]学校的；大学的；学院的；学会的；学术团体的：an *academic* degree 学位 ❷学术的：the *academic* world [community] 学术界 ❸纯理论的，纯学理的；学究式的，不切实际的：an *academic* argument 纯理论观点 **II** *n.* [C]大学生；大学教师 ‖ **ˌac·aˈdem·i·cal·ly** *adv.*

a·cad·e·mi·cian /əˌkædəˈmiʃᵊn/ *n.* [C]学会会员；院士

a·cad·e·my /əˈkædəmi/ *n.* [C] ❶(中等以上的)专门学校(尤指私立者)：a military *academy* 军事学校(或学院) ❷[常作 **A-**](文学、艺术或自然科学等的)学会：the Royal *Academy* of London 伦敦皇家学会 ❸学院；大学；研究院：the Chinese *Academy* of Social Sciences 中国社会科学院

a·cap·pel·la /ˌɑːkəˈpelə/ *adv.* & *adj.* 无伴奏地(的)

ac·cede /ækˈsiːd/ *vi.* ❶答应，同意；应允，依从(*to*)：*accede to* a demand 答应要求❷就职，就任；即位；继承(*to*)：*accede to* an office [the throne] 就职[即王位] / *accede to* an estate 继承一份产业

ac·cel·er·ate /əkˈseləˌreit/ *vt.* ❶使加快，使加速：the open door policy intended to *accelerate* economic development 旨在加速经济发展的开放政策 ❷促进，促使…早日发生：*accelerate* world peace 促进世界和平—*vi.* 加快，增速；增长，增加：This building's decay has *accelerated* due to neglect. 由于无人看管，这座楼房破败得更快了。‖ **ac·cel·er·ation** /əkˌseləˈreiʃᵊn/ *n.*

ac·cel·er·a·tor /ækˈseləˌreitəʳ/ *n.* [C]【机】加速装置；(汽车等的)加速踏板，油门踏板，油门拉钮；【空】起飞加速器

ac·cent /ˈæksᵊnt,-sent/ **I** *n.* [C] ❶重音；强音；扬音：a primary [secondary] *accent* 主[次]重音 ❷重音符号；(字母上的)音质符号(如法语中的尖音符[ˊ]、沉音符[ˋ]或者音调符号[ˆ、ˉ]等)：an acute *accent* 重音(扬音)符号 ❸口音，腔调；乡音，土音：His *accent* betrayed his nationality. 从他的口音可以知道他的国籍。❹[时作**～s**]言语特征；说话口气；声调，语调：Mild was his *accent*, and his action free. 他说话慢声低语，举止洒脱不羁。❺着重，注重，强调(*on*)：put an *accent on* good manners 注重礼貌 **II** /ækˈsent；ˈæksent/ *vt.* ❶用重音读出；重读：*accent* the French word on the last syllable 这个法语词的最后一个音节重读 ❷加重音符号于：*accent* the word on the first syllable 在这个词的第一个音节标上重音符号 ❸着重，强调；使更突出，使更明显：*accent* the practical utility of science 强调科学的实际效用。

ac·cen·tu·ate /ækˈsentʃuˌeit/ *vt.* 强调；使更突出，使更明显：The twinkle in her eyes *accentuated* her smile. 她双眸闪亮更显得笑容的妩媚。‖ **ac·cen·tu·ation** /ækˌsentjuˈeiʃᵊn/ *n.* [U]

ac·cept /əkˈsept/ *vt.* ❶(欣然地)接受；收受；领受(见 receive)：He offered her a lift and she *accepted* it. 他主动请她坐他的车，她便领情了。❷同意，答应；承认；认可：*accept* sb.'s request 同意某人的请求 ❸承担(责任等)；担任(职位)：*accept* liability for an accident 承担事故的责任 ❹欢迎；接纳：He was *accepted* by Oxford University. 他已被牛津大学录取了。❺(顺从地)忍受，容忍：*accept* the umpire's decision 服从裁判员的裁决

ac·cept·a·ble /əkˈseptəbᵊl/ *adj.* ❶值得接受的；可以接受的：No compromise would be *acceptable*. 绝不能接受任何妥协。❷只符合最低要求的，勉强够格的；差强人意的，尚可的：Performances varied from excellent to *acceptable*. 演出从出类拔萃到差强人意不等。❸可忍受的；可容许的；承受得住的：*acceptable* level of inflation 可承受的通货膨胀水平 ‖ **ac·cept·a·bil·i·ty** /əkˌseptəˈbiliti/, **acˈcept·a·ble·ness** *n.* [U]—**acˈcept·a·bly** *adv.*

ac·cept·ance /əkˈseptᵊns/ *n.* ❶[U；C]接受；收受；领受；采纳；接纳：His *acceptance* of bribes led to his arrest. 受贿导致他被捕。❷[U]欢迎；赞成；同意：The violinist played with marked *acceptance*. 这位小提琴家的演奏受到热烈欢迎。❸[U]承认；相信(*of*)：Our *acceptance of* the marvels of modern science is as unhesitating as our ancestor's belief in magic. 我们笃信现代科学的奇迹就像我们的远祖迷信魔法一样。

ac·cept·ed /əkˈseptid/ *adj.* [作定语]公认的：*accepted* principles of civilized behaviour 公认的民主行为准则

ac·cess /ˈækses/ **I** *n.* ❶[U]接近(或进入)的机会(或权利)；享用(某物)的机会(或权利)(*to*)：

How could the thief have gained [gotten] *access to* the vault? 窃贼是如何进入地下室的呢? ❷[U]通道;入口,门径;途径(*to*):The entrance door gives *access to* a living room. 大门通向起居室。**II** *vt.* ❶接近;使用:Bank customers can *access* their checking accounts instantly through the electronic system. 银行客户可以通过电子系统立即查看自己的支票账户。❷【计】存取,访问;取得(数据):*access* the information 读取信息

ac•ces•si•ble /əkˈsesəbᵊl/ *adj.* ❶可接近(或进入)的;易接近(或进入)的:This desert island is *accessible* only by helicopter. 这座荒岛只有乘直升机方可抵达。❷可使用(或得到)的;易使用(或得到)的(*to*):Computers will be cheap enough to be *accessible to* virtually everyone. 计算机将会便宜到几乎人人都买得起。‖ **ac•ces•si•bil•i•ty** /əkˌsesəˈbiliti/ *n.* [U] —**acˈces•si•bly** *adv.*

ac•ces•sion /əkˈseʃᵊn/ *n.* [U](权力、头衔、地位等的)获得;就职;就任;(帝王的)即位,登基(*to*):*accession to* a position of power 获得权力地位

ac•ces•so•ry /əkˈsesəri/ *n.* [C] ❶附件,配件;附属物:a necessary *accessory* to a car 汽车必需的附件 ❷【律】从犯;帮凶;同谋;包庇犯;窝藏犯(*to*):By not reporting the theft he became an *accessory*. 因对盗窃案知情不报,他成了包庇犯。

ac•ci•dent /ˈæksidᵊnt/ *n.* [C] ❶(不幸的)意外(或不测)事件;事故;横祸:a road [traffic] *accident* 交通事故 ❷意外事情,意外因素;偶发事件,偶然因素:The discovery was a happy *accident*. 这项发现是一个碰巧的事情。‖ ***by accident*** *adv.* 偶然;意外地:The trip was a success, but more *by accident* than design. 这次旅行很成功,不过是由于机缘而不是有意安排。

ac•ci•den•tal /ˌæksiˈdentᵊl/ *adj.* 意外的;偶然的;非故意的;出乎意料的:an *accidental* death by drowning 意外溺死 ‖ **ˌac•ciˈden•tal•ly** *adv.*

☆**accidental, casual, contingent, fortuitous, incidental** 均有"偶然的,意外的"之意。**accidental** 强调碰巧或意外:Any resemblance to actual persons is entirely *accidental*. (任何和现实中的人相似的地方都纯属意外。) **casual** 强调无意或无预谋:a *casual* encounter between two acquaintances (两个熟人的不期而遇) **contingent** 多用以指即将发生的事情的不可意料性:A *contingent* thunderstorm scattered the marchers. (突然下起的暴风雨驱散了游行者。) **fortuitous** 着重指原因不明的意外事件:He believes that life is more than a series of *fortuitous* events. (他认为生活中更多的是一系列意外的事件。) **incidental** 可指无计划的或不规则的:an *incidental* shrub or two beside the path (路边长着一两棵不规则的灌木树)

ac•claim /əˈkleim/ **I** *vt.* 向…欢呼;为…喝彩;盛赞:*acclaim* the opening of the congress 欢呼代表大会的召开 **II** *n.* [U;C]欢呼(声),喝彩(声);盛赞:receive wide *acclaim* from critics 受到评论界广泛好评

ac•cla•ma•tion /ˌækləˈmeiʃᵊn/ *n.* ❶[U]欢呼;喝彩;(以集会上的欢呼、鼓掌等表示的)拥护,赞成;[常作~s]欢呼声;喝彩声:the *acclamations* of the crowd 群众的欢呼声 ❷[C]〈加〉无人反对的人选:There were no *acclamations* in last year's election. 去年选举中没有一个人是全票当选的。

ac•cli•ma•tize /əˈklaiməˌtaiz/ *vt.* & *vi.* (使)适应(或习惯于);(使)服水土(*to*):He can't *acclimatize* (himself) *to* working at night. 他不习惯于夜间工作。‖ **ac•cli•ma•ti•za•tion** /əˌklaimətaiˈzeiʃᵊn;-tiˈz-/ *n.* [U]

ac•co•lade /ˈækəˌleid,ˌækəˈleid/ *n.* [C]荣誉;嘉奖;赞许;褒扬;赞赏的表示:the highest *accolade* of the literary world 文学界的最高奖赏

ac•com•mo•date /əˈkɔməˌdeit/ *vt.* ❶给…提供方便;帮…解决问题(或摆脱困难);施恩惠于;通融:We did this to *accommodate* your buyers. 我们这样做是为了照顾你方的买主。❷向…提供住宿(或膳宿):*accommodate* sb. for the night 留某人过夜 ❸使适应;顺应;使符合一致;改变…以适应;迁就(*to*)(见 adapt):She *accommodates* herself *to* the new rules. 她使自己适应新的规章制度。

ac•com•mo•dat•ing /əˈkɔməˌdeitiŋ/ *adj.* 乐于助人的;肯行方便的,肯通融的;好打交道的:an *accommodating* neighbour 为人豪爽的街坊

ac•com•mo•da•tion /əˌkɔməˈdeiʃᵊn/ *n.* ❶[U;C][常作~s]住所;膳宿:a grave shortage

A

of housing *accommodation* 住房严重缺少 ❷[U]适应性调节；调整(*to*)：the *accommodation* of a man *to* his surroundings 人对环境的适应 ❸[U；C]调解，调停；和解；(人与人之间或社会不同集团之间的)迁就，通融：come to an *accommodation* with the opposite party 与反对派取得和解

ac·com·pa·ni·ment /əˈkʌmpənimᵊnt/ *n.* [C]【音】伴奏；伴唱：a piano *accompaniment* to song 演唱时的钢琴伴奏

ac·com·pa·nist /əˈkʌmpənist/ *n.* [C]伴奏者(尤指钢琴伴奏者)；伴唱者

ac·com·pa·ny /əˈkʌmpəni/ *vt.* ❶陪伴，陪同，伴随：I had a doughnut *accompanied* by a glass of milk. 我就着一杯牛奶吃了一块炸面圈。❷为…伴奏(或伴唱)：She *accompanied* the singer on the piano. 她为歌手作钢琴伴奏。—*vi.* 伴奏；伴唱：She *accompanied* harmoniously. 她伴奏(或伴唱)非常和谐。

☆**accompany, attend, escort, follow** 均有"伴随，护送"之意。**accompany** 指与人结伴，作他人之同伴，强调关系平等：He *accompanied* her to the theatre.（他陪她一起去剧院。）**attend** 通常表示陪伴者处于从属地位：The prince was *attended* by an equerry, a secretary, and a courier.（王子由一个侍从、一个大臣和一个信使伺候着。）该词也可指提供服务或照顾：Dr. Jones *attended* the patient.（琼斯大夫照顾这个病人。）**escort** 泛指礼节性、保护性的护送：A motorcade *escorted* the visiting queen.（一队汽车为来访的女王开道。）**follow** 则强调跟随或追踪：The detective *followed* the boys to their hiding place.（侦探尾随着男孩们，到了他们的藏身之地。）

ac·com·plice /əˈkɔmplis, əˈkʌm-/ *n.* [C]【律】共犯，同案犯：He was an *accomplice* with Bugtu in the bank robbery. 在抢劫银行一案中他是布戈图的共犯。

ac·com·plish /əˈkɔmpliʃ, əˈkʌm-/ *vt.* 达到(目的、结论等)；实现(计划、诺言等)；完成(任务等)(见 reach)：*accomplish* one's mission 完成使命

ac·com·plished /əˈkɔmpliʃt, əˈkʌm-/ *adj.* 熟练的；精通的；有造诣的；有才艺的：be *accomplished* at [in] dancing and singing 能歌善舞

ac·com·plish·ment /əˈkɔmpliʃmᵊnt, əˈkʌm-/ *n.* ❶[U]完成；实现：difficult [easy] of *accomplishment* 难[易]完成 ❷[C]成就；成绩：Developing the supersonic jet was quite an *accomplishment*. 研制出超音速喷气式飞机是一个很了不起的成就。

ac·cord /əˈkɔːd/ I *vi.* ❶符合；一致：What he has said does not *accord* with what he told me before. 他刚才说的同他以前告诉我的不一样。❷给予：They *accorded* the queen great honour. 他们向女王表示敬意。II *n.* [C](尤指国与国之间的)协议；条约：a peace *accord* between the two countries 两国之间的和平条约 ‖ ***in accord* (*with*)** *adv.* (与…)一致，(与…)相符合：Our views on this question are *in accord with* yours. 我们对这个问题的看法和你们的完全一致。***of one's own accord*** *adv.* 自愿地；主动地：He signed the agreement *of his own accord*. 他是自愿签订这项协议的。***with one accord*** *adv.* 一致(同意)地：The motion was passed *with one accord*. 这项动议获得一致通过。

ac·cord·ance /əˈkɔːdᵊns/ *n.* ‖ ***in accordance with*** [〈美〉***to***] *prep.* 根据，依照；与…一致：The order will be executed *in accordance with* the terms agreed. 订单将按商定的条款执行。

ac·cord·ing·ly /əˈkɔːdiŋli/ *adv.* ❶[通常用于句首或句中]因此，所以；于是：I was told to hurry; *accordingly*, I came by plane. 叫我要快点来，所以，我乘飞机赶来了。❷[通常用于句末]照着；相应：These are the rules, act *accordingly*. 这些都是规定，照着办就是了。

ac·cord·ing /əˈkɔːdiŋ/ **to** *prep.* ❶根据；按照，依照：Everything went *according to* plan. 一切按计划进行。❷随着…而；取决于：Spend *according to* your income. 要量入为出。❸照…所说；据…所载：*According to* Sanchez this charge is absolutely false. 照桑切斯说，这一罪名完全是捏造的。

ac·cor·di·on /əˈkɔːdiən/ *n.* [C]手风琴 ‖ **acˈcor·di·on·ist** /-ist/ *n.* [C]

ac·cost /əˈkɔst/ *vt.* (尤指贸然地)上前跟…攀谈(或搭讪)：A stranger *accosted* him, asking for directions. 一位陌生人走上来向他问路。

ac·count /əˈkaunt/ I *n.* ❶[C]叙述，描述；报告，报道；记载：an entertaining *account* of a journey 一篇引人入胜的游记 ❷[C]账；账款；

银行账户，银行往来账；[～s]待结账目：open [close] an *account* 开立[结束]账户 ❸[C]账目：The *accounts* show them to be in trouble. 账目表明他们有了麻烦。❹[U]赊账：He bought the clothes on *account*. 这些衣服是他赊购来的。**II** *vi.* ❶对…作出解释(*for*)：Can you *account for* your fingerprints on the gun? 你能对枪上的指纹作出解释吗？❷是…的原因(*for*)：Sales to the New York market *accounts for* a lot of our total sales. 卖到纽约市场的货物占我们总销量的许多份额。‖ ***call to account*** *vt.* 要求…作出解释(或说明)：The treasurer was *called to account* for the shortage of funds. 司库被要求对资金的短缺作出解释。***hold to account*** *vt.* 使承担责任：The bank president was *held to account* for an embezzlement by a loan officer. 银行董事长被认为应对一名信贷官员的贪污行为承担责任。***on account of*** *prep.* 因为，由于：Surgical operation was not considered *on account of* the patients's age. 由于患者的年龄关系，没有考虑外科手术治疗。***on no account*** *adv.* 决不；切莫：*On no account* should you lie. 你绝对不应该撒谎。***on sb.'s account*** *adv.* 为了某人的缘故；为了某人的利益：Don't do it *on my account*. 为了我，别干这件事。***take account of*** *vt.* 考虑到；顾及；为…留有余地：You need not *take* too much *account of* his words. 你不必把他的话看得太重。***take into account*** *vt.* 考虑；注意到：They didn't *take into account* the cost of the project. 他们没有把项目的成本考虑进去。

ac·count·a·ble /əˈkauntəbᵊl/ *adj.* [通常作表语] ❶负有责任的；应负责任的；应作解释(或说明)的：Each person is *accountable* for his own work. 人人都应该对自己的工作负责。❷可解释(或说明)的；可理解的：It is a very *accountable* obstinacy. 这是一种完全可以理解的固执态度。‖ **ac·count·a·bil·i·ty** /əˌkauntəˈbiliti/ *n.* [U] —**acˈcount·a·bly** *adv.*

ac·count·an·cy /əˈkauntᵊnsi/ *n.* [U]会计工作(或职责)；会计学

ac·count·ant /əˈkauntᵊnt/ *n.* [C]会计；会计师 ‖ **acˈcount·antˌship** *n.* [U;C]

ac·count·ing /əˈkauntiŋ/ *n.* [U]会计；会计学；会计制度

ac·cou·ter·ment, ac·cou·tre·ment/əˈkuːtəmᵊnt/ *n.* [常作～s]装备：all the *accoutrements* of a hunter 打猎的所有装备

ac·cred·it /əˈkredit/ *vt.* ❶委派，派遣(使节)(*at*, *to*)：*accredit* an envoy *to* [*at*] a foreign government 向外国政府派遣外交使节 ❷确认，认可，批准；相信，信任；认为…属实(见 approve)：He is a truthful man and anything he says will be *accredited*. 他一向很诚实，他的话人人都信。‖ **ac·cred·i·ta·tion** /əˌkrediˈteiʃᵊn/ *n.* [U]

ac·cre·tion /əˈkriːʃᵊn/ *n.* ❶[U]连生，合生，共生；堆积；淤积；聚积：A glacier is formed by the *accretion* of many particles of frozen packed snow. 冰川是由许许多多冰封着的雪粒堆积而成的。❷[U;C]自然增长；添附生长：The *accretion* of wealth marked the family's rise in power. 财富的增加表示这个家族力量的增大。

ac·crue /əˈkruː/ *vi.* (因自然增长、增添而)增加；(尤指资本等)自然增值；增益：Interest begins to *accrue* when the loan is granted. 贷款一经发放便开始生息。—*vt.* 获得；积累；收集：the interest *accrued* on the remaining balance of a loan 借贷差额的累积利息

ac·cu·mu·late /əˈkjuːmjuˌleit/ *vt.* 堆积；积聚；积累；积蓄：*accumulate* knowledge 积累知识 —*vi.* 积成堆；累积；聚集：Rubbish *accumulates* quickly if you don't clear it regularly. 不定期打扫，就会很快积满垃圾。‖ **ac·cu·mu·la·tion** /əˌkjuːmjuˈleiʃᵊn/ *n.* [U;C] —**ac·cu·mu·la·tive** /əˈkjuːmjuˌlətiv/ *adj.*

ac·cu·ra·cy /ˈækjurəsi/ *n.* [U]准确(性)；精确(性)：scientific *accuracy* 科学的精确性

ac·cu·rate /ˈækjurit/ *adj.* 准确的；精确的；正确无误的：be *accurate* to six decimal places 精确到小数点后 6 位 ‖ **ˈac·cu·rate·ly** *adv.* —**ˈac·cu·rate·ness** *n.* [U]

ac·curs·ed /əˈkəːsid, əˈkəːst/, 〈古〉**ac·curst** /əˈkəːst/ *adj.* ❶(该)被诅咒的；交厄运的，倒霉的：the *accursed* custom of slavery 该诅咒的蓄奴恶习 ❷[作定语]〈口〉可恨的，可恶的；讨厌的；糟糕透顶的：Lying is an *accursed* vice. 撒谎是道德败坏的行为。‖ **acˈcurs·ed·ly** *adv.*

ac·cu·sa·tion /ˌækjuˈzeiʃᵊn/ *n.* ❶[U]指控，控告；指责，谴责：eyes full of *accusation* 满是指责的目光 ❷[C](被控告的)罪名，罪状：What is the *accusation* against him? 控告他的罪名是

A

什么? ‖ **ac·cu·sa·to·ry** /əˈkjuːzətᵊri/ *adj*.

ac·cu·sa·tive /əˈkjuːzətiv/ I *adj*. 【语】宾格的(略作 acc.) II *n*. [C]【语】宾格,对格;宾格词;宾格代词(如 me,us,him,them)

ac·cuse /əˈkjuːz/ *vt*. 指控,控告;指责,谴责:The police *accused* him of stealing the car. 警方指控他偷盗汽车。‖ **acˈcu·ser** *n*. [C]

ac·cus·tom /əˈkʌstəm/ *vt*. 使习惯于(*to*):*accustom* oneself *to* cold weather 使自己适应寒冷天气

ac·cus·tomed /əˈkʌstəmd/ *adj*. ❶通常的,惯常的(见 usual):He's out of his *accustomed* walk. 他不再跟往常一样外出散步了。❷[通常作表语]习惯了的;适应了的(*to*):She is *accustomed to* working late. 她习惯于工作到深夜。

ace /eis/ I *n*. [C] ❶ A 纸牌,爱司;(A 纸牌上的)一点;(骰子、西洋骨牌中的)幺;(骰子)刻有幺点的一面;幺点骨牌:the *ace* of diamonds 方块幺 ❷【网】发球得分;一击得分;得一分的发球(或一击);【高尔夫】一杆进穴;一杆得分:card an *ace* 一杆进穴得分 ❸(通常指击落敌机 5 架以上的)空军王牌驾驶员:a flying *ace* 飞行英雄 ❹〈口〉(在某一方面的)能手,高手,行家,佼佼者:an *ace* at tap dancing 踢踏舞王 II *vt*. ❶赢…一分:He gave the club pro a good game,*aced* him three times. 他大胜那位俱乐部职业选手,3 次发球都得了他的分。❷〈俚〉战胜,击败;超过:The Japanese firm *aced* (out) the Americans by getting the device onto the shelves first. 那家日本公司率先把那种设备摆上货架,从而击败了美国对手。❸〈俚〉顺利通过(考试);在(考试)中得优秀成绩:I knew I wouldn't *ace* it,but I never thought I'd flunk it! 我晓得我考试得不了满分,可我万万没有想到会不及格! III *adj*. [作定语]优秀的:an *ace* player 优秀运动员 ‖ ***an ace in the hole*** *n*. 备用的应急手段(或办法);暗中保留的王牌;撒手锏:Mary's beautiful singing voice was her *ace in the hole* in case everything else failed. 一旦无路可走,玛丽那副美妙的歌喉可是她的最后一张王牌。***have*** [***keep***] ***an ace up one's sleeve*** *vi*. 手中握有王牌;有应急的妙计 ***within an ace of*** *prep*. 离…只差一点点:*within an ace of* victory [death] 差一点就赢[死]了

a·cer·bic /əˈsəːbik/ *adj*. ❶酸的;苦涩的;辛辣的:an *acerbic* substance 酸性物质❷尖刻的;严厉的:*acerbic* criticism 尖锐的批评 / an *acerbic*,caustic professor 一位措辞尖刻、好挖苦人的教授 ‖ **aˈcer·bi·cal·ly** *adv*. —**a·cer·bi·ty** /əˈsəːbiti/ *n*. [U]

ac·e·tate /ˈæsiˌteit/ *n*. [U]【纺】醋酯制品;醋酸纤维制品

a·ce·tic /əˈsiːtik,-ˈsetik/ *adj*. 【化】(似)醋的;醋酸的,乙酸的;含醋的;产醋的:The salad has an exceedingly *acetic* flavor. 这色拉的味道很酸。

acetic acid *n*. [U]【化】醋酸

ac·e·tone /ˈæsiˌtəun/ *n*. [U]【化】丙酮 ‖ **ac·e·ton·ic** /ˌæsiˈtɔnik/ *adj*.

a·cet·y·lene /əˈsetiˌliːn/ *n*. [U]【化】乙炔,电石气;炔烃

ache /eik/ I *vi*. ❶痛,疼痛:My back *aches*. 我背痛。❷渴望:The lonely girl *aches* for home. 那个孤寂的姑娘很想有个家。II *n*. [C](持续的、隐隐的)疼痛:an *ache* in one's heart like the farewell to a dear woman 心中就像与情人永别那样痛苦 ‖ **ˈach·ing·ly** *adv*. —**ˈach·y** *adj*.

a·chieve /əˈtʃiːv/ *vt*. (通过努力)达到,取得(见 reach):*achieve* distinction 成名 / *achieve* popular success only late in one's life 大器晚成 —*vi*. 达到目的;实现目标;如愿以偿:Some smart children still do not *achieve* in school. 学校里有些聪明孩子的学习成绩仍然不理想。‖ **aˈchiev·a·ble** *adj*. —**aˈchiev·er** *n*. [C]

a·chieve·ment /əˈtʃiːvmᵊnt/ *n*. ❶[U]完成;成就:Writing the book gave him a sense of *achievement*. 写成那本书使他得到成就感。❷[C]成绩;成就;成果;业绩(见 feat):a brilliant *achievement* in science 科学上的辉煌成就

Achilles(') heel *n*. [C]阿喀琉斯的脚踵,唯一的弱点,小而致命的弱点:Vanity is Betty's *Achilles heel*. 虚荣心是贝蒂的致命弱点。

ac·id /ˈæsid/ I *n*. ❶[U;C]【化】酸,酸类 ❷[U]〈俚〉迷幻药(指麦角酸二乙基酰胺)II *adj*. ❶【化】酸的;酸性的:an *acid* solution 酸溶液/ *acid* clay 酸性黏土 ❷酸的,酸味的(见 sour):Lemons are an *acid* fruit. 柠檬是一种酸味水果。❸尖刻的,尖酸的,刻薄的;辛辣的:*acid* criticism 尖刻的批评 ‖ **a·cid·ic** /əˈsidik/ *adj*. —**ˈac·id·ly** *adv*. —**ˈac·id·ness** *n*. [U]

acid rain *n.* [U]【气】酸雨：*Acid rain* has damaged trees and lakes in the environment. 酸雨破坏了自然环境中的树木和湖泊。

acid test *n.* [C]严格的测试；决定性的试验；严峻的考验：put sth. through the *acid test* 严格测试某物

a·cid·u·lous /əˈsidjuləs/ *adj.* 尖酸刻薄的，讽刺人的：The spinster spurned him with an *acidulous* retort. 那老处女以尖刻的反驳断然拒绝了他。

ac·knowl·edge /əkˈnɔlidʒ/ *vt.* ❶(公开)承认：*acknowledge* one's mistakes 承认某人的过错 ❷跟…打招呼；搭理；对…作出反应：He never even bothered to *acknowledge* her presence. 他甚至从来就不屑搭理她。❸承认(权威、权利、要求等)：They *acknowledged* him to be the best player on the baseball team. 人们承认他是该棒球队最优秀的球员。❹对…表示谢意，答谢：She *acknowledged* the gift with a pleasant letter. 她亲切致函对馈赠礼物表示谢忱。❺告知…收到(来信、礼物等)：On receipt of remittance, please *acknowledge* us. 收到汇款请即告知。

☆ **acknowledge, admit, confess** 均有"承认"之意。**acknowledge** 通常指不情愿地承认令人尴尬的事情，常用于过去隐瞒或曾经否认过的事：He *acknowledged* an early short-lived marriage.(他承认有过一次短暂的婚姻。) **admit** 常暗示外界压力，"不情愿"的意味比 acknowledge 更为强烈：He *admitted* under questioning that he was in the service of a foreign power, but denied that he was guilty of espionage.(经过询问，他承认自己在外国军队里服役，但他否认自己犯了间谍罪。) **confess** 着重承认自己的缺点、过错或罪恶，常含"忏悔""坦白"之义：He *confessed* that he was an accomplice in the robbery.(他坦白自己是这起抢劫案的同谋。)

ac·knowl·edg(e)·ment /əkˈnɔlidʒmᵊnt/ *n.* ❶[U](对错误等的)承认：the *acknowledgment* of one's own faults 对自己过失的承认 ❷[C]答谢；致谢；[常作~s](作者的)致谢，鸣谢：return one's *acknowledgments* to sb. 答谢某人 ❸[C](对收到来信等的)回复；回音：a receipt issued in *acknowledgment* of a payment 付款收讫的回执

ac·me /ˈækmi/ *n.* [C]顶点，极点；极致；顶峰时期，巅峰阶段：reach the *acme* of one's skill 技艺上达到炉火纯青的地步

ac·ne /ˈækni/ *n.* [U]【医】痤疮，粉刺

a·corn /ˈeikɔːn/ *n.* [C]橡树果实

a·cous·tic /əˈkuːstik/ *adj.* [作定语] ❶声音的；声波的；音响的：an *acoustic* picture 声波图 ❷听觉的：*acoustic* perception 听觉/ an *acoustic* nerve 听觉神经 ❸(乐器、乐队、表演者等)不用电传音的：an *acoustic* guitar 原声吉他 ‖ **aˈcous·ti·cal·ly** *adv.*

a·cous·tics /əˈkuːstiks/ [复] *n.* ❶[用作单]声学：*Acoustics* is the scientific study of sound and sound waves. 声学是一门研究声音和声波的科学。❷[用作单或复](厅堂、房间及传声系统等的)音质；音响效果：The *acoustics* of the auditorium are excellent. 大礼堂的音响效果极佳。

ac·quaint /əˈkweint/ *vt.* 使熟悉；使了解；告知(*with, of*)：He is but slightly *acquainted with* the art of poetry. 他对诗歌艺术略知皮毛而已。

ac·quaint·ance /əˈkweintᵊns/ *n.* ❶[C]相识的人；[总称]熟人：a casual *acquaintance* 泛泛之交 ❷[U]认识，相识；熟悉，了解：a person of wide *acquaintance* 交游很广的人 ‖ ***make sb.'s acquaintance*** *vi.* 结识某人；与某人相见：I *made his acquaintance* at a party. 我是在一次社交聚会上认识他的。***on (further) acquaintance*** *adv.* 认识了一段(较长)时间以后：His manner seemed unpleasant at first, but he improved *on further acquaintance*. 他的举止起初让人很不愉快，但是经过进一步接触他改了许多。***scrape (up) an acquaintance with*** *vt.* 挖空心思与…相识：I slowly *scraped (up) an acquaintance with* my neighbours. 我慢慢设法认识了邻居。

ac·qui·esce /ˌækwiˈes/ *vi.* 默认；默许；默从(*in, to*)：She *acquiesced to* her parents' wishes. 她默默顺从她父母的意愿。‖ **ˌac·qui·es·cence** /-ˈesᵊns/ *n.* [U] —**ˌac·qui·es·cent** /-ˈesᵊnt/ *adj.*

ac·quire /əˈkwaiəʳ/ *vt.* (尤指通过努力)获得，求得；学到，习得：The work has *acquired* the status of a classic among the composer's admirers. 这首乐曲在作曲家的崇拜者心目中已经享有了经典作品的地位。‖ **acˈquir·a·ble** *adj.*

A

—acˈquir·e·ment *n.* [U]

ac·qui·si·tion /ˌækwiˈziʃᵊn/ *n.* ❶[U]获得,取得;占有:He spent hundreds of hours in the *acquisition* of skill at the piano. 为了掌握钢琴弹奏技巧,他花了成百上千个小时。❷[C]获得物;增添的人(或物)(尤指有特别长处或价值者):Our museum's latest *acquisition* is a Picasso. 我们博物馆最近增添了一幅毕加索的画。

ac·quis·i·tive /əˈkwizitiv/ *adj.* 〈常贬〉(尤指对物质财富)渴望获得的,一味追求的;贪得无厌的,贪婪的:My *acquisitive* friend is too fond of money. 我那位贪心的朋友爱财如命。

ac·quit /əˈkwit/ *vt.* (**-quit·ted**;**-quit·ting**) ❶宣告…无罪;无罪释放:The accused was *acquitted*. 被告被宣告无罪。❷[~ **oneself**]使(自己)作出某种表现;使(自己)履行(或完成):She *acquitted herself* like a pro. 她举手投足像是个行家似的。

ac·quit·tal /əˈkwitᵊl/ *n.* [U;C]宣判无罪;无罪开释:a verdict of *acquittal* 无罪释放裁决书

a·cre /ˈeikəʳ/ *n.* [C]英亩(合40.47公亩或6.07亩或43 560平方英尺或4 046.86平方米)

a·cre·age /ˈeikəridʒ/ *n.* [U]英亩数;以英亩计的土地面积:The *acreage* of this park is over 800. 这座公园的面积有 800 多英亩。

ac·rid /ˈækrid/ *adj.* ❶(气味等)辛辣的,苦的;刺激的,呛人的:*acrid* smoke from burning rubber 橡胶燃烧的呛鼻烟雾 ❷(言词、性格等)刻薄的;讥讽的:an *acrid* disposition 刻薄的性格 ‖ ˈ**ac·rid·ly** *adv.* —ˈ**ac·rid·ness** *n.* [U]

ac·ri·mo·ni·ous /ˌækriˈməuniəs/ *adj.* (脾气、言词、态度等)尖酸刻薄的;讥刺的;激烈的:an *acrimonious* dispute 激烈的争论

ac·ri·mo·ny /ˈækriməni/ *n.* [U](脾气、言辞、态度等的)尖刻;严厉;辛辣:attack sb. with great *acrimony* 以极其激烈的言辞攻击某人

ac·ro·bat /ˈækrəˌbæt/ *n.* [C]杂技演员;技艺高超的体操运动员 ‖ **ac·ro·bat·ic** /ˌækrəˈbætik/ *adj.*

ac·ro·bat·ics /ˌækrəˈbætiks/ [复] *n.* ❶杂技;杂技表演:Some of her *acrobatics* are scary. 她有些杂技表演得非常惊险。❷[用作单]杂技技艺,杂技艺术:Her *acrobatics* is of Olympic standard. 她的杂技技艺是奥林匹克级的。❸(处理复杂或微妙事情的)巧妙手法;技巧:the verbal *acrobatics* of a habitual liar 谎言大王的如簧巧舌

ac·ro·nym /ˈækrənim/ *n.* [C]首字母缩略词:OPEC is an *acronym* for Organization of Petroleum Exporting Countries. OPEC 是 Organization of Petroleum Exporting Countries(石油出口国组织)的首字母缩略词。

ac·ro·pho·bi·a /ˌækrəˈfəubiə/ *n.* [U]【心】高处恐怖;恐高症 ‖ ˌ**ac·ro**ˈ**pho·bic** *adj.*

a·cross /əˈkrɔs/ **I** *prep.* ❶横过;穿过;跨越;历经:The great bridge goes *across* the river. 大桥飞架河流的两岸。❷在…的对面;在…的另一边:He lives *across* the streets. 他住在街道对面。❸与…相交叉:coats *across* the bed 横放在床上的外套 **II** *adv.* ❶从一边到另一边:The pool is twenty feet *across*. 水池 20 英尺宽。❷在(或向、到)对面:At this speed we shall soon be *across*. 照这样的速度,我们很快就可到达彼岸。

☆介词 **across** 和 **over** 都可用来表示"从一边到另一边"的意思:She drove *across* [*over*] the bridge. (她开车到了桥的另一边。)但一般说来,如果要表示越过高的物体或障碍(如篱笆、围墙、山脉等),应当用 **over**:She climbed *over* the fence. (她越过了篱笆。)如果表示在平地上从一边到达另一边,则用 **across** 较好:He walked *across* the stage and bowed to the audience. (他走过舞台向观众鞠躬。)需要注意的是,表示在水面上或水的上方发生的动作,可以用**over**,但在水中发生的动作不能用 **over**。试比较:See if you can jump *over* [*across*] the stream. (看看你能否跳过这条小溪。)

a·cross-the-board /əˌkrɔsðəˈbɔːd/ *adj.* 全面的,普遍的;一揽子的:an *across-the-board* price increase [tax] hike 全面的提高物价[增加税收]

a·cryl·ic /əˈkrilik/ **I** *adj.* 丙烯酸的;丙烯酸衍生物的 **II** *n.* ❶[U]丙烯酸树脂漆(或颜料) ❷[C]【画】丙烯画

act /ækt/ **I** *n.* [C] ❶行为;行动:an *act* of heroism [lunacy] 英勇行为[疯疯癫癫的行为] ❷行动过程:It happened in the *act*, not before or after. 这件事不早不晚就发生在行动过程中。❸【律】法案;法令;条例;敕命;(法院的)判决 ❹【戏】幕:the second *act* of *Hamlet*《哈姆雷

特》第二幕 ❺(马戏、杂耍、电视、歌舞演出等中的)短节目:a circus *act* 马戏杂耍 ❻[通常用单]〈口〉装腔作势的行为,装模作样:His elaborate grief was just an *act*. 他那悲痛欲绝的样子,不过是装装样子而已。**II** *vi*. ❶行动;做事:At the alarm, the firemen *acted* promptly. 一听到警报,消防队员们立即行动起来。❷充当,担当;扮演(*as*):Lou is *acting as* principal. 卢担任代理校长。❸起作用;发生影响;产生效果:The medicine *acts* well. 这药很有效。❹表现;举止:She usually *acts* like a lady. 她举手投足,总是像个贵妇人似的。❺假装;做作:*Act* interested even if you're bored. 你即使感到讨厌,也要装得有兴趣。❻表演;(戏、角色等)能被(扮)演:She *acts* before the camera and on the stage. 她是电影和舞台两栖演员。—*vt*. ❶举止像;装成:He's just *acting* the fool. 他这是在装傻。❷使举止与…相称:*act* one's age 举止要与年龄相称 ❸扮演:*act* Macbeth 扮演麦克白 ‖ ***act on*** [***upon***] *vt*. ❶根据…行事,奉行:*act on* sb.'s recommendation 按照某人的建议行事 ❷对…起作用;对…有功效;影响:These pills *act on* the liver. 这些药丸对肝脏有影响。***act out*** *vt*. ❶把…表演出来:The teacher gets the students to *act out* some historic events. 老师让学生们将某些历史事件表演出来。❷将…付诸行动,实行;实践:We must *act* the rule *out* to the letter. 我们必须不折不扣地执行这项规定。***act up*** *vi*. 〈口〉❶(机器等)运转不正常:The engine began to *act up*. 发动机开始出毛病了。❷要脾气,使性子;捣蛋:The spoiled girl *acted up* whenever company came. 这个被惯坏了的女孩子一来人就犯"人来疯"。❸(疾病)发作:His thyroid was *acting up* again. 他的甲状腺毛病又犯了。***clean up one's act*** *vi*. 〈俚〉开始变得循规蹈矩;改邪归正:I told the kid to *clean up* his *act* or leave. 我对那个孩子说,要是不放规矩点,就要把他赶走。***get*** [***have***] ***one's act together*** *vi*. 〈口〉组织起来;消除分歧;有条有理地筹划;按部就班地行事:The new administration is still *getting its act together*. 新政府仍处于筹建搭班子的阶段。***in the act of*** 正在做…的时候:He was caught *in the act of* climbing out the window. 他正往窗外爬的时候,被当场抓住了。

☆**act, action, deed, exploit, feat, operation** 均有"动作,行为"之意。**act** 强调已完成的行为,该行为并非一定受动机驱使:To kick a cat is cruel *act*. (用脚踢猫是残忍的行为。) **action** 强调动作的过程或作用,常指较为复杂或延续时间较长的行动:He is regretting his *action*. (他在为自己的所作所为后悔。) **deed** 往往用来表示伟大、高尚的行为或动作,暗含卓著业绩之意:Brave men's *deeds* live after them. (勇敢者的伟绩永垂后世。) **exploit** 意指勇敢、大胆的行为或功绩,通常用于体力方面:perform daring *exploits* (干英勇无畏的事情) **feat** 也指功绩或英勇、大胆的行为,适用于体力和智力两方面:the *feat* of crossing the Atlantic in a balloon (乘热气球横跨大西洋之壮举) **operation** 通常指一连串行动或行动的完成方式:A military *operation* is a series of co-ordinated individual and group acts. (一次军事行动是一系列的个人与集体协同作战的行为。)

act·ing /ˈæktiŋ/ **I** *adj*. [作定语]代理的:the *acting* mayor 代理市长 **II** *n*. [U]表演,演戏;演技:film *acting* 电影表演

ac·tion /ˈækʃᵊn/ *n*. ❶[U]行动;行动过程(见 act):The time has come for *action*. 采取行动的时候到了。❷[C]行为;所做的事:You must judge a person by his *actions*, not by what he says. 判断一个人,必须察其行而不是听其言。❸[U]积极的活动:a man of *action* 实干家(或活动家) ❹[U]作用;影响:the corrosive *action* of acid 酸的腐蚀作用 ❺[C][常用单](钢琴、枪炮、钟表等的)机械装置;活动部件:the *action* of a gun 枪(炮)的击发装置 ❻[U]战斗(行动):The *actions* lasted five hours. 战斗延续了5个小时。❼[通常用单](小说、影片、剧作、叙事诗等的)情节;情节发展;【戏】三一律之一:Tom Sawyer is a story packed with *action*.《汤姆·索亚历险记》这部小说的情节一波三折,起伏跌宕。❽[C]【律】诉讼;诉讼权:A judge may dismiss an *action*. 法官有权不受理诉讼。❾[U]〈俚〉最富刺激性的活动:This place is dull. I want some *action*. 这地方太没劲儿,我想来点儿有刺激的。‖ ***a piece*** [***slice***] ***of the action*** *n*. 〈口〉(所参与的)一部分活动;一份好处:I'm only putting money into this scheme if I get *a slice of the action*. 我若能分一杯羹,我就出钱参与这一计划。***in action*** *adj*. & *adv*. ❶在积极活动中:All the players stayed *in action* through the entire game. 所有的球员都积极参加,赛完全场。❷在起作用;在运转中:The

A

machine is now *in action*. 机器正在运转。***into action*** *adj*. & *adv*. 开始工作;开始运行:put a plan *into action* 将计划付诸实施 ***out of action*** *adj*. & *adv*. 不(再)活动;不(再)起作用;不(再)运转:A car is *out of action* without fuel. 没有汽油,汽车就开不动。***swing into action*** *vi*. 迅速采取行动:The police *swung into action* against the gunmen. 警方迅速采取行动制服了持枪歹徒。***take action*** *vi*. 采取行动:Immediate *action* must be *taken* to stop the fire spreading. 必须立即采取行动阻止火势蔓延。

ac·tion·a·ble /ˈækʃᵊnəbᵊl/ *adj*. 随时准备行动的;随时付诸实施的;随时备用的:retrieve *actionable* copy from a computer 从计算机上检索备用件

ac·ti·vate /ˈæktiˌveit/ *vt*. ❶使活动起来;使行动起来;使起作用:Smoke *activates* the alarm. 烟雾触发警报器。❷使(部队)处于现役状态:*activate* the national guard unit 使国民警卫队处于现役状态 ‖ **ac·ti·va·tion** /ˌæktiˈveiʃᵊn/ *n*. [U] —ˈ**ac·tiˌva·tor** *n*. [C]

ac·tive /ˈæktiv/ **I** *adj*. ❶活动着的;使用着的;在工作中的:An *active* volcano erupts from time to time. 活火山会不时地爆发。❷精力旺盛的;敏捷的:He has an *active* brain. 他的头脑灵活。❸积极的;勤勉的:be *active* in public affairs 热衷于公共事务 ❹【语】主动的;主动(语)态的 ❺现行的;现役的:soldiers on *active* service 现役军人 ❻剧烈的:Tennis is an *active* sport. 网球运动是一种剧烈运动。❼活跃的:He continues to live an *active* life at 75. 他已75岁,但仍很矫健活跃。❽有效的;主动的:the active ingredients 有效的成分 **II** *n*. [C]【语】主动(语)态;(动词的)主动(语)态形式 ‖ ˈ**ac·tive·ly** *adv*. —ˈ**ac·tive·ness** *n*. [U]

ac·tiv·ism /ˈæktiˌvizᵊm/ *n*. [U]行动主义,激进主义(主张为政治、社会目的而采取包括暴力的各种手段) ‖ ˈ**ac·tiv·ist** *n*. [C]

ac·tiv·i·ty /ækˈtiviti/ *n*. ❶[U]活动;活动力:complex cognitive *activity* 错综复杂的认知活动 ❷[C](某一领域内的)特殊活动;具体活动:engage in extracurricular *activities* 参加课外活动

ac·tor /ˈæktəʳ/ *n*. [C] ❶(男)演员 ❷行动者;参与者

ac·tress /ˈæktris/ *n*. [C]女演员

ac·tu·al /ˈæktʃuəl/ *adj*. [通常作定语] ❶实际的,实在的;事实上的,真实的(见 genuine):I want the *actual* figures, not just the estimate. 我要的是确实的数字,而不仅仅是大略的估计。❷现实的,现行的,现时的:the *actual* state of affairs 现状 ‖ ˈ**ac·tu·al·ly** *adv*.

ac·tu·al·i·ty /ˌæktʃuˈæliti;ˌæktju-/ *n*. ❶[U]现实性;现实存在:The party in *actuality* contains only a small minority of extremists. 实际上,该党仅仅是一小撮过激分子而已。❷[C][常作 **actualities**]实际情况;现状;事实:A trip to the moon is now an *actuality*. 登月旅行现已成为事实。

ac·tu·al·ize /ˈæktʃuəlaiz/ *vt*. 实行;把…化为行动 ‖ **ac·tu·al·i·za·tion** /ˌæktʃuəlaiˈzeiʃᵊn/ *n*. [U]

ac·tu·ar·y /ˈæktʃuəri/ *n*. [C]精算师;保险计算员 ‖ **ac·tu·ar·i·al** /ˌæktʃuəˈeəriəl/ *adj*.

ac·tu·ate /ˈæktʃuˌeit/ *vt*. ❶[常用被动语态]使行动;驱使;激励:be *actuated* by great desire for fame 在强烈的成名欲望驱使下 ❷开动,驱动,使活动:Pressing this button *actuates* the bell. 揿这个按钮,电铃就响。‖ **ac·tu·a·tion** /ˌæktʃuˈeiʃᵊn/ *n*. [U] —ˈ**ac·tuˌa·tor** *n*. [C]

a·cu·i·ty /əˈkjuːiti/ *n*. [U]尖锐,锐利;(尤指思想、视听、才智等的)敏锐:*acuity* of hearing 听敏度

a·cu·men /ˈækjuˌmen,əˈkjuːmᵊn/ *n*. [U]敏锐;精明;聪明:His business *acumen* has made him very successful. 他的生意眼光使他大为发达。

ac·u·punc·ture /ˈækjuˌpʌŋktʃəʳ/ *n*. [U](源自中国的)针刺;针刺疗法;针刺麻醉:*acupuncture* analgesia 针(灸)麻(醉) ‖ **ac·u·punc·tur·ist** /ˌækjuˈpʌŋktʃərist/ *n*. [C]

a·cute /əˈkjuːt/ *adj*. ❶尖的:an *acute* leaf 尖叶 ❷(感觉、感官等)敏锐的,尖锐的:*acute* eyesight 敏锐的眼光 ❸严重的:an *acute* lack of engineers 工程师的严重匮乏 ❹剧烈的,激烈的;厉害的:an *acute* consciousness of self 强烈的自我意识 ❺【数】锐(角)的:an *acute* triangle 锐角三角形 ❻【医】急性的;治疗急性病的:He had *acute* appendicitis. 他患急性阑尾炎。‖ **aˈcute·ly** *adv*. —**aˈcute·ness** *n*. [U]

☆**acute, critical, crucial** 均有"紧急的,严重的"之意。**acute** 通常指需要和缺乏的紧急程度:an *acute* water shortage（严重缺水）**critical** 与 crucial 词义相近，但往往含丝毫之差便会酿成严重后果之意：Another minute's lack of oxygen could be *critical*.（再缺氧一分钟就危险了。）**crucial** 指情况紧急，但暗示转折点或决定性时刻即将到来：The success of this experiment is *crucial* to the project as a whole.（这次实验的成功对整个工程是至关重要的。）

acute accent *n.* [C]【语】锐音符

ad /æd/ **I** *n.* [C]〈口〉广告：a want *ad* for teachers 教师招聘广告 **II** *adj.* [作定语]广告的；广告业的：an *ad* agency 广告公司

A. D., AD *abbr.*〈拉〉*Anno Domini* 公元

ad·age /ˈædidʒ/ *n.* [C]谚语，格言

a·da·gio /əˈdɑːdʒiəu/ *adj.* & *adv.*【音】舒缓的（地）；从容而优美的（地）

ad·a·mant /ˈædəmənt/ *adj.* 坚决的；坚强的；坚定不移的；倔强的；固执的：an *adamant* refusal 断然拒绝/be *adamant* to temptations 不为诱惑所动 ‖ **ˈad·a·mant·ly** *adv.*

Adam's /ˈædəmz/ **apple** *n.* [C]【解】喉结

a·dapt /əˈdæpt/ *vt.* ❶使适应；使适合(*to*)：Can you *adapt* your way of working *to* the new job? 你能使你的工作方式适应新的工作吗？❷改制；改编，改写(*for*)：These books are *adapted for* children. 这些书是为儿童改写的。—*vi.* 变得适应(*to*)：*adapt* easily *to* any circumstances 随遇而安 ‖ **a·dapt·a·bil·i·ty** /əˌdæptəˈbiliti/ *n.* [U] —**a·dapt·a·ble** /əˈdæptəbəl/ *adj.*

☆ **adapt**, **accommodate**, **adjust**, **conform**, **reconcile** 均有"适应，适合"之意。**adapt** 强调作出较大改变，以适应新的情况或不同的环境：I'm afraid he can't *adapt* to the idea of having a woman as his boss.（恐怕他难以适应一个妇女当他上司的主意。）**accommodate** 暗含为取得一致而作出妥协迁就之意：I will *accommodate* my plans to yours.（我修改一下计划以便与你的计划相适应。）**adjust** 侧重于较小的改变，常指仔细准确地调整或校准某物，使其与他物相互协调一致：*adjust* the focus of a camera（调准照相机的焦距）**conform** 强调适合或遵循某一模式、范例或原则：The building does not *conform* to safety regulations.（这座建筑物不符合安全条例。）**reconcile** 强调使相互矛盾的事情基本上一致起来：Can eating fish be *reconciled* with vegetarianism?（吃鱼与素食主义有矛盾吗？）

ad·ap·ta·tion /ˌædæpˈteiʃən/ *n.* ❶[U]适应，适合(*to*)：a marked capacity for change and *adaptation* 非凡的应变适应能力 ❷[U;C]改制；改编，改写；改制物；改编本：The garage is undergoing *adaptation* to living quarters. 这个车库正在改建成住房。

a·dapt·er, a·dapt·or /əˈdæptəʳ/ *n.* [C] ❶适应者；适应物；改制者；改编者，改写者 ❷【机】接合器，接头；转换器；适配器；附加器

add /æd/ *vt.* ❶添加；附加(*to*)：The author *added* an index *to* his book. 作者在书末附加索引。❷把…相加，计算…的总和：*Add* this column of figures. 把这一栏的数字合计一下。❸进一步说(或写)；接着说(或写)；补充说；附带说明：He *added* that he was pleased with the result. 他补充说，他对结果表示满意。—*vi.* ❶做加法：learn to *add* and subtract 学做加减法 ❷起增添作用(*to*)：The fine day *added to* the pleasure of the picnic. 晴朗的天气增添了野餐的欢乐。❸累积起来：The facts *added* together to build up a theory which is indisputable. 这些事实归纳起来，就构成一个无可置辩的理论。‖ ***add up*** *vt.* & *vi.* ❶加起来得到理想的结果：The figures made her cry. They wouldn't *add up*. 这些数字把她给弄哭了，加来加去就是不对头。❷(把…)加起来；算出(…的)总数：*Add up* the numbers. 把这些数字加起来。❸有道理；说得通：His story just doesn't *add up* — he must be lying. 他说的话前后不一致——他一定撒了谎。***add up to*** *vt.* ❶总计达：The bills *add up to* exactly fifty dollars. 这些账单加起来正好 50 美元。❷归根结底；等于是；总括起来意味着：I don't understand. What does all this *add up to*? 我真弄不懂，所有这些归根结底究竟说明了什么呢？‖ **ˈadd·a·ble, ˈadd·i·ble** *adj.*

ad·den·dum /əˈdendəm/ *n.* [C] ❶([复]-**da** /-də/或-**dums**)附加物；附加；补充：As an *addendum* let me point out one more fact. 让我再补充一个事实。❷([复]-**da**)补篇；补遗；附录：The new edition includes a 10-page *addendum*. 新版本附有 10 页补遗。

ad·der /ˈædəʳ/ *n.* [C]【动】❶(欧洲产的)蝰蛇 ❷(北美产无毒的)猪鼻蛇；乳蛇

A

ad·dict I /əˈdikt/ *vt.* [常用被动语态] ❶使成瘾(*to*):a patient who is hopelessly *addicted to* drugs 一名不可救药的吸毒成瘾的病人 ❷使沉溺,使入迷,使醉心于(*to*):*addict* oneself *to* skating 醉心于溜冰 **II** /ˈædikt/ *n.* [C] ❶有瘾的人:a drug *addict* 吸毒成瘾的人 ❷入迷的人:Sam is a real opera *addict*. He just loves the stuff. 萨姆是个十足的歌剧迷,他就爱看那玩意儿。

ad·dic·tion /əˈdikʃᵊn/ *n.* ❶[U]瘾(*to*):Physical dependence produces *addiction*. 对实物的依赖久而成瘾。❷[U;C]沉溺,入迷;嗜好,癖好(*to*):overcome one's *addiction to* alcohol 克服贪杯的癖好

ad·di·tion /əˈdiʃᵊn/ *n.* ❶[U]加;添加;附加:The *addition* of flour will thicken gravy. 加了面粉,肉汁就会变稠。❷[C]增加的人(或物):The new *addition* to our family is a girl. 我们家新添的成员是个女孩。❸[C]【数】加法:do an *addition* 做加法 ‖ ***in addition*** *adv.* 另外,此外,加之:He gets a salary and a bonus *in addition*. 他挣得一份薪水,额外还有一笔奖金。***in addition to*** *prep.* 除…之外(还):*In addition to* giving a general introduction to computers, the course also provides practical experience. 课程除了介绍电脑知识外,还提供实际操作的机会。‖ **adˈdi·tion·al** *adj.* —**adˈdi·tion·al·ly** *adv.*

ad·di·tive /ˈæditiv/ *n.* [C]附加物;添加物;添加剂;加成剂:gasoline *additives* 各种汽油添加剂

ad·dle /ˈædᵊl/ *vt.* 把…弄糊涂;使昏乱:I have *addled* my head with reading all day. 成天看书,我头都昏了。—*vi.* (蛋等)变质,腐坏:Eggs *addle* quickly in hot weather. 热天蛋坏得快。

add-on /ˌædˈɔn/ *n.* ❶[C]附带加上去的东西(如金额、项目、数量等):Air conditioning was an *add-on* to the price of the car. 汽车价格不包括空调。❷〈美〉(附在计算机、音响设备等的主机上以增加其功能的)附加装置:a computer with *add-ons* 有附加装置的计算机

ad·dress /əˈdres/ **I** *n.* ❶[C](〈美〉亦读作 /ˈædres/)地址;住址;通讯处;(收件人的)姓名和地址:home *address* 家庭住址 ❷[C]演说,讲话(见 speech):deliver [give] a presidential *address* 发表总统就职演说 ❸[U]称谓,称呼 ❹[C]【计】地址 **II** *vt.* ❶向…发表讲话(或演说):*address* an assembly 向集会人群发表演说 ❷(直接地)对…说话;写信给;将(信息、警告等)针对而发(*to*):One of newcomers *addressed* John respectfully. 其中一个新来的恭敬地对约翰说话。❸称呼;对待:Do not *address* me as your superior. 别把我当作你的上司来对待。❹讨论,论述;对付,处理:They failed to *address* these problems. 他们没能解决这些问题。❺在(信封、包裹等)上写姓名地址:Please *address* this letter to Alaska. 请将这封信寄往阿拉斯加。‖ ***address oneself to*** *vt.* 致力于;专心致志于:There are two questions *to* which I will *address myself* in this lecture. 在这一讲座中,我将着重谈两个问题。

ad·dress·ee /ˌædrəˈsiː/ *n.* [C]收信人;收件人

ad·duce /əˈdjuːs/ *vt.* 举出(理由、事例、证据等);引证:*adduce* reasons in support of a constitutional amendment 列举理由来支持宪法修正案

ad·e·noid /ˈædiˌnɔid/ *n.* [常作~s]【解】腺样增殖体,增殖腺(指小儿的咽扁桃体)‖ **ad·e·noi·dal** /ˌædiˈnɔidᵊl/ *adj.*

a·dept /ˈædept, əˈdept/ **I** *adj.* ❶巧妙的;灵巧的:the *adept* touch of the artist 那位画家巧妙的手法 ❷娴熟的,擅长的,内行的:an *adept* table-tennis player 乒乓球好手 **II** *n.* [C]能手,内行,行家:an *adept* in philosophy 哲学大师 ‖ **aˈdept·ly** *adv.* —**aˈdept·ness** *n.* [U]

ad·e·quate /ˈædikwət;-wit/ *adj.* ❶足够的,充分的,充足的:The supply is not *adequate* to the demand. 供不应求。❷适合的;恰当的;胜任的(*to*):be *adequate to* the task of doing sth. 能胜任做某事 ❸尚可的;差强人意的:The performance was *adequate*, though hardly exciting. 这场演出还算说得过去,虽然并不令人激动。‖ **ˈad·e·qua·cy** /-kwəsi/ *n.* [U] —**ˈad·e·quate·ly** *adv.* —**ˈad·e·quate·ness** *n.* [U]

☆**adequate, enough, sufficient** 均有"足够的,充足的"之意。**adequate** 有基本上达到要求或符合客观标准的含义,指数量上足够,质量上适当:*adequate* parking facilities (足够的停车设施) **enough** 有时可同 adequate 互换,但仅用来表示数量和程度,不表示质量:Is there *enough* money for us to get a bottle of wine? (有足够

的钱给我们买一瓶酒吗?) **sufficient** 指为特定的目的和需要提供足够的数量,强调要达到的目的:We haven't got *sufficient* information from which to draw a conclusion.(我们还没有得到足够的资料来作出结论。)

ad·here /əd'hiəʳ/ *vi.* ❶黏附,黏着,附着(*to*):Glue helps things to *adhere to* each other. 胶水使东西相互黏附。❷拥护,支持;追随,依附(*to*):Many people *adhere to* the church of their parents. 很多人信奉其父母所信奉的宗教。❸坚持;墨守,固执(*to*):*adhere to* one's own notions 固执己见 ‖ **ad'her·ence** /-ᵊns/ *n.* [U]

ad·her·ent /əd'hiərᵊnt/ **I** *n.* [C]追随者,支持者,拥护者;信徒:an *adherent* of the Conservative Party 拥护保守党的人 **II** *adj.* 黏性的;黏着的,黏附的:an *adherent* substance 黏性物质

ad·he·sion /əd'hiːʒᵊn/ *n.* [U] ❶黏附,黏着,附着 ❷拥护,支持;追随,依附:give one's *adhesion* to a project 对某一计划表示支持 ❸黏附力;附着力:The glue has good *adhesion*. 这种胶水黏着力强。

ad·he·sive /əd'hiːsiv/ **I** *adj.* ❶黏性的;可黏着的 ❷涂有黏性物质(如胶水等)的:an *adhesive* label 带胶标签 / an *adhesive* envelope 胶口信封 **II** *n.* ❶[C;U]黏合剂,黏结剂;黏着剂,胶黏剂 ❷黏胶带 ❸[C]背面带胶邮票,供粘贴的邮票(有别于直接印在信封或明信片上的邮票)

ad hoc /ˌæd'hɔk/ *adj.* 特别的,专门的:an *ad hoc* committee set up to deal with the water shortage 解决缺水问题的特别委员会

ad ho·mi·nem /ˌæd'hɔminem/ *adj.* (不是说理而是)针对人身的:be ready with an *ad hominem* thrust 准备进行人身攻击

a·dieu /ə'djuː/ **I** *int.* 再见 **II** *n.* [C]([复] **a·dieus**或**a·dieux** /ə'djuːz/) 告别,辞行:bid sb. *adieu* 向某人说再见,向某人告别

ad·ja·cent /ə'dʒeisᵊnt/ *adj.* ❶邻近的,毗连的(*to*):The house *adjacent to* yours has been sold. 与你家毗邻的房子已经卖掉了。❷(或前或后)紧接着的,相接触的:a map on an *adjacent* page 紧接在前面(或后面)一页的地图 ‖ **ad'ja·cen·cy** *n.* [U;C]

☆ **adjacent, contiguous, neighbouring, tangent** 均有"邻近的,毗连的"之意。**adjacent** 指两个物体靠近,但并不一定相接,且中间不被同类物体分隔:The council offices are *adjacent* to the library.(市政会办公室就在图书馆旁边。) **contiguous** 比 adjoining 正式,指各种方式的相互联通:England is the only country *contiguous* to [with] Wales.(英格兰是唯一与威尔士接壤的地区。) **neighbouring** 指邻近,但不一定相接:a bus service between the town and the *neighbouring* villages (在城镇与邻近村庄之间的公共汽车服务) **tangent** 指与一条曲线或某一曲面只有一个交点相接或相切:a *tangent* circle (相切圆)

ad·jec·tive /'ædʒiktiv/ **I** *n.* [C]【语】形容词(略作 **adj.**) **II** *adj.* 【语】形容词的;用作形容词的,形容词性的:the *adjective* use of a noun 名词的形容词用法

ad·join /ə'dʒɔin/ *vt.* 贴近,紧靠,与…毗连:Canada *adjoins* the United States. 加拿大与美国接壤。—*vi.* 毗连,邻近:The two lots *adjoin*. 两块土地相互毗连。 ‖ **ad'join·ing** *adj.*

ad·journ /ə'dʒəːn/ *vt.* ❶休(会);延(期);延期讨论(问题):*adjourn* the morning meeting until after lunch 将上午的会议延至午餐后举行 ❷使休会;使休庭;(无限期)中止…的会议;使会议移址:The judge decided to *adjourn* the court for two hours. 法官决定休庭两小时。—*vi.* ❶休会;休庭;中止活动:Sundown would not find us in Washington the day Congress *adjourned*. 凡国会休会之日,黄昏时在华盛顿是找不到我们的。❷转移会址:The committee *adjourned* to a larger hall. 委员会将会议移到较大的大厅里召开。 ‖ **ad·journ·ment** /ə'dʒəːnmᵊnt/ *n.* [C]

ad·judge /ə'dʒʌdʒ/ *vt.* [通常用被动语态] ❶(正式地)宣告;宣判;裁决,判决:The jury *adjudged* the accused man (to be) guilty. 陪审团裁定被告有罪。❷认为;考虑;想:He was *adjudged* an extremist. 他被认为是一个极端主义分子。

ad·ju·di·cate /ə'dʒuːdiˌkeit/ *vt.* ❶判决;宣判;裁定:*adjudicate* sb. (to be) bankrupt 宣判某人破产 ❷当…的评判员(或裁判员,仲裁人等);担任(赛局)的评讲人:*adjudicate* a music festival 担任音乐节的评判员 —*vi.* 判决;裁定;裁判(*upon*, *on*):The court *adjudicated on* the case. 法院判决该案。 ‖ **ad·ju·di·ca·tion** /əˌdʒuːdi'keiʃᵊn/ *n.* [U] —**ad'ju·di·ca·tive**

/-ˌkeitiv/ *adj.* —adˈju·diˌca·tor *n.* [C] —adˈju·di·ca·to·ry /-kətᵊri/ *adj.*

ad·junct /ˈædʒʌŋkt/ **I** *n.* [C] ❶附属物,附加物,附件;辅助物:A spare tire is a more important *adjunct* to a car than a radio. 作为汽车附件,备用轮胎比收音机更重要。❷助手,副手 **II** *adj.* 附加的,辅助的:an *adjunct* professor 兼职教授

ad·just /əˈdʒʌst/ *vt.* ❶校正;校准,调准;调整;整顿:*adjust* the focus of a camera 调准照相机的焦距 ❷调节;使适应(*to*)(见 adapt):These desks and seats can be *adjusted to* the height of any child. 这些桌椅可以根据儿童的身高进行调节。❸理算(保险索赔、债务等)的金额:An insurance adjuster *adjusts* claims after *adjusting* the losses. 保险公司的理算员在评定损失后理算赔偿金额。—*vi.* ❶被调节;被调整:There will be winners and losers as business *adjusts*. 在企业调整过程中,有成功者,也会有失败者。❷适应(*to*):*adjust to* one's new lives 适应新生活 ‖ **ad·just·a·bil·i·ty** /əˌdʒʌstəˈbiliti/ *n.* [U] —**adˈjust·a·ble** *adj.* —**adˈjust·er, adˈjust·or** *n.* [C]

ad·just·ment /əˈdʒʌstmᵊnt/ *n.* ❶[C]调整;整顿;调节;校正:an *adjustment* in sb.'s expenses 对某人支出的调整 ❷[C;U]【心】调节,顺应;调节度,顺应度:The city dwellers quickly made an *adjustment* to village life. 这些城里人很快使自己适应了乡村生活。

ad·ju·tant /ˈædʒətᵊnt/ *n.* [C]【军】(陆、空军及海军陆战队)副官;人事行政参谋(略作 **Adj.**, **Adjt.**)

ad lib /ædˈlib/ **I** *vi.* & *vt.* (**ad libbed; ad lib·bing**)〈口〉即席讲(话);即兴演奏(或演唱等);临时插入(脚本中没有的台词等):The actor forgot some of his lines and had to *ad lib*. 演员忘了几句台词,于是只好即兴编凑。**II** *adj.* 即兴的;当场作出的;临时插入的:give an *ad lib* performance 即兴表演 **III** *adv.* ❶当场;即兴地;随便地;临时插入地:They danced *ad lib* until the conductor found his place again. 他们即兴起舞,直到乐队指挥重新接下去演奏。❷〈口〉没有节制地;没有限制地:dash *ad lib* about the plain of Troy 在特洛伊平原上纵横驰骋

ad·min·is·ter /ədˈministəʳ/ *vt.* ❶掌管;治理;支配;料理…的事务:Hong Kong people *administer* Hong Kong. 港人治港。❷实施;执行(见 execute):*administer* the law justly 公正执法 ❸给予;供给;发放;使服(药):*administer* first aid to an injured player 对受伤的运动员进行急救 ❹主持…的仪式:The priest *administered* the last rites to the dying man. 牧师为垂死者主持临终宗教仪式。❺处理;管理(遗产、信托财产等):*administer* the estate of deceased person 经管死者遗产 ❻操纵(物价、工资等);使稳定:*administer* prices 操纵价格 —*vi.* ❶处理事务:She *administers* quite effectively. 她管理有方。❷有助于,给予帮助,提供好处(*to*):*administer to* the needs of a community 满足社区的需要

ad·min·is·trate /ədˈminiˌstreit/ *vt.* & *vi.* =administer ‖ **adˈmin·isˌtra·tor** *n.* [C]

ad·min·is·tra·tion /ədˌminiˈstreiʃᵊn/ *n.* ❶[U]管理;经营;支配:a course in business *administration* 企业(或工商)管理课程 ❷[U]行政,行政职责:He is experienced in city *administration*. 他富有市政工作经验。❸[C]管理部门,行政机构;英国首相及其内阁;[**the A-**]美国政府(即美国总统及其内阁):the Clinton *Administration* 克林顿政府(或克林顿执政期间) ❹[C]政府任期;行政机关任期;官员任期(在美国尤指总统任期):The Liberal *administration* in Canada lasted many years. 加拿大自由党政府任期持续了多年。❺[U]给予;施行;(药的)配给,服法,用法;处理(过程):the *administration* of charitable aid 慈善救济品的发放 ‖ **ad·min·is·tra·tive** /ədˈministrətiv/ *adj.*

ad·mi·ra·ble /ˈædmᵊrəbᵊl/ *adj.* 令人钦佩的;值得赞赏的:an *admirable* performance 令人赞叹的演出 ‖ **ˈad·mi·ra·bly** *adv.*

ad·mi·ral /ˈædmᵊrᵊl/ *n.* [C] ❶【军】舰队司令;海军总司令 ❷【军】海军上将;海军将军 ‖ **ˈad·mi·ralˌship** *n.* [U;C]

ad·mi·ra·tion /ˌædməˈreiʃᵊn/ *n.* ❶[U]钦佩;羡慕;赞美,赞赏:The beauty of the sunset and the view excited our *admiration*. 落日和景观之美使我们赞叹不已。❷[C]令人赞赏的事物;令人钦佩的人:Charles Dickens was one of his greatest *admirations*. 查尔斯·狄更斯是他最欣赏的作家之一。

ad·mire /ədˈmaiəʳ/ *vt.* 钦佩;羡慕;赞美,赞赏;

欣赏:*admire* sb. for his many achievements 钦羡某人取得很多成绩‖**ad'mir·er** *n.* [C]

ad·mir·ing /əd'maiəriŋ/ *adj.* 赞赏的,赞美的;羡慕的:*admiring* looks 赞赏(或羡慕)的表情 ‖ ***be admiring of*** *vt.* 〈主美方〉赞赏;羡慕:He's *admiring of* his brother's farm. 他对他兄弟的农场很羡慕。‖ **ad'mir·ing·ly** *adv.*

ad·mis·si·ble /əd'misəb°l/ *adj.* ❶可进入的;有资格加入的(*to*):be *admissible to* the bar 有资格担任律师 ❷可容许的:Such behaviour is not *admissible* on the university campus. 这种行为在大学里是不容许的。❸(意见、计划等)值得考虑的,值得采纳的:an *admissible* suggestion 可采纳的建议 ❹【律】(证据)可接受的:The judge ruled the evidence *admissible*. 法官裁定该证据可以接受。‖ **ad·mis·si·bil·i·ty** /əd͵misə'biliti/ *n.* [U] —**ad'mis·si·bly** *adv.*

ad·mis·sion /əd'miʃ°n/ *n.* ❶[U]准许进入,准许加入;进入(权),加入(权)(见 admittance):grant sb. *admission* to the rare books room 准许某人进入善本图书室查阅 ❷[U;C]入场费;入场券:*Admission* to the concert is $ 65. 音乐会门票为 65 美元。❸[C]承认,供认,招认:His *admission* that he was to blame kept the others from being punished. 他承认了他应承担责任,从而才使他人免于受罚。‖ ***by*** [***on***] ***sb.'s own admission*** *adv.* 如某人自己所承认;据某人自述:He was guilty *by his own admission*. 他自己承认他是有罪的。‖ **ad·mis·sive** /əd'misiv/ *adj.*

ad·mit /əd'mit/ (**-mit·ted**;**-mit·ting**) *vt.* ❶准许…进入(或加入);准许…享有权利(或行使职权等):Soon afterwards he was *admitted* to British citizenship. 时隔不久他便取得了英国国籍。❷(认为真实、属实、合法、有效等而)接受;确认(见 receive):*admit* a claim (判定情况属实而)确认索赔 ❸承认;供认,招认(见 acknowledge):*admit* one's guilt 认罪 ❹容许;给…留有余地:The case *admitted* no difference of opinion. 形势容不得闹什么意见分歧。❺能容纳:The new theatre will *admit* 400 people. 新戏院可容纳 400 人。—*vi.* ❶容许;给予机会;留有余地(*of*):The matter *admits of* no delay. 此事刻不容缓。❷通往,开向(*to*):This door *admits to* the garden. 这扇门通花园。❸承认(*to*):He *admitted to* his complicity in the crime. 他承认他与这桩罪行有共谋关系。

ad·mit·tance /əd'mit°ns/ *n.* [U]准许进入(或加入);进入(或加入)权:She had *admittance* to all the theatres free of charge. 她享有免费进入各剧场的权利。

☆ **admittance, admission, entrance, entry** 均有"进入"之意。**admittance** 较为正式,仅表示进入某一场所,强调准许进入,但不包含附带目的或其他权益:He was refused *admittance* to the house. (他被拒之门外。) **admission** 既可用以进入某一场所,也可用作正式被接纳或吸收进某一组织,强调被赋予某种义务、权利或责任:We campaigned for the *admission* of women to the club. (我们发起运动,使妇女也可以参加这个俱乐部。) **entrance** 为普通用词,使用范围很广,如可指演员上场、官员就任、学生入学等,强调进入的行为:The hero makes his *entrance* on stage in Act 2. (男主角在第二幕出场。) **entry** 较为正式,常用来表示正式或庄严地进入或加入:The trumpet will announce the Nuncio's *entry*. (小号声将宣告教皇使节的到场。)

ad·mit·ted·ly /əd'mitidli/ *adv.* 不容否认地;公认地;诚然:He is *admittedly* a great writer. 他是一位公认的伟大作家。

ad·mix /əd'miks/ *vt.* & *vi.* (**-mixed** 或**-mixt**) 掺和,混合 ‖ **ad·mix·ture** /əd'mikstʃə^r/ *n.* [U]

ad·mon·ish /əd'mɔniʃ/ *vt.* ❶警告:The policeman *admonished* him not to drive so fast. 警察警告他不要把车开得太快。❷责怪;告诫:*admonish* sb. about excessive noise 责怪某人太吵 ‖ **ad'mon·ish·ment** *n.* [U]

ad·mo·ni·tion /͵ædmə'niʃ°n/ *n.* [C;U]警告,告诫;轻责:*admonitions* against self-conceit 防止自高自大的警告 ‖ **ad·mon·i·to·ry** /əd'mɔnit°ri/ *adj.*

a·do /ə'du:/ *n.* [U]忙乱;麻烦;费劲;(无谓的)纷扰:win a race without *ado* 不费什么劲便赢得了比赛 ‖ ***have*** [***make***] ***much ado*** *vi.* 大事忙乱,费尽心力:He had much *ado* in finding out his lodging. 他费了一番周折才找到住处。***much ado about nothing*** *n.* 无事生非;无事空忙:Your promises always turned out to be *much ado about nothing*. 你的允诺到头来总是

让人空欢喜一场。*with much ado adv.* 费尽心力 *without further* [*more*] *ado adv.* 不再啰唆地,干脆,直截了当地;立即:*Without further ado*,he left the scene. 他二话没说,便离开了现场。

a·do·be /əˈdəubi,əˈdəub/ *n.* ❶[U]风干砖(或瓦)坯 ❷[C]土砖建筑物 ❸[U](制土坯的)重黏土;干盐湖黏土;沙漠(或干旱地带)的沉积黏土

ad·o·les·cence /ˌædəˈlesᵊns/ *n.* [U]青春期(一般指成年前13至16岁的发育期);青春:the dreamy,stormy years of *adolescence* 充满幻想和骚动的青春年华

ad·o·les·cent /ˌædəˈlesᵊnt/ **I** *adj.* ❶青春期的;青少年的(见 young):*adolescent* crises 青春期易出的问题 ❷〈口〉幼稚的;孩子气的,不成熟的:*adolescent* behaviour 孩子气的举动 **II** *n.* [C]青少年

a·dopt /əˈdɔpt/ *vt.* ❶采用,采纳,采取:*adopt* a more open policy 采取更加开放的政策 ❷(承)认…为有某种关系的人(*as*);收养,领养;承继:*adopt* a homeless orphan 领养无家可归的孤儿 ❸正式通过,批准:The committee *adopted* the new rule by a vote of five to three. 委员会以5∶3的投票结果通过了新规则。‖ **a·dopt·a·bil·i·ty** /əˌdɔptəˈbiliti/ *n.* [U] —**aˈdopt·a·ble** *adj.* —**aˈdopt·er** *n.* [C]

a·dop·tion /əˈdɔpʃᵊn/ *n.* ❶[U;C]收养:offer a child for *adoption* 将孩子给人收养 ❷[U]采取;正式通过:the *adoption* of new rules 新规则的表决通过

a·dop·tive /əˈdɔptiv/ *adj.* [作定语]收养的;有收养关系的:*an adoptive* son 养子

☆**adopted** 与 **adoptive** 虽均有"收养的,有收养关系的"之意,但习惯用法上前者多指"养子(女)",而后者则通常指"养父(母)"。

a·dor·a·ble /əˈdɔːrəbᵊl/ *adj.* ❶〈口〉可爱的;讨人喜欢的;迷人的:an *adorable* kitten 可爱的小猫 ❷〈罕〉值得敬爱的:sb.'s *adorable* mistress 某人倾心的情人 ‖ **aˈdor·a·bly** *adv.*

a·dore /əˈdɔːʳ/ *vt.* ❶崇拜,敬爱,敬仰;热爱,爱慕:*adore* one's parents filially 孝敬父母 ❷〈口〉很喜欢,极喜爱:I just *adore* that dress! 我就是很喜爱那套礼服!—*vi.* ❶崇拜,敬爱,敬仰;热爱,爱慕 ❷〈口〉极喜爱,很喜欢:I would *adore* to settle back home. 我很想回家安居乐业。‖ **ad·o·ra·tion** /ˌædəˈreiʃᵊn/ *n.* [U] —**aˈdor·er** *n.* [C] —**aˈdor·ing** *adj.* —**aˈdor·ing·ly** *adv.*

a·dorn /əˈdɔːn/ *vt.* ❶装饰,装点;佩带;装扮:They *adorned* their hair with garlands of flowers. 她们头上戴着花环。❷使更富美感,使增色生辉:A simple gold pin *adorned* her dress. 一枚质朴的金别针顿使她的裙服流光溢彩。‖ **aˈdorn·ment** *n.* [U]

ad·ren·al·ine /əˈdrenəliːn/ *n.* [U] ❶【生化】肾上腺素 ❷〈喻〉刺激物,激励物;促进因素;(一阵)突发性的愤怒(或兴奋、激动、焦急等):an *adrenaline* rush of anger 一阵愤怒的冲动

a·drift /əˈdrift/ *adv.* & [通常作表语] *adj.* ❶漂浮着(的),漂流着(的):a boat found *adrift* on the lake 一条在湖上打漂的船 ❷〈喻〉随波逐流地(的),漫无目的地(的),漂泊不定地(的):Crowds of demonstrators were turned *adrift* on the streets. 一群群示威者被人驱使着在街上漫无目的地东奔西跑。

a·droit /əˈdrɔit/ *adj.* ❶熟练的;灵巧的(见 dexterous):Monkeys are *adroit* climbers. 猴子爬高动作很灵巧。❷机敏的;巧妙的;聪明的;精明的(*at*,*in*)(见 dexterous):an *adroit* defence 巧妙的辩护(或答辩):He was *adroit at* [*in*] handling difficult situations. 他善于应付各种困难局面。‖ **aˈdroit·ly** *adv.* —**aˈdroit·ness** *n.* [U]

ad·u·late /ˈædjuˌleit/ *vt.* 谄媚,奉承;过分称赞(或崇拜):What is there to *adulate* in me! 我有什么好吹捧的!‖ **ad·u·la·tion** /ˌædjuˈleiʃᵊn/ *n.* [U] —**ˈad·uˌla·tor** *n.* [C] —**ad·u·la·to·ry** /ˈædjuˌleitᵊri/ *adj.*

ad·ult /əˈdʌlt,ˈædʌlt/ **I** *n.* [C]成年人(法律上指年龄达到18周岁[有时亦指21周岁]的人):behave like an *adult* 像成人那样举止端庄 **II** *adj.* [通常作定语] ❶成年的;发育成熟的(见 ripe):an *adult* fruit fly 发育成熟的果蝇 / *adult* trees 已长成材的树 ❷成年人的;适宜于成年人的;〈主美〉〈婉〉(因含有色情等内容而)仅限于成人观看(或阅读等)的:*adult* education 成人教育 ❸老成的,成熟的:not *adult* enough to understand 少不更事 ‖ **ˈad·ult·hood** *n.* [U]

a·dul·ter·ant /əˈdʌltərᵊnt/ *n.* [C]掺杂物;掺杂剂

a·dul·ter·ate /əˈdʌltəˌreit/ *vt.* 在…中掺入他物(或低劣杂质),掺入杂物使变得不纯:The food had been *adulterated* to increase its weight. 为增加分量,这食品被人掺了其他东西。‖ **aˈdul·terˌat·ed** *adj.* — **a·dul·ter·a·tion** /əˌdʌltəˈreiʲn/ *n.* [U] —**a·dul·ter·a·tor** /əˈdʌltəˌreitəʳ/ *n.* [C]

a·dul·ter·y /əˈdʌltʳri/ *n.* [U] 通奸:single [double] *adultery* 一方[双方]已婚的通奸 / commit *adultery* with sb. 与某人通奸

ad·vance /ədˈvɑːns;ədˈvæns/ **I** *vt.* ❶使向前移动;使前进:The general *advanced* the troops. 将军挥师向前。❷提出(要求、建议等):*advance* reasons for a tax cut 提出减税的种种理由 ❸促进,增进;助长,加速…的生长:*advance* growth 促进生长 ❹使(未来事件)提前发生,把(未来事件的日期)提前;把(钟表)拨快;使(内燃机火花塞)提早发火:Clocks must be *advanced* one hour at midnight. 钟表必须在半夜里拨快一小时。❺提升;提高…的重要性:She was *advanced* to a higher pay bracket. 她被提高了一级工资。—*vi.* ❶前进:*advance* against the enemy 向敌军进击 ❷取得进展;改进:He *advanced* rapidly in his job. 他在工作中提高得很快。❸被晋升,被提升;(在地位、重要性等方面)提高:*advance* in rank 晋级 ❹(物价等)上涨;(数量等)增加;(价值等)提高:Milk *advanced* two cents a quart. 牛奶每夸脱上涨了两美分。**II** *n.* ❶[C]前进,行进,推进:The army's *advance* was very slow. 部队推进的速度非常缓慢。❷[C]进展,进步,发展:the *advance* of high technology 高科技的进步 ❸[~**s**](表示友好和解等的)主动姿态;(对异性的)求爱;挑逗,勾引:The management made *advances* to the union. 资方向工会作出友好和解的主动姿态。❹[C](价格、数量等的)增长;增加:an *advance* on cottons 棉花价格的上涨 ❺[C]【商】预支,预付,预先提供;预支款,预付款,预行提供的货物:He received $ 100 as an *advance* against future delivery. 他收到100美元货物预付款。❻[U]擢升,高升;(重要性等的)提高:one's *advance* to the position of treasurer 某人升任司库一职 **III** *adj.* [作定语] ❶前面的;先行的:an *advance* party [group] of soldiers 先头部队 ❷事先的,预先的:have *advance* information of sth. 预知某事 ❸出版(或发行)前的:He sent me an *advance* copy of his novel. 他送了我一本他新写的长篇小说的样本。‖ ***in advance*** *adv.* ❶在前面:He was *in advance* throughout the race. 在整个赛跑过程中他一路领先。❷预先,事先:I paid for my ticket *in advance*. 我预付了票款。***in advance of*** *prep.* 在…前面,在…之前:They reached the station *in advance of* the 7:00 train. 他们在7点钟开车前到达火车站。

☆ **advance, forward, further, promote** 均有"促进,推动"之意。**advance** 强调有效地加速某事的进程或实现某个预定目的:Too much protein in the diet may *advance* the aging process. (饮食中蛋白质过量可能会加速衰老。)**forward** 可与 advance 互换,强调有效推进过程,但很少用于人:We are doing all we can to *forward* the progress of the talks. (我们正在尽一切努力促进会谈取得进展。)**further** 强调帮助排除障碍,以达到预期的目的:*further* the cause of peace (推动和平事业) **promote** 指用实际行动支持某人或某事(物)的成长或取得成功,暗示根据某特定目标,给予积极的支援、鼓励,尤指地位、身份的提高:The football team was *promoted* to the first division. (该足球队已晋升为甲级队。)

ad·vanced /ədˈvɑːnst;ədˈvænst/ *adj.* ❶领先的,超前的;先进的:*advanced* techniques 先进技术 ❷高级的:*advanced* reconnaissance satellite 高级侦察卫星 ❸年迈的,上了年纪的:be *advanced* in years 年事已高 ❹后阶段的;晚期的:*advanced* lung cancer 晚期肺癌

ad·vance·ment /ədˈvɑːnsmʳnt;ədˈvæns-/ *n.* ❶[U]前进;进展;促进:gain *advancement* in one's work 在工作方面取得进展 ❷[C]提高;增加:a rapid [slow] *advancement* in pay 工资的迅速[缓慢]增长

ad·van·tage /ədˈvɑːntidʒ;ədˈvæn-/ **I** *n.* ❶[C]有利条件,有利因素:Disadvantages outweigh *advantages*. 弊大于利。❷[U]好处,利益(见 benefit):He gained little *advantage* from his recent visit to Washington. 他最近出访华盛顿并没有捞到什么好处。❸[C]有利地位,优越地位;优势,长处:Honesty is a great *advantage*. 诚实是一大美德。**II** *vt.* 使处于有利地位;有利于,有助于:The agriculture of this country has been *advantaged* by the importation of reaping machines. 该国的农业曾得益于进口的收割机。—*vi.* 获利,得益 ‖ ***take ad-***

vantage of vt. ❶利用(时机等):You have to *take advantage of* what time there is. 你得分秒必争。❷(利用年轻、无知、好心等而)占…的便宜;欺骗,捉弄:He wouldn't *take advantage of* her youth. 他不愿看她年轻而占她的便宜。***to advantage*** *adv.* 有利地;有效地;(用衬托、比较等)使优点突出:The dress sets her figure off *to advantage*. 那套裙服把她的身段衬托得更加婀娜多姿。***to sb.'s advantage*** *adv.* 对某人有利:His education worked *to his advantage* in getting promoted. 他受过的教育对他获得升迁大有助益。‖ **ad•van•ta•geous** /ˌædvənˈteidʒəs/ *adj.* —ˌ**ad•vanˈta•geous•ly** *adv.*

ad•vent /ˈædvent,-vənt/ *n.* ❶[C](重要人物或事物的)出现;来临,到来:the *advent* of a new era 新时代的来临 ❷[A-]【宗】基督降临节(圣诞节前包括四个星期日的节期)

ad•ven•ture /ədˈventʃəʳ/ *n.* ❶[C]冒险活动(或经历);不寻常的经历;激动人心的活动;奇遇(见 venture):He experienced strange *adventures* on his expedition across the desert. 他在横跨沙漠的远征途中经历了种种奇遇。❷[U]冒险(性):a spirit of *adventure* 冒险精神 ‖ **ad•ven•tur•ous** /ədˈventʃərəs/ *adj.* —**adˈven•tur•ous•ly** *adv.*

ad•verb /ˈædvəːb/ *n.* [C]【语】副词 ‖ **ad•ver•bi•al** /ədˈvəːbiəl/ *adj.*

ad•ver•sar•y /ˈædvəsəri/ *n.* [C] ❶敌手;敌人;反对派:a worthy *adversary* 不可小觑的敌手 ❷(体育比赛等中的)对手,对手方:Which school is our *adversary* in this week's football game? 本周足球赛中我们的对手方是哪个学校? ‖ **ad•ver•sar•i•al** /ˌædvəːˈseəriəl/ *adj.*

ad•verse /ˈædvəːs/ *adj.* ❶不友好的;有敌意的;敌对的;反对的:He was openly *adverse* to my suggestion. 他公开反对我的建议。❷不利的;有害的:*adverse* circumstances 逆境 ❸逆向的;(位置上)相反的:an *adverse* trade balance 贸易逆差 ‖ **adˈverse•ly** *adv.* —**adˈverse•ness** *n.* [U]

ad•ver•si•ty /ədˈvəːsiti/ *n.* ❶[U]逆境;厄运;(尤指经济方面的)窘境:A friend will show his true colours in times of *adversity*. 患难见真情。❷[C][常作 **adversities**]灾祸;危难;不幸遭遇:the prosperities and *adversities* of the life 人生的盛衰荣枯

ad•vert¹ /ədˈvəːt/ *vi.* & *vt.* (在讲话、文章等中)谈到,提及(*to*):He *adverted* briefly *to* the news of the day. 他简要地谈到当天的新闻。

ad•vert² /ˈædvəːt/ *n.* [C]〈英口〉广告(=advertisement)

ad•ver•tise /ˈædvəˌtaiz/ *vt.* ❶为…做广告;宣传;使尽人皆知:*advertise* goods for sale 为推销商品而做广告 ❷(在报刊、广播、电视、布告栏等中)公告,公布:a leaflet *advertising* a fishing competition 钓鱼比赛的广告传单 ❸通知,告知(*of*):We have *advertised* our correspondents abroad *of* our new process. 我们已将新的步骤通知了驻外记者。—*vi.* 登公告;登广告;做广告:*advertise* for a job [cook] 登广告求职[征聘厨师] ‖ ˈ**ad•verˌtis•er** *n.* [C]

ad•ver•tise•ment /ədˈvəːtismənt,-tiz-/ *n.* ❶[C]广告;公告;启事(略作 **ad, advert**):an *advertisement* of a special sale 大贱卖的广告 ❷[U]广告活动;宣传,张扬:*Advertisement* helps to sell goods. 广告宣传有助于推销商品。

ad•ver•tis•ing /ədˈvəːtaiziŋ/ *n.* [U] ❶广告业:a firm that does *advertising* 经营广告生意的公司 ❷广告活动;登广告,做广告:The magazine gets a lot of money from *advertising*. 那本杂志的广告收益很不错。

ad•ver•to•ri•al /ˌædvəˈtɔːriəl/ *n.* [C]社论式广告(指常作为报刊中心插页的正式广告文字)

ad•vice /ədˈvais/ *n.* [U]劝告;忠告;建议,意见:ask sb.'s *advice* about sth. 就某事征求某人的意见 / act on [upon] sb.'s *advice* 按某人的劝告办事

ad•vis•a•ble /ədˈvaizəbəl/ *adj.* 适当的;合理的,明智的:The doctor does not think it *advisable* for you to drink. 医生认为你不宜饮酒。‖ **ad•vis•a•bil•i•ty** /ədˌvaizəˈbiliti/ *n.* [U] —**adˈvis•a•bly** *adv.*

ad•vise /ədˈvaiz/ *vt.* ❶劝告;忠告;警告:It was his doctor who *advised* that he change his job. 正是他的私人医生劝他调换工作的。❷建议,给…出主意,向…提供意见:We *advise* that steps be taken at once. 我们建议立即采取措施。❸通知;告知(*of*):They *advised* him that this was their final notice. 他们通知他这是他们的最后通牒。—*vi.* 提出劝告(或忠告、意见等);建议:Will you *advise* on these points? 关

A

于这几点请你提提意见好吗?

ad·vis·ed·ly /əd'vaizidli/ *adv.* 深思熟虑地,胸有成竹地;故意地:She startled at the endearment, though it had been spoken *advisedly*. 她听到这个亲昵的称呼,吓了一跳,虽然它被说得很有分寸。

ad·vis·er, ad·vi·sor /əd'vaizə^r/ *n.* [C] 劝告者,建议者,提供意见者;顾问:an *adviser* to the government on security matters 政府的安全事务顾问

ad·vi·so·ry /əd'vaizəri/ I *adj.* ❶劝告的;警告的;建议的:an *advisory* speed sign 车速警示标志 ❷有权进言的;顾问的,咨询的:an advisory committee 咨询委员会(或顾问委员会) II *n.* [C] ❶(有关进展、建议的)报告:an investment *advisory* 投资报告 ❷〈主美〉公告;通告;通报:a health *advisory* 健康通报(或卫生通报)

ad·vo·ca·cy /'ædvəkəsi/ *n.* [U] ❶拥护;提倡;主张;鼓吹(*of*):She's well known for her *advocacy of* women's rights. 她因提倡女权而闻名。❷辩护;辩护业;辩护术:a lawyer's professional *advocacy* of a case 律师对案件所作的专业性的辩护

ad·vo·cate I /'ædvəˌkeit/ *vt.* 拥护;提倡,主张;鼓吹(见 support):*advocate* nonviolence 鼓吹非暴力主义 II /'ædvəkət,-ˌkeit/ *n.* [C] ❶拥护者;提倡者;鼓吹者:an *advocate* of vegetarianism 素食主义的拥护者 ❷辩护者,辩护人:the *advocate* for the defence 被告辩护人 ‖ **'ad·vo·cateˌship** *n.* [U;C]

adz(e) /ædz/ *n.* [C]扁斧,锛子

ae·gis /'iːdʒis/ *n.* [U] ‖ ***under the aegis of*** *prep.* ❶在…庇护(或保护)之下:*Under the aegis of* the Constitution, we enjoy our most treasured freedom. 在宪法的保护下,我们享有最珍贵的自由。❷由…主办(或发起);在…领导(或指导)之下:The conference on world health was held *under the aegis of* the United Nations. 这次世界卫生大会是由联合国主办的。

ae·on /'iːən/ *n.* =eon

aer·ate /'eəreit/ *vt.* ❶(常指通过加压)在…中充气;(尤指用二氧化碳)使泡腾:water that has been *aerated* with carbon dioxide 因充有二氧化碳而发泡的水 ❷使暴露于空气中;使通气:Water in some reservoirs is *aerated* and purified by spraying it high into the air. 有些水库的水通过喷射到高空加以通气净化。‖ **aer·a·tion** /ˌeiə'reiʃ^ən/ *n.* [U] —**'aer·a·tor** *n.* [C]

aer·i·al /'eəriəl/ I *adj.* ❶空气的;大气的:*aerial* currents 气流 ❷生存在空气中的;【植】气生的;【动】飘浮(或翱翔)在空中的;在空中移动的;架空的:*aerial* creatures 飞禽 II *n.* [C]天线:We have a TV *aerial* fixed to our roof. 我们在屋顶上架了根电视天线。‖ **'aer·i·al·ly** *adv.*

aer·i·al·ist /'eəriəlist/ *n.* [C]〈主美〉(表演走钢丝、空中飞人等的)高空杂技演员

aer·o·bat·ics /ˌeərə'bætiks/ [复] *n.* ❶飞行特技 ❷[用作单]特技飞行

aer·o·bic /eə'rəubik/ *adj.* [作定语] ❶需氧的,需气的:*aerobic* bacteria 需氧(细)菌 ❷增氧健身法的;为增氧健身运动的:*aerobic* dances 增氧健身舞 ‖ **aer'o·bi·cal·ly** *adv.*

aer·o·bics /eə'rəubiks/ [复] *n.* [用作单或复]增氧健身法(指慢跑、划船、游泳、骑车等加速血液循环、增加心肺功能的运动):*Aerobics* is a good way to get your body in shape. 增氧健身法是保持体型健美的良好途径。

aer·o·dy·nam·ics /ˌeərəudai'næmiks/ [复] *n.* [常作单]空气动力学 ‖ **ˌaer·o·dy'nam·ic** *adj.* —**ˌaer·o·dy'nam·i·cal·ly** *adv.* —**ˌaer·o·dy·'nam·i·cist** *n.* [C]

aer·o·nau·tics /ˌeərə'nɔːtiks/ [复] *n.* [用作单] 航空学 ‖ **ˌaer·o'nau·tic, ˌaer·o'nau·ti·cal** *adj.*

aer·o·plane /'eərəˌplein/ *n.* [C]〈英〉飞机〔亦作 **plane**〕

aer·o·sol /'eərəˌsɔl/ I *n.* [C]气喷器 II *adj.* 喷雾剂的,气雾剂的;盛气雾剂(或泡沫剂等)的:*aerosol* disinfectant 空气消毒剂

aer·o·space /'eərəˌspeis/ I *n.* [U]航空航天空间,宇宙空间(指地球大气层及其外面的空间) II *adj.* [作定语]航空航天(空间)的;航空航天器的;航空航天器制造的:*aerospace* research 航空航天研究

aes·thete /'iːsθiːt/ *n.* [C] ❶审美家 ❷唯美主义者〔亦作 **esthete**〕

aes·thet·ic /iːs'θetik,es-/ *adj.* ❶美学的;关于美学原理的:an *aesthetic* theory 美学理论 ❷美

的；给人以美感的；艺术的：an *aesthetic* design 精美的设计 ❸审美的；具有审美趣味的：*aesthetic* enjoyment 审美享受〔亦作 **esthetic**〕‖ **aesˈthet·i·cal***adj*. —**aesˈthet·i·cal·ly** *adv*.

aes·thet·ics /iːsˈθetiks, is-/ [复] *n*. [用作单] ❶美学；美术理论 ❷审美学〔亦作 **esthetics**〕

a·far /əˈfɑːʳ/ *adv*. 在远处；从远处；到远处；遥远地：Explorers went *afar* in search of new lands. 探险家们去遥远的地方探寻新大陆。‖ ***from afar*** *adv*. 自远方，从远方：She grinned at me *from afar*. 她老远就冲我咧嘴一笑。

af·fa·ble /ˈæfəbᵊl/ *adj*. ❶和蔼的；和气的；易接近的；(尤指对下属)谦和有礼的：George is *affable* to his juniors. 乔治对下属总是和和气气的。❷诚挚亲切的；友爱的；慈祥的：an *affable* smile 慈祥的微笑 ‖ **af·fa·bil·i·ty** /ˌæfəˈbiliti/ *n*. [U] —ˈ**af·fa·bly** *adv*.

af·fair /əˈfeəʳ/ *n*. [C] ❶事；事情：This *affair* is keeping him occupied. 这件事使他忙得不可开交。❷[～s](个人、公共、商业等方面的)事务：He had not hesitated to close down his *affairs* in New York. 他毫不犹豫地关闭了他在纽约的生意。❸[C]恋爱事件；风流韵事；私通：an extramarital *affair* 婚外恋 ❹[C][常与当事者人名或地名等专有名词连用]炒得沸沸扬扬的事件：the Watergate *affair* 水门事件

af·fect /əˈfekt/ *vt*. ❶影响：Noise *affects* people. 噪音对人有不良影响。❷(在感情方面)打动；感动：All the people in the auditorium were *affected* to tears. 礼堂里所有的人都感动得流泪了。❸(疾病)侵袭：Her throat was *affected* by a cold. 感冒引起她喉部疼痛。

af·fec·ta·tion /ˌæfekˈteiʃᵊn/ *n*. ❶[U]假装；炫示；做作(*of*)：make an *affectation of* one's learning 假装学富五车 ❷[C]装模作样，做作；矫情，矫饰：an article studded with faded poeticisms and other *affectations* 一篇充斥着陈腐诗句和虚饰浮词的文章

af·fect·ed /əˈfektid/ *adj*. ❶矫揉造作的，装模作样的，不自然的：*affected* sophistication 故作深沉 ❷假装的，佯装的：*affected* cheerfulness 强作欢颜

af·fec·tion /əˈfekʃᵊn/ *n*. ❶[U]爱，喜爱；友爱；慈爱(*for*, *towards*)(见 love)：be held in deep *affection* 深受爱戴 ❷[常作～s]感情，情感；爱慕，情爱(见 feeling)：reason and *affections* 理智和情感

af·fec·tion·ate /əˈfekʃənit/ *adj*. 爱的，慈爱的；充满深情的；表示爱的；温柔亲切的：She is very *affectionate* to [towards] her children. 她很爱自己的孩子。‖ **afˈfec·tion·ate·ly** *adv*.

af·fi·da·vit /ˌæfiˈdeivit/ *n*. [C]【律】宣誓书；宣誓证词书：Lawyers file *affidavits* on behalf of clients. 律师代委托人提交宣誓书。

af·fil·i·ate I /əˈfiliˌeit/ *vt*. ❶[常用被动语态]使紧密联系：The two clubs were *affiliated* with each other. 这两个俱乐部联系密切。❷[常用被动语态]使隶属(或附属)于；使成为…的分支机构；接纳…为成员，使成为会员(*to*, *with*)：Our research centre is *affiliated to* [*with*] Nanjing University. 本研究中心隶属于南京大学。—*vi*. 发生联系；参加(*with*)：refuse to *affiliate with* an organization 拒绝加入某个组织 **II** /əˈfiliət, -ˌeit/ *n*. [C]成员；附属(或隶属)机构，分支机构：the establishment of bank *affiliates* 银行分行的设立 ‖ **af·fil·i·a·tion** /əˌfiliˈeiʃᵊn/ *n*. [C;U]

af·fin·i·ty /əˈfiniti/ *n*. [C;U] ❶(生性)喜好；(本性)倾向；(互相)吸引(*between*, *for*, *to*, *with*)：sb.'s temperamental *affinity with* the stage 某人对戏剧艺术的癖好 ❷(动物、植物、语言等之间的)类同，近似；相像(见 likeness)：the many *affinities* between English and German 英语和德语的许多相似之处 ❸姻亲关系；密切关系；亲和：the *affinities* of language and culture 语言文化的密切关系

af·firm /əˈfəːm/ *vt*. ❶断言；坚称(见 assert)：He *affirms* the truth of these statements. 他一口咬定这些说法确凿无误。❷证实；认可，确认；批准：Congress *affirmed* the treaty the President had made. 国会批准了总统拟订的条约。❸赞同；支持；维护：*affirm* the rights of the people 维护人民的权利

af·fir·ma·tion /ˌæfəˈmeiʃᵊn/ *n*. ❶[C;U]断言；肯定；确认：*affirmation* of human rights 对人权的确认 ❷[U]证实；批准 ❸[C]【律】(不经宣誓而作的)证词

af·firm·a·tive /əˈfəːmətiv/ **I** *adj*. ❶肯定的：an *affirmative* response 肯定的回答(或答复) ❷(在投票等中)表示同意的，表示赞成的：take the *affirmative* side 站在赞成的一方 / an *affirmative* vote 赞成票 ❸(态度等)积极的;乐观的;抱有希望的:I don't feel very *affirmative* about the future of the project. 我对这项工程的前景不抱乐观态度。**II** *n.* ❶[C]肯定的陈述;【逻】肯定命题 ❷[C]肯定词;肯定语:"I will" is an *affirmative*. "我愿意"是肯定语。‖ ***in the affirmative*** *adv.* & *adj.* 表示赞成;以肯定方式:All the votes are *in the affirmative*. 全体投票赞成。‖ **af'firm·a·tive·ly** *adv.*

af·fix **I** /ə'fiks/ *vt.* ❶贴上;黏上(*to*,*on*)(见 fasten):*affix* the eye *on* sb. 盯着某人 ❷(尤指末尾)添上,附上(签名等)(*to*):a penalty *affixed to* hasty, superficial thinking 草率、肤浅的构思产生的苦果 ❸盖(印章):*affix* a seal to a contract 在合同上盖章 **II** /'æfiks/ *n.* [C]【语】词缀

af·flict /ə'flikt/ *vt.* 折磨;使苦恼,使痛苦:be bitterly *afflicted* both in body and spirit 身心备受折磨 ‖ **af·flic·tion** /ə'flikʃ°n/ *n.* [C;U]

af·flu·ence /'æfluəns/ *n.* [U] ❶富裕;富足:live in *affluence* 生活优裕❷[常与不定冠词连用]大量;丰富;充裕:*an affluence* of rain 大量的雨水

af·flu·ent /'æfluənt/ *adj.* ❶富裕的;富足的:an *affluent* family 富裕的家庭 / live in *affluent* times 生活在富足的年代 ❷大量的,充裕的,丰富的;富饶的:a moment *affluent* with a blissful excitement 充满快乐和激情的时刻

af·ford /ə'fɔːd/ *vt.* [不用于被动语态] ❶[常接在 can, could, be able to 后]花费得起(时间、金钱等);担负得起(损失、后果等);足以:Can we *afford* two cars? 我们买得起两辆汽车吗?❷给予;提供;出产:The meeting *afforded* much useful information. 这次会议提供了许多有用的信息。‖ **af'ford·a·ble** *adj.*

af·front /ə'frʌnt/ **I** *n.* [C]当众侮辱;故意冒犯;轻蔑:put an *affront* upon sb. 当众侮辱某人 **II** *vt.* (公开)侮辱;(有意)冒犯;轻蔑地对待:be *affronted* at sb.'s rudeness 被某人粗鲁冒犯

Af·ghan /'æfgæn/ *n.* ❶[C]阿富汗(裔)人;阿富汗居民 ❷[U]阿富汗语 ❸[C]【动】阿富汗猎犬 ❹[a-][C](针织或钩编而成、常呈几何图案的)阿富汗毛毯;阿富汗披肩

a·field /ə'fiːld/ *adv.* & [通常作表语] *adj.* ❶离开着(的);远离家乡(的);在国外(的):He wandered far *afield* in foreign lands. 他远在异国漂泊。❷偏离着(的):His criticism was totally *afield*. 他的批评根本没有击中要害。

a·fire /ə'faiə^r/ *adj.* [通常作表语] & *adv.* ❶燃烧着的(地):The city was all *afire*. 全城火光冲天。❷炽烈的(地);沸腾的(地);激动的(地):with trembling knees and heart *afire* 双腿颤抖、怒火中烧

a·flame /ə'fleim/ *adj.* [通常作表语] & *adv.* ❶燃烧着的(地):set a house *aflame* 放火烧房子 ❷红似火的(地);辉煌的(地):The autumn woods were *aflame* with colour. 秋林红似火。❸炽热的(地);兴奋的(地);激动的(地);殷切的(地):His eyes were all *aflame*. 他的双眼灼灼如火。

a·float /ə'fləut/ *adj.* [通常作表语] & *adv.* ❶(似)(在水上或空气中)漂浮着(的);飘忽不定(的):The spires and walls of the city were *afloat* on the morning mist. 该城的尖塔和城墙似乎在晨雾中飘摇不定。❷无债务的(地);有偿付能力的(地);(经济上)应付自如的(地):He had managed to keep himself *afloat*. 他费了好大的劲才使自己勉强维持下去。❸(消息、谣言等)传播着(的),流传着(的):There are rumours *afloat* that the company is about to go under. 据谣传,这家公司快要倒闭了。

a·flut·ter /ə'flʌtə^r/ *adj.* [通常作表语] ❶飘动着(的),鼓动着(的):with white wings *aflutter* 白色的翅膀鼓动着 ❷激动的,情绪波动的:She was all *aflutter*, thinking of the party. 一想到聚会她的情绪就很激动。

a·foot /ə'fut/ *adj.* [通常作表语] & *adv.* ❶在进行中(的);在策划中;活动着(的);动起来(的):After his short illness he is *afoot* again. 小病之后,他又下床走动了。❷徒步(的):go *afoot* 走路去

a·fore·men·tioned /əˈfɔːˌmenʃ°nd/ *adj.* [作定语]上述的,前面提到的:the *aforementioned* papers 前面提到的文章

a·fore·said /əˈfɔːˌsed/ *adj.* [作定语]上述的,前述的:The car belongs to the *aforesaid* Ms. Jones. 这辆汽车属于上述琼斯女士的。

a·fore·thought /əˈfɔːˌθɔːt/ *adj.* [作后置定语]预谋的,蓄意的:a murder perpetrated with horror *aforethought* 蓄意制造恐怖的命案

A

a•foul /əˈfaul/ *adv.* & [作后置定语] *adj.* 冲撞着(的);冲突着(的);纠缠着(的):Raising the sail was impossible with the lines *afoul*. 绳索缠结一团,无法升帆。‖ ***run*** [***come***, ***fall***] ***afoul of*** *vt.* 〈主美〉〈书〉与…相抵触;与…冲突:Speeders can expect to *run afoul of* the law sometimes. 开飞车的人总有同法律发生纠葛的一天。

a•fraid /əˈfreid/ *adj.* [通常作表语] ❶怕的,害怕的;恐惧的(*of*):You would laugh to hear what they are *afraid of*. 听了他们所害怕的事儿,你准会笑话他们。❷(因虑及可能产生的后果而)不敢的;不乐意的;担心的,犯愁的:He is *afraid* to swim, *afraid* that he might drown. 他不敢游泳,生怕自己会淹死。❸[多用以提出异议、陈述令人不快的事实或拒绝对方请求等,以缓和语气;后常接 that 引导的从句]〈口〉恐怕;遗憾的;抱歉的:I'm *afraid* I shall have to go. 对不起,我该走了。

☆❶用作第一义,只一般表达"害怕做某事"的事实时,后接"of+动名词"结构或动词不定式,两者语义区别不大:I'm *afraid to* drive [*of* driv*ing*]. ❷用作第二义时,后接"of+动名词结构"一般只表示"怕做某事"之意;而后接动词不定式则侧重表示"因担心做某事有后患而不敢也不愿做某事"。如 I am not *afraid of* saying what I think. 和 I am not *afraid to* say what I think. 两句虽都可译作"我不怕说出自己的想法",但前者只是说出一个事实,后者则包含诸如"即使招致物议或打击我也不怕"之类更进一层的意思。❸后接动词不定式常含按经验或常识主语觉得做某事有后患而不敢也不愿做之意:People having lumbago are *afraid to* bend over. (有腰痛病的人很怕弯腰。)而后接"of+动名词结构"则表示所怕之事多是疑惧性的,是可能发生也可能不发生的,因而是偶然的:She was terribly *afraid of* offending anyone. (她生怕冒犯任何人。)

☆**afraid**, **apprehensive**, **fearful**, **frightened** 均有"害怕的,恐惧的"之义。**afraid** 最为常用,多指惯常惧怕某些事物,或泛指一种恐惧心理;仅用作表语,不能用来修饰名词:He is *afraid* of going out [to go out] alone at night. (他害怕夜里独自出去。) **apprehensive** 指意识到即将到来的危险而产生忧惧:He looked *apprehensive* as he waited for the result to be broadcast. (他在等待广播结果时显得很忧虑。) **fearful** 指持续的不安情绪或担心,强调容易担惊受怕,暗含这种恐惧是无根据的、非理性的之义:He was *fearful* of her anger. (他害怕她生气。)该词有时还表示敬畏的意思:At this time the little girl was *fearful* of hearing her mother's voice. (这时候小姑娘害怕听到她妈妈的声音。) **frightened** 作为过去分词,保存更强烈的动作意味,表示某次被一特殊事物所吓怕:a *frightened* animal (受了惊吓的动物)

a•fresh /əˈfreʃ/ *adv.* 重新;再次:If you spoil your drawing, start *afresh*. 画坏了,就重画嘛。

Af•ri•ca /ˈæfrikə/ *n.* 非洲(东半球一洲)

Af•ri•can /ˈæfrikᵊn/ **I** *adj.* ❶非洲的;非洲人的;非洲语的;非洲文化的;非洲生活方式的 ❷来自非洲的 **II** *n.* [C]非洲(裔)人;非洲居民

Af•ri•can-A•mer•i•can /ˌæfrikᵊnəˈmerikᵊn/ **I** *n.* [C]美国黑人 **II** *adj.* (有关)美国黑人的

Af•ri•kaans /ˌæfriˈkɑːns/ **I** *n.* [U]南非荷兰语 **II** *adj.* ❶(使用)南非荷兰语的 ❷南非白人的

aft /ɑːft;æft/ **I** *adv.* 在艉部(或机尾);靠艉部(或机尾);向艉部(或机尾):stow the luggage *aft* 把行李堆放在艉部(或机尾) **II** *adj.* 艉部的;后部的:the *aft* mast 后桅

af•ter /ˈɑːftəʳ;ˈæf-/ **I** *prep.* ❶在…以后;在…后面:The day *after* tomorrow is a holiday. 后天是假日。❷随…之后,跟在后面:He always has the newspaper *after* me. 他总是先让我看报。❸[用以连接并列的两项,表示连续](一个)接着(一个):This happens day *after* day in city *after* city. 这种事儿在每一座城市无时无刻不在发生。❹以…为追求(或追赶、纠缠、搜寻等)的目标:He's only *after* money. 他一味追求钱财。❺鉴于;由于:*After* what has happened, I can never return. 鉴于所发生的事情,我不可能回来了。❻尽管:After all we had done, he was still ungrateful. 尽管我们做了这一切,他仍然不领情。❼取名于;以…的名字命名:Jack is named *after* his father, but he takes after his mother. 杰克以他父亲的名字命名,可长得像他的母亲。**II** *adv.* ❶后来,以后,之后,过后,随后:There would be a next time, *after* and *after*. 可以下次争取,一次不成两次,两次不成三次,来日方长嘛。❷在后面;向后:Jill came tumbling *after*. 吉尔在后面跌跌撞撞地走来。**III** *conj.* 在…以后:He came *after* I had left. 他在我离开以后才来。

IV *adj.* 以后的，过后的，后来的：In *after* years we never heard of him. 在以后的岁月里我们一直没有听到有关他的任何消息。

af·ter·birth /ˈɑːftəˌbəːθ/ *n.* [C]【医】胞衣(指胎盘及羊膜)

af·ter·care /ˈɑːftəˌkeəʳ/ *n.* [U] ❶【医】病后(或产后)的治疗和护理 ❷(罪犯等)释放后的安置

af·ter·ef·fect /ˈɑːftəriˌfekt/ *n.* [C] ❶事后影响；余波；后果：The *aftereffect* of the explosion was a great fire. 爆炸酿成大火。❷【医】(药物的)后效，后作用；副作用：a drug with no *aftereffect* or side effect 一种无后效或副作用的药物

af·ter·glow /ˈɑːftəˌgləu/ *n.* [C] ❶夕照，晚霞 ❷(往昔的情感、荣耀等的)余波，印象；回味；事后愉快的回忆：There is a lilt to her song that always leaves an *afterglow*. 她的歌声活泼欢快，余音袅袅，不绝于耳。

af·ter·im·age /ˈɑːftəˌrimidʒ/ *n.* [C]【心】后像，余像，残留影像

af·ter·life /ˈɑːftəˌlaif/ *n.* [U;C]【宗】死后(灵魂)的生活；来世，来生：Do you believe in an *afterlife*? 你相信有来世吗?

af·ter·math /ˈɑːftəmæθ/ *n.* [通常用单](尤指令人不愉快的)后果；结果：The *aftermath* of war is hunger and disease. 战争的后果是饥饿与疾病。

af·ter·noon I /ˌɑːftəˈnuːn/ *n.* [U;C] 下午；午后(略作 **p. m.**)：It will be *afternoon* soon and then we can rest. 快到午后时分，这样我们可以歇口气了。II /ɑːftˈnuːn/ *adj.* 下午的；午后的：I like to take an *afternoon* nap. 我喜欢午睡。III *int.* 下午好 ‖ ***Good afternoon!*** *int.* 下午好!(午后见面时的招呼语)；再见!(午后分别时的招呼语)

af·ter·shock *n.* (地震后的)余震

af·ter·taste /ˈɑːftəˌteist/ *n.* [通常用单] ❶余味；回味：Mouthwashes leave a metallic *aftertaste*. 漱口剂用后口中有一股金属味。❷事后留在心头的滋味：the bitter *aftertaste* of a bad marriage 一门不幸福的婚姻留下的苦味

af·ter·thought /ˈɑːftəˌθɔːt/ *n.* [U;C] ❶事后的想法：Just as an *afterthought* — why not ask Braine? 就算是马后炮吧，为什么不先问一下布雷恩呢? ❷事后想到的事物；后来添加的东西：The vestry was added to the church as an *afterthought*. 这座教堂后来又加盖了一间小礼拜堂。

af·ter·ward(s) /ˈɑːftəwəd(z)/ *adv.* 以后，后来：I decided to run away and explain *afterwards*. 我决定先离开，以后再作解释。

af·ter·word /ˈɑːftəˌwəːd/ *n.* [C]跋，后记

a·gain /əˈgein,-ˈgen/ *adv.* ❶再一次，又一次：He had to start *again*. 他只得重新开始。❷然而；另一方面：It may rain, and *again* it may not. 兴许会下雨，兴许又不会。❸回到原处；恢复原状；复，还；重新：He is ill *again*. 他又病了。/be one's [sb.'s] old self *again* (健康或精神上)恢复原状 ❹再则；而且；抑或；其次：She is beautiful and, *again* intelligent. 她人美，而且脑子也聪明。‖ ***again and again*** *adv.* 一再，三番五次地，反复不止地：I've told you *again and again* not to do it. 我已一再对你说别这么干。***as big again*** (***as***) *adj.* (比…)大一倍 ***as large again*** (***as***) *adj.* (比…)大一倍，两倍于：an auditorium *as large again as* this 比这个礼堂大一倍的礼堂 ***as long again*** (***as***) *adj.* (比…)长一倍：This boat is half *as long again as* that one. 这条船比那条长一半。***as many*** [***much***] ***again*** (***as***) *adj.* (比…)多一倍：I got $ 200 — first $ 100, and then *as much again as* bonus. 我总共得了 200 美元——先是 100 美元，接着又是跟这一样多的奖金。***over again*** *adv.* 再一次；重新，重复：Last night I read the article *over again*. 昨晚我重读了这篇文章。***then again*** *adv.* 然而，另一方面：You can't go swimming today because it's too cold; and *then again* you have work to do. 你今天不能去游泳，天太冷了；再说，你还有事儿要做呢。***time and*** (***time***) ***again*** [***over and over again***] 一再，屡次：I have told them *time and time again* not to play there. 我已多次告诉他们不要在那里玩。

a·gainst /əˈgeinst,-ˈgenst/ *prep.* ❶逆；对着；反对；违反；违背：Are you for or *against* allowing ladies to join our club? 你是赞成还是反对让女士们加入我们的俱乐部? ❷倚在；紧靠着；紧贴着；毗连着：a ladder *against* the wall 一张靠在墙上的梯子 ❸触到，擦及；撞着：Cold rain beat *against* the window. 冷雨敲窗。❹以…为背景；与…对照；与…衬托：The blackish is-

A

land stands out *against* the white clouds behind it. 那黛绿色的小岛在身后朵朵白云的映衬下显得十分醒目。❺与…相竞争;以…为竞争对手:Banks are competing *against* each other over interest rates. 银行正在利率问题上展开竞争。❻以…为抵御(或抵抗)对象;以…为防御措施:Keeping clean is a protection *against* disease. 保持清洁能预防疾病。‖ ***against time*** *adv.* 见 time ***have sth. against*** *vt.* 反对:She *has something against* my attending the class. 她反对我听课。

a·gape /əˈgeip/ *adv.* & [通常作表语] *adj.* ❶(因惊奇等)大张着嘴(的),目瞪口呆(的):We stood there *agape* at the splendours of the high mountains. 我们站在那儿,出神地看着高山的壮观。❷张开着(的);洞开着(的):The shark swam up under the woman, jaws *agape*. 那条鲨鱼张着血盆大口从这个女人的下面游来。

a·gar /ˈeigəʳ/, **a·gar·a·gar** /ˌeigəˈeigəʳ/ *n.* [U] 琼脂,冻粉(旧称"洋菜",取自海藻的一种胶质物)

ag·ate /ˈægət/ *n.* ❶[U]玛瑙:The pendant was made of beautiful *agate*. 这个垂饰是用美丽的玛瑙做的。❷[C]玛瑙纹玩具弹子

age /eidʒ/ **I** *n.* ❶[U;C]年龄,年纪,年岁:He is sixty years of *age*. 他 60 岁。❷[U]寿(命);存活期:The redwoods of California have the greatest *age* of any living thing. 加利福尼亚红杉在所有生物中存活期最长。❸[U]生命中的一个阶段:the *age* of adolescence 青春期❹[U]成年;法定年龄:the voting *age* 法定选民年龄❺[U]老年,晚年;老:Wine improves with *age*. 酒越陈越醇。❻[C](一)代,世代;时代;时期(见 period):the Bronze *Age* 青铜时代❼[C][~s]长时期;许多年;几百年:a poem read through all *ages* 千古传诵的诗篇 **II** *vi.* (**ag(e)·ing**) ❶变老,显老;变旧;【化】老化:He seemed to have *aged* a lot in the past year. 在过去的一年里他看上去苍老了许多。❷成熟;变陈;【化】陈化:allow wine to *age* 使酒变陈 —*vt.* ❶使(显)老;使变旧;【化】使老化:Care *aged* him before his time. 忧虑使他未老先衰。❷使成熟;使变陈;【化】使陈化:This cheese must be *aged* for a year before it is ripe enough to eat. 这种干酪需陈放一年才会成熟可食。‖ ***be of age*** *vi.* =come of age ***be of an age*** *vi.* ❶属某一年龄:He's *of an age* to know better. 他已经到了应该懂事的年龄了。❷到了中年:One sometimes sees women *of a certain age* who are still very beautiful. 有时人们可以看到一些中年妇女依旧美丽动人。***come of age*** *vi.* 成年;达到法定年龄:*come of* driving *age* 达到驾驶汽车的年龄

-age /idʒ/ *suf.* [附于动词或名词后构成名词] ❶表示"集合数量","一组":cellar*age*, bagg*age* ❷表示"动作","过程":break*age*, haul*age*, pass*age* ❸表示"量":dos*age*, leak*age*, mile*age*

a·ged /eidʒd/ *adj.* ❶/ˈeidʒid/ 年高的;老的;旧的:an *aged* pensioner 年老的退休金领取者 ❷[用作表语]…岁的:six students *aged* 13 to 16 (years) 年龄从 13 到 16 岁的 6 名学生 ❸(酒、食品等)陈的,熟化的:*aged* whiskey 陈年威士忌

age·ism /ˈeidʒizᵊm/ *n.* [U]年龄歧视(尤指老年歧视) ‖ **ˈage·ist** *adj.* & [C] *n.*

age·less /ˈeidʒlis/ *adj.* ❶长生不老的;不显老的,不变老的:an *ageless* beauty 红颜永驻的美人 ❷永存的;永恒的,永久的:the *ageless* genius of Shakespeare 永恒的莎士比亚的天才 ‖ **ˈage·less·ly** *adv.* —**ˈage·less·ness** *n.* [U]

a·gen·cy /ˈeidʒᵊnsi/ *n.* ❶[C]提供专项服务的机构;公众服务机构:a news *agency* 通讯社 ❷[C]代理行(或公司);经销商:an advertising *agency* 广告代理公司 ❸[U]代理(或经销)业务;代理(或经销)关系:obtain the sole *agency* for Santana cars 获得桑塔纳轿车的独家经销权 ❹[C](一国政府内或联合国辖下的)专业行政机构:the Central Intelligence *Agency* 中央情报局

a·gen·da /əˈdʒendə/ *n.* [agendum 的复数][用作单]议(事日)程;(一系列)待议事项:The chairman says we have a lengthy *agenda* this afternoon. 会议主席说今天下午有一长串待议事项。

a·gen·dum /əˈdʒendəm/ *n.* [C]([复]**-da** 或 **-dums**) ❶=agenda ❷议事(或工作)日程上的一个项目

a·gent /ˈeidʒᵊnt/ *n.* [C] ❶代理人;经纪人;代理商(略作 **agt.**):a shipping *agent* 船舶业务代理人(或代理商) ❷执法官;政府特工人员;政府代表:a federal *agent* 联邦执法官 ❸原动力,动因;使然力(指能起一定作用的人或其他因

素)：Electricity is an important *agent* of conveniences in the modern home. 电是现代家庭设施重要的原动力。‖ **a·gen·tial** /eiˈdʒenʃəl/ *adj*.

age-old /ˈeidʒˌəuld/ *adj*. [作定语]存在多年的，由来已久的；古老的：*age-old* rivals 宿敌

ag·glom·e·ra·tion /əˌglɔməˈreiʃən/ *n*. ❶[U]烧结，附聚(作用) ❷[C]成团，结块；大团，大块：a huge *agglomeration* of rubbish 一大堆垃圾

ag·glu·ti·nate /əˈgluːtiˌneit/ *vt*. & *vi*. (使)胶合，(使)黏结：In minutes the mixture *agglutinated*, forming a thick mass. 几分钟之后，那混合液就凝结了，成了一种黏稠的东西。‖ **ag·glu·ti·na·tion** /əˌgluːtiˈneiʃən/ *n*. [U;C]

ag·gran·dize, ag·gran·dise /əˈgrænˌdaiz/ *vt*. ❶增大，增强，扩充：*aggrandize* one's estate 增加财富❷扩大…的权势；提高…的地位(或荣誉等)；使更富有：The dictator sought to *aggrandize* himself by new conquests. 这个独裁者企图通过新的征服来扩大自己的权势。

ag·gra·vate /ˈægrəˌveit/ *vt*. ❶加重，加剧；使恶化，使更坏：A lie will only *aggravate* your guilt. 撒谎只会使你错上加错。❷〈口〉使恼火；激怒：He *aggravated* his sister by pulling her hair. 他扯他妹妹的头发来惹恼她。‖ **ag·gra·va·tion** /ˌægrəˈveiʃən/ *n*. [U]

☆动词 **aggravate** 主要用来表示"使(情况或形势)更加严重(或危险、恶化)"；在口语中和非正式的书面语中，**aggravate** 还可用来表示"引起不快，激怒"，尽管仍有争议，这一用法已愈来愈普遍：Don't *aggravate* your father by persistent goading. 不要没完没了地纠缠你父亲惹他发火。

ag·gra·vat·ed /ˈægrəˌveitid/ *adj*. ❶恼火的，生气的：*aggravated*, weary commuters 一群既疲惫又恼火的乘公交车上下班的人 ❷[作定语]【律】(因有犯罪故意而使罪行)加重的：*aggravated* assault (因有犯罪故意而构成的)加重恐吓行为

ag·gre·gate Ⅰ /ˈægrigət/ *adj*. [作定语]聚合的；总的，合计的：the rate of growth of *aggregate* demand 总需求量的增长率 **Ⅱ** /ˈægrigət/ *n*. [C]合计：The *aggregate* of all the gifts was over $100. 礼品的总额超过 100 美元。**Ⅲ** /ˈægriˌgeit/ *vt*. ❶总计达：The money collected will *aggregate* $1,000. 募集到的款项总额达1 000美元。❷使聚集，使积聚：*aggregate* riches 积聚财富 —*vi*. 聚集，积聚 ‖ ***in the aggregate*** [***on aggregate***] *adv*. 总共；作为整体：take things *in the aggregate* 从整体上把握事物

ag·gres·sion /əˈgreʃən/ *n*. ❶[U]侵略，侵犯，侵袭；挑衅：open *aggression* 公然进犯(或侵略)❷[C]侵犯行为，侵略行为：an *aggression* on [upon] another's estate 一起侵犯他人房地产的行为 ‖ **ag·gres·sor** /əˈgresəʳ/ *n*. [C]

ag·gres·sive /əˈgresiv/ *adj*. ❶侵略的，侵犯的，侵袭的；挑衅的：an *aggressive* war 侵略战争 ❷竞争心强的，积极进取的，有闯劲的；敢作敢为的：She is really an *aggressive* lady. 她可真是个天不怕地不怕的女人。‖ **agˈgres·sive·ly** *adv*. —**agˈgres·sive·ness** *n*. [U]

☆**aggressive, assertive, militant** 均有"积极进取的"之意。**aggressive** 指主动大胆地追求某一目的；用于贬义时，强调想主宰别人的那种支配或统治欲望，用于褒义时，多指冒险精神或积极进取：A good businessman must be *aggressive* if he wants to succeed. (一个好推销员就一定要有闯劲才能成功。) **assertive** 强调在发表自己观点时大胆自信：state one's opinions in an *assertive* tone of voice (以坚定自信的语气表达自己的意见) **militant** 强调战斗性，往往用来形容对某一事业、运动或原则的特别忠诚：a *militant* feminist (富有战斗性的女权主义者)

ag·grieved /əˈgriːvd/ *adj*. (感到)受委屈的；(感到)受伤害的；显露委屈情绪的：Jane felt *aggrieved* that she didn't get a raise. 简对自己没有加工资感到愤愤不平。

a·ghast /əˈgæst; əˈgɑːst/ *adj*. [通常作表语]惊呆的；惊骇的；惊愕的(*at*)：He stood, with his mouth wide open, *aghast* with wonder. 他吓得目瞪口呆，站在那里摸不着头脑。

ag·ile /ˈædʒail/ *adj*. ❶敏捷的；灵活的；活泼的：be *agile* in one's movement 行动敏捷 ❷机敏的，头脑灵敏的：You need an *agile* mind to solve puzzles. 破解谜语脑子要灵敏。‖ **ˈag·ile·ly** *adv*. —**a·gil·i·ty** /əˈdʒiliti/ *n*. [U]

ag·i·tate /ˈædʒiˌteit/ *vt*. ❶搅动，搅拌；摇动，拨动：The hurricane winds *agitated* the sea. 阵阵飓风掀起惊涛骇浪。❷使激动；使烦躁不安；使焦虑(见 disturb)：It was a happiness that *agitated* rather than soothed her. 这种幸福与

其说使她内心平静，毋宁说搅得她方寸大乱。—*vi.* 鼓动；煽动（*for, against*）：*agitate* strongly *for* [*against*] a piece of legislation 极力鼓动支持[反对]一项法律 ‖ **ag·i·ta·tion** /ˌædʒiˈteiʃᵊn/ *n.* [U] —ˈ**ag·iˌta·tor** *n.* [C]

a·glow /əˈgləu/ *adv.* & [通常作表语] *adj.* 发光地(的)；红彤彤地(的)；热乎乎地(的)；激动地(的)；兴奋地(的)：He was all *aglow* with hard riding. 由于纵马疾驰，他满脸通红。

ag·nos·tic /ægˈnɔstik/ **I** *n.* [C]【哲】不可知论者 **II** *adj.* 不可知论(者)的 ‖ **ag·nos·ti·cism** /ægˈnɔstisizᵊm/ *n.* [U]

a·go /əˈgəu/ *adv.* [用于被修饰的词之后]前，以前：You were doing it a moment *ago*, before you spoke to me. 不一会儿前你还在做那件事儿呢，就在你跟我说话前那会儿。

a·gog /əˈgɔg/ *adj.* [通常作表语] & *adv.* 极其兴奋地期待着(的)；(出于好奇而)渴望着(的)，急切地(的)；激动着(的)；轰动着(的)：His unexpected return set the town *agog*. 他的意外归来使全镇大为轰动。

ag·o·nize /ˈægəˌnaiz/ *vi.* ❶感到极度痛苦(或忧虑、苦恼)(*over*)：Stop *agonizing over* something you can do nothing about. 别再为你无能为力的事儿伤脑筋了。❷挣扎；苦斗，力争：He bled, groaned, and *agonized*, and died in vain. 他流血不止，不断呻吟，苦苦挣扎，最终还是死了。—*vt.* 使极度痛苦(或忧虑、苦恼)，折磨：She *agonized* herself with the thought. 她冥思苦索。‖ ˈ**ag·oˌniz·ing** *adj.* —ˈ**ag·oˌniz·ing·ly** *adv.*

ag·o·niz·ed /ˈægəˌnaizd/ *adj.* 感到(或表现出)极度痛苦(或忧虑、苦恼)的：an *agonized* look 痛楚的神情 ‖ ˈ**ag·oˌniz·ed·ly** /-zidli/ *adv.*

ag·o·ny /ˈægəni/ *n.* [U;C](肉体或心灵上极度的)痛苦；创痛(见 distress)：The loss of her husband filled her with *agony*. 失去了丈夫，她痛不欲生。

ag·o·ra·pho·bi·a /ˌægərəˈfəubiə/ *n.* [U]【心】广场恐怖；旷野恐怖；恐旷症；陌生环境恐怖 ‖ ˌ**ag·o·raˈpho·bic** *n.* [C] & *adj.*

a·grar·i·an /əˈgreəriən/ **I** *adj.* ❶土地的，耕地的；土地分配的；土地所有权的：*agrarian* laws 土地法 ❷农业的；农村的：The South was largely *agrarian* with huge areas of flat fertile land. 南部大多是农业地区，土地广袤、平坦、肥沃。**II** *n.* [C]平均地权论者，土地改革论者；农民政党(或运动)成员

a·gree /əˈgriː/ *vi.* ❶持相同意见，持一致看法(*with*)：agree with sb. about sth. 在某件事情上与某人意见一致 ❷(对提议、条件、计划等)表示同意(*to*)；(对意见等)表示赞同(*with*)：I *agree to* a compromise. 我同意互让了结。❸表示愿意；答应，应允：He *agreed* to go with us. 他答应和我们一块去。❹商定；约定；达成谅解(协议等)(*about, on, upon*)：*agree on* a compromise 达成妥协 ❺相符；一致(*with*)：The play does not *agree with* the book. 剧本和原著不相符合。❻(气候、食物等)适宜，相宜，适合(*with*)：The same food does not *agree with* every constitution. 同一种食物不见得对每个人的身体都合适。—*vt.* ❶〈主英〉对(计划、提议、条件等)表示同意；对(意见等)表示赞同；就…取得一致意见：I must *agree* your plans. 我应该赞同你们的计划。❷承认：They *agreed* that the price they were asking was too high. 他们承认他们刚才要价太高了。‖ ***agree to differ*** [***disagree***] *vi.* 同意各自保留不同意见：We have accomplished nothing except that we *agree to disagree*. 我们只同意各自保留不同意见，任何协议都没有达成。

☆**agree, coincide, concur** 均有"同意；一致"之意。**agree** 为最普通用词，常指通过讨论后消除分歧取得一致，强调没有矛盾和冲突：We all *agree* that the proposal is a good one. (我们都认为这个建议很好。) **coincide** 强调相互吻合，完全一致，常用于意见，判断，愿望或兴趣方面，很少用于人：Our interests happened to *coincide*. (我们的利益恰好一致。) **concur** 指具体、明确的一致，暗示为达到某一特定目的而在思想、行动或功能方面合作协调：The two judges *concurred* with one another on the ruling. (两位法官对这个判决意见一致。)

a·gree·a·ble /əˈgriːəbᵊl/ *adj.* ❶令人愉快的；讨人喜欢的；宜人的；合意的，惬意的(*to*)：*agreeable* weather 宜人的天气 ❷〈口〉(欣然)同意的；愿意的(*to*)：I'm *agreeable to* doing what you suggest. 我乐意照你的建议去做。❸符合的，适合的；一致的：be *agreeable* to the custom of those days 符合当时的风俗

a·gree·ment /əˈgriːmᵊnt/ *n.* ❶[U](表示)同意；(表示)赞同；达成协议：He nodded his

head to show his *agreement*. 他点头表示同意。❷[C](口头或书面的)协议,协定;契约;合同:reach an *agreement* 达成协议 ❸[U]意见一致:We are in full *agreement* on the question. 在这个问题上,我们的意见完全一致。❹[U]相符;一致:I'm in *agreement* with my punishment. 我是咎由自取。

ag·ri·busi·ness /ˈæɡriˌbiznis/ *n.* [U]农业综合经营,大农场经营(包括农业设备的制造及销售,农产品的生产、加工、贮存及销售等)

ag·ri·cul·ture /ˈæɡriˌkʌltʃəˊ/ *n.* [U] ❶农业 ❷农学;农艺 ‖ **ag·ri·cul·tur·al** /ˌæɡriˈkʌltʃᵊrəl/ *adj.* —ˌ**ag·ri**ˈ**cul·tur·al·ist** *n.* [C] —ˌ**ag·ri**ˈ**cul·tur·al·ly** *adv.*

a·gron·o·my /əˈɡrɔnəmi/ *n.* [U]农学,农艺学 ‖ **ag·ro·nom·ic** /ˌæɡrəˈnɔmik/ *adj.* —**a**ˈ**grono·mist** *n.* [C]

a·ground /əˈɡraund/ *adv.* 搁浅:Our boat was fast *aground* on a sandbank. 我们的船在沙滩搁浅而完全动弹不得。

ah /ɑː/ *int.* [表示欢愉、喜悦、痛苦、同情、惊讶、遗憾、蔑视、犹豫等]啊:*Ah*, yes, I remember. 啊,对了,我记起来了!

a·ha /ɑːˈhɑː,əˈhɑː/ *int.* [表示得意、愉悦、惊讶、嘲弄等]啊哈:*Aha*! I've caught you red-handed. 啊哈!我当场抓住你啦!

a·head /əˈhed/ *adv.* & [通常作表语] *adj.* ❶在前面:Look straight *ahead* when driving. 开车时,眼睛要看着正前方。❷向前,往前,朝前:The line of cars moved *ahead* slowly. 车流缓缓地向前移动。❸在将来;为将来:look *ahead* 展望 ❹(时间)推迟(的),推后的;提早(的),提前(的):push a deadline *ahead* one day from Tuesday to Wednesday 把截止日期推迟一天,从星期二推迟到星期三 ‖ ***ahead of*** *prep.* ❶在…的前面,在…的前头:Walk *ahead of* us. 在我们前头走。❷在…之前,先于,早于:His educational ideas were far *ahead of* his times. 他的教育思想远远超越了他所处的时代。❸领先于;胜过;优于;超过:Output had been *ahead of* estimates. 产量超过了估计数字。***get ahead*** *vi.* 见 get ***go ahead*** *vi.* 见 go

aid /eid/ **I** *vt.* ❶帮助,援助;救助;资助:*aid* sb. in his work 在工作上帮助(或协助)某人 ❷有助于;促进:This new medicine *aids* your recovery. 这种新药有助于你的康复。—*vi.* 帮助:It *aided* materially in developing this newly independent country. 这在物质上大大有助于这个新独立国家的发展。**II** *n.* ❶[U]帮助,援助;资助;救助,救护:give *aid* to sb. 向某人提供帮助 ❷[C]帮手,协助者;助手;辅助物,辅助手段:TV is an audio-visual *aid*. 电视是一种视听器材。

aide /eid/ *n.* [C] ❶助手;〈英〉福利工作者的助手:a diplomatic *aide* 外交事务助手 ❷副官,侍从武官

AIDS, Aids /eidz/ *n.* [C]【医】艾滋病,获得性免疫缺损综合征(=acquired immune deficiency syndrome; acquired immunodeficiency syndrome)

ai·ler·on /ˈeiləˌrɔn/ *n.* [C](飞机的)副翼

ail·ment /ˈeilmᵊnt/ *n.* [C]疾病(常指小病);病痛(尤指慢性疾病):a skin *ailment* 皮肤病

aim /eim/ **I** *vt.* ❶把…瞄准(或对准);把…对准射向(或掷向);把(拳、棒等)对准挥向(*at*):He *aimed* the revolver *at* the target and squeezed the trigger. 他用左轮手枪瞄准目标,扣动了扳机。❷使针对;把…用于(*at*):Was that remark *aimed at* me? 那番话是针对我说的吗?—*vi.* ❶瞄准,对准(*at*, *for*):*Aim for* the bull's-eye. 瞄准靶心打。❷〈口〉打算;意欲;试图(*at*):She is *aiming* to be a lawyer. 她有志当一名律师。❸旨在,目的在(*at*);致力(*for*):*aim at* promotion of international understanding 旨在促进国与国之间的相互了解 **II** *n.* ❶[U]瞄准,对准;瞄准方向,瞄准线:Keep a steady *aim* at the target. 瞄准目标要稳。❷[U]击中目标的能力:His *aim* is excellent [deadly]. 他百发百中。❸[U]目的物;目标:miss one's *aim* 没打中目标 ❹[C]意图;打算;目的;宗旨:a man with a single *aim* of money-getting 以捞钱为唯一目的的人 ‖ ***aim high*** *vt.* & *vi.* ❶向高处瞄准;把…指向高处:Offside headlamp was *aimed high*. 右侧的前灯偏高。❷胸怀大志,有雄心壮志:Poverty and the slums need not stand in our way if we *aimed high* enough. 一个人只要有抱负,穷困和贫民窟也挡不住上进。***take aim*** *vi.* ❶瞄准;对准:*Take aim* carefully before shooting. 射击前要仔细瞄准。❷致力:*take* special *aim* at better Sino-American relations 特别注重改善中美关系

aim·less /ˈeimlis/ *adj.* 〈常贬〉漫无目的的,无

A

目标的：*aimless* wanderings 漫无目的的游荡 ‖ ˈ**aim•less•ly** *adv.* —ˈ**aim•less•ness** *n.* [U]

ain't /eint/ 〈口〉❶＝am not；is not；are not ❷＝have not；has not

air /eəʳ/ **I** *n.* ❶[U]空气：We need *air* to breathe. 我们需要呼吸空气。❷[常作 **the ～**]大气；天空；空间，空中：in *the* open *air* 在露天(或在户外)❸[C]微风，轻风，和风：a fine summer evening with a light *air* from the south 南风习习的清朗夏夜 ❹[通常用单]气氛；外观，样子，神态；风度，举止；自信的样子：a melancholy *air* 忧伤的神情 ❺[～**s**]不自然的态度，做作的姿态；傲气；架子：He acquired *airs* that were insufferable to his friends. 他学了一副装腔作势的样子，真让他的朋友们受不了。❻[C]【音】旋律，曲调；(供独奏或独唱的)乐曲：The band played martial *airs*. 乐队奏起了军乐。❼[U]〈口〉空运，航空：ship goods by *air* 空运货物 ❽[U]〈口〉空调设备；空调系统：The price includes tires，radio，and *air*. 价格中包含轮胎、无线电收音机和空调设备。**II** *vt.* ❶把…晾干：*air* clothes 晾衣服 ❷使通风(*out*)：*air* the house (*out*) 给房子通通风 ❸公开表示；使公众注意；显露；展示；夸耀，炫耀(特性、能力、服饰等)：*air* one's views on his favourite topics 就自己热衷的话题畅所欲言 ❹〈口〉(用无线电或电视)播送：a television interview to be *aired* this evening 今晚将要播放的电视采访节目 —*vi.* ❶晾干：Your shirt is *airing* on the line. 你的衬衫晾在绳子上。❷通风(*out*)：Open the window and let the room *air out*. 打开窗户使房间通风。❸(电台或电视台)广播：The program *airs* daily. 本节目每天广播。**III** *adj.* ❶通过气压操作的，借气压操作的：an *air* pump 排气泵(或抽气机) ❷飞机的，航空的：*air* traffic control 空中交通管制 ‖ ***clear the air*** *vi.* 〈口〉清除紧张(或误解、疑虑、担忧等)：A frank discussion can help to *clear the air*. 坦率的谈论有助于消除疑虑。***in the air*** *adv.* & *adj.* ❶(想法、消息、谣言等)在流传中：Wild rumours were *in the air*. 流言蜚语满天飞。❷(计划、问题等)悬而未决，未定：Our plans are still (up) *in the air*. 我们的计划仍悬而未决。***off the air*** *adv.* & *adj.* 停止广播；不再被播送：We'll be *off the air* for the summer and returning for a new series in the autumn. 我们将于夏季停播这套节目而于秋季开始播放一套新节目。***on the air*** *adv.* & *adj.* 在广播(或电视)中；(被)播送：This channel comes *on the air* every morning at 7 am. 这个频道每天早晨7点钟开始播放。***put on airs*** *vi.* 摆架子：He *put on airs* to impress people. 他为引人注目而端起了架子。***take the air*** *vi.* 到户外去(呼吸新鲜空气)；在户外散步(或骑马)；开车兜风：She likes to *take the air* after dinner. 她喜欢饭后去户外散步。***walk*** [***tread***] ***on air*** *vi.* 飘飘然；洋洋得意：She was *walking on air* after she got the job. 她得到那个职位后，便洋洋得意起来。‖ ˈ**air•less** *adj.* —ˈ**air•less•ness** *n.* [U]

air bag *n.* [C]保险气袋(汽车上一种在发生碰撞时能自动充气的塑制安全袋，以保护司机和乘客不致受伤)

air base *n.* [C]空军基地，航空基地

air•borne /ˈeəˌbɔːn/ *adj.* ❶空气传播的：*airborne* seeds [bacteria] 空气传播的种子[病菌] ❷(飞机等航空器)在空中的；在飞行中的：The kite was finally *airborne*. 风筝终于升空了。

air•brush /ˈeəˌbrʌʃ/ **I** *n.* [C](喷漆等用的)喷枪；(喷修照片等用的)气笔 **II** *vt.* 用喷枪喷；用气笔修(照片等)；用气笔画：*airbrush* murals 用喷枪画壁画

air-con•di•tion /ˈeəkənˌdiʃᵊn/ *vt.* ❶给…装上空气调节设备：an *air-conditioned* car 一辆装有空调的汽车 ❷用空气调节设备调节(空气)：He works in *air-conditioned* comfort. 他在由空调调节空气的舒适环境中工作。‖ ˈ**air-conˌdi•tioned** *adj.*

air conditioner *n.* [C]空(气)调(节)器，空调设备

air conditioning **I** *n.* [U]空调系统；空调设备：turn on the *air conditioning* 打开空调 **II** *adj.* [作定语]空调系统(或设备)的：a new *air conditioning* system 一套新空调系统

air•craft /ˈeəˌkrɑːft；-kræft/ *n.* [单复同]飞机；飞艇；航空器，飞行器(如滑翔机、气球、火箭等)：an unidentified *aircraft* 一架国籍不明的飞机

aircraft carrier *n.* [C]航空母舰〔亦作 **carrier**，**flattop**〕

air•drop *vt.* & *n.* [C]空投

air•field /ˈeəˌfiːld/ *n.* [C](飞)机场

Air Force *n.* ❶美国空军(建于 1947 年 7 月 26

日;略作 **AF**);英国皇家空军(略作 **RAF**) ❷[C][a- f-]空军 ❸[C][a- f-]航空队(美国空军的最大战术编制单位)

air gun *n.* [C]气枪(指气步枪或气手枪)

air·hostess *n.* (客机上的)女乘务员,空姐

air·lift /ˈeəˌlift/ **I** *n.* [C](尤指在紧急情况下或陆上交通断绝时用以运输食品和军队等的)大规模空运:an *airlift* of food and medical supplies to the flooded areas 向洪灾区空投的食品和医疗用品 **II** *vt.* 大规模空运:Enough planes were provided to *airlift* two army divisions. 提供了足够的飞机来空运两个陆军师。

air·line /ˈeəˌlain/ **I** *n.* [C][常作~**s**]航空公司:There were no other *airlines* doing a direct flight to New York. 别无其他经营直飞纽约业务的航空公司。**II** *adj.* [作定语]空中航线的;航空公司的:*airline* personnel 航线上的工作人员

air·lin·er /ˈeəˌlainəʳ/ *n.* [C]大型客机,班机

air·lock /ˈeəˌlɔk/ *n.* [C]压差隔离室;密封舱

air·mail /ˈeəˌmeil/ **I** *n.* [U] ❶航空邮政:a letter sent via [by] *airmail* to Japan 经空邮寄往日本的一封信 ❷航空邮件;航空信:The only deliveries were *airmail*. 投递的尽是些航空信。**II** *adj.* [作定语]航空邮递(用)的;航空邮政的:an *airmail* letter [envelope,stamp] 航空信[信封,邮票] **III** *adv.* 通过航空邮寄:Send all overseas letters *airmail* 航空邮寄所有发往国外的信件 **IV** *vt.* 航空邮寄:Please *airmail* this letter. 请把这封信航空寄出。

air·plane /ˈeəˌplein/ *n.* [C]飞机

air pocket *n.* [C](大气中使飞机突然下跌的)气阱,气穴〔亦作 **pocket**〕

air·port /ˈeəˌpɔːt/ *n.* [C]机场,航空港,航空站

air raid *n.* [C]空袭

air·ship /ˈeəˌʃip/ *n.* [C]飞艇,飞船

air·sick /ˈeəˌsik/ *adj.* 晕机的 ‖ **ˈairˌsick·ness** *n.* [U]

air·space /ˈeəˌspeis/ *n.* [U](一国的)领空

air·strip /ˈeəˌstrip/ *n.* [C](临时铺就的)飞机跑道,临时降落场

air·tight /ˈeəˌtait/ *adj.* ❶不透气的,气密的,密封的:Keep food in *airtight* tins. 用密封的罐头保存食物。❷〈主口〉(论点、契约等的)无漏洞的;(防守等)严密的:an *airtight* contract 字斟句酌的合同

air-to-air /ˌeətəˈeəʳ/ *adj.* [作定语] & *adv.* 空对空(的);空中飞机对空中飞机(的):*air-to-air* missiles 空对空导弹

air·wave /ˈeəˌweiv/ *n.* [C][~**s**]〈口〉无线电波;(无线电或电视)广播:the newest star of the national *airwaves* 全国广播界新近出现的明星

air·way /ˈeəˌwei/ *n.* [C] ❶航线,航路 ❷(肺的)气道

air·wor·thy /ˈeəˌwəːði/ *adj.* (飞机)适航的;飞行性能良好的 ‖ **ˈairˌwor·thi·ness** *n.* [U]

air·y /ˈeəri/ *adj.* ❶通风的;有微风的;通气的;新鲜空气充裕的:an *airy* room 通风的房间 ❷不切实际的,虚幻的,不真实的;无实际内容的,空洞的;出于空想的:an *airy* plan 不切实际的计划 ❸轻而薄的;几乎透明的:an *airy* evening dress 轻薄的晚礼服 ❹轻快的,轻盈的:an *airy* step 轻盈的步履 ❺轻松愉快的,快活的,无忧无虑的;漫不经心的:an *airy* manner 轻松愉快的态度 ❻轻率的;轻浮的;浅薄的;不真诚的:He's always full of *airy* promises. 他总是轻诺寡信。❼做作的;高傲的:an *airy* condescension 傲慢的恩赐态度 ‖ **ˈair·i·ly** *adv.* —**ˈair·i·ness** *n.* [U]

aisle /ail/ *n.* [C](礼堂、剧院、教堂、课堂、客车等处的)座席间通道,走道,过道:The ushers hurry up and down the *aisle*, beckoning people to their seats. 引座员们在过道上走来走去,招呼人们就座。‖ ***roll* [*knock*, *lay*, *rock*] (*sb.*) *in the aisles*** *vt.* & *vi.* (使某人)笑得东倒西歪:They were *rolling in the aisles* at his jokes. 听了他的笑话,他们都捧腹大笑。

a·jar /əˈdʒɑːʳ/ *adv.* & [通常作表语] *adj.* (门、窗等)半开着(的),微开着(的):Please leave the door *ajar*. 请让门半开着。

a·kin /əˈkin/ *adj.* [通常作表语]同类的;相像的;相(近)似的(*to*):Something *akin to* vertigo was troubling him. 一种类似于眩晕的毛病正在折磨着他。

-al /əl/ *suf.* ❶[附在名词后构成形容词]表示"…的","像…的","具有…特性的":natur*al*, pastor*al*, trib*al* ❷[用以构成与同形形容词相应的名词]表示"具有…特性的东西":annu*al* ❸[附在动词后构成名词]表示"…的动作","…的过程":deni*al*, rehears*al*

A

al·a·bas·ter /ˈæləˌbɑːstəʳ;-bæs-/ I *n.* [U] ❶雪花石膏;蜡石 ❷条纹大理石 II *adj.* ❶雪花石膏制的:an *alabaster* column 雪花石膏柱 ❷雪花石膏似的;光洁雪白的:*alabaster* neck 光洁雪白的脖颈 ‖ **al·a·bas·trine** /ˌæləˈbɑːstrin; -ˈbæs-,-train/ *adj.*

a la carte /ˌɑːlɑːˈkɑːt/ *adv.* & *adj.* (指饭店的饭菜)照菜单点菜:We ordered *a la carte*. 我们照菜单点菜。

a·lac·ri·ty /əˈlækriti/ *n.* [U]敏捷,活泼,轻快:Although he was very old, he still moved with *alacrity*. 他虽然上了年纪,可动作依然很敏捷。

a·larm /əˈlɑːm/ I *n.* ❶[U]惊恐,惊慌;忧虑,担心:People felt great *alarm* at what was happening. 人们对发生的事件感到极大的忧虑。❷[C]警报:an air(-raid) *alarm* 空袭警报 / the *alarm* of an alarm clock 闹钟的铃声 ❸[C]警钟,警铃,警报器;(闹钟的)闹铃:a burglar *alarm* 防盗警报器 II *vt.* ❶使惊恐,使惊慌;使忧虑,使担心,使不安(见 frighten):I seemed to *alarm* her. 我似乎吓着她了。❷向…报警,使警觉:*Alarm* everyone quickly; the house is full of smoke. 赶快通知大家,房子里尽是烟。❸给…装报警装置:*alarm* one's house and garage 给屋子和车库装上报警装置 ‖ ***give* [*raise*, *sound*] *the alarm*** *vi.* 发警报,敲警钟;告急,引起警觉:I *gave the alarm* as soon as I saw the smoke. 我一看见冒烟,就发出了警报。

a·larm·ing /əˈlɑːmiŋ/ *adj.* 使人惊恐的,引起惊慌的;吓人的;扰乱人心的;令人忧虑的,让人担心的:The world's forests are shrinking at an *alarming* rate. 全球的森林面积正在缩小,其速度之快令人忧虑。‖ **aˈlarm·ing·ly** *adv.*

a·larm·ist /əˈlɑːmist/ *adj.* & [C] *n.* 〈贬〉大惊小怪的(人);杞人忧天的(人);轻事重报的(人);危言耸听的(人):an *alarmist* press story 危言耸听的新闻报道

a·las /əˈlɑːs,əˈlæs/ *int.* [表示悲痛、遗憾、怜悯、惊恐、关切等]哎呀,唉:*Alas*, he is dead. 唉,他死了。

al·ba·tross /ˈælbəˌtrɔs/ *n.* [C]([复]**-tross**或**-tros·ses** /-ˌtrɔsiz/) ❶【鸟】信天翁 ❷沉重的负担,无法摆脱的苦恼;难辞之咎;累赘;障碍:hang the *albatross* of responsibility around sb.'s neck 使某人难辞其责

al·be·it /ɔːlˈbiːit/ *conj.* 〈书〉尽管,虽然,即使:A slight chill in the air, *albeit* sunny. 尽管阳光和煦,但空气里仍有几分寒意。

al·bi·no /ælˈbiːnəu/ *n.* [C]([复]**-nos**) ❶患白化病的人(或动植物) ❷【植】白化体

al·bum /ˈælbəm/ *n.* [C] ❶(粘贴照片、邮票、标本等用的)粘贴簿;(亲笔)签名簿:a photo *album* 影集 ❷唱片套,唱片盒

al·bu·min /ˈælbjumin/ *n.* [U]【生化】清蛋白;白蛋白

al·che·my /ˈælkəmi/ *n.* ❶[U](中世纪的)炼金术;炼丹术 ❷[U;C](改变事物的)魔力,法术:the lovely *alchemy* of spring 春天具有的能使万物苏醒的奇妙魔力 ‖ **ˈal·che·mist** *n.* [C]

al·co·hol /ˈælkəˌhɔl/ *n.* [U] ❶酒精,乙醇 ❷含酒精的饮料;酒:I never touch *alcohol* in any form. 我什么酒都不沾。

al·co·hol·ic /ˌælkəˈhɔlik/ I *adj.* ❶酒精的;含酒精的:*alcoholic* odour 酒精气味 ❷[常作定语]由酒精引起的:*alcoholic* depression 酒精抑郁症 II *n.* [C]酒精中毒病人;嗜酒成瘾者:a chronic *alcoholic* 酒瘾大的人

al·co·hol·ism /ˈælkəhɔˌlizᵊm/ *n.* [U] ❶酗酒 ❷酒精中毒

al·cove /ˈælkəuv/ *n.* [C]凹室;(尤指房间的)角落:a dining *alcove* 专供进餐用的一角

al·der·man /ˈɔːldəmᵊn/ *n.* [C]([复]**-men** /-mᵊn/)(美国、加拿大、澳大利亚等的)市政委员会委员(略作 **Ald.**, **ald.**, **Aldm.**)

ale /eil/ *n.* [U;C](较一般啤酒更浓、更苦、含更多酒精的)麦芽酒

a·lert /əˈləːt/ I *adj.* [通常作表语]警惕的,警觉的,机警的;留心的,注意的(见 watchful):She was so *alert* that not a single error in the report slipped past her. 她非常细心,报告里没有一个错误逃得过她的眼睛。II *n.* [常用单]警报;警报期间:during an air raid *alert* 在空袭警报期间 / call an *alert* 发出警报 III *vt.* ❶向…发出警报;使警惕,使警觉,使警戒:The radio *alerted* coastal residents to prepare for the hurricane. 无线电台向沿海居民发出警报,准备应付飓风的袭击。❷使认识到;使充分意识到:The barking of the dog *alerted* them to their danger. 犬吠声使他们感到面临危险。‖ ***on* (*the*) *alert*** *adv.* & *adj.* 警惕着,警戒着,提防着;随

时准备着；密切注意着：The troops were kept constantly on the alert. 部队奉命常备不懈。‖ a'lert•ly *adv.* —a'lert•ness *n.* [U]

A level *n.* [C,U]高级证书考试（英国升入大学的资格考试）

al•fal•fa /æl'fælfə/ *n.* [U]【植】苜蓿，紫苜蓿

al•ga /'ælgə/ *n.* [C]（[复]-gae /dʒiː/或-gas）[常用复]水藻；（尤指）海藻 ‖ 'al•gal *adj.*

al•ge•bra /'ældʒibrə/ *n.* [U]代数学：linear *algebra* 线性代数 ‖ al•ge•bra•ic /ˌældʒi'breik/, ˌal•ge'bra•i•cal /-kəl/ *adj.* —ˌal•ge'bra•i•cal•ly *adv.*

Al•ge•ri•an /æl'dʒiəriən/ I *adj.* 阿尔及利亚的 II *n.* [C]阿尔及利亚人

al•go•rithm /'ælgəˌriðəm/ *n.* [C] ❶【数】算法，规则系统：the division *algorithm* 除法 ❷（电脑依一定程序求得答案的）计算程序，演算步骤 ‖ al•go•rith•mic /ˌælgə'riðmik/ *adj.*

a•li•as /'eiliəs/ I *adv.* 别名为，又名：The thief's name was Jones, *alias* Williams. 这小偷名字叫琼斯，别名叫威廉姆斯。II *n.* [C]别名；化名：under an *alias* 以化名

al•i•bi /'ælibai/ *n.* [C] ❶【律】不在（犯罪）现场的申辩；不在（犯罪）现场的证据：prove [set up] an *alibi* 证明被告当时不在犯罪现场 ❷〈口〉借口；托词：My sick grandmother was my *alibi* for missing school. 奶奶生病成了我旷课的托词。❸用作证明不在现场的人：Her lover turned out to be her *alibi*. 最终他的情人成了他不在现场的证人。

al•ien /'eiljən, 'eiliən/ I *n.* [C] ❶外国侨民：an enemy *alien* 敌国侨民 ❷外国人；局外人 ❸外星人 II *adj.* [作定语] ❶外国的；外国人的：*alien* customs 外国习俗 ❷外侨的，具有外侨身份的：an *alien* resident 侨民 ❸不熟悉的，不常见的；陌生的：a totally *alien* environment 一个完全陌生的环境 ❹[通常作表语]不相容的，格格不入的（*to*）；相异的，相反的（*to*, *from*）：ideas *alien to* modern thinking 与现代思想格格不入的观念。

al•ien•a•ble /'eiljənəbəl, 'eiliə-/ *adj.*【律】可让渡的，可转让的：*alienable* lands 可转让的土地

al•ien•ate /'eiljəˌneit, 'eiliə-/ *vt.* ❶使疏远；离间（*from*）：*alienate* oneself *from* his old friends 使自己与朋友们疏远 ❷【律】让渡，转让（财产、土地、头衔等的所有权）

al•ien•at•ed /'eiljəˌneitid, 'eiliə-/ *adj.* 感到孤单的，感到疏远的：feel *alienated* from other girls 感到同其他女孩很疏远

al•ien•a•tion /ˌeiljə'neiʃən, ˌeiliə-/ *n.* [U]（感情上的）疏远；离间；（与环境的）疏离（*from*）：suffer *alienation from* one's associates 遭受与自己的同事疏远之苦

a•light[1] /ə'lait/ *vi.* （a•light•ed 或〈诗〉a•lit /ə'lit/）❶（从马背、车辆、飞机等上面）下来（*from*）：*alight* at Nanjing 在南京下车 ❷（鸟、飞机等）飞落；（雪花等）飘落；（阳光）洒下（*on*, *upon*）：The bird *alighted on* our window sill. 鸟儿飞落在我们的窗台上。

a•light[2] /ə'lait/ *adv.* & [通常作表语] *adj.* ❶点亮着（的）；燃烧着（的）：On the tables there were candles *alight*. 一张张桌上都点着蜡烛。❷（眼睛）发亮（的）；（脸上）放光（的）；（面色）发红（的）；兴奋（的）；活跃（的）：Her eyes were *alight* with expectation. 她的双眸闪烁着期待的目光。

a•lign /ə'lain/ *vt.* ❶使成一直线；使排成一行；使排齐；对准，校直：His books were neatly *aligned* in two rows on the shelf. 他的书整整齐齐地在书架上排成两排。❷校正，调准；调整：*align* the lenses of a telescope 调准望远镜的镜头 ❸[常作～ oneself]使结盟（*with*）：He *aligned himself with* those who voted against the tax bill. 他与投票反对税收法案的人们结成联盟。—*vi.* ❶成一直线；排成一行：The troops *aligned*. 士兵们列队。❷被校正，被调准；被调整 ❸结盟（*with*）：*align with* one's friends against a common enemy 与友人结盟反对共同的敌人 ‖ a'lign•ment *n.* [U;C]

a•like /ə'laik/ *adv.* ❶一样地；相似地：They treated all customers *alike*. 他们对顾客一视同仁。❷同等地，相等地；以同样程度：All three were guilty *alike*. 这三个人犯有同等罪行。

al•i•men•ta•ry /ˌæli'mentəri/ *adj.* [作定语] ❶食物的；消化的 ❷富有营养的；滋养的

al•i•mo•ny /'æliməni/ *n.* [U]【律】（合法分居或离婚后或诉讼期间一方依法院命令给予他方的）赡养费；分居津贴；离婚赡养费

a•live /ə'laiv/ *adj.* [通常作表语] ❶有生命的；活着的；没死的；在世的：The doctors are working very hard to keep him *alive*. 医生们正在努力延续他的生命。❷(继续)存在的;(继续)发挥作用的:For many of the manufacturers,that threat remains *alive*. 对许多制造商而言,那个威胁仍然存在。❸[用在由最高级形容词修饰的名词后面,表示强调]活人中间的;现存的:the happiest woman *alive* 世上最幸福的女人 ❹充满活力的;有生气的;活泼的,活跃的;热闹的:She was wonderfully *alive* for her age. 就她的年纪来说,她的精力仍旧出奇的旺盛。❺注意到的,意识到的;敏感的(*to*)(见 aware):He is fully *alive to* the possible danger. 他充分注意到会有危险。❻充满(生物或活动的东西)的(*with*):The lake was *alive with* fish. 湖里满是游来游去的鱼。‖ **a'live·ness** *n.* [U]

al·ka·li /ˈælkəˌlai/ *n.* [U;C]([复]-li(e)s)【化】碱;强碱;碱(或碱土)金属的氢氧化物;碳酸盐

al·ka·loid /ˈælkəlɔid/ *n.* [C] & *adj.*【生化】生物碱(的)

all /ɔːl/ **I** *adj.* [常作定语] ❶所有的,一切的:*All* my haste was of no use. 我赶紧做了却无济于事。❷全部的;整个的;整体的:*all* one's life 终生 ❸尽可能的;最大限度的:with *all* speed 以最快的速度 ❹各(种)的:*all* manner of men 各种各样的人 ❺任何的:be true beyond *all* question 毋庸置疑 ❻仅仅的,只有的,唯一的:The coat is *all* wool. 这件上衣是全毛的。❼[后接表示身体部位或表情、动作的名词]以…为显著特征的;明显突出的,显而易见的:He was *all* smiles. 他满面春风。**II** *n.* [U] ❶[常与 my,your,is,her 等连用](个人)所有的一切;全部精力(或兴趣、财产等):His career is his *all*. 事业是他的一切。❷整体;全部:Did you eat *all* of the peanuts? 你把花生都吃了吗? **III** *pron.* ❶全体;(整体中的)每人,个个:It's one for all and all for one. 我为人人,人人为我。❷一切;全部事情(或情况):That is *all* there is to it! 就是这么一回事(或如此而已)! ❸整个;全部;总量:*all* that I have 我所有的一切 **IV** *adv.* ❶[常用以加强语气]全部地,完全地:I'm *all* in favour of the idea. 我完全赞成这个意见。❷(指球赛等得分)双方相等;各:a score of 3 *all* 3 平的比分 ‖ ***above all*** *adv.* 首先,尤其是;最重要的是:He longs *above all* (else) to see his family again. 他尤其渴望再见到家里的人。***after all*** *adv.* ❶毕竟,终究;究竟:So,you've come *after all*! 你到底还是来了。❷[用以提醒某人]要知道,别忘记:I know he hasn't finished the work but,*after all*,he's very busy. 我知道他还没有完成这项工作,但请不要忘记他是个大忙人。***all along*** *adv.* 始终,一直,一贯:I suspected *all along* that he was lying. 我始终怀疑他是在撒谎。***all but*** *adv.* 几乎,差不多:It's *all but* impossible. 这几乎是不可能的。***all in all*** *adv.* 从各方面来说,总的说来,总之:*All in all* we had a good time. 总的说来,我们玩得很痛快。***all out*** *adv.* 全力以赴,竭尽全力:We went *all out* to finish the job by Christmas. 我们全力以赴,以便赶在圣诞节前完成这项工作。***all the*** *adv.* [后接形容词或副词的比较级]更加,尤其,益发:If we get help the work will be finished *all the* sooner. 如果有人帮助我们,这项工作会更快完成。***all told*** *adv.* 总共,一共,合计:There are 48 members *all told*. 总共有 48 名成员。***and all*** *n.*〈口〉以及其他一切;等等:They ate the whole fish;bones,tail,*and all*. 他们把整条鱼,连骨头、尾巴等通通都吃掉了。***at all*** *adv.* ❶[用于否定句]丝毫;根本;完全:It was late,but they were not *at all* tired. 已经夜深了,但是他们一点都不觉得累。❷[用于疑问句、条件从句或肯定句]究竟;既然;果然;在任何情况下;在任何程度上:Do it well if you do it *at all*. 既然要做就得做好。***be all there*** *vi.*〈口〉[常用于否定句或疑问句]神志正常,头脑清醒:He behaves very oddly at times — I don't think he's quite *all there*. 他有时很怪——我觉得他头脑不太正常。***for all*** *prep.* 尽管,虽然:*For all* his efforts,he didn't succeed. 他虽然很努力,但并没有成功。***for all that*** *adv.* 虽然,尽管:He's mean and bad-tempered and snores,but she loves him *for all that*. 他很刻薄,脾气又坏,还打呼噜,但尽管如此她还是爱他。***in all*** *adv.* ❶总共,合计:The cost of the repairs came to $ 800 *in all*. 修理费总共 800 美元。❷总而言之,简言之:*In all* we did very well. 总的说来,我们干得不错。***not at all*** *adv.* ❶[客套语]别客气,不用谢,哪里话:A: Do you mind if I come in? B: *Not at all*. 甲:我进来你不介意吧? 乙:哪里的话。❷一点也不:I'm not complaining. *Not at all*. 我没有在发牢骚,一点也没有。***of all*** *prep.* 在所有的…中:She went to live in Naples *of all* places. 她不去别处偏偏去那不勒斯定居。

Al·lah /ˈælə/ *n.* 安拉，真主(伊斯兰教信奉的唯一至尊之神的名称)

all-a·round /ˌɔːlˈraund/ *adj.* [作定语] ❶全能的，多才多艺的；多方面的：an *all-around* athlete 全能(田径)运动员 ❷全面的；包括一切的：an *all-around* rent 一切费用都包括在内的租金 ❸普通的，非专业的；通用的，适于各种用途的；万能的：an *all-around* education 通才教育 / an *all-around* camera 通用照相机〔亦作 **all-round**〕

al·lay /əˈlei/ *vt.* ❶减轻，缓和，缓解：*allay* aches [thirst] 镇痛[止渴] ❷平息；消除；使平静：*allay* apprehensions [fears, suspicion] 消除忧虑[恐惧，怀疑]

all clear *n.* [**the a- c-**] ❶空袭警报解除信号：After a night of unrest, the sirens sounded *the all clear*. 一个动荡不安的夜晚过后，警报器纷纷响起了空袭警报解除信号。❷无危险(或障碍)的信号，放行信号；可以(继续)进行的许可：He received *the all clear* on the plan. 他获准执行该计划。

al·le·ga·tion /ˌæliˈgeiʃᵊn/ *n.* [C] ❶断言；宣称，声称：He made an *allegation* that Jon has stolen $ 300. 他声称乔恩偷了 300 美元。❷(无证据或有待证实的)陈述，说法：Your *allegation* that the mayor is corrupt must be proved. 你说市长贪赃舞弊，这点必须予以证实。❸【律】(有待证实的)指控：an *allegation* of theft against Jon 对乔恩犯有偷窃罪的指控 / drop [retract, withdraw] an *allegation* 撤回指控

al·lege /əˈledʒ/ *vt.* 断言；宣称，声称；(无证据地或未经证实地)硬说：Nothing particular could be *alleged* against him. 他的为人无懈可击。

al·le·giance /əˈliːdʒᵊns/ *n.* [U; C] ❶(对国家、政府、统治者等的)拥护，效忠，忠诚：pledge [swear] *allegiance* to the national flag 宣誓效忠国旗 ❷(对个人、团体、事业等的)忠贞；爱戴；热爱：We owe *allegiance* to our friends. 我们应该对朋友忠诚。

al·le·go·ry /ˈæligəri/ *n.* ❶[C]寓言；讽喻：George Orwell's *Animal Farm* is an *allegory*. 乔治·奥威尔的《兽园》是一则寓言故事。❷[U](说话或写作时采用的)讽喻法；讽喻体 ‖ **al·le·gor·ic** /ˌæliˈgɔrik/, **ˌal·leˈgor·i·cal** /-kᵊl/ *adj.* —**ˌal·leˈgor·i·cal·ly** *adv.* —**ˈal·le·go·rist** *n.* [C]

al·le·gro /əˈleigrəu, -ˈleg-/ 〈意〉【音】**I** *adj.* & *adv.* 轻快的(地)；活泼的(地) **II** *n.* [C]([复] **-gros**) 快板

al·le·lu·ia(h), al·le·lu·ya /ˌæliˈluːjə/ **I** *int.* 阿利路亚(犹太教和基督教对上帝的赞美词；hallelujah 的拉丁语和礼拜用语形式) **II** *n.* [C]赞美上帝之歌，"阿利路亚"赞美诗

al·ler·gen /ˈæləˌdʒᵊn/ *n.* [C]【医】过敏原；变(态反)应原 ‖ **al·ler·gen·ic** /ˌæləˈdʒenik/ *adj.*

al·ler·gic /əˈləːdʒik/ *adj.* ❶过敏性的；变应性的；对…过敏的(*to*)：*be allergic to* milk 对牛奶过敏 ❷〈口〉对…极其反感的，对…极讨厌的；反对…的(*to*)：He's *allergic to* most pop music. 他对流行音乐大多十分反感。

al·ler·gy /ˈælədʒi/ *n.* [C] ❶【医】过敏性，变应性；过敏反应，变态反应(*to*)：pollen *allergy* 花粉过敏 ❷〈口〉反感；讨厌，厌恶：She has an *allergy* to [for] studying. 她厌恶学习。

al·le·vi·ate /əˈliːviˌeit/ *vt.* 使(痛苦、忧愁等)易于忍受；减轻，缓解，缓和(见 relieve)：*alleviate* severe economic downturn 使严重的经济滑坡缓和下来 ‖ **al·le·vi·a·tion** /əˌliːviˈeiʃᵊn/ *n.* [U]

al·ley /ˈæli/ *n.* [C] ❶(城镇建筑群之间的)小街，小巷，里弄，弄堂，胡同；后街 ❷(公园或花园里两边栽有树篱的)小路，小径 ‖ ***be up* [*down*] *sb.'s alley*** *vi.* 〈口〉适合某人的胃口的，为某人所喜爱的；正合某人所长的：Stamp-collecting is not *up my alley*. 我不喜爱集邮。

al·li·ance /əˈlaiəns/ *n.* [U] ❶(政党、国家等的)联合，结盟；联盟，同盟：a political *alliance* between opposition parties 反对党之间的政治联合 ❷[C](尤指军事上的)盟约 ❸[U](结构、特征等方面的)类同，近似，相像；亲缘关系，密切关系：the *alliance* between reason and common sense 情理与常识之间的共通性

al·lied /ˈælaid/ *adj.* ❶联合的，结盟的，联盟的；联姻的：China, France, Great Britain, Russia, and the United States were *allied* nations during World War II. 在第二次世界大战期间，中国、法国、英国、苏联及美国为同盟国。❷[**A-**](第一次世界大战期间)协约国的；(第二次世界大战期间)同盟国的：the largest *Allied* naval exercise ever held 同盟国有史以来最大的一次海军演习 ❸[作定语](由类似结构或特

A

征等)联系起来的;相关的;有亲缘关系的,同源的:*allied* banks 联号银行

al·li·ga·tor /ˈæliˌgeitəʳ/ *n.* [C]([复]-**tor**(**s**))【动】短吻鳄(如美洲鳄、扬子鳄)

al·lit·er·a·tion /əˌlitəˈreiʃᵊn/ *n.* [U]头韵;头韵法(在一组词或一行诗中重复第一个声韵或字母,如 Around the *r*ock the *r*ugged *r*ascal *r*an 中重复了同一个辅音/r/) ‖ **alˈlit·er·a·tive** *adj.*

al·lo·cate /ˈæləˌkeit/ *vt.* ❶分派;分配(见 allot):the way resources are *allocated* 资源分配的方式 ❷把…划归;把…拨给:*allocate* millions of dollars for cancer research 拨出数百万元专款用于癌症研究 ‖ **al·lo·ca·tion** /ˌæləˈkeiʃᵊn/ *n.* [U]

al·lot /əˈlɔt/ *vt.* (-**lot·ted**;-**lot·ting**) ❶(按份额)分配;分给;摊派:*allot* the available farmland among the settlers 在定居者中分配现有的耕地 ❷(为某种用途而)拨出;指定给;限定:*allot* money for a housing project 为一项建房计划拨款

☆**allot**, **allocate**, **apportion**, **assign** 均有"分配;指派"之意。**allot** 多用于物,有任意支配的含义:Who will she *allot* the easy jobs to? (她把轻活儿分给谁呢?) **allocate** 最为正式,常用来指政府计划中的专项拨款:*allocate* a sum of money for the construction of a bridge (为建桥工程拨款) **apportion** 指根据某一原则,按比例进行公正的分配,强调公平合理:Profits were *apportioned* according to predetermined ratio. (利润按事先决定的比例分配。) **assign** 多用于人,指派遣某人去完成某项任务或工作:The teacher has *assigned* each of us a holiday task. (老师给我们每个人都布置了假期作业。)

al·lot·ment /əˈlɔtmᵊnt/ *n.* ❶[U](按份额的)分配,配给;分派,摊派:funds available and ready for *allotment* 现有待分配的资金 ❷[C]分配物;份额;拨款:The company gives me an *allotment* of $ 15 a day for traveling expenses. 公司配给我每天 15 美元的差旅费。

all-out /ˈɔːlˈaut/ *adj.* [作定语]〈口〉全力以赴的;全部的;全面的:make an *all-out* effort to win 全力以赴去争取胜利

al·low /əˈlau/ *vt.* ❶允许;准许;让(见 let):You're not *allowed* to use calculators in examinations. 考试时不许使用计算器。❷(为某种目的或作估计而)留出;酌情增(或减):*Allow* yourself an hour to get to the airport. 你得给自己留出一个小时赶往机场。❸(尤指由于疏忽而)听凭,听任,任凭:conditions which should never have been *allowed* to develop 绝对不应任其发展的情况 ❹承认;认可:The referee refused to *allow* the goal. 裁判拒绝承认这分有效。❺(为某种目的而)给予:The bus stopped there, *allowing* time for sightseeing. 大客车在那儿停下来,让游客们有时间游览。❻允许…进入;准许…停留:Do they *allow* children in? 他们允许儿童进去吗? ‖ ***allow for*** *vt.* 考虑到;估计到;顾及:It will take you an hour to get to the airport, *allowing for* traffic delays. 把路上的耽搁算进去,你要用一个小时才能赶到机场。‖ **alˈlow·a·ble** *adj.* —**alˈlow·a·bly** *adv.*

al·low·ance /əˈlauəns/ *n.* [C] ❶津贴,补贴;补助金;零花钱:a housing *allowance* 房贴 ❷分配额;允给额;赔偿额:We cannot grant any *allowance* for the loss. 我们对此项损失不予以赔偿。❸限额;定量;限期:What is the *allowance* of luggage? 行李重量限额是多少? ‖ ***make allowance(s)*** (***for***) *vt.* & *vi.* ❶体谅,原谅:We must *make allowances for* her. She is an unhappy woman. 她很是不幸,咱们得体谅她。❷考虑到,估计到;为…留有余地:We've *made allowance for* the fact that everyone has different tastes. 我们已经考虑到各人口味不同这一因素。

al·loy I /ˈælɔi/ *n.* [C] ❶合金:Steel is an *alloy* of iron with [and] carbon. 钢是铁和碳的合金。❷(有害的或降低质量的)增添物,混合物;掺杂物,杂质:happi4 without *alloy* 幸福美满 II /əˈlɔi/ *vt.* 使成合金,将…铸成合金:*alloy* copper with zinc 将铜和锌铸成合金

all right *adj.* & *adv.* ❶[表示同意]好,行,可以:*All right*, I'll go with you. 好吧,我和你一块儿去。❷令人满意的(地);如所盼望的(地):His work is coming along *all right*. 他的工作进展得相当顺利。❸[用以加强语气]〈口〉确实,无疑地:He's the one who did it, *all right*. 这种事无疑是他干的。❹没伤着的;平安的;安然无恙的;(健康)良好的:He asked if they were *all right*. 他问他们是否安然无恙。❺说得过去(的);可以接受(的):The work was not done very well; but it was *all right*. 活

儿干得不是很好，不过还说得过去。❻正确的，对的：We checked his work and found it *all right*. 我们检查了他的工作，发现干得很好。❼适宜的；合适的；合意的：If you want to ruin your life and marry Marks, it's *all right* with me. 如果你想毁掉自己的一生去和马克斯结婚的话，我有什么不乐意的呢！❽〈口〉可靠的；不错的，好的：That fellow is *all right*. 那个小伙子人挺好的。〔亦作 **alright**〕

all-round /ˌɔːlˈraund/ *adj.* ＝all-around

all•spice /ˈɔːlˌspais/ *n.* ［U］多香果粉（一种香料）

all-star /ˈɔːlˌstɑːʳ/〈美〉**I** *adj.*［作定语］由明星运动员（或演员）组成的；全明星阵容的：an *all-star* show 明星阵容的演出 **II** *n.*［C］明星运动员（或演员）；明星（运动）队

all-time /ˈɔːlˌtaim/ *adj.*〈口〉❶空前的；前所未闻的；创纪录的：Production will reach an *all-time* high. 产量将达到创纪录的高水平。❷一向如此的：an *all-time* favourite song 一首吟唱不绝的歌

al•lude /əˈlʲuːd/ *vi.* ❶间接提到；略微一提；暗指，影射（*to*）：What are you *alluding to*? 你指的是什么？❷（泛指）提到，说起，谈到（*to*）：She often *alluded to* her first marriage. 她时常谈起她的第一次婚姻。

al•lure /əˈlʲuəʳ/ **I** *vt.*（强烈地）吸引；引诱，诱惑：Rewards *allured* men to brave danger. 重赏之下，必有勇夫。**II** *n.*［U］吸引力；魅力；诱惑力：the *allure* of fame 名望的诱惑力 ‖ **alˈlure•ment** *n.*［U；C］

al•lur•ing /əˈlʲuəriŋ/ *adj.* 吸引人的；诱人的；迷人的：*alluring* eyes 迷人的眼睛 ‖ **alˈlur•ing•ly** *adv.*

al•lu•sion /əˈlʲuːʒᵊn/ *n.*［C］❶间接提到；略微一提；暗指，影射；提及，涉及（*to*）：There are many humorous *allusions to* human foibles in the drama. 剧中多处幽默地触及人性的弱点。❷典故；引用典故：His writings are crowded with classical *allusions*. 他的作品里充满了典故。‖ **al•lu•sive** /əˈlʲuːsiv/ *adj.* —**alˈlu•sive•ly** *adv.* —**alˈlu•sive•ness** *n.*［U］

al•ly I /ˈælai/ *n.*［C］同盟者；同盟国；盟友：make an *ally* of sb. 与某人结成盟友 **II** /ˈælai, əˈlai/ *vt.* ❶使结盟；使联合；使联姻（*to*, *with*）：He signed a treaty that *allied* his country *to* France. 他签署了一项使他的国家和法国结盟的条约。❷［常用被动语态］使发生联系（*to*, *with*）：Her beauty *allied with* her intelligence made her a successful model. 她天生丽质，加之她头脑聪慧，才使她成为一名十分走红的模特儿。

al•ma•nac(k) /ˈɔːlməˌnæk/ *n.*［C］❶历书；年历：a nautical *almanac* 航海天文历 ❷年鉴：the Catholic *Almanac*《天主教年鉴》

al•might•y /ɔːlˈmaiti/ **I** *adj.* ❶有无限权力的；有强大力量的；万能的：Love of the *almighty* dollar has ruined many people. 对万能的金钱的贪婪断送了许多人。❷［作定语］〈口〉极其的，非常的：There is an *almighty* argument going on next door. 隔壁那一家子正吵得天翻地覆哩。**II** *adv.*〈口〉很，非常，极其：an *almighty* nuisance 极讨厌的东西 **III** *n.*［**the A-**］【宗】上帝

al•mond /ˈɑːmᵊnd/ **I** *n.* ❶［C］【植】杏仁；扁桃（树），巴旦杏（树）❷［C］类似扁桃的果子；类似扁桃树的树 ❸［U］杏仁色，淡黄褐色 **II** *adj.*［作定语］❶杏仁色的；杏仁味的；杏仁状的 ❷用杏仁制成的；用杏仁调味的

al•most /ˈɔːlməust/ *adv.* 几乎，差不多：I *almost* missed the train. 我差点儿误了火车。

☆**almost**, **nearly** 均有"几乎，差不多"之意，但 **nearly** 表示"接近"，**almost** 则侧重"差一步"。❶ **nearly** 前面可用 very, pretty, not 修饰：I'm not *nearly* ready.（我远远没准备好呢。）上述句中的 **nearly** 不能改用 **almost** ❷ **almost** 常与 no, none, any, never, nothing 连用：*Almost any* bus will do.（几乎所有线路的公共汽车都行。）此处的 **almost** 不能改用 **nearly** ❸习惯上不说 **almost not**，但 **almost** 却可以修饰由与 not 同义的前缀（如 in-, un-之类）构成的形容词，而且还可以修饰释义为 not with 或 with no 的 without：Behind me were two policemen *almost invisible* in black shirts.（两名警察在我后面，因为身穿黑衣，所以几乎看不见。）

al•oe /ˈæləu/ *n.*［C］❶【植】芦荟 ❷［～s］［用作单］芦荟（指芦荟叶汁制成的皮肤滋养液）

a•loft /əˈlɔft/ **I** *adv.* & ［通常作表语］*adj.* ❶在上方（的），在高处（的）；在空中（的）：Some birds fly thousands of feet *aloft*. 有些鸟能在离地数千英尺的高空中飞翔。❷向上（的），向高处（的）；向空中（的）：bear *aloft* sb.'s spirits 使某人精神振奋 **II** *prep.* 在…顶上，在…之

A

上:flags flying *aloft* the castle 飘扬在城堡上空的旗帜

a·lone /əˈləun/ Ⅰ *adj*. [通常作表语] ❶单独的,独自的;孤独的,孤零零的:She was really quite *alone* in the world. 她在世上孑然一身。❷[用在名词或代词之后]单单;仅仅,只有:Simon *alone* knew the truth. 只有西蒙知道真相。❸唯独的(*in*):He is *alone in* that opinion. 唯独他持有那种观点。Ⅱ *adv*. ❶单独地;孤独地,孤零零地:take a walk *alone* 独自散步 ❷单单;仅仅,只有:He lives for money *alone*. 他只是为了钱而活着。❸独自地;孤立无援地:I can't do this *alone*. 这件事我一个人干不了。

☆**alone, lonely, lonesome** 均有"单独的,孤独的"之意。**alone** 强调单独或独自这一客观事实:I am anxious about leaving Jimmy *alone* in the house. (把吉米一人留在家里,我很不放心。) **lonely** 具有浓厚的情感色调,表示渴望伴侣或友谊等时所伴随的孤独忧郁之感:Robinson Crusoe spent many *lonely* days on the desert island before the man Friday appeared. (鲁滨孙·克鲁索在荒岛上度过了漫长的孤独岁月,忠仆星期五才到来。) **lonesome** 用于地方时指被人遗弃后的荒凉及令人伤感的氛围;用于人时指与亲朋分手或孀居后那种令人心碎而又难以忍受的悲哀和凄怆:I got *lonesome* when you were not here. (你不在时我颇感寂寞。)

a·long /əˈlɔŋ/ Ⅰ *prep*. ❶沿着,顺着,循着:Cars parked *along* the street. 一辆辆汽车沿街停放。❷在…过程中:I lost my hat *along* the way. 我的帽子在路上掉了。❸按照;根据:The school buses travel *along* the same route and time. 校内班车依照固定路线和时间运行。Ⅱ *adv*. ❶随同,一起,一道(*with*):consider the advantages *along with* the disadvantages 权衡利弊 ❷往前,向前:He was rushing *along* through his speech. 他急急忙忙赶着结束演说。❸成一行地;纵长地:Room 64 was half way *along* on the right. 64 号房间在右手靠中间的地方。❹随身;在手边:Bring *along* your umbrella. 随身带着伞。‖ ***be along*** *vi*. 〈口〉到达某地:The newly-wedded couple will *be along* soon. 新婚夫妇马上就到。

a·long·side /əˈlɔŋˌsaid/ Ⅰ *adv*. 在旁边,在近旁;并排地:The bike was driving *alongside* when hit. 那辆自行车在与汽车并排行驶时被撞倒了。Ⅱ *prep*. 在…旁边;沿着…的边;和…并排:a bike driven *alongside* a car 一辆与汽车并排行驶的自行车 ‖ ***alongside of*** *prep*. 〈口〉在…的旁边;沿着…的边;与…并排:sit *alongside of* sb. 与某人并肩坐着

a·loof /əˈluːf/ Ⅰ *adj*. 冷淡的;疏远的;淡漠的:He is always rather *aloof* with [towards] strangers. 他对陌生人总是很冷淡。Ⅱ *adv*. 冷淡地,疏远地,淡漠超然地:keep oneself *aloof* 洁身自好 ‖ **aˈloof·ness** *n*. [U]

a·loud /əˈlaud/ *adv*. ❶出声地(使能听得见):She read the story *aloud* to the others. 她把故事大声地读给其他人听。❷大声地(使远处听得见):cry *aloud* in grief 悲恸地大哭

al·pac·a /ælˈpækə/ *n*. ❶[C]([复]-**pac·a(s)**)【动】(南美的)羊驼 ❷[U]羊驼毛;羊驼呢 ❸[U]羊驼毛棉混纺织物;(人造纤维或棉织的)仿羊驼呢

al·pha /ˈælfə/ *n*. [C] ❶希腊语字母表中第一字母(Α, α)(相当于英语字母表中第一字母(A, a)) ❷最初,开端;(系列中的)第一个 ‖ ***from alpha to omega*** *prep*. 从头至尾;从开始到结束

al·pha·bet /ˈælfəˌbet/ *n*. [C] ❶(一种语言的)字母系统,字母表:The English *alphabet* has only 26 letters to represent more than 40 sounds. 英语字母表只有 26 个字母,表示 40 多个语音。❷〈喻〉初步,入门;基础知识;基本原理:the *alphabet* of genetics 遗传学基本知识

al·pha·bet·i·cal /ˌælfəˈbetikᵊl/ *adj*. 按字母(表)顺序的:The entries in this dictionary are listed in *alphabetic* order. 这部辞典里的词目是按字母顺序排列的。‖ **ˌal·phaˈbet·i·cal·ly** *adv*.

al·pha·nu·mer·ic /ˌælfənʲuːˈmerik/, **al·pha·nu·mer·i·cal** /-kᵊl/ *adj*. 字母数字(混合编制)的:an *alphanumeric* computer 字母数字计算机

al·pine /ˈælpain/ *adj*. ❶(像)高山的;巍峨的:an *alpine* glacier 高山冰川 ❷极高的:*alpine* prices 高昂的物价 ❸(尤指植物在树木线以上)高山生长的:an *alpine* forest 高山森林

al·read·y /ɔːlˈredi/ *adv*. ❶已(经),早已,业已;先前:The train had *already* left when I reached the station. 我赶到车站时,火车已经

开走了。❷[用于否定句或疑问句,表示怀疑、惊异、烦躁、悔恨等]〈口〉难道(已经):Has he left *already*? 他怎么已经走了? ❸[用于肯定句或祈使句以加强语气,表示不耐烦、反感、失望、惊讶等]〈口〉马上,这就(已经):I thought I'd feel cooler after a bath, but I feel hot again *already*. 我原以为洗个澡会凉快些的,可是这就又热起来了。

al·right /ɔːlˈrait/ *adv.* & *adj.* =all right

al·so /ˈɔːlsəu/ *adv.* ❶而且(也);此外(还):The weather was cold; it's *also* wet. 天气寒冷,而且也潮湿。❷同样地:Tuesday the boys had the ill luck. *Also* Wednesday. 星期二孩子们的运气不好,星期三那天也是一样。‖ ***not only...but (also)*** *conj.* 不但…而且…:*Not only* Jim *but also* his wife saw her. 不但吉姆而且他妻子都见到了她。

al·so-ran /ˈɔːlsəuˌræn/ *n.* [C]〈口〉(比赛、竞争等的)失败者;(竞选的)落选者:John was an *also-ran* in the contest for governor. 约翰竞选州长落选了。

al·tar /ˈɔːltəʳ/ *n.* [C](教堂、寺院内的)祭坛,圣坛:swear by the *altar* 对着圣坛起誓 ‖ ***lead to the altar*** *vt.* 把…领到教堂行婚礼,娶…为妻:After a five-year courtship, he *led* her *to the altar*. 谈了五年恋爱以后,他同她结了婚。

al·ter /ˈɔːltəʳ, ˈɔl-/ *vt.* 改,改变;更改,变更;使变样:How *altered* you are, Martha. 你可真是女大十八变,玛莎!

al·ter·a·tion /ˌɔːltəˈreiʃᵊn/ *n.* ❶[U]改动;更改:This green coat needs *alteration*. 这件绿色的外套需要改一下。❷[C]变化;调整;变动:There have been a few *alternations* to the winter courses. 冬季的课程有一些变动。

al·ter·ca·tion /ˌɔːltəˌkeiʃᵊn/ *n.* [C]争论,争辩,争执;争吵

al·ter e·go /ˌæltərˈegəu/ *n.* [C]([复]-gos) ❶密友,知己 ❷替代品;对等物 ❸个性的另一面,第二个我

al·ter·nate I /ˈɔːltəˌneit/ *vi.* ❶交替;更迭(*with, between*):George *alternated between* hope and despair. 乔治时而满怀希望,时而垂头丧气。❷轮流:Jack and I *alternated* in doing the dishes. 杰克和我轮流洗盘碟。—*vt.* ❶交替地安排;轮流进行;轮番演出:*alternate* work and pleasure 交替安排工作和娱乐 ❷使交替;使更迭:He *alternated* reading with [and] watching television. 他一会儿看书,一会儿看电视。II /ɔːlˈtəːnit, ˈɔl-/ *adj.* [通常作定语] ❶交替的;更迭的;轮流的:Winter and summer are *alternate* seasons. 冬季和夏季变换更迭,周而复始。❷间隔的,相间的:The awning had *alternate* red and white stripes. 那顶凉篷有红白相间的条纹。❸供选择的;供替代的:The *alternate* route is more scenic. 另一条路线的风景更优美些。III /ˈɔːltənit, ˈɔl-/ *n.* [C] ❶替代者;候补者;代理人:Have meat or some meat *alternate* in your diet. 你日常饮食中要吃些肉或者肉类代用品。❷轮流者;替代物 ‖ **al·ter·nate·ly** /ɔːlˈtəːnitli/ *adv.*

al·ter·nat·ing current /ˈɔːltəneitiŋ, ˈɔl-/ *n.* [U]【电】交流电(略作 **Ac, a. c.**)

al·ter·na·tive /ɔːlˈtəːnətiv, ˈɔl-/ I *n.* [C] ❶两者(或在两者以上间)择一;取舍;抉择(见choice):The judge offered the criminal the *alternative* of a fine or six months in prison. 法官让犯人在罚款和坐六个月牢之间作出抉择。❷可供选择的事物;变通办法;供替代的抉择;替代品:The only *alternative* is to wait and see. 除了观望,别无选择。II *adj.* ❶[作定语](两种选择的)非此即彼的;两者(或两者以上)择一的:The *alternative* possibilities are neutrality and war. 中立或者参战两者必居其一。❷供选择的;供替代的;另一个的:an *alternative* proposition 供选择的建议 ‖ **alˈter·na·tive·ly** *adv.*

al·ter·na·tor /ˈɔːltəˌneitəʳ/ *n.* [C]【电】交流发电机

al·though /ɔːlˈðəu/ *conj.* ❶虽然,尽管:*Although* my car is old, it still runs well. 我的车虽旧却仍很好开。❷[用在主句后面,引出补充说明]然而;但是:I have a lot of my father's features, *although* I'm not so tall as he is. 我长得很像我父亲,但我没有他那么高。

☆❶作连接词用时,**although** 和 **though** 可以相互替代:*Although* [*Though*] she smiled, she was angry. (尽管她面带微笑,但她很生气。)但 **though** 在非正式的口语和书面语中用得较为普遍,而 **although** 可用于各种文体。❷ **although** 一般放在从句的句首,而 **though** 除可放在从句句首外,还可放在其他位置:Cold *though* it was, I went out. (尽管很冷,我还是出去了。) / Bravely *though* they fought, they

A

had no chance of winning.（尽管他们英勇作战，还是没有获胜的希望。）

al·tim·e·ter /ˈæltiˌmiːtəʳ/ *n.* [C]测高仪，高程计，高度计

al·ti·tude /ˈæltiˌtʲuːd/ *n.* ❶[U;C](海平面或地表面之上的)高；高度；海拔(见 height)：a valley with an *altitude* of about 8,000 feet 海拔8 000英尺左右的山谷 ❷[常作~s]高处，高地：At high *altitudes* it is difficult to breathe. 在高处呼吸困难。

al·to /ˈæltəu/ I *n.* [C]([复]-**tos**) ❶男声最高音；女低音；中音部 ❷男声最高音(歌手)；女低音(歌手) II *adj.* 中音部的：an *alto* saxophone 中音萨克号

al·to·geth·er /ˌɔːltəˈgeðəʳ/ *adv.* ❶完全；全然：That is a different matter *altogether*. 那完全是另外一码事。❷总共；合计：The expenses came to $500 *altogether*. 费用总计达 500 美元。❸大体说来，总而言之；基本上：*Altogether*, he was well pleased. 总的说来，他很是满意。‖ ***for altogether*** *adv.* 永久地；一劳永逸地：This is not something that can be completed *for altogether*. 这不是件可以一劳永逸的事情。***in the altogether*** *adj.* & *adv.* 〈口〉〈谑〉赤身裸体，一丝不挂：When the phone rang she had just stepped out of the bathtub and was *in the altogether*. 电话铃响时，她刚爬出浴缸，全身一丝不挂。

☆**altogether**, **all together** 两者意思有别，**altogether** 表示"完全地"或"总的说来"：My new house isn't *altogether* finished.（我的新房子还没完全弄好。）/ *Altogether*, I'm sorry it happened.（发生了这种事情，我非常遗憾。）**altogether** 还可用来表示"总共"：*Altogether* 100 people were there.（总共有 100 人在场。）但 **all together** 的意思是"每一个人都"或"每一件东西都"：The books lay *all together* in a heap.（书全都摞在一起。）凡使用 **all together** 的句子都可以在 **all** 和 **together** 中间加上其他词，使它们分开，而句子的意义保持不变。上述一句可改为：*All* the books lay *together* in a heap.

al·tru·ism /ˈæltruizᵊm/ *n.* [U]利他(主义)；利他；无私 ‖ ˈ**al·tru·ist** *n.* [C] —**al·tru·is·tic** /ˌæltruˈistik/ *adj.* —ˌ**al·tru**ˈ**is·ti·cal·ly** /-tikᵊli/ *adv.*

al·um /ˈæləm/ *n.* [U]【化】❶矾；明矾 ❷硫酸铝

a·lu·mi·na /əˈluːminə/ *n.* [U]【化】氧化铝；矾土

al·u·min·i·um /ˌæljuˈminim/ *n.* =aluminum

a·lu·mi·num /əˈluːminəm/ *n.* [U]【化】铝(符号 Al)

a·lum·na /əˈlʌmnə/ *n.* [C]([复]-**nae** /-niː/)女校友；女毕业生

a·lum·nus /əˈlʌmnəs/ *n.* [C]([复]-**ni** /-nai/)校友；毕业生(美国英语中尤指男校友，男毕业生，与 alumna 相对)：an *alumnus* of Nanjing University of the class of 1966 南京大学 1966 届毕业生

al·ways /ˈɔːlweiz/ *adv.* ❶总是；无例外地：He is *always* punctual. 他总是很守时。❷始终；一直；永远：There is *always* some pollution in the air. 大气中始终存在某种污染现象。❸不论怎样总还：A: How shall I get there? B: There's *always* the bus. 甲：我怎么去那里呢？乙：实在不行的话，公共汽车总是有的。❹[常与进行时连用，表示腻味、不满等情绪]老是，一再：It's *always* raining. 老天爷老是下个不停。

Alz·hei·mer's /ˈæltshaiməz/ **disease** *n.* [C]【医】阿尔茨海默氏病；早老性痴呆病

AM *abbr.* amplitude modulation (广播系统的)调幅

am /强 æm，弱 əm/ 见 be

a. m. *abbr.* ❶〈拉〉*ante meridiem* (= before noon) ❷午前；上午

a·mal·gam /əˈmælgəm/ *n.* ❶[U]汞齐；汞合金：dental *amalgam* 用作补牙填料的银汞合金 ❷[C]混合物：an *amalgam* of good and evil 善与恶的混合体

a·mal·gam·ate /əˈmælgəˌmeit/ *vt.* 使(思想、阶级等)混合；将(社团、商店、公司等)合并：The unions will attempt to *amalgamate* their groups into the national body. 这些工会想把他们的小组合并成一个全国性团体。—*vi.* 混合；合并；合成一体：Municipalities often *amalgamate* with others into regional governments. 自治市经常合并在一起组成地区政府。‖ **a·mal·gam·a·tion** /əˌmælgəˈmeiʃᵊn/ *n.* [C;U]

a·mass /əˈmæs/ *vt.* ❶积聚(尤指财富)；积累；聚集：*amass* political power 积聚政治权力 ❷

堆积,把…聚成堆:He *amassed* his papers for his memoirs. 他把文件汇集起来,准备写回忆录。

am·a·teur /ˈæmətəʳ/ **I** *n.* [C] ❶(艺术、科学等的)业余爱好者;业余运动员:an *amateur* in boxing 拳击业余爱好者 ❷外行;生手;非专业(性)人员;粗通(某一行)的人:a rank *amateur* 一个十足的门外汉 ❸爱好者(*of*):an *amateur of* the cinema 电影爱好者 **II** *adj.* [通常作定语] ❶业余(爱好)的;由业余爱好者制作(或组成)的;业余身份的:*amateur* baseball 业余棒球 ❷外行的;非专业(或专家)的:an *amateur* approach 一种外行的眼光 ‖ **am·a·teur·ism** /ˈæmətəˌrizᵊm/ *n.* [U]

☆ **amateur**, **beginner**, **dilettante**, **novice**, **tyro** 均有"业余爱好者;新手"之意。**amateur** 指科学和艺术等方面的业余爱好者,强调不是专家,只是非专业性的个人兴趣和业余爱好,有并不精通的含义:an *amateur* singer (业余歌手) 该词用于体育运动时,其含义不是指缺乏专门训练,而是回避直接酬报:*amateurs* athletes (非职业性运动员) **beginner** 指开始学习必要的技能,但因时间甚短还未掌握该技能的初学者:a ballet class for *beginners* (为初学者开设的芭蕾课) **dilettante** 指只为娱乐而初涉某项活动者,时含肤浅之义:a musical *dilettante* (粗通乐理的人) **novice** 指因未经正式培训,缺少最起码的训练而显得手脚笨拙:She is a complete *no-vice* as a reporter. (她初任记者,完全是个生手。) **tyro** 指缺乏经验或粗鲁莽撞而显得无能或鲁莽的生手:a *tyro* who has taken one month's computer course and proceeds to design a software (只学了一个月的计算机就开始设计软件的生手)

a·maze /əˈmeiz/ *vt.* 使大为惊奇,使惊异,使惊诧,使惊愕:They will tell you many things which you have never known and you'll be *amazed* at. 他们会告诉你许多你闻所未闻,使你拍案称奇的事情。‖ **aˈmaze·ment** *n.* [U]

a·maz·ing /əˈmeiziŋ/ *adj.* 令人十分惊奇的;惊人的;使人吃惊的:She has shown *amazing* courage. 她表现出惊人的勇气。‖ **aˈmaz·ing·ly** *adv.*

am·bas·sa·dor /æmˈbæsədəʳ/ *n.* [C] ❶(特命全权)大使(全称 ambassador extraordinary and plenipotentiary):the U. S. *ambassador* to China 美国驻中国大使 ❷特使,使节:the special *ambassador* of the British Government 英国政府特使 ‖ **am·bas·sa·do·ri·al** /æmˌbæsəˈdɔːriəl/ *adj.*

am·ber /ˈæmbəʳ/ **I** *n.* [U] ❶琥珀 ❷琥珀色;黄(褐)色:The traffic lights changed from green to *amber* to red. 交通灯由绿而黄再转到红色。**II** *adj.* ❶琥珀制的;琥珀似的:*amber* earrings 琥珀耳环 ❷琥珀色的;黄(褐)色的:*amber* fields of grain 黄澄澄的庄稼地

am·bi·ance /ˈæmbiəns/ *n.* [C;U](一个处所的)环境;气氛;情调:a restaurant famous for its *ambiance* and good food 一家以环境和美食著称的餐馆〔亦作 **ambience**〕

am·bi·dex·t(e)rous /ˌæmbiˈdekstrəs/ *adj.* 左右手使用自如的,两手同利的:an *ambidextrous* ping-pong player 左右开弓的乒乓球运动员 ‖ **am·bi·dex·ter·i·ty** /ˌæmbidekˈsteriti/ *n.* [U] —ˌ**am·biˈdex·trous·ly** *adv.* —ˌ**am·biˈdex·trous·ness** *n.* [U]

am·bi·ence /ˈæmbiəns/ *n.* =ambiance

am·bi·ent /ˈæmbiənt/ *adj.* 四周的,周围的;环绕的,环抱的:a mountain peak concealed by *ambient* clouds 云朵环抱的山峰

am·bi·gu·i·ty /ˌæmbiˈgjuːiti/ *n.* ❶[U]模棱两可;可做多种解释;歧义;含糊不清:The telegram was misunderstood because of its *ambiguity.* 由于电文意义不明朗而造成了误解。❷[C]意义含糊不清的词句;模棱两可的词句;可做多种解释的词句:the *ambiguities* of modern poetry 现代诗歌的歧义词句 ❸[U]【语】模糊性;二义性

am·big·u·ous /æmˈbigjuəs/ *adj.* ❶可做多种解释的;引起歧义的,模棱两可的(见 obscure):make *ambiguous* remarks 说些模棱两可的话 ❷含糊不清的;不明确的;暧昧的:an *ambiguous* position 暧昧的立场 ‖ **amˈbig·u·ous·ly** *adv.*

am·bi·tion /æmˈbiʃᵊn/ *n.* ❶[U;C]雄心;野心;抱负,志气,志向:a want of all laudable *ambition* 胸无大志 ❷一心追求的目标,强烈向往的事物:He at last achieved [attained, fulfilled, realized] his *ambition* to sail round the world. 他最后终于实现了自己扬帆环航全球的抱负。

☆ **ambition**, **aspiration**, **desire**, **pretension** 均有"热望,抱负"之意。**ambition** 既可指值得赞扬的热望和抱负,也可用于贬义,表示奢望或野

A

心:He is clever but he lacks *ambition*.(他人很聪明,但胸无大志。)**aspiration** 指积极进取,奋发向上,强调崇高的志向:*aspiration* after knowledge (求知) 该词复数形式偶尔也用于贬义:His *aspirations* must be nipped in the bud.(他的贪欲必须被及早根除。)**desire** 强调感情的炽热,且有强烈的意图或目的,常用于指生理方面的欲望:the *desire* for peace (对和平的热望) **pretension** 暗示缺乏实现愿望的必要才能,有做作虚荣的意味:Several people with literary *pretensions* frequent her salon.(几个自视有文学抱负的人经常光顾她的沙龙。)

am·bi·tious /æmˈbiʃəs/ *adj*. ❶(对名利、权力等)有强烈欲望的,热望的;有野心的;有抱负的:an *ambitious* lawyer 野心勃勃的律师 ❷出于野心(或雄心)的;反映野心(或雄心)的:an *ambitious* plan 雄心勃勃的计划 ❸需付出极大努力的,费劲的;要求过高的:Isn't it *ambitious* of such a small boy to try to swim that river? 这么小的一个男孩子要游过那条河,是不是要求太高了? ‖ **amˈbi·tious·ly** *adv*. —**amˈbi·tious·ness** *n*. [U]

am·biv·a·lence /æmˈbivələns/, **am·biv·a·len·cy** /-lᵊnsi/ *n*. [U;C] ❶矛盾心理(或态度、情绪等):She was in a state of *ambivalence* about having children. 她又想要孩子,又不想要孩子,心里很矛盾。❷摇摆;犹豫不决:His novels are vitiated by an *ambivalence* between satire and sentimentalism. 他的小说由于在讽刺和感伤之间摇摆不定而显得美中不足。‖ **amˈbiv·a·lent** *adj*. —**amˈbiv·a·lent·ly** *adv*.

am·ble /ˈæmbᵊl/ I *vi*. 悠闲地走;从容漫步;缓行:We were *ambling* along enjoying the scenery. 我们一边缓步前行,一边观赏着景色。II *n*. [常用单]悠闲的步伐;漫步;缓行:He slowed down to his usual steady *amble*. 他放慢了脚步,用他平常那种不慌不忙、四平八稳的步子往前走。

am·bu·lance /ˈæmbjulᵊns/ *n*. [C]救护车;救护船;救护飞机

am·bu·la·to·ry /ˈæmbjulətᵊri/ *adj*. ❶流动的;变动不居的;可移动的:an *ambulatory* tribe 游牧部落 ❷【医】(病人)不需卧床的;能走动的;(医疗机构)为非卧床病人服务的:an *ambulatory* care centre 非卧床病人医疗中心

am·bush /ˈæmbuʃ/ I *n*. ❶[U;C]埋伏;伏击:The enemy fell [ran, walked] into the *ambush*. 敌人中了埋伏。❷[U]设伏地点;伏击点:They fired from *ambush*. 他们从伏击点开枪射击。II *vt*. 伏击:An entire platoon was *ambushed* during a patrol and wiped out. 整整一个排在巡逻中遭到伏击,并被歼灭。

a·me·ba /əˈmiːbə/ *n*. [C]([复]**-bas** 或 **-bae** /-biː/)【动】❶变形虫;阿米巴 ❷内变形虫(一种能引起阿米巴痢疾的寄生虫)〔亦作 **amoeba**〕

a·mel·io·rate /əˈmiːljəˌreit/ *vt*. 改善;改进;改良:*ameliorate* living conditions 改善生活条件 —*vi*. 改善;好转:The patient's condition has *ameliorated*. 病人的病情减轻了。‖ **a·mel·io·ra·tion** /əˌmiːljəˈreiᵊn/ *n*. [U]

a·men /ɑːˈmen, eiˈmen/ *int*. ❶阿门(用于祈祷、祝愿等后,表示"心愿如此"或"诚心所愿") ❷〈口〉阿门(表示衷心赞成)

a·me·na·ble /əˈmiːnəbᵊl/ *adj*. ❶易作出响应的;易受控制(或影响)的;听从劝导的;顺从的(*to*):an *amenable* servant 顺从的仆人 ❷应负有义务(或责任)的(*to*, *for*):You are *amenable* *for* this debt. 这笔债务你得负责偿还。

a·mend /əˈmend/ *vt*. ❶修改,修订(法律、议案等):*amend* the constitution 修改宪法 ❷改进;改善;改良:*amend* one's life 革心洗面

a·mend·ment /əˈmendmᵊnt/ *n*. ❶[U]改进;改善;改良:the promise of reform and *amendment* 改过自新的诺言 ❷[C]修改,修订;修正案,修正条款:an *amendment* to a law 法律的修正条款

a·mends /əˈmendz/ [复] *n*. [用作单或复]赔偿;赔罪;赔礼:I'm sorry I forgot about your birthday. How can I make *amends*? 真抱歉,我把你的生日给忘了。我该怎么补偿呢?

a·men·i·ty /əˈmiːniti, əˈmen-/ *n*. [C] ❶[常作 **amenities**]礼节;礼仪:observe the *amenities* of diplomacy 遵守外交礼节 ❷[常作 **amenities**]生活便利设施;(公共)福利设施:cultural [tourist] *amenities* 文化[旅游]设施

Am·er·a·sian /ˌæməˈreiʃᵊn, -ʒᵊn/ *adj*. & [C] *n*. (尤指越南战争期间父为美国人、母为亚洲人的)美亚混血儿(的):The newest *Amerasians* are from Vietnam and Laos. 最新美亚混血儿主要来自越南和老挝。

A·mer·i·ca /əˈmerikə/ *n.* ❶美利坚合众国,美国(=the United States of America) ❷亚美利加洲,美洲 ❸北(或南)亚美利加洲;北(或南)美洲

A·mer·i·can /əˈmerikᵊn/ I *adj.* ❶美国的;美国人的;美国英语的:the strength of *American* economy 美国经济实力 ❷(南北)美洲的:the *American* continents 美洲大陆 ❸原产于美洲的;美洲土生土长的:Chocolate,tomatoes,corn,and tabacco are *American* plants. 巧克力、西红柿、玉米和烟草都是原产于美洲的植物。II *n.* [C] ❶美国人,美国公民 ❷美洲人,美洲公民 ❸土生土长的美洲人;美洲印第安人

American Indian *n.* [C](美洲)印第安人(略作 **Amerind**)〔亦作 **Indian**,**Native American**,**Red Indian**,**redskin**〕

A·mer·i·can·ism /əˈmerikəˌnizᵊm/ *n.* ❶[C]美国(或美洲)风尚;美国(或美洲)人的特性;美国(或美洲)文化的特点 ❷[C]美国英语;美国英语的惯用法 ❸[U]亲美主义(指对美国及其制度、人民、习俗等的信仰或崇尚心理)

A·mer·i·can·ize /əˈmerikəˌnaiz/ *vt.* & *vi.* (使)美国化;(使)带上美国特点 ‖ **A·mer·i·can·i·za·tion** /əˌmerikəniˈzeiʃᵊn;-naiˈz-/ *n.* [U]

am·e·thyst /ˈæmiθist/ I *n.* ❶[C]【矿】紫(水)晶;水碧 ❷[C]紫色刚玉;紫蓝色宝石 ❸[U]紫蓝色;紫色 II *adj.* 带紫蓝色的

a·mi·a·ble /ˈeimiəbᵊl/ *adj.* 和蔼可亲的;亲切友好的;悦人的:*an amiable* greeting 亲切的问候 ‖ ˈ**a·mi·a·bly** *adv.*

am·i·ca·ble /ˈæmikəbᵊl/ *adj.* 友善的;友好的;无敌意的;心平气和的:come to [reach] an *amicable* agreement 化干戈为玉帛 ‖ **am·i·ca·bil·i·ty** /ˌæmikəˈbiliti/ *n.* [U] —ˈ**am·i·ca·bly** *adv.*

a·mid /əˈmid/ *prep.* 在…当中,在…之中,在…中间:He felt small and insignificant *amid* the vast shadows of the forest. 置身在浩瀚无际的森林之中,他感到自己很是渺小和微不足道。〔亦作 **amidst**,**mid**〕

a·miss /əˈmis/ I *adv.* ❶不正确地;错误地:If you think he is guilty,you judge *amiss*. 如果你认为他有罪,那就判断错了。❷不顺利;出差错;有缺陷地:Something went *amiss* with the arrangements. 安排上出了些差错。❸[常用于否定句或疑问句]不合时宜地;不恰当地:A few words of introduction may not come *amiss*. 做几句介绍不能说不得体吧。II *adj.* [通常作表语] ❶不正确的;错误的;有缺陷的:I think something is *amiss* in your calculations. 我认为你的计算有错误。❷出差错的;有毛病的:Nothing was found *amiss*. 一切都称心如意。❸[常用于否定句或疑问句]不合时宜的;不恰当的:It would not be *amiss* for them to do so. 他们这样做也无妨。

am·i·ty /ˈæmiti/ *n.* [U]和睦,友好;(尤指国与国之间的)友好关系:live in *amity* with one's neighbours 与邻居和睦相处

am·mo·ni·a /əˈməuniə/ *n.* [U]【化】❶氨;阿摩尼亚 ❷氨水

am·mu·ni·tion /ˌæmjuˈniʃᵊn/ *n.* [U]❶弹药;军火:live *ammunition* 真枪实弹 ❷〈喻〉子弹,炮弹(指可用来攻击别人或为自己辩护的材料、证据等):The scandal provided *ammunition* for press attacks against the government. 这起丑闻向新闻界提供了攻击政府的炮弹。

am·ne·sia /æmˈniːzjə/ *n.* [U]【医】记忆缺失;遗忘(症):suffer from *amnesia* 得了健忘症 ‖ **am·ne·si·ac** /æmˈniːziˌæk/, **am·ne·sic** /æmˈniːsik/ *adj.* & [C] *n.*

am·nes·ty /ˈæmnisti/ *n.* [C;U](尤指对政治犯的)大赦;赦免;【律】大赦令:give [grant,offer] an *amnesty* to sb. 赦免某人

am·ni·o·cen·te·sis /ˌæmniəusenˈtiːsis/ *n.* [C]([复]-ses /-siːz/)【医】羊膜穿刺术

a·moe·ba /əˈmiːbə/ *n.* [C]([复]**-bas** 或 **-bae** /-biː/)=ameba

a·mok /əˈmɔk/ *adv.* & *adj.* =amuck

a·mong /əˈmʌŋ/ *prep.* ❶和…在一起;在…当中:He fell *among* thieves. 他沉沦到与盗贼为伍。❷为…所围绕;在…中央:She was soon lost *among* the crowd. 她很快就消失在人群之中。❸在…之间(均分);为…所共有:Divide the cigars *among* you. 这些雪茄你们均分吧。❹…中的一个;是…之一;在…的一类中:Einstein is [ranks] *among* the greatest men of science. 爱因斯坦是科学界最杰出的人物之一。❺与…比较;在…中突出的:He is only one *among* many. 他可是百里挑一的拔尖人物。

☆按传统语法,**among** 通常指"在…三者(或三

者以上)之间”,而 **between** 则只指“在…两者之间”。但在当代英语的实际使用中,时有以 **between** 替代 **among** 的情况。即使在这种情况下,**between** 与 **among** 之间在语义上仍存在着重要区别:❶ **between** 强调个体,而**among**侧重整体:*Between* the baby, working, and doing the housework, I was exhausted by the end of the day.(忙于孩子、工作和家务之间,一天下来我总是筋疲力尽。)此句中的 **between** 不可改用 **among**。❷当 **between** 用以表示“在众多的人(或事物)间择其最优者”时,侧重从横向比较中进行选择:I think Dr. Linda was the best *between* the candidates.(我认为琳达博士是所有候选人中最优秀的一个。)

a·mongst /əˈmʌŋst/ *prep.* 〈主英〉=among

a·mor·al /eiˈmɔrᵊl/ *adj.* ❶与道德无关的;不属道德范畴的;既非道德又非不道德的:Science as such is completely *amoral*. 科学本身完全是无所谓道德或不道德的。❷没有道德意识的;无从区分是非的:Young children and animals are *amoral*. 幼童和动物是没有道德意识的。‖ **a·mo·ral·i·ty** /ˌeimɔˈræliti/ *n.* [U]

am·o·rous /ˈæmərəs/ *adj.* ❶(有关)爱情的;求爱的;示爱的:*amorous* songs 恋歌(或情歌) ❷(人、性格等)多情的,喜欢谈情说爱的;耽于情欲的;性爱的;色情的:political and *amorous* intrigues 政治阴谋和桃色新闻 ‖ ˈ**am·o·rous·ly** *adv.*

a·mor·phous /əˈmɔːfəs/ *adj.* ❶无固定形状的;无确定界线的:an *amorphous* mass of clay 一团烂泥 ❷不规则的;模糊的;无法归类的:an *amorphous* plan 含糊不清的计划 ‖ **a**ˈ**mor·phous·ly** *adv.* —**a**ˈ**mor·phous·ness** *n.* [U]

am·or·tize /ˈæməˌtaiz;əˈmɔːtaiz/ *vt.* ❶(用积存偿债基金等办法)分期偿还(债务等):*amortize* the debt 筹款分期偿债❷【会计】摊销;摊还 ‖ **am·or·ti·za·tion** /ˌæmətiˈzeiʃᵊn;əˌmɔːtaiˈzeiʃᵊn/ *n.* [U]

a·mount /əˈmaunt/ **I** *n.* [C;U] ❶量,数量;数额:a huge [small] *amount* of money 巨额款项[一小笔钱] ❷总数,总额:What is the *amount* of the bill for the groceries? 食品杂货账单上一共是多少钱? **II** *vi.* ❶合计,总计,共计(*to*):The loss from the flood *amounts to* ten million dollars. 水灾造成的损失达1 000万元。❷(在效果、意义、价值等方面)等于,实际上是;接近(*to*):His answer *amounts to* a threat. 他的回答近乎恐吓。❸成为;有所(成就)(*to*):With his intelligence, he should *amount to* something when he grows up. 凭他的智力,他长大后定成大器。

☆**amount** 与 **number** 两词意义接近。**amount** 通常用于不可数名词:a large *amount* of money (一大笔钱)/ annual *amount* of rainfall (年降雨量)。而 **number** 则用于大多数可数名词:a large *number* of mistakes (大量错误) / any *number* of times (多次)。但 **amount** 可用来表示成批销售的大宗货物:The shopkeeper had a large *amount* of oranges in his store room. (店主在储藏间内存有大量的橘子。)当一些事物可以被看作不可数时或者当谈及钱时,这两个词很容易用错:any *amount* of black pebbles (任意数量的黑色卵石) / a substantial *amount* of loans (一大笔丰厚的贷款),上述两句中的 **amount** 都应代之以 **number**。

amp /æmp/ *n.* ❶=amperage ❷=ampere ❸〈口〉=amplifier

am·per·age /ˈæmpəridʒ/ *n.* [U]【电】安培数;电流强度

am·pere /ˈæmpeəʳ/ *n.* [C]【电】安(培)(电流单位;略作 **amp**)

am·per·sand /ˈæmpəˌsænd/ *n.* [C]“&”号(表示 and 的符号)

am·phet·a·mine /æmˈfetəˌmiːn,-min/ *n.* [C]【药】❶苯丙胺;安非他明 ❷硫酸苯丙胺;右旋硫酸苯丙胺

am·phib·i·an /æmˈfibiən/ **I** *n.* [C]([复]**-i·ans** 或**-i·a** /iə/) ❶两栖(纲)动物(如青蛙、蝾螈、鳄鱼、海豹等) ❷水陆(两用)飞机 ❸水陆(两用)车 **II** *adj.* ❶两栖的;水陆(或水空)两用的:an *amphibian* engineer 两栖工兵 ❷两栖(纲)动物的;(动物)属于两栖纲的

am·phib·i·ous /æmˈfibiəs/ *adj.* ❶(生物)水陆两栖的:*amphibious* salamanders 水陆两栖的蝾螈 ❷【军】(运载工具)能两栖作战的:an *amphibious* landing craft 两栖登陆船 ‖ **am**ˈ**phib·i·ous·ly** *adv.*

am·phi·the·a·tre, am·phi·the·a·ter /ˈæmfiˌθiətəʳ/ *n.* [C] ❶圆形剧场;(古罗马的)圆形露天竞技场;大会堂;圆形展览馆:an exposition held in the International *Amphitheatre* in

Chicago 在芝加哥国际圆形展馆里举行的博览会 ❷(剧院中的)半圆形阶梯式楼座;阶梯式座位区;半圆倾斜看台 ❸(供观摩外科手术等用的)梯形示教室,看台式教室

am•ple /ˈæmpᵊl/ *adj.* ❶大量的;充裕的;富裕的:a man of *ample* means 富裕阔绰的人 ❷足够的:He was given *ample* opportunity to express his views. 他有充分的机会表达自己的看法。❸面积(或空间)大的;宽敞的:an *ample* lawn 大草坪 ‖ ˈ**am•ple•ness** *n.* [U] —ˈ**am•ply** *adv.*

am•pli•fi•er /ˈæmpliˌfaiəʳ/ *n.* [C]放大器;扩音机;扬声器;喇叭〔亦作 **amp**〕

am•pli•fy /ˈæmpliˌfai/ *vt.* ❶放大(声音等);增强(见 expand):*amplify* one's effort 加倍努力 ❷扩大(范围、效果等);(通过补充材料或经详述等)发挥,进一步阐述:Please *amplify* the matter by illustrations. 请举例进一步解释这一问题。—*vi.* 引申;阐发;详述(*on*, *upon*):The preacher *amplified on* the theme of brotherly love. 牧师对兄弟般情谊这一主题做了进一步阐发。‖ **am•pli•fi•ca•tion** /ˌæmplifiˈkeiʃᵊn/ *n.* [U]

am•pli•tude /ˈæmplitʲuːd/ *n.* [U] ❶广大;广阔:an island of some *amplitude* 颇为广阔的岛屿 ❷丰富;充裕;充足:an *amplitude* of money 巨额钱财

am•pul /ˈæmpul/, **am•pule** /ˈæmpʲuːl/, **am•poule** /ˈæmpuːl/ *n.* [C]【医】安瓿

am•pu•tate /ˈæmpjuˌteit/ *vt.* (通常指用外科手术)切断,锯掉;截(肢):The doctor *amputated* the wounded soldier's leg. 医生截掉了伤兵的一条腿。—*vi.* 施行截肢手术,做截肢手术:Lucy Grainger will *amputate*; she won't have any choice. 露西·格兰杰没有别的选择,只好做截肢手术。‖ **am•pu•ta•tion** /ˌæmpjuəˈteiʃᵊn/ *n.* [U]

am•pu•tee /ˌæmpjuˈtiː/ *n.* [C]被截肢者,肢体被切掉的人

a•muck /əˈmʌk/ **I** *adv.* 杀气腾腾地;横冲直撞地,狂暴地 **II** *adj.* 嗜杀的;杀人狂的;狂乱(似)的:an *amuck* soldier 嗜杀成性的士兵〔亦作 **amok**〕

am•u•let /ˈæmjulit/ *n.* [C]护身符;驱邪符

a•muse /əˈmjuːz/ *vt.* ❶使觉得好玩;使觉得有意思;给…提供娱乐(或消遣):The new toys *amused* the children. 新玩具使孩子们觉得挺好玩的。❷使开心;使发笑:We were *amused* at [by] her tricks. 我们被她的把戏给逗乐了。‖ aˈ**mus•ing** *adj.* —aˈ**mus•ing•ly** *adv.*

☆**amuse**, **divert**, **entertain** 均有"使快乐,使欢娱"之意。**amuse** 常指通过轻松愉快、逗笑取乐的消遣获得娱乐,强调使人愉快的效果:The monkey's antics *amused* him. (猴子的滑稽动作引得他发笑。) **divert** 指注意力从烦恼事或日常工作转移到有趣或令人愉快的活动上去:Listening to music *diverts* you after a hard day's work. (劳累了一天之后,听听音乐会使人轻松愉快。) **entertain** 多指为他人提供娱乐消遣使之从单调无聊中解脱出来:Another guest *entertained* us with folk songs. (另一个客人唱了几首民歌来为我们助兴。)

a•muse•ment /əˈmjuːzmᵊnt/ *n.* ❶[U]开心;愉悦;乐趣;兴味:Much to our *amusement*, no one appeared at the party. 令我们感到极其好笑的是,竟然没有人来参加聚会。❷[C]娱乐,消遣;娱乐活动,消遣方式:theatres, cinemas and other places of *amusement* 戏院、影院以及其他娱乐场所

amusement park *n.* [C]公共露天游乐场

a•mus•ing *adj.* 惹人发笑的;好笑的:an *amusing* movie 有趣的电影

an /强 æn,弱 ən,n/ *ind. art.* [用于元音前]见 a

an- /æn/ *pref.* [用于元音字母或辅音 h 前]表示"非","没有","缺乏":*an*archy,*an*aphrodisiac

-an /ᵊn/ *suf.* ❶[用于地名、人名等后构成相应的形容词或指人的名词]表示"…地方的(人)","…时期的(人)":Rom*an*, Afric*an*, August*an* ❷[用于表示学科、体制、宗教或流派创始人名后构成相应的形容词或指人的名词]表示"具有…特征的(人)","信奉…的(人)","精通…的(人)":magici*an*, histori*an*, Mohammed*an*, Purit*an* ❸[用以构成名词或形容词]表示"…纲(或目、属)的(动物)":crustace*an*, dioces*an*

an•a•bol•ic /ˌænəˈbɔlik/ **steroid** *n.* [C]【生化】促蛋白合成甾类;促蛋白合成类固醇

a•nach•ro•nism /əˈnækrəˌnizᵊm/ *n.* [C] ❶时代错误;年代错置(指所叙述的人物、事件与年代不符的错误):To assign Michelangelo to the

A

14th century is an *anachronism*. 把米开朗琪罗说成是14 世纪的人，那是弄错了年代。❷不合时代的人(或事物)；过时的现象；落伍的人物：The sword is an *anachronism* in modern warfare. 剑在现代战争中过时了。

a·nach·ro·nis·tic /əˌnækrəˈnistik/ *adj*. 时代错误的；年代错置的；落伍过时的：the *anachronistic* improprieties which his poem contains 他诗中含有的年代误置的不当之处 ‖ **aˌnach·roˈnis·ti·cal·ly** *adv*.

an·aes·the·sia /ˌænisˈθiːzjə/ *n*. 麻醉 ‖ **an·aes·thet·ic** /ˌænisˈθetik/ *n*. [C] —**an·aes·the·tist** /əˈniːsθətist/ *n*. [C]

an·aes·thet·ic *n*. [C]麻醉药；麻醉剂

an·a·gram /ˈænəˌgræm/ *n*. [C] ❶(变换字母顺序以构成另一词的)字母易位造词法；回文构词法 ❷字母易位词(或短语)(如由 thorn 重新构成的 north)；回文(词)(如由 lived 构成的 devil)

an·al·ge·sic /ˌænælˈdʒiːzik, -sik/ **I** *adj*. 【医】痛觉缺失的；止痛的 **II** *n*. [C]【药】止痛药；镇痛剂

a·nal·o·gous /əˈnæləgəs/ *adj*. 类似的；相似的 (*to*, *with*)：A brain and a computer are *analogous*. 大脑和计算机有类似之处。

an·a·logue /ˈænəˌlɔg/ *n*. [C] ❶相似物；类似物；类似情况：Watergate is the closest *analogue* to what is happening now. 眼下发生的事件用“水门丑闻”来做比拟最为贴切。❷对应的人(或物)：the Chinese scholar in American Studies and his American *analogues* 这位中国美国学学者及其美国同行〔亦作 **analog**〕

a·nal·o·gy /əˈnælədʒi/ *n*. [C; U] ❶相似；类似：bear [have] much *analogy* to [with] 具有与…许多相似之处 ❷类比；类推；比拟：the forced *analogy* in one's argument 某人论据中牵强的类比推理 ‖ **an·a·log·i·cal** /ˌænəˈlɔdʒikəl/ *adj*.

a·nal·y·sis /əˈnælisis/ *n*. ([复]**-ses** /-ˌsiːz/) ❶[U;C]分析；分解：come under [undergo] careful and in-depth *analysis* 经过深人细致的分析 ❷[C](通常指书面的)分析报告，分析结果表：The paper published an *analysis* of the political situation. 那家报纸发表了一份关于政局的分析报告。❸＝psychoanalysis ‖ ***in the last* [*final*, *ultimate*] *analysis*** *adv*. 归根结底；说到底；总之：*In the final analysis*, most of life's joys are transitory. 归根结底，尘世的欢乐大多是过眼烟云，转瞬即逝。

an·a·lyst /ˈænəlist/ *n*. [C] ❶分析者；善于分析的人：a food *analyst* 食品化验员❷精神分析学家，心理分析学家(＝psychoanalyst)

an·a·lyt·ic /ˌænəˈlitik/, **an·a·lyt·i·cal** /-kəl/ *adj*. ❶分析的；分解的；分析法的：*analytic* skills 分析技术 ❷善于分析的：an *analytic* mind 善于分析的头脑 ‖ **ˌan·aˈlyt·i·cal·ly** *adv*.

an·a·lyze /ˈænəˌlaiz/ *vt*. ❶分析，剖析；细察：*analyze* the motives for sb.'s own behaviour 分析某人自己的行为动机 ❷对…进行精神分析，对…进行心理分析(＝psychoanalyze)

an·ar·chism /ˈænəˌkizəm/ *n*. [U] ❶无政府主义 ❷无政府主义行为；无法无天；反政府恐怖活动 ‖ **an·ar·chist** /ˈænəkist/ *n*. [C] —**an·ar·chis·tic** /ˌænəˈkistik/ *adj*.

an·ar·chy /ˈænəki/ *n*. [U] ❶无政府(状态)；(由于无政府而产生的)政治混乱，社会动乱；无法无天：After its defeat in war the country was in a state of *anarchy*. 战败之后，该国处于无政府动乱状态。❷混乱，无秩序：Intellectual and moral *anarchy* followed the loss of faith. 信仰的失落导致思想和道德的混乱。‖ **an·ar·chic** /əˈnɑːkik/, **anˈar·chi·cal** /-kəl/ *adj*. —**anˈar·chi·cal·ly** *adv*.

a·nath·e·ma /əˈnæθəmə/ *n*. [U; C]极其厌恶的人(或事物)；受诅咒(或谴责)的对象：men whose names are *anathema* 声名狼藉的人

a·nat·o·my /əˈnætəmi/ *n*. ❶[U]解剖学：study human *anatomy* 研究人体解剖学 ❷[C](动植物的)结构：The *anatomy* of an earth worm is much simpler than that of a man. 蚯蚓的结构比人要简单得多。

-ance /əns/ *suf*. [主要附在动词后构成名词或从-ant 结尾的形容词化出名词] ❶表示“行动”，“过程”：attend*ance*, appear*ance* ❷表示“性质”，“状态”：annoy*ance*, resembl*ance*, protuber*ance* ❸表示“物体”：convey*ance*, contriv*ance* ❹表示“总量”，“程度”：conduct*ance*, transmitt*ance*〔亦作**-ancy**〕

an·ces·tor /ˈænsestəʳ/ *n*. [C] ❶祖先，祖宗：Her *ancestors* came from Russia. 她的祖先是俄罗斯人。❷原型；先驱；前身：a philosophical *ancestor* 哲学界的先驱

an·ces·tral /æn'sestrᵊl/ *adj.* [作定语] ❶祖先的,先宗的:England was the *ancestral* home of the Pilgrims. 英格兰是清教徒前辈移民的发祥地。❷祖传的:Black hair is an *ancestral* trait in that family. 黑发是这家族祖传的特征。❸原型的;先驱的:*ancestral* language 原型语言

an·ces·try /'ænsestri/ *n.* ❶[总称]祖先,列祖列宗:Many of the early settlers in America had English *ancestry*. 许多早期拓居美洲的人的祖先都是英国人。❷[U]世系,血统;家世,门第:trace one's *ancestry* 追溯某人的家世

an·chor /'æŋkəʳ/ **I** *n.* [C] ❶锚:order *anchors* aweigh 下令起锚 ❷给人安全(或稳定)感之人(或物);可依靠之人(或物),靠山;(精神)支柱:The Bible is the *anchor* of their faith. 圣经是他们信仰的精神支柱。❸(新闻、体育等节目的)主持人 ❹接力赛中跑最后一棒的选手 **II** *vt.* ❶锚定;抛锚泊(船):*anchor* a dinghy with a grapnel 用小锚泊住小艇 ❷把…固定住;把…系牢(或扎牢、粘住等):*anchor* the roof of a house 把屋顶固定住 —*vi.* ❶抛锚;停泊:A steam frigate *anchored* in the bay. 一艘货轮在港湾内下锚停泊。❷固定;扎根:Some 50 joint enterprises have *anchored* here in the past three years. 在过去的三年中,这儿建立了约50家合资企业。‖ ***at anchor*** *adj.* & *adv.* 抛锚停泊:a ship *at anchor* 抛锚停泊的船只

an·chor·age /'æŋkəridʒ/ *n.* [C]锚地;泊地:a clear [deep-water] *anchorage* for ocean ships 远洋轮无障碍[深水]锚泊地

an·chor·man /'æŋkəmᵊn/ *n.* [C]([复]**-men** /-men/) ❶【体】(游泳或赛跑接力赛中的)末棒运动员;(滚木球比赛中每局的)最后滚球队员;(拔河赛中的)压阵队员 ❷电(视)台节目主持人(主要指新闻、讨论、体育节目的主持人);(负责汇总各地采访记者报道的)新闻节目主持人

an·cho·vy /'æntʃəvi, æn'tʃəuvi/ *n.* [C]([复] **-vy**或**-vies**)【鱼】鳀

an·cient /'einʃᵊnt/ **I** *adj.* ❶古老的;年代久远的:an *ancient* antagonist 宿敌 ❷(年)老的:the *ancient* care-taker of the building 那个看管大楼的老头 **II** *n.* [C] ❶古代人;[常作 **the ~s**]古代文明民族;古人(尤指古代希腊人、罗马人、希伯来人等):The ancients had no means of distinguishing an alloy from a pure metal. 古人没有区分合金和纯金属的手段。❷〈古〉老(年)人;(尤指)年高德劭的人 ‖ **'an·cient·ness** *n.* [U]

an·cil·lar·y /æn'siləri/ *adj.* ❶从属的;附属的(*to*):in an *ancillary* position 处于从属地位 ❷有关的;相关的(*to*):Logic is *ancillary to* philosophy. 逻辑学是哲学的相关学科。❸辅助(性)的(*to*):*ancillary* teaching materials 辅助教材

-an·cy /ənsi/ *suf.* =-ance:ascend*ancy*, buoy*ancy*, expect*ancy*

and /强 ænd;弱 ənd, ən/ *conj.* ❶[用于连接语法上同类的词、短语或句子,表示附加或并列关系]和;与;跟;及;同;又;并;亦;也:He is a good eater *and* a good sleeper. 他能吃能睡。❷加:Two *and* two equals four. 2加2等于4。❸然后;其后;于是:He read for half an hour *and* went to bed. 他看了半小时的书,然后就睡觉了。❹[用于 come, go, try 等动词后,表示目的]〈口〉为了:Try *and* do better. 干就得干得像样一些。❺[表示结果或推断]那么;就会;于是:Water the seeds *and* they will grow. 浇上水,种子就会发芽生长。‖ ***and so forth*** [***so on***] *adv.* 见 forth

an·dan·te /æn'dænti/ *adv.* & *adj.* 【音】徐缓地(的);用行板(的):The movement was played *andante*. 该乐章用行板演奏。

an·drog·y·nous /æn'drɔdʒinəs/ *adj.* ❶【植】雌雄同序的 ❷【动】雌雄同体的 ‖ **an·drog·y·ny** /æn'drɔdʒini/ *n.* [U]

an·droid /'ændrɔid/ *n.* [C]机器人;人形自动机

an·ec·dote /'ænikˌdəut/ *n.* [C]([复]**-dotes** 或 **an·ec·do·ta** /ˌænik'dəutə/) 逸事;趣闻:narrate [relate, tell] an *anecdote* of one's childhood 讲述有关童年的趣闻逸事 ‖ **an·ec·do·tal** /ˌænik'dəutᵊl/ *adj.*

a·ne·mi·a /ə'niːmiə/ *n.* [U] ❶【医】贫血(症):nutritional *anemia* 营养性贫血 ❷无活力;无生气:financial *anemia* 财力匮乏 ‖ **a·ne·mic** *adj.*

an·e·mom·e·ter /ˌæni'mɔmitəʳ/ *n.* [C]【气】风速记录仪,风速测定仪,风速计,风速表

a·nem·o·ne /ə'neməni/ *n.* [C] ❶【植】银莲花

A ❷【动】海葵

an·es·the·sia /ˌænisˈθiːzjə/ *n.* [U] ❶【医】感觉缺失;麻木:angiospastic *anesthesia* 血管痉挛性感觉缺失 ❷【医】麻醉(法):acupuncture *anesthesia* 针(刺)麻(醉)

an·es·thet·ic /ˌænisˈθetik/ I *n.* [C;U]【医】麻醉药(剂);麻醉术:be under *anesthetic* 处于麻醉状态之中 II *adj.* (有关)麻醉的;引起麻醉的:*anaesthetic* agents 麻醉剂

a·nes·the·tist /əˈnesθətist;-ˈniːs-/ *n.* [C]【医】麻醉师

a·nes·the·tize /əˈnesθəˌtaiz;-ˈniːs-/ *vt.* 使麻醉;对…施行麻醉 ‖ **an·es·the·ti·za·tion** /əˌnesθətiˈzeiʃᵊn;-ˌniːsθətaiˈz-/ *n.* [U]

a·new /əˈnjuː/ *adv.* 重新;再:begin one's work *anew* 返工重做

an·gel /ˈeindʒᵊl/ *n.* [C] ❶(侍奉上帝的)天使;神的使者 ❷(可代表善或恶的)精灵;保护神:The nurse was like a ministering *angel* to him. 对他来说,这位护士像一位救死扶伤的看护神。❸〈口〉(善良、纯洁、可爱的)安琪儿(尤指女人或小孩);心上人,爱人;(有时也用作称呼语)亲爱的:an *angel* of mercy 慈悲为怀的人 ‖ **an·gel·ic** /ænˈdʒelik/ *adj.* —**anˈgel·i·cal·ly** /-kᵊli/ *adv.*

an·ger /ˈæŋgəʳ/ I *n.* [U]怒;愤怒;怒火;怒气:Bob struck him in *anger.* 鲍勃怒气冲冲地揍了他。II *vt.* 使发怒,激怒,触怒:The boy's disobedience *angered* his father. 那小男孩不服管教使他爸爸大为恼火。—*vi.* 发怒,发火,生气:He *angers* with little provocation. 他动不动就发无名之火。

☆**anger, fury, indignation, ire, rage, wrath** 均有"愤怒,生气"之意。**anger** 最为常用,表示多种不同程度的愤怒心情,既可指对自己或他人发怒,也可表示对所发生的事情感到气愤,但所表示的愤怒不一定要表现流露出来:He tried to hide his *anger.* (他试图掩盖他的愤怒。) **fury** 语气最强,愤怒到几乎发狂,暴怒:Mad with *fury*, he tore the contract into pieces. (盛怒之下,他将合同撕了个粉碎。) **indignation** 强调因不公平、卑鄙、侮辱或残酷而激起的义愤:There was a general *indignation* at the sudden steep rise in bus fares. (公共汽车票价突然猛增激起了公愤。) **ire** 为文学诗歌用语,其愤怒程度比 anger 强烈,并在表情、言词或行为上明显流露出来:Her cheeks flushed dark with *ire.* (他的脸气得黑红黑红。) **rage** 指失去自制的盛怒,常含有碰壁失意,一时精神错乱或决心报复之意:The surly insolence of the waiters drove him into a *rage.* (侍者的傲慢无礼使他勃然大怒。) **wrath** 多为文学上的比喻用语,特指对具体某人、某事的愤怒,有要惩罚或复仇之意,因此令人生畏:The children's unruly behaviour incurred the headteacher's *wrath.* (小学生不守规矩惹得校长发怒。)

an·gi·na /ænˈdʒainə/ *n.* [U]【医】❶绞痛 ❷=angina pectoris

angina pec·to·ris /ˈpektᵊris/ *n.* [U]【医】心绞痛

an·gle¹ /ˈæŋgᵊl/ I *n.* [U] ❶角:an obtuse [acute] *angle* 钝(锐)角 ❷角度:a right *angle* 直角 ❸(建筑物、家具等的)角,边角;角落;轮廓鲜明的突出体:We took a picture of the northeast *angle* of the church. 我们拍了一张教堂东北角的照片。❹〈口〉立场;观点;角度;方面:What's your *angle* on this matter? 你在这件事情上持什么立场? II *vt.* ❶〈口〉使(文章、声明、新闻报道等)带倾向性;从某一特殊角度报道(新闻等):A good reporter does not *angle* his story. 一名优秀的记者从不使自己的报道带上倾向性。❷把…放置成一角度;调整(或对准)…的角度:*angle* a spotlight 调整聚光灯的角度 ❸使做斜向移动;使转向(或曲折)成一角度 —*vi.* ❶转向成一角度;弯曲成一角度:The road here *angles* to the left. 大路在这里转向左方。❷斜向地移动(或行进):The path *angled* through the woods. 小径弯弯曲曲地穿过树林。

an·gle² /ˈæŋgᵊl/ *vi.* 钓鱼;垂钓(*for*):go *angling for* trout 去钓鳟鱼 ‖ **an·gler** /ˈæŋgləʳ/ *n.* [C]

an·gle·worm /ˈæŋgᵊlˌwəːm/ *n.* [C](尤指用作钓饵的)蚯蚓

An·gli·can /ˈæŋglikᵊn/ I *adj.* 英国国教的;英国圣公会的 II *n.* [C]英国国教教徒;英国圣公会教徒 ‖ **An·gli·can·ism** /ˈæŋglikəˌnizᵊm/ *n.* [U]

An·gli·cize /ˈæŋgliˌsaiz/ *vt.* [亦作 a-](在风俗、习惯、性格等方面)使英国化;(在字形、发音等方面)使英语化:the new class of *Anglicized* Indians, including lawyers and government officials 包括律师和政府官员在内的一个业已英

国化的印度人阶层

An·glo- /ˈæŋgləu/ *comb. form* 表示"英国(的)","英格兰(的)","英语(的)":*Anglo*phone(说英语的)

An·glo-Sax·on /ˌæŋgləuˈsæksᵊn/ **I** *n.* ❶[C]盎格鲁—撒克逊人(古代日耳曼部落集团的一员) ❷[U]盎格鲁—撒克逊人的语言;古英语 **II** *adj.* 盎格鲁—撒克逊人(及其语言、文化)的;(有关)古英语的

an·go·ra /æŋˈgɔːrə/ **I** *n.* ❶[A-][C]【动】安哥拉猫;安哥拉山羊;安哥拉兔 ❷[U]安哥拉山羊毛(或兔毛)纱(或织物) **II** *adj.* 安哥拉山羊毛(或兔毛)制成的

an·gry /ˈæŋgri/ *adj.* 愤怒的,发怒的,发火的,生气的(*about*, *at*, *over*, *with*):The boss got [became] *angry at* [*with*] us for being late. 我们迟到了,老板冲我们直发脾气。

angst /ɑːŋst/ *n.* [U]恐惧;焦虑;担心

an·guish /ˈæŋgwiʃ/ *n.* [U](身体上的)剧痛;(尤指精神上的)极度痛苦(见 distress):the *anguish* of grief 悲痛欲绝 ‖ **an·guished** /ˈæŋgwiʃt/ *adj.*

an·gu·lar /ˈæŋgjuləʳ/ *adj.* ❶有角的;有尖角的;由角构成的;成角(度)的:an *angular* point 角顶(或角端)❷(人)瘦削的,骨瘦如柴的,瘦骨嶙峋的:*angular* features 瘦削的面容❸生硬的;死板的;不圆通的;笨拙的;不灵活的:a particularly *angular* man 一个特别死板的人 ‖ **an·gu·lar·i·ty** /ˌæŋgjuˈlæriti/ *n.* [U; C] —ˈ**an·gu·lar·ly** *adv.*

an·i·mal /ˈænimᵊl/ **I** *n.* [C](与植物相对的)动物:Human beings are rational *animals.* 人是理性动物。**II** *adj.* ❶动物的;野兽的;取自动物的;畜产的:*animal* fats 动物脂肪 ❷野兽般的;畜生似的:*animal* courage 蛮勇

☆**animal**, **beast**, **brute**, **creature** 均有"动物"之意。**animal** 词义最广,可泛指区别于植物、矿物的一切动物,也可特指四足哺乳动物和家畜:Living things consist of *animals* and plants.(生物由动物和植物构成。)该词用以描述人时,则强调其堕落和不道德:Her husband was an *animal.*(她的丈夫是一个粗野残暴的人。)**beast** 和 **brute** 都用于不包括人的动物,特指高级哺乳动物;**beast** 一般为中性词,但用于形容人时,则强调其堕落或残酷:A donkey is a better *beast* of burden than a horse.(同马相比,驴是更好的役畜。)/ They hated the *beast* of a foreman.(他们痛恨讨厌的工头。)**brute** 特指野兽,用于指人时,则强调其野蛮或残忍:Tigers and lions are *brutes.*(虎和狮子都是猛兽。)/ He is an unfeeling *brute*!(他是个冷血动物。)**creature** 通常指除植物以外的所有生物,用于指人时,则含怜悯或轻蔑的意味:The crocodile is a strange-looking *creature.*(鳄鱼是一种怪模怪样的动物。)/ We are all God's *creatures.*(我们都是上帝的子民。)/ The poor *creature* had no home, family or friends.(那可怜的人,既没有家,也没有朋友。)

an·i·mate **I** /ˈæniˌmeit/ *vt.* ❶使有生命,赋予…以生命:the mysterious force that *animates* the cells of the body 使身体细胞具有生命的神奇力量 ❷激励;激发;鼓动;鼓舞;使活泼;使有生气:*animate* sb. to greater efforts 激励某人作出更大努力 ❸把…摄制(或绘制)成动画片:*animate* a film sequence 制作系列动画片 **II** /ˈænimit/ *adj.* ❶活着的;有生命的:*animate* and inanimate objects 生物与非生物 ❷活泼的;有活力的;生气勃勃的;欢快的:an *animate* expression of joy 喜笑颜开 ❸动物的(与植物相对而言):*animate* diseases 各种动物疾病 ‖ ˈ**an·iˌmat·or** *n.* [C]

an·i·mat·ed /ˈæniˌmeitid/ *adj.* 活泼的;活跃的;生气勃勃的;欢快的:Her eyes and cheeks became more *animated.* 她的双目与面颊变得更加神采飞扬。

an·i·ma·tion /ˌæniˈmeiʃᵊn/ *n.* ❶[U]生气;活泼;活力;热情;激动,兴奋:the *animation* of eye 炯炯有神的目光 ❷[U]【电影】动画片制作技术

an·i·mos·i·ty /ˌæniˈmɔsiti/ *n.* [U;C](尤指见于行动的)憎恶,仇恨,敌意:earn sb.'s *animosity* 引起某人的憎恶

an·i·mus /ˈæniməs/ *n.* [U](尤指言行中表现出的)敌意,恶意;仇视:the old-fashioned *animus* against a market economy 守旧派对市场经济的敌视

an·ise /ˈænis/ *n.* ❶[C]【植】茴芹 ❷=aniseed

an·i·seed /ˈæniˌsiːd/ *n.* [C]茴香子

an·kle /ˈæŋkᵊl/ *n.* [C]踝关节;踝;脚脖子:sprain [twist] one's *ankle* 扭伤脚踝

an·klet /ˈæŋklit/ *n.* [C]脚镯;踝环

an·nals /ˈænəlz/ [复] *n.* 编年史:in the military

A

annals of humanity 在人类军事史上［时用作单］(学会等的)年鉴,年报:We found the information in the 1945 *annals* of the society. 我们是在该团体的 1945 年年鉴中发现这些资料的。

an·nex I /ə'neks/ *vt.* ❶附加,添加,追加;附带:*annex* a codicil to a will 对遗嘱增补内容 ❷并吞,兼并,霸占(领土等):The United States *annexed* Texas in 1845. 1845 年,美国兼并了得克萨斯。II /'æneks/ *n.* [C] ❶附加物;附件;附录:an *annex* to a treaty 条约的附件 ❷附属(或添加)的建筑物:a hospital *annex* for outpatients 医院的附属门诊部 ‖ **an·nex·a·tion** /ˌænek'seiʃᵊn/ *n.* [U;C]

an·ni·hi·late /ə'naiəˌleit/ *vt.* 消灭;歼灭;毁灭:The epidemic *annihilated* the population of the town. 这场流行病夺去了全镇人的生命。‖ **an·ni·hi·la·tion** /əˌnaiə'leiʃᵊn,əˌnail-/ *n.* [U] —**an'ni·hiˌla·tor** *n.* [C]

an·ni·ver·sa·ry /ˌæni'vəːsᵊri/ *n.* [C]周年纪念(日):celebrate [commemorate] the 100th *anniversary* of the founding of Nanjing University 庆祝南京大学建校 100 周年

an·no·tate /'ænəᵘˌteit/ *vt.* 给…注释(或评注):This new edition has been elaborately *annotated* by the author. 作者对这本新版书作了详尽的注解。‖ **an·no·ta·tion** /ˌænəᵘ'teiʃᵊn/ *n.* [U;C] —'**an·noˌta·tive** *adj.* —'**an·noˌtat·or** *n.* [C]

an·nounce /ə'nauns/ *vt.* ❶把…公之于世;宣布;宣告:They *announced* that they would wed on January 8. 他们宣布将于 1 月 8 日举行婚礼。❷通报…的到达(或出席):When I arrived,the servant *announced* me. 我到达时,仆人为我做了通报。❸当…的播音员(或报幕员等):The mayor *announced* the program. 市长为这个节目报幕。—*vi.* ❶当电台(或电视台)的播音员;当报幕员:She *announces* for the local radio station. 她在地方电台当播音员。❷宣布参加竞选;宣布支持别人竞选(*for*):Astronaut John Glenn *announced for* the U. S. Senate. 宇航员约翰·格兰宣布参加竞选美国参议员。

an·nounce·ment /ə'naunsmᵊnt/ *n.* ❶[用单]宣布;公布;发布;颁布:The *announcement* of the election results takes place at the Town Hall. 选举结果将在市政厅宣布。❷[C]通告;公告;文告;通知:I have an important *announcement* to make. 我有重要消息要宣布。

an·nounc·er /ə'naunsəʳ/ *n.* [C] ❶宣告者 ❷电台(或电视台)播音员;(比赛等的)解说员;报幕员

an·noy /ə'nɔi/ *vt.* 使不悦;使生气;使烦恼:His constant snoring *annoys* me. 他连续不断的打鼾声使我很恼火。‖ **an'noy·ance** *n.* [U;C]

an·noy·ance /ə'nɔiəns/ *n.* ❶[C]令人烦恼的人(或事):That brat is a real *annoyance*. 那个小鬼简直让人伤透脑筋。❷[U]烦恼;恼怒;气恼:Much to my *annoyance*, the train had just left when I got to the station. 我赶到车站时,列车刚开走,真让人恼火。

an·noy·ing /ə'nɔiiŋ/ *adj.* 讨厌的;恼人的:an *annoying* noise 恼人的噪声 ‖ **an'noy·ing·ly** *adv.*

an·nu·al /'ænjuəl/ I *adj.* [作定语] ❶每年的;年度的;按年度计算的:What is his *annual* salary? 他的年薪是多少? ❷一年一次的:an *annual* flower-show 一年一度的花展 II *n.* [C] 年报;年刊;年鉴;(每年出版的)新版书:Many children's *annuals* are published near Christmas. 许多儿童读物的新版书都在圣诞节前出版。‖ '**an·nu·al·ly** *adv.*

an·nu·i·ty /ə'nʲuːiti/ *n.* [C] ❶年金:an *annuity* for life [a life *annuity*] 终身年金❷年金保险;年金保险投资

an·nul /ə'nʌl/ *vt.* (**-nulled;-nul·ling**) 废止,取消(法令、合同等);宣布…无效:Their marriage was *annulled* by the Pope. 教皇宣布他们的婚姻无效。‖ **an'nul·ment** *n.* [U;C]

an·nu·lar /'ænjuləʳ/ *adj.* 环形的;轮状的;有环纹的:an *annular* saw 圆锯

an·nun·ci·a·tion /əˌnʌnsi'eiʃᵊn/ *n.* [C]宣布,宣告;通告,布告

an·ode /'ænəud/ *n.* [C]【化】【电】【电子】阳极

an·o·dyne /'ænəᵘˌdain/ I *n.* [C] ❶止痛药;镇痛剂 ❷起安慰(或抚慰)作用的事物;消除痛苦的东西;排愁解闷的消遣:Time is the *anodyne* of sorrow. 时间是消除悲伤的良药。II *adj.* ❶止痛的;镇痛的:the *anodyne* virtues of the ancient country medicine 乡间古方的止痛功效 ❷起安慰(或抚慰)作用的;消除(或减轻)

痛苦的：sb.'s sincere and *anodyne* opinions 某人真诚的、令人宽慰的见解

a•noint /ə'nɔint/ *vt.* ❶(把油、油类物或液体)涂；抹；搽；擦(*with*)：She *anointed* herself *with* suntan lotion. 她用防晒油敷全身。❷(如奉神意般地)选定，指定：It seemed that he had been *anointed* as the King's successor. 看来他已经被选定作为国王的继承人。‖ **a'noint•ment** *n.* [U]

a•nom•a•lous /ə'nɔmələs/ *adj.* 不规则的；反常的；异常的：These calculations have given *anomalous* results. 这些运算得出的结果不合法则。‖ **a'nom•a•lous•ly** *adv.*

a•nom•a•ly /ə'nɔməli/ *n.* [U;C]不按常规；不规则；反常(事物)；异常(现象)：the *anomaly* of English spelling 英语拼法的不规则

a•non•y•mous /ə'nɔniməs/ *adj.* ❶匿名的；无名的；姓氏不明的：The giver of the prizes wished to remain *anonymous*. 奖金设立者不希望披露自己的姓名。❷无特色的；缺乏个性特征的：a vast，*anonymous* lobby 硕大但平淡无奇的大厅 ‖ **an•o•nym•i•ty** /ˌænə'nimiti/ *n.* [U;C] —**a'non•y•mous•ly** *adv.*

an•o•rex•i•a /ˌænə'reksiə/ *n.* [U]【医】食欲缺乏；厌食

a•noth•er /ə'nʌðəʳ/ **I** *adj.* [作定语] ❶(同类中)又一的；再一的：May I have *another* glass of water，please? 我再喝一杯水，好吗？❷另一的；别的；不同的：Show me *another* kind of hat. 把另外一种帽子拿给我看看。**II** *pron.* ❶(同类中的)又一个；再一个：another of his letters to her 他给她的又一封信 ❷不同的东西；另一个：risk one's life for *another* 舍己为人

an•swer /'ænsəʳ;'ɑːn-/ **I** *n.* [C] ❶回答；答复；复信：give an *answer* to a question 对问题作出回答 ❷反应；应答；回报：Her only *answer* was to walk out. 她唯一的回答就是出走。❸答案；(问题的)解答；解决方法：She was ready with *answers* on every point. 在每个细节上她都能对答如流。**II** *vt.* ❶回答；答复：I cannot *answer* you now. 我现在还无法答复你。❷对…作出反应；应答；响应：*answer* love for love 投桃报李 —*vi.* ❶回答；答复：Julia *answered* with a smile. 朱莉娅笑盈盈地做了回答。❷有反应；应答；回报：He knocked at the door，but no one *answered*. 他敲了敲门，但没人开门。❸必须对…负责(*for*，*to*)：The bus driver must *answer for* the safety of the passengers in his bus. 公共汽车驾驶员必须对车上乘客们的安全负责。❹符合；与…一致；像(*to*)：The police questioned everyone who *answered to* the description of the wanted man. 警方对每一个与被通缉者的描述相符的人都进行盘问。❺有利；有用；有助益(*to*)：He was in the way of making such investments and found them *answer to* him. 他作这样的投资，结果发现它很是有利可图。‖ ***answer back*** *vi.* & *vt.* ❶回嘴；顶嘴；还口：Parents don't like being *answered back*. 做父母的是不喜欢子女回嘴的。❷为自己辩护：It's unfair to attack a person in the newspaper when he can't *answer* (you) *back*. 在报上攻击一个无法为自己辩护的人是不公正的。***in answer to*** *prep.* 作为对…的回答(或响应、反应等)：*In answer to* her shouts people ran to help. 她一叫喊，大家就跑来帮忙。

☆**answer**，**rejoin**，**reply**，**respond**，**retort** 均有"回答，答复"之意。**answer** 使用范围最广，指用说、写或做某事来作为对某一问题、请求或需要的答复；在特定场合，可指答辩或提供解决问题的办法：He *answered* all the questions on the form. (他回答了表上所有的问题。) **rejoin** 用于辩论中的反驳，常指对未说出口的问题或批评作出回答："No thanks to you!" she *rejoined* coldly. ("不是你的功劳!"她冷漠地答道。) **reply** 较为正式，强调对有关问题、意见、论点、主张、要求等作出详细的正式答复：an invitation that requires you to *reply* at once (要求你立即给予回复的邀请函) **respond** 指对某种刺激立即作出自然反应，尤其指对某个紧急问题或请求进行答复：I stroked the kitten，which *responded* with a pleased purr. (我抚摩小猫，它很舒服地咕噜起来。) / The boss immediately *responded* to his employees' demand for a raise. (老板就其雇员要求增加工资的要求马上做出了答复。) **retort** 表示对指责，批评或攻击进行反击或反驳：He *retorted* that it was not all his fault. (他反驳说这并不全是他的错。)

an•swer•a•ble /'ɑːnsərᵊbᵊl/ *adj.* ❶有责任的；应承担责任的(*for*，*to*)：be *answerable for* sb.'s safety 对某人的安全负责 ❷可回答的；可

A

答复的;可驳斥的:That question is easily *answerable*. 那个问题很容易回答。

ant /ænt/ *n.* [C]蚂蚁 ‖ ***have*** [***get***] ***ants in one's pants*** *vi.* 〈俚〉坐立不安;焦躁不安;跃跃欲试:He seems to *have ants in* his *pants* before each game. 他一到比赛前总是显得很紧张。

-ant /ənt/ *suf.* ❶[用以构成形容词]表示"进行…动作的","促进…作用的","处于…状态的":buoy*ant*, compli*ant*, triumph*ant* ❷[用以构成名词]表示"进行…动作的人","施行…的作用者":assist*ant*, account*ant*

ant·ac·id /ænt'æsid/ **I** *adj.* 解酸的;中和酸的;抗酸的;防酸的 **II** *n.* [C]解酸药;解酸剂;抗酸剂;防酸剂

an·tag·o·nism /æn'tægəˌnizᵊm/ *n.* [U;C]对抗(性);对立;敌对:an act of *antagonism* against sb. [sth.] 针对某人[某事]的敌对行为

an·tag·o·nist /æn'tægənist/ *n.* [C] 对抗者;对立者;对手;敌手:His *antagonist* in the debate was smarter than he. 他的辩论对手比他精明。‖ **an·tag·o·nis·tic** /ænˌtægə'nistik/ *adj.* —**anˌtag·o'nis·ti·cal·ly** /-kᵊli/ *adv.*

an·tag·o·nize /æn'tægəˌnaiz/ *vt.* 使对立;使对抗;引起…的敌意(或仇恨、反感等):Her unkind remarks *antagonized* people who had been her friends. 她那不友好的讲话引起旧友们的反感。

Ant·arc·tic /ænt'ɑːktik/ **I** *adj.* 南极地区的 **II** *n.* [**the** ～]南极地区

an·te /'ænti/ **I** *n.* [C][常用单] ❶(牌戏中发牌或再要新牌前下的)赌注:The dealer called for a dollar *ante*. 发牌者押了1美元赌金。❷〈口〉价格;费用;成本:I raise the *ante*, and sold three hundred papers at ten cents each. 我提高了价格,以单价10美分卖出了300份报纸。**II** (**-te(e)d;-te·ing**) 〈口〉 *vt.* ❶下(赌注)(*up*) ❷付出;拿出(*up*, *off*):*ante up* one's half of the bill 付出自己那一半账款 —*vi.* ❶下赌注(*up*):*Ante up*! *Ante up*, boys, don't back out! 押!快押!哥儿们,别往后缩呀!❷付钱;全部付清(*up*):*Ante up* or move into the street! 要么清账,要么就滚到马路上去!

an·te- /'ænti/ *pref.* 表示"前","(时间或空间方面)在前":*ante*date, *ante*chamber

ant·eat·er /'æntˌiːtə'/ *n.* [C]【动】食蚁动物(如大食蚁兽、穿山甲、土豚、针鼹等)

an·te·bel·lum /ˌænti'belᵊm/ *adj.* [常作定语] ❶战前的:during the three *antebellum* years 在战前的三年里 ❷南北战争[1861～1865]前的;内战前的:the *antebellum* South 内战前的南方

an·te·ced·ent /ˌænti'siːdᵊnt/ **I** *adj.* ❶先前的;先时的(*to*):an *antecedent* event 前事 ❷【语】先行的:an *antecedent* clause 先行句 **II** *n.* [C] ❶前事;前情;前例;先例:This strategy has ancient *antecedents*. 这种办法古已有之。❷[～**s**]祖先;祖宗:He has Scottish *antecedents*. 他祖籍苏格兰。❸【语】先行词(或语、句);前在词(或语、句)(如"This is the house that Jack built."中的 house 对 that 而言,或"I was determined to act, and he knew it."中的 I was determined to act 对 it 而言) ‖ **ˌan·te'ced·ence** *n.* [U]

an·te·cham·ber /'æntiˌtʃeimbə'/ *n.* [C](连接正厅的)前厅;接待室;候客室

an·te·date /'æntiˌdeit, ˌænti'deit/ *vt.* ❶存在(或发生)于…之前;(时间上)先于,早于:Black-and-white television *antedated* colour television. 黑白电视机的问世先于彩色电视机。❷填早(文件等)的日期;把(事件等)的日期确定得比实际发生为早:*antedate* an insurance certificate by two days 把保险单的日期填早两天 ❸把(事件等的)日期确定得比原先确定的为早:About one third of the items of this kind were *antedated* from Merriam-Webster's extensive citation files. 在梅里安—韦伯斯特出版公司的引证资料中,约有1/3的这类词汇出现的日期都提前了。

an·te·lope /'æntiˌləup/ *n.* [C]([复]**-lope(s)**)【动】羚羊

an·ten·na /æn'tenə/ *n.* [C]([复]**-nae** /-niː/或**-nas**) ❶([复]**-nae**)【动】触角;触须 ❷([复]**-nas**)【无】天线:TV *antennas* 电视天线

an·te·ri·or /æn'tiəriə'/ *adj.* ❶(空间方面)位于前部的;前面的(见 preceding):the *anterior* body 前身 ❷(时间方面)早先的;先前的;先于的:the *anterior* power of choice 超前的抉择能力 ‖ **an'te·ri·or·ly** *adv.*

an·them /'ænθəm/ *n.* [C] ❶(对母校等的)赞歌;颂歌 ❷国歌:*The Star-Spangled Banner* is the national *anthem* of the United States.《星条旗》是美国的国歌。

an·ther /ˈænθəʳ/ *n.* [U]【植】花药;花粉囊

an·thol·o·gy /ænˈθɔlədʒi/ *n.* [C](不同作者或同一作者的诗文、曲、画等的)选集:an *anthology* of 20th-century English poetry 20 世纪英语诗歌选集 ‖ **anˈthol·o·gist** *n.* [C]

an·thra·cite /ˈæθrəˌsait/ *n.* [U]【矿】无烟煤

an·thrax /ˈænθræks/ *n.* [U]([复]**-thra·ces** /-θrəsiːz/)【医】❶炭疽;脾脱疽;脾瘟 ❷炭疽脓疱 ❸痈

an·thro- /ˈænθrə/ *comb. form* 表示"人","人类":*anthro*pology,*anthro*pometry

an·thro·poid /ˈænθrəˌpɔid/ I *adj.* ❶(猿等)类人的,似人的:the *anthropoid* structure of certain apes 某些猿的类人结构 ❷(人)类猿的,似猿的:*anthropoid* gangsters 面目狰狞的歹徒 II *n.* [C]【动】类人猿

an·thro·pol·o·gy /ˌænθrəˈpɔlədʒi/ *n.* [U]人类学(研究人类体质特征、进化发展及社会风俗等的科学) ‖ **ˌan·thro·po·log·i·cal** /-pəˈlɔdʒikəl/ *adj.* —**ˌan·throˈpol·o·gist** *n.* [C]

an·ti /ˈænti/ *n.* [C]〈口〉反对者;反对分子;持反对意见者:The vote showed three pros and six *antis*. 投票结果为三票赞成六票反对。

an·ti- /ˈænti;ˈæntai/ *pref.* ❶表示"反","抗","阻":*anti*aircraft ,*anti*tank(反坦克的) ❷表示"非","对(立)":*anti*social ❸表示"伪","竞争":*anti*pope (伪主教) ❹表示"防止","中和":*anti*freeze,*anti*septic ❺表示"防","治","缓":*anti*scorbutic (抗维生素 C 缺乏症的) ❻表示"对","逆":*anti*clockwise

☆**anti-**用在以 i 为首的词、专有名词及专有形容词前,必须用连字号连接,如 *anti-*immigration (反移民的),*anti-*Aristotelianism (反亚里士多德哲学的),*anti-*Biblical (反圣经的)

an·ti·air·craft /ˌæntiˈeəkrɑːft/ *adj.* 防空的:*antiaircraft* missiles 防空导弹

an·ti·bac·te·ri·al /ˌæntibækˈtiəriəl/ *adj.* [作定语]抗菌的

an·ti·bal·lis·tic /ˌæntibəˈlistik/ **missile** *n.* [C]反弹道导弹

an·ti·bi·ot·ic /ˌæntibaiˈɔtik/【微生】I *n.* [C]抗生素 II *adj.* [作定语]抗菌的;抗生的

an·ti·bod·y /ˈæntiˌbɔdi/ *n.* [C]【生】抗体:artificial *antibodies* 种种人造抗体

an·tic /ˈæntik/ I *n.* [C][常作～s]滑稽动作;夸张的噱头;怪诞举动;古怪姿势:amuse sb. by one's *antics* 用滑稽动作把某人逗笑 II *adj.* 滑稽可笑的;乖张荒诞的;古怪的:make *antic* gestures 扮怪脸

an·tic·i·pate /ænˈtisiˌpeit/ *vt.* ❶期望;期待;预期;预料(见 expect):We *anticipated* a good time at the party. 我们期待着在晚会上玩个痛快。❷先于…行动;早于他人做(成):*Anticipate* winter so as to put all in order. 要赶在冬季到来之前把一切料理妥当。❸过早地提出(或考虑):We often borrow trouble,and *anticipate* evils that may never appear. 我们常常自寻烦恼,杞人忧天。‖ **an·tic·i·pa·tion** /ænˌtisiˈpeiʃən/ *n.* [U] —**anˈtic·iˌpa·to·ry** *adj.*

an·ti·cli·max /ˌæntiˈklaimæks/ *n.* [C](重要性、兴趣等的)突降;(命运、权威、尊严等的)突然衰败;(一系列事件之后的)令人扫兴的结尾;(精彩高潮之后的)苍白无力的结尾;虎头蛇尾:After all the weeks of preparation and excitement,Mary found the concert itself a bit of an *anticlimax*. 在几个星期兴奋紧张的筹划之后,玛丽却觉得音乐会总有点儿虎头蛇尾,草草了事。‖ **an·ti·cli·mac·tic** /ˌæntiklaiˈmæktik/ *adj.*

an·ti·clock·wise /ˌæntiˈklɔkwaiz/ *adv.* & *adj.* 〈英〉=counterclockwise

an·ti·co·ag·u·lant /ˌæntikəuˈægjulənt/【生化】【药】I *n.* [C]抗凝(血)剂;阻凝(血)剂 II *adj.* 抗凝(血)的;阻凝(血)的

an·ti·de·pres·sant /ˌæntidiˈpresənt/【药】I *n.* [C]抗抑郁药;抗抑郁剂 II *adj.* 抗抑郁的

an·ti·dote /ˈæntiˌdəut/ *n.* [C] ❶【医】解毒药;解毒剂:an *antidote* against [for,to] snake-bite 蛇药 ❷〈喻〉矫正方法;对抗手段;除害物:To Peter mountain climbing is a marvellous *antidote* to his sedentary job. 对彼得而言,登山是消除案头工作疲劳的灵丹妙药。

an·ti·freeze /ˈæntiˌfriːz/ *n.* [U]【化】阻冻剂;防冻剂;防冻液;抗冻剂;阻凝剂;抗凝剂

an·ti·gen /ˈæntidʒən/ *n.* [U]【医】抗原 ‖ **an·ti·gen·ic** /ˌæntiˈdʒenik/ *adj.*

an·ti·he·ro /ˌæntiˈhiərəu/ *n.* [C]([复]**-roes**)(小说、戏剧等中)不具传统主角品格的主角,非正统派主角;(缺乏英雄品格的)反英雄

an·ti·knock /ˌæntiˈnɔk/ I *adj.* [作定语]抗爆

的；抗震的 II *n.* ❶[C;U]抗爆剂；抗震剂 ❷[U]抗爆；抗震

an·ti·mat·ter /ˈæntiˌmætəʳ/ *n.* [U]【物】反物质

an·ti·mis·sile /ˌæntiˈmisᵊl/ *adj.*【军】❶反导弹的：an *antimissile* system 反导弹系统 ❷反导弹武器（或系统）的：*antimissile* research 反导弹武器研制

an·ti·mo·ny /ˈæntiməni/ *n.* [U]【化】锑（元素符号 Sb）

an·ti·pas·to /ˌæntiˈpɑːstəu/ *n.* [U;C]（[复]-ti /-tiː/或-tos）（意大利烹饪中的）餐前开胃小吃（如鱼、肉、蛋、蔬菜等）

an·tip·a·thet·ic /ænˌtipəˈθetik/,**an·tip·a·thet·i·cal** /-kᵊl/ *adj.* 引起反感（或厌恶）的（*to*）：The very idea had become *antipathetic to* her. 正是那个意见引起了她的反感。

an·tip·a·thy /ænˈtipəθi/ *n.* ❶[U]（尤指出自本性且根深蒂固的）反感，厌恶，憎恶（*to*, *toward*, *towards*, *against*, *for*, *between*）：There is a great deal of *antipathy between* them. 他们之间的嫌隙甚深。❷[C]引起反感的事物（或人）；憎恶的对象：Lotteries were a lifelong *antipathy* of his. 他平生对形形色色的抽彩得奖很是厌憎。

an·ti·per·son·nel /ˈæntiˌpəːsəˈnel/ *adj.* [作定语]【军】（对人员具）杀伤性的：an *antipersonnel* mine 杀伤性地雷

an·ti·per·spi·rant /ˌæntiˈpəːspərᵊnt/ I *n.* [C;U]止汗剂 II *adj.* [作定语]止汗的

an·ti·phon /ˈæntifᵊn/ *n.* [C]启应轮流吟唱的颂歌（或诗篇）‖ **an·tiph·o·nal** /ænˈtifənᵊl/ *adj.* —**anˈtiph·o·nal·ly** *adv.* —**anˈtiph·o·nar·y** *n.* [C]

an·tip·o·des /ænˈtipəˌdiːz/ [复] *n.* 对跖地，对蹠点（指地球上位置正相对的两个地区）：The North Pole and the South Pole are *antipodes.* 北极和南极是相对两极。‖ **anˈtip·o·dal** *adj.*

an·ti·pol·lu·tion /ˌæntipəˈluːʃᵊn/ *adj.* [作定语]预防（或减少）环境污染的：*antipollution* measures 减少环境污染的措施

an·ti·quar·i·an /ˌæntiˈkweəriən/ I *adj.* ❶古文物的；古文物收藏家（或研究者）的；收藏（或研究）古文物的：The *antiquarian* section of the museum was full of old furniture. 博物馆的古文物室里全是些古董家具。❷经营古旧（珍本）书籍的 II *n.* = antiquary ‖ **an·ti·quar·i·an·ism** /ˌæntiˈkweəriəˌnizᵊm/ *n.* [U]

an·ti·quar·y /ˈæntiˌkwəri/ *n.* [C]古文物收藏家（或研究者）；古董商；古籍商

an·ti·quat·ed /ˈæntiˌkweitid/ *adj.* ❶陈旧的；老式的；过时的；被废弃的：*antiquated* fashions 旧款式 ❷年老的；年深日久的：Prejudice and *antiquated* jealousy did not freely yield themselves up. 偏见和根深蒂固的忌妒心并没有轻易地退让。

an·tique /ænˈtiːk/ I *adj.* [作定语] ❶古时的；古代的；古老的；自古就有的：ruins of an *antique* city 古城废墟 ❷古式的；古风的；古希腊的；古罗马的：*antique* furniture 古式家具 II *n.* [C]古董；古物；古器；古玩：This carved chest is a genuine *antique.* 这个雕花橱可是件真古董。

an·tiq·ui·ty /ænˈtikwiti/ *n.* ❶[U]（在欧洲尤指中世纪前的）古代；年代久远；古老；远古时代：the *antiquity* of man 人类的远古时代 ❷[**antiquities**]古迹；古物；古风；古代的风俗习惯：a library filled with *antiquities* 充斥着古籍珍本的图书馆

an·ti·sep·sis /ˌæntiˈsepsis/ *n.* [U]（[复]-ses /-siːz/）防腐（法）；抗菌（法）

an·ti·sep·tic /ˌæntiˈseptik/ I *adj.* [作定语]防腐的；消毒的；抗菌的：*antiseptic* solutions 防腐溶液 II *n.* [C;U]抗菌剂；防腐剂：The doctor put *antiseptic* on the wound. 医生在伤口上擦消毒剂。‖ **ˌan·tiˈsep·ti·cal·ly** /-kᵊli/ *adv.*

an·ti·so·cial /ˌæntiˈsəuʃᵊl/ *adj.* ❶不爱交际的；讨厌社交的；离群索居的；不善交际的：an *antisocial* life 离群索居的隐退生活 ❷反社会的；反对（或违反）社会正常秩序（或惯例）的；危害社会安宁的；妨害公众利益的：*antisocial* acts 反社会行为

an·tith·e·sis /ænˈtiθisis/ *n.* （[复]-ses /-ˌsiːz/）❶[U]正相反；对立；对照（*of*, *between*, *to*）：the *antithesis between* good and evil 善与恶的对立 ❷[C]对立面；形成（或被）对照（或对立）的事物（*of*, *to*）：Hate is the *antithesis of* love. 恨是爱的对立面。‖ **an·ti·thet·ic** /ˌæntiˈθetik/, **ˌan·tiˈthet·i·cal** /-kᵊl/ *adj.* —**ˌan·tiˈthet·i·cal·ly** *adv.*

ant·ler /ˈæntləʳ/ *n.* [C]鹿角；茸角 ‖

ˈ**ant·lered** *adj*.

an·to·nym /ˈæntənim/ *n*. [C]反义词(略作 **ant.**):"Hot" is the *antonym* of "cold". "热"是"冷"的反义词。‖ **an·ton·y·mous** /ænˈtɔniməs/ *adj*.

ant·sy /ˈæntsi/ *adj*. 〈口〉❶热锅上的蚂蚁般的;坐立不安的;烦躁的:an *antsy* child 坐立不安的小孩 / You look a little *antsy*. What's wrong? 你看上去有点儿烦躁,出什么事啦? ❷忧虑的;担心的;紧张的;神经质的:She gets *antsy* before a test. 她考试前总是感到很紧张。

a·nus /ˈeinəs/ *n*. [C]([复]**a·nus·es** /ˈeinəsiz/或 **a·ni** /ˈeinai/)【解】肛门

an·vil /ˈænvil/ *n*. [C] ❶(铁)砧 ❷【解】砧骨

anx·i·e·ty /æŋˈzaiəti/ *n*. ❶[U;C]焦虑;忧虑;担心(见 care):Our *anxiety* grew when the mountain climbers hadn't returned by nightfall. 夜幕降临,但仍不见登山者归来,我们变得越来越焦急。❷[U;C]渴望;热望;急切:one's *anxiety* to please sb. 急于讨好某人 ❸[C]令人焦虑的事:be beset by continual financial *anxieties* 终日为钱发愁

anx·ious /ˈæŋkʃəs/ *adj*. ❶焦虑的;发愁的;忧虑的;担心的;不安的:She was *anxious* about her daughter being out so late at night. 她为女儿这么晚还不回家感到焦急。❷[作定语]令人焦虑的;充满忧虑的;由忧虑引起的:She spent many *anxious* hours waiting for her child. 她一连几个小时焦虑地等待着她的孩子。❸[作表语]渴望的;热切的,急切的:be *anxious* to find a better job 急于要找个更好的工作 ‖ ˈ**anx·ious·ly** *adv*. —ˈ**anx·ious·ness** *n*. [U]

☆在美国英语中将 **anxious** 作为 **eager** 的同义词由来已久,但仍有许多拘泥传统用法的人坚持认为这两个词之间的区别仍应保留,只有当主语对预计要发生的事表示担心或忧虑时,才能用 **anxious**:I was *anxious* to get home before it rained. (我急着想赶在下雨之前回到家里。)而在下列句子中就不能用 **anxious**:I was *eager* to get home and have a nice dinner. (我渴望着回到家吃一顿丰盛的晚餐。)

any /ˈeni/ **I** *adj*. [作定语] ❶任一的;每一的:*Any* colour will do. 任何颜色都行。❷[通常用于疑问句、否定句、条件从句,或在肯定句中与否定词及含否定意义的词连用]一些;若干;什么;丝毫的:Do we have *any* oranges? 我们有橘子吗? ❸[通常用于否定句]全然;压根儿:She can't endure *any* criticism. 她根本就经不得批评。**II** *pron*. [用作单或复] 任何一个(或一些)事物;任何部分:I have no money — have you *any*? 我没钱,你有吗? **III** *adv*. [通常用于否定句、疑问句或条件从句]〈口〉〈英方〉在某种程度上;压根儿:He doesn't care *any*. 他根本就不在乎。‖ ***at any rate*** *adv*. 见 rate ***be not having any*** *vi*. 〈口〉不愿参与;不予理会;不能容忍:I tried to get her to talk about her divorce but she *wasn't having any*. 我想引她谈谈她离婚的事,但她不愿意说。***in any case*** *adv*. 见 case

any·bod·y /ˈeniˌbɔdi/ *pron*. ❶[通常用于否定句、疑问句或条件从句]任何人:*Anybody* home? 家里有人吗? ❷[用于肯定句]随便哪一个人:*Anybody* will tell you where the bus stop is. 随便哪个人都能告诉你公共汽车站在哪儿。

☆❶**anybody** 与词组 **any body** 的区别是:**anybody** 的重音在第一音节,而 **any body** 的重音则在 **body** /ˌeniˈbɔdi/;**anybody** 意为"任何人":There isn't *anybody* in the office. (办公室里什么人也没有。)而 **any body** 作"(视作整体的)任何一群(或一批、一组等)""任何一个死人(或一具尸体)"解:*Any body* of students will include a few dissidents. (任何一个学生团体都会包含几个持不同政见者。)/ The search continued for a week despite the failure to find *any body*. (尽管没发现一具尸体,搜索还是持续了一个星期。)❷**anybody** 与 **anyone** 在语义上有区别;**anybody** 所指代的人物对有关人来说属未知范畴,而**anyone**所指代的人物对有关人来说则属已知范畴,所以,下列两例中的 **anyone** 都不可改用 **anybody**:I can't find my notebook — has *anyone* seen it? (我的笔记本找不到了——有谁看见了吗?) / "Have you ever loved *anyone*?" — "No," I said. ("你曾爱过谁吗?""没有,"我说道。)

☆**anybody, somebody** 均有"要人"之意。**anybody** 时而含有怀疑或否定的意味:She wasn't *anybody* before she got that job. (得到那份工作之前,她还是个无名小卒。)**somebody** 则为强烈的肯定语,尽管时而亦含有讽刺意味:He's nobody here in town, but I suppose he's *some-*

A

body in his own village.（在这个镇上，他毫不起眼，但我想在他的村里，他可能是个人物。）

any·how /ˈeniˌhau/ *adv.* ❶不论用何种方法；无论从什么角度：The answer is wrong *anyhow* you look at it. 不论从哪个角度看，这个答案都是错误的。❷无论如何；不管怎么说；至少：Anyhow I don't like it. 无论如何，我不喜欢它。❸马马虎虎地；随随便便地；杂乱无章地：He leaves his books about *anyhow*. 他把书乱七八糟地摊得到处都是。

any·more /ˈeniˈmɔːʳ/ *adv.* ［除某些方言用法外，通常仅用于表示否定意义的上下文中］而今再也：Sally doesn't work here *anymore*. 萨莉不再在这儿工作了。

☆一般情况下，在句中用作状语时通常用 **anymore**，而不用词组 **any more**，如在下列句中不可用 **anymore** 替代词组 **any more**：I don't smoke *any more*.（我再也不抽烟了。）

any·one /ˈeniˌwʌn/ *pron.* 任何人：*Anyone* can do that. 那事情谁都能做。

any one *pron.* ❶任何一个的：in *any one* city in the United States 在美国的任何一座城市 ❷（人们中的）任何一个；（东西中的）任何一件：*any one* of them 他们中的任何一个

☆❶**anyone** 与词组 **any one** 的区别在于：**anyone** /ˈeniˌwʌn/的重音在第一音节上，而词组 **any one** /ˌeniˈwʌn/的重音则在 one 上。在语义上，**anyone** 意为“任何人（whatsoever person or persons）”，而 **any one** 则表示“一定范围内的任何一个人（或事物）（whatever one person or thing of a group）”：*Anyone* may join.（＝Admission is open to everybody.）（任何人都可以加入。）/ *Any one* may join.（＝Admission is open to one person only.）（任何个人都可以加入。）在介词 of 前面只能用 **any one**：*Any one* of boys could carry it by himself.（男孩儿中的任何一个都提得动。）❷见 anybody。

any·place /ˈeniˌpleis/ *adv.* 〈口〉＝anywhere

any·thing /ˈeniˌθiŋ/ *pron.* ❶［通常用于否定句、疑问句或条件从句］任何事物；任何东西；任何事情：We can't decide *anything* now. 眼下我们什么也不能决定。❷［用于肯定句］无论什么东西；随便什么事情：They can do *anything*. 他们神通广大，无所不能。‖ ***anything but*** *prep.* & *adv.* ❶决不；根本不；远非：She seemed *anything but* satisfied. 她好像一百个不满意的样子。❷除…之外；单单不：I will do *anything but* that. 除那之外，我什么都干。***anything like*** *prep.* & *adv.* ❶多少有点像：Does it taste *anything like* chocolate? 这味道有点像巧克力吗？❷全然；压根儿：The money is not *anything like* adequate. 这笔钱根本就不够。***for anything*** *adv.* 无论如何：She wouldn't enter a liquor store *for anything*. 她说什么也不愿意进酒店喝酒。

any·time /ˈeniˌtaim/ *adv.* 在任何时候；无论何时：You can get a job *anytime*. 你无论何时都可以找到工作。

any·way /ˈeniˌwei/ *adv.* ❶无论如何；不管怎么说；反正；至少；起码：*Anyway* it's worth trying. 至少这还是值得一试的。❷不论以何种方式；无论从哪个角度：all those who are *anyway* concerned in works of literature 所有那些以这样或那样的方式关心文学作品的人 ❸［用以转换话题］〈口〉这个；好吧；喔；噢，唔：*Anyway*, shall we go on to the next point now? 噢，咱们这就讨论下一个要点，好吗？

any·where /ˈeniˌweəʳ/ **I** *adv.* ❶［通常用于否定句、疑问句或条件从句］在（或往）什么地方；在（或往）任何地方：Have you seen my bag *anywhere*? 你在什么地方见到过我的手提包吗？❷［用于肯定句］在（或往）随便什么地方：the best software we have *anywhere* seen 我们所见到的世界上最好的软件 **II** *n.* ［U］任何地方；任何方向：I haven't *anywhere* to stay. 我没有地方待。‖ ***anywhere near*** *adj.* & *adv.* ❶〈口〉在任何程度上；全然；压根儿：Peter isn't *anywhere near* as old as you think he is. 彼得压根儿就没有你认为的那么老。❷几乎；差不多：The job is not *anywhere near* done. 这工作还远未完成呢。***get anywhere*** *vi.* ［通常用于否定句、疑问句或条件从句］〈口〉取得进展；成功：You'll never *get anywhere* with that attitude! 你抱这种态度，休想有多大的出息！

any·wise /ˈeniˌwaiz/ *adv.* 不论以何种方式；无论从什么角度；不管到何种程度；无论如何；全然：The subject matter of discussion is *anywise* important. 不论从什么角度看，这个讨论题都是很重要的。

AOK, A-OK, A-O. K. , A-O·Kay /ˌeiəuˈkei/ *adj.* & *adv.* 〈口〉极好的（地），完美的（地）；绝妙的（地）；一切正常的（地）：an *AOK* rocket launching 一切顺利的火箭发射 / I really feel

AOK. 我觉得身体棒极了。

A(-)one,A(-)1 /'ei'wʌn/ *adj.* [作定语]〈口〉最佳的；一流的；极好的：He's an *A1* driver. 他开车技术呱呱叫。

a·or·ta /ei'ɔːtə/ *n.* [C]([复]**-tas** 或**-tae** /-tiː/)【解】主动脉 ‖ **a'or·tic** /-tik/ *adj.*

a·pace /ə'peis/ *adv.* 飞快地；急速地：The summer flew by, and the time for school was coming on *apace.* 夏天飞也似的过去了，很快就要开学了。

a·part /ə'pɑːt/ *adv.* ❶拆开；成碎片：Don't tear the thing *apart.* 别把那东西撕破了。❷(在时间、空间方面)相距，相隔：The bus stops are about a kilometer *apart.* 公共汽车站彼此间隔约1 000米。❸分离；分开；在一边：She took John *apart* for a private chat. 她把约翰拉到一旁说悄悄话。‖ ***apart from*** *prep.* ❶[相当于 except for]除…之外(别无)；若不是：*Apart from* his copying he had little to do. 除了抄写工作以外，他无事可做。❷[相当于 besides]除…之外(尚有)：I haven't time to go, quite *apart from* the cost. 除了付不起费用之外，我也没有时间去。

a·part·heid /ə'pɑːtheit,-hait/ *n.* [U] ❶(尤指旧时南非当局对黑人及其他有色人种实行的)种族隔离(制) ❷分开；分离；隔离(制度)：educational *apartheid* separating children of different abilities 按学生能力的分班教学

a·part·ment /ə'pɑːtmᵊnt/ *n.* [C] ❶房间：Our *apartment* is on the second floor of that building. 我们的房间在那幢楼的二楼。❷一套公寓房间：a bachelor *apartment* 单身汉公寓套房

ap·a·thet·ic /ˌæpə'θetik/ *adj.* ❶无感情的；无动于衷的；麻木不仁的：He is quite *apathetic* about the condition of the poor. 他对穷人的境遇无动于衷。❷缺乏兴趣的；冷漠的：an *apathetic* audience 反应冷漠的观众

ap·a·thy /'æpəθi/ *n.* [U] ❶无兴趣；冷漠：His *apathy* towards his work was annoying. 他对工作所持的冷漠态度叫人生气。❷无感情；无动于衷；麻木不仁：He listened — with *apathy.* 他听了听——这时他已漠然无动于衷了。

ape /eip/ **I** *n.* [C]❶【动】无尾猿；类人猿：the naked *ape* 裸猿(指人) ❷模仿者；效颦者；学样的人：Every genius has his *apes.* 每一个天才都有其模仿者。**II** *vt.* (尤指愚蠢地或不成功地)模仿，学…的样(见 copy)：*ape* another's style of writing 模仿他人的创作风格 ‖ ***go ape*** *vi.* 〈俚〉变得狂热；如痴如狂(*over*)：The teenage boy *went ape over* his new car. 那个十多岁的男孩对自己拥有一辆新汽车高兴得不得了。‖ **'ape·like** *adj.*

a·pé·ri·tif /əˌperi'tiːf/ *n.* [U](供饭前增进食欲饮用的)开胃酒

ap·er·ture /'æpəˌtʃəʳ,-tjuəʳ/ *n.* [C] 孔；隙缝：an *aperture* for letting in light and air 透光通气孔

a·pex /'eipeks/ *n.* [C]([复]**a·pex·es**或**a·pi·ces** /'eipiˌsiːz/) ❶顶；顶点；最高点：the *apex* of a triangle 三角形的顶点 ❷(心、肺、树叶等的)尖端：the *apex* of a leaf 树叶的尖端

a·phid /'eifid;'æfid/ *n.* [C]【昆】蚜虫

aph·o·rism /'æfəˌrizᵊm/ *n.* [C]格言；警句："To err is human, to forgive divine" is an *aphorism.* "凡人多舛误，唯神能见宥"是一句格言。

aph·ro·dis·i·ac /ˌæfrə'diziˌæk/ **I** *adj.* 激发性欲的；催欲的：Lying dark on her shoulders, her lavish hair is beautiful and *aphrodisiac.* 她那头浓密的乌发披散在双肩，煞是好看，还挺招人的。**II** *n.* [C]催欲剂

a·pi·ar·y /'eipiəri/ *n.* [C]养蜂场

ap·i·cal /'æpikᵊl,'ei-/ **I** *adj.* ❶顶的；顶点的；(在)顶端的；构成顶端的；尖的 ❷【语】用舌尖发音的(如/t/和/d/) **II** *n.* [C]【语】舌尖音 ‖ **'ap·i·cal·ly** *adv.*

a·piece /ə'piːs/ *adv.* 每；各；单个地；分别地：Eggs, once 8 cents *apiece*, tripled in price. 鸡蛋本来 8 美分一个，现价钱已涨了 2 倍。

☆主语是单数名词时应用 **a piece**：The new strategic bomber costs $80 million *a piece.* (新型战略炸弹每枚 8 000 万美元。)

ap·ish /'eipiʃ/ *adj.* ❶似猿的：*apish* countenances 猿似的面容 ❷愚蠢的；傻里傻气的；笨拙的；不自然的；惺惺作态的；调皮捣蛋的：an *apish* grin 傻笑

a·plen·ty /ə'plenti/ *adj.* [通常作表语或作后置定语] & *adv.* 〈口〉大量的(地)；充裕的(地)；绰绰有余的(地)：I dreamed wild dreams *aplenty.* 我做了好多怪诞不经的梦。

a·plomb /ə'plɔm/ *n.* [U]镇定；沉着；自信；自

A

持;泰然自若:exude *aplomb* 显露自信

a·poc·a·lypse /əˈpɔkəˌlips/ *n.* ❶[C]【宗】(尤指预示世界末日的)天启,启示 ❷[the A-](拉丁文及杜埃版《圣经》中的)《启示录》(基督教《圣经·新约》的末卷) ❸[C]大动乱;大灾变;善恶大决战:the *apocalypse* of nuclear war 核战争的灾难 ‖ **a·poca·lyp·tic**/əˌpɔkəˈliptik/ *adj.* **aˌpoc·aˈlyp·ti·cal·ly** /-kᵊli/ *adv.*

a·poc·ry·pha /əˈpɔkrifə/ [复] *n.* [用作单或复] ❶[A-](基督教《圣经·旧约》中的)次经(指见于七十子希腊文译本和通俗拉丁文本但未为希伯来文原本或基督教新教译本收录的经文) ❷[亦作 A-]新约外传,旁经(指各种以圣经形式写成,但未被正式承认为正典的著作,如《禧年书》《所罗门诗篇》《以诺书》等) ❸权威性(或真实性)可疑的著作;作者不明的著作;伪书

a·poc·ry·phal /əˈpɔkrifᵊl/ *adj.* ❶[A-]【宗】次经的;新约外传的;旁经的 ❷作者不明的;权威性(或真实性)可疑的;伪的;杜撰的:*apocryphal* writings 作者不明的著作

ap·o·gee /ˈæpəˌdʒiː/ *n.* [U] ❶【天】远地点(太空中物体运行轨道上离地球最远的点)(与 perigee 相对) ❷〈喻〉最远点;最高点;顶点;极点:at the *apogee* of one's career 在某人事业的顶峰

a·po·lit·i·cal /ˌeipəˈlitikᵊl/ *adj.* ❶非政治的;与政治无关的;无政治意义的:an *apolitical* organization 非政治性组织 ❷不关心政治的;对政治不感兴趣的;厌恶政治的:He was staunchly *apolitical*. 他十分厌恶政治。

a·pol·o·get·ic /əˌpɔləˈdʒetik/ *adj.* ❶道歉的;认错的;抱歉意的;愧疚的:an *apologetic* letter 致歉信 ❷辩护的;辩解的:a long letter *apologetic* of one's innocence 一封为自己清白辩护的长信 ‖ **aˌpol·oˈget·i·cal·ly** /-kᵊli/ *adv.*

ap·o·lo·gi·a /ˌæpəˈləudʒiə/ *n.* [C]([复]**-gi·as** 或**-gi·ae** /-dʒiˌiː/)(尤指为信仰、事业、行为等所作的书面)辩解,辩护

a·pol·o·gist /əˈpɔlədʒist/ *n.* [C]辩解者;〈贬〉辩护士:an *apologist* for the cause 该事业的辩护人

a·pol·o·gize /əˈpɔləˌdʒaiz/ *vi.* 道歉;认错;谢罪:She *apologized* to me for hurting my feelings. 她因伤害我的感情向我表示歉意。

a·pol·o·gy /əˈpɔlədʒi/ *n.* ❶[C;U]道歉;认错;谢罪;愧疚:We offered our *apologies* for being late. 我们为迟到之事再三致歉。❷[C](口头或书面的)辩解;辩护:a lame [effective] *apology* 站不住脚[有力]的辩护

ap·o·plec·tic /ˌæpəuˈplektik/ *adj.* (有关或引起)中风的,卒中的;易患中风病的:an *apoplectic* fit 中风的发作

ap·o·plex·y /ˈæpəuˌpleksi/ *n.* [U]【医】中风;卒中

a·pos·ta·sy /əˈpɔstəsi/ *n.* [U;C]叛教;变节;脱党:one's *apostasy* from the priesthood 对牧师职责的叛弃

a·pos·tate /əˈpɔsteit,-tit/ **I** *n.* [C]叛教者;变节者;叛党者:an *apostate* from the Catholic faith 背叛天主教信仰的人 **II** *adj.* 叛教的;变节的;脱党的:an *apostate* priest 叛教的牧师

a pos·te·ri·o·ri /ˌeipɔsˌteriˈɔːrai/ *adj.* & *adv.* ❶由结果追溯到原因的(地);有特殊推导出一般的(地);归纳的(地):An example of *a posteriori* reasoning is:"The car is running, there must be gas in it." 举一个推理的例子:"因为汽车在跑,所以里面肯定有汽油。"❷基于实际观察的(地);凭经验的(地):The statement "pigs can't fly" must be checked *a posteriori*. "猪不能飞"这个结论是凭经验得来的。

a·pos·tle /əˈpɔsᵊl/ *n.* [C] ❶[时作 A-]使徒(耶稣基督派出传布福音的 12 个或后增的门徒之一) ❷(某一国或地区的)第一个基督教传教士 ❸(某一改革运动或新的信仰的)领导者,倡导者;热心的追随者:an *apostle* of women's rights 女权的鼓吹者

a·pos·tro·phe /əˈpɔstrəfi/ *n.* [C]❶撇号(即'),省字号❷所有格符号:John's book 约翰的书 ❸表示数字、字母或缩写的复数形式:the 2000's (21 世纪元年,读作 the two thousandth)❹略音符号:'lectric (表示 electric 一词中的 e 音节省略)

a·poth·e·car·y /əˈpɔθikᵊri/ *n.* [C]〈古〉❶药剂师 ❷药店;药房

ap·o·thegm /ˈæpəˌθem/ *n.* [C]箴言;格言;警句

a·poth·e·o·sis /əˌpɔθiˈəusis/ *n.* [C]([复]**-ses** /-siːz/) ❶(人的)神化;成圣;奉若神明;(凡人的)羽化登仙 ❷完美的榜样,典范;顶点:She is the very *apotheosis* of a lady. 她是淑女的杰出

典范。

ap•pal(l) /əˈpɔːl/ *vt.* (**-palled;-pal•ling**) 使惊骇;使胆寒(见 dismay):I was *appalled* at how ill he looked. 见他一脸的病容,我不觉惊呆了。

ap•pall•ing /əˈpɔːliŋ/ *adj.* ❶令人震惊的;骇人的;可怕的:an *appalling* accident 骇人听闻的事故 ❷〈口〉令人不快的;讨厌的;低劣的;不像话的:be living under *appalling* conditions 生活在极其恶劣的条件之下 ‖ **apˈpall•ing•ly** *adv.*

ap•pa•ra•tus /ˌæpəˈreitəs,-ˈrɑːtəs, ˈæpəˌreitəs/ *n.* [U;C]([复]**-tus(•es)**) ❶器具;器械;仪器;实验器具;设备;装置:fire-fighting *apparatus* 灭火器(或消防器械) ❷机构;(尤指政党或地下活动的)组织:a bureaucratic apparatus 官僚机构

ap•par•el /əˈpærᵊl/ *n.* [U]〈书〉服饰;服装:lady's ready-to-wear *apparel* 女成衣

ap•par•ent /əˈpærᵊnt,əˈpeər-/ *adj.* ❶[通常作表语]显然的;显而易见的;明明白白的:an *apparent* change 明显的变化 ❷[通常作定语]表面上的;貌似的:an *apparent* advantage [contradiction] 貌似有利[矛盾]❸[作后置定语]有权继承头衔或财产的:the heir *apparent* 法定继承人 ‖ **apˈpar•ent•ly** *adv.*

ap•pa•ri•tion /ˌæpəˈriʃᵊn/ *n.* [C]鬼;鬼魂;幽灵;幻象;幻影:He said he saw the *apparition* of his dead wife. 他说他看见了他亡妻的幽灵。

ap•peal /əˈpiːl/ **I** *n.* ❶[C]呼吁;恳请;恳求:The chairman made an *appeal* to the audience for quiet [to be quiet]. 会议主席吁请听众保持安静。❷[C]诉请;申请;诉诸;求助:His *appeal* for another chance was granted. 他要求再给一次机会的申请获得了批准。❸[C;U]【律】上诉;申诉;上诉权;申诉权;上诉案件:an *appeal* from a lower court 来自下级法院的申诉 ❹[U]吸引力;感染力;号召力:a play with great box-office *appeal* 一出颇具票房号召力的戏 **II** *vi.* ❶呼吁;恳请;恳求:He *appealed* for support from young people. 他呼吁青年人给予支持。❷有吸引力;有感染力;有号召力;投人所好(*to*):Pictures *appeal to* the eye,arguments *to* the reason. 图画悦目,论辩启智。❸【律】上诉;申诉;移交上级法院审理:*appeal* from a judgement 不服判决而上诉 ❹诉诸;诉请裁决(或证实等);求助(*to*):*appeal to* public opinion [the law,the sword] 诉诸公众舆论[法律,武力] —*vt.*【律】将…上诉;将…移交上一级法院审理:The decision was *appealed* to the Supreme Court. 已把该判决向最高法院上诉。

☆**appeal,petition,plead,pray,sue,supplicate** 均有"恳求,请求"之意。**appeal** 指从道义出发请求或呼吁:They are *appealing* for funds to build a new church.(他们呼吁为建造新教堂筹集资金。)该词在法律上表示向上级法院申诉,请求撤销原判:He intends to *appeal* against this sentence.(他要对这个判决提出上诉。)**petition** 通常指根据法定的权利向权力机关当局正式书面请愿:They are *petitioning* for a new playground for the village children.(我们正在请求为这个村的孩子们修建一座新的游乐场。)该词也有祈求或恳求之意:*petition* for pardon(请求宽恕)**plead** 通常指谦卑而又不失庄重地请求,强调迫切:He *pleaded* for more time to pay.(他恳求宽限一下他的付款日期。)该词用于法律上表示辩护或申明态度:She *pleaded* insanity in the hope of getting a shorter sentence.(她宣称自己精神错乱,以期得到从轻判决。)**pray** 和 **supplicate** 有强烈的感情色彩,指祈求帮助,多用于宗教方面:I will *pray* to the gods for your safety.(我要向上帝祈祷保佑你们平安。)/ *supplicate* the protection of the Almighty(祈求上帝的保佑)**sue** 在法律上指正式提出诉讼或要求:If he doesn't return our property,we'll *sue*.(如果他不归还我们的财产,我们就起诉。)该词在其他场合表示恭恭敬敬地提出正式请求:The other side realize they are beaten,and are *suing* for peace.(另一方知道自己输了,因而要求讲和。)

ap•peal•ing /əˈpiːliŋ/ *adj.* ❶有感染力的;吸引人的;动人的;媚人的:an *appealing* sense of humor 极富感染力的幽默感 ❷乞求的;恳求的;惹人怜的:give an *appealing* glance for mercy 可怜地看了看,乞求宽恕

ap•pear /əˈpiəʳ/ *vi.* ❶出现;呈现;显现:The sun *appears* on a clear day. 日出天晴。❷显得;好像;似乎:He may *appear* a fool but actually he's quite clever. 他大智若愚。❸变得明显;显得明白:How far the effect was produced on the audience must *appear* in the progress of our narrative. 观众受到何等的感染,诸位且看下文,自见分晓。❹登台;出场;演出:He has

appeared in many Beijing productions. 他曾多次参加北京舞台的演出。❺(正式)露面;来到:The singer will *appear* on the television programme today. 那位歌唱家将在今晚的电视节目中露面。❻出庭:I have to *appear* in court on a charge of drunken driving. 我被控告酒后驾驶而要出庭受审。❼出版;发表;刊登:His biography *appeared* last month. 他的传记上个月出版了。

ap·pear·ance /əˈpiərᵊns/ *n.* ❶[C]出现;呈现;显现:John's *appearance* in the doorway 约翰出现在门口 ❷[U]外观;外表;外貌;景象:He was short and ordinary in *appearance*. 他身材矮小,貌不惊人。❸[C]露面;出场;登台演出;来到:a farewell *appearance* 告别演出 ❹[U]发表;出版;刊登:the *appearance* of *The Communist Manifesto*《共产党宣言》的问世 ❺[~s]表面迹象;征兆:First *appearances* are often deceptive. 表面现象往往是不真实的。‖ ***at first appearance*** *adv.* 乍看上去;初看起来:*At first appearance*, she makes a good impression. 乍一看,她给人以很好的印象。***keep up appearances*** *vi.* 保持体面;装门面:Although broke, he tries to *keep up appearances*. 他虽然破产了,但仍硬撑门面。***put in an appearance*** *vi.* (尤指短暂的)露面;到场:Jimmy *put in* a brief *appearance* towards the end of our party. 吉米在晚会快结束时才露了一下面。

☆ **appearance, aspect, guise, look, semblance** 均有"外观,外貌"之意。**appearance** 指人的外貌或事物的外观,强调外表,往往表示表里不一:We changed the whole *appearance* of the house just by painting it. (我们只把房子油漆了一下,就改变了它的外观。) **aspect** 常可与 look 互换,但更强调某人所特有的外貌神态及面部表情或某事物的特征:a man of enormous size and terrifying *aspect* (面目狰狞的彪形大汉) 该词也用来表示特定时间、特定情况下的外观或外貌:In spring the yard had a refreshing *aspect*. (春天院子里一片新气象。) **guise** 常指故意骗人的伪装或表面假象:There is nothing new here; just the same old ideas in a new [different] *guise*. (这里没有什么新东西,只是形式不同,但想法还是老一套。) **look** 强调人的面部表情或神态,经常以复数形式出现:I knew she didn't like it by the *look* on her face. (从她脸上的表情我就知道她不喜欢这个。) 该词可用来描述事物,多指与人的面貌相类似的东西:The house has a Mediterranean *look*. (这所房子有地中海一带的样子。) **semblance** 指缺乏实质内容的外表,有与实际情况形成鲜明对照之意:put on a *semblance* of cheerfulness (装出愉快的样子)

ap·pease /əˈpiːz/ *vt.* ❶使平静;平息(怒气、争吵等);(用满足要求等方式)抚慰:*appease* sb.'s anger 使某人息怒 ❷解(渴);充(饥);满足(欲望、好奇心等):*appease* one's thirst with a watermelon 吃西瓜解渴 ❸安抚;绥靖;姑息;对…作出让步:The boy *appeased* his father and got up from television to finish his homework. 那男孩听从父亲的劝说,离开电视机做作业去了。‖ **apˈpeas·er** *n.* [C]

ap·pease·ment /əˈpiːzmᵊnt/ *n.* [U]平息;满足;姑息:a policy of *appeasement* 绥靖政策

ap·pel·late /əˈpelət/ *adj.* [作定语]【律】(有关)上诉的;有权受理上诉的(如法院):an *appellate* judge 上诉法院法官

ap·pel·la·tion /ˌæpiˈleiʃᵊn/ *n.* [C]〈书〉(人或物的)名;名称;称号;头衔:The fair page need not be sullied with my real *appellation*. 何必拿我的真姓实名来糟蹋这张白纸呢。

ap·pend /əˈpend/ *vt.* ❶附加;增补:*append* a note to a letter 在信上加注 ❷盖(章);签(名):*append* one's signature to a will 在遗嘱上签名

ap·pen·di·ci·tis /əˌpendiˈsaitis/ *n.* [U]【医】阑尾炎

ap·pen·dix /əˈpendiks/ *n.* [C]([复]**-dix·es** 或 **-di·ces** /-diˌsiːz/) ❶附录;补遗;附件:add an *appendix* to a book 给书加附录 ❷附属物;附加物 ❸【解】阑尾

ap·per·tain /ˌæpəˈtein/ *vi.* 属于;作为…一部分;与…有关(*to*):Forestry *appertains to* geography, *to* botany, and *to* agriculture. 林学与地理学、植物学和农学均有关系。

ap·pe·tite /ˈæpiˌtait/ *n.* ❶[U;C]食欲;胃口:have a good *appetite* 胃口旺盛 ❷[C]欲望(*for*):an *appetite for* knowledge 求知欲 ❸[C]爱好;嗜好;兴趣(*for*):She had no *appetite* whatever *for* conversation with Bob. 她根本没有那种雅兴去跟鲍勃晤谈。

ap·pe·tiz·er /ˈæpiˌtaizəʳ/ *n.* [C](用餐前的)开胃小吃(或饮料):pickled cucumbers as an *ap-*

petizer before dinner 用作饭前开胃食品的腌黄瓜

ap·pe·tiz·ing /ˈæpiˌtaiziŋ/ *adj.* ❶开胃的;刺激食欲的:*appetizing* food 开胃食品❷吸引人的;令人喜爱的:Working overtime didn't sound *appetizing* to him. 他对超时工作不感兴趣。‖ **ˈap·peˌtiz·ing·ly** *adv.*

ap·plaud /əˈplɔːd/ *vi.* 鼓掌;喝彩;叫好:The audience *applauded* heartily at the end of the song. 歌声一停,观众便热烈鼓掌。—*vt.* ❶向…鼓掌表示赞赏;向…喝彩(或欢呼);(用跺脚等动作)为…叫好:*applaud* a singer 向歌唱家鼓掌喝彩 ❷称赞;赞成;赞赏:He was *applauded* for his courage. 他由于勇敢而受到人们的赞扬。

ap·plause /əˈplɔːz/ *n.* [U]鼓掌;喝彩;叫好:Applause for the performance rang out from the audience. 观众中迸发出一阵鼓掌声,为表演叫好。

ap·ple /ˈæpᵊl/ *n.* [C] ❶【植】苹果树 ❷苹果 ‖ ***an*** [***the***] ***apple of discord*** *n.* 争端;祸根 ***the apple of one's*** [***the***] ***eye*** *n.* 掌上明珠;宝贝;珍爱物:Ingrid is *the apple of Larry's eye*, but she hardly knows he exists. 拉里把英格丽德当作自己的宝贝,可英格丽德几乎不知有他这么个人。

apple pie *n.* [C]苹果馅饼

ap·ple-pie /ˌæpᵊlˈpai/ *adj.* ❶整整齐齐的;井井有条的;完美的:Like a good secretary, she kept her boss's desk in *apple-pie* order. 她把老板的办公桌整理得井然有序,就像一位称职的秘书。❷(具有)美国传统价值观(或传统优点)的;显示出美国传统特征的:*apple-pie* virtues 美国人的传统美德

ap·pli·ance /əˈplaiəns/ *n.* [C] ❶器械;装置(尤指家用电器)(见 device):kitchen *appliances* 厨具 ❷(用于特定目的的)器具:delicate *appliances* of science 精密科学仪器

ap·pli·ca·ble /ˈæplikəbᵊl, əˈplikə-/ *adj.* [通常作表语] ❶可应用的;可实施的;生效的:an *applicable* rule 切实可行的规则 ❷适合的;适用的;适当的(*to*):a law *applicable to* the situation 适用于这一情况的法律 ‖ **ap·pli·ca·bil·i·ty** /ˌæplikəˈbiliti/ *n.* [U]

ap·pli·cant /ˈæplikᵊnt/ *n.* [C]申请人:an *applicant* for a position [scholarship] 谋职者[奖学金申请人]

ap·pli·ca·tion /ˌæpliˈkeiʃᵊn/ *n.* ❶[U]应用;运用;实施:Rockets have found *application* for the exploration of the universe. 火箭已经用来探索宇宙。❷[C]用法;用处;用途:a discovery with many *applications* in daily life 一项在日常生活中有广泛用途的发明 ❸[U]实用性;适用性:the *application* of this rule to a particular situation 该规定对一具体情况的适用性 ❹[U]申请;请求:*application* for leave 请假 ❺[C]申请表;申请书:fill in [out] an *application* form 填写申请表 ❻[U]专心;努力;勤奋:George lacks *application* to his studies. 乔治学习不用功。

ap·pli·ca·tor /ˈæpliˌkeitəʳ/ *n.* [C](药物、化妆品等的)敷抹器;(漆料等的)涂抹器

ap·plied /əˈplaid/ *adj.* [作定语]应用的;实用的:*applied* sciences [linguistics] 应用科学[语言学]

ap·ply /əˈplai/ *vt.* ❶应用;运用;使用;实施;实行:He knows the rule but does not know how to *apply* it. 他懂得这条规则,但不知道如何应用。❷涂;抹;搽;敷;施;把…施(用)于:*apply* a bandage to a wound 包扎伤口 ❸使(自己)致力(于);使(注意力、精力等)集中(于)(*to*):We must *apply* our energies *to* finding a solution. 我们必须竭尽全力找出解决的办法。—*vi.* ❶适用;适合:The rules of safe driving *apply* to everyone. 安全行车规则适用于每一个人。❷有关;涉及:It doesn't *apply* in this case. 这与本案无关。❸(尤指以书面形式)申请;请求(*for*, *to*):*apply for* a raise 要求增加工资 ‖ **apˈpli·er** *n.* [C]

ap·point /əˈpɔint/ *vt.* ❶任命;委任;选派:Jim was *appointed* to the vacancy. 吉姆奉命填补空职。❷约定,指定,确定,决定(时间或地点):We shall *appoint* eight o'clock as the time to begin. 我们约定 8 点钟开始。❸[常用被动语态]为…提供装备(或设备);布置(见 furnish):The house is miserably *appointed*. 这座房屋的设备极其简陋。

ap·point·ed /əˈpɔintid/ *adj.* ❶[作定语]约定的;确定的;指定的:We met at the *appointed* time and place. 我们在约定的时间和地点会面了。❷装饰的;布置陈设的:in the richly *appointed* study that served her office 在那间

A

兼作她办公室的陈设豪华的书房里

ap·point·ee /əˌpɔinˈtiː/ *n.* [C]被任命者；被委派者

ap·poin·tive /əˈpɔintiv/ *adj.* [常作定语](工作或职务)任命的；委派的：an *appointive* position 任命的职务

ap·point·ment /əˈpɔintmᵊnt/ *n.* ❶[C；U]约会；预约：cancel an *appointment* with sb. 取消与某人的约会 ❷[U]任命；委任；选派：the *appointment* of a proper person to an office 任命恰当人选担任某职 ❸[C]任命的职位：a letter of *appointment* 任命书(或委任状) ❹[通常作～s]家具；设备；装备；(任何)物件；东西：I have not one *appointment* belonging to me. 我一无所有。

ap·por·tion /əˈpɔːʃᵊn/ *vt.* 分派；分摊；按比例分配(见 allot)：The execution of the will *apportioned* the property equally to each heir. 遗嘱执行是将财产平分给每个继承人。‖ **apˈpor·tion·ment** *n.* [U]

ap·po·site /ˈæpəzit/ *adj.* (指言辞等)合适的；适当的；贴切的；恰当的：an *apposite* answer [quotation] 恰当的回答[贴切的引语]

ap·po·si·tion /ˌæpəˈziʃᵊn/ *n.* [U]【语】同位(关系)；同位语：These two nouns are in *apposition*. 这两个名词是同位关系。‖ **ap·pos·i·tive** /əˈpɔzitiv/ *adj.*

ap·prais·al /əˈpreizᵊl/ *n.* [C；U] ❶评价；鉴定：The venture passed national *appraisal*. 该企业通过了国家级评估。❷估计；估价：an objective *appraisal* of the facts 对事实作客观的估计

ap·praise /əˈpreiz/ *vt.* ❶评价；鉴定：*appraise* ability and achievement in students 对学生的能力和成绩作评估 ❷估计；估价：a painting *appraised* at $1 million 一幅估价 100 万美元的画 ‖ **apˈprais·er** *n.* [C]

ap·pre·ci·a·ble /əˈpriːʃiəbᵊl/ *adj.* (大得)可以看(或觉察、注意)到的；相当可观的；显著的；值得重视的：an *appreciable* rise in temperature 温度的明显上升 ‖ **apˈpre·ci·a·bly** *adv.*

ap·pre·ci·ate /əˈpriːʃiˌeit/ *vt.* ❶感激；感谢：I sincerely *appreciate* your help. 我对你的帮助表示由衷的感谢。❷重视；赏识；欣赏；鉴赏：They really *appreciated* the peace and quiet of rural Wales. 他们十分欣赏威尔士乡村的宁静与安谧。❸(充分)意识到；察知；明白；领会；理解(见 understand)：I fully *appreciate* the risks involved. 我充分意识到所要承担的风险。—*vi.* 增值；涨价：These diamonds should *appreciate* considerably in value. 这些钻石势必大大增值。

☆ **appreciate**, **cherish**, **esteem**, **prize**, **treasure**, **value** 均有"重视，赏识"之意。**appreciate** 指对事物有深刻的理解能力，并能鉴赏：You can't fully *appreciate* foreign literature in translation. (看翻译作品很难欣赏到外国文学的精髓。)该词也常用来表示感谢：Your help was greatly *appreciated*. (非常感谢你的帮助。) **cherish** 指对某人或某物的深情和珍爱，暗含藏在内心深处而不表露的爱意或喜悦的意味：The old man *cherished* the girl as if she were his daughter. (老人疼爱那女孩，就好像她是自己的女儿一般。) **esteem** 指对方因其自身的价值而在心目中占有崇高位置，强调爱戴和崇敬：I *esteem* his work highly. (我非常尊重他的工作。) **prize** 特指高度评价自己拥有的东西，并有深深的自豪感：I *prize* my independence too much to go and work for them. (我决不愿意丧失自己的独立性去为他们效劳。) **treasure** 指因为珍贵而精心保护以防丢失，强调依恋和保藏：He *treasures* her letters. (他把她的信看得非常宝贵。) **value** 指高度评价或主观认为比其他人或事物有更大价值：I've always *valued* your advice. (我一向重视你的意见。)

ap·pre·ci·a·tion /əˌpriːʃiˈeiʃᵊn/ *n.* ❶[U]感激，感谢：demonstrate [display, express] one's *appreciation* to sb. for sth. 因某事向某人表示感谢 ❷[U；C]知道，了解；理解，领会；觉察：I have some *appreciation* of your difficulties. 对你的种种难处，我多少了解一点。❸[U]涨价，提价，增值：the *appreciation* of the dollar against the peseta 美元对(西班牙货币)比塞塔汇率的增值

ap·pre·ci·a·tive /əˈpriːʃətiv/ *adj.* (表示)感激的；感谢的；赞赏的：an *appreciative* letter 感谢信 ‖ **apˈpre·ci·a·tive·ly** *adv.*

ap·pre·hend /ˌæpriˈhend/ *vt.* ❶逮捕；拘押：The thief was *apprehended* and put in jail. 小偷被逮捕，并被关进监狱。❷理解；领会；领悟；明白；懂得：I *apprehend* the meaning of your words. 我懂你说的话的意思。

ap·pre·hen·sion /ˌæpriˈhenʃ^ən/ *n.* ❶[C; U](对可能发生的麻烦、灾祸等的)疑惧;畏惧;恐惧;担心;忧虑;挂念:I feel a certain *apprehension* about my interview tomorrow. 我对明天的面试感到有些担心。❷[U]理解(力);领会;领悟:a man of weak *apprehension* 理解力差的人 ❸[U]逮捕;拘押;拿获:cooperate in the *apprehension* of the gangsters 联手捉拿歹徒

ap·pre·hen·sive /ˌæpriˈhensiv/ *adj.* 疑惧的,畏惧的;恐惧的;忧虑的,担心的,挂念的(见 afraid):He was *apprehensive* about [for] what might happen. 他对可能发生的事情感到忧虑。‖ **ˌap·preˈhen·sive·ly** *adv.* —**ˌap·preˈhen·sive·ness** *n.* [U]

ap·pren·tice /əˈprentis/ **I** *n.* [C] ❶学徒,徒弟:a law *apprentice* 见习律师 ❷初学者;生手:an *apprentice* in fashion designing 时装设计的生手 **II** *vt.* 使当学徒:Benjamin Franklin's father *apprenticed* him to a printer. 本杰明·富兰克林的父亲把他送去当印刷商的徒弟。—*vi.* 当学徒:He *apprenticed* for 14 years under a master silversmith. 他给一位手艺高超的银匠当学徒达 14 年之久。‖ **apˈpren·ticeˌship** *n.* [C;U]

ap·prise /əˈpraiz/ *vt.* (正式)通知;通告;告诉(*of*):He appraised the vase, then *apprised* the owner *of* its value. 他对花瓶作了评估后,便把其价值告知花瓶的主人。

ap·proach /əˈprəutʃ/ **I** *vt.* ❶靠近;接近;走近:The pilot was directed to *approach* the airport from the east. 飞行员被引导从东面进入机场。❷(在质量、性质、时间等方面)近似,相似,近于:The wind was *approaching* a gale. 风愈刮愈紧,渐成暴风。❸向…提出建议(或要求);同…交涉;与…接洽:*approach* the bank for a loan 向银行申请贷款 ❹(开始)考虑对付;对待;(着手)处理;(着手)探讨:*approach* a difficult task 处理一项棘手的工作 —*vi.* ❶走近;临近;接近;即将来临:As summer *approaches*, the days become longer. 夏天渐近,白昼见长。❷(在性格、时间、数量等方面)近似:Few actors *approach* to the ability of Laurence Olivier. 在才华方面很少有演员可与劳伦斯·奥利维尔相媲美。**II** *n.* [C] ❶接近;靠近;临近;即将来临:Sunset announces the *approach* of night. 日落预示夜幕的降临。❷进路;通道;入门;途径:through diplomatic *approaches* 通过外交途径 ❸(处理问题、完成任务等的)方法;手段;态度:It was not a judicious *approach* to the problem. 这个处理问题的方式是不明智的。

ap·proach·a·ble /əˈprəutʃəb^əl/ *adj.* ❶易亲近的;和蔼可亲的;可与之打交道的:No matter how busy he was, he was always *approachable*. 无论多忙,他待人总是和蔼可亲。❷[作表语]可接近的;可到达的:The statue is *approachable* by steps inside the column. 通过纪念柱中间的台阶可以到达塑像处。

ap·pro·ba·tion /ˌæprə^uˈbeiʃ^ən/ *n.* [U] ❶批准;核准;认可;许可:He refused to grant his *approbation* of the project. 他拒绝批准这项工程。❷满意;赞成;称赞:give one's *approbation* to sth. 对某事表示满意 ‖ ***on approbation*** *adj.* & *adv.* (商品)供试用(的);包退包换(的)

ap·pro·pri·ate **I** /əˈprəupriət/ *adj.* 合适的;适宜的;适当的;恰当的;相称的(*to*, *for*)(见 fit):a speech *appropriate to* the occasion 合乎时宜的讲话 **II** /əˈprəupriˌeit/ *vt.* ❶把…占为己有;擅用;挪用;盗用:He tends to *appropriate* what he borrows. 他常常把借来的东西占为己有。❷(为某种用途而)拨(款):the funds *appropriated* by government for education 政府拨出投入教育的经费 ‖ **apˈpro·pri·ate·ly** *adv.* —**apˈpro·pri·ate·ness** *n.* [U]

ap·pro·pri·a·tion /əˌprəupriˈeiʃ^əl/ *n.* ❶[U](为某种用途而)拨款 ❷[C]拨的钱款

ap·prov·al /əˈpruːv^əl/ *n.* ❶[U]赞成;同意:He gave his *approval* for the project. 他对这个计划表示赞成。❷[U;C]批准;核准;认可:give a silent [tacit] *approval* to sth. 对某事表示默许 ❸[U]赞许;称赞:We all like others to show *approval* of what we do. 我们都喜欢别人称赞自己的所作所为。‖ ***on approval*** *adj.* & *adv.* (商品)供试用(的);包退包换(的):He bought the television set *on approval*. 他买的电视机包退包换。

ap·prove /əˈpruːv/ *vt.* ❶赞许;称赞:I can't *approve* rude behaviour. 我不赞赏粗鲁的行为。❷赞成;同意:Father *approved* our plan to visit Chicago. 父亲同意了我们去芝加哥游玩的计划。❸批准;认可:*approve* the policies of

A

the administration 对政府的各项政策表示认可 —*vi*. 赞成;同意;满意;称许(*of*):She *approved of* his choice. 她赞成他的抉择。

☆**approve, accredit, certify, endorse, sanction** 均有"赞成,批准"之意。**approve** 指对某事感到满意而表示赞同,该词使用范围最广,可指从温和的默许到热情的支持,也可指官方的批准,或个人的赞许:I don't *approve* of people who smoke in bed.(我不赞成人们在床上吸烟。)/ The city council *approved* the building plans.(市议会批准了这项建筑计划。)**accredit** 和 **certify** 词义相似,只是习惯用法不同,通常指因符合一定标准,给某人颁发证书或授权、委职:He was *accredited* to [at] Madrid.(他被委任为驻马德里的大使。)/ The accused has been *certified* (as) insane.(被告有书面证明为精神失常。)**endorse** 的原意是在文件、支票等背面签名,喻指明确表示赞同、认可或支持:The committee's report fully *endorsed* the government's proposals.(委员会的报告完全赞同政府的建议。)**sanction** 语气最强,指官方的批准并使之生效,既表示赞同,又表示支持:The church would not *sanction* the king's second marriage.(教会不会批准国王第二次结婚。)

ap·prov·ing /əˈpruːviŋ/ *adj*. 赞许的;称赞的;欣赏的:*an approving* smile 一个赞许的微笑 ‖ **apˈprov·ing·ly** *adv*.

approx. *abbr*. ❶ approximate ❷ approximately

ap·prox·i·mate I /əˈprɔksimit/ *adj*. 大概的;大约的;约莫的:Her *approximate* age is thirty. 她约莫 30 岁光景。II /əˈprɔksiˌmeit/ *vt*. (在数量、质量、情况等方面)接近,近似;与…几乎一样:John's record *approximates* the champion's. 约翰的成绩接近于冠军的纪录。—*vi*. 接近(*to*):His account of the incident *approximates to* that of the other witness. 他对事故的描述与其他目击者的大致相仿。‖ **apˈprox·i·mate·ly** *adv*.

ap·prox·i·ma·tion /əˌprɔksiˈmeiʃᵊn/ *n*. [C] ❶大约(或近似)的数值(量):These numbers are just *approximations*. 这些数字是近似值。❷(状态,特征等的)接近,近似:That is a close *approximation* to the truth. 那很接近于事实真相。

ap·pur·te·nance /əˈpəːtinᵊns/ *n*. [C] ❶附属物;从属物;附加物:a company car, expense account, and such *appurtenances* of his office 一辆公司汽车、开支账户以及诸如此类的属于他职务附带的待遇 ❷[常作~s]配件;器械;装置;设备;装饰:the *appurtenances* of daily existence 日常生活中的种种器具用品

Apr, Apr. *abbr*. April

a·pri·cot /ˈeipriˌkɔt/ *n*. [C] ❶【植】杏;杏树 ❷杏子

A·pril /ˈeiprᵊl/ *n*. [U;C] 4 月(略作 **Apr.**)

a·pron /ˈeiprᵊn/ *n*. [C] ❶围裙;围裙状物:a maid in a white *apron* 系着白色围裙的女佣 ❷停机坪 ❸(舞)台口;裙式延伸台(指舞台幕前突出的部分)‖ ***be tied to sb.'s apron strings*** *vi*. 受某人支配(或控制):I couldn't possibly marry a man who *is* still *tied to his mother's apron strings*. 我无法跟一个事事听他母亲的人结婚。

ap·ro·pos /ˈæprəˌpəu, ˌæprəˈpəu/ I *adj*. 恰当的;中肯的;适时的;及时的:His comment was quite *apropos*. 他的评论相当中肯。II *adv*. 顺便;附带地:John was here yesterday, *apropos*, he's got a new job. 昨天约翰到这来了;哦,对了,他找到了一份新工作。‖ ***apropos of*** *prep*. 关于;就…而言:*Apropos of* the party, what are you going to wear? 说到晚会,你打算穿什么衣服?

apse /æps/ *n*. [C]【建】(教堂东面的)半圆形(或多角形)拱顶附带建筑;半圆壁龛

apt /æpt/ *adj*. ❶[后接动词不定式]有…倾向的;易于…的(见 likely):He was *apt* to behave impulsively. 他好感情用事。❷敏捷的;聪颖的:She's *apt* at solving problems. 她善于敏捷地解决各种问题。❸适当的;恰当的(见 fit):an *apt* observation 中肯的意见 ‖ **ˈapt·ly** *adv*. —**ˈapt·ness** *n*. [U]

☆**apt, liable, prone** 均有"易于…的,有…倾向的"之意。**apt** 较为常用,尤其见于口语,有时可以只表示一种倾向,没有特别的好坏的含义:This kind of shoe is *apt* to slip on wet ground.(这种鞋在湿地上容易打滑。)**liable** 指"易于"产生某种对主语不利的后果,常用于警诫的口吻:He's *liable* to shout when he gets angry.(他一生气就爱吼叫。)**prone** 多用以指人而极少用以指物,含使之倾向于某种弱点、错误或不好的行为之意:People are more *prone* to make mistakes when they are tired.（人们疲劳时更容易出差错。）

ap·ti·tude /ˈæptiˌtʲuːd/ *n.* [C; U]天资；天赋；才能(*for*)(见 genius)：Eric has little mechanical *aptitude*. 埃里克没有机械方面的才能。

aq·ua /ˈækwə/ *n.* [U]([复]**aq·uae** /ˈækwiː/或**aq·uas**) 水绿色；浅绿色

aq·ua·ma·rine /ˌækwəməˈriːn/ *n.* ❶[U; C]【矿】海蓝宝石；水蓝宝石 ❷[U]浅绿色；水绿色

aq·ua·naut /ˈækwəˌnɔːt/ *n.* [C] ❶海底(实验室)工作人员；深水操作人员 ❷(轻装)潜水员

aq·ua·plane /ˈækwəˌplein/ I *n.* [C]滑水板(一种由快艇牵引，运动员站立其上的运动器具) II *vi.* 乘滑水板滑行

a·quar·i·um /əˈkweəriəm/ *n.* [C]([复]**-i·ums** 或**-i·a** /-ɪə/) ❶养鱼缸；水族缸；水族箱；水族池；水族槽 ❷水族馆

a·quat·ic /əˈkwætik,ˈkwɔt-/ I *adj.* ❶水生的；水栖的：*aquatic* products 水产品 ❷[作定语]【体】水上(进行)的；水中(进行)的：*aquatic* sports 水上运动 II *n.* [C] ❶水生植物；水生动物 ❷[～s][用作复]水上运动 ‖ **aˈquat·i·cal·ly** /-kəli/ *adv.*

aq·ue·duct /ˈækwiˌdʌkt/ *n.* [C] ❶水渠；沟渠；导水管 ❷【解】导管；水管

a·que·ous /ˈeikwiəs,ˈækwi-/ *adj.* ❶水的；含水的；用水做的：*aqueous* tints 水彩 ❷似水的；水状的：*Aqueous* matter ran from the sore. 脓液从疮口流出。

aq·ui·fer /ˈækwifəʳ/ *n.* [C]【地】(可供凿井汲水的)地下蓄水层；砂石含水层

aq·ui·line /ˈækwiˌlain/ *adj.* ❶鹰的；似鹰的 ❷鹰喙似的；钩似的：a man with an *aquiline* nose 有鹰钩鼻子的人 ‖ **aq·ui·lin·i·ty** /ˌækwiˈliniti/ *n.* [U]

AR *abbr.* Arkansas (美国)阿肯色州

-ar¹ /-əʳ/ *suf.* [用以构成形容词] ❶表示"…的"：Pol*ar*, nucle*ar* ❷表示"…状的"：stell*ar* ❸表示"有…特性的"：popul*ar*

-ar² /əʳ/ *suf.* [用以构成名词] ❶表示"…的人"，"…的物"：burs*ar*, schol*ar*, registr*ar*, cell*ar*, mort*ar* ❷[-er,-or 的异体]表示"动作者"：li*ar*, pedl*ar*

Ar·ab /ˈærəb/ I *n.* [C] ❶阿拉伯人；出生(或居住)在阿拉伯的人；说阿拉伯语的人 ❷自远古时代居住在阿拉伯半岛的人 II *adj.* 阿拉伯的；阿拉伯人的：the *Arab* nations 阿拉伯国家

A·ra·bi·an /əˈreibiən/ *adj.* 阿拉伯(半岛)的；沙特阿拉伯的；阿拉伯人的

Ar·a·bic /ˈærəbik/ I *n.* [U]阿拉伯语(主要在中东、北非一带国家使用，属亚洲语系闪语族，略作 **Ar.**) II *adj.* 阿拉伯语言(或文学)的

Arabic numeral *n.* [C]阿拉伯数字

Ar·ab·ist /ˈærəbist/ *n.* [C]研究阿拉伯语(或文化、历史)的学者

ar·a·ble /ˈærəbᵊl/ *adj.* (土地)可耕的；适于耕种的；可垦殖的：*arable* soil 适于耕种的土壤 ‖ **ar·a·bil·i·ty** /ˌærəˈbiliti/ *n.* [U]

a·rach·nid /əˈræknid/ *n.* [C]蛛形纲动物

ar·bi·ter /ˈɑːbitəʳ/ *n.* [C] ❶仲裁人；公断人；权威人士 ❷裁决者；决定者；(全权)裁决机构：The dictionary is the *arbiter* of correct usage for most people. 对大多数人来说，词典是正确使用语言的权威。

ar·bi·trage /ˈɑːbiˌtrɑːʒ,-tridʒ/ I *n.* [U]套利；套购；套汇：*arbitrage* of stocks 股票套利 II *vi.* 从事套利活动 ‖ **ˈar·bi·trag·er** *n.* [C]

ar·bi·trar·y /ˈɑːbitrəri/ *adj.* ❶主观武断的；随心所欲的：an *arbitrary* interpretation 主观武断的解释 ❷专断的；专制的；滥用权力的：the dictator's *arbitrary* powers 独裁者的专制权 ❸变化无常的；不定的；没有条理的：an *arbitrary* character 变化无常的性格 ‖ **ˈar·bi·trar·i·ly** *adv.* —**ˈar·bi·trar·i·ness** *n.* [U]

ar·bi·trate /ˈɑːbiˌtreit/ *vi.* ❶进行仲裁；作出公断：He has been asked to *arbitrate* in the dispute between the workers and management. 他应邀对劳资双方的争论进行仲裁。❷以仲裁的方式解决(问题)：They were tired of lengthy negotiations, so they agreed to *arbitrate*. 他们厌倦了漫长的谈判，同意仲裁。—*vt.* 裁决；公断；以仲裁的方式解决：*arbitrate* grievances between unions and employers 裁决劳资纠纷 ‖ **ar·bi·tra·tion** /ˌɑːbiˈtreiʃᵊn/ *n.* [U]

ar·bi·tra·tor /ˈɑːbiˌtreitəʳ/ *n.* [C]仲裁人；公断人

ar·bor /ˈɑːbəʳ/ *n.* [C](树枝、蔓藤等形成的)凉亭；棚架

ar·bo·re·al /ɑːˈbɔːriəl/ *adj.* ❶树木的；似树

A

的;树状的 ❷栖息在树上的;生活在树上的:an *arboreal animal* 树栖动物

ar·bo·re·tum /ˌɑːbəˈriːtəm/ *n.* [C]([复]-**tums** 或-**ta** /-tə/)(供科学实验、教学等用的)树木园;植物园

ar·bor·vi·tae /ˌɑːbɔːˈviːtai,-ˈvaitiː/ *n.* [C]【植】金钟柏

ar·bu·tus /ɑːˈbjuːtəs/ *n.* [C]【植】❶野草莓树 ❷藤地莓

arc /ɑːk/*n.* [C] 弧;弧线:A rainbow forms a wide *arc* in the sky. 彩虹在空中形成一大圆弧。

ar·cade /ɑːˈkeid/ *n.* [C] ❶有拱廊的建筑物;有游廊的通道(两旁常设有商店) ❷有投币启动式游戏机的地方

ar·cane /ɑːˈkein/ *adj.* 神秘的;秘密的;隐晦的;深奥的:Sanskrit grammar is an *arcane* subject. 梵语语法是一门深奥的学问。

arch[1] /ɑːtʃ/ **I** *n.* [C] ❶【建】拱;拱门;拱顶;拱形结构:a triumphal *arch* 凯旋门 ❷ =archway ❸拱形;拱形物:the great blue *arch* of the sky 苍穹 **II** *vt.* 使成弓形:The wind *arched* the willows over the road. 风儿把柳树吹得弯向路面。—*vi.* 成弓形;拱起;呈弧形前进:The ball *arched* toward the basket. 篮球呈弧形投向球篮。

arch[2] / ɑːtʃ/ *adj.* ❶狡诈的;诡计多端的:an *arch* criminal 狡诈的罪犯 ❷淘气的;调皮的:The little girl gave her mother an *arch* look and ran away. 那小女孩朝她母亲做了个鬼脸,一溜烟地跑了。❸主要的;首要的;为首的:the *arch* enemy [rival] 头号敌人[对手] / the *arch* villain 首恶 ‖ ˈ**arch·ly** *adv.* —ˈ**arch·ness** *n.* [U]

arch- /ɑːtʃ/ *pref.* ❶表示"为首的","主要的":*arch* shop,*arch* enemy ❷表示"极度的","极端的","极恶劣的":*arch* conservative,*arch* rogue ❸表示"早期的","最初的","原始的":*arch* encephalon

ar·ch(a)e·ol·o·gy /ˌɑːkiˈɔlədʒi/ *n.* [U]考古学 ‖ ˌ**ar·ch(a)e·o·log·i·cal** /əˈlɔdʒikəl/ *adj.* —ˌ**ar·ch(a)eˈol·o·gist** /-dʒist/ *n.* [C]

ar·cha·ic /ɑːˈkeiik/ *adj.* 过时的;陈旧的;老式的:*archaic* forms of dress 过时的衣服 ‖ **arˈcha·i·cal·ly** /-kəli/ *adv.*

ar·cha·ism / ˈɑːkiˌizəm,-kei-/ *n.* ❶[C]古词;古语:"Forsooth" is an *archaism* for "truly". "Forsooth"是"truly"一词的古旧形式。❷[U](文学、艺术、语言等的)拟古;拟古主义;古风:The *archaism* of the novelist's style provided a sense of the period. 这位小说家的拟古风格展示了那个时代的风貌。

arch·bish·op /ˌɑːtʃˈbiʃəp/ *n.* [C]大主教;主教长

arch·bish·op·ric / ˌɑːtʃˈbiʃəprik/ *n.* [C] ❶大主教管辖区 ❷大主教的职位(或职责、任期等)

arch·dea·con / ˌɑːtʃˈdiːkən/ *n.* [C](英国国教会的)副主教,会吏总(地位仅次于主教,其职责为协助主教监督其他牧师的工作)

arch·di·o·cese / ˌɑːtʃˈdaiəsis/ *n.* [C]大主教(管辖)区 ‖ **arch·di·o·c·e·san** /ˌɑːtʃdaiˈɔsisən/*adj.*

arch·duke / ˌɑːtʃˈdjuːk/ *n.* [C]大公(旧时公国君主,尤指奥匈帝国皇太子的称号)

arch·en·e·my / ˌɑːtʃˈenəmi/ *n.* [C]主要敌人;大敌;主要对手

ar·che·ol·o·gy /ˌɑːkiˈɔlədʒi/ *n.* =archaeology

arch·er /ˈɑːtʃər/ *n.* [C]弓箭手;射箭运动员〔亦作 **bowman**〕

arch·er·y /ˈɑːtʃəri/ *n.* [U]射箭(术);射箭运动

ar·che·type /ˈɑːkiˌtaip/ *n.* [C] ❶原型:That little engine is the *archetype* of huge modern locomotives. 那台小发动机是现代大机车的原型。❷典型;范例:an *archetype* of the American rags-to-riches dream 典型的从一贫如洗到万贯家财的美国梦

ar·chi·pel·a·go /ˌɑːkiˈpeləˌgəu/ *n.* [C]([复]-**go(e)s**) ❶群岛;列岛:the Malay *Archipelago* 马来群岛 ❷多岛屿的海

ar·chi·tect /ˈɑːkiˌtekt/ *n.* [C] ❶建筑师:a landscape *architect* 园林设计师 ❷〈喻〉设计师;缔造者;创造者:the *architect* of one's own happiness 自身幸福的设计者

ar·chi·tec·ton·ics / ˌɑːkitekˈtɔniks/ *n.* [U][用作单]建筑学;建筑原理;建筑术

ar·chi·tec·ture /ˈɑːkiˌtektʃər/ *n.* [U] ❶建筑学;建筑术;建筑业:The management of light is a matter of importance in *architecture*. 采光是建筑业中一大问题。❷建筑风格;建筑式样:the *architecture* of a church 教堂的建筑式样 ❸结构;构造;设计:the *architecture* of a no-

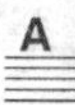

vel 小说的结构 ‖ **ar·chi·tec·tur·al** /ˌɑːkiˈtektʃərəl/ *adj*. —ˌ**ar·chiˈtec·tur·al·ly** *adv*.

ar·chive /ˈɑːkaiv/ **I** *n*. [常作～s] ❶档案；卷宗；案卷：The *archives* of the Hudson's Bay company were moved from London to Winnipeg in 1974. 哈得孙湾公司的档案于1974年从伦敦移至温尼伯。❷档案馆；档案室：the Provincial *Archives* of Manitoba 马尼托巴省档案馆 **II** *vt*. 把…存档 ‖ **ar·chi·val** /ɑːˈkaivəl/ *adj*.

ar·chi·vist /ˈɑːkivist/ *n*. [C]档案保管员

arch·way /ˈɑːtʃˌwei/ *n*. [C]【建】❶拱道；拱廊 ❷拱门〔亦作 **arch**〕

arc·tic /ˈɑːktik/ **I** *adj*. ❶[常作 A-]北极(附近)的；北极地区的：the *arctic* fox 北极狐 ❷〈口〉极冷的；严寒的：an *artic* winter 寒冬 ❸冷淡的；冷漠的：an *arctic* disposition 冷漠的性情 **II** *n*. [常作 A-]北极；北极圈 ‖ ˈ**arc·ti·cal·ly** /-kəli/ *adv*.

ar·dent /ˈɑːdənt/ *adj*. ❶[作定语]热烈的；强烈的；激动的：one's *ardent* desire for freedom 某人对自由的热望 ❷热情的；热心的；热切的；忠诚的：an *ardent* theatre-goer 戏迷 ‖ ˈ**ar·dent·ly** *adv*.

ar·do(u)r /ˈɑːdəʳ/ *n*. [U] ❶(短暂或不稳定的)激情：dampen sb.'s *ardour* 抑制某人的激情 ❷热情；热心；热忱；热切；忠诚：sb.'s patriotic *ardour* 某人的爱国热情

ar·du·ous /ˈɑːdjuəs/ *adj*. ❶艰巨的；费力的；艰难的(见 hard)：an *arduous* undertaking 艰巨的工作 ❷难以忍受的；严重的：an *arduous* winter 难熬的严冬 ‖ ˈ**ar·du·ous·ly** *adv*. —ˈ**ar·du·ous·ness** *n*. [U]

are /强 ɑːʳ，弱 əʳ/ *v*. ＝be

ar·ea /ˈeəriə/ *n*. ❶[C；U]面积：the *area* of a triangle 一个三角形的面积 ❷[C](一)部分：the front *area* of a train 列车的前半节 ❸[C]地区；地域：the jurisdictional *area* of a city 市辖区 ❹[C](房屋、地区、城市中为特殊用途而划定的)场地；地方；区：a commercial *area* 商业区 ❺[C](思想、工作、学习、活动等的)领域；范围；方面：sb.'s *area* of speciality 某人的专业领域 ‖ **ar·e·al** /ˈeəriəl/ *adj*.

☆**area, district, region** 均有"地区，区域"之意。**area** 最为常用，指具有比较明确界线或在地图上明确标出位置的"地区"或"区域"；其大小不拘，但一般不指行政区域：I find people in this *area* very friendly.（我发现这一带的人民很友好。）**district** 常指范围明确的行政区域、选区或其他行政管辖单位：The letters SW1 stand for a postal *district* of London.（字母SW1表示伦敦的一个邮政区。）**region** 比 area 面积大，指自成一体、具有与邻近地区不同的自然条件和地理特征的地方，有时可指行政区域，但不指城市中的地段：The southeast is the richest *region* in England.（英国东南部是英国最富有的地区。）

a·re·na /əˈriːnə/ *n*. [C] ❶(四周设有座位，供竞技、演出等用的)场地；室内运动场；(圆形剧场中央的)圆形舞台：a circus *arena* 马戏场 ❷(古罗马圆形剧场中央的)角斗场，竞技场，表演场地

aren't /ɑːnt/ ❶＝are not ❷[用于疑问句]〈口〉＝am not

Ar·gen·ti·na /ˌɑːdʒənˈtiːnə/ *n*. 阿根廷(南美洲国家)

Ar·gen·tine /ˈɑːdʒənˌtain/ **I** *n*. ❶[C]阿根廷人(或居民) ❷[**the** ～]阿根廷(＝Argentina)：They vacationed in *the Argentine*. 他们在阿根廷度假。**II** *adj*. 阿根廷的；阿根廷人的

Ar·gen·ti·ne·an /ˌɑːdʒənˈtiniən/ *adj*. ＝Argentine

ar·gon /ˈɑːgɔn/ *n*. [U]【化】氩(符号 **Ar**)

ar·got /ˈɑːgəu，-gət/ *n*. [U] ❶行话；俚语：sociologists' *argot* 社会学家的行话 ❷(盗贼的)黑话；切口；隐语

ar·gu·a·ble /ˈɑːgjuəbəl/ *adj*. ❶可争辩的；有疑问的；有商榷余地的：an *arguable* issue 可争辩的问题 ❷可论证的；有论据的：Admirers agree that it is *arguable* he is the finest pianist of his generation. 崇拜者们一致认为可以断言他是他那一代最杰出的钢琴家。‖ ˈ**ar·gu·a·bly** *adv*.

ar·gue /ˈɑːgjuː/ *vi*. ❶争论；争辩；争吵；争执(见 discuss 和 quarrel)：You are always ready to *argue*. 你老是喜欢抬杠。❷辩论；据理(主张或反对某事)(*for*, *against*)：He *argued for* a different policy. 他主张采取另一政策。—*vt*. ❶提出理由(企图)证明；(坚决)主张；认为：Columbus *argued* that the world was round. 哥伦布论证地球是圆的。❷[常用被动语态]

A

讨论；议论；辩论（见 discuss）：The case was fully *argued* before agreement was reached. 这件事经过充分议论之后才取得了一致看法。❸说服；劝告：She *argued* me into buying a new house. 她极力劝我买幢新房子。

ar·gu·ment /ˈɑːgjumənt/ *n.* ❶[C；U]争论；争辩；争吵；争执：get into [have] an *argument* with sb. 跟某人发生争论 ❷[C]辩论：This belief is open to *argument*. 这个意见是可以争辩的。❸[C]理由；论据；论点：present [put forward，state] one's *argument* 陈述自己的观点 ❹[U]论证；说理：I couldn't follow his *argument*. 他的论证我理解不了。

☆**argument，controversy，dispute** 均有"辩论；争执"之意。**argument** 常指个人之间说理的口头争论，强调通过陈述理由、提出论证来阐明自己的观点和立场以说服他人：We should try to settle this affair by *argument*，not by fighting.（我们应该以说理而不是打架的方式来解决这件事。）**controversy** 指两个团体、派别之间在某一重大问题上存在争议，观点长期不一，意见始终不一致，一般通过演讲或文章来进行争论：The lie detector tests have been the subject of much *controversy*.（测谎试验一直是个颇有争议的题目。）**dispute** 指伴有激烈冲突的长时间的争论，含争议双方都想占上风的意思：The miners were in *dispute* with their employers over pay.（矿工与雇主在工资问题上发生了纠纷。）

ar·gu·men·ta·tion /ˌɑːgjumenˈteiʃən/ *n.* [U] ❶立论；推论；论证：the evidence obscured by inaccurate *argumentation* 为不精确的推论所湮没的论据 ❷争论；争辩；辩论：The lengthy *argumentation* tired many listeners. 冗长的辩论使许多听众兴味索然。

ar·gu·men·ta·tive /ˌɑːgjuˈmentətiv/ *adj.* ❶〈贬〉好争辩的；爱争论的；好争吵的：have an *argumentative* disposition 生性爱跟人争吵 ❷说理的；论证式的：the close *argumentative* style of sb.'s writings 某人近乎雄辩式的文风 ‖ **ˌar·guˈmen·ta·tive·ly** *adv.* —**ˌar·guˈmen·ta·tive·ness***n.* [U]

ar·gyle /ɑːˈgail/ *n.* [C][常作 A-] ❶多色菱形图案 ❷有多色菱形图案的编织物

a·ri·a /ˈɑːriə/ *n.* [C]【音】曲调；咏叹调

ar·id /ˈærid/ *adj.* ❶（气候、地区等）干燥的；干旱的：an *arid* climate 干燥的气候 ❷枯燥乏味的；缺乏想象力的：be *arid* of all good 一无是处 ‖ **a·rid·i·ty** /əˈriditi/ *n.* [U] —ˈ**ar·id·ly** *adv.* —ˈ**ar·id·ness** *n.* [U]

a·right /əˈrait/ *adv.* 正确地：I want to set things *aright*. 我想把事情搞对头。

a·rise /əˈraiz/ *vi.* （**a·rose** /əˈrəuz/，**a·ris·en** /əˈrizən/）❶起立；起身；起床：*arise* at sunrise 黎明即起 ❷醒；醒来：She *arose* at 6 am. 她早上 6 点钟醒的。❸上升；升起：A thin curl of smoke *arose* lazily from the cabin. 一缕轻烟从小屋上袅袅升起。❹形成；发生；出现，呈现：Complications may *arise* if we make an exception. 如果我们破了例，将会引起麻烦。❺（由…）引起；（由…）产生；（由…）造成；（由…）得出；起源（于）（*from*，*out of*）：Superstitions *arise from* ignorance. 迷信源自无知。

ar·is·toc·ra·cy /ˌæriˈstɔkrəsi/ *n.* ❶[U]特权阶级；上层社会；贵族统治集团：the *aristocracy* of the plow 富农 ❷[U；C]贵族统治的国家 ❸[C]最优秀（或最有权威）的人物（*of*）：*an aristocracy* of talent 人杰

☆**aristocracy，gentry，nobility** 均有"贵族阶层"之意。**aristocracy** 通常指出身高贵、教养好、地位高的上层特权阶层，强调因为拥有土地或地位显贵而能左右别人：Dukes and earls are the members of the *aristocracy*.（公爵和伯爵都是贵族。）**gentry** 指出身名门、教养良好的有闲绅士，他们被公认为社会上流人士，但无世袭爵位：The landed *gentry* are those who own land from which they obtain their income.（地主乡绅是指拥有土地，并以其收入为生的人。）**nobility** 强调仅次于王族、高于其他阶层的爵位：Most of the *nobility* fled during the revolution.（大多数贵族在革命期间逃跑了。）

a·ris·to·crat /əˈrɪstəˌkræt，ˈæristə-/ *n.* [C]（一个）贵族 ‖ **aˌris·toˈcrat·ic** *adj.* —**aˌris·toˈcrat·i·cal·ly** /-kəli/ *adv.*

a·rith·me·tic Ⅰ /əˈriθmətik/ *n.* [U] ❶算术；四则运算 ❷算术知识；演算；计算；【数】理论计算：mental *arithmetic* 心算 Ⅱ /ˌæriθˈmetik/ *adj.* ❶算术（上的）❷根据算术法则的

ar·ith·met·i·cal /ˌæriθˈmetikəl/ *adj.* ＝arithmetic ‖ **ˌar·ithˈmet·i·cal·ly** *adv.*

Ariz. *abbr.* Arizona（美国）亚利桑那州

ark /ɑːk/ *n.* [C] ❶[有时作 A-]（挪亚）方舟（基

督教《圣经》中挪亚为避洪水而建造）❷约柜（内置刻有十诫的两块石板，藏于犹太圣殿内的至圣所）

Ark. *abbr.* Arkansas（美国）阿肯色州

arm[1] /ɑːm/ *n.* [C] ❶臂：I cannot move *arm* or leg. 我的胳臂腿儿都不能动弹了。❷（椅子、沙发等的）靠手；扶手：She sat on the *arm* of the chair. 她坐在椅子扶手上。❸职能部门；分支机构；分部：an *arm* of the government 政府职能部门 ‖ ***an arm and a leg*** *n.* 大笔的钱；过高的代价：It won't cost you *an arm and a leg* to eat at the restaurant. 下馆子吃顿饭花不了你几个钱。***arm in arm*** *adv.* 挽臂地：We saw Dick walking *arm in arm* with Jane. 我们看见迪克和简臂挽臂地走着。***in arms*** *adj.*（小孩）需人怀抱的；幼小的：a baby *in arms* 需人抱的奶娃娃 ***twist sb.'s arm*** *vi.* 向某人施加压力；强迫某人；威逼某人：At first she refused, but after I *twisted her arm* a little, she agreed to help. 起初她拒绝了，但是我向她稍微施加压力之后，她就同意帮助我。***with open arms*** *adv.* 热烈地；友好地：a country that receives immigrants *with open arms* 友好对待移民的国度

arm[2] /ɑːm/ **I** *n.* [C]（一件）兵器；（一件）武器；[～s][总称]武器；军火；军备：carry *arms* 携带武器 **II** *vt.* ❶以武器装备：*arm* a vessel 以武器装备船只 ❷提供；配备；加强；支持（见 furnish）：He *armed* himself against the cold. 他添衣御寒。—*vi.* 武装起来；准备战斗：The soldiers *armed* for battle. 士兵们披坚执锐，严阵以待。‖ ***bear arms*** *vi.* ❶携带武器：the right to *bear arms* 携带武器的权利 ❷服兵役；当兵；作战：*bear arms* for one's country 为祖国而战 ***take up arms*** *vi.* 准备战斗；开战；起义：*take up arms* to defend one's freedom 拿起武器捍卫自由 ***under arms*** *adj.* & *adv.* 处于备战状态：keep troops *under arms* 使军队保持戒备状态 ***up in arms*** *adj.* & *adv.*〈口〉愤怒；发火；强烈反对：The parents were *up in arms* about the closing of the school. 家长们对关闭这所学校十分恼火。

ar·ma·da /ɑːˈmɑːdə/ *n.* [**the A-**][C]舰队：The Spanish *Armada* was defeated by the English navy. 西班牙舰队被英国海军击败。

ar·ma·dil·lo /ˌɑːməˈdiləu/ *n.* [C]（[复]**-los**）【动】犰狳

ar·ma·ment /ˈɑːməmᵊnt/ *n.* ❶[U]（军用车辆、军舰、飞机等的）武器；军械：a warship with the *armament* of 16 guns 一艘配备有16门大炮的军舰 ❷[常作～**s**]（一国的）军备；军事力量；兵力：cut [reduce] *armaments* 限制军备 ❸[U]武装；战备

ar·ma·ture /ˈɑːmətjuəʳ, -tʃəʳ/ *n.* ❶[U]（动植物的）防护器官 ❷[C]【电】（电机的）电枢；转子；（磁铁或继电器的）衔铁

arm·chair /ˈɑːmˌtʃeəʳ, ˌɑːmˈtʃeəʳ/ **I** *n.* [C]扶手椅 **II** *adj.* [作定语]脱离实际的；无实际经验的；不切实际的；空想的：an *armchair* strategy 不切实际的战略

armed /ɑːmd/ *adj.* ❶武装的；装甲的：an *armed* bandit 武装盗匪 ❷[作定语]使用武力的；以武力为后盾的；以武力来维持的：an *armed* assault on the kidnapper's hide-out 武装攻击绑架者的巢穴 ❸准备好的；备有…的（*with*）：She came to the meeting *armed with* all the facts and figures to prove her case. 她带着能证明她论点的所有事实和数据来出席会议。

armed forces [复] *n.* 武装部队；（一国的）陆、海、空三军

Ar·me·ni·an /ɑːˈmiːniən/ **I** *adj.* ❶亚美尼亚的；亚美尼亚人的；❷亚美尼亚语的 **II** *n.* ❶[C]亚美尼亚人（或居民）；操亚美尼亚语的人 ❷[U]亚美尼亚人说的印欧语系语言

arm·ful /ˈɑːmful/ *n.* [C]（双臂或单臂的）一抱之量：an *armful* of books 一抱书籍

arm·hole /ˈɑːmˌhəul/ *n.* [C]袖孔

ar·mi·stice /ˈɑːmistis/ *n.* [C]停战；休战；停战协定：declare an *armistice* 宣告停战

arm·let /ˈɑːmlit/ *n.* [C]（戴在上臂作装饰或标志的）臂章；臂钏

ar·mor /ˈɑːməʳ/ **I** *n.* [U] ❶盔甲；甲胄：a medieval soldier's suit of *armour* 一套中世纪士兵的盔甲披挂 ❷[总称]【军】装甲交通工具；装甲部队；装甲兵（种） **II** *vt.* 给…穿盔甲；给…装甲：Four divisions were being *armoured*. 四个师被装备成装甲师。〔亦作 **armour**〕

ar·mored /ˈɑːməd/ *adj.* ❶装甲的；装钢板的：an *armored* car 装甲车 ❷使用（或配备）装甲车辆的：an *armored* division 装甲师〔亦作 **armoured**〕

A

ar·mored /ˈɑːməd/ *adj.* ❶装甲的;装钢板的:an *armored* car 装甲车 / *armored* vehicles 装甲车辆 ❷使用(或配备)装甲车辆的:an *armored* division 装甲师〔亦作 **armoured**〕

ar·mor·er /ˈɑːmərəʳ/ *n.* [C] ❶(昔日)制造(或修理)盔甲者 ❷(制造、维修轻兵器或在战斗机上装配子弹带的)军械士〔亦作 **armourer**〕

ar·mor·y /ˈɑːməri/ *n.* [C] ❶军械库;兵器库;军火库 ❷兵工厂,军械制造厂〔亦作 **armoury**〕

ar·mour /ˈɑːməʳ/ **I** *n.* =armor **II** *vt.* 〈英〉=armor

ar·mour·er /ˈɑːmərəʳ/ *n.* [C]〈英〉=armorer

ar·moured /ˈɑːməd/ *adj.* 〈英〉=armored

ar·mour·y /ˈɑːməri/ *n.* [C]〈英〉=armory

arm·pit /ˈɑːmpit/ *n.* [C]腋(窝);胳肢窝

arm·rest /ˈɑːmˌrest/ *n.* [C](椅、榻、汽车车门内等的)扶手;把手;靠手

ar·my /ˈɑːmi/ *n.* [C] ❶军队(尤指陆军):command [deploy] an *army* 统率[部署]军队 ❷野战军;集团军;兵团 ❸[常作 A-](为某一宗旨而仿效军队编制的)团体:the Salvation *Army* 救世军

a·ro·ma /əˈrəumə/ *n.* [C](植物、菜肴等的)芳香;香味;香气;气味:The *aroma* of cooking made me hungry. 烧菜时的香味使我觉得饥肠辘辘。‖ **ar·o·mat·ic** /ˌærəˈmætik/ *adj.*

a·rose /əˈrəuz/ *v.* arise 的过去式

a·round /əˈraund/ **I** *adv.* ❶在四周;在周围:A dense fog lay *around*. 周围是一片茫茫大雾。❷向四周:The press was gathering in front, look- ing *around*. 新闻界人士已经聚集在前面,引颈四顾。❸到处;各处;随便地:We walked *around* to see the town. 我们在镇上随便走走,到处看看。❹以圆周计算:The tree measures five feet *around*. 这棵树 5 英尺粗。❺旋转地;兜着圈子:The wheels turned *around*. 车轮不停地滚动。❻〈口〉在附近;在近处;在身边:Please wait *around* awhile. 请在附近等一会儿。❼循环地;从头至尾:when spring rolls *around* again 当春天年复一年又将来临时 ❽迂回地:The driveway to the house goes *around* past the stables. 那条车道绕过马厩直到房子前面。❾朝着相反方向;向着对立面:Sit still and don't turn *around*. 坐着别动,不要转过身来。**II** *prep.* ❶环绕;围绕;包围:wrap paper *around* the package 用纸将包裹包起来 ❷在…的边缘:a dress with fringe *around* the bottom 一条底边四周有缘饰的裙服 ❸在(或去)…各处;遍及:travel *around* the world 周游世界 ❹在(或朝)…四周:woods *around* the house 房屋周围的树林 ❺〈口〉在…附近;在…身边;在…手头:Please stay *around* the office. 请待在办公室的附近。❻〈口〉大约在:a car costing *around* $20,000 一辆大约 2 万美元的汽车 ‖ ***have been around*** *vi.* 见过世面;阅历广泛;经验丰富;老于世故:He's *been around* a lot. 他见多识广。

a·rouse /əˈrauz/ *vt.* ❶引起;唤起;激起;使奋发;使行动起来:*arouse* pity 引起怜悯 ❷唤醒;使觉醒(见 stir):The noise *aroused* the sleeping guard. 喧闹声把卫兵从睡梦中吵醒。‖ **a·rous·al** /əˈrauzəl/ *n.* [U]

ar·peg·gi·o /ɑːˈpedʒiəu,-ˈpedʒəu/ *n.* [C]([复] **-gi·os**)【音】琶音

ar·raign /əˈrein/ *vt.*【律】传讯;提审;控告:*arraign* sb. for theft 控告某人犯盗窃罪 ‖ **arˈraign·ment** *n.* [C]

ar·range /əˈreindʒ/ *vt.* ❶整理;排列;布置;把…分类:She *arranged* the flowers tastefully in vases. 她把花瓶里的鲜花插得颇有情趣。❷达成…的协议;调解;调停(纠纷等):The two sides *arranged* the sale of the property. 双方达成关于财产拍卖事宜的协议。❸(事先)筹划;准备;安排:*arrange* a program of entertainment 安排文娱节目 —*vi.* ❶(事先)筹划;做准备;做安排:Could you *arrange* for a taxi to come and get us? 请你安排一辆出租车来接我们好吗? ❷达成协议;商定:We *arranged* with our friends to visit them on Sunday. 我们与朋友们商定星期日去拜访他们。‖ **arˈrang·er** *n.* [C]

ar·range·ment /əˈreindʒməntt/ *n.* ❶[U]整理;排列;布置;分类:the *arrangement* of tables 整理桌子 ❷[C]结合体,组合体;整理成的东西:The room was decorated with beautiful *arrangements* of roses. 房间里装饰着美丽的玫瑰插花。❸[常作~s](事先作出的)安排,准备工作:Wedding *arrangements* are still pending. 婚礼事宜尚在安排之中。❹[C;U](纠纷等的)调停,解决;(解决问题的)办法;商定;非正式协议:We'll have to come to some *ar-*

rangement about this. 我们得就此事达成某种谅解。

ar·rant /ˈærənt/ *adj.* [作定语]彻底的;十足的;完全的:an *arrant* liar 十足的骗子

ar·ray /əˈrei/ **I** *vt.* ❶部署(兵力);整(队);列(阵);制定(计划):Troops *arrayed* themselves for battle. 部队严阵以待。❷打扮;装扮;穿盛装:She was *arrayed* like a queen in her magnificent dress. 她打扮得像一位服饰华丽的皇后。**II** *n.* ❶[U]列阵;队形;阵容:march on in a brave *array* 排成威武的队列前进 ❷[C]可观的一系列;整齐的一批;大量:A broad *array* of critics has come out opposed. 一大批评论家纷纷一哄而起表示反对。❸[U]衣饰;盛装:She was beautiful in her bridal *array*. 她身穿新娘礼服,显得很美。

ar·rear /əˈriəʳ/ *n.* ❶[常作 **~s**]积压待完成的事:I owe a long *arrear* of thanks. 我早该千恩万谢。❷[**~s**]应付欠款;逾期债款:arrears of salary 积欠薪水 ‖ ***in arrear(s)*** *adj.* 拖欠的;滞付的;拖延的;落后的:The rent was two months *in arrears*. 租金拖欠了两个月。***into arrears*** *adv.* 进入拖欠(或拖延、落后)状态:Her homework has fallen *into arrears*. 她的家庭作业没有如期完成。

ar·rest /əˈrest/ **I** *vt.* ❶逮捕;拘留;拘押:He was *arrested* on suspicion of murder. 他因涉嫌谋杀而被捕。❷使停止;阻止;抑制;妨碍:The new drug did not *arrest* his tumour. 这种新药未能控制他的肿瘤进一步恶化。**II** *n.* [C;U] ❶逮捕;拘捕;拘押:He tried to resist *arrest*. 他试图拒捕。❷停止;阻止;抑制;妨碍:a cardiac *arrest* 心跳(临时或永久)停止 ‖ ***under arrest*** *adj.* & *adv.* 被捕;在押:They placed [put] the suspect *under arrest* at the scene of the crime. 他们在犯罪现场将犯罪嫌疑人拘禁起来。

ar·rest·ing /əˈrestiŋ/ *adj.* ❶引人注意的;醒目的:a person of *arresting* good looks 一个长相漂亮、引人注意的人 ❷[作定语]执行逮捕的:the *arresting* officer 执行逮捕的警官 ‖ **arˈrest·ing·ly** *adv.*

ar·rhyth·mi·a /əˈriðmiə/ *n.* [U]【医】心律失常;心律不齐 ‖ **arˈrhyth·mic, arˈrhyth·mi·cal** *adj.*

ar·riv·al /əˈraivᵊl/ *n.* ❶[C;U]到达;抵达;到来:await sb.'s *arrival* 等候某人的到来 ❷[U]达到:There was long debate, but no *arrival* at any agreement. 争论了很久,但仍未达成一致意见。❸[C]到达者;到达物:You must be a recent *arrival* in this town. 你想必是新近来到这个镇上的。

ar·rive /əˈraiv/ *vi.* ❶到达;抵达;到来:The crowd became silent when he *arrived*. 他一到,人群肃静。❷(时间、时机等)来临:The moment to act has *arrived*. 采取行动的时间到了。‖ ***arrive at*** *vt.* ❶到达;抵达;到来:We should *arrive at* school before eight o'clock. 我们应该在 8 点钟前到校。❷达到;达成;得出:His son has *arrived at* school age. 他儿子到了该上学的年龄。

ar·ro·gant /ˈærəgənt/ *adj.* 傲慢的;妄自尊大的:He is so *arrogant* that no one will keep company with him. 他很狂妄自大,谁也不愿意与他相交。‖ **ˈar·ro·gance** /-gəns/ *n.* [U] —**ˈar·ro·gant·ly** *adv.*

ar·ro·gate /ˈærəᵘˌgeit/ *vt.* [常后接 to oneself]冒称;僭取:*arrogate* (*to oneself*) the right to make decisions 冒称有权作出决定

ar·row /ˈærəu/ *n.* [C] ❶箭;矢:a poisoned *arrow* 毒箭 ❷箭状物:The man who scrambles to the top of tree naturally attracts the *arrow* of criticism. 〈谚〉树大招风。

ar·row·head /ˈærəuˌhed/ *n.* [C]箭头;箭镞

ar·row·root /ˈærəuˌruːt/ *n.* ❶[C]【植】竹芋 ❷[U]食用淀粉

ar·roy·o /əˈrɔiəu/ *n.* [C]([复]**-os**) 旱谷;干涸的沟壑

ar·se·nal /ˈɑːsənᵊl/ *n.* [C] ❶兵工厂;军火库:an atomic *arsenal* 原子武器库 ❷储藏的武器:He added a bowie knife to his usual *arsenal* of daggers and revolvers. 他除了常备的匕首和左轮枪外,又增添了一把单刃刺刀。

ar·se·nic /ˈɑːsənik/【化】*n.* [U] ❶砷(符号 **As**) ❷[U]三氧化二砷;砒霜

ar·son /ˈɑːsən/ *n.* [U]放火(罪);纵火(罪) ‖ **ˈar·son·ist** *n.* [C]

art /ɑːt/ *n.* ❶[U;C]艺术(包括绘画、雕塑、音乐、舞蹈、文学等):Is translation an *art* or a science? 翻译是艺术还是科学? ❷[总称]美术(作)品;艺术(作)品:The museum has a fine

A

collection of classical *art*. 这个博物馆藏有一批优秀的古典艺术品。❸[U]美术(指绘画、绘图和雕塑);*art* and architecture 美术和建筑 ❹[C;U]技术;技能;技巧;(需要技术的)行业,职业:the *art* of selling 营销术❺(一门)人文科学;[～s]文科:a Bachelor of *Arts* 文(科)学士 ☆**art, artifice, craft, skill** 均有"本领,技能"之意。**art** 含义广泛,可与本组任何词换用,指技术或技艺,也经常用来表示精湛技能,强调创造能力:Her performance displayed great *art*.(她的表演表现了高度的艺术技巧。)**artifice** 强调设计、构思、构建的技能和智能,但缺乏创造力:The use of mirrors in a room is an *artifice* to make the room look larger.(在房间里装上几面镜子是使房间显得更为宽敞的妙计。)**craft** 指娴熟而精巧的工艺:He's a master of the actor's *craft*.(他演技精湛。)**skill** 主要指通过训练而获得的专门技术、技能和技巧:show great *skill* at driving, telling stories, playing billiards (显示出驾驶、讲故事、打台球的高度技巧)

art dec•o /ˌɑːtˈdekəu/ *n.* [U][亦作 **A- D-**]装饰派艺术(1910～1930 年间盛行于欧美的装饰艺术和建筑艺术风格,以轮廓鲜明和色彩粗犷、呈流线型和几何形为特点)

ar•te•ri•al /ɑːˈtiəriəl/ *adj.* [通常作定语] ❶【解】动脉的 ❷干线的;主干的:Many large *arterial* highways join the nation's cities. 许多干线公路将全国城市连接起来。

ar•te•ri•o•scle•ro•sis /ɑːˌtiəriəuskliəˈrəusis/ *n.* [U]([复]**-ses** /-siːz/)【医】动脉硬化

ar•ter•y /ˈɑːtəri/ *n.* [C] ❶【解】动脉 ❷干线;要道;渠道;(河流的)干流;主流:a traffic *artery* 交通要道

ar•te•si•an /ɑːˈtiːziən,-ʒən/ **well** *n.* [C]自流井;喷水井

art•ful /ˈɑːtfᵘl/ *adj.* ❶狡猾的;滑头滑脑的;奸诈的;骗人的:an *artful* guy 滑头 ❷巧妙的;精明的;机灵的:His *artful* setting of the disagreement won everybody's approval. 他巧妙地解决了分歧,赢得了大家的赞许。‖ **ˈart•ful•ly** *adv.* —**ˈart•ful•ness** *n.* [U]

ar•thrit•ic /ɑːˈθritik/ **I** *adj.* ❶有关节炎的:After my leg injury I became *arthritic*. 自从我的腿受了伤之后,就有了关节炎。❷关节炎的:*arthritic* pain 关节疼痛 **II** *n.* [C]关节炎患者

ar•thri•tis /ɑːˈθraitis/ *n.* [U]【医】关节炎

ar•thro•pod /ˈɑːθrəˌpɔd/ *n.* [C]【动】节肢动物;节足动物

ar•ti•choke /ˈɑːtiˌtʃəuk/ *n.* [C]【植】洋蓟;朝鲜蓟

ar•ti•cle /ˈɑːtikᵊl/ *n.* [C] ❶文章;论文;报道:a magazine *article* 杂志文章 ❷(物品的)一件;物件;物品;东西:*articles* of value 贵重物品 ❸(契约、条约、法规等的)条;项;款;条目;条款;条文;规定:*articles* of an agreement 协定的条款 ❹【语】冠词:the definite *article* 定冠词(即the) / the indefinite *article* 不定冠词(即 a,an)

ar•tic•u•late I /ɑːˈtikjulit/ *adj.* ❶发音清晰的;口齿清楚的;可听懂的:The boy became *articulate* in a despairing whisper. 这个少年用一种绝望的语调低声而清楚地说话。❷表达力强的;口才好的;能说会道的;心直口快的:an *articulate* diplomat 善于辞令的外交家 **II** /ɑːˈtikjuˌleit/ *vt.* ❶清晰地吐(字);清晰地发(音):He had a loud and clear voice, and *articulated* his words and sentences perfectly. 他的声音清晰洪亮,咬字清楚,音节分明,语句的抑扬顿挫优美得无懈可击。❷清楚有力地表达:*articulate* one's ideas 阐明自己的意见 —*vi.* 讲话;清楚地讲话;清晰地发音:Radio and television announcers are trained to *articulate* clearly. 电台和电视台的播音员需受训练以吐字清楚。‖ **arˈtic•u•late•ly** *adv.* —**arˈtic•u•late•ness** *n.* [U]

ar•tic•u•lat•ed /ɑːˈtikjuˌleitid/ *adj.* [作定语]铰接式的:The train is an *articulated* vehicle. 火车是铰接式的车辆。

ar•tic•u•la•tion /ɑːˌtikjuˈleiʃᵊn/ *n.* [U] ❶(思想、感情等的)表达;阐述:the *articulation* of a new thought 新思想的阐述 ❷(清晰的)发音;吐字;说话:The announcer's *articulation* was too meticulous to be natural. 这位播音员的发音过程过于严谨,显得很不自然。❸【解】关节连接:The *articulation* of the bones of the hand is quite complex. 手骨的关节连接是十分复杂的。

ar•ti•fact /ˈɑːtiˌfækt/ *n.* [C]人工制品;人造物(尤指具有考古价值的工具或武器等);(代表特定文化或技术发展阶段的)手工艺品:a cultural *artifact* 文物

ar·ti·fice /ˈɑːtifis/ *n.* ❶[C]巧妙办法:The use of mirror in a room is an *artifice* to make the room look larger. 用镜光反射使房间看起来更大是一种巧妙的办法。❷[U]熟巧;灵巧;巧妙(见 art):display a great deal of *artifice* 大显身手 ❸[C]奸计;诡计;计谋(见 trick):These pure verbal *artifices* do not change the essence of the matter. 这些只是口头上的花样,并不能改变问题的本质。❹[U]狡诈;欺骗;虚伪行为:His conduct is free from *artifice*. 他的行为没有丝毫欺骗性。

ar·tif·i·cer /ɑːˈtifisəʳ/ *n.* [C]技工;能工巧匠

ar·ti·fi·cial /ˌɑːtiˈfiʃəl/ *adj.* ❶人工的;人造的;人为的:*artificial* rainfall 人工降雨 ❷假的;模拟的;仿造的;仿制的:the *artificial* voice of the cuckoo 仿真的杜鹃啼声 ❸虚假的;假装的;不自然的:When nervous, he had an *artificial* laugh. 他一紧张,就会假笑。‖ **ar·ti·fi·ci·al·i·ty** /ˌɑːtifiʃiˈæliti/ *n.* [U] —ˌ**ar·ti**ˈ**fi·cial·ly** *adv.*

☆**artificial, counterfeit, spurious, synthetic** 均有"人造的,仿造的"之意。**artificial** 含义最广,用于不是由自然进程或自然条件产生而是由人类创造的任何东西:High import taxes give their homemade goods an *artificial* advantage in the market.(高进口税使他们本国的产品在市场上取得人为的优势。)该词尤可用来形容人类仿照自然物质制造出来的物品:*artificial* silk(人造丝)**counterfeit** 和 **spurious** 都指精心仿造、故意用来骗人的赝品:*counterfeit* passport(假护照)/ a *spurious* sympathy(虚假的同情)**synthetic** 指用化学方法合成具有某种自然物质外观和特性的物品:*synthetic* fibres(合成纤维)

artificial intelligence *n.* [U] ❶人工智能 ❷人工智能程序设计(略作 **AI, A. I.**)

artificial respiration *n.* [U]【医】人工呼吸

ar·til·ler·y /ɑːˈtiləri/ *n.* [U] ❶[总称]大炮:a heavy *artillery* piece 一门重炮 ❷[**the** ~][总称]炮兵部队:*the* field *artillery* 野战炮兵 ‖ **ar**ˈ**til·ler·y·man** /-mən/ *n.* [C]

ar·ti·san /ˈɑːtizæn, ɑːtiˈzæn/ *n.* [C]工匠;技工;手艺人

art·ist /ˈɑːtist/ *n.* [C] ❶艺术家;美术家(尤指画家):The good *artist* is a successful failure. 优秀艺术家是经过无数失败才成功的。❷表演艺术家(尤指演员或歌唱家)❸(某方面的)能工巧匠;高手;名家;大师:an *artist* in lacquer 技术娴熟的漆匠

ar·tiste /ɑːˈtiːst/ *n.* [C]职业演艺人员;艺人

ar·tis·tic /ɑːˈtistik/ *adj.* ❶富有艺术性的;富有美感的;美妙的;精巧的;雅致的:an *artistic* wallpaper(一种)精美的墙纸 ❷艺术的;美术的:*artistic* form 艺术形式 ❸艺术家的;美术家的:an *artistic* temperament 艺术家的气质 ‖ **ar**ˈ**tis·ti·cal·ly** /-kəli/ *adv.*

art·ist·ry /ˈɑːtistri/ *n.* [U] ❶艺术性:the *artistry* of a poem 诗歌的艺术性 ❷艺术才能;艺术技巧:artistry in the kitchen 厨艺

art·less /ˈɑːtlis/ *adj.* ❶单纯的;朴实的;天真无邪的;不谙世故的:an *artless* village girl 天真无邪的村姑❷不矫揉造作的;自然的:*artless* beauty 自然美 / *artless* words 质朴无华的语言 ‖ ˈ**art·less·ly** *adv.* —ˈ**art·less·ness** *n.*

art nou·veau /ˌɑːnuːˈvəu/ *n.* [U][常作 **A- N-**]〈法〉新艺术派(19 世纪末流行于欧美的一种装饰艺术风格,以曲折有致的线条为其特色)

art·sy /ˈɑːtsi/ *adj.* =arty

art·work /ˈɑːtwəːk/ *n.* ❶[U]艺术作品;艺术制品 ❷[总称]插图

art·y /ˈɑːti/ *adj.* 〈口〉〈常贬〉冒充有艺术修养的;附庸风雅的〔亦作 **artsy**〕‖ ˈ**art·i·ness** *n.* [U]

as /强 æz,弱 əz,z/ **I** *adv.* ❶[表示程度]同样地;一样地:We don't have *as* much money. 我们没有那么多的钱。❷例如;诸如:Some animals, *as* dogs and cats, eat meat. 有些动物,诸如狗和猫,都食肉。❸[后接形容词或分词]被认为:the square *as* distinct from the rectangle 区别于长方形的正方形 ❹[后接 directed, agreed, promised 等分词]照…一样:He left *as* agreed. 他按协议离开了。**II** *conj.* ❶[表示比较]像…(一样):I am as giddy *as* a drunken man (is). 我像个醉汉那样飘飘然。❷[表示方式]以…的方式;如同…那样:She is dancing *as* only she can. 她以独特的风格翩翩起舞。❸[表示时间]当…时;在…之时;正值:She spilled the milk *as* she got up. 她站起来时把牛奶给弄洒了。❹[表示理由或原因]因为;鉴于;由于;既然(见 because):*As* the sea was calm, we decided to sail to the island. 由于海上风平浪静,我们决定驶往该岛。❺[表示让

A

步]虽然;尽管:Late *as* it was, we still continued our way. 天虽晚了,我们照样赶路。**III** *pron.* ❶[与 so, such, the same 或后跟形容词的 as 连用,引导定语从句]像…一样的人(或事物):These books are not such *as* I bought last week. 这些书不是我上星期买的那些。❷这一事实(或情况):*As* is very natural, man can't live without air. 没有空气,人就不能生存。**IV** *prep.* ❶以…的身份,作为:Speaking *as* a lawyer, I am against it. 作为律师来讲,我反对这一点。❷当作:Don't regard me *as* a child. 别把我当成小孩看待。❸像;如同:He appeared *as* a man in a trance. 他显得神思恍惚。❹[用于比较]像…(一样):My hands were as cold *as* ice. 我双手冷得像冰。‖ ***as far as*** *conj.* 见 far ***as for*** *prep.* 至于;关于:*As for* David, he's full of hot air. 至于戴维,他好夸夸其谈。***as from*** *prep.* 从…起:*As from* January 1st, all salaries go up by 6%. 自元月 1 日起,所有人的薪水增加 6%。***as if*** *conj.* ❶好像;似乎;仿佛:It looks *as if* it might rain. 看天色像是要下雨。❷[引导名词从句,相当于 that]:It looks *as if* we'll have to walk. 看来我们只得步行了。***as (it) is*** *adv.* 〈口〉按现状;照原样:We bought the clock at an auction *as is*. 那只钟我们从拍卖行买来时就是这个样子。***as it is [was]*** *adv.* 实际上;事实上 ***as it were*** *adv.* 似乎;可以说;在某种程度上:This book gives, *as it were*, a picture of old China. 在某种程度上,这本书提供了一幅旧中国的图景。***as of*** *prep.* 自…起(=as from):This price is effective *as of* June 23. 该价格自 6 月 23 日起生效。***as to*** *conj.* ❶至于;关于:She had no idea *as to* what she ought to do. 至于自己应该干什么,她毫无主见。❷按照;根据:Eggs are graded *as to* size and colour. 按大小和颜色给鸡蛋分等级。***as yet*** *adv.* 到目前为止(还没有);至今(仍不):I have received no answer from them *as* yet. 我至今还没有得到他们的答复。

ASAP, A. S. A. P. , a. s. a. p. *abbr.* as soon as possible 尽快

as·bes·tos /æz'bestɔs, -tɔs/, **as·bes·tus** /-tɔs/ *n.* [U]【矿】石棉

as·cend /ə'send/ *vi.* (渐渐)上升:The sun *ascended* slowly. 太阳冉冉升起。—*vt.* 沿着…上升;攀登;登上:*ascend* a lookout 登上瞭望台

as·cend·an·cy /ə'sendənsi/, **as·cend·ance** /-dəns/ *n.* [U]支配(或统治)地位;优势(*over*):attain [gain, have] *ascendancy over* a rival 胜过对手〔亦作 **ascendency, ascendence**〕

as·cend·ant /ə'sendᵊnt/ **I** *n.* [C]支配地位;优势:have an *ascendant* over sb. 与某人相比处于优势地位 **II** *adj.* [作定语] ❶上升的;向上的:a double ladder, *ascendant* and descendant 一张一边上行一边下行的双排梯子❷占支配地位的;支配的;占优势的:make *ascendant* all that is rational and noble in man 弘扬人类内心中所有符合理性的和高贵的品格〔亦作 **ascendent**〕‖ ***in the ascendant*** *adj.* 占有优势的;处于支配(或主要)地位的:With his rivals *in the ascendant*, he soon lost his position. 由于他的对手处于左右一切的地位,他很快便丢了职位。

as·cend·en·cy /ə'sendənsi/, **as·cend·ence** /-dəns/*n.* =ascendancy

as·cend·ent /ə'sendᵊnt/ *adj.* & *n.* =ascendant

as·cen·sion /ə'senʃᵊn/ *n.* ❶[C]上升;升高;登高;攀登;登上:a balloon *ascension* 乘坐气球升空 / sb.'s *ascension* to the presidency 某人登上总统的宝座 ❷[the A-]【基督教】耶稣升天

as·cent /ə'sent/ *n.* [C] ❶上升;攀登:one's victorious *ascent* of Qomolangma 某人成功地登上珠穆朗玛峰❷上坡路:a very steep *ascent* 陡峭的上坡路

as·cer·tain /ˌæsə'tein/ *vt.* 确定;查明;探知;弄清:We have yet to *ascertain* whether the business reported is true. 我们还要查明所说的那笔交易是否属实。

as·cet·ic /ə'setik/ **I** *n.* [C]苦行者;苦修者 **II** 〔亦作 **as·ceti·cal** /ə'setikᵊl/〕*adj.* 苦行(主义)的:He is determined to live an *ascetic* life. 他决心要过苦行僧的生活。‖ **as'cet·i·cal·ly** *adv.* —**as·cet·i·cism** /ə'setisizᵊm/ *n.* [U]

ASCII *abbr.* American Standard Code for Information Interchange【计】美国信息互换标准代码

a·scor·bic acid /ə'skɔːbik/ *n.* [U]【生化】抗坏血酸;维生素 C〔亦作 **vitamin C**〕

as·cribe /ə'skraib/ *vt.* ❶把…归因(于)(*to*):He *ascribes* beauty *to* that which is simple. 他认为,美自质朴出。❷认为…属(于);认为…

源(自)(*to*):For many years these poems were wrongly *ascribed to* Marlowe. 多少年来这些诗曾被误认为是马洛的作品。‖ **as•crip•tion** /əˈskripʃᵊn/ *n.* [U]

☆ **ascribe, assign, attribute, credit, impute** 均有"把…归因于,把…归属于"之意。**ascribe** 强调对某一事物内在的原因、动机、特性、情感或本源作推论或猜测:You can't *ascribe* the same meaning to both words. (不要认为这两个词的意思是相同的。) **assign** 常指分析研究后,确定其所属种类:Can we *assign* jealousy as the motive for the crime? (我们能否确定这一犯罪动机是出于嫉妒?) **attribute** 指将某一事物归属于或归因于另一事物:He *attributes* his success to hard work. (他把自己的成功归因于努力工作。) **credit** 义同 attribute 与 ascribe,指将某一事物归因于另一事物:The relics are *credited* with miraculous powers. (这些早期遗物被认为具有神奇的力量。)该词也可指认为或相信某人某物具有某种优点或成就,多用于褒义:I *credit* him with a certain amount of sense. (我认为他有一定的见识。) **impute** 常指把过错或罪行明确归咎于某人或某事,强调指控或指责:How can they *impute* such dishonourable motives to me? (他们怎么能把这种卑鄙的动机强加到我头上来呢?)该词并不一定用于贬义,可指原因:*impute* one's happiness to modest ambitions (知足所以常乐)

a•sep•tic /əˈseptik, ei-/ *adj.* 无菌的;经消毒的;防感染的;防腐的:Surgical instruments are made *aseptic* by boiling them. 外科器械经蒸煮消毒。‖ **a'sep•ti•cal•ly** /-kᵊli/ *adv.*

a•sex•u•al /eiˈseksjuəl; æ-/ *adj.* ❶【生】无性的;无性器官的;无性生殖的:*asexual* plants 无性植物 ❷无性行为的;无性欲的:an *asexual* friendship 没有性行为的友谊 ‖ **a•sex•u•al•i•ty** /eiˌseksjuˈæliti/ *n.* [U] —**a'sex•u•al•ly** *adv.*

ash /æʃ/ *n.* ❶[U;C]灰;灰烬;灰末:flick one's cigarette *ash* into the ashtray 把香烟灰弹入烟灰缸 ❷[U]【地】火山灰 ❸[U](尤指木灰似的)淡灰色;[~es](脸色等的)灰白色;死灰色;死一般的苍白:His face was (as) pale as *ashes*. 他面如死灰。❹[~es]骨灰;遗骸:Her *ashes* were scattered over the sea. 她的骨灰被撒入大海。

a•shamed /əˈʃeimd/ *adj.* [通常作表语]惭愧的;羞耻的;害臊的:He is terribly *ashamed* of what he did. 他对自己的所作所为感到无地自容。‖ **a'sham•ed•ly** /-mˈdli/ *adv.* —**a'sham•ed•ness** *n.* [U]

ash•en /ˈæʃᵊn/ *adj.* 灰白色的;(脸色等)毫无血色的;苍白的;病态的;无生气的:His face was *ashen* with fear. 他吓得脸色苍白。

a•shore /əˈʃɔːʳ/ *adv.* 向岸;向陆地;上岸;上陆地:The sailor went *ashore*. 那水手离船上岸。

ash•ram /ˈɑːʃrəm; æʃ-/ *n.* [C] ❶(印度教高僧的)静修处 ❷(泛指)修行处;修行区

ash•tray /ˈæʃˌtrei/ *n.* [C]烟灰缸;烟灰盘

ash•y /ˈæʃi/ *adj.* ❶灰色的;灰白色的;苍白的:a *ashy* face 苍白的脸 ❷由灰构成的;以灰覆盖的:an *ashy* deposit 灰堆

A•sian /ˈeiʃᵊn; ˈeiʒᵊn/ **I** *adj.* 亚洲的;亚洲人的;亚洲的语言的 **II** *n.* [C]亚洲人;亚洲居民;亚(洲)裔人

a•side /əˈsaid/ *adv.* ❶在(或到)旁边;到(或向)一边:Move the chair *aside*. 把椅子搬到旁边去。❷[置于名词之后]不考虑;除开;撇开:Joking *aside*, I mean it. 玩笑归玩笑,我可是认真的。❸留着:I put some money *aside*. 我存了些钱。‖ ***aside from*** *prep.* ❶[相当于 besides]除…以外:*Aside from* being fun and good exercise, swimming is a very useful skill. 除了是乐趣和有益的体育锻炼外,游泳还是一种很有用的技能。❷[相当于 except for]除了:*Aside from* our son there was no children here. 除了我们的儿子外,这里没有别的孩子。

as•i•nine /ˈæsiˌnain/ *adj.* 笨的;蠢的;愚顽的;犟的:an *asinine* policy 一项愚蠢的政策 ‖ **'as•i•nine•ly** *adv.* —**as•i•nin•i•ty** /ˌæsiˈniniti/ *n.* [U;C]

ask /ɑːsk; æsk/ *vt.* ❶问;询问;打听:She *asked* Bob a question. 她向鲍勃问了个问题。❷请求;要求;恳求;征求(见 demand):He *asked* her to wait. 他请她稍候。❸要求(得到);索(价)(见 demand):He was *asking* too high a price for a house. 他的房价要得太高了。❹邀请;约请:She *asked* ten guests to the party. 她邀请了 10 位客人参加社交聚会。—*vi.* ❶请求;要求;祈求(*for*)(见 demand):You can get it if you *ask*. 你只要说一声,就能得到它。❷问;询问;问候(*about*):If you don't know, just *ask*. 要是不懂,你就问。‖ ***ask for it*** *vi.* 〈口〉

自找麻烦;自找苦吃:You're really *asking* for it. 你这是自讨没趣儿! ***if you ask me*** 〈口〉我认为;依我看:A: How do you like my hat? B: A little old-fashioned, *if you ask me*. 甲:你喜欢我的帽子吗? 乙:要说呢,就是样子旧了点儿。

a·skance /əˈskæns/ *adv.* ❶斜着眼睛看;侧目而视;瞟:Looking *askance* at the questioner, she displayed her scorn. 斜视着质问她的人,她露出了轻蔑之色。❷怀疑地;不满地;不以为然地:The students looked *askance* at the plan to have classes on Saturday. 学生们对星期六上课的计划抱着不以为然的态度。

a·skew /əˈskjuː/ **I** *adv.* 歪斜地:a picture hung *askew* on the wall 斜挂在墙上的图片 **II** *adj.* [通常作表语]偏向一边的,歪斜的:an *askew* post 歪斜的柱子

ask·ing /ˈɑːskiŋ; ˈæsk-/ **price** *n.* [C; U]【商】(卖主对商品的)定价;索价

a·sleep /əˈsliːp/ **I** *adv.* 进入睡眠状态:drop *asleep* 入睡 **II** *adj.* [通常作表语]睡着的;睡熟的:Don't disturb him, he's fast [sound] *asleep*. 别吵醒他,他正睡得香呢。‖ ***fall asleep*** *vi.* ❶入睡:They *fell asleep* into delicious dreams. 他们堕入香甜的梦乡。❷(身体的一部分)变麻了:My feet *fell asleep* after a few hours of sitting still. 坐了几个小时,我的双脚都麻了。

a·so·cial /eiˈsəuʃᵊl/ *adj.* 不与人往来的;不善社交的;不注重社交礼节的:He was *asocial* and suspicious of others. 他落落寡合,而且对人好猜疑。

asp /æsp/ *n.* [C]【动】角蝰(一种小毒蛇)

as·par·a·gus /əˈspærəgəs/ *n.* [C]【植】石刁柏;芦笋;龙须菜

as·pect /ˈæspekt/ *n.* ❶[C](事物等)方面:consider every *aspect* of a problem 考虑问题的方方面面 ❷[C; U]外表;外观;模样;样子(见 appearance):the pleasant *aspect* of a lake 赏心悦目的湖光水色 ‖ **as·pec·tu·al** /æˈspektjuəl/ *adj.*

as·pen /ˈæspən/ *n.* [C]【植】(欧洲)山杨;(北美洲)大齿杨

as·per·i·ty /æˈsperiti/ *n.* ❶[U](声音、语调、态度、脾气等的)粗暴;严厉:We were dismayed at the *asperity* in the visitor's voice. 来访者说话粗声粗气,使我们感到惊愕。❷[U; C](气候等的)严酷;艰苦的条件:the nakedness and *asperity* of the wintry world 寒冬世界的苍凉和严酷

as·per·sion /əˈspəːʃᵊn/ *n.* [C] ❶[常作~s]诽谤(或中伤)的言语:cast *aspersions* on a campaign rival 造谣中伤竞选对手 ❷诽谤;中伤;诋毁:Such vehement *aspersions* cannot be ignored. 如此恶毒的诽谤是不应置之不理的。

as·phalt /ˈæsfælt, ˈæf-, -fɔːlt/ **I** *n.* [U] ❶沥青;柏油 ❷(铺设路面用的)沥青、碎岩石和砂的混合物 **II** *vt.* 铺柏油(或沥青)于:*asphalt* a street 用柏油(或沥青)铺马路

as·phyx·i·a /æsˈfiksiə/ *n.* [U]【医】窒息

as·phyx·i·ate /æsˈfiksiˌeit/ *vt.* 使窒息;使闷死:The men trapped in the coal mine were almost *asphyxiated* by gas before help could reach them. 身陷矿井中的人们在援救人员到达前因瓦斯中毒几乎全部窒息。—*vi.* 因窒息而死;闷死:The prisoners all *asphyxiated* in the sealed compartment. 囚犯们被闷死在密封的隔间里。‖ **as·phyx·i·a·tion** /æsˌfiksiˈeiʃᵊn/ *n.* [U]

as·pic /ˈæspik/ *n.* [U]花色肉冻(指覆有各种形状肉冻的冷盘);装饰果冻配菜

as·pir·ant /ˈæspirənt; əˈspaiərənt/ *n.* [C]有抱负(或志向)的人;(名誉、地位等的)追求者;渴望获得者(*after*, *for*, *to*):degrade sb. to an *aspirant after* fame 把某人贬低成追求名誉的人

as·pi·ra·tion /ˌæspəˈreiʃᵊn/ *n.* [C]渴望;热望;抱负;志向(*after*, *for*, *to*)(见 ambition):He has serious *aspirations to* a career in politics. 他有强烈的从政愿望。

as·pire /əˈspaiəʳ/ *vi.* 追求;渴望;渴求;有志于(*after*, *for*, *to*, *toward*, *towards*):Mary *aspires after* a job in a bank. 玛丽向往在银行里谋得一份差事。‖ **asˈpir·er** *n.* [C]

as·pi·rin /ˈæspᵊrin/ *n.* 【药】❶[U]阿司匹林 ❷[C]阿司匹林药片:I took two *aspirins* and went right to bed. 我服了两片阿司匹林之后,径直上床睡了。

as·pir·ing /əˈspaiəriŋ/ *adj.* [作定语]有大志的;有抱负的:an *aspiring* actor 一个有抱负的演员 ‖ **asˈpir·ing·ly** *adv.*

ass[1] /æs/ *n.* [C] ❶驴;驴属动物 ❷傻瓜;蠢人;

Don't be an *ass* for your pains. 别枉费心机了。‖ ***make an ass of oneself*** *vi.* 干傻事；出洋相：He *made* a bit of *an ass of* himself at the evening party. 他在晚会上出了点洋相。

ass² /æs/ *n.* 〈粗〉[C] ❶屁股；肛门；阴户：Shut up, or I'll throw you out of here on your *ass*. 住嘴！要不然我就一脚把你从这里踢出去。❷直肠

as·sail /əˈseil/ *vt.* ❶攻击；袭击；冲击(见 attack)：*assail* sb. with fierce blows to the head 猛击某人的头部 ❷指责；抨击；质问；责骂：*assail* one's opponent with slander 用污蔑的言语责骂对方 ❸困扰；包围：He was *assailed* by doubts. 他满腹狐疑。‖ **asˈsail·a·ble** *adj.*

as·sail·ant /əˈseilənt/ *n.* [C]攻击者；袭击者

as·sas·sin /əˈsæsin/ *n.* [C]暗杀者；刺客；(尤指)职业杀手

as·sas·si·nate /əˈsæsiˌneit/ *vt.* ❶暗杀；对…行刺：President Lincoln was *assassinated* in April, 1865. 林肯总统于 1865 年 4 月遇刺。❷诋毁；毁谤；中伤；破坏，糟蹋(名誉等)：*assassinate* sb.'s character 诋毁某人的人格(或糟蹋某人的名誉) ‖ **as·sas·si·na·tion** /əˌsæsiˈneiʃᵊn/ *n.* [U;C]

as·sault /əˈsɔːlt/ **I** *n.* [C] (武力或口头上的)攻击；袭击；突击：They carried out an *assault* against the fortress. 他们向那座堡垒发动攻击。**II** *vt.* ❶(以武力或激烈言辞等)攻击；袭击；突击(见 attack)：A crowd of critics *assaulted* his verse. 一批评论家群起攻击他的诗歌。❷(人身)侵犯：They *assaulted* the police officers. 他们对警官进行了人身侵犯。

assault rifle *n.* [C]自动步枪

as·say **I** /əˈsei, ˈæsei/ *n.* [C]检验；化验；测定；定量分析：a biological *assay* 生物学测定(法) **II** /əˈsei/ *vt.* ❶【冶】试验；检验：The ore was *assayed* and found to be of high quality. 这种矿石经检验发现其含矿量很高。❷【化】【药】化验；分析；测定 ❸分析；评价；对…估价：*assay* the significance of early childhood experience 分析早期童年生活的影响

as·sem·blage /əˈsemblidʒ/ *n.* ❶[C]聚集的人(或物)：an *assemblage* of distinguished scholars 一群相聚在一起的杰出学者 / the *assemblage* of ideas 汇集在一起的各种意见 ❷[U]聚集；集合；集会：a place of public *assemblage* 公众集会的场所

as·sem·ble /əˈsembᵊl/ *vt.* ❶集合；集中；聚集；收集：*assemble* data for a legal presentation 为法庭陈述搜集资料 ❷装配；组装：Some boys like to *assemble* model airplanes. 有些男孩喜欢装配飞机模型。

as·sem·bly /əˈsembli/ *n.* ❶[C;U](尤指为了某一目的)聚集在一起的人；与会者；(做礼拜等的)会众：The orator swayed the *assembly*. 演说人打动了与会者的心。❷[U;C]集合；会合；集会：an unlawful *assembly* of petitioners 请愿者的非法集会 ❸[A-]立法机构；议会；(美国某些州的)州众议院(常作 the General Assembly)；(加拿大的)省立法会议(常作 the Legislative Assembly)；(新西兰的)议会(常作 the General Assembly；现称 Parliament)；联合国大会(全称 the General Assembly) ❹[U]装配；组装：*Assembly* is the factory's most automated stage of production. 装配是该厂生产流程中最自动化的阶段。

assembly line *n.* [C](工厂产品的)装配线

as·sem·bly·man /əˈsemblimᵊn/ *n.* [C]([复]-**men** /-mᵊn/) 立法机构成员；议员

as·sent /əˈsent/ **I** *vi.* 同意；赞成；赞同(*to*)：Everyone *assented to* the plans for the dance. 大家都同意对舞会的安排。**II** *n.* [U]同意；赞成；赞同(*to*)：a nod of *assent* [nod (one's head) in *assent*] 点头表示同意

as·sert /əˈsəːt/ *vt.* ❶(坚决)主张；坚持；维护：They *asserted* their right to disagree. 他们坚持自己的否决权。❷坚称；力陈；断言：We encouraged him to *assert* his own view of the matter. 我们鼓励他明确地说出自己对此事的看法。‖ ***assert oneself*** *vi.* 坚持自己的权利(或意见)：A leader must *assert himself* sometimes in order to be followed. 领袖有时必须坚持自己的主张才能赢得民众。

☆**assert, affirm, avow, declare, protest** 均有"宣称，断言"之意。**assert** 含有较强的主观意味，自认为某事就是如此，而不管事实如何：He *asserted* his opinions. (他力陈自己的观点。) **affirm** 指十分肯定地宣称或声明情况属实，强调证据确凿或信仰坚定：She *affirmed* that she was telling the truth. (她肯定自己说的是实话。) **avow** 指公开宣布某事或承认负有责任：The man *avowed* that he was guilty. (那人承

认自己有罪。) **declare** 指在公开场合表明对某事的态度或郑重地宣布某事:The medical examiner *declared* me fit.(体检医生宣布我体检合格。) **protest** 强调面对怀疑和反对意见提出抗议并阐述实情:She *protested* that she knew nothing about the stolen goods.(她申明自己对被偷的货物一无所知。)

as·ser·tion /əˈsəːʃ°n/ *n.* ❶[C]语气肯定(或坚定)的话;有力的陈词;断言:She repeated her *assertions* of innocence. 她一再坚称自己无罪。❷[U;C](权利等的)主张;维护;(意见等的)坚持:His life was one long *assertion* of human rights. 他一生中长期维护人权。

as·ser·tive /əˈsəːtiv/ *adj.* 武断的;过分自信的;固执己见的(见 aggressive):She is an *assertive* woman, always insisting on her own opinions. 她这个女人太自负,总是认为自己的意见是正确的。‖ **asˈser·tive·ly** *adv.* —**asˈser·tive·ness** *n.* [U]

as·sess /əˈses/ *vt.* ❶估计;估量;对…进行估价;评价;评论:*assess* a situation 评论形势 ❷(为征税)估定(财产)的价值;估定(收入)的金额(*at*):The estate was *assessed at* three thousand pounds. 地产被估价为3 000英镑。‖ **asˈsess·ment** *n.* [C]

as·ses·sor /əˈsesəʳ/ *n.* [C](财产的)估价员;(收入金额的)审核员;估税员

as·set /ˈæset/ *n.* [C] ❶优点;长处;有利条件;有价值(或有用)的人(或东西):She is an *asset* to the firm. 她是公司里不可多得的人才。❷(有交换价值的)(一项)财产:personal *asset* 个人财产 ❸[~s]资产:active [slow] *assets* 流动[固定]资产

as·sid·u·ous /əˈsidjuəs/ *adj.* 刻苦的;勤奋的;勤勉的(见 busy):She studied with *assiduous* application. 她学习努力。‖ **asˈsid·u·ous·ly** *adv.* —**asˈsid·u·ous·ness** *n.* [U]

as·sign /əˈsain/ *vt.* ❶分配;给予;布置(见 allot):He *assigned* us an easy task. 他分配我们一项容易的任务。❷指派;选派;委派(*to*):The reporter was *assigned to* cover international news. 那名记者被派负责报道国际新闻。❸指定;确定(人、时间、地点等):*assign* an hour for the ceremony 确定举行仪式的时间

as·sig·na·tion /ˌæsigˈneiʃ°n/ *n.* [C](尤指情人的)幽会;约会:Bob's *assignation* with his girlfriend 鲍勃与女朋友的约会

as·sign·ment /əˈsainm°nt/ *n.* ❶[C](分派的)工作;任务;(布置的)作业(见 task):a reporter sent on a special *assignment* 奉派执行一项特殊任务的记者 ❷[C](指派的)职位;职务:an *assignment* to a foreign embassy 赴驻外使馆任职

as·sim·i·late /əˈsimiˌleit/ *vt.* ❶吸收;吸取(见 absorb):The mind *assimilates* knowledge. 大脑吸收知识。❷(在民族、习俗、观念、性格等方面)使同化(见 absorb):The newcomers have been *assimilated* into the pattern of a strange life. 新来的人已经为一种陌生的生活方式所同化。❸吸收;消化:Plants *assimilate* food from the earth. 植物从土壤中吸收养分。—*vi.* (在民族、习俗、观念、性格等方面)被同化(*into*, *to*, *with*):New Canadians try to *assimilate into* [*to*] a community. 加拿大新移民们努力与所在社区融为一体。‖ **as·sim·i·la·tion** /əˌsimiˈleiʃ°n/ *n.* [U]

as·sist /əˈsist/ *vt.* 帮助;协助;援助:His wife *assisted* him on with his coat. 他妻子帮他穿上外套。—*vi.* 帮助;帮忙:When all *assist*, the job can be done quickly. 大家都来帮忙,这件事很快就能干好。‖ **asˈsist·ance** *n.* [U]

as·sist·ant /əˈsist°nt/ **I** *n.* [C]助手;助理;副手:a marketing *assistant* 销售部经理助理 **II** *adj.* [作定语]助理的;辅助的;副(职)的:*an assistant* manager 经理助理

assoc. *abbr.* ❶ associate ❷ associated ❸ association

as·so·ci·ate I /əˈsəuʃiˌeit/ *vt.* ❶把…联系起来;在头脑中联想起(*with*):She *associates* happiness *with* having money. 她总是把幸福与钱联想在一起。❷使联合;与…合伙;与…交往,结交(*with*):Jones and Smith are *associated* in a law firm. 琼斯和史密斯合伙开办律师事务所。—*vi.* ❶交往(*with*):Do not *associate with* bad companions. 别和坏人交往。❷联合;结合:When bad men combine, good men must *associate*. 坏人结伙为害时,善良的人们必须联合起来与之抗衡。**II** /əˈsəuʃiət/ *n.* [C]同事;合伙人;合作者:She is a business *associate* of mine. 她是我生意上的合伙人。**III** /əˈsəuʃiət,-ˌeit/ *adj.* [作定语] ❶合伙的;共事的:an *associate* partner 合伙人 ❷非正式的:an *associate* member of the club 俱乐部的非正式成员 ❸副(职)的:He was an *associate* editor of the paper. 他是这家报社的副主编。

as·so·ci·a·tion /əˌsəusiˈeiʃᵊn,-ʃi-/ *n.* ❶[C]协会;学会;联合会;社团:a bar *association* 律师协会 ❷[U]联合;联盟;结合;合伙;关联;交往:He has ended his *association* with that company. 他已经断绝了与那家公司的关系。❸[C]联想:The place is rich in historic *associations.* 这个地方极易勾起人们怀古之幽思。

association football *n.* =soccer

as·sort·ment /əˈsɔːtmᵊnt/ *n.* [C]各种各样东西的聚集;混杂物;什锦:curtains in an *assortment* of colours 各种颜色的窗帘 ‖ **asˈsort·ed** *adj.*

as·sume /əˈsjuːm/ *vt.* ❶假定;假设;设想;想象;想当然地认为:It is not such a simple matter as you *assumed* it to be. 这事不像你想象的那么简单。❷承担;担任;就(职);接管:*assume* the care of sb. 一心一意照料某人 ❸假装;佯作;装出:Although he saw the accident, he *assumed* ignorance of it. 虽然他目睹事故发生,却假装不知道。‖ **as·sump·tion** /əˈsʌmpʃᵊn/ *n.* [U;C]

as·sure /əˈʃuəʳ/ *vt.* ❶向…保证;深信不疑地对…说(*of*):I can *assure* you *of* the roadworthiness of the car. 这辆汽车完全可以跑长途,这一点我可以向你保证。❷确保;管保;担保:*assure* accuracy 确保正确无误 ❸使确信;使放心;使安心(*of*)(见 ensure):I *assure* you that I will not say a word about this to anyone. 关于这件事我不会向任何人吐露一个字,请你放心吧。‖ **as·sur·ance** /əˈʃuərəns/ *n.* [C;U]

as·ter·isk /ˈæstərisk/ *n.* [C]星标;星号(即 *)

a·stern /əˈstəːn/ *adv.* 【海】【空】❶在船(或飞机)的尾部;向船(或飞机)的尾部:The captain went *astern.* 船长去船的尾部了。❷在船(或飞机)的后面:Some yachts tow small boats *astern.* 有些游艇后面拖着小船。❸向后:Full speed *astern*! 全速后退!

as·ter·oid /ˈæstəˌrɔid/ *n.* [C]【天】小行星

asth·ma /ˈæsmə,ˈæz-/ *n.* [U]【医】气喘;哮喘

asth·mat·ic /æsˈmætik/ I *n.* [C]气喘病患者 II *adj.* 气喘的;气喘引起的:*asthmatic* bronchitis 气喘性支气管炎

as·tig·ma·tism /əˈstigməˌtizᵊm/ *n.* [U]【医】散光;散视:hypermetropic [myopic] *astigmatism* 远视[近视]散光 ‖ **as·tig·mat·ic** /ˌæstigˈmætik/ *adj.*

a·stir /əˈstəːʳ/ *adj.* [通常作表语]❶动起来(的);活动起来(的);激动起来(的);轰动起来(的);骚动起来(的):The whole town was *astir* with the news of victory. 胜利的消息传来,全城沸腾。❷起床(的):Most farmers are *astir* early each morning. 大多数农民每天早晨很早就起身。

as·ton·ish /əˈstɔniʃ/ *vt.* 使吃惊;使惊讶;使惊奇:The splendor of the scene *astonished* him. 那壮丽的景色使他惊奇不已。

as·ton·ished /əˈstɔniʃt/ *adj.* 感到惊讶的;惊愕的:The *astonished* students couldn't believe they had all failed the physics test. 学生们感到很惊讶,几乎不敢相信所有的人物理考试都不及格。

as·ton·ish·ing /əˈstɔniʃiŋ/ *adj.* 令人惊讶的;惊人的:*astonishing* news 令人震惊的新闻

as·ton·ish·ment /əˈstɔniʃmənt/ *n.* [U]惊异;惊讶;惊愕:A look of *astonishment* crossed her face. 她脸上出现惊愕的表情。

as·tound /əˈstaund/ *vt.* [通常用被动语态]使震惊;使惊骇;使大吃一惊:She was *astounded* at [by] the news that she had won the contest. 她听到自己在竞赛中获胜的消息后感到吃惊。

as·tound·ing /əˈstaundiŋ/ *adj.* 令人震惊的;令人惊讶的:*an astounding* success 出人意表的成就 ‖ **asˈtound·ing·ly** *adv.*

as·tral /ˈæstrᵊl/ *adj.* [通常作定语]星的;星形的:*astral* blue 星蓝 / *astral* geometry 星形几何

a·stray /əˈstrei/ I *adv.* ❶离开正道地;迷路地;迷失方向地:The police were led *astray* by false clues. 警方被假线索引入歧途。❷出正轨;不对头;不正常;犯错误:Their lust for money led them *astray.* 对金钱的贪欲把他们引上了邪路。II *adj.* [通常作表语]❶迷路的;迷失方向的:The old man was *astray* in the woods and got lost. 那老汉在林子里迷路后走失了。❷迷惑的;犯错误的:He was *astray* in those calculation. 他的计算有误。‖ ***go astray*** *vi.* ❶迷路;走失:How did he *go astray*? 他是

A

怎么走丢的？❷遗失：My new pen seems to have *gone astray*. 我的新钢笔看来是丢失了。❸走上邪路；堕落：Those who like flattery but not criticism are bound to *go astray*. 只爱听恭维话，不爱听批评的话，早晚要犯错误。

a·stride /əˈstraid/ Ⅰ *prep.* ❶跨在…上：The naughty boy sat *astride* his grandpa's cane. 那个小淘气把他祖父的拐杖当马骑。❷跨越；横亘于：The city lay *astride* the river. 这座城市横跨河的两岸。Ⅱ *adv.* 跨着地；骑着地：She likes to ride her horse *astride*. 她喜欢跨着骑马。

a·strin·gent /əˈstrindʒᵊnt/ *adj.* ❶收敛(性)的；止血的：an application of an *astringent* lotion 搽收敛剂 ❷严厉的；厉害的；严酷的：He made enemies by his *astringent* honesty. 他由于严厉的公正态度而树敌不少。❸刻薄的；尖利刺人的；辛辣的：*astringent* criticism 尖刻的批评 ‖ **asˈtrin·gen·cy** *n.* [U] —**asˈtrin·gent·ly** *adv.*

as·tro·labe /ˈæstrəᵘˌleib/ *n.* [C]【天】星盘(旧时用以测量天体高度的仪器)

as·trol·o·gy /əˈstrɔlədʒi/ *n.* [U]占星术；占星学 ‖ **asˈtrol·o·ger**, **asˈtrol·o·gist** *n.* [C] —**as·tro·log·i·cal** /ˌæstrəˈlɔdʒikᵊl/ *adj.*

as·tro·naut /ˈæstrəˌnɔːt/ *n.* [C]宇航员；航天员

as·tro·nau·tics /ˌæstrəˈnɔːtiks/ [复] *n.* [用作单或复]航天学；宇宙航行学

as·tron·o·mer /əˈstrɔnəməʳ/ *n.* [C]天文学家

as·tro·nom·i·cal /ˌæstrəˈnɔmikᵊl/, **as·tro·nom·ic** /-mik/ *adj.* ❶(有关)天文(学)的；天体的：*astronomical* almanac 天文年历 ❷〈口〉极巨大的；天文数字的：The success of this dictionary project was *astronomical*. 这项词典工程的成绩是巨大的。‖ **as·troˈnom·i·cal·ly** *adv.*

as·tron·o·my /əˈstrɔnəmi/ *n.* [U]天文学

as·tro·phys·ics /ˌæstrəᵘˈfiziks/ [复] *n.* [用作单或复]【天】天体物理学 ‖ **ˌas·tro·phys·i·cist** /-ˈfiːzisist/ *n.* [C]

as·tute /əˈstjuːt/ *adj.* ❶敏锐的；机敏的；精明的：an *astute* businessman 精明的生意人 ❷狡黠的；诡计多端的；足智多谋的：She is very *astute* at persuading people. 她非常善于劝服人。‖ **asˈtute·ly** *adv.* —**asˈtute·ness** *n.* [U]

a·sun·der /əˈsʌndəʳ/ *adv.* 成数部分地；成数块地；分开地：Lightning split the tree *asunder*. 雷电将树劈成几块。

a·sy·lum /əˈsailəm/ *n.* ❶[C]精神病院；养育院 ❷[U]避难；庇护；躲避：Refugees seek political *asylum*. 难民们请求政治避难。❸[C]避难所；庇护处；躲避处：an *asylum* of political refugees 政治难民的避难处

a·sym·met·ric /ˌæsiˈmetrik/, **a·sym·met·ri·cal** /-kᵊl/ *adj.* 不对称的；不匀称的：an *asymmetrical* pattern 不对称的图案 ‖ **aˈsym·me·try** /æˈsimitri/ *n.* [U]

at /强 æt，弱 ət/ *prep.* ❶[用以指地点、方位或距离等]在…里；在…上；在…旁；靠近：stay *at* a small hotel 待在一家小旅店里 ❷[用以指(一段)时间、年龄等]在…时刻；在…期间：What are you doing *at* the weekend? 你在周末做些什么？❸[用以指刻度表上的位置或排序]在…上：The temperature is *at* zero. 温度为零度。❹[用以指数额、程度、比例等]以；达：The high technology companies have grown *at* an astonishing rate. 高技术公司以惊人的速度成长壮大。❺[用以指目的或目标]对着；向；往；朝：aim *at* the mark 瞄准靶子 ❻[用以指工作、职业、参与等]忙于；从事于：children *at* play 正在玩耍的孩子们 ❼[用以指状态、方式、连续的行动等]处在…状态；在…之中：put sb. *at* risk 使某人处于险境 ❽按照；依据；以…的方式：attend a dinner *at* sb.'s invitation 应某人的邀请出席宴会 ❾[用以指原因、理由等]作为对…的反应；因为；由于；凭…的理由：We were shocked *at* his behaviour. 我们因他的行为而感到吃惊。❿[用以指相关的质量、价格]以；达：I'll sell it to you *at* cost. 我以成本价卖给你。

at·a·vism /ˈætəvizᵊm/ *n.* [U]【生】隔代遗传

at·a·vist /ˈætəvist/ *n.* [C]出现隔代遗传的人；返祖现象 ‖ **at·a·vis·tic** /ˌætəˈvistik/ *adj.*

ate /et，eit/ *v.* eat 的过去式

at·el·ier /ˈætəljei/ *n.* [C] ❶画室；雕塑室 ❷(美术或建筑学学员接受训练的)工作室

a·the·ism /ˈeiθiˌizᵊm/ *n.* [U]无神论；不信神的存在 ‖ **a·the·ist** /ˈeiθiˌist/ *n.* [C] —**a·the·is·tic** /ˌeiθiˈistik/ *adj.*

ath·lete /ˈæθliːt/ *n.* [C]运动员；体育家；〈英〉

田径运动员

athlete's foot *n.* [U]【医】足癣

ath·let·ic /æθ'letik/ *adj.* ❶体格强壮的；活跃的；动作敏捷的：a man of *athletic* build 体格强壮的人 ❷[作定语]运动的；体育的；运动员的；体育家的：an *athletic* field 运动场 ‖ **ath·let·i·cal·ly** /-kᵊli/ *adv.*

ath·let·ics /æθ'letiks/ [复] *n.* ❶[用作复]体育运动项目；田径运动(包括跑步、跳远、拳击、划艇等) ❷[用作单]体育(课)：*Athletics* is recommended for every student. 所有学生都应该上体育课。

at·las /'ætləs/ *n.* [C] ❶地图册；地图集 ❷图表集：an *atlas* of human anatomy 人体解剖图表(集)

ATM *abbr.* automated teller machine 自动取款机

at·mos·phere /'ætməˌsfiəʳ/ *n.* ❶[常作 **the** ～](包围地球的)大气；大气层；大气圈；【天】(包围天体的)气体 ❷[C]【物】(标准)大气压(每平方英寸为14.7磅) ❸[C](心理上的)环境，气氛：We met in a friendly *atmosphere*. 我们在友好的气氛中会见。❹[U](小说、音乐、绘画等的)基调，情调；艺术感染力：the mysterious *atmosphere* of *Treasure Island*《金银岛》的神秘气氛 ‖ **at·mos·pher·ic** /ˌætməs'ferik/ *adj.*

at·mos·pher·ics /ˌætməs'feriks/ [复] *n.* ❶【无】【气】天电；大气干扰；自然产生的离散电磁波 ❷特定场景所有的(或制造的)气氛：The *atmospherics* of the conference were cordial. 会谈的气氛是亲切友好的。❸[用作单]【气】天电学

at·oll /'ætɔl, ə'tɔl/ *n.* [C]【地】环状珊瑚岛；环礁

at·om /'ætəm/ *n.* ❶[C]【物】【化】原子：the splitting of the *atom* 原子的分裂 ❷[U][与限定词连用，常作定语]原子能；核能：the *atom* age 原子能时代 / the power of the *atom* 原子能的威力 ❸[C][通常用于否定结构]微粒；微量；少量：There is not an *atom* of truth in his allegations. 他的陈述没有丝毫真实性。

atom bomb *n.* ＝atomic bomb

a·tom·ic /ə'tɔmik/ *adj.* [作定语] ❶原子能的；利用原子能的；研究原子能(或原子结构)的：an *atomic* physicist 原子物理学家 / an *atomic* reactor 核(或原子)反应堆 / *atomic* research 原子能研究 ❷原子弹(或武器)的；拥有(或使用)原子弹(或武器)的：an *atomic* stockpile 原子储备 ❸(关于)原子的：the *atomic* nucleus 原子核 ❹【化】分裂为原子的；以原子形式存在的；原子态的：*atomic* hydrogen 原子氢 ‖ **a'tom·i·cal·ly** /-kᵊli/ *adv.*

atomic bomb *n.* [C]原子弹〔亦作 **A-bomb, atom bomb**〕

atomic energy *n.* [U]【核】原子能

atomic mass *n.* [C]【物】【化】原子质量(略作 **at. m**)

atomic number *n.* [C]【化】原子序数(指元素在周期表中按次序排列的号数)(略作 **at. no.**；符号 **Z**)

atomic weight *n.* [C]【化】原子量(略作 **at. wt.**)

at·om·ize /'ætəˌmaiz/ *vt.* ❶使分裂；使分化 ❷把…喷成雾状，使雾化；使成为微粒(或粉末)：*atomize* fuel oil 把燃料油雾化 ❸用原子弹炸毁；用原子武器破坏：*atomize* a city 把城市炸毁 —*vi.* 分裂；分化：Critics say the group has *atomized* around several leaders. 批评家们说该集团分裂成以几个头目为核心的小派别。‖ **at·om·i·za·tion** /ˌætəmi'zeiʃᵊn;-ai'z-/ *n.* [U]

at·om·iz·er /'ætəˌmaizəʳ/ *n.* [C]雾化器，喷雾器

a·ton·al /ei'təunᵊl, æ-/ *adj.*【音】无调性的 ‖ **a·to·nal·i·ty** *n.* [U]

a·tone /ə'təun/ *vi.* (为了过错等)进行弥补，进行补偿(*for*)：He *atoned for* past misdeeds by philanthropy. 他以行善来赎自己过去犯下的罪恶。

a·tone·ment /ə'təunmᵊnt/ *n.* [U] ❶补偿；赎罪：make *atonement* for a fault 弥补过失 ❷[**the A-**](基督教神学)(耶稣基督的苦难和死促成的)上帝与人和好

atop /ə'tɔp/ *prep.* 在…顶上：perch a hat *atop* one's head 把一顶帽子朝头上一扣

a·tri·um /'ɑːtriəm; 'ei-/ *n.* [C]([复] **-tri·a** /-triə/或**-tri·ums**) ❶【建】门廊；天井 ❷(古罗马建筑物的)中庭，正厅 ❸【解】心房 ‖ **'a·tri·al** /-əl/ *adj.*

a·tro·cious /ə'trəuʃəs/ *adj.* ❶凶恶的；残忍

的;残暴的:*atrocious* deeds 暴行 ❷〈口〉恶劣的;糟透的;讨厌的;令人作呕的:Her manners are *atrocious*. 她的举止太不成体统。❸令人震惊的;骇人听闻的:an *atrocious* road accident 使人震惊的交通事故 ‖ **a'tro·cious·ly** *adv.* —**a'tro·cious·ness** *n.* [U]

a·troc·i·ty /ə'trɔsiti/ *n.* ❶[U]凶恶;残忍;残暴:the *atrocity* of this murder 这起谋杀案的惨无人道 ❷[C]凶恶的行为;残暴的行为;[**atrocities**](尤指战时对俘虏或平民所犯的)种种暴行:the horrible *atrocities* committed by the Nazis 纳粹犯下的种种骇人的暴行

at·ro·phy /'ætrəfi/ **I** *n.* [U]【医】萎缩:Some diseases cause *atrophy* of the muscles in the legs. 某些疾病导致腿部肌肉萎缩。**II** *vi.* & *vt.* (使)萎缩;(使)衰退:Constant pressure *atrophies* the mind. 持续的压力会使智力减退。

at·tach /ə'tætʃ/ *vt.* ❶系;绑;拴;贴;装;固定;连接(*to*)(见 fasten):*attach* a label *to* a parcel 把标签贴(或系)在包裹上 ❷[~ **oneself**]使成为一分子;使在一起(*to*):*attach oneself to* a club 成为俱乐部的一个成员 ❸认为有(重要性等)(*to*):*attach* importance *to* an event 重视某一事件 ❹把(过错的责任等)归于(*to*):What's the use of *attaching* blame without suggesting a cure? 不提出解决问题的办法而一味推诿责任有什么用? ❺附加(条件)(*to*):A proviso is *attached to* the contract. 合同中附加了一条限制性条款。—*vi.* ❶伴随而来;联在一起(*to*):Responsibilities *attach to* the job. 责任是和这个职位连在一起的。❷附属;附加;归属(*to*):A stipulation *attaches to* the contract. 这个合同附带一项限制性条款。

at·ta·ché /ɑtɑː'ʃei;ə'tæʃei/ *n.* [C] ❶(外交使团的)专员:a press *attaché* 新闻专员 / a naval *attaché* 海军武官 ❷〈英〉(使馆、公使馆)随员:a legal *attaché* 法律随员

attaché case *n.* [C]公文包

at·tached /ə'tætʃt/ *adj.* ❶[通常作表语]喜欢的;依恋的:She is deeply *attached* to her family. 她很恋家。❷结了婚的;订了婚的;有对象的:bachelors and others not yet *attached* 单身汉以及其他一些尚未完婚的人

at·tach·ment /ə'tætʃmᵊnt/ *n.* ❶[U]连接方式:Somebody cut the wire *attachment* that held the ladder in place. 有人把固定梯子的电线切断了。❷[U;C]情感;喜爱;爱慕;依恋;眷恋:He formed some lasting *attachments* while at college. 他在大学时代与同学结下了永恒的友谊。❸[C]附属物;附件;附加装置:an *attachment* for a vacuum cleaner 吸尘器的附件

at·tack /ə'tæk/ **I** *vt.* ❶(尤指用武力)进攻;攻击;打击:*attack* sb. with one's bare hands 赤手空拳打某人 ❷(用语言)攻击;抨击;非难:She was *attacked* viciously in the media. 她遭到舆论界的恶毒攻击。❸(尤指持续地)对…造成伤害;(风、雨、疾病等)侵袭,侵害;(铁锈等)侵蚀:Rust *attacks* the metal. 锈会腐蚀金属。—*vi.* 进攻;攻击:make a feint to the east but *attack* in the west 声东击西 **II** *n.* ❶[C;U]进攻;攻击;抨击;非难:an unjustified *attack* on sb.'s reputation 对某人名誉的无端攻击 ❷[C](疾病的)突然发作:a heart *attack* 心脏病的突然发作 ❸[C](某种情绪、欲望等的)侵袭:have an *attack* of blues 感到郁闷不乐 ‖ **at'tack·er** *n.* [C]

☆**attack, assail, assault, bombard, charge, storm** 均有"攻击,进攻"之意。**attack** 为普通用词,适用于任何攻击性行为,既可指军事上的进攻,也可指语言或文字上的抨击:The enemy *attacked* us at night. (敌人在夜里向我们进攻。) / a powerful speech *attacking* government policy (一篇猛烈抨击政府政策的演讲) **assail** 指持续不断地猛攻,强调不间断、不松劲:The police were *assailed* with rocks and petrol bombs. (警察遭到石块和汽油弹的猛烈攻击。)该词也常用来喻指困扰或烦恼:I was *assailed* by doubts and worries. (我为各种疑虑烦恼所困扰。) **assault** 常指短兵相接近身猛攻,以压倒或制伏对方,特指对一个或几个人的突然袭击:She was too shaken after being *assaulted* to report the incident to the police. (她遭到强暴后失魂落魄,竟没有向警方报案。)该词还可表示用言论等来抨击或攻击:The minister was *assaulted* by a barrage of abuse from the angry strikers. (这位部长遭到愤怒的罢工者一阵辱骂。) **bombard** 指用火炮轰击或用飞机轰炸:The warships *bombarded* the port. (战舰炮轰了港口。)该词也可喻指连续不断地重复某一行动:The speaker was *bombarded* with questions. (演讲者受到连珠炮似的质问。) **charge** 指冲锋陷阵或突然猛烈地攻击:Suddenly the wild animal *charged* at us. (野兽突然向

我们冲过来。)**storm** 指暴风雨般地强攻或占领敌人阵地:Our armies *stormed* the city.(我们的数支部队猛攻那座城市。)

at·tain /ə'tein/ *vt.* ❶(通过努力)达到;获得;完成(见 reach):*attain* one's ends [object] 达到目的 ❷到达(空间、时间、地点等)(见 reach):By scrambling we *attained* the top of the hill. 我们一路攀爬,上了山顶。‖ **at·tain·a·bil·i·ty** /əˌteinə'biliti/ *n.* [U] —**at'tain·a·ble** *adj.* —**at'tain·er** *n.* [U]

at·tain·ment /ə'teinmənt/ *n.* ❶[U]到达;达到;获得;完成:a position difficult of *attainment* 难以得到的职位 ❷[常作~s]成就,造诣,学识;才能(见 feat):artistic *attainments* 艺术上的造诣

at·tar /'ætə/ *n.* [U](从花瓣中提取的)香精油;玫瑰油

at·tempt /ə'tempt/ **I** *vt.* 企图;试图;试图做(或完成、达到等):She *attempted* the crossword. 她试图解出那个纵横字谜。**II** *n.* [C] ❶企图;试图;尝试;努力;(尤指不理想的)尝试结果:He made an *attempt* at the Olympic gold. 他试图夺取奥运会金牌。❷攻击;袭击;进攻;(尤指)行刺,谋杀:make an *attempt* on the President's life 企图行刺总统

☆**attempt**, **endeavour**, **strive**, **try** 均有"试图,努力"之意。**attempt** 强调开始努力做,而不是力争完成某事,暗示不一定能达到预期目的:He *attempted* to leave but was stopped.(他试图离开但被阻止了。)**endeavour** 特指下定决心、作出非同寻常的努力来克服困难并取得成功:I'll *endeavour* to pay the bill as soon as possible.(我会尽快地设法付清账单。)**strive** 指努力奋斗、克服艰难困苦,力求完成艰巨任务,强调坚持不懈的努力而不是其结果:*strive* to improve one's public image(努力改善自己的公众形象)**try** 使用范围较广,指为完成某事而进行的试探性努力,暗示有成功的可能:If you don't succeed the first time, *try* again.(如果你第一次没有成功,就再试一次。)该词亦指试用一样东西来检测其性质或效能:Have you *tried* this new soap?(你试用过这种新牌子的肥皂吗?)

at·tend /ə'tend/ *vt.* ❶参加;出席(会议等);上(学等):*attend* a conference in person 出席会议 ❷[常用被动语态]伴随(见 accompany):Success often *attends* hard work. 成功常常伴有艰辛。❸关心;照料,照顾;看管:*attend* sb.'s health 关心某人的健康 —*vi.* ❶照料,照顾;处理;对付(*to*):*attend to* a sick person 照料病人 ❷专心于,致力于;花时间于(*to*):*attend to* one's work 潜心工作

at·tend·ance /ə'tendᵊns/ *n.* ❶[U]出席;参加;到场:His *attendance* at the wedding surprised the family. 他居然来出席婚礼,这使全家人喜出望外。❷[总称]出席人数;出席者;观众,听众:The daily *attendance* at the zoo averages 40,000. 这家动物园的游客平均每天达 4 万人。‖ ***in attendance*** *adj.* & *adv.* ❶出席;到场:How many people were *in attendance*? 来了多少人? ❷侍候;看护;照料,照顾:I've got a good nurse *in attendance* on my sick father. 我找到一位好护士来护理我生病的父亲。

at·tend·ant /ə'tendənt/ **I** *n.* [C] ❶侍从;随从;陪伴者;(病人的)治疗者;看护者:ward *attendants* in a hospital 医院病区的医务人员 ❷服务员,招待员;引座员;侍者:a flight *attendant* 客机上的服务员 **II** *adj.* [作定语] ❶侍候的;看护的;照料的;随同的:the *attendant* nurse 值班护士 ❷出席的;在场的;参加的:*attendant* hearers 在场的听众 ❸伴随的;随之而来的:the evils *attendant* on a war 战争带来的种种罪恶

at·ten·tion /ə'tenʃᵊn/ **I** *n.* [U]❶注意;专心;留心:*Attention* held them mute. 他们由于全神贯注而屏息静气。❷考虑;关心,关怀;照料;特殊处理:She gives all her *attention* to her appearance. 她对自己的外貌非常在意。❸礼貌;客气;尊敬:pay one's courteous *attention* to a guest 彬彬有礼地待客 ❹立正姿势;立正口令:stand at [to] *attention* during inspection 接受检阅时保持立正姿势 **II** *int.* ❶[用作口令]立正 ❷[用于有要事当众宣布时]注意

at·ten·tive /ə'tentiv/ *adj.* ❶注意的;留心的;专心的(*to*):The *attentive* pupil is most likely to learn. 专心的学生学得快。❷关心的;关怀的;体贴的;照顾周到的;有礼貌的(*to*)(见 thoughtful):His wife was always *attentive to* his needs. 他妻子总是无微不至地关心他。‖ **at'ten·tive·ly** *adv.* —**at'ten·tive·ness** *n.* [U]

at·ten·u·ate /ə'tenjuˌeit/ *vt.* ❶使减弱;使减轻;使减少;降低…的价值:Wire is *attenuated*

A

by being drawn out. 金属线被拉直后张力就减弱了。❷使变细;使变小;使变瘦:a body *attenuated* by lack of nourishment 由于缺乏营养而消瘦的身体 ‖ **at·ten·u·a·tion** /əˌtenjuˈeiʃᵊn/ *n.* [U]

at·test /əˈtest/ *vt.* 证明;证实;作证;(证人)连署(或宣誓)证明(行为、事件、遗嘱等)是真的:The handwriting expert *attested* the genuineness of the signature. 笔迹专家证实该签名真实无讹。—*vi.* 证明;证实;说明;表明(*to*):Several witnesses *attested to* this agreement. 几位证人连署证明这项协议是真的。

at·tes·ta·tion /ˌæteˈsteiʃᵊn/ *n.* [C]证明;(契约等的)连署证明;证据;证词

at·tic /ˈætik/ *n.* [C]阁楼;顶楼;屋顶室

at·tire /əˈtaiəʳ/ **I** *vt.* 使穿衣;(尤指)使着盛装(*in*):She was *attired* as a man. 她女扮男装。**II** *n.* [U]服装;衣着;盛装:The earth is in her rich *attire*. 大地披上了盛装。

at·ti·tude /ˈætiˌtʲuːd/ *n.* [C] ❶态度;看法(*to*, *toward(s)*, *about*, *on*):She took the *attitude* that translation was a sort of recreation. 她持有这样的看法:翻译是一种再创作。❷姿势;姿态:He stood in the doorway in a threatening *attitude*. 他站在门口,作出威胁的姿势。‖ ***strike an attitude*** *vi.* 装腔作势;做作地说出或写出自己的观点、意图或感情:He *struck an attitude* of defiance with a typically hard-hitting speech. 他以惯用的强硬言辞做出违抗的姿态。‖ **at·ti·tu·di·nal** /ˌætiˈtjuːdinᵊl/ *adj.*

at·ti·tu·di·nize /ˌætiˈtʲuːdiˌnaiz/ *vi.* 装腔作势;摆架子:They are usually expert in certain subjects, but must never *attitudinize*. 他们往往精通某些事物,可是永远不能摆架子。

at·tor·ney /əˈtəːni/ *n.* [C]律师(略作 **atty.**)

attorney general *n.* [C]([复]**attorneys general** 或 **attorney generals**) 检察总长;首席检察官

at·tract /əˈtrækt/ *vt.* ❶引起…的注意(或兴趣、赞赏、好感等);引起(注意、兴趣、赞赏等):The goings-on *attracted* everybody's attention. 事态引起了大家的注意。❷吸引;引诱:The gravitational pull of the earth *attracts* objects to it. 地球引力吸住万物。‖ **atˈtract·a·ble** *adj.* —**atˈtract·er**, **atˈtract·or** *n.* [C]

at·tract·ant /əˈtræktᵊnt/ **I** *n.* [C](尤指对昆虫等)具有引诱力的物质,引诱剂 **II** *adj.* (尤指对昆虫等)具有诱引力的:an *attractant* scent 具有诱引力的气味

at·trac·tion /əˈtrækʃᵊn/ *n.* ❶[U]吸引:the *attraction* of butterflies to flowers 花朵对蝴蝶的吸引 ❷[U]吸引力;魅力;迷惑力;诱惑力:an irresistible *attraction* 不可抗拒的诱惑力 ❸[C]具有吸引力(或诱惑力)的事物(或人);意欲吸引(或诱惑)的事物(或人):The main *attraction* was the after-dinner speaker. 吸引人的主要是餐后演讲人。

at·trac·tive /əˈtræktiv/ *adj.* ❶有吸引力的;引人注目的;引起兴趣的;妩媚动人的;有诱惑力的:an offer that sounds very *attractive* to everyone 听上去对大家都有吸引力的提议 ❷吸引的:an *attractive* force 吸引力 ‖ **atˈtrac·tive·ly** *adv.* —**atˈtrac·tive·ness** *n.* [U]

at·trib·ute I /əˈtribjuːt/ *vt.* ❶认为…属于(*to*)(见 ascribe):We *attribute* courage *to* the lion and cunning *to* the fox. 我们认为勇猛是狮子的属性,狡猾是狐狸的属性。❷认为…是某人所有;认为…是某人创造:a play *attributed to* Bacon 被认为是培根创作的剧本 ❸把…归因于;把(过错的责任等)归于(*to*)(见 ascribe):This incident cannot be *attributed* merely *to* carelessness. 这个事故的发生不能单纯归因于疏忽。**II** /ˈætriˌbjuːt/ *n.* [C]属性;特性;特征(见 quality):Intelligence is a uniquely human *attribute*. 智慧是人类特有的一种能力属性。‖ **atˈtri·but·a·ble** *adj.* —**at·tri·bu·tion** /ˌætriˈbjuːʃᵊn/ *n.* [U]

at·trib·u·tive /əˈtribjutiv/【语】**I** *adj.* 用作定语的;起定语作用的:an *attributive* adjective 定语形容词 **II** *n.* [C] 定语 ‖ **atˈtrib·u·tive·ly** *adv.*

at·tri·tion /əˈtriʃᵊn/ *n.* [U] ❶摩擦;磨损:Pebbles become smooth by *attrition*. 卵石由于摩擦而变得很光滑。❷(尤指军事上的)消耗,消磨,削弱:conduct a war of *attrition* 打一场消耗战 ❸(劳动力的)损耗;自然缩减

at·tune /əˈtʲuːn/ *vt.* 使适合;调和;使协调(*to*):*attune* oneself *to* the American way of life 使自己适应美国的生活方式

ATV *abbr.* all-terrain vehicle

a·twit·ter /əˈtwitəʳ/ *adj.* [作表语]紧张的;

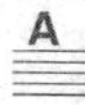

激动的；兴奋不已的：The audience was all *atwitter* with anticipation. 观众们满怀期待，兴奋不已。

a·typ·i·cal /eiˈtipikᵊl/，**a·typ·ic** /-ɪk/ *adj.* 非典型的；不合定型的；不具代表性的；不合常规的；畸形的；反常的：Some drugs produce an *atypical* reaction in very sensitive patients. 有些药物在极易过敏的病人身上会产生异常的反应。‖ **aˈtyp·i·cal·ly** *adv.*

au·burn /ˈɔːbən/ *n.* [U] & *adj.* 赤褐色(的)；赭色(的)

auc·tion /ˈɔːkʃᵊn/ **I** *n.* [U;C]拍卖：The *auction* was held in London. 这次拍卖会是在伦敦举行的。**II** *vt.* & *vi.* 拍卖；竞卖(见 sell)：The bank *auctioned* the houses. 银行拍卖了这些房子。

auc·tion·eer /ˌɔːkʃəˈniəʳ/ *n.* [C]拍卖商

au·da·cious /ɔːˈdeiʃəs/ *adj.* ❶大胆的；无畏的；勇敢的；敢冒风险的：John Glenn was the *audacious* pilot of the first U. S. spacecraft. 约翰·格伦是驾驶美国第一艘宇宙飞船的无畏的宇航员。❷鲁莽的；放肆的；胆大妄为的；厚颜无耻的：an *audacious* act 鲁莽行为 ‖ **auˈda·cious·ly** *adv.* —**auˈda·cious·ness** *n.* [U] —**au·dac·i·ty** /ɔːˈdæsiti/ *n.* [U]

au·di·ble /ˈɔːdibᵊl/ *adj.* 听得见的：Her quiet remarks were barely *audible*. 她的话轻得几乎听不见。‖ **au·di·bil·i·ty** /ˌɔːdiˈbiliti/ *n.* [U] —**ˈau·di·bly** *adv.*

au·di·ence /ˈɔːdiəns/ *n.* ❶[通常用单]观众；听众：Someone in the *audience* began to laugh. 观众中有人哈哈笑了起来。❷[通常用单]读者；读者大众：A best-selling book has a large national *audience*. 一本畅销书往往在全国拥有广大读者。❸[C;U]陈述(或申诉等)的机会；倾听；听取：The court refused his *audience*. 法庭拒绝给予他申诉的机会。❹[C;U]觐见；谒见；正式接见：an *audience* to sb. 接见某人

au·di·o /ˈɔːdiˌəu/ **I** *adj.* 声音的；(尤指高保真度)放音的；播音(用)的；收音(用)的；(利用)录下的音的：*audio* equipment 音响设备 **II** *n.* [U] ❶音频信号；声音：The *audio* was OK but there was no picture. 音频信号正常，但没有图像。❷音的播送(或接收、放送)

au·di·o·phile /ˈɔːdiəˌfail/ *n.* [C](收音机、录音机等的)高保真音响爱好者

au·di·o·tape /ˈɔːdiəˌteip/ *n.* [C]录音带

au·di·o·vis·u·al /ˌɔːdiəuˈvizjuəl,-ʒuəl/ **I** *adj.* (尤指教学用具)利用视觉听觉的，视听并用的：*audiovisual* facilities 视听设备 / *audiovisual* techniques 视听技术 **II** *n.* [～s]教具

au·dit /ˈɔːdit/ **I** *n.* [C] ❶(官方的)财会检查；审计；查账：carry out [conduct] an annual *audit* 实施一年一度的查账(或审计) ❷严密的检查 **II** *vt.* ❶查(账等)；替…查账：*audit* the company at the end of the fiscal year 财政年度末替公司查账 ❷旁听(大学课程) ❸严密地检查(建筑物等)

au·di·tion /ɔːˈdiʃᵊn/ **I** *n.* [C](对乐师、歌手、演员等的)面试：She had an *audition* for the part of Lady Macbeth. 她试演麦克白夫人这一角色。**II** *vt.* & *vi.* ❶对(乐师、歌手、演员等)进行面试，让…试演(或试唱、试奏等)：The director was *auditioning* actors yesterday. 导演昨天让演员试演。❷试演(或试唱、试奏等)：I *auditioned* for the part but didn't get it. 我试演了这个角色，但是没有成功。

au·di·tor /ˈɔːditəʳ/ *n.* [C] ❶审计员；查账员 ❷(大学)旁听生

au·di·to·ri·um /ˌɔːdiˈtɔːriəm/ *n.* [C]([复] **-ri·ums**或**-ri·a** /-ˈtɔːriə/) ❶听众席；观众席 ❷会堂；礼堂

au·di·to·ry /ˈɔːditᵊri/ *adj.* 听的；听觉的；听觉器官的：the *auditory* nerve 听神经

Aug. *abbr.* August

au·ger /ˈɔːgəʳ/ *n.* [C](钻木或地用的)螺旋钻，麻花钻

aught[1] /ɔːt/ *n.* [U]一切；全部：for *aught* I care 我才不管呢

aught[2] /ɔːt/ *n.* [C]零

aug·ment /ɔːgˈment/ *vt.* 扩大；增大；增加；增长；加强；补充(见 increase)：Jim *augmented* his wages by delivering newspapers. 吉姆靠送报纸来弥补其工资的不足。‖ **aug·men·ta·tion** /ˌɔːgmenˈteiʃᵊn/ *n.* [C] —**augˈment·er** *n.* [C]

au·gur /ˈɔːgəʳ/ **I** *n.* [C]预言者；占卜者 **II** *vt.* & *vi.* ❶预示；成为…的预兆：Mounting sales *augur* a profitable year. 直线上升的销售额预示着利润丰盛的一年。❷是一种预兆：A long drought does not *augur* well for a good har-

vest. 一场旷日持久的干旱对收成来说不是个好兆头。

au·gu·ry /ˈɔːgjuri/ *n*. [C]预兆;征兆;前兆

au·gust /ɔːˈgʌst/ *adj*. 威严的;尊严的;令人敬畏的;年高德劭的:an *august* performance of a religious drama 神圣庄严的宗教剧表演

Au·gust /ˈɔːgəst/ *n*. [C; U] 8月(略作 Aug. ,Ag.)

aunt,auntie /ɑːnt; ænt/ *n*. [C] ❶姑母;姨母 ❷伯母;婶母;舅母

au pair 换工,"互裨"生

au·ra /ˈɔːrə/ *n*. [C]([复]-ras或-rae /-riː/)(特别的)气氛,氛围;韵味:An *aura* of holiness enveloped the church. 一种圣洁的气氛笼罩着教堂。

au·ral /ˈɔːrᵊl/ *adj*. ❶耳的;听觉器官的:an *aural* surgeon 耳外科医生 ❷听觉的;听力的:*aural* comprehension tests 听力理解测验 ‖ **ˈau·ral·ly** *adv*.

au·re·ole /ˈɔːriˌəul/ *n*. [C] ❶(尤指圣像头部或身体周围的)光环,光轮 ❷【气】(透过冰晶云所看到的环绕日、月等的)晕

au·ri·cle /ˈɔːrikᵊl/ *n*. [C] ❶【解】心房;(心脏的)心耳 ❷【解】外耳;耳郭

au·ric·u·lar /ɔːˈrikjuləʳ/ *adj*. ❶(近)耳的;听觉的;听力的 ❷秘密的:an *auricular* confession 秘密忏悔

au·ro·ra /ɔːˈrɔːrə/ *n*. [C]([复]-ras 或-rae /-riː/) ❶曙光;晨曦;〈诗〉黎明 ❷极光

aurora aus·tra·lis /ɔˈstreilis/ *n*. [U]【气】南极光

aurora bo·re·al·is /ˌbɔːriˈeilis/ *n*. [U]【气】北极光

aus·pi·ces /ˈɔːspis/ [复] *n*. [C]赞助;资助;帮助;支持:a meeting held under the *auspices* of Y. M. C. A. 在基督教青年会赞助下召开的会议

aus·pi·cious /ɔːˈspiʃəs/ *adj*. ❶吉兆的;吉利的;吉祥的:You haven't made a very *auspicious* start to your new job. 你的新工作开头就开得不怎么好。❷兴隆的;兴旺的;兴盛的;幸运的:His affairs were in an *auspicious* and comfortable state. 他万事亨通,一切如意。‖ **ausˈpi·cious·ly** *adv*. —**ausˈpi·cious·ness** *n*. [U]

Aus·sie /ˈɔzi/ 〈口〉 **I** *n*. [C]澳大利亚人(或士兵)澳大利亚 **II** *adj*. 澳大利亚的:He married an *Aussie* girl. 他娶了一位澳大利亚姑娘。

aus·tere /ɔˈstiəʳ/ *adj*. ❶严厉的;严峻的;苛刻的;严酷的:one's *austere* demeanour 严苛的态度 ❷禁欲的;操行上一丝不苟的;束身自修的;十分简朴的:*austere* fanatics 狂热的禁欲主义者 ❸极为朴素的;毫无修饰的;简陋的:The room was furnished in *austere* style. 这间屋子的陈设朴实无华。‖ **ausˈterely** *adv*. —**ausˈtereness** *n*. [U]

aus·ter·i·ty /ɔˈsteriti/ *n*. ❶[U]简朴;朴素;朴实:the elegant *austerity* of the surroundings 朴中见雅的环境❷[U;C](财政支出的)紧缩,节制;严格的节制消费:a period of economic *austerity* 经济紧缩的岁月

Aus·tral·i·an /ɔˈstreiliən/ **I** *n*. ❶[C]澳大利亚人(或居民) ❷[C]澳大利亚土著人 **II** *adj*. 澳大利亚的;澳大利亚人的

Aus·tri·an /ˈɔstriən/ **I** *n*. [C]奥地利人 **II** *adj*. 奥地利的;奥地利人的

au·then·tic /ɔːˈθentik/ *adj*. ❶真的;真正的;真实的;名副其实的(见 genuine):an *authentic* signature 亲笔签名 ❷可靠的;可信的;确实的;来源可靠的(见 genuine):an *authentic* document of the Middle Ages 一份可信的中世纪文献 ‖ **auˈthen·ti·cal·ly** /-kᵊli/ *adv*.

au·then·ti·cate /ɔːˈθentiˌkeit/ *vt*. ❶证明…是真的;证明…不是伪造的:*authenticate* a painting as an original 证明一幅画是真迹 ❷证明…是确实的;证明…是可信的:*authenticate* an account 证明叙述确实可信 ‖ **au·then·ti·ca·tion** /ɔːˌθentiˈkeiʃᵊn/ *n*. [U;C]

au·then·tic·i·ty /ˌɔːθenˈtisiti/ *n*. [U]可靠性;真实性:I verified the *authenticity* of the signature. 我已核实签名是真的。

au·thor /ˈɔːθəʳ/ **I** *n*. [C] ❶著作人;撰稿人;作者;作家:the *author* of A *Tale of Two Cities*《双城记》的作者❷创始人,发起人;创造者,发明者;对某事负有责任的人:the *author* of a new tax plan 新税制的倡议者 **II** *vt*. 著作,写作;编写:He *authored* a history of the Civil War. 他写了一部美国南北战争史。

au·thor·i·tar·i·an /ɔːˌθɔriˈteəriən/ **I** *adj*. ❶权力主义的:an *authoritarian* military code 权利主义的军事法规 ❷独裁主义的;专制的:an *authoritarian* regime 专制政权 **II** *n*. [C]权力

主义者;独裁主义者 ‖ **au,thor·i'tar·i·an,ism** *n.* [U]

au·thor·i·ta·tive /ɔː'θɔritətiv/ *adj.* ❶权威性的;可信的;可靠的:an *authoritative* opinion 权威性的意见 ❷官方的;当局的:*Authoritative* orders came to the ambassador from the President. 大使收到了总统下达的正式命令。❸专断的;威严的;命令式的:an *authoritative* air 一副颐指气使的神气 ‖ **au'thor·i·ta·tive·ly** *adv.* —**au'thor·i·ta·tive·ness** *n.* [U]

au·thor·i·ty /ɔː'θɔriti/ *n.* ❶[U]权;权力;管辖权:abuse [overstep] one's *authority* 滥用权力 ❷[U](授予的)权限,职权;许可:An appointed official derives his *authority* from the President. 委派的官员同时获得总统授予的权限。❸[C]当权者;行政管理机构:The *authority* came to the door and asked why I wasn't in school. 领导上门来问我为什么不上学。❹[通常作 **the authorities**]当局,官方:Crimes have to be reported to *the* police *authorities*. 犯罪行为必须向警察当局报告。❺[C]权威的典籍;有权威性的引文:He cited [invoked] the dictionary as *authority* for his usage of the term. 他援引这部词典作为权威性引文来印证他对那个词的用法。❻[C]学术权威;专家;大师;泰斗:He is an *authority* on Ming china. 他是中国明朝瓷器的鉴赏权威。❼[U]威信;威望;影响力:the *authority* of Aristotle 亚里士多德的威望 ‖ ***have it on good authority*** *vi.* 有足够证据可以说:I *have it on good authority* that she is about to announce her candidacy. 我有足够的证据说她即将宣布参加参加竞选。

au·thor·ize, au·thor·ise /'ɔːθə,raiz/ *vt.* ❶授权;委任;委托:We are *authorized* to do it. 我们被授权做这件事。❷使合法化;批准;核定;准许;认可:Congress *authorized* the new tax on tobacco. 国会批准了对烟草的新税法。‖ **au·thor·i·za·tion** /,ɔːθəri'zeiʃᵊn;-rai'z-/ *n.* [U;C]

au·thor·ship /'ɔːθə,ʃip/ *n.* [U] ❶(作品的)来源(指作者):What is the *authorship* of that novel? 那部小说的作者是谁? ❷作家的职业(或生涯);写作活动;著述,创作:I depend upon *authorship* for my entire living. 我全靠写作维持生计。

au·tism /'ɔːtizᵊm/ *n.* [U]【心】自闭症;孤独症 ‖ **au·tis·tic** /ɔː'tistik/ *adj.* —**au'tis·ti·cal·ly** /-kᵊli/ *adv.*

au·to /'ɔːtəu/ *n.* [C]([复]-**tos**)〈口〉汽车

au·to- /'ɔːtəu/ *pref.* ❶表示"自己","本身":*auto*hypnosis ❷表示"自己的","本身的","自己做的":*auto*biography ❸"自动的","自动调整的":*auto*focus,*auto*mobile

au·to·bahn /'ɔːtəᵘ,bɑːn/ *n.* [C]([复]-**bahns** 或-**bah·nen** /-,bɑːnən/)〈德〉高速公路

au·to·bi·og·ra·phy /,ɔːtəᵘbai'ɔgrəfi/ *n.* [C]自传 ‖ **,au·to·bi·o·graph·i·cal** /-ə'græfikᵊl/ *adj.* —**,au·to·bi'og·ra·pher** *n.* [C]

au·toc·ra·cy /ɔː'tɔkrəsi/ *n.* ❶[U]独裁统治;独裁政体 ❷[C]独裁统治的国家(或团体)

au·to·crat /'ɔːtəᵘ,kræt/ *n.* [C] ❶独裁者;专制君主 ❷独断独行的人;专横霸道的人

au·to·crat·ic /,ɔːtəᵘ'krætik/ *adj.* ❶独裁的;专制的:an *autocratic* government 独裁政府 ❷独断独行的:*autocratic* management style 独断独行的管理风格 ‖ **,au·to'crat·i·cal·ly** /-kᵊli/ *adv.*

au·to·di·dact /'ɔːtəᵘ,daidækt/ *n.* [C]自学者;自学成功的人 ‖ **au·to·di·dac·tic** /,ɔːtəᵘdai'dæktik/ *adj.* —**,au·to·di'dac·ti·cal·ly** /-kᵊli/ *adv.*

au·to·graph /'ɔːtəᵘ,grɑːf;-,græf/ **I** *n.* [C]亲笔;(尤指名人的)亲笔签名:Many people collect the *autographs* of celebrities. 许多人收藏名人的亲笔签名。**II** *vt.* (为留作纪念)亲笔签名于:The star of the play *autographed* my program. 那出戏的主角在我的节目单上签了名。

au·to·im·mune /,ɔːtəᵘi'mjuːn/ *adj.*【医】自身免疫的:an *autoimmune* disease 自身免疫病 ‖ **,au·to·im·mu·ni·ty** /-i'mjuːniti/ *n.* [U]

au·to·mate /'ɔːtə,meit/ *vt.* 使自动化;用自动化技术于:*automate* a production line 使生产线自动化

au·to·mat·ic /,ɔːtə'mætik/ **I** *adj.* ❶自动(化)的;(动作、过程等)由自动装置完成的:an *automatic* elevator 自动电梯 ❷不假思索的;习惯性的;机械的;不自觉的;出自本能的:Her remark was *automatic*. 她说的话有口无心。❸必然的;不可避免的:an *automatic* consequence 必然的结果 **II** *n.* [C] ❶(半)自动手枪(或步枪等) ❷自动机械(或工具);自动变速装置 ❸

有自动装置的汽车 ‖ ***on automatic*** *adv.* 由自动控制装置控制：The record player is set *on automatic* and will play several records before shutting off. 电唱机被拨到自动控制挡，放几张唱片后会自动关掉。‖ **ˌau·toˈmat·i·cal·ly** /-kəli/ *adv.*

automatic pilot *n.* [C]【空】【海】自动驾驶仪〔亦作 **autopilot**〕

au·tom·a·ton /ɔːˈtɔmətən/ *n.* [C]([复]**-tons** 或**-ta** /-tə/) ❶【计】自动装置；机器人 ❷〈贬〉不动脑筋只会机械般行动的人

au·to·mo·bile /ˈɔːtəməuˌbiːl, ˌɔːtəməˈbiːl/ **I** *n.* [C]汽车 **II** *adj.* [作定语] 汽车的：the *automobile* industry 汽车工业

au·to·mo·tive /ˌɔːtəˈməutiv/ *adj.* ❶汽车的：automotive parts 汽车零件 ❷自动的；机动的

au·ton·o·mous /ɔˈtɔnəməs/ *adj.* ❶自治的：an *autonomous* region 自治区 ❷独立自主的；有自治权的：a subsidiary that functioned as an *autonomous* unit 独立核算的子公司 ‖ **auˈton·o·mous·ly** *adv.*

au·ton·o·my /ɔːˈtɔnəmi/ *n.* [U] ❶自治；自治权：enjoy local *autonomy* 享有地方自治权 ❷人身自由；意志自由；自主权：the *autonomy* of the individuals 个人的人身自由

au·top·sy /ˈɔːtəpsi, ɔːˈtɔpsi/ **I** *n.* [C] ❶(为了弄清死因而作的)尸体解剖；验尸：The *autopsy* revealed that the dead man had been poisoned. 验尸结果表明死者是被毒死的。❷(对作品、事件等的)分析，剖析 **II** *vt.* 解剖：*autopsy* the body 解剖尸体

au·tumn /ˈɔːtəm/ *n.* ❶[U;C]秋，秋季：*Autumn* is my favourite season. 秋季是我最喜欢的季节。❷[U]成熟期；渐衰期：He has reached the *autumn* of his life. 他已达迟暮之年。‖ **au·tum·nal** /ɔːˈtʌmnəl/ *adj.*

aux·il·ia·ry /ɔːgˈziljəri/ **I** *adj.* ❶附属的；从属的：several *auxiliary* branches of the library 该图书馆的几个分馆 ❷辅助的；有帮助的；当助手的：Some sailboats have *auxiliary* engines. 有些帆船装有辅助发动机。❸备用的；后备的：an *auxiliary* police force 后备警力 **II** *n.* [C] ❶辅助者；助手；辅助物：a nursing *auxiliary* 助理护士 ❷附属组织；附属机构：The men's club and the ladies *auxiliary* were merged into one organization. 男士俱乐部及其附属的女士俱乐部两者合二而一。❸＝auxiliary verb

auxiliary verb *n.* [C]【语】助动词

a·vail /əˈveil/ **I** *vt.* 有用于；有益于；有助于：Money will not *avail* you after you are dead. 人一死，有钱也白搭。**II** *n.* [U][通常用于否定句或疑问句]效用，用途；好处，利益；帮助：His efforts were of little *avail*. 他的种种努力不起作用。‖ ***avail (oneself) of*** *vt.* 利用：He *availed himself of* the opportunity to speak to her. 他乘机与她攀谈。

a·vail·a·ble /əˈveiləbəl/ *adj.* ❶可利用的，空着可用的，现成可使用的；在手边的；闲着的：The motel has no *available* rooms. 这家汽车旅馆没有现成的空房间。❷可获得的；易得到的：All *available* tickets were sold. 票已售罄。❸可看见的；可以说话的：She is not *available* for comment. 她对此无话可说。‖ **a·vail·a·bil·i·ty** /əˌveiləˈbiliti/ *n.* [U]

av·a·lanche /ˈævəˌlɑːntʃ/ *n.* [C] ❶雪崩；山崩：with the momentum of an *avalanche* 以排山倒海之势 ❷大量；突然到来的一大批：an *avalanche* of blows 劈头盖脸(或接二连三)的打击

a·vant-garde /ˌævɔŋˈgɑːd/ **I** *n.* [总称](艺术家、作家、音乐家等中敢于创新实验的)先锋派，前卫派；先锋派的支持者们 **II** *adj.* (属于)先锋派的，前卫派的：an *avant-garde* art form 先锋派艺术形式

av·a·rice /ˈævəris/ *n.* [U]贪婪；贪得无厌：the *avarice* of a usurer 高利贷者的贪婪 ‖ **av·a·ri·cious** /ˌævəˈriʃəs/ *adj.* —**ˌav·aˈri·cious·ly** *adv.*

a·vast /əˈvɑːst; -ˈvæst/ *int.*【海】停住！

av·a·tar /ˌævəˈtɑː/ *n.* [C](印度教主神之一比湿奴的)下凡化作人形(或兽形)

a·venge /əˈvendʒ/ *vt.* ❶为(受害、受辱、含冤等)进行报复：Hamlet wanted to *avenge* his father's murder. 哈姆雷特想报杀父之仇。❷替(受害者)报仇：*avenge* one's brother 为兄弟报仇 ‖ **aˈveng·er** *n.* [C]

☆**avenge, revenge** 均有"报仇，报复"之意。**avenge** 强调为伸张正义而报仇，有对方罪有应得的意味：*avenge* a murder by bringing the criminal to trial（把罪犯送上法庭以此来向凶手报仇）**revenge** 强调报复私人之间的仇恨和宿怨，跟人算账，因此可以有怨毒难消、不肯宽恕、要泄私愤的含义：Mark my words — I shall *revenge* this abomination!（你听着——我会对此恶行进行报复的！）

a·ve·nue /ˈævɪˌnjuː/ *n.* [C] ❶林荫(大)道；(城市中的)大街：The *avenues* of the city were crowded with shoppers. 城里大街上挤满了购物的人群。❷〈喻〉方法；途径；渠道：Hard work is the best *avenue* to success. 勤奋是最佳的成功之道。

a·ver /əˈvəː/ *vt.* (**a·verred**; **a·ver·ring**)〈书〉断言；坚称：The witness *averred* that he had seen the suspect at the scene of the crime. 那位证人坚称他看到嫌疑人在犯罪现场。

av·er·age /ˈævᵊridʒ/ **I** *n.* ❶[C]平均数：The *average* of 3 and 5 and 10 is 6. 3、5、10的平均数是6。❷[U;C]平均；(速度等的)平均率：Their lives have had more than the *average* of human sorrow and danger. 他们的一生比常人遭受到更多的悲哀和危难。**II** *adj.* ❶[作定语]平均的：an *average* speed 平均速度 ❷中等的；平常的；普通的；一般标准的：It was an *average* piece of work. 这活儿干得一般。**III** *vt.* ❶计算…的平均数；求…的平均数：Will you *average* those numbers for me? 请你替我把那些数字的平均数算出来好吗？❷平均做(或获得、生产等)：Her pay *averages* $800 a week. 她的薪水平均每周800美元。‖ ***average out*** *vi.* & *vt.* (使)达到平衡；平均为；算出…的平均数(或值)：Losses and gains *average out* to a small profit each year. 每年得失相抵尚有少许赚头。***on the*** [***an***] ***average*** *adv.* 按平均值；通常；一般地：*On the average* there are 1,000 visitors a day. 平均每天有1 000名参观者。

☆**average, mean, median, norm** 均有"平均数，中值"之意。**average** 指总数被除后所得的商或平均数：The student scored an *average* of 85 in a series of five tests.（这个学生在这五次测验中的平均分是85。）**mean** 既可指简单的商或平均数，也可表示两个极值之间的中值：A high of 70° and a low of 50° give a *mean* of 60°.（极大值70°和极小值50°的中值为60°）**median** 意指按次序排列的一系列数值的中位数或中值：The average of a group of persons earning 3,4,5,8 and 10 dollars a day is 6 dollars, whereas the *median* is 5 dollars.（一组每天收入为3、4、5、8和10美元的人，其每天平均收入为6美元，但其中值为5美元。）**norm** 表示通常的标准规范，可指某个小组、班级或年级成绩的正常标准或平均成绩：The pupil scores about the *norm* for 5th grade arithmetic.（在五年级的算术成绩中这个学生处于中等水平。）

a·verse /əˈvəːs/ *adj.* [通常作表语]不喜欢的；讨厌的；反对的；不情愿的；不乐意的(*to*, *from*)：An austere man is *averse to* any kind of self-indulgence. 一个操行上一丝不苟的人反对任何形式的自我放纵。

a·ver·sion /əˈvəːʃᵊn/ *n.* [C] ❶厌恶；嫌恶；反感(*to*, *from*, *for*)：take an *aversion to* sb. 开始讨厌某人 ❷讨厌的人(或事物)：His pet *aversion* is guests who are always late. 他最不喜欢那些总是迟到的客人。

a·vert /əˈvəːt/ *vt.* ❶转移(目光、注意力等)(*from*)：She *averted* her eyes *from* the wreck. 她转移目光不再看失事飞机的残骸。❷防止，防范；避免，消除(灾难、危险等)：The driver *averted* an accident by a quick turn of the steering wheel. 司机急忙掉转方向盘，从而避免了一起车祸。

a·vi·an /ˈeiviən/ *adj.* (关于)鸟(类)的；像鸟的

a·vi·ar·y /ˈeivjəri/ *n.* [C]大型鸟舍；鸟类饲养场

a·vi·a·tion /ˌeiviˈeiʃᵊn/ *n.* [U] ❶航空学，航空术；飞机制造业，航空工业 ❷军用飞机

a·vi·a·tor /ˈeiviˌeitəʳ/ *n.* [C]飞行员，飞机驾驶员

av·id /ˈævid/ *adj.* ❶热衷的，热心的，热切的；劲头十足的：an *avid* golfer 高尔夫球迷 ❷[通常作表语]急切的；渴望的；贪婪的(*for*, *of*)：be *avid for* [*of*] fame 贪图名声 ‖ ˈ**av·id·ly** *adv.*

a·vi·on·ics /ˌeiviˈɔniks/ *n.* [U][用作单]航空电子学；航空电子技术

av·o·ca·do /ˌævəᵘˈkɑːdəu/ *n.* ([复]**-do(e)s**) ❶[C]【植】鳄梨 ❷[C]鳄梨树 ❸[U]暗绿色

av·o·ca·tion /ˌævəˈkeiʃᵊn/ *n.* [C](个人)副业；嗜好，业余爱好：He is a lawyer by vocation, but writing stories is his *avocation*. 律师是他的本行，而写小说是他的业余爱好。

a·void /əˈvɔid/ *vt.* ❶避开，回避(人、物、地方

等):She *avoids* fatty foods like the plague. 她忌吃油腻食品。❷防止;避免;使免于:Non-smokers should *avoid* being in smoke-filled rooms. 不吸烟者应该避免待在烟雾弥漫的房间里。

a•void•a•ble /əˈvɔidəbᵊl/ *adj.* 可避免的;可回避的:Lung cancer may be *avoidable* if you quit smoking. 如果你戒烟,肺癌是可以避免的。‖ **aˈvoid•a•bly** *adv.*

a•void•ance /əˈvɔidᵊns/ *n.* [U]回避;避开;避免:*avoidance* of danger 避免危险

av•oir•du•pois /ˌævədəˈpɔiz/ *n.* [U]常衡[以盎司、磅、吨为称量标准的衡制]:16 ounces *avoirdupois* 16 盎司(为 1 磅)的常衡制(略作 **av.**, **avdp.**, **avoir.**)

a•vow /əˈvau/ *vt.* 公开(或坦率)宣称;公开(或坦率)承认(见 assert):He *avows* himself (to be) an animal rights activist. 他坦率承认自己是个积极的动物权利保护论者。

a•vun•cu•lar /əˈvʌŋkjuləʳ/ *adj.* 叔(或伯、舅)父的;像叔(或伯、舅)父的;慈爱的;慈祥的;乐于助人的:*avuncular* affection 慈爱的感情

a•wait /əˈweit/ *vt.* ❶(人)等候,期待;(事件等)等待(处理)(见 expect 和 wait):*await* one's plane 候机 ❷做好…的准备,备妥以待;即将降临到…身上:A warm welcome *awaits* you. 你将受到热烈的欢迎。

a•wake /əˈweik/ *vi.* (过去式 **a•woke** /əˈwəuk/ 或 **a•waked**; 过去分词 **a•wo•ken** /əˈwəukᵊn/ 或 **a•waked**) ❶醒;觉醒:*awake* from a sound sleep 从酣睡中醒来 ❷醒悟,领悟到;意识到,认识到(*to*):*awake to* the value of fishery 认识到渔业的重要性 —*vt.* 使醒来,唤醒,弄醒;使觉醒:The alarm clock *awoke* me. 闹钟把我惊醒了。

a•wak•en /əˈweikᵊn/ *vi.* 醒;觉醒:The sun was high in heaven when we *awakened*. 我们醒来时,已日上三竿。

a•wak•en•ing /əˈweikᵊniŋ/ **I** *adj.* [通常作定语](兴趣等)正在产生的;萌动中的:an *awakening* interest in music 对音乐渐渐产生兴趣 **II** *n.* [C] ❶醒;唤醒;觉醒:a spiritual *awakening* 心灵的觉醒 ❷(兴趣等的)被激起;被唤起:an *awakening* of interest in languages 被激起对语言的兴趣 ❸认识;意识:It was a rude *awakening* when money ran out. 钱快用光时才猛然意识到事情不妙。

a•ward /əˈwɔːd/ **I** *vt.* ❶给予(需要者或应得者);授予(奖品等):The degree of M. A. was *awarded* to him. 他被授予文学硕士学位。❷判给:The arbitrators *awarded* the buyers $500 as damages. 仲裁人裁定赔偿买主 500 美元。**II** *n.* [C] ❶奖;奖品;奖状(见 reward):a money *award* 奖金 ❷判决

a•ware /əˈweəʳ/ *adj.* ❶[通常作表语]意识到的,觉察到的;知道的,明白的(*of*):He was a self-important man, constantly *aware of* himself. 他自命不凡,老觉得自己了不起。❷(在某方面)有知识的;见闻广博的;(政治上)有觉悟的:a politically *aware* student 政治上有觉悟的学生 ‖ **aˈware•ness** *n.* [U]

☆ **aware**, **alive**, **cognizant**, **conscious**, **sensible** 均有"意识到的,感觉到的"之意。**aware** 词义最宽泛,指因听、视感官或智力敏锐而知道:be *aware* of a greater number of police officers out and about (意识到周围有大量的警察) **alive** 指对某事的影响具有敏锐的易感性或意识到它的存在:He was *alive* to the changes going on around him. (他深切地感受到周围的变化。) **cognizant** 指通过自己观察注意到,有直接了解的含义:A member of Parliament ought to be *cognizant* of the attitudes and opinions of his electorate. (国会成员应该观察并了解全体选民的态度和观点。) **conscious** 表示耳闻目睹、感觉或理解的东西进入意识,知道其存在或对其注意:She was *conscious* of the man staring at her. (她意识到那人盯着她看。) **sensible** 指通过直觉或理性领悟或觉察出无形的状态或特征:a doctor who was *sensible* of the woman's deep depression (察觉出那个女人忧伤的医生)

a•wash /əˈwɔʃ/ *adv.* & [通常作表语] *adj.* ❶【海】(岛屿等)与水面齐平(的);(甲板等)被潮水冲刷(的):The beach was *awash* with the flowing tide. 海滩与上涨的潮水平齐。❷被水覆盖(的):In the monsoon the whole place is *awash*. 一到雨季,这个地方到处都是水。❸被覆盖(的);充满(的):a garden *awash* in colours 五彩缤纷的花园

a•way /əˈwei/ **I** *adv.* ❶向远处;(离)开:I want to get *away* from here. 我想离开这里。❷在离特定地点有一段距离的地方:keep *away* from strangers 远离陌生人 ❸不存在:Her looks were fading *away*. 她朱颜渐衰。❹向另一方向;向一边:turn one's head *away* 把头扭了

过去/ She turned *away* so that he would not see her tears. 她转过身去,这样好不让他看到自己的眼泪。❺不再拥有;掉:He gave his boat *away*. 他把船处理掉了。❻不断地:Time is ticking *away*. 时间在滴答声中流逝。❼放进;收起来;保存起来:Mom told Tommy to fold the clothes and put them *away*. 母亲告诉托米把衣服叠好收起来。**II** *adj*. [通常作表语] ❶不在的;离开的:My mother is *away* today. 我妈妈今天不在家。❷(在空间、时间等方面)离开特定的一点,有若干距离的:His home is two miles *away*. 他的家离这里有2英里。❸在路途中:The plane left; they're well *away* by now. 飞机飞走了,他们现在正在路途中。

awe /ɔː/ **I** *n*. [U](对神等的)敬畏;(对崇高品质等的)敬佩;(对权势等的)畏怯;(壮观等引起的)惊叹:Deep *awe* fell upon them all. 众人不禁凛然敬畏。**II** *vt*. 使敬畏;使敬佩;使畏怯;使惊叹:The profound silence *awed* everyone. 这死一般的沉寂使人畏怯。‖ ***in awe of*** *prep*. 敬畏:They rather stand *in awe of* Charles. 他们非常敬畏查尔斯。

awe·some /ˈɔːsəm/ *adj*. ❶令人惊奇(或惊叹、敬畏、畏怯)的;可怕的:His strength was *awesome*. 他的力量使人畏怯。❷〈俚〉给人深刻印象的;令人难忘的;出色的;棒极的:That new white convertible is totally *awesome*. 那辆新的白色折篷汽车简直棒极了。‖ **ˈawe·some·ly** *adv*. —**ˈawe·some·ness** *n*. [U]

awe-struck /ˈɔːstrʌk/, **awe-struck·en** /ˈɔːstrikən/ *adj*. 充满惊奇(或惊叹、敬畏、畏怯)之心的

aw·ful /ˈɔːful/ **I** *adj*. ❶〈口〉极坏的;(使人)极不愉快的;极讨厌的;极难看的:*awful* food 难以下咽的食物 ❷使人产生敬畏(或畏怯、惊奇、惊叹)之心的;庄严的:the *awful* majesty of Alpine peaks 令人惊叹的阿尔卑斯山峰的雄伟气势 ❸[作定语]〈口〉极度的;非常的;极大的:It must have taken an *awful* lot of courage. 想必是鼓足了极大的勇气。**II** *adv*. 〈口〉极其;十分:It takes an *awful* long while. 这需要很长很长的时间。

☆**awful, dreadful, horrible, terrible** 均有"可怕的,吓人的"之意。**awful** 指惧怕中带有敬意,强调敬畏:wring the *awful* scepter from his fist (从他手中夺过令人敬畏的权杖) **dreadful** 常用来描述令人望而生畏、不寒而栗或令人厌恶憎恨的事情:Cancer is a *dreadful* disease. (癌症让人不寒而栗。) **horrible** 指外观给人以丑陋、恐怖的感觉:a *horrible* accident (令人恐怖的事件) **terrible** 指可怕中带有惊恐和骇人听闻:A *terrible* sight met my eyes. (我看见了一幅恐怖的景象。)

aw·ful·ly /ˈɔːfuli/ *adv*. 〈口〉❶极其;非常;十分:It's *awfully* hot in here. 这儿非常炎热。❷恶劣地;令人嫌恶地:The chorus sang *awfully*. 合唱队唱得糟糕透顶。

a·while /əˈhwail/ *adv*. 片刻;一小会儿:She paused *awhile* before answering. 她顿了一会儿才回答。

awk·ward /ˈɔːkwəd/ *adj*. ❶笨拙的;不灵巧的;制作粗劣的;(文章、讲话等)累赘的:His *awkward* speech made him difficult to understand. 他的演讲累赘冗长,让人摸不着头脑。❷(动作、形态等)不雅观的;难看的;粗笨的:He walked with an *awkward* gait like a penguin. 他走路的样子难看得就像企鹅。❸不便的;不合适的;(令人)尴尬的:a long *awkward* silence 长时间的令人尴尬的沉默 ❹使用不便的;难操纵的;难搬运的:The handle of this pitcher has an *awkward* shape. 这罐的把柄不好抓。❺难处理的;棘手的;难对付的;微妙的;危险的:She found herself in an *awkward* position. 她发觉自己陷入了困境。‖ **ˈawk·ward·ly** *adv*. —**ˈawk·ward·ness** *n*. [U]

awl /ɔːl/ *n*. [C](木工、鞋匠等用的)钻子;尖锥

awn·ing /ˈɔːniŋ/ *n*. [C](门窗等前面的)雨篷,凉篷,遮篷;(甲板等上的)天篷

a·woke /əˈwəuk/ *v*. awake 的过去式和过去分词

AWOL, A·wol, a·wol /ˈeiwɔl/ *abbr*. absent without leave **I** *adj*. & *adv*. 擅离职守(的):He was [went] *AWOL* for 12 days. 他未请假而外出达12天之久。**II** *n*. [C]擅离职守者

a·wry /əˈrai/ **I** *adj*. [通常作表语]曲(的);歪(的);斜(的):His jacket was *awry*. 他的夹克穿得不整齐。**II** *adv*. 曲;歪;斜:Her hat was blown *awry* by the wind. 她的帽子被风吹歪了。

ax(e) /æks/ **I** *n*. [C] ❶斧子:He chopped the tree with an *axe*. 他用斧子把树砍倒。❷[**the** ~]〈口〉解雇;(人员等的)裁减;(计划等的)取

A

消:The new president gave her *the axe*. 新来的董事长把她给炒了。**II** *vt.* ❶用斧砍断(或劈开);用斧将…削成形;用斧修整(或修琢):The lumberjack *axed* down the tree. 伐木工用斧把树砍倒。❷〈口〉解雇;裁减;大刀阔斧地削减(开支等);取消(计划等);砍掉,撤销(机构等):Many TV shows have been *axed* because of poor ratings. 由于收视率太低,许多电视节目被砍掉了。‖ ***an axe to grind*** *n.* 〈口〉自私企图;个人打算:Bob had *an axe to grind* at Tom's expense. 鲍勃以牺牲汤姆的利益来满足其私心。

ax·i·al /ˈæksiəl/ *adj.* ❶轴的;轴线的;似轴的:an *axial* girder 轴梁❷轴向的;沿轴的;轴上的:an *axial* jet 轴向射流 ‖ ˈ**ax·i·al·ly** *adv.*

ax·i·om /ˈæksiəm/ *n.* [C] ❶格言 ❷原理;原则:Change is an *axiom* of the fashion world. 变化是时装领域里的一条原则。

ax·i·o·mat·ic /ˌæksiəᵘˈmætik/ *adj.* ❶(似)公理的;自明的:It is *axiomatic* that the whole equals the sum of its parts. 整体等于各个部分之和,这是一条公理。❷【逻】基于逻辑公理之上的:*axiomatic* set theory 公理集合论 ‖ ˌ**ax·i·o**ˈ**mat·i·cal·ly** /-kᵊli/ *adv.*

ax·is /ˈæksis/ *n.* [C]([复]**ax·es** /ˈæksiːz/) ❶轴;轴线;中心线:The earth rotates on its *axis*. 地球绕着地轴旋转。❷参照轴线;基准线 ❸[总称]参加轴心的国家;[**the ～**]轴心(国)(指第二次世界大战中德、意、日三国侵略同盟,战争后期又有保、匈、罗三国参加):*the* Bonn-Washington *axis* 波恩—华盛顿轴心

ax·le /ˈæksᵊl/ *n.* [C]【机】轴;车轴;轮轴

ax·on /ˈæksɔn/, **ax·one** /-səun/ *n.* [C]【解】【动】(神经)轴突

a·ya·tol·lah /ˌɑːjəˈtəulə/ *n.* [C][对伊朗等伊斯兰国家什叶穆斯林最高领袖的尊称]阿亚图拉

ay(e) /ai/ **I** *adv.* & *int.* 是:*Aye*, sir. 是,先生。**II** *n.* [C]肯定的回答;赞成票;投赞成票者:The *ayes* won when the vote was taken. 投票结果投赞成票者获胜。

AZ *abbr.* Arizona (美国)亚利桑那州

a·zal·ea /əˈzeiljə/ *n.* [C]【植】杜鹃花;杜鹃花花朵

az·i·muth /ˈæziməθ/ *n.* [C]【天】方位角;地平经度;【测】方位

az·ure /ˈæʒəʳ, -ʒuəʳ, ˈei-/ **I** *n.* [U](晴空的)天蓝色;蔚蓝色;碧空;苍穹;青色 **II** *adj.* 天蓝色的;蔚蓝色的;青色的:unclouded *azure* skies 碧空万里

B

B b

B[1], b /biː/ *n.* [C]([复]**B's, b's; Bs, bs** /biːz/) 英语字母表中第二个字母

B[2] ❶[U]表示"第二"的符号;乙(指假设的第二人或第二例):bedroom *B* 二号房间 ❷[C;U][时作 **b**]乙,良(学生成绩的符号);学业成绩得乙(或良)的学生:receive a *B* in maths 数学得了个良❸[**B**][C]【生理】B 血型

B. A. *abbr.* Bachelor of Arts 文(科)学士:He has a *B. A.* 他有文学士学位。

baa /bæ,bɑː/ **I** *n.* [C]咩(羊等动物的叫声) **II** *vi.* (**baaed** 或 **baa'd**) (羊等动物)发咩声,咩咩叫

bab•ble /ˈbæbᵊl/ **I** *vi.* ❶(婴儿)牙牙学语;(成人)含糊不清地说话:My baby brother *babbles* in his crib. 我的小弟弟在他的小床上咿咿呀呀地学话。❷喋喋不休,唠叨;胡言乱语:The little girl *babbled* about her doll. 那小女孩喋喋不休地谈论着她的洋娃娃。—*vt.* ❶模糊不清地说:She *babbled* her thanks in a great hurry. 她匆匆忙忙地用含糊不清的声音道了谢。❷喋喋不休地说,唠唠叨叨地说:*babble* torrents of words 滔滔不绝地讲 **II** *n.* [U] ❶儿语;含糊不清的话:a baby's *babble* 婴儿的咿呀学语 ❷蠢话;胡言乱语:be sick of sb.'s *babble* 听腻了某人的废话

babe /beib/ *n.* [C] ❶〈书〉婴儿,婴孩 ❷〈俚〉姑娘,小姐,小妞,宝贝儿,小亲亲:Do you want a lift, *babe*? 宝贝儿,你想搭车吗?

ba•bel /ˈbeibᵊl/ *n.* [通常用单]嘈杂声,喧哗声;混杂;乱哄哄的场面(或地方):raise a *babel* of criticism 引起种种非难

ba•boon /bəˈbuːn/ *n.* [C]【动】狒狒

ba•by /ˈbeibi/ **I** *n.* [C] ❶婴儿,婴孩:She is expecting another *baby*. 她又要生孩子了。❷(家庭或集体中)年龄最小的人:At 17, he was the *baby* of the football team. 17 岁时他成了足球队最年轻的队员。❸孩子气的人,幼稚的人:You're some *baby*! 你真是孩子气十足! ❹〈俚〉姑娘,妞儿,女人;情人;老婆;[常用以称呼女人]宝贝儿;〈美俚〉(人们特别钟爱、敬畏或引以为豪的)物件,宝贝儿:This *baby* can turn on a dime. 投入一角硬币,这玩意儿就会转。**II** *adj.* [无比较级][作定语] ❶婴儿的;为婴儿的;婴儿般的;幼稚的,稚气的:a *baby* doctor 小儿科医生 ❷幼小的:a *baby* bird 雏鸟

baby blue *n.* [U]淡蓝色

baby boom *n.* [C]〈口〉(尤指第二次世界大战后 1946～1965 年间美国的)生育高峰 ‖ **baby boomer** *n.* [C]

baby buggy *n.* [C]〈英〉童车

baby carriage *n.* [C]〈主美〉婴儿车

baby grand *n.* [C]小型卧式钢琴

ba•by•hood /ˈbeibihud/ *n.* [U]婴儿期;幼小时期

ba•by•ish /ˈbeibiiʃ/ *adj.* 婴儿般的;孩子气的;幼稚的,稚气的 ‖ **ˈba•by•ish•ly** *adv.* —**ˈba•by•ish•ness** *n.* [U]

baby's breath *n.* [U]【植】满天星,线形瞿麦;锥花丝石竹〔亦作 **babies' breath**〕

ba•by-sit /ˈbeibiˌsit/ (**-sat** /-ˌsæt/; **-sit•ting**) *vi.* 代人临时照看小孩:*baby-sit* with sb.'s children during church service 教堂做礼拜时为某人照看孩子 —*vt.* ❶代人临时照看(小孩):She regularly *baby-sits* our son for us. 她经常为我们临时照看儿子。❷替人临时担负责任,代管;照料:You can *baby-sit* the car while I'm away. 我不在时,你可以替我代管一下车子。‖ **ˈba•by-ˌsit•ter** *n.* [C]

bac•ca•lau•re•ate /ˌbækəˈlɔːriət/ *n.* = bachelor's degree

bach•e•lor /ˈbætʃᵊləʳ/ *n.* [C] ❶未婚男子;单

身汉：a confirmed *bachelor* 终身不娶的光棍汉 ❷[亦作 B-]学士；学士学位：a *bachelor* of letters 文学学士

B

bachelor's degree *n.* [C]学士学位〔亦作 **baccalaureate**〕

ba·cil·lus /bəˈsiləs/ *n.* [C]([复]**-li** /-lai/)【微生】杆菌；芽孢杆菌；细菌；病菌：typhoid *bacillus* 伤寒杆菌

back /bæk/ **I** *n.* [C] ❶(人或动物的)背，背部：She tapped him on the *back*. 她拍了拍他的背。❷后面，后部；(书报等的)末尾：the *back* of the head 后脑勺 ❸脊；脊骨；脊柱：He fell off the ladder and broke his *back*. 他从梯子上摔下来，折断了脊梁骨。❹背面；反面：the *back* of the hand 手背 **II** *vt.* ❶支持；鼓励；赞助(见 support)：*back* one's arguments with facts 用事实证明自己的论点 ❷下赌注于：I *backed* your horse to win but it lost. 我对你的那匹马下了赌注，可它却输了。❸使后退；使倒退；使倒转：*back* a car into a parking space 把汽车倒开进停车场地 —*vi.* 后退；倒退；倒转：He *backed* out of the garage. 他把车从车库里倒开了出去。**III** *adj.* [无比较级][作定语] ❶背后的；后部的；后面的：a *back* lane [alley] 后巷(后街) ❷到期未付的；拖欠的：*back* taxes 拖欠的税款 **IV** *adv.* [无比较级] ❶向后；往后；在后：lie *back* on a couch 仰面靠在长沙发上 ❷在一段距离之外：The church lies *back* from the road. 教堂离公路有一段距离。❸在原处；回原处；回原状：go *back* to the old neighbourhood 回故里 ❹以前；过去；回：look *back* on one's childhood 回顾自己的童年时代 ❺作为回复；作为回音；还；回：hit *back* 还击 ‖ ***back and forth*** *adv.* 来回地；反复地：swing *back and forth* 来回摇晃 ***back down*** *vi.* 让步；放弃原来的主张(或要求等)；声明取消前言；打退堂鼓：They *backed down* from their previous position regarding price. 他们放弃原先的价格立场。***behind sb.'s back*** *adv.* 在某人背后；背着某人：She's sure to talk about you *behind your back*. 她肯定在背后说你。***back out*** *vi.* 退出；退缩；撒手；食言：You can't *back out* of a contract once you've signed it. 一旦签订了合同，你可不能缩回去。***back up*** *vt.* & *vi.* ❶〈美〉(使)积压；(使)拥塞；使(车辆等)排成长龙：Mail is *backing up* at the post office because of the strike of sorters. 由于信件分拣员罢工，邮局里邮件积压。❷(流体受阻后)积滞；泛滥；(障碍物等)阻挡(流水)；使(流水)积滞：The drain is *backed up*. 下水道堵塞了。❸支持；帮助；援助：The enthusiasts for reform were *backed up* by the general public. 改革积极分子得到了公众的支持。❹【计】作(数据文件的)备份；制作(…的)后备软盘 ***get one's/sb.'s back up*** *vi.* (使某人)生气；(使某人)恼怒：His nagging *got my back up*. 他唠叨个没完，我很生气。

back·ache /ˈbækˌeik/ *n.* [U;C]腰背酸痛：suffer from (a) *backache* 患腰酸背痛病

back·bench·er /ˈbækˈbentʃəʳ/ *n.* [C](尤指英国下院的)后座议员，普通议员

back·bite /ˈbækˌbait/ *vt.* & *vi.* (**-bit** /-ˌbit/; **-bit·ten** /-ˌbitᵊn/或**-bit**) 背后说(…的)坏话；背后诋毁；背后中伤 ‖ ˈ**backˌbit·er** *n.* [C]

back·board /ˈbækˌbɔːd/ *n.* [C] ❶(车厢、船舱等的)后部挡板；(照相框等后面的)托板 ❷(篮球架上的)篮板

back·bone /ˈbækˌbəun/ *n.* ❶[C](人或动物的)脊，脊骨，脊柱 ❷[U]骨气；勇气；毅力：He showed real *backbone* in the crisis period. 在危急时期他表现出真正的骨气。❸[C]骨干；中坚；栋梁；支柱；基础：Agriculture is the *backbone* of the economy. 农业是经济的基础。

back·break·ing /ˈbækˌbreikiŋ/ *adj.* (尤指体力活)累断腰背的，累死人的，极其繁重的：Shoveling snow all day is *backbreaking* work. 整天铲雪是非常累人的。

back·burn·er / ˈbækˌbəːnəʳ/ *n.* [U]一时非优先的地位；次要地位；从属地位

back·date /ˌbækˈdeit/ *vt.* ❶使(文件、法规和协定等)实际生效日期早于公布日期：a pay increase awarded in June and *backdated* to 1 May 6 月份宣布、5 月 1 日起算的加薪 ❷在(文件、书信等)写上比实际日期更早的日期；把(文件、书信和事件等)的日期确定为早于实际发生时间：The official dictated the memorandum last April and ordered her to *backdate* it to December 18. 那位官员是 4 月份口授备忘录的，可却让她把日期写成 12 月 18 日。

back·drop /ˈbækˌdrɔp/ *n.* [C] ❶【戏】背景幕 ❷背景：a good *backdrop* for pictures of the family 家庭合影的好背景

back·er /ˈbækəʳ/ *n.* [C]支持者；赞助者；资助者：His *backers* in the crowd quickly shouted down the protestors. 人群中他的支持者发出的呼喊声很快盖过了那些抗议者的呼喊声。

back·field /ˈbækˌfiːld/ *n.* [C]【橄】❶卫,守卫队员(包括四分卫、中卫、后卫等) ❷守卫区

back·fire /ˈbækˌfaiəʳ/ *vi.* ❶(内燃机等)发生逆火,发生回火 ❷发生意外;产生事与愿违(或适得其反)的结果: His plans *backfired* on him. 他的计划对他产生了适得其反的结果。

back·gam·mon /ˈbækˌgæmən, bækˈgæmən/ *n.* [U]巴加门;15 子游戏(一种双方各有 15 枚棋子、掷骰子决定行棋格数的游戏)

back·ground /ˈbækˌgraund/ *n.* [C] ❶[通常用单](画、布景等的)后景;背景;不引人注目的地方;不显著的位置;幕后: stage *background* 舞台后景 ❷[C]出身背景;个人经历;学历: family *background* 家庭出身 ❸[C;U](事件发生等的)背景,背景情况: This book gives the *background* of the Revolutionary War. 该书提供了(美国)独立战争的背景资料。

☆**background**, **environment**, **milieu**, **setting** 均有"背景,环境"之意。**background** 主要指"舞台的后景"或"艺术作品的背景": Many of the Renaissance painters preferred a natural *background* such as mountain peaks, and blue sky. (文艺复兴时期,许多画家喜欢用自然景观,如山峰、蓝天作为背景。) 该词也常用来表示某一现象(如历史事件、个人事业、运动发展等)的先行事件,或与该现象有密切联系的事件: Students of English literature must have as *background* a knowledge of English history. (读英国文学专业的学生必须了解英国历史。) **environment** 常指自然环境: They are passing new laws to prevent the pollution of the *environment*. (他们正在审批新的法律防止环境污染。) **milieu** 一词源自法语,主要指某个人或某群人所处的自然和社会环境: create a *milieu* conducive to the study of Japanese (创造一个有利于日语学习的环境) **setting** 可指镶置宝石的贵金属框架、舞台艺术的布景或文学作品中故事发生的地方: The *setting* of *Macbeth* is Scotland. (《麦克白》的故事发生在苏格兰。)

back·hand /ˈbækˌhænd/ **I** *n.* [C] ❶使用手背的一击: a *backhand* on the cheek 一记反手耳光 ❷[通常用单]向左斜的书法 **II** *adj.* [无比较级][作定语]反手的: Practice will improve your *backhand* game. 通过练习,你的反手技术会得到改进。**III** *adv.* [无比较级]反手地 **IV** *vt.* 反手打击 ‖ **ˈbackˌhand·er** *n.* [C]

back·hand·ed /ˈbækˌhændid/ [无比较级] **I** *adj.* ❶用手背的;反手拍击的: a *backhanded* tennis stroke 网球的反手击球 ❷(字体)向左斜的: a *backhanded* handwriting 左斜字体 ❸听似赞扬实为侮辱的;语带讽刺的;假惺惺的: a *backhanded* apology 以侮辱为实际目的的假意道歉 ❹间接的;转弯抹角的 **II** *adv.* [无比较级]反手地 ‖ **ˈbackˌhand·ed·ly** *adv.*

back·ing /ˈbækiŋ/ *n.* ❶[U]支持;后盾;帮助;资助: financial *backing* 财政上的支持 ❷[总称]支持者

back·lash /ˈbækˌlæʃ/ *n.* [C](尤指对政治事件和社会事态发展等的)强烈反应;强烈反对: There was a *backlash* against the government's new financial policy. 政府新出台的财政政策遭到强烈反对。

back·less /ˈbæklis/ *adj.* (指服装)无背的: a *backless* dress 无背女裙

back·log /ˈbækˌlɔg/ *n.* [C]积压: A *backlog* of refugees developed. 难民越积越多。

back order *n.* [C](因无现货)有待日后交付的订货;待执行的订单

back·pack /ˈbækˌpæk/ **I** *n.* [C](尤指登山者、徒步旅行者的)背包;驮在背上的东西: a *backpack* para-chute 背包式降落伞 **II** *vi.* 背着背包徒步旅行: go *backpacking* in the forest 背着背包在森林里徒步旅行 ‖ **ˈbackˌpack·er** *n.* [C]

back·ped·al /ˈbækˌpedᵊl/ *vi.* (**-al(l)ed**; **-al·(l)ing**) ❶倒蹬(使自行车减速或停车) ❷变卦;出尔反尔: To our surprise, you have *backpedaled* on your earlier promise. 我们感到奇怪的是,你们现在背弃了早先的诺言。

back·rest /ˈbækˌrest/ *n.* [C]靠背

back·side /ˈbækˌsaid/ *n.* [C]〈口〉屁股: He landed on his *backside*. 他一屁股坐了下来。

back·slap·ping /ˈbækˌslæpiŋ/ 〈口〉 *n.* [U]热烈表示友好;过分亲热的态度: He was in no mood for Tom's *backslapping*. 他没心思和汤姆套近乎。 ‖ **ˈbackˌslap·per** *n.* [C]

back·slah /ˈbækˌslæʃ/ *n.* [C]倒斜线

back·slide /ˈbækˌslaid/ *vi.* (**-slid** /-slid/; **-slid·den** /-ˌslidᵊn/或**-slid**) 倒退;退步;故态复萌: He's a reformed criminal who may yet *backslide*. 他是个改过自新的罪犯,但仍有可

能重新犯罪。‖ ˈ**back**ˌ**slid·er** *n*. [C]

back·space /ˈbækˌspeis/ Ⅰ *vi*. ❶使打字机退格;按打字机的退格键 ❷【计】退格;回退;返回 Ⅱ *n*. [C]打字机的退格键;计算机的退格键

back·stage /ˌbækˈsteidʒ/ Ⅰ *adv*. [无比较级]【戏】在后台;往后台;(尤指)在演员的化妆室:He went *backstage* to congratulate the actors. 他走到后台向演员们表示祝贺。Ⅱ *adj*. [无比较级]【戏】后台的;在后台发生(或进行)的:a *backstage* orchestra 后台管弦乐队 Ⅲ *n*. [U]后台;舞台后部

back·stop /ˈbækˌstɔp/ *n*. [C] ❶(网球场等的)场后围栏 ❷(棒球等运动中的)接球手

back·stretch /ˈbækˈstretʃ/ *n*. [C](椭圆形跑道上的)通向终点的直道

back·stroke /ˈbækˌstrəuk/ *n*. [C] ❶反手击球 ❷[U]仰泳;仰泳技艺;仰泳比赛:The child is better at *backstroke* than at breaststroke. 这孩子的仰泳要比蛙泳强。

back talk *n*. [U]顶嘴;回嘴

back-to-back /ˌbæktəˈbæk/ *adj*. [无比较级]一个接一个的;紧接的;连续的:We had ten wins *back-to-back*. 我们连续赢了10场。

back·track /ˈbækˌtræk/ *vi*. ❶走原路返回;走回头路:*backtrack* to camp 顺原路返回营地 ❷退缩回去;变卦;出尔反尔;取消诺言:He *backtracked* on the promise he made last week. 他背弃了上星期所作的许诺。

back·up /ˈbækˌʌp/ *n*. ❶[C]支持者;援助物;支持;帮助:The police had military *backup*. 警察有军队作后盾。❷[U](流水受阻造成的)积滞;阻塞;泛滥;(车辆等的)拥塞:a *backup* of traffic 交通堵塞 ❸[C]备用物;备件;替代品;后备人员:The second spacecraft is a *backup* in case of failure. 第二艘宇宙飞船是(第一艘飞船)发生故障情况下的备用飞船。

back·ward /ˈbækwəd/ [无比较级] Ⅰ *adj*. ❶[作定语](空间、时间方面)向后的:She stole a *backward* glance at him. 她偷偷回眸瞥了他一眼。❷落后的;后进的;智力差的;迟钝的:a *backward* region 落后地区 Ⅱ *adv*. 〔亦作 **backwards**〕❶向后地:I leaned *backward* in my chair. 我在椅子上向后仰。❷朝反方向;倒;逆:count *backward* from 100 to 1 从100倒数到1 ‖ ***backward(s) and forward(s)*** *adv*. 彻底地;完全地:He understood the automobile engine *backward and forward*. 他对汽车发动机了如指掌。***bend*** [***lean***, ***fall***] ***over backward*** *vi*. 竭尽全力;拼命:He *bent over backward* to be polite. 他尽量设法以礼相待。‖ ˈ**back·ward·ly** *adv*. —ˈ**back·ward·ness** *n*. [U]

back·wa·ter /ˈbækˌwɔːtəʳ/ *n*. ❶[U](被堤坝、潮水等阻退回去的)回水,壅水 ❷[C]〈常贬〉停滞(或落后)状态;死气沉沉的地方;(与世隔绝、未经开发的)隐蔽地方:a cultural *backwater* of civilization 文明世界的一个文化落后地区

back·woods /ˈbækˌwudz/ [复] *n*. [用作单]边远蛮荒林区;(人烟稀少、文化落后的)边远地区,边远落后地区

back·yard /ˈbækˌjɑːd/ *n*. [C](屋后有草皮的)后院,后花园:We have a vegetable garden in the *backyard*. 我们家后院有一个菜园。

ba·con /ˈbeikᵊn/ *n*. [U](用背或肋部肉加工而成,通常切作薄片煎食的)熏腌猪肉,熏肉:cure one's own *bacon* in a smokehouse 在熏烤房自制熏肉 ‖ ***bring home the bacon*** *vi*. 〈口〉赚钱糊口;谋生:He worked hard in a factory in order to *bring home the bacon*. 他在一家工厂辛勤做工,以养家糊口。***save one's*** [***sb.'s***] ***bacon*** *vi*. 〈口〉保全自己(某人)的性命;使自己(某人)免遭伤害(或批评、失败、惩罚等):I could never have managed without your help. You really *saved my bacon*. 没有你的帮助,我绝不可能渡过难关。你真救了我了!

bac·te·ri·a /bækˈtiəriə/ *n*. [bacterium 的复数]【微生】细菌 ‖ **bac**ˈ**te·ri·al** *adj*.

bac·te·ri·ol·o·gy /bækˌtiəriˈɔlədʒi/ *n*. [U]细菌学 ‖ **bac·te·ri·o·log·i·cal** /bækˌtiəriəˈlɔdʒikᵊl/, **bac**ˌ**te·ri·o** ˈ**log·ic** *adj*. —**bac**ˌ**te·ri**ˈ**ol·o·gist** *n*. [C]

bac·te·ri·um /bækˈtiəriəm/ *n*. bacteria 的单数

bad /bæd/ Ⅰ *adj*. (**worse** /wəːs/, **worst** /wəːst/) ❶坏的,不好的;劣质的;有缺陷的;不充分的,不足的:a *bad* harvest 歉收 ❷邪恶的;不道德的;道德败坏的:give up *bad* way 改邪归正 ❸顽皮的;不听话的:Johnny was a *bad* boy today. 今天约翰尼不乖。❹不正确的;错误的;不恰当的:a *bad* guess 错误的猜测 ❺(尤指对健康)有害的,危害的(*for*):Smoking is *bad* for you. 吸烟有损你的健康。❻〈口〉不健康的;有病的;不舒服的;疼痛的;受伤的:He felt *bad* from eating green apples. 他吃青苹果后感觉不好受。❼变质的；腐败的；腐烂的；破败的：a *bad* banana 烂香蕉 ❽[通常作定语]严重的；剧烈的；厉害的：a *bad* accident 恶性事故 ❾不胜任的；不称职的；不熟练的；拙劣的：She is a *bad* manager. 她当经理不称职。**II** *n.* [U]坏；坏的事物；厄运：You must learn to accept the *bad* with the good. 你应当学会品尝人生的苦与乐。**III** *adv.* (**worse**, **worst**)〈口〉= badly ‖ ***bad off*** *adj.* ❶贫困的；景况不好的：They were *bad off* during the Depression. 在大萧条时期他们生活在贫困之中。❷缺少的(*for*)：The school is rather *bad off for* equipment. 学校相当缺乏设备。***not half bad*** [***not so bad***] *adv.*〈口〉还不错；还可以；不太坏：A：How are you feeling today, Rita? B：*Not so bad*, thanks! 甲：你今天感觉怎么样，丽塔？乙：还不错，谢谢！***too bad*** *adv.*〈口〉可惜；不幸：*Too bad* (that) he didn't go to college. 他没能上大学真是可惜。‖ ˈ**bad·ness** *n.* [U]

☆**bad**, **evil**, **ill**, **naughty**, **wicked** 均有"坏的，邪恶的"之意。**bad** 系普通用语，含义广泛，可指从调皮捣蛋、道德败坏到为非作歹的一切令人不快或不受欢迎的人或事：One of the *bad* effects of this illness is that you lose your hair.（这种病的后遗症之一是脱发。）**evil** 指给人带来灾难、不幸和痛苦的邪恶或罪恶，强调怀有极为阴险的用心：*evil* thoughts（邪恶的思想）/ The love of money is the root of all *evil*.（贪财是万恶之源。）**ill** 语气比 evil 弱一些，主要用于某些固定的搭配，强调用心不良：He was paid dearly for his *ill* deeds.（他为他的不良行为付出了沉重的代价。）该词也可表示令人反感、评价不高或卑劣的意思：He is held in *ill* repute by his fellows.（同伴们对他的评价很差。）**naughty** 通常指孩子年幼无知、调皮捣蛋、搞恶作剧等：Charles never was a *naughty* boy.（查尔斯从来不调皮捣蛋。）该词也可指不礼貌的、冒失的或有伤风化的挑逗性事情：a *naughty* novel（黄色小说）/ Those are *naughty* pictures.（那些是淫秽照片。）**wicked** 指心术不正，有故意触犯或违反道德准则、伤风败俗或搞恶作剧之意：a *wicked* woman who delighted in the suffering of others（一个幸灾乐祸的坏女人）该词用于开玩笑时，有调皮或淘气的含义：You are the *wickedest* witty person I know.（我从未见过像你这样的滑头。）

badge /bædʒ/ *n.* [C] ❶徽章；证章；像章；奖章：a school *badge* 校徽 ❷标记；标志；象征：Wisdom is the *badge* of maturity. 智慧是成熟的象征。

B

badg·er /ˈbædʒəʳ/ **I** *n.* [C]【动】獾 **II** *vt.* 困扰；烦扰；纠缠；折磨；逗弄：*badger* sb. with questions 缠着某人问问题

bad·lands /ˈbædˌlændz/ [复] *n.*（侵蚀而成的）荒原；崎岖的不毛之地

bad·ly /ˈbædli/ (**worse** /wəːs/, **worst** /wəːst/) **I** *adv.* ❶坏；差；拙劣地：So far, things haven't gone out too *badly*. 到目前为止，事情的进展还不算太坏。❷令人不快地；不利地；有害地：Our scheme worked out *badly*. 我们的计划实行得很不成功。❸严重地；厉害地：passengers *badly* injured in the accident 在事故中受重伤的乘客们 ❹〈口〉很；极其；非常：He was *badly* in want of money. So he sold his car. 他急需钱用，就把汽车卖了。**II** *adj.* ❶身体不好的；有病的：He felt *badly* and had a high fever. 他病了，发着高烧。❷遗憾的；后悔的；悲痛的：I feel *badly* about your loss. 我对你的损失感到遗憾。‖ ***badly off*** *adj.*〈口〉❶贫困的；景况不好的：They were not at all *badly off*, but the wife had preferred to go out to work. 他们家根本不穷，但是做妻子的喜欢出去工作。❷缺少的(*for*)：I'm *badly off for* cookery books — I need a few more. 我缺少烹饪方面的书籍，我还需要几本。

bad·min·ton /ˈbædmintᵊn/ *n.* [U]羽毛球运动

bad tempered *adj.* 脾气坏的；易怒的；没有耐心的

bad mouth〈加〉*vt.* 说…的坏话；恶意攻击；谩骂：Then the spurned client goes around *bad mouthing* Lawyer Burnett. 于是遭到拒绝的当事人便到处讲伯内特律师的坏话。

baf·fle /ˈbæfᵊl/ *vt.* 使困惑，使迷惑；使为难；难倒：It *baffled* me that they rejected our offer. 他们居然拒绝我们的建议，我百思不得其解。‖ ˈ**baf·fler** *n.* [C]

baf·fle·ment /ˈbæfᵊlmᵊnt/ *n.* [U]困惑；障碍：His look of complete *bafflement* showed that he didn't understand English. 他那十分困惑的表情表明他不懂英语。

bag /bæg/ **I** *n.* [C] ❶袋，包，囊；一袋之量；一(满)袋：a brown paper *bag* 牛皮纸袋 ❷邮包；

(一件)行李:Check your *bags* at the check-in counter. 请在旅客登记柜台寄存你的行李。❸钱包;(女用)手提包;手提箱;旅行包;外交公文袋;(包脑后假发等的)丝袋;睡袋:She opened her *bag* and took out a handkerchief. 她打开手提包,拿出一块手帕来。❹袋状物;(动物体内的)囊;(气球、飞艇的)气囊;(母牛、母羊等的)乳房;(皮肤、衣服、风帆等的)松垂鼓出处:He had *bags* under his eyes from lack of sleep. 他因为睡眠不足而起了眼袋。**II** *vt.* (**bagged; bag·ging**) ❶把…装进袋子(或包等)(*up*):*bag* (*up*) potatoes 将马铃薯装进袋里 ❷捕获;捕杀(猎物)(见 catch):We *bagged* an elephant first day out. 第一天出去我们就捕到一只象。—*vi.* ❶宽松下垂:An oversize coat was *bagging* about him. 他身上套着一件松松垮垮的特大号上衣。❷鼓出;隆起:A stiff breeze made the sails *bag* out. 一阵劲风吹得帆鼓了起来。‖ ***in the bag*** *adv.* 〈口〉十拿九稳,确定无疑;实际上已经做成(或到手):With a three-goal lead and only ten minutes left to play, victory was *in the bag*. 以 3 只球领先,比赛时间只剩下 10 分钟,可以说是稳操胜券了。***leave sb. holding the bag*** *vi.* 〈口〉让某人背黑锅:His accomplices flew to South America and *left him holding the bag*. 他的同谋乘飞机去了南美,却让他一个人背黑锅。

ba·gel /ˈbeigᵊl/ *n.* [C]百吉面包;过水硬面包圈(先水煮后烤而成)〔亦作 **beigel**〕

bag·gage /ˈbæɡidʒ/ *n.* [U] ❶行李:a piece of *baggage* 一件行李 ❷〈喻〉包袱;束缚;负担:emotional *baggage* 感情负担

bag·gy /ˈbæɡi/ *adj.* 袋状的;宽松下垂的:*baggy* trousers 灯笼裤 ‖ **ˈbag·gi·ness** *n.* [U]

bag·pipe /ˈbæɡˌpaip/ *n.* [常作~s](苏格兰、爱尔兰等地的)风笛〔亦作 **pipe**〕‖ **ˈbagˌpi·per** *n.* [C]

bah /bɑː, bæ/ *int.* (用以表示轻蔑、厌恶、不耐烦等)呸!

Ba·ha·mi·an /bəˈheimiən/ **I** *n.* [C](拉丁美洲国家)巴哈马人(或居民) **II** *adj.* 巴哈马(群岛、人)的

bail /beil/ **I** *n.* [U]【律】❶保释金:be released on *bail* of £2,000 缴纳2 000英镑保释金而获释 ❷保释:accept [allow, take] *bail* 准许保释 **II** *vt.* ❶保释(某人)(*out*):He *bailed* the protesters *out*. 他把抗议者保释出来。❷帮助某人摆脱困境:I *bailed* her *out* with some money. 我用钱帮她摆脱了困境。‖ ***jump bail*** *vi.* 保释后逃之夭夭:Carl *jumped bail* and failed to appear in court. 卡尔保释后逃之夭夭,没有到庭受审。

bail·iff /ˈbeilif/ *n.* [C] ❶法警;(负责传唤、逮捕及执行判决等职能的)郡副司法长官 ❷〈英〉(地主、贵族的)管家(或收租人) ❸【英史】镇长

bail·i·wick /ˈbeiliwik/ *n.* [C] ❶【律】市政官(或郡副司法长官)的辖区(或职权范围) ❷〈谑〉(才能、兴趣等的)领域;(权力、活动等的)范围:work that is outside sb.'s *bailiwick* 某人力不能及的工作

bait /beit/ **I** *n.* ❶[U](诱捕鱼、兽、鸟等的)饵,诱饵,钓饵:put [set] out *bait* 放出诱饵 ❷[U;C][具数时通常用单]诱饵;引诱(物);诱惑(物):The store offered a free gift as *bait* to get customers. 商店提供免费礼品吸引顾客。**II** *vt.* 在(鱼钩、捕兽器等)上装饵;在(陷阱)中放诱饵:He *baited* the mousetrap with cheese. 他在捕鼠器里装上奶酪作为诱饵。‖ ***jump at*** [***rise to, swallow, take***] ***the bait*** *vi.* ❶(鱼)吞饵 ❷(人)上钩,中圈套:I could see he was trying to make me angry, but I didn't *rise to the bait*. 我看得出他是在千方百计地引我发火,但我才不上他的圈套呢。

baize /beiz/ *n.* [U](作桌球台面衬垫等用的)台面呢

bake /beik/ *vt.* ❶烘;烤;焙:*bake* bread for sb. [*bake* sb. bread] 为某人烤面包 ❷烘干;烤硬;烧制:Bricks and china are *baked* in a kiln. 砖块与瓷器是在窑里烧制而成的。—*vi.* ❶烘面包;烤糕饼;烘烤食物:She *bakes* every Saturday. 每星期六她烘面包。❷被烘熟;被烧硬;被晒干:The cake will *bake* in about half an hour. 蛋糕约半小时可以烤熟。

baked beas *n.* 烘豆(常制成罐头)

bak·er /ˈbeikəʳ/ *n.* [C]面包师;糕饼师傅;面包(或糕饼)店老板;烘面包(或糕饼)的人

bak·er·y /ˈbeikəri/ *n.* [C]面包(或糕饼)烘房;面包(或糕饼)店:buy a cake at the *bakery* for dessert 在面包店买块蛋糕作甜点

bak·ing /ˈbeikiŋ/ **powder** *n.* [U]发(酵)粉,焙粉

baking soda *n.* [U]小苏打,碳酸氢钠(=sodium bicarbonate)

bak·sheesh, bak·shish /ˈbækʃiːʃ/ *n.* [单复同](埃及、土耳其、印度等国的)小费,赏钱,酒钱;贿赂;施舍〔亦作 **backsheesh, backshish**〕

bal·ance /ˈbæləns/ **I** *n.* ❶[U;C](重量、数量、力量、作用、部件等的)平衡;均衡;均势:create a *balance* between the practical and the ideal 在实际与理想之间找到平衡点 ❷[C]抵消因素;制衡作用;平衡体;平衡力:Demand acts as a *balance* of supply in the market place. 市场上,需求对于供给可以起到制衡的作用。❸[C]天平;杆秤:a pair of *balance* 一架天平 ❹[C]结存;结欠;差额:a favourable [an unfavourable] *balance* 顺[逆]差 **II** *vt.* ❶使保持平衡;使均衡:*balance* the nation's budget 使国家预算的收支平衡 ❷权衡;斟酌;比较;对比:*balance* the pros and cons of an issue 权衡问题的利弊 ❸(在重量、数量、力量、效果或组成部分等方面)使相等;与…相等;使相称;和…相称:His learning and his skill were very evenly *balanced*. 他的学识与技能两者相得益彰。❹抵消,和…相抵;补偿:Our sorrows do not *balance* our joys. 尽管有悲伤和忧愁,我们还是快乐的。—*vi.* ❶保持平衡:sit *balancing* on the fence 身体保持平衡地坐在篱笆上 ❷(账户)收支平衡:Do the firm's accounts *balance*? 公司账上的收支平衡吗? ‖ ***in the balance*** *adv.* (前途等)难以预料;(生命等)在危急状态中:She was very sick and her life hung *in the balance* for several days. 她病得很厉害,有好几天生命危在旦夕。***off balance*** *adv.* ❶(身体)失去平衡;有跌落(或倾覆)的危险:They give you a shove just when you're *off balance*. 他们这是墙倒众人推。❷不防备地;无准备地;没法应付;慌里慌张:He is mentally *off balance*. 他情绪很乱。***on balance*** *adv.* 总的说来;归根结底:*On balance*, his accomplishments outweigh his faults. 一言以蔽之,他功大于过。

balance beam *n.* [C]【体】❶平衡木 ❷平衡木比赛

balance of power *n.* [U](国与国之间的)均势:the strategic *balance of power* in the Middle East 中东地区具有战略意义的均势

balance sheet *n.* [C]【会计】资产负债表;决算表

bal·co·ny /ˈbælkəni/ *n.* [C] ❶阳台:stand on the *balcony* 站在阳台上 ❷(影院、戏院、大厅、教堂等的)楼座,楼厅,特等包厢:We saw the play from the *balcony*. 我们从楼厅看戏。

bald /bɔːld/ *adj.* ❶秃头的;秃顶的;秃的;(动物、鸟等)没有毛的;无叶的:a *bald* person 秃头的人 ❷不加掩饰的;不加装饰的;赤裸裸的(见 bare):a *bald* lie 赤裸裸的谎言 ‖ **ˈbald·ly** *adv.* —**ˈbald·ness** *n.* [U]

bald eagle *n.* [C]【鸟】(北美的)白头鹫,秃鹫

bal·der·dash /ˈbɔːldəˌdæʃ/ *n.* [U]胡言乱语;废话;杂乱无章的文章:talk *balderdash* 胡说八道

bald·ing /ˈbɔːldiŋ/ *adj.* 在脱发的;变秃的

bale /beil/ *n.* [C](货物捆扎成的)大包,大捆:a *bale* of cotton 一大包棉花

bale·ful /ˈbeiful/ *adj.* 邪恶的;恶毒的;恶意的;凶险的;威胁(性)的;有害的(见 sinister):Top officers tend to regard recruits with a *baleful* eye. 高级军官们往往以恶狠狠的眼光注视新兵。‖ **ˈbale·ful·ly** *adv.*

balk /bɔːk/ *vi.*, *vt.* & *n.* ❶(马等)突然拒绝向前,逡巡不前(*at*):My horse *balked at* the fence. 我的马在栅栏处逡巡不前。❷(因困难、危险、不悦等而)犹豫,畏缩不前(*at*):*balk at* making a speech 畏缩不肯发言

ball[1] /bɔːl/ **I** *n.* [C] ❶球形物;团块:The earth is a great round *ball*. 地球是个大圆球。❷(用以运动的圆形或椭圆形的)球;[U]【体】球类运动:catch [hit, kick, pass, pitch, throw] a *ball* 接[击,踢,传,投,扔]球 **II** *vt.* 把…捏成球状;把…绕成团:*ball* wool 把毛线绕成团—*vi.* 呈球形;成团块

ball[2] /bɔːl/ *n.* [C](盛大、正式的)舞会:a costume [fancy-dress] *ball* 化装舞会 ‖ ***have a ball*** (口)狂欢;消遣;痛快地玩:She *had a ball* at the party. 她在聚会上玩得很开心。

bal·lad /ˈbæləd/ *n.* [C] ❶(以民间传说为题材、口头吟唱、世代相传的)叙事诗歌,民谣,民歌:a charming *ballad* of the north country 动人的北国民歌 ❷(节奏缓慢、感伤或浪漫的)流行歌曲;情歌

bal·last /ˈbæləst/ *n.* [U](舰、船等的)压舱物,压载物;(热气球等中起稳定或控制高度作用的)镇重物:After unloading their catch, the fishing boats took on gravel as *ballast*. 渔船把捕到的鱼卸完后就装上沙砾做压舱物。

ball bearing *n.* [C]【机】❶滚珠轴承；球轴承 ❷滚珠；钢球

bal·le·ri·na /ˌbæləˈriːnə/ *n.* [C]([复]**-nas**)(尤指演主角或独舞的)芭蕾舞女演员

B

bal·let /ˈbælei, bæˈlei/ *n.* ❶[U;C]芭蕾舞；芭蕾舞剧：dance a *ballet* 跳芭蕾舞 ❷[C]芭蕾舞曲：the brilliant *ballets* of Tchaikovsky 美妙的柴可夫斯基芭蕾舞曲 ❸[C]芭蕾舞团：The Royal *Ballet* will soon perform in our city. 皇家芭蕾舞团不久将来我市演出。‖ **bal·let·ic** /bæˈletik/ *adj.*

bal·lis·tic /bəˈlistik/ **missile** *n.* [C]【军】弹道导弹

bal·lis·tics /bəˈlistiks/ [复] *n.* ❶[用作单]弹道学；发射学 ❷弹道特性；发射特性

bal·loon /bəˈluːn/ **I** *n.* [C]气球；玩具气球：The *balloon* burst. 气球炸了。**II** *vi.* ❶乘气球上升；乘气球飞行：go *ballooning* at weekends 周末乘气球飞行 ❷像气球般鼓起(或膨胀)：Her skirt *ballooned* in the wind. 她的裙子在风中鼓起。❸(体积、体重、费用等)大幅度增加，激增；(物价)飞涨；(计划等)扩大：Prices at least are not *ballooning*. 至少物价没有飞涨。—*vt.* ❶使气球般地鼓起(或膨胀) ❷使激增，使猛增，使大幅度增加；使飞涨；使扩大 ‖ **balˈloonˌist** *n.* [C]

bal·lot /ˈbælət/ **I** *n.* ❶[C]选票；(无记名)投票用纸：Have you cast your *ballot*? 你投票了吗？❷[U;C](通常指秘密的)投票表决(法)；投票选举(法)；无记名投票：vote by secret *ballot*, not open *ballot* 进行非公开的秘密投票选举 ❸[U]投票权；选举权 ❹[C]投票总数；投票结果；投票记录：*ballots* for and against a proposal 赞成或反对某提案的投票总数 **II** *vi.* 投票：*ballot* for president of the club 投票选举俱乐部主席

ball·park /ˈbɔːlˌpɑːk/ *n.* [C]球场；(连同露天看台的)棒球场

ball(-)point /ˈbɔːlˌpɔint/ (**pen**) *n.* [C]圆珠笔，原子笔

ball·room /ˈbɔːlˌrum/ *n.* [C]舞厅

bal·ly·hoo /ˌbæliˈhuː, ˈbæliˌhuː/ *n.* [U]〈口〉大吹大擂；哗众取宠；假大空的宣传：peddle a product with sheer *ballyhoo* 大吹大擂地推销产品

balm /bɑːm/ *n.* [U] ❶(治疗或镇痛用的)香树脂；镇痛软膏，香膏：spread a *balm* over a burned hand 在烫伤的手上敷镇痛油膏 ❷安慰(物)；慰藉(物)：Mother's praise was *balm* to the little girl's wounded feelings. 小姑娘的感情受到了伤害，母亲的表扬对她是个安慰。

balm·y /ˈbɑːmi/ *adj.* ❶温和的；和煦的；柔和的；宜人的：A *balmy* breeze blew across the lake. 微风轻拂湖面。❷有镇痛作用的 ❸〈口〉疯狂的；古怪的 ‖ **ˈbalm·i·ness** *n.* [U]

ba·lo·ney /bəˈləuni/ *n.* 〈口〉(尤指唬人的)胡扯，鬼话：I want no more of your *baloney*. 我不想再听你胡说了。

bal·sa /ˈbɔːlsə/ *n.* ❶[C]【植】西印度轻木 ❷西印度轻木的木材

bal·us·ter /ˈbæləstəʳ/ *n.* [C] ❶【建】(支撑楼梯扶手、阳台栏杆等的)栏杆(小)柱 ❷[~s]栏杆；扶手

bal·us·trade /ˈbæləˌstreid/ *n.* [C]【建】❶栏杆；扶手 ❷低矮的女儿墙；矮护墙

bam·boo /bæmˈbuː/ *n.* ([复]**-boos**) ❶[U;C]竹，竹子 ❷[U]竹竿

bam·boo·zle /bæmˈbuːzᵊl/ 〈口〉 *vt.* ❶欺骗；哄骗；愚弄：*bamboozle* sb. into doing sth. 哄骗某人干某事❷迷惑；使困惑；使为难：You've completely *bamboozled* me. 你把我完全搞蒙了。

ban /bæn/ **I** *vt.* (**banned; ban·ning**)(尤指以官方明令)禁止；查禁；取缔：He was *banned* from attending the meeting. 他被禁止参加会议。**II** *n.* [C]禁令；禁止：put [place] a *ban* on drinking in the office 禁止办公室内饮酒

ba·nal /bəˈnɑːl, ˈbeinᵊl/ *adj.* 陈腐的；平庸的；乏味的；老一套的：*banal* remarks 陈词滥调 ‖ —**baˈnal·ly** *adv.*

ba·nal·i·ty /bəˈnæliti/ *n.* ❶[U]平常；乏味 ❷[C]平常话；陈词滥调：a speech consisting mainly of *banalities* 有很多陈词滥调的讲话

ba·na·na /bəˈnɑːnə; -ˈnæ-/ *n.* ❶[C]【植】芭蕉树 ❷[U;C]香蕉：a hand [bunch] of *bananas* 一串香蕉

ba·nan·as /bəˈnænəz/ *adj.* 〈俚〉❶疯狂的；古怪的：All that chatter is driving me *bananas*. 这没完没了的唠叨快把我逼疯了。❷狂热的；热昏的；激动得发狂的 ‖ **go bananas** *vi.* 〈俚〉发狂；发火；神魂颠倒：go *bananas* with boredom 烦得要命

band[1] /bænd/ I *n.* [C] ❶带;箍;条:She wore a *band* of ribbon in her hair. 她用一条缎带束发。❷条纹;条饰;嵌条;镶边:a grey skirt with a *band* of red in it 滚红边的灰色裙子 II *vt.* ❶用带绑扎;给…套上箍 ❷用条纹(或嵌条等)装饰;给…镶边:The house was in red brick *banded* with stone. 房子用红砖砌成,并镶有石头嵌条。

band[2] /bænd/ I *n.* [C] ❶群;伙;帮;队:a *band* of outlaws 一伙歹徒 ❷〈口〉管乐队;伴舞乐队;爵士乐乐队:a brass *band* 铜管乐队 II *vt.* 使聚集成群;把…联合起来:They *banded* themselves against the enemy. 他们联合起来抗击敌人。—*vi.* 聚集;联合:*band* together against a common enemy 团结起来抗击共同的敌人

band·age /ˈbændidʒ/ I *n.* [C](用于包扎伤口等的)绷带:apply [put] on a *bandage* 上绷带 II *vt.* 用绷带扎缚:Disinfect the wound before you *bandage* it. 包扎伤口前先进行消毒。

ban·dan·(n)a /bænˈdænə/ *n.* [C](印度的)扎染印花大手帕(或大围巾、大头巾)

B and B, B & B *abbr.* bed and breakfast〈英〉(旅馆等提供的)过夜床位和次晨的早餐

ban·dit /ˈbændit/ *n.* [C]([复]-**dits** 或〈罕〉**ban·dit·ti** /bænˈditi/) ❶(尤指结帮拦路抢劫的武装)强盗,土匪 ❷逃犯;歹徒,恶棍;亡命之徒 ‖ **ban·dit·ry** /ˈbænditri/ *n.* [U]

ban·do·leer, ban·do·lier /ˌbændəˈliəʳ/ *n.* [C](斜挂胸前的)子弹带;武装带

band·stand /ˈbændˌstænd/ *n.* [C] ❶露天音乐台 ❷(大厅或餐厅中供乐队演奏的)乐(队)池

band·wag·on /ˈbændˌwægən/ *n.* [C](马戏团等吹打过市的)乐队彩车;(常指政治上得势一方的)宣传车 ‖ ***climb* [*jump*] *on the bandwagon*** *vi.* 〈口〉赶浪头;顺应潮流;看风使舵;趋炎附势;(转而)参加得势的一方;(转而)支持即将获胜的候选人:The youth of the nation *jumped on the bandwagon* for the presidential candidate. 全国的青年都转而支持这位总统候选人。

ban·dy[1] /ˈbændi/ *adj.* (腿)向外弯曲的;罗圈(腿)的:a new method of correcting *bandy* legs 矫正罗圈腿的新方法

ban·dy[2] /ˈbændi/ *vt.* ❶(尤指漫不经心地)传播,散布;(尤指恶意地或嘲弄地)议论(*about*):*bandy* gossip 散布流言蜚语 ❷来回互致;互相授受(*with*):*bandy* compliments *with* sb. 与某人互相恭维 / *bandy* blows 挥拳相向

ban·dy-leg·ged /ˈbændiˌlegid,-ˌlegd/ *adj.* 罗圈腿的;两腿向外弯曲的:a *bandy-legged* football player 长着罗圈腿的足球运动员

bane /bein/ *n.* [U]灾星;祸根;祸害:Packs of wolves were the *bane* of the mountain village. 狼群出没,山村受害无穷。

bang[1] /bæŋ/ I *n.* [C] ❶(突发的)巨响;枪声;爆炸声:hear the *bang* of a gun 听到砰的一声枪响 ❷(发出砰一声的)重击;猛敲;猛撞:give sb. a nasty [good] *bang* on the head 在某人头上猛地一击 II *vi.* ❶(砰砰)重击;猛敲;猛撞;撞击:*bang* at [on] the door with one's fist 用拳头砰砰打门 ❷发出砰的一声;砰砰作响:The door *banged* shut [open] in the wind. 一阵风刮来,门砰地关上[打开]。—*vt.* ❶重击;猛撞;撞击;撞伤:The baby was *banging* the pan with a spoon. 那孩子用汤匙猛敲平底锅。❷砰地敲(或推、摔、扔等):He *banged* the box down on the floor. 他砰地把盒子摔在地板上。III *adv.* [无比较级]〈口〉正好,正巧;直接地;完全地:stand *bang* in the middle of the flower bed 恰巧站在花圃中间 ‖ ***bang up*** *vt.* ❶撞坏:*bang* the car *up* in the accident 事故中撞坏车子❷〈俚〉注射吗啡(或其他毒品)

bang[2] /bæŋ/ *n.* [C][~s]前刘海

Ban·gla·desh·i /ˌbæŋglaˈdeʃi/ I *n.* [C][~s]孟加拉人 II *adj.* 孟加拉人的

ban·gle /ˈbæŋgəl/ *n.* [C]手镯;臂镯;脚镯

bang-up /ˈbæŋˌʌp/ *adj.* 〈口〉[无比较级][作定语]顶呱呱的,第一流的:a *bang-up* finish 尽善尽美

ban·ish /ˈbæniʃ/ *vt.* ❶放逐;流放;把…驱逐出境:*banish* sb. from [out of] the country for treason 以叛国罪把某人驱逐出境 ❷排除;消除;驱除;摒弃:*banish* care and woe 排除忧虑和痛苦 ‖ **ˈban·ish·ment** *n.* [U]

ban·is·ter /ˈbænistəʳ/ *n.* [C] ❶[常作~s](楼梯、阳台、平台等的)栏杆,扶手 ❷栏杆(小)柱〔亦作 **bannister**〕

ban·jo /ˈbændʒəu/ *n.* [C]([复]-**jo(e)s**) 班卓琴(美国黑人的一种吉他类乐器)

bank[1] /bæŋk/ I *n.* [C] ❶银行:draw money

from a *bank* 从银行里取钱 ❷储蓄罐，扑满(＝*piggy bank*)：Mary's father gave her a quarter for her *bank*. 父亲给了玛丽一个 25 美分的硬币，让她存在储蓄罐里。❸库(尤指储藏血液、精液、数据等以备应用的设备)；库存：a bank for blood plasma 血浆库 **II** *vt.* ❶把(钱)存入银行：*bank* one's savings [salary，takings] 把积蓄[薪水、进款]存入银行 ❷将(血液等)储备入库 —*vi.* 把钱存入银行；在银行有账户：Who do you *bank* with? 你把钱存在哪家银行？‖ ***bank on*** [***upon***] *vt.* 把希望建筑在…上；依靠；指望；信赖

bank² /bæŋk/ *n.* [C] ❶(长条形的)堆：a *bank* of earth 土堆 ❷(山、谷的)陡坡：He climbed up the steps cut in the *bank*. 他沿着山坡拾级而上。❸(河、湖等的)岸，堤(见 shore)：fish from the *bank* 在岸边钓鱼 ❹垄，埂

bank³ /bæŋk/ *n.* [C] ❶(一)排；(一)组：a *bank* of machines [switches，dials] 一排机器[开关、仪表刻度盘] ❷(尤指古代有桨帆船上的)一排桨

bank card，banker's card *n.* [C]银行信用卡

bank·er /ˈbæŋkəʳ/ *n.* [C]银行业者；银行家；银行高级职员：industrialists and *bankers* 实业家和银行家

bank holiday *n.* [C] ❶(星期六和星期日以外的)银行假日 ❷〈英〉法定假日

bank·ing /ˈbæŋkiŋ/ *n.* [U] ❶银行业务：*banking* hours 银行营业时间 ❷银行业；银行家的职业：He is in *banking*. 他从事银行业。

banknote *n.* 纸币

bank·roll /ˈbæŋkˌrəul/ **I** *n.* [通常用单]〈口〉手头的钱；资金 **II** *vt.* 〈口〉资助；赞助：*bankroll* a new play 为新剧提供赞助

bank·rupt /ˈbæŋkrʌpt，-rəpt/ **I** *adj.* (尤指经法院宣告)破产的；关于破产的：go *bankrupt* 破产 **II** *n.* [C](尤指经法院宣告的)破产者；无偿还力的人：be declared a *bankrupt* 被宣告破产 **III** *vt.* 使破产：Foolish expenditures will *bankrupt* him. 胡乱花钱将使他破产。‖ **ˈbank·rupt·cy** /-rʌptsi，-rəpsi/ *n.* [U；C]

ban·ner /ˈbænəʳ/ *n.* [C] ❶(悬挂在街头或游行队伍等用的)横幅；横幅标语(或广告)：*Banners* at the intersection announced the tennis tournament. 交叉路口悬挂着有关网球锦标赛的横幅。❷旗，旗帜；国旗；军旗：plant a *banner* 竖旗 / America's star-spangled *banner* 美国的星条旗

ban·nis·ter /ˈbænistəʳ/ *n.* ＝banister

ban·quet /ˈbæŋkwit/ **I** *n.* [C]宴会；盛宴；筵席：hold a farewell [welcome] *banquet* 举行告别[欢迎]宴会 **II** *vt.* 设宴款待；宴请：*banquet* sb.'s palate 使某人大饱口福 ‖ **ˈban·quet·er** *n.* [C]

ban·ter /ˈbæntəʳ/ **I** *vt.* (善意地)与…开玩笑；取笑；逗弄：*banter* the ladies 开女士们的玩笑 —*vi.* 开玩笑；打趣；逗乐；戏谑：Father enjoys *bantering* with his children. 父亲喜欢和孩子们谈笑逗趣。**II** *n.* [U](善意的)取笑；开玩笑；打趣；逗乐；戏谑：There was much *banter* going at the party. 大家聚在一起，说说笑笑，互相逗乐。

ban·yan /ˈbænjən/ *n.* [C]【植】印度榕树

ba·o·bab /ˈbeiəuˌbæb/ *n.* [C]【植】猴面包树，波巴布树(热带树木，果实可食用)

bap·tism /ˈbæpˌtizᵊm/ *n.* [U；C]浸礼，洗礼(基督教接受人入教时所举行的一种宗教仪式)：The *baptism* of the baby took place a fortnight later. 该婴儿的洗礼是在两周以后举行的。‖ **bap·tis·mal** /bæpˈtizmᵊl/ *adj.*

Bap·tist /ˈbæptist/ **I** *n.* [C]【宗】❶浸礼会教友(基督教新教一派的教徒) ❷[常作 b-]施洗礼者 **II** *adj.* 施洗礼者的；浸礼会教友的

bap·tize，bap·tise /bæpˈtaiz/ *vt.* ❶给…施(浸)礼：They *baptized* him at the age of six weeks. 他们在他出生后 6 周给他施了洗礼。❷(施洗礼时)给…起教名：She was *baptized* Mary but calls herself Jane. 她受洗时得教名玛丽，不过她自称简。‖ **bapˈtiz·er** *n.* [C]

bar /bɑːʳ/ **I** *n.* ❶[C](门、窗等的)闩；(用作栅栏、杠杆等的)杆，棒：a *bar* of a door 门闩 ❷[C](木、金属等的)条；(长方形或椭圆形的)块：a chocolate *bar* 一块条形巧克力 ❸[C](河口、港口等处妨碍航行的)沙洲，沙滩：A *bar* of sand kept boats out of the harbor. 一片沙滩把船只挡在港口外面。❹[C]障碍；[～s]限制性规定：let down membership *bars* 放宽入会限制 ❺[C]酒吧(间)；售酒(或食物、饮料)的柜台；(商场内某一商品的)专卖柜台；(常装有轮子的家用)餐柜；酒柜：a cocktail *bar* 鸡尾酒柜台 ❻[通常用单]法庭围栏；法庭；(法庭上的)律师席(或被告席)：The man stood at the *bar* for murder. 此人因谋杀而受法庭审判。❼[C]【音】小节；小节纵线：He play a few *bars* of *O Canada*. 他演奏了《啊，加拿大》这首歌的几小节。**II** *vt*. (**barred; bar•ring**) ❶把(门、窗等)闩好；在…设置栅栏(或栅门)：*bar* the windows up 把窗子都闩上 ❷把…关在里面(或外面)；阻塞，封锁(道路等)：She *barred* her husband out of her bedroom. 她把丈夫关在卧室外。❸阻止，阻拦；禁止，不准(*from*)：Bad weather *barred* them from the pleasure of boating. 天气不好，他们未能如愿划船。**III** *prep*. 除…之外：He is the best student, *bar* none. 他是最好的学生，没有人赶得上他。

barb /bɑːb/ *n*. [C] ❶(箭头、鱼钩等的)倒钩，倒刺；(带刺铁丝网等的)刺：The *barb* of the wire stuck in my finger. 铁丝的倒钩扎进我的手指。❷尖刻伤人的话；讽刺；讥讽：direct *barbs* at sb. in one's talk 在谈话中矛头直指某人

bar•bar•i•an /bɑːˈbeəriən/ **I** *n*. [C] ❶野蛮人；未开化的人；原始人：He is a *barbarian* in the arts of the table. 他对烹调艺术一窍不通。❷无教养的人；粗野的人；残暴的人：He has the manners of a *barbarian*. 他举止粗鲁。**II** *adj*. ❶未开化的；原始的；野蛮人(似)的：*barbarian* tribes 原始部族 ❷不文明的；粗野的，粗鲁的；残暴的，残忍的：The children of warring countries are often victims of *barbarian* treatment. 交战国儿童经常是遭到残暴虐待的受害者。‖ **barˈbar•i•anˌism** *n*. [U]

☆**barbarian, barbaric, barbarous** 均有"不开化的，野蛮的"之意。**barbarian** 主要用作"未开化的""野蛮人(似)的"解，在这三个形容词中最具有中性意味，不带有感情色彩：The *barbarians* conquered Rome. (野蛮人征服了罗马。) **barbaric** 常用作"粗野的""不知节制的"解，可以带有贬义：*barbaric* tortures (十分残忍的刑罚) 该词也可用作褒义，用来形容在原始人当中存在的那些粗犷、天真和纯朴的东西和品质，这些东西往往为文明人所欣赏，至少不会引起他们的厌恶：The tribal dance was a spectacle of *barbaric* splendour. (部落舞展示了一场五颜六色的半开化先民的奇观。) **barbarous** 一词通常带有强烈的贬义，用来形容与野蛮人有关的残忍行为：The slaughter of the prisoners was a *barbarous* act. (屠杀囚犯是一种十分残忍的行为。)

bar•bar•ic /bɑːˈbærik/ *adj*. ❶半开化的；半开化部落民(似)的；野蛮的(见 barbarian)：*barbaric* invaders 野蛮的侵略者 ❷简陋的；(风格)粗犷的；不知节制的：*barbaric* decorations 俗艳的装饰 ❸粗野的；残暴的：*barbaric* punishment 残暴的惩罚 ‖ **barˈbar•i•cal•ly** /-kəli/ *adv*.

bar•ba•rism /ˈbɑːbəˌriz°m/ *n*. ❶[C; U]野蛮行为(或习俗、特性等)：War is *barbarism*. 战争是野蛮的行径。❷[U]未开化状态，野蛮状态；原始蒙昧状态：mankind's progress from *barbarism* toward civilization 人类由原始蒙昧向文明进步的历程

bar•bar•i•ty /bɑːˈbæriti/ *n*. ❶[U]野蛮；残暴；人性泯灭：treat the captives with *barbarity* 虐待俘虏 ❷[C]残暴行为，暴行：commit the *barbarities* of warfare 犯下战争暴行

bar•ba•rous /ˈbɑːbərəs/ *adj*. ❶未开化的；原始的；野蛮的：land on *barbarous* coasts 登上蛮荒的海岸 ❷残暴的；丧尽天良的；禽兽般的：*barbarous* cruelty 惨无人道 / Torture of prisoners is a *barbarous* practice. 拷打犯人是一种暴行。‖ **ˈbar•ba•rous•ly** *adv*. —**ˈbar•ba•rous•ness** *n*. [U]

bar•be•cue /ˈbɑːbiˌkjuː/ **I** *n*. [C] ❶户外烤肉餐；烤全牲野宴：Canadians have *barbecues* in the summer. 加拿大人常常在夏天举行烤肉野餐。❷(户外烤肉用的)烤架；轻便烤炉 **II** *vt*. (尤指在户外)烤，炙(肉类)：We *barbecued* several pieces of chicken for dinner. 我们在户外烤了几块鸡当作晚餐。

barbed /bɑːbd/ *adj*. ❶有倒钩的；有倒刺的：A fishhook is *barbed*. 鱼钩有倒刺。❷(说话、文章)尖酸刻薄的：a professor noted for his [her] *barbed* criticisms 以评论尖刻而著称的教授

barbed wire *n*. [U]有刺铁丝(网)：string *barbed wire* 架铁丝网〔亦作 **barbwire**〕

bar•ber /ˈbɑːbəʳ/ *n*. [C](为男子服务的)理发师：go to the *barber*'s (shop) to get one's hair cut 去理发店理发

bar code *n*. [C](商品上的)条形码

bard /bɑːd/ *n*. [C](古代凯尔特族自弹竖琴、自编自唱英雄业绩和爱情的)吟游诗人

bare /beəʳ/ **I** *adj*. [无比较级] ❶裸露的；不穿衣服的；不戴帽的；无遮盖的；光秃的：walk with *bare* feet 赤脚行走 ❷(房间等)没有陈设的；无装饰的；不铺地毯的；不铺垫褥的：a *bare* room 没有家具的房间 ❸[作定语]仅仅的；仅

有的;光是的:a *bare* two hours away 只有两小时的路程 ❹[作表语]缺少…的;无…的(*of*):The cupboard is completely *bare* (*of* food). 碗橱里一点吃的也没有。❺[作定语]刚够的;勉强的;微小的;最低限度的:the *bare* necessities of life 最低限度的生活必需品 **II** *vt.* ❶使赤裸;使露出:*bare* one's teeth in a smile 露齿一笑 ❷揭露;暴露;透露;使公开:*bare* new facts 披露新的事实 ‖ ˈ**bare•ness** *n.* [U]

☆**bare**, **bald**, **barren**, **naked**, **nude** 均有"赤裸的,无遮盖的"之意。**bare** 指没有遮盖或装饰,强调将附属的、表面的或可有可无的东西除去后的状态:a tree *bare* of leaves (一棵没有叶子的树) **bald** 指缺乏天然覆盖物或保护物:a *bald* mountain peak (光秃秃的山峰) 该词用于人时,特指没有头发:a gigantic man *bald* on the head (秃头巨人) **barren** 表示缺乏繁殖力,强调贫瘠和荒芜:*barren* plains with few shrubs and no trees (只长有零星几棵灌木的荒芜的草原) 该词也可表示枯燥乏味:The lecture was dry and *barren*. (这个讲座枯燥乏味。) **naked** 表示没有遮身物或覆盖物;形容人时,可指全裸或部分裸露:a *naked* hillside (光秃秃的山坡) 该词也可引申用于形容物体或力量:*naked* boughs (光秃秃的树枝) **nude** 指绘画或雕刻作品的裸体像,比 naked 文雅:a *nude* model posing for art students (为美术专业的学生做裸体模特)

bare•back /ˈbeəˌbæk/, **bare•back•ed** /-ˌbækt/ *adv.* & *adj.* [无比较级](骑马或其他牲口时)不用鞍(的):ride *bareback* 骑马不用鞍

bare bones *n.* [复]最基本的东西;基本内容;基本事实;梗概:reduce the report to the *bare bones* 将报告压缩为要点

bare•faced /ˈbeəˌfeist/ *adj.* [无比较级]厚颜无耻的:*barefaced* impudence 厚颜无耻 ‖ ˈ**bare•fac•ed•ly** /-ˌfeisidli/ *adv.* —ˈ**bareˌfac•ed•ness** *n.* [U]

bare•foot /ˈbeəˌfut/, **bare•foot•ed** /-ˌfutid/ *adj.* & *adv.* [无比较级]赤脚(的);不穿鞋袜(的):run *barefoot* in the park 光着脚在公园里奔跑

bare•hand•ed /ˈbeəˈhændid/ *adj.* & *adv.* [无比较级]徒手(的);不戴手套的(的)

bare•ly /ˈbeəli/ *adv.* ❶仅仅;刚刚;只不过;几乎不;几乎没有(见 hardly):She looked *barely* thirty. 她看上去还不到 30 岁。❷贫乏地;不充足地;几乎无装饰地;光秃秃地:The hospital room was furnished *barely* but neatly. 医院病房陈设简陋,但十分整洁。

bar•gain /ˈbɑːgən/ **I** *n.* [C] ❶便宜货;廉价品;特价商品;低廉;低价;廉价:The sale offers *bargains* galore. 这次有大量便宜货出售。❷(买卖、劳资等双方的)协议,协定:The two parties made a *bargain* to cease fire. 双方达成了停火协议。**II** *vi.* 讲价钱;讨价还价;讲条件;谈判:*bargain* about the goods 就商品的价格讨价还价 ‖ ***bargain for*** *vt.* ❶为…而谈判(或讨价还价):The unions *bargained* (with management) *for* a shorter working week. 为缩短周工作时,工会(与资方)进行了谈判。❷[通常和否定词或 more than 连用]预料;考虑到:He met with trouble he hadn't *bargained for*. 他遇到前所未料的麻烦。***bargain on*** *vi.* 〈口〉=bargain for ***drive a*** (***hard***) ***bargain*** *vi.* 杀价;迫使对方接受苛刻条件:*drive a hard bargain* with a wholesaler 狠杀批发商的价 ***into*** [***in***] ***the bargain*** *adv.* 在协议规定之外;而且;另外还:The new housekeeper proved to be a fine cook *into the bargain*. 新来的管家还烧得一手好菜。

barge /bɑːdʒ/ **I** *n.* [C] ❶(在内河或运河被拖曳或推顶航行的)大型平底船,驳船 ❷大彩船;画舫;豪华游艇:the royal *barge* 皇家豪华游船 **II** *vi.* ❶(如驳船般)笨重缓慢地移动(*around*) ❷〈口〉(鲁莽而笨拙地)碰撞;冲,闯(*in*, *into*):He started to run away and *barged into* a passer-by. 他起身逃跑,一下子和一位行人撞了个满怀。

bar•i•tone /ˈbæriˌtəun/ *n.* [C]【音】❶男中音;男中音歌手:A *baritone* is lower than tenor but higher than bass. 男中音介于男高音和男低音之间。❷(乐曲中的)上低音部:Who will sing the *baritone*? 谁来唱上低音部?

bar•i•um /ˈbeəriəm/ *n.* [U]【化】钡(元素符号为 **Ba**)

bark[1] /bɑːk/ **I** *n.* [C] ❶狗吠,狗叫;(狐、松鼠等动物的)叫声:The *bark* of a dog sounded in the night. 夜里传来狗吠声。❷吠叫似的声响;短促清脆的轰响:the *bark* of a gun 大炮的轰击声 **II** *vi.* ❶(狗、狐、松鼠等)吠,叫:Our dog always *barks* at strangers. 我家的狗总是一见陌生人就汪汪叫。❷厉声说话;咆哮;

There's no need to *bark* at me just because you're annoyed. 即便你心里不痛快也犯不着对我大声吼叫。—*vt.* 厉声说出；怒气冲冲地说出：*bark* (out) an order at [to] sb. 厉声对某人下令 ‖ ***His bark is worse than his bite.*** 〈谚〉他急躁易怒，但无恶意。

bark² /bɑːk/ *n.* [U]树皮；茎皮：peel the *bark* off trees 剥去树皮

bark•er /ˈbɑːkəʳ/ *n.* [C] ❶吠叫的动物；咆哮的人；发出轰响的东西：That puppy is a noisy *barker.* 那条小狗老是爱叫。❷(在商店、戏院等门口)大声招徕顾客的人 ‖ ***Great barkers are no biters.*** 〈谚〉狂吠的狗不咬人。(意指虚声恫吓的人很少见诸行动)

bar•ley /ˈbɑːli/ *n.* [U]大麦；大麦粒

bar•maid /ˈbɑːˌmeid/ *n.* [C]酒吧女招待；酒吧女侍

bar•man /ˈbɑːmən/ *n.* [C]([复]**-men** /-mən/) ❶酒吧间男招待；酒吧男侍 ❷酒吧间老板

bar•mi(t)z•vah /bɑːˈmitzvə/ *n.* [C] ❶(为13岁犹太男孩举行的)成人仪式 ❷(应开始承担宗教义务的)13岁犹太男孩

barn /bɑːn/ *n.* [C] ❶谷仓；粮仓；(放农具或农机的)仓库 ❷牲口棚：a milking *barn* 挤奶棚

bar•na•cle /ˈbɑːnəkᵊl/ *n.* [C] ❶【动】藤壶(岩石、船底等处附着的甲壳动物) ❷难以摆脱的人，纠缠不休的追随者；难以摆脱的事物，积习 ‖ ˈ**bar•na•cled** *adj.*

barn•storm /ˈbɑːnˌstɔːm/ *vi.* 四处巡回发表竞选演说；巡回游说推销：The Premier *barnstormed* across France's 22 regions. 总理四处游说，跑了法国的22个地区。

barn•yard /ˈbɑːnˌjɑːd/ *n.* [C](通常用篱笆围起、放养牲畜的)谷仓旁的场地

ba•rom•e•ter /bəˈrɔmitəʳ/ *n.* [C] ❶气压表；气压计；晴雨表 ❷〈喻〉晴雨表；变化的标志：Newspapers are often called *barometers* of public opinion. 报纸常被称作舆论的晴雨表。‖ **bar•o•met•ric** /ˌbærəˈmetrik/ *adj.*

bar•on /ˈbærən/ *n.* [C] ❶男爵(英国、欧陆国家及日本贵族等级制度中最低的一级，称号世袭；在英国，姓氏前加 Lord，在欧陆国家，则加 Baron，略作 **Bn.** 或 **bn.**) ❷巨头；大王：a coal *baron* 煤炭大王

bar•o•ness /ˈbærənis/ *n.* [C] ❶男爵夫人 ❷女男爵

bar•on•et /ˈbærənit, ˌbærəˈnet/ *n.* [C] ❶〈英〉准男爵(低于男爵的世袭爵位，一般授予平民，受封者在姓氏前加 Sir，后加 Bart，如 Sir Thomas Beecham, Bart.) ❷准男爵的爵位(或称号等)(略作 **Bart.** 或 **Bt.**)

ba•ro•ni•al /bəˈrəunjəl/ *adj.* [通常做定语] ❶[无比较级]男爵的；男爵领有的：He gave her a family ring with the *baronial* crest on it. 他送给她一只祖传戒指，上面刻有男爵纹饰。❷与男爵身份相称的；豪华的；富丽堂皇的：a *baronial* castle 富丽堂皇的城堡

ba•roque /bəˈrəuk/ *adj.* [时作 **B-**][无比较级] ❶巴洛克风格的 ❷巴洛克风格风靡时期(约1600～1750)的；巴洛克后期的；洛可可式的

bar•rack /ˈbærək/ *n.* [～**s**][用作单或复]兵营；营房：This *barracks* was built during the Civil War. 这所兵营建于内战期间。

bar•ra•cu•da /ˌbærəˈkjuːdə/ *n.* [C]([复] **-da(s)**)【鱼】梭子鱼

bar•rage /bəˈrɑːʒ/ **I** *n.* [C] ❶【军】掩护炮火；阻击火力网；弹幕；齐射：launch a heavy gun *barrage* over the enemy lines 万炮向敌军阵地齐轰 ❷连珠炮式的攻击；一连串；接二连三的一大堆；大量：He made a big *barrage* against the scheme. 他猛烈抨击这项计划。**II** *vt.* 以密集的火力进攻(或阻击)；接二连三地追问：*barrage* sb. with requests 接二连三地向某人提出要求

bar•rel /ˈbærəl/ **I** *n.* [C] ❶圆桶；琵琶桶 ❷一桶之量；(一)桶(液量单位，1英制桶为36英加仑，1美制桶为31.5美加仑) ❸桶状物；枪筒；炮筒：the *barrel* of a drum [gun] 鼓身[枪管] **II** (**-rel(l)ed**; **-rel(l)ing**) *vt.* 把…装桶：We plan to *barrel* the cider next Wednesday. 苹果酒计划下星期三装桶。‖ ***over a barrel*** *adv.* 〈口〉受他人的支配；处于困境：She had him *over a barrel* because she knew his carefully-guarded secrets. 他受制于她，因为她掌握了他严守的秘密。

bar•ren /ˈbærən/ *adj.* [无比较级] ❶不(生)育的；不妊的；不结果实的；不结籽的：a *barren* woman 无生育能力的妇女 ❷(土地等)贫瘠的；不毛的；荒芜的(见 bare)：a *barren* region 土地贫瘠的地区 ‖ ˈ**bar•ren•ly** *adv.* —ˈ**bar•ren•ness** *n.* [U]

B

bar·ri·cade /ˈbæriˌkeid, ˌbæriˈkeid/ **I** *n.* [C](尤指临时设置的)街垒,路障:cut down trees to make a *barricade* across the road 砍下树来筑路障 **II** *vt.* ❶设路障(或街垒、栅栏等)于;阻塞;挡住:His mind was *barricaded* against new ideas. 他的头脑拒不接受新思想。❷使躲在路障(或挡墙等)后面:*barricade* oneself behind a counter 躲在柜台后面

B

bar·ri·er /ˈbæriəʳ/ *n.* [C] ❶障碍物,屏障(如障壁、挡板、栅栏、十字转门等):The police erected *barriers* to keep back the crowds. 警察设置路障不让人群靠近。❷障碍;隔离,隔阂;壁垒:set up trade *barriers* 设置贸易壁垒

bar·ring /ˈbɑːriŋ/ *prep.* ❶不包括;除…以外:Nobody else knows, *barring* you and me. 只有你知我知。❷除非:*Barring* accidents, I'll be there. 我会去的,除非发生意外。

bar·ris·ter /ˈbæristəʳ/ *n.* [C](英国有资格在高等法院作辩护的)高级律师

bar·row /ˈbærəu/ *n.* =wheelbarrow

bar·tend·er /ˈbɑːˌtendəʳ/ *n.* [C]酒吧侍者,酒店伙计,酒保;酒吧掌柜 ‖ ˈ**barˌtend** *vi.*

bar·ter /ˈbɑːtəʳ/ **I** *vt.* 拿…做易货贸易;以(劳务或物品)做交换(见 sell):The transaction is one where cotton is *bartered* for machines. 这是一笔以棉花换机器的交易。—*vi.* 做易货贸易;作物物交换(见 sell):barter for furs with rifles 以步枪换取毛皮 **II** *n.* [U]易货贸易;物物交换:*Barter* precedes a money economy. 易货贸易先于货币经济。

bar·y·on /ˈbæriɔn/ *n.* [C]【核】重子 ‖ **bar·y·on·ic** /ˌbæriˈɔnik/ *adj.*

ba·sal /ˈbeisəl/ *adj.* ❶[无比较级]基部的,基座的,基底的;构成基部(或基座、基底)的:a skyscraper built on *basal* rock 建在岩基上的摩天楼 ❷基础的;基本的;根本的:develop a series of *basal* readers for the lower grades 为低年级学生编写一系列基础读物

ba·salt /bəˈsɔːlt, ˈbæsɔːlt, bei-/ *n.* [U]【地质】玄武岩 ‖ **ba·sal·tic** /bəˈsɔːltik/, **baˈsal·tine** /-tin, -tain/ *adj.*

base[1] /beis/ **I** *n.* [C] ❶基,底;基底,底座,底部:the *base* of a lamp 灯座 ❷[通常用单]基础;根据:Many languages have Latin as their *base*. 许多语言都源于拉丁语。❸[通常用单]基(指任何事物的基本成分);基质:use rice as a *base* in cookery 烹饪中以大米为基本原料 ❹(思想、行动等的)出发点,起点:The new discovery became the *base* for further research. 这一新发现成为深入研究的起点。❺基地;总部;根据地:a military [naval] *base* 军事[海军]基地 ❻(某些体育竞赛中的)出发点,起点;【棒】垒;(曲棍球等运动的)决胜点,决胜线 **II** *vt.* 把…置于基座(或底座)上;把…建立在某种基础上;基于,以…为根据(*on, upon*):The composer *based* this song *on* an old folk melody. 作曲家根据一首古老的民歌曲调创作了这支歌。

☆**base, basis, foundation, groundwork** 均有"基础;根据"之意。**base** 常指物体的底部、底座,事物发展的起点或行动的基地:the *base* of a pillar (柱基) 该词还可喻指根据或依据:the *base* of a theory (理论基础) **basis** 常用作隐喻,多用于抽象的东西,如理论、信仰、议论等的根据或起点:What is the *basis* of your opinion? (你的看法有什么根据?) **foundation** 语气较强,指某事物所依靠的基础;用于具体事物时,表示比 base 更雄伟、更坚实的底层结构:the *foundation* of an ancient city (一座古城的基础);该词也可用于抽象的事物:The report was completely without *foundation*. (这篇报道毫无根据。) 它还可用于商业,指女装内衬或内托的各种装饰:*foundation* garment (妇女紧身胸衣) **groundwork** 主要用于无形的抽象事物,喻指基础或底子:The *groundwork* of all happiness is health. (健康是一切幸福的基础。)

base[2] /beis/ *adj.* ❶卑劣的;卑怯的;卑鄙的:To betray a friend is a *base* action. 出卖朋友是一种可鄙的行为。❷低劣的;拙劣的;无价值的:*base* materials 没有价值的材料 ‖ ˈ**base·ly** *adv.* —ˈ**base·ness** *n.* [U]

base·ball /ˈbeisˌbɔːl/ *n.* ❶[U]棒球运动:*Baseball* is the "national game" of the U. S. 棒球运动是美国的"国球运动"。❷[C]棒球

base·less /ˈbeislis/ *adj.* 无事实根据的;没有理由的;无缘无故的:*baseless* fears 无端的恐惧

base·line /ˈbeisˌlain/ *n.* ❶[**the** ~](网球场等的)底线 ❷[**the** ~]【棒】垒线 ❸基线;基准;准则:These results formed a *baseline* for future studies. 这些结果构成了未来研究的基础。

base·ment /ˈbeismənt/ *n.* [C](全部或部分在地面以下的)地下室

bas·es¹ /ˈbeisiz/ *n.* base¹ 的复数

ba·ses² /ˈbeisiːz/ *n.* basis 的复数

bash /bæʃ/ 〈口〉 **I** *vt.* 猛击;猛撞;击扁;击毁;击伤:*bash* a door in [down] 把门撞开 **II** *n.* [C] ❶猛击;重击;猛撞:a *bash* in the face 脸上重重地挨了一拳 ❷〈口〉闹宴;盛大的舞会;狂欢:a birthday *bash* 生日欢聚

bash·ful /ˈbæʃful/ *adj.* 局促不安的;腼腆的;忸怩的;羞怯的:The little girl was too *bashful* to greet us. 那小姑娘过于羞怯,不敢跟我们打招呼。‖ ˈ**bash·ful·ly** *adv.* —ˈ**bash·ful·ness** *n.* [U]

ba·sic /ˈbeisik/ **I** *adj.* [作定语] 基础的;基本的;根本的;主要的;首要的:the *basic* principles of Marxism 马克思主义基本原理 **II** *n.* [常作～s]基本部分;基本原理;基本原则;基本规律;要素:the *basics* of flying 飞行的基本原理

BA·SIC, Ba·sic /ˈbeisik/ *n.* [C]【计】初学者通用符号指令码;BASIC 语言(系 beginner's all-purpose symbolic instruction code 的首字母缩略词)

ba·si·cal·ly /ˈbeisikəli/ *adv.* 基本上;实际上;主要地:*Basically*, he's a good person. 他本质上是个好人。

bas·il /ˈbæzᵊl/ *n.* [U]【植】罗勒属植物(其叶香如薄荷,用以调味);罗勒

ba·sil·i·ca /bəˈzilikə/ *n.* [C]长方形廊柱会堂(两边各有一排廊柱,一端或两端呈半圆形,古罗马时用作法庭或公共集会场所) ‖ baˈ**sil·i·can** *adj.*

ba·sin /ˈbeisᵊn/ *n.* [C] ❶盆;菜盆;汤盆;脸盆 ❷一盆之量;一盆东西:a *basin* of hot water 一盆热水 ❸【地理】盆地;流域:the Mississippi *basin* 密西西比河流域

ba·sis /ˈbeisis/ *n.* [C]([复]-**ses** /-siːz/) ❶基础;根据;基本原理;基本原则(见 base):There is no *basis* for this belief. 这种信仰是毫无根据的。❷主要部分;基,底:The *basis* of his business is making watches but he also sells jewelry. 他以生产手表为主,但也兼营珠宝。

bask /bɑːsk; bæsk/ *vi.* ❶(舒适地)晒太阳;取暖:The cat *basks* in the warm sunshine. 猫在和煦的阳光下晒暖儿。❷(在某种环境或气氛中)感到舒适,感到愉快(*in*):He began to *bask* *in* the greetings of everyone he passed. 一路碰见的人都向他致意问候,他心里感到乐滋滋的。

bas·ket /ˈbɑːskit; ˈbæs-/ *n.* [C] ❶篮;篓;筐:weave a *basket* 编篮(或篓、筐)子 ❷一篮(或篓、筐)之量:pick a *basket* of apples 摘一篮子苹果 ❸篮(或筐、篓)状物:He never empties the waste-paper *basket*. 他从不倒废纸篓。❹【篮】篮;投球中篮,投篮得分:make a *basket* 投进一球

bas·ket·ball /ˈbɑːskitˌbɔːl; ˈbæs-/ *n.* ❶[U]篮球运动 ❷[C]篮球

bass¹ /beis/ **I** *n.* ❶[the ～]【音】低音部 ❷[C]【音】男低音;男低音歌手;低音乐器部:Who will sing the *bass*? 由谁来唱男低音部? ❸＝double-bass **II** *adj.* [无比较级] ❶(声音)低沉的;男低音的;能唱男低音的:the *bass* part 低音部 ❷(乐器)低音的 ‖ ˈ**bass·ist** *n.* [C]

bass² /bæs/ *n.* [C]([复]**bass**(·**es**))【鱼】鲈鱼

bas·si·net(te) /ˌbæsiˈnet, ˈbæsinet/ *n.* [C](一端有罩盖的)婴儿摇篮

bas·so /ˈbæsəu/ *n.* [C]([复]-**sos** 或-**si** /-siː/)【音】❶(尤指歌剧中的)男低音歌手 ❷男低音;(乐曲中的)最低声部

bas·soon /bəˈsuːn/ *n.* [C]【音】巴松管;大管;低音管 ‖ basˈ**soon·ist** *n.* [C]

bas·tard /ˈbɑːstəd, ˈbæs-/ *n.* [C]〈常贬〉❶私生子;非婚生子 ❷〈口〉混蛋;坏蛋;杂种;讨厌鬼;无赖:You *bastard*! 你这个混账东西! ❸〈俚〉人,家伙;可怜虫(尤指男人):That lucky *bastard*! 那个福星高照的家伙!

baste /beist/ *vt.* 在(烤肉、烤鸡等上)滴油(或汁):The cook *basted* the turkey to keep it from drying out. 厨师给火鸡抹上油以防烤干。

bas·tion /ˈbæstiən, -tʃᵊn/ *n.* [C] ❶棱堡 ❷堡垒;防御工事;设防地区 ❸〈喻〉堡垒;(原则等的)捍卫者:a *bastion* of democracy 民主的堡垒

bat¹ /bæt/ **I** *n.* ❶[C](棒球)球棒;(板球)球板;(乒乓球、网球等的)球拍:The hitter swung the *bat* and hit a home run. 击球手挥棒一击,得了一个本垒打。❷[U]击球;轮到击球:Who goes to *bat* first? 谁先击球? **II** (**bat·ted**; **bat·ting**) *vt.* 用球棒(或球拍)击(球);击;打:The kitten *batted* the balloon with its paws. 小猫用爪子拍打气球。—*vi.* ❶用球棒(或球拍)

击球：The new pitcher also *bats* well. 新投手击球也很好。❷上场击球；轮到击球 ‖ ***go to bat for*** *vt*. 〈口〉为…出力(辩护)；支持

B

bat² /bæt/ *n*. [C]蝙蝠 ‖ ***blind as a bat*** *adj*. 〈口〉完全看不见东西的：He felt *blind as a bat* without his glasses. 他不戴眼镜就像个盲人，什么也看不见。

bat³ /bæt/ *vt*. (**bat·ted**; **bat·ting**)〈口〉眨(眼)；抖动(眼皮)：*bat* one's eyelids at sb. 朝某人眨眼睛

batch /bætʃ/ *n*. [C] ❶一批；一组；一群：the first *batch* of students 第一批学生 ❷(面包、糕饼等的)一炉：All of the baker's first *batch* burned. 面包师傅的第一炉面包全给烤焦了。❸【计】一批(可作为一个单位处理的一组记录或数据)；程序组

bat·ed /ˈbeitid/ *adj*. 微弱的

bath /bɑːθ; bæθ/ **I** *n*. [C]([复]**baths** /bæðz; bɑːðz/) ❶[通常用单](沐)浴；(洗)澡：take a hot *bath* 洗热水澡 ❷浴缸；浴盆；(家庭的)盥洗室；洗澡间：a full-length *bath* 大浴缸 ❸澡堂；浴室：a public *bath* 公共浴室(＝bathroom) ❹[常作～s]游泳池 **II** *vt*. & *vi*. 〈英〉(给…)洗澡：He's *bathing* the baby. 他在给婴儿洗澡。‖ ***take a bath*** *vi*. ❶洗一个澡 ❷〈口〉遭受严重的经济损失；破产：When interest rates went up suddenly, the investors *took a bath*. 利率突然上调之后，投资者们遭受了严重损失。

bathe /beið/ *vt*. ❶(用水、药水等)洗，浸洗：*Bathe* your feet if you are so tired. 要是走累了的话，泡一泡脚吧。❷使浸入液体中；浸入：*bathe* machine parts in oil 把机器零件浸在机油中 ❸给…洗澡：*bathe* a child 给孩子洗澡 —*vi*. ❶〈主英〉(以娱乐为目的在江河湖海中)游泳：go *bathing* in a river 去河里游泳 ❷洗澡；晒日光浴：*bathe* in the sun 洗日光浴 ‖ ˈ**bath·er** *n*. [C]

☆动词 **bathe** 在英国英语里的意思是游泳：I like to *bathe* in the sea. 但在美语里不能这样用，在口语里一般说 swim [have a swim, go for a swim, go swimming]。**bathe** 后面可以跟表示身体部位的名词，意思是用水洗疼的地方：*Bathe* your twisted ankle twice a day. (脚踝扭了要每天洗两次。) 在美国英语里，**bathe** 可用来表示洗澡或给某人洗澡。

bath·ing /ˈbeiðiŋ/ *n*. [U]洗澡；游泳；沐浴：Water used for *bathing* is also to be used for flashing toilets. 洗澡用过的水也可用来冲马桶。

bathing suit *n*. [C]游泳衣；泳装

ba·thos /ˈbeiθɔs/ *n*. [U] ❶突降法(由庄重突转平庸的修辞手法) ❷反高潮(指高潮之后苍白无力的结尾)

bath·robe /ˈbæθˌrəub/ *n*. [C]浴衣，睡袍(沐浴前后或休憩时穿的一种宽松衣服)

bath·room /ˈbæθˌruːm, -ˌrum/ *n*. [C] ❶浴室；盥洗室 ❷〈婉〉卫生间；厕所：Is there a *bathroom* in this restaurant? 这饭馆里有卫生间吗？‖ ***go to*** [***use***] ***the bathroom*** *vi*. 〈婉〉上卫生间，上厕所

bath·tub /ˈbæθˌtʌb/ *n*. [C](尤指固定设在浴室的)浴缸；浴盆

bath·y·sphere /ˈbæθisfiəʳ/ *n*. [C]探海球；深海球形潜水器

ba·tik /bəˈtiːk, ˈbætik/ *n*. [U]【纺】❶蜡染(法)；蜡染印花(法)；蜡染工艺：do *batik* 搞蜡染 ❷蜡染花布 ❸蜡染印花图案

bat mit·zvah /ˈbɑːtmitsvə/ *n*. [C][常作 **B-M-**] ❶(12或13岁时举行的)犹太女孩成人仪式 ❷(应开始承担宗教义务的)13岁犹太女孩

ba·ton /ˈbætᵊn, bəˈtɔn/ *n*. [C] ❶(乐队、歌唱队指挥用的)指挥棒；(行进中军乐队队长用的)金属指挥杖；〈喻〉指挥棒：As the conductor lowered the *baton* the band began to play. 乐队指挥将指挥棒朝下一挥，乐队便开始演奏。❷短棍；短棒；警棍：riot police with *batons* and tear gas 手持警棍及催泪弹的防暴警察 ❸(接力赛跑用的)接力棒：In a relay race, each runner of a team carries a *baton* and hands [passes] it to the next runner. 在接力赛跑中，各队的运动员手拿接力棒，然后又把它传给下一个队员。❹(表示官职或权力的)官杖，权杖，节杖

bats /bæts/ *adj*. 〈口〉[无比较级][通常用作表语]疯疯癫癫的；乖张反常的；古怪的：He was grinning like he was *bats*. 他像个疯子似的咧着嘴傻笑。

bat·tal·ion /bəˈtæljən/ *n*. [C]【军】营；营部

bat·ten /ˈbætᵊn/ **I** *n*. [C] ❶板条；挂瓦条；压缝条 ❷【海】(船上的)扣板，压条，条板 **II** *vt*. ❶用板条(或压缝条等)使固定(或加固) ❷【海】

用扣板将(舱口)封住(*down*):*batten down* the hatches before a storm 在暴风雨到来前用扣板把舱口密封住

bat·ter[1] /ˈbætə/ *vt.* 持续打击;(以连续猛击)捣毁,砸烂;重创;(用攻城槌)冲击,撞击;(用炮火)轰击:*batter* one's head against a stone wall 用头猛撞石墙 —*vi.* 连续猛击:*batter* away at [on] a door 嘭嘭撞门 ‖ ˈ**bat·ter·er** *n.* [C] —ˈ**bat·ter·ing** *n.* [U]

bat·ter[2] /ˈbætə/ *n.* [U](牛奶、鸡蛋、面粉等掺和而成的)面糊(用来做蛋糕、薄煎饼和小松糕等)

bat·ter[3] /ˈbætə/ *n.* [C](棒球、板球等的)击球员

bat·ter·y /ˈbætəri/ *n.* ❶[C]【电】电池(组);电瓶(组);蓄电池(组):The *battery* has gone flat. 电池没电了。❷[C]一套;一组;一批;一群;一连串:a *battery* of cooking utensils 一套炊具❸[C]炮台;炮兵连;(舰艇上的)火炮;炮组;排炮;兵器群:a marked *battery* (不为敌军发现的)伪装炮台 ❹[U]连续猛击;【律】殴打:be charged with (assault and) *battery* 被控告犯有殴打罪

bat·tle /ˈbætəl/ **I** *n.* [C;U] ❶战斗;交战;战役;(海、陆、空)大会战:fight [wage] a *battle* 进行战斗 ❷斗争;奋斗;竞赛;较量;争论:fight a *battle* of words during the campaign 在竞选中展开舌战 **II** *vi.* ❶作战;战斗:be ready to *battle* with the enemy 准备与敌人作战 ❷斗争;搏斗;奋争:The firemen *battled* to control the flames. 消防队员为控制火势奋力拼搏。—*vt.* 与…作战;和…搏斗;与…斗争:*battle* the enemy fearlessly 英勇无畏地与敌人作战

bat·tle-ax(e) /ˈbætəlˌæks/ *n.* [C]([复] **-ax·es**) ❶战斧 ❷〈口〉(尤指年老的)悍妇:a formidable old *battle-ax* 令人生畏的老母夜叉

bat·tle·field /ˈbætəlˌfiːld/ *n.* [C]战场;疆场:a bloody *battlefield* 洒满鲜血的战场

bat·tle·ment /ˈbætəlmənt/ *n.* [C][常作~s]雉堞;城垛

bat·ty /ˈbæti/ *adj.* 〈俚〉神经错乱的;疯疯癫癫的;乖张的;古怪的:She must be going *batty*. 她一定是神经出毛病了。‖ ˈ**bat·ti·ness** *n.* [U]

bat·tle·ship /ˈbætəlˌʃip/ *n.* [C]战列舰;战舰

bau·ble /ˈbɔːbəl/ *n.* [C]不值钱的小饰物;花哨的小玩意:Christmas tree *baubles* 圣诞树饰物

baud /bɔːd/ *n.* [C]([复]**baud(s)**)【电】波特(发报、数据传输速率单位,每秒传输一个符号)

baulk /bɔːk/ *vi.*,*vt.* & *n.* 〈主英〉=balk

baux·ite /ˈbɔːksait/ *n.* [U]【矿】铝土岩;铝土矿;铝矾土

bawd·y /ˈbɔːdi/ **I** *adj.* 淫秽的;(言谈等)猥亵的,低级下流的:a *bawdy* woman 淫妇 **II** *n.* [U]淫荡;猥亵;下流话;淫秽作品 ‖ ˈ**bawd·i·ly** *adv.* —ˈ**bawd·i·ness** *n.* [U]

bawl /bɔːl/*vi.* ❶恸哭;号啕大哭:*bawl* like a baby 孩子般地号啕大哭 ❷大叫;大喊:Trains *bawled* and hurtled by. 一列列火车呼啸疾驰而过。—*vt.* 大声喊出:*bawl* one's dissatisfaction 大声发泄不满情绪

bay[1] /bei/ *n.* [C](海或湖泊的)湾:a *bay* surrounded on three sides by vertical cliffs 三面为悬崖峭壁环绕的水湾

bay[2] /bei/ *n.* [C]【植】月桂(树);月桂属植物;月桂状植物(如木兰属、杨梅属、山枇花属等)(=laurel)

bay[3] /bei/ *n.* [C] ❶【建】开间;跨度;柱距;架间 ❷=bay window ❸(用于专门用途的)分隔间;(加油站或维修站等中的)停车间,车位:a loading *bay* 装货间

bay[4] /bei/ **I** *adj.* [常作定语]赤褐色的;栗色的;枣红色的:a *bay* horse 栗色马 **II** *n.* [C](黑鬃黑尾的)枣红马;枣红色牲口

bay·o·net /ˈbeiənit/ *n.* [C](枪上的)刺刀

bay·ou /ˈbaijuː;ˈbaiuː/ *n.* [C] ❶(美国南部的)牛轭湖;(江、湖的)沼泽出入口;长沼 ❷小溪;支流

bay window *n.* [C](凸出墙外的)凸窗〔亦作 **bay**〕

ba·za(a)r /bəˈzɑː/ *n.* [C] ❶(东方国家尤指中东的)市场,集市:I purchased some curios at a village *bazar*. 我在农村集市上买到一些古玩。❷义卖,义卖市场:a church *bazar* 教堂义卖

ba·zoo·ka /bəˈzuːkə/ *n.* [C]反坦克火箭筒;(机翼下的)火箭发射架

B. B. A *abbr.* Bachelor of Business Administration 工商管理学士

BBC *abbr.* British Broadcasting Corporation 英国广播公司

BBS *abbr.* bulletin board service 公告牌业务

BC, B. C. *abbr.* ❶ Before Christ 公元前 ❷ British Commonwealth 英联邦 ❸ British Council 英国文化委员会

be /强 biː, 弱 bi/ *vi.* (现在式 **am** /æm/, **are** /ɑːʳ/, **is** /iz/; 过去式 **was** /wɔz/, **were** /wəːʳ/; 过去分词 **been** /biːn/; 现在分词 **be·ing**) ❶在; 存在; 生存: To *be* or not to *be*, that is the question. 生存还是死亡,这还是个问题。❷是,就是: A gentleman *is*, rather than does. 绅士是生来的,而不是争来的。❸表示; 代表; 意味着: Let "X" *be* the unknown quantity. 设"X"表示未知数。❹等于; 值: Two and two *is* four. 2加2等于4。❺[常用于完成时]去; 来: Have you *been* to Spain? 你去过西班牙吗? ❻发生; 举行: That's the reason money came to *be*. 那就是货币产生的原因。❼成为; 变成: He wants to *be* an engineer. 他想成为一名工程师。—*v. link.* ❶[与表示位置的副词或介词短语连用]处于,位于: The door *is* on the left. 门在左手。❷[表示状态、属性或感觉]: He *is* ill today. 今天他不舒服。❸[表示见解或观点]: I *am* for [against] hanging. 我赞成[反对]绞刑。❹[表示供职、隶属关系]: The retired journalist *was* once *Time*. 这位退休的记者曾供职于《时代周刊》。❺[表示原料、材料]: The shirt *is* satin. 这件衬衫料子是缎子的。—*v. aux.* ❶[与动词的现在分词连用,构成进行时态]: The problem *is* getting worse and worse. 问题变得越来越严重了。❷[与及物动词的过去分词连用,构成被动语态]: They will *be* punished. 他们将受到惩罚。❸[后接带 to 的不定式,表示安排、职责、义务、愿望、可能性、目的、用途、命中注定等]: No shelter *was* to be seen. 看不到可以躲避的地方。❹[用于虚拟语气]: He had to say resolutely that the thing shouldn't *be*, and it wouldn't *be*. 只要他一口咬定这事不行,这事就不行。

be- /bi, bə/ *pref.* ❶表示"遍及","在…周围","围绕": *be*sprinkle, *be*set ❷表示"彻底地","完全地","极度地": *be*smear, *be*rate, *be*dazzle ❸表示"取走","剥夺": *be*reave, *be*take ❹[用以变不及物动词为及物动词]表示"使","为","对"等: *be*think, *be*sot, *be*dim ❺表示"饰以","覆以","使受影响","提供","使遭受": *be*devil, *be*fog, *be*jewel ❻[用以变名词或形容词为及物动词]表示"视做","以…相待": *be*friend, *be*little, *be*doctor

B. E. *abbr.* ❶ Bachelor of Education 教育学学士 ❷ Bachelor of Engineering 工程学学士

beach /biːtʃ/ *n.* [C] 滩; 海滩; 沙滩; 滨 (见 shore): a cottage situated on [at] the *beach* 海滨别墅

beach·head /ˈbiːtʃˌhed/ *n.* [C]【军】滩头阵地; 滩头堡: The Allies established a firm *beachhead* in Normandy. 盟军在诺曼底构筑了坚固的滩头阵地。

bea·con /ˈbiːkᵊn/ *n.* [C] ❶(位于山地等高处用作信号的)烽火 ❷灯塔: The boys climbed the *beacon* to see far out to sea. 男孩们爬上灯塔,眺望大海。

bead /biːd/ *n.* [C] ❶(有孔的)小珠; [~s]珠子项链; 一串念珠: You don't have your *beads* on this even-ing. 你今晚没带珠子项链。❷(汗、血等的)小滴; 水珠; (尤指脸上的)汗珠; 气泡: *beads* of sweat 滴滴汗珠 ‖ ***draw* [*get*] *a bead on*** *vt.* 瞄准: The marksman *drew a bead on* his target. 神枪手瞄准了靶子。

bead·y /ˈbiːdi/ *adj.* (尤指眼睛)晶亮如小珠的: The mouse has *beady* eyes. 老鼠有闪闪发亮的小眼珠。‖ ˈ**bead·i·ness** *n.* [U]

beak /biːk/ *n.* [C] ❶(鸟的)喙: The woodpecker uses its *beak* like a drill to excavate wood boring beetles. 啄木鸟的利嘴像钻头一般,把树身里讨厌的甲虫一个一个地挖出来。❷(甲鱼、章鱼等的)喙状嘴 ‖ **beaked** /biːkt, ˈbiːkid/ *adj.*

beak·er /ˈbiːkəʳ/ *n.* [C] ❶(一种无柄的)宽口大酒杯: a plastic *beaker* 塑料大口酒杯 ❷(实验室用的)烧杯 ❸一烧杯的量

beam /biːm/ **I** *n.* [C] ❶梁; 横梁: the *beams* supporting the roof 支撑房顶的横梁 ❷船宽; 船幅: The freighter has a thirty-foot *beam*. 货船的宽度为30英尺。❸(日、月、灯、灯塔等的)光线,光柱; (X射线、核粒子等的)束,柱(见 gleam): a sun *beam* 一道阳光 **II** *vt.* ❶用…照射; 射出(光线或光柱),放射: *beam* forth rays of light 散发出光线 ❷定向发出(无线电信号、节目等); (有针对性地)播送: The World Cup Final was *beamed* live from Britain to China. 世界杯决赛的实况自英国向中国现场直播。❸像光一样散发(或流溢)出; 以微笑表示: The vicar *beamed* his thanks. 牧师笑容满面,连连

致谢。—*vi*. ❶照耀：The sun *beamed* down. 阳光普照。❷眉开眼笑：She *beamed* on us with her beautiful smile. 她看着我们，动人地笑了笑。

bean /biːn/ *n*. [C] ❶【植】菜豆属植物；豆科植物 ❷豆；蚕豆；(尤指幼嫩可食的)豆荚：a can of baked *beans* 一听焙豆 ❸豆形种子；结豆形种子的植物：coffee *beans* 咖啡豆 ‖ ***spill the beans*** *vi*. 〈口〉泄露秘密；坦白交代：On his way to the FBI headquarters here from his arrest, he had offered to "*spill the beans*". 在被捕后押送到这儿的联邦调查局总部途中，他表示愿意"坦白交代"。

bear[1] /beəʳ/ *vt*. (**bore** /bɔːʳ/, **born** 或 **borne** /bɔːn/) ❶支承；支撑；承受：The roof will not *bear* the strain of his weight. 屋顶承受不住他的体重。❷生(孩子、幼畜)；繁衍(后代)；抚养(非亲生儿女)：She *bore* him a daughter. 她给他生了个女孩。❸生产(庄稼、粮食、水果等)；结(果实)；长出(花、叶等)；生(利息)；(地层)大量含有：This soil *bears* good wheat. 这种土壤出产优质小麦。❹承担；负担：All the costs of the repairs will be *borne* by our company. 修缮费用概由本公司承担。❺[常用否定句或疑问句]忍受：I can hardly *bear* to see her suffering so. 她遭那么多罪，我实在看不下去。❻经得起(考验、困难等)；耐得住：The cloth will *bear* washing. 这种布耐洗。❼怀有(感情)；记住：She *bears* a grudge against her friend. 她对她朋友怀恨在心。❽具有；带有；拥有：Her face *bore* signs of tears. 她脸上有泪痕。—*vi*. ❶生儿育女；结果实：That tree is too young to *bear*. 树太小，还不能结果。❷(朝某一方向)行进，走：The ship *bore* north. 船朝北驶去。‖ ***bear down*** *vi*. 竭尽全力：You'll have to *bear down* if you expect to pass the exam. 你要是指望考试及格的话，就得全力以赴。***bear on*** *vt*. & *vi*. 与…有关；对…有影响：His story does not *bear on* the question. 他所讲的一切与这个问题没有关系。***bear out*** *vt*. [仅用主动语态]支持；证明；证实：The facts *bear out* his claim. 种种事实都证实他的主张是对的。***bear up*** *vi*. ❶支撑；承受；经受住压力：The chair is very old. I don't believe that it will *bear up* much longer. 椅子已经很旧了，我认为它用不了多久。❷挺得住；能坚持下去；不灰心丧气，振作起来；激励；使振作：*bear up* well under [against] a misfortune 面对不幸而坚强不屈 ***bear upon*** *vt*. ＝bear on ***bear with*** *vt*. 忍受；容忍；对…有耐心：You must *bear with* his bad temper, he's very ill. 他的脾气很坏，你得忍着点，他病得很厉害。

☆**bear, abide, endure, stand, suffer, tolerate** 均有"忍受，容忍"之意。**bear** 系普通用语，指能承受痛苦、烦恼或其他令人不快的事情，强调耐心、勇气和忍受能力：She *bore* the pain with great courage. (她非常勇敢地忍受了痛苦。) **abide** 强调忍耐和屈从：How could you *abide* such conditions? (这种环境你怎么受得了呢?) **endure** 指长期忍受连续不断的考验或苦难，强调刚毅和坚韧：He *endured* three years in prison for his religious beliefs. (他因其宗教信仰而忍受三年牢狱之苦。) **stand** 比较口语化，与 bear 可以互换，但强调毫不退缩：She can't *stand* hot weather. (她受不住炎热的天气。) **suffer** 有消极被动地接受痛苦、打击或伤害的含义：She *suffered* the humiliation of being forced to resign. (她蒙受被迫辞职的羞辱。) **tolerate** 暗示为了息事宁人而不反对有害或令人厌恶的事情：How can you *tolerate* that awful woman? (你怎么能忍得了那可恶的女人?)

bear[2] /beəʳ/ *n*. [C] ([复] **bear(s)**) ❶【动】熊：*bear*'s gall 熊胆 ❷行动笨拙的人；粗暴的人；脾气坏的人 ‖ ˈ**bear·like** *adj*.

bear·a·ble /ˈbeərəbᵊl/ *adj*. 可忍受的；可容忍的；忍耐得住的：With a headache the noise was not *bearable*. 头一痛起来，那吵闹声就无法忍受。

beard /biəd/ *n*. [C] ❶(颏上的)胡须，髯(与唇上须 moustache 相区别)；络腮胡子：a false [full] *beard* 假[络腮]胡子 / grow [wear, cultivate] a *beard* 蓄胡子 ❷【动】(山羊等动物的)颔毛；(鸟类嘴上的)须状羽毛；(双翅目昆虫的)口鬃；(牡蛎的)鳃；(软体动物的)足丝

beard·ed /ˈbiədid/ *adj*. 有胡须的；(植物)有芒的；具髯毛的

bear·er /ˈbeərəʳ/ *n*. [C] ❶带信人；持信人；携带者：The messenger was a *bearer* of good news, a victory! 使者带来了好消息：我们胜利啦！❷持票(据)人；(股票等的)持有人：This ticket admits the *bearer* to enter. 持此票者方可入内。

bear·ing /ˈbeəriŋ/ *n*. ❶[C]【机】轴承；承座；

The *bearing* has burned out. 轴承烧坏了。❷[U]关系，联系；影响(*on*, *upon*)：His foolish question has no *bearing on* the problem. 他提的那个愚蠢的问题与本题无关。❸[U]举止；姿态；神态；气质；风度：a man of dignified *bearing* 举止端庄的人 ❹[~s](船等的)方位：The fog was so thick that we lost our *bearings*. 雾太浓了，我们迷失了方向。

bear·ish /ˈbeəriʃ/ *adj.* ❶像熊一样的；暴躁的；粗鲁的；乖戾的；粗笨的：We all dislike his *bearish* manner. 我们都很讨厌他的粗鲁举止。❷行情下跌的；行情看跌的；引起跌风的；担心行情下跌的：a *bearish* market 熊市 ‖ ˈ**bear·ish·ly** *adv.* —ˈ**bear·ish·ness** *n.* [U]

beast /biːst/ *n.* [C] ❶(与植物相对而言的)动物；(尤指与人相对而言的四足)兽，野兽；牲畜(见 animal)：tame a *beast* 驯兽 ❷[**the** ~]兽性：bring out *the beast* in sb. 使某人的兽性发作

beast·ie /ˈbiːsti/ *n.* [C]小动物(如老鼠等)

beast·ly /ˈbiːstli/ **I** *adj.* ❶[有时仅作语气助词]〈口〉令人不快的；令人厌恶的；恶劣的；可憎的：The *beastly* stench almost made him faint. 恶臭几乎把他熏得晕倒。❷野兽(般)的；野蛮的，凶残的；贪欲的；污浊肮脏的；不适于人用的：*beastly* appetites 兽欲 **II** *adv.* 〈口〉很，非常，极其；令人厌憎地：It's *beastly* hard to please him. 要讨他好比登天还难。‖ ˈ**beast·li·ness** *n.* [U]

beat /biːt/ **I** (**beat**, **beat·en** /ˈbiːtᵊn/或 **beat**) *vt.* ❶(接连地)打，击：I *beat* the truth out of him. 我打得他说了实话。❷拍打；拍击；扑扇；使拍动；使撞击：The sea gull was *beating* the air with its wings. 海鸥振翅搏击长空。❸打出(路)；踏出(小径等)；辗出(车辙等)：He *beat* his way out of the mob. 他左右挥击冲出乱哄哄的人群。❹打(拍子)；敲奏出(节奏)：*beat* time with the foot 用脚打拍子 ❺敲(鼓、锣等)；击鼓发出(信号)，击鼓表示…意向：*beat* an alarm 击鼓报警 ❻打败；胜过；超越：I can *beat* him at chess. 我下棋能赢他。—*vi.* ❶(接连地)打，击；敲：He *beat* so hard at [on, upon] the door that the glass broke. 他砰砰猛敲大门，把玻璃都给震碎了。❷(风、雨等)吹打；(太阳等)强烈地照射；(波浪等)冲击：The angry waves were *beating* against the coast. 怒涛汹涌，冲击着海岸。❸有节奏地拍动；(翅膀)扑扇；震动，颤动：The swimmer *beat* about in the water, trying not to drown. 那个游泳的人在水中拼命拍打，试图不让自己沉下水去。❹(心脏等)跳动，搏动：An adult's heart *beats* about 72 times a minute. 成年人的心脏每分钟跳动 72 次。**II** *n.* [C] ❶(连续的)敲，打，击；敲击声：the *beat* of waves on a beach 浪涛拍岸 ❷(心脏、脉搏等的)跳动(声)：a pulse of 72 *beats* per minute 每分钟 72 次心跳 ❸[通常用单](巡警或巡夜人等的)巡逻区域；巡回路线：a police officer walking his *beat* 在管辖区巡逻的警官 ❹[通常用单]【音】节拍；拍子；打拍子：dance to the *beat* of the drum 踏着鼓点跳舞 ‖ ***beat back*** *vt.* 击退；逐回：The troops *beat back* the first assault. 部队击退了第一次进攻。***beat down*** *vt.* & *vi.* 把…打倒(或打败)；平定；镇压；压制：*beat down* a riot 平定一场暴乱 ***beat off*** *vt.* & *vi.* 击退；打退；逐走：*beat off* a savage dog [clouds of mosquitoes] 驱赶一条恶狗[一群蚊子] ***beat out*** *vt.* & *vi.* 击败；压倒；胜过(对手)：*beat out* the competition 压倒所有的竞争对手 ***beat up*** *vt.* & *vi.* 〈口〉痛殴；狠揍；毒打(尤指用拳打脚踢)：He was arrested for *beating up* a taxi-driver. 他因毒打一名出租汽车司机而被逮捕。

beat·en /ˈbiːtᵊn/ **I** *v.* beat 的过去分词 **II** *adj.* [常作定语] ❶锤制的；锤薄的：a bowl (made) of *beaten* silver 锤制的银碗 ❷(路)被踩成的；人们常走的；走出来的：We followed a well *beaten* path through the forest. 我们沿着一条被人们踩出的小径穿过了树林。

beat·er /ˈbiːtəʳ/ *n.* [C] ❶敲打者；锤打加工者：a panel *beater* (汽车车身等的)钣金加工者 / a silver *beater* 锤打银箔的人 ❷拍打器；打蛋器；搅拌器：a rug *beater* 地毯掸子

be·a·tif·ic /ˌbiːəˈtifik/ *adj.* 极乐的，至福的；安详的；天使般的：the *beatific* smile on a child's face 孩子脸上幸福的笑容 ‖ **be·aˈtif·i·cal·ly** *adv.*

be·at·i·fy /biˈætiˌfai/ *vt.* (天主教)为…行宣福礼；(以教令)宣告…已升天列入"真福品位" ‖ **be·at·i·fi·ca·tion** /biːˌætifiˈkeiʃᵊn/ *n.* [U;C]

beat·ing /ˈbiːtiŋ/ *n.* ❶[C;U]打，敲，击；拍打；锤打：give sb. a good *beating* 狠揍某人 ❷[C](尤指在比赛中)失败，败北：get a merciless

[good] *beating* in the finals 在决赛中遭到惨败 ❸[U]跳动；震动：Can you feel the *beating* of my heart? 你能感觉到我的心跳吗？

beat-up /ˈbiːtˈʌp/ *adj.* 〈口〉破旧的；破烂的：He drives an old *beat-up* jalopy. 他开一辆又破又旧的汽车

beau /bəu/ *n.* [C]([复]**beaus** 或 **beaux** /bəu, bəuz/) 男友；情郎

beaut /bjuːt/ *n.* [C]〈口〉[常作反话]美人；好东西；精彩的事物：Your hat's a real *beaut*! 你的帽子可真漂亮！

beau·te·ous /ˈbjuːtjəs/ *adj.* 〈诗〉＝beautiful ‖ ˈ**beau·te·ous·ly** *adv.*

beau·ti·cian /bjuːˈtiʃᵊn/ *n.* [C]美容师；美容专家

beau·ti·ful /ˈbjuːtifᵘl/ *adj.* ❶美的，美丽的，优美的，美好的；产生美感的：*beautiful* music 优美的音乐 ❷令人愉快的：The ballet was *beautiful* to watch. 芭蕾舞表演让人赏心悦目。❸出色的；完美的；[常用作反语]极好的，极妙的：The chef served us a *beautiful* toast of beef. 厨师给我们做了一道精美的烤牛肉。‖ ˈ**beau·ti·ful·ly** *adv.*

beau·ti·fy /ˈbjuːtiˌfai/ *vt.* 使(更)美丽，美化；装饰：They attempted to *beautify* the area by planting trees everywhere. 他们努力在四处植树，借此把该地区装点得更加美丽。‖ **beau·ti·fi·ca·tion** /ˌbjuːtifiˈkeiʃᵊn/ *n.* [U] —ˈ**beau·tiˌfi·er** *n.* [C]

beau·ty /ˈbjuːti/ *n.* ❶[U]美，美丽，优美，美好；美貌，姿色：There is *beauty* in a fine painting. 凡是优秀的绘画作品都具有一种美。❷[C]美人；美好的事物；妙处：The house is a *beauty*. 这幢房子很漂亮。❸[C]〈口〉[常作反话]绝妙的东西(或人)；范例：My headache was a *beauty*. 我的头痛病真是没治。❹[C]优点；好处；妙处：The *beauty* (of his idea) is that it would cost so little. (他的主意的)奥妙之处在于它花费极少。

beauty parlour *n.* [C]美容院

beauty salon *n.* ＝beauty parlour

beaux /bəu, bəuz/ *n.* beau 的复数

beaux arts [复] *n.* 艺术；美术

bea·ver /ˈbiːvəʳ/ *n.* ([复] **bea·ver(s)**) ❶[C]【动】河狸，海狸；海狸状啮齿动物：a large colony of *beavers* 一大群河狸 ❷[U]海狸毛皮：a coat trimmed with *beaver* 用海狸毛皮镶边的外衣

be·calm /biˈkɑːm/ *adj.* (因无风而)使静止不动的；停泊的：The schooner was *becalmed* in the horse latitudes for two weeks. 双桅帆船在副热带无风带因无风雨而抛锚停泊了两周时间。

be·came /biˈkeim/ *v.* become 的过去式

be·cause /biˈkɔz,-ˈkəz/ *conj.* 因为：Dismissals of women *because* they are pregnant is illegal. 妇女一怀孕就把她们解雇的做法是不合法的。‖ ***because of*** *prep.* 因为，由于：It was largely *because of* this that 50,000 of them fled from this city. 他们当中有5万人主要就是为了这个缘故才逃离这座城市的。

☆❶**because, for** 均有"因为"之意。**because** 是从属连词，表示直接的原因或理由，连接的两个事实之间的关系比较明确，两者是直接的因果关系，所引导的从句是全句的重心：She got the job *because* she was the best candidate. (她得到了那份工作，因为她是最佳人选。) **for** 是并列连词，表示附加的或推断的理由，往往是事后或附带对前面陈述的事实进行说明或提供情况；该词引导的并列句不能放在句子的开头，但可单独成句：The man definitely stole the book, *for* I was watching and I saw him do it. (那个男子肯定偷了书，因为我亲眼看见的。) ❷**because, since, as** 均为从属连词，表示"因为"之意。**because** 语气最强，表示最直接的、充分的原因或理由：Just *because* I don't complain, people think I'm satisfied. (因为我没发牢骚，人们就以为我心满意足了。) **since** 比 **because** 语气稍弱，是较随便的用语，所说明的有时不是根本或直接原因，而是一种"附带原因"，往往放在句首：*Since* you can't answer the question, perhaps we'd better ask someone else. (既然你不能回答这个问题，我们也许该问问别人。) **as** 是比 **since** 语气更弱、更随便的用语，通常用在口语中，表示的理由往往是明显的或者被认为是已知的；它所引导的从句常在主句前面，用来表示原因；主句在后，说明结果：*As* she has no car, she can't get there easily. (她因为没有汽车，去那里很不容易。)

beck /bek/ *n.* 小溪 ‖ ***at sb.'s beck and call*** 听凭某人使唤；唯某人之命是从，随某人俯仰：I'm not *at your beck and call*, you know. 你应当明

白，我是不让你任意摆布的。

beck•on /ˈbekᵊn/ *vt.* ❶(以招手、点头等)向…示意；召唤：*beckon* sb. in [out, over] 示意某人进来[出去，过来] ❷吸引；引诱：Plentiful wild animals *beckoned* many hunters into the forest. 大量野生动物吸引许多猎手进入森林。—*vi.* ❶(以招手、点头等)示意；召唤(*to*)：Mother *beckoned* for them *to* hurry. 母亲吩咐他们快些。❷吸引；引诱：On the Pacific Coast, promised lands *beckoned*. 沿太平洋海岸欣欣向荣的土地吸引着人们。‖ **ˈbeck•on•er** *n.* [C]

be•cloud /biˈklaud/ *vt.* ❶(云雾等)遮；使变暗：a room *beclouded* with steam 水蒸气弥漫的房间 ❷遮掩；使混乱：Too many big words *becloud* the meaning. 大字眼用得太多会把意思搞得含混不清。

be•come /biˈkʌm/ *vi.* (**be•came** /biˈkeim/, **be•come**) 变成，成为；(开始)变得：When the sun goes down it *becomes* colder. 太阳一落山，天就开始变冷。‖ ***become of*** *vt.* 是…的结果；发生于；使遭遇：What will *become of* him? 他的情况会怎么样呢？

☆**become** 和 **turn, go** 一样，可以表示"变成，成为"，但它们在用法上有所不同。**become** 后面可以跟大多数形容词，用于人或物：The weather *became* warmer. (天气变得更暖和了。) **turn** 后面可以跟表示颜色的形容词：His hair *turned* grey. (他的头发变白了。) 在口语中，或者当颜色的改变只是短暂的时，也可以用 **go**。试比较：She's *going* (口语体) grey. (她的头发变得灰白。) **go** 还可以表示某种变化(通常是变坏)：The meat's *gone* bad. (肉变质了。)

be•com•ing /biˈkʌmiŋ/ *adj.* ❶(颜色、衣服等)合适的；相配的；好看的：Pink always looks very *becoming* on her. 她穿粉红色的衣服总是很好看。❷[通常作表语]适当的；适宜的：His laughter was not very *becoming* on such a solemn occasion. 在如此严肃的场合，他的笑声不很得体。

bed /bed/ **I** *n.* ❶[C; U]床，床铺；床位；床架；床垫：a mahogany *bed* 红木床 ❷[U]睡觉；就寝时间：time for *bed* 就寝时间 ❸[C](苗)床，坛，圃；圃中植物：a flower *bed* 花坛 ❹[C](河)床；(湖、海的)底；(大量生长某种生物的)海底：The *bed* of the river was muddy. 该河河床多烂泥。**II** (**bed•ded; bed•ding**) *vt.* 为…提供床铺(或宿处)；给(牲畜)铺草作睡处：The farmer *bedded* his horse in the barn. 农场主在马厩里安顿他的马歇息。‖ ***get up on the wrong side of the bed*** *vi.* 〈口〉整天心绪不好；成天闹脾气：He must have *got out of bed on the wrong side* today, because he shouted at everybody in the office. 今天他一定是心绪不好，要不然他为什么在办公室里对谁讲话都是大叫大嚷。***go to bed*** *vi.* 上床睡觉，就寝：When did you *go to bed* last night? 昨晚你什么时候睡觉的？

BEd. *abbr.* Bachelor of Education 教育学学士

be•daub /biˈdɔːb/ *vt.* [尤用于被动语态](尤指用油漆等)涂满；弄脏：a wall *bedaubed* with mud 溅满污泥的墙壁

bed•bug /ˈbedˌbʌg/ *n.* [C]【昆】臭虫，床虱；臭虫科昆虫

bed•clothes /ˈbedˌkləuðz/ [复] *n.* 床上用品(指床单、毛毯、被子、枕头、床罩等)：He pulled the *bedclothes* up over his head. 他拉起被子把头蒙了起来。

bed•ding /ˈbediŋ/ *n.* [U] ❶寝具，铺盖(指床单、被褥、床垫、床罩、床等) ❷为家畜睡觉铺的草料(或木屑等)：Straw is used as *bedding* for cows and horses. 干草被用来为奶牛和马铺睡铺。

be•deck /biˈdek/ *vt.* [常用被动语态](尤指过分华丽地)装饰；打扮(见 adorn)：The hero was *bedecked* with medals. 英雄身上挂满勋章。

be•dev•il /biˈdevᵊl/ *vt.* (**-il(l)ed; -il•(l)ing**) [常用被动语态] ❶纠缠，搅扰；折磨；虐待；使发狂：an office *bedeviled* by electrical power failures 经常停电的办公室❷使迷惑；使混乱；使受挫：an issue *bedeviled* by prejudices 被种种偏见搅乱的问题 ‖ **beˈdev•il•ment** *n.* [U]

bed•fel•low /ˈbedˌfeləu/ *n.* [C] ❶同床者 ❷伙伴；盟友：The oddest of enemies might become *bedfellows*. 死敌也可成为盟友。

bed•lam /ˈbedləm/ *n.* [U]喧闹，混乱；喧闹混乱的场面(或场所)：a *bedlam* of laughter 一片笑闹声

Bed•ou•in, bed•ou•in /ˈbeduin/ *n.* [C] ([复]-**in(s)**) ❶贝都因人(中东沙漠里的游牧阿拉伯人) ❷游牧人；流浪者

bed•pan /ˈbedˌpæn/ *n.* [C](病人用的)床上

便盆

be·drag·gled /bi'drægld/ *adj*. 又湿又脏的；显得蓬头垢面的：The tents looked very *bedraggled* after the storm. 暴风雨过后，帐篷又湿又脏。

bed·rid·den /'bedˌridᵊn/ *adj*. 卧床不起的：He's *bedridden* with [by] flu. 他因感冒而卧床不起。

bed·rock /'bedˌrɔk/ *n*. ❶[U]【地质】基岩，底岩，床岩 ❷[C]基本原理，基本原则；基本事实：Honesty was the *bedrock* of his personal life. 诚实是他个人生活的基本准则。

bed·room /'bedruːm,-ˌrum/ *n*. [C]寝室，卧室：We've a spare *bedroom* for guests. 我们有一间空闲的卧室可供客人使用。

bed·side /'bedˌsaid/ *n*. [通常用单]床边（尤指病床边）：visit the *bedside* of friends who are ill 探望生病的朋友

bed·sore /'bedˌsɔːʳ,-ˌsəuʳ/ *n*. [C]【医】褥疮：develop [get] a *bedsore* 生[患上]褥疮

bed·spread /'bedˌspred/ *n*. [C]床罩

bed·stead /'bedˌsted/ *n*. [C]床架

bed·time /'bedˌtaim/*n*. [U;C]上床时间，就寝时间：regular *bedtime* 通常上床睡觉的时间

bee /biː/ *n*. [C] ❶【昆】蜂；蜜蜂：a swarm [cluster, colony] of *bees* 一群蜜蜂 ❷（邻里朋友以竞赛、互助等为目的的）聚会：The teacher let us have a spelling *bee* today. 今天老师让我们进行拼字竞赛。‖ ***have a bee in one's bonnet*** *vi*. 老想着某件事；对某件事想得入了迷：When he *has a bee in his bonnet*, he won't consider anything else. 只要对某件事入了迷，他别的什么也不顾了。

beech /biːtʃ/ *n*. ❶[C]([复]**beech(·es)**)【植】山毛榉；柏 ❷[U]山毛榉木材

beef /biːf/ *n*. [U]牛肉：There is cold *beef* going. 有冻牛肉出售。

beef·steak /ˌbiːf'steik, 'biːf-/ *n*. [U]（烤炸用的）牛肉块；牛排

beef·y /'biːfi/ *adj*. ❶牛肉的；牛肉似的：a *beefy* taste 牛肉味儿 ❷强壮的；粗壮的：a *beefy* wrestler 粗壮的摔跤运动员 ‖ **'bee·fi·ness** *n*. [U]

bee·hive /'biːˌhaiv/ *n*. [C] ❶蜂箱；蜂窝；蜂巢；蜂房 ❷拥挤吵闹的地方（或场面）❸蜂窝形建筑

been /biːn/ *v*. be 的过去分词

beep /biːp/ **I** *n*. [C] ❶（汽车喇叭等发出的）短促刺耳的嘟嘟声：The car gave a few hearty *beeps*. 汽车喇叭猛响了几下。❷（电台、无线电装置等发出的）短促尖利的信号声：Please give your message when you hear the *beep*. 听见嘟嘟响就请你讲话。**II** *vi*. ❶按响喇叭：The cars *beeped* and *beeped*, but no one moved. 汽车喇叭响了又响，但是谁也没动。❷发出短促尖厉的声音：When the timer *beeps*, take the cake out of the oven. 定时器嘟嘟一响，就把炉子上的蛋糕取出。

beep·er /'biːpəʳ/ *n*. [C]（携带式）无线电寻呼机，拷机

beer /biəʳ/ *n*. ❶[U;C]啤酒：a glass of yellow *beer* 一杯黄啤酒 ❷[C]一客啤酒，一份（或一杯、一瓶、一听等）啤酒：drink a cool *beer* 喝一份冰啤酒

bees·wax /'biːzˌwæks/ **I** *n*. [U] ❶蜂蜡〔亦作 **wax**〕❷黄蜡（用蜂蜡制成，用于家具上光、制蜡烛、做模型等）**II** *vt*. & *vi*. 用蜡擦；用蜡处理

beet /biːt/ *n*. [U] ❶【植】甜菜 ❷甜菜根

bee·tle /'biːtᵊl/ *n*. [C]【昆】甲虫

be·fall /bi'fɔːl/ *vt*. (**-fell** /-'fel/, **-fall·en** /-'fɔːlᵊn/)（通常指不幸的事）发生于；降临于：Be careful that no harm *befalls* you. 小心别伤着自己。

be·fit /bi'fit/ *vt*. (**-fit·ted**; **-fit·ting**) 适合于；对…适当：He came dressed as *befits* someone of his rank. 他穿着与其职位相当的衣服来了。‖ **be'fit·ting·ly** *adv*.

be·fit·ting /bi'fitiŋ/ *adj*. 适当的：act with *befitting* modesty 谦恭得体

be·fogged /bi'fɔgd/ *adj*. 模糊的；糊涂的；为难的

be·fore /bi'fɔːʳ/ **I** *prep*. ❶[指时间]在…之前：the day *before* yesterday 前天 ❷[指位置]在…前面：He paused *before* the door. 他在门前停了下来。❸[指顺序、地位、重要性等]在…之前，先于：put honour *before* everything else 把荣誉看得比什么都重要 ❹（宁可…而）不愿：choose death *before* dishonour 宁死而不可辱 **II** *adv*. [无比较级] ❶较早：Come at eight, not *before*. 8 点钟来，可别提前了。❷以前；已经：

I told you about her *before*. 我以前同你谈过她的情况。**III** *conj*. 在…以前：I would like to talk to her *before* she goes. 我想在她走以前跟她谈一次。

B

be•fore•hand /biˈfɔːˌhænd/ **I** *adv*. [无比较级] 事先，预先；有准备地：I'd rung up *beforehand* to book a table. 我预先打电话订好一张桌子。**II** *adj*. [无比较级][通常作表语]预先准备好的；早做准备的：You feared that I should be *beforehand* with you. 你害怕我捷足先登。

be•friend /biˈfrend/ *vt*. ❶友好对待；亲近；与…交朋友：The children *befriended* the lost dog. 孩子们亲近迷了路的狗。❷帮助；扶助：*befriend* those in need 帮助那些遇到困难的人们

be•fud•dle /biˈfʌdᵊl/ *vt*. 使糊涂；使迷糊；使昏沉：a mind *befuddled* by weariness 因疲惫不堪而弄得昏昏沉沉的脑袋 ‖ **beˈfud•dle•ment** *n*. [U]

beg /beg/ (**begged**；**beg•ging**) *vi*. ❶乞求施舍；行乞；乞讨(*for*)：*beg for* a living [live by *begging*] 靠讨饭度日 ❷(谦卑地)要求，恳求，请求(*for*)：*I beg* of you to forgive me. 我恳求您宽恕我。—*vt*. ❶乞讨；乞求：*beg* money from the people in the street 在街上向人讨钱 ❷(谦卑地)要求，恳求，请求：He *begged* his mother to forgive him. 他恳求母亲宽恕他。❸[正式场合的礼貌用语]请(允许)，请(原谅)：I *beg* (leave) to take exception. 请允许我表示异议。‖ ***beg off*** *vi*. & *vt*. 恳求免除某种义务(或约束等)；恳求免除(某种义务、约束等)：*beg off* the invitation to a party 谢绝参加聚会的邀请 ***go begging*** *vi*. ❶去乞讨 ❷(商品等)销路不佳；无人过问；没人要：I'll take the last piece of cake if it's *going begging*. 最后这块饼没人要我就要。

be•gan /biˈgæn/ *v*. begin 的过去式

be•gat /biˈgæt/ *v*. 〈古〉beget 的过去式

be•get /biˈget/ *vt*. (**-got** /-ˈgɔt/或〈古〉**-gat** /-ˈgæt/；**-got•ten** /-ˈgɔtᵊn/或**-got** /-ˈgɔt/；**-get•ting**)〈书〉❶(通常指父亲，有时也指双亲)生(子女)；为…之生父：Abraham *begot* Isaac. 亚伯拉罕生了以撒[亚伯拉罕是以撒的生父]。❷产生；引起；导致；招致：Hate *begets* hate and love *begets* love. 怨生怨，爱生爱。

beg•gar /ˈbegəʳ/ *n*. [C]乞丐，行乞者，叫花子：A street *beggar* with skinny bodies and dusty skin held out his hand, asking for a coin. 马路上一个骨瘦如柴、满身污垢的乞丐伸手讨钱。

beg•gar•ly /ˈbegəli/ *adj*. ❶乞丐(似)的；极穷的，赤贫的：*beggarly* living conditions 乞丐般的生活条件❷少得可怜的：He possesses only the most *beggarly* education. 他受的教育少得可怜。

be•gin /biˈgin/ (**be•gan** /ˈ-gæn/，**be•gun** /ˈ-gʌn/；**be•gin•ning**) *vi*. ❶开始，着手；开始存在(或出现、进行等)：They *began* by saying a prayer. 他们从祈祷开始。❷成立；创办：The club *began* two years ago. 俱乐部是两年前成立的。—*vt*. ❶开始；动手干：Let's *begin* the lesson. 咱们开始上课吧。❷创建，创办，创立；发起：They *began* the newspaper as a political weapon. 他们创办报纸，把它用作政治斗争的武器。‖ ***begin with*** *vt*. 以…开始；以…为起点：The story *begins with* their marriage. 故事从他俩结婚讲起。***to begin with*** *adv*. ❶首先，第一：Our difficulties are many; *to begin with*, we can't get the workers. 我们的困难是多方面的。首先，我们招不到工人。❷开始时，作为开始；原先：It was fine *to begin with* and then it started to rain. 开始天气还好好的，后来就下起雨来了。***Well begun is half done.*** 〈谚〉良好的开端是成功的一半。

be•gin•ner /biˈginəʳ/ *n*. [C]初学者；新手；生手(见 amateur)：I'm just a *beginner* in woodworking. 我不过是刚学着干木工活的。

be•gin•ning /biˈginiŋ/ *n*. [C；U] ❶开始，起初；开端，开头；起点：start at the very *beginning* 从头开始 ❷起源；起因：a millionaire who rose from humble *beginnings* 出身卑微的百万富翁

be•gone /biˈgɔn/ *vi*. 〈古〉[只用于祈使句或不定式]走；走开：Let us *begone*, the day is wearing fast. 咱们走吧，时间过得真快呀。

be•go•ni•a /biˈgəuniə/ *n*. [C]【植】秋海棠；秋海棠属植物

be•grudge /biˈgrʌdʒ/ *vt*. ❶对…表示不满(或发怨言)；对…不感兴趣：He *begrudges* every penny he pays in tax. 他每缴一分钱税都要发牢骚。❷嫉妒；羡慕：She *begrudged* (him) his youth. 她羡慕他的年轻。‖ **beˈgrudg•ing•ly** *adv*.

be•guile /biˈgail/ *vt*. ❶使陶醉；迷住；给…娱乐

(或消遣):a multitude of attractions to *beguile* the tourist 大量使旅游观光者为之流连忘返的迷人景物 ❷欺骗,诱骗:His flattery *beguiled* me into thinking he was my friend. 我为他的阿谀奉承所蒙蔽,引其为友。❸向…骗取(或诈取):He was *beguiled* (out) of all his savings. 他的积蓄全被人骗走了。❹使(时间等)过得愉快:*beguile* (away) the time by telling jokes 以说笑话来消磨时光 ‖ **be'guile·ment** *n.* [U] —**be'guil·er** *n.* [C]

be·guil·ing /bi'gailiŋ/ *adj.* 迷人的:a *beguiling* smile 迷人的微笑 ‖ **be'guil·ing·ly** *adv.*

be·gun /bi'gʌn/ *v.* begin 的过去分词

be·half /bi'hɑːf;-'hæf/ *n.* [U]利益;方面;赞同,支持 ‖ ***in behalf of*** *prep.* =on behalf of ***in sb.'s behalf*** *adv.* =on sb.'s behalf ***on behalf of*** *prep.* ❶作为…的代表(或代言人):A lawyer acts *on behalf of* his client. 律师是作为当事人的代言人。❷为了…的利益;为了:I'm collecting *on behalf of* the blind. 我正在为盲人进行募捐。***on sb.'s behalf*** *adv.* ❶代表某人;作为某人的代言人:Ken is not present, so I shall accept the prize *on his behalf*. 肯没有出席,所以我将代表他领奖。❷为了某人的利益;为了某人:A number of scientists are campaigning *on our behalf*. 一些科学家正在为我们进行活动。

be·have /bi'heiv/ *vi.* ❶[后接修饰词语]表现;以某种态度对待(*to*,*towards*):He *behaves* like a gentleman. 他的一举一动像个绅士。❷行为规矩;举止良好;听话:Children are taught to *behave*. 要教孩子们听话。—*vt.* [~ **oneself**]使(自己)表现良好:Not unless you promise *behave yourself*. 除非你答应我放规矩点。

be·hav·i·o(u)r /bi'heiviəʳ/ *n.* [U] ❶举止;行为;表现:exhibit eccentric *behaviour* 表现出反常的行为❷(机器、轮船等的)运行情况:The compass is showing strange *behaviour*. 罗盘上出现异常情况。 ‖ ***be on* [*upon*] *one's best behaviour*** *vi.* (在试用或接受考查时期)行为检点,举止良好,循规蹈矩:Tell the children to be *on their best behaviour*. 教孩子们放规矩点。

be·hav·i·o(u)r·al /bi'heivjərəl/ *adj.* [无比较级](有关)行为的,行为方面的:*behavioural* patterns 行为模式

be·hav·i·o(u)r·ism /bi'heiviəˌrizᵊm/ *n.* [U]【心】行为主义;行为主义(心理)学派

be·head /bi'hed/ *vt.* 砍…的头,斩…的首:Traitors used to be *beheaded*. 在过去叛徒通常是要被斩首的。 ‖ **be'head·er** *n.* [C]

be·he·moth /bi'hiːmɔθ,'biːəməθ/ *n.* [C]庞然大物:a *behemoth* of a book 一部巨著

be·hest /bi'hest/ *n.* [通常用单]〈书〉命令;训谕,指示;吩咐:obey sb.'s *behest* 服从某人的命令

be·hind /bi'haind/ **I** *prep.* ❶在…的背后;向…的背后;到…的背后:We went down stairs, one *behind* another. 我们一个跟一个,鱼贯走下楼梯。❷对…来说已成过去:I've got the exams *behind* me now. 现在我的考试都已完毕。❸迟于,晚于:He finished *behind* the others. 他比其他的人完成得晚。❹隐藏在…的背后;作为…的背景(或潜在的原因):malice *behind* the mask of friendship 在友谊的面纱掩盖下的险恶用心 ❺支持;作…的后盾:I am asking for longer holidays, and all the other students are *behind* me. 我主张延长假期,所有学生都支持我。❻落后于;不如:We are five goals *behind* the other team. 我队以 5 分之差落后于对方。**II** *adv.* [无比较级] ❶在背后;向背后;到背后:a house with a garden *behind* 屋后有花园的房子 ❷(留)在原处;(遗留)在后:I've left the books *behind*. 我的书忘记拿了。❸(钟表等)慢,不准时;迟,不按时:The plane was more than twenty minutes *behind* today. 今天飞机误点了 20 多分钟。

be·hold /bi'həuld/〈书〉**I** (**-held** /-'held/) *vt.* ❶看,观看;看见,看到:get up early to *behold* the sunrise 早起观看日出 ❷注视;观察:He *beheld* the scene with the eyes of a painter. 他以一个画家的眼光观察景色。**II** *int.* [多用于祈使句,用以唤起注意]看,瞧:*Behold*! the king! 瞧! 国王! ‖ **be'hold·er** *n.* [C]

be·hold·en /bi'həuldᵊn/ *adj.* [无比较级][通常作表语]负有义务的;感激的,铭感的(*to*):I am much *beholden to* you for your advice. 对你所提供的意见,我不胜感激。

be·hoove /bi'hauv/ *vt.* 〈主美〉[主语常用 it] ❶对(某人)来说有必要,是(某人)责无旁贷:It *behooves* you to work hard if you want to keep this job. 如果你想保住这份工作,那就得拼命干。❷[常用于否定句]适合:It *behooves* Anne to accept the money. 安妮不该接受这笔钱。

beige /beiʒ/ **I** *n.* [U]米黄色；浅棕色 **II** *adj.* 米黄色的；浅棕色的

be·ing[1] /'biːiŋ/ *v.* be 的现在分词

B

be·ing[2] /'biːiŋ/ *n.* ❶[U]在，存在；生存：It's man's social *being* that determines his thinking. 人们的社会存在决定人们的思想。❷[U]（一个人的）灵与肉，身心：throw one's whole *being* into the work 全身心地投入工作 ❸[C]存在物；生物；人：animate *beings* 生物

be·jew·el·(l)ed /bi'dʒuːəld/ *adj.* [无比较级]饰以珠宝的；以珠状物点缀的：The sky is *bejewelled* with stars. 天空点缀着繁星。

bel /bel/ *n.* [C]【物】贝尔（电学和声学中计量功率或功率密度比值的单位）

be·la·bo(u)r /bi'leibəʳ/ *vt.* ❶痛打；攻击；抨击：*belabour* sb. with insults 对某人大肆辱骂 ❷就…作过多的说明（或讨论等）；向…唠叨；责骂：We all see your point; there's no need to *belabour* it. 我们大家都已明白你的观点，没有必要作过多的说明。

be·lat·ed /bi'leitid/ *adj.* [无比较级]来迟（或太迟）的；延误的：a *belated* apology 早该表示的歉意 ‖ **be'lat·ed·ly** *adv.* —**be'lat·ed·ness** *n.* [U]

belch /beltʃ/ **I** *vi.* 打嗝，嗳气：He *belched* after eating too much. 他暴食之后打起嗝来。—*vt.* ❶喷发，喷射；大量冒出（烟等）：factory chimneys *belching* smoke 一座座冒着烟的工厂烟囱 ❷怒气冲冲地说出（咒骂或侮辱的话等）**II** *n.* [C]打嗝，嗳气：emit [let out, give forth] a *belch* 打嗝 ‖ **'belch·er** *n.* [C]

be·lea·guer /bi'liːgəʳ/ *vt.* ❶包围，围住；烦扰，困扰：a landlord *beleaguered* by complaining tenants 被牢骚满腹的房客们团团围住的房东 ❷围攻；围困：*beleaguer* a castle 围困城堡

bel·fry /'belfri/ *n.* [C] ❶【建】钟楼，钟塔；（钟楼的）钟室，钟阁 ❷（钟室内的）悬钟架

Bel·gian /'beldʒ°n/ **I** *n.* [C]比利时人（或居民）**II** *adj.* ❶比利时的 ❷比利时人的

be·lie /bi'lai/ *vt.* (**-lied; -ly·ing**) ❶证明（或显示）…是假的；与…不符，违背：Her cruelty *belied* her kind words. 她的心狠手辣表明她的好话全是骗人的。❷掩饰；给人以…的假象；使人对…产生误解：The newspaper *belied* the facts. 那张报纸掩盖了事实真相。

be·lief /bi'liːf/ *n.* ❶[C]信仰；信条；教义：Christian *beliefs* 基督教教义 ❷[C]信念；想法，看法：give up [relinquish] one's *beliefs* 放弃自己的信念 ❸[U]相信；信任；信赖：be unworthy of *belief* 不可置信

☆**belief, confidence, conviction, credence, credit, faith** 均有"相信；信任"之意。**belief** 一词最普通，它暗示某物是真的而在思想上予以接受，即使没有绝对的把握：I haven't much *belief* in his honesty.（我对他的诚实缺乏足够的信心。）**confidence** 暗示对某事的可靠性抱有直觉的信心，尤其是当这种信心是以理智或证据为依据时：There is a lack of *confidence* in the government.（人民对政府缺乏信心。）**conviction** 指坚定不移的信念：That's my *conviction* that complacency is at the root of our troubles.（我深信自满情绪是我们各种问题的根源。）**credence** 纯粹表示思想上接受也许没有可靠事实根据的事物，常用于新闻报道、谣传、见解等，极少用于宗教信仰和哲学原理方面：I attach little *credence* to what he says.（我对他的话姑妄听之。）**credit** 往往特指提出事物让他人接受的人具有讲真话的信誉：Recent developments lend *credit* to previous reports.（最近的事态说明先前的报道是可靠的。）**faith** 暗示即使在缺乏证据的情况下也对某物完全、毫不怀疑地接受，尤其指接受不以理智为依据的事物：Have you any *faith* in what he says?（你相信他的话吗？）

be·lieve /bi'liːv/ *vt.* [不用进行时态] ❶相信：We all *believe* (that) the earth is round. 我们都相信地球是圆的。❷认为，以为；猜想，设想：The fugitive is *believed* to be headed for the Canadian border. 据信，逃犯正在向加拿大边界方向逃窜。—*vi.* ❶相信：The man who really *believes* follows that which he *believes*, fearless of consequences. 凡真正信仰自己主义的人，就会去实践自己的信仰而对于一切后果无所畏惧。❷想，认为，判断；猜想，设想：He's very well known, I *believe*, in Germany. 我猜想，他在德国是很有点名气的吧。‖ ***believe in*** *vt.* ❶相信…的存在：*believe in* miracles 相信奇迹（确会发生）❷相信…的真实性：Do you *believe in* everything your teacher says? 你相信你们老师说的每句话吗？❸信任，信赖；确信…的价值；相信…可行：I'm a man who *believes in* showing his gratitude. 我这人一向有恩必报。❹信仰：Chinese citizens enjoy the freedom to *believe in* religion and the freedom not to *believe in* it and to propagate atheism. 中国公民有信仰宗教的自由和不信仰宗教而宣传无神论的自由。‖ **be·liev·a·bil·i·ty** /biˌliːvəˈbiliti/ *n.* [U] —**beˈliev·a·ble·ness** *n.* [U] —**beˈliev·a·ble** *adj.* —**beˈliev·a·bly** *adv.* —**beˈliev·er** *n.* [C] —**beˈliev·ing·ly** *adv.*

be·lit·tle /biˈlitᵊl/ *vt.* 轻视；小看；贬低：*belittle* sb.'s merits 贬低某人的优点

bell /bel/ *n.* [C] ❶钟；铃：You ought to have a *bell* on your bicycle. 你的自行车上应当装铃。❷[通常用单]钟声；铃声：the dinner *bell* 就餐铃声 ‖ ***ring a bell*** *vi.* 〈口〉引起模糊回忆；听起来熟悉；激起怀旧兴趣：Whenever I see a dog, it *rings a bell*. I remember when I was bitten by one. 不管什么时候，只要看见狗我就会依稀记得给狗咬过一次。***saved by the bell*** *adj.* 〈口〉❶(拳击运动员)因铃声宣告"时间到！"而幸免于败 ❷得以幸免

bell-bot·tom /ˈbelˌbɔtəm/ *n.* [C] ❶喇叭形裤腿 ❷[～s]喇叭裤 ‖ **ˈbell-ˌbot·tomed** *adj.*

bell·boy /ˈbelˌbɔi/ *n.* [C](旅馆等处为客人搬运行李等的)男服务员

belle /bel/ *n.* [C]美女，美人；(某地或某社交场合等的)最美的美人

bells-let·tres /belˈletrə/ *n.* [U][通常用单]美文学；纯文学(指强调其文学之美而不注重其实用意义的文学) ‖ **belˈlet·rist** /-trist/ *n.* [C] —**bel·let·ris·tic** /ˌbeleˈtristik/ *adj.*

bell·hop /ˈbelhɔp/ *n.* [C](旅馆等处为客人搬运行李等的)男服务员

bel·li·cose /ˈbelikəus/ *adj.* 好战的；好争斗的；好吵架的：a *bellicose* people 好战的民族 ‖ **ˈbel·li·cose·ly** *adv.* —**bel·li·cos·i·ty** /ˌbeliˈkɔsiti/ *n.* [U] —**ˈbel·li·cose·ness** *n.* [U]

bel·lig·er·ence /biˈlidʒərəns/, **bel·lig·er·en·cy** /-si/ *n.* [U] ❶好战(性)；好斗(性)；侵略(性)：They watched him, their eyes heavy with *belligerence*. 他们直盯着他看，流露出一种杀气腾腾的眼神。❷交战状态

bel·lig·er·ent /biˈlidʒərənt/ I *adj.* ❶好战的；好斗的；好寻衅的：She gave me a *belligerent* stare. 她恶狠狠地瞪了我一眼。❷[作定语]交战中的；卷入冲突的；在斗殴的：the *belligerent* powers of the Middle East 中东交战的诸国 II *n.* [C] ❶交战国；交战国公民(或军人) ❷斗殴者 ‖ **belˈlig·er·ent·ly** *adv.*

bel·low /ˈbeləu/ *vi.* ❶(公牛、雄象等)吼叫：The bull has been *bellowing* out all morning. 公牛整个上午大吼不止。❷怒吼；咆哮：*bellow* with [in] pain 因痛苦不堪而大声惨叫 —*vt.* 大声发出；大声喊出：*bellow* out a laugh 哈哈大笑 ‖ **ˈbel·low·er** *n.* [C]

bel·lows /ˈbeləuz/ [复] *n.* [单复同](摺式)风箱；手拉吹风机(俗称皮老虎)：a pair of *bellows* 风箱

bell pepper *n.* [U；C]青椒；甜椒；灯笼椒

bell·weth·er /ˈbelˌweðəʳ/ *n.* [C] ❶系铃带头(公)羊 ❷群氓盲从的首领：the *bellwether* of a mob 一群乌合之众的头儿

bel·ly /ˈbeli/ *n.* [C] ❶(人或动物的)腹，腹部，肚子：the horse's *belly* 马的腹部 ❷腹腔 ❸胃：have a pain in one's *belly* 肚子疼

bel·ly·ache /ˈbeliˌeik/ 〈口〉 I *n.* [C；U]肚子痛，腹痛；胃痛 II *vi.* (尤指为小事)喋喋不休地发牢骚；嘀咕着抱怨：What are you *bellyaching* about? 你在发什么牢骚？

bel·ly·but·ton /ˈbeliˌbʌtᵊn/ *n.* [C]〈口〉肚脐

bel·ly-dance /ˈbeliˌdɑːns；-ˌdæns/ *vi.* 表演肚皮舞(或摆腹舞) ‖ **ˈbel·ly-ˌdanc·er** *n.* [C] —**ˈbel·ly-ˌdanc·ing** *n.* [U]

bel·ly·ful /ˈbeliful/ *n.* [C][通常用单]〈口〉过量：That country has had its *bellyful* of war and famine. 那个国家已经饱受战争和饥荒之苦。

bel·ly-laugh /ˈbeliˌlɑːf/ *n.* [C]〈口〉(抖动肚子的)哈哈大笑，开怀大笑

be·long /biˈlɔŋ/ *vi.* ❶属于：All power in the People's Republic of China *belongs to* the people. 中华人民共和国的一切权力属于人民。❷应被放置(在某处)；应(和某人)生活在一起：Where does this *belong*? 这东西该放在何处？

be·long·ing /biˈlɔŋiŋ/ *n.* ❶[C][常作～s]所有物；占有物；财物；动产；(尤指随身携带的)行李：Pack up your *belongings* and leave! 卷起铺盖滚吧！❷[U]亲密关系；归属：a sense of *belonging* 归属感

B

be·lov·ed /bi'lʌv'd/ **I** *adj.* ❶/bi'lʌvd/ [通常作表语]深受…爱戴的；为…钟爱的(*by*, *of*)：This house was *beloved by* my mother. 这幢房子深得我母亲的喜欢。❷[通常作定语]受爱戴的，被深爱的：He was pleased to be in Austria, close to his *beloved* wife. 他很高兴回到奥地利，来到爱妻的身边。**II** *n.* [C][通常用单]心爱的人；情人，恋人：He wrote a sonnet to his *beloved*. 他写了一首十四行诗献给他的心上人。

be·low /bi'ləu/ **I** *prep.* ❶[指位置]位于…的下面；到…的下面(见 under)：The Dead Sea is *below* sea level. 死海在海平面之下。❷[指级别、地位、程度、数量、比率等]低于，在…之下：A captain ranks *below* a major. 上尉的军衔低于少校。**II** *adv.* [无比较级] ❶在下面；到下面：the sky above and the sea *below* 上面的天空和下面的海洋❷在楼下，在下层甲板；到楼下，到下层甲板：live on the floor *below* 住在楼下 ❸在较低的数量(或级别、地位、程度等)上；在下级；在零下：be demoted to the class *below* 留级到低一级的班里

belt /belt/ **I** *n.* [C] ❶腰带；皮带；肩带；带(如高空作业用的保险带等)：a safety *belt* 安全带 ❷饰带；(表示伯爵、骑士等地位的)爵位绶带；(授予拳击、摔跤等项目获胜运动员的)荣誉饰带：She holds a black *belt* in judo. 她获得柔道的黑腰带。❸【机】(皮)带；输送带；传送带：A *belt* connected to the motor moves the fan in an automobile. 与马达相连的皮带牵动汽车水箱的散热风扇。❹地带；(具有一定文化、地质、生态等特征的)地区：a cotton *belt* 产棉区 **II** *vt.* ❶用带系上；用带束紧：Mary *belted* her dress. 玛丽束紧连衣裙上的腰带。❷(用皮带)抽打：The cruel master *belted* his dog. 残暴的主人用皮带抽打他的狗。—*vi.* 〈俚〉飞奔；疾驰：He *belted* out of the side door. 他从边门窜了出去。‖ ***below the belt*** *adj.* & *adv.* ❶(拳击中犯规攻击对手)腰带以下部位的(地) ❷〈口〉不公正的(地)；不光明正大的(地)；卑劣的(地)：hit a person *below the belt* 暗中伤人 ***under one's*** [***the***] ***belt*** *adj.* & *adv.* 〈口〉❶(食物)吃进肚子里；(酒或其他饮料)被喝掉：With a few Scotches *under his belt*, he's everyone's friend. 几杯苏格兰威士忌下肚后，他见到谁都是亲如朋友。❷为…所有；为…记得(或赢得、获得、经历过)：Jim has to get a lot of algebra *under his belt* before the examination. 杰姆得赶在考试前多学一点代数。‖ '**belt·er** *n.* [C] —'**belt·less** *adj.*

belt·way /'belt,wei/ *n.* [C](环绕城市或某一特定地区的)环形道，环形公路

be·lu·ga /bə'lu:gə/ *n.* [C]([复]-**ga**(**s**)) ❶【鱼】白鲟 ❷【动】白鲸

be·moan /bi'məun/ *vt.* ❶为…感到悲哀；为…恸哭；哀悼：*bemoan* one's brother's death 哀悼兄弟的去世 ❷悲叹；抱怨；对…表示惋惜：He *bemoaned* his fate in being born the younger son. 他自叹命运不好，天生是个次子。

be·mused /bi'mju:zd/ *adj.* 困惑的；茫然的：He was faintly *bemused* by the reporter's questions. 他因记者的发问而感到有点困惑。‖ **be·mus·ed·ly** /bi'mju:zidli/ *adv.* —**be'muse·ment** *n.* [U]

bench /bentʃ/ *n.* ❶[C](木或石制的)长凳，条凳，长椅；(艇内的)横坐板：sit [sleep] on a *bench* in the park 坐[睡]在公园的长椅上 ❷[C]【机】台；(木工、钳工等的)工作台；(实验室的)实验台：a carpenter's *bench* 木工工作台 ❸[**the** ～]法官席；法官的职位；法院；[总称]法官(们)：The *bench* read the sentence to the prisoner. 法官向犯人宣读判决。

bench·mark /'bentʃ,mɑ:k/ *n.* [C] ❶【测】水准点，基准点(略作 **BM**) ❷基准(尺度)；(参考)标准：The new hotel is a *benchmark* in opulence and comfort. 就豪华和舒适而言，这家新旅馆当推为楷模。

bend /bend/ **I** (**bent** /bent/或〈古〉**bend·ed**; **bent** 或〈古〉**bend·ed**) *vi.* ❶变弯曲：Trees that don't *bend* before [in] the wind will break. 树不顺着风向弯曲就会折断。❷转弯：The road *bends* and then goes straight. 路转弯后又变直了。❸弯腰，俯身(*down*, *over*)：*bend* to the ground to pick up the pen 俯下身子从地上拣起钢笔 ❹屈服，屈从，顺从：He seemed to *bend* with circumstances. 看来他不论在哪种环境下都能随遇而安。—*vt.* ❶使弯曲；把(弄弯的东西)弄平直：*bend* a wire into a circle 将铁丝弯成圆圈 ❷挽，拉：The archer can *bend* a strong bow. 这个射箭运动员能拉强弓。❸使倾侧；使偏斜：He *bent* his head in prayer. 他低头祷告。❹使屈服；使屈从；使顺从：peoples unwilling to be *bent* by colonial power 不愿屈从于殖民势力

的民族 II *n.* ❶[C](河流、道路等的)弯曲处;(物件的)弯曲部分:a *bend* in the road 公路上的弯道 ❷[C]弯曲;弯;俯:Her head moved forward in a quick *bend*. 她的头部向前霍地一冲。‖ ***bend over backwards*** *vi.* 见 backwards ***around*** [***round***] ***the bend*** *adj.* 〈口〉❶发狂的;发昏的:Right *round the bend*... I mean... as mad as a batter. 完全疯了…我的意思是…疯到极点了。❷做傻事的,干蠢事的

be·neath /biˈniːθ/ I *prep.* ❶在…下面,在…下方;到…下面,到…下方(见 under):Her head kept slipping *beneath* the water. 她的头不时钻进水里。❷(紧贴)在…底下;在…底部;在…脚边:The ground was soft *beneath* his feet. 他脚底下的地是软的。❸(地位、职衔等)低于:An earl is *beneath* a duke. 伯爵在公爵之下。❹配不上;不值得;有失…的身份;与…不相称:*beneath* notice 不屑一顾 II *adv.* [无比较级]在下方,在底下;在较低处:The man from *beneath* came up to complain about the noise. 楼下的人上楼来抱怨噪声让他无法忍受。

ben·e·dic·tion /ˌbeniˈdikʃᵊn/ *n.* ❶[U](尤指基督教宗教仪式结束时的)赐福祈祷:At the end of the service the bishop gave the *benediction*. 礼拜结束时主教为会众祈求上帝赐福。❷[C;U]祝福,祝愿:His presence is a *benediction*. 能在他的身边也是一种福分。‖ **ˌben·eˈdic·to·ry** /-tᵊri/ *adj.*

ben·e·fac·tion /ˌbeniˈfækʃᵊn/ *n.* [C;U] ❶善行;慈善;施惠助人:He is known throughout the region for his many *benefactions*. 他因很多的善行而闻名于整个地区。❷捐助;捐赠;捐款;捐助物:solicit *benefactions* for earthquake victims 为地震灾民募捐

ben·e·fac·tor /ˈbenəˌfæktəʳ/ *n.* [C]行善者;捐助人;施主;恩人:The *benefactors* of the college will have to give even more this year. 学校的捐助人今年将捐助更多的钱。

ben·e·fac·tress /ˈbenəˌfæktris/ *n.* [C]女捐助人;女施主

be·nef·i·cence /biˈnefisᵊns/ *n.* [U] ❶行善;慈善 ❷善行;德行

be·nef·i·cent /biˈnefisᵊnt/ *adj.* ❶行善的;乐善好施的;慷慨的;慈善的;仁慈的;亲善的:Confucius is still revered as a *beneficent* genius. 孔子仍然被尊为仁慈的智者。❷有益的:a *beneficent* influence 有益的影响 ‖ **beˈnef·i·cent·ly** *adv.*

ben·e·fi·cial /ˌbeniˈfiʃᵊl/ *adj.* 有益的;有利的;有用的:His holiday has had a *beneficial* effect. 休假对于他的身心健康已经产生了很好的效果。‖ **ˌben·eˈfi·cial·ly** *adv.* —**ˌben·eˈfi·cial·ness** *n.* [U]

☆**beneficial, advantageous, profitable** 均有"有益的;有利的"之意。**beneficial** 指能够促进身心健康或福利的事物:Fresh air is *beneficial* to one's health. (新鲜空气有益于健康。) **advantageous** 指更直接有利于取得相对优越地位或促成理想目的的事物:The new process should be particularly *advantageous* to small companies. (新的程序应该对小公司特别有利。) **profitable** 指能够带来益处或赢利的事物:It's a very *profitable* little business. (这是一家非常赚钱的小商店。)

ben·e·fi·ci·ar·y /ˌbeniˈfiʃiəri/ *n.* [C] ❶受益人;受惠者:*beneficiaries* of government programmes 政府计划的受益者 ❷【律】(遗嘱、保险等的)受益人;受遗赠人;收款人;信托受益人:His wife was named as the *beneficiary* of his insurance policy. 他的妻子被指名为他保险单的受益人。

ben·e·fit /ˈbenifit/ I *n.* ❶[U;C]利益;好处;裨益;帮助;恩惠:Your advice was of great *benefit* to me. 你的忠告对我的帮助很大。❷[C;U](患病、年老、失业等时根据社会保险获得的)救济金,补助金;抚恤金;福利金;保险赔偿费:retirement *benefits* 退休金 ❸[C]义演;义卖;义赛:have [hold] a *benefit* 举行义演(或义赛等) II (-fit·(t)ed;-fit·(t)ing) *vt.* 有益于;有利于;有助于:a health programme to *benefit* everyone 使人人都受益的健康计划 —*vi.* 受益;获益;得利;得到好处(*by*, *from*):Neither of them *benefited by* what happened. 他俩谁都没有从发生的事情中得到好处。‖ ***for sb.'s benefit*** [***for the benefit of sb.***] *adv.* 为了某人的利益(或缘故);为了对某人进行帮助(或指导等);为了给某人看(或听、读):She wrote for children's *benefit*. 她写书给少年儿童看。***give sb. the benefit of the doubt*** *vi.* 【律】(在证据不足的情况下)假定某人是无辜的,推定某人是无罪的:They *gave* the defendant *the benefit of the doubt*. 他们判定被告无罪。

☆**benefit, advantage, profit** 均有"好处,利益"之

意。**benefit** 主要指有助于增进个人身心健康或改进社会福利的好处：She has had the *benefit* of a first-class education.（她因受过一流教育而获益。）**advantage** 通常指地位上的优越而赢得的优势或有利条件：One of the *advantages* of this method is that it saves a lot of fuel.（这个方法的优点之一是节省很多燃料。）**profit** 尤多指物质上的利益，但也可以指精神方面有价值的东西：I made a handsome *profit* from the sale of my car.（我出售我的小汽车获利颇丰。）

be•nev•o•lence /bi'nevələns/ *n.* [U] ❶好心肠；善心；仁慈：do sth. out of pure *benevolence* 完全出于善意做某事 ❷善行；善举

be•nev•o•lent /bi'nevələnt/ *adj.* ❶善意的；善心的；助人为乐的；仁慈的：*benevolent* appearance 慈眉善目 ❷行善的；慈善的：*benevolent* society 慈善团体 ‖ **be'nev•o•lent•ly** *adv.*

be•night•ed /bi'naitid/ *adj.* [作定语]愚昧无知的；未开化的；不明是非的；(社会等)黑暗的：*benighted* ages of barbarism and superstition 未开化和迷信的蒙昧时代

be•nign /bi'nain/ *adj.* ❶善良的；宽厚的；和蔼的；亲切的；慈祥的：a *benign* old man 和蔼的老人 ❷(气候等)温和的，宜人的；(土壤)松软的，宜于耕作的：Los Angeles has a *benign* climate. 洛杉矶气候宜人。❸[无比较级]【医】(疾病)对生命不构成危险的；(肿瘤等)良性的：a *benign* tumour 良性肿瘤 ‖ **be'nign•ly** *adv.*

bent /bent/ **I** *v.* bend 的过去式和过去分词 **II** *adj.* ❶[无比较级]弯的，弯曲的；被弄弯的：a *bent* bow 张开的弓 ❷〈俚〉不老实的；不正派的；欺诈的；腐败的：a *bent* copper 贪赃枉法的警察 ❸[无比较级]下定决心的；一心倾向的；执意的(*on*, *upon*)：He is *bent on* being a doctor. 他一心想当医生。

be•numbed /bi'nʌmd/ *adj.* 僵冷的；僵硬的；失去知觉的：fingers *benumbed* with the cold 冻僵的手指

ben•zene /'benziːn/ *n.* [U]【化】苯 ‖ **'ben•ze•noid** *adj.*

benzene ring *n.* [C]【化】苯环

be•queath /bi'kwiːð/ 〈书〉 *vt.* ❶【律】(按遗嘱)把…遗留给；遗赠(*to*)：*bequeath* one's fortune *to* sb. 将自己的财产遗赠给某人 ❷留给；传给：One age *bequeaths* its knowledge to the next. 知识是代代相传的。

be•quest /bi'kwest/ *n.* ❶[U]遗赠 ❷[C]遗赠物；遗产：make a *bequest* to a charity 向慈善团体遗赠钱物

be•rate /bi'reit/ *vt.* 严责，训斥：*berate* sb. in public 当众痛斥某人

be•reave /bi'riːv/ *vt.* (**-reaved** 或 **-reft** /-'reft/) ❶[过去式和过去分词通常作 **bereaved**](死亡等)使丧失(亲人等)(*of*)：a woman recently *bereaved of* her husband 新近丧夫的妇女 ❷[过去式和过去分词通常作 **bereft**]使失去(希望、知觉、生命等)(*of*)：be *bereft of* one's senses by fright 吓得魂不附体 ‖ **be'reaver** *n.* [C]

be•reaved /bi'riːvd/ **I** *adj.* [无比较级](新近)丧失亲人的：a dead man's *bereaved* family 死者的家属 **II** *n.* [**the** ～][用作单或复](新近)死去亲人的人(或人们)：*The bereaved* has [have] gone back to work. 刚失去亲人的人(们)已经回去上班了。

be•reave•ment /bi'riːvmənt/ *n.* [U；C] ❶丧失亲人；丧亲之痛：We all sympathize with you in your *bereavement*. 我们对你丧亲之痛表示同情。❷亲人丧亡：She was absent because of a recent *bereavement*. 她因最近丧亲而缺席。

be•reft /bi'reft/ *adj.* [无比较级]丧失…的；缺乏…的；没有…的(*of*)：The room was *bereft of* pictures. 房间里没有画。

be•ret /'berei, bə'rei/ *n.* [C]贝雷帽(一种质地柔软、形状扁圆的无舌帽)

berg /bəːg/ *n.* [C]冰山(＝iceberg)

be•rib•boned /bi'ribənd/ *adj.* [无比较级]以缎带装饰的：*beribboned* war veterans 身披缎带的战争老兵

ber•i•ber•i /ˌberi'beri/ *n.* [U]【医】脚气病

berm(e) /bəːm/ *n.* [C] 崖径；(道路旁的)狭径，路肩，护道；(运河边的)小径

ber•ry /'beri/ *n.* [C]【植】❶聚合果(如木莓、黑莓和草莓等) ❷浆果(如香蕉、番茄和葡萄等)

ber•serk /bə'səːk, -'zəːk/ *adj.* [通常作表语]狂怒的；狂暴的：The crowd went *berserk* and stoned his home. 人群变得狂怒起来，向他的家投掷石块。‖ **ber'serk•ly** *adv.*

berth /bəːθ/ *n.* [C] ❶(船、车、飞机上的)卧铺，铺位；座位：Have you booked a *berth* on the ship? 你预订船上的铺位了吗？❷【海】锚地；泊

位;【船】船台:The ship rested in its *berth*. 船停泊在锚地。‖ ***give a wide berth*** *vt*. & *vi*. 躲开(某人或某事物);(对某人或某事物)敬而远之:The doctor advised me to *give* cigarettes *a wide berth* after my illness. 医生建议我病愈后戒烟。

ber·yl /ˈberil/ *n*. [U]绿柱石;绿玉

be·ryl·li·um /beˈriljəm/ *n*. [U]【化】铍(符号 Be)

be·seech /biˈsiːtʃ/ *vt*. (**-sought** /ˈsɔːt/或 **-seeched**) ❶祈求,恳求;哀求,央求:I *beseech* you to listen to me. 我恳求你听我说。❷急切地要求得到,乞求:*beseech* sb.'s help 急切请求某人帮助 ‖ **beˈseech·er** *n*. [C]

be·seech·ing /biˈsiːtʃiŋ/ *adj*. 恳求的;哀求的 ‖ **beˈseech·ing·ly** *adv*.

be·set /biˈset/ *vt*. (**-set**; **-set·ting**) ❶(尤指危险、诱惑或困难不断地)困扰,烦扰,骚扰,使苦恼:a mind *beset* with fears 被阵阵恐惧攫住的心 ❷围攻:be *beset* by enemies 被敌人所围困

be·side /biˈsaid/ *prep*. ❶在…的旁边;在…的附近:a small town *beside* the sea 海边小镇 ❷与…比较,和…相比:*Beside* Latin, French is an easy language to learn. 与拉丁语相比,法语是一种容易学的语言。‖ ***be beside oneself*** *vi*. (因强烈的感情而)丧失自我控制能力;极度地激动(或不安):The man seemed to be *beside himself* with excitement. 那人似乎兴奋得忘乎所以。

be·sides /biˈsaidz/ **I** *prep*. ❶除…以外(还):There are other people to be considered, *besides* you. 除了你以外,还有其他人需要加以考虑。❷[常用于否定句或疑问句]除…之外(不或没有):Her mother spoke of no one *besides* her daughter. 她母亲除了自己的女儿之外不再谈论任何人。**II** *adv*. [无比较级]而且,并且;还有,再说:I don't want to go; *besides*, I'm tired. 我不想去,而且我也太累了。

be·siege /biˈsiːdʒ/ *vt*. ❶包围;围攻;围困:They were *besieged* for six months but refused to surrender. 他们已被围困了 6 个月,但仍拒绝投降。❷挤在…的周围;围住:Employment agencies were *besieged* by the jobless. 职业介绍所被失业者围了个水泄不通。

be·smirch /biˈsməːtʃ/ *vt*. ❶弄脏;使变色:the ground *besmirched* with blood 血迹斑斑的地面 ❷玷污;污损:His writings *besmirched* her good name. 他的作品损害了她的声誉。

be·sot·ted /biˈsɔtid/ *adj*. [作表语]糊涂的;愚蠢的,愚钝的:a mind *besotted* with fear and superstition 因恐惧和迷信而变得愚蠢的头脑

be·spat·ter /biˈspætəʳ/ *vt*. (用污水等)溅污:The windscreen of the car was so *bespattered* with dirt that it was difficult to see through it. 汽车的挡风玻璃溅满了污垢,把视线挡住了。

be·speak /biˈspiːk/ *vt*. (**-spoke** /-ˈspəuk/或〈古〉**-spake** /-ˈspeik/; **-spo·ken** /-ˈspəukᵊn/或 **-spoke**) ❶预订;预约;预购;预先要求:*bespeak* two tickets for the new play 预订两张新剧的票❷〈旧〉证明;表示,显示,表明:The neat appearance of her room *bespeaks* care. 从她房间井井有条的样子可以看出女主人的细心拾掇。

be·spec·ta·cled /biˈspektəkᵊld/ *adj*. [无比较级]戴眼镜的:a sallow, *bespectacled* young man 一个脸色灰黄、戴着眼镜的年轻男子

best /best/ **I** *adj*. [good 的最高级]最好的,最优秀的,最出色的;最恰当的;最有效的;最令人满意的;最理想的:the *best* part of life 锦绣年华 **II** *adv*. [well 的最高级] ❶最好地;最恰当地;最有效地:Of his many roles, he appears *best* as Hamlet. 他演的众多角色里数哈姆雷特最成功。❷最,最大限度地:Tuesday would suit me *best*. 星期二对我来说最合适。**III** *n*. [单复同][**the** ~] ❶最好(或最优秀、最杰出、最能干、最有希望等)的人(们):Jane is *the best* in her class. Jon is *the* next [second] *best*. 简是班上最优秀的学生,乔恩是第二名的优等生。❷最好的事物;最大的优点(或好处);最佳状态(或方面、性能、局面、效果等):Winter was *the best* of all seasons on the island. 岛上的四季,就数冬天最精彩。‖ (***all***) ***for the best*** 结果倒是好的:We can't go to Spain, but perhaps it's *for the best*. 我们去不成西班牙了,但也许这倒是件好事。***as best one can*** *adv*. 尽自己最大努力地:keep out of trouble *as best one can* 尽可能地避开麻烦 ***at*** (***the***) ***best*** *adv*. ❶充其量,至多;说得再好也只是:This is, *at best*, only a temporary solution. 这充其量也不过是个权宜之计。❷即便作最乐观的估计;使从最好的角度来看:We can't arrive before Friday *at best*. 我们无论如何星期五以前也赶不到了。***get*** [***have***] ***the best of*** *vt*. 〈口〉战胜,在…中占上风;取得…优势:Our team *got the best of* the visitors in the last quarter. 我队在最后四分之一节里打败了客队。***had best*** *v. aux.* 应当;最好(还是):You *had best* leave before the storm breaks. 你最好在暴风雨突发前离开。***make the best of*** *vt.* 充分利用;尽情享用:We must try to *make the best of* things until we can afford a bigger house. 在我们能买得起一所较大的房子之前,我们应该尽量用目前的条件把住处安排得像样一些。

bes·tial /ˈbestjəl,-tʃəl/ *adj.* ❶兽性的;无理性的;野蛮的,凶暴的,残忍的:*bestial* cruelty 毫无人性的残忍 ❷野兽的;野兽般的 ‖ **ˈbes·tial·ly** *adv.*

bes·ti·al·i·ty /ˌbestiˈæliti/ *n.* ❶[U;C]兽性;兽行:the *bestialities* of a war criminal 战争罪犯的种种兽行 ❷[U]人兽交合,兽奸;性变态

bes·ti·ar·y /ˈbestiəri/ *n.* [C](尤指中世纪以道德说教为宗旨的)动物寓言集

be·stir /biˈstəː/ *vt.* (**-stirred; -stir·ring**) [常作~ **oneself**]使发奋;使振作;使忙碌:You will fail unless you *bestir yourself*. 不发奋努力只能失败。

best man *n.* [C](婚礼上的)男傧相

be·stow /biˈstəu/ *vt.* 把…赠予;把…给予(*on*, *upon*):*bestow* a doctorate *on* sb. 给某人授博士学位 ‖ **beˈstow·al** *n.* [U]

be·stride /biˈstraid/ *vt.* (**-strode** /-ˈstrəud/或〈古〉**-strid** /-ˈstrid/, **-strid·den** /-ˈstridən/或〈古〉**-strid**) ❶骑(上);两腿分跨坐(或站)于:*bestride* a horse [bike] 骑马[自行车] ❷踞…之上;控制:An ancient oak tree *bestrides* the village chapel. 一棵老橡树踞于村子的小教堂之上。

best·sell·er /ˌbestˈseləʳ/ *n.* [C]畅销书;畅销唱片;畅销商品:This car was a *bestseller* last year. 这种汽车去年很畅销。‖ **ˌbestˈsell·ing** *adj.*

bet /bet/ **I** *n.* [C] ❶打赌:accept a *bet* 同意与别人打赌 ❷赌注,赌金,赌资:*His bet* on the race was £50. 他对马赛下的赌资是50英镑。**II** *vt.* (**bet**或**bet·ted; bet·ting**) ❶以(钱、物等)打赌:I *bet* £5 on a horse called Silver Star, but it came in last! 我在一匹名叫银星的马上面下了5英镑的赌注,可是它跑了个最后一名。❷同(某人)打赌;同(某人)以(金钱等)打赌:I *bet* her that it would snow. 我跟她打赌说天要下雪。❸有把握说,敢说;确信:I *bet* it will rain [rains] tomorrow. 我敢说明天要下雨。—*vi.* 打赌:My father-in-law enjoys *betting*. 我岳父喜欢打赌。

be·ta /ˈbiːtə,ˈbetə/ *n.* [C]希腊语第二字母(即Β,β;相当于英语的B,b);希腊语字母表的第二个字母所代表的辅音

be·to·ken /biˈtəukᵊn/ *vt.* ❶表示;意味着:His smile *betokens* his satisfaction. 他笑眯眯的,说明他很满意。❷预示:The dark clouds *betoken* a storm. 满天乌云,暴风雨即将来临。

be·tray /biˈtrei/ *vt.* ❶对…不忠;背叛,出卖:*betray* one's country [principles] 背叛自己的祖国[原则] ❷失信于;辜负:His tired legs *betrayed* him. 他两条腿累得走不动了。❸泄露(秘密等):*betray* state secrets 泄露国家秘密 ❹(无意中)暴露;显露:Her nervousness *betrays* her insecurity. 她紧张的样子暴露了她内心的惶恐不安。

be·tray·al /biˈtreiəl/ *n.* [U;C]背叛,出卖;泄露;暴露

be·troth·al /biˈtrəuðəl/ *n.* [C]许婚;订婚:Jane and Martin held a small party to celebrate their *betrothal*. 简和马丁举行了一个小型聚会庆祝他们的订婚。

be·trothed /biˈtrəuðd/ 〈书〉 **I** *adj.* [无比较级]已订婚的:James and Sue are now *betrothed*. 詹姆斯和休现在订婚了。**II** *n.* [单复同]订了婚的人;未婚夫(或未婚妻):May I introduce you to my *betrothed*? 请允许我向你介绍一下我的未婚妻(或未婚夫)。

bet·ter /ˈbetəʳ/ **I** *adj.* [good和well¹的比较级] ❶更好的:He left for a *better* job. 他辞职另谋高就。❷健康状况有所好转的;康复的:She's completely *better* now. 她现在已完全康复了。❸大半的;较大部分的:It took us the *better* part of a year to decorate the house. 我们花了大半年的时间才把房子装修好。**II** *adv.* [well¹的比较级] ❶更合适地,更恰当地:His advice is *better* ignored. 最好别理会他的劝告。❷更加;更为;较大程度地:Armed with this information, parents will be *better* able to cater for their children's needs. 了解这一点,家长们将能更好地满足孩子们的需求。**III** *n.* [通常用单](两者中)较好的人(或物):

He's the *better* of the two. 他是两人当中较好的一个。‖ ***better off adj.*** ❶境况好转；生活富裕起来：You'll be much *better off* if you stop smoking. 你把烟戒掉，健康状况就会大大好转。❷较自在；较幸运；较快乐：Many believe that they are *better off* living in the city. 许多人认为他们住在城里比较幸运。***for the better*** 有所改善；有所提高：His health changed *for the better*. 他的健康状况有所好转。***have*** [***get***] ***the better of*** *vt.* 打败，战胜；赢；在…中占上风：His shyness *got the better of* him. 他羞得无地自容。**go one better** (**than**) *vt.* & *vi.* ❶开价超过对手 ❷更胜一筹；超过以往的成绩；胜过(某人)：That was a good story, but I can *go one better*. 那个故事写得不错，不过我可以写个更好的。**had better** *v. aux.* 应该；还是…好：I *had better* begin by introducing myself. 我最好先作一下自我介绍。***think better of*** 深思后决定不采纳某事物(或不做某事)：I was going to ask him to help, but *thought better of* it. 我本打算求他帮忙，但是后来改变主意了。

☆❶**better** 是形容词 good 和副词 well 的比较级，通常用于两者之间的比较。但在有些习语中，却要用 **best**，而不用 **better**：Put your *best* foot forward.（竭尽全力吧。）[May the *best* man win!（希望较好的人获胜！）Which of the two pictures *best* fits your description?（两幅画中哪一幅更符合你的描述？）] 在口语中，**better** 有时可用来表示 more：The distance is *better* than a mile.（相距一英里多。）但在书面语中，很多人对此持有异议。**better** 还可用来表示"病愈"：Now that he's *better* he can play football again.（既然他康复了，那他又能踢球了。）**better** 用于这一意思时可以与 completely, quite 连用。❷短语 **had better** 在口语中使用相当普遍，用于向某人建议应当做什么，以避免引起问题、招致不快甚至危险。其中的 had 可以用缩略形式 'd，但一般不能省去：You'*d better* leave now before you cause any more trouble.（在惹出麻烦前，你最好离开。）**had better** 不能用于对两种做法的比较和选择，而应当用 it would be better to, you'd be better to 或者 your best plan would be to：A：Do you think I should fly directly to Australia or break my journey in Hong Kong? B：*It would be better to* [*You'd be better to*, *Your best plan would be to*] spend a few days in Hong Kong. There are so many things to see there.（甲：你认为我直飞澳大利亚好呢，还是在香港停留一下好？乙：最好在香港待几天。香港有很多地方值得一看。）

bet·ter·ment /ˈbetəmᵊnt/ *n.* [U]改善；改进：work for the *betterment* of society 为社会进步而工作

bet·tor /ˈbetəʳ/ *n.* [C]打赌者；下注者；赌徒〔亦作 **better**〕

be·tween /biˈtwiːn/ **I** *prep.* ❶(指时间、空间、顺序等)在…之间，在…中间：The Mediterranean lies *between* Africa, Europe and Asia. 地中海位于欧、亚、非三大洲之间。❷(指数量、重量、距离、范围、程度等)介乎…之间：He is *between* 30 and 40 years old. 他的年龄在 30 岁至 40 岁之间。❸连接着；来往于…之间：a regular air service *between* London and Paris 伦敦与巴黎之间的定期航班服务 ❹分隔着：A misunderstanding had come *between* us. 误解使我们产生了隔阂。❺由…所共有，为…所分享(或分担)：*Between* them, they saved enough money to buy a car. 他们共同努力，攒下足够的钱买了一辆汽车。❻仅限于…之间；涉及：We'll keep this matter *between* the two of us. 这件事只有咱俩知道，切不可外传。❼在(两者的)选择上(或对比中)：the difference *between* truth and lies 事实与谎言的差别 **II** *adv.* [无比较级]在中间；介乎两者之间：We could not see the moon, for a cloud came *between*. 我们看不见月亮，因为它给云遮住了。‖ ***few and far between*** 稀少的；不常发生的：Sympathetic bosses like him are *few and far between*. 像他那样有同情心的老板现在已不多见了。***in between*** *adv.*, *adj.* & *prep.* (在…)中间；每间隔；介乎两者之间：I am not sure where it is, but it's somewhere *in between* New York and Chicago. 我不能肯定它在哪儿，总之是在纽约和芝加哥之间的某个地方。‖ **beˈtween·ness** *n.* [U]

☆**between** 和 **among** 都可用来表示"在…中间"，"在…之中"。❶但一般说来，只涉及两者时用 **between**：*between* good and evil（不能用 among）（善与恶之间）；涉及三者或三者以上时，用 **among**：The mountains were hidden *among* the clouds.（群山隐于云层中。）但 **between** 可用于两者以上，数量不明确的情况下，表示一对一的关系：economic cooperation between nations（国与国之间的经济合作）；有时只涉及单个事物时，也可用 **between**，表示重复的意思，如 pausing *between* every sentence to rap the floor（每说一句就停下来敲地板），但相当一部分学者对这种用法持有异议。**between** 还可用来表示"与若干处相接界的一片区域"：We have narrowed the search to the area *between*（不用 among）Philadelphia，New York，and Scranton.（我们把搜索范围限定在费城、纽约和斯特兰顿之间。）**among** 可以用来表示从一组中选出一个：*Among*（不用 between）the four chairs，I like the red one best.（四把椅子中我最喜欢红色的。）**among** 还可用来表示"…中之一"的意思：He is *among* the best painters of our time.（他是当代最好的画家。）有时用 **between** 和 **among** 都可以：The boy was lost *between*［*among*］the trees.（孩子在树丛中找不到了。）❷动词 divide，share 后跟几个单数名词时，只用 **between**：He shared his property *between* his wife，his daughter and his sister.（他把财产在妻子、女儿和妹妹之间分割。）但如果后面跟的是复数名词，则用 **between** 和 **among** 都可以：He divided his money *between*［*among*］his five sons.（他把钱分给五个儿子。）

be·twixt /biˈtwikst/ *prep.* & *adv.*〈古〉〈方〉＝between ‖ ***betwixt and between*** *adv.* & *adj.* 在中间（的）；犹豫不决（的）；模棱两可（的）；非此非彼（的）

bev·el(l)ed /ˈbevᵊld/ *adj.*［无比较级］倾斜的；成斜角的

bev·er·age /ˈbevᵊridʒ/ *n.*［C］〈书〉饮料（如牛奶、茶、咖啡、啤酒、葡萄酒等，但通常不包括水）：alcoholic *beverages* 酒精饮料

bev·y /ˈbevi/ *n.*［C］❶（尤指鹌鹑、云雀等的鸟及獐）一群：a *bevy* of larks［quail(s)］一群云雀［鹌鹑］❷（尤指女孩或妇女的）一群：a *bevy* of pretty girls 一群漂亮的姑娘

be·wail /biˈweil/ *vt.* 为…而恸哭；为…而悲伤：*bewail* one's misfortune 哀叹自己的厄运 —*vi.* 悲伤；痛哭

be·ware /biˈweəʳ/ *vi.*［仅用于祈使句或不定式］当心，小心；注意，提防（*of*，*lest*）：*Beware of* pickpockets! 谨防扒手！—*vt.* 注意，当心，提防：*Beware* an erring choice. 当心呀，别选择错了！

be·wil·der /biˈwildəʳ/ *vt.* 使迷惑；使糊涂；难住：To choose one from so many able contestants *bewildered* the judge. 从那么多聪明能干的竞争者中挑选一人，这可把评判员给难住了。

be·wil·dered /biˈwildəd/ *adj.*［无比较级］迷惑不解的；摸不着头脑的：a *bewildered* look 一副迷惑不解的神情

be·wil·der·ing /biˈwildəriŋ/ *adj.* 令人迷惑的；让人糊涂的：a *bewildering* painting 让人不解的一幅画 ‖ **beˈwil·der·ing·ly** *adv.*

be·wil·der·ment /biˈwildəmənt/ *n.*［U］迷惑不解：I looked in *bewilderment* at the note Tom left me. 我不解地看着汤姆留下的条子。

be·witch /biˈwitʃ/ *vt.* ❶使人迷；使陶醉；使神魂颠倒：Shirley Temple *bewitched* a generation of moviegoers. 秀兰·邓波儿倾倒了一代电影观众。❷施魔力于，蛊惑：I believe I am *bewitched*，sure enough! 我看我准是鬼迷心窍了，没错！‖ **beˈwitched** *adj.*

be·witch·ing /biˈwitʃiŋ/ *adj.* 使人着迷的；迷惑人的：a *bewitching* smile 迷人的微笑

be·witch·ing·ly /biˈwitʃiŋli/ *adv.* 迷人地：sing *bewitchingly* 歌声诱人

be·yond /biˈjɔnd/ **I** *prep.* ❶［指空间］在（或向）…的那一边；越过；远于：I am curious to know what there is *beyond* those hills. 我好奇地想知道翻过这些山是什么地方。❷［指时间］晚于，迟于；在…以后：stay *beyond* the time set 逗留超过了时限 ❸［指程度］甚于；［指范围］超出；［指可能性、能力、理解力等］非…所能及：*beyond* words 难以用文字形容 ❹［指数量、价值等］超出，多于：There weren't *beyond* twenty people present. 出席的人数未超过 20。**II** *adv.*［无比较级］在更远处；朝更远处；（时间）再往后：prepare for the changes of the 2000s and *beyond* 为 21 世纪以及这之后的变化做准备 ‖ ***the beyond*** ❶远处；远方 ❷死后；来世

bi- /bai/ *comb. form* ❶表示"两（或二）"，"双"，"有两（或二）…的"：*bi*focal，*bi*ped ❷表示"每两…发生的"，"持续两…的"：*bi*ennial，*bi*weekly ❸表示"双边的"，"双面的"，"双向的"等：*bi*lateral，*bi*directional ❹表示"每…两次的"：*bi*weekly

bi·an·nu·al /baiˈænjuəl/ *adj.*［无比较级］一年

两次的,一年两度的;两年一次的:a *biannual* checkup 一年两次的体检 ‖**bi'an·nu·al·ly** *adv.*

bi·as /'baiəs/ **I** *n.* [C] ❶偏见,成见;偏心,偏袒(见 prejudice):An umpire should have no *bias* in favour of either side. 裁判不应偏袒任何一方。❷偏爱,癖好;倾向;趋势:Some companies have a *bias* for younger personnel. 有些公司偏爱年轻的员工。**II** *vt.* (**-as(s)ed;-as·(s)ing**)使产生偏见,使抱成见;影响…以致产生偏差:Don't let his insults *bias* you against her. 别让他的辱骂使你对她产生偏见。

bib /bib/ *n.* [C] ❶(围于幼儿下巴底下的)围涎,围嘴;围涎似的东西:plastic *bibs* 塑料围涎 ❷围裙(或工装裤)的上部

Bi·ble /'baib^{ə}l/ *n.* [C] ❶[**the ～**](基督教的)《圣经》:The service will include some readings from *the Bible*. 礼拜仪式上将朗诵《圣经》的某些章节。❷[常作 **b-**](一本)《圣经》:He had a *Bible* in his hand. 他手里拿了本《圣经》。❸犹太教《圣经》(即基督教的《旧约全书》)

bib·li·og·ra·pher /ˌbibli'ɔgrəfə^{r}/ *n.* [C]文献学家;目录学家

bib·li·og·ra·phy /ˌbibli'ɔgrəfi/ *n.* ❶[C](有关某一专题的)书目,文献目录:a *bibliography* of nuclear physics 核物理学文献目录 ❷[C](写出或撰写文章所用的)参考书目,参考文献 ❸[C](某一作家的)著作目录;(某一出版商的)出版图书目录:a *bibliography* of Ibsen's writings 易卜生著作目录 ❹[U;C]目录学,文献学;书志学;目录学(或文献学、书志学)专著 ‖ **ˌbib·li·o·graph·ic**/-ə'græfik/*adj.* —**ˌbib·li·o'graph·i·cal** /-k^{ə}l/ *adj.* —**ˌbib·li·o'graph·i·cal·ly** *adv.*

bib·li·o·phile /'bibliə^{u}ˌfail/, **bib·li·o·phil** /-fil/ *n.* [C] ❶酷爱书籍的人(尤指对书籍的装帧、印刷等入迷者) ❷图书收藏者,藏书家 ‖ **bib·li·o·phil·ic** /ˌbibliə^{u}'filik/ *adj.*

bib·li·o·pole /'bibliə^{u}ˌpəul/ *n.* [C]珍本书商;书商

bi·cam·er·al /bai'kæmər^{ə}l/ *adj.* [无比较级]两院制的;有两个议院的:The United States Congress is a *bicameral* legislature. 美国国会是实行两院制的立法机构。 ‖ **bi·cam·er· al·ism** /bai'kæmərəˌliz^{ə}m/ *n.* [U;C]

bi·car·bo·nate /bai'kɑːbənit/ *n.* [U]【化】❶重碳酸盐,碳酸氢盐,酸式碳酸盐 ❷碳酸氢钠,小苏打

bi·cen·te·nar·y /ˌbaisen'tiːnəri/ *adj.* & *n.* 〈主英〉=bicentennial

bi·cen·ten·ni·al /ˌbaisen'teniəl/ *n.* 200 周年纪念(或庆典):This year is the *bicentennial* of the school's foundation. 今年是学校 200 周年华诞。

bi·ceps /'baiseps/ *n.* [C]([复]**-ceps(·es)**)【解】二头肌

bick·er /'bikə^{r}/ *vi.* (尤指为小事)争吵,口角;争论:*bicker* with the salesgirl over the price of sth. 为某物的价格而与女店员争吵

bi·coast·al /bai'kəustəl/ *adj.* [无比较级]存在于或发生在两个海岸的;(尤其指)美国东、西两海岸的

bi·cul·tur·ism /bai'kʌltʃəˌriz^{ə}m/ *n.* [U](在一个国家或一个地区内并存的)二元文化;两种文化 ‖ **bi'cul·tur·al** *adj.*

bi·cus·pid /bai'kʌspid/ **I** *adj.* [无比较级]有两尖的,双尖的:a *bicuspid* tooth [leaf] 双尖齿[叶] **II** *n.* [C]双尖牙,前磨牙 ‖ **bi·cus·pid·ate** /bai'kʌspiˌdeit/ *adj.*

bi·cy·cle /'baisik^{ə}l/ *n.* [C]自行车,脚踏车:learn to ride a *bicycle* 学骑自行车 ‖ **'bi·cy·cler** *n.* [C] —**'bi·cy·clist** *n.* [C]

bid /bid/ **I** (**bade** /bæd,beid/或 **bid** 或〈古〉**bad** /bæd/; **bid·den** /'bid^{ə}n/或 **bid**; 现在分词 **bid·ding**) *vt.* [过去式和过去分词用 bid](拍卖中买方)出(价),叫(价);(商品交易所中买方)递(价),递(盘):We don't think buyers will *bid* a higher price. 我们认为买主不会出更高的价格。—*vi.* [过去式和过去分词用 bid]出价;投标(*for*, *against*):Several companies are *bidding* for the contract to build the bridge. 好几家公司为争取签订建桥合同而竞相投标。**II** *n.* [C] ❶(拍卖中买方的)出价;(商品交易所中买方的)递价,递盘;(一般交易中供应方或承包方的)要价,索价;投标:make a *bid* of £5 for [on] the old book 出价 5 英镑买那本旧书 ❷(拍卖中买主)出价的数目;(供应方或承包方)要价的数目;承包价:What was the highest *bid* for the painting? 这幅画拍卖的最高出价是多少? ❸〈口〉尝试;企图;努力:They brought in new tax laws in a *bid* to restore their popularity. 他们提出新税法,以争取挽回民心。‖ ˈ**bid·der** *n.* [C]

bid·den /ˈbidᵊn/ *v.* bid 的过去分词

B

bid·ding /ˈbidiŋ/ *n.* [U] ❶(拍卖时的)出价:The *bidding* was very slow at first. 起初,出价竞买进展很慢。❷命令;吩咐;请求:We went there at his *bidding*. 遵照他的命令,我们到那里去了。‖ ***do sb.'s bidding*** 服从某人:No one was willing to *do his bidding*. 没有人愿意服从他。

bid·dy /ˈbidi/ *n.* [C]〈俚〉〈贬〉婆娘(尤指唠叨、多事、令人讨厌的老太婆)

bide /baid/ *vi.* (**bode** /bəud/或 **bid·ed** 或 **bade** /bæd, beid/; **bid·ed** 或 **bid** /bid/)〈古〉〈方〉停留;等待;继续:*Bide* still until you feel better. 安静点别动,等好点了你再起来。

bi·det /ˈbiːdei/ *n.* [C]净身盆(一种浅底瓷盆,通常装有自来水设备,用于冲洗外阴及肛门)

bi·di·rec·tion·al /baidiˈrekʃᵊnəl/ *adj.* 可以双向运转(或操作)的:a *bidirectional* antenna 双向天线

bi·en·ni·al /baiˈeniəl/ **I** *adj.* [无比较级] ❶持续两年的:a *biennial* life cycle 持续两年的生活周期 ❷两年一次的,两年一度的:*biennial* games 两年一度的运动会 ❸(指两年生植物)在第二年开花生籽的 **II** *n.* [C] ❶【植】两年生植物:The beet and carrot are *biennials*. 甜菜和胡萝卜是两年生植物。❷两年发生一次的事件 ‖ **biˈen·nial·ly** *adv.*

bi·en·ni·um /baiˈeniəm/ *n.* [C]([复]**-ni·ums** 或**-ni·a** /-niə/) 两年时期

bier /biəʳ/ *n.* [C]棺架;停尸架:He began to wail like a man at a *bier*. 他像抚棺恸哭那样号啕起来。

bi·fo·cal /ˌbaiˈfəukᵊl/ **I** *adj.* [无比较级] ❶【物】双焦的;双光的 ❷(眼镜片或隐形眼镜片)远近双焦的 **II** *n.* [C][~s]双光眼镜

bi·fur·cate /ˈbaifəˌkeit/ **I** *vi.* & *vt.* (使)分枝(或支);(使)分叉;(使)分成两部分(*into*):She came to a place where the road *bifurcated into* two narrow winding paths. 她来到大路口,路在这里分成两条窄而弯曲的小径。**II** *adj.* [无比较级]双枝(或支)的;二叉的;双峰的;分成两部分的 ‖ **bi·fur·ca·tion** /ˌbaifəˈkeiʃᵊn/ *n.* [U;C]

big /big/ *adj.* (**big·ger**, **big·gest**) ❶(在体积、面积、数量、规模、程度等方面)大的,巨大的:a *big* appetite 好胃口 ❷[作定语]重大的;重要的;主要的:a *big* decision 重大决定 ❸长大了的;(同辈中)年龄较大的:one's *big* brother 哥哥 ‖ ***be big on*** *vt.* 〈口〉特别喜欢,热衷于,偏爱:Mother *is big on* family get-togethers. 母亲特别喜欢家庭聚会。‖ ˈ**big·gish** *adj.* —ˈ**big·ness** *n.* [U]

☆**big**, **great**, **large** 均有"大"之意。**big** 较为口语化,指比正常的尺寸、体积或重量等大,多用于具体事物,暗含重要或有感染力的意味:His father has the *biggest* car on our street. (我们这条街上要数他父亲的车最大。)该词也可用于抽象概念:On the last day I made a *big* decision. (在最后一天,我做出了一个重大决定。) **great** 在指具体事物时,往往含有一定的感情色彩,给人以惊奇、惊诧、快乐或不快等感觉,广义上还可表示伟大、卓著等意思:A small leak will sink a *great* ship. (小漏能沉大船。) **large** 一般表示体积、范围、能力和数量等方面远远超过正常标准,修饰人时指个子大;指具体事物的大小时,可与 big 互换,但语体色彩较为正式:Do you want the *large* size, or the small size? (你想要大尺码的还是小尺码的?)该词也可用于抽象名词:My professor was a man of *large* experience. (我的教授是一个经验丰富的人。)

big·a·mist /ˈbigəmist/ *n.* [C]犯重婚罪的人

big·a·mous /ˈbigəməs/ *adj.* [无比较级] ❶重婚的 ❷卷入重婚的;与重婚有关的

big·a·my /ˈbigəmi/ *n.* [U;C]重婚(罪):commit *bigamy* 犯重婚罪

big-bang /ˈbigˈbæŋ/ **theory** *n.* [U]【天】"大爆炸"创世说(一种认为宇宙是由发生于 100 至 150 亿年前的"大爆炸"形成的理论)

big deal *n.* [C]〈俚〉❶[常用作反话]很伟大的事;了不起的事情:make a *big deal* out of nothing 小题大做 ❷要人;名人:He thought of himself as a *big deal* and talked like an expert in American drama. 他以为自己是个了不起的人物,讲起话来俨然是个美国戏剧专家似的。

big·gie, big·gy /ˈbigˌi/ *n.* [C]〈口〉❶要人;大亨 ❷庞然大物;重要的事;成功的事:Tomorrow's interview is a *biggie*. 明天的面试可是件大事。

big-heart·ed /ˈbigˌhɑːtid/ *adj.* 仁慈的;宽容的;慷慨大方的‖ˈ**big-ˌheart·ed·ness** *n.* [U]

bight /bait/ *n.* [C] ❶河岸(或海岸、山脉等)的弯曲处;河湾;海湾 ❷绳环,绳圈;绳子松开时中间的弯曲部分

big·mouth /ˈbigˌmauθ/ *n.* [C]〈俚〉多嘴的人;碎嘴子;爱吹嘘的人:Be careful what you say to her — she's got a *bigmouth*. 和她说话可要留点神——她是个碎嘴子。

big·ot /ˈbigət/ *n.* [C]盲从的人;固执己见的人;偏执的人

big·ot·ed /ˈbigətid/ *adj.* 固执己见的;思想顽固的:The ideas in the book are rather *bigoted*. 这本书中的观点相当偏执。

big·ot·ry /ˈbigətri/ *n.* [U] ❶固执己见;偏执 ❷偏执的行为、偏见等

big shot *n.* [C]要人;大人物;有影响的人(=big wig)

big ticket *adj.* [无比较级]高价的;昂贵的:To some families, automobile is still a *big ticket* item. 对一些家庭来说,汽车仍是件昂贵的东西。

big·wig /ˈbigˌwig/ *n.* [C]〈口〉大亨;要人(尤指官居高位者):a *bigwig* in local government 地方政府的要员〔亦作 **big bug**, **Big Chief**, **Big Daddy**, **big gun**, **big noise**, **big pot**, **big shot**, **big wheel**〕

bike /baik/〈口〉*n.* [C] ❶自行车,脚踏车 ❷摩托车,机器脚踏车

bi·ki·ni /biˈkiːni/ *n.* [C] ❶比基尼泳装,三点式女泳装 ❷[复]比基尼式女三角裤

bi·la·bi·al /baiˈleibiəl/ **I** *adj.* [无比较级]【语】(发)双唇音的:a *bilabial* stop 双唇(闭)塞音(如/p/,/d/等) **II** *n.* [C]一个双唇音

bi·lat·er·al /ˌbaiˈlætərᵊl/ *adj.* [无比较级]双方的;两方面的;双边的:a *bilateral* talk 双边会谈‖biˈ**lat·er·al·ly** *adv.*

bile /bail/ *n.* [U] ❶【生理】胆汁 ❷坏脾气;暴躁;乖戾:sentences that stir my *bile* 激起我愤怒的话语

bilge /bildʒ/ *n.* ❶[**bilges**][C]【船】舭水井;船底水井 ❷[U]舱底水;舱底污水

bi·lin·gual /baiˈliŋgwᵊl/ *adj.* [无比较级] ❶通晓两种语言的,能流利讲两种语言的:a *bilingual* person 熟谙两种语言的人 ❷使用两种语言的;用两种文字写成的;涉及两种语言的:a *bilingual* dictionary 双语词典‖biˈ**lin·gual·ly** *adv.*

bi·lin·gual·ism /baiˈliŋgwəˌlizᵊm/ *n.* [U] ❶熟练地讲两种语言的能力 ❷双语制;两种语言的使用

bil·ious /ˈbiljəs/ *adj.* ❶[无比较级]胆汁的;胆汁质的 ❷患胆(或肝)病的;由胆(或肝)病引起的;(由于胆汁分泌过多引起)恶心头疼的:a *bilious* attack 胆病的发作 ❸脾气坏的;乖戾的;暴躁的;易怒的:a *bilious* temperament 暴躁的脾气‖ˈ**bil·ious·ness** *n.* [U]

bilk /bilk/ *vt.*〈俚〉诈骗,骗取:He *bilked* the poor widow out of her savings. 他把那位可怜寡妇的积蓄都给骗走了。‖ˈ**bilk·er** *n.* [C]

bill[1] /bil/ **I** *n.* [C] ❶账单:Every *bill* is due. 所有账单都到期了。❷议案,法案:propose a *bill* 提出议案 ❸[通常用单]节目单;节目:a theatre [concert] *bill* 戏院[音乐会]节目单 ❹钞票;纸巾;〈俚〉*1* 元钞票,*1* 元;*100* 元钞票,*100* 元:Dad had several dollar *bills* in his wallet. 爸爸钱包里有几张 1 元的钞票。**II** *vt.* ❶[多用于被动语态]用招贴(或广告、报纸等)宣布:*bill* goods that are on sale 张贴广告宣传减价出售的商品/The management *billed* the play for two weeks. 根据安排,该剧上演两个星期。❷要求…付账,向…收账;开(或送、交)账单给:The drugstore *bills* us on the first of each month. 杂货店每月 1 日送账单给我们。‖***fill* [*fit*] *the bill*** *vi.* 适合;适宜:If you're very hungry, a double helping of spaghetti should *fit the bill*. 要是很饿的话,吃两份意大利细面条就行了。‖ˈ**bill·a·ble** *adj.*

bill[2] /bil/ **I** *n.* [C] ❶(细长或扁平的)鸟嘴,喙:the *bill* of a duck 鸭嘴 ❷〈口〉帽舌 **II** *vi.* (鸟类)接嘴,触嘴:We saw two doves *billing* on the roof. 我们看到屋顶上两只鸽子在啄嘴做戏。

bill·a·ble /ˈbiləbl/ *adj.* 可支付的;应入账的

bill·board /ˈbilˌbɔːd/ *n.* [C](户外)广告牌;告示牌;招贴板:They plan to increase cigarette advertising on *billboards*. 他们打算进一步增加香烟广告牌。

bil·let /ˈbilit/ **I** *n.* [C] ❶(兵营之外的)士兵住宿地,宿营地(指民房或非军事机关的公共建筑物) ❷【军】民房征住令(征用民房为军队提

供膳宿的命令);(军人的)住宿介绍信 II *vt.* ❶分配(士兵、难民等)住宿地,安置:The captain *billeted* his soldiers on [with] old Mr. Smith. 上尉分派士兵住在史密斯老先生家里。❷留宿;给…安排住宿:We arranged with the townspeople to *billet* the students. 我们同市民们一起安排好了学生的住宿事宜。❸投宿;驻扎:For a time, they *billeted* in a ramshackle house. 他们曾一度投宿在一所东倒西歪的房子里。

bil•let-doux /ˈbileidu/ *n.* [C]([复] **bil•lets-doux**) 情书

bill•fold /ˈbilˌfəuld/ *n.* [C]票夹;钱包

bil•liard /ˈbiljəd/ *adj.* [无比较级][作定语]台球的;桌球的;弹子的:a *billiard* parlour 弹子房

bil•liards /ˈbiljədz/ [复] *n.* [用作单]台球(戏);落袋(戏);弹子(戏);桌球(戏):have a game of *billiards* 打一盘台球

bill•ing /ˈbiliŋ/ *n.* ❶[U](海报中或贴在剧院外的)演员表;节目表❷[U]广告;宣传:Advance *billing* made the book a sellout. 前期的广告促使该书销售一空。❸[U]开账单;要求付款❹[C](一公司某一时期内的)营业额❺[U](一段时期内)发给顾客的账单

bil•lion /ˈbiljən/ *n.* [C] & [无比较级] *adj.* ❶[单复同]〈英〉〈德〉万亿(的),10^{12}(100万的2次幂)(的) ❷[单复同]〈法〉〈加〉10亿(的),10^9(1000的3次幂)(的) ❸[常作~s]无数的,大量的:They rolled the papers off by the *billion*. 他们大量印报纸。‖ ˈ**bil•lionth** *adj.* & [C] *n.*

bil•lion•aire /ˌbiljəˈneəʳ/ *n.* [C] ❶〈英〉〈德〉拥有1万亿美元(或马克)资产的人 ❷〈法〉〈加〉拥有10亿美元(或法郎、加拿大元)资产的人 ❸巨富,亿万富翁

bill of fare *n.* [C] ❶菜单 ❷节目单

bill of goods *n.* [C][通常用单] ❶一批售出的货物 ❷做了虚假广告(或有瑕疵)的货品

bill of sale *n.* [C]〈英〉【律】卖据;动产所有权转让证书;抵押动产证书

bil•low /ˈbiləu/ I *n.* [C] ❶巨浪;波涛(见wave):The *billows* ran high. 波涛汹涌。❷波涛般汹涌翻滚之物(如烟、火、声音等):*Billows* of smoke were belching from the chimney. 滚滚浓烟从烟囱中冒出。II *vi.* ❶(波涛)汹涌,翻滚 ❷鼓起,扬起:Hundreds of red flags *billowed* in the breeze. 几百面红旗在微风中飘扬。‖ ˈ**bil•low•y** *adj.*

bil•ly /ˈbili/ *n.* [C]警棍

billy goat *n.* [C]〈口〉公山羊

bi•month•ly /baiˈmʌnθli/ I *adj.* [无比较级] ❶两月一次的:There will now be 6 issues a year. Each *bimonthly* issue will have 48 pages. 一年将出6期,每期双月刊有48页。❷一月两次的:None of us has time to meet twice a week. I propose we shift to *bimonthly* meetings. 我们大家都没时间一星期开两次会,我建议改为每半个月开一次会。II *adv.* [无比较级] ❶两月一次地❷一月两次地 III *n.* [C]双月刊

bin /bin/ I *n.* [C](用来盛放谷物、煤炭、羊毛等物的)容器,箱子,仓:a grain *bin* 粮仓 II *vt.* (**binned**;**bin•ning**)〈口〉将…装入(或贮藏在)箱(或仓)中

bi•na•ry /ˈbainəri/ *adj.* [无比较级] ❶由两部分(事物)组成的,包含两部分(事物)的;双重的,成双的:a *binary* policy 双重政策 ❷【数】【计】二元的,二进制的:a *binary* automatic computer 二进制自动计算机

bind /baind/ I (**bound** /baund/) *vt.* ❶捆;扎;系(*to*,*on*,*together*):*bind* sb. hand and foot 把某人的手脚都捆起来 ❷装订(书籍);把…装订成册:a book *bound* in cloth 布面装帧的书 ❸[常用被动语态]约束;使作出保证:We are *bound* by good sense to obey the country's laws. 理智要求我们必须遵守国家的法律。❹用绷带包扎(*up*):*bind* (*up*) a cut [wound] 包扎割伤[创伤] ❺使结合;使关系密切:Common interests *bind* the two countries together. 共同的利益使这两个国家结合在一起。—*vi.* ❶黏合,黏结;变硬,变坚固:The gravel and cinders will not *bind* without tar. 不浇柏油,砾石和炉渣就不会黏结起来。❷具有约束力:an agreement that *binds* 必须遵守的协议 / A contract always *binds*. 是合同,就具有约束力。II *n.* [通常用单]〈口〉困境,窘境:This schedule has [puts] us in a *bind*. 这样的日程安排使我们感到为难。‖ ˈ**bind•a•ble** *adj.*

bind•er /ˈbaindəʳ/ *n.* [C] ❶活页夹:a three-ring *binder* 三环活页夹 ❷(书籍)装订工;装

订机

bind·er·y /ˈbaindᵊri/ *n.* [C](书籍)装订厂,装订所,装订车间

bind·ing /ˈbaindiŋ/ **I** *n.* ❶[U;C]捆绑(物);束缚(物);黏合剂 ❷[C;U](书籍的)装订;装帧;封面 ❸[U;C]镶边;滚条:sew on a *binding* 镶滚条 ❹[C](滑雪板上的)皮靴固定装置 **II** *adj.* ❶紧身的;限制行动的:a shirt too *binding* to wear 穿上太紧的衣服 ❷有约束力的;有束缚力的;应履行的;必须遵守的:an agreement that is *binding* on [upon] all parties 对各方面均有约束力的协定

binge /bindʒ/ 〈俚〉 **I** *n.* [C] ❶大吃大喝;狂饮作乐:They went [were] on a *binge* last night and didn't get back until three in the morning! 他们昨晚到外面大吃大喝,直到凌晨3点才回来! ❷(一段时期内)无节制的狂热行动:a crying *binge* 大哭一场 / a gambling *binge* 赌博热 **II** *vi.* ❶放纵;沉溺(*on*):*binge on* chocolate 拼命吃巧克力 ❷狂饮作乐;暴食

bin·go /ˈbiŋgəu/ **I** *n.* [U]([复]**-gos**) [时作 **B-**] 宾戈(一种赌博游戏) **II** *int.* ❶[宾戈游戏获胜者的欢呼声]赢啦 ❷[表示对事情的突然发生或胜利完成的惊讶]啊:*Bingo*! The lights went out. 啊呀,灯灭了!

bi·noc·u·lar /baiˈnɔkjuləʳ,biˈn-/ **I** *adj.* [无比较级]双目并用的:Most animals have *binocular* vision. 大多数动物都有双目视觉。**II** *n.* [~s]双目镜,双筒镜(如双筒望远镜等):watch the match through a pair of *binoculars* 用双筒望远镜观看比赛 ‖ **bin·oc·u·lar·i·ty** /baiˌnɔkjuˈlærəti/ *n.* [U]

bi·no·mi·al /baiˈnəumjəl/ **I** *n.* [C] ❶【数】二项式(如 $8a+2b, x^2-8x$ 等) **II** *adj.* [无比较级][作定语] ❶包含两个名称的 ❷【数】二项的;二项式的

bi·o- /ˈbaiəᵘ/ *comb. form* ❶表示"生命","生物":*bio*genesis, *bio*lysis ❷表示"(人类)生活","生涯":*bio*graphy, *bio*pic ❸表示"生物学的":*bio*physics

bi·o·chem·is·try /ˌbaiəᵘˈkemistri/ *n.* [U]生(物)化(学) ‖ **ˌbi·oˈchem·i·cal** *adj.* —**ˌbi·oˈchem·ist** *n.* [C]

bi·o·de·grad·a·ble /ˌbaiəudiˈgreidəbᵊl/ *adj.* 能进行生物降解的,能起生物递降分解的:Plastics are not *biodegradable*. 塑料是不能进行生物降解的。 ‖ **bi·o·de·grad·a·bil·i·ty** /ˌbaiəudiˌgreidəˈbiliti/ *n.* [U]

bi·o·eth·ics /ˌbaiəuˈeθiks/ [复] *n.* [用作单]生物伦理学(探讨在遗传工程、器官移植以及人工授精等生物研究与实验方面涉及的伦理道德问题)

bi·o·feed·back /ˌbaiəuˈfiːdbæk/ *n.* [U]【心】生物反馈

bi·og·ra·pher /baiˈɔgrəfəʳ/ *n.* [C]传记作家

bi·o·graph·i·cal /ˌbaiəᵘˈgræfikl/, **bi·o·graph·ic** /-ˈgræfik/ *adj.* [无比较级] ❶关于一个人生平的:Please include a few *biographical* notes in your application. 请在申请表中对个人情况作一简单介绍。❷传记的;包含传记材料的:a *biographical* novel 传记体小说

bi·og·ra·phy /baiˈɔgrəfi/ *n.* ❶[C]传记;传略:the author of numerous *biographies* 著有多种传记的作者〔亦作 **bio**〕 ❷[U][总称]传记(文学)

bi·o·log·i·cal /ˌbaiəˈlɔdʒikᵊl/, **bi·o·log·ic** /-ˈlɔdʒik/ *adj.* ❶生物学的:a *biological* laboratory [experiment] 生物学实验室[实验] ❷生物的;生命的;有关生命过程的:*biological* science 生物科学 ‖ **ˌbi·oˈlog·i·cal·ly** *adv.*

biological clock *n.* [C] ❶【生理】生物钟〔亦作 **clock**〕 ❷(标志着青春期,尤其指妇女生育期的结束)生理规律

bi·ol·o·gy /baiˈɔlədʒi/ *n.* [U] ❶生物学;生态学〔亦作 **bio**〕 ❷(某一生物或某一群生物的)行为特征、结构和生活规律:the *biology* of the honeybee 蜜蜂的生活规律和行为特征 ‖ **biˈol·o·gist** *n.* [C]

bi·on·ic /baiˈɔnik/ *adj.* ❶利用仿生学(或电子、机械装置)增强生物功能的:the *bionic* man 仿生人❷有超人的能力的;优异的;超群的 ‖ **biˈon·i·cal·ly** *adv.*

bi·on·ics /baiˈɔniks/ [复] *n.* [用作单]仿生学;仿生电子学

bi·o·phys·ics /ˌbaiəᵘˈfiziks/ *n.* [U][用作单或复]生物物理学 ‖ **ˌbi·oˈphys·i·cal** /-ikᵊl/ *adj.* —**ˌbi·oˈphys·i·cist** /-isist/ *n.* [C]

bi·op·sy /ˌbaiˈɔpsi/ **I** *n.* [C] ❶(为检查和诊断而做的)活组织切除 ❷切除的一个活组织 **II** *vt.* 切除活组织进行检查

B

bi·o·rhythm /ˈbaiəuˌriðᵊm/ *n.* [C]【生】生物节律

BIOS /ˈbaiəus/ *n.* [C](计算机)基本输入输出系统

bi·o·sphere /ˈbaiəᵘˌsfiəʳ/ *n.* [C] ❶[通常作单]【生态】生物圈 ❷生命层

bi·o·tech·nol·o·gy /ˌbaiəutekˈnɔlədʒi/ *n.* [U] 生物工艺学(把工艺技术应用于生物科学,如生物工程) ‖ **ˌbi·o·tech·ni·cal** /-ˈteknikəl/, **ˌbi·o·tech·no·log·i·cal** /-nəˈlɔdʒikəl/ *adj.* —**ˌbi·o·techˈnol·o·gist** *n.* [C]

bi·par·ti·san /ˌbaipɑːtiˈzæn,-ˈpɑːtiˌzᵊn/ *adj.* [无比较级](有关或代表)两党(或两派)的;受两党(或两派)支持的;由两党(或两派)组成的:a *bipartisan* committee 由两党(或派、方)组成的委员会 ‖ **ˌbi·par·tiˈsan·ism** *n.* [C] —**ˌbi·par·tiˈsan·ˌship** *n.* [U]

bi·par·tite /ˌbaiˈpɑːtait/ *adj.* [无比较级] ❶分成(或包括)两部分的:A clam has a *bipartite* shell. 蛤有两片壳。❷涉及两个方面的;有两个方面参加的;双边的:a *bipartite* alliance 两国联盟

bi·ped /ˈbaiped/ **I** *n.* [C]双足动物 **II** *adj.* [无比较级](有)双足的:a *biped* beast 两足兽 ‖ **bi·pe·dal** /ˈbaiˌpedᵊl/ *adj.*

birch /bəːtʃ/ **I** *n.* ❶[C]【植】桦,白桦:a forest of *birch* [a *birch* forest] 白桦林 ❷桦木〔亦作 **birchwood**〕 **II** *adj.* [无比较级]桦树的;桦木制的:*birch* beer 桦啤

bird /bəːd/ *n.* [C] 鸟;禽:Birds build nests. 鸟筑巢。‖ ***a bird in (the) hand*** *n.* 已到手的东西;已成定局的事情 ***A bird in the hand is worth two in the bush.*** 〈谚〉一鸟在手胜过双鸟在林。***birds of a feather*** *n.* 有共同志趣的人们;臭味相投的人们 ***an early bird*** *n.* 早到(或早起)的人:You're *an early bird* this morning. 你今天起得真早啊! ***kill two birds with one stone*** *vi.* 一石二鸟,一箭双雕,一举两得

bird·brain /ˈbəːdˌbrein/ *n.* [C]〈口〉笨蛋,傻瓜 ‖ **ˈbirdˌbrained**, **ˈbirdˌbrained** *adj.*

bird·ie /ˈbəːdi/ **I** *n.* [C] ❶【高尔夫】比规定击球次数少击一次的入穴 ❷〈口〉小鸟 **II** *vt.*【高尔夫】以比规定击球次数少击一次的成绩打入(穴)

bird's-eye /ˈbəːdzˌai/ *adj.* [无比较级][作定语]俯视的,鸟瞰的;远眺的:From the plane we had a *bird's-eye* view of London. 我们从飞机上俯瞰了伦敦的全景。

Biro *n.* 伯罗圆珠笔

birth /bəːθ/ *n.* ❶[C;U]生产,生育;分娩:a premature [difficult] *birth* 早产[难产] ❷[U]出生,降生,诞生:At *birth*, most babies weigh between 6 and 8 pounds. 大多数婴儿出生时6到8磅重。❸[通常用单]起源;开始:the *birth* of a plan [an idea] 计划[主意]的产生 ❹[U]出身;血统:of high [noble] *birth* 出身高贵的 ‖ ***give birth (to)*** *vi.* & *vt.* ❶生育;生产:She *gave birth to* a fine healthy baby. 她生了一个漂亮而又健康的宝宝。❷产生;引起:*give birth to* a poem 创作一首诗

birth control *n.* [U]【医】避孕;节育:practise *birth control* 实行避孕

birth·day /ˈbəːθˌdei/ *n.* [C] 生日,诞辰:celebrate a *birthday* 庆祝生日

birthday suit *n.* [C]〈口〉〈谑〉赤身裸体,一丝不挂:They were sunbathing in their *birthday suits*. 他们正光着身子晒太阳呢。

birth·ing /ˈbəːθiŋ/ *n.* [C]生孩子(尤指顺产生子)

birth·mark /ˈbəːθˌmɑːk/ *n.* [C]胎记;胎痣:She had a red *birthmark* on her face. 她脸上有块红色的胎记。

birth·place /ˈbəːθˌpleis/ *n.* [通常用单]出生地,故乡

birth·rate /ˈbəːθˌreit/ *n.* [C]出生率

birth·right /ˈbəːθˌrait/ *n.* [U;C]与生俱来的权利:Freedom is our *birthright*. 自由是我们与生俱来的权利。

bis·cuit /ˈbiskit/ *n.* ([复]**-cuit(s)**) ❶[C]〈主英〉饼干;家常小圆饼:soda [chocolate] *biscuits* 苏打[巧克力]饼干 ❷[C]软烤小圆饼

bi·sect /baiˈsekt/ *vt.* ❶把…二等分;把…一分为二:*Bisect* the apple as well as you can. 把这个苹果尽量对切分匀。❷和…相交;和…交叉;横穿:Highway 32 *bisects* highway 56 at this point. 32号公路和56号公路在这里相交。—*vi.* 一分为二;道路分叉 ‖ **bi·sec·tion** /ˌbaiˈsekʃᵊn/ *n.* [U;C] —**biˈsec·tor** *n.* [C]

bi·sex·u·al /baiˈseksjuəl/ *adj.* [无比较级] ❶性欲上受两性吸引的;性欲错乱的 ❷(有关)两

性的：a *bisexual* personality 两性人 ‖ **bi·sex·u·al·i·ty** /baiˌseksjuˈæliti/ *n.* [U]

bish·op /ˈbiʃəp/ *n.* [C] ❶(天主教、圣公会、东正教等的)主教：He was made a *bishop* in 1967. 1967年他被任命为主教。❷(国际象棋中的)象

bis·muth /ˈbizməθ/ *n.* [U]【化】铋(符号 **Bi.**)

bi·son /ˈbaisᵊn/ *n.* [单复同]【动】北美犎牛(或野牛)：a herd of *bison* 一群野牛

bisque /bisk/ *n.* [U](用贝类海味调制的)海味浓汤

bis·tro /ˈbiːsˌtrəu/ *n.* [C]([复]**-tros** /-ˌtrəuz/) ❶(中小型欧式)小餐馆，咖啡馆 ❷小型夜总会；小酒吧

bit[1] /bit/ *n.* ❶[C]小块；小片；小段：*bits* of broken glass 碎玻璃片 ❷[C]一点儿，一些，少许，少量：This *bit* of rain is nothing. 这么一点点雨算不了什么。❸[通常作 **a ～**]一小会儿，短时间；短距离：Let's rest for *a bit*. 咱们休息一会儿吧。‖ ***a bit much*** [***a bit thick***] 太过分；不合理；不受欢迎：It's *a bit much* ringing me up at three o'clock in the morning. 凌晨3点就打电话来太不像话了。***bit by bit*** *adv.* 一点一点地，逐渐地：My French friend learned Chinese *bit by bit*. 我的法国朋友慢慢学会了汉语。***do one's bit*** *vi.* 〈口〉尽自己的一分力量，尽本分：*do one's bit* for [towards] protecting the environment 为保护环境做一分贡献 ***every bit*** *adv.* 彻头彻尾，完全，全然：She's *every bit* as clever as her sister. 她像她姐姐一样聪明。

bit[2] /bit/ *n.* [C] ❶(马)嚼子，衔铁 ❷钻头，钎头；刀片，刀头 ‖ ***chafe*** [***champ***] ***at the bit*** 迫不及待；急不可耐：*champing at the bit* to get started on the test 急不可耐地想开始答题

bit[3] /bit/ *n.* [C]【数】【计】二进制数字(即0或1)；二进制位

bit[4] /bit/ *v.* bite 的过去式与过去分词

bitch /bitʃ/ **I** *n.* [C] ❶母狗；雌性犬属动物(如母狼、母狐等) ❷〈俚〉〈贬〉坏女人，淫妇；妓女；悍妇，脾气坏的女人：Joan is a real *bitch*! 琼是个地地道道的泼妇！**II** *vi.* 抱怨，发牢骚；出言不逊(*about*)：They *bitched about* the service and then *about* the bill. 他们先是抱怨服务质量太差，然后又抱怨收费太高。‖ ˈ**bitch·i·ness** *n.* [U] —ˈ**bitch·y** *adj.*

bite /bait/ **I** (**bit** /bit/; **bit·ten** /ˈbitᵊn/或 **bit**) *vt.* ❶咬；咬伤；咬断：The fierce dog *bit* me on [in] the leg. 恶狗咬伤了我的腿。❷咬出，咬成：The dog *bit* a hole in my pants. 狗在我的裤子上咬了一个洞。❸(蚊虫等)叮，蜇：A mosquito *bit* me. 蚊子咬了我。—*vi.* ❶咬；叮，蜇；有咬(或叮、蜇)的习性：Be careful, Sam, my dog *bites*. 小心，萨姆，我的狗会咬人的。❷(锚、齿轮等)咬住物体；(利器等)穿透物体；(线等)切入物体：Wheels can't *bite* on a slippery surface. 路面滑时，车轮就打滑。❸(鱼)咬饵，上钩：The fish are *biting* well today. 今天鱼儿挺上钩的。**II** *n.* [C] ❶咬；叮，蜇：The dog gave a *bite* or two at the bone. 狗在骨头上咬了一两口。❷一口咬下的东西；一口的量：Eat the whole apple, not just a *bite*. 把整个苹果都吃掉，别只咬一口。❸咬(或叮、蜇)的伤痕；咬伤：a deep *bite* 咬伤的深痕 ❹[通常用单]一口(或一点)食物；〈口〉点心，(量不多的)一顿饭：a quick *bite* 快餐 ‖ ***bite off more than one can chew*** *vi.* 〈口〉承担力所不及的事：I told him he would be *biting off more than he could chew* if he tried to rebuild the house himself. 我告诉他，要是他打算自己重建那所房子，那他是太不自量力了。***bite one's tongue*** *vi.* 强忍住不说 ***bite someone's head off*** *vi.* 〈口〉蛮横粗暴地说话(回答)：I only asked you what time it was — there's no need to *bite my head off*. 我不过是问问你几点钟而已，何必那么凶呢？***put the bite on*** *vt.* 〈俚〉向…借钱；敲…的竹杠：Let's *put the bite on* aunt, she's got plenty of dough. 我们试试从姑妈那弄点钱，她有的是钱。

bit·ing /ˈbaitiŋ/ *adj.* ❶[作定语]寒冷的，严寒的；刺痛的，刺骨的；凛冽的：*biting* cold [winter] 严寒[严冬] ❷(言词)刻薄的，尖刻的；讽刺的，挖苦的：a *biting* comment 尖刻的评论 ‖ ˈ**bit·ing·ly** *adv.*

bit·ten /ˈbitᵊn/ *v.* bite 的过去分词

bit·ter /ˈbitəʳ/ **I** *adj.* ❶苦的；有苦味的：These plums are *bitter*. 这些李子发苦。❷怀恨的；抱怨的；不满的；愤懑的：*bitter* enemies [foes] 死敌 ❸[作定语]令人不愉快的；辛酸的；难以忍受的；引起痛苦的；使人痛心的：a *bitter* sorrow 极度的悲伤 ❹严寒的；刺骨的；凛冽的：*bitter* winter 严冬 **II** *n.* [U; C]〈主英〉(一杯)苦啤酒：A (glass of) *bitter*, please. 请来一杯苦啤。

‖ ˈbit•ter•ly *adv.* —ˈbit•ter•ness *n.* [U]

bitter end *n.* [通常用单]最后，终结；死亡：fight to the *bitter end* 战斗到底

B

bit•tern /ˈbitən/ *n.* ❶[C]【鸟】麻鳽

bit•ter•sweet /ˈbitəˌswiːt/ I *adj.* [无比较级]又苦又甜的；又苦又乐的：*bittersweet* chocolate 又苦又甜的巧克力 II *n.* [C]【植】❶美洲南蛇藤 ❷千年不烂心，蜀羊泉 ‖ ˈbit•terˌsweet•ly *adv.* —ˈbit•terˌsweet•ness *n.* [U]

bit•ty /ˈbiti/ *adj.* ❶[主英]七零八碎的；东拼西凑的；无条理的；不连贯的：Conversation was *bitty* and irresolute. 谈话内容东拉西扯，而且口气也显得犹豫不决。❷细小的

bi•tu•men /ˈbitjumin/ *n.* [U]黑色黏着物（如沥青）

bi•tu•mi•nize, bi•tu•mi•nise /biˈtʲuːmiˌnaiz/ *vt.* ❶沥青化，使成沥青 ❷用沥青处理

bi•tu•mi•nous /biˈtʲuːminəs/ *adj.* [无比较级]❶（有关、含或像）沥青的：*bituminous* shale 沥青页岩 ❷烟煤的

bi•valve /ˈbaivælv/ *n.* [C]【动】双壳类动物

biv•ou•ac /ˈbivuˌæk/ I *n.* [C;U]露营（地）；野营（地）：The soldiers made a *bivouac* for the night in the field. 战士们在野外宿营。II *vi.* (-acked; -ack•ing) 露营，露宿：The climbers *bivouacked* in the woods halfway up the mountain. 登山队员在半山腰的树林里露营。

bi•week•ly /baiˈwiːkli/ I *adj.* & *adv.* [无比较级]❶每两周一次的（地）：The magazine is a *biweekly* publication. 那份杂志是双周刊。❷每周两次的（地）：They have *biweekly* conferences on Monday and Friday. 他们每逢周一和周五开会。II *n.* [C]双周刊

bi•year•ly /baiˈjəːli/ *adj.* & *adv.* [无比较级]❶两年一次的（地）：Some comets have a *biyearly* orbit of the sun. 有些彗星每两年围绕太阳转一次。❷一年两次的（地）：Many businesses pay taxes *biyearly*. 许多商店一年纳税两次。

bi•zarre /biˈzɑːʳ/ *adj.* 奇形怪状的；古怪的；怪诞的；异乎寻常的（见 fantastic）：*bizarre* behaviour 古怪的行为 ‖ biˈzarre•ly *adv.* —biˈzarre•ness *n.* [U]

blab /blæb/ (blabbed; blab•bing) *vt.* 〈口〉（因不慎）泄露（秘密）：I'll tell you if you promise not to *blab* it. 只要你保证不乱说，我就把这事告诉你。—*vi.* 泄密；漏嘴：*blab* to the press 向报界走漏风声

blab•ber•mouth /ˈblæbəˌmauθ/ *n.* [C]〈口〉碎嘴子；唠唠叨叨的人；信口开河的人

black /blæk/ I *adj.* ❶黑色的，乌黑的：*black* ink 黑墨水 ❷没有光亮的；完全黑暗的：It was as *black* as pitch inside the church. 教堂里漆黑一团。❸暗淡的；无望的：a *black* prospect [outlook] 暗淡的前景 ❹（手、衣服等）肮脏的；污秽的：He looked out through the *black* windows. 他从肮脏不堪的窗子望出去。❺愤怒的，恼怒的；怨恨的；怒气冲冲的：*Black* resentment filled his heart. 他满腔怒火。❻[无比较级]（戏剧等作品）以悲观（或恐怖）手段表现现实生活阴暗面的；以乖张悖理手法表现的：a *black* joke 黑色幽默（或笑话）❼[无比较级]（咖啡或茶）不加牛奶（或奶油）的：I'd like mine *black*, please. 请给我清咖啡。❽[时作 B-][无比较级]皮肤黝黑的；（关于）黑人的；（关于）美国黑人（或美国黑人文化）的：the *black* race 黑色人种 II *n.* ❶[U]黑色：There is too much *black* in the picture. 画中黑色太多。❷[U]黑衣服；丧服：a woman dressed in *black* 穿黑衣服的女人 III *vt.* 使变成黑色：*black* sb.'s eye 将某人打得两眼发黑 ‖ ***black out*** *vt.* & *vi.* ❶（尤指空袭期间）熄灭（或遮暗）（灯火等）；（对…）实行灯火管制：During the war we had to *black out* our windows. 战时我们得遮住窗户的灯光。❷（尤指出于政治原因）封锁，扣发（消息）：The general *blacked out* all news of the battle. 将军封锁了一切有关战争的消息。❸（使）眼前一下子发黑；（使）昏厥；（使）暂时失去记忆（或知觉）：Fortunately I managed to get out of the bath before I *blacked out*. 幸运的是，我设法走出了浴室没有晕倒。***in the black*** *adj.* & *adv.* 处于黑字状态；有盈余（的）；有结余（的）：Our account is (nicely) *in the black* this month. 这个月我们的账户上有（不少）盈余。‖ ˈblack•ish *adj.*

black-and-blue /ˈblækənˈbluː/, **black and blue** *adj.* [无比较级]青肿的；青一块紫一块的；淤血的；遍体鳞伤的：a *black-and-blue* mark on the knee 膝盖上的淤血块

black-and-white /ˈblækənˈʰwait/ *adj.* [无比较级]❶黑白（色彩）的：a *black-and-white* picture 黑白图画 ❷黑白分明的；非是即非的，非对即错的；（思想方法）绝对化的，简单化的：a *black-and-white* moralist 看问题绝对化的道德家 ‖ ***in black and white*** 以书面形式；见诸文字：I want this agreement *in black and white*. 我要求以书面形式把这项协议写出来。

black•ball /ˈblækˌbɔːl/ *vt.* 投票反对；（尤指）投反对票阻止…参加某组织：*blackball* a candidate 投某候选人的反对票 ‖ ˈ**blackˌball•er** *n.* [C]

black belt *n.* [C]【体】（表示柔道和空手道最高技术等级的）黑腰带级（通常指六段）；黑腰带级选手：He's got a *black belt* in karate. 他已在散打中得了黑腰带。

black•ber•ry /ˈblækbᵊri/ *n.* [C] ❶【植】黑刺莓 ❷黑刺莓浆果

black•bird /ˈblækˌbəːd/ *n.* [C] ❶【鸟】乌鸫 ❷（羽毛黑色的）黑鸟

black•board /ˈblækˌbɔːd/ *n.* [C]黑板：write on the *blackboard* 在黑板上写字 / erase a *blackboard* 擦黑板

black•en /ˈblækən/ *vt.* ❶使变黑；使变黑暗；使变脏：Smoke *blackened* the sky. 浓烟遮黑了天空。❷破坏，败坏（名誉等）；诋毁：*blacken* sb.'s reputation 败坏某人的声誉 —*vi.* 变黑；变黑暗；变脏：The sky *blackened* and soon it began to rain. 天空阴了下来，转眼间开始下起雨来。

black eye *n.* [C]（挨打或撞成的）青肿眼眶：get a *black eye* 被打得眼发青

black-eyed /ˈblækˌaid/ **pea** *n.* [C]【植】豇豆

black•guard /ˈblægɑːd/ *n.* [C]无赖，流氓，恶棍：You *blackguard*! 你这个无赖！

black•head /ˈblækˌhed/ *n.* [C]【医】黑头粉刺

black hole *n.* [C]【天】黑洞

black•list /ˈblækˌlist/ **I** *n.* [C]黑名单：That store keeps a *blacklist* of persons who do not pay their bills. 那家商店把不付款的人记入黑名单。**II** *vt.* 把…列入黑名单：He was *blacklisted* because of his extremist views. 他因观点过于激进而上了黑名单。

black magic *n.* [U]巫术；妖术；魔法：practise *black magic* 施展妖术

black•mail /ˈblækˌmeil/ **I** *n.* [U;C] ❶敲诈；勒索：be found guilty of *blackmail* 被判犯有敲诈勒索罪 ❷敲诈勒索所得的钱财：pay *blackmail* 交付被敲诈勒索的钱 **II** *vt.* 敲诈；向…勒索：His former mistress tried to *blackmail* him. 他以前的情妇企图对他进行敲诈。‖ ˈ**blackˌmail•er** *n.* [C]

black mark *n.* [C]（指人品的）污点；不好的评语：His chronic lateness is a *black mark* against him. 他经常迟到，这是对他不利的一个缺点。

black market *n.* [U]黑市；非法交易（市场）：buy [sell] sth. on the *black market* 在黑市上买[卖]某物

black•ness /ˈblæknis/ *n.* [U] ❶黑，黑色，黑暗 ❷黑人民族性；黑人身份

black•out /ˈblækˌaut/ *n.* [C] ❶（战时为防止空袭而实施的）灯火管制（时期）：*Blackouts* are imposed in wartime. 战争期间常常实施灯火管制。❷【医】（脑中缺氧等引起的短暂性）眼前昏黑；（暂时性）失去知觉（或记忆力）：He had several *blackouts* during his illness. 他生病期间几次昏迷过去。

black sheep *n.* [单复同]有辱门第的人；害群之马；败家子；败类：He's the *black sheep* of a lovely family. 他出身倒是好人家，但是个败家子。

black•smith /ˈblækˌsmiθ/ *n.* [C]铁匠；锻工

black tie **I** *n.* ❶[C]（与宴会小礼服配用的）黑蝴蝶领结 ❷[U]带黑蝴蝶领结的宴会小礼服 **II** *adj.* 穿晚礼服的：a *black-tie* dinner-dance 要穿礼服的聚餐舞会

black•top /ˈblækˌtɔp/【建】**I** *n.* ❶[U]（与碎石混合用以铺设道路等表面的）沥青 ❷[C]沥青路 **II** *vt.* (**-topped; -top•ping**) 铺沥青于

blad•der /ˈblædəʳ/ *n.* [C] ❶【解】膀胱：empty one's *bladder* 排尿 ❷囊状物；囊袋；（足球等的）胆：the *bladder* of a basketball 篮球胆

blade /bleid/ *n.* [C] ❶（区别于刀柄的）刀身；刀片：a razor *blade* 剃须刀片 ❷叶片状物；桨叶，桨身；【机】叶，片：a propeller *blade* 螺旋桨叶 ❸（谷、草等植物的）叶片；（区别于叶柄的）叶身：a *blade* of grass 一叶草

blah /blɑː/ *n.* ❶[U]〈口〉空话，大话，废话：What they say is *blah*. 他们说的全是废话。❷（[复]**the blahs**）疲劳、沮丧或不自在的感觉：Cloudy weather often gives me *the blahs*. 阴沉沉的天气常令我很沮丧。

blame /bleim/ **I** *vt.* ❶责备；指责；责怪；埋怨(*for*)（见 criticize）：You'll be *blamed for* trying something too different. 你太标新立异了，是要给人戳脊梁骨的。❷归罪于；把…归咎(于)(*for*，*on*，*upon*，*onto*)：*Blame* it *on* me. 这事怪我。**II** *n*. [U] ❶(事故、过失等的)责任：The judge laid the *blame* for the accident on the driver of the car. 法官把事故的责任归咎于汽车司机。❷责备，指责；责怪，埋怨：You will bring the *blame* of others upon yourself if you fail in this. 如果你做这件事失败了，你就会招来他人的埋怨。‖ ***be to blame*** *vi*. 该承担责任；该受指责(或责备)；(是)某种不良后果的原因：Each person said somebody else *was to blame*. 人人都说是别人的过错。‖ **ˈblam·a·ble** *adj*.

blame·less /ˈbleimlis/ *adj*. [无比较级]无可指责的；无过错的，无过失的：Although the boy had not broken the window himself，he was not entirely *blameless*. 尽管窗户不是那男孩打破的，但他也不是完全没有过错。‖ **ˈblame·less·ly** *adv*. —**ˈblame·less·ness** *n*. [U]

blanch /blɑːntʃ；blæntʃ/ *vt*. ❶(疾病、恐惧或饥饿等)使(脸色等)变得苍白：The long illness *blanched* her cheeks of their natural colour. 久病不愈，她的双颊变得苍白了。❷【烹】用沸水烫(干果等)以便去皮；用沸水速煮(肉、蔬菜等)使其变白(或去掉不良气味)：Fruit，vegetables，etc. are *blanched* before being frozen. 水果和蔬菜等在冷冻前先用开水烫一下。—*vi*. 变(苍)白；褪色：She *blanched* at hearing the bad news. 听到这噩耗后她脸色变得煞白。

bland /blænd/ *adj*. ❶(食物等)清淡的；(药物等)无刺激性的：The soup is *bland*. 这碗汤很清淡。❷淡而无味的；枯燥乏味的：His musical taste is broad but *bland*. 他对音乐的爱好相当广泛，然而品位不高。❸(性情、态度等)温和的，和蔼的；文雅的：a *bland*，affable manner 和蔼可亲的态度 ‖ **ˈbland·ly** *adv*. —**ˈbland·ness** *n*. [U]

blan·dish·ment /ˈblændiʃmᵊnt/ *n*. [C][常作～**s**]阿谀奉承；劝诱；哄骗：resist sb.'s *blandishments* 不为某人的花言巧语所动

blank /blæŋk/ **I** *adj*. [无比较级] ❶(纸等)空白的，无字迹的；未写上(或印上)东西的；(表格、文件等)留有空白待填写(或供签字等)的：Future is a *blank* page to be written upon. 未来是一张待人书写的白纸。❷木然的，发呆的；冷漠的；无表情的：a *blank* look 冷漠的神态 ❸十足的，不折不扣的；完全的，彻底的；绝对的：a *blank* refusal [rejection] 断然拒绝 **II** *n*. [C] ❶空；空白；空地：There was a *blank* on the wall after we took down the picture. 我们取下画后，墙上一片空白。❷(纸的)空白；(表格、文件等待填的)空白处；空白表格；(书正文前后的)空白页，扉页：Fill in the *blanks* on the question paper. 在试卷上填空。‖ ***draw*** (***a***) ***blank*** *vi*. ❶〈口〉不成功，白费劲；(找人或东西)扑空：We've *drawn a blank* in the investigation. 我们的调查未取得结果。❷记不得：I *drew a blank* when she asked me for their phone number. 她问我他们的电话号码，可我怎么也想不起来。‖ **ˈblank·ly** *adv*. —**ˈblank·ness** *n*. [U]

blank check *n*. [C] 空白支票；空额签名支票：John's father sent him a *blank check* to pay his school bills. 约翰的父亲寄给约翰一张空额签名支票，以便让他支付在校费用。

blan·ket /ˈblæŋkit/ **I** *n*. [C] ❶毯子，毛毯；床毯：He got back into bed and pulled the *blankets* up around him. 他回到床上，拉起床毯把自己裹了起来。❷似(或用作)毯子的东西；覆盖物，覆盖层：A *blanket* of snow covered the ground. 地面覆盖着厚厚的一层雪。**II** *adj*. [无比较级][作定语]综合的，总括的；包括一切的；一揽子的：a *blanket* proposal 一揽子建议

blank verse *n*. [C]无韵诗(尤指五音步抑扬格诗)：Shakespeare's *Julius Caesar* is written in *blank verse*. 莎士比亚的《尤利乌斯·恺撒》是用无韵诗体写成的。

blare /bleəʳ/ **I** *vi*. 发出响亮刺耳的声音；(喇叭般地)发嘟嘟声：The radio is *blaring*；turn it off! 收音机太响了，关了它！—*vt*. 高声发出(或奏出)；使发出响亮刺耳的声音：The colour television was *blaring* news. 彩电里正在高声播送新闻。**II** *n*. [通常用单](喇叭等的)嘟嘟声；响亮刺耳的声音：a *blare* of bugles 军号的嘟嘟声

blar·ney /ˈblɑːni/ *n*. [U] ❶花言巧语，甜言蜜语；恭维话，奉承话：He gave her a line of *blarney* about how pretty she was. 他讨好地说她是何等地漂亮。❷胡扯；鬼话：He gave me a lot of *blarney* about why he was broke. 他对我说了一大堆鬼话来解释他破产的原因。

bla·sé /ˈblɑːzei/ *adj*. ❶(因司空见惯而)不感兴趣的,无动于衷的,漠不关心的:a *blasé* attitude 冷漠的态度 ❷饱享而生厌的,放纵过度而感到厌倦的,玩腻了的:*blasé* multimillionaires 花天酒地、玩得发腻的亿万富翁们

blas·phe·my /ˈblæsfəmi/ *n*. [U;C]亵渎上帝(或神圣事物);渎神的言辞(或行为):blasphemies against Allah 亵渎真主的言论 ‖ ˈ**blas·phe·mous** /-məs/ *adj*. —ˈ**blas·phe·mous·ly** *adv*. —ˈ**blas·phe·mous·ness** *n*. [U]

blast /blɑːst;blæst/ **I** *n*. [C] ❶爆炸,爆破;爆炸气浪,爆炸波,冲击波:an atom-bomb *blast* 原子弹爆炸 ❷一阵(疾风等),一股(强气流等);狂风,暴风:Wintry *blasts* chilled us to the marrow. 凛冽的狂风使我们感到彻骨的寒冷。❸突然发出的响声;(管乐器等的)吹奏;(雷、汽笛等的)轰鸣;吹奏声;吼鸣声:The radio let out an awful *blast*. 收音机突然发出一种刺耳的响声。**II** *vt*. ❶使爆炸,炸掉:*blast* away hilltops 炸平山头 ❷吹奏;鸣响:He *blasted* his horn irritably at every car in his way. 一路上只要前方来了车,他便急不可耐地按喇叭。❸损毁,毁坏;摧毁,使毁灭:Time has *blasted* his ambition. 时间磨掉了他的雄心壮志。❹猛烈抨击;严厉批评;谴责,痛斥:His latest book was *blasted* by critics. 他的新作遭到评论家的严厉批评。—*vi*. ❶吼鸣;发出刺耳的响声:The music is *blasting* from the radio. 收音机里正传出刺耳的音乐声。❷炸,爆炸 ‖ **(*at*) *full blast*** *adv*. 〈口〉大力地;全速地;大规模地:We are working (*at*) *full blast* to complete the project before the new year. 我们正竭尽全力,赶在新年之前完成项目。***blast off*** *vi*. & *vt*. (火箭、宇宙飞船、宇航员等)起飞,升空,发射上天;将…发射上天:The spaceship *blasted off* at 15:30,according to plan. 宇宙飞船按原定计划于15时30分起飞。

blast furnace *n*. [C]炼铁的高炉,鼓风炉

blast·off /ˈblɑːstˌɔf/ *n*. [U;C](火箭、导弹、宇宙飞船等的)发射,发火起飞:*Blastoff* for the Apollo space craft will be at 10 am local time. "阿波罗号"宇宙飞船将于当地时间上午10时升空。

bla·tant /ˈbleitᵊnt/ *adj*. 极明显的;公然的,露骨的;无耻的:*blatant* discrimination 明目张胆的歧视 ‖ ˈ**bla·tant·ly** *adv*.

blath·er /ˈblæðəʳ/ **I** *n*. [U]蠢话;胡扯,废话:His speech was full of *blather*. 他的报告尽是胡说八道。**II** *vi*. 胡说,瞎侃:The poor thing *blathered* for hours. 那可怜虫胡扯了好几个钟头。

blaze /bleiz/ **I** *n*. [通常用单] ❶火焰;烈火:People stood watching the *blaze* destroying the building. 人们站在那里,眼睁睁地看着大火在吞噬大楼。❷光辉,闪耀;强烈(或炫目)的光:the *blaze* of the diamonds 钻石饰物的夺目光辉 ❸(感情等的)骤然迸发,突发,爆发:shout at sb. in a *blaze* of anger [fury] 盛怒之下向某人大声吼叫 **II** *vi*. ❶熊熊燃烧;冒出火焰:A good fire was *blazing* in the stove. 炉火烧得正旺。❷发(强)光,发亮;放光彩;被照亮:The sun is *blazing* overhead. 太阳当顶,灿烂地照射着。❸骤然迸发;突发;爆发:Her eyes were *blazing* with anger. 她气得两眼直冒火。‖ ***blaze away*** *vi*. 连续射击;打完(子弹等):*blaze away* at the lions 朝狮子连续开枪 ‖ ˈ**blaz·ing·ly** *adv*.

blaz·er /ˈbleizəʳ/ *n*. [C] ❶燃烧物;发光体 ❷(尤指带有条纹或运动俱乐部、学校特殊标志的)轻便短上衣

blaz·ing /ˈbleiziŋ/ *adj*. ❶燃烧的;熊熊的:a *blazing* fire 烈火 ❷光辉的;炫目的 ❸显然的;强烈的

bla·zon /ˈbleizᵊn/ *vt*. 把…公之于众,宣布;宣传:*blazon* sb.'s enormity abroad 宣布某人的滔天罪行

bleach /bliːtʃ/ **I** *vt*. 晒白;漂白;使脱色:*bleach* the linen napkins in the wash 漂洗亚麻布餐巾 —*vi*. 变白;脱色;变成淡色:leave the cloth in the sun to *bleach* 把布放在阳光下晒白 **II** *n*. [U]漂白剂:a strong household *bleach* 高效家用漂白剂

bleach·er /ˈbliːtʃəʳ/*n*. [常作~s](体育场等低票价的)露天看台,露天座位:in front of a *bleacher* filled with VIPs 在坐满了大人物的露天看台前面

bleak /bliːk/ *adj*. ❶光秃秃的;无遮蔽的;受到风吹雨打的;荒凉的:*bleak* cliffs 光秃秃的悬崖峭壁 ❷无望的;黯淡的;惨淡的,凄凉的;阴郁的;令人沮丧的:Pandas are an endangered species with a *bleak* future. 大熊猫是一个前景不妙的濒危物种。‖ ˈ**bleak·ly** *adv*. —ˈ**bleak·ness**

n. [U]

blear·y /ˈbliəri/ *adj.* [无比较级] ❶(眼睛因流泪、疲倦等而)视线模糊的;睡眼惺忪的;(头脑)糊涂的:Her eyes were *bleary* with weeping. 她哭得双眼看不清东西了。❷(轮廓等)模糊不清的,朦胧的:The day begins with a *bleary* view of one's world. 人生之初对世界的看法还是一片混沌。‖ ˈ**blear·i·ly** *adv.* —ˈ**blear·i·ness** *n.* [U]

bleat /bliːt/ I *vi.* ❶(羊)咩咩叫;(小牛)哞哞叫:The lamb *bleats* for its mother. 小羊羔咩咩叫妈妈。❷〈口〉低声抱怨;(柔弱地)悲叹;诉苦;声音颤颤地说话:Stop *bleating* about your problems and get to work. 别那么没完没了地叹苦经,还是好好干活吧。—*vt.* ❶用发颤的声音说出:He *bleated* (out) his complaints. 他用颤抖的声音诉苦。❷(羊)咩咩叫,(小牛)哞哞叫:The goats *bleated* a warning. 羊群咩咩叫着发出警告。II *n.* [C] ❶羊(或小牛)的叫声;咩咩声;哞哞声❷(柔弱的)悲叹声;声音颤颤的叫声 ‖ ˈ**bleat·er** *n.* [C]

bleed /bliːd/ *vi.* (**bled** /bled/) 流血,出血:My nose is *bleeding*. 我的鼻子在淌血。

bleed·er /ˈbliːdəʳ/ *n.* [C] ❶〈英俚〉人(尤指男人),家伙;〈贬〉讨厌的家伙;坏蛋;可怜虫 ❷〈口〉【医】血友病患者

bleed·ing /ˈbliːdiŋ/ I *adj.* [无比较级]〈英俚〉该诅咒的,该死的;[用以加强语气]非常的,了不得的:a *bleeding* fool 大傻瓜 II *adv.* 〈英俚〉[用以加强语气]非常;透顶:a *bleeding* silly idea 愚蠢透顶的想法 III *n.* [U]出血,流血,抽血,放血

bleeding heart *n.* [C]〈口〉心肠过软(或太富有同情心)的人

bleep /bliːp/ I *n.* [C](电子仪器等发出的)短促的尖音信号;(广播中为抹去某些语句而发出的)短促的尖音(信号):If you hear long *bleeps*, the phone is engaged. 如果你听到长时间的"嘀嘀"声,那么电话占线了。II *vi.* (电子仪器等)发出短促的尖音(信号):The alarm is *bleeping*. 警报器发出短促的尖音信号。—*vt.* ❶以短促的尖音(信号)表示:The alarm clock *bleeps* 7 o'clock. 闹钟以嘟嘟的信号报告 7 点钟。❷用 BP 机呼叫(某人):*bleep* the doctor on duty 用 BP 机呼叫值班医生

bleep·er /ˈbliːpəʳ/ *n.* [C] BP 机;发哔哔声的装置

blem·ish /ˈblemiʃ/ I *n.* [C] ❶瑕疵;污点;缺点:leave a *blemish* on sb.'s reputation 给某人的名声染上污点 ❷(皮肤、水果等上的)斑;疤;痣:a *blemish* on a pear 梨上的斑点 II *vt.* 使有疤;有损…的完美;玷污,使有缺点:One bad deed can *blemish* a good reputation. 做一次坏事就有可能使自己名誉扫地。

☆**blemish, defect, flaw** 均有"缺点,瑕疵"之意。**blemish** 指使表面或外形毁损或不完美的斑点,常用于人的皮肤,也可用于水果的表皮等:She has a *blemish* above her right eye. (她右眼上方有一个疤。)该词也常喻指缺陷或污点:His character is without (a) *blemish*. (他的品德毫无瑕疵。) **defect** 指缺乏使事物十全十美而必不可少的东西,而这种缺陷并非一定就在表面或显而易见:Before they leave the factory, all the cars are carefully tested for *defects*. (出厂前所有的汽车都经过仔细的质量检验。) **flaw** 使用范围较广,指对某事物的完美性或圆满性造成破坏的缺陷或瑕疵:a *flaw* in the marble near the base of the statue (大理石雕像底座附近的瑕疵) 该词既可指具体事物,亦可指抽象概念:Your argument has a fatal *flaw*. (你的理论有一个致命的弱点。)

blench /blentʃ/ *vi.* 退缩,退避;畏缩:*blench* at the thought of walking into the boss's office — 想到跨进老板的办公室就会不寒而栗

blend /blend/ I (**blend·ed**或〈古〉**blent** /blent/) *vt.* 使混合,使混杂,使混在一起;使交融;混合成(见 mix):This tea is *blended* by mixing camomile with pekoe. 这种茶是用母菊加上白毫配制的。—*vi.* 混合,混杂,混在一起;交融(见 mix):get the eggs and cream to *blend* 把鸡蛋与奶油拌和在一起 II *n.* [C] 混合物,混合体,混成品:This coffee is a *blend* of three varieties. 这种咖啡是由三个品种混合配制而成的。

blend·er /ˈblendəʳ/ *n.* [C] ❶掺和者;搅拌工,配制工 ❷掺和器,搅拌机:a food *blender* 食物搅拌机

bless /bles/ *vt.* (**blessed** 或 **blest** /blest/) ❶(以宗教仪式、祈祷等)使神圣化,使成圣洁;宣布…为神圣:The priest *blessed* the bread and wine. (圣餐前)牧师对面饼和葡萄酒进行祝祷,宣布它们为圣体和圣体血。❷祈神赐福于;为…求神保佑:May God *bless* you with a long life! 愿上帝保佑你长命百岁! ‖ ***Bless***

you! *int*. ❶〈口〉长命百岁! ❷上帝保佑你们!:Bless you, my children. 上帝保佑你们,孩子们。

bless•ed /ˈblesid, blest/ *adj*. ❶神圣的,圣洁的;受崇敬的:the *Blessed* Virgin 圣母(玛利亚) ❷(天主教)神佑的,天佑的 ❸幸运的;有福的,幸福的;喜人的:a *blessed* day 幸运的一天〔亦作 **blest**〕‖ ˈ**bless•ed•ly** *adv*.

bless•ing /ˈblesiŋ/ *n*. [通常用单] ❶祈神赐福(或保佑);祈神赐福(或保佑)的祷告;祝圣仪式;神的赐福(或保佑),神恩:The preacher gave the congregation his *blessing*. 牧师祈求上帝保佑众教徒。❷(饭前或饭后的)感恩祷告:say a *blessing* before meals 饭前做祷告 ❸福,幸福;福气,运气;幸事;喜事;恩惠:When you feel sad, count your *blessings*. 在你伤心时,想想自己的福气。‖ ***count one's blessings*** *vi*. (对某事)表示感激:You should *count your blessings* that you have your health. 你应庆幸自己的健康。

blew /bluː/ *v*. blow 的过去式

blight /blait/ I *n*. ❶[U]【植】枯萎病;造成枯萎病的病毒(或细菌、真菌等):potato *blight* 马铃薯晚疫病 ❷[C]造成毁灭(或失败、破坏等)的原因:Greed is a *blight* on humanity. 贪婪是毁灭人性的毒瘤。II *vt*. ❶使枯萎,使染上枯萎病 ❷使(希望、计划等)落空;使受挫;破坏:Rain *blighted* our hopes for a picnic. 一场雨使我们举行野餐的希望落空了。

blimp /blimp/ *n*. [C]软式飞艇

blind /blaind/ I *adj*. ❶瞎的,盲的,失明的:He is *blind* in the right eye. 他右眼是瞎的。❷视而不见的;不以为意的;不愿正视的:Love made him *blind* to her faults. 爱情使他不愿正视她的缺点。❸[作定语]轻率的,鲁莽的;不合理的;不讲理的:a *blind* choice 轻率的选择 ❹盲目的,不顾合理逻辑的;无目的的;无远见的:*blind* loyalty 愚忠 ❺看不见的,隐蔽的;难以辨别(或理解)的:a *blind* corner(司机)看不见迎面来车辆的拐角 II *adv*. ❶看不见地;难以看清地:They were driving *blind* through the snowstorm. 他们在暴风雪中摸索行驶。❷盲目地;未加思考地;未经目击地;无指引地:They'll be working *blind*. 他们得在毫无线索的情况下去干。III *vt*. ❶使变瞎,使失明;使(一时)看不见东西;使目眩:The bright lights *blinded* me for a moment. 强烈的灯光使我一时眼花缭乱。❷使丧失理智(或理解力、判断力等);蒙蔽,蒙骗:They are *blinded* to obvious facts by mental blinkers. 他们受了蒙蔽,对明摆着的事实视而不见。IV *n*. [C] ❶遮光物,遮蔽物;遮帘;百叶窗;窗帘:solid wood *blinds* 结实的木制百叶窗 ❷遮人耳目的东西;掩护;幌子;借口;诱饵;花招:The nightclub was just a *blind* for the gambling casino. 为遮人耳目,赌场挂着夜总会的招牌。‖ ˈ**blind•ly** *adv*. —ˈ**blind•ness** *n*. [U]

blind alley *n*. [C] ❶死胡同;绝路:be trapped in a *blind alley* 困在死胡同里 ❷僵局;绝境:reach a *blind alley* in the negotiations 在谈判中陷入僵局

blind date *n*. [C] ❶(由第三方安排的)男女初次约会:I first met my wife on a *blind date*. 我是在一次由他人安排的约会上第一次见到我现在的妻子的。❷(男女间)初次约会的一方:She was my first *blind date* of my life. 她是我一生中由别人安排初次见面的第一个女子。

blind•er /ˈblaindəʳ/ *n*. [C] ❶〈口〉[~s](马的)遮眼罩 ❷[通常为复数]挡住视线或影响理解的事物:She has *blinders* on when it comes to grasping why people get angry at her. 遇到别人对她生气时,她总是不明白其中的原因。

blind•fold /ˈblainᵈˌfəuld/ I *vt*. 遮住…的眼睛;蒙住(眼睛):The robbers *blindfolded* and bound their victim. 强盗们蒙住受害者的眼睛,绑住他们的手脚。II *n*. [C]蒙眼布(或绷带等)

blind•ing /ˈblaindiŋ/ *adj*. ❶炫目的,使眼花缭乱的 ❷极其明显的,一目了然的:They saw at once the *blinding* truth of her accusations. 她的指责全是事实,他们一下子就看明白了。

blind spot *n*. [C] ❶【解】盲点 ❷理解力不及的领域:I have a *blind spot* where computers are concerned. 对于计算机我可完全是个门外汉。❸能见度低的地区;视线看不见的地方;仪器察视不到的地方:There is a *blind spot* where the road dips. 道路下坡的地方看不见。

blink /bliŋk/ I *vi*. ❶眨眼睛:She *blinked* at me when I suddenly flashed the bright light in her face. 我突然用强光照她的脸时,她眨着眼睛看我。❷闪烁;闪亮:We saw the lights of a steamer *blinking* on the horizon. 我们看到一艘轮船的灯光在地平线上闪烁。—*vt*. ❶眨

B

(眼);使眨眼:The average person *blinks* his [her] eyes 25 times a minute. 常人每分钟眨眼25次。❷使闪烁,使闪光;以闪光发(信号):*blink* one's flashlight 一闪一闪地打手电 II *n.* [C]眨眼;眼睛的一眨

blink•er /ˈbliŋkəʳ/ *n.* [C] ❶(汽车的)转向指示(闪光)灯 ❷(十字路口的)闪光交通灯;闪光信号灯

blink•ered /ˈbliŋkəd/ *adj.* 目光短浅的;心胸狭窄的:*blinkered* self-interest 目光短浅的利己主义

blip /blip/ *n.* [C] ❶(雷达等屏幕上的)光点:Birds can cause *blips* on radar screens. 飞鸟能在雷达监视屏上形成小亮点。❷短暂的失调(或失常);暂时性偏离常规

bliss /blis/ *n.* [U] ❶极乐,狂喜:David was swimming in wedded *bliss*. 戴维沉浸在婚后的幸福之中。❷天堂之乐,天赐之福,洪福:There are times when ignorance is *bliss* indeed. 有的时候无知真是福气呐。‖ ˈ**bliss•ful** *adj.* —ˈ**bliss•ful•ly** *adv.* —ˈ**bliss•ful•ness** *n.* [U]

blis•ter /ˈblistəʳ/ I *n.* [C] ❶【医】(皮肤上因擦伤、烫伤等而起的)水疱,脓疱:My new shoes have made [given] *blisters* on my heels. 我的新鞋把我的脚后跟磨出泡来了。❷(漆器或玻璃等的)气泡;(金属的)泡疤,砂眼 II *vt.* ❶使起水疱(或气泡等):This new shoe has *blistered* my feet. 这只新鞋把我的脚磨出泡来了。❷猛然抨击,痛骂;痛打;重罚:The boss *blistered* his assistant in front of the whole office. 老板在全体职员面前训斥他的助理。‖ ˈ**blis•ter•y** *adj.*

blis•ter•ing /ˈblistəriŋ/ *adj.* ❶炎热的,酷热的:the *blistering* heat of the desert 沙漠中的酷热 ❷愤怒的,猛烈的,严厉的,刻薄的:a *blistering* attack on the government 对政府的猛烈攻击

blithe /blaið/ *adj.* [通常作定语] ❶〈诗〉欢乐的;轻松愉快的:Connie's father calls her his *blithe* spirit because she is very light-hearted and carefree. 康尼的父亲称她为快乐的小精灵,因为她轻松快活、无忧无虑。❷漫不经心的;无忧无虑的:a *blithe* disregard of the rights of others 对他人权利的漠视 ‖ ˈ**blithe•ly** *adv.* —ˈ**blithe•ness** *n.* [U]

blith•er•ing /ˈbliðəriŋ/ *adj.* [无比较级]〈口〉❶胡说八道的,瞎唠叨的 ❷[作定语]十足的;糟糕透顶的:a *blithering* idiot 十足的白痴

blitz /blits/ 〈口〉 *n.* [C] ❶(尤指投入大量飞机和地面部队的)闪电战,闪击战;突然袭击:carry out a *blitz* on enemy targets 对敌军目标发动突然袭击 ❷〈喻〉突击,闪电式行动:a public relations *blitz* 一次闪电式的公关攻势

blitz•krieg /ˈblitsˌkriːg/ *n.* [U]【军】闪电战,闪击战:be engaged in *blitzkrieg* with a view to ending as soon as possible 发动闪电战,以便尽快结束战争

bliz•zard /ˈblizəd/ *n.* [C] ❶【气】暴风雪,雪暴 ❷暴风雪似的一阵,猛烈的攻击:the *blizzard* of mail at Christmas 圣诞节时雪片般的邮件

bloat•ed /ˈbləutid/ *adj.* [无比较级]发胀的,膨胀的,浮胖的,臃肿的:I felt absolutely *bloated* after Christmas dinner. 吃完圣诞节晚餐后我觉得肚子很胀。

blob /blɔb/ *n.* [C] ❶(尤指黏稠的)一团;一滴;一块;(颜色等形成的)一点,一抹:a *blob* of jelly 一团果冻 ❷无一定形状(或轮廓不清)的东西;黑乎乎的一堆:Can you see a *blob* of grey in the distance? 你能看见远方一团灰蒙蒙的东西吗?

bloc /blɔk/ *n.* [C](国家、政党、团体等为某种共同目的而结合的)集团:the eastern European *bloc* 东欧集团

block /blɔk/ I *n.* [C] ❶大块;大块木料(或石料、金属、冰等):The pyramids are made of *blocks* of stone. 金字塔是由一块块大石头砌成的。❷街区(4条街道中的区域);街段(两条平行街道之间的一段街);(戏院、音乐厅等的)座位划区:She lives in [on] my *block*. 她和我住在同一个街区。❸起阻碍作用的(一伙)人;阻塞(物),障碍(物):I seem to have a mental *block* about literature. 对于文学我脑子好像堵塞了一样,一点也不懂。❹一组,一批;大量,大宗:a large *block* of theatre tickets 一大沓戏票 II *vt.* ❶堵塞,阻塞;遮挡;封锁:A canopy of branches and leaves *block* the sky and sun. 繁枝茂叶遮天蔽日。❷阻碍,妨碍(见 hinder):Agreement had been *blocked* by certain governments. 由于某些国家政府的阻挠,协议未能达成。—*vi.* 阻碍,妨碍 ‖ **block in** *vt.* 草拟(大纲等);勾出(大样):Mr. Brown has *blocked in* the plans for the house but has given no details. 布朗先生已画出房屋的草图,但尚未提供细节。***block out*** *vt*. 草拟(大纲等);勾出(大样):The artist *blocked out* a sketch of his painting. 画家几笔就勾出了画面的轮廓。***block up*** *vi*. & *vt*. 阻塞;堵塞:The sink keeps *blocking up*. 阴沟老是堵塞。‖ **ˈblock·er** *n*. [C]

block·ade /blɔˈkeid/ **I** *n*. [C] 封锁:break a *blockade* 突破封锁 **II** *vt*. 封锁:The firemen *blockaded* the area where the fire was raging. 消防人员封锁了大火蔓延地区。‖ **blockˈad·er** *n*. [C]

block·age /ˈblɔkidʒ/ *n*. [U;C] ❶封锁 ❷阻塞;堵塞:the *blockage* of the streets by heavy snows 大雪造成的街道交通堵塞

block and tackle *n*. [C]滑轮组,滑车组:move the fallen trees with (a) *block and tackle* 用滑车搬运倒下的树

block·bust·er /ˈblɔkˌbʌstəʳ/ *n*. [C]〈口〉〈喻〉重磅炸弹,了不起的人(或事物):Bill is one of the biggest *blockbusters* of the time. 比尔是当今最了不起的人物之一。

block·head /ˈblɔkˌhed/ *n*. [C]笨蛋,傻子,榆木脑袋〔亦作 **clot**〕

block·house /ˈblɔkˌhaus/ *n*. [C]([复]**-hous·es** /-ˌhauziz/) ❶(通常用混凝土构筑的)(火箭发射人员的)掩体 ❷木屋

bloke /bləuk/ *n*. [C]〈主英俚〉人;家伙

blond /blɔnd/ **I** *adj*. ❶(人的毛发)金黄色的;亚麻色的;浅茶褐色的:*blond* hair and blue eyes 金发碧眼 ❷(皮肤)白皙的;白里透红的:*blond* skin 白皮肤 **II** *n*. [C]白肤金发碧眼的人 ‖ **ˈblond·ish** *adj*.

blonde /blɔnd/ **I** *adj*. =blond **II** *n*. [C]白肤金发碧眼女人

blood /blʌd/ *n*. [U] ❶血,血液:Blood is thicker than water. 血浓于水。❷血统;家世,家族,家族关系:The two are related by *blood*. 这两人有血缘关系。‖ ***bad blood*** *n*. 宿怨:There's a lot of *bad blood* between the two families. 这两家积怨很深。***in cold blood*** *adv*. 冷血地;蓄意地;残忍地:They killed the little child *in cold blood*! 他们残忍地杀害了那个小孩!***make sb.'s blood boil*** *vi*. 使某人非常气愤:The way he treat his wife *makes my blood boil*. 他对待妻子的方式使我非常气愤。***make sb.'s blood run cold*** *vi*. 使某人极度恐惧:The sound of knocking *made his blood run cold*. 敲门声使他毛骨悚然。

blood bank *n*. [C]血库

B

blood·bath /ˈblʌdˌbɑːθ/ *n*. [C]([复]**-baths** /-ˌbɑːðz/) 血洗,大屠杀

blood count *n*. [C]【医】血细胞(计)数,血球(计)数:do a *blood count* on sb. 对某人做血细胞计数

blood·cur·dling /ˈblʌdˌkəːdliŋ/ *adj*. 令人胆战心惊的,令人毛骨悚然的:a *bloodcurdling* shriek 令人毛骨悚然的尖叫声

blood group *n*. [C]【医】血型〔亦作 **blood type**〕

blood·hound /ˈblʌdˌhaund/ *n*. [C]大猎犬;大警犬

blood·less /ˈblʌdlis/ *adj*. [无比较级] ❶无血的:*bloodless* surgery 无血外科手术 ❷不流血的;以非暴力方式进行的;未经流血而赢得的:a *bloodless* coup [revolution] 不流血的政变[革命] ❸贫血的;苍白的:*bloodless* cheeks 苍白的脸 ❹萎靡不振的,没有精神的,无生气的:an insipid,*bloodless* young man 一个暮气沉沉、萎靡不振的年轻人

blood·let·ting /ˈblʌdˌletiŋ/ *n*. [U] ❶【医】放血;静脉切开放血(术) ❷〈谑〉(尤指家族、部落间的)流血,杀戮

blood·mo·bile /ˈblʌdməˌbiːl/ *n*. [C]〈美〉(配有人员及设备的)巡回采血车,流动收血车

blood money *n*. [U] ❶(付给被杀者亲属的)补偿金,抚恤金 ❷(付给受雇杀手的)杀人酬金 ❸(付给告发杀人凶犯者的)告密赏金

blood poisoning *n*. [U]【医】❶败血病,败血症 ❷血中毒症,毒血症

blood pressure *n*. [U;C]血压(略作 **BP**):low *blood pressure* 低血压

blood·shed /ˈblʌdˌʃed/ *n*. [U]杀戮;流血:There are no battles in war without *bloodshed*. 战争中凡有战斗必有伤亡。

blood·shot /ˈblʌdˌʃɔt/ *adj*. [无比较级](眼球)充血的,布满血丝的

blood·stained /ˈblʌdˌsteind/ *adj*. [无比较级] ❶沾染着血的;有血迹的:a *bloodstained* bandage 沾有血迹的绷带 ❷犯杀人罪的;致人流血的:This castle has a *bloodstained* history. 这座城堡有着一部血迹斑斑的历史。

B

blood·stream /ˈblʌdˌstriːm/ *n.* [通常用单](体内循环的)血液;血流:The drug is injected directly into the *bloodstream.* 药物直接注入血液里。

blood·suck·er /ˈblʌdˌsʌkəʳ/ *n.* [C] ❶吸血动物(如水蛭、蚊子等) ❷吸血鬼;敲诈勒索者,放高利贷者:a real *bloodsucker* of an employer 剥削成性的雇主 ‖ **ˈblood|suck·ing** *adj.*

blood·thirst·y /ˈblʌdˌθəːsti/ *adj.* 嗜血成性的;凶残好杀戮的,耽于暴力的;杀气腾腾的:a *bloodthirsty* pirate 嗜杀成性的海盗 ‖ **ˈblood|thirst·i·ness** *n.* [U]

blood type *n.* =blood group

blood vessel *n.* [C]血管:A *blood vessel* bursts. 一根血管爆裂了。

blood·y /ˈblʌdi/ **I** *adj.* ❶有血污的,染上血的;血迹斑斑的;流血的,出血的:a *bloody* handkerchief 沾染鲜血的手帕 ❷[无比较级](有关、含或似)血的:*bloody* tissue 血组织 ❸造成(或源于)流血的;杀戮的;血腥的,血淋淋的:a *bloody* battle 伤亡惨重的战役 ❹[无比较级]〈主英俚〉〈粗〉[用以加强语气]非常的,十足的:a *bloody* fool 十足的笨蛋 **II** *adv.* [无比较级]〈主英俚〉〈粗〉很,非常:It's *bloody* wonderful. 妙极了! ‖ **ˈblood·i·ness** *n.* [U]

bloom /bluːm/ **I** *n.* ❶[C;U](尤指供观赏的)花;(一棵树或一季内开出的)全部花朵:rose *blooms* 玫瑰花 ❷[U]开花;开花期:The trees are in full *bloom* in May. 5月,树上的花儿盛开。**II** *vi.* 开花;(花园等)鲜花盛开:Daffodils *bloom* in the spring. 黄水仙春天开花。

bloom·er[1] /ˈbluːməʳ/ *n.* [常作~**s**](旧时妇女的)长及膝盖的灯笼裤;(长及膝盖、不太宽松的)女式灯笼内裤

bloom·er[2] /ˈbluːməʳ/ *n.* [C] ❶开花植物:a night *bloomer* 夜里开花的植物 ❷(技艺、才能等方面)完全成熟的人(尤指年轻人)

bloom·ing /ˈbluːmiŋ/ *adj.* ❶[无比较级]〈英口〉〈婉〉[用以加强语气]十足的;该死的,讨厌的:a *blooming* idiot 一个十足的傻瓜 ❷[无比较级]正开着花的;有花的:*blooming* roses 盛开的玫瑰花 ❸蓬勃发展的,兴旺的:the *blooming* bull market 牛气冲天的股市

bloop /bluːp/ **I** *vt.* 【棒】击出刚过内场的腾空球 **II** *n.* [C](刚过内场的)腾空球

bloop·er /ˈbluːpəʳ/ *n.* [C] ❶〈主美加口〉愚蠢的错误;在大庭广众前犯的错误;令人尴尬的错误:His prize *blooper* was introducing the speaker by the wrong name. 他犯了一个非常尴尬的大错误,那就是在介绍演讲者时把他的名字说错了。❷【棒】(刚好打出内场界线外的)腾空球

blos·som /ˈblɔsᵊm/ **I** *n.* ❶[C;U](尤指果树的)花;(一棵树或一季内开出的)全部花朵:What a beautiful *blossom*! 多美的一朵花啊! ❷[U]开花;开花期:All the shrubs are in *blossom.* 灌木丛中花团烂漫。**II** *vi.* ❶(植物)开花;(地方)长满花:This plum tree *blossoms* very early. 这棵李树很早就开花。❷兴旺发达,兴盛,繁荣:Literary societies *blossomed* during the 19th century. 19世纪期间文学团体兴盛。

blot /blɔt/ **I** *n.* [C] ❶墨渍;斑渍,污渍:A *blot* of ink stained his shirt. 一滴墨迹弄脏了他的衬衫。❷(品行、道德、名誉等上的)污点;耻辱;瑕疵:leave a *blot* on one's good name 给自己的名誉留下污点 **II** *vt.* (**blot·ted; blot·ting**) (用墨水等)把…弄脏,涂污;污损:She *blotted* the paper with ink spots. 她把墨渍弄到纸上去了。—*vi.* 弄上(或形成)墨渍(或污渍):The more carefully I write, the more this pen *blots.* 我写字时越是小心,这支钢笔的墨水漏得越是厉害。‖ ***blot out*** *vt.* 涂掉,抹去:He *blotted out* the mistake with ink. 他用墨水涂掉了写错的地方。

blotch /blɔtʃ/ *n.* [C](墨水、颜色等的)大滴(或大片)污渍:large *blotches* of red paint 一大滴一大滴的红色漆斑 ‖ **ˈblotch·y** *adj.*

blot·ter /ˈblɔtəʳ/ *n.* [C] ❶吸墨纸 ❷〈美〉(临时)记事本:a police *blotter* 警察临时记录本

blot·ting /ˈblɔtiŋ/ **paper** *n.* [U]吸墨纸

blouse /blauz/ *n.* [C]女衬衫

blow[1] /bləu/ **I** (**blew** /bluː/, **blown** /bləun/) *vi.* ❶(风、气流)吹,刮;(风、暴风雨等)呼啸:It [The wind] is *blowing* hard tonight. 今夜风刮得好猛啊。❷被吹动;被吹走:The paper *blew* away. 纸被吹走了。❸吹气;喷气:*blow* hard at candle 用力吹蜡烛 ❹(汽笛、喇叭等)被吹响,鸣响;(管乐器)奏鸣;吹奏乐器:The horn *blew* loudly. 号角声大作。❺(保险丝、电子管等)烧断,烧坏;(罐头等)膨胀,隆起;爆炸:The iron's not working — the fuse must have *blown*. 电熨斗不能使了，一定是保险丝烧断了。—*vt*. ❶吹，刮；吹动：A gust of wind *blew* snow in her face. 一阵风把雪刮在她脸上。❷朝…吹气；吹送(气等)；吹掉；擤：*blow* the dust off a book 吹掉书上的灰尘 ❸吹奏(管乐器)；(在爵士乐队中)演奏(乐器)：There will be three kids *blowing* guitar, banjo and washboard. 将有三个孩子来演奏吉他、班卓琴和敲击板。❹吹制；使充气；使骄傲自大：*blow* (soap) bubbles 吹肥皂泡 ❺〈美俚〉挥霍：*blow* one's salary on five new suits 把薪水乱花一通，买了五套衣服 ❻〈俚〉浪费掉；放过(机会等)：We've *blown* our chances of getting the contract. 我们错过了好几次签约的机会。**II** *n*. [C] ❶吹，刮；吹风；擤(鼻子)：Give your nose a good *blow*. 把你的鼻子好好擤擤。❷〈口〉大风，劲风：Last night's big *blow* brought down several trees. 昨夜的大风刮倒了好几棵树。‖ ***blow away*** *vt*. ❶枪杀 ❷驱散，消除，失去 ❸(从情感上)压倒 ***blow out*** *vt*. & *vi*. (被)吹灭：The flame *blew out*. 火焰灭了。***blow over*** *vi*. ❶(暴风雨等)平息，停止；(乌云等)消散：The storm has *blown over*. 暴风雨已停了下来。❷逝去；被淡忘：I hope your troubles will soon *blow over*. 我希望你的苦恼很快烟消云散。***blow up*** *vi*. & *vt*. ❶爆炸；炸毁；破坏，毁掉：*blow up* sb.'s reputation 使某人名誉扫地 ❷〈口〉发怒，大发脾气：When he heard she had quit school, he *blew up*. 当听说她弃学了，他勃然大怒。❸〈口〉放大(照片等)：The photographer *blew* the picture of the child *up* and entered it for a national competition. 摄影师将那孩子的照片放大后送去参加全国摄影比赛。❹(使)充气；给(轮胎等)打气：*blow up* a balloon 给气球充气

blow² /bləu/ *n*. [C] ❶(用拳、武器等的)重击；捶打：a *blow* to the jaw 下巴挨的一拳 ❷(突然降临的)打击；灾祸；损失：What a *blow*! 多么不幸啊！‖ ***at one blow*** *adv*. 轻而易举地：become wealthy and famous *at one blow* 轻而易举地名利双收 ***come [fall] to blows*** *vi*. 动手打起来，开始互殴：They were so angry, they almost *came to blows*. 他们都怒气冲冲，差点儿动手打了起来。***strike a blow*** *vi*. 努力争取(或完成)；拥护，支持：*strike a blow* for freedom and democracy 为争取自由和民主而斗争 ***with one blow*** *adv*. ＝at one blow

blow by blow /ˈbləuˌbaiˈbləu/ *adj*. [无比较级][作定语](描述)极其详细的：I want a *blow by blow* account of the meeting. 我要一份这次会议的详细报告。

blow-dry /ˈbləuˌdrai/ **I** *vt*. (用手握式电吹风器)将(头发)吹干并吹成式样；(用手握式电吹风器)吹干…的头发，为…吹出发式：I told her I wanted my hair *blow-dried*. 我告诉她我要她把头发吹风定型。**II** *n*. [C]电吹风

blow drier, blow dryer *n*. [C]手握式电吹风器

blow·er /ˈbləuəʳ/ *n*. [C] ❶风扇；风箱；鼓风机 ❷〈英口〉电话：be on the *blower* to sb. 正与某人通电话 ❸吹制工：a glass *blower* 玻璃器皿吹制工

blow·hard /ˈbləuˌhɑːd/ *n*. [C]〈口〉吹牛的人

blown /bləun/ *v*. blow¹ 的过去分词

blow·out /ˈbləuaut/ *n*. [C] ❶(车辆的)轮胎爆裂：We had a *blowout* and crashed the car. 我们的汽车爆胎，结果车子撞坏了。❷美餐，盛宴：a big *blowout* for her graduation 她的毕业盛宴

blow·torch /ˈbləuˌtɔːtʃ/ **I** *n*. [C]喷灯 **II** *vt*. 用喷灯喷

blow·up /ˈbləuʌp/ *n*. [C] ❶爆炸 ❷放大了的照片：Do a *blowup* of this corner of the negative. 把底片的这只角放大。❸突然一阵发怒：a big *blowup* over their daughter's husband 关于他们女婿的一场大吵

blow·y /ˈbləui/ *adj*. 刮风的；多风的：It was a raw *blowy* March evening. 这是一个3月的夜晚，天气潮湿，寒风凛冽。‖ **ˈblow·i·ness** *n*. [U]

blowz·y /ˈblauzi/ *adj*. ❶不整洁的；邋遢的；杂乱的 ❷(女人)脸红而相貌粗俗的 ‖ **ˈblowz·i·ly** *adv*.

blub·ber /ˈblʌbəʳ/ **I** *vi*. 放声哭；抽泣：He *blubbered* like a schoolboy who had been whipped. 他哭得像个挨过鞭子的小学生似的。—*vt*. 哭诉，抽泣着说出(*forth*, *out*)：The child seemed to be *blubbering* something about a lost ring. 那孩子好像在哭诉说丢了什么戒指一类的东西。**II** *n*. [U] ❶鲸脂 ❷多余的脂肪：With all that *blubber*, you should go on a diet. 你身上这

么多脂肪,应该减肥了。‖ ˈ**blub·ber·er** *n.* [C] —ˈ**blub·ber·ing·ly** *adv.* —ˈ**blub·ber·y** *adj.*

bludg·eon /ˈblʌdʒən/ *vt.* ❶用大头短棒连击:be *bludgeoned* to death 被人用大头棒打死 ❷恫吓,强迫,胁迫(*into*):*bludgeon* sb. *into* submission 压服某人

B

blue /bluː/ **I** *adj.* ❶(带有)蓝色的;天蓝色的,海蓝色的,蔚蓝的:a clear *blue* sky 晴天碧空 ❷[作表语]情绪低落的;悲伤的;忧郁的;(令人)沮丧的:She felt *blue* about [over] not being chosen for the cricket team. 她因未能入选板球队而感到伤心。❸(道德、宗教等)戒律严的,清教徒的 **II** *n.* ❶[U]蓝色;天蓝色,海蓝色:the dark *blue* of the Mediterranean Sea 地中海的一片深蓝色 ❷[C]蓝色的东西:Place the *blue* next to the red. 将蓝色的挨着红色的放。‖ ***out of a* (*clear*) *blue sky*** [***out of the blue***] *adv.* 突然,冷不丁地,出乎意料地:Major Magnus turned up *out of the blue* from Canada the other day. 几天前,玛格纳斯少校突然从加拿大回来露了面。

blue·bell /ˈbluːˌbel/ *n.* [C]【植】开蓝色铃状花的植物

blue·ber·ry /ˈbluːbᵊri/ *n.* [C] ❶【植】乌饭树〔亦作 **huckleberry**〕❷乌饭树的浆果

blue·bird /ˈbluːˌbəːd/ *n.* [C]【鸟】(北美)蓝鸫,蓝知更鸟

blue bloods *n.* [U]贵族(或王族、名门)出身 ‖ **blue-blood·ed** /ˈbluːˌblʌdid/ *adj.*

blue-chip /ˈbluːˌtʃip/ **I** *n.* [C](由殷实而可靠的公司发行的)值钱而热门的股票 **II** *adj.* [无比较级][作定语](股票等)值钱而热门的,可靠的:*blue-chip* investments 可靠的投资

blue-col·lar /ˈbluːˌkɔləʳ/ *adj.* [无比较级][作定语](穿蓝领工作服的)蓝领阶级的;体力劳动(者)的:a *blue-collar* job 从事体力劳动工作

blue·fish /ˈbluːˌfiʃ/ *n.* [C]([复]-**fish**(·**es**))【鱼】(热带海域的)海豚

blue·jack·et /ˈbluːˌdʒækit/ *n.* [C](英、美海军的)水兵

blue·jay /ˈbluːdʒei/ *n.* [C]【鸟】(产于北美的)蓝樫

blue·jeans /ˈbluːˌdʒiːnz/ *n.* [复]粗蓝布工装裤,蓝色牛仔裤

blue·law /ˈbluːlɔː/ *n.* [C](禁止星期日做生意、跳舞等的)清教徒法规,蓝色法规

blue nose *n.* [C]清教徒式的人,鼓吹清教徒戒律的人

blue-pen·cil /ˈbluːˈpensᵊl/ *vt.* (-**cil**(**l**)**ed**; -**cil·**(**l**)**ing**)(用蓝铅笔等)划去;修订,删改:*blue-pencil* the dirty words in a play 删去剧本中的下流字眼

blue·print /ˈbluːˌprint/ *n.* [C] ❶蓝图;蓝图印制术:the *blueprints* of a new engine 新型马达的蓝图 ❷〈喻〉蓝图;详细的行动方案(或计划):a *blueprint* for future peace 实现未来和平的蓝图

blue ribbon *n.* [C]一等奖;最高荣誉;最优秀称号:win a *blue ribbon* at the fair 在博览会上获最高奖

blues /bluːz/ *n.* [复] ❶[**the** ～]沮丧,忧郁,情绪低落:This rainy spell is giving me *the blues*. 这段时间雨下个不停,弄得我心情很不好。❷[**the** ～][常用作单]【音】布鲁斯(起源于黑人的爵士乐歌曲,慢速而忧伤)

blue·stock·ing /ˈbluːˌstɔkiŋ/ *n.* [C]〈贬〉女学者,女才子;卖弄学问的女子

blue·streak /ˈbluːstriːk/ *n.* [C]滔滔不绝的一番话:talk a *bluestreak* 连珠炮似的说了一通

bluff /blʌf/ **I** *vt.* 虚张声势地吓唬;以假象欺骗:He *bluffed* them into thinking he was an expert. 他们上了他的当,以为他真是专家。—*vi.* 虚张声势地吓唬(或骗)人:He was only *bluffing*, he didn't really mean it. 他不过是做做样子吓唬人而已,并不是真的要这样做。**II** *n.* [U;C]虚张声势;吓唬:He threatened to sack me, but it's all (a) *bluff*. 他威胁要炒我的鱿鱼,但那只是想吓唬吓唬我而已。‖ ***call sb.'s bluff*** *vi.* 接受某人的挑战;要虚张声势者拿出行动来(或证明自己的言行):When he threatened to dismiss me I *called his bluff*. 他威胁要把我解雇,我将了他一军,说我倒要看看他敢不敢。‖ ˈ**bluff·er** *n.* [C]

blu·ish /ˈbluːiʃ/ *adj.* [无比较级]稍有点蓝的,带点蓝色的:*bluish*-grey water 蓝灰色的水

blun·der /ˈblʌndəʳ/ **I** *n.* [C]大错,大娄子:Signing the agreement was a major *blunder* on the Prime Minister's part. 签订该条约是首相的一大失策。**II** *vi.* 犯大错误,出大娄子:Just pray that he doesn't *blunder* again and get the names wrong. 但愿他别再出洋相,把名字又弄

错了。—*vt.* 笨拙地做;把…弄得一团糟:Several of the accounts were *blundered* by that new assistant. 那个新来的助手把好几笔账搞得一团糟。‖ **'blun·der·er** *n.* [C] —**'blun·der·ing·ly** *adv.*

blun·der·buss /ˈblʌndəˌbʌs/ *n.* [C] ❶(旧时的)大口径短枪 ❷老犯错误的人;笨拙的人

blun·der·ing /ˈblʌndəriŋ/ *adj.* [无比较级][作定语]笨拙的;粗率的:What a *blundering* fool! 多笨拙的一个傻瓜! ‖ **'blun·der·ing·ly** *adv.*

blunt /blʌnt/ I *adj.* ❶(刀或刀口)不锋利的,钝的;(铅笔等)不尖的(见 dull):sharpen a *blunt* knife 把钝刀磨快 ❷(人或态度)率直的,坦率的;不客气的,生硬的;耿直的,欠圆通的:a *blunt* speech 没遮没拦的言辞 II *vt.* ❶使变钝:He *blunted* his knife on the stone. 他在石头上把刀弄钝了。❷使减弱:Grief has *blunted* his senses. 悲伤使他变得迟钝麻木。‖ **'blunt·ly** *adv.* —**'blunt·ness** *n.* [U]

blur /bləː/ I (**blurred**; **blur·ring**) *vt.* ❶使(视线、意识等)变得模糊不清:Tears *blurred* my eyes. 泪水模糊了我的双眼。❷弄脏,弄污;玷污:The windows were *blurred* with soot. 窗子被油烟熏黑了。—*vi.* 变得模糊:She cried and her eyes *blurred* with tears. 她哭得泪眼蒙眬。II *n.* [C] ❶[通常用单]模糊;模糊不清的事物:The houses appeared as a *blur* in the mist. 雾中的房子影影绰绰。❷污迹;(道德等方面的)污点 ‖ **'blur·ry** *adj.*

blurb /bləːb/ *n.* [C]〈口〉(印在书籍护封、唱片套等上的)简介;广告;吹捧性的短文:She wrote a good *blurb* for her friend's novel. 她为朋友的小说写了一篇很好的简介。

blurt /bləːt/ *vt.* 不假思索地说出,脱口说出,冲口说出(*out*):In his anger he *blurted out* the secret. 一气之下,他脱口说出了秘密。

blush /blʌʃ/ I *vi.* ❶(因害羞、窘迫、激动等)脸红;(脸)变红:*blush* at sb.'s praises 听到某人的赞扬而脸红 ❷羞愧,惭愧;感到难堪(*at*, *for*):He doesn't *blush at* poverty. 他并不因贫穷而感到难为情。II *n.* [通常用单]脸红:His remark brought a *blush* to [into] the young girl's cheeks. 少女听了他的话,双颊变得绯红。‖ ***at* (*the*) *first blush*** *adv.* 初看起来;乍一想:It seemed a good idea *at first blush*, but there were several drawbacks in it. 乍一想,那似乎是个好主意,可是其中却有好些缺点。

blush·er /ˈblʌʃəʳ/ *n.* ❶[U;C]能使脸色红润的化妆品 ❷[C]容易脸红的人

blus·ter /ˈblʌstəʳ/ I *vi.* ❶咆哮,怒吼;气势汹汹地说话,逞威风:He *blusters* about revenge but does nothing. 他嚷着要报仇,却没采取任何行动。❷(风)狂吹,呼啸;(浪等)汹涌:The wind *blustered* around the corner of the house. 大风呼啸地吹过屋角。II *n.* [U]大声的恐吓;气势汹汹的大话;夸口:He impresses no one by his *bluster*. 他大声恐吓,但没人把它当回事。‖ **'blus·ter·er** *n.* [C]

blus·te·ry /ˈblʌstəri/ *adj.* (天气)恶劣的,狂风大作的:a *blustery* winter day 一个狂风怒吼的冬日

bo·a /ˈbəuə/ *n.* [C] ❶【动】蟒,蟒蛇 ❷女用长毛皮(或羽毛)围巾(或披肩)

boar /bɔːʳ/ *n.* ❶[C;U](未阉的)公猪;公猪肉 ❷[C]野猪

board /bɔːd/ I *n.* ❶[C](尤指用于建筑的)板材;木板;薄板:The windows of the old house had *boards* nailed across them. 旧房子的窗户上钉上了木板。❷[C](木或其他材料制成的)板;栏;牌子:an ironing *board* 熨衣板 ❸[U](尤指包饭性质的)膳食;伙食:Mrs Jones gives room and *board* in her rooming house. 琼斯夫人的寄宿公寓提供膳宿。❹[用作单或复]委员会;董事会;理事会;委员会(或董事会、理事会)的全体成员;(政府或商业部门的)部,厅,局,所,公会:*board* of directors 董事会 II *vt.* ❶上(火车、船、飞机、公共汽车等),搭乘:Please *board* the plane immediately. 请立即登机。❷用木板将…封闭(或盖住)(*up*, *over*):*board* the floors of a house 给房屋铺上地板 ‖ ***on board*** *adj.* & *adv.* 在船(或火车、公共汽车、飞机等)上;上船(或火车、公共汽车、飞机等):*the people on board* a bus 乘公共汽车的人们

board·er /ˈbɔːdəʳ/ *n.* [C] ❶〈英〉寄宿生 ❷搭伙人,寄膳者;寄膳宿者

board game *n.* [C] 棋盘游戏

board·ing-house /ˈbɔːdiŋˌhaus/ *n.* [C]([复] **-hous·es** /-ˌhauziz/) 供膳食的寄宿舍〈澳〉寄宿生宿舍

boarding school *n.* [C]寄宿学校

B

board·room /ˈbɔːdˌrum/ *n.* [C](董事会等的)会议室

boast /bəust/ **I** *vi.* 自夸,自我吹嘘,自吹自擂(*of*,*about*):One *boasts of* his wealth; another *of* his learning. 有人以财富为荣,有人以学识为荣。—*vt.* 为(拥有)…而自豪;把…引以为荣:The school *boasts* excellent sporting facilities. 这所学校为拥有一流的体育设施而自豪。**II** *n.* [C] ❶自我吹嘘,自吹自擂;自夸的话:make a vain *boast* 自负地自吹自擂 ❷足以自豪的事物;可以夸耀的原因:The city's only *boast* is an avenue of palm trees. 该城市唯一可以引以为豪的是一条栽有棕榈树的林荫大道。‖ ˈ**boast·ing** *adj.* —ˈ**boast·ing·ly** *adv.*

☆**boast**, **brag**, **crow**, **vaunt** 均有"夸口,吹嘘"之意。**boast** 为一般用语,既可以表示某种自豪,也可以包含炫耀、言过其实或虚荣之义:The company *boasts* an excellent managing system. (该公司为拥有一套优秀的管理体制而自豪。) **brag** 较为通俗,包含有更强烈的夸大、炫耀或虚荣之义:She's always *bragging* about her connections in the film world. (她总是炫耀自己在电影界有不少熟人。) **crow** 为普通的口语用词,含有像洋洋得意的乌鸦一样自我吹嘘之义,比本组其他同义词含有更为强烈的贬义:John has nothing to *crow* about. (约翰没有什么可以吹嘘的。) **vaunt** 为文学用语,比 boast 含有更多的浮夸炫耀之义,但不如 brag 那么粗俗:a poem in which a peasant sings octaves *vaunting* the beauty of the beloved (一首农夫吟唱的,夸耀爱人美丽的八行诗)

boast·ful /ˈbəustfᵘl/ *adj.* 〈贬〉❶(有关)自夸的;以自我吹嘘为特点的 ❷好自夸的,爱自我吹嘘的;(喜)自吹自擂的 ‖ ˈ**boast·ful·ly** *adv.* —ˈ**boast·ful·ness** *n.* [U]

boat /bəut/ *n.* [C] ❶船(可以指小船或大船):cross a river in a *boat* 乘船渡河 ❷(通常指用作特殊用途的)小船:a small fishing *boat* 小渔船 ‖ ***in the same* [*one*] *boat*** *adj.* & *adv.* 处境相同;面临同样的危险:Making a living is tough these days. But everyone is *in the same boat*. 近来挣钱糊口很不容易,不过大家的情况也差不多。***miss the boat*** *vi.* 〈口〉❶错过机会,做失良机:He *missed the boat* when he applied too late. 他申请得太晚,失去了一次好机会。❷没有听明白:I *missed the boat* on that explanation. 我没有听懂那个解释。

bob[1] /bɔb/ *vi.* (**bobbed**; **bob·bing**) ❶上下(或来回)快速跳动(或移动):The cork *bobbed* (about) on [in] the water. 浮子在水面上下抖动。❷突然出现(或消失):The same question *bobbed* up at each meeting. 每次会上都要出现这个老问题。

bob[2] /bɔb/ **I** *n.* [C] ❶(孩童或女子的)短发;(妇女或女孩的)齐耳根短发式:wear one's hair in a *bob* 留短发 ❷(风筝尾部等的)垂挂物;悬挂的饰物 **II** *vt.* (**bobbed**; **bob·bing**) 剪短(头发):have one's hair *bobbed* 让人把头发剪短

bob[3] /bɔb/ *n.* [C][单复同]〈英口〉(旧时的)1先令(=shilling):Have I got time to borrow five *bob* from him? 我还来得及向他借5先令吗?

bob·bin /ˈbɔbin/ *n.* [C] ❶【纺】筒管,筒子,木管 ❷(缝纫机的)梭心;(编结梭结花边的)梭子

bob·ble /ˈbɔbᵊl/ **I** *n.* [C] ❶(装饰或镶边用的)小羊毛球,小绒球:a sweater with a line of *bobbles* up the sleeves 袖口上饰有一排小绒球的羊毛套衫 ❷失误 **II** *vt.* (足球、棒球等比赛中)失球

bob·by /ˈbɔbi/ *n.* [C]〈英口〉警察

bob·cat /ˈbɔbˌkæt/ *n.* [C]【动】红猫,短尾猫

bob·o·link /ˈbɔbəˌliŋk/ *n.* [C]【鸟】(北美洲的)长刺歌雀

bob·sled /ˈbɔbˌsled/ *n.* & *vi.* =bobsleigh

bob·sleigh /ˈbɔbˌslei/ **I** *n.* [C]大雪橇;连橇 **II** *vi.* 乘(或滑)大雪橇;滑大雪橇比赛

bod /bɔd/ *n.* [C] ❶〈英口〉人;家伙;老兄:He's a bit of an odd [queer] *bod*. 他这个家伙有点儿怪。❷〈俚〉人体,身躯,体格

bo·da·cious /bəuˈdeiʃəs/ *adj.* 〈方〉❶清楚明白的,彻头彻尾的 ❷非凡的,引人注目的

bode /bəud/ *vt.* [不用被动语态]为…的预兆;预示:The news *bodes* evil days for him. 这消息预示他往后的日子将是倒霉的。‖ ***bode ill*** *vi.* 是不好的预兆:The dark clouds *boded ill* for our picnic plans. 天空出现了乌云,这预示着我们的野餐计划要落空。***bode well*** *vi.* 是好的预兆:The fine weather *bodes well* for the game. 天气真好,这预示比赛将如期举行。‖ ˈ**bod·ing** *n.* [U]

bod·i·ly /ˈbɔdili/ **I** *adj.* [无比较级](有关)身体的,躯体的,肉体的:*bodily* organs 身体器官

II *adv.* [无比较级]整体地,全部地:He was lifted bod*ily* and thrown out of the bar. 他被整个儿举了起来,扔出了酒吧间。

bod·kin /ˈbɔdkin/ *n.* [C](粗钝的)大针眼缝针

bod·y /ˈbɔdi/ *n.* ❶[C](人或动物的)身体,躯体:the human *body* 人体 ❷[C](与精神、灵魂等相对而言的)肉体:Her mind was floating somewhere apart from her *body*. 她的思想已飘离她的肉体到别的地方去了。❸[C](人或动物除头、肢、尾以外的)躯干:His *body* was badly burnt in the accident. 他的身子在事故中严重烧伤。❹[C]死人;(人、动物的)尸体:He found the *body* in the bushes. 他是在灌木丛里发现那具尸体的。❺[C](物体的)主干部分,主体部分;(植物的)干,茎;船体;车身;(飞机的)机身;(文章、书籍的)正文:the *body* of a plant 植物的主干 ❻[C]一片;一堆;(大)量:a *body* of cold air 一股冷空气 ❼[C]主要部分,大部分;大多数:The *body* of public opinion was against the plan. 舆论的主流是反对这项计划的。❽[C](视作整体的)一组,一批,一群;团体,协会,组织;单位:the student *body* of the university 大学的全体学生 ❾[C]物体;天体:heavenly *bodies* 天体 ‖ ˈ**bod·ied** *adj.*

body bag *n.* [C](装有拉链的橡皮制)运尸袋

body building, bod·y-build·ing /ˈbɔdiˌbildiŋ/ *n.* [U]【体】健身(运动),健美(运动);身体锻炼 ‖ **body builder,** ˈ**bod·y-ˌbuild·er** *n.* [C]

body·guard /ˈbɔdiˌgɑːd/ *n.* ❶[C]警卫员,卫士,保镖 ❷[单复同]警卫队,卫队

body language *n.* [C]【语】身势语

body politic *n.* [C]([复]**bodies politic**)(被视作政治实体的)人民,民族;国家

bof·fo /ˈbɔˈfəu/ I *n.* [C]极为成功的事 II *adj.* 很受欢迎的,极为成功的,效果极好的,轰动的

bog /bɔg/ *n.* [C] ❶泥潭,沼泽 ❷沼泽地区

bo·gey[1] /ˈbəugi/ *n.* [C] ❶幽灵;恶鬼,妖怪:the *bogeys* of the dark 黑暗中的幽灵 ❷令人畏惧(或憎恨)的事物;令人忧虑(或烦恼)的事物:the *bogey* of war 战争的恐怖 ‖ ˈ**bo·g(e)y·ism** *n.* [C]

bo·gey[2] /ˈbəugi/ I *vt.* & *vi.* 【高尔夫】对(洞)打出超过标准杆数的一击 II *n.* [C]每洞的标准杆数;超过标准杆数的一击

bo·gey·man /ˈbəugiˌmæn/ *n.* [C]([复]**-men** /-ˌmen/)(假想以吓唬小孩的)怪物;可怕的人;骇人的东西

bog·gle /ˈbɔgᵊl/ *vi.* 〈口〉❶惊奇,惊慌,惊恐;困惑(*at*):The prisoner *boggled at* the sight of the gallows. 那囚犯一见绞刑架就惊恐万分。❷犹豫不决;畏缩不前(*at*):My imagination *boggled at* the thought of her reaction. 我不敢想象她会作出什么反应。—*vt.* 使惊奇,使惊慌,使惊恐;使困惑:The vastness of the universe *boggles* the imagination. 宇宙之大叫人难以想象。

bo·gus /ˈbəugəs/ *adj.* [无比较级]假的,伪造的,冒充的:a *bogus* ten-dollar bill 一张10美元的假钞 ‖ ˈ**bo·gus·ly** *adv.* —ˈ**bo·gus·ness** *n.* [U]

bo·he·mi·an /bəuˈhiːmjən/ I *n.* [C][常作 **b-**]放荡不羁的文化人(尤指艺术家、诗人等) II *adj.* [常作 **b-**]放荡不羁的,反俗世陈规的;(似)放荡不羁的文化人的:the *bohemian* life of an artist's colony 一群聚居的艺术家放荡不羁的生活 ‖ **boˈhe·mi·an·ism** *n.* [U]

boil[1] /bɔil/ I *vi.* ❶(被烧)开,滚;达到沸点,沸腾:Is the soup *boiling* yet? 汤开了没有? ❷在沸水中煮:The beans must *boil* for some time. 豆子必须多煮一会儿。❸(沸水般地)翻腾,翻滚;汹涌;发出沸水般的声音:The waves *boiled* around the ship. 船的四周,波涛汹涌澎湃。❹(人、感情等)激动;(尤指)发怒,发火:*boil* with anger [rage] 大发雷霆 —*vt.* ❶煮沸,烧开;使达到沸点,使沸腾:*boil* some water in the kettle 用壶烧点开水 ❷在沸水中煮,烹煮:Shall I *boil* an egg for you? 要我给你煮个鸡蛋吗? II *n.* [C][常用单]煮沸;沸腾状态;沸点:bring a kettle of water to a *boil* 烧开一壶水 ‖ ***boil down to*** *vt.* 归结起来是:The problem *boils down to* who will pay for the tickets. 问题归根到底是由谁来出钱买票。***boil over*** *vi.* & *vt.* ❶煮溢,沸溢:You'd better turn the gas down or else the vegetables will *boil over*. 你最好把煤气关小一点,不然菜锅里的水要溢出来。❷(使)激动;(使)发怒:She was just on the boil, and my question *boiled* her *over*. 她正要发作,我这一问更是火上浇油。

☆**boil, seethe, simmer, stew** 均有"烧,煮"之意。**boil** 指将食物放入沸水中烹煮:*boil* potatoes (煮土豆) 该词也可指突然的激动或发怒:It made his blood *boil*.（这使他怒火中烧。）**seethe** 较古，强调在沸水中煮透、烧烂：The cook *seethed* the mutton.（厨师用旺火煮羊肉。）该词也可指由于兴奋或激动而引起的情绪不安或骚动：Everyone was *seething* with excitement.（大家因为兴奋而骚动起来。）**simmer** 意指液体即将沸腾；与 boil 相比，暗示较少起泡和冒气，所以是一个需要花较长时间慢慢煨或炖的过程：The soup was left to *simmer*.（汤放在火上慢慢炖。）该词还可指内心充满了难以抑制的激情或愤怒：He *simmered* for a minute or two, then began shouting uncontrollably.（他强忍了一两分钟，然后情不自禁地大叫起来。）**stew** 特指将肉或蔬菜等置入加盖的容器里用文火长时间地焖煮，直至烧烂为止：a beef *stew*（炖牛肉）；用作引申义时，该词指焦虑或担忧等引起的不安或疾病：*stew* oneself into an illness（抑郁成疾）

boil² /bɔil/ *n.* [C]【医】疖：A *boil* comes to a head and bursts when ripe. 疖子出了脓头，化脓之后会破裂。

boiled /bɔild/ *adj.* [无比较级]煮沸的：*boiled* beef 煮熟的牛肉

boil·er /ˈbɔiləʳ/ *n.* [C] 锅炉；汽锅

boil·ing /ˈbɔiliŋ/ *adj.* [无比较级] ❶达到沸点的，沸腾的：*boiling* water 沸水 ❷〈口〉炎热的，灼热的，极热的：It's *boiling* in here! 这儿热得像个蒸笼！

boiling point *n.* [C] 沸点(略作 **b. p.**)：The *boiling point* of water is 100℃. 水的沸点是 100 摄氏度。

bois·ter·ous /ˈbɔistᵊrəs/ *adj.* 喧闹的；纵情的；爱吵闹的；粗鲁的：*boisterous* laughter 纵情的欢笑声 ‖ ˈ**bois·ter·ous·ly** *adv.* —ˈ**bois·ter·ous·ness** *n.* [U]

bold /bəuld/ *adj.* ❶勇敢的，无畏的；果敢的：a *bold* adventurer 勇敢的冒险家 ❷〈贬〉(人或行为)莽撞的，冒失的，唐突的；无耻的；放肆的：*bold* remarks 唐突无礼的话 ❸醒目的，显眼的；引人注目的；(轮廓、线条等)清晰分明的：a *bold* black-and-white striped shirt 黑白分明的条纹衬衫 ‖ ˈ**bold·ly** *adv.* —ˈ**bold·ness** *n.* [U]

bold·face /ˈbəuldˌfeis/ *n.* [U]【印】黑体，粗体(略作 **bf.**)：a paragraph set in *boldface* 用黑体排印的一段文字

bold·faced /ˈbəuldˌfeist/ *adj.* ❶冒失的，鲁莽的；厚颜无耻的；胆大妄为的：a *boldfaced* lie 厚颜无耻的谎言 ❷[无比较级]【印】黑体的，粗体的；黑体印刷的：a *boldfaced* type 黑体活字 ‖ ˈ**bold·fac·ed·ly** /-ˌfeisidli,-feist-/ *adv.* —ˈ**boldˌfac·ed·ness** *n.* [U]

Bo·li·vi·an /bəˈliviən,bəu-/ **I** *n.* [C]玻利维亚人；玻利维亚居民 **II** *adj.* [无比较级]玻利维亚的；玻利维亚人的

boll /bəul/ *n.* [C]【植】(棉、亚麻等的)圆荚，铃，蒴

bol·lix /ˈbɔliks/ **I** *vt.* 搞乱，弄糟：The job was *bollixed* completely. 这件事情被搞得一团糟。**II** *n.* [C]混乱，一团糟

Bol·she·vik /ˈbɔlʃivik/ *n.* [C]([复]**-viks** 或 **Bol·she·vi·ki** /ˌbɔlʃiˈviːki/) ❶布尔什维克(1903～1917 年指俄国社会民主党中的多数派成员；1918 年后指俄国共产党员)；俄(或联)共(布)党员 ❷(泛指)共产党员，共产党人 ‖ ˈ**Bol·she·vism** *n.* [U] —ˈ**Bol·she·vist** *n.* [C]

bol·ster /ˈbəulstəʳ/ *vt.* ❶支持；加强；提高；充实(*up*)：*bolster* sb.'s hopes with false reports of outside assistance 拿有关外援的失实报道来支撑某人的希望 ❷(用支撑物)支撑，支承，加固 ‖ ˈ**bol·ster·er** *n.* [C]

bolt /bəult/ **I** *n.* [C] ❶(门、窗上的)插销，闩；锁舌，锁簧：I heard Mother's key slide into the *bolt*. 我听见母亲将钥匙插进锁簧。❷螺栓：nuts and *bolts* 螺帽和螺栓 **II** *vt.* ❶闩上(门、窗等)；把…闩在门内(或门外)(而无法离开或进入)(*in*, *out*)：He came in and *bolted* the door behind him. 他进来后随手把门插上。❷用螺栓紧固(或安装)；拴住；使合在一起：The vice is *bolted* to the work-bench. 老虎钳用螺栓紧固在工作台上。❸囫囵吞下；匆忙地吃：Don't *bolt* your food — you'll get indigestion! 吃东西不要囫囵吞下，你会消化不良的！—*vi.* ❶(门、窗等)被闩上，被拴住：The gate *bolts* on the inside. 这大门是由里面闩上的。❷突然移动(或跳起)；惊起；猛冲；脱逃；(马)脱缰逃跑：*bolt* from [out of] the room 一个箭步冲出房间 ❸匆匆吞下食物 **III** *adv.* 笔直地；僵硬地 ‖ ***a bolt from* [*out of*] *blue*** *n.* 晴天霹雳；突如其来的事情；飞来横祸：The news of his sudden death came as [like] *a bolt from the blue*. 突然传来他死去的噩耗，犹如晴天霹雳。***bolt upright*** *adv.* 笔直地：sit *bolt upright* in bed 直挺

挺地坐在床上 ‖ ˈ**bolt·er** *n.* [C]

bomb /bɔm/ **I** *n.* ❶[C]炸弹(如定时炸弹、遥控炸弹等);(配有爆炸装置的)爆炸物:drop a nuclear *bomb* on the factory 朝工厂投掷核炸弹 ❷[常作 **the b-**, **the B-**]原子弹;氢弹;[总称]核武器 **II** *vt.* 向…投炸弹;轰炸,轰击:They *bombed* a target periodically during the day and night. 他们不分昼夜地对一个目标实施定期轰炸。—*vi.* 轰炸,投弹;引爆炸弹 ‖ ***go* (*like*) *a bomb*** *vi.* 〈英口〉[常用作反话]大获成功;令人震惊(或失望等);销路极好:The concert went like *a bomb*. 音乐会大获成功。

bom·bard /bɔmˈbɑːd/ *vt.* ❶(集中火力)炮击,轰炸(见 attack):Warships *bombarded* the coast. 军舰炮击沿海地区。❷不断攻击;向…连珠炮似的质问;痛斥;谩骂:He *bombarded* me with bitter questions. 他劈头盖脸地问了我一大堆难堪的问题。

bom·bard·ment /bɔmˈbɑːdmənt/ *n.* [C;U] ❶炮轰,轰击 ❷不停地抱怨,连珠炮似的质问

bom·bar·dier /ˌbɔmbəˈdiəʳ/ *n.* [C] ❶(轰炸机上的)投弹手,轰炸员 ❷(英国或加拿大军队中的)炮兵军士

bom·bast /ˈbɔmbæst/ *n.* [U]虚夸的言语(或文字);大话,高调:A few plain facts are better than a lots of *bombast*. 区区几件实实在在的事实就胜过一堆浮夸的大话。 ‖ **bom·bas·tic** /bɔmˈbæstik/, **bomˈbas·tic·al** /-kᵊl/ *adj.* —ˌ**bomˈbas·ti·cal·ly** *adv.*

bombed /bɔmd/ *adj.* [无比较级]〈俚〉烂醉的;因吸毒而晕晕乎乎的

bomb·er /ˈbɔməʳ/ *n.* [C] ❶轰炸机:a fighter *bomber* 战斗轰炸机 ❷(轰炸机上的)投弹手,炸弹员 ❸安放(或投掷)炸弹的恐怖(或破坏)分子

bomb·proof /ˈbɔmˌpruːf/ **I** *adj.* [无比较级]防炸的,防弹的;防空的:a *bombproof* cellar 防空地下室 **II** *vt.* 使…成为防炸的:*bombproofed* the shelter 把掩体建得能防炸

bomb·shell /ˈbɔmˌʃel/ *n.* [C]完全出乎意料的人(或事);令人震惊(或引起轰动、大失所望)的人(或事):*bombshell* effects 轰动效应

bo·na fide, **bo·na-fide** /bəunəˈfaidiː/ *adj.* [无比较级]真诚的,真实的,合法的:a *bona fide* agreement 真诚的协议

bo·nanza /bəˈnænzə/ *n.* [C](突然或意外的)好运,财运;(滚滚的)财源,富源;繁荣兴旺

bon·bon /ˈbɔnˌbɔn/ *n.* [C] ❶(巧克力或奶油)夹心软糖 ❷糖果

B

bond /bɔnd/ **I** *n.* [C] ❶捆扎(或捆绑)物;连接物;(捆缚用的)绳,索带 ❷[常作 **~s**]凝聚(力),亲和(力);联结,联系;纽带:There is a *bond* of affection between the two sisters. 姐妹俩亲密无间。❸[**~s**]镣铐,枷锁;囚禁,关押:in *bonds* 身陷囹圄 ❹盟约,契约,合同,协议;承诺,保证:a marriage *bond* 一纸婚约 ❺【商】公债,债券:Stocks and *bonds* can be good investment. 股票和公债是收益很好的投资。❻【化】键 **II** *vt.* 使结合;使黏合;将(砖等)砌合:two boards *bonded* together by glue 用胶黏合的两块木板 —*vi.* ❶结合;黏合;砌合:a cement failing to make materials *bond* 无法使材料黏合的胶结剂 ❷团结在一起(*to*, *with*):A newborn is ready to *bond to* anyone, an older child takes longer. 新生儿很容易对任何人产生亲情,而大一点的孩子则需要较长时间才能做到这一点。 ‖ ***in* [*out*] *bond*** *adv.* (进口货物)在关栈中[完税后出关栈]:You may leave whiskey *in bond* with customs. 你可以把威士忌留在关栈中(待完税后取出)。 ‖ ˈ**bond·ing** *n.* [U]

bond·age /ˈbɔndidʒ/ *n.* [U]奴役;束缚;羁绊:celebrate one's escape from *bondage* 庆祝自己摆脱了奴役苦

bone /bəun/ **I** *n.* ❶[C]骨,骨头:break a *bone* in one's leg 折断了一根腿骨 ❷[U]骨质,骨质物;骨状物(如象牙、牙本质、鲸骨等);骨制品:Its eye sockets are completely encircled by *bone*. 它两只眼窝的四周全是骨头。❸[**~s**]骨骼;骷髅,尸骸;身体:Let his *bones* rest in peace. 让他安息吧。**II** *vt.* 剔除…的骨头:*bone* a fish 剔去鱼刺 ‖ ***feel* [*know*] (*it*) *in one's bones*** *vi.* 凭直觉确信:There's going to be a problem with her; I *feel it in my bones*. 我预感到她将要出问题。***have a bone in one's* [*the*] *arm* [*leg*]** *vi.* 〈谑〉[常用作偷懒的借口]胳膊[大腿]抬不起来 ***have* (*got*) *a bone to pick with*** *vt.* 同…有争端要解决;对…有理由怀恨:I *have a bone to pick with* you. Can you explain why you come so late? 我倒想问问你,你能不能讲讲你为什么来这么晚? ***make no bones a-***

bout vt. ❶对…不踌躇，对…毫不迟疑：*made no bones about* carrying the precepts into practice 不折不扣地把教义付诸实践 ❷对…毫无顾忌，就…直言不讳：*make no bones about* one's dislike of pop music 毫不隐讳自己对流行音乐的厌恶 ***to the bone*** *adv*. 彻骨；透彻；到极点：be chilled [frozen] *to the bone* 感到寒气彻骨 ‖ ˈ**bone•less** *adj*.

bone china *n*. [U]骨灰瓷(由瓷土和骨灰混合烧成的细瓷器)

bone-dry /ˈbəunˈdrai/ *adj*. [无比较级] ❶[常作表语]〈口〉干透的，非常干燥的；干旱的：A tumble drier gets things *bone-dry* 滚筒式烘干机能将衣物彻底烘干 ❷非常口渴的

bone•head /ˈbəunˌhed/ *n*. [C]〈俚〉笨蛋，傻瓜 ‖ ˈ**bone•head•ed** /-ˌhedid/ *adj*.

bone meal *n*. [U]骨粉(用作肥料或动物的饲料)

bone of contention *n*. [C]〈口〉争论的话题；分歧点

bon•er /ˈbəunəʳ/ *n*. [C]〈俚〉愚蠢可笑的错误：pull a *boner* 犯下愚蠢可笑的错误

bon•fire /ˈbɔnˌfaiəʳ/ *n*. [C] ❶篝火，营火：a blazing [roaring] *bonfire* 熊熊的篝火 ❷(为焚烧垃圾而点燃的)户外火堆

bon•kers /ˈbɔŋkəz/ *adj*. [无比较级][常作表语]〈俚〉疯狂的：go *bonkers* 发疯

bon•net /ˈbɔnit/ *n*. [C] ❶(用带子系在颏下并框住脸颊的)女帽，童帽 ❷〈苏〉软布帽；(旧时)男式无边呢帽 ❸〈英〉(汽车、卡车等的)引擎罩：Lift the *bonnet* and have a look at the engine. 掀开引擎罩，检查一下发动机。‖ ˈ**bon•net•ed** *adj*.

bon•ny /ˈbɔni/ *adj*. 〈英方〉❶美丽的，漂亮的，好看的：a *bonny* lass 美丽的姑娘 ❷健康的，活泼的，愉快的：a *bonny* family 快乐的家庭 ❸好的，美好的：a *bonny* house 好房子 ‖ ˈ**bon•ni•ly** *adv*. —ˈ**bon•ni•ness** *n*. [U]

bon•sai /ˈbɔnsai/ *n*. [单复同] ❶盆景(艺术) ❷盆景植物

bo•nus /ˈbəunəs/ *n*. [C] ❶额外给予的东西；意外的惊喜：The extra two days holiday was a real *bonus*. 这额外的两天假期真是让人喜出望外。❷(给予雇员等的)奖金；(政府发给退伍军人的)补助金；(政府给工矿企业等的)补助费：a cost-of-living *bonus* 生活费补贴

☆**bonus, bounty, dividend, premium** 均有"奖赏，额外收入"之意。**bonus** 通常指固定工资以外额外发给的奖金或红利(亦可包括额外的假期、赠品等)：The staff got a Christmas *bonus*. (员工在圣诞节得到了奖金。)该词亦可指政府发给退伍军人的补助金：the soldiers *bonus* (军人补助金) **bounty** 指政府或政府机构为鼓励人们从事公益活动而给予的奖赏：He had a *bounty* of £5,000 on his head. (他轻松地得到了5 000英镑的奖励。) **dividend** 指按一定比例分给股东或投保人的利润或余利：The company declared a large *dividend* at the end of the year. (公司在年底宣布分发高额股息。) **premium** 通常指为鼓励人们积极从事生产、买卖或竞争等活动而给予的物质或金钱刺激：A *premium* of 2% is paid on long-term investments. (对投资期限较长者可获2%的奖励。)

bon•y /ˈbəuni/ *adj*. 瘦削的：a *bony* old woman 瘦骨嶙峋的老妇 ‖ ˈ**bon•i•ness** *n*. [U]

boo /buː/ **I** *int*. [表示不满、轻蔑或吓唬人等]嘘，呸：We were frightened when he jumped out shouting, "*Boo*!" 他大嘘一声，跳了出来，把我们吓了一跳。**II** *n*. [C]嘘声：can't [couldn't] say *boo* to a goose 非常胆小 **III** *vt*. 嘘(某人)，对…喝倒彩：*boo* the actors 朝演员喝倒彩 —*vi*. 发嘘嘘声，起哄：The crowd *booed* for five minutes. 人群中发出的嘘声持续了5分钟。

boob[1] /buːb/ **I** *n*. [C]〈俚〉蠢人，笨蛋 **II** *vi*. 〈英俚〉犯(愚蠢的)错误：The evening post *boobed* by calling her a county champion rather than a world champion. 那份晚邮报犯了个大错，竟把世界冠军的她说成是县里的冠军。

boob[2] /buːb/ *n*. [～s]〈俚〉〈粗〉(女人的)胸脯

boo•boo /ˈbuːbuː/ *n*. [C] ❶〈俚〉大错，愚蠢(或令人难堪)的错误 ❷〈俚〉小伤口，轻伤；(造成轻伤的)事故

boob tube *n*. 〈俚〉❶[**the b- t-**]电视：What's on *the boob tube* tonight? 今晚有什么电视节目？❷[C][常用单]一台电视机

boo•by /ˈbuːbi/ *n*. [C] ❶笨蛋，呆子，傻瓜 ❷【鸟】鲣鸟

booby prize *n*. [C](尤指出于善意的玩笑而发给的)末名奖

booby trap **I** *n*. [C] ❶【军】饵雷：set off [trigger] a *booby trap* 引爆饵雷 ❷(以恶作剧为目的而设置的)机关,圈套,陷阱:put a bag of flour on top of a door as a *booby trap* 在门顶上放一袋面粉作为机关来作弄人 **II** *vt.* (**-trapped**;**-trap·ping**) ❶在…安放饵雷:Terrorists *booby trapped* the car. 恐怖分子在汽车内安放了饵雷。❷为…设置陷阱(或机关、圈套等):They had *booby trapped* the door with a bucket of water which fell on my head as I walked through. 他们在门上放了一桶水,结果我推门进去时全倒在我头上。

boo·dle /ˈbuːdəl/ *n.* [常用单]〈俚〉❶〈主美〉一组人(或物);一群,一批:a big *boodle* of kids 一大群孩子 ❷〈美〉大量;大量的钱:It's worth a *boodle*. 这东西值好多钱哩。

boog·ie /ˈbuːgi/ **I** *n.* 〈俚〉❶[U,C]布吉伍吉舞曲;布吉伍吉舞❷[U](惹人脚痒想随着跳舞的)强节奏快速摇滚乐;迪斯科音乐;[C]流行音乐舞会 **II** *vi.* 〈美俚〉情不自禁(跟着摇滚乐或迪斯科音乐)跳起舞来;跳霹雳舞:*boogie* away all night long 跳了个通宵的迪斯科舞

boo·hoo /buːˈhuː/ **I** *vi.* 号哭 **II** *n.* [U]呜呜(孩子大声哭闹的声音)

book /buk/ **I** *n.* ❶[C]书,书籍,书本;论著,专著;作品集,选集:a *book* of poems 诗集 ❷[C]本子,簿册;(装订成册的)票据簿:a cheque *book* [a *book* of cheques] 支票本 ❸[常作~s](尤指公司、商号等的)账目;(公司或社团档案的)登录内容,记录:If you receive the note from us,it must be entered in our *books*. 如果收到我们的票据,务必记入我们的账上。**II** *vt.* ❶预订;预约;约请:*book* seats on a flight [plane] 预订某航班[飞机]的座位 ❷登记;把…记载入册 ❸为…预先安排时间;将…列入时间表:*book* a meeting 为会议安排好时间 —*vi.* 预订:*book* (up) well in advance 提前预订 ‖ ***according to the book*** *adv.* =by the book ***book in*** *vi.* & *vt.* 〈主英〉❶(旅馆、机场等)(为…)办理登记手续:*book* a guest *in* (服务台工作人员)替旅客办理登记手续 ❷为…预订(或预约等):I've *booked* you *in* at the Peace Hotel, I hope you approve. 我替你在和平饭店包了房间,希望你会喜欢。***book up*** *vi.* & *vt.* ❶[常用被动语态]客满,被预订一空:The hotel *is booked up* solid. 这家旅馆的客房已全部被预订一空。❷[常用被动语态](因日程排满而)没空:I'm *booked up* till August. 一直到8月份我的日程都排得满满的。***bring to book*** *vt.* ❶要求…作出解释,要求…说明原委:His employer *brought* him *to book* over the missing stock. 老板要求他对丢失的股票作出解释。❷申斥,严斥:*bring* sb. *to book* about his poor standard of work 因工作水平低劣而训斥某人 ***by the book*** *adv.* 按照惯例;一丝不苟地按规则:an unimaginative individual who does everything strictly *by the book* 一切严格照章、办事刻板的人 ***in sb.'s book*** *adv.* 按某人个人的看法,根据某人自己的判断:*In my book*, he's the best writer of fiction living. 依我看,他是当今最出色的小说家。***know like a book*** *vt.* 通晓,深识;对…了如指掌,对…的心思洞若观火:*know* an area *like a book* 非常熟悉某个地区

book·bind·er /ˈbukˌbaindəʳ/ *n.* [C] ❶(书籍)装订工 ❷装订机;(书籍)装订社,装订公司 ‖ ˈ**book**ˌ**bind·ing** *n.* [U]

book·case /ˈbukˌkeis/ *n.* [C]书架;书橱

book club *n.* [C]〈主美〉❶购书会(带商业性的组织,会员可定期按优惠价购买新书,但每年必须从该会购买若干本原价图书) ❷读书会,读书俱乐部(一种以讨论和评论书籍为目的的读书爱好者组织)

book·end /ˈbukend/ *n.* [C]书挡,书立

book·ie /ˈbuki/ *n.* [C]〈口〉(赛马等的)赌注登记经纪人

book·ing /ˈbukiŋ/ *n.* [C;U] ❶(车船票、房间等的)预订;预售:A *booking* was [*Bookings* were] made, then cancelled. 办了预订以后,接着又加以取消。❷(演讲等的)预约;演出合同:She has *bookings* to sing several concerts next fall. 她有几场秋季音乐会的演出合同要签订。

book·ish /ˈbukiʃ/ *adj.* [无比较级]〈常贬〉❶嗜书的,爱读书的,好学习的:a *bookish* boy 爱读书的男孩 ❷只有书本知识的,学究式的,书生气十足的:a *bookish* view of life [approach to life] 书呆子气的人生观 ❸书面语的,文绉绉的;咬文嚼字的:a *bookish* way of speaking 咬文嚼字的说话方式 ‖ ˈ**book·ish·ly** *adv.* —ˈ**book·ish·ness** *n.* [U]

book·keep·er /ˈbukˌkiːpəʳ/ *n.* [C] 簿记员,记账人:Don't be a *bookkeeper*! 别精打细算了! ‖ ˈ**book**ˌ**keep·ing** *n.* [U]

book·let /ˈbuklit/ *n.* [C](尤指纸面的)小册

子;小本子

book·mak·er /ˈbukˌmeikəʳ/ *n.* [C] ❶(赛马等)赌注登记经纪人 ❷书籍印刷(或装订)工;书籍设计者 ❸作家;编辑;编纂者 ❹出版者;书商 ‖ ˈ**bookˌmak·ing** *n.* [U] & *adj.*

B

book·mark /ˈbukˌmɑːk/ *n.* [C]书签

book·sell·er /ˈbukˌseləʳ/ *n.* [C]书商,书店老板(或经理)

book·shelf /ˈbukʃelf/ *n.* [C]([复]**-shelves** /-ʃelvz/) 书架

book·store /ˈbukˌstɔːʳ/ *n.* [C]〈主美〉书店

book value *n.* [C] ❶账面价值(☆与 market value 相对) ❷(公司与股票的)净值;(股票)1股的净值

book·worm /ˈbukˌwəːm/ *n.* [C]〈口〉极爱读书的人,终日埋头读书的人;书呆子

boom[1] /buːm/ **I** *vi.* ❶发出深沉有回响的声音;发出轰隆声(或嗡嗡声等):Guns *boomed* (away) in the distance. 大炮在远方发出轰鸣。❷用低沉的声音讲话:"Get out of here!" he *boomed*. "从这儿滚出去!"他用低沉的声音说道。❸(在规模、重要性等方面)迅猛发展,突然兴起;(物价、股票等)暴涨,激增:Business is *booming* this week. 这星期生意一下子火暴起来。—*vt.* 以低沉有回响的声音发出:*boom* out a warning 以低沉的声音发出警告 **II** *n.* [C] ❶深沉有回响的声音;(大炮、雷等的)隆隆声;(蜜蜂等的)嗡嗡声;(牛蛙等的)呱呱声:The new aircraft creates a sonic *boom*. 那种新飞机会产生声震(音爆)。❷(价格等的)暴涨;(人口、营业额等的)激增;(经济、工商业等的)繁荣(期);迅速发展(期);(城镇等的)兴起:a *boom* town (兴旺起来的)新兴城市 ‖ ˈ**boom·let** *n.* [C]

boom[2] /buːm/ *n.* [C] ❶【船】吊杆;帆杆;帆的下桁:the *boom* of a derrick 转臂起重机的吊杆 ❷话筒吊杆;(摄影机升降架的)支臂:a microphone *boom* 话筒吊杆 ❸水栅,拦障,流水挡栅,水栅木;水栅围区,拦障围区 ❹〈美〉拦河埂,拦河坝 ‖ ˈ**boom·let** *n.* [C]

boom·er·ang /ˈbuːməˌræŋ/ *n.* [C] 回飞镖(澳洲等地土著用作武器的一种飞镖,如未击中目标能自动飞回)

boon /buːn/ *n.* [C][常用单] 恩惠;及时的恩赐;实惠,裨益,极其有用的东西:Sleep is a *boon* to the weary. 对于疲乏不堪的人来说,能睡个好觉真是要谢天谢地了。

boon·dock /ˈbuːnˌdɔk/ *n.* [常作 **the ~s**]〈澳俚〉〈贬〉❶边远的乡村地区,穷乡僻壤❷荒野;丛林;沼泽地带

boon·doggle /ˈbuːnˌdɔgl/ **I** *n.* [C]〈口〉(尤指政府项目)无事忙;琐碎无价值的工作 **II** *vi.* 瞎忙;干琐碎无价值的工作 —*vt.* 欺骗;试图欺骗:We were all *boondoggled* by his fast talk. 我们都被他的花言巧语蒙住了。

boo·nies /ˈbuːniz/ *n.* [**the ~**]〈口〉边远地区

boor /buəʳ/ *n.* [C] ❶粗野(或粗鲁)的人 ❷愚钝的人;(尤指)乡巴佬 ‖ ˈ**boor·ish** /ˈbuəriʃ/ *adj.* —ˈ**boor·ish·ly** *adv.* —ˈ**boor·ish·ness** *n.* [U]

boost /buːst/ **I** *vt.* ❶推动,促进,激励;提高;增强:*boost* local business 促进当地商业的发展 ❷增加,使增长:help to *boost* share prices 有助于提高股票价格 **II** *n.* [C][常用单] ❶推动,促进,激励:The promotion was a big *boost* to his ego. 这一提升促使他更为自负。❷增加,增长,提高:receive a pay *boost* 获得一次加薪

boost·er /ˈbuːstəʳ/ *n.* [C] ❶向上抬的人,推动者;推进器;积极的支持者,热心的拥护者❷起推动(或鼓励等)作用的事物

boot[1] /buːt/ **I** *n.* [C] ❶(皮革、橡胶等制的)长筒靴;〈英〉(男式)短筒靴;橡胶套鞋:a pair of football [work] *boots* 一双足球靴[劳动靴] ❷〈英〉(通常设在汽车后部的)行李箱(=trunk);(旧时马车夫座下的)放行囊处:Put the luggage in the *boot*. 把行李放在汽车后部的行李箱里。**II** *vt.* ❶(猛)踢:She *booted* the ball back onto the pitch. 她把球踢回了球场。❷【计】引导(程序);自展(系统程序设计方法) ‖ ***get (the order of) the boot*** *vi.* 〈口〉被解雇,被开除 ***lick sb.'s boots*** *vi.* 〈口〉奉承某人,拍某人的马屁 ‖ ˈ**boot·ed** *adj.*

boot[2] /buːt/ *n.* [U] ‖ ***to boot*** *adv.* 除此以外,另外,而且:She was brilliant, rich, and beautiful *to boot*. 她聪敏、富有,而且长得很美。

boot camp *n.* (美国海、陆军或海军陆战队的)新兵训练营

boot·ee /ˈbuːtiː, buːˈtiː/ *n.* [C](婴儿用的)编织软鞋

booth /buːð, buːθ/ *n.* [C]([复]**booths** /buːðz,

buːθs/) ❶售货摊;售货亭;(展览会的)陈列亭;木偶表演亭:rows of *booths* at a country fair 乡村集市上的一排排货摊 ❷公用电话间:He went into a *booth* and dialed the number. 他走进公用电话间拨了电话号码。❸投票亭,投票间 ❹(电影院的)放映室;(活动不受干扰的)小隔间:the projection *booth* in a movie theatre 电影院的放映室

boot·leg /ˈbuːtˌleg/ **I** *n.* ❶[U]私货;私酒:buy some *bootleg* 买一些私货 ❷[C]非法(或未经授权)录制(或复制、出售)的唱片(或其他物品):a flurry of *bootlegs* to cash in on the rock star's death 乘该摇滚歌星去世之机非法大量复制出售其唱片赚钱 **II** *vt.* & *vi.* (**-legged**;**-leg·ging**) 非法销售(或运输、制造)(酒等):*bootleg* liquor across the state line to avoid paying a tax 非法越过州界运酒以逃税 **III** *adj.* [无比较级](酒等)非法销售(或运输、制造)的:*bootleg* liquor 私酒 ‖ ˈ**bootˌleg·ger** *n.* [C]

boot·strap /ˈbuːtˌstræp/ **I** *n.* [C](靴筒后面或边上的)靴襻;拔靴带 **II** *adj.* [无比较级]靠自身努力的 **III** *vt.* 【计】启动;开机

boot·y /ˈbuːti/ *n.* [U](尤指海盗或军队的)掠夺品,赃物;战利品,缴获物:The victorious forces were laden with enemy *booty*. 凯旋的军队满载着从敌人那儿缴来的战利品。

booze /buːz/ 〈口〉**I** *n.* [U]酒;烈酒,威士忌酒: **II** *vi.* 痛饮,狂饮;贪杯:Let's go out and *booze* up! 走,咱们出去喝个痛快! ‖ ***be*** [***go***] ***on the booze*** *vi.* 痛饮,狂饮:Every weekend they would *go* out *on the booze*. 每逢周末,他们都要外出痛饮一番。 ‖ ˈ**booz·er** *n.* [C]

bop /bɒp/ 〈口〉**I** *vt.* (**bopped**;**bop·ping**) 揍,打,击:*bop* sb. right in the mouth 一拳正好打中某人的嘴巴 **II** *n.* [C](用拳、棒等的)一击:a *bop* on the beezer 鼻子上挨的一击

bo·rax /ˈbɔːræks/ *n.* [U;C]([复]**-rax·es** /-ræksiz/或**-ra·ces** /-rəˌsiːz/)【化】❶粗硼砂,原硼砂 ❷硼砂,四硼酸钠,月石

bor·del·lo /bɔːˈdeləu/ *n.* [C]([复]**-los**) 妓院,窑子,堂子

bor·der /ˈbɔːdəʳ/ **I** *n.* [C] ❶边,缘,边缘,边沿:at the *border* of the garden 在花园边 ❷边境,边界,疆界;边境地区(见 boundary):the *border* between France and Belgium 法国与比利时之间的边界 **II** *vt.* ❶在…上加边,给…镶边:Trees *bordered* the grounds. 庭院的四周都是树。❷与…接壤,毗连,邻接:How many countries *border* Switzerland? 与瑞士相邻的国家有多少个? —*vi.* ❶接界,接壤,毗连(*on*,*upon*):Germany *borders on* France. 德国与法国接壤。❷接近,近似(*on*,*upon*):His face was so striking that it *borders on* the beautiful. 他的面貌很引人注目,称得上清秀。

☆**border**,**brim**,**brink**,**edge**,**margin**,**rim**,**verge** 均有"边缘,边沿"之意。**border** 指沿边线内侧的地带,也可以指边界线本身:walk about the *border* of a park (沿着公园周围散步) / a *border* of flowers round the lawn (草坪四周的花坛) **brim** 指容器内壁的上缘,也可指江河湖泊的岸边:The glass was full to the *brim*. (玻璃杯中的液体已满得要溢出来了。) **brink** 通常指陡峭之物的边缘,往往用作比喻:They stood on the *brink* of the Grand Canyon. (他们站在大峡谷峭壁的边缘上。) / His failures brought him to the *brink* of ruin. (他的失败使他濒临破产的边缘。) **edge** 指两个平面相交处所形成的轮廓分明的分界线:He fell off the *edge* of the cliff. (他从悬崖边上摔了下去。);此词暗含锋利的意思,常用于借喻:A tool with a fine *edge* may do mischief. (锋利的工具可能会对人造成伤害。) **margin** 指有一定宽度的边,尤指沿边线内一带的空白处:Someone had scribbled some notes in the *margin* of the book. (有人在页边空白草书注释。) **rim** 指圆形或曲线状物体的边缘:the *rim* of a cup (杯口) **verge** 指事物的极限或终止的界线或某种极为狭窄的区域:The little girl walked along the grass *verge*, trying not to step into the road. (小女孩沿着草地的边线走,尽量不踩到路上。);此词常用其比喻义,指某事物从一种状态向另一种状态突然转变:Her misery brought her to the *verge* of tears. (她难过得快要哭了。)

bor·der·line /ˈbɔːdəˌlain/ **I** *n.* [C] ❶边界(或边境)线;分界线:the *borderline* between France and Germany on the map 地图上法德两国的边界线 ❷[常用单]模棱两可(或不明朗)状态:the *borderline* between friendship and love 介乎友情与爱情之间的情感 **II** *adj.* [无比较级] ❶边界(或边境)线上的;靠近边界的:a *borderline* town 边境城镇 ❷两可间的,不确定的,不明朗的:a *borderline* candidate 成败难卜的候选人

bore[1] /bɔː/ **I** *vt.* ❶钻(孔)；打(洞)；掘(井)；挖(通道)；【机】镗(孔)：*bore* a hole through concrete 在混凝土上钻孔 ❷在…上钻孔(或挖洞等)；挖空(*out*)：a tree with its centre *bored out* 树心被挖空的树 —*vi.* ❶钻孔；打洞；掘井；挖通道；【机】镗孔：insects that *bore* into trees 打洞钻进树里的昆虫 ❷盯住看：His eyes were still *boring* into vacancy. 他的两眼仍茫然注视着前方。**II** *n.* [C] ❶(钻成的)孔；镗孔：As the drill was stuck in the *bore* it had to be forced out. 钻头卡在孔里了，得使劲把它拔出来。❷(管道、汽缸、枪管等的)内膛；口径，内径：a 12-*bore* shotgun 12 毫米口径的猎枪(或滑膛枪)

bore[2] /bɔː/ **I** *n.* [C]〈贬〉令人厌烦的人(或事物)：He is the most frightful *bore*. 他是最讨厌的人。**II** *vt.* 使厌烦，使厌倦：He really *bores* the pants off. 他真让我讨厌透了。

bore[3] /bɔː/ *v.* bear[1] 的过去式

bored /bɔːd/ *adj.* 厌烦的，不感兴趣的：She is *bored* with her job. 她对自己的工作不感兴趣。

bore·dom /ˈbɔːdəm/ *n.* [U]厌烦，厌倦；无聊；乏味：He started drinking again out of *boredom*. 因为无聊，他又开始喝起酒来。

bor·er /ˈbɔːrə/ *n.* [C] ❶【机】钻；镗孔刀具；钻床；镗床 ❷镗工；钻工

bor·ing /ˈbɔːriŋ/ *adj.* 令人厌烦(或厌倦)的；乏味的；无聊的：It was *boring* to sit there without anything to do. 坐在那里无所事事，真无聊。‖ **ˈbor·ing·ly** *adv.* —**ˈbor·ing·ness** *n.* [U]

born /bɔːn/ **I** *adj.* [无比较级][作定语] ❶天生的，生来的；注定的：a *born* musician 天生的音乐家 ❷出生的，诞生的；产生的：a newly *born* baby 新生婴儿 ❸[用以构成复合词]出身…的；…出生的；由…产生的：Like Reinhart, Berger is Ohio-*born*. 和莱恩哈特一样，伯格也是生于俄亥俄州。**II** *v.* bear[1] 的过去分词 ‖ ***born of*** [***out of***] *prep.* 来源于；是…的产物：This was a child *born of* educated parents. 这个孩子的父母都是有学识的。

born-a·gain /ˈbɔːnəˌgen/ *adj.* [无比较级][常作定语] ❶重生的(指经过一段宗教体验之后重申宗教信仰或改信福音派基督教的)；重新皈依的：a *born-again* Christian 重生的基督教徒 ❷(对某信仰或活动等)新近(或突然)重感兴趣的；热情重燃的；兴趣复萌的：a *born-again* conservatism in American politics 美国政治生活中重新抬头的保守主义

borne /bɔːn/ *v.* bear[1] 的过去分词

☆**borne, born** 这两个词均为动词 bear 的过去分词，但不可互换。动词 bear 的意义极多，其中一个意思是“生育”。用作该意义时，所有的主动结构和带 by 的被动结构里的过去分词都要用 **borne**。例如：Ten children have been *borne* by Mrs. Smith [Mrs. Smith has *borne* (him) ten children]. (史密斯太太已经生了 10 个孩子。) **born** 一般用在不带 by 与“出生”有关的被动结构里。例如：He was *born* in 1564. (他生于 1564 年。) **bear** 用作其他意义时，它的过去分词只有一个形式，即 **borne**。例如：He has *borne* himself bravely in this battle. (他作战英勇。) 另外，请注意下列复合形容词里 **borne** 与 **born** 的区别：air-*borne* diseases (通过空气传播的疾病) / a German-*born* American scientist (一位出生于德国的美籍科学家)

bo·ron /ˈbɔːrɔn/ *n.* [U]【化】硼(元素符号为 **B**)

bor·ough /ˈbʌrə/ *n.* [C] ❶〈英〉(享有自治特权或有权选举一个议会议员的)自治市(镇) ❷〈英〉大伦敦自治市(指包括伦敦市在内的组成大伦敦的 32 个自治市之一) ❸(美国某些州由村或镇合并的)自治村镇 ❹纽约行政区(指组成纽约市的曼哈顿、布朗克斯、布鲁克林、昆斯和里士满 5 个区之一)

bor·row /ˈbɔrəu/ *vt.* ❶借，借进；借用：Can I *borrow* $ 50 (from you) till payday? 我能向你借 50 美元，到发工资那天再还你吗？❷借用；袭用；借鉴；抄袭，剽窃：*borrow* sb.'s methods 借用某人方法 ❸(从其他语言)引入，借用(词语)：English has *borrowed* many words from French. 英语从法语中引入许多词语。‖ **ˈbor·row·ing** *n.* [U;C] —**ˈbor·row·er** *n.* [C]

bor·row·ing /ˈbɔrəu/ *n.* ❶[U]借，借用 ❷[C]借用的事物；(尤指借词)：English has many *borrowings* from French. 英语中有许多词是从法语借来的。

borscht /bɔːʃt/, **borsch** /bɔːʃ/ *n.* [U]罗宋汤

bosh /bɔʃ/ *n.* [U]胡扯，瞎说，废话；胡闹

bos·om /ˈbuzəm/ **I** *n.* [C] ❶[常用单](尤指女性的)胸部，胸怀(见 breast)：hug the cat to one's *bosom* 把猫紧紧搂在怀里 ❷[时作～s](女人的)乳房 **II** *adj.* [无比较级][作定语]知

心的，亲密的：a *bosom* friend 知心朋友

bos·om·y /ˈbuzəmi/ *adj*. (指妇女)胸部丰满的：a *bosomy* actress 胸部丰满的女演员

boss /bɔs/ **I** *n*. [C] ❶〈口〉老板，上司，头儿；工头，领班：the *boss* of a factory 工厂老板 ❷发号施令的人，做主的人：I started up my own business and now I'm my own *boss*. 我自个儿开了一家商行，现在一切由我自己做主。**II** *vt*. 〈口〉❶对…发号施令，使唤…干这干那(*about*, *around*)：Don't try to *boss* me *around*! 别想对我发号施令！❷负责…，当…的头儿：*boss* the house 当家做主 ‖ ***make a boss shot*** (***at***) *vi*. & *vt*. 初次尝试，(在…)失误

boss·y /ˈbɔsi/ *adj*. 〈口〉爱发号施令的，好支使人的；专横跋扈的，盛气凌人的：Her boyfriend is awfully *bossy*. 她那位男朋友太跋扈了。‖ ˈ**boss·i·ly** *adv*. —ˈ**boss·i·ness** *n*. [U]

bo·tan·i·cal /bəˈtænikᵊl/ *adj*. 植物的；植物学的

bot·a·nist /ˈbɔtənist/ *n*. [C]植物学家

bot·a·ny /ˈbɔtəni/ *n*. [U] ❶植物学 ❷(某一地区或时期的)植物生态 ❸某一(或某群)植物的生物特征

botch /bɔtʃ/ *vt*. ❶弄坏，搞糟(*up*)：The typist *botched* (*up*) the job and had to start over. 打字员把文件打坏了，只好重打。❷笨拙地修补(或拼凑、制作)：My best suit had been *botched*, and I could no longer wear it. 我那套最好的衣服被人改坏了，无法再穿了。—*vi*. 弄坏，搞糟：He always *botches* up. 他总是笨手笨脚的。‖ ˈ**botch·er** *n*. [C]

both /bəuθ/ **I** *adj*. [无比较级][常用于 the, these, those 及所有格形容词等前]两…(都)，两个…(都)：He met *both* sisters. 他和两姐妹都见了面。**II** *pron*. 两个(都)；两者(都)；双方(都)：Why not buy *both* (of them)? 干吗不把两个都买下来呢？**III** *conj*. [与 and 连用]和…(两者)都，既…又，不仅…而且：be *both* tired *and* hungry 又累又饿

both·er /ˈbɔðəʳ/ **I** *vt*. ❶打扰，烦扰，麻烦；纠缠；使烦恼：He always *bothers* me when I am busy. 他老是在我忙的时候来打扰我。❷迷惑，使糊涂；使紧张不安：This problem has *bothered* the experts for many years. 多年来这个问题使专家们伤透了脑筋。—*vi*. [常用于否定句] ❶费心，操心；麻烦；尽力：Don't *bother* about seeing me off. 别麻烦来送我。❷担心；烦恼；焦急：Don't *bother* about the letters, they're not urgent. 别为那些信件担心，这些信都不是急件。**II** *n*. ❶[U]麻烦，不便；烦恼；焦虑；纷扰：If it's no *bother* we'll come tomorrow. 要是不麻烦的话，我们明天来。❷[C][通常用单]让人烦恼的人(或事物)；惹麻烦的人(或事物)；烦恼(或纷扰)的原因：He was a *bother* to everyone. 他这个家伙人见人嫌。

both·er·some /ˈbɔðəsəm/ *adj*. 麻烦的；烦人的，恼人的，讨厌的：*bothersome* demands 烦人的要求

bot·tle /ˈbɔtᵊl/ **I** *n*. ❶[C](盛液体用的细颈小口的)瓶，瓶子：wine *bottle* 酒瓶 ❷[C]一瓶的容量：drink a whole *bottle* of soda 喝整整一瓶苏打水 ❸[C][常用单](喂婴儿用的)奶瓶；奶瓶中的牛奶(或其他流质食物)；[**the** ～](与母乳喂养法相对的)奶瓶喂养法：Has she finished (drinking) her *bottle*? 她喝完瓶里的牛奶了吗？**II** *vt*. 将…装入瓶内：*bottle* grape juice 将葡萄汁装入瓶中 ‖ ***bottle up*** *vt*. 控制，遏制，压住：He kept all of his anger *bottled up* inside him. 他强压住满腔的怒火。‖ ˈ**bot·tle·ful** *n*. [C]

bot·tle·neck /ˈbɔtᵊlˌnek/ *n*. [C] ❶(交通拥挤的)瓶颈路段，卡脖子地段；狭窄的街道：the city's *bottlenecks* 城市里的狭窄街道❷(影响工作的)障碍

bot·tom /ˈbɔtəm/ **I** *n*. ❶[常作 **the** ～]底；底部，基部；底层：*the bottom* of a well 井底❷[C][常用单](班级、名次等的)末名，最后；(座位等的)末座；末尾，最低下部分；处于最低位置者；排于末名者：at the *bottom* of a table 忝居末座 ❸[**the** ～](江、湖、海等的)水底：The ship sank to *the bottom* of the ocean. 那艘轮船沉入海底。❹[C][常用单]尽头，末端，(最)远处；心底，内心深处：walk with sb. to the *bottom* of the road 陪某人走到路的尽头 ❺[常作～**s**](服装中两件一套中的)下装 ❻[C]〈口〉屁股，臀部：fall on one's *bottom* 摔了个屁股蹲儿 **II** *adj*. [作定语] ❶(位于)底部的，处于底层的 ❷最低的，最后的，最下的 ‖ ***at*** (***the***) ***bottom*** *adv*. 基本上，实质上；心底里：Jealousy is, *at bottom*, lack of self-confidence. 妒忌实质上是缺乏自信。***at the bottom of*** *prep*. 是…的真正起因(或根源)：Greed lies *at the bottom of* our

B

ecological predicament. 贪婪是造成我们生态困境的真正原因。***from the bottom of one's heart*** *adv*. 深情地，忠实地，诚恳地：congratulate sb. *from the bottom one's heart* 由衷地祝贺某人 ***get to the bottom of*** *vt*. 探明…的真相，将…弄个水落石出：I'll *get to the bottom of* this affair if it takes me a year! 我一定要把这件事情弄个水落石出，即使要花上一年的时间！

bot·tom·less /ˈbɔtəmlis/ *adj*. [无比较级] ❶无限的，无穷无尽的：millionaires with *bottomless* purses 财源滚滚的百万富翁 ❷不见底的，深不可测的，极深的：a *bottomless* gorge 深不见底的峡谷

bottom line *n*. [**the b- l-**][C]〈口〉❶(账簿的)末行数字，底线(指企业年终结算损益表中的末行数字，代表损益数字或利润额)：compete with other airlines for passengers and for performance on *the bottom line* 与其他航空公司争夺乘客，争夺利润 ❷要点，主旨；梗概；关键，决定因素：Skip the details and give me *the bottom line*. 不要谈细节，向我提供其大要。❸结论；结果：If we make all the changes I am proposing, *the bottom line* is that the company will save £50,000. 如果按我提出的意见作全面的改革，其结果是我们的公司就会节省 5 万英镑。

bot·u·lism /ˈbɔtjuˌlizᵊm/ *n*. [U]【医】肉毒中毒

bou·doir /ˈbuːdwɑːʳ/ *n*. [C]闺房，女子卧室(或梳妆室、起居室)

bouf·fant /ˈbuːfɔŋ/ **I** *adj*. [无比较级][常作定语](指衣裙或头发)蓬松的；泡起的，鼓起的：a *bouffant* skirt 蓬松的大摆裙 **II** *n*. [C](女子的)蓬松发型

bough /bau/ *n*. [C] 树枝；(树的)主茎，主干：a slender *bough* 细树枝

bought /bɔːt/ *v*. buy 的过去式和过去分词

boul·der /ˈbəuldəʳ/ *n*. [C](经风雨或水侵蚀而成的)巨石

boul·e·vard /ˈbuːlᵊvɑːʳ, -vɑːd/ *n*. [C] ❶林荫大道：Our address is 121 Granger *Boulevard*. 我们的地址是格兰居林荫大道 121 号。❷大街，主干道

bounce /bauns/ **I** *vi*. ❶(球等有弹性物体)弹起，反弹：The ball hit the wall and *bounced* from it. 那只球撞墙后又弹了回来。❷跳，跃；蹦跳，颠跳；急冲，猛闯：The box *bounced* down the stairs. 那只箱子一路颠跳着滚下楼梯。—*vt*. 使弹起，使反弹；使蹦跳，使颠跳：*bounce* a ball once or twice before serving 发球前先拍一两下 **II** *n*. ❶[C](球等的)弹，反弹，弹起：catch a ball on the (first) *bounce* 球一弹起就接住 ❷[C]跳，蹦，跃：In one *bounce* he was at the door. 他一跃就来到了门口。❸[U]弹性，弹力：The tennis ball has no more *bounce*. 这只网球没有弹性了。‖ ***bounce back*** *vi*. (伤病后)迅速复原；(受打击等后)重新振作；东山再起：My bet is he'll *bounce* right *back*. 我敢打赌，他会很快重新振作起来的。

bounc·er /ˈbaunsəʳ/ *n*. [C]〈俚〉(旅馆、夜总会、酒吧间、迪斯科歌舞厅等雇来驱逐捣乱者的)大块头保安：a nightclub *bouncer* 夜总会的保安

bounc·ing /ˈbaunsiŋ/ *adj*. [作定语](尤指婴孩)壮实的，健壮的：a *bouncing* baby boy 长得很壮实的男婴

bounc·y /ˈbaunsi/ *adj*. ❶(指球等)富有弹性的，弹性好的，弹力足的：An old tennis ball is not as *bouncy* as a new ball. 旧网球的弹力没有新的足。❷生气勃勃的，精神饱满的；轻快活泼的：a *bouncy* personality 活泼的个性 ❸跳跃的；颠弹的；颠跳的：Hard ground makes balls more *bouncy*. 坚硬的地面使球颠弹得更厉害。‖ ˈ**bounc·i·ly** *adv*. —ˈ**bounc·i·ness** *n*. [U]

bound[1] /baund/ *v*. bind 的过去式和过去分词

bound[2] /baund/ **I** *vi*. ❶跳；跳跃；跳动；跃进：*bound* into the room 一蹦一跳地跑进房间 ❷反弹，弹回，跳回：The arrow *bounded* off the target. 箭从靶上弹了回来。❸往上跳；向上弹：*bound* into the air 跳向空中 **II** *n*. [C] ❶跳跃；跃进：With one great *bound* the dog cleared the stream. 狗猛地一下跳过了小溪。❷(球等的)反弹，弹回，跳回：catch the ball on the first *bound* 球第一次弹起就将它接住

bound[3] /baund/ *adj*. [无比较级] ❶[通常作表语]准备(或正在)到…去的；前往…的；驶向…的(*for*, *to*)：I am *bound for* home *bound*. 我正回家去。❷打算的，准备(从事)的：*be bound* for a career in medicine 打算行医

bound[4] /baund/ *adj*. [无比较级][常作表语] ❶肯定的，必定的，注定的：Those who like flattery but not criticism are *bound* to go astray. 只爱听恭维话而不爱听批评话的人早晚

要犯错误。❷有(法律)责任的,有义务的:He is *bound* to say it. 他责无旁贷,非说不可。‖ ***bound up in*** *prep*. 忙于,热衷于,专心于:I'm *bound up in* my own problems. 我忙于处理自己的问题。***bound up with*** *prep*. 有赖于,与…有关系:Your future is *bound up with* that of the company. 你的前途和那家公司的前程很有关系。

bound·a·ry /ˈbaundᵊri/ *n*. [C]边界,疆界;界线;分界线:territorial *boundaries* 领土的疆界(或分界线)

☆**boundary**, **border**, **frontier** 均有"边界"之意。**boundary** 常指地图上所标的边界,如河流:*Boundaries* on this map are shown in red. (这幅地图上的边界线用红色标出。) **border** 常指地理或政治上的分界线,也可指边境地区:the *border* between Spain and Portugal (西班牙和葡萄牙两国间的边界) **frontier** 指一个国家内和邻国接壤的边疆地区:He became a miner in the *frontier* region. (他成了边疆地区的一名矿工。)

bound·less /ˈbaundlis/ *adj*. [无比较级] ❶无边无际的,广阔的:Outer space is *boundless*. 宇宙空间是无边无际的。❷无限的,无穷无尽的:be *boundless* in one's gratitude 感激不尽 ‖ ˈ**bound·less·ly** *adv*. —ˈ**bound·less·ness** *n*. [U]

boun·te·ous /ˈbauntiəs/ *adj*. 〈诗〉❶慷慨的,大方的:*bounteous* donors 慷慨解囊的捐赠者 ❷富足的,充裕的:The crops were *bounteous* this year. 今年庄稼丰收。‖ ˈ**boun·te·ous·ly** *adv*. —ˈ**boun·te·ous·ness** *n*. [U]

boun·ti·ful /ˈbauntifᵘl/ *adj*. ❶ = bounteous ❷丰富的,充足的:a *bountiful* supply of tomatoes 供应充足的西红柿 ‖ ˈ**boun·ti·ful·ly** *adv*. —ˈ**boun·ti·ful·ness** *n*. [U]

boun·ty /ˈbaunti/ *n*. ❶[U]慷慨,大方:The charity is totally dependent on the Church's *bounty*. 赈济金的多少完全取决于教会的慷慨程度。❷[C](通常由政府给予的)奖品,馈赠物;赏金;奖金;津贴:A *bounty* of $30,000 has been offered for the capture of his murderer. 悬赏3万美元缉拿谋杀他的凶手。

bou·quet /buˈkei/ *n*. ❶[C](尤指在婚礼或其他庆典上用的)花束:give a huge *bouquet* of roses 献上一大束玫瑰花 ❷[C;U](尤指酒等特有的)香气,香味,芳香:This wine has an excellent *bouquet*. 这种葡萄酒香气扑鼻。

bour·bon /ˈbuəbən/ *n*. [U]波旁威士忌酒

bour·geois /ˈbuəʒwɑː, buəˈʒwɑː/ **I** *n*. [单复同]〈常贬〉❶中产阶级一员 ❷资产者,资产阶级分子,资本家 **II** *adj*. [无比较级] 中产阶级的,关于中产阶级的

bour·geoi·sie /ˌbuəʒwɑːˈziː/ *n*. [**the** ~][总称] ❶中产阶级 ❷资产阶级,资本家阶级

bout /baut/ *n*. [C] ❶一回,一次,一段,一阵,一场:a *bout* of house cleaning 一次大扫除 ❷(疾病等的)发作:a severe *bout* of flu 流感的急性发作 ❸(尤指摔跤)比赛;(力量或技能的)较量:a wrestling *bout* 摔跤比赛

bou·tique /buːˈtiːk/ *n*. [C](尤指专营时髦服饰或饰品等的)饰品店,精品屋;(大百货商场内的)高档(妇女)服饰专柜

bo·vine /ˈbəuvain/ *adj*. [作定语] ❶[无比较级](有关)牛的;牛类动物的:*bovine* tuberculosis 牛结核病 ❷牛一样的;笨拙的;迟钝的:*bovine* stupidity 像牛一样的愚蠢 ‖ ˈ**bo·vine·ly** *adv*.

bow[1] /bau/ **I** *vi*. ❶低头,点头;鞠躬;欠身,弯腰;屈膝,下跪:*bow* politely from the waist 弯腰欠身行礼 / *bow* to an acquaintance 向熟人点头(或欠身)致意 ❷让步;屈从,服从;认输,服输:*bow* to sb.'s greater experience (尤指不得已)承认某人比自己更有经验—*vt*. ❶点(头)致意;(因羞愧等)低(头);躬(身),弯(腰);屈(膝);使鞠躬(或欠身):*bow* one's head to the crowd 点头向人群致意 ❷点头(或鞠躬、欠身、屈膝等)表示(同意、感谢等):*bow* one's agreement [assent] 点头表示同意 ❸使让步,使屈从:The whole nation refused to *bow* their necks to tyranny. 整个民族不愿屈从于暴政。❹压弯,压倒;使弯腰:The fruit *bowed* the tree. 果实把树压弯了。**II** *n*. [C]鞠躬;欠身;低头;首肯:The usher opened the door with a *bow*. 门房欠身打开了门。‖ ***bow and scrape*** *vi*. 打躬作揖,点头哈腰,奴颜婢膝:The old servant *bowed and scraped* before them, too obedient and eager to please. 老仆人在他们面前低三下四,一副十足的奴才相,竭力想讨他们的喜欢。***bow out*** *vt*. & *vi*. 退出;退休;辞职:*bow* (oneself) *out* of a competition 退出比赛 ***take a [one's] bow*** *vi*. 起身(或鞠躬)接受鼓掌(或赞词等);鞠躬致意,答谢;谢幕:The conductor had the soloist *take a bow*. 指挥让独奏演员谢幕。

bow² /bəu/ *n*. [C] ❶蝴蝶结;环状装饰结;蝶形领结:tie a belt in a *bow* 把带子打成蝴蝶结 ❷(射箭用的)弓:He drew his *bow* and shot an arrow. 他拉弓射出一箭。❸(提琴等弦乐器的)琴弓;(弦乐器上弓的)一拉,运弓:a violin *bow* 小提琴的弓 ❹弓形物;弧形物;弯曲:perfect *bows* above her eyes 她眼睛上面的一弯秀眉

bow³ /bau/ **I** *n*. [C]【船】❶[常作~s]船头,艏;飞艇的前缘部分:a bold [lean] *bow* 宽[窄]艏 ❷艏部一侧:the port [starboard] *bow* 左[右]舷船头 **II** *adj*. [无比较级][作定语]船头的

bowd·ler·ize, bowd·ler·ise /ˈbaudləˌraiz/ *vt*. 〈常贬〉删节,删改:*bowdlerize* the manuscripts 删改手稿

bow·el /ˈbauəl/ *n*. [C] ❶[常作~s](尤指人的)肠(道):bind the *bowels* 大便不畅,便秘 ❷[~s]内部;深远处:the *bowels* of the earth 地球内部 ‖ ***move one's bowels*** *vi*. 大便

bowel movement *n*. [C][常作 **bowel movements**] ❶大便(略作 **BM**):Are your *bowel movements* normal? 你的大便正常吗? ❷粪便

bow·er¹ /ˈbauəʳ/ *n*. [C] ❶树荫处,阴凉处 ❷凉亭;凉棚,遮阳棚 ‖ ˈ**bow·er·y** *adj*.

bowl¹ /bəul/ *n*. [C] ❶碗;钵 ❷一碗(或钵)的量;一碗所容纳之物:Would you like another *bowl* of rice? 你要不要再添一碗饭? ❸碗(或钵)状物,碗状容器;(物体的)圆凹部分;(烟斗的)斗;(匙、勺等的)舀物部分;(抽水马桶的)桶身;(天平秤的)盘:the blue *bowl* of the sky 蓝色的苍穹 ‖ ˈ**bow·ful** *n*. [C]

bowl² /bəul/ **I** *n*. [C] (草地滚木球戏中使用的)木球;(常用硬橡胶或塑料制成的保龄球、九柱滚球戏等中使用的)圆球 **II** *vi*. (在草地滚木球戏、保龄球戏等中)投球:It's your turn to *bowl*. 轮到你投球了。—*vt*. (在滚木球戏中)将(球)投向靶球;滚(球、铁环等):Stop messing about and *bowl* the ball! 别磨磨蹭蹭的,快投球! ‖ ***bowl over*** *vt*. ❶使震惊,使惊呆;使惊诧:She was *bowled over* by the bad news. 这个坏消息使她极为震惊。❷击倒;撞倒;打翻:The taxi hit him a glancing blow and *bowled* him *over*. 那辆出租汽车从他身边擦过,把他撞倒了。

bow·legged /ˈbəuˌlegd,-ˌlegid/ *adj*. [无比较级]罗圈腿的 ‖ ˈ**bowˌlegged·ness** *n*. [U]

bowl·er¹ /ˈbəuləʳ/ *n*. [C] ❶【板】投球手 ❷玩草地滚木球戏(或保龄球戏等)的人

bowl·er² /ˈbəuləʳ/ *n*. (男子戴的)常礼帽,圆顶高帽

bowl·ing /ˈbəuliŋ/ *n*. [U] ❶保龄球戏,地滚球戏:go in for *bowling* 玩保龄球戏 ❷玩保龄球戏(或草地滚木球戏等):*Bowling* is a pleasant way to exercise. 玩保龄球戏是令人身心愉快的运动。

bow·man /ˈbəumən/ *n*. [C] ([复]**-men** /-mən/) 弓箭手(=archer)

bow·string /ˈbəuˌstriŋ/ *n*. [C] ❶弓弦:The *bowstring* of my spirit was not slack. 我精神上的弦没有放松。❷(通常用马鬃制的)琴弓弦

bow /bəu/ **tie** *n*. [C]蝶形领结:tie a *bow* tie 打蝶形领结

bow·wow /ˈbauˌwau/ *n*. [C] ❶狗叫声;汪汪的叫声:A cow goes "moo" and a dog goes "*bowwow*". 奶牛哞哞,而狗儿汪汪。❷[~s]毁灭:head for the *bowwows* 走向毁灭

box¹ /bɔks/ **I** *n*. [C] ❶箱(子);盒(子);匣(子):a shoe *box* 鞋盒 ❷一箱(或盒、匣)的容量:buy a *box* of soap 买一箱肥皂 ❸(戏院的)包厢;(运动场的)分区看台;(餐馆里的)分隔式的雅座,小包间;马厩隔栏:reserve a *box* at the theatre 在剧院预订一个包厢 ❹(法庭里的)陪审席;证人席;记者席:a press [witness] *box* 记者[证人]席 ❺[常用以构成复合词]亭;小隔间;小屋:a telephone [call] *box* 公用电话亭 ❻(报纸、杂志的)加框文字,花边文字;花边框出的广告;(表格上的正方形或长方形)框,格:a news item printed in a *box* 一则四周加框的新闻 ❼箱(或盒、匣)状物;圈围起来的地方(或空间):I refuse to buy a grotty little *box* on some estate. 我才不愿意在住宅区买脏得叫人透不过气的匣子般的斗室。**II** *vt*. ❶把…装入箱(或盒、匣等)中:*box* a gift 将礼物装盒 ❷把…围住(或困住):Adam knew that he was *boxed*. 亚当知道自己进退两难了。‖ ***box in*** *vt*. 使局限于狭小空间;把…围住,将…困住;闭锁:He feels *boxed in* at work. 他在工作中感到憋气。***box up*** *vt*. 使局限于狭小空间;使

处于困境:keep one's feelings *boxed up* 把自己的感情封闭得严严实实 ‖ ˈ**box·ful** *n.* [C] —ˈ**boxˌlike** *adj.*

box² /bɔks/ **I** *vt.* ❶与…进行拳击比赛;与…斗拳:*box* one's opponent with great skill 以高超的技术与对手赛拳 ❷(用手掌或拳头)打,击:*box* sb.'s ear(s)/*box* sb. on the ear 打某人的耳光 —*vi.* ❶斗拳;参加拳击比赛:Do you *box*? 你参加拳击活动吗? ❷从事拳击比赛;成为职业拳击运动员:He has *boxed* since he was 16. 他从 16 岁起就成为职业拳击手。**II** *n.* [C]巴掌,耳光;(用手掌或拳头的)一击:give sb. a *box* on the ear(s) 掴某人一个耳光

box·car /ˈbɔksˌkɑːʳ/ *n.* [C](铁路上的)棚车;货车车厢

box·er /ˈbɔksəʳ/ *n.* [C] ❶拳击运动员,拳击手 ❷斗拳狗

boxer shorts [复] *n.* ❶拳击裤(指腰间有松紧带的宽松短裤) ❷男式平脚短衬(泳)裤

box·ing /ˈbɔksiŋ/ *n.* [U]拳击;拳击术:win the heavyweight *boxing* championship 赢得重量级拳击冠军

Boxing Day *n.* 节礼日

box number *n.* [C]信箱号码

box office *n.* ❶[C](电影院、剧院、体育场等的)售票处,票房 ❷[U]票房收入:Many movies helped the 1989 *box office*. 许多影片对 1989 全年的票房收入起着促进作用。

box-of·fice /ˈbɔksˌɔfis/ *adj.* [无比较级] ❶票房(收入)的:a *box-office* window 售票窗 ❷叫座的,卖座的,受欢迎的:His latest movie was a *box-office* hit. 他的新影片非常叫座。

box spring *n.* [C]弹簧褥子

box·y /ˈbɔksi/ *adj.* 似盒的;箱状的;四方形的:The trouble with many small houses is that they tend to be *boxy*. 许多小房子的问题在于往往建成四四方方的像火柴盒似的。‖ ˈ**box·i·ness** *n.* [U]

boy /bɔi/ *n.* [C] ❶男婴,男孩;少年;男青年,小伙子:Our new baby is a *boy*. 我家的新生婴儿是男的。❷小男生(指不够成熟老练的男子):He's just a *boy* when it comes to dealing with women. 同女人打交道他还不够老练。❸儿子:My little *boy* hates sausages. 我的小儿子不喜欢吃香肠。‖ ˈ**boy·hood** *n.* [C; U] —ˈ**boy·ish** *adj.* —ˈ**boy·ish·ly** *adv.* —ˈ**boy·ish·ness** *n.* [U]

boy·cott /ˈbɔikɔt/ **I** *vt.* (为强迫或惩罚)对…采取联合抵制行动;(联合起来)拒绝与…做交易(或交往);拒不参加;拒不购买(或使用):*boycott* a shop 拒不购买某商店的商品 **II** *n.* [C](联合)抵制;拒不参加:the *boycott* of foreign goods 抵制舶来品 ‖ ˈ**boy·cot·ter** *n.* [C]

boy·friend /ˈbɔiˌfrend/ *n.* [C](女子的)男朋友,情人

boy·hood /ˈbɔihud/ *n.* [U; C]童年,青少年时代

boy·ish /ˈbɔi/ *adj.* 男孩子的;男孩子般的:*boyish* ambitions 男孩子的志向

boy scout *n.* ❶[C][亦作 **B- S-**]童子军队员 ❷[**the Boy Scouts**]童子军(11～14 或 15 岁的男性青少年组织)

bra /brɑː/ *n.* [C]〈口〉乳罩,胸罩

brace /breis/ **I** *n.* [C] ❶【机】手摇曲柄钻 ❷托架,支架;扣件 ❸(尤指儿童用于矫正牙齿的)(金属)牙箍,矫正牙套 **II** *vt.* ❶支撑;加固:*brace* a sloping shed with timbers 用木料来支撑倾斜的木棚 ❷[～ **oneself**]使防备;使有应付…的思想(或心理等)准备;使经受锻炼:The class *braced itself* for the examination. 全班积极准备迎考。❸使(自己或身体的某个部分)保持稳定;(为稳住身体)以…抵住:*brace* a hand against the door 用手抵住门

brace·let /ˈbreislit/ *n.* [C] ❶手镯,臂镯;脚镯:a gold *bracelet* 金手镯 ❷(手表的)金属表带

brac·er /ˈbreisəʳ/ *n.* [C]〈口〉(尤指含酒精的饮料等)刺激物;兴奋剂

brac·ing /ˈbreisiŋ/ *adj.* (尤指空气)令人心神气爽的,提神的,令人振奋的:a *bracing* sea breeze 令人神清气爽的海风 ‖ ˈ**brac·ing·ly** *adv.*

brack·en /ˈbrækᵊn/ *n.* [C]【植】❶欧洲蕨 ❷(欧洲)蕨丛

brack·et /ˈbrækit/ **I** *n.* [C] ❶(从墙壁平面上凸出来的)托架,支架;L 形托架(或支架):When a *bracket* came loose the shelf crashed to the floor. 托架一松,整个架子便哗啦一声摔散在地板上。❷(由托架支撑的)小壁架 ❸括号(可包括圆括号"( )"、方括号"[ ]"、大括号

"{}"、尖角括号"〈〉"等):a list of names with ages shown in *brackets* 一份括号内标有年龄的名单 ❹(年龄、收入等的)等级段,档次;同属于一档次的人们:persons in a low income *bracket* 低收入阶层的人们 **II** *vt.* ❶给…装托架;以托架固定 ❷把…置入括号;【数】用(方)括号括起:I've *bracketed* the bits of text that could be omitted. 我把文中可删去的语词用括号括了起来。❸把…相提并论;将…视为同类,把…归于一类:All those books can be *bracketed* together in the category of fiction. 所有那些书均可归于小说类。

brack·ish /ˈbrækiʃ/ *adj.* (水等)微咸的,略含盐分的 ‖ ˈ**brack·ish·ness** *n.* [U]

bract /brækt/ *n.* [C]【植】苞叶,苞片,苞 ‖ **brac·te·al** /ˈbræktiəl/ *adj.* —**brac·te·ate** /ˈbræktiit/ *adj.*

brad /bræd/ *n.* [C]角钉,平头钉;曲头钉;无头钉

brag /bræg/ (**bragged; brag·ging**) *vi.* 吹嘘,吹牛,夸口(*about*,*of*)(见 boast):He constantly *brags about* how well he plays golf. 他老是吹嘘自己的高尔夫球打得多棒。—*vt.* 吹嘘;夸耀:He *brags* that he is the world's greatest boxer. 他吹嘘自己是世界上最伟大的拳击家。‖ ˈ**brag·ger** *n.* [C] —ˈ**brag·ging·ly** *adv.*

brag·ga·do·ci·o /ˌbrægəˈdəuʃiəu/ *n.* ([复]**-ci·os**) ❶[U]自夸,吹牛;傲慢 ❷[C]自夸者,吹牛者

brag·gart /ˈbrægət/ **I** *n.* [C]自吹自擂的人,吹牛大王 **II** *adj.* 自吹自擂的,吹牛皮的:*braggart* actions 自我吹嘘的行为

Brah·man /ˈbrɑːmən/ *n.* [亦作 **b-**] ❶[C]([复]**-mans**或**-ma·na** /-mənə/) 婆罗门的一成员(婆罗门系印度古代的僧侣贵族,位居四种姓之首) ❷梵(婆罗门教、印度教名词,本意为"清净"、"寂静"、"离欲"等)〔亦作 **Brahmin**〕

Brah·min /ˈbrɑːmin/ *n.* [C]([复]**-min(s)**) ❶=Brahman ❷(尤指新英格兰古老世家出身的)高雅之士,有学问有教养的人 ❸自认为高人一等的人

braid /breid/*n.* ❶[U](用丝线或棉线编织成做装饰用的)穗带,镶边,饰边:There is gold *braid* on the admiral's uniform. 海军上将的制服上镶缀着金边。❷[C](多股编成的)辫子;带子,绳:schoolgirls in *braids* and blue uniforms 身穿蓝校服、留着长辫子的女学生们

braid·ed /ˈbreidid/ *adj.* 镶边的

braid·ing /ˈbreidiŋ/ *n.* [总称] ❶饰带;镶边 ❷编结物,编织物

Braille, braille /breil/ *n.* [U]布莱叶点字法,布莱叶盲字体系(用凸点代替符号,以便盲人触觉)

brain /brein/ *n.* ❶[C]脑(部);[~s]脑浆,脑髓:operate on sb.'s *brain* 对某人的脑部动手术 ❷[C;U]〈口〉头脑;[常作~s]智力,智慧:a man of very little *brain* 智力低下的人 ❸[C]〈口〉高智商的人;智者:Who was the *brain* that figured this out? 是哪个绝顶聪明的人把这个计算出来了? ❹[常作~s][用作单]〈口〉智囊;后台老板;(机构、组织的)策划组织者:Who's the *brains* behind the plan? 这个方案是谁策划的? ‖ ***beat one's brains out*** *vi.* 〈口〉绞尽脑汁,苦思冥想:I *beat my brains out* for a week before I hit on the solution. 我苦思冥想一个星期才找到了解决办法。***beat sb.'s brains out*** *vi.* 〈口〉打破某人脑袋致死,砸出某人的脑浆:When he fell from the cliff, he *beat his brains out*. 他从悬崖上掉了下去,摔得头破血流而死。***have on the brain*** *vt.* 〈口〉使萦绕于脑际;念念不忘,热衷于:He *has* football *on the brain* and talks about it all the time. 他心里总是想着足球,老是谈个没完没了。***pick sb.'s brains*** *vi.* 向某人询问有关问题(或情报、资料等)供自己使用;向某人讨教;〈俚〉窃取他人脑力劳动的成果:She *picked the brains* of friends and colleagues. 她从朋友和同事身上汲取智慧。

brain·child /ˈbreinˌtʃaild/ *n.* [C]([复]**-chil·dren** /-ˌtʃildrᵊn/)〈口〉(构思、计划、作品、发明等)创造性脑力劳动的产物:The entire process is Dr. Smith's *brainchild*. 整个程序是由史密斯博士设计出来的。

brain-dead /ˈbreinˌded/ *adj.* [无比较级]【医】脑死亡的

brain drain *n.* [C][常用单]〈口〉(因学者、科学家、熟练工人等向国外或其他企业、机构移居而造成的)人才外流,智囊枯竭:Britain suffered a considerable *brain drain* to the United States after World War II. 第二次世界大战后,英国因有相当多的人才流向美国而遭受损失。

brain·less /ˈbreinlis/ *adj.* [无比较级]没有头

脑的；愚笨的，傻头傻脑的；愚蠢的：a *brainless* idiot 傻头傻脑的白痴

brain·storm /ˈbreinˌstɔːm/ **I** *n.* [C]〈口〉突然想出的好主意(或妙计)(＝brain wave)：A *brainstorm* hit me while I was in the shower. 我在淋浴时突然灵机一动，计上心来。**II** *vi.* 开自由讨论会；献计献策 —*vt.* 开自由讨论会(使小组各抒己见)以找到(解决问题的方法)

brain·teas·er /ˈbreinˌtiːzəʳ/ *n.* [C]测试人的机敏度的难题，(尤指)智力测验游戏；令人困惑(或难以理解)的问题：I can't work out how he knew where she lives — it's a real *brainteaser*. 我不明白他是怎么知道她的住址的，真叫人百思不得其解。

brain trust *n.* [C][通常用单]智囊团

brain·wash /ˈbreinˌwɔʃ/ *vt.* 给…洗脑，把不同的思想强行灌输给；对…进行宣传攻势以说服：*brainwash* sb. into doing sth. 因听信(广告等)而做某事 ‖ ˈ**brainˌwash·ing** *n.* [U]

brain wave *n.* [C] ❶[常作 **brain waves**]【医】脑(电)波 ❷〈口〉突然想到的好主意(或妙计)〔亦作 **brainstorm**〕

brain·y /ˈbreini/ *adj.* 〈口〉聪明的；有才智的；(头脑)机灵的；思维活跃的：Mary was beautiful and *brainy*. 玛丽才貌双全。‖ ˈ**brain·i·ness** *n.* [U]

braise /breiz/ *vt.* (加少量水、用文火)炖(罐中的肉、鱼等)

brake /breik/ **I** *n.* [C] ❶[常作～**s**]【机】制动器，刹车，闸：an emergency *brake* 紧急刹车 ❷起遏制(阻碍、约束)作用的因素(或事物)：*take the brakes* off secondary education 取消对中等教育的种种限制 **II** *vt.* 遏制，抑制，阻碍，约束：The increase in the crime rate must be *braked*. 必须抑制犯罪率的上升。—*vi.* 用闸，刹车：She *braked* suddenly to avoid the dog. 她猛地刹车，避开了那条狗。

bram·ble /ˈbræmbᵊl/ *n.* [C]【植】❶悬钩子属植物；有刺灌木；刺藤 ❷〈英〉黑莓灌木丛

bran /bræn/ *n.* [U]麸子，糠

branch /brɑːntʃ/ **I** *n.* [C] ❶(树)枝；树丫：trim the *branches* of a tree 修剪树枝 ❷(组织、商店、银行、图书馆等的)分支机构(或部门)：a suburban *branch* of a store 商店的郊区分店 ❸(家族的)分支，旁系，支族：the Scotch *branch* of the family 该家族的苏格兰旁支 ❹支线；支路；支脉；支流：The eastern *branch* of the road led to the city. 公路的东侧支线通向市区。❺(学科等的)分科：the various *branches* of medicine 医学的各个分科 **II** *vi.* ❶(树)长出枝；长有树枝：As it grew, the tree near the house *branched* over the roof. 房屋旁边的树越长越高，其树杈四下伸展覆盖了屋顶。❷分出(支流、支路等)；分岔：The road *branches* at the bottom of the hill. 道路在山脚下分岔。‖ ***branch off*** *vi.* 分支；分岔：Latin *branched off* in prehistoric times. 有史记载之前，拉丁语就有了分支。***branch out*** *vi.* 扩大兴趣(或活动)范围；开辟新的业务：I'm going to *branch out* and learn computer programming. 我打算闯一条新的路子，学学计算机程序编制。

brand /brænd/ **I** *n.* [C] ❶商标；(以区别于他物的)牌子；同一牌子的货物；同一货品的特色：Colas are sold under many *brands*. 可乐以多种牌子出售。❷(独具一格的)种类：Do you like his *brand* of humour? 你喜欢他那种幽默吗？❸(打在牲畜、奴隶、罪犯身上标示所属的)火印，烙印：The cattle have a *brand* which shows who owns them. 这群牛身上都有烙印，以示其主人是谁。**II** *vt.* ❶(用烙铁)在…上打烙印：*brand* wine casks with the vineyard's name 在酒桶上烙上葡萄园的名称 ❷给…加污名；使蒙受耻辱；谴责：The spy was *branded* (as) a traitor. 那间谍给人冠之以卖国贼的恶名。

brand·ing-iron /ˈbrændiŋˌaiən/ *n.* [C](给牲畜烙印的)烙铁

bran·dish /ˈbrændiʃ/ *vt.* 使劲挥动(以显示)；挥舞(以示威胁等)：*brandish* sth. at sb. 向某人挥舞某东西

brand name **I** *n.* [C]商标名 **II** *adj.* [无比较级][作定语]名牌的

brand-new /ˈbrændˈnʲuː/ *adj.* [无比较级]崭新的，全新的；新制的：a *brand-new* machine 崭新的机器

bran·dy /ˈbrændi/ *n.* [U；C]白兰地(酒)：He ordered coffee and *brandy*. 他要一杯加白兰地的咖啡。

brash /bræʃ/ *adj.* ❶好作肤浅自我表现的，爱突出自己的；自以为是的：Brown is not a *brash* man. 布朗不是个爱出风头的人。❷仓促的，

草率的;轻率的:a *brash* decision 仓促作出的决定 ❸无礼的,冒失的,粗鲁的:The *brash* boy made faces at the teacher. 那个无礼的学生冲着老师做鬼脸。‖ ˈ**brash·ly** *adv.* —ˈ**brash·ness** *n.* [U]

B

brass /brɑːs; bræs/ *n.* ❶[U]黄铜(铜和锌的合金):inscriptions on tables of *brass* 铜牌上的铭文 ❷[U;C]黄铜器;黄铜饰品;(家具的)黄铜饰;黄铜马饰:a shop specializing in *brass* 专门经销黄铜器的商店 ❸[U;C]铜管乐器;[**the ～**](管弦乐队或军乐队中的)铜管乐器组(或铜管乐器组乐手):The trumpet, trombone and French horn are *brasses*. 小号、长号和法国号是铜管乐器。

bras·se·rie /ˈbræsəri/ *n.* [C](供应食物的)酒吧,啤酒店;(供应啤酒的)餐馆

brass hat *n.* [C]〈英口〉高级军官;高级官员(尤指帽上有金边者):a political *brass hat* 政界要人

bras·siere, bras·sière /ˈbræziəʳ, -siˌeəʳ/ *n.* [C]胸罩,文胸(略作 **bra**)

brass tacks [复] *n.* 〈口〉(事实的)实质性细节;正经事 ‖ ***get*** [***come***] ***down to brass tacks*** *vi.* 〈口〉讨论实质性问题:The preliminaries over, we quickly *got down to brass tacks*. 开场白一过,我们便言归正传。

brass·y /ˈbrɑːsi/ *adj.* ❶〈口〉放肆的,厚颜无耻的:a *brassy* manner 厚颜无耻的态度 ❷艳俗的,花哨的;浮华的:a *brassy* age 浮华堕落的时代 ❸(声音)尖厉刺耳的;似铜管乐器声的;嘈杂的,喧闹的:give a *brassy* laugh 发出刺耳的大笑声 ❹[无比较级](似)黄铜色的:a *brassy* green sky 苍黄色的天空

brat /bræt/ *n.* [C]〈贬〉(尤指调皮的)孩子:a spoilt *brat* 宠坏了的孩子 ‖ ˈ**brat·ty** *adj.*

bra·va·do /brəˈvɑːdəu/ *n.* [U]([复]**-do(e)s**)虚张声势;逞强;吓唬,色厉内荏:Take no notice of his threats — they are sheer *bravado*. 别理会他的威胁——完全是虚张声势。

brave /breiv/ **I** *adj.* 勇敢的,英勇的,无畏的:a *brave* man 勇敢的人 **II** *vt.* ❶敢于面对:Farmers *braved* wintry conditions to rescue sheep. 农民冒着严寒抢救绵羊。❷向…挑战;蔑视:*brave* all social censure 敢于向一切社会责难挑战 ‖ ***brave it out*** *vi.* 勇敢地面对困难(或责难) ‖ ˈ**brave·ly** *adv.*

brav·er·y /ˈbreivəri/ *n.* [U]勇敢,勇气;大胆,无畏精神:an act of *bravery* 英勇行为

bra·vo /ˈbrɑːvəu/ **I** *int.* [主要用于向演员喝彩]好,妙极了:applaud and shout out "*Bravo*" 鼓掌并高呼"好呀!" **II** *n.* [C]([复]**-vos** 或 **-vi** /-viː/) 喝彩声:frenzied *bravos* for the tenor 对男高音歌手狂热的喝彩声

bra·vu·ra /brəˈvjuərə/ *n* [U] ❶大胆的尝试(或举动):a picture having a *bravura* both of conception and execution 一幅构思和手法都很大胆的画作 ❷精彩的演出:There is no *bravura*, no show; everything is very precisely done. 毫不炫耀,更无虚饰;一切都做得恰到好处。

brawl /brɔːl/ **I** *n.* [C](大声)争吵;打架:The police were called out to a *brawl* in the pub. 人们把警察叫来制止酒店里的一场斗殴。**II** *vi.* (激烈地)争吵;打架:Usually you could see them playing or *brawling* in the street. 通常你能见到他们在大街上玩耍或打闹。‖ ˈ**brawl·er** *n.* [C]

brawn /brɔːn/ *n.* ❶[U;C]肌肉;精肉,瘦肉:be formed well of *brawns* and bones 肌肉发达,骨骼匀称 ❷[U](尤指与智力相对的)体力,膂力:Table tennis requires brain as well as *brawn*. 打乒乓不仅要有体力,还得会动脑子。

brawn·y /ˈbrɔːni/ *adj.* 肌肉发达的;结实的,强壮的:*brawny* arms and legs 肌肉发达的臂和腿 ‖ ˈ**brawn·i·ness** *n.* [U]

brawn·y /ˈbrɔːni/ *adj.* 肌肉发达的;结实的,强壮的:*brawny* arms and legs 肌肉发达的臂和腿 ‖ ˈ**brawn·i·ness** *n.* [U]

bray /brei/ **I** *vi.* ❶(驴)叫 ❷发出驴叫般的声音;粗声粗气地说(或笑):Stop *braying* like an ass. 别说起话来像驴叫似的。—*vt.* 粗声粗气地说出;以刺耳的响声发出:*bray* one's order to sb. 粗声粗气地向某人发号施令 **II** *n.* [C] ❶驴子(般的)叫声 ❷粗鲁的笑声:the *bray* and roar of traffic 车辆辘辘的喧闹声 / the *bray* of trumpets 喇叭的嘟嘟声

bra·zen /ˈbreizᵊn/ *adj.* 厚颜无耻的,不知羞耻的;放肆的:There were instances of *brazen* cheating in the exams. 测验中间发生了多起公然作弊的事件。‖ ***brazen it out*** [***through***] *vi.* (做错事等后)厚着脸皮硬撑:He tried to *brazen it out* instead of admitting that he was at fault. 他非但不认错,还想厚着脸皮干下去。

‖ 'bra·zen·ly *adv.* —'bra·zen·ness *n.* [U]

bra·zier /'breiziəʳ,-ʒəʳ/ *n.* [C](供室内取暖的)火盆,火钵:a coke *brazier* 焦炭火盆

Bra·zil·ian /brə'ziljən/ *adj.* & [C] *n.* 巴西人(的);巴西(的)

breach /briːtʃ/ **I** *n.* ❶[C]裂口,豁口,(尤指防御工事被炮火轰开的)缺口:There's a *breach* in our security. 我们的安全措施尚有罅隙。❷[U;C](对诺言、义务等的)违背;(对法律、协议等的)违反,违犯;破坏:Such action constitutes a *breach* of [in] the agreement. 这种行为构成对协议的违背。❸[U;C](友好关系的)破裂,疏远;裂痕:heal the *breach* between the two parties 弥合两党间关系的裂痕 **II** *vt.* 攻破,突破;打开缺口:*breach* the enemy barbed wire 突破敌人的铁丝网

bread /bred/ *n.* ❶[U;C]面包:a few crusts of *bread* 一些面包屑 ❷[U]生计,生活:earn one's (daily) *bread* as a porter 靠当脚夫维生

bread and butter **I** *n.* [U] ❶生计 ❷谋生之道;保证收入的日常工作:earn [make] one's *bread and butter* as a bookseller 以卖书为生 **II** *adj.* [无比较级][作定语]维持生活所必需的,赖以生存的;与谋生有关的:*bread and butter* work 赖以为生的工作

bread·bas·ket /'bredˌbɑːskit;-ˌbæs-/ *n.* [C]重要的产粮区;粮仓

bread·crumb /'bredˌkrʌm/ *n.* [~s]面包屑,面包粉:Dip the fish in egg and *breadcrumbs*. 把鱼放在鸡蛋和面包屑中去蘸一下。

bread·fruit /'bredˌfruːt/ *n.* ([复]**-fruit(s)**) ❶[C]【植】(南太平洋诸岛产的)面包果树 ❷[U;C]面包果

breadth /bredθ/ *n.* ❶[U;C]宽度;幅度;跨距:These roads are of different *breadths*. 这几条马路路面宽度不一。❷[U]广泛性,广度;程度:His book shows the great *breadth* of his learning. 他写的那本书表明了他的学问渊博。❸[U](胸怀)宽广;(思想)宽容大度;不抱偏见:a person with great *breadth* of view 一个具有旷达见地的人

bread·win·ner /'bredˌwinəʳ/ *n.* [C]〈口〉养家糊口的人:fulfil one's function as *breadwinner* for the family 挑起挣钱养家糊口的担子

break /breik/ **I** (**broke** /brəuk/或〈古〉**brake** /breik/; **bro·ken** /'brəukᵊn/或〈古〉**broke**) *vt.* ❶打破,弄碎;使破裂;折断:The boy *broke* a tooth on a cherry stone. 那男孩嗑樱桃核时嗑断了一颗牙。❷摧毁,损坏,毁坏:He *broke* his alarm clock by winding too tightly. 他上发条上得太紧,结果弄坏了闹钟。❸割破,擦破(头部的皮肤等);刺破…的表面,挑破(疱等):*break* the skin 弄破皮肤 ❹中止(旅程等);使不再继续,终止:The doorbell rang, *breaking* my train of thought. 门铃响起,打断了我的思路。❺破坏(秩序等);违背(诺言等),违反,违犯(法律等):*break* the peace 扰乱治安 ❻发表,公布;透露,泄露;说出:It was this newspaper that first *broke* the story about the smuggling ring. 是这张报纸首先发表了揭露那个走私团伙的报道。—*vi.* ❶破(碎),破裂,断开;分裂:The wind shield *broke* but did not shatter. 挡风玻璃裂了,但是没有碎。❷破了,坏了;被损坏:The television set *broke* this afternoon. 今天下午这台电视机坏了。❸(突然)冒出,爆发,突发,迸发:A nationwide strike *broke*. 一场全国性的罢工爆发了。❹中断,中止,不再继续:Shall we *break* for lunch? 咱们歇手吃午饭吧?❺消散,散开;被驱散;(军队)溃败:The rain is over and the clouds are *breaking*. 雨过云散。❻(波浪)猛击,拍击;卷成浪花:The sea *broke* high. 海上波涛汹涌。❼(男嗓音在青春期)变低沉;(嗓音)变粗:Her voice *broke* with excitement. 她激动得语不成声。**II** *n.* [C] ❶破裂,破碎;断裂,折断:This glass will arrest a *break*. 这种玻璃能防裂。❷裂口,裂缝:a bad *break* on the leg 腿上的大伤口 ❸(工作、活动等中的)短暂休息;〈英澳〉课间休息;假期(见interval):Let's have a *break*. 咱们休息一会儿吧。❹(尤指为了脱逃而)急冲;猛闯;突破:make a prison [jail] *break* 越狱 ❺断绝,决裂;脱离:a *break* between the two countries 两国之间的断交 ❻〈口〉契机,好运气,机遇;[**the** ~**s**]事态;命运:I got a *break* and made it on time. 我有一次机遇,而且不失时机地抓住了这一机遇。‖ ***break away*** *vi.* ❶突然离开(或脱离);挣脱(束缚等):He wanted to *break away* from her. 他想甩掉她一走了之。❷摆脱,脱离(团体、组织、传统) ***break down*** *vi.* & *vt.* ❶(机器等)出故障,不运转;失效:Telephone communication with all but a few outposts has *broken down*. 与前哨基地的电话联系除几部以外都已中断。❷压制,镇压(抵抗

等);使在压力中屈服:The ruling party found it hard to *break down* the opposition that their bill aroused. 执政党感到很难把那股由自己的议案挑起来的反对势力压下去。❸(使)情绪失去控制,(使)失控:She *broke down* at the news of her mother's death. 听到母亲去世的噩耗,她悲不自胜。❹摧毁;粉碎;拆除,拆毁;打破:The little boy *broke* the vase *down* to [into] pieces with a hammer. 那小男孩用锤子把花瓶砸碎了。***break in*** *vt.* & *vi.* ❶强行进入,(尤指非法)闯入:The burglars *broke in* and stole our television. 那些盗贼破门而入,把我们的电视机偷走了。❷打断(谈话等);插话:I could tell the story much more easily if you didn't *break in* so often. 要不是你这么老插嘴,我讲故事就容易多了。***break in on*** [***upon***] *vt.* 打断,干扰:The meeting was *broken in on* [*upon*] by the arrival of a group of petitioners. 因为来了一群请愿者,会议中断了。***break into*** *vt.* ❶强行进入,闯入:prevent one's cattle from *breaking into* wheat field 防止牛群闯进麦田 ❷突然加速:The horse *broke into* a gallop. 那匹马开始飞奔起来。/ *break into* a run 拔腿就跑 ❸突然发出(大笑、歌声等):The flame flapped higher and the boys *broke into* a cheer. 火苗越蹿越高,孩子们欢呼雀跃。***break off*** *vi.* & *vt.* ❶折断;(使)分开:Many branches *broke off* in the strong wind. 大风把许多树枝刮断了。❷中止,中断;结束;绝交:She *broke off* with her old classmates when she went away to college. 她上大学后,就与原来的同班同学们断绝了往来。❸(说话时)突然住口,停止说话:He *broke off* in the middle of his speech to clear his throat. 他把话说了一半,突然停下来清了清嗓子。***break out*** *vi.* & *vt.* ❶爆发;突然发生(或出现):Clouds dispersed and the sun *broke out*. 云开日出。❷(使)逃脱,(使)逃走(尤指越狱逃跑);挣脱,摆脱:Our troops *broke out* of the encirclement. 我们的部队冲出了包围圈。❸(汗、皮疹等)突发:A rash *breaks out* when I eat strawberries. 我一吃草莓就会出皮疹。***break through*** *vt.* ❶冲垮,冲破;突围;突破:*break through* the enemy's defenses 突破敌人的防御工事 ❷穿越…而出,挣脱…而出;显露(于):The sun *broke through* the clouds and shed its golden light all over the land. 太阳拨云而出,金色的阳光撒遍大地。***break up*** *vi.* & *vt.* ❶破裂,破碎;打碎,砸碎;粉碎:*break up* a rebellion 粉碎叛乱 ❷〈口〉消散;解散,驱散:The fog is *breaking up*. 雾正在消散。❸(被)分解;(被)分离;(使关系)终止:They *broke up* the household after their parents died. 父母死后他们便分了家。***break with*** *vt.* 与…断交(或决裂);脱离:*break with* tradition 打破传统

break·a·ble /ˈbreikəbᵊl/ *adj.* 易碎的:*breakable* ornaments 易碎装饰品

break·age /ˈbreikidʒ/ *n.* ❶[C;U]破碎;破裂;毁坏;损失:The *breakage* of the girder was due to a fault in the steel. 大梁毁损是因钢材有毛病所造成的。❷[C][常作 ~s]破损物:All *breakages* have to be paid for. 所有破损的东西都必须赔偿。

break·a·way /ˈbreikəˌwei/ **I** *n.* [C]脱离,退出:Two new opposition parties were formed in a *breakaway* from the United Party. 从联合党脱离的过程中形成了两个新的对立政党。**II** *adj.* [无比较级][作定语]〈主英〉脱离组织(或团体)的;闹分裂的,(主张)独立的:a *breakaway* political party 分裂出来的政党

break·down /ˈbreikˌdaun/ *n.* [C] ❶(机器等的)出故障,失灵,不运转:cause a *breakdown* in [of] communications 造成通信中断 ❷拆除;中止,结束;倒塌,崩溃;破裂;分裂:a *breakdown* of barriers between races 种族隔阂的消除 ❸(健康、体力、精神等的)衰弱;衰竭:suffer a mental *breakdown* 精神崩溃 ❹(对数据等进行详细)分析(或归类):a *breakdown* of population figures by area 按地区对人口数分类

break·er /ˈbreikəʳ/ *n.* [C] ❶违反(或违背)者;打破者;弄坏者;轧碎机:a *breaker* of promises 一个轻诺寡信的人 ❷(拍岸溅成浪花的)巨浪(见 wave):the long, grinding roar of the *breakers* (crashing) on the reef 碎浪撞击礁石发出连绵不断的、刺耳的轰响

break·e·ven /ˌbreikˈiːvᵊn/ *adj.* [无比较级][通常作定语]得失相当的,不盈不亏的:*breakeven* point【商】收支相抵点(或盈亏平衡点)

break·fast /ˈbrekfəst/ *n.* [C;U]早餐,早点,早饭:a working *breakfast* 工作早餐

break-in /ˈbreikˌin/ *n.* [C](持不法动机)破门而入,非法闯入;盗窃(行为):investigate a *break-in* at the local bank 调查一起闯入当地银

行的盗窃案

break·neck /ˈbreikˌnek/ *adj.* [无比较级][作定语](速度)快得会导致危险的;高速的:drive at *breakneck* speed 以极快的速度驾驶

break·out /ˈbreikˌaut/ *n.* [C] ❶逃脱;(尤指集体使用暴力的)越狱:a *breakout* from a mental institution 从精神病院逃脱 ❷(疾病等)突然爆发;突然发生 ❸故障;崩溃

break·through /ˈbreikˌθruː/ *n.* [C] ❶突破性进展;(尤指科技方面或知识领域的)重大发现:The jet engine was a major *breakthrough* in air transport. 喷气发动机是空中运输方面的一大成就。❷克服(障碍、阻力等);【军】突围;突破:The army made its *breakthrough* at dawn. 部队黎明时突出了重围。

break·up /ˈbreikˌʌp/ *n.* [通常用单] ❶分散;分裂;分离:the *breakup* of a marriage 离婚 ❷解散,解体,瓦解,崩溃:They are on the brink of a *breakup* of the two party system. 他们处于两党制濒于崩溃的边缘。

break·wa·ter /ˈbreikˌwɔːtəʳ/ *n.* [C](尤指港口前的)防浪堤

breast /brest/ *n.* ❶[C](人体的)胸(部),胸膛;胸腔:have a pain in the *breast* 胸部疼痛❷[U;C](动物的)胸脯(肉):They had chicken *breasts* for lunch. 他们中午饭吃的是鸡胸肉。❸[C](女性的)乳房;(男性发育尚未成熟的)乳房:put an infant to *breast* 给婴儿喂奶❹[C]胸怀;心绪;思想:The idea crossed his *breast*. 这个主意在他心里掠过。‖ ***beat one's breast*** *vi.* 捶胸(哀叹)(以表示悲伤) ***make a clean breast of*** *vt.* 彻底招供;和盘托出;完全承认:Wouldn't it be better to *make a clean breast of* it? 将这一切和盘托出不是更好吗?

☆**breast, bosom, bust** 均有"胸部"之意。**breast** 多指人的胸部或乳房:receive a bullet in the *breast* (胸部中了一弹) **bosom** 指人的胸膛或女子衣服的胸襟:She carried the letter in the *bosom* of her dress. (她把信放在她衣服的胸襟里带着。)该词也可指珍藏情感的胸怀或内心深处:He spent his last years in the *bosom* of his family. (他在最后几年的岁月中在家人的关怀下享尽天伦之乐。)该词的复数形式有时也可表示妇女的乳房:pendulous *bosoms* (松垂的乳房) **bust** 指包括头、肩和胸的半身雕像:a *bust* of Beethoven (贝多芬的半身塑像)该词也常用作表示女性乳房或胸围的委婉词。

breast·bone /ˈbrestˌbəun/ *n.* [C]【解】胸骨(= sternum)

breast-feed /ˈbrestˌfiːd/ *vi.* (**-fed** /-ˌfed/) 母乳哺养(与用瓶装动物奶喂养[bottle-feed]相对):A good percentage of mothers are eager to *breast-feed*. 大多数母亲都渴望亲自给孩子哺乳。—*vt.* 给…哺乳:She is *breast-feeding* her baby. 她正在给孩子喂奶。‖ **ˈbreast-ˌfeeding** *n.* [U]

B

breast·stroke /ˈbrestˌstrəuk/ *n.* [U; C][**the** ~]蛙泳:do [swim] *the breaststroke* 游蛙泳

breath /breθ/ *n.* ❶[U]呼吸的空气:let one's *breath* out [give out *breath*] 呼气 ❷[U]呼吸;[C]一次呼吸;一口气,一息:pause for *breath* 停下来喘气 ❸[U]气息;(能看见、闻到或感受到的)呼出的水汽(或热气等):She'd smell the smoke on my *breath*. 她会闻到我嘴里的烟味儿的。‖ ***below*** [***beneath, behind***] ***one's breath*** *adv.* = under one's breath ***hold one's breath*** *vi.* (暂时)屏息;(因紧张、激动等)倒抽一口气:The whole country *held its breath* as it waited for the news. 全国上下都屏息等待着消息。***in the same breath*** *adv.* 同时(说或做两件相反的事):She lost her temper and apologized *in the same breath*. 她一下子大发脾气,一下子又连声道歉。***lose one's breath*** *vi.* (因快跑或过于吃力)气喘吁吁,上气不接下气:She *lost her breath* climbing up the stairs. 她上楼时气喘吁吁。***out of breath*** *adj.* & *adv.* (尤指锻炼之后)气喘吁吁,上气不接下气 ***under one's breath*** *adv.* 压低嗓门,低声地:She was talking *under her breath* so no one could hear. 她小声说着,没人能听到。

breath·a·ble /ˈbriːðəbl/ *adj.* ❶适宜吸入的 ❷吸气(湿)的

breath·a·lys·er, breath·a·lyz·er /ˈbreθəˌlaizəʳ/ *n.* [C]〈主英〉呼气测醉器

breathe /briːð/ *vi.* 呼吸:Fish cannot *breathe* out of water. 鱼离开了水便不能呼吸。—*vt.* ❶呼吸:Let's get out and *breathe* a little country air. 咱们出去呼吸一点乡间的空气吧。❷吸入:They had been *breathing* poisonous fumes. 他们过去一直在吸入有毒气体。❸(尤指轻言细语地)说出;(小声)吐露:*breathe* out curses 低声诅咒 ‖ ***breathe freely*** *vi.* 松一口

气,放下心来:Now that the crisis was over, he could *breathe freely*. 既然危机已经过去,他又可大放宽心了。

breath·er /ˈbriːðəʳ/ *n*. [C]〈口〉喘息(时间);短暂休息:He'd been working hard and felt he needed a *breather*. 他一直起劲地干活,需要歇一会儿。

breath·ing space /ˈbriːðiŋ/ *n*. [U] ❶短暂休息(或喘息)的时间;斟酌的时间❷活动场所(或空间)

breath·less /ˈbreθlis/ *adj*. ❶气喘吁吁的,呼吸困难(或急促)的:The messenger burst in, so *breathless* he could hardly speak. 送信人冲进屋内,气喘得连话都讲不出。❷(由于恐惧、惊讶、激动等而)屏息的:They followed the match with *breathless* interest. 他们屏气凝神,饶有兴趣地观看比赛。‖ ˈ**breath·less·ly** *adv*. —ˈ**breath·less·ness** *n*. [U]

breath·tak·ing /ˈbreθˌteikiŋ/ *adj*. ❶惊人的;引人入胜的;使人兴奋的;激动人心的:a *breathtaking* finish to the race 赛跑中激动人心的冲刺 ❷惊险的,令人胆战心惊的:a *breathtaking* car race 惊险的汽车比赛 ‖ ˈ**breathˌtak·ing·ly** *adv*.

bred /bred/ *v*. breed 的过去式和过去分词

breech /briːtʃ/ *n*. [C](枪、炮的)后膛

breech·es /ˈbritʃiz/ *n*. [复] ❶马裤;齐膝裤,裤脚长及膝部的裤子:a pair of *breeches* 一条短裤 ❷〈口〉(长)裤子〔亦作 **britches**〕

breed /briːd/ **I** (**bred** /bred/) *vt*. ❶生(仔),产(崽),孵(卵);繁殖:The mouse *breeds* itself with great rapidity. 老鼠繁殖非常快。❷[常用被动语态]养育,培育;培养,训练;反复灌输:He was *bred* a doctor. 他被培养成为一名医生。❸(尤指为育种而)饲养;对…作人工交配;与…交配;(通过人工交配)育(种):Kentucky has *bred* fine horses for generations. 肯塔基州培育了一代又一代良种马。❹酿成;使发生,使产生;引起,惹起;招致:Power and wealth *breed* personal ambitions. 权力和财富滋长个人的野心。—*vi*. ❶生仔,产崽;繁殖;(通过人工交配)育种;培育:Bacteria will not *breed* in alcohol. 细菌在酒精里不会繁殖。❷被酿成;产生:Disease *breeds* in unsanitary conditions. 疾病常发生在不卫生的环境中。**II** *n*. [C](尤指经人工培育的动植物的)同一品种;种;属:the very finest *breeds* of hunting dogs 猎狗中几种最优良的品种

breed·er /ˈbriːdəʳ/ *n*. [C] ❶繁殖的动物(或植物) ❷养殖者;饲养员

breed·ing /ˈbriːdiŋ/ *n*. [U] ❶生育,生殖;繁殖:the process of *breeding* 繁殖过程❷(动植物良种的)培育;(动物的)饲养;(植物的)培植:keep horses for *breeding* purposes 为育种的需要而养马 ❸教养(尤指行为或礼貌方面);教育,培养:a person of fine *breeding* 有良好教养的人

breeding ground *n*. [C] ❶繁殖场:Sea cliffs are the *breeding ground* of many seabirds. 海边悬崖是许多海鸟的繁殖地。❷滋生地,温床:These overcrowded slums are a *breeding ground* of crime. 这些拥挤的贫民窟是滋事罪恶的温床。

breeze /briz/ **I** *n*. ❶[C;U]微风(见 wind):a light *breeze* 轻风 ❷[C][通常用单]〈口〉轻而易举的事,不费吹灰之力的事:That test was a *breeze*. 那次测验是小意思。**II** *vi*. ❶一阵风似的走;飘然而行:(*in, into, out, along*):He *breezed out* without paying attention to anyone. 他飘然而去,对谁也没打招呼。❷〈口〉迅速而不费力地进行;轻松地完成(工作等):We *breezed through* the task. 我们轻轻松松地完成了任务。

breez·y /ˈbrizi/ *adj*. ❶有微风的;清风徐徐的,微风吹拂的:It's *breezy* today, so the clothes we washed will dry quickly. 今天有风,所以我们洗的衣服很快就会干的。❷〈口〉轻松愉快的,活泼欢快的;快活的;风趣的:a *breezy* personality 活泼开朗的性格 ‖ ˈ**breez·i·ly** *adv*. —ˈ**breez·i·ness** *n* [U]

brev·i·ty /ˈbreviti/ *n*. [U] ❶(讲话、行文等的)简洁,简练,简短:send a telegram in its *brevity* 发一份文字简练的电报 ❷(时间、生命等的)短促,短暂:the *brevity* and frailty of human existence 人类生命的短促和脆弱

brew /bruː/ *vt*. ❶酿造(啤酒等);使(大麦、麦芽等)发酵酿成酒:This beer has been *brewed* using traditional methods. 这种啤酒是用传统工艺酿制而成的。❷泡,沏(茶);煮(咖啡);(用煮、泡等方法)调制(饮料):Tea is *brewed* in boiling water. 茶是用开水冲泡的。❸策划,图谋;酝酿:*brew* trouble 图谋动乱 —*vi*. ❶酿(啤)酒;发酵酿酒 ❷被冲泡;被煮沸:Let the tea *brew* for a few more minutes. 让茶再多煮

几分钟。❸[常用进行时态](风暴等)酝酿;孕育;行将发生:Dark clouds show that a storm is *brewing*. 乌云密布,预示着一场暴风雨正在酝酿中。

brew·er /ˈbruːəʳ/ *n.* [C]酿啤酒者;啤酒公司

brew·er·y /ˈbruəri/ *n.* [C]啤酒厂;酿酒厂

bribe /braib/ **I** *vt.* 向…行贿;出钱唆使;收买,买通:They *bribed* the man into giving them the documents. 他们买通了那个人把文件交给他们。**II** *n.* [C]贿赂;用来买通别人的钱财(或物品、好处等);诱饵:take a *bribe* (from sb.) (从某人手中)受贿

brib·er·y /ˈbraibəri/ *n.* [U]行贿;受贿:charges of *bribery* and corruption 贪污腐败罪

bric-a-brac, **bric-à-brac**, **bric·a·brac** /ˈbrikəˌbræk/ *n.* [总称]小饰品,小摆设;小古玩:Julia spent hers all on dresses and *bric-a-brac*. 朱莉亚把自己的钱全花在买衣服和小饰物上了。

brick /brik/*n.* ([复]**brick(s)**) ❶[C;U]砖,砖块:lay *bricks* 砌砖 ❷[C]砖块状物;砖块状水泥条;(状如砖块的)枕头面包:a gold *brick* 金砖

brick·bat /ˈbrikˌbæt/ *n.* [C] ❶(尤指用作投掷武器的)砖块,碎砖 ❷侮辱;谴责;尖锐的批评;攻击,抨击:The critics greeted the play with *brickbats*. 评论家们群起抨击该剧。

brick·lay·ing /ˈbrikˌleiiŋ/ *n.* [U]砌砖 ‖ **brick layer** *n.* [C]

brick·work /ˈbrikˌwəːk/ *n.* [U] ❶(墙、基础等的)砖结构 ❷砖建筑(物):There are some cracks in the *brickwork*. 那座砖建筑物上有几道裂缝。❸砌砖;砌砖工作

brid·al /ˈbraidᵊl/ *adj.* [无比较级][作定语] ❶新娘的;婚礼的,结婚的:a *bridal* couple 一对新婚夫妇 / a *bridal* gown 一件婚礼服 ❷供新婚夫妇用的:They stayed in the hotel's *bridal* suit. 他们住在旅馆的结婚套房里。

bride /braid/ *n.* [C]新娘;即将出嫁的女子:lead one's *bride* to the altar (男子)把新娘领到教堂行婚礼

bride·groom /ˈbraidˌgruːm,-ˌgrum/ *n.* [C]新郎;即将结婚的男子〔亦作 **groom**〕

brides·maid /ˈbraidzˌmeid/ *n.* [C]女傧相,伴娘:the *bridesmaids* to Mary 玛丽的女傧相

bridge[1] /bridʒ/ **I** *n.* [C] ❶桥,桥梁:build [throw] a *bridge* across [over] a river 在河上架桥 ❷〈喻〉桥梁;起沟通作用的东西:Mathematics is a *bridge* between philosophy and science. 数学是哲学与科学之间的桥梁。❸【船】(舰船的)舵楼;船桥,舰桥;舰楼;驾驶台:The captain directed the course of his ship from the *bridge*. 船长在桥楼上指挥船的航向。**II** *vt.* ❶架桥于;用桥连接;横跨于…之上:The road *bridged* the river. 那条路横跨大河之上。❷把…连接(或弥合)起来;使越过;克服,打破:*bridge* over a difficulty 克服困难 ‖ ***burn one's bridges* (*behind one*)** *vi.* 自断一切退路,破釜沉舟:He *burned his bridges behind him* and submitted his resignation. 他采取了破釜沉舟的态度,提出了辞呈。

bridge[2] /bridʒ/ *n.* [U]桥牌

bri·dle /ˈbraidᵊl/ *n.* [C] ❶马笼头,辔头,马勒:put a *bridle* on a horse [horse's head] 给马套上笼头 ❷约束;阻止;控制:set a *bridle* on prices 管制物价

brief /briːf/ **I** *adj.* ❶短暂的:Life is *brief*. 生命短促。❷(说话或写作)简短的;简洁的:a *brief* summary of the day's news 当天的新闻简报 **II** *n.* ❶[C]摘要,概要:a *brief* of a large scholarly tome 一部学术巨著的内容摘要 ❷情况的简要介绍;简报(=briefing) **III** *vt.* ❶(尤指事先)向…介绍基本情况,向…吹风;向…简要地布置任务:You would *brief* the company on the kind of advertising campaign we want. 你要事先向该公司扼要说明我们对广告宣传的要求。❷做…的提要,摘录,概述:*brief* a book 做一本书的内容提要 ‖ ***in brief*** *adv.* 简言之;简要地:As time is limited, please tell us *in brief* exactly what happened. 时间有限,请简短地跟我们说说究竟发生了什么事情。‖ ˈ**brief·er** *n.* [C]

brief·case /ˈbriːfˌkeis/ *n.* [C]公事包,公文包

brief·ing /ˈbriːfiŋ/ *n.* [C;U] ❶基本情况介绍会;吹风会:a *briefing* for the State Education Commission officials 为国家教育委员会官员们举行的情况汇报会 ❷情况的简要介绍;简报:receive (a) thorough *briefing* 听取详细透彻的情况介绍〔亦作 **brief**〕

brief·ly /ˈbriːfli/ *adv.* ❶短暂地 ❷简单地说 ☆**brief**, **short** 均有"简短的,短暂的"之意。

brief 较为正式，主要用于时间的持续，指时间短，含节缩的意思：His remarks were *brief* and to the point.（他的话简洁，而且说到了点子上。）该词也可用于空间的距离，表示非常短 **short** 既可用于时间，也可用于空间的长度距离，但往往暗含不完整、截短或突然停止的意思：She had her hair cut *short*.（她把头发剪短了。）/ a *short* distance（很短一段距离）该词还可用于身高：He is a *short* man, *shorter* than his wife.（他个子矮，比他的妻子还要矮。）

bri•gade /bri'geid/ *n.* [C] ❶【军】旅（略作 **Brig.**）：a mixed *brigade* 混成旅 ❷（执行特殊任务的）队：a fire *brigade* 消防大队 / a rescue *brigade* 救援队 ❸大部队

brig•a•dier /ˌbrigə'diə/ *n.* [C] ❶〈英〉【军】陆军（或海军陆战队）准将（正式始用于 1928 年）❷〈口〉陆军（或空军、海军陆战队）准将（正式名称为 brigadier general；略作 **Brig.**）❸旅长

brigadier general *n.* [C]（[复] **brigadier generals**）【军】陆军（或海军、海军陆战队）准将

brig•and /'brigənd/ *n.* [C]（尤指出没于山林进行抢劫、绑票等的）土匪，强盗

bright /brait/ *adj.* ❶发亮的，闪光的；明亮的：It is fine, and the moon is very *bright*. 天空清朗，月光皎洁。❷阳光灿烂的，晴朗的：*bright* air 天朗气清 ❸（颜色）鲜艳的，鲜亮的；璀璨的：The colour in the picture is not *bright* enough. 画面的色彩不够鲜亮。❹（前景、展望等）充满希望的，光明向上的；美好的：At last things are starting to look *brighter* for our business. 对我们的企业来说，形势终于开始日益好转。❺充满幸福的；生气勃勃的；欢快的，活泼的：in a *bright* humour 兴致勃勃地 ❻〈口〉聪明的，伶俐的；机敏的；富于机智的：a *bright* young girl 聪明伶俐的小姑娘 ‖ **'bright•ly** *adv.* —**'bright•ness** *n.* [U]

bright•en /'braitᵊn/ *vi.* ❶发光，发亮；生辉：The weather is *brightening* up. 天气渐渐转晴了。❷露出喜色，开颜；活跃：Her face *brightened* at the prospect of going to Paris. 一想到马上要去巴黎，她的脸上绽开了笑颜。—*vt.* ❶使发光，使发亮；使生辉：Stars *brighten* the night sky. 星星照亮了夜空。❷使快活，使开颜；使活跃：*brighten* sb.'s outlook on life 使某人持光明向上的人生观 ‖ **'bright•en•er** *n.* [C]

bright-eyed /'braitˌaid/ *adj.* ❶眼睛晶莹闪亮的：a *bright-eyed* young lady 秋波盈盈的女郎 ❷机灵敏捷的

bril•liance /'briliəns,-jəns/ *n.* [U] ❶光辉，光彩，光泽 ❷（卓越的）才华，才智：His *brilliance* was allowed by all. 没有人不承认他的才华过人。

bril•liant /'briljənt/ *adj.* ❶闪闪发光的，明亮的，辉耀的，灿烂的：The sun is too *brilliant* for the human eye. 太阳太耀眼了。❷显著的，卓越的，杰出的；辉煌的；英明的：a *brilliant* scientist 杰出的科学家 / a *brilliant* decision 英明的决策 ❸〈英口〉精彩的；极好的；绝妙的：His performance was really *brilliant*. 他的表演确实很动人。❹[作定语]才智出众的，才华横溢的；技艺高超的：a *brilliant* student 聪颖的学生 ‖ **'bril•liant•ly** *adv.*

brim /brim/ **I** *n.* [C] ❶（杯、碗等的）边，缘（见 border）：be full to the *brim* 满满当当 ❷帽檐：pull down the wide *brim* over one's eyes 拉下宽阔的帽檐遮住自己的眼睛 **II** (**brimmed**; **brim•ming**) *vi.* 满，充盈，满溢（*over*; *with*）：Her eyes *brimmed* (*over*) *with* tears. 她热泪盈眶。—*vt.* 使满；装满，灌满，注满：*brim* a cup with wine 向杯中注满葡萄酒 ‖ ***to the brim*** *adv.* 到顶；到边；满

brim•ful /ˌbrim'ful/ *adj.* [通常作表语]满的，充满的，充盈的；洋溢的(*of*)：a bottle *brimful of* milk 一瓶漫溢的牛奶

brim•ming /'brimiŋ/ *adj.* [无比较级] ❶装满的 ❷充满的：one's eyes *brimming* over with tears 热泪盈眶

brim•stone /'brimˌstəun/ *n.* [U]硫黄(石)

brine /brain/ *n.* [U] ❶浓盐水，卤水：tuna in *brine* 泡在卤水里的金枪鱼 ❷海水

bring /briŋ/ *vt.* (**brought** /brɔːt/) ❶带来，取来，拿来；使(人)来到：I'll take the books to the library if you will *bring* them to me. 如果你把那些书带给我，我就把它们还到图书馆去。❷把…引来：What *brings* you into town today? 今天什么风把你吹进城来啦？❸产生，酿成，使发生，使存在；导致，招致；使处于某种状态：Heavy rain often *brings* floods. 大雨往往酿成洪涝。‖ ***bring about*** *vt.* 使发生，引起；导致，造成：What *brought about* the quarrel? 为什么事争吵起来的？***bring around*** *vt.* ❶使恢复知觉(或健康)：The man suffering from the sunstroke was quickly *brought around* by acupuncture treatment. 那个中暑的人经针灸后很快就苏醒过来。❷使信服，说服，劝服：I think we can *bring* him *around* to agreeing with the plan. 我想我们能说服他同意这一计划。***bring down*** *vt*. ❶使落下；使倒下：*bring* the sails *down* 落帆 ❷射落，击落；撂倒：The artillery fire *brought down* several enemy planes. 炮火击落了几架敌机。❸〈俚〉使灰心丧气，使沮丧：The temporary setback seemed to have *brought* them *down* completely. 暂时的挫折似乎使他们完全失去了信心。***bring forth*** *vt*. & *vi*. 生(后代)；开(花)；结(果实)；引起：Every year the tree *brings forth* a lot of persimmons. 这棵树每年都要结很多柿子。***bring forward*** *vt*. & *vi*. 提出(建议、论据等)，提议…供讨论；引证：*bring forward* some good arguments in one's defence 在辩词中提出几点有力的论据 ***bring in*** *vt*. ❶带进；引进：*bring in* many laws, social customs and literary ideas 引进许多法律、社会风俗和文学思想 ❷提出；引入(话题等)：*bring in* a bill to abolish the death penalty 提出一项废除死刑的议案 ***bring off*** *vt*. 使实现；完成：He managed to *bring off* the deal. 他设法做成了这笔生意。***bring on*** *vt*. 使出现，使发生；引起，导致：Dirt often *brings on* diseases. 污秽往往引起疾病。***bring out*** *vt*. ❶使显出；使变得明显：This essay fully *brings out* his writing ability. 这篇论文充分显示了他的写作才能。❷激发；引导出；使发挥出来：Plenty of money often *brings out* a man's worst qualities. 钱一多往往能把人最卑劣的品质暴露出来。❸出版(书刊等)；推(作品、剧目等)；(为投放市场而)生产出：When are you *bringing out* a new dictionary? 你们计划什么时候推出新词典？***bring round*** *vt*. ＝bring around ***bring to*** *vt*. & *vi*. 使恢复知觉：As soon as he was *brought to*, he asked, "Is the fire out?" 他一醒过来就问："火扑灭了没有？" ***bring up*** *vt*. & *vi*. ❶养育，抚育；(尤指在举止风度方面)教育，培养：She seemed to be well [badly] *brought up*. 她看来受过很好[不良]的教育。❷呕出；咳出：The patient *brought up* everything taken by mouth. 病人把吃进去的东西都吐掉了。❸提出：The question of practising economy was again *brought up* at yesterday's meeting. 昨天的会议又提出了厉行节约的问题。

☆**bring, carry, convey, fetch, take** 均有"带，拿"之意。**bring** 指将人、物带到说话者所在的地点或指定的处所：*Bring* me the book. (把那本书拿给我。) 该词也可以用于抽象事物：The play's success *brought* her great satisfaction. (这出戏的成功给她带来极大的满足。) **carry** 通常指将物体从一处运到另一处，并不一定强调所载运之物的重量：She *carried* her baby in her arms. (她怀抱着婴儿。) 该词也可用于抽象事物：Her opinions *carry* (a lot of) weight with me. (她的意见对我很有影响力。) **convey** 为正式用语，指运送或输送，既可用于人，也可用于具体事物：Your luggage will be *conveyed* by helicopter from the airport to your hotel. (你的行李将用直升机由机场运到旅馆。) 该词还常用以指通过媒介来传达思想、感情、信息等：Words cannot *convey* how delighted I was. (言语无法表达我内心的喜悦。) **fetch** 指到别处去把人、物请来或拿来：Run and *fetch* the doctor. (跑去把大夫请来。) **take** 与 bring 相对，指将人、物从说话者所在的地点带走或拿走：*Take* your umbrella when you go out. (你出去时把伞带着。)

brink /briŋk/ *n*. [C][通常用单] ❶(陡峭处的)边缘，边沿；(河、池等的)边，边沿；陡岸；滨(见 border)：the *brink* of the pond 池塘边 ❷顶点；始发点；边缘：beyond the *brink* of sb.'s endurance 超出某人忍耐的限度

brin·y /'braini/ *adj*. [无比较级]盐水(似)的；海水(似)的；很咸的：a *briny* taste 咸味 ‖ '**brin·i·ness** *n*. [U]

bri·quet(te) /bri'ket/ *n*. [C]煤(或炭)砖；煤球

brisk /brisk/ *adj*. ❶敏捷的；快的；轻快的；活泼的；精力充沛的：She passed us at a *brisk* walk. 她步履轻捷地从我们身边走过。❷繁忙活跃的，兴旺的，兴隆的：do a *brisk* trade [business] 生意兴隆 ❸(天气等)干冷的；清新的，令人爽快的：a *brisk* day 天气干冷的一天 ❹强烈的：a *brisk* wind 疾风 ‖ '**brisk·ly** *adv*. —'**brisk·ness** *n*. [U]

bris·tle /'brisᵊl/ **I** *n*. [C;U] ❶(动物身上粗短的)刚毛，鬃毛：the *bristles* of hogs 猪鬃 ❷(男子下巴上的)粗硬短须，胡子茬：His chin was covered with *bristles*. 他的下巴满是胡子茬。**II** *vi*. ❶(毛发等)直立，耸起；(尤指因愤怒等而)耸起毛发：The dog [The dog's fur] *bristles* at the sight of cats. 一看见猫，那条狗浑身的毛都竖立起来。❷被激怒；准备还击：Kelly *bristled* when his classmates were condescending toward the working class. 听到同学们用一种降尊纡贵的口吻谈论工人阶级时，凯利怒不可遏。—*vt.* 使（毛发等）直立，耸起 ‖ ˈ**bris·tly** *adj.*

Brit·ish /ˈbritiʃ/ **I** *adj.* ［无比较级］❶大不列颠的；英国的；英联邦的；具有英国（或大不列颠）特征的：He's got a *British* passport. 他持有英国护照。❷（大）不列颠人的；英国人的 ❸英国英语的 **II** *n.* ［**the ～**］［总称］英国人；英联邦人

Brit·ish·er /ˈbritiʃəʳ/ *n.* ＝Briton

Brit·on /ˈbritᵊn/ *n.* ［C］大不列颠人；英国人；英国居民；〈旧〉英联邦人〔亦作 **Britisher**〕

brit·tle /ˈbritᵊl/*adj.* ❶硬而脆的；易碎的，易损坏的：*brittle* porcelain 易碎的瓷器 ❷ 冷淡的；没有人情味的 ‖ ˈ**brit·tle·ness** *n.* ［U］

broach /brəutʃ/*vt.* 开始提及；提出…供讨论：In our previous letter, we *broached* the subject of exclusive agency. 在上次信函中，我们提出了讨论独家代理的问题。

broad /brɔːd/*adj.* ❶宽的，广的，阔的；辽阔的；浩瀚的：He is robust and has *broad* shoulders. 他身强肩宽。❷［通常作后置定语］有…宽的：This river is over 100 metres *broad* at its widest point. 这条河最宽处有 100 多米。❸［作定语］公开的；充分而明显的，清清楚楚的；明确无误的；坦率的：in *broad* daylight 光天化日之下 ❹［作定语］广泛的；一般的；概括性的；粗略的：enjoy *broad* popular support 赢得公众广泛的支持 ❺宽宏的；胸襟开阔的；自由放任的：a man of *broad* views and interests 心胸开阔、兴趣广泛的人 ‖ ˈ**broad·ly** *adv.* —ˈ**broad·ness** *n.* ［U］

☆**broad, extensive, large, wide** 均有"广阔的，宽广的"之意。**broad** 指表面铺展距离大，领域广，着重幅面的宽：The river grows *broader* where it empties into the sea.（河在入海口变得越来越宽。）该词也可用于抽象事物：Her taste in literature is very *broad*.（她对文学的兴趣非常广泛。）**extensive** 主要用于面积、范围或时间，指广阔宽泛，既可形容具体事物，也可用于抽象意义：An *extensive* desert covers much of northern Africa.（北非大片土地是浩瀚的沙漠。）/ Her knowledge of the subject is *extensive*.（她这方面的学识很渊博。）**large** 指具体事物时，往往用于面积、范围或数量方面：a *large* family（人口多的大家庭）也可以用于抽象意义：a *large* view（思路开阔的见解）**wide** 与 broad 同义，多用于两边之间的空隙或空缺，强调空间距离大：The gap in the fence was just *wide* enough for the sheep to get through.（篱笆上的豁口刚好能让羊钻过去。）该词也可表示抽象的广阔程度：a *wide* selection（广泛的可供选择的范围）

broad·band /ˈbrɔːdbænd/ *adj.* ［无比较级］［作定语］宽频带的；宽波带的

broad·cast /ˈbrɔːdˌkɑːst;-ˌkæst/ **I** *vt.* （**-cast** 或 **-cast·ed**）❶（通过无线电或电视）广播；播送，播出：*broadcast* a TV series 播放一部电视系列片 ❷散布，广为传播：*broadcast* ideas 传播思想 —*vi.* ❶播，播送，播放：an illegal radio station which *broadcasts* from a different place each week 一星期换一个地方进行广播的非法电台 ❷参加广播（或电视）节目演出；提供广播（或电视）节目；发表广播（或电视）讲话：He *broadcasts* regularly. 他经常发表电视讲话。**II** *n.* ［C］（无线电或电视的）广播；广播节目：an outside *broadcast* 现场直播 ‖ ˈ**broad**ˌ**cast·er** *n.* ［C］

broad·cast·ing /ˈbrɔːdˌkɑːstiŋ;-ˌkæstiŋ/ *n.* ［U］❶广播；播音❷广播事业

broad·en /ˈbrɔːdən/ *vi.* 变宽，变阔；扩大：The river *broadens* at its mouth where it meets the sea. 河面在大河入海处变得开阔。—*vt.* 使变宽，使变阔；使扩大：*broaden* a narrow road 拓宽狭窄的路面

broad-mind·ed /ˌbrɔːdˈmaindid/ *adj.* 胸襟开阔的，宽宏大量的；无偏见的：She assured me that her parents were *broad-minded*. 她向我保证她父母很开明。‖ ˌ**broad-**ˈ**mind·ed·ness** *n.* ［U］

broad·side /ˈbrɔːdˌsaid/ **I** *n.* ［C］❶（军舰的）全部舷侧炮；舷炮齐射：The *broadside* caught the pirates completely by surprise. 舷炮齐发，出其不意地击中了海盗。❷〈口〉连珠炮似的攻击，猛烈抨击；肆意谩骂：give sb. a *broadside* 把某人狠狠抢白一顿 **II** *adv.* ［无比较级］侧向一边地，侧向地：The truck hit the car *broadside* on. 卡车的一侧撞上了那辆小汽车。

III *vt.* ❶与…相撞 ❷猛烈攻击；肆意谩骂：His political opponents *broadsided* the candidate. 他的政敌猛烈攻击候选人。

bro·cade /brəᵘˈkeid/ *n.* [U](用金银线等)织出凸花纹(或图案)的织物，锦缎，织锦

broc·co·li /ˈbrɔkəli/ *n.* [U]【植】花椰菜，球花甘蓝

bro·chure /ˈbrəuʃəʳ, brəuˈʃjuəʳ/ *n.* [C]小册子，小手册；(介绍某地、某旅馆等的)宣传手册，广告手册：a travel *brochure* 旅游手册

broil /brɔil/ *vt.* ❶烤，炙，焙：*broil* a steak 烤牛排 ❷使灼热；把…烤煳，将…烧焦：We turned back, much *broiled* in the hot sun. 我们返回时，在烈日下被晒得灼热不堪。—*vi.* ❶被烤(或焙、炙)：You will *broil* in this hot sun. 在这种烈日下你会被烤焦的。❷受到灼热

broke /brəuk/ I *v.* break 的过去式 II *adj.* [无比较级][作表语]〈口〉身无分文的；破了产的：I can't afford to go on holiday this year — I'm flat [dead, stone, stony] *broke*. 今年我没有钱去度假，我一个子儿也没有。‖ ***go broke*** *vi.* 〈口〉不名一文，破产：In that business people are forever *going broke*. 做那种生意，人们将永远发不了财。***go for broke*** *vi.* 〈俚〉全力以赴；孤注一掷：*go for broke* in the biggest race of the year 全力以赴地参加本年度最大规模的赛车比赛

bro·ken /ˈbrəukᵊn/ I *v.* break 的过去分词 II *adj.* [无比较级] ❶被打破的，被打碎的；破裂的，破碎的；折断了的；骨折的：a *broken* leg 断腿 ❷损坏了的，出了毛病的：My watch is *broken*. 我的手表坏了。❸中断的，断续的；不连贯的，间歇的：*broken* sunshine 时隐时现的阳光 ❹悲伤的，伤心的；颓丧的：a *broken* heart 破碎的心 ❺[作定语](语言)不流利的，结结巴巴的，蹩脚的：He answered in *broken* French. 他用法语回答，讲得结结巴巴的。❻[作定语]被违背的，不被遵守的：a *broken* promise 违背的诺言

bro·ken-down /ˈbrəukənˈdaun/ *adj.* [无比较级] ❶(因长期使用或使用不当而)破旧的；损坏了的，出了毛病的；不能再用的，无法修好的：*broken-down* furniture 破旧家具 ❷极其衰弱的；衰老的；衰败的：He is but the *broken-down* old ruin of what he was. 他现在是一个气虚力衰的老废物，昔日的风采已不再。

bro·ken·heart·ed /ˌbrəukənˈhɑːtid/ *adj.* [无比较级]心碎的，极度伤心的；绝望的，有破灭感的；颓丧的：a *brokenhearted* lover 心碎欲绝的情人 ‖ **ˈbro·ken ˌheart·ed·ly** *adv.* —**ˈbro·kenˌheart·ed·ness** *n.* [U]

bro·ker /ˈbrəukəʳ/ I *n.* [C] ❶经纪人，代理商；掮客，中间人：an insurance *broker* 保险经纪人 ❷＝stockbroker ❸媒人：The function of the marriage *broker* was ancient and honourable. 说媒是一项既古老又体面的职业。II *vi.* ❶做掮客；从事经纪业 ❷作为权力经纪人进行，讨价还价 —*vt.* ❶作为中间人来安排(或商定) ❷作为权力经纪人为(大会、竞选提名等)作出安排(或进行操纵)

bro·mide /ˈbrəumaid/ *n.* [C] ❶【化】溴化物(用作镇静剂) ❷陈腐庸俗的谈吐(或想法)；陈词滥调；老生常谈

bro·mine /ˈbrəumiːn/ *n.* [U]【化】溴

bron·chi·al /ˈbrɔŋkiəl/ *adj.* [无比较级][通常作定语]【解】支气管的；细支气管的

bronchial tube *n.* [C]【解】支气管；细支气管

bron·chi·tis /brɔŋˈkaitis/ *n.* [U]【医】支气管炎

bron·chus /ˈbrɔŋkəs/ *n.* [C]([复]-**chi** /-kai/)【解】(小)支气管

bron·co /ˈbrɔŋkəu/ *n.* [C]([复]-**cos**)(西部的)野马；半驯化的马

bronze /brɔnz/ *n.* ❶[U]青铜，铜锡合金；铜与锌(或与其他金属)的合金 ❷[U]青铜色，古铜色；黄褐色：There was *bronze* in her hair. 她的头发是古铜色，光可鉴人。❸[C]青铜像；铜质奖章，铜牌；青铜制(艺术)品：Rodin is famous for his *bronze* "The Thinker". 罗丹以其青铜雕像"思想者"而闻名。

brooch /brəutʃ/ *n.* [C](装饰用)胸针；领针；饰针〔亦作 **broach**〕

brood /bruːd/ I *n.* [C](雏鸡或雏鸟等的)一窝；一窝孵出的雏鸡(或雏鸟等)；(蜂巢内的)幼蜂，蜂卵；(昆虫、鱼等的)一次产出的卵；一次孵化的幼虫(或幼鱼等)：a *brood* of chickens 一窝小鸡 II *vi.* ❶孵蛋；孵出雏鸡(或雏鸟等)；抱窝似的静坐：That hen is *brooding*. 那只母鸡正在孵蛋。❷(不快或愤忿地)想；沉思，考虑，盘算；没精打采，忧伤；担忧(*about*, *on*, *over*, *upon*)：*brood* about the meaning of life 思

索人生的意义 —*vt.* 伏窝孵化；孵(蛋)；孵出：Hens and birds *brood* their eggs till the young hatch out. 母鸡和雌鸟孵蛋直至雏鸡和雏鸟脱壳而出。

B

brood·ing /ˈbruːdiŋ/ **I** *adj.* 忧虑的；威胁的 **II** *n.* [C]忧思；沉思

brook[1] /bruk/ *n.* [C]溪，涧；小川，小河：a mountain *brook* 山涧

brook[2] /bruk/ *vt.* 〈书〉[通常用于否定句]忍受，忍耐，容忍；容许：a dictator who would *brook* no differences of opinion 不容许有不同意见的独裁者

broom /bruːm/ *n.* [C] ❶扫帚，笤帚；长柄刷 ❷【植】金雀花；金雀花属植物

broom·stick /ˈbruːmˌstik/ *n.* [C]扫帚柄

bros.，**Bros.** *abbr.* brothers

broth /brɔθ/ *n.* [U] ❶【烹】(肉、鱼等的)原汁清汤；(加入蔬菜等调味的)肉汤：a delicious *broth* of onion and fish 鲜美的洋葱鱼汤 ❷【生】细菌培养液，液体培养基

broth·el /ˈbrɔθəl/ *n.* [C]妓院，窑子

broth·er /ˈbrʌðəʳ/ *n.* [C]([复]**broth·ers**或〈古〉**breth·ren** /ˈbreðrin/) ❶(同胞)兄弟：my elder [older] *brother* 我的哥哥 ❷伙伴，知友；国人，同胞：an old *brother* of hunting days 狩猎时的老搭档 ❸[复数常用 **brethren**][常拼作 **Brother**]教友；会友；同道，同业，同人；同一社团的成员：He is a fraternity *brother* of mine. 他是我的一个联谊会的会友。❹[称呼语，多用于不知对方姓名时]老兄，朋友：*Brother*，can you spare a dime? 老兄，能给我 1 毛钱吗？

broth·er·hood /ˈbrʌðəˌhud/ *n.* ❶[U]兄弟关系；手足之情 ❷[U]兄弟般的关系；同志关系；兄弟般的情谊：Soldiers who fighting together often have a strong feeling of *brotherhood*. 出生入死的战友们常常怀着一种强烈的兄弟情谊。❸[C][通常用单]兄弟会；同志会；同业公会；修士会：The *brotherhood* had sent word to its members several days ago to begin the strike at 6 am. 同业公会几天前已通知了它的成员早晨 6 点起开始罢工。

broth·er-in-law /ˈbrʌðərinˌlɔː/ *n.* [C]([复]**brothers-in-law**) ❶大伯子；小叔子；内兄；内弟 ❷姐夫，妹夫 ❸连襟；丈夫的(或妻子的)姐夫(或妹夫)

broth·er·ly /ˈbrʌðəli/ *adj.* [无比较级][作定语]兄弟(般)的；情同手足的

brought /brɔːt/ *v.* bring 的过去式和过去分词

brou·ha·ha /bruːˈhɑːhɑː; ˈbruːhɑːˌhɑː/ *n.* [U;C]〈口〉❶喧嚷，嘈杂，喧闹：What a *brouhaha* in faculty common rooms! 教师公共休息室里面吵吵嚷嚷响成了一片！❷(尤指因一些小事或荒唐的原因而)起哄，骚动，骚乱：A *brouhaha* by the baseball players resulted in three black eyes. 这场棒球选手中的骚乱致使三个人被打得鼻青脸肿。

brow /brau/ *n.* ❶[C]额，脑门子：a furrowed *brow* 布满皱纹的额头 ❷[常作～s]眉，眉毛；眉脊：knit one's *brows* in a frown 皱眉蹙额 ❸[**the** ～]坡顶；陡峭处的边沿；悬崖边缘，峭壁顶端；山脊：cross *the brow* of the slope 越过坡顶

brow·beat /ˈbrauˌbiːt/ *vt.* (**-beat**, **-beat·en** /-ˌbiːtᵊn/) 对…吹胡子瞪眼睛，声色俱厉地威逼，恐吓，恫吓：They *browbeat* him into signing the document. 他们威逼他签署了那份文件。‖ **ˈbrowˌbeat·er** *n.* [C]

brown /braun/ **I** *adj.* [无比较级] ❶棕色的；褐色的，赭色的，咖啡色的：*brown* hair 褐色头发 ❷皮肤给晒黑了的；肤色深的：His body was golden *brown*. 他浑身晒得黝黑发亮。❸(动物)褐色(或棕色)毛皮的 **II** *n.* [C;U]棕色；褐色，赭色，咖啡色 **III** *vt.* & *vi.* (尤指经日晒或烘烤后)(使)呈现棕(或褐)色：Sunbathing *browned* us. 日光浴把我们晒黑了。‖ ***brown out*** *vt.* 对…实行部分停电管制(或部分停止供电) ‖ **ˈbrown·ish** *adj.* —**ˈbrown·ness** *n.* [U]

brown bagger *n.* [C]自带午饭上班者

brown belt *n.* [C] ❶(褐腰带级运动员所系的)褐腰带 ❷(柔道等运动中低于黑腰带级的)褐色带级；褐腰带级运动员

brown betty *n.* [C]([复]**brown betties**)(用苹果或其他水果、面包屑、糖、奶油和香料)烘制的苹果布丁

brown·ie /ˈbrauni/ *n.* [C] ❶[时作 **B-**]幼年女童子军(成员) ❷棕仙(传说夜间帮人做家务的善良小精灵) ❸果仁巧克力小方块蛋糕

brown-nose /ˈbraunəuz/ 〈俚〉 **I** *vi.* & *vt.* 拍(…的)马屁：He was surprised to learn that *brown-nosing* wouldn't work with her. 当他了解到拍马屁对她不管用时，很是吃惊。**II** *n.*

[C]拍马屁的人;马屁精;谄媚

brown·out /ˈbraunəut/ *n.* [C]部分灯火管制;部分停止供电

brown rice *n.* [U]糙米

brown·stone /ˈbraunˌstəun/ *n.* 〈美〉❶[U](用于建筑的)褐砂石 ❷[C]褐砂石饰面小楼(多见于纽约的用褐砂石作外墙的两层或三层楼房,一般为富有阶层的住所)

brown sugar *n.* [U]红糖,赤砂糖

browse /brauz/ **I** *vt.* ❶随便翻阅;浏览:He is *browsing* the shelves for something to read. 他在书架上翻来翻去找书看。❷(牲畜)啃,吃(草、嫩叶等);啃…上的草;在…上放牧,让牲畜在…吃草;用青饲料喂(牲畜),给(牲畜)吃青草:The horse is *browsing* the hillside. 那匹马正在山坡上吃草。❸(在商店等)随意观看 —*vi.* ❶随便翻阅;浏览:He spent the afternoon *browsing* in the bookstores. 他整个下午都泡在那些书店里翻阅书刊。❷(尤指牲畜从容地)吃草;啃,吃(*on*):*browse on* shoots 啃吃嫩草 ❸看橱窗(里的商品) **II** *n.* ❶[U]浏览;随便翻阅;随意观看:I had a *browse* through the books on his desk. 我翻阅了一下他书桌上的书籍。❷[C][通常用单](牲畜)吃草

brow·ser /ˈbrəuzə/ *n.* [C] ❶浏览者 ❷吃草的牲畜 ❸【计】浏览器

brr /br/ *int.* [表示冷战或领悟]呵,哦:*Brr*, it is cold outside. 呵,外面真冷啊。

bru·in /ˈbruːin/ *n.* [C](尤指欧洲的)棕熊

bruise /bruːz/ **I** *n.* [C] ❶(人体跌倒、碰撞后产生的)青肿,挫伤,瘀伤:His arms and backs were covered in *bruises*. 他的双臂和背部满是青肿块。❷(水果、植物等的)伤痕;(皮革等的)擦痕,磨损;(金属等的)凹痕:One or two of the peaches had *bruises* on them which I had to cut out. 有一两个桃子有伤斑,我只得把伤斑削去。❸(感情等方面的)挫折,伤害 **II** *vt.* ❶使青肿,使受瘀伤:be *bruised* from head to foot 从头到脚遍体鳞伤 ❷挫伤,伤害(感情等),使受到伤:He was apparently *bruised* by some personal experience. 他显然在个人经历上受过创伤。—*vi.* ❶打出青肿;出现瘀伤:The huge mouth seemed to *bruise* like an overripe love-apple. 那张大嘴被打得又红又肿,活脱像只熟过了头的西红柿。❷(感情等)易受伤害:Her feelings *bruise* easily. 她感情脆弱。

brunch /brʌntʃ/ **I** *n.* [U;C](用来代替午餐的)早午餐;(早餐午餐合二为一的)便餐 **II** *vi.* 吃早午餐:We *brunch* at 11:00 on Sunday. 星期天我们11点吃早午餐。

bru·net /bruːˈnet/ **I** *adj.* [无比较级](尤用于指男子) ❶(头发等)黑色的;深褐色的 ❷具有黑色(或深褐色)头发(或眼睛)和黑色(或深褐色)皮肤的 **II** *n.* [C]具有黑(或深褐)色头发和黑色(或深褐色)皮肤的男子

bru·nette /bruːˈnet/ *adj.* [无比较级] & [C] *n.* (尤用于女子)具有黑色(或深褐色)头发(或眼睛)和黑色(或深褐色)皮肤的(人):John was engaged now to his *brunette*. 当时约翰已经跟他的那个黑里俏订了婚。

brunt /brʌnt/ *n.* [U]重击,猛攻;正面的冲击;主要的压力;冲击最重的部分;矛头:For the first time in many years, the *brunt* of the snow hit my home town. 多年来大雪第一次袭击了我的家乡。‖ ***bear*** [***carry***, ***take***] ***the brunt of*** *vt.* 在…面前(或中间)首当其冲:You don't have to worry; I should *bear the brunt of* any criticism. 你别担心,我首先应该挨批评。

brush /brʌʃ/ **I** *n.* ❶[C](毛、钢丝等制的)刷,刷子;拂尘;毛笔;画笔:a steel wire *brush* 钢丝刷 ❷[C][通常用单](一)刷,(一)掸,(一)拂;轻碰,轻擦,轻抹:give one's hair [teeth] a *brush* 梳头[刷牙] **II** *vt.* ❶(用刷子)刷;(用毛笔或画笔)写,画;涂抹;掸,拂;擦(见 sweep):The lake was *brushed* pink with the sunset. 落日把湖水染成了浅红色。❷刷去;拭去;除去;掸去,拂去:*brush* the tears from one's face 拭去脸上的泪水 ❸轻碰,轻触;(轻轻地)擦过,掠过:Her left hand *brushed* the wall and found the door knob. 她的左手顺着墙摸过去就找到了门把手。—*vi.* ❶刷;掸,拂;擦(*at*);刷牙(或头发等):She was *brushing at* her shoes. 她正在刷鞋子。❷轻捷地行动,疾行;(轻轻地)碰到,触及(*against*);擦过,掠过(*by*, *past*, *through*):She *brushed* straight *by*, without even looking at me. 她竟看都不看我一眼,径直擦身而过。‖ ***brush aside*** *vt.* 不理,不顾,无视,漠视:*brush aside* thoughts of one's own safety 把个人安危置之度外 ***brush off*** *vt.* 毫不客气地拒绝;把…打发走;对…不重视:He just *brushed off* all their criticisms. 他断然拒绝听取他们的批评意见。***brush up*** *vt.* & *vi.* 重温,再练(荒疏的学习、技术);通过学习(或

练习)提高:I would like to *brush up* my zoology. 我想复习一下动物学。

brush·off /ˈbrʌʃˌɔf/ *n.* [C]〈口〉不理睬,怠慢,拒绝:get a polite *brushoff* 遭到婉言拒绝

brush·up /ˈbrʌʃˌʌp/ *n.* [C]温习,复习;复习期:He gave his Spanish a *brushup* before his trip to Mexico. 去墨西哥之前,他温习了一下西班牙语。

brush·wood /ˈbrʌʃˌwud/ *n.* ❶[总称]砍下(或断下)的树枝;(成捆的)柴枝:gather some *brushwood* to make a fire 拾些柴枝生火 ❷[U;C]灌木丛〔亦作 **brush**〕

brusque, brusk /brusk/ *adj.* (言语、态度上)生硬无礼的,粗鲁的,唐突的,简慢的:make an *brusque* reply 生硬作答 ‖ ˈ**brusque·ly** *adv.* —ˈ**brusque·ness** *n.* [U]

Brus·sels /ˈbrʌsəlz/ **sprouts** [复] *n.* ❶【植】抱子甘蓝,球芽甘蓝,汤菜 ❷(可作蔬菜食用的)抱子甘蓝的球状芽;汤菜腋芽〔亦作 **sprout**〕

bru·tal /ˈbruːtᵊl/ *adj.* ❶野兽般的,兽性的;凶猛的;野蛮的;残忍的,冷酷的:a *brutal* nature 兽性 ❷严酷的;苛刻的;无法忍受的:*brutal* cold 严寒 ❸严峻的:tell sb. the *brutal* truth 告诉某人事实的真相 ‖ ˈ**bru·tal·ly** *adv.*

bru·tal·i·ty /bruːˈtæliti/ *n.* ❶[U]残忍;野蛮 ❷[C]野蛮的行为;暴行:the *brutalities* of war 战争的暴行

bru·tal·ize /ˈbruːtəˌlaiz/ *vt.* ❶使变得野兽般的残忍,使具兽性;使兽性发作:War *brutalizes* many men. 战争使许多人变得残酷无情。❷残酷地对待(某人),虐待 ‖ **bru·tal·i·za·tion** /ˌbruːtəlaiˈzeiʃᵊn/ *n.* [U;C]

brute /bruːt/ **I** *n.* [C]❶野兽,兽;畜生(见 animal):the jungle law of *brute* versus *brute* 畜生对畜生弱肉强食的法则 ❷〈口〉人面兽心的人,残忍的人;粗野的人;笨蛋:Oh, you are a *brute*. 你真是蛮不讲理。**II** *adj.* [无比较级][通常作定语] ❶野兽的,兽的:*brute* instinct 野兽的本能 ❷兽性的,非人道的,残忍的:Some kill out of *brute* spite. 有些人出于残虐的兽性而杀人。

bub /bʌb/ *n.* [C] ❶〈口〉[用作称呼]小兄弟,小伙子,小家伙;老弟 ❷〈儿〉兄弟 ❸〈澳新俚〉婴儿

bub·ble /ˈbʌbᵊl/ **I** *n.* [C] ❶泡;水泡;气泡;泡沫:a *bubble* of air [gas] 气泡 ❷幻想,妄想;泡影,幻影;(欺诈性的)投机事业(或公司、计划);骗局:The real estate *bubble* ruined many investors. 那场房地产骗局坑害了很多投资者。**II** *vi.* ❶起泡,冒泡;沸腾:Cook the mixture until it *bubbles*. 将这种混合物煮至翻泡为止。❷潺潺地流动,汩汩地流淌;发出汩汩(或潺潺、噗噗、咯咯等)声:A laugh *bubbled* out of her mouth like water from a spring. 笑声从她嘴里发出,犹如一泓清水从泉眼里流出。❸(情感等)洋溢,充溢;变得激动(或兴奋、生气等),变得活跃;滔滔不绝地讲话:*bubble* with joy and laughter 荡漾着欢声笑语 ‖ ***bubble over*** *vi.* 洋溢;兴高采烈

bubble bath *n.* ❶[U](放入浴水中散发香味、软化并起泡沫的)泡沫粉,泡沫液,(晶体状)泡沫精 ❷[C]泡沫浴:have a nice relaxing *bubble bath* 美美地洗上一个泡沫浴

bubble gum *n.* [U]泡泡糖

bub·bly /ˈbʌbli/ *adj.* [无比较级] ❶多泡沫的;冒泡的,起泡的:*bubbly* champagne 多泡沫的香槟酒 ❷活泼的,欢快的;神采飞扬的,热情奔放的:a *bubbly* personality 活泼的个性

buc·ca·neer /ˌbʌkəˈniəʳ/ *n.* [C]海盗

buck[1] /bʌk/ **I** *n.* [C] ❶([复]**buck(s)**) 雄鹿;公羊;公兔;雄袋鼠 ❷([复]**buck(s)**)〈南非〉羚羊;鹿(无论雌雄)**II** *vi.* ❶(马等)猛然弓背跃起:When he tried to put a saddle on it, the horse *bucked* wildly. 他想给那匹马上鞍时,那匹马狂暴地弓背跃起不肯就范。❷〈口〉受鼓舞,受振奋 —*vt.* (马等)猛然弓背跃起把(人或物)摔下(*off*):The wild horse *bucked* its first rider (*off*). 那匹烈马把第一个骑手摔了下来。

buck[2] /bʌk/ *n.* [C]〈俚〉(一)元;(一笔)钱:be in the big *bucks* 手头很有几个钱 ‖ ***pass the buck*** *vi.* 〈口〉推诿责任(给某人);愚弄(某人):Stephen says the responsibility is David's and it's no good trying to *pass the buck*. 斯蒂芬说责任是戴维的,推诿是没有用的。

buck·a·roo /ˈbʌkəruː/ *n.* [C]([复]**-roos**) 美国西部牛仔

bucked /bʌkt/ *adj.* [无比较级]〈英口〉高兴的,开心的,兴高采烈的:We were *bucked* at the good news. 听到好消息我们都兴高采烈。

buck·et /ˈbʌkit/ *n.* [C] ❶(带提梁的)圆桶;提桶,吊桶,水桶;〈俚〉便桶:a *bucket* and a mop

一只水桶和一把拖把 ❷(一)桶,满桶;[～s]大量(尤指雨或泪):a *bucket* of sand 一桶沙子 ‖ ˈ**buck·et·ful** *n.* [C]

buck·le /ˈbʌkᵊl/ **I** *n.* [C](皮带等的)扣子,搭扣,搭钩:fasten a *buckle* 扣紧搭扣/ do up the *buckle* on one's briefcase 扣上公事包上的扣子 **II** *vt.* ❶用搭扣把…扣上(或扣住、扣紧);接合,连接:*buckle* one's shoes 扣上鞋带 ❷(尤指通过加热或加压)使变形;使弯曲;使鼓起;将…弄皱;使坍塌,使垮下:The hidden forces within the earth have *buckled* the strata. 地球所蕴蓄的种种内力已使地层皱褶变形了。—*vi.* ❶扣上,扣住,扣紧:Her dress won't *buckle*. 她的衣服扣不起来。❷(尤指因受热、受压等外界影响而)变形;弯曲;鼓起;起皱;坍塌,垮下:Her knees *buckled* with exhaustion. 她累得腿都直不起来。‖ ***buckle down*** *vi.* & *vt.* 倾全力(于);专心致志(于);开始认真从事(于)(*to*):*buckle down to* writing a book 全力以赴地写书 ***buckle under*** *vi.* & *vt.* 放弃;逃避;服气:The stubborn student finally began to *buckle under*. 那个犟头犟脑的学生最终服气了。***buckle up*** *vi.* 扣紧皮带,安全带,搭扣:Please *buckle up* now, we're about to land. 请系好安全带,我们就要着陆了。

buck·tooth /ˈbʌkˌtuːθ/ *n.* [C]([复]**-teeth** /-ˌtiːθ/)〈贬〉龅牙 ‖ ˈ**buckˌtoothed** *adj.*

buck·wheat /ˈbʌkˌwiːt/ *n.* ❶[U]【植】荞麦 ❷荞麦;荞麦片 ❸也可被称为荞麦面粉

bu·col·ic /bjuːˈkɔlik/ *adj.* [无比较级]农村(风味)的,乡村生活的,田园生活的;田园诗的:yearn for a simple *bucolic* life 渴望简朴的乡村生活

bud /bʌd/*n.* ❶[C]芽,叶芽;苞,蓓蕾:come into *bud* 抽芽 ❷[U]〈喻〉萌芽 ‖ ***in the bud*** *adj.* & *adv.* 在发芽;含苞待放 ***nip in the bud*** *vt.* 把…扼杀于萌芽状态;防(患)于未然:The rebellion was *nipped in the bud*. 叛乱被消灭在萌芽状态。

Bud·dhism /ˈbudizᵊm/ *n.* [U] 佛教(由乔答摩·悉达多[Gautama Siddhartha]于公元前 6 世纪创立,广泛流行于亚洲地区) ‖ **Bud·dhist** /ˈbudist/ *n.* [C] & *adj.*

bud·ding /ˈbʌdiŋ/ *adj.* [无比较级][作定语]发展中的;初露头角的:*a budding* artist 一位崭露头角的艺术家

bud·dy /ˈbʌdi/ *n.* [C]〈口〉❶好朋友,伙伴,同体;搭档:a bosom *buddy* 知心朋友 ❷[用作称呼]老兄,老弟:You dialed the wrong number, *buddy*. 你拨错号了,老兄。〔亦作 **bud**〕

budge /bʌdʒ/ [常用于否定句] *vi.* ❶微微挪动,稍稍移动:Stay here and don't *budge*! 站着别动! ❷改变意见(或态度);让步:Both sides would not *budge* from their opposing positions. 双方都坚持自己的立场,寸步不让。—*vt.* ❶推动,移动:The door was stuck fast, I couldn't *budge* it. 门关得太紧,我推不开它。❷使改变主意(或态度);使让步:They couldn't *budge* the lawyer to take the case. 他们无法说服那个律师受理这起案件。

budg·er·i·gar /ˈbʌdʒəriˌgaːʳ/ *n.* [C]【鸟】虎皮鹦鹉〔亦作 **budgie**〕

budg·et /ˈbʌdʒit/ **I** *n.* [C] ❶(国家、公司等财政年度的)预算;预算案;[**the B-**](英国政府的)年度财政预算:an annual *budget* 年度预算 ❷(常指短期的个人或家庭的)收支预算:a household [family] *budget* 家庭收支预算 ❸预算拨款;(供特定用途的)专款:the construction *budget* 建设预算费 **II** *vt.* 把…纳入预算;为…做预算;使按照预算:The show is *budgeted* to ＄90 000. 这次展览会的预算费用达 9 万美元。—*vi.* 编制预算;按预算安排;预算足够的钱(*for*):We're *budgeting for* an autotrip. 我们正在为驱车旅行制定预算。**III** *adj.* [无比较级][作定语]低廉的;收费合理的:several attractive *budget* dresses 几件价廉物美的衣服

budg·et·ar·y /ˈbʌdʒitəri/ *adj.* [无比较级][作定语]预算上的

budg·ie /ˈbʌdʒi/ *n.* 〈口〉＝budgerigar

buff /bʌf/ **I** *adj.* [无比较级]暗黄色的,米黄色的,橘黄色的:flick open the *buff* file 啪的打开米黄色文件夹 **II** *n.* ❶[U]暗黄色,米黄色,橘黄色 ❷[C]迷;爱好者、热心者

buf·fa·lo /ˈbʌfəˌləu/*n.* [C]([复]**-lo(e)s**或**-lo**) ❶【动】非洲水牛;亚洲水牛 ❷【动】美洲野牛

buff·er[1] /ˈbʌfəʳ/ *n.* [C] ❶缓冲器,缓冲垫,减震器;[～s]〈英〉(火车轨道末端用原木和减震弹簧片组成的)防撞栅:The train ran into the *buffers*. 那列火车撞上了防撞栅。❷起缓冲作用的人(或物):He acted as a *buffer* between the warring parties. 他在交战双方之间起着缓冲作用。❸【计】缓冲存储器

buff•er² /ˈbʌfəʳ/ *n.* [C] ❶(包着皮或布的)擦拭轮(或棒等)❷擦拭者,磨光者

buff•er³ /ˈbʌfəʳ/ *n.* [C]〈英俚〉老家伙,老东西;老糊涂

B

buf•fet¹ /ˈbufei,ˈbʌ-/ *n.* [C] ❶点心柜,快餐部;设有点心柜(或快餐部)的餐馆 ❷〈主英〉(火车站等处设的)方便食堂,便民餐厅 ❸=buffet car ❹(就餐者自己取食的)自助餐,快餐:Are you having a sit-down meal or a *buffet* at the wedding? 婚礼宴上你们吃的是由服务员端上来的饭菜还是自助餐?

buf•fet² /ˈbʌfit/ *vt.* ❶连续猛击,反复敲打;冲击;伤害:The wind *buffeted* the boat. 狂风一个劲儿地猛烈袭击那条船。❷与…搏斗,同…斗争:*buffet* the heavy waves in a storm 在暴风雨中与巨浪搏斗 —*vi.* ❶打击;斗争 ❷奋力前进,克服困难前进:*buffet* along through the valley 历尽艰险穿过峡谷

buf•fet /ˈbufei/ **car** *n.* [C]餐车

buf•foon /bəˈfuːn/ *n.* [C]滑稽的人,小丑,滑稽戏演员:act the *buffoon* 演丑角

buf•foon•ery /bəˈfuːnri/ *n.* [C]滑稽可笑的举动,扮小丑

bug /bʌg/ **I** *n.* [C] ❶〈主英〉臭虫 ❷虫子(泛指某些昆虫,如蚂蚁、蜘蛛、甲虫、苍蝇等):You have to keep the millet free of *bugs*. 你得防止小米生虫。❸〈口〉病菌;病毒:an intestinal *bug* 肠道病毒 ❹〈口〉由病菌(或病毒)引起的疾病;小毛病:There's a flu *bug* going around. 附近在流行感冒。❺[通常用作单数]〈口〉浓烈的兴趣,迷恋,癖好;狂热:He's got [caught] the sports-car *bug*. 他迷上了赛车。❻[通常用作单]〈口〉对某事有强烈兴趣者,迷,有癖好者:Someone who is interested in photography is called a camera *bug* or a shutter *bug*. 对摄影着迷的人被称为摄影迷。❼〈口〉窃听装置,窃听器:plant *bugs* in flowerpots 在花盆里装窃听器 **II** (**bugged**;**bug•ging**) *vt.* ❶〈口〉烦扰,纠缠;使恼怒;使困惑:It really *bugs* me when people come around without telephoning first. 有些人不先打电话就找上门来,真让我恼火。❷〈口〉在…安装窃听器;在…装防盗报警器:The spy *bugged* enemy headquarters. 间谍在敌人指挥部装了窃听器。—*vi.* (眼睛)瞪大,睁大:His eyes *bugged* out of his head. 他双目暴突。‖ ***bug off*** *vi.* 〈俚〉(通常以命令的口气让某人)离开、走开 ***put a bug in one's ear*** *vi.* 事先给某人暗示(或警告);私下向某人叮嘱:*put a bug in sb.'s ear* to start counting up everyone's vacation days 嘱咐某人核算一下每个人的假日

bug•a•boo /ˈbʌgəˌbuː/ *n.* ([复]**-boos**) [C](令人恐惧的)假想怪物;妖怪,妖精

bug•bear /ˈbʌgˌbeəʳ/ *n.* [C] ❶让人无端恐惧的东西;使人莫名焦虑的东西 ❷难题,棘手的事情;长期令人烦恼的根源

bug-eyed /ˈbʌgˌaid/ *adj.* [无比较级](因吃惊或兴奋等)眼睛瞪出(或张大)的:*bug-eyed* spectators 眼睛瞪出的观众

bug•ger¹ /ˈbʌgəʳ/ **I** *n.* [C] ❶鸡奸者;兽奸者 ❷〈主英俚〉可鄙的人,下贱的人 ❸〈主英俚〉麻烦(或讨厌)的事(或人);难对付的人;难处理的事:He's such a *bugger*, always letting people down. 他这个人真讨厌,老是扫人家的兴。**II** *vt.* ❶〈主英俚〉搞坏,使混乱,弄糟:*bugger* a typewriter 弄坏打字机 ❷〈俚〉使极度疲乏:He was so utterly *buggered* that he had no hunger left. 他给彻底累垮了,以致感觉不到肚子饿了。‖ ***bugger off*** *vi.* 〈主英俚〉[尤其用于祈使语气]走开,离开:*Bugger off* and leave me alone. 走开,别烦我。

bug•ger² /ˈbʌgəʳ/ *n.* [C]安装窃听器的人

bug•gy¹ /ˈbʌgi/ *n.* [C] ❶四轮单马轻便马车;〈印英〉两轮单马轻便马车 ❷童车

bug•gy² /ˈbʌgi/ *adj.* [无比较级] ❶满是臭虫的,多臭虫的:a *buggy* odour 一股臭虫发出的臭味 ❷〈俚〉发疯的,神志不清的:She's gone *buggy*. 她发疯了。❸由于程序出错而无法工作:The program is still too *buggy* for everyday users. 由于程序出错,每天操作电脑的人仍然无法正常使用电脑。‖ **ˈbug•gi•ness** *n.* [U]

bu•gle /ˈbjuːgᵊl/ **I** *n.* [C]军号;喇叭:blow [sound] a *bugle* 吹号 **II** *vi.* 吹号 —*vt.* 吹号召集,吹号集合;吹号下令(冲锋、撤退等):*bugle* reveille 吹起床号 ‖ **ˈbu•gler** *n.* [C]军号手

build /bild/ **I** *vt.* (**built** /bilt/或〈古〉**build•ed**) ❶建筑,建造,营造,盖,修建:Carpenters *build* houses and birds *build* nests. 木匠盖房,鸟筑巢。❷建设,创建,建立,创立:*build* a business 创业 ❸发展;积聚;增长,扩大;增强,加强:*build* confidence 增强信心 **II** *n.* [通常用单]体形,体态,体格:a strong *build* 强壮的体格 ‖ ***build in*** [***into***] *vt.* [通常用被动语态]把…嵌

(或插、装)入;使成为组成部分:These bookcases have been *built in*. 这些书橱是嵌建在墙内的。**build on [onto]** *vt*. [常用被动语态]把…建立于;基于,以…为思想(或理论、行动、计划等)的基础:A lawyer *builds* his case *on* facts. 律师要以事实为依据办案。**build up** *vt*. & *vi*. ❶逐步建设;逐步建立;逐步树立:*build up* a strong ground force 建立一支强大的陆军 ❷增长,增强,增进;增强自尊心:Their pressure on the enemy is *building up*. 他们正加大给敌人的压力。

build·er /'bildəʳ/ *n*. [C]建造者;建筑工;营造商

build·ing /'bildiŋ/ *n*. ❶[C]建筑物;房屋 ❷[U]建筑;营造业,建筑业;建筑术:*Building* and marrying of children are great wastes. 造房子和办儿女的婚嫁是最费钱的事。

☆**building, edifice, house, structure** 均有"建筑物,房屋"之意。**building** 为普通用词,指具体的建筑物,不只限于住房:Houses and churches are *buildings*. (房屋和教堂都是建筑。) **edifice** 通常指高大雄伟的建筑物,可用作喻义:All these helped to crack the *edifice* of confidence and trust. (这些也促使信心的大厦出现了裂缝。) **house** 泛指所有可供居住的建筑物:Do you live in a *house* or a flat? (你们有专门住房还是住套间?) 该词有时也可喻指家庭或一家人:The whole *house* was woken up. (全家人都被惊醒了。) **structure** 强调构建的独特别致,常用于宏伟建筑,也可用作喻义:We visited the Children's Palace, a great sprawling *structure*. (我们参观了少年宫,那是一座庞大的俯卧式建筑。) / The class *structures* of England and America are quite different. (英国和美国的阶级结构颇为不同。)

build·up /'bildˌʌp/ *n*. [C][通常用单] ❶增长,增强,增进;发展:offensive *buildup* 攻击力的增强 ❷(尤指预先的)捧场;渲染,制造舆论;宣传攻势:She received a big *buildup* in the media. 她在传媒界大受好评。

built /bilt/ **I** *v*. build 的过去式和过去分词 **II** *adj*. [无比较级]〈口〉有…体形(或体格、体态)的;体形好的,体态性感的:That lifeguard is really *built*! 那位救生员的体形真棒!

built-in /'bilt'in/ *adj*. [无比较级][通常做定语] ❶被固定住的,不能移动的;内嵌的:walls with *built-in* book shelves 内嵌书架的墙壁 ❷内在的;固有的,本质的;生就的:a *built-in* trait of human nature 人性中固有的特点

built-up /'bilt'ʌp/ *adj*. [无比较级][通常做定语] ❶盖满建筑物的:a *built-up* area 建筑物林立的地区/ The land to the west is nearly all *built-up*. 西边那块地方几乎全盖起了房子。❷组合的,拼装的:a *built-up* girder 组合大梁

bulb /bʌlb/ *n*. [C] ❶【植】球茎,鳞茎 ❷【植】鳞茎植物 ❸电灯泡;电灯;白炽灯,日光灯:Only a few of the *bulbs* were working. 只有几只电灯泡还亮着。❹鳞茎状物;球状物:the *bulb* of a thermometer 温度计的球部 / the *bulb* of an eyedropper 眼药水滴管的球形管头

bul·bous /'bʌlbəs/ *adj*. [无比较级] ❶球(或鳞)茎状的;球状的;鼓起的,凸出的:a *bulbous* red nose 球状红鼻子 ❷【植】有球(或鳞)茎的;由球(或鳞)茎长出的:Daffodils are *bulbous* plants. 水仙花属鳞茎植物。

Bul·gar·i·an /bʌl'geəriən/ **I** *adj*. [无比较级] ❶保加利亚的;保加利亚人的 ❷保加利亚语的 **II** *n*. ❶[C]保加利亚人(或居民) ❷[U]保加利亚语

bulge /bʌldʒ/ **I** *n*. [C] ❶膨胀,肿胀;鼓起,隆起,凸出:The force of the water caused a *bulge* in the dam. 水压使堤坝弓出了一块。❷〈口〉(数量上暂时性的)突然增大,骤增,激增;(物价等的)暴涨:the population *bulge* of the nineteen fifties 20 世纪 50 年代的人口激增 **II** *vi*. ❶鼓起,隆起,凸出;膨胀,肿胀:The wall buckled and *bulged*. 墙壁变形且向外凸出。❷装满,充满,塞满:The shelves were *bulging* with knick-knacks. 架子上放满了小装饰品。

bulk /bʌlk/*n*. ❶[U](尤指巨大的)容积,体积;(大)量:It was a document of surprising *bulk*. 那个文件大得惊人。❷[**the** ~][通常用作单]主要(或主体)部分;大多数:The oceans form *the bulk* of the earth's surface. 海洋形成了地球表面的主体部分。❸[C][通常用单](巨大的)物体;(一)大块,(一)大团;(尤指肥硕的)身躯:The elephant raised its *bulk* and stood up. 大象支撑起庞大的身躯站立起来。‖ ***in bulk*** *adv*. 大批,大量;整批,整体:Goods are sold in that store both *in bulk* and in separate units. 那个商店出售的货物既可批发也可零售。

bulk·head /'bʌlkˌhed/ *n*. [C](船的)舱壁;(飞

B

机的)隔板,隔框;(车厢的)间壁

bulk·y /ˈbʌlki/ *adj.* ❶体积很大的,巨大的,庞大的;粗壮的,肥硕的:*Bulky* shipments are often sent in freight cars. 体积大的货物常用货车运送。❷又大又笨的,不灵巧的:The equipment was so *bulky* that it had to be wheeled around on a large trolley. 设备这么笨重,所以人们只好使用大的架空滑轮将它运走。‖ ˈ**bulk·i·ness** *n.* [U]

B

bull¹ /bul/ *n.* [C] ❶(未阉割过的)公牛 ❷(鲸、象、麋、海豹等动物的)雄兽

bull² /bul/ *n.* [C]教皇诏书

bull³ /bul/ **I** *n.* ❶[U](尤指因自相矛盾而)滑稽可笑的说法 ❷[U]〈俚〉胡扯,瞎说 ❸[C]谎言,谎话 **II** *vt.* 吓唬,欺骗:Don't *bull* me, just tell me what's going on. 别骗我,把所发生的一切告诉我。

bull·dog /ˈbulˌdɔg/ *n.* [C] ❶【动】叭喇狗,斗牛狗(一种头大毛白且短、身体结实的猛犬,现多为家庭玩赏动物) ❷〈口〉强悍的人,不轻言放弃的人

bull·doze /ˈbulˌdəuz/ *vt.* ❶(用推土机)清除,铲除,平整:They *bulldozed* a path through the jungle. 他们用推土机在密林里开出了一条小径。❷〈口〉使强行通过;挤,推:They *bulldozed* their way through all obstacles. 他们冲破一切阻碍向前推进。

bull·doz·er /ˈbulˌdəuzəʳ/ *n.* [C]推土机;(推土机前的)铲刀

bul·let /ˈbulit/ *n.* [C]枪弹,子弹;弹头,弹丸 ‖ ***bite (on) the bullet*** *vi.* 咬紧牙关忍痛,硬着头皮顶着苦难:We'll just have to *bite the bullet* and pay higher taxes. 我们也只好硬着头皮缴纳更重的赋税。

bul·le·tin /ˈbulitin/ *n.* [C] ❶公告,布告;公报,通报:the latest *bulletin* about President's health 有关总统健康状况的最新公告 ❷(报纸、广播电台及电视台的)新闻简报:listen to the daily *bulletin* on one's radio 每天从收音机收听新闻广播 ❸学报;期刊(尤指某机构或组织的机关刊物);(公司、政府部门等的)工作简报;(大学的)课程说明书,课程计划书:The company publishes a fortnightly *bulletin* for its staff. 该公司为其职员半月出版一期工作简报。

bulletin board *n.* [C]布告板,布告牌

bul·let-proof /ˈbulitˌpruːf/ *adj.* [无比较级]防弹的,枪弹不入的:a *bullet-proof* car 防弹汽车

bullet train *n.* [C]高速火车,高速客车

bull·fight /ˈbulˌfait/ *n.* [C](盛行于西班牙、墨西哥、葡萄牙及拉丁美洲的)斗牛(表演)‖ ˈ**bullˌfight·er** *n.* [C] —ˈ**bullˌfight·ing** *n.* [U]

bull·finch /ˈbulˌfintʃ/ *n.* [C]【鸟】红腹灰雀

bull·frog /ˈbulˌfrɔg/ *n.* [C]【动】牛蛙,喧蛙

bull·head /ˈbulˌhed/ *n.* [C]【鱼】杜父鱼

bull·head·ed /ˈbulˌhedid/ *adj.* 愚笨的;固执的,顽固的;任性的:*Bullheaded* opposition has finally defeated many good plans. 固执己见地加以反对致使许多好计划夭折了。/ Don't be so *bullheaded*. 别这样固执嘛! ‖ ˈ**bullˌhead·ed·ly** *adv.* —ˈ**bullˌhead·ed·ness** *n.* [U]

bull·horn /ˈbulˌhɔːn/ *n.* [C]手提式扩音器,电子喇叭筒

bul·lion /ˈbuljən/ *n.* [U](可继续加工的)金锭,金条;银锭,银条

bull·ish /ˈbuliʃ/ *adj.* ❶(像)公牛的;牛脾气的,执拗的,顽愚的;强壮的,粗壮的 ❷试图抬高(证券等)价格的;(证券等行情)上涨的,看涨的:a *bullish* market 牛市 ‖ ˈ**bull·ish·ly** *adv.* —ˈ**bull·ish·ness** *n.* [U]

bul·lock /ˈbulək/ *n.* [C]阉牛

bull ring *n.* [C]斗牛场

bull session *n.* [C]〈口〉(常指一群男人的)闲聊;自由讨论,漫谈

bull's-eye, bulls·eye /ˈbulzˌai/ *n.* [C] ❶靶心,鹄的:I was amazed when I got a *bull's-eye*. 我竟射中了靶心,这使我大为惊讶。❷〈口〉击中要害的话(或行动);关键性的事物,关键,症结:hit the *bull's-eye* of the problem 抓住问题的关键

bul·ly¹ /ˈbuli/ **I** *n.* [C] 恃强凌弱者;横行霸道者;恶霸 **II** *vt.* 威吓,胁迫;欺凌,欺侮(*into*):You needn't *bully* me about it. 你也用不着冲我发威风啊。

bully² /ˈbuli/ **I** *adj.* [无比较级]〈口〉极好的,特棒的,第一流的:"That's *bully*!" exclaimed Tweed. 特威德高兴得大叫:"那太棒了!" **II** *int.* 〈口〉好,妙,棒:*Bully* good thing it's an onshore wind. 幸好风是朝岸上吹的。

bul·ly·boy /ˈbuliˌbɔi/ *n*. [C]〈口〉(受人雇用且尤指与政治集团有关的)流氓,恶棍,打手

bul·wark /ˈbulwək/ *n*. [C] ❶堡垒,壁垒 ❷保护者,护卫者;支持者;保障;支持,支柱:Religion was his *bulwark*. 宗教信仰是他的精神支柱。

bum[1] /bʌm/ *n*. [C]〈英俚〉〈粗〉屁股;屁眼儿

bum[2] /bʌm/〈俚〉**I** *n*. [C] ❶懒汉;游手好闲的人;流浪汉,流浪者,流浪乞丐;无业游民❷〈口〉迷恋某种运动(或娱乐)的人❸〈口〉(业务等)能力差劲者;不称职者 **II** (**bummed**; **bum·ming**) *vt*.〈口〉乞讨,乞求;讨得:He tried to *bum* a ride. 他试图搭顺风车。—*vi*.〈口〉流浪;游手好闲;闲逛(*about*, *around*):I've been *bumming about* for the last year without a job. 去年我没有工作,一直在闲荡。**III** *adj*. [无比较级][作定语]〈俚〉❶劣质的;无价值的:a *bum* idea 馊主意❷假的;错误的:a *bum* decision 错误的决定❸瘸的;残疾的:a *bum* leg 瘸腿 ‖ ***bum out*** *vt*.〈俚〉使感到失望(或不安、恼怒):That test really *bummed* me *out*. 那次考试真是让我烦透了。

bum·ble[1] /ˈbʌmbᵊl/ *vi*. ❶(由于笨拙、不胜任等)把工作弄糟,完不成(任务) ❷笨拙地进行;跌跌撞撞地行进,踉跄:She came *bumbling* in with a saucepan of water. 她端着一锅水跌跌撞撞地走了进来。

bum·ble[2] /ˈbʌmbᵊl/ *vi*. 发出嗡嗡(或嘤嘤)声

bum·ble·bee, bum·ble bee /ˈbʌmbᵊlˌbiː/ *n*. [C]【昆】熊蜂,大黄蜂

bum·bling /ˈbʌmbᵊl/ *adj*. [作定语]容易出错的,笨拙的

bum·mer /ˈbʌməʳ/ *n*. [C]〈俚〉不愉快的经历;令人失望的事情:That concert was a real *bummer*. 那场音乐会真是令人失望。

bump /bʌmp/ **I** *n*. [C] ❶猛击,重击;碰撞,猛撞:It was fortunately not a bad *bump*, and I was slightly grazed. 幸好撞得不重,我只是擦破了点皮。❷(碰或撞造成的)肿块:You've got a *bump* on your forehead like an egg. 你额头上撞了一个鸡蛋大的包。❸隆起物,凸起物;(路面的)凸块,凸面:She had to drive slowly because of the *bumps* in the road. 由于路面崎岖不平,她只好放慢车速。**II** *vi*. ❶碰,撞(*against*, *into*):She *bumped against* a chair in the dark. 在黑暗中她撞上了一张椅子。❷颠簸着前行,跌跌撞撞地行进,磕磕绊绊地前进(*along*):Our car *bumped along* the dirt road. 我们的车在泥泞的路上颠簸行驶。—*vt*. ❶(使)冲撞,(使)撞击;撞伤;(使)猛击:His car *bumped* a truck. 他的车撞上了一辆卡车。❷把…撞出;震脱,摇落:The crash *bumped* him from his chair. 猛烈的碰撞把他从椅子上撞了出去。‖ ***bump into*** *vt*.〈口〉偶然遇到,碰见:I *bumped into* an old friend in town today. 我今天在城里碰见一个老朋友。***bump off*** *vt*.〈俚〉杀死,谋杀:The old man who owned the jewels was *bumped off* by the thieves. 那个拥有珠宝的老人被窃贼们杀害了。

bump·er /ˈbʌmpəʳ/ **I** *n*. [C](汽车等的)保险杠;缓冲器;减震物 **II** *adj*. [作定语]特大的;丰盛的;特多的:a *bumper* edition 特大版本

bump·kin /ˈbʌmpkin/ *n*. [C](尤指头脑简单、行为笨拙的)乡下人,乡巴佬,土老冒儿

bump·tious /ˈbʌmpʃəs/ *adj*. 冒失的;狂妄的,傲慢的,自负的,自以为是的:a *bumptious* young upstart 狂妄的年轻暴发户 ‖ **ˈbump·tious·ly** *adv*. —**ˈbump·tious·ness** *n*. [U]

bump·y /ˈbʌmpi/ *adj*. ❶(表面)高低不平的,崎岖的;有肿块的;凸起的,隆起的:a *bumpy* face 长满疙瘩的脸 ❷颠簸的,震摇的,不平稳的:The plane had a *bumpy* flight in the storm. 飞机在风雨中颠簸着飞行。‖ **ˈbump·i·ness** *n*. [U]

bum's rush *n*. [C][通常用作单]驱逐

bun /bʌn/ *n*. [C] ❶夹心面包卷,小圆(果子)面包;小圆甜饼,小圆糕点 ❷(盘在脑后的)圆发髻:She wore her hair in a tight *bun*. 她将长发绕成个圆发髻紧紧盘在脑后。

bunch /bʌntʃ/ **I** *n*. [C] ❶束,簇,丛,串,扎,捆:a *bunch* of grapes 一串葡萄 ❷〈口〉[用单]群,伙,帮:a *bunch* of thieves 一伙窃贼 ❸[用作单]〈口〉大量,许多:He's got a *bunch* of cousins. 他有很多表亲。**II** *vi*. 形成一束(或一群等);集中,挤在一起(*up*):Don't *bunch* together! Spread out! 别挤在一起,散开! ‖ ***bunch up*** *vt*. & *vi*. ❶聚集在一起;集中:The girls got scared, and *bunched up* like a bevy of quails. 那群女孩害怕起来,像一群鹌鹑缩成一团。❷(布料、织物)起皱、打褶:My clothes were all *bunched up* after being in suitcases for so long. 我的衣服放在箱子里这么久,都皱了。

B

bun·dle /ˈbʌndəl/ I *n*. [C] ❶捆，束，把，扎，包：a *bundle* of rags 一包破烂的衣服 ❷包裹，包袱：He had [carried] his *bundle* of personal belongings under his arm. 他把装有私人物品的一大包东西夹在腋下。❸(一)大堆，(一)大批；许多，大量：a *bundle* of groceries 一大堆食品 II *vt*. ❶捆，束，包；把…扎成一捆(或一包)：He *bundled* all his old newspapers and set them out at the curb. 他把所有的旧报纸捆好，放在壁炉槛上。❷将…匆忙送走；打发，撵走；推出(*away*，*off*，*out*)：The children were *bundled away* when the guests arrived. 客人们一到，孩子们就被匆匆打发走了。❸收集，归拢；把…乱堆在一起；把…胡乱塞入(*into*)：He *bundled* the papers *into* the drawer. 他把报纸胡乱地塞进了抽屉。‖ **bundle up** *vt*. & *vi*. ❶把…捆扎(或包)起来：Could you *bundle up* these clothes and I'll take them to the post? 你能帮我把这些衣服包起来让我拿到邮局去寄吗？❷(使)穿得暖和，(被)包裹得严实：*bundle* sb. *up* against the cold wind 使某人穿得暖和挡风御寒

bung /bʌŋ/ I *n*. [C](桶等的)(大)塞子 II *vt*. ❶用塞子塞(桶孔)；堵住(*up*)：The leaves *bunged up* the hole. 树叶把洞堵住了。❷〈英俚〉扔，投，丢：*Bung* rocks through the window. 把石头扔进窗子里去。

bun·ga·low /ˈbʌŋgələu/ *n*. [C](常带阁楼的)平房，平顶屋

bun·gee /ˈbʌndʒi/ *n*. [C] ❶橡皮筋；松紧绳 ❷过度操纵防止器；跳簧，炸弹舱启门机

bungee jumping *n*. [U]蹦极跳，绑紧跳

bun·gle /ˈbʌŋgəl/*vt*. ❶笨手笨脚地做：You can't do a thing without *bungling* it. 你做事总是笨手笨脚。❷(由于笨拙或不胜任等)把(工作)搞糟，将(任务)搞砸：She was *bungling* the situation unpardonably. 她不可饶恕地使大好时机毁于一旦。—*vi*. 把工作弄糟：He is a fool who *bungles* consistently. 他是个一干起活就砸锅的笨蛋。‖ ˈ**bun·gled** *adj*. —ˈ**bun·gler** *n*. [C]

bunk[1] /bʌŋk/ *n*. [C](车、船等上固定在墙壁上并常有上下铺的)床铺，铺位：Sailors sleep in *bunks*. 水手们睡的是倚壁而设的床铺。

bunk[2] /bʌŋk/ *n*. [U]〈俚〉假话，骗人的鬼话；胡说

bunk·er /ˈbʌŋkəʳ/ *n*. [C] ❶煤箱；(船等的)煤舱，油舱 ❷(地下)掩体；地堡 ❸【高尔夫】(球场上的)沙土障碍(如沙坑、土墩等)(＝sand trap)

bunk bed *n*. [C] ❶(有上下铺的)双层床 ❷双层床的上铺(或下铺)

bunk·er /ˈbʌŋkəʳ/ *n*. [C] ❶煤箱；(船等的)煤舱，油舱 ❷(地下)掩体；地堡 ❸【高尔夫】(球场上的)沙土障碍(如沙坑、土墩等)(＝sand trap)

bunk·house /ˈbʌŋkˌhaus/ *n*. [C](尤指供工人住的)简易宿舍，临时住房

bun·kum /ˈbʌnkəm/ *n*. [U]假话，骗人的鬼话；胡说

bun·ny /ˈbʌni/ *n*. [C]〈儿〉(小)兔子，兔兔

Bun·sen /ˈbʌnsən/ **burner** *n*. [C]本生灯(一种实验室用的燃气灯)

bunt /bʌnt/ I *vt*.【棒】触击，轻打 —*vi*.【棒】触击，轻打 II *n*. [C]【棒】触击，轻打；触击球，轻打球

bun·ting[1] /ˈbʌntiŋ/ *n*. ❶[U](做旗子用的轻薄松软的棉质)旗布 ❷[总称](节日用以装饰房屋、街道等的)旗帜，彩旗

bun·ting[2] /ˈbʌntiŋ/ *n*. [C]【鸟】白颊鸟

bun·ting[3] /ˈbʌntiŋ/ *n*. [C]睡袋；蜡烛包

buoy /bɔi/ I *n*. [C]【海】❶浮标，航标：a light *buoy* 灯浮标 ❷救生圈，救生衣 II *vt*. ❶使浮起；使浮于水面，使不下沉(*up*)：The life jacket *buoyed* her *up* until help arrived. 救援到来之前，她一直靠救生衣漂浮在水上。❷支持，维持；使振作，鼓励(*up*)：The waltz *buoyed* her *up*. 华尔兹舞曲使她来了劲儿。❸为…设浮标；用浮标指示(或标出)：*buoy* an anchor 给锚设置航标

buoy·an·cy /ˈbɔiənsi/, **buoy·ance** /-əns/ *n*. [U] ❶浮力：A bladder provides *buoyancy* for fish. 气囊为鱼提供浮力。❷轻松愉快的心情；乐观情绪

buoy·ant /ˈbɔiənt/ *adj*. ❶能浮起的，能漂起的；有浮力的：Cork is a very *buoyant* material. 软木是一种浮力很大的材料。❷能使物体浮起的，有托浮力的：Balloons can float because air is *buoyant*. 气球能飘浮，是因为空气有托浮力。‖ ˈ**buoy·ant·ly** *adv*. —**bouy·an·cy**. *n*.

bur /bəːʳ/ *n*. [C] ❶【植】刺果；刺球状序；刺蒺藜 ❷【植】有芒刺的草(或其他植物)；牛蒡 ❸(金

属或木材表面经钻、切、冲或刻以后留下的）毛边，毛口〔亦作 **burr**〕❹（牙医用的）钻；圆头锉〔亦作 **burr**〕

burb /ˈbəːdᵊn/ *n.* 〈俚〉[常作～s]郊区

bur·ble /ˈbəːbᵊl/ **I** *vi.* ❶汩汩作响，发潺潺声：a brook that *burbles* past our own home windows 在我们家窗前汩汩流过的小溪 ❷激动而慌乱地讲；嘟嘟囔囔地说；唠叨，喋喋不休：He *burbled* about the restoration of democracy. 他东拉西扯地大谈特谈民主的恢复。**II** *n.* [C] ❶汩汩声，潺潺声 ❷激动而慌乱的讲话；唠叨，喋喋

bur·den /ˈbəːdᵊn/ **I** *n.* ❶[U；C]重负，负荷；负载，负重：Distribute the *burden* by shifting weights. 变换分量来分担载重。❷[C]（责任、义务、工作等的）重担；（烦恼、焦虑、忧伤等的）精神负担：place a big financial *burden* on sb. 让某人背上沉重的经济包袱 **II** *vt.* ❶使负重，加负荷于；装载：Don't *burden* yourself with such useless data. 不必要强迫自己去记这些毫无用处的数据。❷使挑重担，加重压于；烦扰：be *burdened* with responsibility 肩负重担

burden of proof *n.* [U]【律】举证责任：The *burden of proof* lies with [rests on] the person that accuses. 控告者有举证责任。

bur·den·some /ˈbədᵊnsəm/ *adj.* 难以负担的；繁重的；烦人的：a *burdensome* task 繁重的任务

bur·eau /ˈbjuərəu/ *n.* [C]（[复]-**eaus** 或-**eaux** /-əuz/）❶〈主英〉书桌，办公桌，写字台 ❷（有镜或无镜的）五斗橱，衣橱，衣柜；梳妆台 ❸（新闻等公众服务机构所设的）办事处；联络处；社，分社；所：the Hong Kong *Bureau* of Xinhua News Agency 新华社香港分社 ❹（政府等机构内设的）局；司；处；署：the weather *bureau* 气象局

bu·reauc·ra·cy /bjuəˈrɔkrəsi/ *n.* ❶[U；C]行政系统，政府机构：the civil service *bureaucracy* 民政系统 ❷[C；U]官僚政治，官僚体制，官僚机构：A just, ordered society without a *bureaucracy* has yet to be established. 我们仍须建立起一个严明公正、秩序井然而且没有官僚政治的社会。❸[总称]官僚，政府官员；行政官员 ❹[U]官僚作风，官僚主义；官样文章

bur·eau·crat /ˈbjuᵊrəᵘˌkræt/ *n.* [C] ❶官员：a knowledgeable and experienced *bureaucrat* —位见多识广、富有经验的官员 ❷官僚，官僚主义者；刻板教条的官吏 ‖ **bur·eau·crat·ic** /ˌbjuᵊrəᵘˈkrætik/ *adj.* —ˌ**bur·eau**ˈ**crat·i·cal·ly** /-kᵊli/ *adv.*

burg /bəːg/ *n.* [C]〈口〉市镇，小镇；城市

bur·geon /ˈbəːdʒᵊn/ *vi.* 〈书〉迅速生长；快速发展，繁荣兴旺：As a result of just the right role, a hitherto obscure actor can *burgeon* into stardom. 只要饰演一个合适的角色，一个一向默默无闻的演员就能够一跃而成为明星。

burg·er /ˈbəːgəʳ/ *n.* 〈口〉＝hamburger

-bur·ger /ˈbəːgəʳ/ *comb. form* ❶表示“夹有…肉饼的小圆面包”：fish*burger*, bacon*burger* ❷表示“上涂…的汉堡”，“…汉堡包”：cheese*burger* ❸表示“夹有…肉馅的三明治”，“…肉夹心三明治”：pork*burger*

burgh·er /ˈbəːgəʳ/ *n.* [C] ❶（中世纪市镇的）经商阶层人士，商人，生意人 ❷体面的市民（或公民）；中产阶级成员 ❸自治市（或城镇）居民；公民

bur·glar /ˈbəːgləʳ/ *n.* [C]破门行窃者，盗贼，夜盗；破门作案者：a *burglar* breaking and entering 破门而入的窃贼

bur·glar·ize, bur·glar·ise /ˈbəːgləraiz/ *vt.* & *vi.* ＝burgle

bur·glar·proof /ˈbəːgləˌpruːf/ *adj.* 防盗的：a *burglarproof* safe 保险柜

bur·glar·y /ˈbəːgləri/ *n.* [U；C] ❶【律】夜盗罪；破门作案罪：commit a *burglary* 犯夜盗罪 ❷夜盗行为；破门作案；盗窃行为；（怀不良企图）夜闯他人房屋的行为：The three *burglaries* Miss White has experienced since 1982 cost her much in money. 怀特小姐家自1982年以来已三次被盗，使她损失了很多钱。

bur·gle /ˈbəːgᵊl/ *vt.* 〈口〉破门盗窃（某处）；撬窃（某人）的家：When they returned they found that their home had been *burgled*. 他们回到家里，发现家遭到了撬窃。—*vi.* 破门盗窃〔亦作 **burgalarize, burglarise**〕

Bur·gun·dy /ˈbəːgəndi/ *n.* [时作 **b-**] ❶[U；C]勃艮第葡萄酒（系法国中部勃艮第地区所产的各种葡萄酒的总称，白酒通常为干酒，红酒则甘醇浓郁）：white *Burgundies* 勃艮第白葡萄酒 ❷[U]紫红色；深紫色，绛紫色：a *burgundy* cloak 绛紫色披风

bur·i·al /ˈberiəl/ *n.* [U;C]葬(指土葬或水葬);掩埋;葬礼:He went back to Ireland for his uncle's *burial*. 他回到爱尔兰参加他叔父的葬礼。

B

bur·lap /ˈbəːlæp/ *n.* [U](制袋用的)粗麻布

bur·lesque /bəːˈlesk/ **I** *n.* [C] ❶(以滑稽夸张的形式嘲弄严肃题材或故意夸大琐碎小事的)滑稽讽刺作品❷(包括脱衣舞等内容粗俗的)滑稽歌舞杂剧 **II** *adj.* ❶滑稽的,逗笑的;讽刺的;嘲弄性模仿的 ❷滑稽歌舞杂剧的;粗俗的:a *burlesque* show 滑稽歌舞杂剧表演 **III** *vt.* (用讽刺滑稽手法)取笑;(嘲弄讽刺地)模仿:Each of the three dancers *burlesqued* his own style. 三个舞蹈演员都以自嘲自讽的滑稽手法表演出了各自的风格。

bur·ly /ˈbəːli/ *adj.* 高大结实的;魁梧的,粗壮的;雄伟的:a *burly* construction worker 身材高大魁梧的建筑工人 ‖ ˈ**bur·li·ness** *n.* [U]

Bur·ma /ˈbəːmə/ *n.* 缅甸(亚洲东南部国家)

Bur·mese /ˌbəːˈmiːz/ **I** *n.* ❶[单复同]缅甸人 ❷[U]缅甸语(属汉藏语系) **II** *adj.* [无比较级]缅甸的;缅甸人的;缅甸语的

burn /bəːn/ **I** (**burnt** /bəːnt/或 **burned**) *vi.* ❶烧,燃烧:The campfire *burned* all night. 篝火燃烧了整整一夜。❷烧坏,烧毁,焚毁:It'll *burn* to the ground. 它将化为灰烬。❸烧死;火刑处死;〈俚〉被处电刑,坐电椅:She *burnt* to death in this building. 她给烧死在这栋楼里。❹发热,发烫,发烧:The sick man's forehead *burns* with fever. 病人因高烧前额发烫。❺灼热,灼痛;有灼热感,有灼痛感;烧伤,烫伤:Your hand will *burn* if you touch that hot iron. 如果你去摸那炽热的熨斗,会烫伤手的。❻充满灼热的情感;激动,兴奋;冲动:A number of questions were *burning* on the tip of her tongue. 一连串的疑问老在她的舌尖上打滚。—*vt.* ❶烧,使燃烧,使着火:The campers *burned* all their wood to keep warm. 露营者燃起所有的木柴取暖。❷点燃(蜡烛、灯等):*burn* aloes wood as a perfume 点燃沉香木作熏香 ❸烧坏;焚毁,烧毁:He had all his property *burnt* in the fire. 他将其全部财产付之一炬。❹烧伤,灼伤;灼痛;烫伤:Look out, you'll *burn* yourself. 当心,别烫着自己。**II** *n.* [C] 烧伤,灼伤;烫伤;烧(或灼、烫)伤处:sustain [suffer] severe *burns* on many parts of one's body 某人身上多处被严重烧伤 ‖ **burn down** *vi.* & *vt.* ❶火势变弱;行将熄灭:Let's leave the fire to *burn down* and go into our tents. 让那堆火慢慢烧尽,我们进帐篷吧。❷(使)烧成平地,烧毁,焚毁:The old house *burned down* last night in the big fire. 那栋老宅在昨夜的那场大火中烧毁了。**burn off** *vi.* & *vt.* ❶(云霞等消散)天放晴:The fog had *burned off*. 雾已经散了。❷使(云霞等)消散:The morning sun *burned off* the fog. 旭日驱散了迷雾。**burn out** *vi.* & *vt.* ❶(因燃料烧尽而)(使)熄火:When we got back from the theatre we found that the fire had *burned* itself *out*. 等我们看完戏回去,发现炉火已熄灭了。❷(使)耗尽;使精疲力竭:Stop working and have a rest, or you'll *burn out*. 停下来歇歇吧,不然要累垮的。**burn up** *vi.* & *vt.* ❶烧起来,旺起来:The flames suddenly *burned up* and light filled the room. 火苗突然旺起,照得满屋通明。❷〈口〉(使)发怒,(使)恼火:The farmers know this and they're *burned up* about it. 农场主们知道这件事后,对此十分恼怒。

burn·er /ˈbəːnə^r/ *n.* [C] ❶灯头;煤气头;炉膛:The gas stove has only two *burners*. 这煤气灶只有两个灶头。❷烧火的人,伙夫;燃烧器具:an oil *burner* 燃油炉

burn·ing /ˈbəːniŋ/ *adj.* [无比较级][常作定语] ❶燃烧的,着火的:a *burning* hotel 着火的饭店 ❷灼热的,炽热的,滚烫的;沸腾的:*burning* sands 滚烫的沙子 ❸火辣辣的;发热的:a *burning* fever 高烧 ❹强烈的;热烈的,激动人心的:a *burning* interest in science 对科学的浓厚兴趣 ❺紧急的,急迫的;关键的,十分重要的;争论热烈的:a *burning* situation 严峻的形势 ‖ ˈ**burn·ing·ly** *adv.*

bur·nish /ˈbəːniʃ/ *vt.* 擦亮;使光亮,使有光泽:wax and *burnish* the floor 将地板打蜡并擦亮

burn·out /ˈbəːnˌaut/ *n.* [C;U] ❶(火箭等的)停止燃烧,熄火;燃尽时刻,熄火时刻;熄火点 ❷精疲力竭 ❸沮丧,颓丧;失望

burnt /bəːnt/ *v.* burn 的过去式和过去分词

burp /bəːp/〈口〉**I** *n.* [C]饱嗝;嗳气;打嗝;类似饱嗝的声音:give a contented *burp* 心满意足地打了个饱嗝 **II** *vi.* & *vt.* 打嗝;(用轻轻拍背的方法)使(婴儿)打嗝(以避免喂食后肠胃气胀):Pat baby's back while you *burp* him. 要叫

婴儿打嗝防噎的话，就得轻轻拍拍他的后背。

burr¹ /bəː/ *n.* [C] ❶(金属或木材表面经钻、切、冲或刻以后留下的)毛边，毛口(＝bur) ❷不规则的隆起块(尤指数瘤) ❸(牙医用的)圆头锉，牙钻；(外科用)骨钻(＝bur)

burr² /bəː/ *n.* [C] ❶(英国诺森伯兰郡人)发r时颤动小舌的粗喉音，小舌颤动发出的r音 ❷(苏格兰英语方言中)颤动舌尖的r音

bur·row /ˈbʌrəu；ˈbəːrəu/ **I** *n.* [C](兔、狐等动物刨的)地洞，洞穴；地道 **II** *vi.* ❶掘地洞；挖地道：As the pools shrink, the fish *burrows* into the mud at the bottom. 鱼塘水浅时，鱼儿都在塘底掘洞钻入淤泥。❷钻进(钻入)某处；偷偷打入某组织；如掘进般行进：The train was *burrowing* through valleys. 火车在群山中穿行。‖ ˈ**bur·row·er** *n.* [C]

bur·sar /ˈbəːsə/ *n.* [C](尤指高等院校、寺院等的)财务主管；司库

bur·sa·ry /ˈbəːsəri/ *n.* [C] ❶(高等院校、寺院的)财务部门；金库；财务办公室 ❷〈英〉大学奖学金

burst /bəːst/ **I** (**burst·ing**; **burst** 或 **burst·ed**) *vi.* ❶爆炸；爆裂；胀破；溃决：As she braked, a tyre *burst*. 她刹车时，一只轮胎爆了。❷冲，闯；突然出现(*in*, *out*)：She *burst out* of the house crying. 她哭着从那间房里冲了出来。—*vt.* 使爆炸；使爆裂；使胀破；使破裂；冲决：She *burst* the balloon. 她把气球弄爆了。**II** *n.* [C] ❶爆炸；爆裂；破裂；裂口，缺口：a *burst* of tyre 轮胎爆裂 ❷突然显现；(指努力或行为的)突然加剧，陡增，剧升：After this one *burst* of sunshine the clouds gathered once more. 在阳光照耀一阵之后，云雾重又浓集起来。❸突然发作，突然发生；爆发，迸发；突发，猝发：a *burst* of flames coming through the roof 从屋顶上腾空而起的烈焰

bur·y /ˈberi/ *vt.* ❶埋葬，葬：The boys *buried* the dead bird in the backyard. 男孩子们把那只死鸟埋在了后院里。❷埋，掩埋；埋藏；掩盖，掩藏：The squirrels *buried* many nuts under the dead leaves. 松鼠在落叶下面埋藏了很多坚果。❸使沉浸于，使陷入；使专心于，使忙于：be *buried* in grief 陷入悲哀之中

bus¹ /bʌs/ *n.* [C]([复]**bus·(s)es**) 公共汽车：take the 11 *Bus* 乘11路公交车

bus² /bʌs/ *vi.* & *vt.* 做餐厅侍者的助手：He *bused* most school nights and weekends. 在就读期间他利用大多晚上和周末的时间去餐厅打工。

bus·boy /ˈbʌsbɔi/, **bus boy** *n.* [C]餐厅侍者的助手(专管添酒、收拾桌子等的杂务)

bus·girl /ˈbʌsgəːl/, **bus girl** *n.* [C]餐厅侍者的女助手

bush /buʃ/ *n.* ❶[C](丛枝)灌木；灌木丛 ❷[C](灌木丛般)浓密的一片(或一簇)；蓬松的毛发(或羽毛)；毛茸茸的(狐狸)尾巴：*bushes* of black smoke 滚滚浓烟 ❸[U][**the** ～](尤指非洲、澳大利亚、新西兰或加拿大的)未开垦地区，荒僻地区；灌木丛生地带，灌木丛林 ‖ ***beat about*** [***around***] ***the bush*** *vi.* 〈口〉绕弯子讲话，说话兜圈子，旁敲侧击：Come on, don't *beat about the bush*. Say what you want to say straight out! 好了，别兜圈子了，想说什么就开门见山地说出来吧！

bushed /buʃt/ *adj.* [无比较级][通常作表语]〈口〉累极的，累垮的；筋疲力尽的：After all that exercise, I'm *bushed*. 等到那项锻炼的项目全做完以后，我简直累得够呛。

bush·el /ˈbuʃəl/ *n.* [C] ❶蒲式耳(英美谷物、水果及蔬菜等的容量单位，1英制蒲式耳合8英制加仑或0.03637立方米；1美制蒲式耳合64美制品脱或0.03524立方米) ❷一蒲式耳的容器 ❸〈口〉大量：I have a *bushel* of things to do today. 今天我有许多事情要做。

bush·man /ˈbuʃmən/ *n.* [C]([复]**-men** /-mən/) ❶丛林居民 ❷〈主澳〉边远落后地区(或蛮荒林区)的居民(或开拓者、旅行者)

bush·whack /ˈbuʃʰwæk/ *vi.* ❶在丛林中开路 ❷在丛林中作战；在丛林中伏击 ‖ **bush·whack·er** /ˈbuʃʰwækə/ *n.* [C]

bush·y /ˈbuʃi/ *adj.* ❶丛林密布的，灌木丛生的：a *bushy* garden 灌木丛生的花园 ❷(如灌木般)茂密的，浓密的：*bushy* eyebrows 浓眉 ‖ ˈ**bush·i·ness** *n.* [U]

busi·ness /ˈbiznis/ *n.* ❶[C；U]日常工作，职业：What line of *business* is he in? 他是干哪一行的？❷[U]理应关心的事；职务，职责；工作，任务；(行动、询问的)权利：It's every man's *business* to see justice done. 伸张正义，匹夫有责。❸[U；C]重要的事：Marriage is a lifelong *business*. 婚姻是终身大事。❹[U][通常用单]〈常贬〉事，事务；难事；讨厌的事：an awkward [a strange] *business* 棘手难办的事[怪事]❺[U]需要处理的事情；所讨论的问题：Unless there is any other *business*, we can end the conference. 如果没有别的事情，咱们的会议可以结束了。❻[U]交易，买卖，生意；商业；营业(额)：The store has a large *business*. 这家商场的营业额很大。❼[C]工商企业；商店，商行，公司；工厂；营业所：a travel *business* 旅行社 ‖ ***get down to business*** *vi*. 开始谈正题，着手干正事；言归正传：After some pleasant talk, we *got down to business*. 寒暄了几句之后，我们开始谈正题了。***have no business*** *vi*. 没有理由；无权：You *have no business* to interfere. 你无权干涉。***mean business*** *vi*. 〈口〉是当真的；将一定采取行动：By the fire in his eye we knew that he *meant business*. 从他那副目中火出的样子，我们心里有数他可动了真格的。***mind one's own business*** *vi*. 不干涉别人的事，不多管闲事，管自己的事：Why don't you *mind your own business*? 你干吗不管管你自己的事呢？

☆**business, commerce, industry, trade** 均有"工商业"之意。**business** 是普通用词，泛指银行业、商业、企业等行业中的活动：He is in the insurance *business*. (他在保险业工作。) **commerce** 指商品交易活动，特别指国家与国家之间的远洋贸易：the world of industry and *commerce* (工商界)；该词也可表示交往或交流：He had little *commerce* with his neighbours. (他与邻居没有什么交往。) **industry** 通常用于商品的生产、制造和加工：*Industry* has overtaken agriculture in the South. (在南方工业的发展已超过了农业。) 该词可泛指有组织的社会经济活动，特别是服务行业：the hotel *industry* (旅馆业) **trade** 通常用于个别公司之间的商品贸易活动：A new *trade* agreement between England and France (英法两国之间一项新的贸易协定)；该词也可表示行业，特别是手工业：He works in tourist *trade*. (他从事旅游业。)

busi·ness·like /ˈbiznisˌlaik/ *adj*. ❶事务性的，公事公办的：He made his tone official and *businesslike*. 他用一本正经、公事公办的口气说话。❷有条不紊的；管理得当的；高效的；注重实际的：*a businesslike* administration 高效的管理

busi·ness·man /ˈbiznisˌmæn/ *n*. [C]([复]-**men** /-mən/) 商人；实业家；(尤指)高级商业经理人员

busi·ness·per·son /ˈbiznisˌpəːsən/ *n*. [C]商人；实业家；(尤指)高级商业经理人员

busi·ness·wom·an /ˈbiznisˌwumən/ *n*. [C]([复]-**wom·en** /-ˌwimin/) 女商人；女实业家；(尤指)高级女商业经理人员

bust[1] /bʌst/ *n*. [C] ❶胸像，半身像(包括头、肩和胸的上半部) ❷(人的)前胸(见 breast) ❸(女人的)胸部，〈婉〉(女人的)乳房；(女人的)胸围

bust[2] /bʌst/ 〈口〉 **I** (**bust·ed**或 **bust**) *vi*. 爆裂；打破；坏掉：The tyre *busted*. 轮胎爆了。—*vt*. ❶使爆裂；使断裂；打破，打碎；弄坏：I dropped my clock and *bust* it. 我把钟掉到地上，摔坏了。❷毁坏，摧毁；糟蹋：The boy has *busted* the clock. 这个男孩把钟给弄坏了。❸搜查；逮捕；把…关进监狱：The man was *busted* for theft. 那人因偷窃而被逮捕。**II** *n*. [C](俚)搜查；奇袭；逮捕：stage a *bust* on sb.'s place 突击搜查某人的住处

bust·er /ˈbʌstəʳ/ *n*. [C] ❶[亦作 **B-**](常用于对男孩、男子不太客气的称呼)小鬼，伙计，老兄 ❷破坏者；[常用以构成复合词]挫败(阻挠或破坏)…的人：a crime *buster* 刑事警探

bus·tle /ˈbʌsᵊl/ **I** *vi*. ❶(起劲地)忙乱；匆忙；奔忙(*about*, *around*)：All the city hustles and *bustles*. 整个城市熙来攘往忙碌不堪。❷〈口〉充满(*with*)：a town *bustling with* life 一座熙熙攘攘、生气勃勃的城市 —*vt*. 催促；使忙碌：She *bustled* the children off to school at 8 everyday. 她每天早晨 8 点就匆匆忙忙地打发孩子们上学去。**II** *n*. [U]忙乱；喧闹：The whole place is in a *bustle*. 整个地方一片喧嚣。

bus·tling /ˈbʌsᵊliŋ/ *adj*. 活跃的；喧嚷的；奔忙的；忙乱的：enjoy [have] *bustling* health 身体健旺

bust·y /ˈbʌsti/ *adj*. 〈口〉(妇女)胸部丰满的

bus·y /ˈbizi/ **I** *adj*. ❶忙的，忙碌的，不闲的，正在做事的；专心的：Arlene is *busy* (in) typing letters. 阿琳正忙着打信件。❷充满活动的，繁忙的；热闹的：Main Street is a *busy* place. 大街是个繁忙热闹的去处。❸(房间、电话线等)正被占用的：I tried ringing Fred but his line was *busy*. 我试图给弗雷德打电话，可他的电话占线了。**II** *vt*. [常作～ **oneself**]使忙于(*in*, *about*, *with*, *at*)：In summer, he *busied himself* (in) keeping the lawn in order. 夏天他忙于把草坪养护得井井有条。‖ ˈ**bus·i·ly** *adv.* —ˈ**bus·y·ness** *n.* [U]

☆**busy, assiduous, diligent, industrious** 均有"不得空闲的,忙的,繁忙的"之意。**busy** 指某人正在忙于某事或某物正在使用,也可用于经常或习惯性的行为、情景等:*busy* with something important (忙于某项重要工作) / a *busy* market place (熙攘喧扰的集市) **assiduous** 强调做大量艰苦工作的能力:acquire the power to speak French fluently by *assiduous* practice (勤学苦练就能讲流利的法语) **diligent** 多指在从事某项具体工作或追求某特定目标时表现出来的坚持不懈、全力以赴:She was a very *diligent* student. (她是个很用功的学生。) **industrious** 强调工作勤奋、持之以恒的品质或作风:They are by nature an *industrious* people. (他们天生是一个勤劳的民族。)

bus·y·bod·y /ˈbiziˌbɔdi/ *n.* [C] ❶好管闲事的人;搬弄是非的人 ❷爱搞恶作剧的人,淘气包,捣蛋鬼

busy·work /ˈbiziwəːk/ *n.* [U]为打发时间使人不致空闲而布置的无价值的工作

but /强 bʌt,弱 bət/ **I** *conj.* ❶但是,可是,然而;而(是):He is young, but still he is prudent. 他年龄不大,但行事谨慎。❷[常用于否定结构后]除去:Nobody heard it *but* I. 除了我,没有人听到。❸[常用于否定结构后,相当于(that)... not]而不:We never go out *but* it rained. 我们一出门,天就下雨。**II** *prep.* [常用于 nobody, all, who 等词后]除…以外:Nobody replied *but* me [I]. 除我之外,没有人回答。‖ ***but for*** *prep.* 要不是,倘没有:*But for* the help of another boy, George might have drowned. 要是没有另一个男孩的帮助,乔治兴许早就淹死了。

☆**but, except, save** 均有"除…以外"之意。**but** 只表示一般的"除…以外",只用在像 no, all, nobody, anywhere, everything 这样的词或像 who, where, what 这样的疑问词后,**but** 后面通常只跟名词或代词:We ate all *but* one. (我们除一样菜外什么都吃。) **except** 强调"除…以外",其含义比 but 强烈、明确,所排除的事物通常不在所述范围之内:The window is never opened *except* in summer. (除了夏天,这扇窗子从不打开。) **save** 现在主要用于诗歌:nothing in sight *save* sky and sea (满目所及只有苍穹与大海。)

bu·tane /ˈbjuːtein, bjuːˈtein/ *n.* [U]【化】丁烷

butch /butʃ/ 〈俚〉**I** *adj.* ❶(女人或男女同性恋者)外表像男人的;举止像男人的;非常男性化的 ❷小平头发式的 **II** *n.* [C][常作称呼语]汉子;壮汉;粗壮的男孩(与 femme 相对);男人似的女人

butch·er /ˈbutʃəʳ/ **I** *n.* [C] ❶肉商,肉贩 ❷屠夫 ❸〈贬〉凶残的刽子手,凶手;嗜杀的法官(或军官) **II** *vt.* ❶屠宰(牲畜) ❷残杀;凶杀 ❸弄糟,糟蹋 ‖ ˈ**butch·er·y** *adj.*

butch·er·y /ˈbutʃəri/ *n.* ❶[U]屠宰业;卖肉行业 ❷[U]残杀;大屠杀:the Nazi *butchery* of Jews 纳粹对犹太人的大屠杀 ❸[C]屠宰场(=slaughterhouse)

but·ler /ˈbʌtləʳ/ *n.* [C]男管家;司膳总管

butt[1] /bʌt/ *n.* [C] ❶(工具、武器等)粗大的一头:the *butt* of a pistol 手枪托 ❷残端;树桩;(香烟或雪茄的)烟蒂:the *butt* of a candle (燃剩的)蜡烛头 ❸〈口〉屁股:The doctor gave a shot in her *butt*. 医生在她屁股上打了一针。❹〈俚〉香烟:You got a *butt* I can bum? 我可以向你讨支烟抽抽吗?

butt[2] /bʌt/ *n.* [C] (嘲弄等的)对象,笑柄:make a *butt* of sb. 嘲弄(或取笑)某人

butt[3] /bʌt/ **I** *vt.* 用头(或角)撞击 —*vi.* 用头(或角)顶撞;冲撞 **II** *n.* (用头或角的)撞击:The goat gave me a *butt* in the stomach! 那只山羊把我的肚子顶了一下。‖ ***butt in*** *vi.* 〈口〉〈常贬〉插嘴;插手;干涉:Mind if I *butt in*? 我插句话,你们介意吗? ***butt out*** *vi.* 〈口〉不插嘴;停止插手;不干涉

but·ter /ˈbʌtəʳ/ **I** *n.* [U] ❶黄油(曾译白脱油):a pat of *butter* 一小块黄油 ❷像黄油的食品,脂,酱;黄油代用品,植物脂:apple *butter* 苹果酱 **II** *vt.* 涂黄油于;用黄油烹调;把黄油放入:Please *butter* my bread. 请把我的面包涂上黄油。‖ ***butter up*** *vt.* 〈口〉奉承,谄媚:*buttered* her up by telling her what a great boss she was 奉承她,说她是一个了不起的老板

but·ter·cup /ˈbʌtəˌkʌp/ *n.* [C]【植】毛茛属植物

but·ter-fin·gers /ˈbʌtəˌfiŋgəz/ *n.* [C][用作单]〈口〉❶常从手中掉落东西的人;常失球的人 ❷粗心大意的人;笨手笨脚的人

but·ter·fly /ˈbʌtəˌflai/ *n.* [C] ❶【昆】蝴蝶 ❷蝴蝶似的人(尤指容貌姣好、衣着艳丽或轻浮多变的人);游手好闲的人:a social *butterfly* 交际花 / an ageing *butterfly* 半老徐娘 ❸蝶(泳)式

B

but·ter·milk /ˈbʌtəˌmilk/ *n.* [U] ❶脱脂乳 ❷酪乳(由脱脂经发酵而成)

but·ter·scotch /ˈbʌtəˌskɔtʃ/ *n.* [U] ❶黄油硬糖 ❷(布丁、酥皮糕点等的)黄油糖味道 ❸金黄色

but·ter·y[1] /ˈbʌtəri/ *adj.* [无比较级] ❶像黄油的;有黄油性质的 ❷含黄油的;涂有黄油的:*buttery* rolls 黄油面包卷

but·ter·y[2] /ˈbʌtəri/ *n.* [C]〈英〉(一些大学里向学生出售酒类、水果及其他食品的)饮食服务处;(宿舍楼内附有煮咖啡设备的)小厨房,小灶

but·tock /ˈbʌtək/ *n.* ❶[C](人的)半边臀部 ❷[~s](人的)臀部〔亦作 **bun**〕

but·ton /ˈbʌtᵊn/ *n.* [C] ❶纽扣,扣子 ❷纽扣状物;圆形糖果;圆形小徽章;〈俚〉(警察用语)警察证章:He's wearing a campaign *button* on his lapel. 他在翻领上别了一枚竞选徽章。❸按钮(开关):a *button* one pushes to ring an electric bell 按响电铃的按钮 ‖ ***on the button*** *adv.* & *adj.*〈口〉准确(地);准时(地):The prediction for snow was right *on the button*. 天将要下雪的预报非常准确。

but·ton-down /ˈbʌtᵊnˌdaun/ *adj.* ❶[无比较级]用扣子扣住(硬领)的;有活动衣领的 ❷守旧的,缺乏创新意识和想象力的:a *button-down* mind 守旧的头脑

but·ton·hole /ˈbʌtᵊnˌhəul/ *n.* [C] ❶纽孔,扣眼 ❷别在纽孔(或西装翻领)上的花(或花束)

but·tress /ˈbʌtris/ **I** *n.* [C] ❶【建】扶壁,扶垛:a flying *buttress* 拱扶垛 ❷支柱,支持力量:cease to be the *buttress* of the business 不再是企业的中流砥柱 **II** *vt.* ❶以扶壁加固(或支撑):*buttress* a wall 用扶垛支撑墙壁 ❷支持,支撑;鼓励:a poor thesis *buttressed* with a long bibliography 一篇赖之以一长串书目的蹩脚论文

bux·om /ˈbʌksəm/ *adj.* (尤指妇女)胸部丰满的;丰满漂亮的;健美活泼的(见 fat):a bonnie *buxom* lass 酥胸高耸的美丽姑娘 ‖ ˈ**bux·om·ness** *n.* [U]

buy /bai/ (**bought** /bɔːt/) **I** *vt.* 买;买得:He will *buy* me a car from a dealer. 他将从汽车商那里给我买一辆小汽车。**II** *n.* [C]〈口〉❶购买:make a *buy* of grain 购买谷物 ❷(可)买得的东西;便宜货:What do you think of my new *buy*? 你看我新买的东西怎么样? ‖ ***buy into*** *vt.* 〈口〉出钱人(尤指企业或俱乐部等):He tried to *buy* himself [his way] *into* the club. 他试图花钱成为该俱乐部的成员。***buy off*** *vt.* 出钱摆脱(困扰等);买通(某人):*buy off* a lawsuit 出钱逃脱法律诉讼 ***buy out*** *vt.* 买下…的全部产权(或股份等):He *bought out* a nearby hardware store. 他买下了附近一家五金店的全部股份。***buy up*** *vt.* 全部买下;整批收购:All the available building land has been *bought up* by property developers. 房地产开发商把所有可供建筑的地皮都买下来了。

buy·er /ˈbaiəʳ/ *n.* [C] ❶购买者;买主,顾客 ❷采购员

buy·out /ˈbaiaut/ *n.* [C]全部买下;收购全部或大部分股份(或股权):a management *buyout* (=by which the managers of a company gain control of it) 经理人员对股份的大量收购(指经理人员由此获得对公司的控制权)

buzz /bʌz/ **I** *n.* [C] ❶吱吱声(拖长的/z/音);(蝇、蚊、蜂等的)嗡嗡声;(机器飞速转动的)噪音 ❷低沉嘈杂的(谈话、活动等)声音:a *buzz* of conversation 叽叽喳喳的交谈声 ❸〈口〉(蜂鸣器发出的)信号声;(电话发出的)吱吱呼叫声 ❹〈俚〉(饮酒或吸毒等产生的)兴奋;陶醉感;极度的快感(或刺激):I got a terrific *buzz* from those Pacific sunsets. 太平洋上的日落美景令我陶醉。**II** *vi.* ❶发出吱吱(或嗡嗡等)声:The radio should be fixed; it *buzzes* when you turn it on. 这收音机一打开就吱吱直响,该把它修修了。❷用蜂鸣器(或电话机)发出信号:*buzz* for room service 打电话要客房用餐服务 —*vt.* ❶低声私下说出(或传播);喊喊喳喳地表示;低声密告(某人):*buzz* a gossip [rumour] 暗中传布流言蜚语[谣言] ❷用蜂鸣器对…发信号,用蜂鸣器传呼:The manager *buzzed* his secretary. 经理按蜂鸣器传唤秘书。‖ ***buzz off*** *vi.* 〈俚〉走开,马上离去:*Buzz off*! You're bothering me. 走开!你烦死人了。

buz·zard /ˈbʌzəd/ *n.* [C] ❶【鸟】红头美洲鹫

❷贪婪小气的人

buz·zer /ˈbʌzə/ *n.* [C] ❶发吱吱(或嗡嗡)声的东西(或人) ❷蜂鸣器,蜂音器;〈口〉门铃:a phone *buzzer* 电话的蜂鸣器 ❸汽笛;警报器

buzz word *n.* [C]〈口〉❶(耸人听闻或故意混淆视听而内容空洞的)术语,行话 ❷(商界、政界、科技界等惯用的)专门术语,行话;隐语

by /bai/ **I** *prep.* ❶在…旁边,靠近:They sat *by* the warm fire chatting. 他们坐在暖融融的火炉旁聊天。❷在…身边,在…手头:Sorry,I haven't got the key *by* me. 对不起,我的钥匙没带在身上。❸经过…的旁边,从…旁边(过去):He walked [passed] *by* me without noticing me. 他从我身边走过,但未看到我。❹(方向)偏于:The island bears southwest *by* south. 那座岛屿位于西南偏南方。❺在(白天或夜晚)的时候;在…环境下:He sleeps *by* day and works *by* night. 他白天睡觉夜间工作。❻到(某时)之前;不迟于:The payment is due *by* May 31. 这笔款项5月31日到期。❼[表示达到目的的方式、方法、手段]凭借,靠,用,以,通过:attack an enemy camp *by* surprise 奇袭敌营 ❽[表示交通、传递等的方式]:go *by* bus 乘公共汽车去 ❾[表示原因]由于:I took your umbrella *by* mistake. 我错拿了你的雨伞。❿[表示接触点]握(或抓、拿)住(身体等的某部分):She took him *by* the hand. 她握住他的手。⓫[用于被动语态,表示行为者是谁或起作用的事物是什么]由,被:be trapped *by* a snowstorm 为暴风雪所困 **II** *adv.* ❶在近旁:The house is near *by*. 那幢房子就在附近。❷(搁)开,在一边;存起:He put some money *by* each week for savings. 他每个星期都拿出一点钱存起来。❸经过;过去:After an hour had gone *by*,they returned. 一个小时过后,他们回来了。‖ ***by and by*** *adv.* ❶不久以后:At first he felt awkward,but *by and by* he got used to it. 起先他感到别扭,久而久之也就习惯了。❷迟早,终于:*By and by* we arrived at a large building on a corner. 最后我们终于来到拐角处的一幢大楼跟前。***by and large*** *adv.* 一般来说;大体上:Although we still have some problems to face,*by and large* our work has been successful. 虽然我们还要面临一些麻烦,但是我们的工作大体说来已经卓有成就了。***(all) by oneself*** *adv.* 单独;独自一人:I did it *all by myself*! 这全是我自己做的!

☆**by**,**through**,**with** 均有"凭借,通过"之意。**by** 经常用在被动结构中引导行为的施动者或原因(人或力量):America was discovered *by* Columbus.(美洲是由哥伦布发现的。)该词也可用来表示手段或方法:Send it to us *by* e-mail.(用电子邮件寄给我们。)**through** 指能借以产生某种作用、达到某个目的的工具或手段,用于中介物或媒介物:Speak *through* an interpreter.(通过翻译说话。)**with** 通常指工具:He cut it *with* the scissors.(他用剪刀把它剪开了。)该词也可以用于自身不是工具,而是能产生作用的抽象事物:Do not kill us *with* your kindness.(你对我们太好了,我们会宠坏的。)

by- /bai/ *pref.* ❶表示"近旁","附近":*by*stander ❷表示"次要的","附带的":*by*-effect,*by*-election,*by*-path,*by*-product ❸表示"边","侧":*by*-road

bye /bai/ *int.* 〈口〉[后常接 now,多用于熟人之间]再见:*Bye*,see you next time. 回头见。〔亦作 **by**〕

bye-bye /ˈbaiˌbai,ˈbaiˈbai/ *int.* 〈口〉再见!(=good-bye)

by-e·lec·tion /ˈbaiiˌlekʃᵊn/ *n.* [C](尤指英国下议院的)特别选举,补缺选举

by·gone /ˈbaiˌgɔn/ **I** *adj.* [无比较级]过去的,以往的;过时的:relics of a *bygone* era 往古时代的遗迹 **II** *n.* [C][常作~s]过去的事情(尤指过去所受的委屈)‖ ***let bygones be bygones*** *vi.* 〈谚〉过去的事让它过去吧:I suggest we *let bygones be bygones* and start afresh. 我看过去了的事就算了,让我们重新开始吧。

by·law /ˈbaiˌlɔː/ *n.* [C] ❶〈英〉(地方政府制定的)法规 ❷(公司、社团等的)内部章程

by·line /ˈbaiˌlain/ *n.* [C]报刊文章开头标明作者姓名的一行;署名的报道:It appeared in the *Times* under the *byline* of Ed Montgomery. 那篇署名为埃德·蒙哥马利的文章刊载在《泰晤士报》上。

by·pass /ˈbaiˌpɑːs;-ˌpæs/ **I** *n.* [C] ❶(通常为绕过市镇等而筑的)旁道,旁路:Drivers use the *bypass* to skirt the city when there is lot of traffic. 当交通繁忙时,司机就改旁道绕开城市。❷【医】分流术;分路,旁路;旁通管:cardiopulmonary *bypass* 心肺分流术 **II** *vt.* ❶绕…走:The new highway *bypasses* the entire city. 新建公路绕过全市而行。❷为…加设旁

道(或旁通管等)

by·play /ˈbaiˌplei/ *n.* [U] ❶(戏剧中的)穿插动作(或说白) ❷附带的行动(或谈话)

B

by-prod·uct /ˈbaiˌprɔdʌkt/ *n.* [C] ❶副产品 ❷(意外或无心的)附带产生的结果

by·stand·er /ˈbaiˌstændəʳ/ *n.* [C]旁观者;局外人;看热闹的人:The police asked some of the *bystanders* about the accident. 警方向一些旁观者了解出事的情况。

byte /bait/ *n.* [C]【计】(二进制)字节;(二进)位组;二进制数学组

by·word /ˈbaiˌwəːd/ *n.* [C] ❶体现某种特点的人(或地点、事物);某种特点的代名词:Their name is a *byword* for good service. 他们的名字是优质服务的象征。❷俗话;谚语

Byz·an·tine /biˈzænˌtain, ˈbizənˌtain/ *adj.* [无比较级] ❶(有关)拜占庭帝国的;拜占庭帝国似的;(有关)拜占庭帝国文化的 ❷拜占庭建筑(或艺术)风格的 ❸类似(或表现出)拜占庭政治情况的;(尤指)充满阴谋诡计的,不择手段的,暗中进行的;迷宫似的,错综复杂的:play a *Byzantine* game 策划一起拜占庭式的阴谋诡计 ❹[时作 b-]死板的;不可更改的,不容变更的:a *byzantine* rule 死板的规则

C c

C¹, c /siː/ *n.* [C]([复]**C's, c's; Cs, cs**/siːz/) 英语字母表中第三个字母

C². *abbr.* ❶ Calorie ❷ College ❸ Conservative

cab /kæb/ *n.* [C] ❶出租(汽)车,计程车:a *cab* driver 出租车司机 ❷(火车的)驾驶室,司机室;(卡车、拖拉机或起重机等的)驾驶室,操作室

ca·bal /kəˈbæl/ *n.* [C](尤指政界上层中的)阴谋小集团;宗派小集团:a *cabal* of political manipulators 政治阴谋小集团

ca·ba·na, ca·ba·ña /kəˈbɑːnə,-ˈbɑːnjə/ *n.* [C](海滨或游泳池更衣或遮阳用的)帐篷;小棚屋;简易冲淋间

cab·a·ret /ˈkæbərei/ *n.* ❶[U](指餐馆、咖啡馆或夜总会的)宴饮助兴歌舞(或喜剧表演),卡巴莱歌舞(或喜剧表演):a *cabaret* artiste 卡巴莱艺人 ❷[C]卡巴莱(指宴饮时有歌舞或喜剧表演助兴的餐馆、咖啡馆或夜总会)

cab·bage /ˈkæbidʒ/ *n.* ❶[C;U]【植】卷心菜,洋白菜,甘蓝:a head of *cabbage* 一棵白菜❷[U](生的、可食的或入菜的)卷心菜菜叶(或菜头)

cab·by, cab·bie /ˈkæbi/ *n.* [C]〈口〉出租车司机,计程车司机;的哥;的姐

cab·in /ˈkæbin/ *n.* [C] ❶(简易的)小木屋;棚屋,茅舍:rent a log *cabin* 租了一间小木屋 ❷(船员或乘客住的)舱房;(海军舰船上的)军官卧舱;舰长舱;(船只甲板下的)小统舱:a first class *cabin* 头等舱 ❸(飞机的)座舱;货舱;(飞船的)小室:How many passengers does the *cabin* of this aircraft seat? 这架飞机的座舱可坐多少乘客?

cabin cruiser *n.* [C](可提供餐饮、住宿及淋浴等生活服务设施的)大型摩托艇;大型游艇〔亦作 **cruiser**〕

cab·i·net /ˈkæbinit/ *n.* [C] ❶(有隔板、抽屉及拉门等用来存放或陈列物品的)橱,柜:a file [filing] *cabinet* 公文柜❷(用来放置收音机、电视机或电唱机等的)柜子,橱架:What wood is the *cabinet* of that television made of? 那台电视机柜是用什么木头做的? ❸[常作 C-]内阁:form a coalition *cabinet* 组成联合内阁

ca·ble /ˈkeibᵊl/ *n.* ❶[U;C]缆绳,缆索;钢索:reinforced *cable* 钢筋缆绳❷[U;C]电缆;海底电缆;地下电缆:a high-tension *cable* 高压电缆 ❸[C]海底电报,水线电报;电报:If you accept our quotation, please advise us by *cable*. 若蒙贵公司接纳我们的报价,请以电报通知为荷。❹[U]有线电视(=cable TV)

cable car *n.* [C]缆车;索车

cable cast **I** *n.* [U]有线电视播放 **II** *vt.* 在有线电视上播放:They *cable cast* some old movies of the 1960s. 他们在有线电视上播放一些20世纪60年代的老电影。

ca·ble·gram /ˈkeibᵊlˌgræm/ *n.* [C]海底电报,水线电报

cable ready *adj.* 可以与有线电视直接接通的

cable television *n.* [U](有偿服务的)有线电视,电缆电视:a 24-channel *cable television* set 有24个频道的有线电视机

cable TV *n.* =cable television

ca·boo·dle /kəˈbuːdᵊl/ *n.* [U]〈俚〉[用于 the whole caboodle 中]一大群(人);一大堆(东西):I have no use for the whole *caboodle*. 这一大堆的劳什子我都不要了。

ca·ca·o /kəˈkɑːəu,-ˈkeiəu/ *n.* ([复]**-ca·os**) ❶[C]【植】美洲可可树,巧克力树 ❷可可树的果实或种子

cache /kæʃ/ **I** *n.* [C] ❶(藏食物、给养或财宝等的)密室;秘窖;保险柜:She hid her jewelry in a little *cache* in the cellar. 她把她的珠宝首饰藏在地窖里的一只小保险柜里。❷隐藏物;

贮藏物；矿藏：Despite being on a diet, she has a *cache* of chocolate in the cupboard. 她虽然正在节食减肥，但还是在食品柜里放了一些巧克力。**II** *vt.* 把…藏进密室；把…贮藏起来；隐藏：The bear had *cached* her cubs in a cave. 那头熊把幼仔藏在洞穴里。

ca·chet /ˈkæʃei, kæˈʃei/ *n.* ❶[C][通常用单]显著的特征；（表示优质或可靠性的）标志，特殊标志：Courtesy is the *cachet* of good breeding. 礼貌是良好教养的表现。❷[U]卓著；盛名；威信，声望：social *cachet* 社会声望

cack·le /ˈkækəl/ **I** *n.* [C]❶（母鸡下蛋后的）咯咯声；（鹅发出）嘎嘎叫：the *cackle* of geese 鹅的嘎嘎叫 ❷格格的（傻）笑声；嘎嘎笑声 **II** *vi.* ❶（母鸡下蛋后）咯咯叫；（鹅）嘎嘎叫 ❷格格（傻）笑，呵呵大笑：*cackle* with glee 欢快地大笑 —*vt.* 喋喋不休地说，叽里呱啦地说；格格笑着表示：*cackle* one's disapproval 叽叽嘎嘎地嚷着表示不满 ‖ ˈ**cack·ler** *n.* [C]

ca·coph·o·ny /kəˈkɔfəni/ *n.* [C][通常用单]刺耳嘈杂的声音，噪音；不和谐音，不谐调音 ‖ **cac·o·phon·ic** /ˌkækəˈfɔnik/ *adj.*

cac·tus /ˈkæktəs/ *n.* ([复]**-tus·es**或**-ti** /-tai/) [C]【植】仙人掌；仙人掌属植物

CAD *abbr.* computer aided design【计】计算机辅助设计

cad /kæd/ *n.* [C]〈旧〉〈贬〉（尤指男性）行为不端的人；流氓，无赖；没教养的人，粗人

ca·dav·er /kəˈdeivəʳ, -ˈdɑː-/ *n.* [C]【医】（尤指供解剖用的）人尸，尸体：a *cadaver* dissection 尸体解剖

ca·dav·er·ous /kəˈdævərəs/ *adj.* ❶死尸般的 ❷惨白的，煞白的：a *cadaverous* face [countenance] 煞白的脸[面容] ‖ **caˈdav·er·ous·ness** *n.* [U]

cad·die /ˈkædi/ **I** *n.* ❶[C]（受雇替高尔夫球手背球棒、找球、捡球等的）球童 ❷（用来移动较重物品的）小手推车：a luggage *caddie* 行李小推车 **II** *vi.* (**cad·died**; **cad·dy·ing**)（替高尔夫球手）当球童：Would you *caddie* for me? 你给我当球童好吗？

cad·dy /ˈkædi/ *n.* [C]茶叶听，茶叶盒，茶叶罐

ca·dence /ˈkeidəns/ *n.* [C] ❶（声音的）高低起伏；抑扬顿挫；声调，语调：the pleasant *cadence* of sb.'s speech 某人那悦耳的抑扬顿挫的语调 ❷（指音乐、动作等的）节拍；韵律，节律；（生活等的）节奏：the *cadence* of the surf 海浪有节奏的拍岸声

ca·den·za /kəˈdenzə/ *n.* [C]【音】（尤指协奏曲结束前独奏者显示其演奏技巧的）华彩，华彩（乐）段，华彩句；有华彩风格的乐曲

ca·det /kəˈdet/ *n.* [C]（军校或警校的）学员；军官（或警官）候补生，见习军官（或警官）：a naval *cadet* 海军学员

cadge /kædʒ/ *vt.* 〈口〉〈贬〉乞讨，讨得；索要，索取：Hoboes *cadge* food from sympathetic housewives. 流浪汉向富有同情心的主妇讨食。—*vi.* 乞讨；无赖地索要：I don't believe in *cadging* off the public. 我不相信向公众乞讨有什么用。‖ ˈ**cadg·er** *n.* [C]

ca·dre /ˈkɑːdəʳ; ˈkædri, ˈkædəʳ/ *n.* [C]（尤指军队、政党或组织中的）核心班子，骨干队伍，领导核心：air force and naval *cadres* 海空军骨干官兵

Cae·sar·e·an, C(a)e·sar·i·an /siˈzeəriən/ *adj.* & *n.* ＝Cesarean

Caesarean section *n.* ＝Cesarean

ca·fé, ca·fe /ˈkæfei, kɑːˈfei/ *n.* [C] ❶咖啡馆 ❷小餐馆，小吃店，快餐厅 ❸酒吧；吧台

caf·e·te·ri·a /ˌkæfiˈtiəriə/ *n.* [C]（通常设在学校或工厂等的）自助食堂；自助餐厅：a school *cafeteria* 学校自助餐厅

caf·feine /ˈkæfiːn, ˈkæfiˌiːn/ *n.* [U]【化】咖啡因

cage /keidʒ/ n. [C]笼子：a bird [rabbit] *cage* 鸟[兔]笼 ‖ **caged** *adj.*

cag(e)·y /ˈkeidʒi/ *adj.* (**cagier**, **cagiest**)〈口〉小心翼翼的，谨小慎微的；守口如瓶的，讳莫如深的：a *cagy* reply 守口如瓶的答复 ‖ ˈ**cag·i·ly** *adv.* —ˈ**cag·i·ness**, ˈ**cag·ey·ness** *n.* [U]

ca·hoot /kəˈhuːt/ *n.* [常用在 in ～s中]〈俚〉同伙，同谋 ‖ ***in cahoot(s) with*** *prep.* 〈俚〉与…合伙，与…合谋；与…勾结：The bank robbers were *in cahoots with* the police. 抢劫银行者与警察互相勾结。

ca·jole /kəˈdʒəul/ *vt.*（用甜言蜜语或谎言等）欺骗，哄骗，劝诱：He *cajoled* his friends into deciding in his favour. 他用甜言蜜语诱骗朋友们作出对其有利的决定。—*vi.* 欺骗，哄骗，劝诱：Elizabeth knew how to *cajole*, how to coax, and to flatter. 伊丽莎白懂得该怎样花言巧语，

怎样哄骗利诱，以及如何阿谀奉承。‖ **ca'jole•ment** *n.* [U] —**ca'jol•er** *n.* [C] —**ca'jol•er•y** *n.* [U] —**ca'jol•ing•ly** *adv.*

cake /keik/ **I** *n.* ❶[C;U]饼，糕；蛋糕：a slice of strawberry *cake* 一片草莓蛋糕❷[C;U]饼状食物，…饼：fish *cakes* 鱼饼 **II** *vt.* 使结块；使凝结；在…上加结块(或凝聚)物：He was *caked* with mud. 他满身都是泥。—*vi.* 结块；凝结：Mud *cakes* as it dries. 泥浆干了后就结成块。‖ ***a piece of cake*** *n.* 〈口〉小事一桩，小菜一碟(指轻松愉快或简单容易的事情)：Persuading him to give us the day off won't be *a piece of cake*. 要说服他给我们放假可不是件容易事。***have one's cake and eat it*** (***too***) *vi.* 〈口〉[常用否定形式]两全其美，两者兼得，只得不失：He wants a regular income but doesn't want to work. He can't *have his cake and eat it*! 他又想要有稳定的收入，又不想工作，他不能两者兼得。

cake•walk /'keikˌwɔːk/ *n.* [C] ❶(源于走步比赛的)阔步舞；阔步舞曲 ❷〈口〉轻而易举的事

cal•a•bash /'kæləˌbæʃ/ *n.* ❶[C]【植】葫芦 ❷【植】加拉巴木(树) ❸[C]葫芦(果)；加拉巴果 ❹[U](用以制作瓢、碗、烟斗等容器的)葫芦壳；加拉巴果壳

cal•a•boose /'kæləˌbuːs, ˌkælə'buːs/ *n.* [C] 〈俚〉监牢，监狱；看守所，拘留所

cal•a•mine /'kæləˌmain/ *n.* [U]【药】炉甘石洗剂；炉甘石药水(用于治疗虫叮或有毒常春藤的刺伤)

ca•lam•i•ty /kə'læmiti/ *n.* [C]灾患；灾难，灾祸；(巨大的)不幸，厄运；(深重的)痛苦，苦难：avert a *calamity* 避免灾祸 ‖ **ca'lam•i•tous** *adj.*

cal•ci•fy /'kælsiˌfai/ *vt.* & *vi.* (使)石灰质化，(使)钙化；(使)骨化：Cartilage often *calcifies* in older people. 老年人体内的软骨常常会钙化。

cal•ci•um /'kælsiəm/ *n.* [U]【化】钙(符号 **Ca**)

cal•cu•late /'kælkjuˌleit/ *vt.* ❶计算，推算；核计，核算：*calculate* the cost of building a new house 核算建造新房的费用/ She could not *calculate* people properly. 她看人不准。❷[常用被动语态，后接不定式]计划，打算；使适于(做)，使适合(某种目的)：The college is *calculated* for the reception of sixty students. 该学院计划招收 60 名学生。—*vi.* 计算；推算；盘算：She *calculated* in her head a moment. 她在心里盘算了一下。

☆**calculate, compute, estimate, reckon** 均有"计算，估计"之意。**calculate** 常指通过复杂的运算过程精确测算出数值：The scientists *calculated* when the spacecraft would reach the moon. (科学家推算出宇宙飞船抵达月球的时间。) **compute** 指对现有的数据、数字通过一般的算术运算过程计算：*compute* the heartbeat rate (计算心搏率) **estimate** 指凭借某人的经验、判断力进行预测估算，所得结果大致相同，但不一定精确：She *estimated* that the work would take three months. (她估计这项工作需要三个月。) **reckon** 多指用心算的方法或计算器进行不太复杂的运算：How much do you *reckon* (that) she earns? (你估计她挣多少钱?)

cal•cu•lat•ed /'kælkjuˌleitid/ *adj.* ❶[作定语](指某一行动)故意的，存心的；事先计划好的，蓄意的：a *calculated* attempt to deceive 精心策划的骗局 ❷经过测算的，计算出来的 ‖ **'cal•cuˌlat•ed•ly** *adv.* —**'cal•cuˌlat•ed•ness** *n.* [U]

cal•cu•lat•ing /'kælkjuˌleitiŋ/ *adj.* 〈贬〉(指人)会算计的，会打算的；精明的，颇有心计的；自私的，专为自己打算的：a *calculating* lawyer 精明的律师 ‖ **'cal•cuˌlat•ing•ly** *adv.*

cal•cu•la•tion /ˌkælkju'leiʃ°n/ *n.* ❶[U;C]计算：make a careful *calculation* 仔细计算 ❷[C]计算结果，得数：His *calculations* agree with ours. 他的计算结果和我们的相同。❸[U]估算，估计；推测，预测：The result is beyond *calculation* at present. 结果如何目前尚无法预料。❹[C;U]仔细的分析(或思考)；周密的计划(或设计) ❺自私的打算；算计 ‖ **cal•cu•la•tive** /'kælkjulətiv/，ˌ**cal•cu'la•tion•al** *adj.*

cal•cu•la•tor /'kælkjuˌleitəʳ/ *n.* [C](尤指小型的电子)计算器：an electronic *calculator* 电子计算器

cal•cu•lus /'kælkjuləs/ *n.* [U]([复]**-li** /-lai/或**-lus•es**) ❶【数】微积分(学)：differential *calculus* 微分(学) ❷牙垢，牙石

cal•dron /'kɔːldrən/ *n.* =cauldron

cal•en•dar /'kælindəʳ/ *n.* [C] ❶日历；月历；年历；历书：a desk *calendar* 台历 ❷历法：the lunar *calendar* 阴历 ❸[通常用单]记事录；大事表，日程表：clear one's *calendar* 完成日程表上

的工作

calendar month *n.* [C]月,月份(=month)

calf¹ /kɑːf; kæf/ *n.* ([复]**calves** /kɑːvz; kævz/) ❶[C]小牛,牛犊 ❷[C](象、野牛、鲸、鹿、河马、海豹等大型哺乳动物的)仔,幼兽:The children saw the new seal *calves* at the zoo. 孩子们在动物园看到了新生的小海豹。❸[U]小牛皮;小牛皮革:gloves made of *calf* 牛皮手套

C

calf² /kɑːf; kæf/ *n.* [C]([复]**calves** /kɑːvz; kævz/)【解】腓肠,(小)腿肚:She has slim ankles but fat *calves*. 她的脚踝挺细,但小腿却很粗。

cal·i·ber /ˈkælibəʳ/ *n.* 〈美〉=calibre

calf·skin /ˈkɑːfˌskin; ˈkæf-/ *n.* [U](尤指用于书籍装帧或制鞋的)小牛皮;小牛皮革

cal·i·brate /ˈkæliˌbreit/ *vt.* ❶(给测量仪器)标上刻度 ❷ 标定;校定,校准;调节,调整:a well *calibrated* thermometer 精确标定的温度计 ‖ ˈ**cal·iˌbrat·ed** *adj.* —**cal·i·bra·tion** /ˌkæliˈbreiʃᵊn/ *n.* [U;C] —ˈ**cal·iˌbra·tor**, ˈ**cal·iˌbra·ter** *n.* [C]

cal·i·bre /ˈkælibəʳ/ *n.* ❶[C](枪、炮等的)口径:guns of fourteen inch *calibre* 口径为 14 英寸的大炮 ❷[U]能力,才干;素质:superior mental *calibre* 超群的智力〔亦作 **caliber**〕

cal·i·co /ˈkæliˌkəu/ *n.* [U]([复]**-co(e)s**) ❶〈英〉(质地较厚的)白棉布,(平纹)白布 ❷ (单面)印花棉布 ❸ 带(彩色)斑点的动物

cal·i·per, cal·li·per /ˈkælipəʳ/ *n.* [C][常作~s]卡钳;卡尺;弯脚圆规:a pair of *calipers* 一把卡尺

cal·is·then·ics, cal·lis·then·ics /ˌkælisˈθeniks/ *n.* ❶[C][用作复]健美操,健身操:daily *calisthenics* 日常健身操 ❷[U][用作单]健美术;健美锻炼;一次健美锻炼

call /kɔːl/ **I** *vt.* ❶大声说(或读)出;喊,叫:He *called* her name to see if she was at home. 他大声叫她的名字,看她是否在家。❷呼唤,叫;召唤;传唤:be *called* to testify in court 被传出庭作证 ❸打电话(或用无线电)与…联络;打电话(或无线电)与…交谈;用电话(或无线电话)传递;(通过广播或无线电寻呼系统)呼叫:I'll *call* you long distance tonight. 我今晚给你挂长途。❹点名:The teacher *called* the register every morning. 老师每天早晨都点名。❺召集,集合;召开;下令进行(或举行);宣布,宣告:*call* a meeting 召开会议 ❻唤出;取(得);带(来);使产生:*call* a new principle into operation 使新原则生效/ *call* to mind an old saying 想起一句老话 ❼给…命名,为…取名,称(呼):They *called* the dog Rover. 他们管这条狗叫"罗弗"。❽声称…是;把…说成;将…标榜为:have nothing to *call* one's own 一无所有 ❾认为,以为,把…看作,觉得…是;就算是:Everyone *called* the party a success. 大家都认为晚会很成功。—*vi.* ❶(指鸟类等动物)鸣叫,啼叫:The crows *called* to each other from the trees around the meadow. 乌鸦在草地周围的树上叫来叫去。❷打电话;(在广播、电讯中)呼叫:Did anyone *call* today? 今天有人打电话来吗? **II** *n.* ❶[C]喊叫(声),叫唤;呼喊(声),呼叫(声):I heard a *call* for help. 我听到了呼救声。❷[C](短暂的)访问,拜访:pay sb. a *call* 拜访某人 ❸[C](一次)电话;电话交谈,通话:The secretary took all *calls*. 秘书负责接电话。❹[C;U]请求,要求:make a *call* on a person's time 要求某人花时间 ‖ **(*be*) *on call*** *adj.* & *adv.* 随叫随到的,招之即来的,待命的;当班的:Doctors are *on call* in an emergency. 遇到急诊病人,医生们随叫随到。***call back*** *vt.* & *vi.* ❶召回;回收:The automobile company *called back* those defective minivans. 汽车公司回收了那些有瑕疵的小型货车。❷再(给…)打电话;回电话(给…):Will you *call* me *back* later? 你过一会儿给我回个电话好吗? ***call down*** *vt.* & *vi.* ❶祈求;使降临;招惹,招致(*on*, *upon*):The priest *called down* God's anger on the people. 神父企求上帝降祸于这些人。❷〈美口〉训斥,责骂,严厉指责:He was *called down* for his poor work. 他因为工作没做好而受到指责。***call for*** *vt.* ❶去(或来)取;去(或来)接(某人):I'll *call for* you at 7 o'clock. 我七点钟来接你。❷需要;要求:This sort of work *calls for* a lot of patience. 这种工作需要极大的耐性。***call sb.* [*sth.*] *off*** ❶取消、撤销(计划的活动):The football match was *called off* because of the snow. 由于下雪,足球比赛取消了。❷下令停止:After three days of searching the police chief *called off* the hunt for the escaped prisoner. 在搜索了三天之后,警长下令停止搜寻逃犯的工作。***call on*** *vt.* ❶(短暂地)拜访,访问,探望:We can *call on* Mary tomorrow. 明天我们可以去看玛丽。

❷(正式地)号召,呼吁;请求,要求;敦促,促使:The congress has *called on* the President to answer these charges. 国会要求总统答复这些责问。**call out** *vi*. & *vt*. ❶喊叫;大声说出:She *called* my name *out* and I stood up. 她喊到了我的名字,我就站了起来。❷召集,号召;命令(军队等)行动:The Government had to *call out* the army to restore order. 政府不得不出动军队来恢复秩序。**call up** *vt*. & *vi*. ❶打电话给(某人),给(某人)挂电话:I'll *call* you *up* this evening. 我今晚会打电话给你。❷使回想起,使回忆起;唤起:This song *calls up* memories of my childhood. 这首歌引起我对童年的回忆。

call·er /ˈkɔːləˈ/ *n*. [C] ❶(作短暂访问或探望的)来客,来访者:an unexpected *caller* 不速之客❷[常用于接线员对打电话者的称呼]打电话的人:an anonymous *caller* 打匿名电话的人

cal·lig·ra·phy /kəˈligrəfi/ *n*. [U](尤指好看的)字迹,笔迹;书法:practise *calligraphy* after a master sheet 临帖练书法 ‖ **calˈlig·ra·pher**, **calˈlig·ra·phist** *n*. [C]

call·ing /ˈkɔːliŋ/ *n*. [C][通常用单] ❶职业,行业:the main *calling* 本职工作(或本行) ❷(想从事某项工作的)强烈愿望,冲动;使命感,责任感:My son had a *calling* to become a lawyer. 我儿子有当律师的强烈愿望。

cal·li·o·pe /kəˈlaiəpi/ *n*. [C](声音尖厉刺耳,多用于马戏团演出或集市等场合的)(蒸)汽笛风琴

cal·lous /ˈkæləs/ *adj*. ❶(指皮肤)生茧的,有硬皮的;变硬的,变厚的:*callous* skin on the heel 脚跟硬皮 ❷冷酷无情的,铁石心肠的;麻木不仁的,无动于衷的:a *callous* person 铁石心肠的人 ‖ **ˈcal·loused** *adj*. —**ˈcal·lous·ly** *adv*. —**ˈcal·lous·ness** *n*. [U]

cal·low /ˈkæləu/ *adj*. 稚嫩的,幼稚的;没经验的:*a callow* lad 乳臭未干的毛头小伙儿 ‖ **ˈcal·low·ness** *n*. [U]

call-up / ˈkɔːlˌʌp/ *n*. [U] (服兵役的)征召(令),征兵(令):authorize the *call-up* of 10,000 troops 批准征召1万名士兵

cal·lus /ˈkæləs/ *n*. [C]硬皮,老茧

calm /kɑːm/ **I** *adj*. ❶(指水面)风平浪静的;(指天气)无风的:a *calm* sea 风平浪静的大海 ❷(指人或性情)镇定的,镇静的,沉着的;自信的;不激动的,有自控力的:keep *calm* about sth. 对某事泰然处之 ❸(指事物)平静的;安静的,宁静的:a *calm* country life 宁静的田园生活 **II** *n*. [U;C] ❶平静;宁静,寂静;无风:a dead *calm* 死寂❷镇静,镇定,沉稳:He said so with forced *calm*. 他强作镇静这样说。**III** *vi*. 平静下来;宁静下来;镇定下来:The storm ceased and the sea *calmed*. 暴风雨停了,大海恢复了平静。—*vt*. 使平静;使宁静;使镇定:*calm* one's passions 控制自己的激情 ‖ **calm down** *vi*. & *vt*. (使)平静下来;(使)安静下来;(使)镇定下来:We tried to *calm* him *down*, but he kept shouting and swearing. 我们试图使他平静下来,但他仍不停地叫骂着。‖ **ˈcalm·ly** *adv*. —**ˈcalm·ness** *n*. [U]

ca·lor·ic /kəˈlɔrik/ *adj*. ❶卡路里的,与卡路里有关的 ❷与热量有关的

cal·o·rie /ˈkæləri/ *n*. [C] ❶【物】卡(路里),小卡,克卡(热量单位)(略作 **cal.**):It takes about 80 *calories* of heat to melt one gram of ice. 熔化1克冰大约需要80卡热量。❷[常作 **C-**]卡(路里),大卡,千卡(食物的热值单位)(略作 **Cal.**)

cal·o·rif·ic /ˌkæləˈrifik/ *adj*. 散热的,生热的,产热的:the *calorific* center 热中心

ca·lum·ni·ate /kəˈlʌmniˌeit/ *vt*. 诬蔑,诋毁,诽谤,恶语中伤:He took every opportunity to *calumniate* his political rival. 他利用一切机会恶毒攻击自己的政敌。‖ **ca·lum·ni·a·tion** /kəˌlʌmniˈeiʃᵊn/ *n*. [U] —**caˈlum·niˌa·tor** *n*. [C]

ca·lum·ny /ˈkæləmni/ *n*. ❶[C]诬陷不实之词,妄加之词,诋毁之词:heap *calumny* on 对…大肆诋毁 ❷[U]诋毁,诽谤,诬陷,恶语中伤

calve /kɑːv;kæv/ *vi*. 生小牛(或小象、小鹿等);产犊,生仔(*down*):The cow is expected to *calve* tomorrow. 母牛预期明天下仔。—*vt*. [常用被动语态]生(小牛等);产(犊),下(仔)(*down*)

calves /kɑːvz;kævz/ *n*. [C] calf 的复数

ca·lyp·so /kəˈlipsəu/ *n*. [U;C]([复]**-sos**)(具有非洲音乐节奏特点,常用来讽刺时事及时事人物)(西印度群岛)即兴讽刺歌,即兴讽刺小调

ca·ma·ra·de·rie /ˌkæməˈrɑːdəriː/ *n*. [U]同志(或同事)情谊;友情;友爱

cam•ber /ˈkæmbəʳ/ *n.* [C](梁、甲板、道路等的)中凸形,反弯度,起拱,反拱

cam•bi•um /ˈkæmbiəm/ *n.* [C]([复]**-bi•ums**或**-bi•a** /-biə/)【植】形成层

Cam•bo•di•an /kæmˈbəudin/ **I** *n.* ❶[C]柬埔寨人(或居民) ❷[U]柬埔寨语,高棉语 **II** *adj.* (有关)柬埔寨的;柬埔寨人的;柬埔寨语,高棉语(或文化)的

C

cam•bric /ˈkeimbrik,ˈke-/ *n.* [U]【纺】❶麻纱 ❷细薄布,细纺(棉织物)

cam•cord•er /ˈkæmˌkɔːdəʳ/ *n.* [C](便携式)摄像放像机

came /keim/ *v.* come 的过去式

cam•el /ˈkæmᵊl/ *n.* ❶[C]【动】骆驼 ❷[U][常作定语]驼色,浅黄褐色,浅棕色:a *camel* dress 浅黄色衣服

ca•mel•lia /kəˈmiːliə/ *n.* [C]【植】山茶(树)

camel's hair, camel hair *n.* [U] ❶(可用来制画笔、漆刷或面料的)(骆)驼毛 ❷【纺】驼绒(料),骆驼呢;混纺驼绒;驼绒制品,驼绒衣

cam•e•o /ˈkæmiˌəu/ *n.* [C]([复]**-e•os**) ❶多彩浮雕宝石(或玉石、贝壳等) ❷(电影、电视、戏剧等中的)名角客串小戏;名演员客串角色

cam•er•a /ˈkæmᵊrə/ *n.* [C]照相机;(电影)摄影机;(电视)摄像机:click the *camera* 咔嚓一声按了一下照相机快门 ‖ ***in camera*** *adv.* 私下地,不公开地,秘密地:The case involved official secrets, so it was held *in camera*. 此案牵涉到官方机密,所以不公开审理。

cam•er•a•man /ˈkæmᵊrəˌmæn/ *n.* [C]([复]**-men** /-men/)(尤指电影或电视的)(专业)摄影师,摄像师

cam•ou•flage /ˈkæməˌflɑːʒ/ **I** *n.* ❶[U](出于军事目的的)伪装,掩饰;(动物的)(天然)保护色:natural *camouflage* 天然保护色 ❷[U]进行伪装,使用伪装:*Camouflage* is necessary if we are to deceive the enemy. 我们要蒙骗敌人必须进行伪装。❸[U;C]伪装物,幌子;掩饰手段,伪装手段;规避手段:His loud laughter is really *camouflage* for his basic shyness. 表面上他哈哈大笑,实际上他是在掩饰他内心的胆怯。**II** *vt.* 伪装;掩饰:The boy *camouflaged* his embarrassment by laughing. 这男孩用大笑来掩饰他的窘态。—*vi.* 使用伪装,进行掩饰;隐蔽起来,隐藏起来:He *camouflaged* in the bushes and no one saw him. 他隐蔽在树丛中,没有被人发现。

camp /kæmp/ **I** *n.* ❶[C](军队驻扎或训练的临时或永久性)营地;兵营,军营:an army [military] *camp* 军营 ❷[C;U](旅行者、度假者、童子军、吉卜赛人等)临时帐篷(或小屋);露宿营地,野营地;度假村;露营生活,野营生活:a break *camp* 折叠式帐篷 **II** *vi.* 扎营,设营;露营,宿营;露宿:go *camping* 去野营 ‖ ***camp out*** 露宿;勉强暂住:They *camped out* by the stream. 他们露宿在溪流边。

cam•paign /kæmˈpein/ **I** *n.* [C](旨在引起公众兴趣的政治或商业方面的)(有组织)活动,运动:initiate a *campaign* 发起运动/plan a *campaign* 部署一场战役 **II** *vi.* 参加(或发起、开展)运动(或竞选、战役);参战,作战:Joan is *campaigning* for equal rights for women. 琼在为争取妇女的平等权益而斗争。‖ **camˈpaign•er** *n.* [C]

camp•er /ˈkæmpəʳ/ *n.* [C] ❶(尤指外出度假的)野营者,露营者;夏令营营员 ❷(备有野营设施的)露营车,野营车

camp•fire /ˈkæmpˌfaiəʳ/ *n.* [U]营火,篝火

camp follower *n.* [C] ❶随军商贩;军营杂役 ❷营妓,军妓 ❸(某一集团、派别、主张、权贵等的)追随者,依附者

camp ground *n.* [C](野)营地

cam•phor /ˈkæmfəʳ/ *n.* [U]【化】樟脑,莰酮

camp•site /ˈkæmpˌsait/ *n.* [C](露)营地,(宿)营地,(野)营地;可设营之处,适合扎营的地方

cam•pus /ˈkæmpəs/ *n.* [C;U](尤指高等院校的)学校校园:The new concert hall will be built on the university *campus*. 新音乐厅将建在大学校园里。‖ **ˈcamp•y** *adj.* —**ˈcamp•i•ly** *adv.* —**ˈcamp•i•ness** *n.* [U]

can[1] /强 kæn,弱 kən/ *v. aux.* [现在式否定连写形式**can•not** /ˈkænɔt,kæˈnɔt/或 **can't** /kɑːnt;kænt/]❶[表示具有某种知识、能力、技能、潜能、功能等]能(够),会:*Can* you speak German? 你会说德语吗?❷[表示有权力、资格等]可以,得以;有资格,有权:Anyone who has a license *can* drive a car in New York. 凡是持有驾驶执照的人都可以在纽约开车。❸〈口〉[表示允许、请求、要求、建议等]可以,不妨:*Can* we go home now, please? 请问,我们现在可以回家了吗?❹[常与频率或时间等状语连用,

表示偶然现象发生的可能性](有时)会,(有时)可能:Children *can* sometimes be very trying. 小孩子有时着实让人非常厌烦。❺[can 和 could 可换用,表示可能性或机会]可能;会:It *can*'t be true. 这不可能是真的。❻[用于疑问句中]催促或要求某人做某事:*Can't* we just sit down and discuss this instead of fighting? 我们就不能坐下来谈谈而不吵架吗? ❼[用于否定句]一定不会:They are getting married? It *can't* be true. 他们要结婚? 一定不会。

☆❶**can** 和 **may** 均为情态动词,**can** 表示"有能力(做某事)":The child *can* talk.(这个孩子会说话。)**may** 则表示"也许,可能或者可以(做某事)":Our son *may* play football Saturday if the doctor says he *may*.(如果医生说可以,我儿子星期六可能会踢足球。)❷**can** 表示"目前能(做某事)":I *can* swim now.(我会游泳。)表示"将来能"需用 **will be able**:I'*ll be able* to play the Beethoven violin concerto if I practised for long enough.(如果练习的时间够长,我就能演奏贝多芬的小提琴协奏曲。)表示"过去能"则用 **could**:She *could* play the piano when she was five.(她五岁的时候就会弹钢琴。)❸**can** 一般不用来表示"也许",表示这一意思需用 **may, might** 或者 **could**:The road *may* [*might*, *could*] be blocked. (= Perhaps the road is blocked.)(道路也许封住了。)但 **can** 可以用于疑问句,询问可能性:*Can* this be true? (= I am surprised.)(这是真的?)其否定式可表示不可能:This *can*'t be true.(这不可能是真的。)❹**can** 还可与 believe, feel, hear, see 等感觉动词连用:I'm looking at this photograph; I *can* see some famous people in it.(我在看这张照片,里面有几位知名人士。)❺在口语尤其是英国英语中,用 **can** 表示"可以"比用 **might** 更为普遍:You *can* go now.(你可以走了。)**can** 还可与表示将来的时间状语连用:You *can* borrow my car tomorrow.(明天你可以借我的车。)在口语中征求对方许可时可以用 **can** 代替 **might**;表示"不可以"很少用 **may** 的否定形式 **maynot**,通常用 **cannot** 或者 **can't**。❻短语 can but 和 cannot but 都是书面语,可用来表示"除了做某事外别无选择"。can but = can only (口语体):We *can but* do our best.(我们只能尽力而为。)**cannot but (do)** = can't help (doing)(口语体):We *cannot but* protest against injustice.(我们不能不反抗不公正的事情。)**cannot help but** 常见于口语,但有些人对这一用法表示异议。

can² /kæn/ **I** *n.* ❶[C](通常密封以存放食物、饮料等的)马口铁罐头,罐头盒,罐头瓶:a *can* of pears 梨子罐头 ❷[C]一罐(一听或一瓶等)所装的量:drink a *can* of beer 喝一听啤酒 ❸[C]常用于装垃圾的金属圆桶(罐):Throw that away in the trash *can*. 把那个扔到垃圾桶里。**II** *vt.* (**canned; can·ning**)(用罐、坛、瓶、听等)保存(食品、饮料等):*canned* bamboo shoots 听装竹笋

Ca·na·di·an /kəˈneidiən/ **I** *adj.* 加拿大的;加拿大人的;加拿大文化的:*Canadian* hospitality 加拿大人的好客 **II** *n.* [C]加拿大人(或居民)

Canadian bacon *n.* [U](用猪的背部或肋部的肉做成的)腌猪肉;熏猪肉

ca·nal /kəˈnæl/ *n.* ❶[C; U]运河;渠,水道:build a *canal* 开凿运河❷[C](动植物体内的)管,道:the alimentary *canal* 消化道

can·a·pé /ˈkænəpi,-ˌpei/ *n.* [C](涂有鱼子酱、肉糜、干酪等的)餐前开胃薄饼(或面包等),可纳饼

ca·nard /kæˈnɑːd,kəˈ-/ *n.* [C]谣传,谣言;不实报道,虚假新闻:explode a *canard* 戳穿谣言

ca·nar·y /kəˈneəri/ *n.* ❶[C]【鸟】加那利(丝)雀,白玉鸟,金丝雀 ❷[U]浅黄色 ❸[C]告密者;密探(=informer)

can·cel /ˈkænsᵊl/ *vt.* (**-cel(l)ed; -cel·(l)ing**) ❶取消,撤销;废除;中止,使无效:*cancel* one's order for books 撤销订书单 ❷将…划去,把…删掉:*cancel* an ambiguous phrase in a speech 删去讲话中模棱两可的词语 —*vi.* ❶(指两种因素或情形等)相互抵消,对消 ❷【数】相约,相消;约简,约分;可约分,可约简:Nine and twelve *cancel* by three. 9 和 12 公约于 3。‖ ***cancel* (*sth.*) *out*** *vt.* & *vi.* 抵消;均衡;中和:The losses of our overseas section *cancel out* the profits made by the company at home. 我们海外部的亏损抵消了国内公司赚得的利润。‖ **ˈcan·cel·(l)er** *n.* [C]

can·cel·la·tion /ˌkænsəˈleiʃᵊn/ *n.* ❶[U]取消,撤销,注销;作废,废除;中止;删掉,划去:*cancellation* of a baseball game 取消棒球赛 ❷[C](尤指原已预订的旅馆房间或剧院座位等)被取消(或拟出让)的事物;车(或船、飞机)的退票:Are there any *cancellations* for this evening's performance? 有今晚演出的退票吗?

can•cer /ˈkænsəʳ/ *n.* ❶[C]【医】癌,恶性肿瘤:a bone *cancer* 骨癌 ❷[U;C]【医】癌症:a cure for *cancer* 癌症疗法 ‖ ˈ**can•cer•ous** /-rəs/ *adj.*

can•de•la•bra /ˌkændiˈlɑːbrə/ *n.* [C] ❶ candelabrum 的复数 ❷([复]-**bras**) 大烛台

can•de•la•brum /ˌkændiˈlɑːbrəm/ *n.* [C] ([复]-**bra** /-brə/ 或-**brums**) (枝形)大烛台,烛架

C

can•did /ˈkændid/ *adj.* ❶直率的,坦诚的,直言不讳的:a *candid* friend 坦诚相待的朋友 ❷(指照片)偷拍的;自然随便的,不拘泥的:a *candid* photograph 偷拍的照片 ‖ ˈ**can•did•ly** *adv.* —ˈ**can•did•ness** *n.* [U]

can•di•da•cy /ˈkændidəsi/ *n.* [U]申请人(或候选人的)资格(或身份):He announced his *candidacy* for the next congressional election. 他宣布了自己将作为候选人参加下届国会竞选。

can•di•date /ˈkændiˌdeit/ *n.* [C] ❶(政治职位、荣誉等的)候选人,竞选人:a parliamentary *candidate* 议员候选人 ❷被认为适合某种命运的人:*a candidate* for the asylum 迟早要进精神病院的人 ❸(学位的)攻读者,报考者,申请者:an examination *candidate* 应试者(或考生)

can•died /ˈkændid/ *adj.* [作定语]糖渍的;蜜饯的:*candied* fruit 蜜饯水果

can•dle /ˈkændᵊl/ *n.* [C]蜡烛:burn a *candle* to see by 点蜡烛照明 ‖ ***hold a candle to*** *vt.* [常用于否定句中]比得上,与…媲美:No one can *hold a candle to* him when it comes to playing chess. 说到下象棋,谁也比不上他。

can•dle•stick /ˈkændᵊlˌstik/ *n.* [C]烛扦,蜡烛架:a brass *candlestick* 黄铜烛台

can•do(u)r /ˈkændəʳ/ *n.* [U]直率;坦诚,诚恳:Her *candour* was disarming. 她的坦率使人疑虑顿消。

can•dy /ˈkændi/ *n.* ❶[U]糖点心;甜食 ❷[C;U]糖果,糖块(=〈英〉sweets):chocolate *candy* 巧克力糖

cane /kein/ *n.* ❶[C]手杖,拐杖,文明棍 ❷[C](竹等植物的)细长节茎,细长节杆:bamboo *cane* 竹竿 ❸[U](编制家具或椅座等用的)竹料,篾片;藤条:a chair of bamboo *cane* 竹椅

cane sugar *n.* [U]蔗糖

ca•nine /ˈkeinain, ˈkæn-/ **I** *adj.* [作定语]狗的,犬的;像狗的,似犬的:*canine* loyalty 似狗一般的忠心 **II** *n.* [C] ❶犬,狗 ❷犬齿

can•is•ter /ˈkænistəʳ/ *n.* [C] ❶(尤指盛茶叶、咖啡等的)小罐,小盒,小听 ❷【军】(榴)霰弹;(榴)霰弹筒(或箱)

can•ker /ˈkæŋkəʳ/ **I** *n.* ❶[C]【医】(坏疽性)溃疡;口疮 ❷[U]【植】黑腐病;黑腐病创口 ❸[C](导致腐败或腐烂的)祸患,祸根;恶疽,毒瘤:a dangerous *canker* in society 祸害社会的毒瘤 **II** *vt.* ❶使感染溃疡;使溃烂 ❷腐蚀,腐烂;腐败:They were *cankered* by the rust of their own thoughts. 他们被自己思想中的肮脏念头所腐蚀。‖ ˈ**can•ker•ous** /-rəs/ *adj.*

can•na•bis /ˈkænəbis/ *n.* ❶[C]【植】大麻 ❷[U]干大麻花头;大麻制品

canned /kænd/ *adj.* ❶罐装的,听装的:*canned* food 罐头食品 ❷〈常贬〉[作定语]预先录制好的,事先制作好的:*canned* applause 掌声录音

can•ni•bal /ˈkænibᵊl/ *n.* [C]食人生番,食人肉的人;同类相食的动物:Many fishes are *cannibals*. 许多鱼类是同类相食动物。

can•ni•bal•ize/ˈkænibəˌlaiz/ *vt.* 拆下(机器等)的可用部件;用拆卸下的旧部件修配:My brother *cannibalized* a baby carriage to get its wheels for a racing car. 我兄弟用从一辆童车拆下来的轮子来修赛车。‖ **can•ni•bal•i•za•tion** /ˌkænibəlaiˈzeiʃᵊn;-liˈz-/ *n.* [U]

can•non /ˈkænən/ *n.* [C]([复]-**non(s)**) 炮,大炮,火炮;加农炮;榴弹炮:load a *cannon* 装炮弹

can•not /ˈkænɔt, kæˈnɔt/ *v. aux.* can not 的一种形式 ‖ ***cannot but*** 不得不;必须:One *cannot but* admire her even if one may not like her. 尽管你不一定喜欢她,但不能不佩服她。

can•ny /ˈkæni/ *adj.* ❶精明的,老谋深算的;狡诈的,狡猾的:a *canny* negotiator 精明的谈判人 ❷(尤指在钱财上)节约的,俭省的:a *canny* housewife 精打细算的家庭主妇 ‖ ˈ**can•ni•ly** *adv.* —ˈ**can•ni•ness** *n.* [U]

ca•noe /kəˈnuː/ **I** *n.* [C;U](尖而狭长的)小划子;独木舟:paddle a *canoe* 划小划子 **II** *vi.* 划小划子,乘独木舟:The trappers *canoed* back to their camp far up the river. 捕猎者乘坐小划子回到远在河上游的营地。—*vt.* 用小划子载运;驾独木舟渡过:He *canoed* the load across the bay. 他用小划子把货物运过小海湾。‖ **ca'noe·ist** *n.* [C]

can·on¹ /'kænən/ *n.* [C] ❶教规：A priest is expressly forbidden by the *canons* to enter a public inn. 教规明文禁止教士进酒吧。❷准则；规范；原则；标准；一整套的准则（或原则等）：an official set of *canons* of ethics 一套公认的伦理道德规范 ❸宗教经典书目；（公认的）作家真作全集（或书目）

can·on² /'kænən/ *n.* [C]教士；修士

ca·non·i·cal /kə'nɔnikᵊl/ *adj.* ❶[通常作定语]（按照）教规的，（依据）教律的：*canonical* dress 教士服（或法衣）❷权威性的，公认的；标准的：*canonical* criticism 权威性的批评 ‖ **ca'non·i·cal·ly** *adv.*

can·on·ize /'kænəˌnaiz/ *vt.* 把（死者）正式封为圣者，将…载入圣徒名册：*be canonized* for a saint 被谥为先圣 ‖ **can·on·i·za·tion** /ˌkænənai'zeiʃᵊn;-ni'z-/ *n.* [U]

can·o·py /'kænəpi/ *n.* [C] ❶（宝座、床等上的）华盖，罗伞；（入口处等的）天篷 ❷顶篷；（顶篷似的）遮盖物，笼罩物：a vast *canopy* of foliage 覆盖的绿荫 ❸【植】树冠层 ‖ **'can·o·pied** *adj.*

can't /kɑːnt; kænt/ *v. aux.* = cannot（或 can not）

can·ta·loup(e) /'kæntᵊˌluːp,-ˌləup/ *n.* [C;U]罗马甜瓜，棱瓜（或其果实）

can·tan·ker·ous /kæn'tæŋkərəs/ *adj.* 坏脾气的，爱吵架的；难驾驭的：a *cantankerous* and venomous-tongued old lady 好吵架而且言语恶毒的老妇人 ‖ **can'tan·ker·ous·ly** *adv.* —**can'tan·ker·ous·ness** *n.* [U]

can·ta·ta /kæn'tɑːtə/ *n.* [C]【音】❶康塔塔，（短）（宗教）清唱剧 ❷大合唱

can·teen /kæn'tiːn/ *n.* [C] ❶水壶 ❷军营内的小卖部，自助餐厅 ❸食堂；小卖部：a student *canteen* 学生食堂

can·ter /'kæntəʳ/ **I** *n.* [C]小跑，慢跑：The horse broke into an easy *canter*. 马儿开始轻跑起来。**II** *vt.* 驱（马）慢跑；使慢跑：He *cantered* his horse down the road. 他在大路上驱马慢跑。—*vi.* 慢跑，小跑：The horse *cantered* across the meadow. 那匹马一路小跑穿过了草地。

can·ti·cle /'kæntikᵊl/ *n.* [C]赞美诗，圣歌

can·ti·lev·er /'kæntiˌliːvəʳ/ *n.* [C]【建】❶悬臂梁，肱梁 ❷托架，支架，悬臂

can·to /'kæntəu/ *n.* [C]（[复]-**tos**）（长诗的）篇，章；诗章：the twelfth *canto* of *the Inferno*（但丁所作《神曲》中）《地狱》的第十二章

can·ton /'kæntɔn/ *n.* [C]小行政区；（瑞士联邦的）州：Which *canton* is Zurich in? 苏黎世在哪一个州？‖ **can·ton·al** /'kæntənᵊl, kæn'tɔnᵊl/ *adj.*

can·tor /'kæntɔːʳ,-təʳ/ *n.* [C]【宗】（犹太教堂中）祈祷文吟诵（或领诵）人

can·vas /'kænvəs/ *n.* ❶[U]帆布：waterproof *canvas* 防水帆布 ❷[C]画布；油画，油画（作品）：She requires a large *canvas* to paint on. 她需一块大幅画布作画。

can·vass /'kænvəs/ **I** *vt.* 向（或在）…游说；征求，请求：We *canvassed* the country to promote our new product. 我们跑遍全国推销自己的新产品。—*vi.* 游说，拉选票；兜揽生意（*for*）：*canvass for* insurance 兜售保险 **II** *n.* [C]游说，拉选票；募捐；（上门）兜销：a door-to-door *canvass* 挨家逐户拉选票 ‖ **'can·vass·er** *n.* [C]

can·yon /'kænjən/ *n.* [C]峡谷〔亦作 **cañon**〕

cap /kæp/ **I** *n.* [C] ❶便帽，软帽；制服帽：a big man in a workman's *cap* 带工作帽的高大男子 ❷帽状（遮盖）物；（封闭瓶子、保护笔尖或相机镜头等的）盖，套，罩，管帽：a bottle *cap* 瓶盖 **II** *vt.*（**capped**; **cap·ping**）❶加帽（或加盖、加顶）于；覆盖；笼罩：*cap* a bottle 盖上瓶盖 ❷给…规定限额；（中央政府）给（地方政府）的开支规定最高限额 ❸使圆满结束，完成：She *capped* her career with a victory. 她以胜利圆满结束了自己的事业。❹〈口〉胜过；超过：She told a lie that *capped* mine. 她撒了个谎，比我的还高明。

ca·pa·bil·i·ty /ˌkeipə'biliti/ *n.* [U;C]能力，才能；技能；力量：a man of great *capabilities* 才能卓越的人

ca·pa·ble /'keipəbᵊl/ *adj.* 有能力的，有才能的；有技能的（见 able）：be extremely *capable* and dependable 精明能干，诚实可靠 ‖ ***capable of*** *adj.* ❶有…能力的，能做…的，能胜任…的：You are *capable* of better work than this. 你能做得更好。❷能…的，会…的，易于…的，

容许…的:The situation is *capable of* improvement. 情况可能会好转。‖ ˈ**ca·pa·ble·ness** *n.* [U] —ˈ**ca·pa·bly** *adv.*

ca·pa·cious /kəˈpeiʃəs/ *adj.* 宽敞的;容量大的:a *capacious* storage bin 大(容量)储藏柜 / a man of *capacious* mind 心胸宽广的人 ‖ caˈ**pa·cious·ly** *adv.* —caˈ**pa·cious·ness** *n.* [U]

C

ca·pac·i·ty /kəˈpæsiti/ *n.* ❶[U;C]容量,容积:The theater has a seating *capacity* of 400 people. 这个剧院能容纳 400 人。❷[U;C]智能;智力,悟性:draw out and train one's intellectual [mental] *capacity* 开发培养智力 ❸[U;C]生产量,生产能力;承(忍)受能力:raise productivity and expand *capacity* 提高生产力,增加产量 ❹[C]地位,职位,身份,资格:serve the army in several *capacities* 在军中身兼数职

cape[1] /keip/ *n.* [C]斗篷,大氅;披肩,披风;(衣服的)肩饰

cape[2] /keip/ *n.* [C]海角,岬

ca·per[1] /ˈkeipəʳ/ **I** *vi.* (欢快地)蹦跳,雀跃:lambs *capering* in the meadow 在草地上撒欢的小羊 **II** *n.* [C] ❶(欢快的)蹦跳,雀跃:the *caper* of the kid 小山羊的蹦跳 ❷恶作剧;玩笑:The child's Halloween *capers* made the neighbours laugh. 这孩子在万圣节的恶作剧惹得四邻大笑。❸〈俚〉(尤指抢劫等)犯罪行为;违法行为:He holes up to plan his next *caper*. 他隐藏了起来又在策划什么勾当。

ca·per[2] /ˈkeipəʳ/ *n.* [C] ❶【植】刺山柑 ❷[～s](加工用以佐餐的)刺山柑花蕾

ca·pil·lar·y /kəˈpiləri,ˈkæpi-/ *n.* [C]【解】毛细(血)管

cap·i·tal /ˈkæpitᵊl/ **I** *n.* ❶[C]首都,国都;省会;首府:a national *capital* 首都 ❷[C](某种产业、组织、活动等的)重要都市:the financial *capital* of the world 世界金融之都 ❸[C]大写字母;大写字体:Begin every sentence with a *capital*. 每一个句子开头要用大写字母。❹[U](作为创业基础的)资本,资金,本钱:constant *capital* 不变资本 **II** *adj.* ❶[作定语]资本的,资金的,资产的;股本的:the *capital* market 资本市场 ❷首要的,主要的;很重要的;根本的(见 chief):a *capital* advance in communication 通讯领域内的一大进步 ❸可判死刑的;致死的:a *capital* crime 死罪 ❹(指字母)大写的:Write your name in *capital* letters. 用大写字母写下你的名字。

capital gain *n.* [C]【会计】资本收益

capital goods [复] *n.* 资本货物,固定资产,生产资料

cap·i·tal·ism /ˈkæpitəlizᵊm/ *n.* [U]资本主义(制度):monopoly *capitalism* 垄断资本主义

cap·i·tal·ist /ˈkæpitəlist/ *n.* [C] ❶资本家 ❷资本主义制度的拥护者(或倡导者) ❸富豪,财主

cap·i·tal·i·za·tion /ˌkæpitəlaiˈzeiʃən;-liˈz-/ *n.* [U] ❶转作资本;用作资本;资本化❷投资额;总投资额

cap·i·tal·ize /ˈkæpitəˌlaiz/ *vt.* ❶将…大写:Days of the week are usually *capitalized*. 周日名称首字母通常都要大写。❷【会计】使资本化;使资金化:The company *capitalized* its reserve funds. 公司将储备资金转为股本。❸为…提供资本,向…投资:*capitalize* a new business 向一家新公司投资 —*vi.* 利用,从中获利(*on*,*by*):She *capitalized on* his mistake and won the game. 她利用他的失误而赢了这场比赛。

capital letter *n.* [C]大写字母

ca·pit·u·late /kəˈpitjuˌleit/ *vi.* ❶(有条件地)投降:*capitulate* under the condition that 以…为条件投降 ❷屈服,屈从;停止抵抗(见 yield):*capitulate* to the enemy 向敌人屈服 ‖ caˈ**pit·u·lant** *n.* [C] —caˈ**pit·uˌla·tor** *n.* [C]

cap·let /ˈkæplit/ *n.* [C]囊片(为便于吞服而设计的椭圆胶囊形糖衣药片)

ca·pon /ˈkeipən/ *n.* [C](尤指供食用的)阉鸡,骟公鸡

cap·puc·ci·no /ˌkæpuˈtʃiːnəu/ *n.* [U]([复]-**nos**)〈意〉卡布奇诺咖啡(一种加牛奶或奶油用蒸汽加热煮成的意大利浓咖啡)

ca·price /kəˈpriːs/ *n.* [C;U] ❶(行动或思想的)突变;奇想,怪念头;任性:He acted not from reason, but from *caprice*. 他不是按理智行事,而是凭一时兴起想干什么就干什么。❷反复无常(的倾向),多变(的倾向):Public opinion has its *caprices*. 公众舆论变化无常。

ca·pri·cious /kəˈpriʃəs/ *adj.* ❶反复无常的,变幻莫测的;任性的:a *capricious* boss 让人捉摸不透的上司 ❷不规则的,不定的,无法预见的 ‖ caˈ**pri·cious·ly** *adv.* —caˈ**pri·cious·ness** *n.*

[U]

cap·size /kæpˈsaiz/ *vt.* 使(船等)翻覆,倾覆:*capsize* a boat 把小船弄翻 —*vi.* (指船等)翻覆,倾覆:The boat *capsized* in the midst of a whirlpool. 那只船在漩涡中倾覆了。

cap·stan /ˈkæpstᵊn/ *n.* [C]❶(起锚)绞盘;卷扬机:pawl the *capstan* 卡住绞盘 / surge the *capstan* 急速放松绞缆 ❷(录音机的)主导轴,走带轮

cap·stone /ˈkæpstəun/ *n.* [C] ❶【建】拱顶石,压顶石,盖石 ❷[通常用单](成就等的)顶峰,顶点

cap·sule /ˈkæpsjuːl/ *n.* [C] ❶【药】胶囊(剂) ❷【植】蒴果;荚膜;孢蒴 ❸【空】航天舱;密封舱

cap·tain /ˈkæptin/ **I** *n.* [C] ❶领袖,首领,头目:a *captain* of the steel industry 钢铁工业巨头 ❷船长,舰长 ❸机长 ❹陆军(或海军陆战队)上尉;海军上校;空军上尉 **II** *vt.* 统率,率领,指挥:He will *captain* the basketball team next season. 他将在下一赛季中担任篮球队领队。‖ ˈ**cap·tain·cy** *n.* [U]

cap·tion /ˈkæpʃən/ *n.* [C] ❶(插图的)标题说明,说明文字:The *caption* under the photo said,"The President greets the Chinese delegation." 照片下的题字是"总统会见中国代表团"。❷(影视屏幕上的)说明文字,字幕

cap·ti·vate /ˈkæptiˌveit/ *vt.* 使着迷;使倾倒;迷惑:be *captivated* with one's charm 为某人的魅力所倾倒 ‖ ˈ**cap·tiˌvat·ing** *adj.* —ˈ**cap·tiˌvat·ing·ly** *adv.* —**cap·ti·va·tion** /ˌkæptiˈveiʃᵊn/ *n.* [U] —ˈ**cap·ti·ˌva·tor** *n.* [C]

cap·tive /ˈkæptiv/ **I** *n.* [C] ❶战俘,俘虏;囚徒:The pirates took many *captives* and sold them as slaves. 海盗抓了许多俘虏并把他们卖为奴隶。❷〈喻〉俘虏(指被迷惑或受控制的人):He was a *captive* to her beauty. 他被她的美貌迷住了。**II** *adj.* ❶[作定语]被俘获的;被猎(捕)获的;被拘禁的,被关押的;受控制的,难以逃脱的:a *captive* soldier 战俘 ❷被动地听的,不得不听的:the *captive* audience of the classroom 教室里的被动听众 ‖ ***hold* [*take*] *sb. captive*** 囚禁(或俘虏)某人:We were *held captive* for two weeks in a small room. 我们在一间小屋里被关押了半个月。

cap·tiv·i·ty /kæpˈtiviti/ *n.* [C;U]被俘(期);囚禁,监禁(期);束缚,羁绊;奴役:*Captivity* did not weaken his will to fight. 囚禁生活并没有削弱他的斗志。

cap·tor /ˈkæptəʳ/ *n.* [C]俘虏(他人)者;捕获(猎物)者

cap·ture /ˈkæptʃəʳ/ **I** *vt.* ❶俘获,俘虏;猎获,捕获:*capture* an enemy 俘虏敌兵 ❷夺得;占领;获得;赢得(见 catch):*capture* a gold medal 夺得金牌 ❸引起(注意等);吸引;迷住:The magician's tricks *captured* the boy's attention. 魔术师的戏法吸引了男孩的注意力。❹(通过拍摄或绘画等手段)使留存,使保存;再现:*capture* one's smile on film (用胶卷)拍下某人的微笑 **II** *n.* ❶[U]俘获;缴获;捕获:He evaded *capture* for three days. 他逃避追捕外出了三天。❷[C]俘虏;缴获物;捕获物;战利品;奖品

car /kɑːʳ/ *n.* ❶[C;U](小)汽车,轿车;有轨电车;车(辆):enter a *car* 上车❷[C](电梯等载客的)梯斗,梯厢,升降室 ‖ ˈ**car·ful** *n.* [C]

ca·rafe /kəˈræf,-ˈrɑːf/ *n.* [C](用餐时盛酒水等饮料的)卡拉夫瓶,宽颈饮料瓶;一卡拉夫瓶之量,一宽颈饮料瓶之量

car·a·mel /ˈkærəˌmel/ *n.* [U] ❶(酒等染色用的)焦糖(浆) ❷卡拉梅尔糖(一种有焦糖味的耐嚼奶糖)

car·a·pace /ˈkærəˌpeis/ *n.* [C](龟、蟹等的)硬壳,背甲

car·at /ˈkærət/ *n.* [C] ❶克拉,公制克拉(钻石等珠宝的重量单位,等于 200 毫克;略作 **c.**;**ct.**):It weighs 530 *carats* and is the biggest cut diamond ever. 这颗钻石重 530 克拉,是经过雕琢的最大的钻石。❷开(金纯度单位,24 开为纯金)〔亦作 **karat**〕

car·a·van /ˈkærəvæn/ *n.* [C] ❶大篷车:a gipsy *caravan* 一辆吉卜赛人的大篷车 ❷旅行队;车队;旅行队的牲口队:*a caravan* of trucks 一队卡车

car·a·way /ˈkærəwei/ *n.* [U] ❶【植】葛缕子 ❷蒿籽,葛缕子籽

car·bine /ˈkɑːbain/ *n.* [C]卡宾枪

car·bo·hy·drate /ˌkɑːbəuˈhaidreit/ *n.* ❶[U;C]【生化】碳水化合物,糖类:You have too much *carbohydrate* in your diet. 你的食谱碳水化合物含量太高。❷[C]富含碳水化合物或糖类的食品

carbolic /kɑːˈbɔlik/ **acid** *n.* [U]【化】(苯)酚

car·bon /ˈkɑːbən/ *n.* ❶[U]【化】碳(符号 C) ❷[C](一张)复写纸(=carbon paper) ❸[C](用复写纸誊写的)复写本,副本:The secretary kept a *carbon* of each letter she typed. 秘书把她打的每封信件都保留了副本。

car·bon·ated /ˈkɑːbəˌneitid/ *adj.* 给…充二氧化碳的;使碳酸(盐)化的:*carbonated* drinks 碳酸饮料

C

carbon dioxide *n.* [U]【化】二氧化碳

carbon monoxide *n.* [U]【化】一氧化碳

carbon paper *n.* [U]复写纸〔亦作 **carbon**〕

car·bun·cle /ˈkɑːbʌŋkᵊl/ *n.* [C]【医】痈,疔;红斑,红疹 ‖ ˈ**car·bun·cled** *adj.* —**car·bun·cu·lar** /kɑːˈbʌŋkjuləʳ/ *adj.*

car·bu·re(t)·tor, car·bu·re(t)·ter /ˌkɑːbjuˈretəʳ, ˈkɑːbjuˌretə/ *n.* [C]【机】汽化器,化油器

car·cass /ˈkɑːkəs/ *n.* [C] ❶(动物的)尸体:a *carcass* of a lion 狮子的尸体 ❷(宰杀后除去头、肢、内脏的)畜肉体:a chicken *carcass* 鸡肉

car·cin·o·gen /kɑːˈsinədʒᵊn/ *n.* [C]【医】致癌物(质)

car·cin·o·gen·ic /ˌkɑːsinəᵘˈdʒenik/ I *adj.* 【医】致癌的 II *n.* [C]=carcinogen

card /kɑːd/ *n.* ❶[C]卡,卡片,卡纸:a medical *card* 医疗卡❷[C]明信片;请柬,帖;问候卡:a birthday *card* 生日贺卡 ❸[C]名片:exchange *cards* 交换名片 ❹[C;U]入场券,出入证;会员证;身份证;证件:a membership *card* 会员证❺[C]牌,纸牌,扑克牌;[~s][用作单]纸牌戏:a pack [deck] of *cards* 一副牌 ‖ ***in the cards*** *adj.* 〈口〉很可能的,可能发生的;不可避免的:They say another increase in gold price is *in the cards.* 据说金价很可能再次上涨。***lay*** [***put***] (***all***) ***one's cards on the table*** *vi.* 摊牌;公开自己的打算(或意图等):We can only reach agreement if we both *put our cards on the table*. 我们双方只有摊开来说才能达成协议。

card·board /ˈkɑːdbɔːd/ *n.* [U]卡纸板,薄纸板:a sheet of *cardboard* 一张(或一块)硬纸板

card-car·ry·ing /ˈkɑːdˌkæriiŋ/ *adj.* ❶正式成员的:a *card-carrying* Communist 共产党正式党员 ❷典型的;不折不扣的,彻底的:*card-carrying* feminists 典型的女权主义者

card catalogue *n.* [C](图书馆内的)卡片目录(索引)

car·di·ac /ˈkɑːdiˌæk/ *adj.* [作定语]心脏的;心脏病的;与心脏治疗有关的:*cardiac* disease 心脏病

car·di·gan /ˈkɑːdigᵊn/ *n.* [C]卡迪根式(开襟)毛线衣;卡迪根式夹克衫

car·di·nal /ˈkɑːdinᵊl/ I *n.* [C] ❶(罗马天主教的)红衣主教 ❷【鸟】主红雀 II *adj.* [作定语]首要的,主要的,基本的:*cardinal* principles 基本原则

cardinal number *n.* [C]【数】基数,纯数

car·di·o·gram /ˈkɑːdiəᵘˌgræm/ *n.* [C]【医】心电图,心动电流图(=electrocardiogram)

car·di·ol·o·gy /ˌkɑːdiˈɔlədʒi/ *n.* [U]【医】心脏病学 ‖ **car·di·ol·o·gist** /ˌkɑːdiˈɔlədʒist/ *n.* [C]

car·di·o·vas·cu·lar /ˌkɑːdiəuˈvæskjuləʳ/ *adj.* 【医】(病等)心血管的;侵袭心血管的

care /keəʳ/ I *n.* ❶[U]忧虑;焦急;烦恼;挂念,思念:Few people are free from *care*. 很少有人能无忧无虑。❷[U]小心,精心,谨慎,留意:A pilot must do his work with great *care*. 飞行员必须谨慎驾驶。❸[C]烦心事,操心事;关心的对象,关注的事物:a life that is free from *cares* and worries 无忧无虑的生活 ❹[U]照顾,照料;管理;负责看管(或办理)的事:Your belongings will be safe in my *care*. 你的财产由我看管将万无一失。❺[U]关怀,关心,关切:the tender loving *care* of parents 父母温柔慈爱的关怀 II *vi.* ❶介意;担心;关心:Do you *care* if I go? 要是我去,你在意吗? ❷照顾;照料(*for*):Would you *care for* the baby while his mother is away? 孩子的妈不在时你能照看一下他吗? —*vt.* ❶对…介意,在乎,对…计较:I'm too old to *care* what I look like. 我已经老了,不在乎自己的模样了。❷[后接不定式,常用于否定、疑问或条件句中]喜欢,愿意,希望:A cat does not *care* to be washed. 猫不喜欢洗澡。‖ ***could*** [***couldn't***] ***care less*** 〈口〉不在乎,不在意:She *couldn't care less* what they thought of her. 她可不在乎他们怎么看待她。***take care*** *vi.* & *vt.* 当心,注意:*Take care* not to drop the thermos. 小心别失手打碎暖瓶。***take care of*** *vt.* 照顾,照料:I'll *take care of* her. 我来照顾她。***Who cares?*** [表示无所谓等]管它呢:*Who cares* where she is? 管她在哪儿呢!

☆**care, anxiety, concern, solicitude, worry** 均有

"忧虑,担心"之意。care 词义较广,指由于责任、恐惧或对亲人的关注、担心所造成的思想负担及不安:all the *cares* of the world (没个完的忧虑) / weighed down by the *cares* of a demanding job (被费力的工作压垮) **anxiety** 往往指因悬而未决或吉凶难卜的事所引起的焦虑与紧张,也指因即将发生的失败、不幸或灾难而产生的恐惧与忧虑:There's a lot of *anxieties* among the staff about possible job losses. (工作人员都很忧虑,担心可能失业。) **concern** 指由于对与自己有利害关系的人或事放心不下而忧心忡忡:There is no cause for *concern*; your son's accident was not too serious. (不必担心,你儿子的事故不太严重。) **solicitude** 最为正式,指深切关注,常用于对他人的平安、健康、成就表示关心、担忧,也指对他人无微不至的照顾与同情:the *solicitude* of a caring husband for his wife (体贴的丈夫对妻子的关怀) **worry** 指内心深处的忧虑,其烦躁不安的程度较 anxiety 强,带有强烈的个人感情色彩:*Worrying* about your health can make you ill. (你老是担心自己的身体,那样倒会闹出病来的。)

ca·reen /kəˈriːn/ *vi*. ❶(船等)倾侧;歪斜:The ship *careened* in the strong wind. 船在强风中倾斜了。❷(车辆等)歪歪扭扭地行进:The speeding taxi went *careening* around the corner. 这辆高速行驶的出租车歪歪斜斜地拐过街角。—*vt*. 使倾斜,使歪斜:The gale *careened* the sailboat. 大风将帆船吹倾斜了。

ca·reer /kəˈriəʳ/ **I** *n*. ❶[C]生涯,经历,履历:a successful *career* as a diplomat 成就卓著的外交家生涯 ❷[C]职业,一生的事业;谋生手段:build a *career* 立业❸[U]全速;(快速的)前进:The ambulance went in full *career* to the rescue. 救护车开足马力前去抢救病人。**II** *vi*. 奔驰,猛冲;全速前进:The runaway horse *careered* through the streets. 脱缰的马儿在街上横冲直撞。

ca·reer·ist /kəˈriərist/ *n*. [C]一味追逐名利的人,为出人头地而不择手段的人,野心家

care·free /ˈkeəˌfriː/ *adj*. 无忧无虑的;轻松愉快的;无牵无挂的:lead a *carefree* life 过一种无忧无虑的生活

care·ful /ˈkeəful/ *adj*. ❶仔细的;谨慎的;小心的:Be *careful* (that) you don't drop it. 当心别把它掉了。❷精确的;彻底的;用心(或费力)做成的:He did a *careful* job. 他的活儿干得很仔细。❸[作为命令语]小心;注意;当心:*Careful*! It's going to break! 当心!要断了! ‖ **ˈcare·ful·ly** *adv*. —**ˈcare·ful·ness** *n*. [U]

care giver *n*. [C] ❶护理(病人或残疾人)员;看护员 ❷照顾(或看护)孩子的成年人:In many cases it is no longer the parent who is the primary *care giver*. 在很多情况下,孩子的照看者不再是父亲或母亲。〔亦作 **caretaker**〕

care·less /ˈkeəlis/ *adj*. ❶不小心的,粗心的,疏忽的,粗枝大叶的:a *careless* typist 粗心的打字员 ❷不关心的;淡漠的,漠然的(*of*, *about*, *in*):He has a *careless* attitude toward his homework. 他对家庭作业抱着无所谓的态度。‖ **ˈcare·less·ly** *adv*. —**ˈcare·less·ness** *n*. [U]

ca·ress /kəˈres/ **I** *vt*. (**-ressed** 或〈古〉〈诗〉**-rest** /-ˈrest/) 爱抚,拥抱;吻;轻抚,轻拍:A warm breeze *caressed* her cheek. 和煦的微风轻拂她的脸颊。**II** *n*. [C]爱抚,拥抱;亲吻;轻抚,轻拍:a loving *caress* 爱抚

care·tak·er /ˈkeəˌteiˌkəʳ/ *n*. [C]❶照顾者;照看者;(大楼的)看管人;〈英〉(学校等的)看门人 ❷=care giver

care·worn /ˈkeəwɔːn/ *adj*. 忧悒的,心事重重的:The old woman had a *careworn* look on her face. 那老妇人脸上愁云密布。

car·fare /ˈkɑːfeəʳ/ *n*. [U](公共汽车、地铁、出租汽车等的)车费,车资

car·go /ˈkɑːgəu/ *n*. [C;U]([复]**-go(e)s**) (车、船或飞机等装载的)货物:The freighter had docked to unload a *cargo* of wheat. 货船入港卸下一船小麦。

car·i·ca·ture /ˈkærikətjuəʳ/ *n*. ❶[C]漫画,讽刺画;讽刺文章:*Caricatures* of celebrities appear daily in the newspaper. 报纸上每天都有讽刺名人的漫画。❷[U]漫画(或讽刺)艺术(或手法);(写作)讽刺文章的技巧:His eye for detail made him a master of *caricature*. 他那观察入微的眼睛使他成了一位漫画大师。

car·i·es /ˈkeəriˌiːz,-riz/ *n*. [U][通常用单]【医】龋;骨疡,骨疽

car·il·lon /kəˈriljən,ˈkæri-/ *n*. [C]排钟,钟琴;电子钟琴

car·ing /ˈkeəriŋ/ **I** *adj*. 有同情心的;(深表)同情的;一心一意的;(职业)专事照料老弱病残者的;为公民提供福利的:the *caring* professions, such as nursing and social work 照料别人的职业，如看护和社区工作 **II** *n.* [U]关心；同情

car·mine /ˈkɑːmain/ **I** *n.* [U]胭脂红(一种带紫色的深红)；淡紫红 **II** *adj.* 胭脂红色的；淡紫红的

car·nage /ˈkɑːnidʒ/ *n.* [U]大屠杀；屠宰：a frightful *carnage* 骇人听闻的大屠杀

C

car·nal /ˈkɑːnᵊl/ *adj.* 〈常贬〉肉体的；肉欲的，性欲的：submit to one's *carnal* desires 满足某人的淫欲 ‖ **ˈcar·nal·ly** *adv.*

car·na·tion /kɑːˈneiʃᵊn/ *n.* [C]【植】(麝)香石竹，康乃馨

car·ni·val /ˈkɑːnivᵊl/ *n.* ❶[U]【宗】(四旬斋前持续半周或一周的)狂欢节，嘉年华会 ❷[C](流动)游艺团，游艺场(有各种游戏、杂耍等) ❸[C](定期的文艺或体育等)表演会；博览会：a winter *carnival* 冬季博览会

car·ni·vore /ˈkɑːnivɔːʳ/ *n.* [C]食肉动物

car·niv·o·rous /kɑːˈnivərəs/ *adj.* 食肉的；食肉动物的

car·ol /ˈkærᵊl/ *n.* ❶(尤指圣诞的)欢乐颂歌；(宗教的)祝颂歌，赞美诗：beautiful *carol* music 优美的圣诞乐曲 ❷欢快的歌：the morning *carols* of the birds 清晨鸟儿的欢啭 ‖ **ˈcar·ol(l)er** *n.* [C]

ca·rot·id /kəˈrɔtid/ *n.* [C]【解】颈动脉(又称 carotid artery)

ca·rouse /kəˈrauz/ *vi.* 狂饮；参加闹宴(或闹饮)：drunken soldiers *carousing* in the streets 在大街上狂饮的醉醺醺的士兵 ‖ **caˈrous·er** *n.* [C]

car·ou·sel /ˌkærəˈsel, -ˈzel/ *n.* [C] ❶旋转木马 ❷旋转式传送带；(机场的)行李传送带〔亦作 **carrousel**〕

carp[1] /kɑːp/ *vi.* 挑刺儿，找碴儿；发牢骚，抱怨：*carp* at minor errors 吹毛求疵 —*vt.* 发牢骚；抱怨

carp[2] /kɑːp/ *n.* [C]([复]**carp(s)**)【鱼】❶鲤鱼 ❷鲤科鱼

car·pal /ˈkɑːpᵊl/【解】**I** *adj.* [作定语]腕的：*carpal* bones 腕骨 **II** *n.* [C]腕骨

car·pen·ter /ˈkɑːpəntəʳ/ *n.* [C]木工，木匠

car·pen·try /ˈkɑːpəntri/ *n.* [U]木匠活儿，木工手艺；木工业，木匠业：earn one's living at *carpentry* 以做木工活为生

car·pet /ˈkɑːpit/ *n.* ❶[U;C]地毯织料；地毯：a stair *carpet* 楼梯地毯 ❷[C]地毯状覆盖物：a *carpet* of snow 一层厚厚的雪

car·pet·bag·ger /ˈkɑːpitˌbægəʳ/ *n.* [C] ❶(在外地谋求公职的)政客 ❷拎毯制手提包的投机家(指美国内战后重建时期到南方去投机的北方人)；投机分子；冒险家

car·pet·ing /ˈkɑːpitiŋ/ *n.* [U]地毯织料；[总称]地毯

car pool I *n.* [C]合伙用车(一群拥有私人汽车的人安排好轮流合乘其中一人之车上下班)；合伙用车的一伙人：form a *car pool* to save money 为省钱而合伙用车 **II** *vi.* 〔亦作 **carpool** /ˈkɑːˌpuːl/〕(多人)合伙用车；与他人合伙用车 ‖ **ˈcarˌpool·er** *n.* [C]

car·port /ˈkɑːpɔːt/ *n.* [C](屋侧的)汽车棚

car·rel(l) /ˈkærᵊl/ *n.* [C](图书馆里供读者单独使用的)小单间

car·riage /ˈkæridʒ/ *n.* ❶[C]车辆；(载客的)马车；童车：The couple go by *carriage* to the Palace. 这对夫妇乘马车到王宫。❷[C]〈英〉(火车)客车厢：a sleeping *carriage* 卧铺车厢

car·ri·er /ˈkæriəʳ/ *n.* [C] ❶搬运人；携带者；邮递员；送报人；送信人；运输工具(如公共汽车、飞机等)：a public *carrier* 公共运输工具 ❷(指汽车、轮船或航空公司等)运输公司；运输业者；邮件运输商行 ❸(保险业的)承保单位 ❹航空母舰(＝aircraft carrier) ❺【机】输送器；传导管；承载器 ❻【医】带菌者；病邮；病原携带者；传病媒介

carrier pigeon *n.* [C]传书鸽，信鸽

car·ri·on /ˈkæriən/ *n.* [U]腐(尸)肉；不能食用的肉

car·rot /ˈkærət/ *n.* ❶[C]【植】胡萝卜 ❷[C;U](可食用的)胡萝卜根茎：Chop the five *carrots* into pieces. 把这五根胡萝卜切碎。❸[C](尤指诱人但难以获得的)报酬；好处：The President's policy so far is all sticks and no *carrots*. 迄今为止，总统所采取的始终是铁腕政策，而不赐予一点恩惠。‖ **ˈcar·rot·y** *adj.*

car·ry /ˈkæri/ *vt.* ❶挑，扛，背，抱，提，拎，搬：*carry* a package 拎着包裹 ❷带，携带(见 bring)：He *carries* the virus with him. 他身上

携带着病毒。❸(可)容纳(物件、液体等);盛;装:The jug *carries* water. 这罐子可盛水。❹输送;传送,传导;传播:*carry* English culture to the far side of the globe 将英国文化传播到地球的另一端 ❺运送,运载,输送,搬运:*carry* the mail 运送邮件 —*vi*. ❶(枪、炮、导弹、声音等)能达到(或传到)远处(或一定距离):Sound *carries* far on a still day. 在宁静的日子里,声音能够传得很远。❷(议案等)获得通过(或采纳):The motion *carried*. 动议获得通过。‖ ***carry away*** *vt*. 使忘其所以;使忘形;使兴奋:I got rather *carried away* at the clothes sale and spent far too much money. 我在服装特价出售时忘乎所以,一下子花了好多钱。***carry forward*** 继续 ***carry off*** *vt*. ❶轻而易举地完成(任务、职责等):She *carried off* her part in the plan with no difficulty. 她轻而易举地完成了她在该项计划中承担的任务。❷赢得、获得(奖品、荣誉等):She *carried off* most of the prizes for diving. 她获得跳水的大多数奖项。***carry on*** *vt*. & *vi*. (尤指不顾干扰或困难)继续做;坚持:We can *carry on* our discussion after lunch. 午饭后我们可以继续讨论。***carry out*** *vt*. ❶实行;执行;完成;实现:An investigation into the cause of the crash will be *carried out* by the Department of Transport. 有关飞机坠毁原因的调查将由运输部负责进行。❷履行(诺言、义务等):They have failed to *carry out* their obligations. 他们没有履行义务。***carry the day*** *vi*. 得胜;大获成功 ***carry through*** *vt*. &*vi*. ❶帮助某人渡过难关:His determination *carried* him *through* the ordeal. 他靠坚定的信心渡过了难关。❷成功地完成某事物:It's a difficult job but she's the person to *carry* it *through*. 这是件艰巨的工作,但她是能胜任的。***carry too far*** *vt*. 把…做得过分:She *carried* the joke *too far*. 她开的玩笑太过分了。

☆ **carry**, **bear**, **convey**, **transmit**, **transport** 均有"运送"之意。**carry** 为一般用词,通常指以车、船、牲口等运输手段或通过肩扛手抬将物体从一处运到另一处,并不一定强调所搬运之物很重:We lifted the piano and *carried* it down the stairs. (我们抬起钢琴,把它抬到楼下。) / Pipes *carry* oil across the desert. (输油管穿过沙漠把石油输送出去。) **bear** 指负重,强调支撑力,不一定移动,可用于物或人:I doubt if that chair will *bear* your weight. (我怀疑那把椅子能否承受得了你的体重。) **convey** 为正式用语,通常指用运输工具连续不断或大量地运送:This train *conveys* both passengers and goods. (这列火车既载人又载货。) 该词还可用来指通过媒介传达思想、感情、信息等:His music *conveys* a sense of optimism. (他的音乐传达了一种乐观主义精神。) **transmit** 强调运送者的运送能力,但运送者并不参与运送过程,仅指文件、信息内容的传递或传播:The survivors of the shipwreck *transmitted* a distress signal every hour. (失事船只的幸存者每小时发出一次遇难信号。) 该词也可以表示使之透过或传导的意思:Glass *transmits* light but not sound. (玻璃传导光,但不传导声音。) / Iron *transmits* heat. (铁能传热。) **transport** 通常限于用交通运输工具来运送货物或人:Trains *transport* the coal to the ports. (火车把煤运送到港口。)

car·ry-on /ˈkæriˌɔn/ **I** *adj*. [作定语]可随身携带(上飞机)的:*carry-on* baggage 随身携带的行李 **II** *n*. [C]一件随身携带的行李

car·ry-o·ver /ˈkæriˌəuvəʳ/ *n*. [通常用单] ❶余下的部分;剩余物;留存物资;(谷物、家畜等)滞销部分 ❷【会计】过次页金额;(证券交易)转下期交割(数)

car seat *n*. [C](背上有钩可装置于汽车前排座位上的)婴儿活动座位

car·sick /ˈkɑːˌsik/ *adj*. 晕车的:They had to stop twice because Billy got *carsick*. 因为比利晕车,他们不得不两次停车。‖ **ˈcarˌsick·ness** *n*. [U]

cart /kɑːt/ **I** *n*. [C] ❶(马、驴、牛等拉的)双轮车 ❷小车,手推车 **II** *vt*. 用大车(或轻型二轮车、手推车等)运送,输送;装运,装载:*Cart* this rubbish away to the dump. 用大车把这些垃圾运到垃圾场去。‖ ***cart away*** [***off***] *vi*. (强行)带走;拿走;取走:The demonstrators were *carted off* to jail by the police. 示威者被警察强行带走,关进监狱。***put the cart before the horse*** *vi*. 本末倒置,因果颠倒;颠倒次序:The boy *put the cart before the horse* by starting off dinner with apple pie. 那男孩晚餐时一开始就吃起苹果来,颠倒了进餐次序。

car·tel /kɑːˈtel/ *n*. [C]【经】卡特尔,企业联合:a *cartel* of medical specialists 医学专家联盟

car·ti·lage /ˈkɑːtilidʒ/ *n*. 【解】❶[U]软骨:tear some *cartilage* in the knee 拉伤膝部的软

骨 ❷[C]软骨部分(或结构):injure an ankle *cartilage* 弄伤踝关节软骨部分

car·tog·ra·phy /kɑːˈtɔɡrəfi/ *n.* [U]地图绘制;制图学 ‖ **carˈtog·raph·er** *n.* [C]

car·ton /ˈkɑːtᵊn/ *n.* [C]纸(板)盒,纸(板)箱;(硬蜡纸或塑料制的)液体容器;一纸板盒(箱)的量;盒(箱)中物:Pack the books in a large *carton.* 把书装进一个大纸箱内。

C

car·toon /kɑːˈtuːn/ *n.* [C] ❶漫画,讽刺画,幽默画:a political *cartoon* 政治漫画 ❷连环漫画,卡通画 ❸【电影】动画片,卡通片:a Walt Disney *cartoon* 沃尔特·迪斯尼卡通片 ‖ **carˈtoon·ist** *n.* [C]

car·tridge /ˈkɑːtridʒ/ *n.* [C] ❶子弹;弹壳;弹药筒;炸药包 ❷【摄】暗盒;(一卷)胶卷;插入式片盒 ❸容器;套筒;管壳;(钢笔等的)墨水囊,笔芯

cart·wheel /ˈkɑːtˌʰwiːl/ **I** *n.* [C](杂技、体操动作)侧手翻;(像车轮似的)旋转运动 **II** *vi.* ❶做侧手翻;做旋转运动 ❷(飞机)横滚;横转:The flaming plane *cartwheeled* into the sea. 冒着浓烟的飞机横转着栽入海中。

carve /kɑːv/ *vt.* (过去式 **carved**,过去分词 **carved** 或〈古〉**carv·en** /ˈkɑːvᵊn/) ❶雕刻,刻;在…上雕刻(或刻);(用雕刻的图案)装饰:I'll *carve* you an image in metal. 我要用金属给你刻一尊像。❷切,切开;切碎;把…切成片;划分:*carves* the meat 切肉 —*vi.* ❶雕刻:They have been *carving* for years. 多少年来,他们一直在雕刻。❷切碎;切成片:Let me *carve* this year. 今年让我来掌刀。‖ ***carve out*** *vt.* 〈口〉(经过长期努力而)创出(事业);赢得(财富):She has *carved out* a career for herself as a comic actress. 她为自己开创了一个做喜剧演员的前程。‖ **ˈcarv·er** *n.* [C]

cas·cade /kæsˈkeid/ **I** *n.* [C] ❶(小)瀑布 ❷瀑布状下垂物:A *cascade* of hair fell down her shoulders. 头发瀑布般垂落到她肩上。❸(花边等上的)悬垂褶状物:a *cascade* of lace 一串悬垂花边 **II** *vi.* 如瀑布般落下(或倾泻):The water *cascaded* down the cliff. 水沿着峭壁倾泻而下。/ The price *cascaded* to 140. 价格暴跌到 140。

case¹ /keis/ *n.* [C] ❶实例,事例:another *case* of sb.'s carelessness 粗心大意的又一事例 ❷实情,事实:If that's the *case*, you must come as soon as possible! 如果真是那样,你必须尽快来一下! ❸情况;境况,状况:be in good *case* 境况良好 ❹病症,病例;病人,患者:a bad *case* of measles 麻疹重症病例 ❺(需要讨论或调查的)事情;问题:It's a *case* of life and death. 这是一件生死攸关的事情。❻诉讼;讼案;判例:The *case* will be brought before the court tomorrow. 此案明天审理。❼(在法庭上提出的)证据,事实,理由:present the *case* for the prosecution at the court 在法庭上提交起诉的理由 ‖ ***in any case*** *adv.* 无论如何,不管怎样:We are ready, *in any case*, for the new task. 不管怎样,我们已经为这项任务做好了准备。***in case*** 一旦;万一:Please walk the dog *in case* I don't come on time. 万一我没按时来请遛遛狗。***in case of*** 要是发生;一旦出现:*In case of* fire, exit quietly down the stairs. 一旦发生火情,就从楼梯有秩序地出去。***in no case*** 无论如何也不,决不:*In no case* should you take a French leave. 无论怎样你都不能不辞而别。

case² /keis/ *n.* [C] ❶容器;箱,盒:He took a shirt out of the *case*. 他从箱子里拿出一件衬衫。❷套,罩;壳;鞘:a knife *case* 刀鞘

case·load /ˈkeisˌləud/ *n.* [C][通常用单](法院、机构等在一定时间内处理的)工作量(例如案件数、病例数等)

case·work /ˈkeisˌwəːk/ *n.* [U]【社】(指以个人、家庭、社团以至整个社会为对象的有组织的)社会工作 ‖ **ˈcaseˌwork·er** *n.* [C]

cash /kæʃ/ **I** *n.* [U] ❶钱(包括纸币或硬币),现金(见 money):She didn't have enough *cash*. 她身上没有带足够的现金。❷(包括支票等的)现款,现金:He paid *cash* for the new arrival. 他用现金买了件新品。❸钱财:We're completely out of *cash*. 我们的钱全部用光了。**II** *vt.* 把…兑现:*cash* the check 兑换支票 ‖ ***cash in*** *vt.* (在赌场等地方)将筹码兑换成现金 ***cash in on*** *vt.* 靠…赚钱;利用:The suppliers *cashed in on* shortages by raising prices. 供应商利用缺货抬高价格从中牟利。‖ **ˈcash·less** *adj.*

cash crop *n.* [C](专供销售而种植的)经济作物:such *cash crops* as cotton 像棉花这样的经济作物

cash·ew /ˈkæʃuː, kæˈʃuː/ *n.* [C] ❶【植】腰果树 ❷腰果(腰果树的肾状果实)

cash·ier /kæ'ʃiəʳ/ *n.* [C] ❶(商店等处的)收款员,收银员 ❷(公司)财务出纳;出纳主任

cash machine *n.* = ATM(automated teller machine)

cash·mere, kash·mir /'kæʃmiəʳ/ *n.* [U]开司米,山羊绒

cash register *n.* [C]现金出纳机,柜员机〔亦作 **register**〕

cas·ing /'keisiŋ/ *n.* [C] ❶箱,盒;套,罩;壳:a shell *casing* 炸弹壳 ❷(门、窗等的)框❸(做香肠等用的)肠衣

ca·si·no /kə'siːnəu/ *n.* [C]([复]-**nos**) 卡西诺赌场;夜总会;俱乐部

cask /kɑːsk; kæsk/ *n.* [C] ❶(酒)桶 ❷一桶的量:a *cask* of beer 一桶啤酒

cas·ket /'kɑːskit; 'kæskit/ *n.* [C] ❶(装首饰等贵重物品的)小盒,小箱:an exquisite jewel *casket* 精美的珠宝盒 ❷骨灰盒;(尤指昂贵而华丽的)棺材

cas·sa·va /kə'sɑːvə/ *n.* ❶[C]【植】木薯 ❷[U]木薯根茎;木薯根提炼的淀粉〔亦作 **manioc**〕

cas·se·role /'kæsəˌrəul/ *n.* [C] ❶焙盘;砂锅 ❷焙盘(或砂锅)菜:tuna *casseroles* 金枪鱼焙盘菜

cas·sette /kæ'set, kə-/ *n.* [C] ❶磁带盒 ❷胶卷盒,底片盒

cast /kɑːst; kæst/ **I** *vt.* (**cast**) ❶投,掷,抛,撒(见 throw):*cast a* stone over the wall 将石头扔过墙 ❷投射(视线、光影等);投注(视线、注意力、疑虑等)于:He *cast* a doubtful glance at me. 他朝我怀疑地看了一眼。❸洒落(光线等);放射:The lightbulbs *cast* a soft light. 这些灯泡投下一束柔和的光线。❹用钓竿抛出(垂线、诱饵等):*cast* a fishing line from the shore 从岸上抛出钓鱼垂线 ❺为(戏剧等)选演员;指派…扮演(角色):The play was well *cast*. 这个剧的演员阵容很强。**II** *n.* [C] ❶投,掷,抛 ❷[通常用单]一组演员;(一出戏或一部电影的)演员阵容:an all-star *cast* 全明星阵容 ‖ ***cast about*** [***around***] ❶寻找;查看:I *cast about* the room to find a book. 我在房间四下里找一本书。❷到处搜寻;寻求(*for*):He *cast about* desperately for the quick way to make money. 他千方百计寻找赚钱的快捷办法。***cast away*** [***aside***] *vt.* 丢掉;扔掉;抛弃:She has *cast away* the suggestion. 她放弃了这个建议。***cast back*** *vt.* 使回想起;回忆:I *cast* my mind *back* to the days when we were together. 我回想起我们在一起的那些日子。***cast off*** *vt.* ❶丢弃;抛掉:We *cast off* the suspicions for each other and came to be on good terms again. 我们打消彼此的猜忌,重修于好。❷松开,放开;解缆放(船):They *cast* the ropes *off* and set sail. 他们解开了缆绳扬帆起航。***cast out*** *vt.* & *vi.* 赶走,驱除;放逐;扔掉:He was *cast out* from the school because of misconduct. 他因行为不端被学校开除了。

cast·a·way /'kɑːstəˌwei; 'kæst-/ *n.* [C] ❶因所乘船只失事而被搁置在荒岛上的人 ❷丢弃之物 ❸被社会抛弃的人

caste /kɑːst; kæst/ *n.* ❶[C](印度社会的)种姓(阶层) ❷[C]社会阶层(或等级);(排他性的)社会集团:*castes* of rich and poor 贫富各阶层 ❸[U]等级制度 ❹[U]等级地位 ‖ ***lose caste*** *vi.* 失去社会地位

cast·er /'kɑːstəʳ; 'kæst-/ *n.* [C]❶投掷的人;选派角色的人;占卜者;铸工 ❷(装在家具、机器等重物底部的)小脚轮,自位轮

cas·ti·gate /'kæstiˌgeit/ *vt.* 斥责,严厉批评:The teacher *castigated* the student for playing truant. 老师训斥逃学的学生。‖ **cas·ti·ga·tion** /ˌkæsti'geiʃᵊn/ *n.* [U] —'**cas·tiˌga·tor** *n.* [C]

cast·ing /'kɑːstiŋ; 'kæst-/ *n.* ❶[C]铸件:a red hot *casting* 通红的灼热铸件 ❷[U]角色分配;挑选演员

cast iron *n.* [U]【冶】铸铁

cast-i·ron /'kɑːst'aiən; 'kæst-/ *adj.* ❶[作定语]铸铁制的:the *cast-iron* parts of a truck 卡车的铸铁部件 ❷坚硬的;僵硬的;不妥协的:a *cast-iron* rule 铁定的规则 ❸强壮的,强健的:a *cast-iron* constitution 强壮的体格

cas·tle /'kɑːsᵊl; 'kæsᵊl/ *n.* [C] ❶城堡;要塞;(中世纪的)城市堡垒:a ruined *castle* 被毁的城堡 ❷城堡式建筑;巨宅:Windsor *Castle* 温莎城堡 ❸(国际象棋中的)车

cast·off /'kɑːstˌɔf/ *n.* [C] 被抛弃的人(或物);She was wearing her sister's *castoffs* for years. 她多年来都在穿她姐姐不要的衣服。

cas·trate /kæ'streit; 'kæstreit/ *vt.* ❶阉割;切除…的睾丸(或卵巢):The two bulls had to be *castrated*. 这两头公牛得给骟了。❷使丧失力

量(或效力);削弱:The budget cuts only serve to *castrate* any future projects. 预算开支的削减只能给将来的所有计划带来不利影响。‖ **cas·tra·tion** /kæ'streiʃ°n/ *n.* [U;C]

cas·u·al /'kæʒjuəl/ **I** *adj.* ❶偶然的;碰巧的(见 accidental):*casual* factors 偶然因素 ❷(假装)漠不关心的,冷漠的:He assumed a *casual* air. 他故作一副冷漠的样子。❸[通常作定语]无意的;无条理的;未经考虑的;随便的,漫不经心的:a *casual* answer 随口的回答 ❹[通常作定语](服装)家常的;不花哨的:wear *casual* slacks 穿着休闲裤 ❺[作定语]临时的;不定期的:a *casual* labourer 打零工者 **II** *n.* [C][常作～s]便装;便鞋:winter *casuals* 冬季便装 ‖ '**cas·u·al·ly** *adv.* —'**cas·u·al·ness** *n.* [U]

C

cas·u·al·ty /'kæʒjuəlti/ *n.* [C] ❶[常用 **casualties**](军队的)伤亡人员:suffer heavy *casualties* 承受惨重伤亡 ❷(事故、灾难等的)伤者;死者:a traffic *casualty* 交通事故伤亡者 ❸受损对象;受害者:Their house was one of the *casualties* of the fire. 他们的房子是这场大火的受损对象之一。

cas·u·ist·ry /'kæzjuistri/ *n.* [U]诡辩(术)

cat /kæt/ *n.* [C] ❶【动】猫 ❷猫科动物(包括狮、虎、豹等);类似猫的动物:The cats were kept next to the bears at the zoo. 这家动物园的猫科动物与熊相邻。‖ ***let the cat out of the bag*** *vi.* 〈口〉(尤指无意中)泄露秘密;露马脚

cat·a·clysm /'kætəˌkliz°m/ *n.* [C] ❶(引发社会巨变的)大事件;大动荡;突变:The assassination has triggered a political *cataclysm*. 这次暗杀事件引发了一次政治动荡。❷(地表的)剧变(如洪水或地震);灾难 ‖ **cat·a·clys·mal** /ˌkætə'klizməl/, ˌ**cat·a**'**clys·mic** /-mik/ *adj.* —ˌ**cat·a**'**clys·mi·cal·ly** /-kəli/ *adv.*

cat·a·comb /'kætəˌkəum/ *n.* [常作～s] ❶地下墓地 ❷[**the Catacombs**](罗马早期的)基督教徒地下墓地

cat·a·log(ue) /'kætəlɔg/ **I** *n.* [C] ❶目录;目录册,目录单:We looked through the *catalogue* for courses in English. 我们浏览英语课程目录表。❷图书馆目录 ❸一系列;一连串:a *catalogue* of complaints 一连串的牢骚 **II** *vt.* ❶把…编入目录:The librarian was *cataloguing* the books alphabetically by author's last name. 这位图书管理员正在按照作者的姓氏字母顺序把书分名立目。❷列举,罗列:The prosecution *catalogued* a long series of crimes. 起诉列出了一大串罪行。

ca·tal·y·sis /kə'tælisis/ *n.* [U]([复]-**ses** /-siːz/)【化】催化作用

cat·a·lyst /'kætəlist/ *n.* [C] ❶【化】催化剂:The enzyme was a *catalyst* in that reaction. 酶是那个反应的催化剂。❷促进(或刺激)因素;起促进作用的人

cat·a·ma·ran /ˌkætəmə'ræn/ *n.* [C]【船】双体船,双连舟

cat·a·pult /'kætəˌpʌlt/ **I** *n.* [C] ❶〈英〉弹弓〔亦作 **slingshot**〕❷(古时发射石弹、箭等的)弩弓;弩炮 ❸(舰船甲板上的飞机)弹射器 **II** *vt.* ❶急投,猛投:The crash *catapulted* her right through the windshield. 碰撞把她直接从挡风玻璃扔了出去。❷用弹射器发射:The aeroplane will be *catapulted* from a fighting ship into the air. 飞机将从战舰上弹射升空。—*vi.* ❶被弹射器弹射出:The fighter *catapulted* off the deck and into the air. 战斗机被弹离甲板,腾空而起。❷突然而有力地运动;猛冲:He *catapulted* into the first place in the lap of the race. 他在赛跑的最后一圈猛然冲到了第一的位置。

cat·a·ract /'kætəˌrækt/ *n.* [C] ❶瀑布 ❷【医】白内障:He had a *cataract* removed by laser surgery. 他做了激光手术摘除了白内障。

ca·tarrh /kə'tɑːr/ *n.* [U]【医】黏膜炎,卡他:chronic *catarrh* 慢性黏膜炎

ca·tas·tro·phe /kə'tæstrəfi/ *n.* [C] ❶灾难,大祸;灾难性的结局(见 disaster):natural *catastrophes* 天灾 ❷厄运,不幸:Losing eyesight was a *catastrophe* to her. 失明对她来说是一场厄运。❸(戏剧中高潮过后引向结局的)转折点

cat·a·stroph·ic /ˌkætə'strɔfik/ *adj.* ❶灾难性的:the *catastrophic* consequences of nuclear war 核战争的灾难性后果 ❷严重的;有害的:the high cost of treatments for the *catastrophic* illness 重病的高昂治疗费用 ❸极糟的;极坏的

cat·bird /'kætbəːd/ *n.* [C]【鸟】猫鸟,猫鹊

cat·boat /'kætˌbəut/ *n.* [C]独桅小艇,单桅帆船

cat·call /'kætˌkɔːl/ *n.* [C](表示反对或嘲弄等的)尖叫声,倒彩声,嘘声

catch /kætʃ/ I *vt*. (**caught** /kɔːt/) ❶接住；抓住；拦住：She *caught* her son in an embrace. 她把儿子搂到怀里。❷捉住，逮住；捕获：The policeman tried to *catch* the outlaw. 警察在追捕那位在逃犯。❸使陷入；使进退两难：I was *caught* in a dead-end job. 我的这份没有发展前途的工作让我进退两难。❹(使)夹住；(使)缠住；(使)钩住；(使)绊住：A nail *caught* his shirt. 钉子钩住了他的衬衫。❺使扣紧；使锁住；使拴住：See if you can *catch* the lock on the chain. 看看你能不能把锁扣在链子上。❻突然撞见；发现，发觉：The teacher *caught* the student cheating. 老师抓住了正在作弊的学生。❼染上(疾病)，感染；遭受；招致：*catch* a cold 患感冒❽发现(某人)处于(缺少某物的)某种状况：He was *caught* with his guard down. 他被发现没有做准备。❾及时赶到，赶上，追上：You have ten minutes left to *catch* the train. 你还剩下 10 分钟赶火车的时间。❿听清楚；领会，理解：I don't think I *caught* the name. Could you repeat it? 我想我没有听清那个名字。请再说一遍好吗？⓫击中；使遭受打击；(风雨等)袭击：The blow *caught* him right on the chest. 这一击正中他的胸部。—*vi*. ❶被夹住(或钩住、缠住)：My sleeve *caught* on the nail. 我的袖子被钉子钩住了。❷系住；锁住；闩住：The latch has *caught*. 门闩卡住了。❸点着；烧着；燃起：Alcohol *catches* easily. 酒精易燃。II *n*. ❶[C]抓，捉：Her *catch* was quick enough to keep the ball from falling. 她麻利地抓住球没让其掉下。❷[C]用于抓(或钩等)的东西(如门闩、拉手、锁闩等)：fasten a *catch* on the door 扣紧门闩❸[C]〈口〉诡计，圈套；隐患；不易觉察的缺陷：There seemed to be a *catch* to the deal. 这笔买卖似乎有诈。❹[常用单](轻微而短暂的)声音停顿(或断裂)：She said with a *catch* in her voice and started to cry. 她说话的声音有些哽咽，接着就哭了起来。❺[C]捕获物；捕获量：The fisherman brought home a large *catch*. 那位渔民捕获了大量的鱼归来了。‖ ***catch on*** *vi*. ❶〈口〉流行起来；受欢迎：The song first *caught on* in the 1970's. 这首歌是在 20 世纪 70 年代被首次唱红的。❷〈口〉理解，懂得：It was a long time before the judge *caught on* to his defense. 过了好一会儿法官才明白他的辩解。***catch one's breath*** *vi*. (由于吃惊、害怕等而)屏息；暂时停止呼吸：On hearing the unexpected news I *caught my breath* from shock. 我一听到这个出乎意料的消息就被惊得屏住了呼吸。***catch out*** *vt*. 发现(某人)有错误；识破：The prosecuting lawyer *caught* the witness *out* in a lie. 控方律师戳破了证人的谎言。***catch up*** *vt*. & *vi*. ❶赶上，追上(*with*, *to*)：She stood still, allowing him to *catch* her *up*. 她一动不动地站着，让他赶上来。❷使突然不知所措(*with*)：The truth *caught up with* him and he realized what he had done. 真相使他突然之间不知所措，他意识到自己做了不该做的事情。❸赶紧做(某事)；弥补(耽误的功课、工作等)(*on*)：I've been away from school for two weeks, so I've got a lot to *catch up* on. 我离开学校已经有两个星期，手头有大量的事情要做。❹[用被动语态]使卷入，使陷入；牵连(*in*)：She was *caught up* deeply *in* the incident. 她很深地牵扯进了这起事件中。‖ '**catch·a·ble** *adj*.

☆**catch**, **bag**, **capture**, **ensnare**, **entrap**, **snare**, **trap** 均有"抓住，捕获"之意。**catch** 为普通用词，指用追踪、计谋、突袭等方法抓住或捕获逃跑或隐藏的人或动物：They drove off after the thieves but couldn't *catch* them.（他们驱车追窃贼，但未能抓住他们。）**bag** 指捕获并将猎物装入袋中，但捕杀的意味较重：We *bagged* a rabbit.（我们捕获了一只野兔。）该词还可用作喻义：Try to *bag* a couple of seats at the back for us.（想办法给我们在后排抢占两个座位。）**capture** 指用武力或计谋制服顽强抵抗而抓获：to *capture* a castle（夺取一座城堡）该词也可用作喻义：They *captured* over 60% of the votes.（他们得到了 60%以上的选票。）**entrap** 和 **ensnare** 则强调设圈套者的计谋、狡猾：He felt he had been *entrapped* into marrying her.（他觉得和她结婚是上了当。）/ He *ensnared* the old lady into giving him all her savings.（他诱骗那位老妇人把全部积蓄都给了他。）**snare** 和 **ensnare** 用于指落入越是挣扎越是绝望的境地：sympathetic to the regime that *ensnared* them in its monstrous net（对该政权的同情使他们落入其可怕的巨网中）**trap** 和 **snare** 指用陷阱或罗网来捕捉，有时也可用作喻义：*snare* a rabbit（设陷阱捕捉兔子）/ *snare* a rich husband（设圈套嫁给有钱人）/ It's cruel to *trap* birds.（诱捕鸟是很残忍的。）/ I was *trapping* into telling the police all I knew.（我中计了，把所知道的一切都告诉了警方。）**trap**

和 **entrap** 用以表示陷入听任摆布的境地：He was *entrapped* into making a confession by the clever questioning of the police. 警察以巧妙的审问诱使他招供。

catch·er /ˈkætʃəʳ/ *n.* [C] ❶捕捉者；捕捉器；抓取者 ❷【棒】接球手

catch·ing /ˈkætʃiŋ/ *adj.* ❶传染性的：Measles is very *catching*. 麻疹传染很快。❷有感染力的；迷人的，吸引人的：Enthusiasm is *catching*. 热情是富于感染力的。

C

Catch-22, catch-22 /ˈkætʃˌtwentiˈtuː/ *n.* [C; U]([复]-**22's**,-**22s**)〈口〉难以执行的规定；事与愿违的政策；令人为难的情况；无法摆脱的困境

catch-up *adj.* [作定语]试图达到标准的；竞争的：*catch-up* pay raises 不断攀升的加薪

catch·word /ˈkætʃˌwəːd/ *n.* [C]口头禅；标语，口号

catch·y /ˈkætʃi/ *adj.*〈口〉❶容易记住(或模仿)的；引起注意(或兴趣)的：The song has a *catchy* tune. 这首歌的调子很上口。❷欺骗性的，易使人上当的：a *catchy* question 刁钻的问题 ‖ ˈ**catch·i·ness** *n.* [U]

cat·e·chism /ˈkætiˌkizᵊm/ *n.* [C](基督教)《教理问答》；《教理问答》中的问题和答案

cat·e·gor·i·cal /ˌkætiˈgɔrikᵊl/, **cat·e·gor·ic** /-ik/ *adj.* 无条件的；明确的；绝对的：His *categorical* denial left no doubt about his position. 他的断然拒绝使他的立场明确无疑。‖ ˌ**cat·e·**ˈ**gor·i·cal·ly** *adv.*

cat·e·gor·ize /ˈkætigəˌraiz/ *vt.* ❶将…归类，把…分类：We *categorized* the snowflakes into several shapes. 我们把雪花的形状分成几种。❷命名；描述：He was *categorized* as a slow reader. 他被认为是一个阅读慢的人。‖ **cat·e·gor·i·za·tion** /ˌkætigəraiˈzeiʃᵊn; -riˈz-/ *n.* [U;C]

cat·e·go·ry /ˈkætigəri/ *n.* [C]类，类别，种类；类型：He places all people in two *categories*. 他把所有人分为两类。

ca·ter /ˈkeitəʳ/ *vi.* ❶满足需要(或要求)；投合，迎合；悉心照料(*to*)：*cater to* the public demands 满足大众需求 ❷提供饮食等服务；承办宴席(*for*)：He owns a company that *caters for* weddings. 他开一家婚庆服务公司。—*vt.* 为…提供服务：The company agreed to *cater* the reception. 公司同意承办招待会。

cat·er-cor·ner(ed) /ˈkætəˌkɔːnə(d)/ **I** *adj.* 斜的；成对角线的 **II** *adv.* 斜地；成对角线地：He walked *cater-corner* across the park. 他斜穿过公园。〔亦作 **kitty-corner(ed)**〕

cat·er·pil·lar /ˈkætəˌpiləʳ/ *n.* [C]【昆】毛虫；蠋(蝴蝶、蛾等鳞翅目昆虫的幼虫)

cat·er·pil·lar /ˈkætəˌpiləʳ/ *n.* [C]【昆】毛虫；蠋(蝴蝶、蛾等鳞翅目昆虫的幼虫)

cat·er·waul /ˈkætəˌwɔːl/ **I** *vi.* ❶(猫)夜号；(猫)叫春，发出求偶的叫声 ❷(像猫一样)号叫；发出刺耳的声音 **II** *n.* [C]尖叫，号叫 ‖ ˈ**cat·er**ˌ**waul·er** *n.* [C]

cat·fish /ˈkætˌfiʃ/ *n.* [C]([复]-**fish(·es)**)【鱼】鲇(科)鱼；鲶(科)鱼

cat·gut /ˈkætˌgʌt/ *n.* [U](用以制作琴弦或缝合伤口等的)肠线

ca·thar·sis /kəˈθɑːsis/ *n.* ([复]-**ses** /-siːz/) [U;C](尤指通过悲剧性的艺术作品而达到的)情感宣泄(或解脱)；陶冶：Writing poems served as a *catharsis* for him to get over anxiety. 写诗是他用来克服焦虑的宣泄方式。

ca·the·dral /kəˈθiːdrᵊl/ *n.* [C]主教座教堂；(设主教座的)教区总教堂

cath·e·ter /ˈkæθitəʳ/ *n.* [C]【医】导管：insert the *catheter* 插入导管

cath·ode /ˈkæθəud/ *n.* [C]【电】【电子】【化】阴极

cath·o·lic /ˈkæθᵊlik/ *adj.* 无所不包的，包罗万象的：*catholic* interest 广泛的兴趣

Cath·o·lic /ˈkæθᵊlik/ **I** *adj.* [无比较级]主教(教徒)的：a *Catholic* family 天主教家庭 **II** *n.* [C]天主教教徒：a devout *Catholic* 虔诚的天主教教徒 ‖ **Ca·thol·i·cism** /kəˈθɔliˌsizᵊm/ *n.* [U]

cat·kin /ˈkætkin/ *n.* [C]【植】柔荑花序

cat·nap /ˈkætˌnæp/ **I** *vi.* (-**napped**; -**nap·ping**) 打瞌睡，打盹：He *catnapped* over his book. 他看书的时候打瞌睡。**II** *n.* [C]瞌睡，盹儿：take a *catnap* on the couch 在长沙发上打盹

CAT scan *n.* [C]❶计算机化 X 射线轴向分层造影扫描 ❷计算机化 X 射线轴向分层造影扫描图〔亦作 **CT scan**〕

cat·tle /ˈkætᵊl/ *n.* [C][用作复][集合名词]牛

(指菜牛或奶牛)：a herd of *cattle* 一群牛

☆用以指"牛"时，**cattle** 为统称，公牛称 **bull**，母牛称 **cow**，小牛称 **calf**。

cat·ty /ˈkæti/ *adj*. ❶狡猾的；刁钻刻薄的；恶毒的：*catty* words 恶毒的话 ❷(像)猫的；悄悄的；警觉的：a *catty* walk 猫一样悄悄的行走 ‖ ˈ**cat·ti·ly** *adv*. —ˈ**cat·ti·ness** *n*. [U]

cat·walk /ˈkætˌwɔːk/ *n*. [C](高出周围的狭窄)走步台，走道

cau·cus /ˈkɔːkəs/ *n*. [C][通常用单] ❶(推选候选人、制定政策等的)政党代表(或领导人)决策会议；立法机构内部的利益集团 ❷(为推进某项事业或自身利益而组织的)团体(或会议)：the civil rights *caucus* 民权组织

cau·dal /ˈkɔːdᵊl/ *adj*. 尾部的；近尾的：*caudal* gills 尾鳃

caulk, calk /kɔːk/ **I** *vt*. ❶(为防水或密封)填嵌(缝隙、裂口、接头等) ❷【船】(用麻絮、柏油等)捻(船)的缝；捻(缝) **II** *n*. [U]填嵌材料；捻缝材料

caulk·ing /kɔːk/ *n*. [U]填嵌用的材料

caus·al /ˈkɔːzᵊl/ *adj*. ❶(有关或构成)原因的；有因果关系的：the *causal* agent of a disease 病因❷表示因果关系的(连接词，如 becouse)

caught /kɔːt/ *v*. catch 的过去式和过去分词

cauldron /ˈkɔːldrən/ *n*. [C]大锅〔亦作 **caldron**〕

cau·li·flow·er /ˈkɔliˌflauəʳ/ *n*. ❶[C]【植】花椰菜，花菜 ❷[U](可作蔬菜的)花菜的花，菜花❷【语】表示原因的：the *causal* conjunctions such as because and since 像 because 和 since 这样的原因连词 ‖ **cau·sal·i·ty** /kɔːˈzæliti/ *n*. [U;C] —ˈ**caus·al·ly** *adv*.

cau·sa·tion /kɔːˈzeiʃᵊn/ *n*. [U]因果关系；因果性 ‖ **cau**ˈ**sa·tion·al** *adj*.

cause /kɔːz/ **I** *n*. ❶[C]起因，原因：What was the *cause* of the conflict? 这起冲突的原因是什么？❷[U](正当的)理由；(充分的)根据；动机：Your absence gave him *cause* for neglect. 你不在，他当然就把你给忽略了。❸[C]事业；运动；(奋斗)目标：struggle in the *cause* of justice 为正义而斗争 **II** *vt*. 成为…的原因；引起，引发；招致；促使：The flood *caused* many homeless refugees. 洪水使很多人成了无家可归的难民。

☆**cause, let, make** 均有"使，促使"之意。**cause** 指致使某种结果、现象产生，强调因果关系：Smoking can *cause* lung cancer.(吸烟可导致肺癌。)该词有时暗含"怪罪"或"责备"的意味：She's always *causing* trouble for people.(她总是给人添麻烦。) **let** 为非正式用词，除有"允许、同意"之意，还含无法阻止或制止、消极地听任事情发生之意：I wanted to go out but my mum wouldn't *let* me.(我想出去，可妈妈不允许。) **make** 词义广泛，在此指迫使他人做某事：If you won't do it willingly, I'll *make* you do it!(如果你不愿意做，我会强迫你去做。)

'cause /kɔːz, kəz/ *conj*.〈口〉= because

cause·way /ˈkɔːzwei/ *n*. [C](横穿湿地或浅水的)垫高堤道，水上栈道

caus·tic /ˈkɔːstik/ *adj*. ❶(有)腐蚀性的；【化】苛性的：*caustic* substances 有腐蚀性的物质 ❷讥讽的；尖利刻薄的，辛辣刺人的：*caustic* remarks 刻薄话语 ‖ ˈ**caus·ti·cal·ly** /-kəli/ *adv*.

cau·ter·ize, cau·ter·ise /ˈkɔːtəˌraiz/ *vt*.【医】(为了止血或防止感染而用电烙器或腐蚀剂)腐蚀；烧灼，烙 ‖ **cau·ter·i·za·tion, cau·ter·i·sa·tion** /ˌkɔːtəraiˈzeiʃᵊn;-riˈz-/ *n*. [U]

cau·tion /ˈkɔːʃᵊn/ **I** *n*. ❶[U]谨慎，慎重，小心：Remove the lid with *caution*. 小心把盖子拿开。❷[C;U]警告；告诫；警惕：The red sign indicates a *caution*. 那红色标记就是警告。**II** *vi*. 提出警告；告诫：The policeman *cautioned* against the heavy fog. 警察提醒有大雾。—*vt*. 敦促…注意；警告：The teacher *cautioned* the students about the spelling. 老师提醒学生们注意拼写。

cau·tion·ar·y /ˈkɔːʃᵊnəri/ *adj*. [作定语]劝诫的，警告的，提醒注意的：*cautionary* advice 忠告

cau·tious /ˈkɔːʃəs/ *adj*. 十分小心的，谨慎的，审慎的：a *cautious* driver 小心谨慎的驾驶员 ‖ ˈ**cau·tious·ly** *adv*. —ˈ**cau·tious·ness** *n*. [U]

cav·al·cade /ˌkævəlˈkeid/ *n*. [C]❶马队；马车队；汽车队；行列❷(引人注意的)一系列事件，一连串事件：a *cavalcade* of sports events 一系列体育赛事

cav·a·lier /ˌkævəˈliəʳ/ **I** *n*. [C]骑兵；骑手；骑士 **II** *adj*. 漫不经心的，随随便便的；无忧无虑的：a *cavalier* reply 漫不经心的回答 ‖ ˌ**cav·a**ˈ**lier·ly** *adv*.

C

cav•al•ry /ˈkævəlri/ *n.* [总称] ❶骑兵(部队)：heavy [light] *cavalry* 重[轻]骑兵 ❷装甲兵(部队)；机动部队：The fifth *cavalry* drove across the desert. 第五装甲部队穿越了沙漠。

cave /keiv/ *n.* [C] 洞穴；岩洞 ‖ ***cave in*** *vi.* ❶(使)塌落，(使)坍塌；(使)陷下：His face *caved in* with hunger. 他的脸饿得陷了下去。❷〈口〉让步；屈服，投降：They refused to *cave in* to the demands. 他们拒绝对这些要求作出让步。

C

ca•ve•at /ˈkeiviˌæt/ *n.* [C]警告；告诫

cave-in /ˈkeivˌin/ *n.* [C] ❶坍塌；塌方 ❷向别人的(要求等)屈服；让步

cave•man /ˈkeivmæn/ *n.* [C]([复]**-men** /-men/) ❶(尤指史前石器时代的)穴居野人 ❷〈口〉言行粗野的人

cav•ern /ˈkævᵊn/ *n.* [C](尤指地下的)大洞穴

cav•i•ar(e) /ˈkæviˌɑːʳ, ˌkæviˈɑːʳ/ *n.* [U]鱼子酱

cav•il /ˈkævil/ **I** *vi.* (**-il(l)ed;-il•(l)ing**) 吹毛求疵，挑剔，找碴儿(*at, about*)：*cavil about* some minor details 对一些细枝末节吹毛求疵 **II** *n.* [C;U]挑剔(的话)；吹毛求疵(的意见)

cav•i•ty /ˈkæviti/ *n.* [C] ❶洞，穴；凹处：a *cavity* in the earth 地洞 ❷【解】腔，窝，盂：in chest *cavity* 在胸腔中

ca•vort /kəˈvɔːt/ *vi.* ❶跳跃；欢跳；狂舞❷寻欢作乐，嬉戏

caw /kɔː/ **I** *n.* [C](乌鸦等的)啼声 **II** *vi.* (乌鸦等)呱呱地啼叫；作鸦啼声(*out*)

cay•enne /keiˈen/ *n.* [U] ❶红辣椒粉；红辣椒(果实) ❷【植】红辣椒

CD player *n.* [C]激光唱机

cease /siːs/ *v.* 停，终止(见 stop)：She *ceased* to be talked about. 她不再是人们的谈资了。

cease-fire /ˈsiːsˌfaiəʳ/ *n.* [C]【军】停火，停战；休战期：The *cease-fire* between the two countries broke down this morning. 两国之间的停火今天早晨中止了。

cease•less /ˈsiːslis/ *adj.* [无比较级]不停的，不间断的；无休无止的：*ceaseless* effort 不懈的努力 ‖ **ˈcease•less•ly** *adv.* —**ˈcease•less•ness** *n.* [U]

ce•dar /ˈsiːdəʳ/ *n.* 【植】❶[C]雪松 ❷[U](有松香味的)雪松木料

cede /siːd/ *vt.* 放弃；割让；出让：*cede* territory to a country 把土地割让给某个国家

ce•dil•la /səˈdilə/ *n.* [C]【语】变音符，下加符(法语、葡萄牙语等语言里当 c 出现在 a，o 或 u 之前时 c 下面所加的“¸”符号，表示发/s/音，如 façade)

ceil•ing /ˈsiːliŋ/ *n.* [C] ❶天花板；平顶：a lamp hanging from the *ceiling* 天花板上的吊灯❷(开支等的)数额上限，最高限额：lift a a farm-production *ceiling* 取消农产品产量的最高限额 ‖ ***hit the ceiling*** *vi.* 〈口〉大发雷霆，暴跳如雷：When he saw the amount of the bill, he *hit the ceiling*. 他一看到账单上的金额，不由得火冒三丈。

cel•e•brant /ˈselibrənt/ *n.* [C] ❶参加庆典的人；参加庆祝活动的人 ❷仪式(或典礼)的主持者；主持弥撒(或圣餐)的教士

cel•e•brate /ˈseliˌbreit/ *vt.* ❶庆祝(节日等)；过(生日)：*celebrate* Women's Day 庆祝妇女节 ❷(公开)举行(仪式或庆典等)；主持(弥撒等)：*celebrate* Communion on Easter 在复活节主持圣餐仪式—*vi.* 庆祝；过节；举行庆祝活动：*celebrate* with songs and dances 载歌载舞以示庆贺 ‖ **ˈcel•eˌbra•tor, ˈcel•eˌbrat•er** *n.* [C] —**ˈcel•e•bra•tive** /-brətiv/ *adj.*

cel•e•brat•ed /ˈseliˌbreitid/ *adj.* [通常作定语]著名的，驰名的：the *celebrated* national heroes 声名赫赫的民族英雄

cel•e•bra•tion /ˌseliˈbreiʃᵊn/ *n.* ❶[C;U]庆祝活动，庆典；典礼：The tenth anniversary of the marriage deserves a *celebration*. 结婚的十周年值得庆祝一番。❷[U]庆祝；颂扬，赞美：*Celebration* for this fine author came after her death. 这位优秀的作家死后才享受到了哀荣。

cel•e•bra•to•ry /ˈselibrətəri/ *adj.* [作定语]专为庆祝而安排的：a *celebratory* birthday party 专门为庆祝生日而举行的舞会

ce•leb•ri•ty /siˈlebriti/ *n.* ❶[C]名流，名人，知名人士：a Broadway *celebrity* 百老汇名流 ❷[U]名望，名声：His *celebrity* brought him riches. 他的名望使他发了财。

cel•er•y /ˈseləri/ *n.* [U]【植】芹菜(可生吃或烹制)：a bunch of *celery* 一捆芹菜

ce•les•tial /siˈlestiəl/ *adj.* [无比较级][作定语] ❶天的，天上的；天体的；由天象导航的：

celestial bodies 天体 ❷天国的；神圣的：*celestial* peace 寂静的天籁

cel·i·bate /ˈselibət/ *adj*. [无比较级] ❶(尤指因宗教原因而)未婚的，独身的，单身的：It wasn't my choice to remain *celibate*. 至今未婚并非我个人的意愿。❷立誓不婚的：The religion requires its believer to be *celibate*. 这种宗教要求其信仰者不结婚。❸禁欲的：He remained *celibate* for fear of fertilization. 他因为担心授孕而一直以来没有性生活。

cell /sel/ *n*. [C] ❶单人囚室，小牢房 ❷(修道院中的)单人小室 ❸【昆】蜂房巢室：Bees deposit honey in the *cells* of a honeycomb. 蜜蜂把蜜放置在蜂房内。❹【生】细胞：a *cell* wall 细胞壁

cel·lar /ˈseləʳ/ *n*. [C] ❶地下室；地窖：a coal *cellar* 煤窖 ❷[通常用单][**the ～**]最低点，末位，末流：The hotel went from *the cellar* to the first place after he was in office for two years. 他上任两年后，这家宾馆从最差档跃身成为一流饭店。

cel·list /ˈsellist/ *n*. [C]大提琴手

cel·lo /ˈtʃeləu/ *n*. [C]([复]**-los**)【音】大提琴〔亦作 **violoncello**〕

cel·lo·phane /ˈseləˌfein/ *n*. [U]玻璃纸，赛璐玢：cheese and biscuits wrapped in *cellophane* 用玻璃纸包装的奶酪和饼干

cel·lu·lar /ˈseljuləʳ/ *adj*. [无比较级]【生理】细胞的，由细胞组成的；细胞状的：*cellular* structure [function] 细胞结构[功能]

cellular phone, cellular telephone *n*. [C]【电信】蜂窝式移动电话(机)，便携式移动电话(机)，手(提式电话)机，无绳电话(机)，大哥大

cel·lu·lose /ˈseljuˌləuz,-ˌləus/ *n*. [U]【生化】纤维素

Cel·si·us /ˈselsiəs/ *adj*. [无比较级]摄氏(温度或温标)的(略作 **C, C. , Cels.**)[常用于名词或数词后]：about 20 degrees *Celsius* 20 摄氏度左右〔亦作 **centigrade**〕

Celt·ic /ˈkeltik, ˈsel-/ **I** *adj*. [无比较级]凯尔特人的；凯尔特语的：the *Celtic* legends 凯尔特人传奇 **II** *n*. [U]凯尔特语

ce·ment /siˈment/ **I** *n*. ❶[U]水泥 ❷[U]胶接剂，胶结材料：a tube of paper *cement* 一管黏纸用胶棒 **II** *vt*. ❶(用水泥或胶接剂等)黏合，黏结，胶合：*cement* stones to form a wall 用水泥浆砌石成墙❷把水泥涂于：The workmen were *cementing* the floors. 工人们正在地板上铺水泥。

cement mixer *n*. [C] ❶水泥(或混凝土)搅拌机 ❷水泥搅拌车；混凝土搅拌车

cem·e·ter·y /ˈsemiˌtᵊri/ *n*. [C](尤指教堂庭院外的)墓地，坟地，公墓〔亦作 **graveyard**〕

cen·o·taph /ˈsenəˌtɑːf;-ˌtæf/ *n*. [C](为葬于别处的死者而树立的)纪念碑；衣冠冢：a *cenotaph* of the Unknown Soldier 无名战士纪念碑

cen·ser /ˈsensəʳ/ *n*. [C]香炉

cen·sor /ˈsensəʳ/ **I** *n*. [C](书刊、报纸、新闻、电影、电视等的)审查员，检查员：military *censors* 军事审查员 **II** *vt*. ❶检查，审查；监察：a heavily *censored* editorial 一篇经过严格审查的社论 ❷删除；修改：The figure has been *censored* from a report published today. 这个数字被从今天出版的报道中删除了。‖ **cen·so·ri·al** /senˈsɔːriəl/ *adj*.

cen·so·ri·ous /senˈsɔːriəs/ *adj*. [时作表语]爱挑剔的，吹毛求疵的，好批评人的：*censorious* critic [behaviour] 吹毛求疵的评论家[行为] ‖ **cenˈso·ri·ous·ly** *adv*. —**cenˈso·rious·ness** *n*. [U]

cen·sor·ship /ˈsensəˌʃip/ *n*. [U]检查；监察；审查制度：*censorship* on ongoing news reports 对正在发布的新闻报道所实施的审查

cen·sure /ˈsenʃəʳ/ **I** *vt*. 指摘，非难；谴责(见 criticize)：He was *censured* for negligence at work. 他因玩忽职守而受到批评。**II** *n*. ❶[U]指责，责备：come under *censure* 受到指责 ❷[U; C](尤指立法机构通过的)正式谴责：The senator got only a vote of *censure* from Congress. 这名议员只从国会收到一张不信任票。

cen·sus /ˈsensəs/ *n*. [C]([复]**-sus·es** /-səsiz/)人口调查，人口普查：carry out a *census* of the population 进行人口调查

cent /sent/ *n*. [C] ❶分(辅币单位，100 分＝1 元，略作 **C. , c.** 或 **ct.**，符号为 ¢) ❷面值为 1 分的硬币(或纸币)

cen·te·nar·i·an /ˌsentiˈneəriən/ **I** *n*. [C]百岁(或百岁以上的)老人 **II** *adj*. [无比较级][通常作定语] ❶百岁(或百岁以上)的 ❷百年的；百年大庆的；一百周年的

cen·te·nar·y /senˈtiːnəri, senˈtenəri/ *n.* [C] ❶一百(周)年,一世纪:2011 is the first *centenary* of Xinhai Revolution. 2011 年是辛亥革命的第一个百年。❷一百周年庆典;一百周年纪念:The university is embracing its *centenary*. 这所大学正在迎接它的百年华诞。

cen·ten·ni·al /senˈteniəl/ **I** *adj.* [无比较级] ❶百年的;一百周年庆祝(或纪念)的 ❷百岁的 **II** *n.* [C]一百周年纪念或庆祝活动

C

cen·ter /ˈsentəʳ/ *n.*, *v.* & *adj.* 〈主美〉= centre

cen·ti- /ˈsenti/ *comb. form* ❶表示"第一百个","一百":*centi*pede ❷表示米制中的"厘","百分之一":*centi*litre, *centi*gramme (略作 **c.**)

cen·ti·grade /ˈsentiˌgreid/ *adj.* [无比较级] ❶百分度的;分为百度的:a *centigrade* scale 百分度量制 ❷[用于名词或数词后]摄氏的;(根据)摄氏温标的(= Celsius):The boiling point of water is 100 degrees *centigrade*. 水的沸点是100 摄氏度。(略作 **C, C.** 或 **cent.**)

cen·ti·gram(me) /ˈsentigræm/ *n.* [C]厘克(=1/100克)(略作 **cg**)

cen·ti·li·tre, cen·ti·li·ter /ˈsentiˌliːtəʳ/ *n.* [C]厘升(=1/100 升)(略作 **cl**)

cen·ti·me·tre, cen·ti·me·ter /ˈsentiˌmiːtəʳ/ *n.* [C]厘米(=1/100米)(略作 **cm**)

cen·ti·pede /ˈsentiˌpiːd/ *n.* [C]【动】蜈蚣;马陆

cen·tral /ˈsentrᵊl/ *adj.* ❶[无比较级][通常作定语]中心的,中央的;形成中心的:the *central* region of the city 城市中心区 ❷[作定语]为首的,总的:the *central* administration 中央行政机关 ❸[作定语]主要的,必要的;至关重要的:He had a *central* position in the department. 他在该部门任要职。‖ **ˈcen·tral·ly** *adv.*

cen·tral·ise /ˈsentrəˌlaiz/ *vt.* 〈主英〉= centralize

cen·tral·i·ty /senˈtræliti/ *n.* [U]中心地位;处于中心地位的状况

cen·tral·ize /ˈsentrəˌlaiz/ *vt.* ❶使集中:The administration of the city schools was *centralized* during his term as mayor. 在他任市长期间,市立学校的管理权得到了集中。❷使集权;使置于中央集权制下:*centralize* the power of the monarchy 加强君主集权 —*vi.* (权利等)集中;被集权(*in*):Power tends to *centralize in* the hands of those who use it. 权力常常集中于那些弄权的人手中。〔亦作 **centralise**〕‖ **cen·tral·i·za·tion** /ˌsentrəlaiˈzeiʃᵊn;-liˈz-/ *n.* [U]

cen·tre /ˈsentəʳ/ **I** *n.* ❶[C](圆、球体等的)心,中心:the *centre* of a circle 圆心 ❷[C](物体环绕旋转的)中心点,中心轴:People used to think that the earth was (at) the *centre* of the universe. 过去人们曾认为地球是宇宙的中心。❸[C]正中,中央(见 middle):He moved the table over to the *centre* of the room. 他把桌子移到房间的中央。❹[C](城市等的)中心区;人口集中地区:Shanghai is the *centre* of world trade. 上海是世界贸易中心。❺[C]处于中间位置的人(或物);处于中心地位的人(或物);(兴趣、感情等的)中心,焦点:the *centre* of public admiration 公众艳羡的焦点 ❻[常作 **Centre**][C](尤指欧洲议会成员中)政治上的中间派;中间派的观点:He belongs to the *Centre*. 他是个中间派分子。**II** *vt.* ❶把…放在中央;使置于中间;使居中;使聚集在中心点:*Centre* all the dishes on the table. 把所有的菜集中到桌子的中间。❷使集中于;使聚集在(*on*):He *centred* the novel *on* the urban life. 他让这部小说集中反映城市生活。—*vi.* 被集中;聚集(在中心)(*at*, *about*, *around*, *in*, *on*):The people *centred around* the campfire. 人们集中围坐在营火旁。

cen·tred /ˈsentəd/ *adj.* [无比较级][有时置于名词或动词后] ❶以…为中心的;以…为基础的:a family-*centred* activity 一项以家庭为中心的活动 ❷集中的;不变的(*on*):an obsession *centred on* germs 对细菌着魔 ❸居中的;位于中间的:pages with *centred* text 正文居中的几页 ❹[通常用动词+centred]内心镇静;沉稳:Stay *centred* and you'll do fine on the test. 保持冷静,就会考得好。

centre of gravity *n.* [C]([复]**centres of gravity**) ❶【物】重心 ❷集中点,中心;核心人物(或事件)

cen·tre·piece /ˈsentəˌpiːs/ *n.* [C]〈英澳〉❶置于餐桌(或壁炉架等)中央的(玻璃、鲜花等)装饰品 ❷占中心地位的东西(或人物);(事物中)最突出的部分;最显著特点

cen·trif·u·gal /senˈtrifjugᵊl, -fjuː-/ *adj.* [无比较级]【物】离心的;离心力的;利用离心力的:*centrifugal* force 离心力 ‖

cenˈtrif·u·gal·ly *adv.*

cen·trif·u·ge /senˈtrifjugᵊd,-fjuː-/ *n.* [C]离心器,离心机

cen·trip·e·tal /senˈtripitᵊl/ *adj.* [无比较级]【物】向心的;向心力的;利用向心力的 ‖ cenˈtrip·e·tal·ly *adv.*

cen·tu·ry /ˈsentʃuri/ *n.* [C]世纪,百年:the paintings of the sixteenth *century* 16 世纪的绘画

CEO,C. E. O. *abbr.* chief executive officer 首席执行官,总经理

ce·ram·ic /siˈræmik,ki-/ **I** *adj.* [无比较级] ❶陶瓷的;用陶瓷制作的:the *ceramic* industry 陶瓷工业 ❷制陶艺术的:*ceramic* art 陶瓷工艺 **II** *n.* [C]陶器,陶瓷制品;陶醉艺术品

ce·ram·ics /siˈræmiks,ki-/ [复] *n.* ❶[总称]陶瓷制品;陶瓷器;陶瓷艺术:pieces of smashed *ceramics* 陶瓷品碎片 ❷[常作单]制陶艺术(技艺);陶器(或瓷器等)制造;硅酸盐工业;制陶学

ce·re·al /ˈsiəriəl/ *n.* ❶[C][常作～s](麦子、水稻、玉米等)谷类植物:Wheat used to be a wild *cereal*. 小麦曾经是野生的谷类植物。❷[U]谷物:harvest the *cereal* 收获谷物 ❸[U;C](用作早餐的)谷类食品:Oatmeal and cornflakes are breakfast *cereals*. 燕麦片和玉米片是谷类早餐食品。

cer·e·bral /ˈseribrᵊl/ *adj.* ❶[无比较级][作定语]【解】(大)脑的:a *cerebral* concussion 脑震荡 ❷(运用)理智的;有智力的:*cerebral* poetry 显示智慧的诗篇

cerebral palsy *n.* [U]【医】大脑性麻痹,脑性瘫痪

cer·e·brum /ˈseribrəm,siˈriː-/ *n.* [C]([复] -brums或-bra /-brə/)【解】大脑;前脑和中脑

cer·e·mo·ni·al /ˌseriˈməunjəl/ *adj.* [无比较级]礼仪的;典礼的;正式的;适于正式场合的:a *ceremonial* occasion 正式场合 ‖ ˌcer·eˈmo·ni·al·ly *adv.*

cer·e·mo·ni·ous /ˌseriˈməunjəs/ *adj.* 多礼节的;合乎礼仪的;礼节性的;讲究(或拘泥)礼节的:a *ceremonious* farewell on the last day of Mayor's term 市长任期最后一天的礼节性告别 ‖ ˌcer·eˈmo·ni·ous·ly *adv.* —ˌcer·eˈmo·ni·ous·ness *n.* [U]

cer·e·mo·ny /ˈseriˌməuni/ *n.* ❶[C]仪式,典礼:a flag-raising *ceremony* 升旗仪式❷[U]规定的礼仪;礼节:the simple *ceremony* of wedding 婚礼的简单礼仪 ❸[U]礼貌(行为):the *ceremony* of a handshake 握手礼 ‖ ***stand on [upon] ceremony*** *vi.* 拘礼,讲究礼节;讲客套:Make yourself at home,we don't *stand on ceremony* in this house. 请不要拘束,在我家不必拘礼。***without ceremony*** *adv.* 毫不客气地;不讲究礼节地;非正式地:He accepted the honour *without ceremony*. 他毫不客气地接受了这一荣誉。

cer·tain /ˈsəːtᵊn/ **I** *adj.* ❶[作表语]肯定的,必然的;确信的;有把握的(见 sure):She was quite *certain* about it. 她对此相当有把握。❷[常作表语]不容争辩的,确凿的;明显的:*certain* evidence 确凿的证据 ❸可靠的:His sources are certain. 他的来源是可靠的。❹[作定语]某,某一,某种;〈婉〉那种的,那样的,难说出来的:a *certain* Mr. Brown 一位名叫布朗的先生 ❺[作定语]一些,少许,若干:to a *certain* degree [extent] 在某种程度上**II** *pron.* [用作复]某些,某几个:*Certain* of our judges have claimed that this is the case. 我们中的某些法官已经声称,情况就是这样。‖ ***for certain*** *adv.* 肯定地;确切地:I know *for certain* that he will attend the meeting. 我肯定他会来参加会议的。***make certain that (of)*** *vt.* & *vi.* 把…弄清楚;使确定;确保:*Made certain* (that) you know what time the plane takes off. 你得弄清楚飞机起飞的确切时间。

cer·tain·ly /ˈsəːtᵊnli,-tinli/ *adv.* ❶无疑地;确定;必定(见 surely):I will *certainly* be at the party. 我一定会出席晚会的。❷[用于表达强烈的感情或热情]的确,确实:He *certainly* is successful. 无可否认,他获得了成功。❸[用于回答]当然;行:*Certainly*,you may take the keys. 行,你拿着钥匙吧。

cer·tain·ty /ˈsəːtᵊnti,-tinti/ *n.* ❶[U]确实;确信;确实性,确定性:know sth. with *certainty* 确知某事 ❷[C]必然的事;确定的事实;可靠的人(或事物):There are few absolute *certainties* in life. 人生中注定的事很少。‖ ***for a certainty*** *adv.* 确定无疑地:I know *for a certainty* that the company has been bought up. 我确实知道那家公司已被收买了。

cer·ti·fi·a·ble /ˌsəːtiˈfaiəbᵊl,ˈsəː-/ *adj.* ❶可证

明的；可确认的；可保证的：positive and *certifiable evidence* 肯定而明确的证据 ❷〈口〉（证明）患有精神病的

cer·tif·i·cate /sə'tifikit/ *n.* [C]证（明）书；执照；文凭；（学业）结业证书：The post requires a doctor's *certificate*. 这个职位需要有医生证。

certificate of deposit *n.* [C]（银行）存单；存折（略作 CD）

C

cer·ti·fi·ca·tion /ˌsəːtifi'keiʃᵊn/ *n.* [U]证明；（通过证书所作的）保证

certified check *n.* [C]保付支票

certified public accountant *n.* [C]（由州考试委员会颁发合格证书并予开业的）会计师

cer·ti·fy /'səːtifai/ *vt.* ❶证明，证实：The witness *certified* the truth of her claim. 证人证实她的话是真的。❷担保…的质量（或价值等）；（银行）为（支票）签署保证付款：The fire inspector *certified* the school building as fireproof. 防火监督员担保这幢校舍的防火设施是合格的。❸颁发证书（或执照）给（见 approve）：*certify* a physician 给内科医生颁发行医执照

cer·ti·tude /'səːtiˌtʲuːd/ *n.* [U]〈书〉（信念或观点上的）确信；自信：absolute *certitude* 绝对相信

cer·vi·cal /'səːvaikᵊl, sə'vi-/ *adj.* [通常作定语]【解】颈的；子宫颈的：*cervical* vertebrae 颈椎

cer·vix /'səːviks/ *n.* [C]（[复]**-vix·es** 或 **-vi·ces** /-ˌsiːz/）【解】❶颈（尤指颈背）❷器官的颈部；子宫颈：She has cancer of the *cervix*. 她患有宫颈癌。

Ce·sar·e·an /si'zeəriən/ *n.* [亦作 c-][U；C]剖宫产手术：be delivered by *Cesarean* 通过剖宫产娩出〔亦作 **Caesarean section**, **C-section**〕

ces·sa·tion /se'seiʃᵊn/ *n.* [C][通常用单]停止，休止；中断：a *cessation* from work 休息（或休假）

ces·sion /'seʃᵊn/ *n.* ❶[U]（领土的）割让；（权利、财产等的）转让：the *cession* of territories 放弃领土 ❷[C]割让的土地；转让的权利（或财产等）

cha-cha /'tʃɑːtʃɑː/ **I** *n.* [C]（源于南美洲的）恰恰舞；恰恰舞曲：do the *cha-cha* 跳恰恰舞 **II** *vi.*（**cha-chaed** 或 **cha-cha'd**）跳恰恰舞

chafe /tʃeif/ *vt.* ❶擦伤，擦破，擦痛：Her new shoes *chafed* the heel of her feet. 新鞋擦破了她的脚后跟。❷（尤指用手）擦热；摩擦…使恢复感觉：*chafe* sb.'s cold hands 搓热双手 ❸惹怒，使生气；使焦躁不安：His jeering *chafed* the old man. 他的嘲笑惹怒了那位老人。—*vi.* ❶（被）擦伤，（被）擦破，（被）擦痛❷恼怒，生气；不满；焦躁（*under*, *at*）

chaff[1] /tʃɑːf；tʃæf/ *n.* [U] ❶谷壳，糠❷废物，无价值的东西

chaff[2] /tʃɑːf；tʃæf/*vt.* & *vi.*（无恶意地）取笑，逗弄：She *chaffed* him about his nose. 她拿他的鼻子来揶揄他。

cha·grin /'ʃægrin, ʃə'griːn/ **I** *n.* [U]懊恼，恼怒；懊丧，悔恨：feel [have] *chagrin* at being fired 因遭解雇而懊恼 **II** *vt.* 使懊恼；使懊悔；使悔恨：I was particularly *chagrined* at their absence. 他们不到场让我感到很懊恼。

chain /tʃein/ **I** *n.* ❶[C；U]链，链条；自行车链；表链；（用作饰物等的）项链：a link in a *chain* 链条上的一节（或环）❷[常作～s]锁链；镣铐；囚禁；束缚：struggle out of one's *chains* 挣脱锁链 ❸[C]一系列，一连串（见 series）：reconstruct a *chain* of events 把一连串事件重新串起来 ❹[C]（公司、企业等的）联号，连锁店：a motel *chain* 连锁汽车旅馆 **II** *vt.* & *vi.* ❶用链条拴住；用链条把…连接：She *chains* up her dogs at night. 她晚上常常用链子把狗拴起来。❷束缚；使受困；拘禁：His work *chained* him (down) to his desk. 他的工作使他常年伏案。‖ ***in chains*** 不自由；被囚禁；被奴役

chain mail *n.* [C]【军】锁子甲；连环甲

chain reaction *n.* [C] ❶【物】【化】链式反应 ❷（事件等的）连锁反应：set off a *chain reaction* 引发连锁反应

chain saw *n.* [C]【机】链锯

chain-smoke /'tʃeinˌsməuk/ *vi.* & *vt.* 一支接一支地吸（烟）：He was sitting in the sitting-room *chain-smoking*. 他坐在客厅里，一支又一支在抽着香烟。‖ **'chain-ˌsmok·er** *n.* [C]

chair /tʃeəʳ/ **I** *n.* ❶[C]椅子：a folding *chair* 折叠椅 ❷[通常用单]教授的席位（或职位）：He was still in his thirties when he got his *chair* at Oxford. 他在牛津大学当上教授时只有三十多岁。❸[通常用单]显要的职位（或席位）；〈英〉

市长职位：give up a *chair* 放弃显要的职位 ❹[通常用单]（会议的）主席；主席席位（或职位）：a *chair* on the board of directors 董事会主席 **II** *vt*. 担任（会议、委员会等）的主席；主持（会议等）：*chair* a meeting 主持会议（或当会议主席）‖ ***take* [*be in*] *the chair*** *vi*. ❶主持会议，做会议主席；主持工作：The vice-president *took the chair* when the president was ill. 总统生病时，副总统就主持工作。❷（就座于主席之位）开始开会：The *chair* was *taken* at seven sharp. 会议7点整开始。

chair·lift /ˈtʃeəˌlift/ *n*. [C]（运送滑雪者或游客上下山的）高空吊椅，空中缆车〔亦作 **lift**〕

chair·man /ˈtʃeəmən/ *n*. [C]（[复]**-men** /-mən/）（会议的）主持人；（董事会等的）主席，董事长；（大学的）系主任 ‖ **ˈchair·manˌship** *n*. [U]

chair·per·son /ˈtʃeəˌpəːsᵊn/ *n*. [C] ❶（会议的）主席 ❷（国家、组织、董事会等的）主席；议长；会长；董事长；理事长；委员长 ❸（大学的）系主任 ‖ **ˈchair·per·sonˌship** *n*. [U]

chaise /ʃeiz/ *n*. [C] ❶（通常供两人乘坐的单马双轮）轻便敞篷马车 ❷＝chaise longue

chaise longue /ˈʃeizˈlɔŋ/, **chaise lounge** /ˈʃeizˈlaundʒ/ *n*. [C]睡椅，躺椅

cha·let /ˈʃælei/ *n*. [C] ❶（供度假者居住的）小（木）屋；（山区的）滑雪小屋 ❷瑞士农舍式房屋；牧人小屋式住房

chal·ice /ˈtʃælis/ *n*. ❶[C]酒杯；高脚酒杯 ❷[C;U]圣餐酒杯；（圣餐杯中的）酒

chalk /tʃɔːk/ **I** *n*. ❶[U]白垩 ❷[U;C]（白色或彩色）粉笔：a piece [stick] of *chalk* 一支粉笔 **II** *vt*. 用粉笔写（或画）；用粉笔在…上做记号：*chalk* political slogans on walls 用粉笔在墙上写政治口号 ‖ ***chalk up*** ❶达到，取得：His team *chalked up* 10 victories against 2 defeats. 他的球队取得了10胜2负的战绩。❷将…归因于，把…归咎于（*to*）：*chalk* sth. *up to* lack of experience 将某事归咎于缺乏经验

chalk·board /ˈtʃɔːkbɔːd/ *n*. [C]黑板

chalk·y /ˈtʃɔːki/ *adj*. 白垩的；富含白垩的；似白垩的；粉笔的；粉笔般的：The soil in this area is very *chalky*. 该地区的土壤富含白垩。

chal·lenge /ˈtʃælindʒ/ **I** *n*. ❶[C;U]挑战；格斗要求：take up sb.'s *challenge* 接受某人的挑战 ❷[C;U]需要尽心尽力的工作，艰巨任务；富有挑战性的事情；激起兴趣的东西：Fractions are a real *challenge* to him. 对他来说，解分数题真够伤脑筋的。**II** *vt*. ❶向…挑战；邀请…参加竞赛（或格斗、辩论等）：I *challenge* you to race me across the lake. 咱俩比一比，看谁先游过湖。❷质疑；怀疑；反对；否认：The idea has never been *challenged*. 从未有人对这个观点提出过异议。‖ **ˈchal·leng·er** *n*. [C]

chal·leng·ing /ˈtʃælindʒiŋ/ *adj*. 富有挑战性的；需要充分发挥能力的：She finds her new job very *challenging*. 她发现自己的新工作很有挑战性。

cham·ber /ˈtʃeimbəʳ/ *n*. [C] ❶室，房间；（尤指）寝室：She retired to her *chamber*. 她退进了她的卧室。❷（立法机关、地方长官、法官等的）会议厅；立法机关；司法机关：the council *chamber* 议事室 ❸（两院制议会的）院：The Congress of the United States has two *chambers*, the Senate and the House of Representatives. 美国国会有参议院和众议院两院。❹【生】（动植物体内的）室，腔：The heart has four *chambers*. 心脏有四室。

cham·ber·lain /ˈtʃeimbəlin/ *n*. [C]国王（或贵族）的内侍；管家；宫廷大臣

cham·ber·maid /ˈtʃeimbəˌmeid/ *n*. [C] ❶（旅馆等中整理房间的）女服务员 ❷家庭女佣

cham·ber·mu·sic /ˈtʃeimbəˌmjuːsik/ *n*. [U]【音】室内乐

chamber of commerce *n*. [C]（[复]**chambers of commerce**）商会

cha·me·le·on /kəˈmiːliən/ *n*. [C] ❶变色蜥蜴 ❷多变的人，变色龙：He is a *chameleon* with no opinions of his own. 他是个反复无常的人，没有一点主见。‖ **chaˈme·le·onˌlike** *adj*.

cham·ois /ˈʃæmwɑː/ *n*. （[复]**-ois** 或 **-oix** /-iz/）❶[C]【动】岩羚羊 ❷/ˈʃæmi, ˈʃæmɑː/ [U]岩羚羊皮，麂皮油鞣革，油鞣革 ❸[C;U]（擦拭用的）（一块）羚羊皮

champ[1] /tʃæmp/ *vt*. & *vi*. 大声地咀嚼（食物等）；（马等）咯咯地咬（马嚼子等）：a race horse *champing* noisily behind a barrier 一匹在栅栏后面不停咯咯咬马嚼子的赛马

champ[2] /tʃæmp/ *n*. [C]〈俚〉冠军，获胜者〔亦作 **chomp**〕

cham·pagne /ʃæmˈpein/ *n*. [U;C]香槟酒

cham·pi·on /ˈtʃæmpiən/ **I** *n.* [C] ❶(在比赛或竞技中)获第一名的人(或动物、物品等),冠军,优胜者,一等奖得主:a defending *champion* 卫冕冠军 ❷斗士;卫士;提倡者;支持者,拥护者:a *champion* for justice 为正义而战的人 **II** *vt.* 捍卫;拥护;支持(见 support):*champion* economic and political reform 坚持经济和政治改革

C

cham·pi·on·ship /ˈtʃæmpiənˌʃip/ *n.* ❶[常作~s]锦标赛:the American national golf *championships* 全美高尔夫球锦标赛 ❷[C]冠军身份(或地位);冠军称号

chance /tʃɑːns;tʃæns/ **I** *n.* ❶[C;U]可能性;偶然性,或然性;[常作~s]很有可能发生的事(或情况):It is nine *chances* out of ten against us. 我们十之八九不会成功。❷[U]意想不到的事;偶然的事:It was sheer *chance* (that) I won the prize. 我能得奖实属侥幸。❸[C]机会,机遇:a fair *chance* 一次好[绝好]机会 ❹[C]冒险;危险:I don't want to take the *chance* of getting a fine. 我可不想冒被罚款的危险。**II** *adj.* [无比较级][作定语]碰巧的;偶然的;意想不到的:a *chance* meeting 邂逅 / a *chance* occurrence 偶发事件 **III** *vi.* 偶然发生;碰巧;无意间被发现(或找到):It *chanced* that we were both travelling on the same plane. 凑巧的是,我俩乘坐同一班飞机旅行。—*vt.* 〈口〉冒…的险;用…冒险:*chance* being punished 甘愿冒受处罚的危险 / *chance* one's luck 碰碰自己的运气 ‖ ***by any chance*** *adv.* 万一;或许:I wonder whether you could lend me some money *by any chance*? 假如可能的话,你能借给我一点钱吗? ***by chance*** *adv.* 偶然地;意外地;不期:No one is so foolish as to believe that anything happens *by chance*. 谁也不会愚蠢到竟然会相信世间任何事情都是偶然发生的。***on the off chance*** *adv.* 抱着万一的希望;只有极小的可能:I wasn't sure I'd find him there; I only went *on the off chance*. 我没把握会在那儿找到他,我只是去碰碰看的。

☆**chance, occasion, opportunity** 均有"时机,机会"之意。**chance** 主要指偶然的机会,含有侥幸之意:It was pure *chance* that we met in Paris. (我们在巴黎相遇纯属巧合。)该词有时也可指公平或正常的机会,尤其适用于含否定意思的表达方式:There is a faint *chance* that you will find him at home. (在他家里找到他的可能性很小。)**occasion** 亦为普通用词,指提供机会、敦促某人采取行动的具体时机或场合:This is hardly the *occasion* for a family argument. (这种时候不宜为家事争吵。)**opportunity** 为普通用词,多指有利于做某件事以实现某种意图、目的或心愿的良机:I would like to take this *opportunity* of thanking everyone for their hard work on the project. (我愿借此机会感谢每一位为这个项目辛勤工作的人。)

chan·cel /ˈtʃɑːnsᵊl;ˈtʃæn-/ *n.* [C]高坛(指教堂圣坛四周供牧师和唱诗班使用的场所)

chan·cel·lor /ˈtʃɑːnsᵊlə;ˈtʃæn-/ *n.* [C] ❶(奥地利、德国等的)总理,首相 ❷〈英〉(大学的)名誉校长 ❸(美国某些大学的)校长 ‖ **ˈchan·cel·lorˌship** *n.* [U]

chanc·y /ˈtʃɑːnsi;ˈtʃæn-/ *adj.* 不确定的,不肯定的;碰运气的;冒险的:accidents caused by *chancy* driving 因冒险驾驶而引发的交通事故 ‖ **ˈchanc·i·ness** *n.* [U]

chan·de·lier /ˌʃændiˈliəʳ/ *n.* [C]枝形吊灯:a huge crystal *chandelier* 一只巨大的枝形水晶吊灯

change /tʃeindʒ/ **I** *n.* ❶[C;U]改变;转变;变化;变更,变动;变革:a sudden *change* in the weather 天气的突变 ❷[C]替换物;更换的衣物:She packed two *changes* of clothes for the trip. 她为这次旅行准备了两套替换衣服。❸[U]找头;零钱;[总称]小额钱币,小面值硬币,辅币(见 money):Keep the *change*. 别找了。❹[C;U]更动;更换,调换:The schedule is subject to *change*. 这一计划还有待于修改。**II** *vt.* ❶改变,使起变化;更改;变革;调动:The disease *changed* him from an athlete into an invalid. 病魔使他从运动员变成了病夫。❷换(交通工具、衣服等);更换,替换:*change* soiled clothes for clean ones 换去脏衣服,穿上干净衣服 ❸兑换;把(大面额钞票等)换成零钱:*change* a check 兑现支票❹给…换衣服(或尿布、床单等):I've got to *change* the bed today. 今天我得换床单。❺交换,互换(*with*):I *changed* seats *with* my brother. 我和弟弟调换了座位。—*vi.* ❶改变,起变化;变更:Summer *changes* into autumn. 夏去秋来。❷换衣服(或尿布等):After swimming he went into the cabin and *changed*. 他游泳后走进更衣室换衣服。❸换车(或船、飞机等):*We must change* to [for] an express. 我们得换乘直达快车。

change·a·ble /ˈtʃeindʒəbᵊl/ *adj.* 多变的;易变的;不定的;难以揣摩的:He was as *changeable* as the weather. 他像天气一样捉摸不透。

change·ling /ˈtʃeindʒliŋ/ *n.* [C]被偷换后留下的孩童(或东西)

change·o·ver /ˈtʃeindʒˌəuvəʳ/ *n.* [常用单](制度、方法、工艺、设备等的)彻底改变,重大变更;(人员的)更换;(情况等的)大转变:a *changeover* from a peacetime to a war economy 从和平时期的经济向战时经济的大转变

chan·nel /ˈtʃænᵊl/ **I** *n.* [C] ❶河床,河槽;沟渠,沟槽 ❷水道,航道;(液体流过的)管道:There is shallow water on both sides of the *channel* in this river. 这条河的航道两边是浅水。❸海峡;[**the C-**]英吉利海峡 ❹[~**s**](尤指官方)渠道,途径;正式程序;系统:through regular *channels* 通过正常途径 ❺【电子】【电信】频道,信道,波道;电路,通路:switch to another *channel* 换频道 **II** *vt.* (**-nel(l)ed; -nel·(l)ing**) 使按一定路线流动;引导;使集中于:*channel* water to oases 把水引向绿洲

chant /tʃɑːnt;tʃænt/ **I** *n.* [C] ❶颂歌,圣歌,赞美诗 ❷(单调的)歌曲;曲调:a war *chant* 战歌 ❸重复的有节奏的话语(或口号等):The assembly broke [burst] into a *chant*. 集会群众突然爆发出一阵有节奏的呼喊声。**II** *vt.* ❶有节奏地反复吟唱(或吟诵、说):The football fans *chanted* "Go, team, go!" 足球迷们不断高喊"加油!加油!"❷唱(歌、赞美诗等);背诵:*chant* psalms 唱圣歌 —*vi.* ❶有节奏地反复唱歌(或吟诵、说话):The protesters were *chanting* in the street. 抗议者在大街上不停地喊叫着。❷唱歌,唱赞美诗;背诵:a choir *chanting* in church 在教堂吟唱的唱诗班

cha·os /ˈkeiɔs/ *n.* [U]混乱,无秩序,紊乱;杂乱的一堆(或一团、一群等)(见 confusion):be plunged [thrown] into *chaos* 陷于混乱之中

cha·ot·ic /keiˈɔtik/ *adj.* 混乱的:The city traffic was *chaotic*. 城市交通乱糟糟的。‖ **chaˈot·i·cal·ly** /-kəli/ *adv.*

chap /tʃæp/ *n.* [C]〈主英口〉小伙子;伙计,家伙,老兄:Come on, (you) *chaps*, let's get going. 快点,伙计们!咱们干起来吧。

chap·el /ˈtʃæpᵊl/ *n.* [C] ❶(大教堂内供私人做礼拜的)小教堂;(教堂内的)私人祈祷室;私家壁龛 ❷(大建筑物内的)祈祷室,礼拜室;(医院、学校、监狱等内所设的)附属小教堂;祷告室

chap·er·on, chap·er·one /ˈʃæpəˌrəun/ **I** *n.* [C] ❶(在社交场合陪同未婚少女的)年长女伴:serve as a *chaperon* at a dance 在舞会上当女伴 ❷(在青少年社交聚会时起现场监护作用的)年长监护人;行为监督人(通常由老师或家长担任) **II** *vt.* 充当…的女伴(或监护人);陪伴,护送:*chaperon* a group of young ladies on tour 陪同一群姑娘旅游 —*vi.* 当女伴(或监护人):The woman's duty was to *chaperon* at all sorority dances. 这个妇女的责任是在所有女大学生联谊会上当监护人。

chap·lain /ˈtʃæplin/ *n.* [C](王宫等的)私人教堂的牧师;(军队、监狱、医院、船舰等的)牧师;祭司:a military *chaplain* 随军牧师 ‖ **ˈchap·lain·cy** *n.* [U;C]

chap·ter /ˈtʃæptəʳ/ *n.* [C] ❶(书、文章等的)章,回,篇(略作 **chap**):a *chapter* on how to introduce people to one another 关于如何互相介绍的一章 ❷(人生或历史等的)重要时期;阶段:The atomic bomb opened a new *chapter* in the history of international relations. 原子弹揭开了国际关系史的新篇章。

char /tʃɑːʳ/ *vt.* & *vi.* (**charred; char·ring**) ❶(把…)烧焦:The flame *charred* the steak. 火焰烤焦了牛排。❷(把…)烧成木炭:The fire *charred* the wood. 大火把木材烧成了炭。

char·a·banc /ˈʃærəˌbæŋ/, **char·a** /ˈʃærə/ *n.* [C]〈英〉大型游览车

char·ac·ter /ˈkæriktəʳ/ *n.* ❶[U](人的)性格;品格,品质,品德(见 disposition):build [train] *character* 塑造性格 ❷[U](事物的)特性,个性,特征,特点,特色(见 quality):outline the *character* of the conference in the interview 在访谈中概括这次会议的性质 ❸[U]良好的品质;毅力;勇气;骨气:show one's true *character* 表现出很强的毅力❹[U]名誉,(好)名声,声望,声誉:have an infamous *character* 臭名昭著 ❺[C](小说、戏剧等中的)人物,角色:the leading *character* in a play 一出戏的主角 ❻[C](书写或印刷)符号(如 A,a,十,一,1,2,3 等);字母;(汉)字;字体❼[C;U](人、动物、植物、事物等的)特征;色彩:The statements were of a political *character*. 这些声明很有政治色彩。

char·ac·ter·is·tic /ˌkæriktəˈristik/ **I** *adj.* 独

特的，特有的；典型的；表示特性的：It is *characteristic* of her that she never complained. 她从不发牢骚，这是她的性格特点。**II** *n.* [C]特征，特性，特色，特点：individual *characteristic* 个性 ‖ ˌ**char·ac·terˈis·ti·cal·ly** /-kəli/ *adv.*

char·ac·ter·ize /ˈkæriktəˌraiz/ *vt.* ❶描述…的特征；描绘：*characterize* a friend in a few words 用三言两语描绘朋友的特征 ❷[主要用于被动语态]成为…的特征，以…为特征：Rich metaphors *characterize* his poetry. 他的诗作的特征是采用丰富的暗喻。‖ **char·ac·ter·iza·tion** /ˌkæriktəraiˈzeiʃᵊn;-riˈz-/ *n.* [C;U]

C

cha·rade /ʃəˈreid/ *n.* ❶[常作～s][用作单](用文字、图片或动作表示的)字谜(游戏)，哑剧字谜：play *charades* 玩字谜游戏 ❷[C]字谜的谜底；字谜游戏的表演 ❸[C]〈喻〉荒唐但易被识破的伪装；象征性动作：The trial was a mere *charade*，the verdict of guilty had already been decided. 审判不过是装装样子罢了，其实罪名早已确定了。

char·coal /ˈtʃɑːkəul/ *n.* ❶[U]炭，木炭：a piece of *charcoal* 一块木炭 ❷[常作～s](作画用的)炭棒，炭笔：a sketch drawn in *charcoal* 用炭笔画成的速写

charge /tʃɑːdʒ/ **I** *vt.* ❶要(价)，收取(费用等)；向…收(钱)；要…付钱：How much do you *charge* for a double room? 双人间的房价是多少？❷把…记在账上；把(账)记在某人名下；记入…的账；赊购(货物)(*to*，*up to*)：The store permitted her to *charge* the dress. 那家商店允许她赊购那条裙服。❸指控，控告(*with*)；[后接 that 引导的从句]提出…的指控；指责；声称：They *charged* delinquency against him. 他们指责他有不法行为。❹向…发起猛攻，冲向(见 attack)：The soldiers *charged* the enemy. 士兵们向敌人猛攻。❺使充电；给…充电：Protons are positively *charged* with electricity; electrons are negatively *charged*. 质子带有正电荷；电子带负电荷。—*vi.* ❶收费，要价，定价：He *charges* by the hour for laying a carpet. 他铺地毯是按钟点收费的。❷冲锋，突然发起猛攻：I'm exhausted — I've been *charging* about all day. 我要累死了，我一天都在跑这跑那的。❸充电：If the red light comes on，it means the battery isn't *charging*. 要是红灯亮了，这表示电池不再充电了。**II** *n.* ❶[C;U]价钱，费用；要价；收费(见 cost)：No *charge* is made for repairs. 免费修理。❷[C;U]猛攻；冲锋；冲锋号：make a *charge* against sb. 向某人发起袭击 ❸[U]照看，照管，看护；掌管；监护；[C]被照管的人(或东西)：The child was placed in her nurse's *charge*. 这孩子由她的保姆照管。❹[C]指控，控告：make a false *charge* 诬告 ❺[C]电荷；负荷；充电量；充电：A proton has a positive *charge*. 质子带正电荷。‖ ***in charge*** *prep.* 主管的，负责的(*of*)：The sick man was taken *in charge* by the doctor. 病人已由医生负责护理。***take charge*** *vi.* 管理，掌管；负责；料理(*of*)：He is a natural leader，and can *take charge* in an emergency. 他天生是个当领导的材料，紧急情况下他能够管理一切。

charge account *n.* [C] ❶赊购账 ❷赊欠户

charge card *n.* [C]赊账卡，记账卡，信用卡

char·gé d'af·faires /ˌʃɑːʒeidəˈfeəʳ/ *n.* [C]代办(代理大使职务的外交代表)〔亦作 **chargé**〕

charg·er /ˈtʃɑːdʒəʳ/ *n.* [C] ❶战马；坐骑❷控告人 ❸冲锋者 ❹收费人

char·i·ot /ˈtʃæriət/ *n.* [C] ❶(古代的)双轮战车(或用于比赛的马车) ❷轻便马车

cha·ris·ma /kəˈrizmə/ *n.* [U;C]([复]**-mas**，**-ma·ta** /-mətə/) [U](能令人效忠的)号召力；领袖气质；(非凡的)个人魅力：a leader with great *charisma* 具有强大号召力的领导者

char·is·mat·ic /ˌkærizˈmætik/ **I** *adj.* ❶能使人效忠的；有号召力的；有魅力的：*charismatic* figures of a new era 新时代具有无穷魅力的人物 ❷[作定语]具有(或崇尚)神授超凡能力的 **II** *n.* [C]具有(或崇尚)神授超凡能力的人

char·i·ta·ble /ˈtʃæritəbᵊl/ *adj.* ❶慷慨施舍的，乐善好施的；慈悲为怀的，仁爱的；宽容的；宽厚的：*charitable* remarks 宽容的讲话 ❷[作定语]慈善组织的；与慈善组织有关的：a *charitable* organization 慈善组织 ‖ ˈ**char·i·ta·ble·ness** *n.* [U] —ˈ**char·i·ta·bly** *adv.*

char·i·ty /ˈtʃæriti/ *n.* ❶[U]施舍；施舍物，赈济的钱物：plead for *charity* 乞求施舍 ❷[C;U]慈善机构(或团体)；慈善事业：Red Cross is an international *charity*. 红十字会是一个国际性慈善团体。❸[U]仁爱，慈悲；慈善：do sth. out of *charity* 出于仁爱之心做某事

char·la·tan /ˈʃɑːlətᵊn/ *n.* [C]〈贬〉冒充懂行者；骗子；江湖郎中，庸医：a *charlatan* in gardening 冒充懂园艺的人 ‖ ˈ**char·la·tanˌism**，

ˈ**char·la·tan·ry** *n.* [U]

charm /tʃɑːm/ **I** *n.* ❶[C;U]吸引力,魅力;[常作~s]妩媚,美貌:display a lot of *charm* 表现出极大的魅力❷[C](手镯、表链或项链等上的)小饰物:A bunch of *charms* was attached to her bracelet. 她的手镯上挂着一串小饰物。**II** *vt.* 使陶醉;使愉悦;迷住;吸引:be *charmed* with the music 被音乐迷住。‖ ˈ**charm·er** *n.* [C] —ˈ**charm·ing** *adj.* —ˈ**charm·ing·ly** *adv.*

chart /tʃɑːt/ **I** *n.* [C] ❶(航海或航空用的)地图;海图;航图:*charts* of the China Sea 中国海的航图 ❷图,图表,示意图;曲线图(或表):a sales *chart* 销售情况表 / a weather *chart* 天气形势图 ❸[常作 **the** ~s]〈口〉(每周或一定时期的)流行唱片选目;畅销唱片目录:The singer's album is number one on *the charts* for two weeks. 这位歌星的专辑连续两周名列排行榜第一名。**II** *vt.* ❶用图表表示(或说明、记录等):*chart* the course of the voyage 绘制这次航海的路线图 ❷为…制订计划:They had a meeting to *chart* a course of action. 他们开会制订行动方案。

char·ter /ˈtʃɑːtəʳ/ **I** *n.* [C] ❶(政府或立法机构对组建自治城镇、大学、公司企业等的)特许状,凭照;(社团对成立分会等的)许可证:obtain for a government *charter* 获得政府的特许状 ❷[常作 **C-**]宪章,共同纲领:the *Charter* of the United Nations 联合国宪章 ❸(飞机、汽车等的)包租契约 ❹包机(车、船)旅行,旅游:organize a *charter* for a trip to New York 组织一次赴纽约的包机旅游 **II** *vt.* ❶给…发特许证,给…发执照:a college *chartered* in 1800 一所于1800年特设的学院 ❷包租(车辆、飞机、船只等):The school *chartered* a bus for a tour. 学校包了一辆公共汽车旅游。

char·y /ˈtʃeəri/ *adj.* 仔细的,小心的,谨小慎微的:a *chary* investor 谨慎的投资者 ‖ ˈ**char·i·ly** *adv.* —ˈ**char·i·ness** *n.* [U]

chase /tʃeis/ **I** *vt.* ❶追赶,追逐;追猎:*chase* a criminal down the street 沿街追捕罪犯 ❷驱赶;赶出;驱除;打消(*from*, *out of*, *away*, *off*, *to*):*chase away* a recollection 抹去记忆 ❸向某方向急奔(*about*, *around*) —*vi.* ❶追逐,追赶;追寻;追求:*chase after* fame and fortune 追名逐利 ❷〈口〉急匆匆地行走;奔走(*(a)round*):The children are always *chasing* in and out. 孩子们总是跑进跑出,互相追逐。**II** *n.* [C;U]追逐,追赶;追捕;追猎;追击;追求:in *chase* of sb. 追赶着某人 ‖ ***give chase*** 〈书〉追赶;追击;追踪(*to*):The squadron immediately *gave chase to* the enemy fleet. 空军中队立即对敌舰队进行跟踪追击。

chas·er /ˈtʃeisəʳ/ *n.* [C] ❶追赶者;追赶物 ❷(紧接烈酒喝的)淡味饮料(如啤酒等):whisky with a beer *chaser* 一杯威士忌加一杯啤酒

chasm /ˈkæzᵊm/ *n.* [C] ❶(地面的)裂缝;峡谷;缺口,裂口:a *chasm* in the earth 地面的裂隙 ❷〈喻〉(感情、兴趣等的)大分歧,大差异:bridge a *chasm* 弥合裂痕 ‖ ˈ**chasmed** *adj.*

chas·sis /ˈtʃæsi, ˈʃæ-/ *n.* [C]([复] **chas·sis** /-siːz/) ❶(汽车等的)底盘,车架 ❷(无线电、电视机、电子仪器等的)底架,底盘;框架;外壳,机壳

chaste /tʃeist/ *adj.* ❶童贞的;贞洁的;忠于配偶的:be *chaste* as morning dew 晨露般的清纯 ❷独身的,未婚的;禁欲的:a *chaste* life 独身生活 ❸(行动、言语、思想等)纯洁的,纯真的;正派的;高雅的:be *chaste* in mind 思想纯洁 ‖ ˈ**chaste·ly** *adv.* —ˈ**chaste·ness** *n.* [C]

chas·ten /ˈtʃeisᵊn/ *vt.* ❶节制;抑制:*chasten* the feud between the two families 缓解两个家族之间的宿怨 ❷惩戒;(用惩罚的办法)使改过:They slunk out of the study like two schoolboys *chastened* by the headmaster. 他们溜出书房,仿佛是两个受到校长惩罚的学生。‖ ˈ**chas·ten·ing·ly** *adv.*

chas·tise /tʃæsˈtaiz/ *vt.* 〈书〉❶责骂,斥责;严厉批评:He *chastised* the members at the conference for not taking things seriously enough. 他在大会上严厉指责那些态度不严肃的成员。❷惩戒;(尤指)杖责:*chastise* sb. for his fault 因某人的过错而惩罚某人 ‖ ˈ**chas·tise·ment** *n.* [C;U] —**chas**ˈ**tis·er** *n.* [C]

chas·ti·ty /ˈtʃæstiti/ *n.* [U]童贞;圣洁,贞洁,贞操

chat /tʃæt/ 〈主英〉**I** *vi.* (**chat·ted**;**chat·ting**) 聊天,闲谈:*chat* over tea 边喝茶边聊天 **II** *n.* [C;U]〈口〉聊天,闲谈:a *chat* about old times 叙旧 / have a *chat* with sb. 与某人聊天 ‖ ***chat sb. up*** 〈口〉跟(尤指异性)亲切聊天;与…搭讪:The local boys *chat up* all the foreign girls in the tourist season. 当地的小伙子在旅游季节

一遇到外国女孩就去搭讪。

chat·ter /ˈtʃætəʳ/ *vi.* ❶喋喋不休,饶舌,唠叨:He was *chattering* on about his new car. 他喋喋不休地谈论他的新车。❷(鸟)啼啭;(猴子等)唧唧叫;(松鼠等)吱吱叫:The monkeys were *chattering* away in the trees. 猴子在树林里叫个不止。❸(因寒冷或恐惧等而牙齿)打战:His teeth *chattered* with cold. 他的牙齿因寒冷而直打战。‖ ˈ**chat·ter·er** *n.* [C]

C

chat·ter·box /ˈtʃætəˌbɔks/ *n.* [C]〈口〉饶舌者,唠叨者,喋喋不休者

chat·ty /ˈtʃæti/ *adj.*〈口〉❶喜欢聊天的,爱说话的;健谈的:a *chatty* woman 饶舌妇 ❷(说话、文章等)聊天般的;非正式的,随便的:a *chatty* article 拉家常般的文章 ‖ ˈ**chat·ti·ly** *adv.* —ˈ**chat·ti·ness** *n.* [U]

chauf·feur /ˈʃəufəʳ,ʃəuˈfəːʳ/ **I** *n.* [C](受雇于私人或公司等的)汽车司机 **II** *vt.* 为…开汽车;开汽车接送;开(汽车)送:Saturday mornings I have to *chauffeur* the kids to their music lessons. 星期六上午我得驾车送孩子去上音乐课。

chau·vin·ism /ˈʃəuviˌnizᵊm/ *n.* [U]〈贬〉❶沙文主义;狭隘的(或盲目的)爱国主义 ❷本性别第一主义;本民族(或种族、团体等)第一主义:female *chauvinism* 女子至上主义(或大女子主义)

chau·vin·ist /ˈʃəuvənist/〈贬〉**I** *n.* [C] ❶沙文主义者 ❷本性别第一主义者;本民族(或种族、团体等)第一主义者:a male *chauvinist* 大男子主义者 **II** *adj.* ❶沙文主义(者)的:a *chauvinist* foreign policy 沙文主义的外交政策 ❷本性别第一主义(者)的;本民族(或种族、团体等)第一主义的 ❸大男子主义(者)的 ‖ **chau·vin·is·tic** /ˌʃəuviˈnistik/ *adj.*

cheap /tʃiːp/ **I** *adj.* ❶廉价的,便宜的:*cheap* and cheerful food 价廉物美的饭菜 ❷[通常作定语]要价低的,收费低廉的:*cheap* labour 廉价劳动力 ❸低劣的,质次的,蹩脚的:We don't sell *cheap* quality goods. 我们不卖劣质货。**II** *adv.* 便宜地,廉价地:I sold the car *cheap* to get rid of it. 我把车贱卖掉了。‖ ***on the cheap*** *adv.* 便宜地,以低价地:I bought this tea-set *on the cheap*. 我买的这套茶具很便宜。‖ ˈ**cheap·ly** *adv.* —ˈ**cheap·ness** *n.* [U]

☆**cheap, inexpensive** 均有"廉价的,便宜的"之意。**cheap** 既可指物美价廉的,又可指价钱虽低但质量不好的,常用于贬义:Bread is *cheap* in this shop because they bake it themselves. (这家铺子的面包很便宜,因为是他们自己烤制的。)**inexpensive** 指物品价格公道的,强调价值与价格大体相当:an *inexpensive* umbrella that can be folded up and carried in the pocket (一把既可折叠又便于携带的价格公道的伞)

cheap·en /ˈtʃiːpᵊn/ *vt.* ❶使便宜;使跌价;使贬值:The dollar's increase in value has *cheapened* imports. 美元的升值降低了进口商品的价格。❷降低…的身份(或地位、威信等);使被人看不起:I would not *cheapen* myself by doing such a thing. 我才不会自贬身价去做这种事情。❸降低…的质量

cheat /tʃiːt/ **I** *vt.* 欺骗,欺诈;骗取,诈取:*cheat* sb. by flattery 用花言巧语欺骗某人 —*vi.* ❶欺骗,行骗;欺诈:*cheat* with flattery 用花言巧语行骗 ❷(在考试等中)作弊:*cheat* on an examination 在考试中作弊 **II** *n.* [C] ❶骗子:I saw you drop that card, you *cheat*! 我看见你故意丢了一张牌,你这骗子!❷欺骗;欺诈行为:The game is a *cheat*. 那场比赛是一个骗局。

check /tʃek/ **I** *vt.* ❶使突然停止;使减缓;中止;抑制;克制:She started to say something but *checked* herself. 她欲言又止。❷检查;核查,核实,核对:*Check* your answers with mine. 将你的答案和我的答案核对一下。❸在…上画"√"号,用"√"标出;(为表示正误、取舍等)做标记于:Please *check* the correct answer. 请在正确的答案上画"√"号。—*vi.* 核对无误,证实相符:The accounts *check*. 账目核对无误。**II** *n.* ❶[C;U]支票:pay by *check* 用支票付账〔亦作 **cheque**〕❷[C](餐馆的)账单:The waiter handed me a *check* for the meal. 服务员把餐费账单交给了我。❸[C](寄存衣物、行李、包裹等的)存物牌,存放证:a *check* for a coat 存衣牌 ❹[C]钩形符号,"√"号:I put a *check* next to the items that you need to revise. 我在要你修改的地方旁边打了个钩。❺[C]检查;核查,核对,核实:I don't think I've got a copy of the report, but I'll have a *check* through my files. 我想我没拿到那份报告的副本,不过先让我查一下我的卷宗再说。❻[C,U](尤指布料的)方格图案:a red and white *check* tablecloth 红白格子的桌布 ❼[U]【棋】被将军的局面;将(军):The king was in *check*. 棋王处于将局。

‖ ***check in*** *vi*. (在旅馆)登记办理住宿手续;(在机场)办理登机手续:You must *check in* (at the airport) an hour before your plane leaves. 你必须在飞机起飞前一小时(到机场)办理登机手续。***check on*** *vt*. 检查;调查:They decided to *check on* him. 他们决定对他进行调查。***check out*** *vi*. & *vt*. ❶(在旅店)办理退房手续;结账后离开(旅店) ❷得到证实:What he said *checks out*. 他的话得到了证实。❸查证;核实:The police are still *checking out* his story. 警察还在核实他交代的情况。❹(机器等)已经接受检查;检查(机器等)的运行情况:The engine *checks out*. 这部引擎已经检查过了。***check upon*** *vt*. =check on

check·book /ˈtʃekˌbuk/ *n*. [C]支票簿

checked /tʃekt/ *adj*. [无比较级]有方格图案的;有方格花纹的:a *checked* blouse 方格女衬衫

check·er¹ /ˈtʃekəʳ/ *n*. ❶[C]西洋跳棋子 ❷[~s](亦作 **draughts**)[用作单]西洋跳棋

check·er² /ˈtʃekəʳ/ *n*. [C] ❶审核员;检验员❷(尤指超级市场、自助餐厅等的)收款员,收银员❸(衣帽间的)服务员;(行李寄存处的)管理员

check·er·board /ˈtʃekəˌbɔːd/ *n*. [C]国际跳棋棋盘;西洋跳棋

check·ered /ˈtʃekəd/ *adj*. 多变的;盛衰无常的

check·ing /ˈtʃekiŋ/ **account** *n*. [C]支票活期存款账户,活期存款账户

check(-)list /ˈtʃekˌlist/ *n*. [C](用于项目核对的)清单,一览表

check·mate /ˈtʃekˌmeit/ *n*. [U] ❶【棋】将死 ❷大败:meet with a *checkmate* 遭遇失败

check(-)out /ˈtʃekˌaut/ *n*. ❶[U](从旅馆、饭店等的)结账离开:*Checkout* is at the front desk. 结账在前厅服务台。❷[U]顾客结账离开旅馆(或饭店等)的时间 ❸[C](尤指商场的)付款台

check·point /ˈtʃekˌpɔint/ *n*. [C]边防检查站;公路检查站

check·room /ˈtʃekˌruːm,-ˌrum/ *n*. [C]〈美〉衣帽间;(车站、旅馆等的)行李寄存处

check·up /ˈtʃekˌʌp/ *n*. [C]体检:go for an annual *checkup* 作每年一次的体检

ched·dar /ˈtʃedəʳ/ *n*. [U]切达奶酪(一种呈橘黄色的全脂牛乳干酪,因产于英国切达而得名)

cheek /tʃiːk/ *n*. ❶[C]面颊,脸颊:hit [strike, slap] sb. on the *cheek* 打某人一记耳光 ❷[U]无礼(或冒失)的行为;厚脸皮:He's got a lot of *cheek* to say that to me! 他脸皮真厚竟跟我提那事。

cheek·bone /ˈtʃiːkˌbəun/ *n*. [C]【解】颧骨

C

cheek·y /ˈtʃiːki/ *adj*. 厚脸皮的;无礼的;无耻的:It was *cheeky* of her to phone you at home. 她太无耻了,竟然往你家打电话。‖ ˈ**cheek·i·ly** *adv*. —ˈ**cheek·i·ness** *n*. [U]

cheep /tʃiːp/ **I** *vi*. (小鸟等)吱吱地叫,叽叽地叫,唧唧地叫:newly hatched chicks constantly *cheep·ing* 叽叽直叫的雏鸡 **II** *n*. [C](小鸟等的)吱吱声,叽叽声

cheer /tʃiəʳ/ **I** *n*. [C]❶欢呼(声);喝彩(声):They burst into *cheers*. 他们突然爆发出阵阵喝彩声。❷(观众给予参赛者的)加油声 **II** [~s] *int*. [祝酒用语]干杯:They raised their glasses and said, "*Cheers*!" 他们举起酒杯说道:"干杯!" **III** *vt*. ❶向…欢呼;为…喝彩;给…加油:They *cheered* his remarks on tax cuts. 他们为他减税的言论大声叫好。❷使高兴;使振奋;使感到安慰:*cheer* a sick person 安慰病人 —*vi*. 欢呼;喝彩:*cheer* over the victory 为胜利欢呼/ *cheer* down a speaker 喝倒彩把演说者轰下台 ‖ ***cheer on*** *vt*. 为…喝彩;给…鼓劲:The fans *cheered* their favourite soccer player *on*. 球迷们为他们最喜欢的足球运动员加油。***cheer up*** *vt*. & *vi*. (使)高兴起来;(使)作起来:He took her to the ballet to *cheer* her *up*. 为了使她高兴起来,他带她去看芭蕾舞。‖ ˈ**cheer·ing·ly** *adv*.

cheer·ful /ˈtʃiəful/ *adj*. ❶欢乐的,快乐的,高兴的,兴高采烈的:be in a *cheerful* mood 情绪高昂 ❷令人快乐的;给人愉悦感的;明亮的:*cheerful* music 欢快的音乐 ‖ ˈ**cheer·ful·ly** *adv*. —ˈ**cheer·ful·ness** *n*. [U]

cheer·i·o(h) /ˌtʃiriˈəu/ *int*. 〈主英〉❶再见:"*Cheerio*, dear," she said, "Have a good trip." "再见,亲爱的,"她说,"祝你旅途愉快。" ❷[祝酒用语]干杯

cheer·lead·er /ˈtʃiəˌliːdəʳ/ *n*. [C](尤指体育比赛、群众集会等中的)啦啦队队长;领头喝彩者

cheer·less /ˈtʃiəlis/ *adj*. 不快乐的;阴郁的;阴

暗的：a wet and *cheerless* place 一个阴暗潮湿的地方‖ˈ**cheer·less·ly** *adv.* —ˈ**cheer·less·ness** *n.* [U]

cheer·y /ˈtʃiəri/ *adj.* ❶高兴的，愉悦的，兴高采烈的：a *cheery* view of the country's economy 对那个国家经济的乐观看法❷让人愉快的；令人振奋的：*cheery* smile 亲切的微笑 ‖ ˈ**cheer·i·ly** *adv.* —ˈ**cheer·i·ness** *n.* [U]

C

cheese /tʃiːz/ *n.* ❶[U;C]奶酪，干酪：a piece [slice] of *cheese* 一块[片]奶酪 ❷[C]奶酪团，干酪块

cheese·burg·er /ˈtʃiːzˌbəːgəʳ/ *n.* [C]（上面加干酪的）干酪汉堡包

cheese·cake /ˈtʃiːzˌkeik/ *n.* [C;U]干酪（馅）饼：a portion of strawberry *cheesecake* 一份草莓干酪饼

chees·y /ˈtʃiːzi/ *adj.* ❶干酪的；含酪的；似干酪的；有干酪味的：a *cheesy* taste 干酪味 ❷〈俚〉劣质的；次等的；粗陋的：a *cheesy* movie 低级影片 ‖ˈ**chees·i·ness** *n.* [U]

chee·ta(h) /ˈtʃiːtə/ *n.* [C]【动】猎豹

chef /ʃef/ *n.* [C]（餐馆等的）厨师长；（泛指）厨师

chem·i·cal /ˈkemikᵊl/ **I** *n.* [C] ❶化学（制）品：synthetic *chemicals* 合成化学制品 ❷[～s]〈俚〉毒品，麻醉剂 **II** *adj.* [无比较级][作定语]化学的；用化学方法的；使用化学品产生的：a *chemical* formula 化学公式 / *chemical* fertilizers 化肥 / a *chemical* fire extinguisher 化学灭火器 ‖ˈ**chem·i·cal·ly** *adv.*

chem·ist /ˈkemist/ *n.* [C] ❶化学家，化学师 ❷〈主英〉药剂师；药品销售商

chem·is·try /ˈkemistri/ *n.* [U] ❶化学 ❷化学成分；化学特性；化学作用，化学反应；化学现象；化学过程：the *chemistry* of iron 铁的化学成分

chem·o·ther·a·py /ˌkiːməˈθerəpi, ˌkem-/, **chem·o** /ˈkiːməu/ *n.* [U]【医】化学治疗(法)

cheque /tʃek/ *n.* 〈主英〉＝check

cher·ish /ˈtʃeriʃ/ *vt.* ❶珍爱，珍视：The early settlers *cherished* freedom. 早期的定居者珍视自由。❷爱，疼爱；抚育：The old man *cherished* the girl as if she were his own daughter. 那老头疼爱这姑娘，视如己出。❸怀有，抱有（想法、希望、情感等）：*cherish* memories 怀念

cher·ry /ˈtʃeri/ *n.* ❶[C]樱桃 ❷[C]【植】樱桃树 ❸[C]樱桃木 ❹[U]樱桃色，鲜红色

cher·ub /ˈtʃerəb/ *n.* [C] ❶（[复]-**bim** /-bim/）小天使（常为带翅膀的孩子）❷（[复]-**ubs**）天真美丽的儿童 ‖ **che·ru·bic** /tʃiˈruːbik/ *adj.*

cher·vil /ˈtʃəːvil/ *n.* [U]【植】雪维菜

chess /tʃes/ *n.* [U]国际象棋：play *chess* with sb. 与某人下棋

chess·board /ˈtʃesˌbɔːd/ *n.* [C]国际象棋棋盘

chess·man /ˈtʃesˌmᵊn/ *n.* [C]（[复]-**men** /-mᵊn/）国际象棋棋子

chest /tʃest/ *n.* [C] ❶（人或动物的）胸腔，前胸，胸部，胸膛：He folded his arms on his *chest*. 他双臂交叉抱在胸前。❷（放置或贮运物品时用于包装的）箱（子）：an ammunition *chest* 弹药箱 ‖ ***get sth. off one's chest*** *vi.* 倾吐：If something's bothering, *get it off your chest*. 你要是有什么烦心的事，就说出来吧。‖ˈ**chest·ful** *n.* [C]

chest·nut /ˈtʃesˌnʌt,-nət/ *n.* ❶[C]【植】栗树 ❷[C]栗子 ❸[U]栗木 ❹[U]栗色，红棕色 ‖ ˈ**chestˌnut·ty** *adj.*

chest of drawers *n.* [C]五斗橱

chest·y /ˈtʃesti/ *adj.* ❶（声音）浑厚的 ❷胸部发达的；（女人）胸部丰满的：a *chesty* blonde 乳房高耸的金发女郎

chev·ron /ˈʃevrᵊn/ *n.* [C] ❶（表示军衔、警衔或服役期限等的）V形臂章 ❷人字形（或V形）图案（或物品）‖ˈ**chev·roned** *adj.*

chew /tʃuː/ *vt.* ❶嚼，咀嚼；嚼碎：*chew* tobacco 嚼烟草 ❷如咀嚼般撕碎（或碾碎）：The sorting machine *chewed up* the letters. 分拣机把信撕裂了。❸咬（*on*）：The dog was *chewing* a hole in the rug. 狗在地毯上咬了个洞。❹（长时间）考虑；沉思：*chew* a problem over in one's mind 反复考虑某个问题 —*vi.* ❶咀嚼，嚼碎：*chew* with one's mouth open 张着嘴咀嚼东西 ❷考虑；深思，沉思（*on*）：I'll give you till tomorrow to *chew on* the proposition. 我给你一天时间好好考虑这个建议。‖ˈ**chew·er** *n.* [C]

chew·ing gum *n.* [U]口香糖，橡皮糖：a piece of *chewing gum* 一块口香糖

chew·y /ˈtʃuːi/ *adj.* （食物）耐嚼的；需要多咀嚼的；难嚼的：a *chewy* candy 一块难嚼的糖 ‖

ˈ**chew•i•ness** *n.* [U]

chic /ʃiːk/ **I** *adj.* (尤指女人及其服装)漂亮的;高雅的;时髦的:buy *chic* clothes 买流行的时装 **II** *n.* [U](尤指服装设计的)漂亮;高雅;时髦:She wears her clothes with great *chic*. 她穿衣服很高雅。‖ ˈ**chic•ly** *adv.* —ˈ**chic•ness** *n.* [U]

chi•can•er•y /ʃiˈkeinəri/ *n.* [U;C]诡辩;遁词,诡计

chi•chi /ˈʃiːˌʃiː/ *adj.* ❶浮华艳丽的;虚饰的:a *chichi* little chapeau 华丽而俗气的小帽子 ❷时兴的,时髦的

chick /tʃik/ *n.* [C] ❶小鸟;(尤指)小鸡,雏鸡 ❷〈俚〉〈常贬〉少妇;少女,妞儿

chick•en /ˈtʃikən/ **I** *n.* ❶[C]雏鸟;小鸡,鸡:a brood of *chickens* 一窝小鸡 ❷[U]鸡肉:roast *chicken* 烤鸡❸[C]〈俚〉胆小鬼,懦夫:When it comes to fighting, he's a *chicken*. 要是说到打架,他可是个胆小鬼。**II** *adj.* 〈口〉胆小的,怯懦的:Don't be so *chicken*! 别害怕! ‖ ***chicken out*** *vi.* (因害怕而)退缩;胆怯;因胆小而不做:I *chickened out* when I saw how deep the water was. 我得知水的深度后便胆怯了。

chick•en-heart•ed /ˈtʃikinˈhɑːtid/ *adj.* 胆小的,怯懦的 ‖ ˌ**chick•en-ˈheart•ed•ly** *adv.*

chick•en•pox /ˈtʃikənˌpɔks/, **chicken pox** *n.* [U]【医】水痘

chic•o•ry /ˈtʃikəri/ *n.* ❶[C;U]【植】菊苣 ❷[U]菊苣根(碾碎烘烤后可作咖啡代用品)

chide /tʃaid/ *vt.* (过去式**chid•ed**或 **chid** /tʃid/, 过去分词**chid•ed**或 **chid** 或**chid•den** /ˈtʃidən/)责备;责怪;叱责,责骂:Maurice *chided* him for his carelessness. 莫里斯责怪他粗心大意。‖ ˈ**chid•ing•ly** *adv.*

chief /tʃiːf/ **I** *n.* [C] ❶领袖;首领;长官;首长:the *chief* of the delegates 首席代表❷头领;酋长;族长 ❸〈口〉上司,头头;[表示客气的称呼]老板,先生:We'll have to talk to the *chief* about this. 我们得跟头儿谈谈这事。**II** *adj.* [无比较级][作定语] ❶首席的;为首的,最高级别的;总的:the embassy's *chief* secretary 大使馆一等秘书 ❷首要的,主要的:the *chief* cause of traffic accident 发生交通事故的主要原因 ‖ ***in chief*** *adj.* [用于名词后]首席的;为首的;总的:editor *in chief* 主编(或总编) ‖ ˈ**chief•dom** /-dəm/ *n.* [U]

☆**chief, capital, foremost, leading, main, principal** 均有"主要的,首要的"之意。**chief** 指在地位、职权、重要性等方面居于首位的,往往含有凌驾于他人或他事之上的意思:Rice is the *chief* crop in this area. (水稻是这一地区的主要农作物。) / a *chief* delegate (首席代表) **capital** 用于物,指由于重要性或特殊意义而名列同类之首的:the *capital* city of China (中国的首都) **foremost** 强调在发展过程中处于领先地位的:He was the *foremost* conductor of his day. (他是当时最杰出的乐队指挥。) **leading** 指在次序、时间、重要性方面领先的,但常常暗示具备组织、领导、号召的能力:He was one of the *leading* composers of his time. (他是那个时代最杰出的作曲家之一。) **main** 常指在规模、力量和重要性方面尤为突出的:a busy *main* road (熙熙攘攘的大道) / *main* meal (主餐) **principal** 主要指人处于支配地位的;用于指物时,表示规模、位置、自身价值等居领先地位的:Our *principal* problem was lack of time. (我们的主要问题是缺少时间。)

C

chief•ly /ˈtʃiːfli/ *adv.* [无比较级] ❶首先;首要:*Chiefly*, he has to avoid fat. 首先他得少吃脂肪。❷主要地;大部分,大多:The accident happened *chiefly* as a result of carelessness. 事故主要是因为疏忽造成的。

chief•tain /ˈtʃiːftən/ *n.* [C] ❶酋长,族长 ❷(强盗或窃贼等)团伙头目 ❸首领;领袖:Labour *chieftains* kept a discreet silence. 劳工领袖们谨慎地保持沉默。

chif•fon /ˈʃifɔn/ *n.* [U]雪纺绸,薄绸

chil•blain /ˈtʃilblein/ *n.* [通常作~s]冻疮 ‖ ˈ**chil•blained** *adj.*

child /tʃaild/ *n.* [C]([复]**chil•dren** /ˈtʃildrən/) ❶小孩,儿童(可指男或女):books for *children* 儿童读物 ❷子女:bear *children* and rear them 生儿育女❸婴儿;胎儿:conceive a *child* 怀胎 ❹孩子气的人;幼稚的人:Don't be such a *child*. 别这么孩子气! ‖ ***with child*** *adj.* 怀孕的:be great *with child* 身怀六甲 ‖ ˈ**child•less** *adj.* —ˈ**child•less•ness** *n.* [U]

child•bear•ing /ˈtʃaildˌbeəriŋ/ **I** *n.* [U]分娩,生产 **II** *adj.* [无比较级][作定语]生育的;适于生育的;能生育的:*childbearing* age 生育年龄

child·birth /ˈtʃaildˌbəːθ/ *n.* [U;C]分娩,生产

child·hood /ˈtʃaildhud/ *n.* [U;C]童年,幼年:He was left fatherless in early *childhood*. 他幼年丧父。

child·ish /ˈtʃaildiʃ/ *adj.* ❶幼稚的;不成熟的:*childish* behaviour 愚蠢的行为 ❷孩子(般)的:sweet *childish* days 甜蜜的儿童时代 ‖ ˈ**child·ish·ly** *adv.* —ˈ**child·ish·ness** *n.* [U]

C

child·proof /ˈtʃaildˌpruːf/ *adj.* [无比较级] ❶能防止儿童触动的;不易被儿童搞坏的 ❷不对儿童构成危害的:a *childproof* living room free of breakable objects 未摆放危及儿童安全的易碎品的起居室

chil·dren /ˈtʃildrᵊn/ *n.* child 的复数形式

child's play *n.* [U]极易做成的事情,非常简单的事情

Chil·e·an /ˈtʃiliən/ I *adj.* 智利的;智利人的 II *n.* [C](南美国家)智利人;智利居民;智利公民

chil·i /ˈtʃili/ *n.* [C] ❶辣椒(粉) ❷肉末辣椒酱〔亦作 **chile**〕

chill /tʃil/ I *n.* [C] ❶寒冷;寒气:the *chill* of a fall day 秋日寒峭 ❷受凉;感冒;(由风寒引起的)发烧:catch a *chill* 着凉 ❸风寒;寒战:The ghost story sent *chills* up her spine. 那个鬼怪故事使她毛骨悚然。II *vi.* & *vt.* (使)变冷;(使)觉得冷:The earth *chills* when the sun sets. 太阳落山后地球温度就下降。‖ ***chill out*** *vi.* 〈俚〉放松一下 ‖ ˈ**chill·ness** *n.* [U]

chil·ler /tʃiləʳ/ *n.* [C] ❶冷冻工人 ❷恐怖故事(或电影等);惊险故事(或电影等) ❸冷却器;激冷器

chil·ling /tʃiliŋ/ *adj.* ❶很冷的;使变冷的;令人寒战的:feel a *chilling* shiver 感到一阵寒战 ❷使人恐惧的:a *chilling* tale 恐惧故事 ❸使人寒心的;使人沮丧(或扫兴,消沉)的:*chilling* statistics 令人泄气的统计数字

chill·y /ˈtʃili/ *adj.* ❶相当冷的;冷飕飕的;冷得令人难受的:a draught of *chilly* air 一股冷风 ❷冷淡的,冷冰冰的,不友好的:a *chilly* welcome 冷冰冰的迎接 ‖ ˈ**chill·i·ly** *adv.* —**chill·i·ness** *n.* [U]

chime /tʃaim/ I *n.* [常作~s] ❶排钟,编钟,管钟;编击乐器:ring the *chimes* 鸣(或敲)排钟 ❷(排钟等的)钟声,钟乐 II *vi.* ❶(排钟等)奏出和谐的乐声:The bells *chimed* at midnight. 午夜钟乐齐鸣,和谐悦耳。❷(钟、铃等)鸣(响):The doorbell *chimed*. 门铃响了。—*vt.* 敲钟报(时):The bell *chimed* the hour. 钟声报出了时间。‖ ***chime in*** *vi.* ❶插话;插话:"Let's try it,"someone *chimed in*. "让我们试试!"有人插嘴道。❷协调;一致:Her expectation *chimes in* with the beliefs of many others. 她的期望与其他许多人的信念一致。❸插嘴表示同意 ‖ ˈ**chim·er** *n.* [C]

chi·me·ra /kiˈmiərə,kai-/ *n.* ❶[常作 C-]【希神】(狮头、羊身、蛇尾的吐火女怪)喀迈拉 ❷幻想,梦幻;妄想

chi·mer·i·cal /kiˈmerikᵊl,-miəri-, kai-/, **chi·mer·ic** /-ˈmerik/ *adj.* ❶幻想的;不真实的 ❷空想的;异想天开的:*chimerical* ideas 异想天开的主意

chim·ney /ˈtʃimni/ *n.* [C] ❶烟囱;烟道;烟囱管 ❷(煤油灯、蜡烛等的)玻璃灯罩

chim·pan·zee /ˌtʃimpænˈziː,tʃim-/ *n.* [C]【动】黑猩猩

chin /tʃin/ *n.* [C]颏,下巴 ‖ ***keep one's chin up*** *vi.* (在困难、挫折等面前)不灰心,不气馁:When her husband died, she had to *keep her chin up* for the sake of the children. 丈夫死后,为了孩子她不得不强忍眼泪,振作起来。

chi·na /ˈtʃainə/ *n.* [U] ❶陶瓷;瓷料 ❷陶器;陶瓷制品;[总称]瓷餐具:a piece of *china* 一件瓷器

Chi·nese /ˌtʃaiˈniːz,-ˈniːs/ I *n.* ❶[U]中国话(尤指普通话),汉语,中文,华语:classical *Chinese* 古汉语 ❷[单复同]中国人;华人,华裔:a *Chinese* 一个中国人 II *adj.* ❶中国的;中国人的:the *Chinese* people 中华民族 ❷中国话的,汉语的,中文的;汉字的:*Chinese* translation 汉语译文

chink /tʃiŋk/ *n.* [C] ❶裂口,裂缝 ❷缝隙,(狭小的)空隙:a *chink* between two buildings 两座建筑物之间的空隙

chintz /tʃints/ *n.* [U]【纺】摩擦轧光印花棉布

chin-up /ˈtʃinˌʌp/ *n.* [C]【体】(单杠的)引体向上动作:perform 5 *chin-ups* 做 5 次引体向上动作

chip /tʃip/ I *n.* ❶[C](木头、石块、瓷器等的)碎片,屑片:a *chip* of glass 碎玻璃片 ❷[C](食

物、糖果等的)小块,小片:potato *chips* 土豆片 ❸[C](碎片剥落后留下的)缺口,瑕疵:a *chip* on the plate's edge 盘子边上的疵点 ❹[C]【牌】(纸牌戏等赌博中的)圆形筹码:poker *chips* 扑克牌戏筹码 ❺[亦作 **microchip**][C]【电子】集成电路片,集成块;微(型)电路:a silicon *chip* 硅集成电路片 **II** (**chipped**;**chip·ping**) *vt.* ❶切下(或削下、凿下)(碎片或屑片):*chip* the paint off the wall 铲去墙上的漆 ❷在…上削(或凿、切、碰)出缺口(或瑕疵等):I've *chipped* a piece out of [off] this saucer. 我把盘子碰缺了一块。❸将…削(或凿)成形:*chip* a figure out of wood 雕木像 —*vi.* 削(或凿、切、碰)出缺口(或瑕疵等):My tooth *chipped* when I fell. 我跌了一跤,牙齿磕掉了一块。‖ ***a chip off the old block*** *n.* 酷似父母的孩子,与父母如同一个模子里刻出来的孩子:His son is *a chip off the old block*. 他的儿子与他长得一模一样。***chip in*** *vt.* & *vi.* ❶共同出钱;捐助;凑钱:If everyone *chips in* (a pound) we could get something really nice for her. 如果每人凑钱(1英镑),我们就能为她买点相当不错的东西。❷插话;插嘴:John *chipped in* with a remark that it was time to go home. 约翰插嘴说了一句"该回家了"。

chip·munk /ˈtʃipmʌŋk/ *n.* [C]【动】花鼠,金花鼠

chip·per /ˈtʃipəʳ/ *adj.* 快乐的,高兴的,愉悦的;活泼的

chi·ro·prac·tor /ˌkairəˈpræktəʳ/ *n.* [C]按摩师;脊椎指压治疗者

chirp /tʃəːp/ *vi.* ❶啁啾,啼啭;叽叽叫:Birds began to *chirp* and twitter among the trees. 鸟儿开始在树林中啁啾啼啭。❷(兴奋或激动地)发出啧啧声;(尤指儿童等)叽叽喳喳地说话:"Good morning!" the child *chirped* happily. "早安!"那小孩高兴地说道。‖ ˈ**chirp·er** *n.* [C]

chis·el /ˈtʃizᵊl/ *n.* [C]凿子,錾子 ‖ ˈ**chis·el·(l)er** *n.* [C]

chit¹ /tʃit/ *n.* [C] ❶(餐馆用膳后或购物等的)小额欠条 ❷便函;便条

chit² /tʃit/ *n.* [C] ❶小孩,孩童 ❷黄毛丫头:a *chit* of a girl 黄毛丫头

chit·chat /tʃitˌtʃæt/ *n.* [U] & (**chat·ted**;**chat·ting**) *vi.* 闲谈,聊天:learn [find] by *chit-chat* 从聊天中得知[发现]

chiv·al·rous /ˈʃivᵊlrəs/ *adj.* ❶(尤指男子)具骑士精神的;有骑士风度的,侠肝义胆的:a *chivalrous* man 侠义之士 ❷(对女士)体贴的,有礼貌的,殷勤周到的 ❸勇武的,英勇的 ‖ ˈ**chiv·al·rous·ly** *adv.* —ˈ**chiv·al·rous·ness** *n.* [U]

chiv·al·ry /ˈʃivᵊlri/ *n.* [U] ❶骑士品质(或风度、气概、精神、信条等):He had a sort of instinctive *chivalry* in him. 他天生有一种骑士风度。❷(中世纪的)骑士制度

chive /tʃaiv/ *n.* [通常作~s]【植】细香葱

chlo·ride /ˈklɔːrid/ *n.* [U]【化】氯化物

chlo·rin·ate /ˈklɔːriˌneit/ *vt.* 给(污水等)加氯消毒;用氯处理:*chlorinate* a swimming pool to disinfect it 给游泳池加氯消毒杀菌 ‖ **chlo·ri·na·tion** /ˌklɔːriˈneiʃᵊn/ *n.* [U]

chlo·rine /ˈklɔːriːn/ *n.* [U]【化】氯(符号 **Cl**)

chlo·ro·form /ˈklɔːrəˌfɔːm/ *n.* [U]【化】氯仿,三氯甲烷

chlo·ro·phyl(l) /ˈklɔrəfil/ *n.* [U]【植】叶绿素

chock /tʃɔk/ **I** *n.* [C](用以防滑等的)楔子,垫木,塞块 **II** *vt.* 用楔子塞住,用垫块垫住(或固定住):*chock* the car before changing tires 在换轮胎前用垫木把汽车固定住

chock·a·block,chock-a-block /ˈtʃɔkəˌˈblɔk/ *adj.* [作表语]挤满的,塞满的,充满的(*with*):Nanjing is *chock a block with* tourists at the moment. 南京时下到处都是游客。

chock-full /ˈtʃɔkˈful/ *adj.* [作表语]挤满的,塞满的,充满的:The garden was *chock-full* of weeds. 公园里满是杂草。

choc·o·late /ˈtʃɔkᵊlət/ *n.* ❶[U]巧克力,朱古力:a piece [bar] of *chocolate* 一块巧克力 ❷[U;C](夹心)巧克力糖:a box of *chocolates* 一盒巧克力糖 ❸[U]巧克力糖浆(或调味品) ❹[U](用热牛奶或水加糖冲成的)巧克力饮料:a mug of hot *chocolate* 一杯热奶巧克力饮料 ‖ ˈ**choc·o·la·t(e)y** *adj.*

choice /tʃɔis/ **I** *n.* ❶[C]挑选,选择,抉择:a wise *choice* of friends 审慎择友 ❷[U]选择时机;选择权;选择能力:exercise a *choice* 行使选择权(或进行挑选) ❸[C]被选中的人(或东西):This hat is my *choice*. 这顶帽子是我选中

的。❹[C]供选择的种类(或范围):a wide *choice* of types 可供选择的多种类型 **II** *adj*. [作定语] ❶优质的;上等的;极好的:the *choicest* apples 质量最为上乘的苹果 ❷精心挑选的:*choice* arguments 精辟的论断 ‖ ***of choice*** *adj*. 可供选择的:This might be a solution *of choice* for this problem. 这或许是解决该问题的一个方法。‖ **'choice·ly** *adv*. —**'choice·ness** *n*. [U]

☆ **choice**, **alternative**, **election**, **option**, **preference**, **selection** 均有"挑选,选择"之意。**choice** 常指运用某人的判断力进行自由选择的机会或权利:Candidates for the degree were offered a *choice* between a thesis and an exam. (申请学位的人可以选择写论文,也可以参加考试。)该词也可表示被选中的人或事物:Italy was our second *choice* — all the flights to Greece were booked up. (去意大利是我们的第二选择,因为飞往希腊的全部航班机票都已订购一空。)**alternative** 强调两者必取其一,含别无他路可走的意味:You have the *alternative* of marrying or remaining a bachelor. (你可以选择结婚,也可以保持单身。)**election** 与 selection 同义,常指选举或竞选:The presidential *election* results will be broadcast tonight. (总统选举结果将在今天晚上宣布。)**option** 强调在两个或两个以上相互排斥的选择物中进行抉择的权利:The government has two *options*: to reduce spending or to increase taxes. (政府有两种选择的办法:或是减少开支,或是增加税收。)**preference** 强调根据某人的价值标准或特别爱好作出的选择:A:"Would you like tea or coffee?" B:"Either; I have no strong *preference*."(甲:"你喜欢茶还是咖啡?"乙:"随便哪一样都行,我没有什么特别的偏爱。")**selection** 指需细微而有鉴别地进行的挑选:The shop has a fine *selection* of cheeses. (那家商店有各种精美乳酪可供选择。)

choir /ˈkwaiəʳ/ *n*. [C] ❶合唱团;(尤指教堂的)唱诗班;圣乐团 ❷【音】(管弦乐队中)一组同类的乐器:the string *choir* 弦乐组 / the brass *choir* 铜管乐组

choke /tʃəuk/ **I** *vt*. ❶掐住…的脖子,扼…的脖子,使窒息:*choke* sb. into unconsciousness 把某人掐得不省人事 ❷阻塞,堵塞:Sand is *choking* the river. 泥沙淤塞了河道。❸塞满,装满:The city was becoming *choked* with impoverished citizens. 城里饿殍遍地。❹抑制(感情、眼泪等)(*back*):*choke* one's laughter 忍住不笑出声来 —*vi*. ❶窒息;噎住:He *choked* on a piece of meat. 他被一块肉噎住了。❷(因紧张或激动等而)说不出话来:I choked and forgot my speech. 我一紧张就忘词了。**II** *n*. [C] 窒息;哽,噎;呛住(或塞住)的声音:He gave a few *chokes* and then got his breath. 他呛了几口,才喘过气来。‖ ***choke back*** *vt*. 抑制(感情、眼泪等):*choke back* a sob 忍住抽泣 ***choke down*** *vt*. 抑制;强忍住:*choke down* one's anger 强压怒火 ***choke off*** *vt*. 停止;阻止;制止;妨碍:*choke off* all opposition 反对一切反对意见 ***choke up*** *vt*. & *vi*. (因紧张或激动等而)说不出话来:He *choked up* and couldn't say a word. 他激动得一句话都说不出来。

choke·point /ˈtʃəukˌpɔint/ *n*. [C](交通的)瓶颈,卡脖子地段

chok·er /ˈtʃəukəʳ/ *n*. [C] ❶噎住的人 ❷项链,颈链 ❸宽领带;硬高领

chol·er·a /ˈkɔlᵊrə/ *n*. [U]【医】霍乱 ‖ **chol·e·ra·ic** /ˌkɔləˈreiik/ *adj*.

cho·les·ter·ol /kəˈlestəˌrɔl/ *n*. [U]【生化】胆固醇

choose /tʃuz/ *vt*. (**chose** /tʃəuz/, **cho·sen** /ˈtʃəuzᵊn/; **choos·ing**) ❶选择,挑选,选取:*choose* one between the two 在几个中选一个 ❷[不用被动语态]情愿;决定:He *chose* not to say anything on the issue. 他决定对那一问题保持缄默。—*vi*. 作出选择,抉择 ‖ ***choose up*** *vt*. & *vi*. ❶挑选…的队员:*choose up* sides before the game 比赛前先选好双方的队员 ❷分成对阵的两方

☆ **choose**, **elect**, **pick**, **prefer**, **select** 均有"选择,挑选"之意。**choose** 强调作出决定时的意愿行为或判断力,有时强调抉择的不可更改性:He *chose* not to go home until later. (他决定晚些时候再回家。)**elect** 常指用投票表决的方式选举某人担任某职:She has been *elected* to the committee. (她被推选为委员会委员。)该词也可表示作出选择或决定:Employees may *elect* to take their pension in monthly payments. (雇员可选择每月领取退休金。)**pick** 为口语用词,指按个人好恶进行挑选,毋需仔细考虑或鉴别:The students have to *pick* three courses from a list of 15. (学生必须从 15 门学科中选

修 3 门。）**prefer** 指选择自己喜爱或想要的人或事物，但往往带有实际上不一定能如愿的意味：I *prefer* singing to acting.（我愿唱歌而不愿演戏。）**select** 通常指经过斟酌和淘汰从许多同类事物或人中择取最好者，不用于两者之间的选择：She *selected* a diamond ring from the collection.（她从收藏品中挑选了一枚钻石戒指。）

choos·y /ˈtʃuːzi/ *adj.* 难以取悦的；挑三拣四的：be very *choosy* about what one eats 十分讲究吃喝 ‖ ˈ**choos·i·ness** *n.* [U]

chop /tʃɔp/ **I** *vt.* (**chopped**; **chop·ping**) ❶砍；劈；斩；剁(*down*, *off*)：*chop* wood with an axe 用斧劈柴 ❷剁碎，切细(*up*)：*chop up* logs into firewood 把圆木劈成柴火 ❸猛击，捶击：She *chopped* him on the neck. 她在他的脖子上用力捶了一下。**II** *n.* [C] ❶砍；劈；斩；剁：He felled the little tree with one *chop* of his axe. 他一斧子就砍倒了那个小树。❷(尤指猪、羊等的)排骨，肋条肉：a pork *chop* 猪排

chop·per /ˈtʃɔpəʳ/ **I** *n.* [C] ❶砍(或劈、切、剁)东西的人：a *chopper* of wood 樵夫 ❷斧头；砍刀；屠刀；切碎机 ❸直升机 ❹前轮伸出式摩托车 **II** *vi.* 乘坐直升机(或摩托车)旅行

chop·py /ˈtʃɔpi/ *adj.* ❶(海洋、湖泊等)波浪翻滚的：a *choppy* sea 波涛汹涌的大海 ❷(文字风格等)不延续的：short, *choppy* sentences 短小却意思不连贯的语句 ‖ ˈ**chop·pi·ly** *adv.* —ˈ**chop·pi·ness** *n.* [U]

chop·stick /ˈtʃɔpˌstik/ *n.* [常作～s]筷子

cho·ral /ˈkɔːrᵊl/ *adj.* [作定语] ❶合唱队的；唱诗班的 ❷合唱队(或唱诗班)唱的；合唱曲的：a *choral* hymn 唱诗班唱的赞美诗

chord /kɔːd/ *n.* [C]❶【音】和弦；和音；❷【数】【天】弦

chore /tʃɔːʳ/ *n.* [C] ❶琐事；例行工作(见 task)：the administrative *chores* of the office 办公室的日常工作 ❷[～s]家庭杂务：the daily *chores* of cleaning, cooking and shopping 打扫、做饭、购物这些日常家庭事务

cho·re·o·graph /ˈkɔriəˌgrɑːf; -ˌgræf/ *vt.* ❶为(芭蕾等)设计舞蹈动作：*choreograph* a full-length ballet 为整场芭蕾舞设计舞蹈动作 ❷管理；指导；精心设计：*choreograph* all aspects of a political career 计划政治生涯的方方面面

cho·re·og·ra·phy /ˌkɔriˈɔgrəfi/ *n.* [U] ❶编舞(术)；舞蹈动作设计 ❷舞步，舞蹈动作 ‖ ˌ**cho·re·og·ra·pher** *n.* [C] —**cho·re·o·graph·ic** /ˌkɔriəˈgræfik/ *adj.* —ˌ**cho·re·o·ˈgraph·i·cal·ly** /-kᵊli/ *adv.*

cho·rus /ˈkɔːrəs/ **I** *n.* [C]([复]-**rus·es** /-rəsiz/) ❶[总称]合唱队；歌咏队；(教堂的)唱诗班：a huge *chorus* of 120 singers 一支拥有 120 人的大型歌唱队 ❷合唱曲；合唱：The audience joined in the *chorus*. 听众也加入了合唱。❸叠句，副歌；合唱部分 ❹齐声，同声：a *chorus* of boos 齐声喝倒彩 ❺[总称](歌舞喜剧、歌剧等中的)歌舞队，合唱队 **II** *vt.* 齐声说出(或唱出)，一起朗诵：The audience *chorused* its approval by loud cheering. 听众一齐用欢呼声来表示赞同。‖ ***in chorus*** *adv.* 齐声地，同声地；共同地：read *in chorus* 齐声朗读

chose /tʃəuz/ *v.* choose 的过去时

cho·sen /ˈtʃəuzᵊn/ **I** choose 的过去分词 **II** *adj.* [作定语] ❶选择的；精选的：a *chosen* few 精选的几个 ❷当选而尚未就任的；候任的 **III** *n.* [**the** ～]选中的人(或东西)

chow /tʃau/ **I** *n.* [U]食物，食品；(尤指)一顿饭 **II** *vi.* (尤指开心地)吃，享用(*down*)

Christ /kraist/ *n.* ❶[C]基督(基督教中的上帝之子) ❷[常作 **the** ～](《圣经·旧约》中的)弥赛亚，救世主 ❸[C]基督般的人物，救世主 ‖ ˈ**Christ**ˌ**like** *adj.*

chris·ten /ˈkrisᵊn/ *vt.* ❶【宗】给…施洗礼 ❷(施洗礼时)给…取名：They *christened* her Mary. 施洗时，他们给她取名为玛丽。❸为…举行命名仪式；给…命名：The ship was *christened* the Queen Mary. 这艘船被命名为"玛丽女王号"。‖ ˈ**chris·ten·er** *n.* [C] —ˈ**chris·ten·ing** *n.* [C; U]

Chris·tian /ˈkristʃᵊn/ **I** *adj.* ❶基督的；(根据)基督教义的：the *Christian* faith 基督教信仰 ❷基督教的；属于基督教的：the *Christian* church 基督教会 ❸体现基督精神的：*Christian* charity 表现基督精神的仁慈 **II** *n.* [C] ❶基督(教)徒，基督教信徒 ❷具有基督品格的人；受尊敬的人

Chris·ti·an·i·ty /ˌkristiˈæniti/ *n.* [U] ❶基督教 ❷基督教信仰基督教教义；基督教修行；基督教精神 ❸全体基督教教徒；基督教世界

Christian name *n.* [C]教名，洗礼名；(与姓氏

相对而言的)名

Christ·mas /ˈkrisməs/ *n.* [U;C]([复]**-mas·es**)圣诞节:keep *Christmas* 庆祝圣诞节〔亦作 **Xmas**〕

Christmas tree *n.* [C]圣诞树(常青树或人造代用树,树上饰有各种装饰彩灯和圣诞礼品)〔亦作 **tree**〕

C

chro·mat·ic /krəᵘˈmætik/ *adj.* ❶颜色的;色彩斑斓的:*chromatic* charts 彩色图表 ❷【音】变音的;半音的;有半音阶的

chrome /krəum/ *n.* ❶[U]铬 ❷[C](汽车等上的)镀铬饰板

chro·mo·some /ˈkrəuməˌsəum/ *n.* [C]【生】染色体 ‖ **chro·mo·so·mal** /ˌkrəuməˈsəumᵊl/ *adj.*

chron·ic /ˈkrɔnik/ *adj.* ❶[通常作定语]长期的,一贯的:*chronic* financial problems 长期的金融问题 ❷惯常的;恶习难改的:a *chronic* liar 一贯撒谎的人 ❸(疾病)慢性的,顽固的:*chronic* hepatitis 慢性肝炎 / a *chronic* patient 慢性病患者 ‖ ˈ**chron·i·cal·ly** /-kəli/ *adv.*

chron·i·cle /ˈkrɔnikᵊl/ *n.* [C]编年史,年代记:make a *chronicle* of 将…载入编年史 ‖ ˈ**chron·i·cler** *n.* [C]

chron·o·log·i·cal /ˌkrɔnəˈlɔdʒikᵊl/ *adj.* ❶年代学的,编年史的:a *chronological* table of the world history 世界历史年表 ❷(尤指事件)按年月顺序排列的:in *chronological* order 以时间先后为顺序 ‖ ˌ**chron·o**ˈ**log·i·cal·ly** *adv.*

chro·nol·o·gy /krəˈnɔlədʒi/ *n.* ❶[C](大事)年表;(事件、资料等)按发生年月顺序的排列 ❷[U]年代学 ‖ **chro**ˈ**nol·o·gist**, **chro**ˈ**nol·o·ger** *n.* [C]

chrys·a·lis /ˈkrisəlis/ *n.* [C]([复]**-lis·es** 或 **chry·sal·i·des** /kriˈsæliˌdiːz/)【昆】蝶蛹;蛾蛹

chry·san·the·mum /kriˈsænθəmᵊm/ *n.* [C]【植】菊,菊花

chub·by /ˈtʃʌbi/ *adj.* 圆胖的;丰满的(见 fat):a *chubby* finger 又圆又粗的手指 ‖ ˈ**chub·bi·ness** *n.* [U]

chuck /tʃʌk/ *vt.* ❶扔,抛:*chuck* pieces of paper about 乱抛纸屑 ❷放弃;辞掉(工作等):He got fed up with his job and *chucked* it. 他厌烦了自己的工作,就把它辞掉了。❸轻拍,轻击;抚弄(尤指下巴):He *chucked* the baby under the chin. 他抚弄着婴儿的下巴。

chuck·le /ˈtʃʌkᵊl/ **I** *vi.* 暗笑,窃笑;轻声地笑:*chuckle* with satisfaction 高兴地暗自发笑 **II** *n.* [C]轻笑,窃笑,暗笑:He shook his head with a soft *chuckle*. 他摇摇头,暗自发笑。

chug /tʃʌg/ **I** *n.* [C](发动机开动或排气时的)咔嚓声:the *chug* of the motorboat 汽艇的突突声 **II** *vi.* (**chugged**; **chug·ging**) ❶突突作响,发咔嚓声:The motor *chugged* for a moment but then stopped. 发动机突突响了一阵后便熄火了。❷突突响着运转(或行驶);咔嚓咔嚓地行驶:The old truck *chugged* along. 旧卡车咔嚓咔嚓地向前爬行。

chum /tʃʌm/ **I** *n.* [C]〈口〉好友:school *chum* 同窗挚友 **II** *vi.* (**chummed**; **chum·ming**) 成为好友 ‖ ***chum up with*** *vt.* 〈口〉与…成为好朋友

chum·my /ˈtʃʌmi/ *adj.* 〈口〉亲密的;友好的;交情好的 ‖ ˈ**chum·mi·ly** *adv.* —ˈ**chum·mi·ness** *n.* [U]

chump /tʃʌmp/ *n.* [C]〈口〉易受骗上当的人,傻瓜

chunk /tʃʌŋk/ *n.* [C] ❶厚片,大片,大块:a *chunk* of coal 一大块煤 ❷大量,大部分:The car repairs took quite a *chunk* out of her salary. 她的汽车修理费用占了工资相当大的一部分。☆**chunk**, **hunk**, **lump**, **slice** 均有"块,片"之意。**chunk** 常用于肉、木头等,指厚厚的一大块或一截,也可指相当大的数量:a *chunk* of wood (一大块木头) **hunk** 指食品的一大块:a *hunk* of meat (一大块肉) **lump** 指不具明确形状的一小块:a *lump* of coal(一块煤) **slice** 常指从食物上切割下来的扁平薄片,也可用作喻义:They wanted to make sure they got a *slice* of the market. (他们想确保自己可得到部分市场。)

chunk·y /ˈtʃʌŋki/ *adj.* ❶矮而敦实的;矮胖的:a *chunky* guy 壮实的小伙子 ❷(食物)成厚片(或块)的;有厚片(或块)的:*chunky* marmalade 结块的果酱 ‖ ˈ**chunk·i·ly** *adv.* —ˈ**chunk·i·ness** *n.* [U]

church /tʃəːtʃ/ *n.* ❶[C]教堂(尤指基督教礼拜堂);〈英〉国教礼拜堂:St. Mary's *Church* 圣玛丽教堂 ❷[U]礼拜:be at*church* 正在做礼拜 ❸[时作 **the C-**][通常用作单]全体基督教教徒;(同一信仰组织中的)教徒,会众:the Catholic *Church* 天主教徒 ❹[时作 **C-**][C]基督教会(或教派):the Established *Church* of Scotland 苏格兰国教 ❺[时作 **C-**][U]教会权力机构 ❻

[C]宗教团体:the separation of *church* and state 政教分离

church·go·er /ˈtʃəːtʃˌgəuəʳ/ *n.* [C](常)去教堂做礼拜的人 ‖ ˈ**churchˌgo·ing** *n.* [C]

church·yard /ˈtʃəːtʃˌjɑːd/ *n.* [C]教堂庭院;教堂墓地

churl·ish /ˈtʃəːliʃ/ *adj.* 无礼的,粗鲁的;脾气暴躁的,粗暴的:*churlish* manners 粗鲁的举止 ‖ ˈ**churl·ish·ly** *adv.* —ˈ**churl·ish·ness** *n.* [U]

churn /tʃəːn/ **I** *n.* [C](制黄油的)搅乳器,黄油制造机 **II** *vt.* ❶用搅乳器搅(乳、奶油等);用搅乳器搅制(黄油):She made butter by *churning* the cream. 她用搅乳器搅制黄油。❷用力搅动;使翻腾:The ship's propeller *churned* the water. 轮船的螺旋桨搅得浪花翻滚。—*vi.* ❶剧烈翻腾 ❷产生翻腾的感觉:His stomach was *churning* with nausea. 他的胃翻腾欲呕。‖ ***churn out*** *vt.* 大量炮制;粗制滥造:She *churns out* three or four new books every year. 她每年粗制滥造地出版三四本新书。‖ ˈ**churn·er** *n.* [C]

chute /ʃuːt/ *n.* [C] ❶斜滑面,斜槽,滑道,溜道;泻槽:a rubbish *chute* 垃圾槽 ❷(河门道的)急流;瀑布 ❸(大型游乐园中的)惊险滑梯,突降滑梯

chut·ney /ˈʃʌtni/ *n.* [U]印度酸辣果酱(用水果、醋、糖、胡椒等制成的调味品)

CIA, C. I. A. *abbr.* Central Intelligence Agency 中央情报局

ci·ca·da /siˈkeidə,-ˈkɑː-/ *n.* [C]([复]**-das** 或 **-dae** /-diː/)【昆】蝉,知了

ci·der /ˈsaidəʳ/ *n.* [U](制作饮料、醋及果泥等的)苹果汁

ci·gar /siˈgɑːʳ/ *n.* [C]雪茄烟

cig·a·ret(te) /ˌsigəˈret/ *n.* [C]香烟,卷烟,纸烟

cinch /sintʃ/ **I** *n.* [C] ❶(缚马鞍等的)肚带 ❷[**a ～**]〈口〉十拿九稳的事情,必然的事情,注定要发生的事;轻而易举能办成的事情;遂人愿的人(或事情)**II** *vt.* ❶用马肚带将…缚牢;将…缚紧❷〈口〉确保,使得到保障

cin·der /ˈsindəʳ/ *n.* [C] ❶煤渣;炭屑,炭渣 ❷[**～s**]灰,灰烬:The fire is still smoldering beneath the *cinders*. 灰里的火仍未熄灭。‖ ***to a cinder*** *adv.* 成为灰烬地;被完全烧黑地:The cake was burnt *to a cinder*. 蛋糕给烤焦了。

cin·e·ma /ˈsinimə/ *n.* ❶[U]电影;电影业 ❷[C]电影院 ‖ **cin·e·mat·ic** /ˌsiniˈmætik/ *adj.*

cin·na·mon /ˈsinəmᵊn/ *n.* [U]桂皮(一种调味料)

ci·pher /ˈsaifəʳ/ *n.* [C] ❶零(即 0) ❷阿拉伯数字;数字 ❸无足轻重的人(或事物);无价值的东西❹密码,暗码❺密码文件;密码信

cir·ca /ˈsəːkə/ *prep.* & *adv.* [用于日期等前]大约(在);接近(于):Mohammed was born *circa* 570 A. D. 穆罕默德生于约公元 570 年。

cir·cle /ˈsəːkᵊl/ **I** *n.* [C] ❶圆;圆圈;圆形;圆周线:sit in a *circle* 围坐成一圈 ❷圆形区域,圆形空间 ❸环状物;弧形物:a *circle* of dancers 围成一圈跳舞的人 ❹(影响、活动、势力等的)范围,领域:A politician has a wide *circle* of influence. 政治家的影响面很广。❺(有共同利益、兴趣或职业的人组成的)小圈子;界;阶层:academic *circles* 学术界 **II** *vt.* ❶把…围起来;包围;圈出:A ring of trees *circled* the clearing. 空地的周围是一排树木。❷使转圈;围绕…转圈:The moon *circles* the earth. 月球绕着地球运转。—*vi.* 旋转,盘旋;转圈;环行(*about*, *around*, *round*):Hawks *circled* overhead looking for prey. 鹰在天空盘旋,寻找猎物。‖ ***come full circle*** *vi.* 兜了一个圈子又回到原处,周而复始:The wheel of history never *comes full circle*. 历史永远不会重演。‖ ˈ**cir·cler** *n.* [C]

cir·clet /ˈsəːklit/ *n.* [C] ❶小圆圈 ❷环形饰物(如戒指、手镯等)

cir·cuit /ˈsəːkit/ *n.* [C] ❶环行;巡游:the *circuit* of the globe 环球旅行 ❷周围;圈;圈起的范围:the complete *circuit* of the whole town 全镇范围 ❸【电】电路:an integrated *circuit* 集成电路

circuit breaker *n.* [C]【电】断路器

cir·cu·i·tous /səˈkjuːitəs/ *adj.* ❶迂回的;绕行的:They took a *circuitous* route to avoid reporters. 他们绕道避开了记者。❷间接的:a *circuitous* way of speaking 转弯抹角的说话方式 ‖ **cirˈcu·i·tous·ly** *adv.* —**cirˈcu·i·tous·ness** *n.* [U]

cir·cuit·ry /ˈsəːkitri/ *n.* [U]【电】❶电路元件 ❷电路系统

C

cir·cu·lar /ˈsəːkjulə/ I *adj*. ❶圆形的：an *circular* object 圆形物 ❷［通常作定语］【数】圆的：the *circular* diameter 圆的直径 ❸环行的：a *circular* path 环行小径 II *n*. ［C］供传阅的文件；传单 ‖ **cir·cu·lar·i·ty** /ˌsəːkjuˈlæriti/ *n*. ［U］—ˈ**cir·cu·lar·ly** *adv*.

cir·cu·late /ˈsəːkjuˌleit/ *vi*. ❶循环；环流：Blood *circulates* through the body. 血液在体内循环。❷周旋：The host and hostess *circulated* at the party, greeting their guests. 男女主人在晚会上来回走动，向客人们问候致意。❸传递；传阅；流传：The news *circulated* through the village. 这消息在全村散播开来。—*vt*. ❶使循环；使环流：A fan gently *circulated* air through the compartment. 电扇的微风促使这个隔间空气流通。❷外借(图书)：We don't *circulate* reference books. 我们的工具书不外借。

cir·cu·la·tion /ˌsəːkjuˈleiʃən/ *n*. ❶［U］循环，环流 ❷［U］血液循环：My *circulation* deteriorated and I was always cold. 我的血液循环减慢，所以总感到冷。❸［U］(空气、水等的)流动；(生物体内液体的)循环：the *circulation* of air 空气流通 ❹［C；U］(报纸、杂志等的)发行(量)，流通(量)：a *circulation* of 500,000 50万份的发行量

cir·cu·la·to·ry /ˌsəːkjuˈleitəri, ˈsəːkjulətəri/ *adj*. ［作定语］(血液、体液、气体等)循环的：He died of *circulatory* failure. 他死于血液循环衰竭。

cir·cum·cise /ˈsəːkəmˌsaiz/ *vt*. 【医】割…的包皮；切割…的阴蒂：He was *circumcised* at birth. 他一出生就做了包皮环切手术。‖ **cir·cum·ci·sion** /ˌsəːkəmˈsiʒən/ *n*. ［C；U］

cir·cum·fer·ence /səˈkʌmfərəns/ *n*. ［C］圆周；周长：a lake about two miles in *circumference* 周长约2英里的湖泊

cir·cum·flex /ˈsəːkəmˌfleks/ *n*. ［C］【语】音调符号(表示音调中元音字母的长短、重读和升降调等的符号，如ˆ,ˇ,ˉ等)

cir·cum·lo·cu·tion /ˌsəːkəmləˈkjuːʃən/ *n*. ［C；U］迂回的话语；累赘的说法：Enough *circumlocution*; just get to the point. 别弯弯绕了，说正题吧！

cir·cum·nav·i·gate /ˌsəːkəmˈnæviˌgeit/ *vt*. 环绕…航行(或飞行)：*circumnavigate* the earth 环球航行

cir·cum·scribe /ˈsəːkəmˌskraib/ *vt*. ❶在…周围画线：*circumscribe* a city on a map 在地图上圈出一个城市 ❷限制，约束：His activities have been severely *circumscribed* since his illness. 自生病以来他的行动一直受到严格的限制。

cir·cum·spect /ˈsəːkəmˌspekt/ *adj*. 谨小慎微的；慎重的；仔细的：She is very *circumspect* when dealing with strangers. 她与陌生人打交道时十分谨慎。‖ **cir·cum·spec·tion** /ˌsəːkəmˈspekʃən/ *n*. ［U］—ˈ**cir·cum**ˌ**spect·ly** *adv*.

cir·cum·stance /ˈsəːkəmstəns/ *n*. ❶［常作～s］环境，条件；情况；形势：We can't judge what he did until we know all the *circumstances*. 我们只有了解了全部情况之后才能对他的所作所为作出判断。❷［常作～s］经济状况；境况，境遇：persons in easy *circumstances* 手头宽裕的人 ❸［C］事件，事情：a traffic *circumstance* 交通事故 ‖ ***under no circumstances*** *adv*. 决不，无论如何不：*Under no circumstances* should you tell him the secret. 你无论如何都不能告诉他这个秘密。***under the circumstances*** *adv*. 在这种情况下；既然如此：The tickets to that show were sold out, and *under the circumstances* there was no choice but to try to get tickets to another show. 这场演出的票卖完了，事已至此，我们只好买另外一场的票。

cir·cum·stan·tial /ˌsəːkəmˈstænʃəl/ *adj*. ❶依据环境的；视条件而定的；间接的：convict sb. on merely *circumstantial* evidence 仅依据间接证据对某人定罪 ❷详尽的；周全的：a *circumstantial* report of the accident 事故的详细报道 ‖ ˌ**cir·cum**ˈ**stan·tial·ly** *adv*.

cir·cum·vent /ˌsəːkəmˈvent/ *vt*. ❶绕过，绕开…而行：take a roundabout route to *circumvent* the traffic on the main road 绕道避开主干道上的行人与车辆 ❷设法躲避(法律、规则、困难等)：*circumvent* the rules 设法逃避规则的约束 ‖ ˌ**cir·cum**ˈ**ven·ter**, ˌ**cir·cum**ˈ**ven·tor** *n*. ［C］—ˌ**cir·cum**ˈ**ven·tion** /-ʃən/ *n*. ［U］

cir·cus /ˈsəːkəs/ *n*. ［C］马戏(表演)，杂耍：The whole town turned out to see the *circus*. 所有的人倾城而出，去看马戏表演。‖ ˈ**cir·cus·y** *adj*.

cir·rho·sis /si'rəusis/ *n.* [U]([复]-ses /-siːz/)【医】(肝)硬变,(肝)硬化 ‖ **cir'rhosed** *adj.* —**cir·rhot·ic** /si'rɔtik/ *adj.*

cir·rus /'sirəs/ *n.* [U]([复]-ri /-rai/)【气】卷(层)云

cis·tern /'sistᵊn/ *n.* [C]贮水箱,蓄水箱;蓄水池

cit·a·del /'sitədᵊl,-ˌdel/ *n.* [C] ❶(护城)城堡 ❷堡垒,壁垒:a *citadel* of democracy 民主的堡垒

ci·ta·tion /sai'teiʃᵊn/ *n.* [C] ❶引证;引文❷赞词;嘉奖信:She received a *citation* for bravery. 她的勇敢精神受到了嘉奖。❸【律】传票;传唤

cite¹ /sait/ *vt.* ❶引证,引用:*cite* a passage [a book,an author] 引用一个段落[一本书,一个作者的话] ❷列举;以…为例:He *cited* many instances of abuse of power. 他列举了大量滥用权力的事实。❸传讯;传唤:Two judges had *cited* him for dubious financial dealings. 两个法官因几宗可疑的金融交易传讯了他。❹【军】传令嘉奖:be *cited* for bravery in an official report 因勇敢无畏而受到通令嘉奖 ❺表彰,表扬,嘉奖

cite² /sait/ *n.* [C]引证;引文(=citation)

cit·i·zen /'sitizᵊn,-sᵊn-/ *n.* [C]公民;国民

cit·i·zen·ry /'sitizᵊnri,-sᵊn-/ *n.* [U]全体公民;全体国民

cit·i·zen·ship /'sitizᵊnˌʃip,-sᵊn-/ *n.* [U]公民权利(或身份);国民权利(或身份)

cit·ric /'sitrik/ **acid** *n.* [U]【化】柠檬酸

cit·rus /'sitrəs/ *adj.* [通常作定语]柑橘(树)的;柑橘属果实的

cit·y /'siti/ *n.* ❶[C]城市,都市,市:a capital *city* 首都(或省会城市) / a provincial *city* 省级市 / a satellite *city* 卫星城 ❷[总称][通常用作单]全市市民

city hall *n.* ❶[C]市政厅 ❷[U]市政府;[总称]市政官员 ❸〈口〉(尤指市政当局的)官僚主义

civ·ic /'sivik/ *adj.* [作定语] ❶城市的,都市的:the new *civic* centre 新的市中心 ❷公民的;市民的:*civic* duties 公民的义务 ❸民事的;平民的 ‖ **'civ·i·cal·ly** /-kᵊli/ *adv.*

civ·il /'sivᵊl/ *adj.* ❶[无比较级][常作定语]公民的,公民应有的:a *civil* duty 公民义务 ❷[作定语][无比较级]平民的;民间的;民用的:a *civil* wedding ceremony 世俗婚礼 ❸文明的,有教养的;有礼貌的:a *civil* reply 礼貌的答复 ‖ **'civ·il·ly** *adv.* —**'civ·il·ness** *n.* [U]

☆**civil, chivalrous, courteous, gallant, polite** 均有"有礼貌的;温和的,殷勤的"之意。**civil** 表示行为举止等文明的、礼貌的,避免粗鲁无礼的:Keep a *civil* tongue in your head!(讲话要文明点!)**chivalrous** 指对待女子彬彬有礼的,含品格高尚、没有私心、愿做自我牺牲的意味:A *chivalrous* old gentleman opened the door for her.(一位很有礼貌的老绅士为她开了门。)**courteous** 强调亲切热情、能为他人着想的:be genuinely *courteous* to one's subordinates(对下属抱诚挚的谦恭态度)**gallant** 指向女子大胆或过分表示殷勤的:He was very *gallant* to the girl and asked her for the next dance.(他对那女孩很殷勤,请她跳下一个舞。)**polite** 常指待人接物彬彬有礼、能考虑他人感情的:I know he said he liked it, but he was only being *polite*.(我知道他说过喜欢这个,但那只是出于礼貌。)

civil engineering *n.* [U]土木工程(学) ‖ **civil engineer** *n.* [C]

ci·vil·ian /si'viljən/ *n.* [C]平民,百姓:He was a *civilian*, but a soldier at heart. 他虽身为平民,却有一颗战士心。

ci·vil·i·ty /si'viliti/ *n.* ❶[U]礼貌,客气❷[C]礼仪;客套话

civ·i·li·za·tion /ˌsivilai'zeiʃᵊn;-li'z-/ *n.* ❶[U]文明;文明阶段:introduce *civilization* 介绍文明 ❷[C]文明国家(或民族):the earliest great *civilizations* of the world 世界上最早的文明国家

civ·i·lize /'siviˌlaiz/ *vt.* ❶使文明,使开化:The African countries hoped to *civilize* all the primitive tribes on the land. 非洲国家希望把非洲所有的原始部落都变成文明社会。❷教化;使文雅:This rough man has been *civilized* by his wife. 这个粗野的男人在其妻子的影响下变得文雅了。

civil law *n.* [U]民法

civil liberty *n.* ❶[C]公民自由(指国家法律给予保证的自由,如言论自由、行动自由、信仰自由等) ❷[U]公民权,民事权 ‖ **civil libertarian** *n.* [C]

civil rights [复] *n.* [常作 **C- R-**]公民权,公民权利:equal *civil rights* for men and women 男女享有的平等的公民权 ‖ ˈ**civ•il-ˌrights** *adj.*

civil servant *n.* [C](一国政府或国际机构的)文职官员,文职雇员

civil service *n.* [U](一国政府或国际机构的)文职部门,行政机关

C

civil war *n.* [C] ❶内战 ❷[通常作 **the C- W-**](指 1861—1865 年的)美国内战

clack /ˈklæk/ **I** *vi.* 发出短促而尖厉的声音;噼啪作响;发出啪嗒声:She *clacked* down the stairs in her clogs. 她拖着木屐啪嗒啪嗒地下了楼梯。—*vt.* 使发出短促而尖厉的声音;使噼啪作声,使啪嗒作响 **II** *n.* [C]短促而尖厉的声音;噼啪声,啪嗒声

clad /klæd/ *adj.* [常用以构成复合词] ❶穿着…衣服的:ill-*clad* vagrants 衣衫褴褛的流浪汉 ❷被…覆盖的:the ivy-*clad* towers of the university 爬满常春藤的大学塔楼

claim /kleim/ **I** *vt.* ❶索要,声称有权获得:*claim* an estate by inheritance 宣布对一处房产享有继承权 ❷声称;主张;断言:She *claimed* that her answer was correct. 她断言她的答案是正确的。❸要求;需要;值得(见 demand):*claim* respect 值得尊敬 ❹声称有;拥有;具有:The terrorists *claimed* responsibility for the explosion. 恐怖分子声称对这起爆炸事件负责。❺认领:No one has *claimed* the lost umbrella. 没人来认领这把丢失的伞。❻(灾害、事故等)造成…的死亡(或伤害等):The plague *claimed* thousands of lives. 这次瘟疫夺走了成千上万人的生命。**II** *n.* [C] ❶要求:The workers made a *claim* for a higher pay. 工人们要求加薪。❷声称;主张;断言:He made wild *claims* about being able to cure cancer. 他大放厥词,说他能治好癌症。❸要求权;所有权(*to*, *on*):have *claim on* sb.'s support 理应得到某人的支持❹要求物;申请产权:The settler put in a *claim* for the land across the river. 那位定居者就河对面的那块地提出产权申请。❺索赔:millions of dollars in *claims* 几百万美元的赔额 ‖ ***lay claim to*** *vt.* ❶声称对…拥有所有权:The settler *laid claim to* the piece of land he occupied. 定居者要求得到他占有的土地的所有权。❷自认为:I have never *laid claim to* being an expert in this field. 我从未自诩过自己是这一领域的专家。

claim•ant /ˈkleimᵊnt/ *n.* [C]提出要求者;索赔者;申请者:*Claimants* of unemployment benefit should fill in this form. 申请失业救济的人必须填写这份表格。

clair•voy•ance /kleəˈvɔiəns/ *n.* [U]洞察力,前瞻力

clair•voy•ant /kleəˈvɔiənt/ *n.* [C]有远见卓识的人,有洞察力的人 ‖ **clairˈvoy•ant•ly** *adv.*

clam /klæm/ **I** *n.* [C]([复]**clam(s)**) ❶【动】蛤,蛤蜊 ❷〈口〉沉默寡言的人;守口如瓶的人:He is a *clam* about his business dealings. 他对自己的生意守口如瓶。**II** *vi.* (**clammed**; **clam•ming**) 挖蛤 ‖ ***clam up*** *vi.* 〈口〉保持沉默;拒不开口:*clam up* on sb. 对某人守口如瓶

clam•ber /ˈklæmbəʳ/ *vi.* (尤指费劲地)爬,攀登(*up*, *over*):The children *clambered* (about) *over* the furniture. 孩子们在家具上爬来爬去。‖ ˈ**clam•ber•er** *n.* [C]

clam•my /ˈklæmi/ *adj.* 冷而黏湿的:A frog is a *clammy* creature. 青蛙是一种冰冷黏湿的动物。‖ ˈ**clam•mi•ly** *adv.* —ˈ**clam•mi•ness** *n.* [U]

clam•o(u)r /ˈklæməʳ/ **I** *n.* [C; U]❶吵闹声,喧嚣声,喧嚷:the *clamour* of birds and animals in the zoo 动物园里鸟兽的嘈杂鸣叫声 ❷吵嚷的要求(或抗议);提出要求的呼声:a *clamour* against the new bill 反对新法案的呼声 **II** *vi.* ❶吵嚷,吵闹,喧嚷:Old women *clamoured* over tanned hides in the market. 老妇们在市场上叫卖鞣制皮革。❷嚷着要求(或反对);大声疾呼(*for*, *against*):*clamour against* sb.'s unfair decision 反对某人不合理的决定

clamp /klæmp/ **I** *n.* [C]夹钳,钳;夹具:He used a *clamp* to hold the arm on the chair. 他用夹钳把扶手固定在椅子上。**II** *vt.* (用夹钳等)夹紧,紧紧抓住;固定:A picture frame must be *clamped* together while the glue is drying. 照片镜框用胶接好后,胶水未干前必须用夹子夹紧。‖ ***clamp down*** *vi.* (对…)实行限制;(对…)进行压制(*on*):The government has promised to *clamp down on* criminal activity. 政府已承诺要严厉打击犯罪活动。

clan /klæn/ *n.* [C]宗族;部族;家族:a power struggle between two *clans* 两个部族之间的权力之争

clan·des·tine /klæn'destin/ *adj*. 秘密的,暗中的;私下的;偷偷摸摸干的:a *clandestine* meeting of conspirators 阴谋者的秘密会议 ‖ **clan'des·tine·ly** *adv*. —**clan'des·tine·ness**, **ˌclan·des'tin·i·ty** /ˌklændes'tiniti/ *n*. [U]

clang /klæŋ/ *vi*. 发铿锵声,发叮当声:The fire bells *clanged*. 火警铃声叮当响起。

clan·go(u)r /'klæŋgəʳ/ *n*. [U]❶(持续的)铿锵声,叮当声❷喧嚷声;吼叫声

clank /klæŋk/ **I** *n*. [C](金属相击或铁链移动时发出的)叮当声,当啷声 **II** *vi*. 发(连续的)叮当(或当啷)声:The swords clashed and *clanked*. 刀剑相碰,当啷作响。—*vt*. 使发出当啷(或叮当)声:The prisoners *clanked* their chains. 犯人把镣铐弄得当啷当啷直响。

clap /klæp/ **I** (**clapped**;**clap·ping**) *vt*. ❶鼓(掌),拍(手);为…鼓掌:At the end of the performance the audience *clapped* the actors in appreciation. 演出结束时观众向演员鼓掌喝彩。❷使砰然撞击;使啪地合上:*clap* a lid on a jar 把盖子啪地盖在罐子上❸急速(或用力)放置(或挪动等):*clap* one's hand over [to] one's mouth 突然用手捂住嘴巴—*vi*. ❶鼓掌,拍手:The audience *clapped* loudly at the end of the play. 剧终时观众们热烈鼓掌。❷(门、盖子等)啪的一声猛关:The doors *clapped* shut. 门砰的一声关上了。**II** *n*. [C] ❶拍手,鼓掌;喝彩:Give him a *clap*, everyone! 大家为他鼓掌喝彩!❷霹雳声;爆裂声;轰隆声:The news came upon them like a *clap* of thunder. 他们听到这个消息,犹如晴空霹雳。

clap·board /'klæpˌbɔːd, 'klæbəd/ **I** *n*. [C]护墙板;隔板 **II** *adj*. [常作定语]用护墙板做的;装有护墙板的

clap·per /'klæpəʳ/ *n*. [C] ❶敲击的人;拍手者,鼓掌者 ❷(钟铃的)击锤,钟舌,铃舌

clap·trap /'klæpˌtræp/ *n*. [U]〈口〉哗众取宠的空谈(或废话)

clar·et /'klærət/ *n*. [C;U](尤指产于法国波尔多地区的)红酒,干红葡萄酒

clar·i·fy /'klæriˌfai/ *vt*. ❶澄清,阐明,使清楚明了:The teacher's explanation *clarified* the difficult rules. 老师的解释阐明了难懂的规则。❷澄清(液体),消除(杂质);净化:The noon sun *clarified* the air. 正午时分,天朗气清。‖ **clar·i·fi·ca·tion** /ˌklærifi'keiʃᵊn/ *n*. [U] —'**clar·iˌfi·er** *n*. [C]

clar·i·net /ˌklæri'net/ *n*. [C]【音】单簧管,竖笛 ‖ **ˌclar·i'net·(t)ist** *n*. [C]

clar·i·ty /'klæriti/ *n*. [U] ❶清晰,清楚:His writing has great *clarity* of style. 他的作品风格极为明丽。❷清澈,明净:*clarity* of the atmosphere 清澈的空气

clash /klæʃ/ **I** *vi*. ❶(金属等)发出刺耳的碰撞声:The cymbals *clashed*. 钹声铿锵。❷砰地相撞击:*The car clashed* into the tree. 那辆小汽车砰地撞在树上。❸发生冲突(*with*):The two factions *clashed* over the seating arrangements. 两派为座位安排问题发生了冲突。❹不协调;不相配;不一致(*with*):Those red shoes *clash* violently *with* that orange dress and purple hat. 那双红鞋同橘色衣服、紫色帽子极不相配。—*vt*. 使发出刺耳的碰撞声:He *clashed* his fist against the heavy door. 他用拳头猛击沉重的大门,发出砰砰的声音。**II** *n*. [C] ❶(金属等的)刺耳的碰撞声:the *clash* of weapons 武器的刺耳碰撞声❷(尤指发出刺耳声的)碰撞 ❸冲突,矛盾;不协调,不一致:a verbal *clash* 口角

clasp /klɑːsp; klæsp/ **I** *n*. [C] ❶钩子;扣子,夹子:fasten the *clasp* on a belt 扣紧皮带扣 ❷[通常用单]拥抱,紧抱:She held the child in a loving *clasp*. 她深情地将孩子拥抱在怀中。**II** *vt*. ❶扣紧,扣住;钩住:*clasp* the buckles on one's boots 扣上靴子上的搭扣 ❷拥抱,抱紧:The mother *clasped* her baby to her breast. 母亲把孩子紧紧地抱在怀里。

☆**clasp, grasp, grip** 均有"抓住,抓紧"之意。**clasp** 指紧紧抓在手里或抱在怀里:He *clasped* her to his chest. (他把她紧紧地抱在怀里。)该词也可表示用夹子夹住:*clasp* a bracelet round one's wrist (将手镯戴在手腕上) **grasp** 尤指用手紧紧抓住:*Grasp* the rope with both hands. (用双手抓牢绳索。)该词也可表示领会、理解或掌握:I think I *grasped* the main points of the speech. (我想我领会了演说的要点。) **grip** 语气较 grasp 强,尤指用手或工具用劲抓住或握住,强调有多大劲使多大劲:She *gripped* my hand in fear. (她因害怕而紧握住我的手。)该词也可用于比喻义:The pictures *gripped* my imagination. 这些图片引起了我的想象。

class /klɑːs; klæs/ **I** *n*. ❶[C]种类,门类:a *class*

of objects used in daily living 日常用品类 ❷[C;U]阶级;社会阶层;等级制度:the ruling *class(es)* 统治阶级 ❸[C]班级:a *class* of 25 children 一个有 25 个孩子的班(级)❹[C;U](一节)课;课程:He cut five *classes* last term. 他上学期缺了 5 节课。❺[U](尤指按质量区分的)等级,级别;舱位(或车厢等)等级:a hotel of the highest *class* 最高级旅馆❻[C]同届(大)学生(或校友);〈英〉(大学中根据成绩来分的)学生等级;成绩等级:a First-*Class* Honours degree 优等成绩毕业的荣誉学位 **II** *vt.* ❶把…归入某类(或某个等级);把…分类(或分等级):At nineteen you're still *classed* as a teenager. 19 岁时,仍是一个青少年。❷〈口〉认为,把…看作(*as*):He was *classed as* one of the distinguished scholars at the university. 他被看作是这所大学的杰出学者之一。‖ ***in a class by itself*** [***oneself***] *adv.* 独一无二,无与伦比;独具一格:As a cook, she is *in a class by herself*. 在烹调方面,没有人能比得上她。***in a class of its own*** *adv.* = in a class by itself [oneself]

class action *n.* [U]【律】共同诉讼(由一位或几位原告代表自己以及在该起诉中与他们有共同利害关系的其他人所提出的诉讼)‖ **ˌclass-ˈac·tion** *adj.*

clas·sic /ˈklæsik/ **I** *adj.* [常作定语] ❶最优秀的,第一流的,最高水准的;(可作)典范的:modern *classic* writers 当代一流作家❷典型的;标准的;特别重要的:the *classic* symptoms of alcoholism 酒精中毒的典型症状 ❸古典的,古希腊(或古罗马)文学(或艺术、文化等)的 ❹(艺术、音乐等风格)古雅的:a building in the *classic* style of architecture 具有古朴建筑风格的大楼 **II** *n.* [C] ❶经典作品;文学名著;艺术杰作:a modern *classic* 现代名著❷文豪;大艺术家 ❸古希腊或古罗马作家;[~**s**]古典学课程(包括古希腊及古罗马文学、历史等) ❹古典派作家;古典主义者

clas·si·cal /ˈklæsikᵊl/ **I** *adj.* [常作定语] ❶古典的,古希腊(或古罗马)文学(或艺术)的;(尤指语言)古典作家的;基于古典文学(或艺术)的:*classical* schools 古典学派 ❷【音】古典的(指传统的欧洲艺术歌曲、室内音乐等,以区别于流行歌曲、爵士音乐等):She prefers pop music and jazz to *classical* music. 她喜爱流行音乐和爵士乐胜于古典音乐。❸[常作 **C-**]传统的,正统的;经典的;权威的:*classical* political science 经典政治学 **II** *n.* [U]古典音乐 ‖ **ˈclas·si·cal·ly** *adv.*

clas·si·cism, clas·si·cal·ism /ˈklæsiˌsizᵊm/ *n.* [U] ❶对古典主义(或风格)的崇尚,拟古主义,古希腊文化艺术的精神 ❷古典风格;希腊(或罗马)语表达法(或习语);(模仿古希腊或罗马表达法的)习语

clas·si·fi·ca·tion /ˌklæsifiˈkeiʃᵊn/ *n.* ❶[U]分级,分类 ❷[C]类别,等级

clas·si·fied /ˈklæsiˌfaid/ **I** *adj.* ❶分成类的;按类分好的 ❷(信息、情报等)归入密级的,保密的:What I have to say is *classified*. 我要说的事须严加保密。**II** *n.* [C]分类广告

classified ad *n.* [C](报纸、杂志上的)分类广告 ‖ **classified advertising** *n.* [U]

clas·si·fy /ˈklæsiˌfai/ *vt.* ❶将…归类;将…分级:*classify* things into three types 把事物分成三类❷为(文件等)加上保密级别;规定(情报、资料等)仅限某些人使用 ‖ **ˈclass·iˌfi·a·ble** *adj.*

class·mate /ˈklɑːsˌmeit/ *n.* [C]同班同学

class·room /ˈklɑːsˌruːm,-ˌrum/ *n.* [C]教室,课堂

class·y /ˈklɑːsi/ *adj.* 〈口〉高级的,上等的;有气派的;时髦的:Her flat looks very *classy*. 她的公寓真棒! ‖ **ˈclass·i·ness** *n.* [U]

clat·ter /ˈklætəʳ/ **I** *vi.* ❶发出连续而清脆的撞击声:The horse's hoofs *clattered* over the stones. 马蹄踏在石子上得得作响。❷(发着清脆撞击声)急速前进:The iron-wheeled cart *clattered* down the street. 铁轮大车哐当哐当地沿街驶去。—*vt.* 使发出连续而清脆的撞击声:My sister was *clattering* the forks back into the drawer. 我妹妹把叉子咣啷咣啷地放回抽屉里。**II** *n.* [C][通常用单](硬物等碰撞或落下时发出的)清脆的撞击声:the *clatter* of the typewriter 打字机的嗒嗒声 ‖ **ˈclat·ter·er** *n.* [C] —**ˈclat·ter·y** *adj.*

clause /klɔːz/ *n.* [C] ❶【语】分句,从句,子句:a main [subordinate] *clause* 主[从]句 ❷(正式文件或法律文件的)条款:a *clause* in the lease 租约中的一项目条款 ‖ **ˈclaus·al** *adj.*

claus·tro·pho·bi·a /ˌklɔːstrəˈfəubiə/ *n.* [U]【心】幽闭恐惧症:Being in lifts gives me *claustrophobia*. 我在电梯里就有一种幽闭恐怖感。

‖ ˈclaus•troˌphobe *n.* [C]

claus•tro•pho•bic /ˌklɔːstrəˈfəubik/ *adj.* 幽闭恐惧症的；患幽闭恐惧症的；导致幽闭恐惧症的：Leave the door open, because I get very *claustrophobic*. 别关门，我一个人在房子内感到很害怕。

claw /klɔː/ **I** *n.* [C] ❶（鸟、兽、昆虫等的）爪；脚爪：The owl captured the mouse in its *claws*. 这只猫头鹰用爪子抓住了老鼠。❷（虾、蟹等节足动物的）螯：The meat of lobster *claws* is good to eat. 龙虾的螯肉很好吃。❸爪状物；爪形器具 **II** *vt.* ❶（用爪或好像用爪）抓，撕，攫，刮，拽；爬；挖：The cat *clawed* a hole in my stocking and my sweater to shreds. 猫在我的袜子上抓了个洞，并且把我的毛衣撕成了碎片。❷搔（痒）❸用手或爪爬行过去等待：They slowly *clawed* their way up the cliff. 他们慢慢地爬上峭壁。—*vi.* ❶（用爪或好像用爪）抓，撕，攫，拽，刮；爬；挖（*at*）：The cat *clawed at* the leg of the table. 猫抓桌腿。❷搔痒

clay /klei/ *n.* [U] ❶（制砖瓦、陶瓷器等用的）黏土 ❷泥土

clean /kliːn/ **I** *adj.* ❶清洁的，干净的；无污垢的，未弄脏的；未沾染（疾病）的：Wash your hands *cleaner*. 把你的手洗干净点。❷明净的；无杂质的；空白的：*clean* air 洁净的空气 ❸纯洁的；正派的；语言干净的；不猥亵的，不色情的：a *clean* heart 纯洁的心 ❹无犯罪历史的；无不利（或违章）记录的；清白无辜的；〈俚〉没私带违禁品的：The suspect claimed that he was *clean*. 嫌疑人声称自己是清白无辜的。**II** *adv.* ❶干净利落地；熟练地：The horse jumped *clean* over the brook. 那匹马轻松地跃过了那条小溪。❷干净地：This dress will never wash *clean*. 这件衣服再也洗不干净了。❸完全地；彻底地：The bank robbers got *clean* away. 银行抢劫犯逃得无影无踪。**III** *vt.* 把…收拾干净；干洗；除去…的污垢（*of*）：*clean* a wound 清洗伤口 ‖ ***clean out*** 把…收拾干净；把…腾空：The premises were completely *cleaned out*. 整个房子都搬空了。***clean up*** *vt.* & *vi.* ❶清除，打扫：They were all busy *cleaning up* the grounds. 他们都忙于打扫场地。❷清理，整理；整肃：Leave everything, I'll *clean up* later. 东西都搁着吧，等会儿我来清理。***come clean*** (***with sb***) *vi.* 〈口〉（向某人）坦白承认；说出实话；和盘托出：To *come clean* (with you), I found her room in a disgusting mess. 说实话，我发现她的房间乱得不像话。‖ ˈ**clean•a•ble** *adj.* —ˈ**clean•ness** *n.* [U]

clean-cut /ˈkliːnˈkʌt/ *adj.* ❶轮廓分明的：He has a *clean-cut* profile. 他的侧影轮廓分明。❷外表整洁的，端庄的，形态优美的：a *clean-cut* college boy 外表整洁体面的男大学生

clean•er /ˈkliːnəʳ/ *n.* [C] ❶清洁工 ❷清洁器，清洁机 ❸去污剂，清洁剂 ❹干洗店主 ‖ ***take sb. to the cleaners*** *vt.* 〈俚〉❶使某人破产；抢（或骗）某人的钱；使某人变得一文不名：He got taken to the *cleaners* in the poker game last night. 他昨晚打扑克赌博输得精光。❷强烈谴责（或批评）某人

clean•ly /ˈkliːnli/ *adv.* 干净地；利索地：The butcher's knife cut *cleanly* through the meat. 肉铺老板的刀切肉利索。‖ ˈ**clean•li•ness** *n.* [U]

cleanse /klenz/ *vt.* ❶使清洁；清洗：*cleanse* a wound before bandaging it 包扎前先清洗伤口 ❷使净化（*of*）：*cleanse* the soul 净化心灵

cleans•er /ˈklenzəʳ/ *n.* [C]清洁剂，去污粉

clean•up /ˈkliːnˌʌp/ *n.* [C]打扫，扫除：give the house a good *cleanup* 彻底打扫房子

clear /kliəʳ/ **I** *adj.* ❶明亮的；明净的；洁白（无暇）的：a *clear* flame 明亮的火焰❷（气候、天空等）晴朗的；无云的：A *clear* sky is free of cloud. 天朗气清，万里无云。❸透明的；清澈的：*clear* spring water 清泉 ❹清楚的，清晰的，易分辨的；不含糊的；易懂的，明白的：a *clear* speaker 口齿清晰的演讲者 ❺[常作表语]肯定的；无疑的：It is *clear* that it is going to rain soon. 天肯定马上就要下雨。❻不再（与某人）保持接触（或联系）的 ❼清白无辜的；无罪的：Now that I've told her everything, I can leave with a *clear* conscience. 既然我把什么都告诉她了，我可以坦然地走了。❽畅通的；无遮拦的，无障碍的；敞开的：a *clear* passage 畅通无阻的通道 **II** *adv.* ❶清楚地；清晰地：Now *clear* I understand. 现在我已经很清楚了。❷完全，彻底：She was *clear* bowled over by the news. 这消息使她全然不知所措。❸离开，不接触：The ship will get *clear* of the port tonight. 那艘船今天晚上就要离港。**III** *vt.* ❶使清澈；使明净；使明亮；使无杂色；使纯洁：

clear muddy water 给污水清污 ❷腾出，清空；吃光；打扫；清除；使畅通：*clear* a warehouse 把仓库清空 ❸使清白无辜；证明…无罪；宣告…无罪：clear sb.'s name 恢复某人的名誉 ❹越过；绕过；不触及地通过：The horse *cleared* the fence in a tremendous leap. 马奋力一跃，越过了栏栅。❺结清(账)；付清(债务)(*off*)：Just a few dollars more would *clear* him. 只要再多几美元就可以帮他把债还清了。❻通过，批准；授权；在…获得通过；被…通过：The control tower *cleared* the airplane for landing. 指挥(或控制)塔准许飞机降落。—*vi.* ❶变清澈；变清楚：It rained and then it *cleared*. 下雨了，后来又晴了。❷消散，逐渐消失；溜走：When the smoke *cleared* away, we saw the house was in ruins. 烟消散后，我们看到房子成了一堆废墟。❸变清楚；解除疑惑 ❹结清；清算；证实支票有效 ‖ ***clear away*** [*off*] *vt.* & *vi.* ❶排除；清除：The police *cleared* the crowd *away*. 警察驱散了人群。❷收拾(桌上餐具)：They *cleared away* the lunch dishes and cleaned up the kitchen. 他们收拾好午餐餐具，并打扫了厨房。***clear out*** *vt.* & *vi.* ❶清除；清空：All these old cans and jars should have been *cleared out* months ago. 这些瓶瓶罐罐早在几个月前就该扔掉了。❷〈口〉走开，离去；赶出，撵走：The audience *cleared out* of the burning theater quickly. 观众迅速离开了失了火的剧院。***clear the air*** *vi.* 尽释前嫌；消除隔阂：The two decided to meet and *clear the air* before their dispute got worse. 两人决定趁争执还没有升级前就把矛盾化解掉。***clear up*** *vt.* & *vi.* ❶(天)放晴，好转：Stay indoors until the weather *clears up*. 天放晴前待在屋里不要出去。❷整理，清理：*clear up* a house 整理房间 ❸澄清(事实、意见等)；解除(疑虑等)；解释：The misunderstanding will be *cleared up* soon. 误会不久就会消除的。***in the clear*** *adj.* ❶无罪的；无嫌疑的：The testimony of the witness puts the suspected thief *in the clear*. 目击者的证词证实了盗窃嫌疑人是清白无辜的。❷不受阻碍(或限制)的，无危险(困难)的：With obstructions removed, the engine is now *in the clear*. 障碍排除后，发动机运转正常。‖ **ˈclear·er** *n.* [C] —**ˈclear·ness** *n.* [U]

clear·ance /ˈkliərəns/ *n.* ❶[U]清除，除去；清空：a programme of slum *clearance* 贫民区的拆迁计划 ❷[U;C][常用单]空间；间隙，空隙：The bridge allowed a *clearance* of 37 feet at mean high water. 这座桥在平均高水位时净空为37英尺。❸[U;C]批准，许可；(机场指挥塔发出的)起飞(或降落)许可；参与机密工作的许可：apply for *clearance* to read sealed documents 申请查阅密封文件

clear-cut /ˈkliəˈkʌt/ *adj.* ❶轮廓分明的；形体清晰的：the *clear-cut* outline of the mountains against the sky 在蓝天衬托下的群山的清晰轮廓 ❷明确的，清楚的：a *clear-cut* division 明显的区别

clear-head·ed /ˈkliəˌhedid/ *adj.* 头脑清醒的；明智的：a *clear-headed* decision 明智的决定 ‖ **ˈclearˌhead·ed·ly** *adv.* —**ˈclearˌhead·ed·ness** *n.* [U]

clear·ing /ˈkliəriŋ/ *n.* ❶[U]清除；擦亮 ❷[C]林中空地，林中开垦地：They are alone in a *clearing* in the forest. 他们单独待在一块林中空地上。

clear·ly /ˈkliəli/ *adv.* ❶清楚地；明白地：The bottle was *clearly* labelled. 瓶子上清清楚楚地贴着说明标签。❷无疑地；明显地；显然地：*Clearly*, there will be an inquiry about this. 显而易见，一定要对此事进行调查。

cleat /kliːt/ *n.* [C][常作～s] 防滑(或加固用的)木(或铁)条；防滑鞋

cleav·age /ˈkliːvidʒ/ *n.* ❶[U]裂开；砍开；分开 ❷[C]裂开；分开：a sharp *cleavage* of fundamental interests 根本利益的尖锐分歧

cleave¹ /kliːv/ *vi.* (**cleaved**) ❶黏着，粘住(*to*)：keep the biscuits from *cleaving to* the pan 不让烤饼粘锅 ❷坚持，坚守；忠于(*to*)：*cleave to* an idea 坚持某个观点

cleave² /kliːv/ *vt.* (过去式 **cleft** /kleft/或 **cleaved** 或 **clove** /kləuv/，过去分词 **cleft** 或 **cleaved** 或 **clo·ven** /ˈkləuvᵊn/) ❶砍开；使分开，使分裂：*cleave* a tree down 砍倒一棵树 ❷掠过，穿过；游过：The airplane swept across the sky, *cleaving* the clouds. 飞机穿云破雾，掠过天空。—*vi.* (顺纹理或裂纹)裂开；被砍开

cleav·er /ˈkliːvəʳ/ *n.* [C]砍切工具(尤指屠户用的切肉刀)

clef /klef/ *n.* [C]【音】谱号(写在谱表左边用来确定音位的符号)：G *clef* 高音谱号

cleft /kleft/ *n.* [C] 裂缝，裂口，凹口，缺口，裂

开处:a deep *cleft* in the rocks 岩石上的深裂缝

clem·en·cy /ˈklemənsi/ *n.* [U] ❶仁慈,宽容,仁厚:an appeal for *clemency* 恳求从宽处理 ❷(性格、天气等)温和:the *clemency* of California weather 加利福尼亚天气温和

clem·ent /ˈklemənt/ *adj.* ❶慈善的,宽宏大度的:A *clement* man is merciful to his beast. 仁慈的人对待其牲畜也是仁慈的。❷(性格、天气等)温和的:Hawaii usually has *clement* weather. 夏威夷通常气候温和。‖ ˈ**clem·ent·ly** *adv.*

clench /klentʃ/ *vt.* ❶握紧(拳头等);咬紧(牙关等):Ralph *clenched* his fist and went very red. 拉尔夫捏紧拳头,满脸涨得通红。❷紧抓,紧握:She *clenched* my arm in terror. 她万分恐惧,紧紧抓住我的胳膊。

cler·gy /ˈkləːdʒi/ *n.* [总称][用作复]【宗】教士,牧师,神职人员:the Taoist *clergy* 道士

cler·gy·man /ˈkləːdʒimən/ *n.* [C]([复]**-men** /-mən/)【宗】神职人员;牧师中的一员;(尤指英国国教会的)牧师

cler·ic /ˈklerik/ *n.* [C]教士;牧师;神职人员

cler·i·cal /ˈklerikᵊl/ *adj.* [无比较级] ❶职员的,办事员的;文秘(工作)的:Keeping records or accounts and typing letters are *clerical* jobs in an office. 保存档案、文件及打印函件都是办公室文秘工作。❷牧师的;教士的:a man in *clerical* garb 穿教士服的人 ‖ ˈ**cler·i·cal·ly** *adv.*

clerk /klɑːk;kləːk/ *n.* [C] ❶(银行的)职员;(商店的)售货员;秘书;记账员 ❷(地方政府、法庭等的)记事员,记录员:a court *clerk* 法庭书记员 ❸店员

clev·er /ˈklevəʳ/ *adj.* ❶聪明的,头脑反应快的;敏捷的:She is the *cleverest* person in our family. 她是我们家最聪明的人。❷熟练的;灵巧的:be *clever* at arranging flowers 擅长插花 ‖ ˈ**clev·er·ly** *adv.* —ˈ**clev·er·ness** *n.* [U]

cli·ché, cli·che /ˈkliːʃei/ *n.* [C]陈词滥调,老生常谈;套语,陈腐(的体裁、风格等)

click /klik/ **I** *n.* [C]轻微而清澈的声音;咔嗒声,咔嚓声:The lock opened with a *click*. 锁咔嗒一声开了。**II** *vt.* 使发咔嗒(或咔嚓)的声音:I *clicked* the shutter of my camera. 我咔嚓一声按下了快门。—*vi.* ❶发出咔嗒(或咔嚓)的声音:The door *clicked* shut behind her. 门咔嚓一声在她身后关上了。❷〈口〉取得成功;进展顺利;达到目标:The new show *clicked* with the public. 这场新上演的戏受到观众的好评。❸〈口〉一见如故;情投意合;(男女)一见倾心;完全一致(*with*):Jim and Mary *clicked with* each other as soon as they met. 吉姆和玛丽两人一见钟情。❹〈口〉(在头脑或记忆中)变得清晰;变得明白:Somehow his explanation doesn't *click*. 他的解释还是不能让人明白。❺【计】点击,选中(*on*) ‖ ˈ**click·er** *n.* [C]

cli·ent /ˈklaiənt/ *n.* [C] ❶(聘请或雇用律师、建筑师等社会服务人员处理事务的)委托人;委托方:an accountant's *client* 会计师的委托人 ❷接受社会救济的人,救济对象:a welfare *client* 拿福利救济金的人 ❸顾客,客户 ‖ ˈ**cli·ent·less** *adj.*

cli·en·tele /kliːɔnˈtel/ *n.* [总称][常用单数] ❶委托人:a lawyer's *clientele* 律师的委托人 ❷顾客,客户:the *clientele* of a theatre 戏院的常客

cliff /klif/ *n.* [C](尤指海边的)悬崖峭壁;陡峭的石崖

cliff-hang·er /ˈklifˌhæŋəʳ/ *n.* [C]悬念迭起的故事(或电影等),(到终局时才见分晓的)比赛(或竞争):There is a real *cliff-hanger* in the final scene. 最后一场确实惊险,悬念迭起。

cli·mac·tic /klaiˈmæktik/ *adj.* [无比较级]高潮的;达到高潮的:a *climactic* scene of a movie 影片中的一场高潮

cli·mate /ˈklaimit/ *n.* [C] ❶气候,(一地区的)主要天气情况:changes in *climate* due to pollution 污染引起的气候变化 ❷(具备某种气候条件的)气候区:In cold *climates*, cows may have to be kept indoors all winter. 在寒冷的气候区,奶牛可能得整个冬季都关在室内。❸(某一社会或时期的)潮流,风气;趋势:the *climate* of public opinion 公众舆论的氛围〔亦作 **clime**〕

cli·mat·ic /klaiˈmætik/ *adj.* 气候的 ‖ **cliˈmat·i·cal·ly** /-kəli/ *adv.*

cli·max /ˈklaimæks/ **I** *n.* [C] ❶顶点;顶峰;顶:the *climax* of one's career 某人事业的顶峰 ❷(戏剧、小说等的)高潮情节:The revelations bring the story to a dramatic *climax*. 暴露的事将整个故事推向高潮。**II** *vt.* & *vi.* 〈口〉(使)

达到高潮(或顶点);是(…的)高潮(或顶点):Election to the Presidency *climaxed* his long career in politics. 当选总统是他漫长政治生涯的顶点。

climb /klaim/ **I** *vi.* ❶攀爬,攀登;(用手)爬:*climb* to the top 爬到顶端 ❷缓缓上升;逐渐升高;(飞机)上升:The temperature *climbed*. 气温慢慢升高了。❸倾斜;斜着上升:The road *climbed* gradually through broken country. 那条路渐渐往上,穿过崎岖的乡间。❹(在社会地位、名声等方面)向上升:*climb* in reputation 声名日隆 ❺(数字等)上升,增加:The price of imports has *climbed* sharply in the past year. 在过去一年里进口商品价格已急剧上涨。—*vt.* 攀登,沿…爬,攀爬;爬过:*climb* the ladder 爬梯子 **II** *n.* [通常用单] ❶爬行;攀登:one's *climb* to power 爬上有权势的地位❷攀登处;攀爬线路;陡坡:The path ended in a difficult *climb*. 小道在一个难以攀登的地方到了尽头。‖ ˈ**climb·er** *n.* [C]

clinch /klintʃ/ *vt.* ❶确定;解决(争端等):The lawyer *clinched* his case by introducing new evidence. 那位律师出具了新的证据,于是案子最终得到了解决。❷(拳击运动中)使劲抓住;扭打:*clinch* sb.'s opponent 抓住某人的对手 —*vi.* (拳击运动中)使劲抓住对方;扭打:When the boxers *clinched*, the crowd booed. 拳击手们使劲扭住对方时,人群中爆发出阵阵嘘声。‖ ˈ**clinch·ing** *adj.*

clinch·er /ˈklintʃəʳ/ *n.* [C] ❶起决定作用的人(或事) ❷〈口〉有决定意义的论点(或评论、观点等)

cling /kliŋ/ (**clung** /klʌŋ/) *vi.* ❶粘住;缠住;贴住(*to*):A vine *clings to* its support. 藤缠着它的支架。❷抓紧;抱住,不放松(*to*):They *clung to* the floating wreckage. 他们紧紧抓住漂浮的船骸不放。❸(思想、往事等的)长驻不散;萦绕(*to*):A cooking odour may *cling to* the kitchen. 烹调的气味会停留在厨房里不散。‖ ˈ**cling·y** *adj.*

cling·ing /ˈkliŋiŋ/ *adj.* ❶贴身的;紧身的:a *cling-ing* hot blouse 惹火的紧身衬衣 ❷过于依赖的,依附于他人的

clin·ic /ˈklinik/ *n.* [C] ❶专科医院(或诊所):a dental *clinic* 牙科诊所 ❷(医院的)科

clin·i·cal /ˈklinikᵊl/ *adj.* ❶[无比较级]诊疗所的:*clinical* treatment 门诊医疗 ❷[无比较级]临床实习的;临床教学的:*clinical* medicine 临床医学 ❸客观的;冷静的;超然的:cold *clinical* tone of voice 冷静淡然的语调 ‖ ˈ**clin·i·cal·ly** *adv.*

cli·ni·cian /kliˈniʃən/ *n.* [C]临床医生

clink /kliŋk/ **I** *vi.* 发出叮当响声:The coins *clinked* together. 硬币发出叮叮当当的响声。—*vt.* 使发出叮当响声:She made a toast, *clinking* her glass against Rudolph's. 她提议祝酒,把自己的玻璃杯同鲁道夫的杯子碰得叮当响。**II** *n.* [通常用单]叮当声

clink·er /ˈkliŋkəʳ/ *n.* [C] ❶〈俚〉奏出错音:hit an excruciating *clinker* 奏出令人难以忍受的错音 ❷失误,错误:make a *clinker* 犯大错误 ❸失败;劣质品:a *clinker* of a play 一出蹩脚戏

clip¹ /klip/ **I** *vt.* (**clipped**;**clip·ping**) ❶剪去;修剪;剪掉:*clip* one's hair 理发 ❷缩短;省(缩)略(单词的字母或音节):The words "quotation" and "taxicab" are often *clipped* to "quote" and "cab". 单词 quotation 和 taxicab 常常省略为 quote 和 cab。❸〈口〉狠击,猛打:The boxer *clipped* his opponent on the jaw. 拳击手猛击对手的颚部。—*vi.* 快速前进;飞驰:The motorcycle *clipped* along the highway. 摩托车在高速公路上飞驰。**II** *n.* [C] ❶剪除;剪毛;修剪:His hair needs a *clip* around the back of the neck. 他后面的头发需要修剪一下。❷〈口〉=clipping ❸〈口〉狠击,猛打:I gave him a *clip* on the ear. 我狠狠地打了他一记耳光。❹[通常用单]〈口〉速度(尤指快速):The bus passed through the village at quite a *clip*. 公共汽车以很快的速度穿过村庄。

clip² /klip/ **I** *n.* [C] ❶回形针;别针;(弹簧)夹子:a tie *clip* 领带夹 ❷弹匣;弹库 ❸饰针,别针 **II** *vt.* & *vi.* (**clipped**;**clip·ping**) 夹牢,攫住;(用回形针、夹子等)扣住,夹紧:The secretary *clipped* the papers together. 秘书将文件夹在一起。

clip·board /ˈklipˌbɔːd/ *n.* [C]带有(将纸夹在一起的)弹簧夹的写字板

clip·per /ˈklipəʳ/ *n.* [C] ❶修剪者,修剪物 ❷[常作~s]羊毛剪 ❸发剪;指甲剪

clip·ping /ˈklipiŋ/ *n.* [C] ❶修剪,剪下 ❷剪下的东西 ❸(尤指从报纸、杂志上)剪下的文章(或图画、广告等);剪报:a newspaper *clipping* about the floods 一份有关洪灾的剪报〔亦作 **clip**〕

clique /kliːk,klik/ *n.* [C]排斥他人的帮派,(小)集团;派系:a *clique* of fame and fortune seekers 一小撮名利心很重的人 ‖ ˈ**cli•quey**, ˈ**cli•quy** *adj.* —ˈ**cli•quish** *adj.* —ˈ**cli•quish•ly** *adv.* —ˈ**cli•quish•ness** *n.* [U]

clit•o•ris /ˈklitᵊris,ˈklait-/ *n.* [C]([复]-**ris•es** 或**clit•o•ri•des** /kliˈtɔːriˌdiːz/)【解】阴蒂,阴核

cloak /kləuk/ *n.* [C] ❶披风,斗篷;(无袖、由双肩披下的)外套:a beautiful *cloak* of ermine 漂亮的白鼬毛皮斗篷 ❷覆盖物;伪装,幌子:negotiate under a *cloak* of secrecy 神秘兮兮地谈判

cloak•room /ˈkləukˌruːm,-ˌrum/ *n.* [C] ❶(来访者、顾客等的)衣帽间 ❷〈英〉(火车站的)行李寄存处

clob•ber /ˈklɔbəʳ/ *vt.* 〈俚〉(反复)狠揍,猛打:I'll *clobber* you if you don't do what you're told. 要是你不照所教的去做,我就狠狠揍你。

clock /klɔk/ I *n.* [C] ❶钟,时钟;计时器:regulate a *clock* 校正时钟 ❷考勤钟 ❸时钟式记录(或计量)仪表(如计时钟、计程器、示速计等):Set the time *clock* on your central heating system to give heat only when it is needed. 在中央供暖系统上拨好定时器,这样就会只在必要时供暖。❹=biological clock II *vt.* 〈口〉为…测时;替…计时;达到(时间记录等):She was *clocked* at 59 seconds for the first lap. 她跑第一圈用了 59 秒。‖ ***around* [*round*] *the clock*** *adv.* 整日整夜地;昼夜不停地:We worked *around the clock* to finish the job. 我们夜以继日地工作以便完成这项工作。***clock in*** *vi.* (用自动计时钟)记录上班时间;按自动计时钟上班:*clock in* at 9 o'clock 9 点钟按自动计时钟上班 ***clock out*** *vi.* (用自动计时钟)记录下班时间;按自动计时钟下班:It's time to *clock out*. 该是按自动计时钟下班的时间了。

clock•wise /ˈklɔkˌwaiz/ *adj.* & *adv.* [无比较级]顺时针方向的(地):You must turn the key *clockwise* to unlock the door. 你必须按顺时针方向转动钥匙才能打开门。

clock•work /ˈklɔkˌwəːk/ *n.* [U]钟表机械;发条装置 ‖ ***like clockwork*** *adv.* 自动地;有规律地;顺利地:The launching of the rocket went off *like clockwork*. 火箭发射进行得很顺利。

clod /klɔd/ *n.* [C] ❶一堆泥土;土(泥)块 ❷〈俚〉笨蛋,蠢货;傻瓜,呆子 ‖ **clod•dish** /ˈklɔdiʃ/ *adj.* —ˈ**clod•dish•ly** *adv.* —ˈ**clod•dish•ness** *n.* [U]

clod•hop•per /ˈklɔdˌhɔpəʳ/ *n.* [C]〈口〉❶乡巴佬;大老粗;笨蛋,傻瓜 ❷[常作~s]笨重的鞋子

clog /klɔg/ I (**clogged**; **clog•ging**) *vt.* ❶堵塞,阻挡;阻塞(*up*):Hair has *clogged* the drain *up* again. 毛发又把排水管堵住了。❷妨碍,阻碍:Ice floes *clog* barge traffic on the river. 大片浮冰妨碍了河上的驳船交通。—*vi.* 阻塞;堵塞,阻挡:The expressway always *clogs* during the rush hour. 这条高速公路一到交通高峰时间总是堵车。II *n.* [C] ❶障碍物,堵塞物 ❷木屐;(跳舞用的)轻型木屐

clois•ter /ˈklɔistəʳ/ *n.* [C]【建】(隐修院、教堂、大学等建筑的)回廊

clone /kləun/ I *n.* [C] ❶【生】无性繁殖的有机体(或生物体),克隆 ❷无性繁殖的有机个体 II *vt.* ❶复制:*clone* the new machines by using the same microchip 利用同样的微芯片复制新的机器 ❷【生】使无性繁殖,克隆:They *cloned* some remarkable organisms in their laboratory. 他们在实验室成功地克隆了一些组织器官。‖ ˈ**clon•al** *adj.*

clop /klɔp/ I *n.* [C](马蹄等碰击路面的)嘚嘚声,橐橐声:the steady *clop* of carriages 马车行进的那种慢吞吞的橐橐声 II *vi.* (**clopped**; **clop•ping**) 发出得得(或橐橐)的声音;嘚嘚(或橐橐)地行走

close I /kləuz/ *vt.* ❶关上,闭上;关闭;封闭:*close* one's eyes 合眼 ❷挡住;填塞;阻挡:*close* (up) a hole in the wall 把墙上的洞堵住 ❸使结束;使终止,使停止:*close* a debate 结束争论 —*vi.* ❶关上,闭上:The door *closed* with a bang. 门砰的一声关上了。❷结束;完成;终止:The meeting *closed* with a speech by the president. 会议在主席讲话后即告结束。II /kləus/ *adj.* ❶距离近的,靠近的;接近的(见 near):The church is *close* to the shops. 教堂离商店很近。❷(程度或相似性上)接近的,相近的(*to*):Dark pink is *close to* red. 深粉色接近红色。❸[作定语]近亲的:He was a *close* relative. 他是一位近亲。❹[作定语](关系)亲密的;(联系)密切的(见 familiar):We used to be *close* friends! 我们从前还是莫逆之交呢! ❺[作定语]毫无漏洞的;严密的;精确的:a *close* study 细致的研究❻不相上下的,势均力敌的,难分难解的;比分接近的:a *close* contest 一场势均力敌的比赛 **III** /kləus/ *adv.* 接近地;紧靠地:The two farms lie *close* together. 这两个农场靠在一起。**IV** /kləuz/ *n.* [C][通常用单] ❶关闭,关上 ❷终止;结尾,结局;结论:The chairman brought the meeting to a *close*. 主席结束了会议。‖ ***close down*** *vt.* & *vi.* 关闭;停业:*close down* an air base because of budget cuts 因预算削减而关闭一个空军基地 ***close in on*** [***upon***] *vi.* & *vt.* ❶接近,靠近;逼近:The enemy gradually *closed in on* the besieged city. 敌人渐渐逼近被包围的城市。❷包围,围拢:She had a feeling that the room was *closing in on* her. 她有种要被那房间吞噬的感觉。***close out*** *vt.* ❶(为尽快销售而)减价:They *closed out* mattresses. 他们减价促销床垫。❷结束,终止;歇业:*close out* one's drugstore due to financial difficulties 因经济困难而关掉杂货店 ***close ranks*** *vi.* 团结起来:It's time for us to *close ranks* and stay together. 我们团结起来并肩战斗的时刻到来了。***close up*** *adv.* 靠近地,贴近地;近距离地:When you examine this painting *close up*, you'll see it's not genuine. 如果你紧贴着这幅画仔细看,就能看出它不是真迹。‖ **ˈclose·ly** *adv.* —**ˈclose·ness** *n.* [U] —**ˈclos·er** *n.* [C]

closed /kləuzd/ *adj.* [无比较级] ❶(商店等营业场所)不开放的,打烊的:The gardens are *closed* to visitors in winter. 这些花园冬天不对游人开放。❷(营业场所等)歇业的,关门的:All the *closed* shops in the mall reflect the decline of the economy. 购物中心里所有歇业的店铺都是经济衰退的表现。

closed-cir·cuit /ˈkləuzdˌsəːkit/ **television** *n.* [U]闭路电视

close-fist·ed /ˌkləusˈfistid/ *adj.* [无比较级] 吝啬的,小气的

close-fit·ting /ˌkləusˈfitiŋ/ *adj.* [无比较级] (尤指衣服)紧身的

close-mouthed /ˌkləusˈmauðd,-ˈmauθt/ *adj.* [无比较级]嘴紧的;缄默的;内向的;沉默寡言的

close·out /ˈkləuzˌaut/ *n.* [C](商店等在停业之前的)清货,清仓销售

clos·et /ˈklɔzit/ *n.* [C]碗柜;衣橱;〈主美〉壁橱:He hung his raincoat in the hall *closet*. 他将雨衣挂在门厅的壁橱里。‖ ***come out of the closet*** *vi.* 吐露秘密

close-up /ˈkləusˌʌp/ *n.* [C] ❶【摄】特写镜头:The space team anxiously awaited *close-ups* of the moon. 宇航小组急切地等待着月球的特写镜头。❷详尽的描写:a *close-up* of modern society 现代社会的详细写照

clos·ing /ˈkləuziŋ/ **I** *adj.* [作定语]结束的,最后的:the *closing* days of the election primary 总理大选的最后几天 **II** *n.* [C](尤指房屋买卖的)成交:sign the papers at *closing* 在成交时签约

clo·sure /ˈkləuʒəʳ/ *n.* ❶[C;U]关上,合上;关闭状态:Lack of money forced the *closure* of the hospital. 资金短缺迫使那家医院关门停业。❷[U]结束,结尾:His writing needs better *closure*. 他的文章应该结束得更好。

clot /klɔt/ **I** *n.* [C] (液体、血等的)凝块;(粘在一起的)厚块:A *clot* of blood formed in the cut and stopped the bleeding. 伤口上结了血块,血便止住了。**II** (**clot·ted**; **clot·ting**) *vi.* 凝固成块:He was rushed into hospital because his blood wasn't *clotting* properly. 他血流不止,被赶紧送进了医院。—*vt.* 使凝结成块:Rain water *clotted* her hair. 雨水使她的头发粘在一起。

cloth /klɔθ;klɔːθ/ *n.* ([复]**cloths** /klɔðz,klɔθs;klɔːðz,klɔːθs/) ❶[U]布料;毛(或棉、丝、麻、化纤等的)织物:strips of cotton *cloth* 棉布条 ❷[C](一块有特别用途的)布;(一块)桌布;(一块)洗碗布:a dust *cloth* 抹布

clothe /kləuð/ *vt.* (**clothed** 或 **clad** /klæd/) ❶给…穿衣;打扮(某人):She *clothed* the child warmly in a heavy sweater and pants. 她给孩子穿上暖和的厚运动衫和裤子。❷给…提供衣服:It costs quite a bit to *clothe* a family of six. 供一个 6 口之家穿衣就得有一大笔开支。

clothes /kləuðz/ [复] *n.* [用作复](遮身盖体的)衣服,服装:He hasn't got any *clothes* on. 他身上可一丝没挂。

clothes·line /ˈkləuðzˌlain,ˈkləuz-/ *n.* [C]晾衣绳

cloth·ing /ˈkləuðiŋ/ *n.* [总称]衣服,服装:wa-

terproof clothing 防水服

cloud /klaud/ I *n.* ❶[C;U]云;云片:a sea of *clouds* 云海 ❷[C](空中飘浮的)云状物;烟雾,烟尘:a *cloud* of smoke 一团烟雾 II *vt.* ❶遮住;覆盖;使变暗:A mist *clouded* our view. 薄雾挡住了我们的视线。❷给…蒙上阴影:Nothing could *cloud* his happiness. 什么都不会影响他的快乐。❸使模糊;使不清楚:The steam has *clouded* the window up. 蒸汽已使窗子朦胧不清。—*vi.* ❶乌云密布,乌云笼罩(*over*,*up*):The sky has suddenly *clouded up*. 天空中乌云骤起。❷变得忧郁;显得焦急;神色黯然:His face *clouded* with anger. 他一脸愠怒。‖ ***in the clouds*** *adv.* & *adj.* ❶(人)心不在焉的,想入非非的:Try to settle down to work. Your mind always seems to be *in the clouds*. 定下心来工作吧,你看上去总是心不在焉的样子。❷虚无缥缈的;不切实际的,不现实的;幻想的;神秘的:The inexperienced planners were completely *in the clouds*. 这些毫无经验的计划制订者完全不切实际。***on a cloud*** [***on cloud nine***] *adv.* 〈口〉极度高兴,极为幸福:The newly weds seemed to be *on cloud nine*. 那对新婚夫妇看上去无比幸福。***under a cloud*** *adv.* & *adj.* 失宠的(地);受怀疑的(地);不光彩的(地):He left his job *under a cloud*. 他灰溜溜地离开了工作岗位。‖ ˈ**cloud·less** *adj.*

cloud·burst /ˈklaudˌbəːst/ *n.* [C](突如其来的)大暴雨,暴风骤雨

cloud·y /ˈklaudi/ *adj.* ❶(天空)被云覆盖的;多云的:a *cloudy* day 阴天 ❷混浊的;不透明的:The stream is *cloudy* with mud. 小河的水混浊不清。‖ ˈ**cloud·i·ly** *adv.* —ˈ**cloud·i·ness** *n.* [U]

clout /klaut/ *n.* ❶[C]猛击;重击:He fetched [gave] the boy a *clout* on the head. 他猛击了一下男孩的头。❷[U]〈口〉(尤指政治、商业等方面的)影响,权力:an MP who has [wields] *clout* in Ottawa 在渥太华极有影响的国会议员

clove[1] /kləuv/ *n.* [C] ❶(用作辛辣香料的)干丁香花苞:one teaspoon of ground *cloves* 一小茶匙磨细的丁香 ❷【植】丁香树

clove[2] /kləuv/ *n.* [C]【植】(大蒜、洋葱等球根的)小根茎

clo·ver /ˈkləuvəʳ/ *n.* [C;U]【植】车轴草属草本植物 ‖ ***in clover*** *adv.* 〈口〉舒适;无忧无虑;奢侈:They struggled to make their fortune, and now they're *in clover*. 他们曾拼命地挣钱,现在他们生活可舒服了。

clown /klaun/ I *n.* [C] ❶(穿着传统服装在马戏、哑剧等中起娱乐作用的)小丑,丑角 ❷爱开玩笑的人,诙谐幽默的人:Who's the *clown* who put sugar in the saltshaker? 哪位爱开玩笑的人,竟把糖放到盐瓶里了? II *vi.* ❶扮演小丑:I *clown* to please her and the more I *clown* the less she likes me. 我扮演小丑的角色以取悦于她,但我扮得越起劲,她却越不喜欢我。❷举止像小丑;开玩笑;恶作剧(*about*, *around*):A: I thought you'd be home before now. B: Oh, *clowning around*. I played ball with some kids down the alley. 甲:我以为你早该回来了,你上哪儿去了? 乙:呃,瞎玩了一阵儿,在小巷里同一群小家伙打了一会儿球。‖ ˈ**clown·ish** *adj.* —ˈ**clown·ish·ly** *adv.* —ˈ**clown·ish·ness** *n.* [U]

club /klʌb/ I *n.* [C] ❶(用作武器等的)棍棒,大头棒;棒状物:The crowd was dispersed by policemen armed with *clubs*. 人群被手持警棍的警察驱散。❷(用于高尔夫等运动的)球棒:a set of golf *clubs* 一套高尔夫球棒 ❸俱乐部;(由有共同兴趣的人组成并定期举办活动的)会社:a tennis *club* 网球俱乐部 ❹(向会员提供某些优惠的)商业组织,会社;俱乐部:a record *club* 唱片俱乐部 ❺夜总会 ❻[C-]【牌】(一张)梅花牌;[~s][用作单或复](纸牌戏中的)梅花长套:My last card is a *club*. 我的最后一张牌是梅花。II *vt.* (**clubbed**; **club·bing**)(像)用棍棒打:The hikers *clubbed* the snake to death with their walking sticks. 徒步旅行者们用拐杖打死了那条蛇。—*vi.* (为某一共同目的)联合起来:We *clubbed* together to support him. 我们联合起来支持他。

cluck /klʌk/ I *vi.* 发出咯咯声:They could hear the birds *clucking* over their eggs. 他们能听到鸟孵蛋时发出的咯咯声。II *n.* [C](类似母鸡唤小鸡的)咯咯声:a faint *cluck* of disapproval 一阵轻微的啧啧反对声

clue /kluː/ *n.* [C](在调查、解决问题等中有建议、导向作用的)提示,线索,端倪:The police could find no fingerprints or other *clues* to help them in solving the robbery. 警察找不到指纹和其他线索来帮助他们侦破这起抢劫案。

C

clump /klʌmp/ **I** *n*. [C] ❶一簇(树或灌木丛);一群;一束:primroses in *clumps* 一簇簇樱草 ❷一团,一块:a *clump* of muddy fur 一团脏兮兮的毛发 **II** *vi*. 形成一簇(或一群、一束、一堆、一团等):The settlers *clumped* (together) into little villages. 开拓者们聚在一起形成小型的村落。—*vt*. 将…种植在一起;使形成一簇(或一群、一束、一组、一堆等)

C

clum·sy /ˈklʌmzi/ *adj*. ❶(外形)笨拙的,笨重的;(行动)不灵活的:He's *clumsy* at sports. 他在体育活动方面笨手笨脚。❷不合适的,不得体的:My *clumsy* reply hurt her feelings. 我的答复不得体,伤害了她的感情。❸难以使用的:His lip clamped stubbornly over the *clumsy* teeth. 他的双唇固执地紧闭着,遮住不听使唤的牙齿。‖ ˈ**clum·si·ly** *adv*. —ˈ**clum·si·ness** *n*. [U]

clung /klʌŋ/ *v*. cling 的过去式和过去分词

clunk /klʌŋk/ *n*. [C]沉闷的响声

clus·ter /ˈklʌstəʳ/ **I** *n*. [C] ❶一组,一丛,一束,一簇:*clusters* of purple flowers 一束束紫色花 ❷(人或物的)一组,一批,一群:the *cluster* of short hair at the back of one's head 后脑勺的一簇短发 **II** *vt*. 使聚集;使成簇;使成群:Most of the foreign embassies are *clustered* in this area. 多数外国使馆都聚集在这个地区。—*vi*. 聚集;集结;成簇;丛生:The girls *clustered* around their teacher. 女学生们聚集在老师的周围。

clutch /klʌtʃ/ **I** *vt*. 紧握;(急切地)抓住(见 take):She *clutched* her handbag to stop the thieves stealing it. 她紧紧抓着手提包,不让小偷得手。—*vi*. 踩下(汽车的)离合器:He *clutched* carefully and pulled out smoothly. 他小心地踩下汽车离合器,平稳地开了出去。**II** *n*. [C] ❶[常作~s][用作复]手爪;控制,统治:Smith still has the press in his *clutches*. 史密斯仍控制着出版界。❷紧握;抓牢:The eagle flew away with a rabbit in the *clutch* of its claws. 老鹰用爪子紧紧攫着一只兔子飞走了。❸(机器、汽车等的)离合器踏板;离合器(杆) ‖ ***clutch at*** *vt*. 突然抓;抢:He *clutched* desperately *at* the branch as he fell. 他跌下来时拼命想抓住树枝。

clut·ter /ˈklʌtəʳ/ **I** *vt*. [常用被动语态]将…凌乱地堆在一起,使杂乱无章;塞满(*up*,*with*):The room was *cluttered* (*up*) *with* furniture. 房间里塞满了家具。**II** *n*. [U]乱七八糟的东西;凌乱,杂乱无章:the *clutter* of pots and packages 乱七八糟的罐子和包裹

cm,cm. *abbr*. centimetre(s)

co- /kəu/ *pref*. ❶表示"和","一起":cooperate ❷表示"同事","伙伴":coauthor

coach /kəutʃ/ **I** *n*. ❶[C;U](旧时大型封闭式)四轮马车:travel by [on] *coach* 乘坐四轮马车旅行 ❷[C;U](尤指单层的)长途公共汽车:Take the airport *coach* to the centre of city. 乘机场公共汽车去市中心。❸[C]〈英〉【铁】旅客车厢,座席车厢 ❹[C](飞机上的)二等舱座位 ❺[C](体育运动队的)教练;指导 ❻[C](歌手、演员等的)私人指导;私人教师:a drama *coach* 戏剧指导 / a mathematics *coach* 数学家庭教师 **II** *vt*. 训练;教授;指导;当…的教练(或指导等)(见 teach):He *coaches* the football team. 他担任该足球队的教练。—*vi*. 训练;执教,指导:He wanted to coach but never got the chance. 他很想执教却总没有机会。

coach·man /ˈkəutʃmᵊn/ *n*. [C]([复]**-men** /-mᵊn/) 马车夫

co·ag·u·late /kəuˈægjuˌleit/ *vt*. & *vi*. (使)凝固;(使)凝结:Cooking *coagulates* the white of egg. 烹煮能使蛋白凝固。/ Blood from a cut *coagulates*. 伤口的血液会凝结。‖ **co·ag·u·la·tion** /kəuˌægjuˈleiʃᵊn/ *n*. [U]

coal /kəul/ *n*. ❶[~s]〈英〉(用作燃料的)煤块:a bag of *coals* 一袋煤块 ❷[C]燃烧着的煤块(或木块等);灰烬,余火:The big log had burned down to a few glowing *coals*. 那根大圆木已烧得只剩下一些灼热的炭灰。‖ ***rake*** [***haul***] ***over the coals*** *vt*. 谴责,责怪,申斥:The sergeant *rake* the soldier *over the coals* for being late for roll call. 那名士兵点名迟到了,中士把他训斥了一顿。

co·a·lesce /ˌkəuəˈles/ *vi*. ❶合生(而成为一体);愈合:The two lakes *coalesced* into one. 这两个湖合成了一个湖。❷联合;合并:The two political parties *coalesced* to form a cabinet. 这两个政党联合组阁。‖ ˌ**co·aˈles·cence** *n*. [U]

co·a·li·tion /ˌkəuəˈliʃᵊn/ *n*. [C]联合体,同盟;(政党等)临时结成的联盟:a broad *coalition* of community groups in the area 该地区各社团组织的广泛联合体 ‖ ˌ**co·aˈli·tion·al** *adj*. —ˌ**co·aˈli·tion·ist** *n*. [C]

coarse /kɔːs, kəus/ *adj*. ❶粗的;粗糙的:*coarse* salt 粗盐 / Burlap is a *coarse* cloth. 麻布是一种粗布。❷粗俗的;粗鲁的;粗野的:*coarse* behaviour [manners] 粗鲁的行为[举止] ‖ **'coarse·ly** *adv*. —**'coarse·ness** *n*. [U]

coars·en /'kɔːsᵊn, 'kəu-/ *vt*. & *vi*. (使)变粗;(使)变粗糙;(使)变粗俗:The actor *coarsened* his features with make-up to look like a villain. 那位演员妆化得相貌粗野,看上去活像一个恶棍。

coast /kəust/ **I** *n*. ❶[C]海岸,海滨(见 shore):a hotel on the *coast* 海滨旅馆 ❷[U]沿岸地区 ❸[C](不用动力沿山坡向下的)滑行 **II** *vi*. ❶(不用动力沿山坡)滑下:*coast* downhill on a sled 乘雪橇沿山坡向下滑行❷毫不费力地前进:She *coasted* through the exams. 她顺利地通过了考试。‖ ***the coast is clear*** *n*. 无人阻碍;危险已过:As soon as *the coast was clear* the two thieves made their gateway. 等人一走光,两个小偷便从大门口溜了进去。

coast·al /'kəustl/ *adj*. [作定语]海岸的;沿岸的,近岸的:*coastal* towns 沿岸城镇

Coast Guard *n*. [C](担任救生、缉私等任务的)海岸警卫队;海岸警卫队员

coast·line /'kəustˌlain/ *n*. [C] ❶海岸线:a rugged [rocky] *coastline* 多巉岩的海岸线 ❷沿岸地区;沿岸水域

coat /kəut/ **I** *n*. [C] ❶上衣,外套,罩衫:take off one's *coat* 脱去上衣 ❷(动物的)皮(毛);(植物的)表皮,外壳;(器官的)膜:a dog's *coat* of hair 狗的皮毛 ❸覆盖层;层;衣:two *coats* of white paint 两层白漆 **II** *vt*. 在…上涂;覆盖(*with*):*coat* a cake *with* cream 在蛋糕上涂一层奶油

coat·hanger *n*. 衣架

coat·ing /'kəutiŋ/ *n*. [C]涂层,外膜,外层:a *coating* of dust 一层灰

coat of arms *n*. [C]([复]**coats of arms**)盾形徽章〔亦作 **crest**〕

coat·tail /'kəutˌteil/ **I** *n*. [C](男上衣或燕尾服的)后下摆 **II** *adj*. [作定语]沾光得来的,托福的:the *coattail* benefits of joining the union 加入这个组织带来的好处 ‖ ***on the coattails of*** *prep*. 靠…的提携;沾…的光;托…的福

co·au·thor /kəu'ɔːθəʳ/ **I** *n*. [C]合著者 **II** *vt*. 合著;合编

coax /kəuks/ *vt*. ❶哄,哄劝;劝诱:*coax* and threaten sb. by turns 对某人软硬兼施 ❷仔细摆弄:*coax* a wire through a hole 仔细地把电线穿过小洞 ‖ **'coax·er** *n*. [C] —**'coax·ing·ly** *adv*.

co·ax·i·al /kəu'æksiəl/ **cable** *n*. [C]【电】同轴电缆

cob /kɔb/ *n*. [C] ❶〈英〉=corncob ❷雄天鹅

co·balt /'kəubɔːlt/ *n*. [U]【化】钴(符号 **Co**)

cob·ble /'kɔbᵊl/ *vt*. ❶修补(鞋);修理;补缀:*cobble* boots 修补靴子 ❷草率地拼凑(*together*):We *cobbled together* a proposal to put before the committee. 我们草草拼凑起一项建议,呈给了委员会。

cob·bler /'kɔbləʳ/ *n*. [C] ❶修鞋匠;制鞋匠 ❷脆皮水果馅饼

cob·ble·stone /'kɔbᵊlˌstəun/ *n*. [C;U](用以铺路的)大卵石,圆石〔亦作 **cobble**〕

co·bra /'kəubrə, 'kɔbrə/ *n*. [C]【动】(亚洲、非洲等地的)眼镜蛇

cob·web /'kɔbˌweb/ *n*. [C] ❶蜘蛛网;蜘蛛丝:drops of moisture hung in the hedges and *cobwebs* 挂在树篱和蜘蛛网上的水珠 ❷[~s]混沌状态:clear the *cobwebs* out of one's brain 使头脑变得清醒

co·cain /kəu'kein, 'kəukein/ *n*. [U]【药】可卡因

coc·cyx /'kɔksiks/ *n*. [C]([复]**coc·cy·ges** /kɔk'sidʒiːz/或**-cyx·es**)【解】尾骨

coch·le·a /'kɔkliə/ *n*. [C]([复]**-le·as**或**-le·ae** /-liˌiː/)【解】(耳)蜗

cock[1] /kɔk/ *n*. [C] ❶公鸡;雄蟹;雄鲑;雄龙虾 ❷雄鸟,雄禽

cock[2] /kɔk/ *vt*. 竖起;翘起:The dog *cocked* its ears when it heard its master's footsteps. 那条狗听到主人的脚步声便竖起了耳朵。

cock·a·too /ˌkɔkə'tuː, 'kɔkətuː/ *n*. [C]([复]**-toos**)【鸟】凤头鹦鹉,葵花鹦鹉

cock·er·el /'kɔkᵊrᵊl/ *n*. [C]小公鸡

cock·eyed /'kɔkˌaid/ *adj*. 〈俚〉❶斜的;歪向一边的❷荒谬的;离奇的,反常的

cock·fight /'kɔkˌfait/ *n*. [C]斗鸡

cock·ney /'kɔkni/ *n*. ❶[亦作 **C-**][C]伦敦东区佬 ❷[亦作 **C-**][U]伦敦东区方言:speak broad

Cockney 说话带有浓重的伦敦腔 ‖ ˈ**cock·neyˌish adj.**

cock·pit /ˈkɔkˌpit/ *n.* [C](飞行员或飞行员与乘务员的)座舱〔亦作 **pit**〕

cock·roach /ˈkɔkˌrəutʃ/ *n.* [C]【昆】蟑螂

cock·sure /ˌkɔkˈʃuəʳ/ *adj.* 自以为是的,傲慢的:He oughtn't to be too *cocksure* about that. 他不该对此过分自信。‖ ˌ**cockˈsure·ly** *adv.* —ˌ**cockˈsure·ness** *n.* [U]

cock·tail /ˈkɔkˌteil/ *n.* ❶[C]鸡尾酒(用杜松子酒、威士忌、白兰地等酒加香料混合而成的冰冻饮料):a champagne *cocktail* 香槟鸡尾酒 ❷[C;U]开胃饮料;开胃食品(如酱汁海鲜、水果等):a tomato-juice *cocktail* 西红柿汁开胃饮料

cock·y /ˈkɔki/ *adj.* 〈口〉趾高气扬的,自鸣得意的,骄傲自大的

co·coa /ˈkəukəu/ *n.* ❶[U]可可粉 ❷=cacao ❸[U;C]可可饮料(如可可茶等):a mug of *cocoa* 一杯可可茶

co·co·nut /ˈkəukəʷˌnʌt/ *n.* ❶[C]椰子 ❷[U]椰子肉

co·coon /kəˈkuːn/ *n.* [C]❶茧;卵囊 ❷茧状物

cod /kɔd/ *n.* ❶[单复同]【鱼】鳕属鱼类;鳕鱼 ❷〔亦作 **codfish**〕[U]鳕鱼肉

co·da /ˈkəudə/ *n.* [C] ❶【音】尾声 ❷(芭蕾舞的)结尾段;(戏剧等的)结尾,结局

cod·dle /ˈkɔdᵊl/ *vt.* ❶悉心照料;宠爱❷【烹】用文火煮(蛋等)

code /kəud/ I *n.* ❶[C]电码 ❷[C;U]密码;代码:We've cracked their *code*! 我们破译了他们的密码! ❸[C]法典;法规:a local building *code* 地方建筑法规 ❹[C]【计】编码:a computer *code* 计算机编码 II *vt.* 把…编成密码(或代码、电码等):The spy *coded* his message to headquarters. 那个间谍将发往总部的电报编成密码。‖ ˈ**cod·er** *n.* [C]

co·dein(e) /ˈkəudiːn/ *n.* [U]【药】可待因(一种白色晶体药品,用以镇痛、镇咳、催眠等)

co·di·fy /ˈkəudiˌfai,ˈkɔd-/ *vt.* 把(法律条例等)编集成典:The laws of France began to be *codified* in 1800. 法国法律于1800年开始编集成典。‖ ˈ**co·diˌfi·er** *n.* [C]

co·ed·u·ca·tion /ˌkəuedjuˈkeiʃᵊn/ *n.* [U]男女同学(制) ‖ ˌ**co·ed·uˈca·tion·al** *adj.*

co·erce /kəuˈəːs/ *vt.* [常用被动语态]强制;胁迫(*into*):The prisoner was *coerced into* confessing to the crime. 囚犯被迫交代了罪行。‖ **coˈer·cer** *n.* [C] —**coˈer·cive** *adj.*

co·er·cion /kəuˈəːʃᵊn/ *n.* [U]强制;胁迫;压制:Dictators rule by *coercion*. 独裁者靠强制手段进行统治。

co·ex·ist /ˌkəuigˈzist/ *vi.* ❶同时(或同地)存在,共存(*with*):Large number of species *coexist*. 大量的物种同时存在。❷和平共处(*with*):Can the President *coexist with* a hostile Congress? 总统与一个怀有敌意的国会能和平共处吗? ‖ ˌ**co·exˈist·ence** *n.* [U]

cof·fee /ˈkɔfi/ *n.* ❶[U]咖啡;[C]一杯咖啡:Would you like some *coffee*? 要来点儿咖啡吗? ❷[U]咖啡豆

cof·fee·house /ˈkɔfiˌhaus/ *n.* [C]([复] **-hous·es** /-ˌhauziz/)咖啡馆

cof·fee·pot /ˈkɔfiˌpɔt/ *n.* [C]咖啡壶

coffee shop *n.* [C](供应简餐的)小饭馆

coffee table *n.* [C](放在沙发前的)茶几,矮茶几

cof·fer /ˈkɔfəʳ/ *n.* [C] ❶(存放贵重物品的)盒子;柜子;保险箱❷[~s]金库;资金

cof·fin /ˈkɔfin/ *n.* [C]棺材;灵柩

cog /kɔg/ *n.* [C] ❶【机】(齿轮的)轮齿;嵌齿 ❷无足轻重的人,小人物:He is just a *cog* in this business. 他在这个行业里无足轻重。‖ **cogged** *adj.*

co·gent /ˈkəudʒᵊnt/ *adj.* 有说服力的,令人信服的:some *cogent* arguments against the proposal 反对这个建议的一些颇有说服力的论点 ‖ ˈ**co·gen·cy** *n.* [U] —ˈ**co·gent·ly** *adv.*

cog·i·tate /ˈkɔdʒiˌteit/ *vi.* 进行仔细考虑,冥想:*cogitate* about how to solve the problem 苦思冥想如何解决这个问题 ‖ **cog·i·ta·tion** /ˌkɔdʒiˈteiʃᵊn/ *n.* [U] —ˈ**cog·i·ta·tive** /-tətiv/ *adj.* —ˈ**cog·iˌta·tor** *n.* [C]

co·gnac /ˈkɔnjæk/ *n.* [常作 C-][U;C](产于法国西部科涅克地区的)科涅克上等白兰地,优质白兰地:a glass of *cognac* 一杯上等白兰地

cog·nate /ˈkɔgneit/ *adj.* [无比较级]【语】(词、词素)同源的,同根的 *cognate* words 同根词

cog·ni·tion /kɔgˈniʃᵊn/ *n.* [U] 认知,认识;理

解；感知：in full *cognition* of the facts 充分认识事实 ‖ **cog'ni·tion·al** *adj*. —**cog·ni·tive** /'kɔgnitiv/ *adj*.

cog·ni·tion /kɔg'niʃ°n/ *n*. [U] 认知，认识；理解；感知 ‖ **cog'ni·tion·al** *adj*. —**cog·ni·tive** /'kɔgnitiv/ *adj*.

cog·ni·zance /'kɔgniz°ns/ *n*. [U] ❶认识，认知；注意❷认识(或认知)范围

cog·ni·zant /'kɔgniz°nt/ *adj*. 察觉的；认识到的；留心到的(*of*)

co·hab·it /kəu'hæbit/ *vi*. 未婚同居；姘居：He has been extramaritally *cohabiting* with a woman. 他在婚外跟一名女子一直同居。—*vt*. 共同生活在：How long can man *cohabit* the earth with the rest of nature? 人类跟自然界的其他部分还能在地球上共同生活多久？‖ **co'hab·it·ant** *n*. [C] —**co·hab·i·ta·tion** /ˌkəuhæbi'teiʃ°n/ *n*. [U] —**co·hab·i·tee** /kəuˌhæbi'tiː/ *n*. [C] —**co'hab·it·er** *n*. [C]

co·here /kəu'hiə^r/ *vi*. ❶黏合，附着；凝聚，团结：The two materials can *cohere* without special glue. 这两种材料不用特殊的胶水就可以黏合在一起。❷【逻】(论证、话语等)有条理，连贯，前后一致：Your arguments *cohere* nicely. 你的论点前后连贯。

co·her·ence /kəu'hiər°ns/ *n*. [U]连贯(性)；一致(性)：Your essay needs more *coherence* to be convincing. 你的这篇文章需要有更强的连贯性才能有说服力。

co·her·ent /kəu'hiər°nt/ *adj*. ❶(逻辑上)连贯的，有条理的，前后呼应的：a *coherent* theory 脉络清晰的理论 ❷(在说话、思路等方面)清晰的，明了的：When he went crazy he would be not *coherent*. 他发疯时就会语无伦次。‖ **co'her·ent·ly** *adv*.

co·he·sion /kəu'hiːʒ°n/ *n*. [U]黏合(性)；聚合(性)；凝聚力：The organization lacked *cohesion*. 这个组织缺乏凝聚力。‖ **co'he·sive·ly** *adv*. —**co'he·sive·ness** *n*. [U]

co·he·sive /kəu'hiːsiv/ *adj*. 有聚合性的；有黏合性的；有凝聚力的：Sharing the same goal could make us more *cohesive*. 目标一致可以使我们更具凝聚力。

coil /kɔil/ **I** *vt*. ❶卷，缠，盘绕：She *coiled* her scarf around her neck. 她把围巾缠在脖子上。❷把(绳子等)盘卷成圈状：*coil* the garden hose 把浇灌花园用的软管盘起来 —*vi*. 卷，盘绕；蜿蜒：The dog *coiled* round his legs. 狗盘缩着腿。**II** *n*. [C] ❶(一)卷，(一)圈，(一)匝；盘状物：a *coil* of rope 一卷绳子❷(头发的一个)卷：tie the hair into a tight *coil* 把头发扎成紧紧的一卷

coin /kɔin/ **I** *n*. ❶[C]硬币：change all the *coins* for notes 把这些硬币全部换成纸币 ❷[总称]金属货币，硬通货：pay in *coin* 用硬币付钱 **II** *vt*. ❶铸(币)：*coins* nickels and dimes at the mint 在造币厂铸造 5 分和 1 角的硬币 ❷发明；造(新词等)，杜撰：*coin* new expressions 创造新的表达方式 ‖ ***pay sb. back in his* [*her*] *own coin*** *vi*. 以其人之道，还治其人之身

coin·age /'kɔinidʒ/ *n*. ❶[U]铸币，造币❷[总称](一个国家所发行的)硬币；币种❸[C]新造词，生造词

co·in·cide /ˌkəuin'said/ *vi*. ❶同时(同地)发生：Our birthdays and birth place *coincide*. 我们是在同一天、同一个地方出生的。❷重合，同位，重叠：The base of the triangle *coincides* with one side of the square. 这三角形的底边与这正方形的一条边相重合。❸相符，相一致(*with*)(见 agree)：Our opinions *coincide* more often than not. 我们的意见常常不谋而合。

co·in·ci·dence /kəu'insid°ns/ *n*. [U;C]巧合；巧事：Their meeting was pure *coincidence*. 他们的相遇纯属巧合。

co·in·ci·den·tal /kəuˌinsi'dent°l/ *adj*. [无比较级]巧合的；碰巧的：It was purely *coincidental* that we were having dinner at the same restaurant. 真太巧了，我们竟然在同一家餐厅吃饭。

Coke /kəuk/ *n*. [U;C]可口可乐

coke[1] /kəuk/ **I** *n*. [U]焦炭，焦煤 **II** *vt*. & *vi*. (使)焦化，(把…)烧成焦炭

coke[2] /kəuk/ 〈俚〉 **I** *n*. [U]可卡因 **II** *vt*. 用可卡因麻醉(*up*)：He was completely *coked* (*up*). 他因吸食可卡因而完全处于麻醉状态。

co·la /'kəulə/ *n*. [U;C]可乐(用可乐果籽加糖和香料等制成的饮料)

col·an·der /'kɔl°ndə^r, 'kʌl-/ *n*. [C](用以过滤或淘洗食物的)滤器

cold /kəuld/ **I** *adj*. ❶低温的，冷的，寒冷的：*cold* water 冷水 ❷(人)感觉冷的：I am really

C

cold. 我确实感觉冷。❸[置于名词前](食物)加热后变凉的,未加热的;不热的,凉的:*cold* meats 凉肉 ❹冷淡的,冷漠的,不热情的;不友好的:make a *cold* reply 做出冷冰冰的答复 **II** *n*. ❶[U]冷,寒冷;[**the** ～]寒冷天气:*the cold* in the mountains 山区的寒冷天气 ❷[C]冷感:The *cold* of hand on his face woke him up. 一只冰冷的手触在他脸上,把他弄醒了。❸[亦作 **common cold**][C]感冒,伤风,受寒:I've got a bad *cold*. 我得了重感冒。‖ ***catch*** (***a***) ***cold*** *vi*. 感冒,伤风,受凉:We all *caught cold* in the winter. 我们冬天都感冒了。***leave sb. cold*** *vi*. 使没有兴奋起来;使失去兴趣 ‖ ˈ**cold•ly** *adv*. —ˈ**cold•ness** *n*. [U]

☆**cold**, **cool** 均有"冷的"之意。**cold** 为普通用语,通常指令人不舒服的低温:I'm very *cold*, I should have put a coat on. (我很冷,我要穿上一件大衣。)该词用于情绪状态时,表示冷漠、冷淡或冷酷:She was *cold* towards the visitors. (她对来访者有些冷淡。) **cool** 指令人舒服的低温,也指冷淡、缺乏热情、冷静等:the *cool* shade (阴凉处) / make a *cool* reply (予以冷漠的回答)

cold-blood•ed /ˌkəuldˈblʌdid/ *adj*. ❶[无比较级]【生】冷血的:*cold-blooded* crocodiles 冷血的鳄鱼 ❷无情的;残忍的:a *cold-blooded* serial killer 冷血的连环杀手 ‖ ˌ**cold-ˈblood•ed•ly** *adv*. —ˌ**cold-ˈblood•ed•ness** *n*. [U]

cold cream *n*. [U;C]冷霜,润肤霜

cold front *n*. [C]【气】冷锋

cold shoulder *n*. [C]〈口〉冷淡,冷漠;轻视;不搭理

cold-shoul•der /ˌkəuldˈʃəuldəʳ/ *vt*. 冷淡;冷待;轻视;不搭理

cold sore *n*. [C]【医】(伤风、发烧时出现的)唇疱疹,嘴边疱疹:a *cold sore* on one's lip 嘴唇上的燎泡

cold war *n*. ❶[C]冷战(国家之间在非军事领域的对抗);冷战状态 ❷[**the Cold War**][U]美苏冷战

col•ic /ˈkɔlik/ *n*. [U]【医】急腹痛,绞痛:have *colic* 感到绞痛 ‖ ˈ**col•ick•y** /-iki/ *adj*.

col•lab•o•rate /kəˈlæbəˌreit/ *vi*. ❶(尤指在艺术创作上)合作;协作(*with*):The two authors *collaborated* on a script. 这两位作者合作创作一部剧本。❷勾结,通敌(*with*):*collaborate with* the enemy 与敌人狼狈为奸 ‖ **col•lab•o•ra•tion** /kəˌlæbəˈreiʃən/ *n*. [U] —**colˈlab•o•ˌra•tive** *adj*. —**colˈlab•oˌra•tor** *n*. [C]

col•lage /kəˈlɑːʒ, ˈkɔlɑːʒ/ *n*. ❶[U](用剪报、照片等粘贴在一起的)拼贴艺术 ❷[C]拼贴画;拼贴艺术品:The book was a *collage* of history, sociology, science fiction, and war theory. 这本书把历史、社会学、科幻和战争理论拼凑在一起。‖ **colˈlag•ist** *n*. [C]

col•lapse /kəˈlæps/ **I** *vi*. ❶倒坍;塌下;倒下:The roof *collapsed* in the fire. 屋顶在大火中塌了。❷折叠起来:This bed can *collapse* easily. 这张床可以很容易地折叠起来。❸崩溃,瓦解;突然失败:His business *collapsed*. 他的生意一落千丈。❹(心脏病发作或过于疲劳而)突然晕倒,休克:I had a fit of heart attack and *collapsed* in the street. 我心脏病发作晕倒在大街上。—*vt*. ❶使倒坍;使崩溃,使瓦解:The weight of the bag on his back *collapsed* him. 背上的袋子把他压垮了。❷折叠:He *collapsed* the bicycle and stowed it in the car. 他折叠好自行车,把它放进轿车里。**II** *n*. ❶[U]倒坍;塌下:the *collapse* of the bridge 这座桥的倒坍 ❷[U;C](计划等的)突然失败;崩溃;瓦解:the *collapse* of economic system 经济制度的土崩瓦解 ❸[U;C](身体的)垮掉;虚脱:be in a state of mental *collapse* 处于精神崩溃状态

col•lar /ˈkɔləʳ/ **I** *n*. [C]衣领;领圈;护颈:What size (of) *collar* is this shirt? 这件衬衫的衣领尺寸是多大? **II** *vt*. ❶抓住…的脖领(或颈项) ❷抓住,逮捕:The policeman *collared* the thief a few blocks away. 警察在几个街区远的地方把小偷抓住了。‖ ˈ**col•lar•less** *adj*.

col•lar•bone /ˈkɔləˌbəun/ *n*. [C]【解】锁骨

col•late /kɔˈleit, kə-/ *vt*. ❶校对(文本等),比对,校勘(见 compare):We *collated* these findings and see what similarities there are. 我们把这些发现的结果进行了对比,看看有什么相似之处。❷整理,集中(资料等);(装订前)检点(印张):*collate* several sets of a manuscript 整理几套原稿 ‖ **colˈla•tor** *n*. [C]

col•lat•er•al /kɔˈlætərəl, kə-/ **I** *n*. [U;C]担保品;抵押物:make a loan with *collateral* 抵押贷款 / put up one's house as a *collateral* for the loan 用房子作抵押贷款 **II** *adj*. [无比较级]

从属的，附带的；伴随的：*collateral* reading 辅助读物 ‖ **col·lat·er·al·i·ty** /kəˌlætəˈræliti/ *n.* [U] —**colˈlat·er·al·ly** *adv.*

col·la·tion /kɔˈleiʃᵊn, kə-/ *n.* [U; C]校对，核查，校勘：A *collation* of the data will take a few months. 这些数据的核查工作将需要几个月的时间。

col·league /ˈkɔliːg/ *n.* [C]同事；同僚：business *colleagues* 生意伙伴

col·lect /kəˈlekt/ **I** *vt.* ❶聚集；召集，使集中：The window can *collect* light enough for reading. 这个窗户采的光足以用来照明。❷收集，搜集，采集（见 gather）：*collect* stamps 集邮 ❸收（账、税等）；讨（债）：*collect* debts from the companies 向公司讨债 ❹（尤指在受到惊吓等之后）使（自己）镇定下来；振作（精神）；集中（精力、思想等）：She took one moment to *collect* herself. 她用一会儿的工夫定了定神。—*vi.* ❶聚集；集合；积聚：A crowd soon *collects* on the plaza. 一大群人很快就在广场上聚集了起来。❷〈口〉收款，收账：The milkman *collects* on Mondays. 送奶工每到星期一就收费。**II** *adj.* & *adv.* [无比较级]（电话、电报、邮件等）由接收者付费（的）：a *collect* telephone call 受话人付费电话 ‖ **colˈlect·a·ble** *adj.* —**colˈlect·ed·ly** /-idli/ *adv.*

col·lect·ed /kəˈlektid/ *adj.* ❶镇定的；泰然自若的：She remained cool, calm, and *collected* during her interrogation. 在审问过程中她冷静沉着，泰然自若。❷[无比较级]（尤指作品）集中起来的：sb.'s *collected* poems 某人的诗集

col·lec·tion /kəˈlekʃᵊn/ *n.* ❶[U; C]收集，采集；收取，领取：The *collection* of these stamps took ten years. 收集这些邮票花了 10 年时间。❷[C]（一批）收藏品，（一批）搜集的东西：an excellent Picasso *collection* 一批精美的毕加索画作藏品 ❸[C]（慈善）募捐；募捐款：organize a *collection* for charity 筹划一次慈善募捐

col·lec·tive /kəˈlektiv/ **I** *adj.* [无比较级] ❶总的；合计的：the *collective* assets 总资产 ❷[置于名词前]集体的；共同的：the *collective* wisdom 群体智慧 **II** *n.* [C]集体农场；集体企业 ‖ **colˈlec·tive·ly** *adv.*

collective bargaining *n.* [U]（劳资双方就工资等问题所进行的）集体谈判

collective noun *n.* [C]【语】集合名词（如 crowd，people，troop，herd 等）
☆集合名词有时作单数有时作复数，这取决于该集合名词意指的是作为整体的集合概念还是指其中的个体成员。在美国英语中被当做整体单位、表示组织的集合名词要求谓语动词用单数：The corporation is holding its annual meeting.（公司方面在举行年会。）在英国英语中，这些名词通常被视为复数：The corporation are holding their annual meeting.（公司方面在举行年会。）在正式的口语和书面语中，如果集合名词为单数，其代词也应为单数：The enemy is fortifying its position.（敌人正在巩固工事。）如果集合名词为复数，其代词也为复数：The enemy are bringing up their heavy artillary.（敌方正在运来重炮。）当集合名词 couple 和 pair 指人的时候，它们通常作复数：The newly married couple have bought a house.（这对新人买了房子。）/ The pair are busy furnishing their new home.（这两口子在忙着装修新家。）

col·lec·tiv·ism /kəˈlektiˌvizᵊm/ *n.* [U]集体主义 ‖ **colˈlec·tiv·ist** *n.* [C] —**col·lec·tiv·is·tic** /kəˌlektiˈvistik/ *adj.*

col·lec·ti·vize /kəˈlektiˌvaiz/ *vt.* 使集体化：*collectivize* an economy 使经济集体化 ‖ **col·lec·ti·vi·za·tion** /kəˌlektivaiˈzeiʃᵊn; -viˈz-/ *n.* [U]

col·lec·tor /kəˈlektəʳ/ *n.* [C] ❶收集者，采集者；收藏家：an art *collector* 艺术品收藏家 ❷收款人，收账人；收债人：a tax *collector* 收税员

col·lege /ˈkɔlidʒ/ *n.* ❶[C; U]（具有颁发学士学位资格的）学院，大学：She started *college* last year. 她去年进了大学。❷[C]学会；社团；团体：the Royal *College* of Physicians 皇家医师学会 ‖ **col·le·gi·al** /kəˈliːdʒiəl/ *adj.*

col·le·gi·ate /kəˈliːdʒiət/ *adj.* [无比较级] ❶大学的；学院的：a *collegiate* system of colleges and universities 大学体制 ❷大学生的；以大学生为目的的：*collegiate* life 大学生活 ‖ **colˈle·giate·ly** *adv.* —**colˈle·giate·ness** *n.* [U]

col·lide /kəˈlaid/ *vi.* ❶碰撞，冲撞；相撞（*with*）：The two cars *collided* at a high speed. 这两辆汽车相撞时速度很快。❷冲突，抵触，不一致（*with*）：Their views often *collided*. 他们的观点经常相左。

col·lier·y /ˈkɔljəri/ *n.* [C]〈主英〉煤矿

col·li·sion /kəˈliʒᵊn/ *n.* [U;C] ❶碰撞;相撞;碰撞事件:reduce the chance of *collision* 减少碰撞的可能性❷(利益、意见等的)冲突,抵触:a *collision* of principles 原则上的冲突 ‖ **colˈli·sion·al** *adj.*

col·lo·cate /ˈkɒləˌkeit/ *vt.* ❶排列;并列,并置:*collocate* the dishes on the table 将碟子并排放在饭桌上 ❷【语】组合,搭配(*with*) —*vi.* 【语】(词)组合,组配,搭配:The word "see" *collocates* with "off" in the phrase "see off". "see"这个词同"off"在"see off"这个词组里搭配在一起。‖ **col·lo·ca·tion** /ˌkɒləˈkeiʃᵊn/ *n.* [U;C]

col·lo·qui·al /kəˈləukwiəl/ *adj.* [无比较级] 口语的;会话的;口语体的:a *colloquial* style 口语体 ‖ **colˈlo·qui·al·ism** *n.* [C; U] —**colˈlo·qui·al·ly** *adv.*

☆**colloquial, conversational, informal** 都可以指非正式的言语类型或用法。**colloquial** 常被误认为具有粗俗或不宜使用的含义,其实它只是表示口语或书面语中出现的一种随意风格:*colloquial* expressions (口头表达法);**conversational** 指的是口语对话风格,就像两人见面时的简单交流:The newsletter was written in an easy *conversational* style.(这则通讯是用轻松的对话风格写成的。)**informal** 意思是非正式性的,不严格按固定格式的,指的是接受过教育的说话者的日常语言风格:*informal* English (非正式语言)

col·lo·qui·um /kəˈləukwiəm/ *n.* [C]([复] **-qui·ums**或**-qui·a** /-kwiə/) 学术报告会;专题研讨会议 ‖ **colˈlo·qui·st** *n.* [U]

col·lo·quy /ˈkɒləkwi/ *n.* [C] ❶谈话;对话:a short uneasy *colloquy* 简短的令人不安的谈话 ❷讨论会;会议

col·lude /kəˈlʲuːd/ *vi.* 合谋,勾结:*collude* with the management 与管理层相勾结 ‖ **colˈlud·er** *n.* [C]

col·lu·sion /kəˈlʲuːʒᵊn/ *n.* [U] 勾结,共谋:He acted in *collusion* with the gang leader. 他同团伙的头目勾结在一起。‖ **colˈlu·sive** *adj.*

co·logne /kəˈləun/ (**water**) *n.* [U]古龙香水 ‖ **coˈlogned** *adj.*

co·lon¹ /ˈkəulᵊn/ *n.* [C]【印】❶冒号(即:) ❷分隔号(即:):the 1∶5 exchange ratio 1 比 5 的兑换率

co·lon² /ˈkəulᵊn/ *n.* [C]([复]**-lons** 或**-la** /-lə/)【解】结肠 ‖ **co·lon·ic** /kəˈlɒnik/ *adj.*

colo·nel /ˈkəːnᵊl/ *n.* [C]【军】(美国陆军、空军和海军陆战队的)上校 ‖ ˈ**colo·nel·cy** *n.* [U;C]

co·lo·ni·al /kəˈləuniəl/ *adj.* [无比较级] ❶殖民地的;具有殖民地特点的:*colonial* expansion 殖民扩张 ❷[**Colonial**](英属)殖民地的;(美国)殖民地时期的 ‖ **coˈlo·ni·al·ly** *adv.*

co·lo·ni·al·ism /kəˈləuniəˌlizᵊm/ *n.* [U]殖民主义;殖民政策

col·o·nist /ˈkɒlᵊnist/ *n.* [C] ❶被殖民者;殖民地居民 ❷殖民者

col·o·nize /ˈkɒləˌnaiz/ *vt.* 在…开拓(或建立)殖民地,拓殖于:The British first *colonized* Australia in the 18th century. 英国人于 18 世纪率先在澳大利亚开拓了殖民地。‖ ˈ**col·oˌni·za·ble** *adj.* —**col·o·ni·za·tion** /ˌkɒlᵊnaiˈzeiʃᵊn; -niˈz-/ *n.* [U]

col·on·nade /ˌkɒləˈneid/ *n.* [C] ❶【建】柱廊,列柱 ❷(路边等的)一行树,一排树 ‖ ˌ**col·onˈnad·ed** *adj.*

col·o·ny /ˈkɒlᵊni/ *n.* [C] ❶移民群,殖民团:A *colony* of prisoners settled in the new continent and suffered greatly. 一批清教徒在这个新大陆上定居下来,吃尽了苦头。❷殖民地;[**the Colonies**](后来成为美国 13 个州的)英国殖民地之一:a self-governing *colony* 自治殖民地 ❸(城市中)同族裔(或国籍、兴趣)聚居群体;聚居地,聚居区:the Italian *colony* in New York 纽约意大利裔社区

col·or /ˈkʌlə/ *n.*, *vt.* & *vi.* 〈主美〉= colour

co·los·sal /kəˈlɒsᵊl/ *adj.* 巨大的;奇大无比的;严重的:*colossal* sums of debt 巨额债务 ‖ **coˈlos·sal·ly** *adv.*

co·los·sus /kəˈlɒsəs/ *n.* [C]([复]**-si** /-sai/或**-sus·es**) ❶巨像❷巨人;巨物;大人物❸大国;大型企业

col·our /ˈkʌlə/ I *n.* ❶[U;C]颜色;色泽;色彩:*Colour* arises when light strikes the object. 光线照在物体上就出现了颜色。❷[C]基色,原色:the three primary *colours* 三原色 ❸[C;U]颜料;染料:paint a layer of *colour* on the wall 在墙上涂一层颜料❹[U](尤指健康的)气色;(面庞的)红润,血色:Her *colour* doesn't look good. 她的气色不好。**II** *vt.* ❶给…着色(或染色);改变…的颜色:*colour* one's hair blonde 把头发染成金色 ❷歪曲;掩饰:*colour* the account of the incident 在对事件的叙述中添油加醋 ❸影响;赋予…以特征;使生色:Bias *coloured* her judgement. 偏见使她的判断失去了公允。—*vi.* ❶脸红:She *coloured* with shyness. 她的脸羞红了。❷变色;换色:The leaves haven't begun to *colour yet*. 树叶还没有开始变色。‖ ***change colour*** *vt.* ❶脸红 ❷(脸色)发白 ***see sb.'s true colours*** *vi.* 看透某人的真面目 ***show one's true colours*** *vi.* ❶露出真面目:The failure of his deception *showed his true colours*. 他骗人的把戏失败后原形毕露。❷袒露真实想法;表明立场 ***with flying colours*** *adv.* 成功地:He passed the exam *with flying colours*. 他顺利地通过了考试。‖ **co'lour·er** *n.* [C]

☆**colour, hue, shade, tinge, tint** 均有"颜色,色彩"之意。**colour** 为普通用语,表示由物体发射的波光通过视觉所产生的印象,泛指各种颜色:What *colour* are her eyes? (她的眼睛是什么颜色的?) **hue** 与 colour 基本同义,常用于诗歌;也可专门表示色度或色泽:an orange of a reddish *hue* (泛着红色的橘子) **shade** 指颜色的浓淡或深浅:*shades* of green (绿色的深浅浓淡) **tinge** 指扩散或弥漫开来的浅淡颜色,也可用作喻义:The sky had a bluish *tinge*. (天空泛着一点蓝色。) **tint** 也指色度,但通常用于浅淡的颜色:an artist who excels at flesh *tints* (擅长运用肉色的画家)

col·our-blind /ˈkʌləˌblaind/ *adj.* [无比较级] 色盲的 ‖ **'col·our-ˌblind·ness** *n.* [U]

col·oured /ˈkʌləd/ *adj.* [无比较级] ❶有颜色的,彩色的;着色的;有…色的:*coloured* chalks 彩色粉笔 ❷[常忌](属)有色人种的 ❸经过渲染的,歪曲的;有偏见的:*coloured* opinions 失之偏颇的观点

col·our·fast /ˈkʌləˌfɑːst;-ˌfæst/ *adj.* 不褪色的,不掉色的:*colourfast* cloth 不掉色面料 ‖ **'col·ourˌfast·ness** *n.* [U]

col·our·ful /ˈkʌləfᵘl/ *adj.* ❶五颜六色的,色彩斑斓的:*colourful* fabrics 五颜六色的织物 ❷生动的,形象;趣味盎然的:The yard is *colourful* now that Spring has arrived. 随着春天的来临,庭院里显得绚丽多姿。‖ **'col·our·ful·ly** *adv.* —**'col·our·ful·ness** *n.* [U]

col·our·ing /ˈkʌlᵊriŋ/ *n.* [U] ❶气色,面色:a ruddy *colouring* 红光满面 ❷着色(法) ❸颜料;色素:food *colouring* 食品着色剂

col·our·ize /ˈkʌləˌraiz/ *vt.* (利用计算机着色程序)着彩色于(黑白影片等)

col·our·less /ˈkʌləlis/ *adj.* [无比较级] ❶无色的:*colourless* liquid 无色液体 ❷无血色的;苍白的:a *colourless* complexion 苍白的脸色 ❸无特色的;平淡无奇的:a *colourless* description 白描式的描述 ‖ **'col·our·less·ly** *adv.*

colt /kəult/ *n.* [C] ❶(4岁以下的)马驹,公驹 ❷年轻的生手,新手 ‖ **'colt·hood** *n.* [U] —**'colt·ish** *adj.* —**colt·ish·ly** *adv.* —**'colt·ish·ness** *n.* [U]

col·umn /ˈkɔlᵊm/ *n.* [C] ❶【建】柱,圆柱;纪念柱:a marble *column* 大理石柱 ❷柱形物,柱状物:a spinal *column* 脊柱 / a *column* of smoke 一柱烟 ❸(人或物排成的)纵行;(尤指士兵列队的)直行,列:a *column* of terracotta warriors and horses 一排兵马俑 ❹栏:There are three *columns* on each page of this encyclopedia. 这部百科全书每一页有三栏。❺(报纸、杂志的)专栏;专栏文章:a financial *column* 金融专栏 ❻(舰船、飞机等的)纵队:*columns* of tanks 坦克纵队 ‖ ***dodge the column*** *vi.* 〈口〉逃避责任;偷懒:Whatever you do, work hard at it and don't try to *dodge the column*. 无论做什么事,都要努力去做,别偷懒。‖ **'co·lum·nat·ed** *adj.* —**'col·umned** *adj.*

col·um·nist /ˈkɔlᵊmnist/ *n.* [C]专栏记者;专栏编辑

co·ma /ˈkəumə/ *n.* [U; C]([复]-**mas**)【医】昏迷

com·a·tose /ˈkəuməˌtəus,-ˌtəuz/ *adj.* ❶【医】昏迷的:The patient was *comatose* after the stroke. 病人中暑后昏迷不醒。❷懒散的;呆滞的;昏昏沉沉的:be *comatose* from wine 喝酒后神情呆滞 ‖ **'com·a·tose·ly** *adv.*

comb /kəum/ **I** *n.* [C] 梳子:run a *comb* through one's hair 用梳子梳理头发 **II** *vt.* ❶梳,梳理;梳去;清理:*comb* one's hair back 把头发往后梳理 ❷搜查,搜索,在…搜寻:*comb* the files for a missing letter 从文件中寻找丢失的信件

C

com·bat I /ˈkɔmbæt, kəmˈbæt/ (-bat·(t)ed; -bat·(t)ing) *vt.* 与…战斗；与…斗争：*combat* crime 与犯罪作斗争 —*vi.* 战斗；斗争：*combat* against disease 与疾病作斗争 II /ˈkɔmbæt/ *n.* [U]战斗，作战；斗争：get wounded in *combat* 在战斗中负伤

com·bat·ant /ˈkɔmbətənt/ *n.* [C](准备)参加战斗者

C

com·bi·na·tion /ˌkɔmbiˈneiʃən/ *n.* [U; C]结合(体)；组合(物)；联合(体)；混合(体)：the *combination* of science and art 科学与艺术的结合

com·bine I /kəmˈbain/ *vt.* ❶使结合；使联合；使混合(见 join)：*combine* work and play 劳逸结合 ❷兼有，兼备，兼具：His new plan *combines* practicality and originality. 他的新计划既有可行性也有创新性。—*vi.* 结合；联合；混合；组合：The two factions *combined* to form a coalition government. 两支派别联手组建了联合政府。II /ˈkɔmbain/ *n.* [C] ❶联合企业，财团，集团 ❷联合收割机 ‖ **comˈbin·er** *adj.*

com·bined /kəmˈbaind/ *adj.* ❶[置于名词或代词后]相结合，一同的(*with*)：She is a good teacher and that, *combined* with her great scholarship, makes her an ideal candidate. 她是一位优秀的教师，再加上她渊博的学识，使她成为理想的人选。❷[置于名词前]联合的，联手的；共同努力的：the *combined* military forces 联合起来的军事力量

com·bus·ti·ble /kəmˈbʌstibəl/ *adj.* ❶可燃的；易燃的：*combustible* materials 易燃材料 ❷易怒的，暴躁的：a *combustible* temper 火暴脾气 ‖ **com·bus·ti·bil·i·ty** /kəmˌbʌstiˈbiliti/ *n.* [U]

com·bus·tion /kəmˈbʌstʃən/ *n.* [U] ❶燃烧：*combustion* of fuel and air 燃料和空气的混燃 ❷【化】(有机体的)氧化；化合(作用) ‖ **comˈbus·tive** *adj.*

come /kʌm/ (**came** /keim/, **come**) *vi.* ❶来；来到；过来；靠近，走近：*Come* a little closer. 再靠近一点。❷出现(于)；显现(在)：The address should *come* above the date. 地址应在上，日期在下。❸延伸(至)；达到(*to*)：The dress *comes to* her knees. 衣服长及她的膝盖。❹发生(于)；降临(*to*)：I won't let any harm *come to* you. 我不会让你受到任何伤害。❺碰巧；[常用疑问句，后跟不定式]弄成；搞成：How on earth did you *come* to lose the match? 你到底怎么搞的，竟然输了这场比赛？❻可获得；有供应；被生产：Shoes *come* in many shapes and sizes. 有多种形状和尺寸的鞋子出售。❼产(自)；出生(于)，出身(于)；源(于)(*from*, *of*)：Where do you *come from*? 你是哪儿人？ ‖ ***come about*** *vi.* 发生；出现：How did the mess *come about*? 乱七八糟的！这是怎么搞的？***come across*** *vt.* & *vi.* 偶然碰见，巧遇：She *came across* two photographs of her childhood. 她偶然发现了两张儿时的照片。***come again*** *int.* 〈口〉再说一遍；你说什么：I didn't hear you! *Come again*! 我没听见你说什么！再说一遍！***come along*** *vi.* ❶出现；发生：The opportunity *came along* to make investment in stock. 投资股的机会来了。❷前进；进展顺利：The project is *coming along* on schedule. 这个项目正按计划顺利开展着。❸同行；陪伴(*with*)：Would you *come along with* us to the movie? 你跟我们一起去看电影好吗？***come apart*** *vi.* 破碎；解体：The clay doll *came apart* when touched. 这个泥娃娃一碰就碎了。***come around*** *vi.* ❶苏醒，恢复知觉；恢复生机：The patient finally *came around*. 病人最后苏醒了过来。❷让步；同意；改变立场(或观点)：She soon *came round* to our way of thinking. 她很快就转变立场同意我们的看法了。***come at*** *vt.* ❶达到；得到；了解：*come at* a conclusion 得出结论 ❷冲向，攻击：The robber *came at* me with a knife. 强盗拿着一把刀子向我冲过来。***come back*** *vi.* ❶回来，返回 ❷(往事等)在记忆中重现：It all *comes back* to me now. 现在，那一切又都重新浮现于我脑海中。***come between*** *vt.* & *vi.* ❶离间；使分开：Nothing can *come between* the couple. 什么也不能把这对夫妻分开。❷妨碍：He never lets anything *come between* him and his writing. 他不让任何事情妨碍他写作。***come by*** *vt.* & *vi.* 获得；得到：*come by* sth. through toils 通过辛劳而获得某物 ***come down*** *vi.* ❶破落；潦倒；失势：The family has *come down* in the world. 这个家庭家道中落了。❷流传下来；被继承下来：The porcelain has *come down* through generations. 这件瓷器经过几代人传了下来。***come down on*** [***upon***] *vt.* 责备，责骂；惩罚：Why did you come down on your son so hard? 你为什么把儿子骂得这么狠？***come down with*** *vt.* 患…而病

倒;染上(疾病):She *came down with* the fever. 她发烧病倒了。**come from** *vt*. ❶[不用进行时态]出生于;来自;是(某地方)的人:He *came from* China. 他是中国人。❷[不用进行时态]产自;源自:Pearls *come from* oysters. 珍珠产自牡蛎。**come in** *vi*. ❶进来,进入:The door's open;*come in*! 门开着,进来吧! ❷抵达,到达:The bus *comes in* at 10:00. 公交车在10点钟到达。❸被采用;时兴起来,流行起来:A new hair-style has *come in* recently. 最近时兴一种新的发型。**come in for** *vt*. 遭受;挨;得到:The movie *came in for* a lot of criticism. 这部电影遭到很多批评。**come into** *vt*. ❶获得,得到:I've *come into* some money. 我发财了。❷继承:*come into* a fortune 继承一笔财产 ❸处于(某种状态):The president's car *came into* view and everyone cheered. 总统的车子一进入视线,大家就欢呼了起来。**come off** *vi*. & *vt*. ❶发生;举行:The accident *came off* just before dawn. 事故就是在黎明之前发生的 ❷结果(是);终结:Everything *came off* just as we want it to. 样样事情都如期而至。❸成功;完成:He didn't *come off* well in the exam. 他考试没有考好。**come off it** *vi*. 〈口〉住口;住手;别想骗人:Now *come off it* — I never said that! 别胡说——我从来没说过那种话! **come on** *vi*. & *vt*. ❶改进;兴旺;好转:His business *came on* splendidly. 他的生意红红火火。❷(演员等)出场,上场:He *came on* to thunderous applause. 他上场时掌声雷动。❸[用祈使句]〈口〉赶快;走吧;振作起来;努力点儿;得了吧,别那样:*Come on*, before it rains! 快点儿,否则要淋雨啦! **come out** *vi*. ❶出现;显露:A rainbow *came out* on the horizon. 地平线上出现了一道彩虹。❷结果是;终于发生:The lawsuit *came out* in the defendant's favour as expected. 不出所料,这起官司到头来对被告方有利。❸出版;公开;发表:The story *came out* in the periodical. 这则报道在期刊上登了出来。**come out with** *vt*. 揭露;脱口而出:He *came out with* an abuse. 他脱口骂了一句。**come over** *vi*. & *vt*. ❶(从远方)过来;走近,靠近:Shells *came over* and exploded nearby. 炸弹飞过来,在附近炸开。❷发生于;影响到:What's *come over* him? 他发生了什么事情? **come through** *vi*. & *vt*. ❶完成;实现;成功 ❷成功克服(困难、疾病等);经过…而安然无恙:She *came through* the war safely. 她安然无恙地经过了战争磨难。**come to** *vi*. & *vt*. ❶苏醒;恢复知觉:That's about all I remember, until I *came to* in a life-raft. 在我从救生筏上醒来之前,我能记住的就那么多。❷总计为,共计有:His salaries *come to* $6,000 a year. 他的年薪为6 000美元。❸涉及;谈到:He's hopeless when it *comes to* arithmetic. 说到算术,他是没指望了。**come under** *vt*. 归属于;被包括进:Copying the other's paper *comes under* the heading of plagiarism. 抄袭别人的论文属于剽窃的勾当。**come up** *vi*. ❶被提及,被论及(或考虑):The subject kept *coming up* in conversation. 交谈中不时地提起这个问题。❷被提交,被呈送:The bill *comes up* for discussion on Monday. 这项提案在星期一提交讨论。**come upon** *vi*. & *vt*. 碰到;邂逅(=come on) **come up to** *vt*. ❶朝…走上前来,走进:She *came up* to the singer and gave him a bouquet of flowers. 她走到歌手跟前,向他献上了一束花。❷达到(要求);符合(标准等):Your work just doesn't *come up* to our standards. 你的工作并不符合我们的标准。**come up with** *vt*. (尤指针对问题等)提出;想出;提供:The airline has *come up with* a novel solution to the problem of jet-lag. 航空公司提出了一个解决飞行时差综合征的新式方法。

☆**come** 即可指空间位置上的"来到",也可指时间含义上的"到来":Christmas is *coming* soon. (眼看圣诞节就要到了。) / The time has *come* for us to make a decision. (咱们该作出决定了。)

come·back /ˈkʌmˌbæk/ *n*. [通常用单]〈口〉(职位、权力、名誉等的)恢复;复原;复辟:stage a *comeback* 东山再起(或卷土重来)

co·me·di·an /kəˈmiːdiən/ *n*. [C]喜剧演员;滑稽演员

co·me·di·enne /kəˌmiːdiˈen/ *n*. [C]女喜剧演员;女滑稽演员

com·e·dist /ˈkɔmidist/ *n*. [C]喜剧作家

come·down /ˈkʌmˌdaun/ *n*. [通常用单]落魄;潦倒,失势:It is quite a *comedown* for him as a college graduate to have to sweep streets. 像他这样一位大学毕业生不得不去扫大街,真是潦倒至极。

com·e·dy /ˈkɔmidi/ *n*. [C;U]喜剧;幽默剧:stage a black *comedy* 上演一出黑色幽默剧 ‖

co·me·dic /kəˈmiːdik/ *adj.*

come·ly /ˈkʌmli/ *adj.* 有魅力的；好看的，悦目的；标致的 ‖ ˈ**come·li·ness** *n.* [U]

come-on /ˈkʌmˌɔn/ *n.* [C]〈俚〉(引诱顾客购买的)招揽品；招揽活动

com·er /ˈkʌməʳ/ *n.* [C]〈口〉有成功希望的人(或事物)

C

com·et /ˈkɔmit/ *n.* [C]【天】彗星 ‖ ˈ**com·et·ar·y** *adj.*

com·fort /ˈkʌmfət/ I *vt.* ❶安慰；抚慰：*comfort* the bereft with a hug 用拥抱安抚丧失亲人的人 ❷使舒服，使舒适：They *comforted* themselves by the warmth of the fire. 他们烧着炉火，暖融融的，感到惬意。II *n.* ❶[U]安慰；慰藉：find *comfort* in love 在爱情中寻找慰藉 ❷[C]给人以安慰的事物(或人)：The pension was a *comfort* to the retired. 养老金对退休的人来说是一个安慰。❸[U;C]舒适，安逸；使人生活舒适的东西：a life of some *comfort* 几分安逸的生活

☆ **comfort**, **console**, **relieve**, **solace**, **soothe** 均有“安慰”之意。**comfort** 为普通用语，指给人以勇气、力量和希望，含亲切之意：message *comforting* the grieving family (慰藉悲伤的家人) **console** 较为正式，通常强调减轻别人的悲伤、痛苦等不良好情绪：They tried to *console* him for his failure in the contest. (他比赛失利，他们想让他打消失落的情绪。) **relieve** 常指减轻或忘却痛苦：*relieve* the pain by distracting oneself (通过分散注意力来减轻痛苦) **solace** 用来表示使人摆脱忧郁、寂寞等，振作起精神：*solace* oneself by recreations (借助消遣解脱自己) **soothe** 指能使人平静镇定，感到舒服：She *soothed* the puppy with a steak. (她用一根骨头哄小狗。)

com·fort·a·ble /ˈkʌmfətəbᵊl/ *adj.* ❶令人舒服的，舒适的：a *comfortable* bed 一张舒适的床 ❷安逸的；舒畅的；无打扰的：have a *comfortable* sleep 安稳地睡一觉 ❸无口腹之虞的；丰厚的；小康的：a *comfortable* salary 一份丰厚的薪水〔亦作 **comfy**〕‖ ˈ**com·fort·a·ble·ness** *n.* [U] —ˈ**com·fort·a·bly** *adv.*

com·fort·er /ˈkʌmfətəʳ/ *n.* [C] ❶施以安慰的人(或物) ❷(厚暖的)被子

com·fort·less /ˈkʌmfətlis/ *adj.* [无比较级] ❶沉闷的；阴郁的；令人不快的；使人厌烦的：*comfortless* surroundings 单调阴郁的环境 ❷令人不舒服的，不舒适的

com·ic /ˈkɔmik/ I *adj.* ❶滑稽的；可笑的，令人发笑的：a *comic* performance 滑稽表演 ❷[无比较级][常作定语]喜剧的；喜剧性的：a *comic* actress 喜剧女演员 II *n.* [C] ❶滑稽演员，喜剧演员 ❷[**the comics**](报纸的)漫画栏 ❸〈口〉连环漫画册

com·i·cal /ˈkɔmikᵊl/ *adj.* 滑稽的；令人发笑的：a *comical* scene 滑稽的场面 ‖ ˈ**com·i·cal·ly** *adv.* —ˈ**com·i·cal·ness** *n.* [U]

comic book *n.* [C]漫画书：a Spiderman *comic book* 一本蜘蛛侠漫画书

comic strip *n.* [C](报刊上的)连环漫画〔亦作 **strip**〕

com·ing /ˈkʌmiŋ/ I *n.* [通常用单]来到，来临；到达：With the *coming* of winter the days get shorter. 随着冬天的临近，白天也跟着变短了。II *adj.* [无比较级][作定语](事件等)正在到来的，即将来临的；(月、年等)接着的，下一个的：this *coming* summer 今年夏天 ‖ ***comings and goings*** [复] *n.* 来来往往：all the *comings and goings* of the train station 火车站里熙熙攘攘的人群

com·ma /ˈkɔmə/ *n.* [C]逗号(即，)

☆**comma** 的用法：❶用于 and, but, or, for 等连词之前。❷用以把较长引介性词组与句干隔开或把置于句首的副词性从句与主句隔开：With as many as 120 varieties in existence, discovering how cancer works is not easy. (现有 120 种之多的癌症，发现癌症的机理并非易事。) ❸用以把非限定性定语从句与主句隔开或把句首的非限定动词结构与句干隔开：The government, which promises to cut taxes, will be popular. (许诺削减税收的政府将会受到欢迎。) ❹可用以把 for instance, therefore, however, moreover, on the contrary, nevertheless, in fact 等引导性或转折性成分、同谓语词组、插入语等与句干隔开：No material can be completely corrosion-resistant; engineers can, however, fight corrosion. (没有哪一种材料是完全抗侵蚀的；而技术人员有办法防侵蚀。) ❺用以把一系列列举性项目彼此隔开：eggs, milk, and butter (鸡蛋、牛奶和奶酪) ❻用以把呼语与句干隔开：Thank you, ladies and gentlemen, for your cooperation. (女士们先生们，谢谢你们给

予的合作。）❼用以把直接引语与语句的其他成分隔开："I'm reporting you to the police," Alice cried.（"我把你告到警察那里去。"艾丽丝喊到。）❽还可以被标注在千位数后面：4,000。❾在欧洲某些地区，逗号被当作小数点使用：My German students wrote "A kilogram weighs 2,2 pounds."（我的德国学生写的是"1 千克重 2.2 磅"。）

com•mand /kə'mɑːnd;-'mænd/ **I** *vt.* ❶命令；指示：The general *command* the soldiers to march ahead. 将军命令士兵向前挺进。❷规定；要求：*command* silence 要求肃静 ❸指挥；管辖；控制：*command* a regiment 指挥一个团 ❹值得（尊敬、同情等）；应得：*command* respect [admiration] 令人尊敬[仰慕] **II** *n.* ❶[C]命令；指示：issue a *command* 发布一项命令 ❷[U]指挥(权)；管辖；控制：have no *command* over oneself 没有自制力 ❸[C]掌握；运用能力：have a working *command* of English 自如地使用英语 ❹[C]【计】指令，命令 ‖ ***at* (*one's*) *command*** *adv.* 可（由自己）随意使用（或支配）地：He assisted me in every way *at his command*. 他用了所能使用的一切办法帮助我。

com•man•dant /ˌkɔmᵊn'dænt;-'dɑːnt/ *n.* [C] ❶指挥官（如要塞、防区司令等）❷军事学校校长 ‖ **ˌcom•man'dant•ship** *n.* [C]

com•man•deer /ˌkɔmᵊn'diəʳ/ *vt.* ❶（尤指军队）征用（物资）：The military *commandeered* all horses. 军队征用了所有的马匹。❷强占；专用：He has *commandeered* the best computer in the office for his own use. 他强占了办公室里最好的电脑供自己专用。

com•mand•er /kə'mɑːndəʳ;-'mæn-/ *n.* [C] ❶（团体、组织等的）负责人，领导者 ❷指挥官，司令官：a division *commander* 师长 ❸（美国海军或海岸警卫队中的）海军中校

com•mand•er-in-chief /kəˌmɑːndərin'tʃiːf;-ˌmæn-/ *n.* [C]（[复]**com•mand•ers-in-chief**）❶总司令（尤指一国武装力量的最高统帅）❷司令员

com•mand•ment /kə'mɑːndmᵊnt/ *n.* [C]戒律；[时作 **Commandment**]（基督教十诫中的）一诫

com•man•do /kə'mɑːndəu/ *n.* [C]（[复]**-do(e)s**）❶突击队；突击队员 ❷反恐怖主义特攻队员 ‖ ***on* [*upon*] *commando*** *adv.* 突袭地

com•mem•o•rate /kə'meməˌreit/ *vt.* ❶纪念：a festival *commemorating* the 200th anniversary of the event 纪念这个事件发生 200 周年的节日 ❷（石碑、奖章等）作…的纪念：The monument *commemorates* the victory. 这座碑是为了纪念这次胜利的。‖ **com'mem•o•ra•ble** *adj.* —**com'mem•oˌra•tor** *n.* [C]

com•mem•o•ra•tion /kəˌmemə'reiʃᵊn/ *n.* ❶[U]纪念；庆祝：a ceremony in *commemoration* of the fiftieth anniversary of the founding of the People's Republic of China 中华人民共和国成立 55 周年庆典 ❷[C]纪念仪式；庆祝会

com•mem•o•ra•tive /kə'meməˌrətiv/ *adj.* 纪念性的；庆祝的：a *commemorative* stamp 纪念邮票

com•mence /kə'mens/ *vt.* & *vi.* 〈书〉（使）开始：The ceremony *commenced*. 庆祝活动开始了。‖ **com'menc•er** *n.* [C]

com•mence•ment /kə'mensmᵊnt/ *n.* [U]开始：the *commencement* of spring 春天的到来

com•mend /kə'mend/ *vt.* ❶表扬，称赞，嘉许；推崇：*commend* a soldier for bravery 嘉奖一位表现英勇的士兵 ❷推荐：*commend* an applicant to the company 向这家公司推荐一名申请人 ‖ **com'mend•a•ble** *adj.* —**com'mend•a•bly** *adv.*

com•men•da•tion /ˌkɔmen'deiʃᵊn/ *n.* ❶[U；C]表扬，称赞，嘉许：receive a *commendation* 获得表彰 ❷[U]推荐，举荐

com•men•su•rate /kə'menʃᵊrət,-sjərət/ *adj.* [无比较级]大小相同的；同量的；成比例的；相称的(*to*,*with*)：The salary he earns and the experience he has are nearly *commensurate*. 他挣的薪水和他拥有的经验基本上是相当的。‖ **com'men•su•rate•ly** *adv.* —**com'men•su•rate•ness** *n.* [U]

com•ment /'kɔment/ **I** *n.* ❶[C；U]批评；意见；评论：make a *comment* about the situation 对形势发表见解 ❷[C]注释；评注：*comments* in the margin 边注 **II** *vi.* 发表意见；评论，评说(*on*,*upon*,*about*)：He refused to *comment on* the issue. 他拒绝对这个问题作出评论。—*vt.* 评说；评论："I never dress like that," she commented. "我决不会那样穿。"她评论道。‖ ***No comment.*** 〈口〉[用作回避问题的遁词]无可奉告 ‖ **'com•ment•er** *n.* [C]

com·men·tar·y /ˈkɔmᵊntᵊri/ *n.* ❶[U;C]评论;(体育比赛的)现场解说,实况报道;(时事)述评:provide *commentary* on the players 对运动员进行评说 ❷[C]解释性论文;评介:write a *commentary* on the movie 撰写影评 ❸[C]说明,写照:The high inflation rate is a sad *commentary* on the financial system. 高通货膨胀率是对金融体制的可悲写照。

C

com·men·ta·tor /ˈkɔmᵊnˌteitə/ *n.* [C](电台、电视台等的)时事评论员;新闻述评员;(转播比赛等时的)实况解说员:a TV sports *commentator* 电视体育解说员

com·merce /ˈkɔməːs/ *n.* [U] 商业;商贸(见 business):promote international *commerce* 促进国际贸易

com·mer·cial /kəˈməːʃᵊl/ I *adj.* [无比较级] ❶商业的;商务的;商贸的:*commercial* world 商界 ❷商用的:*commercial* vehicles 商用车辆 ❸商品(性)的;营利(性)的;供应市场的:The film was highly praised, but was not *commercial*. 这部电影口碑好,但票房惨。❹(广播、电视节目)商家(通过广告)赞助的;商业广告的:a *commercial* television programme 广告赞助播出的电视节目 II *n.* [C](无线广播或电视中的)商业广告:The TV show was interrupted by too many *commercials*. 电视节目中穿插的广告太多。‖ **comˈmer·cial·ly** *adv.*

com·mer·cial·ism /kəˈməːʃəˌlizᵊm/ *n.* [U] ❶〈常贬〉商业主义,重商主义;营利主义;商业行为 ❷唯利是图

com·mer·cial·ize /kəˈməːʃəˌlaiz/ *vt.* ❶使商业化;使商品化;利用…赚钱:*commercialize* one's invention 将发明商品化 ❷为营利而降低…的质量;为赚钱而滥用:*commercialize* one's artistic talent 为赚钱而糟蹋自己的艺术才华〔亦作 **commercialise**〕‖ **com·mer·cial·i·za·tion** /kəˌməːʃᵊlaiˈzeiʃᵊn;-liˈz-/ *n.* [U]

com·mis·er·ate /kəˈmizəˌreit/ *vi.* 表示同情(或怜悯等)(*with*):They *commiserated with* him over [on] the loss of his wife. 他们对他夫人的逝世表示哀悼。‖ **comˈmis·er·a·tive** *adj.* —**comˈmis·erˌa·tor** *n.* [C]

com·mis·er·a·tion /kəˌmizəˈreiʃᵊn/ *n.* [U;C] 同情;怜悯

com·mis·sion /kəˈmiʃᵊn/ I *n.* ❶[C;U]委任(状);任命(书);授权(令);任职(令):award a *commission* 颁发委任状 ❷[C](委任或选举产生的)委员会:the Forestry *Commission* 森林委员会❸[C]所授之权;所委之职责;所托之事;任务:execute a *commission* 执行任务 ❹[C;U]佣金,回扣;代理费(略作 **com.**):charge [pay] a *commission* 索取佣金 II *vt.* ❶委任;委托;授权;给…委任状(或任命书、授衔令等):She was *commissioned* a second lieutenant. 她被授予少尉军衔。❷委托制作(或做、完成);向(尤指艺术家)定做:He has been *commissioned* to paint a picture of the Queen. 他受托画一幅女王的肖像。

com·mis·sion·er /kəˈmiʃənəʳ/ *n.* [C] ❶(委员会的)委员:Civil Service *Commissioner* 文职委员会委员 ❷(政府委任的地方)司法(或行政)长官;(政府部、厅、处、局等部门的)长,长官:road *commissioner* 公路局长 ❸(职业体育比赛组织的)行政主管

com·mit /kəˈmit/ *vt.* (**-mit·ted; -mit·ting**) ❶[常作～ **oneself**]使表态;发表(自己的)意见(或看法、观点等):The candidate refused to *commit himself* on the controversial subject. 候选人拒绝就这个敏感的话题发表见解。❷[常作～ **oneself**]使作出保证;使致力(于);使履行(义务、职责或政策等)(*to*):He would not *commit himself* in any way. 他无论如何也不愿卷入其中。❸把…交付(或委托)给(…看管、处理等);使遭受(*to*):The sick man *committed* himself *to* a doctor's care. 病人把自己交给医生照顾。❹调配…供专用;调拨,拨出(*to*):*commit* all one's energy *to* work 把自己的所有精力都投入到工作中 ❺实施;犯(罪);干(错事、坏事等):*commit* perjury 犯伪证罪 ❻把…关进(监狱等);关押(候审),监禁(*to*):He was found guilty and *committed to* prison. 他被判有罪而入狱。

com·mit·ment /kəˈmitmənt/ *n.* ❶[C;U]承诺,允诺;保证;承担义务:live up to [fulfill] one's *commitments* 履行承诺 ❷[U;C]忠诚;信守;赞助;支持:have a sincere *commitment* to religion 笃信宗教 ❸[U]致力;献身;投入:*commitment* to a cause 为事业而献身 ❹[U]托付,交托;委任:the *commitment* of the child's custody to his grandparents 孩子的监护权向其祖父母的转交

com·mit·tal /kəˈmitᵊl/ *n.* [U]交押,下狱;收监(令);精神病院的收容

com·mit·ted /kə'mitid/ *adj*. 坚定的,不动摇的;孜孜以求的;忠诚的:the deeply *committed* patronage 极其热忱的资助

com·mit·tee /kə'miti/ *n*. [C]委员会;(由议会任命的)立法委员会;(为实现某共同目标或支持某一事业而设立的)促进会:a *committee* for economic development 经济促进委员会

com·mod·i·fi·ca·tion /kəˌmɔdifi'keiʃ°n/ *n*. [U]货币商品化(指把货币作为交易或投机买卖的商品的做法)

com·mo·di·ous /kə'məudiəs/ *adj*. 宽敞(而舒适或便利)的:a *commodious* apartment 宽敞舒适的套间 ‖ **com'mo·di·ous·ly** *adv*. —**com'mo·di·ous·ness** *n*. [U]

com·mod·i·ty /kə'mɔditi/ *n*. [C]商品;货物:trade in *commodities* 进行商品交易

com·mon /'kɔmən/ **I** *adj*. ❶共同的;共有的,同享的;一致的(见 mutual):a negotiation based on *common* interests 基于共同利益的谈判 ❷公共的;公众的;影响(整个社区或公众)的:Laws serve the *common* good. 法律为公益服务。❸经常性的,通常的;常见的,司空见惯的;普通的,一般的:*common* subjects in English literature 英国文学中常见的主题 ❹〈贬〉低级的,劣等的,次的;(指人)卑俗的:an article of *common* make 劣质制品 / *common* manners 粗野的举止 **II** *n*. [C] ❶[有时作~s](村、镇等的)公地:ride on the village *common* 在村公地上骑马 ❷[~s]普通的人 ‖ ***in common*** *adj*. & *adv*. 共用的(地),公有的(地);共同(做)的(地):The twins have few interests *in common*. 这对双胞胎的兴趣很少有相同的。***in common with*** *prep*. ❶和…一样:*In common with* you, I admit that she is by far the most beautiful. 和你一样,我承认她绝对是最漂亮的。❷与…分享:property held *in common with* the rest of the family 与家庭其他成员共享的财产 ‖ **'com·mon·ly** *adv*.

☆**common, familiar, ordinary, plain, popular, usual, vulgar** 均有"普通的,平常的"之意。**common** 指符合或司空见惯,没有特别之处,具有全体或大多数人或物所共有的特征:a *common* error (常见的错误) **familiar** 强调因为屡见不鲜而众所周知、容易辨别,并非一定没有独特之处:a sight *familiar* to all Londoners (为所有伦敦人熟悉的一景) **ordinary** 强调毫无特别的性质,非常一般,常含未达到普通水准的意味:An *ordinary* working day is eight hours. (一个正常的工作日是 8 小时。) **plain** 指家境平常或一般,强调简单和朴素:She comes from *plain*, hard working stock. (她出身于辛苦劳作的普通家庭。) **popular** 指由于为公众所接受和喜爱并在他们中间流行开来而显得普通或平常:a *popular* song (流行歌曲) **usual** 用于任何经常的、有规律的或相对稳定的活动,既可指自然现象,也可指社会上的一般事情:Thunder is the *usual* sign of an approaching storm. (雷声通常预示暴风雨的来临。) **vulgar** 常用于贬义,常有粗俗、低级趣味或缺乏教养的意味:*vulgar* in manner and speech (言行粗俗)

common denominator *n*. [C] ❶【数】公分母 ❷共同点,共性

common law *n*. [U]【律】普通法(与衡平法相对);习惯法;判例法 ‖ **ˌcom·mon-'law** *adj*.

common noun *n*. [C]普通名词

com·mon·place /'kɔmənˌpleis/ **I** *adj*. 平凡的;普通的;不新奇的;平庸的;陈腐的:a *commonplace* person 庸人 **II** *n*. [C]寻常的事物,常见的事物;庸常事物;俗事(或物):Forty years ago television was a rare novelty; today it is a *commonplace*. 40 年前电视机还是稀奇玩意儿,如今已司空见惯。

common sense *n*. [U]常识;(尤指由实际生活经验得来的)判断力:The old farmer had gotten along on a lot of *common sense*. 老农夫凭着自己掌握的常识就这样一辈子过来了。〔亦作 **horse sense**〕 ‖ **com·mon·sense** /ˌkɔmən'sens/ *adj*. —**ˌcom·mon'sen·si·cal** /-sik°l/ *adj*.

com·mon·wealth /'kɔmənˌwelθ/ *n*. ❶[C](独立的)政体(尤指共和国或民主国);国家 ❷[C](因共同利益或兴趣结成的非政治性)协会,团体,界:the *commonwealth* of learning 知识界 ❸[**the C-**] = the British Commonwealth of Nations

com·mo·tion /kə'məuʃ°n/ *n*. [C;U]混乱;骚动;喧闹,嘈杂:You are making a great *commotion* about nothing. 你简直是在无理取闹。

com·mu·nal /'kɔmjun°l/ *adj*. ❶共有的;集体的;公用的;公共的:*communal* activity 集体活动 ❷社区的;(尤指巴黎)公社的:a *communal* organization 公社组织 ‖ **com'mu·nal·ly** *adv*.

com·mune /'kɔmjuːn/ *n*. [C] ❶(尤指社会主

义国家的)公社;(因共同志趣聚集形成的)群居村;群居者:He ran away from home and joined a *commune*. 他从家里跑了出来,加入了一个群居村。❷社区;社区全体居民 ❸市镇(法国等欧洲国家最小的行政区划单位);市镇政府;全镇居民

com·mu·ni·ca·ble /kəˈmjuːnikəbᵊl/ *adj.* 可传播的;可传送的;(尤指疾病)可传染的,传染性的:a *communicable* disease 一种传染病 ‖ **com·mu·ni·ca·bil·i·ty** /kəˌmjuːnikəˈbiliti/ *n.* [U] —**comˈmu·ni·ca·bly** *adv.*

com·mu·ni·cate /kəˈmjuːniˌkeit/ *vt.* ❶传播;传染;传送:Some diseases are easily *communicated*. 有些疾病很容易传染。❷传达(想法、意见等),传递;表露:*communicate* the deepest meaning 表达最深的含义 —*vi.* ❶通讯;通信;通话:We have yet to *communicate* with the inhabitants of another planet. 我们还有待于与外星居民交往。❷交流思想(或感情、信息等);交往;交际:*communicate* with one's parents 与父母沟通思想 ‖ **comˈmu·ni·ca·tor** *n.* [C]

com·mu·ni·ca·tion /kəˌmjuːniˈkeiʃᵊn/ *n.* ❶[U;C]传播;通信;通讯:open up wireless *communication* 开通无线电通信联系 ❷[C]信息;消息;口信;书信:be in receipt of one's *communication* of 12th September 9月12日的来函收到 ❸[C;U]交流;交际,交往;联络;交通(或通讯)方式:establish direct *communication* with the rescue team 与救援小组取得直接联系 ❹[常作~s][U][用作单或复]通讯(或传播)技术;传播学:mass *communications* 大众传播学

com·mu·ni·ca·tive /kəˈmjuːnikətiv/ *adj.* ❶通信的;交流的,交际的:*communicative* ability 交际能力 ❷健谈的;坦诚的;好社交的:a *communicative* disposition 好社交的性格 ‖ **comˈmu·ni·ca·tive·ly** *adv.*

com·mun·ion /kəˈmjuːnjən/ *n.* ❶[常作 C-][U](基督教)圣餐;圣餐仪式;领受圣餐句:a *communion* rite 圣餐仪式〔亦作 **Holy Communion**〕❷[C](基督教中的)教派,宗派;团契:the Methodist *communion* 循道宗 ❸[U](思想、感情等的)交流;谈心;交际:We only discover our true selves in *communion* with the mountains. 我们只有在与大山的心交神会中才能发现真正的自我。

com·mu·ni·qué /kəˈmjuːniˌkei, kəˌmjuːniˈkei/ *n.* [C]公报:issue a *communique* about [on] the results of the conference 公布有关会议结果的公报

com·mu·nism /ˈkɔmjuˌnizᵊm/ *n.* [U] ❶共产主义(制度);共产主义理论 ❷[常作 C-]共产主义政体;共产党;共产主义运动

com·mu·nist /ˈkɔmjunist/ I *n.* [C] ❶共产主义者;共产主义的支持者 ❷[常作 C-]共产党员 II *adj.* ❶共产主义(者)的;支持(或拥护)共产主义的 ❷[C-]共产党的 ‖ **com·mu·nis·tic** /ˌkɔmjuˈnistik/ *adj.*

com·mu·ni·ty /kəˈmjuːniti/ *n.* [C] ❶(住在同一地区的)社区居民;社区:a college *community* 大学区 ❷群体;团体;界:the American medical *community* 美国医学界 ❸共有,共享;共担的义务(或责任):*community* of property 财产的共有

community property *n.* [U]〈美〉【律】夫妻共有财产

com·mu·ta·tion /ˌkɔmjuˈteiʃᵊn/ *n.* ❶[C]【律】减刑❷[U]代偿(款);替偿❸[U](尤指在郊区和市区之间的)上下班交通

com·mute /kəˈmjuːt/ *vt.* ❶减轻(刑罚等)(*to*):*commute* sentence of death *to* life imprisonment 把死刑减判为终身监禁 ❷(用钱款)折偿;折付(*into*, *for*):He *commuted* his pension *into* a lump sum. 他将退职金折合为一次付清的总额。—*vi.* (尤指在市区和郊区之间)乘公交车辆上下班;经常乘车(或船等)往返于两地:*commute* between two cities to work by train 乘火车来往于两个城市之间上下班 / *commute* from the suburbs to the city 乘车从郊区到城里

com·mut·er /kəˈmjuːtəʳ/ *n.* [C](尤指市区和郊区之间)乘公交车辆上下班者;月季票旅客:the stream of *commuters* 上下班的交通人流

com·pact[1] I /kəmˈpækt, ˈkɔmpækt/ *adj.* ❶坚实的;紧密的;致密的:*compact* soil 坚实的土壤 ❷集中的;密集的;紧凑的;小巧的:a *compact* office 布置紧凑的办公室 II /kəmˈpækt/ *vt.* ❶使紧密结合;使坚实;使变结实;(由…)结实地组成:Animals' hooves *compact* the soil. 动物的蹄子将土壤踏得很结实。❷压缩:*compact* a report 压缩报告的篇幅 / *compact* rubbish 压缩垃圾 ‖ **comˈpact·ly** *adv.*

—com'pact·ness *n.* [U]

com·pact² /'kɒmpækt/ *n.* [C]协定；合同；契约：a *compact* among the great nations of the world 世界大国之间订立的协约

compact disc, compact disk *n.* [C] ❶激光唱片 ❷【计】光盘

com·pan·ion /kəm'pænjən/ *n.* [C] ❶同伴，伙伴；伴侣；朋友；同事：a *companion* in arms 战友 ❷成对(或副、双)的东西之一：I can't find the *companion* to this glove. 我找不到这双手套的另一只了。

com·pan·ion·a·ble /kəm'pænjənəbᵊl/ *adj.* 友好的；好交游的：a *companionable* way of speaking 友好的说话方式

com·pan·ion·ship /kəm'pænjənˌʃip/ *n.* [U] 交情，有情，友谊；交往：When others fail him, the wise man looks to the sure *companionship* of books. 当别人令他失望时，这位智者便以可靠的书籍为友。

com·pa·ny /'kʌmpəni/ *n.* ❶[C]人群；众人(尤指听众或观众)；(一)群，(一)队；(一)伙：The *company* dispersed by twos and threes. 人群三三两两地散 ❷[U]客人(们)，造访者(们)：Do you expect *company* for dinner tonight? 你今晚邀请客人来吃饭吗？❸[U,C]友情；私交；陪伴；伙伴(们)，朋友(们)：keep clear of bad *company* 不结交坏朋友 ❹[C]公司，商号；(中世纪的)行会：a publishing *company* 出版公司 ❺[C]艺术团；剧团；乐团：an opera *company* 歌剧团 ‖ ***keep sb. company*** [***keep company with sb.***] *vi.* & *vt.* 陪伴；(与…)形影不离(尤指恋人)：If you are going out for a walk, I'll come along and *keep* you *company*. 如果你要出去散步的话，我来和你做伴。***part company*** (***with***) *vi.* & *vt.* ❶(与…)分离：They spent the whole afternoon arguing but when they *parted company* they were friends again. 整个下午他们都在争吵不休，到分手时却又成了好朋友了。❷(与…)有分歧：*part company with* sb. on politics 与某人在政治上有分歧 ❸(与…)断绝来往

com·pa·ra·ble /'kɒmpərəbᵊl/ *adj.* ❶可比较的，有可比性的(*with*)：A fire is *comparable with* the sun; both give light and heat. 火炉与太阳有可比性，两者都发热发光。❷比得上的(*to*)：A cave is not *comparable to* a house for comfort. 洞穴比上不房子舒服。❸类似的：The two sets of data are sufficiently *comparable*. 这两套数据从足够的意义上讲是相近的。‖ **com·pa·ra·bil·i·ty** /ˌkɒmpərə'biliti/ *n.* [U] —'**com·pa·ra·ble·ness** *n.* [U] —'**com·pa·ra·bly** *adv.*

com·par·a·tive /kəm'pærətiv/ **I** *adj.* ❶[用作定语]比较的；用比较方法的：a *comparative* study of languages 语言之间的比较研究 ❷[用作定语]相比较而言的；相对的：a *comparative* stranger 相对来说较为陌生的人❸【语】(级、格等)比较的 **II** *n.* [C]【语】比较级(或词) ‖ **com'par·a·tive·ly** *adv.*

com·pare /kəm'peəʳ/ *vt.* ❶比较，对照(*with*, *to*)：He *compared* the two books to see which one had the better illustrations. 他将两本书作了一番比较，看看哪本书的插图更好。❷把…比作(*to*)：*compare* life *to* a voyage 把人生比作旅程 —*vi.* 被比较；相比；比得上(*with*)：Nothing can *compare with* wool for warmth. 什么都不如羊毛暖和。

☆**compare, collate, contrast, match** 均有“比较，对比”之意。**compare** 指把相似却又有不同点的人或物放在一起考察，找出异同，揭示各自的特点或价值：The report *compares* the different types of home computer currently available. (报告把目前市面上不同类型的家用电脑作了比较。) **collate** 指小心细致地甄别比较，找出异同，特别用于对同一本书的各种版本或手稿的考证：*collate* a new edition with an earlier edition (仔细比较新版本与老版本) / Data from police districts across the country will be *collated*. (核对来自全国各地的警察局的资料) **contrast** 指将人或物进行对比或对照，强调反差或差别：*contrast* the computerized system with the old filing cards (把计算机处理的系统与老式的分类卡片进行对比) / His fine words *contrasted* with his unscrupulous behaviour. (他的漂亮话与他无耻的行为反差极大。) **match** 表示对比双方大致相当，彼此匹配或吻合：His latest film doesn't *match* his previous ones. (他最新的电影比不上他以前的。)

com·par·i·son /kəm'pærisᵊn/ *n.* ❶[C; U]比较，对照：She made a *comparison* of our literature to theirs. 她把我们的文学和他们的作了比较。❷[U]相似(之处)；类似(性)：points of *comparison* 相似点

com·part·ment /kəmˈpɑːtmənt/ *n.* [C]分隔的空间;分隔间;(钱包等的)夹层;(抽屉的)隔室;〈美〉卧车包房;〈英〉(火车车厢)隔间:a smoking *compartment* 吸烟室 ‖ **com·part·men·tal** /ˌkɔmpɑːtˈmentᵊl/ *adj.*

com·part·men·tal·ize, com·part·men·tal·ise /ˌkɔmpɑːtˈmentəˌlaiz/ *vt.* 分隔;划分;分类:Their teaching has become *compartmentalized*. 他们的教学分段进行。

C

com·pass /ˈkʌmpəs/ *n.* [C] ❶罗经,罗盘(仪):read a mariner's *compass* 读航海罗盘 ❷[常作~es]圆规 ❸周界;界限;区域;(知识、经验等的)范围;限度:Finance is not within the *compass* of this department. 财政事务不属该部门管。❹音域:His voice is of great *compass*. 他音域很宽。

com·pas·sion /kəmˈpæʃᵊn/ *n.* [U]同情,怜悯:The picture powerfully moves the beholder to *compassion*. 这幅照片激起了观看者强烈的同情心。

com·pas·sion·ate /kəmˈpæʃənᵊt/ *adj.* 有怜悯心的;(表示)同情的:the young policeman's *compassionate* voice 那位年轻警察富于同情的语气 ‖ **comˈpas·sion·ate·ly** *adv.*

com·pat·i·ble /kəmˈpætibᵊl/ **I** *adj.* ❶能和睦相处的,合得来的;适合的(*with*):the most *compatible* couple of the year 该年度最佳夫妻 ❷协调的;一致的(*with*):This project is not *compatible with* the company's long-term plans. 这项计划与该公司的长期规划不协调。❸(机器或机器部件)兼容的:*compatible* personal computers 具有兼容性的个人电脑 **II** *n.* [C]【计】兼容机 ‖ **com·pat·i·bil·i·ty** /kəmˌpætəˈbiliti/ *n.* [U] —**comˈpat·i·bly** *adv.*

com·pa·tri·ot /kəmˈpætriət/ *n.* [C] ❶同胞 ❷伙伴;同事

com·pel /kəmˈpel/ *vt.* (**-pelled;-pel·ling**) ❶强迫,迫使,使只得:He was *compelled* to do it against his will. 他被逼无奈,只好违心地这样做。❷逼求;强令发生:*compel* attention from sb. 使某人不得不注意 ‖ **comˈpel·la·ble** *adj.*

com·pel·ling /kəmˈpeliŋ/ *adj.* ❶强制性的:a *compelling* order 强制性命令 ❷激发兴趣的;极其吸引人的;令人敬仰的:a *compelling* adventure story 趣味盎然的探险故事 ❸令人信服的,有说服力的:provide a *compelling* justification in court 提供令人信服的呈堂证供 ‖ **comˈpel·ling·ly** *adv.*

com·pen·di·um /kəmˈpendiəm/ *n.* [C]([复] **-di·ums**或**-di·a** /-diə/) 梗概,概论;摘要,纲要;精编

com·pen·sate /ˈkɔmpenˌseit/ *vt.* ❶补偿,弥补;赔付;抵偿(*for*)(见 pay):*compensate* sb. *for* damages赔偿某人的损失 ❷酬报(*for*):The company always *compensated* her *for* her extra work. 对她的额外工作,公司总予以酬报。❸【机】【电子】补偿;平衡;校调 —*vi.* ❶弥补,抵消(*for*):Her intelligence more than *compensates for* her lack of experience. 她的聪明才智远远地弥补了她经验上的不足。❷补偿,赔偿(*for*):He left his whole fortune to the hospital to *compensate for* the child his car had crippled. 他将全部财产捐给这家医院,作为对被他的汽车压瘫了的孩子的补偿。‖ **com·pen·sa·to·ry** /kəmˈpensəˌtᵊri/, **comˈpen·sa·tive** *adj.*

com·pen·sa·tion /ˌkɔmpenˈseiʃᵊn/ *n.* ❶[U;C]补偿;赔偿;代偿;获赔:The travel agents offered them $200 in *compensation* for their lost holiday. 旅行社给他们 200 美元以补偿他们失去的假期。❷[U]补偿(或赔偿)金(或物):make unemployment *compensation* 支付失业救济补助金

com·pete /kəmˈpiːt/ *vi.* 竞争;比赛;竞赛;对抗:An injury kept him from *competing* in the final race. 他因受伤而不能参加决赛。

com·pe·tence /ˈkɔmpitᵊns/, **com·pe·ten·cy** /-si/ *n.* [U]能力;胜任,称职:The insane woman lacked the *competence* to manage her own affairs. 那个神志不清的女人没有自理能力。

com·pe·tent /ˈkɔmpitᵊnt/ *adj.* ❶有能力的;胜任的,称职的;合格的(见 able):be fully *competent* at one's work 完全胜任工作❷【律】有法定资格的:This court is not *competent* to hear your case. 该法庭没有资格审理你的案子。❸有效的;足够的;恰当的:a *competent* answer 有力的回答 ‖ **ˈcom·pe·tent·ly** *adv.*

com·pe·ti·tion /ˌkɔmpiˈtiʃᵊn/ *n.* ❶[U]竞争;对抗:be in fierce *competition* for admission to the college 为考取这所大学而进行激烈竞争 ❷[C;U]比赛,竞赛;赛事:go in for a *competi-*

tion for championship 参加锦标赛 ❸[U][常用作总称]竞争者;对手;反对势力:undercut the *competition* 暗中伤害竞争对手

com·pet·i·tive /kəm'petitiv/ *adj.* ❶竞争性的;靠竞争(或比赛)的;供竞争(或比赛)用的:highly *competitive* spirit 昂扬的竞争斗志❷好竞争的:a *competitive* personality 好与人一争高下的个性 ❸(价格等)有竞争力的:lose *competitive* edge 失去竞争优势 ‖ **com'pet·i·tive·ly** *adv.* —**com'pet·i·tive·ness** *n.* [U]

com·pet·i·tor /kəm'petitəʳ/ *n.* [C]竞争者;比赛者;对头,敌手:the *competitors* for the golf championship 角逐高尔夫球赛的选手

com·pi·la·tion /ˌkɔmpi'leiʃᵊn/ *n.* ❶[U]编辑;编纂;汇集;汇辑;【计】编译:do a video *compilation* 编辑影像资料❷[C]汇编本;汇总物:a *compilation* of data 数据汇编

com·pile /kəm'pail/ *vt.* 汇编,汇总;编制;编辑,编纂:*compile* a volume of ballads 汇编一本民歌集

com·pla·cen·cy/kəm'pleisənsi/,**com·pla·cence** /-səns/ *n.* [U]自满(情绪);洋洋自得,沾沾自喜;满足;安心:smile with *complacency* 沾沾自喜地笑

com·pla·cent /kəm'pleisənt/ *adj.* 自满的,洋洋得意的,沾沾自喜的:We can not afford to be *complacent* about the energy problem. 在能源问题上我们没有资本再自满无忧了。

com·plain /kəm'plein/ *vi.* ❶抱怨,发牢骚(*about*,*at*,*of*):Denny *complained about* the lack of knowledge shown by so many doctors. 丹尼抱怨这么多医生表现得缺乏知识。❷指控;申斥;抗议(*about*,*of*):*complain* to the city authorities *of* a public nuisance 向市政当局投诉公害 —*vt.* ❶抱怨,因…而发牢骚;诉说;诉苦:Many voters *complained* that campaigns failed to focus on the things they cared about. 很多选民抱怨说竞选活动没有关注他们所关心的问题。❷抗议;投诉 ‖ **com'plain·er** *n.* [C] —**com'plain·ing·ly** *adv.*

com·plaint /kəm'pleint/ *n.* ❶[C;U]抱怨;发牢骚;申诉;抗议:a roster of *complaints* against the press 对报界的一系列不满❷[C;U]抱怨(或抗议)的理由;委屈;怨愤:The cost for real estate management is a frequent *complaint* from the residents. 高额的物业管理费用经常受到居民的抱怨。❸[C]病痛,苦疾:a *complaint* in the chest 胸部疾病

com·plai·sant /kəm'pleizənt, 'kɔm-/ *adj.* ❶殷勤的;彬彬有礼的;谦卑的;谄媚的:a *complaisant* attitude 谦恭的态度 ❷顺从的;默认的:be entirely *complaisant* to one's will 对某人百依百顺 ‖ **com'plai·sant·ly** *adv.* —**com'plai·sant·ness** *n.* [U]

C

com·ple·ment I /'kɔmplimənt/ *n.* [C] ❶补充,补充物;互补物;对子中的一方,配对物:A fine wine is a *complement* to a good meal. 佳肴须得美酒配。❷足数,全数;足额;全套:the aircraft's full *complement* of crew 飞机的全体机组人员 ❸【语】补(足)语 II /'kɔmpliˌment/ *vt.* 补足;补充;使完整:The two books *complement* each other nicely. 这两本书互为补充,相得益彰。

☆**complement** 的意思是"对某事物的补充,使之圆满或完善"作为语法术语,**complement** 即"补语"。**compliment** 的意思则是"称赞或恭维的话":He gave his hostess a *compliment* on her beautifully set table.(他称赞女主人镶嵌精美的桌子。)

com·ple·men·ta·ry /ˌkɔmpli'mentəri/ *adj.* 补充的,补足的;互补的;配套的:Those two hypotheses are *complementary*. 那两种假设相辅相成的。

com·plete /kəm'pliːt/ I *adj.* ❶完整的;全部的;完全的;完备的;齐全的:a *complete* outfit of men's clothing 全套男装❷十足的,彻头彻尾的;绝对的,道地的:He is a *complete* rogue. 他是一个十足的流氓。❸完成的;结束的:Work on the new bridge is almost *complete*. 新桥梁的建造即将全面竣工。II *vt.* ❶完成;结束:*complete* one's high school 念完高中❷使完全,使完整;补全:*complete* a set of dishes by buying the cups and saucers 买杯子和碟子用来配齐一套餐具 ‖ **com'plete·ly** *adv.* —**com'plete·ness** *n.* [U] —**com·ple·tion** /kəm'pliːʃᵊn/ *n.* [U]

☆**complete** 用作形容词,意思是"完整的,圆满的,完成的"。与形容词 **perfect** 或 **chief** 一样,**complete** 有时被看作绝对语,不能进行比较。但当 **complete** 表示 comprehensive 或 thorough 的意思时,可以用 more 或者 less 修饰:A more *complete* failure than his could not be imagined.(无法想象还有比他败得更惨的了。)下

列用法也已经为多数人所接受：His book is the most *complete* treatment of the subject.（他的书对该问题的讨论最为全面。）

com•plex I /'kɔmpleks/ *n.* [C] ❶建筑群；综合体（系）；复合物：a new apartment *complex* 新建的公寓建筑群 ❷【心】情结，情意：a person with an inferiority *complex* 具有自卑情结的人 II/'kɔmpleks, kəm'pleks/ *adj.* ❶由部分组成的，组合的；复合的：a *complex* molecule 组合分子 ❷错综复杂的；难懂的：*complex* legal procedure 复杂的法律程序 ‖ **com'plex•ly** *adv.* —**com'plex•ness** *n.* [U]

☆**complex, complicated, compound, intricate, involved, knotty** 均有"复杂的，错综的"之意。**complex** 指整体结构包括许多相互关联、相互影响的部分，需要深刻研究或专门知识才能掌握或处理：a *complex* problem for which there is no simple solution（一个找不到简单解决办法的复杂问题）**complicated** 往往指错综情况、问题等难以理解、解释或解决：a *complicated* delegal problem（复杂的法律问题）**compound** 指两个或两个以上相似部分或成分的复合或化合："Childcare" is a *compound* word consisting of two main parts "child" and "care".（childcare 是复合词，由 child 与 care 两部分合成。）**intricate** 表示因为各组成部分之间关系错综复杂而令人困惑不解，理不出头绪来：a novel with an *intricate* plot（情节错综复杂的小说）**involved** 表示各成分之间关系错综复杂，特别用于财务方面，指纠缠一起，十分混乱：an long and *involved* explanation（冗长而复杂难懂的解释）**knotty** 表示头绪太多，搅在一起而纠缠不清，无法理顺或难以解决：*the knotty* problems of a complex society（复杂社会的许多棘手问题）

com•plex•ion /kəm'plekʃ°n/ *n.* [C] ❶脸色，气色；肤色：a fair *complexion* 白皙的皮肤 ❷性质；特征；局面；情势：the *complexion* of the war 战局 ❸观点，态度，信仰：sb.'s political *complexion* 某人的政治信仰 ‖ **com'plex•ion•al** *adj.*

com•plex•i•ty /kəm'pleksiti/ *n.* ❶[U]复杂（性），错综（性）：the *complexity* of the human mind 人脑的复杂性 ❷[C]错综复杂的事物：the *complexities* of modern life 现代生活的复杂情况

com•pli•ance /kəm'plaiəns/ *n.* [U] ❶服从；遵从；听从；屈从：enforce *compliance* with these demands 强行让人服从这些要求 ❷顺从，盲从，附和：His *compliance* with everything we suggest makes it hard to know what he really feels. 他对我们的建议全都同意，因此很难知道他真正的想法。❸遵守，依照：act in strict *compliance* with orders 严格执行命令

com•pli•ant /kəm'plaiənt/ *adj.* 服从的；遵从的；听从的；屈从的；言听计从的：be *compliant* to the demands of others 对别人有求必应

com•pli•cate /'kɔmpliˌkeit/ *vt.* 使错综复杂：Too many rules *complicate* a game. 过多的规则会使比赛复杂化。

com•pli•cat•ed /'kɔmpliˌkeitid/ *adj.* 复杂的；难懂的；难解的（见 complex）：behave in a *complicated* way 举止让人难以理解 ‖ **'com•pliˌcat•ed•ly** *adv.* —**'com•pliˌcat•ed•ness** *n.* [U]

com•pli•ca•tion /ˌkɔmpli'keiʃ°n/ *n.* [C]纠纷；纷乱，混乱；困扰；复杂情况（或结构）：Any departure from the terms of contract will create unpleasant *complications*. 任何背离合同条款的行为都会导致不愉快的纠纷。

com•plic•i•ty /kəm'plisiti/ *n.* [U]同谋关系；串通：Knowingly receiving stolen goods is *complicity* in theft. 有意窝赃就是同谋偷窃。‖ **com'plic•i•tous** *adj.* —**com'plic•it** *adj.*

com•pli•ment I /'kɔmplimənt/ *n.* [C] ❶赞美（话）；恭维（话）；溢美之词：trade *compliments* 相互奉承 ❷敬意；荣耀；表示敬意（或荣耀）的行为：The mayor did him the *compliment* of escorting him. 为表示对他的敬意市长亲自陪同他。II /'kɔmpliˌment/ *vt.* 赞美；恭维；奉承：In awarding the prize, the chairman *complimented* the winner on his fine exhibit. 颁奖时，主席对获奖者的精美展品赞叹不已。—*vi.* 称赞；恭维；祝贺：*compliment* with one another 互致祝贺 ‖ **'com•pliˌment•er** *n.* [C]

com•pli•men•ta•ry /ˌkɔmpli'ment°ri/ *adj.* ❶赞美的；恭维的；祝贺的；表示敬意的；问候的：a *complimentary* remark 溢美之词 ❷[通常作定语]赠送的：*complimentary* tickets 赠券 ‖ **ˌcom•pli'men•ta•ri•ly** *adv.* —**ˌcom•pli'men•ta•ri•ness** *n.* [U]

com•ply /kəm'plai/ *vi.* 遵从，服从；顺从；听从（*with*）：With some reluctance he *complied*. 他

有些不情愿地服从了。

com·po·nent /kəmˈpəunənt/ **I** *n.* [C] ❶成分，部分(见 element)：separate a medicine into its *components* 分解药物成分 ❷部件，元件，零件：the *components* of a camera 照相机构件 **II** *adj.* [作定语]组成的，构成的；部件，元件的：assemble the *component* parts of a computer system 装配计算机系统的部件 ‖ **com·po·nen·tial** /ˌkɔmpəˈnenʃᵊl/ *adj.*

com·port /kəmˈpɔːt/ *vt.* 举手投足，举止；行动，表现：*comport* oneself with dignity [well] 举止庄重[表现很好] —*vi.* 配合；一致；协调；适合，相称(*with*)：the acts that *comport with* ideals 与理想一致的行动

com·pose /kəmˈpəuz/ *vt.* ❶创作(艺术作品如音乐、诗歌等)；为…谱曲：*compose* a poem in Alexandrines 用亚历山大体作诗 ❷组成，构成(见 comprise)：Her photographs of the tour scenery *compose* almost half the book. 旅途中拍的风景照几乎占了这本书的一半篇幅。❸构思；设想；设计；构图 ❹[常作～ oneself]使平静；使镇定；使收拾好心情，使准备好：Above the lake a small cloud *composed itself* agreeably. 湖面上一朵闲云漂浮着，令人心旷神怡。

com·posed /kəmˈpəuzd/ *adj.* 镇静的；沉着的：The defendant remained *composed* during the trial. 在审判过程中，被告一直很镇定。

com·pos·er /kəmˈpəuzəʳ/ *n.* [C]作曲者，作曲家：a world-famous *composer* 世界著名的作曲家

com·pos·ite /ˈkɔmpəzit, kəmˈpɔzit/ **I** *adj.* 混合的；合成的，集成的；拼凑的；复合的：make a *composite* picture 制作合成照片 **II** *n.* [C]合成物(如合成照片等)：English is a *composite* of many languages. 英语是多种语言的混合体。‖ **ˈcom·pos·ite·ly** *adv.*

com·po·si·tion /ˌkɔmpəˈziʃᵊn/ *n.* ❶[U]组合，合成；构造；成分：This organization is mainly working class in *composition*. 该组织主要由工人阶级组成。❷[C](音乐、文学或美术)作品；作文：play a piece of music of one's own *composition* 演奏一首自己谱写的曲子 ❸[U]编排，结构(方式)；构图；布局：new methods for dance *composition* 舞蹈编排的新方 ❹[U]写作，创作：the *composition* skills 作文技巧 ❺[C]混合物；组合物；合成品；成分的性质：a *composition* of silver and tin 银和锡混合物

com·post /ˈkɔmpəust/ *n.* [U]堆肥(尤指有机肥料)；土杂肥：*Compost* enhances the ability of crops to draw on both natural and synthetic nutrients. 堆肥促进了庄稼吸收天然和化合营养成分的能力。‖ **ˈcom·post·er** *n.* [U]

com·po·sure /kəmˈpəuʒəʳ/ *n.* [U]镇静，沉着；克制：We lost our *composure*, and yelled all together with excitement. 我们顿失体态，一起兴奋地大叫了起来。

com·pound I /ˈkɔmpaund/ *n.* [C] ❶混合物；复合体：cementitious *compound* 混凝土 ❷【语】复合词 ❸【化】化合物：free *hydrogen* from the compound 从化合物中分离出氧 **II** /ˈkɔmpaund/ *adj.* [作定语] ❶混合的；复合的；化合的；合成的；集成的(见 complex)：a *compound* medicine 复方药 ❷【语】(词、句等)复合的；(动词时态等)含助词复合式的(如 are swimming, have spoken) **III** /kəmˈpaund/ *vt.* ❶使混合；使复合；使合成；使化合：grief *compounded* with fear 悲恐交集 ❷使复杂；加剧，加重：*compound* an error 错上加错 ‖ **comˈpound·a·ble** *adj.* —**comˈpound·er** *n.* [C]

compound interest *n.* [U]【经】复利(与 simple interest 相对)

compound sentence *n.* [C]【语】复合句；并列句

com·pre·hend /ˌkɔmpriˈhend/ *vt.* 理解，明白；领会，领悟(见 understand)：*comprehend* the subtleties of a poem 领悟诗的微妙之处 ‖ **ˌcom·preˈhend·i·ble** *adj.* —**ˌcom·preˈhend·ing·ly** *adv.*

com·pre·hen·si·ble /ˌkɔmpriˈhensəbᵊl/ *adj.* 可理解的；可领会的：a report written in forms *comprehensible* to readers 用读者能够理解的形式写成的报告 ‖ **com·pre·hen·si·bil·i·ty** /ˌkɔmpriˌhensəˈbiliti/ *n.* [U] —**ˌcom·preˈhen·si·ble·ness** *n.* [U] —**ˌcom·preˈhen·si·bly** *adv.*

com·pre·hen·sion /ˌkɔmpriˈhenʃᵊn/ *n.* [U] ❶理解力；领悟力：The problem is above my *comprehension*. 这问题我无法理解。❷理解；领悟：defy *comprehension* 让人难以理解

com·pre·hen·sive /ˌkɔmpriˈhensiv/ *adj.* 全面的，广泛的；综合的；总括性的，无所不包的：

a *comprehensive* knowledge of the subject 对课程的全面了解

com·press /kəm'pres/ *vt.* ❶紧压,挤压:I could feel my lips *compressed* into a white line. 我能感觉出我的双唇使劲抿成了一条白线。❷压缩:*compress* a story into a few short sentences 把故事浓缩成几个简短的句子 ‖ **com'press·i·ble** *adj.* —**com·press·i·bil·i·ty** /kəmˌpresə'biliti/ *n.* [U]

com·pres·sion /kəm'preʃ^ən/ *n.* [U]压紧;压缩:the *compression* of gases 气体的压缩

com·pres·sor /kəm'presə^r/ *n.* [C] ❶压缩者;压缩物 ❷压气机;压缩机

com·prise /kəm'praiz/ *vt.* ❶包含,包括;由…构成,由…组成:The advisory board *comprises* six members. 咨询委员会由 6 名成员组成。❷构成,组成:The essays *comprise* his total work. 这几篇文章就是他的全部著作。‖ ***be comprised of*** 由…组成:The United States *is comprised of* fifty states. 美国由 50 个州组成。‖ **com'pri·sal** *n.* [U]

☆ **comprise, compose, consist of, constitute, include** 均有"组成,包括"之意。**comprise** 语气较正式,表示一个整体包括或被分成各个部分:The United Kingdom *comprises* England, Wales, Scotland and Northern Ireland. (联合王国包括英格兰、威尔士、苏格兰和北爱尔兰。) **compose** 指若干部分构成一个整体或某一整体由若干部分组成:Water is *composed* of hydrogen and oxygen. (水是由氢和氧化合而成的。) **consist of** 仅指某一整体由若干部分构成:The committee *consists of* scientists and engineers. (该委员会由科学家和工程师组成。) **constitute** 仅指若干部分组成整体:Seven days *constitute* a week. (一周有七天。) **include** 为最普通用词,常用来提示一小部分,以暗示还有没包括的内容:The price *includes* postage charges. (这个价钱包含邮费。)

com·pro·mise /'kɔmprəˌmaiz/ **I** *n.* ❶[U;C]妥协,和解;互让解决:There seems to be no room for *compromise* with the terrorists. 与这些恐怖分子似乎没有任何和解的可能。❷[C]妥协办法;折中方案;和解协议;妥协,和解(的结果):Two sides edged closer to a *compromise* on how to stop the conflict. 双方就停止冲突问题更加接近于达成一项互让协议。**II** *vt.* ❶连累;使处于危险境地;损害;危及…的信誉;使受怀疑:If we do this, our position might be *compromised*. 我们这样做会对我们不利。❷(为权宜之计而)放弃(原则、理想等):*compromise* one's beliefs 放弃自己的信仰 —*vi.* ❶妥协,互让解决:A good politician knows how to *compromise*. 一个优秀的政治家懂得该如何妥协。❷(为权宜之计而)放弃(原则、理想等)(*with*):How could he *compromise with* his principles like that? 他怎么能这样不坚持自己的原则? ‖ **'com·proˌmis·er** *n.* [C] —**'com·proˌmis·ing** *adj.* —**'com·proˌmis·ing·ly** *adv.*

comp·trol·ler /kən'trəulə^r/ *n.* [C][常用于官职名称中]审计员,审计官;(王室)主管会计;总稽核:*Comptroller* and Auditor General 总审计长官 ‖ **comp'trol·lerˌship** *n.* [U]

com·pul·sion /kəm'pʌlʃ^ən/ *n.* ❶[U](受)强制;(受)强迫;(被)驱使:work by *compulsion* 被迫工作 ❷[C]【心】强迫,强迫作用;冲动:She feels a *compulsion* to tidy up all the time. 她每时每刻都有清扫收拾的冲动。

com·pul·sive /kəm'pʌlsiv/ *adj.* ❶(被)强制的;(被)强迫的;有强迫力(似)的:*compulsive* spending 身不由己地花钱 ❷有强烈诱惑力的;抵挡不住的:I found the movie *compulsive* viewing. 我觉得这部电影值得一看再看。‖ **com'pul·sive·ly** *adv.*

com·pul·so·ry /kəm'pʌlsəri/ **I** *adj.* ❶必须做的;义务的;法定的:*compulsory* education 义务教育❷强制的;强迫的:*compulsory* arbitration 强制仲裁 **II** *n.* [C]比赛中的规定动作 ‖ **com'pul·so·ri·ly** *adv.* —**com'pul·so·ri·ness** *n.* [U]

com·punc·tion /kəm'pʌŋkʃ^ən/ *n.* [U;C][常与否定词连用]内疚,昧心;愧疚;后悔,悔恨:She had no *compunction* in refusing him. 她心安理得地拒绝了他。

com·pu·ta·tion /ˌkɔmpju'teiʃ^ən/ *n.* ❶[U]计算;估计:How fast does the computer do *computation*? 计算机的运算速度有多快? ❷[C]计算或估计的结果 ‖ **com·pu'ta·tion·al** *adj.*

com·pute /kəm'pjuːt/ *v.* 运算;(尤指用计算机或计算器)计算;推算;估计(见 calculate):*compute* the cost of a trip 估算旅行费用 ‖ **com·put·a·bil·i·ty** /kəmˌpjuːtə'biliti/ *n.* [U]

—**com'put•a•ble** *adj.* —**com'pu•ting** *n.* [U] —**com'pu•tist n.** [C]

com•put•er /kəm'pjuːtə/ *n.* [U;C]计算机;电脑:a home *computer* 家庭计算机

com•put•er•ize, com•put•er•ise /kəm'pjuːtəˌraiz/ *vt.* ❶用计算机操作(或控制);用计算机处理:*computerize* a bookkeeping system 用计算机处理记账系统 ❷给…安装计算机;用计算机装备;使计算机化:*computerize* an office 给办公室装备计算机 —*vi.* 安装计算机,配备计算机;使用计算机:Our firm *computerized* years ago! 我们公司多年前就配备计算机啦! ‖ **com'put•er•iz•a•ble** *adj.* —**com•put•er•i•za•tion, com•put•er•i•sa•tion** /kəmˌpjuːtərai'zeiʃ°n;-ri'z-/ *n.* [U] —**com'put•er•ized** *adj.*

com•rade /'kɔmreid,-rid/ *n.* [C] ❶(亲密或忠实的)伙伴,朋友:two close *comrades* 两个亲密的伙伴 ❷合作者;同事;工友 ❸(工会等团体的)同仁,(政党等的)同志;共产党人;社会党人:Remember, *comrades*, your resolution must never falter. 记住了,同志们,你们的决定决不能动摇。‖ **'com•rade•ly** *adj.* & *adv.* —**'com•radeˌship** *n.* [U]

con[1] /kɔn/ 〈俚〉 **I** *n.* [C] ❶骗局;(钱财)诈骗:The whole thing was a big *con.* 整个事情是个大骗局。❷谎言,谎话;大话 **II** *vt.* (**conned; con•ning**) ❶骗,诈骗(*out of*):They've *conned* me out of £5! 他们骗走了我5英镑! ❷哄骗(*into*):be *conned* into buying an overpriced used car 被哄骗买一辆高价二手车

con[2] /kɔn/ *n.* [C]反对的论点;反对票;反对的立场;反对者:5 pros and 7 *cons* 5票赞成,7票反对

con•cat•e•nate /kɔn'kætiˌneit/ **I** *vt.* 把…连成一串;使连锁;使连接 **II** *adj.* 连在一起的,连锁的 ‖ **con•cat•e•na•tion** /kɔnˌkæti'neiʃ°n/ *n.* [C]

con•cave /'kɔnkeiv,kɔn'keiv/ *adj.* 凹的,凹状的;凹面的:*concave* lens 凹透镜/ He had tight-skinned, *concave* cheeks. 他的双颊皮包骨头,深深凹陷。‖ **'con•cave•ly** *adv.* —**'con•cave•ness** *n.* —**con•cav•i•ty** /kɔn'kæviti/ *n.* [U;C]

con•ceal /kən'siːl/ *vt.* ❶隐藏,遮掩;掩盖:The icy surface *concealed* oceans of water. 冰冻的表面遮盖了海水。❷隐瞒;保密(*from*):*conceal* one's identity by using a false name 冒名隐瞒身份 ‖ **con'ceal•a•ble** *adj.* —**con'ceal•er** *n.* [C] —**con'ceal•ment** *n.* [U]

con•cede /kən'siːd/ *vt.* ❶[常跟从句]承认;承认…为真(有效,准确);宣布接受…为事实:This painting is *conceded* to be her best work. 这幅画被认为是她最优秀的作品。❷授予;给予;让与;放弃(*to*):He *concedes* nothing to age or convention. 他不服老,也不是死脑筋。—*vi.* 让步,退让:She was so persistent that I *conceded* at last. 她非常固执,最后我只得让步。‖ **con'ced•er** *n.* [C]

con•ceit /kən'siːt/ *n.* [U]自负,高傲,自满:be full of one's own *conceit* 充满自负

con•ceit•ed /kən'siːtid/ *adj.* 自负的,自满的,高傲的,自高自大的:a *conceited* young man 自负的年轻人

con•ceive /kən'siːv/ *vt.* ❶怀(胎),孕育:a test-tube baby *conceived* outside the womb 子宫外孕育的试管婴儿 ❷构想(出),构思(出):He *conceived* the project while he was on vacation. 他在度假时构想出了这个计划。❸想象(出);设想(*of*):I can't *conceive* why you told her. 想象不出你为什么要告诉她。❹认为;理解;想及:I can't *conceive* that it would be of any use. 我认为这会毫无用处。—*vi.* ❶构想,设想;想象(*of*):*conceive of* a plan 构想出一项计划 ❷怀孕 ‖ **con'ceiv•er** *n.* [C]

con•cen•trate /'kɔnsənˌtreit/ *vt.* ❶集中(注意力、精力等):*concentrate* one's mind on sth. 专注于某事 ❷浓缩,凝缩:The message is *concentrated* in the last paragraph. 信息全都浓缩在最后一段中。❸聚集,集结:The railway could *concentrate* large numbers of troops. 铁路可以帮助集结大批部队。—*vi.* ❶(指注意力、精力、力量、军队等)集中;聚集;集结:*concentrate* for an offense against a fortress 集结兵力攻打一处要塞 ❷全神贯注,聚精会神;全力以赴(*upon,on*):*concentrate on* one's reading 专心致志阅读 ❸浓缩

con•cen•trat•ed /'kɔnsənˌtreitid/ *adj.* ❶浓缩的;压缩的:*concentrated* orange juice 浓缩橙汁 ❷集中的;聚集的;集结的:a heavily *concentrated* attack 炮火密集的进攻 ❸(憎恨等)强烈的:a tone of *concentrated* resolution 斩钉截铁

的语气

con·cen·tra·tion /ˌkɔnsənˈtreiʃᵊn/ *n.* ❶[U;C]集中;汇集,聚集:a *concentration* of resources in the south of the country 国家南部地区资源的集中 ❷[U](集中的)注意力;专心,专注;倾力:give the problem one's full *concentration* 专心致志地思考这个问题

C

concentration camp *n.* [C](尤指纳粹德国的)集中营

con·cen·tric /kənˈsentrik/ *adj.* 同中心(或圆心)的;共轴的:a *concentric* circle 同心圆 ‖ **conˈcen·tri·cal·ly** /-kᵊli/ *adv.* —**con·cen·tric·i·ty** /ˌkɔnsənˈtrisiti/ *n.* [U]

con·cept /ˈkɔnsept/ *n.* [C]概念;观念;思想(见 idea):theoretical *concepts* 理论概念

☆**concept** 一词经常作为 conception 或 idea 的同义词使用。**concept** 本来的意思是"总的抽象的想法":The *concept* of democracy (意即 the gereral idea of a democratic state) began with the Greeks. 而 **conception** 是指对 concept 的具体理解和构想:Our *conception* of democracy (意即 our particular understanding of what democracy is) is quite different from the Greeks.

con·cep·tion /kənˈsepʃᵊn/ *n.* ❶[U]构想,设想;思想(或观念、概念)的形成:great powers of *conception* 巨大的构想力 ❷[C]思想;观念;想法;概念(见 idea):have a low *conception* of sb. 对某人有着不屑的看法 ❸[U]受孕;孕育;妊娠,怀胎:new methods of preventing *conception* 避孕新方法 ‖ **cenˈcep·tion·al** *adj.* —**con·cep·tive** /kənˈseptiv/ *adj.*

con·cep·tu·al /kənˈseptjuəl/ *adj.* [通常作定语]概念的;观念的:Most people have very little *conceptual* understanding of computers. 大多数人对计算机几乎没有概念。‖ **conˈcep·tu·al·ly** *adv.*

con·cep·tu·al /kənˈseptjuəl/ *adj.* [通常作定语]概念的;观念的:tools for *conceptual* thinking — words 进行概念思维的工具——词汇 ‖ **conˈcep·tu·al·ly** *adv.*

con·cep·tu·al·ize, **con·cep·tu·al·ise** /kənˈseptjuəˌlaiz/ *vt.* 使概念(或观念)化;用概念(或观念)解释

con·cern /kənˈsəːn/ **I** *vt.* ❶使关心;影响;使忙着,累及:Helping to maintain world peace *concerns* the United Nations. 帮助维护世界和平是联合国的重任。❷涉及,牵涉,有关,与…相关:The letter is private and *concerns* nobody but me. 这是一封私信,只与我有关。❸使担心;使焦虑;使牵挂:There is no need for you to *concern* yourself about where I was last night. 你不必为我昨夜在哪里操心。**II** *n.* ❶[U;C]关心之事;切身之事;感兴趣的事:everyday *concerns* 日常事务❷[U]关心,牵挂;焦虑,担心;不安(见 care):a man with no *concern* for the future 对未来漠不关心的人❸[C]公司,企业;营生:a publishing *concern* 出版公司

con·cerned /kənˈsəːnd/ *adj.* ❶关切的,牵挂的;焦虑的;忧心的,不安的:The mother was very *concerned* for her children's safety. 母亲非常担心她孩子的安全。❷[通常作后置定语,有时亦作表语]相关的;受影响的;参与的;牵涉的;涉嫌的,有罪的:Everyone who was *concerned* in the affair regrets it very much. 每一个参与此事的人都非常后悔。‖ ***as* [*so*] *far as… be concerned*** 就…而言:*As far as* we're *concerned*, you can go whenever you want. 就我们而言,你随时都可以走。‖ **conˈcern·ed·ly** /kənˈsəːnidli/ *adv.* —**conˈcern·ed·ness** /kənˈsəːnidnis/ *n.* [U]

con·cern·ing /kənˈsəːniŋ/ *prep.* 关于;涉及:*Concerning* your request, I am pleased to inform you that… 关于你的请求,我很高兴地通知你……

con·cert /ˈkɔnsət,-səːt/ *n.* [C]音乐会;音乐演奏(演唱)专场;舞蹈表演专场:stage a *concert* on the guitar 举办吉他演奏专场 ‖ ***in concert* (*with*)** *adv.* & *adj.* (与…)一起,(与…)一致:The various governments decided to act *in concert* over this matter. 各国政府决定对此事采取一致行动。

con·cert·ed /kənˈsəːtid/ *adj.* [作定语] ❶坚决的;认真的;真诚的:make a *concerted* effort to get there on time 坚定不移,准时赶到 ❷商定的;协作的;一致的:launch a *concerted* attack 发动联合进攻

con·cer·ti·na /ˌkɔnsəˈtiːnə/ *n.* [C]六角形手风琴

con·cer·to /kənˈtʃeətəu/ *n.* [C]([复]**-tos** 或**-ti** /-ti/)【音】协奏曲

con·ces·sion /kənˈseʃᵊn/ *n.* [C;U] ❶让步,退

让;承认,认可(物);让予(物):They made the *concession that we were right.* 他们承认我们是正确的。❷(政府、当局、公司等的)特许(权);特许物(如土地或财产);(公司在某一地区的)特许专营权:a *concession* for the construction of a railway 修筑铁路的特许权 ‖ **con'ces·sion·al** *adj.*

con·ces·sion·(n)aire /kənˌseʃə'neə/ *n.* [C] 特许权获得者;承租人

conch /kɔŋk, kɔntʃ/ *n.* [C]([复] **con·ches** /'kɔntʃiz/或 **conchs** /kɔŋks/) ❶海螺 ❷海螺壳

con·ci·erge /ˌkɔnsi'eəʒ/ *n.* [C] ❶(尤指法国的公寓、旅馆等的)看门人,守门人;门房 ❷(尤指欧洲旅馆服务台的)接待员

con·cil·i·ate /kən'siliˌeit/ *vt.* ❶使心平气和,化解…的怒气;安抚,安慰;说服:*conciliate* an angry competitor 安慰气恼的竞争者 ❷赢得,博取(尊重、好感等);赢得…的尊重(或好感等):We must *conciliate* as much support as possible. 我们必须尽可能地赢得更多的支持。‖ **con'cil·iˌat·ing** *adj.* —**con'cil·iˌat·ing·ly** *adv.* —**con·cil·i·a·tion** /kənˌsili'eiʃən/ *n.* [U] —**con'cil·iˌa·tor** *n.* [C]

con·cil·i·a·to·ry/kən'siliətᵊri/ *adj.* 安抚的,劝慰的;和解的:a *conciliatory* gesture 和解的姿态

con·cise /kən'saiz/ *adj.* 简洁明了的;扼要的:*a concise* panorama of the city 城市概貌 ‖ **con'cise·ly** *adv.* —**con'cise·ness** *n.* [U]

con·clude /kən'kluːd/ *vt.* ❶结束;完成:Preparations for the meeting were *concluded* on Tuesday. 会议的准备工作在星期二完成。❷作出结论为;推断出;推论出(*from*):The investigator *concluded* from the document that the author must have been an eyewitness. 调查者据文件推断其作者是一位见证人。❸达成,议定;缔结;取得;做成:*conclude* an agreement on trade 签订贸易协定 ❹决定;决计:She finally *concluded* that she would try to get work in a store. 最后她决定在商店里找份工作。—*vi.* ❶结束,终结:The meeting *concluded* at ten o'clock. 会议是10点钟结束的。❷作出决定:The jury *concluded* to set the accused free. 陪审团决定释放被告。

con·clu·sion /kən'kluːʒᵊn/ *n.* [C] ❶结尾;终结;(讲话、文章等的)结束部分,末尾小结:at the *conclusion* of the concert 音乐会落幕之际 ❷结果;结局:bring work to a good *conclusion* 圆满地完成工作 ❸结论;推断,推论:arrive at a *conclusion* 得出结论 ❹缔结,签订;议定:*the conclusion* of a peace between two countries 两国和平协约的缔结 ‖ ***in conclusion*** *adv.* 最后;综上所述,总之:I will say, *in conclusion*, that it was an honour to be the speaker at this meeting. 最后,我要说我很荣幸能在这次会议上讲话。***jump to conclusions*** *vi.* 匆忙下结论:Be careful not to *jump to conclusions*. 注意不要匆忙下结论。

con·clu·sive /kən'kluːsiv/ *adj.* 决定性的,结论性的;断定的,明确的;无可辩驳的,令人信服的:a *conclusive* proof 确证 ‖ **con'clu·sive·ly** *adv.* —**con'clu·sive·ness** *n.* [U]

con·coct /kən'kɔkt/ *vt.* ❶调和,调配(汤、饮料等):*concoct* a splendid supper 做一顿丰盛的晚餐 ❷编造,捏造;炮制;策划:*concoct* a plausible story 捏造一个貌似真实的故事 ‖ **con'coct·er**, **con'coct·or** *n.* [C] —**con'coc·tion** /-ʃᵊn/ *n.* [U;C]

con·com·i·tant /kən'kɔmitᵊnt/ *adj.* 相伴的,伴随的;随同的:a war with its *concomitant* sufferings 战争以及随之而来的痛苦 ‖ **con'com·i·tant·ly** *adv.*

con·cord /'kɔŋkɔːd/ *n.* [U] ❶和睦;友好(关系):*concord* between friends 朋友之间的和睦 ❷【语】(人称、性、数、格的)一致(关系):a subject-verb *concord* rule 一条主语和动词一致关系的规则

con·cord·ance /kən'kɔːdᵊns/ *n.* ❶[U]一致,和谐,协调:There is marvellous *concordance* between the two proposals. 那两条建议真是惊人地相似。❷[C](某作家或书籍中所用的)主要词语索引:a *concordance* to Byron 拜伦作品词语索引

con·course /'kɔnkɔːs, 'kɔŋ-/ *n.* [C] ❶人群;会众;集群;聚合,集合;汇总:the *concourse* of two rivers 两条河流的汇合 ❷人群聚散地;(火车站、机场等内的)大厅;公共空地;(街心)广场:an underground shopping *concourse* 地下购物中心

con·crete /'kɔnkriːt, kən'kriːt/ **I** *adj.* ❶[常作定语]有形的;实在的:A painting is *concrete*, but its beauty is not. 一幅画是有形的,而它的

美却是无形的。❷[常作定语]具体的;具象的;确实的:the distinction between the *concrete* and the abstract 具体与抽象的区别 **II** *n.* [U]混凝土:a *concrete* sidewalk 混凝土人行道 ‖ ˈ**con·crete·ly** *adv.* —ˈ**con·crete·ness** *n.* [U]

con·cur /kənˈkəː/ *vi.* (**-curred**; **-cur·ring**) ❶(碰巧)同时发生:His graduation day *concurred with* his birthday. 毕业典礼日适逢他的生日。❷同意;保持一致(*with*);赞同(*in*)(见 agree):The judges all *concurred in* giving me the prize. 裁判一致同意给我发奖。

con·cur·rence /kənˈkəːrəns,-ˈkʌr-/ *n.* [U]❶同意;一致:When the two parties reach *concurrence* they will sign a contract. 双方意见一致时,他们将签订合同。❷同时发生或出现:The *concurrence* of the two events made for an exciting time. 两件事情同时发生,激动人心。

con·cur·rent /kənˈkʌrənt/ *adj.* ❶同时发生的;发生在同一地点的;并存的:*concurrent* attacks by land, sea, and air 陆海空联合攻击❷合作的;共同(或同时)起作用的:the *concurrent* efforts of several legislators to pass the new law 几位立法者为通过一项新法案所作的共同努力 ‖ conˈ**cur·rent·ly** *adv.*

con·cus·sion /kənˈkʌʃᵊn/ *n.* [C] ❶【医】脑震荡,脑震伤 ❷剧烈震动;摇荡:resist *concussion* 抗震荡 ‖ **con·cus·sive** /kənˈkʌsiv/ *adj.*

con·demn /kənˈdem/ *vt.* ❶指责,谴责:The city was *condemned* for its high crime rate. 该城市因犯罪率高而受到指责。❷宣告(某人)有罪;处(某人)以刑罚(尤指死刑);宣判(某人)死刑:be *condemned* to be whipped 被判处鞭刑 ❸使受罪;遣(某人)做苦差事;使置身于不幸(或不愉快)(*to*):Lack of education *condemns* them *to* extreme poverty. 没有受过教育,他们只好受穷。❹宣布…不宜(使用、居住等):The meat of the mad cows was *condemned*. 这些疯牛肉被宣布不宜食用。‖ **con·dem·na·tion** /ˌkɔndemˈneiʃᵊn/ *n.* [U] —conˈ**dem·na·to·ry** *adj.* —conˈ**dem·ner**, conˈ**dem·nor** *n.* [C]

con·den·sa·tion /ˌkɔndenˈseiʃᵊn/ *n.* ❶[U]压缩,缩短;缩写;简洁:a literary style marked by great *condensation* 以高度简洁为特色的文学风格 ❷[C]凝聚物,凝结物:A cloud is a *condensation* of water vapour in the atmosphere. 云是水蒸气在大气中的冷凝物。

con·dense /kənˈdens/ *vt.* ❶压缩;浓缩;使密集;使凝聚,使凝结:be *condensed* into thick soup 熬成浓汤 ❷使紧凑;简缩;使简洁;简要表达:a reworded, *condensed* articles 重新措辞并简缩的文章 ❸使冷凝:The cold *condensed* the water vapour into droplets on the glass. 寒冷的天气使玻璃上的水汽凝成水珠。—*vi.* ❶压缩;凝聚;凝结:Stars *condense* from the matter scattered thinly through interstellar space. 恒星是稀疏地散布在星际空间的物质凝聚而成的。❷冷凝:Fog *condenses* into water as it cools by motion over cool surface. 雾在冷的表面上运动就会冷却而凝结成水。

con·dens·er /kənˈdensəʳ/ *n.* [C] ❶空气压缩器;冷凝器 ❷缩写者;删略者 ❸聚合器;缩合器

con·de·scend /ˌkɔndiˈsend/ *vi.* ❶屈尊就驾,俯就:*condescend* to one's intellectual level in order to be understood 为求得理解而屈就某人的智力水平 ❷貌似平等实觉屈尊地对待;屈尊施恩(或施以关心):Don't *condescend* to me! 不要以高人一等的态度对待我! ‖ ˌ**con·de**ˈ**scend·ing** *adj.* —**con·des·cen·sion** /ˌkɔndiˈsenʃᵊn/ *n.* [U]

con·di·ment /ˈkɔndimənt/ *n.* [C](辛辣)调味品,佐料(如胡椒、芥末等)

con·di·tion /kənˈdiʃᵊn/ **I** *n.* ❶[C]状况,状态;态势(见 state):marital *condition* 婚姻状况 ❷[U](尤指良好的)体质;健康状况,身体状况:You'll soon be back in *condition*. 你会很快康复的。❸[C]身体不适;异常体质;疾病:The patient was in a critical *condition*. 患者的病情十分危急。❹[~s]环境,形势;情形,情况:improve living *conditions* 改进生活条件 ❺[C](先决)条件,前提:Trust and respect are *conditions* of a happy marriage. 幸福婚姻的前提在于信任和尊重。**II** *vt.* ❶使处于良好状况;使健康;使(狗、马等)的体格健壮:Exercise *conditions* your muscles. 体育锻炼使你肌肉发达。❷塑造;使适应,使习惯;使有准备;【心】使形成条件反射:His early years had *conditioned* him for self-dependence. 他早年的经历培养了他的自立精神。❸作为…的条件;决定;制约;影响;使变化:Ability and effort *condition* success. 能力加努力是成功的前提。‖ ***on condition that prep.*** 以…为条件;倘若:The workers would call off their strike only *on condition that* the boss should be changed. 只有换老板，工人们才会复工。***on no condition*** *adv.* 无论如何都不，决不：You must *on no condition* tell him what happened. 你决不可告诉他发生的一切。

☆**conditions, situation** 均有"形势，情况"之意。**conditions** 通常指具体事物或一般事情的状况、状态：firemen having to operate in very difficult *conditions* (需在极困难的情况下工作的消防队员) **situation** 指形势或局面，通常用于危急或重大的事情：With no rain for the last three years, the country is in a desperate *situation*. (连续三年无雨，该国处于绝望的境地。) / economic *conditions* 主要指像食物、工作和住房这样日常而一般的事情；*economic situation* 则可能与整个国际经济形势有关。

con·di·tion·al /kən'diʃənəl/ *adj.* ❶受条件限定的；有前提的；非绝对的，视…而定的：*conditional* acceptance 有条件的接受 ❷【语】条件的 ‖ **con'di·tion·al·ly** *adv.*

con·di·tioned /kən'diʃənd/ *adj.* ❶处于某种状态的：well-*conditioned* 状况良好的 ❷条件反射的，条件反应的：*a conditioned* stimulus 条件性刺激 ❸训练或熏陶出来的：*conditioned* behaviour patterns 熏陶出来的行为方式

con·di·tion·er /kən'diʃənər/ *n.* [U; C] 调节者；调节物；调节器(如空调器等)；调节剂：Apply *conditioner* after shampooing. 洗完发后上护发素。

con·do /'kɔndəu/ *n.* [C]([复]-**dos**) = condominium

con·dole /kən'dəul/ *vi.* 吊唁；慰问，表示同情(*with*)：They *condoled with* him on his bereavement. 他们对他的丧亲之痛表示慰问。

con·do·lence /kən'dəuləns/ *n.* ❶[U]吊唁，慰唁；慰问：a letter of *condolence* 吊唁信❷[C][常作～s]唁词，慰问的词句

con·dom /'kɔndəm/ *n.* [C]阴茎套，安全套；(女用)避孕套

con·do·min·i·um /ˌkɔndə'miniəm/ *n.* [C] ❶分套购置的公寓 ❷个人购置的公寓套间〔亦作 **condo**〕

con·done /kən'dəun/ *vt.* 宽恕，宽饶；原谅；容忍：By his silence, he seemed to *condone* their behaviour. 他沉默不语，似乎容忍了他们的行为。

con·du·cive /kən'dʲuːsiv/ *adj.* 有利的，有益的；有助的，促成的(*to*)：Good health is *conducive to* happiness. 健康的体魄有助于生活的幸福。

con·duct I /'kɔndʌkt/ *n.* [U] ❶举止；行为；德行：*Conduct* defines a person. 人如其行。❷处理(方式)；管理(方式)；经营(方式)；实施(方式)：the day-to-day *conduct* of the nation's foreign policy 国家外交政策的日常处理❸指导，领导：The curator's *conduct* through the museum was informative. 馆长的亲自陪同参观使博物馆的参观者们大长见识。II /kən'dʌkt/ *vt.* ❶给…做向导，陪同…参观：I was *conducted* over a school. 有人带领我参观了学校。❷处理；经营；管理，进行；实施，执行：*conduct* marriages 主持婚礼 ❸[～ **oneself**]表现，为人：*conduct oneself* with dignity 表现庄重 ❹指挥(乐队、合唱团等)：*conduct* an orchestra 指挥乐队 ❺输送，传输；【物】传导(热、电等)：These pipes *conduct* steam to the radiator upstairs. 这些管道将蒸汽输送到楼上的暖气管中。—*vi.* 当指挥；当领导 ‖ **con·duct·i·bil·i·ty** /kənˌdʌktə'biliti/ *n.* [U] —**con·duct·i·ble** /kən'dʌktibəl/ *adj.*

☆**conduct, control, direct, guide, lead, manage** 均有"指导，引导"之意。**conduct** 可指领导、指挥他人行动以实现共同目标，但领导的意思常常淡化而强调集体共同参与行动：The business is *conducted* from small offices in the city. (这买卖是由伦敦商业区内的小营业所管理的。) **control** 强调对某人或某事物有控制或约束的权威性力量：a bad teacher who couldn't *control* his class (一个管束不了自己学生的蹩脚老师) **direct** 强调指引，即指出方向或途径，但并非一定亲自行动，也没有支配的意图，只是要他人不走弯路，不出差错：He *directed* the building of the new bridge. (他指挥这座新桥的建造工程。) **guide** 通常指让有经验、有专长或对情况了解的人提供帮助或进行指导，也可指借助于某一具体或抽象事物：An experienced lawyer *guided* them through the complex application procedure. (一个富有经验的律师指导他们办完了复杂的申请手续。) **lead** 指走在前面给某人引路或带领他人共同去达到某一目标：You *lead* and we'll follow. (你领路，我们跟着。) **manage** 可指设法使人或物听从自己意愿，为自

己所操纵：He *managed* the company while his father was away ill.（他父亲生病不来时，他管理公司。）该词也常指对具体事物的处理、管理：My wife *manages* our money very well.（我妻子很善于理财。）

con·duc·tion /kən'dʌkʃ°n/ *n.* [U]【物】(电或热)传导；传导性；传导率；电导率：electric conduction in solution 溶液中电的传导 ‖ **con·duc·tive** /kən'dʌktiv/ *adj.*

C

con·duc·tor /kən'dʌktəʳ/ *n.* [C] ❶指导者，管理人：an able *conductor* of business affairs 能力卓越的企业管理人员 ❷(公共汽车等的)售票员 ❸列车员，列车长 ❹(电或热)导体：a good [poor] *conductor* of heat and electricity 热和电的良好[不良]导体 ❺〔亦作 **director**〕(乐队或合唱团的)音乐指挥：an orchestra *conductor* 乐队指挥

con·du·it /'kəndit,-djuit/ *n.* [C] ❶渠道，引水道；水管；管道；导管：sewage *conduits* 污水排放管道 ❷渠道，途径：a *conduit* for information to the press and public 报界和公众的信息渠道

cone /kəun/ *n.* [C] ❶圆锥体；【数】直立圆锥；锥面；锥 ❷(用作路标等的)圆锥形物：sawdust piled up in a great *cone* 堆成大圆锥形的锯屑 ❸【植】孢子叶球；球果；球花

con·fab /'kɔnfæb/〈口〉I *n.* [U]闲谈，谈心 II *vi.* (**-fabbed**;**-fab·bing**) =confabulate

con·fab·u·late /kən'fæbjuˌleit/ *vi.* 闲谈，聊天；商谈 ‖ **con·fab·u·la·tion** /kənˌfæbju'leiʃ°n/ *n.* [U]

con·fec·tion /kən'fekʃ°n/ *n.* ❶[C]糖果；甜点心；蜜饯❷[U](糖果等的)制造；调制，配制❸[C]调制物，配制品

con·fec·tion·er /kən'fekʃənəʳ/ *n.* [C]甜食商，甜食师傅

con·fec·tion·er·y /kən'fekʃ°nəri/ *n.* [U][总称]甜点，甜食

con·fed·er·a·cy /kən'fedərəsi/ *n.* [C] ❶(个人、党派、国家之间的)同盟；联盟；全体盟员(或盟邦) ❷[**the C-**]【美史】(1861—1865 年南北战争时南部 11 州的)南部邦联(全称为 the Confederate States of America)

con·fed·er·ate /kən'fedərət/ I *adj.* [通常作定语] ❶同盟的，结盟的；联合的：the *confederate* government 联合政府 ❷共谋的，密谋的 ❸[**C-**]【美史】南部邦联的：the *Confederate* uniform 邦联军制服 II *n.* [C] ❶同盟者，盟友；盟国；盟邦 ❷同谋，同党，共犯：a *confederate* in a robbery 抢劫同谋者 ❸[**C-**]【美史】南部邦联的支持者 III /kən'fedəreit/ *vt.* 与…结盟，使联合；使结党，使共谋：*confederate* oneself with 与…结盟(联合…) —*vi.* 结盟，联合；结党，共谋，串通：*confederate* with other countries for mutual safety 为了共同的安全利益与其他国家结盟

con·fed·er·a·tion /kənˌfedə'reiʃ°n/ *n.* [C]联盟，同盟；政治联合体：the *Confederation* of British Industry 英国工业联盟 ‖ **conˌfed·er'a·tionˌism** *n.* [U] —**conˌfed·er'a·tion·ist** *n.* [C]

con·fer /kən'fəː/ (**-ferred**;**-fer·ring**) *vt.* 授予，赐给(称号、学位、权力等)；赋予，带来(*on*，*upon*)：*confer* a medal *on* sb. 授予某人一枚勋章 —*vi.* 商讨，商量；协商；交换意见(*with*)：*confer with* sb. about sth. 就某事与某人商议 ‖ **con'fer·ra·ble** *adj.* —**con'fer·ral**，**con'fer·ment** *n.* [U] —**con'fer·rer** *n.* [C]

con·fer·ence /'kɔnfərəns/ *n.* [C] ❶会议；协商会，讨论会，晤谈会，交流会：at the press *conference* 在新闻发布会上 ❷体育协会；商会；行业公会 ‖ ***in conference*** *adv.* 正在开会：Tell them I'm *in conference* now and can't be disturbed. 告诉他们我正在开会，请勿打扰。‖ **con·fer·en·tial** /ˌkɔnfə'renʃ°l/ *adj.*

con·fess /kən'fes/ *vt.* ❶承认(错误、过失或事实等)；供认，坦白(罪行等)(见 acknowledge)：*confess* one's faults readily enough 爽快地认错 ❷【宗】(尤指天主教徒)(向上帝或神父)忏悔(自己的罪过)；[~ **oneself**]忏悔：You must go back to the chapel and *confess* your sins to God. 你必须回到教堂去向上帝忏悔你的罪过。—*vi.* 承认；供认，坦白(*to*)：The defense witnesses *confessed to* having been suborned. 被告方的证人坦白说受了教唆。‖ **con'fess·a·ble** *adj.*

con·fessed /kən'fest/ *adj.* [作定语]公开承认的：a (self-)*confessed* alcoholic 不讳言自己嗜酒的人

con·fes·sion /kən'feʃ°n/ *n.* ❶[U;C]承认；供认，坦白：He made a public *confession* that he had accepted bribes. 他公开承认接受了贿赂。

❷[C]【宗】(尤指天主教的)忏悔,告罪;告解,办神工;(做礼拜时的)祷告式忏悔;忏悔内容;忏悔祷文;忏悔形式 ❸[C]供状;供词;自白书:He wrote and signed a full *confession* of his guilt. 他写下了全部罪行并在供状上签了字。

con·fes·sion·al /kənˈfeʃənˀl/ **I** *n.* [C]【宗】(神父聆听忏悔的)忏悔室,告解室 **II** *adj.* (有关)忏悔的;告罪的;自白的:*confessional* release 忏悔后豁免

con·fes·sor /kənˈfesəʳ/ *n.* [C] ❶供认者;(天主教的)忏悔者,告罪者 ❷[亦读/ˈkɔnfesəʳ/]【宗】(尤指天主教的)听忏悔的神父,告解神父

con·fet·ti /kənˈfeti/ [复] *n.* [U](尤指婚礼上向新婚夫妇抛洒的)彩纸屑;纸屑状东西:The newly weds were showered with *confetti*. 这对新人的周围彩屑飞扬。

con·fi·dant /ˌkɔnfiˈdænt, ˈkɔnfiˌdænt/ *n.* [C](指能向其吐露内心秘密或谈论私事的)密友,知己

con·fide /kənˈfaid/ *vt.* (私下)告知,吐露(秘密等)(*to*):He *confided* to me that the subjects do not interest him much. 他私下对我说,他对那些课程不太感兴趣。—*vi.* 密谈,吐露秘密(以示信任等)(*in*):He is one of those guys everybody likes to drink with and *confide in*. 他属于人人都想跟他一面喝酒一面吐露心声的人。‖ **conˈfid·er** *n.* [C]

con·fi·dence /ˈkɔnfidˀns/ *n.* [U]❶信任,信赖(见 belief):The government failed to win public *confidence* in its plan for economic recovery. 政府的经济复苏计划没能赢得公众的信任。❷自信:Years of experience at her work have given her great *confidence*. 多年的工作经验使她非常自信。❸信心,把握,胜算:inspire [precipitate] *confidence* in sb. 激发某人的信心

confidence trick *n.* [C]〈英〉骗局

con·fi·dent /ˈkɔnfidənt/ *adj.* ❶有信心的,确信的;肯定的(见 sure):a *confident* reply 肯定答复 ❷自信的:a man exuberantly *confident* of one's destiny 对自己的命运洋溢着自信的人 ‖ **ˈcon·fi·dent·ly** *adv.*

con·fi·den·tial /ˌkɔnfiˈdenʃˀl/ *adj.* ❶秘密的;机密的:a strictly *confidential* letter 绝密信件 ❷[作定语]负责秘密工作的,机要的:*confidential* secretary 机要秘书 ❸(对对方)信任的;知心的,贴己的;亲密的,私密的:speak in low, *confidential* tones 用低声的、十分信任的口吻说话 ‖ **con·fi·den·ti·al·i·ty** /ˌkɔnfiˌdenʃiˈæliti/ *n.* [U] —ˌ**con·fiˈden·tial·ly** *adv.* ‖ **con·fi·den·ti·al·i·ty** /ˌkɔnfiˌdenʃiˈæliti/ *n.* [U] —ˌ**con·fiˈden·tial·ly** *adv.*

con·fid·ing /kənˌfaidiŋ/ *adj.* 深信不疑的,易于信任别人的:He's never told me, he's not that *confiding*. 他从未告诉过我,他不是那样轻信别人的人。

con·fig·u·ra·tion /kənˌfigjuˈreiʃˀn/ *n.* [C] ❶结构,架构;构造:the *configuration* of stars in the sky 天空中星星的布排构图 ❷外形,构形;轮廓

con·fine /kənˈfain/ *vt.* ❶限制,使局限(*to*):*confine* one's reading *to* biography 只读传记作品 ❷控制,使不流传(或扩散);使不外出,禁闭(*to*, *within*):A cold *confined* him *to* the house. 他因感冒只得待在家里。❸拘禁,关押;幽禁;监禁:For two years I was *confined* in the Bastille. 我被关在巴士底监狱两年。

con·fine·ment /kənˈfainmənt/ *n.* [U] ❶限制;约束;局限:My doctor recommended *confinement* to a bland diet. 医生建议我只吃些清淡食物。❷(被)关押,(被)监禁;(被)幽禁;(被)禁闭:They put him into solitary *confinement*. 他们把他单独监禁。

con·firm /kənˈfəːm/ *vt.* ❶证实;肯定:He *confirmed* that a summit conference would take place. 他证实首脑会议即将举行。❷确定;确认:a note asking us to *confirm* when we would be arriving 一张要求我们确定到达时间的便条 ❸【宗】(天主教、东正教等)给…施坚信礼 ‖ **con·firm·a·bil·i·ty** /kənˌfəːməˈbiliti/ *n.* [U] —**conˈfirm·a·ble** *adj.* —**conˈfirm·er** *n.* [C]

con·fir·ma·tion /ˌkɔnfəˈmeiʃˀn/ *n.* [U] ❶证实;证明:That would be the *confirmation* that it was in general use. 这将证实它的应用是十分普遍的。❷【宗】(天主教、东正教等的)坚信礼,坚振礼

con·firmed /kənˈfəːmd/ *adj.* [作定语] ❶成习惯的;根深蒂固的:a *confirmed* vodka drinker 喝伏特加上瘾的人 ❷终身的;坚定的:a *confirmed* bachelor 立志终身不娶的人

con·fis·cate /ˈkɔnfiˌskeit/ *vt.* 将…罚没;把…充公:The government *confiscated* the property of the deposed leaders. 政府把被罢免的领

C

导的财产充公。‖ **con·fis·ca·tion** /ˌkɔnfisˈkeiʃᵊn/ *n.* [U] —ˈ**con·fisˌca·tor** *n.* [C]

con·fla·gra·tion /ˌkɔnfləˈgreiʃᵊn/ *n.* [C] 大火;火灾

con·flict I /ˈkɔnflikt/ *n.* [C;U] ❶(尤指长期的)斗争,战斗;战争:resolve an age-old bloody *conflict* 解决旷日持久的流血战争 ❷争端,冲突;抵触;争论:Andrews and Westheath are in *conflict* over this. 在这一点上安德鲁斯和韦斯特希思有很大分歧。**II** /kənˈflikt/ *vi.* 矛盾;冲突;抵触:These criteria might undoubtedly *conflict*. 这些标准会无可置疑地相互抵触。‖ ***come into conflict*** *vi.* (与…)意见不一,(与…)发生争论(*with*):Sometimes love and honesty *came into conflict*. 有时爱与诚实之间会产生矛盾。‖ **conˈflict·ing** *adj.*

con·flu·ence /ˈkɔnfluəns/ *n.* [C] 汇流,合流;汇合处:The city lies at the *confluence* of three rivers. 该城位于三条河流的交汇处。

con·form /kənˈfɔːm/ *vi.* 遵照;服从(*to*, *with*):*conform to* directions 遵照指示一致,相符;适合;适应(*to*, *with*)(见 adapt):He *conforms with* my idea of a teacher. 他与我心目中的老师是一样的。—*vt.* ❶使(性质、外形等)变得相似:*conform* one's taste to one's husband 使自己的兴趣爱好与丈夫相近 ❷使(自己、思想等)一致,使符合:*conform* conduct to a rule 使行为符合规范 ❸使遵照;使服从:*conform* oneself to the social orders 使自己遵守社会秩序 ‖ **conˈform·er** *n.* [C]

con·form·ist /kənˈfɔːmist/ *n.* [C] 循规蹈矩者,墨守成规的人

con·form·i·ty /kənˈfɔːmiti/ *n.* ❶[U]遵守;顺从,服从(*with*, *to*):in *conformity to* [*with*] the popular wish 顺应民意 ❷[U;C]相似,相近(*with*, *to*):a face with a nice *conformity* of feature 五官端正的脸

con·found /kənˈfaund/ *vt.* ❶使困惑,使迷惑,使糊涂:The complicated directions *confounded* him. 那些复杂的用法说明把他搞糊涂了。❷混淆;弄错:*confound* public affairs with private ones 公私不分 ‖ ***Confound it!*** *int.* 讨厌!(该死!) ‖ **conˈfound·ing·ly** *adv.*

con·found·ed /kənˈfaundid/ *adj.* [作定语]〈口〉[用作温和的诅咒语]讨厌的,该死的:a *confounded* nuisance 讨厌而该死的东西

con·frere /ˈkɔnfreəʳ/ *n.* [C]同仁;同行

con·front /kənˈfrʌnt/ *vt.* ❶面对,正视;与…对峙:The two armies *confronted* each other along the border. 两军在边界上相互对峙。❷向…当面出示;使当面对证(*with*):They *confronted* the waitress *with* the dish she had broken. 他们当着那个女侍者的面拿出了她打破的碟子。‖ **conˈfront·er** *n.* [C]

con·fron·ta·tion /ˌkɔnfrənˈteiʃᵊn/ *n.* [C;U] 对抗,冲突:The use of *confrontation* won't lead to peace. 对抗不能带来和平。

con·fuse /kənˈfjuːz/ *vt.* ❶使困惑,使糊涂;难住,使不知所措:She was *confused* at his sudden appearance. 他的突然出现使她不知所措。❷使复杂化;使费解:The rumors and angry charges tended to *confuse* the issue. 传言和愤怒的指责往往会使问题复杂化。❸混淆,分辨不出;搞错,弄混:People always *confuse* me with my sister. 人们老是分不清我和妹妹。

con·fused /kənˈfjuːzd/ *adj.* ❶混乱的,杂乱的;难分辨的;被混淆的:a *confused* babble of voices 一片嘈杂声 ❷迷惑的,糊涂的;发蒙的:I was *confused* to learn his latest decision. 得知他的最新决定,我真是丈二和尚摸不着头脑。‖ **con·fus·ed·ly** /kənˈfjuːzidli/ *adv.* —**con·fus·ed·ness** *n.* [U]

con·fus·ing /kənˈfjuːziŋ/ *adj.* 令人迷惑的,使人感到迷惑的:The instructions were very *confusing* and I couldn't understand them. 这些说明莫名其妙,我没有办法理解。‖ **conˈfus·ing·ly** *adv.*

con·fu·sion /kənˈfjuːʒᵊn/ *n.* [U] ❶混乱,杂乱;慌乱:in the *confusion* of the earthquake disaster 在震灾引起的混乱之中 ❷[通常于 in confusion 中]困惑;糊涂,茫然;慌乱,不知所措:The army retreated in *confusion*. 军队溃不成军地撤退。❸混淆;搞错:a *confusion* in the mind between right and wrong 头脑中是非混淆

☆**confusion**, **chaos**, **disorder** 均有"混乱,杂乱"之意。**confusion** 指混杂而难以辨认区分,也可指精神状况或思想状态的混乱:There was some *confusion* as to whether we had won or lost. (关于我们是赢了还是输了,人们众说纷纭。) **chaos** 常指因为缺乏内在组织而出现的极度混乱:The failure of the electricity supplies created complete *chaos* in the city.（停电使这个城市完全陷入混乱状态。）**disorder** 指正常秩序被打乱，东西没有放在应放的地方，常用于某一范围内的空间位置关系：*disorder* sb.'s papers, files, etc.（把某人的证件、档案等弄乱）

con·geal /kənˈdʒiːl/ *vi.* 凝固，凝结；变硬：The fat *congealed* on the top of the soup. 汤上面结了一层油脂。‖ **conˈgeal·er** *n.* [C] —**conˈgeal·ment** *n.* [U]

con·gen·ial /kənˈdʒiːnjəl/ *adj.* ❶相宜的，惬意的；令人愉快的：*congenial* music 令人身心畅然的音乐 ❷情趣相投的；合脾气的：a *congenial* couple 一对情投意合的伴侣 ‖ **con·ge·ni·al·i·ty** /kənˌdʒiːniˈæliti/ *n.* [U] —**conˈgen·ial·ly** *adv.* —**conˈgen·ial·ness** *n.* [U]

con·gen·i·tal /kənˈdʒenitᵊl/ *adj.* ❶先天性的：a *congenital* defect 先天性缺陷 ❷天生的；十足的，完全的：*congenital* dislikes 十足的厌恶 ‖ **conˈgen·i·tal·ly** *adv.* —**conˈgen·i·tal·ness** *n.* [U]

con·ges·ted /kənˈdʒestid/ *adj.* 拥挤的，堵塞的：heavily *congested* main street 交通拥堵的主干道

con·ges·tion /kənˈdʒestʃᵊn/ *n.* [U] 拥挤；拥堵；塞满；密集：be caught in the weekend traffic *congestion* 在周末出行的交通拥塞中进退两难

con·glom·er·ate /kənˈglɔmərət/ *n.* [C] ❶混合物，聚合体：a *conglomerate* of houses 成片房屋 ❷企业联合体，企业集团：a publishing *conglomerate* 出版联合企业

con·glom·er·a·tion /kənˌglɔməˈreiʃᵊn/ *n.* [C] 聚集物，混合体：It's not really a theory, just a confused *conglomeration* of ideas. 这并不是真正的理论，只不过是乱七八糟的各种观点的大杂烩。

Con·go·lese /ˌkɔŋgəˈliːz/ **I** *adj.* 刚果（地区）的；刚果人的；刚果语的 **II** *n.* [单复同]刚果（地区）人

con·grat·u·late /kənˈgrætjuˌleit/ *vt.* ❶向…祝贺，向…道喜（*on*, *upon*）：Friends and relatives came to *congratulate* the parents on the newly born baby. 亲朋好友都来向这对父母道添丁之喜。❷[～ **oneself**]（为…而）自我庆幸（*on*, *upon*）：I *congratulated myself on* not looking my age. 我为自己看不出实际年龄而暗自得意。‖ **conˈgrat·uˌla·tor** *n.* [C] —**conˈgrat·u·la·to·ry** /-lətᵊri/ *adj.*

con·grat·u·la·tion /kənˌgrætjuˈleiʃᵊn/ *n.* ❶[U]祝贺，庆贺，道喜：a letter of *congratulation* 贺信 ❷[～s]祝贺的表示；道喜；祝词，贺词：deserve *congratulations* 可喜可贺/No amount of *congratulations* is really adequate. 无论说多少道喜的话都远远不够。

con·gre·gate /ˈkɔŋgriˌgeit/ *vi.* 聚集，集合；云集（见 gather）：The crowds *congregated* in the town square. 人群聚集在镇上的广场上。‖ **ˈcon·greˌga·tor** *n.* [C]

con·gre·ga·tion /ˌkɔŋgriˈgeiʃᵊn/ *n.* [C]教堂会众；教区全体教徒：The whole *congregation* rose to sing a hymn. 全体会众起立唱赞歌。‖ **ˌcon·greˈga·tion·al** *adj.* —**ˌcon·greˈga·tion·alˌism** *n.* [U] —**ˌcon·greˈga·tion·al·ist** *n.* [C]

con·gress /ˈkɔŋgres/ *n.* ❶[C-]美国国会：The *Congress* shall assemble at least once in every year. 美国国会每年至少开会一次。❷[C]国会，议会 ❸[C]（正式的）代表大会，专业会议

con·gres·sion·al /kənˈgreʃənl/ *adj.* [作定语，时作 C-]议会的，国会的；会议的；[C-]美国国会的：*congressional* elections 议会选举

con·gress·man, Con·gress·man /ˈkɔŋgresmən/ *n.* [C]（[复]**-men** /-mən/）〈美〉国会议员（尤指众议员）

con·gress·wom·an, Con·gress·wom·an /ˈkɔŋgresˌwumən/ *n.* [C]（[复]**-wom·en** /-ˌwimin/）〈美〉国会女议员（尤指女众议员）

con·gru·ent /ˈkɔŋgruənt/ *adj.* 适合的；一致的；和谐的（*with*）：The sentence was scarcely *congruent with* his crime. 判决与他的罪行毫不相符。‖ **ˈcon·gru·ent·ly** *adv.*

con·gru·i·ty /kənˈgruːiti/ *n.* ❶[U]适合；一致；和谐：*congruity* of thought and action 思想和行动的一致 ❷[C]一致点，共同处：the occasional *congruities* between fact and prophecy 事实与预言的偶尔巧合

con·ic /ˈkɔnik/ *adj.* 圆锥形的：a hut with *conical* roof 圆锥形房顶的小屋

con·i·fer /ˈkɔnifə/ *n.* [C]【植】针叶树；（生球果的）松柏目植物

con·jec·ture /kənˈdʒektʃə/ **I** *n.* [U;C]推测，猜测，猜想：form [make] a *conjecture* upon 对…

作出推测 II *v*. 猜测出，推测出：The press *conjectured* that a summit conference would take place. 新闻界推断，将会举行一次峰会。‖ **con'jec•tur•al** *adj*. —**con'jec•tur•er** *n*. [C]

con•join /kən'dʒɔin/ *vt*. & *vi*. (使)结合；(使)联合；(使)连接：The two clauses were *conjoined* with the conjunction *and*. 这两个分句由连词 and 联在一起。‖ **con'join•er** *n*. [C]

C

con•ju•gal /'kɔndʒugᵊl/ *adj*. [作定语] ❶婚姻(关系)的：*conjugal* vows 婚誓 ❷夫妻双方的；夫妻间的：*conjugal* infidelity 夫妻间的不忠实行为 ‖ **con•ju•gal•i•ty** /ˌkɔndʒu'gæliti/ *n*. [U] —'**con•ju•gal•ly** *adv*.

con•ju•gate /'kɔndʒuˌgeit/ *vt*. 【语】列举(动词)变化(或变位)形式

con•ju•ga•tion /ˌkɔndʒu'geiʃᵊn/ *n*. [C;U]【语】(动词的)变化(或变位)形式：regular [irregular] *conjugation* (动词的)规则[不规则]变化 ‖ ˌ**con•ju'ga•tion•al** *adj*.

con•junc•tion /kən'dʒʌŋkʃᵊn/ *n*. ❶[C]【语】连接词(如 and, but, or, though, if 等) ❷[U;C]结合；联合；联结：things not normally seen in *conjunction* 一般不同时出现的事物 ‖ **con'junc•tion•al** *adj*.

con•junc•tive /kən'dʒʌŋktiv/ *adj*. ❶【语】起连词作用的：a *conjunctive* adverb 连接副词 ❷(用以)连接的；(用以)联合的：*conjunctive* tissue 结缔组织

con•junc•ti•vi•tis /kənˌdʒʌŋkti'vaitis/ *n*. [U]【医】(眼)结膜炎

con•jure /'kʌndʒəʳ/ *v*. ❶对…产生魔法般影响：His appearance *conjured* her troubles away. 他的出现奇迹般地使她烦恼顿消。❷变(戏法)，变(魔术)；使魔术般出现(或消失)：*conjure* a miracle 创造奇迹

con•nect /kə'nekt/ *vt*. ❶联结，连接；使相连(*to*, *with*)(见 join)：The two cities are *connected* by a railway. 这两座城市之间有铁路相连。❷联系；结合；由…联想到(*with*)：She *connects* all telegrams *with* bad news. 她认为所有的电报都是带来坏消息的。—*vi*. ❶被联结，被连接；能够连接：Where does the cooker *connect* with the gas pipe? 厨灶和煤气管的接头在哪儿？❷(火车、汽车等)转接；联运：The train *connects* with the boat. 这趟列车与轮船联运。‖ **con•nect•i•bil•i•ty**, **con•nect•a•bil•i•ty** /kəˌnektə'biliti/ *n*. [U] —**con'nect•i•ble**, **con'nect•a•ble** *adj*. —**con'nec•tor**, **con'nec•ter** *n*. [C]

con•nect•ed /kə'nektid/ *adj*. ❶联结在一起的，连接的；有联系的，关联的：a series of *connected* events 一系列有关的事件 ❷有亲戚(或社交、业务等)关系的：be well *connected* socially 交往甚广

con•nec•tion /kə'nekʃᵊn/ *n*. ❶[U]联结，连接；接通：The *connection* of our telephone took only a few seconds. 我们的电话只用了几秒钟就接通了。❷[C]连接处；联结物，连件；连接部分：an electrical *connection* 电线接头 ❸[C;U]转接，联运；转乘；转运列车(或轮船、飞机等)：The train makes *connection* with the steamer for Calais. 去加来有联运的火车和轮船。‖ *in connection with prep*. 与…有关；关于：be wanted *in connection with* a series of robberies 涉及一系列抢劫案而被警方通缉

con•nec•tive /kə'nektiv/ I *adj*. 联结的，连接的：*connective* remarks between chapters 章节之间的过渡语 II *n*. [C] ❶联结物，结合物 ❷【语】连接词，关联词 ‖ **con•nec•tiv•i•ty** /ˌkɔnek'tiviti/ *n*. [U]

con•nive /kə'naiv/ *vi*. ❶默许；纵容(*at*, *in*)：I have no doubt that she had *connived at* your desertion of your duties. 我毫无疑问地认为她纵容了你的失职。❷共谋，密谋，搞阴谋(*with*)：The two students *connived to* cheat in the examination. 两个学生合伙在考场作弊。‖ **con'niv•er** *n*. [C] —**con'niv•ing** *adj*.

con•nois•seur /ˌkɔnə'səːʳ/ *n*. [C](尤指艺术等的)鉴赏家，鉴定家 ‖ **con•nois•seur•ship** /ˌkɔnə'səːʃip/ *n*. [U]

con•no•ta•tion /ˌkɔnəᵘ'teiʃᵊn/ *n*. [C]内涵义，隐含义；引申义 ‖ **con•no•ta•tive** /'kɔnəˌteitiv, kə'nəutətiv/ *adj*.

con•note /kə'nəut/ *vt*. 蕴含着，意味着；暗示：Injury *connotes* pain. 受伤意味着痛苦。

con•nu•bi•al /kə'nʲuːbiəl/ *adj*. [作定语]婚姻的；夫妻的：*connubial* bliss [love] 婚姻的幸福[夫妻之爱] ‖ **con•nu•bi•al•i•ty** /kəˌnʲuːbi'æliti/ *n*. [U] —**con'nu•bi•al•ly** *adv*.

con•quer /'kɔŋkəʳ/ *vt*. ❶征服；攻占；占领：*conquer* a city 攻陷一座城市 ❷战胜，击败：*conquer* the enemy 战胜敌人 ❸克服；破除；克

制；戒除：*conquer* one's alcoholism 戒掉酗酒的恶习 —*vi.* 获得胜利，取胜 ‖ ˈ**con·quer·a·ble** *adj.* —ˈ**con·quer·or** *n.* [C]

☆**conquer, defeat, overcome, overthrow** 均有"击败，征服"之意。**conquer** 指战胜，但强调控制败方，占领其领土，既可指军事力量，也可指地理区域和政治实体，有长久征服的意味。**defeat** 为最普通用词，使用范围很广，泛指占有上风或赢得胜利，也指暂时得手或使敌方一时受挫：After a long campaign, the Allies *defeated* the German army.（长时间的战役之后，盟军击败了德国军队。）**overcome** 普通用词，表示努力排除障碍，克服困难，常用于非物质的东西：*overcome* my fear of the dark（克服对黑暗的惧怕）**overthrow** 指彻底击败对手，使其丧失地位和力量：Rebels have *overthrown* the government.（反叛者已推翻了政府。）

con·quest /ˈkɔŋkwest/ *n.* ❶[U]征服；攻取；赢得；战胜，击败；克服（见 victory）：the *conquest* of space 征服太空 ❷[C]掠取物；征服地，占领地；被征服的人：Troy was the Greeks' hardest *conquest.* 希腊人几经苦战才征服了特洛伊城。

con·science /ˈkɔnʃᵊns/ *n.* [U；C] ❶良心；道德心，善恶之心，廉耻之心：go against one's *conscience* 违背良心 ❷良知，道德感，善恶意识：He accepted the cheque with clear *conscience.* 他接受了这张支票，觉得良心上过得去。

con·sci·en·tious /ˌkɔnʃiˈenʃəs/ *adj.* ❶（良心上）有所顾忌的，按良心办事的；（道德上）讲原则的；公正的，诚实的：a *conscientious* judge 公正的法官 ❷勤勉的；认真的；审慎的：a *conscientious* piece of work 认真干出来的活 ‖ ˌ**con·sci**ˈ**en·tious·ly** *adv.* —ˌ**con·sci**ˈ**en·tious·ness** *n.* [U]

conscientious objection *n.* [U]（出于宗教或道德原因而作出的）出于良知的抗拒（如反对服兵役等）‖ **conscientious objector** *n.* [C]

con·scious /ˈkɔnʃəs/ *adj.* ❶有（自我）意识的，自觉的；神志清醒的；感到的：She was *conscious of* a sharp pain. 她感到一阵剧痛。❷知道的，发觉的；意识到的（*of*）（见 aware）：She spoke with *conscious* pride. 她说起话来明显带着一股傲气。❸有意的，故意的；蓄谋的：a *conscious* lie 故意说出的谎话 ‖ ˈ**con·scious·ly** *adv.*

con·scious·ness /ˈkɔnʃəsnis/ *n.* ❶[U；C]知觉，感觉；感知；自觉；清醒的神志：recover one's *consciousness* 恢复知觉（苏醒）❷[U]意识；觉察；观念；觉悟：increase [raise] health *consciousness* 提高健康意识

con·script I /kənˈskript/ *vt.* （强制）征召：be *conscripted* into the navy 应征加入了海军 II /ˈkɔnskript/ *n.* [C]被征入伍者，应征士兵：a *conscript* home on leave 请假回家的新兵 ‖ conˈ**script·a·ble** *adj.* —**con·scrip·tion** *n.*

con·scrip·tion /kənˈskripʃᵊn/ *n.* [U] ❶（强制）征兵 ❷征用（制度）

con·se·crate /ˈkɔnsiˌkreit/ *vt.* ❶使圣化；给…祝圣；用…献祭（*to*）：*consecrate* a church 给教堂祝圣 ❷奉献，使致力（*to*）（见 devote）：*consecrate* one's life *to* helping the poor 一生致力于救助穷人 ‖ **con·se·cra·tion** /ˌkɔnsiˈkreiʃᵊn/ *n.* [U] —ˈ**con·se·cra·tive** *adj.* —ˈ**con·se**ˌ**cra·tor** *n.* [C] —ˈ**con·se·cra·to·ry** /ˈkɔnsikrətᵊri/ *adj.*

con·sec·u·tive /kənˈsekjutiv/ *adj.* 连续的；接连不断的：It's been raining for five *consecutive* days. 已经连下了 5 天雨了。‖ conˈ**sec·u·tive·ly** *adv.* —conˈ**sec·u·tive·ness** *n.* [U]

con·sen·sus /kənˈsensəs/ *n.* ❶[C][通常用单]（意见等的）一致：by the *consensus* of expert opinion 根据专家一致意见 ❷[U]一致意见的达成；一致同意：You won't find *consensus* among the doctors on the best procedure for you. 关于你病情的最佳治疗程序，你会发现医生们的意见不一致。

con·sent /kənˈsent/ I *vi.* 同意；赞成；许可（*to*）：My father would not *consent to* our staying up too late. 我父亲不同意我们睡得太晚。II *n.* [U]（一致）同意；允许；赞成：Many editions were published without the author's *consent.* 很多版本未经作者同意就出版了。‖ conˈ**sent·er** *n.* [C]

con·se·quence /ˈkɔnsikwəns/ *n.* ❶[C]结果；效果；后果（见 effect）：The *consequence* of her fall was a broken arm. 她摔断了一只胳膊。❷[U]重要性；关键性：It's of little *consequence* to me. 这对我无关紧要。‖ ***in consequence*** *adv.* 因而，结果：He withdrew from the world, and *in consequence* was forgotten. 他离群索居，因而被人们忘却。***take* [*suffer*] *the conse-***

quences vi. 承担后果，自作自受：You made the wrong decision，and now you must *take the consequences*. 你作了错误的决定，现在就得承担一切后果。

con·se·quent /ˈkɔnsikwənt/ *adj*. [作定语]作为结果(或后果)的，随之发生的：The oil shortage has a serious *consequent* impact on the economy. 石油短缺的后果是对经济产生了严重的冲击。‖ **ˈcon·se·quent·ly** *adv*.

C

con·se·quen·tial /ˌkɔnsiˈkwenʃᵊl/ *adj*. [作定语] ❶作为结果的；随之发生的：the crisis and the *consequential* collapse of the national economy 危机及其过后的国民经济的崩溃 ❷重要的；重大的：a *consequential* event that has rewritten the history 改写了历史的一起重大事件 ‖ **ˌcon·seˈquen·tial·ly** *adv*.

con·ser·va·tion /ˌkɔnsəˈveiʃᵊn/ *n*. [U] ❶(尤指对自然资源等的)保护；避免浪费(或损毁)：*conservation* of water 节约用水 ❷(艺术品的)珍藏，保存 ‖ **ˌcon·serˈva·tion·al** *adj*.

con·ser·va·tion·ist /ˌkɔnsəˈveiʃᵊnist/ *n*. [C] 自然资源保护论者，自然保护主义者

conservatism /kənˈsəːvətizᵊm/ *n*. [U] ❶保守，守旧：*conservatism* in matters of language 在语言问题上的因循守旧 ❷(政治上的)保守主义

con·serv·a·tive /kənˈsəːvətiv/ **I** *adj*. [无级变化] ❶保守的，守旧的；传统的：be *conservative* in one's views 观念保守 ❷[亦作 **C-**](英国或加拿大)保守党的；保守派的：the *Conservative* government 保守党政府 ❸有保留的，稳健的；谨慎的：At a *conservative* estimate，the holiday will cost £300. 据保守的估计，这次度假要花 300 英镑。**II** *n*. [C] ❶保守者，因循守旧者：a political *conservative* 政治保守主义分子 ❷稳健派；保守党人；[**C-**](英国、加拿大等的)保守党党员；保守党支持者 ‖ **conˈserv·a·tive·ly** *adv*. —**conˈserv·a·tive·ness** *n*. [U]

con·serv·a·to·ry /kənˈsəːvətᵊri/ *n*. [C] ❶(玻璃)暖房，花房，温室 ❷音乐(或艺术)学校；音乐学院

con·serve /kənˈsəːv/ *vt*. 保存，保藏；保护：*conserve* electricity 节电 ‖ **conˈserv·a·ble** *adj*. —**conˈserv·er** *n*. [C]

con·sid·er /kənˈsidəʳ/ *vt*. ❶考虑，细想：I'm *considering* changing my job. 我正考虑换个工作。❷以为，认为；把…看作；想，料想；断定：We *consider* Milton (as) a great poet. 我们把米尔顿看作一位伟大的诗人。❸体谅，关心；为…着想：A kind person *considers* the feelings of others. 一个心地善良的人总是体谅别人的感情。—*vi*. 考虑，细想：He gave us no time to *consider*. 他没有给我们时间考虑。‖ ***all things considered*** *adv*. 考虑到全部情况，大体说来：*All things considered*，she was qualified for the position. 从多方面来看，她担任这个职务是合格的。

con·sid·er·a·ble /kənˈsidᵊrəbᵊl/ *adj*. 相当大(或多)的；巨大的，庞大的；极其重大的：The building suffered *considerable* damage as a result of the fire. 楼房火灾损失惨重。‖ **conˈsid·er·a·bly** *adv*.

☆**considerable** 系形容词，意即“相当大(或多)的，值得考虑的，重要的”：a man of *considerable* influence / a *considerable* issue。将 **considerable** 作为副词的用法不规范：She helped him *considerable*. 正确的用法应是 She helped him *considerably*. 在美国的一些方言中 considerable 被用作程度副词：She acted *considerable* strange. 但在正式场合不能这样使用。如下列句子中将 considerable 用作名词也是不规范的：He did *considerable* for his sister's family.

con·sid·er·ate /kənˈsidərət/ *adj*. 关切的，体贴的；为他人考虑的(见 thoughtful)：be *considerate* towards friends 对朋友体贴入微 ‖ **conˈsid·er·ate·ly** *adv*. —**conˈsid·er·ate·ness** *n*. [U]

con·sid·er·a·tion /kənˌsidəˈreiʃᵊn/ *n*. ❶[U](周详的)考虑；(仔细)思考；[C]考虑结果：It's my *consideration* that you should resign. 经过考虑后，我认为你应该辞职。❷[C]考虑因素，所考虑的事：An important *consideration* is the amount of time it will take. 需要考虑的一个重要因素是所要花的时间。❸[U]关切，体贴；体谅：These guys have no *consideration* for anybody. 这些家伙根本不为任何人着想。‖ ***in consideration of* [*for*]** *prep*. ❶由于；鉴于，考虑到：*In consideration of* his wife's health，he moved to a milder climate. 考虑到他妻子的健康，他搬到了气候温和的地区。❷作为…的报酬：The lady gave the boy tickets to the ball game *in consideration for* his helpfulness. 那位女士给了男孩子几张球赛票，以感谢他的帮

忙。*take into consideration* *vt.* 考虑到,顾及:Your teachers will *take* your recent illness *into consideration* when they mark your papers. 老师给你判卷时,会考虑到你最近生病的情况。

con·sid·ered /kən'sidəd/ *adj.* ❶[作定语]经仔细考虑过的,深思熟虑的:It is my *considered* opinion that we cannot afford to do it. 我们无力做此事,这是我深思熟虑的意见。❷[置于副词后]受…评价的;受到…对待的:a highly *considered* book 一本评价极高的书

con·sid·er·ing /kən'sidəriŋ/ **I** *prep.* 考虑到,鉴于:*Considering* his age, the little boy reads very well. 考虑到这小孩子年龄,他书读得很好。**II** *conj.* 〈口〉考虑到,鉴于:*Considering* he's only six, he reads very well. 考虑到他只有6岁,他读得算很好了。

con·sign /kən'sain/ *vt.* ❶将…交付给,把…委托给(*to*):The parents *consigned* the child to its grandmother's care while they were away. 父母不在时把孩子托给祖母照料。❷发(货);托运;运送;把…托人代售(或保管),寄售;寄存:We will *consign* the goods to him by express. 我们将用快递把货发给他。‖ **con'sign·a·ble** *adj.* —**con·sign·ee** /ˌkɔnsai'niː/ *n.* [C] —**con'sign·or** *n.* [C]

con·sign·ment /kən'sainmənt/ *n.* ❶[U](被)交付,(被)委托;被发送,被运送,托运:The authorities ordered *consignment* of food and clothing to the flooded area. 当局命令向受涝地区运送食品和衣物。❷[C]托付物;寄存(或寄售)物;(为寄售或寄存而)装运的货物:The last *consignment* of bananas was bad. 最后一批香蕉质量不好。

con·sist /kən'sist/ *vi.* ❶由…组成,由…构成(*of*):A week *consists of* seven days. 一个星期有7天。❷存在于,在于(*in*, *of*):He believes that happiness *consists in* being easily pleased or satisfied. 他认为知足才会常乐。❸相符,一致(*with*):Their opinions *consisted with* one another. 他们的意见相同。

con·sist·en·cy /kən'sistənsi/, **con·sist·ence** /-təns/ *n.* ❶[U;C]浓度,稠度:The liquid has the *consistency* of cream. 这种液体与奶油一样黏稠。❷[U]一致;符合;协调;言行一致;(言或行)前后一致:His courteous behaviour is in *consistency* with his gentle character. 他的礼貌举止符合他的温雅性格。

con·sist·ent /kən'sistᵊnt/ *adj.* ❶一贯的,始终如一的;坚持的:a *consistent* policy 一贯方针 ❷和谐的;一致的;符合的,可共存的:His views and actions are *consistent*. 他言行一致。‖ **con'sist·ent·ly** *adv.*

con·sis·to·ry /kən'sistᵊri/ *n.* [C] ❶教会法庭,教会议会 ❷教会议会(或教会法庭)的会议 ❸(英国国教会的)主教法庭 ❹立法机构,议会 ‖ **con·sis·to·ri·al** /ˌkɔnsis'tɔːriəl/ *adj.*

con·so·ci·a·tion /kənˌsəuʃi'eiʃᵊn/ *n.* [C] ❶联合;组合;结伴;合伙;教会(尤指公理会)联盟 ❷【生】单优势种群落

con·so·la·tion /ˌkɔnsə'leiʃᵊn/ *n.* ❶[U]安慰;慰问;慰藉:Our only *consolation* was that no one was hurt seriously. 我们唯一的安慰是无一人重伤。❷[U;C]起安慰作用的人(或物):afford a *consolation* 给予安慰

con·sole[1] /kən'səul/ *vt.* 安慰,慰问(见 comfort):The policeman *consoled* the lost child by speaking kindly to him. 警察用和蔼可亲的话来安慰迷路的儿童。‖ **con'sol·a·ble** *adj.* —**con'sol·er** *n.* [C] —**con'sol·ing·ly** *adv.*

con·sole[2] /'kɔnsəul/ *n.* [C] ❶(电视机、电唱机、收音机等的)落地柜 ❷(计算机的)操作台 ❸(管风琴的)操作板,演奏台 ❹控制台,仪表板:the *console* that controls a theater's lighting system 剧院灯光系统控制台

con·sol·i·date /kən'sɔliˌdeit/ *vt.* ❶巩固,加强:*consolidate* an empire 巩固帝国 ❷把…联合成一体,统一,合并:*consolidate* various ideas 统一各种思想 —*vi.* 巩固,加强;变结实:The mud of the roads *consolidated* in the freezing night. 路上的烂泥在严寒的夜间冻硬了。‖ **con'sol·iˌda·tor** *n.* [C] —**con'sol·i·da·to·ry** *adj.*

con·sol·i·dat·ed /kən'sɔliˌdeitid/ **fund** *n.* [C]〈英〉统一基金

con·sol·i·da·tion /kənˌsɔli'deiʃᵊn/ *n.* [U]巩固,加强:*consolidation* of political power in her hands 她手中政权的巩固

con·som·me /kən'sɔmei/ *n.* [C;U]清炖肉汤

con·so·nance /'kɔnsənəns/ *n.* ❶[U]一致,协调:*consonance* of opinion 意见一致 ❷[U;C]【音】谐和;谐和音 ❸[C]辅音韵

con·so·nant /'kɔnsənənt/ **I** *n.* [C]【音】辅音;辅音字母(略作 **cons**):a *consonant* cluster 辅音

连缀 II *adj*. ❶符合的；一致的；协调的(*to*, *with*)：His action is *consonant with* his beliefs. 他的行为符合他的信仰。❷(声音、音调等)和谐的；【音】谐音的，和弦的 ❸同音的 ‖ **con·so·nan·tal** /ˌkɒnsəˈnæntᵊl/ *adj*. —ˈ**con·so·nant·ly** *adv*.

con·sort¹ I /ˈkɒnsɔːt/ *n*. [C] ❶(王族成员的)配偶(尤指在位君主的配偶) ❷同行的船只，僚艇，伴船 II /kənˈsɔːt/ *vi*. ❶结伴；结交(*with*, *together*)：Thieves often *consort together*. 小偷常拉帮结伙。❷一致，符合，协调(*with*) —*vt*. [常作～ **oneself**]使联合；使结合；使联系：The ideas naturally *consort themselves* with the word "civilization". 这些观念自然而然地与"文明"这个字眼相联系。‖ **conˈsort·er** *n*. [C]

C

con·sort² /ˈkɒnsɔːt/ *n*. [C] ❶(一)组，(一)群，(一)伙：five or six boats in a *consort* 五六条船一组 ❷合唱队，合奏队；一组同类乐器

con·sor·ti·um /kənˈsɔːtiəm/ *n*. [C]([复]-**ti·a** /-tjə/或-**ti·ums**) 合伙；联合；会，社；(国际)财团；联营企业：international *consortium* of eight companies 八个公司组成的国际财团

con·spe·cif·ic /ˌkɒnspəˈsifik/ *n*. [C] & *adj*. 【生】同种(的)

con·spec·tus /kənˈspektəs/ *n*. [C] ❶概览，概观 ❷概要，大纲

con·spic·u·ous /kənˈspikjuəs/ *adj*. ❶明显的，显眼的，显而易见的：A traffic sign should be placed where it is *conspicuous*. 交通信号应设在显眼的地方。❷值得注意的；惹人注目的；出色的：He was *conspicuous* for his bravery. 他因勇敢而著称。‖ **conˈspic·u·ous·ly** *adv*. —**conˈspic·u·ous·ness**, **con·spi·cu·i·ty** /ˌkɒnspiˈkjuːiti/ *n*. [U]

con·spir·a·cy /kənˈspirəsi/ *n*. [U;C]阴谋；密谋(见 plot)：This is all part of your *conspiracy* to make me look ridiculous. 这都是你们商量好的，要出我的洋相。‖ **conˈspir·a·tive** *adj*.

con·spir·a·tor /kənˈspirətəʳ/ *n*. [C]阴谋家；共谋者

con·spir·a·to·ri·al /kənˌspriəˈtɔːriəl/ *adj*. ❶阴谋的，阴谋家的：a *conspiratorial* plot 阴谋计划 ❷(似)阴谋家的；(似)搞阴谋的：a *conspiratorial* wink 诡诈的眼色 ‖ **conˌspir·aˈto·ri·al·ly** *adv*.

con·spire /kənˈspaiəʳ/ *vi*. ❶(共同)密谋，搞阴谋(*with*)：*conspire* against sb. 密谋反对某人 ❷合作，协力：These events *conspired* to produce great difficulties for the government. 这些事件凑在一起，给政府带来极大困难。‖ **conˈspir·er** *n*. [C] —**conˈspir·ing·ly** *adv*.

con·sta·ble /ˈkʌnstəbᵊl/ *n*. [C] ❶〈英〉警察，警员 ❷(中世纪王室、宫廷或军队的)总管 ❸(镇，区乡村等的)警官；治安官 ❹(古堡的)看守 ‖ ***outrun* [*overrun*] *the constable*** *vi*. 负债

con·stab·u·lar·y /kənˈstæbjuləri/ *n*. [C] & *adj*. 警察部队(的)；(区别于正规军的)武装警察(的)

con·stan·cy /ˈkɒnstənsi/ *n*. [U] ❶坚定；坚决；坚贞；忠贞，忠诚：*constancy* between husband and wife 夫妇间的忠贞不渝 ❷始终如一，稳定不变：the *constancy* of family life 家庭生活的稳定

con·stant /ˈkɒnstᵊnt/ I *adj*. ❶不断的；连续出现的；一再重复的(见 continual)：A clock makes a *constant* ticking sound. 钟嘀嗒嘀嗒走个不停。❷持久不变的，始终如一的；可靠的；忠实的，忠贞不渝的：a *constant* lover 忠贞的恋人 II *n*. [C] ❶恒定不变的东西：The changes of season are natural *constants*. 季节变换乃自然界永恒的现象。❷【数】常数 ❸【物】恒量 ‖ ˈ**con·stant·ly** *adv*.

con·stel·la·tion /ˌkɒnstəˈleiʃᵊn/ *n*. [C] 星座：The Big Dipper is the easiest *constellation* to locate. 北斗七星是最容易辨认的星座。

con·ster·nate /ˈkɒnstəˌneit/ *vt*. [常用被动语态]使惊愕；使惊恐：I was *consternated* by the violence of his reaction. 他的反应之暴烈使我惊愕。

con·ster·na·tion /ˌkɒnstəˈneiʃᵊn/ *n*. [U]惊愕；惊恐：To my utter *consternation*, he burst into tears. 使我极其惊愕的是，他竟号啕大哭起来。

con·sti·pate /ˈkɒnstiˌpeit/ *vt*. 【医】使便秘：Sometimes babies who are getting hungry will become *constipated*. 有时，婴儿不进食会引起便秘。

con·sti·pa·tion /ˌkɒnstiˈpeiʃᵊn/ *n*. [U] ❶【医】便秘 ❷受限制，受约束

con·stit·u·en·cy /kənˈstitjuənsi/ *n*. [C] ❶选区的(全体)选民；选区居民：The *constituency* is voting tomorrow. 选民明天投票。❷选区：I must protest at the sitting of the new missile base in my *constituency*. 我要抗议在我的选区新设导弹基地。

con·stit·u·ent /kən'stitjuənt/ I *adj*. [作定语](有助于)构成的,组成的:Flour, liquid, salt, and yeast are *constituent* parts of bread. 面粉、水、盐和酵母是面包的成分。II *n*. [C] ❶成分,组分,要素(见 element):Nitrogen is one of the essential *constituents* of living matter. 氮是生命要素之一。❷选举人;选民;选区居民 ‖ **con'stit·u·ent·ly** *adv*.

con·sti·tute /'kɔnsti͵tjuːt/ *vt*. [不用于进行时态] ❶构成,组成;形成(见 comprise): Seven days *constitute* a week. 一个星期有7天。❷建立,设立:They *constituted* a relief station for the victims of the fire. 他们设立了火灾灾民救济站。‖ **'con·sti͵tu·tor** *n*. [C]

con·sti·tu·tion /͵kɔnsti'tjuːʃ°n/ *n*. ❶[通常用单](事物的)构造;构成:the chemical *constitution* of the cleanser 这种洗涤剂的化学成分 ❷[通常用单]体质;素质:one's psychological *constitution* 心理素质❸[C](国家、政府等的)体制,政体 ❹[C]法律;法令,政令;习俗,成规,章程

con·sti·tu·tion·al /͵kɔnsti'tjuːʃən°l/ *adj*. ❶[作定语]有关(或符合、拥护、受限于)宪法(或章程、法规等)的;宪法(或章程、法规等)所规定(或限制)的:a citizen's *constitutional* rights 宪法所规定的公民权利❷生来的;有关(或影响)体质(或素质)的;本质的;基本的:a *constitutional* walk 健身散步 ‖ **con·sti·tu·tion·al·i·ty** /'kɔnsti͵tjuːʃə'næliti/ *n*. [U] —**͵con·sti'tu·tion·al͵ize**, **͵con·sti'tu·tion·al͵ise** *vt*. —**͵con·sti'tu·tion·al·ly** *adv*.

con·sti·tu·tion·al·ism /͵kɔnsti'tʲuːʃənə͵liz°m/ *n*. [U] ❶立宪主义;宪政,立宪政体 ❷拥护(或主张)立宪主义(或宪政) ‖ **͵con·sti'tu·tion·al·ist** *n*. [C]

con·sti·tu·tive /'kɔnsti͵tʲuːtiv/ *adj*. ❶有权(或能够)设立(或任命、制定等)的 ❷组成的;构成的:a *constitutive* factor of faith 信仰的一个组成因素 ❸基本的,要素的;本质的 ‖ **'con·sti͵tu·tive·ly** *adv*.

con·strain /kən'strein/ *vt*. ❶强迫,迫使:I am *constrained* to point out the disadvantages of the scheme. 我不得不指出这一计划的不利之处。❷关押,禁闭;限制;束缚:be *constrained* in chains 身陷囹圄 ❸克制;抑制:*constrain* a cough during a concert 在音乐会上忍住不咳嗽 ‖ **con'strain·a·ble** *adj*. —**con'strain·er** *n*. [C] —**con'strain·ing·ly** *adv*.

con·strained /kən'streind/ *adj*. ❶强迫的:a *constrained* confession 被迫的承认 ❷受拘束的;强装出来的,不自然的:a *constrained* manner 做作的态度 ‖ **con'strain·ed·ly** /-idli/ *adv*. —**con'strain·ed·ness** *n*. [U]

con·straint /kən'streint/ *n*. ❶[C]限制;约束:be anxious for freedom from *constraint* 急于摆脱束缚 ❷[U](被)强迫,(被)强制:He appeared in court only under *constraint* of law. 他只有在法律强迫下才出庭。

con·strict /kən'strikt/ *vt*. ❶使收缩;压缩;束紧,使收紧;压紧:Cold water applied to the head *constricts* the blood vessels. 往头上浇冷水可使血管收缩。❷【生】使(组织)收缩;抑制,约束;限权:The regulations *constrict* the chairman in his duties. 规定缩小了主席的职权范围限。‖ **con'stric·tive** *adj*.

con·stric·tion /kən'strikʃən/ *n*. ❶[U]收缩;约束❷[C]紧缩的事物❸[C][通常用单]紧窄感,受堵状态❹[U]紧扼,紧抱

con·stric·tor /kən'striktəʳ/ *n*. [C] ❶【动】(盘卷并缠死猎物的)蟒蛇,蚺蛇 ❷【解】收缩肌,括约肌

con·struct I /kən'strʌkt/ *vt*. 建设,构筑;构成,组成:*construct* a sentence 造句 II /'kɔnstrʌkt/ *n*. [C] ❶建造物,构成物 ❷思维的产物;概念:a theoretical *construct* 理论概念 ❸【语】结构体,结构成分 ‖ **con'struct·er**, **con'struct·or** *n*. [C]

con·struc·tion /kən'strʌkʃ°n/ *n*. ❶[U]建筑,建造,建设:a peculiarly shaped *construction* 一座造型别致的建筑物 ❷[C]建筑物,构造物;结构:The main walls of the building are of solid brick *construction*. 房屋主墙是牢固的砖结构。❸[C]【语】句法关系,句法结构 ‖ **con'struc·tion·al** *adj*. —**con'struc·tion·al·ly** *adv*.

con·struc·tive /kən'strʌktiv/ *adj*. ❶建设性的;有积极作用的,有助益的:During the experiment the teacher gave some *constructive* suggestions that prevented accidents. 试验中,

老师提出了一些建设性建议，防止了事故发生。❷(促进)建设的；(有助于)创造的：*constructive* work 创造性工作 ‖ **con'struc·tive·ly** *adv.* —**con'struc·tive·ness** *n.* [U]

con·struc·tiv·ism /kən'strʌktiˌviz°m/ *n.* [U] (西方艺术中的)构成主义〔亦作 **constructionism**〕‖ **con'struc·tiv·ist** *adj.* & [C] *n.*

C

con·strue /kən'struː/ *vt.* 解释；把…理解为：They *construed* her silence as meaning that she agreed. 他们把她的沉默认作是同意。‖ **con·stru·a·bil·i·ty** /kənˌstruːə'biliti/ *n.* [U] **con'stru·a·ble** *adj.* —**con'stru·al** *n.* [C] —**con'stru·er** *n.* [C]

con·sul /'kɔns°l/ *n.* [C] 领事 ‖ **con·su·lar** /'kɔnsjulə^r/ *adj.* —'**con·sul**ˌ**ship** *n.* [U]

con·su·late /'kɔnsjulit/ *n.* [C] ❶领事馆；领事官邸：The Canadian *consulate* in New York is on Fifth Avenue. 加拿大驻纽约领事馆位于第五大街。❷领事职权(或职位、职能、任期)

con·sult /kən'sʌlt/ *vt.* ❶与…协商，征求…的意见；向…咨询；请教；找(医生)看病：*Consult* your lawyer before signing the contract. 签约之前先咨询律师。❷查阅，查看：*Consult* your dictionary for the meaning of the word. 到字典里查查该词的意思。—*vi.* ❶协商，磋商，商量；征求意见(*with*)：He *consulted with* his lawyer before signing the contract. 他在同律师磋商之后才签了合同。❷当顾问

con·sult·an·cy /kən'sʌlt°nsi/ *n.* [U；C]顾问职业；顾问工作；顾问职位：offer a complete *consultancy* service to firms 对一些公司提供完善的咨询服务

con·sult·ant /kən'sʌlt°nt/ *n.* [C] ❶顾问：an industrial relations *consultant* 劳资关系顾问❷会诊医生；〈主英〉顾问医师(医院中某专业最高级医师)

con·sul·ta·tion /ˌkɔns°l'teiʃ°n/ *n.* [C；U] ❶征求意见，咨询；磋商：After *consultations* with his military adviser, the President decided to declare war. 同军事顾问磋商之后，总统决定宣战。❷(协商)会议；会诊：She is in *consultation* and cannot come to the phone. 她正在会诊，不能来接电话。

con·sult·ing /kən'sʌltiŋ/ *adj.* [仅作定语](提供)咨询的；顾问的；会诊的：a *consulting* physician 会诊内科医师

con·sul·ta·tive /kən'sʌltətiv/ *adj.* [作定语]咨询的；顾问的：a *consultative* committee 顾问委员会

con·sum·a·ble /kən's^juːməb°l/ *adj.* 可消费(或消耗)的；会用尽的；供消费(或消耗)的

con·sume /kən's^juːm/ *vt.* ❶吃光，喝完；(尤指无度地)大口吞下：The bird *consumes* vast numbers of worms each day. 鸟儿每天吃掉大量虫子。❷消耗，消费；用尽：He *consumed* almost all the money he earned last summer. 他几乎把去年夏天挣的钱全花光了。❸毁灭；焚毁：A huge fire *consumed* the entire forest. 大火吞噬了整个森林。❹吸引…注意；使全神贯注，使着迷：a man *consumed* by avarice 贪得无厌的人 —*vi.* 消耗或用光(消费品)：If consumers don't *consume*, then workers won't work. 消费者不消费，工人们就无需生产。‖ **con'sum·ing·ly** *adv.*

con·sum·er /kən's^juːmə^r/ *n.* [C] 消费者；顾客，用户：A low price for wheat should reduce the price of flour for the *consumer*. 小麦跌价将降低消费者的面粉价格，给消费者带来好处。‖ **con'sum·er**ˌ**ship** *n.* [U]

consumer goods [复] *n.* 消费品，生活资料〔亦作 **consumer's goods**〕

con·sum·er·ism /kən's^juːməˌriz°m/ *n.* [U]保护消费者利益运动；保护用户利益主义；(主张以消费刺激经济的)消费主义 ‖ **con'sum·er·ist** *n.* [C]

con·sum·mate I /'kɔnsəˌmeit/ *vt.* ❶完成；实现；使完美，使圆满：*consummate* a business deal 成交一笔生意 ❷(初次同房而)完(婚)：*consummate* a marriage 圆房(或完婚) II /kən'sʌmit, 'kɔnsəmit/ *adj.* [作定语]完全无缺的，完美的；顶尖的，绝顶的；造诣极高的：The paintings of great artists show *consummate* skill. 绘画大师们的作品显示出他们的技艺炉火纯青。‖ **con'sum·mate·ly** *adv.* —**con·sum·ma·tion** /ˌkɔnsə'meiʃ°n/ *n.* [U；C] —'**con·sum**ˌ**ma·tive** *adj.* —'**con·sum**ˌ**ma·tor** *n.* [C] —**con'sum·ma·to·ry** /kən'sʌmitəri/ *adj.*

con·sum·ma·tion /ˌkɔnsə'meiʃ°n/ *n.* [U；C] ❶完成；实现❷完婚，圆房 ❸最终目的，终结；理想的结局

con·sump·tion /kən'sʌmpʃ°n/ *n.* ❶[U]消费；消耗；用光，耗尽；挥霍，浪费：The food is for our *consumption* on the trip. 这些食物是供我们旅途中吃的。❷[U;C]消费量，消耗量：*Consumption* of oil has declined in recent years. 近年来石油消耗量有所下降。

con·sump·tive /kən'sʌmptiv/ **I** *adj.* ❶【医】(易)患肺结核的；肺结核的 ❷消耗(性)的；毁坏(性)的；浪费的：To discuss such a thing as this in letters was a thing too tedious and *consumptive*. 在信里谈这种事，既太乏味，又费劲。**II** *n.* [C]肺结核患者 ‖ **con'sump·tive·ly** *adv.*

con·tact /'kɔntækt/ **I** *n.* ❶[U]接触；联系，联络；交往，交际：establish *contact* with one's relatives 同亲戚取得联系 ❷[C]有用的业务(或社会)关系；(有影响的)熟人；(可以提供信息、资源、帮助等的)联系对象：I've got a useful *contact* in the tax office. 我在税务所找了条路子。**II** /'kɔntækt, kən'tækt/ *vt.* 〈口〉同…(建立或取得)联系；与…接触(或交往)：Mother is ill! *Contact* the doctor immediately! 妈妈病了，快叫医生！ ‖ **con·tact·ee** /ˌkɔntæk'tiː/ *n.* [C] —**con·tac·tu·al** /kən'tæktjuəl/ *adj.*

contact lens *n.* [通常用复]角膜接触镜，隐形眼镜〔亦作 **contacts, lens**〕

con·tact·less /'kɔntæktlis/ *adj.* 无(须)接触的

contact sport *n.* [C]身体接触类体育项目(如足球、拳击、冰球等)

con·ta·gion /kən'teidʒᵊn/ *n.* ❶[U]【医】接触传染❷[C]【医】接触传染病❸[U;C](思想、风俗等的)迅速感染，蔓延；感染性的情绪(或影响等)；扩散开的思想(或风俗等)❹[U]道德败坏；歪风；不良影响

con·ta·gious /kən'teidʒəs/ *adj.* ❶【医】(直接或间接)接触传染的：Scarlet fever is a *contagious* disease. 猩红热是接触传染的疾病。❷感染性的；会蔓延的：a *contagious* sense of humour 有感染力的幽默感 ‖ **con'ta·gious·ly** *adv.* —**con'ta·gious·ness** *n.* [U]

con·tain /kən'tein/ *vt.* [不用于进行时态] ❶包含，含有；包括；能容纳：My purse *contains* money. 我钱包中装有钱。❷等于，相当于，折合：A quart *contains* two pints. 1 夸脱合 2 品脱。❸阻止；遏制(敌人、困难等)：struggle to *contain* the epidemic 努力控制流行病的蔓延 ❹控制，克制，抑制(感情等)：*contain* one's emotions 控制感情 ‖ **con'tain·a·ble** *adj.*

con·tain·er /kən'teinəʳ/ *n.* [C] ❶容器：a soap *container* 肥皂盒 ❷容积，容量 ❸集装箱：a cargo *container* 货物集装箱

con·tain·er·i·za·tion, con·tain·er·i·sa·tion /kənˌteinərai'zeiʃᵊn;-ri'z-/ *n.* [U]装运集装箱化，集装箱装运法

con·tain·er·ize, con·tain·er·ise /kən'teinəˌraiz/ *vt.* ❶用集装箱发运：We note your request for *containerizing* future shipments. 我们注意到你方关于今后用集装箱发运的要求。❷使集装箱化：plans to *containerize* the port 使码头集装箱化的计划

con·tain·ment /kən'teinmənt/ *n.* [U] ❶包含，容纳；控制，抑制：the *containment* of an epidemic 流行病的控制 ❷遏制；遏制政策：policy of *containment* 遏制政策

con·tam·i·nant /kən'tæminənt/ *n.* [C]致污物，污染物

con·tam·i·nate /kən'tæmiˌneit/ *vt.* ❶弄脏，玷污；污染：Market forces do not necessarily *contaminate* scholarship. 市场因素未必会影响学术性。❷【医】感染：a wound *contaminated* by bacteria 受细菌感染的伤口 ‖ **con'tam·i·na·ble** *adj.* —**con'tam·iˌnat·ed** *adj.* —**con·tam·i·na·tion** /kənˌtæmi'neiʃᵊn/ *n.* [U] —**con'tam·i·ˌna·tor** *n.* [C]

con·tem·plate /'kɔmtemˌpleit/ *vt.* ❶思量，思忖；仔细考虑：I will *contemplate* your proposal. 我会认真考虑你的建议的。❷凝视，注视：*contemplate* a beautiful sunset 凝视落日美景—*vi.* 沉思，冥思苦想：All day he did nothing but *contemplate*. 他冥思苦想了一天，什么也没干。‖ **'con·temˌpla·tor** *n.* [C]

con·tem·pla·tion /ˌkɔntəm'pleiʃᵊn/ *n.* [U]❶凝视，注视：The child resumed her *contemplation* of the squirrels outside the window. 那小孩重又注视着窗外的松鼠。❷沉思，深思：After a great deal of *contemplation*, he announced his decision. 在反复考虑之后，他宣布了自己的决定。

con·tem·pla·tive /kən'templətiv/ **I** *adj.* (喜好)沉思的，冥想的：a *contemplative* artist 爱沉思的艺术家 **II** *n.* [C]默想者(尤指修士或修女)

con·tem·po·ra·ne·ous /kənˌtempə'reiniəs/ *adj.* 同时期的，同时代的；存在(或发生、出现)

于同时代的(*with*):The lives of Thomas Jefferson and John Adams were *contemporaneous*. 托马斯·杰弗逊和约翰·亚当斯是同时代的人。‖ **con·tem·po·ra·ne·i·ty** /kənˌtempərəˈniːəti/ *n.* [U] —**conˌtem·poˈra·ne·ous·ly** *adv.* —**conˌtem·poˈra·ne·ous·ness** *n.* [U]

con·tem·po·rar·y /kənˈtempərəri/ **I** *adj.* [作定语] ❶属同一时期的;存在(或生活、发生、出现)于同一时期的:Beethoven was *contemporary* with Napoleon. 贝多芬和拿破仑是同代的人。❷(思想或风格)跟上时代的;当代的(见new):the books of *contemporary* authors 当代作家的作品 **II** *n.* [C] ❶同时代的人(或事物):We all tend to see the society of our *contemporaries*. 我们都喜欢和同代人在一起。❷同龄人,年龄相仿者 ‖ **conˈtem·po·rar·i·ly** *adv.* —**conˈtem·po·rar·i·ness** *n.* [U]

C

☆ **contemporary, contemporaneous, simultaneous, synchronous** 均有"同时代的,同时发生的"之意。**contemporary** 指在同一时代生活、存在或发生,常用于人、作品等:*contemporary* record of events (同时代的大事记)该词也可表示"当代的":*contemporary* Chinese literature (当代中国文学) **contemporaneous** 含义与 contemporary 基本相同,但多用于事件:Victoria's reign was *contemporaneous* with British hegemony. (维多利亚统治时期与英国实施霸权主义是在同一个时间。) **simultaneous** 指在同一时刻或同一瞬间发生:There was a flash of lightning and a *simultaneous* crash of thunder. (一道闪电出现,同时响起了雷声。) **synchronous** 指在发生时间和运动速率方面完全同步一致,精确无误:The movements of the two pendulums are *synchronous* motor (两个钟摆是同步运作的。)

con·tempt /kənˈtempt/ *n.* [U] ❶轻视;轻蔑:He wrinkled his nose in *contempt*. 他轻蔑地皱了皱鼻子。❷耻辱;丢脸:You certainly have brought *contempt* upon yourself. 你真是自讨没趣。‖ ***beneath contempt*** *vi.* 不值一提,不屑一顾:His dishonest behaviour is completely *beneath contempt*. 他的不诚实行为为人所不齿。***bring into contempt*** *vt.* 使蒙受耻辱,使丢脸:Your foolish conduct will *bring* you *into contempt*. 你的愚蠢行为将让你丢尽面子。

con·tempt·i·ble /kənˈtemptibᵊl/ *adj.* 可鄙的,可轻视的,卑劣的;不值得一顾的:Cowards and cheats are *contemptible* people. 胆小鬼和骗子都是无耻之徒。‖ **con·tempt·i·bil·i·ty** /kənˌtemptiˈbiliti/, **conˈtempt·i·ble·ness** *n.* [U] —**conˈtempt·i·bly** *adv.*

contempt of court *n.* [U]【律】蔑视法庭(罪):Cliff was held to be in *contempt of court*. 克里夫被认为犯有蔑视法庭罪。〔亦作 **contempt**〕

con·temp·tu·ous /kənˈtemptjuəs/ *adj.* 表示轻蔑的,鄙视的;傲慢无礼的(*of*):*contemptuous* remarks 侮慢的言语 ‖ **conˈtemp·tu·ous·ly** *adv.* —**conˈtemp·tu·ous·ness** *n.* [U]

con·tend /kənˈtend/ *vi.* ❶搏斗;争夺(*with*):*contend* against drought and dust 同干旱和尘暴作斗争 ❷竞争;争夺:*contend* for the world title 争夺世界冠军 —*vt.* 争执;宣称,主张:He *contended* that taxes were too high. 他认为赋税太高。‖ **conˈtend·er** *n.* [C]

con·tent¹ /ˈkɔntent/ *n.* ❶[C][常作～s](容器、房间等)所容纳之物,内含物:the *contents* of a box 箱子里的东西 ❷[C][常作～s]内容;目录:a table of *contents* 目录 ❸[U](与形式或风格相对的)意义;实质内容;题旨,要义:I didn't understand the *content* of his speech. 我不懂他讲的主要意思是什么。❹[U]容量;容积;体积;面积:the solid *content* of a tree 树的实际体积 ❺[U;C][常用单]含量:Cottage cheese has a high protein *content*. 家制奶酪蛋白质含量高。

con·tent² /kənˈtent/ **I** *vt.* 使满意;使满足:Will it *content* you if I let you have the candy tomorrow? 我明天给你糖,你该满意了吧? **II** *adj.* [仅作表语]满足的;满意的;愿意的:be *content* with life 对生活知足 **III** *n.* [U]满足;满意:Her mouth was fixed in a smile of pure *content*. 她的嘴唇边总带着十分满足的微笑。‖ ***to one's heart's content*** *adv.* 尽情地;心满意足地:sing *to one's heart's content* 纵情歌唱 ‖ **conˈtent·ly** *adv.* —**conˈtent·ness** *n.* [U]

con·tent·ed /kənˈtentid/ *adj.* 满足的;满意的;愿意的:When men are employed they are best *contented*. 人只要有工作,就是最满足的了。‖ **conˈtent·ed·ly** *adv.* —**conˈtent·ed·ness** *n.* [U]

con·ten·tion /kənˈtenʃᵊn/ *n.* ❶[C](辩论中提出的)论点:It is my *contention* that the plan would never have been successful. 我认为，此计划决不会成功。❷[U;C]争辩；(一场)争论；争吵；(一场)口角：There was some *contention* about choosing a captain for the baseball team. 棒球队长的人选尚有争议。‖ ***be in contention*** *n.* 竞争，争夺：He's in *contention* for the position of manager. 他在竞争经理的职位。

con·ten·tious /kən'tenʃəs/ *adj.* ❶好争论的；爱争吵的：a person of *contentious* nature 生性好斗的人 ❷引起争议的；争论中的：a *contentious* argument 有争议的论点 ‖ **con'ten·tious·ly** *adv.* —**con'ten·tious·ness** *n.* [U]

con·tent·ment /kən'tentmənt/ *n.* [U]满足；满意：They seemed to radiate inner *contentment*. 他们似乎周身都洋溢着内心的满足。

con·ter·mi·nous /kən'təːminəs/ *adj.* ❶有共同边界的，邻接的：the side of Germany *conterminous* to France 与法国相邻的德国疆界 ❷同始终的，同起讫的；有共同时间(或空间)范围的：The terms of office of the President and his chief advisor were *conterminous*. 总统首席顾问和总统的任期一样长。‖ **con'ter·mi·nous·ly** *adv.*

con·test I /'kɔntest/ *n.* [C] 竞赛，比赛：a beauty *contest* 选美 II /kən'test/ *vt.* ❶对…提出质疑：*contest* a will 对遗嘱提出质疑 ❷争夺(阵地、席位等)；争取赢得(奖品、选举胜利等)；为…而竞争：a fiercely *contested* take-over bid 激烈的收购投标❸辩驳：*contest* a controversial question 对有争议的问题进行辩驳 ‖ **con'test·a·ble** *adj* —**con'test·a·ble·ness** *n.* [U] —**con'test·a·bly** *adv.* —**con'test·er** *n.* [C]

con·test·ant /kən'testᵊnt/ *n.* [C]竞争者；参赛者：The brothers were *contestants* in the race. 兄弟俩在赛跑中是对手。

con·tes·ta·tion /ˌkɔntes'teiʃᵊn/ *n.* [C;U]争论，争辩；竞争，竞赛；冲突

con·text /'kɔntekst/ *n.* ❶[C;U]【语】上下文，语境，文脉：Try and guess what it means from the *context*. 联系上下文，猜猜它的意思。❷[C](与特定的人或事物有关的)背景，有关情况：The negotiations should be regarded within the *context* of this new situation. 应该将这些谈判放在新的形势中加以考虑。‖ ***out of context*** *adv.* & *adj.* ❶脱离上下文；割裂地：This remark was taken completely *out of context*. 这句话完全是断章取义。❷脱离整体的，(与大局)格格不入的 ‖ **con·tex·tu·al** /kən'tekstjuəl/ *adj.* —**con·tex·tu·al·ize, con·tex·tu·al·ise** /kən'tekstjuəˌlaiz/ *vt.* —**con·tex·tu·a·li·za·tion, con·tex·tu·a·li·sa·tion** /kənˌtekstjuəlai'zeiʃᵊn;-li'z-/ *n.* [U] —**con'tex·tu·al·ly** *adv.*

con·ti·gu·i·ty /ˌkɔnti'gjuːiti/ *n.* [U] ❶接触，紧挨；邻近，靠近：The *contiguity* of the house and garage was a convenience in bad weather. 房子挨着车库，这在天气不好时是一大方便。❷【心】(思想或印象在空间或时间上的)紧挨；接近

con·tig·u·ous /kən'tigjuəs/ *adj.* ❶接触的，紧挨的；邻近的，靠近的；共边的(*with*, *to*)：A fence showed where the two farms were *contiguous*. 围墙表示了两个农场接壤的地方。❷(时间上)紧接的，邻近的：*contiguous* events 接连发生的事情 ‖ **con'tig·u·ous·ly** *adv.* —**con'tig·u·ous·ness** *n.* [C]

con·ti·nent /'kɔntinənt/ *n.* ❶[C]洲，大洲：the North American *continent* 北美大陆❷[C](与岛屿、半岛相对而言的)大陆 ❸[**the C-**]〈英〉(与不列颠诸岛相对而言的)欧洲大陆：Britons like to holiday on *the Continent*. 英国人喜欢去欧洲大陆度假。

☆**Continent** 是指不包括英国在内的欧洲大陆，使用时前面加定冠词 the：He's gone for a holiday on the *Continent*, but I'm not sure whether to France or to Italy. 美国人说到欧洲时，他们是指英国以及欧洲大陆(Britain and the Continent)：We're going to Europe this summer. 而一位将去法国的英国人则说 We're going to the *Continent*.

con·ti·nen·tal /ˌkɔnti'nentᵊl/ *adj.* [作定语] ❶(有关或似)(大)洲的；大陆的：a *continental* climate 大陆性气候 ❷[常作 **C-**]〈英〉(有关)欧洲大陆的：*Continental* customs differ from those of England. 欧洲大陆风俗与英国有所不同。‖ **ˌcon·ti'nen·tal·ly** *adv.*

continental breakfast *n.* [U;C][亦作 **C-B-**]旅店里的(以黄油面包和咖啡等为主的)欧洲大陆式早餐，清淡早餐

continental drift *n.* [U]【地】大陆漂移

continental quilt *n.* [C]〈英〉欧陆式羽绒盖被(=duvet)

continental shelf *n.* [C]【地】大陆架

con·tin·gen·cy /kən'tindʒ^ənsi/ *n.* ❶[C]可能发生的事件(或出现的情况),不测事件;紧急情况:It is too risky not to provide for such *contingency*. 对这种可能发生的事件不做准备是太冒险了。❷[C]偶然事件,偶发事件

contingency fund *n.* [C]应急基金;应急拨款:The budget includes a $ 500 million defense *contingency fund*. 预算包括 5 亿美元的防卫应急基金。

C

con·tin·gent /kən'tindʒ^ənt/ **I** *adj.* ❶视条件而定的,因情况而异的(*on*, *upon*):His arrival is *contingent on* the weather. 他来不来要依天气而定。❷相关联的;伴随的,附带的(*to*):risks *contingent to* a trade 伴随生意而来的风险 ❸可能(发生)的;不一定的 ❹偶然发生的,意外的(见 accidental):*contingent* expenses 意外的开支 ❺【逻】偶然的,非必然的 **II** *n.* [C]小分队,分遣队;代表团;(整体中的)一部分:There was still one *contingent* on station. 哨位上仍有一支小部队。‖ **con'tin·gent·ly** *adv.*

con·tin·u·al /kən'tinjuəl/ *adj.* ❶频繁的,反反复复的:*continual* bus departures 公共汽车频繁的发车❷不住的,从不间断的:Life is a *continual* struggle. 人生即不断拼搏的过程。‖ **con'tin·u·al·ly** *adv.*

☆**continual**, **constant**, **continuous** 均有"连续的,不停的"之意。**continual** 多指在一个长时间内不断重复,其中有或长或短的间歇:Stop that *continual* hammering! (别没完没了地敲打了!) **constant** 表示持续发生或重复发生,常含没有变化的意味:He drove at a *constant* speed. (他以稳定的速度开车。) **continuous** 强调时间或空间上的不间断性:Is this a *continuous* flight, or do we stop off anywhere? (我们是不着陆的连续飞行呢,还是要在中途的什么地方停一停?)

con·tin·u·ance /kən'tinjuəns/ *n.* ❶[U]继续,延续:There was a *continuance* of work in spite of the cold weather. 尽管天冷,但工作继续进行。❷[U]持续(期):a machine's *continuance* in working order 一台机器的使用年限 ❸[C]〈美〉【律】休庭,延期审理:grant a *continuance* 批准休庭

☆ **continuance** 和 **continuation** 都可用来表示"继续,延续",有时可以相互替代,但它们在意义上仍有区别:**continuance** 是指某种状态或情况延续的时间,如 the President's *continuance* in office (总统的连任)。而 **continuation** 主要是指动作延长的时间或者动作中断后再继续的时间,如 a *continuation* of the meeting (会议的继续进行);它还可以指形体的延伸和扩展,如 the *continuation* of the motorway (高速公路的延伸)

con·tin·u·a·tion /kən,tinju'eiʃ^ən/ *n.* ❶[U;C]继续,持续;(停顿后的)再开始(见 continuance):the *continuation* of full employment 持续的高就业率 ❷[C]后续;增补;延长物,扩建物(见 continuance):The *continuation* of the story will appear in next month's magazine. 该故事的续集在下月杂志中刊出。

con·tin·ue /kən'tinju:/ *vt.* ❶使继续(不断);坚持;使维持现状:The people *continued* the president in office for another term. 人民挽留总统再任一期。❷将…延伸,把…延长:The union voted to *continue* the strike for two weeks. 工会投票决定延长罢工两个星期。❸使(停顿后)继续:He ate lunch and then *continued* his work. 他吃过午饭继续工作。—*vi.* ❶(停顿后)继续:After a short break the game *continued*. 稍事休息后,比赛继续进行。❷延伸:The road *continues* for miles. 道路延伸数英里(到港口)。❸持续,延续;继续存在(或进行);维持原状(或某种状态):The king's reign *continued* for 20 years. 这位国王的统治持续了 20 年。‖ **con'tin·u·a·ble** *adj.* —**con'tin·u·er** *n.* [C]

☆**continue**, **abide**, **endure**, **last**, **persist** 均有"持续,坚持"之意。**continue** 为普通用词,使用范围很广,指开始后的持续过程,强调未结束状态,既可表示空间,也可表示时间,往往带有无间歇的意味:The desert *continued* as far as the eye could reach. (沙漠一直伸展到视线的尽头。)该词还可指停顿后再继续下去:The story will be *continued* next week. (故事下星期接着讲。) **abide** 指不管沉浮盛衰能稳定不变或坚定不移地持续下去:How could you *abide* such condition? (这种环境你怎么受得了呢?) **endure** 强调能够抵制某些破坏性的影响或力量继续存在或保持下去:We can't *endure* much longer in this desert without water. (没有水,我们在沙漠中坚持不了多久。)该词也可作为 **last** 比较正式的替换词:fame that will *endure* for ever (将永世长存的声望) **last** 指延续或持续、继续存在或仍有活力,强调某事物往往超出常规或预料,常用于时间方面:The hot *weather lasted* until September. (炎热的天气一直持续到9月。) **persist** 表示超越正常或预定的时间,往往含有顽强或固执的意味:She *persists* in believing that she is being persecuted. (她认定自己一直受到迫害。)

con·ti·nu·i·ty /ˌkɔntiˈnjuːiti/ *n.* ❶[U]连续(性),持续(性);连贯(性):There is no *continuity* between the three parts of the book. 本书三部分之间并无连贯性。❷[C]连贯的整体;(完整的)一系列:a *continuity* of natural calamities 连串的自然灾害

con·tin·u·ous /kənˈtinjuəs/ *adj.* [作定语](时间或空间方面)连续不断的,不断延伸的;接连着的(见 continual):a *continuous* rise in the population 人口的持续增长 ‖ **conˈtin·u·ous·ly** *adv.* —**conˈtin·u·ous·ness** *n.* [U]

continuous assessment *n.* [C](对学生所作的)连续评价

con·tin·u·um /kənˈtinjuəm/ *n.* [C]([复] **-tin·u·a** /-ˈtinjuə/或**-tin·u·ums**)(不可分割的)统一体;(基本特征突出的)连续体:the space-time *continuum* 时空统一体

con·tort /kənˈtɔːt/ *vt.* 扭曲,把…弄弯;歪曲:Her face was *contorted* with anger. 她的脸气得变了形。

con·tor·tion /kənˈtɔːʃ°n/ *n.* ❶[U;C](尤指脸、身体的)扭曲;歪曲:the *contortion* of the body caused by certain kinds of poison 由某种些毒药引起的身体蜷曲 ❷[C]扭曲形状(或姿态):The acrobat went through various *contortions*. 杂技演员做出各种扭曲姿势。

con·tor·tion·ist /kənˈtɔːʃənist/ *n.* [C]柔体杂技演员

con·tour /ˈkɔntuəʳ/ *n.* [C] ❶轮廓;轮廓线:the *contours* of the hillside 山的轮廓 ❷[常作~s]外形;结构;特征;身体曲线:the subtle melodic *contour* of late-eighteenth-century music 18世纪晚期音乐的微妙旋律特征

contour line *n.* [C]【测】等高线,轮廓线

con·tra- /kɔntrə/ *comb. form* ❶表示"相反","相对","对比":*contra*band, *contra*ception, *contra*dict, *contra*ry ❷表示"相反","相对","对比":*contra*distinction, *contra*indicate

con·tra·band /ˈkɔntrəˌbænd/ *n.* [U] ❶[总称]违禁品,禁运品;走私货:Customs officials went through each bag looking for *contraband*. 海关官员检查每只提包,查走私货。❷走私;非法交易:trade in *contraband* 进行非法交易 ‖ **ˈcon·traˌband·ist** *n.* [C]

con·tra·cept /ˌkɔntrəˈsept/ *vt.* ❶【医】通过避孕而不怀(胎儿) ❷给…提供节育用具

con·tra·cep·tion /ˌkɔntrəˈsepʃ°n/ *n.* [U]【医】避孕;节育:give advice on *contraception* 就避孕提供咨询

con·tra·cep·tive /ˌkɔntrəˈseptiv/ **I** *adj.* (有关或用于)避孕的;节育用的:a long-term study of *contraceptive* methods 对避孕方法进行的长期研究 **II** *n.* [C]【医】节育用具;避孕药物:an oral *contraceptive* 口服避孕药

con·tract I /ˈkɔntrækt/ *n.* [C;U]合同(书),契约;承包合同,承包契约:a draft *contract* 合同草案 **II** /kənˈtrækt/ *vt.* ❶使缩小;使缩短:Cold *contracts* metals. 冷却使金属收缩。❷订合同把(工作等)包出(*out*) ❸染(病);负(债);养成(习惯);建立(友谊):*contract* pneumonia 患肺炎—*vi.* ❶缩小;缩短;收缩;【语】缩约:The cat's pupils *contracted* in the bright light. 猫的瞳孔在亮光下缩小了。❷订合同,订契约;执行合同(*with*, *for*):*contract for* a new library *with* a building firm 与建筑公司签订建造一座新图书馆的合同 ‖ **con·trac·tee** /ˌkɔntrækˈtiː/ *n.* [C]

con·tract·a·ble /kənˈtræktəb°l/ *adj.* 【医】(疾病)可感染的:a *contractable* disease 会感染的疾病

con·tract·i·ble /kənˈtræktəb°l/ *adj.* = contractile ‖ **conˈtract·i·ble·ness** *n.* [U] —**conˈtract·i·bly** *adv.*

con·trac·tile /kənˈtræktail/ *adj.* ❶可收缩的;有收缩力的,有收缩性的:The heart is a highly *contractile* organ. 心脏是收缩性强的器官。❷产生收缩的:Cooling is a *contractile* force. 冷冻是一种致缩力。‖ **con·trac·til·i·ty** /ˌkɔntrækˈtiliti/ *n.* [U]

con·trac·tion /kənˈtrækʃ°n/ *n.* ❶[U;C]收缩;缩小;缩短:Cold causes the *contraction* of liquids, gases, and solids. 冷却会使液体、气体和固体收缩。❷[U]经济及工业活动的减退 ❸[常作~s]【医】收缩,挛缩:uterine *contraction* 子宫收缩 ❹[C]【语】缩约形式,缩约词;缩约

C

con·trac·tion·ar·y /kən'trækʃ°nəri/ *adj.* (以抑制消费增长等方式而)引起经济萎缩(或紧缩)的

con·trac·tor /kən'træktəʳ/ *n.* [C] 订约人;(尤指建筑营造业的)承包人,承包商:a building *contractor* 建筑承包商

con·trac·tu·al /kən'træktʃuəl/ *adj.* [作定语](有关)合同(性)的,契约(性)的:The union had a *contractual* agreement with the company. 工会同公司有合同协议。‖ **con'trac·tu·al·ly** *adv.*

C

con·tra·dict /ˌkɔntrə'dikt/ *vt.* ❶否认…的真实性:One can't *contradict* facts. 谁也不能否认事实。❷反驳(某人)的观点:It is rude to *contradict* a guest. 同客人顶嘴不礼貌。❸与…相矛盾,与…相抵触:*contradict* oneself 自相矛盾 ‖ **ˌcon·tra'dict·a·ble** *adj.* —**ˌcon·tra'dic·tor**, **ˌcon·tra'dict·er** *n.* [C]

con·tra·dic·tion /ˌkɔntrə'dikʃ°n/ *n.* [U;C] ❶反驳;否认;反驳(或否认)的言论:The expert spoke without fear of *contradiction* by his listeners. 那位专家发言时不怕遭听众反驳。❷矛盾(性),对立(性);不一致(性):the *contradiction* between private ownership and social production 私有制和社会化生产的矛盾

con·tra·dic·to·ry /ˌkɔntrə'dikt°ri/ *adj.* (有关、引起或构成)矛盾的;(相互)对立的;不一致的(见 opposite):*contradictory* ideas about love 关于爱情的相对立的观念 ‖ **ˌcon·tra'dic·to·ri·ly** *adv.* —**ˌcon·tra'dic·to·ri·ness** *n.* [U]

con·tra·dis·tinc·tion /ˌkɔntrədi'stiŋkʃ°n/ *n.* [U]对照;对比性的区别

con·tra·dis·tin·guish /ˌkɔntrədi'stiŋgwiʃ/ *vt.* 通过对比区别(*from*):*contradistinguish* spoken English *from* written English 通过对比对口头英语与书面英语进行区别

con·tra·flow /'kɔntrəˌfləu/ *n.* [通常用单]〈主英〉逆行,反道行驶:A temporary *contraflow* is in force on the motorway. 公路上暂时实行反道行驶。

con·trail /'kɔntreil/ *n.* [C](高空飞行飞机的)凝迹,尾迹,拉烟

con·tra·in·di·cate /ˌkɔntrə'indiˌkeit/ *vt.* 【医】禁忌 ‖ **con·tra·in·di·ca·tion** /ˌkɔntrəˌindi'keiʃ°n/ *n.* [U]

con·tral·to /kən'træltəu/ *n.* [C]([复]**-tos** 或**-ti** /-ti/) ❶女低音:Her voice was low and velvety, a soft *contralto*. 她的嗓音浑厚柔和,是轻柔的女低音。❷女低音歌手 ❸女低音声部

con·trap·tion /kən'træpʃən/ *n.* [C]〈口;贬〉奇妙的机械装置;新发明的玩意儿:I don't understand how this *contraption* works. 我不明白这怪玩意儿怎么开动。

con·tra·pun·tal /ˌkɔntrə'pʌnt°l/ *adj.* [作定语] ❶【音】对位(性)的;(有关或根据)对位法的 ❷复调音乐的 ‖ **ˌcon·tra'pun·tal·ly** *adv.* —**ˌcon·tra'pun·tal·ist** *n.* [C]

con·tra·ri·an /ˌkɔn'treəriən/ *n.* [C]持相反意见的人;(与其他人)信仰(或做法)截然相反者;别出心裁的人

con·tra·ri·e·ty /ˌkɔntrə'raiiti/ *n.* [C] ❶对立(性) ❷【逻】正对反(性),正对反关系

con·tra·ri·wise *adv.* ❶/'kɔntrəriˌwaiz/ 反方向地,正好相反地;在另一方面:move *contrariwise* 向相反方向运动 ❷/'kɔntrəriˌwaiz, kən'treəriˌwaiz/ 故意作对地;执拗地:The boy did just *contrariwise* what we told him not to do. 那个男孩偏要去做我们叫他不要做的事。

con·tra·ry /'kɔntrəri/ **I** *adj.* (倾向、方向等)相反的,相对的;对立的(*to*)(见 opposite):They held *contrary* opinions. 他们持相反的意见。**II** *n.* [C][常作 **the** ~]相反(或相对)的事物;对立面;对立项:prove *the contrary* of a statement 证明与某个说法相反 ‖ ***on the contrary*** *adv.* 正相反:A: I hear you are enjoying your new job. B: *On the contrary*, I find it rather dull. 甲:听说你很喜欢你的新职业。乙:正相反,我觉得它很枯燥。***to the contrary*** *adv.* & *adj.* ❶(内容)相反的(地):in the absence of any evidence *to the contrary* 缺乏相反的证据 ❷尽管:His ill health *to the contrary*, he led a very active life. 尽管身体不好,但他却过着活跃的生活。‖ **'con·tra·ri·ly** *adv.* —**'con·tra·ri·ness** *n.* [U]

☆**on the contrary, in contrast, on the other hand** 均有"相反,对比"之意。**on the contrary** 用来表示某一陈述或说法不真实或不正确:A: I hear you're enjoying your new job. B: *On the contrary*, I find it rather dull. (甲:我听说你很喜欢你的新工作。乙:恰恰相反,我觉得我的工

作相当枯燥。）**in contrast** 用于两个不同但又真实的事情，并指出两者之间的惊人差异：*In contrast* with her sister, she is very tall.（与她姐姐相比，她个子很高。）**on the other hand** 指加上一个新而不同的事实，常用于表示转折：I know this job of mine isn't well paid, but *on the other hand* I don't have to work long hours.（我知道这份工作报酬不高，但从另一方面来说，我也不必工作太长时间。）

con·trast I /ˈkɔntrɑːst;-træst/ *n.* ❶[C]（差别较为明显的）对照；鲜明对比；（对比之下显出的）悬殊差别；差别（程度）：The *contrast* between this year's high profits and last year's big losses is really quite striking. 今年高利润和去年大亏本之间的差别确实令人吃惊。❷[C]形成对照的人（或物）(*to*)：Black hair is a sharp *contrast to* light skin. 黑头发和浅色皮肤形成鲜明对照。❸[U]（差别较为明显的）对照；鲜明对比：In *contrast* with your views, the president believes just the opposite. 董事长的观点与你的相比恰恰相反。II /kənˈtrɑːst;-ˈtræst/ *vt.* 把…放在一起对比；使形成对照（见compare）：*contrast* birds with fishes 拿鸟同鱼作对比 —*vi.* 形成对比；（对比之下）显出差别：The black and the gold *contrast* well in that design. 在该设计中，黑色和金色对比鲜明。‖ ***by contrast*** *adv.* 对比之下：*By contrast* with Ottawa, Toronto is mild in winter. 与渥太华相比，多伦多的冬天比较暖和。‖ **conˈtrast·ing·ly** *adv.* —**conˈtrast·ive** *adj.*

con·tra·vene /ˌkɔntrəˈviːn/ *vt.* ❶违反；触犯：*contravene* the law 触犯法律 ❷（事物）与…相抵触，与…发生冲突：A dictatorship *contravenes* the liberty of individuals. 独裁与个人自由相悖。‖ **ˌcon·traˈven·er** *n.* [C]

con·tra·ven·tion /ˌkɔntrəˈvenʃᵊn/ *n.* [U;C] ❶违反；触犯：act in *contravention* of the law 犯法 ❷抵触，冲突

con·tre·temps /kɔntrəˈtɔŋ/ *n.* [C][单复同] 意外的不快；不凑巧的窘遇

con·trib·ute /kənˈtribjuːt/ *vt.* ❶捐（款等）；捐献，捐助(*to*)：Each worker *contributed* a dollar *to* the Red Cross. 每个工人向红十字会捐了一美元。❷贡献，提供（建议、帮助等）：Everyone was asked to *contribute* suggestions for the party. 要求每个人都为聚会出谋划策。❸投（稿）；撰（稿）：*contribute* stories to a magazine 为一家杂志撰写短篇小说 —*vi.* ❶捐款，出一份钱；捐助(*to*)：He *contributes to* many charities. 他向许多家慈善机构捐款。❷投稿，撰稿：She regularly *contributes* to the college magazine. 她定期向校刊投稿。❸作出贡献；提供建议（或帮助等）；出一份力，起一份作用：*contribute* unceasingly to civilization 不断地为文明作出贡献 ‖ ***contribute to*** 有助于，促成；是…的部分原因：Air pollution *contributes* to respiratory disease. 空气污染会引起呼吸道疾病。‖ **conˈtrib·u·tive** *adj.* —**conˈtrib·u·tive·ly** *adv.*

con·tri·bu·tion /ˌkɔntriˈbjuːʃᵊn/ *n.* ❶[U;C] 捐献（物），捐助（物）；捐款；贡献；作用：He has made an important *contribution* to the company's success. 他对公司的成功作出了重大贡献。❷[C]（投给报刊等的）稿件，来稿

con·trib·u·tor /kənˈtribjutəʳ/ *n.* [C] ❶捐款者；捐献者，捐助者：generous *contributors* to a fund to save the house 为拯救这所房子向基金会慷慨捐款的人们 ❷投稿人，撰稿人：a regular *contributor* to our magazine 本杂志的长期撰稿者

con·trib·u·to·ry /kənˈtribjutᵊri/ *adj.* （作出）贡献的；促成的；起作用的：The workman's own carelessness was a *contributory* cause of the accident. 该工人自己的大意是导致这起事故的原因。

con·trite /ˈkɔntrait/ *adj.* ❶（感到）悔悟的，后悔的；有负罪感的：a *contrite* heart 一颗悔悟的心 ❷（行动等）表达悔悟之情的：*contrite* sighs 懊悔的叹息 ‖ **conˈtrite·ly** *adv.* —**conˈtrite·ness** *n.* [U]

con·tri·tion /kənˈtriʃᵊn/ *n.* [U]（感到）悔悟，后悔

con·triv·ance /kənˈtraivᵊns/ *n.* ❶[C]发明物；机械装置；计划：a clever *contrivance* for milking cows 灵巧的挤奶装置 ❷[U;C]发明；设计；计谋，计划：a *contrivance* to raise prices 抬高物价的诡计

con·trive /kənˈtraiv/ *vt.* ❶发明；策划，设计；想出；造出：I'm sure you'll *contrive* some way of dealing with the situation. 我相信你会想出应付这个局面的办法来的。❷[通常后接不定式]设法做到；竟然弄到…的地步：I shall *contrive* to live. 我一定要活下去！‖

con'triv·a·ble *adj*. —con'triv·er *n*. [C]

con·trived /kən'traivd/ *adj*. 使用机巧的;人工做成的;不自然的;牵强附会的:I quite liked the story, but I thought the ending was rather *contrived*. 我很喜欢这个故事,不过我认为结尾牵强了一些。

con·trol /kən'trəul/ I *n*. ❶[U]控制(能力);支配(能力);指挥(能力);管理(能力):A child is under its parents' *control*. 孩子该受父母管教。❷[U;C]自制(力);抑制(手段),克制(手段):Indignation took away Ralph's *control*. 愤怒使拉尔夫不能自控。❸[C][常作~s]统制(办法),管制(手段):institute wage and price *controls* 实施工资与物价调控 ❹[C][常作~s]控制装置,操纵装置;控制器,操纵器:the volume *control* of a radio [TV] 收音机[电视机]音量调节钮 II *vt*. (-trolled;-trol·ling) ❶控制;支配;指挥;管理(见 conduct):*control* a horse 驾驭一匹马 ❷抑制,压抑,压制,克制:*control* one's emotions 克制自己的感情 ‖ ***out of control*** *adj*. 失去控制的;不受控制的,不受约束的:The car is *out of control*. 汽车失去控制了。***under control*** *adj*. & *adv*. ❶处于控制之下:They soon brought [had] the fire *under control*. 他们很快控制住了火势。❷情况正常的:Don't worry, everything's *under control*. 别担心,一切正常。‖ **con·trol·la·bil·i·ty** /kənˌtrəulə'biliti/ *n*. [U] —**con'trol·la·ble** *adj*. —**con'trol·lab·ly** *adv*. —**con'trol·ling** *adj*.

con·trol·ler /kən'trəulə^r/ *n*. [C] ❶控制者;管理者 ❷【机】控制器,操纵器,调节器 ❸审计员;审计主任;审计官 ❹〈英〉机场调度员 ‖ **con'trol·lerˌship** *n*. [U]

control tower *n*. [C]【空】指挥塔台

control unit *n*. [C]【计】❶控制单元 ❷控制器

con·tro·ver·sial /ˌkɔntrə'vəːʃ°l/ *adj*. ❶(有关或引起)争论的;辩论的;(有)争议的:The decision to go ahead with the project was very *controversial*. 关于继续进行该工程的决定引起了强烈反响。❷爱争论的:He is eager to be *controversial* on any subject under the sun. 他什么都爱同别人争论。‖ **ˌcon·tro'ver·sialˌism** *n*. [U] —**ˌcon·tro'ver·sial·ist** *n*. [C] —**ˌcon·tro'ver·sial·ly** *adv*.

con·tro·ver·sy /'kɔntrəˌvəːsi, kən'trɔvəsi/ *n*. [C;U](公开、激烈、持续时间长的)争论;辩论(见 argument):The lie detector tests have been the subject of much *controversy*. 测谎器试验一直是一个有很大争论的问题。

con·tro·vert /'kɔntrəˌvəːt, ˌkɔntrə'vəːt/ *vt*. ❶反驳,驳斥;反对;对…提出质疑:I won't *controvert* you on this point. 在这一点上我不反驳你。❷就…进行争论(或辩论):His views were hotly *controverted*. 他的观点引起了激烈的争论。‖ **ˌcon·tro'vert·i·ble** *adj*.

con·tu·ma·cious /ˌkɔntju'meiʃəs/ *adj*. 反抗权威的,桀骜不驯的;反抗法院命令的:A *contumacious* witness may be held guilty of contempt of court. 违抗法院命令的证人可被认为犯有藐视法庭罪。‖ **ˌcon·tu'ma·cious·ly** *adv*.

con·tu·ma·cy /'kɔntjuməsi/ *n*. [U]反抗,叛逆;拒绝服从

con·tu·me·li·ous /ˌkɔntjuː'miːliəs/ *adj*. 傲慢无礼的;辱骂的;侮辱性的:curve a *contumelious* lip 傲慢无礼地撇着嘴唇 ‖ **ˌcon·tu'me·li·ous·ly** *adv*. —**ˌcon·tu'me·li·ous·ness** *n*. [U]

con·tu·me·ly /'kɔntjuːmili/ *n*. ❶[U]傲慢;侮慢:treat sb. with *contumely* 傲慢无礼地对待某人 ❷[U;C]傲慢的言行;无礼谩骂;侮辱行为

con·tuse /kən'tʲuːz/ *vt*. 挫伤;(皮肉不破裂地)撞伤:The face streamed with sweat, and the eyeballs were *contused*. 脸上大汗淋漓,双眼青紫。‖ **con'tu·sive** *adj*.

con·tu·sion /kən'tjuːʒ°n/ *n*. [U]挫伤,青肿

co·nun·drum /kə'nʌndrəm/ *n*. [C]([复]-**drums** 或-**dra** /-drə/) ❶(谜底往往是双关语的)谜语;文字游戏 ❷难题,谜:The belief in reincarnation poses some *conundrums*. 来世再生的信仰是一个谜。

con·ur·ba·tion /ˌkɔnəː'beiʃ°n/ *n*. [C]大都市(拥有卫星城和郊区的集合城市)

con·va·lesce /ˌkɔnvə'les/ *vi*. 康复,恢复健康:He was sent to a nursing home in the country to *convalesce*. 他被送到乡间一所疗养院去休养。

con·va·les·cence /ˌkɔnvə'lesəns/ *n*. [U;C]恢复(期),康复(期)

con·va·les·cent /ˌkɒnvəˈlesᵊnt/ I *adj*. [无比较级] ❶(处于)恢复(期)的,康复(期)的:*convalescent* children 已康复中的儿童 ❷(有关或用于)疗养的,休养的:a *convalescent* home 疗养院 II *n*. [C]恢复期病人:in a home for *convalescents* 在疗养院

con·vec·tion /kənˈvekʃᵊn/ *n*. [U] ❶传导,传送,(热的)对流、传递:Does a room's radiator get its heat by *convection*? 房间的暖气是通过对流获取热量的吗? ❷【物】【气】(大气)对流:Warm air rises by *convection*. 热空气因对流上升。‖ **conˈvec·tion·al** *adj*.

con·vene /kənˈviːn/ *vt*. 召集(会议),安排(会议);召集…开会:A world conference was *convened* in Paris. 在巴黎召开了一次世界大会。—*vi*. 集合,聚集;集会,开会:Congress *convenes* at least once a year. 国会至少每年召开一次会议。‖ **conˈven·a·ble** *adj*. —**conˈven·er**, **conˈven·or** *n*. [C]

con·ve·ni·ence /kənˈviːniəns/ *n*. ❶[U]方便;合宜:The arrangement suits his *convenience* very well. 这个安排对他很合宜。❷[U]舒适,自在;裨益,好处:consult one's own *convenience* 只图一己舒适便利❸[C]方便好用的设备(或器具);给人带来便利的设施:We find our folding table a great *convenience*. 我们发现我们的折叠桌极为方便好用。❹[C]〈英〉〈婉〉(有抽水设备的)厕所;公共厕所:gentlemen's *conveniences* 男厕所 ‖ ***at your convenience*** *adv*. 在你方便的时候;以你认为合适的方式:Come by to pick me up *at your convenience*. 方便时(用车)来接我。***make a convenience of*** *vt*. (不顾及对方感情地)利用(某人):He is simply *making a convenience of* me. 他不过是利用我罢了。

convenience food *n*. [U;C]方便食品

con·ve·ni·ent /kənˈviːniənt/ *adj*. ❶方便的;省力的,省心的;令人感到舒适的;提供便利的(*for*,*to*):It's very *convenient* that you can take the subway to work. 你能乘地铁去上班,真是太方便了。❷[作定语]在适当时刻(或地点)出现的;适合人的需要(或兴趣、目的)的,合宜的:choose a more *convenient* spot 选择一个更合适的地点 ❸〈口〉近便的;容易到达的(*for*,*to*):The shopping centre is very *convenient for* us at weekends. 我们周末去购物中心很近便。‖ **conˈve·ni·ent·ly** *adv*.

con·vent /ˈkɒnvᵊnt/ *n*. [C] ❶(天主教会的)隐修会;(修女会的)女隐修会,女修道会 ❷(天主教会的)隐修院;(修女会的)女隐修院,女修道院:go into [enter] a *convent* 当修女

con·ven·tion /kənˈvenʃᵊn/ *n*. ❶[U;C](对社会行为等的)约定俗成;(正式的)习俗:*conventions* of daily life 日常习俗 ❷[C](正式的)会议;(定期的)大会;(政党内部决定总统、副总统等候选人提名的)代表大会:a teachers' *convention* 教师代表大会 ❸[C;U]常规,惯例;传统(见 habit):break down old *conventions* 打破旧传统

con·ven·tion·al /kənˈvenʃənᵊl/ *adj*. ❶(依靠或根据)常规的,习惯(上)的:stray from the path of *conventional* behaviour 行为背离习俗 ❷(人)按社会习俗行事的;因循守旧的:The people living next door are quiet, *conventional* people. 隔壁邻居是一些不声不响的规矩人。‖ **conˈven·tion·al·ly** *adv*.

con·ven·tion·eer /kənˌvenʃəˈniəʳ/ *n*. [C]到会者,大会代表

con·verge /kənˈvəːdʒ/ *vi*. ❶(线条、道路、运动物体等)会于一点;互相靠拢;趋于会合:As they flow south, the three rivers *converge*. 那三条大河向南流,渐渐汇流在一起。❷聚集,集中,会合(*on*,*upon*):The reporters *converged on* the star as she stepped out of the limousine. 那位女明星一步出轿车,记者们便蜂拥而上。‖ **conˈver·gence** *n*. [C;U]

con·ver·gent /kənˈvəːdʒᵊnt/ *adj*. (趋于)会合的;聚集的

con·ver·sant /kənˈvəːsᵊnt, ˈkɒnvə-/ *adj*. 精通的;熟悉的;非常了解的(*with*,*in*):be *conversant with* the rules of the game 对比赛规则了如指掌 ‖ **conˈver·sance**, **conˈver·san·cy** *n*. [U]

con·ver·sa·tion /ˌkɒnvəˈseiʃᵊn/ *n*. [U;C](非正式的)谈话,交谈,会话;一次交谈:It's impossible to carry on a *conversation* with all this noise in the background. 周围很吵,无法交谈。

con·ver·sa·tion·al /ˌkɒnvəˈseiʃənᵊl/ *adj*. ❶[作定语](有关或用于)谈话的,会话的;在谈话(或交谈)的:sb.'s brilliant *conversational* powers 某人出色的口才 ❷谈话(或会话)式的;口语体的;亲切随和的:poems written in *conversational* style 用口语体写的诗歌 ‖ **ˌcon·verˈsa·tion·al·ly** *adv*.

con·ver·sa·tion·al·ist /ˌkɔnvəˈseiʃənəlist/ *n.* [C]爱交谈的人,健谈的人,善于辞令者

con·verse[1] /kənˈvəːs/ *vi.* 谈话,交谈;谈心(*with*)(见 speak):I consider it a privilege to have met and *conversed with* you. 能见到你并和你交谈,我深感荣幸。

con·verse[2] I /ˈkɔnvəːs, kənˈvəːs/ *adj.* [无比较级][作定语](方向等)逆(转)的;相反的,相对的;(次序)颠倒的:hold the *converse* opinion 持截然相反的意见 II /ˈkɔnvəːs/ *n.* [C][常用单或作 **the ~**]相反(或相对)的事物;反题,逆叙,反面说法:I actually believe that *the converse* of your last statement is true. 我确实认为与你刚才说的相反的说法倒是正确的。‖ **con·verse·ly** /ˈkɔnvəːsli, kənˈvəːsli/ *adv.*

C

con·ver·sion /kənˈvəːʃən/ *n.* [U;C]❶变换,转换,转化,转变,改变:Heat causes the *conversion* of water into steam. 高温使水变成蒸汽。❷(信仰或立场、观点等的)改变;(宗教的)皈依;【宗】(悔改后)转意归主:sb.'s *conversion* to Islam 某人皈依伊斯兰教

con·vert I /kənˈvəːt/ *vt.* ❶变换;使转换,使转化,使转变;改变(*into*):These machines *convert* cotton *into* cloth. 这些机器将棉花加工成布。❷使改变信仰(或立场、观点等);使皈依,使归附:John was *converted* to Buddhism by a Chinese monk. 约翰受一位中国僧人的影响皈依了佛教。—*vi.* ❶【美橄】以…赢触地得分后得附加分;【篮】以(罚球)得分 ❷(被)变换;转换,转化,转变;(可)被改变;皈依;改变信仰(或立场、观点等);皈依,归附:a sofa that *converts* into a bed 一款可改变成床的沙发 II /ˈkɔnvəːt/ *n.* [C]改变信仰(或立场、观点等)的人;皈依者,归附者:a *convert* to Christianity 改信基督教的人

con·vert·er /kənˈvəːtəʳ/ *n.* [C]使转变(或改变等)的人(或东西):a catalytic *converter* 催化转化器

con·vert·i·ble /kənˈvəːtəbəl/ I *adj.* ❶可转化的;可改变用途(或形式等)的:a *convertible* pramcum-push chair 摇篮、手推两用车 ❷(汽车等)有折篷的:a *convertible* sedan 活顶四门轿车 ❸(证券等)可兑换的:The dollar is a *convertible* currency, but the rouble is not. 美元是可兑换货币,而卢布却不是。II *n.* [C] ❶折篷汽车(或游艇) ❷可折叠式沙发 ‖ **con·vert·i·bil·i·ty** /kənˌvəːtəˈbiliti/ *n.* [U]

con·vex /ˈkɔnveks, kɔnˈveks/ *adj.* 凸的,中凸的;凸圆的,凸面的:a *convex* mirror [lens] 凸面镜[透镜]

con·vey /kənˈvei/ *vt.* ❶输送,运送,转送;携带(见 bring 和 carry):A bus *conveyed* the passengers from the city to the airport. 公共汽车把乘客从市区载至机场。❷表达,表示;传达:Our government's anger was *conveyed* to their ambassador. 我们政府的愤慨已经转达给了他们的大使。❸传导;传播,传递:*convey* sound [smell] 传播声音[气味] ‖ **conˈvey·a·ble** *adj.* —**conˈvey·er**, **conˈvey·or** *n.* [C]

con·vey·ance /kənˈveiəns/ *n.* ❶[U]输送,运送,转送❷[C]运输工具,交通工具❸[U]传送,传导;传播,传递,传达

conveyor belt *n.* [C]传送带:He took his suitcase off the *conveyor belt* at the airport. 他在机场从传送带上取下自己的手提箱。

con·vict I /kənˈvikt/ *vt.* 【律】(经审讯)证明…有罪;宣告…有罪(*of*):The jury *convicted* the accused man *of* theft and arson. 陪审团宣告被告犯有盗窃罪和纵火罪。II /ˈkɔnvikt/ *n.* [C]【律】已决犯,既决犯;(服刑中的)囚犯:an escaped *convict* 逃犯

con·vic·tion /kənˈvikʃən/ *n.* [U;C] ❶【律】定罪,判罪:The trial resulted in the *conviction* of the guilty man. 审讯结束宣判那人有罪。❷确信,深信;坚定的信念(见 belief):She's a woman of strong *convictions*. 她是一位信仰坚定的妇女。

con·vince /kənˈvins/ *vt.* 使确信,使信服,说服:I am *convinced* that he's evil. 我确信他是坏蛋。‖ **conˈvinc·er** *n.* [C] —**con·vin·ci·bil·i·ty** /kənˌvinsəˈbiliti/ *n.* [U] —**conˈvin·ci·ble** *adj.*

☆**convince**, **persuade** 均有"说服,使相信"之意。**convince** 指通过论证或列举事实使人感到信服,强调以理服人:He finally *convinced* them of her innocence.(他终于使他们相信她是清白的。)**persuade** 表示通过恳求、解释使别人在感情上或表面上相信自己的说法,侧重以情动人或服人:Try to *persuade* her to come out with us.(试试劝她跟我们一起出去吧。)

con·vinced /kənˈvinst/ *adj.* 确信的,信服的;有坚定信仰的:a *convinced* Christian 信仰坚定

的基督徒

con·vinc·ing /kən'vinsiŋ/ *adj*. [有时作表语]令人信服的,有说服力的(见 valid):He sounded very *convincing*. 他的话听上去很有说服力。‖ **con'vinc·ing·ly** *adv*.

con·viv·i·al /kən'viviəl/ *adj*. (喜好)宴饮交际的,(爱)吃喝玩乐的;好交际的:*convivial* friends 喜欢宴饮的朋友 ‖ **con'viv·i·al·ly** *adv*.

con·vo·ca·tion /ˌkɔnvə'keiʃən/ *n*. [U]召集 ‖ ˌ**con·vo'ca·tion·al** *adj*.

con·voke /kən'vəuk/ *vt*. 〈书〉召集…开会;召开(会议):*convoke* Parliament 召开国会 ‖ **con'vok·er** *n*. [C]

con·vo·lut·ed /'kɔnvəˌluːtid/ *adj*. ❶卷曲的;盘绕的;包卷(着)的:sheep with *convoluted* horns 长着卷曲角的羊 ❷复杂的;错综纷乱的:a *convoluted* explanation 绕弯子的解释 ‖ '**con·voˌlut·ed·ness** *n*. [U]

con·vo·lu·tion /ˌkɔnvə'luːʃᵊn/ *n*. [U;C]卷曲,回旋;盘绕;(呈)盘绕状(或结构);卷曲物;一圈,一旋 ‖ ˌ**con·vo'lu·tion·al** *adj*. ˌ**con·vo'lu·tion·ar·y** *adj*.

con·voy /'kɔnvɔi/ *n*. [C] ❶(战时的)护航舰队;护送部队;护卫者:a naval *convoy* 海军护卫舰 ❷(执行同一任务的)车队;同行车队(或船队等):*Convoys* of lorries took food to the disaster area. 卡车在(其他车辆的)护送下将食品送往灾区。

con·vulse /kən'vʌls/ *vt*. ❶[常用被动语态]【医】使抽搐,使惊厥:A quiver *convulsed* his body. 一阵颤抖使他全身抽搐。❷使大笑不止,使(笑得)前仰后合;(强烈感情)使抖动:She was *convulsed* with laughter. 她笑得前俯后仰。❸使猛烈震动;(地震等)震撼;使剧烈骚动:riots *convulsing* the country 使全国动荡的骚乱

con·vul·sion /kən'vʌlʃᵊn/ *n*. [C] ❶[常作～s]【医】惊厥,抽搐:He couldn't drive because he sometimes had *convulsions*. 他不能开车,因为他有时会抽风。❷[常作～s]狂笑,大笑不止:We were all in *convulsions* of laughter. 我们大家都捧腹大笑。❸震动;(剧烈的)骚动,动乱,动荡:The country was undergoing a political *convulsion*. 这个国家正经历一场政治动乱。

co·ny /'kəuni/ *n*. [C]【动】兔(子)〔亦作 **coney**〕

coo /kuː/ *vi*. ❶发咕咕声:A pigeon was *cooing* in one of the elms. 一只鸽子在一棵榆树上咕咕啼鸣。❷柔声说话,喁喁私语;赞赏地说:The mother *cooed* over her baby. 母亲对婴儿柔声细语。—*vt*. 含情脉脉地说:*coo* one's words 喁喁私语

cook /kuk/ **I** *vt*. 烹调,烧(制);煮:*cook* one's meals on a gas ring 在煤气灶上烧饭—*vi*. ❶被烹调,被烧制;被煮:Let the fish *cook* for half an hour before you add the wine. 让鱼烧上半个小时,然后再加酒。❷烹饪;当厨师,当炊事员:He *cooked* in lumber camps for twenty years. 他在伐木营里当了 20 年厨师。**II** *n*. [C]厨师,炊事员:the head *cook* 厨师长

cook·book /'kukˌbuk/ *n*. ＝cookery book

cook·er·y /'kukᵊri/ *n*. ❶[U]烹饪(术);烹饪业:*cookery* lessons 烹饪课程 ❷[C]厨房

cookery book *n*. [C]〈主英〉食谱,烹饪书:a vegetarian *cookery book* 素食菜谱〔亦作 **cookbook**〕

cook·ie /'kuki/ *n*. [C] (小)甜饼干:chocolate-chip *cookies* 巧克力饼干

cook·ing /'kukiŋ/ *n*. [U] ❶烹任,烹调 ❷烹饪术

cook·out /'kukˌaut/ *n*. [C]❶(常指自家后院的)露天烤肉餐 ❷野外烧烤聚餐

cool /kuːl/ **I** *adj*. ❶凉的,凉快的(见 cold):A *cool* breeze blew off the sea. 一阵凉风掠过海面。❷使人感觉凉爽的:*cool* colours 冷色 ❸沉着的,冷静的:We need someone with a *cool* head. 我们需要一个沉着冷静的人。❹冷淡的;不热情的;不友好的:My former friend gave me a *cool* greeting. 我以前的一个朋友冷淡地和我打招呼。❺〈俚〉令人满意的,绝妙的,呱呱叫的,酷的:a real *cool* comic 出色的喜剧演员 **II** *n*. [U;C] 凉,凉快;凉爽空气;凉快的地方(或时刻等):in the *cool* of the evening 在晚间凉爽的时刻 **III** *vt*. ❶使变凉,使冷却(下来);使感到凉快:The other main way the body *cools* itself down is by panting. 身体给自己降温的另一个主要途径是喘气。❷使失去热情(或兴趣等);使变得冷静;平息(*off*, *down*):His weird behaviour *cooled* her passion. 他那古怪的举止使她失去了热情。—*vi*. ❶变凉,冷却(下来)(*off*, *down*):We *cooled off* with a quick swim. 我们游了一会儿泳后觉得凉快了。❷失去热情(或兴趣等);变得冷静;(被)

平息(*off*,*down*):She *cooled* visibly when I invited her to my house. 我邀请她来我家时,她的火气显然消了。‖ ***cool down*** *vt.* ❶(使)降温:The feverish child just wouldn't *cool down*. 那个发烧的小孩烧就是退不下来。❷变得冷静;(被)平息:A few days in jail *cooled* him *down*. 几天的牢狱之苦使他冷静了下来。‖ **ˈcool·ly** *adv.* —**ˈcool·ness** *n.* [U]

C

cool·ant /ˈkuːlənt/ *n.* [C;U]冷却剂,冷却液;减热润滑剂

cool·er /ˈkuːləʳ/ *n.* [C] ❶制冷装置;冷藏装置;冷藏间,冷库❷冰箱 ❸(尤指冷却饮用水的)水冷却器 ❹〈俚〉监狱

coop /kuːp/ **I** *n.* [C] (关家禽、兔子等的)笼子:a chicken *coop* 鸡笼 **II** *vt.* ❶将…关在笼(或栏舍等)中(*up*,*in*):*coop up* chickens in a barn 把鸡关在鸡笼里 ❷将…禁锢在狭小空间;监禁(*up*,*in*):The parents had *cooped* the children *in* the attic all day. 父母亲把孩子们一整天关在阁楼里。

co·op·er·ate, co-op·er·ate /kəuˈɔpəˌreit/ *vi.* ❶合作;配合;协作(*with*):The three clubs *cooperated* in planning a party. 这三家俱乐部联合筹划一次聚会。❷共同起作用:Heavy rain and rapid thaw *cooperated* to bring disastrous floods. 大雨和迅速融化的冰雪造成了灾难性的洪水。‖ **coˈop·erˌa·tor** *n.* [C]

co·op·er·a·tion, co-op·er·a·tion /kəuˌɔpəˈreiʃᵊn/ *n.* [U]合作,协力;配合:enlist sb.'s *cooperation* 谋求(别人)合作

co·op·er·a·tive, co-op·er·a·tive /kəuˈɔpərətiv/ **I** *adj.* [常作定语] ❶想合作的,乐意合作的;乐于助人的:Most of the pupils were helpful and *cooperative*. 大部分学生都乐于助人并具有合作精神。❷合作的,合作性的;协作的:*cooperative* research 协作性研究 **II** *n.* [C] ❶合作社;合作商店;农业合作社,合作农场;合作性组织 ❷(分套卖给住户由住户共同负担管理费用的)合作公寓楼;合作公寓〔亦作 **co-op**〕 ‖ **coˈop·er·a·tive·ly** *adv.* —**coˈop·er·a·tive·ness** *n.* [U]

co-opt, co·opt /kəuˈɔpt/ *vt.* ❶(由现有成员)挑选(或选举)…为新成员;指定…为同事(或助手):He was *co-opted* onto the board of directors. 他被增选进董事会。❷吸收,同化:The party *co-opted* the small group as part of its larger organization. 这个政党吸收了这个小团体作为他们组织的一部分。

co·or·di·nate, co-or·di·nate **I** /kəuˈɔːdiˌneit/ *vt.* 整理;调节;协调:We must *coordinate* our operations with theirs. 我们必须使自己的行动和他们的行动协调一致。**II** /kəuˈɔːdinət/ *n.* [C] ❶【数】坐标:The flight *coordinates* were altered at the last moment. 飞行坐标在最后一刻作了修正。❷[~s](颜色、质地或式样等)配套的服装(尤指妇女服装)‖ **coˈor·di·nate·ly** *adv.* —**coˈor·diˌna·tor** *n.* [C]

co·or·di·na·tion /kəuˌɔːdiˈneiʃᵊn/ *n.* [U] ❶协作;配合:the *coordination* of the work of ourselves 我们几个人之间的协作 ❷【生理】(肌肉等的)共济;功能协调:the *coordination* of muscles in producing complex movements 做复杂运动时的肌肉功能协调

cop¹ /kɔp/ *vt.* 〈俚〉攫取;抓住;(用不正当手段)获得;赢得:*cop* sb. in the act of stealing 抓住某人正在行劫 ‖ ***cop out*** *vi.* 〈俚〉退出;退避,回避,逃避(*on*,*of*):*cop out of* sb.'s questions 对某人的提问避而不答 / She *copped out of* the parachute jump at the last minute. 她在最后一分钟退出了跳伞比赛。

cop² /kɔp/ *n.* [C]警察:Quick,run — there's a *cop* coming! 快跑,警察来了!

cope /kəup/ *vi.* ❶(机会均等地)竞争;争斗(*with*):No one can *cope with* him in English. 谁的英语都比不上他。❷妥善地处理;应付(*with*):I will try to *cope with* his rudeness. 我得好好惩治一下他的粗鲁无礼。

cop·i·er /ˈkɔpiəʳ/ *n.* [C] ❶抄袭者;模仿者 ❷誊抄者 ❸复印机

co·pi·lot /ˈkəuˌpailət/ *n.* [C](飞机的)副驾驶员

co·pi·ous /ˈkəupiəs/ *adj.* ❶丰富的;充裕的:a *copious* harvest 丰收 ❷信息量大的,内容翔实的;冗长的;滔滔不绝的:*copious* notes 详注 ❸多产的;大量的:a *copious* writer 多产作家 ‖ **ˈco·pi·ous·ly** *adv.* —**ˈco·pi·ous·ness** *n.* [U]

cop-out /ˈkɔpˌaut/ *n.* [C]〈俚〉逃避;退出;放弃;妥协;食言;(逃避、退出等的)借口(或手段):The governor's platform was a *cop-out*. 州长的演讲是一种妥协。

cop·per /ˈkɔpəʳ/ *n.* ❶[U]铜;紫铜 ❷[C](青)

铜币 ❸[U]紫铜色,红褐色 ‖ ˈ**cop·per·y** *adj*.

cop·ra(h) /ˈkɔprə/ *n*. [C]干椰子仁

copse /kɔps/, **cop·pice** /ˈkɔpis/ *n*. [C]矮林,萌生林:The road was flanked with fields and *copses*. 道路两旁是田野和矮林。

cop·ter /ˈkɔptəʳ/ *n*. [C]直升机

cop·u·la /ˈkɔpjulə/ *n*. [C]([复]**-las** 或**-lae** /-liː/)【语】系词;连系动词(如 be,feel,seem)〔亦作 **linking verb**〕‖ ˈ**cop·u·lar** *adj*.

cop·u·late /ˈkɔpjuˌleit/ *vi*. 〈书〉交媾,性交;(动物)交配(*with*) ‖ **cop·u·la·tion** /ˌkɔpjuˈleiʃᵊn/ *n*. [U]

cop·y /ˈkɔpi/ **I** *n*. ❶[C]复制品,仿制品;抄件,摹本;拷贝,副本:Your son is almost the *copy* of your father. 你儿子长得活像你父亲。❷[C]原件;原版;范本;字帖:This is the *copy* you are to imitate. 这是供你临摹的范本。❸[C](书报等的)(一)本,(一)册,(一)份:a first printing of 10,000 *copies* 第一次印刷 10 000本 **II** *vt*. ❶复制;仿造;抄写;复印;临摹:*Copy* this page. 把这一页复印一下。❷模仿,仿效:The little boy *copied* his father's way of walking. 小男孩学他父亲走路的样子。❸抄袭:You *copied* this work off Paul. 这份作业你是从保罗那儿抄袭来的。—*vi*. ❶复制;仿造;抄写;复印;临摹:*copy* from the original 照原画复制 ❷模仿,仿效;抄袭:He likes to *copy* from friends. 他喜欢模仿朋友们的举止。

☆**copy**, **ape**, **imitate** 均有"模仿,仿效"之意。**copy** 强调自觉或不自觉地仿效自己所仰慕的对象或时髦的模式,常有剽窃、抄袭或盗用的含义,有时也指机械地复制:He *copied* the relevant answers out of his reference book. (他从参考书中抄袭了相关的答案。) **ape** 指盲目笨拙地模仿他人或一时的风尚,有东施效颦的意味:Young girls desperately try to *ape* the latest fashion. (年轻女孩们都试图刻意模仿最新时尚。) **imitate** 为普通用词,指生动而令人信服地模仿某人或某物的行为或特征,并以其为楷模或榜样。这种模仿可能是有意识的或无意识的,也可能带有钦佩、羡慕或讽刺的意味:You should *imitate* her way of doing things. (你应当学习她做事的方法。)

cop·y·cat /ˈkɔpiˌkæt/ **I** *n*. [C]〈口〉〈贬〉一味模仿他人者;一味抄袭的人 **II** *adj*. [作定语]模仿著名事件的:a *copycat* event 模仿犯罪 **III** *vt*. (无创造性地)模仿,效仿

cop·y·right /ˈkɔpiˌrait/ **I** *n*. [C;U]版权:She owns [holds] the *copyright* on her father's novels. 她享有她父亲所写小说的版权。**II** *adj*. [无比较级]❶获得版权的;受版权保护的:This book is still *copyright*. 这本书仍然受版权保护。❷(有关)版权的:*copyright* laws 版权法 **III** *vt*. 获得…的版权;以版权保护(作品):*copyright* a book 获得某书的版权 ‖ ˈ**cop·yˌright·a·ble** *adj*. —ˈ**cop·yˌright·ed** *adj*. —ˈ**cop·yˌright·er** *n*. [C]

cop·y·writ·er /ˈkɔpiˌraitəʳ/ *n*. [C](广告文字等的)撰稿人 ‖ ˈ**cop·yˌwrit·ing** *n*. [U]

cor·al /ˈkɔrᵊl/ *n*. ❶[U]珊瑚:tropical *coral* 热带珊瑚 ❷[U]珊瑚色,珊瑚红 ❸[C](一颗)珊瑚(宝)石;(一件)珊瑚饰物 ‖ ˈ**cor·alˌlike** *adj*.

cord /kɔːd/ *n*. ❶[C;U](一段)(细)绳:a thin [thick] *cord* 一根细[粗]绳子 ❷[C;U]绳索状物(如琴弦等):a dressing-gown *cord* 晨衣的系带 ❸[U]【纺】棱;凸纹;灯芯绒[衣服];[~s]灯芯绒(牛仔)裤:a *cord* skirt [jacket] 灯芯绒裙子[夹克衫]

cor·dial /ˈkɔːdjəl/ *adj*. 热情的,热诚的,友好的:be *cordial* to sb. 对某人热情友好 ‖ ˈ**cor·dial·ness** *n*. [U] —ˈ**cor·dial·ly** *adv*.

cord·less /ˈkɔːdlis/ *adj*. ❶无绳索的 ❷【电】无塞绳式的;电池式的;交直流两用式的:a *cordless* phone 无绳电话

cor·don /ˈkɔːdᵊn/ **I** *n*. [C] ❶(由警察、士兵等组成的)警戒线;包围圈;防卫圈:A *cordon* of police kept back the crowd. 警察组成的警戒线拦住了人群。❷饰带,绶带 **II** *vt*. 布设警戒线包围(或封锁)(*off*):*cordon off* the riot area 封锁骚乱地区

cor·du·roy /ˈkɔːdəˌrɔi, ˌkɔːdəˈrɔi/ *n*. ❶[U]灯芯绒:The pants were of grey *corduroy*. 那条裤子是灰色灯芯绒做的。❷[~s]灯芯绒裤

core /kɔːʳ/ *n*. [C] ❶(苹果、梨等含籽的)果心:an apple *core* 苹果核 ❷[通常用单]核心;精髓,最重要部分:Democracy makes up the spiritual *core* of the nation. 民主构成了该国民族精神的精髓。❸中心;中心部分:the *core* of a city 城市的心脏地带 ‖ ˈ**core·less** *adj*.

co·ri·an·der /ˌkɔriˈændəʳ/ *n*. [U] ❶【植】芫荽,香菜 ❷芫荽籽〔亦作 **cilantro**〕

cork /kɔːk/ *n.* ❶[U]【植】栓皮槠;(栓皮槠的)栓皮,软木:*Cork* floats well. 软木浮力大。❷[C]软木塞;软木制品:draw [pull] out the *cork* of a bottle 拔出软木瓶塞 ❸[C](橡胶、玻璃、塑料等制的)瓶塞:get the *cork* out of the wine bottle 拔出酒瓶塞

cork·er /ˈkɔːkəʳ/ *n.* [C]〈俚〉出众的人;绝色美人;惊人的事;超群的东西;弥天大谎

C

cork·ing /ˈkɔːkiŋ/ **I** *adj.* 〈口〉极大的;极好的:a *corking* record [dinner] 了不起的记录[极其丰盛的晚餐] **II** *adv.* 〈俚〉极其,非常:They had a *corking* good time in the party. 他们在晚会上玩得非常开心。

cork·screw /ˈkɔːkˌskruː/ *n.* [C](拔软木瓶塞的)螺丝旋子;瓶塞钻

corn /kɔːn/ *n.* ❶[U]〈英〉谷物;小麦;〈苏〉〈爱〉燕麦 ❷[U]【植】玉米;(作蔬菜食用的)鲜嫩玉米:grow [raise] *corn* 种玉米❸[C](小麦、燕麦等的)谷粒;(苹果、梨等的)心子;(辣椒等的)种,籽:grind up a few *corns* of pepper for flavouring 研碎几粒辣椒子作调味用 ‖ **corned** *adj.*

corn·cob /ˈkɔːnˌkɔb/ *n.* [C] ❶玉米穗轴,玉米棒子芯〔亦作 **cob**〕❷玉米棒烟斗

cor·ne·a /ˈkɔːniə/ *n.* [C]([复]**-ne·as**或**-ne·ae** /-niˌiː/)【解】角膜 ‖ ˈ**cor·ne·al** *adj.*

cor·ner /ˈkɔːnəʳ/ **I** *n.* [C] ❶角;墙角,壁角:a coffee table with sharp *corners* 带尖角的咖啡桌❷街角,(道路交叉形成的)拐角:a traffic light at the *corner* 街角的交通灯 ❸[通常用单]困境;窘境;绝路:He was backed into a *corner* by the evidence. 在证据面前他被逼得走投无路。❹角落,偏僻处;隐秘的处所;边远地区:Reporters swarmed into the city from every *corner* of the world. 记者们从世界各地涌入这个城市。**II** *vt.* ❶使走投无路;使陷入困境;把…难住:A couple of tricky questions asked by the reporters had him *cornered*. 记者们问了几个棘手的问题,把他给难倒了。❷(为提高价格而)大量买进;囤积;垄断:Some speculators have tried to *corner* wheat. 有些投机商试图囤积小麦。—*vi.* 转弯:This heavy car *corners* more safely than any of the other lighter cars we tried. 这种重型车转起弯来比我们试过的任何轻型车更安全。‖ ***(just) around* [*round*] *the corner*** *adj.* 即将发生的;不久即将实现的:He told them that a business boom was just *round the corner*. 他对他们说商业繁荣即将来临。***cut corners*** *vi.* (做事)走捷径,图省事(常为忽视规则、粗心大意):We had to *cut a few corners* to get your visa ready in time. 我们不得不简化手续才能将你的签证及时办妥。***turn the corner*** *vi.* 好转,渡过难关:The day after the operation he *turned the corner* and was soon sent home. 手术后第二天他的病情就有所好转,不久就出院回家了。

cor·ner·stone /ˈkɔːnəˌstəun/ *n.* [C] ❶奠基石,基石:The new leader laid the *cornerstone* of the new gallery. 新领导为新画廊奠基。❷基础:The *cornerstone* of our freedom is respect for the law. 我们的自由建立在对法律的尊重的基础之上。

cor·net /ˈkɔːnit/ *n.* [C] ❶【音】短号;短号手;短号乐段 ❷〈英〉(盛奶油冰激凌的)圆锥形蛋卷;(圆锥形的)蛋卷冰激凌

corn·flakes /ˈkɔːnˌfleiks/ *n.* [复](作早餐食用的)玉米片

corn·meal /ˈkɔːnmiːl/ *n.* [U] ❶玉米做的一顿饭 ❷(粗磨)玉米粉;谷粉

corn·starch /ˈkɔːnˌstɑːtʃ/ *n.* [U]玉米淀粉

cor·nu·co·pi·a /ˌkɔːnjuˈkəupiə/ *n.* [C] ❶丰饶角(象征丰饶,源出希腊神话);(绘画、雕塑等中的)丰饶角饰(常为满载花果、谷物等的羊角) ❷羊角状容器 ❸丰饶;丰盛;大量:a *cornucopia* of fringe benefits 许多的额外福利

corn·y /ˈkɔːni/ *adj.* ❶〈口〉老生常谈的,老一套的;陈腐的,过时的:*corny* jokes 老掉牙的笑话 ❷〈口〉伤感的,多愁善感的:*corny* music 伤感的音乐 ‖ ˈ**corn·i·ness** *n.* [U]

co·rol·lar·y /kəˈrɔləri/ *n.* [C] ❶必然结果;直接后果(*of*, *to*):Jealousy is a normal *corollary of* love. 爱之切必生妒,这很正常。❷推断,推论;推断的结果

co·ro·na /kəˈrəunə/ *n.* [C]([复]**-nas**或**-nae** /-niː/) ❶【气】华(指日华、月华或其他发光体的光环):a beauty with an Afro like the lunar *corona* 梳着月华似的埃弗罗式发型的美人 ❷【天】日冕;冕

co·ro·nal /kəˈrəunᵊl, ˈkɔrənᵊl/ **I** *n.* [C] ❶(尤指镶嵌黄金或宝石的)冠,冠冕 ❷花环;花冠 **II** *adj.* ❶【天】日冕的 ❷【植】花环的;花冠的

cor·o·nar·y /ˈkɔrənᵊri/ *adj.* [作定语]【解】冠

状的;(有关)冠状动脉(或静脉)的:a family history of *coronary* disease 冠状动脉病的家族病史

cor·o·na·tion /ˌkɒrəˈneiʃ°n/ *n.* [C]加冕(典礼):the *coronation* of Queen Elizabeth 伊丽莎白女王的加冕典礼

cor·o·ner /ˈkɒrənəʳ/ *n.* [C](调查死因的)验尸官:a *coroner's* inquest 验尸

cor·o·net /ˈkɒrənit/ *n.* [C] ❶(尤指王子、贵族子弟等戴的)小冠冕❷(由金子、宝石或花朵做的女用)冠状头饰,环状头饰

cor·po·ral /ˈkɔːpər°l/ *n.* [C] ❶【军】下士(班长)(略作 **Cpl.** 或 **Corp.**):*corporal* of the guard 警卫班长 ❷(海军陆战队的)下士

cor·po·rate /ˈkɔːpərət/ *adj.* ❶(有关或结成)社团的;法人的;合伙的:a *corporate* body 法人 ❷(有关)公司的;团体的:*corporate* merger 公司合并 ‖ **ˈcor·po·rate·ly** *adv.* —**ˈcor·po·rate·ness** *n.* [U]

cor·po·ra·tion /ˌkɔːpəˈreiʃ°n/ *n.* [C] ❶法人;团体法人;社团;公司;股份有限公司(略作 **Corp**):a business *corporation* 企业法人 ❷[常作 **C-**]市政当局:The *corporation* has [have] closed the damaged road afer the accident. 事故之后市政当局关闭了这条被毁的公路。

cor·po·re·al /kɔːˈpɔːriəl/ *adj.* ❶(有关)肉体的;身体的;身体所需的:ignore the spiritual aspects and emphasize only the *corporeal* and the somatic 无视精神因素而只强调血肉之躯 ❷物质的;有形的;【律】有体的:as a *corporeal* entity 作为一个有形的实体 ‖ **corˈpo·re·al·ly** *adv.* —**corˈpo·re·al·ness** *n.* [U]

corps /kɔː/ *n.* [C]([复]**corps** /kɔːz/) ❶【军】(特殊兵种的)队,部队:the Royal Army Medical *Corps* (英国)皇家陆军医务部队 ❷【军】军,兵团(介于集团军和师之间的陆军单位) ❸(从事同类专业工作的)一组:the diplomatic *corps* 外交使团

corpse /kɔːᵖs/ *n.* [C](人的)死尸,尸体

cor·pus /ˈkɔːpəs/ *n.* [C]([复]**-po·ra** /-pərə/或**-pus·es**)(书面或口语资料的)汇集;文集,全集;汇集的资料(或证据);【语】素材(指未经组织的语言资料);语(言资)料库:the *corpora* of contemporary spoken English 当代英语口语素材

cor·pus·cle /ˈkɔːpʌs°l/ *n.* [C]【医】【解】小体;细胞;[~s]血球:blood *corpuscles* 血球 ‖ **cor·pus·cu·lar** /kɔːˈpʌskjuləʳ/ *adj.*

cor·ral /kəˈrɑːl/ **I** *n.* [C] ❶畜栏 ❷(用车辆等围成的)防御车栅(或车阵) **II** *vt.* (**-ralled**; **-ral·ling**) ❶把…赶入(或关进)围栏:The cowhands *corralled* the herd of wild ponies. 牧场工人们把一群野矮种马赶进围栏。❷〈口〉获得;攫取;占有

cor·rect /kəˈrekt/ **I** *adj.* ❶正确的,对的;准确的:She gave the *correct* answer. 她给出了正确的答案。❷(人或行为、举止、衣着等)正当的;得体的;符合公认准则的:a careful and *correct* young man 举止谨慎而得体的年轻人 **II** *vt.* ❶改正;纠正;修改;批改:Please *correct* wrong spellings. 请改正拼写错误。❷(与引号连用)给出回答并纠正对方的错误:A:"Mr. Holmes,come in please." B:"It's Castle,sir." I corrected. 甲:"请进,福尔摩斯先生。"乙:"先生,我是卡斯尔。"我纠正道。‖ **corˈrect·ed** *adj.* —**corˈrect·i·ble** *adj.* —**corˈrect·ly** *adv.* —**corˈrect·ness** *n.* [U]

cor·rec·tion /kəˈrekʃ°n/ *n.* ❶[U;C]改正;批改;纠正;校正;矫正:We'll make the necessary *corrections* and send you another estimate. 我们做一些必要的修改之后,再把预算单寄给你们。❷[C]改正的东西;修正量,校正值:Write in your *corrections* neatly. 把订正的地方誊写清楚。‖ **corˈrec·tion·al** *adj.*

cor·re·late /ˈkɒrəˌleit/ *vi.* 相关,相互关联(*with*,*to*):A person's height and his [her] eating of certain foods do no *correlate*. 人的身高与其饮食嗜好无关。—*vt.* 使相互关联;把…并置使显出相互关系(*with*):Water consumption is closely *correlated to* the number of people living in a house. 用水量与房内人数有关。‖ **ˈcor·reˌla·ta·ble** *adj.* —**cor·rel·a·tive** /kəˈrelətiv/ *adj.*

cor·re·la·tion /ˌkɒrəˈleiʃ°n/ *n.* [C;U]相互关系;关联;并置对比:There was a definite *correlation* between rates of unemployment and wage stability. 失业率和工资稳定之间有明显联系。

cor·re·spond /ˌkɒriˈspɒnd/ *vi.* ❶相配,相称;相符合;相一致(*to*,*with*):Her white hat,shoes and stockings *correspond with* her white dress. 她的白帽、白鞋和白袜与白裙服很相配。❷相

当;相应;相类似(*to*):The fins of a fish *correspond to* the wings of a bird. 鱼鳍相当于鸟的翅膀。❸通信,联络(*with*):Will you *correspond with* me while I am away? 我离开以后你会和我保持联系吗? ‖ ˌ**cor·re'spond·ing·ly** *adv.*

cor·re·spond·ence /ˌkɔri'spɔndᵊns/ *n.* ❶[U;C]符合;一致;类似;相当(*with*, *to*, *between*):*correspondence between* theory and practice 理论和实践相一致 ❷[U]通信,信件联系:break off *correspondence* 终止通信联系 ❸[总称]信件,函件:*business correspondence* 商业函件

C

cor·re·spond·ent /ˌkɔri'spɔndᵊnt/ *n.* [C] ❶通信者:a good *correspondent* 勤于通信的人 ❷通讯员,记者:a White House *correspondent* 驻白宫记者

cor·re·spond·ing /ˌkɔri'spɔndiŋ/ *adj.* 相应的;相当的;对等的:All rights carry with them *corresponding* responsibilities. 一切权利都带有相应的义务。‖ ˌ**cor·re·'spond·ing·ly** *adv.*

cor·ri·dor /'kɔridɔːʳ/ *n.* [C] ❶【建】走廊;室外过道:Room 224 is at the end of the *corridor*. 224 房间在走廊的尽头。❷走廊地带(通过外国所属领土取得至飞地或出海通道等的狭长地带):the Polish *Corridor* across Germany to Gdansk 穿过德国到格但斯克的波兰走廊地带

cor·rob·o·rate /kə'rɔbəˌreit/ *vt.* 证实,确定;使确凿可靠:Witnesses *corroborated* the policeman's statement. 目击者证实了警察的陈述。‖ **cor·rob·o·ra·tion** /kəˌrɔbə'reiʃᵊn/ *n.* [U] —**cor'rob·o·ra·tive** *adj.* —**cor'rob·o·ra·to·ry** /-təri/ *adj.*

cor·rode /kə'rəud/ *vt.* ❶腐蚀;侵蚀:Moist air *corrodes* iron. 潮湿的空气使铁生锈腐蚀。❷(渐渐)损害,损伤:He was *corroded* by consumption and indigence. 结核病和贫穷毁了他的一生。—*vi.* 受腐蚀:This metal does not *corrode* easily. 这种金属不易腐蚀。

cor·ro·sion /kə'rəuʒᵊn/ *n.* [U] ❶腐蚀;侵蚀:Paint could help preserve the metal from *corrosion*. 油漆可使金属物件不受腐蚀。❷渐衰;(逐步的)毁坏:try to prevent the *corrosion* of moral standards 试图防止道德标准的逐渐败坏 ❸腐蚀生成物,锈;铁锈

cor·ro·sive /kə'rəusiv/ *adj.* ❶腐蚀的;侵蚀(性)的:*corrosive* action 腐蚀作用 ❷逐渐损害的,有害的:the *corrosive* influence on society 对社会的有害影响

cor·ru·gat·ed /'kɔruˌgeitid/ *adj.* (起)皱的;有皱纹的;有波纹的;有瓦楞的;用瓦楞材料制的:*corrugated* fabric 有平行皱纹的织物

cor·rupt /kə'rʌpt/ **I** *adj.* ❶道德败坏的;堕落的;邪恶的:a *corrupt* man 堕落的人 ❷贪赃舞弊的;受贿的;腐败的:a *corrupt* judge 受贿的法官 **II** *vt.* ❶使堕落,腐蚀(见 debase):Power and wealth *corrupted* him. 权力和金钱使他堕落了。❷使腐坏,使腐烂 —*vi.* 堕落;腐败;腐坏:It is claimed that television *corrupts*. 有人称电视使人堕落。‖ **cor'rupt·er, cor'rupt·or** *n.* [C] —**cor'rupt·i·ble** *adj.* —**cor'rupt·ly** *adv.* —**cor'rupt·ness** *n.* [U]

cor·rup·tion /kə'rʌpʃᵊn/ *n.* [U] ❶堕落;腐败;败坏:the luxury and *corruption* among the upper classes 上层社会中的奢侈和腐败 ❷贿赂;欺诈:The police force must be kept free from *corruption*. 警察不得贪污受贿。❸腐坏,腐烂:the *corruption* of the body after death 死后躯体的腐烂

cor·set /'kɔːsit/ *n.* [C] ❶[常作~s](妇女用以捆束腰部的)紧身褡,紧身胸衣 ❷(病人为治疗而穿的)围腰,胸衣 ‖ **'cor·set·less** *adj.*

cor·tex /'kɔːteks/ *n.* [C]([复]**-ti·ces** /-tiˌsiːz/ 或**-tex·es**) ❶【解】皮层,皮质;脑皮层:the *cortex* of the kidney 肾皮层 ❷【植】树皮;果皮;根皮

cor·ti·sone /'kɔːtiˌzəun/ *n.* [U]【生化】可的松

cor·us·cate /'kɔrəˌskeit/ *vi.* ❶闪烁,闪耀:The stars kept *coruscating*. 繁星闪烁。❷熠熠生辉;引人注目;炫耀:*coruscating* wit 才华横溢

cor·vet(te) /kɔː'vet/ *n.* [C] ❶(旧时的)木帆海防舰(通常只有一层炮) ❷小型护卫舰;轻型巡洋舰;驱潜快艇

cos /kɔs/ *n.* [C]【植】直立莴苣,长叶莴苣,生菜

cos. *abbr.* ❶ companies ❷ cosine【数】余弦 ❸counties

co·sign /'kəuˌsain/ *vt.* & *vi.* 连署,在…上联名签署:*Cosign* here, please. 请诸位在这儿签名。

co·sig·na·to·ry, co·sig·na·to·ry /ˌkəu'signətᵊri/ **I** *n.* [C](条约等的)联署人;联署国 **II** *adj.* 联署的,共同签名的

co·sig·ner /ˈkəʊˌsaɪnəʳ/ *n.* [C](期票、房产等的)联署人

cos·met·ic /kɔzˈmetik/ **I** *n.* ❶[C]化妆品：wear *cosmetics* heavily 浓妆艳抹 ❷[～s]整容术 **II** *adj.* ❶化妆用的，美容的；(有关)化妆品的：*cosmetic* ad 化妆品广告 ❷整容的：He had *cosmetic* surgery to make him look younger. 他为使自己显得年轻而做了整容外科手术。❸装饰性的；(用以)装点门面的；非实质性的；缺乏深度的：a *cosmetic* concession 摆摆样子的让步 ‖ **cosˈmet·i·cal·ly** /-kᵊli/ *adv.*

cos·me·tol·o·gy /ˌkɔzmiˈtɔlədʒi/ *n.* [U]美容业；美容术

cos·mic /ˈkɔzmik/ *adj.* ❶[作定语](有关)宇宙的：*cosmic* time and space 宇宙时空 ❷[作定语](有关或用于)外层空间的；宇宙航行的：a *cosmic* rocket 宇宙火箭 ‖ **ˈcos·mi·cal·ly** /-kᵊli/ *adv.*

cos·mog·o·ny /kɔzˈmɔgəni/ *n.*【天】❶[U]宇宙的起源；天体演化 ❷[C]天体演化论，天体演化学 ‖ **cos·mo·gon·ic** /ˌkɔzməˈgɔnik/ *adj.* —**cosˈmog·o·nist** *n.* [C]

cos·mol·o·gy /kɔzˈmɔlədʒi/ *n.* [U; C]【哲】【天】宇宙哲学；宇宙论 ‖ **cos·mo·log·i·cal** /ˌkɔzməˈlɔdʒikᵊl/ *adj.* —**ˌcos·moˈlog·i·cal·ly** *adv.*

cos·mo·naut /ˈkɔzməˌnɔːt/ *n.* [C](尤指苏联的)宇航员，航天员

cos·mo·pol·i·tan /ˌkɔzməˈpɔlitᵊn/ *adj.* ❶(有关、来自或了解)世界各地的；世界性的，全球(各地)的；见多识广的，阅历丰富的：Dance is one of the most *cosmopolitan* of the arts. 舞蹈是最具有世界性的艺术之一。❷世界主义的；超越民族(或地域)偏见的；四海为家的：The artist's tastes were *cosmopolitan*. 艺术家的喜爱是超越民族和地域偏见的。‖ **ˌcos·moˈpol·i·tanˌism** *n.* [U]

cos·mos /ˈkɔsmɔs/ *n.* [C][通常用单](被视作和谐体系的)宇宙：intelligent life in the *cosmos* 宇宙的有智力生物

cos·set /ˈkɔsit/ *vt.* 宠爱，娇惯：He had been *cosseted* by his grandparents all during his childhood. 他童年时期一直受到祖父母的宠爱。

cost /kɔst/ **I** *n.* [C] ❶[通常用单]价格，价钱；费用，花费；成本：This project entails enormous *cost*. 这项工程需要巨大的费用。❷[通常用单]损失；牺牲；代价：The *cost* in lives was estimated at 214. 估计死亡人数达 214 名。❸[～s]【律】诉讼费用 **II** (**cost**) *vt.* ❶价钱为；(使)花费(精力、时间、金钱等)：How much [What] do these shoes *cost*? 这双鞋子多少钱? ❷使付出(代价)；使丧失：His carelessness *cost* him his job. 粗心大意使他失去了工作。—*vi.* 需要花费；需要付出代价；花费(或代价)高昂：Quality *costs*. 优质需付出代价。‖ ***at all costs*** [***at any cost***] *adv.* 不惜任何代价，不管怎样，无论如何：The bridge must be repaired within three days *at all costs*. 无论如何要在三天内把桥修好。***to one's cost*** *adv.* 付出了代价才…；吃亏后才…：They soon learned *to their cost* that they were far from being in the right. 他们吃了大亏后很快就发觉他们大错特错。

☆**cost, charge, price** 均有"价钱，费用"之意。**cost** 指生产成本、生活费用或做某一事情所付出的代价等：The library was built at a *cost* of $500,000.(这幢图书馆大楼的造价是 50 万美元。)**charge** 指所提供的服务收取的费用：The government has increased the water *charges*.(政府已经提高了水价。)**price** 指商品价值的货币表现或卖主所定的价格：Their *prices* are higher because of their good quality and service.(因为产品质量优服务又好，它们的价格也就高一些。)

co-star /ˈkəuˌstɑːʳ/ **I** *n.* [C](电影、戏剧中与其他明星)联袂合演明星，联合主演者：He got along fine with his *co-star*. 他和戏中另一主角配合默契。**II** *vi.* (**-starred**; **-star·ring**)(与其他明星)联合主演，联袂主演：It's the first time she's *co-starred* with Gregory. 这是她第一次和格里高利联袂演主角。—*vt.* 使联袂主演：The classic movie *co-starred* Vivien Leigh and Clark Gable. 费雯丽和克拉克·盖博联袂主演了这部古典影片。

cost·ly /ˈkɔstli/ *adj.* ❶值钱的，贵重的：*costly* jewels 贵重的珠宝 ❷昂贵的，代价高的：a *costly* victory 来之不易的胜利 ‖ **ˈcost·li·ness** *n.* [U]

cost of living *n.* [**the c- o- l-**]【经】生活费用：*The cost of living* has gone up 3% last year. 去年生活费用上升了 3%。

cos·tume /ˈkɔstjuːm/ *n.* ❶[C; U]服装，服装式

样;全套服饰:The clown wore a funny *costume*. 小丑穿着一种滑稽的服装。❷[C]戏装:actors wearing colonial *costumes* 穿着殖民地时期各种服装的演员 ❸[C](特定场合穿着的)服装,服式:winter *costume* 冬装 ❹[C]全套外衣,外套(尤指女套装)

co•sy /ˈkəuzi/ 〈主英〉 *adj*. 舒适的,舒服的;温暖的;安逸的:a *cosy* little house 温暖舒适的小屋 ‖ ˈ**cos•i•ness** *n*. [U]

cot /kɔt/ *n*. [C] ❶小床,轻便床,(可折叠的)行军床;(医院里的)病床 ❷〈英〉幼儿床,婴儿床

cot•tage /ˈkɔtidʒ/ *n*. [C] ❶(乡村、农场等处的)小屋,村舍:live in a *cottage* on the edge of the moors 住在沼泽地边上的小屋里 ❷(乡间或避暑胜地的)别墅:a holiday *cottage* 度假别墅

cottage cheese *n*. [U](用脱脂酸凝乳制成的) 农家乳酪

cot•ton /ˈkɔtᵊn/ *n*. ❶[U]棉,棉花 ❷【植】[总称]棉树,棉株:a field of *cotton* 棉田 ❸[U]棉线;棉纱:sewing *cotton* 缝纫用线 ❹[U;C]棉布;棉布衣:be dressed in a striped *cotton* 穿着带条纹的棉布衣服

cot•y•le•don /ˌkɔtiˈliːdᵊn/ *n*. [C]【植】子叶

couch /kautʃ/ **I** *n*. [C] (坐卧两用的)长沙发:a black leather *couch* 黑色皮制长沙发 **II** *vt*. (以一定的措辞)表达(*in*):His thoughts were *couched in* beautiful language. 他用华丽的辞藻表达了自己的思想。

couch potato *n*. [C]〈口〉终日懒散的人;(尤指)老泡在电视机前的人

cough /kɔf,kɔːf/ **I** *vi*. ❶咳,咳嗽:He *coughed* to clear his throat. 他咳了一声清清嗓子。❷(发动机、枪炮等)发出像咳嗽般的声音:The engine [motorcar] *coughed* once or twice, but wouldn't start. 引擎(汽车)咔嚓咔嚓地响了几声,但却没有发动起来。**II** *n*. [C] ❶【医】咳,咳嗽;咳嗽病:She had a bad *cough*. 她咳得很厉害。❷咳嗽声;咳嗽似的声音:give a quiet *cough* to attract sb.'s attention 轻咳一声以吸引某人的注意 ‖ ***cough up*** *vt*. 〈口〉被迫付出,勉强交出:We all had to *cough up* a dollar to repair the damaged desk. 我们每人都得掏出一美元来修理损坏的课桌。 ‖ ˈ**cough•er** *n*. [C]

could /强 kud,弱 kəd/ *v. aux*. ❶ can 的过去式 ❷[表示过去虚拟,或代替 can 作为现在时,表示请求、允许、建议、可能等,但含有更为不肯定和婉转的意思]可以;可能:I *could* have made myself more clear. 我本来可以说得更清楚一些。

☆❶**could** 当谈论过去时,用 **could** 可表示某人有能力或力量做某事:She *could* play the piano when she was five. (她 5 岁时就会弹钢琴了。)如要表示有能力做某事并且已做了这件事,可以用 manage to 或者 be able to(较正式):I *managed to* [*was able to*] get the books I wanted. (我设法得到了我想要的书。) **succeed in** (后面跟动词+-ing)的意义与 could 相同,但更加正式:He *succeeded in* getting the job. (他得到了那份工作。)用 could not 可以表示不成功(lack of success)的意思:I *couldn't* [*was unable to*](较正式) find the person I was looking for. (我找不到所要找的人。) ❷和 may,might (过去式 may have,might have)一样,could(过去式 could have)可用来表示"也许"(不肯定),但用得不普遍:He may [might, *could*] have been delayed. (他也许因为什么事而被耽搁了。)

could•n't /ˈkudnt/ =could not

coun•cil /ˈkaunsᵊl/ *n*. [C] ❶委员会;理事会;顾问委员会;议会:the Security *Council* of the United Nations 联合安全理事会 ❷会议:an emergency *council* 紧急会议

☆**council**,**counsel** 和 **consul** 三个词尽管在意义上有联系,但它们不能相互替代。**council** 主要是指审议会(city council,student council)及其工作,其成员叫作 councillor;**counsel** 主要是指建议和一般性的指导,提供这种建议和指导的人叫作 counselor,如 lawyer counselor 或者 camp counselor;**consul** 则是在外国工作的外交官员。

coun•cil•man /ˈkaunsilmən/ *n*. [C]([复]**-men** /-mən/)(市镇政务委员会的)委员;政务委员

coun•ci•lor,councillor /ˈkaunsᵊləʳ/ *n*. 市政委员,议员 ‖ ˈ**coun•ci•lor**ˌ**ship** *n*. [U]

coun•sel /ˈkaunsᵊl/ **I** *n*. ❶[U]忠告,劝告:follow sb.'s *counsel* 听取某人的劝告❷[单复同]律师;法律顾问:the prosecuting *counsel* 公诉律师**II** *v*. (**-sel(l)ed**;**-sel•(l)ing**) (对…提出)劝告;提议(见 advice):*counsel* sb. to avoid rash actions 劝告某人不要采取鲁莽的行动 ‖ ***keep one's own counsel*** *vi*. 将自己的计划(或想法等)保密;保持沉默:He *kept his own counsel* on the issue. 他将自己在这个问题上的看法秘而不宣。

coun·sel·or /ˈkaus°ləʳ/ *n.* [C] ❶(为社会、心理等问题提供咨询的)顾问;指导者;辅导员:a marriage guidance *counselor* 婚姻指导顾问 ❷律师,法律顾问 ❸(使馆等的)法律顾问;参赞:a commercial *counselor* 商务参赞 ‖ ˈ**coun·sel·orˌship** *n.* [U]

count[1] /kaunt/ **I** *vt.* ❶数;点…的数目;清点:Wait till I *count* ten. 等我数到10为止。❷(不用进行时)把…算在内(*in*):You can *count* me *in.* 我也算一个。❸认为;看作;算作:*I count* myself fortunate in having good health. 我认为自己身体健康是很幸运的。—*vi.* ❶数;计数;计算:He can read, write, and *count.* 他会读、写、算。❷被算在内;算得上:These benefits do not *count* as income for tax purposes. 这些津贴不能算作需纳税的收入。❸有影响;有价值;有重要意义(*for*):Every vote *counts* in an election. 选举时每张票都有它的价值。**II** *n.* ❶[C]点数,计数;点出的数目;总数:Let's make [take a head] *count.* 让咱们来点一下人数。❷[C;U]计算(选票):They did [had] a few *counts* to check the number of votes. 他们算了几次以核对票数。‖ ***count against*** *vt.* ❶对…不利:His past record *counts against* him. 他过去的经历对他不利。❷因(某事)而对…有不利的看法:The family will *count* it *against* you that you weren't at the funeral. 你没有去参加葬礼,他们一家会对你有意见的。***count down*** *vi.* (发射导弹等前)倒读数;倒计时:They *counted down* to zero. 他们倒着数到零。***count in*** *vt.* 〈口〉包括,把…算在内:If you are to go for a picnic, *count* me *in.* 如果你们要去野餐的话,算上我一个。***count on*** [***upon***] *vt.* 依靠;信赖;指望;期待:You must *count on* your own efforts. 你必须依靠自己的努力。***count up*** *vt.* & *vi.* 算出(…的)总数;共计为(*to*):It *counts up to* more than fifty *yuan.* 总数为50多元。

count[2] /kaunt/ *n.* [C](除英国外欧洲国家的)伯爵(相当于英国的earl)

count·a·ble /ˈkauntəb°l/ *adj.* 数得出的,可计数的:*countable* noun 可数名词/Stars are *countable* by the million. 星星可按百万计数。

count·down /ˈkauntˌdaun/ *n.* [C](导弹、火箭等发射前的)倒计数,逆计数;倒计时(阶段);倒计数阶段:The (ten-second) *countdown* began at 16:00 hours. 16时开始(10秒钟的)倒计时。

coun·te·nance /ˈkauntənəns/ **I** *n.* [C] ❶表情;面容:His angry *countenance* showed how he felt. 他脸上的怒容说明了他当时的感受。❷脸,面孔:The actor had a handsome *countenance.* 这位演员长着一副英俊的面孔。**II** *vt.* 赞成;支持;鼓励;允许,容忍:I will not *countenance* such a plan. 我不会支持这种计划的。‖ ***keep one's countenance*** *vi.* 保持镇定,不动声色;忍住不笑:He looked so funny that I could not *keep my countenance.* 他的样子很滑稽,叫我忍俊不禁。***put*** [***stare***] ***out of countenance*** *vt.* (旧)盯得…发慌(或不知所措) ‖ ˈ**coun·te·nanc·er** *n.* [C]

count·er[1] /ˈkauntəʳ/ *n.* [C] ❶(商店、银行等中的)柜台;柜台式长桌;(厨房等的)长台面:This *counter* will be closed in a few minutes. 本柜台再过几分钟就要停止营业了。❷餐厅或酒吧间的长台面,吧台 ❸计数器;计分盘;计算器;计量器;【计】计数存储器 ‖ ***under the counter*** *adv.* (尤指紧俏商品买卖等)私下地,偷偷摸摸地;走后门:The deal was arranged *under the counter* so that other people couldn't profit from it. 这笔交易是私下进行的,这样他人便不能从中渔利。

count·er[2] /ˈkauntəʳ/ **I** *vt.* 反对;对抗;反驳;反击;抵消;抵制:Her opponent *countered* that the question was irrelevant. 她的对手反驳说这个问题毫不相关。**II** *adv.* 反(或逆)方向地;相反地;对立地:He acted *counter* to everyone's advice on the matter. 他在这个问题上违背了大家的忠告。

coun·ter- /ˈkauntəʳ/ *comb. form* 表示"反(向)","逆","对":*counter*act, *counter*attack

coun·ter·act /ˌkauntəˈrækt/ *vt.* 对…起反作用;对抗;抵消;中和:*counteract* a fever with aspirin 用阿司匹林解热 ‖ ˌ**coun·terˈac·tant** *adj.* —ˌ**coun·terˈac·tion** *n.* [U] —ˌ**coun·terˈac·tive** *adj.* —ˌ**coun·terˈac·tive·ly** *adv.*

coun·ter·at·tack /ˈkauntərəˌtæk/ **I** *n.* [C;U] 反攻,反击:launch a *counterattack* on one's detractors 对诬蔑者进行反击 **II** *vt.* & *vi.* (对…)发动反攻;(对…)进行反击

coun·ter·bal·ance I /ˈkauntəˌbæləns/ *n.* [C] 平衡(力),抗衡(力),均衡(力);抵消(力) II /ˌkauntəˈbæləns/ *vt.* 使平衡;抵消;弥补:By studying hard, he was able to *counterbalance* his difficulty with arithmetic. 通过勤奋学习,他克服了学习算术的困难。

coun·ter·clock·wise /ˌkauntəˈklɔkwaiz/ *adj.* & *adv.* 逆时针方向的(地)〔亦作 **anti-clockwise**〕

C

coun·ter·feit /ˈkauntəˌfit,-ˌfiːt/ *adj.* (货币、笔迹等)仿造的;伪造的;假的(见 artificial):a *counterfeit* coin [stamp] 假硬币[邮票]

coun·ter·man /ˌkauntəmæn,-mən/ *n.* [C](尤指小餐馆或商店里的)柜台服务员,店员

coun·ter·mand I /ˌkauntəˈmɑːnd/ *vt.* ❶撤销,取消(成命、订货单等):*countermand* an order for foods 撤销食品订货单 ❷【军】召回;下令撤回:*countermand* reinforcements 下令撤回援军 II /ˈkauntəˌmɑːnd/ *n.* [C]收回成命的命令;撤销令

coun·ter·meas·ure /ˈkauntəˌmeʒəʳ/ *n.* [C]反措施,对抗手段,对策

coun·ter·pane /ˈkauntəˌpein/ *n.* [C]床罩;床单

coun·ter·part /ˈkauntəˌpɑːt/ *n.* [C] ❶极相像的人(或物):She is the *counterpart* of her twin sister. 她和她的孪生妹妹长得一模一样。❷互为补充的人(或物);对应的人(或物);对手;(剧中的)对立角色:Night is the *counterpart* of day. 黑夜和白昼是相对应的。

coun·ter·point /ˈkauntəˌpɔint/ *n.* [U] ❶【音】对位旋律;对位声部;复调;对位法:double *counterpoint* 二重对位 ❷(文学、戏剧作品中的)对比法

coun·ter·pro·duc·tive /ˌkauntəprəˈdʌktiv/ *adj.* 起反作用的;产生相反结果(或效果)的:The punishment was so severe it proved to be *counterproductive*. 惩罚太严厉,效果适得其反。

coun·ter·sign /ˈkauntəˌsain/ I *n.* [C] ❶应答信号(或暗号) ❷【军】回令❸(文件的)副署,会签 II *vt.* ❶副署,连署;副签,连签(文件等):The check was signed by the treasurer and *countersigned* by the president. 支票由司库签发,并由董事长会签。❷确认,认可;批准

coun·ter·ten·or /ˈkauntəˌtenəʳ/ *n.* [C]【音】❶男声最高音(部) ❷男声最高音歌手

count·ess /ˈkauntis/ *n.* [C] ❶伯爵夫人;伯爵遗孀(英国指 earl 的妻子,欧洲大陆指 count 的妻子) ❷女伯爵

count·less /ˈkauntlis/ *adj.* [作定语]数不清的

count noun *n.* [C]可数名词

coun·tri·fied, coun·try·fied /ˈkʌntriˌfaid/ *adj.* (举止、外貌等)像乡下人似的;粗俗的,土里土气的:*countrified* ways 乡下人的办事作风

coun·try /ˈkʌntri/ *n.* [C] ❶国,国家;国土,领土:a developing [Third-World] *country* 发展中[第三世界]国家 ❷[常作 **the** ～]乡村,乡下;首都以外的地区:We both grew up in *the country*. 我们俩都是在乡下长大的。❸故土,故乡,家乡;祖国:They spent many years hoping to return to their own *country*. 他们多年来一心想回到故乡去。❹(特定的)地区,区域;领域,兴趣范围:walk through densely-wooded *country* 穿越树木繁茂的林区

coun·try-and-west·ern /ˈkʌntriənˈwestən/ *n.* [U](美国西部流行的)西部乡村音乐(略作 **C & W**)〔亦作 **country music**〕

country club *n.* [C]乡村俱乐部

coun·try·man /ˈkʌntrimən/ *n.* [C]([复]**-men** /-mən/) (同)国人,同胞;同乡:Soldiers protect their (fellow) *countrymen*. 战士保卫自己的同胞。

country music *n.* [U]乡村音乐,西部牛仔音乐(=country-and-western)

coun·try·side /ˈkʌntriˌsaid/ *n.* [U][通常作 **the** ～]农村地区,农村,乡下:The *countryside* was bursting with the colours of spring. 农村万紫千红,一片春意盎然。

coun·ty /ˈkaunti/ *n.* ❶[C](英国、爱尔兰及某些英联邦国家的)郡 ❷[C](美国等国的)县 ❸[**the** ～][用作单或复]全郡居民;全县居民:*The county* voted for the Conservative candidate. 全郡都投了保守党候选人的票。

coup /kuː/ *n.* [C]([复]**coups** /kuːz/) ❶突然而巧妙的行动(或策略、计划等);漂亮的举动,成功的一举:It was quite a *coup* when he won the contract to build the hospital. 他赢得了营建医院的合同,这一招干得真漂亮。❷政变:stage a *coup* 发动政变

coupe /kuːp/ *n.* [C]双门小轿车

cou·ple /ˈkʌpᵊl/ **I** *n*. [C]([复]**cou·ple(s)**) ❶[常用单]一双,一对(*of*):a *couple of* tires 两只轮胎 ❷[常用单]〈口〉两(个);两三(个),几(个);一些(*of*):a *couple of* hours 两三个小时 ❸[常用单]夫妻;情侣;一对舞伴:young married *couples* 几对新婚夫妇 **II** *vt*. ❶连接;使结合;使成对;使结婚:a pair of lovers *coupled* in wedlock 结成夫妇的一对情侣 ❷联想;并提;把…联系起来(*together*,*with*):Gambling is always *coupled with* degradation. 赌博与堕落总是相联系的。

☆**couple**,**pair** 均有"一对,一副,一双"之意。**couple** 表示两个在一起的或有某种关系的人或物:five married *couples* (五对夫妻)该词的"结合"或"相互依赖"的含义相当微弱,有时可指任何两个相同的事物,甚至还可作"几个"解:a *couple* of shoes that don't make a pair (一双不配对的鞋子) **pair** 指两个人或物自然而又习惯地联系在一起以组成完整的一对、一副或一双:He bought a *pair* of new boots. (他买了一双新靴子。)该词也常表示由两个相似和互为补充的部分所组成的某一事物:a *pair* of scissors 一把剪刀

cou·plet /ˈkʌplit/ *n*. [C](尾韵相谐的)对句:heroic *couplet* 英雄偶句诗体

cou·pling /ˈkʌpliŋ/ *n*. ❶[U]联合,结合 ❷[C]【机】耦接头;连接器;联轴节;(火车的)车钩

cou·pon /ˈkuːpɒn/ *n*. [C] ❶(附在货物上的)赠券;(连在广告上的)礼券;购物优惠券:20 dollars off if you use this *coupon*. 凭此券可优惠 20 美元。❷(包括食品、衣物、汽油等的)配给券,票证:food *coupon* 粮票

cour·age /ˈkʌridʒ/ *n*. [U]勇气,胆量;勇敢,无畏:It took *courage* to say what you did. 你说出自己的所作所为,很有勇气。‖ **cou·ra·geous** /kəˈreidʒəs/ *adj*. —**couˈra·geous·ly** *adv*.

cour·i·er /ˈkuriəʳ/ *n*. [C] ❶(递送急件、外交信件的)信使;(情报机关或地下组织的)情报员 ❷旅游服务员,导游

course /kɔːs/ *n*. ❶[C][常用单]进行,进展;进程;过程;程序;经历,生涯:the zigzag *course* of the city's development 城市发展的曲折过程❷[C;U]行动方向;(船、飞机等的)航向:Our *course* was straight to the north. 我们的航向是正北。❸[C]所经之路,道路;路线;航线,航道;水道:the winding *course* of a stream 蜿蜒的河道❹[C]【体】跑道;跑马场;(高尔夫等的)球场:a golf *course* 高尔夫球场❺[C](全)课程;教程;科目:a four-year history *course* 四年制的历史课程❻[C](一)道(菜):a three-*course* dinner 三道菜的正餐 ‖ **(*as*) *a matter of course*** *adv*. (作为)理所当然的事;(按照)常规:He accepted his daily chores *as a matter of course*. 他把每天的杂务作为理所当然应做的事。***in due course*** *adv*. ❶在适当的时候,到(一定)时候;及时地:I will inform you *in due course*. 到时候我会通知你。❷最后,终于:They fell in love,and *in due course* were married. 他们相爱了,后来终于结了婚。***in the course of*** *prep*. 在…期间,在…的过程中:He mentioned you a few times *in the course of* our discussion. 他在讨论中几次提到了你。***in*** (***the***) ***course of time*** *adv*. 总有一天;终于;最后:If you study hard, you'll learn French well *in course of time*. 只要你努力学习,最终你一定能掌握法语。

court /kɔːt/ **I** *n*. ❶[C;U]法庭,审判庭;法院:Order in the *court*! 保持法庭秩序! ❷[C][常作 **the** ～](一次)开庭;(一次开庭的)全体法官(或审判员);(一次开庭时在场的)全体人员:A *court* adjourns. 休庭。❸〈英〉院子(＝courtyard) ❹[C;U](网球、棒球等的)球场:He hit the ball out of *court*. 他把球击出了场外。**II** *vt*. ❶向…献殷勤;奉承,讨好;向…求爱:*court* the favour of sb. 讨好某人 ❷试图获得,寻求,追求:*court* applause 博取掌声 ❸引诱,招致:Those who drink and drive are *courting* disaster. 酒后驾车者是在招致灾祸。‖ ***put sth. out of court*** *vt*. 使某事不被重视:The infeasibility of the programme *put it right out of court*. 该计划不可行,未被采纳。

cour·te·ous /ˈkəːtjəs/ *adj*. 彬彬有礼的,谦恭的;殷勤周到的(见 civil):It was *courteous* of him to help the old lady with her bundles. 他助人为乐,帮那位老太太背包裹。‖ **ˈcour·te·ous·ly** *adv*. —**ˈcour·te·ous·ness** *n*. [U]

cour·te·sy /ˈkəːtisi/ *n*. ❶[U]礼貌;谦恭有礼;殷勤周到:He could at least have had the *courtesy* to say sorry. 他连起码说声对不起的礼貌都没有。❷[C][常用复]谦恭有礼的举止(或言词):an exchange of *courtesies* 相互致礼 ❸[U]恩惠;帮助:The actors appeared through the *courtesy* of their union. 演员们在其组织的帮助下出场。‖ (***by*** [***through***]) ***courtesy of*** *prep*. 蒙…的好意(或惠允);蒙…提供(或赠

送)：*By courtesy of* the exhibitor, we have taken a number of photos of the art products on display. 承蒙展出者许可，我们拍摄了若干艺术陈列品的照片。

cour·ti·er /ˈkɔːtiəʳ/ *n.* [C]❶朝臣，廷臣；侍臣 ❷奉承者，谄媚者

court·ly /ˈkɔːtli/ *adj.* 有宫廷气派的；威严的；高贵的；优雅的；有教养的：a *courtly* way of speaking 优雅的谈吐 ‖ ˈ**court·li·ness** *n.* [U]

C

court-mar·tial /ˌkɔːtˈmɑːʃᵊl/ **I** *n.* [C]([复] **courts martial** 或 **court martials**) ❶军事法庭 ❷军事法庭的审判(或判决) **II** *vt.* (**-tial(l)ed; -tial(l)ing**) 以军法审判：The colonel threatened to *court-martial* him. 上校威胁说要送他上军事法庭。

court·room /ˈkɔːtˌruːm,-ˌrum/ *n.* [C]法庭；审判室

court·ship /ˈkɔːtʃip/ *n.* ❶[C](尤指男性的)求婚，求爱 ❷[C]求爱期：a brief *courtship* of only a few months 仅几个月的短暂追求 ❸[U](动物的)求偶

court·yard /ˈkɔːtjɑːd/ *n.* [C]院子，庭院；天井〔亦作 **court**〕

cous·cous /ˈkuːskuːs/ *n.* [U] ❶(北非与羔羊肉、鸡、水果等一起食用的)蒸粗麦粉食品 ❷粗麦粉

cous·in /ˈkʌzᵊn/ *n.* [C] 堂(或表)兄(或弟)；堂(或表)姊(或妹)；同辈嫡亲：the first [full, own] *cousins* 嫡亲堂(或表)兄弟(或兄妹、姐弟、姐妹)

cou·ture /ˈkuːtuəʳ/ **I** *n.* [U] ❶时装设计；时装设计业 ❷时装设计师 **II** *adj.* [作定语]时装设计的；时尚的

cou·tu·ri·er /kuːˈtjuəriei/ *n.* [C]时装设计师

cove /kəuv/ *n.* [C]小海湾，小湾

cov·e·nant /ˈkʌvənənt/ *n.* [C] ❶盟约，公约；契约，合同：sign a *covenant* to reduce their armaments 签署削减军备的条约 ❷【律】盖印合同；(盖印合同中的)条款：a *covenant* between real estate developers and home buyers 房地产开发商和购房者之间正式的盖印合同

cov·er /ˈkʌvəʳ/ **I** *vt.* ❶覆盖；盖没，布满：Black clouds *covered* the sky. 乌云蔽天。❷(出于保护、掩饰、保温等目的的)盖，为…铺上：She *covered* the sleeping child with a quilt. 她给睡着的孩子盖上被子。❸包括，包含；涉及；适用于：The new rules *cover* working conditions. 新的规则涉及工作条件。❹(足以)支付，负担(费用等)；弥补(损失等)：have the money to *cover* all expenses 足以付全部开支的钱 ❺给…保险：This policy *covers* you against everything. 这份保险单给你保了全险。❻(尤指暂时地代人)照看，料理：*cover* sb.'s post 替人值班 ❼行走，行过(一段路程)：We *covered* 20 miles hiking. 我们徒步行走了 20 英里。—*vi.* ❶临时代替；暂时接管(*for*)：*Cover for* me at the office while I am absent. 我不在的时候替我在办公室当个班。❷做假证；(替人)担待(*for*)：I *covered for* her by telling the police that she was with me. 我告诉警察说她跟我在一起来为她圆谎。**II** *n.* ❶[C]覆盖物；罩子；套子；(容器等的)盖子；(书籍的)封套，封面：put the *cover* on the computer 给电脑套上罩子 ❷[~s]毯子；床罩；被子：He threw off the *covers*. 他把被子一下子掀开。❸[U；C]掩蔽处；隐藏处：a natural *cover* for defence 天然屏障 ❹掩蔽(物)；掩护(物)：march under *cover* of darkness 在夜幕掩护下行军 ‖ ***take cover*** *vi.* 隐蔽；躲避：It began to rain, and we *took cover* under the trees. 天下起雨来，我们躲在树下避雨。‖ ˈ**cov·er·er** *n.* [C]

cov·er·age /ˈkʌvəridʒ/ *n.* [U] ❶(保险的)承保范围；保险类别，险种：a policy affording comprehensive [full] *coverage* 综合担保保险 ❷新闻报道；新闻报道量(或范围)：live television *coverage* 电视实况报道

cov·er·all /ˈkʌvərˌɔːl/ *n.* [常作~s](衣裤相连的)工作服

cover charge *n.* [C](饭店、夜总会等的)服务费

cov·er·ing /ˈkʌvəriŋ/ *n.* [C]覆盖物；掩蔽物(尤指毯子、被子、床罩)：a light *covering* of snow 一层薄薄的雪

cov·er·let /ˈkʌvəlit/ *n.* [C]床罩

cov·ert /ˈkʌvət/ *adj.* 秘密的；偷偷摸摸的；隐蔽的；掩饰的：*covert* actions 秘密活动 ‖ ˈ**co·vert·ly** *adv.* —ˈ**co·vert·ness** *n.* [U]

cov·er-up /ˈkʌvərˌʌp/ *n.* [C]掩盖，掩饰；掩盖方法(或手段)：take part in the *cover-up* 参与作弊事件

cov·et /ˈkʌvit/ *vt.* ❶贪求；垂涎；觊觎：*covet* another's property 贪图别人的财产 ❷渴望：

coveted a high-rank position 渴望求得高职 ‖ ˈ**cov·et·er** **n.** [C]

cow /kau/ *n.* [C] ❶母牛;奶牛:milk a *cow* 挤牛奶 ❷[常作～s]〈口〉(泛指)牛:Look at all the *cows* in the field. 瞧地里的牛! ‖ ˈ**cow**ˌ**like** *adj.*

cow·ard /ˈkauəd/ *n.* [C]胆小的人,胆怯者,懦夫:play the *coward* 装孙子

cow·ard·ice /ˈkauədis/ *n.* [U]怯懦,胆小:a streak of *cowardice* 一阵怯懦

cow·boy /ˈkaubɔi/ *n.* [C] ❶(尤指美国西部的)放牛者,牧牛人;牛仔:*cowboys* driving herds of cattle 赶牲畜的牛仔们 ❷〈口〉鲁莽的开车者

cow·er /ˈkauəʳ/ *vi.* (因畏惧、痛苦等)蜷缩;畏缩,退缩:*cower* in a corner 蜷缩在角落里 ‖ ˈ**cow·er·ing·ly** *adv.*

cowl /kaul/ *n.* [C] ❶(蒙头斗篷的)风帽带头巾的僧袍 ❷僧衣的头巾

cow·man /ˈkaumən/ *n.* [C] ([复]**-men** /-mən/) ❶牛场主,牧场主 ❷ 牧牛人;牛仔(＝cowhand)

co-work·er /kəuˈwəːkəʳ/ *n.* [C]同事;合作者

cow·poke /ˈkaupəuk/ *n.* [C](尤指美国西部的)放牛者,牧牛人

cow·punch·er /ˈkauˌpʌntʃəʳ/ *n.* [C](尤指美国西部的)放牛者,牧牛人

cox·comb /ˈkɔkskəum/ *n.* [C]自负的家伙;花花公子,纨绔子弟

coy /kɔi/ *adj.* ❶扭捏作态的:Carol charmed all the men by turning *coy*. 卡罗尔做出扭捏作态的样子,把那些男人都迷住了。❷(尤指女性)腼腆的,害羞的,羞答答的:Don't be so *coy* — I know you'd like to do the job really. 别害羞,我知道你的确想干这份工作。❸不肯明说的,不愿表态的,含糊其词的(*of*, *about*):They maintained a *coy* refusal to disclose his name. 他们仍含糊其词地拒绝透露他的姓名。 ‖ ˈ**coy·ish·ness** *n.* [U] —ˈ**coy·ly** *adv.* —ˈ**coy·ness** *n.* [U]

co·zy /ˈkəuzi/ *adj.* & *n.* 〈主美〉＝cosy

crab /kræb/ *n.* ❶[C]蟹 ❷[U]蟹肉

crab·bed /ˈkræbid/ *adj.* ❶(字迹)细小难辨的,潦草的:*crabbed* handwriting 潦草的字迹 ❷晦涩的,难懂的:a *crabbed* style 晦涩文风 ❸性格乖戾,易怒的;怀有恶意的:a *crabbed* mind 一肚子坏水

crab·by /ˈkræbi/ *adj.* 〈口〉易怒的,脾气坏的;爱抱怨的:a *crabby* old banker 脾气乖戾的老银行家 ‖ ˈ**crab·bi·ly** *adv.* —ˈ**crab·bi·ness** *n.* [U]

crack /kræk/ **I** *vi.* ❶破裂;裂开:The glass *cracked* in the heat. 玻璃杯在高温中裂开了。❷断裂;爆裂:The nut *cracked* into two in the fire. 那颗坚果在火中裂成两半。❸啪地裂开:The rope *cracked* under pressure. 那根绳子啪地崩断了。❹发出爆裂声;噼啪地响:wood *cracking* in the fire 在火中烧得噼啪作响的木柴 ❺(声音)突然变调;(嗓子)变哑,变粗;(在青春期男孩嗓子)变声:His voice *cracked* with emotion. 他激动得声音都变了调。❻(在折磨等之下)垮掉;崩溃:His health *cracked* from overwork. 他的身体因操劳过度垮下来了。❼撞击:His head cracked against the mantelpiece. 他的脑袋撞在了壁炉台上。—*vt.* ❶使裂开;使破裂:The vase was *cracked* but unbroken. 那只花瓶裂开了,但还没有破碎。❷使断裂,使爆裂:She *cracked* three eggs into a bowl and mixed them together. 她往碗里打了三个鸡蛋,并把它们搅匀。❸使啪地裂开:I *cracked* a few pieces of wood and added them to the fire. 我啪啪地折断了几根木头,把它们扔进火里。❹使噼啪作响;使发出爆裂声:*crack* a pistol 啪啪地放枪 ❺砸,猛击:The boxer *cracked* his opponent on the jaw. 那名拳击手猛击对手的颚部。❻解(难题等);破译;侦破:*crack* a problem 解决一个问题 **II** *n.* [C]❶破裂(处),开裂(处):a few *cracks* on the windshield 挡风玻璃上的几处开裂 ❷(尤指地板、墙体上的)裂缝;缝隙:The teacup has a *crack* in it. 这茶杯上有道裂缝。❸爆裂声;噼啪声:the *crack* of a rifle shot 噼噼啪啪的步枪声 ❹(鞭等的)噼啪声:the *crack* of a whip 鞭子的噼啪声 ❺猛烈的一击:He received a terrific *crack* on the head from the beam. 那根梁重重地砸在他的头上。❻〈口〉俏皮话;挖苦话;笑话;巧妙的回答:She likes to make *cracks* about his bald head. 她喜欢取笑他的秃头。**III** *adj.* [仅作定语]〈口〉顶呱呱的,第一流的:a *crack* shot 神枪手 ‖ ***crack down*** *vi.* & *vt.* 〈口〉对…采取严厉措施;镇压;制裁(*on*):If there's any more tardiness I'll *crack down*. 如果再拖拖拉拉的,我就要处分你们了。***crack up*** *vi.* & *vt.* 〈口〉❶精神崩溃,垮掉:It seemed to be family problems that made him *crack up*. 看来是家庭问题使得他心力交瘁。❷碰撞；撞毁：The tracks *cracked up* head-on. 两辆卡车正面相撞。❸笑个不停：He *cracked up* at the sight of her in those old frumpy pajamas. 看见她穿着邋遢的睡衣，他就止不住笑。

crack·down /ˈkrækˌdaun/ *n.* [C]〈口〉惩处；制裁；镇压：a *crackdown* on speeders 对违章超速驾驶员的严惩

cracked /krækt/ *adj.* ❶有裂缝的，破裂的；碎的：A *cracked* vessel is known by its sound. 碗破听音。❷受损的，受伤的：*cracked* ribs 受伤的肋骨

crack·er /ˈkrækəʳ/ *n.* [C] ❶薄脆饼干；饼干：a soda *cracker* 一块苏打饼干 ❷爆竹

crack·er·jack /ˈkrækəˌdʒæk/〈俚〉**I** *n.* [C]能力高超的人；出色的人(或东西)：a *crackerjack* on the football field 足球明星 **II** *adj.* [作定语]能力高超的；卓越的，出色的；优秀的：a *crackerjack* worker 优秀工作者

crack·le /ˈkrækəl/ **I** *vi.* ❶发出尖而轻的声音；发出噼啪声：The campfire *crackled* in the night. 营火在夜晚发出噼啪的声音。❷精神焕发，充满生气：The play *crackled* with wit. 这出戏妙语连珠，意趣盎然。**II** *n.* [C]噼啪声；轻微爆裂声：the *crackle* of small arms 小型武器的嗒嗒声

crack·pot /ˈkrækˌpɔt/〈俚〉**I** *n.* [C]怪人；疯子；不切实际的人 **II** *adj.* [作定语]疯狂的；不切实际的：a *crackpot* scheme to make money 想入非非的赚钱计划

crack·up /ˈkrækʌp/ *n.* [C]〈口〉❶碰撞；撞毁：a three-car *crackup* on the highway 发生在高速公路上的三车连环相撞 ❷精神崩溃

cra·dle /ˈkreidᵊl/ **I** *n.* [C] ❶摇篮：rock the baby gently in the *cradle* 轻轻地摇晃摇篮中的婴儿 ❷发源地，发祥地，策源地：The Yellow River is the *cradle* of Chinese civilization. 黄河是中华文明的发源地。**II** *vt.* (小心翼翼地)抱(或背、捧等)：*cradle* a baby in [on] one's arms 把婴儿在怀里来回摇晃

craft /krɑːft;kræft/ *n.* ❶[C;U]手艺；工艺(见art)：traditional *crafts* 传统工艺 ❷[U](尤指娴熟的)技术，技艺：He flew the plane with *craft* that comes from years of experience. 他凭着多年的经验娴熟地驾驶飞机。❸[单复同]飞行器，飞机；航天器：a landing *craft* 一架徐徐降落的飞机

crafts·man /ˈkrɑːftsmən; ˈkræfts-/ *n.* [C]([复]**-men** /-mən/) ❶工匠；手艺人 ❷巧匠；工艺师 ‖ ˈ**crafts·manˌship** *n.* [U]

craft·y /ˈkrɑːfti; ˈkræfti/ *adj.* 诡计多端的，狡猾的：a *crafty* old spy 一个老奸巨猾的间谍 ‖ ˈ**craft·i·ly** *adv.* —ˈ**craft·i·ness** *n.* [U]

crag /kræg/ *n.* [C]〈英〉悬崖，险崖：look over the edge of the *crag* 从悬崖的边缘俯瞰过去

crag·gy /ˈkrægi/ *adj.* ❶(地形)嶙峋的；陡峭的；多岩石的：*craggy* slopes 崎岖的山坡 ❷(尤指人脸)粗糙的；毛糙的：the *craggy*, wrinkled face 布满皱纹的、粗糙的脸

cram /kræm/ (**crammed**; **cram·ming**) *vt.* ❶把…塞进(*into*, *down*)：He *crammed* all his belongings *into* his tiny car. 他把所有的财物都塞进了他的小汽车里。❷把…装满，把…塞满，把…挤满：A huge crowd of people *crammed* the stadium to watch the game. 一大群人挤进了体育场观看比赛。—*vi.* ❶塞满；涌入：The passengers *crammed* into the bus. 乘客挤进了公交车。❷〈口〉(为了应付考试)临时死记硬背功课；临时抱佛脚(*for*, *up*)：I have to *cram up* three subjects for my examinations. 我得应付三门课的考试。

cramp /kræmp/ **I** *n.* [C]抽筋；(疼痛性)痉挛：have a *cramp* in one's stomach 突然感到胃部痉挛性疼痛 **II** *vi.* 绞痛；痉挛：His leg *cramped* from the shortage of calcium. 他的腿因为缺钙而抽筋。—*vt.* 使绞痛；使痉挛：The chill *cramped* my leg muscles. 寒气使我的腿部肌肉感到疼痛。

cramped /kræmpt/ *adj.* ❶(空间)狭小的，受限制的：*cramped* closet 狭小的衣柜 ❷(字迹等)挤得紧而潦草；难认的：*cramped* handwriting 难认的笔迹

crane /krein/ **I** *n.* [C] ❶([复]**crane(s)**)【鸟】鹤；鹭；鹳 ❷吊车，起重机 **II** *vt.* & *vi.* 伸长(脖子等)看；探(头)看：He *craned* his neck to see over the heads of the crowd. 人群挡住了视线，他伸长着脖子向前眺望。

cra·ni·al /ˈkreiniəl/ *adj.* [作定语]【解】颅的；头盖骨的，头盖的：*cranial* bones 头盖骨

cra·ni·um /ˈkreiniəm/ *n.* [C]([复]**-ni·ums**或**-ni·a** /-niə/) ❶(脊椎动物的)头颅，头骨 ❷

【解】头颅,颅:cerebral *cranium* 脑颅

crank /kræŋk/ *n.* [C] ❶【机】曲柄,曲轴 ❷〈口〉脾气坏的人:We know her for a *crank*. 我们知道她脾气坏。❸〈口〉怪人:deal with all sorts of *cranks* 与各类怪人打交道

crank·shaft /ˈkræŋkˌʃɑːft/ *n.* [C]【机】曲轴

crank·y /ˈkræŋki/ *adj.* ❶暴躁的;易怒的;脾气坏的:She's *cranky* when she gets off bed. 她有下床气。❷ 古怪的:*cranky* ideas [behaviour] 古怪的念头[行为]❸(机器)运转不正常的;有毛病的:a *cranky*, balky car 一辆开不动的破烂汽车 ‖ ˈ**crank·i·ly** *adv.* —ˈ**crank·i·ness** *n.* [U]

cran·ny /ˈkræni/ *n.* [C] ❶(墙、岩石上的)缝隙,裂缝:*crannies* in the rock 岩石缝隙 ❷不引人注意的角落:She'd found a little *cranny* to sit and read in. 她找到一个僻静的角落坐下来读书。

crap /kræp/ 〈俚〉〈粗〉 *n.* [U]废话,胡扯,放屁:pull *crap* 扯谈 / That's a pile of *crap*! 一派胡言!

craps /kræps/ [复] *n.* [用作单或复]双骰子赌博戏

crash /kræʃ/ **I** *vi.* ❶突然发出巨响:The windows *crashed* from the earthquake. 窗户在地震中被震得发出巨大的声音。❷发出巨响地落下(或坠落、扔出、破裂等):The brick walls *crashed* down. 哗啦一声,砖墙倒塌了。❸(车辆等)猛撞;撞毁;撞翻;(飞机)坠毁:His car *crashed* into a tree and overturned. 他的汽车撞在树上,翻倒在地。❹ 溃败;破产:They *crashed* to a 4-0 defeat. 他们以 0 比 4 一败涂地。❺【计】(计算机或系统)崩溃,突然失灵 —*vt.* ❶使发出巨响:The explosion *crashed* the windows. 爆炸声把窗户震得噼啪作响。❷使发出巨响地落下(或坠落、破裂等):She *crashed* the plates to the surface of the table. 她把盘子哐啷一声砸碎在桌面上。❸使(车辆等)猛撞;使撞毁;使撞翻;使(飞机)坠毁:Her brother borrowed her car and *crashed* it. 她兄弟借走了她的汽车,结果把它撞毁了。**II** *n.* [C] ❶碰撞;倒下;坠落;破裂:the *crash* of crockery 陶器啪的一声破裂 ❷(车辆等的)猛撞;(飞机的)坠毁:Only four passengers escaped injury in the *crash* of the plane. 这次飞机失事中只有四名乘客幸免受伤。❸失败;倒闭,破产:an unprecedented Stock Market *crash* 史无前例的股市大崩盘 **III** *adj.* [作定语]速成的,强化的:go on a *crash* diet 速效减肥节食

crash-land /ˈkræʃˌlænd/ *vi.* & *vt.*【空】(使)强行着陆,(使)紧急降落:The craft *crash-landed* on an open field. 飞机紧急降落在一片开阔的田地上。‖ ˈ**crash-ˌland·ing** *n.* [C]

crass /kræs/ *adj.* 愚钝的;粗俗的:*crass* remarks 粗话 ‖ ˈ**crass·ly** *adv.* —ˈ**crass·ness** *n.* [U]

crate /kreit/ *n.* [C] ❶柳条筐;板条箱:a *crate* of porcelain 一大箱瓷器 ❷(尤指水果)一箱的量

cra·ter /ˈkreitəʳ/ *n.* [C] ❶火山口:the *craters* of moon 月亮上的火山坑 ❷碗状坑(如陨石坑、弹坑等)

cra·vat /krəˈvæt/ *n.* [C](系于衬衫领内的)男用围巾

crave /kreiv/ *vt.* ❶渴望,渴求,迫切需要:I *crave* that she should visit us. 我迫切希望她能探望我们。❷恳求;祈求,请求:*crave* sb. to do sth. 恳求某人做某事 —*vi.* 渴望,渴求;恳求(*for*, *after*):*crave for* fresh air 渴望呼吸新鲜空气

cra·ven /ˈkreivən/ *adj.* 怯懦的,胆小的:the *craven* nature of a traitor 叛徒的怯懦本性 ‖ ˈ**cra·ven·ly** *adv.* —ˈ**cra·ven·ness** *n.* [U]

crav·ing /ˈkreiviŋ/ *n.* [C]渴望,热望;迫切的需要:a *craving* for food 对食物的渴望

craw·fish /ˈkrɔːˌfiʃ/ *n.* [C]([复]-**fish**(·**es**))【动】淡水螯虾;小龙虾(=crayfish)

crawl /krɔːl/ **I** *vi.* ❶爬,爬行:*crawl* on all fours 匍匐前进 ❷缓慢地行进,缓缓而行:The traffic *crawled* along at ten miles an hour. 来往车辆以每小时 10 英里的速度缓慢地行驶。❸(因内心恐惧或为了讨好而)举止猥琐;卑躬屈膝(*to*):She got her job by *crawling to* the chief engineer. 她巴结总工程师才得到了那份工作。❹爬满;充满;挤满(*with*):The ground under the garbage can was *crawling with* ants. 垃圾箱底的地上爬满了蚂蚁。—*vt.* (不慌不忙地)逐(店)饮酒(或吃饭):*crawl* the pubs 逐个酒吧饮酒 **II** *n.* [C] ❶爬,爬行;匍匐前进 ❷缓慢(或费劲)的行进,缓慢的运动:go at a *crawl* 慢腾腾地行进

☆**crawl**, **creep** 均有"爬,爬行"之意。**crawl** 指无足或细长动物在地上缓慢地蠕动或爬行,也

C

常用于人或其他东西，有给人不舒服感觉的意味：A snake *crawled* across my foot.（一条蛇爬过了我的脚。）该词还可喻指卑躬屈膝：He came *crawling* to the boss to ask for his job back.（他低三下四向老板要回那份工作。）**creep** 常指人或四足动物缓慢或偷偷摸摸地匍匐前进，有叫人起鸡皮疙瘩的意味：The cat was *creeping* silently towards the mouse.（猫悄悄地向老鼠爬了过去。）该词也可表示不知不觉地来临：Old age is *creeping* upon me.（我在不知不觉中变老了。）

crawly /ˈkrɔːli/ **I** *adj.* 蠕动的；令人毛骨悚然的 **II** *n.* [C]爬行昆虫

cray·fish /ˈkreiˌfiʃ/ *n.* [C]([复]**-fish(·es)**)【动】小龙虾〔亦作 **crawfish**〕

cray·on /ˈkreiən,-ɔn/ **I** *n.* ❶[C;U](绘画用)彩色粉笔(或蜡笔) ❷[C]彩色粉笔(或蜡笔)画 **II** *v.* 用彩色粉笔(或蜡笔)画(或给…着色)；用彩色粉笔(或炭笔、蜡笔)装饰：*crayon* a portrait 用炭笔画肖像

craze /kreiz/ **I** *vt.* 使发狂；使狂热：The broken leg nearly *crazed* the soldier with pain. 断腿的疼痛几乎使这位战士发狂。**II** *n.* [C]时髦，时尚，(一时的)狂热；红极一时的人(或物)，风靡一时的事物：The current *craze* is sweeping North America. 眼下这股狂潮正风靡北美。

cra·zy /ˈkreizi/ *adj.* ❶〈口〉发疯的，精神失常的：He feared he might go *crazy* doing nothing. 他怕自己会闲得发疯。❷愚蠢的；荒唐的；糊涂的：You're *crazy* to agree to buy it without seeing. 你连看都不看就同意买下这东西，真糊涂。❸着迷的，狂热爱好(或爱慕)的；神魂颠倒的(*about*, *on*, *over*)：The boys and girls all went *crazy* when the film star appeared. 那位影星一出场，少男少女们欣喜若狂。‖ **ˈcra·zi·ly** *adv.* —**ˈcra·zi·ness** *n.* [U]

creak /kriːk/ **I** *vi.* ❶嘎吱嘎吱作响，发出嘎吱嘎吱声：The hinges on the door *creaked*. 门上的铰链嘎吱嘎吱作响。❷发出嘎吱嘎吱声行进；吃力勉强地运动；艰难地维持：The carriage *creaked* along slowly. 马车嘎吱嘎吱地缓慢前进。—*vt.* 使嘎吱嘎吱作响，使发出嘎吱嘎吱声：He *creaked* the door when he opened it. 他打开门时门嘎吱作响。**II** *n.* [C]嘎吱嘎吱声：a few *creaks* from the old floorboards 木质地板发出来的嘎吱声 ‖ **ˈcreak·y** *adj.*

cream /kriːm/ **I** *n.* ❶[U]奶油；乳脂：take *cream* and sugar in one's coffee 喝加奶油和糖的咖啡 ❷[C;U]奶油状物；(化妆用)乳霜；(药用)乳膏：(a) face [hand] *cream* 搽面[手]霜 ❸[C]奶油点心；奶油食品；奶油夹心饼干；奶油(夹心)糖；冰激凌：chocolate *creams* 巧克力奶油 ❹[C][常作 **the ～**]精英，精华，精髓：*the cream* of the nation 民族精英 / *the cream* of this year's literature 今年的文学精品 **II** *vt.* ❶把…搅拌得如奶油般的稠度，把…搅成黏糊状：*Cream* butter and sugar together. 将黄油和糖搅拌在一起。❷提取(精华)，选出(最好的部分)(*off*)：The ministry *creamed off* the brightest engineers. 这个部抽调了最精干的工程师。**III** *adj.* 奶油色的

cream cheese *n.* [U]奶油干酪

cream·er /ˈkriːməʳ/ *n.* ❶[C]有柄小口奶油壶 ❷[C]奶油分离器；奶油搅打机 ❸[U]奶精，咖啡伴侣

cream·er·y /ˈkriːməri/ *n.* [C]乳品厂；乳制品商店

cream puff *n.* [C] ❶奶油泡芙(一种常填有掼奶油或蛋奶沙司作馅的松饼) ❷软弱无能的人 ❸保养良好的旧汽车

cream·y /ˈkriːmi/ *adj.* 奶油般柔滑的；光滑细腻的：The girl's skin is *creamier* than that of her younger sister. 这女孩的皮肤比她妹妹的更光滑细腻。

crease /kriːs/ **I** *n.* [C] ❶(衣服、纸等的)折缝，折痕，压印，皱褶：iron out the *creases* 烫平衣服上的皱痕 ❷(尤指脸上的)皱纹：*creases* between the eyes 眉宇间的皱纹 **II** *vt.* 使有折痕；使起皱：*crease* one's forehead 皱眉头—*vi.* 有折痕；起皱：a tie that does not *crease* 不起皱的领带

cre·ate /kriːˈeit/ *vt.* ❶创造：He was never *created* to run a farm. 他天生不是经营农场的料。❷创作；设计：*create* a new theory 创建一个新理论 ❸产生；引起：His work *created* enormous interest in China. 他的作品在中国引起了极大的兴趣。❹创建；设立：The government *created* a new department. 政府设立了一个新的部门。

cre·a·tion /kriːˈeiʃᵊn/ *n.* ❶[U]创造；创建；创作：the *creation* of an investigation committee 调查委员会的设立 ❷[**the C-**](上帝的)创造天地宇宙：The Bible says *the Creation* took six days. 圣经说上帝造物花了 6 天时间。❸[C]

（智力、想象力的）产物；艺术作品：Disney's animated *creations* brought joy to children everywhere. 迪斯尼的动画影片给世界各地的孩子们带来了欢乐。

cre·a·tive /kriː'eitiv/ *adj.* ❶富有想象力的；独创的：*creative* art 独特的艺术 ❷创造的；创造性的；有创造力的：*creative* thinking 创造性思考地 ‖ **cre'a·tive·ly** *adv.* —**cre'a·tive·ness** *n.* [U]

cre·a·tiv·i·ty /ˌkriːei'tiviti/ *n.* [U]创造力，创造性：use one's *creativity* 运用创造力

cre·a·tor /kriː'eitəʳ/ *n.* ❶[C]创造者；创作者：Charles Dickens is the *creator* of the book *A Tale of the Two Cities*. 查尔斯·狄更斯是《双城记》一书的作者。❷[the C-]造物主，上帝

crea·ture /'kriːtʃəʳ/ *n.* [C] ❶动物；生物：a strange *creature* from outer space 外星来的怪物 ❷（有生命或无生命的）创造物；产物：Every *creature* of God is good. 上帝所造的产物都是完美的。‖ **'crea·ture·ly** *adj.*

crèche /kreʃ,kreiʃ/ *n.* [C]❶〈主英〉日托托儿所 ❷儿童福利院

cre·dence /'kriːdᵊns/ *n.* [U]相信；确实；可靠（见 belief）：I give [attach] little *credence* to what he says. 我对他的话半信半疑。

cre·den·tial /kri'denʃᵊl/ *n.* [C] ❶（某人学历、资历等的）证明，证书；文凭：Her *credentials* as a journalist were beyond dispute. 她作为新闻记者的资格无可置疑。❷[～s]介绍材料；（大使递交的）国书：The new ambassador presented his *credentials* to the President. 新任大使向总统递交了国书。

cred·i·bil·i·ty /ˌkredi'biliti/ *n.* [U]可靠性；可信性：If we don't keep our promises, we'll lose *credibility* with the public. 如果我们不履行诺言，就会失信于众。

cred·i·ble /'kredəbᵊl/ *adj.* ❶（人或言论等）可信的；值得相信的：That boy's excuse for being absent was hardly *credible*. 那孩子缺席的理由几乎不可信。❷有效的；有威力的：*credible* offensive weapons 有效力的攻击性武器 ‖ **'cred·i·bly** *adv.*

cred·it /'kredit/ **I** *n.* ❶[U]赞扬；赏识；荣誉；功劳：claim *credit* and reward 邀功请赏 ❷[C][通常用单]增光添彩的人（或事）：Those Olympic athletes are a *credit* to our nation. 那些奥林匹克运动会选手为我们国家增了光。❸[U]信用，信誉；赊欠（期）：grant [give, offer] sb. *credit* 允许某人赊欠❹[C]学分；学分时；（修完某门学科的）及格证明：earn [gain] *credits* in philosophy 获得哲学课的学分 ❺[C]（个人的）贷款（额），欠款（额）：Your account shows a *credit* of $100. 您的账户内有 100 美元的欠款。❻[C]（个人银行账户中的）存款数额：He has a large sum standing to his *credit* in the bank. 他的银行存款还有一大笔余额。❼[C]【会计】贷；贷记；贷方；贷方金额：Is this item a debit or a *credit*? 这笔账应记入借方还是贷方？❽[常作～s]（影视片等的）片头（或片尾）字幕，摄制人员名单 **II** *vt.* ❶把…归于；认为…有（优点、成绩等）（*to*, *with*）（见 ascribe）：The herbs are *credited with* supernatural healing powers. 这些草药据称有神奇的疗效。❷相信；信任（*with*）：*credit* the statement 相信这条声明❸把…记入贷方（*to*, *with*）：Interest was *credited* once a year. 利息每年计入贷方账户一次。‖ ***to one's credit*** *adv.* ❶使某人值得赞扬；给某人带来荣誉：*To his credit* he gave back the money he found. 他拾金不昧，值得称赞。❷作为自已的成就地：He had fifty published articles *to his credit*. 他的名下有 50 篇已出版的文章。

cred·it·a·ble /'kreditəbᵊl/ *adj.* ❶值得赞扬的；带来荣誉的（*to*）：The candidate made a *creditable* showing in the primary. 这名候选人在初选中的表现值得称道。❷有信用的；有信誉的：a *creditable* bank 一家享有信誉的银行 ‖ **cred·it·a·bil·i·ty** /ˌkreditə'biliti/, **'cred·it·a·ble·ness** *n.* [U] —**'cred·it·a·bly** *adv.*

credit card *n.* [C]信用卡；赊购卡

cred·i·tor /'kreditəʳ/ *n.* [C]债权人；债主；放款人；赊销者

cred·u·lous /'kredjuləs/ *adj.* 轻信的；易上当受骗的：be *credulous* of gossips 轻信谣言 ‖ **cre·du·li·ty** /kri'djuːliti/ *n.* [U] —**'cred·u·lous·ly** *adv.* —**'cred·u· lous·ness** *n.* [U]

creed /kriːd/ *n.* [C] ❶（基督教）宗教信条；教义：people of different *creed* 宗教信仰各异的人们 ❷信仰，信条，信念："God help those help themselves" was his *creed*. "天助自助者"是他的信条。

creek /kriːk/ *n.* [C]（河的）支流；小河，溪

C

creep /kriːp/ **I** *vi*. (**crept** /krept/) ❶(贴着地面)爬行,匍匐(见 crawl):The baby *crept* along on the carpet. 婴儿在地毯上爬着。❷悄悄地缓慢行进;偷偷地移动(*up*):Mist is *creeping* up the lake. 薄雾从湖面上冉冉升起。**II** *n*. ❶[C]〈俚〉讨厌的人;〈英口〉〈贬〉溜须拍马的人:Leave me alone, you *creep*. 别惹我,你这个讨厌鬼!❷[**the ~s**]〈口〉毛骨悚然的感觉;憎恶,反感:That movie gave me *the creeps*. 那部影片使我汗毛直竖。‖ ***make sb.'s flesh creep*** *vt*. 让某人毛骨悚然;令某人憎恶:That horror movie will *make your flesh creep*. 那部恐怖电影会让你毛骨悚然。

creep•er /ˈkriːpəʳ/ *n*. [C] ❶爬行者;爬行物 ❷【植】蔓生植物:Ivy is a *creeper*. 常春藤是蔓生植物。

creep•y /ˈkriːpi/ *adj*. 〈口〉令人汗毛直竖的;感到毛骨悚然的:a *creepy* scary movie 一部令人毛骨悚然的恐怖电影 ‖ ˈ**creep•i•ly** *adv*. —ˈ**creep•i•ness** *n*. [U]

cre•mate /kriˈmeit/ *vt*. 火化(尸体) ‖ **cre•ma•tion** /kriˈmeiʃᵊn/ *n*. [U;C]

crem•a•to•ri•um /ˌkreməˈtɔːriəm/ *n*. [C] ([复]**-to•ri•ums**或**-to•ri•a** /-ˈtɔːriə/) = crematory

crem•a•to•ry /ˈkremətᵊri/ **I** *adj*. 火葬的 **II** *n*. [C]火葬场

Cre•ole /ˈkriːəul/ *n*. ❶[C](西印度群岛或通用西班牙语的中南美洲国家的)克里奥尔人(欧洲早期移民的后裔,或这些移民与非洲人的混血后代);(美国南方各州的)克里奥尔人(法国或西班牙早期移民的后裔) ❷[C;U]克里奥尔语(如路易斯安那人和海地人讲的法语方言):They speak English-based *Creole*. 他们说以英语为基础的克里奥尔语。

cre•o•sote /ˈkriəˌsəut/ **I** *n*. [U]【化】(用于保存木材的)杂酚:wood impregnated with *creosote* 浸透杂酚的木材 **II** *vt*. 用杂酚处理(木材等)

crept /krept/ *v*. creep 的过去式和过去分词

cre•scen•do /kriˈʃendəu/ *n*. [C]([复]**-do(e)s** 或**-di** /-di/)(音量的)渐强(至顶点):a growing *crescendo* of protest 越来越激烈的抗议

cres•cent /ˈkresᵊnt/ *n*. [C] ❶新月形,月牙形 ❷新月形物,月牙形物 ❸新月,弦月,蛾眉月

cress /kres/ *n*. [U]【植】水芹,水田芥;独行菜

crest /krest/ *n*. [C] ❶(山、坡、屋的)顶:the *crest* of the Appalachians 阿巴拉契亚山脉的最高峰 ❷顶点,顶峰:the *crest* of a civilization 文明的顶峰 ❸洪峰:The water level hasn't reached the *crest* yet. 水平面还没有达到洪峰的位置。❹(波)峰:the *crests* of gigantic waves 巨浪的波峰 ❺(鸟、兽的)肉冠;鸟冠,羽冠:The bird has a *crest* of white feather. 那鸟头上有一撮白色羽冠。‖ ***on the crest of the [a] wave*** 在最走运的时候:The President is currently *on crest of a wave* of popularity. 目前总统正大受欢迎。‖ ˈ**crest•ed** *adj*. —ˈ**crest•less** *adj*.

crest•fall•en /ˈkrestˌfɔːlən/ *adj*. 垂头丧气的,沮丧,心灰意懒的:She came home *crestfallen* because she had failed the examination. 因为考试没有及格,她回到家来一副垂头丧气的样子。

cre•vasse /krəˈvæs/ *n*. [C]冰的裂缝,冰的缺口;冰川的裂隙;(堤坝、河岸等的)决口

crev•ice /ˈkrevis/ *n*. [C](岩石或建筑物上的)罅隙,裂缝,裂隙 ‖ ˈ**crev•iced** *adj*.

crew /kruː/ *n*. [常用作复] ❶一队(或一班、一组)工作人员:a wrecking *crew* 救援队 ❷(轮船、飞机、火车等上面全体工作人员:The aircraft has [carries] a *crew* of seven. 这架飞机有七名机组人员。❸(赛艇的)全体队员

crib /krib/ **I** *n*. [C] ❶(有围栏的)童床 ❷(牲口的)饲料槽,食槽 ❸ 粮仓,囤 ❹〈口〉(学生考试时作弊用的)夹带,小抄:catch sb. with a *crib* in the exam 抓住某人在考试中夹带小抄 **II** *vt*. (**cribbed**;**crib•bing**) ❶〈口〉抄袭,剽窃(*from*, *off*):The teacher thought that we'd *cribbed* the answers off each other. 老师认为我们是互相抄袭答案。❷〈俚〉偷窃,小偷小摸 —*vi*. ❶夹带小抄,用小抄作弊 ❷抄袭,剽窃:He was *cribbing* from my paper. 他在从我的试卷上抄袭。‖ ˈ**crib•ber** *n*. [C]

crick /krik/ **I** *n*. [C](颈或背的)痛性痉挛,痛痉:get [have] a *crick* in the arm 手臂患痛性痉挛 **II** *vt*. 引起(颈、背等)痛性痉挛:She *cricked* her neck playing tennis. 打网球时她把颈部扭伤了。

crick•et¹ /ˈkrikit/ *n*. [U] ❶【昆】蟋蟀,促织 ❷一按就发出唧唧声的金属小玩具(或信号器)

crick•et² /ˈkrikit/ *n*. [C]【体】板球 ‖ ***be not***

cricket *adj*.〈口〉不公平的,不光明磊落的;不光彩的:It's *not cricket* for you to behave like that. 这样做不光彩。‖ ˈ**crick·et·er** *n*. [C]

cri·er /ˈkraiəʳ/ *n*. [C] ❶呼叫者;哭泣者 ❷公共宣告官

crime /kraim/ *n*. ❶[C]罪,罪行:commit a serious *crime*. 实施严重犯罪 ❷[总称]犯罪,违法犯罪活动:fight *crime* in the city 打击城市中的犯罪 ❸[C]罪恶;罪过:It is a *crime* to let people live without food and clothing. 让人们无衣无食地生活是一种罪过。

crim·i·nal /ˈkriminᵊl/ I *adj*. ❶[无比较级][通常作定语]犯罪的,犯法的;关于犯罪的:a *criminal* person 犯人 ❷[无比较级][作定语]【律】与犯罪有关的,刑事的:*criminal* law 刑法 II *n*. [C]罪犯,犯人:a hardened *criminal* 惯犯 / a wanted *criminal* 通缉犯 ‖ ˈ**crim·i·nal·ly** *adv*.

crim·i·nol·o·gy /ˌkrimiˈnɔlədʒi/ *n*. [U]犯罪学 ‖ **crim·i·no·log·i·cal** /ˌkriminəˈlɔdʒikᵊl/ *adj*. —ˌ**crim·i·noˈlog·i·cal·ly** *adv*. —ˌ**crim·iˈnol·o·gist** *n*. [C]

crimp /krimp/ I *vt*. ❶压…使起褶子,使起皱;在…上加褶边:*crimp* paper to make flowers 把纸弄皱做纸画 ❷(用热铁棍)把(头发)烫成波浪形,使卷曲:She *crimped* her hair at the barber's. 她在理发店烫的头发。❸妨碍,干扰;阻止:*crimp* sb.'s progress 阻碍某人的进步 II *n*. [C][常作~s]卷曲的头发:a head covered with *crimps* 满头卷发

crim·son /ˈkrimzᵊn/ I *adj*. 深红色的,绯红色的,紫红色的:a *crimson* rose 紫红色玫瑰 II *n*. [U]深红(色),绯红(色),紫红(色);紫红色的颜料或染料:Blood came from his body in *crimson*. 他身上流出深红的血来。

cringe /krindʒ/ *vi*. ❶(因恐惧、焦急而)畏缩;退缩:He *cringed* from the cold. 他冷得蜷缩成一团。❷(因尴尬、厌恶等而)躲闪;对…表示反感(或不情愿):He *cringed* at the thought of having to confront his former date. 他一想到不得不和他以前的约会对象见面就老大不情愿。

crin·kle /ˈkriŋkᵊl/ *vi*. ❶起皱;起波纹:His face *crinkled* into a smile. 他满脸皱纹地笑了起来。❷发出折起时的沙沙声:The paper *crinkled* in the fireplace. 纸在壁炉里烧着,发出沙沙的声音。—*vt*. 使起皱;使成(或起)波纹:My clothes were all *crinkled* when I got them out of the case. 我把衣服从箱子里拿出来时,它们全都起皱了。‖ ˈ**crin·kled** *adj*. —ˈ**crin·kly** *adj*.

crip·ple /ˈkripᵊl/ I *n*. [C]〈时忌〉❶跛子,瘸子;跛腿的动物:a war *cripple* 伤残军人 ❷不健全的人,残疾人:a mental *cripple* 智障者 II *vt*. ❶使跛;使受伤致残;使丧失能力:A bullet through his spine had *crippled* him for life. 一颗子弹穿过他的脊椎,造成他终身残疾。❷严重损坏;使瘫痪;削弱:The storm *crippled* the traffic of the whole city. 暴风雨造成了整座城市的交通瘫痪。‖ ˈ**crip·pled** *adj*. —ˈ**crip·pler** *n*. [C]

crip·pling /ˈkripliŋ/ *adj*. [作定语] ❶有损健康的:a *crippling* disease 损害健康的疾病 ❷无益的,有害的:*crippling* taxes 有害的税收

cri·sis /ˈkraisis/ *n*. ([复]-**ses** /-siːz/) [C;U]危机;紧急关头;关键时刻:a time of acute [great] *crisis* 生死存亡的危急时刻

crisp /krisp/ I *adj*. ❶脆的;易碎的:*crisp* pastry [toast] 松脆的糕点[吐司] ❷(蔬菜、水果等)新鲜脆嫩的:*crisp* lettuce 脆嫩的莴苣 ❸条理清晰的;简明扼要的:*crisp* reasoning 条分缕析的推理 ❹干脆的;不友好的,冷淡的:a *crisp* manner [reply] 断然的态度[回答] ❺(空气)清爽的;令人兴奋的:The air was cool and *crisp*. 空气清新而凉爽。II *n*. [C] ❶〈英〉油炸土豆片 ❷一种上面撒着苹果等水果末和白糖的脆皮甜点:an apple *crisp* 苹果甜点 ‖ ˈ**crisp·er** *n*. [C] —ˈ**crisp·ly** *adv*. —ˈ**crisp·ness** *n*. [U]

criss·cross /ˈkrisˌkrɔs/ I *vt*. 交叉往来于;往返奔波于:Buses *crisscross* the city. 城市里公共汽车交叉往返。—*vi*. 呈十字形图案;形成交叉线:Animal tracks *crisscross* in the snow field. 动物的足迹纵横交叉地印在积雪的田野上。II *adj*. [无比较级]十字形的;交叉的:a *crisscross* design [pattern] 十字形设计图样[图案]

cri·te·ri·on /kraiˈtiəriən/ *n*. [C]([复]-**ri·a** /-riə/)(判断或评价的)标准;准则;尺度:meet [satisfy] criteria 符合标准 ‖ **criˈte·ri·al** *adj*.

crit·ic /ˈkritik/ *n*. [C] ❶评论家;批评家,评论员:a harsh *critic* of the political scene 政界的

C

严厉批评者 ❷文学批评家,乐评家,影评家:television *critics* 电视评论员 ❸吹毛求疵的人,爱挑剔的人:Your *critics* will always find a reason to blame. 对你横挑鼻子竖挑眼的人总会找出理由指责你。

cri•ti•cal /ˈkritikᵊl/ *adj.* ❶挑剔的,吹毛求疵的:be *critical* about 对…吹毛求疵❷[作定语]评论(或批评)家的,评论(或批判)的;评论性的;出自评论家的:The movie received *critical* acclaim. 这部电影受到了好评。❸[作定语]有判断力的;能够作出审慎判断(或评价)的;严谨的:a *critical* eye 审慎的眼光❹关键性的;决定性的:The tennis tournament has reached a *critical* stage. 网球邀请赛进入了决定性阶段。❺重要的,不可或缺的:changes of *critical* importance 意义重大的变化 ❻危急的;严重的;危险的(见 acute):a *critical* wound 致命伤 ‖ ˈ**crit•i•cal•ly** *adv.*

☆**critical, censorious, hypercritical** 均有"爱挑剔的,吹毛求疵的"之意。**critical** 指清楚而真实地了解某一事情并作出公正的批判和评论:a *critical* analysis (批判性的分析);该词也可表示过于挑剔、苛求:Why are you so *critical* of everything I wear? (你为什么对我穿戴的每一件东西都那么挑剔?) **censorious** 表示好吹毛求疵、爱谴责他人的那种脾性:*censorious* criticism (吹毛求疵的批评) / There is no need to be *censorious* about this problem. (不必对这个问题太挑剔。) **hypercritical** 强调用不公正的过严标准来苛求或挑剔:*hypercritical* disparagement of other people's success (对别人的成功的故意贬低)

crit•i•cism /ˈkritiˌsizᵊm/ *n.* ❶[U]评论:constructive *criticism* 建设性的评论 ❷[U]挑刺;批评;指责,非难:level the harshest *criticism* at the decision 对决议的最严厉的批评❸[C]批评意见:One of the main *criticisms* against him is that he is unpunctual. 对他的主要批评意见之一是他不守时。❹[U;C](对文学艺术等的)评论;批评文,评论文章:literary *criticism* 文学评论

crit•i•cize, crit•i•cise /ˈkritiˌsaiz/ *vt.* ❶批评;指责,非难;对…挑剔:Do not *criticize* him until you know all the circumstances. 在所有情况还未搞清之前不要批评他。❷评价;评论:They published a collection of essays to *criticize* the three novels. 他们出版了一部评论这三部小说的论文集。

☆**criticize, blame, censure, condemn, denounce** 均有"批评,指责"之意。**criticize** 为普通用词,通常用来指出某人或某事的缺点或错误,并明确表示反对,尤其用于方法、政策或目的等方面:The report strongly *criticized* the police for failing to deal with the problem. (报告强烈批评警方没有处理好这一问题。) **blame** 指对做错事的人加以责备或对认为不好的事进行指摘,强调对所发生的过错或灾难所负有的责任:They *blamed* the failure of the talks on the Russians. (他们把会谈的失败归咎于俄国人。) **censure** 指批评家或法官所作的有权威性的批评或谴责:The policeman was officially *censured* for his handling of the incident. (这名警察由于对这件事情处理不善,受到正式的谴责。) **condemn** 表示指责或谴责时,有严厉无度、冷酷无情的意味,坚决反对的态度十分明确:The law has been *condemned* by its opponents as an attack on personal liberty. (这项法律被反对者指责为对人身自由的侵犯。) 该词也常指法庭上的判决:The judge *condemned* her to spend six years life in prison. (法官判处她六年监禁。) **denounce** 指公开谴责或指责某人或其行为:The reporter strongly *denounced* the government's hypocrisy. (那位记者强烈谴责政府的虚伪。)

cri•tique /kriˈtiːk/ *n.* [C]❶评论文章;评论:a thoughtful *critique* of the economic problems 富有见地的经济问题评论 ❷关键时刻,紧要关头

croak /krəuk/ **I** *vi.* ❶(蛙、鸦等)呱呱地叫,作蛙鸣声:Frogs began to *croak* with the rainfall. 下雨时青蛙开始呱呱地叫起来。❷用低沉而沙哑的声音说话:She was *croaking* with sore throat all day. 她嗓子发炎,整天用嘶哑的声音说话。—*vt.* 用低沉沙哑的声音说出;沮丧地说出:*croaked* a reply [an answer] 用低沉沙哑的声音回答 **II** *n.* [C] ❶(蛙、鸦等的)呱呱叫声,蛙鸣声:the *croaks* of the bullfrogs 牛蛙的呱呱叫声 ❷低沉而沙哑的声音:the *croak* of an old woman 老太婆嘶哑的说话声 ‖ ˈ**croak•y** *adj.*

cro•chet /ˈkrəuʃei/ **I** *n.* [U;C]钩针编织;钩针编织品:a black *crochet* shawl 一件用钩针编织的黑色围巾 **II** *vt.* & *vi.* 用钩针编织:She spent the afternoon *crocheting*. 她一下午都在

做钩针编织活。‖ 'cro•chet•er *n.* [C]

crock /krɔk/ *n.* [C] ❶坛子；瓦罐：two large *crocks* containing salted beans 两只装满了腌豆的大瓦罐 ❷碎陶器片；碎罐片

crocked /krɔkt/ *adj.* 〈俚〉喝醉酒的

crock•er•y /'krɔkəri/ *n.* [U][总称]陶器，瓦器

croc•o•dile /'krɔkəˌdail/ *n.* ❶[C]【动】鳄，鳄鱼；鳄鱼类动物 ❷[U]鳄鱼皮革：a handbag of *crocodile* 鳄鱼手提包

crocodile tears [复] *n.* 鳄鱼的眼泪，假慈悲：shed *crocodile's tears* 流鳄鱼的眼泪，假悲伤

cro•cus /'krəukəs/ *n.* [C]([复]**-cus(•es)**或**-ci** /-sai，-kai/)【植】番红花，藏红花 ‖ '**cro•cused** *adj.*

crois•sant /krwɑː'sɔŋ/ *n.* [C]羊角面包

cro•ny /'krəuni/ *n.* [C]极要好的朋友，至交，密友：Eric spends all his time with his old *cronies* and never sees his family. 埃里克终日和他那些狐朋狗友厮混在一起，从来不回家。

crook /kruk/ *n.* [C] ❶(主教或牧羊人的)一头有弯钩的手杖，曲柄杖：a shepherd's *crook* 牧羊人的曲柄杖 ❷臂弯：She held the baby in the *crook* of her left arm. 她用左胳膊的臂弯抱着婴儿。❸弯曲物；弯曲部分；钩子：Turn right at the *crook* in the road ahead. 在前方路的拐弯处向右拐。❹〈口〉不诚实的人；骗子；窃贼

crook•ed /'krukid/ *adj.* ❶歪的；弯曲的，不直的：The picture seems to be *crooked*. 那幅画看上去有点歪。❷扭曲的；(因年老而)弯腰驼背的：a *crooked* back 驼背 ❸〈口〉不诚实的；狡诈的；没有道德原则的：a *crooked* scheme 骗局 ‖ '**crook•ed•ly** *adv.* —'**crook•ed•ness** *n.* [U]

croon /kruːn/ *vi.* 低声吟唱，轻哼；(尤指)带着感情地唱：The mother was *crooning* softly to her baby. 母亲对着婴儿轻柔地哼唱。—*vt.* ❶低声唱；怀着感情地唱：*She crooned* a little song while she rocked the baby. 她一面摇着婴儿，一边哼着小曲。❷柔情地低哼，轻声或低声地说："What a beautiful little baby," she *crooned*. "多么逗人爱的小宝贝啊。"她柔声细语地说。‖ '**croon•er** *n.* [C]

crop /krɔp/ **I** *n.* [C] ❶[常作～**s**]庄稼，作物：cultivate [raise] tropical *crops* 栽培热带作物 ❷(庄稼或作物的)一熟，一季收获(量)，收成；产量：The rice here bears two *crops* a year. 这里的水稻每年收获两季。❸[通常用单](同时出现或产生的)一群；一批；一连串：the annual *crop* of freshmen 每年入学的一批新生 **II** *vt.* (**cropped**；**crop•ping**) ❶(动物)啃吃(植物的顶部)：Sheep *cropped* the grass very short. 羊把青草啃得短短的。❷将…砍(或割)去；割(或剪)…的顶部；剪短(头发、牲畜的耳尖、尾巴等)：He had his hair *cropped* when he went into the army. 他入伍时把头发剪成平头。‖ ***crop up*** *vi.* 出现：The subject *croped up* as we talked. 我们交谈中无意涉及了这个问题。

crop•dus•ting /'krɔpˌdʌstiŋ/ *n.* [U](用飞机进行的)作物喷粉

crop land *n.* [U]耕地，农田

cro•quet /'krəukei，-ki/ *n.* [U](室外)门球游戏

cross /krɔs，krɔːs/ **I** *n.* [C]❶十字；十字形(包括T、×、十等)；十字形饰物；十字形标记：a red *cross* 红十字 ❷(表示错误、地点等的)×号；(不会写字者代替签名的)十字叉：They marked all the mistakes with a red *cross*. 他们用红色"×"将所有的错误标出。❸(古代处死刑用的)十字架：the penalty of the *cross* 钉死在十字架上的刑罚 ❹[**the C-**](耶稣基督被钉死在上面的)十字架：the day when Jesus died on *the Cross* 耶稣钉死在十字架上的那一天 ❺(动植物的)杂交；杂种；混血儿：His first *cross* of radish and cabbage was unsuccessful. 他对萝卜和白菜进行的首次杂交试验是不成功的。**II** *vt.* ❶越过，横穿，渡过：*Cross* the street at the corner. 在转弯处穿过马路。❷把…运过，把…带过：The ship *crossed* the soldiers to a new theater of battle. 该船把战士们运送到了新的战场。❸在…打叉；画掉；勾销(*out*，*off*，*through*)：*cross off* a name on a list 画掉名单上的一个名字 ❹与…相交；横切：Main Street *crosses* Market Street. 中心大街与市场街相交。❺与…相遇而过；(信件)和…错过：He *crossed* her on the stairs. 他在楼梯上与她相遇而过。❻使杂交：This flower has been produced by *crossing* several different varieties. 这种花是用几个不同品种的花杂交培育而成的。❼阻挠；(公开)反对；否定；反驳；使受挫：*cross* sb.'s will 挫败某人的意志 ❽使交叉，使相交：*cross* a knife and a fork 把刀和叉交叉放置—*vi.* ❶穿过；越过：a path that *crosses* through the garden 穿过花园的一条小径 ❷交叉，相交：the place where the two roads *cross*

两条马路交叉处 III *adj*. 生气的；脾气坏的，易怒的：It's no good getting *cross* with her. 对她发脾气没有好处。‖ ***cross one's mind*** *vi*. 掠过心头；突然想起：The idea never crossed my mind. 这个念头我从未有过。***cross over*** *vi*. ❶变节，投诚：Many Republicans have *crossed* over and voted Democrat. 许多共和党人已经转而投了民主党的票了。❷从一个领域成功地转到另一个领域，成功转型：She was able to *cross over* from jazz to pop music. 她成功地从原来演奏爵士乐转而演奏流行乐了。***cross up*** *vi*.〈俚〉❶欺骗；背叛：If you *crossed* us *up*, you'll regret it. 如果你欺骗我们，你会后悔的。❷搞乱；使糊涂；使迷惑：Our team tried to *cross up* the opposition by switching our players. 我方利用替换队员来迷惑队方。‖ **ˈcross·ly** *adv*. —**ˈcross·ness** *n*. [U]

C

cross·bar /ˈkrɔsˌbɑː/ *n*. [C] ❶闩；横杆；横档；(自行车)车架横梁 ❷【体】(球门上)横木；跳高和撑竿跳高的横杆，单杠

cross·beam /ˈkrɔsˌbiːm/ *n*. [C]【建】横梁，顶梁

cross·breed /ˈkrɔsˌbriːd/ I *vt*. (**-bred** /-ˌbred/; **-breed·ing**) 使杂交培育，杂交繁殖出：You can *crossbreed* a horse and a donkey to get a mule. 你可以将马和驴进行杂交培育出骡子来。II *n*. [C]杂种，杂交品种：A loganberry is a *crossbreed* of a blackberry and a raspberry. 罗甘莓是黑莓和木莓的杂交种。

cross-coun·try /ˈkrɔsˌkʌntri/ *adj*. [作定语] ❶越野的：a *cross-country* running 越野跑步 ❷横越全国的，穿越全国的：a *cross-country* flight 横穿全国的飞行

cross·cur·rent /ˈkrɔsˌkʌrənt/ *n*. [C] ❶逆流，交叉水流(流向与主流交叉或相反的水流) ❷[常作 **crosscurrents**]对立(或矛盾)的倾向(或意见、势力等)

cross-ex·am·ine /ˈkrɔsigˈzæmin/ *vt*. ❶【律】反诘问：If he had gone into the witness box he would have been *cross-examined* on any evidence he gave. 如果他站在证人席上，辩护律师就会对他提供的任何证据进行反诘问。❷盘问，详询：My parents *cross-examined* me when I got home late from the party. 聚会回家晚了我父母对我反复盘问。‖ **cross-ex·am·i·na·tion** /ˈkrɔsigˌzæmiˈneiʃᵊn/ *n*. [C] —**ˈcross-exˈam·in·er** *n*. [C]

cross-eyed /ˈkrɔsˌaid/ *adj*. 眼睛内斜视的；长着内斜眼的，长着斗鸡眼的

cross·fire /ˈkrɔsˌfaiəʳ/, **cross fire** *n*. [U;C] ❶【军】交叉火力：If the troops attack, they'll be in a vicious *crossfire*. 如果军队攻击的话，他们将会遭受到交叉火力的猛烈进攻。❷来自多方面的攻击(或抨击)，夹攻：be caught in the *crossfire* 腹背受敌

cross·ing /ˈkrɔsiŋ/ *n*. [C] ❶横渡，渡过：The ocean liner makes the *crossing* from New York to England every two weeks. 那艘远洋轮每两周在纽约至英格兰之间往返一次。❷交叉口，交叉点；(尤指)十字路口：ignore a red light at the *crossing* 在十字路口闯红灯 ❸(人行)横道；渡口；(铁路)道口：a pedestrian *crossing* 人行横道

cross-leg·ged /ˌkrɔsˈlegd/ *adj*. 盘着腿的；(坐着时)跷着二郎腿的：sit *cross-legged* on the grass 盘腿坐在草地上

cross·o·ver /ˈkrɔsˌəuvəʳ/ *n*. ❶[C]横跨构筑物；桥；跨路线桥；过道；渡口；人行横道：Take the exit just past the *crossover*. 走贴近跨路线桥的出口。❷[U;C](为增大感染力)对演奏风格的改变；改变演奏风格的乐师 ❸[C]转到另一方，投诚；(初选中)投票支持另一党派的人，不投本党候选人票的党员：We received a lot of votes from *crossovers* in the primary. 我们在初选中获得了很多转党者的投票。

cross·patch /ˈkrɔsˌpætʃ/ *n*. [C]脾气很坏的人，爱发牢骚的人

cross·piece /ˈkrɔspiːs/ *n*. [C]横杆，横档

cross-pur·pose /ˈkrɔsˈpəːpəs/ *n*. [C]相反的目的，相矛盾的目的 ‖ ***at cross-purposes*** *adv*. (指两人或团体)互相误解地，互相矛盾地

cross-re·fer /ˌkrɔsriˈfəː/ *vt*. (**-ferred**; **-fer·ring**) 使参见到，使互见：The book *cross-refers* the word gallon to quart and quart back to gallon. 这本书将 gallon 一词参见 quart，又把 quart 参见回 gallon。

cross-ref·er·ence /ˌkrɔsˈrefᵊrəns/ *n*. [C](在同一书籍、索引、目录等中的)相互参照(条目)，互见(条目)：a file system complete with *cross-references* and bibliographies 一个具有完整的相互参照条目和参考书目的档案体系

cross·road /ˈkrɔsˌrəud/ *n*. ❶岔路，支路 ❷

[～s][用作单或复]十字路口：Traffic stalled at a *crossroad*. 交通在十字路口堵塞了。❸紧要关头，关键时刻：be [stand] at the *crossroads* 面临[作出]重大抉择的关头

cross section *n.* [C] ❶横断面；剖面，截面：a *cross section* of muscular tissue 肌肉组织的横切面 ❷实例；典型；具有代表性的人(或物)：They questioned a *cross section* in the town to see if they were in favour of the new road. 他们询问了该市的一些代表人物，了解他们是否赞成修这条新路。

cross·town /ˈkrɔsˌtaun/ **I** *adj.* 穿过城市的，穿越城区的：a *crosstown* street 一条穿越全城的街道 **II** *adv.* 穿过市区

cross·train /ˈkrɔsˌtrein/ *vt.* 对…进行一种以上的职业培训；对…做交叉训练

cross·walk /ˈkrɔsˌwɔːk/ *n.* [C]人行横道

cross·wise /ˈkrɔsˌwaiz/ *adv.* 十字形地交叉地；横跨着，斜穿过地：The streets come together *crosswise* at the intersection. 这几条街道在十字路口互相交叉。

cross·word /ˈkrɔsˌwəːd/ (**puzzle**) *n.* [C]纵横填字谜(或游戏)：Before going to sleep, he filled in another *crossword* puzzle. 他睡觉前又玩了一次填字游戏。

crotch /krɔtʃ/ *n.* [C] ❶(人的)两腿分叉处，胯部；腿裆：the *crotch* of human being 人体的胯部 ❷裤裆：My trousers are too tight in the *crotch*. 我裤子的裆太紧。

crotch·et /ˈkrɔtʃit/ *n.* [C]奇想，怪念头：The old man had many *crotchets*. 这老头有许多怪念头。

crouch /krautʃ/ *vi.* ❶蹲，蹲伏：*crouch* at sb.'s feet 蹲伏在某人的脚边 ❷(动物准备跳跃而)蜷伏：The cat *crouched* in the corner waiting for the mouse to come out of its hole. 那只猫蹲伏在角落里等老鼠钻出洞来。

crow[1] /krəu/ *n.* [C] ❶【鸟】乌鸦 ❷【鸟】鸦；渡鸦；鹊鸦 ‖ ***as the crow flies*** *adv.* 沿直线地，不绕弯地：He lives exactly one mile from school *as the crow flies*. 他住的地方离学校沿直线走正好是一英里。***eat crow*** *vi.* 〈口〉被迫干自己不愿做的事；被迫干使自己感到丢脸的事；被迫收回自己说的话：Norris has explained our mistake and *eaten crow* for all of us. 诺里斯为我们的过失做了解释，为了大家丢了自己的面子。

crow[2] /krəu/ *vi.* (**crowed** 或 **crew** /kruː/, **crowed**) ❶(雄鸡)啼叫：The cock *crowed* as the sun rose. 雄鸡一唱天下白。❷夸口；夸耀；沾沾自喜(*over*)(见 boast)：*crow over* [at] a success 为成功而得意扬扬 ‖ **ˈcrow·er** *n.* [C]

crow·bar /ˈkrəuˌbɑːʳ/ *n.* [C]铁橇，撬棍；起货钩

crowd /kraud/ **I** *n.* [C] ❶一群；人群：a *crowd* of little children 一群小孩子 ❷(有共同习惯、利益或职业的)一群人；一伙人：the Hollywood *crowd* 好莱坞的那伙人 ❸听众；观众：The *crowd* highly appreciated your speech tonight. 今天晚上听众非常欣赏你的演说。**II** *vi.* ❶聚集，群集；涌：The fans *crowded* close to the movie star. 影迷们挤在电影明星的周围。❷拥挤；挤；推搡：The people on the platform *crowded* into the subway car. 站台上的人群涌进了地铁车厢。—*vt.* ❶挤；塞；压缩：*crowd* clothes into a suitcase 把衣服塞进箱子里 ❷挤满，塞满：Christmas shoppers *crowded* the store. 圣诞节购物者把商店挤满了。

☆**crowd, crush, horde, host, mob, swarm, throng** 均有"一群，一伙"之意。**crowd** 常指聚集一起的人们，含个人已完全溶化消失在其中的意味，也可用于物体：A large *crowd* soon gathered at the scene of the accident. (事故现场很快围了一大群人。) **crush** 强调特别拥挤，难以动弹并有不适之感：There was such a *crush* on the train that I could hardly breathe. (火车上拥挤得我都透不过气来。) **horde** 为贬义词，带轻蔑色彩，强调群体成员野蛮、粗鲁、无礼，既可以用于人，也可以用于动物或昆虫：*Hordes* of children were running round the building. (大群大群的儿童在围着大楼奔跑。) **host** 常指任何具有相当规模的集体或群体，含有大量的或一大群的意思：He has a *host* of friends. (他有很多朋友。) 该词也可特指集结起来的军队或武装起来的一群人：assemble a mighty *host* (集结了一支强大的军队) **mob** 专指喧闹愤懑要使用暴力进行破坏的一群狂徒或乌合之众：An angry *mob* is attacking the palace. (愤怒的群众正在袭击王宫。) **swarm** 指熙熙攘攘向前移动的人群或昆虫，有时有贬义：*Swarms* of tourists jostled through the square. (一群群的游客摩肩接踵地穿过广场。) **throng** 可与 crowd 互换，多指向前行进的人群，有相互推挤的意味：*Throngs* of visitors crowded through the art gallery.（成群的参观者挤满了画廊。）

crowd·ed /ˈkraudid/ *adj.* ❶挤得紧紧的；塞得满满的；密密的；拥挤的：*crowded* streets 拥挤不堪的街道 ❷过分拥挤的；靠得太紧的；过于密集的：They were too *crowded* up close together. 他们靠得太紧了。

crown /kraun/ I *n.* [C] ❶王冠，冕：Uneasy lies the head that wears a *crown.* 头戴王冠，夜眠不安。❷[常作 **the** ～或 **the C-**]君主；国王；女王；王权；王位：heir [heiress] to *the crown* 王位继承人 ❸(象征胜利、荣誉等的)花冠；花环：a *crown* of glory 光荣的花环 ❹荣誉；奖赏；冠军称号；(荣誉)称号：the martyr's *crown* 烈士称号 ❺(尤指圆形物的)顶部；顶点：the *crown* of a mountain 山的顶峰 II *vt.* ❶为…加冕，立…为君主：The Emperor was *crowned* by the Pope. 那个皇帝是由教皇主持加冕的。❷给…戴上花冠 ❸授…以荣誉，奖赏；成功地做成，胜利完成：His hard work was *crowned* with success. 他的辛勤工作换来了成功。❹给…加顶；覆盖…的顶端：*crown* the pie with cream 在馅饼上抹奶油

C

crown·ing /ˈkrauniŋ/ *adj.* [无比较级]最完美的，尽善尽美的

crown prince *n.* [C]王储(即王位的男性继承人)

cru·cial /ˈkruːʃəl/ *adj.* 至关重要的；决定性的，关键的：a *crucial* moment 紧要关头(或关键时刻) ‖ ˈ**cru·cial·ly** *adv.*

cru·ci·ble /ˈkruːsibᵊl/ *n.* [C] ❶坩埚；熔锅 ❷严峻的考验；磨炼：pass through the *crucible* 经历严峻考验

cru·ci·fix /ˈkruːsiˌfiks/ *n.* ❶[C]基督受难像；钉着耶稣的十字架 ❷十字架

cru·ci·fix·ion /ˌkruːsiˈfikʃᵊn/ *n.* ❶[U;C]钉死于十字架之上：*Crucifixions* were attended by great crowds of people. 在十字架上行钉死刑罚的时候有大批看客围观。❷[**the C-**]耶稣之被钉死于十字架 ❸[C]表现耶稣被钉死在十字架上的画(或雕像等)

cru·ci·form /ˈkruːsiˌfɔːm/ I *adj.* [无比较级]十字形的 II *n.* [U]十字形，十字架形

cru·ci·fy /ˈkruːsiˌfai/ *vt.* ❶把…钉死在十字架上：*crucify* criminals 把罪犯钉在十字架上处死 ❷责备；(严厉)批评；折磨：The media *crucified* him for the position. 媒体对他的立场予以批评。

crude /kruːd/ *adj.* ❶天然的；未加工的；未提炼的：*crude* sugar 粗糖 ❷缺乏技巧的；粗制的；粗略的；粗陋的；初步的；不成熟的：a *crude* log cabin 简陋的圆木小屋 ❸粗鲁的；粗俗的；不雅致的；粗鄙的：a *crude* person 粗鲁的人 ‖ ˈ**crude·ly** *adv.* —ˈ**crude·ness** *n.* [U]

cru·el /ˈkruːəl/ *adj.* (**cru·el·(l)er, cru·el·(l)est**) ❶残忍的；残酷的；残暴的(见 fierce)：*cruel* acts 残忍的行为 ❷令人痛苦的；刻意伤人的：a *cruel* sight 残酷的场面 ‖ ˈ**cru·el·ness** *n.* —ˈ**cru·el·ly** *adv.*

cru·el·ty /ˈkruːəlti/ *n.* ❶[U]残忍；残暴；残酷：the *cruelty* of fate 命运的残酷性 ❷[C]残忍的行为(或言论)：commit *cruelties* 犯下暴行

cru·et /ˈkruːit/ *n.* [C](在餐桌上放醋、酱油等的)调味品瓶

cruise /kruːz/ I *vi.* ❶航游；航行：He *cruised* around the world 环球航行 ❷游弋；巡航：*cruise* on the Atlantic 在大西洋上游弋 ❸(汽车、飞机或船只等)以中速(或经济速度)运行：He *cruised* along the highway enjoying the scenery. 他沿着高速公路不紧不慢地行驶，欣赏着路两旁的风光。❹(车)慢速巡行：Taxis *cruise*, looking for fares. 出租车缓慢行驶，兜揽乘客。II *n.* 航行；(尤指度假)航游：be on a world *cruise* 乘船周游世界

cruis·er /ˈkruːzəʳ/ *n.* ❶巡航者 ❷巡洋舰；巡航艇：an armoured *cruiser* 装甲巡洋舰

crumb /krʌm/ *n.* ❶碎屑；面包屑；糕饼屑：dust the *crumbs* off the shirt 把衬衫上的面包屑掸掉 ❷一点，少许，点滴：a *crumb* of hope 一线希望

crum·ble /ˈkrʌmbᵊl/ *vt.* 使成碎屑，弄碎：Do not *crumble* your bread on the table. 不要把面包搓碎在桌子上。—*vi.* ❶碎裂；成碎屑：This cake *crumbles* too easily. 这种蛋糕太容易碎了。❷崩溃；分崩离析；瓦解：The empire *crumbled* from within. 这个帝国是从内部土崩瓦解的。‖ ˈ**crum·bly** *adj.*

crum·my /ˈkrʌmi/ *adj.* 〈俚〉❶无价值的；不值钱的；劣质的：It was a *crummy* deal. 这是一桩亏本买卖。❷肮脏的；破旧的：a *crummy* motel 破旧的汽车旅馆 ❸凄惨的；悲凉的：They had a really *crummy* evening. 他们过了一个凄惨的夜晚。‖ ˈ**crum·mi·ness** *n.* [U]

crum·pet /ˈkrʌmpit/ *n.* [C](在圆烤盘烤至焦黄抹上黄油吃的)圆烤饼

crum·ple /ˈkrʌmpᵊl/ *v.* ❶(突然)垮掉;倒塌,崩溃(*up*):She *crumpled* to the floor in a faint. 她昏倒在地板上。❷起皱,变皱:That dress *crumples* readily. 那件连衣裙很容易起皱。‖ ˈ**crum·ply** *adj.*

crunch /krʌntʃ/ **I** *vt.* ❶嘎吱嘎吱地嚼:The dog was *crunching* a bone. 那条狗在嘎吱嘎吱地嚼一块骨头。❷嘎吱嘎吱地碾(或压、踩):They *crunched* their way home through the snow. 他们嘎吱嘎吱地踩着雪回家。**II** *n.* [U] ❶(咀嚼、行走等动作发出的)嘎吱声:hear a loud *crunch* of footsteps 听见响亮的嘎吱嘎吱的脚步声 ❷匮乏;缩减:the energy *crunch* 能源匮乏 ‖ ˈ**crunch·y** *adj.*

cru·sade /kruːˈseid/ *n.* ❶(11、12 和 13 世纪欧洲基督教徒发动的、旨在从穆斯林手中夺回圣地耶路撒冷的)十字军东征 ❷(社会性的)运动:a *crusade* against smoking 禁烟运动 ‖ **cruˈsad·er** *n.* [C]

crush /krʌʃ/ **I** *vt.* ❶压坏;压碎;压伤:She was *crushed* onto the bus. 她被挤进公交车里。❷捣碎;碾碎:*crush* down stone into [to] bits and pieces 把石块碾碎 ❸打败,击败;征服;镇压:The team *crushed* its rival 9-1 at the arena. 这支球队在体育场以 9 比 1 的比分战胜了对手。—*vi.* 塞;(用力)挤:The reporters tried to *crush* into the courtroom. 记者想挤进法庭。**II** *n.* ❶[U]压碎;压坏;压伤;挤压:exert *crush* on the peanuts to produce oil 榨花生产油 ❷[C]一大群(人);拥挤的人群:a *crush* of shoppers 拥挤的购物者 ❸[C]〈口〉(突然而短暂的)迷恋;迷恋对象:have a *crush* on sb. 一时迷恋某人 ‖ ˈ**crush·a·ble** *adj.* —ˈ**crush·er** *n.* [C] —ˈ**crush·ing** *adj.*

crust /krʌst/ *n.* [C] ❶(一片)面包皮;干面包片:eat the *crusts* of a loaf 吃面包皮 ❷馅饼皮 ❸外壳;坚硬的表皮:the *crust* of a turtle 乌龟的外壳 ‖ ˈ**crust·al** *adj.*

crust·y /ˈkrʌsti/ *adj.* ❶有脆硬皮的:*crusty* bread 带有硬脆皮的面包 ❷脾气乖戾的;暴躁的;粗暴的:a *crusty* old bachelor 脾气乖戾的老光棍

crutch /krʌtʃ/ *n.* [C] ❶ T 字形拐杖:walk on [with] *crutches* 拄着拐杖 ❷支柱,支撑;依靠,精神支柱:a *crutch* for the economy 经济支柱

crux /krʌks/ *n.* [U]([复] **crux·es** 或 **cru·ces** /ˈkruːsiːz/) 中心,核心;关键;症结:Here comes the *crux* of the matter. 这就是事情的症结。

cry /krai/ **I** *vi.* ❶(因伤心、痛苦等而)哭:*cry* with pain [fright] 痛得[吓得]直哭 ❷哭泣;流泪:She *cried* with small whimpering sounds. 她低声呜咽着。❸(大声)叫喊(*out*):He *cried out* to us to stop. 他大声嚷着要我们停止。—*vt.* ❶大声叫唤;喊叫:"Help!" the drowning man *cried* (out). "救命!"落水的人高喊道。❷哭得使…;哭出:*cry* oneself sick [to sleep] 哭出病[哭得睡着了] **II** *n.* [C] ❶叫喊,喊叫:*cries* of victory 胜利的欢呼 ❷(一阵)哭泣;(一阵)哭声;流泪:have one's *cry* out 放声大哭 / have a good *cry* 大哭一场 ‖ ***a far cry* (*from*)** *n.* 和…大相径庭,与…有天壤之别:His present large fortune is *a far cry from* his former poverty. 如今他腰缠万贯,同先前的穷困相比,真是不可同日而语。**cry out against** *vt.* 大声疾呼反对,抗议;谴责:His lecture *cried out against* bigotry and hatred. 他在演讲中谴责了偏见和仇恨。***cry out for*** *n.* 迫切需要:These decaying streets cry out for repair. 这些破败的街道急需整修。

cry·ing /ˈkraiiŋ/ *adj.* ❶需要立即加以注意的;急需补救的;迫切的:We still haven't answered one *crying* need in education. 我们仍然没有解决教育上存在的一项迫切需要。❷臭名昭著的;极可耻的;极糟糕的:It's a *crying* shame that we don't spend more on education. 糟糕的是我们没有再在教育上投入更多的钱。‖ ˈ**cry·ing·ly** *adv.*

cry·o·gen·ics /ˌkraiəˈdʒeniks/ [复] *n.* [用作单数]【物】低温学

crypt /kript/ *n.* [C]地窖,地下室;(从前用作墓穴的)教堂地下室

cryp·tic /ˈkriptik/ *adj.* ❶隐蔽的;秘密的;不公开的:a *cryptic* file 秘密档案 ❷(评论、讲话等)有隐含义的;意义含糊的;神秘的:a *cryptic* answer 含混其词的回答 ‖ ˈ**cryp·ti·cal·ly** /-kᵊli/*adv.*

crys·tal /ˈkristᵊl/ *n.* ❶[U]水晶;石英晶体 ❷[U;C](用来制作器皿的)晶质玻璃;晶质玻璃制品:goblets of *crystal* 水晶玻璃(高脚)酒杯 ❸[C](装饰等用的)晶粒:*Crystals* are used as beads, and hung around lights. 用水晶做珠子

C

挂在灯的四周。❹[C]【化】【矿】结晶;结晶体

crys·tal·line /ˈkristəˌlain,-ˌliːn/ *adj.* ❶(水晶般)透明的,晶莹的;清晰的:the *crystalline* air of mountain regions 山区清爽的空气 ❷[无比较级]【化】【矿】有水晶特点的;水晶结构的;由结晶体组成的,晶质的

crys·tal·lize /ˈkristəˌlaiz/ *v.* ❶结晶,晶化:The minerals *crystallizes* in heat. 这些矿物质受热时会形成晶体。❷成形;具体化:The inspirations he got from his own life *crystallized* into a clear writing plan. 他在生活中获得的灵感具体化成了一个清晰的写作计划。‖ **ˈcrys·tal·ˌliz·a·ble** *adj.* —**crys·tal·li·za·tion** /ˌkristəlaiˈzeiʃ°n;-liˈz-/ *n.* [U] —**ˈcrys·talˌi·zer** *n.* [C]

cub /kʌb/ *n.* [C] ❶(熊、狼、狮子等动物的)幼仔 ❷毛头小伙子

Cu·ban /ˈkjuːbən/ I *adj.* 古巴的;古巴人的 II *n.* [C]古巴人

cube /kjuːb/ I *n.* ❶立方形;立方体 ❷【数】三次幂;立方:64 is the *cube* of 4. 64是4的立方。II *vt.* ❶【数】求…3次幂;求…体积(或立方):If you *cube* the number 5, you get 125. 如果你求5的3次幂,就会得125。❷使成立方形;将…切成小方块:*cube* the carrots and potatoes 把胡萝卜和土豆切成丁儿 ‖ **ˈcub·er** *n.* [C]

cube root *n.* [C]【数】立方根:The *cube root* of 27 is 3. 27的立方根是3。

cu·bic /ˈkjuːbik/ *adj.* [作定语] ❶立方形的;立方体的:a *cubic* carton 立方形的纸盒子 ❷【数】三次幂的;立方的:a *cubic* foot 一立方英尺(略作 cc)

cu·bi·cle /ˈkjuːbik°l/ *n.* [C](大房间里隔出的)小房间

cub·ism /ˈkjuːbizəm/ *n.* [U]【画】立体派,立体主义,立方主义 ‖ **ˈcub·ist** *n.* [C]

cub scout *n.* [C][时作 **Cub Scout**](8至10岁的)幼童军〔亦作 **cub**〕

cuck·oo /ˈkukuː/ *n.* ([复]**-oos**) ❶【鸟】杜鹃,布谷鸟 ❷ 杜鹃的叫声;咕咕声

cu·cum·ber /ˈkjuːkʌmbəʳ/ *n.* 黄瓜:cut up a huge *cucumber* 切一根大黄瓜

cud /kʌd/ *n.* [U]反刍的食物 ‖ ***chew one's* [*the*] *cud*** *vi.* 深思,细想

cud·dle /ˈkʌd°l/ I *vt.* 搂抱;拥抱;爱抚;依偎着(见 care):I *cuddled* the baby until she did not cry. 我搂着这个婴儿直到她不哭。—*vi.* 依偎在一起;舒舒服服地搂着睡:We *cuddled* up by the fire and got warm. 我们簇拥在火炉旁取暖。II *n.* [U]搂抱;拥抱:have a *cuddle* 拥抱一下

cudg·el /ˈkʌdʒəl/ I *n.* [C](用作武器的)粗短棍棒 II *vt.* (**-el(l)ed;-el·(l)ing**) 用粗短棍打

cue¹ /kjuː/ *n.* [C] ❶【戏】(暗示另一位演员出场或说话的)尾白;暗示;(向舞台工作人员发出的)提示:The gunshot is my *cue* to enter. 枪声提示我进场。❷信号;暗示:take one's *cue* from sb. 明白某人的暗示 ‖ ***on cue*** *adv.* 恰好正在此时:Then right *on cue*, the bus broke down. 恰在这时候公共汽车抛锚了。

cue² /kjuː/ *n.* [C] ❶【台球】球杆 ❷(推圆盘游戏的)推铲 ❸辫子(=queue)

cuff /kʌf/ *n.* [C] ❶袖口:I washed the stain off the *cuff* of my shirt. 我把我衬衫袖口上的污迹洗掉了。❷(裤脚等的)翻边:Something had caught on the *cuffs* of his slacks. 什么东西刮在他宽松长裤的裤脚翻边上。❸(血压计的)橡皮囊袖带 ❹[常作 ~s]手铐:The *cuffs* rubbed his skin off. 手铐把他的皮肤磨破了。‖ ***off the cuff*** *adv.* & *adj.* [无比较级]〈口〉即席地(的),当场(的);毫无准备地(的):make a few remarks *off the cuff* 即兴说几句话 ***on the cuff*** *adj.* & *adv.* [无比较级] 赊账的(地):Spending more than earning kept him *on the cuff*. 挣的少花的多使得他赊账过日子。

cuff link, cuff·link /ˈkʌfˌliŋk/ *n.* [C](衬衫的)袖口链扣〔亦作 **link**〕

cui·sine /kwiːˈziːn/ *n.* [U] ❶烹调(术),烹饪(术):French *Cuisine* 法国烹调 ❷菜肴,饭菜:excellent *cuisine* 美味佳肴

cul-de-sac /ˌkʌldəˈsæk,ˌkul-/ *n.* ([复]**culs-de-sac** /ˌkʌlzdəˈsæk,ˌkul-/ 或 **cul-de-sacs**) ❶死胡同,死巷,死路 ❷绝境;僵局:They reached a *cul-de-sac* in the investigation. 他们的调查陷入了死胡同。

cul·i·nar·y /ˈkʌlinəri,ˈkjuːliˌneri/ *adj.* [作定语]烹饪(或厨房)的:sb.'s skill in the *culinary* arts 某人的烹饪手艺

cull /kʌl/ *vt.* ❶选出,挑出:excerpts *culled* from the novel 从这部小说里挑选的段落 ❷拣选;筛选:She *culled* the apples, picking only the choicest ones. 她挑选苹果，只拣最好的拿。‖ ˈ**cul·ler** *n.* [C]

cul·mi·nate /ˈkʌlmiˌneit/ *vi.* ❶达到顶点；达到高潮(*in*)：His career *culminated in* the winning of the Nobel prize. 当他获得诺贝尔奖的时候他的事业达到了顶峰。❷达到最后关头；告终；导致(*in*)：The enterprise *culminated in* bankruptcy. 这家企业最终破产了。‖ **cul·mi·na·tion** /ˌkʌlmiˈneiʃᵊn/ *n.* [C]

cu·lottes /kʲuːˈlɔts/ [复] *n.* 女用裙裤，叉裙

cul·pa·ble /ˈkʌlpəbᵊl/ *adj.* 该受责备的；该受处罚的：He was *culpable*, but whether he could be charged legally was another story. 他应该受到惩罚，但他是否能被判刑是另一回事。‖ **cul·pa·bil·i·ty** /ˌkʌlpəˈbiliti/, ˈ**cul·pa·ble·ness** *n.* [U] —ˈ**cul·pa·bly** *adv.*

cul·prit /ˈkʌlprit/ *n.* [C] ❶(在法庭上被控有罪的)刑事被告，未决犯；(尤指)不服罪的被告：The *culprit* was led in to stand before the judge. 被告被领进来站在法官前面。❷祸因，祸端：The doctor found *culprit* for his disease. 医生找出了他的病灶。

cult /kʌlt/ *n.* ❶[C](信仰)教派；派别：the *cult* of devil worship 魔教 ❷[U](对人、理想、事物、思想等的)狂热崇拜，迷信：personal *cult* 个人崇拜 ‖ ˈ**cult·ism** *n.* [U] —ˈ**cult·ist** *n.* [C]

cul·ti·vate /ˈkʌltiˌveit/ *vt.* ❶耕种，耕作：*cultivate* the soil carefully 对土地精耕细作 ❷培育；栽培；培植：*cultivate* roses 栽培玫瑰 ❸培养；养成：*cultivate* an atmosphere of goodwill 营造一种友好的气氛 ❹鼓励；扶植；促进(科学、文艺等)：*cultivate* the arts 发展人文学科 ❺建立(友谊、爱情等)；发展：Friendships *cultivated* in school often last a lifetime. 求学时期建立起来的友谊常常能终生不渝。❻结交(朋友等)：He was the very person I wanted to *cultivate*. 他正是我想与其交朋友的那种人。‖ **cul·ti·va·tion** /ˌkʌltiˈveiʃᵊn/ *n.* [U]—ˈ**cul·tiˌva·tor** *n.* [C]

cul·ti·vat·ed /ˈkʌltiˌveitid/ *adj.* ❶[作定语](植物、庄稼等)人工培育的，非野生的 ❷有修养的；素质高的；文雅的

cul·tur·al /ˈkʌltʃᵊrəl/ *adj.* ❶文化的；文化方面的：*cultural* traditions 文化传统 ❷[作定语]人文艺术的：the *cultural* world 人文天地

cul·ture /ˈkʌltʃə/ *n.* ❶[C；U]文化；文明；[总称](可传承的)生活方式：a nation with multiple *cultures* 拥有多元文化的国家 ❷[U]品味；修养，教养：artistic *culture* 艺术修养

cul·tured /ˈkʌltʃəd/ *adj.* ❶有教养的；有修养的：a *cultured* state 具有高度文明的国家 ❷人工养殖的；人工培养的：*cultured* bacteria 人工培育的细菌

culture shock *n.* [C]文化震荡，文化冲击，文化差异(指因突然身处异国文化或新的生活方式而感受到的一种迷茫与苦恼)

cul·vert /ˈkʌlvət/ *n.* [C] ❶涵洞；涵洞桥 ❷电缆管道

cum·ber·some /ˈkʌmbəsəm/ *adj.* ❶(因体积、重量、形状等原因)使用不便的；笨重的；笨拙的：The baggage was too *cumbersome* to pick up and move. 行李太笨重了，很难拿起来搬运。❷令人烦恼的；烦琐的；累赘的：the *cumbersome* process of renewing a driver's license 重新办理驾驶执照的烦琐程序 ‖ ˈ**cum·ber·some·ness** *n.* [U]

cum·in /ˈkʌmin/ *n.* [C；U] ❶【植】莳萝，土茴香 ❷莳萝子，土茴香子

cu·mu·la·tive /ˈkjuːmjulətiv/ *adj.* 堆积的；累积的，渐增的：Her anger achieved a *cumulative* momentum of its own. 她的火气越积越大。‖ ˈ**cu·mu·la·tive·ly** *adv.*

cu·mu·lo·nim·bus /ˈkjuːmjuləuˈnimbəs/ *n.* [C]([复]**-bi** /-bi/，**-bus·es**)【气】积雨云

cu·mu·lus /ˈkjuːmjuləs/ *n.* [C]([复]**-li** /-lai/)【气】积云

cu·ne·i·form /ˈkjuːniˌfɔːm/ **I** *adj.* [无比较级]楔形的；楔形文字的：*cuneiform* characters 楔形文字 **II** *n.* [U]楔形文字

cun·ning /ˈkʌniŋ/ **I** *adj.* 狡猾的，狡诈的：a *cunning* thief 狡诈的窃贼 **II** *n.* [U]狡诈，狡猾：He had the *cunning* of a fox. 他跟狐狸一般狡猾。‖ ˈ**cun·ning·ly** *adv.* —ˈ**cun·ning·ness** *n.* [U]

cup /kʌp/ **I** *n.* [C] ❶杯子：a paper [porcelain] *cup* 纸[瓷]杯 ❷(一)满杯(容量单位，折合半品脱或 8 盎司)：add one *cup* of sugar to 在…里加上一杯糖 ❸(一)杯(的量)：fill [pour] a *cup* of wine 倒一杯酒 ❹杯状物：a *cup* of flower 花萼 ❺优胜杯，奖杯：a challenge *cup* 挑战杯 **II** *vt.* (**cupped**；**cup·ping**) ❶把(手)窝成杯状：*cup* one's hands 把手攥成杯状 ❷用杯(或

杯状物）舀；把…放入杯（或杯状物）内：*cup* wine from a jar 从酒缸里盛一杯酒‖ ***one's cup of tea*** *n.* [常用于否定句中]令自己感兴趣的东西，自己喜爱之物：Pop music isn't really *my cup of tea* — I prefer classical music. 我对流行音乐真的不感兴趣，我更喜欢古典音乐。

cup·board /ˈkʌbəd/ *n.* [C] 碗橱，食橱

C

cup·cake /ˈkʌpˌkeik/ *n.* [C]纸杯蛋糕，杯形蛋糕

cup·ful /ˈkʌpful/ *n.* [C] ❶一杯(容量单位，折合半品脱或 8 盎司) ❷(一)满杯：a *cupful* of brown rice 一杯糙米

Cu·pid /ˈkjuːpid/ *n.* ❶【罗神】丘比特(罗马神话中的爱神，在希腊神话中叫 Eros) ❷[**cupid**] [C]丘比特画像(或塑像)

cu·pid·i·ty /kjuːˈpiditi/ *n.* [U]贪财；贪婪

cu·po·la /ˈkjuːpələ/ *n.* [C]【建】圆屋顶，穹顶‖ ˈ**cu·po·laed** /-ləd/ *adj.*

cur /kəː/ *n.* [C] ❶劣等狗；杂种狗；恶狗 ❷没有教养的人；卑鄙小人；狗杂种

cur·a·ble /ˈkjuᵊrəbᵊl/ *adj.* 能治愈(或治好)的；可矫正的；可消除的：a *curable* disease 可以治好的病

cu·rate /ˈkjuᵊrit/ *n.* [C]〈英〉助理牧师

cur·a·tive /ˈkjuᵊrətiv/ **I** *adj.* [作定语] ❶治疗的；治疗上用的：*curative* of disease 治病 ❷可治好疾病的；有疗效的：*curative* thermal springs 可治病的温泉**II** *n.* 疗法；药物；疗效：a *curative* for fever 退烧药

cu·ra·tor /kjuəˈreitəʳ/ *n.* [C](博物馆、图书馆、美术馆等的)馆长，主任；(动物园等的)园长：the *curator* of the Louvre 罗浮宫博物馆馆长‖ **cu·ra·to·ri·al** /ˌkjuᵊrəˈtɔːriəl,-ˈtəur-/ *adj.* — **cuˈra·torˌship** *n.* [U]

curb /kəːb/ **I** *n.* ❶[U]控制；抑制：place a *curb* upon one's passions 遏制激情 ❷[C](马路或人行道的)路沿〔亦作 **kerb**〕：trip on the *curb* 被路沿绊了一跤**II** *vt.* 控制；抑制：*curb* one's tears 不让眼泪流出来

curd /kəːd/ *n.* [U；C][常作～**s**]凝乳；凝乳状物：soybean *curds* 豆腐

cur·dle /ˈkəːdᵊl/ *vt.* & *vi.* ❶(使)凝结成乳(或凝乳状物) ❷(使)变酸：*curdle* the milk 使牛奶变酸‖ ˈ**cur·dler** *n.* [C]

cure /kjuəʳ/ **I** *vt.* ❶治好(疾病)；治愈(病人)(*of*)：*cure* sb. *of* headache 治好某人的头疼 ❷消除；去除；纠正(*of*)：He was *cured of* his heavy smoking. 他戒掉了烟瘾。❸(用腌、熏、烤等方法)加工(肉等)：Tobacco is *cured* by drying. 用烘烤法烤制烟草。—*vi.* ❶(用腌、熏、烤等方法)加工：Tobacco leaves are often hung in barns to *cure*. 烟叶常挂在谷仓里晾制。❷治好；治愈：The wound *cures* easily. 这种伤容易治好。**II** *n.* [C]❶药物；良药；疗方；治疗措施：a sure *cure* for the headache 治疗头痛的特效药 ❷成功的治疗，治愈；痊愈：a complete *cure* 完全治愈 ❸(解决社会问题的)对策，措施：The unemployment is beyond a *cure*. 失业问题已经不可救药。‖ ˈ**cur·er** *n.* [C]

☆**cure, heal, remedy** 均有"治愈，整治"之意。**cure** 用于一般状态，通常指根除疾病后恢复健康，有时也用来表示突然和戏剧性地治愈：This medicine will *cure* you of your cough.(这种药会治好你的咳嗽。)该词还可以引申来表示治理社会弊病或坏的习俗等：government action to *cure* unemployment(政府为解决失业问题所采取的行动) **heal** 用于具体部位，常指经过一个缓慢的过程使外伤愈合：This ointment will help to *heal the* wound.(这药膏有助于伤口的愈合。)该词也可用于比喻：Time *heals* most troubles.(随着时间的推移，多数烦心事可望消除。) **remedy** 意指使用药物或方法来医治疾病或减轻病痛：A good night's sleep would be the best *remedy* for your headache.(好好睡一觉是治疗你头痛的最好办法。)该词也常用来指革除弊病使恢复健全正常：How can we *remedy* this situation?(我们怎样才能挽救局势?)

cure-all /ˈkjuᵊrˌɔːl/ *n.* [C]包治百病的灵药；灵丹妙药

cur·few /ˈkəːfjuː/ *n.* [C] ❶宵禁；宵禁令；一定时间后禁止外出的规定：impose [enforce] a *curfew* 实行宵禁 ❷禁止外出限制的规定：His parents established a *curfew*. 他的父母限制他在规定时间外外出。

cu·ri·o /ˈkjuᵊriˌəu/ *n.* [C]([复]-**ri·os**) 古董，古玩

cu·ri·os·i·ty /ˌkjuᵊriˈɔsiti/ *n.* ❶[U]求知欲；好奇心：arouse (one's) *curiosity* 激发好奇心 ❷[C]珍品；古玩；奇事：a *curiosity* shop 古玩店

cu·ri·ous /ˈkjuᵊriəs/ *adj.* ❶好奇的；求知欲强

烈的：Children are born naturally *curious*. 孩子们生下来就有好奇心。❷过于好奇的，爱打听的：*curious* ears 到处打听事的耳朵❸离奇的；新奇的；古怪的：a *curious* noise 奇怪的声音 ‖ ˈ**cu•ri•us•ly** *adv*. —ˈ**cu•ri•ous•ness** *n*. [U]

curl /kəːl/ **I** *v*. ❶卷；使（头发）变卷：*curl* one's hair 卷头发 ❷缠绕；盘起；蜷曲（*up*）：The cat *curled* its tail around itself. 猫把尾巴盘在身上。**II** *n*. [C] ❶（一绺）卷发：She has long *curls* over her shoulders. 她长着披肩卷发。❷卷曲物；（木材的）螺纹；螺旋状物：A carpenter's shavings form *curls*. 木匠的刨花呈卷状。‖ ***curl up*** ❶（使）卷起；（使）蜷曲：His book *curled up* from constant use. 他的书经常使用，书页都卷起来了。❷（使）舒服地蜷缩着坐（或躺）：The boy *curled* himself *up* in the big soft armchair with a book. 那个男孩蜷在大扶手椅里看书。❸（烟）缭绕升起：Smoke was *cur-ling up* into the sky. 烟雾袅袅，升入天空。***curl one's*** [***the***] ***hair*** *vi*. 使某人毛骨悚然：The horror movie will really *curl your hair*. 这部惊悚片将会使你毛骨悚然。

curl•er /ˈkəːləʳ/ *n*. [C]卷发器

curl•y /ˈkəːli/ *adj*. ❶卷的；卷曲的；波状的；蜷缩的：*curly* hair 卷发 ❷有卷发的：a *curly* head 卷发头

cur•rant /ˈkʌrənt,ˈkəːr-/ *n*. [C] ❶无核小葡萄干 ❷【植】茶藨子灌木 ❸茶藨子醋栗

cur•ren•cy /ˈkʌrənsi,ˈkəːr-/ *n*. ❶[C;U]通货，货币；（货币的）流通（见 money）：paper *curren-cy* 纸币 ❷[U]流行；流传；普及：The story gained great *currency*. 这个故事流传甚广。

cur•rent /ˈkʌrənt,ˈkəːr-/ **I** *adj*. ❶[作定语]现时的，目前的，当前的（见 new 和 modern）：the *current* exchange rate 当前的汇率❷通用的，通行的；普遍接受的（见 prevailing）：the *current* practice 通行做法**II** *n*. ❶[C]水（或气）流：The boat rushed down in the rapid *current*. 这条船在激流中飞速而下。❷[C]电流；电流强度：switch off electric *current* 切断电流 ❸[U]趋势，倾向；（尤指思想）潮流（见 tendency）：re-verse the *current* of the times 扭转时代潮流 ‖ ˈ**cur•rent•ly** *adv*.

cur•ric•u•lum /kəˈrikjuləm/ *n*. [C]（[复]**-lums** 或**-la** /-lə/）❶（学校等的）全部课程：What courses are on your *curriculum*? 你的课程表里有什么课？❷（获得学位或证书的）必修课程 ‖ **curˈric•u•lar** *adj*.

cur•ry /ˈkʌri;ˈkəːri/ *n*. ❶[C;U]咖喱；咖喱饭；咖喱菜肴：*curry* and [with] rice 咖喱饭 ❷= curry powder ❸咖喱酱

curry powder *n*. [U]咖喱粉

curse /kəːs/ **I** *n*. [C] ❶诅咒；咒骂；咒语：put a *curse* on sb. 诅咒某人 ❷灾祸；不幸；困境：The flood was a *curse* to the people. 这场洪水对于群众是一场灾难。❸骂人的话，脏话：a shower of *curses* 大加谩骂 **II** *v*. （**cursed** 或 **curst**；**curs•ing**）—*vt*. ❶骂：He *cursed* them for igno-rance. 他骂他们无知。❷求上帝降祸于；诅咒；抱怨：She *cursed* him and all he stood for. 她诅咒他及他代表的一切。—*vi*. 诅咒；咒骂；亵渎：I hit my finger with the hammer and *cursed* silently to myself. 我用锤子砸了我的手指头，我不声不响地咒了自己一句。‖ ˈ**curs•er** *n*. [C]

curs•ed /ˈkəːsid,kəːst/ *adj*. ❶遭诅咒的；该死的：What *cursed* weather! 这天气真该死！❷邪恶的；可恨的：this *cursed* job 不是人干的活 ❸遭罪的；受煎熬的（*with*）：He is *cursed with* a bad temper. 他为自己的坏脾气而备受煎熬。‖ ˈ**curs•ed•ly** *adv*.

cur•sive /ˈkəːsiv/ *adj*. ❶草书的；草体的：*cur-sive* characters 草体字❷（字体）手写体的 ‖ ˈ**cur•sive•ly** *adv*. —ˈ**cur•sive•ness** *n*. [U]

cur•sor /ˈkəːsəʳ/ *n*. [C] ❶【数】（计算尺或光学仪器上的）游标 ❷【计】光标

cur•so•ry /ˈkəːsəri/ *adj*. 草草的，粗略的；仓促的：cast a *cursory* glance 不经意地瞥了一眼 ‖ ˈ**cur•so•ri•ly** *adv*. —ˈ**cur•so•ri•ness** *n*. [U]

curt /kəːt/ *adj*. 简要的；简明的；（言行等）简短失礼的；唐突的：a *curt* style of writing 洗练的笔风 ‖ ˈ**curt•ly** *adv*. —ˈ**curt•ness** *n*. [U]

cur•tail /kəːˈteil/ *vt*. 剪短；截短；减缩；限制：*curtail* a journey 缩短旅程 ‖ **curˈtail•er** *n*. [C] —**curˈtail•ment** *n*. [U]

cur•tain /ˈkəːtᵊn/ *n*. [C] ❶窗（或门）帘：a gos-samer *curtain* 纱帘❷（舞台上的）幕布：The *curtain* falls. 幕落。❸（用以隔离、覆盖或掩护的）幕状物，帘状物；幕障：a *curtain* of artillery fire（炮弹的）弹幕

curtain call *n*. [C]谢幕；（观众等）要求演员谢

C

幕的掌声(或呼声):take [have] several *curtain calls* 谢了好几次幕

curt•sy /ˈkəːtsi/ **I** *n.* [U](女子的)屈膝礼:make a graceful *curtsy* to sb. 优雅地朝某人行屈膝礼 **II** *vi.* 行屈膝礼:The actress *curtsied* to the audience. 女演员向观众屈膝行礼。

curve /kəːv/ **I** *n.* [C] 曲线,弧线;曲状物,弧状物:take *curves* 转弯 **II** *v.* 使弯曲;使成曲线;使呈曲线运动:The strong man *curved* the iron bar. 那个壮汉弄弯了铁棒。‖ ***throw sb. a curve*** *vt.* 使某人猝不及防,令某人意想不到;捉弄:The economy *threw* all the investors *a curve* by refusing to regain strength when expected. 到了人们期待经济重新振兴的时候,经济形势却没有这个势头,这给投资者当头一闷棍。

C

curv•y /ˈkəːvi/ *adj.* ❶弯的,弯曲的:some *curvy* wrinkles on the face 脸上弯弯曲曲的皱纹 ❷〈口〉(女子身材)线条优美的

cush•ion /ˈkuʃᵊn/ **I** *n.* [C] ❶垫子(如坐垫、靠垫等):I rested my head on a *cushion*. 我把头靠在枕垫上。❷缓冲垫,减震垫(或器) **II** *vt.* ❶给…安上垫子:*cushion* the sofa 给沙发配上垫子 ❷缓和…的冲击(或影响):The air bag *cushioned* the impact from the crash. 气囊缓冲了碰撞产生的冲力。‖ **ˈcush•ion•y** *adj.*

cush•y /ˈkuʃi/ *adj.* ❶〈口〉(工作)轻松却来钱的,肥差的:a *cushy* job 轻松有赚钱的工作 ❷柔软舒适的;柔软而有弹性的:a *cushy* pillow 舒适柔软的枕头 ‖ **ˈcush•i•ness** *n.* [U]

cusp /kʌsp/ *n.* [C] ❶尖,尖端;顶端 ❷起点,开端:on the *cusp* of a new era 新时代伊始

cuss /kʌs/ **I** *n.* [C]〈口〉❶诅咒,咒骂 ❷人;动物;讨厌的人(或动物);怪物:an irritable old *cuss* 一个动不动就生气的老怪物 **II** *vi.* 诅咒;咒骂:He left the room *cussing* to himself. 他骂骂咧咧地离开房间。—*vt.* 咒骂,诅咒

cus•tard /ˈkʌstəd/ *n.* [U](烤成或煮成的)蛋奶糕

cus•to•di•an /kʌˈstəudiən/ *n.* [C] ❶看管者;监护人:Who is the child's *custodian*? 谁是这孩子的监护人? ❷房产监管人;门房:The *custodian* locked up the warehouse. 门房把仓库锁上了。‖ **cusˈto•di•anˌship** *n.* [U]

cus•to•dy /ˈkʌstədi/ *n.* [U] ❶照看;监护;保管;【律】(离婚状态下孩子的)监护权:After the divorce, the father had no *custody* of the children. 离婚后,父亲没有得到孩子的监护权。❷拘留;扣押;监禁[尤用于词组 in custody, take into custody]:The suspect was taken into *custody*. 嫌疑人被拘押起来。

cus•tom /ˈkʌstəm/ *n.* [C] ❶习惯(见 habit):It was a *custom* of his to have a cup of coffee every morning. 每天早上喝一杯咖啡是他的一个习惯。❷习俗,风俗;传统:follow the *custom* 遵循惯例 ❸[~s][用作单或复]进口税,关税:*custom* free 免税

cus•tom•ar•y /ˈkʌstᵊməri/ *adj.* ❶合乎习惯的,习惯上的,惯例的(见 usual):a *customary*, once-a-week meeting 每周一次的例会 ❷[作前置定语](行为等)习惯性的:sb.'s *customary* cup of coffee 某人常用的咖啡杯 ‖ **ˈcus•tom•ar•i•ly** *adv.*

cus•tom-built /ˈkʌstəmˈbilt/ *adj.* 定做的,按顾客要求定制的:a *custom-built* watch 一块定制的手表

cus•tom•er /ˈkʌstəməˊ/ *n.* [C] ❶顾客;客户:attract [draw] *customers* 吸引[招揽]顾客 ❷必须与之打交道的人;家伙;人:a tough *customer* 难缠的家伙

cus•tom•ize, cus•tom•ise /ˈkʌstəˌmaiz/ *vt.* 按顾客的具体要求改造(或改建、改装);定做:*customize* the house to give more rooms 改建这所房子以便有更多的房间 ‖ **cus•tom•i•za•tion, cus•tom•i•sa•tion** /ˌkʌstəmaiˈzeiʃən;-miˈz-/ *n.* [U] —**ˈcus•tomˌi•zer** *n.* [C]

cus•tom-made /ˈkʌstəmˈmeid/ *adj.* [无比较级]定制的,定做的:a *custom-made* suit 定做的套装

cut /kʌt/ **I** (**cut; cut•ting**) *vt.* ❶(用锐器)切;割;砍;剪;截;削:*cut* bread into pieces 把面包切成片 ❷(用割断绳索等的方式)释放:*cut* sb. free with a knife 用一把刀割断绳索释放某人 ❸划破,割破:*cut* sb. on the foot 划破某人的脚 ❹剪短;修剪:*cut* one's nails 修指甲 ❺收割,割:*cut* grain 收割粮食 ❻剪出,裁出(*out*):*cut* a suit 裁剪一套衣服 ❼〈喻〉伤害…的感情:What he did *cut* me badly. 他的所作所为极大地伤害了我。❽刻;雕琢,雕刻:The craftsman *cut* the fine crystal into an artwork. 这位匠人把这块细密的晶石雕琢成一件艺术品。❾减少;削减(*down*):The rain drastically *cut* the flow of customers. 这场雨大幅度地减少了客流量。❿删减(文章等):*cut* the article short 把文章缩短 ⓫中断,停止:*cut* the kidding 不再开玩笑 ⓬穿过;与…相交:A rail line *cuts* the zone. 一条铁路线从这个地区穿过。—*vi.* ❶切;割;剪;削;砍:You *cut* too shallow on the fish. 你在鱼身上切得太浅了。❷被切(或割、剪、裁等):The tender meat *cuts* easily with fork. 这块嫩肉用叉子就很容易切下来。❸横穿;抄近路走(*across*, *through*, *in*):*cut across* an empty lot 穿过一块空旷的场地 ❹【电影】【电视】停拍;切换镜头:*Cut* to a close-up. 切换成特写镜头。**II** *n.* [C] ❶切;割;剪;砍;削:make a quick *cut* at the wood 猛地朝木头砍了一刀 ❷切口;伤口;裂口:a deep *cut* on the arm 胳膊上的一个深深的伤口 ❸(切下来的)(一)块;(一)片:a *cut* of meat 一块肉 ❹开出的通道:a *cut* through the woods 穿过树林的一条小道 ❺(文体、电影、剧本的)删节;删掉的部分;(电影的)剪辑:a *cut* in the play 剧本的删节 ❻(价格、薪水的)削减;降低:a staff *cut* 裁员 ❼理发:He is having a *cut* and blow-dry. 他在理发、吹发。❽〈口〉分成:an agent's 10% *cut* on the deal 代理商所拿的这笔交易的10%的分成 ‖ ***cut across*** *vt.* ❶抄近路穿过:*cut across* an empty path 走近路穿过一条无人小径 ❷超越;无视:The new tax program *cuts across* party lines. 新的税收计划没有考虑到党派路线。***cut back*** *vt.* & *vi.* ❶缩减,削减(*on*):We propose a plan to *cut back* (*on*) the expenditures. 我们提出了一项旨在削减开支的计划。❷裁短;修剪:*cut back* the roses 剪短玫瑰花枝 ***cut down*** *vt.* & *vi.* ❶砍倒;摧毁,毁掉:The hurricane *cut down* everything in its path. 飓风所经之处,一切都被摧毁。❷削减,减少(*on*):*cut down* expenses 削减开支 / *cut down* (*on*)one's diet 节食 ***cut in*** *vi.* ❶插嘴,打断(*on*):*cut in* with some indifferent remarks 插几句不疼不痒的话 ❷突然超车抢道(*on*):The taxi *cut in* when the collision occurred. 出租车抢道超车时发生了事故。***cut off*** *vt.* ❶切掉;割掉;剪掉;砍掉:*cut* one's finger *off* 把手指切断了 ❷中断(与某人的通话);打断:I *cut off* the salesman and resumed my work. 我挂断了同推销员的通话,接着工作。❸(突然)停止;切断:*cut off* the gas [power] 切断煤气[断电] ***cut out*** *vt.* ❶切去;剪掉;删除:*cut out* a few extra photos from the digital album 从数码相册中删除几张多余的照片 ❷停止;戒除(习惯):*cut out* candy 停止吃糖 ***cut up*** *vt.* 切碎;割碎;剪碎:*cut up* a few pieces of cheese 切碎几片奶酪

cut-and-dried /ˈkʌtᵊnˈdraid/, **cut-and-dry** /ˈkʌtᵊnˈdrai/ *adj.* ❶现成的;例行的❷已决定的;无须再讨论的;清楚明了的

cut·back /ˈkʌtˌbæk/ *n.* [C] ❶削减;缩减;裁减:a *cutback* in costs 成本的削减 ❷(小说、戏剧、电影等的)倒叙,回切:the boring *cutbacks* to the protagonist's childhood 回切到主人公儿提时代的情节

cute /kjuːt/ *adj.* ❶迷人的;娇小可爱的;小巧精致的:What a *cute* baby! 多么漂亮的小宝贝啊! ❷聪明伶俐的;精明的;狡猾的:That was a *cute* move, getting the boss to back you. 这一招真刁钻,让你的老板给你撑腰。‖ ˈ**cute·ly** *adv.* —ˈ**cute·ness** *n.* [U]

cut·ler·y /ˈkʌtləri/ *n.* [U][总称]刀具(尤指刀、叉、匙等餐具)

cut·let /ˈkʌtlit/ *n.* [U] ❶(供烤或煎的)肉片;肉排:a veal *cutlet* 牛排 ❷炸肉(或鱼)饼

cut·off /ˈkʌtˌɔf/ *n.* [C] ❶近路,捷径:take the *cutoff* from the main highway 走偏离大路的捷径 ❷最低限度,底线:We'll start the bargaining at 50%, but 35% is the *cutoff*; we won't go lower than that. 我们讨价还价的起价是原价的50%,但35%是底线,不能再低了。

cut·out /ˈkʌtˌaut/ *n.* [C] ❶(从纸等材料上)剪下的图样(或图形)❷【电】断流器;保险装置

cut-rate /ˈkʌtˈreit/ *adj.* [无比较级][作定语] ❶削价的:sell the goods at *cut-rate* prices 削价出卖货物 ❷出卖削价商品的;打折的:a *cut-rate* store 打折商店

cut·ter /ˈkʌtəʳ/ *n.* [C] ❶切者;切割者;裁剪者:A garment *cutter* cuts out pieces of fabric to be made into clothes. 服装裁剪师裁剪做衣服的布料。❷切割用具(如切割机、裁剪机等):a nail *cutter* 指甲刀

cut·throat /ˈkʌtˌθrəut/ *adj.* [无比较级] ❶行凶杀人的;谋杀的 ❷残酷无情的;激烈的:*cut-throat* competition 残酷无情的竞争

cut·ting /ˈkʌtiŋ/ **I** *n.* ❶[U]切;剪;割;切下(或割下,剪下等)的东西 ❷[C]【园艺】插条:grow plants from *cuttings* 用插条培育植物 ❸[C]〈主英〉剪报:collect *cuttings* from newspaper 收集剪报 **II** *adj.* [无比较级][作定语]

❶用于切割的：a *cutting* device 切割用具 ❷严寒的；刺骨的：a *cutting* wind 一股刺骨的风 ❸刻薄的；挖苦的：*cutting* criticism [remarks] 刻薄的批评[话] ‖ ˈ**cut·ting·ly** *adv.*

cut·tle·fish /ˈkʌtᵊlˌfiʃ/ *n.* [U；C]（[复] -**fish**(·**es**)）【鱼】乌贼，墨鱼，墨斗鱼

cy·a·nide /ˈsaiəˌnaid/ *n.* [U]【化】氰化物

C

cy·ber·na·tion /ˌsaibəˈneiʃᵊn/ *n.* [U]计算机控制；机器控制；电脑自动化

cy·ber·net·ics /ˌsaibəˈnetiks/ *n.* [U][用作单或复]控制论 ‖ ˌ**cy·ber**ˈ**net·ic**，ˌ**cy·ber**ˈ**net·i·cal** *adj.* —ˌ**cy·ber**ˈ**net·i·cist** *n.* [C] —ˌ**cy·ber·net·i·cian** /-nəˈtiʃᵊn/ *n.* [C]

cy·cle /ˈsaikᵊl/ **I** *n.* [C] ❶循环，周而复始；周期：the business *cycle* 商业盛衰的周期❷整个系列；整个过程；一段长时间：the *cycle* of events 一系列事件 ❸自行车；三轮车；摩托车：a *cycle* shop 自行车商店 **II** *vi.* 骑自行车（或三轮车、摩托车）：*cycle* into the village 骑自行车进入村庄

cy·clic /ˈsaiklik/，**cy·cli·cal** /ˈsaiklikᵊl/ *adj.* 循环的；周期（性）的；往复运动的：*cyclic* events 周期性发生的事件

cy·clist /ˈsaiklist/ *n.* [C]〈英〉骑自行车（或三轮车、摩托车）者〔亦作 **cycler**〕

cy·clone /ˈsaikləun/ *n.* [C] ❶【气】气旋；旋风；飓风 ❷〈口〉龙卷风 ‖ **cy·clo·nic** /saiˈkləunik/ *adj.*

cyg·net /ˈsignit/ *n.* [C]小天鹅

cyl·in·der /ˈsilindəʳ/ *n.* [C] ❶（圆）柱；柱面；（圆）柱的体积 ❷圆柱状物；圆柱体 ❸【机】（发动机的）汽缸；泵体 ‖ ˈ**cy·lin·dered** *adj.*

cym·bal /ˈsimbəl/ *n.* [C]【音】钹（一种打击乐器）‖ ˈ**cym·bal·ist** *n.* [C]

cyn·ic /ˈsinik/ *n.* [C] ❶愤世嫉俗者；认为人皆自私（或利己）者 ❷好挖苦人者，冷嘲热讽的人 ‖ **cyn·i·cal** /ˈsinikᵊl/ *adj.* —**cyn·i·cism** /ˈsiniˌsizᵊm/ *n.* [U]

cy·press /ˈsaiprəs/ *n.*【植】❶[C]柏树 ❷[U]柏木

Cyp·ri·ot /ˈsipriət/ **I** *n.* [C]塞浦路斯人 **II** *adj.* [无比较级]塞浦路斯的；塞浦路斯人的；塞浦路斯语的

cyst /sist/ *n.* [C]【病理学】囊肿 ‖ ˈ**cyst·ic** *adj.*

cystic fibrosis *n.* [U]【病理学】囊性纤维变性，囊肿性纤维化（一种慢性遗传性胰腺病）

czar /zɑːʳ/ *n.* [C] ❶皇帝；国王 ❷[常作 C-]（1917 年 10 月革命前俄国拥有专制权力的）沙皇 ❸首领；巨头：a *czar* of industry 工业巨头〔亦作 **tsar**，**tzar**〕

czar·in·a /zɑːˈriːnə/ *n.* [C]沙皇皇后；俄国女沙皇

Czech /tʃek/ **I** *n.* [C] ❶捷克人；捷克居民 ❷捷克语 **II** *adj.* [无比较级] ❶捷克的；捷克人的 ❷捷克语的

D d

D,d /diː/ *n.* [C]([复]**D's** 或 **Ds** /diːz/) ❶英语字母表中第四个字母 ❷(学业成绩的)丁等(或级);差,勉强通过;学业成绩得丁者:The theme was a *D.* 论文得了个丁等。

dab /dæb/ **I** (**dabbed;dab·bing**) *vt.* 轻拍;轻擦,轻拭;轻触:The child cried as his mother *dabbed* his cut. 母亲轻轻地碰那孩子的伤口时,那孩子哇哇直哭。❷轻敷,轻搽,轻涂(*on*):He *dabbed* the ointment *on* [over] the rash. 他把药膏抹在疹子上。—*vi.* 轻拍;轻敷,轻搽(*at*):She *dabbed at* the stain on her dress. 她轻拭衣服上的污迹。**II** *n.* [C] ❶轻拍;轻敷,轻搽,轻涂:She gave the wound a few *dabs* with wet cotton wool. 她用湿药棉朝伤口涂了几下。❷少许,一点儿:She returned wearing a *dab* of rouge on each cheekbone. 她回来时,两颊上都抹了一点点胭脂。

dab·ble /ˈdæbᵊl/ *vi.* ❶浅尝,涉猎;轻率地对待(*at*,*in*):It's the delight of my life to have *dabbled in* poetry. 此生我能涉足诗坛,实为一大快事。❷嬉水;(如同嬉水似的)拨弄:The boy *dabbled* with the vegetable soup. 男孩拨弄着菜汤。—*vt.* 用(手、脚等)嬉水;把…浸入水中:The children were *dabbling* their toes in the stream. 孩子们把脚伸进溪水里嬉耍。‖ ˈ**dab·bler** *n.* [C]

dad /dæd/ *n.* [C]〈口〉爸爸,爹爹

dad·dy /ˈdædi/ *n.* [C]〈口〉爸爸,爹爹

daf·fo·dil /ˈdæfədil/ *n.* [C] ❶【植】黄水仙 ❷黄水仙花

daf·fy /ˈdæfi/ *adj.* 〈口〉傻的,笨的;愚蠢的;发疯的

daft /dɑːft;dæft/ *adj.* 〈主英口〉❶傻的,愚蠢的:Don't be so *daft*! No one could write a dictionary in three weeks. 别犯傻了!没有人能在三个星期里就编好一部词典。❷精神错乱的;疯狂的,癫狂的,狂乱的;粗野的:That woman would drive any reasonable being *daft.* 那个女人会把任何一个有理智的人都逼疯。

dag·ger /ˈdægəʳ/ *n.* [C] ❶短剑,匕首 ❷【印】剑号(即十)‖ ***look daggers at*** *vt.* 对…怒目而视

dai·ly /ˈdeili/ **I** *adj.* [无比较级] ❶每日(一次)的;每周日的;日常的:She writes articles for the *daily* newspapers. 她为多家日报撰写文章。❷一天的;按天计算的:average *daily* earnings 平均日收入 **II** *adv.* [无比较级]每日,每天,天天;每周日:He travels to work *daily* by train. 他每天乘火车去上班。**III** *n.* [C]日报:*The People's Daily*《人民日报》

dain·ty /ˈdeinti/ *adj.* ❶娇美的;鲜艳的;令人愉快的:All the wilderness of *dainty* colours lit up with flooding sunshine. 沐浴在灿烂的阳光下的斑斓的原野耀眼夺目。❷(人)秀美的,俏丽的;(步态、动作等)优美的,优雅的:a *dainty* dance step 优雅的舞步 ❸(物品)小巧玲珑的;精致的:*dainty* porcelain 精巧的瓷器 ‖ ˈ**dain·ti·ly** *adv.* —ˈ**dain·ti·ness** *n.* [U]

dair·y /ˈdeəri/ **I** *n.* [C] ❶乳品间(或厂);制酪场 ❷牛奶公司;乳品店 **II** *adj.* [作定语] ❶奶品场的;牛奶厂的:the *dairy* industry 奶制品业 ❷牛奶的;奶(或乳)制品的:*dairy* products 奶制品

dair·y·maid /ˈdeəriˌmeid/ *n.* [C]乳牛场女工,挤奶女工

dair·y·man /ˈdeərimən/ *n.* [C]([复]**-men** /-mən/) ❶乳品加工工人;挤奶工人 ❷牛奶及乳品商;乳牛场场主

da·is /ˈdeiis/ *n.* [C](大厅一端的)台;高台;讲台;宝座;神座;上帝的御座;御座

dai·sy /ˈdeizi/ *n.* [C]【植】❶雏菊 ❷春白菊,滨菊,法兰西菊

dale /deil/ *n.* [C](宽阔的)山谷,峪

dal•ly /ˈdæli/ *vi.* ❶闲混,消磨时间,虚度光阴;延迟:*dally* over one's work 工作吊儿郎当 ❷戏耍,嬉戏;调笑,调戏;玩弄(*with*):I have a room here of my own, where we may *dally*. 我在这儿有自己的房间,咱们可以在那里玩玩。‖ **dal•li•ance** /ˈdæliəns/ *n.* [U] —ˈ**dal•li•er** *n.* [C]

dam /dæm/ **I** *n.* ❶[C]堤,坝,堰:A *dam* bursts and floods a valley. 堤坝一决口,淹没了整个流域。❷[U;C]拦在堤坝中的水;水库 **II** *vt.* (**dammed; dam•ming**) ❶在…中筑堤坝;筑坝拦(水):They *dammed* the creek to make a duck pond. 他们把这条小河打了坝,造了一个养鸭塘。❷阻挡,抑制;控制(*up*, *back*):A wall of sandbags was thrown up to *dam* the floodwaters. 筑起一道沙袋墙阻挡洪水泛滥。

D

dam•age /ˈdæmidʒ/ **I** *n.* ❶[U]损伤,损害;损失;毁坏,破坏:The *damage* to his reputation is great. 他名誉上的损害是巨大的。❷[~s]【律】损害赔偿;损害赔偿金:The man who was injured by the car asked for $ 50,000 in *damages*. 这位在车祸中受伤的人要求给予5万美元的损害赔偿金。**II** *vt.* 损害,破坏,毁坏:She *damaged* her toy. 她把玩具弄坏了。‖ ˈ**dam•age•a•ble** *adj.*

dame /deim/ *n.* [C] ❶[**D-**](英国的)女爵士 ❷[**D-**]夫人,女士(在英国对爵士妻子、从男爵妻子、贵族妻女的尊称):*Dame* Judith 朱迪思夫人

damn /dæm/ 〈口〉 **I** *vt.* ❶宣称…是坏的(或糟糕的、低劣的、非法的等);指责,谴责:We should not totally *damn* a man's character for a few faults. 我们不应当抓住一点点毛病就把一个人说得一无是处。❷骂,咒骂;骂…该死;诅咒:He *damned* his men right and left. 他破口大骂他的部下。**II** *int.* [表示愤怒、厌烦、轻蔑、失望等]该死,真讨厌,活见鬼,他妈的:*Damn* this rain! 讨厌的雨!〔亦作 **damnation**〕**III** *adj.* [无比较级][作定语] & *adv.* [无比较级]=damned:I think you are a *damn* fool. 我认为你是个大傻瓜。**IV** *n.* [C]一点点,丝毫:He doesn't care a *damn* about it. 他压根儿就不把这件事放在心上。〔亦作 **darn**〕‖ ***Damn it***! *int.* 〈俚〉该死的!他妈的!

dam•na•ble /ˈdæmnəbˈl/ *adj.* 可恶的;恶劣的;讨厌的:It is a *damnable* shame that they were cheated. 他们竟受了骗,真是太不像话了。‖ ˈ**dam•na•bly** *adv.*

dam•na•tion /dæmˈneiʃˈn/ **I** *n.* [U] ❶〈旧〉罚入地狱,遭天罚;【宗】永世受罚:souls sent to eternal *damnation* 永世受罚的灵魂 ❷指责,谴责;咒骂:the *damnation* of a book 对于某书的恶评 **II** *int.* =damn

damned /dæmd/ (最高级 damnedest 或 damndest) 〈口〉 **I** *adj.* [无比较级][作定语] ❶可恶的;恶劣的;讨厌的;该死的:Get that *damned* dog out of here. 把那条该死的狗赶出去。❷极坏的;糟透的;罚入地狱的:Jimmy knows even the *damnedest* things. 吉米甚至连许多下流事也知道。❸十足的;完全的:a *damned* fool 十足的笨蛋 **II** *adv.* 〈俚〉极其,非常,很:*damned* silly remarks 胡说八道〔亦作 **damn**〕**III** *n.* [**the** ~][用作复]【宗】被罚入地狱的灵魂

damp /dæmp/ **I** *adj.* 微湿的,潮湿的;湿气重的:My shoes were *damp* from the rain. 我的鞋子被雨水沾湿了。**II** *n.* [U]微湿,潮湿;湿气:There were signs of *damp* on the wall. 墙上有一点点潮斑。**III** *vt.* ❶使潮湿;把…弄湿:Some clothes iron better if you *damp* them first. 有些衣服先喷湿后熨烫更服帖些。❷使沮丧;使扫兴;给…泼冷水;抑制;减少,降低(*down*):The defeat didn't *damp* his spirit. 失败并没有使他气馁。❸封(火),灭(火)(*down*):*damp* a furnace 封炉子 ‖ ***damp down*** *vt.* ❶给…泼冷水;抑制;减少,降低:His speeches may tend to *damp down* the agitation. 他的几次演讲也许会抑制这种激动情绪。❷封(火),压(火):We *damped* the fire *down* before we went to bed. 我们在睡觉前先封好炉火。‖ ˈ**damp•ly** *adv.* —ˈ**damp•ness** *n.* [U]

☆**damp, humid, moist** 均有"湿的,潮湿的"之意。**damp** 指轻度潮湿,但不能拧出水,往往有令人厌恶或不舒适的感觉:I can not wear these socks; they are *damp*. (我不能穿这双袜子,都是湿的。)**humid** 主要指空气中含有大量水蒸气,使人感到气闷和不适:It was hot and *humid* in the jungle. (丛林里又热又潮湿。)**moist** 指轻微潮湿,含有自然而适当,使人感到滋润而舒服之意:This cake's nice and *moist*. (这块蛋糕味道好,又新鲜。)

damp•en /ˈdæmpˈn/ *vt.* ❶使潮湿,把…弄湿:

dampen a sponge 把一块海绵弄湿 ❷给…泼冷水；使扫兴；使沮丧；抑制；减少，降低：His presence *dampened* everybody's enthusiasm considerably. 他一露面，大家的心里都凉了半截，没了情绪。—*vi.* 变潮湿，受潮：The camp supplies *dampened* and molded during the long rains. 营地的补给品在漫长的雨季里已受潮发霉。‖ **ˈdam·pen·er** *n.* [C]

damp·er /ˈdæmpəʳ/ *n.* [C] ❶炉门；(炉等的)挡板；调节风门 ❷【音】制音器，减音器，弱音器

dance /dɑːns;dæns/ **I** *vi.* ❶跳舞；舞蹈：They *danced* on through the night. 他们跳了一夜的舞。❷跳跃；蹦跳；雀跃：His wife *danced* for joy at the news. 他妻子听到这个消息，高兴得手舞足蹈。❸(上下或左右)跳动；摇动，晃动；轻快地移动：A series of distressing scenes *danced* through his mind. 他的脑海里闪过一幕幕悲惨的情景。—*vt.* 跳(舞)；跳(某一角色)的舞：*dance* a waltz 跳个华尔兹舞 **II** *n.* [C] ❶舞，舞蹈：Do you know how to do that new *dance*? 那个新舞你知道怎么跳吗？❷跳舞；舞蹈演出：May I have the next *dance* with you? 下一个舞你和我一起跳好吗？❸舞会：I made her acquaintance at the *dance*. 在舞会上我和她交上了朋友。❹舞曲：He liked the composer's country *dances*. 他很喜欢那位作曲家的乡村舞曲。‖ **ˈdanc·er** *n.* [C]

dan·de·li·on /ˈdændiˌlaiən/ *n.* [C]【植】药蒲公英；蒲公英属植物

dan·der /ˈdændəʳ/ *n.* [U]〈口〉怒气，怒火

dan·dle /ˈdændᵊl/ *vt.* (在膝上或怀抱中)逗弄(婴孩等)：He sits *dandling* his child on his knee. 他一边坐着，一边逗着膝上的小孩玩。

dan·druff /ˈdændrʌf/ *n.* [U]头皮屑：Use a *dandruff* shampoo! 用去头皮屑的香波嘛！

dan·dy /ˈdændi/ **I** *n.* [C] ❶过于注重穿着和外表的男子；花花公子，纨绔子弟 ❷〈口〉第一流(或极好)的东西(或人) **II** *adj.* 〈口〉极好的，绝妙的，第一流的，呱呱叫的：a *dandy* idea 绝妙的主意

Dane /dein/ *n.* [C]丹麦人(或居民)；丹麦裔人

dan·ger /ˈdeindʒəʳ/ *n.* ❶[U]危险；风险：*Danger*! Road under repair. 危险！道路检修。❷[C]危险因素；危险事物；危险事例；威胁：He could not take the risk! The *dangers* are too great. 他可不该去冒这个险！危险大着哪！

dan·ger·ous /ˈdeindʒərəs/ *adj.* (充满)危险的，不安全的；引起危险的：The roads are *dangerous*，so drive carefully. 路上有危险，要谨慎行车。‖ **ˈdan·ger·ous·ly** *adv.*

☆**dangerous**，**hazardous** 均有"危险的，冒险的"之意。**dangerous** 为普通用词，指对某种人、事物应该加以避免，否则就会引起伤害或损失：He is a *dangerous* criminal. (他是个危险的罪犯。) **hazardous** 较为正式，表示遭到失败、伤害或灾难的可能性极大，但又不可避免：Their journey was *hazardous*. (他们的旅途十分艰险。)

dan·gle /ˈdæŋgᵊl/ *vi.* 悬垂，悬挂；悬荡；垂直摆动：His legs *dangled* over the wall. 他的两条腿垂在墙外摆动着。—*vt.* ❶使悬垂；使悬荡：The girl sat by the window and *dangled* her scarf out of it. 姑娘坐在窗前，让围巾悬飘在窗外。❷悬荡地拿着：The bride stood *dangling* her bonnet. 新娘站在那里，不停地摆动手中的帽子。‖ **ˈdan·gler** *n.* [C]

Dan·ish /ˈdeiniʃ/ **I** *adj.* 丹麦的；丹麦人的；丹麦语的 **II** *n.* ❶[U]丹麦语 ❷[亦作 **d-**][U;C]丹麦酥皮饼

dank /dæŋk/ *adj.* 阴湿的，湿冷的；潮湿的：The cave was dark，*dank*，and chilly. 这个洞穴里阴暗、潮湿，而且寒气逼人。‖ **ˈdank·ly** *adv.* —**ˈdank·ness** *n.* [U]

dap·per /ˈdæpəʳ/ *adj.* ❶衣冠楚楚的，仪表堂堂的：He looked very *dapper* in his smart new suit. 他穿那套漂亮的新西装看上去挺潇洒的。❷活泼敏捷的；矮小机灵的：The *dapper* little fellow has proved an over match for his bulky antagonist. 事实证明，这个矮小机灵的家伙远远胜过他那胖大笨拙的对手。

dap·pled /ˈdæpᵊld/ *adj.* [无比较级]斑驳的；有斑点的；有花斑的：a *dappled* horse 花斑马

dare /deəʳ/ **I** *v. aux* [主要用于疑问、否定或条件句，为第三人称单数和现在时]敢；胆敢，竟敢：He *dare* not mention the subject again. 他不敢再提起那个话题。**II** *vt.* ❶[后接带或不带 to 的动词不定式]敢；胆敢，竟敢：He won't *dare* (to) deny it. 他不见得敢否认这一点。❷向…挑战；激：Throw it at him! I *dare* you! 往他身上扔！我谅你也不敢！❸敢尝试；敢做；敢冒…的险：Brave men *dare* great dangers. 勇敢的人们敢冒最大的危险。**III** *n.* [C]

[通常用单]挑战：I didn't suppose you'd take a *dare like that*. 我没有想到你居然会接受那样的挑战。‖ ***I dare say*** ❶(我想)可能，或许，大概：This, *I dare say*, is the best explanation. 我想这可能是最好的解释了。❷(我想)是这样；很可能；当然：*I dare say* he is right. 当然，他是对的。‖ ˈ**dar·er** *n.* [C]

☆**dare** 可以用作助动词或情态动词，意为"有胆量，敢于"，多用于否定句和疑问句，在疑问句中置于主语之前，如：*Dare* I say it? **dare** 用作情态动词时，后接动词原形，如：He *dared* not speak to me like that. /How *dare* you speak to me like that? 但在一般现在时的疑问句中，无论主语是 he, she, it 或任何单数名词，它只有一种形式，即 **dare**，如：*Dare* he mention the subject again? **dare** 用作助动词时，在一般现在时的否定句中，要与主语的人称一致，如：The girl *dares* not take another step.

dare·dev·il /ˈdeəˌdevᵊl/ *n.* [C]鲁莽大胆的人，不顾一切的人

dar·ing /ˈdeəriŋ/ **I** *n.* [U]勇敢，大胆；勇气，胆量；冒险精神：The old soldier proudly recalled the *daring* of his youth. 这位老兵回忆起他年轻时的勇猛，感到非常自豪。**II** *adj.* 勇敢的，无畏的；大胆的，敢于冒险的；鲁莽的：He was a *daring* pilot. 他是一位勇敢的飞行员。‖ ˈ**dar·ing·ly** *adv.*

dark /dɑːk/ **I** *adj.* ❶(黑)暗的；阴暗的：It's getting *dark*; I must get home. 天色渐渐黑下来，我得赶紧回家。❷[用于名词或表示颜色的形容词前](颜色)深(色)的，暗(色)的：a *dark* green 深绿色 ❸(皮肤、头发、眼睛等)黑色的，浅黑色的；(人)长(浅)黑色皮肤(或头发眼睛)：The girl has *dark* good looks. 那姑娘是个黑里俏。❹阴郁的；沉闷的；暗淡的：Don't look on the *dark* side; remember that at least you're alive. 别消极悲观嘛，要知道至少你还活着。**II** *n.* ❶[U]黑暗，阴暗：Some children are afraid of the *dark*. 有些孩子怕黑。❷[U;C]黄昏，傍晚；黑夜：The *dark* comes early in winter. 冬天天黑得早。‖ ˈ**dark·ly** *adv.* —ˈ**dark·ness** *n.* [U]

dark·en /ˈdɑːkᵊn/ *vt.* ❶使变暗；遮没：Clouds *darkened* the sky. 云层遮没天空。❷使变黑；使变深：*darken* one's hair 染黑头发 ❸使阴郁(沉)；使生气；使不快：This terrible accident will *darken* the rest of his life. 这次可怕的车祸将给他的余生笼罩上一层阴影。—*vi.* ❶变(或转)暗；变(或转)黑：The sky was *darkening*. 天空渐渐黑了。❷变得阴郁(或阴沉)：Her mood *darkened*. 她变得郁郁寡欢。‖ ˈ**dark·en·er** *n.* [C]

dark horse *n.* [C]黑马(指实力不为人所知但意外获胜的赛马或参赛人)；黑马候选人(指出人意料地被提名或当选的候选人)

dark·room /ˈdɑːkruːm,-rum/ *n.* [C]【摄】暗室

dar·ling /ˈdɑːliŋ/ *n.* [C] ❶(用作表示亲爱的称呼)宝贝儿，亲爱的 ❷心爱的人(或物)，心肝宝贝：The baby is the family *darling*. 这婴儿是全家的心肝宝贝。

darn /dɑːn/ *vt.* 织补(织物、破洞等)：*darn* the holes in one's socks 织补袜子上的破洞 ‖ ˈ**darn·er** *n.* [C]

dart /dɑːt/ **I** *n.* [C] ❶(飞)镖：use tranquillizing *darts* to catch lions 用麻醉镖捕捉狮子 ❷[~**s**][用作单]掷镖游戏：Do you feel like a game of *darts*? 你想不想来玩玩掷镖游戏呀？❸猛冲，飞奔，急驰：The child made a sudden *dart* across the road. 那小孩突然冲过马路。**II** *vt.* ❶投掷，发射：*dart* spears at seals 把标矛投向海豹 ❷突伸；急速移动；发出：a torch *darting* its beams 光芒四射的火炬 —*vi.* 突进，猛冲，急驰，飞奔：She *darted* across the room. 她急速地穿过房间。

dash /dæʃ/ **I** *vt.* ❶砸碎；撞碎；击碎：He *dashed* the plate to smithereens against the wall. 他把盘子朝墙砸了个粉碎。❷猛掷；猛击；使猛撞：In a fit of anger he *dashed* his ruler against the door. 一气之下，他把尺子猛掷在门上。—*vi.* ❶猛击；撞击；冲击：The waves were *dashing* against the rocks. 一个个海浪猛击着岩石。❷猛冲；飞奔；急驰：I'm afraid I must *dash* or I'll miss the plane. 我怕是得快跑了，要不然就赶不上飞机了。**II** *n.* [C] ❶少量，少许；〈主英〉一点点，丝毫：The old saying of "honour among thieves" isn't without a *dash* of truth in it. "哥们义气"这样的老话不是没有一点道理的。❷[常用单]猛冲；飞奔；急驰：They all made a *dash* for the door. 他们一齐朝门口冲去。❸[常用单]猛击；冲击；撞击 ❹破折号(即—) ‖ ***dash off*** *vt.* & *vi.* ❶迅速写(或画)；迅速完成(=dash down)：*dash off* a letter 匆匆写封信 ❷奔；迅速离去：She *dashed off* before I could talk to her. 我还没来得及跟她说话，她就很快走掉了。‖ 'dash•er *n.* [C]

dash•board /'dæʃbɔːd/ *n.* [C]（车辆、飞机、船只等上的）仪表板

dash•ing /'dæʃiŋ/ *adj.* ❶闯劲十足的；精力充沛的；有力的：a *dashing* hero 勇敢的英雄 ❷炫耀的；华丽的；时髦的；有风度的；潇洒的：She is not a *dashing* person. 她不是很讲究排场的人。‖ 'dash•ing•ly *adv.*

da•ta /'deitə/ [复] *n.* [用作复或单] ❶论据，作为论据的事实；材料，资料：That is all the *data* we have. 这就是我们所掌握的全部材料。❷【计】数据：The *data* was collected by various researchers. 这些数据是由各类不同的研究人员收集起来的。

☆**data** 是 **datum** 的复数形式。按习惯用法，**data** 作主语时，谓语动词必须和复数人称保持一致：The *data* are inconclusive. 在口语中 data 也可看作不可数名词，表示"a collection of information"之意，后面所跟的谓语动词和单数人称保持一致：The *data* is all ready for examination. 但在书面语中，这一用法尚未为多数人所接受。

data bank *n.* [C]【计】数据库，资料库

da•ta•base /'deitəˌbeis/ *n.* [C]【计】数据库，资料库

data processing *n.* [U]【计】数据处理（略作 DP）‖ **data processor** *n.* [C]

date[1] /deit/ **I** *n.* [C] ❶日子；日期：fix a *date* for the meeting 确定会议的日期 ❷年代，时期，时代：1867 is a significant *date* in Canadian history. 1867 年是加拿大历史上重要的年份。❸〈口〉（尤指异性间的）约会；约会（或恋爱）对象：He asked her for a *date* to go to a film but she refused. 他约她去看电影，但遭到了拒绝。**II** *vi.* ❶追溯；属于过去时代（*from*, *back to*）：Thanksgiving *dates back to* the pioneer days. 感恩节从拓荒时代就开始了。❷注明日期；记载日期：This letter *dates* from London, May 24th. 这封信注明 5 月 24 日发自伦敦。❸与异性约会，谈恋爱：She doesn't *date* often. 她不常和男人约会。—*vt.* ❶注明…的日期；记下…的日期：Please *date* the cheque as of today. 请在支票上注明今天的日期。❷计算…的日期；确定…的年代（或时期）：Carbon 14 is used to *date* artifacts. 碳 14 用来确定手工艺品的年代。❸〈口〉与（异性朋友）约会；和…谈恋爱：Mary is *dating* Mark. 玛丽常跟马克约会。‖ ***to date*** *adv.* 迄今为止，直到目前（为止）：We have received only five applications for the job *to date*. 迄今为止我们仅收到了 5 份谋求该职的申请书。***up to date*** *adj.* 时髦的，流行的；新式的，现代化的：Her clothes are not very *up to date*. 她的衣服不太入时。‖ 'dat(e)•a•ble *adj.* —'dat•er *n.* [C]

date[2] /deit/ *n.* [C]【植】海枣（果）

dat•ed /'deitid/ *adj.* ❶注有日期的：a *dated* document 注有发文日期的公文 ❷过时的；陈腐的：*dated* formalities 陈旧的手续 ‖ 'dat•ed•ness *n.* [U]

da•tive /'deitiv/ **I** *adj.* 【语】（语法中）与格的 **II** *n.* [C]【语】（语法中的）与格；与格词（或形式）

da•tum /'deitəm; 'dɑːtəm/ *n.* [C] ❶（[复] **da•ta** /'deitə/）论据，论据事实 ❷资料，材料 ❸【计】数据 ❹统计（量）；统计资料 ❺编号（码）；标记

daub /dɔːb/ *vt.* ❶涂；在…上涂抹：They were caught *daubing* slogans on the wall. 他们在墙上涂写标语时被当场抓住。❷弄脏；沾满（物）：His clothes were *daubed* with mud and oil. 他的衣服沾满了泥和油污。❸乱涂（颜料）；乱画（画）：She *daubed* her lips with lipstick. 她用口红胡乱涂抹了一下嘴唇。‖ 'daub•er *n.* [C]

daugh•ter /'dɔːtəʳ/ *n.* [C] 女儿；养女

daugh•ter-in-law /'dɔːtərinlɔː/ *n.* [C]（[复] **daugh•ters-in-law**）（儿）媳妇

daunt /dɔːnt/ *vt.* ❶威吓；吓倒：She went ahead, nothing *daunted*. 她勇往直前，毫无惧色。❷使气馁；使胆怯（见 dismay）：We had been refused three times but nothing *daunted* we asked again. 我们遭到了三次拒绝，但我们并未灰心丧气，再次提出了要求。‖ 'daunt•ing•ly *adv.*

daunt•less /'dɔːntlis/ *adj.* 无所畏惧的，勇敢的；吓不倒的：a *dauntless* soldier 无畏的战士 ‖ 'daunt•less•ly *adv.* —'daunt•less•ness *n.* [U]

dav•en•port /'dævənˌpɔːt/ *n.* [C] ❶坐卧两用沙发 ❷（小型）写字台，书桌

daw•dle /'dɔːdᵊl/ *vi.* 闲混，游荡；偷懒，浪费时

D

间(见 delay):Stop *dawdling* and help me with these packages! 别偷懒了,快来帮我拿包裹! —*vt.* 浪费(时间等)(*away*):He *dawdled away* the whole morning. 他浪费掉整个上午。‖ **ˈdaw·dler** *n.* [C]

dawn /dɔːn/ **I** *n.* ❶[U;C]黎明,破晓,拂晓;(破晓时的)晨空:*Dawn* was beginning to break in the east. 东方欲晓。❷[C][常用单]开端,起点,起始:the *dawn* of love 情窦初开 **II** *vi.* ❶(天色)破晓,晨光熹微:It was just *dawning* as he got out of bed. 他钻出被窝时天刚蒙蒙亮。❷开始;初现;展现:A new era of progress is *dawning* in Africa. 非洲正开始步入一个新的发展时代。

day /dei/ *n.* ❶[U;C](白)昼,白天:*Days* are longer in summer than in winter. 夏季日长,冬季日短。❷[U]天光,日光,阳光:*Day* breaks. 天亮了。❸[C]天,一昼夜(24小时):There are seven *days* in a week. 一星期有七天。❹[C]日常活动日;工作日:Our *day* starts at 9. 我们每天9点开始工作。❺[亦作～s]时期;时代,年代;[the ～]现时,现今:Inflation has become a serious problem of *the day*. 通货膨胀已成为当今的一个严重问题。‖ ***call it a day*** *vi.* 〈口〉(认为已做完一天的工作而)收工;结束当天的活动:It was getting late so we *called it a day* and went home. 天色渐晚,因此我们便收工回家。***day in, day out*** [***day in and day out***] *adv.* 日复一日,每天(不间断地):It rained *day in and day out* for the whole of last week. 上星期每天都下雨。***make sb.'s day*** *vi.* 使某人非常高兴:It *made her day* when her grandchildren came to see her. 她的孙儿孙女来看她,使她高兴得不得了。

day·bed /ˈdeibed/ *n.* [C](晚上可当床用的)长沙发,沙发床

day·break /ˈdeibreik/ *n.* [U]拂晓,黎明:They started at *daybreak*. 他们天一亮就出发了。

day care **I** *n.* [U]日间照看学前儿童;日托 **II** *adj.* [无比较级][常作定语]日托的:a *day care* centre 日托中心

day·dream /ˈdeidriːm/ **I** *n.* [C]白日梦,美梦,幻想;空想:be lost in *daydreams* 想入非非 **II** *vi.* (**-dreamed** 或 **-dreamt** /-dremt/) 做白日梦,做美梦;幻想;空想:Stop *daydreaming* and get on with your work. 别做白日梦了,快干活吧! ‖ **ˈday·dream·er** *n.* [C]

day·light /ˈdeilait/ *n.* [U]日光,阳光,天光:At the end of the tunnel they could see *daylight*. 在隧道的尽头,他们看见了日光。

day·light(-)sav·ing /ˈdeilaitˌseiviŋ/ (**time**) *n.* [U]夏令时间〔亦作 **summer time**〕

day·time /ˈdeitaim/ *n.* [U]白天,白昼;日间:in the *daytime* 在白天〔亦作 **day light**〕

day-to-day /ˈdeitəˈdei/ *adj.* [无比较级][作定语] ❶每天的;日常的;逐日的:go about the *day-to-day* routine of our lives 处理我们生活中的日常事务 ❷过一天算一天的:a *day-to-day* existence, from paycheck to paycheck 过一天算一天,入不敷出的生活

daze /deiz/ *n.* [C][常用单]晕眩;恍惚;茫然,迷乱:After meeting her, I was in a *daze* for a week. 与她见面以后,我有一个星期都处于神不守舍的状态之中。

daz·zle /ˈdæzᵊl/ *vt.* ❶(强光等)使目眩,使眼花;刺(目),耀(眼):The sun shone clear, and the reflection *dazzled* our eyes. 那时烈日当空,反光使我们睁不开眼。❷使晕眩;使赞叹不已,使惊奇;使倾倒:She was *dazzled* by his wit. 她为他的聪慧倾倒。‖ **ˈdaz·zler** *n.* [C] —**ˈdaz·zling** *adj.*

de- /di, diː/ *pref.* [用以构成动词或动词派生词] ❶表示"离开","脱离","分开":*de*camp, *de*rail, *de*plane ❷表示"否定","取消","相反":*de*centralize, *de*code, *de*compose, *de*segregate ❸表示"除去":*de*frost, *de*throne

dea·con /ˈdiːkən/ *n.* [C]【宗】❶(天主教)助祭;(东政教的)辅祭;(新教圣公会的)会吏 ❷(基督教新教的)执事

de·ac·ti·vate /diːˈæktiˌveit/ *vt.* ❶使(化学品等)灭活化;使减活化 ❷撤销;遣散(军事单位) ‖ **de·ac·ti·va·tion** /diːˌæktiˈveiʃᵊn/ *n.* [U]

dead /ded/ **I** *adj.* [无比较级] ❶死的,死亡的;[作定语]死一般的:*Dead* fish were floating on the surface of the water. 死鱼都浮在水面上。❷无(或失去)知(感)觉的;麻木的:His gums were *dead* from the anaesthetic. 他的牙床由于药物麻醉而失去了知觉。❸(语言等)不再使(通)用的,失效的;废除的,过时的;消失了的:The telephone went *dead*. 电话断了。❹无活力的,无生气的;沉闷的,呆滞的:a *dead* volcano 死火山 ❺准确的;精确的;分毫不差的:

He's a *dead* shot with a rifle. 他是个百发百中的神枪手。II *n.* ❶[常作 the ~ of]最寂静的时刻；最寒冷的时刻：in *the dead of* night 在夜深人静时 ❷[the ~][用作复]死者，死人 III *adv.* [无比较级] ❶全然地，完全地；绝对地：Are you *dead* certain of success? 你确信会获得成功吗？❷〈口〉非常，很，极其：The answer's *dead* easy. 这答案容易极了。

dead·en /ˈdedᵊn/ *vt.* ❶使感觉迟钝；使麻木：*deaden* the senses 使失去感觉 ❷减弱；缓和；降低；抑制：The injection will *deaden* the pain. 这一针打下去就会止痛。‖ ˈ**dead·en·ing** *adj.*

dead end *n.* [C] ❶(路等的)尽头，终端；(管道等)封闭的一端 ❷绝境；僵局；死胡同：The discussion reached a *dead end*. 讨论陷入僵局。‖ **dead-end** /ˈdedˈend/*adj.* [作定语]

dead heat *n.* [C]两名(或多名)选手同时到达终点的比赛

dead·line /ˈdedlain/ *n.* [C]最后期限，限期；(报纸杂志的)截稿期：April 15 is the *deadline* for filling individual income-tax returns. 个人所得税申报书归档的最后期限是 4 月 15 日。

dead·lock /ˈdedlɔk/ *n.* [C;U]僵局，僵持；停滞不前：Employers and strikers had reached a *deadlock* in their dispute over higher wages. 雇主和罢工者在就增加工资而进行的辩论中陷入了僵局。

dead·ly /ˈdedli/ I *adj.* ❶致命的，致死的；毒性的：a *deadly* wound 致命的创伤 ❷[无比较级]死一般的：*deadly* silence 死寂 ❸[无比较级]极度的，强烈的；彻底的，十足的：*deadly* haste 十万火急 ❹(瞄准等)极准确的：Daniel Boone was a *deadly* shot. 丹尼尔·布恩是个神射手。II *adv.* [无比较级] ❶死一般地：The captive turned *deadly* pale with fright. 这俘虏害怕得面如土色。❷非常，极度地，强烈地：It was *deadly* cold. 天冷极了。‖ ˈ**dead·li·ness** *n.* [U]

☆**deadly, fatal, lethal, mortal** 均有"致命的，致死的"之意。**deadly** 指一定引起或可能引起死亡的人或物：The murdered man had many *deadly* enemies. (那个被谋杀的人有许多死敌。) **fatal** 表示必将导致或已经导致死亡、毁灭，常用于创伤、打击、疾病等，多强调不可避免之意：*fatal* injuries (致命伤) / The withdrawal of funds was *fatal* to the project. (资金的抽回毁了那项工程。) **lethal** 指因本身的数量与性质而具有致死性能：a *lethal* dose of a drug (药剂的致死量) / A hammer can be a *lethal* weapon. (铁锤是可以致命的武器。) **mortal** 与 deadly 基本同义，但前者强调死亡不可避免，且常用于对死亡已经发生的叙述与回顾：Man is *mortal*. (人总有一死。)

dead·pan /ˈdedpæn/ *adj.* [无比较级]〈口〉(面容等)无表情的；(人)面无表情的；(言行等)不带感情色彩的；超然的：a *deadpan* news story 不带个人感情色彩的新闻报道

dead weight, dead·weight /ˈdedweit/ *n.* [C](物体的)静止重量

dead wood *n.* [总称]〈口〉❶枯枝；枯木，死木 ❷无用的人员，冗员；废物，废料；滞销货，卖不出去的商品

deaf /def/ I *adj.* ❶失聪的，听不见的：He is *deaf* in [of] one ear. 他有一只耳朵听不见。❷不注意听的；不愿听从的，不依从的(*to*)：She was *deaf to* his pleas. 她对他的恳求充耳不闻。II *n.* [the ~][用作复]失聪的人：television subtitles for *the deaf* 为失聪的人做的电视对白字幕 ‖ ˈ**deaf·ness** *n.* [U]

deaf·en /ˈdefᵊn/ *vt.* ❶使聋；使听不见：A hard blow on the ear *deafened* him for life. 一记重重的耳光使他终生失聪。❷把…震聋；把…震昏：A sudden explosion *deafened* us all for a moment. 突然的爆炸声令我们失聪了好一阵。❸淹没；压倒(声音)：The birds were often *deafened* to silence with her song. 她的歌声一起，小鸟儿常常会悄无声息。‖ ˈ**deaf·en·ing** *adj.*

deaf-mute /defˈmjuːt/ 〈常忌〉I *adj.* [无比较级]聋哑的；聋哑人的；又聋又哑的 II *n.* [C]聋哑人

deal /diːl/ I (**dealt** /delt/) *vi.* ❶[不用进行时态]相关，有关联；讨论，论述(*with*)：Botany *deals with* the study of plants. 植物学是有关植物研究的。❷治理，处理；惩处，惩罚(*with*)：Law courts *deal with* criminals. 法院惩处犯罪分子。❸应付，对付，打交道；对待(*with*)：He *deals* fairly. 他待人公平。❹经营，做买卖；进行交易(*with, in*)：*deal in* used cars 经营旧车业务 ❺【牌】发牌，出牌 ❻〈俚〉买卖毒品 —*vt.* ❶分配，分发，配给：The judge tried to *deal* justice to all men. 这位法官力图

为所有的人主持公道。❷【牌】发(牌):It's your turn to *deal* the cards. 轮到你发牌了。❸给予,为…带来:He *dealt* me a sudden blow on the chin. 他突然朝我下巴打了一拳。❹〈俚〉非法买卖(毒品):*deal* an illegal drug 买卖违禁毒品 **II** *n.* ❶[C]〈口〉买卖,交易;(尤指私下的)协议;一揽子交易:a package *deal* 一揽子交易 ❷[C][常用单]待遇:a fair *deal* 公平待遇 ❸[U]【牌】发牌;轮到发牌;牌戏的一局;手中的牌,一手牌:He lost on that last *deal*. 上一局他输了。‖ ***a good* [*great*] *deal*** *n.* 〈口〉大量,许多:He lost *a great deal* of weight. 他的体重减轻了许多。‖ **ˈdeal·er** *n.* [C]

D

deal·ing /ˈdiːliŋ/ *n.* ❶[常作~s]交易,生意往来;交往:Do you have many *dealings* with that company? 你们和那家公司生意上的往来多吧? ❷[U]经营作风:honest *dealing* 诚实的经营作风

dean /diːn/ *n.* [C] ❶(大学的)学院院长;系主任:the *dean* of the law school 法学院院长 ❷【宗】(圣公会)教长,主任牧师;(天主教)枢机主教长

dear /diəʳ/ **I** *adj.* ❶[用于称呼中表示客气、讽刺等]亲爱的:My *dear* fellow, surely you don't mean that! 我的老弟,你肯定不是那个意思! ❷[用于信件开头对收信人的称呼]尊敬的:*Dear* Sir 尊敬的先生 ❸亲爱的,心爱的:This subject is *dear* to my heart. 这个题目才是我可心如意的。❹[通常作表语]宝贵的;珍视的(*to*):She lost everything that was *dear to* her. 她丧失了珍爱的一切。❺(东西)昂贵的,高价的;(代价)高的:Most fruit is very *dear* at this time of year. 每年这个时候多数水果的价格都非常昂贵。**II** *int.* [表示惊奇、不耐烦、失望、苦恼、懊悔、怜悯等]啊,哎呀,天哪:Oh *dear*, what a disappointment! 呵,真扫兴! ‖ **ˈdear·ness** *n.* [U]

dear·ly /ˈdiəli/ *adv.* ❶非常;深深地;充满深情地:He loves his daughter *dearly*. 他深爱自己的女儿。❷高价地;昂贵地:They paid *dearly* for that victory. 他们为那个胜利付出了昂贵的代价。

dearth /dəːθ/ *n.* [常用单]缺乏,匮乏,不足:There is a *dearth* of trained engineers in the area. 这一地区缺乏训练有素的工程技术人员。

death /deθ/ *n.* ❶[C;U]死(亡),亡(故),过世;(植物的)枯萎:*Death* comes to all men. 人皆有一死。❷[U]死亡状态:Riel was dignified in *death* as in life. 里尔活得高尚,死得庄严。❸[常用单](生命的)终止,结束;毁灭,灭亡:Satisfaction is *death*. 自我满足就是自我毁灭。‖ ***put to death*** *vt.* 杀死;处死:The criminal was *put to death* by firing squad. 罪犯被行刑队处死了。***to death*** *adv.* 极度:Where have you been? I've been worried *to death* about you. 你上哪儿去啦? 我为你担心得要死。‖ **ˈdeath·like** *adj.*

death·blow /ˈdeθbləu/ *n.* [C] ❶致命一击:The soldier received a *deathblow* early in the battle. 战斗打响不久,那个士兵便遭到致命的一击。❷(尤指突发的)导致事物失败的因素

death·less /ˈdeθlis/ *adj.* ❶不死的:Is the human soul *deathless*? 人的灵魂是不死的吗? ❷不朽的;永恒(存)的:*deathless* glory 永恒的荣誉

death·ly /ˈdeθli/ **I** *adj.* [作定语] ❶极度的,大的;剧烈的,强烈的 ❷死一般的:a *deathly* silence 死寂 **II** *adv.* ❶死一般地:The sick man grew *deathly* pale. 病人变得毫无血色,苍白得吓人。❷极其,非常;全然,完全,彻底:She felt *deathly* cold. 她觉得冷极了。

death row *n.* [C](监狱内的)死囚区

death·trap /ˈdeθtræp/ *n.* [C]〈口〉❶危险区;险境:They escaped from the *deathtrap* just before it exploded. 他们抢在爆炸之前逃离了危险区。❷危险建筑;危险场所;危险车辆

de·ba·cle /deiˈbɑːkᵊl/ *n.* [C]惨败,彻底失败;垮台,崩溃

de·bar /diˈbɑːʳ/ *vt.* (**-barred**; **-bar·ring**) 把…排除在外;剥夺(权利等);禁止,阻止(*from*)(见 exclude):Colin is *debarred from* voting as he is not a citizen. 科林不享有公民权,所以不可参加投票。‖ **deˈbar·ment** *n.* [U]

de·base /diˈbeis/ *vt.* ❶降低(质量、价值等);使(货币等)贬值:Money has been heavily *debased* in the last ten years. 在过去的十年里,货币大大地贬值了。❷贬低(尊严、身份、人格等)Why should we exalt ourselves and *debase* others? 为什么我们要抬高自己贬低别人呢? ‖ **deˈbase·ment** *n.* [U]

☆**debase, corrupt, debauch, deprave, pervert** 均有"使贬低;使腐败"之意。**debase** 通常表示降

低或丧失人或事物的品质、价值或尊严：*debase* the currency（降低币值）/ You will *debase* yourself by accepting a bribe.（你会因为受贿而自贬人格的。）**corrupt** 常指导致身居高位或有权者道德品质堕落：people whose morals have been *corrupted*（道德败坏的人）/ be *corrupted* by power（因权力在手而变得腐败）**debauch** 指因生活放荡而道德意识淡薄，品质败坏：*debauch* a youth（诱使青年腐化堕落）**deprave** 指因受邪恶的思想或影响而明显导致道德上彻底败坏或不正常的行为与心理：Do you believe that these films are likely to *deprave* young people?（你认为这些影片会使年轻人堕落吗？）**pervert** 常指腐蚀他人的心智，使之堕落变态：All this violence on TV is *perverting* the minds of our children.（电视上所有这些暴力镜头正在把我们的青少年教坏。）该词也可表示为了私利进行歪曲、误导：To *pervert* the course of justice is to try to prevent justice being done.（滥用司法程序就是企图阻碍公正的执法。）

de·bat·a·ble /diˈbeitəbᵊl/ *adj.* ❶可辩论的，可争论的：a *debatable* subject 可争论的题目 ❷有争议的，待定的，未定的；有疑问的，有问题的：Once the two countries agreed, the boundary line was no longer *debatable.* 一旦两国商定，边界线就无可争议了。

de·bate /diˈbeit/ **I** *n.* ❶[C]辩论，讨论，争论：The truth of the story is beyond *debate.* 这篇报道的真实性是无可争议的。❷[C]辩论会；辩论赛 ❸[U]思考，考虑：After some *debate* they made their decision. 经过一番思考，他们作出了决定。**II** *vt.* ❶考虑，盘算；推敲：He *debated* his decision in the matter. 他就此事细加斟酌作出决定。❷（尤指在议会或公开大会上对提案、问题等的）辩论，讨论，争论；与…辩论（或争论、讨论）（见 discuss）：He is really eager to *debate* Mr Charles. 他很想同查尔斯先生辩论一番。—*vi.* ❶考虑，盘算；推敲：I *debated* with myself whether to tell her the truth or not. 我私下考虑是否把真相告诉她。❷辩论，讨论，争论：There's no need to *debate* with him. 没有必要与他争论。‖ **deˈbat·er** *n.* [C] —**deˈbat·ing** *n.* [U]

de·bauch /diˈbɔːtʃ/ *vt.* ❶使道德败坏，使堕落，使放荡（见 debase）：Bad companions had *debauched* the young man. 不好的伙伴使这个年轻人腐化堕落了。❷使（品味、价值观等）变坏，败坏：His honesty was *debauched* by the prospect of easy money. 由于指望不费力气而赚到钱，他变得不那么诚实了。‖ **ˈde·bauched** *adj.* —**deˈbauch·er·y** *n.* [C;U]

de·bil·i·tate /diˈbiliˌteit/ *vt.* 削弱…的力量；使虚弱；使衰弱：A hot, wet, tropical climate *debilitates* those who are not used to it. 湿热的热带气候使那些不适应的人变得很虚弱。‖ **deˌbil·iˈtat·ing** *adj.* —**de·bil·i·ta·tion** /diˌbiliˈteiʃᵊn/ *n.* [U]

de·bil·i·ty /diˈbiliti/ *n.* ❶[U]体弱，虚弱，衰弱：nervous *debility* 神经衰弱 ❷[C]无（能）力；残疾；不利条件：a painful *debility* 令人痛苦的残疾

deb·it /ˈdebit/ **I** *n.* [C] ❶【会计】借方；借记；借入 ❷【会计】借项；借项总金额 **II** *vt.*【会计】把…记入账户的借方；记入（账户）的借方；记入（某人）账户的借方：Please *debit* (the cost to) my account. 请（把这笔费用）记入我账户的借方。

debit card *n.* [C]【会计】（银行存款户持有的）借方卡，借记卡

de·brief /diːˈbriːf/ *vt.*〈口〉（尤指对外交官、飞行员等进行工作上的）询问，质问；盘问：Political and economic experts routinely *debrief* important defectors about conditions in their home country. 政治和经济方面的专家们例行公事地都要向重要的叛逃者盘问有关他们所在国家的各种情况。

deb·ris /ˈdebriː, ˈdei-/ *n.* [U]（被毁物的）残骸；废墟；瓦砾：The street was covered with *debris* of buildings after the air raid. 空袭后街上满是被毁建筑物的瓦砾堆。

debt /det/ *n.* ❶[C;U]债务；欠款；欠债：I owe him a *debt* of 5,000. 我欠他5 000块钱。❷[常用单]人情债，恩惠，恩泽；义务：My *debt* to her for advice is not to be discharged easily. 对她的忠告我感恩不尽。‖ **debt·or** /ˈdetəʳ/ *n.* [C]

de·bug /diːˈbʌg/ *vt.* (**-bugged**; **-bug·ging**) ❶〈口〉排除（机器、飞机等）的故障；【计】排除（程序）中的错误；调试：*debug* a computer program 排除计算机程序中的错误 ❷〈口〉拆除（房间、汽车、飞机、电话等的）窃听器：The room was searched for hidden microphones and thoroughly *debugged.* 对这房间里暗中设置的窃听器

进行了搜查和彻底排除。‖ **de'bug·ger** *n.* [C]

de·bunk /diː'bʌŋk/ *vt.* 〈口〉❶(尤指以嘲笑的态度)揭穿…的吹嘘(或虚伪等);揭穿,暴露:The article *debunked* the government's plans to improve employment. 那篇文章揭穿了该政府所吹嘘的改善就业的计划。❷批判,驳斥(错误的理论等):*debunk* a notion [theory, view] 批驳一种观念[理论,观点]

déb·ut, deb·ut /'deibuː/ *n.* [C](演员、音乐家等的)首次登台演出;(节目等的)首次演出;(产品等的)首次出现;(商店等的)开张:a young actor's *debut* on the stage 青年演员的首次登台演出

D

Dec, Dec. *abbr.* December

dec·ade /'dekeid, di'keid/ *n.* [C]十年;十年期:Several *decades* have elapsed since I graduated from the college. 自我大学毕业已有好几十年过去了。

de·ca·dence, de·ca·dency /'dekəd°ns/ *n.* [U](尤指鼎盛时期之后道德、文化、文学、艺术等的)衰败,衰落,沦丧;堕落;颓废:The *decadence* of morals was one of the causes of the fall of Rome. 道德的沦丧是罗马(帝国)衰亡的原因之一。

dec·a·dent /'dekəd°nt/ *adj.* ❶衰落的,衰败的,沦丧的;堕落的;颓废的:That hat makes you look rather *decadent*. 戴了那顶帽子使你显得非常萎靡不振。❷衰落(或颓废)期的

de·caf·fe·in·ate /di'kæfiəˌneit/ *vt.* 脱去…的咖啡因,减少(咖啡等)中咖啡因的含量:*decaffeinate* coffee 脱去咖啡里的咖啡因 ‖ **de'caf·fe·inˌat·ed** *adj.*

de·camp /di'kæmp/ *vi.* ❶撤营;离开宿营地:The army was to *decamp* on the 24th. 那支军队定于24日撤营。❷秘密(或突然)地逃走;潜逃,逃亡:The club's treasurer *decamped* with the money. 俱乐部司库携款逃匿。‖ **de'camp·ment** *n.* [U]

de·cant /di'kænt/ *vt.* (小心翼翼地)把(水、酒、溶液等)注入另一容器

de·cant·er /di'kæntə^r/ *n.* [C](细颈)盛水瓶;酒瓶;饮料瓶

de·cap·i·tate /di'kæpiˌteit/ *vt.* 将…斩首,杀…的头:Many people were *decapitated* during the French Revolution. 法国大革命期间,许多人被砍了头。‖ **de·cap·i·ta·tion** /diˌkæpi'teiʃən/ *n.* [U] —**de'cap·i·ˌta·tor** *n.* [C]

de·cath·lon /di'kæθlən/ *n.* [C]【体】十项全能运动,十项全能比赛

de·cay /di'kei/ **I** *v.* ❶腐烂,腐败,腐朽;腐坏,变质:Meat *decays* if left outside the refrigerator. 肉类如果不放入冰箱就要腐坏。❷衰败,衰落,衰退,衰弱:Everything on earth *decays*. 世间万物无不渐渐衰亡。**II** *n.* [U] ❶腐烂,腐败,腐朽;腐坏,变质:moral *decay* 道德败坏 ❷衰退,衰弱,衰落,衰败:the *decay* of the patient's mental faculties 病人智力的衰退 ❸衰败(或衰退、腐烂等)的状态:At that time, the Roman Empire was already in *decay*. 罗马帝国在那时已经衰落。‖ **de'cayed** *adj.* —**de'cay·ing** *adj.*

de·cease /di'siːs/ *n.* 〈书〉(尤用于法律文件中)[常用单]亡故,死亡:The general's unexpected *decease* left the army without a leader. 将军的溘然而逝使得军队失去了统帅。

de·ceased /di'siːst/ 〈书〉 **I** *adj.* [无比较级]已故的,死去了的:He is now *deceased*. 他已去世了。**II** *n.* [常作 **the** ~][单复同]死者,逝者:*The deceased* had been a famous actor. 死者曾经是一位著名演员。

de·ce·dent /di'siːd°nt/ *n.* [常作 **the** ~]【律】死者

de·ceit /di'siːt/ *n.* ❶[U]欺诈,欺骗:She is incapable of *deceit*. 她是绝不会骗人的。❷[C]欺骗行为;骗人的话;欺诈手段;诡计,骗术:A *deceit* sometimes backfires on the deceiver. 欺骗有时会使行骗者自食其果。❸[U]不诚实,不老实:He is so full of *deceit* that no one can believe a word he says. 他太不诚实,他说的话人们一点儿都不信。

de·ceit·ful /di'siːtful/ *adj.* ❶惯于欺骗的,奸诈的,不老实的:He has the most *deceitful* face I ever saw. 他是我一辈子见到的人中间最会装假的了。❷用以骗人的;欺骗(或欺诈)性的:*deceitful* statistics 骗人的统计数字 ‖ **de'ceit·ful·ly** *adv.* —**de'ceit·ful·ness** *n.* [U]

de·ceive /di'siːv/ *vt.* 欺骗,蒙蔽;使信以为真;使产生错觉:Such a trick can *deceive* nobody. 这种把戏谁也骗不了。‖ **de'ceiv·er** *n.* [C]

—de'ceiv·ing·ly *adv.*

de·cel·er·ate /diːˈseləˌreit/ *vt.* 降低…的速度，使减速，使减缓：He *decelerated* the truck. 他使卡车减速。—*vi.* 降低速度；减速行驶(或运转)：The plane *decelerated* as it came in to land. 飞机抵达着陆时便减速行驶。‖ **de·cel·er·a·tion** /diːˌseləˈreiʃ°n/ *n.* [U] —**de·ˈcel·erˌa·tor** *n.* [C]

De·cem·ber /diˈsembəʳ/ *n.* [U;C] 12月(略作 **Dec.** 或 **D.**)：See you in *December*. 12月再见。

de·cen·cy /ˈdiːsənsi/ *n.* ❶[U]合宜；得体；懂得情理：Common *decency* demands it. 按常理的要求这样做妥当。❷[U]正派；体面；端庄；高雅：He is the essence of *decency*. 他这个人正派体面。❸[**decencies**]礼数，行为准则；礼节，礼仪：has the *decencies* expected in modern society 具备现代社会所应有的礼仪

de·cen·ni·al /diˈseniəl/ **I** *adj.* ❶十年(间)的；持续十年的 ❷每十年一次的 **II** *n.* [C]十周年；十周年纪念 ‖ **deˈcen·ni·al·ly** *adv.*

de·cent /ˈdiːs°nt/ *adj.* ❶(行为、举止)得体的；适宜的；适当的：That was the only *decent* thing I could do in the situation. 在当时的情况下，这是我所能做的唯一合乎体统的事了。❷正经的；严肃的；不淫亵的；高雅的：I don't think her new dress is *decent* enough. 我觉得她的新衣服不够雅观。❸正直的，正派的：Although they are hungry, *decent* people won't steal. 尽管他们饿了，但正派的人是不会去偷窃的。❹穿好衣服的，衣着得体的：I'm not *decent* yet; I'll be right down when I am. 我还没有穿好衣服，穿好马上就来。‖ **ˈde·cent·ly** *adv.*

de·cen·tral·ize /diːˈsentrəˌlaiz/ *vt.* ❶分散(或下放)(权力)；分散(或下放)(政府等)的权力：*decentralize* the federal bureaucracy 分散联邦政府的权力 ❷使(工业等)疏散分布；疏散(人口)：*decentralize* the nation's industry 分散该国的工业布局 —*vi.* 下放权力，分权；分散，疏散 ‖ **de·cen·tral·i·za·tion** /diːˌsentrəlaiˈzeiʃ°n;-liˈz-/ *n.* [U]

de·cep·tion /diˈsepʃ°n/ *n.* ❶[U]欺骗，诓骗，蒙蔽：obtain sth. by *deception* 骗取某物 ❷[U]受骗，上当：He is under *deception*. 他受骗了。❸[C]骗人的东西，骗局；诡计，骗术：They are the originators of this particular *deception*. 他们是这特殊的障眼法的始作俑者。

de·cep·tive /diˈseptiv/ *adj.* 易使人上当的；造成假象的；导致误解的；不可靠的：He said at last, with *deceptive* quiet. 他终于故作镇静地开了口。‖ **deˈcep·tive·ly** *adv.*

dec·i·bel /ˈdesiˌbel/ *n.* [C]【物】分贝(表示声音强度和功率比的单位，略作 **dB**，**db**)

de·cide /diˈsaid/ *vt.* ❶解决；判定；裁决：The jury *decided* the case in favour of the defendant. 陪审团做出有利于被告的判决。❷决定，拿定主意做；敲定；选定：The two governments have *decided* to establish diplomatic relations at ambassadorial level. 两国政府已决定建立大使级外交关系。❸使决定；使下决心：The weather *decided* him against going. 天气使他决定留下来。—*vi.* ❶裁决，判决(*for*, *against*)：The judge *decided for* the plaintiff. 法官作出的判决对原告有利。❷决定；拿定主意；敲定，选定：He is the one to *decide*. 决定要由他来做。

☆**decide, determine, resolve, settle** 均有"决定，决心"之意。**decide** 指消除怀疑或争论之后作出选择或决定：After long discussion they *decided* in favour of the younger candidate. (经过长时间讨论后，他们决定支持那位年轻的候选人。) **determine** 比 decide 的意味强，指经过认真地或多方面考虑后做决定：She has decided to give a dinner party, but has not yet *determined* the guests to be invited. (她决定设宴，但尚未确定要邀请的客人。) **resolve** 指要做某事的明确的决心或决定，意思与 determine 相近，但所下决心更大，目的也更明确：Once she has *resolved* on doing it, you won't get her to change her mind. (一旦她下决心干，你就别想使她改变主意。) 该词还可表示经过讨论最后终于得以解决：*Resolved* that this meeting is opposed to appointing a new manager. (兹决议本次会议反对任命一名新经理。) **settle** 语义较 decide 强，常指由权威或权力机关仲裁决定：They *settled* (with each other) out of court. (他们双方达成协议庭外和解。) 该词也往往表示经过一段时间的犹豫或争论后作出明确而最终的选择：We've *settled* that we'll go to Wales, but we still haven't *settled* when we're going. (我们已决定去威尔士，但何时去还没有定下来。)

de·cid·ed /diˈsaidid/ *adj.* ❶[作定语]明显的，明白的；明确的，确实的：Mr. Jones was his *de-*

cided enemy. 琼斯先生与他势不两立。❷(人)下定决心的,坚决的;坚毅的,坚定的:I won't go;I'm quite *decided* about it. 我可不去;对这事儿我是说一不二的。‖ **de'cid·ed·ly** *adv.*

de·cid·u·ous /di'sidjuəs/ *adj.* ❶(树木)每年落叶的;(森林等)有落叶树的:The maple is a *deciduous* tree. 枫树是一种落叶树。❷(在特定季节或生长阶段)脱落的;(交配后的蚂蚁等)脱翅的:Baby teeth are *deciduous*. 乳牙到了一定时期就会脱落的。

dec·i·mal /'desim°l/ *adj.* [作定语] ❶(计量单位、算法等)十进位制的;小数的:a *decimal* system 十进制 ❷十进币制的:China's *Renminbi* has a *decimal* system. 中国的人民币采用的是十进币制。

dec·i·mate /'desiˌmeit/ *vt.* ❶大批杀死;大量毁灭:Student numbers have been *decimated* by cuts in scholarships. 奖学金的削减已使学生人数大为减少。❷【史】【军】(尤指在古罗马)取…的十分之一;消灭…的十分之一 ‖ **dec·i·ma·tion** /ˌdesi'meiʃ°n/ *n.* [U]

☆**decimate** 源自古罗马军事指挥官的一种惩罚手段,即每 10 人中处死 1 人。自 19 世纪以后其词义有所扩大,可用以表示"大量杀死","造成大量死亡":The famine *decimated* the population.(饥荒使得大量人口死亡。)这一用法已为人们普遍接受。但 **decimate** 用以表示杀死某一个人或杀死全体以至按某种百分比的具体人数的现象,尚属鲜见,因此像下面这种句子应该避免使用:The famine *decimated* 37 per cent of the population.(饥荒使得 37%的人口死亡。)

de·ci·pher /di'saifə/ *vt.* ❶解读,解释(古代文字、难以理解的事物等);辨认(潦草的字迹等):I can't *decipher* his handwriting. 我辨认不出他写的字。❷破译(密码、电文等):*decipher* a secret message 破译一封密信 ‖ **de'ci·pher·a·ble** *adj.*

de·ci·sion /di'siʒ°n/ *n.* ❶[C]决定;决心;敲定;选定:They must make a *decision* between these two candidates. 他们必须在这两个竞选者之间作出抉择。❷[C]决议;结论:a draft *decision* 决议草案 ❸[U]果断,决断;坚决,坚定:a woman of *decision* 果断的女人

de·ci·sive /di'saisiv/ *adj.* ❶决定性的;结论性的:Your argument was the *decisive* one. 你提供的论据是决定性的。❷(性格等)坚决的,坚定的;果断的,果敢的:She was very *decisive* in her handling of the problem. 她在处理那个问题上非常果敢。❸毫无疑问的;明确的,确定的:a *decisive* lead of 30-0 by halftime 上半场结束时以 30:0 的大比分遥遥领先 ‖ **de'ci·sive·ly** *adv.* —**de'ci·sive·ness** *n.* [U]

deck /dek/ *n.* ❶【船】甲板,舱面:the upper, main, middle, and lower *decks* of a ship 船上的上甲板、主甲板、中甲板和下甲板 ❷(公共汽车、飞机机舱、大楼、多层书架等的)层面;(房屋的)露天平台;桥面,(桥梁的)行车道;码头面板:On the roof of the porch is a large sun *deck*. 游廊的顶层是一个宽敞的日光浴平台。❸一副纸牌:cut a *deck* 签牌 ❹(唱机的)转盘支托面;(磁带录音机等的)走带装置,磁带驱动器

de·claim /di'kleim/ *vi.* 慷慨陈词;激辩:I wish you wouldn't *declaim* all the time. 我希望你说话不要总是这样慷慨激昂的样子。—*vt.* 慷慨激昂地发表(演说等):*declaim* a speech 高声发表演说 ‖ **de'claim·er** *n.* [C] —**dec·la·ma·tion** /ˌdeklə'meiʃ°n/ *n.* [C; U] —**de·cla·ma·to·ry** /di'klæmət°ri/ *adj.*

dec·la·ra·tion /ˌdeklə'reiʃ°n/ *n.* [C] ❶断言;宣称:love's honest *declaration* 爱情真挚的表白 ❷宣言;公告;声明(书):The accused issued a solemn *declaration* of innocence. 被告郑重地发表了申述自己无罪的声明。❸宣布,公布,宣告:a *declaration* of war 宣战 ❹(纳税品、房地产等的)申报;申报单:Jack made a false *declaration* to customs. 杰克向海关作了不真实的申报。

de·clar·a·tive /di'klærətiv/ *adj.* 【语】陈述的:a *declarative* sentence 陈述句

de·clare /di'kleə/ *vt.* ❶宣布,宣告,公布;声明:He solemnly *declared* that the allegation was a lie. 他郑重声明该辩词纯属谎言。❷宣称;断言:I *declare* the story to be false. 我断言这篇报道是虚假的。❸申报(纳税品、房地产、收益等)(纳税):Do you have anything to *declare*? 你有什么需要申报纳税的吗? ‖ **de'clar·a·ble** *adj.*

de·clen·sion /di'klenʃ°n/ *n.* [C] ❶【语】词形变化;词形变化相同的一组词;(俄语的)变格

❷〈书〉倾斜，下倾：land with a gentle *declension toward the river* 向河边徐缓倾斜的土地

de·cline /di'klain/ I *vt.* 拒绝；婉辞，谢绝：He *declined* accepting the help we offered. 他不接受我们的帮助。—*vi.* ❶拒绝；婉辞，谢绝：We asked them to come to our party，but they *declined*. 我们要求他们参加我们的晚会，可是他们谢绝了。❷下倾，倾斜；下垂：The hill *declines* to a fertile valley. 山丘向肥沃的峡谷倾斜。❸衰退，衰落：Hearing sensitivity *declines* with age. 听觉的灵敏度随着年龄的增长而衰退。❹下降，减少：The gross national product *declined* by a big margin. 国民生产总值大幅度下降。II *n.* ❶[C]倾斜；斜坡：The path took us down a sharp *decline* into a valley. 我们沿着小道下了斜坡进入一个峡谷。❷[C]下降；减少；落下：Some people think his popularity is in *decline*. 有些人认为他的威信在下降。‖ **de'clin·er** *n.* [C] —**de'clin·ing** *adj.* [作定语]

☆ **decline，refuse，reject，repudiate，spurn，turn down** 均有"拒绝"之意。**decline** 常指婉言谢绝他人的邀请、建议或帮助：We asked them to come to our party，but they *declined*.（我们邀请他们来参加聚会，但他们婉言谢绝了。）在比较正式的场合，用于表示礼节时该词可以代替 refuse：He *declined* to discuss his plans.（他拒绝讨论自己的计划。）**refuse** 为普通用词，语气较强，态度坚决，甚至近于无礼：He flatly *refused* to have anything to do with the plan.（他断然拒绝同这个计划有任何联系。）该词还常指拒绝他人的请求、提议或忠告：The bank *refused* them the loan.（银行拒绝向他们贷款。）**reject** 常指摒弃、排除、放弃某种建议、计划、观点或物资：The government *rejected* the plan to lower taxes.（政府拒不考虑减税的计划。）**repudiate** 常指抛弃某人或某物，拒不承认相互间的关系：He *repudiated* his daughter when she married without his consent.（他的女儿未经他同意就结婚了，他从此断绝了和她的关系。）**spurn** 较 **repudiate** 语义更为强烈，指轻蔑、鄙视对方而加以拒绝或抛弃：She *spurned* all offers of help.（她轻蔑地拒绝了一切帮助。）**turn down** 指明确而坚决地拒绝请求、建议或与之有关的人：I'll have to *turn down* your offer.（你的提议我不能接受。）

de·code /diː'kəud/ *vt.* （破）译（密码文电等），解（码等）

de·colle·tage /ˌdeikɔl'tɑːʒ/ *n.* [常用单]低领女装，露肩女装

de·colle·te /dei'kɔltei/ *adj.* ❶（服装）低领的，露肩的 ❷（女士）穿低领装的，穿露肩装的

de·col·o·nize /diː'kɔləˌnaiz/ *vt.* & *vi.* （使）摆脱殖民统治；（使）独立；（使）非殖民（地）化 ‖ **de·col·o·ni·za·tion** /diːˌkɔlənai'zeiʃᵊn；-ni'z-/ *n.* [U]

de·com·mis·sion /ˌdiːkə'miʃᵊn/ *vt.* 使（军舰、军用飞机等）退役

de·com·pose /ˌdiːkəm'pəuz/ *vt.* ❶使分解；使分离：*decompose* a chemical compound 分解化合物❷使腐烂，使腐败 —*vi.* ❶分解；分离 ❷腐烂，变质，变腐败：The old fruits and vegetables *decompose* quickly in the heat. 在热天，不新鲜的水果和蔬菜烂得快。‖ **de·com·po·si·tion** /ˌdiːkɔmpə'ziʃᵊn/ *n.* [U]

de·con·ges·tant /ˌdiːkən'dʒestᵊnt/ I *adj.* [作定语] 减轻（鼻）充血的 II *n.* [C]减充血剂

de·con·tam·i·nate /ˌdiːkən'tæmiˌneit/ *vt.* 对…去污，净化；对…消毒；消除…的有毒气体；消除…的放射性污染：*Decontaminate* the room where the sick man died. 对死了病人的房间进行消毒。‖ **ˌde·con·tam·i·na·tion** /-ˌtæmi'neiʃᵊn/ *n.* [U]

dé·cor，de·cor /'deikɔːʳ，'de-/ *n.* [C][常用单]（房间、商店等的）装饰（布局），装潢（风格）：a modern *décor* in the living room 起居室的现代装饰风格

dec·o·rate /'dekəˌreit/ *vt.* ❶装饰，装潢；布置：We have to *decorate* the basement for the party. 咱们得为晚会布置一下地下室。❷给…授勋（章）：He was *decorated* with the medal of a combat hero. 他获得战斗英雄的勋章。‖ **'dec·oˌra·tor** *n.* [C]

dec·o·ra·tion /ˌdekə'reiʃᵊn/ *n.* ❶[C]装饰品，装饰物：We put pictures and other *decorations* up in the classroom. 我们用图画和其他装饰品把教室布置起来。❷[U]装饰，装潢：Her house had the style of *decoration* typical of the 1920s. 她的屋子装饰得具有典型的 20 世纪 20 年代的风格。❸[C]勋章；奖章：A *decoration* for bravery was awarded to the police officer. 那名警官被授予一枚英勇勋章。

dec·o·ra·tive /'dekərətiv/ *adj.* 用作装饰的；

装饰性的，美化的：some *decorative* woodwork and carvings 一些用来装饰的木制品和雕刻

dec·o·rous /ˈdekərəs/ *adj.* (外表、行为、仪态等)正派得体的，端庄稳重的；高尚文雅的；彬彬有礼的：a *decorous* speech 高雅的谈吐 ‖ ˈ**dec·o·rous·ly** *adv.*

de·co·rum /diˈkɔːrəm/ *n.* [U]正派得体，端庄有礼，稳重大方：He lacked *decorum* and control. 他不够庄重，不懂节制。

de·coy I /ˈdiːkɔi, diˈkɔi/ *n.* [C] ❶用作诱饵的人；诱惑者；骗子的搭档，托儿：The policewoman acted as a *decoy* to trap the murderer. 这个女警察充当诱捕杀人犯的诱饵。❷诱饵；诱惑物：The note has been sent as a *decoy* by the detective. 这位侦探向对方传出了一条信息进行诱捕。II /diˈkɔi/ *vt.* ❶引诱(鸟、兽等)：*decoy* ducks into a net 引诱野鸭群落网 ❷诱骗：A false message *decoyed* him into entering the enemy territory. 一份假情报诱骗他进入了敌占区。—*vi.* 被诱骗：Ducks *decoy* more easily than most other waterfowl. 野鸭比大多数其他水鸟更容易诱捕。

de·crease I /diˈkriːs/ *vt.* & *vi.* (使)减少，(使)减小：Profits *decreased* by 10 per cent last year. 去年利润减少了一成。II /ˈdiːkriːs/ *n.* [C] ❶减少，减小：A big *decrease* in sales caused the store to close. 由于销售量大减导致这家商店歇业。❷减少量，减少额：The *decrease* in heat was ten degrees. 热温降了10度。‖ **deˈcreas·ing** *adj.* [作定语] —**deˈcreas·ing·ly** *adv.*

☆**decrease, abate, diminish, dwindle, lessen, reduce** 均有"减少；变小"之意。**decrease** 为常用词，使用范围较广泛，侧重在大小、数量或程度等方面的逐渐减小或缩小的过程：The number of nations allied with them *decreased* as the war continued. (随着战争的持续，他们的同盟国越来越少了。) **abate** 常指在力量、强度或程度方面的逐渐减弱变小，含缓和之意：They waited until the storm *abated*. (他们一直等到暴风雨减弱。) **diminish** 指从总数或总体中除去一部分后出现的明显减少或缩小：His illness *diminished* his strength. (疾病削弱了他的体力。) **dwindle** 与 decrease 基本同义，但强调逐渐地较为明显地减小、缩小或接近完全消失，往往含有抒情的意味：Her hopes gradually *dwindled* away. (她的希望逐渐破灭。) **lessen** 词义与 decrease 近似，但较少用于指具体数目的减少或下降：The noise *lessened* as the plane got further away. (飞机逐渐飞远了，噪音也就减弱了。) **reduce** 指在大小、数量、范围、程度等方面的减少或变小，施动者往往是人：*reduce* household expenses (削减家庭开支)该词也可表示等级、地位或经济状况等的降低：be *reduced* to begging for a living (沦落到以行乞为生)

de·cree /diˈkriː/ I *n.* [C] 法令，政令；敕令：issue a *decree* 颁布法令 II *vt.* 发布，颁布(法令等)；命令；判决：The king *decreed* an amnesty. 国王颁布了一道特赦令。

de·crep·it /diˈkrepit/ *adj.* ❶衰老的，老朽的；虚弱的，无力的(见 weak)：He was too *decrepit* to climb the stairs. 他衰老得不能爬楼梯了。❷用旧的，破旧的；年久失修的，坍坏的：a *decrepit* house 年久失修的房子 / *decrepit* equipment 陈旧的设备 ‖ **de·crep·i·tude** /diˈkrepiˌtʲuːd/ *n.* [U]

de·cre·scen·do /ˌdiːkreˈʃendəu, ˌdeikri-/【音】I *adv.* 渐弱地：Play the piece *decrescendo*. 渐弱地演奏这个片段。II *adj.* 渐弱的：a *decrescendo* passage 渐弱的段落(经过句) III *n.* [C]渐弱；渐弱的经过句(或乐句、乐节)

de·crim·i·nal·ize /diːˈkriminᵊˌlaiz/ *vt.* ❶使不受刑事诉讼 ❷使(原属非法的东西)合法化：*decriminalize* gambling 使赌博合法化

de·cry /diˈkrai/ *vt.* (强烈)反对；(公开)批评，(公开)谴责：Nearly 50,000 people took to streets to *decry* the resort to arms. 大约5万人走上街头，反对诉诸武力。

ded·i·cate /ˈdediˌkeit/ *vt.* ❶把(一生、自身等)献给；将(时间、精力等)用于(*to*)(见 devote)：She *dedicated* all her spare time *to* teaching her deaf son to speak. 她把全部业余时间都用来教哑巴儿子学说话。❷题献词于(著作等)上(*to*)：This book is *dedicated to* my wife. 谨以此书献给我的妻子。

ded·i·cat·ed /ˌdediˈkeitid/ *adj.* 奉献的，献身的；一心一意的；热诚的：a *dedicated* teacher 富有献身精神的教师

ded·i·ca·tion /ˌdediˈkeiʃᵊn/ *n.* ❶[U]献身(精神)；热衷；供奉；潜心：I admired her *dedication*. 我仰慕她对事业的献身精神。❷[C](书籍等上的)献词，题词：We can put the *dedica-*

tion at the top of the page. 我们可以在此页的上方题词。

de·duce /diˈdjuːs/ *vt.* 演绎,推断,推论(*from*):From the height of the sun, I *deduced* that it was about ten o'clock. 我从太阳的高度推测出时间大约是 10 点钟。‖ **deˈduc·i·ble** *adj.*

de·duct /diˈdʌkt/ *vt.* 减去,扣除(*from*):The teacher *deducted* fifteen marks for his misspelling. 因拼法错误,老师扣了他 15 分。‖ **de·duct·i·ble** /diˈdʌktibᵊl/ *adj.*

de·duc·tion /diˈdʌkʃᵊn/ *n.* ❶[U]减去,扣除:No *deduction* from one's pay is made for absence due to illness. 凡属病假一律不扣工资。❷[C]减免额,扣除数:What *deduction* will you give me if I pay cash? 如果我付现金,你给我打多少折扣? ❸[U;C]演绎(法);推论,推断:His astute *deduction* was worthy of Sherlock Holmes. 他的推断精辟敏锐简直不亚于福尔摩斯。‖ **de·duc·tive** /diˈdʌktiv/ *adj.*

deed /diːd/ *n.* [C] ❶(做的)事情,作为:a good *deed* 好事(或善举) ❷(英勇)事迹,功绩;成就(见 act):It will be the *deed* of your life. 这是您一生中的一大创举。❸【律】证书,契约:We sign the *deeds* of our new house tomorrow. 明天我们将签署新房契。

deem /diːm/ *vt.* [不用进行时态]视为,认为;相信:She *deemed* the whole idea a waste of time. 她认为全部计划纯粹是浪费时间。

deep /diːp/ **I** *adj.* ❶(与顶部或表层相距)厚的;深的:I can't touch the bottom of the swimming pool — it's too *deep*. 我碰不到游泳池的底,太深了。❷(往内部或前后相距)(进)深的,纵深的:a *deep* cupboard 进深很深的橱柜 ❸[通常用于名词后]有…深的;成…排的:a mine 1,000 metres *deep* 1000 米深的矿 ❹深奥的,晦涩的;难懂的,难解的:He is much too *deep* for me. 他这个人对我说来,太难了解了。❺[作定语]深切的;深厚的;衷心的,真挚的:*Deep* feeling is hard to put into words. 深情厚谊,难以言表。❻[作定语]强烈的,极度的;浓厚的:She has a *deep* interest in music. 她对音乐有浓厚的兴趣。❼(颜色)深的,浓的,暗的:a *deep* red 深红色 ❽(声音)深沉的,低沉的:Don't you love his *deep*, rich voice? 难道你不喜欢他那深沉而圆润的嗓音吗? **II** *adv.* ❶[用于数词、名词或形容词后]深深地;至深处,在深处;宽阔地:The children were lost *deep* in the woods. 这些孩子在密林深处走失了。❷晚期地,后期地;遥远地:work *deep* into the night 工作至深夜 ❸在内心(深处);在心底:I still feel love for her *deep* in my heart. 我心中仍然爱着她。**III** *n.* ❶[通常作 **the ~ of**][U]最强烈的部分;中间部分:*the deep of* winter 隆冬 / in *the deep of* the night 在深夜 ❷[**the ~**][U]〈诗〉〈大〉海,海洋:Her home is on *the deep*. 大海就是她的家。‖ **ˈdeep·ly** *adv.* —**ˈdeep·ness** *n.* [U]

deep·en /ˈdiːpᵊn/ *vt.* & *vi.* ❶(使)变深;(使)深化:Do I need to *deepen* the hole any further? 我得把这个坑挖得更深些吗? ❷(使)加深;(使)强烈;(使)变浓:The colour needs to be *deepened*. 这颜色需要加浓。

deep-freeze /diːpˈfriːz/ *n.* [U](食物等的)深冻,冷藏

deep-freeze /diːpˈfriːz/ *vt.* (**-froze** /-ˈfrəuz/, **-fro·zen** /-ˈfrəuzən/) ❶速冻(食物):*deep-freeze* the fresh fish 将鲜鱼速冻 ❷深冻,冷藏

deep-root·ed /ˈdiːpˈruːtid/ *adj.* ❶根深的:a tall and *deep-rooted* tree 枝高根深的树 ❷(思想、信仰、成见等)根深蒂固的,难以消除的:*deep-rooted* prejudices 根深蒂固的偏见

deep-sea /diːpˈsiː/ *adj.* [无比较级][作定语]深海的;(深度在 1000 英寻以上的)深海域的:*deep-sea* diving 深海潜水

deep-seat·ed /ˈdiːpˈsiːtid/ *adj.* [无比较级](感情等)深厚的,不渝的;(疾病等)顽固的,难以治愈的;根深蒂固的,难以消除的:Traces of *deep-seated* anguish appeared in her countenance. 内心深处的隐痛,在她脸上透露出痕迹来。

deer /diəʳ/ *n.* [单复同]鹿;鹿科动物:a drove [herd] of *deer* 一群鹿

de-es·ca·late /diːˈeskəˌleit/ *vt.* & *vi.* (使)(逐步)降级;减少;缩小:a tactical step toward *de-escalating* the war 使战争逐步降级的战术措施 ‖ **de-es·ca·la·tion** /diːˌeskəˈleiʃᵊn/ *n.* [U]

de·face /diˈfeis/ *vt.* 毁坏…的容貌;毁坏,损害:He was arrested for *defacing* the War Memorial. 他因涂损战争纪念碑而被捕。‖ **deˈface·ment** *n.* [U]

de fac·to /diːˈfæktəu, dei-/ **I** *adv.* [无比较级]

实际上，事实上：a couple who has been parted *de facto* from each other for years 一对实际上分居了数年的夫妻 **II** *adj.* [作定语] ❶事实上的，实际的：We must look at it as a matter *de facto*, not imaginary. 我们必须视其为事实而不是凭空想象。❷(不论合法与否)实际上存在的：practice *de facto* racial segregation 实际上实行着种族隔离政策

def·a·ma·tion /ˌdefəˈmeiʃᵊn, ˌdiːf-/ *n.* [U] 诬蔑，诽谤，中伤：She sued the newspaper for *defamation* of character. 她控告该报诽谤人格。

D

de·fam·a·to·ry /diˈfæmətᵊri/ *adj.* 诬蔑的，诽谤的，中伤的：This critical report was *defamatory*. 这篇批评性的报道具有诽谤性。

de·fame /diˈfeim/ *vt.* 破坏…的声誉；说…的坏话；诋毁，诽谤，中伤：She accused him of *defaming* her good name. 她控告他诽谤她的好名声。

de·fault /diˈfɔːlt/ **I** *n.* [U] ❶(职责、义务等的)未履行：He lost his job by sheer *default* of duty. 他完全由于疏于职守而丢了工作。❷【计】系统设定(值)，系统预置；默认设定：*default* program 系统设定程序 **II** *vi.* 不履行义务；不履行债务，拖欠：He *defaulted* on the meeting. 他没有出席会议。‖ **deˈfault·er** *n.* [C]

de·feat /diˈfiːt/ **I** *vt.* ❶(在战斗或比赛中)战胜，获胜；击败：Our team *defeated* theirs by four goals to two. 我队以 4 比 2 的成绩战胜了他们队。❷使沮丧，使受挫；使落空：It is a task which at present *defeats* too many children. 目前，这项任务对许多儿童来说是很难完成的。**II** *n.* ❶[U]战胜，获胜；击败：Our main aim must be the *defeat* of the government in the next election. 我们的主要目标应该是在下一次大选中击败政府。❷[C；U]战败，败北；失败；挫折；覆没，毁灭：Our team has had three *defeats* in a row. 我队一连输了三场。‖ **deˈfeat·er** *n.* [C]

de·feat·ism /diˈfiːtizᵊm/ *n.* [U]失败主义，失败主义的思想(或方针、态度、行为等)：A mood of *defeatism* overwhelmed him. 失败主义情绪压倒了他。‖ **deˈfeat·ist** *n.* [C] & *adj.*

def·e·cate /ˈdefiˌkeit/ *vi.* 排便，通大便 ‖ **def·e·ca·tion** /ˌdefiˈkeiʃᵊn/ *n.* [U]

de·fect **I** /diˈfekt, ˈdiːf-/ *n.* [C]缺陷，缺点；缺损，毛病；瑕疵(见 blemish)：a birth *defect* 天生的缺陷 **II** /diˈfekt/ *vi.* 背叛，变节；叛变，叛逃：a spy *defecting* to the west 叛逃到西方的间谍 ‖ **de·fec·tion** /diˈfekʃᵊn/ *n.* [U；C]

de·fec·tive /diˈfektiv/ *adj.* 有缺陷的，缺损的；有缺点的，有瑕疵的，有毛病的：He is mentally *defective*. 他心智不健全。

de·fence /diˈfens/ 〈主英〉 *n.* ❶[U]防御；保卫；防护：Offence is the best form of *defence*. 进攻是最好的防御。❷[C；U]防御手段；防务；防御物；防御能力；[～s]防御工事：The Great Wall was built as a *defence* against intruders. 长城当时是为抵御入侵者而修筑的。❸[C；U]辩护；答辩；辩护文章(或讲话等)：She sprang to the *defence* of her religious belief. 她挺身而出为其宗教信仰辩护。‖ **deˈfence·less** *adj.*

de·fend /diˈfend/ *vt.* ❶防御；保卫；防护(*against, from*)：They *defended* the town *against* the enemy attack. 他们保卫城市，抵御敌军进犯。❷为…辩护；答辩(论文)：I *defend* your right to speak. 我支持你有权发言。❸【律】担任…的辩护律师；为(某人)辩护；对(控诉等)作抗辩：The lawyer *defended* the man charged with theft before a judge. 律师在一位法官面前为那位被指控行窃的男子进行辩驳。❹【体】(指运动冠军)参加卫冕的比赛：He's running to *defend* his 800 metres title. 他为蝉联 800 米冠军而参赛。‖ **deˈfend·er** *n.* [C]

☆**defend, guard, protect, safeguard, shield** 均有"保卫，保护"之意。**defend** 指面临危险、威胁时用武力或其他措施进行防御和保卫：The country cannot be *defended* against a nuclear attack. (这个国家无法防御核武器的袭击。)该词也可作维护或辩护解：She *defended* me against the accusation of being a murderer. (她做我的辩护律师，对指控我谋杀进行辩护。) **guard** 指设立岗哨进行守卫，以保持高度警惕防止可能的攻击或伤害：They *guarded* the prisoners day and night. (他们日夜监视着囚犯。) **protect** 为普通用词，指采用防护物或安全措施来保护某人(或物)，使其不受攻击或伤害：He raised his arm to *protect* his face from the blow. (他伸出胳膊护住脸部免受拳击。) **safeguard** 表示采取积极措施预防可能发生的危险：Vaccination *safeguards* all of us from smallpox. (种痘能预防天花。) **shield** 语气比

protect 强，强调设置防护物以防范即将到来的危险或攻击：She lied to the police to *shield* her friend.（她向警察撒谎以掩护她的朋友。）

de·fend·ant /di'fendᵊnt/ *n.* [C]【律】被告：The *defendant* prevailed in the case. 被告在本案中胜诉。

de·fense /di'fens/ *n.* & *vt.* 〈主美〉＝defence ‖ **de'fense·less** *adj.*

de·fen·si·ble /di'fensibᵊl/ *adj.* ❶正当有理的；可辩解的：Do you consider his actions *defensible*? 你是否认为他的行动情有可原？❷易防御(或防守)的；能保护的：an isle that is easily *defensible* 易于防守的海岛

de·fen·sive /di'fensiv/ **I** *adj.* ❶[作定语]防御(性)的；保卫(性)的；(用于)防护的：*defensive* warfare 防御战 ❷防守的；(人的态度等)防备的，自卫的：The expression on his face was resentful and *defensive*. 他的神色含着怨恨，如临大敌似的。**II** *n.* [U]防御物；防御的姿态，守势：assume the *defensive* 采取守势

de·fer¹ /di'fəːʳ/ *vt.* (**-ferred;-fer·ring**) ❶使推迟，使延期；拖延：The judge *deferred* sentencing the convicted man. 法官推迟对该囚犯的判决。❷使缓期服兵役：His military service was *deferred* until he finished college. 他服兵役的日期被延缓到大学毕业以后。‖ **de'fer·ment** *n.* [C;U]

☆**defer, postpone, suspend** 均有"推迟，拖延"之意。**defer** 指故意拖延或由于某种客观原因，推迟完成某事：Let's *defer* the decision for a few weeks.（我们延迟几个星期再作决定吧。）**postpone** 表示对某事延期到某一确定时间，在做完某事或根据某种情况后再行继续：The game was *postponed* until Saturday.（比赛推迟到星期六。）有时该词也可指将某一活动推迟到将来某个确定的时间进行：*postpone* making a decision（推迟作出决定）**suspend** 指因某种条件尚未具备，或因某种特定原因而暂停：Sales of this drug have been *suspended* until more tests have been performed.（这种药品在完成进一步的检验之前暂停销售。）

de·fer² /di'fəːʳ/ *vi.* (**-ferred;-fer·ring**) 听从，遵从；服从，顺从(*to*)：We all *defer to* him in these matters. 在这类事情上我们都听他的。

def·er·ence /'defərəns/ *n.* [U] ❶敬重，尊重，尊敬：He was greeted with *deference* as a valued guest. 他像一位贵宾那样受到敬重。❷遵从，听从；服从，顺从：His parents treated him with a *deference* you rarely see. 他的父母对他百依百顺的样子你是很少看见的。‖ **def·er·en·tial** /ˌdefə'renʃᵊl/ *adj.* —ˌ**def·er'en·tial·ly** *adv.*

de·fi·ance /di'faiəns/ *n.* [U] ❶(公然的)蔑视，藐视；反抗，违抗：His refusal amounted to *defiance*. 他的拒绝简直就是瞧不起人。❷挑战，挑衅：an action of *defiance* against nature 向大自然挑战的行动

de·fi·ant /di'faiənt/ *adj.* ❶蔑视的，藐视的；违抗的，反抗的：There was a *defiant* manner about this young man. 这个青年态度很横。❷挑战的，挑衅的；不服的：Her tone was *defiant*. 她的语气中含有不服的意味。‖ **de'fi·ant·ly** *adv.*

de·fi·cien·cy /di'fiʃᵊnsi/ *n.* ❶[U;C]缺少，短缺，匮乏，不足：She has a vitamin *deficiency*. 她身体里缺乏维生素。❷[C]缺点；缺陷；毛病：His *deficiencies* for the job are only too clear. 对这项工作来说，他的不足之处是显而易见的。

de·fi·cient /di'fiʃᵊnt/ *adj.* ❶缺少的，缺乏的，匮乏的，不足的：a *deficient* supply of nutrients 营养供应不足 ❷有缺陷的，有缺点的：Our knowledge of the subject is *deficient*. 我们对该课题的了解是不全面的。

def·i·cit /'defisit,di'fisit/ *n.* ❶[C]不足额；短缺额：We need only one thousand dollars to make up the *deficit* in our account. 我们仅需1 000美元便能补上账面上的不足数额。❷[C;U]赤字；逆差；亏空，亏损：A country in *deficit* should raise its interest rates. 出现赤字的国家应当提高它的利率。

de·file¹ /di'fail/ *vt.* ❶弄脏；污染，使污损：rivers and lakes *defiled* by refuse from factories 被工厂垃圾污染的江河湖泊 ❷腐蚀，败坏：disgusting video films that *defile* the minds of the young 那些令人作呕的、腐蚀青少年思想的录像带 ❸玷污，糟蹋(名誉等)；亵渎：*defile* an altar 亵渎圣坛 ‖ **de'file·ment** *n.* [U] —**de'fil·er** *n.* [C]

defile² /di'fail,'di:fail/ *n.* [C]隘路，狭道，峡道

de·fine /di'fain/ *vt.* ❶给…下定义，释(义)；解释：The dictionary not only *defines* words but also shows the user how to use them. 这部词典不但解释词义，而且告诉使用者如何使用词汇。❷详解，详述；使明确，使清楚：Please listen while I *define* your duties. 请听我详细说明你的任务。‖ **de'fin·er** *n* [C]

def·i·nite /'definit/ *adj.* ❶有（明确）界限的；限定的：There was a *definite* relationship between racism and fascism. 种族主义与法西斯主义两者之间虽彼此关联但有界定。❷一定的；肯定的：We were *definite* about our plans. 我们对自己的计划没有疑问。❸清楚的，明显的；明确的，确切的 The club has a *definite* meeting time each week. 俱乐部每星期都有确切的碰头时间。‖ **'def·i·nite·ness** *n.* [U]

definite article *n.* [C]【语】定冠词（如英语中的 the）

def·i·nite·ly /'definitli/ *adv.* 一定地；肯定地；当然；无疑：She *definitely* hasn't taken the job. 她肯定没有接受那份工作。

def·i·ni·tion /ˌdefi'niʃᵊn/ *n.* ❶[C;U]释义；定义；解释；下定义：give a *definition* of a word 给词下定义 / by *definition* 按照释义 ❷[U]限定；明确；清楚 ❸[U]（轮廓、线条等的）清晰；清晰度；鲜明度：This photograph lacks *definition.* 这张照片不够清晰。

de·fin·i·tive /di'finitiv/ *adj.* ❶（答复、条约、判决等）决定性的，结论性的；最终的，确定的：a *definitive* victory 决定性的胜利❷（书籍等）权威的，最可靠的；选定的：a *definitive* edition 选定本 ‖ **de'fin·i·tive·ly** *adv.*

de·flate /di'fleit/ *vt.* ❶放（球、车胎等）的气，使瘪掉：They *deflated* the hot air balloon in order to lose height. 他们放掉热气球的气以降低高度。❷使泄气；挫…的锐气：Her rebuff thoroughly *deflated* me. 她的断然拒绝使我彻底丧失了信心。❸降低；减少：*deflate* prices 降低价格—*vi.* 瘪掉；缩小：A punctured tire quickly *deflates.* 被刺破的车胎很快就会瘪掉。

de·fla·tion /di'fleiʃᵊn/ *n.* [U] ❶泄气，灰心丧气：I detected a slight air of *deflation* after the ceremony. 仪式后我觉察出有一丝灰心丧气的气氛。❷【经】通货紧缩

de·flect /di'flekt/ *vt.* ❶使偏斜；使弯曲：The ball hit one of the defenders and was *deflected* into the net. 那球击中一名防守队员后被弹进了网。❷使偏离，使改道，使转向（*from*）：The wind *deflected* the arrow's path. 风力使箭偏离了飞行方向。—*vi.* 偏离，偏斜；转向（*from*）：The missile *deflected from* its trajectory. 导弹偏离了它的弹道。

de·flec·tion /di'flekʃᵊn/ *n.* [C;U] ❶偏斜；转向：Strong winds caused some *deflection* from the plane's charted course. 强烈的风使飞机偏离了原来规定的航线。❷转移；引开：*deflection* of any criticism that came his way 对任何冲他而来的批评的逃避

de·fo·li·ate /diː'fəuliˌeit/ *vt.* 去掉…的叶子，使落叶：Pollution in rain is *defoliating* many forests in Europe. 雨中污染物使欧洲许多森林纷纷变成秃林。‖ **de·fo·li·a·tion** /diːˌfəuli'eiʃᵊn/ *n.* [U] —'**de·fo·liˌa·tor** *n.* [C]

de·for·est /diː'fɔrist/ *vt.* 砍伐（森林），毁（林）：Poor planning *deforested* the area in ten years. 因规划不周，10 年内这地区的森林已砍伐殆尽。‖ **de·for·est·a·tion** /diːˌfɔri'steiʃᵊn/ *n.* [U]

de·form /di'fɔːm/ *vt.* ❶使变丑陋：His missing tooth *deformed* his smile. 他的牙齿掉了，笑起来的样子真难看。❷使成畸形，毁损…的外形：How could they *deform* such a beautiful landscape? 他们怎能破坏如此美好的景致？❸使变形：Heat *deforms* plastics. 热使塑料变形。‖ **de·for·ma·tion** /ˌdifɔː'meiʃən/ [C;U]

de·formed /di'fɔːmd/ *adj.* ❶（人、器官等）变形的；畸形的：After the accident his arm was permanently *deformed.* 那起意外事故发生以后，他的手臂从此就变形了。❷丑陋的；丑恶的；道德反常的：He should so turn her eyes inward upon her soul, which she saw now so black and *deformed.* 由于他这样使她看到她的灵魂深处，她此时认识到那是肮脏丑陋的。

de·form·i·ty /di'fɔːmiti/ *n.* [C;U] ❶畸形（状态），变形；丑态：She's walked here in spite of the *deformity* of her leg. 尽管腿畸形，她还是一路步行来到这里。❷【医】畸形（部位）

de·fraud /di'frɔːd/ *vt.* 诈骗，骗取（*of*）：He *defrauded* them *of* their life savings. 他骗走了他们一辈子的积蓄。‖ **de'fraud·er** *n.* [C]

de·fray /di'frei/ *vt.* 承担，支付（费用等）：help *defray* some of the costs 帮忙承担部分的费用

de·frost /diː'frɔst/ *v.* ❶给（冰箱等）除霜：*de-*

frost the refrigerator regularly 定期给冰箱除霜 ❷使解冻：I've *defrosted* a chicken for dinner tonight. 我已使鸡肉解冻以备今天晚餐之用。‖ **de'frost·er** *n.* [C]

deft /deft/ *adj.* 娴熟的；灵巧的；巧妙的：The government is very *deft* in dealing with awkward questions. 该政府在处理许多棘手问题时非常巧妙灵活。‖ **'deft·ly** *adv.*

de·funct /di'fʌŋkt/ *adj.* ❶失效的，停用的；过时的：These machines are *defunct* and you can't even get spare parts for them any more. 这些机器已经坏得不能用了，而且你再也配不到它们的零部件。❷已灭绝的，已死的；不复存在的：a *defunct* species 已灭绝的物种

de·fuse /diː'fjuːz/ *vt.* ❶拆除(炸弹等的)引信：The bomb was expertly *defused*. 炸弹的引信被专家卸除了。❷使(气氛、局势等)缓和；平息(危机等)：His news conference will *defuse* much of the students' anger. 他举行的新闻发布会将大大平息学生们的愤怒。

de·fy /di'fai/ *vt.* ❶(公然)违抗，反抗；蔑视，藐视：I felt Jimmy was waiting for an opportunity to *defy* me. 我觉得吉米在等待时机跟我作对。❷激，挑：They *defied* him to dive off the bridge. 他们激他从桥上跳下去。❸经受得起；顶得住：The plane seems to *defy* gravity. 这架飞机似乎失重了。

de·gen·er·ate **I** /di'dʒenəˌreit/ *vi.* 衰退，衰败；恶化；蜕化；堕落：His health *degenerated* with disease and old age. 他的健康因年老多病而衰退。**II** /di'dʒenərət/ *adj.* 衰退的，衰败的；颓废的；堕落的：He didn't let riches make him *degenerate*. 他并未因为发了大财而堕落。**III** /di'dʒenərət/ *n.* [C]堕落者 ‖ **de'gen·er·a·cy** *n.* [U] —**de·gen·er·a·tion** /diˌdʒenə'reiʃ°n/ *n.* [U] —**de'gen·er·a·tive** *adj.*

de·grade /di'greid/ *vt.* ❶(尤指作为惩处而)使降级，罢免，罢黜，谪贬：be *degraded* from public office 被解除公职 ❷使受侮辱，使丢脸；降低(身份等)：She would not *degrade* herself by begging for help. 她不愿自卑自贱地去乞求帮助。—*vi.* 降级；降低，下降 ‖ **deg·ra·da·tion** /ˌdegrə'deiʃ°n/ *n.* [U] —**de'grad·ing** *adj.*

☆ **degrade, abase, debase, demean, humble, humiliate** 均有"降低，贬低"之意。**degrade** 原指地位、级别上的降低，但经常用以指道德、尊严的低落或败坏：be *degraded* for being drunk and disorderly (因酗酒和妨碍治安而受到降级处分) **abase** 指人格、尊严、价格、品质等的贬低或被唾弃：Whoever betrays his country shall be *abased*. (谁背叛祖国谁就必遭唾弃。) **debase** 常用于物，指降低其固有的价值；用于人时指道德意识的淡化，道德标准上的降低：*debase* oneself by shoplifting (因入店行窃而自降人格) **demean** 表示因不正当的动机、行为而丧失自尊与身份：Don't *demean* yourself by answering him. (不要降低你自己的身份去回答他。) **humble** 指损伤他人的自尊并使其感到卑微而敬畏，有时可作为 humiliate 的替换词：The result of the match *humbled* them. (比赛的结果让他们很丢脸。) **humiliate** 指严重损伤某人的自尊心使其深感羞愧，既可指内在的感觉，也可指外在行为：It was so *humiliating* to be corrected by the head teacher in front of the whole school. (在全校面前挨校长的批评是非常丢人的。)

de·gree /di'griː/ *n.* ❶[C;U]程度：The school has students with different *degrees*. 该校学生的程度高低不等。❷[C]学位：a bachelor's *degree* 学士学位 ❸[C]度(符号°)：The normal body temperature of man is 36.8 *degrees* centigrade. 人的正常体温是 36.8 摄氏度(写作 36.8℃)。❹[C]【数】角度；弧度；经(纬)度；度数(符号)：an angle of 45 *degrees* 45 度(写作 45°)角 ‖ ***by degrees*** *adv.* 渐渐地；逐渐地：*By degrees* the colour faded. 颜色逐渐退去。

de·hu·man·ize /diː'hjuːməˌnaiz/ *vt.* 使丧失人性(或人格)：Torture always *dehumanizes* both the torturer and his victim. 酷刑往往使施刑者与受刑者都丧失了人性。‖ **de·hu·man·i·za·tion** /diːˌhjuːmənai'zeiʃ°n;-ni'z-/ *n.* [U] —**de'hu·manˌiz·ing** *adj.*

de·hy·drate /diː'haidreit/ *vt.* (为保存而)将(食品等)脱水，使干燥；使(身体等)失水(或缺水)；使极度口渴：Many vegetables are *dehydrated* in order to preserve. 许多蔬菜都作脱水处理以便保存。‖ **de·hy·dra·tion** /ˌdiːhai'dreiʃ°n/ *n.* [U]

de·ice /diː'ais/ *vt.* 除去(机翼、挡风玻璃等上)的冰；防止…结冰：In freezing weather, airplanes have to be *deiced* before takeoff. 在严寒天气，飞机在起飞前必须除去机上的结冰。

D

‖ **de'ic·er** *n.* [C]

de·i·fy /'diːiˌfai/ *vt.* 把…奉若神明，将…神化；崇拜：*deify* a leader 神化领袖 ‖ **de·i·fi·ca·tion** /ˌdiːifi'keiʃᵊn/ *n.* [U]

deign /dein/ *vi.* 纡尊，屈尊，俯就：She rarely *deigned* to turn off switches. 她难得抬一抬贵手去关电灯。

de·i·ty /'diːiti/ *n.* ❶[C]神；女神：a *deity* of the sea 海神 / Jupiter was the ruler of the ancient Roman *deities*. 朱庇特是古罗马诸神的主宰。❷[the D-]【宗】上帝，造物主

D

de·ject·ed /di'dʒektid/ *adj.* 情绪低落的，气馁的，泄气的，沮丧的：She was generally *dejected*, seldom cheerful, and avoided company. 她总是没精打采，很少高高兴兴的，并且不愿意跟人来往。‖ **de'ject·ed·ly** *adv.* —**de·jec·tion** /di'dʒekʃᵊn/ *n.* [U]

de·lay /di'lei/ I *vt.* ❶推迟，使延期，使延迟：She would *delay* starting divorce proceedings for six months. 她要推迟6个月才开始办理离婚手续。❷耽误，耽搁，延误；阻碍：The dense fog *delayed* the plane's landing. 浓雾延误了飞机的降落。—*vi.* 耽搁，耽误；推迟；拖延；闲逛，游荡：Do not *delay* on this errand. 这件事不能耽搁。II *n.* [C;U]❶耽搁，耽误；拖延；推迟：Make no *delay* in doing what is good. 好事要赶快做。❷耽搁(或推迟)的时间：There was a *delay* of two hours before the plane took off. 延迟了两小时飞机才起飞。‖ **de'lay·er** *n.* [C] —**de'lay·ing** *adj.*

☆**delay, detain, retard, slow** 均有"停止；减慢；拖延"之意。**delay** 指因某种干扰或阻碍而放慢速度乃至完全停顿或暂时延宕而不能按时到达某地或完成某事：We decided to *delay* our holiday until next month. (我们决定把休假推迟到下个月。)**detain** 表示超越预定时间的耽搁或拖延，往往是指到达、离去以及原定完成某事：This matter is not very important, and shouldn't *detain* us very long. (这件事情不很重要，不会耽搁我们太久。)**retard** 主要指运动或行进速度减慢，但并非完全停止：Cold weather *retards* the growth of the crops. (寒冷的天气妨碍作物的生长。)**slow** 往往强调为某种目的故意减慢速度：*slow* (down) the economic growth (放慢经济增长的速度)

de·lec·ta·ble /di'lektəbᵊl/ *adj.* 〈书〉❶漂亮的，怡人的，令人愉快的：a *delectable* witticism 令人愉快的俏皮话❷美味的，甘美的：a *delectable* meal 美餐

del·e·gate I /'deligət/ *n.* [C](会议)代表；代表团成员：the miners' *delegate* in the pay negotiations 参加工资谈判的矿工代表们 II /'deliˌgeit/ *vt.* ❶委派(或推举)…为代表：The union *delegated* her to attend the party conference. 工会推举她为代表去参加党的会议。❷授(权)；把…委托给别人(*to*)：She *delegates* a lot of work *to* her staff. 她把很多工作委托其工作班子去做。

del·e·ga·tion /ˌdeli'geiʃᵊn/ *n.* ❶[C]代表团：the Chinese *delegation* at the United Nations 驻联合国的中国代表团 ❷[U]代表的委派(或选举)；委托；授权：Who is responsible for the *delegation* of work in this office? 这个机构由谁负责委派工作事宜？

de·lete /di'liːt/ *vt.* ❶删除，划掉(文字等)：This whole paragraph should be *deleted* from your speech. 应该把这一整段从你的讲演稿中删去。❷消除，擦去(痕迹等)；使(记忆等)丧失：The patient's high fever *deleted* almost all of his memories. 这个病人发了高烧使他几乎丧失了一切记忆。‖ **de·le·tion** /di'liːʃᵊn/ *n.* [U;C]

del·e·te·ri·ous /ˌdeli'tiəriəs/ *adj.* (对身体或思想)有害的；有不良影响的：the *deleterious* effects of smoking 吸烟的有害影响

de·lib·er·ate I /di'libərət/ *adj.* ❶故意的，存心的，蓄意的：He wondered if her silence was *deliberate*. 他疑惑她是否故意缄默不语。❷从容的，慢条斯理的；悠闲的：Jane has a slow, *deliberate* way of talking. 简讲起话来总是慢条斯理，不慌不忙。❸审慎的；谨慎的；慎重的：He is a *deliberate*, reflective creature. 他是一个遇事三思而行的人。II /di'libəˌreit/ *v.* 仔细考虑，斟酌(见 think)：They are *deliberating* what to do next. 他们正在考虑下一步做什么。‖ **de'lib·er·ate·ly** *adv.*

de·lib·er·a·tion /diˌlibə'reiʃᵊn/ *n.* ❶[U;C]深思熟虑，斟酌，细想；研究：After long *deliberation*, I decided not to go. 考虑良久，我还是决定不去了。❷[U;C]审议，评议；讨论，辩论：The *deliberations* of the committee must remain secret. 委员会的审议情况必须保密。❸

［U］谨慎，审慎；从容：The hunter aimed his gun with great *deliberation*. 猎人不慌不忙地用枪瞄准。

del·i·ca·cy /ˈdelikəsi/ *n.* ❶［U］精致，精美；优雅，雅致：the *delicacy* of lace 花边的精美 ❷［U］柔软；细嫩；清秀；娇美：Everyone admired the *delicacy* of her features. 大家都艳羡她的绰约多姿。❸［C］美味，佳肴：Smoked salmon is a *delicacy* in Britain. 烟熏鲑鱼是英国的一种美味食品。❹［U］纤弱，娇弱：The child's *delicacy* was a constant worry to his mother. 这孩子娇弱的体质常使他母亲担忧。

del·i·cate /ˈdelikət/ *adj.* ❶精致的，精美的；优雅的，雅致的：What a *delicate* piece of embroidery! 好精致的刺绣！❷（光、色等）柔和的；淡（雅）的：a *delicate* shade of pink 淡粉红色 ❸（食物）鲜美的，清淡可口的；（气味）清淡的：Roses have a *delicate* fragrance. 玫瑰散发出一股幽幽的清香。❹脆的，易碎的；易损坏的；娇贵的：*delicate* procelain 易碎的瓷器 ❺微妙的；棘手的；危急的：The patient is in *delicate* condition. 病人情况危急。‖ ˈ**del·i·cate·ly** *adv.* —ˈ**del·i·cate·ness** *n.* ［U］

del·i·ca·tes·sen /ˌdelikəˈtesᵊn/ *n.* ❶［C］熟食店 ❷［U］［总称］熟食〔亦作 **deli**〕

de·li·cious /diˈliʃəs/ *adj.* ❶美味的，可口的；芬芳的：It smells *delicious*. 气味芬芳。❷（笑话等）有趣的；诙谐的；妙的：His remarks will be *delicious*. 他的谈论一定非常精彩。❸宜人的；怡人的，令人愉快的：*delicious* climate 宜人的气候 ‖ **deˈli·cious·ly** *adv.* —**deˈli·cious·ness** *n.* ［U］

de·light /diˈlait/ **I** *n.* ❶［U］愉快，快乐，高兴：Watching her dance was sheer *delight*. 看她跳舞简直就是一大快事。❷［C］乐事；乐趣：It was such a *delight* to meet you here. 能在这里见到你实在是件乐事。**II** *vt.* 使高兴，使快乐，使愉快（*with*）：Tom's parents were *delighted* at his examination results. 汤姆的父母为他的考试成绩而感到高兴。—*vi.* ❶感到高兴（或快乐、愉快）（*in*）：Some people *delight in* breaking bad news. 有些人以向人报告坏消息为乐。❷给人愉快（或乐趣）：The variety and ardour of his curiosity *delight* and dazzle. 他对什么都逐新猎奇，而且又乐此不疲，令人感到既惊喜又目眩。‖ **deˈlight·ed** *adj.*

de·light·ful /diˈlaitful/ *adj.* 令人愉快的，使人高兴的；怡人的；可爱的：Her children really are *delightful*. 她的那些孩子真讨人喜欢。‖ **deˈlight·ful·ly** *adv.*

de·lim·it /diˈlimit/ *vt.* 为…确定界线；限定；作为…的边界：*delimit* a boundary 划定边界

de·lin·e·ate /diˈliniˌeit/ *vt.* ❶勾勒…的轮廓；画出：He *delineated* the Jiangsu Province on the map with a red pencil. 他用红铅笔在地图上勾勒出江苏省的轮廓。❷描写，描述，刻画：*delineate* a character in the novel 刻画小说中的人物 ‖ **de·lin·e·a·tion** /diˌliniˈeiʃᵊn/ *n.* ［C；U］

de·lin·quent /diˈliŋkwənt/ **I** *adj.* ❶有过失的；犯法的：a *delinquent* teenager 犯罪少年 ❷（债款、税款等）到期未付的，拖欠的；（票据）过期的，逾期的：*delinquent* taxes 逾期未付的税款 **II** *n.* ［C］（尤指少年）罪犯；违法者；有过失者：a juvenile *delinquent* 少年犯 ‖ **de·lin·quen·cy** /diˈliŋkwənsi/ *n.* ［U；C］ —**deˈlin·qent·ly** *adv.*

de·lir·i·ous /diˈliriəs/ *adj.* ❶谵妄的，说胡话的；神志昏乱的；眩晕的：a child *delirious* with high fever 因发高烧而说胡话的孩子 ❷极度兴奋的，发狂的；妄想的：He was *delirious* with happiness when she said she would marry him. 当他听见她亲口说愿意嫁给他时，他简直欣喜若狂。‖ **deˈlir·i·ous·ly** *adv.* —**deˈlir·i·ous·ness** *n.* ［U］

de·liv·er /diˈlivəʳ/ *vt.* ❶送（信等），投递；分送；传送；运载：Letter carriers *deliver* mail to people's homes. 邮递员将邮件分送至家家户户。❷交出，移交；放弃；转让；引渡：The traitor *delivered* the fort to the enemy. 叛徒把要塞拱手让给敌人。❸宣讲；发表，宣布；表达：The jury *delivered* a verdict of guilty. 陪审团作出有罪的裁决。❹给予（打击）；发动（进攻）：I *delivered* a kick to his left knee and he fell to the floor. 我朝他左膝踢了一脚，结果他一下子就跌倒在地了。❺释放；拯救；使解脱（*from*）：He was *delivered* out of prison. 他被释放出狱。❻给（产妇）接生；帮助产下（婴儿）；生（婴儿）（*of*）：Midwives and obstetricians *deliver* babies. 助产士和产科医生接生婴儿。❼履行；实现：In this job you have to *deliver* results. 做这项工作，你得干出实效来。—*vi.*

履行诺言;实现承诺:I expect you to *deliver* on your promises soon. 我希望你能尽快实现你的种种承诺。

de·liv·er·ance /di'livərəns/ *n.* ❶[C;U]投递,送交;运载;交出,移交;转让;引渡;帮接生;生(婴儿);宣讲;发表;表达;给予(打击);发动(进攻);履行;实现 ❷[U]被释放;被拯救:The innocent victims rejoiced in their *deliverance* from prison. 无辜的受害者由于获释而兴高采烈。

de·liv·er·y /di'livəri/ *n.* ❶[U;C]投递,送交;分送;传送;运载:Our store makes *deliveries* round the clock. 本店日夜送货上门。❷[C]投递的邮件;分送(或待送)的货物:We had a big *delivery* of mail today. 今天我们投递了大量邮件。❸[常用单]讲话,演讲;演讲风格(或方式);表演,扮演:His *delivery* was clear and pleasant to listen to. 他的演说吐字清晰,悦耳动听。❹[C;U]分娩,临盆:The mother had an easy [a normal] *delivery*. 母亲分娩顺利。

del·ta /'deltə/ *n.* [C] ❶希腊语字母表中的第四个字母(△,δ) ❷三角形物 ❸(河流的)三角洲:the *delta* of the Nile 尼罗河三角洲

de·lude /di'lu:d/ *vt.* 欺骗;哄骗;诓骗:He *deluded* her into thinking he would give her the job. 他骗她相信他会给她那份工作。

del·uge /'delju:dʒ/ **I** *n.* [C]❶洪水:After the dam broke, the *deluge* washed away the bridge. 决堤之后,洪水冲垮了桥梁。❷大暴雨,倾盆大雨:We were caught in a *deluge* on the way home. 在回家的路上我们遭到暴雨的袭击。**II** *vt.* ❶使泛滥;淹没:The spring thaw caused the river to *deluge* the town. 春天一到,冰雪融化了,致使河水泛滥淹没了这个小镇。❷使充满,使充斥;压倒:We were *deluged* with applications. 申请书纷至沓来,让我们应接不暇。

de·lu·sion /di'lu:ʒ°n/ *n.* ❶[U]欺骗;迷惑;受骗;上当:suffering from *delusion* 上当受骗 ❷[C]错觉;误会;谬见(见 illusion):She was under the *delusion* that he would give her the job. 她误以为他会给她那份工作。‖ **de·lu·sive** /di'lu:siv/ *adj.*

☆**delusion, fantasy, illusion** 均有"幻觉,假象"之意。**delusion** 一般指自我欺骗、受骗、误解或精神错乱而产生的与事实或现实相反的错觉,该词含有思维紊乱、无识别真假的能力之意:He is under the *delusion* that he is Napoleon. (他患了妄想症,以为自己是拿破仑。) **fantasy** 主要指想象或白日梦中的幻景,但误以为是真实的:The whole story is a *fantasy*. (整个故事都是幻想出来的。) **illusion** 指将在视觉上或想象中的东西信以为真,而往往不含精神错乱或丧失辨别真伪能力之意:Her ruddy complexion gave an *illusion* of good health. (她红润的脸色给人以健康的错觉。)

de·luxe /də'lʌks,-'luks/ *adj.* [作定语]豪华的,高级的;奢华的:a *deluxe* hotel 豪华的旅馆

delve /delv/ *vi.* ❶(在抽屉、口袋等中)翻查;搜寻(*in*, *into*):He *delved in* many libraries for facts to support his theory. 他在许多图书馆搜索资料来论证他的学说。❷探索;钻研(*in*, *into*):*delve into* the issue of prison reform 探索监狱改革的问题 ‖ **'delv·er** *n.* [C]

de·mag·net·ize /di:'mægniˌtaiz/ *vt.* & *vi.* (使)消磁,(使)退磁,去除(磁性)

dem·a·gogue, dem·a·gog /'deməˌgɔg/ *n.* [C]煽动家;蛊惑民心的政客

de·mand /di'mɑ:nd;di'mænd/ **I** *vt.* ❶强要;强令:He *demands* that she resign her job. 他勒令她辞职。❷需要:His request *demands* serious thought. 对他的要求需作认真考虑。❸要求,请求:He *demands* that he be told everything. 他要求把什么都告诉他。**II** *n.* ❶[C]要求,要求(物);请求:He makes no *demands* on anyone. 他从不向任何人苛求什么。❷[U;C](顾客等的)需求,【经】需求;需求(数量表),需要:Is there much *demand* for doctors in this area? 这一地区很需要医生吗? ‖ ***on demand*** *adv.* 经要求;承索:Your money is available *on demand*. 你方款项承索即付。

☆**demand, ask, claim, exact, implore, require** 均有"要求,请求"之意。**demand** 常指说话者自持权威或地位,俨然提出要求并带有强制、命令对方服从的意味:The physician *demanded* payment of her bill. (医生要求她付账。) 该词主语为事或物时,表示迫切要求或紧急需要:This work *demands* your immediate attention. (这件工作急需你立即处理。) **ask** 为最普通用词,指邀请、请求或要求,有时也带"严厉"或"强求"的意味:This job *asks* patience. (干这项工作需要耐心。) **claim** 表示对某一正当权利的要求和维护:Every citizen in a democratic country may *claim* the protection of the law.（民主国家的公民都会要求法律保护。）**exact** 强调不仅提出要求，而且最后能够加以实现：The kidnappers *exacted* a ransom of 50 000 pounds from them.（绑架者向他们勒索 5 万英镑的赎金。）**implore** 表示迫切恳求或哀求某事：The prisoner *implored* pardon.（囚犯哀求赦免。）**require** 可与 demand 换用，指按照法律、规章、惯例或事物本身的需要提出要求，其语气比 demand 弱：The army *requires* absolute obedience of its soldiers.（部队要求士兵绝对服从命令。）

de•mand•ing /diˈmɑːndiŋ/ *adj.* 要求高的；苛求的；需要技能的；需要花气力的，费劲的：The school is a *demanding* one. 那个学校是个要求很严格的学校。‖ **deˈmand•ing•ly** *adv.*

de•mar•cate /ˈdiːmɑːkeit/ *vt.* 给…划界，划定…的界线：a border *demarcated* by a mountain 以山为界的边境 ‖ **ˈde•mar•cat•ing** *adj.* —**de•mar•ca•tion** /ˌdiːmɑːˈkeiʃᵊn/ *n.* [U]

de•mean /diˈmiːn/ *vt.* [常与反身代词连用]有损…的尊严；降低…的身份；有辱…的人格(见 degrade)：You *demean* the presidency by such conduct. 你这种行为有损总统的尊严。‖ **deˈmean•ing** *adj.*

de•mean•o(u)r /diˈmiːnə/ *n.* [U]行为；举止：arrogant *demeanour* 傲慢的行为

de•ment•ed /diˈmentid/ *adj.* 疯的，疯狂的；(精神)错乱的：a *demented* conduct 疯狂的举动

de•men•tia /diˈmenʃə/ *n.* [U] ❶【医】痴呆 ❷疯狂，精神错乱：In the *dementia* of her jealousy, she got into the room next door, instead of her own. 她妒恨交加，一时错乱，走错了门，到隔壁房间去了。

de•mer•it /diːˈmerit/ *n.* [C] ❶〈加〉记过；过失记录：a student with three *demerits* for being late 因迟到而记过三次的学生 ❷过失，过错，缺点：a discussion on the merits and *demerits* of the play 有关此剧优缺点的研讨会

dem•i- /ˈdemi/ *pref.* 表示"半"；"部分"：*demi*god, *demi*tasse

de•mise /diˈmaiz/ *n.* [常用单] ❶死亡：Upon his *demise* the title will pass to his son. 他逝世后头衔会传给他的儿子。❷终止，终结；职位(或地位)的丧失；失败：This loss led to the *demise* of the business. 这一损失导致该企业的倒闭。

dem•o /ˈdeməu/ *n.* [C]([复]-**os**)〈口〉❶(新歌或新歌手的)录音样带 ❷示威游行用车

dem•o- /deməu/ *comb. form* [源于希腊语]表示"人民"；"人口"：*demo*cracy, *demo*graphy

de•mo•bi•lize, de•mo•bi•lise /diːˈməubiˌlaiz/ *vt.* 遣散(军队、船队等)；使(军人)复员：When a war is over, the soldiers are *demobilized* and sent home. 战争结束后，士兵们便复员回家。‖ **de•mo•bi•li•za•tion** /diːˌməubilaiˈzeiʃᵊn; -liˈz-/ *n.* [U]

de•moc•ra•cy /diˈmɔkrəsi/ *n.* ❶[U]民主(主义)；民主政治；民主政体；民主制度：believe in *democracy* 信仰民主 ❷[C]民主国家；民主政府；民主团体：establish a *democracy* 建立一个民主国家❸[U](社会的)民主氛围，民主精神，民主作风

dem•o•crat /ˈdeməˌkræt/ *n.* [C] ❶民主主义者；民主人士：a non-Party *democrat* 无党派民主人士 ❷有民主精神(或作风)者 ❸[**D-**]民主党人

dem•o•crat•ic /ˌdeməˈkrætik/, **dem•o•crat•i•cal** /-ikl/ *adj.* ❶民主(主义)的；民主政治的，民主制度的，民主政体的；民主政府(或国家、团体)的：a *democratic* state 民主国家❷崇尚(社会)平等的；有民主精神(或作风)的：Management is having to become more *democratic* in style. 管理方法必须更趋民主化。❸要求民主的，支持民主的：*democratic* rallies in support of the overthrow of feudalism 支持推翻封建制度的民主集会 ‖ **ˌdem•oˈcrat•i•cal•ly** *adv.*

Democratic Party *n.* [**the D- P-**](美国)民主党(成立于 1828 年，其前身为民主共和党[the Democratic Republican Party])

de•moc•ra•tize, de•moc•ra•tise /diˈmɔkrəˌtaiz/ *vt.* 使(国家、集团等)民主化；使大众化

de•mog•ra•phy /diˈmɔgrəfi/ *n.* [U]人口学；人口统计(学) ‖ **deˈmog•ra•pher** *n.* [C] —**dem•o•graph•ic** /ˌdeməˈgræfik/ *adj.* —**ˌdem•oˈgraph•i•cal•ly** *adv.* —**ˌdem•oˈgraph•ics** *n.* [复]

de•mol•ish /diˈmɔliʃ/ *vt.* ❶拆除(建筑物等)；摧毁；爆破：The slums were *demolished* before the town was extended. 这座城市扩建以前，贫民区被拆除了。❷终止，撤销(机构等)；废除

(制度等)：*demolish* a commission 撤销委员会 ❸推翻；驳倒(论点、理论等)：His arguments were *demolished* by the evidence produced in the court. 他的理由被法庭上出示的证据驳倒了。

dem·o·li·tion /ˌdeməˈliʃᵊn/ *n.* ❶[C；U]拆除，拆毁，摧毁：the army expert in *demolition* 军队的爆破专家 ❷[U]终止，推翻，驳倒：the *demolition* of my arguments by her rebuttal 她的驳斥推翻了我的论据

de·mon /ˈdiːmən/ *n.* [C] ❶魔鬼，恶魔；鬼怪：drive off *demons* 驱鬼 ❷邪恶或残忍的人 ‖ **de·mon·ic** /diːˈmɔnik/ *adj.*

D

de·mo·ni·ac /diˈməuniˌæk/，**de·mo·ni·a·cal** /ˌdiːməˈnaiəkᵊl/ *adj.* ❶邪恶的；凶恶的；凶残的 ❷魔鬼(般)的，恶魔(似)的 ❸着魔的，魔鬼附体的；通神意的；神灵感应的：the *demoniac* fire of genius 神魔之火 ‖ **de·mo·ni·a·cal·ly** /ˌdiːməˈnaiəkᵊli/ *adv.*

dem·on·stra·ble /ˈdemɔnstrəbᵊl, diˈmɔnstrəbᵊl/ *adj.* ❶可演示的，可示范说明的；可论证的，可证明的：The *demonstrable* fact was that the company lost much money. 事实表明，该公司亏损了很多钱。❷明显的，显而易见的：Her lack of experience is *demonstrable*. 她经验不足是显而易见的。‖ **ˈdem·on·stra·bly** *adv.*

dem·on·strate /ˈdemənˌstreit/ *vt.* ❶(用实验、实例等)讲解，说明：He *demonstrated* the principles with chemicals and test tubes. 他借助于化学药品和试管来讲解这些原理。❷论证，证明，使…显而易见：The meal *demonstrated* that she had no experience as a cook. 这顿饭菜证明她没怎么做过饭。❸表露(情感等)；显示出(特征、品质等)(见 show)：The scheme later *demonstrated* a fatal flaw. 这个系统后来显露出一个致命的缺陷。❹示范操作(机器等)；宣传(产品等)的用法(或优点)：*demonstrate* a new automobile to customers 向顾客们示范驾驶一辆新汽车 —*vi.* 参加游行示威(或集会)；示威：They are *demonstrating* for a 15 percent wage rise. 他们在示威游行，要求增加15%的工资。

dem·on·stra·tion /ˌdemənˈstreiʃᵊn/ *n.* [C] ❶演示(法)，示范：A compass was used in a *demonstration* of the earth's magnetism. 使用罗盘演示地球的磁场。❷论证，证明：They sent a check as a *demonstration* of their concern. 他们送去了一张支票，以表明他们的关切之情。❸(情感等的)显示，显露，表露(*of*)：The delegates are howling and conducting their *demonstrations*. 代表们一个劲儿地大喊大叫，情绪显得十分激动。❹(示威)游行，(示威)集会：hold a huge *demonstration* against sb. 举行盛大的示威反对某人

de·mon·stra·tive /diˈmɔnstrətiv/ *adj.* 感情外露的，喜怒形于色的：a *demonstrative* person 感情外露的人

dem·on·stra·tor /ˈdemənˌstreitəʳ/ *n.* [C] ❶演示者，示范者；示范物品，示范商品 ❷游行(示威)者：*demonstrators* protesting the pact 抗议该条约的示威者

de·mor·al·ize /diˈmɔrəˌlaiz/ *vt.* 使士气低落；使沮丧；使…失去勇气；使…丧失纪律：the political tactics to *demoralize* or win over the enemy during fighting 在战争中瓦解或争取敌人的政治战术 ‖ **de·mor·al·i·za·tion** /diˌmɔrəlaiˈzeiʃᵊn；-liˈz-/ *n.* [U] —**deˈmor·alˌiz·ing** *adj.* —**deˈmor·alˌized** *adj.*

de·mote /diˈməut, diː-/ *vt.* 使降级(或降职)；使(地位)下降：They *demoted* the careless waiter to busboy. 他们把那个粗心的侍者降为餐厅打杂工。‖ **de·mo·tion** /-ˈməuʃᵊn/ *n.* [U]

de·mur /diˈməːʳ/ **I** *vi.* (**de·murred；de·mur·ring**) 反对，表示异议；不愿；有顾虑；迟疑，犹豫(*to*, *at*)：They wanted to make him the treasurer, but he *demurred*. 他们想推选他当财务主管，可是他不肯。**II** *n.* [U][常用于否定句]异议，反对；不愿；顾忌；迟疑，犹豫

de·mure /diˈmjuəʳ/ *adj.* 矜持的，娴静的；端庄的，庄重的；拘谨的：She looked too *demure* ever to do such a bold thing. 她非常娴静庄重，决不会做出这种冒失的事来。‖ **deˈmure·ly** *adv.*

den /den/ *n.* [C] ❶兽穴(或窝)；洞穴：The bear's *den* was in a cave. 那头熊的窝在洞中。❷私室，密室；书斋：Mother won't let any of us into her *den*. 母亲不让我们任何人进她的小房间。

de·ni·al /diˈnaiəl/ *n.* ❶[C；U]否认；反对：He shook his head in *denial*. 他连连摇头予以否认。❷[U]拒绝(给予)，回绝：His *denial* of petition caused the students to rebel. 他不准学

生们请愿，这激起了他们的反抗。

den·i·grate /ˈdeniˌgreit/ *vt.* ❶诋毁，诽谤：*denigrate* one's colleagues 诽谤自己的同僚 ❷轻视，贬低：Don't *denigrate* him — he'll prove how wrong you are. 可别小瞧了他——他会证明你的看法有多么错误。‖ **den·i·gra·tion** /ˌdeniˈgreiʃ°n/ *n.* [U]

den·im /ˈdenim/ *n.* ❶[U]粗斜棉布，劳动布（经纱为蓝或褐色，纬纱为白色）：jeans of blue *denim* 蓝色劳动布牛仔裤 ❷[～s]（连体）工装裤，牛仔裤：be dressed in *denims* 穿着劳动布工装

de·nom·i·na·tion /diˌnɔmiˈneiʃ°n/ *n.* [C]教派；宗派：This prayer is used by every *denomination.* 这篇祷文各个教派都援用。‖ **deˌnom·iˈna·tion·al** *adj.*

de·nom·i·na·tor /diˈnɔmiˌneitəʳ/ *n.* [C]【数】分母：In 3/4, 4 is the *denominator*, and 3 is the numerator. 在分数 3/4 中，4 是分母，3 是分子。

de·no·ta·tion /ˌdi:nəˈteiʃ°n/ *n.* [C]（字或词的）指示意义，本义，意思

de·note /diˈnəut/ *vt.* [不用进行时态] ❶预示，是…的征兆；标志着：A smile often *denotes* pleasure. 微笑常常表示愉悦。❷本义为，意思是：The word "stool" *denotes* a small chair without a back. "凳子"一词的本义是没有靠背的椅子。❸（符号等）代表，表示，是…的标记；是…的名称：In algebra, the sign "X" usually *denotes* an unknown quantity. 在代数里，符号 X 常常表示未知数。

de·noue·ment, dé·noue·ment /deinu:ˈmɔŋ/ *n.* [C] ❶（小说、戏剧等的）结局，结尾，收场：In a surprising *denouement*, she becomes a nun. 在出乎意料的结局中，她出家当了修女。❷（一系列复杂事件的）结果，结局

de·nounce /diˈnauns/ *vt.* ❶（公开）谴责，斥责，指责（见 criticize）：Smith *denounces* drug abuse roundly in his speeches. 史密斯在发言中痛斥滥用毒品的行为。❷告发，揭发；控告：The scientist *denounced* most cancer cures as frauds. 科学家们揭发大多数癌病治愈的病例都是骗人的鬼话。

dense /dens/ *adj.* ❶密集的；浓密的；稠密的；拥挤的：The road is *dense* with traffic. 路上车辆川流不息。❷〈口〉愚笨的，笨拙的：His *dense* look showed he did not understand the problem. 他那愚钝的脸色表明他没有理解这个问题。❸难懂的：*dense* writing 晦涩难懂的作品 ‖ **ˈdense·ly** *adv.* —**ˈdense·ness** *n.* [U]

den·si·ty /ˈdensiti/ *n.* ❶[U]密集；稠密；浓密；难懂：The *density* of the forest prevented us from seeing ahead. 丛林繁密使我们无法看见前方。❷[C]（人口）密度：Australia has a very low population *density.* 澳大利亚的人口密度很低。❸[C]【物】密度

dent /dent/ **I** *n.* [C] ❶凹坑，凹痕，凹陷：The body of the car is full of *dents.* 这车身上满是凹坑。❷损害；削减，削弱：His remarks left a *dent* in the girl's pride. 他那番话使那姑娘的自尊心受到了伤害。**II** *vt.* ❶使产生凹痕，使凹陷：The impact *dented* the car fender. 这一撞把汽车翼子板给撞凹陷了。❷使产生反作用；损害；削减，削弱：The caustic remark *dented* his ego. 这种刻薄话伤了他的自尊心。—*vi.* 凹进去，产生凹痕：The car *dents* much too easily. 这款车太容易产生凹痕了。

den·tal /ˈdent°l/ *adj.* [无比较级][作定语]牙（齿）的：*dental* bed 牙床 / *dental* care 牙齿保健

den·tist /ˈdentist/ *n.* [C]牙科医生 ‖ **ˈden·tist·ry** *n.* [U]

den·ture /ˈdentʃəʳ/ *n.* [C] ❶假牙，义齿，托牙 ❷[常作～s]一副假牙

de·nude /diˈnʲu:d/ *vt.* ❶使裸露，使光秃：hillsides *denuded* of trees by excessive logging 由于滥砍滥伐而变得光秃的山坡 ❷剥下（衣服等）；揭开（覆盖物等）(*of*)：*denude* sb. *of* clothing 剥光某人的衣服

de·nun·ci·a·tion /diˌnʌnsiˈeiʃ°n/ *n.* [C；U]谴责，斥责，痛斥：the teacher's *denunciation* of cheating 教师对作弊现象的斥责

de·ny /diˈnai/ *vt.* ❶否认：She *denied* knowing anything about it. 她否认知道此事的任何情况。❷拒绝；不同意；不赞成：The union decided to *deny* my petition. 工会决定拒绝我的请愿要求。❸拒绝…的要求；拒绝批准；拒绝给予：The Secretary *denied* his employer to all those without appointments. 秘书拒绝那些未经预约的来访者会见他的雇主。‖ **deˈni·a·ble** *adj.* —**de·ni·a·bil·i·ty** /diˌnaiəˈbiliti/ *n.* [U]

de·o·dor·ant /di:ˈəud°r°nt/ **I** *n.* [U；C]除臭

剂,除味剂,解臭剂:He wore *deodorant* but it wasn't effective in that heat. 他抹了除臭剂,但在那样热的情况下也不管用。II *adj*. [作定语]能除臭的;能除味的

de·o·dor·ize /diːˈəudəˌraiz/ *vt*. 除去…的(臭)味,脱去…的臭味:a chemical that cleans and *deodorizes* rooms 一种能清洁房间并除去房间异味的化学制品 ‖ **deˈo·dorˌiz·er** *n*. [C]

de·ox·y·ri·bo·nu·cle·ic /ˌdiːɔksiˌraibəunjuːˈkleiik/ **acid** *n*. [U]【生化】脱氧核糖核酸(即 DNA)

D

de·part /diˈpɑːt/ *vi*. ❶出发,起程(*for*);离开,离去(*from*)(见 go):As soon as he *departed*, I telephoned James. 他一出发,我就打电话告诉了詹姆。❷背离,违反(*from*):*depart from* evil, and do good 改恶从善 ❸去世:*depart from* life 去世 —*vt*. 〈书〉离开:Queen Victoria *departed* this life in 1901. 维多利亚女王薨于 1901 年。

de·part·ed /diˈpɑːtid/ I *adj*. [无比较级][作定语]〈婉〉去世的,亡故的:pray for one's *departed* husband 为亡夫祈祷 II *n*. [the ~]〈婉〉死者,亡灵

de·part·ment /diˈpɑːtmənt/ *n*. [C] ❶(企业、商店等的)部门;(学校、学术机构等的)系;所;研究室:the *department* of foreign languages 外语系 ❷(行政机构等的)部;司;局;处;科:The city government has a fire *department* and a police *department*. 市政府下设消防局和警察局。‖ **de·part·men·tal** /ˌdiːpɑːtˈmentᵊl/ *adj*.

department store *n*. [C]百货商店(或公司)

de·par·ture /diˈpɑːtʃəʳ/ *n*. [U;C] ❶起程,出发;离开,离去:She packed her case ready for *departure*. 她打点行装,准备起程。❷[常作定语](车船等的)启动;起航;起飞:*departure* lounges at principal airports 大机场的出发候机厅

de·pend /diˈpend/ *vi*. ❶信赖,信任;确信(*on*, *upon*)(见 rely):You can *depend on* her to get things done. 你可以信赖她会把事情办好的。❷依赖,依靠(*on*, *upon*):Children *depend on* their parents for food and clothing. 孩子们吃饭穿衣全靠父母。❸[不用进行时态]决定(于),随…而定(*on*, *upon*):The price *depends on* the quality. 按质论价。‖ ***It* [*That*] (*all*) *depends*.** 〈口〉那得看情况:I may come to the meeting and I may not — *it all depends*. 我也许来参加会议,也许不来,那要看情况。

de·pend·a·ble /diˈpendəbᵊl/ *adj*. 可靠的;可信赖的:Catherine will arrive on time; she's always *dependable*. 凯瑟琳会准时到的,她一直是信得过的。‖ **de·pend·a·bil·i·ty** /diˌpendəˈbiliti/ *n*. [U] —**deˈpend·a·bly** *adv*.

de·pend·ence /diˈpendᵊns/ *n*. [U] ❶依靠,依赖;相依性:the *dependence* of the crops *on* good weather 农作物对好天气的依赖 ❷信任,信赖;相信:I wouldn't place much *dependence on* what he says. 我可不太相信他说的话。

de·pend·en·cy /diˈpendənsi/ *n*. ❶[U]依赖(性):drug *dependency* 药物依赖性 ❷[C]附属国,附庸国;附属地,托管地

de·pend·ent, de·pend·ant /diˈpendᵊnt/ *adj*. ❶依靠的,依赖的(*on*, *upon*):There's a tax deduction for each *dependent* child. 每一个依靠父母扶养的子女都可以减税。❷[通常作表语]依据…的;取决于…的;视…而定的(*on*, *upon*):All life is *dependent upon* the sun for survival. 一切生命的存在全有赖于阳光。‖ **deˈpend·ent·ly** *adv*.

de·pict /diˈpikt/ *vt*. ❶描绘,描画:The painter *depicted* the garden when the roses were flowering. 画家描绘玫瑰盛开时节的花园美景。❷描写;描述:They *depicted* the situation to us in great detail. 他们详详细细地向我们描述了形势。

de·pic·tion /diˈpikʃᵊn/ *n*. [C]描画、描绘;(文字)描述

de·pil·a·to·ry /diˈpilətᵊri/ I *adj*. [作定语]脱毛用的,除毛发的:*depilatory* cream for the legs 腿部用脱毛膏 II *n*. [C;U]脱毛剂,脱毛膏

de·plane /diːˈplein/ *vi*. 下飞机

de·plete /diˈpliːt/ *vt*. 耗尽…的资源(或贮存物、金钱、精力等);使大为减少;使枯竭,使空虚:Extravagant spending soon *depleted* his funds. 挥霍无度很快使他的钱财耗费殆尽。‖ **de·ple·tion** /diˈpliːʃᵊn/ *n*. [U]

de·plor·a·ble /diˈplɔːrəbᵊl/ *adj*. ❶肮脏的;糟糕透顶的:This room is in *deplorable* order. 这房间里又脏又乱。❷可悲的,可叹的;令人深感遗憾的:Her conduct on that occasion was *deplorable*. 她在那种场合下的行为举止实在令人遗憾。

de·plore /diˈplɔː/ *vt*. ❶悲叹,慨叹;对…深感遗憾:We *deplore* the condition of the poor. 我们对穷人们的境况深感遗憾。❷哀悼,痛惜:The class *deplored* the death of their teacher. 全班学生对他们老师的逝世表示哀悼。❸强烈反对,谴责:Everyone *deplores* corruption. 人人都强烈反对腐败现象。

de·ploy /diˈplɔi/ *vt*. ❶部署,调遣:He could *deploy* regular forces of some 15,000. 他可以调动大约 1.5 万人的常规部队。❷利用;调动;施展:*deploy* one's throat and cry 扯开嗓门大声叫喊 ‖ **deˈploy·ment** *n*. [C;U]

de·pop·u·late /diˈpɔpjuˌleit/ *vt*. 使人口减少;灭绝(某地)的人口:the Black Death that once *depopulated* Europe 一度使欧洲人口锐减的黑死病 ‖ **de·pop·u·la·tion** /diˌpɔpjuˈleiʃən/ *n*. [U]

de·port /diˈpɔːt/ *vt*. ❶将(外国人)驱逐出境,强迫…离境:He is being *deported* because he has no passport. 由于没有护照,他被驱逐出境。❷[～ oneself]使(自己)有某种行为举止(或方式):*deport oneself* in a mannerly way 举止文雅 ‖ **de·por·ta·tion** /ˌdiːpɔːˈteiʃən/ *n*. [C;U]

de·port·ment /diˈpɔːtmənt/ *n*. [U]风度,仪表;举止,行为

de·pose /diˈpəuz/ *vt*. 罢免,革除,废黜:They wanted Baldwin to be *deposed* as leader of the party. 他们要求免去鲍德温作为该党领袖的职务。

de·pos·it /diˈpɔzit/ **I** *vt*. ❶存(钱),储蓄:She *deposits* $100 each week in a savings account. 每星期她都往储蓄账户上存 100 美元。❷存放;寄存:She *deposits* her children with her parents while she does the shopping. 她外出购物时总是把孩子们交给她父母亲照看。❸(小心地)放下;(轻轻地)放置:She *deposited* the baby in the crib. 她小心翼翼地把孩子放在婴儿床内。❹使沉淀;使沉积:The flood *deposited* a layer of mud in the streets. 洪水退去后,街道上沉积了一层淤泥。❺付(保证金);预付(定金):We *deposited* $300 on a car. 我们预付 300 美元作为购车的定金。**II** *n*. [C] ❶〈英〉存款;(银行里的)寄存物:We made three *deposits* last month. 上个月我们往银行里存了三次钱。❷保证金,定金;押金:You forfeit your *deposit* if you don't return the bottles. 你如不退瓶,那就丢掉了你的押金。❸沉淀,沉积;(天然的油层或矿床等的)沉积物;积垢:gold *deposits* 沉积的金矿层 ‖ **deˈpos·i·tor** *n*. [C]

de·po·si·tion /ˌdiːpəˈziʃən,ˌdep-/ *n*. ❶[U]罢免,解职;废黜:The *deposition* of Charles I took place in 1649. 查理一世在 1649 年被废黜。❷[U]沉淀,沉积:the *deposition* of silt from the floodwater 洪水带来的淤泥沉淀 ❸[C]【律】宣誓作证;证词:He made a *deposition* that he had witnessed the accident. 他宣誓作证他是这起事故的目击者。

de·pos·i·to·ry /diˈpɔzitəri/ *n*. [C]仓库,储藏室,保管处:a *depository* for secret government document 政府机要室

dep·ot /ˈdepəu/ *n*. [C] ❶火车站;公共汽车站 ❷仓库,储藏室 ❸【军】军械库;补给站,供应站,兵站:an ammunition *depot* 军火供应站

de·prave /diˈpreiv/ *vt*. 使道德败坏,使堕落,使腐化:Some films on television do *deprave* children. 电视上播放的某些影片的确使孩子们道德败坏。‖ **deˈpraved** *adj*. —**de·prav·i·ty** /diˈpræviti/ *n*. [C;U]

dep·re·cate /ˈdepriˌkeit/ *vt*. ❶不赞成,反对;抗议:a banker *deprecating* plans for monetary reform 反对货币改革计划的银行家❷贬低;轻视:This is not intended to *deprecate* tourism as a source of national income. 这并非意在贬低作为国民收入来源之一的旅游业。‖ **dep·re·ca·tion** /ˌdepriˈkeiʃən/ *n*. [U] —ˈ**dep·re·ca·to·ry** /-ˌkeitəri/ *adj*.

de·pre·ci·ate /diˈpriːʃiˌeit,-si-/ *vi*. 降价;减值,贬值:an investment that is certain to *depreciate* 注定不能增值的投资 —*vt*. ❶降低…的价值(或价格等);使(货币)贬值:Runaway inflation has *depreciated* the country's currency. 失控的通货膨胀已使该国的货币贬值。❷贬低,轻视:We must not *depreciate* the work she has done. 我们不应该贬低她所做的工作。‖ **de·pre·ci·a·tion** /diˌpriːʃiˈeiʃən,-si-/ *n*. [U]

de·press /diˈpres/ *vt*. ❶使消沉,使沮丧,使抑郁:The bad news *depressed* his spirits. 不幸的消息使他心情很沮丧。❷使减少;使下降,使降低:It would create mass unemployment and *depress* profits. 这将会造成大量失业和利润

下降。❸【经】使不景气,使萧条:Unemployment and business failures tend to *depress* the economy. 失业和企业倒闭往往使经济萧条。❹压下,按下;推下,拉下;放低:*depress* a lever 压下杠杆 ‖ **de·pres·sive** /diˈpresiv/ *adj.*

de·pres·sant /diˈpresᵊnt/ **I** *adj.* [无比较级][作定语]【医】阻抑的,抑制的:a *depressant* drug for a heart condition 心脏病的抑制药 **II** *n.* [C;U]【药】抑制药;镇静剂

de·pressed /diˈprest/ *adj.* 压抑的,沮丧的,消沉的:be entirely *depressed* in spirits 精神萎靡不振

D

de·press·ing /diˈpresiŋ/ *adj.* 使人沮丧的,令人消沉的,压抑:*depressing* news about the economy 有关经济的令人沮丧的消息

de·pres·sion /diˈpreʃᵊn/ *n.* ❶[C]凹陷;洼地,坑,凹地:There was a *depression* on the seat of the armchair where she had been sitting. 她一直坐的椅子上面已经有了凹陷。❷[U]抑郁,沮丧,消沉:Failure usually brings on a feeling of *depression*. 失败常使人意志消沉。❸[C]【经】萧条(期),经济衰退(期);[**the D-**](特指1929～1934年的)经济大萧条:a time of economic *depression* 经济萧条的年代

de·prive /diˈpraiv/ *vt.* ❶剥夺,夺走;使丧失(*of*):She was *deprived of* her membership for nonpayment of dues. 她由于逾期未缴会费而被取消了会员资格。❷使不能享受;使不能做(*of*):His troubles *deprived* him *of* sleep. 苦恼使他失眠。

dep·ri·va·tion /ˌdepriˈveiʃᵊn,ˌdiːprai-/ *n.* [U;C] ❶剥夺(*of*):a *deprivation of* freedom for a period of six months 剥夺自由6个月 ❷损失,丧失;匮乏;穷困:a life of hardship and *deprivation* 艰难困苦的生活

de·prived /diˈpraivd/ *adj.* [无比较级](儿童等)被剥夺的;家庭生活穷困的;享受不到家庭温暖的:a *deprived* girlhood 凄苦的少女时代

Dept. *abbr.* ❶ Department ❷ deputy

depth /depθ/ *n.* ❶[C;U]深(度);厚(度);纵深:The *depth* of our playground is 250 feet. 我们的操场纵深为250英尺。❷[C;U](意义、印象等的)深刻;(学识等的)渊博;明智;洞察力,敏锐:The story has a good plot but it has no *depth* at all. 这个故事情节尚好,但毫无深层寓意可言。❸[U](感情等的)深厚,深切;The *depth* of his concern was evident enough. 他的深切关怀是显而易见的。‖ ***in depth*** *adj.* & *adv.* 深入的(地);彻底的(地);全面的(地):study a subject *in depth* 深入地研究某一课题 ***out of one's depth*** *adv.* & *adj.* ❶在没顶的深水中 ❷非…所能理解;为…力所不及:I'm *out of my depth* in this argument. 我对这场争论感到茫然。

dep·u·ta·tion /ˌdepjuˈteiʃᵊn/ *n.* [C]代表团

dep·u·tize,dep·u·tise /ˈdepjuˌtaiz/ *vt.* 任命…为代理;指定…担任代理:The boss *deputized* me to speak for her in her absence. 老板指定她不在的时候由我代言。—*vi.* 担任代表;充当代理人(*for*):She *deputizes for* me as secretary. 她将代我担任秘书。

dep·u·ty /ˈdepjuti/ *n.* [C] ❶代表;代理人:The sheriff appointed *deputies* to help him enforce the law. 县司法行政官委派数名代表代其执法。❷副职;副手:The ambassador sent his *deputy* to see us. 大使派他的副手来接见我们。

de·rail /diˈreil,diː-/ *vi.* (火车等)脱轨,出轨:When the train *derailed* it was going at 100mph. 火车脱轨的时候时速100英里。—*vt.* [常用被动语态]使(火车等)出轨,使脱轨:The engine was *derailed* by a tree lying across the line. 由于一棵树横卧在铁轨上,机车头出轨了。‖ **deˈrail·ment** *n.* [C]

de·ranged /diˈreindʒd/ *adj.* 精神错乱的,精神失常的;发狂的:a *deranged* laugh 狂笑 / The mother of the kidnapped child was temporarily *deranged* by grief. 孩子被诱拐了,做母亲的一时因悲伤而精神失常。

Der·by /ˈdɑːbi/ *n.* [C] ❶(尤指肯塔基)马赛:the Kentucky *Derby* 肯塔基马赛 ❷[亦作 **d-**](通常指非正式的)比赛;大赛:a local *Derby* (足球)主场比赛 ❸[**d-**]〈加〉常礼帽,圆顶高帽

de·reg·u·late /diːˈregjuleit/ *vt.* 撤销对…的管制规定,解除对…的控制:*deregulate* the price of wheat 撤销对小麦价格的管制 ‖ **de·reg·u·la·tion** /diːˌregjuˈleiʃᵊn/ *n.* [U]

der·e·lict /ˈderəlikt,ˈderi-/ *adj.* [常作定语] ❶(尤指船只)被抛弃的,被遗弃的;无主的:a *derelict* area 荒无人烟的地区 ❷玩忽职守的,失职的,不负责任的:be *derelict* in one's duty 玩忽职守

der·e·lic·tion /ˌderiˈlikʃᵊn/ *n.* [U]玩忽职守,失职,渎职;疏忽(*of*):be guilty of grave *dereliction of* duty 犯有严重的渎职罪

de·ride /diˈraid/ *vt.* 嘲笑;嘲弄:She *derided* his efforts as childish. 她嘲笑他,说他的努力幼稚可笑。

de·ri·sion /diˈriʒᵊn/ *n.* [U]嘲笑;嘲弄

der·i·va·tion /ˌderiˈveiʃᵊn/ *n.* ❶[U]取得,得到;溯源;推论:The *derivation* of many of our laws from Roman law is unmistakable. 我们的许多法律条文可溯源于罗马法,这一点是确定无疑的。❷[U]起源;由来;出身:The celebration of Halloween is of Scottish *derivation.* 庆祝万圣节的习俗源自苏格兰。❸[C;U]【语】派生,派生关系;派生词;考订词源;词源:be very interested in the *derivations* of words 对词源有浓厚的兴趣

de·riv·a·tive /diˈrivətiv/ **I** *adj.* [无比较级]〈常贬〉非独创(性)的;模仿他人的:His music is *derivative* and uninteresting. 他的乐曲毫无原创性,味同嚼蜡。**II** *n.* [C] ❶派生物,生成物:French is a *derivative* of Latin. 法语是一种从拉丁语派生出的语言。❷【语】派生词:"Quickness" and "quickly" are *derivatives* of "quick". "quickness"和"quickly"是"quick"的两个派生词。

de·rive /diˈraiv/ *vt.* ❶获得,取得,得到(*from*):He *derives* great satisfaction *from* his work. 他从工作中获得极大的乐趣。❷追溯…的起源(*from*);说明…的来由:Etymologists *derive* words. 词源学家诠释词汇的起源。—*vi.* 起源,衍生(*from*):This story *derives from* an old legend. 这则故事源于一个古老的传说。

der·ma·ti·tis /ˌdəːməˈtaitis/ *n.* [U]【医】皮炎

der·ma·tol·o·gy /ˌdəːməˈtɔlədʒi/ *n.* [U]【医】皮肤病学 ‖ **der·ma·to·log·i·cal** /ˌdəːmətəˈlɔdʒikᵊl/ *adj.* —ˌ**der·maˈtol·o·gist** *n.* [C]

de·rog·a·to·ry /diˈrɔgətəri/ *adj.* 贬低的,贬抑的;毁损的,诽谤的(*to*):The word "pig" is a *derogatory* term for policeman. "pig"一词是对警察的贬称。

der·rick /ˈderik/ *n.* [C] ❶【机】转臂起重机;(尤指船舶的)吊杆式起货设备 ❷钻塔;(油井的)井架

de·sal·i·nate /diːˈsæliˌneit/ *vt.* = desalt ‖ **de·sal·i·na·tion** /diːˌsæliˈneiʃᵊn/ *n.* [U]

de·salt /diːˈsɔːlt/ *vt.* 使(海水等)脱盐

de·scend /diˈsend/ *vi.* ❶下降;下来:The shades of evening began to *descend.* 夜幕徐徐降临。❷下斜,下倾:The path *descends* to the pond. 道路下斜通向池塘。—*vt.* 走下;爬下:We *descended* a staircase to reach the cellar. 我们走下一段阶梯来到地窖。‖ **deˈscend·ent** *n.* [C] & *adj.*

de·scend·ant /diˈsendᵊnt/ *n.* [C]后代,子孙;后裔(*of*):Queen Elizabeth II is a *descendant of* the family of Windsor. 女王伊丽莎白二世是温莎家族的后代。

de·scend·ed /diˈsendid/ *adj.* [无比较级]为…的后裔,出身于(*from*):We are *descended from* the kings of Ireland. 我们是爱尔兰王室的后裔。

de·scent /diˈsent/ *n.* ❶[C][常用单]下降;下来;下倾:The plane began its *descent* into Beijing. 飞机开始向北京降落。❷[C]斜坡;坡道:a steep *descent* 陡坡 / a gradual *descent* to the sea 通向海边的不陡的坡道 ❸[U]血统;世系:Our boss was British by *descent.* 我们的上司祖籍英国。

de·scribe /diˈskraib/ *vt.* ❶描述,描写;记叙,叙述;形容:The travelogue *describes* the wonderful sights of the Niagara Falls. 这部旅行纪录片描绘了尼亚加拉瀑布的壮丽景观。❷称…为,把…说成(*as*):His ideas could hardly be *described as* original. 他的观点谈不上有什么创见。

de·scrip·tion /diˈskripʃᵊn/ *n.* ❶[C;U]描述,描写;记叙,叙述;形容;说明:It's so good that it defies *description.* 它如此美好,非笔墨所能形容。❷[C][通常用单]〈口〉种类,品种;性质:Someone of that *description* cannot be trusted. 那样的人是绝不可信任的。‖ **de·scrip·tive** /diˈskriptiv/ *adj.* —**deˈscrip·tive·ly** *adv.*

des·e·crate /ˈdesiˌkreit/ *vt.* 轻蔑地对待(事物),亵渎:It's a crime to *desecrate* the national flag. 亵渎国旗是一种犯罪行为。‖ **des·e·cra·tion** /ˌdesiˈkreiʃᵊn/ *n.* [U]

de·seg·re·gate /diːˈsegriˌgeit/ *vt.* & *vi.* 废除(学校等的)种族隔离:*desegregate* schools 废

D

除学校的种族隔离 ‖ **de·seg·re·ga·tion** /ˌdiːsegriˈgeiʃᵊn/ *n.* [U]

des·ert¹ /ˈdezət/ **I** *n.* [C] ❶沙漠;荒漠,荒原:the Sahara *Desert* 撒哈拉沙漠 ❷荒凉的境地(或时期);枯燥乏味的事物:Our modern towns are concrete *deserts*. 我们的现代化城市都是混凝土浇筑的沙漠。**II** *adj.* [无比较级][作定语] ❶沙漠的 ❷像沙漠的;荒芜的;不毛的;无人烟的:a *desert* island 一座荒岛

de·sert² /diˈzəːt/ *vt.* ❶抛弃;遗弃;离弃(见 abandon):He *deserted* his wife and children to join the army. 他抛妻弃子当兵去了。❷擅离(职守等);【军】从…开小差:He *deserted* the army. 他在部队开了小差。—*vi.* 擅离职守;【军】开小差:When his courage deserted him, he *deserted* to the enemy. 他丧失了勇气,便开小差逃到敌人那边去了。‖ **deˈsert·er** *n.* [C]

D

de·serve /diˈzəːv/ *vt.* 应得,值得;应受:The play *deserves* to be read. 这剧本值得一读。‖ ***deserve well* [*ill*] *of*** *vt.* 应受…的奖赏[惩罚];有功[有罪]于:She *deserved well of* them for services. 她为他们作出了许多贡献,理应受到奖赏。

de·served /diˈzəːvd/ *adj.* 应得的,理所应当的:It was a well-*deserved* victory. 那是一场理所应当的大胜仗。‖ **deˈserv·ed·ly** /-vidli/ *adv.*

de·serv·ing /diˈzəːviŋ/ *adj.* ❶有功的,应赏的:A decoration of bravery was awarded to the *deserving* police officer. 那名立功的警官被授予一枚英勇勋章。❷值得的,该得的;理所应当的(*of*):He is *deserving of* the highest praise for his conduct. 他应该因其所作所为而得到最高表彰。

☆**be deserving of** 与 **be worthy of** 实际上并不同义,其义相当于 **be worth**; **be worthy of** 通常只能表示事物的非固有的属性或状态,而 **be worth** 和 **be deserving of** 能表示事物的固有属性或状态,因此在下例中,**be deserving of** 可换成 **be worth**,但却不宜换成 **be worthy of**:Every manifestation of the fight for equality is *deserving of* our support. (任何为争取平等而采取的斗争形式都值得我们去支持。)

des·ic·cate /ˈdesiˌkeit/ *vt.* ❶使干燥;使脱水:The soil in a desert is *desiccated* by the dry air and sun. 沙漠里的土壤被干燥的空气和太阳烘干了。❷干贮(食物):*desiccated* fruit 干果 —*vi.* 脱水,变干燥:The plants *desiccated* during the drought. 长期干旱,植物都干枯了。‖ **des·ic·ca·tion** /ˌdesiˈkeiʃᵊn/ *n.* [U]

de·sign /diˈzain/ **I** *vt.* ❶决意(做);打算(做):He *designed* to be a doctor. 他打算日后当医生。❷设计;制(图);构思:They seem to have been *designed* for each other. 他们这一对夫妇真是天造地设。**II** *n.* ❶[C]图样,图纸;设计图:draw a *design* 制图 ❷[U;C](物品的)设计;布局;(艺术品等的)构思:The author has another detective story under *design*. 那位作者正在构思另一部侦探小说。❸[C]图案;装饰图案;花纹:a bowl with a flower *design* 有花卉图案的碗 ❹[U;C]目的,打算,意图:My *design* in writing this preface is to forestall certain critics. 我写这篇前言的目的就是不想让某些评论家抢占先机。

des·ig·nate /ˈdezigˌneit/ *vt.* ❶标出,指明;指定:His uniform *designates* his rank. 他的制服表明了他的级别。❷命名,把…叫作,称呼(*as*):The area was promptly *designated* (*as*) a national monument. 该地区很快被命名为国家级文物单位。❸指派,选派;选定;任命,委任(*as*):They *designated* her to lead the delegation. 他们指派她为代表团团长。‖ **des·ig·na·tion** /ˌdezigˈneiʃᵊn/ *n.* [C]

des·ig·nat·ed driver /ˈdezigˌneitid/ *n.* [C](在聚会上不饮酒以便能够安全驾车送同伴回家的)指定司机

de·sign·er /diˈzainəʳ/ *n.* [C]设计者,设计师;构思者:a fashion *designer* 时装设计师

de·sign·ing /diˈzainiŋ/ *adj.* [通常用于名词前]长于计谋的,工于心计的;狡猾的;诡计多端的:an artful,*designing* person 阴险狡猾,心术不正的人

de·sir·a·ble /diˈzaiərəbᵊl/ *adj.* ❶值得拥有的;值得向往的;合意的,称心如意的:It is most *desirable* that you (should) be there by two o'clock. 你两点钟到达那里最理想了。❷引起性欲的;性感的;动人的:He found his wife still *desirable*. 他感到他妻子风韵犹存。❸明智的,可取的;有利的:For this job,it is *desirable* to know French. 干这个行当,懂点法语是有好处的。‖ **deˈsir·a·bly** *adv.* —**de·sir·a·bil·i·ty** /diˌzaiərəˈbiliti/ *n.* [U]

de·sire /diˈzaiəʳ/ **I** *vt.* ❶[不用进行时态]渴望，热望；希望，想望：He *desires* only your happiness. 他只希望你能幸福。❷被…吸引 ❸要求；请求：He *desired* nothing better than a post of such honourable representation. 做这样体面的代表，是他求之不得的差事。**II** *n.* ❶[C;U]渴望，欲望；愿望，希望：He came with a *desire* of asking us for assistance. 他怀着向我们求助的愿望而来。❷[U]性欲，情欲，肉欲：The story is about Napoleon's *desire* for Josephine. 这个故事讲述的是有关拿破仑对约瑟芬的情爱。

de·sir·ous /diˈzaiərəs/ *adj.* [作表语]渴望的，希望的，盼望的；有意图的(*of*)：A mother is *desirous of* her children's good. 做母亲的无不希望自己的孩子们生活得幸福美满。

desk /desk/ *n.* [C] ❶书桌，写字台，办公桌：He cleared his *desk* and quit his job. 他收拾好自己的办公桌，然后辞职不干了。❷(大型机构等的)部，室，处；(报馆的)编辑部：the news *desk* 新闻编辑部 ❸(办公大楼、旅馆等中的)服务台；问讯台；出纳台：I enquired at the *desk*. 我在服务台问讯。

desk·top /ˈdesktɔp/ *adj.* [无比较级][作定语](尤指微型计算机)适合书桌上用的，台式的：a *desktop* computer 台式计算机

desktop publishing *n.* [U]【计】台式印刷(术)(略作 **DTP**)

des·o·late /ˈdesəlit/ *adj.* ❶不毛的；荒芜的；荒凉的；无人烟的：a *desolate* hillside 光秃秃的山坡 ❷被遗弃的；孤苦无依的，孤凄的：When her husband died, she was left *desolate*. 丈夫去世后，她孤苦无依。‖ **ˈdes·o·late·ly** /-litli/ *adv.* —**ˈdes·o·late·ness** /-litnis/ *n.* [U]

des·o·la·tion /ˌdesəˈleiʃᵊn/ *n.* [U] ❶荒芜；荒凉；渺无人烟：the *desolation* left behind by the cyclone 旋风过后留下的一片荒凉萧索景象 ❷破坏，蹂躏；遗弃：the *desolation* of the country by an invading army 侵略军对该国的蹂躏 ❸孤寂；凄凉：feelings of *desolation* after one's friends' leave 朋友离去后的孤独感 ❹悲哀，不幸：In choked *desolation*, she watched him leave. 她哽咽得说不出话来，凄楚地望着他离去。

de·spair /diˈspeəʳ/ **I** *n.* ❶[U]绝望：Your stupidity will drive me to *despair*. 你的愚昧无知会使我大失所望。❷[通常用单]令人绝望的人(或事物)：The capricious star was the *despair* of every producer. 那位任性刁蛮的明星让每一位制片人都感到一筹莫展。**II** *vi.* 失望；绝望(*of*)：She *despaired* at the thought of it. 一想起这件事，她就伤心失望。

des·patch /disˈpætʃ, ˈdispætʃ/ *vt.* & *n.* =dispatch

des·per·ate /ˈdespərit/ *adj.* ❶(因绝望而)不惜冒险的；胆大妄为的，无法无天的：a *desperate* criminal on the loose 逍遥法外的亡命之徒 ❷[作表语]极需要的，极渴望的(*for*)：The refugees are *desperate for* help. 难民们渴望得到帮助。❸绝望的；危急的，极严重的(见 hopeless)：Rendered *desperate* I broke away. 情急之下，我夺路而逃。❹拼死的；孤注一掷的：He was *desperate* for work to provide food for his children. 他为了养活孩子而拼命工作。❺极度的，极强烈的：live in *desperate* circumstances 生活极为困苦 ‖ **ˈdes·per·ate·ly** *adv.*

des·per·a·tion /ˌdespəˈreiʃᵊn/ *n.* [U]绝望；走投无路；铤而走险：In *desperation*, they broke down the door and rescued the child. 在无计可施的情况下，他们砸破了门将孩子救出。

des·pi·ca·ble /ˈdespikəbᵊl; ˈdis-/ *adj.* 可鄙的，可耻的，卑鄙的：Cowards and liars are *despicable*. 懦夫和撒谎者是可耻的。

de·spise /diˈspaiz/ *vt.* 藐视，鄙视，看不起：I *despised* his refusing to accept responsibility. 我鄙视他不愿承担责任。

de·spite /diˈspait/ *prep.* 尽管，任凭，不论：We went *despite* the rain and snow. 尽管雨雪交加，我们还是走了。

de·spoil /diˈspɔil/ *vt.* 掠夺，抢劫；剥夺(*of*)：The bandits *despoiled* the villages. 土匪们把一座座村庄洗劫一空。‖ **deˈspoil·ment** *n.* [U]

de·spond·en·cy /diˈspɔndənsi/,

de·spond·ence /-dəns/ *n.* [U]失望，沮丧，消沉，泄气

de·spond·ent /diˈspɔndᵊnt/ *adj.* 泄气的，沮丧的，消沉的；失望的(见 hopeless)：He was quite *despondent* about his rejection. 他由于遭到拒绝而感到非常沮丧。‖ **deˈspond·ent·ly** *adv.*

des·pot /ˈdespɔt/ *n.* [C]专制君主，暴君 ‖ **des·pot·ic** /diˈspɔtik/ *adj.* —**deˈspot·i·cal·ly** /-kᵊli/ *adv.* —**des·pot·ism** /ˈdespəˌtizᵊm/ *n.*

D

[U]

des·sert /di'zəːt/ *n.* [U;C](餐后用的如馅饼、蛋糕、冰激凌等的)甜食,甜点心

des·ti·na·tion /ˌdesti'neiʃ°n/ *n.* [C]终点;目的地:The parcel was sent to the wrong *destination.* 那个包裹给投错了地方。

des·tined /'destind/ *adj.* [无比较级][作表语] ❶预定的,注定的,命定的:impractical ideas *destined* to fail 注定无法实现的想法 ❷前往的,前去的;朝某个方向的(*for*):a plane *destined for* Los Angeles 前往洛杉矶的飞机

D

des·ti·ny /'destini/ *n.* ❶[常用单]命运:Within limits man now controls his *destiny.* 在一定范围内,人类现在可以控制自己的命运。❷[U]定数;天意,天命:Do you believe that marriage goes by *destiny*? 你相信男女姻缘是天定的吗?

des·ti·tute /'destiˌtjuːt/ *adj.* 穷困的,赤贫的,一贫如洗的(见 poor):a *destitute* family 一贫如洗的家庭 ‖ **des·ti·tu·tion** /ˌdesti'tjuːʃ°n/ *n.* [U]

de·stroy /di'strɔi/ *vt.* ❶毁坏;摧毁;毁灭:They've *destroyed* all the evidence. 他们毁掉了所有的证据。❷杀死;消灭 ❸打垮,击败 ❹使失去,使不复存在

de·stroy·er /di'strɔiə^r/ *n.* [C] ❶破坏者;消灭者;起破坏作用的东西 ❷【军】驱逐舰

de·struct /di'strʌkt/ **I** *adj.* [无比较级][作定语]自毁的:a *destruct* mechanism 自毁装置 **II** *n.* [U](火箭、导弹等的)自毁 **III** *vt.* & *vi.* (使)(出故障的火箭、导弹等)自毁:The missile will *destruct* if this button is pushed. 揿下此按钮,导弹将自毁。

de·struc·tion /di'strʌkʃ°n/ *n.* [U]破坏;毁坏;摧毁;毁灭:The *destruction* of the forests is a threat to the lives of thousands of animals. 毁坏森林对成千上万动物的生命构成了威胁。‖ **de'struc·tive** *adj.* —**de'struc·tive·ly** *adv.* —**de'struc·tive·ness** *n.* [U]

des·ul·to·ry /'des°lt°ri/ *adj.* 散漫的,杂乱的;无明确目的的;随便的:a *desultory* account 杂乱的叙述

de·tach /di'tætʃ/ *vt.* 使分开,使分离(*from*):Please *detach* the coupon and send it with your money to the following address. 请撕下购物优惠券,连同你的货款一起寄往下列地址。‖ **de'tach·a·ble** *adj.*

de·tached /di'tætʃt/ *adj.* ❶(房屋等)独立的,不相连的,分开的:The house stood quite *detached* and undefended. 这屋子孑然独立,毫无依傍。❷不偏不倚的;公正的;中立的:He is a little *detached.* 他是有一点落落寡合。❸超脱的,超然的;冷漠的,冷淡的:feel *detached* from the problem 感到与此问题无关

de·tach·ment /di'tætʃmənt/ *n.* ❶[U]分开,分离:The wreck was caused by the *detachment* of two cars from the train. 这次车祸是由于列车两节车厢脱落而造成的。❷[U]超脱,超然;冷淡,冷漠:adopt an attitude of complete *detachment* 抱一种完全超然物外的态度❸[U]公正,公允,不偏不倚:You need *detachment* to arrive at a just decision. 要作出公正的裁决,你本身必须公正。

de·tail /'diːteil;di'teil/ **I** *n.* ❶[C]细节;细目;详情:The likeness was perfect in every single *detail.* 每一个细节都十分相似。❷[U]细微之处:His eyes for *detail* is part of his artistic genius. 他观察宇宙万物细致入微,他的艺术天才一部分正来源于此。**II** *vt.* ❶详述,细述:She *detailed* her reasons for resigning. 她详细说明了辞职的理由。❷详细列举:He *detailed* the events leading up to the robbery. 他一一列举了导致这次抢劫案的事件。‖ ***in detail*** *adv.* 详细地:I wrote *in detail* about the causes of our failure. 我一五一十地写出了我们失败的种种原因。‖ **de'tailed** *adj.*

de·tain /di'tein/ *vt.* ❶耽搁,使滞留(见 delay):We were *detained* at customs for two hours. 我们在海关滞留了两个小时。❷拘留,扣押:He has been *detained* indefinitely. 他被无限期地扣押起来。‖ **de'tain·ment** *n.* [U]

de·tect /di'tekt/ *vt.* ❶察觉,发觉;发现:I seemed to *detect* some anger in his voice. 我似乎觉察到他的话音中带有几分怒气。❷(当场)发现:I felt as though I had been *detected* in a mean action. 我有一种在干卑鄙勾当时被人当场抓住的感觉。❸查明;侦查出(*in*):He was *detected in* the act of stealing. 他在行窃时被当场发现。‖ **de'tect·a·ble**, **de'tect·i·ble** *adj.* —**de·tec·tion** /di'tekʃ°n/ *n.* [U] —**de'tec·tor** *n.* [C]

de·tec·tive /di'tektiv/ *n.* 侦探,警探;私人

侦探

dé·tente /deiˈtɑːnt/ *n.* [U](尤指国际紧张关系的)缓和：seek *détente* with 寻求缓和与…的关系

de·ten·tion /diˈtenʃᵊn/ *n.* ❶[U]耽搁，滞留 ❷[U]拘留，监禁，羁押；禁闭：hold sb. in *detention* 拘留某人 ❸[U;C](对学生处罚性的)课后留校，关晚学：Those failing to do homework are given *detention*. 未做家庭作业的学生要受到关晚学的处罚。

de·ter /diˈtəːʳ/ *vt.* (**-terred**;**-ter·ring**) 吓住，威慑住(*from*)：She was not in the least *deterred* by his threats. 她丝毫未被他的威胁所吓倒。

de·ter·gent /diˈtəːdʒᵊnt/ *n.* [U;C]洗涤剂，洗洁精；去污剂，去垢剂：This is a powerful *detergent* for stubborn stains. 这是一种去除顽渍的强力洗涤剂。

de·te·ri·o·rate /diˈtiəriəˌreit/ *vi.* 恶化，变坏；退化，衰退；变质；堕落：The discussion *deteriorated* into a bitter quarrel. 讨论变成了恶语相向的争吵。‖ **de·te·ri·o·ra·tion** /diˌtiəriəˈreiʃᵊn/ *n.* [U]

de·ter·mi·na·tion /diˌtəːmiˈneiʃᵊn/ *n.* ❶[C]确定；决定；规定：the *determination* of a policy 政策的制定 ❷[U]决心：She showed firm, unyielding *determination* in prosecuting the crime. 在检举这起犯罪行为中，她表现出坚定不移、百折不挠的决心。

de·ter·mine /diˈtəːmin/ *vt.* ❶决定；规定(见 decide)：He *determined* that he would go at once. 他决定马上就去。❷确定；查明；测定：The doctor has *determined* that excessive drinking is dangerous to your liver. 医生已确定过量饮酒有害肝脏。❸影响；是…的决定因素：Is intelligence *determined* solely by heredity? 智力完全取决于遗传吗？—*vi.* 下决心；决定：The girl *determined* on becoming a model. 那姑娘决意要当一名模特儿。

de·ter·mined /diˈtəːmind/ *adj.* 决意的，下定决心的；坚定的，坚决的；坚强的：The president is *determined* that the confusing situation shall be ended. 总统决心要结束这一混乱局面。

de·ter·min·er /diˈtəːminəʳ/ *n.* [C]【语】限定词，限定成分(通常用在名词或名词短语前，如 a, an, the, every, each, any 等)

de·ter·rent /diˈterᵊnt/ *n.* [C] ❶威慑力量；威慑因素；威慑物：The heavy sentences of this crime are intended to act as a *deterrent* to criminals. 对这类犯罪行为判以重刑旨在对罪犯产生一种威慑作用。❷(尤指核武器等)军事威慑力量：Do you agree that nuclear weapons are a *deterrent* against another world war? 你是否也认为核武器能制止发生又一次世界大战呢？

de·test /diˈtest/ *vt.* 憎恶，憎恨；厌恶，讨厌：We *detest* her constantly lying. 我们厌恶她老是说谎。‖ **deˈtest·a·ble**/-əbᵊl/*adj.* —**de·tes·ta·tion** /ˌdiːteˈsteiʃᵊn/ *n.* [U]

de·throne /diˈθrəun/ *vt.* ❶废黜：*dethrone* a weak king 废黜软弱无能的国王 ❷罢免，解除…的职务；使失去权威(或地位)：He *dethroned* the defending title-holder. 他击败了卫冕冠军。

det·o·nate /ˈdetəˌneit/ *vt.* & *vi.* 引爆，(使)起爆，(使)爆炸：Suddenly the bomb *detonated*. 炸弹突然爆炸了。‖ **ˈdet·oˌna·tor** *n.* [C]

de·tour /ˈdiːtuəʳ/ *n.* [C]绕行的路，迂回路线：He took several *detours* before getting the right answer. 他兜了好几个圈子才得出了正确答案。

de·tox /diːˈtɔks/ *n.* [U]〈口〉戒毒；戒酒：alcohol *detox* 戒酒

de·tox·i·fi·ca·tion /diːˌtɔksifiˈkeiʃᵊn/ *n.* [U]戒毒；戒酒

de·tox·i·fy /diːˈtɔksiˌfai/ *vt.* ❶去除…的毒性 ❷(使)戒毒(或戒酒)：Methadone is used to *detoxify* him. 用美沙酮让他戒毒。—*vi.* 戒毒；戒酒

de·tract /diˈtræt/ *vi.* 诋毁，贬低；减损(*from*)：Her anger *detracts from* her beauty. 她满面怒容使她的美貌大受其损。—*vt.* 转移，分散(思想、注意力等)；使分心(*from*)：The advertisements by the side of the road sometimes *detract* the attention of motorists. 路边的广告有时会使驾车者分心。‖ **deˈtrac·tion** /-ʃᵊn/ *n.* [U] —**deˈtrac·tor** *n.* [C]

det·ri·ment /ˈdetrimᵊnt/ *n.* ❶[U]损害，损伤，伤害；不利，损失：It is not advisable to lower the price to the *detriment* of the quality. 为了降低价格而降低质量是不可取的。❷[C]造成不利(或损害、损伤、损失等)的事物：His lack of education was a serious *detriment* to his career. 他所受教育不多，这严重影响了他的

事业。

det·ri·men·tal /ˌdetriˈmentᵊl/ *adj.* 不利的，有损的，有害的(*to*)：These measures would be *detrimental to* our mutual interests. 这些措施将有损于我们双方的共同利益。

de·tri·tus /diˈtraitəs/ *n.* [U](碎落或磨损下来的)屑粒，瓦砾：The *detritus* left by the flood covered the highway. 洪水过后，公路上满是碎屑瓦砾。

deuce /djuːs/ *n.* [U]【网】局末平分(如三平、四平等)；盘末平分(如五平、六平等)

D

de·val·u·a·tion /diːˌvæljuːˈeiʃᵊn/ *n.* [C;U]货币贬值：The dollar was facing *devaluation.* 美元正面临贬值。

de·val·ue /diːˈvæljuː/ *vt.* ❶【经】使(货币)贬值：The country *devalued* its currency by 10%. 该国使其货币贬值10%。❷降低…的价值：Time has *devalued* his stature as a writer. 随着时光的流逝，作为一个作家他早已风光不再。

dev·as·tate /ˈdevəˌsteit/ *vt.* ❶毁坏，破坏；蹂躏：The fire *devastated* the whole town. 这场大火使整个城镇沦为一片废墟。❷[常用被动语态]使震惊；使难以承受；使垮掉：We were *devastated* by the news of the tragedy. 我们获知这个惨案的消息后惊呆了。‖ **dev·as·ta·tion** /ˌdevəˈsteiʃᵊn/ *n.* [U] —ˈ**dev·asˌta·tor** *n.* [C]

dev·as·tat·ed / ˈdevəˌsteitid/ *adj.* 极度震惊的，垮掉的，压垮的，难以承受的：He was *devastated* at the loss of his sons. 他因丧子而身心交瘁。

dev·as·tat·ing /ˈdevəˌsteitiŋ/ *adj.* ❶毁灭性的；破坏力极大的：The first blow will be so *devastating* as to be decisive. 第一拳要具毁灭性，务必做到一击定乾坤。❷压倒性的；令人震惊的；令人难以承受的：the *devastating* loss of one's son 撕心裂肺的丧子之痛 ❸犀利的，辛辣的；睿智的：He has a most *devastating* insight into character. 他对人的品格具有特别犀利的洞察力。

de·vel·op /diˈveləp/ *vt.* ❶发展；扩展，拓展：We plan to *develop* the sports grounds into a stadium holding 40,000 people. 我们计划把运动场扩建成一座容纳4万人的体育场。❷使成长；使发育；使进化，使演化：Warm rains and summer suns *develop* the grain. 夏季的雨水和阳光促使谷物生长。❸研制；使形成：By experimentation botanists have *developed* many new plants. 通过实验，植物学家们已培育出许多植物新品种。❹使迅速扩展，使扩散；患(病)：He has *developed* an allergy. 他已得了敏感症。❺详尽阐述；使展开：He was *developing* quite a reasonable point of view as he talked to me. 在和我谈话中间，他详尽地阐述一个很有道理的观点。❻开发(资源、土地等)：*develop* a stretch of waste land 开垦一片荒地 ❼【摄】使(胶卷等)显影：We shall print all the films we *developed.* 我们要把所有冲洗出来的胶卷都印成照片。—*vi.* ❶发展；扩展，拓展：When the great civilizations *developed*, art began to flourish. 人类伟大文明发展之时，就是艺术的繁荣之日。❷生长，成长；发育：A child *develops* rapidly between the ages of 13 and 16. 儿童在13到16岁之间发育很快。❸迅速扩展，迅速扩散：Cancer *developed* rapidly in the lab mice. 癌症在实验室的老鼠身上迅速蔓延。❹【摄】显影：This type of film *develops* in twenty minutes. 这种胶卷20分钟后即可显影。‖ **deˈvel·op·ment** *n.* [C;U]

de·vel·oped /diˈveləpt/ *adj.* [常作定语]发达的：the *developed* countries of the West 西方发达国家

de·vel·op·er /diˈveləpəʳ/ *n.* [C]房地产投资开发者

de·vel·op·ing /diˈveləpiŋ/ *adj.* [无比较级][常作定语]发展中的：a *developing* nation 发展中国家

de·vi·ant /ˈdiːviənt/ **I** *adj.* 异常的，偏常的；离经叛道的：These beliefs are labeled *deviant* by the majority. 这些信仰大多数人称之为异端邪说。**II** *n.* [C] ❶偏常者，不正常者(尤指性变态者)；离经叛道者 ❷异常物，变异物

de·vi·ate /ˈdiːviˌeit/ *vi.* 偏离；背离(*from*)：*deviate from* the course of routine 打破常规

de·vi·a·tion /ˌdiːviˈeiʃᵊn/ *n.* [U;C]偏离；背离，偏差(*from*)：There were many *deviations from* fact in his account. 在他的陈述中有许多与事实大相径庭之处。

de·vice /diˈvais/ *n.* [C] ❶设备，装置；仪器，器械；机件：a timing *device* 计时仪器 ❷手段；策略；花招，诡计：I'll have to think of a *device* to avoid going to their wedding. 我得想个招儿不

去参加他们的婚礼。

☆ **device, appliance, gadget, implement, instrument, machine, tool** 均有"器械,工具"之意。**device** 使用范围很广,泛指为某一特定目的设计出来的任何工具、器具或简单的小机器:a labour-saving *device*(节省劳力的装置)**appliance** 常指由动力传动的器具或装置,含有轻便、可移动或可供短暂性使用之义,尤其适用于家用电器:electric *appliances*(电器)**implement** 为最普通用词,词义和使用范围极广,泛指完成某一任务所必需使用的任何工具、器械、家庭用具或机械装置,但尤其适用于农业或园艺方面:farm *implements*(农具)**gadget** 常指新奇、灵便、省力而有趣的小巧装置或精巧机械:a clever little *gadget* for opening bottles(小巧的开罐器)**instrument** 意指完成某项精细工作所需要的器具、器械或仪器,尤其适用于科技或艺术等方面:surgical *instruments*(外科手术器械)/ player of a musical *instrument*(乐器演奏者);该词也常用其喻义,指完成或辅助某事的方法和手段:the *instruments* of fate(受命运摆布的工具)**machine** 意指由动力传动和不直接用手操作的机器:a washing *machine*(洗衣机)**tool** 常指手艺人用手操作的简单工具,也可表示机器上直接用以切削、成形或钻孔等的部件,用于农业或园艺方面时,常可与 implement 互换:It's difficult to be a good cook without the proper *tools*.(没有合手的工具很难做个好厨师。)

dev·il /ˈdevᵊl/ *n.* ❶[时作 the D-]【宗】(基督教及犹太教信仰中的)魔王,撒旦 ❷[C]恶棍,凶残的人;邪恶的人:He is a born *devil*. 他生来就是个恶棍。❸[C]冒失鬼;淘气鬼:Those little *devils* poured a bucket of water on my head. 那些小捣蛋往我头上倒了一大桶水。❹[C]倒霉的人:a poor *devil* 可怜的倒霉蛋

dev·il·ish /ˈdevᵊliʃ/ *adj.* ❶魔鬼的;恶魔般的;邪恶的:*devilish* behaviour 恶行 ❷极困难的;极糟糕的;极可怕的:a *devilish* mess 乱七八糟

dev·il·ment /ˈdevᵊlmənt/ *n.* [U;C]恶作剧,捣蛋;胡闹

de·vil·try /ˈdiːvᵊtri/ *n.* ❶[U]恶作剧,捣蛋;胡闹❷[C]邪恶的行为;残暴的行为

de·vi·ous /ˈdiːviəs/ *adj.* ❶迂回的;绕弯的:She led him by *devious* ways to the meeting place. 她领着他拐了好几个弯来到了会场。❷(人)不坦诚的,不光明正大的;刁猾的,阴险的:He was as *devious* as his adversary was ruthless. 他的对手有多残忍,他就有多狡诈。‖ ˈ**de·vi·ous·ly** *adv.* —ˈ**de·vi·ous·ness** *n.* [U]

de·vise /diˈvaiz/ *vt.* 策划,(精心)设计;发明;想出:The novelist *devised* a number of incidents to illustrate the character he had created. 小说家炮制了若干故事来刻画其创造的人物。

de·void /diˈvɔid/ *adj.* [无比较级][作表语]没有的,毫无的,缺乏的(*of*):a person *devoid of* any sense of right or wrong 没有是非观念的人

de·volve /diˈvɔlv/ *vt.* 移交,转移(工作、职责、权力等)(*on*,*upon*,*to*):The judge *devolved* the property *to* the wife of the deceased. 法官将财产移交给死者的遗孀。—*vi.* (工作、职责、权力等)被移交,被转移(*on*,*upon*,*to*):The responsibility *devolved on* the rest of the committee when the chairman fell ill. 委员会主席生病时责任就落在委员会其他成员身上。

D

de·vote /diˈvəut/ *vt.* ❶使得到专用;倾注(精力等)(*to*):He *devotes* a lot of his spare time *to* his hobby. 他把许多业余时间花在自己的嗜好上了。❷奉献,献(身)(*to*):She *devoted* her life *to* helping poor children. 她一生致力于帮助穷孩子。

☆ **devote, consecrate, dedicate, hallow** 均有"贡献,奉献"之意。**devote** 强调出于热情、爱慕或爱好从事某一事业或追求某一目的:He has *devoted* his life to helping blind people.(他将毕生奉献给帮助盲人的事业。)**consecrate** 较前者正式,尤指通过典礼、仪式或以宗教形式将某物神圣地献予对方:She *consecrated* her whole life to spreading the word of God.(她毕生致力于传播上帝的谕旨。)该词泛指极端庄严地奉献,具有十分强烈的神圣和庄严色彩:a truly great statesman who *consecrated* himself to seeking and upholding the public good(一位真正把自己奉献给大众福利事业的伟大政治家)**dedicate** 表示把某物献给某人,以示尊敬或信任:He *dedicated* his first book to his wife.(他把自己的第一本书献给了妻子。);该词也常指热切而庄重地为某一种神圣严肃的事业去献身,强调决心和信念:She *dedicated* her life to the cause.(她把一生都献给了这份事业。)**hallow** 因用于《马太福音》的主祷文,宗教色彩较强,指将某事物神圣化,一般不用于自身:battleground *hallowed* by the blood of patriots(因流有爱国者鲜血而被视为神圣的战场)该

词也可表示尊敬或使某事物可敬：institutions *hallowed for their classical learning*（因古典文学研究造诣高深而受到尊崇的学术机构）

de·vot·ed /di'vəutid/ *adj.* ❶忠诚的，忠实的；热心的；恩爱的(*to*)：Their parents were *devoted to* each other. 他们的父母相亲相爱。❷[作定语]献身的；虔诚的；专心的(*to*)：a *devoted* Christian 虔诚的基督教徒 ‖ **de'vot·ed·ly** *adv.*

dev·o·tee /ˌdevə'tiː/ *n.* [C]献身者；爱好者；迷：a *devotee* of jazz 爵士乐的爱好者

D

de·vo·tion /di'vəuʃ°n/ *n.* [U]❶热爱，挚爱；热心(*to*)(见 love)：*devotion to* the cause of education 对教育事业的热忱 ❷(尤指为宗教的)奉献，献身(*to*)：one's *devotion to* the cause of freedom 某人对自由事业的献身精神❸忠实，忠诚；效忠：His *devotion* to duty was admired by all. 他忠于职守的精神受到大家的崇敬。‖ **de'vo·tion·al** *adj.*

de·vour /di'vauəʳ/ *vt.* ❶贪婪地吃光，狼吞虎咽地吃光：These hungry soldiers *devoured* the tasteless food left to them. 那些饥饿的士兵狼吞虎咽地吃光了留给他们的无味食物。❷如饥似渴地看(或听、读等)：For 22 hours each day, he *devoured* books on mathematics, physics, and chemistry. 他如饥似渴地攻读数理化书籍，每天长达 22 个小时。

de·vout /di'vaut/ *adj.* 虔诚的，虔敬的：a *devout* Catholic 虔诚的天主教徒 ‖ **de'vout·ly** *adv.* —**de'vout·ness** *n.* [U]

dew /dʲuː/ *n.* [U]露，露水，露珠：beads [drops] of *dew* 露珠 ‖ **'dew·y** *adj.*

dew·drop /'dʲuːˌdrɔp/ *n.* [C]露珠

dew point *n.* [C]【气】露点

dex·ter·i·ty /dek'steriti/ *n.* [U] ❶熟练，灵巧；敏捷：I was unable to do anything which required manual *dexterity*. 我干不了任何要求手指灵巧的事儿。❷机灵，机敏，伶俐；聪明：Does he have enough *dexterity* to cope with a job like that? 他是否有足够的灵性来应付这样的工作？

dex·ter·ous /'dekstrəs/ *adj.* ❶熟练的，灵巧的，敏捷的：The girl is very *dexterous* with the knitting needles. 那姑娘用织毛衣针编结东西非常熟练。❷机灵的，机敏的；聪明的，伶俐的：A successful manager must be *dexterous* in handling people. 一位成功的经理必须敏于和人打交道。

☆**dexterous, adroit, deft** 均有"熟练的；机敏的"之意。**dexterous** 指技术熟练、操作或动作灵巧敏捷的：She untied the knots with *dexterous* fingers.（她用灵巧的手指解开了线结。）**adroit** 指在应付各种情况时聪明、机智和灵活多变，也指具有熟练技术或动作灵巧的：A good teacher is *adroit* in posing questions.（好的教师善于灵活地提问。）**deft** 强调动作轻松利落或做事沉着稳妥的：a *deft* interweaving of the novel's several subplots（颇具匠心地将小说的几个次要情节交织在一起）

dex·trose /'dekstrəus/ *n.* [U]【化】葡萄糖

di- /dai/ *comb. form* ❶表示"二"，"双"；"二倍"：*di*cotyledon（双子叶植物）❷【化】表示"二"，"双"，"联"：carbon *di*oxide

di·a·be·tes /ˌdaiə'biːtiːz/ [复] *n.* [用作单]【医】糖尿病；多尿

di·a·bet·ic /ˌdaiə'betik/ **I** *n.* [C]糖尿病患者 **II** *adj.* [无比较级][作定语] ❶(患)糖尿病的；用以治疗糖尿病的：a *diabetic* patient 糖尿病患者 / *diabetic* medicine 糖尿病类药物 ❷(食物)专供糖尿病患者吃的；降糖的：*diabetic* sweets 适合糖尿病患者吃的糖果

di·a·bol·ic /ˌdaiə'bɔlik/, **di·a·bol·i·cal** /-k°l/ *adj.* ❶残忍的；邪恶的；狰狞的：*diabolical* behaviour 恶行❷魔鬼(似)的；由魔鬼作祟的：a *diabolic* yell 魔鬼般的狂叫 ‖ **ˌdi·a'bol·i·cal·ly** *adv.* —**ˌdi·a'bol·i·cal·ness** *n.* [U]

di·a·crit·ic /ˌdaiə'kritik/ *n.* [C]变音符，附加符号

di·a·crit·i·cal /ˌdaiə'kritik°l/ **mark** *n.* ＝diacritic

di·a·dem /'daiəˌdem/ *n.* [C] ❶王冠，皇冠，冕 ❷(象征王权的)头带

di·ag·nose /'daiəgˌnəuz/ *vt.* ❶诊断(疾病)：The doctor *diagnosed* her illness as cancer. 医生诊断出她患的是癌症。❷找出(问题等)的原因(或性质)；对(问题等)的原因(或性质)作出判断：His book *diagnoses* the moral crisis of modern society. 他的书分析了造成现代社会道德危机的原因。

di·ag·no·sis /ˌdaiəg'nəusis/ *n.* [U;C]([复]-ses /-siːz/) ❶诊断(法)；诊断结果(或结论)：Further studies confirmed the *diagnosis* that the tumor was benign. 进一步的研究确诊那是良性肿瘤。❷(对事故等的)判断,调查分析;判断结论:The *diagnosis* blamed the collapse of the bridge on faulty construction. 判断结论将这起桥梁坍塌事故归咎于施工的失误。‖ **di·ag·nos·tic** /ˌdaiəgˈnɔstik/ *adj.* —**di·ag·nos·ti·cian** /ˌdaiəgnɔsˈtiʃᵊn/ *n.* [C]

di·ag·o·nal /daiˈægənᵊl/ *adj.* [无比较级] ❶对角(线)的:The path is *diagonal* to the edge of the field. 这条小路与田边成对角。❷斜的:a *diagonal* stripe in cloth 布上的一条斜条纹 ‖ **diˈag·o·nal·ly** *adv.*

di·a·gram /ˈdaiəˌgræm/ *n.* [C] ❶图示,图解,示意图:The engineer drew a *diagram* of the bridge. 那位工程师绘制了这座桥的简图。❷图表

di·al /ˈdaiᵊl/ **I** *n.* [C] ❶(钟表等的)表盘,表面:the luminous *dial* of a watch 手表的夜光表面 ❷(仪器等的)刻度盘,示数盘:Make sure that the figures on the *dial* can be seen in direct sunlight. 要确保在阳光直射下能看见刻度盘上的数字。❸(机器的)调节控制器;(收音机的)电台调谐器,(电视机的)频道调节旋钮 ❹(电话机的)拨号盘 **II** (**-al(l)ed;-al·(l)ing**) *vt.* ❶(为开锁)拨(保险箱暗码盘等的数字):He is *dialing* the numbers on the safe. 他正在拨保险箱上的数字。❷拨(电话号码);给…打电话;往…打电话:You have *dialed* the wrong number. 你拨错电话号码了。—*vi.* 打电话

di·a·lect /ˈdaiəˌlekt/ *n.* [U;C]方言;地方话,土话:use a northern *dialect* 讲一种北方方言 ‖ **di·a·lec·tal** /ˌdaiəˈlektᵊl/ *adj.*

di·a·log(ue) /ˈdaiəˌlɔg/ *n.* [U;C] ❶对话,谈话,交谈:have a useful *dialogue* on problems of common concern 就共同关心的问题进行有益的对话 ❷(戏剧、小说等中的)对话,对白:The novel is interesting but the *dialogue* sounds very artificial. 这部小说饶有情趣,可就是人物对话听来太矫揉造作。❸(国家、组织等之间的)对话,会谈:seek *dialogue* with the authorities 谋求与当局对话

di·al·y·sis /daiˈælisis/ *n.* [C; U] ([复]-**ses** /-ˌsiːz/)【医】(血液)透析

di·am·e·ter /daiˈæmitəʳ/ *n.* [C]直径,径:The ball is 30 centimetres in *diameter*. 这球直径30厘米。

di·a·met·ri·cal·ly /ˌdaiəˈmetrikᵊli/ *adv.* [无比较级]❶在直径方向地,径直地 ❷截然相反地,对立地

di·a·mond /ˈdaiəmᵊnd/ *n.* ❶[U;C]金刚石;金刚钻;钻石:*Diamond* is one of the hardest natural substances on earth. 金刚石是地球上最坚硬的天然物质之一。❷[~s](戒指、项链等)钻石饰物:wear *diamonds* 戴钻石首饰 ❸[C]钻石形的东西;菱形状物:a pattern of red and yellow *diamonds* on the bedcover 床罩上的红黄相间的菱形图案 ❹[C]【牌】方块;(一张)方块牌;[~s][用作单或复]方块花色(即由13张构成的一组):the Queen of *diamonds* 方块王后

di·a·per /ˈdaiəpəʳ/ **I** *n.* [C]尿布,尿片:change a *diaper* 换尿布 **II** *vt.* 给(婴儿)换尿布;给(婴儿)衬尿布:*diaper* a baby after its bath 给洗过澡的婴儿衬尿布

di·aph·a·nous /daiˈæfᵊnəs/ *adj.* [无比较级]轻而薄的;半透明的:a *diaphanous* fabric 又轻又薄的织物

di·a·phragm /ˈdaiəˌfræm/ *n.* [C] ❶【解】膈;隔膜 ❷(电话机、扬声器、耳机等的)膜片,振动膜 ❸子宫帽 ❹【摄】光圈

di·ar·rh(o)e·a /ˌdaiəˈriə/ *n.* [U]【医】腹泻,拉肚子:I have *diarrhoea* and I don't think I can come for a walk. 我在拉肚子,怕不能去散步了。

di·a·ry /ˈdaiəri/ *n.* [C] ❶日记;日志:keep a *diary* 记日记 ❷日记本:He writes in his *diary* every night at bedtime. 每晚就寝时间他都在日记簿上写东西。❸日志簿,工作日志记录

di·a·tribe /ˈdaiəˌtraib/ *n.* [C]谴责,抨击;讽刺:write a *diatribe* against the government 写文章抨击政府

dib·ble /ˈdibᵊl/ **I** *n.* [C](用以种植植物的)挖洞器,挖穴小手铲,掘穴器 **II** *vt.* ❶(用挖穴器等)挖(洞或穴) ❷穴播(种子);穴栽(幼苗)

dib·ber /ˈdibəʳ/ *n.* =dibble

dice /dais/ **I** *n.*[复] ❶骰子:roll the *dice* 摇骰子 ❷[用作单]掷骰子;掷骰赌博(或游戏):play *dice* 掷骰游戏(或赌博) **II** *vt.* 把…切成小方块:She *diced* the carrots for the soup. 她把胡萝卜切成细丁做汤。

di·chot·o·my /daiˈkɔtᵊmi/ *n.* [C](尤指相对

D

立的)一分为二,对分

dick•er /ˈdikəʳ/ *vi.* 议价,讨价还价:*dicker* for bargains 为买便宜货而讨价还价

dic•tate /ˈdikˌteit,dikˈteit/ *vt.* ❶口授,口述;使听写:I've *dictated* a letter to my secretary. 我已经向秘书口授了书信。❷命令,发号施令;强行规定:The law *dictated* that his right hand should be cut off. 法律强制规定他的右手必须砍去。

dic•ta•tion /dikˈteiʃᵊn/ *n.* ❶[U;C]听写;口授,口述:She is always giving the students *dictations*. 她老是让学生做听写。❷[U]命令;规定;支配:She left her husband because she was tired of his constant *dictation*. 她之所以离开丈夫是因为她厌烦了他没完没了地发号施令。

D

dic•ta•tor /dikˈteitəʳ/ *n.* [C] ❶独裁者,专政者 ❷发号施令的人,独断专行的人:the *dictator* of the office 办公室里发号施令的人 ❸口授者

dic•ta•to•ri•al /ˌdiktəˈtɔːriəl/ *adj.* ❶独裁的,专制的:a *dictatorial* government 独裁政府 ❷咄咄逼人的,专横的,盛气凌人的:Don't speak to me in that *dictatorial* manner. 别用咄咄逼人的态度对我说话!

dic•ta•tor•ship /dikˈteitəˌʃip/ *n.* ❶[U;C]独裁统治;独裁政治;专政:establish a *dictatorship* of the proletariat 建立无产阶级专政 ❷[C]独裁国家;独裁政府:The little *dictatorship* was rocked by a revolution. 那个小小的独裁国家被一场革命搞得动荡不安。

dic•tion•ar•y /ˈdikʃᵊnᵊri/ *n.* [C] ❶字典;词典,辞典;辞书;语言工具书:a monolingual bilingual *dictionary* 单语词典 ❷(某学科中按字母顺序编排的)术语大全:a *dictionary* of folklore 民俗学术语大全

dic•tum /ˈdiktᵊm/ *n.* [C]([复]-ta /-tə/ 或-tums) ❶权威意见;正式声明❷格言,名言

did /did/ *v.* do 的过去式

di•dac•tic /daiˈdæktik/, **di•dac•ti•cal** /-kᵊl/ *adj.* ❶[无比较级](用于)教学的;教导的;教诲性的:Do you think it is necessary for theatre to be *didactic*? 你认为戏剧有必要向观众上道德教育课吗?❷(人)好说教的;喜欢教训别人的:He tends to be rather *didactic*. 他动辄就训人。

did•dle /ˈdidᵊl/ 〈口〉 *vt.* 欺骗;蒙骗,哄骗:He *diddled* his landlady out of two weeks' rent. 他蒙骗房东太太,赖掉了两个星期的房租。‖ ˈ**did•dler** *n.* [C]

did•n't /didᵊnt/ =did not

die /dai/ (**dy•ing** /ˈdaiiŋ/) *vi.* ❶死,死亡(*of*):Her son *died* from a car accident. 她儿子死于车祸。❷消失;灭亡;停止,结束:My love for you will never *die*. 我对你的爱将永无止境。❸停止运行(或起作用):The engine gave a sputter and *died*. 发动机噼啪一声后便熄火了。❹(声音等)减弱;逐渐消失;逐渐消逝:The wind suddenly *died*. 风势骤然减弱了。❺[常用进行时态]渴望,切望:I'm *dying* for a cup of coffee. 我真想喝杯咖啡。‖ ***die away*** *vi.* 变弱;逐渐停止;渐渐消失,渐渐消逝:The wind had *died away*. 风已停息。***die down*** *vi.* 变弱;渐渐停止;逐渐消失,渐渐消逝:The storm is *dying down* now. 暴风雨正在慢慢减弱。***die hard*** *vi.* (旧习惯、旧信仰等)难改掉,难消灭:Old habits *die hard*. 旧习惯根深蒂固难以改掉。***die off*** *vi.* 相继死去;相继消失:Those language are in danger of *dying off*. 这些语言正面临着逐渐消亡的危险。***die out*** *vi.* ❶灭绝:Tigers have almost *died out* in India. 在印度老虎几乎已经灭绝。❷逐渐消失;渐渐停息:Traditional grocers' shops are fast *dying out*. 那些传统的杂货铺正在迅速消失。

di•er•e•sis /daiˈiərəˌsis/ *n.* [C]([复]-ses /-ˌsiːz/)【语】分音符,隔音符

die•sel /ˈdiːzᵊl/ *n.* ❶[C]内燃机,柴油机 ❷[U]内燃机燃料;柴油

di•et /ˈdaiət/ I *n.* ❶[U;C]日常饮食,日常食物:a balanced,nutritious *diet* 均衡的和富于营养的饮食 ❷[C](适合疾病或有助于发胖或减肥的)特种饮食,规定饮食:order a liquid *diet* for the sick child 给病孩要了一份流质食物 II *vi.* [常用进行时态](尤指为减肥而)忌食,节食;吃特种食物:Don't give me any cake;I'm *dieting* to lose weight. 不要给我吃蛋糕,我正在节食减肥。‖ ˈ**di•et•er** *n.* [C]

di•e•tar•y /ˈdaiətᵊri/ *adj.* [无比较级][作定语]饮食的;规定饮食的:*dietary* restrictions 饮食忌口

di•e•tet•ic /ˌdaiəˈtetik/, **di•e•tet•i•cal** /-kᵊl/ *adj.* [无比较级]饮食(学)的;节食的;规定饮食的;特种饮食:the *dietetic* section of the supermarket 超级市场的特殊饮食部

di·e·ti·cian /ˌdaiəˈtiʃᵊn/ *n.* =dietitian

di·e·tet·ics /ˌdaiəˈtetiks/ [复] *n.* [用作单]饮食学,膳食学

di·e·ti·tian /ˌdaiəˈtiʃᵊn/ *n.* [C]饮食学家,膳食学家〔亦作 **dietician**〕

dif·fer /ˈdifəʳ/ *vi.* ❶[不用进行时态]相异,不同,有区别(*from*, *in*):We *differ from* each other *in* the way we work. 我们俩的区别在于工作方式的不同。❷(在观点、意见等方面)发生分歧,持不同看法(*from*, *with*):I must *differ with* you on that matter though you may be right. 就那件事,我不敢苟同,尽管你可能是对的。

dif·fer·ence /ˈdifᵊrᵊns/ *n.* ❶[U]差别,区别,差异:I can't see the *difference* in them. 我看不出他们有什么区别。❷[C]差异点,不同之处:The *difference* of a quarter of an hour would be no *difference* at all. 早一刻钟晚一刻钟压根儿没有关系。❸[C;U]差,差额;差分:the *difference* in price 差价❹[C](意见、观点的)分歧,不和: settle the *differences* 消除分歧

dif·fer·ent /ˈdifᵊrᵊnt/ *adj.* ❶[无比较级]差异的,不同的,两样的,有区别的(*from*):*Different* people told me the same story. 不同的人跟我讲述了同一个故事。❷[无比较级]截然不同的;各别的:That is a *different* matter altogether. 那完全是另外一码事。❸[无比较级][用于复数名词前]各种的:*different* amusements 各色各样的娱乐 ❹与众不同的;不寻常的;别致的:His comments were *different*, original, holy. 他的评论独具慧眼,见解新颖,至善至圣。‖ ˈ**dif·fer·ent·ly** *adv.*

dif·fer·en·tial /ˌdifᵊˈrenʃᵊl/ **I** *adj.* [无比较级][作定语]差别的;区别性的:She complained of getting *differential* treatment at work. 她抱怨在工作中受到歧视。**II** *n.* [C](具有可比性的人或事物间的)差别,差异;差额:the price *differential* 价格差额

dif·fer·en·ti·ate /ˌdifəˈrenʃiˌeit/ *vt.* ❶使有差别;构成…间的差别:Colouring *differentiates* the sexes in many birds. 颜色成了许多鸟类的雌雄区分标志。❷区分,区别;辨别;鉴别(见 distinguish):He can't *differentiate* red from green. 他红绿不分。—*vi.* 区分,区别;辨别,鉴别(*between*):*differentiate between* good and evil 分清善恶 ‖ ˌ**dif·fer·en·ti·a·tion** /-ˌrenʃiˈeiʃᵊn/ *n.* [U]

dif·fi·cult /ˈdifikᵊlt/ *adj.* ❶困难的;(任务等)费力的,艰巨的,需要技术的(见 hard):It has been a *difficult* job writing this book. 写这本书可真费了劲。❷深奥的,复杂的;难懂的;难以解答的:James Joyce makes *difficult* reading. 詹姆斯·乔伊斯的作品艰涩难懂。❸(人)不易取悦的;不易相处的;难对付的:I always found her *difficult*. 我总是感到她难以相处。❹不利的;阻碍的;困难重重的:under *difficult* conditions 身处逆境 ❺(尤指在经济方面)艰难的:We saw some *difficult* times during the depression years. 我们在经济萧条的年代里度过一段难挨的时光。‖ ˈ**dif·fi·cult·ly** *adv.*

dif·fi·cul·ty /ˈdifikᵊlti/ *n.* ❶[U]困难,艰难;困难性;难度:There was no *difficulty* in getting her address. 打听她的地址并不费事。❷[常作 **difficulties**]为难之事,尴尬境地;(尤指经济上的)困境:The company got into *difficulties*. 该公司陷入了困境。

☆ **difficulty**, **hardship**, **rigour**, **vicissitude** 均有"困难,苦难"之意。**difficulty** 为普通用词,使用范围最广,可指各种麻烦、障碍或困难,往往含有虽然并非无法忍受或克服、但需要一定的技巧、才智、勇气、毅力和耐心才能解决之意:She had great *difficulty* in understanding him. (她费了好大劲才搞懂了他的意思。) **hardship** 词义比 difficulty 强,指难以忍受、难以煎熬的艰难困苦,但不含为克服困难进行努力奋斗的意思,常用于为达到目的经受的磨难:the *hardship* borne by soldiers during a war (战争期间士兵们遭受的艰难困苦) **rigour** 常指宗教教规、政府统治、恶劣气候或艰巨任务等强加给人们的苦难或严酷;也可指对他人或自己提出的严格要求:He deserves to be punished with the full *rigour* of the law. (他应该受到法律的严惩。) **vicissitude** 为书面用语,指随着某一生活方式、经历或行动过程受外界影响而出现的变迁或苦难,亦指需经努力和忍耐才能克服的事情:His life was marked by *vicissitudes*. (他一生历尽了千辛万苦。)

dif·fi·dent /ˈdifidᵊnt/ *adj.* 胆怯的,羞怯的;不自信的 ‖ ˈ**dif·fi·dence** /-dᵊns/ *n.* [U]

dif·fuse I /diˈfjuːz/ *vt.* ❶使(热、气味等)扩散;使弥漫;使渗出:The sun was *diffusing* abundance of light. 阳光普照。❷传播;普及;散布:

diffuse education 普及教育 —*vi.* 扩散,四散;弥漫;渗出:The smell of perfume *diffused* through the room. 香水味弥漫整个房间。**II** /diˈfjuːs/ *adj.* ❶[无比较级](光等)散射的,漫射的;散开的,扩散的,弥漫的:a broad,*diffuse* organization 庞大而松散的组织 ❷(文章等)冗长的,芜蔓的:She was *diffuse* in her good wishes for the felicity of her daughter. 她絮絮叨叨地祝女儿幸福。‖ **difˈfuse·ly** *adv.* —**difˈfuse·ness** *n.* [U] —**dif·fu·sion** /-ˈfjuːʒ°n/ *n.* [U] —**difˈfu·sive** *adj.*

D

dig /dig/ **I** (**dug** /dʌg/;**dig·ging**) *vi.* ❶挖,掘;挖掘,发掘,采掘;挖地;挖掘似的掏:The miners were *digging* for coal. 矿工们在采煤。❷(突破障碍)掘进;掘进似的费力向前:They *dug* through a mountain to build a tunnel. 他们挖通大山修建了一条隧道。—*vt.* ❶挖掘(土等);挖…的土:*dig* the front garden 给前花园松土 ❷掘成,挖成;挖出,挖得:He was *digging* carrots. 他正在挖胡萝卜。❸捅;刺;以…触碰戳;用…刺戳:She was *digging* me in the waist with her umbrella. 她用伞捅我的腰部。**II** *n.* [C] ❶挖,掘,挖掘:You ought to give the garden a good *dig*. 你该把花园的地好好刨一刨。❷捅,戳,刺:The boy gave his friend a playful *dig* in the ribs. 那男孩顽皮地朝他朋友的胸口捅了一下。❸〈口〉挖苦,讥笑,嘲讽:make a *dig* at sb. 挖苦某人 ❹发掘的遗迹;发掘地点:The explorers set up their tents near the *dig*. 考察人员在考古发掘遗址附近架起了帐篷。‖ ***dig in*** *vi.* 站稳脚跟;保持立场:The negotiators *dug in* and refused to budge. 谈判者们坚持立场,拒绝作出让步。***dig out*** *vt.* ❶挖出,掘出:*dig* the car *out* of the snow 把汽车从雪中挖出来 ❷发现,查明:I would bring back with me men who would *dig out* all its secret. 我一定要带来一些能够发现它的一切秘密的人。***dig up*** *vt.* ❶挖掘,发掘:The rescue workers *dug up* fifty bodies in the rubble. 救援人员在碎石堆中挖出了 50 具尸体。❷发现,查明;使曝光:Don't *dig up* what's long forgotten! 不要把早忘掉的老账再翻出来啦!

di·gest I /diˈdʒest,dai-/ *vt.* ❶消化(食物):I can't *digest* milk. 我对牛奶消化不好。❷〈喻〉消化(知识等);吸收(信息);彻底领会;完全理解:We are still *digesting* the information; we haven't decided what to do. 我们还在琢磨这个情报,尚未决定该干些什么。—*vi.* (食物)被消化:Some foods don't *digest* easily. 有些食物不易消化。**II** /ˈdaidʒest/ *n.* [C] ❶文摘;汇编:*Reader's Digest*《读者文摘》❷摘要,概要,简编:a weekly news *digest* 一周新闻简报 ‖ **diˈgest·i·ble** *adj.*

di·ges·tion /diˈdʒestʃ°n,dai-/ *n.* [U] ❶消化:A good walk aids *digestion*. 适当的散步有助于消化。❷[通常用单]消化力:The rich food is bad for your *digestion*. 这种油腻的食物有碍你的消化。‖ **diˈges·tive** *adj.*

dig·it /ˈdidʒit/ *n.* [C]【数】(0 到 9 中的任何一个)数(字);位,数位:Move the decimal point one *digit* to the left. 把小数点向左移动一位数字。/26,730 has five *digits*. 26 730有 5 个数字。

dig·it·al /ˈdidʒit°l/ *adj.* [无比较级] ❶数字的:*digital* readouts 数字读出 ❷数字化的;(唱片、录音设备等)数字的,数码的:a *digital* circuit 数字电路 ❸(计时器等)数字显示的:a *digital* watch 电子表 ‖ **ˈdig·i·tal·ly** *adv.*

dig·ni·fied /ˈdigniˌfaid/ *adj.* 庄严的;有尊严的;端庄的;高贵的;高尚的:He is too *dignified* to do anything so silly. 他一向正经得很,不可能做出如此荒唐的事情来。

dig·ni·fy /ˈdigniˌfai/ *vt.* ❶使有尊严;使变得庄严(或崇高);为…增光,给…添彩:The low farmhouse was *dignified* by the great elms around it. 那低矮的农舍四周有高大的榆树环绕,平添了几分庄严。❷(用虚夸的名称)抬高…的身价;给…冠以美名:*dignify* pedantry by calling it scholarship 冠以学术之名来美化迂腐

dig·ni·tar·y /ˈdignit°ri/ *n.* [C]要人;显贵,达官贵人

dig·ni·ty /ˈdigniti/ *n.* ❶[U](举止、态度等的)庄重,端庄;庄严:She walked up the stairs with great *dignity*. 她仪态万方地拾级而上。❷[U]尊严:peaceful *dignity* 不卑不亢 ❸[U]尊贵,高贵;高尚:die in *dignity* 死得崇高

di·gress /diˈgres,dai-/ *vi.* 离题,跑题(*from*):I'd like to *digress* for a moment and tell a story about him. 我想暂时扯开去讲讲有关他的故事。‖ **di·gres·sion** /-ˈgreʃ°n/ *n.* [U;C] —**diˈgres·sive** *adj.*

dike /daik/ *n.* [C] ❶堤;坝;堰 ❷〈英〉沟;壕

沟;明沟〔亦作 **dyke**〕

di·lap·i·dat·ed /diˈlæpiˌdeitid/ *adj.* 坍塌的;(年久)失修的;破烂的:The house was *dilapidated* and none too clean. 房子破破烂烂,而且收拾得一点儿也不干净。

di·late /daiˈleit,ˈdaileit/ *v.* 使膨胀,使涨大;扩大(见 expand):Air is *dilated* by heat. 空气受热膨胀。‖ **di·la·tion** /ˈdaileiʃᵊn/ *n.* [U]

dil·a·to·ry /ˈdilətᵊri/ *adj.* 拖拉的;拖延的:be *dilatory* in paying one's bills 拖延付账

di·lem·ma /diˈlemə,dai-/ *n.* [C](进退两难的)窘境,困境;(两难)抉择,左右为难:I'm in a *dilemma* about [as to] whether to stay at school or get a job. 我感到左右为难的是究竟要继续上学呢,还是去找个工作。

dil·i·gence /ˈdilidʒᵊns/ *n.* [U]勤奋,勤勉;认真刻苦:She has enough *diligence* to finish the job on time. 她一向勤勉,完全能按时完成这份工作。

dil·i·gent /ˈdilidʒᵊnt/ *adj.* ❶勤勉的,勤奋的;认真刻苦的(见 busy):He's always *diligent* in (doing) his work. 他一向工作勤奋努力。❷坚持不懈的,执着的:*Diligent* research will produce results. 孜孜不倦的研究工作一定会有所收获的。‖ ˈ**dil·i·gent·ly** *adv.*

di·lute /diˈlʲuːt;dai-/ **I** *vt.* ❶使变稀,使变淡;稀释,冲淡:This dye must be *diluted* in a bowl of water. 这颜料必须放入一碗水中加以稀释。❷削弱;降低;减轻:The high price of a new car *diluted* our enthusiasm for buying one. 一辆新车的价格这么高,大大降低了人们的购买欲。**II** *adj.* [作定语]稀释的,冲淡了的:*dilute* whisky 掺水威士忌 ‖ **diˈlu·tion** /-ʃᵊn/ *n.* [U]

dim /dim/ **I** *adj.* (**dim·mer**,**dim·mest**) ❶暗淡的,幽暗的,昏暗的,阴暗的:The room was too *dim* for me to read. 这房间的光线太暗,我无法看书。❷朦胧的,隐约的:a *dim* object in the distance 远处影影绰绰的物体❸(机会、可能性)小的,渺茫的:a *dim* chance of winning 极小的获胜机会 ❹愚蠢的,迟钝的,反应慢的:Jeff seems to be a bit *dim*. 杰夫看上去有点傻乎乎的。**II** (**dimmed**;**dim·ming**) *v.* 使变暗,使暗淡;使变模糊:The smoke *dimmed* his eyes. 烟雾模糊了他的双眼。‖ ˈ**dim·ly** *adv.* —ˈ**dim·ness** *n.* [U]

dime /daim/ *n.* [C] ❶ 10 分硬币;10 分钱,1 角钱 ❷〈俚〉10 美元

di·men·sion /diˈmenʃᵊn,dai-/ *n.* ❶[C]【数】维,面;因次:A straight line has one *dimension*,a cubic has three *dimensions*. 直线是一维的,立方体是三维的。❷[通常作～s]尺寸;宽度;厚度;深度:What are the *dimensions* of this carpet? 这张地毯的长、宽、厚各是多少? ❸[C]方面;侧面:another *dimension* to the problem 问题的另一方面 ❹[通常作～s]大小,面积;规模;范围;程度:No one understood the *dimensions* of the problem. 没人知道问题的严重程度。‖ **diˈmen·sion·al** *adj.*

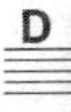

di·min·ish /diˈminiʃ/ *vt.* ❶使变小,减小;使变少,减少,缩减;降低(见 decrease):Unforeseen expenses *diminished* his savings. 一些始料未及的开销使他的存款锐减。❷降低…的声誉;贬低,贬损:Several unpopular decisions *diminished* the governor's popularity. 几项不得人心的决定使那位州长的声誉一落千丈。—*vi.* 变小;变少,缩减;降低:As she turned the knob, the sound *diminished*. 她转动旋钮,声音顿时变小了。‖ **diˈmin·ished** *adj.* —**diˈmin·ish·ing** *adj.* —**dim·i·nu·tion** /ˌdimiˈnjuːʃᵊn/ *n.* [U;C]

di·min·u·en·do /diˌminjuˈendəu/【音】**I** *adj.* & *adv.* [无比较级]渐弱(地) **II** *n.* [C]([复] **-dos**) 渐弱乐章

di·min·u·tive /diˈminjutiv/ *adj.* [无比较级]小的,小型的;细小的,微小的:These birds have fragile,*diminutive* legs. 这些鸟的腿既脆弱又细小。

dim·mer /ˈdimər/ *n.* [C] ❶使变暗的人(或东西) ❷【电】调光器,变光器,减光器 ❸(汽车的)停车小灯

dim·ple /ˈdimpᵊl/ *n.* [C]酒窝,(笑)靥:She has *dimples* in her cheeks when she smiles. 她一笑起来,双颊就露出两个酒窝。‖ ˈ**dim·ply** *adj.*

din /din/ *n.* [通常用单]喧闹声,嘈杂声:Her voice could be heard above the *din*. 尽管周围一片嘈杂,但仍可听得见她的说话声。

dine /dain/ *vi.* 进正餐:They *dine* at home most of the time. 他们多数时间在家里进正餐。—*vt.* 宴请,请…吃饭:The Chamber of Commerce *dined* the famous traveler. 商会宴请了那位知名的旅行家。

din·er /ˈdainər/ *n.* [C] ❶(尤指餐馆里的)就餐

者，食客 ❷（火车上的）餐车 ❸（廉价的）小餐馆，小饭店

ding[1] /diŋ/ **I** *vt.* 使（钟等）叮当作响 —*vi.*（钟等）叮当作响 **II** *n.* [C]钟声；叮当声

ding[2] /diŋ/〈口〉**I** *vt.* ❶使受损，使破损 ❷用力击打 **II** *n.* [C]凹坑，划痕

din·ghy /ˈdiŋgi/ *n.* [C] ❶小划艇，小舢板 ❷小游艇 ❸（舰、船上的）小型供应艇；救生艇

din·er /ˈdainəʳ/ *n.* [C] ❶（尤指餐馆里的）就餐者，食客 ❷（火车上的）餐车 ❸（廉价的）小餐馆，小饭店：We had ham and eggs at a roadside *diner.* 我们在一家路边小餐馆吃了火腿煎鸡蛋。

din·gy /ˈdindʒi/ *adj.* ❶（地方等）肮脏的，邋遢的；昏暗的：His clothes are getting *dingier.* 他的衣服越来越脏。❷光线暗淡的；无光泽的；褪色的：The *dingy* paintwork was chipped. 失去光泽的油漆被铲下了。

din·ing /ˈdainiŋ/ **room** *n.* [C]餐厅，饭厅

DINK, dink /diŋk/ *abbr.* double-income, no-kid [常作定语]（夫妻）双方有收入而无子女的，丁克的

dink·y /ˈdiŋki/ *adj.*〈口〉小而整洁的；精致的：a *dinky* little spoon 精致的小匙子

din·ner /ˈdinəʳ/ *n.* ❶[C;U]主餐，正餐：Do you like the *dinners* in your college? 你喜欢吃你们学院里做的饭吗？❷[C]（正式的大型）宴会：I shall wear my long dress to the *dinner.* 我将穿长裙去参加宴会。

dinner jacket *n.* [C]男子餐服，小礼服，无尾礼服（＝tuxedo）

di·no·saur /ˈdainəˌsɔːʳ/ *n.* [C] ❶【古生】恐龙 ❷（尤指不合时宜或老掉牙的）庞然大物：The old enterprise was a *dinosaur* that cost the company millions to operate. 这家老企业是一头"吃钞票老虎"，要花掉公司数百万元才能运作。

dint /dint/ *n.* [U]力量；努力；权力

di·o·cese /ˈdaiəˌsis, -ˌsiːz, -ˌsiːs/ *n.* [C]（由主教管辖的）教区

di·ode /ˈdaiəud/ *n.* [C]【电子】二极管

dip /dip/ **I** (**dipped**; **dip·ping**) *vt.* ❶蘸；浸：*dip* pen in ink 用钢笔蘸墨水 ❷（短时间）降下；（短暂地小幅度）放低：He *dipped* his head under the low arch. 他在矮拱门下把头低下。—*vi.* ❶浸泡，浸水：The oars *dipped* quietly. 船桨轻轻地上下划动着。❷下沉，落下：The sun *dipped* below the horizon. 太阳西沉于地平线下。❸（尤指短暂地或小幅度地）下降；减少：The demand for plastic shoes has *dipped.* 对塑料鞋的需求量已减少。**II** *n.* ❶[C]蘸；浸：The boat is gaining a little with every *dip* of the oars. 随着双桨的划动，那条船不断地向前推进。❷[U;C]沙司，调味酱：cheese *dip* 奶酪酱 ❸[C]（尤指价格等的暂时或小幅度的）减少；下降：a *dip* in stock-market prices 股市价格的下跌 ❹[C]倾斜；斜度；斜坡：The road takes a sudden *dip* just round the corner. 那条路在拐弯处突然向下倾斜。❺[U]下沉，下落：the *dip* of the sun into the sea 太阳西沉入海 ❻[C]（短时间的）游泳：I'm going to take a *dip* in the pool. 我要到游泳池里去游会儿泳。‖ ***dip into*** *vt.* ❶把…浸泡于：She *dipped* her blouse *into* the hot water. 她把上衣泡在热水中。❷（小量地）取出；挪走：*dip into* one's savings 慢慢地取光了存款 ❸浏览，随便翻阅：*dip into* astronomy 随便翻了翻天文学书籍

diph·the·ri·a /difˈθiəriə, dip-/ *n.* [U]【医】白喉

diph·thong /ˈdifθɔŋ, dip-/ *n.* [C]【语】❶二合元音，复合元音（如 house 中的/au/，noise 中的/ɔi/）❷二合元音字母（如 bait 中的 ai）❸元音连字（如 æ, è）

di·plo·ma /diˈpləumə/ *n.* [C]（[复]**-mas** 或 **-ma·ta** /-ˌmətə/）（毕业）文凭，学位证明：Your degree is awarded on a *diploma.* 你的学位已在所授学位证书上注明。

di·plo·ma·cy /diˈpləuməsi/ *n.* [U] ❶外交：the elaborate etiquette of international *diplomacy* 国际外交中的繁文缛节 ❷外交手腕，外交手段；外交术：the statesman's great *diplomacy* in Madrid 那位政治家在马德里谈判中非凡的外交手腕 ❸（处理人际关系的）手段，手腕，策略：We'll need considerable *diplomacy* to tell him he's fired. 我们需要很讲究策略地跟他说他被解雇一事。

dip·lo·mat /ˈdipləˌmæt/ *n.* [C] ❶外交家，外交官：*diplomats* in the British Embassy 英国大使馆的外交官们 ❷有交际手腕的人；圆滑的人：We need a *diplomat* to deal with the factions in the office. 同办公室里的这些小集团打交道，我们非得有个手腕高明的人不可。

dip·lo·mat·ic /ˌdipləˈmætik/ *adj*. ❶[无比较级][作定语]外交的；从事外交的；擅长于外交的：He has a *diplomatic* post in Ethiopia. 他在埃塞俄比亚担任外交职务。❷有手腕的，手段高明的；讲究策略的：He's *diplomatic* enough not to bring up such a sensitive issue. 他颇具外交手腕，不会提起这样一个敏感问题。‖ **ˌdip·loˈmat·i·cal·ly** /-kᵊli/ *adv*.

dip·py /ˈdipi/ *adj*. 〈俚〉傻的，笨的；疯狂的；古怪的：a *dippy* chick 傻妞儿

dip·stick /ˈdipˌstik/ *n*. [C]测深尺，量杆；量油尺

dip·ter·ous /ˈdiptᵊrəs/ *adj*. [无比较级]具双翅的；(昆虫)双翅目的

dip·tych /ˈdiptik/ *n*. [C]折闭式双连画

dire /ˈdaiəʳ/ *adj*. ❶可怕的；令人痛苦的：Questions of child development were *dire*. 有关儿童成长的许多问题真叫人头痛！❷不祥的，预示灾难(或麻烦等)的：a *dire* warning 预言灾难的警告 ❸极端的，极度的；急迫的：*dire* poverty 赤贫

di·rect /diˈrekt,dai-/ **I** *vt*. ❶指导；管理；监督：Your own judgment must *direct* you. 你可得自己拿主意。❷指示，命令：She *directed* that the police be called. 她指示立即报警。❸导演，执导(电影等)；为…当导演，当…的导演：*direct* a movie 导演一部影片❹给…指路(见 conduct)：Can you *direct* me to the downtown city? 请问到市中心怎么走？❺使(向某一目标或方向)移动；把…对准(*at*, *against*, *to*, *towards*)：We *directed* our steps *towards* home. 我们迈步向家走去。**II** *adj*. [无比较级] ❶[常作定语]直的，笔直的；径直的；最近的：a *direct* line 直线❷[作定语]直系的：a *direct* descendant 直系后裔 ❸[作定语]直接的；亲身的，亲自的：*direct* negotiations between the leaders of the two countries 两国领导人间的面对面谈判 ❹直截了当的，直率的；坦率的：I'll be *direct* with you and say what I really think. 我要跟你坦率地说说我的心里话。❺截然的，完全的：the *direct* opposite 截然相反 **III** *adv*. [无比较级] ❶径直地；直接地：The program has been on the tube *direct* from Boston. 这个电视节目是从波士顿做的现场直播。❷直截了当地，直率地；坦率地：Tell me *direct*. 直截了当地告诉我。‖ **diˈrect·ness** *n*. [U]

direct current *n*. [C]【电】直流电(略作 **DC**, **d. c.**)

di·rec·tion /diˈrekʃᵊn,dai-/ *n*. ❶[C]指示，命令：Under the *direction* of the government, you must pay these taxes immediately. 按政府的命令，你必须立即缴纳这些税款。❷[C]方向；方位：The storm moved in a northerly *direction*. 暴风雨正朝北移动。❸[C]倾向，动向，趋势：new *directions* in literary criticism 文学批评的新趋向 ❹[～s]用法(或使用)说明；指南；指路(见 advice)：Follow the *directions* on the packet. 按照包装上的说明使用。❺[U]指导；管理；监督：She feels the need for firm *direction* in her studies. 在学习上她感到需要有人给她以有力的指导。❻[U]目标，发展方向：He doesn't seem to have any *direction* in life. 他似乎没有任何人生目标。‖ **diˈrec·tion·al** *adj*.

di·rec·tive /diˈrektiv,dai-/ *n*. [C]指示，指令，命令：a *directive* to staff to arrive on time 要求员工准时上班的规定

di·rect·ly /diˈrektli,dai-/ *adv*. [无比较级] ❶笔直地；径直地；直接地：The path leads *directly* to the lake. 小径笔直地通向湖边。❷立即，马上：She'll be back *directly*. 她马上就回来。❸直截了当地；直率地，坦率地：He didn't hesitate to speak *directly* about his debts. 他毫不讳言自己的债务。

direct object *n*. [C]【语】直接宾语

di·rec·tor /diˈrektəʳ,dai-/ *n*. [C] ❶指导者，领导者，主管；署长；局长；处长；院长；校长；所长；主任(略作 **dir.**)：an editorial *director* 编辑主任❷起指示作用的东西；指示器，指向仪 ❸董事；经理：a managing *director* 总经理 ❹(戏剧、电影、电视等的)导演：a film *director* 电影导演 ‖ **diˈrec·torˌship** *n*. [U]

di·rec·tor·ate /diˈrektᵊrit,dai-/ *n*. ❶[C]主管(如董事、局长等)的职位 ❷[用作单或复]董事会，理事会：She's the first woman to get this high in the *directorate*. 她是董事会中头一个获此高位的女性。

di·rec·to·ry /diˈrektᵊri,dai-/ *n*. [C] ❶人名地址录；工商行名录；电话号码簿：a telephone *directory* 电话号码簿 ❷(住宅楼的)住户一览表 ❸【计】文件夹；目录

dirge /dəːdʒ/ *n*. [C] ❶挽歌，哀乐：a funeral *dirge* 葬礼哀乐 ❷忧伤的(诗)歌，哀歌

D

dir·i·gi·ble /ˈdiridʒibᵊl, diˈridʒ-/ *n*. [C](旧式充气)飞艇,飞船

dirt /dəːt/ *n*. [U] ❶污物;灰尘,尘垢:These carpets don't show *dirt*. 这些地毯不显脏。❷泥土,泥地;散土,松土:This is good *dirt* for growing wheat. 这是适于种麦的沃土。❸恶意中伤的话;脏话,下流话:Be quiet! We don't want to hear that kind of *dirt*. 闭嘴!我们可不想听那种下流话!

dirt-cheap /ˌdəːtˈtʃiːp/ I *adj*. [无比较级]非常便宜的:*dirt-cheap* pieces of technical equipment 价格低廉的技术设备 II *adv*. [无比较级]非常便宜地

D

dirt·y /ˈdəːti/ I *adj*. ❶肮脏的,龌龊的;有污垢的;污浊的,污秽的:My dress is getting *dirty* and needs washing. 我的衣服脏了,要洗了。❷使变脏的;污染的:Repairing cars is a *dirty* job. 修理汽车是一件脏活儿。❸卑鄙的,卑劣的;不道德的;可鄙的:political *dirty* tricks 卑鄙的政治伎俩 ❹淫秽的,下流的,黄色的,色情的:a *dirty* joke 下流笑话 ❺讨厌的,令人不快的;吃力不讨好的:He left the *dirty* task with me. 他把那份吃力不讨好的差事留给了我。II *vt*. & *vi*. (被)弄脏;(被)污染:Smog *dirtied* the air. 烟雾污染了空气。‖ **ˈdirt·i·ly** *adv*. —**ˈdirt·i·ness** *n*. [U]

dis- /dis/ *pref*. ❶表示"相反":*dis*embark,*dis*agree ❷表示"否定","不","缺乏":*dis*similar,*dis*trust,*dis*grace ❸表示"分离","除去","剥夺":*dis*connect,*dis*embowel,*dis*burden

dis·a·bil·i·ty /ˌdisᵊˈbiliti/ *n*. ❶[U]无能力;无力;丧失能力:a learning *disability* 学习困难 ❷[C]伤残,残废:physical *disability* 生理伤残 ❸[C]限制;不利条件:*disabilities* of illiterate adults 成人文盲受到的种种限制

dis·a·ble /disˈeibᵊl/ *vt*. ❶使丧失能力,使无能:A sprained ankle *disabled* him from playing football for three weeks. 因脚踝扭伤,他三个星期未能踢足球。❷使伤残:He was *disabled* in a traffic accident. 他在一次交通事故中受伤致残。

dis·a·buse /ˌdisᵊˈbjuːz/ *vt*. 去除…的谬见(或幻想等)(*of*);使省悟;开导:If you're hoping I'll help you let me *disabuse* you immediately. 指望我会来帮你,趁早打消这个念头吧。

dis·ad·van·tage /ˌdisədˈvæntidʒ;-ˈvɑːn-/ *n*. [通常用单]不利;不利地位(或条件),劣势:There are several *disadvantages* to this plan. 实施这项计划尚有几个不利条件。‖ **dis·ad·van·ta·geous** /disˌædvᵊnˈteidʒəs/ *adj*.

dis·ad·van·taged /ˌdisədˈvɑːntidʒd;-ˈvæn-/ I *adj*. 处于不利地位的,处于劣势的;社会地位低下的;贫困的:*disadvantaged* children 贫困儿童 II *n*. [the ~][用作复]弱势群体,贫困家庭:help *the disadvantaged* 帮穷济困

dis·af·fect /ˌdisᵊˈfekt/ *vt*. 疏远;使不满 ‖ **ˌdis·afˈfect·ed** *adj*. —**dis·af·fec·tion** /ˌdisᵊˈfekʃᵊn/ *n*. [U]

dis·a·gree /ˌdisᵊˈgriː/ *vi*. ❶[通常不用进行时态]不同意,意见不合;有分歧(*with*):I *disagree with* you in that matter. 在那件事情上我跟你意见不同。❷争执,争论,争吵:Don't let us *disagree*. 咱们用不着闹别扭。❸不一致,不符(*with*):Their conclusions *disagree*. 他们的结论不一致。‖ **ˌdis·aˈgree·ment** *n*. [U;C]

dis·a·gree·a·ble /ˌdisᵊˈgriːəbᵊl/ *adj*. ❶令人不快的;不合意的;讨厌的:His remarks sound very *disagreeable* to the ear . 他的话不堪入耳。❷不友善的;脾气坏的,难相处的:He gave his answers short and *disagreeable*. 他只是爱理不理地回答个三言两语。‖ **ˌdis·aˈgree·a·bly** *adv*.

dis·al·low /ˌdisᵊˈlau/ *vt*. ❶不接受;驳回;否决:*disallow* an appeal 驳回上诉 ❷不承认;不准许;禁止:*disallow* the veracity of a report 不承认报道的真实性 ‖ **dis·alˈlow·ance** *n*. [C;U]

dis·ap·pear /ˌdisᵊˈpiəʳ/ *vi*. ❶消失;消隐;失踪(见 vanish):The car turned and *disappeared* into the night. 汽车转了个弯,随即消失在夜色之中。❷灭绝;不复存在:Whales are *disappearing* because of excessive hunting. 由于过度捕猎,鲸鱼行将灭绝。‖ **ˌdis·apˈpear·ance** *n*. [C;U]

dis·ap·point /ˌdisᵊˈpɔint/ *vt*. ❶使失望,使扫兴,使败兴:It *disappointed* us that we lost the Canadian Cup. 我们失去了"加拿大杯",这使我们很失望。❷使(希望等)破灭;挫败(计划等):The strike *disappointed* the investor of his profits. 这次罢工使投资者的利润泡汤了。‖ **ˌdis·apˈpoint·ment** *n*. [U;C]

dis·ap·point·ed /ˌdisᵊˈpɔintid/ *adj*. 失望的;

沮丧的：He is deeply *disappointed* at the result. 他对这一结果大失所望。

dis·ap·point·ing /ˌdisəˈpɔintiŋ/ *adj.* 令人失望的；令人沮丧的：His results is *disappointing*. 他的结果令人不满意。

dis·ap·prove /ˌdisəˈpruːv/ *vt.* ❶不准许；否决：The Senate *disapproved* the nominations. 参议院否决了那几项任命决定。❷不赞同，不同意，反对：Her parents *disapproved* her intention to become an actress. 她父母不同意她当演员。—*vi.* 不赞同，不同意，反对(*of*)：He strongly *disapproved of* his daughter staying out late at night. 他强烈反对女儿深更半夜外出不归。‖ **ˌdis·apˈprov·al** *n.* [U] —**ˌdis·apˈprov·ing·ly** *adv.*

dis·arm /disˈɑːm/ *vt.* ❶缴…的械，解除…的武装；使失去攻击(或防御)能力(*of*)：The police captured the robber and *disarmed* him. 警察抓住了那个抢劫犯，并缴了他的械。❷拆除(炸弹等)的引信：*disarm* a bomb 拆除炸弹的引信 ❸使没有杀伤(或伤害)力；使(言论)不具说服力：He *disarmed* the rattlesnake by removing its fangs. 他拔出响尾蛇的毒牙使之无害。❹消除…的怒气(或疑虑、敌意等)：His friendliness *disarmed* all opposition. 他的友善消除了所有的敌意。—*vi.* 裁军：The superpowers are unlikely to *disarm* completely. 超级大国是不可能彻底裁军的。

dis·ar·ma·ment /disˈɑːməmənt/ *n.* [U]裁军；裁减军备

disarm·ing /disˈɑːmiŋ/ *adj.* 让人消气的；能消除人疑虑(或敌意)的：What he said about himself was quite *disarming*. 他讲述的有关自己的事情确实让人释疑。

dis·ar·range /ˌdisəˈreindʒ/ *vt.* 使不整齐；弄乱：The kids *disarranged* the place. 孩子们把这个地方弄得乱七八糟。

dis·ar·ray /ˌdisəˈrei/ **I** *vt.* 使混乱，弄乱：The inspection *disarrayed* the usual schedule. 视察打乱了日常工作安排。**II** *n.* [U]混乱；凌乱；紊乱(*in*, *into*)

dis·as·so·ci·ate /ˌdisəˈsəuʃiˌeit,-siˌeit/ *vt.* & *vi.* = dissociate ‖ **ˌdis·as·so·ci·a·tion** /-ˌsəuʃiˈeiʃᵊn/ *n.* [U]

dis·as·ter /diˈzɑːstəʳ;-ˈæs-/ *n.* [C;U]灾难，灾祸；灾害：No one can think clearly when *disaster* strikes. 没有人能够清楚地想到何时会大祸临头。

☆**disaster, calamity, cataclysm, catastrophe** 均有"灾难，祸患"之意。**disaster** 为普通用词，指因缺乏预见或由外界敌对力量引起的突发性灾祸，可造成个人或集体生命财产的损失：The war proved to be the worst *disaster* the country had ever faced.（这场战争是该国所经历的最大灾难。）该词有时还用于上一些小的不幸事件，借此达到某种修辞效果：a party that turned out to be a complete *disaster*（搞得一塌糊涂的聚会）**calamity** 最为正式，指给个人或公众带来巨大损失或悲痛的重大不幸事件：The frost last week was a great *calamity* to the citrus industry.（上个星期的霜冻给柑橘业造成了巨大的损失。）**cataclysm** 一般不用于个人，尤指引起巨大破坏和损失的社会变革或政治动荡以及对个人产生的影响：The French Revolution ranks as one of the *cataclysms* of the century.（法国大革命被列为那个世纪使社会发生重大变革的事件之一。）该词也可指自然界的骤然巨变以及所引起的巨大破坏和损失：The extinct volcano's eruption would mean a *cataclysm* for the city.（死火山的突然喷发会对那座城市造成巨大的破坏。）**catastrophe** 词义最强，指大灾大祸或毁灭性的结局：The war was a terrible *catastrophe* in which many people died.（该战争是一场可怕的灾难，许多人因此而丧生。）

dis·as·trous /diˈzɑːstrəs/ *adj.* ❶灾难(性)的；造成巨大破坏的：A nuclear war would be *disastrous* for the human race. 核战争对人类将是一场大灾难。❷极坏的，糟透的；惨败的：After *disastrous* attempts, he gave up. 几次尝试都失败后，他放弃了。

dis·a·vow /ˌdisəˈvau/ *vt.* ❶否认，不承认：*disavow* any share in the plot to escape 否认参与那起越狱阴谋 ❷拒绝接受；拒绝对…承担责任 ‖ **ˌdis·aˈvow·al** *n.* [C;U]

dis·band /disˈbænd/ *vt.* 使(组织或团体等)解散，使散伙，使解体；遣散：The dance party was *disbanded* after a farewell concert. 告别乐曲奏完后舞会散场了。—*vi.* (组织、团体等)解散，散伙，解体；被遣散：The group *disbanded* after a few months. 几个月后该团体即被解散。

dis·bar /disˈbɑːʳ/ *vt.* (**-barred**; **bar·ring**) [常用

被动语态]【律】取消…的律师资格；把…驱逐出律师界；取消(律师)从事律师业务的权利 ‖ **dis'bar·ment** *n.* [U]

dis·be·lief /ˌdisbiˈliːf/ *n.* [U]不相信，怀疑：She shook her head in *disbelief*. 她摇头表示不相信。

dis·be·lieve /ˌdisbiˈliːv/ *vt.* 不相信，怀疑：I don't *disbelieve* you and your story. 我不相信你，也不相信你所说的话。—*vi.* 不相信，表示怀疑(*in*)：I have always *disbelieved in* magic. 我一向不信巫术。

D

dis·burse /disˈbəːs/ *vt.* 付(钱)；支出，支付 ‖ **dis'burse·ment** *n.* [U;C]

disc /disk/ *n.* [C] ❶唱片〔亦作 **disk**〕 ❷【计】磁盘

dis·card /disˈkɑːd/ *vt.* ❶扔掉，丢弃，抛弃：*discard* an empty bottle 丢弃空瓶子 ❷【牌】打出(无用的牌)；垫出(另一花色牌张)：He *discarded* a five. 他垫出一张 5 点牌。

dis·cern /diˈsəːn/ *vt.* [不用进行时态] ❶看出；觉察到：I soon *discerned* that the man was lying. 我很快就觉察到此人在撒谎。❷识别，辨别，辨认：*discern* truth from falsehood 识别真伪 ‖ **dis'cern·a·ble**, **dis'cern·i·ble** *adj.* —**dis'cern·ment** *n.* [U]

dis·cern·ing /diˈsəːniŋ/ *adj.* 有眼力的，有洞察力的，识别力强的：He was very *discerning* in his analysis of the problem. 他对该问题的分析有独到之处。

dis·charge I /disˈtʃɑːdʒ/ *vt.* ❶允许…离开，放…走；释放(*from*)：The children were *discharged* early *from* school. 孩子们早就放学了。❷尽职；执行，完成(任务等)；履行(誓约等)：*discharge* sb.'s promise 践约 ❸排出；使流出；发泄(感情)；说出(恶言)：The infection *discharges* pus. 感染处在流脓。—*vi.* ❶(枪、炮等)发射：The rifle *discharged* accidentally. 步枪走火了。❷(液体等)流出，排出(*into*)；(伤口等)流脓：The rivers *discharged into* the lake. 那几条河都注入该湖。II /ˈdistʃɑːdʒ, disˈtʃɑːdʒ/ *n.* [U;C] ❶(枪、炮的)发射：The *discharge* of dynamite could be heard for three miles. 甘油炸药的爆炸声在三英里外都能听得到。❷(液体、气体等的)排出；放出；流出：a steady *discharge* of pus 不断流脓的现象 ❸[C;U]准许离开；释放；解雇，开除，免职；退伍：*discharge* from the hospital 获准出院

dis·ci·ple /diˈsaipᵊl/ *n.* [C] ❶【宗】耶稣的信徒；耶稣的使徒 ❷门徒，信徒；追随者(见 pupil)：a *disciple* of Freud 弗洛伊德的信徒

dis·ci·pli·nar·i·an /ˌdisipliˈneəriən/ I *n.* [C]严格执行纪律者；严格纪律信奉者 II *adj.* [无比较级][作定语]纪律的；执行纪律的；惩戒性的：*disciplinarian* measures 惩戒措施

dis·ci·pli·nar·y /ˈdisiˌplinᵊri,-ˈplinᵊri/ *adj.* [无比较级][作定语]纪律的；执行纪律的；惩戒性的：The police have taken *disciplinary* action against them. 警方已对他们采取了惩戒行动。

dis·ci·pline /ˈdisiplin/ I *n.* ❶[U]纪律；风纪：Conduct that undermines *discipline* is not tolerated. 破坏纪律的行为是不能容忍的。❷[U;C](道德、智力等方面的)训练；训练方式：military *discipline* 军事训练 ❸[C]规章制度；行为准则；符合准则的行为：Some *disciplines* have been collapsed. 一些规章制度已经荡然无存。❹[C]学科；科目：The *discipline* of science differs from that of the humanities. 自然学科有别于人文学科。II *vt.* ❶训练；训导：Children are best *disciplined* while young. 对孩子们的训导最好从小抓起。❷惩罚，处分，处罚：The students who caused the disturbance have been *disciplined*. 那些调皮捣蛋的学生已经受到处分。‖ **'dis·ci·plined** *adj.*

disc jockey *n.* [C]〈口〉(电台、电视台的)流行音乐唱片节目播音员〔亦作 **DJ**〕

dis·claim /disˈkleim/ *vt.* 否认；不承认：He *disclaimed* all knowledge of the matter. 他矢口否认知道此事。‖ **dis'claim·er** *n.* [C]

dis·close /disˈkləuz/ *vt.* ❶使公开；透露，泄露；揭发：He refused to *disclose* his identity. 他拒绝公开自己的身份。❷使显露；揭开：Daylight *disclosed* a chain of mountains in the distance. 晨曦之中显露出远处的连绵山峦。

dis·clo·sure /disˈkləuʒəʳ/ *n.* ❶[U]公开；透露，泄露；揭发：*disclosure* of a secret 泄密 ❷[C]揭发的事实；披露的秘闻：Rebel leaders would not confirm this *disclosure*. 叛乱领导人不愿意证实这一消息。

dis·co /ˈdiskəu/ *n.* ([复]-**cos**) [U]迪斯科舞曲

dis·col·o(u)r /disˈkʌləʳ/ *vt.* & *vi.* (使)褪色；(使)变色；(被)玷污：The heat would *discolour* the paint. 高温会使油漆褪色。‖ **dis·col·or·a·tion** /disˌkʌləˈreiʃᵊn/ *n.* [U;C]

dis·com·bob·u·late /ˌdiskəmˈbɔbjuˌleit/ *vt.* 〈美加谑〉扰乱,打乱;使困惑,使窘迫:He *discombobulates* his older colleagues by appearing at work casually dressed. 他上班时穿得随随便便的,这使得那些上岁数的同事们感到很窘。‖ **dis·com·bob·u·la·tion** /ˌdiskəmˌbɔbjuˈleiʃᵊn/ *n.* [U]

dis·com·fit /disˈkʌmfit/ *vt.* 使困惑;使为难,使狼狈:He realized that his remarks had succeeded in *discomfiting* her. 他意识到自己的那番话保管让她难受了。

dis·com·fi·ture /disˈkʌmfitʃəʳ/ *n.* [U]困惑;尴尬

dis·com·fort /disˈkʌmfət/ *n.* ❶[U]不舒服,不适,轻微的病痛;不安:Her letter caused him some *discomfort*. 她的来信使他感到有些局促。❷[C]使人不舒服(或不安)的事物;不便;困苦:It may be for other people's *discomfort*. 这话其他人听起来或许不顺耳。

dis·com·po·sure /ˌdiskəmˈpəuʒəʳ/ *n.* [U]心烦意乱

dis·con·cert /ˌdiskᵊnˈsəːt/ *vt.* [通常用被动语态]使心烦意乱;使张皇失措;使窘迫:Her angry reply *disconcerted* me completely. 她那愤懑的回答弄得我十分狼狈。‖ **ˌdis·conˈcert·ed** *adj.* —**ˌdis·conˈcert·ing** *adj.*

dis·con·nect /ˌdiskəˈnekt/ *vt.* ❶使断开;切断,割断:I think we've been *disconnected*, operator — will you try the number again, please? 我想我们的电话给挂断了。接线员,请你再接一次这个号码,好吗?❷使不连接,使分离(*from*):*disconnect* one freight car *from* another 使货车节节分开 ‖ **dis·con·nec·tion** /ˌdiskəˈnekʃᵊn/ *n.* [U]

dis·con·nect·ed /ˌdiskəˈnektid/ *adj.* [无比较级] ❶(讲话、写作等)不连贯的,断断续续的,无条理的:The plot was too *disconnected* to make sense. 这个情节前后互不衔接,简直让人不知所云。❷不连接的,分离的;断开的,切断的:The car crash seemed to be *disconnected* with the road conditions. 那起撞车事故似乎与路况无关。❸前言不搭后语的;失去理性的:The boy seemed *disconnected* and strange ever since the incident. 在此事发生后,这个小男孩似乎丧失理智,看上去怪怪的。‖ **ˌdis·conˈnect·ed·ly** *adv.* —**ˌdis·conˈnect·ed·ness** *n.* [U]

dis·con·so·late /disˈkɔnsələt/ *adj.* 忧郁的,怏怏不乐的,极其沮丧的

dis·con·tent /ˌdiskənˈtent/ *n.* [U] ❶不满:They tried to stir up *discontent* among the employees. 他们企图在雇员中间挑起不满。❷不满意;不满足:Her *discontent* with her job is making her parents very unhappy. 她不满意自己的职业,这使她的父母极为不快。〔亦作 **discontentment**〕

D

dis·con·tent·ed /ˌdiskənˈtentid/ *adj.* [无比较级]不满的;不满足的:She is *discontented* with her dull life. 她对枯燥的生活牢骚满腹。

dis·con·tin·ue /ˌdiskənˈtinjuː/ *vt.* 中断,终止;中止,停止(见 stop):*discontinue* one's work 停止工作 —*vi.* 停止,终止;中断;(报纸、杂志等)停刊 ‖ **ˌdis·con·tin·u·a·tion** /-ˌtinjuːˈeiʃᵊn/ *n.* [U]

dis·con·ti·nu·i·ty /ˌdiskəntiˈnjuːiti/ *n.* ❶[U]不连贯❷[C]间断,中断

dis·cord /ˈdiskɔːd/ *n.* ❶[U]不一致,不协调:The red carpet was a note of *discord* in that seedy hovel. 那条红地毯铺在那间简陋小屋里显得很不协调。❷[U;C]不和,争吵,纷争:Family *discord* sometimes leads to broken homes. 家庭不和有时导致家庭的破裂。

dis·count I /disˈkaunt/ *vt.* ❶把(价格、费用等)打折扣;从价格(或费用等)中打去(若干)折扣:We *discount* 3% on all bills paid when due. 本店对如期付清的账单一律打去3%的折扣。❷低估;贬抑;减损:*discount* the effect of news on the market 低估消息对市场的影响 **II** /ˈdiskaunt/ *n.* [U;C](价格、货款或给顾客等的)折扣:The staff at the shop get a *discount* of 10 percent. 本店职工一律可享受九折优待。

dis·cour·age /disˈkʌridʒ/ *vt.* ❶使灰心,使气馁,使泄气:The second failure *discouraged* him utterly. 他因再次失败而灰心至极。❷阻止;阻拦;劝阻(*from*):They *discouraged* him *from* investing in the stock. 人们都劝他不要炒股。‖ **disˈcour·aged** *adj.* —**disˈcour·ag·ing** *adj.* —**disˈcour·ag·ing·ly** *adv.*

dis·cour·age·ment /disˈkʌridʒmənt/ *n.* ❶[U]泄气,灰心:Some *discouragement* is natural after a defeat. 失败之后有些灰心是人之常情。❷[C]使人泄气的事情：She succeeded despite numerous *discouragements*. 尽管遇到了众多的挫折，她还是成功了。

dis·course /ˈdiskɔːs，diˈskɔːs/ *n.* ❶[U]〈书〉谈话，交谈(见 speak)：terms used in ordinary *discourse* 日常会话用语 ❷[C]论文：a philosophical *discourse* 哲学论文

dis·cour·te·ous /disˈkəːtiəs/ *adj.* 失礼的，不礼貌的；无礼的，粗鲁的：I realized I had allowed a *discourteous* pause to develop. 我感觉到刚才让谈话中断是有失礼貌的。

D

dis·cour·te·sy /disˈkəːtisi/ *n.* ❶[U]失礼；无礼，粗鲁：act with *discourtesy* 举止粗鲁 ❷[C]失礼(或无礼、粗鲁)的举动(或言词)

dis·cov·er /diˈskʌvəʳ/ *vt.* ❶发现；发觉；找到：Who *discovered* the vaccin? 谁发现了这种疫苗的? ❷使公之于世，使公开，使公众知晓：One by one these small old towns have been noisily "*discovered*" by a best-selling novelist. 由于一位畅销小说家的大力渲染，这些古老的小镇已经一个接一个地名噪一时，广为人知。‖ **disˈcov·er·er** *n.* [C]

dis·cov·er·y /diˈskʌvəri/ *n.* ❶[U;C]发现；发觉：Dr. Fleming's *discovery* of penicillin occurred in 1928. 弗莱明博士于 1928 年发现了盘尼西林。❷[C]被发现的事物；被发现有特殊才能的人：the *discovery* of new talent for the stage 戏剧界新人才的发现

dis·cred·it /disˈkredit/ **I** *vt.* ❶破坏(或败坏、损害)…的名誉；使丢脸：The revelations were meant to *discredit* the opposition. 这些内幕的揭露旨在搞臭反对派。❷使不可置信；使不可信赖：The insurance investigator *discredited* his claim. 保险公司调查员证实他的索赔要求不可信。**II** *n.* ❶[U]名声的丧失；名声的败坏；丢脸：Lying brings *discredit* to any self-respecting person. 撒谎会使任何有自尊心的人名誉扫地。❷[U]不信；怀疑：His theory met with general *discredit*. 他的理论遭到普遍怀疑。‖ **disˈcred·it·a·ble** *adj.*

dis·creet /diˈskriːt/ *adj.* (言行)谨慎的，慎重的，审慎的：I need to discuss something with you but you'll have to promise to be *discreet* about it. 我要和你商量件事儿，但是你得保证守口如瓶。‖ **disˈcreet·ly** *adv.*

dis·crep·an·cy /disˈkrepᵊnsi/ *n.* ❶[U]差异；不符，不一致：The *discrepancy* in their interests did not the least affect their friendship. 他们之间在兴趣爱好上的差异丝毫不影响他们的友谊。❷[C]不相符之处，不一致之处：The auditors found *discrepancies* in the firm's books. 审计人员发现该公司的账本中有许多矛盾之处。

dis·crete /diˈskriːt/ *adj.* 分离的，截然分开的；互不连接的；不相关联的：An apple and a stone are *discrete* objects. 苹果和石头是两个风马牛不相及的物体。

dis·cre·tion /diˈskreʃᵊn/ *n.* [U] ❶斟酌决定(或处理)的自由(或权利)：It is entirely within my *discretion* whether I will go or stay. 究竟是去是留，完全由我决定。❷谨慎；审慎；慎重；明智：You must show more *discretion* in choosing your friends. 你在选择朋友方面应该更慎重一些。‖ ***at the discretion of sb.*** [***at sb.'s discretion***] *prep.* 随…的意见；由…斟酌决定：Money will be given *at the discretion of* the management. 钱如何发放将由管理部门斟酌决定。‖ **disˈcre·tion·ary** *adj.*

dis·crim·i·nate /diˈskrimiˌneit/ *vi.* ❶(因种族、肤色、性别等而)给予不同的对待：The law does not allow employers to *discriminate* between men and women who do the same jobs. 法律不允许男女同工不同酬。❷区别，辨别(*between*，*among*)(见 distinguish)：This computer lacks the ability to *discriminate between* speech and other sounds. 这台计算机没有辨别语言和其他声音的能力。

dis·crim·i·nat·ing /diˈskrimiˌneitiŋ/ *adj.* 有识别能力的；鉴别能力强的；敏锐的：He's very *discriminating* about the films he goes to see. 他对要看的影片有敏锐的鉴别力。

dis·crim·i·na·tion /diˌskrimiˈneiʃᵊn/ *n.* [U] ❶歧视；偏袒；差别对待：It was a clear case of *discrimination*. 这显然是厚此薄彼。❷辨别力，识别力，鉴别力：I trust his *discrimination*, he always chooses good places to eat. 我相信他的辨别力，因为他总是挑好地方吃东西。

dis·crim·i·na·to·ry /diˈskriminətəri/ *adj.* 不公平的，歧视的，有偏见的；差别对待的：*discriminatory* measures 不公平的措施

dis·cur·sive /diˈskəːsiv/ *adj.* 离题的，跑题的；

东拉西扯的，不着边际的：The treatise is too *discursive* to follow. 这篇论文离题太远，不知所云。

dis·cus /ˈdiskəs/ *n.* ❶[C]([复]-**cus·es**)【体】铁饼：throw a *discus* 投铁饼 ❷[U]铁饼项目；铁饼比赛

dis·cuss /diˈskʌs/ *vt.* 讨论；谈论；议论：The school board *discussed* the matter for hours but could agree on nothing. 学校董事会对此事讨论了好几个小时，但没能达成共识。

☆**discuss, argue, debate, dispute** 均有"讨论，争论"之意。**discuss** 常指以随便友好的方式就某一问题交换意见并加以研究和讨论，强调圆满解决问题的共同愿望：They were *discussing* a program.（他们正在讨论一项新计划。）**argue** 为普通用词，强调以推理方式陈述自己的观点和立场，并加以论证，以驳倒或说服他人：The lawyers *argued* the case for hours.（律师们对那个案件辩论了几小时。）**debate** 指对立双方进行正式而公平的辩论，通常在一定的客观监督下或根据某一规则来进行：They're just *debating* what to do next.（他们正讨论下一步该怎么做。）该词也可用于思考或选择：I'm *debating* what to do next.（我在琢磨下一步该怎么做。）**dispute** 常指激烈的争辩，强调争论不休的过程和双方对峙的局面：His views were hotly *disputed*.（人们正在热烈地讨论他的观点。）

dis·cus·sant /disˈkʌsənt/ *n.* [C]讨论会的参加者

dis·cus·sion /disˈkʌʃᵊn/ *n.* [C;U]讨论，谈论；商讨：It is beyond *discussion* that these islands are Chinese territory. 那些岛屿是中国的领土，这是毫无讨论余地的。

dis·dain /disˈdein/ *n.* [U]蔑视，鄙视；鄙夷：She looked at him with cold *disdain*. 她以鄙夷的目光冷冷地看着他。‖ **disˈdain·ful** *adj.*

dis·ease /diˈziːz/ *n.* [C;U] ❶病，疾病，病患：Measles and chicken pox are two *diseases* of children. 麻疹和水痘是两种儿童常见病。❷(精神、道德等的)不健全；(社会制度等的)弊端：Air pollution is a *disease* of industrial societies. 空气污染是工业社会的一种弊病。‖ **disˈeased** *adj.*

dis·em·bark /ˌdisimˈbɑːk/ *vt.* & *vi.* (使)上岸，(使)登陆；(使)下车(或飞机)；(从船只、飞机等上)卸(货)：The troops *disembarked* on the beach just before dawn. 部队就在黎明前登上了海滩。〔亦作 **debark**〕‖ **dis·em·bar·ka·tion** /disˌimbɑːˈkeiʃᵊn/ *n.* [U] —**ˌdis·emˈbark·ment** *n.* [U]

dis·em·bod·ied /ˌdisimˈbɔdid/ *adj.* [无比较级][作定语]脱离躯壳的；来源不定的，神秘的：*disembodied* voices 神秘恐怖的声音 ‖ **ˌdis·emˈbod·i·ment** *n.* [U]

dis·en·chant·ed /ˌdisinˈtʃɑːntid/ *adj.* 不再着迷的；不抱幻想的：His *disenchanted* supporters abandoned him. 那些拥护他的人对他失去了幻想，纷纷离他而去了。‖ **ˌdis·enˈchant·ment** *n.* [U]

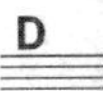

dis·en·fran·chise /ˌdisinˈfræntʃaiz/ *vt.* ＝disfranchise

dis·en·tan·gle /ˌdisinˈtæŋgᵊl/ *vt.* 解开(结等)；理顺；理清，清理出(*from*)：The police tried to *disentangle* the confused victim's story. 警方竭力想从受害者所作的乱七八糟的叙述中理出个头绪来。—*vi.* 被解开；被理顺；被理清：Nylon rope often *disentangles* more easily than hemp. 尼龙绳往往比麻绳容易解开。‖ **ˌdis·enˈtan·gle·ment** *n.* [U]

dis·es·tab·lish /ˌdisiˈstæbliʃ/ *vt.* 废除(制度、习俗等)：*disestablish* the authority of an outdated moral code 打破旧道德准则的权威 ‖ **ˌdis·esˈtab·lish·ment** *n.* [U]

dis·fa·vo(u)r /disˈfeivəʳ/ *n.* ❶[U]不赞成；不喜欢，反感❷[U]受冷遇，失宠❸[C]不利；有危害的行为

dis·fig·ure /disˈfigəʳ/ *vt.* 毁坏…的容貌，使变丑；损毁…的外观(或外形)：The scar *disfigures* her face. 伤疤使她的脸破了相。‖ **disˈfig·ure·ment** *n.* [U;C]

dis·fran·chise /ˌdisˈfræntʃaiz/ *vt.* 剥夺…的选举权：A person who is *disfranchised* cannot vote or hold office. 被剥夺公民权的人不得参加选举或担任公职。〔亦作 **disenfranchise**〕‖ **ˌdisˈfran·chise·ment** *n.* [U]

dis·gorge /disˈgɔːdʒ/ *vt.* 吐出；喷出；排出；排放

dis·grace /disˈgreis/ **I** *n.* ❶[U]丢脸，出丑；耻辱，不光彩：It's no *disgrace* to be practical. 讲点实际并不是什么丢人的事。❷[通常用单]丢脸的人(或事情)(*to*)：Those shoes are a *disgrace* — take them off and throw them away.

穿那种鞋子真是丢人——快脱下来，扔掉！**II** *vt.* ❶使丢脸，使出丑；使受耻辱：Why should she *disgrace* me like this! 她怎么能这样让我丢人现眼呢？❷使失势，使失宠，使失去地位；解除…的职务：He was publicly *disgraced* and forced out of his job. 他失去了公众的信任，被迫辞职。‖ **dis'grace·ful** *adj.* —**dis'grace·ful·ly** *adv.*

dis·grun·tled /dis'grʌnt°ld/ *adj.* 不高兴的；不满的

dis·guise /dis'gaiz/ **I** *vt.* ❶化装成，装扮成，假扮：She *disguised* herself with a wig and false beard. 她戴上假发和假须女扮男装起来。❷伪装：The warship was *disguised* to look like a merchant vessel. 那艘军舰伪装以后，看上去像一艘商船。❸掩饰，遮掩，掩盖；隐瞒：He could not *disguise* from my notice the poverty and meagerness of his imagination. 他想象力之贫乏逃不过我的眼睛。**II** *n.* [C;U]化装用具(或服饰)；用来伪装的东西(或行为)

D

dis·gust /dis'gʌst/ **I** *vt.* ❶使厌恶，使嫌恶，使憎恶；使愤慨：He *disgusted* Simon by spitting. 他随地吐痰，使西蒙感到厌恶。❷使作呕，使恶心：The smell of the pigpen *disgusted* us. 猪圈里的臭气使我们作呕。**II** *n.* [U] ❶厌恶，嫌恶，憎恶；愤慨：He expressed *disgust* at what had happened. 他对所发生的事情表示反感。❷作呕，恶心：He felt *disgust* at the sight of the rotting food. 一看到那腐坏的食物，他就觉得恶心。

dis·gust·ed /dis'gʌstid/ *adj.* 让人反感的；让人厌恶的：We were (absolutely) *disgusted* at the size of the bill. 我们看到账单上的数额，极为气愤。

dis·gust·ing /dis'gʌstiŋ/ *adj.* 令人作呕的，恶心的；令人厌恶的，讨厌的：Everyone thought it was quite *disgusting* to watch. 人人都认为这简直不堪入目。

dish /diʃ/ **I** *n.* ❶[C]盘，碟：The vegetables were in separate china *dishes*. 蔬菜分别盛在几只瓷盘里。❷[C]烤盘；蒸盘 ❸[～es](就餐时用的)餐具(包括盘、碟、碗、杯、刀、叉等)：You are to clear away the dirty *dishes* after every meal. 每次就餐后由你收拾脏餐具。❹[C]一盘(或碟)菜；(一道)菜肴；食品：We ordered five different *dishes* and shared them. 我们点了五种菜，大家一起分享。❺[C]抛物面天线，卫星接收天线 **II** *vt.* 把(食物)装盘：It's Dad's turn to *dish* the dinner. 这次轮到爸爸盛饭菜了。‖ ***dish out*** *vt.*〈口〉❶分发：She was busy *dishing out* food to the guests. 她正忙着给客人们端饭上菜。❷(尤指过滥地)给予：Rewards and punishments were *dished out* without any regard to deserts. 不问功过就滥施奖惩。***dish up*** *vi.* & *vt.* 把(食物)装盘；端上(饭菜)：Please come to the table. I'm *dishing up*. 请就座吧，我这就准备上菜。

dish·cloth /'diʃklɔθ/ *n.* [C]洗碟布，洗碗巾〔亦作 **dishrag**〕

dis·heart·en /dis'hɑːt°n/ *vt.* 使失去勇气(或信心)；使气馁；使灰心：Don't be *disheartened* by a single failure. 不要因为一次失败就垂头丧气。‖ **dis'heart·ened** *adj.* —**dis'heart·en·ing** *adj.*

di·shev·el(l)ed /di'ʃev°ld/ *adj.*〈主英〉(头发等)蓬乱的，松散的；(衣衫等)凌乱的，不整齐的：The door was pushed open violently, and Mary, weeping and *disheveled*, rushed in. 门被猛烈地推开了，玛丽蓬头垢面，哭哭啼啼地冲了进来。‖ **di'shev·el·ment** *n.* [U]

dis·hon·est /dis'ɔnist/ *adj.* ❶不老实的，不诚实的：I wouldn't do business with such a *dishonest* man. 我不愿和这样一个不诚实的人打交道。❷骗人的；欺骗性的：a *dishonest* advertisement 欺骗性广告 ‖ **dis'hon·est·ly** *adv.*

dis·hon·es·ty /dis'ɔnisti/ *n.* [U]不诚实，不老实

dis·hon·o(u)r /dis'ɔnəʳ/ **I** *n.* ❶[U]丢脸，耻辱：Death with honour is better than life with *dishonour*. 宁可光荣而死，不可屈辱偷生。❷[C]丢脸的人(或事情)：You are a *dishonour* to your country. 你是你国家的耻辱。**II** *vt.* ❶不尊重，侮慢，侮辱：Children should not *dishonour* their parents. 做孩子的不该对父母无礼貌。❷败坏…的名誉；使丢脸，使受耻辱：The player who cheated *dishonoured* the entire team. 那个作弊的队员败坏了全队的声誉。‖ **dis'hon·o(u)r·a·ble** *adj.*

dish·wash·er /'diʃˌwɔʃəʳ/ *n.* [C] ❶洗碗工 ❷洗碗机

dis·il·lu·sion /ˌdisi'l'uːʒ°n/ **I** *vt.* 使醒悟；使不再抱有幻想，使理想破灭：Don't *disillusion* me! 别给我泼冷水啊! **II** *n.* [U]醒悟;不抱幻想‖ ˌ**dis·il'lu·sioned** *adj.* —ˌ**dis·il'lu·sion·ment** *n.* [U]

dis·in·fect /ˌdisin'fekt/ *vt.* 为(伤口、房屋、衣物等)消毒(或杀菌):Drinking water is *disinfected* with chlorine. 饮水已经过氯气消毒。

dis·in·fect·ant /ˌdisin'fektᵊnt/ *n.* [C;U]消毒剂,杀菌剂:Heat is a *disinfectant.* 高温能消毒。

dis·in·gen·u·ous /ˌdisin'dʒenjuəs/ *adj.* 不坦诚的;诡诈的;别有用心的:a *disingenuous* apology 不恳切的道歉

dis·in·her·it /ˌdisin'herit/ *vt.* ❶【律】剥夺…有权继承的遗产;取消(或剥夺)…的继承权❷[通常用被动语态]剥夺…的应享的权利;剥夺…的特权

dis·in·te·grate /dis'intiˌgreit/ *vt.* ❶使分裂,使崩裂,使碎裂;使粉碎:An explosion of gunpowder *disintegrates* a rock. 火药把岩石炸碎。❷使衰微,使瓦解,使崩溃:The children watched the waves *disintegrate* their sand castle. 孩子们看着海浪冲垮他们用沙垒起的城堡。—*vi.* ❶分裂,崩裂,碎裂;粉碎:One bullet struck his thigh and *disintegrated.* 一颗子弹射进他的大腿骨后开了花。❷衰微,瓦解,崩溃:All the alliance in history have *disintegrated* sooner or later. 历史上所有的联盟或早或晚均已土崩瓦解了。‖ **dis·in·te·gra·tion** /disˌinti'greiʃᵊn/ *n.* [U]

dis·in·ter /ˌdisin'təːʳ/ *vt.* (**-terred;-ter·ring**) ❶挖出,掘出(埋藏物、尸体等):*disinter* human remains 发掘人类的遗迹 ❷发现;找出;揭露:The actor's autobiography *disinterred* a past era. 那演员的自传再现了过去的一个时代。‖ ˌ**dis·in'ter·ment** *n.* [U]

dis·in·ter·est·ed /dis'intristid/ *adj.* ❶公正的;无私的;不偏不倚的:His visit was all friendly and *disinterested.* 他来这一趟完全是友好的,没有私心的。❷〈贬〉不感兴趣的,失去兴趣的;漫不经心的,不关心的:He looked bored and *disinterested.* 他脸上露出一种厌倦而冷漠的神色。

dis·joint·ed /dis'dʒɔintid/ *adj.* [无比较级](讲话、文章等)内容不连贯的,支离破碎的:His speech is *disjointed.* 他的发言前言不搭后语。‖ **dis'joint·ed·ly** *adv.* —**dis'joint·ed·ness** *n.* [U]

disk /disk/ *n.* [C] ❶圆盘;圆板,圆片 ❷圆平面 ❸唱片(=disc) ❹【计】磁盘 ❺盘状物,圆形物

dis·like /dis'laik/ **I** *vt.* 不喜欢,讨厌,嫌恶,厌恶:The man *disliked* the sight of changes. 那个人见不得任何变动。**II** *n.* ❶[U]不喜欢,嫌恶,厌恶,反感:He took his children camping in spite of his own *dislike.* 他自己尽管不喜欢但还是带孩子们去野营了。❷[常作~s]厌恶(或讨厌)的对象:One of his strongest *dislikes* is walking. 他最讨厌的事情之一就是散步。

dis·lo·cate /'disləuˌkeit, ˌdis'ləukeit/ *vt.* ❶使(骨头)脱位,使脱臼:He *dislocated* his shoulder. 他的肩胛骨脱臼了。❷扰乱,打乱,使混乱;使(机器)运转不正常:Frequent strikes *dislocated* the economy. 频繁的罢工扰乱了经济秩序。‖ **dis·lo·ca·tion** /ˌdisləu'keiʃᵊn/ *n.* [U]

dis·lodge /dis'lɔdʒ/ *vt.* (从固定位置上)强行取出(或移开等)(*from*):His bicycle fell and *dislodged* a few bricks *from* the wall. 他的自行车倒了,把墙上几块砖撞了下来。

dis·loy·al /dis'lɔiᵊl/ *adj.* 不忠实的;不忠诚的:I don't want to be *disloyal* to my brother but it's important to tell the truth. 我并不想不忠于我兄弟,但重要的是要讲实话。‖ **dis'loy·al·ty** /-ti/ *n.* [U]

dis·mal /'dizmᵊl/ *adj.* ❶忧郁的;凄凉的:Her voice sounds *dismal.* 她的嗓音听上去闷闷不乐。❷〈口〉软弱无力的;沉闷无趣的;差劲的;乏味的:a *dismal* effort 软弱无力的尝试‖ '**dis·mal·ly** *adv.*

dis·man·tle /dis'mæntᵊl/ *vt.* 拆卸,拆开;解散:The machine had to be completely *dismantled* to discover what was wrong with it. 为了发现毛病,只得把那台机器全部拆开。

dis·may /dis'mei/ **I** *vt.* [通常用被动语态] ❶使失望;使气馁;使绝望:She was *dismayed* to learn of her husband's disloyalty. 她得知丈夫对她不忠,心里感到很失望。❷使惊慌,使惊恐;使惊愕:We were *dismayed* at the news. 听到这则消息,我们感到惊慌。**II** *n.* [U] ❶失望,气馁;绝望:The results of exam filled us with *dismay.* 这次考试成绩使我们感到气馁。❷惊慌;惊恐;惊愕:The news filled us with *dismay.* 那消息使我们惊愕不已。

☆**dismay, appall, daunt, horrify** 均有"使惊恐,

使不安"之意。**dismay** 指人们遭受挫折，面临障碍或威胁时感到困惑、绝望或不知所措：We were *dismayed* by the violence of his reaction.（他反应之强烈使我们惊愕。）**appall** 表示人们遭遇令人不安或骇人听闻之事感到恐怖、惊愕，暗含软弱无能的意味：She was *appalled* to find that the river had risen to the doorstep.（她惊讶地发现河水已涨至门前台阶。）**daunt** 表示使人胆怯、气馁、害怕或被吓倒，从而丧失继续尝试的决心和信心：It is not the kind of work that *daunts* me but the amount of work.（我不是因为工作性质而感到心怯，而是工作量太大。）**horrify** 强调使人毛骨悚然、极端反感或厌恶，常指对极不体面的事情的强烈反应：We were *horrified* by the scene.（我们被眼前的景象吓怕了。）

D

dis·mem·ber /dis'membəʳ/ *vt.* ❶肢解，分割…的肢体：The police found the girl's body *dismembered* by the murderer. 警方发现了那具被凶手肢解了的姑娘的尸体。❷撕碎；使破碎；割开，拆开：*dismember* a car 拆卸汽车 ‖ **dis'mem·ber·ment** *n.* [U]

dis·miss /dis'mis/ *vt.* ❶把…打发走，允许…离开；解散，遣散：He was *dismissed* without punishment. 他未加惩罚就给释放了。❷免除…的职务；解雇，开除（见 eject）：He *dismissed* his chauffeur for reckless driving. 他因司机老开霸王车而将其解雇。❸（从脑海中）去除；抛弃；不谈论；不考虑：*Dismiss* your troubles and be happy with what you have. 忘了你那些烦恼，要知足！

dis·miss·al /dis'misəl/ *n.* ❶[C]解雇，解聘，开除；解职，撤职：The *dismissals* led to a strike. 雇主解雇工人导致了罢工事件。❷[U]不予理会；驳回；退场：sb.'s rash *dismissal* of the offer 某人对该提议轻率的拒绝

dis·mount /dis'maunt/ *vi.* 下车；下马：He helped her *dismount* and then led the horse away. 他扶她下马，然后把马牵走了。

dis·o·be·di·ence /ˌdisə'biːdjəns/ *n.* [U]不顺从；不服从：He was published for his *disobedience.* 他因不顺从而受到惩罚。

dis·o·be·di·ent /ˌdisə'biːdjənt/ *adj.* 不服从的，不顺从的；违反规则的(*to*)：Peter was *disobedient to* his parents. 彼得对父母忤逆不孝。

dis·o·bey /ˌdisə'bei/ *v.* 违抗，不服从，不听从；违反：I moaned all the time about it, but I could not *disobey.* 我对此一直叫苦不迭，却又不敢违抗。

dis·or·der /dis'ɔːdəʳ/ *n.* ❶[U]杂乱，凌乱；混乱，无秩序（见 confusion）：The room was in *disorder* after the birthday party. 生日舞会过后，屋里一片狼藉。❷[U;C]骚乱；动乱；暴乱：Recurrent food crises led to violent civil *disorders.* 一再发生的粮食危机引起了剧烈的内乱。❸[C;U]【医】（身心机能的）失调，紊乱；疾病：a *disorder* of the digestive organs 消化器官失调

dis·or·der·ly /dis'ɔːdəli/ *adj.* [通常作定语] ❶杂乱的，凌乱的；混乱的，无秩序的：The papers lay in a *disorderly* pile. 报纸乱七八糟地堆成一堆。❷引起混乱的；制造动乱的；违法乱纪的；目无法纪的：A *disorderly* mob ran through the streets, shouting and breaking windows. 一群违法乱纪分子跑上街头，大叫大嚷，打砸橱窗。‖ **dis'or·der·li·ness** *n.* [U]

dis·or·gan·ize, dis·or·gan·ise /dis'ɔːgənaiz/ *vt.* 使混乱；扰乱；打乱：She had *disorganized* the whole hospital. 她把整个医院闹翻了天。‖ **dis·or·gan·i·za·tion, dis·or·gan·i·sa·tion** /disˌɔːgənai'zeiʃᵊn;-ni'z-/ *n.* [U]

dis·or·gan·ized, dis·or·gan·ised /dis'ɔːgənaizd/ *adj.* 组织不善的；计划不周的：She's so *disorganized* she never gets anything done. 她太缺乏条理，什么事也做不成。

dis·o·ri·ent /dis'ɔːriənt/ *vt.* ❶使迷失方向：The dark *disoriented* him and he walked in circles for hours. 黑夜使他迷失方向，他兜了好几个小时的圈子。❷使迷惘；使困惑；使不知所措：His sudden rise to fame and fortune *disoriented* him at first. 他一步登天，名利双收，这使他一时茫然不知所措。‖ **dis·o·rien·ta·tion** /disˌɔːriən'teiʃᵊn/ *n.* [U]

dis·o·ri·en·tate /ˌdis'ɔːriənˌteit/ *vt.* 〈主英〉＝disorient

dis·own /dis'əun/ *vt.* 否认…是自己的；拒绝对…负有责任：He flaked chip after chip off his pencil, *disowning* everything. 他只顾一小片一小片地削自己的铅笔，对一切充耳不闻。‖ **dis'own·er** *n.* [C]

dis·par·age /di'spæridʒ/ *vt.* 贬低；轻视：Do not

disparage good manners. 切莫轻视礼仪。‖ **dis'par·age·ment** *n.* [U] —**dis'par·ag·ing·ly** *adv.*

dis·pa·rate /'dispərit,di'spærit/ *adj.* [无比较级]〈书〉(种类)相异的,异类的;迥然不同的;不能比较的,不相干的:A dog and a snake are *disparate* animals. 狗与蛇是完全不同的两种动物。

dis·par·i·ty /di'spæriti/ *n.* [U;C]完全不等;截然不同:The *disparity* in the accounts of the two witnesses puzzled the policeman. 两位目击者陈述上的不一致使警方感到迷惑不解。

dis·patch I /di'spætʃ/ *vt.* (迅速地)派遣;发送 II /di'spætʃ,'dispætʃ/ *n.* ❶[通常用单](部队、信使等的)派遣;(信件等的)发送:Please hurry up the *dispatch* of this telegram. 请迅速发出这份电报。❷[C](公文)快信,急件;(记者等发往报社或电台的)快讯,(新闻)报道:send a *dispatch* from New York to London 从纽约发往伦敦的急件〔亦作 **despatch**〕‖ **dis'patch·er** *n.* [C]

dis·pel /di'spel/ *vt.* (**-pelled**; **-pel·ling**) 驱散(云、雾等);使消失,消除,消释(见 scatter):The sun soon *dispelled* the mist. 太阳很快驱散了雾霭。

dis·pen·sa·ble /dis'pensəbᵊl/ *adj.* 可有可无的,非必不可少的;不重要的:Television will never make books *dispensable*. 电视永远不会使书籍成为可有可无之物。

dis·pen·sa·ry /dis'pensəri/ *n.* [C] ❶(尤指医院的)配药处,药房 ❷医疗站,医务所

dis·pen·sa·tion /ˌdispen'seiʃᵊn/ *n.* ❶[U;C]〈书〉分发(物);分配(物);施与(物)❷[U]统治;管理;制度:From 1558 to 1603 England was under the *dispensation* of Elizabeth I. 从1558到1603年,英国在伊丽莎白一世的统治之下。

dis·pense /di'spens/ *vt.* ❶分发;分配;施与:The Red Cross *dispensed* food and clothing to the flood victims. 红十字会向洪水受灾群众分发食品和衣物。❷(尤指在药店或按处方)配(药);发(药):*dispense* a prescription 配方 ‖ ***dispense with*** *vt.* 消除,去除;摒弃:Can we *dispense with* the formalities? 我们能摒弃这些繁文缛节吗?

dis·pens·er /di'spensəʳ/ *n.* [C]分配器

dis·pers·sal /di'spəːsəl/ *n.* [U]分散;消散:They called for the peaceful *dispersal* of the demonstrators. 他们要求示威者和平解散。

dis·perse /di'spəːs/ *vt.* ❶使散开;赶散;疏散(见 scatter):A thunderstorm *dispersed* the picnickers. 一场雷雨使得野炊的人们四散而去。❷使分布;使散布;散发:Groups of police were *dispersed* all along the street. 沿街布置了一群群的警察。❸使消散;驱散:Her sweet words *dispersed* his melancholy. 她那温柔的话语驱散了他的忧郁。—*vi.* ❶散开;散去;疏散:The children *dispersed* for the holidays. 孩子们各自分头度假去了。❷消散:The chill night air *dispersed* with the dawn. 夜间的寒气随着黎明的到来消散了。

dis·per·sion /di'spəːʃᵊn/ *n.* [U]分散,散开;驱散;散布;消散:*dispersion* of heat 散热

dis·pir·it /di'spirit/ *vt.* 使气馁,使沮丧,使灰心:A week of rain *dispirited* us all. 下了一周的雨,弄得我们一点儿劲也没有。‖ **dis'pir·it·ed** *adj.*

dis·place /dis'pleis/ *vt.* ❶迫使…离开家园(或祖国):a government that *displaces* the people 一个让人民流离失所的政府 ❷移动…的位置;使离开原位:Please do not *displace* any of my tools. 请别移动我的工具。❸取代;替换:They have *displaced* some US citizens from jobs. 他们已抢掉了一些美国公民的工作。

displaced person *n.* [C](因战争、饥荒等造成的)流离失所者;难民(略作 **DP**, **D. P.**)

dis·place·ment /dis'pleismənt/ *n.* ❶[U;C]移位;移置:vertical *displacement* of the shoreline 海岸线的垂直移位❷[U]取代,替换:try to resist *displacement* by others 竭力使自己不被他人取代

dis·play /dis'plei/ I *vt.* ❶使展现;展示;陈列;展览:Man needs room to *display* his qualities and the individual characteristics of his soul. 人需要有舞台把其灵魂的所有品质和特点发挥得淋漓尽致。❷表现;显示;显露:She *displayed* great self-control when they told her the news. 当别人告诉她这则消息时,她表现出很强的自制力。II *n.* ❶[C;U]展现;展示;表演;陈列;展览:A collection of photographs was on *display* in the hall. 大厅里展出了一辑照片。❷[C]展示品;陈列品;展览品:The *dis-*

play was tastefully arranged. 展品的摆放富于情致。❸[C]【计】(数据等于屏幕上的)显示

dis·please /dis'pliːz/ *vt.* 使不高兴,使不愉快;惹怒,得罪:His conduct *displeased* the family. 他的行为把全家人都惹火了。

dis·pleas·ure /dis'pleʒəʳ/ *n.* [U]不悦;不满:He showed his *displeasure* with the day's happenings. 他对这一天所发生的事表示很不满。

dis·pos·a·ble /di'spəuzəbᵊl/ *adj.* [无比较级] ❶一次性(使用)的,用后即扔的:*disposable* plastic spoons 一次性塑料勺❷[常作定语]可供使用的,可任意取用的:Every *disposable* vehicle was sent. 所有能够用上的车子都派出去了。‖ **dis·pos·a·bil·i·ty** /diˌspəuzə'biliti/ *n.* [U]

dis·po·sal /di'spəuzᵊl/ *n.* [U] ❶排列;布置;配置;部署:the *disposal* of chessmen on a board (国际象棋)棋子在棋盘上的排列 ❷处理;处置;清除:waste *disposal* 垃圾处理 ‖ ***at one's disposal*** 由某人自行支配

dis·pose /di'spəuz/ *vt.* ❶使愿意;使有意于;使易于:The defendant's youth *disposed* the judge to lenience. 这位被告的年轻使法官动了恻隐之心。❷排列;布置;安排:The flags were *disposed* in a straight line for parade. 旗帜被排成一条直线供检阅。‖ ***dispose of*** *vt.* ❶处理;处置;办妥;解决:The article *disposed of* the matter in two paragraphs. 该文用两段文字将此事论述一尽。❷去除;舍弃;消除;销毁:If you don't throw away those old shoes I'll *dispose of* them for you. 如果你不把那些旧鞋子扔掉,我就来替你扔。❸卖掉;转让:She *disposed of* her shares a week ago. 她于一周前卖掉了自己的股份。

dis·posed /di'spəuzd/ *adj.* [无比较级][作表语] ❶乐意的;愿意的:I'm not *disposed* to meet them at the moment. 我不打算在此刻会见他们。❷有某种倾向的(*to*, *toward*, *towards*):His heart was naturally *disposed to* love and affection. 他天生一副慈爱心肠。

dis·po·si·tion /ˌdispə'ziʃᵊn/ *n.* [通常用单] ❶性情;性格:My boss was of an exceptionally nervous *disposition*. 我的老板是个非常神经过敏的人。❷癖性,癖好;倾向,意向:She has a *disposition* to that disease. 她天生容易得那种病。

☆**disposition, character, inclination, nature, personality, temper, temperament** 均有"性格,脾性"之意。**disposition** 指心理或精神上的主导倾向或习惯,有时也可表示短暂的情绪:He has a sunny *disposition*. (他性格开朗。) **character** 特指道德品质的集合体,强调性格中道德素质,常含品格高尚的意味:a man with a lofty *character* (品格高尚的人) **inclination** 强调性格上的意向或爱好:have an *inclination* for sports (爱好体育运动) **nature** 词义和使用范围最广,指心理或生理上的特性,强调其天生固有、不可改变性:the problem of *nature* and nurture in mental development (智力发展中先天禀性因素和后天培养的问题) **personality** 指一个人内心和外表特征的总和,这种特征可以不自觉地反映在思想感情、言谈举止等方面,能给别人留下强烈的印象,character 强调道德力量,personality 则侧重性格魅力或情感方面的感染力:influences affecting the development of a child's *personality* (影响儿童性格发展的因素) **temper** 侧重性格中后天修养习得的品质特性,可用于个人或民族:The national *temper* has always been one of optimism. (这个民族的性格一向乐观。) 该词也可表示短暂的心境或怒气:fly into a *temper* (大发脾气) **temperament** 指天生的气质、性格之综合表现,由人的生理、心理或神经系统决定:artistic *temperament* (艺术家的气质) 该词也可表示任何精神或情绪状态:He has excitable *temperaments*. (他容易激动。)

dis·pos·sess /ˌdispə'zes/ *vt.* 把…赶走;撵走,逐出:*dispossess* sb. from his home 把某人撵出家门

dis·pro·por·tion /ˌdisprə'pɔːʃᵊn/ *n.* ❶[C;U]不成比例,不相称,不匀称❷[C]不成比例(或不相称、不匀称)的东西

dis·pro·por·tion·ate /ˌdisprə'pɔːʃᵊnət/ *adj.* 不成比例的,不相称的;过大(或过小)的;太长(或太短)的:The door is *disproportionate* to the window. 门的大小与窗户不等称。

dis·prove /dis'pruːv/ *vt.* 证明…虚假(或不正确、不能成立);反驳:They can neither prove nor *disprove* that it is genuine. 他们既不能证明也不能否认它的真实性。‖ **dis'prov·a·ble** *adj.*

dis·pu·ta·tion /ˌdispjuː'teiʃᵊn/ *n.* [C;U]争论;辩论

dis·pu·ta·tious /ˌdispjuːˈteiʃᵊs/ *adj.* 〈书〉爱争论的,好辩论的:He is of a *disputatious* turn of mind. 他生性好辩。‖ ˌ**dis·puˈta·tious·ly** *adv.*

dis·pute Ⅰ /diˈspjuːt/ *vi.* ❶争论;辩论(见 argument):The two governments *disputed* over the ownership of the territory. 两国政府为这块领土的归属问题发生争执。❷争吵,吵架:The brothers are always *disputing*. 兄弟俩老是吵架。—*vt.* ❶就…发生争论;就…进行辩论(见 discuss):I don't *dispute* it with you. 这我不跟你抬杠。❷对…提出异议(或质疑);(提出理由)反对:His father never suffered him to *dispute* his will. 他父亲从来不许儿子违背他的意愿。Ⅱ /diˈspjuːt, ˈdispjuːt/ *n.* ❶[C;U]争论;辩论;争端:The bank teller's honesty is beyond *dispute*. 该银行出纳员的忠实可靠是毋庸置疑的。❷[C]争吵,吵架:The *dispute* grew more violent. 争吵愈演愈烈。‖ **dis·put·a·ble** /diˈspjuːtəbl/ *adj.*

dis·qual·i·fy /disˈkwɔliˌfai/ *vt.* ❶取消…的(参赛)资格;剥夺…的权利(或特权)(*from*):If the complaint is upheld he could be *disqualified from* election for three years. 控告一旦确认,他可能在三年内不得参加选举。❷使不能;使不合格;使不适合(*for*, *from*):His lame foot *disqualified* him *for* most sports. 他的跛脚使他不能参加大部分体育活动。‖ **dis·qual·i·fi·ca·tion** /disˌkwɔlifiˈkeiʃᵊn/ *n.* [U]

dis·re·gard /ˌdisriˈgɑːd/ Ⅰ *vt.* ❶不顾,忽视,不理会:Ambition *disregards* wrong so long as it succeeds in its aim. 野心家只要能达到目的,是不择手段的。❷不尊重;漠视;不把…放在眼里:The gang *disregards* all authority. 那帮人把一切权威都不放在眼里。Ⅱ *n.* [U] ❶不顾,忽视,不理会(*of*, *for*):*disregard of* one's studies 忽视学业 ❷不尊重;漠视(*of*, *for*):*disregard of* the traffic laws 无视交通规则

dis·re·pair /ˌdisriˈpeəʳ/ *n.* [U]失修;破败:These houses have been allowed to fall into *disrepair*. 这些房屋无人照管,任其破败。

dis·rep·u·ta·ble /disˈrepjutəbᵊl/ *adj.* 名声不好的;不光彩的:a *disreputable* old rascal 声名狼藉的老恶棍

dis·re·pute /ˌdisriˈpjuːt/ *n.* [U]丧失名誉,不光彩;坏名声:Nowadays, he and his paintings are in *disrepute*. 如今,他本人及其画作的声誉都不佳。

dis·re·spect /ˌdisriˈspekt/ *n.* [U]不尊敬;无礼,失礼;轻蔑:I meant no *disrespect* to you. 我刚才对你若有失礼之处,那绝不是有意的。‖ ˌ**dis·reˈspect·ful** *adj.* —ˌ**dis·reˈspect·ful·ly** *adv.*

dis·robe /disˈrəub/ *vt.* 脱去…的衣服(尤指公服或礼服):*disrobe* oneself 脱衣 —*vi.* 脱衣服(尤指公服或礼服):They walked to the vestry to *disrobe*. 他们来到圣器储藏室脱下法衣。

dis·rupt /disˈrʌpt/ *vt.* ❶搅乱;扰乱:The news *disrupted* their conference. 这则消息搅乱了他们的会议。❷使中断;破坏…的完整性:Telephone service was *disrupted* for hours. 电话通讯中断了数小时。

dis·rupt·ion /disˈrʌpʃᵊn/ *n.* ❶[U]混乱:violent *disruption* caused by rioters 暴徒们引起的骚乱 ❷[C;U]混乱;中断:*disruption* of the phone lines 电话线路的中断

dis·rupt·ive /disˈrʌptiv/ *adj.* 制造混乱的:*disruptive* students 爱捣乱的学生

dis·sat·is·fac·tion /diˌsætisˈfakʃᵊn/ *n.* [U]不满意;不满足:express *dissatisfaction* with current TV programmes 对眼下的电视节目表示不满

dis·sat·is·fy /diˈsætisˌfai/ *vt.* 使不满;使不悦:The boy's poor grades *dissatisfied* his parents. 那男孩子的成绩很差,他父母为此不满。‖ **disˈsat·isˌfied** *adj.*

dis·sect /diˈsekt/ *vt.* ❶解剖(动、植物);肢解:*dissect* a sparrow 解剖麻雀 ❷剖析;详细评论:His new novel has been minutely *dissected* by the critics. 评论家对他最新出版的长篇小说做了详细的评论。‖ **dis·sec·tion** /diˈsekʃᵊn/ *n.* [C;U]

dis·sem·ble /diˈsembᵊl/ *vi.* 掩盖感情(思想、计划、动机等);言行虚伪:Families that quarrel in the privacy of the home do well to *dissemble* when they go out to dinner. 那些私下里吵吵闹闹的家庭外出赴宴时却都装出若无其事的样子。‖ **disˈsem·blance** *n.* [U] —**disˈsem·bler** *n.* [C]

dis·sem·i·nate /diˈsemiˌneit/ *vt.* ❶撒播(种子等) ❷传播,散布:*disseminate* information about preventive medicine 宣传有关预防的医学

知识 ‖ **dis·sem·i·na·tion** /diˌsemiˈneiʃᵊn/ *n.* [U;C]

dis·sen·sion /diˈsenʃᵊn/ *n.* [U;C]意见分歧;纷争;争端;(意见分歧而引起的)不和:domestic [family] *dissension* 家庭纠纷

dis·sent /diˈsent/ **I** *vi.* 不同意;持有异议(*from*):They *dissented* among themselves. 他们起了内讧。**II** *n.* [U]意见不一致,意见分歧:*Dissent* among the members broke up the club. 成员之间意见不一导致了俱乐部的解体。‖ **disˈsent·er** *n.* [C]

D

dis·ser·ta·tion /ˌdisəˈteiʃᵊn/ *n.* [C] ❶专题论文;(尤指)博士学位论文:a doctoral *dissertation* 博士学位论文 ❷学术报告,学术演讲:a *dissertation* on natural childbirth 就自然分娩而作的一场学术报告

dis·serv·ice /disˈsəːvis/ *n.* [通常用单]帮倒忙(的行为);损害,危害:He unintentionally did them a *disservice*. 他无意中帮了他们的倒忙。

dis·si·dent /ˈdisidᵊnt/ *n.* [C]持不同意见者;持不同政见者:political *dissidents* 持不同政见者 ‖ **ˈdis·si·dence** *n.* [U]

dis·sim·i·lar /diˈsimiləʳ/ *adj.* [无比较级]不相同的;不相似的(*to*, *from*, *with*):The brothers had markedly *dissimilar* characteristics. 兄弟俩的特征显然不同。‖ **dis·sim·i·lar·i·ty** /diˌsimiˈlæriti/ *n.* [C;U]

dis·sim·u·late /diˈsimjuˌleit/ *vt.* 掩饰(感情、意图等):*dissimulate* fear 强作镇静 ‖ **dis·sim·u·la·tion** /diˌsimjuˈleiʃᵊn/ *n.* [U;C] —**disˈsim·uˌla·tor** *n.* [C]

dis·si·pate /ˈdisiˌpeit/ *vt.* ❶驱散,使(雾、霭等)消散:The sun *dissipated* the mist. 太阳驱散了雾。❷挥霍,浪费;消磨,消耗(精力等):*dissipate* one's talents 耗费自己的才华—*vi.* ❶放纵行乐(尤指酗酒);放荡❷消散;消失

dis·si·pat·ed /ˈdisiˌpeitid/ *adj.* 放纵的,放荡的;(社会、城市等)淫靡成风的

dis·si·pa·tion /ˌdisiˈpeiʃᵊn/ *n.* [U] ❶浪费,挥霍;消耗❷消散;驱散

dis·so·ci·ate /diˈsəuʃiˌeit,-siˌeit/ *vt.* 使分开,使分离(*from*):It's difficult to *dissociate* a man *from* his position. 一个人同他的身份是难以分开的。〔亦作 **disassociate**〕‖ **dis·so·ci·a·tion** /diˌsəusiˈeiʃᵊn,-ʃiˈeiʃᵊn/ *n.* [U]

dis·so·lute /ˈdisəˌlʲuːt/ *adj.* (生活)放荡的;放纵的;不道德的:The nobles were lawless and *dissolute*. 那些贵族们肆行妄为,无恶不作。‖ **ˈdis·soˌlute·ly** *adv.* —**ˈdis·soˌlute·ness** *n.* [U]

dis·so·lu·tion /ˌdisəˈlʲuːʃᵊn/ *n.* [C;U] ❶分解;瓦解;解体❷(婚姻关系、合伙关系等的)解除;终止

dis·solve /diˈzɔlv/ *vt.* ❶使溶解;使融化;使液化(见 melt):*Dissolve* the medicine in water. 把药溶解在水里。❷终止,结束,解除(婚姻、合伙、联盟等关系):The bond was *dissolved*. 契约解除了。❸解散(集会、议会等):The cabinet was *dissolved* because the members could not agree with the prime minister. 内阁因其阁员与首相意见不一被解散了。—*vi.* ❶溶解;融化;液化:Salt will *dissolve* in water. 盐溶于水。❷(婚姻、合伙、联盟等关系的)终止,结束,解除:He helplessly watched his marriage *dissolve*. 他无助地看着他婚姻破裂。❸(议会等)解散:Parliament *dissolves* next Monday. 议会定于下星期一解散。

dis·suade /diˈsweid/ *vt.* 劝…不要做某事;劝阻(*from*):She *dissuaded* him *from* leaving home. 她劝他不要离家出走。

dis·tance /ˈdistᵊns/ **I** *n.* ❶[C;U]距离;间距:A straight line is the shortest *distance* between two points. 两点间直线距离最短。❷[U](遥)远:It's no *distance* from here. 那地方离这儿不远。❸[C;U]远处;远方:stare into the *distance* 凝眸远望 **II** *vt.* ❶(赛跑等活动中)把…远远地甩在后面,远远超过,遥遥领先于:He *distanced* all the other runners in the mile race. 在1英里长跑中,他把其他选手远远地甩在了后面。❷[常作~ **oneself**]远离;使疏远;对…冷淡:She *distances herself* from them. 她疏远他们。‖ ***keep one's distance*** *vi.* 保持距离;保持冷淡;保持疏远:The shy boy *kept his distance* and did not mingle with his new classmates. 那位腼腆的男孩和大家保持距离,不与新同学交往。

dis·tant /ˈdistᵊnt/ *adj.* ❶距离遥远的;在远处的;远隔的(*from*)(见 far):The sun is *distant from* the earth. 太阳与地球相距遥远。❷[通常作定语](时间上)久远的:The war seemed now so *distant*. 那场战争恍如隔世了。❸[作定语](亲属关系等上)远的,远房的:They were, in fact, *distant* cousins. 事实上，他们是远方堂兄弟。❹冷淡的；疏远的；矜持的：She had always felt *distant* from her own people. 她对自己的亲人总是感到落落寡合。

dis·taste /dis'teist/ *n.* [通常用单]不喜欢，厌恶，反感：The dispute left lingering *distaste*. 那场争论留下了难消的嫌隙。

dis·taste·ful /dis'teistful/ *adj.* 使人不快的，令人厌恶的：The violence in the film was *distasteful*. 这部电影里的暴力镜头令人厌恶。

dis·tem·per /di'stempə^r/ *n.* [U]【兽医】温热，兽类传染性卡他(指一种由病毒感染引起的动物传染病，症状为发热、咳嗽、呕吐等，包括犬热病[canine distemper]、马腺疫[strangles]、猫传染性粒细胞缺乏症[panleukopenia]等)

dis·tend /di'stend/ *vt.* & *vi.* (使)膨胀，(使)肿胀；(使)扩张；(使)上涨(见 expand)：The balloon was *distended* almost to the bursting point. 气球鼓胀得快要爆裂了。‖ **dis·ten·tion** /di'stenʃ^ən/ *n.* [U]

dis·til(l) /dis'til/ (**-tilled;-til·ling**) *vt.* ❶【化】蒸馏；用蒸馏法对…进行净化(或提纯)；用蒸馏法提取(或提炼、生产)：The Scots have *distilled* whisky for centuries. 苏格兰人用蒸馏法制造威士忌酒已有好几百年的历史。❷净化；提炼；浓缩；吸取…的精华：A proverb *distils* the wisdom of the ages. 一则谚语浓缩了成百上千年的智慧。—*vi.* ❶蒸馏；提炼，浓缩 ❷滴落，渗出：Tears *distilled* from her eyes. 从她的眼里慢慢落下几滴泪水。‖ **dis'til(l)·er** *n.* [C]

dis·til·late /'distiˌleit/ *n.* [C;U]蒸馏液，馏出液，馏出物；馏分：petroleum *distillates* 石油蒸馏液

dis·til·la·tion /ˌdisti'leiʃ^ən/ *n.* [U]蒸馏(过程)；净化(过程)；浓缩(过程)：dry *distillation* 干馏

dis·till·er·y /di'stil^əri/ *n.* [C] ❶蒸馏室 ❷(蒸馏酒)酿酒厂

dis·tinct /di'stiŋkt/ *adj.* ❶[无比较级]有区别的；各别的；独特的，种类(或性质)截然不同的(*from*)：The patterns of spoken language are *distinct from* those of writing. 口语的形式与书面的截然不同。❷清楚的，明显的；线条分明的；确定无误的，明确的：The sound of the drums was *distinct* even from a distance. 即使在远处，鼓声也是清晰可闻的。❸[作定语]不一般的，难得的；显著的；极度的：There was a *distinct* improvement in her typing. 她打字有显著的进步。‖ **dis'tinct·ly** *adv.*

dis·tinc·tion /di'stiŋkʃ^ən/ *n.* ❶[U;C]区分，明辨，辨别：His *distinction* of sounds is excellent. 他辨音能力很强。❷[C;U]差别；对比：He was pretty reasonable in *distinction* to other men. 同其他人相比，他还是很讲道理的。❸[U]优异；卓越，卓著；杰出：He got his degree with *distinction*. 他以优异的成绩获得了学位。

dis·tinc·tive /di'stiŋktiv/ *adj.* [无比较级]特别的；有特色的：Long complex sentences are *distinctive* of his later style. 冗长的复合句是他晚期作品风格的特征。‖ **dis'tinc·tive·ly** *adv.* —**dis'tinc·tive·ness** *n.* [U]

dis·tin·guish /di'stiŋgwiʃ/ *vt.* ❶区别，辨别(*from*)：Can you *distinguish* the twins apart? 你能分清这对孪生儿吗？❷分辨出，辨别出：He could not *distinguish* many of the words. 他辨认不出其中的许多字。❸看清；听清：On a clear, bright day you can *distinguish* things far away. 在晴朗明媚的天气里你极目望去，远处的景物历历在目。❹使区别于他物；作为…的特点(或特征)：Ability to talk *distinguishes* human beings from the lower animals. 人类有说话的能力，这点有别于低等动物。—*vi.* 区别，辨别(*between*)：People who can not *distinguish between* colours are said to be colour-blind. 不能辨别颜色的人被称之为色盲。‖ **dis'tin·guisha·ble** *adj.*

☆ **distinguish, differentiate, discriminate** 均有"区别；分清"之意。**distinguish** 指辨别事物之间的细微差异，暗含具备健全的智力、技能或判断能力：He was unable to *distinguish* the animals.（他无法分辨这些动物。）该词用于某一事物的特点时，表示截然不同并往往是优异的：Mary's amazing agility that *distinguishes* her from all other dancers.（玛丽灵巧的舞步令人称奇，这使她在所有的舞蹈者中脱颖而出。）**differentiate** 意指精细地分辨容易混淆的事物中的差别，适用于专门知识领域：*differentiates* this kind of rose from the others（把这种玫瑰与其他玫瑰品种区分开来）**discriminate** 指从十分相似的事物中看出差别，并进行评价，强调辨别过程中的审美鉴赏：*discriminate* facts from opinions（把事实和看法区分开来）；该词有时也有歧视或区别对待的意思：The new rule *discriminates* between people employed in the same firm.（新的规章制度将同一公司里的雇员分别对待。）

dis·tin·guished /diˈstiŋgwiʃt/ *adj.* ❶著名的；卓越的，杰出的（*for*，*by*）：He is *distinguished for* his eloquence. 他以善辩而著称。❷地位高的；高贵的：a *distinguished* guest 贵宾 ❸（神情、外表、举止等）有尊严的；显得高雅（或高贵、重要）的：He was quiet，grave，and eminently *distinguished*. 他沉静，稳重，佼佼不凡。

D

dis·tort /diˈstɔːt/ *vt.* ❶使变形；扭曲，弄歪：A curved mirror *distorts* the features. 哈哈镜使五官变形。❷歪曲（事实等）；曲解（思想、观点、动机等）：*distort* the facts 歪曲事实❸使（声音等）失真：The announcement was so *distorted* that I couldn't understand what was said. 通告播出的声音严重失真，我听不懂说的是什么。

dis·tor·tion /diˈstɔːʃᵊn/ *n.* ［C；U］歪曲；曲解：The report contains nothing but lies and *distortions*. 这篇报道中尽是些谎言和歪曲的事实。

dis·tract /diˈstrækt/ *vt.* ❶分散（思想、注意力等）；使分心（*from*）：Reading *distracts* the mind *from* grief. 读书能使人分心而减轻痛苦。❷给…解闷；使快乐：A short journey like that might *distract* her thoughts. 那样短短的旅行也许可以叫她散散心。

dis·tract·ing /diˈstræktiŋ/ *adj.* ❶令人分散注意力的：a very *distracting* noise 让人分心的嘈杂声 ❷使人快乐的，有趣的：She thinks those computer games are pleasantly *distracting*. 她觉得这些电脑游戏非常有意思。

dis·trac·tion /diˈstrækʃᵊn/ *n.* ❶［U；C］注意力分散，思想不集中，分心：listen with *distraction* 心不在焉地听着 ❷［U］困惑；苦恼；心神烦乱：She scarcely knew what she was doing in her *distraction*. 她心神烦乱，简直不知道在做些什么。❸［C；U］分散注意力（或分心）的事物（或人）：You and I get along rather comfortably without outside *distractions*. 没有外人来打扰，你我两人相处得很愉快。

dis·traught /diˈstrɔːt/ *adj.* 心神不宁的；忧心如焚的；极其烦恼的；困惑的：The lost child was *distraught* with fear. 那迷路的孩子心里七上八下怕得要命。

dis·tress /diˈstres/ **I** *n.* ［U］❶疼痛；痛苦；悲痛；苦恼；忧虑：The baby's *distress* is caused by teething. 那婴孩因正出牙而感到疼痛。❷贫困；困苦：relieve *distress* among the poor 济贫 ❸（飞机、船只等所处的）危难；危境：a ship in *distress* 遇险的船只 **II** *vt.* 使痛苦；使悲痛；使苦恼；使忧虑；折磨：Your tears *distress* me. 你一流泪我心里就很难过。

☆**distress，agony，anguish，suffering** 均有"痛苦"之意。**distress** 常指外部原因引起的精神上或身体上的暂时紧张、忧虑、烦恼或痛苦，往往含有可能会得到减轻或需要人帮助之意：News of the hurricane put everyone in great *distress*.（飓风来临的消息使每个人大为不安。）**agony** 指令人难以忍受的极大痛苦，整个身心都在挣扎着承受：lie writhing on ground in *agony*（躺在地上痛苦地扭动身躯）**anguish** 尤指心灵上的极度痛苦或苦恼：in *anguish* over sth.（因某事而伤心）**suffering** 主要用于人，主体往往意识到自己在经受痛苦、烦恼或磨难：the *suffering* of the earthquake victims（地震受灾群众所受的痛苦）

dis·tress·ing /diˈstresiŋ/ *adj.* 令人痛苦的；令人苦恼的：*distressing* news 令人难过的消息

dis·trib·ute /diˈstribjuːt，ˈdis-/ *vt.* ❶分，发，分发；分配；派送：Mother *distributed* candy among the children. 妈妈给孩子们分发糖果。❷使分布；散布；撒布：A painter should *distribute* the paint evenly over the wall. 漆工应将油漆均匀地涂在墙上。❸销售（商品）：He *distributes* cars for the rental agency in that region. 他向那个地区的出租公司提供小汽车。

dis·tri·bu·tion /ˌdistriˈbjuːʃᵊn/ *n.* ❶［通常用单］分，发，分发；分配；派送：After the contest the *distribution* of prizes to the winners took place. 比赛结束之后举行了向优胜者颁奖的仪式。❷［U］【经】（商品等的）分配；分布；分销；销售（量）❸［U；C］分布；布局；分布状况（或方式）；分布范围（或地区）：The pine-tree has a very wide *distribution*. 松树分布范围极广。❹［U］分配法；分发方式：the *distribution* of the profits 利润的分配方式

dis·trib·u·tor /diˈstribjutəʳ/ *n.* ［C］❶分配者；分发者；发送者 ❷销售公司；批发公司 ❸配电

器;配电盘

dis·trict /ˈdistrikt/ *n.* ❶(为行政、司法、教育等目的而划分的)区,管(辖)区,行政区;〈英〉(郡以下作为行政单位的)区:a park *district* 园林区❷(地理上的)区域;地区(见 area):a slum *district* 贫民区

district attorney *n.* [C]地方检察官(略作 **DA** 或**D. A.**)

dis·trust /disˈtrʌst/ **I** *vt.* 怀疑,不信任:Everyone *distrusts* flatterers. 谁都不信任阿谀奉承者。**II** *n.* [U]怀疑,不信任:The child looked at the stranger with *distrust*. 那孩子以戒备的目光打量那陌生人。‖ **disˈtrust·ful** *adj.*

dis·turb /diˈstəːb/ *vt.* ❶打扰:I hope I'm not *disturbing* you? 我不会打搅您吧?❷打断;妨碍:*disturb* sb.'s meditation 打断某人的沉思 ❸弄乱,搞乱,打乱:Someone has *disturbed* my books;I can't find the one I want. 有人把我的书翻乱了,我找不到想要的那本书。❹[常用被动语态]使心神不安;使烦恼;使情绪波动;使精神不正常:I am *disturbed* at your bad news. 听到有关你的坏消息,我感到不安。

☆**disturb, agitate, perturb** 均有"扰乱,使烦恼"之意。**disturb** 指某人的行动妨碍了别人的正常秩序而使人不得安宁,也指由于忧虑、困惑或恐惧等而打破心情、情绪等的平衡:Don't *disturb* the sleeping child.(别去惊扰睡着的孩子。)**agitate** 侧重强调内心激动或不安的明显表露:He was so *agitated*, that he could not answer.(他心烦意乱,无法作答。)**perturb** 暗含严重地失去精神上的平静之意:The bad news *perturbed* him.(这则坏消息令他大为不安。)

dis·turb·ance /diˈstəːbᵊns/ *n.* ❶[U;C]打扰;打断;滋扰;妨碍:The noise of traffic is a continual *disturbance*. 来往车辆的噪音不停地干扰着四周的宁静。❷[C]骚乱,动乱;引起骚乱的事物:a school *disturbance* 学潮

dis·turbed /diˈstəːbd/ *adj.* 激动的;骚动的;混乱的:He is emotionally *disturbed*. 他情绪激动。

dis·turb·ing /diˈstəːbiŋ/ *adj.* 引起烦恼的;令人不安的,引起恐慌的:The news is very *disturbing*. 这则消息令人极为不安。‖ **disˈturb·ing·ly** *adv.*

dis·u·nite /ˌdisjuːˈnait/ *vt.* 使分离,使分裂 ‖ **dis·u·ni·ty** /disˈjuːniti/ *n.* [U]

dis·use /disˈjuːs/ *n.* [U](尤指逐渐的)废弃;不用:Many words common in Shakespeare's time have passed into *disuse*. 莎士比亚时代许多常用的词汇现已废弃不用。

ditch /ditʃ/ **I** *n.* [C] ❶沟;壕沟,明沟:a drainage *ditch* 排水沟 ❷水道;渠(道):an irrigation *ditch* 灌溉渠 **II** *vt.* ❶使(飞机)在水上迫降:The plane was *ditched* off the shore. 这架飞机迫降在海上。❷〈俚〉丢弃,扔掉:The robber *ditched* his gun in a sewer. 强盗把枪扔进下水道里。

dith·er /ˈdiðəʳ/ *vi.* 犹豫,踌躇:She sat there *dithering* over her decision. 她坐在那儿拿不定主意。

dit·to /ˈditəu/ **I** *n.* ❶[U]同前,同上,如前所述(用以避免重复,符号"„";略作 **do.**):one black pencil at 12p, blue „ „15p 12 便士的黑铅笔一枝,15 便士的蓝铅笔一枝 ❷[C]([复]**-to(e)s**)〈口〉复制品;副本;一模一样的人(或事物):He is the *ditto* of his father. 他与他父亲长得一个模样。**II** *adv.* [无比较级][用于短语或句子后]同前,同上,如前所述

di·ur·nal /daiˈəːnᵊl/ *adj.* [无比较级] ❶白天的,白昼的:*diurnal* noises 白昼的喧闹 ❷每天的,每日的 ‖ **diˈur·nal·ly** *adv.*

di·van /diˈvæn, ˈdaivæn/ *n.* [C](无扶手、无靠背的)长沙发;靠墙长座

dive /daiv/ **I** (**dived** 或 **dove** /dəuv/) *vi.* ❶(尤指头先入水地)跳水:You *dive* in first and test the temperature of the water. 你先跳下去试试水温。❷(潜水艇、游泳者等)潜水:They are *diving* for gold from the Spanish wreck. 他们潜下水去捞取西班牙沉船上的金子。❸快速下行;(飞机等)俯冲;跳伞:The hawk *dived* straight at the field mouse. 鹰向田鼠直扑下来。❹冲,扑;快速移动:He *dived* after the ball as it rolled under the hedge. 他见球快滚到树篱下面去了,便一下子扑了过去。—*vt.* ❶使潜水:*dive* a submarine 使潜水艇下潜 ❷使俯冲:*dive* an airplane 使飞机俯冲 **II** *n.* [C] ❶跳水:a fancy *dive* 花样跳水 ❷潜水;(潜水艇等的)下潜:The submarine made a crash *dive* into the depths. 那艘潜水艇突然潜入深海。❸(飞机的)俯冲:The pilot put his plane into a steep *dive*. 飞行员驾机作陡直俯冲。❹

扑,猛冲:He made a *dive* into the nearest restaurant. 他冲进最近的一家饭馆。

div·er /ˈdaivəʳ/ *n.* [C] ❶潜水员:a pearl *diver* 潜水采珠人 ❷跳水者;(花样)跳水运动员:She was a remarkable *diver*. 她是一名出色的跳水运动员。

di·verge /daiˈvəːdʒ/ *vi.* ❶(道路、光线、线条等)分岔;岔开:Their paths *diverged* at the fork in the road. 他们的路在道口分岔了。❷〈书〉(意见等)分歧,相左(*from*):I'm afraid our interests *diverge from* each other. 我们的兴趣恐怕各不相同。

D

di·ver·gence /daiˈvəːdʒᵊns/ *n.* [C;U](意见的)分歧;(个性、形式等的)差异:a wide *divergence* in opinion 意见上很大的分歧

di·ver·gent /daiˈvəːdʒᵊnt/ *adj.* [无比较级]❶(意见)有分歧的;有差异的,不同的;背道而驰的:hold widely *divergent* views 众说纷纭,莫衷一是 ❷岔开的,分岔的

di·vers /ˈdaivəːz/ *adj.* [无比较级][作定语]好几个的;各种各样的;不同种类的:A well-balanced diet is made up of *divers* foods. 均衡的膳食是由各种各样的食物搭配而成的。

di·verse /daiˈvəːs,di-/ *adj.* [无比较级]❶不同的,相异的:A great many *diverse* opinions were expressed at the meeting. 会议上众说纷纭,莫衷一是。❷多种多样的,种类繁多的:His brother's interests are *diverse*. 他兄弟的兴趣非常广泛。‖ **diˈverse·ly** *adv.*

di·ver·si·fy /daiˈvəːsiˌfai/ *v.* 使多样化,使不同:Mountains,plains,trees,and lakes *diversify* the landscape. 山川、平原、林木、湖泊使景色斑驳陆离。‖ **di·ver·si·fi·ca·tion** /daiˌvəːsifiˈkeiʃᵊn,di-/ *n.* [U]

di·ver·sion /daiˈvəːʃᵊn,di-/ *n.* ❶[U;C]偏离;转向;转移:the *diversion* of an irrigation canal 灌溉渠的改道 ❷[C]消遣;娱乐:a popular *diversion* 大众化的消遣方式❸[C]〈英〉(公路或大路关闭时代用的)绕行路:a traffic *diversion* due to an accident on the main road 由于主干道上发生交通事故而临时使用的绕行路

di·ver·sion·ar·y /daiˈvəːʃᵊnəri,di-/ *adj.* [无比较级][作定语]❶转移视线的,分散注意力的 ❷【军】牵制性:*diversionary* tactics 牵制战术

di·ver·si·ty /daiˈvəːsiti,di-/ *n.* ❶[U]差异(性):There was considerable *diversity* in the style of the reports. 这几篇报道的文笔各不相同。❷[通常用单]多种多样;多样性:a *diversity* of methods 多种多样的方法

di·vert /daiˈvəːt,di-/ *vt.* ❶使偏离,使转向(*from*,*to*):*divert* the subject into a side issue 把话题扯向一个枝节问题 ❷转移;盗用,挪用(资金):If you don't use it,you can *divert* the money into savings. 你若不用这笔钱的话,可以把它存起来嘛。❸转移(注意力等):She pointed to the left to *divert* the child's attention while she hid the cake. 她用手指向左边转移那孩子的注意力,同时把蛋糕藏了起来。

di·vest /daiˈvest/ *vt.* ❶脱去;卸下(*of*):*divest* the king *of* his robes of state 为国王脱去朝服 ❷迫使放弃;剥夺…的权利(或财产、称号等);撤销…的职务(*of*):They *divested* the king *of* all his power. 他们剥夺了国王所有的权力。❸去掉,去除;使摆脱(*of*):I simply cannot *divest* myself *of* the idea. 我硬是摆脱不了这个念头。❹出售;抛售:The traders quickly *divested* themselves of that stock. 商人们很快就将库存商品抛售掉了。‖ **diˈvest·i·ture** /-itʃəʳ/ *n.* [U;C]

di·vide /diˈvaid/ **I** *vt.* ❶分;分开;划分;分割:He wants to *divide* the household. 他想分家。❷分配;分享;分担(*among*):The profits were *divided among* the several owners of the business. 利润在这家企业的几个所有人之间进行了分配。❸把…归类,将…按类别分开(*by*,*from*):*Divide* the books *by* subject. 将书按主题分类。❹使分裂,使产生分歧;使疏远:The new proposal *divided* the committee members. 新建议引发了委员会成员之间的意见分歧。❺【数】除;除尽;把…作除数:When you *divide* 8 by 2,you get 4. 2除8等于4。—*vi.* ❶分开;分离;分岔:The road *divides* and forms two roads. 那条路分岔后变成两条路。❷有分歧;分裂:He *divided* in his mind. 他内心彷徨,犹豫不决。**II** *n.* [C] ❶分界线;分界点;界线:the *divide* between rich and poor 贫富分界线 ❷【地理】分水岭,分水线 ‖ **diˈvid·a·ble** *adj.*

div·i·dend /ˈdiviˌdend/ *n.* [C] ❶【数】被除数 ❷【经】股息,股利;红利:draw *dividends* 领取红利 ❸奖金;额外的好处(见 bonus):Swimming is fun,and gives you the *dividend* of good health. 游泳本身很有趣,还有助于健康。

di·vid·er /diˈvaidəʳ/ *n.* [C] ❶划分者;分裂者;隔开物,分隔物:a room *divider* 间壁 ❷[~s]分线规,两脚规:a pair of *dividers* 一副分线规

div·i·na·tion /ˌdiviˈneiʃᵊn/ *n.* [U]占卜,预测,预言

di·vine /diˈvain/ *adj.* ❶[无比较级]上帝的;神祇的:the *divine* will 上帝的意志 ❷似上帝的;天神般的;非凡的:a *divine* ichor 灵丹妙药 ❸〈口〉美妙的;极好的;极可爱的:"What a *divine* hat!" she cried. "多漂亮的帽子!"她喊道。‖ **diˈvine·ly** *adv.* —**diˈvin·er** *n.* [C]

di·vis·i·ble /diˈvizəbᵊl/ *adj.* [无比较级] ❶可分的 ❷【数】可除尽的:12 is *divisible* by 1,2,3,4,6,and 12. 12能被1、2、3、4、6与12整除。‖ **di·vis·i·bil·i·ty** /diˌvizəˈbiliti/ *n.* [U]

di·vi·sion /diˈviʒᵊn/ *n.* ❶[U]分;分开;划分;分割;分隔:the *division* of time into hours, days and weeks 将时间划分为小时、日和星期 ❷[U]【数】除(法):do *division* 做除法 ❸[C]分隔物,隔离物;分界线;分隔符号:the *division* between the two countries 两国间的分界线 ❹[C]部分;部门(如部、处、科、系等);(政治、行政、司法或军事等的)区:the research *division* of a drug company 制药公司的研究部 ❺[C;U](意见的)分歧;分裂:There are sharp *divisions* in the party. 该党内部存在着尖锐的意见对立。‖ **diˈvi·sion·al** *adj.*

di·vi·sive /diˈvaisiv/ *adj.* [无比较级]引起分歧(或纷争)的;造成不和的,造成分裂的:If someone wants to come and be *divisive*, he will be ruled out of the convention. 如果有谁想来闹不团结,我们就把他排除在会议之外。‖ **diˈvi·sive·ly** *adv.* —**diˈvi·sive·ness** *n.* [U]

di·vi·sor /diˈvaizəʳ/ *n.* [C]【数】除数:In 728÷16, 16 is the *divisor*. 在728÷16中,16是除数。

di·vorce /diˈvɔːs/ **I** *n.* [C;U]离婚,离异:the rate of *divorce* 离婚率 **II** *vt.* ❶判…离婚:The judge *divorced* Mr. and Mrs. John. 法官判决约翰夫妇离婚。❷与…离婚(*from*)(见 separate):She *divorced* her husband. 她同她丈夫离了婚。❸使分离;使脱离(*from*):He *divorced* himself *from* the controversy. 他摆脱了纷争。—*vi.* 离婚:When my parents *divorced*, I went to live with my uncle. 父母亲离婚后,我与叔叔住在一起。‖ **diˈvorced** *adj.*

di·vor·cee /ˌdivɔːˈsiː/ *n.* [C](通常指女性)离婚者,离异者

di·vulge /daiˈvʌldʒ,di-/ *vt.* 泄露(秘密等):He *divulged* the news of our misfortune. 他对别人透露了我们遭到了不幸的消息。

DIY *n.* 自己动手

diz·zy /ˈdizi/ *adj.* ❶头晕目眩的:He was *dizzy* from the height. 他因登高而觉得头晕目眩。❷被弄糊涂的;困惑的:He went *dizzy* at the thought. 他一想到此,头脑里便一片混乱。❸[作定语]使人头晕目眩的;令人头脑昏乱的:the *dizzy* height of the balcony 阳台令人头晕的高度 ‖ **ˈdiz·zi·ly** *adv.* —**ˈdiz·zi·ness** *n.* [U] —**ˈdiz·zy·ing** *adj.*

DJ *abbr.* disk jockey

DNA *abbr.* deoxyribonucleic acid

do /强 duː,弱 də/ (**did** /did/, **done** /dʌn/;第三人称单数现在式 **does** /dʌz/) **I** *vt.* ❶干,做,办;进行:You can't *do* both together. 你可不能一心二用啊。❷完成,做完:Have you *done* it? 你做完了没有? ❸使出,付出,用出:*do* one's best 竭尽全力 ❹带来,导致:This medicine can *do* a lot of harm to you. 这种药可能给你造成很大的伤害。❺处理;修理;料理:I must get the car *done*. 我得让人把车修理一下。❻修读,攻读;研究:*do* a PhD 攻读博士学位 —*vi.* ❶做;行动;表现:*Do* as I tell you! 照我说的去做! ❷(在生活、工作、学习等方面)进展:How are you *doing* in your new job? 你在新的工作岗位上顺利吗? ❸处于某种健康状况:She was very ill, but she's *doing* better now. 她当初病得很重,现在好多了。—*v. aux.* ❶[用以构成疑问句]:*Do* you like her? 你喜欢她吗? ❷[用以构成否定句]:I *do*n't want it. 我不要这东西。❸[用于倒装句]:Never *did* I see such a pretty girl. 我从来没有看见过这么漂亮的女孩子。❹[用以加强语气]:*Do* hurry! 一定要快! ❺[用以代替前面提及的动词或动词短语]:My dog goes where I *do*. 我到哪儿我的狗也跟到哪儿。**II** *n.* [C]([复]**dos** 或 **do's**) ❶混乱,忙乱;骚动 ❷(社交)聚会;庆祝会:There is a big *do* on. 盛大的庆祝会正在进行中。‖ ***do away with*** *vt.* 结束;去掉;废除:That department was *done away with* two years ago. 那个部门两年前被撤销了。***do out of*** *vt.* 向…骗取,从

D

…诈取:They *did* him *out of* his life savings. 他们骗走了他毕生的积蓄。***do up*** *vt*. ❶捆;扎;缚;扣:*do up* a parcel 捆包裹/ *do up* shoelaces 系鞋带 ❷整修;修缮;重新装饰:I'll have my house *done up*. 我要请人把房子修缮一下。❸扣上(衣服):*Do up* your coat before you go out. 出门前先把外衣扣好。***do without*** *vt*. & *vi*. ❶设法对付过去,将就:There aren't enough programmes to go round, so some of the audience will have to *do without*. 节目单不够分发,有些观众只好没有。❷没有…也无妨;无需:This is a luxury we can *do without*. 这是一种奢侈品,咱们没有也无妨。‖ ˈ**do·a·ble** *adj*.

D

doc /dɔk/ *n*. [C]〈口〉医生,大夫

do·cile /ˈdəusail / *adj*. 易驾驭的,驯服的;温顺的;顺从的:She has fallen into the habit of being *docile*. 她历来都是逆来顺受。‖ **do·cil·i·ty** /dəuˈsiliti/ *n*. [U]

dock[1] /dɔk/ **I** *n*. ❶[C]码头;泊位;船埠:Ships load and unload beside a *dock*. 船泊码头装卸货物。❷[C]船坞:Ships are brought into *dock* for repairs. 船只被拖进船坞进行修理。❸[常作~**s**]港区:He works at the *docks* of Shanghai. 他在上海港区工作。❹[C](火车货车或货运汽车卸货用的)装卸月台 **II** *vt*. ❶使(船只)进港;将(船只)靠码头:The sailors *docked* the ship and began to unload it. 船员们把船停靠码头然后开始卸货。❷使(宇宙飞行器)在太空对接 —*vi*. ❶(船只)进港;靠码头:The ship *docked* during the night. 那只船是夜间进港的。❷(宇宙飞行器)在太空对接:A spaceship *docks* with another. 一艘太空船与另一艘太空船对接。

dock[2] /dɔk/ 扣(工资等);扣…的工资;从工资中扣除(一定数额):He was *docked* $10 for repeated tardiness. 他因屡次迟到而被扣掉了 10 美元。

dock·et /ˈdɔkit/ *n*. [C] ❶【律】诉讼摘录;备审案件目录 ❷〈英〉(包裹、文件、信件等上说明其中内容或交寄注意事项的)标签

doc·tor /ˈdɔktəʳ/ **I** *n*. [C] ❶医生,大夫(略作 **Dr.**):a good-for-nothing *doctor* 庸医 ❷博士(略作 **Dr.**):*Dr*. Johnson 约翰逊博士 **II** *vt*. ❶给…治病;医治:He *doctored* his cold at home. 他在家自己治疗感冒。❷伪造;窜改:He *doctored* the birth date on his passport. 他私自改动了护照上的出生日期。❸在(食品、饮料等中)掺料(*up*):The wine tastes as if it's been *doctored up*. 这酒喝起来像是掺了假。‖ **doc·to·ri·al** /dɔkˈtɔːriəl/ *adj*.

doc·tor·ate /ˈdɔktərət/ *n*. [C]博士学位;名誉博士学位:Where did she do her *doctorate*? 她是在哪儿攻读博士学位的?

doctor's degree *n*. [C] ❶博士学位 ❷医学博士(指授予牙科、骨疗科及兽医学毕业生的最高学位)

doc·tri·naire /ˌdɔktriˈneəʳ/ *adj*. [无比较级]教条(主义)的;空谈理论的,脱离实际的:a *doctrinaire* preacher 教条的布道者

doc·trine /ˈdɔktrin/ *n*. [C;U]教条,教义;信条;主义:the Christian *doctrines* 基督教教义 ‖ ˈ**doc·tri·nal** *adj*. [作定语]

doc·u·ment I /ˈdɔkjumənt/ *n*. [C] ❶(尤指官方或法律)文件;公文;文献:A constitution is a precious *document* in a democracy. 在民主国家宪法是一份宝贵的文献。❷【经】凭证;[~**s**]单证,单据;票据:an accounting *document* 会计凭证**II** /ˈdɔkjuˌment/ *vt*. ❶用文件(或文献等)证明:The history of this area is very well *documented*. 有关这一地区的历史业已得到翔实的论证。❷(用电影、电视、报纸等形式)作纪实性报道;纪实描述:The trial was well *documented* by the media. 新闻媒体对这次审判作了翔实的报道。‖ **doc·u·men·ta·tion** /ˌdɔkjumenˈteiʃᵊn/ *n*. [U]

doc·u·men·ta·ry /ˌdɔkjuˈmentᵊri/ *n*. [C]记录电影(或电视片);纪实性电影(或电视片);(广播、电视等的)纪实节目;纪实文学作品:I saw a *documentary* about Yorkshire coal miners. 我看了一部关于约克郡煤矿工人的纪录片。

dod·der /ˈdɔdəʳ/ *vi*. 摇摇晃晃地走路,蹒跚而行:The old man *doddered* from his chair to the door. 老人打椅子上站起身来,摇摇晃晃地向门口走去。‖ ˈ**dod·der·ing** *adj*.

dodge /dɔdʒ/ **I** *vt*. ❶跳着闪开,闪身躲开:*dodge* a blow by ducking 弓身躲过打来的一拳 ❷躲避;巧妙地避开;施计逃避(问题、责任等):*dodge* the draft 逃避兵役 —*vi*. 闪开,躲开;跳开:She threw a chair at me but I *dodged* out of the way. 她抓了把椅子朝我扔了过来,我闪身躲过。**II** *n*. [C] ❶躲闪,闪避,躲避:

With a quick *dodge* into the brush the deer was hidden from the hunters. 那头鹿刷地一闪身钻进灌木丛,躲开了猎人。❷妙计;托词;花招,伎俩:He said he was rich, but that was only a *dodge* to win your confidence. 他说自己有钱,但那只是为赢得你的信任而施的诡计。‖ ˈ**dodg·er** *n.* [C]

doe /dəu/ *n.* [C]([复]-**doe(s)**) 雌鹿;雌山羊;雌羚羊;雌兔;雌野兔

do·er /ˈduːəʳ/ *n.* [C] ❶做事的人;用以做事的物品:a *doer* of good 行善者❷实干家;干实事的人:He is a dreamer, but his brother is a *doer*. 他是个梦想家,但他弟弟却是个实干家。

does /强 dʌz,弱 dəz,dz/ *v.* do 的第三人称单数现在式

does·n't /ˈdʌzᵊnt/ *v.* =does not

dog /dɔg/ **I** *n.* ❶[C]犬,狗:walk a *dog* 遛狗 ❷[C]犬科动物(包括狼、狐狸、豺、狗等)**II** (**dogged;dog·ging**) *vt.* (像狗一样地)跟踪;尾随:The police *dogged* the suspected thief until they caught him. 警察跟踪那个盗窃嫌疑人,直到把他逮住。

dog(-)ear /ˈdɔgˌiəʳ/ *n.* [C] **I** *n.* [C](书页的)折角:make a *dogear* in the book 在书中折个角 **II** *vt.* 把…折角:*dogear* the exciting parts of the book 把书中精彩部分的书页折个角 ‖ ˈ**dogˌeared** *adj.*

dog·ged /ˈdɔgid/ *adj.* [无比较级][作定语]顽强的;执着的,坚持到底的:*dogged* loyalty 忠心耿耿 ‖ ˈ**dog·ged·ly** *adj.*

dog·gone /ˈdɔgɔn/〈口〉**I** *vt.* 诅咒,让…见鬼去:*Doggone* it, I've lost again. 见鬼,我又输了! **II** *adj.* [作定语]该死的,该诅咒的:a *doggone* fool 该死的笨蛋 **III** *adv.* [无比较级]非常,极:The test was *doggone* hard. 这次测验难得邪乎。

dog·goned /ˈdɔgɔnd/ *adj.* & *adv.* =doggone

dog·gy /ˈdɔgi/ *n.* [C] ❶〈儿〉小狗,狗狗 ❷〈昵〉狗儿

dog·house /ˈdɔgˌhaus/ *n.* [C]([复]-**hou·ses** /-ˌhauziz/) 狗窝,犬舍

dog·leg /ˈdɔgˌleg/ **I** *n.* [C]弯曲的通道;急转弯:come out of a *dogleg* 走出弯道 **II** *adj.* [无比较级][作定语]之字形的;(道路)急转弯的:a *dogleg* fence 之字形栅栏 **III** *vi.* 急转弯;沿之字形路行进:The road *doglegs* through the woods. 那条路蜿蜒穿过林区。

dog·ma /ˈdɔgmə/ *n.* ([复]-**mas** 或 -**ma·ta** /-mətə/) ❶[U]教义,教理:the *dogma* of the Assumption 圣母升天的教义 ❷[C]教条,信条:political *dogmas* 政治教条

dog·mat·ic /dɔgˈmætik/ *adj.* ❶[无比较级]教义的,教理的 ❷[无比较级]教条的,信条的:a *dogmatic* critic 教条主义的批评家 ❸〈贬〉武断的;自以为是的;傲慢专断的:She is so *dogmatic* you can't tell her anything. 她太自以为是,你说什么她都不听。‖ **dogˈmat·i·cal·ly** *adv.*

dog·ma·tism /ˈdɔgməˌtizᵊm/ *n.* [U]教条主义;教条主义观点 ‖ ˈ**dog·ma·tist** *n.* [C]

do-good·er /ˌduːˈgudəʳ/ *n.* [C]空想社会改良家;不切实际的慈善家

dog-tired /ˈdɔgˈtaiəd/ *adj.* [无比较级][通常作表语]极其疲劳的,精疲力竭的,累坏了的

dog·trot /ˈdɔgtrɔt/ **I** *n.* [C]慢跑,小跑 **II** *vi.* (-**trot·ted**;-**trot·ting**) 小步跑,慢步跑:He *dogtrotted* along the lakeside. 他沿湖边慢跑。

do·ing /ˈduːiŋ/ *n.* ❶[U]做,干;所做的事情:Whose *doing* is this? 这是谁干的? ❷[～s]行为;正在发生的事情;所作所为:the latest *doings* of movie stars 电影明星们最近的拍摄动态

☆单数形式的 **doing** 作"做,干;事情"解时,通常用以指不顺心的事情。

do-it-your·self /ˈduːitjɔːˌself/ **I** *adj.* [无比较级]万事不求人的,自己动手的:a *do-it-yourself* tourist 一切自理的旅游者 **II** *n.* [U]一切自理,万事不求人,自己动手;自行维修:She is very interested in *do-it-yourself*. 她很热衷于自己动手。‖ ˈ**do-it-yourˌself·er** *n.* [C]

dol·drums /ˈdɔldrəmz/ [复] *n.* [**the** ～]忧郁,郁闷;意志消沉;情绪低落

dole /dəul/ *vt.* 少量地发放,小分量地给出(*out*):the scanty portions of food *doled out* to the poor 发放给穷人少得可怜的食物

dole·ful /ˈdəulful/ *adj.* ❶郁闷的;悲哀的,伤心的:a *doleful* expression 愁苦的表情 ❷令人沮丧(或悲伤)的:a *doleful* loss 令人伤心的损失 ‖ ˈ**dole·ful·ly** *adv.*

doll /dɔl/ *n.* [C] ❶玩具娃娃,玩偶:a rag *doll*

D

布娃娃 / cut out paper *dolls* 剪纸人儿 ❷〈俚〉(尤指金发碧眼的)漂亮妞,甜姐儿:Who is the *doll* over there? 那边那个靓妞儿是谁呀?

dol·lar /ˈdɔləʳ/ *n.* [C] ❶美元(美国的货币单位,1美元=100分[cents],符号为$) ❷元(加拿大、澳大利亚、新西兰、马来西亚、新加坡等国家和香港等地区的货币单位,1元=100分[cents])

dol·lop /ˈdɔləp/ *n.* [C]一小团;一小块:*dollops* of mud 泥团

D

dol·phin /ˈdɔlfin/ *n.* [C] ❶【动】海豚 ❷【鱼】鳅

dolt /dəult/ *n.* [C]傻瓜,笨蛋 ‖ ˈ**dolt·ish** *adj.*

do·main /dəᵘˈmein/ *n.* [C] ❶(思想、知识和活动等的)领域,范围,范畴:He has being working in the *domain* of public health. 他一直都在公共卫生部门工作。❷领土;领地;版图:The Roman Church has had a far greater *domain* than the Roman Empire. 罗马教会的版图比罗马帝国大得多。

dome /dəum/ *n.* [C]【建】穹顶,圆屋顶,圆顶篷:Nearly every state capitol in the United States has a *dome*. 在美国,几乎所有的州议会大厦都有圆屋顶。‖ **domed** *adj.*

do·mes·tic /dəᵘˈmestik/ *adj.* [无比较级][通常作定语] ❶家的,家庭的;家务的,家用的:Her education was entirely *domestic*. 她所受的教育完全是在家里进行的。❷爱家的,顾家的;善理家务的:She was sixteen, and already showed *domestic* tastes and talents. 她才16岁,就表现出善理家务的才能。❸[作定语](动物)非野生的,驯养的:*domestic* birds 宠物鸟 ❹[作定语]国内的,本国的:*domestic* market 国内市场 ‖ **doˈmes·ti·cal·ly** *adv.*

do·mes·ti·cate /dəᵘˈmestiˌkeit/ *vt.* ❶驯养(动物);驯化:You can train an animal to work only after *domesticating* it. 只有把动物驯化后才能训练它干活。❷使(引种的植物)自然化:*domesticate* foreign trees 使外来树种自然化 ❸使习惯于家庭生活:I was fully *domesticated* by then. 到那时我已经完全适应了家庭生活。‖ **do·mes·ti·ca·tion** /dəᵘˌmestiˈkeiʃᵊn/ *n.* [U]

do·mes·tic·i·ty /ˌdɔmesˈtisiti/ *n.* [U] ❶驯养;驯化 ❷爱家,恋家

dom·i·cile /ˈdɔmiˌsail/ **I** *n.* [C] ❶住所,住处,住宅,家:a regular *domicile* 常住地 **II** *vt.* 使定居:He has been *domiciled* abroad for several years. 他已经在国外定居了好几年。

dom·i·nance /ˈdɔminəns/ *n.* [U]❶优势;支配(或统治)地位:Their *dominance* of the market is seriously threatened by this new product. 这种新产品严重威胁着他们在市场上的优势地位。❷最高权威;控制权:The treaty gave them *dominance* of the sea routes. 该条约赋予他们对这些海上航道的控制权。

dom·i·nant /ˈdɔminənt/ *adj.* [无比较级]占优势的;支配的,处于统治地位的:The British were formerly *dominant* in India. 英国人曾统治过印度。‖ ˈ**dom·i·nant·ly** *adv.*

dom·i·nate /ˈdɔmiˌneit/ *vt.* ❶支配,统治,控制:Our team *dominated* the league this year. 我队在今年的联赛上居领先地位。❷高耸于…之上;俯瞰:The mountain *dominates* the city and its harbour. 这座大山高耸于全城及其港口之上。❸在…中占首要地位;独占:*dominate* the poetical scene 雄踞诗坛 ‖ **dom·i·na·tion** /ˌdɔmiˈneiʃᵊn/ *n.* [U]

dom·i·neer·ing /ˌdɔmiˈniəriŋ/ *adj.* 专横的,跋扈的,盛气凌人的:She had been a martyr to her gruff, *domineering* husband. 她丈夫既粗暴又专横,使她受尽了罪,吃够了苦。

Do·min·i·can **I** *adj.* [无比较级] ❶ /dəˈminikᵊn/ 多米尼加共和国的;多米尼加共和国人的 ❷/ˌdɔmiˈnikᵊn/ 多米尼加联邦的;多米尼加联邦人的 **II** *n.* [C] ❶/dəˈminikᵊn/ 多米尼加共和国人 ❷/ˌdɔmiˈnikᵊn/ 多米尼加联邦人

do·min·ion /dəˈminiən/ *n.* ❶[U]统治,管辖,支配:have sole *dominion* over this land 对这块土地独享统治权 ❷[C]领土,疆土,版图;领地:the king's *dominion* 国王的领地

dom·i·no /ˈdɔmiˌnəu/ *n.* [C]([复]-**no(e)s**) ❶多米诺骨牌,西洋骨牌:a set of *dominoes* 一副多米诺骨牌 ❷([复]-**no(e)s**)[用作单]多米诺骨牌戏,西洋骨牌戏

don[1] /dɔn/ *n.* ❶[D-]先生(西班牙人用在人名前的尊称,相当于英语的 Mr.,有时音译为唐或堂)❷(西班牙语国家的)贵族;绅士

don[2] /dɔn/ *vt.* (**donned**; **don·ning**) 穿上;披上;戴上

do·na /ˈdəunə/ *n.* ❶[D-]女士;夫人(西班牙人

用在人名前的尊称，相当于英语的 Madam) ❷ [C](西班牙语国家的)贵妇；小姐；淑女

do·nate /dəu'neit/ *v.* 捐赠，赠送；献出：She *donated* all her energies to finishing the job. 她为完成这项工作献出了自己的全部精力。

do·na·tion /dəu'neiʃᵊn/ *n.* ❶[U]捐赠，赠送；捐献：The school library was created through the *donation* by many people. 这所学校的图书馆是通过许多人的捐赠建立起来的。❷[C]捐赠物，赠品；捐款：He makes the same *donation* to the church every year. 他每年向教会赠送一笔同样数目的捐款。

done /dʌn/ **I** *v.* ❶ do 的过去分词 ❷〈俚〉do 的过去式：What you *done* to him was bad. 你对他所做的一切糟透了。**II** *adj.* [无比较级]〈口〉❶完成的，完毕的；了结的：Our work is nearly *done*. 我们的工作快做完了。❷(食物)煮熟的：Under these conditions, cooking took so much time that the food was only half *done*. 在这种情况下，煮饭时间尽管很长，但煮成的饭仍夹生。**III** *int.* [用以回答建议等]就这么定了："*Done*," he said. "就这么定了吧。"他说道。

don·key /'dɔŋki/ *n.* [C] ❶驴 ❷笨蛋，蠢驴

do·nor /'dəunəʳ/ *n.* [C] ❶捐赠者；捐献者 ❷【医】供血者；献皮者；(组织或器官的)供体；骨髓供体；(人工授精的)精液提供者：a kidney *donor* 捐肾者

don't /dəunt/ *v.* ＝do not

do·nut /'dəunət/ *n.* ＝doughnut

doo·dle /'duːdᵊl/ **I** *vi.* (漫不经心地)涂，画：He *doodled* during the whole lecture. 整个一堂课上他都在信手涂鸦。—*vt.* (漫不经心地)涂写，画(画等)：*doodle* designs in the margins 在空白处画上图案 **II** *n.* [C]信手乱涂的东西：He made a few *doodles* with a ballpoint on the back of the bill. 他在账单背后用圆珠笔乱涂了几下。‖ '**doo·dler** *n.* [C]

doom /duːm/ *n.* ❶[U]厄运；劫数：I felt a sense of *doom*. 我有一种大难临头的感觉。❷死亡；毁灭：*go to doom* 死亡(毁灭)

door /dɔːʳ/ *n.* [C] ❶门：close a *door* 关门 ❷门口，出入口，通道：This *door* is the only way out of the room. 这扇门是出房间的唯一通道。

door·bell /'dɔːˌbel/ *n.* [C]门铃

door·man /'dɔːˌmæn/ *n.* ([复]**-men** /-men/) *n.* [C] ❶(旅馆、商店、公寓等处为客人搬运行李等的)开门人 ❷看门人；门卫；门房

door·mat /'dɔːˌmæt/ *n.* [C] ❶(擦鞋底用的)门口地垫，门前擦鞋垫 ❷受气包，出气筒；忍气吞声的人

door·step /'dɔːˌstep/ *n.* [C]【建】门阶

door-to-door /ˌdɔːtə'dɔːʳ/ *adj.* [作定语] & *adv.* [无比较级]挨家挨户的(地)：a *door-to-door* salesman 挨家挨户销售商品的推销员

door·way /'dɔːˌwei/ *n.* [C] ❶门，门口，门道：stand in the *doorway* 站在门口 ❷〈喻〉途径，门路：a *doorway* to freedom 自由之路 / the *doorway* to success 成功之道

D

dope /dəup/ **I** *n.* ❶[U]〈俚〉麻醉剂，毒品(如鸦片、吗啡、大麻等)：They don't take *dope*. 他们不吸毒。❷[C]〈俚〉笨蛋，呆子，傻瓜 **II** *vt.* ❶ [通常用被动语态]〈俚〉使对毒品上瘾：It seems that he has *doped* (up). 他好像已经对毒品上瘾了。❷给…服麻醉药(或毒品)；使麻醉：The girl was *doped* to the eyeballs. 这姑娘全身都给麻醉了。

do·pey /'dəupi/ *adj.* 〈口〉❶愚笨的，迟钝的；头脑糊涂的：It was rather *dopey* of him to lock himself out. 他把自己锁在房门外面，真够糊涂的了。❷半睡半醒的；昏昏欲睡的：Louis felt *dopey* from medication. 路易丝服药后觉得昏昏沉沉的。

dorm /dɔːm/ *n.* [C]〈口〉宿舍

dor·mant /'dɔːmənt/ *adj.* [无比较级] ❶不活跃的；不活动的；【生】休眠的；蛰伏的：These animals are *dormant* during the winter. 这些动物冬季处于蛰伏状态。❷(火山)休眠的：a *dormant* volcano 休眠火山 ‖ '**dor·man·cy** /-mənsi/ *n.* [U]

dormer window *n.* [C]【建】老虎窗，屋顶窗(＝dormer)

dor·mi·to·ry /'dɔːmitᵊri/ *n.* [C] ❶(大学或学院的)学生宿舍 ❷(有多张床的)大寝室，集体宿舍

dor·mouse /'dɔːmaus/ *n.* [C] ([复] **-mice** /-mais/)【动】榛睡鼠

dor·sal /'dɔːsᵊl/ *adj.* [无比较级][作定语] ❶鱼背的，背脊的：the *dorsal* fin of the shark 鲨鱼的背鳍 ❷【解】【动】背的；(靠近)背侧的：a *dorsal* nerve 背侧神经

DOS *abbr.* disk operating system【计】磁盘操作系统

dos·age /ˈdəusidʒ/ *n.* [通常用单](药的)剂量:the recommended *dosage* 规定用药量

dose /dəus/ **I** *n.* [C] ❶【医】(服药的)(一次)剂量;一剂,一服:take a *dose* of cough medicine 服一剂咳嗽药/in small *doses* 小剂量服药 ❷(不愉快经历的)一次,一份:Newspapers dispensed large *doses* of nationalism to their readers during the war. 战争期间,许多报纸向读者们大肆散布民族主义思想。**II** *vt.* (按剂量)给…服药:These patients were *dosed* with quinine. 这些病人服用奎宁。

D

dos·si·er /ˈdɔsiˌei,-sjei/ *n.* [C]材料汇编,档案,卷宗

dot /dɔt/ **I** *n.* [C] ❶点,小(圆)点:There is a *dot* over the letter j. 字母"j"上面有一小点。❷斑点,污点:Her blouse was black with white *dots* on it. 她的衬衫是黑底白点。❸少量,微量,一点儿:a *dot* of butter 一点儿黄油 **II** *vt.* (**dot·ted;dot·ting**) ❶加点于;用点在…上做标记:*Dot* your i's and j's. 写"i"和"j"时要打上上面的点。❷星罗棋布于,散布于;(星星点点地)布满,点缀:Fishing boats *dot* the lake. 湖面上渔帆点点。‖ ***on the dot*** *adv.* 准确地;准时地:She always arrives *on the dot*. 她总是准时到达。

dot·age /ˈdəutidʒ/ *n.* [U]❶(尤指老年的)昏聩;老糊涂❷溺爱,过分的宠爱

dote /dəut/ *vi.* 溺爱;过分宠爱(*on,upon*):They *dote on* their youngest daughter. 他们溺爱小女儿。‖ ˈ**dot·ing·ly** *adv.*

dot·ted /ˈdɔtid/ *adj.* [无比较级] ❶[通常作定语](线)由点组成的:Sign on the *dotted* line below. 请在下面的点线上签名。❷带点的,有点的:a bright red *dotted* bowtie 一条鲜红色的带有花点的蝴蝶领结

dou·ble /ˈdʌbəl/ **I** *adj.* [无比较级] ❶两倍的;加倍的:a new house *double* the size of the old one 一间面积两倍于旧屋的新屋❷[通常作定语]成双的,成对的:*double* doors 双扇门❸[通常作定语]供两人用的;双人的:a *double* room 双人房间 **II** *n.* ❶[U;C]两倍,加倍;两倍的数量(或大小等):10 is the *double* of 5. 10是5的两倍。❷[C]酷似的人(或对应物):Here is the *double* of your lost glove. 这儿有只手套与你丢失的那只一模一样。❸[C]双人房间 ❹[C](电影、电视等中的)特技替身演员:act as sb.'s *double* 当某人的替身 ❺[C]【体】(棒球的)二垒打 ❻[~s][用作单](网球等的)双打:mixed *doubles* 男女混合双打 **III** *vt.* ❶是…的两倍;使加倍;使增加一倍:*Double* two and you get four. 2乘2等于4。❷把…对折,折叠:*double* the bandage 把绷带折叠起来❸使结成对:We *doubled* partners and began the country dance. 我们互相配对找搭档,随后开始跳乡村舞。—*vi.* ❶增加一倍;成为两倍:House prices have *doubled* in ten years. 10年内房价上涨了一倍。❷折叠,对折 ❸兼做,兼任;(在电影、电视中)兼演两角(*as*):The director *doubles as* an actor. 导演还兼演一角色。**IV** *adv.* [无比较级] ❶双倍地;加倍地:12 is *double* 6. 12是6的两倍。❷两个一起地;双双地,成对地:They ride *double* on his bike. 他们两人共骑他的自行车。‖ ***double up*** *vi.* & *vt.* ❶同宿一室;合睡一床:You can stay with us; we'll all just *double up*. 你可以留下来,我们合睡一个房间。❷(使)(因剧痛或大笑等)弯着身子:The pain *doubled* him *up*. 他痛得弯下了腰。***double over*** *vi.* & *vt.* (使)(因剧痛或大笑等)弯着身子:A punch *doubled over* John. 一记重击把约翰打得痛弯了腰。

dou·ble-bar·rel(l)ed /ˌdʌbəlˈbærəld/ *adj.* [无比较级] ❶(枪、炮等)双管的,双筒的:a *double-barreled* shotgun 双筒猎枪 ❷双重目的的:a *double-barreled* attack 具有双重目的的袭击

dou·ble-bass /ˌdʌbəlˈbeis/ *n.* [C]【音】低音提琴〔亦作 **bass, contrabass**〕

dou·ble-breast·ed /ˌdʌbəlˈbrestid/ *adj.* (上衣)双排扣的:a *double-breasted* jacket 一件双排扣的夹克衫

double chin *n.* [C]双下巴

dou·ble-cross /ˌdʌbəlˈkrɔs/ *vt.* 欺骗;背叛:They all *double-crossed* each other. 他们一个个都尔虞我诈。—*vi.* 进行欺骗(或背叛) ‖ ˌ**dou·ble-ˈcross·er** *n.* [C]

dou·ble-deal·ing /ˌdʌbəlˈdiːliŋ/ **I** *n.* [U]欺骗(行径);两面派做法;背叛 **II** *adj.* [无比较级] 欺骗的;玩两面派的;背叛的:*double-dealing* treacheries 背信弃义的欺骗行为

dou·ble-deck·er /ˌdʌbᵊlˈdekəʳ/ *n.* [C]双层物;双层甲板船;双层客机;双层火车;〈主英〉双层公共汽车

dou·ble-park /ˈdʌbᵊlˈpɑːk/ *vt.* & *vi.* 双行停(车),并排停(车)(指在已停靠人行道边的车辆旁停车,因而阻碍交通)

double standard *n.* [C]双重标准(指对不同的对象采用不同的标准)

dou·blet /ˈdʌblit/ *n.* [C](文艺复兴时期欧洲男子穿着的、有时无袖且带短小摆的)紧身上衣,马甲,背心

dou·ble(-)talk /ˈdʌbᵊlˌtɔːk/ **I** *n.* [U](故意说得)夸张而含糊的话;模棱两可的欺人之谈 **II** *vi.* 讲空话,含糊其词

doub·ly /ˈdʌbli/ *adv.* [无比较级] ❶加倍地,双倍地:be *doubly* cautious 加倍小心 ❷双重地,两方面地:get *doubly* handicapped 双重残疾

doubt /daut/ **I** *vt.* [不用进行时态][后接宾语从句时,如主句为肯定形式用 whether 或 if 连接;如主句为否定或疑问形式时,用 that 连接] ❶不能肯定;对…吃不准:I don't *doubt* that it is authentic. 我肯定此事是可靠的。❷怀疑,不相信;不信任:I *doubt* his honesty. 我不信任他是忠诚老实的。**II** *n.* ❶[C;U]疑问;不确定(*of*,*about*,*as to*):I haven't a *doubt* (that) he's here. 我料定他会在这儿的。❷[通常作～s]怀疑,不相信:But I don't want to raise *doubts* in your mind. 可是我无意使你心里产生怀疑。‖ ***beyond a shadow of a doubt*** *adv.* 无疑地,确定地 ***beyond doubt*** *adv.* 无疑地,确定地:His guilt has been established *beyond* reasonable *doubt*. 他已被证明有罪,证据确凿。***beyond the shadow of a doubt*** *adv.* ＝beyond a shadow of a doubt ***in doubt*** *adj.* 不能肯定的;可怀疑的,不确定的:We were *in doubt* as to the right road. 我们难以确定该走哪条路。***no doubt*** *adv.* ❶也许,很可能:*No doubt* you're right,but others don't agree. 你也许是对的,但别人不这么看。❷无疑地,确实地:There is *no doubt* an element of truth in what you say. 你说的确实有道理。***without doubt*** *adv.* 无疑地,确实地:I'll be there by 6 o'clock *without doubt*. 我一定在 6 点前赶到那里。‖ **ˈdoubt·er** *n.* [C] —**ˈdoubt·ing·ly** *adv.*

doubt·ful /ˈdautfᵘl/ *adj.* ❶(前途等)未定的,难以预测的:The future is too *doubtful* for us to make plans. 未来的形势很不明朗,我们难以制订计划。❷[通常作表语]感到怀疑的;疑惑的:I am *doubtful* whether I was at heart glad or sorry. 我不知道心里是喜还是悲。❸(名声、价值等)不可靠的,存在问题的:a *doubtful* reputation 不好的名声 ❹[通常作表语]不大可能的,难说的,未必的:It's *doubtful* that it will rain. 天未必会下雨。‖ **ˈdoubt·ful·ly** *adv.* —**ˈdoubt·ful·ness** *n.* [U]

☆ **doubtful**,**dubious**,**problematic**,**questionable** 均有"怀疑的,可疑的"之意。**doubtful** 较为正式,指由于对某事不明白或对某性质缺乏证据而产生疑心:I am *doubtful* of the purpose of your speech.(我不太明白你为什么要说这番话。)**dubious** 指对某事物性质等方面的疑虑,也可指某人道德品质等方面令人生疑:a *dubious* character(可疑人物) / I am *dubious* about the practicality of the scheme.(我对这个计划的可行性表示怀疑。)**problematic** 形容根据现有的证据无法完全确定的事物:How this matter will end is *problematic*.(事情的结局还很难说。)**questionable** 指某种事物确实值得怀疑、分析或批评;也可委婉地指道德方面的不可信或可疑:The jury thought the defendant's actions were *questionable*.(陪审团认为被告的行为非常可疑。)

doubt·less /ˈdautlis/ *adv.* [无比较级][常用以修饰整个句子] ❶无疑地,肯定地:He will *doubtless* be here by supper time. 晚饭前他肯定会上这儿来。❷〈口〉很可能地:It will *doubtless* rain on the day of the garden party. 举行游园会那天很可能会下雨。‖ **ˈdoubt·less·ly** *adv.*

dough /dəu/ *n.* [U] ❶(加好牛奶、水、油等配料用以制面包、糕点等的)生面(团):knead *dough* 揉面 ❷〈俚〉钱,票子:Great,all right,to be earning your own *dough*. 自个儿挣钱,了不起,真是好样儿的。

dough·nut,**doh·nut** /ˈdəunʌt/ *n.* [C] ❶甜饼圈,甜甜圈 ❷(内夹果酱或奶油馅的)炸面圈〔亦作 **donut**〕

dour /duəʳ,dauəʳ/ *adj.* ❶严厉的;冷峻的:The Prime Minister is immensely popular among the solid and *dour* northerners. 首相在那些实实在在但却冷峻淡漠的北方人那里大受欢迎。❷脸色阴沉的;抑郁的;闷闷不乐的:The boy

D

was sulking in *dour* silence. 那男孩子闷闷不乐地一声也不吭。‖ ˈ**dour•ness** *n.* [U]

douse /daus/ *vt.* ❶往…上浇(或洒、泼)水：The firemen *doused* the flames. 消防队员们向火上喷水。❷熄(灯、火等)：*douse* the lights 熄灯 / His wife *doused* the candle. 他妻子熄灭了蜡烛。〔亦作 **dowse**〕

dove[1] /dʌv/ *n.* [C] ❶【鸟】(野)鸽，鸠鸽 ❷鸽派人物，温和派人物：the war "hawks" and the peace "*doves*" 主战的"鹰派"与主和的"鸽派"

dove[2] /dəuv/ *v.* dive 的过去式

dove•tail /ˈdʌvˌteil/ **I** *n.* [C]【建】燕尾榫，鸠尾榫，楔形榫：cut *dovetails* in the end of a timber 把木料的一头凿成燕尾榫 **II** *vt.* & *vi.* (使)吻合；(和…)相吻合；巧妙地拼凑(事实等)(*into*, *with*)：My figures *dovetailed* nicely with theirs. 我的数字与他们的十分吻合。

dow•a•ger /ˈdauədʒəʳ/ **I** *n.* [C]受有亡夫遗产(或称号)的寡妇；王(或公等)的未亡人：the *dowager* duchess 公爵遗孀 **II** *adj.* [无比较级][作定语]遗孀的：a *dowager* princess 孀居的王妃

dow•dy /ˈdaudi/ *adj.* (尤指女子衣着)不时髦的，过时的；土气的：a dress *dowdy* with age 因日久而过时的衣服 ‖ ˈ**dow•di•ness** *n.* [U]

dow•el /ˈdauəl/ *n.* [C]木钉，暗榫

down[1] /daun/ **I** *adv.* [无比较级，最高级 **down•most** /ˈdaunˌməust/] ❶向下；向低处：They ran *down* from the top of the hill. 他们从山顶跑下山来。❷到地面；在地面；在地板(或桌面等)上：He fell *down*. 他跌倒了。❸处于坐姿(或卧姿)：She lay *down* and went to sleep. 她躺下睡了。❹(地理位置上)处于下首地；向南方；在南方：They live *down* south. 他们住在南方。❺(价格、水平、质量等)由高到低；(数量等)由大到小：This year's profits are well *down* on last year's. 今年的利润同去年相比下降了很多。❻(声音等)渐弱，由响变轻：Turn *down* the radio. 把收音机音量开小。❼在纸上；以书写形式：Take *down* what I say. 把我说的记下来。**II** *prep.* ❶向(或在)…的下端；向(或在)…的底部：Her hair hung *down* her back to her waist. 她背后的头发一直下垂到腰间。❷向(或在)…的下游：He sailed *down* the river until he reached the sea. 他扬帆向河流下游驶去，最后来到了大海。❸沿，循，顺：Go *down* the street till you reach the traffic lights. 顺着这条街往前走，一直到红绿灯那儿。**III** *adj.* [无比较级，最高级 **down•most** /ˈdaunˌməust/] ❶在下面的；在低处的；倒下的，落下的：The sun is *down*. 太阳落山了。❷[作定语]往下的；向下方的；下行的：a *down* pipe 落水管❸[与 be, seem 连用]抑郁的，忧伤的：Don't be *down*! Cheer up. 别垂头丧气了！振作起来。❹(数量、程度、强度、地位等)下降的；减少的，减弱的：New construction is sharply *down*. 新上马的基建项目的数量急剧下降。❺[作表语](计算机系统)出故障的：Our computer is *down*. 我们的计算机瘫痪了。**IV** *n.* [C] 下降；衰落；萧条：seasonal *downs* 季节性的萧条 **V** *vt.* ❶击倒；击落；使倒下(或落下等)：Antiaircraft guns *downed* ten bombers. 高射炮击落了 10 架轰炸机。❷(尤指大口或快速地)喝下；吞下；吃下：He *downed* the medicine at one swallow. 他一口把药吞了下去。

down[2] /daun/ *n.* [U] ❶(鸟类的)绒羽，鸭绒，羽绒：a pillow made of *down* 鸭绒枕头 ❷【植】(植物或水果上的)短茸毛，短绒毛

down•cast /ˈdaunˌkɑːst;-ˌkæst/ *adj.* [无比较级] ❶(尤指目光)朝下的；(眼睛)低垂的：Ashamed of his mistake, he stood before us with *downcast* eyes. 他负疚于心，羞愧地低垂着双眼站在我们面前。❷垂头丧气的，沮丧的，悲观失望的：One failure after another had made her *downcast*. 接二连三的失败已使她灰心丧气。

down•er /ˈdaunəʳ/ *n.* [C]〈口〉❶令人沮丧的人；令人沮丧的经历(或事物)❷镇静药，抑制剂(尤指巴比妥类药物)

down•fall /ˈdaunˌfɔːl/ *n.* ❶[U]垮台；衰落；毁灭：The scandal led to the *downfall* of the government. 这项丑闻导致了该国政府的倒台。❷[U]垮台(或衰落、毁灭)的原因：Drink and gambling were his *downfall*. 酗酒和赌博是促使他走向毁灭的原因。❸[通常用单]大阵雨；大阵雪：The *downfall* was too heavy to last long. 这阵雨虽然很大，却下不长。

down•grade /ˈdaunˌgreid/ *vt.* ❶使降级，使降职；使降格：She's been *downgraded* from manager to assistant manager. 她已经由经理降为助理经理。❷降低(文件等)的保密级别；降低…的严重程度：They have *downgraded* the alert from emergency to standby. 他们已将警报

的级别由紧急降为待命。❸贬低；降低：She tried to *downgrade* the findings of the investigation. 她试图贬低调查结果的价值。

down·heart·ed /ˈdaunˈhɑːtid/ *adj.* 沮丧的，情绪低落的；灰心丧气的：Don't be too *downhearted*; things will get better. 别太灰心丧气，事情会好转的。

down·hill I /ˌdaunˈhil/ *adv.* [无比较级] ❶向山下；向坡下；沿坡向下：The road goes *downhill* all the way. 这条道一路向下倾斜。❷每况愈下，恶化：Her marriage continued to slide *downhill*. 她的婚姻状况继续恶化。II /ˈdaunˌhil/ *adj.* [无比较级] ❶下山的；下坡的；下斜的：a *downhill* race 下山赛跑 ❷[作表语]不难的，不费力的：We're halfway, things will be all *downhill* now. 我们已经完成一半了，现在一切都不费劲了。

down·load /ˌdaunˈləud/ *v.* & *n.* （计算机）下载

down payment *n.* [C]（分期付款购物时付的）定金；首付款

down·pour /ˈdaunˌpɔːʳ/ *n.* [C]倾盆大雨：a sudden torrential *downpour* 突如其来的一场倾盆大雨

down·right /ˈdaunˌrait/ I *adv.* [无比较级]彻底地；完全地：She wasn't just unfriendly, she was *downright* rude. 她不只是不客气，简直可说是无礼至极。II *adj.* [无比较级][作定语] ❶彻底的，完全的，十足的：a *downright* thief 地地道道的小偷 ❷直率的，直截了当的：a *downright* person 心直口快的人 ‖ ˈ**downˌright·ness** *n.* [U]

down·scale /ˈdaunˌskeil/ I *adj.* [无比较级][通常作定语] ❶（社会阶层或经济状况）中下等的；中低档收入的：*downscale* customers 中低档收入的消费群 ❷经济实惠的；普通的，非高档的：*downscale* clothing 经济实惠的衣服 II *vt.* ❶使（汽车）微型化，缩小（汽车）的尺寸 ❷降低…的档次；使价格低廉：*downscale* the store 降格在商店里销售中低档商品

down·size /ˈdaunˌsaiz/ *vt.* ❶使（汽车）微型化，缩小（汽车）的尺寸：Car manufacturers began to *downsize* their cars. 汽车制造商开始制造小型汽车。❷裁减（人员），缩（编）：The plant *downsized* its staff. 工厂裁员。—*vi.* 裁员，缩编

Down('s) /daunz/ **syndrome** *n.* [U]【医】唐氏综合征，先天愚型〔亦作 **mongolism**〕

down·stair /ˈdaunˈsteəʳ/ *adj.* ＝downstairs

down·stairs I /ˈdaunˈsteəz/ *adv.* [无比较级] ❶顺楼梯而下；往楼下：He slipped and fell *downstairs*. 他脚下一滑，跌下楼去。❷在楼下：Who lives *downstairs*? 谁住在楼下？II /ˈdaunˌsteəz/ *adj.* [无比较级][作定语]在楼下的；在底楼的：She is *downstairs*. 她在楼下。

down·stream /ˈdaunˈstriːm/ *adv.* [无比较级]顺流地；向下游；在下游：It's easy to swim or row *downstream*. 顺水游泳或划船都容易。

down-to-earth /ˈdauntəˈəːθ/ *adj.* [无比较级]脚踏实地的；务实的；实际的：*down-to-earth* advice 实实在在的忠告

down·town /ˈdaunˈtaun/ I *adv.* [无比较级]往（或在）城镇的商业区（或闹市区）；往（或在）市中心：Mother has gone *downtown* shopping. 妈妈去市中心买东西去了。II *adj.* [无比较级][作定语]（城镇的）商业区的，闹市区的；市中心的：His office is in *downtown* Honolulu. 他的办公室在檀香山的市中心。

down·trod·den /ˈdaunˈtrɔdᵊn/, **down·trod** /-ˈtrɔd/ *adj.* [无比较级]在暴政统治下的，受专制统治的；受压迫的：*downtrodden* workers 受压迫的工人们

down·turn /ˈdaunˌtəːn/ *n.* [C] ❶下翻，下转 ❷（尤指经济方面的）下降（趋势）；衰退：the *downturn* of prices 价格的下跌

down·ward /ˈdaunwəd/ I *adv.* [无比较级] ❶向下地，往下地：The bird swooped *downward* on its prey. 那只鸟对着猎物猛扑下来。❷面朝下地：She was lying face *downward* in the sand. 她脸朝下躺在沙滩上。II *adj.* [无比较级][通常作定语] ❶向下的，降下的：The *downward* trip on the elevator was very slow. 下行电梯的速度很慢。❷衰退的，衰弱的：the *downward* trend of share prices 股票价格下跌的趋势

down·wards /ˈdaunwədz/ ＝downward

down·wind /ˈdaunˈwind/ I *adv.* [无比较级] ❶顺风地：The boat glided easily *downwind*. 那条船顺风航行，毫不费力。❷在下风；向下风 II *adj.* [无比较级]顺风的

down·y /ˈdauni/ *adj.* [无比较级] 羽绒的；羽

绒般的；轻柔的：a *downy* pillow 羽绒枕头

dow·ry /ˈdauəri/ *n.* [C]嫁妆，嫁奁，妆奁：Mary had a *dowry* of $50,000. 玛丽有5万美元的嫁妆。

dowse /daus/ *vt.* ＝douse

doz. *abbr.* dozen(s)

doze /dəuz/ **I** *vi.* 半睡，小睡；打瞌睡，打盹：He is *dozing* in the sun. 他正坐在阳光下打瞌睡。—*vt.* 在瞌睡中打发(时间)(*away*)：*doze away* the afternoon 睡了一下午 **II** *n.* [通常作单]瞌睡，半睡，小睡：She fell into a *doze* during the meeting. 会议当中她打起盹儿来了。

D

doz·en /ˈdʌzᵊn/ *n.* ([复]**-en(s)**)[与数字连用时复数不变](一)打，十二个(略作 **doz.**)：a *dozen* of eggs 一打鸡蛋

DPT, DTP *abbr.* diphtheria, pertussis, tetanus 白喉、百日咳和破伤风混合疫苗

Dr. *abbr.* ❶ Doctor ❷[用于街道名] Drive

drab /dræb/ *adj.* (**drab·ber, drab·best**) ❶无光彩的；单调的；无生气的：The life of a person who never does anything is dull and *drab.* 无所事事者的生活是单调而乏味的。❷黄褐色的；灰黄色的；浅褐色的：The cottages were of a deep *drab* hue. 那些村舍的外表是一片深黄褐色。‖ ˈ**drab·ness** *n.* [U]

draft /drɑːft；dræft/ **I** *n.* ❶[C]草图，图样；绘图：a *draft* for a machine 机器的草图 ❷[C；U]草稿，草案；草拟：He just finished the first *draft* of his new play. 他刚写完新剧本的初稿。❸[C；U]汇票；(凭汇票的)提款；汇票的支付：pass a bad *draft* 使用假汇票 **II** *vt.* ❶草拟，起草；绘制…的草图：*draft* a speech 起草讲演稿 ❷征募，征召…入伍，使服役：They *drafted* 50 men from the students for the air force. 他们从学生中征募了50名空军兵员。

drafts·man /ˈdrɑːftsmᵊn；ˈdræfts-/ *n.* [C]([复]**-men** /-mᵊn/) ❶打样人，制图员 ❷绘画艺术家 ‖ ˈ**draughts·manˌship** *n.* [U]

draft·y /ˈdrɑːfti；ˈdræfti/ *adj.* 〈主美〉(房间等)通风的，有穿堂风的，过道风大的 ‖ ˈ**draft·i·ness** *n.* [U]

drag /dræg/ **I** (**dragged；drag·ging**) *vt.* ❶(用力地或慢慢地)拖，拉，拽：They overturned a car and *dragged* out the driver. 他们将汽车翻了过来，把司机拖了出来。❷拖着(脚等)行进：He moved slowly, *dragging* his wounded foot. 他拖着伤脚慢慢地走。❸使拖拉，使拖沓着进行(*out*)：They *drag* the conversation *out* for two hours. 他们的讨论持续了两个小时。❹【计】拖拽(图形)：*drag* the icon to the desktop 把该图标拖到桌面上 —*vi.* ❶被拖着行进；步履沉重(或费力)地行走，拖步行进：Her dress was so long that it *dragged* on the ground. 她的裙子太长，在地上拖着。❷拖拉，拖沓着进行：The negotiations *dragged* for months. 谈判拖拖沓沓已持续了好几个月。❸感到疲惫不堪；缓慢地行进：This heat has everyone *dragging* around. 这种酷暑让每个人无精打采地转悠。**II** *n.* ❶[通常作 **a** ～]〈俚〉令人讨厌(或厌倦)的人(或事物)：The naughty child is *a drag* to his parents. 这个调皮的小孩让他的父亲厌烦。❷[C]一吸，一抽；抽烟：pull a deep *drag* on one's cigar 深深地抽了一口雪茄 ❸[U]〈俚〉男子穿的女子服装；男子(同性恋者)穿异性服装的舞会；[总称]衣服，服装

drag·gy /ˈdrægi/ *adj.* ❶拖沓的；行动迟缓的 ❷〈口〉乏味的，令人厌烦的；沉闷的，无生气的：The market is dull and *draggy.* 市场商品单调而且萧条。

drag·net /ˈdrægˌnet/ *n.* [C] ❶(捕鱼的)拖网；(搜索水底用的)拖捞网；猎捕网 ❷〈喻〉法网，罗网

drag·on /ˈdrægᵊn/ *n.* [C] ❶龙 ❷凶暴好战的人：The woman manager of the accounts department is an absolute *dragon.* 会计部的那个女经理是个地地道道的母老虎。

drag·on·fly /ˈdrægᵊnˌflai/ *n.* [C]【昆】蜻蜓

dra·goon /drəˈguːn/ **I** *n.* [C](旧时英国陆军的)骑兵队士兵，龙骑兵 **II** *vt.* 迫使；用暴力使就范(*into*)：He was *dragooned into* admitting it. 他被迫承认了。

drain /drein/ **I** *vt.* ❶排出…中的水(或其他液体)：They *drained* the swamps to get more land for crops. 他们把沼泽地抽干，开荒种粮。❷喝光…中的水(或酒等)；喝干：She *drained* her cup dry and then asked for more. 她喝干了杯中的酒，还要喝。❸渐渐耗尽；使逐渐消失(*of*)：*drain* one's talent 用尽才智 —*vi.* ❶排水：The region *drains* into the creek. 该地区向这条小河排水。❷滴干；流干：Put the plates on the rack to *drain*. 把那些盘子放在架子上

滴干。II *n.* [C] ❶排水沟,排水渠,排水道;阴沟;排水管,排水器:block a *drain* 堵塞下水道 ❷(资源、能量等的)外流,流失;耗竭;消耗:a heavy *drain* on military manpower 兵力的严重损耗 ‖ ***go down the drain*** *vi.* 被浪费掉;徒劳无益:A lot of money *went down the drain* in that deal. 在那笔交易中,我们损失了一大笔钱。‖ **ˈdrain·er** *n.* [C]

drain·age /ˈdreinidʒ/ *n.* [U] ❶排水;放水:areas with poor *drainage* 排水不畅的地区 ❷排水系统;排水装置:Massive big *drainage* ditches take the water away. 庞大的排水系统将水排走。

drain·pipe /ˈdreinˌpaip/ *n.* [C]排水管,泄水管;排液管

drake /dreik/ *n.* [C]公鸭,雄鸭

dra·ma /ˈdrɑːmə; ˈdræmə/ *n.* ❶[C]一出戏;剧本:a historical *drama* 历史剧 ❷[常作 **the** ～]戏剧文学;戏剧艺术;戏剧事业;[总称]戏剧 ❸[U]一系列戏剧性事件;戏剧性场面,戏剧性情景:The history of America is a great and thrilling *drama*. 美国的历史是一部激动人心的大戏剧。

dra·mat·ic /drəˈmætik/ *adj.* ❶[无比较级][作定语]戏剧的;剧本的;戏剧学的;戏剧艺术的:a *dramatic* critic 戏剧评论家❷形成鲜明对比的;给人深刻印象的:*dramatic* colours 鲜明的色彩 ❸戏剧性的;(动作、表情等)做戏般的;过于夸张的:She tends to be very *dramatic* about everything. 她做什么事都很夸张做作。‖ **draˈmat·i·cal·ly** *adv.*

dra·mat·ics /drəˈmætiks/ [复] *n.* ❶[用作单]戏剧表演艺术;舞台技术:*Dramatics* is taught in some colleges. 有些院校讲授演戏技艺。❷(尤指业余演员的)戏剧作品 ❸戏剧性行为;戏剧性效果;夸张的表演:George's *dramatics* were beginning to irritate me. 乔治的装腔作势开始让我恼火了。

dram·a·tise /ˈdræməˌtaiz, ˈdrɑːm-/ *vt.* 〈主英〉＝dramatize ‖ **dram·a·ti·sa·tion** /ˌdræmətaiˈzeiʃᵊn, -təˈz-, ˈdrɑːm-; -taiˈz-, -tiˈz-/ *n.* [U;C]

dram·a·tist /ˈdræmətist, ˈdrɑːm-/ *n.* [C]剧本作者;编剧;剧作家

dram·a·tize /ˈdræməˌtaiz, ˈdrɑːm-/ *vt.* ❶将…改编为剧本:His ambition is to *dramatize* the great works of literature. 他的志向是把文学巨著改编成剧本。❷使戏剧化,戏剧性地描述,生动地表达:She had a tendency to *dramatize* things. 她好夸大其词。—*vi.* 戏剧化;情绪化;举止夸张;装腔作势:Stop *dramatizing* and describe exactly what happened. 别再装腔作势了,讲讲到底发生了什么事。〔亦作 **dramatise**〕‖ **dram·a·ti·za·tion** /ˌdræmətaiˈzeiʃᵊn, -təˈz-, ˈdrɑːm-; -taiˈz-, -tiˈz-/ *n.* [U;C]

drank /dræŋk/ *v.* drink 的过去式

drape /dreip/ I *vt.* ❶(用打褶的布等织物)披于;悬挂于;装饰;盖着;裹住:He came out with a towel *draped* over his head. 他头上裹着条毛巾走了出来。❷使(衣服、悬挂物等)呈褶状:The servant *draped* the cape around his master's shoulders. 仆人把披肩弄成褶状披挂在主人肩上。❸使轻松垂下;把…随便悬挂起来:*drape* a towel on a doorknob 把毛巾搭在门把手上 II *n.* [C]垂挂织物;帷幕;(尤指)窗帘:draw heavy blue velvet *drapes* 拉上厚实的蓝色丝绒帷幕

D

dra·per·y /ˈdreipᵊri/ *n.* ❶[U]打褶的织物 ❷[通常作 **draperies**](打褶的)帘;帷幕;厚帘❸[U]布,布匹;纺织品❹[U]布业;布店

dras·tic /ˈdræstik/ *adj.* 剧烈的,猛烈的,激烈的:The times have grown less *drastic*. 时代变了,眼下谁也不再走极端了。‖ **ˈdras·ti·cal·ly** /-kᵊli/ *adv.*

draught /drɑːft; dræft/ *n.*, *v.* & *adj.* 〈主英〉＝draft

draught·y /ˈdrɑːfti; ˈdræf-/ *adj.* 〈主英〉＝drafty

draw /drɔː/ I (**drew** /druː/, **drawn** /drɔːn/) *vt.* ❶拉;拖;拽;扯;放下(帘、幕等);张(帆等);收(网等):The fishermen *drew* up their nets tighter and tighter. 渔民们把渔网越收越紧。❷(似)(拖着、拉着等)使朝某一方向移动,使行进:He *drew* the car in to the side. 他把车开到边上。❸汲取;领取,提取:*draw* a lesson 吸取教训❹取出;拔出;使流出;排出(脓、血等):*draw* a tooth 拔掉一颗牙❺吸引;招引;引诱:Her shouts *drew* the attention of the police. 她的呼叫引起了警察的注意。❻画,划;描绘;描写;刻画:*draw* a circle 画一个圆❼【体】使(比赛)成平局;以平局结束(比赛):The football match was *drawn* at 3∶3. 这场足球比赛以 3

比3踢成平局。—*vi.* ❶(被)拉;(被)拖;(被)拽;(被)扯:The horses *draw* abreast. 那些马并排拉车。❷(朝某一方向)移动;行进:The racer *drew* ahead of the others. 那辆赛车渐渐超过其他赛车。❸绘画;勾画;制图:He's at art college,he must be able to *draw*. 他在美术学院学习,想必一定会画画。❹【体】打成平局,不分胜负:They *drew* 0∶0 in last year. 去年他们两队打了个平手。**II** *n.* [通常用单] ❶抽签,抓阄;抽奖;抽彩:the *draw* for the second round of the World Cup 为世界杯足球赛第二轮抽签 ❷【体】平局;不分胜负的比赛:The game ended in a *draw*. 比赛以平局结束。‖ ***draw away*** 走开;走远:People just seemed to *draw away* from him. 大家好像对他都敬而远之。***draw in*** *vt.* 使参与,使介入:*draw in* sb.'s fight 参与某人的争斗 ***draw off*** *vt.* & *vi.* (使)撤离;(使)离开:We have orders to *draw off* our forces. 我们接到了撤兵的命令。***draw on*** *vi.* & *vt.* ❶临近,接近:It was getting colder as night *drew on*. 夜幕降临时,天气渐渐冷了起来。❷穿上;戴上:*draw on* one's gloves 戴上手套 ***draw out*** *vt.* ❶拉出,拽出;拔出:*draw out* the bad tooth 拔掉坏牙 ❷提取(存款):*draw* some money *out* of the savings 从存款中提取一部分钱 ***draw up*** *vt.* & *vi.* ❶起草,拟就;制定:*draw up* a contract 草拟合同 ❷[**draw oneself up**]使站立;使坐直:He *drew himself* up to his full height. 他昂首挺立。❸(使)停住:A car *drew up* in front of the house. 一辆汽车停在屋前。

draw·back /ˈdrɔːˌbæk/ *n.* [C]缺点,缺陷;不利条件:the *drawbacks* of country living 乡村生活的不利之处

draw·bridge /ˈdrɔːˌbridʒ/ *n.* [C]吊桥;开合桥;活动桥

drawer /drɔːʳ/ *n.* [C] ❶抽屉,抽斗 ❷[～s](长)内裤,(长)衬裤 ❸/ˈdrɔːəʳ/ 制图员;制图工具;制图仪

draw·ing /ˈdrɔːiŋ/ *n.* ❶[C]绘画;制图:mechanical *drawing* 机械制图 ❷[C]图画;图样;素描(画):a *drawing* of face 脸部素描 ❸[U]绘画艺术;制图技巧 ❹[C]抽签

drawing card *n.* [C]能吸引人的事物(或人)

drawing room *n.* [C](尤指私宅中的)客厅;起居室

drawl /drɔːl/ **I** *vt.* 拖长声调慢吞吞地说出:*drawl* a greeting to sb. 慢条斯理地跟某人打招呼 —*vi.* 拖长声调慢吞吞地说话 **II** *n.* [用单] ❶慢吞吞(或拖长声调)的说话方式:speak in a calm,casual *drawl* 用一种平和随意的拖腔与人说话 ❷慢吞吞(或拖长声调)说出的话:have the *drawl* of the South 说话时带有浓重的南方口音

drawn /drɔːn/ **I** *v.* draw 的过去分词 **II** *adj.* [无比较级](脸等)紧张的;扭歪的;疲惫的,憔悴的:She is very pale, her face thin and *drawn*. 她身体虚弱,脸面瘦削。

drawn·string /ˈdrɔːnˌstriŋ/ *n.* [C](穿在口袋或裤腰等的)束带;拉绳

dread /dred/ **I** *vt.* 怕,害怕;畏惧,惧怕;不敢;担心,忧虑:Cats *dread* water. 猫怕水。**II** *n.* ❶[U;C]怕,害怕;恐惧,畏惧;担忧,忧虑:He has an instinctive *dread* of dogs. 他生来就怕狗。❷[C]令人生畏的人;可怖的事物;敬畏对象:Illness is the great *dread* of his life. 疾病是他生活中最可怕的事情。‖ **ˈdread·ed** *adj.*

dread·ful /ˈdredfᵘl/ *adj.* ❶[尤作定语]可怕的,令人恐惧的(见 awful):The dragon was a *dreadful* creature. 龙是令人恐惧的动物。❷〈口〉极不合意的;糟糕透顶的;烦人的;极讨厌的,可恶的:I have a *dreadful* cold. 我患了令人讨厌的重感冒。‖ **ˈdread·ful·ly** *adv.*

dread·locks /ˈdredˌlɔks/ [复] *n.* "骇人"长发绺;"骇人"长发辫(牙买加黑人等特有的一种发型)

dream /driːm/ **I** *n.* [C] ❶梦,睡梦;梦到(或梦中出现)的人(或事物):Everybody has *dreams*. 人人都做梦。❷梦想,空想,幻想:a fond *dream* 黄粱美梦 ❸理想,愿望,夙愿:No great *dream* lifted him high and no despair forced self-destruction. 他没有凌云壮志,也不自暴自弃。**II** (**dreamed** /driːmd,dremt/或〈主英〉**dreamt** /dremt/) *vt.* ❶做(梦);梦见,梦到:She *dreamed* (that) she was in New York. 她梦游纽约。❷梦想,幻想,想象:He has long *dreamt* that he will be rich and happy some day. 他一直梦想着有朝一日会富有和幸福。❸[常用于否定句或疑问句]想到,考虑到,料到:He never *dreamed* that one day he would win a Nobel prize. 他做梦都没有想到有一天他会荣获诺贝尔奖。—*vi.* ❶做梦(*of*, *a-*

bout):Do you often *dream*? 你时常做梦吗? ❷梦想,幻想;想望(*of*):He's always *dreaming* and never succeeds in anything. 他成天价胡思乱想,从来没有做成过一件事。‖ ***dream up*** *vt.* 〈口〉凭空想出;虚构出:Where did you *dream up* that idea? 你从哪儿想出那个主意的? ‖ **ˈdream·er** *n.* [C] —**ˈdream·ful** *adj.* —**ˈdream·less** *adj.* —**ˈdream,like** *adj.*

dream·y /ˈdriːmi/ *adj.* ❶朦胧的,模糊的:a *dreamy* smile 朦胧的微笑 ❷引起梦幻感觉的;轻柔的;安谧悦耳的:a *dreamy* lullaby 温馨甜美的摇篮曲❸爱空想的,好幻想的,喜做白日梦的:I was *dreamy* and inactive. 我不喜欢活动,好幻想。‖ **ˈdream·i·ly** *adv.*

drear·y /ˈdriəri/ *adj.* ❶阴沉的,阴郁的;令人沮丧的:A cold,rainy day is *dreary*. 阴冷的雨天很沉闷。❷枯燥无味的,单调的:There were times when it was very *dreary*. 有的时候,也觉得非常枯寂无聊。‖ **ˈdrear·i·ly** *adv.* —**ˈdrear·i·ness** *n.* [U]

dredge /dredʒ/ *vt.* ❶(用挖泥船)疏浚(河道等):The harbour still is being *dredged* for boats sunk. 为了打捞沉船,港口仍在疏浚之中。❷(用挖掘机或挖泥船等)挖(泥、沙等);掘:*dredge* the sand from the river bottom 挖掉河床上的泥沙 ‖ ***dredge up*** *vt.* 发掘;收集:The media *dredged up* another scandal. 媒体把另一则丑闻给抖了出来。‖ **ˈdredg·er** *n.* [C]

dreg /dreg/ *n.* [C][通常作~s] ❶残液;残渣:empty all the *dregs* from the glasses 把杯子中的残余物倒空 ❷(残余的)少量;微量:not have a *dreg* of pity 没有丝毫的同情

drench /drentʃ/ *vt.* ❶[常用被动语态]使湿透,浸湿:rice paddies *drenched* by the rain 被雨水浸泡的稻田❷覆盖,笼罩;使充满:sunlight *drenching* the trees 普照树木的阳光 ‖ **ˈdrench·ing** *adj.*

dress /dres/ **I** *n.* ❶[C]连衣裙;套裙:wear a short black *dress* 穿着一件黑色短连衣裙 ❷[U](外穿的)衣服;制服:She looks stylish in this *dress*. 她穿上这件衣服很有韵味。❸[U]礼服:The ladies were in long cocktail *dresses*. 女士们身穿长长的礼服。**II** *vt.* ❶给…穿衣服(或礼服);打扮:He helped her *dress* the children. 他帮她给孩子们穿上衣服。❷布置,装饰:*dress* a display window 布置橱窗/I *dressed* my hair with the little chrysanthemum. 我用一朵小菊花装饰我的头发。❸给(伤口等)敷药:*dress* an injury 敷裹伤处 —*vi.* 穿衣服(或礼服);打扮:She *dressed* for skiing. 她更衣去滑雪。‖ ***dress up*** *vi.* & *vt.* ❶(使)穿上盛装;(使)穿上礼服;精心打扮:They *dressed up* for the wedding. 他们身穿礼服去参加婚礼。❷装扮:Let's *dress up* as ghosts. 让咱们来扮鬼吧。

☆**dress**,**wear** 均有"穿,穿戴"之意。**dress** 表示给自己或别人穿衣服,作及物动词时宾语是人:Please *dress* the baby,George.(请给宝宝穿衣服,乔治。)该词有时也可以表示状态,表明身上穿着特定颜色或类型的衣服:She always *dresses* in black.(她总是穿一身黑色衣服。)**wear** 表示穿着、戴着或蓄着,强调状态,宾语是衣物等:She never *wears* green.(她从来不从穿绿颜色衣服。)

dress circle *n.* [C](戏院、音乐厅等的)楼厅前座,二楼正座

dressed /drest/ *adj.* [无比较级][作表语] ❶穿衣服的:He was *dressed* and ready to go. 他已穿好衣服准备出发了。❷穿着特定颜色(或类型)的衣服的:They went to the party *dressed* in their Sunday best. 他们穿着盛装去参加聚会。

dress·er /ˈdresəʳ/ *n.* [C] ❶配镜衣橱;梳妆台 ❷碗橱,碗柜

dress·ing /ˈdresiŋ/ *n.* ❶[U;C](拌制色拉等的)调料:salad *dressings* 色拉调料 ❷[U](烹制鸡鸭等前填入膛内的)填料,填馅:We had a turkey with *dressing*. 我们吃了一只填馅的火鸡。❸[C]敷药;包扎:remove a *dressing* 除去绷带

dress·ing-down /ˈdresiŋ,daun/ *n.* 狠狠的训斥,痛斥:He got a genuine *dressing-down*. 他挨了一顿臭骂。

dressing gown *n.* [C](梳妆、休息等时罩在睡衣外的)晨衣

dress·mak·er /ˈdres,meikəʳ/ *n.* [C](尤指做女装的)裁缝

dress rehearsal *n.* [C]【戏】(正式上演前的)彩排

dress·y /ˈdresi/ *adj.* 〈口〉❶(服装等)过于讲究的,过分华丽的:a *dressy* office 装饰得过于

D

讲究的办公室 ❷式样好的；时髦的：a *dressy* handbag 时髦的手提包‖ˈ**dress•i•ness** *n.* [U]

drew /druː/ *v.* draw 的过去式

drib•ble /ˈdribᵊl/ *vi.* ❶一点一滴地落下；滴流；细流：That leaky faucet *dribbles.* 那个漏水的龙头一直在滴滴答答地滴水。❷(婴儿等)流口水：Infants generally *dribble* when they are teething. 婴幼儿长乳牙时通常会淌口水。❸【体】(用手、脚或球棒等)带球；运球；盘球 —*vt.* ❶使一点一滴地落下；使滴流；使细流：He *dribbled* some water on a plant. 他给植物滴些水。❷【体】(用手、脚或球棒等)带(球)；运(球)；盘(球)；短传(球)：*dribble* a basket 运篮球 ‖ ˈ**drib•bler** *n.* [C]

D

dried /draid/ *v.* dry 的过去式和过去分词

dri•er¹ /ˈdraiəʳ/ *n.* [C] ❶干燥工 ❷干燥器，干燥机；烘干机；烘衣架；脱水机：a hair *drier* 电吹风〔亦作 **dryer**〕

dri•er² /ˈdraiəʳ/ *adj.* dry 的比较级

drift /drift/ **I** *n.* ❶[C](水等的)漂移，漂流：a *drift* of some 10 to 15 miles a day 大约 10 到 15 英里的日漂流距离 ❷[C]动向，趋势：a *drift* toward political right 政治权力的动态走向 ❸[通常用单]主旨；意义，含义：follow the *drift* of the argument 抓住该论点的要领 ❹[C]吹积物；漂聚物：a *drift* of snow 吹积成堆的雪 **II** *vi.* ❶漂，漂移，漂流；飘：A solitary leaf *drifts* down. 一片孤叶忽忽悠悠地飘落下来。❷无目的(或随意)地移动；随波逐流；漂泊：They spent the afternoon *drifting* about in a little sailing boat. 整个下午，他们在一只小小的帆船上随波荡漾。❸被吹积，被积聚：The snow *drifted* against the wall. 雪靠着墙壁堆积起来。—*vt.* ❶使漂动，使漂移，使漂流；使飘游：The current was *drifting* the boat onto the rocks. 急流把那条船冲到礁石上。❷使堆积，使积聚：The wind *drifted* the snow into huge mounds. 大风刮过，雪被吹成了一个个大雪堆。

drift•er /ˈdriftəʳ/ *n.* [C] ❶漂流者 ❷流网(或漂网)渔船 ❸漂泊者；流浪者；流动工；游民

drift•wood /ˈdriftˌwud/ *n.* [U] ❶流送木，漂流木 ❷(用于室内装潢的)流散板

drill /dril/ **I** *n.* ❶[C]【机】钻床，钻机；钻头；冲子：a well *drill* 钻井机❷[U;C](军事、体育、语言等的)操练；训练；演习；练习：Soldiers are at *drill.* 士兵们正在操练。❸[C]正确的规定程序，正确方法，常规：Tell me the *drill* for addressing a bishop. 请告诉我应该怎样正确地称呼主教。**II** *vt.* ❶在…上钻孔(或打眼)；钻(孔)，打(眼)：The surgeon *drilled* the bones for insertion of a pin. 外科医生在骨头上钻洞装钢钉。❷通过练习(或训练)传授：*drill* knowledge into sb. [sb.'s head] 通过练习向某人传授知识 ❸对…进行操练(或训练)；让…做练习：The English teacher *drilled* her students in sentence patterns. 英语教师对学生进行句型练习。—*vi.* ❶钻；钻孔，打眼：*drill* for oil 钻探石油/ *drill* for each of the bolts 给每个螺栓打个眼儿 ❷操练；演练；训练；练习：Since last May they have been *drilling* for the Olympic Games. 从去年 5 月以来他们一直在训练，以备战奥林匹克运动会。

dri•ly /ˈdraili/ *adv.* =dryly

drink /driŋk/ **I** (过去式 **drank** /dræŋk/或〈口〉**drunk** /drʌŋk/，过去分词 **drunk** 或 **drank**) *vt.* ❶喝，饮：I want something to *drink* milk from. 我要个东西装牛奶喝。❷使(自己)喝酒喝到某种程度：She had been *drinking* herself into a stupor. 她一个劲儿地喝闷酒，结果不省人事。❸为…祝酒，为…干杯；提议(干杯)：*drink* each other's health 举杯互祝身体健康 —*vi.* ❶喝，饮：We saw baby elephants *drinking* from their mothers. 我们看见几头小象在吮吸母象的奶。❷喝酒；酗酒：He doesn't smoke or *drink.* 他不抽烟也不喝酒。**II** *n.* ❶[U;C]饮料，饮品：a cooling *drink* 冷饮 ❷[C]酒：have *drinks* at a bar 去酒馆喝酒 ❸[C]一份(或一杯、一口)饮料(或酒、饮品)：I asked her for a *drink* of tea. 我请她喝杯茶。‖ ˈ**drink•a•ble** *adj.* —ˈ**drink•er** *n.* [C]

drip /drip/ **I** (**dripped**; **drip•ping**) *vi.* ❶滴水，滴下液体(*with*)：This faucet *drips.* 这个水龙头漏水。❷滴下，滴落：Saline was *dripping* into him. (生理)盐水正在一滴一滴地注入他体内。—*vt.* 使滴下，使滴落：Each word she said *dripped* acid on his heart. 她说的每一个字犹如根根尖刺扎在他的心上。**II** *n.* ❶[C]下滴，滴落：*drip* technique of painting 绘画中的滴色法 ❷[通常用单]滴水声；滴答声：The steady *drip* of rain kept me awake. 滴滴答答的滴水声使我难以入眠。❸[U]【医】(静脉)滴注：the *drip* given continuously throughout the day and night 昼夜不停地进行的静脉滴注

drip-dry /ˈdripˌdrai/ *vi.* 滴干

drip·ping /ˈdripiŋ/ I *n.* [C] ❶滴；滴液，滴水 ❷[常作～s]（烤肉上滴下的）油脂 II *adj.* [无比较级]湿漉漉的，湿透的

drive /draiv/ I（**drove** /drəuv/，**driv·en** /ˈdrivᵊn/）*vt.* ❶驱，赶，驱赶(*away*, *back*, *in*, *out*, *to*)：A sudden gust *drove* me *back* into the shelter of a tree. 一阵狂风迫使我退到一棵树下躲避。❷驾驭，驾驶；开车运送；流送（木材等）：She *drove* them to the station. 她开车送他们去车站。❸驱使，迫使，逼迫(*to*)：*drive* sb. crazy 把某人逼疯 ❹努力进行（交易）；达成（协议、交易等）：He *drove* a good bargain at the store. 他在这家商场做成了一笔好生意。❺驱动（机器）；推动：They *drove* their mills with water power. 他们用水力驱动磨粉机。❻打，敲；戳；凿(*into*)：*drive* a nail *into* the wall 把钉子敲进墙里 —*vi.* ❶驾驶；驾车；（机动车）被驾驶：She *drives* well. 她开车开得很好。❷拼命干，努力地干：He kept *driving* to the top. 他继续努力向顶峰攀登。❸驱进；猛冲：The halfback *drove* through the line. 前卫迅速地冲破防线。II *n.* ❶[C]驾驶；行驶；驱车旅行，（尤指）驾车兜风：go for a *drive* 驾车兜风 ❷[C]（尤指通往住宅的）私人车道；（公园等的）车行道：park the car in the *drive* 把车停在车道上 ❸[C]驱赶，驱使：a cattle *drive* 驱赶牲口 ❹[C]冲动；欲望；驱策力：The craving for approval is a strong *drive* in people. 渴望得到承认是人类一大驱策力。❺[C]干劲；动力 ❻[C]运动：an anti-pornography *drive* 扫黄运动 ❼[U]【机】驱动，传动：a belt *drive* 皮带传动 ❽[C]【体】（球等的）猛抽，猛击：a line *drive* to center field 击向中锋区的平直球 ❾[C]【计】（磁带或磁盘的）驱动器：a disk *drive* 磁盘驱动器 ‖ ***drive at*** *vt.* [常用进行时]意指：I don't know what you are actually *driving at*. 我不知道你到底什么意思。***drive home*** *vt.* 把…讲得透彻，使被人接受：*drive home* the importance of hard work 讲清楚刻苦工作的重要性 ***drive off*** *vt.* 赶走；击退（进攻等）：*drive off* the invaders 赶走侵略者 ‖ ˈ**driv·ing** *adj.*

drive-in /ˈdraivˌin/ *n.* [C]（顾客无须下车即可得到服务的）"免下车"影院（或餐馆、银行、邮局等）：eat at the *drive-in* 在"免下车"餐馆吃饭

driv·el /ˈdrivᵊl/ I *n.* [U] ❶口水；鼻涕 ❷幼稚的言语；傻话，蠢话；无聊话：Don't talk such *drivel*! 别胡说八道！II（**-el(l)ed**；**-el·(l)ing**）*vi.* 说话幼稚；说傻话；讲无聊话：He *driveled* on about his travel. 他一个劲儿地胡扯他的旅游经过。

driv·en /ˈdrivᵊn/ *v.* drive 的过去分词

driv·er /ˈdraivəʳ/ *n.* [C]赶车者；驾驶员，司机：the *driver* of a truck 卡车司机

driz·zle /ˈdrizᵊl/ I *vi.* 下毛毛雨：It had been *drizzling* for a fortnight. 毛毛雨已淅淅沥沥下了半个月。II *n.* [U]毛毛雨，细雨：walk through the fine *drizzle* 在丝丝细雨中漫步 ‖ ˈ**driz·zling·ly** *adv.*

droll /drəul/ *adj.* 古怪有趣的，离奇可笑的；滑稽的：a little *droll* man 一个古怪有趣的小矮人 ‖ ˈ**droll·ness** *n.* [U] —ˈ**drol·ly** *adv.*

drom·e·dar·y /ˈdrɔmədᵊri, ˈdrʌm-/ *n.* [C]【动】单峰驼，阿拉伯驼

drone[1] /drəun/ *n.* [C] ❶雄蜂，大蜂 ❷（无线电遥控的）无人驾驶飞机 ❸懒汉，不劳而获者，寄生虫：human *drones* 人类的寄生虫 ❹说话低沉单调的人；低沉单调的讲话

drone[2] /drəun/ I *vi.* ❶嗡嗡叫，嗡嗡响：Bees *droned* among the flowers. 蜜蜂在花丛中嗡嗡叫。❷低沉单调地说话；单调乏味地进行(*on*)：The meeting *droned on* for hours. 会议令人乏味，前后开了数小时。II *n.* [C] ❶【音】风笛；风笛的单音管 ❷单调低沉的声音

drool /druːl/ I *vi.* ❶淌口水：Three hungry men *drooled* at the thought of fresh chops. 三个饥肠辘辘的汉子一想起大块肉就口水直流。❷流露出兴奋之情(*over*)：You go around in that bikini and he's *drooling over* you all the time. 你穿着比基尼走来走去，他一直眼巴巴地死盯着你，一副垂涎欲滴的样子。II *n.* [U]口水：Bibs are useful for keeping *drool* off a baby's clothes. 围兜可使小孩不把口水弄到衣服上。

droop /druːp/ *vi.* ❶（因劳累等）低垂，下垂：His head *drooped* down and a few moments he fell asleep. 他耷拉着脑袋，不一会儿就睡着了。❷（人）沮丧，忧郁；（意气）消沉；（植物等）萎蔫：Let not your spirits *droop* too low. 你不要过于意志消沉。

drop /drɔp/ I *n.* [C] ❶（液体的）滴，珠：He sweated large *drops*. 他冒出了豆大的汗珠。❷（液体等的）微量；点滴：Take a few *drops* of this medicine. 来喝点儿这种药吧。❸[～s]滴剂：ear *drops* 滴耳剂 ❹降落；下落；落下：the slow *drop* of water 水的慢慢滴下 ❺下落(或下降)距离；落差：a *drop* of 5,000 metres 5 000米的落差 ❻下跌，下降：a sharp *drop* in the price of gas 汽油价格的剧跌 **II** (**dropped**; **drop·ping**) *vi.* ❶滴，滴落，滴下；滴水：Rain *drops* from the clouds. 雨水从云端滴下。❷掉下，落下；垂下；降落，垂落；下垂：It was so quiet you could hear a pin *drop* to the ground. 安静得连根针落地的声音都清晰可闻。❸倒下；跪下；趴下：The dogs were *dropping* to the sidewalks at every noise. 一有动静，那些狗就在人行道旁蹲伏。❹下降；降低；减少：The patient's temperature *dropped* overnight. 一夜之间，病人的体温就降下来了。❺停止，结束；停滞，呆滞：The matter is not important, let it *drop*. 那件事不重要，别管它了。❻落后：*drop* back in a line 掉在队伍的后面 ❼顺便拜访：One of my friends *dropped* in to see me yesterday. 昨天我的一位朋友顺便来看了我。—*vt.* ❶滴；使滴落，使滴下：The storm *dropped* 15mm of rain. 这场暴雨的雨量达 15 毫米。❷使掉下，使落下：A few species of trees *drop* their leaves in the dry season. 有几种树在旱季落叶。❸使倒下；击倒，击落：I shot three times and *dropped* one. 我开了三枪才撂倒一个。❹使下降，使降低；使减少：The motorist *dropped* his speed. 摩托车手减低了车速。❺使停止，使终止：I was certain he would *drop* everything to help. 我肯定他会放下一切来帮我的。❻使落后：The loss *dropped* the team from the playoffs. 这一失利使该队无缘决赛。❼卸(客、货)；空投(人员、物资)：He ordered his taxi to *drop* him at the corner of the street. 他叫出租车让他在街角下车。‖ ***drop behind*** *vi.* & *vt.* 落在…后面；落后(于)：Our horse is beginning to *drop behind* in the race. 我们的马在比赛中开始落后了。***drop off*** *vi.* ❶打盹，打瞌睡：He has a habit of *dropping off* during lectures. 他上课时老是打瞌睡。❷下降；降低；减少：Sales have *dropped off*. 销售量已下降了。

drop·let /ˈdrɔplit/ *n.* [C]小滴：the *droplets* of tear 细泪珠

drop-off /ˈdrɔpˌɔf/ *n.* [C] ❶陡坡 ❷下降，减少；减弱：an unusual *drop-off* in sales 销售额的突然下降 ❸停靠处，停泊处；滞留地

drop(-)out /ˈdrɔpˌaut/ *n.* [C] ❶退学者 ❷逃避现实社会的人，愤世嫉俗者 ❸退出者；(比赛中的)弃权者

drop·per /ˈdrɔpəʳ/ *n.* [C] ❶落下的人(或物体) ❷滴管，吸量管

drought /draut/ *n.* ❶[C]旱灾 ❷[U]干旱，缺水

drove[1] /drəuv/ *v.* drive 的过去式

drove[2] /drəuv/ *n.* [通常作～s](走在一起的)(一)群：Tourists came in *droves* to see the natural wonder. 游客们成群结队地涌来观赏这一自然奇观。

drown /draun/ *vi.* 淹死，溺死：A man fell from a bridge and *drowned*. 有个人从桥上掉下来淹死了。—*vt.* ❶淹死，使溺死：*drown* oneself in water 投河自尽 ❷驱除，消除：He *drowned* his sorrow in drinking. 他借酒浇愁。❸淹没；浸没；沉浸：The heavy rain has *drowned* the fields. 那场滂沱大雨淹没了田地。‖ ***drown in*** *vt.* 沉浸于，沉迷于：He was *drowning in* work. 他在埋头工作。

drowse /drauz/ *vi.* 打盹，打瞌睡，假寐：She *drowsed* in the garden. 她在花园里打起了瞌睡。

drow·sy /ˈdrauzi/ *adj.* ❶半睡半醒的，昏昏欲睡的；打盹的；困倦的(见 sleepy)：Having eaten a heavy lunch, I was agreeably *drowsy*. 酒足饭饱以后，我很想惬意地睡上一觉。❷使人发困的，催人入眠的，令人昏昏欲睡的：*drowsy* spring weather 令人昏昏欲睡的春日天气 ‖ ˈ**drow·si·ness** *n.* [U]

drub /drʌb/ *vt.* (**drubbed**; **drub·bing**) (在竞赛、战斗等中)彻底击败，大胜：They won their championship, *drubbing* their opponent, 8 to 4. 他们以 8 比 4 的比分大胜对手，荣获比赛冠军。

drudge /drʌdʒ/ *n.* [C]做苦工(或单调乏味工作)的人：I was not born to be the household *drudge*. 我不是生来就只配在家当苦力的。

drudg·er·y /ˈdrʌdʒəri/ *n.* [U]苦活；单调乏味的工作

drug /drʌg/ **I** *n.* [C] ❶药(品)，药物：prescribe suitable *drugs* for a patient 为病人对症下药 ❷麻醉品，麻醉剂；毒品：I don't think she takes *drug*. 我想她不会吸毒。**II** *vt.* (**drugged**;

drug·ging) ❶使服药;给…用药;用药麻醉;使服麻醉药:No one had been *drugged* on the night. 那天晚上谁也没服药。❷用药使失去知觉,使麻醉;毒杀:The wine had *drugged* him. 酒已经使他麻木了。❸将麻醉药(或毒药)掺入(食品或饮料等):The spy *drugged* the diplomat's wine. 那个间谍在外交官的酒里下了毒。

drug·gie, drug·gy /ˈdrʌgi/ *n.* [C]〈俚〉吸毒者,瘾君子

drug·gist /ˈdrʌgist/ *n.* [C] ❶药剂师 ❷药品销售商;(兼营杂货的)药店店主

drug·store /ˈdrʌgˌstɔːʳ/ *n.* [C](兼营杂货的)药店

drum /drʌm/ **I** *n.* [C] ❶【音】鼓:beat the *drum* 敲鼓 ❷鼓声;鼓乐:the roll of *drums* 隆隆的鼓乐声 ❸圆柱形容器;(容积 12~110 加仑的)(金属)桶:Mineral oil is shipped in large *drums*. 石油是用大圆罐子装运的。**II** *vi.* (**drummed; drum·ming**) ❶击鼓,打鼓,敲鼓:He *drums* in the school dance band. 他在学校的伴舞乐队中打鼓。❷不停地敲打;有节奏地击打(或跳动):Stop *drumming* on the table with your fingers. 别用手指在桌上笃笃地敲。❸发出咚咚声 —*vt.* 用(手等)有节奏地敲击:She began to *drum* her heels against the wall. 她开始用脚后跟笃笃地撞击墙壁。‖ ***drum into*** *vt.* 把…灌输给,使接受;反复强调:He tried to *drum into* her that success was important. 他再三向她讲成功的重要性。***drum out*** *vt.* 轰走,撵走;开除;把…除名:The officer was *drummed out* of the force for refusing to obey orders. 那名军官因违抗军令被军队开除了。***drum up*** *vt.* ❶竭力争取(支持、选票等);兜揽(生意等):*drum up* some buyers for new products 为新产品招徕买主 ❷征集,召集:*drum up* recruits 征募新兵

drum·mer /ˈdrʌməʳ/ *n.* [C]击鼓者;(乐队的)鼓手

drum·stick /ˈdrʌmˌstik/ *n.* [C] ❶鼓槌 ❷鸡(或火鸡等)的下段腿肉

drunk /drʌŋk/ **I** *adj.* ❶醉的:He was dragged home beastly *drunk*. 他烂醉如泥,被人架回家来。❷醉酒引起的;醉酒时发生的:*drunk* driving 酒后驾车 **II** *n.* [C] 喝醉的人;醉汉,醉鬼;酒鬼,酗酒者 **III** *v.* drink 的过去分词

drunk·ard /ˈdrʌŋkəd/ *n.* [C]酒鬼;醉汉;酒徒

drunk·en /ˈdrʌŋkᵊn/ *adj.* [作定语] ❶醉的:a *drunken* man 醉汉 ❷常醉的,常酗酒的:The soldier was a *drunken* brute. 那个大兵是个酒鬼加色狼。❸酒醉引起的;陶醉的:He is still *drunken* with hope. 他仍陶醉于希望之中。

dry /drai/ **I** *adj.* ❶干的;干燥的:He was rubbing himself *dry* with a towel. 他正用毛巾把自己身上擦干。❷缺少雨水的;干旱的:a *dry* area 干旱地区 ❸[无比较级]干涸的;枯竭的;用干的:In early summer the river was almost *dry*. 初夏时分,那条河几乎干涸了。❹口渴的;令人口渴的:She talked her mouth *dry*. 她嘴都讲干了。❺[无比较级](酒、果汁等)无甜味(或果味)的:*dry* white wine 干白葡萄酒 ❻[无比较级]无酒的;禁酒的:It was a *dry* party but the food was good. 那是一次无酒的聚会,可饭菜不错。❼[无比较级]戒酒的:Alcoholics must remain *dry* to cure themselves. 嗜酒者必须戒酒才能治愈康复。❽(幽默、讽刺等)冷面滑稽的;不露感情的:*dry* sarcasm 冷嘲 / He has a *dry* sense of humor. 他很会板着脸说笑话。**II** *vt.* 使变干;弄干;擦干:He took out his handkerchief and *dried* the sweat on his forehead. 他掏出手绢擦干额头上的汗水。—*vi.* 变干;变干硬:Nylon *dries* rapidly. 尼龙干得快。‖ ***dry out*** *vi.* 戒酒;戒毒:The doctor asked the drinker to *dry out*. 医生要求那个酒鬼戒酒。***dry up*** *vi.* & *vt.* ❶(使)干透;(使)(水分)全干;(使)(河流、井等)干涸:The rivers are all *drying up* in the hot summer. 盛夏时节,河流全都日渐干涸。❷〈口〉住口;别说话:*Dry up*! I've had enough of your complaining talk. 住口!你的牢骚话我已经听够了。‖ **ˈdry·ly** *adv.* —**ˈdry·ness** *n.* [U]

dry cleaning *n.* [U] ❶干洗 ❷经干洗的衣服 ‖ **dry clean** /ˈdraiˌkliːn/ *vt.* —**ˈdry ˌclean·er** *n.* [C]

dry·er /ˈdraiəʳ/ *n.* =drier

dry-eyed /ˈdraiˌaid/ *adj.* 无泪的,不哭的

dry goods [复] *n.* 纺织品

dry ice *n.* [U]【化】干冰(即固态二氧化碳)

dry·ly /ˈdraili/ *adv.* ❶干巴巴地;冷淡地;不动神色地,不加渲染地:He is never *dryly* didactic. 他从不干巴巴地进行说教。❷干燥地〔亦作 **drily**〕

dry run *n.* [C]排练;排演;演习

D

du·al /ˈdʲuːəl/ *adj*. [无比较级][作定语] ❶双的，两的；二元的：the *dual* law which accounts for negative and positive electricity 解释正负电的二元法则 ❷双倍的；两重的；双重的：have a *dual* function 具有双重作用 ‖ **du·al·ism** /ˈdʲuːəˌlizᵊm/ *n*. [U] —**du·al·i·ty** /dʲuːˈæliti/ *n*. [U]

dub /dʌb/ *vt*. (**dubbed**; **dub·bing**) ❶为(电影、电视、广播节目等)配音；配入(声音等)；译制(外语片)：Later on, probably a different voice will be *dubbed* in. 以后，很可能要配入一种不同的声音。❷(用剑轻触其肩)封…为骑士

D

du·bi·ous /ˈdʲuːbiəs/ *adj*. ❶怀疑的(见 doubtful)：I'm still *dubious* about the wisdom of that plan. 我对那个计划是否明智仍抱有怀疑。❷有问题的；靠不住的，不可靠的(见 doubtful)：a rather *dubious* character 可疑分子 ❸疑惑的；犹豫的，迟疑的：She feels *dubious* as to what to do. 她犹豫不决，不知该怎么办。‖ ˈ**du·bi·ous·ly** *adv*. —ˈ**du·bi·ous·ness** *n*. [U]

du·cal /ˈdʲuːkᵊl/ *adj*. [无比较级][作定语]公爵的；有公爵爵位的；似公爵的：a *ducal* palace 公爵的宫殿

duch·ess /ˈdʌtʃis/ *n*. [C] ❶公爵夫人；公爵遗孀 ❷女公爵

duch·y /ˈdʌtʃi/ *n*. [C]公爵(或妇公爵)领地；公国

duck[1] /dʌk/ *n*. ([复]**duck(s)**) ❶[C]鸭：The *duck* waddles. 鸭子走起路来一摇一摆。❷[C]母鸭，雌鸭 ❸[U]【烹】鸭肉

duck[2] /dʌk/ *vi*. ❶(尤指为躲避而)忽地低下头；急忙弯下身：She *ducked* through the low entrance of her hut. 她一猫腰穿过她那小屋低矮的门洞。❷(鸭子似的)突然扎入水中：She *ducked* under and came up with a large shell. 她一个猛子扎下水，然后拿着一个大贝壳探出头来。—*vt*. ❶(尤指为躲避而)忽地低下(头)；忽地弯下(身)：*duck* one's head through a low doorway 低下头穿过低矮的门道 ❷逃避(责任等)，回避；躲避：She is *ducking* all phone calls this morning. 今天上午她一个电话都不接。❸把…猛按入水中：The children *ducked* each other in the swimming pool. 在游泳池里孩子们互相把对方猛按入水中。

duck·ling /ˈdʌkliŋ/ *n*. [C]小鸭，幼鸭

duct /dʌkt/ *n*. [C] ❶(输送液体、气体、沙、谷物等的)导管；管道；沟；槽：air *ducts* 通风管道 ❷【生】管；导管：tear *ducts* 泪管 ‖ ˈ**duct·less** *adj*.

dud /dʌd/ *n*. [C] ❶无用的人(或东西)；失败的人(或东西)：His new play was a *dud*. 他的新剧失败了。❷未爆炸的炮弹(或炸弹)，哑弹，臭弹

dude /dʲuːd/ *n*. [C] ❶过分讲究仪表的人；花花公子，纨绔子弟 ❷〈俚〉家伙

dudg·eon /ˈdʌdʒᵊn/ *n*. [U]愤怒，非常生气，极为不满：She went off in high *dudgeon*. 她怒气冲冲地走了。

due /dʲuː/ **I** *adj*. [无比较级] ❶[作表语](即将)到期的，期满的：The loan is *due*. 贷款快到期了。❷[作表语]应得的；应给的：He is entitled to all the respect *due* to a scholar. 他有权享受一位学者应有的尊重。❸[作定语]应有的；适当的，恰当的，相称的：You will hear from us in *due* course. 我们会在适当的时候给你们去信的。❹足够的；充分的：He was driving without *due* care. 他开车时不够小心。❺[作表语]预定的；约定的；预期的；预定应到的：The next issue of this magazine is *due* out in December. 按预订计划本杂志下一期将于12月出版。**II** *n*. ❶[通常作 **one's ~**]应得的东西：He finally received *his due*. 他终于得到了他应得之物。❷[通常作**~s**]应缴款；会费；税款(见 tax)：He paid the *dues* on the cargo. 他缴了货物税。**III** *adv*. [无比较级]正对地：The ship sailed *due* west. 船只朝正西航行。‖ ***due to*** *prep*. ❶应归功于；应归咎于：Acknowledgement is *due to* all those have lent a helping hand. 谨向所有给予帮助者致谢。❷因为，由于：*Due to* repairs, the garage will be closed next Saturday. 因为要维修，这家汽车修理厂下周六停业。‖ ***give sb. his [her] due*** *vi*. 给某人应有的评价；承认某人的长处 ***in due course [time]*** *adv*. 适时地，最终：*In due course*, you'll get your reward. 你最终会得到回报的。

du·el /ˈdʲuːəl/ *n*. [C] 决斗：fight a *duel* with sb. 与某人决斗 ‖ ˈ**du·el·(l)er** *n*. [C] —ˈ**du·el·(l)ist** *n*. [C]

du·et /dʲuːˈet/ *n*. [C]【音】二重唱(曲)；二重奏(曲)

duf·fel /ˈdʌfᵊl/ **bag** *n*. [C](圆筒状抽口)帆布

包,行李袋

duff·er /ˈdʌfəˈ/ *n.* [C] ❶〈口〉笨蛋;无能的人 ❷对某项体育活动不擅长的人

dug /dʌg/ *v.* dig 的过去式和过去分词

dug·out /ˈdʌgˌaut/ *n.* [C] ❶独木舟 ❷(棒球场边的)球员休息处

duke /dʲuːk/ *n.* [C] ❶(欧洲大陆公国或小国的)君主;亲王 ❷公爵:the *Duke* of York 约克公爵

duke·dom /ˈdʲuːkdᵊm/ *n.* [C] ❶公爵的爵位;公爵的头衔 ❷公爵领地;公国

dul·cet /ˈdʌlsit/ *adj.* [作定语]动听的,悦耳的,甜美的:The singer was famous for her *dulcet* voice. 这名女歌手因其嗓音甜美而著名。

dull /dʌl/ I *adj.* ❶钝的,不锋利的:a *dull* chisel 钝凿子 ❷乏味的,单调的;令人生厌的:The novel is *dull* and unoriginal. 这部小说不仅索然无味,而且缺乏新意。❸没精打采的;毫无生气的:You are *dull* tonight. 你今晚情绪不高嘛。❹(天气等)阴沉的;昏暗的:a *dull* day of rain 阴雨蒙蒙的一天 ❺[作定语](色彩等)不鲜明的,晦暗的;无光泽的:The whole canyon is in *dull* shadow. 整个峡谷沉浸在晦暗的阴影之中。❻行动迟缓的,慢吞吞的 ❼愚钝的,愚蠢的,笨的:He had a *dull* mind. 他头脑愚笨。❽[作定语]感觉迟钝的,不敏感的;麻木的:His ears grew *dull* of hearing from old age. 他因年迈双耳日渐失聪。II *vt.* ❶使变钝,使不锋利:Chopping wood *dulled* the ax. 这把斧子因砍木头而变钝了。❷使迟钝,使不敏感;使麻木:Old age is *dulling* my taste for books. 年龄的增长使我对书本的鉴赏力日见迟钝了。—*vi.* ❶变钝,变得不锋利:This cheap knife *dulls* very easily. 这把廉价的刀很容易用钝。❷变迟钝;变麻木 ‖ ˈ**dull·ness** *n.* [U] —ˈ**dul·ly** *adv.*

☆**dull, blunt, obtuse** 均有"钝的;迟钝的"之意。**dull** 指因使用而失去原有的锋利的,也指缺乏或失去敏感、热情、兴致的:a *dull* knife (一把钝刀) / He is *dull* at mathematics. (他在数学方面不聪敏。) **blunt** 可指本来就不锋利、经使用后变钝或有意弄钝的;也可表示在感觉、理解等方面迟钝的:the *blunt* side of the knife (刀子用钝的一边) / Even a person of his *blunt* sensibility was moved. (甚至连感受力很差的人也会为之动容。) **obtuse** 用于物体两面相交角度大于直角的形状;也可指感受能力差、理解能力慢:an *obtuse* angle (钝角) / Is he stupid or is he being deliberately *obtuse*? (他是真蠢还是在故意装呆?)

dull·ard /ˈdʌləd/ *n.* [C]愚钝的人,蠢人,笨蛋

du·ly /ˈdʲuːli/ *adv.* [无比较级] ❶适当地,恰当地;正式地:Don't worry. Everything has been *duly* taken care of. 别急,一切都已安排妥当了。❷按时地;及时地:I shall *duly* pay you back. 我会按时还你钱的。

dumb /dʌm/ *adj.* [无比较级] ❶愚钝的,愚蠢的,笨的:In addition to being young, you're *dumb*. 你不但年轻,脑袋瓜也不太好使。❷哑的,丧失说话能力的;[用于人时具侮辱意味]没有人类语言能力的:He has been *dumb* from birth. 他生下来就是哑巴。❸(因恐惧、惊愕、害羞等)说不出话的,一时语塞的;沉默(无言)的:I was struck *dumb* with these reflections. 这样一想,我不禁惊愕得目瞪口呆。‖ ˈ**dumb·ly** *adv.* —ˈ**dumb·ness** *n.* [U]

dumb·bell /ˈdʌmˌbel/ *n.* [C] ❶【体】哑铃 ❷〈俚〉笨蛋,蠢货(尤指女人)

dumb·found /ˌdʌmˈfaund/ *vt.* 使惊呆;使惊讶;使慌乱:She was utterly *dumbfounded* at [by] the news. 她完全被这消息惊呆了。

dum·my /ˈdʌmi/ *n.* [C] ❶(陈列服装等用的)人体模型;(射击训练等用的)人形靶:a tailor's *dummy* 服装店的人体模型 ❷仿制品,仿造物;(实体)模型:lipstick *dummies* made of coloured plastic 口红的彩塑仿制品 ❸〈口〉笨蛋,傻瓜,蠢货

dump /dʌmp/ I *vt.* ❶猛地扔下;重重地放下,抛下:*Dump* the topsoil here. 把表土倒在这儿。❷倾倒,倾卸;把…倒空:She *dumped* the contents of her purse onto the table. 她把钱包里所有的东西全倒在桌上。❸抛弃,遗弃;摆脱,推卸:He *dumped* me in one orphan home. 他把我扔在了一家孤儿院里。—*vi.* ❶猛地扔下;重重地放下,下抛 ❷倾销,抛售 II *n.* [C] ❶垃圾场;垃圾堆,废物堆 ❷〈口〉〈贬〉(垃圾堆似的)脏地方,邋遢场所 ‖ ***dump on*** *vt.* 诘难;苛评;攻击:Reporters never tired of *dumping on* certain public figures. 对诘难某些公众人物,记者们从来就是乐此不疲的。

dump·ling /ˈdʌmpliŋ/ *n.* [C] ❶汤团,团子 ❷

饺子；水果布丁：apple *dumpling* 苹果布丁

dumps /dʌmps/［复］*n.* 忧郁，沮丧；抑郁

dump·y /ˈdʌmpi/ *adj.* 矮胖的

dun[1] /dʌn/ *vt.*（**dunned**；**dun·ning**）（反复）向…讨债；催款

dun[2] /dʌn/ *adj.*［无比较级］暗褐色的

dunce /dʌns/ *n.*［C］蠢人，笨蛋

dune /dʲuːn/ *n.*［C］（在沙漠地区或近湖海地区由风吹积而成的）沙丘；土丘

dung /dʌŋ/ *n.*［U］（尤指牲畜的）粪，粪肥

D

dun·ga·rees /ˌdʌŋɡəˈriːz/［复］*n.* ❶蓝粗布工作服；蓝粗布工装裤 ❷蓝粗布裤，劳动布裤

dun·geon /ˈdʌndʒᵊn/ *n.*［C］地牢，土牢

dunk /dʌŋk/ *vt.* 浸，泡：*dunk* oneself in the novel 埋头读小说 / *Dunk* it thoroughly in white spirit for five minutes. 将其完全浸泡在白酒里五分钟。

du·o /ˈdʲuːəu/ *n.*［C］（［复］**du·os**或**du·i** /ˈdʲuːiː/）❶【音】二重奏（曲）；二重唱（曲）❷一对；一双

du·o·de·num /ˌdʲuːəˈdiːnᵊm/ *n.*［C］（［复］**-na** /-nə/或 **-nums**）【解】十二指肠 ‖ ˌ**du·oˈde·nal** /-nᵊl/ *adj.*

dupe /dʲuːp/ *vt.*［常用被动语态］欺骗，哄骗；愚弄；利用：*dupe* sb. out of savings 骗走某人的积蓄 ‖ ˈ**dup·er** *n.*［C］

du·plex /ˈdʲuːpleks/ *adj.*［无比较级］❶由两部分组成的；双（倍）的；双重的：a *duplex* lens system 双透镜组系统 ❷【电信】（电报等）双工的，双向的：*duplex* channel［telephony］双工信道［电话通信系统］

du·pli·cate **I** /ˈdʲuːplikit/ *n.*［C］副本，抄件；复制品（见 copy）：make a *duplicate* of the original 做一份原件的副本 **II** /ˈdʲuːpliˌkeit/ *vt.* ❶复制；复写；复印：Can you *duplicate* the key for me? 你能帮我配一把这样的钥匙吗？❷重复；依样重做：He *duplicated* his father's way of standing with his hands in his pockets. 他模仿其父两手插在口袋里站着的样子。**III** /ˈdʲuplikit/ *adj.*［无比较级］［作定语］复制的；复写的；一模一样的：*duplicate* copies of a map 地图的副本 ‖ ***in duplicate*** *adv.* & *adj.*（文件等）一式两份地（的）；正副本地（的）：Using carbon paper, he typed the application *in duplicate*. 他用复写纸把申请书一式两份打了出来。‖ **du·pli·ca·tion** /ˌdʲuːpliˈkeiʃᵊn/ *n.*［U］

du·pli·cat·ing /ˈdʲuːpliˌkeitiŋ/ **machine** *n.* ＝duplicator

du·pli·ca·tor /ˈdʲuːpliˌkeitəʳ/ *n.*［C］复印机；复制机

du·plic·i·ty /dʲuːˈplisiti/ *n.*［U］搞两面派，阳奉阴违；欺骗

du·ra·ble /ˈdʲuərəbᵊl/ **I** *adj.* ❶耐用的；坚固的：*durable* fabrics 耐穿的织物 ❷持久的，有永久性的：a *durable* peace 持久和平 **II**［复］*n.* 耐用品 ‖ **du·ra·bil·i·ty** /ˌdʲuərəˈbiliti/ *n.*［U］—ˈ**du·ra·bly** *adv.*

du·ra·tion /dʲuəˈreiʃᵊn/ *n.*［U］持续，延续；持续期间：the natural *duration* of life 寿命

du·ress /dʲuᵊˈres/ *n.*［U］强迫，胁迫：sign a contract under *duress* 签订城下之盟

dur·ing /ˈdʲuəriŋ/ *prep.* ❶在…的整个期间：She heated the place *during* the winter with a huge wood furnace. 整个冬天她用一个大的木柴炉供暖。❷在…期间的某一个时候：Come to see me *during* my office hour. 在我上班时来看我。

dusk /dʌsk/ *n.*［U］薄暮，黄昏，傍晚：in the *dusk* of the evening 朦朦胧胧的夜色里

dusk·y /ˈdʌski/ *adj.* ❶昏暗的；暗淡的；微暗的；朦胧的：the *dusky* light of the late afternoon 傍晚的暗淡光线 ❷暗黑的，黑黝黝的：a *dusky* woman 皮肤黝黑的女人

dust /dʌst/ **I** *n.*［U］❶灰尘，尘土，尘埃：*Dust* was collecting everywhere. 到处都积起了灰尘。❷粉，粉末，粉尘；齑粉：radioactive *dust* 放射性尘埃 **II** 除去（或掸去）…的灰尘；把…掸干净 ‖ ˈ**dust·less** *adj.*

dust·bin /ˈdʌstˌbin/ *n.*［C］〈主英〉垃圾箱，垃圾桶

dust·er /ˈdʌstəʳ/ *n.*［C］❶擦尘布，抹布 ❷喷粉机，喷粉器 ❸（在飞机上）撒喷农药的工人

dust·pan /ˈdʌstˌpæn/ *n.*［C］簸箕

dust·y /ˈdʌsti/ *adj.* 多尘的；满是灰尘的：a *dusty* table 满是灰尘的桌子 ‖ ˈ**dust·i·ness** *n.*［U］

Dutch /dʌtʃ/ **I** *adj.*［无比较级］❶荷兰的 ❷荷兰语的 **II** *n.* ❶［the ～］［用作复］荷兰人 ❷［U］荷兰语 ‖ ***go Dutch*** *vi.* 各人付各人的账；平摊费用：Mary knew her boyfriend had little money, so she offered to *go Dutch*. 玛丽知道男友没什么钱，因此她提出各人付各人的账。

Dutch·man /ˈdʌtʃmᵊn/ *n.* [C] ([复]**-men** /-mᵊn/) 荷兰人

Dutch treat *n.* [C]各自付账的聚餐(或娱乐)

Dutch·wom·an /dʌtʃˌwumᵊn/ *n.* [C] ([复]-**women** /-ˌwimin/) 荷兰女子

du·ti·ful /ˈdʲuːtifᵘl/ *adj.* 尽职的，守本分的；恭敬的，恭顺的；顺从的，服从的：a *dutiful* servant 听话的仆人 /She is a *dutiful* daughter to her parents. 她是父母的孝顺女儿。‖ ˈ**du·ti·ful·ly** *adv.*

du·ty /ˈdʲuːti/ *n.* ❶[C; U](道德或法律上的)责任，义务；本分：It is the *duty* of every citizen to defend the motherland and resist aggression. 保卫祖国，抵抗侵略是每个公民的义务。❷[C; U]〈主英〉税；(尤指进口)关税(见 tax)：You can bring in one bottle free of *duty*. 你可以免税带进一瓶酒。❸[C; U]职责；任务；业务；职务(见 task)：The first *duty* of a soldier is obedience. 服从是军人的天职。‖ ***off duty*** *adv.* &*adj.* 不在班上(的)，下了班(的)：She'll be *off duty* at 5 pm. 她下午 5 点下班。***on duty*** *adv.* &*adj.* ❶在值班(的)；在上班(的)：He goes *on duty* at eight o'clock in the morning. 他上午 8 点钟上班。❷在服役(的)：He was *on* air *duty* for five years. 他服役五年当空勤兵。

☆**duty, obligation, responsibility** 均有"责任，义务"之意。**duty** 指道德、伦理或法律等方面应尽的职责或义务，强调因良心或责任感而自愿去干某事：It's my *duty* to protect my family. (我有职责保护家人。) **obligation** 较为正式，表示受诺言、誓言、契约、合同、法律或社会习惯等的约束而对他人承担的义务，侧重外界要求：You are under *obligation* to care for her. (你有照料她的义务。) **responsibility** 表示义务、责任、职责、职务上所尽的本分，强调必须对事情的结果负责：The garden is in her *responsibility*. (花园是由她负责的。)

du·vet /ˈdʲuːvei/ *n.* [C]〈主英〉羽绒被〔亦作 **continental quilt**〕

dwarf /dwɔːf/ **I** *n.* [C]([复]**dwarfs** 或 **dwarves** /dwɔːvz/) ❶侏儒，矮子；矮生动物(或植物) ❷(尤指北欧神话中有魔法的)丑矮人 **II** *vt.* ❶使矮小；阻碍…的生长，使发育不全：An arid climate *dwarfs* oaks into mere shrubs. 干旱的气候使橡树成了矮小的灌木。❷(由于对比或距离)使显得矮小；使相形见绌，超过：The aircraft carrier *dwarfs* the boats near it. 那艘航空母舰使周围的船只显得矮小。‖ ˈ**dwarf·ish** *adj.* —**dwarf·ism** /ˈdwɔːfizᵊm/ *n.* [U]

dwell /dwel/ *vi.* (**dwelt** /dwelt/或 **dwelled**) ❶(尤指作为常住居民)居住(*in, at, on*)：They are *dwelling in* the cottage with us. 他们正与我们一起住在那幢小楼里。❷生活(于)；处(于)；存在(于)(*in, on*)：He *dwelt in* bondage to his mother. 他生活在其母的严厉管束之下。‖ ***dwell on* [*upon*]** *vt.* 老是想着，把…老放在心上：We cannot *dwell on* remembered glory. 我们不能老是沉湎在昔日的光荣里。‖ ˈ**dwell·er** *n.* [C]

dwell·ing /ˈdweliŋ/ *n.* [C] ❶住处，住宅，寓所：You have changed your *dwelling*, haven't you? 你已搬了家，对吗？❷常住处

DWI *abbr.* driving while intoxicated 酒后驾车

dwin·dle /ˈdwindᵊl/ *vi.* ❶逐渐变小，缩小；减少(见 decrease)：The boat gradually *dwindled* to a speck. 那船渐渐变成了一个小点。❷衰落；退化；堕落：The writers *dwindled* into mere analysts. 那些作家竟退化成了分析家。

dye /dai/ **I** *n.* [C; U] ❶染料：The first synthetic *dye* was made by Perkin in 1856. 第一种合成染料是由帕金于 1856 年制成的。❷染剂，染液：We bought a bottle of blue *dye*. 我们买了一瓶蓝色染液。❸(染上的)颜色：A good *dye* will not fade or run. 好染料上色后不会褪色。**II** *vt.* ❶给…染色：He *dyes* his hair and beard black for business. 为了公务他常常把须发染黑。❷染上(颜色)：A green may be made by *dyeing* a blue over a yellow. 用蓝色染在黄色上可得到绿色。‖ ˈ**dy·er** *n.* [C]

dy·ing /ˈdaiiŋ/ *adj.* [无比较级]垂死的；临终的；快熄灭的；快消失的；行将结束的：The *dying* rays of the sun are weak. 残阳的光线是微弱的。

dyke /daik/ *n.* =dike

dy·nam·ic /daiˈnæmik/, **dy·nam·i·cal** /-kᵊl/ **I** *adj.* ❶精力充沛的；活跃的；有生气的，有活力的；强有力的；能动的：The modern musical show is its most original and *dynamic* contribution to world theatre. 现代音乐剧是它对世

界戏剧作出的最独特、最富于创新的贡献。❷［无比较级］力的；动力的；动态的：a *dynamic* verb 动态动词 ❸［无比较级］动力学的；力学的：*dynamic* theory of heat 热的动力学理论 **II** *n.* ［C］❶动力；活力：the historical *dynamic* 历史的动力 ❷【音】力度（变化）‖ **dy'nam·i·cal·ly** *adv.*

dy·nam·ics /dai'næmiks/ ［复］*n.* ❶［用作单］力学；动力学 ❷动力：the *dynamics* of education 教育的动力 ❸【心】动力；动机 ❹【音】力度；力度的变化

dy·na·mism /'dainəˌmizᵊm/ *n.* ［U］❶有力的行动；推动力；活力，精力；劲头，干劲 ❷【哲】（以力及其相互关系来解释宇宙的）物力论，力本论

dy·na·mite /'dainəˌmait/ *n.* ［U］❶达纳炸药；氨爆炸药：a stick of *dynamite* 一批达纳炸药 ❷具有爆炸性的事物；轰动一时的人物；引起轰动的事物；具潜在危险的人（或物）：His statement is *dynamite*. 他的声明具有爆炸性。

dy·na·mo /'dainəməu/ *n.* ［C］（［复］**-mos**）❶（尤指直流）发电机；电动机 ❷〈口〉精力旺盛的人，充满活力的人；强有力的人

dyn·as·ty /'dinəsti; 'dai-/ *n.* ［C］❶王朝；朝代：The Great Wall was built during the Qin *Dynasty* in China. 万里长城建于中国秦朝。❷王朝统治：Under the Tang *Dynasty* China was in a prosperous condition. 唐朝统治下的中国繁荣昌盛。‖ **dy·nas·tic** /di'næstik/ *adj.*

dys·en·ter·y /'disəntᵊri/ *n.* ［U］【医】❶痢疾 ❷〈口〉腹泻，拉肚子 ‖ **dys·en·ter·ic** /ˌdisən'terik/ *adj.*

dys·func·tion /dis'fʌŋkʃᵊn/ *n.* ［U；C］❶【医】机能障碍，机能不良 ❷功能障碍部分（或成分）：the *dysfunctions* of the country's economy 国家经济中出现功能障碍的部分 ❸【社】（影响社会安定的）功能障碍 ‖ **dys'func·tion·al** *adj.*

dys·lex·i·a /dis'leksiə/ *n.* ［U］【医】诵读困难 ‖ **dys'lex·ic**, **dys·lec·tic** /dis'lektik/ *adj.* & ［C］*n.*

dys·pep·si·a /dis'pepsiə/ *n.* ［U］【医】消化不良

E e

E /iː/ *n.* [C]([复]**E's, e's; Es, es** /iːz/) 英语字母表中第五个字母(源于借自腓尼基语的希腊字母 epsilon): There are two *e's* in *see*. "see"一词中有两个 e 字母。

e- /iː/ *comb. form* 表示"电子的";"计算机(化)的";"数字化的": *e*book (电子书), *e*mail(电子邮箱)

each /iːtʃ/ **I** *adj.* [无比较级][放在单数名词前](两个或两个以上人、物中)每,各,各自的(见 every): *Each* boy gets a prize. 每个男孩都得到一份奖品。**II** *pron.* 每个,各个,各自: *Each* must do his [her] best. 每个人都要全力以赴。**III** *adv.* [无比较级]对每个,对各个: The tickets are £1 *each*. 这些票每张 1 英镑。‖ ***each and all*** *n.* 个个,全部;人人,全体: *Each and all* have gone to see the play. 大家都看话剧去了。***each and every*** *adj.* 每一个: He was earning several thousand dollars *each and every* week. 他每一个星期都挣数千美元。

☆如果副词 each 跟在作主语的复数名词之后,句子的谓语动词要同名词的数一致: The houses *each* have central heating. 当代词 each 作主语或 each of+复数名词构成的词组作主语时,句子的谓语动词为单数形式: *Each* of the candidates has spoken on the issue. 但有时也会出现复数形式的谓语动词。当出现了与 each 相对应的代词时,代词应该为单数;而在美国用法中,用代词的复数形式的情况越来越多,如: *Each* club member had their own project. 其中部分原因是为了避免性别歧视(即用 his 代替 his or her)。这种与代词在数上的对应也适用于 anyone, anybody, everyone, everybody, no one, someone 和 somebody 等。

☆**each, every** 均有"每,各"之意。**each** 用以强调"分",即对个体起着区别开来的作用;而 **every** 则用以强调"合",即对个体起着联合起来的作用。语义上本不相容的 each 和 every 两词用在一起,无非欲增加一个"无一例外"的含义,起加重语气的作用;然这种用法在正式的书面语体中似较少见。

each other *pron.* [用单][常用作宾语指代主语]互相,彼此: We get to know who *each other* is. 我们得彼此了解对方的情况。

ea·ger /ˈiːgəʳ/ *adj.* [通常作表语]渴望的,热切的;急不可耐的(*for*): I am *eager for* news about them. 我渴望得到有关他们的消息。‖ **ˈea·ger·ly** *adv.* —**ˈea·ger·ness** *n.* [U]

ea·gle /ˈiːgəl/ *n.* [C]【鸟】雕(鹰科猛禽)

ea·gle-eyed /ˈiːgəlˈaid/ *adj.* [无比较级]目光锐利的;观察敏锐的;注意到细枝末节的: The *eagle-eyed* forest ranger spotted smoke in the distance. 目光锐利的护林员发现远处腾起的烟雾。

ear[1] /iəʳ/ *n.* [C] ❶耳,耳朵: I heard her say so with my own *ears*. 我亲耳听她这么说的。❷外耳,耳部: blush to the roots of one's *ears* 羞得面红耳赤 ❸[亦作~s]听觉: be easy on the *ear* 悦耳动听 ❹[用单]灵敏的听力;辨音力: I have no *ear* for poetry. 我对诗歌毫无欣赏能力。‖ ***be all ears*** *vi.* 〈口〉全神贯注地听,洗耳恭听: Tell me, I'*m all ears*. 告诉我,我正听着呢! ***play it by ear*** *vi.* 〈口〉根据情势需要而行动;随时应变: I've no idea what they're going to say, so I'll have to *play it by ear*. 我不知道他们会说什么,所以我只得相机行事了。***turn a deaf ear*** [***deaf ears***] ***to*** *vt.* 拒绝听取,对…置若罔闻,对…置之不理: Young people sometimes seem to *turn a deaf ear* to the words of their parents. 年轻人有时似乎不愿听父母的话。‖ **ˈearˌless** *adj.*

ear[2] /iəʳ/ *n.* [C]穗: come into *ears* 抽穗

ear·ache /ˈiəreik/ *n.* [C]耳痛

ear·drum /ˈiəˌdrʌm/ *n.* [C]【解】❶鼓膜,耳膜

❷鼓室，中耳〔亦作 **drum**〕

earl /əːl/ *n.* [C]（英国的）伯爵（其夫人或遗孀称 countess）

ear·lobe /ˈiələub/ *n.* [C]耳垂

ear·ly /ˈəːli/ **I** *adv.* ❶早；在预期（或通常）的时间之前，提早：I go to bed *early* and rise *early.* 我早睡早起。❷在开始阶段；在初期，在早期：The sun is not hot *early* in the day. 早晨太阳不灼人。**II** *adj.* ❶[作前置定语]早的；提早的；早产的；早熟的：It is too *early* for bed. 现在上床睡觉时间太早。❷早期的，早先的，在前的：an *early* hour of the day 一清早 ‖ ***early on*** *adv.* 在初期；早先：*Early on*, Mackle was keen on sports. 麦克在早年就喜欢体育运动。‖ ˈ**ear·li·ness** *n.* [U]

E

earn /əːn/ *vt.* ❶挣得，赚得：She *earns* 25 dollars a day. 她每天挣 25 美元。❷应得：He is paid more than he really *earns*. 他得到的报酬比他应得的要多。❸获得，赢得，博得；使获得：*earn* good marks 获得好分数

ear·nest /ˈəːnist/ *adj.* ❶认真的；有决心的；热切的；诚挚的：He is so *earnest* over it. 他对此事非常认真。❷庄重的；重要的：an *earnest* matter affecting life and death 一件生死攸关的大事 ‖ ***in* (*real*) *earnest*** *adv.* 认真的（地）；严肃的（地）；坚定的（地）；诚挚的（地）：Are you joking or *in earnest*? 你是开玩笑还是来真格的？ ‖ ˈ**ear·nest·ly** *adv.* —ˈ**ear·nest·ness** *n.* [U]

earn·ings /ˈəːniŋz/ [复] *n.* ❶挣得的钱财；工资，收入：What are your take-home *earnings* after tax? 扣除税收后你拿回家的工资有多少？❷（由投资等）赚得的钱，收益，赢利，利润：a decline in the export *earnings* 出口利润的下降

ear·phone /ˈiəˌfəun/ *n.* [常作～s]耳机，耳塞；头戴受话器：a pair of *earphones* 一副耳机

ear·ring /ˈiəˌriŋ/ *n.* [C]耳环，耳坠子 ‖ ˈ**ear·ringed** *adj.*

ear·shot /ˈiəˌʃɔt/ *n.* [U]听力所及的范围；可听见的距离：There were too many people within *earshot*. 周围有许多人可听到我们的讲话。

ear·split·ting /ˈiəˌsplitiŋ/ *adj.* [无比较级]震耳欲聋的，极响的：an *earsplitting* musical 震耳欲聋的音乐剧

earth /əːθ/ *n.* ❶[时作 E-][通常作 the ～]地球（见 land）：The oceans cover 70% of *the earth's* surface. 地球的表面 70% 由海洋覆盖。❷[用单]陆地；地面：She is interested in everything that moves between the *earth* and the sky. 她对存在于天空和陆地之间的一切活动都感兴趣。❸[U]土；泥：The *earth* in the garden is fertile, soft soil. 花园里的泥土松软肥沃。‖ ***on earth*** *adv.* ❶[常用于最高级或否定词后加强语气]世界上，人世间：At the bad news I fell like nothing *on earth*. 听到这个消息，我感到说不出的难过。❷[用于疑问词后加强语气]究竟，到底：What *on earth* do you mean? 你究竟是什么意思？

earth·en /ˈəːθən/ *adj.* [无比较级][作前置定语] ❶泥土做的：an *earthen* dam 土坝 / an *earthen* floor 泥土地面 ❷用烧过的黏土制作的，陶制的：an *earthen* flowerpot 陶制花盆

earth·ling /ˈəːθliŋ/ *n.* [C]居住在地球上的人

earth·ly /ˈəːθli/ *adj.* [无比较级]尘世的，世俗的：She believed that our *earthly* life is all that matters. 她认为我们的现世生活是至关重要的。

earth·quake /ˈəːθˌkweik/ *n.* [C] ❶地震：a major *earthquake* measuring 8. 1 on the Richter scale 一次里氏 8. 1 级的大地震 ❷破坏力极强的事物；（社会等的）大动荡

earth·shak·ing /ˈəːθˌʃeikiŋ/ *adj.* [无比较级]惊天动地的；极其重大的，影响深远的：an *earthshaking* event 石破天惊的重大事件

earth·worm /ˈəːθˌwəːm/ *n.* [C]蚯蚓，曲蟮，地龙

earth·y /ˈəːθi/ *adj.* ❶[无比较级]泥土的；有泥土特征的；由泥土构成的；泥土似的：potatoes with an *earthy* taste 吃起来带有泥土味的马铃薯 ❷自然的，朴实的，直率的❸粗陋的，粗俗的 ‖ ˈ**earth·i·ness** *n.* [U]

ease /iːz/ **I** *n.* [U] ❶安逸；舒适；悠闲；无忧虑；自在：a life of *ease* and luxury 舒适豪华的生活 ❷容易，不费劲，不吃力：It can be done with great *ease*. 这事极易做的。**II** *vt.* ❶解除，减轻（痛苦、忧虑等）；解除（或减轻）…的痛苦（或忧虑等）(*of*)：*ease* nervous tension 消除紧张情绪 ❷减低…的速度（或强度）；使和缓：*ease* the speed of a boat 放慢行船的速度 ❸使缓缓移动，小心缓慢地推动（或移动）：She *eased* herself out of bed. 她懒懒地钻出被窝。—*vi.*

❶减慢;减轻;缓和,缓解;松开:His grip had *eased*. 他紧握的手松开了。❷小心缓慢地移动:*ease* through a hole in the fence 小心地穿过篱笆墙上的洞 ‖ ***at ease*** *adv.* 安适;不拘束,不拘礼,自在:His smiling face set her *at ease*. 他的笑脸使她感到毫无拘束。***ease away*** *vt.* 放松;解开:*ease away* a rope 松开绳子 ***ease down*** *vi.* & *vt.* ❶放慢(速度):There's a narrow bridge ahead, so you'd better *ease down*. 前面的桥窄,你还是放慢些速度才好。❷=ease away ***ease off*** *vt.* & *vi.* 〈口〉❶减少;减轻:*ease off* the taxation 减税 ❷=ease away ❸放慢;松弛;缓和:When the flow of traffic had *eased off*, he crossed the road. 等到来往车辆少些,他便穿过马路。

eas·i·ly /ˈiːzili/ *adv.* ❶容易地;无困难地;不费力地:She was *easily* the winner. 她轻而易举地赢得了胜利。❷无疑,显然:He is *easily* the best student in the class. 他无疑是班上最出色的学生。

eas·i·ness /ˈiːzinis/ *n.* [U]容易

east /iːst/ **I** *n.* [U] ❶[**the** ~]东,东方(略作 E. 或 E):Which way is *the east*? 哪面是东? ❷[常作 **the East**](世界、某国、某地区、某城等的)东部:The rain will spread later to *the east*. 雨势不久将蔓延到东部地区。❸[**the East**]亚洲国家,东方国家;远东国家;东方集团(西方国家用语,指苏联及东欧华沙条约国家);美国东部地区,美国新英格兰地区;【史】东罗马帝国 **II** *adj.* [无比较级] ❶在东方(或东部)的;向东方的;朝东方的:the *east* wing of the house 东厢房 ❷(尤指风)来自东方的:an *east* wind 东风 ❸[常作 E-](大陆、地区、国家等)东部的:*East* China 华东 **III** *adv.* [无比较级]在东方;向东方;自东方:The wind was blowing *east*. 正在刮东风。‖ **ˈeast·er·ly** *adj.* & *adv.* **east·ward** /ˈiːstwəd/ *adj.* & *adv.* **east·wards** /ˈiːstwədz/ *adv.*

East·er /ˈiːstəʳ/ *n.* [U;C]【宗】❶(基督教的)复活节(一般在 3 月 21 日或在春分以后月圆后的第一个星期日):School holidays are at Christmas, *Easter* and during the summer. 学校放假的时间是圣诞节、复活节和夏天。❷复活节星期日(=Easter Sunday) ❸复活节周(=Easter week)

east·ern /ˈiːstᵊn/ *adj.* [无比较级] ❶(在)东方的,(在)东部的;向东方的:an *eastern* trip 东方之行 ❷来自东方的,从东面来的:an *eastern* wind 东风

eas·y /ˈiːzi/ **I** *adj.* ❶容易的,不难的;不费力的:He is *easy* of access. 他很容易接近。❷舒适的;安逸的;不再痛苦的;安心的:have an *easy* life 生活安逸舒适 ❸宽裕的,小康的:be in *easy* circumstances 家道小康 **II** *adv.* ❶容易地,轻松地;顺利地;悠闲地:Everything was going on quite *easy*. 一切进展得相当顺利。❷[常用于祈使句]小心而缓慢地:*Easy*, the road's washed out just ahead. 慢点!前面的道路被水冲坏了。‖ ***go easy*** *vi.* =take it easy ***take it*** [***things***] ***easy*** *vi.* ❶不紧张;从容;慢慢来:*Take it easy*. There's still enough time. 别心急,还有足够的时间。❷轻松一下;松懈一下;懒散:After you get out of the hospital, you still have to *take it easy* for a while. 你出院后的一段时间还是不能太累。

easy chair *n.* [C]安乐椅

eas·y·go·ing /ˌiːziˈgəuiŋ/ *adj.* 随和的;心平气和的;随遇而安的:*an easygoing* way of life 随遇而安的生活方式

eat /iːt/ (**ate** /et, eit/, **eat·en** /ˈiːtᵊn/) *vt.* ❶吃;喝(汤等);吃得使:This kind of fish is *eaten* raw. 这种鱼要生吃。❷咬;啮;蛀;侵蚀,腐蚀;吞噬:Acids *eat* metals. 酸会腐蚀金属。—*vi.* ❶吃饭;吃东西:You'll get ill if you don't *eat*. 你不吃不喝会生病的。❷吃起来觉得:It will *eat* better than it looks. 这东西中吃不中看。❸咬;啮;蛀;侵蚀;腐蚀(*through*):Rats *ate through* the floor. 老鼠咬穿了地板。‖ ***eat out*** *vi.* & *vt.* 吃光(食物、牧草等):Wyoming is a natural grazing country and cannot be *eaten out*. 怀俄明州是一个天然的放牧区,那里的牧草是吃不完的。***eat up*** *vt.* ❶吃光;吞噬:The worms soon *ate up* all the leaves on the trees. 虫子很快就把树叶吃了个精光。❷用完,耗尽;迅速跑完(一段路程):*eat up* the miles 很快跑完了好几英里的路程 ‖ **ˈeat·er** *n.* [C]

eat·er·y /ˈiːtəri/ *n.* [C]〈美口〉餐馆;饮食店,小吃部

eaves /iːvz/ [复] *n.* 屋檐:Birds have nested under our *eaves*. 鸟儿在我们家的屋檐下面筑巢。

eaves·drop /ˈiːvzdrɔp/ (**-dropped**; **-drop·ping**)

v. 偷听，窃听：He hid under the table and *eavesdropped* on his sister and her sweetheart. 他藏在桌子下面偷听他姐姐和情人的谈话。‖ ˈ**eaves·drop·per** *n.* [C]

ebb /eb/*vi.* ❶(潮)退，(潮)落：The tide was still *ebbing* strong. 落潮的势头依然强劲。❷低落；减少；衰弱，衰退(*away*)：Their enthusiasm soon began to *ebb*. 他们的热情很快就低落下来。‖ ***ebb and flow*** *n.* [U] ❶潮水的涨落 ❷动荡不定(的境况)：the *ebb and flow* of life [business] 人生的兴衰[事业的起伏] / the *ebb and flow* of conversation 时而热烈时而沉闷的交谈

eb·on·y /ˈebəni/*n.* ❶[C]【植】乌木树；类似乌木树的树 ❷[U]乌木

e·bul·lient /iˈbʌljənt, iˈbul-/ *adj.* 热情奔放的；兴致极高的，兴高采烈的：put sb. in an *ebullient* mood 使某人兴致勃勃 ‖ eˈ**bul·lient·ly** *adv.* —**e·bul·lience** /iˈbʌljəns/ *n.* [U]

ec·cen·tric /ikˈsentrik/ **I** *adj.* (人或行为举止等)古怪的，怪僻的；不合常规的，异乎寻常的：He's *eccentric* in his habits. 他的习惯很古怪。**II** *n.* [C]古怪的人，怪僻的人：She was a mild *eccentric*. 她这个人有点儿怪。‖ **ecˈcen·tri·cal·ly** /-kəli/ *adv.* —**ec·cen·ˈtric·ity** *n.*

ec·cen·tric·i·ty /ˌeksenˈtrisiti/ *n.* ❶[U]古怪，怪僻 ❷[C]古怪的行为(态度或习惯)

ec·cle·si·as·tic /iˌkliziˈæstik/ *n.* ❶【宗】(基督教)牧师，传教士 ❷【宗】(天主教)神职人员

ec·cle·si·as·ti·cal /iˌkliziˈæstikᵊl/ *adj.* [无比较级]【宗】(基督教)教会的；传教士的

ech·o /ˈekəu/ **I** *n.* [C]([复]**ech·oes**) 回声，回音 **II** *vi.* ❶发出回声；产生回响：The corridor *echoed* with footsteps. 走廊里回响着脚步声。❷重复他人的话语(或行动、思想、感情等)；仿效他人的谈吐(或风格等)；被重复(或仿效)：She constantly *echoed* to his groans. 他呻吟不止，她也哼哼不断。—*vt.* ❶发出…的回声；产生…的回响：The hall *echoes* the faintest sounds. 在这个大厅里，哪怕是最小的声音也会产生回响。❷重复(他人的话、思想等)，重复…的话(或观点、行动等)；仿效：In his early work, he *echoed* his mentors. 他在早期作品中模仿导师们的文风。

é·clair /eiˈkleəʳ/ *n.* [C](以掼奶油或蛋奶沙司为馅，外涂巧克力或糖霜的)狭长形松饼，(手指形)巧克力泡芙

ec·lec·tic /iˈklektik, eˈ-/ *adj.* (从不同学说、方法或风格等中)兼收并蓄的，博采众长的；(在思想观点、兴趣爱好等方面)不拘一格的：He has an *eclectic* taste in literature. 他爱好各种文学。‖ **ec·lec·ti·cism** /iˈklektiˌsizᵊm, eˈklek-/ *n.* [U]

e·clipse /iˈklips/ **I** *n.* ❶[C]【天】食：a solar *eclipse* 日食 ❷[C;U](名誉、权势、地位等的)丧失；黯然失色：The former champion has suffered an *eclipse*. 昔日的冠军而今已黯然失色。**II** *vt.* ❶【天】食，遮蔽(天体)的光：As the moon *eclipsed* the sun the sky grew darker. 随着日食的出现，天空变得越来越暗。❷使相形见绌；使黯然失色；超过，盖过：Napoleon *eclipsed* other generals of his time. 拿破仑盖过了同时代的其他将军。

e·co·log·i·cal /ˌikəˈlɔdʒikᵊl/ *adj.* [无比较级][作前置定语] ❶生态的；生态学的 ❷主张生态保护的，从事生态保护活动的 ‖ ˌ**e·coˈlog·i·cal·ly** *adv.*

e·col·o·gist /iˈkɔlədʒist/ *n.* [C]生态学研究者；生态学家

e·col·o·gy /iˈkɔlədʒi/ *n.* [U] ❶【生】生态学 ❷生态；生态平衡：the fragile *ecology* of a lake 湖泊脆弱的生态环境

e·co·nom·ic /ˌiːkəˈnɔmik, ˌekə-/ *adj.* [作前置定语] ❶经济的，经济上的：in a bad *economic* state 经济不景气 ❷[无比较级]经济学的：*economic* theories 经济学理论 ❸＝economical

e·co·nom·i·cal /ˌiːkəˈnɔmikᵊl, ˌekə-/ *adj.* 经济的，节俭的；省时间的：She is *economical* of her smiles. 她不苟言笑。‖ ˌ**e·coˈnom·i·cal·ly** *adv.*

e·co·nom·ics /ˌiːkəˈnɔmiks, ˌekə-/ [复] *n.* ❶[用作单]经济学；经济原则：a degree in *economics* 经济学学位 ❷(国家的)经济状况；经济因素；经济意义：The *economics* of war overwhelmingly favoured the North. 战争的经济因素对北方大为有利。

e·con·o·mize /iˈkɔnəˌmaiz/ *vt.* 节约，节省；充分利用(*in*, *on*)：*economize* one's time 充分利用时间 —*vi.* 节约，节省；紧缩开支：I have to *economize* where I can. 我能省的地方一定得省。

e·con·o·my /iˈkɔnəmi/ *n.* ❶[C][常作 **the** ～]经济；经济状况；经济管理；经济制度：the household *economy* 家政 ❷[C；U]节约，节省，节俭；充分利用；节约措施：They did it with great *economy* of effort and expense. 他们没费多少人力和开支就做成了这件事。‖ **eˈcon·o·mist** *n.* [C]

e·co·sys·tem /ˈiːkəuˌsistəm, ˈekəu-/ *n.* [C]【生态】生态系(统)

ec·sta·sy /ˈekstəsi/ *n.* ❶[U；C]狂喜：go into *ecstasies* 陷入狂喜之中 ❷[U；C]强烈的感情；无法控制的情绪：His eyes kept sweeping in an *ecstasy* of fear from side to side. 他双眼神色恐慌，东张西望。‖ **ec·stat·ic** /ikˈstætik/ *adj.* —**ecˈstat·i·cal·ly** /-kəli/ *adv.*

Ec·ua·dor·an /ˌekwəˈdɔːrən/, **Ec·ua·do·re·an**, **Ec·ua·do·ri·an** /-riən/ **I** *adj.* [无比较级]厄瓜多尔的；厄瓜多尔人的 **II** *n.* [C]厄瓜多尔人

ec·ze·ma /ˈeksimɑː; egˈziː-/ *n.* [U]【医】湿疹 ‖ **ec·zem·a·tous** /ekˈsemətəs/ *adj.*

ed·dy /ˈedi/ *n.* [C] ❶旋涡；涡流：The little paper boat was caught in an *eddy*. 小纸船被卷进旋涡。❷旋涡般的风(或雾、尘土、烟等)：rain brought by the *eddy* in the winds 旋风卷来的雨

edge /edʒ/ **I** *n.* [C] ❶[常用单]边，棱；沿边，边缘；边界，边线(见 border)：stand at the *edge* of a precipice and look down 站在峭壁的边缘上向下俯瞰 ❷刀口，刃，锋；锋利，快；尖利，尖锐：blunt the *edge* of a sword 使剑刃变钝 / the cutting *edge* of irony 讽刺之辛辣 **II** *vt.* ❶加边于，给…镶边；在…形成边；位于…边上：*edge* a book in gold 给书烫上金边 ❷使侧身前进；慢慢移动；挤；迫使：She *edged* her way through the crowd. 她侧着身子挤过人群。—*vi.* 侧着行进；慢慢移动；挤：The cat *edged* nearer the fire. 猫咪慢慢地移近火炉。‖ *on edge adj.* ❶紧张不安，心烦意乱；恼怒：His nerves were *on edge* from the constant noise. 噪声不断，搅得他心烦意乱。❷急切；不耐烦：The contestants were all *on edge* to learn the results. 参赛者急于知道比赛结果。

edge·ways /ˈedʒˌweiz/, **edge·wise** /-ˌwaiz/ *adv.* [无比较级]边(或棱、锋)朝前(或朝上)地；侧着，斜着：The door's so narrow you can only get this painting through *edgeways*. 这门很窄，你只能将画侧过来拿进去。

edg·y /ˈedʒi/ *adj.* 烦躁的；易怒的；心绪不宁的，情绪紧张的：He was *edgy* to go to meet her. 他急不可耐地要去跟她见面。‖ **ˈedg·i·ly** *adv.* —**ˈedg·i·ness** *n.* [U]

ed·i·ble /ˈedibᵊl/ *adj.* [无比较级]可以食用的，可以吃的：All parts of the plants are *edible*. 这些植物的所有部分均可食用。‖ **ed·i·bil·i·ty** /ˌediˈbiliti/, **ˈed·i·ble·ness** *n.* [U]

e·dict /ˈiːdikt/ *n.* [C] ❶法令；敕令；布告：issue [sign, rescind] an *edict* 颁布[签署，撤销]法令 / under Imperial *edict* 奉诏(敕令) ❷命令

ed·i·fice /ˈedifis/ *n.* [C](尤指宏伟的)建筑物；大厦(见 building)：a holy *edifice* 圣堂(或圣殿)

ed·i·fy /ˈediˌfai/ *vt.* (在道德、精神等方面)教诲，开导，启发：A teacher's conduct is supposed to *edify* the students. 教师应该对学生言传身教。‖ **ed·i·fi·ca·tion** /ˌedifiˈkeiʃᵊn/ *n.* [U] —**ˈed·iˌfy·ing** *adj.*

ed·it /ˈedit/ *vt.* ❶编辑，编选，编校：He *edits* a sociology series for a publisher. 他为出版商编辑一套社会学丛书。❷主编(报纸、杂志等)；担任(报纸、杂志、专栏等)的编辑：He used to *edit* the *Washington Post*. 他曾任《华盛顿邮报》的主编。❸修改；改写：He carefully *edited* his speech after the fact. 他根据事实仔细修改自己的讲稿。❹剪辑(影片、录音等)：If a film is well *edited* it can add greatly to its excitement. 一部影片剪辑得好，就会精彩得多。‖ **ˈed·it·or** *n.* [C]

e·di·tion /iˈdiʃᵊn/ *n.* [C] ❶版本；版(次)；同一版中的一册书(或一份报等)：bring out a new *edition* of Chaucer 出版新版乔叟全集 ❷(书报等出版物的)一版印刷总数 ❸(某一特定内容的系列电视剧或广播节目的)一集，一节：Tonight's *edition* of *Kaleidoscope* begins at a quarter to ten. 今晚的《万花筒》节目 9 点 45 开始。

ed·i·to·ri·al /ˌediˈtɔːriəl/ **I** *adj.* [无比较级][常作前置定语]编者的；编辑的：*the editorial* director 编辑部主任 **II** *n.* [C](报刊的)社论；(电台或电视台相当于社论的)重要评论：a full-page *editorial* 整版社论 ‖

E

ˌ**ed·iˈto·ri·al·ly** *adv.*

ed·u·ca·ble /ˈedjukəbᵊl/ *adj.* 可教育的；尚能学点东西的

ed·u·cate /ˈedjuˌkeit/ *vt.* ❶教，教育，培养；训练（见 teach）：*educate* one's taste in literature 培养文学鉴赏力 ❷使受学校教育：He was born in England but was *educated* in America. 他生在英国，但在美国上的学。—*vi.* 教，教育，培养；训练：a television programme designed to *educate* and not merely entertain 旨在进行教育而不是单纯提供娱乐的电视节目 ‖ ˈ**ed·uˌca·tor** *n.* ［C］ —**ed·u·cat·ed** /ˈedjuˌkeitid/ *adj.*

ed·u·ca·tion /ˌedjuˈkeiʃᵊn/ *n.* ［U］ ❶教，教育，培养；训练：free and compulsory *education* 免费义务教育 ❷［常作单数］教育类型；教育程度，教育水平：college *education* 大学教育 ‖ ˌ**ed·uˈca·tion·al** *adj.*

E

eel /iːl/ *n.* ［C］（［复］**eel(s)**）【鱼】鳗，鳗鲡

ee·rie, ee·ry /ˈiəri/ *adj.* 神秘的，怪异的；令人迷惑不解的（见 weird）：an *eerie* atmosphere 神秘的气氛 ‖ ˈ**ee·ri·ly** *adv.* —ˈ**ee·ri·ness** *n.* ［U］

ef·face /iˈfeis/ *vt.* ❶擦去，抹掉；使消失；使淡忘：The heavy rain *effaced* all footprints. 大雨把脚印全冲刷掉了。❷在重要性方面超过；使黯然失色，使相形见绌：Her beauty *effaced* everything I have seen. 她的美貌闭花羞月，我前所未见。

ef·fect /iˈfekt/ **I** *n.* ❶［C］结果，后果：One of the *effects* of this illness is that you lose your hair. 这种疾病的后果之一是脱发。❷［U；C］效力，效应，作用；影响：The medicine has an immediate *effect*. 这药有速效。❸［C；U］印象，感受；［常作～s］引起特定感受的因素（如图画的色彩或形状，演说、戏剧、电影、广播等的灯光、音响等）：a three-dimensional *effect* 立体感 **II** *vt.* 使发生；实现；完成；使生效：The treaty *effected* a settlement of the border disputes. 该条约解决了边界争端。‖ ***bring*** ［***carry***］ ***into effect*** *vt.* 实行，实施；完成，实现；使生效：When the time is ripe, the scheme will be *brought into effect*. 一旦时机成熟，就将实施这个计划。***come into effect*** *vi.*（尤指法律、规则等）被实行，被实施；生效 ***in effect*** *adv.* ❶事实上；实际上；实质上：*In effect* he has no choice. 事实上他无选择余地。❷在结果方面：The two methods are the same *in effect*. 方法虽不同，但殊途同归。❸在实施中；有效：The old system of taxation will remain *in effect* until next May. 旧税制在明年5月前将继续有效。***take effect*** *vi.* 生效；奏效，见效；起作用：The prescribed medicine failed to *take effect*. 处方药没有见效。

☆**effect, consequence, issue, outcome, result** 均有“效果，结果，结局”之意。**effect** 表示必然或直接产生的作用、影响或效果，强调因果关系密切，带有比较客观或科学的意味：the *effect* of radiation on the body（辐射对人体的影响） **consequence** 暗含一种直接但并不紧密的因果关系，常指不好的、复杂的结果：Her investment had disastrous *consequences*.（她的投资结果很惨。） **issue** 指克服困难、解决问题后出现的结果或结局：The war was by then obviously proceeding toward a successful *issue*.（战争当时就朝向胜利的方向发展。） **outcome** 可与 result 或 issue 换用，指一系列事件后的独特结局，但不强调因果关系：a tragic *outcome* for such a happy marriage（幸福婚姻的悲惨结局）/ predict the *outcome* of the election（预测大选结果） **result** 最为普通，含义较广，包括直接或间接的近因或远因所引起的结果，带有较强的最后结束的意味：an unexpected and tragic *result*（未料到的悲惨结局）/ The end *result* was a growth in business.（最终的结果是生意上的增长。）

ef·fec·tive /iˈfektiv/ *adj.* ❶有效的；产生预期结果的；有效的：These measures will be *effective* in controlling crime. 这些措施将会有效地控制犯罪。❷产生深刻印象的；引人注目的；有力的：Varieties of chrysanthemum are *effective* in the garden. 花园里，菊花林林总总，惹人注目。❸［无比较级］［作定语］事实上的，实际的：the *effective* leader 实际上的领导人 ❹生效的，起作用的：be *effective* as from 1 May 自5月1日起生效 ‖ **efˈfec·tive·ly** *adv.* —**efˈfec·tive·ness** *n.* ［U］

ef·fec·tu·al /iˈfektʃuəl/ *adj.* 能产生预期效果的，能奏效的，有效的：Tobacco smoke is the most *effectual* protection against the midge. 烟草烟是抵御蠓虫叮咬的最有效的办法。

ef·fem·i·nate /iˈfeminət/ *adj.* 〈贬〉（男子）女模女样的，无男子气概的；脂粉气的：They find those males slightly *effeminate*. 他们发现那

些男子稍带脂粉气。‖ **efˈfem·i·na·cy** /-nəsi/ *n.* [U] —**efˈfem·i·nate·ly** *adv.*

ef·fer·vesce /ˌefəˈves/ *vi.* ❶冒(气)泡;起沫:Ginger beer *effervesces* frothily. 姜汁啤酒泡沫多。❷活泼热情;精神抖擞;兴高采烈:He cannot stand the way she *effervesces* over trifles. 他受不了她为一些小事就手舞足蹈的劲儿。‖ **ˌeff·erˈves·cence**, **ˌef·ferˈves·cen·cy** *n.* [U] —**ˌef·ferˈves·cent** *adj.*

ef·fi·ca·cious /ˌefiˈkeiʃəs/ *adj.* 有效验的,灵验的:an *efficacious* remedy in stopping a cough 效果灵验的止咳疗法

ef·fi·cient /iˈfiʃᵊnt/ *adj.* ❶(尤指机器、工具、系统等)效率高的;有效力的;(因省时、省力或省钱等而)收效大的:Our new air conditioner is more *efficient* than our old one. 我们的新空调使用起来比旧的效果更好。❷(指人)有能力的,能胜任的:He is *efficient* at his job. 他能胜任工作。‖ **ef·fi·cien·cy** /iˈfiʃᵊnsi/ *n.* [U] —**efˈfi·cient·ly** *adv.*

ef·fi·gy /ˈefidʒi/ *n.* [C](尤指刻在碑石上的)肖像:The dead man's monument bore his *effigy*. 死者的碑石镌刻着他的肖像。

ef·fort /ˈefət/ *n.* ❶[C;U]努力;气力;尽力;艰难的尝试:He spared no *effort* to make a success of the project. 他为胜利完成这项工程而不遗余力。❷[C]努力的结果;成绩,成就:My literary *efforts* have not been very successful. 我的文学创作一直不算很成功。‖ **ˈef·fort·less** *adj.*

ef·fron·ter·y /iˈfrʌntəri/ *n.* [U;C]厚颜无耻(的行为)

ef·fu·sive /iˈfjuːsiv/ *adj.* 〈常贬〉(语言、感情等)过分热情的;太动感情的;热情奔放的:an *effusive* speech 热情奔放的演讲 ‖ **efˈfu·sive·ly** *adv.* —**efˈfu·sive·ness** *n.* [U]

EFL *abbr.* English as a foreign language 非母语英语课程

e.g.,eg. *abbr.* for example 例如:You must avoid sweet foods,*e.g.* chocolate,sugar,and ice cream. 你必须避免吃甜食,如巧克力、糖和冰激凌。

e·gal·i·tar·i·an /iˌgæliˈteəriən/ *adj.* [无比较级]平等主义的,主张人人平等的 ‖ **eˌgal·iˈtar·i·anˌism** *n.* [U]

egg¹ /eg/ *n.* [C] ❶(卵生动物尤指家禽的)蛋:a double yolked *egg* 双黄蛋 ❷【生】卵子,卵细胞:These *eggs* hatch into larvae. 这些卵会孵化成幼虫。

egg² /eg/ *vt.* 鼓励;怂恿(*on*):The big boys *egged* the two little boys *on* to fight. 大男孩煽动两个小男孩打架。

egg·plant /ˈegˌplɑːnt;-ˌplænt/ *n.* [C] ❶【植】茄 ❷茄子(茄的果实,可食)

egg·shell /ˈegˌʃel/ *n.* [C]蛋壳

e·go /ˈiːgəu,ˈe-/ *n.* [C]([复]**e·gos**) ❶自我,自己〔亦作 I〕❷自尊(心);自我形象:boost sb.'s *ego* 提升某人的形象 ❸自我中心;自负:There is something too much of *ego* in some of his essays. 他的文章中颇多矜持之处。

e·go·cen·tric /ˌiːgəuˈsentrik,ˌeg-/ *adj.* 〈常贬〉自我中心的;自私自利的;利己(主义)的:make *egocentric* demands 提出不顾及别人的自私要求 ‖ **ˌe·goˈcen·tri·cal·ly** /-kᵊli/ *adv.* —**e·go·cen·tric·i·ty** /ˌiːgəusenˈtrisiti/ *n.* [U] —**ˌe·go·cen·trism** /-ˈsentrizəm/ *n.* [U]

e·go·ism /ˈiːgəuˌizᵊm,ˈeg-/ *n.* [U] ❶自我中心;自私自利 ❷利己主义;自我主义;唯我主义 ‖ **ˈe·go·ist** *n.* [C]

e·go·tism /ˈiːgətizᵊm,ˈeg-/ *n.* [U](谈话或写作中的)言必称"我";自我中心主义;自负,自大;自私自利:His *egotism* alienated all his friends. 他的高傲自负使他疏远了朋友。‖ **ˈe·go·tist** *n.* [C]

e·gre·gious /iˈgriːdʒiəs/ *adj.* [通常作定语]坏极的;异乎寻常的;令人震惊的:an *egregious* lie 弥天大谎

e·gress /ˈiːgres/ *n.* [U]出口;出路

e·gret /ˈiːgrit/ *n.* [C]【鸟】白鹭

E·gyp·tian /iˈdʒipʃᵊn/ **I** *adj.* [无比较级]埃及的;埃及人的;埃及语的:*Egyptian* architecture 埃及建筑 **II** *n.* [C]埃及人(或居民)

eh /ei/ *int.* 〈口〉[表示询问、惊奇或征求对方同意]嗯,啊,什么;好吗,是吗:*Eh*? What's that you said? 嗯?你刚才说什么来着?

eight /eit/ *n.* ❶[C]八;八个(人或物):a total of *eight* 总共八个 ❷[U]表示八的符号(如 8,viii,VIII)

eight·een /ˈeiˈtiːn/ *n.* ❶[C]十八;十八个(人或物) ❷[U]表示十八的符号(如 18,xviii,

E

XVIII) ‖ **eight·eenth** /ˈeiˈtiːnθ/ *adj.*, *n.* [C;U] & *adv.*

eight·y /ˈeiti/ *n.* [C]八十;八十个(人或物) ‖ ˈ**eight·i·eth** *adj.* [无比较级] & *n.* [C;U]

ei·ther /ˈaiðəʳ;ˈiː-/ **I** *pron.* [单独使用,或与 of 接名词或代词连用,或与其他名词或代词并列出现](两者之中)任何一个;各方;每一个:*Either* of them is capable of doing this. 他俩都能做这件事。**II** *conj.* [通常用于"either... or..."结构中]或者,要么:*Either* say you're sorry *or* get out. 你要么向我道歉要么给我滚开! **III** *adv.* [无比较级] ❶[用于否定语句中]也(不…):If you do not come, he will not come *either*. 如果你不来,他也不会来。❷〈口〉[用在否定句中以加强语气]当然;一定:A: It's mine. B: It isn't *either*! 甲:这是我的。乙:当然不是!

☆either 与 both 语义有别,either 不强调有关个体的合而强调其分,both 则强调有关个体的合而不强调其分,下列两句中的 either 和 both 不能互换:flowers blooming on *either* side of the pavement (人行道两旁盛开的鲜花) / He has two sisters: *both* live in New York. (他有两个姐姐,都住在纽约。) either 通常用作单数,但实际使用情况表明用作复数的例子日渐增多,如:Take one of the books on the table — *either* of them will do. (从桌上拿一本书——两本中哪本都行。) 在"either... or..."结构中,动词的人称和数一般与离得最近的主语呼应,如:*Either* the parents *or* the school determines the programme. /*Either* the school *or* the parents determine the programme. (要么是家长要么就是学校决定学习计划。) 但有时用第三人称单数,如:*Either* John *or* his brother has done the work. (不是约翰就是他的哥哥做的这份工作。) 也有把两个主语合在一起作复数的,这在日常口语中较为普遍,如:*Either* they *or* Jack are able to come. (或者是他们或者是杰克能来。)

e·jac·u·late /iˈdʒækjuˌleit/ *vt.* ❶(从生物体内)射出;射:The violet seed pod burst open and *ejaculated* the seeds over considerable distance. 堇菜荚果啪的一声裂开了,把里面的种子弹出老远。❷〈旧〉〈谑〉突然激动地说出(或喊出):*ejaculate* one's thanks to sb. 情绪激动地对某人千恩万谢 —*vi.* ❶射出液体;射精 ❷〈旧〉〈谑〉突然激动地说话(或喊叫):We may of course *ejaculate* to such a thing if we like. 对这么一件事,我们当然可以想说什么就说什么。‖ **e·jac·u·la·tion** /iˌdʒækjuˈleiʃᵊn/ *n.* [C;U]

e·ject /iˈdʒekt/ *vt.* 强迫(某人)离开(处所、职位、产业等);驱逐,逐出,排斥(*from*):They have lately been *ejected from* the office. 他们最近已被革职了。—*vi.* (从飞机或宇宙飞船的弹射座椅上)弹射出来:When the plane caught fire, the pilot *ejected*. 飞机起火时,飞行员从机舱内弹射出来。‖ eˈ**jec·tion** /-ʃən/ *n.* [C;U]

☆**eject, dismiss, evict, expel, oust** 均有"驱逐,排出"之意。**eject** 强调使用某种力量从内部猛推或抛掷出来:The volcano *ejected* lava for three days in succession. (这座火山连续三天喷出熔岩。) **dismiss** 常指上司解雇下属或责其离开:The accountant was *dismissed* for graft. (这位会计因为挪用公款而被解职。) 该词也可表示对诉讼案件不予受理或对不愉快的人和事不予考虑,免得烦恼:*dismiss* sb. from one's thoughts (不烦心去想某人) **evict** 主要用来表示使用法律手段将佃户或房客撵走:They did not pay the rent and were *evicted* from their flat. (他们没有付房租,被从单元公寓中赶了出来。) **expel** 指强制性驱赶,往往含想要永久除掉的意味:*expel* a foreign diplomat on grounds of being a spy (驱逐一名从事间谍活动的外交官) **oust** 指采用暴力或必要的强制手段来除掉或剥夺:He was *ousted* from the presidency. 他的总裁一职被罢免了。

eke /iːk/ *vt.* ❶(靠节省用量)使…的供应持久;节约使用 ❷勉强度日 ‖ ***eke out*** *vt.* (尤指俭省地)设法延长(供给等);尽量利用(不利因素等):They *eked out* what little food was left. 他们省着吃那些所剩无几的食品,以便多捱些日子。

e·lab·o·rate **I** /iˈlæbərət/ *adj.* ❶[通常作定语]精心设计(或制作)的;精致的;详尽的;复杂的:Her skirt was decorated with *elaborate* embroidery. 她的裙服绣有错落有致的花饰。❷用心的;煞费苦心的:an *elaborate* excuse 绞尽脑汁编造出来的托词 **II** /iˈlæbəˌreit/ *vt.* ❶精心制作;详细搞出:He *elaborated* his plans for the business. 他为这项业务悉心制订计划。❷详尽阐述:Some of these points will have to be further *elaborated*. 这些要点中有些需作进

一步的阐述。—*vi.* 详述；详尽计划(*on*，*upon*)：Just tell us the facts and don't *elaborate on* them. 只需将事实见告，不必加以详述。‖ **e'lab·o·rate·ly** *adv.* —**e'lab·o·rate·ness** *n.* [U] —**e·lab·o·ra·tion** /iˌlæbəˈreiʃᵊn/ *n.* [C;U]

e·lapse /iˈlæps/ *vi.* (时间)流逝，消逝，过去：Thirty minutes *elapsed* before the performance began. 过了 30 分钟演出才开始。

e·las·tic /iˈlæstik/ I *adj.* ❶弹性的；有弹力的：materials with *elastic* properties 弹性材料 ❷弹跳的；轻快的：a step as light and *elastic* as that of the deer 像鹿一般轻快跳跃的步子 ❸有灵活性的；可通融的；可修改的：an *elastic* schedule 灵活变通的时间表 II *n.* [U] ❶弹性织物；弹性织物制品 ❷橡皮带，松紧带；橡皮圈 ‖ **e·las·tic·i·ty** /iˌlæsˈtisiti/ *n.* [U]

e·lat·ed /iˈleitid/ *adj.* 异常兴奋的；兴高采烈的：*elated* fans 狂热的球迷 ‖ **e·la·tion** /iˈleiʃᵊn/ *n.* [U]

el·bow /ˈelbəu/ I *n.* [C] ❶肘：She sat with her *elbows* on the table, resting her chin in her hands. 她坐着，胳膊肘搁在桌上，双手托着下巴。❷(上衣的)肘部：He had a patch on the *elbow* of his jacket. 他夹克衫的肘部有一块补丁。II *vt.* 用肘推(或挤)：*elbow* sb. aside 用肘把某人推到一旁

el·bow·room /ˈelbəuˌrum,-ˌruːm/ *n.* [U]可以自由伸展臂肘的空间；宽敞的空间；足够的活动余地：I need a little more *elbowroom* to do the job properly. 我需要大一点的地方才能把活儿做好。

eld·er /ˈeldəʳ/ I *adj.* [无比较级][通常作定语]年龄较大的，年长的：Her *elder* daughter is married. 她的长女结婚了。II *n.* [C] ❶年龄较大的人：She married an old man nearly fifty years her *elder*. 她嫁给了一个比她几乎大五十岁的老头儿。❷[常作～s]长者；前辈：Listen to your *elders*. 长辈说话要好好听。❸(早期基督教教会或基督教新教加尔文派教会的)长老

eld·er·ly /ˈeldəli/ I *adj.* 较老的；已过中年的；年长的，上年纪的；近老年的：My father is rather *elderly* now and can't walk very fast. 我父亲到了耄耋之年，现已步履蹒跚了。II *n.* [总称]较老的人；年长者，上年纪的人，到了晚年的人：The *elderly* need care. 老年人需要关心。

eld·est /ˈeldist/ *adj.* [无比较级]年龄最大的(尤指子女排行老大的或家庭的现存者中最年长的)：Gladys was the *eldest* of four children. 格拉迪斯是四个孩子中最年长的。

e·lect /iˈlekt/ I *vt.* ❶选举；推选，推举：Americans *elect* a President every four years. 美国人每四年选举一位总统。❷选择；选定；决定(见 choose)：They may *elect* to opt out of the scheme. 他们可能决定退出这项计划。II *adj.* [无比较级][通常放在名词后构成复合词]当选但尚未就职的；选中的，选定的：the President *elect* 候任总统

e·lec·tion /iˈlekʃᵊn/ *n.* ❶[C;U]选举；推选，推举(见 choice)：Trade union representatives are chosen by *election*. 工会代表是经选举产生的。❷[U]当选：one's *election* to the chairmanship 某人当选为主席

e·lec·tive /iˈlektiv/*adj.* [无比较级] ❶(官员、职位等)选任的；选举的，选举产生的：the *elective* post 选任的职位 ❷(机构)有选举权的：the *elective* franchise 选举权 ❸(课程)选修的，可以选择的：an *elective* course of study 选修课程 ❹(外科手术等)可做可不做的，非急需的：an *elective* surgery 非急需进行的手术

e·lec·tor /iˈlektəʳ/ *n.* [C] ❶有选举权的人，合格选举人 ❷选举团成员

e·lec·tor·ate /iˈlektərət/ *n.* [总称]选民，选举人

e·lec·tric /iˈlektrik/ *adj.* ❶[无比较级][作前置定语]电的；与电有关的：an *electric* generator 发电机 ❷令人震惊的，令人激动的，高度刺激的：The air became *electric* with excitement. 气氛变得激动人心。

☆**electric**, **electrical** 均有"电的，有关电的"之意。**electric** 指靠电来工作的、导电的或发电的：*electric* light (电灯) **electrical** 表示与电有关的、电学的等，既可用于人，也可用于事物：This machine has an *electrical* fault. (这台机器有电路故障。)

e·lec·tri·cal /iˈlektrikᵊl/ *adj.* [无比较级] ❶ =electric ❷电的；有关电的；与用电有关的；电气科学的：*electrical* experiments 电气实验 ‖ **e'lec·tri·cal·ly** *adv.*

electric chair *n.* [C]电椅：a murderer sent to the *electric chair* 被送上电椅处死的杀人犯

E

e·lec·tri·cian /ˌilekˈtriʃᵊn/ *n.* [C]电工，电气工人；电气技术员

e·lec·tric·i·ty /iˌlekˈtrisiti/ *n.* [U] ❶电；电气：generate *electricity* 发电 ❷有感染力的强烈感情（如紧张、兴奋、期待等）；热情：You could feel the *electricity* in the crowd. 你可以感受到人群的激情。

electric shock *n.* [C]【医】电休克，电震

e·lec·tri·fy /iˈlektriˌfai/ *vt.* ❶通电；使起电；使带电：We *electrified* the main circuits to see if the fuses would blow. 我们给总线路通电，看看保险丝会不会爆。❷使电气化；向…供电：Some railroads are now *electrified*. 有些铁路现已电气化了。❸（像电击那样）使震惊；使激动，使兴奋：The whole town was *electrified* by the news. 整个城市为这则消息所激动。‖ **e·lec·tri·fi·ca·tion** /iˌlektrifiˈkeiʃᵊn/ *n.* [U]

E

e·lec·tro- /iˈlektrəu/ *comb. form* ❶表示"电"，"电的"，"在电方面"，"导电的"：*electro*cardiograph，*elec tro*cute，*electro*magnetism ❷表示"电子"，"电子的"：*electro*analysis（电子分析），*electro*music（电子音乐），*electro*phile ❸表示"电解"：*electro*lysis

e·lec·tro·car·di·o·gram /iˌlektrəuˈkɑːdiəuˌgræm/ *n.* [C]【医】心电图，心动电流图（略作 **ECG**，**EKG**）〔亦作 **cardiogram**〕

e·lec·tro·car·di·o·graph /iˌlektrəuˈkɑːdiəuˌgrɑːf；-ˌgræf/ *n.* [C]心电图仪

e·lec·tro·cute /iˈlektrəˌkjuːt/ *vt.* ❶使触电死亡：Don't touch that wire，you'll *electrocute* yourself. 别碰那根电线，你会被电死的。❷用电刑处死：*electrocute* a criminal 用电刑处死罪犯 ‖ **e·lec·tro·cu·tion** /iˌlektrəˈkjuːʃᵊn/ *n.* [U]

e·lec·trode /iˈlektrəud/ *n.* [C]【电】电极

e·lec·trol·y·sis /iˌlekˈtrɔlisis/ *n.* [C]（[复]-ses /-siːz/）❶【化】电解（作用）❷【医】用电蚀法除去（毛发、痣、疣等），电蚀

e·lec·tro·lyte /iˈlektrəˌlait/ *n.* [C]【化】❶电解质 ❷电解（溶）液

e·lec·tron /iˈlektrɔn/ *n.* [C]【核】电子

e·lec·tron·ic /iˌlekˈtrɔnik/*adj.* [无比较级] ❶[通常作定语]电子的；电子学的；电子器件的：an *electronic* flash camera 电子闪光照相机 ❷（银行业务等）利用电子系统的/*electronic* banking 电子银行 ❸（音乐或乐器）利用电子（或电）作用的：*electronic* music 电子音乐 ‖ **eˌlecˈtron·i·cal·ly** /-kəli/ *adv.*

e·lec·tron·ics /iˌlekˈtrɔniks/ [复] *n.* [用作单] ❶电子学：the *electronics* industry 电子工业 ❷[总称]电子线路

el·e·gant /ˈeligənt/ *adj.* （仪态、举止、动作等）优雅的，高雅的，端庄的；（设计、风格、摆设等）精美的；雅致的（见 choice）：an *elegant* woman 高雅的女士 ‖ **ˈel·e·gance** *n.* [U] —**ˈel·e·gant·ly** *adv.*

el·e·gy /ˈelidʒi/ *n.* [C]挽歌，挽诗；哀词，悼词：a romantic *elegy* on the fate of one's lover 为恋人的不幸命运所作的具有浪漫色彩的挽歌

el·e·ment /ˈelimənt/ *n.* [C] ❶基本成分，要素；因素：Timing was an important *element* in the success of the advertising. 时间选择是决定广告是否成功的重要因素。❷[常用单]一些；一点儿：There's always an *element* of risk in this sort of investment. 搞这种投资总是有风险的。❸【化】【物】元素：All matter is composed of 100 odd (chemical) *elements*. 任何物质都是由一百多种（化学）元素构成的。❹[**the** ～**s**]自然力（指风雨等）；恶劣天气：The elements were wild. 天气恶劣。‖ **el·e·men·tal** /ˌeliˈmentᵊl/ *adj.* —ˌ**el·eˈmen·tal·ly** *adv.*

☆**element**，**component**，**constituent**，**factor**，**ingredient** 均有"部分，成分"之意。**element** 使用范围最广，指一个整体中必不可少的基本或固有部分：Justice is an important *element* in good government.（公正是仁政的要素。）在化学中，该词还可表示基本元素：Both hydrogen and oxygen are *elements*，but water is not.（氢和氧都是元素，而水不是。）**component** 指一个整体的组成部分，强调容易分离、拆开，或可以区别、辨认这一特性：the *components* of an engine，a camera，etc.（引擎、照相机等的部件）**constituent** 常指某一整体中不可缺少的部分或成分：segment the sentence into *constituents*（给这个句子进行成分切分）**factor** 指有助于完成某一工作或产生某一明确结果的任何部分或成分：Luck was a *factor* in his success.（运气是他获得成功的一个因素。）**ingredient** 为普通用词，既可指某一杂乱的混合体中没有发生变化的部分或成分，也可表示某一实体或有机体中融合在一起或发生过变化的成分：Iron and carbon are the *ingredients* of steel.（铁

和碳是钢材的成分。）该词也可用于抽象意义，表示要素或因素：the *ingredients* of sb.'s character（某人性格中的成分特征）

el·e·men·ta·ry /ˌeliˈmentᵊri/ *adj.* ❶基本的；简单的：The questions were so *elementary* that he easily passed the test. 题目非常容易，他不费劲就通过了测验。❷[无比较级]基础的；初步的；初级的，小学的：*elementary* education 初等教育

elementary school *n.* [C]〈美加〉小学，初等学校〔亦作 **grade school**〕

el·e·phant /ˈelifənt/ *n.* ([复]**-phant(s)**) [C]【动】象：a herd of *elephants* 一群象

el·e·vate /ˈeliˌveit/ *vt.* ❶举起，提高；使上升；抬起，抬高：*elevate* one's eyebrows 扬眉 ❷提拔，提升…的职位，使晋级：be *elevated* to a higher rank for bravery 因勇敢而受提拔

el·e·va·tion /ˌeliˈveiʃᵊn/ *n.* ❶[C；U]提高；抬升；架高；提升，晋级：sb.'s *elevation* to the presidency of the corporation 某人晋升为公司总裁 ❷[C；U]高度；海拔：We were flying at an *elevation* of 20,000m. 我们在海拔20 000米的高空中飞行。❸[C]高地；丘；(皮肤、地面等处的)隆起：I was on a slight *elevation* and could see the whole length of the gorge. 站在小丘之巅，我可以饱览峡谷的全貌。

el·e·va·tor /ˈeliˌveitə/ *n.* [C] ❶起重机，起卸机，提升机 ❷〈美加〉电梯(=〈英〉lift)；升降机：a bank of passenger *elevators* 一套载客电梯

e·lev·en /iˈlevᵊn/ *n.* ❶[C]十一；十一个(人或物) ❷[U]表示十一的符号(如 11, xi, XI) ‖ **eˈlev·enth** *n.* & *adj.*

elf /elf/ *n.* [C]([复]**elves** /elvz /) (民间故事中的)小精灵；小妖精

e·lic·it /iˈlisit/ *vt.* ❶引起；引发，使发出：A sad face often *elicits* compassion. 一副悲伤的面容常常令人同情。❷引出；诱出，探出(回答等)；推导出：After much questioning, he *elicited* the truth from the boy. 通过反复询问，他从那个男孩子口中探得了真情。

el·i·gi·ble /ˈelidʒəbᵊl/ *adj.* ❶有资格当选的，符合推举条件的，有条件被选上的；合格的(*for*)：Citizens are *eligible* to vote. 公民有资格投票。❷合格的，符合要求的；胜任的：Eve is *eligible for* admission to a university. 伊夫符合大学录取要求。‖ **el·i·gi·bil·i·ty** /ˌelidʒəˈbiliti/ *n.* [U] —ˈ**el·i·gi·bly** *adv.*

e·lim·i·nate /iˈlimiˌneit/ *vt.* ❶消除；根除；剔除(见 exclude)：*eliminate* illiteracy 扫除文盲 ❷不加考虑，忽略；省略掉：tighten a budget by *eliminating* unnecessary expenses 省略不必要的开支以紧缩财政预算 ❸(比赛中)淘汰：Bristol were *eliminated* when they lost to Cambridge United. 布里斯托尔队因负于剑桥大学联队而遭淘汰。‖ **e·lim·i·na·tion** /iˌlimiˈneiʃᵊn/ *n.* [U]

e·lite, é·lite /iˈliːt, ei-/ *n.* [总称]出类拔萃的人(或物)，精英，精锐，尖子：a small intellectual *elite* 寥若晨星的知识界精英

elk /elk/ *n.* [C]([复]**elk(s)**) ❶【动】(欧洲北部和亚洲产的)驼鹿，麋 ❷【动】美洲赤鹿

el·lipse /iˈlips/ *n.* [C]【数】椭圆；椭圆形

el·lip·ti·cal /iˈliptikᵊl/ *adj.* [无比较级] ❶椭圆(形)的；似椭圆(形)的：an *elliptical* cone 椭圆锥面 ❷省略(法)的；表示省略的：an *elliptical* sentence 省略句 ‖ **elˈlip·ti·cal·ly** *adv.*

elm /elm/ *n.* ❶[C]【植】榆(树) ❷[U]榆木

el·o·cu·tion /ˌeləˈkjuːʃᵊn/ *n.* [U]演讲(或朗诵)技巧，演说术，雄辩术：classes in *elocution* 演讲训练班

e·lon·gate /ˈiːlɔŋˌgeit, iˈlɔŋ-/ *vt.* 拉长，使延长，使伸长：He *elongated* the rubber band to fit it around his papers. 他把橡皮筋拉长以便把他的文件捆好。—*vi.* 拉长，伸长，延长，伸延；呈细长形状：Her body slimmed and *elongated* from yoga classes. 她参加了瑜伽班后，身材变得纤细苗条了。‖ **e·lon·ga·tion** /ˌiːlɔŋˈgeiʃᵊn, ˌilɔŋ-/ *n.* [U；C]

e·lope /iˈləup/ *vi.* (尤指出于结婚的目的而与情人)私奔(*with*)：Jim *eloped with* Mary and they were married in Scotland. 吉姆和玛丽私奔，在苏格兰结了婚。‖ **eˈlope·ment** *n.* [U]

el·o·quent /ˈeləkwənt/ *adj.* 雄辩的，口才好的；有说服力的：an *eloquent* orator 雄辩家 ‖ **el·o·quence** /ˈeləkwəns/ *n.* —ˈ**el·o·quent·ly** *adv.*

else /els/ **I** *adj.* [无比较级][通常用于不定代词、疑问代词后]其他的，别的，此外的，另外的：There is nobody *else* here. 这儿没有其他人。**II** *adv.* [无比较级][常用于疑问副词后]

❶此外,另外,其他:Can we go anywhere *else*? 我们可以上别的地方去吗?❷否则,要不然:Hurry,*else* you will be late. 快,否则你要迟到了。‖ ***or else** conj*. ❶否则,要不然:Speak fair words,*or else* be mute. 讲好听的,否则就免开尊口。❷[表示警告或威胁]否则将承担后果:Sit down,*or else*! 坐下,要不够你受的!

☆anybody else,everybody else,nobody else 等的所有格为 anybody else's,everybody else's,nobody else's 等。如:This must be somebody *else's* letter.(这肯定是别人的信。)/ It couldn't be anybody *else's*.(这不可能是别人的。)等。但 who else 后如果不紧接名词,那么其名词性所有格形式可以为 who else's,也可以为 whose else。如:Who *else's* can it be?(还能是谁的呢?)/ Whose *else* can it be?(还能是谁的呢?)两句同义。

else•where /ˌelsˈʰweəʳ/ *adv*. [无比较级]在别处;往别处:tourists from France, Italy, and *elsewhere* 来自法国、意大利和其他国家的游客

e•lu•ci•date /iˈlʲuːsiˌdeit/ *vt*. 阐释,阐明,说明,解释:Can anyone *elucidate* the reasons for this strange decision? 谁来解释为什么会做出这种奇怪的决定? ‖ **e•lu•ci•da•tion** /iˌlʲuːsiˈdeiʃᵊn/ *n*. [U]

e•lude /iˈlʲuːd/ *vt*. ❶闪避,躲避,避开(危险、追问等);逃避(责任、困难等),推托:*elude* capture by the police 逃避警方的逮捕 ❷使想不起;使不理解,使不懂;把…难倒:The cause of cancer has *eluded* all research. 癌症的病因还没有研究出来。

e•lu•sive /iˈlʲuːsiv/, **e•lu•so•ry** /iˈlʲuːsəri/ *adj*. 逃避的;推托的;难以捉住的;(因机敏等而)易逃脱的:an *elusive* criminal 逃犯 ‖ **eˈlu•sive•ly** *adv*. —**eˈlu • sive•ness** *n*. [U]

elves /elvz/ *n*. elf 的复数

e•ma•ci•at•ed /iˈmeiʃiˌeitid/ *adj*. 消瘦的,憔悴的;衰弱的:The invalid was pale and *emaciated*. 病人的脸色苍白憔悴。

E-mail,e-mail,e•mail /ˈiːˌmeil/ **I** *n*. [C]电子邮件 **II** *vi*. & *vt*. 发电子邮件(说或表达);发电子邮件给

em•a•nate /ˈeməˌneit/ *vi*. (气体等)散发,发散;(光等)发射,射出(*from*):A foul smell *emanated from* the sewer. 阴沟里散发出一股臭气。—*vt*. 发出,散发出;发射出:The serenity she *emanated* touched us so profoundly. 她流露出来的安详神态深深地打动了我们。‖ **em•a•na•tion** /ˌeməˈneiʃᵊn/ *n*. [C;U]

e•man•ci•pate /iˈmænsiˌpeit/ *vt*. 解除…的束缚;使从约束中解脱;释放,使自由;解放:Women have been *emancipated* from many old restrictions. 妇女已从许许多多旧的束缚中解放出来。‖ **e•man•ci•pa•tion** /iˌmænsiˈpeiʃᵊn/ *n*. [U] —**eˈman•ciˌpa•tor** *n*. [C]

e•mas•cu•late /iˈmæskjuˌleit/ *vt*. 使去势,使无力,使衰弱;使失效:measures designed to *emasculate* worker militancy 旨在削弱工人战斗精神的措施 ‖ **e•mas•cu•la•tion** /iˌmæskjuˈleiʃᵊn/ *n*. [U]

em•balm /imˈbɑːm/ *vt*. (以香料、或防腐剂等)对(尸体)作防腐处理 ‖ **emˈbalm•er** *n*. [C]

em•bank•ment /imˈbæŋkmənt/ *n*. [C] ❶(公路或铁路的)路堤;堤岸,堤围:a railway *embankment* 铁路路堤 ❷筑堤

em•bar•go /emˈbɑːgəu, im-/ *n*. ([复]**-goes**) [C;U](禁止外轮进港或商船进出港口的)封港令;禁止(或限制)贸易令;禁运(令):They were charged with shipping high tech items to that country while under *embargo*. 他们被指控在禁止贸易令期间向那个国家出口高科技产品。

em•bark /emˈbɑːk, im-/ *vi*. ❶上船,乘船;上飞机,登机;上车(*for*):*embark for* Europe from Halifax 从哈利法克斯乘飞机去欧洲 ❷从事,着手,开始做(*in, on, upon*):He is *embarking on* a new career as an engineer. 他准备开始一种工程师的新生涯。—*vt*. 使上船;使上飞机;使上汽车;装载:The ship *embarked* passengers and cargo at Australian port. 船在澳大利亚港载客装货。‖ **em•bar•ka•tion** /ˌembɑːˈkeiʃᵊn, ˌim-/ *n*. [U]

em•bar•rass /imˈbærəs, em-/ *vt*. 使尴尬,使难堪;使害羞,使局促不安:His bad table manners *embarrassed* his wife. 他这种不雅的吃相使他的妻子很难堪。‖ **emˈbar•rass•ing** *adj*.

em•bar•rass•ment /imˈbærəsmənt, em-/ *n*. ❶[U]窘迫,尴尬:one's *embarrassment* at not remembering the name of one's distinguished guest 因记不起贵宾的名字而引发的尴尬 ❷[C]令人尴尬的事(或人):His speeches were an *embarrassment* to his party. 他的讲话使他

E

的党派处于尴尬境地。

em·bas·sy /ˈembəsi/ *n.* [C] ❶大使馆,大使官邸及其办公处:You can find him at [in] the *embassy*. 你可以在使馆里找到他。❷大使馆全体人员

em·bed /imˈbed/ *vt.* (**-bed·ded;-bed·ding**) ❶使嵌入;把…插入(或埋入、扎入);使深入(*in*):The arrow *embedded* itself *in* the door. 那支箭牢牢地扎在门上。❷包涵,蕴涵:His love of children is deeply *embeds* in his personality. 他对孩子的爱深植于他的个性之中。

em·bel·lish /imˈbeliʃ/ *vt.* ❶美化;修饰,装饰:She *embellished* the cake with pink icing. 她用粉红色糖霜装饰蛋糕。❷添加(叙述)的细节;润色(文章),润饰;渲染:Joanna *embellished* her story by adding a few imaginative details to it. 乔安娜增添了一些想象的细节润饰她的短篇小说。

em·ber /ˈembəʳ/ *n.* [C] ❶有余火的木块(或煤块) ❷[～s]余烬,余火:He stirred the *embers* to make them blaze up again. 他拨动余烬,使火又旺起来。

em·bez·zle /imˈbezᵊl/ *vt.* 盗用,挪用;贪污(公款);霸占,侵吞(财物):He *embezzled* all the old lady's money. 他侵吞了那个老太太的全部钱财。‖ **emˈbez·zler** *n.* [C] —**emˈbez·zle·ment** *n.* [U]

em·bit·ter /imˈbitəʳ/ *vt.* [常用被动语态] ❶使(更)痛苦,使(更)难受;使受苦:His failure in this respect did not *embitter* him. 他在这一方面的失败并没有使他感到难过。❷激怒;使怨愤:The captain had much *embittered* the people against him. 这位头领激起了人们对他的极大怨愤。

em·blem /ˈembləm/ *n.* [C](尤指抽象概念的)象征,标志,标记:The beaver and the maple leaf are both *emblems* of Canada. 海狸和枫叶都是加拿大的标志。

em·bod·y /imˈbɔdi/ *vt.* ❶使(思想、概念等)具体化;(人或物)体现(思想等);具体表现(或表达):She *embodies* her principles in her behaviour. 她以自己的举止行为体现自己的原则。❷收录;编入;包括,包含(*in*):The newer cars *embody* many gas-saving features. 新一代汽车具有许多省油的特点。‖ **emˈbod·i·ment** *n.* [U]

em·bold·en /imˈbəuldᵊn, em-/ *vt.* 使大胆,给…壮胆,使有勇气;鼓励:Her smiles *emboldened* him to speak to her. 她的微笑使他鼓起勇气跟她说起话来。

em·boss /imˈbɔs/ *vt.* 浮雕(图案),在…上施以浮雕图案,加以浮饰:The silver chargers were *embossed* with a variety of picturesque scenes. 这一只只银浅盘饰有种种五光十色的山水浮雕图案。

em·brace /imˈbreis/ **I** *vt.* ❶抱,拥抱;怀抱:The mother *embraced* her baby. 母亲把婴儿抱在怀里。❷(欣然)接受,接纳,采纳;(乐意)采取;利用,抓住(机会等):*embrace* with joy all one's suffering and privations 笑对所有的苦难和不幸 ❸包括,包含;含有,拥有:Geology *embraces* the science of mineralogy. 地质学包括矿物学。—*vi.* 相互拥抱,相拥:Two lovers were in each other's arms, *embracing* and embraced. 一对情侣彼此依偎,相互拥抱。**II** *n.* [C]拥抱;怀抱:give sb. a warm *embrace* 热烈地拥抱某人

E

em·broi·der /imˈbrɔidəʳ/ *vt.* ❶刺绣;在…上绣(花样):The dress was *embroidered* in silk thread. 女服上用丝线绣了花。❷对(故事等)加以修饰,润色;对(叙述等)添枝加叶,渲染:He *embroidered* the account of the shipwreck to hold his listeners' interest. 为了吸引听众,他对那次海难事件大肆铺陈了一番。—*vi.* ❶刺绣,绣花 ❷润色,润饰;渲染(*on,upon*):He would take a theme and *embroider upon* it with drollery. 他会将一篇文章以调侃式的幽默笔调加以点染。‖ **emˈbroi·der·er** *n.* [C]

em·broi·der·y /imˈbrɔidəri/ *n.* ❶[U]刺绣,绣花;刺绣法:*embroidery* scissors 刺绣剪 ❷[C]绣成的花样;绣品:make a living by sale of one's *embroideries* 靠卖绣制品过日子

em·broil /imˈbrɔil/ *vt.* 使卷入(冲突或纷争等);牵连,牵扯(*with, in*):get [become] *embroiled with* sb. 与某人发生纠纷

em·bry·o /ˈembriˌəu/ *n.* [C]([复]**-bry·os**)【动】胚,胚胎;(尤指受孕8周内的)胎儿‖ **em·bry·on·ic** /ˌembriˈɔnik/ *adj.*

em·cee /ˈemˈsiː/〈口〉*n.* [C]司仪;(演出等的)节目主持人:Who was (the) *emcee* of the show last night? 昨晚那场演出的节目主持人是谁?

e·mend /iˈmend/ *vt.* 校订,校勘;修订(文稿

等),修改(作品等):The terms of the agreement should be *emended* to take the new conditions into account. 考虑到新的情况,协议书的条款应该修改。‖ **e·men·da·tion** /ˌiːmenˈdeiʃ^ən/ *n.* [C;U]

em·er·ald /ˈem^ərəld/ *n.* ❶[U;C]【矿】祖母绿,纯绿柱石 ❷[C]翡翠,绿宝石,绿刚玉:a ring set with *emeralds* 一枚镶嵌绿宝石的戒指

e·merge /iˈməːdʒ/ *vi.* ❶(从液体中)浮现,浮出;(由暗处、隐没处等)出现;出来(*from*):The chick *emerged from* its shell. 雏鸡钻出蛋壳。❷(事实、情况、问题等)显现,暴露,为人所知:No new evidence *emerged* during the enquiry. 调查中没有发现新的证据。‖ **eˈmer·gence** /-dʒ^əns/ *n.* [U] —**eˈmer·gent** *adj.*

e·mer·gen·cy /iˈməːdʒ^ənsi/ *n.* [C;U]突发事件;紧急情况;危急时刻,非常时期:Use this door in case of *emergency*. 紧急情况时请使用这扇门。

e·met·ic /iˈmetik/ **I** *adj.* ❶催吐的 ❷【医】恶心的;引起呕吐的,令人呕吐的 **II** *n.* [C]催吐药,催吐剂

em·i·grate /ˈemiˌgreit/ *vi.* 移居外国(或外地区)(见 migrate):They *emigrated* from Taiwan and immigrated to Canada. 他们来自中国台湾,并作为移民定居加拿大。—*vt.* 帮助移居国外;使迁移(到其他地区),使迁出 ‖ **ˈem·i·grant** /-grənt/ *n.* [C] —**em·i·gra·tion** /ˌemiˈgreiʃ^ən/ *n.* [U;C]

em·i·nence /ˈeminəns/ *n.* ❶[U]卓越,杰出;著名,显赫:a woman of great *eminence* as a physicist 卓越的女物理学家 ❷[E-][C]阁下,大人(天主教中对红衣主教的尊称)

em·i·nent /ˈeminənt/ *adj.* ❶卓越的,杰出的;著名的,有名的;显赫的:an *eminent* statesman 卓越的政治家 ❷[通常作定语](品质)优秀的,突出的,非凡的;显著的;引人注目的:a man of *eminent* impartiality 大公无私的人 ‖ **ˈem·i·nent·ly** *adv.*

em·is·sar·y /ˈemis^əri/ *n.* [C]使者;密使:an *emissary* from Washington 来自华盛顿的使者

e·mit /iˈmit/ *vt.* (**-mit·ted;-mit·ting**) 发出(声音、热、光等);散发(热、气味等);放射(射线等);发射(电子等):The sun *emits* light and heat. 太阳发出光和热。‖ **e·mis·sion** /iˈmiʃ^ən/ *n.* [C;U]

e·mol·li·ent /iˈmɔliənt/ **I** *adj.* 软化(皮肤组织)的,滋润(皮肤)的:use an *emollient* lotion on one's hands 往手上搽润肤液 **II** *n.* [C]润滑药,润肤剂;软化剂

e·mote /iˈməut/ *vi.* 〈口〉(演戏、拍电影等时)(强烈地)表现感情;过火地表演

e·mo·tion /iˈməuʃ^ən/ *n.* [C;U]情感,情绪,感情;激情,强烈的感情(见 feeling):He left the scene with mixed *emotions*. 他百感交集地离开了现场。‖ **eˈmo·tio·nal** *adj.* —**eˈmo·tional·ly** *adv.*

em·pa·thize, em·pa·thise /ˈempəˌθaiz/ *vi.* 【心】移情;表同情;有同感;起共鸣(*with*):His ability to *empathize with* people sharing his own temperament made him many friends. 他与禀性相投的人能引发心灵上的共鸣,因此交上了不少朋友。

em·pa·thy /ˈempəθi/ *n.* [U]同情;同感,共鸣:have *empathy* for [with] sb. 对某人表示同情

em·per·or /ˈempərə^r/ *n.* [C]皇帝;(帝国的)君主:His Majesty the *Emperor* 皇帝陛下

em·pha·sis /ˈemfəsis/ *n.* [C; U] ([复]**-ses** /-siːz/) ❶强调;着重;加强:Determination lent *emphasis* to his proposals. 坚定的口气使得他的提议更显有力。❷(事实、观点等的)重点,侧重点;强调的方面;重要性:Morality was the *emphasis* of his speech. 道德问题是他发言中的重点。

em·pha·size, em·pha·sise /ˈemfəˌsaiz/ *vt.* 强调,重点突出;加强…的语气:He *emphasized* each point by pounding the table with his fist. 他用拳头敲打桌子以强调每一个观点。

em·phat·ic /imˈfætik/, **em·phat·i·cal** /-k^əl/ *adj.* (语言、语调或手势等)强调的,有力的,斩钉截铁的:*the emphatic* points in an argument 辩论重点 ‖ **emˈphat·i·cal·ly** *adv.*

em·phy·se·ma /ˌemfiˈsiːmə/ *n.* [U]【医】气肿;肺气肿:pulmonary *emphysema* 肺气肿

em·pire /ˈempaiə^r/ *n.* [C] ❶帝国 ❷〈口〉(由一人或一集团控制的)大企业(尤指跨国公司):a real estate *empire* 巨型房地产企业

em·pir·i·cal /emˈpirik^əl/ *adj.* [无比较级]以观察(或实验)而非理论为依据的;实验性的:We now have *empirical* evidence that the moon is covered with dust. 我们现在根据实证得出月亮包裹着一层尘埃。‖ **em'pir·i·cal·ly** *adv.* —**em·pir·i·cism** /em'piriˌsizəm/ *n.* [U]

em·ploy /im'plɔi/ *vt.* ❶雇,雇用:The work will *employ* 50 men. 这项工作需雇用 50 个人。❷用;使用;利用(物品、时间、精力等)(*for*, *in*, *on*)(见 use):She *employed* all her wiles to get him to propose. 她机关算尽促使他向她求婚。❸使忙碌;使从事;使专心(*in*):The children were *employed in* weeding the garden. 孩子们在忙着给花园除草。‖ **em'ploy·a·ble** *adj.* & [U] *n.* —**em'ploy·er** *n.* [C]

em·ploy·ee /ˌemplɔi'iː, em'plɔiiː/ *n.* [C]受雇者,雇工,雇员

em·ploy·ment /im'plɔimənt/ *n.* ❶[U]雇用;受雇:increase *employment* 增加就业人数 ❷[U]工作,职业:She got (an) *employment* in a bank as a typist. 她在一家银行谋得一份打字员的差使。❸[C](花费时间或精力的)事务,活动:attend to one's private *employments* 处理个人私事

em·po·ri·um /em'pɔːriəm/ *n.* [C]([复]**-ri·ums** 或**-ri·a** /-riə/)大百货商店,商场

em·pow·er /im'pauəʳ/ *vt.* ❶授权;准许:I *empower* my agent to make the deal for me. 我授权我的代理人处理此项交易。❷使能够;使有能力:Man's erect position *empowers* him to use his hands freely. 人类直立的姿势使他们能够自由地使用双手。‖ **em'pow·er·ment** *n.* [U]

em·press /'empris/ *n.* [C] ❶皇后;皇帝的遗孀 ❷女皇

emp·ty /'empti/*adj.* ❶空的,无内容的:an *empty* box 空盒子 ❷空无一人的;(房屋等)无人居住的 ❸空泛的;苍白无力的;没有意义的(见 vain):an *empty* promise 轻言承诺 ‖ **'emp·ti·ness** *n.* [U]

emp·ty-hand·ed /ˌempti'hædid/ *adj.* & *adv.* [无比较级] ❶空手的(地) ❷一无所获的(地):I came back from the meeting *empty-handed*. 我开完会,无功而返。❸不带礼物(或捐赠)的(地):Don't come *empty-handed* to the party. 别空着手参加舞会。

em·u·late /'emjuleit/ *vt.* 努力赶上(或超过);同…竞争:The companies want to *emulate* the successful overseas competition. 这些公司想赶超国外成功的竞争对手。‖ **em·u·la·tion** /ˌemju'leiʃən/ *n.* [U] —**'em·u·la·tor** *n.* [C]

e·mul·sion /i'mʌlʃᵊn/ *n.* [C] ❶乳胶,乳状液 ❷【摄】感光乳剂

en·a·ble /i'neibl/ *vt.* 使能够;使有能力(或权力):The money will *enable* us to hire more workers. 这笔钱将让我们有能力雇更多的工人。

en·act /i'nækt/ *vt.* ❶制定(法律):*enact* a new tax law 制定新税法 ❷(在戏剧中)扮演(角色);担当:*enact* the role of the villain 扮演恶棍的角色 ‖ **en'act·ment** *n.* [U;C]

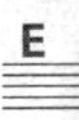

e·nam·el /i'næmᵊl/ *n.* [U] ❶搪瓷;珐琅 ❷质地光滑坚硬的涂层 ❸(牙齿的)珐琅质,釉质

en·am·ored /i'næməd/ *adj.* 喜爱的;迷恋的(*of*, *with*):They are *enamored of* each other. 他们相互迷恋。

en·case /in'keis/ *vt.* 把…装入箱(或盒子等中);包裹

en·chant /in'tʃɑːnt/ *vt.* ❶对…施魔法,使着魔;对…念咒语:The witch had *enchanted* the princess so that she slept for a month. 巫婆对公主施了魔法,让她昏睡了一个月。❷使陶醉;使着迷,迷住:His reading *enchanted* audience. 他的朗诵让听众听得如痴如醉。

en·chant·ed /in'tʃɑːntid/ *adj.* 着魔的;痴迷的;陶醉的:Voltaire is *enchanted* to hear that his niece reads Locke. 伏尔泰听说侄女能读洛克的著作时,心里着实有些陶醉了。

en·chant·ment /in'tʃɑːntmənt/ *n.* ❶[U]陶醉;狂喜 ❷[C]魔法;法术;妖术

en·cir·cle /in'səːkᵊl/ *vt.* ❶环绕,围绕;包围:*encircle* sb. in one's arms 把某人抱在怀里 ❷绕行,环行:The moon *encircles* the earth. 月亮绕着地球运行。‖ **en'cir·cle·ment** *n.* [U]

en·close /in'kləuz/ *vt.* ❶四面围住,环抱,围绕;包围:The little park was *enclosed* on all sides by tall buildings. 小公园四周公寓大楼林立。❷把…装入信封(或包裹等);(尤指随信)附寄;封入:I *enclosed* a cheque for £50 with this letter. 我随信附上 50 英镑的支票一张。

en·clo·sure /in'kləuʒəʳ/ *n.* ❶[C;U]圈地;围场:the *enclosure* of public land 围圈公地❷[C]

装入物；(尤指信中的)附件：The envelope contained a letter and $5 as an *enclosure*. 信封内装有一封信，并附有5美元。

en·code /in'kəud/ *vt.* ❶将(信息等)译成电码(或密码)：Messages can be *encoded* for greater security. 为更好地保密，情报可以译成密码。❷【计】把…编码；译码：Each performance is digitally *encoded* on cassettes and discs. 每个节目均编成数码录入卡式录音带和录像圆盘上。‖ **en'cod·er** *n.* [C]

en·com·pass /in'kʌmpəs/ *vt.* ❶环绕，围绕；包围；围住：The atmosphere *encompasses* the earth. 大气笼罩地球。❷包含，包括：This revised edition *encompasses* many improvements. 该修订本内含多处改进。‖ **en'com·pass·ment** *n.* [U]

E

en·core /ɔŋ'kɔː^r/ **I** *n.* [C](观众等提出的)再演(或唱、奏等)要求；再演，加演：The audience insisted on an *encore*. 观众们坚持要再演一次。**II** *int.* 再来一个，再唱(或奏)一个，再演一次：The audience shouted，"*Encore*！" 观众们高喊："再来一个！"

en·coun·ter /in'kauntə^r/ **I** *vt.* ❶偶遇，邂逅；遭遇：He *encountered* many obstacles in his work. 他在工作中遇到许多障碍。❷与…发生冲突；与…会战：We will *encounter* the enemy at dawn. 我们将于拂晓时分与敌军交战。**II** *n.* [C] ❶偶遇，意外的(或短暂的)相遇，邂逅：a fleeting *encounter* 短暂的邂逅 ❷遭遇，冲突；交战，遭遇战

en·cour·age /in'kʌridʒ/ *vt.* ❶鼓励，鼓舞，激励：Her achievements *encouraged* me to try the same thing. 她的成就激励我也去尝试一番。❷刺激；怂恿，鼓动：You mustn't *encourage* your son in his wilful ways. 你不能怂恿你儿子的任性。❸赞助；支持；促成：High prices for farm products *encourage* farming. 农产品价格高就支持了农业生产。‖ **en'cour·age·ment** *n.* [U]

en·croach /in'krəutʃ/ *vi.* (逐步或暗中)侵犯，侵害；侵占，蚕食(*on*，*upon*)(见 trespass)：*encroach upon* the territory 侵占领土 ‖ **en'croachment** *n.* [C，U]

en·crust·ed /in'krʌstid/ *adj.* [无比较级]覆有硬外层的；结壳的；(大量)覆盖着…的：a crown *encrusted* with jewels 镶满珠宝的王冠

en·cum·ber /in'kʌmbə^r/ *vt.* 拖累；为…所累；因…而感到困扰：*encumber* sb. with heavy task 让某人挑起重任 ‖ **en·cum·brance** *n.*

en·cum·brance /in'kʌmbrəns/ *n.* [C]负担，累赘；妨碍

en·cy·clo·p(a)e·di·a /enˌsaikləᵘ'piːdiə/ *n.* [C]百科全书，百科辞典；(某一学科的)专科全书，专业大辞典；大全：an *encyclopaedia* of gardening 园艺百科辞典 ‖ **en'cy·clo·p(a)e·dic** /-'piːdik/ *adj.*

end /end/ **I** *n.* [C] ❶端；尖；尽头，终点：stand a barrel on its *end* 把桶竖起来 ❷限度；极限；范围；终止：There was no *end* to his wild ambition. 他的野心是无止境的。❸结束；结果；结局：The talks were drawing to an *end*. 会谈即将结束。❹最后部分；末尾：at the *end* of August 在8月底 ❺[常作～s]剩余物；残余：a candle *end* 蜡烛头 ❻目的；目标：a means to an *end* 达到目的的手段 **II** *vt.* 结束，终止，完结：We *ended* the discussion on a note of optimism. 我们在乐观的调子中结束了讨论。‖ ***end up*** *vi.* 〈口〉结束，告终：*I ended up* tired，hungry，and broke. 我最后落得又累又饿，还分文不名。***in the end*** *adv.* 最后，最终；到底：*In the end* they shook hands and made up. 他们最终还是握手言欢了。***no end*** *adv.* 〈口〉[表示强调]非常；无限；大量：We were pleased *no end* by the enthusiastic response. 反应热烈，我们喜不自胜。***put an end to*** *vt.* 使终止；毁掉；杀死：I'm determined to *put an end to* all these rumours. 我决心不让这些谣言再流传。

☆ **end**，**ending**，**expiration**，**finish**，**termination**，**terminus** 均有"结束，终止"之意。**end** 为普通用词，指在时间、空间、数量、运动、行动、可能性或影响范围等方面的最终界限：The children were happy to go to bed at the *end* of a tiring day.(累了一天，孩子们高高兴兴地上床睡觉了。)**expiration** 表示满期或截止：at the *expiration* of his first four years in office(在四年任期届满的时候) **finish** 指结束、最后部分或最后阶段：It was a close *finish*.(已接近尾声。) **termination** 和 **ending** 指按预定期限或范围某一事情已经到期、结束或完成，常用于时间方面：the *termination* of a lease(租约到期)/stories with happy *endings*(大团圆结局的故事) **terminus** 常用于确切的地点，指行程的终点：Chicago is the *terminus* for many air routes.

(芝加哥是许多航线的终点站。)

en·dan·ger /inˈdeindʒəʳ/ *vt.* 使遭危险,危及;危害:*endanger* sb.'s life 危及某人的生命 ‖ **enˈdan·ger·ment** *n.* [U]

en·dan·gered /inˈdeindʒəd/ **species** [复] *n.* [用作单或复]濒于灭绝的物种

en·dear /inˈdiə/ *vt.* 使受喜爱,使受钟爱;使受爱慕:Her kindness of heart *endeared* her to all. 她心地善良,大家都喜爱她。‖ **en·dear·ing** /inˈdiəriŋ/ *adj.* —**enˈdear·ing·ly** *adv.*

en·deav·o(u)r /inˈdevəʳ/ **I** *vi.* (为达到某一目的而)努力;尽力而为(见 attempt):We must constantly *endeavour* if we are to succeed. 要成功,就必须不断努力。—*vt.* 力图,试图;努力做到(见 attempt):*endeavour* to please everybody 力图取悦大家 **II** *n.* ❶[C]努力,尽力:an *endeavour* at improvement 为改进而做的努力 ❷[C;U](为达某一目的而进行的)活动;事业:in every field of human *endeavour* 在人类活动的各个领域中

en·dem·ic /enˈdemik/ *adj.* [无比较级](疾病等)地方性的;区域性(或某人群中)流行的:*an endemic* disease among miners 矿工中流行的职业病

end·ing /ˈendiŋ/ *n.* [C] ❶结束,终了;(故事、电影等的)结局(见 end):a story with a happy *ending* 结局美满的故事 ❷(某物的)末梢;末端;终端:nerve *endings* 神经末梢

en·dive /ˈendaiv,-div/ *n.* [C;U] ❶【植】苣荬菜 ❷【植】菊苣;菊苣的冠

end·less /ˈendlis/ *adj.* [无比较级] ❶无止境的;无限的,无穷的:the *endless* stretch of the heavens 浩瀚无垠的苍穹 ❷没完没了的,无尽的,无休止的:The journey seemed *endless*. 这旅程仿佛漫无尽头。‖ **ˈend·less·ly** *adv.* —**ˈend·less·ness** *n.* [U]

en·dorse, in·dorse /inˈdɔːs/ *vt.* ❶赞同,支持;承认,确认,认可(见 approve):I *endorse* everything he said in his speech. 他发言中所讲的我全都赞同。❷【商】背书,在(票据等)背面签字;签字支付(或表示收到);签字转让:*endorse* a bill [promissory note, cheque] 背书票据[期票,支票] ❸批注(公文等),签注;签署(姓名):*endorse* one's signature 签字 ‖ **enˈdors·er, enˈdors·or** *n.* [C]

en·dorse·ment /inˈdɔːsmənt/ *n.* [U;C] ❶【商】背书;票据签字;签字转让:make an *endorsement* of a cheque 背书支票 ❷(票据等的)签署;(文件等的)批注:sign an *endorsement* 签署 ❸支持,赞同,认可;担保:His idea received *endorsement* by the entire club. 他的意见得到了俱乐部全体成员的赞同。

en·dow /inˈdau/ *vt.* ❶向…捐钱(或物);捐赠;资助:*endow* a public institution 向某一公共机构捐赠基金 ❷给予,赋予;认为…具有某种物质(*with*):*endow* words *with* new significance 赋予词以新的含义 ‖ **enˈdow·ment** *n.*

en·dur·ance /inˈdʲuərəns/ *n.* [U] ❶忍耐;忍耐力:The agony was beyond her *endurance*. 这种痛苦她忍受不了。❷持久(性),耐久(性);强度,抗磨度;耐疲劳度:an athlete's powers of *endurance* 运动员的耐力

en·dure /inˈdʲuəʳ/ *vt.* ❶忍受(困难、不幸、痛苦等),忍住(见 bear):What can't be cured must be *endured*. 没有办法解决的事就得忍耐。❷[常用于否定句]容忍;容许,容许有…的可能:be unable to *endure* the sight 目不忍睹 —*vi.* ❶持续,持久,存在下去;坚持下去(见 continue):The buildings *endured* for centuries. 这些建筑历经了几个世纪的风雨。❷忍耐,忍受:*endure* to the end 坚持到底 ‖ **enˈdur·ing** *adj.*

end·ways /ˈendˌweiz/, **end·wise** /-ˌwaiz/ *adv.* & *adj.* [无比较级] ❶竖着(的),直立(的);末端向上(的):We set the table *endways* in order to fix the legs. 我们将桌子竖起,以便装上桌腿。❷末端向前(的);朝着末端(的):The cottage is built *endways* to the road. 这小屋背对公路而建。❸从一端到另一端(的),纵长(的),纵向(的) ❹两端相接(的),向着两端(的):Put these tables together *endways*. 把这些桌子接排成一行。

en·e·my /ˈenəmi/ *n.* [C] ❶敌人,仇敌;反对者,对手(*to*,*of*):a lifelong *enemy* 宿敌 ❷[总称][通常用作单]敌军;敌兵:The *enemy* had advanced and was threatening our communications. 敌军挺进了,正在威胁着我们的交通联络。

en·er·get·ic /ˌenəˈdʒetik/ *adj.* 精力充沛的,精力旺盛的;充满活力的;精神饱满的(见 vigor-

E

ous): Cool autumn days make us feel *energetic*. 凉爽的秋日使我们精神抖擞。‖ ˌ**en·er'get·i·cal·ly** /-kəli/ *adv.*

en·er·gize, en·er·gise /'enəˌdʒaiz/ *vt.* 使有活力,使有精力;使活跃:*energize* sb. for work 激励某人努力工作 ‖ '**en·erˌgiz·er**, '**en·erˌgis·er** *n.* [C]

en·er·gy /'enədʒi/ *n.* ❶[U]精神,活力;(语言、行为等的)生动有力:be full of *energy* 劲头十足 ❷[常作 **energies**]干劲;精力;力气:She threw all her *energies* into the job. 她把全部精力都投入到工作中。❸[U]能源:an *energy* crisis 能源危机

en·er·vate /'enəːˌveit/ *vt.* 使衰弱,使虚弱,使无力;使萎靡不振,使失去活力;削弱:a man *enervated* with [from] dissipation 一个因放荡而身虚体亏的人

en·fee·bled /in'fiːbəld/ *adj.* 衰弱的,虚弱的,微弱的 ‖ **en'fee·ble·ment** *n.* [U]

en·fold /in'fəuld/ *vt.* ❶包,包起,包进;裹住(*in*, *with*):The lady was *enfolded in* a shawl. 那女士裹着一条围巾。❷抱,拥抱,怀抱:She *enfolded* the child lovingly in her arms. 她充满疼爱地将孩子抱在怀里。

en·force /in'fɔːs/ *vt.* ❶实施,推行,(强制)执行;使生效:*enforce* laws 执法 ❷强迫,强行,迫使;强加(意愿等)(*on*, *upon*):They tried to *enforce* agreement with their plans. 他们试图迫使大家同意他们的计划。‖ **en'for·ced·ly** /in'fɔːsidli/ *adj.* —**en·force·ment** /in'fɔːsmənt/ *n.* [U]

en·fran·chise /in'fræntʃaiz/ *vt.* 给…以选举权(尤指公民权) ‖ **en'fran·chise·ment** *n.* [U] —**en'fran·chis·er** *n.* [C]

en·gage /in'geidʒ/ *vt.* ❶雇,聘:*engage* a lawyer 请律师 ❷从事;使忙于;占用(时间、精力等):They *engaged* themselves at their habitual tasks. 他们忙于自己的日常工作。❸吸引;引起(注意、兴趣等):Bright colours *engage* a baby's attention. 鲜艳的颜色会引起婴儿的注意。❹使订婚,与…订婚:*engage* oneself to a girl 和一个姑娘订婚 ‖ ***engage in*** *vi.* & *vt.* (使)从事,(使)参加;(使)卷入;(使)忙于(*in*):Scientists *engage* themselves *in* research. 科学家埋头搞研究。

en·gaged /in'geidʒd/ *adj.* [无比较级]已订婚的:A week later, Tony became *engaged* to Caroline. 一周后托尼与卡罗琳订婚了。

en·gage·ment /in'geidʒmənt/ *n.* [C] ❶承诺,许诺,保证;契约;承担的义务:fulfill all one's *engagements* 履行所有的承诺 ❷约会:I have several *engagements* for tomorrow. 我明天有好几个约会。❸订婚;婚约:a broken *engagement* 背弃的婚约

en·gen·der /in'dʒendəʳ/ *vt.* 使发生;引起,引发,招致:Sympathy *engenders* love. 由怜生爱。

en·gine /'endʒɪn/ *n.* [C] ❶发动机,引擎;蒸汽机:a gasoline *engine* 汽油发动机 ❷机车;火车头:a high-speed *engine* 高速机车

en·gi·neer /ˌendʒi'niəʳ/ **I** *n.* [C] ❶工程师;技师;机械师:an electrical *engineer* 电气工程师 ❷机车司机,火车司机 **II** *vt.* ❶精明地(或狡诈地)处理;图谋,策划;操纵;指挥;管理:He *engineered* an astonishingly rapid unification process. 他一手推动统一的进程,其速度之快令人瞠目结舌。❷设计;建造,修建;制造:This bridge is *engineered* for heavy traffic. 这座桥梁是为繁忙的交通设计的。

en·gi·neer·ing /ˌendʒi'niəriŋ/ *n.* [U] ❶工程;工程学 ❷工程师行业

Eng·lish /'iŋgliʃ/ **I** *adj.* [无比较级] ❶[作定语]英语的;用英语(讲或写)的;与英语有关的:*English* grammar 英语语法 ❷英格兰(人)的;英国(人)的;英国式的:*English* history 英国历史 **II** *n.* [U] ❶英语(略作 **E** 或 **Eng.**):New Zealand *English* 新西兰英语 ❷[**the** ~][总称]英国人;英格兰人

Eng·lish·man /'iŋgliʃmən/ *n.* [C]([复]-**men** /-mən/) 英国人(尤指男人)

Eng·lish·wom·an /'iŋgliʃˌwumən/ *n.* [C]([复]-**wom·en** /-ˌwimin/) 英国女人

en·grave /in'greiv/ *vt.* 雕,雕刻,在…上雕刻:*engrave* sb.'s initials on the back of the watch 把某人的姓名首字母刻在手表的背面 ‖ **en'grav·a·ble** *adj.* —**en'grav·er** *n.* [C]

en·grav·ing /in'greiviŋ/ *n.* ❶[U]雕刻;雕刻术;镌版术 ❷[C]雕版;图版:prepare the *engravings* for the new banknotes 为新版钞票制备雕版 ❸[C]雕刻作品;版画;雕版印刷品:decorate with delicate *engravings* 用精美的雕

刻品装饰

en·gross /in'grəus/ *vt.* 使全神贯注，吸引(注意力)；占去(全部时间等)：She was *engrossed* by the interesting story. 她被那个有趣的故事迷住了。

en·gulf /in'gʌlf/ *vt.* ❶吞没，淹没：A great wave *engulfed* the small boat. 巨浪把那条小船吞没了。❷[常用被动语态]使沉浸在；使深陷于：be *engulfed* by debts 债台高筑 ‖ **en'gulf·ment** *n.* [U]

en·hance /in'hɑːns;-'hæns/ *vt.* 提高(质量、价值等)；增加(魅力等)，增大；增强，加强；使更好：*enhance* one's image 提升形象 ‖ **en'hance·ment** *n.* [C;U] —**en'hanc·er** *n.* [C]

e·nig·ma /i'nigmə/ *n.* [C]([复]**-mas** 或**-ma·ta** /-mətə/) ❶谜一样的人(或事)；费解的人(或事)；令人困惑的处境：My brother is a complete *enigma* to me. 我的兄弟简直不可理解。❷谜语

en·joy /in'dʒɔi/ *vt.* 享受；欣赏；喜欢：*enjoy* life 享受人生的乐趣 ‖ ***enjoy oneself*** *vi.* 得到乐趣；过得快活：He seems to *enjoy himself* doing everything. 他干什么事都快快活活的。

☆在英国英语中，使用 enjoy 时总是后接名词、代词或动名词等：A：Did you *enjoy* your holiday? B：Yes，I *enjoyed* it very much.（甲：你假期过得愉快吗？乙：是的，我过得很愉快。）/ He *enjoys* travelling by train.（他喜欢坐火车旅行。）在美国英语中，有时在口语中说 Enjoy! 意思是 Enjoy yourself 或 Have a nice time.（好好玩吧。）

en·joy·a·ble /in'dʒɔiəb°l/ *adj.* 可从中得到乐趣的，令人愉快的，使人快乐的：a very *enjoyable* film 一部很有趣的影片

en·joy·ment /in'dʒɔimənt/ *n.* ❶[U]娱乐；欢乐：You can get much enjoyment out of that movie. 看了那部电影你会得到很多乐趣。❷[C]娱乐活动：Life has a lot of *enjoyments*. 生活中有很多乐趣。

en·large /in'lɑːdʒ/ *vt.* 扩大，增大；扩展；扩充(见 increase)：*enlarge* a house 扩建房屋 —*vi.* 详述，细说(*on*，*upon*)：The lecturer *enlarged upon* his topic. 讲演者详述了他的论题。‖ **en'large·a·ble** *adj.* —**en'larg·er** *n.* [C]

en·large·ment /in'lɑːdʒmənt/ *n.* ❶[C；U]扩大；增大；扩展；增长：We must resist the *enlargement* of existing university programmes. 我们必须抵制扩充现行的大学教学大纲。❷[C]扩大部分；扩建部分；增补物：build an *enlargement* on the house 对房子进行扩建

en·light·en /in'lait°n/ *vt.* 启发，启迪；指导，教育；使明白，使领悟：Radio should *enlighten* the listener as well as entertain him. 无线电广播应该使听众既得到娱乐又受到教育。‖ **en'light·en·ment** *n.* [U]

en·list /in'list/ *vi.* (尤指自愿地)从军，入伍，应募：*enlist* as a volunteer 作为志愿兵应征入伍 —*vt.* ❶征募，使入伍，使服兵役；登记：She *enlisted* her young son in the navy. 她把小儿子送去当海军。❷谋取…的赞助(或支持)；赢得(支持、赞助等)；争取：He *enlisted* a lot of sympathy when he broke the leg. 他把腿摔伤后，博得了很多人的同情。‖ **en'list·er** *n.* [C]

en·list·ment /in'listmənt/ *n.* ❶[U]征募，应募入伍 ❷[C]服役期限

en·liv·en /in'laiv°n/ *vt.* [常用被动语态] 使有生气，赋予…以生气；使活跃；使(场面、图画等)生动活泼：Bright remarks *enlivened* the conversation. 几句妙语使谈话活跃起来。‖ **en'liv·en·ment** *n.* [C；U]

en·mesh /in'meʃ/ *vt.* ❶使陷入网中；(用网)缠住 ❷使卷入，使陷入：be [get] *enmeshed* in difficulties 陷入重重困难之中 ‖ **en'mesh·ment** *n.* [U]

en·mi·ty /'enmiti/ *n.* [U；C]敌意，憎恨，仇恨；敌对，不和：be at *enmity* with 与…不和

e·nor·mi·ty /i'nɔːmiti/ *n.* ❶[U]穷凶极恶，残暴：the *enormity* of this crime 罪大恶极 ❷[C]暴行；重罪，大罪：Such *enormities* would not be tolerated today. 这种残暴的行为如今是不能容忍的。❸[U]〈口〉庞大，巨大；广大；深远：The *enormity* of the task is overwhelming. 这项任务之艰巨简直令人咋舌。

e·nor·mous /i'nɔːməs/ *adj.* 极大的，巨大的，庞大的 ‖ **e'nor·mous·ness** *n.* [U]

e·nough /i'nʌf/ **I** *adj.* [无比较级][置于名词前后均可]足够的，充足的，充分的(见 adequate)：There are enough seats for everyone here. 座位足够了，每个人都有。**II** *pron.* (数量或数目上的)足够，充足：He ate *enough* for two. 他吃了足够两个人吃的东西。**III** *adv.* [无比较级][置于修饰语之后] ❶足够地,充分地:Have you played *enough*? 你玩够了吗? ❷[不用于否定句]很,十分:She was pleased *enough* to see me. 她很高兴见到我。❸差不多,相当,尚:He did it well *enough*. 他做得还算不差。

☆❶enough 在与限定复数名词或不可数名词连用时,可放在该名词之前,也可放在该名词之后,如:There's *enough* food [food *enough*] on the table.(桌上摆了充足的食物。)但有人认为放在名词之后的用法略显陈旧过时;enough在与限定单数可数名词连用时则必须放在该名词之后,如:coward *enough*(很胆小的人)/ fool *enough*(十分愚蠢的人)/ man *enough*(有阳刚之美的男子)❷enough 作为副词用来修饰形容词时往往是个负量词,用以对被修饰的形容词的语义起缓冲或弱化的作用,如:Another stone caught Toni on the side of his head. I examined the cut. Not deep, but deep *enough*.(另一块石头击中了托尼的头。我检查了一下伤口。伤口不深,但也不浅了。)如例所示 deep enough 并未达到或者说低于原级 deep 所表示的程度;enough 后接 that 从句是相当普通的用法,尤其是在美国英语中,如:It was natural *enough* that she should have been annoyed.(很自然她会感到恼火的。)但仍有人对这种用法持有异议。

en•quire /in'kwaiə/ *vt.* & *vi.* =inquire ‖ **en'quir•er** *n.* [C]

en•quir•y /in'kwaiəri/ *n.* =inquiry

en•rage /in'reidʒ/ *vt.* 触怒,激怒;使暴怒,使狂怒:He was terribly *enraged* with me. 他对我大发雷霆。

en•rap•ture /in'ræptʃəʳ/ *vt.* 使狂喜;使着迷,使陶醉:The audience was *enraptured* by the singer's beautiful voice. 观众陶醉在歌手甜美的歌声中。

en•rich /in'ritʃ/ *vt.* ❶使富足,使富裕;使更富有:*enrich* oneself at other's expense 损人肥己 ❷使丰富;充实;提高:Sun and rain *enrich* the harvest. 阳光和雨水有助于提高收成。‖ **en'rich•ment** *n.* [U]

en•rol(l) /in'rəul/ (**-rolled**;**-rol•ling**) *vt.* 使成为成员,使加入;录取;征募:After graduation, he was *enrolled* for military service. 毕业后,他应征入伍。—*vi.* 成为会员;加入;被录取,入学;参军:I *enrolled* at the University of Vienna. 我在维也纳大学注册入学。

en•rol(l)•ment /in'rəulmənt/ *n.* ❶[U]登记;注册;入会;入学:*Enrolment* took place in autumn [the fall]. 注册在秋季进行。❷[C]登记人数;注册人数;入会人数;入学人数;参加人数

en route /ɔn'ruːt/ *adv.* [无比较级]在…路上;在途中:We met them *en route* to the party. 我们在去晚会的路上碰见了他们。

en•sconce /in'skɔns/ *vt.* [常用被动语态]使安坐(或躺);使安顿,安置:*ensconce* oneself in an armchair 舒舒服服地坐在安乐椅上

en•sem•ble /ɔn'sɔmbᵊl/ *n.* [C] ❶全体,整体,总体;总体效果:The living room furniture is a really striking *ensemble*. 起居室里的家具总体效果很是惹眼。❷[通常用单]全套匹配协调的服装:wear a beautiful *ensemble* 穿着一身漂亮的套装 ❸合唱团;乐团;剧团;歌舞团:Two violins, a cello, and a harp made up the string *ensemble*. 两把小提琴、一把大提琴和一架竖琴组成弦乐合奏。

en•sign /'ensain,-sᵊn/ *n.* [C] ❶旗;国旗;军旗;舰旗;商船旗:a national *ensign* 国旗 ❷ /'ensᵊn/海军少尉;海岸警卫队少尉

en•slave /in'sleiv/ *vt.* 使沦为奴隶;奴役:They *enslaved* themselves to acquire what turned out to be only a burden. 他们使自己像奴隶似的拼命干,到头来得到的却是一个沉重的包袱。‖ **en'slave•ment** *n.* [U] —**en'slav•er** *n.* [C]

en•snare /in'sneəʳ/ *vt.* (用陷阱、网等)诱捕;诱惑,使入圈套:*ensnare* a rabbit 张网逮兔

en•sue /in'sjuː/ *vi.* 接着发生,继之而来:Silence *ensued*. 接着是一片沉默。‖ **en•su•ing** /in'sjuːiŋ/ *adj.*

en•sure /in'ʃuəʳ;-'ʃɔː/ *vt.* ❶保证,担保;确保,使肯定;保证…获得:I cannot *ensure* his being there in time. 我不能保证他按时到那里。〔亦作 **insure**〕❷保护,使安全(*against*, *from*):*ensure* freedom *against* tyranny 反对暴政,维护自由

☆**ensure**, **assure**, **insure**, **secure** 均有"保证,确保"之意。**ensure** 指对某一行动或某一事情的结果提出确实的保证:If you want to *ensure* that you catch the plane, take a taxi.(如果你

确实想要赶上那班飞机,就坐出租车去吧。)**assure** 强调消除疑虑而使某事得以确定或保证,既可指向某人保证,也可表示使某人确信:The doctor *assured* him that his child would recover from the illness.(医生向他保证他孩子的病会痊愈的。)**insure** 可与 ensure 换用,但也常指事先进行必要的安排,保证某人或某物不受损失:Careful planning should *insure* the success of the party.(计划细致周详,确保了晚会的成功。)**secure** 指为防范不测而采取行动来提供保护,确保安全:Before we go out, we always *secure* all doors and windows.(外出前我们总会把门窗关好。)

en·tail /in'teil/ *vt.* 使承担(*on*, *upon*);使成为必要,需要:The job will *entail* your travelling to different parts of the country. 这项工作需要你到全国各地去出差。‖ **en'tail·ment** *n.* [C]

en·tan·gle /in'tæŋgᵊl/ *vt.* ❶缠绕,缠住;使纠缠:The bird got *entangled* in the net. 鸟给网圈套住了。❷使卷入;使陷入(困境等);牵涉,牵连:He *entangled* himself in the activities of a group of criminals. 他卷入了一犯罪团伙的活动中。‖ **en'tan·gle·ment** *n.* [C;U]

en·tente /ɔn'tɔnt/ *n.* [C](国家、党派等之间达成的)谅解;协定,协议

en·ter /'entəʳ/ *vt.* ❶入,进,进入:The sword *entered* his flesh. 剑刺进他的肉里。❷使进入;使参加;放入;插入:It's time to *enter* your child in school. 该让你的孩子上学了。❸参加,加入;成为…的一员:*enter* a club 加入俱乐部 ❹(书面)提出(抗议等);递呈;登记:*enter* an objection to the proposal 提出对这项建议的反对意见 ❺开始;开始从事;开始进入:*enter* business 开始经商 —*vi.* ❶入,进,进入,进来:Knock before you *enter*. 进来前先敲门。❷报名参加;参加比赛;入学:He asked at what school she would *enter*. 他问她想进哪所学校。‖ ***enter into*** *vt.* ❶参加;开始从事:*enter into* negotiations 参加谈判 ❷进入:A new idea *entered into* her mind. 她想出了一个新主意。❸是…的一部分,构成…的一部分:Lead *enters into* the composition of pewter. 铅是白镴的组成部分。***enter upon*** [*on*] *vt.* 正式开始;着手处理;开始考虑:*enter upon* a diplomatic career 开始外交生涯

en·ter·prise /'entəˌpraiz/ *n.* [C] ❶艰巨复杂(或带冒险性)的任务;宏伟的事业:To keep the peace is a difficult *enterprise*. 维护治安是一项艰巨的任务。❷[U]创业;干事业;办企业:private *enterprise* of commerce and industry 工商业的私营 ❸[U]事业心;进取心;冒险精神,胆识:He has no *enterprise*. 他缺乏事业心。❹[C]企业单位;事业单位;公司:a joint *enterprise* 合资企业

en·ter·pris·ing /'entəˌpraiziŋ/ *adj.* 有事业心的,有进取心的;有胆量的,有魄力的;富于想象力的:It's very *enterprising* of them to try and start up a business like that. 他们试图创办那样一家企业真是颇有胆识之举。

en·ter·tain /ˌentə'tein/ *vt.* ❶使娱乐,使快乐;使感兴趣(见 amuse):The play failed to *entertain* its audience. 这出戏让观众大为扫兴。❷招待,款待:*entertain* friends at [to] dinner 宴请朋友 ❸心存,怀有;持有:Each side *entertains* suspicions of the other. 双方互存猜疑。

en·ter·tain·er /ˌentə'teinəʳ/ *n.* [C](歌唱、舞蹈、戏剧等的)专业演员,演艺人员;表演者:She was one of the capital's great *entertainers*. 她是首都伟大的表演艺术家之一。

en·ter·tain·ment /ˌentə'teinmənt/ *n.* ❶[U]娱乐;消遣;供娱乐(或消遣)场所(或设施、项目等):This book is an excellent *entertainment*. 这本书是一部极好的消遣读物。❷[U]快乐,乐趣:find *entertainment* in reading 从书中求乐趣 ❸[C]招待,款待:give an *entertainment* to sb. 款待某人

en·thral(l) /in'θrɔːl/ *vt.* (**-thralled**; **-thral·ling**)〈英〉迷住,吸引住;使着迷:His stories of battles *enthralled* the children. 他的战斗故事把孩子们吸引住了。‖ **en'thral·(l)ing** *adj.* —**en'thral(l)·ment** *n.* [U]

en·throne /in'θrəun/ *vt.* 使(国王、主教等)登基;立…为国王 ‖ **en'throne·ment** *n.* [C;U]

en·thuse /in'θjuːz/〈口〉*vi.* 表现出热情(或热心);充满热情(或热心)(*about*, *over*):He *enthused about* his new car to all his friends. 他对他所有的朋友津津乐道他的新汽车。

en·thu·si·asm /in'θjuːziˌæzᵊm/ *n.* ❶[U]热情,热忱,热心;强烈的兴趣;积极性(*for*, *about*):arouse *enthusiasm* in sb. 激发起某人的热情 ❷[C]激发热情的事物(或人):Gardening

E

is his latest *enthusiasm*. 最近园艺使他着了迷。‖**en·thu·si·ast** /inˈθjuːziˌæst/ *n*. [C]

en·thu·si·as·tic /inˌθjuːziˈæstik/, **en·thu·si·as·ti·cal** /-kᵊl/ *adj*. 满腔热情的;热心的,积极的;狂热的;极感兴趣的:She seems *enthusiastic* about her new responsibilities. 她看来对自己的新工作满怀热情。‖**enˌthu·siˈas·ti·cal·ly** *adv*.

en·tice /inˈtais/ *vt*. 引诱,诱使,诱惑;怂恿;吸引:The beautiful weather *enticed* me into the garden. 晴朗宜人的天气诱使我走进花园。‖**enˈtice·ment** *n*. [C;U] —**enˈtic·ing** *adj*.

en·tire /inˈtaiəʳ/ *adj*. [无比较级][作定语]全部的,整个的:The *entire* project is going well. 整个计划进展顺利。‖ **enˈtire·ly** *adv*. —**enˈtire·ness** *n*. [U]

en·tire·ty /inˈtaiəti/ *n*. [U]全部;全面;整体;总体:the *entirety* of the organism 整个机制 ‖ ***in its entirety*** *adv*. 整个地,全面地;作为一个整体:I copied the paper over *in its entirety*. 我把论文整篇复制了一遍。

en·ti·tle /inˈtaitᵊl/ *vt*. ❶给…权利;使有资格(*to*):This ticket *entitles* the bearer *to* free admission. 持有此票者可免费入场。❷给(书、文章等)题名:The book is *entitled Crime and Punishment*. 这本书名为《罪与罚》。

en·ti·tle·ment /inˈtaitlmənt/ *n*. ❶[U]授权;有资格:She has obtained *entitlement* under the program for aid to dependent mothers. 她获得了无经济来源母亲资助计划的被资助权。❷[C]有权得到的东西:all the *entitlements* permitted under the law 法律允许的所有权利

en·ti·ty /ˈentiti/ *n*. [C]实际存在物,独立存在体,实体:separate *entities* 独立实体

en·to·mol·o·gy /ˌentəˈmɔlədʒi/ *n*. [U]昆虫学 ‖ **ˌen·toˈmol·o·gist** *n*. [C]

en·tou·rage /ˌɔntuˈrɑːʒ/ *n*. [总称]随行人员,陪同人员;侍从

en·trails /ˈentreilz/ [复] *n*. 内脏;肠:remove a chicken's *entrails* 清除鸡内脏

en·trance /ˈentrᵊns/ *n*. ❶[C]入,进入(*into*, *upon*):They made a dramatic *entrance into* the room. 他们闯入了房间。❷[C]入口,进口:Do not block the *entrance*. 不要堵塞入口处。❸[U]进入权;进入许可:High school students are qualified for *entrance* to a university. 高中学生有资格入大学学习。

en·trant /ˈentrənt/ *n*. [C]参加比赛者:Each *entrant* plays the music of their choice. 每位参赛者演奏自选曲。

en·trap /inˈtræp/ *vt*. (**-trapped**;**-trap·ping**) ❶使入陷阱;诱捕(见 catch):*entrap* the lion 诱捕狮子 ❷使陷入圈套(或困境、尴尬等);诱骗(*to*, *into*):*entrap* sb. *into* a difficult situation 使某人陷入困境 ‖ **enˈtrap·ment** *n*. [U]

en·treat /inˈtriːt/ *vt*. 恳求;乞求;请求:He *entreated* the judge for another chance. 他请求法官再给他一次机会。‖ **enˈtreat·ing·ly** *adv*.

en·treaty /inˈtriːti/ *n*. [C]恳求;乞求;请求

en·trée, **en·tree** /ˈɔntrei/ *n*. ❶[C]〈英〉正菜,主菜 ❷[C;U]入场权;(法庭等的)入场许可;进入

en·tre·pre·neur /ˌɔntrəprəˈnəːʳ/ *n*. [C](工商)企业家 ‖ **ˌen·tre·pre·neur·i·al** /ˈnəːriəl/ *adj*. —**ˌen·tre·preˈneur·ship** *n*. [U]

en·trust, **in·trust** /inˈtrʌst/ *vt*. ❶委托;托付(*with*):He *entrusted* his aides *with* the task. 他把这项任务委托给助手们了。❷委托管理(事物等);委托照看(孩子等)(*to*):*entrust* one's daughter *to* a friend 把女儿托给朋友照看 ‖ **enˈtrust·ment** *n*. [U]

en·try /ˈentri/ *n*. ❶[C]入,进入:His sudden *entry* startled me. 他突然走进来把我给吓了一跳。❷[C]入口处;通道;门厅:Please wait in the *entry*. 请在门厅里等候。❸[U]进入权,进入许可:No *entry*. 禁止入内。❹[C]登记;记入;(记入或刊入的)项目,条目;账目;词目,词条:an *entry* in the family register 登入户籍 ❺[C]参加比赛的人(或物);[总称]参赛者:The stable's *entry* in the race was the black horse. 该养马场报名参加马赛的是那匹黑马。

e·nu·mer·ate /iˈnjuːməˌreit/ *vt*. 逐一清点;列举,枚举,举出:He *enumerated* the advantages of travelling by train. 他列举了乘火车旅行的种种好处。‖ **eˈnu·mer·a·ble** *adj*. —**e·nu·mer·ation** /iˌnjuːməˈreiʃᵊn/ *n*. [U] —**eˈnu·merˌa·tor** *n*. [C]

e·nun·ci·ate /iˈnʌnsiˌeit, -ʃiˌeit/ *vt*. (清晰地)发(音),念(字):Radio announcers must *enunciate* words clearly. 电台广播员必须清晰地发音

E

(念字)。‖ **e•nun•ci•a•tion**/iˌnʌnsiˈeiʃᵊn,-ʃi-/*n.* [U]

en•vel•op /inˈveləp/ *vt.* ❶包住,裹住(*in*):*envelop* oneself *in* a blanket 用毯子裹着自己 ❷包围;遮盖,掩盖;笼罩:The flames *enveloped* him. 火焰将他团团围住。‖ **enˈvel•op•er** *n.* [C] —**enˈvel•op•ment** *n.* [U]

en•ve•lope /ˈenvəˌləup/ *n.* [C]信封:She opened the *envelope* and drew out the contents. 她打开信封,把里面的东西抽了出来。

en•vi•a•ble /ˈenviəbᵊl/ *adj.* 引起妒忌的;令人羡慕的,值得羡慕的:She speaks English with *enviable* fluency. 她英语说得流利极了,让人称羡不已。‖ **ˈen•vi•a•bly** *adv.*

en•vi•ous /ˈenviəs/ *adj.* 妒忌的;羡慕的(*of*)(见 jealous):The *envious* man shall never want woe. 好妒忌,生烦恼。‖ **ˈen•vi•ous•ly** *adv.* —**ˈen•vi•ous•ness** *n.* [U]

en•vi•ron•ment /inˈvaiərənmənt/ *n.* ❶[C]生活环境(或状况);周围状况(见 background);外界:the social *environment(s)* 社会环境 ❷[U;C]【生态】生态环境;自然环境:Cockroaches prefer a moist dark *environment*. 蟑螂喜阴暗潮湿的自然环境。

en•vi•ron•men•tal /inˌvaiərᵊnˈmentᵊl/ *adj.* [无比较级][作定语]环境的:The *environmental* effect of this new factory could be disastrous. 这家工厂给自然环境带来的影响可能是灾难性的。‖ **enˌvi•ronˈmen•tal•ly** *adv.*

en•vi•ron•men•tal•ist /inˌvaiərᵊnˈmentᵊlist/ *n.* [C] ❶环境问题专家 ❷环境论者,环境论信奉者 ‖ **enˌvi•ronˈmen•tal•ism** *n.* [U]

en•vi•rons /inˈvaiərənz/ [复] *n.* 附近,毗邻的区域;近郊;周围的环境

en•vis•age /inˈvizidʒ/ *vt.* 想象,设想;展望:He *envisages* an era of great scientific discoveries. 他展望一个伟大的科学发明的时代。

en•vi•sion /inˈviʒᵊn/ *vt.* 想象;预想;展望:He *envisioned* a shopping mall taking over the park. 他预想会有一家步行商业街占据这家公园。

en•voy /ˈenvɔi/ *n.* [C]使节,特使,使者,代表;公使:diplomatic *envoys* 外交使节

en•vy /ˈenvi/ I *n.* [U] ❶妒忌;羡慕:success excites my *envy*. 你的成功使我万分羡慕。❷妒忌的对象;羡慕的目标:Lee's red convertible was the *envy* of the neighbourhood. 李的红色折篷汽车成了街坊邻里的羡慕对象。II *vt.* 妒忌;羡慕:Many girls *envy* her for her curly hair. 许多女孩子羡慕她那一头卷发。

en•zyme /ˈenzaim/ *n.* [C]【生化】酶

e•on /ˈiːən/ *n.* [C]极长(而无法计算)的时期;永世〔亦作 **aeon**〕

ep•au•lette, ep•au•let /ˈepəlet, ˌepəˈlet/ *n.* [C](军官制服上的)肩章,肩饰

e•phem•er•al /iˈfemərᵊl/ *adj.* 短暂的;短促的,瞬息的;(昆虫或植物)短命的:His success as a singer was *ephemeral*. 作为歌唱家,他的成功只是昙花一现。

ep•ic /ˈepik/ I *n.* [C] ❶史诗,叙事诗:a folk *epic* 民间史诗 ❷史诗般的文艺作品(如小说或戏剧、电影等);可歌可泣的事迹:film an *epic* of ancient Egypt 拍一部关于古埃及的史诗影片 II *adj.* [无比较级] ❶史诗的,叙事诗的;史诗般的:an *epic* poem 史诗(或叙事诗) ❷宏大的,巨大规模的:an *epic* work 一部鸿篇巨制

ep•i•cen•tre, ep•i•cen•ter /ˈepiˌsentəʳ/ *n.* [C]【地质】震中

ep•i•cure /ˈepiˌkjuəʳ/ *n.* [C]美食家;(音乐、艺术等方面的)鉴赏家

ep•i•dem•ic /ˌepiˈdemik/ I *n.* [C] ❶(疾病的)流行,传播:an *epidemic* of AIDS 艾滋病的蔓延 ❷流行病,传染病:*Epidemics* break out, spread, if they are not contained. 如不加以遏制,各种流行病就会爆发并传播开来。❸(多指令人不快的事物的)迅速增长,迅速蔓延(of):an *epidemic of* riots [strikes] 骚乱[罢工]的此起彼伏 ❹(思潮、风尚等的)流传,盛行 II *adj.* ❶[作定语](疾病)流行性的,传染性的:an *epidemic* disease 流行病❷流传极广的;极为盛行的:Dieting has reached *epidemic* proportions. 节食已经蔚然成风。

ep•i•der•mis /ˌepiˈdəːmis/ *n.* [C;U] ❶【解】【动】表皮 ❷(昆虫的)真皮;(软体动物的)壳皮 ❸【生】外胚层 ❹【植】表皮(层) ‖ **ep•i•der•mal** /ˌepiˈdəːmᵊl/ *adj.*

ep•i•gram /ˈepiˌgræm/ *n.* [C]警句,隽语,妙语

ep•i•lep•sy /ˈepiˌlepsi/ *n.* [U]【医】癫痫,羊痫风

ep•i•lep•tic /ˌepiˈleptik/ I *adj.* [无比较级]【医】癫痫的;患癫痫的:an *epileptic* attack 癫痫

E

发作 II *n.* [C]【医】癫痫病患者

ep·i·logue, ep·i·log /ˈepiˌlɔg/ *n.* [C](文学作品的)结尾部分,尾声;后记,跋:The novel ends with an *epilogue* in the form of a poem. 这部长篇小说是以诗歌形式作结尾的。

ep·i·sode /ˈepiˌsəud/ *n.* [C] ❶(若干或一连串事件中的)一个事件;(人生的)一段经历:an *episode* of one's childhood 某人童年时代的一段经历 ❷(连载小说中的)一节;(戏剧、电影、电视等的)连续剧的一出(或一集、一部分):Subsequent *episodes* will go out on Tuesday on TV. 续集将于星期二在电视上播放。

ep·i·taph /ˈepiˌtɑːf;-ˌtæf/ *n.* [C]墓志铭

ep·i·thet /ˈepiˌθet/ *n.* [C](表述人或事物性质、特征的)表述词语(可以是名词、形容词,也可以是短语);绰号,别称:"The Lion-Heart" is an *epithet* for Richard I. "狮心王"是理查一世的别称。

E

e·pit·o·me /iˈpitəmi/ *n.* [U;C]典型;象征;范例;缩影:Keats was the *epitome* of the Romantic poet. 济慈是浪漫派诗人的典型。〔亦作 **image**〕

e·poch /ˈiːpɔk;ˈepək/ *n.* [C] ❶新纪元,新时代;(具有意义的)重要时期(见 period):usher in a new *epoch* in human history 开辟人类历史的新纪元 ❷【地质】世 ‖ **e·poch·al** /ˈiːpɔkᵊl;ˈepəkᵊl/ *adj.*

eq·ua·ble /ˈekwəbᵊl/ *adj.* ❶不易生气的;平和的;(心境、态度等)平静的:an *equable* disposition [nature] 平和的性情[性格]❷稳定的,变化小的;均一的;(气候)不冷不热的:the slow, *equable* march of the troops 士兵们缓慢而稳健的行军速度

e·qual /ˈiːkwᵊl/ I *adj.* [无比较级] ❶(在数量、程度、价值等方面)相等的,同样的(*to*, *with*):Twice two is *equal to* four. 2 乘以 2 等于 4。❷平等的:All men are *equal* before the law. 法律面前,人人平等。❸胜任的;合适的,相当的(*to*):be *equal to* the task 足以胜任工作 II *n.* [C]同等(或对等)的人;同级别的人;相等物:He is without (an) *equal* in eloquence. 论雄辩谁也敌不过他。III *vt.* (**e·qual(l)ed**; **e·qual·(l)ing**) ❶等于;与…相同:Four times five *equals* twenty. 4 乘以 5 等于 20。❷比得上,敌得过;不次于:There was no one to *equal* Goliath in strength. 论力气谁也比不上歌利亚。

e·qual·i·ty /iːˈkwɔliti/ *n.* [U]相等;相同;平等;均等:*equality* between the sexes 男女平等

e·qual·ize, e·qual·ise /ˈiːkwəˌlaiz/ *vt.* 使相等;使相同;使平等(*to*, *with*):*equalize* a translation *with* the text of the original 使译文与原著对等 ‖ **e·qual·i·za·tion**, **e·qual·i·sa·tion** /ˌiːkwəlaiˈzeiʃᵊn/ *n.* [U]

e·qual·ly /ˈiːkwəli/ *adv.* [无比较级] ❶相等地;平等地;平均地:The fence posts should be *equally* spaced. 篱笆桩之间应该等距。❷同样地:They love their two children *equally*. 他们对两个孩子付出的是同样的爱。

equal(s) sign *n.* [C]【数】【逻】等号(即=)

e·qua·nim·i·ty /ˌiːkwəˈnimiti,ˌekwə-/ *n.* [U]平和;镇静;泰然

e·quate /iˌkweit/ *vt.* 等同;显示…的密切关系;平等看待:*equate* experience with wisdom 把经验等同于智慧

e·qua·tion /iˈkweiʒᵊn,-ʃᵊn/ *n.* [C]【数】等式;方程(式):a quadratic*equation* 二次方程

e·qua·tor /iˈkweitəʳ/ *n.* [U](地球)赤道:The United States is north of the *equator*. 美国位于赤道北面。

eq·ua·to·ri·al /ˌekwəˈtɔːriəl, iːkwə-/ *adj.* [无比较级] ❶(地球)赤道的;(地球)赤道附近的:an *equatorial* country 赤道国家❷(地球)赤道地区特有的;酷热的:the *equatorial* climate 赤道地区的气候

e·ques·tri·an /iˈkwestriən/ *adj.* [无比较级] 马的;马背上的;骑术的:Cowboys have *equestrian* skill. 牛仔有高强的马上功夫。

e·qui·dis·tant /ˌiːkwiˈdistᵊnt/ *adj.* [无比较级][通常作表语]等距(离)的(*from*):Montreal and New York are *equidistant from* Vancouver. 从温哥华到蒙特利尔和到纽约是等距离的。

e·qui·lat·er·al /ˌiːkwiˈlætᵊrᵊl/ *adj.* [无比较级]【数】等边的:an *equilateral* triangle 等边三角形

e·qui·lib·ri·um /ˌiːkwiˈlibriəm/ *n.* ([复] **-ri·ums**或**-ri·a** /-riə/) ❶[U;C]平衡;均衡:The scale is held in *equilibrium*. 天平呈平衡状态。❷[U](心情的)平静:David's *equilibrium* has been disturbed. 戴维心绪不宁。

eq·uine /ˈekwain, ˈiːk-/ *adj.* [无比较级]马的；似马的；马性的：*equine* vets 马兽医

e·quip /iˈkwip/ *vt.* (**e·quipped** /iˈkwipt/; **e·quip·ping**) ❶配备，装备(见 furnish)：They can't afford to *equip* the army properly. 他们无力提供军队应有的装备。❷[常用被动语态](体力、智力等上)使具备；使胜任；使适合于：Her son was never *equipped* to be a scholar. 她儿子绝无成为一名学者的素质。

e·quip·ment /iˈkwipmənt/ *n.* [U]配备，装备；设备；器械，器材：military *equipment* 军事装备

eq·ui·ta·ble /ˈekwitəbᵊl/ *adj.* 公平合理的；公正的：an *equitable* solution to the dispute 对争端的公正解决 ‖ **ˈeq·ui·ta·bly** *adv.*

eq·ui·ty /ˈekwiti/ *n.* ❶[U]公平，公正；公平行为：He complained that there had been no *equity* in the decision. 他抱怨这项裁决毫无公正可言。❷[U;C](扣除一切费用后)抵押资产的净值；〈口〉家当：The landlord has more than $ 40,000 *equity* in that building. 房主在那所房子里的抵押资产净值超过 4 万美元。

e·quiv·a·lence /iˈkwivələns/ *n.* [U;C]相等；等价；等效

e·quiv·a·lent /iˈkwivələnt/ *adj.* [无比较级]相等的；相同的；相当的(*to*)：A mile is *equivalent to* 1.69km. 1 英里等于 1.69 千米。‖ **eˈquiv·a·lent·ly** *adv.*

e·quiv·o·cal /iˈkwivəkᵊl/ *adj.* ❶有歧义的；含糊的；模棱两可的：She gave me an *equivocal* answer. 她给我的回答模棱两可。❷不肯定的；不确定的；可疑的：an *equivocal* attitude 暧昧的态度

e·quiv·o·cate /iˈkwivəˌkeit/ *vi.* 模棱两可地隐瞒真相；支吾，含糊其词；推诿：Don't *equivocate* with me — I want a straight answer to a straight question! 别跟我推三阻四的，直截了当地问你就直截了当地回答！‖ **e·quiv·o·ca·tion** /iˌkwivəˈkeiʃᵊn/ *n.* [U;C]

e·ra /ˈiərə, ˈeərə/ *n.* [C] ❶(历史)时期，时代；(具有显著特征或发生重要历史事件的)年代：in the Victorian *era* 在维多利亚时代 ❷世纪，纪元：introduce in an *era* 开创新纪元

e·rad·i·cate /iˈrædiˌkeit/ *vt.* 根除；杜绝；消灭(见 exterminate)：*eradicate* social injustices 革除社会不公正现象/*eradicate* ignorance 消灭愚昧 ‖ **e·rad·i·ca·tion** /iˌrædiˈkeiʃᵊn/ *n.* [U] —**eˈrad·iˌca·tor** *n.* [C]

e·rase /iˈreiz/ *vt.* ❶擦掉，抹(擦)去：*Erase* the penciled notes in the margins. 把页边空白上的铅笔注解擦掉。❷消除，清除；使忘却：Time *erased* grief. 悲伤随着时间的流逝逐渐淡化了。‖ **eˈras·a·ble** *adj.*

e·ras·er /iˈreizəʳ/ *n.* [C] ❶擦除器(如橡皮、刮字刀、黑板擦等) ❷消除者，删除者

e·rect /iˈrekt/ **I** *adj.* 竖直的；垂直的；挺直[立]的：She held her head *erect*. 她昂起头来。**II** *vt.* ❶使竖立(起)，使直立：*erect* oneself 站起身来 ❷建造，架设：*erect* barriers to progress 阻碍进步 ‖ **eˈrect·ion** *n.* [U; C] —**eˈrect·ly** *adv.* —**eˈrect·ness** *n.* [U]

e·rode /iˈrəud/ *vt.* ❶腐蚀，侵蚀；蚀去：Wind *eroded* the loose topsoil. 风侵蚀了松散的表土。❷逐步毁坏；削弱：The scandal has *eroded* his reputation. 这起丑闻使他的声名不再。—*vi.* ❶受腐蚀，受侵蚀：The coat is slowly *eroding* (away). 这件衣服慢慢地磨损坏了。❷遭到破坏；逐渐消失；削弱：The support for the policy has started to *erode*. 对这项政策的支持开始回落。

e·ro·sion /iˈrəuʒᵊn/ *n.* [U; C]腐蚀；侵蚀；磨损；削弱：soil *erosion* 土壤的受蚀

e·rot·ic /iˈrɔtik/ *adj.* ❶性爱的，性欲的；(引起)性爱(欲)的；色情的：an *erotic* dream 性梦 ❷引起性欲的，性挑逗的；色情的：the *erotic* perfume 具有性挑逗效果的香水 ‖ **eˈrot·i·cal·ly** /-kᵊli/ *adv.*

err /əː/ *vi.* 犯错；出差错；发生偏差：*err* from the truth 背离真理 ‖ ***err on the side of*** *vt.* 如此做而不为过：It is best to *err on the* safe *side*. 再怎么小心也不为过。

er·rand /ˈerənd/ *n.* [C](尤指买东西、送信等的短程)差事，差使：I'm in a hurry — I've got some *errands* to do. 我得赶紧——我有差事在身。

er·rat·ic /iˈrætik/ *adj.* (行为等)不稳定的；古怪的，捉摸不透的；难以预料的：*erratic* behaviour 古怪的行为 ‖ **erˈrat·i·cal·ly** /-kᵊli/ *adv.*

er·ro·ne·ous /iˈrəuniəs/ *adj.* 错误的；不正确的：His argument is based on *erroneous* information. 他用不正确的信息立论。‖

er'ro·ne·ous·ly *adv.* —er'ro·ne·ous·ness *n.* [U]

er·ror /'erəʳ/ *n.* ❶[C]错误,谬误;差错;【数】误差:His speech contained several factual *errors*. 他的演讲中有几处与事实有出入。❷[U]错误状态;犯错误,出差错:He opened her letter by *error*. 他错拆了她的信。

e·rupt /i'rʌpt/ *vi.* ❶(蒸汽、火山、喷泉等)爆发,喷发:The volcano *erupted* without warning. 这座火山在没有预兆的情况下突然爆发。❷(岩浆等)喷出:Molten lava *erupted* from the volcano. 熔浆从火山喷薄而出。❸(事件、情绪等)突然发生,爆发,迸发:Words of anger *erupted* from her. 她突然破口大骂。—*vt.* 喷发(蒸汽、喷泉等);喷出(岩浆、火山灰等):The volcano suddenly *erupted* lava and ash. 这座火山突然喷出了岩浆和火山灰。‖ e'rup·tion /-ʃᵊn/ *n.* [U]

es·ca·late /'eskəˌleit/ *vt.* & *vi.* (使)(在强度、程度或数量上)逐步上升(或增强):Local fighting threatens to *escalate* into full-scale war. 局部性的地方战斗有逐步升级为全面战争的危险。‖ es·ca·la·tion /ˌeskə'leiʃᵊn/ *n.* [U]

es·ca·la·tor /'eskəˌleitəʳ/ *n.* [C]自动扶梯

es·ca·pade /'eskəˌpeid,ˌeskə'peid/ *n.* [C]恶作剧;胡作非为;越轨(行为):just a youthful *escapade* 不过是年轻人的恶作剧而已

es·cape /i'skeip/ **I** *vi.* ❶逃,逃离;逃跑;逃脱(或罪责、惩罚等)(*from*):Every weekend I *escape from* the city into the country. 每一个周末我都离开城市来到乡间。❷(液体或气体)逸出,泄(或漏)出,散出:Gas had been *escaping* from the cylinder all night. 整整一夜煤气罐不停地逸出煤气。—*vt.* ❶逃避;逃脱;避免:The town *escaped* the storm. 这座镇子躲过了这场暴风雨。❷逃过…的注意;被…忘掉:I knew his face,but his name *escaped* me at the moment. 他这个人面熟,可名字我一时却想不起来了。**II** *n.* [U] ❶逃跑;逃脱;逃避:have a narrow *escape* 死里逃生(或九死一生)❷逃跑工具(或方法);逃路:We used the tunnel as an *escape*. 我们从地道里逃了出去。❸逃避现实;消遣;解闷:Some people find *escape* in mystery stories. 有些人以神秘小说消遣。

es·cort **I** /'eskɔːt/ *n.* ❶[C]护送者;护卫队;仪仗队:an armed *escort* 一支武装护送队❷[C]护卫部队;护送车队;护航舰(或机):The convoy had an *escort* of destroyers. 这支船队有一队驱逐舰护卫。❸[C](出席社交场合的女子的)男陪同:He was her *escort* for the evening. 他陪伴她去参加晚会。❹[U]保护;监护;护卫:under heavy police *escort* 在警察的严密监护下 **II** /i'skɔːt/ *vt.* 护送;为…护航(见 accompany):He *escorted* me down the aisle. 他沿着走道护送我。

Es·ki·mo /'eskiˌməu/ *n.* ❶[C]([复]-**mo(s)**)因纽特人 ❷[U]因纽特语

ESL *abbr.* English as a second language 作为第二语言的英语

e·soph·a·gus /iː'sɔfəgəs/ *n.* [C]([复]-**gi** /-dʒai/) 食管

es·o·ter·ic /ˌesəᵘ'terik/ *adj.* ❶限于小圈子里的,只有少数人知道(或从事)的;深奥的❷秘传的;私密的;秘密的;神秘的

es·pe·cial·ly /i'speʃᵊli/ *adv.* ❶特别,尤其,格外:I am *especially* fond of tennis. 我特别喜欢打网球。❷主要地,专门地:These books are *especially* designed for students. 这些书是专为学生们编写的。

es·pi·o·nage /'espiəˌnɑːʒ/ *n.* [U](尤指政府的)间谍行为(活动):engage in [conduct] *espionage* 从事间谍活动

es·pouse /es'pauz/ *vt.* 信奉;拥护,支持;呼吁;采纳:*espouse* socialism 信仰社会主义

es·pres·so /e'spresəu/ *n.* ([复]-**sos**) ❶[U;C](用蒸汽加压煮出的)浓咖啡;一杯浓咖啡:order an *espresso* 要一杯浓咖啡 ❷[C](用蒸汽加压的)咖啡机

es·py /i'spai/ *vt.* 窥见;远看,眺望到

Es·quire /i'skwaiəʳ,'eskwaiəʳ/ *n.* [C]〈英〉先生:John Smith *Esquire* 约翰·史密斯先生 ☆Esq. 或 Esqr. 是在信件中用于男子姓名后的尊称,较为正式、客气,用后即不再冠以 Mr.,Dr.,Hon. 等其他尊称;在英国,也可用以称呼有一定社会地位的士绅;在美国,此尊称不多见,一般只用于信件中称呼律师、治安法官等;现在在信件中也可用来称呼女性,尤其是女律师,如 Jane Roe,Esq.

es·say /'esei/ *n.* ❶[C]议论文,短论;散文,随笔;小品文:write an *essay* on the movie 写一篇关于电影的论文 ❷[U]〈书〉尝试;努力:make an *essay* at sth. 试图做某事 ‖ 'es·say·ist *n.*

[C]

es·sence /ˈesᵊns/ *n.* [U] ❶本质,实质:The *essence* of good manners is thoughtfulness. 体贴人是礼貌的本质。❷主题;主旨:the *essence* of the lecture 这次演讲的主题 ❸萃取物;香精;精油:vanilla *essence* 香草精 ‖ ***in essence*** *adv.* 本质上,实质上;基本上:He is *in essence* a brave person. 他实质上是个勇敢的人。***of the essence*** *adj.* 极其重要的;不可或缺的:It is *of the essence* that you are present. 你在场非常关键。

es·sen·tial /iˈsenʃᵊl/ **I** *adj.* ❶非常重要的,绝对必要的;必不可少的:Air is *essential* for life. 空气对生命不可或缺。❷[作定语]本质的,实质的:The most *essential* function of mind is memory. 头脑最本质的功能特征是记忆。**II** *n.* [～s]基本必要的东西;要素;本质,实质:*essentials* of life 生活必需品 ‖ **esˈsen·tial·ly** *adv.*

es·tab·lish /iˈstæbliʃ/ *vt.* ❶建立,建造;设立:*establish* friendly relations 建立友好关系 ❷安顿,安置;(因结婚、就业等)使立身,使安身:We are now comfortably *established* in our new house. 我们现在已经舒舒服服地住进了新居。❸使任职,使开业;使立足(*in*):A new dentist has *established* himself *in* this community. 一位新来的牙科医生已在这个社区里开业行医。❹证明,证实,核实;确定:*establish* the facts of the matter 查明事实真相 ❺创立,确立;使被承认;使被接受:*established* one's international reputation 确立国际声誉

es·tab·lish·ment /iˈstæbliʃmənt/ *n.* ❶[U]建立,设立;确立;证实,确定;规定,制定:The *establishment* of such an organization would be difficult. 创建这样一个组织将很困难。❷[C](包括雇员、设备、场地、货物等在内的)企业:commercial *establishments* (饭店、旅馆等)商业单位 ❸[C][**the** ～或 **the E-**,通常作单](一国的)统治集团,权势集团:between *the establishment* and the rank-and-file 在权贵和老百姓之间

es·tate /iˈsteit/ *n.* ❶[C](尤指在乡村带有房屋的)大片私有土地,庄园;(橡胶、茶叶、葡萄等)种植园:have an *estate* in the country 在乡间拥有地产 ❷[C]〈主英〉有大片建筑物的土地;(包括房屋、商店和其他设施的)住宅区:a housing *estate* 住宅区 ❸[U;C]【律】地产,产业;遗产;地产权;财产权:real *estate* 房地产

es·teem /iˈstiːm/ *n.* [U]尊重,敬意,敬佩:The scientist is held in high *esteem*. 这位科学家极受人们的尊重。‖ **esˈteemed** *adj.*

es·thete /iːsˈθiːt;es-/ *n.* ＝aesthete

es·thet·ic /iːsˈθetik/ *adj.* ＝aesthetic

es·thet·ics /esˈθetiks/ *n.* ＝aesthetics

es·ti·mate I /ˈestiˌmeit/ *vt.* ❶(粗略)估计(距离、大小、价值、费用等)(见 calculate):We *estimate* that we can cycle eighty miles in a day. 我们估计我们骑自行车一天可跑 80 英里。❷估计…的价值(或意义);评价,判断:I don't know her well enough to *estimate* her abilities. 我不太了解她,难以评价她的能力。—*vi.* 作成本(或费用)估计;投标:*estimate* for the repair of a house 估计房屋的修缮费用 **II** /ˈestimət/ *n.* [C] ❶估计,估算;估计数;估计量;估计值:By my *estimate*, it will cost around 750,000. 以我估计,这将花费 75 万美元左右。❷(承包人)估价单;投标,标书:submit an *estimate* 投标 ‖ **ˈes·tiˌma·tor** *n.* [C]

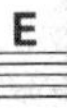

es·ti·ma·tion /ˌestiˈmeiʃᵊn/ *n.* [U] ❶评价,判断;看法:In our *estimation*, the project is not workable. 据我们看,这个方案行不通。❷估计;测定;估价(数):make an *estimation* of one's expenditures 估计一下支出费用

Es·to·ni·an /eˈstəuniən/ **I** *n.* ❶[C]爱沙尼亚人 ❷[U]爱沙尼亚语 **II** *adj.* [无比较级]爱沙尼亚(人)的;爱沙尼亚语(或文化)的

es·tranged /iˈstreindʒ/ *adj.* [无比较级]疏远的;(因夫妻不和而)分居的:They never see their *estranged* daughter. 他们从来就见不到与他们关系疏远了的女儿。‖ **esˈtrange·ment** *n.* [U]

es·tu·ar·y /ˈestjuəri/ *n.* [C](江河入海的)河口;河口湾,港湾;河口段三角港:the Thames *estuary* 泰晤士河口

ETA, E. T. A., e. t. a. *abbr.* estimated time of arrival 估计到达时间

et al. *abbr.* 〈拉〉❶ *et alibi* 以及其他地方(＝and elsewhere) ❷ *et alii* 以及其他人(＝and others)

etc. *abbr.* 〈拉〉*et cetera* …等等

et cet·er·a /etˈsetərə,-ˈsetrə/ *adv.* 等等,及其

他等等(略作 **etc.** 或 **&c.**):I saw Peter, Joe, Mary et cetera yesterday. 昨天我见到了彼得、乔、玛丽等人。

etch /etʃ/ *vt.* (用酸类或加热法在金属、矿石等上面)蚀刻,蚀镂(图案、图画等):I read inscriptions *etched* on the monument. 我读着镌刻在纪念碑上的碑文。—*vi.* 蚀刻;施行腐蚀法:be busy (in) *etching* 正忙着蚀刻 ‖ ˈ**etch·er** *n.* [C]

etch·ing /ˈetʃiŋ/ *n.* ❶[C]蚀刻图案,蚀刻画;蚀刻版印刷品 ❷[U]蚀刻,侵蚀;蚀刻法,腐蚀法 ❸[C]蚀刻版

ETD, E. T. D. *abbr.* estimated time of departure 估计出发时间

E

e·ter·nal /iˈtəːnᵊl/ *adj.* [无比较级] ❶永远的,永久的;永存的,永世的:*eternal* life 永生 ❷永恒的;(永远)不变的:*eternal* principles 永存的原则 ❸〈口〉不停的,不断的,无休止的,没完没了的:*eternal* bickerings 没完没了的争吵 ‖ **eˈter·nal·ly** *adv.*

e·ter·ni·ty /iˈtəːniti/ *n.* ❶[U]永恒;无穷 ❷[U]【宗】永生;来世:hover between one's life and *eternity* 徘徊在生死之间 ❸[常冠以 an](似乎)无穷无尽的一段时间:We waited for (what seemed) an *eternity*. 我们左等右等,时间长得似乎永无尽头。

e·ther /ˈiːθəʳ/ *n.* [U] ❶【化】(二)乙醚,醚 ❷太空,苍穹

e·the·re·al, e·the·ri·al /iˈθiəriəl/ *adj.* ❶轻飘飘的;缥缈的;难以捉摸的:an *ethereal* world created through the poetic imagination 诗人想象力所创造的虚无缥缈的世界 ❷(尤指外貌)雅致的,纤美的,飘逸的:She radiates *ethereal* beauty. 她散发出飘逸之美。❸精妙的;微妙的:*ethereal* music 精妙的音乐

eth·ic /ˈeθɪk/ *n.* [C][常用单]伦理(标准);道德规范,道德体系:the work *ethic* 职业道德

eth·i·cal /ˈeθikᵊl/ *adj.* [无比较级] ❶(有关)道德的;合乎道德的:The firing was quite legal though not *ethical*. 这次枪击虽然不合乎道德,但是完全合法的。❷伦理的;伦理学的:the *ethical* basis of education 教育的伦理学基础 ❸遵守职业道德(或规范)的:Whatever be his morals, he's very *ethical* as a lawyer. 不管他品质如何,作为律师,他还是恪守职业道德的。‖ ˈ**eth·i·cal·y** *adv.*

eth·ics /ˈeθɪks/ [复] *n.* ❶[用作单]伦理学;道德学:social *ethics* 社会伦理学 ❷[用作单或复]道德规范;行为准则:medical *ethics* 医德 ‖ ˈ**eth·i·cist** /-sist/ *n.* [C]

E·thi·o·pi·an /ˌiːθiˈəupiən/ **I** *n.* ❶[C]埃塞俄比亚人 ❷[U]埃塞俄比亚语(尤指阿姆哈拉语) **II** *adj.* [无比较级]埃塞俄比亚的;埃塞俄比亚人的;埃塞俄比亚语的;埃塞俄比亚文化的

eth·nic /ˈeθnik/ **I** *adj.* [无比较级][作定语]种族(上)的;民族的;人种学的:an *ethnic* group 族群/ *ethnic* conflicts 种族冲突 **II** *n.* [C]少数民族集团的一员 ‖ ˈ**eth·ni·cal·ly** /-kᵊli/ *adv.*

et·i·quette /ˈetiˌket, ˌetiˈket/ *n.* [U] ❶礼节,礼仪:court *etiquette* 宫廷礼仪 ❷(职业中的)规矩;道德规范:In chess, it is against the *etiquette* to talk. 下棋说话是违反规则的。

et·y·mol·o·gy /ˌetiˈmɔlədʒi/ *n.* [U;C] ❶词源学 ❷词源阐述;词源说明 ❸词形变化

EU *abbr.* European Union

eu·lo·gize, eu·lo·gise /ˈjuːləˌdʒaiz/ *vt.* 称颂,颂扬,歌颂;赞美:a new brand of literature that *eulogized* peasant life 一种歌颂农村生活的新文学 ‖ ˈ**eu·loˌgiz·er**, ˈ**eu·loˌgis·er** *n.* [C]

eu·lo·gy /ˈjuːlədʒi/ *n.* ❶[C]颂词,颂文:The letter was an eloquent *eulogy* to the leader of the expedition. 这封信无疑是一篇吹捧远征队长的颂文。❷[U;C]颂扬;赞美:His novel earned the *eulogies* of the critics. 他的长篇小说赢得了评论界的啧啧称赞。❸[C](歌颂某人的)悼词,悼文:deliver a *eulogy* for the war dead 为阵亡将士致悼词

eu·phe·mism /ˈjuːfiˌmizᵊm/ *n.* [C]委婉说法;委婉(词)语:"Pass away" is a common *euphemism* for "die". "故去"是"死"的一个常用委婉语。 ‖ **eu·phe·mis·tic** /ˌjuːfiˈmistik/ *adj.* —ˌ**eu·pheˈmis·ti·cal·ly** /-kᵊli/ *adv.*

eu·pho·ri·a /juːˈfɔːriə/ *n.* [U](尤指因过于自信或乐观而产生的)愉快情绪,情绪高涨,兴奋:Her bouts of *euphoria* were followed by fits of depression. 她一会儿兴奋不已,一会儿又抑郁不堪。

eu·phor·ic /juːˈfɔrik/ *adj.* 愉快的,情绪高涨的,兴奋的:She felt *euphoric* over her promotion. 因得到了提升她兴奋不已。‖

euˈphor·i·cal·ly /-kəli/ *adv.*

Eur·a·sian /juəˈreiʃən/ **I** *adj.* ❶欧亚(大陆)的;欧亚人的 ❷欧亚混血儿的 **II** *n.* [C]欧亚混血儿

Eu·ro /ˈjuərəu/ *n.* [C]欧元(欧洲联盟通用货币单位)

Eu·ro·pe·an /ˌjuərəˈpiən/ **I** *adj.* [无比较级] ❶欧洲(大陆)的;全欧的;欧洲人的;欧洲文化的:a scholar of *European* fame 全欧闻名的学者 ❷(动植物)在欧洲土生的;源于欧洲的:traditional *European* customs 欧洲传统习俗 **II** *n.* [C] ❶欧洲人(或民民) ❷祖籍欧洲的人,欧洲后裔

European Economic Community *n.* [U]欧洲经济共同体(略作 EEC)

European Union *n.* [U]欧洲联盟,欧盟(略作 EU,旧称欧洲经济共同体)

eu·tha·na·si·a /ˌjuːθəˈneiziə/ *n.* [U] ❶(尤指为结束不治之症患者的痛苦而施行的)安乐死术 ❷安然死去,安乐死

e·vac·u·ate /iˈvækjuˌeit/ *vt.* ❶使(从危险地带)撤离;转移,疏散:They *evacuated* the embassy after a bomb threat. 由于一次爆炸的威胁,他们撤出了大使馆。❷从…撤退,撤走:The enemy troops refused to *evacuate* its territory. 敌人拒绝从其领土撤离。‖ **e·vac·u·a·tion** /iˌvækjuˈeiʃən/ *n.* [U]

e·vac·u·ee /iˌvækjuˈiː/ *n.* [C]后撤者,撤离人员;被疏散者:the *evacuees* from the war zone 从交战地带撤出的人员

e·vade /iˈveid/ *vt.* ❶(巧妙地)逃开,逃脱;躲开:After his escape he *evaded* capture for several days. 他逃跑以后好几天没被抓着。❷逃避(责任等);回避(问题等):*evade* the draft 逃避兵役

e·val·u·ate /iˈvæljuˌeit/ *vt.* ❶定…价,估…的值,给…定价(估值):He *evaluated* the old furniture at eighty-five dollars a piece. 他将这批旧家具定价为每件 85 美元。❷对…评价;为…鉴定:He's the kind of individual that's very hard to *evaluate*. 对他这样的人,很难作出评价。‖ **e·val·u·a·tion** /iˌvæljuˈeiʃən/ *n.* [U]

e·van·gel·i·cal /ˌiːvænˈdʒelikəl/【宗】*adj.* ❶遵照四《福音书》的;根据《圣经·新约》教导的 ❷(基督教)新教的 ❸(对某一事业)狂热的,热衷的 ❹[常作 E-](英国国教中)低教会派的;(德国)福音派教会的;基要主义教派的 ‖ **ˌe·vanˈgel·i·cal·ism** *n.* [U]

e·vap·o·rate /iˈvæpəˌreit/ *vi.* ❶蒸发;挥发:Boiling water *evaporates* rapidly. 沸水蒸发得快。❷散发蒸汽(或湿气):Water *evaporates* into vapour or steam. 水发散雾气或蒸汽。❸消失;消逝;消散:All her doubts *evaporated*. 她所有的疑惑涣然冰释。—*vt.* ❶使蒸发,使成蒸汽;使挥发:Heat *evaporates* water. 热使水蒸发。❷(通过加热)使脱水,去除…的水分:*evaporate* apples 去除苹果中的水分 ❸使消失;使消逝;使消散:His involvement in the scandal *evaporated* any hope he had for a political career. 他同此桩丑闻的牵连使他从政的希望化为乌有。‖ **e·vap·o·ra·tion** /iˌvæpəˈreiʃən/ *n.* [U]

e·va·sive /iˈveisiv/ *adj.* ❶闪躲的,推托的;含糊(其词)的,模棱两可的:She's always so *evasive* in the conversation. 她在谈话中总是躲躲闪闪。❷躲避的;逃避的,回避的:*evasive* tactics 规避战术 ❸难以捕捉的;稍纵即逝的:Inspiration is not forever *evasive*. 灵感并不总是难以捕捉的。‖ **eˈva·sive·ly** *adv.* —**eˈva·sive·ness** *n.* [U]

eve /iːv/ *n.* [U](节日或事件等的)前夜,前日;前夕:Everything was quiet on the *eve* of the battle. 战斗前夜,四周静悄悄。

e·ven /ˈiːvən/ **I** *adj.* ❶(水)平的;平坦的;平滑的:an *even* surface 平滑的表面 ❷[无比较级]同一平面的,同一直线的(*with*):The water level rose and was *even with* the pavement. 水位上升,与人行道平齐。❸[无比较级]等值(量)的;相(均)等的;对半的,各半的:an *even* chance of winning and losing 胜负机会各半 ❹均匀的;稳定的,平稳的;连贯一致的:an *even* colour 匀净的颜色 ❺[无比较级][作定语]双数的,偶数的:*even* numbers 偶数 **II** *adv.* [无比较级] ❶甚至,即使,连:*Even* an idiot can do that. 连白痴也能做那件事。❷[后接比较级]甚至,更,还:I can carry one *even* larger. 更大的我也拿得动。‖ ***be even with*** *vt.* ❶(偿清或报复后)与(某人)两清 ❷(向…)进行报复,(找…)算账,(与…)扯平 ***even as*** *adv.* ❶正当…的时候,恰恰在…的时候:*Even as* he was speaking a shot rang out. 正当他演说的时候,枪声

响了。❷正如,恰如:It has turned out *even as* I expected. 结果正如我所预料的那样。***even if*** *adv*. 即使,纵然;虽然:*Even if* you do not like it,you must do it. 纵然你不喜欢,你也得去干。***even so*** *adv*. 虽然如此,即使这样:It is an old car but *even so* it still goes very well. 这是辆旧汽车,但即使如此还是很好开。***even though*** *adv*. 虽然,尽管:Lou refuses to eat *even though* he is hungry. 卢拒绝进食,虽然他很饿。***even up*** *vt*. 扯平;使相等;变相等:Our team *evened up* the score in the second period. 我队在第二局中把比分拉平了。‖ **ˈe•ven•ly** *adv*. —**ˈe•ven•ness** *n*. [U]

e•ven(-)hand•ed /ˌiːvᵊnˈhændid/ *adj*. [无比较级]公平(正)的,不偏不倚的;无偏见的,一视同仁的:She was always *evenhanded* in the way she treated her children. 她总是一视同仁地对待自己的孩子们。‖ **ˈe•ven•ˈhand•ed•ly** *adv*.

E

eve•ning /ˈiːvniŋ/ *n*. [C;U]黄昏,傍晚;晚上:I'll see you at seven in the *evening*. 我晚上7点来看你。

evening gown *n*. [C]晚礼服(女子在正式场合下使用,通常为拖地长裙)

e•vent /iˈvent/ *n*. [C] ❶(重大)事情;事件;事变;值得注意的事物:It was quite an *event* when a woman first became a general. 妇女首次当上将军的确是件大事。❷【体】比赛项目:a team *event* 团体比赛项目 ‖ ***at all events*** *adv*. 不管怎样,无论如何:*At all events* you had better try. 不管怎么说,你还是试一下的好。***in any event*** *adv*. =at all events ***in the event*** *adv*. 结果;到头来:I was very nervous but *in the event* everything went very well. 我本来心里十分紧张,可是结果事情进行得非常顺利。***in the event of*** *prep*. 如果;有,在…的情况下:*In the event of* an accident please take care of my cats. 万一出什么意外,请照看好我的猫咪。***in the event (that)*** *adv*. 假如,倘若:*In the event (that)* I can't come back by seven, you can eat without me. 假如我7点钟回不来,吃晚饭就不用等我了。

e•vent•ful /iˈventful/ *adj*. ❶发生许多事情的;多事之秋的;多变故的:He's had an *eventful* life. 他的一生几经风雨沧桑。❷重大的,重要的:an *eventful* convention 重要的会议 ‖ **eˈvent•ful•ly** *adv*. —**eˈvent•ful•ness** *n*. [U]

e•ven•tu•al /iˈventjuəl/ *adj*. [无比较级][作定语]最终(发生)的;最后的;结果的(见 last):His bad management caused the *eventual* failure of his business. 他经营不善,致使他的生意最终失败。‖ **eˈven•tu•al•ly** *adv*.

e•ven•tu•al•i•ty /iˌventʃuˈæliti/ *n*. [C]可能性;可能发生的事情(或结果):Rain is an *eventuality* to be reckoned with in planning the picnic. 制订野炊计划时,要把下雨的可能性考虑在内。

ev•er /ˈevəʳ/ *adv*. [无比较级] ❶经常,总是;永远,始终:He is *ever* ready to find fault. 他老是喜欢吹毛求疵。❷[用于否定句、疑问句及条件从句]在任何时候;从来;有时,在某时:I don't think I'll *ever* be homesick here. 我想在这儿我是不会想家的。❸[用于比较从句]以往任何时候,曾(经):Nothing like it had *ever* been built before. 像这样的建筑从前从未建造过。❹[用于特殊疑问句以加强语势]究竟,到底:How did you *ever* find out? 你究竟是怎样发现的? ‖ ***for ever*** *adv*. 永远:I'll love you *for ever*. 我将永远爱你。

ev•er•green /ˈevəˌgriːn/ **I** *adj*. [无比较级]【植】常绿的:*evergreen* foliage 常绿的树叶 **II** *n*. [C]【植】常绿植物;万年青:Most tropical plants are *evergreens*. 大多数热带植物是常绿植物。

ev•er•last•ing /ˌevəˈlɑːstiŋ/ *adj*. [无比较级] ❶永恒的,永存的,不朽的;无穷无尽的:the *everlasting* beauty of the nature 大自然永恒的美 ❷持久的;不停的,不断的:He is plagued by *everlasting* attacks of influenza. 他饱受久治不愈的流感的折磨。

ev•er•more /ˌevəˈmɔːʳ/ *adv*. [无比较级] ❶永远地,永久地,始终地:The mind of man desires *evermore* to know the truth. 人类的头脑始终渴望追求真理。❷今后,将来:lead a blameless life *evermore* 今后过一种无可责备的生活

eve•ry /ˈevri/ *adj*. [仅作定语] ❶[后接单数名词]每个,每一,个个(见 each):*Every* person has his weak side. 人皆有其弱点。❷所有可能的;完全的:I wish you *every* success. 我祝你事事如意。❸每隔…的;每…一次的;每…之中的:He comes to see us *every* three days. 他每三天来看我们一次。‖ ***every now and***

then [*every now and again*, *every once in a while*] *adv.* 时常,不时地;间或,偶尔:We go camping *every now and then*. 我们不时外出野营。***every so often*** *adv.* 时常,经常:They still see each other *every so often*. 他们仍旧时常见面。

☆**every**,**each** 均有"每一个,每一"之意。**every** 表示两个以上中的每一个或任何一个,强调全体或全部,但只能用作定语:*Every* boy ran into the race.(每一个学生都参加了赛跑。)**each** 表示两个或两个以上中的每一个,侧重个别或个体,后面还可直接跟 of 短语,不仅可以作定语,而且可作主语、宾语及同位语等:*Each* pupil was given a different book by the teacher.(老师给每一个学生一本不同的书。)

eve·ry·bod·y /ˈevriˌbɔdi/ *pron.* 每人,人人,各人:*Everybody* has his dream. 人人都有自己的梦想。

eve·ry·day /ˈevriˌdei/ *adj.* [无比较级][作定语] ❶每天的,每日的,日常的:*everyday* expenses 日常开销 ❷(星期日和假日以外的)寻常日子里用(或穿)的:*everyday* clothes 日常便装 ❸普通的;司空见惯的;平淡无奇的:He had only an *everyday* story to tell. 他讲的只是一些平淡无奇的故事。

eve·ry·one /ˈevriˌwʌn,-ˌwən/ *pron.* 每人,人人,各人:*Everyone* but John arrived on time. 除约翰以外,人人都准时到达。

☆**everyone** 和 **everybody** 可互换,且后面通常都跟单数动词,但是除正式讲话和文字以外,后面的人称代词经常用复数:Has *everyone* brought their exercise books?(每个人都带练习本了吗?)**everyone** 与 **every one** 不同,前者只能用来指人,后面从不接"of";而后者可以指人或物,后面常常跟"of":There are 16 students and *every one of* them passed.(共有 16 位同学,每个人都通过了考试。)/ *Everyone* in the class passed the exam.(班上的每个人都通过了考试。)

eve·ry·place /ˈevripleis/ *adv.* [无比较级]每一个地方;到处(=everywhere)

eve·ry·thing /ˈevriˌθiŋ/ *pron.* ❶一切(事物);万物:*Everything* interests me. 我对什么都有兴趣。❷每件事;每样事物:*Everything* in this room belongs to me. 这房间里的每样东西都是我的。❸至关重要的事物:Money isn't *everything*. 金钱不是一切。

eve·ry·where /ˈevriˌʰweəʳ/ *adv.* [无比较级]到处;随处;各处:I've searched *everywhere* but I can't find it! 我四处寻找它,但就是找不到!

e·vict /iˈvikt/ *vt.* ❶(依法)驱逐,逐出(佃户、房客等)(*from*)(见 eject):He was *evicted from* his flat for not paying the rent. 他由于未付房租而被赶出了公寓。❷(通过法律程序等)追回(财产、权利等) ‖ **eˈvic·tion** /-ʃᵊn/ *n.* [U;C]

ev·i·dence /ˈevidᵊns/ *n.* [U] ❶根据,依据;证明(*for*, *of*):We have enough *evidence* to arrest him. 我们有充分的事实根据来逮捕他。❷【律】证词,证言,证供;证据;证人;物证:material *evidence* 物证 ‖ ***in evidence*** *adj.* 显而易见的;明显的;显眼的:He is the sort of man who likes to be *in evidence* at important meetings. 他是那种喜欢在重要会议出头露面的人。

ev·i·dent /ˈevidᵊnt/ *adj.* 明显的,显然的;明白的:It was *evident* that the project was a total failure. 显而易见,这个计划彻底失败了。‖ **ˈev·i·dent·ly** *adv.*

e·vil /ˈiːvᵊl/ **I** *adj.* ❶道德败坏的,邪恶的;罪恶的;堕落的(见 bad):an *evil* character 坏人 ❷有害的;恶意的,刻毒的:That woman has an *evil* tongue. 那女人说话恶毒。**II** *n.* [C]坏事,坏话,恶行;邪念;诽谤:the social *evils* 社会丑恶

e·vil·do·er /ˈiːvᵊlˌduːəʳ/ *n.* [C]作恶的人;坏人 ‖ **ˈe·vilˌdo·ing** *n.* [C]

e·vince /iˈvins/ *vt.* 表明;表现出;展示,显示(品质、特性、才能等):*evince* great sorrow at parting 离别伤戚戚

e·voc·a·tive /iˈvɔkətiv/ *adj.* [无比较级]唤起(回忆、记忆等)的;引起(共鸣、联想等)的(*of*):The perfume was *evocative of* spring. 闻到这种香水的味道,人们就会想起春天来。‖ **eˈvoc·a·tive·ly** *adv.*

e·voke /iˈvəuk/ *vt.* ❶使回忆(或回想)起;使产生(共鸣、联想等):That old film *evoked* memories of my childhood. 那部老影片使我回忆起童年时代。❷引起,激起(反响等):His words *evoked* an angry reply. 他的话引起了愤怒的反应。

e·vo·lu·tion /ˌiːvəˈluːʃᵊn;ˈev-/ *n.* ❶[U]演变,演化,演进;成长,发展;展开:the *evolution* of

E

the four seasons 四季的转换 ❷[U]【生】进化（论），演化；发生；发育：Darwin's theory of *evolution* by natural selection 达尔文提出的物竞天择的进化论 ‖ ˌ**e·voˈlu·tion·ar·y** *adj*.

e·volve /iˈvɔlv/ *vt*. ❶使逐步形成，设计出；发展，展开：He *evolved* a new theory after many years of research. 经过多年研究，他逐步发展出一种新学说。❷【生】进化形成，演化成；发育成：The organism was *evolved* in the course of ages from some simpler form of life. 生物是在亿万年间由较简单的生命形式进化而成的。—*vi*. ❶演化；逐步形成；发展；展开：This system *evolved* out of years of experimenting. 这一系统是经过多年试验才研究出来的。❷【生】进化；成长；发育：The early fish have *evolved* into some 30,000 different species. 始初的鱼迄今已演化而繁衍为 3 万多个不同品种。

E

ewe /juː/ *n*. [C]母羊，雌羊，牝羊

ex- /eks/ *pref*. ❶[用以构成动词]表示"出自"，"向外"，"向上"，"超出"：*ex*press，*ex*clude，*ex*asperate，*ex*caudate，*ex*tirpate ❷[附在名词前]表示"以前的"，"前任"：*ex*-premier，*ex*-president，*ex*-POW，*ex*-convict（坐过牢的人）

ex·ac·er·bate /ekˈsæsəˌbeit，ig-/ *vt*. ❶使加重；使加剧；使恶化：The child's poor health was *exacerbated* by not having enough food to eat. 由于没有足够的食物，这孩子孱弱的身体更为恶化了。❷激怒（某人），惹恼（某人）：She could *exacerbate* his nerves with perfume. 她身上的香水都会刺激他的神经。‖ **ex·ac·er·ba·tion** /ekˌsæsəˈbeiʃᵊn/ *n*. [U]

ex·act /igˈzækt/ **I** *adj*. ❶[作定语]精确的，准确的，确切的：It was difficult to tell her *exact* age. 很难说出她的确切年龄。❷精密的；严谨的：He is *exact* in his work. 他工作一丝不苟。**II** *vt*. ❶向…索取（或逼取）；强求（*from*，*of*）：*exact* money *of* sb. 勒索某人钱财 ❷坚持要求（见 demand）：If he does the work，he can *exact* payment for it. 要是他干这活计，他可以索取报酬。‖ **exˈact·ness** *n*. [U]

ex·act·ing /igˈzæktiŋ/ *adj*. ❶苛求的，难以满足的；严厉的：The child is very *exacting* in his demands. 这个孩子的要求很难满足。❷艰难的，艰巨的；需要小心谨慎的：Dictionary compilation is an *exacting* trade. 词典编纂是一项艰巨的工作。‖ **exˈact·ing·ly** *adv*.

ex·act·ly /igˈzæktli/ *adv*. [无比较级] ❶准确地，精确地；确切地：Tell me *exactly* where he lives. 告诉我他的确切地址。❷完全地，全然：Your answer is *exactly* right. 你的回答完全正确。❸[用以加强语气]恰恰，正好：You are *exactly* the person I've been looking for. 你正是我一直要找的人。❹[用于回答语中]正是如此，一点不错：A：Do you mean I can go? B：*Exactly*. 甲：你的意思是说我可以走了？乙：一点儿不错。‖ ***no exactly*** *adv*. 〈口〉❶〈讽〉根本不；并没有；未必见得：His father was *not exactly* poor；he left 10 million pounds. 他父亲哪里穷来着，他身后还留下了1 000万英镑的遗产呢。❷不完全：A：Isn't that what you said，Peter? B：*Not exactly*. 甲：难道这不是你说的吗，彼得？乙：不完全是我说的。

ex·ag·ger·ate /igˈzædʒəˌreit/ *vt*. ❶夸张，夸大；对…言过其实：Her story was *exaggerated* out of proportion. 她讲的故事夸饰得太离谱了。❷使过分增大，使过大；使过于显眼：His new clothes *exaggerated* his awkwardness. 穿了那套新衣服，他显得越发难看。—*vi*. 夸张，夸大其词：She did not *exaggerate* about the height of the tower. 她并没有夸大塔身的高度。‖ **ex·ag·ger·a·tion** /igˌzædʒəˈreiʃᵊn/ *n*. [U]

ex·alt /igˈzɔːlt/ *vt*. ❶提升，提拔；提高（荣誉、品质等）：He was *exalted* to the position of president. 他被提升为校长。❷颂扬；吹捧：The musicians were *exalted* for their excellent performance. 这些音乐家因精湛的表演而大受赞扬。‖ **ex·al·ta·tion** /ˌegzɔːlˈteiʃᵊn/ *n*. [U]

ex·am /igˈzæm/ *n*. [C]〈口〉＝examination

ex·am·i·na·tion /igˌzæmiˈneiʃᵊn/ *n*. [C] ❶检查，调查；检验，测试（*of*，*into*）：On close *examination*，the painting was found to be a fake. 经过细查，发现那幅画原来是件赝品。❷考试，考查；试题：make up an *examination* 补考

ex·am·ine /igˈzæmin/ *vt*. ❶检查，调查；审核；仔细观察：The police *examined* the room for fingerprints. 警察仔细查看房间以搜取指纹。❷对…进行考查（或测验）：She was *examined* in all subjects. 她所有的课程都考了。—*vi*. 询问，征询（*into*）‖ **exˈam·in·er** *n*. [C]

ex·am·ple /igˈzɑːmpᵊl；-ˈzæm-/ *n*. [C] ❶实例，

例证,例子:a typical *example* 典型的例子 ❷(工艺品等的)样本,样品;(书籍等的)原件,原版:The gallery contains several *examples* of this master. 那家美术馆藏有这位绘画大师的好几幅真迹画。❸榜样,楷模;范例:Personal *example* is the best thing in influencing others. 以身作则是影响人的最好方法。‖ ***for example*** *adv.* 例如,举例来说(略作 **e. g.** 或 **eg**):Many great men have risen from poverty — Lincoln and Edison, *for example*. 许多伟人都是从贫穷中崛起的,比如林肯和爱迪生。

ex•as•per•ate /ig'zɑːspəˌreit,-'zæs-/ *vt.* 激怒;使气恼,使烦恼:She was so *exasperated* by his triumphant grin. 他得意扬扬的笑容惹得她火冒三丈。‖ **ex'as•perˌat•ing** *adj.*

ex•ca•vate /'ekskəˌveit/ *vt.* ❶挖出,掘出(泥土、矿砂等):Steam shovels *excavated* the dirt and loaded it into trucks. 蒸汽铲把垃圾挖出来装进卡车里。❷在…挖掘;挖凿(洞穴、隧道等):*excavate* a tooth 把牙蛀成空洞 ❸发掘(古物等):The archaeologists *excavated* an ancient buried city. 考古学家发掘出一座地下古城。‖ **ex•ca•va•tion** /ˌekskə'veiʃ°n/ *n.* [U] —'**ex•caˌva•tor** *n.* [C]

ex•ceed /ik'siːd/ *vt.* ❶(在数量、程度等方面)大于;超过,胜过;在…之上:The book must not *exceed* 300 pages. 这本书不得超过 300 页。❷越出,超出:*exceed* the speed limit 超过时速限制 —*vi.* (在数量或质量上)超过其他;占优势:In the Olympic games, Americans *exceeded* in basketball. 在奥林匹克运动会上,美国队在篮球比赛中遥遥领先。

ex•ceed•ing•ly /ik'siːdiŋli/ *adv.* [无比较级] 非常,极其:She was very ill, and suffered *exceedingly*. 她病得很厉害,痛苦万状。

ex•cel /ik'sel/ (**-celled; -cel•ling**) *vt.* 超过,胜过;优于:His work far *excels* all the other paintings shown here. 他的作品远在所有陈列在这里的其他画作之上。—*vi.* 擅长;(在…方面)突出(*in*, *at*):He *excels at* tennis. 他擅长打网球。‖ ***excel oneself*** *vi.* 超越自我:The lovesick British *excel themselves* each St. Valentine's Day. 在每年的情人节中,患相思病的英国人的表现一年比一年出色。

ex•cel•lence /'eksələns/ *n.* [U]优秀,卓越,杰出:receive a prize for *excellence* in scientific research 获科学研究优秀奖

Ex•cel•len•cy /'eksələnsi/ *n.* [C][称呼语]阁下(对首相、总督、主教、大使等的尊称):Your *Excellency* 阁下(直接称呼时用)

ex•cel•lent /'eksələnt/ *adj.* [无比较级]优秀的,卓越的,杰出的:That's an *excellent* idea. 这个主意真妙。‖ '**ex•cel•lent•ly** *adv.*

ex•cept /ik'sept/ **I** *prep.* 除…外(*for*)(见 but):He hurried away without thinking of anything *except* getting away unnoticed. 他急急忙忙地走开了,一心只想躲开不叫别人看见。**II** /ik'sept/ *vt.* 把…除外;排除;不计:The A students were *excepted* from taking the exam. 甲等学生不需要考试。‖ ***except for*** *prep.* 只是;要不是因为:She would have left her husband years ago *except for the children*. 要不是为了孩子,她几年前就离开她丈夫了。

ex•cept•ing /ik'septiŋ/ *prep.* &〈古〉*conj.* =except

ex•cep•tion /ik'sepʃ°n/ *n.* ❶[C;U]例外;特例:Everyone makes mistakes and I'm no *exception*. 人人都会犯错误,我也不例外。❷[C]除外的人;例外的事物:His books are usually good but this one is certainly an *exception*. 他写的书通常都很好,但是这本书无疑是个例外。‖ ***take exception*** *vi.* ❶表示异议;反对(*to*):There was nothing in the speech that you could *take exception to*. 演讲中没有什么你可以反对的内容。❷不满,不悦(*to*):She *took* the greatest *exception to* her son's rudeness. 她对她儿子的粗鲁非常生气。***with the exception of*** *prep.* 除…之外:I invited everybody, *with the exception of* James. 除了詹姆斯外,我谁都邀请了。

ex•cep•tion•al /ik'sepʃən°l/ *adj.* [无比较级] ❶例外的;特殊的;特别的,独特的;罕见的:an *exceptional* use of a word 某词的特殊用法 ❷(在智力、技艺等方面)卓越的,杰出的,出类拔萃的:This is an *exceptional* opportunity. 这可是一个极好的机会。‖ **ex'cep•tion•al•ly** *adv.*

ex•cerpt /'eksəːpt/ *n.* [C](书、影片、音乐等的)选段;摘录,节录,节选:watch *excerpts* from the film 观看那部影片的片段

ex•cess I /ik'ses, 'ekses/ *n.* ❶[U]超出,超过:an *excess* of expenditure over income 入不敷出 ❷[C]过多的量;超出部分;超出额:an *excess*

E

of 100,000 over the estimate 比估算超出 10 万美元 ❸[U]过多，过度，过量：He could scarcely support the *excess* of his happiness. 他快乐得几乎受不了。**II** /ˈekses,ɪkˈs-/ *adj*. [无比较级][作定语] ❶过量的，多余的；超额的：*excess* purchasing power 过剩的购买力 ❷额外的，附加的：A company which makes high profits must pay *excess* profits tax to the government. 凡赢利高的公司应向政府缴纳高额利润附加税。‖ ***in excess of*** *prep*. 超过：Luggage *in excess of* 20 kg. will be charged extra. 行李超过 20 公斤要另行收费。***to*** [***in***] ***excess*** *adv*. 过度，过分；过多：go *to excess* 走极端 / drink *to excess* 酗酒

ex·ces·sive /ikˈsesiv/ *adj*. 过分的；过度的 ‖ **exˈces·sive·ly** *adv*.

E

ex·change /iksˈtʃeindʒ/ **I** *n*. ❶[C;U]交换，更换，调换；交流；转换：value in *exchange* 交换价值 ❷[C]交换者；调换者；交换品：The car was a fair *exchange*. 这辆汽车调换得很划算。❸[C,U]【经】(不同种货币间或同种货币的不同版次间的)兑换；兑换率，汇率(价)，贴水；汇兑手续费：the *exchange* of French francs for American dollars 法国法郎兑换成美国美元 **II** *vt*. ❶(更)换；兑换；把…换成(*for*)：She *exchanged* her jewels *for* cash. 她把首饰兑换成现金。❷与…交换，互换，调换(*with*)：*exchange* gifts *with* each other 相互交换礼物 ‖ **exˈchange·a·ble** *adj*. —**exˈchang·er** *n*. [C]

exchange rate *n*. [C](外汇)汇率，汇价，兑换率

ex·cise /ˈeksaiz/ *n*. [U](对商品征收的)消费税；(国内货物的)间接税：the *excise* on beer and tobacco 对啤酒和烟草征收的消费税

ex·cit·a·ble /ikˈsaitəbᵊl/ *adj*. (尤指人)易激动的，易兴奋的：an *excitable* race of people 一个易于激动的种族 ‖ **ex·cit·a·bil·i·ty** /ikˌsaitəˈbiliti/ *n*. [U] —**exˈcit·a·bly** *adv*.

ex·cite /ikˈsait/ *vt*. ❶刺激；使激动，使兴奋：The whole city was *excited* by the discovery. 这个发现使得整个城市都沸腾了。❷激起，引发：*excite* the people to rebel 煽动人们造反 ‖ **ex·ci·ta·tion** /ˌeksiˈteiʃᵊn,-sai-/ *n*. [U]

ex·cit·ed /ikˈsaitid/ *adj*. 兴奋的；激动的：She is very *excited* about getting a part in the film. 她为能在片中扮演一个角色而非常兴奋。‖ **exˈci·ted·ly** *adv*.

ex·cite·ment /ikˈsaitmənt/ *n*. [U]兴奋；激动：He has a weak heart and should avoid great *excitement*. 他心脏弱，应该避免太过兴奋。

ex·cit·ing /ikˈsaitiŋ/ *adj*. 刺激的；激动人心的，令人兴奋的：*an exciting* scene 惊心动魄的场面 ‖ **exˈcit·ing·ly** *adv*.

ex·claim /ikˈskleim/ *vi*. ❶(由于愤怒、激动、痛苦等)呼叫，叫喊；惊叫：*exclaim* with wonder 惊叹 ❷(表示吃惊、抗议、责难等)大声叫嚷；激动地说(*against*,*at*,*on*,*upon*)：He was *exclaiming against* the false accusation. 他喊冤叫屈。—*vt*. 大声说出，叫喊着说出："You're a liar!" She *exclaimed*. "你撒谎！"她大声喊道。

ex·cla·ma·tion /ˌekskləˈmeiʃᵊn/ *n*. [C]呼喊，叫喊；惊叫，急呼：He drew back with a sharp *exclamation*. 他尖叫了一声，朝后退了一下。

exclamation point, exclamation mark *n*. [C]【语】感(惊)叹号(即"!")

ex·clude /ikˈskluːd/ *vt*. ❶禁止(或阻止)…进入；把…排斥在外；不包括：Curtains *exclude* light. 窗帘具有遮光作用。❷对…不加注意(或不予考虑)：The doctor *excluded* food poisoning as the cause of the illness. 医生排除了食物中毒是病因的可能性。

☆**exclude, debar, eliminate, suspend** 均有"排除，禁止"之意。**exclude** 用于外界事物，指不让或禁止其进入或加入，带有排斥在外的意思：Children under 17 are *excluded* from seeing the movie. (17 岁以下的孩子禁止看这种电影。) **debar** 表示存在某种障碍，能有效地禁止他人加入某一团体或不让其享受某种权利或特权：People under eighteen are *debarred* from voting. (未满 18 岁的少年没有投票权。) **eliminate** 指排除或去掉内部事物，尤用于某一组成部分：The police have *eliminated* two suspects. (警方已排除了两位受嫌疑的对象。) 该词也可用于比赛，表示淘汰：Our team was *eliminated* from the competition in the first round. (我们队在竞赛的第一轮就被淘汰了。) **suspend** 指因违法乱纪而被暂令停止成为学校的学生或某一组织的成员：She has been *suspended* from the team. (她被责令暂停队籍。)

ex·clu·sion /ikˈskluːʒᵊn/ *n*. [U]排斥，排除在外；拒绝：The *exclusion* of women from school was illegal. 不让女性上学是不合法的。

ex·clu·sive /ik'sklu:siv/ I *adj*. [无比较级] ❶排斥的;不相容的:*exclusive* laws 排斥性法则 ❷排除其他一切的;全部的;专一的:Her *exclusive* job is looking after the children. 她全部的工作就是照看孩子。❸[作定语]独有的,独占的;(新闻等)独家的;(商品等)独家经营的:one's *exclusive* property 专有财产 ❹高档的,精品的;时尚的:an *exclusive* residential district 高档住宅区 II *n*. [C]独家新闻,独家专文:*The Times* had been granted the interview as an *exclusive*.《泰晤士报》经获准具有独家新闻采访权。‖ ***exclusive of*** *prep*. 把…除外,不把…计算在内,不包括:It was a profit of ten percent, *exclusive of* taxes. 税后利润是10%。‖ **ex'clu·sive·ly** *adv*. —**ex'clu·sive·ness** *n*. [U] —**ex·clu·siv·ity** /ˌeksklu:'siviti/ *n*. [U]

ex·cre·ment /'ekskrimənt/ *n*. [用作单或复]排泄物;粪便〔亦作 **crap**〕

ex·crete /ik'skri:t/ *vt*. (动植物)排泄;分泌:Water is *excreted* from the body in urine. 身体通过小便排泄水分。‖ **ex·cre·tion** /-'skri:ʃ°n/ *n*. [U]

ex·cru·ci·at·ing /ik'skru:ʃiˌeitiŋ/ *adj*. [无比较级]使苦恼的;令人难受的;造成剧痛的,极其痛苦的:The embarrassing facts were explained in *excruciating* detail. 尴尬事解释时不厌其详,实在叫人受不了。

ex·cur·sion /ik'skə:ʃ°n/ *n*. [C] ❶远足,郊游;短途旅行:make an extended *excursion* into the countryside 到乡下去远足 ❷(说话或写作等中的)离题;转向;涉足:*excursion* from the purpose 偏离题旨

ex·cus·a·ble /iks'kju:zəb°l/ *adj*. [无比较级](行为)可以原谅的:an *excusable* error in judgment 一项可原谅的判断错误 ‖ **ex·cus·a·bly** /-'kju:zəbli/ *adv*.

ex·cuse I /ik'skju:z/ *vt*. ❶原谅;饶恕:*Excuse* my delay in answering your letter. 来信迟复,请见谅。❷为…而道歉,要求原谅:She *excused* her son's absence by saying that he was ill. 她替她儿子道歉,说他缺席是因为生病了。❸同意免除;不强求:We will *excuse* your attendance. 我们可以同意你不到场。II /ik'skju:s/ *n*. ❶[C;U]借口;理由;辩解;解释:It is a mere *excuse*. 这只是借口。❷[U]原谅,宽恕;免除:There's no *excuse* for such behaviour. 这种行为是不可宽恕的。‖ ***excuse me*** ❶[客套语,用于与陌生人搭话、打断别人说话、从他人身旁挤过、表示异议等场合]请原谅,对不起:*Excuse me*, but you're completely wrong. 对不起,你完全错了。❷[用于道歉或没听清对方的话时]对不起,抱歉:She said "*Excuse me*" when she stepped on my foot. 她踩了我的脚,说了声"抱歉"。

☆**excuse, condone, forgive, pardon** 均有"原谅,宽恕"之意。**excuse** 指原谅具体的小过失或疏忽,尤其是社交或所承担义务上的疏忽:Please *excuse* me for opening your letter by mistake. (请原谅我误拆了你的信。)该词还可表示使某人免除某种责任、规定、惩罚等等:The judge *excused* the young man's fine because of the unusual circumstances. (由于特殊情况,法官赦免了那个青年人的罚款。) **condone** 指宽恕或容忍严重违反伦理道德、法律准则的行为或对这一行为负有责任的组织和个人:Nothing punishing them amounts to *condoning* their crime. (不惩罚他们就等于纵容他们的罪行。) **forgive** 指宽恕他人对自己的冒犯,个人感情意味较浓,往往带有同情或怜悯的含义:She *forgives* his thoughtless words. (她原谅了他的鲁莽之辞。) **pardon** 较为正式,多指宽恕较严重的过失,罪过或其他违反道德、法律等的行为,含赦罪之意味:We must *pardon* him for his little outbursts of temper. (我们应原谅他有时发点小脾气。)该词现在也常用在口语中,表示歉意:*Pardon* me for contradicting you. (请原谅我顶撞了你。)

ex·e·cute /'eksiˌkju:t/ *vt*. ❶将…处死:be *executed* by hanging 被处以绞刑 ❷实行,实施;执行,履行:He died without naming anyone to *execute* his will. 他死时未指定其遗嘱执行人。❸(按计划或设计)作成,制成:*execute* a drawing 画出一幅草图 ‖ **ex·e·cu·tion** /ˌeksi'kju:ʃ°n/ *n*. [U]

☆**execute, administer** 均有"实施,执行"之意。**execute** 强调实施或执行某一命令或某一法令、遗嘱、委托事项等的具体规定或条款:The soldiers *executed* the captain's orders. (士兵们执行了上尉的命令。) **administer** 指持续行使所授予的权力来实施泛指的目标,而不表示达到这些目标的具体方法或手段:The courts *administer* the law. (法院执法。)

ex·e·cu·tion·er /ˌeksi'kju:ʃ°nə^r/ *n*. [C]死刑执

E

行人，行刑人

ex·ec·u·tive /igˈzekjutiv/ I *n.* [C] ❶执行官，行政官，管理人员，业务主管；经理：a senior *executive* 高管人员 ❷(政府等的)行政部门；[**the E-**](美国政府的)行政当局：the chief *executive* 行政首脑〔亦作 **exec**〕 II *adj.* [无比较级][作定语] ❶执行的，实施的；经营管理的：an *executive* board 理事会 ❷行政(上)的，行政当局的，行政部门的：*executive* authorities 行政当局 ❸主管级的，经理级的；供主管人员使用的：the *executive* office 经理办公室

ex·em·pla·ry /igˈzempləri/ *adj.* [无比较级] ❶堪称楷模的，模范的，典范的：*exemplary* conduct 模范行为 ❷(有)代表性的，示范的；作为例证的：the *exemplary* literature of the medieval period 中世纪代表性文学

E

ex·em·pli·fy /igˈzempliˌfai/ *vt.* ❶以例示说明；举例证明：He *exemplifies* the hopes and confidence we have in the future of the post-cold war world. 他举例说明了我们在冷战后世界的未来所有的希望和信心。❷作为…的例证(或榜样、典型等)：The novel *Tom Sawyer* *exemplifies* 19-century life in the United States. 长篇小说《汤姆·索耶历险记》是美国19世纪生活的典型缩影。

ex·empt /igˈzempt/ I *adj.* [无比较级]被免除(义务、责任、税收等)的；被豁免的(*from*)：Charitable organizations are usually *exempt from* some taxes. 慈善机构一般免交一些税种。II *vt.* 免除；豁免(*from*)：No one is *exempted from* paying taxes. 人人都必须纳税。‖ **exˈemp·tion** /-ʃᵊn/ *n.* [C;U]

ex·er·cise /ˈeksəˌsaiz/ I *vt.* ❶运用；行使；履行；执行：*exercise* restraint in the use of energy 厉行能源节约 ❷练习，训练，锻炼：*exercise* the voice 练习发声 —*vi.* 练习，锻炼，运动：We *exercised* for a full hour. 我们锻炼了整整一个小时。II *n.* ❶[U](尤指身体的)运动，锻炼，训练：He performs physical *exercise* each day to strengthen his body. 他每天都进行体育锻炼，以增强体质。❷[C]运动方式；[常作 **~s**]体操；操练：gymnastic *exercises* 体操 ❸[C]练习，习题，习作：*Exercise* Eight 练习八 ❹[U](精力、智力、意志力等的)运用，使用；(权利等的)行使；旅行：the *exercise* of caution in driving 谨慎驾车 ‖ **ˈex·erˌcis·er** *n.* [C]

ex·ert /igˈzəːt/ *vt.* ❶运用，行使(权利等)；发挥(作用)；施加(影响)：*exert* authority 行使权力 ❷[**~ oneself**]使用力，使尽力：*exert oneself* in the service of the people 努力为人民服务 ‖ **exˈer·tion** /-ʃᵊn/ *n.* [U]

ex·hale /eksˈheil/ *vt.* 呼出；呼(气)；轻轻发出(声音、言辞等)：We inhale oxygen and *exhale* carbon dioxide. 我们吸进氧气，呼出二氧化碳。—*vi.* 呼气，吐气；散发：He *exhaled* through his teeth. 他从牙缝里吐出气来。‖ **ex·ha·la·tion** /ˌekshəˈleiʃᵊn/ *n.* [C;U]

ex·haust /igˈzɔːst/ I *vt.* ❶使用完，使耗尽，使费尽：The soldiers had *exhausted* their supply of ammunition. 士兵们把弹药用完了。❷使耗尽气力；使精疲力竭：The climb up the hill *exhausted* us. 登山使我们疲惫不堪。❸(对研究课题的)详细研究，剖析：Her book *exhausted* the subject. 她那本书透彻地剖析了这个主题。II *n.* ❶[U;C](排出的)废气；(废气、废液等的)排出，放出：the *exhaust* from the car 汽车排放出的废气 ❷[C]排气装置；排气管；排气口：Check the *exhaust* for a leak. 检查一下排气装置，看看有没有泄漏。‖ **exˈhaust·i·ble** *adj.* —**ex·haus·tion** /igˈzɔːstʃᵊn/ *n.* [U]

ex·haust·ed /igˈzɔːstid/ *adj.* [无比较级] ❶用完的，耗尽的，费尽的；枯竭的：Their spirits were in general *exhausted*. 他们都兴致已尽。❷筋疲力尽的，极度疲惫的(见 tired)：*Exhausted*, he fell asleep. 他累极了，倒头便睡。

ex·haus·tive /igˈzɔːstiv/ *adj.* [无比较级](论述、研究等)详尽的，透彻的：The book is an *exhaustive* account of the after-effects of a murder. 该书详尽地论述了谋杀案所引起的种种后果。‖ **exˈhaus·tive·ly** *adv.*

ex·hib·it /igˈzibit/ I *vt.* ❶(公开地)展览，展出，陈列：He hopes to *exhibit* his paintings in New York. 他希望在纽约展出他的画作。❷展现，表现；显示，显露：She *exhibited* no interest in her work. 她对工作表现得兴趣索然。II *n.* [C] 展(览)品，参展品，陈列品：Do not touch the *exhibits*. 勿触摸展品。‖ **exˈhib·i·tor**, **exˈhib·i·ter** *n.* [C]

ex·hi·bi·tion /ˌeksiˈbiʃᵊn/ *n.* ❶[C;U]展览，展览会；〈英〉博览会；(体育活动等的)表演：place one's works on *exhibition* 展览自己的作品 ❷[C]展示；展现，表现；显示，显露：The sculptor earned the right of *exhibition*. 这位雕塑家取得了展览权。❸[C]展(览)品,参展品陈列品

ex·hil·a·rate /ig'zilə₁reit/ *vt*. 使兴奋;使活跃;使振奋;鼓励:The jog in the park *exhilarated* me. 在公园里慢跑使我精神饱满。‖ **ex'hil·a₁rat·ing** *adj*.

ex·hort /ig'zɔːt/ *vt*. [通常后跟不定式]敦促;督促;激励;劝勉:*She exhorted* her husband not to drink too much. 她规劝丈夫切莫酗酒。‖ **ex·hor·ta·tion** /₁egzɔː'teiʃ°n/ *n*. [C;U]

ex·hume /eks'hjuːm,igz'-/ *vt*. (从坟墓等处)掘出(尸体等);挖掘:She loved to *exhume* new singers. 她喜欢发掘新歌手。‖ **ex·hu·ma·tion** /₁ekshjuː'meiʃ°n/ *n*. [C;U]

ex·i·gen·cy /'eksidʒənsi,ig'zidʒ-/ *n*. ❶[C;U]紧要关头,危急关头;紧急(状态):After the flood,the government sent food to the people in the *exigency*. 洪灾后,政府给难民送去救济食品。❷[**exigencies**]紧急需要,迫切要求:the *exigencies* of life in a war zone 战区生活中的迫切需要

ex·ile /'eksail,'egz-/*n*. ❶[U]放逐;流放;流亡:He was sent into *exile* twice. 他曾两次被流放。❷[C]被流放(或放逐)者;流亡国外者;离乡背井者:political *exiles* 政治流亡者

ex·ist /ig'zist/ *vi*. ❶存在;有:The world *exists*,whether you like it or not. 不论你喜欢与否,这个世界依然存在。❷生存;生活,维持生命:We can't *exist* without air. 我们没有空气就不能生存。

ex·ist·ence /ig'zist°ns/ *n*. ❶[U]存在;实有:They discovered the *existence* of some very unusual birds on the island. 他们发现该岛有一些罕见的鸟类。❷[U;C]生存;存活;生存方式:They were working for a better *existence*. 他们正在为过上更好的生活而工作。❸[U]存在物,存在体,实体;万物:a man who believed there was no real *existence* in the world but himself 一个持有除他本人之外世间万物皆为虚无的观点的人 ‖ ***come into existence*** *vi*. 出现,出生;产生,发生:The United Nations *came into existence* in 1945. 联合国诞生于1945年。

ex·ist·ent /ig'zist°nt/ *adj*. [无比较级]存在的;实有的;现存的;目前的:This is the only *existent* copy of his last poem. 这是他最后一首诗的唯一现存的文本。

ex·is·ten·tial /₁egzis'tenʃ°l/ *adj*. [无比较级] ❶(关于)存在的;实存的 ❷【哲】(关于)存在主义的;存在主义者的:an *existential* philosophy 存在主义哲学 ‖ **₁ex·is'ten·tial·ly** *adv*.

ex·is·ten·tial·ism /₁egzi'stenʃə₁liz°m/ *n*. [U]【哲】存在主义

ex·ist·ing /ig'zistiŋ/ *adj*. [无比较级][作定语]目前的;现行的:under the *existing* political conditions 在目前的政治条件下

ex·it /'eksit,'egzit/ **I** *n*. [C] ❶出口;安全门,太平门:emergency *exits* 紧急出口 ❷出去,离去;退出,退去:He felt sick and made a hasty *exit* from the meeting. 他感觉要吐,于是急速地离开会场。**II** *vi*. 出去,离开;退出:We *exited* from the city to the expressway. 我们驶出城市来到高速公路上。—*vt*. 从…出来;离开:Some *exited* the building by the fire escape, others through windows. 有人是从防火通道离开这座楼的,有人是通过窗户离开的。

ex·o·dus /'eksədəs/ *n*. [C][常用单](通常指大批人的)离开,外出;出游;(大批人的)移居国外:Every July there is an *exodus* of students from the college. 每年7月都有一大批学生离开这所学院。

ex·on·er·ate /ig'zɔnə₁reit/ *vt*. 使免受责备(或指控等);证明…无罪,为…洗脱罪名(*from*, *of*):The court completely *exonerated* him *from* any responsibility for the accident. 法庭完全免去了他在这次事故中所负的责任。‖ **ex·on·er·a·tion** /ig₁zɔnə'rei°n/ *n*. [U]

ex·or·bi·tant /ig'zɔːbit°nt/ *adj*. (价格或需求等)过高的,过度的:*exorbitant* profits 过高的利润 ‖ **ex'or·bi·tant·ly** *adv*.

ex·ot·ic /ig'zɔtik/ *adj*. [无比较级] ❶外(国)来的;外国产的,非地产的:an *exotic* dress 外来服装 ❷(服饰等)奇异的,怪异的;异国情调的:*exotic* solutions 奇怪的解决办法 ‖ **ex'ot·i·cal·ly** /-k°li/*adv*.

ex·pand /ik'spænd/ *v*. ❶扩大,扩充,扩展;发展;使膨胀:The heat *expand* the metal. 热会使金属膨胀。❷打开,张开,展开:The eagle *expanded* its wings. 鹰展开双翅。‖ **ex·pand·a·bil·i·ty** /ik₁spændə'biliti/ *n*. [U] —**ex'pand·a·ble** *adj*. —**ex'pans·i·ble** /ik'spæn

E

sibᵊl/ *adj.*

☆ **expand, amplify, dilate, distend, inflate, swell** 均有"扩大"之意。**expand** 词义和使用范围最广，可以指范围、区域的扩大或体积、尺寸的增大；这种扩大或增大既可来自内部也可来自外部，其方式可以是增长、展开或外加：Metals *expand* when they are heated.（金属受热则膨胀。）**amplify** 可指增强或放大无线电讯号、声音、电流等，也可指通过增加材料、细节、例证等使某一事情或问题完备或明确：*amplify* sound with the use of microphones（用麦克风将声音放大）/ He *amplified* (on) his remarks with a graph showing the latest sales figures.（他用一张标有最新销售数字的图表进一步阐述自己的意见。）该词也可表示扩大某一范围：*amplify* the jurisdiction of a court（扩大法庭权限）**dilate** 表示直径的扩大，用于圆形物体而不是球体：Her eyes *dilate* with terror.（她吓得瞪大了眼睛。）**distend** 表示因内部压力而向外扩张或膨胀：His stomach was *distended* because of lack of food.（他的肚子因缺少食物而膨胀。）**inflate** 指用人工办法充入气体或非实体的东西，使其膨胀或扩张：She *inflated* the balloon.（她给气球充了气。）**swell** 指逐渐扩张或增大，超出原来界限范围：The river is *swelling*.（这条河涨水了。）该词也可表示膨胀、临近爆裂：His heart *swelled* with pride as he watched his daughter win the race.（他看着女儿在赛跑中取胜，心里得意扬扬。）

ex·panse /ikˈspæns/ *n.* [C]（陆地、海洋等的）广阔区域：the wide *expanse* of the grassy plain 广袤的大草原

ex·pan·sion /ikˈspænʃᵊn/ *n.* ❶[U;C]扩大，扩展；扩张；发展：The runway is undergoing *expansion* to allow bigger planes to land. 为了让更大的飞机起降，跑道正在扩建。❷[U;C]张开，展开：the *expansion* of the wings of a bird 鸟的展翅 ❸[C]扩大物，扩充物；扩大部分，扩展部分：The present article is an *expansion* of one he wrote last year. 眼前的这篇文章是根据他去年所写的一篇文章的内容扩写而成的。

ex·pan·sive /ikˈspænsiv/ *adj.* ❶扩大（或扩展、扩张）（性）的；膨胀（性）的：the *expansive* force of heat on metals 热对金属的膨胀力 ❷宽阔的，辽阔的；广泛的，全面的：take an *expansive* view of history 全面地看待历史 ❸豪爽的，豁达的，开朗的：After he'd had a few drinks, John became very *expansive*. 几杯酒下了肚，约翰变得健谈起来。‖ **exˈpan·sive·ness** *n.* [U]

ex·pa·tri·ate /eksˈpætriət;-ˈpeitriət-/ *n.* [C]（长期）居住国外者，侨民

ex·pect /ikˈspekt/ *vt.* ❶预计（…的到来），预期（…的发生），预料；估计：John says he's *expecting* a very hard winter. 约翰说他预料冬天将会十分寒冷。❷盼望，期待；等待（见 wait）：*expect* a nice weather 期待天气转好 ❸〈口〉猜测，猜想；认为：They'll be here by noon, I *expect*. 我想他们会在正午前赶到这里的。

☆ **expect, anticipate, await, contemplate, hope, look forward to** 均有"盼望，期待"之意。**expect** 指相当有信心或有把握地盼望，也可表示指望或预料某一具体事件的发生：We weren't *expecting* so many people come to the party.（我们没有料到会有这么多人来参加聚会。）**anticipate** 表示对未来的期望或预料，可能有充分的理由，也可能完全没有根据，既可用于愉快的事情，也可用于不幸的事情：She *anticipates* all her mother's needs.（她预见到母亲所需要的一切而事先做好安排。）**await** 强调消极被动地期待或等待某人的来临或某事的发生：She is in prison *awaiting* trial.（她在监狱中听候审判。）**contemplate** 指心中在打算、期待或预料某一意图、计划、目的或可能性：I hope your mother is not *contemplating* coming to stay with us.（我希望你母亲没有打算搬来同我们一起住。）**hope** 指希望或盼望好的结果、结局或事情；可能有充分的根据，也可能不切实际，但仍然抱有一定的信心：We've had no news from him but we are still *hoping*.（我们现在还没有他的消息，但仍然盼望着。）**look forward to** 通常指喜滋滋地盼望或期待某一愉快事情的来临，但有时也可表示焦急不安地预料某一麻烦或不幸即将发生，带有主观上认为事情必定会发生的意味：I'm really *looking forward to* going to your party.（我一心盼望参加你举办的晚会。）

ex·pect·an·cy /ikˈspektᵊnsi/ *n.* [U]期待；期望；盼望；企盼：There was a feeling of *expectancy* in the air. 空气中弥漫着期待的心情。

ex·pect·ant /ikˈspektᵊnt/ *adj.* [无比较级] ❶期待的；期盼的；期望的（*of*）：He gave her an *expectant* glance. 他充满期待地看了她一眼。❷[无比较级][作定语]怀孕的；等待分娩的：

an expectant mother 孕妇 ‖ **exˈpect·ant·ly** *adv.*

ex·pec·ta·tion /ˌekspekˈteiʃᵊn/ *n.* ❶[U;C]期待,期盼;预期:Harold had no *expectation* that Vita would take an interest. 哈罗德预计维塔不会感兴趣。❷[C]预期的事物;期望,希望:have high *expectations* of winning 对获胜抱有很大希望 ❸[常作~s]前程,成功的前景;(特指)可望获得的利益(或财产、遗产):a young man with great *expectations* 前程似锦的青年

ex·pe·di·en·cy /ikˈspiːdiənsi/ *n.* [U] ❶得当;合适;合算;有利:doubt the *expediency* of canceling the trip 怀疑取消这次旅行是否合适 ❷方便(或合算、有利)的事物;权宜之计:practical *expediency* 可行的方便措施

ex·pe·di·ent /ikˈspiːdiənt/*adj.* [通常作表语] ❶有利的,便利的,有助益的:In an *expedient* move, they voted themselves a pay rise. 他们投票给自己加薪,这样做是利己之为。❷合宜的,适合的:You will find it *expedient* not to argue. 你会发现还是不加争辩为妙。‖ **exˈpe·di·ent·ly** *adv.*

ex·pe·dite /ˈekspiˌdait/ *vt.* 加快,加速;促进;迅速完成:*expedite* one's duties 快速履行职责 ‖ **ˈex·peˌdit·er, ˈex·peˌdit·or** *n.* [C]

ex·pe·di·tion /ˌekspiˈdiʃᵊn/ *n.* ❶[C](具有特定目的的)旅行,远征;探险;考察:go on an *expedition* to the South Pole 去南极探险 ❷[C](包括人员和车马的)远征队,探险队;考察队:The *expedition* had to turn back when it ran out of food. 探险队因为粮食吃完了只好返回。‖ **ˌex·peˈdi·tion·ar·y** *adj.*

ex·pe·di·tious /ˌekspiˈdiʃəs/ *adj.* 〈书〉及时的;迅速(完成)的;快速而高效的:The bank was *expeditious* in replying to my letter. 银行对我的信迅速作出了答复。‖ **ˌex·peˈdi·tious·ly** *adv.* —**ˌex·peˈdi·tious·ness** *n.* [U]

ex·pel /ikˈspel/ *vt.* (**-pelled;-pel·ling**) ❶把…除名;把…开除(*from*):Students may be *expelled from* school for serious misbehaviour. 学生可能因行为严重不检而被学校开除。❷赶走,驱逐,把…赶出去(见 eject):*expel* the invaders from the border region 从边界地区把入侵者驱逐出去

ex·pend /ikˈspend/ *vt.* 花费,消耗,耗费(金钱、时间等)(*on, upon, in*):He has *expended* half his income *on* housing. 他一半的收入花在了住房上。

ex·pend·a·ble /ikˈspendəbᵊl/*adj.* ❶可花费的;可消耗的;消耗性的:*expendable* office supplies 办公室耗材 ❷不值得的保存的;一次性的,不会再利用的:Lives must be saved, but the equipment is *expendable.* 生命必须被拯救,但设备却不足惜。‖ **ex·pend·a·bil·i·ty** /ikˌspendəˈbiliti/ *n.* [U]

ex·pend·i·ture /ikˈspenditʃəʳ/ *n.* ❶[U](时间、金钱等的)支出,花费;消耗,耗费;用光,耗尽:extraordinary *expenditure* 额外支出 ❷[C]支出额,消耗额;费用,经费:curb *expenditures* 削减开支

ex·pense /ikˈspens/ *n.* ❶[U;C]费,费用;价钱;花费;耗费:Ten dollars for a ticket is a small *expense.* 10 美元一张票不算什么钱。❷[~s]开销,开支,花费;损耗费用;业务费用;业务津贴:keep the balance between income and *expenses* 保持收支平衡 ‖ ***at the expense of prep.*** 以…为代价,在…受损害的情况下:Current needs are being satisfied *at the expense of* future generations. 有人正在牺牲后代的利益来满足当代人的需要 ***at (sb.'s) expense*** ❶由(某人)负担费用:He flew to London *at the company's expense.* 这家公司负担了他去伦敦的机票。❷(尤指开玩笑或用诡计)捉弄(某人):He felt confident enough to tell a joke *at his own expense.* 他信心十足,敢于自嘲。

ex·pen·sive /ikˈspensiv/ *adj.* 昂贵的,高价的:*expensive* restaurants 高档餐馆 ‖ **exˈpen·sive·ly** *adv.*

ex·pe·ri·ence /ikˈspiəriəns/ **I** *n.* ❶[C]经历:The car crash was a frightening *experience.* 这起汽车事故是一次令人可怕的经历。❷[U]经验;体验;感受;阅历:draw on sb.'s *experience* 吸取某人的经验 **II** *vt.* 经历,经受;遭遇,体验:He has *experienced* what hardships mean. 他深谙何谓艰辛。

ex·pe·ri·enced /ikˈspiəriənst/ *adj.* 有经验的;有阅历的;熟练的;老练的:She's quite *experienced* at teaching the handicapped. 她在教残障者方面经验丰富。

ex·per·i·ment /ikˈsperimənt/ **I** *n.* [C;U]❶实验;试验(见 trial):carry out a laboratory *experiment* in chemistry 做实验室的化学实验 ❷

E

[U]实验(或试验)操作：We hope to find the answer to this problem by *experiment*. 我们希望通过实验来找出这个问题的答案。**II** *vi.* 进行实验；进行试验(*on, upon, with*)：*experiment on* two groups of subjects *with* a new medicine 用一种新药在两组试验对象上试用 ‖ **ex·per·i·men·tal** /ikˌsperiˈmentᵊl/ *adj.* — **exˌper·iˈmen·tal·ly** *adv.* —**ex·per·i·men·ta·tion** /ikˌsperimenˈteiʃᵊn/ *n.* [U]

ex·pert /ˈekspəːt/ **I** *n.* [C]专家；权威；行家：a computer *expert* 计算机专家 **II** *adj.* ❶熟练的；老练的；经验(或知识)丰富的(*at, in*)：He was *expert* on the guitar. 他吉他弹得非常好。❷[无比较级][作定语]专家的；内行的；需有专门技术(或知识)的：She went to her doctor for an *expert* advice. 她到医生那里去听一听专家建议。‖ **ˈex·pert·ly** *adv.* —**ˈex·pert·ness** *n.* [U]

E

ex·pert·ise /ˌekspəːˈtiːz/ *n.* [U]专门技能(或知识)；专长：management *expertise* 管理技能

ex·pi·ra·tion /ˌekspiˈreiʃᵊn/ *n.* [U] ❶(气体等的)呼出；呼气，吐气：the *expiration* of air from the lungs 从肺里呼出的气体 ❷期满，届满；截止，告终(见 end)：the *expiration* of a trade agreement between two countries 两国贸易协定的终止

ex·pire /ikˈspaiəʳ, ek-/ *vi.* ❶期满，届满；(期限)终止；(合同、协议等)到期无效：The trade agreement will *expire* at the end of this month. 贸易协定月底到期。❷呼气，吐气：The patient *expired* irregularly. 病人的呼吸很不规则。—*vt.* 呼出(气体)：In the daytime we *expire* more carbonic acid than during the night. 人们在白天呼出的碳酸比夜间呼出的要多。

ex·plain /ikˈsplein/ *vt.* ❶解释；讲解，阐明；说明…的含义：He *explained* the decision clause by clause. 他逐条解释了那个决议。❷说明…的理由(或原因)；为…辩解：How do you *explain* such rude behaviour? 你如何解释如此粗鲁的行为？—*vi.* 解释；说明：I asked her to *explain*. 我要求她给予说明。‖ ***explain away*** *vt.* 为…辩解，对…加以解释以减少其严重性(或消除指责等)：Alcoholism cannot be *explained away* as a minor problem. 酗酒不能当作一个小问题而搪塞过去。

ex·pla·na·tion /ˌekspləˈneiʃᵊn/ *n.* ❶[C;U]解释，说明；阐述：I'd say a few words (by way) of *explanation*. 我想解释几句。❷[U]用来解释(或说明)的理由：get a satisfactory *explanation* 获得满意的解释

ex·plan·a·to·ry /ikˈsplænətᵊri/ *adj.* [无比较级]解释的，说明的；辩解的，辩白的：a preface *explanatory* of the author's intention 一篇旨在说明作者意图的序文

ex·ple·tive /ikˈspliːtiv/ *n.* [C](愤怒、痛苦等时用的)感叹语；咒骂语：He muttered an *expletive* when he stubbed his toe. 他蹩了一下脚趾，不由得嘟囔着骂了一声娘。

ex·plic·a·ble /ikˈsplikəbᵊl/ *adj.* [无比较级]可解释的；可说明的；可辩解的：His behaviour is *explicable* only in terms of his conditions. 他的行为只有从他所处的境况中才能得到解释。‖ **exˈplic·a·bly** *adj.*

ex·plic·it /ikˈsplisit/ *adj.* ❶(解释说明等)清楚的，明了的；明确的：The contract is *explicit* on that point. 这项合同就那一点讲得很明确。❷坦率的，直言不讳的，毫无保留的：She was *explicit* with me about what she really felt. 她在我面前毫无保留地说出了她内心的真实感受。‖ **exˈplic·it·ly** *adv.* —**exˈplic·it·ness** *n.* [U]

☆**explicit, definite, express, specific** 均有"明确的，清晰的"之意。**explicit** 指陈述清楚，意思明确，无需推理，理解上毫无困难：I gave you *explicit* instructions not to tamper with the controls. (我明确指示你不要随意乱摸控制设备。) **definite** 强调明确而清楚，没有含混不清、让人产生疑问的地方：We demand a *definite* answer. (我们要求一个明确的答复。) **express** 表示言词明确直率，直截了当：I came here with the *express* purpose of seeing you. (我是特意来看你的。) **specific** 指十分精确详细，强调不笼统、不抽象：She gave us very *specific* instructions. (她给我们做了十分明确的指示。)

ex·plode /ikˈspləud/ *vi.* ❶爆炸，炸开，爆裂；突然破裂：A branch *exploded* with a sharp crack. 一根树枝突然咔嚓一声断裂了。❷爆发，迸发，突发：He *exploded* out of the house with a fury. 他怒气冲冲地从房子里冲了出来。—*vt.* ❶使爆炸；使爆发，使突发：The police *exploded* the bomb which was planted in a car. 警察引爆了那颗安放在一辆汽车里的炸弹。❷证明(理论等)毫无根据;颠覆…的正确性(或真实性);戳穿(谎言等):The new findings about the solar system have *exploded* the present theories. 关于太阳系的新发现颠覆了现在的理论。

ex·ploit I /ˈeksplɔit/ *n.* [C]英勇的行为(或事迹),壮举;功绩;业绩(见 act):It was a great *exploit* to swim across this strait. 游过这一海峡是一个伟大的壮举。II /ikˈsplɔit/ *vt.* ❶(对资源等的)开发,开采:*exploit* natural gas fields 开发天然气田 ❷(为发挥人或事物的效能而)利用;使施展:You can *exploit* a talent which you already possess. 你可以施展你现有的才能。❸〈常贬〉(出于自私目的而)利用;剥削:The company *exploited* its employees with low pay. 这家公司用低工资剥削雇员。‖ **ex·ploi·ta·tion** /ˌeksplɔiˈteiʃᵊn/ *n.* [U]

ex·plore /ikˈsplɔːʳ/ *vt.* ❶对…进行勘探(或勘查);探测;考察:*explore* the wild jungle 在野生森林探险 ❷探索,探究,探讨;调查研究:We have to *explore* the feasibility of the plan. 我们必须研究这个计划的可行性。—*vi.* 勘探;探测;考察 ‖ **ex·plo·ra·tion** /ˌekspləˈreiʃᵊn/ *n.* [C;U] —**ex·plor·a·to·ry** /ikˈskplɔrətᵊri/ *adj.*

ex·plo·sion /ikˈspləuʒᵊn/ *n.* [C;U] ❶爆炸(声),爆破(声),炸裂(声):The *explosions* can be heard now and then. 不时地可以听到爆炸声。❷(情绪等的)爆发,迸发,突发:There was an *explosion* of laughter from the audience. 观众中爆发出一阵哄然大笑。

ex·plo·sive /ikˈspləusiv/ I *adj.* ❶[无比较级]爆炸的;爆发的:an *explosive* device 爆炸装置 ❷易爆的,会(引起)爆炸的:an *explosive* chemical 易爆化学品 ❸激增的,剧增的;突然升级的:the *explosive* growth in world population 世界人口的骤然猛增 ❹爆炸性的;一触即发的;极富争议的:a politically *explosive* issue 政治上具有爆炸性的问题 II *n.* [C]炸药,炸弹;易爆品:set off a plastic *explosive* 引爆塑胶炸药 ‖ **exˈplo·sive·ly** *adv.* —**exˈplo·sive·ness** *n.* [U]

Ex·po /ˈekspəu/ *n.* [亦作 e-][C]([复]-**pos**)(大型国际)博览会,展览会

ex·po·nent /ikˈspəunənt/ *n.* [C] ❶(观念、政策等的)倡导者,拥护者,推行者:a leading *exponent* of free trade 自由贸易的主要鼓吹者 ❷(原则、方法、理论等的)阐述者;说明者,讲解者:a popular *exponent* of evolution 进化论的通俗解说者 ❸(事业、活动等的)代表者;象征,标志:Price is the *exponent* of exchangeable value. 价格是交换价值的标志。❹【数】指数 ‖ **ex·po·nen·tial** /ˌekspəuˈnenʃᵊl/ *adj.* —ˌ**ex·poˈnen·tial·ly** *adv.*

ex·port I /ekˈspɔːt, ˈekspɔːt/ *vt.* ❶出口,输出:China *exports* tea to many countries. 中国向很多国家出口茶叶。❷传播;传送;输送:The arteries are known to *export* the blood. 人所共知,动脉是输送血液的。II /ˈekspɔːt/ *n.* ❶[U]出口;输出:the *export* of agricultural produce 农产品的出口 ❷[C]出口(产)品,输出物:the leading *export* of New Zealand 新西兰的主要出口产品 ❸[～s]出口量,出口额:The annual *exports* are down. 年出口产量在下降。‖ **exˈport·a·ble** *adj.* —**ex·por·ta·tion** /ˌekspɔːˈteiʃᵊn/ *n.* [U] —**exˈport·er** *n.* [C]

ex·pose /ikˈspəuz/ *vt.* ❶显露,暴露;使无遮蔽(或保护)(*to*):The floods washed away the soil *exposing* the rocks beneath. 洪水冲走了表土,露出了地下的岩石。❷使处于…作用(或影响)之下;使处于危险之中;使遭受(讥笑等)(*to*):be *exposed to* the elements 受风吹雨打 ❸展出,展览;陈列:*expose* pictures to the audience 向观众展出图片

ex·po·si·tion /ˌekspəˈziʃᵊn/ *n.* ❶[C;U](详细的)阐述;解释;评注:give a clear *exposition* of one's view 清晰地阐述自己的观点 ❷[C](公开的)展示;展览会,博览会:an automobile *exposition* 汽车博览会

ex·pos·i·to·ry /ikˈspɔzitᵊri/ *adj.* [无比较级]说明的;解说的;阐述的,评注的:a piece of *expository* writing 一篇说明文章

ex·pos·tu·late /ikˈspɔstjuˌleit/ *vi.* 规劝,劝诫,忠告(*about, against, on, with*):*expostulate against* the misconduct 劝诫不要犯这种过错

ex·po·sure /ikˈspəuʒəʳ/ *n.* ❶[U;C]暴露,显露:Decades of *exposure* have baked him to the colour and hardness of brick. 几十年的风雨沧桑把他变得像砖一样又黑又硬。❷[U]揭露,揭发;泄露,披露:The *exposure* of the forgery made a series of dramatic scenes. 那起假冒事

E

件的被揭穿真是出尽洋相，让人看了一场场好戏。❸[C]【摄】曝光；底片，软片：How many *exposures* have you made? 你拍了几张照片？

ex·pound /ik'spaund/ *vt.* 详述，阐释；说明：*expound* a latest theory 详尽阐述一个最新理论 —*vi.* 详述，阐释；说明，讲解

ex·press¹ /ik'spres/ *vt.* ❶(用言词)表达，陈述：What was in mind is hard to be *expressed* in words. 心中所想难以用话语表达出来。❷表示，表现；表露出：A shake of head *expresses* disagreement. 摇头表示不同意。

express² /ik'spres/ **I** *adj.* [无比较级][作定语] ❶供快速行进的；高速的：an *express* highway 高速公路 ❷ [亦读/'ekspres/]明确的，明白表示的：an *express* order 明确的指令 ❸快运(或快递)业务的；(邮政)快递的：an *express* company 捷运公司 **II** *adv.* [无比较级] ❶快速行进地，高速地 ❷用(邮政)快递；乘直达快车：travel *express* 乘快车旅行 **III** *n.* [C]快车；直达(或快速)电梯：the oriental *express* 东方快车

E

ex·pres·sion /ik'spreʃᵊn/ *n.* ❶[U;C](尤指用言语的)表达；表示，表现；体现：exchange *expressions* of goodwill 互致美好的祝愿 ❷[U;C]措辞；表达法，表达方式；词语：an old-fashioned *expression* 一句老套的习语 ❸[C;U]表情，神情；腔调：She has a happy *expression* on her face. 她脸上洋溢着喜悦的表情。‖ ***give expression to*** *vt.* 表达出，体现出：The demonstration *gave expression to* the opposition against the increase of taxes. 这次游行表达了对增税所持有的反对态度。‖ **ex'pres·sion·less** *adj.*

ex·pres·sion·ism /ik'spreʃᵊnizᵊm/ *n.* [U][常作 E-]表现主义(20 世纪初西方一种反传统的现代主义文学艺术流派) ‖ **ex'pres·sion·ist** *n.* [C] & *adj.* —**ex·pres·sion·ist·ic** /ikˌspreʃᵊ'nistik/ *adj.*

ex·pres·sive /ik'spresiv/ *adj.* ❶富于表情的；富于表现力的；意味丰富的：The girl has large *expressive* eyes. 那姑娘有一双会说话的大眼睛。❷[无比较级][作表语或后置定语](有关)表达的，表示的，表现的；体现的(*of*)：His words are *expressive of* contempt. 他语带轻蔑。‖ **ex'pres·sive·ly** *adv.* —**ex'pres·sive·ness** *n.* [U]

ex·press·ly /ik'spresli/ *adv.* [无比较级] ❶特别地；特意地：I came *expressly* to see you. 我是特意来看望你的。❷清楚地；明确地：She *expressly* demanded an apology. 她明确地要求道歉。

ex·press·way /ik'spresˌwei/ *n.* [C]高速公路；(部分立体交叉的)快速干道：a four-lane *expressway* 一条四车道高速公路

ex·pro·pri·ate /eks'prəupriˌeit/ *vt.* (尤指政府)征用，没收(土地、财物等)：The government *expropriated* the land for a recreation area. 政府征用这片土地以建立娱乐区。‖ **ex·pro·pri·a·tion** /eksˌprəupri'eiʃᵊn/ *n.* [C;U]

ex·pul·sion /ik'spʌlʃᵊn/ *n.* [U;C]驱逐，逐出；开除(*from*)：the *expulsion* of military advisers 军事顾问的被驱逐

ex·punge /ik'spʌndʒ/ *vt.* 删除，略去；抹去(*from*)：*expunge* a few lines *from* the manuscript 从文稿中删去几行字

ex·pur·gate /'ekspəːˌgeit/ *vt.* 删除(文章、书籍等)中的不当处；修订；删除(不当处)：*an expurgated* version of Shakespeare 莎士比亚作品的删节版 ‖ **ex·pur·ga·tion** /ˌekspəː'geiʃᵊn/ *n.* [U]

ex·qui·site /'ekskwizit, ek'skwizit/ *adj.* ❶精美的，精致的；制作精良的(见 choice)：This letter was translated from her *exquisite* French. 这封信译自她那封漂亮的法文原信。❷精湛的；绝妙的；高雅的，雅致的：*exquisite* manners 优雅的风度 ‖ **ex'quis·ite·ly** *adv.* —**ex'quis·ite·ness** *n.* [U]

ex·tend /ik'stend/ *vt.* ❶使延伸，伸展；使伸及：We *extended* the path down to the river. 我们把那条路一直筑到河边。❷(在时间或空间上)延长，加长：The new section *extended* the railway. 新建的部分延长了这条铁路线。❸使延时，使延期：I wish they didn't have to *extend* their visit. 我希望他们不必延长他们的访问时间。❹伸，伸出，伸开；伸展：He *extended* his hands to welcome the guest. 他伸出手欢迎客人。❺提供；给予；发出(邀请、欢迎等)：*extend* sb. greetings 朝某人打招呼 —*vi.* ❶伸，伸展，延伸：The road *extends* for another three miles. 这条路还有三英里长。❷延续，持续；延时，延期：The meeting *extended* another hour. 会议还要延一个小时。❸(面积、应用、权限

等)扩展;扩大;增大:The area of desert is *extending*. 沙漠的范围在日益扩大。

☆ **extend, lengthen, prolong, protract** 均有"延长,伸长"之意。**extend** 词义和使用范围都比较广泛,指在空间、时间、面积、宽度、范围、影响或意义等方面的增长或扩大:My garden *extends* as far as the river.(我的花园一直延伸到河边。)该词也可表示伸展肢体:The bird *extended* its wings in flight.(那只鸟展翅飞翔。)**lengthen** 只表示延长某一事物的长度或延长持续时间,不能用来表示延展宽度:The shadow of the mountain *lengthened* fast at dusk.(山的阴影在黄昏时分快速地拉长了。)**prolong** 常指持续时间的延长,往往含有超出正常期限的意味:He *prolonged* his visit by two weeks.(他的访问延长了两个星期。)**protract** 用于指时间上的延长,往往含无限期,没有要求或令人烦恼的意味:The war was *protracted* for four years.(战争持续了四年之久。)

ex·tend·ed family *n.* [C]【社】大家庭(与祖父母、已婚子女等共居的数代同堂的家庭)

ex·ten·sion /ik'stenʃᵊn/*n.* ❶[U]延伸;延长;伸展;扩展:the *extension* of the sense of a word 词义的引申 ❷[C]延长部分;扩大部分,扩建部分,附加部分;附属物:They arranged a two-day *extension* to their holiday. 他们把假期延长了两天。❸[C](电话)分机,分机号码:listen in on the *extension* 在分机上窃听 ❹[C]延时,延期:be granted an *extension* of leave 被准许延长假期

ex·ten·sive /ik'stensiv/ *adj.* 广阔的,广大的;广泛的(见 broad):The story received *extensive* coverage in the newspapers. 这则故事在报纸上得到了广泛报道。‖ **ex'ten·sive·ly** *adv.*

ex·tent /ik'stent/ *n.* [U]广度;程度;限度:I agree to a great *extent*. 在很大程度上我是赞成的。

ex·te·ri·or /ik'stiəriəʳ/ **I** *adj.* [无比较级][通常作定语] ❶外面的,外部的,外表的,外侧的:The play begins with an *exterior* scene in a garden. 这出戏是以花园外景开场的。❷(适合)户外的;(适合)外用的:*exterior* paint 油基外用漆 **II** *n.* [C](物体的)外部,表面;(人的)外表,外貌:the brick *exterior* of a house 房屋的砖砌表面

ex·ter·mi·nate /ik'stəːmiˌneit/ *vt.* 消灭,根除;使灭绝,使绝迹:Has leprosy been completely *exterminated*? 麻风病完全绝迹了吗? ‖ **ex·ter·mi·na·tion** /ikˌstəːmi'neiʃᵊn/ *n.* [U] —**ex'ter·miˌna·tor** *n.* [C]

☆ **exterminate, eradicate, uproot** 均有"根除,消灭"之意。**exterminate** 指用大量消灭的方法来彻底根除或灭绝:*exterminate* an enemy(消灭敌人)**eradicate** 指根除已经扎根或已经确立的事情,强调根除后不再重有:Smallpox has almost been *eradicated*.(天花几乎已灭绝了。)**uproot** 强调连根拔起这一动作的猛烈,而不是其后果,常用作比喻:To take the new job she had to *uproot* her whole family and settle abroad.(为接受新工作,她不得不举家迁居,到国外定居。)

ex·ter·nal /ik'stəːnᵊl/ *adj.* [无比较级] ❶外面的,外部的:*external* injuries 外伤 ❷外界的,外来的;外因的:*external* and internal motivation 外在和内在的动机 ‖ **ex'ter·nal·ly** *adv.*

ex·tinct /ik'stiŋᵏt/ *adj.* [无比较级] ❶(物种)灭绝的,绝迹的,绝种的:an *extinct* species 一种灭绝物种 ❷停止活动的;(火)熄灭了的;(火山)死的:an *extinct* volcano 一座死火山 ❸(法令等)失效的;废弃的;(风俗、语言等)古老的,过时的:an *extinct* custom 过时的习俗 ‖ **ex·tinc·tion** /ik'stiŋkʃᵊn/ *n.* [U]

ex·tin·guish /ik'stiŋgwiʃ/ *vt.* ❶熄灭(灯等);扑灭(火等):The firefighters had *extinguished* the forest fire before it spread out further. 消防队员们扑灭了这场森林大火,没有使它进一步蔓延。❷使(生命,希望等)消亡,破灭,结束:A ray of hope was *extinguished*. 一线希望破灭了。‖ **ex'tin·guish·a·ble** *adj.*

ex·tin·guish·er /ik'stiŋgwiʃəʳ/ *n.* [C]灭火器

ex·tol(l) /ik'stəul, ik'stɔl/ *vt.* (**-tolled**; **-tol·ling**) 颂扬;赞扬:The story *extols* the courage of the heroine. 这个故事颂扬了女英雄的英勇事迹。

ex·tort /ik'stɔːt/ *vt.* 敲诈,勒索;(利用权势)侵占,侵吞:He tried to *extort* out of the people what he could. 他极尽向别人敲诈之能事。‖ **ex'tort·er** *n.* [C] — **ex·tor·tion** /ik'stɔːʃᵊn/ *n.* [U]—**ex'tor·tion·ist** *n.* [C]

ex·tor·tion·ate /ik'stɔːʃᵊnit/ *adj.* 〈贬〉(要求等)过分的,过度的;(价格等)昂贵的:be *extortionate* in one's demands 要求过分

E

ex·tra /ˈekstrə/ I *adj*. [无比较级] ❶额外的;附加的:an *extra* edition (报纸、杂志等的)号外(或增刊) ❷另外收费的:Home delivery is *extra*. 送到家是要另外收费的。II *n*. [C] ❶额外费用;额外收费的事物:We ordered a few *extras* for the dinner. 我们这顿餐点了一些额外收费的东西。❷(报纸的)号外;增刊:The newspaper put out an *extra* to report the war. 这家报纸出了一期号外来报道这场战争。

ex·tra- /ˈekstrə/ *pref*. [附于形容词或名词前]表示"在…之外","越","超","特":*extra*sensory, *extra*territorial 〔亦作 **extro-**〕

ex·tract I /ikˈstrækt/ *vt*. ❶(使劲地)拔出;(用力地)取出:have two teeth *extracted* 让人拔了两颗牙 ❷从…设法获得(情报等):*extract* information from the suspect 从嫌疑人嘴里获取情报 ❸提取,提炼;榨取:the juice *extracted* from cucumber 黄瓜汁 II /ˈekstrækt/ *n*. ❶[C](书本或乐曲等的)摘录,引文,选段:an *extract* from the poem 从这首诗里摘录的一段 ❷[U;C]精;汁:a vanilla *extract* 香草精

ex·trac·tion /ikˈstrækʃᵊn/ *n*. ❶[C;U]拔出;取出;榨取;提取,萃取:the *extraction* of money by extortion 用勒索的方式榨取钱财 ❷[U]血统,出身,家世:an American of Greek *extraction* 希腊裔美国人

ex·tra·cur·ric·u·lar /ˌekstrəkəˈrikjuləʳ/ *adj*. [无比较级][通常作定语]课外的,课程以外的:*extracurricular* activities 课外活动

ex·tra·dite /ˈekstrəˌdait/ *vt*. ❶正式将(逃犯、囚犯等)引渡 ❷引渡(逃犯、囚犯等);获取(逃犯、囚犯等)的引渡

ex·tra·di·tion /ˌekstrəˈdiʃᵊn/ *n*. [U;C]引渡

ex·tra·mar·i·tal /ˌekstrəˈmæritᵊl/ *adj*. [无比较级][通常作前置定语]婚外的:an *extramarital* affair 婚外恋

ex·tra·ne·ous /ekˈstreiniəs/ *adj*. ❶外部的,外来的;体外的:*extraneous* substances in tap water 自来水中的外来物质 ❷无关的,不相干的;不中肯的:make an *extraneous* remark 讲离题话

ex·tra·or·di·nar·y /ikˈstrɔːdinəri,ˌekstrəˈɔːdinəri/ *adj*. ❶不平常的,特别的;非凡的;惊人的:His range of knowledge is *extraordinary*. 他的知识面广得惊人。❷[作后置定语](官员)特派的,特命的:an ambassador *extraordinary* and plenipotentiary 特命全权大使 ‖ **exˈtraor·di·nar·i·ly** *adv*.

☆在非正式的书面语体或口语里,extraordinary 可用作副词,用以修饰形容词。如:She is very pretty but not so *extraordinary* handsome.(她很漂亮,但谈不上绝色。)/ A: How big? B: It's *extraordinary* big.(甲:有多大?乙:大得不得了。)对这一用法,目前尚未有一致意见,但在非正式场合却并不少见。

ex·trap·o·late /ikˈstræpəˌleit/ *vt*. (从已知条件)推断,推想,推知:*extrapolate* future costs for the project 推算这项工程的未来成本 —*vi*. 进行推断(或外推):We can only *extrapolate* from the figures we have. 我们只能根据现有的数字进行推断。‖ **ex·trap·o·la·tion** /ikˌstræpəˈleiʃᵊn/ *n*. [U]

ex·tra·ter·res·tri·al /ˌekstrətiˈrestriəl/ *n*. [C](尤指想象中的)外星生物;外星人,天外来客

ex·trav·a·gance /ikˈstrævəgəns/, **ex·trav·a·gan·cy** /-gənsi/ *n*. ❶[U]奢侈,挥霍,铺张 ❷[C]铺张浪费之举

ex·trav·a·gant /ikˈstrævəgənt/ *adj*. ❶奢侈的,挥霍的,铺张的:She considered him *extravagant* with electricity. 她认为他用电太浪费。❷过度的,过分的;(价格等)昂贵的,过高的:*extravagant* expectations 奢望 ‖ **exˈtrav·a·gant·ly** *adv*.

ex·treme /ikˈstriːm/ *adj*. ❶[通常作定语]最大(限度)的;极度的;极大的:You must proceed with *extreme* caution. 你千万要小心从事。❷[常作前置定语]巨大的;剧烈的,猛烈的:*extreme* joy 欣喜若狂 ❸(立场、观点等)偏激的,过激的;极端的;过分的,过度的:He is always *extreme* in his views. 他对问题的看法总是偏激。❹[作前置定语](离中心)最远的;末端的;在尽头的:the *extreme* limits of a town 城镇的最边远处 ❺最后的,最终的:the *extreme* hopes 最后的希望 ‖ ***in the extreme*** *adv*. 极端,极度,非常:I consider such conduct despicable *in the extreme*. 我认为这种行为卑鄙透顶。***to the extreme*** *adv*. 到最大的限度,达到极致:Your behaviour is testing my patience *to the extreme*. 你的行为快要使我的忍耐达到极限。‖ **exˈtreme·ly** *adv*.

ex·trem·ism /ikˈstriːmism/ *n*. [U]〈常贬〉(政治上的)极端主义 ‖ **exˈtrem·ist** *n*. [C]

ex•trem•i•ty /ikˈstriːmiti/ *n.* ❶[C]末端，端点；尽头：the peninsula's western *extremity* 半岛的西端 ❷[U]极端；极度；极点：the *extremity* of the violence 极端的暴力

ex•tri•cate /ˈekstriˌkeit/ *vt.* 使解脱，使摆脱，使挣脱；解救(*from*)：*extricate* oneself *from* a dilemma 摆脱两难的困境 ‖ **ex•tri•ca•tion** /ˌekstriˈkeiʃᵊn/ *n.* [U]

ex•tro•vert /ˈekstrəˌvəːt/ *n.* [C]【心】性格外向(或外倾)者；热衷社交者

ex•trude /ikˈstruːd/ *vt.* 挤出，压出(*from*)：*extrude* toothpaste *from* the tube 从管子里挤出牙膏 ‖ **exˈtru•sion** /-ʒᵊn/ *n.* [U]

ex•u•ber•ance /igˈzʲuːbərᵊns/ *n.* [U]生气勃勃；精力旺盛

ex•u•ber•ant /igˈzʲuːbərᵊnt/ *adj.* 充满活力的，生气勃勃的；兴高采烈的：*exuberant* young men 朝气蓬勃的年轻人 ‖ **exˈu•ber•ant•ly** *adv.* **exˈu•ber•ance** *n.*

ex•ude /igˈzʲuːd/ *vi.* (液体)渗出；缓慢流出；(气体)散发出：Sweat *exudes* from the pores in the skin. 汗从皮肤表层的毛孔中渗出。—*vt.* ❶使(液体)渗出，使缓慢流出 ❷充分表露，显示(情绪)

ex•ult /igˈzʌlt/ *vi.* 狂喜；欢欣鼓舞(*in*, *at*, *over*)：*exult in* [*at*, *over*] one's victory 为胜利而欢欣鼓舞 ‖ **exˈult•ant** *adj.* —**ex•ul•ta•tion** /ˌegzʌlˈteiʃᵊn/ *n.* [U]

eye /ai/ **I** *n.* [C] ❶眼睛：be blind in both *eyes* 双目失明 / open one's *eyes* wide 睁大眼睛 ❷[用作单或复]视力，视觉；目力：She has a sharp *eye*. 她视力极佳。❸眼，孔(如针眼、锁眼等)；眼状物 **II**(**eyed**; **ey(e)•ing**) *vt.* 看；注视；审视；密切注意：*eye* sb. with suspicion 用怀疑的目光打量某人 ‖ ***an eye for an eye*** *n.* 以眼还眼；采用同样的手段回击：He will retaliate on you and take *an eye for an eye*. 他会以眼还眼地向你报复。***catch sb.'s eyes*** *vi.* 引起某人的注意，使某人注意到：She *caught my eye* as I moved toward the door. 我朝门走去的时候她引起了我的注意。***keep an eye on*** [***to***] *vt.* 密切注意；留神；照看：*Keep an eye on* my luggage for a moment, please! 请照看一会儿我的行李！***keep an eye out*** [***open***] ***for*** *vt.* 留心；警觉；密切注意：The guards were told to *keep their eyes open for* a possible escape. 警卫们被告知要警惕有人可能逃跑。***see eye to eye*** *vi.* (与某人)看法完全一致：We finally *see eye to eye* after our misunderstanding. 经过误解之后我们终于达成了一致。

eye•ball /ˈaiˌbɔːl/ *n.* [C]眼球，眼珠

eye•brow /ˈaiˌbrau/ *n.* [C]眉，眉毛：knit the *eyebrows* 锁眉蹙额

eye-catch•ing /ˈaiˌkætʃiŋ/ *adj.* 〈口〉引人注目的，惹眼的；动人的，标致的：an *eye-catching* car 一辆惹眼的汽车

eye•ful /ˈaiful/ *n.* [C] ❶〈口〉饱览，饱看；饱看事物：We've got an *eyeful* of rural life during the tour. 在旅行中我们饱览了乡村生活。❷满眼，一眼之容量：an *eyeful* of tears 满眼泪水

eye•glass /ˈaiˌglɑːs/ *n.* [C] ❶镜片；单片眼镜 ❷[～**es**]眼镜；夹鼻眼镜

eye•lash /ˈaiˌlæʃ/ *n.* [C](眼)睫，(眼)睫毛

eye•lid /ˈaiˌlid/ *n.* [C]睑，眼睑，眼皮：the lower [upper] *eyelid* 下[上]睑

eye•lin•er /ˈaiˌlainəʳ/ *n.* [C；U](化妆用的)眼线笔；眼线液〔亦作 **liner**〕

eye-o•pen•er /ˈaiˌəupᵊnəʳ/ *n.* [C]〈口〉[通常作单]给予启迪的经历，使人大开眼界的经历；发人深省的事物，令人瞠目的事物；出乎意料的发现：His book about the dynasty is a real *eye-opener*. 他写的关于这个王朝的书真的是让人大开眼界。‖ **eye-open•ing** /ˈaiˌəupᵊniŋ/ *adj.*

eye•piece /ˈaiˌpiːs/ *n.* [C]【光】(接)目镜

eye-shad•ow /ˈaiˌʃædəu/ *n.* [U]眼影，眼影膏

eye•sight /ˈaiˌsait/ *n.* [U] ❶视力；目力：lose one's *eyesight* 失明 ❷视野，视界：come within *eyesight* 进入视野之内

eye•sore /ˈaiˌsɔːʳ/ *n.* [C]煞风景之物；看不顺眼的东西：Revealing posters are *eyesores* to the walkers. 着装暴露的招贴画有碍行人的观瞻。

eye•strain /ˈaiˌstrein/ *n.* [U]视疲劳

eye•wit•ness /ˈaiˌwitnis/ *n.* [C]目击者；见证人

E

F f

F¹, f¹ /ef/ *n.* ([复]**Fs, fs** 或 **F's, f's** /efs/) [C] 英语字母表中第六个字母

F² ❶【化】元素氟(fluorine)的符号 ❷华氏温度：Water boils at 212°*F*. 水在华氏 212 度时沸腾。

fa•ble /ˈfeibᵊl/ *n.* [C; U] 寓言：Tell them the *fable* about the fox and the grapes. 给他们讲讲狐狸和葡萄的寓言故事吧。

fab•ric /ˈfæbrik/ *n.* ❶[C; U]织物，织品；布：weave a *fabric* 织布 ❷[U]〈喻〉结构，构造；组织：the economic *fabric* of a country 一个国家的经济结构

fab•ri•cate /ˈfæbriˌkeit/ *vt.* ❶制造，制作；建造；组装，装配：*fabricate* fine pottery 制造精美的陶器 ❷捏造，伪造(文件等)；杜撰，编造(谎言、借口、成绩等)：*fabricate* a diploma 伪造毕业文凭

fab•ri•ca•tion /ˌfæbriˈkeiʃən/ *n.* ❶[U](文件等的)捏造，伪造；(谎言、借口、成绩等的)杜撰，编造❷[C]虚构的东西，捏造的东西(尤指谎言、借口等)：The story was a complete *fabrication*. 这个故事纯属虚构。❸[U]制造，制作；建造；组装，装配

fab•u•lous /ˈfæbjuləs/ *adj.* [无比较级] ❶寓言般的；惊人的，难以置信的；非常的；荒诞的，荒谬的：*fabulous* rumors 无稽的谣言 ❷〈口〉极好的，绝妙的：That's a *fabulous* idea! 这主意太妙了！ ‖ ˈ**fab•u•lous•ly** *adv.*

fa•cade, fa•sade /fəˈsɑːd/ *n.* [C] ❶(建筑物的)正面，门面，临街面 ❷〈喻〉(尤指给人以假象的)外表，外观：maintain a *facade* of honesty 装作一副老实相

face /feis/ **I** *n.* ❶[C]脸，面孔：I never saw his *face*. 我与他从无一面之缘。❷[C]面容，脸色，表情：His *face* fell when he heard the news. 一听到这消息，他就沉下了脸。❸[通常用单]外表，外观，外貌：Life changed its *face*. 生活变了样。❹[通常用单]表面；正面，前面：*the face* of the earth 地球的表面 **II** *vt.* ❶面向，面朝，正对：Their houses *face* each other across the street. 他们的房子隔街正对。❷面对：He stood *facing* the wall. 他面壁而立。❸使面对：He *faced* the doll toward the baby. 他把玩具娃娃面朝婴儿放着。❹(勇敢地)对付；正视：Army *faces* Navy in today's football game. 在今天的足球比赛中陆军队迎战海军队。❺面临：With both Mom and Dad at work, America *faces* a child-care crisis. 由于父母双方都工作，美国面临着育儿危机。—*vi.* 朝，向：Most seats on London buses *face* forward. 伦敦公共汽车上的大多数座位都面向前方。‖ ***face to face*** *adv.* & *adj.* 面对面地(的)(*with*)：We sat *face to face* at the table. 我们在桌边面对面坐着。***face up to*** *vt.* 勇敢地对付(或接受)：Be a man and *face up to* it. 你要像男子汉那样面对现实。***in (the) face of*** *prep.* 尽管；不顾：remain calm *in the face of* dangers 临危不惧 ***to sb's face*** *adv.* 当着某人的面；直率地：She sneered at me *to my face*. 她只是冲着我哼哼冷笑。

face•less /ˈfeislis/ *adj.* [无比较级] ❶无法辨认的；身份不明的；匿名的：the *faceless* crowds of large cities 大城市中素不相识的人流 ❷缺乏个性的：We thought that made the members of the band *faceless*. 我们认为正是这一点使得乐手们毫无个性。‖ ˈ**face•less•ness** *n.* [U]

face-lift /ˈfeisˌlift/ *n.* [C](消除脸部皱纹的)整容(术)

fac•et /ˈfæsit/ *n.* [C] ❶(多面体的)面；(宝石等的)琢面：crystal *facets* 水晶界面 ❷(问题、事物等的)一个方面：This case obviously has all sorts of *facets* that will affect the trial. 很明显，这个案子牵涉到的方方面面，势必会对审判产生影响。

fa·ce·tious /fəˈsiːʃəs/ *adj*. 〈常贬〉❶(言语)滑稽的,开玩笑的;挖苦的:This comment was not entirely *facetious*. 这可不完全是谑评。❷(人)(不分场合)爱开玩笑的,好要贫嘴的;诙谐的:a *facetious* person 爱开玩笑的人 ‖ **faˈce·tious·ly** *adv*. —**faˈce·tious·ness** *n*. [U]

fa·cial /ˈfeiʃ°l/*adj*. [无比较级] ❶面部的:She bears a strong *facial* resemblance to my sister. 她的面孔酷似我妹妹。❷用于面部的;美容用的:*facial* massage 面部按摩 ‖ **ˈfa·cial·ly** *adv*.

fac·ile /ˈfæsail,-sil/ *adj*. ❶敏捷的;熟练的;流畅的:He writes with a trenchant wit and his pen is *facile*. 他文笔流畅,文字犀利机智。❷表面(上)的:It is a *facile* solution to our present problems. 对我们眼下的问题来说,这是一个治标不治本的解决办法。❸[作定语]〈常贬〉易做到的;易得到的;不花力气的:Lazy people seek *facile* task. 懒汉专拣轻活干。❹[作定语]易使用的;容易理解的;不费脑子的:a *facile* method 简易的办法 ‖ **ˈfac·ile·ly** *adv*.

fa·cil·i·tate /fəˈsiliˌteit/ *vt*. 〈书〉使变得(更)容易;使(更)少花力气;使便利:Zip codes are used to *facilitate* mail service. 邮政编码的使用方便了邮递服务。‖ **fa·cil·i·ta·tion** /fəˌsiliˈteiʃən/ *n*. [U] —**faˈcil·iˌta·tor** *n*. [C]

fa·cil·i·ty /fəˈsiliti/ *n*. ❶[常作 **facilities**]手段;工具;设备,设施;装置:credit *facility* 信贷手段 ❷[U]熟练,灵巧;技巧,技能;流利,流畅:She has a startling *facility* with words. 她能说会道,令人惊奇。❸[常作 **facilities**](供特定用途的)场所:The central *facility* is the library. 位于中心的设施是图书馆。❹[U]容易,简易;方便,便利:She has *facility* to blush. 她容易脸红。

fac·sim·i·le /fækˈsimili/ *n*. [C](尤指文字、印刷品、图画等的)复制品,摹本,副本

fact /fækt/ *n*. ❶[U]现实(性);真实性,确凿性;实情,实际,真相:The book mixed *fact* and fancy. 这本书把现实与想象混为一谈。❷[C](客观)事实:an accomplished *fact* 既成事实 ❸[常作~s]细节:He was only interested in the *facts* of the present case. 他一心只想着眼前这个案子的情节。‖ ***as a matter of fact*** *adv*. 事实上,其实;事实恰恰相反:He thought the room was vacant,but *as a matter of fact* it was already occupied. 他以为这间屋子空着,其实已经有人住了。***in (actual) fact*** *adv*. 实际上,其实;事实恰恰相反:Everybody believed it was a gold necklace,but *in fact* it was only an imitation. 每个人都认为那是串金项链,可其实它只是个仿制品。

fac·tion /ˈfækʃ°n/ *n*. ❶[C](政党、组织等内部的)宗派,派别;(尤指持歧见的)小集团:A *faction* in the club tried to make the president resign. 俱乐部内有一帮人极力想让董事长辞职。❷[C;U]派系斗争,倾轧,内讧:*Faction* almost broke up the club. 内讧差点儿使俱乐部解体。‖ **ˈfac·tion·al** *adj*. —**ˈfac·tion·al·ism** *n*. [U]

fac·tor /ˈfæktəʳ/ **I** *n*. [C] ❶因素;要素(见 element):Many *factors* come into equipment reliability. 跟设备可靠性有关的因素很多。❷【数】因子,商:5 and 2 are *factors* of 10. 5 和 2 是 10 的因数。**II** *vt*. ❶【数】分解…的因子;将…分解(成因子)(*into*) ❷把…作为因素计入(*into*,*in*):Most people *factored in* a further deterioration in our trade balance. 大多数人都会考虑到我们的贸易差额将会进一步扩大。

fac·to·ry /ˈfækt°ri/ *n*. [C] ❶制造厂,工厂:a furniture *factory* 家具厂 ❷制造场所,生产地:A big whaling ship is a floating *factory*. 大型捕鲸船就是一座水上加工厂。

fac·tu·al /ˈfæktʃuəl/ *adj*. [无比较级] ❶事实的;基于事实的:They properly have to be *factual*. 他们应该实事求是。❷真实的;确实的,确凿的;非虚构的:Cases mentioned are *factual*. 所及案例都是真实的。‖ **ˈfac·tu·al·ly** *adv*.

fac·ul·ty /ˈfæk°lti/ *n*. ❶[C]官能;能力;才能;天赋(见 genius):He has the *faculty* to learn languages easily. 他有学习语言的天赋。❷[C](大学的)系;科;院:the *faculty* of theology 神学院 ❸[总称](大学中院、系、科的)全体教师;全体教职员工:He was on the *faculty* there for over forty years. 他在那儿执教达 40 余年。

fad /fæd/ *n*. [C](一时的)狂热;(穿着、言行等)一时的风尚:Most doctors do not believe in food *fads*. 大多数医生都不信风行一时的食疗偏方。‖ **ˈfad·dish** *adj*. —**ˈfad·dist** *n*. [C]

fade /feid/ *vi*. ❶(颜色)褪去;(衣服等)褪色(见 vanish):Will the colour in this material

F

fade? 这块料子会褪色吗? ❷(声音等)变微弱;(光线等)变暗淡;(情感等)变得淡漠;逐渐消失:The sound of the train *faded* after it went by. 火车过后隆隆声渐渐消失。❸凋谢,枯萎;衰败,变衰颓:The flowers in the garden *faded* at the end of summer. 夏末园中的花儿都凋谢了。—*vt.* ❶使褪色(见 vanish):The sun has *faded* the curtains. 阳光使窗帘褪了色。❷使凋谢,使枯萎;使衰败,使变衰颓:Time has *faded* her beauty. 岁月销蚀了她的美貌。

fae·ces /ˈfiːsiːz/ [复] *n.* 〈书〉粪便,排泄物 ‖ **fae·cal** /ˈfiːkəl/ *adj.*

fag /fæg/ *n.* [C]〈俚〉❶香烟;烟蒂 ❷〈贬〉男同性恋者

Fah·ren·heit /ˈfærənˌhait/ *adj.* [无比较级]华氏的;华氏温度计的(略作 **F, F., Fah.** 或 **Fahr.**):212°*Fahrenheit* is the boiling point of water. 华氏 212 度是水的沸点。

F

fail /feil/ *vi.* ❶失败,不成功:The clever *failed* because of their cleverness. 聪明反被聪明误。❷不及格:He *failed* because he didn't study hard enough. 他考试未及格,因为他学习不够刻苦。❸(身体、视力等)变弱,衰退;(花卉等)凋谢,枯萎:In a few hours the light would *fail*. 再过几个小时天色就会暗下来。❹失去支付能力;破产,倒闭:The company lost all its money and *failed* in business. 这家公司资金亏损殆尽,停止了营业。—*vt.* ❶使失望;有负于;无助于:*fail* sb.'s trust 辜负某人的信任 ❷没有通过(考试等);在…方面不及格:Any boy *failed* the manhood training would be treated as a child for the rest of his life. 任何一个完不成成人训练的男子都会永远被看成一个孩子。❸使不及格,评定…为不合格:The professor *failed* him in history. 教授给他的历史打了不及格。

fail·ing /ˈfeiliŋ/ **I** *n.* [C] ❶失败,不成功:His *failing* is due to carelessness. 他的失败归咎于他的粗心。❷(尤指性格中的)弱点,缺陷,短处:His lack of knowledge is a grave *failing*. 他没文化,这是一大缺憾。**II** *prep.* 如果没有;如果在…中失败:*Failing* payment, we shall sue. 如果不还钱,我们就起诉。

fail·ure /ˈfeiljəʳ/ *n.* ❶[U;C]失败,不成功:All his efforts ended in *failure*. 他的心血全白费了。❷[C]失败的人(或事):He was a total *failure* in algebra. 他的代数一塌糊涂。❸[U;C]未做到;不履行;没发生;忽略;忘记:one's *failure* to honour his pledge 不履行自己的诺言 ❹[C]失灵;(出)故障:a mechanical *failure* 机器故障 ❺[C;U]歉收:Failure of crops often results in famine. 庄稼的歉收常引起饥荒。❻[C;U](身体、视力等的)衰弱,衰退:a *failure* of eyesight 视力衰退

faint /feint/ **I** *adj.* ❶不清楚的,模糊的,隐约的;暗淡的:A *faint* sound of piano music floated to him from somewhere. 不知从哪儿隐隐约约飘来钢琴奏出的乐声。❷微弱的,无力的;虚弱的;眩晕的,行将昏厥的:He was deadly *faint* with fatigue. 他劳累得几乎晕过去。❸微小的;很少的;轻微的:A *faint* blue smoke arose. 一缕青烟袅袅升起。**II** *vi.* 昏厥,晕倒(*away*):He nearly *fainted* from the pain. 他痛得差点昏了过去。‖ ˈ**faint·ly** *adv.* —ˌ**faint·ness** *n.* [U]

faint-heart·ed /ˌfeintˈhɑːtid/ *adj.* 怯懦的,胆怯的;优柔寡断的,无决断的

fair[1] /feəʳ/ **I** *adj.* ❶公正的,公平的:I shall be *fair* to both parties. 对于你们双方,我保证一视同仁。❷按规则进行的;按法律可以追捕的;合理的,正当的;应有的,应得的:The subject has received its *fair* share of attention. 这问题受到了应有的关注。❸[无比较级][作定语]相当大(或多、长等)的;可观的;充分的:a *fair* income 可观的收入 ❹[无比较级]尚可的,不好不坏的;中不溜的,过得去的:There is a *fair* crop of wheat this year. 今年麦子的收成尚可。❺(天气)晴朗的;(风向)顺的:The weather will be *fair* today. 今天将是个晴天。❻(皮肤)白皙的;(头发)金色的;(人)白肤金发的:*fair* skin 白皙的皮肤 **II** *adv.* 公正地,公平地:*deal fair* with sb. 公平对待某人 ‖ ˈ**fair·ish** *adj.* —ˈ**fair·ness** *n.* [U]

fair[2] /feəʳ/ *n.* [C] ❶定期集市:a village *fair* 乡村农贸集市 ❷商品展览会;商品展销会;商品交易会:a book *fair* 图书展览会 ❸(为筹集善举经费的)义卖会

fair·ground /ˈfeəˌgraund/ *n.* [常作~s]集市场所;(露天)展览场地;马戏表演(或杂耍)场地

fair-haired /ˈfeəˌheəd/ *adj.* ❶金发的 ❷受宠的,得宠的:the boss's *fair-haired* lad 老板的宠儿

fair•ly /ˈfeəli/ *adv.* ❶公正地,公平地;不带偏见地:deal *fairly* with one's customers 公平地对待顾客 ❷[无比较级][不用于否定句]相当;还,尚:Sarah *fairly* quickly became pregnant. 萨拉相当快就怀上了孩子。

☆**fairly, quite, rather** 均有"相当,颇为"之意。**fairly** 词义最弱,表示"相当地"或"适度地",含有"颇为,还算或尚可"之意,通常只与含有褒义的形容词或副词等连用,但不能与它们的比较级或 too 连用:It's *fairly* hot today.(今天相当热。)**quite** 含有"完全、十分、非常、很"之意,用法与 fairly 基本相似,但要放在不定冠词的前面:She *quite* likes some pop music.(她十分喜欢流行音乐。)**rather** 词义最强,表示"相当、颇为、确实、实在"等意,既可用于褒义,也可用于贬义,还可与形容词、副词的比较级或 too 连用,以进一步说明程度;该词可放在不定冠词的前面或后面,但必须放在定冠词的后面:This exercise is *rather* too difficult for the pupils and *rather* too easy for the middle school students.(这练习对小学生来说太难了,但对中学生又容易了一点。)/ It's *rather* a pity.(这多少有点可惜。)

fair•shake /ˈfeəˌʃeik/ *n.* [C]公平待遇,均等的机会

fair•way /ˈfeəˌwei/ *n.* [C]【高尔夫】(球场上的)平坦球道

fair•y /ˈfeəri/ *n.* [C] ❶仙人,仙子;小精灵:a wicked *fairy* 狐仙 ❷众仙子;仙界

fairy tale *n.* [C] ❶童话;神话:It sounded like a *fairy tale* — but it was all too brutally real. 这听起来好像是童话故事,但它却是千真万确的。❷谎言,不实之词:Better to tell the truth, rather than tell a *fairy tale* and have to change it later. 还是说实话吧,免得现在说了谎之后又得改口。

faith /feiθ/ *n.* ❶[U]信任;信心;信念(见 belief):Have you any *faith* in what she says? 你相信她的话吗? ❷[U;C]信仰上帝;宗教信仰;信仰;宗教:*Faith* without works is dead. 只有信仰而无善行等于零。❸[C]信条:assert a *faith* in individual advancement 坚持个人发展的信条 ❹[U]忠实,忠诚;诚意:He was the only one who proved his *faith* during our recent troubles. 在我们近期的困境中,只有他的一片忠诚得到了证实。‖ ***in faith*** *adv.* 千真万确,丝毫不差

faith•ful /ˈfeiθfᵘl/ *adj.* ❶忠实的,忠诚的;守信的;可信赖的:She knew him generous, and *faithful* to his words. 他为人慷慨,从不食言,这是她知道的。❷尽职的,责任心强的;认真的:be *faithful* in the performance of one's duties 恪尽职守 ‖ ˈ**faith•ful•ly** *adv.* —ˈ**faith•ful•ness** *n.* [U] —ˈ**faith•less** *adj.* [无比较级]

fake / feik / **I** *vt.* ❶伪造;捏造;虚构:I hear your brother *fake* his age and joined the army. 我听说你弟弟虚报年龄,参了军。❷伪装,假装;装出…的样子:He *faked* surprise when I told him the news. 我告诉他这个消息的时候,他故作惊奇。**II** *n.* [C] ❶假货,赝品;捏造的报道;虚构的故事:These pictures were *fakes.* 这些画是赝品。❷骗子,假冒者,冒充者:Anyone who says he can fly like a bird is a *fake.* 任何一个说自己能像鸟一样飞行的人都是骗子。❸骗人的勾当;骗局,诡计,圈套:The whole thing is a gigantic *fake.* 这事儿整个就是个大骗局。‖ ˈ**fak•er** *n.* [C]

fal•con /ˈfɔːlkᵊn,ˈfɔl-/ *n.* [C] ❶【动】隼,游隼 ❷猎鹰

fall /fɔːl/ **I** *vi.* (**fell** /fel/, **fall•en** /ˈfɔːlᵊn/) ❶落下;跌落;降落:A multitude of raindrops *fell* pattering. 吧嗒吧嗒撒落无数雨珠。❷跌倒,摔倒;倒下:She *fell* over into the river. 她跌入河中。❸倒塌,坍塌,崩塌:The walls of the burning building *fell.* 大楼正在燃烧,墙壁塌了下来。❹(温度、价格等)下跌;跌价;(风势、声音等)减退,减弱;(情绪等)变低落:Her spirits *fell* at the bad news. 听说了那坏消息,她变得精神沮丧。❺下垂;挂下:Her curls *fell* upon her shoulders. 她卷发垂肩。❻(地面等)呈坡状,倾斜;(潮汐等)退落:The land *falls* gradually towards the beach. 那土地缓缓向海滨倾斜。❼(城市、阵地等)陷落,被攻克:If you fall, Troy will *fall* also. 如果你战死,特洛伊也就灭亡了。❽阵亡,战死;被杀死:If you *fall*, Troy will fall also. 如果你战死,特洛伊也就灭亡了。❾来临;降临:The rain started as dusk was *falling.* 当暮色降临时,天下起雨来了。❿变成,成为:*My horse fell* lame. 我的马脚跛了。**II** *n.* ❶[C]落下;跌落;降落:She suffered a *fall* from her horse. 她不幸从马上跌下来。❷[通常用单]降落(或落下)的东西;(雨、雪的)降落;降雨;降雪:We had a heavy

F

fall of snow last winter. 去年冬天我们这儿雪下得很大。❸[C]降落量;降雨量;降雪量:the *fall* of rain for a year 年降雨量 ❹[通常用单](数量、价值等的)变小;减少;降低:There was a sudden *fall* in temperature. 气温陡降。❺[通常用单]跌倒,摔倒:She survived the *fall* down the hill. 她摔下了山冈,但没有性命之虞。❻[C;U]秋天,秋季:in the *fall* of 2003 2003年秋天 ❼[通常作～s][用作单或复]瀑布:Niagara *Falls* 尼亚加拉大瀑布 ❽[C]〈喻〉(声誉、地位、权势、力量、情绪等的)减低;减弱,衰落;失势:the *fall* of life 暮年 ‖ ***fall back*** *vi*. 后退;退却:Hartly *fell back*, surprised. 哈特利忙不迭退开了,惊慌不已。***fall back on*** [***upon***] *vt*. 借助于;求援于;转而依靠:They have few savings to *fall back on* should they lost their job. 他们一旦失业,只有极少的积蓄能度日。***fall behind*** *vi*. 落后:When they took a hike in the woods, two boys *fell behind* and got lost. 他们在森林中徒步旅行时,有两个男孩掉队走失了。***fall in with*** *vt*. 符合;与…一致,与…和谐:Will the new chair *fall in with* the rest of the furniture? 这把新椅子与其余的家具相配吗? ***fall out*** *vi*. & *vt*. ❶失和;争吵:The thieves *fell out* over the division of the loot. 盗贼们因分赃而吵了起来。❷(毛发、牙齿等)掉落,脱落:All the hair on her scalp *fell out*. 她的头发全部脱落了。***fall through*** *vi*. 失败;落空,告吹:Unless we get everyone to support it, our plan will *fall through*. 如果没有大家的支持,我们的计划肯定泡汤。

fal·la·cious /fəˈleiʃəs/ *adj*. ❶谬误的:*fallacious* arguments 谬误的论点 ❷骗人的;虚妄的;靠不住的:*fallacious* hopes 渺茫的希望 ‖ **falˈla·cious·ly** *adv*.

fal·la·cy /ˈfæləsi/ *n*. ❶[C]谬论,谬见:It is a *fallacy* to suppose that riches always bring happiness. 认为财富总能带来幸福,这是一种错误的见解。❷[U;C]错误推理;不可靠的论据:logical *fallacies* 逻辑推理错误

fal·li·ble /ˈfælibᵊl/ *adj*. 容易出错的;难免有错误的;不可靠的:Experts can be *fallible*. 连专家有时也难免出错。 ‖ **fal·li·bil·i·ty** /ˌfæliˈbiliti/, ˈ**fal·li·ble·ness** *n*. [U] —ˈ**fal·li·bly** *adv*.

fall·ing-out /ˈfɔːliŋˌaut/ *n*. [C]([复] **fall·ing-outs, fall·ings-out**) 争吵

fall·ing /ˈfɔːliŋ/ **star** *n*. [C]流星

fall·out /ˈfɔːlˌaut/ *n*. [U] 放射性坠尘(或尘埃等);沉降物,回降物:*fallout* from an atomic bomb test 原子弹试验的放射性坠尘

fal·low /ˈfæləu/ *adj*. [无比较级] ❶【农】休耕的;闲置(至少一年)的:*fallow* ground 休耕地 ❷(心智、意见等)不活跃的,潜伏的:leave one's mind *fallow* 不开动脑筋

false /fɔːls/ *adj*. ❶[无比较级]不正确的,错误的:One *false* step and the whole plan will fail. 一步走错,整个计划就泡汤。❷有意欺骗的;不诚实的;虚妄的:His laughter rings a little *false*. 他的大笑听起来不够真诚。❸[无比较级]不忠实的;无信义的;背叛的:He was *false* to his word. 他不守信用。❹假装的;冒充的;虚伪的:He was gazing up at the ceiling with *false* indifference. 他故作漫不经心地抬眼望着天花板。❺[无比较级][作定语]假的;人造的,仿制的:His teeth are all *false*. 他满嘴假牙。❻[无比较级][作定语]弄虚作假的;伪造的:*false* government documents 伪造的政府文件 ‖ ˈ**false·ly** *adv*. —ˈ**false·ness** *n*. [U]

false·hood /ˈfɔːlsˌhud/ *n*. ❶[C]谬误(尤指信仰、学说等);谎言❷[U]说谎;欺骗

fal·si·fy /ˈfɔːlsiˌfai/ *vt*. ❶篡改,伪造:He *falsified* the history of his family to conceal his humble origins. 为了隐瞒自己卑微的出身,他改动了家族的历史。❷歪曲,曲解 ❸证明…为假;证明…站不住脚:The evidence *falsifies* your conclusions. 这证据说明你的结论实属虚妄。 ‖ **fal·si·fi·ca·tion** /ˌfɔːlsifiˈkeiʃᵊn/ *n*. [U;C] —ˈ**fal·siˌfi·er** *n*. [C]

fal·si·ty /ˈfɔːlsiˌti/ *n*. ❶[U]虚假,虚妄,不真实;不正确:the *falsity* of the superstition 迷信的虚妄 ❷[C]谎言

fal·ter /ˈfɔːltəʳ/ *vi*. ❶蹒跚,踉跄;摇晃,站不稳:The engine *faltered* and stopped. 发动机转不了几下就停下来了。❷踌躇,犹豫;畏缩,退缩;动摇:Tom *faltered* and missed the ball. 汤姆迟疑了一下,就错过了那个球。❸(说话时声音)颤抖;支吾着说话;结巴着说话:As she began to speak and her voice *faltered*. 她一开口声音就颤抖起来。 ‖ ˈ**fal·ter·ing·ly** *adv*.

fame /feim/ *n*. [U]〈常褒〉名气,名望,声誉;名

声：I have heard your *fame*, sir. 久闻大名了，先生。

fa·mil·i·ar /fəˈmiliəʳ/ *adj.* ❶常见的，常有的，普通的；日常用的；习惯上的（见 common）：We chatted of *familiar* things. 我们闲聊家常。❷熟悉的，熟知的；通晓的（*to*，*with*）：People in Europe and America aren't very *familiar with* Chinese music. 欧美人不太熟悉中国音乐。❸亲近的，亲密的（*with*）：It isn't everybody that is *familiar with* the famous people in the political world. 并不是每个人都和政界名人有交情。❹（举止等）过分亲密的，太随便的，放肆的；冒昧的；（男女间）亲昵的：The man's unpleasant *familiar* behaviour angered the girl. 那男子讨厌的放肆行为惹得这女孩子生气了。‖ **faˈmil·i·ar·ly** *adv.*

☆**familiar, close, intimate** 均有"熟悉的，亲密的"之意。**familiar** 指由于长时间交往而彼此熟悉得像自家人，强调言行不拘礼节，没有任何保留或约束：She looks very *familiar*, but I can't remember her name.（她看起来很面熟，但我记不起她的名字。）**close** 常表示私交很深，感情纽带十分牢固：He's one of my *closest* friends.（他是我的一个至交。）**intimate** 指相互之间关系密切、思想感情融洽、彼此知心，可以达到无话不说的程度：We had been very *intimate* for some time.（我们曾经是极要好的朋友。）/ They are on *intimate* terms.（他们的关系很亲密。）

fa·mil·i·ar·i·ty /fəˌmiliˈæriti/ *n.* ❶[U]熟悉；熟知；通晓：Something in the way she spoke gave me an odd feeling of *familiarity*. 很奇怪，她说话的神情，使我有似曾相识之感。❷[U]亲近；密切；亲昵；随便；放肆：She didn't encourage *familiarity*. 她不鼓励熟不拘礼的行为。

fa·mil·iar·ize /fəˈmiliᵊˌraiz/ *vt.* ❶使熟悉；使熟知；使通晓：Before playing the new game, *familiarize* yourself with the rules. 在玩新游戏之前，得先熟悉一下规则。❷使为人所知；使家喻户晓：Newspapers have *familiarized* the cruelty of war. 报纸使人们知道战争的残酷。

fam·i·ly /ˈfæmili/ **I** *n.* ❶[用作单或复]家；家庭：There are eight people in my *family*. 我家有 8 口人。❷[C;U]子女：Do they have any *family*? 他们有没有孩子？❸[C;U]家属；亲属：Grandma is all the *family* I have. 奶奶是我唯一的亲人。❹[C]【动】【植】科：Lions, tigers and leopards belong to the cat *family*. 狮子、老虎和豹都是猫科动物。**II** *adj.* [无比较级][作定语] ❶家庭的；亲属的；家族的：*family* affection 天伦之情 ❷全家共同使用的；一家老幼皆宜的：the *family* car 家用汽车

family plan·ning /ˈplæniŋ/ *n.* [U]计划生育

fam·ine /ˈfæmin/ *n.* [C;U]饥荒；饥馑：Many people died during the severe *famine* there. 那次闹大饥荒饿死了许多人。

fam·ished /ˈfæmiʃd/ *adj.* 挨饿的；非常饥饿的：He hadn't eaten for ten hours and said he was *famished*. 他已 10 个小时没吃东西了，他说饿坏了。

fa·mous /ˈfeiməs/ *adj.* ❶著名的；闻名的：Are you the *famous* Miss Emily? 你就是那位尽人皆知的埃米莉小姐吗？❷〈口〉一流的；极好的：I did not seem to be making any *famous* progress. 看来我并没有取得什么了不起的进步。‖ ˈ**fa·mous·ly** *adv.*

fan[1] /fæn/ **I** *n.* [C] ❶【机】（电）风扇，鼓风机；螺旋桨（叶片）：an electric *fan* 电风扇 ❷扇子：*a folding fan* 折扇 **II** (**fanned**; **fan·ning**) *vt.* ❶用扇子扇，用扇状物扇；扇动（空气）：She *fanned* herself with a newspaper to keep from fainting. 她用报纸扇风，防止自己晕倒。❷轻轻地吹拂；使变得凉爽：The breeze *fanned* their hot faces. 微风吹拂着他们热乎乎的脸庞。❸（用扇子）扇掉；扇走：*fan* (away) the flies from the sleeping child 把苍蝇从熟睡的孩子身上扇走 ❹使呈扇形展开；使散开（*out*）：He *fanned* the cards. 他将纸牌呈扇形摊开。—*vi.* 呈扇形展开；散开（*out*）：Her train *fanned out* like a bridal gown. 她的裙裾向四周展开，像一身结婚礼服。

fan[2] /fæn/ *n.* [C] ❶（体育、影视等的）狂热爱好者，热衷者，迷：movie *fans* 影迷 ❷（演员、作家等名人的）狂热崇拜者：an ardent [great] *fan* of Charles Chaplin 查尔斯·卓别林的狂热崇拜者

fa·nat·ic /fəˈnætik/ *n.* [C] ❶（宗教、政治等的）狂热分子，盲信者：a religious *fanatic* 狂热的宗教徒 ❷〈口〉入迷者；迷恋者：a sports *fanatic* 体育迷 ‖ **faˈnat·i·cal·ly** *adv.*

fa·nat·i·cal /fəˈnætikəl/ *adj.* =fanatic

F

fan·ci·er /ˈfænsiəʳ/ *n.* [C]爱好者;迷恋者;迷: an art *fancier* 艺术爱好者

fan·ci·ful /ˈfænsifᵊl/ *adj.* ❶花哨的;奇异的;古怪的: *fanciful* architecture 构思奇特的建筑 ❷沉湎于空想的;富于幻想的: a *fanciful* writer 想象力丰富的作家❸幻想的,想象的;非现实的;不真实的: *fanciful* notions 臆想 ‖ ˈ**fan·ci·ful·ly** *adv.* —ˈ**fan·ci·ful·ness** *n.* [U]

fan·cy /ˈfænsi/ **I** *n.* ❶[U;C]想象力;幻想力;想象出来的事物;头脑里的形象: You must not let your *fancy* run away with you. 你不可想入非非。❷[C](毫无根据的)设想;空想;幻想;幻觉: That's a *fancy*; don't believe it. 那只是设想而已,别信它。❸[C](尤指一时的)爱好,喜爱;迷恋: He has a *fancy* for some wine with his dinner. 他喜欢在晚餐时喝点儿酒。**II** *adj.* ❶[无比较级](尤指食品)特级的;精选的;最高档的: *fancy* fruits and vegetables 精选果蔬 ❷作装饰用的;别致的;有装饰的;花式的;花哨的: a *fancy* tie 别致的领带 ❸[作定语](价格)过高的,昂贵的;经营装饰品(或高档商品)的: He took her out to dinner at a *fancy* place in London. 他带她到伦敦一处豪华场所用餐。**III** *vt.* ❶[常用以表示诧异、震惊等]想象,设想: I can't *fancy* her as an English teacher. 我无法想象她教英语会是什么样子。❷(无根据地)相信;(自负地)认为: She *fancied* that she heard footsteps behind her. 她觉得自己似乎听到身后有脚步声。❸喜爱;想要;希望得到(或做到): It is natural to *fancy* people who agree with us. 喜欢和我们意见一致的人,这很自然。—*vi.* 想象;幻想: Just *fancy*! 你想象吧! ‖ ***catch sb.'s fancy*** *vi.* 中某人的意;吸引某人: If you see something that *catches your fancy*, I'll buy it for you. 若是你看到喜欢的东西,我就买给你。***take a fancy to*** [***for***] *vt.* 爱上;对…喜欢起来: I have a suspicion that Alan's really *taken a fancy to* you. 我怀疑艾伦真的爱上了你。

fan·fare /ˈfænfeəʳ/ *n.* ❶[C](喇叭、号角等的)嘹亮的吹奏声: Queen Elizabeth, hailed by *fanfares*, passed through the nave. 伊丽莎白女王在一片欢迎她的嘹亮吹奏乐声中穿过了教堂的中殿。❷[U]隆重的欢迎;大排场;铺张: make a big *fanfare* 大操大办

fang /fæŋ/ *n.* [C] ❶(犬、狼等的)尖牙;长牙;獠牙: The wolf sank its *fangs* into his leg. 他的腿被狼的尖牙咬住了。❷(毒蛇的)毒牙: The horror has seized me with its *fangs*. 恐惧像毒牙一般啮噬着我的心。

fanny pack *n.* [C](小商贩挂在腰间临时存钱的)腰包;皮包

fan·ta·size /ˈfæntəˌsaiz/ *v.* 幻想;空想;想象: She is *fantasizing about* being reunited with her family. 她梦想能与家人团聚。

fan·tas·tic /fænˈtæstik/ *adj.* ❶奇怪的,怪异的;怪诞的;奇形怪状的: Sore at Tom? He's too *fantastic* to be sore at. 生汤姆的气?他疯疯癫癫的,犯不着跟他生气。❷(想法、计划等)空想的;异想天开的;不现实的;荒唐的: a *fantastic* scheme to make a million dollars betting on horse races 想通过赌马赢得百万美元的荒唐计划 ❸(大小、数量等)极大的;惊人的;难以置信的: a *fantastic* fortune 巨额财产 ❹〈口〉极好的;美妙的;非凡的;了不起的: She's a *fantastic* swimmer. 她游泳棒极了。‖ **fanˈtas·ti·cal·ly** /-kəli/ *adv.*

☆**fantastic, bizarre, grotesque** 均有"奇异的,怪诞的"之意。**fantastic** 强调任想象力自由驰骋,常用于形容奇异古怪的、富于梦幻的或与现实相去甚远的事情: Your proposals are utterly *fantastic*; we couldn't possibly afford them. (你的那些建议太不切实际了,我们实在无法接受。) **bizarre** 指外形奇特、古怪,用于反差极大、很不协调的事物: His appearance is *bizarre* to the newcomers. (他的相貌让新来者感到很古怪。) **grotesque** 指动物、人体、草木等自然形态扭曲到荒诞可笑、奇特丑陋的程度,强调怪诞和畸形: He was rather *grotesque* to look at. (他的外貌相当丑陋。)

fan·ta·sy /ˈfæntəsi,-zi/ *n.* ❶[C;U]想象;幻想(见 delusion 和 illusion): make *fantasies* 胡思乱想 ❷[C;U]错觉;幻觉;幻象;假象: A daydream is a *fantasy*. 白日梦是一种幻觉。

far /fɑːʳ/ (**far·ther** /ˈfɑːðəʳ/, **far·thest** /ˈfɑːðist/或 **fur·ther** /ˈfəːðəʳ/, **fur·thest** /ˈfəːðist/) **I** *adv.* ❶ We sailed *far* ahead of the fleet. 我们遥遥领先于船队。❷(时间上)久远地;到很久以前(或以后): I can't remember exactly that *far* back. 隔的时间太久了,我记不清了。❸到很大(或很深)程度;很;极;十分: I wanted a new dress *far* worse than you did. 我比你更需要添置一件新衣服。**II** *adj.* ❶(时间、距离上)远的;遥远的;久远的: Let's walk — it's not *far*.

咱们走路去吧，路不远。❷[作定语](两者中)较远的，那一边的：In the *far* north, days are short in winter. 在较北的地方，冬日的白天较短。‖ ***as far as*** *prep.* & *conj.* ❶远到；一直到；至…之远：The golden rice fields stretch *as far as* the eye can see. 金黄色稻田一望无际。❷[表示程度、范围]就；尽；至于：*As far as* I know, she's not coming, but I may be wrong. 就我所知，她不打算来，但我或许会弄错。***by far*** *adv.* [用以修饰比较级或最高级，强调程度、数量等]…得多；最…；显然：Tom is *by far* the best student in the class. 汤姆显然是全班最优秀的学生。***so far*** *adv.* 迄今为止；到目前为止：It's gone well *so far*. 到目前为止一切进展顺利。

☆**far, distant, remote, removed** 均有"遥远的；远距离的"之意。**far** 表示离说话者距离遥远：He lives in a *far* country. (他住在一个遥远的国度里。) **distant** 指空间或时间方面的间隔或距离相当大，往往可以具体地加以度量：*Distant* sound of a bell can be heard clearly. (远处的钟声清晰可闻。) 该词也可用于远亲等关系：She is a *distant* cousin of mine. (她是我的远房表妹。) 用于神态时，该词表示精神恍惚：There is a *distant* look in her eyes. (她的眼中有一种冷漠的眼神。) **remote** 常指空间方面的遥远，往往含有偏僻、人烟稀少和难以到达之意：He lives in a house *remote* from the town. (他住在一所远离城镇的屋子里。) 该词有时也可指时间很长，用于过去时强调因年代久远而没有接触，用于未来时含无成功希望之意：Your comments are rather *remote* from the subject we are discussing. (你的评论和我们正在谈论的问题关系不大。) 用于态度时该词表示冷淡：Her manner was polite but *remote*. (她的态度彬彬有礼但却十分冷淡。) **removed** 通常用作表语，其分隔和区别的含义比 remote 强，不仅可用于空间、时间，还可用于品质特性，强调有差异：What you say is far *removed* from what you said before. (你现在说的话和你以前说的相差甚远。)

far·a·way /ˈfɑːrəˌwei/ *adj.* [无比较级][作定语] ❶遥远的：He read of *far-away* places in geography book. 他从地理书中了解到一些遥远的地方。❷(眼神等)恍惚的；心不在焉的：She stared out of the window with a *far-away* look in her eyes. 她凭窗眺望，若有所思。

farce /fɑːs/ *n.* ❶[C;U]闹剧；滑稽戏(剧目)；笑剧(剧目)：an amusing *farce* based on confused relationships 基于零乱的人物关系编成的有趣闹剧 ❷[C]可笑的事物(或行为)；(空洞的)形式；虚假的东西：The lazy boy's attempts to find hard work were a *farce*. 这懒孩子竟想找苦活儿干，真是可笑。

fare /feəʳ/ **I** *n.* [C](车、船、飞机的)票价；路费；交通费；旅费：How much is your bus *fare* home? 你回家的公共汽车费是多少？ **II** *vi.* 〈书〉生活；过日子；行事；进展：He is *faring* well in school. 他在校表现不错。

fare·well /ˌfeəˈwel/ **I** *int.* 〈书〉〈古〉再见；再会：*Farewell*, and may we meet again in happier times. 再见了，愿我们在更加美好的日子里再相聚。**II** *n.* ❶[C;U]辞行；道别；告别；离开：I took *farewell* of my friends. 我向朋友们辞行。❷[C]再会；再见；告别的话；临别祝愿：We exchanged hasty *farewells* and parted. 我们匆匆告别，然后各奔东西。

far-fetched /ˌfɑːˈfetʃt/ *adj.* ❶〈常贬〉不切题的；牵强的；不自然的：His excuse was too *far-fetched* for anyone to believe. 他的借口太牵强了，谁也不会相信的。❷〈口〉(故事、叙述等)不可信的；言过其实的：It's a good book but the story's too *far-fetched*. 这本书好是好，但故事很难令人相信。

far-flung /ˌfɑːˈflʌŋ/ *adj.* [作定语] ❶漫长的；遥远的：the *far-flung* vista of the land 那片土地的广袤远景 ❷覆盖面大的；分布广泛的：a *far-flung* story 广为流传的故事

fa·ri·na /fəˈrainə, -ˈriːnə/ *n.* [U]谷粉；谷面；面粉 ‖ **far·i·na·ceous** /ˌfæriˈneiʃəs/ *adj.*

farm /fɑːm/ **I** *n.* [C] ❶农场；农庄：live on the *farm* 在农场里生活 ❷种植场；培植场；养殖场；饲养场；畜牧场：a fruit *farm* 果园 **II** *vt.* 耕作；耕种(田地)：They settled down to *farm* their new lands in peace. 他们定居下来耕种新土地，安居乐业。—***vi.*** 耕种；耕作；务农：Her father *farms* for a living. 她父亲以务农为生。‖ ˈ**farm·er** *n.* [C]

farm·house /ˈfɑːmˌhaus/ *n.* [C]([复]**-hous·es** /-ˌhauziz/) 农庄住宅；农舍

farm·land /ˈfɑːmˌlænd/ *n.* [U]耕地；农田

far-reach·ing /ˌfɑːˈriːtʃiŋ/ *adj.* [无比较级](影响、效果等)深远的：*be far-reaching* in the con-

F

sequences 具有深远的影响

far·sight·ed /ˌfɑːˈsaitid, ˈfɑːˌsai-/ *adj*. ❶远视的；能看得很远的 ❷有远见的；深谋远虑的：a *far-sighted* man 远见卓识之士 ‖ ˌ**far-ˈsight·ed·ness** *n*. [U]

far·ther /ˈfɑːðəʳ/ [far 的比较级] **I** *adv*. ❶(时间或空间上)较(遥)远地；更(久)远地：I can swim *farther* than you. 我能游得比你远。❷进一步地；更深入地：go no *further* in one's education 不再继续深造 ❸程度更深地；范围更广地：His love went no *farther* than holding hands. 他的谈情说爱只不过是拉拉手。**II** *adj*. (时间或空间上)较远的；更(久)远的：Rome is *farther* from London than Paris. 罗马到伦敦比巴黎到伦敦要远。

☆**farther** 和 **further** 都可作副词，也可作形容词。在英国英语中，当两个词用作副词表示距离时，意思上没有区别，可以交替使用：He can swim *farther* [*further*] than I. (他能游得比我远。) 但在美国英语中只能用 **farther** 表示距离，而用 **further** 表示程度：Our techniques can be *further* refined. (我们的工艺可以进一步提高。) / be *further* in debt (背上更重的债务负担) 但在下列短语中，两个词都可以用：be *farther* [*further*] from the truth (更加背离事实) **farther** 和 **further** 作形容词表示具体的地点和距离时，英国英语中两个词都可以用：*farther* [*further*] down the road (在路的另一头) 在美国英语中只能用 **farther**。当表示"更多的；进一步的"等意思时只能用 **further**：a college of *further* education (继续教育学院)

far·ther·most /ˈfɑːðəˌməust/ *adj*. 最远的；最遥远的(＝farthest)

far·thest /ˈfɑːðist/ [far 的最高级] **I** *adj*. ❶(时间或空间上)最(久)远的；最遥远的：Who came the *farthest*? 谁来自最遥远的地方？❷最长的；最广的：the *farthest* journey of Magellan 麦哲伦最长的航程 **II** *adv*. ❶(时间或空间上)最(久)远地；最遥远地：Who can swim *farthest*? 谁能游得最远？❷最大限度地；最高程度地：His ideas were the *farthest* backward of his time. 他的思想在他那个时代是最落后的。

fas·ci·nate /ˈfæsiˌneit/ *vt*. 强烈地吸引；迷住；使入迷：I was *fascinated* with the idea. 我对这个主意很感兴趣。‖ ˈ**fas·ciˌnat·ed** *adj*. —ˈ**fas·ciˌnat·ing** *adj*. —**fas·ci·na·tion** /ˌfæsiˈneiʃᵊn/ *n*. [U]

fas·cism /ˈfæʃɪzᵊm/ *n*. [时作 **F-**][U]法西斯主义 ‖ ˈ**fas·cist** *n*. [C] & *adj*.

fash·ion /ˈfæʃᵊn/*n*. ❶[U]时尚；风气；潮流：an air of elegance and *fashion* 优雅入时的风度 ❷[U]服饰学；时装业；服装设计 ❸[U](服饰等的)流行款式；时兴式样；(行为、举止等的)时兴做法 ❹[C]方式；方法；样子：a saintly *fashion* 圣贤之道

fash·ion·a·ble /ˈfæʃᵊnəbᵊl/ *adj*. ❶时髦的；合时尚的：Her hats are always *fashionable*, but they do not always suit her. 她戴的帽子总是很入时，不过并不总是适合她。❷时装界的；时装业的；时髦人士(使用)的：a *fashionable* shop 时装店 ❸流行的；受欢迎的：a *fashionable* topic of conversation 很受欢迎的话题 ‖ ˈ**fash·ion·a·bly** *adv*.

fast[1] /fɑːst; fæst/ **I** *adj*. ❶快(速)的；(动作)迅速的；敏捷的：Idle weeds are *fast* in growth. 杂草生长迅速。❷收效快的；速效的：a *fast* pain reliever 速效止痛药 ❸能高速行进的：a *fast* car 能开得很快的车 ❹(钟表等)偏快的：My watch is five minutes *fast*. 我的表快了五分钟。❺[无比较级](情感、关系等)稳固的，紧密的；忠诚的，忠心耿耿的：*fast* friends 挚友 **II** *adv*. ❶快；迅速(地)；敏捷(地)：She needed medical help *fast*. 她急需医治。❷[无比较级]紧紧地：The wolf was caught *fast* in the trap. 狼被困在陷阱里跑不掉了。❸[无比较级]牢固地；固定不动地：Bolt the door *fast*. 将门闩牢。

fast[2] /fɑːst; fæst/ **I** *vi*. ❶绝食；禁食；节食：We must not send them away *fasting*. 我们决不能让他们饿着肚子上路。❷【宗】斋戒：Jesus *fasted* in the wilderness. 耶稣在荒郊野外斋戒。**II** *n*. [C] ❶绝食；禁食；节食；绝食期；禁食期；节食期 ❷【宗】斋戒；斋日

fas·ten /ˈfɑːsᵊn; ˈfæs-/ *vt*. ❶使固定，拴住；扎紧；钉牢：*fasten* one's shoes 系好鞋带 ❷锁上，闩上(门等)；关紧(窗户等)；扣上(纽扣等)：The shutters were close *fastened*. 百叶窗关得严严实实。❸使(思想、注意力、目光等)集中；使注目，使凝视(*on*, *upon*)：The dog *fastened* his eyes *on* the stranger. 狗死死地盯住那个陌生人。—*vi*. ❶系住，拴牢，扎紧；闩门：The clasp won't *fasten*. 扣子扣不上了。❷(思想、

注意力、目光等)集中(*on*):His gaze *fastened on* the jewels. 他目不转睛地盯住那些珠宝。‖ ˈ**fas·ten·er** *n.* [C]

☆**fasten, affix, attach, fix, tie** 均有"系,捆扎,束缚"之意。**fasten** 为普通用词,指用捆、扎、扣、钉、锁等方法束缚或固定某物,使其不能滑动:The tent flaps should be tightly *fastened*. (帐篷的帘布应系紧。) **affix** 为正式用词,指用粘贴、压印或敲打的方法将某物强加或固定在他物上:A stamp should be *affixed* to the envelop. (邮票应贴在信封上。) **attach** 常指用线、绳、环等将有关事物连接在一起,使其不能分开:The lid is *attached* to the box by hinges. (盖子是用铰链连接到箱子上的。) **fix** 表示用敲打、插入或嵌入的方法来固定某物,使其不能松动,含有谨慎和精确的意味:Unless their roots are strongly *fixed*, plants will not grow strong. (植物只有在牢牢地扎根后才能茁壮生长。) 该词还常常用于引申意义:Her image was *fixed* in his mind. (她的形象已牢牢刻在他的脑海里。) **tie** 为最普通用词,含义和使用范围都很广,既可指用绳索等来捆扎或捆绑某人或某物,使其不能自由活动,也可表示用同样的方法把有关事物连接或结合起来:He *tied* up his victims with torn lengths of bed-sheets. (他用旧床单条将受害者绑起来。)

fas·ten·ing /ˈfɑːsᵊniŋ; ˈfæs-/ *n.* [C]固定物,紧固件;锁;栓;钩;扣

fast food *n.* [C; U] 快餐 ‖ **fast-food** /ˈfɑːstˌfuːd; ˈfæst-/ *adj.*

fas·tid·i·ous /fæsˈtidiəs, fəs-/ *adj.* ❶爱挑剔的;难以满足的;难以讨好的:a *fastidious* eater 挑食者 ❷苛求的;要求极高的;吹毛求疵的:be *fastidious* about one's appearance 过分讲究穿着打扮 ‖ **fasˈtid·i·ous·ly** *adv.* —**fasˈtid·i·ous·ness** *n.* [U]

fat /fæt/ **I** *n.* ❶[C;U](动、植物的)脂肪:His diet was too rich in *fat*. 他的饮食太油腻了。❷[U]脂肪组织;肥肉;膘:I don't like meat with too much *fat* on it. 我不喜欢吃太肥的肉。**II** *adj.* (**fat·ter**, **fat·test**) ❶胖的;体态臃肿的;多赘肉的:I'm *fatter* than I look. 我看起来要比实际瘦一些。❷(动物)养得肥的,多膘的,膘肥体壮的:a *fat* pig 肥猪 ❸多脂肪的;多油脂的;(肉等)肥的,油腻的:This mutton is too *fat* for me. 这羊肉太腻,我吃不下。❹(利润、财产等)可观的,高额的:a *fat* check 一张高额支票 ‖ ˈ**fat·ness** *n.* [U]

☆**fat, buxom, chubby, corpulent, fleshy, obese, overweight, plump, portly, stout, tubby** 均有"肥胖的;丰满的"之意。**fat** 为最普通、最具体和最直接的用词,原指脂肪组织过多而显得粗壮肥胖的,常用于贬义:You'll get even *fatter* if you eat all those cream cakes. (你要是吃这些奶油面包的话会长得更胖。) **buxom** 表示女性体态健美而丰满的,现多用以指胸部丰满的性感女子:*a buxom* barmaid (丰满的酒吧女招待) **chubby** 表示圆胖、结实和健壮的,常用于婴儿、孩子或身材非常矮的人:the *chubby* little girl (长得圆墩墩的小女孩) **corpulent** 指体形、特别是腹部过分肥胖的:Mrs. Byron was a short and *corpulent* person. (拜伦太太身材矮小,体态臃肿。) **fleshy** 为中性词,指身体肌肉组织或软组织过多而显得肥胖的:My appetite is plenty good enough, and I am about as *fleshy* as I was in Brooklyn. (我的胃口相当好,因此我依然与在布鲁克林时一样胖。) **obese** 多用作医学术语,指可能危及健康的过度肥胖的:If they overeat, they are very likely to become *obese*. (他们要是暴饮暴食,很有可能会得肥胖症的。) **overweight** 指过重或超重的,多用作 fat 的委婉词:Nearly half the people in this country are *overweight*. (该国大约有一半的人偏重。) **plump** 指有吸引力的丰满体态,常用于女性或孩子:the *plump* goddesses of Renaissance paintings (文艺复兴时期绘画作品中体态丰满的众女神) **portly** 和 **stout** 都是 fat 的文雅、委婉用词,特别用以形容年长者。**portly** 侧重于魁梧、结实的体态表现出庄重或尊严的:a *portly* old gentleman (身材胖胖的老年绅士) **stout** 表示粗大笨重但很健壮的:She became *stout* as she grew older. (随着年龄的增长,她越来越胖。) **tubby** 指身体矮小丰满,如圆桶一般的,尤指大腹便便的:She was a short *tubby* woman. (她身材矮小,长得像圆桶。)

fa·tal /ˈfeitᵊl/ *adj.* [无比较级] ❶致命的;生死攸关的(见 deadly):Mountain climbers take the risk of precipitate fall which can be *fatal*. 登山者们冒着可能会置人死地的雪崩危险。❷毁灭性的;灾难性的;带来不幸的(*to*):make a *fatal* mistake 犯致命的错误 ‖ ˈ**fa·tal·ly** *adv.*

fa·tal·i·ty /feiˈtæləti/ *n.* ❶[C](事故、战争、疾病等导致的)死亡(事件):a drowning *fatality* 溺水事件 ❷[U]致命性;致命的影响(或作用、

效果):the *fatality* of cancer 癌症的致命性

fate /feit/ *n.* ❶[通常用单]命运,命数:In every game it is her *fate* to get caught. 每次游戏她都注定要输。❷[U]天命,天数;天意;命中注定的事情:By a strange twist of *fate*, they both died on July 4, 1826. 真是天意弄人,他们于1826年7月4日同时逝世。

fat·ed /ˈfeitid/ *adj.* [无比较级][常作定语](命中)注定的;注定毁灭的;注定失败的:He was *fated* to be president. 他注定是当总统的料。

fate·ful /ˈfeitfᵊl/ *adj.* ❶决定性的,关键性的;(意义)重大的;影响深远的:a *fateful* decision 重大决定 ❷毁灭(性)的;灾难性的:*fateful* weapons 杀伤性武器 ‖ ˈ**fate·ful·ly** *adv.*

☆近年来,**fatal** 和 **fateful** 意义日趋一致,但其核心意思不尽相同。前者指"致命的","毁灭性的";后者指"影响人的命运或前途的":The *fateful* decision to relax safety standards led directly to the *fatal* crash. (那项降低防空安全标准的重大会议直接导致了那场致命的空难。)

F

fa·ther /ˈfɑːðəʳ/ **I** *n.* ❶[C]父亲;岳父;公公:a *father*-to-be 即将做父亲的人 ❷[时作 **F-**][对教士、牧师等神职人员的尊称]【宗】神父(略作 **F.**, **Fr.**) **II** *vt.* (男子)生(子女);做…的父亲:He *fathered* twins. 他做了一对双胞胎的父亲。‖ ˈ**fa·ther**ˌ**hood** *n.* [U] —ˈ**fa·ther·less** *adj.* —ˈ**fa·ther·ly** *adv.*

fa·ther-in-law /ˈfɑːðᵊrinˌlɔː/ *n.* [C]([复] **fa·thers-in-law**或**fa·ther-in-laws**) 岳父;公公

fa·ther·land /ˈfɑːðəˌlænd, -lᵊnd/ *n.* [C] ❶祖国 ❷祖籍

fath·om /ˈfæðᵊm/ **I** *n.* [C]([复]**fathom(s)**)【海】英寻,拓(水深或锚链长度的度量单位,合6英尺):The ship sank in 10 *fathoms*. 船吃水10英寻深。**II** *vt.* 充分理解;彻底了解;看清…的本质:I cannot *fathom* his motives. 我看不透他的动机。‖ ˈ**fath·om·a·ble** /-bᵊl/ *adj.*

fa·tigue /fəˈtiːg/ *n.* ❶[U]疲乏;劳累;筋疲力尽:physical and mental *fatigue* 身心交瘁 ❷[U]【物】(金属等材料的)疲劳:metal *fatigue* 金属疲劳

fat·ten /ˈfætᵊn/ *vt.* 使长胖;把…养胖;把(家畜、家禽等)养肥:Some pigs are *fattened* for the production of bacon. 一些猪养肥了是为了腌制咸肉。—*vi.* 发胖;变肥;养肥

fat·ty /ˈfæti/ *adj.* ❶[作定语]脂肪的;似脂肪的:*fatty* tissues 脂肪组织 ❷富含脂肪的;油腻的:*fatty* foods 富含脂肪的食品 ‖ ˈ**fat·ti·ness** *n.* [U]

fat·u·ous /ˈfætjuəs/ *adj.* 愚蠢的;傻的;愚昧的:*fatuous* remarks 愚昧无知的话 ‖ ˈ**fat·u·ous·ly** *adv.* —ˈ**fat·u·ous·ness** *n.* [U]

fau·cet /ˈfɔːsit/ *n.* [C]水龙头;(放水)旋塞:turn on a *faucet* 打开水龙头

fault /fɔːlt/ **I** *n.* [C] ❶缺点;缺陷;毛病;瑕疵;不足之处(见 wrong):He has a world of *faults*. 他的缺点不胜枚举。❷[通常用单](对错误等应负的)责任;罪责:It was all your *fault*. 都怪你。❸错误;错事;不当行为:correct a *fault* 改错 **II** *vt.* 对…提出批评;指责:You can't *fault* his sincerity. 他的诚挚无可指摘。‖ ***at fault*** *adj.* 有错的;有过失的;应负责的:Who was *at fault* in the accident? 谁应对这次事故负责? ***find fault*** *vi.* 抱怨;找碴儿;挑错(*with*):They *found fault with* my handling of the case. 他们抱怨我对此事处理不当。***to a fault*** *adv.* 极度;过分;过火:He was generous *to a fault*. 他慷慨得有点过分了。

fault·y /ˈfɔːlti/ *adj.* 有缺点的,有缺陷的;有错误的,有过失的:a *faulty* design 不完美的设计 ‖ ˈ**fault·i·ly** *adv.* —ˈ**fault·i·ness** *n.* [U]

fau·na /ˈfɔːnə/ *n.* [C; U]([复]**-nas** 或 **-nae** /-niː/)【生】(某一地区或时期的)动物群:Some African *faunas* are endangered. 一些非洲动物群正面临灭绝。

faux pas /fəuˈpɑː/ *n.* [C]([复] ***faux pas*** /fəuˈpɑːz/)〈法〉失足;不检点的言行

fa·vo(u)r /ˈfeivəʳ/ **I** *n.* ❶[C]恩惠;善行,好事:do sb. a *favour* 帮某人的忙 ❷[U]善意;友善 ❸[U]赞同;赞成;支持:look with *favour* on sth. 赞赏地看待某事物 ❹[U;C]特殊照顾;优待;优惠:grant *favour* to sb. 给某人以特殊照顾 ❺[U]喜爱;好感;欢心;青睐:rise into *favour* with sb. 博得某人的欢心 **II** *vt.* ❶喜爱;赞同,赞成:Which suggestion did they *favour*? 他们喜欢哪一个建议? ❷偏爱;偏袒:Parents must try not to *favour* one of their children. 做父母的应尽量避免偏爱任何一个孩子。‖ ***in favour of*** *prep.* ❶赞同;支持:He is *in favour of* private education. 他是赞成私人办学的。❷有利于:

The award of the arbitration is *in favour of* the sellers. 仲裁决定对卖方有利。***in sb.'s favour*** *adj*. & *adv*. 有利的(地):The chances are *in our favour*. 形势对我们有利。***out of favour*** *adj*. 失宠的;不再受欢迎的:fashions *out of favour* 不再流行的款式

fa•vo(u)r•a•ble /ˈfeivᵊrəbᵊl/ *adj*. ❶赞同的,赞成的;称赞的:Most people were *favourable* to the idea. 大多数人都赞同这项主张。❷令人满意的;讨人喜欢的:give a *favourable* answer 给出令人满意的答复 ❸有利的;适合的,适宜的:Conditions are *favourable* for skiing today. 今天适宜滑雪。‖ **ˈfa•vo(u)r•a•bly** *adv*.

fa•vo(u)r•ite /ˈfeivᵊrit/ **I** *n*. [C] ❶最受喜爱的人(或事物):This restaurant is a great *favourite* of mine. 这家餐馆是我最中意的。❷(比赛中)最有希望的获胜者:the *favourite* in the race 在比赛中夺标呼声最高者 **II** *adj*. [无比较级][作定语]特别中意的;最受喜爱的:Wrestling is a *favourite* sport there. 那里最盛行摔跤这种运动。

fa•vo(u)r•it•ism /ˈfeivᵊritˌizᵊm/ *n*. [U]偏袒;偏爱;偏心:appoint people by *favouritism* 任人唯亲

fawn[1] /fɔːn/ *n*. ❶[C]【动】(未满1岁的)幼鹿,小鹿 ❷[U]浅黄褐色;鹿毛色

fawn[2] /fɔːn/ *vi*. 讨好;奉承;献媚(*on*, *upon*, *over*):The bellhop *fawned over* the guest. 旅馆的侍应生拍客人的马屁。

fax /fæks/ **I** *n*. ❶[U]【电信】传真:contact sb. by *fax* 用传真跟某人联络〔亦作 **facsimile**〕❷[C]传真机(=fax facsimile) **II** *vt*. 传真发送(文件、信函等):I've *faxed* him a copy of the contract. 我给他传真了这份合同的副本。

fax machine *n*. [C]传真机

faze /feiz/ *vt*. [常用否定句或用被动语态]打搅;烦扰;使忧虑;使担忧;使窘迫:Nothing *fazes* his self-confidence. 什么都影响不了他的自信心。

FBI, F. B. I. *abbr*. Federal Bureau of Investigation (美国)联邦调查局

fear /fiəʳ/ **I** *n*. ❶[U;C]害怕;恐惧;惊慌:She obeyed from *fear*. 她害怕了,只好服从。❷[C]不安;忧虑;担心:a *fear* of heights 恐高心理 **II** *vt*. ❶[不用进行时态]害怕;对…感到恐惧:She *feared* going out alone. 她害怕一个人到外面去。❷为…忧虑;为…担心:She *feared* that she might not pass the test. 她担心考试不过关。❸敬畏;尊敬;崇敬:He always *feared* his father when he was a child. 他小时候对父亲总是毕恭毕敬的。—*vi*. 感到恐惧;害怕:I *fear* for her safety in such a bad weather. 她身处这样恶劣的天气,我为她的安全担心。‖ **ˈfear•less** *adj*. —**ˈfear•less•ly** *adv*. —**ˈfear•less•ness** *n*. [U]

fear•ful /ˈfiəfᵘl/ *adj*. ❶令人畏惧的;吓人的;可怕的:a *fearful* storm 可怕的暴风雨 ❷惧怕的;胆怯的(见 afraid):The kid was *fearful* to speak to others. 那孩子不敢跟别人说话。‖ **ˈfear•ful•ly** *adv*.

fear•some /ˈfiəsᵊm/ *adj*. ❶可怕的;吓人的:a *fearsome* sight 可怕的景象 ❷令人生畏的;令人尊敬的:*fearsome* intelligence 睿智

fea•si•ble /ˈfiːzibᵊl/ *adj*. 可行的;行得通的;切合实际的(见 possible):It is *feasible* to take his advice. 按他的建议行事是切实可行的。‖ **fea•si•bil•i•ty** /ˌfiːziˈbiləti/ *n*. [U] —**ˈfea•si•bly** *adv*.

feast /fiːst/ **I** *n*. [C] ❶盛宴;筵席:give [hold] a wedding *feast* 举办婚筵 ❷(感官、精神等的)享受;赏心悦目的事情:It was a *feast* of colour. 那里是观赏不尽的色彩。**II** *v*. 参加宴会;吃大餐:They *feasted* for days when the war was over. 战争结束后,他们大吃大喝了好几天。‖ **ˈfeast•er** *n*. [C]

feast day *n*. [C]节日(=feast)

feat /fiːt/ *n*. [C]功绩;业绩;事迹:achieve a remarkable *feat* 取得引人注目的业绩

☆**feat, achievement, attainment, exploit** 均有"功绩,成就"之意。**feat** 指业绩,强调凝聚体力、智力、胆量或机敏、灵巧:the *feat* of crossing the Atlantic in a balloon (乘坐气球飞越大西洋) **achievement** 表示怀有明确的抱负或理想、不顾困难或反对、经过持续而艰苦的努力所获得的成就或成绩,尤指科学、技术或生产等方面的较大成就:Landing on the moon for the first time was a remarkable *achievement*. (首次在月球上着陆是一项壮举。) **attainment** 为较文雅的用词,指充分发展的才能或很深的造诣,它能使人们在文学、艺术、科学等专业性领域中取得卓越的成就:Bertrand Russell is a man of high literary *attainments*.（伯特兰·罗素是一个很有文学造诣的人。）**exploit** 指冒险的或英勇的行为或事迹，一般用于体力方面：We were spellbound listening to his *exploits* at sea.（我们对他在海上的英勇事迹听得如痴如醉。）

feath·er /ˈfeðəʳ/ *n.* [C] 羽毛；翎毛：pluck *feathers* from a fowl 拔家禽的羽毛 ‖ ˈ**feath·ered** *adj.* —ˈ**feath·er·y** *adj.*

fea·ture /ˈfiːtʃəʳ/ **I** *n.* [C] ❶特色；特性；特点；特征：They both hit upon the same idea for the chief *feature* of their designs. 他们俩在设计要点上不约而同。❷特别的东西；有特色的东西：The high-wire act is the *feature* of the circus. 高空走钢丝是该马戏团的特色节目。❸（口、眼、鼻等）面部器官：Her eyes are her best *feature*. 眼睛是她脸上最好看的部位。❹[常作～s]相貌；面部表情：beautify the *features* 美容 ❺【电影】正片；故事片；情节片 ❻（报纸、期刊等的）固定栏目；专栏；专题报道：do a *feature* on China 刊登有关中国的专题报道 **II** *vt.* ❶成为…的特色；以…为特色；重点突出：The magazine *featured* a story on the hurricane. 该杂志对那次飓风作专题介绍。❷（电影、戏剧等）由…主演；（广播或电视节目）由…主播：The movie will *feature* a rock star. 这部电影将由一位摇滚明星主演。❸特别推介（商品等）：The publisher *featured* his new book. 出版商推介他的新书。

feature film *n.* [C]【电影】正片；故事片，情节片（＝feature）

Feb, Feb. *abbr.* February

Feb·ru·ar·y /ˈfebruᵊri, ˈfebju-;-ruˌeri/ *n.* [C; U]2 月（略作 **F.**, **Feb**, **Feb.**）

☆当一个词包含两个连续相同的音或者密切相对的音时，其中的一个改变发音或不发音，这叫作音的异化。在读 **February** 这个词时，常常会发生音的异化现象。**February** /ˈfebruəri/ 常读作/ˈfebjəri/。

fe·ces /ˈfiːsiːz/ [复] *n.* 粪便；排泄物〔亦作 **faeces**〕‖ **fe·cal** /ˈfiːkᵊl/ *adj.*

feck·less /ˈfeklis/ *adj.* 效率低的；无能的；不能胜任的：*feckless* people 窝囊废

fe·cund /ˈfiːkᵊnd, ˈfek-/ *adj.* ❶生殖力旺盛的；多产的：*fecund* parents 多子女的父母 ❷丰饶的；肥沃的：*fecund* farmland 肥沃的农田 ‖ **fe·cun·di·ty** /fiˈkʌnditi/ *n.* [U]

fed /fed/ *v.* feed 的过去式和过去分词 ‖ ***fed up*** *adj.* 厌烦的；厌恶的；厌倦的：I was *fed up* with his excuses. 我对他的借口已经听烦了。

fed·er·al /ˈfedᵊrᵊl/ *adj.* [无比较级][作定语] ❶联邦(制)的：a *federal* state 联邦制国家 ❷联邦政府的：Congress is the *federal* law-making body of the United States. 国会是美国联邦政府的立法机构。‖ ˈ**fed·er·al·ly** *adv.*

fed·er·al·ism /ˈfedᵊrəˌlizᵊm/ *n.* [U] ❶联邦制 ❷联邦主义 ‖ ˈ**fed·er·al·ist** *n.* [C] & *adj.*

fed·er·ate /ˈfedᵊˌreit/ *vt.* 使结成同盟(或联邦)；联合：*federate* all the trade unions 将所有的工会联合起来 —*vi.* [C] 结成同盟(或联邦)；参加联盟：The states decided to *federate* while keeping many of their own rights. 各州决定结成联盟但仍保留各自的许多权力。

fed·er·a·tion /ˌfedᵊˈreiʃᵊn/ *n.* ❶[U]结盟；联盟 ❷[C]联邦(政府)：The United States is a *federation*. 美国是一个联邦制国家。❸[C]同盟；联盟；(社团等的)联合会；联合体：Each member of the *federation* controls its own affairs. 联盟各成员独立管理自己的事务。

fee /fiː/ *n.* [C]费用；(用以支付专业服务的)酬金，报酬；服务费(见 pay)：an admission *fee* 入场费

fee·ble /ˈfiːbᵊl/ *adj.* ❶无力的；虚弱的；衰弱的(见 weak)：The sick child was too *feeble* to walk on his own. 那个生病的孩子太虚弱了，不能自己走路。❷缺乏力度的；没有效果的：*feeble* arguments 站不住脚的论据 ‖ ˈ**fee·ble·ness** *n.* [U]

fee·ble-mind·ed /ˌfiːbᵊlˈmaindid/ *adj.* ❶弱智的；低能的；反应迟钝的：*feeble-minded* children 弱智儿童 ❷蠢的；愚笨的：*feeble-minded* remarks 蠢话

feed /fiːd/ **I** (**fed** /fed/) *vt.* ❶喂(养)；饲(养)：The kid likes to *feed* pigeons. 这个小孩喜欢给鸽子喂食。❷用…喂；以…作饲料：*feed* grains to the chickens 用谷物喂小鸡 ❸为…提供食物(或给养)：This land has *fed* ten generations. 这方土地已经养育了 10 代人。—*vi.* ❶(动物等)吃饲料；进食：put cows to *feed* in the pasture 把牛群赶到草原上吃草 ❷得到滋养；吃，食(*on*)：Those bats *feed on* fruits. 那些蝙蝠以水果为生。**II** *n.* ❶[U]饲料；牧草：a small bag of bird *feed* 一小袋鸟食 ❷[C]一

餐，一顿；(尤指)大餐，盛宴：The baby has four *feeds a day.* 娃娃每天喂 4 顿。

feed•back /ˈfiːdˌbæk/ *n.* [U] ❶(信息等的)反馈；返回；反应：*feedback* from a speech 对讲演作出的反应 ❷反馈信息；反馈结果：study the *feedback* from an audience survey 分析观众调查结果

feel /fiːl/ **I** (**felt** /felt/) *vt.* ❶[不用进行时态](通过触觉)发觉：I *felt* something crawling up my back. 我觉得背上有什么东西在爬。❷摸；触；触摸：Blind persons can often recognize objects by *feeling* them. 盲人往往通过触摸来辨认物体。❸摸索；探索：She *felt* her bag for the key. 她把手伸进袋子里掏钥匙。❹受…的影响：The whole region *felt* the storm. 暴风雨影响了整个地区。❺经受；感受(*oneself*)：He *felt himself* fly(ing) through the air. 他觉得自己就像在天空中飞翔。❻[不用进行时态]以为；认为；相信：I *feel* the plan to be unrealistic. 我认为那项计划不切实际。❼感觉；感到：She *felt* pride in her accomplishments. 她为自己所取得的成绩感到自豪。—*vi.* ❶摸索；摸索着寻找：He *felt* around in his pocket for small changes. 他把手伸进口袋翻找零钱。❷[不用进行时态]给人以某种感觉：A baby's skin *feels* smooth. 婴儿的皮肤摸上去很光滑。❸[不用进行时态]有知觉；有感觉；觉得：He *feels* better this morning. 今天早上他觉得好一些。**II** *n.* [通常用单] ❶感觉；知觉；手感：It has a sticky *feel*. 这东西摸上去黏糊糊的。❷感受；特有的气氛：a festive *feel* 节日气氛 ❸触觉：silk soft and smooth to the *feel* 摸上去柔软光滑的丝绸 ❹直觉；直感：She has a *feel* for teaching. 她天生就是当老师的料。‖ ***feel like*** *vt.* ❶[不用被动语态和进行时态]想要：Do you *feel like* a cup of tea? 想喝杯茶吗? ❷[不用进行时态]像要发生；感到好像：It *feels like* rain. 天好像要下雨了。***feel out*** *vt.* (小心翼翼地)探查出，弄清楚：We'll *feel* her *out* on the project. 我们要弄明白她对该项目的看法。***feel up to*** *vt.* 觉得能胜任；自认可以应付：He's not *feeling up to* running today. 他觉得今天不宜跑步。

feel•er /ˈfiːləʳ/ *n.* [C] ❶试探性的话语(或问题、暗示等)：put out *feelers* to gauge people's reactions to the proposal 试探人们对这项建议的反应 ❷【动】【昆】触角；触手；触毛；触须

feel•ing /ˈfiːliŋ/ *n.* ❶[U]触觉：He has no *feeling* in his right hand. 他的右手没有一点触觉。❷[C]知觉；感觉：He lost all *feeling* in his legs. 他的双腿完全失去了知觉。❸[C]意识；觉察：He has a *feeling* of inferiority. 他觉得自己低人一等。❹[C]心情；情绪：a *feeling* of joy 愉快的心情 ❺[C]预感；直觉：I had a *feeling* that we were watched. 我有一种预感，觉得有人在监视我们。❻[C]感想；态度；看法；想法：It is my *feeling* that the bill should be passed. 依我看，这项议案应该通过。❼[~s]感情：A thousand *feelings* rushed on Anne. 安妮思绪万千。❽[U]体谅；同情；怜悯：He has much *feeling* for others. 他很会体谅人。‖ ˈ**feel•ing•ly** *adv.*

☆**feeling, affection, emotion, sentiment** 均有"感情；情绪"之意。**feeling** 为普通用词，指身体上的感觉，如冷暖、饥饿、痛苦等：He had lost all *feeling* in his legs. (他双腿已完全失去了知觉。) 该词也常指精神上的感受，如喜、怒、哀、乐、同情、忌妒、怜悯等：a faint *feeling* of disgust (一丝厌恶感) **affection** 常指喜爱、慈爱或钟爱之情：He has a deep *affection* for his old friend. (他对老朋友怀有深厚的感情。) **emotion** 为最普通用词，泛指从细微的情绪变化到强烈的感情爆发，比 feeling 的反应要强：He appealed to our *emotion* rather than to our minds. (他激发了我们的情感，而不是我们的思考。) **sentiment** 指由感情和思想综合起来、不轻易改变的情操，强调较多的理智成分，多用于褒义，但偶尔也用于贬义：There is no place for *sentiment* in business affairs. (在贸易事务中不容带任何感情。)

feet /fiːt/ *n.* foot 的复数

feign /fein/ *vt.* 假装；装作；假扮；冒充：*feign* sickness 装病

feint /feint/ **I** *n.* [C]虚招；假动作：make a *feint* at sb. 对某人出虚招 **II** *vi.* 佯攻；虚击：They confused the enemy by *feinting* at them from the right. 他们从右侧佯攻迷惑敌人。

feist•y /ˈfaisti/ *adj.* 精力充沛的；精神抖擞的；活跃的；强有力的：At 70, he is as *feisty* as ever. 虽已年届 70，他仍和以前一样精力充沛。

fe•lic•i•ty /fəˈlisiti/ *n.* ❶[U]幸福；快乐：*felicity* in marriage [marital *felicity*] 美满幸福的婚姻❷[C]幸福的源泉；幸事；乐事：the many *felicities* of a day in the country 乡下一天里快乐的事情 ❸[U](措辞等的)贴切，恰当，得体：

F

a felicity of poetic expression 诗歌表达的巧妙

fe·line /ˈfiːlain/ *adj*. ［无比较级］❶【动】猫的；猫科的；猫科动物的 ❷像猫的；猫一般的：*feline* agility 如猫般的敏捷 ❸如猫般狡猾的；悄无声息的：*feline* grace or stealth 像猫似的轻柔无声

fell[1] /fel/ *v*. fall 的过去式

fell[2] /fel/ *vt*. ❶砍伐(树木等)：*fell* a tree 砍树 ❷使倒下；打倒；击倒：One blow *felled* him to the ground. 一拳将他击倒在地。

fel·low /ˈfeləu/ **I** *n*. ［C］❶男人；小伙子；男孩：a nice, little *fellow* 讨人喜欢的小伙子 ❷〈口〉家伙；(泛指)人：They don't treat a *fellow* very well here. 他们这儿对人不怎么样。❸同伴；同事；同僚：*fellows* in misery 患难之交 ❹(大学或学院里)获奖学金的研究生 ❺(学术团体等的)成员，会员；研究员：a *fellow* of the Royal Society (英国)皇家学会的院士 **II** *adj*. ［无比较级］［作定语］❶同伴的；同事的：*fellow* workers 工友 ❷同类的；同等的：*fellow* students 同学

F

fel·low·ship /ˈfeləuˌʃip/ *n*. ❶［U］伙伴关系；同志关系；交情：bear sb. *fellowship* 与某人有交情 ❷［C］(由志趣相同的人结成的)社团；协会；学会；联谊会：be admitted to *fellowship* 被接纳入会 ❸［C］(大学的)研究员职位；研究员薪金 ❹［C］(大学研究生的)奖学金：a small *fellowship* for expenses and some tuition 用以支付日常费用和部分学费的一小笔奖学金

fel·on /ˈfelᵊn/ *n*. ［C］【律】重罪犯；刑事犯

fel·o·ny /ˈfelᵊni/ *n*. ［C；U］【律】重罪(指可判死刑或 1 年以上监禁的罪行，英国旧时指可判死刑、残肢或没收土地及财物的罪行)：commit a *felony* of murder 犯谋杀重罪 ‖ **fe·lo·ni·ous** /fəˈləuniəs/ *adj*.

felt[1] /felt/ *v*. feel 的过去式和过去分词

felt[2] /felt/ *n*. ［U］(毛)毡，毛布

fe·male /ˈfiːmeil/ **I** *n*. ［C］❶女性；女人；女子 ❷雌性动物；雌兽；雌禽 ❸【植】雌性植物 **II** *adj*. ［无比较级］❶【动】雌的；母的(符号♀)：a *female* mammal 雌性哺乳动物 ❷［作定语］女(性)的；妇女的；女子的；具有女性特征的；女性特有的；适于女性的：*female* suffrage 女性选举权 ❸［作定语］由女性组成的：a *female* choir 女子合唱团

☆**female** 和 **male** 均可作名词和形容词，表示生物的性别，通常用于动物：a *male* or *female* elephant (雄性或雌性大象) 它们还用于表格填写时的性别栏：Sex：*male/female* (性别：男性/女性) 在其他情况下一般不用于人，称一位妇女为 **female** 是很不礼貌的。

fem·i·nine /ˈfeminin/ *adj*. ［无比较级］❶女性特有的；女人味的；女性适用的：*feminine* intuition 女性特有的直觉 ❷女性的；妇女的；女子的：*feminine* staff members 女性职员 ‖ **fem·i·nin·i·ty** /ˌfemiˈniniti/ *n*. ［U］

fen /fen/ *n*. ［C］沼泽(地)；湿地

fence /fens/ **I** *n*. ［C］❶栅栏；围栏；篱笆：build a barb-wired *fence* 建一道带刺铁丝网 ❷收受贼赃者；窝赃者 **II** *vt*. ❶用栅栏(或篱笆等)把…围住；把…圈起来：*fence* a farm 用栅栏将农场围起来 ❷(用栅栏等)把…拦住，隔开(*in*, *off*, *out*)：*fence off* a corner of the garden 用篱笆将花园的一角隔开 —*vi*.【体】练剑；习剑：The two swordsmen were *fencing*. 那两个击剑手正在练剑。

fenc·ing /ˈfensiŋ/ *n*. ［U］【体】击剑；剑术，剑道

fend /fend/ *vt*. 挡开，架开；避开(*off*)：He *fended off* the dog with his stick. 他用手杖把狗挡开。—*vi*. 照顾；供养，养活(*for*)：He had to *fend for* himself after his father's death. 他父亲去世后，他只有自己养活自己了。

fend·er /ˈfendəʳ/ *n*. ［C］❶(汽车、自行车等轮胎上的)挡泥板 ❷火炉围栏；炉栅

fen·nel /ˈfenᵊl/ *n*. ［U］❶【植】茴香 ❷茴香籽；茴香种

fer·ment **I** /ˈfəːmᵊnt/ *n*. ［U］骚动；骚乱；激动：She was thrown into a *ferment* by his unexpected arrival. 他不期而至，令她激动不已。**II** /fəˈment/ *vi*. 发酵：The dried grapes are *fermented* until there is no sugar left and the wine is dry. 将干葡萄发酵至不留存一点糖分，由此酿制的葡萄酒为干葡萄酒。—*vt*. 使发酵：This enzyme *ferments* the wine faster. 这种酶能加快葡萄酒的发酵过程。

fer·men·ta·tion /ˌfəːmenˈteiʃᵊn/ *n*. ［U］酵(作用)；酶变：The *fermentation* of milk is necessary in the making of cheese. 在奶酪制作过程中牛奶发酵是必要的。

fern /fəːn/ *n*. ［C］(［复］**fern(s)**)【植】蕨类植物；羊齿植物：royal *fern* 王紫萁

fe·ro·cious /fəˈrəuʃəs/ *adj.* ❶残暴的;残忍的;凶猛的;凶恶的(见 fierce):The bear's *ferocious* growl terrified the hunter. 那熊发出的凶猛吼叫使猎人感到恐惧。❷〈口〉极度的;剧烈的;十分强烈的:This had produced a *ferocious* atmosphere of competition. 这件事导致了激烈的竞争气氛。‖ **feˈro·cious·ly** *adv.* —**feˈro·cious·ness**, **fe·roc·i·ty** /fəˈrɔsiti/ *n.* [U]

fer·ret /ˈferit/ **I** *n.* [C]【动】(猎兔、鼠用的)白鼬,雪貂 **II** *vi.* ❶带雪貂狩猎:They went *ferreting*. 他们带着雪貂去打猎了。❷搜索,搜寻;查探(*about*, *around*):He *ferreted* through old bookshops to find rare books. 他在旧书店里淘珍本书籍。—*vt.* ❶用雪貂捕猎;用雪貂把猎物驱赶出(洞穴等);用雪貂驱逐(猎物);带雪貂在(某地)打猎(*about*, *away*, *out*):*ferret* rabbits from of their burrows 用雪貂赶兔子出洞 ❷搜出,查获(*out*):Polygraphs are used to *ferret out* security risks. 利用波动描记器查出安全隐患。

fer·ry /ˈferi/ **I** *n.* ❶[C]渡船,渡轮;(越洋)航班,班机:a cross-channel *ferry* 海峡渡轮 ❷[U]摆渡(业),渡船业;飞机渡运;越洋航行 **II** *vt.* (用船、飞机)运送;渡送:People and cars are *ferried* to and from the island. 人和车乘渡轮往返于该岛。—*vi.* ❶摆渡;乘渡船:I intended to remain until the weather cleared before I *ferried* back. 当时我想等到天晴才乘渡船回去。❷(船在河的两岸间)往返 ‖ **ˈfer·ry·man** /-mᵊn/ *n.* [C]

fer·ry·boat /ˈferibəut/ *n.* [C]渡船,渡轮

fer·tile /ˈfəːtail;-tᵊl/ *adj.* ❶(土壤、大地等)丰饶的,富饶的;肥沃的;丰产的:From ancient times, the valley of Nile has been made *fertile* by the river's flood. 自古以来,河水泛滥使尼罗河流域变得富饶多产。❷有繁殖能力的,能生育的:The young of a horse and a donkey is not *fertile*. 马和驴杂交的后代不能生育。❸[作定语]富有创造力的,想象力丰富的:Einstein had a *fertile* mind. 爱因斯坦思维敏捷富有创造力。‖ **fer·til·i·ty** /fəˈtiliti/ *n.* [U]

fer·ti·lize /ˈfəːtiˌlaiz/ *vt.* ❶使(土地)肥沃,使丰饶;使多产:A crop of alfalfa *fertilizes* the soil by adding nitrates to it. 苜蓿可以给土壤增添硝酸盐从而使之肥沃。❷【生】使受精;使受粉;使受孕,使受胎:The male fish *fertilizes* the female's eggs. 雄鱼为雌鱼的卵授精。‖ **fer·ti·li·za·tion** /ˌfəːtilaiˈzeiʃᵊn;-liˈz-/ *n.* [U]

fer·ti·liz·er /ˈfəːtiˌlaizəʳ/ *n.* [C;U]肥料;化肥

fer·vent /ˈfəːvᵊnt/ *adj.* 〈书〉热情的;热烈的;充满激情的;狂热的:The young face grew *fervent*, radiant with joy. 那孩子高兴得容光焕发,热情洋溢。‖ **ˈfer·vent·ly** *adv.*

fer·vo(u)r /ˈfəːvəʳ/ *n.* [U]〈诗〉(感情的)狂热,热烈;热忱;激情:She waved her hands in the *fervour* of her gesticulation. 她激动地舞动着双手。

fes·ter /ˈfestəʳ/ *vi.* ❶【医】感染;化脓;溃烂:The neglected wound *festered* and became very painful. 未加护理的伤口化脓了,痛得很厉害。❷造成创痛;产生愤忿:The desire for revenge *festered* in his heart. 他心里念念不忘报仇。

fes·ti·val /ˈfestivᵊl/ *n.* [C] ❶节日;喜庆日;纪念日;节期:Christmas is an important Christian *festival*. 圣诞节是基督教的重大节日。❷(定期举行的)活动节;文化节;艺术节;会演:the Edinburgh *Festival* 爱丁堡戏剧节

F

fes·tive /ˈfestiv/ *adj.* ❶(适于)节日的;过节似的:*festive* celebration 庆典 ❷愉快的;欢乐的,欢闹的:Christmas season is the most *festive* time of year in the United States. 圣诞节期间是美国一年中最热闹的时期。‖ **ˈfes·tive·ly** *adv.*

fes·tiv·i·ty /fesˈtiviti/ *n.* ❶[C]节日;喜庆日 ❷[~s]庆典;庆祝活动:lavish *festivities* 排场很大的庆祝活动 ❸[U](节日的)喜庆,欢乐:Come, join in the *festivity*! 来参加欢宴吧!

fes·toon /fesˈtuːn/ **I** *n.* [C](挂于两点之间、呈弧形下垂的)花彩;垂链饰物 **II** *vt.* 饰花彩(或饰带等)于;花彩似的装饰(*with*):Corridors and rooms are *festooned* for parties and celebrations. 走廊和房间布置得五彩斑斓,为聚会和庆祝活动做好了准备。

fet·al /ˈfiːtᵊl/ *adj.* 胎的;(似)胎儿的:*fetal* heartbeat 胎儿的心跳〔亦作 **foetal**〕

fetch /fetʃ/ **I** *vt.* ❶去拿(来),去取(见 bring):Please *fetch* me my glasses. 请把眼镜拿给我。❷请来;带来:Her call *fetched* him at once. 她一叫他就来了。❸售得,卖得;带来(价值等):The horse *fetched* $50 more than it cost. 这匹马多卖了 50 美元。**II** *vi.* 取物;(猎狗)衔回猎

获物 ‖ ˈ**fetch·er** *n.* [C]

fetch·ing /ˈfetʃiŋ/ *adj.* 〈旧〉〈口〉有吸引力的；迷人的；讨人喜欢的：a *fetching* girl 妩媚的女孩 ‖ ˈ**fetch·ing·ly** *adv.*

fete, fête /feit/ *n.* [C](尤指在室外举行的规模盛大的)宴会，盛宴；招待会；庆祝会

fet·id /ˈfetid, ˈfiːt-/ *adj.* 〈书〉腐臭的；恶臭的：a *fetid* scandal 臭名远扬的丑闻

fet·ish /ˈfetiʃ, ˈfiːtiʃ/ *n.* [C] ❶(原始人崇拜的)物神；图腾；有神赋魔力的物品 ❷〈喻〉受(盲目)崇拜的事物(或人)；受迷恋者；迷信物 ‖ ˈ**fet·ish·ism** /-ˌiz^ə^m/ *n.* [U] —ˈ**fet·ish·ist** *n.* [C] —**fet·ish·is·tic** /ˌfetiˈʃistik, ˌfiːt-/ *adj.*

fet·ter /ˈfetə^r^/ **I** *n.* [常作～s] ❶脚镣；(动物的)足械：forge *fetters* 锻造脚镣 ❷约束；束缚；羁绊，桎梏 **II** *vt.* ❶给…戴上脚镣；把…缚住：The prisoners were *fettered* for the night. 囚犯们被戴上脚镣过夜。❷束缚；限制；约束：be *fettered* by responsibility 受责任心的约束

F

fet·tle /ˈfet^ə^l/ *n.* [U](健康)状况；状态：be in fine *fettle* 处于良好的状态

fe·tus /ˈfiːtəs/ *n.* [C]胎；胎儿

feud /fjuːd/ **I** *n.* [C; U](尤指部落、家族等之间的)世仇，宿怨；长期不和：There was no actual *feud* between them. 他们实际上彼此并没反目。**II** *vi.* 世代结仇；长期不和：Their families have been *feuding* for three generations. 他们两家人已三代失和。

feu·dal /ˈfjuːd^ə^l/ *adj.* [无比较级][作定语]封建的；封建制度的；仿照封建制度的：*feudal* monarchies 封建君主国家

feu·dal·ism /ˈfjuːd^ə^ˌliz^ə^m/ *n.* [U]封建主义；封建制度 ‖ **feu·dal·is·tic** /ˌfjuːd^ə^ˈlistik/ *adj.*

fe·ver /ˈfiːvə^r^/ *n.* ❶[C; U]【医】发烧；发热：I had been in a burning *fever*. 我浑身热得发烫。❷[用单]〈喻〉高度兴奋；激动：The whole class was in a *fever* of expectation. 全班学生都等得不耐烦了。‖ **fe·ver·ish** /ˈfiːv^ə^riʃ/ *adj.* —ˈ**fe·ver·ish·ly** *adv.*

few /fjuː/ **I** *adj.* ❶[表示否定][通常作定语]很少的；几乎没有的：*Few* people live to be 100. 活到100岁的人很少。❷[a ～][表示肯定][通常作定语]有些；几个：She has *a few* friends. 她有几个朋友。**II** *pron.* [用作复] ❶[表示否定]很少数；几乎没有：*Few* dared argue with him. 很少有人敢与他抬杠。❷[a ～][表示肯定]少数；几个：Only *a few* of the people who applied were suitable. 只有几位申请者符合条件。‖ ***a good few*** *adj.* 〈口〉相当多的；不少的：It's been *a good few* years since I saw her last. 我跟她有好多年没有见面了。***quite a few*** *adj.* ＝a good few ‖ ˈ**few·ness** *n.* [U]

☆(a) few, (a) little 均有"一些，少量"之意。(a) few 用于可数名词前：She has (*a*) *few* friends. (她几乎没有朋友[有几个朋友])。(a) little 用于不可数名词前：We drank (*a*) *little* coffee. (我们几乎没有喝咖啡[喝了点咖啡])。a few 表示有一些或有几个，具有肯定意义，是 none 的反义词：She has *a few* friends. (她有几个朋友。) few 表示没有多少或没有几个，具有否定意义，是 many 的反义词：*Few* people live to be 100 and *fewer* still live to be 110. (很少有人能活到100岁，活到110岁的人更少。) a little 表示有一些，具有肯定意义：We drank *a little* milk. (我们喝了点牛奶。) little 表示没有多少或没有什么，具有否定意义，是 much 的反义词：There was *little* water left in the bottle. (瓶子里快没有水了。)

fi·an·cé, fi·an·ce /fiˈɔnsei, fjˈɔŋsei/ *n.* [C]未婚夫

fi·an·cée, fi·an·cee /fiˈɔnsei; fjɔŋˈsei/ *n.* [C]未婚妻

fi·as·co /fiˈæskəu/ *n.* [C]([复]-**co(e)s**) 彻底失败；惨败；可笑的失败；蒙羞的失败：The wedding must not be a *fiasco*, it must not. 婚礼绝对不能搞糟。

fi·at /ˈfaiæt, -ət/ *n.* [U; C]〈书〉❶(权威性的)批准，认可；授权❷法令；政令；决议

fib /fib/ *n.* [C]〈口〉(尤指孩子说的)小谎；(无关紧要的)谎言，瞎话：a child who tells *fibs* 撒谎的孩子 ‖ ˈ**fib·ber** *n.* [C]

fi·bre, fi·ber /ˈfaibə^r^/ *n.* ❶(动、植物的)纤维；纤维质：All the *fibres* of his being were stirred. 他几乎每一根毛发都被激怒了。❷[U]纤维物质；纤维制品；纤维状物；细丝：a *fibre* of platinum 铂丝 ❸[U](织物等的)质地；纹路：a cloth of coarse *fibre* 粗质地的布 ‖ ˈ**fi·bred**, ˈ**fi·bered** *adj.* —ˈ**fi·bre·less**, ˈ**fi·ber·less** *adj.*

fi·bre·glass /ˈfaibəˌglɑːs; -ˌglæs/ *n.* [U]玻璃纤

维，玻璃丝；玻璃棉

fibre optics [复] *n.* [用作单]纤维光学 ‖ **fi·bre-op·tic** /ˌfaibərˈɔptik/ *adj.*

fi·bril·late /ˈfaibriˌleit,ˈfi-/ *vt.* & *vi.* 【医】(尤指心脏)(使)作纤维性颤动 ‖ **fi·bril·la·tion** /ˌfaibriˈleiʃᵊn,ˌfi-/ *n.* [U]

fi·brous /ˈfaibrəs/ *adj.* ❶[无比较级]由纤维构成的；具纤维的：a *fibrous* tumor 纤维瘤 ❷纤维状的；似纤维的；坚韧的：*fibrous* texture 纤维样质地

fick·le /ˈfikᵊl/ *adj.* 易变的；反复无常的；不忠诚的；不坚定的：It wasn't anything she specially deserved, just the *fickle* finger of fate at work. 并不是她活该这样，这是命运无常的捉弄。‖ ˈ**fick·le·ness** *n.* [U]

fic·tion /ˈfikʃᵊn/ *n.* ❶[U;C]小说类作品；(包括小说、散文、剧本等的)虚构作品；(一部)小说(或虚构作品)：nautical *fictions* 航海故事 ❷[常用单]虚构的事；谎言：Her story was pure *fiction.* 她的话纯属骗人。‖ ˈ**fic·tion·al** *adj.*

fic·tion·al·ize /ˈfikʃᵊnᵊˌlaiz/ *vt.* 把…编成小说；使小说化

fic·ti·tious /fikˈtiʃəs/ *adj.* ❶[无比较级]假的；伪造的：The criminal used a *fictitious* name. 罪犯用了假名。❷[无比较级]小说的；小说中的：a *fictitious* hero 小说中的主人公 ❸不真实的；想象的；虚构的：The characters in *Alice in Wonderland* are *fictitious.* 《艾丽斯漫游奇境记》中的人物是虚构的。‖ **ficˈti·tious·ly** *adv.* —**ficˈti·tious·ness** *n.* [U]

fid·dle /ˈfidᵊl/ **I** *n.* [C]【音】(以弓弹奏的)提琴类乐器；(尤指)小提琴(=violin)：a bull *fiddle* 大提琴 **II** *vi.* ❶拉小提琴；演奏小提琴 ❷(手等)乱动；胡乱拨弄(*at*,*with*)：Tom sat nervously, *fiddling with* a paper-clip. 汤姆紧张地坐着，手里不停地拨弄着回形针。❸瞎摆弄，捣鼓；调试，修理(*with*)：He cursed as he *fiddled with* the volume control. 他一边骂着一边调节音量开关。—*vt.* 〈口〉用小提琴演奏(乐曲) ‖ ˈ**fid·dler** *n.* [C]

fi·del·i·ty /fiˈdeliti;fai-/ *n.* [U] ❶忠实；忠诚；忠心；忠贞(*to*)：*fidelity to* one's country 对祖国的忠心 ❷(对职责、义务、誓言等的)恪守，信守：His *fidelity* and industry brought him speedy promotion. 他既尽职又勤奋，因此迅速得到晋升。❸【电子】(声响、图像等方面的)保真度，逼真度

fidg·et /ˈfidʒit/ *vi.* 坐立不安；烦躁；担忧：George was sitting in his usual chair, *fidgeting* and impatient. 乔治坐在他平常坐的椅子里，局促不安。‖ ˈ**fidg·et·y** *adj.*

field /fiːld/ **I** *n.* ❶[C]田(地)；农田；牧场：Cows were grazing in the *field.* 牛在牧场吃草。❷[C]原野；旷野；开阔地：They rode through forests and *fields.* 他们驶过森林和旷野。❸[C](有特殊用途的)场地，场所；(尤指)运动场，比赛场地：Come on, lads, get on the *field.* 来呀，小伙子们，上场了。❹[常用单](活动、研究、知识等的)范围，领域，界；专业：His *field* is chemistry. 他的专业是化学。❺[C]【军】战场；作战地，阵地；(尤指进行中的)战斗；战役；战争：the *field* of Gettysburg 葛底斯堡战场 **II** *vt.* ❶【体】(棒球、板球等运动的外野手)接(球)；拦(球)，截(球)；守(球)；回(球)：*field* a ball smartly 巧妙地将球接住 ❷〈喻〉(巧妙地)回答(一连串的问题)；顺利地处理(一系列事情)：He stepped forward to help *field* rapid fire questions from the press. 他走上前协助回答新闻记者的连珠炮似的提问。‖ ˈ**field·er** *n.* [C]

field day *n.* [C] ❶户外运动日；体育竞赛日 ❷获得巨大成功的日子；大显身手的时机：It's a *field day* for you. 这可是你出风头的大好时机。

field hockey *n.* [U]【体】曲棍球〔亦作 **hockey**〕

fiend /fiːnd/ *n.* [C] ❶魔鬼；恶魔：The natives thought the explorer was possessed by a *fiend.* 土著人以为那位探险家中了魔。❷恶魔一样的人；邪恶的人；恶毒的人：He's been such a *fiend* to his old mother. 他对其老母一直十分残暴。❸〈口〉狂热爱好者，迷，癖：a *fiend* for soccer 足球迷 ‖ ˈ**fiend·ish** *adj.* —ˈ**fiend·ish·ly** *adv.*

fierce /fiəs/ *adj.* ❶凶猛的；凶狠的；残忍的；好斗的：His figure, indeed, was very *fierce.* 他当时的样子，真是够狰狞恐怖的。❷猛烈的；激烈的；狂暴的：The wind was so *fierce* that we could hardly stand. 风刮得太猛，我们几乎站不住。❸强烈的；狂热的；极端的，极度的：make *fierce* efforts 拼命努力 ‖ ˈ**fierce·ly** *adv.* —ˈ**fierce·ness** *n.* [U]

F

☆**fierce**, **barbarous**, **cruel**, **ferocious**, **savage** 均有"狂暴的；残忍的"之意。**fierce** 指相貌可怕或攻击猛烈，使人产生恐怖感，常用于人或动物：My uncle became *fierce* when he lost his temper.（我叔叔发起脾气来令人害怕。）该词也可用以指行为或动作：a *fierce* battle in which both sides suffered heavy losses（一场双方都伤亡惨重的恶战）**barbarous** 多用于指文明人的野蛮和残暴，暗示与生活在现代文明社会中的文明人不相称：the *barbarous* customs of the tribe（某部落的野蛮习俗）**cruel** 指不顾他人痛苦或以给他人施加痛苦为乐：The *cruel* and sadistic murderer was still at large.（那个丧心病狂的凶手仍逍遥法外。）**ferocious** 语气比 fierce 更为强烈，指像野兽捕食一样，行为极端狂暴、凶残：a *ferocious* man-eating tiger（吃人的猛虎）**savage** 强调缺乏教养、性情粗野、无克制能力，往往充满愤怒、仇恨、贪婪等情绪：She threw a *savage* look at me.（她恶狠狠地瞪了我一眼。）

F

fier·y /ˈfaiəri/ *adj.* ❶[无比较级]有火的，着火的；燃烧的：The flame shot up thrice in a *fiery* point into the air. 火苗向空中窜了三次。❷[无比较级]似火的；火红的：a *fiery* red 火红色 ❸火辣辣的；灼热的：*fiery* heat 火热 ❹(食物等)辛辣的；味道强烈的：*fiery* foods 辛辣食品 ❺热烈的；激烈的；充满激情的：a *fiery* debate 激烈的辩论 ❻火暴脾气的；急躁的；凶悍的：a *fiery* temper 火暴的脾气 ‖ ˈ**fier·i·ness** *n.* [U]

fi·es·ta /fiˈestə/ *n.* [C] ❶节日，假日；喜庆日 ❷假日庆典；喜庆活动

fif·teen /fifˈtiːn/ *n.* ❶[C]十五；十五个(人或物) ❷[U]表示十五的符号(如 15, xv, XV) ‖ **fif·teenth** /ˌfifˈtiːnθ/ *adj.* & [C;U] *n.*

fifth /fifθ/*n.* ❶[U]第五(个) ❷[C]五分之一：Twenty cents is a *fifth* of a dollar. 20 美分是 1 美元的五分之一。❸[C]〈口〉1/5 加仑(液量单位，约合 750 毫升)；1/5 加仑瓶 ‖ ˈ**fifth·ly** *adv.*

fif·ty /ˈfifti/ *n.* ❶[C]五十；五十个(人或物)❷[U]表示五十的符号(如 50, l, L) ‖ **fif·ti·eth** /ˈfiftiiθ/ *adj.* & *n.*

fif·ty-fif·ty, **50-50** /ˌfiftiˈfifti/ [无比较级]〈口〉**I** *adj.* ❶(两者间)平分的；各半的，对半的：It was a *fifty-fifty* deal. 这是一笔平分秋色的交易。❷利弊各半的；半数赞成半数反对的：a *fifty-fifty* decision 半数赞成半数反对的决议 **II** *adv.* (两者间)各半地；相等地；均分地：Profits were to be split [*divided*] *fifty-fifty* between the two men. 利润将由两人平分。

fig /fig/ *n.* [C] ❶【植】无花果属植物；无花果树 ❷无花果：We ate a whole box of *figs*. 我们吃了一整盒无花果。

fight /fait/ **I** *n.* ❶[C]战斗；搏斗；打架；斗争：They will not move without a *fight*. 不动武，他们是不肯走的。❷[C]争论；争吵：a *fight* about household expenses 为家庭日用花钱的事的争吵 ❸[C]拳击赛：The champion has not had a *fight* for over a year. 那位拳击冠军已有一年多未参赛了。❹[U]战斗力；斗志；斗争精神：Our soldiers have got plenty of *fight* in them. 我们的士兵斗志很旺盛。**II** (**fought** /fɔːt/) *vi.* ❶战斗，打仗；搏斗；打架：Did you *fight* in the Gulf War? 你参加过海湾战争吗？❷奋斗；斗争：She *fought* against the fear in her heart. 她竭力排除内心的恐惧。❸争论；争吵：He and his wife are always *fighting*. 他和他妻子老是吵嘴。—*vt.* ❶与…战斗，与…打仗；与…搏斗(或决斗)；与…打架：Everything seems to *fight* me today. 今天好像什么都跟我作对。❷打(仗)；进行(战斗、搏斗、决斗等)：*fight* a (hard) battle 打(硬)仗 ❸与…斗争(或较量、竞争等)；为(事业、诉讼等)进行斗争；设法战胜(或克服)；为(问题等)进行争辩；反对(议案等)：*fight* crime 与犯罪现象作斗争 ‖ ***fight back*** *vi.* & *vt.* ❶(用行动或言语)反击，回击：If he hits you again, *fight back*! 他要是再打你，你就反击！❷忍住：She *fought back* her tears as she said good-bye. 她强忍住眼泪与人道别。***fight down*** *vt.* 抑制，克制；克服：*fight down* a forest fire 扑灭森林大火 ***fight off*** *vt.* 击退；竭力摆脱：*fight off* the attackers 击退来犯者 ***fight out*** *vt.* 通过斗争(或搏斗、辩论等)解决：Let two of them *fight* it *out*. 让他们俩决一雌雄。

fight·er /ˈfaitəʳ/ *n.* [C] ❶(职业)拳击手 ❷【军】战斗机；歼击机 ❸战士；斗士：a tough *fighter* 顽强的战士

fig·ment /ˈfigmᵊnt/ *n.* [C]编造(或想象)出的东西，虚幻的事物；稀奇古怪的念头

fig·ur·a·tive /ˈfigjurətiv; ˈfigᵊr-/ *adj.* ❶[无比

较级]比喻的;借喻的(略作 **fig.**):a *figurative* expression 比喻的说法 ❷象征(性)的:a *figurative* ceremony 象征性的仪式 ❸多比喻的;(爱)用修辞手段的;辞藻丰富的,有文采的:Elizabethan poetry is highly *figurative*. 伊丽莎白时代的诗歌多用比喻。‖ **ˈfig·ur·a·tive·ly** *adv.*

fig·ure /ˈfigəʳ/ **I** *n.* [C]❶符号(指字母、数学符、密码等);象征:The dove is a *figure* of peace. 鸽子是和平的象征。❷数字(0 至 9);位数:Will you check these *figures*? 你核对一下这些数字好吗? ❸价格;金额;估价:What sort of *figure* are you thinking of for your house? 你的房子打算卖多少钱? ❹[~s]算术;计算:I'm not very good at *figures*. 我的算术不太好。❺外形;轮廓;隐约可见的人影(或物影):Two *figures* were coming towards us in the dark. 黑暗中有两个人影朝我们这里走过来。❻体形;身材;风姿:I'll lose my *figure* if I eat too much chocolate. 我吃太多巧克力就会发胖。❼人物;名人;身份,地位:a major literary *figure* 大文豪 ❽形象;给人的印象;仪表:cut a miserable *figure* 显出一副可怜相 ❾图形;图案,图样;图表,图解;(书中的)插图(略作 **fig.**):a geometrical *figure* 几何图形 **II** *vt.* ❶计算(*up*):*figure* the economic loss 估算经济损失 ❷〈口〉[不用进行时态]认为,以为;估计,推测;明白,理解:I *figure* her to be about forty years old. 我估摸着她 40 来岁的光景。—*vi.* ❶出现;露头角;扮演角色;占显要位置:Women don't *figure* much in his novels. 在他的小说里女性角色并不重要。❷计算;做算术:He writes and *figures* well. 他能写会算。‖ ***figure on*** *vt.* 〈口〉❶指望;信赖:You can *figure on* him to support you. 你可指望得到他的支持。❷打算;计划;把…考虑在内:I *figure on* leaving tomorrow. 我打算明天就走。***figure out*** *vt.* 想出;懂得;理解;明白:*figure out* what's what 把一切弄个水落石出

figure of speech *n.* [C]([复] **figures of speech**)【语】修辞手段;修辞格;比喻

fil·a·ment /ˈfilᵊmᵊnt/ *n.* [C] ❶细线,细丝;丝状物❷(灯泡、电子管等的)金属丝,灯丝;钨丝 ‖ **fil·a·men·tous** /ˌfiləˈmentəs/ *adj.*

filch /filtʃ/ *vt.* 〈口〉偷(小东西或不值钱的物品等) ‖ **ˈfilch·er** *n.* [C]

file[1] /fail/ **I** *n.* [C] ❶文件夹;公文柜(或箱、架等):a vertical *file* 直立式档案柜 ❷(经整理或汇订的)文件,档案,卷宗:a thick *file* 一厚叠档案 ❸【计】文件:a text *file* 文本文件 ❹(人、动物或东西等的)一队,一列;一批:The men were standing in silent *file* on each side of it. 这些人默默地分列在两侧。**II** *vt.* ❶将(文件、音像资料等)归档保存;把…备案:She *filed* the thought for further consideration. 她记下这个想法,准备做进一步考虑。❷提出(申请、诉讼等);提交;呈交:*file* a lawsuit 提起诉讼 ❸(记者)发送(报道、新闻稿等):The reporter immediately *filed* his story of the explosion. 记者立即发出有关这件爆炸案的报道。—*vi.* ❶成纵列前进:*file* out into the street 排成队列上街 ❷提出申请(或诉讼等):He had severe money troubles and *filed* for bankruptcy. 他遇到了严重的资金问题,并提出了破产申请。

file[2] /fail/ **I** *n.* [C] ❶锉刀:a block *file* 大方锉 ❷指甲锉 **II** *vt.* 锉;用锉磨平;将…锉光:*file* the teeth of a saw 锉锯齿

fil·i·al /ˈfiliᵊl/ *adj.* [无比较级]子女的;孝顺的;儿女般的:*filial* duty 儿女应尽的义务

fil·i·bus·ter /ˈfiliˌbʌstʳ/ **I** *n.* [U;C](在议会中以冗长的演说或类似拖延手段)阻碍议案通过;阻碍议案通过的手段(尤指冗长演说):a *filibuster* designed to prevent passage of a new electoral law 企图阻止新选举法通过的冗长演说 **II** *v.* (以冗长演说等拖延手段)阻挠议案通过

fil·i·gree /ˈfiliˌgriː/ *n.* ❶[U]金(或银、铜等)丝饰品:*filigree* work 金银丝细工 ❷[C]精致的金属透雕饰物

Fil·i·pi·no /ˌfiliˈpiːnə/ *n.* [C]([复]**-nos**) 菲律宾人;菲律宾居民;菲律宾公民

fill /fil/ *vt.* ❶装满;填满;注满;使充满:Can you *fill* the kettle for me? 可不可以给我把水壶灌满? ❷用…充注;填塞;填充;填补:*fill* an application form 填写申请表 ❸挤满;占满;布满;使遍及;全部占据:Children *filled* the room. 满屋子都是小孩。❹担任;派人充任:He *fills* the post satisfactorily. 他非常称职。❺满足:*fill* every requirement 满足全部要求 —*vi.* 被充满;鼓胀;变得丰满:The auditorium *filled* before long. 礼堂里不久就挤满了人。‖ ***fill in*** *vt.* & *vi.* 填写(表格、文件、支票等);把…

F

填满；把…插入(或填入)：We *filled in* all the customs forms. 我们填好了所有的报关表格。 ***fill up*** *vt.* & *vi.* ❶(使)装满；(使)充满；占满：The computer was massive, *filling up* a whole room. 那计算机体积庞大，占据了整个房间。❷感觉吃饱：Just a piece of sandwich *filled* me *up*. 吃了一片三明治我就觉得饱了。

fill·er /ˈfilə^r/ *n.* [C] ❶装填者，装填工；填料器，装填器 ❷[用单]内填物，填料；填充剂；填补剂 ❸(报纸、杂志或书页的)补白

fil·let /ˈfilit/ *n.* [C; U](去骨的)肉片，鱼片

fill·ing /ˈfiliŋ/ *n.* ❶[C; U]装，填；充满；供应：gap *filling* 填缝 ❷[C]填补物；填充物：They used sand as *filling* for the depression. 他们用沙填补洼地。❸[C; U]馅心；馅料：cake *fillings* 饼糕馅 ❹[C]【医】(用于补牙的)填料，补牙材料：a *filling* for a tooth 补牙料

F

fil·ly /ˈfili/ *n.* [C](尤指不足四岁的)小牝马；小母驹

film /film/ **I** *n.* ❶[通常用单]薄层；薄膜：a *film* of dirt 一层尘土 ❷[C](一层)薄雾；轻烟 ❸[C; U]【摄】【电影】胶片，底片；胶卷：This type of *film* develops in twenty minutes. 这类胶片显影需 20 分钟。❹[C]电影；影片：go to a *film* 看电影 ❺[常作～s]电影业：She always wanted to work in *films*. 她总是想从事电影工作。**II** *vt.* ❶拍摄(人物、场景等)；给…摄影：He *filmed* the football game. 他拍摄了这场足球赛。❷在…上覆以薄膜(或膜状物)；使变朦胧：Tears *filmed* her eyes. 她泪眼蒙眬。—*vi.* ❶适于拍成电影；拍摄电影：Some plays do not *film* well. 有些剧本不适于拍成电影。❷覆以薄膜(或膜状物)；变模糊：The water *filmed* over with ice. 水面上结了一层冰。

fil·ter /ˈfiltə^r/ **I** *n.* [C] ❶过滤器：purify water by a *filter* 用过滤器净化水 ❷【物】【摄】(彩色)滤色镜；滤光片：put a yellow *filter* in front of a camera lens 在照相机镜头上装上黄色滤光镜 **II** *vt.* ❶过滤：*filter* this water for drinking 将这水过滤以备饮用 ❷使透过；使渗出(*through*, *into*)：The thick leaves *filtered* the sunlight. 阳光从浓密的树叶中透出来。❸(用过滤器)滤除，滤去(*off*, *out*)：*filter off* impurities 滤去杂质 —*vi.* ❶过滤；滤出 ❷漏出；渗出；(消息、事实等)逐渐为人所知，传开(*into*, *out*, *through*)：Foreign influence began to *filter into* the country. 外国的影响开始渗入该国。‖ **fil·ter·a·ble** /ˈfiltᵊrəbᵊl/ *adj.* —ˈ**fil·ter·er** *n.* [C]

filth /filθ/ *n.* [U] ❶污(秽)物；(肮)脏物；污垢：The room was covered in *filth*. 房间里满是污垢。❷猥亵语；脏话；下流话：He shouted a lot of *filth* at the other driver. 他用脏话大骂另一个司机。

filth·y /ˈfilθi/ *adj.* ❶污秽的；污浊的；肮脏不堪的：My hands are *filthy* from working in the garden. 我在花园里干活把手都搞脏了。❷猥亵的；淫秽的，下流的：a *filthy* lie 下流无耻的谎言 ‖ ***be filthy rich*** *vi.* 非常富有 ‖ ˈ**filth·i·ness** *n.* [U]

fil·tra·tion /filˈtreiʃᵊn/ *n.* [U]过滤；滤除；滤清

fin /fin/ *n.* [C] ❶鳍；鱼翅：the anal *fin* 臀鳍 ❷【空】(飞机的)机翼；尾部垂直(或水平)安定面；(火箭的)舵；尾翅 ❸(汽车的)鳍状稳定板 ❹(游泳者或潜水者缚于脚上的)脚蹼，人造蹼

fi·na·gle /fiˈneigᵊl/ *vt.* & *vi.* 〈口〉用不正当手段获得；施诡计得到；骗取；骗得：*finagle* free tickets 耍手腕搞到免费票 ‖ fiˈ**na·gler** *n.* [C]

fi·nal /ˈfainᵊl/ **I** *adj.* [无比较级] ❶[作定语]最后的；末尾的，(处于)结尾的(见 last)：The book was interesting from the first to the *final* chapter. 该书自始至终都很有趣。❷总结性的；结论性的；决定性的；无可更改的：*final* illness 绝症 ❸(目的、目标等)最终的，终极的：The *final* goal is world peace. 最终目标是世界和平。**II** *n.* ❶[通常作～s][用作单或复]决赛：She reached the *final* of the girls' singles. 她进入了女子单打决赛。❷[通常作～s]期终考试，期末考试；结业考试：take one's *finals* in Grade 3 参加三年级的期终考试 ‖ **fi·nal·i·ty** /faiˈnæliti/ *n.* —ˈ**fi·nal·ly** *adv.*

fi·na·le /fiˈnɑːli, -lei/ *n.* [C] ❶【音】结束乐章，最终乐段；终曲，结束曲 ❷(歌剧等演出的)终场，末场；最后一幕：the *finale* of a ballet 芭蕾舞演出的终场

fi·nal·ist /ˈfainᵊlist/ *n.* [C](体育竞赛等的)决赛选手

fi·nal·ize, fi·nal·ise /ˈfainᵊˌlaiz/ *vt.* ❶规定(文件等)的最终方式；使落实；使确定：We are glad to have eventually *finalized* an agreement after a series of discussions. 我们很高兴经过一系列的讨论最终达成了协议。❷完成;结束;使有结果:Their divorce should be *finalized* this fall. 他们的离婚手续大约在今秋可以办妥。‖ **fi·nal·i·za·tion**, **fi·nal·i·sa·tion** /ˌfainəlaiˈzeiʃən;-liˈz-/ *n.* [U]

fi·nance /ˈfainæns,fiˈnæns,fai-/ **I** *n.* ❶[U]财政;金融;财务(管理);财务制度:the Minister of *Finance* 财政部长 ❷[~s](国家、企业或个人的)财源;收入:Their *finances* were quite low. 他们的资金十分短缺。**II** *vt.* 为…提供资金;资助:I'll *finance* the film out of my own pocket. 我将自己掏腰包筹拍电影。

fi·nan·cial /faiˈnænʃəl,fi-/ *adj.* [无比较级](有关)财政的;金融的;财务的:Mr. Green is a *financial* adviser. 格林先生是一名金融顾问。‖ **fiˈnan·cial·ly** *adv.*

fi·nan·ci·er /faiˈnænsiəʳ;fi-/ *n.* [C] ❶金融从业者;从事大规模金融活动的人 ❷财政资助者

finch /fintʃ/ *n.* [C]【鸟】雀科鸟类

find /faind/ **I** (**found** /faund/) *vt.* ❶(偶然或意外地)发现;遇见;碰上:He said he had *found* a watch in the street. 他说在街上捡到了一块表。❷(通过努力)找到,寻得;找回(失物等):After six months Mary finally *found* a job. 六个月后玛丽终于找到了工作。❸[不用进行时态](通过学习、研究等)找出;查明,弄清;(通过计算等)得知:You must *find* who to ask. 你得弄清该问谁。❹(通过努力)发现;发现…处于某种状态:They've *found* oil in the North Sea. 他们在北海发现了石油。❺[通常不用进行时态]感受到,体会到;发觉;认为:He *finds* pleasure in doing good. 他喜欢做好事。**II** *n.* [C]发现;发现物(尤指矿藏、财宝等的):That new software is a real *find*. 那新软件真是了不起。‖ ***find out*** *vt.* ❶查出(犯罪者);识破;查出…的罪行:They *found* him *out* before he could implement his plan. 在他实施计划前,他们戳穿了他。❷发觉;发现:You may get away with it for a while, but you'll be *found out* sooner or later. 也许你能逃避一时,但迟早总是要被发现的。❸弄清(情况);查明(真相):*Find out* if the goods were properly checked before despatch. 核实一下货物在发送前是否已全面检查过了。‖ **find·er** /ˈfaindəʳ/ *n.* [C]

find·ing /ˈfaindiŋ/ *n.* [常作~s]发现;研究结果;调查结果:They have been of your own *finding*. 它们是你自己找到的。

fine[1] /fain/ *adj.* ❶[常作定语]美好的;美妙的;完美的;优秀的;出色的;杰出的:From the hilltop there is a *fine* view. 从山顶望去,景色很优美。❷〈口〉(极)好的,棒的;行的;令人满意的:Don't cook anything special — a quick meal will be *fine*. 不用特别烧什么菜,来一份快餐就行。❸[常作定语](颗粒)微小的,精制的;精密的,精确的;精巧的:A *fine* drizzle met us. 我们碰上了蒙蒙细雨。❹纤细的;细密的;(钢笔头等)尖细的:His head was topped with a cloud of *fine*, snow-white hair. 他生着一头浓密的银丝鹤发。❺细微的;精细的;微妙的;细微难察的:There's often a very *fine* line between truth and falsehood. 真假之别往往系于一线。❻[作定语](刀刃等)快的,锋利的;(感觉等)灵敏的,敏锐的:a *fine* sword 利剑 ❼优雅的;高雅的;雅致的;高贵的:a *fine* gentleman 温文尔雅的绅士 ❽[无比较级][作表语]〈口〉健康的;身体好的;快乐而舒适的:A:How are you? B:*Fine*, thanks. 甲:您好吗? 乙:很好,谢谢。‖ **ˈfine·ly** *adv.*

fine[2] /fain/ **I** *n.* [C]罚款;罚金:The hospital finally agreed to pay $3,000 in *fines*. 医院最终同意赔款3 000美元。**II** *vt.* 对…处以罚款:The judge *fined* the driver twenty dollars for speeding. 法官因驾车人超速行驶罚了他 20 美元。

fine arts [复] *n.* 美术

fin·er·y /ˈfainəri/ *n.* [U]华丽的衣着(或饰物、辞藻等)

fi·nesse /fiˈnes/ *n.* [U](处事等的)乖巧,圆滑;机敏;娴熟;高超

fin·ger /ˈfiŋgəʳ/ **I** *n.* [C] ❶(尤指大拇指以外的)指头,手指:He held the handkerchief between his *finger* and thumb. 他用拇指和另一根指头捏着手帕。❷〈喻〉指状物,条状物;(仪表等的)指针:a long *finger* of light 一线光亮 **II** *vt.* (用手指)触摸;抚摸;摆弄;把玩:He *fingered* his tie automatically. 他无意识地抚摸自己的领带。

fin·ger·ing /ˈfiŋəriŋ/ *n.*【音】❶[U]指法;(用指)演奏,运指:I haven't learnt the *fingering* for this piece yet. 我还没学会这段曲子的指法。❷[总称](乐谱上的)指法符号

F

fin·ger·nail /ˈfiŋgəˌneil/ *n.* [C]手指甲

fin·ger·print /ˈfiŋgəˌprint/ *n.* [C]指纹；指纹印：take sb.'s *fingerprints* 取某人的指纹

fin·ger·tip /ˈfiŋgəˌtip/ *n.* [C]指尖；指头：I probed through his hair with my *fingertips* and found a lump. 我的指尖探入他的头发摸到了一个肿块。‖ ***have at one's fingertips*** *vt.* 对…了如指掌；熟悉，精通：He *has at his fingertips* every stroke of the game. 他对这个游戏的每一个动作都了如指掌。

fin·ick·y /ˈfiniki/ *adj.* (对食物、衣着等)过分讲究的；爱挑剔的，吹毛求疵的：a *finicky* eater 吃东西很挑剔的人

fin·ish /ˈfiniʃ/ **I** *vt.* ❶完成；结束；完毕；终止：We rose with the sun and *finished* our work when it set. 我们日出而作，日落收工。❷用完；吃完；耗尽：*finish* a bottle of beer 喝完一瓶啤酒 ❸彻底压倒；使无用(或无能为力)；消灭；杀死：My refutation *finished* him. 我把他反驳得哑口无言。❹给…抛光；使表面光洁；做成…的表面：*finish* cloth with a nap 使布面起绒毛 —*vi.* ❶结束，完结；终止，停止：What time does the film *finish*? 电影什么时候结束？❷完成工作：Haven't you *finished* yet? You've taken ages! 你们还没有干完？你们干了可有些日子了！**II** *n.* ❶[C]结束；最后阶段(或部分)；结局；(比赛等的)终点(见 end)：The sprinters tear across the *finish*. 短跑选手们飞奔冲过终点。❷[C]完成的方法(或方式)；最后的加工；润饰：add a *finish* to an essay 给文章做最后的润色 ❸[常作 **a ～**](布、木材、家具、金属材料等加工后的)光洁度；质感；观感：a rough *finish* 表面粗糙 ❹[U](家具等表面的)抛光(剂)；罩面漆，末道漆；漆，蜡：Harsh abrasives would ruin the *finish*. 毛糙的磨料会毁坏表面的抛光。‖ ***finish off*** *vt.* & *vi.* ❶结束；完成；完全吃(或喝)光：Workers *finished off* buses for export. 工人们完成了供出口的公共汽车的生产。❷〈口〉彻底压垮；击败，打倒；毁灭；干掉，杀死：It was losing his job that really *finished* him *off*. 最令他沮丧的就是丢了饭碗。***finish up*** *vt.* & *vi.* ❶完成；结束；对…进行最后加工：We *finished up* the year with no profit. 这一年我们一无所获。❷用光；耗尽；完全吃(或喝)光：*Finish up* your milk, Jimmy! 吉米，把牛奶喝完！‖ ˈ**fin·ish·er** *n.* [C]

fi·nite /ˈfainait/ *adj.* [无比较级] ❶有限的；有限制的；有限度的：Human understanding is *finite*. 人类的理解力是有限的。❷【语】限定的；定式动词的：a *finite* verb 定式动词 ‖ ˈ**fi·nite·ly** *adv.*

fink /fiŋk/ *n.* [C]〈俚〉❶讨厌的家伙；小人；卑鄙的家伙 ❷(工会中的)密探；告密者；(受雇的)破坏罢工者；工贼；忠于雇主的工人

Finn /fin/ *n.* [C]芬兰人，芬兰居民；芬兰人后裔；有芬兰血统的人

Fin·nish /ˈfiniʃ/ **I** *adj.* [无比较级] ❶芬兰的；芬兰人的 ❷芬兰语的 **II** *n.* ❶[U]芬兰语 ❷[**the F-**][总称]芬兰人

fir /fəː/ *n.* ❶[C]【植】冷杉属乔木 ❷[U]冷杉木材，枞木 ‖ ˈ**fir·ry** *adj.*

fire /faiəˈ/ **I** *n.* ❶[U]火：The very thought of it burnt him like *fire*. 一想到这件事，他就心急如焚。❷[C;U]火灾；失火：Firemen struggled for hours to put out the *fire*. 消防队员们花了好几个小时才扑灭了大火。❸[C]炉火；火堆：warm oneself at a *fire* 烤火取暖 ❹[U]热情；激情；强烈的感情；活力；勃勃生气：And put more *fire* into it! 再热情些！❺[U]射击；炮火，火力：open *fire* 开火 **II** *vt.* ❶点燃；使燃烧；放火烧：Somebody *fired* their tents. 有人放火烧了他们的帐篷。❷烧制(砖、陶器等)：Bricks are *fired* to make them hard. 烧制砖坯使之变硬。❸激起；唤起；激发；激励；使充满激情：His speech *fired* me with determination. 他的讲话激发了我的决心。❹放(枪、炮等)；发射，射出(子弹等)；使爆炸，引爆：*fire* a charge of dynamite 引爆炸药 ❺〈口〉解雇，开除：If it were up to me I'd *fire* you. 要是由我做主，我准砸你的饭碗。—*vi.* 开火，开枪，开炮；发射火箭；(枪等)发射："*Fire*!" shouted the officer. 军官喝道："开火！"‖ ***catch*** (***on***) ***fire*** *vi.* 着火；开始燃烧：Don't leave anything near the stove that *catches fire* easily. 不要把易燃物品放在靠近炉子的地方。***play with fire*** *vi.* 玩火；做愚蠢的冒险：He who *plays with fire* gets burnt. 玩火者必自焚。***under fire*** *adj.* & *adv.* 受到批评(或抨击、指责等)：The government's budget for the new fiscal year came *under fire* from the Opposition. 政府关于新财政年度的预算遭到反对党的攻击。

F

fire·arm /ˈfaiərˌɑːm/ *n.* [C](尤指步枪、左轮手枪等便携式)枪支:Most policemen don't carry *firearms.* 大多数警察都没有配枪。

fire-ball /ˈfaiəˌbɔːl/ *n.* [C] ❶火流星 ❷(尤指核武器爆炸后产生的)火球,核火球

fire·crack·er /ˈfaiəˌkrækəʳ/ *n.* [C]爆竹,鞭炮

fire-en·gine /ˈfaiərˌendʒin/ *n.* [C]消防车,救火车;救火机〔亦作 **engine**〕

fire-es·cape /ˈfaiəriˌskeip/ *n.* [C]太平梯;安全出口;安全通道

fire extinguisher *n.* [C](手提式)灭火器;灭火筒;灭火瓶

fire-fight·er /ˈfaiəˌfaitəʳ/ *n.* [C]消防人员;林区消防员

fire·fly /ˈfaiəˌflai/ *n.* [C]【昆】萤火虫〔亦作 **lighten-ing bug**〕

fire hydrant *n.* [C]消火栓;消防龙头

fire·man /ˈfaiəˌmᵊn/ *n.* [C]([复]**-men** /-mᵊn/)消防队员

fire·place /ˈfaiəˌpleis/ *n.* [C] ❶【建】(尤指室内靠墙或墙内烟囱底下的)壁炉,火炉 ❷营地篝火燃放处

fire-pow·er /ˈfaiəˌpauəʳ/ *n.* [U]【军】火力

fire·proof /ˈfaiəˌpruːf/ *adj.* [无比较级]耐火的;防火的:Asbestos is *fireproof.* 石棉是耐火的。

fire station *n.* [C]消防站

fire-storm /ˈfaiəˌstɔːm/ *n.* [C] ❶(尤指原子弹爆炸等引起的)风暴性大火,火暴 ❷爆发的行动(或反应)

fire·wood /ˈfaiəˌwud/ *n.* [U]木柴,(柴)薪:a bundle of *firewood* 一捆柴火

fire·work /ˈfaiəˌwəːk/ *n.* [C]爆竹,鞭炮;[~s]烟花,焰火;烟火表演:A few loud *fireworks* went off. 一些烟花带着响声绽放开来。

firm¹ /fəːm/ **I** *adj.* ❶坚固的;坚硬的;结实的:Exercise made my muscles very *firm.* 运动使我的肌肉变得十分结实。❷稳固的;牢固的;不易动摇的;(动作等)沉着的:The author erects his narrative on a *firm* basis of fact. 作者的叙述建立在稳固的事实基础上。❸坚定的;坚决的;坚强的;坚贞的:a *firm* friendship 坚贞不渝的友谊 ❹强有力的;表示决心的;严格的:be *firm* in one's devotion 忠心耿耿 **II** *vi.* ❶变硬;变坚实;变结实(*up*):The cheese is *firming.* 奶酪渐渐变硬了。❷变稳固;变牢固;变稳定;变坚定;变确定:Confidence is *firming* that the economic slump will be of short duration. 人们越来越有信心地认为经济衰退只是暂时现象。‖ ˈ**firm·ly** *adv.* —ˈ**firm·ness** *n.* [U]

☆**firm, hard, solid, stiff** 均有"坚硬的;结实的"之意。**firm** 表示组织结构紧密和坚韧,不易拉、割、弯曲,能很快恢复原状:The mattresses were too *firm.* (褥垫太硬了。)该词也指坚定的意志、信念、态度等:The old man was quite *firm* about sailing around the world alone. (这位老人坚决要独自环球航行。) **hard** 指质地紧硬,不可穿透,具有抵抗压力、拉力或张力的特性,但几乎没有弹性或伸缩性:A diamond is one of the *hardest* substances known. (钻石是已知最硬的物质之一。)该词也可用于引申意义,表示苛刻的或冷酷无情的:My father was firm but he was not *hard.* (我父亲坚毅而不冷酷。) **solid** 常指结构坚固、密度均匀、内聚力强,能抗住外来影响,保持固有的形态,含有结实、坚固和沉重的意思:*solid* furniture that will last (能长时间使用的牢固家具);该词也可用于引申意义,表示数量多、实在:We have the *solid* support of our fellow trade-union members. (我们得到工会会员全体一致的支持。) **stiff** 表示坚硬的或僵直的,含有不易弯曲或伸展的意味:His legs felt *stiff* from having sat for so long. (由于坐得太久,他的脚都僵了。)

firm² /fəːm/ *n.* [C]商号,商行;商店;公司;生意伙伴,商业合伙人:a trading *firm* 贸易行

first /fəːst/ **I** *adj.* [无比较级] ❶[常与 the 或 one's 连用]第一(位)的;最初的,最先的,最早的;最前面的:*The first* blooms came. 花儿初绽。❷(第)一流的;首要的,最重要的;(地位、职位)最高的:be of *first* importance 头等重要 ❸[作定语](机动车)头挡的;低速齿轮的:When I put the car in *first* gear it stalls. 当我把车速放到头挡时,车停了下来。**II** *adv.* [无比较级] ❶先;最早;首先,在首位:Bob arrived *first* at the party. 鲍勃最早到酒会。❷第一次,首次;最初,起初:Where did you *first* meet your husband? 你在哪儿初次见到你丈夫的? **III** *n.* ❶[常作 **the** ~]第一个(或批)人(或事物):Are they *the first* to arrive? 他们是不是最早到的? ❷[U]开始;开始时期:the *first* of a snowstorm 暴风雪之始❸[常用单](同一类

F

中)首次出现的事物;首例;第一版:a historic *first* 历史性的创举‖**at first** *adv*. 起先;最初;开始时:*At first* I thought he was joking, but then I realized he was serious. 我起先以为他在开玩笑,后来才知道他是认真的。**at first sight** *adv*. 见 sight **first off** *adv*. 已开始;首先:*First off*, let's decide who's to be responsible for what. 首先,让我们决定谁负责哪方面的工作。

first aid *n*. [U]急救:The wounded were given *first aid*. 伤员得到急救。‖ **first-aid** /ˈfəːstˌeid/ *adj*. [作定语]

first-born /ˈfəːstˌbɔːn/ **I** *adj*. [无比较级][作定语]最先出生的,初生的;最年长的:the *first-born* son 长子 **II** *n*. [C]〈书〉长子;长女:David was the *first-born*. 戴维是长子。

first class *n*. ❶[C;U]一级,甲等,第一流;出类拔萃的人物;上等品 ❷[用单](轮船、飞机等的)头等舱,(火车等的)头等车厢 ❸[U](免检的)第一类邮件;优先投递的邮件(在美国指普通商业信函和私人信件)‖ **first-class** /ˈfəːstˌklɑːs;-ˌklæs/ *adj*. & *adv*. [无比较级]

first·hand [无比较级] **I** /ˌfəːstˈhænd/ *adv*. 第一手得来地;亲身体验地;直接地:the information that we got *firsthand* 我们第一手得来的资料 **II** /ˈfəːstˌhænd/ *adj*. [作定语](资料、经历、来源等)第一手的;亲身体验的;直接的:a *firsthand* experience 亲身经历

first lady *n*. [常作 **the F- L-**]第一夫人(指国家元首、州长、市长等的夫人):the *first lady* of Brazil 巴西总统的夫人

first person *n*. [通常作 **the f- p-**]【语】[常用单]第一人称

first-rate /ˌfəːstˈreit/ [无比较级] *adj*. 第一流的,最高级的;头等的;优秀的;极好的:a *first-rate* intelligence system 一流的情报系统

fis·cal /ˈfisk°l/ *adj*. [无比较级][作定语]国家岁入的;国库的;(国家)财政的:be faced with severe *fiscal* problems 面临严重的财政困难 ‖ ˈ**fis·cal·ly** *adv*.

fish /fiʃ/ **I** *n*. ([复]**fish(·es)**) ❶[C]鱼:There were *fishes* of many hues and sizes. 各种鱼类,颜色各异,大小不一。❷[U]鱼肉:We're having fresh *fish* for supper. 我们晚饭吃鲜鱼。**II** *vi*. ❶捕鱼;钓鱼:*fish* for a living 以打鱼为生 ❷(似用钓钩般地)探找,钩取:*fish* with a stick for sth. 用棍子钩取某物 ❸(在水中、深处或隐秘处等)摸索,搜寻,寻找(*for*):*fish for* pearls 采集珍珠 —*vt*. ❶捕(鱼);钓(鱼);采集(珊瑚、珍珠等):*fish* pearls 采集珍珠 ❷在…中捕鱼;用(船、网等)捕鱼:The river has been *fished* too much *fished*. 这条河遭到过度捕捞。

☆**fish** 作为可数名词时有两种复数形式,即 **fish** 和 **fishes**。当表示水中可捕捉到的或可看见的具体的单条鱼时,复数形式用 **fish**;当表示不同种类的鱼时,复数形式用 **fishes**。以 **fish** 结尾的复合词,其复数形式与此类似。

fish cake *n*. [C](煎)鱼饼,炸鱼饼

fish·er /ˈfiʃəʳ/ *n*. [C] ❶渔民,渔夫,渔工 ❷([复]**-er(s)**)【动】鱼貂

fish·er·man /ˈfiʃəm°n/ *n*. [C]([复]**-men** /-m°n/) 渔民,渔夫,打鱼者;垂钓者

fish·er·y /ˈfiʃ°ri/ *n*. [C]养鱼场;捕鱼场;水产捕捞场:an oyster *fishery* 牡蛎场

fish·ing /ˈfiʃiŋ/ *n*. [U]捕鱼;钓鱼:We did a bit of *fishing* at the weekend. 周末我们钓了会儿鱼。

fish·ing-rod /ˈfiʃiŋˌrɔd/ *n*. [C]钓(鱼)竿,渔竿

fish·y /ˈfiʃi/ *adj*. ❶(在气味、味道、形状等方面)似鱼的:It smells very *fishy* in here. 这儿有一股鱼腥味。❷〈口〉可疑的;不太可能的;靠不住的:Joe! I knew there was something *fishy*. 乔!我早看出事情有些蹊跷。

fis·sion /ˈfiʃ°n/ *n*. [U] ❶【核】(核)裂变;(核)分裂❷【生】分裂生殖,裂殖;细胞分裂

fis·sure /ˈfiʃəʳ/ *n*. [C](狭长幽深的)开口;裂缝,裂隙

fist /fist/ *n*. [C]拳,拳头:She screamed and hit me with her *fist*. 她尖叫着用拳头砸我。

fist /fist/ *n*. [C]拳,拳头

fit[1] /fit/ **I** *adj*. (**fit·ter**, **fit·test**) ❶[通常作表语]适合的;适宜的;恰当的:A long-necked giraffe is *fit* for browsing treetops. 长颈鹿颈子长,适合于吃树梢的枝叶。❷〈书〉正当的;应当的;正确的:*fit* behaviour 正当的行为 ❸(尤指通过体育锻炼而)健康的;强健的;壮实的:He was as *fit* as a flea when he came back from his holiday. 他休假回来,精神特别饱满。**II** *vt*. ❶(使)适合;(使)适宜;(使)符合;与…相称:The punishment should *fit* the crime. 罪与罚要相当。❷(衣服)合…的身;使(衣服)合

身;为…提供合身衣服;试穿(衣服):He went to the tailor's to be *fitted* for a new suit. 他去裁缝店量尺寸定做一套新西装。❸合格;能胜任;训练;为…做准备:She attended a boarding school that would *fit* her for college. 她上了一家为学生进大学做准备的寄宿学校念书。❹(使)配合:This key doesn't *fit* the lock. 这把钥匙开不了这把锁。❺给…安装配件;给…提供设备:*fit* a door with a new handle 给门安装上新把手 —*vi.* ❶(服装等)合身;合适:The new shoes *fit* perfectly. 这新鞋子完全合脚。❷符合;适配:The lid *fits* badly. 这盖子盖不上。❸适应:We are attempting to *fit* into the fast pace of life. 我们正努力适应生活的快节奏。**III** *n.* [用单] ❶适合 ❷合身;合身的衣服:He tried on a pair of leather shoes, and they were a perfect *fit*. 他试穿那双皮鞋,正合脚。❸符合;一致:the *fit* between sound and spelling 发音和拼写之间的一致 ‖ ***fit out*** [***up***] *vt.* 装备;配备;提供…的必要东西:It costs a lot of money to *fit up* a new office. 装备一间新办公室要花很多钱。‖ **ˈfit·ly** *adv.* —**ˈfit·ness** *n.* [U] —**ˈfit·ter** *n.* [C]

☆ **fit, appropriate, apt, fitting, proper, suitable** 均有"适合的,适当的"之意。**fit** 为最普通用词,含义和使用范围最广,泛指适于某种目的或用途、符合某种标准或要求、胜任某项工作或职务等,强调适应性和准备就绪:She is not a *fit* mother for her children. (对于孩子们来说,她不是个称职的母亲。) **appropriate** 强调明显和特别适合于某一特定的人、事或某一特定的目的:A racket is an *appropriate* gift for a tennis player. (将球拍当礼物送给网球运动员是很合适的。) **apt** 指就事物的性质或结构来说,非常适于做想要做的事、达到预定的目的:The words were all *apt* and well chosen. (这些词都经过精心甄选,很贴切。) **fitting** 指某一事物在精神、特性、基调、目的等方面与另一事物协调一致:*fitting* subjects for dinner table conversation (适合在餐桌上谈论的话题) **proper** 表示顺应自然法则、适应社会风俗习惯或符合逻辑推理,含有合适和正当的意思:It's not at all a *proper* thing to pick flowers in the public park. (在公园里摘花是不妥当的。) **suitable** 表示符合某种特定场合的要求或条件,亦指符合某种目的、形势或用途:Not all words are *suitable* for use in verse. (不是所有的词都适用于诗歌。)

fit² /fit/ *n.* [C] ❶昏厥;痉挛:go into *fits* 昏倒 ❷(病的)发作,阵发:The little boy had a *fit* of coughing. 那小男孩突然咳嗽起来。❸(感情、活动等的)突发:Marge threw a conniption *fit* right then and there. 玛吉当场歇斯底里大发作。

fit·ful /ˈfitfᵘl/ *adj.* 断断续续的;一阵阵的;间歇的;变化无常的;不规则的:a *fitful* doze 时睡时醒的打盹 ‖ **ˈfit·ful·ly** *adv.*

fit·ting /ˈfitiŋ/ **I** *adj.* 合适的;恰当的;相称的(见 fit¹):I do not have *fitting* words to express my satisfaction. 我无法用合适的词语来表达我的满意之情。**II** *n.* [C] ❶试衣;试穿;试样:She will go for her final *fitting* on Monday. 星期一她去最后试穿衣样。❷零件,部件;附件,备件:an electrical *fitting* 电工配件 ‖ **ˈfit·ting·ly** *adv.*

five /faiv/ *n.* ❶[C]五;五个人(或物):Three and two is *five*. 3 加 2 等于 5。❷[U]表示五的符号(如 5,v,V)

fix /fiks/ **I** *vt.* ❶修理,修缮,修补;调整:*fix* one's motorbike 修理自己的摩托车 ❷整理;收拾:*fix* one's hair 梳理头发 ❸使固定,使牢固;安装(见 fasten):This glue will *fix* the two sheets. 这种胶水可以把这两张纸黏合在一起。❹安排;决定;确定:We need to *fix* the price. 我们要定个价钱。❺吸引(目光、注意力等);使集中:The extraordinary man *fixed* her attention. 那奇特的男子吸引了她的注意力。❻使承担(责任等);推诿:*fix* the blame on sb. 把过失推给某人 ❼〈口〉用不正当的手段操纵(选举、赛马等);在…中做手脚;通过贿赂取得…的支持:The game was *fixed*. 这场比赛的胜负是事先安排好的。❽提供,供给,供应;准备(饭菜等):I *fixed* Bill a good breakfast. 我给比尔做了一顿可口的早饭。**II** *n.* ❶[用单]困境,窘境:Could you lend me a fiver? I'm now in a bit of a *fix* for money. 你能借给我五英镑吗?我眼下手头有点儿紧。❷[U]维修;调整:be out of *fix* 失修 ❸[C](船只、飞机、卫星等的)方位;定位:Navigators used to get the *fix* of their ships from the stars. 旧时航海家们通过星辰来判定船只的方位。‖ ***fix on*** *vt.* 〈口〉确定;决定;选定:*fix on* sb. to do sth. 决定某人做某事 ***fix up*** *vt.* 〈口〉❶安顿,照应;整理:My aunt got herself *fixed up* with a cosy apartment. 我姑妈弄到了一套舒适的公寓房。❷设法提供;为…做出安排:They *fixed* us *up* with tickets and money for the journey. 他们为我们的旅行准备了车票和旅费。❸修补,修理好;解决:The misunderstanding has finally been *fixed up*. 误会终于消除了。***fix upon*** *vt.* = fix on

fix·ate /ˈfikseit/ *vt.* 集中(注意力、目光等);凝视,注视(*on*):*fixate* a word *on* the moving sheet 注视移动着的纸上的一个词

fix·a·tion /fikˈseiʃᵊn/ *n.* [U;C]迷恋;【心】(不正常的)依恋,眷恋:The man had a *fixation* on the young actress. 那个男子迷上了那位年轻的女演员。

fixed /fikst/ *adj.* ❶[无比较级]固定的:a *fixed* deposit 定期存款 ❷[作定语]不动的;集中的,专注的;僵硬的:He stood *fixed* in astonishment. 他惊呆了,一动不动地站在那儿。❸已确定的;已决定了的;不变的:The date's not completely *fixed* yet. 日期尚未完全敲定。❹(用不正当手段)操纵的,事先安排好(结果)的:Don't worry; the night watchman is *fixed*. 别担心,守夜人那儿已经烧过香了。‖ **fixed·ly** /ˈfiksidli,-stli/ *adv.*

F

fix·ings /ˈfiksiŋ/ [复] *n.* 〈口〉(菜的)配料;(主菜以外的)配菜;调味品

fix·i·ty /ˈfiksiti/ *n.* [U;C]〈书〉固定(性);稳定(性);永恒(性);耐久(性);耐挥发(性)

fix·ture /ˈfikstʃəʳ/ *n.* [C] ❶固定物;(房屋等的)固定装置:A chandelier is a lighting *fixture*. 枝形吊灯是一种照明装置。❷长期与某地(或某项活动)有联系的人;固定成分(或特色):He was the *fixture* in the house. 他足不出户。

fizz /fiz/*n.* [U]❶嘶嘶声,噼啪声:the *fizz* of soda water 汽水冒泡的响声 ❷(饮料等)冒气泡,起泡沫:This lemonade has lost its *fizz*. 这杯柠檬水不冒泡了。

fiz·zle /ˈfizᵊl/ *vi.* ❶发(微弱的)嘶嘶声(或噼啪声):A chemical spilt on the floor and it started to *fizzle*. 一点化学药品落在地板上,随即发出嘶嘶响声。❷〈口〉(开始认为大有成功希望的计划等)终于失败;结果不妙;虎头蛇尾地结束(*out*):Many such new words *fizzled out* after a few years. 许多这样的新词用不了几年就销声匿迹了。

flab /flæb/ *n.* [U]〈口〉〈贬〉松弛的肌肉;赘肉;肥胖

flab·by /ˈflæbi/ *adj.* ❶(肌肉等)不结实的;松软的;松弛的;缺乏弹性的:*flabby* cheeks 松弛的双颊 ❷〈喻〉(语言、性格等)没有生气的;无力的;软弱的:He is *flabby* in body and in mind. 他身心都很虚弱。‖ **ˈflab·bi·ness** *n.* [U]

flac·cid /ˈflækˢsid/ *adj* 〈书〉❶(肌肉等)松弛的,松垂的:*flaccid* limbs 无力的四肢 ❷〈喻〉软弱的;无力的,无生气的:You are spineless, *flaccid* things. 你们这些人都是些没有骨气的孬种。

flag[1] /flæg/*n.* [C]旗;旗帜;国旗:hoist a *flag* 升旗

flag[2] /flæg/ *vi.* (**flagged**; **flag·ging**) ❶无力地下垂;(草木等因缺水)凋萎,枯萎,打蔫:When the wind died down, the sails *flagged*. 风一停,船帆就松垂下来。❷变弱;疲乏;(力气、兴趣、热情等)衰退;减退;低落:I started to *flag* a bit after a while. 过了一阵子我渐渐感到有点儿体力不济。

fla·grant /ˈfleigrᵊnt/ *adj.* [作定语] ❶(罪行、罪犯)臭名远扬的;罪恶昭彰的;卑劣的,可耻的:a *flagrant* crime 滔天罪行 ❷公然的,明目张胆的:a *flagrant* interference in other country's affairs 悍然干涉他国事务 ‖ **ˈfla·grant·ly** *adv.* —**ˈfla·grant·ness** *n.* [U]

flag·stone /ˈflægˌstəun/ *n.* [C](铺路用的)石板,板石,扁石

flail /fleil/ **I** *n.* [C]【农】(打谷用的)连枷,甩刀 **II** *vt.* ❶连枷打(稻谷等) ❷(用棍子等)打;(像用连枷一样)抽打;敲击:arms *flailing* the water 不停地拍水的胳膊 —*vi.* ❶(用连枷)打;打谷 ❷(狂乱地)挥舞;乱舞:Her legs *flailed* in the water. 她的双腿在水里乱扑腾。

flair /fleəʳ/ *n.* ❶[C;U]天赋,天资;(专门)才能,能力:She has a *flair* for homemaking. 她在持家方面很有一手。❷[U]鉴赏力;品味;眼光:Their window display has absolutely no *flair* at all. 他们的橱窗布置简直毫无品味。

flak /flæk/ *n.* [U]〈口〉(严厉)批评,抨击;指责,谴责;谩骂:The city is taking a lot of *flak* because of air-pollution. 由于空气污染,该市大受指责。

flake /fleik/ **I** *n.* [C] ❶(一片)雪花,雪片:The

snow is falling in large *flakes*. 大片的雪花在飘落。❷(小而轻软的)薄片,小片,片状物:a *flake* of cloud 一片薄云 **II** *vi.* ❶(成片地)剥落;散裂成片,分成薄片(*away*, *off*):Simmer very gently until the fish *flakes* easily. 用文火炖鱼直到鱼容易切成薄片。❷雪片似的降下;成片落下:A lot of paint had *flaked* off. 许多油漆剥落了下来。‖ ˈ**flak•y** *adj.*

flam•boy•ant /flæmˈbɔiənt/ *adj.* ❶火焰似的;亮丽的,灿烂的;显眼的:a *flamboyant* sunset 斑斓绚丽的落日景象 ❷过于装饰的;华丽的:*flamboyant* costume 奢华的服装 ❸炫耀的;卖弄的:*flamboyant* advertising 招摇的广告 ‖ **flam**ˈ**boy•ance** /-ᵊns/, **flam**ˈ**boy•an•cy** /-ᵊnsi/ *n.* [U] —**flam**ˈ**boy•ant•ly** *adv.*

flame /fleim/ **I** *n.* ❶[C;U]火焰,火舌,火苗;燃烧,着火:The smouldering fire soon burst into a glowing *flame*. 闷火很快就燃成了熊熊的火焰。❷[常作~s]火焰般的东西:Whatever may come, the *flames* of Chinese resistance must never be extinguished. 无论出现什么情况,中国抗战的烽火都不能被扑灭。**II** *vi.* ❶发火焰;燃烧:The fire *flamed* intensely. 火烧得很旺。❷变热;变红:Maggie felt her face *flaming*. 玛吉感到脸上火辣辣的。

fla•men•co /fləˈmeŋkəu/ *n.* ([复]-**cos**) ❶[C]弗拉门科舞(西班牙吉卜赛人跳的一种节奏强劲的舞蹈) ❷[C;U]弗拉门科曲(配弗拉门科舞的歌曲或音乐)

flam•ing /ˈfleimiŋ/ *adj.* [无比较级][作定语] ❶冒火焰的;燃烧着的;熊熊的;灼热的:under a *flaming* sun 在灼热的阳光下 ❷火焰似的;火红的;明亮的;鲜艳的:*flaming* red hair 火红的头发 ❸热情的;激情的,感情强烈的;非常激动的;激烈的;猛烈的:He was in a *flaming* temper. 他大发雷霆。

fla•min•go /fləˈmiŋgəu/ *n.* [C]([复]-**go(e)s**) 【鸟】红鹳

flam•ma•ble /ˈflæməbᵊl/ *adj.* 易燃的;可燃的:Hair and beards are extremely *flammable* in the oxygen-rich atmosphere of a spacecraft. 人的须发在充满氧气的航天器内极易燃烧。‖ **flam•ma•bil•i•ty** /ˌflæməˈbiliti/ *n.* [U]

☆**flammable** 和 **inflammable** 均表示"易燃的"。**flammable** 主要用于美国英语,英国英语中则用作专业用语。由于 **inflammable** 一词的前缀-in 往往会被理解为 not,为保险起见,一些易燃品采用 **flammable** 字样标出,但文学作品中常用 **inflammable**。不论是在美国英语还是英国英语中,都用 **inflammable** 表示"易激动的,易激怒的"之意。

flank /flæŋk/ **I** *n.* [C] ❶【解】肋,肋腹;【动】(四足动物的)侧边 ❷(肋腹上的)狭长肉条:a *flank* of beef 牛肋腹肉 ❸【军】侧翼,翼侧:cover the *flanks* 掩护侧翼 **II** *vt.* ❶[常用被动语态]位于…之侧,处于…之旁:The road was *flanked* with [by] tall trees. 路的两边都是高大的树。❷【军】保护(或控制、掩护)…的侧翼;攻击(或威胁、包抄)…的侧翼;对…进行纵击:The troops were *flanked* and overpowered in a surprise attack. 这些军队受到敌人从侧翼的突袭而溃不成军。

flan•nel /ˈflænᵊl/ *n.* ❶[U]【纺】法兰绒:*Flannel* has a nap on both sides. 法兰绒两面都有绒。❷[~s]法兰绒衣服;绒裤;绒内衣:He put on a pair of old *flannels*. 他穿上了一套旧绒内衣裤。

flap /flæp/ **I** (**flapped**;**flap•ping**) *vt.* ❶使拍动;使摆动;使飘动;振(翅):A gust of wind *flapped* the tents. 一阵风吹动帐篷。❷(用扁平物)拍打,拍击:The wind kept *flapping* his scarf in his face. 风吹得他的围巾不停地拍打着他的脸。—*vi.* ❶拍动;摆动;飘动;(鸟翼等)振动,扑腾;(鸟等)振翅(飞行):The sails were *flapping* in the wind. 船帆在风中飘动。❷(用扁平物)拍打,拍击:*flap* at a ball 击球 **II** *n.* [C] ❶(一端固定的)扁平下垂物,片状垂悬物;帘状物;帽边;鞋舌;袋盖;(书的护封的)勒口;信封(或纸板箱)的口盖,折盖:a tent *flap* 帐篷门帘 ❷摆动;飘动;(鸟翼等的)振动:With one *flap* of its wings the bird was off. 那鸟儿双翅一个扑腾就飞走了。❸[用单]拍动;拍打;拍打声:a *flap* in the face 啪的一声耳掴子 ❹[用单]〈口〉激动;慌乱(或忧虑)状态:In Beijing, our new hotel is causing quite a *flap*. 在北京,我们新盖的旅馆引起了不小的轰动。

flare /fleəʳ/ **I** *vi.* ❶(火焰)闪耀;(突然)旺起来;(摇曳不定地)燃烧:The fire *flared* when the log crumbled into coals. 木柴烧成木炭时炉火顿时旺了起来。❷照耀;(突然)发光,闪光:The scar on his cheek *flared*. 他面颊上的那块疤闪闪发亮。❸突然发怒(或激动);爆

F

发,突发;加剧:His anger *flared* when his motives were questioned. 当他的动机遭到怀疑时,他勃然大怒。**II** *n.* [C] ❶[用单](短暂的)旺火;摇曳的火焰;闪光,闪烁:A *flare* lit up the night sky. 一道闪光照亮了夜空。❷闪光信号;照明弹,照明灯:fire a warning *flare* 发射示警信号 ‖ ***flare up*** *vi.* ❶(火)突然燃烧;再次燃烧:The fire *flared up* as the paper caught on. 纸一点着就烧了起来。❷勃然大怒;突然爆发(或激动):She *flares up* easily. 她容易发脾气。

flash /flæʃ/ **I** *n.* ❶[C]闪光;闪烁:A *flash* of lightning lit up the sky. 一道闪电把天空照亮。❷[C](思想、感情等的)闪现,突发:A *flash* of insight struck me. 我心头蓦地一亮。❸[C]刹那,瞬间,眨眼间:This exertion, however, was but a temporary *flash*. 这种努力只不过是昙花一现。❹[C](简短的)电讯(或新闻广播):We received news *flashes* on television. 我们从电视上收看新闻快报。**II** *vi.* ❶闪光;闪烁:The bright stream *flashed* in sunshine. 清澈的溪水在阳光下波光粼粼。❷(眼睛)闪耀;(思想等)闪现;(感情等)爆发:Thoughts kept *flashing* through his mind and he couldn't sleep. 他浮想联翩,夜不能寐。❸飞驰;掠过;急速移动:The past *flashes* away. 过去的时光一晃而过,烟消云散。—*vt.* ❶闪(光等);使闪光;使闪烁;使闪耀;使燃烧起来:He *flashed* his eyes in scorn. 他轻蔑地瞥了一眼。❷使(车灯)一开一关以示警告;用车等(向某人)发信号 ❸发射(光);使(光)反射;使(镜子等)反射光:*flash* light with a mirror 用镜子反射光线 ❹闪现出;表露出;亮出:*flash* one's temper 突然发脾气 ❺用闪光发出信号;火速发出;(通过电台、电视台等)即刻发出:The lighthouse *flashes* signals twice a minute. 灯塔每分钟发两次闪光信号。‖ ***flash back*** *vi.* ❶回想;回溯:Something she said make my mind *flash back* to my childhood. 她的话勾起了我童年的回忆。❷(小说、戏剧等)倒叙;(电影、电视等)闪回:The film *flashed back* to the heroine's girlhood. 影片闪回到女主人公的少女时代。

flash·back /ˈflæʃˌbæk/ *n.* [C;U] ❶(小说、戏剧等的)倒叙;倒叙情节;(电影、电视等的)闪回;闪回镜头:The story of their relationship is narrated in *flashback*. 用倒叙手法来讲述他们之间关系的故事。❷(往事在脑海中的)再现,重现;回忆,追忆:a sudden *flashback* of the accident 那次事件在脑海里的突然再现

flash bulb *n.* [C]【摄】闪光灯(泡)

flash·er /ˈflæʃəʳ/ *n.* [C]自动闪光装置;闪烁器;闪光信号

flash-gun /ˈflæʃˌgʌn/ *n.* [C]【摄】(装在照相机上、用以点燃闪光粉或引发闪光灯的)闪光枪

flash·ing /ˈflæʃiŋ/ *n.* [C]【建】(屋顶、窗户、烟囱等周围结合部用以防水的)(金属)遮雨板,防雨板;(防水)金属盖片,防水片

flash·light /ˈflæʃˌlait/ *n.* [C]〈主美〉手电筒(=〈英〉torch)

flash-point /ˈflæʃˌpɔint/ *n.* [C] ❶【物】【化】闪点;燃点;发火点;起爆温度 ❷(愤怒、暴力等的)爆发点,发生点;形势一触即发的地点

flash·y /ˈflæʃi/ *adj.* 〈贬〉❶花哨的;俗艳的:*flashy* socks and jackets 花里胡哨的衣袜 ❷一时的;昙花一现的:a *flashy* performance 轰动一时的演出

flat[1] /flæt/ **I** *adj.* (**flat·ter**; **flat·test**) ❶平的;平坦的:The roof of the house is *flat*. 那屋子是平顶的。❷[无比较级][作表语]平伸的;平展的;平卧的:Spread the newspaper out *flat* on the table. 把那张报纸平铺在桌子上。❸[无比较级]浅的;不深的:a *flat* dish 浅碟 ❹(轮胎等)瘪下去的,泄了气的;彻底毁坏了的;被夷为平地的:This tyre looks *flat* — has it got a puncture? 这只轮胎有点瘪,是不是戳破了? ❺[无比较级][作定语]断然的,干脆的,直截了当的;肯定的,明确的;完全的,绝对的:a *flat* denial 矢口否认 ❻[作定语](价格等)无涨落的,固定的,划一的:Each driver got a *flat* twenty percent of the money he brought in. 赚得的钱每个司机一律提成20%。❼了无生气的,没精打采的;单调的,乏味的;沉闷的:a *flat* style 平淡无奇的文体 ❽(饮料等)淡而无味的,不起泡的,走了气的:Without natural CO_2 the beer would be *flat*. 不加天然的二氧化碳,啤酒就不起泡。❾[无比较级](油漆等)无光泽的,不发亮的:*flat* yellow 暗黄色 ❿[无比较级](声音等)不响亮的;不清楚的,模糊的;【音】降(半)音的,标有降音符(即 b)的;(音调)低半音的,偏低的:Her voice tends to go *flat*. 她的声调偏低。**II** *adv.* (**flat·ter**; **flat·test**) ❶平直地;以卧倒姿势:The ladder was placed *flat* against the wall. 梯子平靠在

墙上。❷〈口〉完全地,彻底地;断然地,干脆地,直截了当地:Was the first impression *flat* wrong? 难道第一印象全错了吗? ❸〈口〉恰好,正好:I got up and out of the house in ten minutes *flat*. 从起床到出门,我只花10分钟。❹【音】以降调;以降半音:You're singing *flat*. 你唱低了。**III** *n.* ❶[~s]低跟女鞋;平底女鞋 ❷[用单]平面;平坦部分:a river *flat* 河床 ❸[常作~s]平地;平原;低洼沼泽地,浅滩,沙洲:tidal *flats* 潮滩 ❹[C]【音】降半音;降半音符号(即 b) ❺[C]〈口〉漏气轮胎,瘪轮胎 ‖ ***fall flat*** *vi.* 达不到预期效果;完全失败:As an actor he *fell flat*. 作为演员,他完全失败了。***flat out*** *adv.* & *adj.* ❶断然地;率直地,直截了当地;公开地:She turned him down *flat out*. 她断然拒绝了他。❷竭尽全力;以全速:work *flat out* in the interests of the people 竭尽全力为人民的利益而工作 ‖ **ˈflat·ly** *adv.* —**ˈflat·ness** *n.* [U]

flat² /flæt/ *n.* [C]〈主英〉(在同一层楼上的)一套房间,套房;公寓;(楼房的)一层:share a *flat* with sb. 与某人合住一套房间

flat-fish /ˈflætˌfiʃ/ *n.* [C]([复]-**fish(·es)**)【鱼】比目鱼

flat·foot /ˈflætˌfut/ *n.* [C] ❶([复]-**feet** /-ˌfiːt/)(扁)平足;有(扁)平足缺陷的人 ❷([复]-**foots**或-**feet**)〈俚〉警察(尤指巡警)

flat-foot·ed /ˈflætˌfutid/ *adj.* [无比较级] ❶平足的;走不快的;拖着脚步走的,走路样子难看的 ❷〈口〉坚决的;果断的;不妥协的

flat·i·ron /ˈflætˌaiᵊn/ *n.* [C]【史】熨斗;烙铁

flat-out /ˈflætˌaut/ *adj.* 〈口〉❶全速的;竭尽全力的:make a *flat-out* effort 全力以赴 ❷完全的;彻头彻尾的:It's a *flat-out* lie. 这是不折不扣的谎话。

flat·ten /ˈflætᵊn/ *vt.* ❶把…弄平;使变平(*out*):*Flatten* (*out*) the pie dough with a rolling pin. 用擀面杖擀平面团。❷使平贴;使贴地:She *flattened* herself against the door. 她把身体平贴在门上。❸把…打翻(或弄翻)在地;打倒,击倒;弄倒:The boxer *flattened* his opponent. 那位拳击手把对手打倒在地。

flat·ter /ˈflætəʳ/ *vt.* ❶向…谄媚;对…讨好;阿谀;奉承:I fear he *flatters* me. 恐怕他把我捧得太高了。❷[常用被动语态]使高兴;使满足;使得意;使感到荣幸:I felt very *flattered* when they gave me the job. 我很高兴他们聘用了我。❸(画像、照片等上的形象)胜过(本人或实物);使优点更显突出:The picture *flattered* her. 这张画像比她本人漂亮。‖ ***flatter oneself*** *vi.* 自信;自想;自以为;暗自庆幸:She *flattered herself* that men found her attractive. 她总为男人为她倾倒而自鸣得意。‖ **ˈflat·ter·ing** *adj.*

flat·ter·y /ˈflætᵊri/ *n.* ❶[U]谄媚;奉承;讨好;恭维:He is above *flattery*. 甜言蜜语打动不了他。❷[C;U]谄媚的话;恭维话;溢美之词:be hoodwinked by *flatteries* 被甜言蜜语蒙蔽

flaunt /flɔːnt;flɑːnt/ *vt.* 夸耀;炫耀;夸示:*flaunt* oneself 自我夸耀

flau·tist /ˈflɔːtist/ *n.* [C]【音】吹长笛者;长笛演奏者

fla·vo(u)r /ˈfleivəʳ/ **I** *n.* [C;U] ❶(食物的)味,滋味,味道:The salad had an exceedingly acetic *flavour*. 那色拉的味道很酸。❷特点;特色;风味;风韵;风格:She has a pungent *flavour* in her character. 她的性格中有泼辣的一面。**II** *vt.* 加味于;给…调味:She *flavoured* the soup with lemon and parsley. 她在汤里加了柠檬和欧芹调味。‖ **ˈfla·vo(u)r·ful** *adj.* —**ˈfla·vo(u)r·less** *adj.*

fla·vo(u)r·ing /ˈfleivᵊriŋ/ *n.* [U]调味品;调味香料:vanilla *flavouring* 香草精调味品

flaw /flɔː/ *n.* [C]缺点;毛病;瑕疵(见 blemish):beauty without *flaw* 完美无瑕 ‖ **flawed** *adj.* —**ˈflaw·less** *adj.* —**ˈflaw·less·ly** *adv.*

flax /flæks/ *n.* [U] ❶【植】亚麻 ❷亚麻纤维;亚麻线

flax·en /ˈflæksᵊn/ *adj.* [无比较级] ❶亚麻(制)的:*flaxen* thread 亚麻线 ❷(头发)亚麻色的;淡黄色的

flay /flei/ *vt.* ❶剥…的皮;剥(皮):They *flayed* the dead horse. 他们剥了死马的皮。❷痛打;把…打得皮开肉绽;把…打掉一层皮 ❸痛斥;严厉批评

flea /fliː/ *n.* [C]【昆】蚤,跳蚤

flea market *n.* [C]〈口〉跳蚤市场;旧货市场;廉价市场

fleck /flek/ *n.* [C] ❶色斑;光斑;斑块:*Flecks* of fire rose from the embers. 点点火星从余烬中升起。❷微粒;小片;小点;(尤指)尘埃:a

F

fleck of dust 一粒尘埃

fledg·ling /ˈfledʒliŋ/ *n.* [C] ❶羽毛刚丰满的雏鸟;刚会飞的雏鸟 ❷初出茅庐的人;无经验的年轻人;生手:a *fledgling* of a poet 一个初学作诗者

flee /fliː/ (**fled** /fled/; **flee·ing** /ˈfliːiŋ/) *vi.* 逃走;逃掉;逃避;躲避(*from*,*before*):The robbers tried to *flee* but they were caught. 盗贼试图逃走,但是被抓获了。—***vt.*** 逃离;从…逃出:The chicken has *fled* the coop. 小鸡已经逃出鸡笼。

fleece /fliːs/ **I** *n.* [C]羊毛;一头羊身上一次性剪下的羊毛;[U](羊等的)被毛;毛皮 **II** *vt.* 骗取;诈取;敲…的竹杠(*of*):The gamblers *fleeced* him *of* all his money. 赌徒把他的全部钱财席卷一空。‖ ˈ**fleec·y** *adj.*

fleet /fliːt/ *n.* ❶[C](海军)舰队:a combined *fleet* 联合舰队 ❷[**the f-**][总称](一个国家的)全部军舰;海军:*the* US *fleet* 美国海军 ❸[C](接受统一指挥或一起移动的)机群;车队;船队;似舰队一样活动的东西:He owns a *fleet* of cabs. 他拥有一支出租车队。

F

fleet·ing /ˈfliːtiŋ/ *adj.* [无比较级]疾驶的;飞逝的;短暂的;闪现的:a faint,*fleeting* smile 淡淡的一掠而过的笑容 ‖ ˈ**fleet·ing·ly** *adv.*

flesh /fleʃ/ *n.* [U] ❶(人或脊椎动物的)肉;肌肉;肌肉组织:*Flesh* consists mostly of muscles and fat. 肉主要由肌肉和脂肪组成。❷(尤指除鱼类、禽类之外的)食用肉;动物肉;兽肉;畜肉:raw *flesh* 生肉 ‖ ***in*** (***the***) ***flesh*** *adj.* & *adv.* 本人;亲自:She's even more beautiful *in the flesh* than in photographs. 她本人比照片更美。

flesh and blood *n.* [U] [**one's** ~]亲骨肉;嫡亲;血亲;亲人;近亲:Your own *flesh and blood* are closer to you than in-laws. 血亲比姻亲更亲近。

flesh·ly /ˈfleʃli/ *adj.* ❶肉体的;肉身的;身体的:*fleshly* strength 体力 ❷〈喻〉肉欲的;肉感的;刺激感官的;激发情欲的

flesh·y /ˈfleʃi/ *adj.* ❶多肉的;肥胖的;丰满的(见 fat):Do I look a bit too *fleshy*? 我是不是显得有点太胖了? ❷【植】肉质的;多果肉的:a *fleshy* peach 多肉的桃子

flew /fluː/ *v.* fly 的过去式

flex /fleks/ *vt.* ❶弯曲,弯动(肢体、关节等):stretch and *flex* one's knees 伸屈膝关节 ❷使(肌肉)收缩,绷紧:*flex* one's biceps 收紧二头肌 —***vi.*** 折弯,弯曲;弯动;折曲:The old man's hands *flexed* on the head of his cane. 老人用双手握住他的拐杖头。

flex·i·ble /ˈfleksibᵊl/ *adj.* ❶柔韧的;可折弯的;有弹性的:Leather, rubber, and wire are *flexible*. 皮革、橡皮和电线都有弹性。❷灵活的;可调节的;可变通的;可通融的:*flexible* working hours 弹性工作时间 ❸易管理的;温顺的;柔顺的:Will the people long submit to be governed by so *flexible* a House of Commons? 人民会长期服从如此温顺的下院吗? ‖ **flex·i·bil·i·ty** /ˌfleksiˈbiliti/ *n.* [U]

flex·(i)·time /ˈfleks(i)ˌtaim/ *n.* [U]〈主英〉弹性工作时间制;灵活工时制

flick /flik/ **I** *n.* [C] ❶(鞭子等的)轻打,轻拍;(手指的)轻弹;(手帕等)轻拂:She gave the horse a *flick* with her riding crop. 她用短鞭轻轻抽了一下马。❷轻击声;轻拍声;轻弹声;啪嗒声:the *flick* of a light switch 电灯开关的啪嗒声 ❸猛然作出的轻快动作:a quick *flick* through the pages 迅速地浏览文章 **II** *vt.* ❶轻打;轻拍;轻弹;拂;甩动(*away*,*off*):He *flicked* an ash *off* his sleeve. 他轻轻拍掉衣袖上的烟灰。❷急速移动;按动;振动:He *flicked* the switch. 他啪的一声打开开关。—***vi.*** 飞快地翻阅(through):I just *flicked through* the magazine instead of reading it carefully. 这本杂志我只是浏览了一下,并未仔细阅读。

flick·er /ˈflikəʳ/ **I** *vi.* ❶(火、光等)摇曳,闪烁;忽隐忽现,闪现:The candle *flicked* in the draught. 烛火在风中摇曳。❷(旗等)飘动;(微微地)颤动,晃动,摆动;(急速地)来回转动:The long grasses *flickered* in the wind. 青草萋萋,在风中摇曳颤动。**II** *n.* [C] ❶摇曳,闪烁;忽隐忽现:the *flicker* of the firelight 摇曳的炉火 ❷摇曳(或闪动)的光(或火焰):A faint *flicker* of lightning lit the room. 一道惨白的闪电照亮了房间。❸突然而短暂的动作,轻快的动作;闪现:His face showed not a *flicker* of expression. 他的脸上声色不露。

fli·er /ˈflaiəʳ/ *n.* [C]〈口〉❶飞行员 ❷飞行物;飞行器;飞鸟 ❸小张传单:the market's "sale" *fliers* 商场的减价传单

flight[1] /flait/ *n.* ❶[U]飞,飞行,飞翔;飞行方

式;飞行能力:She photographed the bird in *flight*. 她拍摄到那只鸟飞行时的样子。❷[C]空中旅行;搭机(或驾机)飞行;(飞机的)航程;(飞机的)班次;(定期)班机:He took the three o'clock *flight* to Boston. 他乘三点钟的班机飞往波士顿。❸[C](鸟等飞翔的)一群:a *flight* of egrets roaring high overhead 一行白鹭上青天 ❹[C]楼梯(或阶梯)的一段:a *flight* of stairs 一段楼梯

flight² /flait/ *n.* [U;C]溃逃;逃走,逃跑:The thief in *flight* waived the goods stolen. 盗贼在逃跑时把赃物扔掉了。

flight attendant *n.* [C](客机上的)空中服务员

flight-deck /ˈflaiᵗˌdek/ *n.* [C] ❶【军】(航空母舰上的)飞行甲板 ❷【空】(飞机等的)驾驶舱

flight·less /ˈflaitlis/ *adj.* [无比较级](鸟、昆虫等)不能飞的:An ostrich is *flightless* but it can run with great speed. 鸵鸟不能飞但跑得很快。

flight·y /ˈflaiti/ *adj.* ❶爱发奇想的;耽于幻想的;充满怪想(或幻想)的❷(尤指女子或其行为)轻浮的;朝三暮四的;反复无常的;不负责任的:a *flighty* woman 轻佻女子 ‖ **ˈflight·i·ness** *n.* [U]

flim·flam /ˈflimˌflæm/ *n.* [C;U]〈口〉欺骗,骗局;欺诈行为;卑鄙手段

flim·sy /ˈflimzi/ *adj.* ❶轻而薄的;脆弱的;不结实的;易损坏的;劣质的;做工粗劣的:Muslin is too *flimsy* to be used for sails. 平纹细布太不结实,做不得船帆。❷不足信的;站不住脚的:The excuse he gave for his absence was *flimsy*. 他用来搪塞缺席的借口站不住脚。 ‖ **ˈflim·si·ly** *adv.* —**ˈflim·si·ness** *n.* [U]

flinch /flintʃ/ *vi.* (因困难、危险、疼痛等)缩回;退缩,畏缩:He *flinched* as the cold water struck him. 冷水冲到身上时他浑身一激灵。—*vt.* 从…上退缩;因…而退缩(或畏缩等)

fling /fliŋ/ **I** (**flung** /flʌŋ/) *vt.* ❶(用力地)扔,掷,抛,丢(见 throw):He *flung* his book on the floor. 他把书扔在地上。❷丢下;抛弃:*fling* aside all cares 丢开一切忧虑 **II** *n.* [C] ❶(用力的)扔,掷,抛,丢:An abrupt *fling* of his hands threw her on the grass. 他双手突然一丢,使她摔倒在草坪上。❷一时的放纵;尽情欢乐的一阵;短暂的风流韵事

flint /flint/ *n.* ❶[U]火石;燧石:a house built of *flint* 用燧石建成的房屋 ❷[C](用以点火或引爆火药的)火石块,燧石块

flint·y /ˈflinti/ *adj.* 燧石似的;非常坚硬的;非常强硬的;坚定不移的:a *flinty* character 不屈不挠的性格

flip /flip/ (**flipped**; **flip·ping**) *vt.* ❶轻抛;使在空中翻转;扔;甩:Let's *flip* a coin to decide who should go first. 我们抛硬币来决定谁先去吧。❷按动,揿(开关) ❸快速翻动;突然翻转:*flip* the fish on its back 将鱼翻个肚朝天 —*vi.* ❶急速地翻动(或转动);翻转;(跳水时)做空翻动作:The branch *flipped* back and scratched his face. 树枝弹回来,擦破了他的脸。❷浏览;(很快地)翻书:*flip* through a magazine 浏览杂志 ❸〈俚〉极为兴奋;变得狂热,着迷:They *flipped* when they saw the new car. 他们一看到那辆新车就欣喜若狂。‖ *flip out* *vi.* & *vt.* (使)激动;(使)发疯,(使)失去自制:That news would *flip out* anybody. 那个消息谁听了都会发疯的。

flip-flop /ˈflipˌflɔp/ [常作~s]夹趾拖鞋,人字拖鞋

flip·pant /ˈflipᵊnt/ *adj.* 言语(或举止)轻浮的;轻率的;无礼的;不严肃的:It seems too *flippant* an expression of an issue. 这似乎是对一个问题过于轻率的陈述。‖ **ˈflip·pant·ly** *adv.*

flip·per /ˈflipəʳ/ *n.* [C] ❶(水生动物的)前肢,鳍(状)肢,鳍足 ❷(潜水者等用的)潜水脚板,橡皮脚掌,脚蹼

flip side *n.* [C]〈口〉(唱片的)反面(尤指乐曲不太流行或次要的一边),B 面

flirt /flɜːt/ **I** *vi.* ❶调情;卖俏(*with*):The two of them *flirted* shyly. 他们两人羞羞答答地眉来眼去。❷不太认真地考虑(或对待)(*with*):The driver was *flirting with* death. 那个开车的在玩命。**II** *n.* [C]调情者;卖俏者 ‖ **flir·ta·tion** /flɜːˈteiʃᵊn/ *n.* [U; C] —**flirtˈta·tious** /-ʃəs/ *adj.* —**flirˈta·tious·ly** *adv.*

flit /flit/ *vi.* (**flit·ted**; **flit·ting**) ❶(鸟等)轻快地飞;(鸟)振翼;轻快地移动:a butterfly *flitting* from flower to flower 花枝间穿梭的蝴蝶 ❷掠过;突然转变:An expression of pain *flitted* across her face. 她的脸上闪过一阵痛苦的表情。

float /fləut/ I *vi.* ❶浮，浮起；漂，漂流；浮动；飘动：Oil *floats* on water. 油会浮在水面上。❷飘然走动，款款而行：All eyes were on her as Julia *floated* into the room. 朱丽亚飘然走进屋子，所有人的目光都注视着她。—*vt.* ❶使漂浮；使漂流；使浮起；使飘动；(水等)支撑(浮体)：The balloons were *floated* over the city. 城市上空飘荡着气球。❷发行(债券、公债等)；筹(钱)；使流通：*float* an issue of stock 发行一批股票 ❸提出(计划、意见等)：Let me *float* some ideas. 让我来谈几点意见。II *n.* [C] ❶漂浮物，浮(动)物；(尤指)筏，木(或竹)筏 ❷(水箱或油箱等中控制流量的)浮球 ❸(钓鱼线、渔网等上的)浮子；浮标 ❹(车辆的)低架平板；(游行时装载展品等的)低架平板车，展览车，彩车：The beauty queen will ride a *float* in the big parade. 选美比赛冠军将乘坐彩车参加大游行。

flock /flɔk/ *n.* ❶[C]兽群；畜群(尤指羊群)；鸟群：a large *flock* of wild ducks 一大群野鸭 ❷[C]人群；一大群人，很多人；(东西的)大量，大批：a *flock* of pamphlets 一大堆传单

flog /flɔg/ *vt.* (**flogged**; **flog·ging**) ❶(用鞭、棍棒等)狠击，猛打，拷打；抽打；鞭打：Trees were seen to *flog* the ground with their branches. 看得到树枝抽打着地面。❷〈俚〉(尤指强行)出售，销售：One of them tried to *flog* me second-hand cotton machinery. 他们中的一个人试图向我兜售旧棉织机。

flood /flʌd/ I *n.* ❶[C]洪水；水灾：Many houses were washed away by the *floods*. 许多房屋被洪水冲走。❷[C](流出或发出的)一大片，一大阵，一大批，大量：in a *flood* of tears 涕泪滂沱 II *vt.* ❶淹没；(雨水)使河水泛滥：The river burst its banks and *flooded* the village. 河水决堤，淹没了村庄。❷(洪水般地)涌至；充满；压倒；充斥：The setting sun *flooded* the sky, the ocean, and the mountain tops with gold and crimson. 夕阳西沉，满天彩霞把苍穹、大海、群峰染成一片金红。—*vi.* ❶为水所淹；泛滥，发大水；溢出，满溢；(潮水)上涨：The river *floods* almost every year. 这条河几乎年年发大水。❷(洪水般地)涌至；充满；充斥：Applicants *flooded* in. 应征者蜂拥而至。

flood·gate /ˈflʌdˌgeit/ *n.* ❶[C]水闸；闸门；挡潮闸(门)；防洪闸(门)；泄洪闸(门) ❷[通常作～s]〈喻〉(对怒气、泪水等的)制约，抑制；(最后的)约束；屏障

flood·light /ˈflʌdˌlait/ *n.* [C](泛光)探照灯；泛光灯

floor /flɔː/ I *n.* ❶[通常用单]地面，地板；(用以铺地板的)木板，板材(见 land)：He fell to the *floor* in cardiac arrest. 他心脏病突发倒在地上。❷[C](楼房的)层，楼层；楼面；(楼层间的)隔层，楼板：an office on the second *floor* 二楼的一间办公室 ❸[通常用单]海底；(山谷、洞穴等的)底部：the ocean *floor* 海底 II *vt.* ❶给…铺设地板；(如地板般地)铺设：a wide verandah *floored* in casuarina wood 铺有木麻黄地板的宽大游廊 ❷使迷惑；使混淆；使糊涂；难倒：The news really *floored* me; I hadn't been expecting it at all. 这则消息的确使我不知所措，我根本没有想到会这样。

☆在英国英语中，底层楼叫作 the ground floor，往上一层叫作 the first floor，而在美国英语中则分别叫作 the first floor，the second floor，其余类推。

floor·board /ˈflɔːˌbɔːd/ *n.* [C] ❶【建】(一块)地板；地板材 ❷(汽车驾驶室内的)地板，汽车底板

floor·ing /ˈflɔːriŋ/ *n.* 【建】❶[C]地板；地面：install a special false *flooring* 安装一层特殊的地板假层 ❷[U]地板材料

flop /flɔp/ I (**flopped**; **flop·ping**) *vi.* ❶猛然跌坐(或躺下、跪下、倒下等)(*down*, *on*, *into*, *onto*)：He *flopped down* in an easy chair. 他一屁股坐在一张安乐椅上。❷(尤指演出、书籍、电影等)(彻底)失败，砸锅：His first business venture *flopped* completely. 他的首次商业经营彻底失败。—*vt.* [～ **oneself**]蓦地坐下；笨拙地安置自己：He *flopped himself* down on his knees. 他扑通一声跪倒了。II *n.* [C]失败：His last book was a *flop*. 他最后一本书写砸了。

flop·house /ˈflɔpˌhaus/ *n.* [C]([复]-**hous·es** /-ˌhauziz/) 小客栈；廉价寄宿舍

flop·py /ˈflɔpi/ *adj.* 〈口〉松垮的；松软的；下垂的；耷拉着的：a *floppy* hat 松软的帽子 ‖ ˈ**flop·pi·ly** *adv.* —ˈ**flop·pi·ness** *n.* [U]

floppy disk *n.* [C]【计】磁盘，软盘〔亦作 **diskette**〕

flo·ra /ˈflɔːrə/ *n.* ([复]-**ras** 或-**rae** /-riː/) [C; U]【植】(尤指特定地区、特定环境或特定时期

的)植物群;(与动物相对而言的)植物,植物区系:*flora* and fauna 植物与动物

flo·ral /ˈflɔːrᵊl,flɔ-/ *adj.* [无比较级][作定语] ❶花的;像花的,如花般的:*floral* patterns 花卉图案 ❷饰以花的;由花组成的:a *floral* dress 一条花连衣裙

flo·res·cence /flɔːˈresᵊns,flɔ-/ *n.* [U] ❶开花;(花的)开放 ❷花期

flor·id /ˈflɔrid/ *adj.* ❶(面色)红润的,气色好的:a *florid* complexion 红润的面色 ❷(书籍、绘画、建筑、语言、音乐等)过于装饰的;(极为)华丽的:*florid* baroque architecture 装饰得富丽堂皇的巴洛克式建筑

flor·ist /ˈflɔrist/ *n.* [C] ❶种花者,花农 ❷花商

floss /flɔs/ **I** *n.* [U] ❶绣花(丝)线 ❷洁牙线 **II** *vt.* & *vi.* 用洁牙线剔(牙齿):the correct way to *floss* teeth 用洁牙线剔牙的正确方法

flo·ta·tion /fləuˈteiʃᵊn/ *n.* [U] ❶(公司等的)创立,开办:the *flotation* of a business 创办企业 ❷【经】(债券、股票等的)发行,发售,上市:a *flotation* of bonds 债券的发行 ❸浮性;浮力

flo·til·la /fləᵘˈtilə/ *n.* [C] ❶(小)舰队:a *flotilla* of destroyers 一小队驱逐舰 ❷一队小船(或小舰) ❸(像小舰队样的)一列,一队;一组;一(大)批:a *flotilla* of taxis 一队出租汽车

flot·sam /ˈflɔtsᵊm/ *n.* [U](失事船只的)漂浮残骸;(来自遇难船只的)漂浮货物,浮货

flounce[1] /flauns/ **I** *vi.* ❶愤然(或毅然)离开(*away*, *about*, *off*, *out*):an actress who *flounces out* on her contract 愤然退出合同的女演员 ❷猛扑,急冲(*away*, *about*, *off*, *out*):He *flounced* into my room with good news. 他带着好消息冲进我的房间。**II** *n.* [通常用单]猛扑,急冲;骤动;扭动

flounce[2] /flauns/ *n.* [C](衣裙上的)荷叶边;宽褶边

floun·der[1] /ˈflaundəʳ/ *vi.* ❶(在泥、水等中)挣扎,扑腾;踉跄,趔趄;艰难地行进(*about*, *around*):He *floundered* into a thigh-deep snowdrift. 他跌跌撞撞地踏入深及大腿根的积雪中。❷艰难处理事务;做事笨手笨脚;说话犹豫不决(*about*, *along*, *around*, *on*, *through*):Two of its three fast-food chains *flounder*. 它的三家连锁快餐店中的两家很难维持下去。

floun·der[2] /ˈflaundəʳ/ *n.* [C]([复]-**der(s)**)【鱼】❶川鲽 ❷鲽科鱼类 ❸鲆科鱼类

flour /ˈflauəʳ/ *n.* [U]面粉;谷物粉:barrels of sugar and *flour* 一桶桶的糖和面粉 ‖ ˈ**flour·y** *adj.*

flour·ish /ˈflʌriʃ/ **I** *vi.* ❶茂盛;繁茂;繁荣;兴旺;成功:These plants *flourish* in a sunny position. 这些植物在向阳的地方长得特别茂盛。❷(作家等)处于活跃(或旺盛)时期;盛行:She's *flourishing* as a lawyer. 她的律师生涯正如日中天。—*vt.* ❶挥舞:*flourish* one's sword 舞剑 ❷炫耀,夸耀:*flourish* one's wealth 炫富 **II** *n.* ❶[C]挥舞;虚晃;炫耀性(或戏剧性)的动作:The swordsman made a *flourish* with his sword. 那剑客虚晃一剑。❷[C](手写花体字上的)花饰:He signed his name without its usual *flourish*. 他的签名不是往常那种龙飞凤舞的字迹。❸[U]茂盛,繁茂;繁荣,兴旺;成功;全盛期:in full *flourish* 盛极一时

flout /flaut/ *vt.* 轻视,藐视,无视;嘲弄;侮辱:The foolish boy *flouted* his mother's advice. 那个傻孩子无视母亲的忠告。

flow /fləu/ **I** *vi.* ❶流,流动;流出;(血液)循环;(人群等)涌流:This river *flows* east into the sea. 这条大河向东流入大海。❷顺利进行;(谈话、文体等)流畅,畅流:Her narratives *flow*. 她的叙述流畅自如。❸产生;起源:Many benefits will *flow* from this discovery. 这一发现将带来许多收益。❹(衣服、头发等)飘垂,飘拂:Their long white beards *flowed* down over their breasts. 他们长长的白胡子飘拂在胸前。**II** *n.* [通常用单] ❶流,流动,流淌;流出:There's a steady *flow* of young people from the country to the towns. 农村的年轻人不断涌入城市。❷[通常用单]流动物;水流,气流:His boat was carried away by the *flow* of the water. 他的船被水流冲走了。

flow·er /ˈflauəʳ/ **I** *n.* ❶[C]花,花朵;花卉;(用于装饰或观赏带梗)花枝;花簇:The *flowers* languished from lack of water. 花卉因缺水而枯萎了。❷[C](供观赏的)开花植物 ❸[U]开花(期) **II** *vi.* ❶开花:Citrus trees *flower* and bear fruit in the fall. 柑橘树在秋天开花结果。❷发育;成熟;繁荣;兴旺:Italian culture *flowered* in the Renaissance. 意大利文化在文艺复兴时期繁荣起来。

flow·er·pot /ˈflauəˌpɔt/ *n.* [C]花盆;花钵

flow·er·y /ˈflauəri/ *adj.* ❶[无比较级]饰以花卉(或花卉图案)的:a *flowery* fabric 印花织品 ❷(文体、说话等)辞藻华丽的:a *flowery* speech 辞藻华丽的演说 ❸[无比较级]多花的;花的;似花的:Her perfume was *flowery*. 她的香水散发着花香。

flown /fləun/ *v.* fly 的过去分词

flu /fluː/ *n.* 〈口〉=influenza

flub /flʌb/ 〈口〉 I *vt.* (**flubbed;flub·bing**) 弄糟;(把…)弄坏;(在…上)出纰漏:She *flubbed* the introduction,but did okay afterwards. 她开头弄得一团糟,后来还行。II *n.* [C]搞坏;搞砸的事情

fluc·tu·ate /ˈflʌktjuˌeit/ *vi.* ❶(价格、数量等)涨落,波动;(意见、行为等)动摇,变化不定:Her affections had been continually *fluctuating*. 她平常的情感极不专一。❷(上下或来回)摆动,波动:The electric current *fluctuates* in the same manner. 电流以同样的方式波动。‖ **fluc·tu·a·tion** /ˌflʌktjuˈeiʃᵊn/ *n.* [C]

F

flue /fluː/ *n.* [C] 烟道:The fire won't burn because the *flue*'s blocked up. 火烧不起来,因为烟道堵住了。

fluent /ˈfluːənt/ *adj.* ❶(说话、文体等)通顺的,流畅的;熟练掌握外语的:*Fluent* children are often also good readers. 说话流畅的孩子往往阅读能力也强。❷(动作、曲线等)优美的,优雅的:She was very *fluent* on her feet. 她走路的姿势十分优美。‖ ˈ**flu·en·cy** *n.* [U] —ˈ**flu·ent·ly** *adv.*

fluff /flʌf/ *n.* ❶[U](毛毯等落下的)绒毛;蓬松毛:Woolen blankets often have *fluff* on them. 羊毛毯上经常会有绒毛。❷[U](兽类等的)柔毛,软毛;绒羽;(成团的)蓬松物:a tiny creature covered with black *fluff* 长着一身黑绒毛的小动物 ❸[U]小事,琐事;无足轻重的话:That novel was a bit of *fluff*. 那部小说没什么意思。

fluff·y /ˈflʌfi/ *adj.* ❶绒毛状的;(像绒毛一样)轻软的;蓬松的:Whipped cream is *fluffy*. 搅拌过的奶油很松软。❷[无比较级]覆有(或塞满)绒毛的;用绒毛做的:a *fluffy* pillow 绒毛枕头 ❸空洞的,肤浅的,无内容的;不明确的:a *fluffy* policy 空洞的政策

flu·id /ˈfluːid/ I *n.* [C;U]液(体);液化气;流质,流体(见 liquid):Water,mercury,air,and oxygen are *fluids*. 水、水银、空气和氧气都是流体。II *adj.* ❶[无比较级]流动的;流质的;液态的:As it became warmer,the substance became more *fluid*. 气温升高之后,那物质更易液化了。❷易变的;不稳定的;不固定的:*the fluid* movement of urban population 城市人口的流动 ❸流畅的;动作优美的:The dancer's movements are very *fluid*. 那个舞蹈演员的动作非常优美。‖ **flu·id·i·ty** /fluːˈiditi/ *n.* [U] —ˈ**flu·id·ly** *adv.*

fluid ounce *n.* [C]液量英两,液量盎司(美制合 29.4 毫升,英制合 28.4 毫升)〔亦作 **ounce**〕

fluke[1] /fluːk/ *n.* [常用单]〈口〉侥幸;幸运的机会(或事件);偶然的机会;偶发事件

fluke[3] /fluːk/ *n.* [C]【鱼】比目鱼;(尤指)鲽鱼

flung /flʌŋ/ *v.* fling 的过去式和过去分词

flunk /flʌŋk/ *vt.* 〈口〉 ❶未通过(考试、课程等):He *flunked* the oral part of the placement exam. 他没有通过等级考试的口试部分。❷使不及格(或落选):His answers on the final exam *flunked* him. 他答错了期末考试题,因而没及格。—*vi.* (在考试或课程等中)不及格,未通过;失败

flu·o·res·cence /ˌfluəˈresns/ *n.* [U] ❶荧光;【物】核荧光:He realized that these radiations were not due to *fluorescence*. 他认识到这些辐射并非来自荧光。❷荧光辐射 ‖ ˌ**flu·oˈres·cent** *adj.*

fluorescent lamp *n.* [C]荧光灯;日光灯

flu·or·i·date /ˈfluəriˌdeit/ *vt.* (为防治龋齿)在(牙膏、饮用水、食物等)中加入(微量)氟化物;用氟化物处理;使氟化:*fluoridate* drinking water 把饮用水氟化 ‖ **flu·or·i·da·tion** /ˌfluəriˈdeiʃᵊn/ *n.* [U]

flu·o·ride /ˈfluəˌraid/ *n.* [U]【化】氟化物:sodium *fluoride* 氟化钠

flu·o·rine /ˈfluəriːn/ *n.* [U]【化】氟(符号 **F**)

flu·o·ro·car·bon /ˌfluərəᵘˈkɑːbᵊn/ *n.* [C]【化】碳氟化合物

flu·o·ro·scope /ˈfluərəˌskəup/ *n.* [C]荧光镜;荧光屏;荧光(检查)仪

flur·ry /ˈflʌri/ *n.* [C]❶小阵雪 ❷[通常用单](突然的一阵)混乱;慌乱;不安;激动:the *flurry* of last-minute preparations 最后一刻的匆忙准备 ❸(一)阵风:A *flurry* of wind upset the small sailboat. 一阵风把小帆船吹翻了。

flush /flʌʃ/ **I** *n.* ❶[通常用单]红光；红晕；脸红；潮红：The *flush* of sunrise was on the clouds. 日出的霞光映在云朵上。❷[常用单]一阵情绪；(兴奋、振奋、得意等的)突然发作：The first *flush* of his anger had paled. 他的气头已经过去了。❸[U]勃勃生机；旺盛；活力：the first *flush* of youth 风华正茂 **II** *vi.* ❶脸红；(脸等)发红：He *flushed* into rage. 他气得脸通红。❷(血液、液体等)涌流，漫流：Water *flushed* through the pipes. 水涌出管道。—*vt.* ❶使(脸等)涨红；使发红；使发亮：Exercise *flushed* her face. 她做操做得满脸通红。❷冲洗；冲刷(*away*, *down*, *out*)：This medicine will help to *flush out* your body. 这种药有助于清除你体内的污物。❸[常用被动语态]使激动，使兴奋；激励，刺激：The team was *flushed* with its first victory. 队员因首场胜利倍感兴奋。

flus·ter /ˈflʌstəʳ/ *vi.* 紧张；慌乱；激动：He *flusters* easily. 他动不动就紧张。—*vt.* 使紧张；使激动；使慌张：Go away, you're *flustering* me. 走开，你让我心烦。

flute /fluːt/ *n.* [C] ❶【音】长笛；八孔竖笛；笛子：play (on) the *flute* 吹奏长笛 ❷【建】(柱上纵向的)圆形凹槽

flut·ist /ˈfluːtist/ *n.* [C]吹长笛者

flut·ter /ˈflʌtəʳ/ **I** *vi.* ❶飘动，飘扬；飘落；摆动，晃动：The blossoms *fluttered* about in the wind. 花朵随风摆动。❷(鸟等)拍翅，振翼；(翅)轻快地拍动；振翅欲飞：The wounded bird *fluttered* to the ground. 那只受伤的鸟儿扑棱着翅膀落在了地上。—*vt.* 使飘动；使摆动；使颤动：She *fluttered* in his direction a grateful look. 她朝他投去感激的一瞥。**II** *n.* ❶[通常作 **a** [**the**] ~](鸟等的)拍翅，振翼：*a* [*the*] *flutter* of wings 双翼的一振 ❷[通常用单]激动，兴奋；紧张，慌乱；骚乱；轰动；(情绪、股票行情等的)波动：be all of a *flutter* 激动不安 ❸[通常用单]飘动；摆动；颤动：There was a *flutter* of white from behind a parapet. 矮墙后面又一个白色的东西在晃动。‖ ˈ**flut·ter·y** *adj.*

flux /flʌks/ *n.* ❶[C]流(量)，流动(量)；流出物；排放物：a *flux* of words 滔滔不绝的话 ❷[U]不断的变动(或运动)；动荡；更迭：Marriage saved her from the sense of *flux*. 结婚使她安定了下来。

fly /flai/ **I** (**flew** /fluː/, **flown** /fləun/) *vi.* ❶飞，飞行：A helicopter *flew* to the scene of accident. 一架直升机飞往出事现场。❷乘飞机(或宇宙飞船)：She has never *flown* in a plane. 她从没有乘坐过飞机。❸驾驶飞机(或宇宙飞船)：Leek has *flown* since 17. 利克打 17 岁起就开飞机了。❹飘动，飘扬，飘荡；飞扬；飞溅：Sparks *flew* in all directions from the torch. 火炬上的火星四处飞溅。❺飞跑，飞奔；冲；飞驰，疾驰；迅速扩展；(时间)飞逝：She *flew* from the room. 她冲出房间。—*vt.* ❶乘飞机(或宇宙飞船)飞越；乘坐(航空公司)的飞机：Have you ever *flown* British Airways? 你有没有乘过英国航空公司的飞机？❷驾驶(飞机或宇宙飞船)；驾机执行(任务)：He *flied* his own plane to Moscow. 他开着自己的飞机到莫斯科去了。❸空运：He's *flying* his car to Europe. 他要把自己的汽车空运到欧洲去。**II** *n.* ❶[通常作 **flies**](衣服、裤子上的纽扣或拉链的)遮盖暗门襟；遮盖着的纽扣(或拉链等)：Tom, your *flies* are undone. 汤姆，你的拉链没拉上。❷[C](帐篷的)门帘；帆布外顶 ‖ ***let fly*** *vi.* ❶投射；发射：He aimed carefully and then *let fly*. 他仔细瞄准之后便开了枪。❷大发脾气；大骂；猛烈攻击：Furious at his deceit, she *let fly* at him with a stream of abuse. 他骗人，气得她把他大骂了一顿。

fly·blown /ˈflaiˌbləun/ *adj.* [无比较级]被污染的；遭玷污的，受到损害的：a *flyblown* reputation 被败坏的名声

fly-by /ˈflaiˌbai/ *n.* [C]([复]-**bys**)【空】(航天器的)近天体

fly·er /ˈflaiəʳ/ *n.* ＝flier

fly·ing /ˈflaiiŋ/ *adj.* [无比较级][作定语] ❶(能)飞的；飞行(员)的；航空器的；航空器驾驶的：How far are we from there in *flying* time? 我们到那儿要飞多长时间？❷飞似的；飞速的：*flying* feet 飞毛腿 ❸匆忙的；仓促的；短暂的，短促的：I can't stop. This is just a *flying* visit. 我待不长，坐一会儿就走。

flying colours [复] *n.* 全胜；大成功：Mary passed her examination with *flying colours*. 玛丽非常成功地通过了考试。

flying saucer *n.* [C]飞碟；(碟形)不明飞行物

F

flying start *n.* [C]最初的优势；精神饱满的开始：She's off to a *flying start* in her new job. 她以饱满的热情开始了新工作。

fly·leaf /ˈflaiˌliːf/ *n.* [C]([复]-**leaves** /-ˌliːvz/)(书等的)扉页

fly-pa·per /ˈflaiˌpeipəʳ/ *n.* [U]粘蝇纸，灭蝇纸，毒蝇纸

fly·wheel /ˈflaiˌʰwiːl/ *n.* [C]【机】飞轮，惯性轮

foal /fəul/ **I** *n.* [C](马科动物的)幼畜；小马 **II** *vt.* (母马等)产(仔)：Our mare *foaled* twin colts last spring. 我们的母马(去年)春天产了双胞胎。

foam /fəum/ **I** *n.* [U] ❶泡沫：He complained to the barman about the amount of *foam* on his beer. 他跟招待抱怨说他啤酒里的泡沫太多了。❷泡沫材料；发泡材料：The sea was white like a sheet of *foam*. 大海白得像一片泡沫塑料。**II** *vi.* 起泡沫；堆成泡沫；(波浪等)碎成泡沫：The soda *foamed* over the glass. 苏打水泛起的泡沫溢出了杯子。‖ ˈ**foam·y** *adj.*

fob /fɔb/ *vt.* (**fobbed**; **fob·bing**)〈古〉欺骗 ‖ ***fob off*** *vt.* ❶摈弃：He *fobbed* our suggestion *off* and talked something else. 他把我们的建议置之脑后，转而谈别的事情。❷用欺骗手段卖掉(次品、假货等)：The salesman *fobbed* the old lady *off* with a faulty sewing machine. 那个推销员哄骗那位老太太买下一台有毛病的缝纫机。❸欺骗；搪塞：She *fobbed* us *off* with false promise. 她用虚假的诺言敷衍我们。

fo·cal /ˈfəukᵊl/ *adj.* [无比较级][作定语] ❶【物】【数】焦点的；位于焦点的 ❷中心的；重要的：In most developing countries, the state is a *focal* institution. 在大多数发展中国家，政府是中心机构。

focal point *n.* [C](活动、兴趣等的)中心；主要关注的对象：the *focal point* of a short story 一部短篇小说的核心

fo·cus /ˈfəukəs/ **I** *n.* ([复]-**cus·es**或-**ci** /-sai/) ❶[通常用单](情感、兴趣、活动等的)焦点，集中点，中心：the *focus* of everybody's blame 众矢之的 ❷[C]【物】焦点 ❸[C]焦距；聚光点；(声音的)中心；成像清晰点：adjust the *focus* 调焦距 **II** (-**cus(s)ed**; -**cus·(s)ing**) *vt.* ❶调节(镜头、眼睛等)的焦距；使聚焦：Her head swayed slightly as she tried to *focus* her eyes. 她略偏了偏头好让眼睛聚焦。❷使(注意力、目光等)集中(或聚集)(*on*)：His efforts were *focused* on the matter. 他全力以赴做这件事情。—*vi.* ❶聚焦；调节焦距：Newborn babies cannot *focus* for several months. 新生儿在头几个月内不会调节双眼焦距。❷集中，聚集(*on*)：He was very tired and couldn't *focus* at all. 他很累，根本无法集中注意力。

fod·der /ˈfɔdəʳ/ *n.* [U] ❶(喂牛、马、羊等家畜的)粗饲料，粮秣：*fodder* plants 饲料植物 ❷(艺术创作等的)素材，原材料

foe /fəu/ *n.* [C]〈书〉〈诗〉❶敌人，仇敌；敌国；敌兵；敌方人员：His boasting made *foes* of some of his fellows. 他的自吹自擂使他在朋友中树敌不少。❷(比赛、竞赛的)对手，竞争者：a political *foe* 政敌 ❸反对者，敌对者：a *foe* to progress 反对进步的人

foe·tus /ˈfiːtəs/ *n.* [C]胎；胎儿 ‖ ˈ**foe·tal** *adj.*

fog /fɔg/ *n.* ❶[U]雾；雾气；烟雾；尘雾：The village is blanketed by a dense gray *fog*. 村庄笼罩在一片灰色浓雾中。❷[通常用单]困惑，迷茫：He seemed to come out of a *fog*. 他似乎摆脱了困惑。

fo·gy, fo·gey /ˈfəugi/ *n.* [C]因循守旧的人；老保守；老顽固；无进取心的人(＝old fogy) ‖ ˈ**fo·gy·ish** *adj.*

foi·ble /ˈfɔibᵊl/ *n.* [C](性格上的)弱点；缺陷，小毛病；小怪癖

foil[1] /fɔil/ *vt.* 阻挠，阻碍；挫败；击败：I was *foiled* of my purpose. 我未能达到目的。

foil[2] /fɔil/ *n.* ❶[U]【冶】箔；金属薄片：aluminum *foil* 铝箔 ❷[C]〈喻〉陪衬物；陪衬者：Cranberries are fairly sharp, but a good *foil* to fat meat. 越橘的果实很辣，却是肥肉的佐餐佳品。

foist /fɔist/ *vt.* ❶采用欺骗手段兜售；推销(伪劣产品)(*on*, *upon*)：*foist* inferior goods off *on* a customer 把次品骗卖给顾客 ❷将(观点等)强加于；迫使(某人)接受(*on*, *upon*)：Goodness knows what type of manager they might *foist on* us. 天知道他们会塞给我们什么样的经理。

fold[1] /fəuld/ **I** *vt.* ❶折叠，折起；对折：She *folded* the newspaper into a hat. 她将报纸折成一顶帽子。❷把…合拢；交叠，交叉(胳膊、腿等)(*about*, *around*)：The little child *folded* her hands in prayer. 小女孩双手合十做祈祷。❸(鸟等)收拢(翅膀)；把…折叠起来；把…折回

原样：On alighting, the hawk *folded* its wings. 鹰在向下飞落时双翅收拢。❹包，裹：He *folded* the pills in a blue paper. 他用一张蓝色的纸将药丸包起来。❺使停止，使结束；使（戏剧等）停止上演；（使电影等）停止上映；关闭：The producers *folded* the show. 制片人停止了这部戏的上映。—*vi.* ❶折叠起来；对折：The hot air *folded* in waves over the land. 热空气在地面上形成热浪向前推进。❷〈口〉（企业等）倒闭，停业；（戏剧等）停止上演，（电影等）停止上映（*up*）：The show *folded* after two nights. 这部戏只演了两个晚上就停演了。**II** *n.* [C] ❶折叠；对折：The woods arose in *folds*. 树木层层叠叠。❷褶层；折叠部分：She kept her handkerchief in a *fold* of her dress. 她把手帕放在衣服的褶层中。❸褶；裥；褶痕；褶缝：He cut the paper along the *fold*. 他沿褶痕将纸裁开。

fold² /fəuld/ *n.* ❶[C]羊圈；羊栏 ❷[**the** ～]同一教会的教徒；教众：He preached to *the fold*. 他向众位教友布道。

-fold *suf.* [用以构成形容词和副词] ❶表示"倍"，"重"：ten*fold* ❷表示"由…个部分组成"：mani*fold*

fold·a·way /ˈfəuldəˌwei/ *adj.* [无比较级][作定语]可折叠的；可折小的：a *foldaway* bed 折叠床

fold·er /ˈfəuldəʳ/ *n.* [C]文件夹；（存放散纸的）夹子

fo·li·age /ˈfəuliidʒ/ *n.* [U]（绿）叶，叶子：dark green *foliage* 黑油油的绿叶

fo·li·o /ˈfəuliəu/ *n.* [C]（[复]**-os**）对折纸；对开纸

folk /fəuk/ **I** *n.* （[复]**folk(s)**）❶[～(s)]（某一民族或团体等的）人民；（泛指）人们：I don't know what these *folk* think of the play. 我不知道这些人对这部戏怎么看。❷[通常作～**s**]家庭成员，家属；亲戚；父母，双亲：For his vacation he went home to see his *folks*. 他假期回乡探望家人。**II** *adj.* [无比较级][作定语]民间的；民俗的；传统的：*folk* heroes 民间英雄 ☆**folk, people** 均有"人，人们，人民"之意。**folk** 原指工业革命前的平民或农民，现在常用作集合名词，多用于口语，表示具有同一特定生活方式的人或同属某一较小社区或社团的人，也可指亲属或家属：Will your *folks* let you go?（你家里人会让你去吗？）该词还可用作形容词，意为民间的：*folk* dance（民间舞蹈）**people** 指某一国家的全体国民或具有共同社会文化的民族：The Chinese are a hard-working *people*.（中华民族是一个勤劳的民族。）该词也可以泛指普通人，某一地区或某一阶层的人，还可表示家人、亲属等等：Some *people* in this department are inquisitive.（该部门有些人爱瞎打听别人的事。）

folk·lore /ˈfəuklɔːʳ/ *n.* [U]民间传说，民间故事；民俗，民风；民调，民歌 ‖ ˈ**folk·lor·ic** /-ˌlɔːrik/ *adj.* —ˈ**folk·lor·ist** *n.* [C]

folk·sy /ˈfəuksi/ *adj.* 非常随便的；不拘礼节的：a *folksy* chat 随便的闲聊 ‖ ˈ**folk·si·ness** *n.* [U]

folk·way /ˈfəukˌweiz/ *n.* [C]社会习俗；民风，民俗

fol·li·cle /ˈfɔlikᵊl/ *n.* [C]【解】小囊；滤泡；囊状卵泡

fol·low /ˈfɔləu/ *vt.* ❶跟随；（在时间、次序等上）接在…之后（见 accompany）：The dog *followed* her wherever she went. 她走到哪儿，那条狗就跟到哪儿。❷使后接（*with*）：*follow* dinner *with* fresh fruit 饭后吃新鲜水果 ❸听从；遵循；信奉；采用；仿效：My intention is not to *follow* the steps of that author. 我无意跟在这位作家后面亦步亦趋。❹沿着…行进：*follow* a new road in developing industry 走发展工业的新路子 ❺跟踪，追踪；追赶，追逐（见 accompany）：The dogs *followed* the fox. 猎犬追捕狐狸。❻注视；倾听；关注，密切注意：*follow* the stock market 关注股市行情 ❼听懂；领会，理解：try to *follow* sb.'s meaning 力图领会某人的意思 ❽[通常以 it 作主语]因…而起；是…的必然结果：Misery *follows* war. 战争必然带来苦难。/It *follows* from this that he must be innocent. 据此推断他必是无辜的。—*vi.* ❶跟随；（在时间、次序等上）（紧）接：You go first and I'll *follow* (on) later. 你先走，我随后就来。❷结果发生：If you eat too much candy, a stomachache will *follow*. 糖吃得太多，肚子会疼的。❸懂，理解：A：Do you *follow me*? B：I'm sorry. I don't quite *follow*; could you explain to me again? 甲：你听明白我的话了吗？乙：对不起，还不太明白，你能再解释一遍吗？‖ ***as follows*** *adv.* & *adj.* 如下：The names of

F

the committee members are *as follows*: Tom, Dick and Harry. 委员会的名单如下:汤姆,迪克和哈里。***follow through*** *vt*. & *vi*. (把…)探究到底,(将…)坚持到底;(使)进行到底:*follow* the experiment *through* to conclusion 坚持做实验直到得出结论 ***follow up*** *vt*. ❶用后续行动来加强…的效果;对…采取进一步行动:We'll *follow up* the story about the accident. 我们将对这个事件继续进行报道。❷紧追,穷追:*follow* a criminal *up* like a shadow 像影子般穷追罪犯 ❸追查,追究;使贯彻到底:*Follow up* these clues and analyse them carefully. 抓住这些线索好好分析分析。

☆**follow, ensue, succeed** 均有"跟随,在…之后"之意。**follow** 为普通用词,指在空间、时间或次序上随后而来,可用于人或物,也可用于比喻:Month *followed* month, another Christmas passed. (一月复一月,又一个圣诞节过去了。) **ensue** 往往暗含某种逻辑关系,有事态发展必然如此的意味:Bitter arguments *ensued* from misunderstanding of his remark. (有人误解了他的话,因而引起了一场激烈的争论。) **succeed** 表示根据特定顺序接替或替代:When the duke dies, his eldest son will *succeed* to the title. (公爵去世之后,他的长子将继承他的爵位。)

F

fol·low·er /ˈfɔləuəʳ/ *n*. [C] ❶跟在后面的人(或物):He eluded his *followers* by crossing the river. 他渡过那条河才摆脱了追踪者。❷追随者,拥护者;(学说等的)信徒;爱好者:Lloyd becomes a camp *follower*. 劳埃德成了一名野营爱好者。❸模仿者,仿效者:He was little more than a *follower* of current modes. 他不过是个时尚的模仿者而已。

fol·low·ing /ˈfɔləuiŋ/ **I** *n*. ❶[用单]赞赏者;拥护者,支持者;一批追随者(或随从等):The classic love songs still maintain a strong *following*. 古典情歌仍然有大批的热心听众。❷[**the** ~][用作单或复]下列的人(或事物);下述的人(或事物):*The following* is one reason only. 以下所谈的只是理由之一。**II** *adj*. [无比较级][作定语]接着的;下面的;下列的;下述的;其次的:in the *following* year 第二年 **III** *prep*. 在…之后:*Following* the speech, there will be a few minutes for questions. 讲演之后,有几分钟可以提问题。

fol·low-up /ˈfɔləuˌʌp/ *n*. [C] ❶后续措施;后续行动 ❷(书、文章等的)续篇,连载;(电影、电视等的)续集

fol·ly /ˈfɔli/ *n*. ❶[U]愚蠢,愚笨:an act of *folly* 愚蠢行为 ❷[C;U]〈书〉愚蠢行为,傻事;荒唐事;傻念头:What a piece of *folly*! 真是一件大傻事!

fond /fɔnd/ *adj*. ❶[无比较级][作表语]喜欢的;喜爱的(*of*):I'm not *fond of* staying up late. 我不爱熬夜。❷[通常作定语]充满感情的;温柔的;深情的;痴情的:They were a quiet and *fond* couple. 他们夫妇一向和和睦睦,相亲相爱。❸[作定语]溺爱的:A *fond* mother may spoil her child. 溺爱孩子的母亲可能把孩子宠坏。❹[作定语](愿望等)热切而难以实现的:She had a *fond* belief that Fred would come back. 她还幻想着弗雷德会回到她的身边。‖ **ˈfond·ly** *adv*. —**ˈfond·ness** *n*. [U]

fon·dle /ˈfɔndᵊl/ *vt*. 抚摸;抚爱;抚弄:The mother *fondled* her baby. 那位母亲爱抚着她的婴儿。‖ **ˈfon·dler** *n*. [C]

font[1] /fɔnt/ *n*. [C] ❶【宗】洗礼盆;圣水盂 ❷根源,来源;〈诗〉源泉:a *font* of information 消息的来源

font[2] /fɔnt/ *n*. [C]【印】(同样大小和式样的)一幅铅字

food /fuːd/ *n*. ❶[U]食物;食品;养料:Mrs. Feeney was hurrying about the table serving the *food*. 菲尼太太正忙着在桌边上饭菜。❷[C](特定)食品:beauty *foods* 美容食品

food·chain /ˈfuːdˌtʃein/ *n*. [C]【生态】食物链

food poisoning *n*. [U]【医】食物中毒

food processor *n*. [C](电动)多功能搅拌机;食品加工机

food·stuff /ˈfuːdˌstʌf/ *n*. [C;U]食品原料;食物;养分,养料:Grain and meat are *foodstuffs*. 谷物和肉类都是食品原料。

fool /fuːl/ **I** *n*. [C] 蠢人,笨蛋,傻瓜,呆子;莽汉:Johnny was a *fool* for danger. 约翰尼是个天不怕地不怕的莽汉。**II** *vi*. ❶开玩笑;演滑稽角色:Don't worry; he was only *fooling*. 别急,他只是开玩笑罢了。❷干蠢事:Stop *fooling*! 别犯傻啦! ‖ ***fool around*** *vi*. 虚度光阴;闲荡;混日子:He never does any work; he just *fools around* all day long. 他从来不做事,只是整天游手好闲。

fool·er·y /ˈfuːlᵊri/ *n*. ❶[U]蠢行;愚蠢之举❷

[C]蠢事;蠢话

fool·har·dy /ˈfuːlˌhɑːdi/ *adj*. 有勇无谋的;莽撞的;鲁莽的:Mountain climbing at this time of year is temerarious and *foolhardy*. 在这个时节登山既轻率又鲁莽。

fool·ish /ˈfuːliʃ/ *adj*. ❶愚蠢的,傻的:I was *foolish* enough to trust him. 我真傻,竟相信他这种人。❷荒谬的,可笑的:She looks very *foolish* in that dress. 她穿上那件裙服看上去很可笑。❸发窘的,尴尬的,不知所措的:There was a rather *foolish* silence. 大家保持沉默,气氛相当尴尬。‖ ˈ**fool·ish·ly** *adv*. —ˈ**fool·ish·ness** *n*. [U]

fool·proof /ˈfuːlˌpruːf/ *adj*. ❶(操作等)极简单的;(机械等)极易操作的:a *foolproof* rule of thumb 安全简单的办法 ❷不会出差错的,安全可靠的:a *foolproof* scheme 万无一失的计划

fool's paradise *n*. [通常用单]虚幻的幸福;黄粱美梦:be in a *fool's paradise* 生活在虚无缥缈的幸福中

foot /fut/ **I** *n*. ([复]**feet** /fiːt/) ❶[C](人或动物的)脚,足:What size *feet* has she got? 她的脚有多大? ❷[C]([复]**foot** 或 **feet**)英尺(长度单位,1英尺=12英寸,相当于30.48厘米)(略作 **ft**):a length of 40 *feet* 40英尺的长度 ❸[C](长袜等的)脚部:There is a hole in the *foot*. 袜底有个洞。❹[用单]最下部,底部;底座;(桌、椅、山等的)脚:There's a note at the *foot* of the page. 书页的下端有注释。**II** *vt*. 〈口〉支付(账单或费用):*foot* the bill for 为…付账 ‖ ***on foot*** *adv*. & *adj*. 步行;跑:Did you come *on foot* or by bus? 你是走来的还是乘公共汽车来的? ***on one's feet*** *adj*. & *adv*. (患病或遭受挫折等后)复原,恢复:He was *on his feet* again after three days in bed. 他躺了三天后又能下床走动了。***put one's foot down*** *vi*. 采取坚定立场;行动果断;不容许某事发生:I have been lenient before but now I must *put my foot down*. 我以前一直是宽容的,可是我现在不能再听之任之了。***put one's foot in it* [*one's mouth*]** *vi*. 〈口〉讲错话;做错事;闯祸;引起麻烦:I really *put my foot in it* when I asked him how he was getting on with his work; he'd been fired a month before. 我真不该多嘴问一句他的工作情况,早在一个月前他就被解雇了。***set foot on* [*in*] *sth*.** *vi*. 踏上;到达;进入:the first man to *set foot on* the moon 第一个登上月球的人 ***stand on one's own* (*two*) *feet*** *vi*. ❶(经济上)自力更生,自给自足 ❷自立 ***under foot*** *adv*. 妨碍,阻碍:If that man gets *under foot* again, I'll kick him. 如果那人再妨碍我,我就揍他。

foot·age /ˈfutidʒ/ *n*. [U] ❶英尺长度;英尺尺码:How much *footage* is left on the movie film? 电影胶片还剩多少英尺? ❷(影片等的)一组镜头

foot·ball /ˈfutˌbɔːl/ *n*. ❶[U]橄榄球运动:He know a good bit about *football*. 他挺懂橄榄球的。❷[C]橄榄球 ❸[U]〈主英〉足球运动(=soccer) ❹[U]〈主英〉橄榄球运动

foot·bridge /ˈfutˌbridʒ/ *n*. [C]步行桥;人行天桥

foot·ed /ˈfutidʒ/ *adj*. [常用以构成复合词]有脚的;有…脚的:a four-*footed* animal 四足动物

foot·fall /ˈfutˌfɔːl/ *n*. [C]脚步声

foot·hill /ˈfutˌhil/ *n*. [通常作~s]山麓小丘;山麓丘陵

foot·hold /ˈfutˌhəuld/ *n*. [C] ❶(攀爬时的)立脚处,立足点:A layer of wooden planking affords a safe *foothold* to the crew in wet weather. 一层木板在潮湿的天气中为船员提供了安全的立足点。❷稳固的地位(或基础);优势:It is hard to break a habit after it has a *foothold*. 积习难改。

foot·ing /ˈfutiŋ/ *n*. ❶[通常用单](企业等的)基础,根基:They are on the same social *footing*. 他们处于同样的社会地位。❷[U]立脚点,立足处;稳固的地位;站稳:The steep cliff gave us no *footing*. 悬崖峭壁无处立足。❸[通常用单](社交)关系;亲密程度;状况:He replied, remembering to keep on an equal *footing*. 他不卑不亢地回答道。

foot·note /ˈfutˌnəut/ *n*. [C]脚注;注解;补充说明:*footnotes* on the page 书页上的脚注

foot·path /ˈfutˌpɑːθ;-ˌpæθ/ *n*. [C]人行小径;人行道

foot·print /ˈfutˌprint/ *n*. ❶[通常作~s]脚印,足迹;痕迹:*footprints* in the snow 雪地里的足印 ❷[C](计算机等占用的)台面,桌面

foot·step /ˈfutˌstep/ *n*. [C] ❶脚步;足迹:dog

F

sb.'s *footsteps* 跟踪某人的脚印 ❷脚步声：He followed the shuffling *footsteps* to the door. 他循着那杂沓的脚步声来到了门口。‖ ***follow in sb.'s footsteps*** [***the footsteps of sb.***] *vi.* 仿效某人，步某人的后尘；继承某人的事业：*follow in the footsteps of* one's father 继承父业

foot·stool /ˈfutˌstuːl/ *n.* [C]（坐时搁脚或穿鞋时用的）脚凳，跷脚凳

foot·wear /ˈfutˌweəʳ/ *n.* [U]鞋；袜

for /强 fɔːʳ，弱 fəʳ/ I *prep.* ❶[表示目的]为了；为了…的利益；为…做准备：Let's go *for* a walk. 咱们出去散步吧。❷[表示赞成、支持、拥护的对象]有利于；倾向于：Cheers *for* the winner! 为获胜者欢呼喝彩！❸为得到（或赢得）；为保持（或拯救）：He does everything only *for* money. 他做什么都只是为了钱。❹[表示对象、用途等]为；给；供；对；适合于：It's a book *for* children. 这是儿童读物。❺[表示目标、去向]往，向：They're leaving *for* New York next month. 他们下个月将动身前往纽约。❻[表示代表、代理等]代，代替，取代；代表；意思是；作为…的符号：He spoke *for* us at the meeting. 他代表我们在会议上发言。❼[表示理由、原因]由于，因为；作为…的理由（或原因）：He was sent to prison *for* robbery. 他因为抢劫而锒铛入狱。❽[表示时间、距离、数量等]达；计：I'm going away *for* a few days. 我要走开几天。❾[表示特定的时刻、时节]在；于…之时：*For* the time being I wished only to sightsee. 此时此刻我只是想去游览一番。❿就…而言：The boy is tall *for* his age. 就年纪来说，这男孩的个头算高的了。II *conj.* 〈书〉因为；由于…的缘故（见 because）：We must start early, *for* we have a long way to go. 我们必须早点动身，因为我们有很长一段路要走。

☆在 **first, only** 以及否定式和最高级之后，英国人用 **for**，而美国人则用 **in** 来表达一段时间：the first time *in* many years（多年来首次）/ the worst accident *in* months（好多月以来最严重的事故）/ He hadn't eaten a good meal *in* a long time.（她好长时间都没吃上一顿像样的饭了。）在英国英语中上述短语和句子中的 **in** 都改用 **for**。

for·age /ˈfɔridʒ/ I *n.* [U]（马、牛等家畜的）草料，秣草；饲料：*forage* for the cattle 喂牛的饲料 II *vi.* 搜寻；翻查；搜寻食物（或供应物）：The boys *foraged* for old metal. 男孩子们在找寻废铜烂铁。—*vt.* ❶向…征集粮秣；搜集（*out*）：*forage* corn from farmers 向农民征收玉米 ❷搜出；搜得：They *foraged* a chicken for the feast. 他们为筵席搞到一只鸡。‖ ˈ**for·ag·er** *n.* [C]

for·ay /ˈfɔrei/ *n.* [C] ❶（意在掠夺的）突袭；突然袭击❷（尤指本职工作以外的）初步尝试

for·bade /fəˈbæd，-ˈbeid/ *v.* forbid 的过去式

for·bear[1] /fɔːˈbeəʳ/ *vt.* (**-bore** /-ˈbɔːʳ/，**-borne** /-ˈbɔːn/) 克制，自制；避免：I *forbore* telling her the truth because I knew it would upset her. 我知道她会伤心，所以我克制住自己没把真相告诉她。—*vi.* ❶克制，自制；避免（*from*）：The doctor advised him to *forbear from* alcohol. 医生劝他戒酒。❷容忍，忍耐（*with*）：The kindest and the happiest pair will find occasion to *forbear with* each other. 即使最善良和最恩爱的夫妻也有需要相互宽容的时候。

for·bear[2] /ˈfɔːbeəʳ/ *n.* ＝forebear

for·bear·ance /fɔːˈbeərəns/ *n.* [U]〈书〉❶克制，自制❷容忍，忍耐，宽容

for·bid /fəˈbid/ *vt.* （过去式 **-bade** /-ˈbæd，-ˈbeid/ 或 **-bad** /-ˈbæd/，过去分词 **-bid·den** /-ˈbidᵊn/或**-bid**；**for·bid·ding**）❶禁止，不准，不许：Smoking is strictly *forbidden* inside the building. 大厦内严禁吸烟。❷阻止；妨碍；制止；使成为不可能：No one can *forbid* our marriage. 谁也阻止不了我们结婚。

☆**forbid, inhibit, interdict, prohibit** 均有"禁止；阻止"之意。**forbid** 为普通用词，指父母、上级或雇主等不许某人采取某种行动或做某件事情，含对方会服从的意味：Her mother *forbade* their marriage.（她妈妈不允许他们结婚。）**inhibit** 指由有关当局或紧迫形势强行制止或限制，近于禁止：The mild weather has *inhibited* the sales of winter clothing.（暖和的天气妨碍了冬季服装的销路。）用于心理方面时，该词表示因为心理障碍或个人意愿与社会文化环境的冲突而抑制想要表达的思想或本能欲望：Shyness *inhibited* her from speaking.（她因害羞而说不出话来。）**interdict** 主要用于教会，常指有期限的禁止，借惩戒性的处罚以阻止不利的事态发展：The play was *interdicted* by law.（该剧被依法禁演。）**prohibit** 为正式用语，表示

法律、法令或规定禁止某些事情发生：We are *prohibited* from drinking alcohol during working hours.（工作时间内我们不得喝酒。）

for·bid·ding /fəˈbidiŋ/ *adj.* 严峻的；冷峻的；令人生畏的：He was cold and *forbidding* in his manners. 他待人冷淡，举止令人毛骨悚然。‖ **forˈbid·ding·ly** *adv.*

force /fɔːs/ **I** *n.* ❶[U]力气，体力；（精神上的）力量，魄力：The moral *force* is on our side. 道义的力量站在我们这一边。❷[U]武力，暴力；强制力；【律】暴力行为：yield to *force* 向暴力屈服 ❸[U]力，力量：the unrelenting *force* of the wind 凛冽的风力 ❹[U]（事物的）影响（力），支配力；说服力，感染力：owing to the *force* of circumstances 为情势所迫 ❺[C]武装力量，军事力量；[～s]（国家或指挥官的）兵力，军队：a *force* of USA 一支美国军队 ❻[C]（接受训练并共同从事某种活动的）一群人，队伍：a UN peace-keeping *force* 联合国维和部队 ❼[U]【物】力；力的强度；动能；势能：The larger the mass, the stronger the *force*. 质量越大，力量越大。❽[C]势力；威力；有影响的人（或事物）：the *forces* of evil 恶势力 **II** *vt.* ❶强迫，迫使，逼迫：The police *forced* the crowd back. 警察迫使人群后退。❷强行打开；强行开辟（或突破、获得、促成）：Detectives *forced* the door, rushed into the room through the kitchen. 密探们砸开了门，从厨房拥进了房间。❸[与表示方向的介词或副词连用]用强力推动（或驱使）；克服阻力而促使：The wind *forced* its way through the cracks. 风透过缝隙吹进屋里。❹勉强做出（或发出、挤出等）；牵强地使用（言词）；曲解：I *forced* a smile, and did not answer him. 我对他强作笑颜，没有答话。‖ ***come* [*go*] *into force*** *vi.*（法律、协议等）开始生效（或实施）：The treaty will *come into force* next year. 该条约明年生效。***in force*** *adj.* & *adv.* ❶（法律、规章等）有效，在实施中：This rule is no longer *in force*. 这项规定不再有效了。❷大批地；大规模地：People went to see the flower show *in force*. 人们大批大批地前去参观花展。

forced /fɔːst/ *adj.* [作定语] ❶强迫的；强制的；不得已的：a *forced* landing 迫降 ❷勉强的；牵强的；不自然的：a *forced* smile 苦笑

force·ful /ˈfɔːsfᵊl/ *adj.* ❶强有力的；强大的；坚强的：He has a very *forceful* personality. 他个性坚强。❷（言语等）有说服力的，令人信服的；有效的：a *forceful* speech 有力的演说 ‖ **ˈforce·ful·ly** *adv.* —**ˈforce·ful·ness** *n.* [U]

for·ceps /ˈfɔːseps/ [复] *n.* [用作单或复]（医用的）镊子，钳子

for·ci·ble /ˈfɔːsibᵊl/ *adj.* ❶[作定语]强行的，逼迫的；用暴力的：make a *forcible* entry into a building 强行冲进大楼 ❷强有力的；有说服力的：His inducements to such a deed were very much *forcible*. 他干这件事的动机非常强烈。‖ **ˈfor·ci·bly** *adv.*

ford /fɔːd/ **I** *n.* [C]（可步行或驾车蹚水而过的）浅水区，浅滩 **II** *vt.* 蹚过，涉过：*ford* a stream 涉溪而过

fore /fɔːʳ/ **I** *adj.* [无比较级][作定语]在前部的，前面的；向前的：*The fore* wall of a house faces the street. 屋子的前墙对着大街。**II** *n.* [常用单]前部 ‖ ***come to the fore*** *vi.* 脱颖而出，初露头角：It is thought that at his time Arthur *came to the fore*. 据说亚瑟就是在这时崭露头角的。

fore- /fɔːʳ/ *pref.* ❶表示"早先"，"预先"：*fore*cast, *fore*tell ❷表示"前部"：*fore*head, *fore*mast, *fore*paw ❸表示"（等级或时间等）在…之前"：*fore*man, *fore*noon

fore·arm /ˈfɔːrɑːm/ *n.* [C]【解】前臂

fore·bear /ˈfɔːbeəʳ/ *n.* [通常作～s]祖先；祖辈：the land from which one's *forebears* had been driven 其祖先被赶走的地方〔亦作 **forbear**〕

fore·bod·ing /fɔːˈbəudiŋ/ *n.* [C; U]（对祸事、不幸的）预示，预言；凶兆，恶兆：He thought of a lonely future with *foreboding*. 他预感到自己未来会很孤独。

fore·cast /ˈfɔːkɑːst;-kæst/ **I** *vt.* (**-cast** 或 **-casted**) 预报，预告；预测；预示（见 foretell）：People did not *forecast* the sudden rise in inflation. 物价暴涨出乎人们的预测。**II** *n.* [C]（尤指未来天气的）预报，预告；预测；预言：The weather *forecast* said the good weather would last. 天气预报说天气将持续晴好。‖ **ˈfore·cast·er** *n.* [C]

fore·fa·ther /ˈfɔːˌfɑːðəʳ/ *n.* [常作～s] ❶祖先，祖宗，先人 ❷前辈；前人；先驱

fore·fin·ger /ˈfɔːˌfiŋgəʳ/ *n.* [C]食指

fore·front /ˈfɔːˌfrʌnt/ *n.* [用单]最前线,最前方,最前沿:the *forefront* of battle 战斗的最前线

fore·go /fɔːˈgəu/ *vt.* (**-went** /-ˈwent/, **-gone** /-ˈgɒn/; **-goes**) =forgo

fore·go·ing /fɔːˈgəuiŋ; ˈfɔːgəuiŋ/ *adj.* [无比较级]〈书〉在前面的;先前的;前述的(见 preceding): All of the *foregoing* is scientifically sound judgment and speculation. 前述一切均是科学上可靠的判断和推理。

foregone conclusion *n.* [C](预料之中的)必然结果,不可避免的结果(或结论): His reelection was a *foregone conclusion*. 他的再次当选是意料中的事。

fore·ground /ˈfɔːˌgraund/ *n.* [常用单] ❶(图画、景物等的)前景,近景:The *foreground* of the picture shows a cottage, while mountains loom in the background. 这张图片的前景是一间村舍小屋,背景是隐约可见的群山。❷最突出(或最重要)的位置:have a long *foreground* 鹏程万里

F

fore·hand /ˈfɔːˌhænd/ *n.* [C]【体】(网球等的)正手击球,正拍,正手:Send the return deep to your opponent's *forehand*. 把回球打到对手的正手底线。

fore·head /ˈfɔrid, ˈfɔːhed/ *n.* [C]前额,额头,脑门儿:He is wearing his hat back on his *forehead*. 他把帽子反戴在脑门上。

for·eign /ˈfɔrin, -rᵊn/ *adj.* [无比较级] ❶(在)外国的,(在)异国的;在本国以外的:Have you had any *foreign* experience as a teacher? 你有在国外任教的经历吗? ❷从国外来的;外国产的:English spelling changed with *foreign* influences. 英语拼写受外来影响而发生变化。❸[作定语]对外的,涉外的;与外国(或外国人)打交道的:*foreign* policies 外交政策 ❹[作定语]〈书〉外来的,异质的:The X-ray showed up a *foreign* body in her stomach. X 光片显示她胃里有异物。

for·eign·er /ˈfɔrinəʳ, -rᵊn-/ *n.* [C]外国人:We are all *foreigners* in other countries. 在异国他乡我们都是外国人。

foreign exchange *n.* [C;U]【经】❶国际汇兑 ❷外汇:The pound dropped against the dollar on the *foreign exchanges* yesterday. 昨天在外汇市场上,英镑对美元的汇兑率下跌了。

fore·leg /ˈfɔːˌleg/ *n.* [C]【动】(四足动物的)前腿

fore·limb /ˈfɔːˌlim/ *n.* [C]【动】前肢

fore·lock /ˈfɔːˌlɔk/ *n.* [U]刘海,额前发

fore·man /ˈfɔːmᵊn/ *n.* [C]([复]**-men** /-mᵊn/) ❶监工;工头,工长,领班 ❷【律】陪审团团长

fore·most /ˈfɔːˌməust/ [无比较级]*adj.* 首要的,最重要的;首位的;最杰出的,最著名的(见 chief): A computer programmer is first and *foremost* an interpreter. 计算机程序编制者首先是一位解释者。

fore·name /ˈfɔːˌneim/ *n.* [C]名

fo·ren·sic /fᵊˈrensik/ *adj.* [无比较级] 法庭的;用于法庭的;法医的:He telephoned Detective Inspector Cook at the *forensic* department. 他给法医处的库克督察打了电话。‖ **foˈren·si·cal·ly** /-kᵊli/ *adv.*

fore·run·ner /ˈfɔːˌrʌnəʳ/ *n.* [C] ❶先驱,先导;先行者,先驱者:Anglo-Saxon was the *forerunner* of English. 盎格鲁-撒克逊语是现代英语的前身。❷预兆;先兆;前兆:Black clouds are *forerunners* of a storm. 乌云密布是暴风雨的前兆。

fore·see /fɔːˈsiː/ *vt.* (**-saw** /-ˈsɔː/, **-seen** /-ˈsiːn/) 预知;预料到;预见:Nobody *foresaw* John's quarrelling with Jane. 谁也没料到约翰会与简争执。

fore·see·a·ble /fɔːˈsiːəbl/ *adj.* 可预见到的:the *foreseeable* future 可预见的将来

fore·shad·ow /fɔːˈʃædəu/ *vt.* 预示;预告;是…的预兆

fore·short·en /fɔːˈʃɔːtn/ *vt.* 缩短;压缩;缩减;使简明;使紧凑

fore·sight /ˈfɔːˌsait/ *n.* [U] ❶展望;憧憬;向往:*Foresight* now tells us that space travel is not impossible. 展望未来,我们知道宇宙旅行不是不可能的。❷预见力;先见之明:He had the *foresight* to invest his money carefully. 他很有远见,投资时很小心。

fore·skin /ˈfɔːˌskin/ *n.* [C;U]【解】(阴茎)包皮

for·est /ˈfɔrist/ *n.* [C]森林,密林,林区;[总称]树木,林木:a primal *forest* 原始森林

fore·stall /fɔːˈstɔːl/ *vt.* (用先发制人的手段)预先阻止,抢先阻止(见 prevent):We *forestalled* them by taking advantage of their momentary discomfiture. 我们利用他们暂时失势的机会先发制人。

fore·sta·tion /fɔːˈsteiʃᵊn/ *n.* [U]植树造林

for·est·er /ˈfɔristəʳ/ *n.* [C]林业学者,林业学家

for·est·ry /ˈfɔristri/ *n.* [U]林学;森林保护学

fore·taste /ˈfɔːˌteist/ *n.* [通常用单]先尝的滋味;预先的体验:The unusually warm spring day seems like a *foretaste* of summer. 这个春日异常温暖,让人感到好像夏天提前来临了。

fore·tell /fɔːˈtel/ *vt.* (**-told** /-ˈtəuld/) 预告;预言;预示:There is no way to *foretell* what inventions or fads will impose upon us. 没法预知会出现怎样的发明和潮流。

☆ **foretell**, **forecast**, **predict**, **prognosticate**, **prophesy** 均有"预言,预示,预告"之意。**foretell** 为普通用词,强调对将要发生的事情进行预言、预告的行动,而不是预言者的能力或消息来源,常用来指过去发生的事,含否定意味:No one could have *foretold* such strange events. (谁也料不到有这些奇怪的事。) **forecast** 常指对将来可能发生的事情或可能出现的情况作出大概的预测,强调可能性,多用于预报天气:The recent weather *forecast* is accurate. (最近的天气预报很准确。) **predict** 较为正式,指从已知事实推断或者根据自然规律断定未来的事情,其准确程度不一,主语只能用人:The economists *predicted* an increase in the rate of inflation. (经济学家预言通货膨胀将会增长。) **prognosticate** 指根据征候或迹象来预言或预示将来的活动或情形:Everything seems to *prognosticate* a hard winter. (种种迹象表明今年的冬天会很冷。) **prophesy** 指凭借神秘的灵感、权威性的睿智或敏锐,断定将要发生的事:She *prophesied* the strange events that were to come. (她预言有怪事要发生。)

fore·thought /ˈfɔːˌθɔːt/ *n.* [U] ❶事先的考虑;预先的筹划;预谋:an assassination of careful *forethought* 精心谋划的暗杀事件 ❷深谋远虑;先见:His children are grateful for his *forethought* in saving the money to pay for their education. 孩子们很感激他预先存下这笔钱用来支付他们的教育费用。

for·ev·er /fᵊˈrevəʳ/ *adv.* [无比较级] ❶永远;永久:I realized that our relationship had finished *forever*. 我知道我们的关系已永远完结。❷〈口〉很长久地:I wish the holidays would last *forever*! 我真想假期放个没完! ❸[与进行时态连用,以表责备、焦躁等]老是,总是;不断地:The little boy is *forever* asking questions. 这孩子没完没了地问问题。

for·ev·er·more /fᵊˌrevəˈmɔːʳ/ *adv.* =forever (☆该词虽与 forever 意义相同,但语气强于 forever)

fore·word /ˈfɔːˌwəːd/ *n.* [C]序(文),前言,序言

for·feit /ˈfɔːfit/ **I** *n.* [C](因犯罪、失职、违约等而)丧失的东西;没收物;(因违约、疏忽等被罚的)罚金;(因违反俱乐部或比赛等的规则而处以的)小额罚款:His life was the *forfeit* he paid for his carelessness. 他因为自己疏忽而丧命。**II** *vt.* (因犯罪、失职、违约等而)丧失;(作为惩罚被没收或被剥夺而)失去;(为了某种目的而)放弃:He *forfeited* the right to visit his children. 他被剥夺了探视孩子们的权利。

F

for·gave /fəˈgeiv/ *v.* forgive 的过去时

forge[1] /fɔːdʒ/ **I** *vt.* ❶把…锤炼成;锻造;打制:A bayonet blade is *forged* from the finest steel. 刺刀刃是用最优质的钢锻造的。❷制造,创造;打造:*forge* a new kind of civilization 创造一种新文明 ❸伪造,假造(货币、支票、文件等);仿造,仿制;假冒(签名等):*forge* a ransom note 伪造一张赎金支票 **II** *n.* [C]铁匠铺,铁匠店;铁匠工场 ‖ ˈ**forg·er** *n.* [C]

forge[2] /fɔːdʒ/ *vi.* 缓慢地稳步前进:We *forged* steadily northward. 我们稳步向北推进。

for·ger·y /ˈfɔːdʒᵊri/ *n.* ❶[U]伪造(行为);假冒(行为);【律】伪造罪:There have always been various motives for *forgery*. 伪造行为总有各种各样的动机。❷[C]伪造品;仿冒品;赝品;(尤指)伪造的文件(或签字等):The painting was a *forgery*. 这幅画是赝品。

for·get /fəˈget/ (过去式**-got** /-ˈgɔt/,过去分词**-got·ten** /-ˈgɔtᵊn/或**-got**;**-get·ting**) *vt.* ❶[不用进行时态]忘,忘记;遗忘:I've *forgotten* her telephone number. 我忘了她的电话号码。❷[不用进行时态]忘记带(或买、穿、戴等):Kelso! You *forgot* your uniform! 凯尔索,你忘了穿制服了! ❸不再把…放在心上;忽略;忽视:Let's *forget* for a while how I feel toward you and how you feel toward me. 咱们暂且撇

开个人之间的恩怨不说。—*vi*. 忘记;健忘:Try not to *forget* about feeding the dog! 不要忘了喂狗!

☆forget 可后接不定式和动词的-ing形式,均含"忘记,不记得"之意。当其后面接不定式时,表示忘记做某事,强调动作尚未完成:He *forgot* to bring the tools though his father urged him.(尽管父亲一再催促,他还是忘了把工具带来。)当其后面接动词的-ing形式时,表示忘记做过某事,强调动作已经完成:He *forgot* learning the text.(他忘记已学过这篇课文了。)

for·get·ful /fə'getfᵘl/ *adj*. 健忘的;记忆力差的:She's become very *forgetful* of things. 她变得很健忘。‖ **for'get·ful·ly** *adv*. —**for'get·ful·ness** *n*. [U]

for·get-me-not /fə'getmi,nɒt/ *n*. [C]【植】勿忘(我)草

F

for·get·ta·ble /fə'getəbl/ *adj*. 易被忘记的;可能被遗忘的:a *forgettable* novel 看了就忘的小说

for·give /fə'giv/ *vt*. (**-gave** /-'geiv/, **-giv·en** /-'givᵊn/) ❶原谅;宽恕;饶恕:I can't *forgive* Mary's behaviour last night. 我不能原谅玛丽昨晚的所作所为。❷[客套话,用以表示请求、见谅]:*Forgive* me for asking, but where did you get that hat? 恕我打扰,这顶帽子你是在哪里买的? ‖ **for'give·ness** *n*. [U]

for·giv·ing /fə'giviŋ/ *adj*. ❶宽容的;仁慈的:To be social is to be *forgiving*. 与人和谐相处就是要宽宏大量。❷允许犯错误的;允许存在缺陷的:a slope that was *forgiving* of inexperienced skiers 适于初学者滑雪的山坡

for·go /fɔː'gəu/ *vt*. (**-went** /-'went/, **-gone** /-'gɒn/; **-goes**) 抛弃,弃绝;放弃;错过(机会、优势等):The bank will *forgo* its fourth-quarter dividend. 这家银行将放弃第四季度的分红。〔亦作 **forego**〕

fork /fɔːk/ **I** *n*. [C] ❶叉,餐叉:a table *fork* 餐叉 ❷(农用的)叉,耙:a garden *fork* 园用叉 ❸叉状物;叉状工具;(机器等的)叉状部分 ❹(树的)分支(处),枝杈;(路的)分岔(口),岔路;(河流的)分流(处),支流;分支:They followed the left *fork* of the river. 他们沿着河流左边的支流走。**II** *vi*. 成叉状,分岔,分支:Beyond the temple the road *forks* into two narrower roads. 离开寺庙后,路就分成了两条窄窄的岔路。‖ **fork·ful** /'fɔːkfəl/ *n*. [C]

forked /fɔːkt/ *adj*. [无比较级]有叉的;叉状的;分岔的:a *forked* road 岔路

fork-lift /'fɔːk,lift/ (**truck**) *n*. [C]【机】叉车,铲车

for·lorn /fɔː'lɔːn/ *adj*. 〈书〉❶可怜的;愁苦的;悲惨的:He looked wretched and *forlorn*. 他的模样儿穷困潦倒。❷被遗弃的;孤独凄凉的,孤苦伶仃的:She was very fond of tinkling the keys of the old *forlorn* spinet. 她很爱拨弄那架无人问津的旧键琴。‖ **for'lorn·ly** *adv*.

form /fɔːm/ **I** *n*. ❶[C]形,形状;外形,轮廓:The rocks assumed a thousand peculiar and varied *forms*. 一片奇峰异石,呈现出千姿百态。❷[C](人、动物的)形体;体型:Men talked of nothing but the charms of her face and *form*. 男人们总是谈论她娇媚动人的容貌和仪态。❸[C]模子,模具 ❹[U;C](事物的)存在形式;形态:The articles will be published in book *form*. 这些文章将汇编成书。❺[U](与内容相对的)形式,结构;组织,条理;(文艺作品等的)表现形式,体裁,样式:Your essay lacks *form*. 你的文章缺乏条理。❻[U;C](惯常或规定的)方式,方法;(运动员的)动作方式,姿势:That's the common *form*. 那是通常的做法。❼[C]表格;印有表格的纸:an entry *form* for a competition 参赛表格 ❽[U](运动员、赛马等的)竞技状态;良好的健康(或精神)状态;(良好的)情绪:If it's really on *form*, this horse should win easily. 这匹赛马如果竞技状态好的话,准能轻松获胜。❾[C](英国中等学校、美国一些私人学校的)年级:He is now in the fifth *form*. 他现在上五年级。**II** *vt*. ❶使成形,使具有一定形状;塑造,制作:*form* dough into loaves 把生面团揉成长条面包状 ❷形成;变成:Water *forms* steam above a certain temperature. 超过一定温度时,水就变成蒸汽。❸[不用进行式]组成,构成,是…的组成成分:Nine people *form* the standing committee of the organization. 九人组成了该组织的常务委员会。❹组织;建立(联盟、团体等):They *formed* an alliance with nearby villages. 他们与邻近几个村子携手结盟。❺排列成;把…编排成;【军】把…编成队形(*into*):The police *formed* a circle around the house. 警察包围了那座房子。❻想出;产生;做出(估计等):I cannot *form* an opinion about the plan. 对这个计划我想不出什么意见。—*vi*. ❶(物体)成形;被形成:Steam *forms* when water boils. 水沸腾时就产生蒸汽。❷(计划、希望、想法等)开始存在,产生:A plan began to *form* in his mind. 他脑海里渐渐萌生出一个计划。

for·mal /ˈfɔːmᵊl/ *adj*. ❶[作定语]正式的;遵循传统习俗(或礼仪等)的:a *formal* appointment 正式约见 ❷礼节性的,礼仪性的;例行的:*formal* flattery 礼节性的恭维话 ❸正式场合用(或穿)的;需穿礼服的:a *formal* occasion 正式场合 ‖ ˈ**for·mal·ly** *adv*.

form·al·de·hyd(e) /fɔːˈmældiˌhaid/ *n*. [U]【化】甲醛

for·mal·i·ty /fɔːˈmæliti/ *n*. ❶[U]拘泥形式;讲究礼节;拘谨:The host's kindness melted his initial *formality* quickly. 主人亲切的态度使他开始的拘谨很快消失了。❷[C]礼节;仪式;正式(或形式上)的手续;繁文缛节,俗套:At a wedding there are many *formalities*. 婚礼上有许多礼节。

for·mal·ize /ˈfɔːmᵊˌlaiz/ *vt*. ❶使定形;使具有一定形式 ❷使形式化:He began to *formalize* his ideas on architecture into definite designs. 他开始把自己的建筑思想化为具体的设计方案。❸使成为正式;(用适当的方式)使有效;批准:The agreement must be *formalized* before it can have the force of law. 这个协议一定要在官方认可后才能具有法律效力。

for·mat /ˈfɔːmæt/ **I** *n*. [C] ❶(出版物的)版式,开本:It's the same book but in a different *format*. 这是同本书的不同版式。❷(程序、步骤等的)安排,计划;设计:The course will follow a seminar *format*. 这门课将以讨论的形式进行。❸【计】(资料存储的)格式 **II** *vt*. (**-mat·ted**;**-mat·ting**) ❶为…设计版式 ❷【计】使(磁盘)格式化:The diskette must be *formatted* for the computer being used. 磁盘必须格式化后才能使用。

for·ma·tion /fɔːˈmeiʃᵊn/ *n*. ❶[U]组成,形成,构成:These elements are essential in the *formation* of certain enzymes. 这些元素在某些酶的形成过程中起着重要作用。❷[C;U]形成方式,构成形式;结构,组织:Her front teeth are regular in *formation*. 她的门牙排列整齐。❸[U](军队等的)阵形,队形;编队,队列:The soldiers marched in perfect parade *formation*. 士兵们以整齐的检阅队形前进。

form·a·tive /ˈfɔːmətiv/ *adj*. ❶[无比较级]成形的;形成的,构成的:in a *formative* stage 在成形阶段 ❷有助于形成(或发展)的;有利发育(或成长)的:His months with aunt Emily prove fatally *formative*. 和埃米莉姑妈同住的那几个月改变了他一生的命运。

for·mer /ˈfɔːməʳ/ *adj*. [无比较级][作定语] ❶早先的;从前的;旧时的(见 preceding):Tom forgave and restored him to his *former* place in his friendship. 汤姆宽恕了他,恢复了他们旧日的友谊。❷(两者中)前者的,前面的,首先提及的 ❸前任的:Mrs. Cary's *former* husband 卡里夫人的前夫

☆former 意即"前者",用来表示前面提到的两个人或两个事物中的第一个,它不能用来表示三个或三个以上的人或事物中的第一个,此时应用 the first 或者 the first-named 来表达这一意思,或者干脆重复所提到的人的名字或事物的名称。

for·mer·ly /ˈfɔːmᵊli/ *adv*. [无比较级]过去,以往;原本;曾经:The hotel was *formerly* a castle. 这家酒店的前身是一座城堡。

form·fit·ting /ˈfɔːmfitiŋ/ *adj*. 紧贴合身的:a *formfitting* sweater 一件紧贴合身的毛衣

for·mi·da·ble /ˈfɔːmidəbᵊl/ *adj*. ❶引起恐惧的;可怕的;骇人的:at *formidable* expense 耗费巨资 ❷令人敬畏的,让人惊叹的,使人钦佩的;出类拔萃的,杰出的:He displayed a *formidable* virtuosity in handling oil paint. 他在油画问题上表现出非凡的艺术鉴赏力。❸极难战胜的,难以克服的;难对付的:Lee has presented a *formidable* task to the student. 李给学生们布置了难以完成的任务。‖ ˈ**for·mi·da·bly** *adv*.

form·less /ˈfɔːmlis/ *adj*. [无比较级] ❶无形状的,无定形的;无实体的:Fluids are *formless*. 液体没有固定形态。❷形状难看的:a *formless* old hat 样子难看的旧帽子 ❸不整齐的;杂乱的:*formless* shreds 乱作一团的线头 ‖ ˈ**form·less·ness** *n*. [U]

for·mu·la /ˈfɔːmjulə/ *n*. ([复]**-las** 或**-lae** /-liː/) ❶[C](宗教仪式及法律程序等中使用的)程序;惯用语,套话:unimaginative *formula* works 缺乏想象的老套作品 ❷[C](尤指机械

F

遵循的)惯例,常规;规范:compose letters out of various *formulae* 根据不同的规范来写信 ❸[C]【数】公式;方程式;算式:He knew the *formula* for converting kilometres into miles. 他知道千米和英里之间的转换公式。❹[C]【化】分子式:the *formula* for water 水的化学分子式 ❺[U](食品等的)配方;处方,药方;经配制的婴儿食品:He must prepare the baby's *formula*. 他必须给婴儿配制食品。❻[C](促使事情成功的)方式,方法;计划,方案;准则;秘诀,诀窍:His *formula* is simple. 他的做法很简单。‖ **for·mu·la·ic** /ˌfɔːmjuˈleiik/ *adj*.

for·mu·late /ˈfɔːmjuˌleit/ *vt*. ❶使公式化;用公式表述:*formulate* the Theory of Relativity as follows 将相对论用如下公式表示 ❷系统地(或确切地)阐述(或说明、表达):*formulate* the question in different terms 以不同的方式提出这个问题 ‖ **ˈfor·mu·la·tion** /ˌfɔːmjuːˈleiʃᵊn/ *n*. [U] —**ˈfor·muˌla·tor** *n*. [C]

F

for·sake /fəˈseik,fɔː-/ *vt*. (**-sook** /-ˈsuk/, **-sak·en** /-ˈseikᵊn/)〈书〉❶遗弃;抛弃;摒弃:He *forsook* his wife and children and went off with another woman. 他遗弃妻儿,跟另一个女人私奔了。❷(永久地)离开:The artist *forsook* his country for an island in the South Pacific. 那位画家离开祖国来到了南太平洋的一个海岛上。

for·swear /fɔːˈsweəʳ/ *vt*. (**-swore** /-ˈswɔːʳ/, **-sworn** /-ˈswɔːn/)〈书〉发誓抛弃;宣誓放弃,坚决放弃:The coach asked the team to *forswear* smoking. 教练要求队员坚决戒烟。

fort /fɔːt/ *n*. [C]堡垒,城堡;要塞

forte[1] /ˈfɔːtei/ *n*. [C]强项;特长,专长:Lawson's *forte* was economic policy. 劳森的专长是经济法。

for·te[2] /ˈfɔːti/ [无比较级]【音】**I** *adj*. 响的;强的 **II** *adv*. 很响地;很强地;用强音地

forth /fɔːθ/ *adv*. [无比较级] ❶(在时间、位置、顺序或程度等方面)向前地;向前方地:From that day *forth* he lived alone. 从那天起,他便独自一人生活。❷显露地,向外地;看得见地:Now,long-pent-up creative energies are bursting *forth* as through a broken dam. 长期禁锢的创造力现在如同决堤之流喷涌而出。‖ ***and so forth*** *adv*. 等等;诸如此类:The fogs came on and a bit snow,and then it became unpleasant for a while,and so on *and so forth*. 天开始起雾了,接着又下起了小雪,然后又让人感到一阵不舒服,诸如此类的变化。

forth·com·ing /fɔːθˈkʌmi,ˈfɔːθˌkʌmiŋ/ *adj*. ❶[无比较级]即将到来的;即将出现的:Relief will be *forthcoming* for those left homeless by the flood. 救济的财物将要送到那些因洪水而无家可归的人手里。❷[无比较级][作表语]现成的,随时可提供的:She needed help,but none was *forthcoming*. 她需要帮助,但没有人来帮忙。❸外向的,乐意结交人的;乐于助人的,友善的:They can afford to be *forthcoming* just as his attitude warrants. 正如他的态度所表明的,他们很乐意接待他。

forth·right /ˈfɔːθˌrait/ *adj*. 直接的;直率的;坦言的,直言不讳的:Mr. Wilson condemned the invasion in the most *forthright* terms. 威尔逊先生以最直接的言辞谴责了侵略行为。‖ **ˈforthˌright·ly** *adv*. —**ˈforthˌright·ness** *n*. [U]

forth·with /fɔːθˈwiθ,-ˈwið/ *adv*. [无比较级]立即,马上;丝毫不耽搁地:Our intention should be announced *forthwith*. 应该立即表明我们的意图。

for·ti·fi·ca·tion /ˌfɔːtifiˈkeiʃᵊn/ *n*. ❶[U]设防;筑垒,筑防;修筑工事:The general was responsible for the *fortification* of the town. 将军负责加强该镇的防御。❷[C]防御物 ❸[常作～s]【军】防御工事(如城墙、堡垒、要塞、壕沟等)

for·ti·fy /ˈfɔːtiˌfai/ *vt*. ❶筑防御工事于,设防于:*fortify* a city 筑工事以巩固城防 ❷(在肉体、精神、道德等方面)增强;给…以勇气:Good eating habits help to *fortify* the body against disease. 良好的饮食习惯有助于强身祛病。

for·ti·tude /ˈfɔːtiˌtʲuːd/ *n*. [U]坚忍,刚毅,锐气,坚忍不拔:He met his death with great *fortitude*. 他以极大的毅力面对死亡。

fort·night /ˈfɔːtˌnait/ *n*.〈主英〉[通常用单]两周时间,两星期,14 天:School finishes in a *fortnight*. 两个星期后学校就放假了。

for·tress /ˈfɔːtris/ *n*. [C]军事堡垒;防御堡垒;要塞;防御能力强的城镇:The town is under the shelter of a *fortress*. 该城在要塞的保护之下。

for·tu·i·tous /fɔːˈtʲuːitəs/ *adj*. ❶(尤指幸运的事)偶然(发生)的,碰巧的,凑巧的:a series of *fortuitous* events 一连串的偶然事件 ❷幸运的 ‖ **for'tu·i·tous·ly** *adv.* —**for'tu·i·tous·ness** *n.* [U]

for·tu·nate /'fɔːtʃunət/ *adj.* ❶幸运的；运气好的；走运的：He was *fortunate* in finding a good job. 他很幸运地找到了一份好工作。❷吉利的，吉祥的；吉兆的：a *fortunate* occurrence 一件吉利的事 ‖ **'for·tu·nate·ly** *adv.*

for·tune /'fɔːtʃᵊn/ *n.* ❶[C](大量)财产；大笔的钱：These ship owners acquired large *fortunes*. 这些船主们个个腰缠万贯。❷[U]运气；[常作~s]时运：Don't leave things to *fortune*! 做事不能光靠运气！❸[U]好运，幸运，机遇，成功：May *fortune* attend you! 祝你好运！

for·tune-tell·er /'fɔːtʃᵊnˌteləʳ/ *n.* [C]算命者，占卜者

for·tune-tell·ing /'fɔːtʃᵊnˌteliŋ/ *n.* [U]算命，卜卦

for·ty /'fɔːti/ *n.* ❶[C]四十；四十个(人或物)：a total of *forty* 共计 40 件 ❷[C]表示四十的符号(40，xl，XL 或 XXXX) ‖ **'for·ti·eth** /-tiəθ/ *adj.* & [C] *n.*

fo·rum /'fɔːrᵊm/ *n.* [C]([复]**-rums** 或**-ra** /-rə/) ❶(就公众关注的问题进行公开讨论的)公开集会；公众讨论会，论坛：An open *forum* was held last Tuesday evening. 上星期二晚举行了一场公开讨论会。❷(提供公开讨论的)论坛杂志，论坛栏目；广播(或电视)专题讨论节目：TV is an accepted *forum* for the discussion of public affairs. 电视是公认的讨论公众事务的媒介。❸(古罗马城镇中用以举行公开讨论、集会或做生意的)公众广场(或市场)

for·ward /'fɔːwəd/ **I** *adv.* ❶向前，往前，朝前：The police told the crowd to move *forwarder*. 警察叫群众再向前移动。❷向将来；往后：look *forward* to the future 展望未来 ❸提前地：bring the date of the meeting *forward* from the 10th to the 8th 把会议的日期从 10 号提前至 8 号 ❹在进行中；有进展地：If any mischief was going *forward*, Peter was sure to be in at it. 只要有什么恶作剧，总少不了彼得的份。**II** *adj.* ❶[无比较级][作定语]在(或近、属于)前部的；位于前面的：the *forward* part of a train 火车的前部 ❷[无比较级][作定语]向前的，前进的；为将来的：a *forward* march 向前进 ❸[无比较级]进展快的：I am well *forward* with my research project. 我的研究项目大有进展。❹〈贬〉唐突的；冒失的；鲁莽的；放肆的：If I am not being too *forward*, may I ask what's your name? 如果不是太唐突的话，能告诉我您的尊姓大名吗？**III** *vt.* ❶转交；转运：She *forwarded* the letter to her lawyer. 她把那封信转给了她的律师。❷发送；递送：We'll *forward* the goods when we receive your cheque. 我们受到你方的支票就发货。❸促进，推动；加快…的生长(见 advance)：*forward* an irrigation project 推进一项灌溉工程 **IV** *n.* [C](篮球、足球、曲棍球等的)前锋 ‖ **'for·ward·ness** *n.* [U]

for·wards /'fɔːwədz/ *adv.* ＝forward

for·went /fɔː'went/ *v.* forgo 的过去时

fos·sil /'fɔsᵊl/ *n.* [C] ❶化石：*Fossils* were most abundant from the New Stone Age down to the Shang and Zhou dynasties. 从新石器朝代到商周时期有大量的化石。❷〈口〉食古不化的人，古板守旧的人；僵化固定的事物

fos·sil·ize /'fɔsiˌlaiz/ *vt.* ❶使成化石；使石化：Those specimens were *fossilized* by the passing of time. 这些标本随着时间的流逝逐渐石化。❷使(人或思想)变得陈腐，使僵化：a *fossilized* approach to a problem 解决问题的陈旧办法 —*vi.* 变成化石 ‖ **fos·sil·i·za·tion** /ˌfɔsilai'zeiʃᵊn;-li'z-/ *n.* [U]

fos·ter /'fɔstəʳ/ *vt.* ❶培育，培养；鼓励，促进；(环境等)对…有利：He *fostered* a feeling of pride over his recent success. 他因最近的成功而变得心高气傲。❷养育，收养(常指非亲生的孩子)：They have *fostered* several children of various races. 他们已领养了几个不同种族的孩子。

fought /fɔːt/ *v.* fight 的过去式和过去分词

foul /faul/ **I** *adj.* ❶难闻的；(食物等因变质而)发臭的；令人作呕的：The meat in the bowl is *foul* and stinking. 碗里的肉变质发臭了。❷肮脏的，龌龊的；积满污物的，满是尘土的：Take off those *foul* clothes and let me wash them. 把那些脏衣服脱下来给我洗。❸〈口〉招人讨厌的，令人反感的：What's in the drink? It tastes *foul*. 饮料里头搁了什么？味道差极了。❹(语言等)下流的，淫秽的；粗俗的；(行为等)不道德的，猥亵的；邪恶的；卑鄙的，无耻的：Much of this most tedious and lengthy book is *foul*. 这本又臭又长的书中很多地方是淫秽下流的。**II** *n*. [C]【体】(比赛中的)犯规;不公平比赛:The referee called it a *foul*. 裁判将之判为犯规。**III** *adv*. 犯规地;不正当地;不公正地 **IV** *vt*. ❶弄脏;使污损;污染:The seashore is *fouled* up with oil from the wrecked ship. 失事船只上淌出的油污染了海滨。❷【体】对…犯规:The short guard *fouled* his tall opponent in trying to block a shot. 身材矮小的后卫在阻止对方高大队员射门时犯规了。—*vi*. ❶变脏;弄污 ❷犯规:The clumsy player *fouls* too much. 那个笨拙的运动员犯规次数太多了。‖ ˈ**foul·ly** *adv*. —ˈ**foul·ness** *n*. [U]

foul play *n*. [U]不公正的行为,卑鄙行径;暴力行为;(尤指)谋杀:We feared that he had met with *foul play*. 我们担心他被人谋杀了。

found[1] /faund/ *v*. find 的过去式和过去分词

found[2] /faund/ *vt*. ❶建立,设立;(尤指提供资金)创建,创办:*found* a hospital in the town 在那个小城镇兴办一家医院 ❷作为…的创始人;筹建 ❸为(房屋等)打地基;在坚实的基础上建造(或兴建):a house *founded* upon a rock 建造在岩石上的一幢房子 ❹把(学科、理论等)建立在…基础上,以…为基础(*on*, *upon*):a nation *founded on* waves of migration 建立在移民大潮之上的国家

foun·da·tion /faunˈdeiʃ°n/ *n*. ❶[通常作~s](建筑物等的)地基,地脚(见 base[1]):All dams need sound *foundations*. 所有水坝都要有牢固的坝基。❷[C;U]基础,根本;(学科、理论等的)依据,根据(见 base[1]):This report has no *foundation* of fact. 这份报告没有事实根据。❸[U]创办,创建,建立:The *foundation* of the United States began in 1776. 美国成立于 1776 年。❹[C][常作 F-]基金;基金会:the Ford *Foundation* 福特基金会

found·er[1] /ˈfaundə^r/ *vi*. ❶(船只)进水沉没:The ship *foundered* in the storm. 那艘船在暴风雨中沉没了。❷(计划等)失败;垮掉:For a while it looked as if their scheme would *founder*. 一时间,他们的计划眼看要落空了。

found·er[2] /ˈfaundə^r/ *n*. [C]创立者,创办人;奠基者;发起者:the *founder* of Renaissance painting 文艺复兴绘画的奠基人

found·ry /ˈfaundri/ *n*. [C](金属、玻璃等的)铸造场,制造厂;翻砂厂:a glass *foundry* 玻璃制造厂

fount /faunt/ *n*. [C]〈诗〉泉;源泉,来源

foun·tain /ˈfauntin/ *n*. [C] ❶(人造)喷泉,喷水池;喷水盘;喷水塔;喷水管道:The droplets of the *fountain* created a gleaming spray in the sunlight. 喷泉的水珠在阳光下形成五彩斑斓的水花。❷〈喻〉泉源;来源:He found that his father was a *fountain* of information about football. 他发现父亲对足球无所不知。

foun·tain-pen /ˈfauntinˌpen/ *n*. [C]自来水笔;钢笔

foun·tain-pen /ˈfauntinˌpen/ *n*. [C]自来水笔;钢笔

four /fɔː^r/ *n*. ❶[C;U]四;四个(人或物);第四:I did okay on the test but I screwed up on question *four*. 这次测验考得不错,不过我把第四题答错了。❷[U]表示四的符号(如 4,iv,IV,IIII) ‖ ***on all fours*** *adj*. & *adv*. 四肢着地的(地);匍匐着的(地),趴着的(地):Some apes began to walk upright and never went down *on all fours* again. 有些猿猴开始直立行走,再也不四肢着地了。

four·square /ˈfɔːˌskweə^r/ **I** *adj*. ❶坚定的;坚决的:He maintained a *foursquare* position in the controversy. 他在那场论战中立场非常坚定。❷坦率的;直率的;直言不讳的:a *foursquare* presentation of the company's financial condition 有关公司财政状况的公正客观的报告 **II** *adv*. 坚定地,坚决地

four·teen /fɔːˈtiːn/ *n*. ❶[C]十四;十四个(人或物):a total of *fourteen* 总共 14 个 ❷[U]表示十四的符号(14,XIV,xiv) ‖ **fourˈteenth** *adj*. & [C] *n*.

fourth /fɔːθ/ *n*. [C] ❶第四;第四个:the *fourth* of July 7 月 4 日 ❷位居第四位的人(或事物):He was the *fourth* in that race. 他是那次比赛的第四名。❸四分之一:three *fourths* 四分之三 ❹(车辆或机械的)第四挡:She downshifted from fifth to *fourth* as we started up the hill. 我们爬坡时,她从第五挡降到第四挡。‖ ˈ**fourth·ly** *adv*.

fourth class *n*. [U]第四类邮件(指超过 16 盎司的货品邮件及 8 盎司以上的不封口其他种类的邮件)

four-wheel(ed) /ˈfɔːˌwiːl(d)/ *adj*. [无比较级][作定语] ❶有四轮的 ❷四轮驱动的

fowl /faul/ *n.* ([复]**fowl(s)**) ❶[C]家禽 ❷[仅用于复合词或总称]〈古〉鸟,鸟类:wild *fowl* 野鸟

fox /fɔks/ *n.* [C]【动】狐:The rabbit is a natural prey of the *fox*. 兔子天生就是狐狸的猎物。

fox·trot /ˈfɔksˌtrɔt/*n.* [C]狐步舞(一种 4/4 拍交际舞)

fox·y /ˈfɔksi/ *adj.* ❶[无比较级]狐的;似狐的 ❷(如狐狸般)狡猾的,奸诈的;狡黠的 ❸〈俚〉(尤指女性)性感的,妖媚的

foy·er /ˈfɔiei/ *n.* [C](剧场、旅馆、公寓等的)门厅,门廊;休息室

fra·cas /ˈfrækɑː/ *n.* [C]([复]**-cas** /-kɑːz/) 大声喧闹,大声争吵,吵嚷;骚乱

frac·tion /ˈfrækʃᵊn/ *n.* [C] ❶【数】分数;比例;分式;小数:a decimal *fraction* 小数 ❷小块;碎片;片段;一点儿,小部分:No one to whom I can communicate even a *fraction* of my feelings. 我没有向任何人表露过一丝感情。‖ ˈ**frac·tion·al** *adj.*

frac·tious /ˈfrækʃəs/ *adj.* (尤指儿童)易怒的,暴躁的;乖戾的,脾气坏的:in a *fractious* mood 处于烦躁不安之中 ‖ ˈ**frac·tious·ly** *adv.* —ˈ**frac·tious·ness** *n.* [U]

frac·ture /ˈfræktʃəʳ/ **I** *n.* [C;U] ❶【医】骨折;(软骨、软组织的)撕裂,挫伤:a *fracture* of the arm 臂部骨折 ❷断裂;破裂;折断:a *fracture* of the ice 冰裂 **II** *vt.* & *vi.* 【医】(使)骨折;挫伤(软骨或软组织):The boy fell from a tree and *fractured* his arm. 那个男孩从树上摔了下来,跌断了手臂。

frag·ile /ˈfrædʒail,-dʒil/ *adj.* ❶易碎的;易损坏的;脆的:These windows are very *fragile*. 这些窗户很容易破碎。❷〈口〉(体质)虚弱的,差的:The younger sister is more *fragile* and more accident-prone. 妹妹更加虚弱,也更受不了打击。‖ ˈ**frag·i·li·ty** /frəˈdʒiliti/ *n.* [U]

frag·ment **I** /ˈfrægmᵊnt/ *n.* [C] ❶破片;小碎块,碎渣:*fragments* of powdery cloud 几块碎片 ❷不完整(或未完成、不连贯)的部分;孤立的片段:I heard only a *fragment* of their conversation. 他们的对话,我只听了个只言片语。**II** /frægˈment/ *vt.* 使破碎,使成碎片;使解体:The vase was *fragmented* in shipment. 那个花瓶在运输中被打碎了。—*vi.* 破碎;破裂;分裂:The chair *fragmented* under his weight. 那张椅子在他身体的重压下散了架。‖ **frag·men·ta·tion** /ˌfrægmenˈteiʃᵊn/ *n.* [C]

frag·men·tar·y /ˈfrægmᵊntᵊri/ *adj.* 〈书〉❶[无比较级]由碎片组成的;破碎的:*fragmentary* bits of pottery 陶器的碎片 ❷零碎的;不完整的;不连贯的:*fragmentary* memories 片段回忆

fra·grance /ˈfreigrᵊns/ *n.* [C] ❶芬芳,芳香;香气,香味:The air was heavy with the *fragrance* of lush wild blooms and fruits. 空气中洋溢着茂盛的野生花草和果实的芳香。❷香料;香水

fra·grant /ˈfreigrᵊnt/ *adj.* 芬芳的,芳香的;甜美的:It was a land *fragrant* with flowers. 那是一个遍地鲜花、香气袭人的地方。‖ ˈ**fra·grant·ly** *adv.*

frail /freil/ *adj.* ❶(身体)虚弱的,羸弱的,不强壮的(见 weak):He's still *frail* after long illness. 久病以后他仍很虚弱。❷脆弱的;易损坏的:*frail* member of an endangered species 濒临灭绝物种的脆弱个体

frail·ty /ˈfreilti/ *n.* ❶[U]虚弱,羸弱,瘦弱:He had a certain look of *frailty*. 他生就一副羸弱的体态。❷[C](性格懦弱或意志薄弱的)缺点;错误:Laziness is his only *frailty*. 懒惰是他唯一的缺点。

frame /freim/ **I** *n.* [C] ❶(门、窗等的)框;(装饰用的)镜框;画框:The thunder rumbled nearer and the windows rattled nervously in their *frames*. 隆隆的雷声越来越近,窗框吱吱嘎嘎地响个不停。❷(建筑物、机车等起支撑作用的)框架,支撑架;骨架,(飞机的)机体骨架;【船】肋骨:the *frame* of a house 房屋的构架 ❸[~s]眼镜架;窗户架:I broke the *frames* of my glasses. 我把眼镜框弄断了。❹[通常用单](人、动物的)身躯,躯干;体格:His *frame* has a solidity. 他身躯伟岸。❺(暂时的)情绪,状态;心态,心情:In this happy *frame* of mind, he strode along. 他在这种快乐的心境之下大步走着。**II** *vt.* ❶(按设计方案等)构造,建造;铸造:*frame* a shelter for bicycles 搭一个自行车棚 ❷起草(计划等);制定(计划等);勾画出:His new collection is *framed* by a new introduction and conclusion. 他的新集子由新的序言和结语组成。❸〈口〉预谋;编造;捏造(罪

F

名)；诬陷(*up*)：He was *framed up* by her false evidence. 他被她的假证据陷害了。❹给…装框；做…的框；为…所环抱：*frame* a portrait 给画像装框 ‖ ˈ**fram·er** *n.* [C]

frame-up /ˈfreimˌʌp/ *n.* [C]〈口〉(尤指对无辜者的)陷害，诬陷；阴谋

frame·work /ˈfreimˌwɜːk/ *n.* [C] ❶骨架；框架；构架；主体结构；(工程的)基础：a *framework* for the grape arbour 葡萄棚的架子 ❷基本规则；组织结构；体制；基准体系：produce a coherent *framework* 制定一个能贯穿始终的基准

franc /fræŋk/ *n.* [C]法郎(法国、卢森堡、比利时、瑞士、马里、布隆迪、卢旺达等欧非国家货币单位；1 法郎 = 100 生丁，略作 **F.**，**f.**，**Fr.**，**fr.**)

☆franc 一词除了用于法国货币时直接书写成 F 或 f 外，在用作比利时、卢森堡、瑞士、布隆迪、吉布提、几内亚、马达加斯加、卢旺达等国的货币时，一般与该国国名的缩写连用，如马里法郎写作 MF，马达加斯加法郎写作 FMG。

fran·chise /ˈfræntʃaiz/ **I** *n.* ❶[C](给予个人或组织等的)特权，特许：The city granted the company a *franchise* to operate buses on the city streets. 市政府特许该公司在市内街道运营公共汽车。❷[C]【商】(制造商允许个人或团体销售其产品的)特许经销权，特许营销权：enjoy a *franchise* 享有特许经销(或营销)权 **II** *vt.*【商】给(个人或公司等)特许经销权：*franchise* a retail outlet 给予零售商店特许经销权

fran·chis·ee /ˌfræntʃaiˈziː/ *n.* [C](公司的分店或零售店的)特许经营人

fran·chis·er, **fran·chis·or** /ˈfræntʃaizəʳ/ *n.* ❶ = franchisee ❷[C]授予特许者

fran·gi·ble /ˈfrændʒibᵊl/ *adj.* 易破碎的；脆的；脆弱的：a *frangible* container 易破损的容器

frank /fræŋk/ *adj.* ❶率直的，坦白的；直言不讳的：He is *frank* by nature. 他天性直率。❷毫不隐讳的，公开表露的；露骨的：They walked out together very often at dinnertime; it was quite open, quite *frank*. 午饭时间他们经常一起出去走走，堂而皇之，完全公开。❸坦诚的；真诚的：All I did was to make a pal of him and be absolutely *frank*. 我所做的一切，都是要做他的知心朋友，完全赤诚相见。‖ ˈ**frank·ly** *adv.* —ˈ**frank·ness** *n.* [U]

frank·furt·er, **frank·fort·er** /ˈfræŋkˌfɜtəʳ/ *n.* [C]法兰克福香肠；熏猪牛肉香肠；维也纳香肠

fran·tic /ˈfræntik/ *adj.* ❶(因激动、恐惧、痛苦等而)狂乱的，疯狂的，发疯似的；狂暴的：drive sb. *frantic* 使某人发狂 ❷急匆匆的，忙忙碌碌的；焦虑的，忧急的；猛烈的：in a *frantic* hurry to get home 拼命赶回家 ‖ ˈ**fran·ti·cal·ly** /-kᵊli/ *adv.*

frat /fræt/ *n.* [C]男大学生联谊会

fra·ter·nal /frəˈtɜːnᵊl/ *adj.* [无比较级] ❶兄弟的；兄弟间的 ❷兄弟般的；友爱的：*fraternal* love 兄弟般的友爱 ‖ **fraˈter·nal·ly** *adv.*

fra·ter·ni·ty /frəˈtɜːniti/ *n.* ❶[C]男大学生联谊会；(学生的)协会；组织 ❷[用作单或复]兴趣(或目的、职业、信仰等)相同的一群人(或团体)；同人：the musical *fraternity* 音乐界同人 ❸[U]兄弟情谊，手足之情；友情；博爱：*fraternity* between two peoples 两国人民之间的兄弟友谊

fra·ter·nize /ˈfrætᵊˌnaiz/ *vi.* ❶友好相处；与人交朋友；关系亲密(*with*)：For several years Frank *fraternized with* his young kinsmen. 几年来，弗兰克与这些小兄弟们也算是情同手足了。❷(部队)与敌军(或敌国国民)亲善；与被占领区人民友好相处：Men from the two armies stopped fighting and *fraternized* on Christmas Day. 两军士兵在圣诞节停战并友善地往来。‖ **frat·er·ni·za·tion** /ˌfrætᵊnaiˈzeiʃᵊn;-niˈz-/ [U] *n.* —ˈ**frat·erˌni·zer** *n.* [C]

fraud /frɔːd/ *n.* ❶[U]欺骗；诈骗；舞弊：obtain money by *fraud* 诈财 ❷[C]欺诈行为；不正当手段；谎言；骗局：This book is a bit of a *fraud*. 这本书有点儿胡说八道。❸[C]骗子，说谎者；诈骗者；骗人的东西

fraud·u·lent /ˈfrɔːdjulᵊnt/ *adj.* ❶骗人的，欺骗的；欺诈性的：The alchemy was *fraudulent* after all. 炼丹术都是骗人的。❷[无比较级]旨在骗人的；从事诈骗活动的；欺骗得来的：*fraudulent* insurance claims 意在欺诈的保险索赔 ‖ ˈ**fraud·u·lence** /-lᵊns/ *n.* [U] —ˈ**fraud·u·lent·ly** *adv.*

fraught /frɔːt/ *adj.* [作表语]充满的；填满的，装满的；伴随的(*with*)：The field of corpus linguistics is *fraught with* unsolved questions.

语料库语言学领域有着许多尚未解决的问题。

fray /frei/ *vt.* ❶使(织物的边缘或绳索等)磨损,磨坏;磨散;磨穿:Long wear had *frayed* the collar and cuffs of his old shirt. 他那件旧衬衫因久穿而磨坏了领口和袖口。❷使(神经等)紧张;使(脾气)急躁;使变坏:His nerve were *frayed* by long hours hard work. 长时间紧张辛苦的工作使他筋疲力尽。—*vi.* (线端等)被磨损;被磨散;被磨穿:His trousers are beginning to *fray* at the cuffs. 他裤脚的翻边开始磨散了。

fraz·zle /ˈfræzᵊl/ **I** *vt.* ❶磨破,磨坏;将…穿破 ❷〈口〉使疲惫,使精疲力竭:Those six eight-year-olds *frazzled* me. 那六个8岁的孩子把我搞得筋疲力尽。—*vi.* ❶被磨损;穿破❷疲惫不堪,筋疲力尽 **II** *n.* [常用单]❶〈口〉磨散;磨损;破烂:be burnt to a *frazzle* 被烧成灰烬 ❷疲惫,精疲力竭:be worn to a *frazzle* 疲惫不堪

freak /friːk/ **I** *n.* [C] ❶(人、动物或植物的)畸形,怪异;怪物:This dwarf tree is a *freak* of nature. 这棵矮树天生就是株畸形植物。❷怪异的事物(或事件);反常的事物(或事件):By a *freak* of wind, the smoke had been blown high. 突然间刮起了大风,烟被高高吹起。❸〈口〉狂热爱好者,迷:a jazz *freak* 爵士乐迷 **II** *vi.* ❶被激怒,被惹怒;生气 ❷(因吸毒等而)极度兴奋;产生幻觉:The loud noise cause the horse to *freak*. 巨大的噪音使这匹马极度烦躁不安。—*vt.* ❶激怒,惹恼,使生气 ❷(因吸毒等而)使产生幻觉;使精神恍惚;使极度兴奋,使飘飘欲仙 ‖ ***freak out*** *vi.* & *vt.* ❶激怒,惹恼,(使)生气 ❷(使)异常兴奋;(使)产生幻觉 ‖ ˈ**freak·ish** *adj.* —ˈ**freak·y** *adj.*

freck·le /ˈfrekᵊl/ *n.* [通常作~s]【医】雀斑;色斑 ‖ ˈ**freck·ly** *adj.*

free /friː/ **I** *adj.* ❶自由的;不受监禁(或奴役)的,被宣判为无罪释放的;不囚于笼中的:The accused left the court a *free* man. 被告被判无罪,当庭释放。❷享有公民权(或政治权利)的;享有人身自由的;(国家)独立自主的:All are born *free* and equal. 人人生而自由平等。❸不受操纵(或控制、约束)的;自由(选择)的:There is *free* movement of people across the border. 人民可以自由出入边境。❹[通常作表语]受准许的,可允许的:You're *free* this afternoon to do exactly what you want. 今天下午你可自由活动,想干什么就干什么。❺未固定的,未缚住的,松开的:The screw has worked *free*. 这只螺丝松动了。❻[无比较级]有空的,空闲的;未被占用的,不在用的:I don't get much *free* time. 我没有很多闲工夫。❼[无比较级]免费的,不要钱的,无偿的;(货物等)免税的,无税的 **II** *vt.* ❶使自由,解放;释放:Lincoln *freed* the Negro slaves. 林肯解放了黑奴。❷使摆脱,使去掉,消除;使免除(*from*,*of*):He *freed* his foot *from* the vine that tripped him. 他挣脱了缠在他脚上的藤蔓。❸使解脱出来;清除;清理(*from*,*of*):*free* one's hands 腾出手来

☆**free** 和 **freely** 均可作副词,而意思不尽相同。**free** 表示不需支付费用的:You can travel *free* with this special ticket.(有这张专用票,你可以免费旅行。)**freely** 表示没有限制或约束地:You can travel *freely* to all parts of the country.(你可以去这个国家各地旅行。)

-free /friː/ *comb. form* ❶表示"无…的","不含…的";"不受…影响的":salt*free*, worry*free*, lead-*free* ❷表示"免除…的":tax*free*

free·bie, free·bee /ˈfriːbi/ *n.* [C]〈口〉赠品;免费品:That meal was a *freebie* and it didn't cost me anything. 那顿饭是免费的,没花我一个子儿。

free·dom /ˈfriːdᵊm/ *n.* ❶[U]自由;独立自主;释放:Your days of *freedom* will end soon enough. 你不受管束的日子就要到头了。❷[U;C]行动(或言论、使用等)的自由权:You have the *freedom* to come and go as you please. 你有来去的自由。

☆ **freedom, liberty, license** 均有"自由"之意。**freedom** 指没有拘束和限制,可以自由地按自己的意志行事,多用于个人言论、信仰、行动等:During the holidays the employees enjoyed their *freedom*.(假日里员工们都生活得自由自在。)**liberty** 表示摆脱束缚、限制而获得的自由:The slaves were willing to fight for their *liberty*.(奴隶们都愿意为自由而战。)该词也可指自由选择的权力,有别于想干什么就干什么的自由自在状态:You are at *liberty* to say what you like.(你尽可畅所欲言。)**license** 指上级机关、主管部门给予或特许的自由:The corporation has full *license* to establish business relations with any friendly country.(这家公司有权与任何一个友好国家建立业务关系。)该词也可表示滥用自由、为所欲为:Why give these people *license* to enter the manager's office at will?（为什么允许这些人随意进入经理办公室?）

free enterprise *n*. [U]【经】自由企业制（首先由美国经济学家所倡导,指政府应尽可能少地干预企业的经济活动,并允许其自由竞争的论点或做法）

free fall *n*. [U]（抛掷物的）自由下落（运动）;自由落体（运动）

free hand *n*. [C]自由行动;自行处理

free-hand /ˌfriːˈhænd/ *adj*. & *adv*. [无比较级]（不用仪器、尺等）徒手画的,随手画的;随意描写的:*a free-hand* sketch of a child 一个小孩的手绘素描

free·lance /ˈfriːlɑːns,-læns/ **I** *n*. [C]自由职业者;（尤指）自由作家;自由艺术家 **II** *vi*. 做自由职业者,做自由作家（或演员等）:He gave up his career to *freelance*. 他放弃了固定工作,做一名自由职业者。**III** *adj*. [无比较级][作定语]自由作家（或艺术家等）的;自由职业者的工作的;自由职业者从事的:She does *freelance* translation work for several agencies. 她为几家机构做个体翻译工作。**IV** *adv*. [无比较级]作为自由职业者（或演员等）;独立地,个体地:She works *freelance*. 她是位自由职业者。

free·lanc·er /ˈfriːlɑːnsəʳ,-læns-/ *n*. [C]自由职业者;（尤指）自由作家,自由艺术家

free·load /ˌfriːˈləud/ *vi*. 〈口〉占便宜,揩油

free·ly /ˈfriːli/ *adv*. ❶自由地;不受操纵（或管制,监禁等）地:He's the country's first *freely* elected president for 50 years. 他是50年来该国第一位经过自由选举而产生的总统。❷无阻碍地;自如地:The traffic on the motorway is flowing *freely*. 公路上交通畅通无阻。❸无拘束地;随便地:I fear I talk to you too *freely*. 我怕我对你讲的话太随便了。❹直爽地,坦率地:He *freely* admits that he made a mistake. 他痛快地承认犯了错。

free·man /ˈfriːmᵊn/ *n*. [C]（[复]**-men** /-mᵊn/）❶（有别于奴隶或农奴等的）自由民:a *freeman* of the city of Oxford 牛津市的自由民 ❷公民;享有公民权的人:a *freeman* of Athens 雅典的公民

free-stand·ing /ˈfriːˌstændiŋ/ *adj*. [无比较级]独立的,不隶属其他机构的:a *free-standing* clinic 一家独立诊所

free trade *n*. [U]【经】自由贸易（指不受政府限制的国际贸易）;自由贸易制度,自由贸易主义

free verse *n*. [U]自由诗（无固定韵律的诗）

free·way /ˈfriːˌwei/ *n*. [C] ❶高速公路 ❷免费高速干道

free·will /ˈfriːˌwil/ *adj*. [无比较级]自愿的:a *freewill* choice 自由选择

freeze /friːz/ **I** （**froze** /frəuz/, **fro·zen** /ˈfrəuzᵊn/） *vi*. ❶冻结;结冰;凝固:Fresh water *freezes* at 0℃ or 32°F. 淡水在零摄氏度或华氏32度结冰。❷变得极冷;感到极冷,冻僵:I think it's going to *freeze* tonight. 我看今晚准冷得要命。❸冻伤;冻死:The two climbers *froze* to death on the mountain. 那两个登山者在山上冻死了。❹（因恐惧等）愣住,呆住;变呆板（或僵硬）;变冷淡:The baby rabbit *froze* at the strange sound. 那只幼兔一听到异常响动便呆住了。❺（食物）能冷冻（或冷藏）:Raspberries *freeze* well. 覆盆子宜冷藏。—*vt*. ❶使冻结;使结冰;使凝固:The cold *froze* the earth hard. 因天气寒冷,大地冻得硬邦邦的。❷使变得极冷;使感到极冷,使冻僵:The icy wind *froze* the spectators. 凛冽的寒风把观众们刮得浑身冰冷冰冷的。❸把…冻伤;把…冻死:The winter struck early and *froze* several tramps sleeping in alleyways. 寒冬早早袭来,把睡在通道里的几个流浪者冻伤了。❹以冰覆盖;冻牢,冻住:The intense cold *froze* the hydrant. 严寒把消防龙头冻住了。❺冷冻,冷藏（食物）:Here the ducks are killed, undressed, and *frozen* for shipment. 鸭子在这里宰杀、煺毛加工,然后冷冻待运。❻使愣住,使呆住;使变呆板（或僵硬）;使一动不动;使停顿:Casting my eyes upwards, I saw a spectacle that *froze* the current of my blood. 抬眼一看,一番景象吓得我魂不附体。❼冻结（工资、物价、银行存款等）:Spending on defence has been *frozen* for one year. 国防开支已冻结了一年。**II** *n*. [通常用单] ❶冻结（状态）;结冰（状态）;凝固（状态）:The weatherman is predicting a *freeze* tonight. 天气报告员在说今晚有冰冻。❷严寒期,冰冻期:The city was in the grip of a severe *freeze*. 该市正遭受寒流的袭击。❸（对工资、物价、银行存款等的）冻结:The government will put a *freeze* on new construction. 政府将冻结新的建设项目。

freez·er /ˈfriːzə/ *n.* [C] ❶冷冻装置；制冷器；冷藏箱；冰箱，冰柜；(冰箱的)冷冻室 ❷冷藏室；冷库；冷藏车

freez·ing point /ˈfriːziŋ/ *n.* [U]冰点，凝固点：The *freezing point* of water is 32°F or 0℃. 水的结冰点是 32 华氏度或零摄氏度。

freight /freit/ *n.* ❶[U]货运：Nowadays, the railways earn most of their profit from *freight*. 眼下，铁路的大部分赢利来自货运。❷[U](货运的)货物：Only 40% of *freight* moves interstate by truck. 只有四成的货物用卡车在各州间运输。

freight·er /ˈfreitə/ *n.* [C]货船；运输机：a German *freighter* 德国货船

French /frentʃ/ **I** *adj.* [无比较级] ❶法国的，法兰西的；法国式的：Which is better, *French* or Chinese cuisine? 哪一种更好，法国风味还是中国风味？❷法语的；法语文化的：*French* grammar 法语语法 **II** *n.* ❶[U]法语(法国、瑞士、比利时、加拿大等国家的官方语言)(略作 F) ❷[**the** ～][总称]法国人

French fried potatoes, French fries [复] *n.* 法式炸薯条〔亦作 **chip**〕

French horn *n.* [C]【音】法国号

French leave *n.* [U]不辞而别；擅自离开

French·man /ˈfrentʃmᵊn/ *n.* [C]([复]**-men** /-mᵊn/) 法国人，法兰西人；具法国血统的人；法国男子

French·wom·an /ˈfrentʃˌwumᵊn/ *n.* [C] ([复]**-wom·en** /-ˌwimin/) 法国女人

fre·net·ic /frəˈnetik/, **fre·net·i·cal** /-kᵊl/ *adj.* 极度兴奋的，非常激动的；发狂的，疯狂的：As the final date for consultation, the pace is becoming *frenetic*. 最后一天讨论，气氛变得激烈起来。‖ **freˈnet·i·cal·ly** *adv.*

fren·zied /ˈfrenzid/ *adj.* 疯狂的，发狂的；狂躁的；精神错乱的：become *frenzied* with despair 因绝望而发狂

fren·zy /ˈfrenzi/ *n.* [通常用单] ❶狂乱，疯狂；精神错乱：He is subject to these *frenzies* several times a year. 他每年都要出现几次这样的精神错乱。❷极度的兴奋；狂喜：The children screamed in a *frenzy* of delight. 孩子们高兴得大叫起来。❸热衷；狂热(*for*)：Joseph was plunged into a *frenzy* of creativity. 约瑟夫沉醉在创作的狂热中。

fre·quen·cy /ˈfriːkwᵊnsi/ *n.* ❶[U]频繁(状态)；频繁发生：Accidents are happening there with increasing *frequency*. 那儿事故愈来愈频繁。❷[C;U]频率；频度，出现率：The flashes of light came with a *frequency* of three per minute. 信号灯闪现的频度为每分钟 3 次。❸[C;U]【物】(振动、摆动、声波或电波等的)频率；周率：high *frequency* 高频

fre·quent I /ˈfriːkwᵊnt/ *adj.* ❶频繁的，时常发生的；屡次的：Conflict was *frequent* within the family. 在这家里纷争是家常便饭。❷经常的，惯常的，常见的：He made *frequent* visits to the casino. 他老是去赌博。**II** /friˈkwent/ *vt.* 常去，常到，时常出入于：Does he *frequent* teahouses? 他老是泡茶馆吗？‖ **freˈquent·er** *n.* [C] —**ˈfre·quent·ly** *adv.*

fres·co /ˈfreskəu/ *n.* ([复]**-co(e)s**)【画】❶[C]湿绘；湿绘壁画；湿绘壁画图案：Giotto's superb *frescoes* of the lives of Christ and the Virgin 乔托描绘基督和圣母生活的壮丽壁画 ❷[U]湿绘壁画法，湿壁画技法

F

fresh /freʃ/ *adj.* ❶新的；新制的，新产的；新到的；新近的：I have *fresh* coffee made. 我刚煮了咖啡。❷新鲜的；未经腌熏(或冷藏)的；非罐装的：Plastic wraps are used to keep food *fresh* under refrigeration. 冰箱保鲜膜可以使冷藏的食品保持新鲜。❸[无比较级]新颖的；有创见的；有启发性的；新颖生动的：a *fresh* portrayal 新颖生动的描绘 ❹[无比较级][常作定语](水)淡的，无咸味的；未放盐的：*fresh* water 淡水 ❺气色好的，显得健康的；精神饱满的，精力充沛的；有生气的，有青春活力的：He appeared *fresh*, unrumpled, and clear-eyed. 他显得精神抖擞，衣着整洁，眼睛也是亮晶晶的。❻干净的，整洁的；光润的；未曾用过的：a *fresh* apron 干净的围裙 ❼清新的，清爽的；凛冽的；【气】(风)强劲的：It is still a bit *fresh* in the early spring morning. 初春清晨，依然寒意料峭。❽无经验的，不老练的：I'll show this *fresh* kid a few. 我要给这个乳臭未干的小子一点厉害瞧瞧。‖ **ˈfresh·ly** *adv.* —**ˈfresh·ness** *n.* [U]

fresh·en /ˈfreʃᵊn/ *vt.* ❶使变新鲜；使变鲜艳：flowers *freshening* the scene 使景色焕然一新

的花卉❷给…梳洗(*up*) ❸使精神饱满,使充满活力;使神清气爽(*up*):The rest *freshened* my spirits. 休息后我精神饱满。—*vi.* ❶变新鲜;变清爽;变清新;变鲜艳:The air *freshened* after the storm. 暴风雨过后,空气变清新了。❷梳洗;变得精神饱满,充满活力 ‖ ˈ**fresh·en·er** *n.* [C]

fresh·et /ˈfreʃit/ *n.* [C](因大雨或融雪引起的)洪水,河水暴涨

fresh·man /ˈfreʃmᵊn/ *n.* [C] ([复]**-men** /-mᵊn/) ❶大学一年级新生;中学一年级学生:*freshmen* at the Constable School 警察学校的新生 ❷新手,没有经验的人

☆**freshman** 自 19 世纪末起既可指一年级男生,也可指一年级女生;19 世纪时曾使用 **freshwoman** 来指一年级女生,终未普及。

fresh·wa·ter /ˈfreʃˌwɔːtəʳ/ *adj.* [无比较级][作定语]淡水的;生长在淡水中的:a *freshwater* fish 淡水鱼

F

fret /fret/ (**fret·ted**; **fret·ting**) *vi.* ❶烦恼,苦恼;烦躁;忧虑,发愁:He *frets* about his poor memory. 他为自己糟糕的记忆而苦恼。❷被激怒;感到气愤:My soul *frets* in the shadow of his language. 他的言外之意刺痛了我的心。—*vt.* 使烦恼;使烦躁;使焦急;使忧虑,使发愁:*fret* oneself ill 急出病来

fret·ful /ˈfretfᵘl/ *adj.* 焦急的;烦躁的;恼怒的,不快的:the baby's *fretful* crying 那个婴儿发出的恼人哭声 ‖ ˈ**fret·ful·ly** *adv.*

Freud·i·an /ˈfrɔidiᵊn/ *adj.* [无比较级]弗洛伊德的;弗洛伊德精神分析法的;弗洛伊德学说(或实践)的:a loyal upholder of *Freudian* orthodoxy 弗洛伊德学说的忠实支持者

Fri. *abbr.* Friday

fri·a·ble /ˈfraiəbᵊl/ *adj.* [无比较级]〈书〉易碎的,脆的;易成粉状的:Dry soil is *friable*. 干燥的土壤易成粉状。

fric·tion /ˈfrikʃᵊn/ *n.* ❶[U]摩擦;(表面)摩擦力:Bodies moving through a vacuum encounter no *friction*. 物体在真空中运动不会遇到阻力。❷[C;U]〈喻〉冲突,不和;(意见的)相左:The current debate is also a sign of deeper *frictions*. 如今的辩论也是更深层次冲突的表现。

Fri·day /ˈfraidei,-di/ *n.* [C;U]星期五,周五(略作 **Fri**,**F**)

fridge /fridʒ/ *n.* [C]〈口〉电冰箱(=refrigerator)

fried /fraid/ **I** *adj.* [无比较级] ❶(食物)油煎的;油炸的 ❷〈俚〉喝醉的 ❸〈俚〉(吸毒后)欣快的 **II** *v.* fry 的过去式和过去分词

friend /frend/ *n.* [C] ❶朋友,友人:He is a *friend* of my family. 他同我们是世交。❷支持者,赞助者,同情者;助手,帮手:I know you'll be a *friend* to him. 我知道你会照料他的。‖ ***A friend in need is a friend indeed.*** 〈谚〉患难朋友才是真朋友。***be friends with*** *vt.* ❶与…友好:John has *been friends with* Robert since they were small children. 约翰跟罗伯特从小就是好朋友。❷喜爱:*be friends with* opera 喜爱歌剧 ***make friends*** *vi.* 交朋友,建立友谊;有人缘;变得友好:Tony is rather shy and finds it difficult to *make friends*. 托尼很怕羞,觉得很难交朋友。***make friends with*** *vt.* ❶与…交友,与…建立友谊:The little girl has *made friends with* the kitten. 小女孩已同猫咪建立了友谊。❷开始喜爱;变得习惯于:He could not *make friends with* the suit I had bought for him. 他就是不喜欢穿我给他买的那套西装。‖ ˈ**friend·less** *adj.*

friend·ly /ˈfrendli/ **I** *adj.* ❶朋友(般)的;友谊的:Only one little whisper, Fred — is the old man *friendly*? 不过我要小声问一句,弗雷德,老头儿还讲交情吗? ❷友善的;友好的;和睦的;表示友好的:I found her in a warm and *friendly* mood. 我发觉她态度热忱友好。❸支持的;赞成的;有利的,有帮助的:a *friendly* wind 顺风/be *friendly* to change 赞成变革 **II** *n.* [C] ❶友好的人;(对移民、入侵者)表示友好的人 ❷〈英〉友谊赛:They were called "*friendlies*", but they were really tough matches. 说是"友谊赛",但实际上角逐很激烈。‖ ˈ**friend·li·ness** *n.* [U]

friend·ship /ˈfrendʃip/ *n.* [U;C]友谊;友好;友情;友爱:We are back at school, making new *friendships* and renewing old ones. 我们回到了学校,结识新友,重温旧谊。

frieze /friːz/ *n.* [C]【建】❶(顶柱过梁与挑檐之间的)雕带 ❷壁缘;饰带:*frieze* board 饰带装饰板

frig·ate /ˈfrigit/ *n.* [C] ❶(英国、加拿大的)护航舰,护卫舰:a well-equipped *frigate* 装备完

善的护航舰 ❷大型驱逐舰，驱逐领舰

fright /frait/ *n.* ❶[U;C]恐惧，恐怖；惊吓：A *fright* went through me. 一阵恐惧掠过我的心头。❷[C]〈口〉令人惊讶的人(或事物)；吓人的东西；奇形怪状的人(或事物)；荒唐可笑的人(或事物)：He is a perfect *fright*. 他是个十足的丑八怪。

fright·en /ˈfraitᵊn/ *vi.* ❶[常用被动语态]使惊恐，使害怕；吓唬：These manoeuvres *frightened* timid investors. 这些举措吓坏了胆小的投资者。❷吓走，吓跑(*away*,*off*)：Walk quietly so that you don't *frighten* the birds *away*. 脚步放轻点儿，别把小鸟吓跑了。

☆ **frighten**, **alarm**, **scare**, **terrify**, **terrorize** 均有"惊恐，惊吓"之意。**frighten** 为最普通用词，使用范围广泛，常指突然降临的危险或威胁使人感到害怕、恐惧，可指短暂的一阵心惊肉跳，也可指因恐惧而处于惊呆状态：The little girl was *frightened* by a snake. (那小女孩被蛇吓坏了。) **alarm** 指对突如其来的外界威胁或危险感到惶恐不安：He was quite *alarmed* last night at the cry of "help". (昨晚的那一声救命使他整晚惴惴不安。) **scare** 与 frighten 基本同义，但语气较重，强调身体方面的反应，往往含有被吓得畏缩、发抖、逃跑的意味：The stunt taxi driver *scared* the passenger half to death. (那位冒失的出租车司机把乘客吓了个半死。) **terrify** 强调恐惧心理极为强烈，往往指被吓得魂飞魄散、不知所措：The violence of the movie *terrified* the child. (电影中的暴力镜头吓坏了那个孩子。) **terrorize** 常指因威胁和恐吓引起恐惧和惊吓：Anti-government bandits have been *terrorizing* the border region. (反政府匪徒一直威胁着边界地区的安全。)

fright·en·ing /ˈfraitᵊniŋ/ *adj.* 令人惊恐的，骇人的：This is a *frightening* thought. 这个想法令人不寒而栗。

fright·ful /ˈfraitfᵘl/ *adj.* ❶可怕的，恐怖的，骇人的：She let a *frightful* screech out of her. 她发出一种撕心裂肺的尖叫声。❷丑的；难看的；令人震惊的：The storm did *frightful* damage. 那场风暴所造成的损失令人震惊。‖ ˈ**fright·ful·ly** *adv.*

frig·id /ˈfridʒid/ *adj.* ❶寒冷的，酷寒的：The air on the mountaintop was *frigid*. 山顶上的空气很寒冷。❷冷淡的，冷漠的；没有生气的；刻板的；令人沮丧的：a *frigid* reaction to the proposal 对提议作出的冷淡反应 ‖ **fri·gid·i·ty** /friˈdʒiditi/ *n.* [U] —ˈ**frig·id·ly** *adv.*

frill /fril/ *n.* [C] ❶(服装等的)褶边，饰边，荷叶边：sew a *frill* along the bottom of one's dress 在裙服下摆上缝荷叶边 ❷[常作～s]不必要的装饰，虚饰；花架子；(讲话、态度等的)装模作样：Rebates, gifts, and other *frills* are used to attract shoppers. 打折、送礼以及其他一些用来招徕顾客的小花招。

fringe /frindʒ/ **I** *n.* ❶[C]穗，缘饰，缨子，流苏；流苏饰边 ❷[常作～s]边缘；外围；界限：They stopped on the *fringe* of the crowd. 他们驻步在人群外围。❸[C]穗状物；〈英〉(头发的)刘海：The girl wears her hair in a *fringe*. 那个女孩留着刘海。**II** *vt.* ❶(似)加穗于；(似)在…上加缘饰：The cloth of the tea table is *fringed* with elephants. 茶几桌布周边饰有大象图案。❷是(或作为)…的边缘：The lake was *fringed* with pine trees. 湖边种着松树。

fringe benefit *n.* [C](工资以外的)津贴；附加福利

frisk /frisk/ *vi.* (动物、小孩等)蹦跳；欢跃，雀跃；嬉戏：Lambs were *frisking* about in the sun. 羊羔在阳光下追逐嬉戏。—*vt.* (用手或探测器)搜…的身；搜查：The place has been *frisked* in a hurry. 这个地方被人匆忙搜查过了。

frisk·y /ˈfriski/ *adj.* 雀跃的；欢快的，轻快的；活泼的：He may be over sixty, but he can still be very *frisky*. 他可能已 60 多岁了，但仍精力旺盛。‖ ˈ**frisk·i·ly** *adv.* —ˈ**frisk·i·nesss** *n.* [U]

frit·ter /ˈfritəʳ/ *vt.* (一点点)浪费；挥霍：He was *frittering away* his talents. 他在浪费自己的才干。

friv·o·li·ty /ˈfrivᵊliti/ *n.* ❶[U]不严肃；轻薄，轻浮：His *frivolity* makes him unsuited to a position. 他的轻浮使他不能担当重任。❷[C]轻薄的言行；无聊事：A political speech should not be full of *frivolities*. 政治演说不该充满轻浮的言辞。

friv·o·lous /ˈfrivᵊləs/ *adj.* ❶不严肃的，轻率的；轻佻的，轻浮的：This is a serious issue. Please don't make *frivolous* remarks. 这是个严肃的问题，切莫妄下评语。❷琐屑的；无意义的，无聊的；无价值的：a *frivolous* suggestion

F

无足轻重的建议 ‖ ˈ**friv·o·lous·ly** *adv.*

frizz /friz/ 〈口〉 **I** *vt.* 使卷曲;使卷紧;卷(发)(*out*,*up*):The young girl *frizzed up* her hair in preparation for a date. 这个姑娘卷好头发,准备赴约。—*vi.* (毛发)卷曲;卷紧;结成束 **II** *n.* [C]卷发,卷毛;一束卷发;卷曲物 ‖ ˈ**friz·zy** *adj.*

friz·zle[1] /ˈfrizᵊl/ *vi* & *vt.* ❶吱吱地煎炸(食物):I could smell the bacon *frizzling* downstairs. 我闻到楼下吱吱作响熏咸肉的味道。❷(把…)烧焦,烤煳;(把…)煎得酥脆,烤脆(食品);(把…)煎炸得卷起来(*up*):I left the stew cooking for too long and it *frizzled up*. 我把肉炖得时间过长,都烤煳了。

friz·zle[2] /ˈfrizᵊl/ **I** *vt.* 使卷曲,使紧卷(*up*):The gas dried up her hair and *frizzled* the ends. 气体把她的头发烤干,发端卷了起来。—*vi.* (头发等)卷曲;结成发卷儿 **II** *n.* [C]卷曲物;发卷儿;小卷结

F

fro /frəu/ *adv.* [现只用于 to and fro 短语中]离开;向后;向

frock /frɔk/ *n.* [C] ❶(女式)礼服;连衣裙,裙装:We loved the summer *frocks* and the party shoes. 我们好喜欢那些夏日礼服和舞鞋。❷僧袍 ❸工装,劳动服;宽松罩衫

frog /frɔg/ *n.* [C] ❶【动】蛙类动物;青蛙:the croaking of *frogs* 青蛙的呱呱叫声 ❷轻度嘶哑的嗓音:She sang with *frogs*. 她嘶哑着嗓子唱歌。

frog·man /ˈfrɔgmᵊn/ *n.* [C]([复]-**men** /-mᵊn/) 蛙人,潜水员

frol·ic /ˈfrɔlik/ **I** *n.* ❶[C;U]嬉戏;玩乐,玩耍:a drunken *frolic* 酒后的嬉闹 / be in *frolic* 嬉戏 ❷[C]欢乐的游戏;欢乐的聚会:The children had a *frolic* on the lawn. 孩子们在草坪上快乐地做游戏。**II** *vi.* (**-icked;-icking**) 欢跳,雀跃;轻松嬉戏,嬉闹:The children were *frolicking* in the snow. 孩子们在雪里嬉戏。

from /强 frɔm,弱 frəm/ *prep.* ❶[表示起点]从…起,始于:You should be more careful *from* now on. 从今往后你要更加小心。❷[表示距离、离开、脱离]离:Greenwich is on the River Thames, five miles *from* the middle of London. 格林尼治位于泰晤士河畔,距伦敦市中心仅 5 英里。❸[表示来源]从…来,源自,出自:There is a man *from* the bank to see you. 银行有人来看你。❹[表示去除、免除、摆脱、阻止、防止、剥夺等]:Both of them escaped *from* the peril in a whole skin. 他们俩平安脱险了。❺[表示原因、动机]因为,由于;出于:The plants died *from* want of water. 这些植物由于缺水而枯死了。❻[表示区别、差异]:Can you tell margarine *from* butter? 你能分辨出人造黄油和黄油吗?❼[表示情况、状态的改变]从:This article was translated *from* Chinese into English. 这篇文章已由汉语翻译成英语。❽[表示角度、观点、根据]从;据:There is a wonderful view *from* the top of the tower. 从塔顶往下看,风景特别优美。❾[表示始终、完全、彻底]从…(到…),自…(至…):Presently he told them his adventures *from* beginning to end. 接着他就将他的险遇原原本本地告诉了他们。❿[表示原料]由:Cheese and butter are made *from* milk. 乳酪和黄油由牛奶制成。

front /frʌnt/ **I** *n.* ❶[通常用单]前面;前部:The church has a wonderful porch at the *front*. 教堂前部有个漂亮的门廊。❷[通常用单]正面;(建筑物的)(正)面:the *front* of a postcard 明信片的正面 ❸[**the** ~]海(江、河、湖)滨人行道:A blow along *the front* will do you good. 沿海滨人行道吹吹海风对你会有好处。❹[常作 **the** ~]【军】前线,前方;先头部队,部队前列;战线:The losses were great on all *fronts*. 各个战场都伤亡惨重。❺[C](政治、经济、社会等)领域;战线;方面:Things are getting better and better on the domestic *front*. 国内形势越来越好。**II** *adj.* [无比较级][作定语] ❶前面的;前部的:a *front* tooth 门牙 ❷正面的:The feminists are represented on the *front* cover of the book. 女权主义者上了此书的封面。❸(位置)在前的;(建筑物等)临街的:From the *front* window I saw the children playing below in the street. 我从临街的窗户看到孩子们在街上玩耍。‖ ***in front*** *adj.* & *adv.* 在前面;在面前;在正前方;在最前面(或最重要)的位置:Some of the children ran on *in front*. 孩子当中有一些跑在前头。***in front of*** *prep.* 在…前面;在…面前:Don't stand *in front of* the television. 别站在电视机前面。***in the front of*** *prep.* 在…最前面(或最重要)的位置:Young children should not travel *in the front of* the car. 小孩子坐汽车不该坐前座。‖ ˈ**front·less** *adj.*

☆**in front of** 意思是"在…前面",强调两个人(或事物)不紧挨在一起:A child ran out *in front of* the bus,so the driver had to stop.(有一个小孩在车前跑,所以司机不得不停车。)当强调一事物在另一事物内部或为其一构成部分时则须用 **at [in] the front of**:She got a seat *at [in] the front of* the bus (= *in the front* part of the bus),so we had a good view.(她坐在公交车前部,所以视角很好。)/ I was sitting right *at the front of* the cinema but someone sat *in front of* me;I couldn't see a thing!(我是坐在电影院前排,可是我前面坐了人,我什么都看不见。)

front·age /ˈfrʌntidʒ/ *n.* [C;U]〈书〉❶(建筑物的)正面,门面;(场地的)前部:the *frontage* of the Treasury 财政部的门面 ❷临街(或河、湖、海)的场地;(临街或河湖、海的)屋前空地:He complained that the new sidewalk would decrease his *frontage*. 他抱怨说,新建的人行道将会减少他的临街空地。

fron·tal /ˈfrʌntᵊl/ *adj.* [无比较级][作定语](在)正面的;(位于)前面的;向前的,朝前的:He managed to sidestep the first *frontal* attack. 他侧步躲开了第一次正面进攻。‖ ˈ**fron·tal·ly** *adv.*

fron·tier /ˈfrʌntiəʳ,frʌnˈtiəʳ/ *n.* ❶[C]边界;(尤指)国界,国境线;边境,边疆;国境(见 boundary):close the *frontier* 关闭边境 ❷[C](未开发的)边区;开发地区的尽头:the western *frontier* 西部边陲 ❸[常作~s](知识领域的)边缘;(学科的)前沿;尚未开拓(或探索)的空白领域:The Internet is often considered the last *frontier* where free speech reigns. 互联网常被看作发表自由言论的最后领域。

fron·tis·piece /ˈfrʌntisˌpiːs/ *n.* [C](书籍题页前的)卷首插图,扉页插图;章前插图

front runner *n.* [C](赛跑或竞争中的)领先者;最有希望夺标的人

frost /frɔst/ **I** *n.* [C;U] ❶霜冻(天气);严寒;严寒期;冰点以下的气温:*Frost*-resistant varieties contain even more vitamin C. 能耐霜冻的品种含有更多的维生素 C。❷霜,白霜:At night the *frost* shaded the windows of the wooden houses. 夜里,霜花蒙上了木屋的窗户。**II** *vi.* 结霜,起霜;结冰(*up*, *over*):The fields have *frosted over*. 地里下了层霜。—*vt.* 在…上结霜,使结霜:It was discovered that the greater part of the potato crop had been *frosted* in the clamps. 人们发现大部分土豆都结了霜。

frost·bite /ˈfrɔstˌbait/ *n.* [U]冻伤;冻疮;霜害

frost·ed /ˈfrɔstid/ *adj.* ❶结霜的 ❷(玻璃或金属等)有霜状表面的,毛面的

frost·ing /ˈfrɔstiŋ/ *n.* [U] ❶(蛋糕、饼干的)霜状糖衣混合物;糖霜馅 ❷(金属或玻璃的)霜面,毛面

frost·y /ˈfrɔsti/ *adj.* ❶霜冻的;严寒的:It was a fine morning,dry,clear,and *frosty*. 那天早上天气很好,干爽、清朗,露凝霜浓。❷结霜的,冰霜覆盖的;有霜的:The glass is *frosty*. 玻璃上结满了霜。❸〈喻〉冷淡的,冷漠的,冷若冰霜的:The banker's voice became *frosty*. 银行家的声音变得冷若冰霜。‖ ˈ**frost·i·ly** *adv.* —ˈ**frost·i·ness** *n.* [U]

froth /frɔθ/ **I** *n.* [C;U]泡,泡沫;白沫:The *froth* of the waves collected on the beach. 浪花泛起的白沫覆涌在海滩上。**II** *vi.* 起泡沫;吐白沫(*up*):The dog *frothed*,ran insanely,and died. 那条狗口吐白沫,疯跑一阵后就死了。‖ ˈ**froth·i·ly** *adv.*

frown /fraun/ **I** *vi.* ❶皱眉,蹙额:He sat at his desk,*frowning* as he so often did. 他坐在办公室前,像往常那样颦眉蹙额。❷表示不悦(或恼怒、不赞成):He *frowned* at my retort. 他见我顶嘴,脸显愠色。**II** *n.* [C] ❶皱眉,蹙额:His *frown* deepened. 他的双眉锁得更紧了。❷不悦(或不赞成、严肃、沉思等)的表情:He clinched his hand with a fierce *frown*. 他握紧拳头,横眉怒目。

frowz·y,frows·y /ˈfrauzi/ *adj.* 不整洁的,凌乱的;邋遢的;肮脏的:*frowzy* white hair 蓬乱的白发 ‖ ˈ**frowz·i·ness**,ˈ**frows·i·ness** *n.* [U]

froze /frəuz/ *v.* freeze 的过去式

fro·zen /ˈfrəuzᵊn/ **I** *v.* freeze 的过去分词 **II** *adj.* ❶结冰的,冰冻的;冻住的:The pond is *frozen*. Let's go skating. 池塘结冰了,咱们去溜冰吧。❷严寒的,极冷的:It's a beautiful day — *frozen* and icy and clear. 天气很好,冰天冻地,晴朗晶莹。❸[作定语]冷冻的,冷藏的:*frozen* vegetables 冷冻的蔬菜

fru·gal /ˈfruːgᵊl/ *adj.* ❶节约的,节省的;生活俭朴的,省吃俭用的:He was *frugal* with

F

himself. 他自己花钱很节俭。❷廉价的,花钱少的;简陋的;少量的:a *frugal* diet 粗茶淡饭 ‖ ˈ**fru·gal·ly** *adv.* —**fru·gal·i·ty** /fruːˈɡæliti/ *n.* [U]

fruit /fruːt/ *n.* ❶[C;U]【植】果实:We ate some wild *fruit* we didn't know and our stomachs ran. 我们吃了一些不知名的野果后就拉肚子了。❷[C;U]([复]**fruit(s)**) 水果,果品;一盘(或一份)水果:Is a tomato a *fruit* or a vegetable? 番茄是水果还是蔬菜? ❸[常作 **the ~s**] 结果;成果;效果:Their efforts bore tangible *fruit*. 他们的努力得到了切实的回报。

fruit fly *n.* [C]【昆】果蝇

fruit·ful /ˈfruːtfᵊl/ *adj.* ❶富有成效的;成功的;有收益的;有利的:The years spent there were *fruitful* in friendship. 在那里度过的几年里结交了不少朋友。❷多产的:He is *fruitful* of wits. 他才智横溢。❸有助于多产的:The valleys to the north are more *fruitful*. 北边的谷地更加丰饶。‖ ˈ**fruit·ful·ly** *adv.* —ˈ**fruit·ful·ness** *n.* [U]

fru·i·tion /fruːˈiʃᵊn/ *n.* [U]〈书〉❶结果实:Our field needs more rain for *fruition*. 我们的田地需要更多的雨水才能让作物结果实。❷结果,成果:the *fruition* of one's labours 劳动成果

fruit·less /ˈfruːtlis/ *adj.* [无比较级] ❶不结果实的:a *fruitless* tree 不结果实的树 ❷无结果的;没有效果的;徒劳的;不成功的;无收益的(见 futile):I don't think the African visit will be *fruitless*. 我认为非洲之行并非徒劳无益。‖ ˈ**fruit·less·ly** *adv.* —ˈ**fruit·less·ness** *n.* [U]

fruit·y /ˈfruːti/ *adj.* ❶水果的;像水果的:*fruity* fragrance 果香 ❷(尤指酒等)果味的,果香的;葡萄味的:This red wine is soft and *fruity*. 这种红酒口感绵软,果味浓郁。‖ ˈ**fruit·i·ness** *n.* [U]

frus·trate /frʌˈstreit, ˈfrʌstreit/ *vt.* ❶使(努力等)无用(或无效);使(计划、希望等)落空,使泡汤:The student's indifference *frustrated* the teacher's efforts to help him. 这个学生无动于衷,老师对他的帮助都白费了。❷挫败,击败;妨碍…的成功;使受挫折:*frustrate* an opponent 挫败对手 ❸使失望,使沮丧,使失意:The lack of money and facilities depressed and *frustrated* him. 他因缺乏资金和设备而十分沮丧,一筹莫展。‖ **frus·tra·tion** /frʌsˈtreiʃən/ *n.* [U;C]

fry[1] /frai/ **I** *vt.* 油煎;油炸;油炒:Shall I *fry* the fish for dinner? 晚饭我煎这条鱼好吗? —*vi.* 在油里煎(或炸、炒):These fish are small and will soon *fry*. 这几条鱼不大,很快就可以煎好。**II** *n.* [C] ❶(法式)炸薯片,油炸土豆 ❷油煎(或炸、炒)食品的社交聚餐:a fish *fry* 煎鱼野餐会

fry[2] /frai/ *n.* [单复同] ❶鱼苗,小鱼 ❷人;(尤指)小孩,孩童:the small young *fry* 孩子们

fry·er /ˈfraiəʳ/ *n.* [C] ❶油煎锅;油炸锅;油炸食物用的厨具 ❷适合油炸的仔鸡;可供油炸的食品

FTC *abbr.* Federal Trade Commission (美国)联邦贸易委员会

fudge[1] /fʌdʒ/ *n.* [U]乳脂软糖

fudge[2] /fʌdʒ/ *vt.* ❶胡乱拼凑;胡编乱造(*up*) ❷捏造;窜改,歪曲;夸大:The figures on the latest report have been *fudged*. 最新报告上的数字已被窜改了。❸应付,糊弄,对…敷衍了事 ❹回避,规避(问题、话题等)

fu·el /fjuəl/ **I** *n.* ❶[C;U]燃料;燃烧剂;能源:The usual boiler has a furnace in which *fuel* is burned. 一般的锅炉都有一个烧煤的炉腔。❷[U](为身体提供能量的)食物,养料,营养物质:Animals take food to obtain *fuel* or energy to carry on all their life activities. 动物进食以获取养料或能量,从而继续其全部的生命活动。**II** (**fuel(l)ed**;**fuel·(l)ing**) *vt.* ❶给…供给燃料(或燃烧剂等);给…加油:That car is being *fuelled* ready to try to beat the speed record. 汽车正在加大马力,力争打破速度纪录。❷激发;刺激;引起:A visit to France *fuelled* his interest in the French language. 法国之行激发了他对法语的兴趣。—*vi.* 添加燃料(或燃烧剂等);加油(*up*):The long-distance plane has to stop at London Airport to *fuel up*. 这架远程飞机必须在伦敦机场加油。

fu·gi·tive /ˈfjuːdʒitiv/ *n.* [C] ❶逃亡者,亡命者;逃犯:a jail *fugitive* 越狱犯 ❷被放逐者,被流放者;流亡国外的人;离开祖国的人;难民:*fugitives* from an invaded country 从被入侵国逃出来的难民

fugue /fjuːɡ/ *n.* [C;U]【音】赋格曲 ‖ ˈ**fu·gal** *adj.* [无比较级]

-ful /f°l,f°l/ *comb. form* ❶[置于名词后构成形容词]表示“充满…的”:cheer*ful* ❷[置于名词后构成形容词]表示“显示出…的”:care*ful* ❸表示“具有…特点(或特征、特性)的”:beauti*ful* ❹[用于形容词或拉丁语词根后构成形容词,不改变原词的意义]:dire*ful*,grate*ful* ❺[置于动词后构成形容词]表示“倾向于…的”,“易于…的”:harm*ful* ❻[置于名词后构成形容词]表示“能够…的”:use*ful* ❼[置于名词后构成名词]表示“充满”,“能够容纳(或接受)的量”:arm*ful*,mouth*ful*,packet*ful*,room*ful*

☆以**-ful**结尾的名词的复数形式通常在该名词后面加 s,如 two cup*fuls*, two scant teaspoon*fuls*;或许受 both arms full of packages 这一结构的影响,有些人写作或说话时用**-sful**构成复数形式,如 cups*ful*,hands*ful*。

ful·fil(l) /ful'fil/ *vt.* (**-filled;-fill·ing**) ❶履行;实现:It was not very long before his prediction was *fulfilled*. 没过多久他的预言果然应验了。❷执行,实行;遵守:The country now *fulfills* a most important role in international affairs. 现在该国在国际事务中扮演着举足轻重的角色。❸满足,使满意:What her spirit had so long projected was *fulfilled*. 她心中长久设想的事,如今如愿以偿了。❹符合;达到:The conditions of entry to university in China are quite difficult to *fulfill*. 中国大学的招生极严,一般人很难达到。‖ **ful'fil(l)·ment** *n.* [U]

full /ful/ **I** *adj.* ❶[无比较级]满的,充满的;装满的,挤满的:Do not talk with your mouth *full*. 嘴里塞满东西时别说话。❷(供应、储备等)极好的;充足的,丰富的:He ate three *full* meals a day. 他一日三餐吃得很丰盛。❸[无比较级]〈口〉饱的;吃撑的,吃胀的;喝醉的:You ought not to go swimming on a *full* stomach. 你不该吃饱了肚子再去游泳。❹[无比较级][作定语]最大(量)的;最大限度的;最盛的;最高(级)的;(资格等)正式的:The cherry trees are in *full* blossom. 樱花盛开。❺详尽的,详细的,没有遗漏的:Please give your *full* address. 请写上你的详细地址。❻[无比较级]完整的;完全的;全部的;彻底的;绝对的;完美的:a *full* collapse 彻底崩溃 / a *full* man 完人 ❼丰满的,圆鼓鼓的,胖乎乎的:He's quite *full* in the face. 他生着一张圆滚滚的大脸。❽宽松的,宽大的;多褶的;打大褶的:The sleeves were cut *full*. 衣袖裁得很宽松。**II** *adv.* [无比较级] ❶直接地,径直地;恰恰,正好:She looked *full* at him. 她一直瞧他。❷很,极其,非常,十分:A sailor knows *full* well the fury of the sea. 对大海的淫威水手了解得十分清楚。‖ ***full of*** *prep.* 有许多…的;充满…的:a young man *full of* vigour 富有朝气的小伙子 ***in full*** *adv.* ❶以全文;未加缩略地:Write your name *in full*, please. 请写下你的全名。❷全额地,全数地;全部地:The money must be paid *in full* by the last day of this month. 这笔钱必须在本月内如数交付。

full-blood·ed /ˈfulˌblʌdid/ *adj.* [作定语] ❶(尤指马)纯种的,纯血统的:*full-blooded* Merino sheep 纯种美利奴羊 ❷精力充沛的,生气勃勃的,精神饱满的;(脸色)红润的:create a *full-blooded* market economy 建立起生机勃勃的市场经济

full-blown /ˈfulˌbləun/ *adj.* [无比较级] ❶完全成熟的;充分发展的;完善的:The economic slowdown reached the status of a *full-blown* recession Thursday. 经济减缓在周四已成为全面的经济衰退。❷(花)盛开的:*full-blown* flowers 盛开的鲜花

full-bod·ied /ˌful'bɔdid/ *adj.* ❶(酒)浓烈的,浓郁的,醇厚的;(墨水、味道等)浓的❷(音质)圆润的;雄浑的

full dress *n.* [U]晚礼服;礼服

full-fledged /ˌful'fledʒd/ *adj.* [无比较级] ❶(鸟类)羽毛丰满的:a *full-fledged* robin 一只羽毛丰满的知更鸟 ❷[作定语]成熟的;受过全面训练的;充分展开的:A girl needs three years of training to be a *full-fledged* nurse. 女孩子要经过三年的培训才能成为一名合格的护士。

full moon *n.* [C;U]圆月,满月;满月期,月盈期;月圆时刻:There's a good deal of light in the sky at *full moon*. 月圆时分,天空非常明亮。

full professor *n.* [C]正教授

full-scale /ˈfulˌskeil/ *adj.* [无比较级][作定语] ❶(图画、模型等)与实体同样大小的,实比的:a *full-scale* blueprint of a machine 一份实比的机器图纸 ❷最大规模的;充分利用现有材料(或资源、信息等)的:He's writing a *full-scale* history of 19th-century France. 他正在编写一部详尽的 19 世纪法国史。❸完全的;完

整的；全面的：The police have started a *full-scale murder investigation.* 警察已经对谋杀案展开了全面侦查。

full-time /ˈfulˌtaim/ ［无比较级］ **I** *adj.* 规定的工作（或学习等）时间的，全部时间的；专职的；全日制的；占据（或使用）全部时间的：He has five *full-time* workers and four summer part-timers. 他有 5 个专职工人和 4 个夏季零工。**II** *adv.* 在全部规定时间内地；专职地；全日制地 ‖ ˈ**full-ˌtim·er** *n* ［C］

ful·ly /ˈfuli/ *adv.* ❶完全地，全部地；彻底地：He dived into the water *fully* clothed. 他没脱衣就跳进水中。❷充足地，足够地；充分地：The novel *fully* expresses his anger toward the racial discrimination. 小说充分表明了他对种族歧视的愤慨。

ful·ly-fledged /ˌfuliˈfledʒd/ *adj.* ＝full-fledged

ful·mi·nate /ˈfʌlmiˌneit，ˈful-/ *vi.* 〈书〉强烈谴责，怒斥；怒喝；大声宣布法令（*against*，*at*）

F

ful·some /ˈfusᵊm/ *adj.* ❶（恭维话等）露骨的，令人反感的；虚伪的 ❷过分的

fum·ble /ˈfʌmbᵊl/ *vi.* ❶瞎摸，乱摸；摸索：Paul *fumbled* repeatedly as he tried to find a place to pin the microphone. 保罗手忙脚乱地摸来摸去，想找个地方固定话筒。❷笨拙地行事（或行进）：*fumble* around in the dark 在黑暗中到处瞎撞—*vt.* ❶瞎摸，乱摸；摸索：He *fumbled* the door latch. 他摸索着找门闩。❷摸索着（或笨拙地）走（路）：He *fumbled* his way out of the pub. 他跌跌撞撞地走出小酒馆。❸笨拙地做（或造成）；错误地处理：He *fumbled* a chance to take the fort by surprise. 他贻误了突袭攻占要塞的战机。‖ ˈ**fum·bler** *n.* ［C］—ˈ**fum·bling·ly** *adv.*

fume /fjuːm/ *vi.* ❶冒烟（或气、汽）；（烟、气、汽等）冒出，散发：Staggering off, he *fumed* with brandy. 他步履蹒跚地走了，身上散发出白兰地酒味。❷发怒，发火（*at*，*over*，*about*）：I *fumed at* my own inability. 我深为自己的无能恼火。

fu·mi·gate /ˈfjuːmiˌgeit/ *vt.* ❶（为杀虫、消毒等）烟熏，熏蒸 ❷用香熏 ‖ ˈ**fu·mi·ga·tion** /ˌfjuːmiˈgeiʃᵊn/ *n.* ［U］—ˈ**fu·miˌga·tor** *n.* ［C］

fun /fʌn/ **I** *n.* ［U］❶有趣的人（或事物）；逗人乐（或令人兴奋）的言行：Clowns are *fun.* 丑角儿真逗。❷乐趣；娱乐；快乐：Let the boys have a little *fun.* 让年轻人开开心去吧。**II** *adj.* 〈口〉［作定语］供人娱乐的；令人快乐的；有趣的：He demystified serious music, making it exciting and *fun.* 他使严肃音乐变得富有刺激性和妙趣横生，不再神秘。‖ ***for fun*** ［***for the fun of it***，***for the fun of the thing***］ *adj.* & *adv.* 开玩笑的（地）；闹着玩儿的（地）：I don't need English for my work. I'm learning it *for fun.* 我的工作用不着英语，学英语只是为了好玩而已。（***just***）***in fun*** *adv.* 说（或闹）着玩儿：It was said *just in fun.* They didn't mean to upset you. 他们这是说着玩儿，并不想惹你不快。***make fun of*** ［***poke fun at***］ *vt.* 〈口〉〈常贬〉开…的玩笑；取笑（或嘲笑）：They *made fun of* her because she wore such strange clothes. 他们取笑她穿着如此怪异的衣服。

func·tion /ˈfʌŋkʃᵊn/ **I** *n.* ❶［C］功能；用途；作用；目的：The machine's *function* is sharply limited. 这台机器的功能非常有限。❷［C］（尤指盛大的）聚会，宴会；典礼：He is a regular at White House *functions.* 他是白宫宴会的常客。**II** *vi.* ❶运转，运作，工作；活动：The company *functioned* better than before. 公司运转得比以前好多了。❷起作用；行使职权（*as*）：They liked him because he was *functioning.* 他们喜爱他，因为他还管用。

func·tion·al /ˈfʌŋkʃᵊnᵊl/ *adj.* ❶功能（性）的；有用途的；发挥用途的；有目的的：This chapter is *functional*, characterizing the speaker, advancing the plot, and unfolding the theme. 这一章节是有目的的，它赋予了说话者个性，展开了情节，也揭示了主题。❷职责上的，职能上的；职务上的：a manager who has *functional* authority over several departments 同时对几个部门行使职权的经理 ❸起作用的；在工作的，在运转的：It's an old car, but it's still *functional.* 这是辆旧车，但它还能开。❹（尤指建筑等）从实用角度设计的，（注重）实用的：The corset of our grandmothers was a masterpiece of *functional* design. 祖母辈们穿的紧身衣是实用性设计的典范。‖ **func·tion·al·i·ty** /ˌfʌŋkʃᵊˈnæliti/ *n.* ［U］—ˈ**func·tion·al·ly** *adv.*

func·tion·ar·y /ˈfʌŋkʃᵊnᵊri/ *n.* ［C］〈常贬〉（尤指政府机关的）官员，公务员；工作人员

fund /fʌnd/ **I** *n.* ❶［C］专款；基金：Ms Cornell started managing a *fund* for institutional investors three years ago. 康奈尔女十三年前开始为公益投资人管理专项基金。❷[C]基金管理机构;基金会:the International Monetary *Fund* 国际货币基金组织 ❸[C]资金;财源;[~s]金钱;现款:Obviously, you can't move a *fund* of this size out of a market that quickly. 很显然,你无法将这么大一笔现款很快地调出市场。**II** *vt.* 为…提供资金,资助:He made commitments to *fund* public projects. 他承诺为公共事业投资。

fun·da·men·tal /ˌfʌndəˈmentᵊl/ *adj.* ❶根本的,基本的;基础的:His novels explore the *fundamental* conflicts of his age. 他的小说揭示了他那个时代的根本矛盾。❷极其重要的;主要的,首要的:Are there more *fundamental* objections? 还有重大的反对意见吗?

fun·da·men·tal·ism /ˌfʌndᵊˈmentᵊˌlizᵊm/ *n.* [U] ❶【宗】(基督教的)信奉基要主义;信奉基要主义运动 ❷(尤指伊斯兰教对思想、原则、信仰等的)严格遵循,恪守:the *fundamentalism* of the extreme conservatives 极端保守派的冥顽不化 ‖ **ˌfun·daˈmen·talˌist** *n.* [C]

fu·ner·al /ˈfjuːnᵊrᵊl/ *n.* [C] ❶葬礼,丧礼;出殡:a state *funeral* 国葬 / conduct an official *funeral* 举行公葬 ❷送丧队伍,出殡行列:*The funeral* wound its way through the grey streets. 送葬的队伍弯弯曲曲地行进在光线惨淡的街道。

funeral chapel *n.* =funeral home

funeral home *n.* [C]殡仪馆〔亦作 **funeral parlour, mortuary**〕

fu·ne·re·al /fjuːˈniᵊriᵊl/ *adj.* ❶[无比较级]葬礼的;丧葬的:a *funereal* wreath 葬礼花圈 ❷悲哀而庄严的;灰暗的;抑郁的:That music is rather *funereal*. 那支乐曲非常悲壮。‖ **fuˈne·re·al·ly** *adv.*

fun·gi·cide /ˈfʌndʒiˌsaid/ *n.* [C]杀真菌剂 ‖ **fun·gi·ci·al** /ˌfʌndʒiˈsaidᵊl/ *adj.*

fun·gus /ˈfʌŋgəs/ *n.* [C; U]([复]**-gi** /-gai, -dʒai/或**-gus·es**)【植】真菌;(蘑菇、毒菌、伞菌等)真菌类植物:There are many kinds of edible *fungi*. 可吃的真菌有很多种。‖ **ˈfun·gal, ˈfun·gous** *adj.*

funk¹ /fʌŋk/ *n.* [U]惊恐,恐慌,恐惧:put sb. in [into] a *funk* 使某人感到惊恐

funk² /fʌŋk/ *n.* [U]〈俚〉❶乡土爵士乐;乡土音乐;早期爵士乐 ❷乡土气息,朴实无华 ❸臭;(尤指烟的)浓烈臭味

funk·y¹ /ˈfʌŋki/ *adj.* 惊恐的,恐慌的;胆怯的;畏缩的

funk·y² /ˈfʌŋki/ *adj.* 〈俚〉❶(尤指爵士乐、摇滚乐等)哀婉悲怆的;有乡土气息的,朴实无华的;节奏感强的:*funky* jazz 感情深切的爵士乐 ❷时髦的;赶时髦的 ❸味道浓烈的,呛人的

fun·nel /ˈfʌnᵊl/ *n.* [C] ❶漏斗 ❷漏斗状物:a long *funnel* of people 一长队排成扇形的人群 ❸(火车、轮船等的)烟囱;烟道,焰道

fun·ny /ˈfʌni/ *adj.* ❶滑稽的,有趣的;逗人发笑的:He's an extremely *funny* person. 他这人非常滑稽。❷[无比较级][作表语]略有不适的;神志不太正常的:Can I sit down for a minute? I feel a bit *funny*. 我有点儿不舒服,可以坐一坐吗? ❸〈口〉古怪的,怪异的;反常的;难以解释的:The engine is making a *funny* noise. 这发动机的声音很反常。‖ **ˈfun·ni·ly** *adv.* —**ˈfun·ni·ness** *n.* [U]

fun·ny-bone /ˈfʌniˌbəun/ *n.* [C] ❶【解】(肘部的)鹰嘴突 ❷幽默感;笑神经:tickle sb.'s *funny-bone* 把某人逗得笑个不停

fur /fəː/ *n.* ❶[U](猫、海豹、鼬等的)柔毛,软毛 ❷[U;C](动物的)毛皮:boots lined with *fur* 毛皮衬里的短统靴 ‖ **furred** *adj.*

fur·bish /ˈfəːbiʃ/ *vt.* ❶擦亮;擦去…上的尘埃;磨光,抛光:He *furbished* the rusty sword until it shone like new. 他把那把生锈的剑擦得锃亮如新。❷翻新,更新;使旧貌换新颜(*up*):*furbish* a run-down neighbourhood 使衰微破败的街区面貌一新

fu·ri·ous /ˈfjuəriəs/ *adj.* ❶狂怒的,暴怒的:The *furious* man pressed on. 那个怒火中烧的男子步步进逼。❷狂暴的:a *furious* sea 怒海 / a *furious* storm 狂风暴雨 ❸强烈的;猛烈的;激烈的;紧张的:a *furious* argument 唇枪舌剑

furl /fəːl/ *vt.* 卷起,收卷(帆、旗等);收拢(伞等);拉拢(帘、幕等);折拢(折扇等);合拢(翅膀):We went aloft to *furl* the sails. 我们爬上去收拢船帆。—*vi.* (帆、旗等)卷起,收卷;(伞等)收拢;(帘、幕等)拉拢;(折扇等)折拢;(翅膀等)合拢

fur·lough /ˈfəːləu/ *n.* [C;U] ❶(尤指给予国外工作人员或外国雇佣军等的)休假;休假许可:

F

be on *furlough* 休假❷(对雇员的)暂时解聘:Many plant workers have been forced to go on *furlough*. 厂里的许多工人因开工不足而不得不临时下岗。❸(对服刑者的)临时释放

fur·nace /ˈfəːnis/ *n.* [C]熔炉;火炉;(建筑物内的)暖气炉:Our home *furnace* is a gas *furnace*. 我们家用的暖气炉是一只煤气炉。

fur·nish /ˈfəːniʃ/ *vt.* ❶为(房间等)配备家具;在(房屋等)里安装设备:Adequate lighting must be *furnished* in the computer room. 必须为计算机房配备足够的照明系统。❷提供;供给,供应(*with*):His speech does not *furnish* us *with* sufficient warrant. 他的演说并没有带给我们足够的信心。

☆ **furnish**, **appoint**, **arm**, **equip**, **outfit** 均有"配备,装备"之意。**furnish** 强调提供基本但必需的物品,尤指房间的装饰和家具的配备等:It's costing us a fortune to *furnish* our new office building. (买家具布置我们的新办公大楼要花掉一笔钱。) **appoint** 为书面语,指用全套优美、精制的设备或家具装饰、布置,常用被动语态:an office *appointed* with all the latest devices (一间配备着最新设备的办公室) **arm** 强调为有效采取行动而配备或装备,尤用于战争中的进攻或防卫方面:Enemies are *armed* from top to toe. (敌人全副武装。) **equip** 常指给人员、设施或地方等提供与技术有关的装备或设备等,以提高其效率或效用:They can't afford to better *equip* the navy. (他们无力使海军得到适当的装备。) 该词用于体力或智力方面时,表示使某人具备某种资格或有所准备:The training will *equip* you for your future job. (你所受的培训将使你能适应今后的工作。) **outfit** 不及 equip 正式,但使用范围基本相同,指为旅行、远征、探险或某一特定活动配备物品,用于人时多指提供服装鞋帽:It took three days to *outfit* me for my journey to the mountains. (我花了三天时间为我的山区旅行做准备。)

fur·nish·ings /ˈfəːniʃiŋz/ [复] *n.* ❶(房屋里的)装饰;家具;(包括地毯、窗帷等的)室内陈设:modern *furnishings* 时新的家具 ❷服饰

fur·ni·ture /ˈfəːnitʃəʳ/ *n.* [U]家具:They only got married recently and they haven't got much *furniture*. 他们结婚不久,家里没有什么家具。

fur·ri·er /ˈfʌriəʳ/ *n.* [C] ❶皮货商 ❷毛皮加工者;皮装修补者;皮装洗涤者

fur·row /ˈfʌrəu/ *n.* [C] ❶犁沟;垄沟:make *furrows* for sowing 耕地播种 ❷沟;车辙:deep *furrows* in the muddy road 泥泞路上的深深车辙❸褶皱;皱纹:*Furrows* of worry lined his faces. 他的脸上因忧愁而布满了皱纹。

fur·ry /ˈfəːri/ *adj.* [无比较级] ❶(似)毛皮的;毛皮制的:The snowfall last night wrapped the city in *furry* snow. 昨晚下了一场雪,毛茸茸的雪花使这座城市银装素裹。❷毛皮覆盖的;长有毛皮的;穿戴毛皮衣物的:a little *furry* animal 毛茸茸的小动物 ‖ ˈ**fur·ri·ness** *n.* [U]

fur·ther /ˈfəːðəʳ/ **I** [far 的比较级] *adv.* ❶(时间、空间上)更远地,更遥远地:Sometimes I wish he had stood back *further*. 有时候我希望他站得再远一些。❷在更大程度上,进一步地;在更大范围内:Nothing is *further* from my intention. 我才不会有这个意思呢。❸而且,此外;更:This is fine as far as it goes, but we need to go *further*. 事态进展得很好,不过我们仍需努力。**II** [far 的比较级] *adj.* ❶(时间、空间上)更远的,较远的:The village was *further* than I remembered. 那个村庄比我所记得的要远些。❷更多的;另外的;进一步的:I have nothing *further* to say on the subject. 在这个问题上,我没有别的意见了。**III** *vt.* 促进,推进;推动(见 advance):Standing together, we can *further* peace and security. 团结一心,我们就能促进和平安定。 ‖ ˈ**fur·ther·ance** /ˈfəːðᵊrᵊns/ *n.* [U]

fur·ther·more /ˌfəːðəˈmɔːʳ/ *adv.* [无比较级] 此外,另外;而且:*Furthermore*, she has successfully depicted the atmosphere of Edwardian India. 此外,她出色地描绘了爱德华时期的印度风情。

fur·ther·most /ˌfəːðəˈməust/ *adj.* [无比较级] [作定语]最远的:the *furthermost* station on the train line 铁路线上最远的车站

fur·thest /ˈfəːðist/ [far 的最高级] **I** *adj.* ❶(时间、空间上)最遥远的,最久远的:On the left were four small logs, one of them — the *furthest* — lamentably springy. 左边有四根小圆木,最远的那根湿得不成样了。❷最大限度的:Those who are starving are in the *furthest* need. 挨饿的人们是最需要帮助的。**II** ***adv.*** ❶(时间、空间上)最遥远地,最久远地:It's twenty miles *furthest* away. 离此地最远为 20 英里。❷最大限度地;在最大范围内:He is the *furthest* advanced of all my students. 他是我所有学生中学习最好的。

fur·tive /ˈfəːtiv/ *adj*. 偷偷摸摸的，鬼鬼祟祟的；秘密的；诡秘的：be *furtive* in one's actions 行踪诡秘 ‖ ˈ**fur·tive·ly** *adv*. —ˈ**fur·tive·ness** *n*. [U]

fu·ry /ˈfjuəri/ *n*. ❶[U; C]狂怒，暴怒（见 anger）：Wilde was full of *fury*. 威尔德怒不可遏。❷[U]狂暴；激烈；猛烈；强烈；剧烈：He chose rather to encounter the utmost *fury* of the elements abroad. 他宁愿到外面去承受各种恶劣条件的磨炼。

fuse[1] /fjuːz/ *n*. [C] ❶导火索，导火线：He lit the *fuse* and waited for the explosion. 他点燃导火线后，在一旁等着爆炸。❷引信，信管：a time *fuse* 定时引信 ‖ ˈ**fuse·less** *adj*.

fuse[2] /fjuːz/ **I** *n*. [C]保险丝，熔线：This plug uses a 5 amp *fuse*. 这个插座要用一根 5 安培的保险丝。**II** *vt*. ❶使熔化：*fuse* metals 熔融金属 ❷使熔合，使熔接：The intense heat *fused* the rocks together. 高温将一块块岩石熔合在一起。❸融合（见 mix）：Sadness and joy are *fused* in her poetry. 她的诗歌交织着悲和喜。—*vi*. ❶熔化 ❷熔合，熔接（*with*）：Zinc and copper *fuse* together to make brass. 锌和铜熔合成黄铜。❸融合，混合（见 mix）：During fertilization the sperm and egg *fuse*. 在受精过程中，精子和卵子相融合。

fu·se·lage /ˈfjuːzəˌlɑːʒ,-lidʒ/ *n*. [C]【空】（飞机）机身

fu·sion /ˈfjuːʒən/ *n*. ❶[U]熔解，熔化：metals in *fusion* 熔解状态的金属 ❷[通常用单]熔块；熔制物：A ballet production is the *fusion* of many talents. 芭蕾舞演员是多种才能交融的产物。❸[U]熔合：Bronze is made by the *fusion* of copper and tin. 青铜是由铜与锡熔合而成的。❹[U; C]合并；联合：a *fusion* of conception and image 理念与形象的融合

fuss /fʌs/ **I** *n*. ❶[C; U]大惊小怪；小题大做：You had been making a lot of unnecessary *fuss* over the subject of Pentecost. 你在圣灵降临节方面小题大做了。❷[C]争论，争吵：They had a *fuss* about who should wash dishes. 他们争论该谁洗碗。**II** *vi*. ❶大惊小怪；小题大做：Don't *fuss* with that dress, it looks all right. 别太讲究了，那件衣服看上去挺好的。❷忙乱，慌乱；忙乱地移动；忙活：She *fussed* off into the kitchen. 她忙不迭地跑进厨房忙活去了。❸（为小事）过于忧虑，烦恼：She *fussed* too much about her health. 她过分忧虑自己的健康。‖ ***make a fuss of*** [***over***] *vt*. 娇惯；对…过分关怀，对…过分体贴：Remember that she expects you to *make a fuss over* her. 要记住，她希望得到你的疼爱。

fuss·y /ˈfʌsi/ *adj*. 〈常贬〉❶爱挑剔的；难满足的：I'm not *fussy* and I don't mind where we stay. 我无所谓，住哪儿都行。❷过于注重细节的；（服装、设计图样等）过于装饰的：The furniture was *fussy* to be elegant. 这家具做得过于考究，反而不雅致。‖ ˈ**fuss·i·ly** *adv*. —ˈ**fuss·i·ness** *n*. [U]

fust·y /ˈfʌsti/ *adj*. ❶发霉湿味的；腐臭的：*fusty* rooms that are in need of good airing 需要好好通通风的有霉湿味的房间 ❷古板的；守旧的，老朽的 ❸（建筑物、装饰、服饰等）老式的，陈旧的，过时的 ‖ ˈ**fus·ti·ly** *adv*. —ˈ**fus·ti·ness** *n*. [U]

F

fu·tile /ˈfjuːtail/ *adj*. ❶无用的，无效的，徒劳的，无益的：It is *futile* to continue the investigation. 再继续调查就是白费心机。❷（话语等）不重要的；空洞的，无意义的：Don't be so *futile*! 别犯傻了！ ‖ ˈ**fu·tile·ly** *adv*. —**fu·til·i·ty** /fjuːˈtiliti/ *n*. [U]

☆**futile**, **abortive**, **fruitless**, **useless**, **vain** 均有"无用的，无益的"之意。**futile** 指因客观情况或本身固有的无能、缺点而完全失败，不能达到预期的目的或获得良好的结果：It is *futile* trying to reason with him.（与他论理是没有用的。）**abortive** 指计划或事情在酝酿或进行中遭到挫折而中途夭折，未能成功：an *abortive* coup（一次未遂的政变）**fruitless** 常可与 vain 换用，指虽然作出长期不懈的努力，但是仍然失败或结果令人失望：So far the search for the missing plane has been *fruitless*.（搜寻失踪飞机的工作到目前为止毫无结果。）**useless** 为普通用词，词义和使用范围都很广泛，表示事实证明对实践或理论均无用处：It is *useless* to argue with a man like him.（跟他这样的人争论是白费口舌。）**vain** 只是简单地表示失败、没有达到预期的目的，但并不强调固有的无能或缺点：a *vain* attempt to persuade sb. to give up smoking（想让他戒烟的徒劳尝试）

fu·ton /ˈfuːtɔːn/ *n.* [C]蒲团;日本床垫

fu·ture /ˈfjuːtʃəʳ/ **I** *n.* ❶[常作 **the** ～][用单]未来,将来:When had people developed a sense of past and *future*? 人们何时开始区别过去和未来? ❷[常作**the** ～][用单]将来(或未来)的事;即将发生的事:She also has remarkable foresight about the near *future*. 她对不久的将来会发生的事同样有着惊人的预见性。❸[C]前程,前途;前景:Her hopes placed in the *future* of her 5-year-old son. 她的希望都寄托在五岁儿子的前程上。❹[**the** ～]【语】(动词的)将来式;将来时 **II** *adj.* [无比较级][作定语] 未来的,将来的;后来的:What are your *future* plans? 你以后有什么打算?

fu·tur·is·tic /ˌfjuːtʃəˈristik/ *adj.* [无比较级] 未来的;未来主义的,未来派的:a *futuristic* view of the world 对世界的未来主义观

fuzz /fʌz/ *n.* [U]绒毛,茸毛,细毛;绒毛状柔软的东西:the *fuzz* on a peach 桃子上的绒毛

fuzz·y /ˈfʌzi/ *adj.* ❶毛茸茸的;(覆有)细绒毛的;绒毛状的:a *fuzzy* little chick 毛茸茸的雏鸡 ❷不清晰的,模糊的;不明确的:The television picture is *fuzzy*. 电视的图像不清晰。‖ ˈ**fuzz·i·ly** *adv.* —ˈ**fuzz·i·ness** *n.* [U]

-fy /fai/ *suf.* [主要附于形容词后构成动词] ❶表示"使…化","使成为";"使类似于":beauti*fy*, simpli*fy* ❷表示"产生","使具有";"使感到":dei*fy*, glori*fy*, satis*fy* ❸表示"成为","变成":lique*fy*, solidi*fy*

FYI *abbr.* for your information 供参考

G g

G,g /dʒiː/ *n.* [C]([复]**Gs,gs** 或 **G's,g's** /dʒiːz/)英语字母表中第七个字母

gab /gæb/ 〈口〉 **I** *vi.* (**gabbed;gab·bing**)(尤指漫无目的地)闲聊,神侃;唠叨:Can you stop *gabbing* on the phone? 别在电话上聊个没完没了好不好? **II** *n.* [U]〈口〉闲聊,神侃;唠叨,啰唆:Cut the *gab*! 别胡扯了!/ Stop [Stow] your *gab*! 住嘴! ‖ '**gab·ber** *n.* [C]

gab·ble /'gæbᵊl/ *vi.* 急促不清地说话,叽里咕噜地说话;急速地念:What on earth are you *gabbling* about? 你究竟在说些什么呀?

gab·by /'gæbi/ *adj.* 〈口〉好说话的,话多的

ga·ble /'geibᵊl/ *n.* [C]【建】三角墙建筑部分,山墙 ‖ '**ga·bled** *adj.*

gad /gæd/ *vi.* (**gad·ded;gad·ding**) 闲荡,游逛;四处寻欢作乐(*about*,*around*,*abroad*):The tourists *gadded about* Paris. 游客们在巴黎四处游览观光。

gad·a·bout /'gædəˌbaut/ *n.* [C]〈口〉〈时贬〉闲逛者,浪荡者;四处寻欢作乐者

gad·fly /'gædˌflai/ *n.* [C] ❶【昆】虻,牛虻 ❷(以批评尖刻、要求苛刻等)讨人嫌者;烦人的挑剔者

gadg·et /'gædʒit/ *n.* [C]〈口〉小巧的器具;精巧的装置(见 device):a *gadget* for extracting juice from fruits 水果榨汁机 ‖ '**gadg·et·ry** *n.* [U]

gaffe /gæf/ *n.* [C](社交等场合的)失言;失态;失礼:commit an awful *gaffe* 大为失礼

gaf·fer /'gæfəʳ/ *n.* [C] ❶(电影、电视摄制组的)照明电工组长,灯光负责人 ❷〈口〉老头儿

gag[1] /gæg/ **I** *vt.* (**gagged;gag·ging**) 堵住(某人)的嘴;堵住(某人的嘴):The kidnappers tied my arms and *gagged* my mouth. 绑架者们捆住了我的双臂还堵住了我的嘴。 **II** *n.* [C](阻止说话用的)塞口物:Pull out his *gag*, or he will choke to death. 快把塞在他嘴里的东西拿掉,要不他会憋死的。

gag[2] /gæg/ *n.* [C]欺骗;戏弄,玩笑,恶作剧

ga·ga /'gɑːˌgɑː/ *adj.* 〈口〉[作表语] ❶狂热的,着迷的;冲昏头脑的:Tom was totally *gaga* after he was promoted. 汤姆升职后,高兴得不知自己姓啥了。❷(对异性)疯狂迷恋的(*about*):He's *gaga about* the girl. 他难以自拔地迷恋上了这个女孩。❸老糊涂的;老朽的:She's seventy-seven and rather *gaga*. 她已 77 岁,老朽了。

gag·gle /'gægᵊl/ *n.* [C][用单] ❶(鹅)群 ❷〈口〉〈贬〉(嘈杂的)一群:a *gaggle* of talkative girls 一群叽叽喳喳的姑娘们

gai·e·ty /'geiəti/ *n.* [U]欢乐,愉快;高兴:The child ran out in all *gaiety*. 那孩子欢天喜地地跑出门外。

gai·ly /'geili/ *adv.* ❶快活地,欢乐地,轻松愉快地:She waved goodbye very *gaily*. 她兴高采烈地挥手告别。❷华美地;亮丽地;花哨地:a *gaily* lighted room 彩灯闪烁的房间

gain /gein/ **I** *vt.* ❶(使)获得,(使)得到;(使)赢得;(使)博得(见 reach,receive):*gain* possession of land 获得土地的所有权 ❷增加;使增长;提高:The campaign seems to be *gaining* momentum. 看来竞选活动的势头越来越强劲。❸挣(钱);赚取(利润):You didn't stand to *gain* much by the deal. 你做这笔生意不会赚多少钱。❹赢得…的支持;说服;拉拢(*over*):She *gained* her husband as an ally. 她说服丈夫站在她一边。—*vi.* 改善,改进;取得进展;增进健康:*gain* in health after an illness 病后康复 **II** *n.* ❶[U]利益,好处:Greed is love of *gain*. 贪婪即贪财。❷[C]增加,增添,增长:She has recently shown a *gain* in weight. 她最近体重有所增加。❸[~s]报酬;薪金;收益;利润:We'll see *gains* of 20 per cent this year. 今年我们有望获得 20%的收益。‖ ***gain on*** [***upon***] *vt*. 逼近(目标);赶上;跑得比…快:Be quick! You *gain on* her! 快跑,快跑! 追上她!

gain·ful /ˈgeinfᵊl/ *adj*. [无比较级][作定语](工作)有报酬的,付薪的;有收益的,赚钱的 ‖ ˈ**gain·ful·ly** *adv*.

gain·say /ˌgeinˈsei/ *vt*. (**-said** /-ˈseid/) [常用于否定句或疑问句]否认;反驳

gait /geit/ *n*. [C](走路或奔跑时的)步态,姿势:walk slowly with a lame *gait* 一瘸一拐地慢行

gai·ter /ˈgeitəʳ/ *n*. [C] ❶绑腿;护踝 ❷松紧布鞋(或胶鞋) ❸布面高帮鞋

gal /gæl/ *n*. [C]〈俚〉女孩,小妞;女人,娘儿们

ga·la /ˈgɑːlə,ˈgei-,ˈgæ-/ *n*. [C]节日;欢庆的日子;庆典:days of *gala* 节庆的日子

ga·lac·tic /gəˈlæktik/ *adj*. [无比较级][通常作定语]【天】星系的;[常作 G-]银河(系)的

gal·ax·y /ˈgæləksi/ *n*. ❶[C]【天】星系:the existence of *galaxies* beyond the Milky Way 银河外星系的存在〔亦作 **island universe**〕❷[常作 **the G-**]【天】银河(系)(=Milky Way)

G

gale /geil/ *n*. [C]【气】大风(7 级至 10 级的风,尤指 8 级风,风力可达 50～90 千米/小时)(见 wind):a Force Ten *gale* 10 级大风 / *gale* warning 大风警报

gall[1] /gɔːl/ *n*. [U] ❶〈俚〉厚颜无耻;厚脸皮:I haven't the *gall* to ask for his help. 我可不好意思去求他帮忙。❷【解】胆;胆汁

gall[2] /gɔːl/ *vt*. 惹恼,激怒;烦扰:The shameful cheat *galled* me. 这种见不得人的欺骗勾当让我很恼火。‖ ˈ**gall·ing** *adj*.

gal·lant /ˈgælᵊnt/ *adj*. ❶(情操或行为)高尚的;仗义的,侠义的(见 civil):a *gallant* knight 侠义的骑士 / a *gallant* deed 高尚的行为 ❷勇敢的,英勇的;无畏的:*gallant* peoples 勇敢的民族 ❸/ˈgælᵊnt,gəˈlænt/ (为博取女子欢心而)大献殷勤的,献媚讨好的:be *gallant* to ladies 对女子殷勤献媚 ‖ ˈ**gal·lant·ly** *adv*.

gal·lant·ry /ˈgælᵊntri/ *n*. 〈书〉❶[U]高尚(行为);英勇(行为);勇敢;豪侠行为(或气概):defend oneself with great *gallantry* 慷慨激昂地为自己辩护 ❷[U](尤指对女人的)殷勤,谦恭有礼;献媚:You were seen escorting Linda with great *gallantry* last night. 昨晚有人看见你殷勤备至地护送琳达。

gall·blad·der /ˈgɔːlˌblædəʳ/, **gall bladder** *n*. [C]【解】胆囊

gal·ler·y /ˈgælᵊri/ *n*. ❶[C](教堂、剧院或大厅的)边座;楼座;廊台:the public *gallery* at parliament 议会大厅的公用边座 ❷[C](剧院中票价最低的)顶楼;顶层楼座;[总称]顶层楼座观众:We could only afford *gallery* seats. 我们只买得起顶楼的坐票。❸[C](展示艺术作品的)展览馆,陈列室;美术馆;(供展出和销售艺术品的)字画店,画廊;艺术品专卖店

gal·ley /ˈgæli/ *n*. [C] ❶(船或飞机上的)厨房;小厨房 ❷【史】(由奴隶、战俘、罪犯划行在地中海的)狭长战舰(或商船);单层甲板大帆船;桨帆并用大木船;(古希腊、罗马的)军舰,战舰;〈英〉舰长专用划艇

gal·li·vant /ˈgæliˌvænt/ *vi*. 〈口〉游荡;闲逛;(四处)寻欢作乐(*about*,*around*,*off*):He was out all night yesterday,and *gallivanting* somewhere. 他昨天整个晚上都不在家,肯定又到哪里寻欢作乐去了。

gal·lon /ˈgælᵊn/ *n*. [C]加仑(液体计量单位,美制合 3.785 升,英制合 4.546 升,略作 **gal.**):milk in *gallon* containers 加仑装的牛奶

gal·lop /ˈgæləp/ **I** *vi*. ❶策马疾驰,骑马飞奔:They *galloped* after the hounds. 他们紧跟着猎狗策马飞驰。❷(马等)飞奔,疾驰(*off*):The wild horse *galloped off*. 那匹野马飞奔而去。**II** *n*. [C] ❶骑马飞奔:He often rides out alone to relax his mind by a *gallop*. 他常常独自一人到外面策马飞奔,让大脑放松一下。❷(马等的)狂奔,飞跑,疾驰:lash a horse into a *gallop* 策马狂奔

gal·lows /ˈgæləuz/ [复] *n*. ❶[C]绞架,绞台:come to the *gallows* 受绞刑 ❷[U][**the** ～]绞刑,吊刑:The judge sentenced the murderer to *the gallows*. 法官判处杀人犯绞刑。

gall·stone /ˈgɔːlˌstəun/ *n*. [C]【医】胆石

ga·lore /gəˈlɔːʳ/ *adj*. [无比较级][常用作后置定语]很多的,大量的,丰富的:The battlefield was strewn with bodies *galore*. 战场上尸横遍野。

gal·va·nize /ˈgælvᵊˌnaiz/ *vt*. ❶使振奋,使激动;使震惊,使惊诧(*into*):His love *galvanized* her *into* youth. 他的爱使她焕发了青春的活

力。❷镀锌于,给…电镀

gam·bit /ˈgæmbit/ *n.* [C] ❶【棋】(国际象棋开局时牺牲兵或兵以上棋子以争取主动的)开局弃子取势法,开局让棋法,弃兵局❷〈喻〉(意在占据优势的)最初行为,精心策划的一招;策略❸开场白,引导话题

gam·ble /ˈgæmbᵊl/ I *vi.* ❶打赌;赌博(*away*, *at*, *on*): You should not *gamble* heavily *on* this horse. 你不该在这匹马身上下大笔赌注。❷投机;冒险(*on*, *in*, *with*): Don't *gamble with* safety. 可别玩命。—*vt.* ❶赌(钱);用…作赌注: The company *gambled* all on the new factory. 公司把全部赌注都押在新厂上了。❷赌掉,输光(*away*, *on*, *at*): *gamble* one's fortune *on* a turn of the cards 一局牌就输光财产 ❸冒险去做,碰运气;就…打赌: I'm *gambling* that they'll like the little girl. 我敢打赌他们会喜欢这个小女孩的。II *n.* [C] ❶冒险(行动);说不准的事;投机: Pigs are a *gamble* this year. 今年养猪盈利与否还说不准。❷赌博,赌博交易 ‖ ˈ**gam·bler** *n.* [C]

gam·bol /ˈgæmbᵊl/ *vi.* (**-bol(l)ed**; **-bol·(l)ing**) 欢跃,蹦跳,嬉戏: kids *gamboling* (about) in the playground 在操场上欢蹦乱跳的孩子们

game /geim/ *n.* ❶[C]娱乐活动,游戏;消遣: She regarded her watching TV as a *game* to while away tedious hours. 她把看电视作为打发无聊时光的一种消遣。❷[C]玩具,游戏用具;运动器材: Do they have *games* to play with in the nursery? 他们在托儿所里有玩具玩吗? ❸[C](具有一定规则的)比赛(项目),运动(项目): a *game* at cards 纸牌比赛 / an athletic *game* 体育竞赛 ❹[C](比赛中的)一局,一场,一盘: throw a *game* 故意输掉一场比赛 ❺[C]比赛技巧(或水平、能力);竞技状态;比赛方式;比赛规则: He will teach you the *game*. 他会教你们比赛规则的。❻[C;U]伎俩,花招,诡计: I fancy they are always up to some *game* of that sort. 我猜,他们总是那样心怀不轨。❼[总称][用作单或复]猎物: the winged *game* 飞禽 / hunt (for) forbidden *game* 捕杀禁猎动物 ❽[U]野味,猎物肉: a meal of roasted *game* 野味烧烤餐 ‖ ***give the game away*** *vi.* 〈口〉(违反本意地)露出马脚,败露;泡汤: Her trembling voice *gave the* whole *game away*. 她那发颤的声音使事情全都败露了。***play games*** *vi.* 马马虎虎地做事;不认真工作;敷衍了事: Stop *playing games* and tell us what you really want. 别打马虎眼了,直说你想要什么吧。‖ ˈ**game·ly** *adv.* —ˈ**game·ness** *n.* [U]

game·cock /ˈgeimˌkɔk/ *n.* [C]斗鸡

game·keep·er /ˈgeimˌkiːpəʳ/ *n.* [C]猎场看守员,猎场看护人

game plan *n.* [C] ❶(精心制定的)行动计划;对策,策略 ❷【橄】比赛策略

game point *n.* [C](尤指网球、排球等网上比赛项目中的)最后一分,决胜分;(比赛中决定胜负的)关键时刻

games·man·ship /ˈgeimzmᵊnˌʃip/ *n.* [U]〈口〉❶用以占据上风的方法(或伎俩) ❷(比赛中的)小动作

gam·ete /ˈgæmiːt,gəˈmiːt/ *n.* [C]【生】配子

gam·in /ˈgæmin/ *n.* [C] 弃儿;街头流浪儿

ga·mine /gæˈmiːn/ I *n.* [C] ❶弃女;街头流浪女 ❷身材小巧的顽皮女孩 II *adj.* 流浪女的;假小子般的;(女孩)身材娇小的

gam·ma /ˈgæmə/ *n.* ([复]**-mas**) [C]希腊字母表的第三个字母(Γ,γ)(与英语的 G,g 相对应)

gamma ray *n.* 【核】❶[C] γ 射线,丙种射线 ❷[**gamma rays**] γ 辐射

gam·ut /ˈgæmət/ *n.* [C][常用单] ❶全部;整个范围❷【音】全部系列的全音音阶;(乐曲、特定乐器或人声能达到的)全音域

gam·y /ˈgeimi/ *adj.* 有变质野味味道的;有臭味的: The roast was still edible but was slightly *gamy*. 烤肉还能吃,但就是有点变味。‖ ˈ**gam·i·ness** *n.* [U]

gan·der /ˈgændəʳ/ *n.* [C] (尤指成年的)雄鹅,公鹅

gang /gæŋ/ I *n.* [C] ❶一群,一帮: a gang of sightseers 一群观光客 ❷(从事不法活动的)一帮,团伙: teenage *gangs* 少年帮/ violent street *gangs* 街头暴力团伙 II *vi.* 〈口〉结伙对付,群起攻之(*on*, *against*): You *gang up* with her against me? 你们和她一起对付我?

☆该词作单数名词时可表示单个的人,也可用作集合名词。若强调整体的个体时,该词后接复数动词形式;若强调整体本身时,后接单数动词形式。

gan·gling /ˈgæŋgliŋ/ *adj.* (人)瘦长难看的;像豆芽菜的: long *gangling* legs 细长的双腿

gang·plank /ˈgæŋˌplæŋk/ *n.* [C]【船】(用于上

G

下船的)舷梯,跳板,步桥〔亦作 **gangway**〕

gan·grene /ˈgæŋgriːn/ *n.* [U]【医】坏疽 ‖ **ˈgan·gre·nous** /-nəs/ *adj.*

gang·ster /ˈgæŋstəʳ/ *n.* [C](犯罪团伙中的)匪徒,流氓:a *gangster* film 警匪片

gang·way /ˈgæŋˌwei/ *n.* [C] ❶(尤指狭窄的)出入口;进出通道;过道 ❷〈主英〉(下议院中分隔前后座位的)通道

gan·try /ˈgæntri/ *n.* [C] ❶桥形跨轨信号架 ❷(起重机的)桥形架

gaol /dʒeil/ *n.* & *vt.* 〈英〉=jail ‖ **ˈgaol·er** *n.* [C]

gap /gæp/ *n.* [C] ❶裂缝,缺口,豁口;(防线的)突破口:a *gap* between two teeth 牙缝 / wait for a *gap* in the traffic 等待交通的间隙 ❷(图表、文件等的)空白处;(学科等的)空白,盲区;缺口;脱节(或遗漏)处:The invention fills a major *gap*. 这项发明填补了一个重大的空白。❸差距;差异:a sex *gap* 性别差异 ❹(意见的)分歧;(性格)差异;隔阂:There is a large *gap* between our religious beliefs. 我们俩的宗教信仰有很大分歧。

G

gape /geip/ *vi.* ❶好奇地凝视;茫然地瞪视;目瞪口呆地看(*at*)(见 gaze):*gape* round-eyed *at* the distressing scene 睁大双眼望着那悲惨的情景 ❷张口,开口;绽裂:His shirt *gapes* to reveal his chest. 他衬衫敞开,袒露着胸膛。‖ **ˈgap·ing** *adj.*

gar·age /ˈgærɑːᵈʒ,-ridʒ;gəˈrɑːᵈʒ/ *n.* [C] ❶(汽)车库,停车场;(停)车房,汽车间 ❷汽车修理(或修配)厂;汽车行;(兼营汽车维修和销售的)加油站

garb /gɑːb/ **I** *n.* [U]穿着,装束;服装风格;(尤指制服等)特种服装 **II** *vt.* [常用被动语态或作 ~ **oneself**]使穿着;装扮,打扮:a priest *garbed* in black 身着黑衣的牧师

gar·bage /ˈgɑːbidʒ/ *n.* [U] ❶废料;污物;(厨房、餐馆等的)食物残渣;泔水;(生活)垃圾:*Garbage* is usually fed to pigs. 泔水常常用来喂猪。❷文化垃圾;没价值的东西:literary *garbage* 文学垃圾

garbage can *n.* [C]垃圾桶,垃圾箱

gar·ble /ˈgɑːbᵊl/ *vt.* ❶(出于无意或疏忽)混淆(事实等);使(电文、语句等)混乱:The new radio operator *garbled* the message completely. 新来的无线电报务员把电文完全给搞乱了。❷窜改,歪曲;对…断章取义:Both sides have been apt to *garble* the question. 双方都热衷于曲解这个问题。

gar·den /ˈgɑːdᵊn/ *n.* ❶[C]〈主英〉(住宅周围的)园(地),圃;庭园;(尤指)菜园;花园;果园:have tea in the back *garden* 在后花园品茶 ❷[常作~**s**]公园;(树木、花草、水果、动物等的)观赏园;公共娱乐场所:coral *gardens* 珊瑚园 ‖ **ˈgar·den·er** *n.* [C]

gar·de·ni·a /gɑːˈdiːniə/ *n.* [C] ❶【植】栀子 ❷栀子花

gar·den-va·ri·e·ty /ˈgɑːdnvəˌraiəti/ *adj.* 普通的,平常的

gar·gan·tu·an /gɑːˈgæntjuᵊn/ *adj.* [时作 G-][无比较级]极大的,巨大的,庞大的:a *gargantuan* meal 盛宴

gar·gle /ˈgɑːgᵊl/ *vi.* 含漱,漱口(或喉):*gargle* with hot salt water 用热盐水含漱

gar·goyle /ˈgɑːgɔil/ *n.* [C]【建】怪兽形滴水嘴;怪形放水口

gar·ish /ˈgeəriʃ/ *adj.* ❶花哨的,过于艳丽的;俗气的:a *garish* wallpaper 过分鲜艳的墙纸 ❷炫目的,耀眼的,灿烂夺目的:the *garish* splendour 耀眼的光辉 ‖ **ˈgar·ish·ly** *adv.* —**ˈgar·ish·ness** *n.* [U]

gar·land /ˈgɑːlᵊnd/ *n.* [C]花环;花冠;发冠;花环(或花冠)挂饰

gar·lic /ˈgɑːlik/*n.* [U] ❶【植】蒜,大蒜 ❷蒜头;蒜瓣:a clove of *garlic* 一瓣蒜 ‖ **ˈgar·lick·y** /-liki/ *adj.*

gar·ment /ˈgɑːmᵊnt/ *n.* [C]〈书〉〈谑〉(一件)服装,衣服:Press the *garment* in place. 把衣服压平掖好。

gar·ner /ˈgɑːnəʳ/ *vt.* (通过努力)获得,赢得:*garner* financial support 获得经济上的支持

gar·net /ˈgɑːnit/ *n.* ❶[C]【矿】石榴石 ❷[U]石榴红,深红(色),暗红(色)

gar·nish /ˈgɑːniʃ/ *vt.* ❶〈喻〉修饰,装饰;点缀:The shirt was *garnished* with lace. 这件衬衫上有花边装饰。❷【烹】在(菜肴)上加饰菜,给…加配菜:*garnish* the fish with cucumber slices 给鱼配黄瓜片

gar·nish·ee /ˌgɑːniˈʃiː/【律】**I** *vt.* 扣押(或冻结)(债务人财产或工资);向(第三债务人)发

出债权扣押 II *n.* [C]第三债务人

gar·ret /ˈgærit/ *n.* [C]顶层房间;阁楼

gar·ri·son /ˈgæris°n/ *n.* [C] ❶驻军;卫戍部队,守备军,警卫部队:Turkish *garrison* 土耳其驻军 ❷要塞;军队驻军地;卫戍区,警备区:a *garrison* for French soldiers 法军要塞

gar·ru·lous /ˈgærʊləs/ *adj.* (为琐碎小事)喋喋不休的,嘴碎的,饶舌的 ‖ **gar·ru·li·ty** /gəˈruːliti/ *n.* [U] —ˈ**gar·ru·lous·ly** *adv.* —ˈ**gar·ru·lous·ness** *n.* [U]

gas /gæs/ I *n.* ([复]**gas·(s)es**) ❶[U;C]气,气体:the interstellar *gas* 星际气体 / poison *gas* 毒气❷[U;C](煤气、天然气等)可燃气体;气体燃料:artificial *gas* 人造燃气/natural *gas* 天然气 II (**gassed;gas·sing**) *vt.* (用毒气或有毒烟雾)杀(人);使窒息,使昏迷:Those poor children were all *gassed*. 那些可怜的孩子们全都因毒气中毒而死。

gas chamber *n.* [C](处决犯人或毒杀动物的密封)毒气室

gas·e·ous /ˈgæsiəs,ˈgeis-/ *adj.* [无比较级]气体的;气态的,有气体特征的:water in a *gaseous* condition 气体状态下的水

gash /gæʃ/ *n.* [C]深长的切口(或伤口);切痕,砍痕

gas·ket /ˈgæskit/ *n.* [C]【机】(用纸、橡胶、石棉等做成的、防止漏气的)密封圈;垫圈;密封涂层

gas mask *n.* [C]防毒面罩(或面具):put on one's *gas mask* 戴上防毒面具

gas·o·line,gas·o·lene /ˈgæs°ˌliːn/ *n.* [U]汽油:pour *gasoline* on the fire 火上浇油〔亦作 **petrol**〕

gasp /gɑːsp;gæsp/ I *n.* [C] ❶(因吃惊等而张大嘴的)喘气,喘息;倒抽气:He gave a quick *gasp*. 他骤然倒抽了一口气。❷困难的呼吸:gave a *gasp* for air 艰难地张嘴呼吸 II *vi.* ❶(因气急、惊讶、恐惧等而)大口喘息;猛吸气:He *gasped* out when he read the letter. 他读这封信时几乎背过气去。❷(困难地张嘴)吸气,喘气(*for*):She turned pale and *gasped for* breath. 她顿时变得脸色苍白,气喘吁吁。—*vt.* 喘息着说,上气不接下气地说(*out*):She *gasped out* the words. 她上气不接下气地说出这些话来。‖ ***last gasp*** *n.* 弥留之际,奄奄一息:At his *last gasp* he confessed to the murder. 他快咽气时承认犯下了这桩血案。

gas station *n.* [C]加油站

gas·sy /ˈgæsi/ *adj.* ❶充满气体的;含气体的:a *gassy* spring 一个含气多的泉 ❷气态的;煤气的,似煤气的;汽油的,似汽油的:the *gassy* smell of car exhaust 汽车尾气的一股汽油味 ❸(肠、胃)胀气的 ❹〈口〉〈贬〉话多的,夸夸其谈的;空谈的,吹牛的

gas·tric /ˈgæstrik/ *adj.* [无比较级]【医】胃的,胃部的:*gastric* juice 胃液

gas·tri·tis /gæsˈtraitis/ *n.* [U]【医】胃炎

gas·tro·en·ter·i·tis /ˌgæstrəʊˌentəˈraitis/ *n.* [U]【医】胃肠炎

gas·tron·o·my /gæsˈtrɒn°mi/ *n.* [U] ❶美食学,美食研究 ❷烹饪法 ‖ **gas·tro·nom·ic** /ˌgæstrəʊˈnɒmik/ *adj.* —ˌ**gas·tro**ˈ**nom·i·cal** *adj.*

gate /geit/ *n.* [C] ❶(建筑物、围墙等的)门;栅栏门,篱笆门;城门:A locked *gate* blocks his way out. 紧锁的大门挡住了他的去路。❷(看门人的)门房;(用以防卫或装饰大门的)门楼;城楼;牌楼;(公园、街道等的)纪念门:a golden trumpet on the *gate* of the castle 城堡门楼上的一支金喇叭 ❸(机场的)登机口;(火车、轮船等的)站台(门):Your flight leaves from *Gate* 8 at 7:15 exactly. 你们的航班于 7 点 15 分准时从 8 号登机口起飞。

gate·crash·er /ˈgeitˌkræʃəʳ/ *n.* [C]不速之客,擅自参加者,无券入场者

gate·post /ˈgeitˌpəʊst/ *n.* [C]门柱

gate·way /ˈgeitˌwei/ *n.* [C] ❶门洞,门口,出入口;通道:an arched *gateway* 一座拱形门 ❷门框,门拱;门楼

gath·er /ˈgæðəʳ/ *vt.* ❶使聚集,使聚拢;召集,集合:The boy *gathered* his toys round him selfishly. 这个男孩把玩具拢在身旁不让别人碰。❷收集,搜集;聚敛(*up*):*gather* evidence 搜集证据 / *gather* a store of knowledge 积累知识 ❸收获,采集,收割(花、水果、庄稼等):The harvest had been *gathered* in. 庄稼已经收起来了。❹从(地面等)上拾起;将…收拢;整理(散乱的物品):She *gathered* the little girl into her arms. 她双手抱起那个小女孩。❺逐渐获得,积累;逐渐增加:The day was *gather*-

ing itself in. 暮色越来越浓。—*vi.* 聚集，集合，聚拢，围拢：The frost *gathers* on the windowpane. 窗户的玻璃上结了霜。‖ 'gath·er·er *n.* [C]

gath·er·ing /ˈgæðᵊriŋ/ *n.* [C]聚集，集合；聚会，集会；聚在一起的人群：a *gathering* of friends 朋友的聚会 / a social *gathering* 社会集会

gauche /gəuʃ/ *adj.* 不圆滑的；笨拙的；不善交际的：a pair of large *gauche* eyes 一对木讷的大眼睛 ‖ 'gauche·ly *adv.* —'gauche·ness *n.* [U]

gaud·y /ˈgɔːdi/ *adj.* 〈贬〉花哨的，俗艳的，没有品位的：*gaudy* make-up 俗艳的化妆 ‖ 'gaud·i·ly *adv.* —'gaud·i·ness *n.* [U]

gauge /geidʒ/ I *vt.* ❶(精确)测量；测定…的容积(或体积等)：He tried to *gauge* the tanker. 他试图测出油轮的容积。❷估计，估测；判断：Can you *gauge* what her reaction is likely to be? 你能判断她可能会有什么反应么？II *n.* ❶[C]测量仪，量表，量规：rain *gauge* 雨量表 / read the speed *gauge* 读速度计 ❷[C]测量方法；估算手段；评判标准：a *gauge* of national sentiment on taxes 国民对税收看法的一种衡量手段 ❸[C](枪管的)口径，管径：a 12-*gauge* shotgun 一支 12 口径的猎枪 ❹[C](铁路和电车轨道的)轨距；(汽车、火车等的)轮距 ❺[U；C](子弹、金属线、螺丝等的)直径；(金属板等的)厚度：What *gauge* of wire do you require? 你需要多粗的电线？

G

gaunt /gɔːnt/ *adj.* ❶(因饥饿、疾病等)憔悴的；瘦削的；骨瘦如柴的：a *gaunt* man 瘦骨嶙峋的人 ❷荒芜的；荒凉的，凄凉的：the *gaunt* slopes of a high mountain 高山上的荒芜山坡 ‖ 'gaunt·ness *n.* [U]

gauze /gɔːz/ *n.* [U] ❶(用丝、棉等织成的)透明薄纱，纱罗织物：curtains of *gauze* 纱帘 ❷(医用)纱布 ‖ 'gauz·y *adj.*

gave /geiv/ *v.* give 的过去式

gawk /gɔːk/ *vi.* 〈口〉傻看；目瞪口呆地看；茫然地注视(*at*)：Spectators *gawked at* the newly-produced Audi. 观众们瞪眼看着这辆新出产的奥迪轿车。

gawk·y /ˈgɔːki/ *adj.* 笨拙的，手脚不利索的：a *gawky* fellow 笨手笨脚的人 ‖ 'gawk·i·ly *adv.* —'gawk·i·ness *n.* [U]

gay /gei/ I *adj.* [无比较级] ❶愉快的，快活的；无忧无虑的；轻快的；令人高兴的；热闹的：The fields are *gay* with flower. 田间鲜花怒放。❷(色彩)鲜艳的，亮丽的；花哨的：Her dress was *gay* and flowered. 她的衣服色彩艳丽，花团锦簇。❸〈口〉[作定语]同性恋(者)的；同性恋者经常光顾的；同性恋者使用的：lesbians and *gay* men 男女同性恋者 II *n.* [C]〈口〉(尤指男性)同性恋者

gaze /geiz/ I *vi.* 专注地看，盯着看，凝视，注视(*at*，*into*)(见 look)：They stood *gazing at* each other for some time. 他们站在那儿面面相觑了一会儿。II *n.* [用单]凝望，注视；端详：They played with our curiosity and finally refused to submit to our *gaze*. 他们挑起了我们的好奇心，最后却不让我们看。‖ 'ga·zer *n.* [C]

☆**gaze**，**gape**，**glare**，**peer**，**stare** 均有"凝视"之意。**gaze** 指因好奇、羡慕或着迷而长时间目不转睛地看，含有被吸引住的意思：His eyes *gaze* out beyond the orchard and the cornfields，the river and the town，to the ocean.（他放眼望去，望过果园和玉米地，望过河流和城镇，直至望到大海。）**gape** 表示张大嘴巴瞪眼呆看，常带有天真或无知的神色：*gape* round-eyed *at* the distressing scene（睁大双眼望着那悲惨的情景）**glare** 指用愤怒的目光瞪视，强调敌意或恐惧：He *glared* fiercely as he spoke.（他一边说，一边怒目而视。）**peer** 表示眯缝着眼睛、伸长脖子看，暗含好奇之意：She *peered* through the mist，trying to find the right path.（她透过雾眯着眼睛看，想找出正确的路。）**stare** 表示睁大眼睛看，常含不礼貌之意，强调惊愕、羡慕、好奇或恐惧：Children should be taught not to *stare* at disabled people.（该教导孩子们不要盯着残疾人看。）

ga·ze·bo /gəˈziːbəu/ *n.* [C]([复]-bo(e)s)(可俯瞰景色的)(花园)凉亭，观景楼

ga·zelle /gəˈzel/ *n.* [C]([复]-zelle(s))【动】瞪羚

ga·zette /gəˈzet/ *n.* [C] ❶[现主要用于报刊名称]报纸；(政府、企业、组织的)公报；(大学)学报 ❷〈英〉(刊登聘用、提拔、破产名单的)政府公报，公告

G. B. *abbr.* Great Britain 大不列颠，英国

gear /giəʳ/ I *n.* ❶[常作～s]【机】齿轮；齿轮组；传动装置：in [out] of *gear* (齿轮)啮合(不啮

合) ❷[U](远行或体育活动等所需的)工具，用具，器材：photographic *gear* 摄影器材 ❸[U]〈口〉服饰，装束，衣着；(尤指)时髦服装，摩登服饰：riding *gear* 骑马服 **II** *vt.* [常用被动语态]调整，使适应，调适(*to*)：*gear* language teaching *to* the requirements of the ever-changing society 使语言教学适应不断变化的社会需要 ‖ ***gear up*** *vi.* 使做好准备：The soldiers were *geared up* to strike in instantaneous retaliation. 士兵们做好了立即反击的准备。

gear shift *n.* [C]变速杆

gee /dʒiː/ *int.* [表示惊讶、讽刺、赞赏等]〈口〉哎呀，天哪：*Gee*, she was a peach! 哎呀，她真讨人喜欢。

geese /giːs/ *n.* goose 的复数

gee·zer /ˈgiːzəʳ/ *n.* [C]〈俚〉家伙；(尤指行为怪异的)老人，老头

Gei·ger /ˈgaigəʳ/ **counter** *n.* [C]【核】盖革计数器

gei·sha /ˈgeiʃə/ *n.* [C]([复]-**sha(s)**) ❶(日本)艺伎，歌伎 ❷(日本的)妓女

gel /dʒel/*n.* [C;U] ❶【化】凝胶(体)，冻胶；胶带体 ❷发胶：There are a number of *gels* on the market. 市面上有好几种发胶。

gel·a·tin /ˈdʒelətin/, **ge·la·tine** /-ˌtiːn/ *n.* ❶[U](白)明胶，凝胶 ❷[U;C](尤指医用、食用或用以制造胶卷的)动物胶，骨胶；胶态蛋白

ge·lat·i·nous /dʒiˈlætinəs/ *adj.* [无比较级] ❶(明)胶的；似(明)胶的；含(明)胶的 ❷胶(冻)状的，胶凝的：*gelatinous* masses 胶状物

gel·id /ˈdʒelid/ *adj.* 冰冷的，寒冷的：*gelid* weather 寒冷的天气

gel·ig·nite /ˈdʒeligˌnait/ *n.* [U]【化】葛里炸药，爆炸胶

gem /dʒem/ *n.* [C] ❶(尤指经切割打磨用作首饰的)宝石：a bracelet studded with *gems* 一只嵌有宝石的手镯 ❷珍品，精品，精华；宝物，宝贝：The jokes he tells are absolute *gems*. 他讲的笑话妙极了。

gem·stone /ˈdʒemˌstəun/ *n.* [C](未经加工的)宝石

gen·der /ˈdʒendəʳ/ *n.* [C;U] ❶【语】(名词、代词等的)性，性别(如阴性、阳性和中性) ❷〈口〉(生理上的)性，性别：differences of temperament, race or *gender* 性情、种族或性别的差异

gene /dʒiːn/ *n.* [C]【生】基因

ge·ne·al·o·gy /ˌdʒiːniˈælədʒi/ *n.* ❶[C]系谱，家谱，宗谱 ❷[U]系谱学，家谱学 ‖ **ˌge·ne'al·o·gist** *n.* [C] —**ˌge·ne·a·log·ic** /-əˈlɔdʒik/ *adj.* —**ge·ne·a'log·i·cal** *adj.*

gen·er·a /ˈdʒenᵊrə/ *n.* genus 的复数

gen·er·al /ˈdʒenᵊrᵊl/ **I** *adj.* ❶[作定语]普遍的，广泛的；大众的(见 universal)：in *general* use 应用十分普遍 / *general* agreement 大家都能接受的一致看法 ❷全体的，总体的，整体的；(大)多数的：They married among *general* rejoicing. 他们就在皆大欢喜的气氛中结了婚。❸[作定语]通常的，惯常的；常规的：They have a *general* policy against that. 他们通常的做法是不允许那样做的。❹[用于职务或机构名称](职务)总的；首席的，最高官衔的：a *general* manager 总经理 / the secretary *general* of the United Nations 联合国秘书长 **II** *n.* [C]【军】〈英〉(陆军或海军陆战队的)上将；(陆军、空军或海军陆战队的)上将；(军衔高于上校的)将军：a brigadier *general* 准将 ‖ ***in general*** *adv.* 总的说来，一般说来；大体上；从总体上看：*In general*, I agree to what you said. 总的来说，我同意你讲的话。

gen·e·ral·i·ty /ˌdʒenᵊˈræliti/ *n.* ❶[C]概括性的表述；笼统的话：He focuses only on specifics, not large *generalities*. 他只关注细枝末节，而不是总体概括。❷[C]通则；普遍规律；公理："Nothing happens without a cause" is a *generality*. "事出皆有因"是一条公理。

gen·er·al·i·za·tion /ˌdʒenᵊrᵊlaiˈzeiʃᵊn;-liˈz-/ *n.* ❶[C;U]概括，归纳，总结；普遍化：What we seek is valid *generalization* from an accumulation of examples. 我们需要的是从大量的例子中作出有价值的归纳。❷[C]普遍性概念，通则；概说，概论：It is a *generalization* that the penguin originates in the Antarctic. 众所周知企鹅产于南极。

gen·er·al·ize /ˈdʒenᵊrᵊˌlaiz/ *vi.* ❶概括，总结，归纳；得出一般性的结论：We can't *generalize* from so little evidence. 就这么点儿证据我们无法得出结论。❷笼统地说；含糊其词地说：You can't *generalize* about the incident. 你不能对这一事件一概而论。—*vt.* ❶归纳出，总结出；推断出，得出(一般性的结论)：It was from his answers that we *generalized* the his-

G

tory of his childhood. 我们是从他的回答中推断出他的童年往事的。❷ 推广，普及：*generalize* a law 普及一部法律

gen·er·al·ly /ˈdʒenᵊrᵊli/ *adv.* [无比较级] ❶ 通常地，一般地；在大多数情况下：Well, you *generally* know best. 好吧，你总归是知道得顶多的。❷总体地，在众多方面：He *generally* did better than I. 他在许多方面做得比我好。

general practitioner *n.* [C]（非专科的）普通医生，全科医生（略作 **GP**）

general store *n.* [C]杂货店

gen·er·ate /ˈdʒenᵊˌreit/ *vt.* ❶引发，导致，招致；使发生：The new system has *generated* some problems. 新的体制造成了一些问题。❷产生（电力、光、热等）：*generate* power 发电 ❸萌生出，产生出（思想、感情等）：*generate* a feeling of absolute isolation and loneliness 给人一种与世隔绝、孤立无援的感觉

gen·er·a·tion /ˌdʒenᵊˈreiʃᵊn/ *n.* ❶[C]（年龄相仿的）一代人，同代人：the rebellious stance of the young *generation* 年青一代的反叛姿态 ❷[C]（家庭中的）代，辈：pass from *generation* to *generation* 代代相传 ❸[C]（大约 20 至 30 年的）代，一代：within a *generation* 二三十年之内 ❹[U]生成，产生；（尤指）发电：the *generation* of heat by friction 摩擦生热 ‖ ˌ**gen·erˈa·tion·al** *adj.*

G

gen·er·a·tive /ˈdʒenᵊrətiv/ *adj.* [无比较级]〈书〉❶生殖的，生育的；有生殖力的：a *generative* cell 生殖细胞 ❷生产的；有生产力的：*generative* powers [forces] 生产力

gen·er·a·tor /ˈdʒenᵊˌreitəʳ/ *n.* [C]发电机

ge·ner·ic /dʒiˈnerik/ *adj.* [无比较级]〈书〉❶总称的，泛称的；通用的；一般的，普通的：a *generic* model 通用模式 ❷（尤指食品、药品等）没有商标的，没有牌子的；不受商标注册法保护的：prescribe a *generic* medicine 开一种没有牌子的药品 ‖ **geˈner·i·cal·ly** /-kᵊli/ *adv.*

gen·e·ros·i·ty /ˌdʒenᵊˈrɔsiti/ *n.* [U]慷慨，大方

gen·er·ous /ˈdʒenᵊrəs/ *adj.* ❶慷慨的，大方的；出手阔绰的：You've been most *generous* with your time. 你对自己的时间太不珍惜。❷宽大的，宽厚的，宽宏大量的；豪爽的，高尚的，高洁的：I am much pleased with your *generous* feeling. 你宽大为怀，我感到很高兴。❸丰富的，丰厚的；大量的，充足的：a *generous* stipend 优厚的津贴 ‖ ˈ**gen·er·ous·ly** *adv.*

gen·e·sis /ˈdʒenisis/ *n.* [C; U]（[复]-**ses** /-ˌsiːz/）（事物的）创始，诞生；起源；形成，产生：explain the *genesis* of the universe 解释宇宙的起源 / the *genesis* of a disease 病因

ge·net·ic /dʒiˈnetik/ *adj.* [无比较级]【生】基因的；由基因引起的；遗传（学）的：*genetic* diseases 遗传性疾病 ‖ **geˈnet·i·cal·ly** /-kᵊli/ *adv.* —**geˈnet·i·cist** *n.* [C]

genetic engineering *n.* [U]【生化】遗传工程（学）

ge·net·ics /dʒiˈnetiks/ [复] *n.* [用作单]遗传学

ge·ni·al /ˈdʒiːniᵊl;ˈdʒen-/ *adj.* ❶友好的；亲切的，和善的；愉快的，高兴的：He felt quite *genial* at the party. 他在聚会上玩得非常开心。❷温和的，宜人的，舒适的：a *genial* climate 宜人的气候 ‖ **ge·ni·al·i·ty** /ˌdʒiːniˈæliti/ *n.* [U; C] —ˈ**ge·ni·al·ly** *adv.*

ge·nie /ˈdʒiːni/ *n.* [C]（[复]-**nies** 或 -**ni·i** /-niˌai/）（阿拉伯神话故事中借助魔法出现的）魔仆，精灵；神灵

gen·i·tal /ˈdʒenitᵊl/【生】*adj.* [无比较级]生殖的；生殖器的

gen·i·ta·li·a /ˌdʒeniˈteiliə/ [复] *n.*【生】生殖器

gen·i·tive /ˈdʒenitiv/【语】**I** *adj.* [无比较级]所有格的，属格的，生格的；属格词的：the *genitive* case 所有格 **II** *n.* [C][常作 **the** ～][常用单]属格，所有格，生格；属格词

ge·ni·us /ˈdʒiːniəs,-njəs/ *n.*（[复]-**ni·us·es** 或 -**ni·i** /-niˌai/）❶[C; U]（[复]**geniuses**）天才，天分，天资，禀赋；（尤指）创造才能：He railed at the world for its neglect of his *genius*. 他抱怨世人不能赏识他的才华。❷[C]（[复]**geniuses**）天才（人物）；禀赋高的人；有特殊才干的人：He was a *genius* with flowers. 他养花特有一手。
☆**genius, aptitude, bent, faculty, gift, knack, talent** 均有"非凡的（或特殊的）能力"之意。**genius** 语气最强，指与生俱来的、异乎寻常的独创能力和非凡才智，也可指天才人物，含令人钦佩的意味：Einstein was a *genius*.（爱因斯坦是个天才。）**aptitude** 常指获得某种知识、掌握某种技巧的天赋或后天造就的才能，强调学得快且掌握熟练：She shows an *aptitude* for learn-

ing languages.（她表现出学习语言的才能。）**bent** 词义与 aptitude 几乎相同，强调强烈的意向和爱好：He has a *bent* for art.（他生性爱好艺术。）**faculty** 多指生来就有的、内在的特殊能力：He lacks completely the *faculty* of self-criticism.（他完全丧失了自我批评的能力。）**gift** 指某一特定的天赋、天资或技能，但与独创性无关：She has a real *gift* arranging flowers.（她的确有插花方面的天赋。）**knack** 强调做事轻松灵巧，较少用于智力方面：It's not so difficult to thread these wires through the holes once you've got the *knack* of it.（一旦你掌握了这种技巧，把这些线穿过这些孔就不觉得难了。）**talent** 指从事某一特定工作或活动的独特的、非凡的才能，这种才能往往先天就有，但强调有意培养和施展这种才能：When she was young，she showed a *talent* for music.（她从小就表现出音乐的天赋。）

gen·o·cide /ˈdʒenəᵘˌsaid/ *n.* [U] 种族灭绝：carry out a *genocide* 进行种族大屠杀

gen·re /ˈʒɑːŋrə/ *n.* [C]〈书〉类型，种类；（艺术或文学作品的）体裁；风格；流派

gent /dʒent/ *n.* [C]〈口〉〈常谑〉〈主英〉男子，男人，男士；绅士；家伙，伙计：an old *gent* 老头

gen·teel /dʒenˈtiːl/ *adj.* ❶〈常讽〉上流阶层的，上流社会的；符合上层人士身份的：a stranger of *genteel* appearance 一个上等派头的陌生人 ❷〈时贬〉（矫作或过分地）有礼貌的，彬彬有礼的；假斯文的，故作高雅的：*genteel* table manners 文雅的吃相

gen·til·i·ty /dʒenˈtiliti/ *n.* [U] ❶名门出身；贵族身份；贵族地位；上流社会 ❷高尚品质；高贵风度；彬彬有礼：combine *gentility* and refinement of manner 把高尚的品质和优雅的举止结合起来

gen·tle /ˈdʒentᵊl/ *adj.* ❶（尤指脾气、性情）温柔的，温和的；和蔼的，亲切的：I had never before met so *gentle* a person. 我从没见过这么温柔的人。❷柔声细语的；（动作、语气等）轻柔的，和缓的；不剧烈的：She had very *gentle* blue eyes. 她的蓝眼睛含情脉脉。‖ **ˈgen·tle·ness** *n.* [U] —**ˈgen·tle·ly** *adv.*

gen·tle·man /ˈdʒentᵊlmᵊn/ *n.* [C]（[复]**-men** /-mᵊn/）❶绅士；有身份的人：He did not feel a *gentleman*. 他觉得自己缺少大家风范。❷男子；[用作敬语]先生："Well，"I said，"who is the *gentleman* with red hair?" "哎，"我说道，"那个红头发的先生是谁呢？" ❸[**gentlemen**][用作称呼语]先生们，诸位先生：Time，*gentlemen*，please! 先生们请注意，时间到了！‖ **ˈgen·tle·man·ly** *adj.*

gen·tri·fi·ca·tion /ˌdʒentrifiˈkeiʃᵊn/ *n.* [U]中产阶级向贫困地区的移居

gen·try /ˈdʒentri/ *n.* [常作 **the** ～][总称][用作单或复]（仅次于贵族的）名门望族，上流社会，上等人

gen·u·ine /ˈdʒenjuin/ *adj.* [无比较级] ❶名副其实的，货真价实的；非人造的；非假冒的：a *genuine* signature 亲笔签名 / a *genuine* antique 古董真品 ❷真实的，非假装的；真诚的，真心的：His confession had been *genuine*. 他如实招供了。‖ **ˈgen·u·ine·ly** *adv.* —**ˈgen·u·ine·ness** *n.* [U]

☆**genuine**，**actual**，**authentic**，**real**，**true** 均有"真的，真实的"之意。**genuine** 为最普通用词，使用范围广泛，表示某一事物是真的而不是冒牌的，也可表示真诚、不做作：We all feel *genuine* concern for their plight.（我们都真诚地关心他们的处境。）**actual** 指事物的实际存在并非出自主观臆造：It's an *actual* fact；I haven't invented or imagined it.（这是事实，不是我捏造或者想象出来的。）**authentic** 常可与 genuine 替换使用，强调经过正式鉴定，证明不是假的：The geologists declared the fragment to be an *authentic* specimen of rare fossil.（地质学家宣称这种碎片确实为一种稀有化石的标本。）**real** 与 actual 基本同义，有时可相互替换，但强调存在的具体的人或事物：an *actual* [*real*] event in history（历史上的一件真人真事）该词还可表示真的，与 genuine 同义，但强调表面印象：*real* [*genuine*] pearls（真正的珍珠）**true** 表示真实的或名副其实的，在很多情况下可与 real 和 genuine 替换使用：*True* love should last for ever.（真爱永存。）

ge·nus /ˈdʒiːnəs，ˈdʒenəs/ *n.* [C]（[复]**gen·er·a** /ˈdʒenərə/或 **-nus·es**）❶【生】属 ❷〈口〉种；类；属

ge·o- /ˈdʒiːəᵘ/ *comb. form* 表示"地球"；"土地"：*geology*，*geochemistry*（地球化学）

ge·og·ra·phy /dʒiˈɔgrəfi/ *n.* [U] ❶地理学 ❷（一地区的）地表特征，地貌；地形，地势 ‖ **geˈog·ra·pher** *n.* [C] —**ge·o·graph·ic**

/ˌdʒiəᵘˈɡræfik/, ˌ**ge·oˈgraph·i·cal** *adj*. —ˌ**ge·oˈgraph·i·cal·ly** *adv*.

ge·ol·o·gy /dʒiˈɔlədʒi/ *n*. ❶[U]地质学 ❷[C][常用单](一地区的)地质特征 ❸[C]天体地质学,天体地质研究 ‖ **ge·o·log·ic** /ˌdʒiəˈlɔdʒik/, ˌ**ge·oˈlog·i·cal** *adj*. —ˌ**ge·oˈlog·i·cal·ly** *adv*. —**geˈol·o·gist** *n*. [C]

ge·om·e·try /dʒiˈɔmitri/ *n*. ❶[U]几何;几何学 ❷[C]几何图形,几何图案 ‖ **ge·o·met·ric** /ˌdʒiəˈmetrik/, ˌ**ge·oˈmet·ri·cal** *adj*. —ˌ**ge·oˈmet·ri·cal·ly** *adj*.

ge·o·phys·ics /ˌdʒiːəᵘˈfiziks/ [复] *n*. [用作单]地球物理学 ‖ ˌ**ge·o·phys·i·cal** /-ˈfizikᵊl/ *adj*. —ˌ**ge·oˈphys·i·cist** *n*. [C]

ge·o·pol·i·tics /ˌdʒiːəᵘˈpɔlitiks/ [复] *n*. [用作单]地缘政治学,地理政治学 ‖ ˌ**ge·o·po·lit·i·cal** /-pəˈlitikᵊl/ *adj*.

ge·o·ther·mal /ˌdʒiːəᵘˈθəːmᵊl/ *adj*. [无比较级]【地理】地热的;由地热产生的:a *geothermal* power generator 地热发电机

G

germ /dʒəːm/ *n*. [C] ❶微生物;(尤指致病的)病菌,细菌:spread *germs* 传播细菌 ❷开端,起源,萌芽:the *germ* of a plan 一个计划的雏形

Ger·man /ˈdʒəːmᵊn/ **I** *adj*. [无比较级] ❶德国的;德国人的,德国公民的 ❷德语的 **II** *n*. ❶[C]德国人,德国公民;德裔 ❷[U]德语

ger·mane /dʒəːˈmein/ *adj*. 密切相关的;切题的(*to*):an idea *germane to* the conversation 一个切合话题的思想

German measles [复] *n*. [用作单]【医】风疹(=rubella)

ger·mi·cide /ˈdʒəːmiˌsaid/ *n*. [C;U]杀菌剂,除菌剂 ‖ **ger·mi·cid·al** /ˌdʒəːmiˈsaidᵊl/ *adj*.

ger·mi·nal /ˈdʒəːminᵊl/ *adj*. [无比较级]处于萌芽状态的,处于初始阶段的;未成熟的,雏形的

ger·mi·nate /ˈdʒəːmiˌneit/ *v*. ❶【植】发芽,抽芽;开始生长:The grain once ground into flour *germinates* no more. 谷物一旦磨成粉就不会发芽了。❷萌芽;形成;开始发展:Some inventions *germinate* out of the experiences of daily life. 有些发明源于日常经验。‖ **ger·mi·na·tion** /ˌdʒəːmiˈneiʃᵊn/ *n*. [U]

ger·on·tol·o·gy /ˌdʒerɔnˈtɔlədʒi/ *n*. [U]老年学;老年医学;老年病学 ‖ **ger·on·to·log·i·cal** /dʒiˌrɔntəˈlɔdʒikᵊl/ *adj*. —ˌ**ger·onˈtol·o·gist** *n*. [C]

ger·ry·man·der /ˌdʒeriˈmændəʳ/ *vt*. (为使某政党在选举中获得优势而)不正当地重新划分(城市、州、县等)的选区;(出于集团的利益而)不公正地划分(行政区):They attempted to *gerrymander* the state for the choice of Representatives to Congress. 为选举国会议员他们设法对该州重新划分选区。‖ ˌ**ger·ryˈman·der·ing** *n*. [U]

ger·und /ˈdʒerᵊnd/ *n*. [C]【语】动名词

ges·ta·tion /dʒeˈsteiʃᵊn/ *n*. [U] ❶怀孕(期),妊娠(期) ❷(计划、思想等的)酝酿,构思,形成;孕育:The road had been sixty years in *gestation*. 这条路已筹划了60年。‖ **gesˈta·tion·al** *adj*.

ges·tic·u·late /dʒeˈstikjuˌleit/ *vi*. 做手势;做示意动作:She *gesticulates* freely when speaking. 她说话的时候老是手舞足蹈。‖ **ges·tic·u·la·tion** /dʒeˌstikjuˈleiʃᵊn/ *n*. [C;U]

ges·ture /ˈdʒestʃəʳ/ **I** *n*. ❶[C;U]姿势;(尤指)手势;示意动作:a friendly *gesture* 友好的手势 / make a *gesture* to sb. 向某人打手势 ❷[U]使用手势;使用示意动作:Very slowly he closed his eyelids, and the *gesture* was like a curtain drawn at the end of a play. 他缓缓地合上眼皮,那架势就像话剧结束时拉上帷幕一样。❸[C](通常指善意的)姿态;表示:It was not merely a polite *gesture*. 这并不只是客套。**II** *vi*. 打手势,做示意动作:He *gestured* to me to leave. 他示意我走开。—*vt*. 用手势表达;用动作示意:The driver *gestured* him off. 驾驶员示意他下车。

get /get/ (过去式 **got** /gɔt/,过去分词 **got** 或 **got·ten** /ˈgɔtᵊn/;**get·ting**) *vt*. ❶获得,得到;收到,接到:I heard that, but I never *got* particulars. 我听说过那件事,但始终不知细节。❷挣钱:*get* three thousand *yuan* a month 一个月挣3 000元钱 ❸将…拿来(或取回);为…拿(或取);寻找,寻求:I'm just going to *get* the children from school. 我正要去学校接孩子。❹(有意地)使得,把…弄得(或搞得);(无意地)使成为:We finally *got* the car going. 最后我们终于把车搞走了。❺染(病),得(病),患(病):*get* a bad cold 患重感冒 ❻听见;懂,理

解：I didn't quite *get* what you said. 我听不清楚你说的话。❼捕获；抓住：They'd *get* you at once. 他们会立即将你逮捕的。❽做(饭等)；准备(饭菜等)：She helped her mother *get* dinner. 她帮妈妈做饭。—*vi*. ❶变得；变成：The snow was getting harder now. 现在雪下得更大了。❷到达，抵达(*to*)：I *got* home late last night. 我昨晚回家晚了。‖ **get about** *vi*. (消息、谣言等)传开来：Well，word is *getting about*. 嗯，看来消息已经不胫而走。**get across** *vt*. & *vi*. 讲清楚；(使)被理解；(使)被接受：Did your speech *get across* to the crowd? 你的演讲听众听明白了吗？**get ahead** *vi*. 取得进展，获得成功：I was reading about people who were successful and how they *got ahead*. 当时我就读一些成功人士的传记，看看他们是怎样出人头地的。**get along** *vi*. ❶离开，离去：We must *get along* now；see you soon. 我们马上就走了，再见。❷(勉强)过活；(勉强)对付过去：We can *get along*. 咱们的日子还对付得过去。❸(与…)相处融洽(*with*)：The partners don't *get along* in some ways. 合伙人在某些方面相处得不好。**get around** *vt*. 解决(问题等)；克服(困难、障碍等)：We must *get round* this difficulty. 我们一定得克服这个困难。—*vi*. 四处走动；旅游：I don't *get around* much anymore. 我不大再出门旅行了。**get away** *vi*. ❶逃脱：*get away* from prison 越狱 ❷摆脱；解脱(*from*)：*get away from* drugs 摆脱毒品瘾 **get away with** *vt*. 做成(坏事或错事而未被发觉或未受惩罚)：I don't know how they *get away with* charging such high prices. 我不明白他们漫天要价居然得逞了。**get back** *vi*. 回来，回家：We *got back* home in June. 我们6月份回到家。—*vt*. 失而复得，重新得到：We *got* most of our money *back*. 我们重新拿回了大部分的钱。**get by** *vi*. (勉强)度日；(勉强)过得去(*with*，*on*)：He has just enough money to *get by*. 他的钱仅够聊以度日。**get down** *vi*. ❶下来：I bumped into her as I *got down* from the bus. 我走下公共汽车时偶然遇到了她。❷集中精力；投入：*Get down* to work. 集中精力工作。—*vt*. ❶使下来；使沿…而来：The stairs were so steep that it was difficult to *get* the furniture *down*. 楼梯太陡，很难把家具搬下来。❷使沮丧，使忧郁；使疲倦：Difficulties never *get* him *down*. 困难从来吓不倒他。**get in** *vi*. ❶进入：We must mend the roof，the rain is *getting in*! 我们必须把屋顶修修，雨漏进来了！❷(指火车或乘客)到达目的地：The train *got in* late. 火车到站晚点了。**get off** *v*. ❶离开；出发；起跑；起飞：What time will you *get off* tomorrow morning? 明早你什么时间动身？❷下车：The bus broke down and all the passengers had to *get off*. 汽车出了毛病，乘客们只得下车。❸逃脱(惩罚)：Only a fine of 10 dollars? He really *got off* easy. 只罚了10美元？真太便宜他了！**get on** *vi*. ❶有进展；进步，取得成绩：How are you *getting on* with your work? 你工作有进展吗？❷继续干(*with*)：Put that novel away and *get on with* your work! 把小说放一放，继续干你的工作吧！❸[通常用进行时态](时间等)消逝；(人等)老起来(*for*)：Time is *getting on*. 时间不早了。**get out** *v*. ❶出去；出来：kids who wanted to *get out* in the world 想出去见世面的孩子们 ❷公开：How did the news *get out* so fast? 消息怎么会公开得那么快？**get over** *vt*. ❶从(疾病、惊吓、失望等)中恢复过来：It took her nearly two weeks to *get over* the flu. 她的感冒差不多过了两个星期才好。❷克服，战胜(困难、偏见等)：I have an idea in my head，but I can't *get over* one point. 我已经有了一个主意，只是还有一个难关想不通。**get through** *vt*. ❶完成，使结束：I hope I can *get through* all this work. 希望我能够干完这些活儿。❷(向某人)讲清楚自己的意思；把…(向某人)讲清楚；(意思等)被…理解，被…接受(*to*)：Try to *get* it *through to* him. 设法让他明白这一点。—*vi*. ❶用电话(或无线电等)联系上：I rang you several times but wasn't able to *get through*. 我几次打电话给你，但都没有打通。❷讲清楚自己的意思：Do you think that we *got through* to them? 你认为他们领会我们的意思了吗？❸(尤指经历周折或困难后)坚持到底；幸免于难：The road was tortuous and dangerous，but we finally *got through*. 道路曲折危险，但我们终于坚持下来。**get to** *vt*. 给…留下印象；对…产生影响；(在感情方面)打动，使感动：The sad movie really *got to* me. 那部悲惨的影片深深地感动了我。**get together** *vt*. ❶召集；使集合：*Get* the staff *together*. 把全体工作人员召集起来。❷收集；积累(资料等)：*get together* pictures for an album 收集照片做一本影集 **get up** *v*. ❶(早晨)使起身；(病后)使起床：The radio *got* me *up* at seven o'clock. 收

音机声 7 点钟把我闹醒了。❷使站立：*Get her up and bring her to the car.* 把她扶起来，搀到汽车上去。

get·a·way /ˈgetəˌwei/ *n.* [C]（尤指犯罪后的）逃逸，逃跑；逃脱：make one's *getaway* in a stolen car 偷了一辆车逃跑

get-to·geth·er /ˈgeˈtəˌgeðəʳ/ *n.* [C]〈口〉（非正式的社交）聚会；舞会

ghast·ly /ˈgɑːstli; ˈgæst-/ *adj.* ❶可怕的，恐怖的，令人毛骨悚然的：The scene after the battle was *ghastly.* 战斗过后的场景惨不忍睹。❷死人般的；（脸色）苍白的，煞白的：His face was so *ghastly.* 他脸色煞白。‖ ˈ**ghast·li·ness** *n.* [U]

gher·kin /ˈgəːkin/ *n.* [C]（用以腌制的）嫩黄瓜，小黄瓜

ghet·to /ˈgetəu/ *n.* [C]（[复]**-to(e)s**）（城市里的）少数民族聚居区；（尤指）贫民窟

ghost /gəust/ *n.* [C]鬼，鬼魂：The apparent visibility of a *ghost* is a hallucination. 能清楚地看见鬼魂只是一种幻觉。‖ ˈ**ghost·ly** *adj.*

G

ghost-write /ˈgəustˌrait/ （**-wrote** /-ˌrəut/, **-writ·ten** /-ˌritᵊn/） *v.* 代人写，替人捉刀写：The old man's will was *ghost-written.* 那位老人的遗嘱是找人代写的。

ghost-writ·er /ˈgəustˌraitəʳ/ *n.* [C]代笔者，捉刀人〔亦作 **ghost**〕

gi·ant /ˈdʒaiᵊnt/ **I** *n.* [C] ❶（希腊神话、童话或人们想象中的）巨人 ❷（身材超群的）巨人；巨大的动物（或植物）；庞然大物：a clumsy *giant* 笨重的庞然大物 **II** *adj.* [无比较级]巨人般的；特大的：a *giant* electronics corporation 一家大型电子公司

gi·ant·ess /ˈdʒaiᵊntis/ *n.* [C]女巨人

gib·ber /ˈdʒibəʳ/ *vi.* 〈贬〉闲扯，闲聊：She was *gibbering* exactly about nothing. 她语无伦次，一派胡言。

gib·ber·ish /ˈdʒibᵊriʃ/ *n.* [U]❶胡扯，胡言乱语：talk *gibberish* 胡说八道 ❷晦涩难懂的话（或文章）

gib·bon /ˈgibᵊn/ *n.* [C]【动】长臂猿属猿类

gid·dy /ˈgidi/ *adj.* ❶[通常作表语]头晕的，眩晕的：I feel *giddy.* I must sit down. 我觉得头晕，得坐下来。❷[通常作定语]令人头晕的，令人眩晕的：It was a *giddy* chase. 被追赶得晕头转向。‖ ˈ**gid·di·ness** *n.* [U]

gift /gift/ *n.* ❶[C]礼物，赠品：I beg you to accept this *gift* as a trifling mark of my esteem. 区区薄礼，不成敬意，恳请笑纳。❷[C;U]赠予，赠送：The property came to him by *gift* from a distant relative. 这财产是由他的一个远房亲戚送给他的。❸[C]禀赋，天资；能力（见 genius）：He had no *gift* of expression in words. 他的语言表达能力很差。

gift·ed /ˈgiftid/ *adj.* 有天才的，有天赋的，有天资的：His *gifted* pen transmutes everything into gold. 他那支才华出众的笔能够点石成金。

gig /gig/ 〈口〉 *n.* [C]〈俚〉❶（尤指舞曲或爵士音乐演奏者等的）预约（或特约）演出：do the last *gig* 作最后一次特约演出 ❷工作，职业

gi·gan·tic /dʒaiˈgæntik/ *adj.* [无比较级]极大的，巨大的，庞大的：a *gigantic* debt 巨额债务 / a *gigantic* wave 巨浪

gig·gle /ˈgigᵊl/ **I** *vi.* 咯咯地笑；（尤指）傻笑，痴笑：He *giggles* at the thought. 他一想到这事就傻笑。**II** *n.* [C]咯咯的笑；傻笑，痴笑；[**the ～s**]（尤指女孩发出的）连续的咯咯笑；不间断的傻笑：They collapsed into *giggles.* 他们一下子咯咯大笑起来。‖ ˈ**gig·gler** *n.* [C] —ˈ**gig·gly** *adj.*

gild /gild/ *vt.* (**gild·ed**或 **gilt** /gilt/) 包金于，镀金于：Sunshine *gilded* the roof tops. 阳光给屋顶抹上了一层金色。‖ ˈ**gild·er** *n.* [C] —ˈ**gild·ing** *n.* [U]

gill /gil/ *n.* [通常作～s]【动】鳃

gilt /gilt/ **I** *vt.* gild 的过去式和过去分词 **II** *n.* [U]镀金层，金色涂层：an album decorated in *gilt* 一副镶金边的相册

gim·mick /ˈgimik/ *n.* [C]〈口〉❶（魔术师、赌徒等用以骗人或操纵赌局的）秘密装置，暗设机关 ❷花招，噱头；诡计，骗局：promotional *gimmick* 促销的招儿 ‖ ˈ**gim·mick·ry** *n.* [U] —ˈ**gim·mick·y** *adj.*

gimp /gimp/ **I** *n.* [C]〈俚〉❶跛子，瘸子；瘸腿 ❷瘸步，跛行：walk with a *gimp* 瘸着腿走路 **II** *vi.* 跛行，瘸着腿走路 ‖ ˈ**gimp·y** *adj.*

gin /dʒin/ *n.* [U;C]杜松子酒

gin·ger /ˈdʒindʒəʳ/ **I** *n.* ❶[C]【植】姜，生姜 ❷[U]姜根：ground *ginger* 生姜粉 ❸[U]姜黄色

II *adj*. [无比较级]姜味的 ‖ ˈ**gin·ger·y** *adj*.

ginger ale *n*. [C;U]姜汁汽水

gin·ger·ly /ˈdʒindʒᵊli/ I *adv*. 谨慎地，小心翼翼地 II *adj*. 谨慎的，小心翼翼的：in a *gingerly* manner 谨慎地

ging·ko, ging·go /ˈgiŋkəu/ *n*. [C]([复]**-ko(e)s**)【植】银杏，白果树

gin·seng /ˈdʒinseŋ/ *n*. ❶[C]【植】人参；(中国)人参；西洋参 ❷[U](中医制药用的)人参(根) ❸[U;C](参茶、浓缩液等)人参(或西洋参)制剂

gi·raffe /dʒiˈrɑːf;-ˈræf/ *n*. [C]([复]**-raffe(s)**)【动】长颈鹿

gird /gəːd/ *vt*. (**gird·ed**或**girt** /gəːt/)〈书〉❶(用皮带、带子等)束(腰或衣服)；用…束腰；(用带子、绳子等)捆绑(*with*)：*gird* oneself *with* a rope 用一根绳子绑在腰间 ❷用带束住(衣服等)：*gird* a belt 系皮带 ❸围绕，缠绕；包围，圈住：A World Wide Web has gradually *girded* the globe. 万维网已渐渐覆盖全球。❹[～ **oneself**]使做好准备：*gird oneself* to face [for] an examination 做好考试的准备

gird·er /ˈgəːdəʳ/ *n*. [C]【建】(桥梁或大型建筑物的)大梁，主梁，桁

gir·dle /ˈgəːdᵊl/ I *n*. [C] ❶(女用)紧身褡，束身内衣 ❷腰带：tie [fasten] one's *girdle* 系腰带 II *vt*. ❶用带子(或绳索等)束(或捆绑、扎、缠绕等) ❷环抱，包围，圈住

girl /gəːl/ *n*. [C] ❶女孩，姑娘，少女 ❷〈口〉女儿，闺女 ❸〈口〉(泛指)女人，女子：a Spanish *girl* 西班牙女子 ❹〈口〉女朋友：One of them was his *girl*. 她们中有一个是他的恋人。‖ ˈ**girlˌhood** *n*. [U] —ˈ**girl·ish** *adj*.

girl·friend /ˈgəːlˌfrend/ *n*. [C] ❶(男子的)女朋友，恋人，心上人 ❷(女子的)女伴，女友

Girl Scout, girl scout *n*. [C]女童子军

girth /gəːθ/ *n*. ❶[U;C](圆形物体的)周长：The tree is large in *girth*. 这棵树的树围很大。❷[C;U](人的)腰围，腰身：a man of large *girth* 腰围大的人

gist /dʒist/ *n*. [**the** ～]要点，主题；本质；中心内容：*the gist* of a question 问题的实质

give /giv/ I (**gave** /geiv/, **giv·en** /ˈgivᵊn/) *vt*. ❶赠送，捐赠，馈赠；施舍：*give* sb. presents 给某人送礼 ❷递给，交给，拿给：I *gave* my ticket to the lady at the check-in desk. 我把票交给了那个验票小姐。❸交给，托付：I *gave* her my watch while I went swimming. 我去游泳时把手表交由她保管。❹给，给予；使拥有；授予；赐(名)：His honesty *gives* him respectability. 他的诚实为他赢得人们的尊敬。❺提供；提出；举出(事例等)；说出；说明：Can you *give* me more examples? 你能给我举出更多的例子吗？❻付，付出；出售，卖：*give* a dollar for a pen 花1美元买一支钢笔 ❼表演，演出；举行：He *gave* a very interesting lecture on Russia. 他就俄罗斯的情况讲了一堂生动有趣的课。❽产出，结出；产生(结果、效果等)；发出(光、热、声音等)：The man *gave* a long sigh. 那人发出长长的叹息声。❾做(一个动作) —*vi*. ❶赠送，馈赠；捐助；施舍：It's more blessed to *give* than to receive. 给予比接受更幸福。❷支撑不住；弯曲；塌陷；断裂；收缩；(皮革、绳子等拉紧后)伸展：The branch began to *give* under his weight. 树枝承受不住他的重量，弯下来了。II *n*. [U] 弹性，弹力；伸缩性：There is no *give* in a stone. 石头没有弹性。‖ ***give away*** *vt*. ❶赠送，馈赠；捐助：She *gave away* all her money to the poor. 她把所有的钱都捐给了穷人。❷泄露；告发，出卖；背叛(*to*)：His accents *gave* him *away*. 他的口音暴露了他的身份。***give back*** *vt*. 归还，送回：You must *give* the books *back* to the library in the set time. 你必须在规定的时间内把书还给图书馆。***give in*** *vt*. 上交；呈上；上报：Names of competitors must be *given in* before the end of the month. 月底前竞赛者的名单必须上报。—*vi*. 投降；屈服，让步(*to*)：Neither of us would *give in*. 我们两人都不愿让步。***give of*** *vt*. 献身于；使奉献，使付出：*give of* oneself in teaching 献身于教育事业 ***give off*** *vt*. 发出，释放出(热、光、声音、气味等)：*give off* a strong fragrance 散发出浓郁的芳香 ***give out*** *vt*. ❶发出(光、热、气味等)：*She gave out* a yell. 她大叫了一声。❷宣布，发布；发表：The date of the election will be *given out* soon. 不久便会公布大选日期。❸分发，散发；分配：*give out* newspapers 分发报纸 —*vi*. 耗尽；花光：Our money *gave out*. 我们的钱用光了。***give up*** *vi*. 失望，灰心；停止(做事)；放弃，抛弃；辞去(工作等)：The way to success in anything is not to *give up*. 事情的成功在于锲而不舍。—*vt*. ❶停止(做事)；放弃，抛弃；辞去(工作等)：*give up* smoking 戒烟

❷使认输;使投降,使投诚;使自首:I am going to go on the subway to the police station and *give* myself *up*. 我将搭地铁去警察局投案自首。‖ ˈ**giv·er** *n.* [C]

give-and-take /ˌgivᵊnˈteik/ *n.* [U] ❶互让互谅;妥协:There has to be a lot of *give-and-take* in any successful marriage. 任何美满的婚姻都不乏相互谦让。❷交换意见(或看法),商议;(善意的)争论:He prefers the *give-and-take* of the committee room to the fanfare of the forum. 他宁肯在委员会的会议室里平心静气地交换意见,而不愿听大会上的慷慨陈词。

give(-)a·way /ˈgivəˌwei/ *n.* 〈口〉❶[用单]背叛,背信;(尤指情报等的无意的)泄露;(身份等的)暴露:The tears in her eyes were a dead *giveaway*. 她眼中的泪水说明了一切。❷[U](财产等的)赠予,让予:the foreign *giveaway* 国外的无偿援助 ❸[C]赠品;礼品:all types of *giveaways* 各式各样的赠送品

giv·en /ˈgivᵊn/ **I** *v.* give 的过去分词 **II** *adj.* [无比较级][常作定语]规定的,限定的;约定的;特定的:You must finish the test at a *given* time. 你必须在规定时间内做完试题。

given name *n.* [C]名,名字:His *given name* is John and his family name is Smith. 他姓史密斯,名叫约翰。

giz·zard /ˈgizəd/ *n.* [C](鸟的)砂囊,肫

gla·ci·al /ˈgleisiᵊl,-ʃᵊl/ *adj.* [无比较级] ❶冰的;冰川的,冰河的:*glacial* soil 冰川土 ❷冰般的,冰冷的:a *glacial* winter wind 冬日凛冽的寒风 ‖ ˈ**gla·cial·ly** *adv.*

gla·ci·er /ˈglæsiəʳ;ˈgleiʃəʳ/ *n.* [C]【地质】冰川,冰河

glad /glæd/ *adj.* (**glad·der, glad·dest**) ❶[通常作表语]快乐的,愉快的,喜悦的:We are *glad* to have eventually finalized an agreement. 我们很高兴,终于达成了协议。❷[作定语](消息、事件等)令人高兴的,使人愉快的:*glad* tidings 好消息 ❸[作表语]愿意的,乐意的(*of*, *about*):I will be *glad* to go if you need me. 如果你需要,我会很乐意去的。‖ ˈ**glad·ly** *adv.* —ˈ**glad·ness** *n.* [U]

glad·den /ˈglædᵊn/ *vt.* 使高兴;使快乐:In a little while, his heart would be *gladdened*. 不消说,他就会心花怒放。

glade /gleid/ *n.* [C]林中空地

glad·i·a·tor /ˈglædiˌeitəʳ/ *n.* [C]【史】(古罗马竞技场的)角斗士

glam·or /ˈglæməʳ/ *n.* & *adj.* 〈主美加〉=glamour

glam·or·ize /ˈglæmᵊˌraiz/ *vt.* 〈主美加〉=glamourize

glam·or·ous /ˈglæmᵊrəs/ *adj.* ❶富有魅力的,迷人的:She didn't look *glamorous* without her make-up. 她要是没有化妆,并不怎么好看。❷富于刺激的,充满冒险性的;有吸引力的,令人向往的:a *glamorous* job 令人向往的工作 ‖ ˈ**glam·or·ous·ly** *adv.*

glam·our /ˈglæməʳ/ *n.* [U] ❶(迷人的)美貌;妖艳:a girl with lots of *glamour* 性感十足的女孩 ❷魅力,诱惑力:Passenger business had the *glamour*. 那时候搞客运业很吃香。

glam·our·ize /ˈglæmᵊˌraiz/ *vt.* 使迷人,使具有魅力;美化:*glamourize* oneself 使自己增添魅力

glance /glɑːns;glæns/ **I** *vi.* ❶瞥一眼;扫视(*at*, *down*, *up*)(见 look):She *glanced* uncertainly *at* her friend. 她疑惑地瞥了她的朋友一眼。❷浏览,粗略地看(*at*, *down*, *over*, *through*):*glance down* the list names 大致看一下名单 **II** *n.* [C]一瞥,一瞟;扫视(*at*, *into*, *over*):There is health in her *glance*. 她的一瞥充溢着健康。

gland /glænd/ *n.* [C]【解】腺:adrenal *gland* 肾上腺

glare /gleəʳ/ **I** *n.* ❶[U][常作 **the** ~]强光;耀眼的光,刺眼的光;(尤指)太阳光:*the glare* of a car's headlights 汽车前灯的强光 ❷[C]怒视;瞪:He shot a *glare* of hatred at me. 他满眼仇恨地瞪着我。**II** *vi.* ❶发出强光(或耀眼的光);(光线)刺眼:His blond hair *glared* white in the sun. 他的一头金发在阳光的照射下白得刺眼。❷怒视;瞪着,盯着(*at*, *upon*)(见 gaze 和 look):Her eyes *glared* fixed and immovable. 她瞪大眼睛凝视着一动不动。—*vt.* 用愤怒的目光表示,瞪眼表示(敌意、仇恨等):They *glared* their anger at each other. 他们怒气冲冲地互相瞪视。

☆**glare, gloat, glower** 均有"紧盯,凝视"之意。**glare** 表示"怒视":A tiger *glares* at its prey. (老虎紧盯着它的猎物。)**gloat** 表示"幸灾乐祸地看;贪婪地盯着;得意地看";但现代英语中

该词仅用以指“得意”：a tyrant *gloating* over the helplessness of his victim（得意扬扬看着无助的受害者的独裁者）**glower** 表示“因愤怒而威胁地紧盯”，强调伴有怒吼声：*glower* at a mischievous child（狠狠地瞪着淘气的孩子）

glar·ing /ˈgleəriŋ/ *adj*. ❶（光线等）刺眼的，炫目的，耀眼的：It was a September day, hot and *glaring*. 这是一个九月天，酷热难当，骄阳似火。❷显眼的，明显的，引人注目的：a *glaring* lie 赤裸裸的谎言 ‖ ˈ**glar·ing·ly** *adv*.

glass /glɑːs; glæs/ *n*. ❶[U]玻璃；玻璃类物质 ❷[C]玻璃杯；玻璃水具：a large *glass* for beer 装啤酒的大玻璃杯 ❸[C]一（玻璃）杯的量；（一杯）酒：We'll just have one *glass* and go away. 我们只喝一杯就走人。

glass·ware /ˈglɑːsˌweəʳ; ˈglæs-/ *n*. [U]玻璃器皿，玻璃制品

glass·y /ˈglɑːsi; ˈglæsi/ *adj*. ❶[无比较级]玻璃的 ❷似玻璃的，玻璃般的；平滑的，光滑的：*glassy* hands 光滑的双手

glau·co·ma /glɔːˈkəumə/ *n*. [U]【医】青光眼，绿内障 ‖ **glauˈco·ma·tous** /-təs/ *adj*.

glaze /gleiz/ I *vt*. ❶给（窗户等）装玻璃；给（相片等）镶玻璃；给（建筑物等）安装玻璃窗：*glaze* a window 给窗子镶玻璃 ❷给…上釉，给…上光：*glaze* bricks 给瓷砖上釉 ❸给（糕点、肉食等）浇糖衣；给…浇汁：She *glazed* the pie with beaten egg. 她给馅饼涂上一层打散了的鸡蛋。—*vi*.（眼睛）发直；（目光）呆滞（*over*）：The man's eyes *glazed* with fright. 那个男子惊得双眼发直。II *n*. ❶[C；U]釉，釉料；珐琅：There are hundreds of different *glazes*. 有上百种的不同釉料。❷[U]光釉，透明涂料 ❸[C；U]（浇在食物上的）糖衣，糖汁；（浇在肉食上的）浓肉汁 ‖ **glazed** *adj*.

gla·zier /ˈgleizjəʳ/ *n*. [C]玻璃安装工

gleam /gliːm/ I *n*. ❶[C]光亮；光束：A blue *gleam* appeared forward. 前方出现了一束蓝光。❷[C]微光，弱光：the *gleam* of dawn in the east 东方的晨曦 ❸[用单]闪现，隐现；（情感等的）一丝：a *gleam* of hope 一丝希望 II *vi*. ❶闪烁，微微发亮；闪亮：The moon *gleamed* upon the lake. 湖面上月光粼粼。❷闪现，隐现；突然出现：Amusement *gleamed* in his eyes. 他的眼睛里闪烁着饶有兴趣的神色。

☆**gleam, beam, glimmer, ray** 均有“亮光”之意。**gleam** 表示“微弱的、断断续续的灯光”：a faint *gleam* from a distant church（远处教堂传来的微弱光线）**beam** 表示“定向的光束”：the *beam* from a searchlight（探照灯的光束）**glimmer** 表示“微弱摇曳的灯光”：a faint *glimmer* of moonlight（朦胧的月光）**ray** 表示“光线”：a *ray* through a pinprick in a window shade（透过窗帘上小孔射出的一线光亮）

glean /gliːn/ *vt*. 搜集（零碎的资料等）；零星地收集（资料等）：From his own conversation I was able to *glean* nothing. 从他的谈话里我任何线索也没有获得。

glee /gliː/ *n*. [U]（因自己幸运或别人不幸而感到的）快乐，喜悦；幸灾乐祸：I was amazed at their unbridled *glee*. 他们那兴高采烈的痛快劲儿真让我感到惊奇。‖ ˈ**glee·ful** *adj*. —ˈ**glee·ful·ly** *adv*.

glen /glen/ *n*. [C]峡谷，深谷，幽谷

glib /glib/ *adj*. (**glib·ber, glib·best**) ❶伶牙俐齿的，能言善辩的，巧舌如簧的；（言语）流利的：a *glib* talker 能言善辩的发言人 ❷无准备的，即兴的：an *glib* answer 不假思索的回答 ‖ ˈ**glib·ly** *adv*. —ˈ**glib·ness** *n*. [U]

G

glide /glaid/ *vi*. ❶（车、船、雪橇等）滑行，滑移；（蛇等）游动；（鸟类）滑翔（见 slide）：The dancer *glided* across the floor. 那位舞蹈演员轻轻地滑过地板。❷（时间）流逝，消逝；渐渐转入：Hours *glided* by. 光阴荏苒。❸（飞机、滑翔机等）下滑，滑翔：*glide* down to the airfield 滑翔降落到机场 —*vt*. ❶使滑行，使滑移：*glide* the feet in dancing 滑步跳舞 ❷使下滑，使滑翔 ❸乘滑翔机飞过

glid·er /ˈglaidəʳ/ *n*. [C] ❶滑翔机；滑翔机飞行员 ❷滑行者；滑行器；滑翔机

glim·mer /ˈglimәʳ/ I *n*. [C] ❶微光；闪烁（或摇曳）的光：in the *glimmer* of the dawn 在晨光中 ❷（希望、理解等的）一点儿，一丝，些许（*of*）：Dense fog now and then lifts to reveal a *glimmer of* land and sea. 浓雾时聚时散，陆地和大海若隐若现。II *vi*. 发出微光；（灯光等）闪烁，闪动，摇曳：A light *glimmered* at the end of the passage. 走廊尽头有一盏灯在闪烁。‖ ˈ**glim·mer·ing** *n*. [C]

glimpse /glimps/ I *n*. [C] ❶一瞥，瞥见：I got a *glimpse* of myself in the mirror as I walked past. 我走过的时候在镜子里瞥见自己。

❷模糊的认识(或感觉):I had a *glimpse* of her feelings. 我隐隐约约地感觉到她的感情。**II** *vt.* (偶然地)瞥见;看一看(见 look):I *glimpsed* Molly in the crowd, but I don't think she saw me. 我瞥见人群中的莫莉,但我想她没有看见我。

glint /glint/ **I** *n.* [C] ❶闪光:the *glint* of water 水波粼粼 ❷(眼神中某种情感的)闪露,闪现;一丝:I noticed a faint *glint* of jealousy in her eyes. 我注意到她目光中有一丝淡淡的妒意。**II** *vi.* 闪闪发光(或发亮);(光线)发射:The bright sunlight *glinted* off its iridescent plumage. 灿烂的阳光在它那彩虹般的羽毛上反射出来。

glis·san·do /gli'sændəu/【音】*n.* [C]([复]**-di** /-di/或**-dos**) 滑奏;滑奏声部

glis·ten /'glisᵊn/ *vi.* (尤指湿润或光洁的表面)闪闪发光,闪闪发亮;闪耀:The sunlight *glistens* on wet leaves. 在阳光下,湿润的树叶熠熠发亮。

glit·ter /'glitəʳ/ **I** *vi.* 闪闪发光,闪闪发亮:Beyond the window he could see sky where the icy stars *glittered*. 他能看见窗外天空中寒星在熠熠发光。**II** *n.* ❶[通常用单]闪光,闪亮;璀璨的光华:He looked up and saw the *glitter* of tears in her eyes. 他抬起头,看见她眼里含着晶莹的泪水。❷[U]〈喻〉(外表的)吸引力,诱惑力:the *glitter* of fame 成名的诱惑 ‖ **'glit·ter·y** *adj.*

glit·tering /'glitəriŋ/ *adj.* 绝妙的,富丽的,成功的:a *glittering* performance 绝妙的表演

gloam·ing /'gləumiŋ/ *n.* [**the** ～][用作单]〈诗〉黄昏,薄暮;暮色

gloat /gləut/ *vi.* 心满意足地(或贪婪地、幸灾乐祸地)看(或想)(*over*, *on*, *upon*):You shouldn't *gloat over* others' misfortunes. 你不该对别人的不幸抱幸灾乐祸的态度。

glob /glɔb/ *n.* [C] ❶一滴:a *glob* of rain [water] 一滴雨[水] ❷(可塑性质的)一堆,一团:a little *glob* of clay 一小块泥巴

glob·al /'gləubᵊl/ *adj.* [无比较级] ❶全球的;世界范围内的:the *global* economy 全球经济 / *global* peace 世界和平 ❷综合的,全面的;总体的;包罗万象的:the *global* total of national income 国民收入的总量 ‖ **'glob·al·ly** *adv.*

glob·al·ism /'gləubᵊlizᵊm/ *n.* [U]全球性,全球观念 ‖ **'glob·al·ist** *n.* [C]& *adj.*

globe /gləub/ *n.* ❶[**the** ～][作单]地球;世界:Karaoke has insinuated itself into every level of society across *the globe*. 卡拉 OK 已渗透到了世界上各个社会阶层。❷[C]行星;星球;天体:The sun is an immense *globe*. 太阳是个巨大的天体。❸[C]球形物;球体:a *globe* of pearl 一颗圆润的珍珠 ❹[C]地球仪;天球仪:a celestial *globe* 天球仪

globe-trot·ter /'gləubˌtrɔtəʳ/ *n.* [C]周游世界者,环球旅行者

glob·u·lar /'glɔbjuləʳ/ *adj.* [无比较级] ❶球状的;小球形的;圆的:a *globular* container 一个圆形容器 ❷由小球组成的

glob·ule /'glɔbjuːl/ *n.* [C]小球,小珠;小滴:a *globule* of sweat 汗珠子

gloom /gluːm/ *n.* ❶[U]黑暗;昏暗,幽暗;阴暗:the evening *gloom* 暮色 ❷[用单]忧郁,忧愁;沮丧,失望:a mansion of *gloom* 阴森森的宅第 / chase one's *gloom* away 消愁解闷

gloom·y /'gluːmi/ *adj.* ❶黑暗的;昏暗的,幽暗的;阴暗的:What a *gloomy* day! 天色多么阴沉!❷令人失望的,令人沮丧的,令人气馁的:a *gloomy* situation 阴霾的局势 ❸情绪低落的;愁眉不展的;忧郁的,沮丧的;悲观的:She felt *gloomy* about the future. 她对前途感到悲观。‖ **'gloom·i·ly** *adv.* —**'gloom·i·ness** *n.* [U]

glo·ri·fied /'glɔːriˌfaid/ *adj.* [无比较级][作定语]〈贬〉受吹捧的;被美化的:An air hostess is really just a *glorified* waitress. 空中小姐是一个美称,其实就是客机上的服务员。

glo·ri·fy /'glɔːriˌfai/ *vt.* ❶给…荣耀,为…增光,使光荣:the names which *glorify* this country 为这个国家增光添彩的人们 ❷使更美;美化;为…增色:Sunset *glorified* the valley. 落日的余晖使山谷更显得绚丽。❸称赞;赞美,颂扬:Her brave deeds were *glorified* in song and story. 她的英勇事迹被编成歌曲和故事而广为传颂。‖ **glo·ri·fi·ca·tion** /ˌglɔːrifi'keiʃᵊn/ *n.* [U]

glo·ri·ous /'glɔːriəs/ *adj.* ❶光荣的;辉煌的,荣耀的;值得称道的:The victory was less than *glorious* and less than complete. 这一胜利既不光荣也不彻底。❷〈口〉壮丽的,绚丽的,灿烂的:The following morning was *glorious*. 第二天早晨天气非常好。‖

ˈglo·ri·ous·ly *adv.*

glo·ry /ˈglɔːri/ *n.* ❶[U]光荣,荣誉;荣耀:return in *glory* 凯旋 ❷[U]绚丽,灿烂;壮观:The setting sun touched the mountains with its suffused *glory*. 落日的余晖洒满群山。❸[C;U]带来光荣的人(或事),值得称道的人(或事);自豪(或高兴)的原因:His name is the *glory* of the town. 他的名字是那个小镇的骄傲。

gloss /glɔs/ I *n.* [U](表面的)光亮,光泽,色泽;光亮的表面 II *vi.* 掩饰,掩盖;轻描淡写地处理,敷衍:You can't just *gloss* things *over* like that! 你可不能就那样敷衍了事。

glos·sa·ry /ˈglɔsəri/ *n.* [C]集注,注解汇编:an edition with good *glossary* 有详细注解的版本

gloss·y /ˈglɔsi/ *adj.* ❶光滑的;光亮的,有光泽的:*glossy* silk 光滑发亮的丝绸 ❷华而不实的,徒有其表的;外表光鲜的:*a glossy* show 令人眼花缭乱的表演

glot·tis /ˈglɔtis/ *n.* [C]([复]**-tis·es**或**-ti·des** /-tiˌdiːz/)【解】声门 ‖ ˈ**glot·tal** *adj.*

glove /glʌv/ *n.* [C]手套(通常指手指分开的手套):Excuse my *gloves*. [握手时用]对不起,请允许我戴着手套。‖ ˈ**gloved** *adj.*

glow /gləu/ I *n.* [用单] ❶光亮,光辉:the *glow* of the sky at sunset 夕照西下时天空中的晚霞 ❷(脸、身子的)发红,红润;暖融融的感觉:Paul's phone call brought a *glow* to her face. 保罗的电话使她的脸上泛起红晕。II *vi.* ❶发光;灼热;燃烧(无烟或火焰):The sky was *glowing* with the city's lights. 城里的万家灯火映红了天空。❷(由于用力、情绪激动等脸、身体)发红;(眼睛)发亮;显得急切:She was *glowing* and lovely in happiness. 她心里一高兴,显得满面春风,十分可爱。

glow·er /ˈglauəʳ/ *vi.* 瞪视,怒视;铁青着脸(*at*)(见 glare):He was sure that she *glowered at* him. 他确信她肯定在瞪着他。

glow·ing /ˈgləuiŋ/ *adj.* [通常作定语] ❶发出红热(或白热)光的;灼热的,炽热的,白热的:*glowing* coals 烧得白热的煤 ❷容光焕发的;红润的,血色好的:The years had only given him a more *glowing*, manly, open look. 岁月却使他变得更加容光焕发,气度不凡,落落大方。❸热情洋溢的;热烈赞扬的;生动的,栩栩如生的:He depicted the danger in *glowing* terms. 他把危险活灵活现地描写了一番。

glow-worm /ˈgləuˌwəːm/ *n.* [C]【昆】萤火虫

glu·cose /ˈgluːkəus,-kəuz/ *n.* [U] ❶【生化】葡萄糖 ❷葡萄糖糖浆

glue /gluː/ I *n.* [U](用动物的皮、骨等熬制成的)胶;胶水 II *vt.* (**glu(e)·ing**)用胶(或胶水)粘,粘贴;粘牢:*glue* the paper on both ends 用胶水把纸的两头粘在一起 ‖ ˈ**glue·y** *adj.*

glum /glʌm/ *adj.* (**glum·mer**; **glum·mest**) ❶闷闷不乐的,神情沮丧的;令人泄气的,让人情绪低落的:a *glum* look 一脸的苦相 ❷(地方)死气沉沉的,毫无生气的;凄凉的:*glum* streets 沉寂的街道 ‖ ˈ**glum·ly** *adv.* —ˈ**glum·ness** *n.* [U]

glut /glʌt/ *n.* [通常用单] ❶【经】(商品、农产品等的)供过于求;充斥市场:a *glut* of cotton goods 棉制品供应过剩 ❷饮食过度,暴饮暴食

glu·ten /ˈgluːtən/ *n.* [U]面筋,麸质,谷胶

glut·ton /ˈglʌtən/ *n.* [C] ❶贪吃的人;暴饮暴食者 ❷〈口〉酷爱者,迷恋者;具有很强承受力的人(*for*):a *glutton for* work 工作狂 ‖ ˈ**glut·ton·ous** *adj.* —ˈ**glut·ton·ous·ly** *adv.* —ˈ**glut·ton·y** *n.* [U]

glyc·er·ine /ˈglisəˌriːn/, **glyc·er·in** /ˈglisərin/ *n.* =glycerol

glyc·er·ol /ˈglisəˌrɔl/ *n.* [U]【化】甘油

gnarled /nɑːld/, **gnarl·y** /ˈnɑːli/ *adj.* ❶(树木等)长节的,长木瘤的;扭曲的:a *gnarled* beam 多节的桁条 ❷(手等)粗糙的;多皱纹的;饱经风霜的:a *gnarled* old man 饱经风霜的老人

gnash /næʃ/ *vt.* (因愤怒或痛苦等而)咬(牙),磨(牙):Wolf *gnashed* his teeth, shouting, "Who is in there?" 沃尔夫恨得咬牙切齿,大声叫道:"谁在那儿?"

gnat /næt/ *n.* [C]【昆】❶库蚊;尖音库蚊 ❷摇蚊;蚋;蠓

gnaw /nɔː/ (过去式 **gnawed**,过去分词 **gnawed** 或 **gnawn** /nɔːn/) *vt.* ❶咬,啃,啮;咬成,啃成:*gnaw* a hole through the wall 在墙上啃个洞 ❷磨损;消耗;侵蚀,腐蚀:The river continually *gnaws* its banks. 河水不断地侵蚀着河岸。—*vi.* ❶咬;啃;嚼(*at*, *into*, *on*):*gnaw at* a bone 啃骨头 ❷困扰,烦扰;受折磨(*at*):I had had no breakfast, and hunger *gnawed at* me. 我没吃早饭,已经饥肠辘辘。

gnome /nəum/ *n.* [C](北欧民间传说中守护地下宝藏的)土地神,地精,护宝神 ‖ **'gnom·ish** *adj.*

GNP, G. N. P *abbr.* gross national product

go /gəu/ **I** (过去式 **went** /went/,过去分词 **gone** /gɒn/,第三人称单数现在式 **goes** /gəuz/) *vi.* ❶行进;去:The air becomes thinner as you *go* higher. 越往高处,空气越稀薄。❷离去;出发:*go* from Beijing to London 从北京出发到伦敦 ❸运转;运行;工作;(心脏等)跳动:The earth *goes* around the sun. 地球绕着太阳运转。❹[后接形容词]变得;成为:*go* bankrupt 破产/*go* blind 失明 ❺继续某种状态,保持某种状态:He likes to *go* bareheaded. 他喜欢光头不戴帽子。❻做特定的动作:The butter knife *goes* this way, Molly. 抹黄油的刀该这么放,莫莉。❼进入(或处于)某种状态:*go to* pieces 四分五裂 ❽[不用进行时态]延伸,伸展;伸(向),通(向)(*to*):Where does this door *go*? 这扇门通向何处? ❾(时间)过去,消逝;消失:*Fall goes* quickly and winter comes too soon. 秋天早逝而冬天来得太快。❿[不用进行时态](经常地)被放置,被摆放:Those books *go* on the top shelf. 那些书放在书架的顶层。⓫被用完;被花光;被耗尽:He took a bite and the sandwich was *gone*. 他一口就把那块三明治吃掉了。⓬(事情等)进行,发展:Everything *went* pretty smoothly. 一切进行得相当顺利。⓭发出(某种)声音:I hear the bells *going*. 我听见钟声了。⓮衰退;变坏;损坏;垮掉;崩溃:My eyesight is *going*. 我的视力愈来愈差。—*vt.* ❶走,去:Are you *going* my way? 你与我同路吗? ❷(用某种措辞)表达:She *goes*, "Don't you ever do that again!" 她说道:"以后千万别再干那种事了!" **II** *n.* ([复]**goes**) ❶[C](做某事的)企图,尝试:have a *go* at the puzzle 试试填这个字谜 ❷[C][常用单]〈口〉成功之事;成功:He made a *go* of a new store. 他成功地开了一家新百货商店。 ‖ ***be going to*** ❶刚要,正要:She's just *going to* go shopping. 她正要上街去买东西。❷就会,就要,即将:My daughter *is going to* be eighteen in July. 到7月我女儿就18岁了。***go about*** *vt.* 着手干,做:I must *go about* my work or I'll fall behind my schedule. 我必须着手工作,否则就完不成预定计划了。***go after*** *vt.* 追逐;追踪;追求:*go after* fame and wealth 追名逐利 ***go against*** *vt.* 反对;违反,违背:You have always *gone against* me, Tom. 你老是跟我过不去,汤姆。***go ahead*** *vi.* 继续前进;继续进行;做下去:Sports games are *going ahead* despite the rain. 尽管在下雨,但是运动会照常进行。***go all out*** *vi.* 竭尽全力:*went all out* to succeed 竭尽全力赢得成功 ***go along*** *vi.* 进行下去,继续:You'll get the idea as I *go along*. 只要听我一路讲下去,你们就会逐步琢磨到那个意思。***go around*** *vi.* ❶(与…)为伍;(与…)经常结伴外出(*with*):I don't like the idea of my son *going round* with those rough boys. 我不喜欢让我儿子与那些粗野的男孩子来往。❷萦绕,反复出现:The beautiful melody kept *going round* in my head. 那段优美的旋律一直萦绕于我脑际。***go by*** *vi.* 从(…)旁经过:The motorcade *went by* us. 车队从我们身旁驶过。—*vt.* 遵守,遵循:Don't *go by* what he says. 别听他说的! ***go down*** *vi.* ❶下降,减少:I'm very glad your temperature has *gone down*. 我很高兴你已退烧了。❷(船等)下沉:The ship struck a hidden reef and *went down* with all hands. 那条船触礁后,连人带船全沉了下去。***go for*** *vt.* ❶〈口〉袭击,攻击;抨击,斥责,责骂:The police *went for* the suspect at the sight of him. 警察一看到嫌疑人就向他扑了过去。❷喜欢:*go for* sb. in a big way 非常喜欢某人 ***go in for*** *vt.* 从事(某种职业或活动):*go in for* a medical career 从事医务工作 ***go into*** *vt.* ❶讨论;研究;叙述:There's no need to *go into* details. 不必叙述细节。❷从事(某种职业或活动);参加(团体等):*go into* the army 参军 ***go off*** *vi.* ❶爆炸;被发射:A bomb has *gone off* in the city centre. 有一颗炸弹在市中心爆炸了。❷发出巨响:My alarm clock didn't *go off*. 我的闹钟没有响。***go on*** *vi.* ❶发生:Can anybody tell me what's *going on* here? 谁能告诉我这儿发生了什么事儿? ❷进行;取得进展:Maintenance work will *go on* for another two days. 保养工作还得进行两天。❸(事情、状况等)继续下去;继续干;说下去:This sort of thing could not *go on* very long. 这类事情可不能长此下去。—*vt.* ❶[后接动词的-ing形式]继续(做某事),继续(是):Shall I *go on* reading it aloud? 我继续往下读吗? ❷[后接动词不定式](做完一事后)进而(做另一事):After presenting the theory, the teacher *went on* to give the students some concrete examples. 老师在给学生们讲解了那条原理后,

便举了一些具体例子加以说明。***go out*** *vi.* ❶(灯、火等)熄灭;停止:The lights *went out* at ten o'clock. 10点钟熄灯。❷出门交际;外出娱乐;(与异性)交好:She was *going out* with a British soldier. 她跟一名英国士兵幽会去了。***go (out) with*** *vt.* 与(异性)交朋友;和…谈恋爱;和…约会:She's been *going out with* a young teacher. 她同一位年轻教师交上朋友了。***go over*** *vt.* ❶重复;温习,复习;排练:He *went over* the lines time and again. 他反复练习那些台词。❷仔细察看;检查;搜查:You should *go over* a house before buying it. 你买房子之前,应该仔细察看一下。***go through*** *vt.* ❶经历,遭受,蒙受,经受:I wouldn't want to *go through* this again. 我实在不想再受一次这样的罪了。❷审查;检查:They *went through* the details of the plan. 他们仔细地审查计划的每一个细节。—*vi.* (议案等)获通过;(计划等)被批准,被接受;(交易等)谈妥:The bill failed to *go through* this time. 那项提案这次未获通过。***go through with*** *vt.* & *vi.* 完成(工作等);实行(计划等);把…进行到底:I'll try to *go through* the book as quickly as I can. 我将尽快地把这本书读完。***go under*** *vi.* ❶〈口〉没落;失败;破产:He failed in business and quickly *went under*. 他经商失败,于是很快就破产了。❷沉没:*Titanic* struck upon an iceberg and soon *went under*. "泰坦尼克号"撞上冰山后不久便沉没了。

☆**go, depart, leave, retire, walk, withdraw** 均有"去,离去,离开"之意。**go** 为最普通用词,与 come 相对,指从所在地到别的地方去,强调离去的动作或可抵达的目的地:I wanted to *go*, but she wanted to stay. (我要走,但她想留下来。)**depart** 为正式用语,常指按预定计划启程,与 arrive 相对,强调出发地,但往往提及目的地:He *departed* for Shanghai. (他动身去了上海。)**leave** 指与某人或某物离别,强调的是出发地而不是目的地:I can't *leave* while it's raining. (天在下雨,我走不了。)该词也可表示在行进过程中丢弃某物:*leave* behind a trail of banana and orange peels (丢下一串香蕉皮和梨子皮) **retire** 强调从公开或公众场合退到私下场所或比较安静、秘密的地方,也指因年迈而退休:My father *retired* from his job in the Civil Service at the age of 60. (我父亲60岁时从文职公务员的岗位上退休了。)该词还可特指就寝:The butler said that madam had *retired* for the evening. (管家说夫人已经睡下了。)**walk** 常指徒步离开原来的地方去另一个地方:When it's a nice day I *walk* to work, otherwise I go by bus. (天气好时我步行上班,天气不好时我就乘公共汽车。)**withdraw** 指由于明确、正当的原因从新取得的进展中折回,往往含礼貌、得体的意味:The woman *withdrew* from the room when the men were ready to discuss business. (当男士们要开始谈正经事的时候,女士就离开了房间。)

goad /gəud/ *vt.* 刺激;激励,鞭策(*on, into*):The sense of honour *goaded on* them to win the game. 荣誉感激励他们要拿下这场比赛。

go-a·head /ˈgəuəˌhed/ **I** *n.* [常用单]许可,允许:get the *go-ahead* to construct the building 获得这幢大楼的承建权 **II** *adj.* [无比较级][常作定语]【体】(比赛中得分)领先的:a *go-ahead* goal 领先的一分

goal /gəul/ *n.* [C] ❶目的,目标:a key *goal* 主要目标 ❷【体】(足球、曲棍球等的)球门;球门区:keep *goal* 守球门 ❸【体】进球得分;得分数:beat sb. by six *goals* to two 以6:2的比分击败某人

goal·keep·er /ˈgəulˌkiːpəʳ/ *n.* [C]【体】守门员〔亦作 **keeper**〕‖ ˈ**goalˌkeep·ing** *adj.*

goat /gəut/ *n.* [C]([复]**goat(s)**) ❶【动】山羊 ❷〈口〉色鬼,色狼,淫棍

goat·ee /gəuˈtiː/ *n.* [C]山羊胡子

goat·herd /ˈgəutˌhəːd/ *n.* [C]牧羊人,羊倌

gob /gɔb/ 〈英俚〉 *n.* ❶[C](黏性的)一团;一堆;一块:a *gob* of dough 一团面 ❷[常作~s]〈口〉大量,大批(*of*):*gobs of* money 一大笔钱

gob·ble /ˈgɔbᵊl/ *vt.* ❶贪婪地吃,大口大口地吞:Yesterday someone was *gobbled* up by a tiger in the zoo. 昨天动物园里有人被老虎吞吃了。❷如饥似渴地读(书)(*up*):Many bright girls can *gobble up* such books. 很多聪明的女孩能一口气读完这类书。

gob·ble·de·gook, gob·ble·dy·gook /ˈgɔbᵊldiˌguːk; -ˌguk/ *n.* [U]〈口〉官样文章,冗长而晦涩的文章;浮夸的术语:the *gobbledegook* of government reports 政府报告的浮夸文风

go-be·tween /ˈgəubiˌtwiːn/ *n.* [C] ❶传信者;中间人;媒人 ❷调解人,调停人

gob·lin /ˈgɔblin/ *n.* [C](民间传说中淘气或邪恶的、面貌丑陋的)小精灵,小妖怪,小妖精

god /gɔd/ *n.* ❶[G-]上帝,天主,造物主;救世主:They claimed that speech was a gift from

G

God. 他们宣称言语是上帝赐予的礼物。❷[C](尤指男性的)神,神明;神灵:adore *gods* 崇拜神灵 ‖ ˈ**godˌlike** *adj*.

god·child /ˈgɒdˌtʃaild/ *n*. [C]([复]-**chil·dren** /-ˌtʃildrᵊn/) 教子;教女

god·daugh·ter /ˈgɒᵈˌdɔːtəʳ/ *n*. [C]教女

god·dess /ˈgɒdis/ *n*. [C] ❶女神:Aphrodite is the *goddess* of love. 阿芙罗狄蒂是爱情女神。❷极受崇拜(或仰慕)的女性:a business *goddess* 一位企业女明星

god·fa·ther /ˈgɒdˌfɑːðəʳ/ *n*. [C] ❶教父 ❷〈俚〉(尤指黑手党等有组织的犯罪集团的)首领,头目,老大

god·hood /ˈgɒdhud/ *n*. [U]神性;神圣地位

god·less /ˈgɒdlis/ *adj*. [无比较级] ❶不信神的,无神论的;不敬神的:a *godless* woman of the world 不信上帝的世俗女人 ❷亵渎神灵的;邪恶的,罪恶的

god·ly /ˈgɒdli/ *adj*. [无比较级] ❶信奉上帝的;笃信宗教的,虔诚的:*godly* men and women 善男信女 ❷神圣的,庄严的 ‖ ˈ**god·li·ness** *n*. [U]

G

god·moth·er /ˈgɒdˌmʌðəʳ/ *n*. [C]教母

god·par·ent /ˈgɒdˌpeərᵊnt/ *n*. [C]教父;教母

god·send /ˈgɒdˌsend/ *n*. [C]〈口〉天赐之物,飞来的红运;令人喜出望外的事:It's an absolute *godsend* your being here. 你能在这里,真是老天有眼。

god·son /ˈgɒdˌsʌn/ *n*. [C]教子

gog·gle /ˈgɒgᵊl/ *n*. [~s][复](摩托车手、潜水员、滑雪运动员等戴的)护目镜,(防)风镜;〈口〉眼镜:a pair of *goggles* 一副护目镜

go·ing /ˈgəuiŋ/ I *n*. ❶[C]去,离去;行:Her *going* will be a great loss to the company. 她的离去将会是公司的一大损失。❷[U]路况,地面状况:The mud made the road bad *going* for the car. 烂泥使得汽车在这条路上很难开。II *adj*. [无比较级] ❶眼下的,时下的,现行的:the *going* price of housing 现行房价 ❷在动的,运动的;在运转的;处于工作状态的:Set the clock *going*. 让钟走起来。

go·ings-on /ˌgəuiŋzˈɒn/ [复] *n*. 〈口〉 ❶(尤指异常的或不受欢迎的)行为,举动,举止:His *goings-on* draws the attention of many people. 他那古怪的举止吸引了众人的目光。❷事件,发生的事情:odd *goings-on* 奇怪的事情

gold /gəuld/ I *n*. ❶[U]【化】金,黄金(符号Au):As every thread of *gold* is valuable, so is every moment of time. 一寸光阴一寸金。❷[U]金币:pay in *gold* 用金币付账 ❸[U]黄金饰物,黄金首饰 II *adj*. [无比较级][作定语] ❶金的,纯金的;含金的:a *gold* watch 金表 ❷金色的,金黄色的:*gold* paint 黄漆

gold·en /ˈgəuldᵊn/ *adj*. ❶[无比较级]金色的,金黄色的;金灿灿的;发亮的:*golden* hair 金发 ❷[无比较级]金的;金制的:*golden* earrings 金耳环 ❸[无比较级]第50周年的;第50次的:*golden* wedding 金婚

golden rule *n*. [the g-][C][常用单]金科玉律,处事原则:The protesters agreed that their *golden rule* would be "no violence". 抗议者同意以"非暴力"作为他们的宗旨。

gold·fish /ˈgəuldˌfiʃ/ *n*. [C]([复]-**fish**(·**es**))【鱼】金鱼,金鲫鱼

gold medal *n*. [C]金牌;金质奖章〔亦作 **gold**〕

gold·smith /ˈgəuldˌsmiθ/ *n*. [C]金匠;金器商

golf /gɒlf, gɔːlf, gɒf/ *n*. [U]【体】高尔夫球(运动):play a round of *golf* 打一局高尔夫球 ‖ ˈ**golf·er** *n*. [C]

golf club *n*. [C] ❶(木质或金属)高尔夫球棒 ❷高尔夫球俱乐部;(高尔夫球俱乐部成员使用的)高尔夫球场地

gol·ly /ˈgɒli/ *int*. [表示惊奇、兴奋、迷惑等]〈口〉天哪!哎呀!:*Golly*, I didn't know he was an expert. 天哪!我还不知道他是位专家呢。

gon·do·la /ˈgɒndᵊlə, gɒnˈdəulə/ *n*. [C] ❶(意大利威尼斯的)小划船,凤尾船(一种狭长的单桨平底船,船头船尾翘起) ❷(飞艇、气球等的)吊舱,吊篮:an airtight aluminum *gondola* 一个密封的铝制吊舱 ❸(运送滑雪者上山的)吊椅;(客运)缆车

gone /gɒn/ I *v*. go的过去分词 II *adj*. [无比较级] ❶[作表语]离去的;〈口〉暂时不在的:Here today and *gone* tomorrow. 今天还在这里,明天就走了。❷[作表语]过去的,先前的,以往的:He has no memories of the things *gone*. 他完全记不起往事。

gon·er /ˈgɒnəʳ/ *n*. [C]〈口〉无法挽救的人(或事物);已死(或垂死)的人:When she catches him, he's a *goner*. 等她抓住他时,他就要完蛋了。

gong /gɔŋ,gɔːŋ/ I *n*. [C] ❶【音】(铜)锣;平锣 ❷铃,电铃:sound the *gong* 打铃 II *vi*. 鸣锣;(钟、铃等)敲响

gon·na /ˈgɔnə/ 〈口〉= going to: She's *gonna* study in the States. 她将去美国留学。

gon·or·rh(o)e·a /ˌgɔnəˈriə/ *n*. [U]【医】淋病 ‖ ˌ**gon·or**ˈ**rh(o)e·al** *adj*.

goo /guː/ *n*. [U]〈口〉黏稠物;甜腻的食物(或饮料) ‖ ˈ**goo·ey** *adj*.

goo·ber /ˈguːbəʳ/ (**pea**) *n*. [C]〈口〉落花生

good /gud/ I *adj*. (**bet·ter** /ˈbetəʳ/, **best** /best/) ❶正直的,有德行的:a *good* citizen 正直的公民 ❷好的;出色的;优秀的:Only *good* people work for Carr. 给卡尔工作的全是出色的人。❸令人满意的;符合标准的;足够的:There are bad times, and *good*. 时势有景气的,也有不景气的。❹好心的,善良的;慈善的;乐于助人的;慷慨的:It's *good* of you to come. 承蒙光临,不胜荣幸。❺有益(健康)的;有用的;有好处的:a *good* medicine for a cold 感冒良药 ❻好的,有利的:*good* news 好消息 ❼愉快的,快乐的,高兴的;好笑的:A *good* laugh is a mighty *good* thing. 开怀大笑总是一大快事。❽有本领的,能干的;精明的;擅长的(*at*, *with*):Jane is very *good with* children. 简很会带孩子。❾相当多的;相当大的:a *good* amount 相当多的数量 ❿正直的;虔诚的;忠心的:He came from *good* Protestant stock. 他出生于虔诚的新教徒世家。II *n*. ❶[U][常与否定词联用,或用于疑问句]利益;好处;用处;幸福:We must not do evil that *good* may come. 我们不应该为了自己的好处而去干坏事。❷[U]善;美德;优点;好事;好东西:I tried to see more *good* in him. 我尽量多看他的长处。❸[~s][复]商品;货物:We do not sell cheap quality *goods*. 我们不卖低质量的货物。III *int*. (表示赞同或满意)好:*Good*! Now we can all go home now. 好了! 现在我们都可以回家了。‖ ***a good deal of*** *adj*. [后接不可数名词]许多,相当多:*a good deal of* money 一大笔钱 ***for good*** (***and all***) *adv*. 永久地,永远地:He says he's hit the beach *for good*. 他说他打算在海滩上过一辈子。

good-by(e) /ˌgudˈbai/ I *int*. 再见!:*Good-by*, Robert, and thank you again for your dinner. 再见,罗伯特,再次感谢你的晚宴。II *n*. [C; U]([复]-**by(e)s**)再见:say a tearful *good-by* 含泪话别 / exchange *good-bys* 互道再见〔亦作 **bye-bye**〕

good-for-noth·ing /ˈgudfəˌnʌθiŋ/ *adj*. [无比较级]没有价值的;毫无用处的:He's lazy and *good-for-nothing*. 他又懒又不中用。

good-heart·ed /ˌgudˈhɑːtid/ *adj*. [无比较级]善良的,好心肠的;关心别人的

good-hu·mo(u)red /ˌgudˈhjuːməd/ *adj*. 心情愉快的,心情舒畅的;脾气好的:They are very *good-humoured* unaffected girls, indeed. 她们确实是非常和悦,非常真挚的姑娘。

good-look·ing /ˌgudˈlukiŋ/ *adj*. 好看的,漂亮的,英俊的:a *good-looking* young lady 美貌的年轻女士

good·ly /ˈgudli/ *adj*. [无比较级][作定语]〈书〉相当程度的;相当大的;相当多的:a *goodly* number of people 许多人

good-na·tured /ˌgudˈneitʃəd/ *adj*. 性情温和的,敦厚的;和善的,和蔼的;脾气好的:*a good-natured* old man 一位和蔼可亲的老人

good·ness /ˈgudnis/ *n*. [U]❶(质量方面的)优良;佳:the qualitative *goodness* 优质 ❷美德 ❸善良;仁慈:the *goodness* of human nature 人性之善良

good·will /ˌgudˈwil/ *n*. [U] 善意;友善;友好,亲善:return sb.'s *goodwill* 报答某人的好心

good·y /ˈgudi/ *n*. 〈口〉[通常作 **goodies**]好东西;吸引人的东西;(尤指)好吃的东西(如糖果、蛋糕、饼干等):a bag of *goodies* 一包好吃的东西

goof /guːf/ 〈口〉I *vt*. ❶弄错:*goof* one's lines on the stage 在舞台上念错台词 ❷弄乱,搞糟(*up*):*goof up* the situation 把局面搞糟 —*vi*. ❶(因愚蠢或疏忽等而)出差错,犯错误,出现失误❷消磨时光,打发时间;闲荡(*around*, *about*, *off*):He was fired for *goofing off* on the job. 他因怠工被炒了鱿鱼。II *n*. [C] ❶傻瓜,笨蛋 ❷(尤指因粗心大意而造成的)差错,过失

goof·y /ˈguːfi/ *adj*. 愚蠢的,傻的;荒唐的:a *goofy* grin 傻笑

goose /guːs/ *n*. ❶[C]([复]**geese** /giːs/)【鸟】鹅:*Geese* cackle. 鹅嘎嘎叫。❷[C]([复]**geese** /giːs/) 雌鹅 ❸[U](供食用的)鹅肉:roast *goose* 烤鹅肉

goose·ber·ry /ˈguzbəri,ˈguːs-/ *n*. [C] ❶醋栗 ❷【植】醋栗树

G

goose-flesh /ˈguːsˌfleʃ/ *n.* [U](因害怕、受冷而引起的)鸡皮疙瘩:I'm *goose-flesh* all over. 我浑身起鸡皮疙瘩。〔亦作 **goose pimples**, **goose skin**〕

goose pimples *n.* =goose-flesh

gore[1] /gɔː/ *n.* [U] ❶〈书〉(伤口中流出的)血;结块的血;血污,血迹:lie in a pool of black *gore* 躺在一潭黑色的血污中 ❷凶杀,暴力,血腥:a film full of *gore* 充满了血腥的电影

gore[2] /gɔː/ *vt.* 用角顶伤,用獠牙刺伤:A bull *gores* the farmer in the leg. 一头牛用角刺伤了农民的腿。

gorge /gɔːdʒ/ **I** *n.* ❶[C]山峡,(小)峡谷;沟壑 ❷[U]恶心,厌恶:He found his *gorge* rise against the same food. 他看到同样的食物就倒胃口。**II** *vi.* 吃饱,把胃填满:*gorge* on food 吃得饱饱的 —*vt.* [常作~ **oneself**]喂饱;(用食物)填塞:He *gorged himself* with [on] cream cakes. 他吃奶油蛋糕把肚子填饱。

gor·geous /ˈgɔːdʒəs/ *adj.* ❶(外观、色彩等)光彩夺目的,华丽的,绚丽的;豪华的,辉煌的:The heath was *gorgeous*. 荒原壮观极了。❷〈口〉极好的;令人极其愉快的:I had a *gorgeous* time. 我玩了个痛快。‖ ˈ**gor·geous·ly** *adv.*

go·ril·la /gəˈrilə/ *n.* [C] ❶【动】大猩猩 ❷(大猩猩般)丑陋的人;强悍的人;心狠手辣的人

gor·y /ˈgɔːri/ *adj.* ❶血迹斑斑的,沾满血污的:News-men were photographing the *gory* ice pick. 记者们正在给沾满血污的碎冰锥拍照。❷〈口〉血腥的;充斥着暴力的,凶杀的:a *gory* fight 充满血腥的战斗 ❸骇人听闻的,恐怖的,令人毛骨悚然的:a *gory* narrative 令人毛骨悚然的故事 ‖ ˈ**gor·i·ness** *n.* [U]

gosh /gɔʃ/ *int.* [表示惊奇、感叹等]〈婉〉〈口〉啊呀,老天:*Gosh*, I'm hungry. Are you? 哎呀,我饿了。你呢?

gos·ling /ˈgɔzliŋ/ *n.* [C]小鹅,幼鹅,雏鹅

gos·pel /ˈgɔspᵊl/*n.* ❶[常作 G-][U]福音(耶稣及其信徒们的训言) ❷[常作 G-](一卷)福音书(指《圣经·新约》中的《马太福音》《马可福音》《路迦福音》和《约翰福音》四卷中的任一卷);(基督教圣餐仪式中宣读的)福音书中的一节 ❸[U]绝对真理,绝对信条,不容置疑的事物:speak the *gospel* 讲真理

gos·sa·mer /ˈgɔsᵊməʳ/ **I** *n.* [U] ❶蛛丝;游丝 ❷薄纱;轻而薄的织物 **II** *adj.* [无比较级]蛛丝(般)的;纤软轻薄的;薄膜似的 ‖ ˈ**gos·sa·mered** *adj.* —ˈ**gos·sa·mer·y** *adj.*

gos·sip /ˈgɔsip/ *n.* ❶[U]〈贬〉闲言碎语,流言蜚语;小道消息,道听途说,内幕新闻;闲言碎语的题材:Don't believe all the *gossip* you hear. 别信人家的闲言碎语。❷[C]闲聊,闲谈;漫谈社会新闻(或他人隐私)的文章:swap *gossip* with sb. 与某人闲聊 ❸[C]爱传流言蜚语的人;爱说长道短的人;爱嚼舌头的人:She is really a *gossip* who has a tongue like a razor. 她真是个碎嘴子,舌头像剃刀一样刻薄伤人。‖ ˈ**gos·sip(p)·er** *n.* [C] —ˈ**gos·sip·y** *adj.*

got /gɔt/ *v.* get 的过去式和过去分词 —*v. aux* 〈口〉必须,不得不:We *got* to get out of here. 我必须离开这儿。

Goth·ic /ˈgɔθik/ *adj.* ❶[无比较级]【建】(12—16世纪流行于西欧、以尖拱和带肋拱顶为特点的)哥特式的,哥特风格的 ❷[有时作 g-][无比较级](流行于18—19世纪、以离奇神秘、阴森恐怖和残暴腐朽为特征的)哥特派文学的;(小说或戏剧、电影等)哥特式风格的

got·ta /ˈgɔtə/ *v. aux* 〈口〉必须:I *gotta* go now. 我得走了。

got·ten /ˈgɔtᵊn/ *v.* get 的过去分词

gouge /gaudʒ/ *vt.* 用半圆凿凿;用半圆凿(或半圆凿状工具)挖出,掘出(*out*):*gouge* (*out*) deep trenches 挖出深沟 ‖ ˈ**goug·er** *n.* [C]

gou·lash /ˈguːlæʃ/ *n.* [C;U](用红辣椒调味的匈牙利式)蔬菜炖牛肉

gourd /guəd/ *n.* [C] ❶【植】葫芦科植物;(尤指)葫芦;西葫芦 ❷葫芦(指果实) ❸葫芦瓢(可用作容器)

gour·mand /ˈguəmænd/ *n.* [C] ❶贪吃的人,饕餮之徒 ❷〈贬〉美食家,讲究吃喝的人;吃客

gour·met /ˈguəmei/ *n.* [C]美食家,讲究吃喝的人;食品鉴赏家

gout /gaut/ *n.* [U]【医】痛风 ‖ ˈ**gout·y** *adj.*

gov·ern /ˈgʌvᵊn/ *vt.* ❶统治;治理,管理;统辖(要塞、城镇等):*govern* a city 治理城市 ❷支配;左右,影响;决定:A due sincerity *governed* his deeds. 他对职务还是忠实的。❸抑制,克制,控制:*govern* oneself 自制 —*vi.* 进行统治,执政:In the United Kingdom the sovereign reigns but does not *govern*. 在英国,君主

称王但不治理国家。‖ ˈ**gov·ern·a·ble** *adj.* —ˈ**gov·ern·ance** *n.* [U]

☆**govern, administer, rule** 均有"统治，管理"之意。**govern** 指通过政权组织来控制和管理社会或部门，使其顺利运作，暗含知识、判断力和能力的运用：In Britain the Queen is the formal head of state, but it is the prime minister and cabinet who *govern*.（在英国，女王是国家的正式元首，但治理国家的是首相和内阁。）**administer** 指行使职权管理或主持行政事务：The vice-chancellor of a university may *administer* the establishment's financial affairs.（大学副校长有可能负责建立学校的财政制度。）**rule** 表示制定法律或发布必须服从的命令，暗指行使绝对或独裁的权力，一般不用于民选的政府官员：The emperor *ruled* with an iron hand.（国王施行铁腕统治。）

gov·ern·ment /ˈgʌvᵊnmᵊnt/ *n.* ❶[U]（国家、行政区等的）政体；体制：*government* of the people, by the people, for the people 民有、民治和民享的政体 ❷[常作 G-] 政府，内阁：to shrink the size of *government* 精简政府部门 ❸[U]治理；管理；支配；治理的权力（或作用、方式等）：All *government* includes some necessary hardness. 任何管理制度都难免有严厉的地方。‖ **gov·ern·men·tal** /ˌgʌvᵊnˈmentᵊl/ *adj.*

☆在美国英语中，government 总是作为单数名词；在英国英语中，当 government 用以表示"一个统治官员的群体"时，通常被看作集合名词，后面跟复数动词：The *government* are determined to follow the course.

gov·er·nor /ˈgʌvᵊnəʳ/ *n.* [C] ❶（美国的）州长 ❷统治者，领导者；主管：the central bank *governor* 中央银行行长 ❸省长，州长；（殖民地的）总督 ‖ ˈ**gov·er·norˌship** *n.* [U]

gown /gaun/ *n.* [C] ❶（在特定场合穿着的）长礼服：a formal *gown* 礼服 ❷（尤指女式的宽松）长袍；睡袍；晨衣 ❸（市政立法员、法官、牧师、大学职员等穿着的）长袍；长外衣：take the *gown* 当教士（或律师） ❹（外科医生的）棉布罩衣，手术服

GP, G. P. *abbr.* ❶ general purpose 多用途的，多功能的 ❷ general practitioner

grab /græb/ **I** (**grabbed; grab·bing**) *vt.* ❶抓取，攫取；抓住，逮住（见 take）：*grab* a chance 抓住机会 ❷抢夺，霸占；以不正当手段获取：The country spends all its energy *grabbing* world markets. 该国倾其全力抢占国际市场。❸〈口〉〈谑〉随便（或匆匆）地做：He *grab* a sandwich before going to work. 他匆匆吃了个三明治就去上班了。—*vi.* 抓住；夺得，抢到（*at, for, onto*）：She *grabbed for* his pistol. 她伸手去夺他的手枪。**II** *n.* [用单] ❶猛抓；抢夺：make a *grab* for sth. 朝某物抓去 ❷抢占：land *grabs* 抢占土地 ‖ ˈ**grab·ber** *n.* [C]

grace /greis/ *n.* ❶[C; U]（动作、体态等的）优美，优雅：She moved with an extraordinary spontaneity and *grace*. 她步履轻盈，姿态万千。❷[C] 风度；魅力；魄力：Irony is one of the chief *graces* of literature. 讥讽是文学的主要魅力之一。❸[U]【经】宽限（期）：Most firms allow a ten-day *grace* after a bill is due. 大多数公司给予到期票据 10 天的宽限期。❹[U; C]【宗】（饭前或饭后的）谢恩祷告：The priest says *grace* before meal. 牧师在吃饭前做谢恩祷告。‖ ˈ**grace·less** *adj.* —ˈ**grace·less·ly** *adv.* —ˈ**grace·less·ness** *n.* [U]

grace·ful /ˈgreisfᵘl/ *adj.* ❶（体态、动作等）优美的，优雅的；悦人的：The *graceful* outlines of the mountains were traced against the sky. 群山优美的轮廓与天空交相辉映。❷得体的；有风度的：She answered with a *graceful* modesty. 她谦逊大方地回答道。‖ ˈ**grace·ful·ly** *adv.* —ˈ**grace·ful·ness** *n.* [U]

gra·cious /ˈgreiʃəs/ *adj.* ❶亲切的，和蔼的；殷勤的；有礼貌的：a charming *gracious* girl 既美丽又和气的少女 ❷体恤的；慈善的，慈祥的；仁慈的；好心的，同情的：be *gracious* to one's inferiors 体恤部下 ❸富有人家所拥有（或享用）的；养尊处优的，舒适优雅的：*gracious* furnishings 富丽典雅的陈设 ‖ ˈ**gra·cious·ly** *adv.* —ˈ**gra·cious·ness** *n.* [U]

gra·da·tion /grəˈdeiʃᵊn/ *n.* ❶[U]（状态、性质、程度等的）渐变，递变；演进，演化：change by *gradation* 渐次变化 / rise in dreadful *gradation* 急剧升级 ❷[常作～s]（渐变过程中的）级次，阶段，程度；（颜色等的）层次：There are many *gradations* between poverty and wealth. 贫富之间有许多程度不同的差异。

grade /greid/ **I** *n.* [C] ❶等级，品级，级别：Skins are sold in *grades*. 皮张按质论价。❷同一级别的人（或物）：All the rough *grade* of lumber should be stacked over here. 所有毛坯木料都堆到这边来。❸（用字母或数字表示

G

的)成绩,评分等级,分数:She got a *grade* of seventy-nine on the test. 她测验得了 79 分。❹(中小学的)年级;同一年级的学生:She entered the sixth *grade* at eleven. 她 11 岁时上六年级。II *vt.* ❶将…分等(级);将…分类;将…排序:This item is *graded* by size. 此项商品按大小分级。❷把…分级:He *graded* his students in their examinations. 他把学生按考试成绩分级。

grade school *n.* [C]小学(= elementary school)

gra•di•ent /ˈgreidiᵊnt/ *n.* [C] ❶(公路、铁路、河道等的)斜坡;坡面;坡路 ❷(公路、铁路、河道等坡面的)坡度,倾斜度

grad•u•al /ˈgrædjuᵊl,-dʒu-/ *adj.* 逐步的,逐渐的;渐变的:The social system was in a state of *gradual* change. 社会制度在逐渐变化。‖ ˈ**grad•u•al•ly** *adv.*

grad•u•ate I /ˈgrædjuət,-dʒu-/ *n.* [C] ❶(大学)毕业生;大学文凭获得者:an honours *graduate* 优秀毕业生 ❷研究生 ❸高中毕业生;高中文凭获得者 II /ˈgrædjuˌeit,-dʒu-/ *vi.* 毕业;拿到文凭;获得学位:She *graduated* 〈英〉at [〈美〉from] Oxford with a first-class degree in physics. 她以物理学的优等学位毕业于牛津大学。—*vt.* ❶使毕业;授予…毕业文凭(或学位证书等):He was *graduated* with honours. 他以优异的成绩毕业。❷毕业于,从…毕业:*graduate* college 从学院毕业

graduate school *n.* [C]研究生院

gra•du•a•tion /ˌgrædjuˈeiʃᵊn,-dʒu-/ *n.* ❶[U]毕业;颁发(或获得)学位证书(或文凭):His *graduation* will never take place if he doesn't get to work. 他只要不开始工作就不会毕业。❷[C;U]毕业典礼;学位(或文凭)颁发仪式

graf•fi•t /grəˈfiːtəu/ *n.* [C]([复]-**ti** /-tiː/)(在公共设施上的)乱写乱画,随意涂写;胡乱涂写的图画(或文字):Not much *graffiti* appears around here these days. 这些日子这里的乱涂乱画不多见了。

graft /grɑːft;græft/ I *n.* [C] ❶【植】嫁接用的枝(或芽等) ❷【医】(移植用的)皮肤(或骨等) II *vt.* ❶【植】嫁接(芽、枝等);在(树干)上嫁接(*together*,*in*,*into*,*on*,*upon*,*onto*,*on to*):Several varieties of a plant may be *grafted on to* the same stock. 一种植物的几个品种都可以被嫁接在同一个枝干上。❷【医】移植(皮肤、骨、器官等):the new veins *grafted* to the heart 移接到心脏上的新血管 —*vi.* 进行嫁接(或移植);被嫁接(或移植)(*on*):Many pears *graft* well *on* quince rootstocks. 许多种梨子都容易在榅桲根茎上嫁接成活。‖ ˈ**graft•er** *n.* [C]

grain /grein/ *n.* ❶[C](尤指谷类植物的)颗粒状籽实,谷粒;果粒 ❷[U]谷类粮食,谷物:thresh the *grain* 打谷 ❸[C]颗粒;细粒;微粒:a *grain* of sand 沙粒 ❹[U](木、石、织物等的)纹理;质地;排列形式;(山脊或山谷的)走向:The wood is close in the *grain*. 这块木头质地细密。

gram /græm/ *n.* [C]克(重量或质量的单位)(略作 **g**,**gm**)

gram•mar /ˈgræməʳ/ *n.* ❶[U]【语】语法学,语法理论 ❷[U]【语】语法(规则);文法;语法体系 ❸[C]语法书;(语言)用法指南;语法论文

gram•mar•i•an /grəˈmeəriᵊn/ *n.* [C]语法学家;语言学家;语言工作者

gram•mat•i•cal /grəˈmætikᵊl/ *adj.* [无比较级] ❶语法的;文法的:*grammatical* analysis 语法分析 ❷(句子)合乎语法的;遵从原则的,符合原理的:*grammatical* sentences 合乎语法规则的句子 ‖ **gram**ˈ**mat•i•cal•ly** *adv.*

gramme /græm/ *n.* 〈主英〉=gram

gran•a•ry /ˈgrænᵊri,ˈgrei-/ *n.* [C] ❶谷仓,粮库 ❷产粮区:The Prairies are the *granary* of Canada. 大草原区是加拿大的产粮区。

grand /grænd/ I *adj.* ❶宏伟的,壮丽的:the *grand* view of the falls 瀑布的壮观 ❷崇高的;庄严的;庄重的:In front of an audience her manner is *grand* and regal. 她在大庭广众面前显得神态端庄、落落大方。II *n.* ❶=grand piano ❷[单复同]〈口〉1 000美元;略作 **G**:We still need another couple of *grand*. 我们还需要2 000美元。‖ ˈ**grand•ly** *adv.* —ˈ**grand•ness** *n.* [C]

grand•child /ˈgrænᵈˌtʃaild/ *n.* [C]([复]-**child•ren** /-ˌtʃildrᵊn/)孙子;孙女;外孙子;外孙女

grand•daugh•ter /ˈgrænᵈˌdɔːtəʳ/ *n.* [C]孙女;外孙女

gran•deur /ˈgrændjəʳ,-dʒəʳ/ *n.* [U] ❶壮丽,恢宏,辉煌:These ruins sufficiently attest the former *grandeur* of the place. 这些遗迹充分证

明了此处昔日的辉煌。❷华丽；典雅：the *grandeur of a royal court* 皇宫金碧辉煌的景象 ❸(权势或地位的)显赫：His wealth gave him *grandeur*. 财富赋予他荣耀。

grand·fa·ther /ˈgrænᵈˌfɑːðəʳ/ *n.* [C]祖父，爷爷；外祖父，外公：maternal *grandfather* 外祖父〔亦作 **grandpa, grandpapa**〕

grandfather clock *n.* [C](装于高木匣中的)落地式大摆钟，落地大座钟，座式大摆钟

gran·di·ose /ˈgrændiˌəus/ *adj.* ❶做作的；夸饰的；意在炫耀的：She wrote in a *grandiose* style. 她的文风过于注重华丽的辞藻。❷华而不实的；摆花架子的：a *grandiose* scheme 华而不实的计划

grand·ma /ˈgrænᵈˌmɑː/ *n.* 〈口〉＝grandmother

grand·moth·er /ˈgrænᵈˌmʌðəʳ/ *n.* [C]祖母，奶奶；外祖母，外婆〔亦作 **grandma, granny**〕

grand·pa /ˈgrænᵈˌpɑː/, **grand·pa·pa** /-pəˌpɑː/ *n.* [C]〈口〉爷爷；外公(＝grandfather)

grand·par·ent /ˈgrænᵈˌpeərᵊnt/ *n.* [C]祖父；外祖父；祖母；外祖母

grand piano *n.* [C]【音】大钢琴，平台式钢琴〔亦作 **grand**〕

grand slam *n.* [通常用单] ❶【牌】(桥牌的)大满贯 ❷【棒】(满垒时击出的)四分本垒打 ❸【体】大满贯，全胜(指在网球和高尔夫球等的比赛中每战皆胜或在全年的主要比赛中每战皆胜)

grand·son /ˈgrænᵈˌsʌn/ *n.* [C]孙子；外孙子

grand·stand /ˈgrænᵈˌstænd/ *n.* ❶[C](体育场、足球场、赛马场等的)大看台，主看台❷[总称]大看台观众，主看台观众：The entire *grandstand* cheered when our team won. 我队取胜时主看台上所有的观众都欢呼起来。

gran·ite /ˈgrænit/ *n.* [U]【地质】花岗岩，花岗石 ‖ **gra·nit·ic** /græˈnitik/ *adj.*

gran·nie /ˈgræni/ *n.* ＝granny

gran·ny /ˈgræni/ *n.* [C] ❶〈口〉＝grandmother ❷老妇人；老奶奶 ❸(高领大袖、饰有花边、针织宽松的)老奶奶衫

grant /grɑːnt; grænt/ **I** *vt.* ❶准予；同意；满足(愿望等)：We *granted* him permission to go. 我们允许他走开。❷授予(权利、头衔等)；颁发；发放：*grant* a degree 授予学位 ❸〈书〉承认：I *grant* that point. 我姑且承认这一点。**II** *n.* [C]授予物(如土地、权利、拨款、资助等)：make a *grant* towards the cost of education 资助教育费用 ‖ ***take for granted*** *vt.* 认为…是理所当然的，认为…不成问题：It is *taken for granted* that every child should learn mathematics. 每个孩子理所当然地都要学数学。‖ **ˈgrant·er** *n.* [C] —**grant·or** /grɑːnˈtɔːʳ, ˈgrɑːntəʳ/ *n.* [C]

grant·ee /grɑːnˈtiː; græn-/ *n.* [C] ❶【律】(财产的)受让者 ❷被授予者；被批准者；受补助者

gran·u·lar /ˈgrænjuləʳ/ *adj.* [无比较级] ❶含颗粒的；由颗粒构成的 ❷呈颗粒状的；具颗粒状表面(或结构)的：a *granular* white surface 颗粒状的白色表面 ‖ **gran·u·lar·i·ty** /ˌgrænjuˈlæriti/ *n.* [U]

gran·u·lat·ed /ˈgrænjuˌleitid/ *adj.* 做成粒状的：*granulated* sugar 砂糖 ‖ **gran·u·la·tion** /ˌgrænjuˈleiʃᵊn/ *n.* [U]

gran·ule /ˈgrænjuːl/ *n.* [C]小粒，细粒：instant coffee *granules* 速溶咖啡颗粒

grape /greip/ *n.* [C]葡萄

grape·fruit /ˈgreipˌfruːt/ *n.* ❶[C; U]葡萄柚，圆柚 ❷[C]【植】葡萄柚树，圆柚树〔亦作 **pomelo**〕

grape·vine /ˈgreipˌvain/ *n.* ❶[C]【植】葡萄属植物 ❷[常作 **the ～**]〈口〉(消息、谣传等的)传播途径；小道消息：heard about the meeting through *the grapevine* 听到有关会议的小道消息

graph /grɑːf; græf/ *n.* [C] 图；图表；曲线图；坐标图：a temperature *graph* 温度变化曲线图

graph·ic /ˈgræfik/ **I** *adj.* ❶(描写等)形象的；生动的，绘声绘色的：The soldier gave a *graphic* account of the battle. 那士兵把那场战斗讲得有声有色。❷[无比较级](用图表、曲线图等)表示的；图示的；图解的：*graphic* analysis 图表分析(法) **II** *n.* [C] ❶平面(线条)造型艺术作品；书画刻印作品；版画作品 ❷(电脑制作的)图表(或图案、图形等) ‖ **ˈgraph·i·cal** *adj.* —**ˈgraph·i·cal·ly** /-kᵊli/ *adv.*

graphic arts [复] *n.* (尤指用于印刷和图书设计的) 平面造型艺术；书画刻印艺术；绘画艺术；印刷术

graph·ics /ˈgræfiks/ *n.* ❶[U][用作单]制图学，绘图学；制图法 ❷[复]＝graphic arts ❸

[复](电影或电视节目中的)字幕

graph·ite /ˈgræfait/ *n.* [U]【矿】石墨

gra·phol·o·gy /græˈfɔlədʒi/ *n.* [U](尤指根据笔迹推断人的性向、才能、态度等的)笔迹学,字体学;书相学 ‖ **graˈphol·o·gist** *n.* [C]

grapple /ˈgræpᵊl/ *vt.* ❶抓紧;握牢;攥住:The thug *grappled* him around the neck. 那恶棍紧紧勒住他的脖子。❷用抓钩(或抓具)钩牢 —*vi.* ❶扭打,近身搏斗(*with*):He was *grappling with* a boy twice his size. 他正与一个个头比他大一倍的男孩扭打着。❷拼搏;努力对付(困难);设法解决(问题)(*with*):*grapple with* a problem 钻研问题

grasp /grɑːsp;græsp/ **I** *vt.* ❶抓牢,握紧;急切地抱住(或抓住)(见 take 和 clasp):*Grasp* the rope with both hands. 用两只手抓牢绳子。❷理解,领会(见 clasp):The concepts were difficult to *grasp*. 这些概念难以掌握。—*vi.* 抓;急切地接受(*at*);急切地寻求(*for*):She *grasped at* the opportunity. 她趁势抓住了这个机会。**II** *n.* [通常用单]❶紧抓;紧握:The animal had a powerful *grasp*. 这只动物爪力极强。❷控制,支配;统治(*of*):a firm *grasp* 牢牢的控制 ❸领会能力,理解能力:exceed one's *grasp* 超出了某人的接受能力 ‖ **ˈgrasp·a·ble** *adj.*

grasp·ing /ˈgrɑːspiŋ;ˈgræs-/ *adj.* 贪婪的;吝啬的:He had rather *grasping* fingers of his own. 他有点儿贪财。

grass /grɑːs;græs/ *n.* ❶[C]【植】禾本科植物 ❷[U;C](青)草;野草;牧草:a blade of *grass* 一片草叶

grass·hop·per /ˈgrɑːsˌhɔpəʳ;ˈgræs-/ *n.* [C]【昆】蝗虫;螽斯

grass roots [复] *n.* [**the g- r-**][用作单或复](尤指政党、社会机构等)普通成员;普通民众,基层群众;(尤指)选民:get support from *the grass roots* 获得普通民众的支持

grass·y /ˈgrɑːsi;ˈgræsi/ *adj.* 为草覆盖的;长满草的;草深的:a *grassy* mound 杂草丛生的土墩

grate¹ /greit/ *n.* [C] ❶(壁炉的)炉膛 ❷火格子,炉格,炉箅,炉栅,炉条

grate² /greit/ *vt.* ❶出声地摩擦(或啮);使发出刺耳的声音;用尖利刺耳的声音说:*grate* one's teeth 把牙咬得格格响 ❷磨碎:*grate* a carrot 擦胡萝卜丝 —*vi.* ❶刺耳地刮擦(*against*, *on*, *upon*):He could hear her shoes *grating on* the steps. 他听见她走上台阶时鞋子发出的咔嗒声。❷发吱吱嘎嘎声;(因摩擦)发出刺耳的声音;(听起来)刺耳(*on*, *upon*):The teacher's chalk *grated on* the blackboard. 老师的粉笔在黑板上发出咯吱咯吱的声响。‖ **ˈgrat·er** *n.* [C]

grate·ful /ˈgreitfᵘl/ *adj.* 感激的,感谢的;表示感激的,致谢的:He was very *grateful* that you did as he asked. 你答应了他的要求,他心里非常感激。‖ **ˈgrate·ful·ly** *adv.* —**ˈgrate·ful·ness** *n.* [U]

grat·i·fy /ˈgrætiˌfai/ *vt.* [常用被动语态]〈书〉❶使高兴,使快乐:I was *gratified* to hear that you enjoyed my book. 听说你喜欢看我的书,我感到非常高兴。❷使满意,满足;纵容:I was *gratified* at the result. 我对这结果很满意。‖ **grat·i·fi·ca·tion** /ˌgrætifiˈkeiʃᵊn/ *n.* [U]

grat·i·fy·ing /ˈgrætiˌfaiiŋ/ *adj.* 令人高兴的;令人满足的:He bought some *gratifying* news. 他带来了令人愉快的消息。

grat·ing /ˈgreitiŋ/ *n.* [C](门窗等的)格栅;铁栅;木栅;窗棂

gra·tis /ˈgrɑːtis,ˈgreit-,ˈgræt-/ *adv.* & *adj.* [无比较级]无偿(的),免费(的):We render assistance *gratis*. 我们无偿提供援助。

grat·i·tude /ˈgrætiˌtʲuːd/ *n.* [U]感激之情;感恩图报之心(*to*, *for*):burst into tears of *gratitude* 感激涕零

gra·tu·i·ty /grəˈtʲuːiti/ *n.* [C]〈书〉小费,小账,赏钱

gra·tu·i·tous /grəˈtʲuːitəs/ *adj.* [无比较级]❶免费的,无偿的;不图回报的:the *gratuitous* blessings of Heaven 上天的恩赐 ❷无理由的;没有根据的:a *gratuitous* and unfounded supposition 无端臆测

grave¹ /greiv/ *n.* [C]墓穴,墓坑;坟墓,埋葬处

grave² /greiv/ *adj.* ❶认真的,严肃的;庄重的:He was looking extremely *grave*. 他神色极为凝重。❷重大的,重要的;严重的:a matter of the *gravest* importance 生死攸关的大事 ‖ **ˈgrave·ly** *adv.* —**ˈgrave·ness** *n.* [U]

grav·el /ˈgrævᵊl/ *n.* [U]沙砾,砾石;石碴

grav·el·ly /ˈgrævᵊli/ *adj.* ❶[无比较级]多沙砾的;含沙砾的;铺沙砾的:*gravelly* soil 含沙

砾的土壤 ❷(声音)粗嘎的,刺耳的;沙哑的:sing in a *gravelly* voice 用粗嘎的声音唱歌

grave•stone /ˈgreivˌstəun/ *n.* [C](通常刻有姓名及生卒年月等碑文的)墓碑,墓石

grave•yard /ˈgreivˌjɑːd/ *n.* [C] ❶(尤指教堂内的)墓地(=cemetery) ❷(尤指旧汽车的)堆集地;垃圾场

grav•i•tate /ˈgræviˌteit/ *vi.* 受吸引;受影响;转移(*to*, *toward*, *towards*):People *gravitate toward* foods that are cheaper. 人们热衷于廉价食品。

grav•i•ta•tion /ˌgræviˈteiʃᵊn/ *n.* [U] ❶【物】(万有)引力;地心引力;重力:terrestrial *gravitation* 地球引力 ❷受吸引;(自然)倾向

grav•i•ta•tion•al /ˌgræviˈteiʃᵊnᵊl/ *adj.* [无比较级][常作定语](万有)引力的;重力的;受(万有)引力(或重力)影响的:*gravitational* attraction 引力

grav•i•ty /ˈgræviti/ *n.* [U] ❶【物】重力;地心引力 ❷(形势、局势、事态等的)严重;严峻;危急:grasp the *gravity* of a situation 认清局势的严重性

gra•vy /ˈgreivi/ *n.* [U;C]肉汁:thick *gravy* 浓肉汁

gray /grei/ *adj.* & *n.* 〈主美加〉= grey ‖ ˈ**gray•ish** *adj.* —ˈ**gray•ness** *n.* [U]

graze[1] /greiz/ *vi.* ❶(牲畜在草地上)吃草:sheep *grazing* in the meadow 在草地上吃草的羊儿 ❷放牧,放养;牧马(或牛、羊等):The field is being kept for *grazing*. 这块地被留作放养牲畜之用。—*vt.* 放牧(牲畜),让(牲畜)在草地上吃草;在(草地)上放牧:*graze* cattle 放牛 ‖ ˈ**graz•er** *n.* [C]

graze[2] /greiz/ **I** *vt.* ❶擦过;轻碰上;蹭上:Her bare leg *grazed* a nettle. 她裸露的腿蹭上了一棵荨麻。❷刮破;擦伤;蹭破:The bullet *grazed* his shoulder. 子弹擦破了他一侧肩膀的皮。—*vi.* 轻擦;擦过;蹭过(*along*, *against*, *by*, *past*):He *grazed against* the table. 他蹭着桌子了。**II** *n.* [C](皮肤上的)擦伤,磨破处:She has a nasty *graze* on her elbow. 她的胳膊肘磨破了,伤得很厉害。

grease **I** /griːs,griːz/ *n.* ❶[U]动物脂肪 ❷[U;C]油脂;润滑油,润滑剂;机油;头油,发油:The engine was covered in *grease*. 发动机上涂了机油。**II** /griːz,griːs/ *vt.* ❶用油脂涂抹,涂油脂于;使沾上油脂:*Grease* the dish with butter. 在盘子里涂上黄油。❷用油脂润滑,给…上润滑油:Ask the mechanic to *grease* the axle. 让机械师给车轴上润滑油。

greas•y /ˈgriːsi,-zi/ *adj.* ❶[无比较级]油污的,有油渍的;涂了油脂的:*greasy* clothes 有油渍的衣服 ❷含油的;多油的;油腻的:*greasy* hair 油性头发 ❸(物体表面)油滑的;滑溜溜的;油光光的:Some coins have a *greasy* feel to them. 有些硬币摸上去滑溜溜的。‖ ˈ**greas•i•ness** *n.* [U]

great /greit/ **I** *adj.* ❶(数量、尺寸、规模等)多的;大的,巨大的(见 big):He had good looks and *great* wealth. 他相貌英俊,家财万贯。❷(程度、强度等)极度的;强烈的,剧烈的;超乎寻常的:The heat was so *great* that I took off my sweater. 高温难耐,我把毛衣脱了。❸一流的,一级的;好极的,好棒的:It's *great* to see you again. 又见到你,我真高兴。❹[作定语]重大的;重要的;主要的:This is of *great* importance. 此举关系重大。❺[作定语]伟大的,杰出的:a *great* statesman 伟大的政治家 ❻[无比较级][用以构成复合词,表示亲属关系]长两辈的;曾的:a *great*-grandmother 曾祖母 **II** *n.* [常作 **the great(s)**][用作复]伟人,大人物;一流人物,名人,名流;伟大的事物:He's always talking about his connections with *the great*. 他老是谈论他与大人物的关系。‖ ˈ**great•ness** *n.* [U]

great•ly /ˈgreitli/ *adv.* [无比较级]非常,很,极度地,大大地:The throat was *greatly* chafed. 喉部伤势严重。

greed /griːd/ *n.* [U]贪心,贪婪:*grasping greed* 占有欲 ‖ ***Need makes greed.*** 〈谚〉有欲则贪。

greed•y /ˈgriːdi/ *adj.* 贪心的,贪婪的(*for*, *after*, *of*):People got richer and also *greedier*. 人们变得更富有也更贪婪。‖ ˈ**greed•i•ly** *adv.* —ˈ**greed•i•ness** *n.* [U]

Greek /griːk/ **I** *adj.* [无比较级] ❶(古)希腊的 ❷希腊语的 **II** *n.* ❶[C](古)希腊人;希腊人后裔 ❷[U](古)希腊语;希腊语族

green /griːn/ **I** *adj.* ❶绿(色)的 ❷[无比较级](植物、水果等)未熟的,青的:This peach is still *green*. 这桃子还是生的。❸〈口〉缺乏经验的;未经训练的:She speaks like a *green* girl. 她说话像一个不懂事的孩子似的。❹(脸色)苍白

G

的;发青的:Hogan went slightly *green*. 霍根脸色有点苍白。❺[无比较级][作定语][时作 G-]环境保护主义的,绿党的;(尤指政策等)关心环境的:*green* policies 环境保护政策 II *n.* ❶[C;U]绿色;草绿色 ❷[～s]绿叶菜(指绿色蔬菜的叶或梗);(常青树的)枝叶:eat freshly cooked potatoes and *greens* 吃刚煮的马铃薯和绿叶菜❸[U](城市、村庄中心的)公共绿地;草坪:a strip of *green* 狭长的草地 ❹[C](用作保龄球等运动或射箭场地的)草地;【高尔夫】场外轻击区;高尔夫球场:a bowling *green* 草地滚球场 ‖ 'green·ish *adj.* —'green·ly *adv.* —'green·ness *n.* [U]

green belt *n.* [C] ❶(绕城而建的)绿化(地)带 ❷(建在沙漠边缘防止其向外扩展的)绿色植被地带

green·er·y /'griːnəri/ *n.* [U] ❶绿色植物 ❷(装饰用的)青枝绿叶

green-eyed /'griːnˌaid/ *adj.* 嫉妒的,妒忌的

green·gro·cer /'griːnˌgrəusəʳ/ *n.* [C]〈主英〉果蔬零售商;果蔬零售店

green·horn /'griːnˌhɔːn/ *n.* [C]〈口〉❶生手,新手,没有经验的人 ❷ 新移民;新来者

green·house /'griːnˌhaus/ *n.* [C]([复]-hous·es /-ˌhauziz/)(通常用玻璃做墙与屋顶的)温室,暖房;花房

greenhouse effect *n.* [用单]【气】温室效应(指太阳光中的紫外线辐射穿透大气层使温度升高,从而产生类似于温室中的变暖现象)

greenhouse gas *n.* [C](二氧化碳、氟利昂等增强温室效应的)温室效应气体

green pepper *n.* 青甜椒,青椒

greet /griːt/ *vt.* ❶向…问好,问候,跟…打招呼,向…致意;迎接,欢迎:She *greeted* him with a nod. 她向他点头致意。❷[常用被动语态](以特定方式)接受;对…作出反应(*with*):*greet* a joke *with* laughter 听了笑话后大笑起来

greet·ing /'griːtiŋ/ *n.* ❶[C;U]招呼,致意,问候;迎接,欢迎:She smiled in *greeting*. 她微笑致意。❷[常作～s]祝愿语;贺词;欢迎词:holiday *greetings* 节日贺词

gre·gar·i·ous /gri'geəriəs/ *adj.* ❶合群的;爱交际的:a *gregarious* person 爱社交的人 ❷[无比较级](动物、鸟类等)群居(性)的,共生的 ❸[无比较级]【植】聚生的,簇生的 ‖ gre'gar·i·ous·ly *adv.* —gre'gar·i·ous·ness *n.* [U]

grem·lin /'gremlin/ *n.* [C]〈口〉❶(人们认为可使飞机等发生机械故障的)飞机小妖;小妖精❷引起故障的原因;造成麻烦(或混乱)的根源

gre·nade /gri'neid/ *n.* [C]手榴弹;枪榴弹:throw a *grenade* 投掷手榴弹

grew /gruː/ *v.* grow 的过去式

grey /grei/ I *adj.* ❶灰色的 ❷单调的;死气沉沉的;令人不快的:Life seems *grey* and joyless. 生活显得死气沉沉,没有乐趣。❸(头发、胡须)灰白的,花白的;(人)有银发的,有白头发的:a small *grey* beard 一小撮灰白胡子 II *n.* [U;C]灰色 ‖ 'grey·ish *adj.* —'grey·ness *n.* [U]

grey·hound /'greiˌhaund/ *n.* [C]【动】灵猩

grid /grid/ *n.* [C] ❶(地图、建筑图纸等的)网格,坐标方格;方格坐标线 ❷(电、煤气、水、广播电视等)网络系统;网络结构:The bus service formed a *grid* across the country. 公共汽车服务构成了全国性的运输网。❸(城市街道的)棋盘式布局:the *grid* of small streets 呈棋盘式分布的小街小巷

grid·dle /'gridᵊl/ *n.* [C]〈英〉(做烤饼等用的)圆烤盘;(烙薄饼等用的)平底锅

grid·lock /'gridˌlɔk/ *n.* [U] ❶(棋盘式街道的)交通全面大堵塞:The city has suffered from *gridlock* for a whole day. 全市交通堵塞了一整天。❷停滞:the economic *gridlock* 经济停滞

grief /griːf/ *n.* ❶[U]悲伤;悲痛,哀痛:overwhelming *grief* 极度的悲恸 ❷[C][常作单]悲痛的缘由;令人伤心的事:His death was a great *grief* to his parents. 他的死使其双亲深感悲痛。

griev·ance /'griːvᵊns/ *n.* ❶[C;U]不平(之事),不满(之事);委屈;冤情:pour out *grievance* 诉苦 / settle *grievances* quickly 尽快处理冤情 ❷[C]抱怨;诉苦;申诉:A committee was set up to look into the workers' *grievances*. 成立了一个委员会来调查工人们的申诉。

grieve /griːv/ *vi.* 感到悲伤;感到难过:It is not right to *grieve* over one's mistakes. 没必要因为自己犯了错误而懊悔。—*vt.* 使悲痛;使难过;为…感到伤心:I was *grieved* to hear that he had been captured. 我听到他被俘的消息后很伤心。‖ ˈ**griev·er** *n.* [U]

griev·ous /ˈgriːvəs/ *adj.* ❶引起痛苦的；使人悲痛的；令人伤心的：*grievous* news 噩耗 / a *grievous* loss 惨重的损失 ❷〈书〉极严重的；极凶残的，十恶不赦的：We have before us an ordeal of the most *grievous* kind. 我们将要经受极其严峻的考验。‖ ˈ**griev·ous·ly** *adv.* —ˈ**griev·ous·ness** *n.* [U]

grill /gril/ **I** *n.* [C] ❶(电灶或煤气灶上的)格栅烤架；(使热向下辐射的)燃烧器：a charcoal *grill* 木炭烤架 ❷烤制食物；一盘烤肉(或烤鱼)：a mixed *grill* of bacon, lamb chop, and sausage 一盘用咸肉、羊肉丁和香肠做的烤杂排 **II** *vt.* ❶(在烤架或格栅烤架上)烤炙(肉、鱼、面包片等)：*grill* a cheese sandwich 烤奶酪三明治 ❷〈口〉拷问；审问：The detectives *grilled* the prisoner until he finally confessed. 侦探们对囚犯严加审问，直到他最终招供。‖ ˈ**grill·er** *n.* [C] —ˈ**grill·ing** *n.* [U]

grille /gril/ *n.* [C] ❶格栅；花栅 ❷(汽车散热器等的)护栅

grim /grim/ *adj.* (**grim·mer**, **grim·mest**) ❶表情严厉的；令人生畏的：a *grim* man but a just one 一个严厉但正直的人 ❷严峻的；严酷的；无情的：War is a *grim* business. 战争是残酷的事情。‖ ˈ**grim·ly** *adv.* —ˈ**grim·ness** *n.* [U]

gri·mace /griˈmeis, ˈgriməs/ *n.* [C](表示苦笑、嘲弄、轻蔑、厌恶等的)怪相，鬼脸：The boy stole a look at his father with a *grimace*. 男孩扮着鬼脸偷看了父亲一眼。

grime /graim/ *n.* [U](尤指深嵌于建筑物中或皮肤上的)污垢；煤灰；尘土 ‖ **grim·y** /ˈgraimi/ *adj.*

grin /grin/ (**grinned**; **grin·ning**) *vi.* 咧嘴笑；露齿笑：They *grinned* with pleasure when I gave them the sweets. 我给他们糖果时，他们高兴得咧着嘴笑。—*vt.* 咧嘴笑着表示，露齿笑着表示：He was trying to *grin* it away. 他试图对此一笑置之。

grind /graind/ **I** (**ground** /graund/) *vt.* ❶磨快；磨光；磨薄；磨尖；把…磨成形：There was a knife being *ground* on a wheel. 砂轮上正磨着一把刀。❷用力擦(或压)：He *ground* his cigarette in the ashtray. 他把香烟掐灭在烟灰缸中。❸嘎吱嘎吱地摩擦；磨(牙)：Some people *grind* their teeth while they're asleep. 有人睡觉时会磨牙。❹磨；磨碎，碾碎；咬碎，嚼碎：*grind* (up) the wheat to make flour 把小麦磨成面 ❺使刺耳地摩擦；使摩擦得嘎嘎响：I kept *grinding* the gears. 我不停地让齿轮相互摩擦。—*vi.* ❶碾；磨；碾碎，磨碎；磨快；磨光：Steel *grinds* to a sharp edge. 钢刀磨出了锋利的刀刃。❷可被磨细；可被碾碎；可被磨快；可被磨光：Glass *grinds* smooth. 玻璃可以磨光。❸(磨具、机器等)刺耳地摩擦；摩擦得嘎嘎响；嘎嘎作响地移动(或行进)：At the crossroad the jeep *ground* to a stop. 吉普车在交叉路口嘎的一声刹住了。**II** *n.* ❶[用单]碾；磨碎；磨快；磨光 ❷[通常用单]〈口〉苦干；苦学，苦读；苦差事：the twelve-hour *grind* of coal miners 煤矿工人每天12小时的苦工

grind·er /ˈgraindəʳ/ *n.* [C] ❶磨工；研磨者；摇动手柄(或把手)者：a knife *grinder* 磨刀工 ❷研磨器械；(研)磨机；磨床；砂轮

grind·stone /ˈgraindˌstəun/ *n.* [C]磨(刀)石；砂轮

grip /grip/ **I** *n.* [C] ❶[通常用单]紧握；紧抓；紧扣；紧握的方式：He took a firm *grip* on the rope. 他紧紧抓住绳子。❷[用单](对某个主题或问题等的)理解；把握：He has a *grip* of the subject. 他理解这个题目。❸[C]【戏】【电影】【电视】舞台工作人员；拍摄场地工作人员 **II** (**gripped** 或 **gript** /gript/; **grip·ping**) *vt.* ❶紧握；抓牢；紧咬；夹住(见 clasp)：The dog *gripped* the stick. 狗紧紧咬住手杖。❷吸引(注意力等)：The pictures *gripped* my imagination. 这些图画使我浮想联翩。‖ ***come* [*get*] *to grips with*** *vt.* 认真处理：She had never *come to grips with* such a situation. 她从未应付过这样的场面。‖ ˈ**grip·per** *n.* [C]

gripe /graip/ **I** *vi.* 〈口〉(尤指没完没了地)抱怨，发牢骚：The journalists had been *griping* about onlookers getting in the way. 记者们一直在埋怨旁观者们挡路。**II** *n.* [C]〈口〉抱怨，牢骚；[用单]发牢骚：Bus drivers made their *gripes* loud and clear. 公共汽车司机们大发牢骚。

gripping *adj.* 吸引人的，令人全神贯注的：This show is really *gripping*. 这场演出十分吸引人。

gris·ly /ˈgrizli/ *adj.* 恐怖的，可怕的，令人毛骨悚然的：a *grisly* murder 骇人的谋杀案

grist /grist/ *n.* [U]制粉用谷物;一次碾磨的谷物

gris·tle /ˈgrisᵊl/ *n.* [C]【解】软骨结构,软骨组织;软骨部分 ‖ ˈ**gris·tly** *adj.*

grit /grit/ *n.* [U] ❶沙砾;沙粒;粗沙:a small piece of *grit* 一颗沙子 ❷坚忍;刚毅;不屈的精神:display *grit* 表现出坚忍不拔的精神

grits /grits/ [复] *n.* [用作单或复]粗磨粉;粗面粉;(尤指)粗燕麦粉

grit·ty /ˈgriti/ *adj.* ❶砂的,含沙的:*gritty* wind 风沙 ❷勇敢的,坚毅的:have a *gritty* look about the eyes 眼中有一股坚毅的神情

groan /grəun/ I *n.* [C] ❶(表示痛苦、悲伤等的)呻吟声;(表示反对等的)哼声:A chorus of *groans* greeted his joke. 人们对他的笑话报以一片哼哼声。❷抱怨:There were *groans* from the girls when the boys started to win. 当男孩们开始赢的时候,女孩们就抱怨起来。II *vi.* ❶呻吟;发出哼哼声:She *groaned* in wordless grief. 她因难以名状的痛苦而呻吟。❷抱怨,发牢骚(*about*,*over*):He's always moaning and *groaning about* something. 他总在嘀嘀咕咕抱怨什么。

G

gro·cer /ˈgrəusəʳ/ *n.* [C]食品杂货商

gro·cer·y /ˈgrəusᵊri/ *n.* ❶[C]食品杂货店 ❷[**groceries**]食品杂货:a box of *groceries* 一箱杂货

grog·gy /ˈgrɔgi/ *adj.* 〈口〉(因疲劳、虚弱等)脚步不稳的,踉跄的;反应迟钝的;精神恍惚的:Late nights always make me *groggy* the next morning. 熬夜总会使我第二天清晨精神恍惚。‖ ˈ**grog·gi·ly** *adv.* —ˈ**grog·gi·ness** *n.* [U]

groin /grɔin/ *n.* [C]【解】腹股沟,鼠蹊

groom /gruːm,grum/ I *n.* [C] ❶新郎(=bridegroom) ❷马夫,马倌 II *vt.* ❶使整洁;打扮:She always looks very well *groomed*. 她总是打扮得很整齐。❷(猩猩、猴子、马、狗等)给(同伴)梳理(皮毛) ❸为(马、狗等)擦洗;给(马、狗等)梳毛;照料(马、狗等):A dog with long hair needs *grooming* often. 长毛狗需要经常梳洗。‖ ˈ**groom·er** *n.* [C]

groove /gruːv/ *n.* [C] ❶槽,沟:a steel plate with *grooves* cut in it 里面刻有凹槽的钢盘 ❷(唱片的)纹(道)

grope /grəup/ *vi.* ❶摸索(*for*);摸索着走:He *groped* into the kitchen and switched on the light. 他摸索着走进厨房,打开电灯。❷探索,寻求(*after*,*for*):Economists started to *grope* around for explanations of the recession. 经济学家们开始探求衰退的原因。—*vt.* 摸索(路等):The blind man *groped* his way to the door. 那个盲人摸索着走到门前。‖ ˈ**grop·er** *n.* [C]

gross /grəus/ I *adj.* ❶[无比较级]总的;毛(重)的:Its *gross* weight is 100g. 它的毛重是100克。❷[通常作定语][常用于法律文书](行为等)极坏的;骇人听闻的:*gross* negligence 恶意的疏忽 ❸〈书〉(趣味、情操等)粗俗的;下流的:*gross* taste in literature 粗鄙的文学趣味 ❹臃肿的,肥胖的;粗壮的;魁梧的:*gross* features 臃肿的体态 II *n.* [U]总额,总量;总收入:ten per cent of the *gross* 总额的10% III *vt.* 获得的总收入(或毛利)为:You could *gross* millions by spending only £400,000. 只要花40万英镑你就能够赚到几百万英镑的毛利。‖ ˈ**gross·ly** *adv.* —ˈ**gross·ness** *n.* [U]

gross national product *n.* [用单]【经】国民生产总值(略作 GNP)

gro·tesque /grəuˈtesk/ *adj.* ❶奇异的;怪模怪样的;奇丑无比的:He was rather *grotesque* to look at. 他的长相看上去有点怪。❷怪诞的;可笑的;荒谬的:Her account of the incident was a *grotesque* distortion of the truth. 她对这事件的报道荒唐地歪曲了事实真相。‖ **gro**ˈ**tesque·ly** *adv.* —**gro**ˈ**tesque·ness** *n.* [U]

grot·to /ˈgrɔtəu/ *n.* [C]([复]-**to(e)s**) ❶(小)洞穴;(小)岩洞 ❷(园林建筑等中人工开挖的)洞室 ‖ ˈ**grot·toed** *adj.*

grouch /grautʃ/ 〈口〉I *n.* [C]〈贬〉老是抱怨的人;爱发牢骚的人 II *vi.* 抱怨;发牢骚:She *grouches* about her slavery. 她对自己被人使唤而大为不满。‖ ˈ**grouch·i·ness** *n.* [U] —ˈ**grouch·y** *adj.*

ground[1] /graund/ I *n.* ❶[U][**the g-**]地,地面(见 land):For two nights I have made *the ground* my bed. 我已经在地上睡了两夜。❷[U]土,土壤;土地:a piece of *ground* 一块土地 ❸[U](具有某种特征的)陆地,地:low *ground* 低地 ❹[C][常作~s](作为特殊用途的)场地,场:fishing *grounds* 渔场 ❺[常作~s]理由,根据,原因:ample *grounds* 充分的理由 ❻[U](知识、兴趣、讨论、研究、经验等的)范围,领

域：They have covered too much *ground* and to address too many issues. 他们涉及的领域太广，讨论的问题太多。**II** *vt.* ❶作为…的基础；以…作为(争论或观点的)根据(*on*)：The novelist must *ground* his work in faithful study of human nature. 小说家必须忠实地研究人类的本性，以此作为他写作的基础。❷禁止(飞行员或飞机)飞行；使停飞，使停航：Lack of fuel *grounded* the plane. 飞机因燃料不够停飞了。❸〈口〉(因表现不好作为一种惩罚手段而)禁止(孩子)出去玩：My father *grounded* me for coming late. 因为我回来迟了，父亲便不让我出去玩。‖ ***break new ground*** *vi.* 开拓新领域，开辟新天地；取得新进展：There is an awareness of the need to *break new ground*. 要有一种开拓创新的意识。***give ground*** *vi.* 退让，让步；退却：As our army inched forward the enemy *gave ground*. 由于我军步步进逼，敌人撤退了。***hold one's ground*** *vi.* ❶坚守阵地：We *held our ground* against five enemy attacks. 我们坚守阵地，打退了敌人的五次进攻。❷坚持立场，恪守原则，不让步：It was a long strike, but the workers *held their ground*, and finally wages were raised. 罢工持续了很长时间，可是工人们坚持不肯让步，终于获得了加薪。***on one's own ground*** *adv.* & *adj.* 在自己熟悉的环境中(的)；在自己熟悉的领域内(的)：I also intended to beat my father *on his own ground*. 我还打算在我父亲擅长的领域里超过他。

ground² /graund/ **I** *v.* grind 的过去式和过去分词 **II** *adj.* [无比较级] ❶碾碎的，磨碎的 ❷磨砂的，磨粗糙的；磨利的

ground floor *n.* [C][常作 **the** ～]〈英〉(建筑物的)底层；一楼：He took the first floor, so the basement, *ground floor* and second floor were vacant. 他要了二楼，因此地下室、底楼和三楼是空着的。

ground·less /ˈgraundlis/ *adj.* [无比较级]无理由的，无根据的：a *groundless* fiction 毫无根据的杜撰 ‖ **ˈground·less·ly** *adv.* —**ˈground·less·ness** *n.* [U]

ground rule *n.* [C] 基本原则，基本规则：a set of *ground rules* for operation 一套操作的基本章程

ground·work /ˈgraundˌwəːk/ *n.* [U]基础工作；基础，根基(见 base)：He completed the *groundwork* for his thesis a year ago. 他一年前就完成了自己论文的前期工作。

group /gruːp/ **I** *n.* [C] ❶组；群；簇；类：a *group* of scholars 一群学者 / high income *group* 高收入群体 ❷团体，群体，集体：a social *group* 社会团体 / Finally in 1987, he and his *group* were off to fulfill his longstanding dream. 终于在 1987 年，他和他的小组开始实现他长期的梦想。❸(由公司组成的)集团：a banking *group* 金融集团 ❹流行乐团；歌唱组合：My intent in forming this *group* was to make classical music more accessible. 我组建这个乐团是为了让更多的人接受古典音乐。**II** *vt.* ❶使成群，使形成组；使集合：The children *grouped* themselves in front of the steps for a picture. 孩子们围聚在台阶前面准备拍照。❷将…分组；将…归入一类(*with*, *into*)：*group* different societies into culture areas 将不同的社会群体按文化区域归类

☆**group** 用作集合名词时可接单数动词，也可接复数动词。当其构成人员或事物被看成一个整体时，后面接单数动词：The rock *group* is ready for rehearsal. (这个摇滚乐队已经准备好彩排了。)但强调其单个的构成人员或事物时，后面接复数动词：The *group* were divided in their sympathies. (这一团体按个人的立场分组。)

grouse¹ /graus/ *n.* [单复同][C]【鸟】松鸡

grouse² /graus/〈口〉〈常贬〉*vi.* & *vt.* 抱怨，发牢骚：She kept *grousing* about her present laborious job. 她老是抱怨她目前的工作太辛苦。‖ **ˈgrous·er** *n.* [C]

grove /grəuv/ *n.* [C] ❶〈书〉树丛，小树林 ❷果园，果树林

grov·el /ˈgrɔvᵊl/ *vi.* (**-el(l)ed**; **-el·(l)ing**) ❶表现谦卑，低声下气，卑躬屈膝：I had to *grovel* to my boss before she would agree to let me go on holiday. 在老板同意我去度假前我不得不对她低三下四。❷趴下，匍匐；爬行：*grove* on one's knees 跪在地上 ‖ **ˈgrov·el·(l)er** *n.* [C]

grow /grəu/ (**grew** /gruː/, **grown** /grəun/) *vi.* ❶长，生长，成长；发育：I almost felt I heard the grass *growing* over their graves. 我仿佛听到他们墓上的青草在簌簌生长。❷留长发；蓄胡须：let her hair grow to her waist (她)把头发留至腰际 ❸增长，扩大；发展；加深：The population is *growing* too fast. 人口增长过速。

G

❹变得，成为：The earth was *growing* dark. 大地暮色苍茫。—*vt*. ❶种，种植，栽种：He *grows* a lot of vegetables in the garden. 他在花园里种了很多菜。❷使生长；蓄(发、须)；留(指甲)：Snakes can *grow* a new skin. 蛇能使其皮肤再生。❸使形成；使产生；养成：The little boy has *grown* a habit of sucking his fingers. 这小男孩养成了吮吸手指的习惯。‖ ***grow into*** *vt*. [不用被动语态] ❶长得能穿(衣帽、鞋袜等)：She'll *grow into* the shoes next year. 她明年就能穿得了这双鞋了。❷成长为；发展成为：Kittens soon *grow into* cats. 小猫很快长成大猫。***grow on*** [***upon***] *vt*. 渐渐为…所喜爱；逐渐被…接受：Miss Bennet's pleasing manners *grew on* Mrs. Hurst. 贝内特小姐举止可爱，越来越讨赫斯特太太的欢心。***grow out of*** *vt*. ❶长大得穿不下(衣服等)：When I *grew out of* my jacket, I gave it to my little brother. 我的夹克衫穿不了时，就让给我的小弟弟穿。❷[不用被动语态]源于，由…引起：Many close friendships *grew out of* common acquaintance. 许多亲密的友谊源于一般的相识。***grow up*** *vi*. ❶长成；成熟：I *grew up* poor. 我是在苦水里泡大的。❷形成，产生；兴起：New cities *grew up* in the desert. 沙漠上出现了新城市。‖ ˈ**grow·er** *n*. [C]

growl /graul/ **I** *vi*. ❶(狗等)发狺狺声；狂吠；嗥叫(*at*)：This dog *growls at* anybody who comes close. 任何人一靠近，这条狗就对着他狂吠。❷低声怒吼；愤愤不平地抱怨(或嘟哝)(*at*)：Dad's in a bad mood and he's *growling at* everybody today. 爸爸今天情绪不好，对谁都要吼一通。❸发轰隆声：He was deaf and couldn't hear the thunder *growling*. 他耳朵聋了，听不见轰隆作响的雷声。—*vt*. (狗等)狂吠；嗥叫 **II** *n*. [C] 低沉的怒声；狺狺声；咆哮；轰隆声，辘辘声：the distant *growl* of thunder 远处的轰隆雷声 ‖ ˈ**growl·er** *n*. [C]

grown /grəun/ **I** *adj*. [无比较级]成年的；长成的；成熟的：a *grown* man 成年男子 **II** *v*. grow 的过去分词

grown-up I /ˌgrəunˈʌp/ *adj*. [无比较级]成熟的；成人的；适于成年人的；似成人的：*grown-up* children 已成年的孩子 **II** /ˈgrəunˌʌp/ *n*. [C]成年人

growth /grəuθ/ *n*. ❶[U]生长，成长；发育：the rapid *growth* of a plant 植物的迅速生长 ❷[用单]增长；扩大，发展：maintain rapid economic *growth* 保持经济的快速增长 ❸[C][常用单](尤指从初级阶段开始的)发展，兴起：the *growth* in higher education 高等教育的发展 ❹[C]生长物；长成物；(一簇)植物；产物：a thick *growth* of reeds 浓密的芦苇 ❺[C]【医】赘生物，肿瘤

grub /grʌb/ *n*. ❶[C]【昆】蛴螬，蛆；(尤指甲虫的)幼虫 ❷[U]〈俚〉食品，食物：No work, no *grub*. 不劳者不得食。‖ ˈ**grub·ber** *n*. [C]

grub·by /ˈgrʌbi/ *adj*. ❶肮脏的；污秽的；邋遢的；破烂的：an exceptionally *grubby* girl 少有的邋遢姑娘 ❷为人不齿的；卑鄙的；可鄙的：a *grubby* scandal 丑闻 ‖ ˈ**grub·bi·ly** *adv*. —ˈ**grub·bi·ness** *n*. [U]

grudge /grʌdʒ/ **I** *n*. [C]不满；嫌隙；积怨；恶意：a bitter *grudge* 深深的积怨 **II** *vt*. ❶勉强地给；勉强地认可；[后接动词的-ing形式或不定式]不情愿地做，不屑于做：He had to pay £10 for lunch, of which he *grudged* them every penny. 他得付10英镑的午饭钱，可他却一个子儿也不想给。❷怨恨，嫌恶；妒忌：Who *grudges* pains, that have their deliverance in view? 在脱离大难的希望摆在眼前的时候，谁又在乎这些苦头呢？

grudg·ing /ˈgrʌdʒiŋ/ *adj*. 勉强的；不情愿的，不甘心的：give sb. a *grudging* apology 不情愿地对某人表示道歉 ‖ ˈ**grudg·ing·ly** *adv*. —ˈ**grudg·ing·ness** *n*. [U]

gru·el /ˈgruːəl/ *n*. [U](尤指供病人或穷人食用的用燕麦加牛奶或清水煮成的)稀粥

gru·el·(l)ing /ˈgruːəliŋ/ *adj*. [无比较级]累垮人的；紧张激烈的；惩罚的：The recovery of the damaged temple was expensive and *grueling*. 修复被毁的寺庙不仅耗资巨大而且任务繁重。

grue·some /ˈgruːsəm/ *adj*. 可怕的，骇人听闻的；令人生厌的，可憎的：a woman dressed in simply *gruesome* taste 衣着品味简直令人厌恶的女人 ‖ ˈ**grue·some·ly** *adv*. —ˈ**grue·some·ness** *n*. [U]

gruff /grʌf/ *adj*. ❶(嗓音、叫声等)低沉沙哑的，粗哑的：a *gruff* voice 粗声粗气 ❷(言谈、举止等)生硬的，粗暴的；无礼的；脾气坏的：He'll grumble for minutes at a time when he's *gruff*. 他脾气坏的时候，便会大发牢骚。‖ ˈ**gruff·ly** *adv*. —ˈ**gruff·ness** *n*. [U]

grum·ble /ˈgrʌmbᵊl/ I *vi.* ❶抱怨,发牢骚;挑剔(*at*,*about*,*over*):People *grumbled about* inflation. 人们对通货膨胀牢骚满腹。❷咕哝,嘟囔;发哼声:Husbands *grumble* every summer as they dutifully pack the car for the family holiday. 每年夏天丈夫们一面嘟囔,一面却恪尽职守地把全家去度假要用的东西装到车里去。—*vt.* 对…表示不满,埋怨;不满地诉说,生气地道出(*out*):He *grumbled* (*out*) his reasons for disliking the arrangement. 他生气地说出他不喜欢这项安排的理由。II *n.* ❶[常作~s]怨言;牢骚;不满情绪:Take your *grumbles* to the boss, not to me. 你对老板有牢骚,别冲我发。❷[C](不满的)嘟囔,咕哝 ‖ ˈ**grum·bler** *n.* [C]

grump·y /ˈgrʌmpi/ *adj.* 脾气不好的,怒气冲冲的;性情乖戾的:Lack of sleep made me *grumpy*. 睡眠不足让我心情恶劣。‖ ˈ**grum·pi·ly** *adv.* —ˈ**grum·pi·ness** *n.* [U]

grunt /grʌnt/ I *n.* [C] ❶(猪等的)哼哼声,呼噜声,咕噜声:a pig's *grunt* 猪的哼哼声 ❷(表示厌恶、不满等的)哼声,嘟哝声,嘟囔声:utter a *grunt* 发出哼声 II *vi.* ❶(猪等)哼哼叫,发呼噜声 ❷(表示厌恶、不满、疲倦等)咕哝,嘟囔;发出哼哼声:He merely *grunted* for a reply. 他哼哼唧唧地只求一个答复。—*vt.* 咕哝着说,嘟囔着表示(*out*):He *grunted* his disapproval. 他咕哝了一声表示反对。

guar·an·tee /ˌgærᵊnˈtiː/ I *n.* [C] ❶(对商品质量、客户权益等的)保用;保用证书,质保卡;保修单;保单:All our goods are sold with money-back *guarantee*. 我们出售的所有商品质量合格,出现问题保证退款。❷担保书;担保品,抵押品(=guaranty) ❸保证;先决条件:Apprentices start with no job *guarantee*. 学徒开始时并没有什么工作保障。II *vt.* ❶保证;确保;保用:I don't *guarantee* when she'll be home. 她什么时候回来,我可说不准。❷担保;替…担保,为…作保:The owner *guaranteed* the coins to be genuine. 物主担保这些硬币是真货。❸为…提供保障;保证…免受损失(或伤害等)(*against*,*from*):The women's right to vote is *guaranteed* in the constitution. 妇女选举权得到了宪法的保障。❹使变得确定;保证会,一定会:Buying a train ticket doesn't *guarantee* you a seat. 买到火车票并不能保证你就有座位。〔亦作 **guaranty**〕

guar·an·tor /ˌgærᵊnˈtɔːʳ,ˈgærᵊntəʳ/ *n.* [C]保证人;担保人

guar·an·ty /ˈgærᵊnti/ I *n.* [C] ❶担保;担保书 ❷担保品,保证金,抵押品〔亦作 **guarantee**〕II *vt.* =guarantee

guard /gɑːd/ I *vt.* ❶保卫,保护;守卫,守护(*from*,*against*)(见 defend):Heavily armed soldiers *guarded* the airport. 全副武装的士兵保卫着机场。❷看守,看管,监视(犯人等):She was *guarded* night and day. 她被人日夜监视。—*vi.* ❶提防,防范;警惕(*against*):The computer program should *guard against* errors. 计算机程序应具有出错保护能力。❷守卫,看守,监视:The sentry *guarded* watchfully as a hawk. 哨兵老鹰般地严密把守着。II *n.* ❶[C]警卫(员),卫兵;哨兵;保安;[总称]警卫队;一队看守;守备团,守备队:the security *guards* 安检人员 ❷[U]放哨,守卫,警戒;守卫:The prisoners are under a strong *guard*. 囚犯们被严加看守着。❸[C]保护手段;防护装置,挡板,防护罩;(刀、剑等的)护手盘:fire-*guard* 防火装置 ❹[U]【体】(球类运动、拳击和击剑等中的)防御姿势,守势 ❺[C]〈英〉列车长 ‖ ***off*** **(*one's*) *guard*** *adv.* 疏于防范,丧失警惕:I was taken *off my guard* by his mused expression. 他脸上那顽皮的神情使我对他放松了戒心。***on*** **(*one's*) *guard*** *adv.* 警惕,提防:We must be *on guard* against attempting to isolate them. 我们要注意不要试图孤立他们。***stand guard over*** *vt.* 看护;守护;保护:*stood guard over* their wounded comrade 看护受伤的同志 ‖ ˈ**guard·er** *n.*

guard·ed /ˈgɑːdid/ *adj.* ❶(言语等)小心的,谨慎的:His statements were *guarded*. 他说话有所保留。❷[无比较级]被保卫的,被守护的;被看守的:carefully-*guarded* secrets 严守的秘密 ‖ ˈ**guard·ed·ly** *adv.* —ˈ**guard·ed·ness** *n.* [U]

guard·i·an /ˈgɑːdiᵊn/ *n.* [C] ❶看守者,看护者;守护者;保卫者,捍卫者:the *guardian* of morals 伦理道德的捍卫者 ❷【律】监护人 ‖ ˈ**guard·i·anˌship** *n.* [U]

Gua·te·mal·an /ˌgwætiˈmɑːlən/ I *adj.* [无比较级]危地马拉的 II *n.* [C]危地马拉人

gua·va /ˈgwɑːvə/ *n.* [C] ❶【植】番石榴 ❷番石榴果

gue(r)·ril·la /gəˈrilə/ *n.* [C]游击队员

guess /ges/ I *vt.* ❶猜测,推测,估猜:*guess* sb.'s weight 猜测某人的体重 ❷[不用被动语态]猜出,猜对,猜中:She *guessed* my thoughts. 她猜中了我的心思。❸[不用被动语态]假定,假设;料想:I *guess* I've just the right amount of brains for that. 我想对付那件事,自己的脑筋正好够用。—*vi.* ❶猜想,臆测,估猜(*at*, *about*):Somewhere around six o'clock, I *guess*. 我想现在大约6点钟。❷猜对,猜中(*at*):How did you *guess*? 你是怎样猜对的? II *n.* [C]猜测,估猜,推测,估计:We don't work on suppositions and *guesses*. 我们不是凭假设和猜测来工作的。‖ ˈ**guess·er** *n.* [C]

guest /gest/ *n.* [C] ❶客人,宾客:a regular *guest* 常客 / an uncalled-for *guest* 不速之客 ❷贵宾,嘉宾:a state *guest* 国宾 ❸(旅馆、饭店的)房客,顾客:a hotel *guest* 旅馆的房客

guf·faw /gʌˈfɔː/ I *n.* [C]狂笑,大笑;哄笑:emit [give, let out] a *guffaw* 发出一阵狂笑 II *vi.* 〈贬〉狂笑,纵声大笑;哄笑:*guffaw* at sb. 嘲笑某人

guid·ance /ˈgaidᵊns/ *n.* [U] ❶领导,引导;指挥:I was left to the *guidance* of my own will. 他们任凭我为所欲为。❷指导,辅导;咨询(服务):She needs some *guidance* with her studies. 她在学习上需要一些辅导。

guide /gaid/ I *vt.* ❶给…领路;给…导游(见conduct):She *guided* us through the busy streets to our hotel. 她领着我们穿过繁闹的街道回到旅馆。❷陪同(某人) ❸驾驶(车辆等);操纵(工具等):The pilot *guided* the plane to safe landing. 飞行员驾机安全着陆。❹指导(某人),给(某人)建议;引导…的行动,影响…的决策(见lead):She was *guided* in everything important by her husband. 大事她都是听她丈夫的。II *n.* [C] ❶向导;导游;带路的动物:a tour *guide* 导游 ❷路标,路牌,指向牌:The oak tree is a *guide* to where the sanatorium is located. 那棵橡树是往疗养院去的路标。❸指南,手册,要览:a buying *guide* 购物指南 ‖ ˈ**guid·er** *n.* [C]

☆**guide, lead, pilot, steer** 均有"引导,指引"之意。**guide** 为普通用词,指对他人的行为或生活方式指出方向、作出指导,通常含双方具有亲密的个人关系或双方共同努力去达到某一目标之意:He *guided* the tourists round the park.(他带领游客们在公园里游览。)**lead** 指走在前面给某人引路或领他人共同去达到某一目标:The hostess *guided* the guests to their seats.(女主人将客人们引到各自的座位旁。)/ The flagship *led* the fleet.(旗舰为舰队领航。)**pilot** 指为船舶或飞机导航:*pilot* a vessel through Ambrose Channel into New York harbour(引导船只通过安布罗斯海峡进入纽约港)该词也可引申指为在错综复杂或充满危险的情况中容易迷失方向者提供指导:The interior minister has again *piloted* an important bill through Parliament.(内政部长又使一项重要的法案在议会中顺利通过。)**steer** 常指用舵或其他手段在错综复杂的困难环境中保持正确方向或路线:She tried to *steer* the conversation away from the topic of politics.(她试图将话题从政治上岔开。)

guide·book /ˈgaidˌbuk/ *n.* [C] 手册,指南,要览(=handbook):a *guidebook* for [to] travellers 旅行指南

guided missile *n.* [C]导弹

guide·line /ˈgaidˌlain/ *n.* [通常作~s]指导方针,指导原则;行动纲领;行为准则,标准:violate *guidelines* 违反指导原则

guild /gild/ *n.* [C](互助性的)团体,协会,联合会

guile /gail/ *n.* [U]〈书〉狡猾,奸诈;诈骗:a man lacking in [without] *guile* 老实人 ‖ ˈ**guile·ful** *adj.* —ˈ**guile·less** *adj.*

guil·lo·tine /ˈgiləˌtiːn/ I *n.* [C]断头台 II *vt.* 用铡刀铡;把…送上断头台

guilt /gilt/ *n.* [U] ❶罪;犯罪;有罪:admit one's *guilt* in robbery 承认自己犯了抢劫罪 ❷内疚;知罪;负罪感:There isn't one of us who won't carry some *guilt* to his grave. 我们无一例外地将终生负疚。❸罪责;责任:A thousand years will pass and the *guilt* of the aggressors will not be erased. 千年易过,但侵略者的罪孽难消。‖ ˈ**guilt·less** *adj.* [无比较级]

guil·ty /ˈgilti/ *adj.* ❶犯罪的;有罪的;证明(或判决)有罪的(*of*):He pleaded *guilty* to the crime. 他认罪。❷犯错的;有过失的(*of*):I was *guilty of* a slip of memory. 我记错了。❸自觉有过错的;内疚的;表示内疚的:You look *guilty*. 你好像做了什么亏心事。‖ ˈ**guil·i·ly** *adv.* —ˈ**guil·i·li·ness** *n.* [U]

guin·ea-pig /ˈginiˌpig/ *n.* [C] ❶【动】豚鼠,天

竺鼠 ❷用作实验的人(或动物)

guise /gaiz/ *n.* [C] 伪装;貌似,相似(见 appearrance);in the *guise* of a reporter 伪装成记者

gui·tar /giˈtɑːʳ/ *n.* [C]【音】吉他,六弦琴 ‖ **guiˈtar·ist** *n.* [C]

gulch /gʌltʃ/ *n.* [C]【地理】冲沟;干谷;(急流)峡谷

gulf /gʌlf/ *n.* [C] ❶海湾:the *Gulf* of Mexico 墨西哥湾 ❷(情感、理解力等方面的)不可逾越的鸿沟,悬殊的差距;(观点、意见等的)巨大分歧:bridge the *gulf(s)* of incomprehension between the two 逾越相互之间不理解的鸿沟

gull /gʌl/ *n.* [C]([复]**gull(s)**)【鸟】鸥〔亦作 **seagull**〕

gul·let /ˈgʌlit/ *n.* [C]【解】食管;咽喉

gul·li·ble /ˈgʌləbᵊl/ *adj.* 易上当受骗的,轻信的:a *gullible*,naïve girl 一个易上当的天真女孩 ‖ **gul·li·bil·i·ty** /ˌgʌləˈbiliti/ *n.* [U] —ˈ**gul·li·bly** *adv.*

gul·ly /ˈgʌli/ *n.* [C] ❶【地理】冲沟;隘谷 ❷【建】(集)水沟,阴沟

gulp /gʌlp/ I *vt.* ❶狼吞虎咽地吃,大口地吃;狂饮(*down*):I *gulped* three huge glasses of water. 我一口气喝下三大杯水。❷抑制(情感等);咽下,咽回(眼泪等)(*back*,*down*):*gulp down* one's anger 抑制自己的怒气 —*vi.* ❶大口吸气:*gulp* in the fresh morning air 大口呼吸早晨的新鲜空气 ❷狼吞虎咽,大口地吞食 II *n.* [C] ❶狼吞虎咽;大口:She took the dose at the *gulp*. 她把药一口吞下。❷(液体的)一大口 ‖ ˈ**gulp·er** *n.* [C]

gum[1] /gʌm/ *n.* ❶[U]树胶,树脂;(从植物中渗出的)胶质;(用树胶制成的)胶浆 ❷[U]口香糖

gum[2] /gʌm/ *n.* [通常作~s]【解】齿龈;牙床

gum·my /ˈgʌmi/ *adj.* [无比较级] ❶(树胶般)有黏性的;胶黏的:a *gummy* substance 黏性物质 ❷涂满树胶的;产(或渗出)树胶的;含树胶的:the *gummy* bark of a fir 含树胶的冷杉树皮

gump·tion /ˈgʌmᵖʃᵊn/ *n.* [U]〈口〉❶机智;精明,老练;通达,通晓事理 ❷魄力,胆量;积极性;进取心,事业心

gun /gʌn/ I *n.* ❶[C]枪;炮;信号枪,发令枪:fire a *gun* at sb. 向某人开枪 ❷[C]枪型物;喷枪,喷射器:a cement *gun* 水泥喷射器 II (**gunned**;**gun·ning**) *vt.* 加大(发动机)的油门;给(汽车等)加速:He *gunned* the Rolls into the parking spot. 他全速将他那辆"罗尔斯"汽车开进停车场。‖ ˈ**gun·ner** *n.* [C]

gun·boat /ˈgʌnˌbəut/ *n.* [C]炮艇,小炮舰;装有大炮的小船

gun·fire /ˈgʌnˌfaiəʳ/ *n.* [U](尤指连续的)炮火:an exchange of *gunfire* 交火

gun·man /ˈgʌnmᵊn/ *n.* [C]([复]**-men** /-mᵊn/)持枪者,带枪的人;(尤指)持枪歹徒;杀手

gun·ner·y /ˈgʌnᵊri/ *n.* ❶[U]射击学;兵器学 ❷[U]枪炮操作,枪炮射击 ❸[用作单][总称]重炮

gun·point /ˈgʌnˌpɔint/ *n.* [U]枪口 ‖ *at gunpoint adv.* 在枪口的威胁下:hold sb. hostage *at gunpoint* 用枪把某人劫为人质

gun·pow·der /ˈgʌnˌpaudəʳ/ *n.* [U]黑色火药,有烟火药:smokeless *gunpowder* 无烟火药〔亦作 **powder**〕

gun·shot /ˈgʌnˌʃɔt/ *n.* ❶[C]枪炮射击;枪炮声:I heard a *gunshot* and a man dropped dead. 我听到一声枪响,随即一个人应声倒毙。❷[U](射出的)枪弹;炮弹

gun·smith /ˈgʌnˌsmiθ/ *n.* [C]枪炮匠,枪械工

gur·gle /ˈgəːgᵊl/ I *vi.* ❶(水等)潺潺地流,汩汩地流;汩汩作响:Water *gurgles* as it is heated. 水加热时会汩汩作响。❷(婴儿等)发咯咯声:The baby *gurgled* with pleasure. 婴儿高兴得咯咯直叫。II *n.* [C] ❶(水等发出的)潺潺声,汩汩声 ❷(婴儿高兴时发出的)咯咯声:a *gurgle* of laughter 咯咯笑声

gur·u /ˈguruː, ˈguː-/ *n.* [C] ❶古鲁(印度教和锡克教的宗教教师或领袖) ❷领袖;导师,指导者;顾问:the city's *guru* of writers 该市文坛盟主

gush /gʌʃ/ I *vi.* ❶喷;倾泻;涌流:The cool stream water *gushed* over my hand. 清凉的溪水哗哗地从我手上流过。❷说话滔滔不绝;过于动感情;矫作:Words *gushed* out of him in an endless stream. 他口若悬河,滔滔不绝。—*vt.* ❶喷出,使涌出,使泻出:The wrecked tanker *gushed* oil. 受损的油轮直往外喷油。❷滔滔地说出;动情地说;矫作地说:"Amanda!" he *gushed*. "How good to see you again." "阿曼达!"他装腔作势地说道,"真高兴能再次见到您!" II *n.* [通常用单] ❶喷,涌出,倾泻:a

G

gush of tears 泪如泉涌 ❷迸发;(一阵)发作:a *gush* of *enthusiasm* 热情奔放

gush·er /ˈgʌʃəʳ/ *n.* [C] 喷油井,自喷井

gussy /gʌst/ 〈口〉*vt.* 把…打扮得漂漂亮亮地:She *gussied* the building up with a lot of neon lights. 她用了很多霓虹灯来装饰这幢大楼。—*vi.* 装饰,穿上盛装(*up*)

gust /gʌst/ **I** *n.* [C] ❶一阵强风,一阵狂风;(风)猛烈的一阵(见 wind):A *gust* blew the door shut. 一阵狂风把门吹关了。❷(情感的)突然爆发:a sudden *gust* of anger 勃然大怒 **II** *vi.* (风等)猛吹,劲刮:strong winds *gusting* (up) to 90 mph 时速达 90 英里的劲风 ‖ ˈ**gust·y** *adj.*

gus·to /ˈgʌstəu/ *n.* [C;U]([复]**-to(e)s**) 热情;充沛的精力,抖擞的精神;兴致:sing and dance with *gusto* 兴高采烈地唱歌跳舞

gut /gʌt/ **I** *n.* ❶[C]【解】下消化道;肠 ❷[~s]内脏 ❸[~s]〈口〉勇气,胆识;意志,毅力(见 courage):Pittman always had *guts*. 皮特曼一向胆大。❹[C]〈口〉胃;肚子,腹部:feel one's *gut* turn over 感到反胃 **II** *vt.* (**gut·ted**; **gut·ting**) ❶取出…的内脏:*gut* a pig 取出猪的内脏 ❷[常用被动语态](常指大火)焚毁(建筑物)的内部:Our canteen was *gutted* by the fire. 我们的食堂被焚毁了。**III** *adj.* [无比较级][作定语] ❶本质的,实质性的;关键的,主要的:*gut* issues 关键问题 ❷本能的,直觉的:a *gut* feeling that Bill should not be trusted 对比尔本能的不信任 ‖ ˈ**gut·less** *adj.*

guts·y /ˈgʌtsi/ *adj.* 〈口〉❶勇敢的,果敢的;有毅力的:a *gusty* reporter 大胆的记者 ❷充满激情的;粗俗的,热辣的:a *gutsy* writing 低俗的作品

gut·ter /ˈgʌtəʳ/ *n.* ❶[C]檐槽,天沟 ❷[C](路边的)排水沟,街沟,阴沟 ❸[C](保龄球球道两边的)槽 ❹[**the** ~]贫困地区;犯罪高发地区;肮脏贫贱状态:pick sb. out of *the gutter* 使某人摆脱贫困

gut·tur·al /ˈgʌtᵊrᵊl/ *adj.* (声音)粗嘎的;从喉中发出的:speak in deep, *guttural* voice 粗声粗气地说话

guy /gai/ *n.* ❶[C]〈口〉家伙;小伙子:He's a great *guy*. 他是个真正的男子汉。❷[通常作~s]〈口〉伙计们,朋友们;诸位,各位:Could you *guys* help me with this box? 大伙儿帮我搬一下这口箱子好吗?

guz·zle /ˈgʌzᵊl/ *vt.* ❶狂吃滥饮:He *guzzled* a whole bottle of alcohol at the meal. 他吃饭时喝了整整一瓶白酒。❷大量消耗(燃料等):He doesn't like cars that *guzzle* gas. 他不喜欢耗油量大的汽车。—*vi.* 狂吃滥饮:He *guzzled* at the party. 聚会时他狂饮了一番。‖ ˈ**guz·zler** *n.* [C]

gym /dʒim/ 〈口〉*n.* ❶[C]体操馆;健身房:Bob practices boxing in the *gym* every day. 鲍勃每天在体育馆里练习拳击。❷[U]体操;体育:We've got *gym* this afternoon. 今天下午我们要上体育课。

gym·na·si·um /dʒimˈneiziᵊm/ *n.* [C]([复]**-si·ums**或**-si·a** /-ziə/)体操馆,健身房

gym·nast /ˈdʒimnæst/ *n.* [C]体操运动员

gym·nas·tics /dʒimˈnæstiks/ [复] *n.* [用作单或复] 体操(训练);体操技巧:She does *gymnastics* daily after school. 她每天课后都练习体操。‖ **gym·nas·tic** *adj.*

gy·nae·col·o·gy /ˌgainiˈkɔlədʒi, ˌdʒai-/ *n.* [U]【医】妇科学;妇科 ‖ ˌ**gy·nae·co·log·ic** /-kəˈlɔdʒik/, ˌ**gy·nae·coˈlog·i·cal** /-kᵊl/ *adj.* —ˌ**gy·nae·coˈlog·i·cal·ly** /-kᵊli/ *adv.* —ˌ**gy·naeˈcol·og·ist** *n.* [C]

gyp /dʒip/ **I** *vt.* (**gypped**; **gyp·ping**)〈俚〉欺骗;诈取(*out of*):*gyp* sb. out of sth. 骗取某人的某物 **II** *n.* [U]诈骗;骗局

gyp·sum /ˈdʒipsᵊm/ *n.* [U]【矿】石膏

Gyp·sy /ˈdʒipsi/ [亦作 **g-**] **I** *n.* [C] 吉卜赛人 **II** *adj.* [作定语][无比较级]吉卜赛人的;流浪的:*gypsy* music 吉卜赛音乐

gy·rate /ˌdʒaiᵊˈreit, ˈdʒaiᵊˌreit/ *v.* 做圆周运动,旋转,回旋:a group of people *gyrating* to the dancing music 随着舞曲旋转起舞的人群 ‖ **gy·ra·tion** /ˌdʒaiᵊˈreiʃᵊn/ *n.* [U]

gy·ro·scope /ˈdʒaiᵊrəᵘˌskəup/ *n.* [C]【海】【空】陀螺仪,回转仪

G

H h

H, h /eitʃ/ *n.* [C]([复] **H's, h's** 或 **Hs, hs** /ˈeitʃiz/) 英语字母表中第八个字母

ha /hɑː/ *int.* [表示惊奇、疑惑、得意、快乐等] 哈:"*Ha*!" she laughed,"You don't know what you are saying." "哈!"她笑着说道,"你不知道你在说什么。" / *Ha*! I am right after all! 哈!我完全没事了。〔亦作 **hah**〕

hab·it /ˈhæbit/ *n.* [C;U] ❶习惯(*of*):form a *habit* 养成一种习惯 ❷〈口〉瘾;毒瘾:He kicked the *habit* a year ago. 一年前,他戒掉了毒瘾。

☆**habit, convention, custom** 均有"习惯"之意。**habit** 多指个人长时间重复逐渐形成的行为或思维方式,强调习惯成自然,往往自己没有意识到:She has an annoying *habit* of biting fingernails.(她有咬指甲的坏习惯。)**convention** 指行为规范或准则;亦可表示流行的社会行为:It is a matter of *convention* that businessmen should wear suits.(商人应该穿西装,这是惯例而已。)**custom** 常指一个社会或民族长年累月形成的风俗习惯,含有为大家所承认、遵循的意思:It is difficult to get used to another country's *customs*.(到另一个国家入乡随俗比较困难。)该词有时也用来表示个人的习惯:It was his *custom* to get up early and have a cold bath.(他的习惯是很早起床并洗个冷水澡。)

hab·it·a·ble /ˈhæbitəbᵊl/ *adj.* 可居住的,适合居住的:Some parts of the country are too cold to be *habitable*. 该国家的有些地区太冷而不适宜居住。‖ **hab·it·a·bil·i·ty** /ˌhæbitəˈbiliti/ *n.* [U]

hab·i·tat /ˈhæbitæt/ *n.* [C] ❶(动植物的)栖息地,生息环境:With the decrease of woodland a lot of wildlife is losing its natural *habitat*. 随着林区的减少,许多野生动物正逐步失去它们的自然栖息地。❷(某人或某一类人典型的)居住地,住处:Paris and New York are the major *habitats* of artists. 巴黎和纽约是艺术家的主要聚居地。

hab·i·ta·tion /ˌhæbiˈteiʃᵊn/ *n.* 〈书〉❶[U]居住:There was no sign of human *habitation* as far as the eye could reach. 纵目远望,不见一丝人烟痕迹。❷[C]住房,住所,家宅:The singer has several different *habitations* in this area. 这位歌手在该地区有好几处住所。

ha·bit·u·al /həˈbitjuəl/ *adj.* [无比较级][作定语] ❶习惯性的(见 usual):He's a *habitual* coffee drinker. 他一贯喝咖啡。❷积习很深的;已成习惯的:a *habitual* criminal 惯犯 ‖ **haˈbit·u·al·ly** *adv.*

ha·bit·u·ate /həˈbitjueit/ *vt.* [常作~ **oneself**] 使习惯于(*to*):He has *habituated himself to* the dry climate in the north. 他已习惯了北方干燥的气候。‖ **ha·bit·u·a·tion** /həˌbitjuˈeiʃᵊn/ *n.* [U]

hack /hæk/ *vt.* ❶劈,砍;猛劈,乱砍:*hack* meat into bits 把肉剁碎 ❷开辟,辟出:*hack* a trail through the jungle 在丛林中辟出一条小路 —*vi.* 乱劈,乱砍(*away, at*):*hack at* the shrubs 砍灌木 / The timbermen *hacked* down the trees. 伐木工人将树木砍倒。

hack·er /ˈhækəʳ/ *n.* [C] 砍东西的人(或器具)〈口〉计算机迷;精于计算机软件编写者;黑客:Bob is such a *hacker* he won't even leave his computer for a while. 鲍勃是一位计算机迷,他甚至一刻也不愿离开计算机。

hack·le /ˈhækᵊl/ *n.* [C] ❶(雄鸡以及其他鸟类颈部的)细长羽毛 ❷[常作~s](兽类发怒或警觉时会竖起的)颈背部毛

hack·neyed /ˈhæknid/ *adj.* 〈贬〉陈腐的,平庸的,老生常谈的

hack·saw /ˈhæksɔː/ *n.* [C]【机】弓锯;钢锯

had /hæd/ *v.* have 的过去式和过去分词

had·dock /ˈhædək/ *n.* [单复同]【鱼】黑线鳕

had·n't /ˈhædᵊnt/ = had not

hag /hæg/ *n.* [C](尤指邪恶乖张、面貌丑陋的)老太婆 ‖ ˈ**hag·gish** *adj.*

hag·gard /ˈhægəd/ *adj.* 面容憔悴的,形容枯槁的:She looked a bit *haggard* as if she hadn't slept for days. 她看上去面容憔悴,仿佛好几天没有睡觉了。‖ ˈ**hag·gard·ly** *adv.* —ˈ**hag·gard·ness** *n.* [U]

hag·gle /ˈhægᵊl/ *vi.* 争论不休;(尤指)讨价还价(*about*, *over*):It would go against my heart to *haggle* with a man like you! 要我与一个像你这样的人斤斤计较,那是违背我的良心的! ‖ ˈ**hag·gler** *n.* [C]

ha-ha /hɑːˈhɑː/ *int.* [表示惊讶、高兴、讽刺等]哈哈

hai·ku /ˈhaiku/ *n.* [C]([复]**-ku(s)**) 俳句(日本的一种三句十七音诗体)

hail[1] /heil/ *vt.* ❶给…打招呼:*hail* an old friend 向老朋友打招呼 ❷向…欢呼,欢迎;为…喝彩,热情赞扬;热情认可:Children *hailed* the suggestion of a holiday with delight. 孩子们为放假这一提议而高兴得欢呼了起来。❸招呼:*hail* a taxi 招呼出租车 ‖ ˈ**hail·er** *n.* [C]

hail[2] /heil/ *n.* ❶[U](冰)雹;下(冰)雹 ❷[C][通常用单](雹子般的)一阵(*of*):a *hail of* bullets 一阵弹雨

hail·stone /ˈheilstəun/ *n.* [C](雨点一般落下的)冰雹球;冰雹粒

hail·storm /ˈheilstɔːm/ *n.* [C]雹暴

hair /heəʳ/ *n.* ❶[C;U]头发;毛发:His *hair* is falling out. 他的头发快掉光了。❷[C][**a** ~]丝毫,些微,一点儿:His life is hanging by *a hair*. 他命悬一线。‖ ***make sb.'s hair stand on end*** *vi.* 使某人毛骨悚然:The tales of the monster *made our hair stand on end*. 怪兽的故事使我们毛骨悚然。***tear one's hair (out)*** *vi.* (扯自己头发表示)十分愤怒;焦虑不安:My boss is *tearing his hair out* about the delay in the schedule. 我们老板因进度拖延而气得七窍生烟。‖ ˈ**hair·less** *adj.*

hair·brush /ˈheəbrʌʃ/ *n.* [C](用以梳整头发的)发梳;毛刷

hair·cut /ˈheəkʌt/ *n.* [C] ❶理发,剪头发:I wish he'd get a *haircut*. 我希望他去理一下发。❷发式,发型:He had a crew *haircut*. 他理了个寸头。

hair·do /ˈheəduː/ *n.* [C]([复]**-dos**)〈口〉发式,发型:She went to a saloon and had a most elaborate *hairdo*, all piled up on top of her head. 她去发屋做了一种精美的发型,头发全都盘在了头顶。

hair·dress·er /ˈheəˌdresəʳ/ *n.* [C]理发师;美发师:My *hairdresser* told me to let my hair dry naturally if I wanted it to curl. 美发师告诉我,如果我要烫发,就先让头发自然晾干。‖ ˈ**hair·dress·ing** *n.* [U]

hair·line /ˈheəlain/ **I** *n.* [C] ❶发(际)线:His *hairline* was gradually receding. 他的前额渐渐秃了。❷纤细的线条;毛细裂纹:a *hairline* of sunlight 一线阳光 **II** *adj.* [无比较级][作定语]极细的,纤细的:get a *hairline* on the forehead 额头上划了道小口子

hair·piece /ˈheəpiːs/ *n.* [C](男子的)假发;假发套

hair·pin /ˈheəpin/ *n.* [C] U形发夹;U形发叉;U形夹发针

hair-rais·ing /ˈheəreiziŋ/ *adj.* 令人毛发竖起的,吓人的,恐怖的;惊险的:a *hair-raising* murder case 吓人的凶杀案 / *hair-raising* adventures 惊险的探险经历

hair·style, hair style /ˈheəstail/ *n.* [C]发式,发型:change one's *hairstyle* 改变发型 ‖ ˈ**hair·styl·ist** *n.* [C]

hair-trig·ger /ˈheəˌtrigəʳ/ *n.* [C][作定语] ❶一触即发的;反应敏捷的:a *hair-trigger* alarm 一触即响的闹钟 ❷容易发作的;极易爆发的:a *hair-trigger* temper 火暴脾气

hair·y /ˈheəri/ *adj.* ❶毛制的;多毛的;长毛的:*hairy* legs 汗毛浓密的双腿 ❷〈俚〉困难重重的,充满危险的;惊险的;令人惊恐不安的:It was rather *hairy* driving down that narrow road in the dark. 黑暗中在那种窄路上行车很是惊险。‖ ˈ**hair·i·ness** *n.* [U]

Hai·tian /ˈheiʃjən/ **I** *adj.* [无比较级] ❶海地的;与海地有关的 ❷海地克里奥尔语的 **II** *n.* ❶[C]海地人 ❷[U]海地克里奥尔语

hajj /hædʒ/ *n.* [C]([复]**hajj·es**) (伊斯兰教徒

前往麦加的)朝觐

hake /heik/ *n.* [C]([复]**hake(s)**)【鱼】无须鳕属鱼;(尤指)无须鳕

hal·cy·on /ˈhælsiən/ *adj.* 〈旧〉[通常作定语] ❶平静的,宁静的;太平的,和平的:*halcyon* weather 风和日丽的天气 ❷幸福美好的,愉快的;丰饶的,富足的:the *halcyon* days of youth 青春韶华

hale /heil/ *adj.* [无比较级](尤指老人)健壮的,矍铄的,精神抖擞的:In *hale* old age he became the darling of academy. 他老而弥健,还成了学术界的香饽饽。

half /hɑːf; hæf/ **I** *n.* [C]([复]**halves** /hɑːvz; hævz/) 半,一半:The eastern *half* of this region was once heavily glaciated. 这个地区的东半部分一度遭到严重的冰蚀。**II** *pron.* 一半:Of the passengers on the boat, *half* were American, *half* were Canadian. 船上的乘客一半是美国人,一半是加拿大人。**III** *adj.* [无比较级](指数量)一半的;半数的;占一半数量的:He got *half* a dozen apples. 他买了六只苹果。‖ ***by half*** *adv.* 过分;超常:He was too clever *by half*. 他聪明过人。

half-back /ˈhɑːfbæk; ˈhæf-/ *n.* ❶[C]【足】前卫 ❷[U]前卫位置

half-baked /hɑːfˈbeikt; hæf-/ *adj.* ❶半生半熟的:a piece of *half-baked* bread 一片烤得半生不熟的面包 ❷〈口〉考虑不周的,不够成熟的;不完善的:Having *half-baked* knowledge is worse than knowing nothing at all. 一知半解比不知危害更大。

half-broth·er /ˈhɑːfbrʌðəʳ; ˈhæf-/ *n.* [C]同父异母(或同母异父)兄弟

half-heart·ed /ˌhɑːfˈhɑːtid; ˌhæf-/ *adj.* 半心半意的,缺乏热情的;不认真的:From here and there came a *half-hearted* applause that quickly died. 四下里响起的一些不太热烈的掌声很快就消失了。‖ **ˌhalf-ˈheart·ed·ly** *adv.* —**ˌhalf-ˈheart·ed·ness** *n.* [U]

half-life, half-life /ˈhɑːflaif; ˈhæf-/ *n.* [C]([复]**-lives** /-laivz/)【物】(放射性核素的)半衰期

half-mast /hɑːfˈmɑːst; hæfˈmæst/ *n.* [U](尤指重要人物逝世后)下半旗的位置(以示哀悼)(*at*)

half-sister /ˈhɑːfsistəʳ; ˈhæf-/ *n.* [C]同父异母(或同母异父)姐妹

half-time /ˈhɑːfˈtaim; ˈhæf-/ *n.* ❶[U](足球等比赛中的)半场休息,中场休息:The referee blew his whistle for *half-time*. 裁判吹响了中场休息哨。❷[U;C]中场休息时间;半场休息时间:The coach made instructions to his men during *half-time*. 中场休息时间里教练向他的队员部署打法。

half·way /ˌhɑːfˈwei, ˈhɑːfwei; ˌhæfˈwei, ˈhæfwei/ **I** *adv.* [无比较级]在中途,半路上,半途地:We were *halfway* to Rome. 我们距罗马尚有一半路程。**II** *adj.* [无比较级][作定语] ❶中途的;位于中途的:He brought out with difficulty in a voice *halfway* to sleep. 他费力地说,声音里还充满了睡意。❷部分的:*halfway* measures 不彻底的措施 ‖ ***meet sb. halfway*** *vi.* 与某人妥协:If you can drop your price a little, I'll *meet you halfway*. 你要是能减点价,我就愿意再让一步。

hal·i·but /ˈhælibət/ *n.* [C]([复]**-but(s)**)【鱼】庸鲽,大比目鱼

hal·i·to·sis /ˌhæliˈtəusis/ *n.* [U]【医】口臭,(呼出的)臭气:*Halitosis* can be caused by tooth decay or throat infections. 口臭可由蛀牙或咽喉感染引起。

hall /hɔːl/ *n.* [C] ❶门厅;(建筑物的)走廊,过道:An imposing staircase led out of the *hall*. 一道气势不凡的楼梯由厅内通向厅外。❷会堂,礼堂,大厅:the banquet *hall* 宴会厅 / the examination *hall* 考场

hal·le·lu·jah, hal·le·lu·iah /ˌhæliˈluːjə/ **I** *int.* 哈利路亚(表示赞美、欢乐或感谢上帝等) **II** *n.* [C]哈利路亚的欢呼声

hall·mark /ˈhɔːlmɑːk/ *n.* [C] ❶(英国检验部门和金业公会等在金、银、铂金等制品上打印的)纯度印记 ❷(人或物的)特征;标记,标志:His *hallmark* in work is his full involvement. 他在工作上突出的特点是全身心的投入。

hal·low /ˈhæləu/ *vt.* ❶使成为圣人;使变得神圣 ❷尊崇,把…视为圣人 ‖ **ˈhal·lowed** *adj.*

Hal·low·e'en, Hal·low·een /ˌhæləuˈiːn/ *n.* [不用于 the 后][C;U]万圣节前夕:*Hallowe'en* was celebrated on the last day of October. 人们在10月的最后一天欢庆万圣节前夕。

hal·lu·ci·nate /həˈluːsiˌneit/ *vi.* 出现幻觉:

H

Hypnosis and mental disorders can cause people to *hallucinate*. 催眠及神经紊乱均可使人产生幻觉。

hal·lu·ci·na·tion /həˌluːsiˈneiʃᵊn/ *n.* [C]幻觉,幻觉症;幻听;幻视(见 delusion):auditory *hallucinations* 幻听 / This kind of drug is often used to induce *hallucination*. 该药物常用以诱发幻觉。‖ **hal·lu·ci·na·to·ry** /həˈluːsinətəri/ *adj.*

hal·lu·cin·o·gen /həˈluːsinədʒᵊn/ *n.* [C]致幻剂,幻觉剂 ‖ **hal·lu·cin·o·gen·ic** /həˌluːsinəˈdʒenik/ *adj.*

hall·way /ˈhɔːlwei/ *n.* [C]门厅;走廊,过道

ha·lo /ˈheiləu/ *n.* [C]([复]**-lo(e)s**) ❶(宗教绘画中圣人头上的)光环,光晕,光轮:Artists usually put *halos* around the heads of saints and angels. 画家们通常在圣人和天使的头部绘以道道光环。❷【气】(日、月等的)晕环〔亦作 **nimbus**〕

hal·o·gen /ˈhælədʒᵊn/ *n.* [C;U]【化】卤素;卤族元素

halt /hɔlt,hɔːlt/ **I** *n.* [C]暂停;暂时中止:Grant asked bringing the car to a *halt* opposite the cottage. 格兰特叫人把车子停在小屋对面。**II** *vi.* & *vt.* (使)暂停,(使)停住;(使)中止,(使)终止:*halt* for a short rest 停下来稍事休息 / *halt* the inflationary trend 煞住通货膨胀的势头

hal·ter /ˈhɔːltəʳ/ **I** *n.* [C] ❶(马、牛等)的笼头;缰绳;套索❷(女性露背背心的)颈项系带;(女性穿着的)露背背心 **II** *vt.* (给马等)套上笼头,套上缰绳

halt·ing /ˈhɔːltiŋ/ *adj.* [通常作定语] ❶不流利的,不流畅的;结结巴巴的,吞吞吐吐的:converse with sb. in *halting* English 用结结巴巴的英语跟人交谈❷犹豫的,踌躇的;迟疑不决的 ‖ ˈ**halt·ing·ly** *adv.*

halve /hɑːv/ *vt.* ❶分为两份;对半分:*halve* a peach 把桃分为两半 ❷把…减半:The manager decided to *halve* the administrative expenses. 经理决定把办公开支削减一半。

halves /hɑːvz;hævz/ *n.* half 的复数

ham /hæm/ *n.* [C;U](腌制或熏制的)火腿;火腿肉:two slices of *ham* 两片火腿(肉)

ham·burg·er /ˈhæmˌbəːgəʳ/ *n.* ❶[U](绞碎的)纯精牛肉;牛肉糜 ❷[C]煎牛肉饼 ❸[C]汉堡包(面包夹煎牛肉饼):*Hamburgers* are often eaten with ketchup. 人们常蘸上番茄酱吃汉堡包。〔亦作 **burger**〕

ham·let /ˈhæmlit/ *n.* [C](尤指不设教堂的)小村庄

ham·mer /ˈhæməʳ/ **I** *n.* [C]锤子,榔头:*Hammers* are used for breaking or driving nails. 锤子可用以截断钉子或钉钉子。**II** *vt.* ❶用榔头敲,用锤击;敲钉子把…钉住(*down*, *up*);用锤子敲打合接(*together*):*hammer in* a nail 把一枚钉子敲进去❷(有节奏地)锻造或锤打(金属等)成某种形状:*hammered* the metal into a horseshoe 将一块铁锤打成马掌 —*vi.* (反复)敲打,锤击:The man in the next door kept *hammering* all day long. 隔壁房间的那个人整天都在乒乒乓乓敲东西。‖ ***hammer away (at)*** *vi.* & *vt.* ❶不懈地努力工作(于),埋头工作(于):I *hammered away at* the problem all afternoon. 我整个下午都在研究这个问题。❷反复重申某种观点(或态度等)以劝说 ***hammer out*** *vt.* (经过一番努力后)推敲出(计划、协议等)的具体细节;(经仔细斟酌后)制订出:*hammer out* an agreement acceptable to both sides 经反复推敲拟定一份双方皆可接受的协议 ‖ ˈ**ham·mer·er** *n.* [C]

ham·mock /ˈhæmək/ *n.* [C](尤指船上使用的由帆布或绳网做的)吊床

ham·per[1] /ˈhæmpəʳ/ *vt.* 妨碍,阻碍:The snow storm *hampered* the efforts to rescue victims from the mountain. 暴风雪使营救山上遇险者的工作无法进行。

ham·per[2] /ˈhæmpəʳ/ *n.* [C](带盖的)大食品篮:a picnic *hamper* 野餐食品篮

ham·ster /ˈhæmstəʳ/ *n.* [C]仓鼠:a golden *hamster* 金仓鼠

ham·string /ˈhæmstriŋ/ *n.* [U]【解】(人体膝后的)腘绳肌(腱)

hand /hænd/ **I** *n.* [C] ❶手:By doing so he cleans his *hands* of a piece of sharp practice of earlier days. 他这样做是为了要洗刷过去一件刻薄的行为。❷像手的东西;(钟表等的)指针:The hour *hand* is pointing to the nine. 时针正对着 9 点。❸人手,雇员(指工人、船员等):The factory employed over a hundred *hands*. 这家工厂雇用了百余名工人。❹[用单](尤指

动手的）帮助：Could you give me a *hand* with this table? 请帮我搬一下这张桌子，好吗？❺[C]（纸牌游戏中的）一手牌；牌手；一局牌：Jack held a good *hand*. 杰克抓了一手好牌。**II** *vt.* ❶交，递，给：He *handed* each man a glass. 他给每一个人都上了一杯酒。❷〈口〉欣然让出（或给予）：*hand* sb. the advantage 把好处欣然让给某人 ‖ ***at hand*** *adj.* & *adv.* 在手头；在附近：If a man takes no thought about what is distant, he will find sorrow near *at hand*. 人无远虑，必有近忧。***at the hand(s) of*** *prep.* 出自…之手；因为：They suffered terribly *at the hands of* the invaders. 他们吃尽了入侵者的苦头。***by hand*** *adv.* 手工制作地；用手地：sew the dress *by hand* 手工缝制衣服 ***change hands*** *vi.* 归另一人所有；转手：The house has *changed hands* several times recently. 这所房子最近几经转手。***eat out of sb.'s hand*** *vi.* 完全听命于某人：She soon had the class *eating out of her hand*. 她不久就把全班管得服服帖帖了。***hand down*** *vt.* 把…传下去：Our forefathers *handed down* to us a rich cultural heritage. 我们的祖先给我们留下了一份丰富的文化遗产。***hand in*** *vt.* 上交；提交：Please *hand in* your papers at the end of the exam. 考试完毕后请把试卷交上来。***hand in hand*** *adv.* ❶手拉手地：They walked away *hand in hand*. 他们手拉手地走了。❷连在一起地；同时并进地：Gossiping and lying go *hand in hand*. 爱说长道短的，必然会撒谎。***hand on*** *vt.* 传递：We should carry forward the fine traditions *handed on* to us by revolutionaries of the older generation. 我们必须继承老一辈革命家的优良传统并加以发扬光大。***hand out*** *vt.* 分发；散发；给予：In the singing class the group leader *handed out* a collection of new songs to each member. 音乐课上，组长发给每人一本新的歌曲集。***hand over*** *vt.* 把…交出来；移交：The thief was *handed over* to the police. 小偷被递解给警方。***hand to hand*** *adv.* 短兵相接；肉搏：fighting *hand to hand* 肉搏战 ***have a hand in*** *vt.* 参与；参加：Professor Smith *had a hand in* making the teaching plan. 史密斯教授参与了教学计划的拟定。***have one's hands full*** *vi.* 忙得不可开交；一直忙忙碌碌：I've *had my hands full* arranging a conference. 我手头忙着筹备一次会议。***in hand*** *adj.* & *adv.* ❶在手中的；已有的：He has enough money *in hand* to buy a new computer. 他手头积攒的钱够买一台新的计算机。❷在掌握之中，在控制之下：The prime minister kept the situation well *in hand*. 首相完全控制了局势。***in one's [sb.'s] hands*** *adj.* & *adv.* 在本人的（某人的）支配（或控制、照料或监护等）之下：The affair is no longer *in my hands*. 这事已不归我管了。***keep one's hand in*** *vi.* 继续工作，继续训练：Although he had officially retired he *kept his hand in* his former business. 尽管已经正式退休，他仍然继续着以前的事业。***on hand*** *adj.* 在手头；现有的，可供使用的：He has a lot of work *on hand*. 他手头有许多工作要做。***on one's hands*** *adj.* & *adv.* 由某人掌管；依靠某人关照：I have an empty house *on my hands*. 我手中有一所空房子要处理。***on the one [other] hand*** *adv.* 从一方面[另一方面]来讲：I know this job of mine isn't well paid, but *on the other hand* I don't have to work long hours. 我知道这份工作报酬不高，但从另一方面来说，我也不必工作太长时间。***out of hand*** *adv.* 失去控制地；难以驾驭地：That child was spoiled and had got quite *out of hand*. 那孩子被宠坏了，变得不服管教。***take in hand*** *vt.* 掌握；控制：We have *taken* the matter (well) *in hand*. 我们已控制住大局。***try one's hand at*** *vt.* 尝试：After becoming a successful singer, she decided to *try her hand at* film circles. 成为成名歌手后，她决定在电影界一试身手。***turn one's hand to*** *vt.* （转而）着手从事于；忙于：After resigning from the cabinet at the age of 50, he *turned his hand to* gardening. 他在50岁辞去内阁职务后便潜心从事园艺。***wash one's hands of*** *vt.* 洗手不干；不再过问；完全退出：I've *washed my hands of* the whole affair. 整件事情我不再过问了。

hand·bag /ˈhændbæg/ *n.* [C]（尤指女士的）坤包，手提包，手提袋

hand·ball /ˈhændbɔːl/ *n.* [U] ❶手球运动 ❷手球；（手球运动所使用的）球

hand·bill /ˈhændbil/ *n.* [C]传单

hand·book /ˈhændbuk/ *n.* [C]手册；（旅游）指南〔亦作 **guidebook**〕

hand·cuff /hændkʌf/ *n.* [C][～s]手铐：The criminal was taken to the police station in *handcuffs*. 那个罪犯戴着手铐被扭送到警察局。

hand·ful /hændful/ *n.* [C]❶（[复]-**fuls**）一把；

H

一把的量：The boy picked up a *handful* of snow and threw it at me. 那男孩抓起一把雪朝我扔了过来。❷[用单]少数；少量(*of*)：a *handful of* consumers 几位用户 ❸[用单]〈口〉难以管教的人；麻烦事；棘手的工作：Rearing birds was a *handful* for him. 养鸟对他而言并非易事。

hand·gun /hændgʌn/ *n.* [C]手枪

hand·i·cap /hændiˌkæp/ **I** *n.* [C] ❶(比赛中为使优劣机会均衡而施加于强者的)障碍，不利条件(或因素)：*Handicaps* give people with different abilities an equal chance of winning. 施加的不利因素使得不同能力的人有同等的获胜机会。❷(对强者施加不利条件或障碍的)比赛；让步赛 ❸(成功的)障碍；不利条件(或因素)：The main *handicap* of your learning is lack of confidence. 你在学习中主要的障碍是缺乏自信。❹(身体或精神方面的)障碍；缺陷：a person with physical or emotional *handicaps* 有着身体缺陷或情感障碍的人 **II** *vt.* (**-capped;-cap·ping**) ❶给(比赛中的强者等)设置不利条件；使处于不利地位 ❷[常用于被动语态]妨碍，阻碍：He was *handicapped* by his eyesight. 他视力欠佳而身处不利。

hand·i·capped /ˈhændiˌkæpt/ *adj.* 有生理缺陷的，残疾的；有精神障碍的，智力低下的：a special-care centre for the physically and mentally *handicapped* 残疾和智障特别护理中心

hand·i·cap·per /ˈhændiˌkæpəʳ/ *n.* [C] ❶(让步赛开始时)指派给比赛者某种不利条件的人 ❷赛马优胜预测者

hand·i·craft /ˈhændiˌkrɑːft;-ˌkræft/ *n.* [C][通常用单] ❶手艺；手工艺；手工业：the *handicraft* of embroidery 刺绣手艺 ❷手工艺品：This shop offers the *handicraft(s)* of various nations. 该商店经销各个国家的手工艺品。

hand·i·work /ˈhændiwəːk/ *n.* ❶[U]手工 ❷[总称]手工制品：woven mats and other *handiwork* 手编席垫以及其他手工制品 ❸[U][常作反话]亲手做的东西(或事情)；自己造成的后果：He leaned back a little to consider his *handiwork*. 他身子往后靠了靠，端详着他的杰作。

hand·ker·chief /ˈhæŋkətʃif,-ˌtʃiːf/ *n.* [C] ([复]**-chiefs**或**-chieves** /-ˌtʃiːvz/) 手帕，手绢〔亦作 **kerchief**〕

hand·le /ˈhændᵊl/ **I** *n.* [C] 柄，把，把手：She turned the *handle* but couldn't open the door. 她转动把手，但打不开门。**II** *vt.* ❶触，摸；摆弄；搬动，搬运：Please don't *handle* the exhibits. 请勿触摸展品。❷处理，应付；负责；管理：She knows how to *handle* people. 她懂得如何处理人际关系。‖ ***get* [*have*] *a handle on*** *vt.* 掌握，了解(情况等)：He couldn't *get a handle on* their problems. 他无法了解他们的问题。

☆**handle, manipulate, wield** 均有"操纵，使用"之意。**handle** 指具备处理解决某一具体问题或达到某一特定目的所需的能力或技巧：It was a difficult situation but he *handled* it very well. (当时的局面很难控制，但是他应付得很好。) / He *handle* a gun with precision. (他的枪法很准。) **manipulate** 强调操纵、控制事物或事态的灵巧与机敏，往往含有为达某种目的而玩弄手段之意：*manipulate* the most delicate scientific apparatus (能够操作最精密的科学仪器) / He accused the government of *manipulating* public opinion. (他谴责政府操纵公众舆论。) **wield** 指灵活自如地使用工具或武器，强调力量和有效性；也可指熟练成功地对某一方施加影响或施展权术：He knows how to *wield* an axe. (他知道怎样使用斧头。) / The people *wield* the power in a democracy. (在民主国家，人民握有权力。)

han·dle·bar /ˈhændlˌbɑːʳ/ *n.* [C][常作～s](自行车、摩托车等的)把手，车把：The motorcyclist braked suddenly and went straight over the *handlebars*. 摩托车手由于刹车过猛，结果从车把上摔了出去。

han·dler /ˈhændləʳ/ *n.* [C] ❶操作者，处理者 ❷拳击教练员；驯兽员；警犬训练员 ❸(某公众人物尤指政党候选人的)代言人；行政随从

hand·made /ˈhændˈmeid/ *adj.* 手工制作的：wonderful *handmade* cakes 绝妙的手工糕点

hand·maid /ˈhændmeid/, **hand·maid·en** /ˈhændˌmeidᵊn/ *n.* [C]侍女；女仆

hand·out /ˈhændaut/ *n.* [C] ❶施舍；施舍物：live on *handouts* 靠乞讨为生 ❷免费的产品样品 ❸(教师发给学生的)讲义；会议上发放的演讲稿、书面材料等

hand·pick /ˌhændˈpik/ *vt.* ❶手工采摘 ❷亲自挑选；仔细挑选，精选：The president insisted on *handpicking* his assistants. 董事长执意要

H

亲自挑选助手。

hand·rail /ˈhændreil/ *n.* [C](楼梯的)扶手;(道路的)扶栏

hand·shake /ˈhændʃeik/ *n.* [C] ❶握手:The manager welcomed him with a warm *handshake.* 经理同他热情握手,欢迎他的到来。❷(计算机系统中为确保各设备间正常连接而进行的)信号交换

hands-off /ˈhændzɔf/ *adj.* [无比较级]放手的;不干涉的;不插手的:a *hands-off* management policy 不插手管理的方针

hand·some /ˈhænsəm/ *adj.* ❶(男子)帅的,英俊的,仪表堂堂的;(女子)健美端庄的:The *handsome* man had "military" written all over him. 那人长得很帅,浑身透着军人气质。❷(建筑物等)美观的,好看的,吸引人的:*handsome* furniture 细致美观的家具 ❸[通常作定语](价格、所获得的财产等)数目可观的:This antique mirror would fetch a *handsome* price if it were sold by auction. 这面古镜若是拍卖,准会卖个好价钱。‖ ˈ**hand·some·ly** *adv.* —ˈ**hand·some·ness** *n.* [U]

hands-on /ˈhændzˈɔn/ *adj.* [无比较级]实际操作的;亲身实践的:After three weeks of *hands-on* training,I still couldn't add two and two. 三个星期的操作培训过后,我还是连二加二的运算也做不了。

hand·stand /ˈhændstænd/ *n.* [C](双手)倒立

hand-to-hand /ˌhændtəˈhænd/ *adj.* [无比较级](指打架、打仗等)短兵相接的;近身的:a *hand-to-hand* combat 肉搏战

hand-to-mouth /ˈhændtəˈmauθ/ *adj.* & *adv.* [无比较级]仅能糊口的(地),勉强能维持生计的(地):a *hand-to-mouth* living 勉强能维持的生活

hand·work /ˈhændwəːk/ *n.* [U]手工

hand·writ·ing /ˈhændˌraitiŋ/ *n.* [U] ❶书写;手写:Good command of *handwriting* is one of the fundamental skills in primary schools. 熟练掌握书写是小学阶段的基本技能之一。❷[亦作 **writing**]书法,字体;笔迹:His *handwriting* is very hard to read. 他的字迹很难辨认。‖ ˈ**hand·writ·ten** /-ˌritᵊn/ *adj.*

hand·y /ˈhændi/ *adj.* ❶便于使用的;(车船等)便于操纵的;便利的,方便的:A good toolbox is a *handy* thing to have in the house. 家里有个好的工具箱就方便多了。❷手边的;近身的,附近的:Keep the screwdriver *handy.* I'll use it this afternoon. 把这把螺丝刀放在手头,下午我要用。❸手巧的;灵敏的:He is very *handy* with a chisel. 他很善于雕刻。‖ ˈ**hand·i·ness** *n.* [U]

hand·y·man /ˈhændiˌmæn/ *n.* [C]([复]**-men** /-men/) 做零活的人;杂务工

hang /hæŋ/ **I** *vt.* (**hung** /hʌŋ/或 **hanged**) ❶悬挂;悬吊:A lamp was *hung* from the ceiling. 一盏灯从天花板上垂吊下来。❷安装(门、钟摆等)使其转动(或摆动):*hang* a door on hinges 把门装至铰链上❸[过去式和过去分词常作 **hanged**]吊死,绞死:They *hanged* the prisoner before dawn. 拂晓前他们把犯人绞死了。—*vi.* ❶悬挂;吊着:Thick velvet curtains *hang* at the window. 厚厚的丝绒窗帘垂挂在窗前。❷安装(门、钟摆等)使其转动(或摆动):The door doesn't *hang* properly. 这扇门开关不太自如。❸垂下,披下;飘垂:Her hair *hangs* down on her shoulders. 她的头发披在双肩上。**II** *n.* [C][通常用单] ❶悬垂状态;低垂;下垂:Iron the skirt and this might improve the *hang* of it. 把裙子熨烫一下,它会使裙子自然垂曳。❷〈口〉做某事的窍门,诀窍:Just be patient, you'll soon get the *hang* of the ball game. 耐心点,你很快就能掌握这种球艺的。‖ ***hang about*** *vi.* & *vt.* 〈口〉❶(在某处)徘徊;闲荡;待着不离开:The man is always *hanging about* in the night clubs. 那人常在夜总会里混天聊日。❷(同某人)在一起;厮混(*with*):He was always *hanging about* his bigger brother. 他总是跟着他哥哥寸步不离。***hang around*** *vi.* & *vt.* =hang about ***hang back*** *vi.* 犹豫,退缩,踌躇不前:She always *hangs back* out of shyness. 由于害羞她总是缩在别人后面。***hang on*** *vi.* & *vt.* 〈口〉❶坚持,不放弃:Instead of giving up,he *hangs on.* 他不肯服输,仍旧揪住不放。❷紧抓不放,死抱住不放:*Hang on* tight, or you'll fall. 抓紧些,不然你会跌倒的。❸等待片刻;(打电话时)不挂断:Mary is upstairs. Would you like to *hang on*? 玛丽在楼上,你别挂断电话好吗?❹取决于;依赖于:The success of the whole project *hangs on* our cooperation. 整个项目的成功取决于我们之间的相互协作。***hang out*** *vt.* & *vi.* 游荡;闲逛:Where

H

were you *hanging out* these days? 你这些天在哪儿鬼混去了? **hang over** *vt*. (尤指不愉快的事)逼近;威胁着:The prospect of defeat is now *hanging over* them. 他们笼罩在失败的阴影之中。**hang up** *vt*. & *vi*. ❶将…挂起:Tell the child to *hang up* his coat. 告诉孩子把外衣挂在衣帽钩上。❷挂断电话(*on*):He was trying to make further explanation but she *hung up on* him. 他试图向她做进一步解释,但她却把电话挂断了。

☆**hang** 意即"(被)绞死,(被)吊死",可以作及物动词,也可以作不及物动词,其过去式和过去分词有 **hanged**,**hung** 两种形式。**hanged** 用于正式的绞刑:He was *hanged* for murder. (他因犯谋杀罪而被处以死刑。) 而 **hung** 一般用于非正式的绞死:By morning he'll be *hung* in effigy. (早上他的模拟像会被绞死。) 但对下列句子中 **hanged** 的用法多数人持否定意见:Frontier courts *hanged* many a prisoner after a summary trial. (边疆地区的法庭草草审判后就绞死了很多人。) (不能用 **hung** 代替 **hanged**) 当表示其他意思时,**hang** 的过去式和过去分词通常都用 **hung**。

hang·ar /ˈhæŋəʳ/ *n*. [C]飞机库,停机棚

hang·dog /ˈhændɔg/ *adj*. [无比较级][作定语]羞惭的,羞愧的:a *hangdog* look [expression] 羞愧的面容[表情]

hang·er /ˈhæŋəʳ/ *n*. [C]挂物的东西;衣架;(衣帽)挂钩

hang·er-on /ˈhæŋərɔn/ *n*. [C] ([复] **hang·ers-on** /ˈhæŋəzɔn/) ❶(尤指不受欢迎的)追随者;扈从 ❷食客;钻营拍马的人:become a mere *hanger-on* in literature 成为在文学界滥竽充数的食客

hang-glid·er /ˈhæŋˌglaidəʳ/ *n*. [C]悬挂式滑翔机

hang·ing /ˈhæŋiŋ/ *n*. [U;C]绞刑;绞死:*Hanging* is still practised in some countries. 有一些国家仍然在施行绞刑。

hang·man /ˈhæŋmæn/ *n*. [C] ([复] **-men** /-men/) 执行绞刑的刽子手

hang·nail /ˈhæŋneil/ *n*. [C](指甲旁的)逆刺皮,甲刺

hang-out /ˈhæŋaut/ *n*. [C]〈俚〉住处;经常出没的地方;混迹之所

hang·o·ver /ˈhæŋˌəuvəʳ/ *n*. [C] ❶(酗酒或吸毒后的)宿醉(指头痛、恶心等不适反应) ❷遗留物;后遗习俗(或病症等):This vase is a *hangover* from the previous age. 这只花瓶是上代人的遗物。

hang-up /ˈhæŋʌp/ *n*. [C]〈俚〉(尤指感情或精神上难以摆脱的)烦恼,焦虑;心理障碍:There's some *hang-up* about her plane reservation. 她预订机票遇到点麻烦。

hank /hæŋk/ *n*. [C] (纱线、毛线等的)(一)圈;(一)绺:a *hank* of silk thread [hair] 一圈丝线[一绺头发]

han·ker /ˈhæŋkəʳ/ *vi*. 渴望,迫切希望(*for*,*after*):I was determined to get poor Jane the invitation she *hankered after*. 我打定主意,要给可怜的简弄一张她朝思暮想的请帖。‖ ˈ**han·ker·ing** *n*. [C]

han·ky,**han·kie** /ˈhæŋki/ *n*. [C]〈口〉手帕,手绢

Han·uk·kah /ˈhɑːnəkə/ *n*. [C;U](犹太教的)献殿吊,光明节(纪念公元前 165 年在耶路撒冷大庙举行的献礼)〔亦作 **Chanukkah**〕

hap·haz·ard /hæpˈhæzəd/ *adj*. 无计划的;无序的;随意的,任意的:The teaching and learning of languages has to be systematic, not merely *haphazard*. 语言教学不只是随意性的,而必须有计划有步骤地进行。‖ **hapˈhaz·ard·ly** *adv*.

hap·pen /ˈhæpən/ *vi*. ❶(偶然)发生:I couldn't find out what *happened*. 我查不出事情的真相。❷[后接动词不定式]碰巧;恰好:I *happened* to meet her. 我正好遇上她。❸(尤指不祥之事)发生在某人身上;让某人碰上(*to*):I hope nothing *happens to* them. 我希望他们别碰上什么倒霉的事儿。❹偶尔遇到;偶然发现(*on*,*upon*):She *happened on* a job. 她意外地找到了一份工作。❺偶尔出现;碰巧来到(*along*,*by*,*past*,*in*,*into*):We *happened by* your house yesterday, but you were out. 昨天我们顺道来到你的住处,但是你不在。‖ ***as it happens*** *adv*. 碰巧;偶然:*As it happens* I am rather busy today. 我今天碰巧很忙。***It (so) happens that...*** 碰巧,恰好:Fortunately *it happened that* there was no one in the hall at the time of the fire. 发生大火时大厅里幸好没人。

☆**happen**,**occur**,**take place** 均含有"发生"之意。**happen** 使用范围较广,泛指事情的发生,它既

可用于预先策划、有明显起因的事情，也可用于出乎预料的偶发事件；其后接不定式时，则含有碰巧或恰好之意：How did the accident *happen*?（事故是怎么发生的?）/ I *happened* to see her on my way to work.（我碰巧在上班的路上遇到她。）**occur** 比较正式，指在某一具体时间或地点确实发生了某事，强调呈现、出现，常用于否定句中，可与 happen 互换使用：The tragedy *occurred* only minutes after take-off.（这一悲剧在起飞后几分钟内就发生了。）**take place** 常暗含事情有计划、有安排地进行，主语只能用表示物的名词或代词：When does the ceremony *take place*?（仪式什么时候举行?）

hap·pen·ing /ˈhæpᵊniŋ/ *n.* [C][常作~s]发生的事；事情，事件：Such a *happening* is highly presumable. 这样的事是很可能料到的。

hap·pen·stance /ˈhæpənstæns/ *n.* [C;U](尤指产生良好结果的)偶然情况；偶发事件

hap·py /ˈhæpi/ *adj.* ❶(感到或显得)愉悦的，快乐的，高兴的，满意的：She had a very *happy* childhood. 她有十分快乐的童年。❷(言行等)恰当的，恰如其分的；适宜的，合适的；巧妙的：a *happy* expression 恰当的表述 ❸[作表语](表示)乐意的：I am *happy* to be of service. 我很乐意提供帮助。‖ ˈ**hap·pi·ly** *adv.* —ˈ**hap·pi·ness** *n.* [U]

hap·py-go-luck·y /ˌhæpigəuˈlʌki/ *adj.* 乐天的；随意的；无忧无虑的；听天由命的：go through life in a *happy-go-lucky* manner 乐天知命

happy hour *n.* [C]快乐时间(指一日中酒吧、餐馆中削价供应饮品的一段时间)

har·a·ki·ri /ˌhærəˈkiri/ *n.* [U](日本武士的)切腹自杀

har·ass /ˈhærəs, həˈræs/ *vt.* ❶不断侵扰，骚扰：The village were *harassed* by hostile racists. 这些村落不断受到敌对种族分子的侵扰。❷不断打扰，烦扰；使苦恼：She had been *harassed* with anxieties since she was out of work. 失业以后她一直忧心忡忡。‖ ˈ**har·ass·er** *n.* [C] —ˈ**har·ass·ment** *n.* [U]

har·bing·er /ˈhɑːbindʒəʳ/ *n.* [C]〈书〉预告者，通报者；先行者；预兆，预示：The mellow song of the cuckoo is the *harbinger* of spring. 布谷鸟悦耳的啼鸣预示着春天将至。

har·bo(u)r /ˈhɑːbəʳ/ I *n.* [C](海)港；港口；港湾：an ice-free *harbour* 不冻港 II *vt.* ❶收容，收留；庇护：*harbour* the refugees who streamed across the borders 收容从国境线涌入的难民 ❷藏匿，窝藏：*harbour* a criminal goods 窝藏罪犯 ❸怀藏，心怀：*harbour* suspicion against sb. 对某人心存猜疑

hard /hɑːd/ I *adj.* ❶坚硬的；坚实的(见 firm[1])：Rubber is not *hard*, it gives way to pressure. 橡胶性软，受压就会变形。❷紧的；牢的：a *hard* knot 死结 ❸困难的；难做的：It is *hard* to pinpoint the sources. 很难准确地确定来源。❹[作定语]辛苦的，费力的：*hard* labour 苦力 ❺勤劳的，努力的：a *hard* worker 工作努力的人 ❻用力的；强烈的，猛烈的：a *hard* fight 激烈的战斗 ❼不幸的：*hard* times 艰难时世 ❽严厉的；粗暴的；冷酷无情的：Her words are *harder* than her heart. 她是个心软嘴硬的女人。❾(天气)严寒的；(风等)凛冽的：Winters there are generally long and *hard*. 那儿的冬天通常漫长而严寒。II *adv.* ❶努力地；拼命地：work *hard* 拼命干活 / He was rubbing his chin *hard* with some of his fingers. 他用手指使劲地擦着下巴。❷用力地；强烈地，猛烈地；严重地：It's raining *hard*. 雨正瓢泼而下。‖ ***hard by*** *prep.* 〈书〉接近；靠近：The hotel stood *hard by* the sea. 那家宾馆紧靠着海边。***hard put*** *adj.* 勉强的：We are *hard put* to pay the rent. 我们勉强能支付房租。‖ ˈ**hard·ness** *n.* [U]

☆**hard, arduous, difficult, laborious** 均有“艰苦的，困难的”之意。**hard** 为普通用词，泛指获得成功需要付出极大的努力和气力但不含难以成功的意味：*hard* work（费力的工作）/ *hard* questions（难答的问题）**arduous** 为正式用词，与 hard 词义接近，指需要艰苦的努力和毅力才能做成某事情的：the *arduous* task of rebuilding the town（重建城市的艰巨任务）**difficult** 较 hard 更为正式，强调存在某种难度和复杂性，需要一定的知识、技巧及驾驭能力：You've put me in a *difficult* position.（你使我进退两难。）**laborious** 比较正式，特指做某件事情要花很大力气的，但往往不需要专门技能，也不强调工作的复杂性：This essay of his is a *laborious* piece of work.（他的这篇文章写得很生硬。）

hard-and-fast /ˈhɑːdᵊnˌfɑːst; -ˌfæst/ *adj.* [无

H

比较级](规章等)不容更改的,无法变通的,严格的:*hard-and-fast* regulations 严格的规章制度

hard·back /ˈhɑːdˌbæk/ *n.* =hardcover

hard·ball /ˈhɑːdˌbɔːl/ *n.* [U]棒球运动 ‖ ***play hardball*** *vi.* (尤指政治上的)强硬手段,强硬措施:*play hardball* to win the vote 采取强硬手段拉选票

hard·bit·ten /ˈhɑːdˌbitᵊn/ *adj.* 意志坚强的,顽强的:a *hardbitten* soldier 百折不挠的战士

hard-boiled /ˈhɑːdˌbɔild/ *adj.* ❶(鸡蛋等)煮得老的 ❷不露声色的;精明而讲究实际的;厉害的:a *hard-boiled* negotiator 强硬的谈判者

hard copy *n.* [U]【计】(由计算机输出并打印于纸上便于阅读的)硬拷贝

hard-core /ˈhɑːdˌkɔːʳ/ *adj.* ❶态度强硬的,意志坚决的;顽固的;顽强的:a *hard-core* conservative 强硬的保守分子 ❷(影视、书刊等中的性描写)赤裸裸的,露骨的:a *hard-core* video 淫秽录像

hard·cov·er /ˈhɑːdˌkʌvəʳ/ **I** *n.* [C]精装书;硬皮书 **II** *adj.* (书籍)精装的;硬皮装的〔亦作 **hardback**〕

hard disk *n.* [C]【计】硬(磁)盘

hard·en /ˈhɑːdᵊn/ *vt.* ❶使变得坚硬;使硬化:Steel can be *hardened* through quench. 淬火可以使钢硬化。❷使变得冷酷无情(或麻木不仁):She *hardened* her face against him. 她对他沉下了脸。❸使变得更坚强,使变得更意志坚定:Poverty *hardened* his personality. 贫穷使他的性格变得更加坚强。—*vi.* ❶变硬,硬化:The ice cream *hardened* in the freezer. 冰激凌放进冰箱后变硬了。❷变得冷酷无情(或麻木不仁):His heart *hardened* with anger. 他因心存愤怒而表现得冷酷无情。‖ ˈ**hard·en·er** *n.* [C]

hard(-)head·ed /ˈhɑːdˌhedid/ *adj.* ❶不感情用事的;务实的;精明的:He is too *hardheaded* to be fooled by flattery. 他头脑冷静,不会被那些奉承话所蒙蔽。❷固执的;顽固的:He was romantic and *hardheaded*. 他很浪漫,却又执着坚毅。‖ ˈ**hardˌhead·ed·ly** *adv.* —ˈ**hardˌhead·ed·ness** *n.* [U]

hard-heart·ed /ˌhɑːdˈhɑːtid/ *adj.* 硬心肠的,无同情心的:Their anger had made them *hard-hearted*. 愤怒使他们的心肠变硬了。‖ ˌ**hard-ˈheart·ed·ly** *adv.* —ˌ**hard-ˈheart·ed·ness** *n.* [U]

hard·ly /ˈhɑːdli/ *adv.* [无比较级] ❶几乎不;几乎没有:I hadn't seen her for years but she had *hardly* changed at all. 我已多年不见她了,但她几乎还是老样子。❷不,一点也不:The news is *hardly* surprising. 这消息并不令人吃惊。❸几乎不可能;可能性极小:They will *hardly* come now. 这时候他们不大会来了。

☆**hardly, barely, no sooner, scarcely** 均有"几乎不,几乎没有,仅仅"之意。**hardly, scarcely** 和 **barely** 后接 when 或 before,而 **no sooner** 则后接 than:The game had *hardly* begun when it started raining. (比赛刚刚开始就下起雨来了。) **hardly** 意指"几乎不,可能不,仅仅,才",强调困难,常用于程度、能力或可能性等方面:I'm so tired I can *hardly* walk. (我累得走不动了。) **barely** 意指"仅仅,只是,几乎没有",强调勉强或不多不少:We have *barely* enough money to last the weekend. (我们的钱只能勉强维持到周末。) **no sooner** 意指"刚刚,才",强调时间的短暂:The game had *no sooner* begun than it started raining. (比赛刚开始天就下起了雨。) **scarcely** 意指"几乎不,几乎没有",常可与 hardly 通用,但强调"仅仅,刚刚,非常勉强",常用于数量或程度方面:She *scarcely* knew a word of English. (她以前对英语几乎是一无所知。)

hard-nosed /ˈhɑːdˌnəuzd/ *adj.* 执拗的,倔强的;不妥协的:*hard-nosed* militancy 顽强的战斗精神

hard·ship /ˈhɑːdʃip/ *n.* ❶[U]苦难;困苦;贫穷:serious economic *hardship* 严重的经济困难 ❷[C]苦难,磨难:suffer all kinds of *hardships* 备尝艰辛

hard·tack /ˈhɑːdˌtæk/ *n.* [U]压缩饼干

hard up *adj.* [无比较级]〈口〉❶手头拮据的,缺钱的:She is too *hard up* to afford new shoes. 她太穷了,买不起新鞋子。❷缺乏的,短缺的(*for*):He was *hard up for* ideas in writing the composition. 他在写这篇作文时脑子里没有多少货。

hard·ware /ˈhɑːdˌweəʳ/ *n.* [U] ❶五金制品:household *hardware* 家用五金器具 ❷机械;设备:educational *hardware* 电化教学设备 ❸

【计】硬件

hard·wood /ˈhɑːdˌwud/ *n.* ❶[U]阔叶材，硬(木)材 ❷[C]阔叶树(如橡树、白杨、山毛榉等)

har·dy /ˈhɑːdi/ *adj.* ❶强壮的；坚韧的；能吃苦耐劳的：a *hardy* people 吃苦耐劳的民族 ❷需要耐力(或勇气)的：the *hardiest* sports 最能考验人耐力的体育运动 ‖ ˈ**har·di·ly** *adv.* —ˈ**har·di·ness** *n.* [U]

hare /heəʳ/ *n.* [C]([复]**hare(s)**) 野兔

hare·brained /ˈheəˌbreind/ *adj.* 愚蠢的，傻的：a *harebrained* action 愚蠢的行动

hare·lip /ˈheəˌlip/ *n.* [U]【医】兔唇，唇裂 ‖ ˈ**hairˌlipped** *adj.*

har·em /ˈheərᵊm, ˈhæ-/ *n.* [C] ❶(伊斯兰教国家中)(女眷居住的)内室；闺房；后宫 ❷[总称]深居闺房(或内室)的女眷

harm /hɑːm/ **I** *n.* [U] ❶损害；危害；伤害：I will not let any *harm* come to you. 我绝不会让你受到一丝一毫的伤害。❷恶意；恶行：He doesn't mean any *harm* to her — he's only joking. 他对她没有任何恶意，只是开个玩笑而已。**II** *vt.* 损害；危害；伤害：It wouldn't *harm* you to go there. 你应该去那儿。

harm·ful /ˈhɑːmfᵊl/ *adj.* 有害的；不利的；致伤的(*to*)：the *harmful* effects of smoking 吸烟的害处 ‖ ˈ**harm·ful·ly** *adv.* —ˈ**harm·ful·ness** *n.* [U]

harm·less /ˈhɑːmlis/ *adj.* [无比较级] ❶无害的；不致伤的：He escaped *harmless*. 他逃脱时未受伤害。❷无恶意的；无辜的：*harmless* fun 没有恶意的玩笑 ‖ ˈ**harm·less·ly** *adv.*

har·mon·ic /hɑːˈmɔnik/ *adj.* 【音】和声(学)的；泛音的：*harmonic* scale 和声音阶 ‖ **harˈmon·i·cal·ly** *adv.*

har·mon·i·ca /hɑːˈmɔnikə/ *n.* [C]【音】口琴

har·mo·ni·ous /hɑːˈməuniəs/ *adj.* ❶和睦的；友好的；融洽的；一致的：a *harmonious* family 和睦的家庭 ❷音调和谐的；赏心悦目的：*harmonious* songs 悦耳的歌声 ‖ **harˈmo·ni·ous·ly** *adv.* —**harˈmo·ni·ous·ness** *n.* [U]

har·mo·nize /ˈhɑːməˌnaiz/ *vt.* 使和谐；使融洽；使协调，使一致(*with*)：*harmonize* one's own views *with* the existing facts 试图使自己的观点与现实统一起来。—*vi.* ❶和谐；融洽；协调；一致(*with*)：These colours don't seem to *harmonize with* each other. 这些颜色看上去并不协调。❷用和声演唱(或演奏)；和谐地演唱(或演奏)：She sat down beside the guitarist and started to *harmonize*. 她在吉他手旁坐下，开始唱和声。‖ **har·mo·ni·za·tion** /ˌhɑːmənaiˈzeiʃᵊn;-niˈz-/ *n.* [U] —ˈ**har·moˌniz·er** *n.* [C]

har·mo·ny /ˈhɑːmᵊni/ *n.* ❶[U]和睦；融洽；友好：live in *harmony* with one's neighbours 与邻里和睦相处 ❷[U]和谐；匀称；协调；一致：She has the perfect *harmony* of mind and body. 她的身心已完全融为一体。❸[C]【音】和声部；和声曲调

har·ness /ˈhɑːnis/ **I** *n.* [C] ❶马具；挽具：a set of *harness* 一套马具 ❷挽具状物；吊带；背带：a safety *harness* 安全带 **II** *vt.* ❶给…套上挽具(*to*)：*harness* a horse *to* a cart 把马套到车上 ❷〈喻〉驾驭；控制；利用；治理：be *harnessed* to rules 照章办事

harp /hɑːp/ *n.* [C]【音】竖琴 ‖ ˈ**harp·ist** *n.* [C]

har·poon /hɑːˈpuːn/ **I** *n.* [C](捕鲸等用的)渔叉；鱼镖 **II** *vt.* 用渔叉投射(鲸鱼等)：*harpoon* a whale 用渔叉捕鲸

har·py /ˈhɑːpi/ *n.* [C]泼妇；恶女人

har·ried /ˈhærid/ *adj.* 被困扰的；忧虑的：a waiter with a *harried* expression 一脸不耐烦的服务员

har·row /ˈhærəu/ *n.* [C]耙

har·row·ing /ˈhærəuiŋ/ *adj.* 折磨人的；令人痛苦的；令人苦恼的：I find the experience too *harrowing*. 我觉得那次经历让人痛苦。

har·ry /ˈhæri/ *vt.* ❶袭击；洗劫：The pirates *harried* the western coast of the island. 海盗在该岛的西海岸大肆掠夺。❷折磨；使苦恼：He *harried* me for donations. 他不断地要求我捐款。

harsh /hɑːʃ/ *adj.* ❶残酷的；无情的：with *harsh* insistence 毫不留情地 ❷严厉的，苛刻的：*harsh* words 苛刻的言辞 ❸粗糙的；具刺激性的；(声音)刺耳的：His voice has grown *harsh*. 他的声音变得很刺耳。‖ ˈ**harsh·ly** *adv.* —ˈ**harsh·ness** *n.* [U]

hart /hɑːt/ *n.* [C]([复]**hart(s)**)(常指5岁以上的)雄赤鹿

har·vest /ˈhɑːvist/ **I** *n.* [C] ❶收割，收获：The

number of fish has been reduced through efficient *harvest*. 由于大量的捕捞,鱼的数量已减少。〔亦作 **harvesting**〕❷收获季节;收获期:It kept raining during the *harvest*. 收获期间天不停地下雨。❸收成;收获量;收获物:The *harvest* had been gathered in. 庄稼已经收割完毕。❹结果;成果:They are reaping the *harvest* of years of research. 他们多年的研究已见成效。**II** *vt*. ❶收割,收获:We *harvested* a bumper crop of watermelon. 我们的西瓜获得丰收。❷从…中收割作物:*harvest* the fields 收割地里的作物

har·vest·er /ˈhɑːvəstə/ *n*. [C]收割机;采集机

har·vest·ing /ˈhɑːvistiŋ/ *n*. [C]收获,收割(=harvest)

has /hæz,弱 həz,əz/ *v*. have 的第三人称单数现在式

has-been /ˈhæzˌbiːn/ *n*. [C]曾名噪一时的要人;以往时兴的事物;已过全盛期的人(或事物)

hash /hæʃ/ *n*. ❶[C;U]回锅肉丁:We're having *hash* for dinner. 我们正餐吃回锅肉丁。❷[通常用单]大杂烩;一团糟:He made a *hash* of his first job. 他把第一份工作给做砸了。

hash·ish,hash·eesh /ˈhæʃiːʃ,hɑːˈʃiʃ/ *n*. [U](由印度大麻的花、叶等制成的)大麻麻醉剂;印度大麻制剂

H

hasn't /ˈhæzᵊnt/ =has not

has·sle /ˈhæsᵊl/〈口〉**I** *n*. [C]❶激烈的争论;争吵:A *hassle* between two actors touched off the riot. 两位演员间的争吵引发了那场骚乱。❷麻烦;困难 **II** *vi*. 激烈地争论;争吵:*hassle* with sb. 与某人激烈争吵 —*vt*. 搅扰;烦扰,使烦恼:She'll *hassle* me until I agree to write the letter for her. 在我答应她帮忙写信前她会一直来烦我的。

haste /heist/ *n*. [U]匆忙;仓促:The matter requires *haste*. 这件事要赶快办理。‖ ***make haste*** *vi*. 赶紧;赶快:She *made haste* to tell me the good news. 她赶忙告诉我这则好消息。

has·ten /ˈheisᵊn/ *vi*. 赶快;赶紧;赶忙:He *hastened* to the railway station. 他匆匆往火车站赶。—*vt*. 促进;加速:*hasten* one's pace 加快步伐

hast·y /ˈheisti/ *adj*. ❶急速的;急忙的;仓促的:take a *hasty* farewell 匆匆告辞 ❷草率的;轻率的:She were a little *hasty* in condemning him for it. 她为此事谴责他未免太草率了些。‖ ˈ**hast·i·ly** *adv*.

hat /hæt/ *n*. [C](有沿的)帽子;礼帽:put on one's *hat* 戴上帽子 ‖ ***take one's hat off to*** *vt*. 向…脱帽致意;向…致敬:He was indeed a courageous man and I *took my hat off to* him. 他确实是个勇敢的人,我很敬佩他。***talk through one's hat*** *vi*. 胡说八道,说话没有根据:He says he understands economic theory, but he's *talking through his hat*! 他说他懂经济学理论,其实是在胡说八道。***under one's hat*** *adj*. 秘密的,保密的,绝密的:He urged me to keep the information *under my hat*. 他叮嘱我对这一消息要保密。‖ ˈ**hat·less** *adj*.

hatch[1] /hætʃ/ *vi*. ❶(小鸡等)出壳(*out*):All the chickens have *hatched out*. 小鸡都已出壳。❷(蛋)孵化:It'll take two days for the eggs to *hatch*. 这些蛋孵化需要两天时间。—*vt*. ❶孵出(小鸡等):When will the chickens be *hatched* (out)? 小鸡什么时候能孵出来? ❷孵蛋,使(蛋)孵化:*hatch* an egg 孵蛋 ❸策划;筹划:*hatch* a scheme 策划一项计划

hatch[2] /hætʃ/ *n*. [C]❶(船只的)舱口;舱盖:the cargo *hatch* 货舱盖〔亦作 **hatchway**〕❷(飞机、宇宙飞船等的)舱口,舱门:an escape *hatch* 应急出口 ‖ ***Down the hatch***! 干杯!

hatch·back /ˈhætʃˌbæk/ *n*. [C]带仓门式后背的小客车

hatch·er·y /ˈhætʃᵊri/ *n*. [C](尤指家禽、鱼等的)孵化处;孵化场

hatch·et /ˈhætʃit/ *n*. [C]短柄小斧,手斧 ‖ ***bury the hatchet*** *vi*. 休战;和解,言归于好:After arguing for a long time they decided to *bury the hatchet* and become friends. 争论了好长一段时间以后,他们决定和解,言归于好。

hatch·way /ˈhætʃˌwei/ *n*. [C](船只的)舱口(=hatch)

hate /heit/ **I** *vt*. ❶仇恨,憎恨;憎恶:We *hated* each other like poison. 我们当年是死对头,互相恨之入骨。❷[不用进行时态]不喜欢;不愿:Tony *hates* bananas. 托尼不喜欢香蕉。**II** *n*. ❶[U]仇恨,憎恨;反感,厌恶:feel *hate* toward one's enemy 憎恨敌人 ❷[C]仇恨(或憎恶)的对象:Spiders are her special *hate*. 蜘蛛是她最厌恶的东西。‖ ˈ**hat·ed** *adj*. —ˈ**hat·er**

n. [C]

hate·ful /ˈheitfᵊl/ *adj.* ❶引起仇恨的;可恨的;可恶的:a bloody and *hateful* devil 一个嗜血成性、十恶不赦的魔鬼 ❷讨厌的;极不愉快的:That was a *hateful* thing to say. 那件事说起来令人生厌。‖ ˈ**hate·ful·ly** *adv.* —ˈ**hate·ful·ness** *n.* [U]

ha·tred /ˈheitrid/ *n.* [U]仇恨,憎恨;敌意;憎恶:bear no personal *hatred* towards sb. 对某人没有私仇

haugh·ty /ˈhɔːti/ *adj.* 傲慢的,趾高气扬的:*haughty* aristocrats 傲慢的贵族们/be *haughty* to one's inferiors 对下级趾高气扬 ‖ ˈ**haugh·ti·ly** *adv.* —ˈ**haugh·ti·ness** *n.* [U]

haul /hɔːl/ **I** *vt.* ❶拖;拉;拽(见 pull):His wife will *haul* him to a highbrow play. 他妻子会强拽他去观看高雅的戏剧。❷(用车等)运送;拖运:*haul* coal from the mines 从煤矿拖运煤 —*vi.* 拖;拉;拽:*haul* at a rope 拉绳子 **II** *n.* [C] ❶拖;拉;拽:Give a *haul* at the rope. 拉一下绳子。❷拖运;运送:long *hauls* by rail 长途铁路运输 ❸运输量;装运量:We use powerful trucks for heavy *hauls*. 我们用重型卡车拖重物。‖ ***haul off*** *vi.* 退却,撤退,离开:They *hauled off* in a hurry. 他们匆匆地离开了。‖ ˈ**haul·er** *n.* [C]

haul·age /ˈhɔːlidʒ/ *n.* [U] ❶拖运;拖拽:long-distance *haulage* 长途运输 ❷拖运费;运输费:inland *haulage* 内陆运输费用

haunch /hɔːntʃ/ *n.* [C] ❶(人的)臀部;胯部;(动物的)腰腿:sit on one's *haunch* 坐在地上 ❷(食用动物的)腰腿肉:a *haunch* of venison 一块鹿的腰腿肉

haunt /hɔːnt/ **I** *vt.* ❶(鬼魂、幽灵等)常出没于;老是附在…身上:The old house is said to be *haunted*. 据说这幢老宅里闹鬼。❷(思想、回忆等)萦绕在…心头:For some reason she's continuously *haunted* with sad memories of her childhood. 不知什么原因,她童年时代的那些回忆一直萦绕在她心头。❸常到,常去(某地):*haunt* a library 常去图书馆 **II** *n.* [常作~s]常去的地方:The bookstore is my favourite *haunt* on weekends. 那家书店是我周末最爱去的地方。

haunt·ing /ˈhɔːntiŋ/ *adj.* 萦绕于心头的;难以忘怀的:a *haunting* melody 萦绕于脑际的乐曲/ *haunting* memories 难忘的记忆

hau·teur /həuˈtəː/ *n.* [U]傲慢;摆架子;桀骜不驯

have /hæv, həv, əv/ *vt.* (过去式和过去分词 **had** /hæd/;第三人称单数现在式 **has** /hæz, həz, əz/) ❶[不用进行时态]有;拥有;享有:*Has* she (got) a fax machine? 她有传真机吗? ❷[不用进行时态]收到,接到:I *had* lots of phone calls. 我接到很多电话。❸[不用进行时态]取得,得到,获得:May I *have* this one? 这个我可以拿吗? ❹经历,体验;享受;遭受;患(病):Mary *had* a hot time of it that afternoon. 那天下午玛丽大吃苦头了。❺使,让;邀请:I'll *have* the clerk show you around. 我叫办事员带你去各处看看。❻[不用进行时态]使处于某种位置(或状态):My husband likes to *have* the window open at night. 我丈夫喜欢夜里让窗户开着。❼吃;喝:have breakfast 吃早饭 —*v. aux.* ❶[后接过去分词,构成完成时态]已经;曾经:I just learnt that he *had* sold his ranch. 我刚了解到他已把牧场卖掉了。❷[与 to 连用]必须;不得不:I *have to* leave now. 我得走了。❸[用作问题或征求听话人同意时的简略应答,用以代替含 have 的整个动词短语]:A:Have you been there before? B:No, I *have*n't. 甲:你去过那儿吗? 乙:没有,没去过。‖ ***have it coming*** *vi.* 应得;活该(*to*):We weren't surprised when he lost his job — he'd *had it coming* for a long time. 我们对他丢掉工作一事并不觉得奇怪——其实他老早就该有这样的结果了。***have on*** *vt.* [不用进行时态] ❶穿着;戴着:She *had* a bathing suit *on*. 她身着游泳衣。❷开着(开关、电源等):They *had* their music *on* very loud. 他们的音响声音开得很大。❸〈主英〉欺骗;捉弄:You didn't believe her, did you? She was just *having* you *on*. 你没相信她吧? 她只是在捉弄你。

☆❶**have, hold, own, possess** 均有"具有,占有"之意。**have** 为普通用词,词义广泛,指所属关系等,不暗示形成这种关系的理由或原因:He *has* a new car. (他有一辆新车。) **hold** 意指"拥有,持有",含不被别人夺去之意,较 have 更强调控制:He *holds* a half share in the business. (他在这个企业中拥有一半股份。) **own** 指所属关系,强调法律上的所有权,通常用于财产:Who *owns* this house? (谁是这幢房子的主人?) **possess** 基本词义与 own 相同,但较为正

H

式，多用于法律文件中，表示享有全部的所有权，作为普通用词时，指具有某种品质、特性或才能：The husband and wife own a piece of land but legally only the husband *possesses* it.（夫妻俩拥有一片土地，但从法律上说，土地的所有权属于丈夫。）该词有时也可表示某物目前属于某人，不强调获取的手段：They *possess* property all over the world.（他们在世界各地均拥有财产。）❷ **have to, must** 均有“必须”之意。**have to** 意思是“不得不”，表示客观的必要性：We'll *have to* get up at five tomorrow morning.（明天早上我们得 5 点钟起床。）**must** 意思是“必须”，强调说话人的主观意志，常用于命令、叮嘱等：The children *must* be back by 4 o'clock.（孩子们必须 4 点钟以前回来。）该词不用于过去式，表达过去“必须”的情况时，往往用 had to：Yesterday we *had to* get up early.（昨天我们必须早起。）该词与 **have to** 不同，不能与 may，shall 等助动词或情态动词连用。此外，用否定句时，**have not to** 与 **must not** 的意思差别很大：You *must not* say that.（你决不可那样说。）/ You *have not to* say that.（你不必那样说。）

ha·ven /ˈheivᵊn/ *n.* [C]安全的地方；庇护所，避难所

have·n't /ˈhævᵊnt/ =have not

H

hav·oc /ˈhævək/ *n.* [U]（战争、天灾等造成的）浩劫，大破坏，大毁坏：The house looked terrible after the *havoc* of the fire. 大火过后，这房屋看上去很可怕。

hawk¹ /hɔːk/ *n.* [C] ❶【鸟】鹰；隼 ❷（尤指在外交事务中持强硬路线的）“鹰派”分子；主战派分子 ‖ ˈ**hawk·ish** *adj.*

hawk² /hɔːk/ *vt.* 叫卖；兜售：Many traders were *hawking* their wares in the street. 许多贩子在街上叫卖商品。‖ ˈ**hawk·er** *n.* [C]

hawk-eyed /ˈhɔːkˌaid/ *adj.*（像鹰般）目光锐利的：a *hawk-eyed* guard 目光敏锐的卫兵

haw·ser /ˈhɔːzəʳ,-səʳ/ *n.* [C]【船】粗绳，缆索，锚链

haw·thorn /ˈhɔːˌθɔːn/ *n.* [C]【植】山楂树

hay /hei/ *n.* [U]（用作饲料的）干草：a bale of *hay* 一大捆干草 ‖ *make hay vi.* 抓住时机：*Make hay* while the sun shines. 勿失良机。

hay fever *n.* [U]【医】花粉症；花粉病

hay·stack /ˈheiˌstæk/ *n.* [C]干草堆，干草垛

hay·wire /ˈheiˌwaiəʳ/ I *adj.* [作表语] ❶乱糟糟的，失控的：The town is *haywire* after the flood. 洪水过后那座城市一片狼藉。❷精神错乱的，发疯的：He is *haywire* to do that. 他那样做简直是疯了。II *adv.* 失控地；凌乱地

haz·ard /ˈhæzəd/ I *n.* [C] 危险；危害物：Polluted water sources are a *hazard* to wildlife. 污染的水源危及野生动植物的生命。II *vt.* ❶冒险做出；试探性地提出：He *hazarded* that the examiner might be more lenient after a good lunch. 他猜想主考官好好吃顿午餐后也许会更宽容些。❷冒…的危险；使冒险，使担风险：*hazard* one's life 冒生命危险

haz·ard·ous /ˈhæzədəs/ *adj.* 危险的；冒险的；危害的（见 dangerous）：Drinking polluted water is *hazardous* to one's health. 饮用被污染的水有害人的健康。‖ ˈ**haz·ard·ous·ly** *adv.*

haze /heiz/ *n.* ❶[C；U]霾，雾霭；烟雾：A thin *haze* veiled the lake. 湖面上笼罩着淡薄的雾霭。❷[用单]迷糊，糊涂，懵懂：with one's mind in a *haze* 脑子混混沌沌地

ha·zel /ˈheizᵊl/ I *n.* [C]【植】榛树 II *adj.*（尤指眼睛）淡褐色的；黄褐色的：beautiful *hazel* eyes 美丽的黄褐色眼睛

ha·zel·nut /ˈheizᵊlˌnʌt/ *n.* [C]榛子，榛果

ha·zy /ˈheizi/ *adj.* ❶雾蒙蒙的；多烟雾的：*hazy* weather 有薄雾的天气❷模糊的，不明确的：She was *hazy* about her mother's origins. 她不太清楚她母亲的身世。‖ ˈ**ha·zi·ly** *adv.* —ˈ**ha·zi·ness** *n.* [U]

he /hiː;iː/ I *pron.* [主格] ❶[用以指男性]他：A：Where did the man go? B：*He*'s in the library. 甲：那个人去了哪儿？乙：他去图书馆了。❷[用以泛指]任何人：*He* who is contented with his lot is wealthy. 知足者常富。II *n.* [C]男人；男孩；雄性动物：Our cat is a *he*. 我们家的猫是只雄猫。

head /hed/ I *n.* [C] ❶（人、动物等的）头；头部：She beckoned with her *head* for him to follow her. 她向他点一点头，示意他跟她走。❷头脑；脑筋，智力：He has no *head* for mathematics. 他没有数学头脑。❸领导（地位）；领头（地位）：Peter is always at the *head* of the class in exams. 彼得考试总是名列全班第一。❹首脑，首领；头头：the *head* of state 国家元首 ❺（队列的）前头，前面，前部：He put himself at their *head*, and gallantly charged the foe. 他亲临挂帅，冲锋陷阵。❻人头像；[常作～s][用作单](铸有头像的)硬币正面：*Heads* I win, tails you lose. 正面我赢，反面你输。**II** *vt.* ❶走在…的前头；居…之首；位于…的顶部：His car *headed* the funeral procession. 他的汽车为葬礼队伍开道。❷当…的首脑；领导；主管：*head* a research center 领导一个研究中心 ❸使朝特定方向行进；使前往；使趋向：Where are you guys *headed*? 伙计们，你们去哪儿呀？—*vi.* 朝特定方向行进：I *headed* out to the country. 我出城到乡下去。‖ ***come to a head*** *vi.* 到关键时刻 ***go to sb.'s head*** *vi.* ❶(酒力)使人上头，令人产生醉意：The whisky *went* straight *to my head*. 威士忌酒把我喝得晕头转向。❷(成功、赞扬等)使人过于兴奋，冲昏某人的头脑：Don't let your recent success *go to your head*. 别让你的成功冲昏了头脑。***head for*** *vt.* 朝…前进；前往：The ship was *heading* for London. 这艘轮船正驶往伦敦。***head off*** *vt.* 上前拦住(使退回或转变方向)；拦截：*head off* the robbers 拦截抢劫者 ***head over heels*** *adv.* ❶头朝下地：He fell *head over heels* into the pool. 他头朝下跳入池中。❷完全地，彻底地：be *head over heels* in love 处于热恋中 ***head to head*** *adv.* 势不两立地；你死我活地：The two candidates went *head to head* in the primary. 在初选中，两位候选人争得你死我活。***lose one's head*** *vi.* 慌乱；失去理智：Don't *lose your head* in any emergency. 遇到任何紧急情况都不要惊慌失措。***make head(s) or tail(s) of*** *vt.* [常用否定句或疑问句]搞清楚，弄明白：I can't *make head or tail of* what he said. 我不明白他说什么。***on one's head*** *adv.* 负全责地，承担所有过错地：It will be *on his head* if the plan fails. 如果计划失败，他将负全责。***out of one's head*** *adj.* & *adv.* 发疯的；神志不清的，精神错乱的：You must have been *out of your head* to have behaved like that. 你想必是疯了，竟做出那样的事来。***over one's head*** *adv.* 为某人力所不及 ‖ **ˈhead·ed** *adj.* —**ˈhead·less** *adj.*

head·ache /ˈhedˌeik/ *n.* [C] ❶头痛，头疼 ❷令人头痛的事情(或人)；棘手的事情：The energy *headache* has become more prominent recently. 近来能源这一棘手的问题显得愈来愈突出。

head cold *n.* [C]头伤风；鼻伤风

head·dress /ˈhedˌdres/ *n.* [C]头巾；头饰

head·first /ˈhedˌfəːst/ *adv.* [无比较级] ❶头朝前地：fall *headfirst* down the stairs 一头栽下楼梯 ❷仓促地，草率地：He plunged *headfirst* into the planning of the project. 他匆匆忙忙地开始了项目的规划工作。

head·gear /ˈhedˌgiəʳ/ *n.* [U]头盔；安全帽

head·hunt·ing /ˈhedˌhʌntiŋ/ *n.* [U] ❶(原始部落中)割取敌人首级作为战利品 ❷猎头，人才的物色 ‖ **ˈheadˌhunt·er** *n.* [C]

head·ing /ˈhediŋ/ *n.* [C] ❶标题；题目 ❷【海】艏向；【空】航向；行进方向

head·land /ˈhedlᵊnd/ *n.* [C]【地理】陆岬；岬源地，角源地〔亦作 **head**〕

head·light /ˈhedˌlait/ *n.* [C](汽车、火车头等的)前灯，头灯

head·line /ˈhedˌlain/ *n.* [C] ❶(尤指报刊上文章等的)标题；大标题；副标题〔亦作 **head**〕❷[～s](报纸上的)头版头条新闻；头版重要新闻：The story went into *headlines*. 这件事情成了报纸的头条新闻。

head·long /ˈhedˌlɔŋ/ **I** *adv.* [无比较级] ❶头朝前地：run *headlong* into a wall 一头撞到墙上 ❷仓促地；草率地；莽撞地；不计后果地：Don't rush *headlong* into buying a new house. 不要仓促购买新房。**II** *adj.* [无比较级][作定语] ❶仓促的；草率的；莽撞的；不计后果的：make a *headlong* decision 草率作出决定 ❷头朝前的：He took a *headlong* dive into the cold lake. 他一头跳进冰冷的湖水之中。

head·man /ˈhedˌmæn/ *n.* [C] ([复]**-men** /-men/) 首领，头目

head·mas·ter /ˈhedˌmɑːstəʳ; -ˈmæs-/ *n.* [C] (私立中小学的)男校长

head·mis·tress /ˈhedˌmistris/ *n.* [C](私立中小学的)女校长

head-on /ˌhedˈɔn/ *adj.* [无比较级][作定语] ❶迎面的，正面的：a *head-on* collision 迎面相撞 ❷面对面的；直接的：a *head-on* confrontation with the boss 与老板的正面冲突

head·phone /ˈhedˌfəun/ *n.* [通常作～s]头戴式受话器(或听筒)，耳机

head·quar·ter /ˈhedˌkwɔːtəʳ/ *vi.* & *vt.* (为…)设立总部；(在…)设有总部：This is where the military groups are *headquartered*. 这里就

H

是军队设立的司令部。

head·quar·ters /ˈhedˌkwɔːtəz/ *n.* [单复同] ❶(军队、警察等的)司令部;总指挥部 ❷(企业、机关、团体等的)总部;总局;总办事处:Sam is on the way to report himself at *headquarters*. 萨姆正在去总部报到的路上。

head·rest /ˈhedˌrest/ *n.* [C] ❶(牙医诊所、理发店等处座椅上的)头靠 ❷(尤指汽车座位上的)弹性头垫

head·room /ˈhedˌrum,-ruːm/ *n.* [U] ❶(拱、梁等下面的)净空高度 ❷(汽车内部的)车身高度

head·set /ˈhedˌset/ *n.* [C]头戴式送受话器;耳机

head start *n.* [C] ❶(赛跑等的)先跑动;率先;领先:give sb. a *head start* of 20 metres 让某人先跑 20 米 ❷先起步的优势(或有利条件);有利开端:A university degree would give you a *head start* in getting a job. 大学的学位有利于你找工作。

head·stone /ˈhedˌstəun/ *n.* [C]墓碑

head·strong /ˈhedˌstrɔŋ/ *adj.* 固执的,顽固的;一意孤行的(见 unruly):He's always so *headstrong* and never takes others's advice. 他总是那么固执,听不得别人的意见。

H

head·way /ˈhedwei/ *n.* [U](尤指在困难条件下取得的)进展,进步:*make* much *headway* 取得很大的进步

head·wind /ˈhedˌwind/ *n.* [C]逆风

head·y /ˈhedi/ *adj.* ❶陶醉的;兴奋的;感到头晕的:He drank too much and felt thick and *heady*. 他酒喝多了,感到头昏脑涨。❷使人醉的;使人头晕的:*heady* brandy 醉人的白兰地酒

heal /hiːl/ *vt.* ❶使痊愈,治愈;使康复(见 cure):The doctor has *healed* me of my sickness. 医生治好了我的病。❷消除(分歧等);调停,平息:Only time will *heal* my broken heart. 只有时间才能抚慰我受伤的心灵。—*vi.* 痊愈,被治愈;恢复健康(见 cure):The wounds are gradually *healing* up. 伤口正在渐渐愈合。‖ ˈ**heal·er** *n.* [C]

health /helθ/ *n.* [U]健康状况;健康:a good mental *health* 心理健康

health·ful /ˈhelθfᵊl/ *adj.* 有益于健康的;保健的;有益的:a *healthful* diet 健康食谱 / *healthful* exercises 健身运动

health·y /ˈhelθi/ *adj.* ❶健康的;强健的:He is of a very vigorous and *healthy* constitution. 他的体格健壮,浑身充满活力。❷显示健康的:His face has a *healthy* glow. 他身体健康,满面红光。❸有益于健康的,增进健康的:I don't think it's *healthy* for him to read such books. 我认为读那种书对他的身心健康无益。‖ ˈ**health·i·ly** *adv.* —ˈ**health·i·ness** *n.* [U]

☆**healthy** 与 **healthful** 的意思不尽相同,**healthy** 意为"健康的",而 **healthful** 意为"有利于健康的":One can expect to be *healthy* if the regimen one follows is *healthful*. (一个人如果遵循的养生之道有利于健康的话,他就会很健康。)但这一区别正逐步消失,**healthful** 侧重于强调"有利于健康的",而 **healthy** 既可表示"健康的",也可表示"有利于健康的":a *healthy* person (一个健康的人) / a *healthy* climate (有利于健康的气候)

heap /hiːp/ **I** *n.* [C] ❶(一)堆(见 pile):a *heap* of stones 一堆石块 ❷〈口〉许多;大量:He has *heaps* of money. 他有许多钱。**II** *vt.* ❶使成堆;堆积(*up*):He *heaped* the dead leaves (*up*) in the corner of the garden. 他把枯叶堆在花园角落。❷积聚(*up*, *together*):*heap up* riches 积聚财富 ❸大量地(或慷慨地)给予(*on*, *upon*):*heap* sb. with favours 对某人大施恩惠 ❹装满,使充溢(*with*):The hostess *heaped* the food on our plates. 女主人给我们的盘子里盛满了食物。—*vi.* 堆积,积成堆:The snow had *heaped* up overnight. 雪一夜间就堆积了起来。

hear /hiəʳ/ (**heard** /həːd/) *vt.* ❶[不用进行时态]听见,听到:Speak louder! I can't *hear* you. 声音大一些!我听不见你说的话。❷[不用进行时态]听说,得知:Have you *heard* the latest news? 你听到最新的消息了吗? ❸【律】审理,审讯;听(证人等)陈述:*hear* the case 审理案子 —*vi.* ❶听;听见:He *hears* badly in the left ear. 他左耳听力不好。❷收到来信(*from*):The letter was the last we *heard from* them. 这封信是他们写给我们的最后一封。‖ ***hear of*** *vt.* 听说,得知;听到关于…的消息:He left last year and hasn't been *heard of* since. 他去年走了,从此就再也没有他的消息了。‖ ˈ**hear·er** *n.* [C]

☆**hear, listen, listen to** 均表示"听"。**hear** 表示

耳朵听到声音，强调结果，但不强调听的动作：I *heard* someone laughing.（我听见有人在笑。）**listen** 和 **listen to** 指注意听，强调有意识听的动作：We always *listen to* the six o'clock news on the radio.（我们一直收听 6 点钟的新闻。）

hear·ing /ˈhiəriŋ/ *n.* ❶[U]听力；听觉：have a defect in *hearing* 听觉有缺陷 ❷[U]听力能及的距离，听距：beyond *hearing* 听不见 ❸[C]发言（或申诉等）的机会：give sb. a fair *hearing* 公正地听某人申诉 ❹[C]【律】开审，审讯，听讯：The case was still under preliminary *hearing*. 这案子仍在初审之中。

hear·ing-ear /ˈhiəriŋˌɪə/ **dog** *n.* [C]（经训练以帮助有听力障碍的人的）助听犬

heark·en /ˈhɑːkᵊn/ *vi.* 谛听，倾听，聆听；注意(*to*)：*hearken to* one's words 聆听某人的讲话〔亦作 **harken**〕

hear·say /ˈhiəˌsei/ *n.* [U]道听途说；传闻；谣传

hearse /həːs/ *n.* [C]灵车，柩车

heart /hɑːt/ *n.* ❶[C]心，心脏：Her *heart* beat fast. 她心跳得很快。❷[C]内心，心灵；心地：see into everybody's *heart* 看透每个人的心思 ❸[通常用单]感情；同情：The girl is all *heart*. 那姑娘很重感情。❹[U]精神；勇气，胆量；热情：He wanted to argue with the boss, but didn't have the *heart*. 他想和老板争论，但又没有胆量。❺[通常用单]中心；核心：*the heart* of the capital 首都的中心地区 ❻[C]要点；实质：The *heart* of the problem is the prevalence of people. 问题的要害在于人心的向背。❼[C]心形物；鸡心：chocolate *hearts* 心形巧克力 ❽[C]（纸牌的）红心，红桃；（一张）红心（或红桃）牌；[～s][用作单或复]一组红心牌；[～s][用作单]红心牌戏（一种玩牌时避免进红心牌的牌戏）：*Hearts* is [are] trumps. 红心是王牌。‖ ***after one's* (*own*) *heart*** *adj.* 为某人所中意的；合某人心意的：He's a man *after my own heart*. 他是一个我中意的人。***at heart*** *adv.* 内心里；本质上；实际上：He seems friendly, but he's just a ruthless businessman *at heart*. 他看上去面善，但骨子里却是一个心狠手辣的商人。***break sb.'s heart*** *vi.* 使某人心碎（或感到悲痛）：He *broke his heart* from disappointed love. 他因失恋而伤心。***by heart*** *adv.* 默记；靠记忆：learn [know] a poem *by heart* 记住一首诗 ***from* (*the bottom of*) *one's heart*** *adv.* 从内心里；衷心地；真诚地：She said it *from her heart*. 她的这番话是发自肺腑的。***in one's heart of hearts*** *adv.* 在内心深处：*In his heart of hearts* he was the right person for the job. 他心里明白他是这份工作的最佳人选。***lose one's heart to*** *vt.* 爱上，倾心于：*lose one's heart to* sb. at once 对某人一见倾心 ***set one's heart on*** *vt.* 一心想要；渴望做：The children have *set their hearts on* going to the zoo. 孩子们一心想要去动物园。***take heart*** *vi.* 鼓起勇气；重拾信心：He *took heart* when things began to improve. 情况开始好转，他的信心也渐渐恢复了。***take to heart*** *vt.* ❶认真考虑；重视：He's *taken to heart* most of her comments. 他非常在意她的评价。❷为某事忧虑（或伤心等）：She *took to heart* his death. 她对他的去世感到伤心。***to one's heart's content*** *adv.* 尽情地；尽量地：Everyone sang *to his heart's content* at the gathering. 在联欢会上大家尽情歌唱。

heart·ache /ˈhɑːtˌeik/ *n.* [C;U]痛心，悲痛

heart attack *n.* [C]【医】心脏病发作（如心肌梗死等）

heart·beat /ˈhɑːtˌbiːt/ *n.* [C]心跳（声）；心搏

heart·break /ˈhɑːtˌbreik/ *n.* [U]心碎，伤心

heart·break·ing /ˈhɑːtˌbreikiŋ/ *adj.* 令人心碎的，让人悲痛欲绝的：a *heartbreaking* news report 一则令人心碎的新闻报道

heart·bro·ken /ˈhɑːtˌbrəukᵊn/ *adj.* 极度伤心的，心碎的：be *heartbroken* over sth. 为某事伤心至极

heart·burn /ˈhɑːtˌbəːn/ *n.* [U]【医】胃灼热

heart·en /ˈhɑːtᵊn/ *vt.* [常用被动语态]激励，鼓舞；使振作：We're all *heartened* by the news. 这消息让我们大家感到振奋。‖ ˈ**heart·en·ing** *adj.*

heart failure *n.* [U]【医】❶心脏停搏 ❷心力衰竭

heart·felt /ˈhɑːtˌfelt/ *adj.* 衷心的；真诚的；深切感到的：a *heartfelt* apology 真诚的道歉

hearth /hɑːθ/ *n.* ❶[C]壁炉地面 ❷[U]家，家庭（生活）：leave *hearth* and home and work overseas 离开家园到海外去工作

heart·i·ly /ˈhɑːtili/ *adv.* ❶热诚地；衷心地：We were greeted *heartily*. 人们向我们致以热情的

H

问候。❷尽情地，畅怀地，痛快地：laugh *heartily* 开怀大笑

heart·less /ˈhɑːtlis/ *adj*. 无情的，狠心的，残忍的：a cold, *heartless* attitude 冷酷无情的态度 ‖ ˈ**heart·less·ly** *adv*. —ˈ**heart·less·ness** *n*. [U]

heart·rend·ing /ˈhɑːtˌrendiŋ/ *adj*. 令人心碎的，使人悲痛的：Her appeal was *heartrending* to me. 她的哀诉令我心碎。‖ ˈ**heart·rend·ing·ly** *adv*.

heart·sick /ˈhɑːtˌsik/ *adj*. 沮丧的；极度忧伤的：She was deadly pale with *heartsick* agony. 她因内心忧伤痛苦而脸色死一般的苍白。‖ ˈ**heart·sick·ness** *n*. [U]

heart·strings /ˈhɑːtˌstriŋz/ [复] *n*. 心弦；内心最深处的情感：The movie really tugged at my *heartstrings*. 这部电影真的能打动了我的心弦。

heart-to-heart /ˈhɑːttəˈhɑːt/ *adj*. 坦诚的，推心置腹的：a *heart-to-heart* chat 推心置腹的交谈

heart·y /ˈhɑːti/ *adj*. ❶[通常作定语]热诚的；衷心的；亲切友好的：She's *hearty* and warm-hearted as ever. 她总是热情友好。❷[作定语]真心实意的；由衷的：She had a *hearty* dislike for exams. 她十分厌恶考试。❸[作定语]丰盛的：eat a *hearty* breakfast 吃一顿丰盛的早餐 ‖ ˈ**heart·i·ness** *n*. [U]

heat /hiːt/ **I** *n*. ❶[U]热；热的程度：Water retains *heat* much longer than air. 水的保温时间要比空气长得多。❷[U; C]温度：cook the meat on a high *heat* 以高温烧肉 ❸[常作 **the** ～]炎热的天气(或气候、季节)；炎热期：*The heat* will last for a month. 炎热的天气将持续一个月。❹[U]热情；激情；激动：She wrote the poem in the *heat* of emotion. 她乘一时的兴致，信手写了这首诗。❺[C](尤指赛跑等预赛的)一场(或一轮、一盘)：the trial *heats* 预赛 / won the final *heat* 获得冠军 **II** *vt*. 把…加热，使热；使变暖：The room is *heated* by stove. 这房间用火炉取暖。—*vi*. 变热；变暖；发热：The oil *heats* slowly. 这油热得慢。‖ ***heat up*** *vt*. & *vi*. ❶使变热，使变暖：The house is *heating up* in the sun. 房子在阳光的照射下渐渐暖和了起来。❷(使)变得更加活跃(或强烈、激动)：The situation is *heating up* again. 局势又开始紧张了。

H

heat·ed /ˈhiːtid/ *adj*. 激动的；愤怒的；(讨论等)热烈的；激烈的：Why do you always get so *heated* about politics? 你为什么一谈到政治总是那么激动？

heat·er /ˈhiːtə/ *n*. [C]加热器，加热装置；发热器：the water *heater* 热水器

heath /hiːθ/ *n*. ❶[C]石南丛生的荒野，石南荒原 ❷[U]【植】石南

heath·er /ˈheðə/ *n*. [U]【植】欧石南

heat·ing /ˈhiːtiŋ/ *n*. [U]供暖系统；暖气设备：central *heating* 中央供暖设备

heat·stroke /ˈhiːtˌstrəuk/ *n*. [U]【医】中暑

heave /hiːv/ **I** (**heaved** 或 **hove** /həuv/) *vt*. ❶(用力)拉起；举起，提起：She *heaved* the pack up onto her back. 她用力背起背包。❷(使劲)投掷；抛出：His wife picked up a bulky dictionary and *heaved* it at him. 他妻子拿起一本厚词典，朝他掷过去。❸使起伏；使隆起；使胀起：The wind *heaves* the waves. 风使水浪起伏。—*vi*. ❶起伏：His chest was *heaving* from the effort. 他的胸脯用力地上下起伏。❷呕吐；恶心：The bloody scene made my stomach *heave*. 那个血腥的场面使我感到恶心。❸(用力)拉，拖，拽；举(*at*, *on*)：He *heaved on* the rope with all his strength. 他用尽全力拉绳子。**II** *n*. [C] ❶拉，拖，拽；举：I gave the door a good *heave*. 我用力推了一下门。❷[**the** ～**s**][用作单或复]一阵呕吐 ‖ ***heave to*** *vi*. (船只)停止行驶

heav·en /ˈhevᵊn/ *n*. ❶[U][不与 a 或 the 连用]天堂，天国，天界：*heaven* and hell 天堂与地狱 ❷[通常作～**s**]天，天空：the starry *heavens* in the night 夜晚的星空 ❸[U]极乐(世界)；人间天堂：The island in the ocean is *heaven*. 洋中小岛真是个天堂。❹[常作～**s**][用于短语中，表示强调、惊讶等]：For *heaven*'s sake! Watch what you're doing! 天哪！瞧你在干些什么！‖ ˈ**heav·en·ly** *adj*. —ˈ**heav·en·ward** /-wəd/ *adv*. & *adj*.

heav·y /ˈhevili/ *adj*. ❶重的，沉的：a *heavy* box 一只重箱子 ❷大量的，多的：*heavy* buying 大量购买 ❸重重的；猛烈的，强烈的：receive a *heavy* blow on the head 头上挨了重重一击 ❹活动多的；繁忙的：He had a *heavy* day today. 他今天整整忙了一天。❺(心情)沉重的；沉痛的；悲伤的，忧郁的：My heart was as *heavy* as lead. 我的心情像铅一般沉重。❻沉闷的,乏味的;晦涩难懂的:His article is *heavy* reading. 他的文章读起来艰深费神。‖ ˈ**heav·i·ly** *adv.* —ˈ**heav·i·ness** *n.* [U]

heav·y-du·ty /ˌheviˈdjuːti/ *adj.* [通常作定语] ❶耐用的;经得起磨损的:*heavy-duty* clothes 结实耐穿的衣服 ❷重载的;重型的:*heavy-duty* machinery 重型机械 ❸重大的,重要的:a *heavy-duty* competition 重大的比赛

heav·y-hand·ed /ˌheviˈhændid/ *adj.* ❶落手很重的;双手笨拙的:Beware of being *heavy-handed* with flour. 当心别把面粉放得太多。❷压制的,压迫的;暴虐的;严厉的:a *heavy-handed* style of management 严苛的管理方式 ‖ ˌ**heav·y-ˈhand·ed·ly** *adv.* —ˌ**heav·y-ˈhand·ed·ness** *n.* [U]

heav·y-heart·ed /ˌheviˈhɑːtid/ *adj.* 心情沉重的,悲伤的;忧郁的,沮丧的

heavy metal *n.* [U](强节奏、高音量的)"重金属"电子摇滚乐 ‖ **heav·y-met·al** /ˈheviˌmetᵊl/ *adj.*

heav·y·set /ˌheviˈset/ *adj.* (身材等)粗壮的,敦实的:a tall *heavyset* black man 身材魁伟的黑人大汉

heav·y·weight /ˈheviˌweit/ *n.* [C] ❶重量超常的人 ❷【体】重量级运动员 ❸极具影响力的人,要人,能人:one of the *heavyweights* of the movie industry 电影业的巨头之一

heck·le /ˈhekᵊl/ *vt.* 责问,诘问,质问:*heckle* a candidate for political office 质问一位政府官员候选人 ‖ ˈ**heck·ler** *n.* [C]

hec·tare /ˈhekteəʳ/ *n.* [C]公顷(土地丈量单位,1公顷=10 000平方米)〔亦作 **hektare**〕

hec·tic /ˈhektik/ *adj.* ❶兴奋的,激动的;紧张忙碌的,忙乱的:Her life was *hectic* with responsibilities. 她因身兼数职,日子过得十分紧张忙碌。❷(脸等)发红的;发烧的:*hectic* cheeks 通红的双颊 ‖ ˈ**hec·ti·cal·ly** /-kᵊli/ *adv.*

hec·tor /ˈhektəʳ/ *vt.* 威吓;欺凌:*hector* the students to perform better 通过威吓手段要求学生表现好些

he'd /hiːd,弱 iːd/ ❶=he had ❷=he would

hedge /hedʒ/ **I** *n.* [C] ❶(灌木)树篱:clip one's *hedge* regularly 定期修剪自己的树篱 ❷保护(手段);防御(手段):They bought gold as a *hedge* against inflation. 他们购买黄金作为抵御通货膨胀的手段。**II** *vt.* 用树篱围住(或隔开):The village has been *hedged* off from the outer world. 这个村子四周围有树篱与外界隔开。—*vi.* 避免正面答复;闪烁其词:Stop *hedging* and tell us what you really think. 不要含糊其词,说说你的真实想法。‖ ˈ**hedg·er** *n.* [C]

hedge·hog /ˈhedʒˌhɔg/ *n.* [C]【动】刺猬

hedge·row /ˈhedʒˌrəu/ *n.* [C]灌木树篱

heed /hiːd/ **I** *vt.* 留心;注意:*Heed* what I say next. 留心我下面要说的话。**II** *n.* [U]注意;留心:He took no *heed* of other people while working. 他在工作时不去理会别人。‖ ˈ**heed·ful** *adj.* —ˈ**heed·less** *adj. n.* [U]

hee-haw /ˈhiːˌhɔː/ **I** *n.* [C]驴叫声 **II** *vi.* ❶(驴)叫 ❷像驴似的叫喊,发出嘟嘟声;(粗鲁地)大声叫喊

heel /hiːl/ **I** *n.* [C] ❶踵,(脚)跟:lift one's *heels* off the ground 踮起脚跟 ❷(鞋、袜等的)后跟,踵部:shoes with high *heels* 高跟鞋 **II** *vt.* 给(鞋等)装后跟:sole and *heel* a pair of shoes 给一双鞋打前掌后跟 —*vi.* (狗)在后紧跟;紧追:a dog that *heels* well 紧跟后面跑动的狗 ‖ ***at sb.'s heels*** *adv.* 紧跟在后面:The dog was snapping *at his master's heels*. 狗紧紧跟在主人的后面。***cool one's heels*** *vi.* (尤指因无礼或瞧不起等而被迫)久等,空等:The boss kept me *cooling my heels* an hour outside his door. 老板让我在门足足等了一个小时。***down at (the) heel(s)*** *adj.* 衣衫褴褛的,邋遢的:He is always *down at the heels* in appearance. 他总是一副破衣烂衫的样子。***kick up one's heels*** *vi.* 欢蹦乱跳,轻松愉快一阵 ***on the heels of*** *prep.* 紧跟,紧随:The police were hot *on the heels of* the criminals. 警方对犯罪分子穷追猛打。***take to one's heels*** *vi.* 逃跑,溜之大吉:The thief *took to his heels* at the sight of a police officer. 小偷一看见警察撒腿就跑。***turn on [upon] one's heel(s)*** *vi.* (因愤怒等)急忙转身:He *turned on his heel* and ran away. 他转身就跑。***upon the heels of*** *prep.* =on the heels of ‖ ˈ**heel·less** *adj.*

heft /heft/ **I** *n.* [U]重;重量 **II** *vt.* 举起…以掂重量:pick up a cask and *heft* about the weight of it 提起酒桶掂一掂有多重

heft·y /'hefti/ *adj*. [通常作定语] ❶重的;沉重的:a *hefty* case 一口很沉的箱子 ❷有力的,猛烈的:a *hefty* punch 用力的一击 ❸相当大的;大量的;可观的: the *hefty* majority 绝大多数 ‖ **'heft·i·ness** *n*. [U]

he·gem·o·ny /hi'dʒemᵊni, 'hedʒəˌməuni/ *n*. [U](尤指对他国的)统治(权);霸权: extend one's *hegemony* 扩张霸权

heif·er /'hefə˞/ *n*. [C](尤指一岁以上尚未生过犊儿的)小母牛

height /hait/ *n*. ❶[U]高度: The tree has grown to 100 metres in *height*. 这棵树已长到100米高。❷[C]身高: He is six feet in *height*. 他身高6英尺。❸[常作~s]高处,高地:be been scared of *heights* 恐高 / at a *height* of fifteen feet above the ground 在离地15英尺的高处 ❹[常作~s]顶峰,巅峰: reach the *heights* of one's profession 达到事业的巅峰期 ❺[常作 **the** ~]顶点,顶部;顶端: Prices rose to a great *height*. 价格创下了新高。

☆**height, altitude, elevation** 均有"高度,垂直距离"的意思。**height** 指某物从底部到顶端的垂直高度:What's the *height* of the Empire State Building? (帝国大厦有多高?) 该词也可表示某一特定基准面到空中某一点的垂直距离:a window at a *height* of 5 meters above the ground (离地面5英尺的窗户) **altitude** 常指空中某一物体到地平线或海平面的垂直距离或高度:We are flying at an *altitude* of 20,000 feet. (我们的飞行高度是2万英尺。) **elevation** 常与 altitude 替换使用,强调陆地上某一地点到地平线或海平面的垂直距离:The city is at an *elevation* of 2,000 meters. (这座城市海拔2 000米。)

height·en /'haitᵊn/ *vt*. 增强,加强;加剧: use lemon to *heighten* the flavour 用柠檬增味 —*vi*. 变强;变大: As she waited, her fears *heightened*. 她越等越感到恐惧。

hei·nous /'heinəs/ *adj*. 穷凶极恶的,十恶不赦的,令人发指的:a *heinous* offence 令人发指的罪行 / a *heinous* criminal 十恶不赦的罪犯 ‖ **'hei·nous·ly** *adv*. —**'hei·nous·ness** *n*. [U]

heir /eə˞/ *n*. [C] ❶继承人;子嗣,后嗣:an *heir* to a large fortune 大笔财产的继承人❷(传统、性格、才能等的)继承者,承袭者,后继者:He's *heir* to [of] his father's character. 他继承了他父亲的性格。

heir·ess /'eəris/ *n*. [C](尤指对大笔财产或权位等拥有继承权的)女继承人:a rich *heiress* to the Texan oil empire 得克萨斯州石油帝国富裕的女继承人

heir·loom /'eəluːm/ *n*. [C]祖传遗物;传家宝:a family *heirloom* 祖传家珍

held /held/ *v*. hold 的过去时和过去分词

hel·i·cal /'helikᵊl, 'hiːl-/ *adj*. 螺旋的;螺旋线的;螺旋形的

hel·i·cop·ter /'helikɔptə˞/ *n*. [C]直升机

hel·i·port /ˌhelipɔːt; 'hiːl-/ *n*. [C]直升(飞)机机场,直升(飞)机航站

he·li·um /'hiːliəm/ *n*. [U]【化】氦(符号为 **He**)

he·lix /'hiːliks/ *n*. [C]([复]**hel·i·ces** /'hiːlisiːz, 'hel-/或**he·lix·es**) 螺旋结构;螺旋形(物体)

hell /hel/ **I** *n*. [U] ❶地狱:go through *hell* and high water 赴汤蹈火 ❷地狱;苦难的经历:a living *hell* 人间地狱 **II** *int*. [用作诅咒语,表示愤怒、厌恶、惊讶等]见鬼,该死:Oh *hell*, I've lost my train ticket. 真该死,我把火车票丢了。‖ ***a hell of a*** *adj*. 极好的,很棒的:He's *a hell of a* good actor. 他真是个了不起的演员。***as hell*** *adv*. 很,非常:He's guilty *as hell*. 他罪孽深重。***be hell on*** *vt*. 〈俚〉❶使痛苦;使难受:The news of her being fired will *be hell on* her family. 她被解雇的消息将会使她的家人非常难受。❷对…有害:These roads *are hell on* tires. 这些道路对轮胎损伤极大。***come hell or high water*** *adv*. 不管有什么困难(或障碍);无论发生什么事情:I will help you, *come hell or high water*. 无论怎么样,我都会帮助你的。***for the hell of it*** *adv*. 〈口〉只是为了取乐;为了追求刺激:steal a car *for the hell of it* 为了好玩儿而偷汽车

he'll /hiːl, iːl, hil, il/ =he will

hell·ish /'heliʃ/ *adj*. 地狱般的;恶劣的;极其糟糕的: *hellish* weather 恶劣的天气 ‖ **'hell·ish·ly** *adv*.

hel·lo /he'ləu, hə-, 'heləu/ **I** *int*. ❶[表示问候或唤起注意,或用作打电话时的招呼语]哈罗,喂 ❷[表示惊奇、惊讶或得意等]嘿:"*Hello*, that's very strange." "嘿,那就奇怪了。" **II** *n*. [C]([复]**-los**)[用以表示问候、惊奇或唤起注意]"喂"声;"嘿"声;打招呼:say *hello* to sb. 跟

某人打招呼

helm /helm/ *n.* [C]【船】舵;舵柄;舵轮 ‖ ***at the helm*** *adj.* & *adv.* 掌权,处于领导地位:The present chairman has been *at the helm* for 15 years. 现任总裁已掌权15年了。

hel·met /ˈhelmit/ *n.* [C]头盔;帽盔;钢盔;防护帽: a crash *helmet* 安全帽 ‖ ˈ**hel·met·ed** *adj.*

help /help/ **I** *vt.* ❶帮助,援助;扶持;资助,赞助;协助:We *helped* him (to) get settled in. 我们帮他安顿下来。❷救助,救援:*help* the people in disaster 救援蒙难的人们 ❸对…有帮助,对…有用处:Trade *helps* the development of industry. 贸易促进工业的发展。❹改善,改进:*Tai Chi* can *help* people's health. 太极拳能增进人体的健康。❺[~ **oneself**]自用,自取(食物等):Please *help yourself*. [招待客人用语]请随便用! ❻[~ **oneself**]擅自拿取;偷取:She *helped herself* to the pencils on my desk. 她把我桌上的铅笔拿去用了。—*vi.* ❶帮助,帮忙:Usually he *helped* in the bathing of children. 他通常给孩子洗澡。❷有帮助,有用:I hope this money will *help*. 我希望这点钱能派上用场。❸[与 cannot 或 can't 连用]忍住,克制住;避免,防止;阻止:She couldn't *help* smiling. 她忍俊不禁。**II** *n.* ❶[U]帮助,援助;资助:He came to our *help*. 他来帮助我们。❷[C]帮手,助手;起帮助作用的事物:printed *helps* 参考资料 **III** *int.* 救命:*Help*! He's killing me. 救命啊! 他要杀我。‖ ***help out*** *vt.* & *vi.* (在需要时)(给…)提供帮助:He *helped* me *out* with some money when I lost my job. 我失业时他给了我一些钱帮了我一把。***so help me*** (***God***) [用于诅咒、发誓等]千真万确;上天作证:He did tell the truth, *so help me God*. 他说的确实是实话,我敢保证。‖ ˈ**help·er** *n.* [C]

☆❶当及物动词 **help** 的行为主体参与(帮助)他人做事时,后接的动词不定式可带或不带 to:The guests *helped* us (*to*) cook. (客人们帮助我们烧菜。)一般来说在英国用法中常用 to,而在美国用法中常省略 to;但当 **help** 的行为主体不参与后面的动作时,则宾语后的动词不定式必须带 to:Music can be used as a catalyst to *help* people *to* relax. (音乐可以帮助人们放松。)❷**help** 作"避免"解时,常用于 cannot help but do 结构中,但在书面语中则应使用 cannot help doing 或 I cannot help but do. **help** 作"避免"解时也可用于 Don't change it any more than you can *help*. (能不改就不要改。)等类型的句子中,尽管有些语言学家反对这种用法,认为此类句子中的 **help** 在逻辑上应使用否定形式,但它已经作为习惯用法固定下来。

☆**help, aid, assist** 均有"帮助,援助"之意。**help** 为普通用词,强调使受助者达到目的,含慷慨大方、乐于助人之意,强调受助者对帮助的需要:The neighbours *helped* us to move the piano. (邻居帮我们搬钢琴。) **aid** 较 help 正式,在日常生活中不常用,强调受助者处于困难或危险境地而急需救援,有时含被援助方是弱者之意:*aid* quake victims (救助地震受害者) **assist** 为正式用词,强调协同工作中的从属部分,多指个人提供的协助或辅助:You will be required to *assist* Mrs. Smith in preparing a report. (你将要协助史密斯夫人准备一份报告。)

help·ful /ˈhelpf°l/ *adj.* 有帮助的,有用的,有益的:It is *helpful* of you to do that. 你那样做,真是太肯帮忙了。‖ ˈ**help·ful·ly** *adv.* —ˈ**help·ful·ness** *n.* [U]

help·ing /ˈhelpiŋ/ *n.* [C](食物的)一份;一客:There will be enough for six to eight *helpings*. 六个人吃八份,足够了。

help·less /ˈhelplis/ *adj.* ❶不能自立的;无依无靠的;孤弱的:a *helpless* newborn baby 没有自理能力的新生儿 ❷无助的;无保护的:Without proper defences we'd be *helpless* against an enemy attack. 没有足够的防御,我们就不能抵御敌人的进攻。❸没有力量的;没有能力的:The kid was *helpless* with crying. 那小孩哭得全身无力。‖ ˈ**help·less·ly** *adv.* —ˈ**help·less·ness** *n.* [U]

help·mate /ˈhelpˌmeit/, **help·meet** /-ˌmiːt/ *n.* [C] ❶帮手,助手 ❷终身伴侣(通常指丈夫或妻子)

hel·ter-skel·ter /ˌheltəˈskeltəʳ/ **I** *adv.* [无比较级] ❶急匆匆地,忙乱地:She ran *helter-skelter* down the stairs. 她慌乱地冲下楼梯。❷乱七八糟地,凌乱地:Books fell *helter-skelter* over the ground. 书散落下来,掉得满地都是。**II** *adj.* [无比较级][作定语] ❶急匆匆的,忙乱的:the last minute *helter-skelter* rush for the train 最后一刻忙乱地赶火车 ❷乱七八糟的,

H

凌乱的

hem /hem/ **I** *vt.* (**hemmed**; **hem·ming**) ❶给…缝边;给…镶边:The skirt is *hemmed* with golden fringe. 这条裙子镶上了金色绲边。❷包围,围绕(*in*):*hem* the enemy troops *in* 将敌军包围起来 **II** *n.* [C](衣服等的)褶边,贴边 ‖ ˈ**hem·mer** *n.* [C]

hem·i·sphere /ˈhemiˌsfiəʳ/ *n.* [C] ❶[常作 H-](地球或天体的)半球:the Western *Hemisphere* 西半球❷半球;半球体 ‖ **hem·i·spher·ic** /ˌhemiˈsferik/, ˌ**hem·i**ˈ**spher·i·cal** /-kəl/ *adj.*

hem·or·rhage /ˈhemərid͡ʒ/ **I** *n.* [C;U]出血(尤指大出血) **II** *vt.* ❶大量出(血):*hemorrhage* a great deal of blood 大量出血 ❷大量流失;大量损失:The company was *hemorrhaging* cash. 那家公司的现金正在大量地流失。—*vi.* 大出血 ‖ **hem·or·rhag·ic** /ˌheməˈrædʒik/ *adj.* [作定语]

hem·or·rhoid /ˈheməˌrɔid, ˈhemrɔid/ *n.* [通常作~s]痔疮〔亦作 **pile**〕

hemp /hemp/ *n.* [U] ❶【植】大麻 ❷大麻纤维 ❸大麻制品

hen /hen/ *n.* [C]【动】母鸡;雌禽

hence /hens/ *adv.* [无比较级] ❶因此,所以:A better working environment improves people's performance, and *hence* productivity. 更好的工作环境能改善人们的工作,从而提高生产率。❷从这时起,从此以后:The agreement will expire a week *hence.* 此协议一星期后失效。

hence·forth /ˌhensˈfɔːθ, ˈhensfɔːθ/ *adv.* [无比较级]从今以后,从此以后:*Henceforth*, parties which fail to get 5% of the vote will not be represented in parliament. 从此得标率不超过5%的党派在国会中不再有议席。

hench·man /ˈhentʃmən/ *n.* [C]([复]-**men** /-mən/) ❶走狗;帮凶:The gang chief went everywhere accompanied by his *henchmen.* 那流氓头子走到哪儿都有狗腿子跟着。❷亲信,心腹;支持者,追随者:the dictator and his *henchmen* 独裁者及其心腹

hen·na /ˈhenə/ **I** *n.* [U] ❶[U](用于染头发、指甲、眼皮等的)散沫花染料 ❷棕红色 **II** *vt.* 用散沫花染料染(头发、指甲、眼皮等)

hen·peck /ˈhenˌpek/ *vt.* 喋喋不休地责骂(丈夫);管治(丈夫)

hep·a·ti·tis /ˌhepəˈtaitis/ *n.* [U]【医】肝炎

hep·ta·gon /ˈheptəˌgɔn/ *n.* [C]【数】七边形,七角形

her /həːʳ,弱 həʳ, əʳ/ *pron.* ❶[she 的宾格]她:I haven't seen *her* for a long time. 我好久没见到她了。❷[she 的所有格][作定语]她的:What's *her* name? 她叫什么名字?

her·ald /ˈherəld/ *vt.* 预告,预示着…的来临:The singing of birds *heralded* (in) the day. 鸟儿的歌唱预示着黎明的到来。

her·ald·ry /ˈherəldri/ *n.* [U] ❶纹章学;纹章术 ❷[总称]纹章;纹章图案

herb /həːb/ *n.* [C] ❶草本植物 ❷香草;药草:medicinal *herbs* 药草 ‖ **her·ba·ceous** /həːˈbeiʃəs/ *adj.*

herb·al /ˈhəːbəl, ˈəːb-/ *adj.* [无比较级][作定语] ❶草本植物的 ❷药草的;用药草制的:*herbal* medicine 草药

her·bi·cide /ˈhəːbisaid, ˈəːb-/ *n.* [C]除草剂,灭草剂

her·bi·vore /ˈhəːbiˌvɔːʳ/ *n.* [C]([复]-**bi·vores** 或**her·biv·o·ra** /həːˈbivərə/)【动】食草动物

her·biv·o·rous /həːˈbirəs/ *adj.* 食草的

herd /həːd/ **I** *n.* [C] ❶兽群;牧群(尤指牛群):a *herd* of cattle 一群牛 ❷人群,人流:a *herd* of autograph seekers 一群要求签名的人 **II** *vi.* 聚在一起;成群地移动:They *herded* together. 他们聚在一起。—*vt.* 使集中起来,使聚在一起:The guide *herded* the tourists into the park. 导游让游客们在公园里集中。‖ ***ride herd on*** *vt.* 对…严密监视;看管 ‖ ˈ**herd·er** *n.* [C]

herds·man /ˈhəːdzmən/ *n.* [C]([复]-**men** /-mən/) 牧人,牧工

here /hiəʳ/ **I** *adv.* [无比较级] ❶在这里:You can't dispense with a stove in winter *here.* 在这里冬天你不能不用炉子。❷向这里;到这里:Thank you for being *here.* 谢谢各位的光临! ❸在此时:*Here* he stopped reading and looked up. 这时他停止阅读,抬起了头。❹在这一点上:*Here* I have a question. 在这一点上我有一个问题。❺[用于句首以加强语气或引起注意]:Look, *here*'s the postman. 瞧,邮递员来了。**II** *n.* [U]这里,此处:The museum is not a long way from *here.* 博物馆离这儿不远。**III** *int.* [用以引起注意或表示安慰等]喂,嘿,

嗨:*Here, here.* Don't cry. 好了,好了。别哭了。‖ ***here and now*** *adv.* 立刻,马上:I want to know *here and now* what your plans are. 我现在就要知道你的计划。***here and there*** *adv.* 到处,处处:Clothes scattered *here and there* on the floor. 地板上散落了一地的衣服。***here goes*** [说话人开始做游戏或从事冒险活动等时用语]我这就开始:He walked to the edge, said "*Here goes*", and jumped. 他走到边上,说了声"我这就开始",然后就跳了过去。***here's to*** *vt.* [祝酒用语]祝…健康(或成功、快乐等);为…干杯:*Here's to* the New Year. 祝新年快乐。***neither here nor there*** *adj.* 无关紧要的:A:I'd never heard of her before I came here. B:That is *neither here nor there*. 甲:我来这儿之前从未听说过她。乙:这并不重要。***the here and now*** *n.* 现时,眼下,当今:What we worry about is not *the here and now*, but the future. 我们所担心的不是现在,而是将来。

here·a·bout(s) /ˌhiərəˈbaut(s)/ *adv.* [无比较级]在这一带,在附近:There is a post office somewhere *hereabouts*. 这附近有个邮局。

here·af·ter /ˌhiərˈɑːftəʳ, -ˈæf-/ *adv.* [无比较级]从此;从今以后:My heart sank as I felt how hard the world was going to be to me *hereafter*. 一想到今后活在世上将是多么的艰难,我不由得心情沉重起来。

here·by /hiəˈbai, ˈhiəˌbai/ *adv.* [无比较级][用于公文、布告等]以此方式,特此;兹:He is *hereby* licensed to drive motor vehicles of groups A and E. 他将有资格驾驶A照和E照的机动车辆,特发此证。

he·red·i·tar·y /hiˈreditᵊri/ *adj.* [无比较级] ❶遗传的;遗传性的:This disease is *hereditary*. 这种疾病会遗传。❷承袭的,世袭的:a *hereditary* title 世袭封号 ‖ **heˈred·iˌtar·i·ly** *adv.*

he·red·i·ty /hiˈrediti/ *n.* [U]遗传(性);遗传性特征:Some diseases are present by *heredity*. 某些疾病是遗传的结果。

here·in /hiəˈrin/ *adv.* [无比较级]于此;此中:He has no confidence in me, and *herein* lies the root of the problem. 他对我没有信心,这就是问题的根源所在。

here·of /ˈhiərʌv, -ˌɔv/ *adv.* [无比较级]关于这点:more *hereof* later 有关此点详见后文

her·e·sy /ˈherəsi/ *n.* [C;U] ❶异教:People used to be burned at the stake for such *heresies*. 从前人们因信奉异教而被缚于炎刑柱上烧死。❷异端邪说

her·e·tic /ˈherətik/ *n.* [C] ❶异教徒;信奉异端邪说者 ❷离经叛道者 ‖ **he·ret·i·cal** /hiˈretikᵊl/ *adj.*

here·to /ˌhiəˈtuː/ *adv.* [无比较级]于此;关于这个:You will find attached *hereto* the text of our project. 在此附上我们项目的文本。〔亦作 **hereunto**〕

here·to·fore /ˌhiətəˈfɔːʳ/ *adv.* [无比较级]迄今为止;直到此时:They reported that clouds are an important and *heretofore* uninvestigated contributor to the climate. 他们在报告中说云是影响气候的一个重要因素,而且也是至今尚未研究的因素。

here·with /hiəˈwiθ, -ˈwið/ *adv.* [无比较级][书信用语]并此;同此:I enclose three documents *herewith*. 现随信附上三份文件。

her·it·age /ˈheritidʒ/ *n.* [通常用单]世袭财产,遗产

her·maph·ro·dite /həːˈmæfrəˌdait/ *n.* [C]【动】雌雄同体;【植】雌雄同株,雌雄(蕊)同花 ‖ **her·maph·ro·dit·ic** /həːˌmæfrəˈditik/ *adj.*

her·met·ic /həːˈmetik/, **her·met·i·cal** /-kᵊl/ *adj.* [无比较级]密封的;不透气的:the *hermetic* confines of an isolated life 与世隔绝生活的不受外界干扰的区域 ‖ **herˈmet·i·cal·ly** /-kəli/ *adv.*

her·mit /ˈhəːmit/ *n.* [C] ❶(尤指)独居修道士 ❷隐士,遁世者,离群索居者

her·nia /ˈhəːniə/ *n.* [C]([复]**-ni·as** 或 **-ni·ae** /-niˌiː/)【医】疝 ‖ **ˈher·ni·al** *adj.*

he·ro /ˈhiərəu/ *n.* [C]([复]**-roes**) ❶英雄(人物),豪杰,勇士:a combat *hero* 战斗英雄 ❷被崇拜的对象,心目中的偶像:My *hero* as a boy was Newton. 我孩提时代最崇拜的是牛顿。❸(小说、戏剧、电影等中的)男主角,男主人公:play (the part of) the *hero* in the film 在电影中演男主角

he·ro·ic /hiˈrəuik/, **he·ro·i·cal** /-kᵊl/ *adj.* ❶英雄的:*heroic* deeds 英雄事迹 ❷英勇的;有英雄气概的:A soldier was dead in a *heroic* pose. 一名士兵死去时仍保持着一种凛然无畏的姿

H

势。‖ he'ro·i·cal·ly /-kəli/ *adv.*

her·o·in /'herəuin/ *n.* [U]海洛因

her·o·ine /'herəuin/ *n.* [C] ❶女英雄(人物),女杰,女勇士;被崇拜的女人 ❷(小说、戏剧、电影等中的)女主角,女主人公

her·o·ism /'herəuˌizəm/ *n.* [U] ❶英雄品质;大无畏精神 ❷英雄行为

her·on /'herən/ *n.* [C]([复]-on(s))【鸟】鹭

her·pes /'həːpiːz/ *n.* [U]【医】疱疹

her·ring /'heriŋ/ *n.* [C]([复]-ring(s))【鱼】鲱(鱼)

her·ring·bone /'heriŋˌbəun/ *n.* [U](图案、排列的)鲱鱼形,人字形,V字形;人字形(V字形)图案(或排列)

hers /həːz/ *pron.* [she 的物主代词绝对形式]她的,她的所有物;属于她的(东西);她的家人:The red umbrella is *hers*. 那把红伞是她的。

her·self /həː'self/ *pron.* ❶[反身代词]她自己:She made *herself* a cup of coffee. 她给自己冲了一杯咖啡。❷[用以加强语气]她亲自;她本人:She said she *herself* would do it. 她说要亲自去做这件事。

he's /hiːz,弱 iːz/ ❶=he has ❷=he is

hes·i·tant /'hezitənt/ *adj.* 犹豫的,踌躇的,迟疑的;有疑虑的:She was *hesitant* about coming forward with her story. 她不想把她的小说拿出来讨论。‖ 'hes·i·tan·cy *n.* [U]—'hes·i·tant·ly *adv.*

hes·i·tate /'heziteit/ *vi.* ❶犹豫,踌躇,迟疑不决(*about*,*over*):She *hesitated* over the choice of going and staying. 是去是留她拿不定主意。❷不愿意,有疑虑:He *hesitated* to break the law. 他不想触犯法律。‖ 'hes·i·tat·ing·ly *adv.*

hes·i·ta·tion /ˌhezi'teiʃən/ *n.* [U;C]犹豫;踌躇;迟疑:He promised there would be no more *hesitations* in pursuing reforms. 他承诺在致力改革方面不应该再有所犹豫。

het·er·o /'hetərəu/ *n.* [C]([复]-os) I *n.* [C]异性恋者 II *adj.* [无比较级] ❶异性爱的,异性恋的 ❷异性的;不同性别的

het·er·o·dox /'hetərəˌdɔks/ *adj.* [无比较级]异教的;异端的;非正统的:*heterodox* opinions 异端邪说 ‖ 'het·er·oˌdox·y *n.* [U]

het·er·o·ge·ne·ous /ˌhetərə'dʒiːniəs/ *adj.* 由不同成分组成的,混杂的;有异质的:a *heterogeneous* mix of nationalities 多民族的混合 ‖ het·er·o·ge·ne·i·ty /ˌhetərəudʒi'niːiti/ *n.* [U]—ˌhet·er·o'ge·ne·ous·ly *adv.* —ˌhet·er·o'ge·ne·ous·ness *n.* [U]

het·er·o·sex·u·al /ˌhetərə'seksjuəl/ *n.* [C]异性恋者 ‖ het·er·o·sex·u·al·i·ty /ˌhetərəuˌseksju'æliti/ *n.* [U]

heu·ris·tic /hju'ristik/ I *adj.* 启发的;启发式的:the *heuristic* approach to teaching 启发式教学法 II *n.* [C] ❶启发式教学法 ❷启发式的论据 ‖ heu'ris·ti·cal·ly *adv.*

hew /hjuː/ (hewed, hewed 或 hewn /hjuːn/) *vt.* ❶(用斧、刀等)砍;劈;削:*hew* wood 劈木头 ❷砍成;劈出:a statue *hewn* out of [from] marble 用大理石凿成的雕像 ❸开辟;奋力做成:*hew* one's way through the forest 在森林里开辟出一条路来—*vi.* 坚持;奉行:*hew* to the tenets of one's political party 奉行自己政党的信条 ‖ 'hew·er *n.* [C]

hex·a·gon /'heksəgən,-gən/ *n.* [C]【数】六角形;六边形 ‖ hex·a·gon·al /hek'sægənəl/ *adj.*

hey /hei/ *int.* [表示喜悦、惊讶、兴奋、询问或用以引人注意等]嗨,喂,嘿:*Hey*! Where are you going? 喂!你上哪儿去?

hey·day /'heiˌdei/ *n.* [通常用单]旺盛期;全盛时期;最高潮:in the *heyday* of one's life 在一生中的黄金时代 / the Tang Dynasty at its *heyday* 盛唐期

HF *abbr.* high frequency 高频(指无线电波中3~30兆赫的频段)

hi /hai/ *int.* [问候用语,相当于 hello]嗨:*Hi*, how are you? 嗨,你好!

hi·a·tus /hai'eitəs/ *n.* [C]([复]-tus(·es))间断,中断;间隙,间歇

hi·ber·nate /'haibəˌneit/ *vi.* (动物)冬眠;蛰伏 ‖ hi·ber·na·tion /ˌhaibə'neiʃən/ *n.* [U]—'hi·berˌna·tor *n.* [C]

hi·bis·cus /hai'biskəs,hi-/ *n.* [C]【植】木槿

hic·cup, hic·cough /'hikʌp,-əp/ *n.* [C] ❶打嗝(声);呃逆:In the middle of the ceremony there was a loud *hiccup* from his son. 在仪式进行中间他的儿子打了个响嗝。❷[通常作

～s]连续的呃逆(或打嗝):Don't drink so fast you'll get *hiccups*. 不要喝得太快,你会呃逆的。**II** (**-cup(p)ed;-cup·(p)ing**) *vi*. ❶打嗝;呃逆 ❷发出呃逆般的声音:The motor *hiccuped* as it started. 马达启动时发出扑哧声。

hid /hid/ *v*. hide[1] 的过去式和过去分词

hide[1] /haid/ (**hid** /hid/,**hid·den** /ˈhidᵊn/或 **hid**) *vt*. ❶把…藏起来;藏匿;隐蔽:We never know what's *hidden* in each other's hearts. 人心隔肚皮,做事两不知。❷把…遮挡(或遮盖)起来;遮蔽,掩蔽:Much of his face was *hidden* by a thick beard. 他的大部分脸被浓密的胡须遮住了。❸隐瞒;掩饰:*hide* one's feelings 掩饰自己的感情 —*vi*. 躲藏;躲避:An escaped criminal was *hiding* in the barn. 一名逃犯躲在谷仓里。‖ ***hide out*** *vi*. 躲藏起来;隐藏起来:The killer *hid out* in a deserted farmhouse. 杀手躲在一个无人居住的农舍里。‖ ˈ**hid·er** *n*. [C]

hide[2] /haid/ *n*. [C]生兽皮:The bag was made of calf *hide*. 这包是小牛皮做的。

hide-and-seek /ˈhaidᵊnˈsiːk/,**hide-and-go-seek** /ˌhaidᵊngəuˈsiːk/ *n*. [U]捉迷藏(游戏):play (at) *hide-and-seek* 玩捉迷藏游戏

hide·a·way /ˈhaidəˌwei/ *n*. [C]僻静的地方;隐藏处

hide·bound /ˈhaidˌbaund/ *adj*. 思想偏狭的,迂执的,顽固的:a *hidebound* conservative 古板守旧的人

hid·e·ous /ˈhidiəs/ *adj*. ❶可怕的,恐怖的;奇丑无比的,丑得吓人的:a *hideous* creature 可怕的怪物 ❷令人憎恨的,惊世骇俗的:commit a *hideous* crime 犯下令人发指的暴行 ‖ ˈ**hid·e·ous·ly** *adv*. —ˈ**hid·e·ous·ness** *n*. [U]

hid·ing[1] /ˈhaidiŋ/ *n*. [U]躲藏,藏身:be [remain] in *hiding* 躲藏着

hid·ing[2] /ˈhaidiŋ/ *n*. [C]痛打;鞭打:give sb. a good *hiding* 把某人痛打一顿

hi·er·ar·chy /ˈhaiᵊˌrɑːki/ *n*. [C] ❶等级制度:social *hierarchy* 社会等级制度❷统治集团;管理阶层:the management *hierarchy* 管理层 ‖ **hi·er·ar·chic** /ˌhaiəˈrɑːkik/ *adj*. —ˌ**hi·erˈar·chi·cal** /-kᵊl/ *adj*. —ˌ**hi·erˈar·chi·cal·ly** *adv*.

hi·er·o·glyph /ˈhaiᵊrəuglif/ *n*. [C]象形字,象形符号(=hieroglyphic)

hi·er·o·glyph·ic /ˌhaiᵊrəˈglifik/ **I** *adj*. 象形文字的;用象形文字写成的:*hieroglyphic* script 用象形文字写成的手稿 **II** *n*. [C] ❶象形字,象形符号 ❷[通常作～s]象形文字

hi-fi /ˈhaiˌfai/ **I** *n*. ❶[U](收音机、录音机、留声机等的)高保真度 ❷[C]高保真度的音响设备 **II** *adj*. [无比较级][作定语](音响等)高保真度的;高灵敏度的:*hi-fi* equipment 高保真度的设备

hig·gle·dy-pig·gle·dy /ˈhigᵊldiˌpigᵊldi/ *adv*. 凌乱地,乱七八糟地:He thrust clothes *higgledy-piggledy* into the suitcase. 他胡乱地把衣服塞进衣箱。

high /hai/ **I** *adj*. ❶高的;高大的:the top of a *high* mountain 高山之巅 ❷有…高度的:Mt. Qomolangma is 8,848m *high*. 珠穆朗玛峰高 8 848米。❸高出地面的:The bookshelf was too *high* for me to reach. 书架太高我够不着。❹(程度等)高的;(数量等)大的:Fish is *high* in calcium. 鱼含有丰富的钙。❺[通常作定语]高尚的;崇高的;高贵的:*high* minds 品格高尚的人 ❻(等级、地位、职务等)重要的;主要的:be *high* in the government 在政府中任要职 ❼(声音等)尖锐的;高声调的:*high* notes 高音 ❽兴高采烈的;兴奋的:be *high* in spirits 情绪高昂 ❾(汽车等变速器的档)高的;高速的:the *high* gear 高带挡 **II** *adv*. ❶高,高高地;在(或向)高处:We flew *high* above the city. 我们在城市上空飞行。❷高价地;奢华地,奢侈地:These goods have been sold *high*. 这些商品被高价出售。**III** *n*. ❶[U](汽车变速器等的)高速挡 ❷[C]【气】高(气)压;高(气)压地带 ❸[C]高峰,高潮;最高水平;最高点:Exports are at a new *high*. 出口创下了新高。❹[C]醉态;(吸毒引起的)快感;精神恍惚;兴奋期:They've been on a *high* since their engagement. 他们自从订婚以来一直兴奋不已。‖ ***be high on*** *vt*. 对…特别喜欢(或感兴趣);热衷于:She's *high on* the new executive. 她很喜欢新来的主管。***high and dry*** *adj*. 孤立无援,被抛弃地:She found herself *high and dry* when her husband died. 她丈夫死后她变得无依无靠。***high and low*** *adv*. 到处,各处:The missing child has been searched *high and low*. 人们已四处搜寻那个失踪的小孩。***high time*** *n*. 做某事情的合适时间:It's *high time* (that) we went home. 我们该回家了。**on high** *adv.* ❶在高处(或高空):She's afraid of looking down from *on high*. 她害怕从高处往下看。❷在天堂

☆**high, lofty, tall** 均有"高,高的"之意。**high** 为普通用词,用于物体的垂直高度,也可表示物体所处的位置相当高的:a *high* building (一栋高楼) **lofty** 多用于文学作品,指事物雄伟高大的,也指思想、情操崇高的,还可指神态高傲的:the *lofty* walls of the city (高耸的城墙) / in a *lofty* manner (态度傲慢地) **tall** 指事物本身的高度超越一般标准或与同类事物相比显得高的,尤用以指体型较小的人或事物:a *tall* tree (高大的树)

high·born /ˈhaiˌbɔːn/ *adj.* 出身高贵的,出身名门的:a *highborn* family 名门望族

high·brow /ˈhaiˌbrau/ *n.* [C]文化修养高(或趣味高雅)的人

high·chair /ˈhaiˌtʃeəʳ/ *n.* [C](小孩吃饭时所用的)高脚婴儿椅(带扶手的高脚椅,通常带有供婴儿进活动的碟盘)

higher education *n.* [U]高等教育

high fidelity *n.* [U](收音机、录音机、留声机等的)高保真度 ‖ **high-fi·del·i·ty** /ˌhaifiˈdeliti/ *adj.*

H

high-five /haiˈfaiv/ **I** *n.* [C](运动员等相互致意用的)举手击掌 **II** *vt.* 举手击掌向…致意

high-hand·ed /ˌhaiˈhændid/ *adj.* 采取强制措施的;高压的:a *high-handed* decision 强制的决议

high·jack /ˈhaiˌdʒæk/ *vt.* & *n.* = hijack ‖ **ˈhighˌjack·er** *n.* [C]

high·land /ˈhailᵊnd/ **I** *n.* [~s]高地,高原;高原地区,丘陵地带 **II** *adj.* [无比较级][作定语]高地的,高原的;高原地区的,丘陵地带的:*the highland* landscape 高原地区的风景

high-lev·el /haiˈlevᵊl/ *adj.* [作定语] ❶高级别的,高层次的:*high-level* officials 高级官员 ❷由高层次人员组成的:*high-level* executives 高级管理层

high·light /ˈhaiˌlait/ **I** *vt.* ❶强调,使突出:The survey *highlighted* the needs of working women. 这份调查强调了职业妇女的需求。❷用彩色笔标出:*highlight* the important points while reading 边阅读边用彩色笔标出要点 **II** *n.* [C] ❶最突出的部分;(新闻、节目等)最精彩的部分;最重要的时刻(或事件等):*highlight* of the discussion 讨论的重点❷(头发漂染后出现的)发亮的颜色;产生强光效果的头发部分:She's just had blonde *highlights* put in her hair. 她的头发刚刚染过,金灿灿的。

high·ly /ˈhaili/ *adv.* ❶十分,非常,很,极其:*highly* spiced food 味重的食物 ❷极具赞赏地,非常赞许地:Such plans are *highly* publicized. 这类规划被大作宣传。❸按高价地;以巨额地:a *highly* paid official 一位俸禄优厚的官员

high-mind·ed /ˌhaiˈmaindid/ *adj.* 高尚的,思想境界高的

high·ness /ˈhainis/ *n.* ❶[U]高;高度:the *highness* of taxation 赋税之高❷[U]高尚;高贵 ❸[H-][C]殿下;阁下

high-pow·ered /ˈhaiˌpauəd/ *adj.* [通常作定语] ❶强有力的;精力充沛的;干劲十足的;能力强的❷强行的,采取强制措施的❸大功率的;(望远镜等)高倍数的

high-pressure /ˈhaiˈpreʃəʳ/ *adj.* ❶高压(力)的;高气压的 ❷压力大的,使人高度紧张的:a *high-pressure* job 高强度工作

high-rise /ˈhaiˌraiz/, **high rise** **I** *adj.* [作定语](建筑物)多层的,高层的;高耸的:*high-rise* apartment complexes 高层公寓群 **II** *n.* [C]多层建筑,高层建筑

high school *n.* [C;U]中学:She went to good *high school*. 她上了一所很好的中学。

high sea *n.* [通常作 **the high seas**]公海

high-sound·ing /ˈhaiˌsaundiŋ/ *adj.* ❶声音响的 ❷高调的;夸大的,言过其实的

high-spir·it·ed /ˌhaiˈspiritid/ *adj.* 情绪激昂的;兴高采烈的;活泼愉悦的

high-strung /ˈhaiˌstrʌŋ/ *adj.* 十分敏感的;神经紧张的

high-tech /ˈhaiˌtek/ 〈口〉*adj.* [作定语]高技术的,高科技的:*high-tech* products 高技术产品

high tide *n.* [C;U]高潮;高潮时期:*High tide* is at 9 am. 高潮出现于上午 9 时。

high·way /ˈhaiˌwei/ *n.* [C]公路:express *highways* 高速公路〔亦作 **highroad**〕

hi·jack /ˈhaiˌdʒæk/ **I** *vt.* ❶劫持:A terrorist armed with a pistol *hijacked* the plane to Paris. 一名持枪的恐怖分子把飞机劫持到了巴

黎。❷拦路抢劫(车辆、货物、人等):*hijack* a freight train 抢劫货运列车 **II** *n.* [C] ❶劫持 ❷拦路抢劫〔亦作 **highjack**〕‖ **ˈhiˌjack·er** *n.* [C]

hike /haik/ **I** *vi.* ❶长途步行,徒步旅行,远足,远行:*hike* through the woods 徒步穿过森林 ❷(物体等)向上提(*up*) —*vt.* ❶猛地提起,使向上提:She *hiked* her skirt up to climb the stairs. 她把裙子提起来以方便上楼梯。❷(急剧地)提高(价格、金额、数量等);增加:*hike* the charge from $ 30 to $ 40 将费用从 30 美元提高到 40 美元 **II** *n.* [C] ❶长途步行,徒步旅行,远足,远行:go on a *hike* across the country 徒步周游全国 ❷(数量、金额等的)增加,提高;(价格的)攀升:a *hike* in prices 涨价 ‖ **ˈhik·er** *n.* [C]

hi·lar·i·ous /hiˈleəriəs,-lær-/ *adj.* 滑稽的,引人发笑的:Some of his stories are absolutely *hilarious.* 他的有些故事简直笑死人了。‖ **hiˈlar·i·ous·ly** *adv.*

hi·lar·i·ty /hiˈleəriti,-ˈlær-/ *n.* [U]滑稽,可笑

hill /hil/ *n.* [C] ❶小山,冈峦:Sheep were grazing on the side of the *hill.* 羊正在小山坡上吃草。❷(道路的)斜坡;坡路:a steep *hill* at the end of the road 路尽头的一个陡坡 ❸土墩,土堆;小堆:an ant *hill* 蚁山 ‖ ***over the hill*** *adj.* ❶上年纪的,衰老的:Old Peterson is no longer what he used to be, he's *over the hill*. 老彼得森今非昔比了,他毕竟是上了年纪。❷过了鼎盛期的;衰退的:He's *over the hill* as a professional soccer player. 作为职业足球运动员,他的巅峰期已过。

hill·ock /ˈhilək/ *n.* [C]小山丘,土堆:a verdant *hillock* 翠绿的山丘

hill·side /ˈhilˌsaid/ *n.* [C](小山的)山腰,山坡

hill-top /ˈhilˌtɔp/ *n.* [C](小山的)山顶

hill·y /ˈhili/ *adj.* 多小山的;多丘陵的;起伏不平的:The dirt road was *hilly.* 这条泥路起伏不平。

hilt /hilt/ *n.* [C](刀、剑、匕首等的)柄 ‖ ***to the hilt*** *adv.* 彻底地;完全地:She's up *to the hilt* in debts. 她债台高筑。

him /him/ *pron.* [he 的宾格]他:I lent *him* the books. 我把那些书借给了他。

him·self /himˈself/ *pron.* ❶[反身代词]他自己:He considered *himself* lucky. 他认为自己很幸运。❷[用以加强语气]他亲自;他本人:Allan *himself* told me about it. 此事是艾伦自己亲口告诉我的。

hind /haind/ *adj.* [无比较级][作定语]后面的;后部的;在后面的:*hind* wheels 后车轮

hind·er¹ /ˈhindəʳ/ *vt.* 妨碍,阻碍;阻挠,使耽搁:The new policy will *hinder* the reform. 这项新政策将阻碍改革。

☆**hinder, block, impede, obstruct** 均有"阻止,妨碍"之意。**hinder** 为普通用词,指一时的干扰或事故暂时推迟某人的行动或妨碍某事情的进行,含令人不快、不利的意味:This incident may *hinder* the progress of the peace talks.(这一事件可能会妨碍和平谈判的进程。)**block** 词义最强,表示将道路进出口完全堵死或使事情无法进行,含有完全封闭或有效阻塞之意:The road was *blocked* by a big truck.(道路被一辆大货车堵死了。)**impede** 指阻碍行动或事情的正常进行,缓慢得近似停止:The development of the project was seriously *impeded* by a reduction in funds.(由于资金削减工程进度严重受阻。)**obstruct** 词义较强,指干扰正在进行的事情或设置路障不让车辆通行,暗示障碍难以克服,从而无法进展或完全停顿等:The broken-down truck *obstructed* the traffic.(这辆抛锚的货车堵塞了交通。)

hind·er² /ˈhaindəʳ/ *adj.* [无比较级][作定语]后面的;后部的;在后面的:the *hinder* part of the plane 飞机的后部

hind·quar·ter /ˈhaindˌkwɔːtəʳ/ *n.* [~s](四足兽的)后腿;(泛指)臀部和后腿:The cow was sitting on its *hindquarters.* 那头奶牛正蹲着。

hin·drance /ˈhindrᵊns/ *n.* ❶[U]妨碍;阻碍:This delay has caused some *hindrance* to my plans. 这一耽误妨碍了我计划的执行。❷[C]阻碍者;障碍物:Lack of education could be a *hindrance* to your career. 缺乏教育可能阻碍事业的成功。

hind·sight /ˈhaindˌsait/ *n.* [U]事后的认识,事后聪明:With [In] *hindsight*, I should never have gone. 事后看来,我当时压根儿就不该去。

Hin·du /ˈhinduː/ **I** *n.* [C]印度教教徒 **II** *adj.* [无比较级]印度教的

Hin·du·ism /ˈhinduːˌizᵊm/ *n.* [U]印度教

hinge /hindʒ/ **I** *n.* [C]铰链;折叶;门枢 **II** *vi.*

取决于，依赖于(*on*, *upon*)：Everything *hinges* *on* his decision. 所有的一切取决于他的决定。

hint /hint/ Ⅰ *n.* [C] ❶暗示；示意：Give me a *hint* about the big news. 关于这则重大新闻，给我一点暗示吧。❷线索；细微的迹象：There's a *hint* of winter in a gusty northwest wind. 一阵阵西北风透着冬天的寒意。❸点滴，微量，少许：with a *hint* of suspicion 略有怀疑地 Ⅱ *vt.* ❶示意，表明：The gray skies *hinted* a possible snowfall. 天空灰蒙蒙的，表明可能要下雪。❷暗示(见 suggest)：He *hinted* that reform was urgent. 他暗示迫切需要改革。—*vi.* 暗示(*at*)：What are you *hinting at*? 你在暗示什么？

hint·er·land /ˈhintəˌlænd/ *n.* [C] ❶[～s]偏僻地区；穷乡僻壤 ❷内陆地区，内地：an agricultural *hinterland* 内陆农业地区

hip /hip/ *n.* [C] ❶【解】髋(部)；臀(部) ❷髋关节 ‖ **hipped** *adj.*

hip-hop /ˈhipˌhɔp/ *n.* =rap music

hip·pie /ˈhipi/ *n.* [C]嬉皮士(尤指 20 世纪 60 年代在美国等西方国家出现的反传统的青年一代，他们通常留长发、穿奇装异服、吸毒品)；消极颓废的人〔亦作 **hippy**〕

Hip·po·crat·ic /ˌhipəˈkrætik/ **oath** *n.* [C]希波克拉底的誓言(医科学生或医生开业时表示遵守医德的誓约)

H

hip·po·pot·a·mus /ˌhipəˈpɔtəməs/ *n.* [C] ([复]-**mus·es** 或 -**mi** /-mai/)【动】河马〔亦作 **hippo**〕

hire /haiəʳ/ Ⅰ *vt.* ❶雇用，聘用：*hire* a lawyer to fight the case 聘请律师打官司 ❷租用；租借(房屋等)：We *hired* a car to go there. 我们租了一辆汽车去那儿。Ⅱ *n.* ❶[U]租用；雇用；受雇：be in the *hire* of sb. 受雇于某人 ❷[C]雇工，受雇者 ‖ ***for hire*** *adj.* 供出租的；供雇佣的：This car is *for hire*. 此车出租。***hire on*** *vi.* 被雇用，受雇：He *hired on* as a farmhand. 他当了农场雇工。***hire out*** *vt.* 出租；出雇：Jack *hired* himself *out* as a computer programmer. 杰克受聘为计算机编程员。

his /hiz, 弱 iz/ *pron.* ❶[he 的所有格]他的：This is *his* first visit to Beijing. 这是他第一次到北京。❷[he的物主代词绝对形式]他的，他的所有物；属于他的(东西)；他的家人：*His* was the strangest remark of all. 他的话最为奇怪。

His·pan·ic /hiˈspænik/ Ⅰ *adj.* [无比较级] ❶西班牙的；讲西班牙语国家的；拉丁美洲的：the United States *Hispanic* population 讲西班牙语的美国人 ❷美籍西班牙人的；拉丁美洲人后裔的 Ⅱ *n.* 〔亦作 **latino**〕[C]美籍西班牙人；讲西班牙语的美国人

hiss /his/ Ⅰ *vi.* ❶(蛇、鹅、沸水等)发出嘶嘶声：The snake raised its head and *hissed*. 那条蛇昂起头，嘴里发出嘶嘶声。❷发出嘘声(以表示反对、鄙视、嘲笑等)：Don't *hiss* at the speaker. 不要对发言者发嘘声。—*vt.* 对…发嘘嘘声；用嘘嘘声轰赶：She was *hissed* off [from] the stage. 她在嘘声中被轰下了台。Ⅱ *n.* [C] ❶嘶嘶声：the *hiss* of rain in the pools 雨打池水的沙沙声 ❷(表示反对、鄙视、嘲笑等发出的)嘘声：She silenced him with a *hiss*. 她朝他嘘了一声，使他不吱声。

his·to·ri·an /hiˈstɔːriən/ *n.* [C]年代史编纂者；历史学家

his·tor·ic /hiˈstɔːrik, -ˈstɔr-/ *adj.* [作定语] ❶历史上著名的；具有历史意义的(见 historical)：The stock market is at *historic* highs. 股市连创历史新高。❷=historical

his·tor·i·cal /hiˈstɔːrikᵊl, -ˈstɔr-/ *adj.* [作定语] ❶历史的；历史上的：*historical* studies 史学研究 ❷依据历史的发展叙述的；按年代顺序的：a *historical* novel 历史小说 ❸基于史实的，有史可考的，真实的；(小说、电影等)历史题材的：in the *historical* process 在历史的发展过程之中 ‖ **hisˈtor·i·cal·ly** *adv.* —**hisˈtor·i·cal·ness** *n.* [U]

☆**historical**, **historic** 均有"历史的；有历史意义的"之意。**historical** 强调经考证历史上确实存在的人物或发生的事情：We have no *historical* evidence for it. (我们缺乏可以证明这一点的史学根据。) **historic** 强调地点或事情具有重大历史意义：a *historic* visit of the President (总统的历史性访问)

his·to·ry /ˈhistᵊri/ *n.* ❶[U]历史学，史学：I major in *history*. 我主修历史学。❷[C]历史；史实的记载(或叙述)；大记事：China has a long *history*. 中国具有悠久的历史。❸[C](尤指个人的)经历，履历：The boy has a *history* of shoplifting. 这男孩有在商店里偷盗的前科。‖ ***be history*** *vi.* 结束，完了：If they lose the game, they're *history*. 要是输了这场比赛，那他们就玩完了。

his·tri·on·ic /ˌhistriˈɔnik/ *adj*. [作定语] ❶(行为、举止等)过分戏剧化的；做作的：*histrionic* gesture 扭捏作态❷演员的；表演的：a man with great *histrionic* talent 表演才能出色的人 ‖ **ˌhis·triˈon·i·cal·ly** *adv*.

hit /hit/ **I** (**hit; hit·ting**) *vt*. ❶打，击：He was *hitting* Tom for several minutes. 他把汤姆打了好几分钟。❷碰撞，撞击；使撞上：As she fell, she *hit* her head on the pavement. 她跌倒时，头撞在了人行道上。❸击中，投中，命中：The bullet *hit* him in the left shoulder. 子弹击中了他的左肩。❹使遭受打击；使蒙受损失(或痛苦等)：The terrible news *hit* her really hard. 这可怕的消息使她痛苦万分。—*vi*. ❶碰撞：The truck *hit* against a tree. 卡车撞在了一棵树上。❷(无意间)遇到，碰到(*on, upon*)：He finally *hit upon* a solution to the problem. 他最终想出了解决问题的方法。**II** *n*. [C] ❶(一)击，击打；打中；击中：gentle *hit* on the head 轻轻的敲头❷碰撞；撞击：a direct *hit* 迎面撞击 ❸强烈的批评，抨击，谴责：The candidate took *hits* from the press. 候选人受到了新闻界的猛烈批评。❹(电影、歌曲、演出等)风行一时的作品(或事件)；(演员、作家等)轰动一时的人物：The book was an immediate *hit*. 这本书立刻获得了极大的成功。‖ ***hit back*** *vi*. ❶还击，反击：He stood there and didn't *hit back*. 他站在那儿没有还击。❷反驳，驳斥；抨击：*hit back* charges against sb. 反驳对某人的指控 ***hit it off*** *vi*. 合得来，投缘：The two children *hit it off* from the first day they met. 这两个孩子从第一天见面起就很投缘。***hit out*** *vi*. ❶向…打去：*hit out* at sb. 向某人打去 ❷抨击，谴责：Several news commentators *hit out* at the president on his foreign policy. 有几位时事评论员猛烈抨击总统的外交政策。‖ **ˈhit·ter** *n*. [C]

hit-and-run /ˌhitᵊnˈrʌn/ *adj*. [作定语](汽车驾驶员等)肇事后逃跑的；由肇事逃跑引起的：a *hit-and-run* driver 肇事后逃跑的司机

hitch¹ /hitʃ/ **I** *vt*. ❶(用环、绳等)捆，系；拴；套：*hitch* the horse's rope over the pole 把马的套索套到车辕上 ❷套(马等)：He *hitched* up his horse and headed south. 他套上马，朝南驶去。❸急拉，猛拽；(猛地)移动：*hitch* up one's trouser legs 挽起裤管 **II** *n*. [C] ❶捆，系；拴；套 ❷(临时)故障；突然停止；障碍：a slight technical *hitch* 小的技术故障

hitch² /hitʃ/ **I** *vt*. 〈口〉免费搭乘(便车)旅行：*hitch* a lift [ride] 搭便车旅行 —*vi*. 〈口〉免费搭车：They got there by *hitching*. 他们是搭便车到那里的。**II** *n*. [C] 免费搭车旅行 ‖ **ˈhitch·er** *n*. [C]

hitch·hike /ˈhitʃˌhaik/ **I** *vi*. 免费搭车旅行；搭便车：go *hitchhiking* 去沿途免费搭车旅行 —*vt*. 免费搭乘(便车)旅行：*hitchhike* a ride 搭便车 **II** *n*. [C]免费搭车旅行 ‖ **ˈhitchˌhik·er** *n*. [C]

hith·er /ˈhiðəʳ/ [无比较级] **I** *adv*. 到此处；向这里；在这里：Come *hither*, please. 请到这儿来。**II** *adj*. 这里的；这边的；附近的：on the *hither* side of the hill 在山坡的这边 ‖ ***hither and thither*** *adv*. 到处，四处：We searched *hither and thither*, but could not find her. 我们到处找她，但就是找不到。

hith·er·to /ˌhiðəˈtuː/ *adv*. [无比较级]迄今，至今：No one *hitherto* in this family had made any special mark. 这一家族至今还没有一个人有过什么特别大的名气。

hit list *n*. [C]〈口〉❶列入暗杀的名单，黑名单 ❷遭反对的人员(或项目等)清单

hit-or-miss /ˌhitɔːˈmis/ **I** *adj*. 偶然做出的；漫不经心的，随意的；容易出错的：Farming can be a very much *hit-or-miss* affair. 经营农场是极易出错的一门行当。**II** *adv*. 漫不经心地，随意地

HIV *abbr*. human immunodeficiency virus【微】人体免疫缺损病毒；艾滋病病毒

hive /haiv/ *n*. [C] ❶蜂箱；蜂巢；蜂房 ❷蜂群：The *hive* is [are] getting ready to swarm. 这巢蜜蜂开始成群地离开蜂房。❸人群扰攘的地方，繁忙的场所：The little office is a *hive* of activity. 这个小小的办事处一片忙碌。

hives /haivz/ [复] *n*. [用作单或复]【医】荨麻疹：*Hives* is sometimes a serious condition. 荨麻疹有时会很严重。

h'm /hm/ *int*. [用以表示停顿、犹豫、疑惑等] 哼，呣，嗯〔亦作 **hmm**〕

HM *abbr*. ❶ Her Majesty (英国)女王陛下 ❷ His Majesty (英国)国王陛下

hmm /hmm/ *int*. =h'm

hoard /hɔːd/ **I** *n*. [C](钱财、食物等的)贮藏,积存,聚藏:make a *hoard* of provisions 贮藏粮食 **II** *vt*. 贮藏,聚藏:*hoard* gold 聚藏黄金 —*vi*. 贮藏货物;积聚钱财 ‖ ˈ**hoard·er** *n*. [C]

hoarse /hɔːs/ *adj*. (嗓音)嘶哑的;(叫声等)粗嘎的;发出粗嘎声音的:talk oneself *hoarse* 把嗓子说哑了 ‖ ˈ**hoarse·ly** *adv*. —ˈ**hoarse·ness** *n*. [U]

hoar·y /ˈhɔːri/ *adj*. ❶(因年迈)头发灰白的;(须发)斑白的,花白的:*hoary* hair 苍苍白发 ❷古老的,年代久远的;陈旧的:*hoary* ruins 古代的遗迹 ❸老掉牙的,陈腐的:*hoary* shibboleth 陈词滥调 ‖ ˈ**hoar·i·ness** *n*. [U]

hoax /həuks/ *n*. [C]骗局,骗人的把戏;恶作剧:a bomb *hoax* 一场炸弹虚惊 ‖ ˈ**hoax·er** *n*. [C]

hob /hɔb/ *n*. [C]淘气的小妖精,作弄人的小精灵

hob·ble /ˈhɔbᵊl/ *vi*. 跛行;蹒跚:He *hobbled* along on crutches. 他拄着拐杖一瘸一拐地在走路。—*vt*. ❶缚住(马等的)腿:The animals were *hobbled* by straps around their legs. 这些动物的腿上绑着绳子。❷妨碍;阻止:This will *hobble* the new legislation. 这将妨碍了新立法的出台。‖ ˈ**hob·bler** *n*. [C]

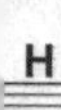

hob·by /ˈhɔbi/ *n*. [C]嗜好;业余爱好:Music is the chief *hobby* with me. 我业余时间爱听音乐消遣。‖ ˈ**hob·by·ist** *n*. [C]

hob·nob /ˈhɔbˌnɔb/ *vi*. (**-nobbed**;**-nob·bing**) 关系密切,亲近(*with*):John's been *hobnobbing with* his boss recently. 约翰最近与他的老板过从甚密。‖ ˈ**hobˌnob·ber** *n*. [C]

hock[1] /hɔk/ *n*. [C]【动】(有蹄类的)跗关节

hock[2] /hɔk/ **I** *vt*. 典当;抵押:*hock* a jewelry to raise 拿首饰去当钱 **II** *n*. [U] ❶典当;抵押:The jewelry was in *hock*. 首饰已当去了。❷负债

hoe /həu/ *n*. [C]锄;(长柄)耘锄 ‖ ˈ**ho·er** *n*. [C]

hog /hɔg/ **I** *n*. [C] ❶(尤指供食用的)(公)猪:raise *hogs* 养猪 ❷猪猡(指自私、贪婪、贪吃、邋遢等的人) **II** (**hogged**;**hog·ging**) *vt*. 贪婪地掠取:That selfish driver *hogged* the road. 那位自私的司机把道路霸占了。‖ ***go* (*the*) *whole hog*** *vi*. 彻底干,干到底:When he was interested in photography, he *went the whole hog*. 他对摄影感兴趣时,简直是全力以赴。***live high off* [*on*] *the hog*** *vi*. 花钱大手大脚,过着奢侈的生活:The Jones *lived high off the hog* after they struck oil. 琼斯开采到石油后日子过得阔绰起来了。‖ ˈ**hog·gish** *adj*.

hoist /hɔist/ *vt*. ❶(用绳索、起重装置等)升起;提起;举起;吊起:*hoist* the flag 升旗 ❷举杯喝(酒)

hok·ey /ˈhəuki/ *adj*. ❶感伤的,多愁善感的:a *hokey* love story 一则伤感的爱情故事 ❷假装的,虚情假意的;矫揉造作的:a *hokey* laugh 假笑

ho·kum /ˈhəukᵊm/ *n*. [U]假话,空话,废话,胡扯

hold[1] /həuld/ **I** (**held** /held/) *vt*. ❶拿住,握住,抓住:Can you *hold* the bag for me while I open the door? 我开门时你能帮我拿一下包吗? ❷托住,支承:This column *holds* the weight of the ceiling. 这根柱子承受着天花板的重量。❸使保持某种状态(或姿势):They are proud, and *hold* their heads up above him. 他们目中无人,瞧不起他。❹举行(会议、谈判等);进行(讨论、调查等):*hold* telecon-ferences 举行电信会议 ❺把…留下;扣留,拘留:He was *held* prisoner. 他被囚禁了起来。❻约束;控制;抑制;止住:*hold* one's breath 憋气 / Please *hold* your applause. 别再拍手了。❼保留,预留:*hold* seats in a theatre 在戏院预订座位 ❽拥有,持有;占有(见 have):She *holds* several companies. 她拥有好几家公司。❾[不用进行时态]容纳,盛得下,装得下:The hotel can *hold* 2,000 people. 该旅馆可容纳2 000人。❿[不用进行时态]怀有(信仰、意见、情感等);认为;相信:She didn't *hold* any grudges. 她没有任何怨恨。⓫占用(电话线路),继续通(电话):He told me to *hold* the line. 他叫我别挂电话。—*vi*. ❶握住;抓住;拿住:Her hands were *holding* tight onto the umbrella. 她双手紧紧抓住雨伞。❷坚持;保持;维持;持续:Let's hope our good luck *holds*. 但愿我们好运常在。❸同意,持相同意见(*with*):She doesn't *hold with* new ideas. 她不赞同新观点。❹继续占用电话线,保持通话 **II** *n*. [C] ❶拿;握;抓:He caught *hold* of the thief by the neck. 他抓住了小偷的领子。❷掌握,控制,约束;控制力,影响力:They increased their *hold* on security. 他们加强了对安全问题的控制。‖ ***get***

hold of** vt.* ❶抓住；握住；捉住：He *caught hold of* a log and was saved from drowning. 他抓住了一根木头，才没有淹死。❷得到，获得，找到：Do you know where I can *get hold of* a second-hand computer? 你知道我在哪里可以买到二手电脑吗？❸与…（用电话）联系：I couldn't *get hold of* you last week. 我上星期无法联系上你。hold back** vt. & vi.* ❶抑制；克制；控制：*hold back* inflation 抑制通货膨胀 ❷阻碍，妨碍；阻止：*hold back* sb. from doing sth. 阻止某人做某事 ❸隐瞒；保守（秘密等）：*hold back* sth. from sb. 对某人隐瞒某事 ***hold down** vt. & vi.* ❶控制；限制：*hold down* interest rates 控制利息利率 ❷保有（工作等）；保留（职务等）：*hold down* a job 保留一份工作 ***hold forth** vi.* 大发议论，滔滔不绝地说话：*hold forth* on sb.'s shortcomings 数落某人的种种不是 ***hold off** vt. & vi.* ❶使无法接近，阻挡：His chilly manner *holds* us *off*. 他冷漠的态度使我们不敢接近他。❷推迟；拖延；延迟：We will *hold off* making our decision till tomorrow. 我们将推迟到明天再作决定。***hold on** vt. & vi.* ❶紧紧抓住：He tried to pull free but she *held on* tight. 他企图抽出手来，但她紧紧地抓住不放。❷继续下去；坚持下去：They *held on* though embittered by numerous failures in their scientific experiments. 他们尽管在科学实验中不断遭受挫折，但仍然坚持搞下去。❸[打电话用语]别挂电话：*Hold on*, please. 请稍候。***hold oneself in** vi.* 自我克制：She *held herself in* and didn't show her real feelings. 她克制自己，没有流露出自己的真实感情。***hold out** vt. & vi.* ❶伸出；拿出：He *held out* his hand to me. 他向我伸出手来。❷维持；持续：The food won't *hold out* for long. 这些食物吃不了多久。❸拒绝让步，不妥协：We *hold out* for higher wages. 我们坚决要求加薪。❹拒绝向…提供消息，隐瞒：*hold out* on sb. 对某人隐瞒某事 ***hold over** vt. & vi.* ❶推迟，使延迟：We'll have to *hold* that issue *over* until the next meeting. 我们只得将这个问题推迟到下次会议讨论。❷使延期，延长…的期限：*hold* the movie *over* for an extra week 将该电影的放映期限延长一周 ***hold up** vt. & vi.* ❶承受住；支撑：What *holds up* the bridge? 是什么东西来支撑这座桥梁的？❷推迟，延迟；（使）停止：The flight was *held up* by fog. 航班因雾延误。***on hold** adv.* 中断地，暂停地：This plan was put *on hold* indefinitely. 该计划被无限期搁置了下来。‖ **'hold·er** *n.* [C]

hold² /həuld/ *n.* [C]船舱；（船舶、飞机的）货舱

hold·ing /ˈhəuldiŋ/ *n.* [C] ❶握，抓 ❷（尤指用于耕种的）租用土地：a small *holding*（租给农民耕种的）一小块土地 ❸[常作～s]（尤指股票、债券等）持有物，所有物；私有财产 ❹[常作～s]（图书馆的）藏书

hold-o·ver /ˈhəuldˌəuvəʳ/ *n.* [C]自先前留下来的人（尤指任期届满后留任的官员）；遗留物，剩余物

hold-up /ˈhəuldˌʌp/ *n.* [C] ❶持枪抢劫 ❷延搁，耽搁，延迟：a *hold-up* in the construction of the bridge 桥梁建设的耽搁

hole /həul/ *n.* [C] ❶洞；穴；孔眼；裂口，裂缝：dig a *hole* 挖洞 ❷坑，凹陷：The road was pitted with *holes*. 马路上坑坑洼洼的。❸（动物的）洞穴，巢穴：a mouse *hole* 鼠穴 ❹【高尔夫】球穴；击球中线（指高尔夫球座到球洞的一段路面）‖ ***hole up** vi. & vt.* ❶（为越冬在洞中）蛰居：In winter snakes *hole up*. 蛇在冬天蛰伏在洞中。❷躲藏；隐藏：After the bank robbery the gang *holed up* in an old warehouse. 这帮歹徒抢了银行之后躲在了一个旧仓库里。***in a* [*the*] *hole** adj.* 亏空的，负债的：They were fifty thousand dollars *in the hole*. 他们亏空了5万美元。***pick a hole* [*holes*] *in** vt.* 对…吹毛求疵，挑…的毛病：He always *picked a hole in* what I said. 他总是在我的话里挑刺。

H

hol·i·day /ˈhɔliˌdei,-di/ *n.* [C] ❶节日，假日：a national *holiday* 全国性的节日 ❷休息日
☆**holiday, leave, vacation** 均有"假期，休假"之意。**holiday** 为英国用语，原指宗教节日，现指法定假日，多用于休息一天以上的特殊日子，通常不指周末：In this country, New Year's Day is a national *holiday*.（在这个国家，元旦是全国性的假日。）**leave** 常指军队官兵或政府雇员的假期或休假，也可用于病假：Why don't you take a few days' *leave*?（你为什么不请几天假呢？）/ maternity *leave*（产假）**vacation** 为美国用语，既可指学校的假期，也可指职工享受的较长休假：We're going to France during the summer *vacation*.（暑假期间我们将去法国。）在英国英语里该词主要指大学的假期：The library is closed during the college *vacation*.（学校放假期间，图书馆不开放。）

hol·low /ˈhɔləu/ I *adj*. ❶空的;中空的,空心的(见 vain):Bamboo is *hollow*. 竹子是中空的。❷凹的;凹陷的;凹形的;凹面的:a *hollow* surface 凹面 ❸[通常作定语](声音)空洞的,重浊的,沉闷的:speak in a *hollow* voice 瓮声瓮气地说话 ❹空洞的;无意义的,无价值的:To him,any threat is a *hollow* one. 对他来说,任何威胁都是徒劳的。❺没有诚意的,虚伪的:*hollow* promise 缺乏诚意的承诺 II *n*. [C]山谷;溪谷;盆地:go for long walks in the *hollow* 到山谷去远足 III *vt*. 挖空;使成凹形 ‖ ***hollow out*** *vt*. ❶把…挖空:*hollow out* a large tree trunk into a boat 把一根大树干挖成一条船 ❷挖成;掘成:*hollow out* a canoe from a log 把一根圆木挖成独木舟 ‖ ˈ**hol·low·ly** *adv*. —ˈ**hol·low·ness** *n*. [U]

hol·ly /ˈhɔli/ *n*. ❶[C]【植】冬青树 ❷[U](常作圣诞节装饰用的)冬青树枝

hol·o·caust /ˈhɔləˌkɔːst/ *n*. ❶[C](尤指由火灾、核武器等造成的)大破坏,毁灭:an atomic global *holocaust* 一场由原子弹引起的全球毁灭 ❷[C](用火烧全兽作为献祭的)燔祭,燔祭品

hol·o·gram /ˈhɔləˌgræm/ *n*. [C]【物】全息图;全息照片

H

hol·o·graph /ˈhɔləgrɑːf;-græf/ *n*. =hologram ‖ **hol·o·graph·ic** /ˌhɔləˈgræfik/ *adj*.

hol·ster /ˈhəulstəʳ/ I *n*. [C]手枪皮套 II *vt*. 将(手枪)放入枪套

ho·ly /ˈhəuli/ *adj*. ❶神圣的;神赐的,神的;供神用的:Man makes *holy* what he believes. 人总是把自己的信仰奉若神明。❷虔诚的:a *holy* nun 虔诚的修女

hom·age /ˈhɔmidʒ,ˈɔm-/ *n*. ❶[U]尊敬,崇敬,敬意:pay *homage* to 对…表示敬意 ❷[C]敬献的物品:His new book is a *homage* to his wife. 他的新书是敬献给妻子的。

home /həum/ I *n*. ❶[C;U]住宅;房子:He left *home* at eighteen. 他在18岁时离开了家。❷[U]家:a letter from *home* 家信 ❸[U]家乡,故乡,老家:China has become his second *home*. 中国已成了他的第二个故乡。❹[C](动植物的)生息地,繁衍地,原产地;发源地,发祥地:Australia is the *home* of koalas. 澳大利亚是树袋熊的繁衍地。❺[C]疗养院;养育院;收容所:a foundling *home* 孤儿院 II *adj*. [无比较级][作定语] ❶家庭的;家用的;家里制作的:a *home* address 家庭地址 ❷家乡的;本地的;本国的,国内的:a *home* language 本国语言 ❸【体】主队的;主场的:a *home* team 主队 III *adv*. [无比较级] ❶在家;向家,回家;到家:What are you doing *home*? 你这会儿在家干吗呀? ❷在家乡;向家乡;在国内,在本国;向本国:Tomorrow he will return *home*. 明天他就要回老家。IV *vi*. ❶回家;回国 ❷(尤指信鸽)归巢:The pigeons are *homing* to the loft. 鸽子正在飞回鸽房。‖ ***at home*** *adv*. & *adj*. ❶在家;在家乡;在本地;在国内:He was not *at home* when I called. 我打电话时他不在家。❷(像在家里一样)自由自在的,不拘束的:Please make yourself *at home*. 请不要拘束。***bring home to*** *vt*. 使完全认识到:His reply finally *brought home to* me the gravity of the matter. 他的答复终于使我完全认识到了事情的严重性。***home free*** *adj*. 脱离危险的,大功告成的:Once we're past the guards we'll be *home free*. 只要一过哨兵检查这一关,我们就大功告成了。‖ ˈ**homeˌlike** *adj*.

home base *n*. ❶=home plate ❷[C]总部,本部

home·bod·y /ˈhəumˌbɔdi/ *n*. [C]以家庭为中心的人;喜欢待在家里的人

home·com·ing /ˈhəumˌkʌmiŋ/ *n*. [C] ❶回家;回国 ❷(一年一度的)校友返校

home economics *n*. [复][用作单]家政学

home-grown /ˌhəumˈgrəun/ *adj*. ❶本地种植的;本地(或本国)出产的;自制的,自产的:*home-grown* corn 本地产玉米 ❷本地的;本国的:the *home-grown* and visiting musicians 本地与来访的音乐家们

home·land /ˈhəumˌlænd,-lᵊnd/ *n*. [C] ❶祖国;故乡 ❷(一个种族的)定居点,聚居地;家园

home·less /ˈhəumlis/ I *adj*. [无比较级] ❶无家可归的;居无定所的:a *homeless* tramp 一位无家可归的流浪汉 ❷无家可归者的;供无家可归者的:*homeless* shelters 无家可归者的栖身地 II *n*. [the ~][总称]无家可归者,流浪者

home·ly /ˈhəumli/ *adj*. ❶不好看的,相貌平平的:a *homely* but lovely puppy 不好看却很可爱的洋娃娃 ❷家常的;平常的,普通的:a *homely* meal 家常便饭 / *homely* virtues 平凡的美德 ❸质朴的,不做作的 ‖ ˈ**home·li·ness** *n*. [U]

home·made /ˈhəumˈmeid/ *adj*. [无比较级] ❶家里做的;自制的:*homemade* bread 家制面

包 ❷本国制造的,国产的:a *homemade* car 国产车

ho·me·o·path·y /ˌhəumiˈɔpəθi/ *n.* [U]顺势疗法 ‖ **ho·me·o·path** /ˈhəumiəˌpæθ/ *n.* [C] —ˌ**ho·me·o·path·ic** /-əˈpæθik/ *adj.*

home plate *n.* [U]【垒】本垒板〔亦作 **home, home base**〕

hom·er /ˈhəuməʳ/【棒】I *n.* [C]本垒打 II *vi.* 击出本垒打

home run *n.* [C]【棒】本垒打

home·sick /ˈhəumˌsik/ *adj.* 想家的,思乡的;患思乡病的:She is *homesick* for England. 她思念故乡英格兰。‖ ˈ**homeˌsick·ness** *n.* [U]

home·spun /ˈhəumˌspʌn/ I *adj.* ❶家纺的;自家做的:*homespun* cloth 土布 ❷用土布做的,用粗布做的:*homespun* clothing 土布衣服 ❸朴素的;粗糙的:*homespun* virtues 纯朴的美德 II *n.* [U]土布,粗布

home·stead /ˈhəumˌsted,-ˌstid/ I *n.* [C] ❶(包括住房、附属建筑及周围土地在内的)家宅 ❷(政府根据宅地法分配的)公用耕地 II *vt.* 获得…作为宅地;(按宅地法)在…上定居下来

home·stretch /ˈhəumˌstretʃ/ *n.* [C] ❶【体】(跑道的)终点直道 ❷(任务、工作等的)最后阶段

home·ward /ˈhəumwəd/ [无比较级] I *adv.* 向家;向家乡;向本国:He stood by the sea, looking *homeward*. 他站在海边远眺家乡。II *adj.* 回家的;回家乡的;归国的:set off on the *homeward* journey 踏上归程

home·wards /ˈhəumwədz/ *adv.* =homeward

home·work /ˈhəumˌwəːk/ *n.* [U] ❶(学生的)家庭作业,课外作业 ❷(会议、讨论等的)准备工作:He has done his *homework* on the subject. 他已经就这个题目做了准备。

home·y /ˈhəumi/ *adj.* 如家般的;亲切的;舒适的:a *homey* inn 一家舒适的小客栈〔亦作 **homy**〕‖ ˈ**home·y·ness** *n.* [U]

hom·i·cide /ˈhɔmiˌsaid/ *n.* ❶[U;C]杀人:There were two *homicides* last month. 上个月有两起命案。❷[C]杀人者 ‖ **hom·i·cid·al** /ˌhɔmiˈsaidᵊl/ *adj.*

ho·mo·ge·ne·ous /ˌhəuməᵘˈdʒiːniəs,-njəs/ *adj.* ❶同种类的;同性质的;有相同特征的:three *homogeneous* schools 三所同类的学校 ❷均匀的;均一的:a *homogeneous* distribution 均匀分布 ‖ **ho·mo·ge·ne·i·ty** /ˌhəuməᵘdʒiˈniːiti/ *n.* [U] —ˌ**ho·moˈge·ne·ous·ly** *adv.*

ho·mog·e·nize, ho·mog·e·nise /həˈmɔdʒiˌnaiz/ *vt.* ❶使均匀;使纯一:*homogenize* paint 调匀颜料 ❷将(牛奶)作均质处理 ‖ **ho·mog·e·ni·za·tion, ho·mog·e·ni·sa·tion** /həˌmɔdʒinaiˈzeiʃᵊn;-niˈz-/ *n.* [U]

hom·o·nym /ˈhɔmᵊnim/ *n.* [C]【语】同音异义词(如 bore 与 boar 等);同形异义词;同形同音异义词

ho·mo·phone /ˈhɔməˌfəun/ *n.* [C]【语】同音异义词(如 all 和 awl, rite 和 write, pair 和 pear 等)

Ho·mo sa·pi·ens /ˌhəuməuˈseipiənz/ *n.* [U] ❶智人(即现代人) ❷人类

ho·mo·sex·u·al /ˌhəuməᵘˈseksjuəl/ I *adj.* [无比较级]同性恋的;同性恋关系的 II *n.* [C]同性恋者 ‖ **ho·mo·sex·u·al·i·ty** /ˌhəuməᵘˌseksjuˈæliti,ˌhɔməu-/ *n.* [U]

hon·est /ˈɔnist/ *adj.* ❶诚实的;老实的;正直的(见 upright):an *honest* farmer 老实巴交的农民 ❷公正的,公平的:They haven't always been *honest* in their dealings. 他们并不总是进行公平交易。❸真诚的,坦诚的;耿直的,坦率的:Her *honest* appeal moved the judge's heart. 她诚恳的请求打动了法官的心。‖ ˈ**hon·es·ty** /-ti/ *n.* [U]

hon·est·ly /ˈɔnistli/ *adv.* ❶诚实地;正直地 ❷公平地,公正地:deal *honestly* with sb. 与某人进行公平交易 ❸[用以加强语气]真的;的确;实在:Do you *honestly* think she'd believe me? 你真的认为她会相信我?

hon·ey /ˈhʌni/ I *n.* ❶[U]蜜,蜂蜜:Bees make *honey* and wax. 蜜蜂酿蜜和蜡。❷[C]〈口〉[常用作称呼语]亲爱的(人),宝贝,心肝:It's great to see you, *honey*! 宝贝儿,见到你太高兴了! II *adj.* [作定语](似)蜂蜜的;含蜜的;甜蜜的

hon·ey·bee /ˈhʌniˌbiː/, **honey bee** *n.* [C]【昆】蜜蜂

hon·ey·comb /ˈhʌniˌkəum/ *n.* [C]蜂巢,蜂窝:a piece of *honeycomb* 一个蜂巢〔亦作 **comb**〕

hon·ey·dew /ˌhʌniˌdᶦuː/ *n.* [C;U]甜瓜,香瓜,白兰瓜:*Honeydews* are not on sale. 甜瓜还未

H

上市。

hon·eyed /ˈhʌnid/ *adj.* ❶含蜜的；如蜜的 ❷奉承的，甜言蜜语的：*honeyed* words 甜言蜜语 ❸(声音)甜美的，悦耳的：*honeyed* tones 悦耳的音调〔亦作 **honied**〕

hon·ey·moon /ˈhʌniˌmuːn/ *n.* [C] ❶蜜月，蜜月假期；新婚旅行：go on [for] a *honeymoon* 蜜月旅行 ❷(新关系确立后出现的)和谐期 ‖ ˈ**hon·eyˌmoon·er** *n.* [C]

honk /ˈhɔŋk/ *vi.* ❶雁叫 ❷发出雁叫般的声音；(汽车喇叭等的)鸣响：The fogbound ship *honks* mournfully. 一艘被雾困住了的船发出凄凉的鸣笛声。—*vt.* ❶雁鸣般地说出 ❷鸣(喇叭)：*honk* the horn 按喇叭 ‖ ˈ**honk·er** *n.* [C]

hon·or /ˈɔnəʳ/ *n.*, *vt.* & *adj.* 〈主美〉＝honour

hon·or·a·ble /ˈɔnərəbᵊl/ *adj.* 〈主美〉＝honourable

hon·o·rar·i·um /ˌɔnəˈreəriəm/ *n.* [C]([复] **-i·ums**或**-ia** /-iə/) 酬金；谢礼

hon·or·ar·y /ˈɔnᵊrᵊri/ *adj.* [通常作定语]荣誉的；名誉的：an *honorary* degree 名誉学位

hon·or·if·ic /ˌɔnəˈrifik/ **I** *adj.* [作定语] ❶表示敬意的；尊称的：an *honorific* monument 光荣的纪念碑 ❷【语】敬语的：*honorific* words 敬辞 **II** *n.* [C] ❶【语】(尤指东方语言中的)敬语 ❷尊称

H

hon·o(u)r /ˈɔnəʳ/ **I** *n.* ❶[U]正义感；道义：a man of *honour* 正直的人 ❷[通常用单]增光的人(或事情)：It's a great *honour* to be acquainted with you. 认识您我感到十分荣幸。❸[U]尊敬；崇敬；敬意：show *honour* to 向…表示敬意 ❹[U]名声，名誉，声誉；荣誉，荣耀：sense of *honour* 荣誉感 ❺[通常用单]荣幸；特许的权利：We have the *honour* to inform you that you have won the first prize. 我们荣幸地通知您，您获得了一等奖。**II** *vt.* ❶尊敬；尊重；赞扬：*honour* one's parents 孝敬父母 ❷使增光；给…以光荣(或光荣称号)；给…授勋(或颁奖等)：Will you *honour* us with a visit? 可否请您光临？❸履行；执行：*honour* a contract 履行合同 ‖ ***do honour to*** *vt.* 使增光；给…带来荣誉：He *did honour to* his country. 他为祖国增了光。***do the honours*** *vi.* 尽主人之谊：*do the honours* of one's house 尽地主之谊 ***on*** [***upon***] ***one's honour*** *adj.* & *adv.* 以名誉(或人格)担保：*On my honour*, it is true. 我以名誉担保，这是真的。‖ ˌ**hon·or'ee** *n.* [C] —ˈ**hon·or·er** *n.* [C]

hon·o(u)r·a·ble /ˈɔnərəbᵊl/ *adj.* ❶正直的；诚实的；光明正大的(见 upright)：have an *honourable* mind 为人正直 ❷荣誉的；光荣的；增光的：*honourable* discharge from the army 光荣退伍 ❸[常作 the H-][无比较级][作定语][用于贵族及其子女、高级官员、议员等名字前，以示敬意]尊敬的(略作 **Hon.**)：The *Honourable* Tony Blair 托尼·布莱尔阁下 ‖ ˈ**hon·or·a·bly** *adv.*

hood /hud/ *n.* [C] ❶风帽；头巾；(修道士等袍服上的)兜帽：a raincoat with a *hood* 带风帽的雨衣 ❷(童车等的)折合式车篷：put up the *hood* 撑起车篷 ❸(汽车的)引擎罩 ‖ ˈ**hood·ed** *adj.*

hood·lum /ˈhuːdlᵊm/ *n.* [C] ❶暴徒，恶棍，歹徒 ❷小流氓，阿飞

hood·wink /ˈhudˈwiŋk/ *vt.* 欺骗，蒙骗，使上当：He *hoodwinked* us into agreeing. 他用欺骗的办法使我们同意。

hoo·ey /ˈhuːi/ *n.* [U]〈口〉胡说，废话

hoof /huf, huːf/ *n.* [C]([复] **hoofs** 或 **hooves** /huːvz/) (马、牛、羊等有蹄动物的)蹄；脚：the *hooves* of sheep 羊蹄 ‖ **hoofed** *adj.*

hook /huk/ **I** *n.* [C] ❶钩；钩子；夹子：put one's coat on the *hook* 把外套挂在衣钩上 ❷鱼钩，钓钩：a fish *hook* 鱼钩 ❸【体】(拳击中的)勾拳：a left *hook* 左勾拳 **II** *vt.* ❶钩；钩住；用钩连接：*hook* the rope over the nail 把绳子套在钉子上 ❷钓(鱼)：He *hooked* a fish. 他钓到一条鱼。—*vi.* 钩住；钩牢：The buttons *hook* easily to their fastenings. 这些纽扣很容易扣上。‖ ***by hook or*** (***by***) ***crook*** *adv.* 千方百计地，想方设法地：The merchant swore to get rid of the sale *by hook or by crook.* 这个商人发誓要想尽一切办法把这批货卖出去。***hook up*** *vt.* 接通；连接(电器、电子等设备)：The electrician *hooked up* the doorbell. 电工装上了门铃。***off the hook*** *adj.* 逃脱责任的；脱离危险(或困境)的：let sb. *off the hook* 放过某人

hook and eye *n.* [C](衣服上的)眼扣

hooked /hukt/ *adj.* ❶钩的；钩状的，如钩般弯曲的：a *hooked* nose 鹰钩鼻 ❷有钩的，带钩的 ❸用钩针编织的：a *hooked* sweater 用钩针编织的毛衣 ❹[作表语]上瘾的(*on*)：be *hooked on* heroin

吸食海洛因成瘾 ❺[作表语]着迷的,痴迷的(on): He was *hooked on* computers. 他痴迷计算机。

hook·er /ˈhukəʳ/ *n.* [C]〈俚〉妓女

hook·ey /ˈhuki/ *n.* =hooky

hook·up /ˈhukʌp/ *n.* [C] ❶连接;接合: a satellite *hookup* 卫星连接 ❷接线,连接装置

hook·worm /ˈhukwəːm/ *n.* ❶[C]【动】钩虫 ❷[U]【医】钩虫病

hook·y /ˈhuki/ *n.* [U]逃学;旷工〔亦作 **hookey**〕

hoo·li·gan /ˈhuːligᵊn/ *n.* [C]小流氓,小痞子,阿飞;街头暴徒(或恶棍): a gang of *hooligans* 一帮小流氓 ‖ **ˈhoo·li·ganˌism** *n.* [U]

hoop /huːp,hup/ *n.* [C] ❶环;圈: a metal *hoop* 金属环(或圈) ❷(桶等的)箍

hoo·ray, hoo·rah /huˈrei/ *int.*, *vi.* & *n.* =hurrah

hoot /huːt/ I *vi.* ❶(因反对或蔑视而)大声喊叫;叫骂: *hoot* at a speaker 向发言者发出嘘叫声 ❷(猫头鹰)鸣叫;发出猫头鹰般的叫声: I could hear an owl *hooting*. 我能听到一只猫头鹰在鸣叫。—*vt.* (用喊叫声)对…大喊大叫: *hoot* sb. away 把某人轰走 II *n.* [C] ❶猫头鹰的叫声 ❷猫头鹰鸣叫般的声音: the *hoot* of the train in the distance 远方火车的鸣鸣声 ❸(尤指表示反对、嘲笑等的)喊叫声: *hoots* of rage 愤怒的叫嚷 ❹〈俚〉滑稽的人;可笑的事情: That play was an absolute *hoot*. 那部剧好笑极了。 ‖ **ˈhoot·er** *n.* [C]

hooves /huvz,huːvz/ *n.* hoof 的复数

hop[1] /hɔp/I(hopped; hop·ping) *vi.* ❶(鸟、蛙等的)跳跃: The rabbit *hopped* across the field. 野兔一蹦一跳地穿过田野。❷快速行走;跳: *hop* out of bed 跃身起床 ❸跳上汽车(或火车、船只、飞机等): *hop* into a car 跳进汽车 —*vt.* ❶跳过,跃过: The sheep *hopped* the fence. 羊群跃过了栅栏。❷跳上(汽车、火车、船只、飞机等),赶乘: *hop* the early train 赶早班火车 II *n.* [C] ❶(鸟、蛙等的)跳跃;(人的)单足跳 ❷快速行走;跳

hop[2] /hɔp/ *n.* [～s]啤酒花 ‖ ***hop up*** *vt.* 〈俚〉使激动,使情绪激昂: *hop* the crowd *up* with fiery speeches 用激烈的演讲煽动群众

hope /həup/ I *n.* ❶[U;C]希望,期望,期盼: lose all *hope* of success 对胜利不抱一点希望 ❷[U]被寄予希望的人(或事物): Doctors say his only *hope* is a transplant. 医生说他唯一的希望是做器官移植手术。❸[C]希望的东西;期望的事情: realize one's boyhood *hope* 实现少年时代的梦想 II *v.* 希望,期望,期盼: I *hope* a great success for you. 我希望你获得巨大成功。 ‖ ***hope against hope*** *vi.* 存一线希望: They are *hoping against hope* for some favourable turn in affairs. 他们希望事情会出现转机。

☆**hope, wish** 均有"希望,希望"之意。**hope** 指意欲获得积极有利的结局或结果,不强调实现的可能性,暗示抱有信心: She *hopes* to find a job soon. (她希望能很快找到一份工作。) **wish** 常指带有幻想或一厢情愿的希望,暗含不切实际之义,该词后接 that 引导的从句时常用虚拟语句: I *wish* I were 20 years younger. (我希望我能年轻 20 岁。)

hope·ful /ˈhəupfᵊl/ *adj.* ❶[通常作表语]抱有希望的;充满期望的;持乐观态度的: We were quite *hopeful* of a successful agreement. 我们对成功签约抱有很大希望。❷给人以希望的,有希望的: a *hopeful* pupil 前途无量的学生 ‖ **ˈhope·ful·ness** *n.* [U]

hope·ful·ly /ˈhəupfᵊli/ *adv.* ❶抱有希望地: The little boy looked at her *hopefully* as she handed out the sweets. 她发糖果时,那个小男孩眼巴巴地望着她。❷[无比较级]但愿;作为希望: *Hopefully*, the Chinese team will win the game. 但愿中国队能赢得这场比赛。

hope·less /ˈhəuplis/ *adj.* ❶不抱希望的,没指望的: a *hopeless* sigh 失望的唉声叹气 ❷令人失望的,让人绝望的: a *hopeless* case 不治之症 ❸(人)没用的,无能的: She was *hopeless* at tennis. 她怎么也学不会打网球。 ‖ **ˈhope·less·ly** *adv.* —**ˈhope·less·ness** *n.* [U]

☆**hopeless, despairing, desperate, despondent** 均有"失望,绝望"之意。**hopeless** 指完全失去希望、不再努力争取的,有时含接受或顺从的意思,但不一定有消沉沮丧之意: The situation of the trapped miners is *hopeless*. (被困矿工已身陷绝境。) **despairing** 常指由于天灾人祸造成的局势使人一时感到希望完全破灭而极度沮丧的: a *despairing* look (绝望的眼神) **desperate** 指彻底绝望但不放弃努力而是不顾一切地采取极端行动的: be in a *desperate* situation (身处绝境) **despondent** 指因感到失望、确信继续

H

努力也是徒劳无益而意志消沉或灰心丧气的：Her rejection of his proposal left him *despondent*.（她拒绝了他的求婚，这使他情绪低落。）

hop•per /ˈhɔpəʳ/ *n.* [C] ❶跳跃者；会跳跃的东西 ❷跳虫（如跳蚤、蚱蜢等）

hop•ping /ˈhɔpiŋ/ *adj.* 忙碌的 ‖ ***hopping mad*** *adj.* 恼怒的，暴跳如雷的

horde /hɔːd/ *n.* [C] 一群，一帮，一伙（见 crowd）：come in *hordes* 蜂拥而至

ho•ri•zon /həˈraizᵊn/ *n.* ❶[C]地平（线）；天际 ❷[通常作～s]视野；眼界；见识：broaden sb.'s *horizons* 开阔视野 ‖ ***on the horizon*** *adj.* 即将来临的；初见端倪的：The new threat *on the horizon* is unemployment. 渐渐出现的新威胁就是失业。

hor•i•zon•tal /ˌhɔriˈzɔntᵊl/ *adj.* [无比较级] ❶水平的，与地平线平行的；横（向）的：*horizontal* distance 水平距离 ❷平的，平坦的：a *horizontal* surface 平坦的表面 ‖ **ˌhor•iˈzon•tal•ly** *adv.*

hor•mone /ˈhɔːməun/ *n.* [C]【生化】❶荷尔蒙，激素 ❷人工合成激素 ‖ **her•mon•al** /ˈhɔːməunᵊl/ *adj.*

horn /hɔːn/ *n.* ❶[C]（牛、羊等动物的）角；（鹿的）茸角 ❷[U]角质；角质物 ❸[C]【音】号；法国号：a French *horn* 法国号 ❹[C]警报器；喇叭形扬声器：blow the car *horn* 鸣汽车喇叭 ‖ ***blow one's own horns*** *vi.* 自吹自擂：He is an agreeable fellow, but likes to *blow his own horns*. 他这个人挺随和，可就是喜欢自我吹嘘。***horn in*** *vi.* 〈口〉插嘴，插话，打断他人说话（*on*）：When I tried to talk to him, she *horned in*. 我想跟他说话时她插嘴了。***lock horns*** *vi.* 冲突，抵触（*with*）：They *locked horns with* their critics. 他们的意见与评论家的相左。***on the horn of a dilemma*** *adj.* 进退维谷的，左右为难的 ***toot one's own horns*** *vi.* ＝blow one's own horns ‖ **horned** *adj.* —ˈ**horn•less** *adj.*

hor•net /ˈhɔːnit/ *n.* [C]【昆】大黄蜂

horn•y /ˈhɔːni/ *adj.* ❶角的；角质的；角制的：*horny* material 角质 ❷有角的 ❸像角一样坚硬的；有老茧的：His feet were *horny*. 他的双脚粗硬起茧。

hor•o•scope /ˈhɔrəˌskəup/ *n.* [C]❶【天】（尤指用于占星术的）天宫图 ❷占星术：cast *horoscopes* 占星算命

hor•ren•dous /həˈrendəs/ *adj.* 可怕的，骇人的：a *horrendous* crime 令人发指的罪行 ‖ **horˈren•dous•ly** *adv.*

hor•ri•ble /ˈhɔrəbᵊl/ *adj.* ❶可怕的，骇人听闻的，令人毛骨悚然的（见 awful）：a *horrible* murder case 一起骇人听闻的命案 ❷极讨厌的；使人极不愉快的；糟透的：a *horrible* mess 一塌糊涂 ‖ ˈ**hor•ri•ble•ness** *n.* [U] —ˈ**hor•ri•bly** *adv.*

hor•rid /ˈhɔrid/ *adj.* ❶可怕的，吓人的，恐怖的：a *horrid* scene 可怕的场景 ❷极讨厌的，令人极不愉快的：a *horrid* smell 极其难闻的气味 ‖ ˈ**hor•rid•ly** *adv.*

hor•rif•ic /həˈrifik/ *adj.* 令人惊恐的，可怕的，恐怖的：*horrific* damage to the ecology of the Gulf 对海湾地区生态环境骇人的破坏

hor•ri•fy /ˈhɔrifai/ *vt.* 使恐惧；使受惊吓；使震惊（见 dismay）：They were *horrified* at the news. 他们听到这个消息时惊呆了。

hor•ror /ˈhɔrəʳ/ *n.* ❶[U]恐惧；恐怖；惊恐；震惊：give sb. a thrill of *horror* 叫某人不寒而栗 ❷[C]令人恐惧（或惊恐、震惊）的事物：*horrors* of trench warfare 堑壕战的恐惧场景

horse /hɔːs/ *n.* （[复]**hors•es**或 **horse**）❶[C]马 ❷[C]供骑（或跨坐）的东西；似马的东西 ‖ ***eat like a horse*** *vi.* 大吃大喝，狂吃滥饮 ***from the horse's mouth*** *adv.* （消息等）直接得来地，可靠地：information obtained *from the horse's mouth* 可靠的消息 ***hold one's horses*** *vi.* 〈口〉有耐心，忍耐；*Hold your horses*; we'll be there in a minute. 耐心点，我们立马就到。***horse around*** *vi.* 〈口〉捉弄人；开玩笑；胡闹：He *horsed around* quite a lot when he was at secondary school. 他上中学时成天地捣蛋。

horse•back /ˈhɔːsˌbæk/ **I** *n.* [C]马背 **II** *adv.* [无比较级]在马背上：ride *horseback* 骑马 **III** *adj.* [无比较级][作定语]在马背上的：*horseback* riding 骑马

horse chestnut *n.* [C] ❶【植】七叶树 ❷七叶树的果实

horse•flesh /ˈhɔːsˌfleʃ/ *n.* [总称]马；（尤指）赛马

horse•fly /ˈhɔːsˌflai/ *n.* [C]【昆】马蝇

horse•hair /ˈhɔːsˌheəʳ/ *n.* [U]马鬃

horse•hide /ˈhɔːsˌhaid/ *n.* [U]马皮，马革

horse•man /ˈhɔːsmᵊn/ *n.* [C]([复] **-men** /-mᵊn/) ❶牧马人；马夫 ❷骑手；马术师 ❸骑马的人 ‖ ˈ**horse•manˌship** *n.* [U]

horse•pow•er /ˈhɔːsˌpauəʳ/ *n.* [U] ❶【物】马力(功率单位，略作 **HP, H. P., hp, h. p.**)(1 马力＝每秒 550 英镑的功＝745.7 瓦特) ❷有效功率

horse•shoe /ˈhɔːsˌʃuː, ˈhɔːʃuː/ *n.* [C] ❶马蹄铁；马掌 ❷马蹄形东西；U 形物：*horseshoe* magnet 马蹄形磁铁

horse•whip /ˈhɔːsˌwip/ **I** *n.* [C]马鞭 **II** *vt.* (**-whipped; -whip•ping**) 用马鞭抽打

horse•wom•an /ˈhɔːswumᵊn/ *n.* [C]([复] **-wom•en** /-wimin/) ❶女牧马人；女马夫 ❷女骑手；女马术师 ❸骑马的女人 ‖ ˈ**horse•wo•manˌship** *n.* [U]

hors•(e)y /ˈhɔːsi/ *adj.* ❶马的；似马的：a *horsy* smell 马的气味 ❷爱马的；爱赛马的：He and his companions were *horsy* and card-playing. 他和他的伙伴们喜爱赛马和打牌。❸粗大笨拙的

hor•ti•cul•ture /ˈhɔːtiˌkʌltʃəʳ/ *n.* [U]园艺学 ‖ **hor•ti•cul•tur•al** /ˌhɔːtiˈkʌltʃᵊrᵊl/ *adj.* —ˌ**hor•tiˈcul•tur•ist** *n.* [C]

hose /həuz/ *n.* [C] ❶([复]**hos•es**)(浇水、消防等用的)软管；水龙带：a vacuum cleaner *hose* 真空吸尘器软管 ❷([复]**hose**)袜子：a pair of *hose* 一双袜子

ho•si•er•y /ˈhəuʒᵊri, ˈhəuziəri/ *n.* [U][总称]袜子，袜类

hos•pice /ˈhɔspis/ *n.* [C]救济院；(晚期病人的)收容所

hos•pi•ta•ble /ˈhɔspitəbᵊl, hɔˈspit-/ *adj.* ❶款待周到的；好客的；殷勤的：The villagers were *hospitable to* every visitor. 乡亲们殷勤接待每一位客人。❷热情的，诚挚的：a *hospitable* smile 热情的微笑 ‖ ˈ**hos•pi•ta•bly** *adv.*

hos•pi•tal /ˈhɔspitᵊl/ *n.* [C; U]医院：a maturity *hospital* 产科医院

hos•pi•tal•i•ty /ˌhɔspiˈtæliti/ *n.* [U](对客人或陌生人的)热情款待；好客；殷勤：give [extend] *hospitality* to sb. 殷勤款待某人

host¹ /həust/ **I** *n.* [C] ❶主人；东道主：Yesterday we played *hosts* to a few friends. 昨天我们做东招待了几位朋友。❷(广播、电视等的)节目主持人：a talk show *host* 访谈(或"脱口秀")节目主持人 ❸(会议、比赛等的)主办者；主办国：serve as *host* for the world's football tournament 当世界足球锦标赛的东道国 **II** *vt.* ❶招待，接待；做…的主人(或东道主)：*host* the tourists 接待游客 ❷主持(节目)：*host* a TV programme 主持电视节目

host² /həust/ *n.* [C] 一大群；许多(*of*)(见 crowd)：a *host of* details 细枝末节

hos•tage /ˈhɔstidʒ/ *n.* [C]人质：hold sb. *hostage* 把某人扣为人质

hos•tel /ˈhɔstᵊl/*n.* [C]青年招待所〔亦作 **youth hostel**〕 ‖ ˈ**hos•tel•er** *n.* [C]

hos•tel•ry /ˈhɔstᵊlri/ *n.* [C]客栈；旅店

host•ess /ˈhəustis/*n.* [C] ❶女主人；女东道主 ❷(电台、电视台的)女主持人

hos•tile /ˈhɔstail/ *adj.* ❶[无比较级][作定语]敌人的，敌方的：*hostile* nations 敌国 ❷反对的；不利的：*hostile* criticism 批评 ❸怀有敌意的；不友好的：give sb. a *hostile* look 向某人投去含敌意的一瞥 ‖ ˈ**hos•tile•ly** *adv.*

hos•til•i•ty /hɔˈstiləti/ *n.* ❶[U]敌意；敌视；敌对：feelings of *hostility* 敌对情绪 ❷[C]敌对行为；战争：*Hostilities* broke out between the two nations. 两国间爆发了战争。❸[U](对思想、计划等的)反对，抵制：The reform programme was greeted with much *hostility*. 改革计划遭到了众人的反对。

hot /hɔt/ **I** *adj.* (**hot•ter; hot•test**) ❶热的；灼热的，烫的：a *hot* summer day 炎热的夏日 ❷[作表语]感到热的，有热感的：be *hot* with fever 发烧 ❸辣的，辛辣的：Pepper makes food *hot*. 胡椒粉使食物变辣。❹[通常作定语]激动的；愤怒的，狂暴的：*a hot* temper 火暴性子 ❺〈口〉热门的；时髦的；极其风行的；红极一时的：These plays are the town's *hot* tickets. 这些戏剧成了镇上的票房卖点。**II** *adv.* (**hot•ter; hot•test**) 热地：drink the milk *hot* 趁热把牛奶喝掉 ‖ **(all) *hot and bothered*** *adj.* 〈口〉激动的；烦躁不安的 ***hot and heavy*** *adv.* 〈口〉激烈地，猛烈地 ‖ ˈ**hot•ness** *n.* [U]

☆**hot, warm** 均有"热的，温暖的"之意。**hot** 所指的温度比 warm 高，表示热的或炎热的，强调令人产生不舒服的感觉：The handle is too *hot*

H

to touch.（把手太烫，不能碰。）/ *hot* weather（炎热的天气）**warm** 表示温暖的或暖和的，意指温度适中，令人感觉舒服：I could lie in a *warm* bath for hours.（洗热水澡时我能在浴缸里躺几个小时。）

hot air *n.* [U]〈俚〉空话；大话；夸夸其谈

hot·bed /ˈhɔtˌbed/ *n.* [C] ❶（培育植物的）温床 ❷〈喻〉温床，（尤指坏事的）滋生地：a *hotbed* of crime 滋生犯罪的温床

hot-blood·ed /ˌhɔtˈblʌdid/ *adj.* ❶易激动的；冲动的：*hot-blooded* adventurers 感情用事的冒险者 ❷感情强烈的；热切的：*hot-blooded* love 炽热的爱

hot dog *n.* [C] ❶热狗（一种中间夹有香肠等的面包）❷〈俚〉（运动员等）技艺高超的人

ho·tel /həuˈtel/ *n.* [C]饭店，宾馆，旅馆，旅社：a five-star *hotel* 五星级宾馆

ho·tel·ier /həuˈteliəʳ/ *n.* [C]旅馆老板（或经理）

hot·head /ˈhɔtˌhed/ *n.* [C]性子急的人；易冲动的人，好感情用事的人 ‖ ˈ**hot**ˌ**head·ed** *adj.* —ˈ**hot**ˌ**head·ed·ly** *adv.* —ˈ**hot**ˌ**head·ed·ness** *n.* [U]

hot·house /ˈhɔtˌhaus/ *n.* [C]（[复]-**hous·es** /-ˌhauziz/）温室，暖房

hot line *n.* [C] ❶专线，热线（指在危机时期为便于政府首脑进行紧急磋商而设的直通通信专线）：the *hot line* between Washington and Moscow 华盛顿与莫斯科之间的热线 ❷（企业、专业服务机构等开设的提供信息、咨询或接受投诉等的）电话热线

hot·ly /ˈhɔtli/ *adv.* ❶愤怒地，怒气冲冲地 ❷紧密地，紧紧地

hot potato *n.* [C]难题，棘手问题，烫手的山芋

hot seat *n.* [通常作 **the h- s-**]〈俚〉❶＝electric chair ❷困境，尴尬处境

hot·shot /ˈhɔtˌʃɔt/〈俚〉**I** *adj.* [作定语] ❶内行的，经验丰富的，艺高而自负的：a *hotshot* surgeon 医术高明的外科医生❷卖弄的，夸耀的：a *hotshot* ballplayer 卖弄自己球技的球员 **II** *n.* [C]本领高强的人，才华出众的人；能人

hot spot *n.* [C] ❶事件（或冲突）频发地区；不断发生战争的地区；多灾区 ❷热闹的（娱乐）场所

hot water *n.* [U] ❶热水 ❷困境：get into *hot water* 陷入困境

hound /haund/ **I** *n.* [C] ❶猎狗 ❷（泛指）狗 **II** *vt.* 烦扰，纠缠：*hound* sb. to get the work done 逼某人把工作干完

hour /ˈauəʳ/ *n.* [C] ❶小时（略作 **hr.**）：an *hour*'s drive 一小时的开车路程 ❷（24 小时计时制中的）点钟；钟点：What is the *hour*? 几点钟了？❸（特定或约定的）时间，时刻：meet at the appointed *hour* 在约定时间会面 ❹目前；现在：the need of the *hour* 当务之急 ❺[～s]（用于工作、学习等的）固定时间；（通常的）起床和睡觉时间：the hospital's visiting *hours* 医院的病人探望时间 ❻一小时的行程：Shanghai's only two *hours* away. 到上海只需两个小时。‖ ***on the hour*** *adv.* 正点地：The trains leave every hour *on the hour*. 火车每个小时正点出发。

hour·glass /ˈauəˌglɑːs;-glæs/ **I** *n.* [C]（计时用的）沙漏 **II** *adj.* [作定语]沙漏形的

hour·ly /ˈauəli/ [无比较级] **I** *adj.* [作定语] ❶每小时（一次）的：an *hourly* news broadcasts 每小时一次的新闻广播 ❷按钟点计算的，以小时计算的：*hourly* wages 计时工资 ❸按小时计酬的：*hourly* worker 钟点工 **II** *adv.* 每小时（一次）地：*hourly*-paid workers 钟点工

house I /haus/ *n.* [C]（[复]**hous·es** /ˈhauziz/）❶房屋；住所，住宅（见 building）：from *house* to *house* 挨家挨户地 ❷家，家庭：a happy *house* 幸福之家 ❸[与其他名词连用构成复合词]场所，处所；（动物的）栏；棚；窝；笼；巢：club *house* 俱乐部 ❹剧院；音乐厅；礼堂；（剧院或音乐厅等的）观众：The show played to packed *house* last night. 这部戏昨晚上演时爆棚了。❺[常作 **H-**]（尤指两院制政体中的）议院，议会；议院大楼：The *House* rose to its feet. 全体议员起立。❻[常作 **H-**]公司；（商）号；（商）行；商业机构：a publishing *house* 出版社 **II** /hauz/ *vt.* ❶为…提供住房；给…房子用；留宿，收留：*house* the poor 为穷人提供住房 ❷容纳：The auditorium *houses* over 1,000 people. 这个礼堂能容纳1 000多人。‖ ***bring down the house*** [***bring the house down***] *vi.* 博得全场喝彩：His performances *brought the house down*. 他的演出得了满堂彩。***keep house*** *vi.* 料理家务；当家：She *keeps house* for my father. 她替我父亲料理家务。***on the house*** *adv.* 赠送地；免费地：Minor repairs were often done *on the house*. 小

修小补通常不收费。‖ ˈ**house•ful** *n.* [C]

house arrest *n.* [U]【律】软禁：put [place] sb. under *house arrest* 软禁某人

house•boat /ˈhausˌbəut/ *n.* [C]船宅(供居住用的船只)；水上住宅

house•break•er /ˈhausˌbreikəʳ/ *n.* [C]破门而入者；入室行窃(或抢劫)的盗贼

house•hold /ˈhausˌhəuld/ **I** *n.* [C][用作单或复]同住一家的人；家庭；户：a Christian *household* 一个信奉基督教的家庭 **II** *adj.* [无比较级][作定语] ❶家庭的：*household* expenses 家庭开支 ❷家用的：*household* bleach 家用漂白粉

house•keep•er /ˈhausˌkiːpəʳ/ *n.* [C]持家者；家庭主妇；管家 ‖ ˈ**houseˌkeep•ing** *n.* [U]

house•maid /ˈhausˌmeid/ *n.* [C]女仆；女佣

house•wife /ˈhausˌwaif/ *n.* [C]([复]**-wives** /-ˌwaivz/) 家庭主妇，家庭妇女 ‖ ˈ**houseˌwife•ly** *adj.*

house•work /ˈhausˌwəːk/ *n.* [U]家务，家事

hous•ing /ˈhauziŋ/ *n.* [U][总称]房屋，住宅：provide cheap *housing* for the poor 为穷人提供廉价住房

hov•el /ˈhʌvᵊl, ˈhɔv-/ *n.* [C]简陋小屋；肮脏杂乱的住所

hov•er /ˈhʌvəʳ, ˈhɔv-/ *vi.* ❶(鸟、昆虫、直升机等)盘旋，悬停：a kite *hovering* overhead 悬停在头顶的风筝 ❷滞留在附近；徘徊：He kept *hovered* outside my office. 他一直在我办公室外面徘徊。❸犹豫不决，彷徨：*hover* between the two alternatives 在两种选择之间摇摆不定

hover•craft /ˈhʌvᵊkrɑːft, ˈhɔv-;-kræft/ *n.* [时作 H-][单复同]气垫船；气垫飞行器；气垫运载工具

how /hau/ **I** *adv.* [无比较级] ❶[用以指方式、方法]怎样，怎么，如何：*How* did the fire start? 怎么起火的？❷[用以指程度]多么：*How* difficult is the test? 测试有多难？❸[用以指数量]多少：*How* long do frozen foods keep? 冷冻食品能保存多久？❹[用以指状态、情况]怎么样：*How* is the weather today? 今天天气怎么样？❺[用以指原因、目的]怎么；为什么：*How* could he be so stupid? 他怎么这么笨？❻[用于感叹句中，表示强调]多么，何等：*How* pretty she looks! 她看上去多么漂亮！**II** *conj.* ❶怎样，如何：We are very pleased with *how* things are going. 我们对事情的进展十分满意。❷有关…的方式(或方法、情况等)：Be careful *how* you act. 注意你处事的方法。❸以何种方式，无论如何：I was at a loss *how* to overcome a world of troubles. 我茫然不知如何克服这么多困难。❹[主要用于口语或间接陈述等中，相当于 that]事实是(＝the fact that)：She told us *how* he was honest and could be trusted. 她跟我们讲他为人诚实，可以信赖。‖ ***How about...?*** *prep.* [用于建议]…怎么样：If they don't have pumpkin pie, *how about* apple? 倘若他们没有南瓜馅，用苹果馅怎么样？***How are you?*** [招呼用语]你好吗？(＝How do you do?) ***How come...?*** *adv.* 怎么会…；为什么…：*How come* you're up so early? 你怎么起得这么早？***How do you do?*** [在正式场合介绍与人见面时的招呼用语]你好：“*How do you do?* I'm Angela Black.”“你好！我叫安吉拉·布莱克。”***how so?*** 怎么会这样？为什么？

☆**how** 和 **what** 都可以用来引导感叹句，**how** 通常用于形容词或副词前：*How* nice she is! (她太美了！) / *How* slowly he walks! (他走得太慢了！) **what** 则用于名词性短语前：*What* an idiot I was! (我真是个大白痴！)

how•ev•er /hauˈevəʳ/ **I** *adv.* [无比较级] ❶但是，然而，不过，却：The book is expensive; *however*, it's worth it. 这本书很贵，不过很值。❷不管怎样；无论如何：*However* cold it is, she always goes swimming. 不管天气多冷，她总是去游泳。❸[用以强调]究竟怎样，到底如何：*However* did you find this place? 你到底是怎么找到这个地方的？**II** *conj.* 无论以何种方式，不管怎样：*However* you look at it, it's still a mess. 无论你怎么去看，这仍然是一团糟。

howl /haul/ **I** *vi.* ❶(狼等)凄厉地长嚎，嗥叫；(狗)狂吠：The coyote was *howling* at the moon. 一只山狗对月狂叫。❷(因疼痛、悲伤等而)号哭；哀号；(因愤怒而)吼叫，咆哮，怒吼：She *howled* as the dentist began to pull the bad tooth. 牙科医生开始拔那颗蛀牙时，她直嚷嚷。❸(风等)呼啸，怒号：I lay in bed, listening to the wind *howling*. 我躺在床上，听着风的呼啸声。**II** *n.* [C] ❶(狼等的)凄厉的长嚎，嗥叫；(狗的)狂吠：The dog gave a deep *howl*. 那条狗发出一声低沉的号叫。❷(因疼痛、悲伤等引起的)号哭，哀号；(因愤怒而发出的)吼

叫,咆哮,怒吼:give a *howl* of pain 发出痛苦的哀号 ❸(风等的)呼啸,怒号:the *howl* of the cold wind 寒风怒号

how·ler /ˈhaulə/ *n.* [C] ❶吼叫的人(或动物);能发出吼叫声的东西 ❷可笑的错误,愚蠢的大错:a grammatical *howler* 可笑的语法错误

howl·ing /ˈhauliŋ/ *adj.* [作定语]极大的;极度的,非常的;完全的:a *howling* success 极大的成功

how-to /ˈhauˈtuː/ **I** *adj.* [无比较级][作定语]提供入门知识的;使用指南的:a *how-to* book on photography 摄影入门读物 **II** *n.* [C]([复]**-tos**)入门知识;操作指南

hub /hʌb/ *n.* [C] ❶【机】(轮)毂;旋翼叶毂:the *hub* of a bicycle wheel 自行车的轮毂 ❷(活动、兴趣等的)中心;中枢:The Wall Street is the *hub* of the US financial world. 华尔街是美国金融中心。

hub·bub /ˈhʌbʌb/ *n.* [通常用单]喧嚣,嘈杂,喧闹:a hubbub of voices 嘈杂的声音

hub·cap /ˈhʌbˌkæp/ *n.* [C]【机】(汽车的)毂盖

hu·bris /ˈhjuːbris/ *n.* [U]傲慢,狂妄,自恃

hud·dle /ˈhʌdᵊl/ **I** *vi.* ❶(因寒冷、恐惧等)挤成一团;聚集成群;拥挤:*huddle* together for warmth 挤在一起取暖 ❷(悄悄地)碰头;(秘密)开会:The leaders *huddled* to discuss the matter. 首脑们暗中碰头讨论此事。—*vt.* 使聚集,使挤在一起:The children were *huddled* round the campfire. 孩子们聚集在篝火周围。**II** *n.* [C] 杂乱的一团(或一堆、一群):a *huddle* of meaningless words 一堆毫无意义的词语

hue /hjuː/ *n.* [C] ❶色泽;色调;色度(见 colour):a warm *hue* 暖色调 ❷颜色,色彩(见 colour):all the *hues* of the rainbow 彩虹的七彩颜色 ‖ **hued** *adj.*

hue and cry *n.* [通常用单]叫嚣声;大声抗议;高声报警

huff /hʌf/ *n.* [通常用单](一阵)恼怒;气愤:go [get] into a *huff* 发怒

huff·y /ˈhʌfi/ *adj.* 气呼呼的,恼怒的:What's the use of getting *huffy* about it? 为这事生气有什么用? ‖ **ˈhuff·i·ly** *adv.*

hug /hʌg/ **I** (**hugged**; **hug·ging**) *vt.* ❶搂抱,拥抱:They *hugged* each other when they met at the airport. 他们在机场见面时互相拥抱。❷紧靠,紧挨:The boat *hugged* the shore. 船只紧靠岸边航行。—*vi.* 搂抱在一起,互相拥抱:In an instant they were *hugging*. 顷刻间他们便拥抱在一起。**II** *n.* [C]搂抱,拥抱:Paul greeted his mother with a *hug*. 保罗用拥抱问候他的母亲。‖ **ˈhug·ger** *n.* [C]

huge /hjuːdʒ/ *adj.* 庞大的,巨大的:a *huge* success 巨大的成功 ‖ **ˈhuge·ly** *adv.* —**ˈhuge·ness** *n.* [U]

huh /hʌ/ *int.* ❶[用以表示惊讶、不赞成等]啊;哼:A: We'll go and ask the boss. B: *Huh*? What can he say? 甲:我们去问问老板。乙:啊?他能说什么?❷[用于疑问句句末,表示希望对方同意]是吗:You want to go there, *huh*? 你想去那儿,是吗?

hulk /hʌlk/ *n.* [C] ❶(废旧船只的)船体 ❷(车辆、船只等的)残骸;(被毁建筑物的)空壳架 ❸体格粗壮的人,体态臃肿的人

hulk·ing /ˈhʌlkiŋ/ *adj.* [作定语]大而笨重的;庞大的:a *hulking* great box 一只笨重的大箱子

hull[1] /hʌl/ **I** *n.* [C](谷粒、种子等的)外壳;(水果等的)皮;(豆类的)荚 **II** *vt.* 除去…的壳(或皮、荚等):*hull* the peas before eating them 将豆去荚后再食用

hull[2] /hʌl/ *n.* [C]船体,船壳

hul·la·ba·loo /ˌhʌləbəˈluː/ *n.* [C]([复]**-loos**)吵闹声,喧嚣,喧闹

hum /hʌm/ **I** (**hummed**; **hum·ming**) *vi.* ❶(蜜蜂等)发出嗡嗡声:bees *humming* in the garden 在花园里嗡嗡作响的蜜蜂 ❷哼曲子,哼小调:He began to *hum* to himself. 他开始独自哼起了小曲。**II** *n.* [C](蜜蜂等发出的)嗡嗡声;嗡嗡叫:the *hum* of bees 蜜蜂的嗡嗡声 ‖ **ˈhum·mer** *n.* [C]

hu·man /ˈhjuːmᵊn/ **I** *adj.* ❶[作定语]人的;人类的:*human* behaviour 人的行为 ❷[作定语]由人构成的:the *human* race 人类 **II** *n.* [C]人 ‖ **ˈhu·man·ness** *n.* [U]

human being *n.* [C]人(=human)

hu·mane /hjuːˈmein/ *adj.* ❶仁慈的;仁爱的;人道的;富有同情心的:be *humane* in the treatment of the prisoners 人道地对待囚犯 ❷人文(学科)的:*humane* studies 人文科学 ‖ **huˈmane·ly** *adj.* —**huˈmane·ness** *n.* [U]

hu·man·ise /ˈhjuːmᵊˌnaiz/ *vt.* 〈主英〉= humanize‖ **hu·man·i·sa·tion**/ /ˌhjuːmᵊnaiˈzeiʃᵊn; -niˈz-/ *n.* [U]

hu·man·ism /ˈhjuːməˌnizᵊm/ *n.* [U] ❶[常作 H-](与宗教神学对立的)人本主义 ❷人文主义;人文学科研究 ‖ ˈ**hu·man·ist** *n.* [C] —**hu·man·is·tic** /ˌhjuːməˈnistik/ *adj.*

hu·man·i·tar·i·an /hjuːˌmæniˈteəriən/ *adj.* ❶人道主义的:*humanitarian* aid 人道主义援助 ❷慈善的;仁慈的;博爱的 ‖ ˌ**hu·man·i**ˈ**tar·i·an·ism** *n.* [U]

hu·man·i·ty /hjuːˈmæniti/ *n.* ❶[U][总称]人;人类:This new discovery will contribute to all *humanity*. 这个新发现将对全人类作出贡献。❷[U]人性 ❸[U]人道;仁慈;博爱:His *humanity* toward us will never be forgotten. 我们永远不会忘记他对我们的深情厚谊。❹[the -ties]人文学科:Our school has five departments in *the humanities*. 我们学校有五个文科系。

hu·man·ize /ˈhjuːməˌnaiz/ *vt.* ❶使变得人道(或仁慈等):Steps have been taken to *humanize* the prison system. 已经采取措施使监狱制度变得人道些。❷使具人性,赋人性于:They try to *humanize* their pets. 他们试图使他们的宠物具有人性。〔亦作 **humanise**〕‖ **hu·man·i·za·tion** /ˌhjuːmᵊnaiˈzeiʃᵊn;-niˈz-/ *n.* [U]

hu·man·kind /ˈhjuːmᵊnˌkaind/ *n.* [U][总称]人类

hu·man·ly /ˈhjuːmᵊnli/ *adv.* ❶像人一样地:Judges are *humanly* fallible. 法官是人,难免会犯错误。❷人道地;仁慈地:deal *humanly* with the homeless 怀着仁爱之心对待流离失所者

hu·man·oid /ˈhjuːməˌnɔid/ **I** *adj.* 具有人(类)的特点的;类人的:a *humanoid* robot 仿真机器人 **II** *n.* [C](尤指科幻小说中外星人等的)类人动物

human rights [复] *n.* 人权

hum·ble /ˈhʌmbᵊl/ **I** *adj.* ❶谦逊的,谦虚的,谦卑的:a *humble* smile 谦虚的微笑 ❷地位(或身份等)低下的;(出身等)卑微的,卑贱的:a man from *humble* origins 出身贫寒的人 **II** *vt.* 贬低;使卑微,使卑贱;使名声扫地:He is *humbled* to nothingness. 他被贬得一文不值。‖ ˈ**hum·ble·ness** *n.* [U] —ˈ**hum·bly** *adv.* —ˈ**hum·bler** *n.* [C]

hum·bug /ˈhʌmˌbʌg/ *n.* ❶[U]谎言;骗局;花招,诡计 ❷[C]骗子;假冒者 ❸[U]空话,胡说

hum·drum /ˈhʌmˌdrʌm/ *adj.* 单调的;乏味的:*a humdrum* office job 乏味的办公室工作

hu·mer·us /ˈhjuːmᵊrəs/ *n.* [C]([复]**-mer·i** /-mᵊrai/)【解】肱骨 ‖ ˈ**hu·mer·al** *adj.*

hu·mid /ˈhjuːmid/ *adj.* (空气、气候等)(潮)湿的;湿润的:*humid* air 潮湿的空气 ‖ ˈ**hu·mid·ly** *adv.*

hu·mid·i·fy /hjuːˈmidiˌfai/ *vt.* 使潮湿;使湿润:A small room is more easily *humidified*. 小房间更容易变潮湿。‖ **hu·mid·i·fi·ca·tion** /hjuːˌmidifiˈkeiʃᵊn/ *n.* [U]

hu·mid·i·ty /hjuːˈmiditi/ *n.* [U]湿度

hu·mi·dor /ˈhjuːmiˌdɔːʳ/ *n.* [C]保湿器

hu·mil·i·ate /hjuːˈmiliˌeit/ *vt.* 使丢脸;羞辱,使蒙羞(见 degrade):She *humiliated* me in front of my friends. 她当着我朋友的面羞辱我。

hu·mil·i·at·ing /hjuːˈmiliˌeitiŋ/ *adj.* 令人蒙受耻辱的,丢脸的 ‖ ˈ**hu·mil·i·at·ing·ly** *adv.*

hu·mil·i·a·tion /hjuːˌmiliˈeiʃᵊn/ *n.* ❶[U]耻辱,屈辱,丢脸 ❷[C]让人感到耻辱的事情,让人丢脸的事情

hu·mil·i·ty /hjuːˈmiliti/ *n.* [U]谦逊;谦恭;谦卑:show *humility* 表现出谦恭

hum·ming·bird /ˈhʌmiŋˌbəːd/ *n.* [C]【鸟】蜂鸟

hu·mon·gous /hjuːˈmʌŋgəs,-mɔŋ-/ *adj.* 〈俚〉极大的,其大无比的〔亦作 **humungous**〕

hu·mor /ˈhjuːməʳ/ *n.* & *vt.* 〈主美〉=humour

hu·mor·ous /ˈhjuːmərəs/ *adj.* ❶幽默的,诙谐的:a *humorous* story 一则幽默故事 ❷富于幽默感的:a *humorous* person 富于幽默感的人 ‖ ˈ**hu·mor·ous·ly** *adv.* —ˈ**hu·mor·ous·ness** *n.* [U]

hu·mour /ˈhjuːməʳ/ **I** *n.* [U] ❶幽默,诙谐;滑稽 ❷幽默感(见 wit):a sense of *humour* 幽默感 ❸幽默的言行(或表现、作品等):The story has no *humour* in it. 这个故事一点也不幽默。❹性情,脾气;气质;心情,情绪(见 mood):in good *humour* 心情好地 **II** *vt.* 迎合;迁就;听任于:*humour* a child 迁就孩子 ‖ ˈ**hu·mour·ist** *n.* [C] —ˈ**hu·mour·less** *adj.* —ˈ**hu·mour·less·ly**

H

adv. —ˈ**hu·mour·less·ness** *n.* [U]

hump /hʌmp/ *n.* [C](驼)蜂;(人的)驼背;(动物背部突起的)隆肉:a camel with two *humps* 双峰骆驼 ‖ ***over the hump*** *adv.* 已度过最困难期地

hu·mus /ˈhjuːməs/ *n.* [U]腐殖质

hunch /hʌntʃ/ **I** *vt.* 使隆起;使弓起:*hunch* one's shoulders 耸肩 **II** *n.* [C] ❶直觉,预感:act on one's *hunch* 凭自己的直觉行事 ❷肉峰;隆肉;隆起物

hunch·back /ˈhʌntʃˌbæk/ *n.* [C] ❶驼背者,驼子 ❷【医】驼背,脊柱后凸 ‖ ˈ**hunchˌbacked** *adj.*

hun·dred /ˈhʌndrəd/ *n.* [C]([复]**hundred(s)**) ❶[单复同]一百,100:a [one] *hundred* 100 ❷一百的符号(如 100,C,c 等) ❸[~s]几百(指 100 与 999 之间的数字);许多,大量:I've been there *hundreds* of times. 那儿我去过无数次。‖ ˈ**hun·dredˌfold** *adv.* —ˈ**hun·dredth** *adj.* & *n.* [C]

hun·dred·weight /ˈhʌndrədˌweit/ *n.* [C]([复]**-weight(s)**) 英担(1 英担=100 磅或 45.4 千克)

hung /hʌŋ/ *v.* hang 的过去式和过去分词

H

Hun·gar·i·an /hʌŋˈgeəriən/ **I** *adj.* ❶匈牙利的;匈牙利人的 ❷匈牙利语的 **II** *n.* ❶[C]匈牙利人(或居民);匈牙利人的后裔 ❷[U]匈牙利语

hun·ger /ˈhʌŋgəʳ/ **I** *n.* [U] ❶食欲:The meal should satisfy his hunger. 这顿饭应该能满足他的食欲。❷饿,饥饿:die of *hunger* 饿死 ❸渴望:a *hunger* after [for] knowledge 求知欲 ❹饥荒 **II** *vi.* 渴望,渴求:a nation *hungering* for peace 渴望和平的民族

hunger strike *n.* [C](尤指被关押的犯人等的)绝食抗议:go on (a) *hunger strike* 开始绝食抗议 ‖ **hunger striker** *n.* [C]

hun·gry /ˈhʌŋgri/ *adj.* ❶饥饿的;感到饿的;显出饥饿样子的:children with *hungry* faces 面黄肌瘦的儿童 ❷[作表语]渴望的;如饥似渴的;热切的:*hungry* watchfulness 虎视眈眈 ‖ ***go hungry*** *vi.* 挨饿 ‖ ˈ**hun·gri·ly** *adv.*

hunk /hʌŋk/ *n.* [C] ❶大块;大片(见 chunk):a *hunk* of bread 一大片面包 ❷〈俚〉身材魁梧的男子

hunk·er /ˈhʌŋkəʳ/ *vi.* ❶蹲,蹲坐(*down*):He *hunkered down* and drew diagrams on the sand. 他蹲下身在沙地上画图。❷长时间蹲伏,长久等待(*down*):The civilians *hunkered down* in the bomb shelter. 平民们在防空洞里待了很长时间。

hunt /hʌnt/ **I** *vt.* ❶追猎;捕猎;猎杀:*hunt* buffalos 追猎野牛 ❷追捕(*down*):*hunt down* a kidnapper 追捕绑架者 ❸搜寻:The police are *hunting* the drug smugglers. 警方正在搜寻毒品走私者。—*vi.* ❶打猎,狩猎:go *hunting* 去打猎 ❷搜寻,搜索:*hunt* for a job 寻找工作 **II** *n.* [C] ❶打猎;狩猎:make the necessary preparations for the *hunt* 做好打猎的必要准备 ❷搜寻,搜索:the *hunt* for the escaped prisoner 对逃跑囚犯的搜寻

hunt·er /ˈhʌntəʳ/ *n.* [C] ❶猎人,猎户,狩猎者 ❷搜寻者,搜索者,追逐者:a job *hunter* 求职者

hur·dle /ˈhəːdᵊl/ **I** *n.* [C] ❶【体】(跨栏赛跑所用的)栏架;(跳栏赛马中用作障碍的)跳栏:high *hurdle(s)* 高栏❷[~s][用作单]跨栏比赛 ❸障碍,难关,困难:He's passed the final *hurdle*. 他已通过了最后一关。**II** *vt.* ❶跨越(栏架等);越过(障碍物):*hurdle* the fence 跨越栅栏 ❷克服(困难等);战胜:*hurdle* a multitude of problems 解决一大堆问题 ‖ ˈ**hur·dler** *n.* [C]

hurl /həːl/ *vt.* ❶猛投,用力掷(见 throw):The boys *hurled* themselves against the door. 孩子们用身体使劲撞门。❷大声地说出(或喊出):*hurl* abuse at sb. 大声辱骂某人 ‖ ˈ**hurl·er** *n.* [C]

hur·rah /huˈrɑː/, **hur·ray** /huˈrei/ *int.* [表示高兴、赞同、满意等的呼喊声]好哇,好;万岁:A:It's Mary's party on Saturday. B:*Hurrah*! 甲:星期六是玛丽的宴会。乙:好哇!

hur·ri·cane /ˈhəːrikein,ˈhʌr-/ *n.* [C](尤指北大西洋中的)飓风(风力 12 级,风速 74 英里/小时以上)

hur·ried /ˈhəːrid,ˈhʌr-/ *adj.* 匆忙的;仓促的:answer in a *hurried* manner 仓促作答 ‖ ˈ**hur·ried·ly** *adv.*

hur·ry /ˈhəːri,ˈhʌri/ **I** *vi.* 急忙;赶忙,赶紧:He *hurried* into the town. 他匆匆忙忙进城去了。—*vt.* ❶匆匆忙忙做;使快速移动:*hurry* a letter 匆忙写一封信 ❷使赶紧,使加紧;催促:I *hurried* him on board a ship. 我匆匆地打发他登上一条船。**II** *n.* [U] ❶[用于否定句或疑问句]急需,急迫:There's no *hurry* to hand in the paper. 不必急着交论文。❷匆忙,急忙:She packed a few books in the *hurry* of departure. 仓促动身时,她胡乱地塞了几本书。‖ ***in a hurry*** *adv.* ❶很快,一下子:He finished the assigned work *in a hurry*. 他很快就完成了分配的任务。❷急忙,匆匆忙忙:He wanted *in a hurry* to go home. 他急于回家。

hurt /hɜːt/ **I** (**hurt**) *vt.* ❶使受伤(见 wound):Three people were seriously *hurt* in the accident. 有三个人在事故中受了重伤。❷使疼痛:The old wound still *hurts* him. 他仍感到旧伤隐隐作痛。❸伤害(感情等):I didn't really mean to *hurt* your feelings. 我真的不是想伤害你的感情。—*vi.* ❶痛;疼痛:Her hands are *hurting* from lugging the suitcase. 她提箱子提得手痛了。❷(在情感等方面)受到伤害:The blow to her pride really *hurts*. 她自尊心所受的打击确实伤害了她。**II** *n.* ❶[U](精神上的)痛苦,伤害:feelings of *hurt* 受到伤害的感情 ❷[C]伤,痛:receive a bad *hurt* from the blow 被击成重伤 **III** *adj.* ❶受伤的:a *hurt* leg 受伤的腿 ❷(情感等)受到伤害的:*hurt* pride 受到伤害的自尊心 ❸委屈的:a *hurt* look on the face 满脸委屈的样子 ‖ ***It does*** [***would***, ***will***] ***not hurt***. 没关系;很好:*It wouldn't hurt* (you) to apologize to her. 向她道一声歉不会损失什么。

hurt•ful /ˈhɜːtfᵊl/ *adj.* 令人痛苦的;伤害感情的;造成损害的:Excessive drinking is *hurtful* to your health. 酗酒对身体有害。

hur•tle /ˈhɜːtᵊl/ *vi.* 猛冲;飞奔:The car *hurtled* down the road. 汽车一路飞驰而过。

hus•band /ˈhʌzbᵊnd/*n.* [C]丈夫

hus•band•ry /ˈhʌzbᵊndri/ *n.* [U] ❶农业;饲养业:animal *husbandry* 畜牧业 ❷(资源、钱财等的)节约使用,节省,节俭;精心管理

hush /hʌʃ/ **I** *int.* [用以示意安静]嘘:*Hush*! He's saying his prayers. 嘘!他正在祈祷哩。〔亦作 **shush**〕**II** *vt.* 使安静,使肃静:The teacher *hushed* the children before class. 教师在上课前先让孩子们安静下来。**III** *n.* [通常用单]安静,肃静,寂静,沉默:A *hush* fell on the crowd. 人群顿时静了下来。

hush-hush /ˌhʌʃˈhʌʃ/ *adj.* 〈口〉秘密的,保密的;机密的:a *hush-hush* report 秘密报告

husk /hʌsk/ **I** *n.* [C](果实、种子等的)外皮;壳;荚;(尤指玉米的)苞叶 **II** *vt.* 除去…的外皮(或壳、荚):*husk* corns 剥去玉米苞叶 ‖ **ˈhusk•er** *n.* [C]

husk•y[1] /ˈhʌski/ *adj.* ❶体格健壮的,身强体壮的 ❷(嗓音)嘶哑的,粗哑的:a *husky* voice 粗哑的嗓音

husk•y[2] /ˈhʌski/ *n.* [时作 **H-**][C]爱斯基摩狗

hus•tle /ˈhʌsᵊl/ **I** *vt.* ❶猛挤,猛推,推搡:The police *hustled* the protestors out. 警察把抗议者推了出去。❷催促;急匆匆地做(事):She *hustled* the children off to school. 她急急忙忙送孩子们去上学。❸极力推销:The author went on TV talk shows to *hustle* his newest book. 这位作者在电视访谈节目中极力推销自己的新作。❹强迫…购买商品;强迫…做事:He has managed to *hustle* the big deal. 他已设法通过劝说得到了这笔可观的业务。❺欺骗,诈骗:*hustle* money from tourists 骗游客的钱 ❻〈俚〉通过非法手段赚(钱);非法贩卖:*hustle* drugs 贩卖毒品 —*vi.* ❶挤,推,搡:The woman accused the man of having *hustled* against her. 这位妇女指责那个男子挤了她。❷忙碌;奔忙:*hustle* for wages 为挣工资而奔忙 ❸〈俚〉行骗,诈骗 **II** *n.* ❶[U]挤;推 ❷[U]忙碌;奔忙:the *hustle* and bustle of the city 城市的熙熙攘攘 ❸[C]诈骗行为,欺诈行为 ‖ **ˈhus•tler** *n.* [C]

hut /hʌt/ *n.* [C]小屋,棚屋:a wooden *hut* 小木屋

hutch /hʌtʃ/ *n.* [C] ❶(尤指圈养小动物等的)笼子:a rabbit *hutch* 兔笼 ❷橱柜

hy•brid /ˈhaibrid/*n.* [C] ❶【生】杂(交)种 ❷合成物,混合物:The cello is a kind of *hybrid* between a violin and a double bass. 大提琴是将小提琴和低音提琴糅合在一起的一种乐器。‖ **ˈhy•brid•ism** *n.* [U]

hy•drant /ˈhaidrᵊnt/ *n.* [C]消火栓;给水栓

hy•drau•lic /haiˈdrɔːlik,-drɔlik/ *adj.* [无比较级]水力的,液力的;水压的,液压的:*hydraulic* control 液压控制 ‖ **hyˈdrau•li•cal•ly** /-likᵊli/ *adv.*

hy•drau•lics /haiˈdrɔːliks,-ˈdrɔliks/ [复] *n.*

H

[用作单]水力学

hy·dro·car·bon /ˌhaidrəˈkɑːbᵊn, ˈhaidrəˌkɑːbᵊn/ *n.* [C]【化】烃;碳烃化合物

hy·dro·e·lec·tric /ˌhaidrəuiˈlektrik/ *adj.* [无比较级]水力发电的:a *hydroelectric* power station 水力发电站 ‖ **hy·dro·e·lec·tri·c·i·ty** /ˈhaidrəuilekˈtrisiti/ *n.* [U]

hy·dro·foil /ˈhaidrəuˌfɔil/ *n.* [C] ❶【船】水翼 ❷水翼艇,水翼船

hy·dro·gen /ˈhaidrədʒᵊn/ *n.* [U]【化】氢(1 号元素,符号 H)

hydrogen bomb *n.* [C]氢弹(亦作 **H-bomb**)

hy·dro·pho·bia /ˌhaidrəuˈfəubiə/ *n.* [U] ❶【医】恐水病,狂犬病 ❷恐水,畏水

hy·dro·plane /ˈhaidrəˌplein/ *n.* [C] ❶水上飞机 ❷【船】水上滑行快艇

hy·dro·pon·ics /ˌhaidrəuˈpɔniks/ [复] *n.* [用作单]【植】(植物的)溶液培养;水栽法 ‖ ˌ**hy·dro**ˈ**pon·ic** *adj.*

hy·giene /ˈhaidʒiːn/ *n.* [U] ❶保健(学):mental *hygiene* 心理保健 ❷卫生:environmental *hygiene* 环境卫生 ‖ **hy·gi·en·ic** /ˌhaidʒiˈenik, haiˈdʒen-/ *adj.* —ˌ**hy·gi**ˈ**en·i·cal·ly** /-kᵊli/ *adv.*

hy·gien·ist /haiˈdʒiːnist, -ˈdʒenist, ˈhaidʒinist/ *n.* [C]❶卫生学家;保健专家 ❷牙齿保健员

hymn /him/ *n.* [C]【宗】赞美诗,圣歌

hype /haip/ **I** *vt.* ❶使兴奋;使激动:People's fear of AIDS were *hyped* up by the newspapers. 人们对艾滋病的害怕是由报纸渲染后造成的。❷(以吹捧的手段)为…做广告宣传;对…大加吹嘘:The car was *hyped* as America's answer to foreign imports. 这辆车被吹捧成能与进口车相媲美的美国货。**II** *n.* [U](误导大众或具欺骗性的)夸大其词的广告宣传(或促销活动)

hy·per /ˈhaipəʳ/ *adj.* 〈口〉❶亢奋的;兴奋的:act *hyper* after staying inside for a few days 在里面待了几天后表现得非常兴奋 ❷过分注重的,过于关心的:be *hyper* about proper pronunciation 过于注重发音的准确性

hy·per- /ˈhaipəʳ/ *pref.* ❶表示"过度","过于":*hyper*sensitive,*hyper*bole ❷[用以构成计算机词汇]表示"超的":*hyper*text 超文本

hy·per·ac·tive /ˌhaipəˈræktiv/ *adj.* 极度活跃的;机能亢进的;(儿童)多动的:*hyperactive* children 多动的孩子 ‖ **hy·per·ac·tiv·i·ty** /ˌhaipᵊrækˈtiviti/ *n.* [U]

hy·per·bo·le /haiˈpəːbᵊli/ *n.* [U]【语】夸张法(如 mile-high ice-cream cones 和 This chair weighs a ton 等) ‖ **hy·per·bo·lic** /ˌhaipəˈbɔlik/ *adj.*

hy·per·crit·i·cal /ˌhaipəˈkritikᵊl/ *adj.* [无比较级]吹毛求疵的;苛求的:a *hypercritical* book review 苛刻的书评 ‖ ˌ**hy·per**ˈ**crit·i·cal·ly** *adv.*

hy·per·sen·si·tive /ˌhaipəˈsensitiv/ *adj.* [无比较级] ❶(过于)敏感的:be *hypersensitive* about one's appearance 对自己的外表过分敏感 ❷极易过敏的 ‖ ˌ**hy·per**ˈ**sen·si·tive·ness, hy·per·sen·si·tiv·i·ty** /ˌhaipəˌsensiˈtiviti/ *n.* [U]

hy·per·ten·sion /ˌhaipəˈtenʃᵊn/ *n.* [U]【医】高血压;血压过高 ‖ ˌ**hy·per**ˈ**ten·sive** /-siv/ *adj.*

hy·phen /ˈhaifᵊn/ *n.* [C]连字符,连字号(即"-")

hy·phen·ate /ˈhaifəˌneit/ *vt.* 用连字符连接(或分隔):*hyphenate* a word at the end of a line 在行末用连字符把字分开 ‖ **hy·phen·a·tion** /ˌhaifəˈneiʃᵊn/ *n.* [U]

hyp·no·sis /hipˈnəusis/ *n.* [U]([复] **-ses** /-siːz/) ❶催眠状态:be under deep *hypnosis* 处于催眠后的昏睡状态中 ❷催眠;催眠术

hyp·not·ic /hipˈnɔtik/ **I** *adj.* ❶催眠(术)的:go into a *hypnotic* trance 进入催眠状态 ❷(药物)能引起睡眠的:*hypnotic* drugs 安眠药 **II** *n.* [C]催眠剂;安眠药 ‖ **hyp**ˈ**not·i·cal·ly** /-kᵊli/ *adv.*

hyp·no·tism /ˈhipnəˌtizᵊm/ *n.* [U] ❶催眠术;实施催眠 ❷催眠状态 ‖ ˈ**hyp·no·tist** *n.* [C]

hyp·no·tize /ˈhipnəˌtaiz/ *vt.* 对…施催眠术,使…进入催眠状态:He agreed to be *hypnotized* to remember what had happened. 他同意接受催眠术来回忆发生的事情。

hy·po /ˈhaipəu/ *n.* [C]([复]**-pos**)〈口〉皮下注射器;皮下注射

hy·po- /ˈhaipəu/ *pref.* ❶表示"下的","在下面的":*hypo*dermic ❷表示"少的","不足的":*hypo*glycaemia,*hypo*thermia

hy·po·chon·dria /ˌhaipəˈkɔndriə/ *n.* [U]【医】疑病症(对自己健康过分焦虑引起的一种精神

变态)‖ ˌ**hy·po'chon·dri·ac** /-ˌæk/ *n.* [C]

hy·poc·ri·sy /hi'pɔkrəsi/ *n.* [U;C]伪善(的行为),虚伪(的做法)

hyp·o·crite /'hipəkrit/ *n.* [C]伪善者,伪君子,虚伪者 ‖ **hy·po·crit·i·cal** /ˌhipə'kritikᵊl/ *adj.* —ˌ**hy·po·crit·i·cal·ly** *adv.*

hy·po·der·mic /ˌhaipə'dəːmik/ **I** *adj.* [无比较级]【医】皮下的;皮下组织的;皮下注射的:a *hypodermic* tissue 皮下组织 **II** *n.* [C] ❶皮下注射 ❷皮下注射器;皮下注射用针头

hy·po·gly·c(a)e·mi·a /ˌhaipəuglai'siːmiə/ *n.* [U]【医】低血糖,血糖过少 ‖ ˌ**hy·po·gly'cae·mic** *adj.*

hy·pot(h)·e·nuse /hai'pɔtəˌnjuːz/ *n.* [C]【数】(直角三角形的)弦,斜边

hy·poth·e·sis /hai'pɔθisis, hi-/ *n.* [C]([复] **-ses** /-ˌsiːz/)假设,假定:raise a *hypothesis* 提出假设

hy·poth·e·size, hy·po·th·e·sise /hai'pɔθiˌsaiz, hi-/ *vi.* 假设,假定:There's no point *hypothesizing* about how the world began. 对世界起源之说作出假设毫无意义。—*vt.* 对…作出假设:We *hypothesized* that she was really a spy. 我们假设她真的是一个间谍。

hy·po·thet·i·cal /ˌhaipə'θetikᵊl/, **hy·po·thet·ic** /-'θetik/ *adj.* 假设的,假定的:a *hypothetical* situation 假设的情况 ‖ ˌ**hy·po'thet·cal·ly** *adv.*

hys·ter·ec·to·my /ˌhistə'rektᵊmi/ *n.* [U]【医】子宫切除(术)

hys·te·ria /hi'steriə,-'stiər-/ *n.* [U]歇斯底里;过度的恐惧(或悲伤等)

hys·ter·ic /hi'sterik/ **I** *n.* [C] ❶[~s]一阵歇斯底里 ❷歇斯底里发作者 **II** *adj.* =hysterical

hys·ter·i·cal /hi'sterikᵊl/ *adj.* ❶(患)歇斯底里的 ❷歇斯底里般的;(情绪等)异常激动的:His eyes blazed with *hysterical* rage. 他的眼睛闪着熊熊怒火。‖ **hys'ter·i·cal·ly** *adv.*

Hz *abbr.* hertz [频率单位]赫(兹)

I i

I[1], **i** /ai/ *n.* ([复]**Is**, **is** 或 **I's**, **i's** /aiz/) [C]英语字母表中第九个字母

I[2] /ai/ *pron.* ([所有格]**my**, **mine**; [宾格]**me**) [主格]我: Who, *I*? 谁? 我吗? / *I* don't feel very well today. 我今天不太舒服。

☆**I** 为第一人称代词主格的单数形式,其宾格为 **me**。❶什么时候用人称代词主格,什么时候用宾格,历来是语法学家争论的问题,也是说英语的人感到没有把握的事。当主语是由一个人称代词与一个由 and 或 or 连接起来的其他成分组成的短语时,语法学家一致认为该人称代词属于主语部分,应用主格: Pat and *I* (不用 *me*) will be there to greet you. / Either Kim or *he* (不用 *him*) will come in first. 有些语法学家甚至将上述规则运用到用人称代词回答谁是动作执行者的简单答句中: A: Who cut down the cherry tree? B: *I* did. (不用 *me*) 但这样的句子一般只出现在书面对话中,颇具学究气。❷造成使用人称代词主格和宾格的错误有下列两种情况:一是本应严格使用人称代词主格的场合使用了宾格: He has more money than *me*. (正确用法应为 than *I*) / In the end, it turned out to have been *them* all along. (正确用法应为 to have been *they*) 二是正好与此相反,一些本应使用人称代词宾格的地方反而使用了主格: between you and *I* (正确的说法应是 between you and *me*) / It surprised Mary more than Kim or *I* (正确的说法应是 Kim or *me*)

-i·bil·i·ty /i'biliti/ *suf.* [用以构成以-ible 结尾的形容词的相应名词]表示"可能性": possib*ility*, sensib*ility*

i·bis /'aibis/ *n.* [C]([复]**-bis(·es)**) 【鸟】鹮

-i·ble /əb°l/ *suf.* [加在源于拉丁语的动词末尾,用以构成形容词]表示"可被…的","能被…的": perfect*ible*, reduc*ible*

-ic /ik/ *suf.* [用于名词后以构成形容词] ❶表示"…的";"与…有关的": publ*ic*, Iceland*ic*, period*ic* ❷表示"具有…性质(或特征)的","似…的": hero*ic*, lyr*ic*, meteor*ic*, ballet*ic*

-i·cal /ik°l/ *suf.* =-ic

☆许多形容词有以**-ic** 和**-ical** 结尾的两个形式,它们有时可换用,而不影响其意思,如 astronom*ic* 和 astronom*ical* (在这种情况下,以**-ical** 结尾的词多用于口语)。不过在许多时候,以**-ic** 结尾的形式暗示某个具体事物的实际存在,如: Keats has often been praised for his lyr*ic* gifts. 而以**-ical** 结尾的形式则暗示指向某一事物的一般倾向,带有较深的喻义,如 John was lyr*ical* in his praise of the meal. 美国英语中保留的一些以**-ic** 结尾的形式在英国英语中已被以**-ical** 结尾的形式所取代,如geolog*ic(al)*

ice /ais/ **I** *n.* ❶[U]冰;冰块;冰层: crushed *ice* 碎冰块/ Outside, it was pitch black and there was *ice* on the roads. 户外漆黑一团,路上结了冰。❷[U]冰状物: Dry *ice* is frozen carbon dioxide. 干冰就是冷冻后的二氧化碳气体。**II** *vt.* ❶使结冰;使变成冰: Sleet *iced* the road. 冻雨冰封了道路。❷给(饮料等)加冰;用冰冷却,冰镇: *ice* the champagne 冰镇香槟 ❸给(糕点等)挂糖衣,滚糖霜于: The baker *iced* the cake with fancy decorations of sugar. 面包师用花哨的糖霜装点蛋糕。—*vi.* ❶结冰,冰冻(*up*, *over*): The two bottles were *icing* in a bucket. 两个瓶子正在冰桶里冰着。❷被冰覆盖(*up*): prevent the wings of the aircraft from *icing up* 不让机翼结冰 ‖ ***break the ice*** *vi.* [尤指与陌生人相处时]打破沉默,首先说话;打破僵局: Somebody will have to *break the ice*. 总有人得先开口说话。***on ice*** *adj.* & *adv.* 〈口〉暂时搁置着: Let's put that topic *on ice* for the moment. 我们暂且不谈那个话题。***on thin ice*** *adj.* 如履薄冰的;处境危险的: You'll be *on* very *thin ice* if you fail the course. 如果这门课程考不及格,

你的处境就很不妙了。

ice-bag /ˈaisˌbæg/ *n.* [C]【医】(用于冷敷的)冰袋

ice·berg /ˈaisbəːg/ *n.* [C] ❶冰山;流冰:The ship struck an *iceberg* and sank. 船撞到冰山上沉没了。❷略显端倪的事物:the tip of an *iceberg* of suspicion 疑心的渐显端倪

ice·box /ˈaisˌbɔks/ *n.* [C]电冰箱

ice-break·er /ˈaisˌbreikəʳ/ *n.* [C] ❶破冰船 ❷打破僵局的东西:A mild joke can be a good *icebreaker*. 一句温和的玩笑可以大大活跃气氛。

ice cream *n.* [U;C]冰激凌:I would give my right arm to have some *ice cream* just about now. 现在我要想方设法弄点冰激凌吃。

iced /aist/ *adj.* [作定语] ❶冰镇的:*iced* coffee 冰咖啡 ❷被冰覆盖的,冰封的:an *iced* lake 冻湖 ❸(糕点)挂糖衣的,滚糖霜的:*iced* cakes 滚糖霜的蛋糕

ice hockey *n.* [U]【体】冰球运动〔亦作 **hockey**〕

Ice·land·er /ˈaislændəʳ/ *n.* [C]冰岛人(或居民)

Ice·lan·dic /aisˈlændik/ **I** *adj.* 冰岛的;冰岛人的;冰岛语的 **II** *n.* [U]冰岛语

ice skate *n.* [C] ❶冰鞋(=skate) ❷冰刀(=skate)

ice-skate /ˈaiˢˌskeit/ *vi.* 滑冰,溜冰 ‖ ˈ**iceˌskat·er** *n.* [C]

-i·cian /ˈiʃᵊn/ *suf.* [用以构成名词]表示"(专)家","工作者":beaut*ician*,mus*ician*

i·ci·cle /ˈaisikᵊl/ *n.* [C](滴水冻结形成的)冰锥,冰柱;冰挂:*icicles* hung from the edge of the roof 屋檐下的冰挂

ic·ing /ˈaisiŋ/ *n.* [U] ❶(糕饼上的)糖衣,糖霜;酥皮 ❷【气】积冰 ❸(船身或飞机机身上的)结冰

ick·y /ˈiki/ *adj.* 〈口〉❶黏糊糊的;脏兮兮的 ❷惹人生厌的;令人反感的;甜得发腻的;过于伤感的:*icky* lyrics 过于伤感的抒情诗歌

i·con /ˈaikɔn/ *n.* [C]([复]**-cons** 或 **-co·nes** /-kəˌniːz/) ❶(尤指东正教中用传统拜占庭风格描绘耶稣、圣母或圣人的)圣像 ❷形象;图像,画像,雕像 ❸【计】图标〔亦作 **ikon**〕‖ **i·con·ic** /aiˈkɔnik/ *adj.* —**i·co·nic·i·ty** /ˌaikəˈnisiti/ *n.* [U]

-ics /iks/ *suf.* [用以构成名词] ❶表示"艺术","科学","学(科)":aesthet*ics*,metaphys*ics*,genet*ics* ❷表示"方法","制度":hydropon*ics*,geodet*ics* ❸表示"活动","实践":polit*ics*,tact*ics* ❹表示"性质","特征":atmospher*ics*

ICU *abbr.* intensive care unit【医】重症监护室

i·cy /ˈaisi/ *adj.* ❶冰的;冰封的,结满冰的:He plunged into the *icy* river. 他跳进结冰的河水中。❷冰冷的:As *icy* winds howled through the canyon, people huddled beside their fires. 刺骨的寒风在峡谷中怒号,人们都缩在火炉旁取暖。‖ ˈ**i·ci·ness** *n.* [U]

ID /ˈaidi/ *n.* [U;C]身份证明:He used his driver's license as *ID*. 他用自己的驾驶执照作为身份证明。〔亦作 **I. D.**〕

I'd /aid/ 〈口〉❶=I had ❷=I should ❸=I would

i·de·a /aiˈdiə/ *n.* ❶[C]思想;概念:A lot of brilliant *ideas* stem from pure necessity. 真知往往来自需要。❷[常用单]计划;打算;主意,念头,想法;意见;信念:Here's my *idea* for the sales campaign. 这是我的推销战计划。❸[常用单]目的,目标;指导原则:The *idea* was to make money. 当初的目的是赚钱。

☆ **idea, concept, conception, impression, notion, thought** 均有"观念;想法"之意。**idea** 为普通用词,泛指任何思维活动,可用于头脑中的想法、对感知到的事物的印象及虚构的想象物等:He had no *idea* she was like that. (他万万没想到她是那样的人。) **concept** 指从同类事物的许多个案中归纳出来的基本概念:the *concept* of freedom (自由的概念);该词也可表示对某一事情应该如何所形成的普遍为人接受的观念:She seemed unfamiliar with the *concept* that everyone should have an equal opportunity. (看来她不太熟悉机会均等这个概念。) **conception** 强调概念形成过程的思维活动,常用于个人的个别的观点、观念,带有一定的想象和感情色彩:The *conception* of the book took five minutes, but writing it took a year. (构思那本书只花了五分钟,而写完全书却用了一年的时间。) **impression** 指由外界事物刺激感官而引发的观念或想法,暗含不成熟、不可靠或肤浅之意味:I got the faint *impression* that they'd just had an argument. (我隐约地感到他们刚才发生过争论。) **notion** 指模糊的、尚未完全形成的想法、见解或概念,含缺乏深思熟虑、任意多变

的意味：She had a sudden *notion* to visit all her relatives.（她突然心血来潮想去拜访一下所有的亲戚。）**thought** 指以推理、思考等智力活动为基础，而不是单凭直观想象形成的思想或想法：He spent several minutes in *thought* before deciding.（他考虑了几分钟才做决定。）

i·de·al /aiˈdiəl/ **I** *n.* ［C］❶理想：The *ideal* is sometimes contradicted by the reality. 理想与现实之间有时有抵触。❷完美典型，典范：Thomas Jefferson was his *ideal*. 托马斯·杰斐逊是他的楷模。❸设想，想象中的事物：That's my *ideal* of what a house should be like. 我想象中完美的房子就该是这样的。**II** *adj.* ［无比较级］［作定语］❶理想的；完美的；典型的：This is *ideal* weather for a picnic. 这是外出野餐的理想天气。❷想象的；假设的；不切实际的；空想的：A geometrical point is a purely *ideal* concept. 几何学上的点是一个假设的概念。

i·de·al·ism /aiˈdiəˌlizᵊm/ *n.* ［U］理想主义：ignite the public dormant *idealism* 激起大众潜在的理想主义 ‖ **iˈde·al·ist** *n.* ［C］—**i·de·al·is·tic** /-ˌdiəˈlistik/ *adj.*

i·de·al·ize /aiˈdiəˌlaiz/ *vt.* 把…理想化；把视作理想的人（或物）；理想化地描述（或表现）：They *idealize* their successful father. 他们把他们卓有成就的父亲理想化。—*vi.* 理想化：sb.'s tendency to *idealize* about retirement 某人将退休后的生活理想化的倾向 ‖ **i·de·al·i·za·tion** /aiˌdiəliˈzeiʃᵊn;-laiˈz-/ *n.* ［U］

i·de·al·ly /aiˈdiəli/ *adv.* ❶（合乎）理想地；完美地；典型地：He's *ideally* suited to the job. 他再称职不过了。❷未取得最好结果，作为理想的做法：*Ideally*, everyone would be given equal opportunities. 最理想的是，人人都能有平等的机会。

i·den·ti·cal /aiˈdentikᵊl/ *adj.* ［无比较级］❶同一的：Both events happened on the *identical* day. 两件事发生在同一天。❷（完全）相同的；分毫不差的；一模一样的（*with*）：They have expressed *identical* views. 他们表达了相同的观点。‖ **iˈden·ti·cal·ly** *adv.*

☆**identical** 时常误作 **same**。**identical** 作"同一的；同样的"之义解时，后接介词 with 或 to。**identical** 用作定语时，指两个或多个事物在各个方面乃至细节上完全一致：They bought *identical* computers. **same** 意为"相同的；无变化的；上述的"，强调事物的同一性：Cathy and her sister use the *same* living room.

i·den·ti·fi·a·ble /aiˈdentiˌfaiəbᵊl/ *adj.* 可辨认的；可识别的；可证明是同一的：an *identifiable* birthmark on sb.'s forearm 某人前臂上可资识别的胎记

i·den·ti·fi·ca·tion /aiˌdentifiˈkeiʃᵊn/ *n.* ［U］❶辨认，识别；认出；鉴定；确认：*Identification* of the jewels was made by the owner. 珠宝已被物主认出。❷身份证明（常略作 **ID**）：Can I see some *identification*, please? 请给我看看你的身份证好吗？❸认同；有关联：It is merely an *identification* of the reasoner's intellect with that of his opponent. 那不过是推理者有设身处地体察他对手的智力罢了。

i·den·ti·fy /aiˈdentiˌfai/ *vt.* ❶识别；鉴定；认出：The porters may be *identified* by the their red caps. 从所戴的红帽子可以知道他们是搬运工。❷（经考虑或分析）确定；确立：Critics *identify* two major streams in Russian literature. 评论家们确定了俄国文学中的两种主要思潮。

i·den·ti·ty /aiˈdentiti/ *n.* ❶［U；C］身份；本身；本体（常略作 **ID**）：establish the *identity* of an caller 查明来访者的身份 ❷［U］个性；特征：Everyone has his［her］own separate *identity*. 每个人都有其独立的个性。

id·e·o·gram /ˈidiəᵘˌgræm/ *n.* ［C］❶表意字（如汉字）❷表意符（号）（如％，@，& 等）

id·e·o·graph /ˈidiəᵘˌgrɑːf,ˌaidi-;-ˌgræf/ *n.* ＝ideogram

i·de·ol·o·gy /ˌaidiˈɔlədʒi,ˌidi-/ *n.* ❶［U；C］思想（体系）；思想意识：Marxist *ideology* 马克思主义思想体系 ❷［U］意识形态，观念形态；思想方式：social *ideology* 社会意识形态 / The conflict between the two countries transcended *ideology*. 这两国之间的冲突超越了意识形态。

id·i·o·cy /ˈidiəsi/ *n.* ［U；C］愚蠢的言（或行）；蠢事

id·i·om /ˈidiəm/ *n.* ［C］❶习语；成语：Some languages abound in *idioms*. 有些语言的习语很丰富。❷（一种语言的）习惯用法，习惯表达方式：a foreign *idiom* 外国的习惯表达方式

id·i·o·mat·ic /ˌidiəˈmætik/ *adj.* 符合（某一）

语言(或方言)习惯的;具有(某一)语言(或方言)特点的: The translation is excellent and *idiomatic*. 这篇译文地道出色。‖ ˌ**id·i·oˈmat·i·cal·ly** /-kᵊli/ *adv.*

id·i·o·syn·cra·sy /ˌidiəᵘˈsiŋkrəsi/ *n.* [C](个人特有的)习性;癖好;气质: One of his *idiosyncrasies* is always washing in cold water. 他独特的癖好之一就是一直洗冷水澡。‖ ˌ**id·i·o·syn·crat·ic** /-siŋˈkrætik/ *adj.*

id·i·ot /ˈidiət/ *n.* [C] ❶白痴 ❷〈口〉傻瓜,笨蛋,蠢货: an economic *idiot* 缺乏经济头脑的人

id·i·ot·ic /ˌidiˈɔtik/ *adj.* 白痴(般)的;十分愚蠢的: Don't be *idiotic*. There's no such thing as a dragon. 别犯傻,世界上没有龙。‖ ˌ**id·iˈot·i·cal·ly** /-kᵊli/ *adv.*

i·dle /ˈaidᵊl/ *adj.* ❶无所事事的;懒散的,懒惰的: He leads such an *idle* life. 他整天无所事事。❷[通常作定语]无价值的;无效的,无结果的;徒然的: To fix a living language is an *idle* dream. 要使一种现用语言固定不变纯属痴心妄想。‖ ˈ**i·dle·ness** *n.* [U] —**i·dler** /ˈaidləʳ/ *n.* [C] —ˈ**id·ling** *adj.* —ˈ**i·dly** *adv.*

i·dol /ˈaidᵊl/ *n.* [C] ❶神像: *idols* of wood and stone 木刻石雕的神像 ❷偶像,受到(盲目)崇拜的人(或物);红人,宠儿: She was the athletic *idol* of the college. 她是学院的体育明星。

i·dol·a·trous /aiˈdɔlətrəs/ *adj.* ❶偶像崇拜(性质)的: *idolatrous* worship 偶像崇拜 ❷盲目崇拜的;极度敬慕的: They were all *idolatrous* to the general who commanded the campaign. 他们都十分敬慕指挥这次战役的将军。

i·dol·a·try /aiˈdɔlətri/ *n.* [U] ❶偶像崇拜: The queen was adored to the point of *idolatry*. 对女王的敬爱达到了偶像崇拜的程度。❷狂热的崇拜;极度的敬慕: I loved Dora to *idolatry*. 我爱朵拉爱得五体投地。

i·dol·ize /ˈaidəˌlaiz/ *vt.* ❶狂热崇拜;极度敬慕(见 revere): He *idolized* and idealized his father. 他十分敬佩父亲,甚至把他理想化。❷把…当偶像崇拜;使偶像化: Mammon is wealth *idolized*. 财神是偶像化了的财富。

i·dyl(l) /ˈidil,ˈai-/ *n.* [C] ❶田园诗;田园散文: a rural *idyll* 一首田园诗 ❷(富于田园诗魅力的)场景(或事件);(爱情的)浪漫插曲 ‖ **i·dyl·lic** /iˈdilik/ *adj.*

i.e. *abbr.* 〈拉〉*id est* 即;就是说

if /if/ *conj.* ❶[表示条件或假设]如果,假如,要是: *If* you want to be loved, be lovable. 要想被人爱,就得惹人爱。❷是否(相当于 whether): He looked around to see *if* walls had ears. 他向四周望望看是否有人窃听。❸即使,纵然;尽管,虽然: *If* he is stupid, at least he is honest. 就算他笨吧,至少他还诚实。❹[与 can, could, will, would 等连用,用于婉言请求]: *If* you wouldn't mind opening the door. 您不介意的话,请把门打开。‖ ***if only*** *adv.* ❶只要,要是: *If only* it stops raining, we can go for a picnic. 只要雨停了,我们就可以出去野餐。❷[后接表示愿望的感叹句]要是…就好: *If only* Dad could see me now! 啊,爸爸现在要是能看见我该多好!

☆❶**if** 条件句表示将来可能的情况时,从句中的动词宜使用一般现在时而非将来时: What shall we do *if* it rains tomorrow? (如果明天下雨我们该怎么办?) 表达个人意愿或由 you 作主语表示请求时则可用 will 或 would: *If* you will come, I shall be delighted. (如果你愿意来,我会很高兴。) ❷正式文体中,**if** 引导的虚拟条件句往往可省略 **if** 并将助动词前置: Had you not helped me, I'd have failed. (如果没有你的帮助,我是不会成功的。) / Were I to do it, I would do it in a different way. (如果由我来做,我会换一种方式。) ❸**if** 和 **whether** 引导宾语从句和表语从句时可互换。**if** 常用于书面语,**whether** 多用于口语。**if** 所引导的宾语从句往往不置于句首,**whether** 引导的宾语从句可置于句首。**if** 所引导的宾语从句一般不接 or not 而 **whether** 引导的则可以: *Whether* he is single I don't know. (我不知道他是否单身。) / I asked him *whether* he knew her or not. (我问他是否认识她。)

if·fy /ˈifi/ *adj.* 〈口〉未确定的;可怀疑的,有问题的;靠不住的: an *iffy* problem 悬而未决的问题

-ify *suf.* [用以构成动词]表示"使处于某种状态";"使变为某种状态": intens*ify*, speech*ify*

ig·loo /ˈiglu:/ *n.* [C](因纽特人用坚硬的雪块砌成的)拱圆顶小屋

ig·ne·ous /ˈigniəs/ *adj.* [无比较级]【地质】火成的

ig·nite /igˈnait/ *vt.* 点燃,点火于;使燃烧: He

I

ignited the match by scratching it on the box. 他从盒子上划着了火柴。—*vi*. 着火;燃烧;发光:Gasoline *ignites* easily. 汽油易燃。

ig·ni·tion /ig'niʃ°n/ *n*. ❶[U]着火;引燃 ❷[U](内燃机的)点火:a rocket's *ignition* system 火箭点火装置 ❸[通常用单]引燃装置;点火装置;(内燃发动机的)内火开关:The car key is in the *ignition*. 汽车的钥匙插在点火开关上。

ig·no·ble /ig'nəub°l/ *adj*. 不光彩的;可耻的;卑鄙的;下流的(见 base):To betray a friend is *ignoble*. 出卖朋友是卑鄙的。‖ **ig'no·bly** *adv*.

ig·no·min·i·ous /ˌignə'miniəs/ *adj*. 蒙羞的;丢脸的:He has suffered *ignominious* defeats in that country. 他在那个国家遭受了一次次的失败,丢尽了脸面。‖ **ˌig·no'min·i·ous·ly** *adv*.

ig·no·min·y /'ignəˌmini/ *n*. ❶[U]耻辱;丢脸,不体面,不光彩:the *ignominy* of defeat 失败的耻辱 ❷[C]丢脸的事;无耻行径,丑行:He was subjected to many *ignominies* as a war prisoner. 作为战俘,他受尽屈辱。

ig·no·rance /'ignər°ns/ *n*. [U] ❶无知;愚昧:*Ignorance* is the root of misfortune. 无知是不幸的根源。❷不知,不晓得(*of*, *about*):I was astonished at his *ignorance*. 对于他的孤陋寡闻,我着实吃了一惊。

ig·no·rant /'ignər°nt/ *adj*. ❶无知的;愚昧的:He is a poor *ignorant* creature. 他是个大老粗。❷不知道的,不晓得的(*of*, *in*):They remained *ignorant of* his cruel fate. 他们一直蒙在鼓里,不知道他落了难。‖ **'ig·no·rant·ly** *adv*.

ig·nore /ig'nɔː^r/ *vt*. 无视,不理,不顾;忽视:Facts cannot be *ignored*. 不能无视事实。

i·kon /'aikɔn/ *n*. [C]([复]**-kons** 或 **-ko·nes** /-kəˌniːz/)=icon

ill /il/ **I** *adj*. (**worse** /wəːs/, **worst** /wəːst/) ❶[通常作表语]健康不佳的;有病的;要呕吐的(*with*)(见 sick):The patient is terminally *ill*. 病人患了绝症。❷[作定语]不友善的,敌意的,敌视的:have an *ill* feeling towards sb. 对某人怀有敌意 ❸[作定语]邪恶的;(名声、道德)坏的(见 bad):The place has fallen into *ill* repute. 这地方名声不太好。❹[作定语]不利的;不吉利的;不祥的;不幸的:*Ill* luck befell him throughout his life. 他一生尽遭厄运。**II** *adv*. (**worse**, **worst**) ❶[常与其他形容词或分词构成复合词]不完美地;不恰当地;糟糕地,拙劣地:She *ill* deserves such good fortune. 她不配有这种好运气。❷几乎不:Buying a new car is an expense we can *ill* afford. 买一辆新车的开销我们难以支付。

I'll /ail/ 〈口〉❶=I shall ❷=I will

ill-ad·vised /ˌiləd'vaizd/ *adj*. 考虑欠周的;轻率的;不明智的:an *ill-advised* plan of action 轻率的行动计划

il·le·gal /i'liːg°l/ *adj*. [无比较级] ❶不合法的,非法的:According to the letter of the law, hunting is *illegal* here. 根据法律条文,在此狩猎是违法的。❷违反规则的,犯规的,违章的:The referee ruled that it was an *illegal* forward pass. 裁判判那个直传犯规。‖ **il·le·gal·i·ty** /ˌili'gæliti/ *n*. [U;C] —**il'le·gal·ly** *adv*.

il·leg·i·ble /i'ledʒib°l/ *adj*. (字迹)难以辨认的,无法看清的,难读的:This letter is completely *illegible*. 这封信根本没法读。‖ **il·leg·i·bil·i·ty** /ˌledʒi'biliti/ *n*. [U] —**il'leg·i·bly** *adv*.

il·le·git·i·mate /ˌili'dʒitimət/ *adj*. [无比较级] ❶非婚生的,私生的:an *illegitimate* child 私生子 ❷不合法的,非法的:an *illegitimate* claim to property 不合法的财产要求 ❸不合适的,不恰当的;违反惯例的 ‖ **ˌil·le'git·i·ma·cy** /-məsi/ *n*. [U] —**ˌil·le'git·i·mate·ly** *adv*.

ill-fat·ed /ˌil'feitid/ *adj*. [无比较级]注定要遭劫难的;注定要带来厄运的:an *ill-fated* treaty 注定令人遭受不幸的合同

il·lib·er·al /i'lib°r°l/ *adj*. 狭隘的;不容异说的;偏执的;有偏见的:The constant friction of *illiberal* minds wears out the best resolves of the more generous. 狭隘偏颇的意见不断冲击,会把一个宽宏大度者的坚强意志消磨殆尽。

il·lic·it /i'lisit/ *adj*. [无比较级] ❶非法的;违法的;违禁的:the *illicit* drug business 非法毒品交易 ❷违反习俗的;道德不允许的;不正当的:achieve one's success through *illicit* means 通过不正当的手段获取成功 ‖ **il'lic·it·ly** *adv*. —**il'lic·it·ness** *n*. [U]

il·lit·er·a·cy /i'litərəsi/ *n*. [U]文盲:a country

with 90 per cent *illiteracy* 一个文盲占人口90%的国家

il·lit·er·ate /iˈlitᵊrit/ **I** *adj*. [无比较级] ❶文盲的，不识字的：He is *illiterate*; his origins are immitigably humble. 他目不识丁，出身又十分低贱。❷未受教育的；没文化的：That is not an *illiterate* letter. 这信不是一个没读过书的人写的。**II** *n*. [C] ❶文盲，目不识丁的人 ❷未受过教育的人；没文化的人

ill-man·nered /ˌilˈmænəd/ *adj*. [无比较级]行为无礼的；举止粗鲁的：an *ill-mannered* guest 一个举止粗鲁的客人

ill-na·tured /ˌilˈneitʃəd/ *adj*. [无比较级]坏脾气的，易怒的；粗暴的：*ill-natured* people 脾气坏的人 ‖ **ˌill-ˈna·tured·ly** *adv*. —**ˌill-ˈna·tured·ness** *n*. [U]

ill·ness /ˈilnis/ *n*. [U;C]病，疾病；身体不适；患病期间(或状态)：Unfortunately I couldn't go because of *illness*. 很遗憾，我身体不适，去不了了。

il·log·i·cal /iˈlɔdʒikᵊl/ *adj*. [无比较级]不合逻辑的，违背逻辑的；悖理的；乖戾的：an *illogical* premise 不合逻辑的假设 / the *illogical* city traffic 杂乱无章的城市交通 ‖ **ilˈlog·i·cal·ly** *adv*.

ill-treat /ˌilˈtriːt/ *vt*. 虐待；折磨；凌辱：They began to mock him and *ill-treat* him. 他们开始嘲弄他，凌辱他。‖ **ill-treat·ment** /ˌilˈtriːtmᵊnt/ *n*. [U]

il·lu·mi·nate /iˈljuːmiˌneit/ *vt*. ❶照明，照亮：The glow *illuminated* her face. 光映照着她的脸。❷用灯装饰：The streets were *illuminated* for the celebration. 街上张灯结彩以示庆祝。❸使易于理解；阐明；启发，启迪：He *illuminated* the discussion with a few well-considered remarks. 他的话虽不多，但深思熟虑，给讨论以启发。

il·lu·mi·nat·ing /iˈljuːmiˌneitiŋ/ *adj*. 富于启发性的，增进知识的，使人大开眼界的：He had an *illuminating* talk with his tutor. 他和他的导师进行了一次获益匪浅的谈话。‖ **ilˈlu·miˌnat·ing·ly** *adv*.

il·lu·mi·na·tion /iˌlʲuːmiˈneiʃᵊn/ *n*. [U] ❶照明，照亮：The *illumination* is too weak to show the detail of the painting. 照明不够，无法显示画作的细节。❷阐明，解释；启发，启迪：find great *illumination* from sb.'s remarks 从某人的话中得到很大的启发

il·lu·mine /iˈlʲuːmin/ *vt*. 〈书〉❶照明，照亮 ❷启迪，启发 ‖ **ilˈlu·mi·na·ble** *adj*.

il·lu·sion /iˈluːʒᵊn/ *n*. ❶[C;U]幻影；幻觉，错觉；假象(见 delusion)：Red gives an *illusion* of heat. 红色给人以热的错觉。❷[C]幻想；错误观念：I had no *illusion* about their honesty. 我对他们的诚实不抱任何幻想。‖ **ilˈlu·sion·al**, **ilˈlu·sion·ar·y** *adj*. —**ilˈlu·sioned** *adj*.

☆**illusion, delusion, fantasy** 均有"虚假感觉"之意。**illusion** 指对外界客观事物的一种错误认识，含从表面看来十分逼真但事实并非如此之意：The mirrors all round the walls give an *illusion* of greater space. (周围墙壁上的镜子造成一种较大空间的错觉。) **delusion** 指在没有外界刺激的情况下出现的虚幻知觉，往往是凭空想象、无中生有但感觉上十分真实的病理性知觉：The patient suffers from the *delusion* that he is Napoleon. (那个病人患了妄想症，认为自己是拿破仑。) **fantasy** 多用于入梦时想象出来的形象生动的情景，但不将其误认为是事实，强调异想天开、超现实或怪异：He is always having *fantasies* about becoming rich and famous. (他老是抱着发财成名的幻想。)

il·lu·so·ry /iˈlʲuːsəri/ *adj*. [无比较级] ❶(引起)幻觉的；梦幻似的；迷惑人的，欺骗的：*illusory* moment of joy 梦幻般的欢乐时刻 ❷虚假的，虚幻的；不可靠的，不真实的：All such impressions are *illusory*. 所有这些印象都是靠不住的。‖ **ilˈlu·so·ri·ly** *adv*. —**ilˈlu·so·ri·ness** *n*. [U]

il·lus·trate /ˈiləsˌtreit/ *vt*. ❶(用图、实例等)说明，阐明：A proverb is no proverb to you till life has *illustrated* it. 谚语只有被生活印证了才能称其为谚语。❷给…作插图说明(或装饰)；(用音像材料等)辅助说明(或点缀)：a book generously *illustrated* with black-and-white photographs 一本附有大量黑白图片的书籍 ‖ **ˈil·lusˌtra·tor** *n*. [C]

il·lus·tra·tion /ˌiləˈstreiʃᵊn/ *n*. ❶[C](作说明或装饰等用的)插图；图表；地图：*illustrations* in children's dictionaries 幼儿词典中的插图 ❷[C]实例，例证：The teacher cut an apple into four equal pieces as an *illustration* of what 1/4 means. 老师把一只苹果切成相等的四块，以此

说明什么是四分之一。❸[U]说明；阐明；图解；图示：the volume of essays with a bibliography and a generous amount of *illustration* 附有参考书目及大量图解的论文集

il·lus·tra·tive /ˈiləˌstreitiv/ *adj*. [无比较级] 用作说明的；解说性的；作为例证的(*of*)：A fable is a tale, usually brief, *illustrative of* a moral truth. 寓言是一种故事形式，一般比较简短，说明某个道理。‖ ˈ**il·lusˌtra·tive·ly** *adv*.

il·lus·tri·ous /iˈlʌstriəs/ *adj*. 著名的，卓越的，杰出的：a young man of an *illustrious* family 名门子弟 / an *illustrious* leader 杰出的领导人 ‖ **ilˈlus·tri·ous·ly** *adv*. —**ilˈlus·tri·ous·ness** *n*. [U]

I'm /aim/ 〈口〉＝I am

im·age /ˈimidʒ/ *n*. [C] ❶像；画像；肖像；雕像，塑像：The shelf was full of the *images* of all sorts of animals. 架上摆满了各种各样的动物塑像。❷影像；图像；镜像：The building of an *image* by scanning may cause the picture to flicker. 扫描的图像画面会不稳定。❸外表，外形；极为相似的人(或物)，翻版：She is almost the spitting *image* of her mother. 她和她母亲的长相简直一模一样。❹(头脑中的)形象；印象；概念：That country somehow continues to live up to its tourist brochure *image*. 那个国家至今还保持着游览明信片上所描绘的那种形象。

im·age·ry /ˈimidʒəri/ *n*. [U]形象化描述；意象：His poems achieve through vivid *imagery*. 他的诗采用生动的意象。

i·mag·i·na·ble /iˈmædʒinəbᵊl/ *adj*. [与最高级形容词连用]想象得出的；可想象的：say in the pleasantest way *imaginable* 样子要多么愉快有多么愉快地说 ‖ **iˈmag·i·na·bly** *adv*.

i·mag·i·nar·y /iˈmædʒinᵊri/ *adj*. [无比较级] 想象中的；假想的；幻想的：In spite of their true to life quality, characters are *imaginary* people who inhabit a story. 尽管人物栩栩如生，也只是故事中假想的人。‖ **iˈmag·i·nar·i·ly** *adv*.

☆**imaginary** 与 **imaginative** 常误用。**imaginary** 意为"想象的；虚构的"，指观念、小说等作品中的人物、事件和场所等均属虚构，是作者主观想象力的产物，强调观念、人物、事件等的非真实性。**imaginative** 意为"富有想象力的；独创的"，指小说等作品反映了作者想象力的运用，是作者想象力的表露。历史作品绝不容许想象和虚构，但其写作手法和表现风格可充满想象力：an *imaginative* artist

i·mag·i·na·tion /iˌmædʒiˈneiʃᵊn/ *n*. ❶[U；C]想象；想象力：Reality and *imagination*, and their interplay, are one of his main themes. 现实和想象，以及两者交互的关系，是他的一个重要的主题。❷[U]随机应变能力；机智，机敏：A resourceful executive has *imagination* and judgment. 足智多谋的管理人员具有应变能力和判断力。❸[U]想象出来的东西；幻想物

i·mag·i·na·tive /iˈmædʒinətiv/ *adj*. ❶想象的；富于想象力的：*imaginative* thinking 富于想象的思维 / a highly *imaginative* poem 一首想象力极为丰富的诗 ❷不真实的；幻想的：We should not allow ourselves an *imaginative* leap beyond the strict barriers of fact. 我们不应让自己跨越严格的事实界限，谋求想象中的飞跃。‖ **iˈmag·i·na·tive·ly** *adv*.

i·mag·ine /iˈmædʒin/ *vt*. ❶想象：The girl likes to *imagine* herself an actress. 这个女孩子喜欢想象自己是个演员。❷想；料想；设想：I *imagine* I have met you before. 我想我以前见过你。❸猜想，猜测；认为：I *imagine* they died a rather icy death. 我猜想他们死得很凄凉。—*vi*. 想象：He's just *imagining*; no one is really chasing him. 那只是他的想象；事实上后面没有人追赶他。

im·bal·ance /imˈbælᵊns/ *n*. [C]不平衡，失衡；失调：correct an *imbalance* 纠正不平衡的局面 / a population *imbalance* 人口中男女比例失调

im·be·cile /ˈimbiˌsiːl, -sail/ *n*. [C]〈口〉蠢人，笨蛋，傻瓜：He was an *imbecile* to sign a contract with them. 他真是个笨蛋，竟然和他们签订合同。‖ **im·be·cil·ic** /ˌimbiˈsilik/ *adj*. —**im·be·cil·i·ty** /ˌimbiˈsiliti/ *n*. [U；C]

im·bed /imˈbed/ *vt*. (-**bed·ded**；-**bed·ding**) ＝embed

im·bibe /imˈbaib/ *vt*. ❶喝，饮(见 absorb)：He *imbibed* great quantities of tea. 他喝了很多茶水。❷吸入(空气等)：*imbibe* fresh air 大口呼吸新鲜空气❸吸收，接受(思想、知识、事实等)

im·bro·gli·o /imˈbrəuliəu/ *n*. [C]([复]-**os**) ❶(人际、国家间的)纷争，不和；纠葛❷错综复杂

的局面；困境；混乱

im·bue /imˈbjuː/ *vt.* 注入，灌输；使充满(*with*)：*imbue* sb. *with* one's own values 向某人灌输自己的价值观

IMF, I. M. F. *abbr.* International Monetary Fund (联合国)国际货币基金组织

im·i·tate /ˈimiˌteit/ *vt.* 模仿，仿效，模拟，学…的样子：He can *imitate* a lion's roar. 他能模仿狮子咆哮。/ *imitate* an author's style 仿效一位作者的风格 ‖ ˈ**im·iˌta·tor** *n.* [C]

im·i·ta·tion /ˌimiˈteiʃᵊn/ I *n.* ❶[U;C]模仿，仿效，模拟，学样：Vince broke into a high-pitched *imitation* of his aunt. 文斯突然把嗓子憋得尖尖的学他姑妈说话。❷[C]仿造，仿制；仿造品，仿制品；赝品，冒牌货：This is a pale *imitation* of the original painting. 这是原画的一幅拙劣的仿作。II *adj.* [无比较级][作定语]人造的；仿制的；伪造的；假冒的：*imitation* feather 人造革

im·i·ta·tive /ˈimitətiv/ *adj.* ❶爱模仿的；喜学样的(*of*)：Children are very *imitative of* their elders. 孩子很喜欢模仿长辈。❷模仿(性)的，模拟(性)的：the *imitative* behaviour of children 孩子们的模仿行为 ❸人造的；仿制的；伪造的；冒牌的：*imitative* jewelry 假宝石 ‖ ˈ**im·i·ta·tive·ly** *adv.* —ˈ**im·i·ta·tive·ness** *n.* [U]

im·mac·u·late /iˈmækjulət/ *adj.* ❶整洁的；无污迹的：She kept the rooms *immaculate*. 她总是把房间收拾得窗明几净。❷完美的，无瑕的：His scorn remains *immaculate*. 他的鄙视明白无误。❸纯洁的；无过失的，清白无辜的：That little girl's *immaculate*! 那个小姑娘是无辜的！ ‖ **imˈmac·u·late·ly** *adv.* —**imˈmac·u·late·ness** *n.* [U]

im·ma·te·ri·al /ˌiməˈtiəriəl/ *adj.* [无比较级] ❶不重要的，无关紧要的，无足轻重的：There are only some *immaterial* objections. 只有几项无关痛痒的异议。❷非物质的；非实体的，无形体的；精神的：The body is material but the soul is *immaterial*. 躯体有形而灵魂无形。‖ ˌ**im·maˈte·ri·al·ly** *adv.* —ˌ**im·maˈte·ri·al·ness** *n.* [U]

im·ma·ture /ˌiməˈtjuəʳ, -ˈtʃuəʳ/ *adj.* ❶发育未完全的；未充分成长的；未成熟的：At fifteen, he was *immature*. 他15岁时还没有完全发育。❷(感情、智慧、行为等方面)不成熟的，不够老练的；幼稚的，孩子气的：It was *immature* of her to do that. 她那样做太孩子气了。‖ ˌ**im·maˈture·ly** *adv.* —ˌ**im·maˈtu·ri·ty** *n.* [U]

im·meas·ur·a·ble /iˈmeʒᵊrəbᵊl/ *adj.* [无比较级]无法度量的；无边无际的，无限的：China is a market of *immeasurable* potential. 中国是一个具有无限潜在商机的大市场。‖ **imˈmeas·ur·a·bly** *adv.*

im·me·di·a·cy /iˈmiːdiəsi/ *n.* ❶[U]即时(性)；紧急(性)；直接(性)：We recognized the *immediacy* of our problem and ran to get a doctor. 我们意识到情况紧急，便连忙跑去找大夫。❷[常作 **immediacies**]迫切需要的事物：the *immediacies* of life 生活急需品

im·me·di·ate /iˈmiːdiət/ *adj.* ❶[无比较级]立即的，即刻的：Please send an *immediate* reply. 请立即回复。❷[无比较级][作定语]直接的：The most *immediate* consequence of the technology will be its impact on employment. 技术的最直接结果就是对就业的影响。❸[无比较级][作定语]最接近的；紧挨着的；贴近的：in the *immediate* vicinity 在接邻地区 ❹[无比较级][通常作定语]目前的，眼下的，当前的：an issue of *immediate* concern 眼下的急务

im·me·di·ate·ly /iˈmiːdiətli/ *adv.* [无比较级] ❶立即，马上：Please act *immediately* or the opportunity will be lost. 请抓紧，否则将失去机会。❷紧接地；紧挨着地；贴近地：The houses in the crowded neighbourhood are *immediately* upon each other. 在拥挤地段房子一所紧挨着一所。

im·me·mo·ri·al /ˌimiˈmɔːriəl/ *adj.* 难以追忆的；古老的；亘古的：*an immemorial* custom 古老的习俗 ‖ ˌ**im·meˈmo·ri·al·ly** *adv.*

im·mense /iˈmens/ *adj.* [无比较级] ❶广大的；巨大的：an *immense* territory 广袤的领土 ❷无限的；无边无际的：I have *immense* sympathy for her. 我对她无限同情。‖ **im·mense·ly** /iˈmensli/ *adv.* —**imˈmen·si·ty** *n.* [U]

im·merse /iˈməːs/ *vt.* ❶使浸没，使浸透(*in*)：*immerse* one's feet *in* water 把双脚浸到水里 ❷[常作～ **oneself** 或被动语态]使沉浸在；使深陷于；使埋头于(*in*)：*be immersed in* work 废寝忘食地工作 / *immerse* oneself *in* contemplation 陷入沉思 ‖ **imˈmer·si·ble** *adj.*

im·mer·sion /iˈməːʃᵊn/ *n.* ❶[U]浸没，沉浸：

His hand is pink from *immersion* in the washing-up. 他的手因洗涤时浸在水里而发红。❷[C]专心;陷入:a total *immersion* in one's work 一心扑在自己的工作上

im·mi·grant /ˈimigrᵊnt/ **I** *n.* [C](外来)移民,侨民:an *immigrant* from Africa 来自非洲的移民 **II** *adj.* [无比较级][作定语]移民的,侨民的:*immigrant* experience 移民经历/an *immigrant* community 移民社区

im·mi·grate /ˈimiˌgreit/ *vi.* (作为移民)移入;移居:The emigrant from Poland was finally given permission to *immigrate* to Canada. 波兰的移民最终获许移居加拿大。

☆**immigrate, emigrate** 和 **migrate** 易误用。**immigrate** 意为"移入;移居",指自他国移入某国永久居住;移入者称为 **immigrant**。**emigrate** 意为"移居;移民",尤指从本国移往他国永久居住;移出者称为 **emigrant**。**migrate** 指从一国移往他国短期居留,也指鸟类的季节性迁徙。

im·mi·gra·tion /ˌimiˈgreiʃᵊn/ *n.* [U]移民;移居:There are strict controls on *immigration* into this country. 移居这个国家有严格的控制。

im·mi·nent /ˈiminᵊnt/ *adj.* 临近的;逼近的;就要发生的:the *imminent* general election 即将举行的大选 ‖ **ˈim·mi·nence** *n.* [U] —**ˈim·mi·nent·ly** *adv.*

im·mo·bile /iˈməubail,-biːl/ *adj.* [无比较级] ❶不活动的,固定的:keep a broken leg *immobile* 对骨折的腿进行固定❷不在运动的,静止的;不在变化的:The dog lay at rest, its four feet stretched out, absolutely *immobile*. 那条狗闲躺着,四脚伸开,一动不动。‖ **im·mo·bil·i·ty** /ˌiməuˈbiliti/ *n.* [U]

im·mo·bi·lize /iˈməubiˌlaiz/ *vt.* 使不动;使固定:The planes were *immobilized* by bad weather. 飞机因天气不好不能起飞。‖ **im·mo·bi·li·za·tion** /iˌməubiliˈzeiʃᵊn;-laiˈz-/ *n.* [U]

im·mod·er·ate /iˈmɔdᵊrət/ *adj.* [无比较级] 不适度的;过度的;无节制的;极端的

im·mor·al /iˈmɔrᵊl/ *adj.* ❶不道德的;邪恶的;缺德的,败坏道德的:*immoral* habits of behaviour 不道德的行为习惯 ❷放荡的,淫荡的:an *immoral* attitude toward life 放荡的生活态度 ‖ **im·mo·ral·i·ty** /ˌiməˈræliti/ *n.* [U; C] —**imˈmor·al·ly** *adv.*

☆**immoral** 与 **amoral** 常误用。**immoral** 意为"不道德的;放荡的",指某人有意识地不遵从道德规范,也指某人的言行不符合公认的道德原则:In other words, it is not sexual or blasphemous words that make something *immoral* but acts that degrade human life. (换言之,并不是荤话或渎神的言辞,而是使人生堕落的行为,才使有些事情变得不道德。) **amoral** 意为"不明是非的;不懂道德规范的":Young children and animals are *amoral*. (婴孩与动物是没有道德观念的。)

im·mor·tal /iˈmɔːtᵊl/ *adj.* [无比较级]❶不死的,长生的,永生的:After all, he was not *immortal*. 他毕竟不能长生不老。❷长久的,永世的:*immortal* glory 永世的荣耀❸不朽的,流芳百世的:*immortal* authors 不朽的作家 ‖ **imˈmor·tal·ly** *adv.*

im·mor·tal·i·ty /ˌimɔːˈtæliti/ *n.* [U] ❶不死;永存:He believes in the *immortality* of the soul. 他相信灵魂不灭。❷不朽;不灭的声望:the *immortality* of the great achievements of Newton and Einstein 牛顿和爱因斯坦伟大功绩的永垂不朽

im·mor·tal·ize /iˈmɔːtəˌlaiz/ *vt.* 使不朽,使不灭,使永存千古:Beethoven is *immortalized* by his great works. 贝多芬以其伟大的作品而名垂千古。

im·mov(e)·a·ble /iˈmuːvəbəl/ *adj.* [无比较级] ❶不可移动的,固定的:an *immovable* foundation 稳固的基础 / a deep and *immovable* friendship 不可动摇的深厚友谊❷不改变的,不让步的,坚定不移的:He has his opinions on these subjects. He is *immovable*. 在这些问题上他有自己的看法,决不会让步。

im·mune /iˈmjuːn/ *adj.* ❶【生】免疫的;(有)免疫力的;有抵抗力的(*from*, *against*, *to*):The blood test shows you are not *immune*. 血检表明你不具免疫力。❷受到保护的;不受影响的(*to*, *against*):*immune to* new ideas 不受新思想的影响 ❸免除的,豁免的(*from*, *to*):*immune from* taxes 免税 / To be *immune from* error is humanly impossible. 作为人,不犯错误是不可能的。‖ **im·mu·ni·ty** /iˈmjuːniti/ *n.* [U]

im·mu·nize /ˈimjuːˌnaiz/ *vt.* 使有免疫力,使免疫;使免除:There is still no vaccine to *immu-*

nize people against the virus. 现在仍没有可使人们免受这种病毒侵害的疫苗。‖ **im·mu·ni·za·tion** /ˌimjuːniˈzeiʃᵊn; naiˈz-/ *n.* [U;C]

im·mu·ta·ble /iˈmjuːtəbᵊl/ *adj.* [无比较级]不变的;不可改变的;永恒的

imp /imp/ *n.* [C] ❶小魔鬼,小妖精 ❷淘气鬼,顽童

im·pact I /ˈimpækt/ *n.* ❶[U]撞击,冲击;碰撞(*on*,*against*): The glass shattered on *impact*. 玻璃被撞碎。❷[U;C]撞击(或冲击)力: The bullet struck with a tremendous *impact*. 那颗子弹猛力射出枪膛。❸[常作单](强有力的)影响;(重大)作用: The computer has made a great *impact* on modern life. 计算机对现代生活产生了巨大的影响。II /imˈpækt/ *vt.* ❶压紧;挤入,楔牢(*in*): The mule lay *impacted in* the loam. 骡子紧贴着地伏着。❷充满;挤满;拥塞: refugees *impacted* into slums 挤在贫民窟里的难民 ❸对…产生影响;改变: The decision may *impact* your whole career. 这个决定可能会改变你的整个职业生涯。

im·pact·ed /imˈpæktid/ *adj.* [无比较级] ❶【医】阻生的 ❷【医】(骨折)嵌入的 ❸拥塞的;挤满的;人口稠密的: an *impacted* residential district 过度拥挤的住宅区

im·pair /imˈpeəʳ/ *vt.* 损害,损伤;削弱,减少: A recurrence of such an oversight could *impair* our amicable relations. 如果再出现这样的疏忽,我们的友好关系将会受到损害。‖ **imˈpair·ment** *n.* [U;C]

im·pale /imˈpeil/ *vt.* (以尖物)刺穿;把…固定(在尖物上)(*on*,*upon*,*against*): The old man lost his footing and fell, *impaling* his stomach on a stake. 老人失足摔倒,肚子戳在树桩上。

im·pal·pa·ble /imˈpælpəbᵊl/ *adj.* ❶[无比较级]摸不着的,触摸不到的: Sunlight and shadows are *impalpable*. 阳光和阴影是触摸不着的。❷难懂的,难以理解的;深奥的: *impalpable* ideas floating through his mind 涌过他脑海的令人费解的想法 ‖ **imˈpal·pa·bly** *adv.*

im·part /imˈpɑːt/ *vt.* ❶告知,通知;透露(*to*): I have no news to *impart*. 我没有消息可以透露。❷给予(尤指抽象事物);分给;传授: The new furnishings *imparted* an air of newness to the old house. 新家具给这所旧房子带来了新气象。

im·par·tial /imˈpɑːʃᵊl/ *adj.* [无比较级]不偏不倚的,中立的;公平的,无偏见的: Try as he would to be *impartial*, he could not help but favour Mary. 虽然他尽量设法做到一视同仁,但他自然而然地喜欢玛丽。‖ **im·par·ti·al·i·ty** /imˌpɑːʃɪˈæti/ *n.* [U] —**imˈpar·tial·ly** *adv.*

im·pass·a·ble /imˈpɑːsəbᵊl;-ˈpæs-/ *adj.* [无比较级]不能通行的;无法通过的: The whole street was *impassable* because of the carelessly parked autos. 整条街都被任意停放的汽车堵得水泄不通。

im·passe /æmˈpɑːs,ˈæmpɑːs,imˈpɑːs,ˈimpɑːs/ *n.* [常用单]绝境;僵局: The talks have reached an *impasse*. 谈判陷入了僵局。

im·pas·sioned /imˈpæʃᵊnd/ *adj.* 充满激情的;激昂的,激烈的;热烈的: His voice became *impassioned*. 他的说话声变得越来越激烈。

im·pas·sive /imˈpæsiv/ *adj.* 不动感情的;没有表情的;无动于衷的;矜持的;泰然的: Mr. Henry remained *impassive*. 亨利先生依旧不动声色。‖ **imˈpas·sive·ly** *adv.* —**im·pas·siv·i·ty** /ˌimpæˈsiviti/ *n.* [U]

im·pa·tience /imˈpeiʃəns/ *n.* [U] ❶无耐心,不耐烦: My *impatience* grew as the train was delayed more and more. 随着火车一再晚点,我越来越沉不住气了。❷热切;焦急,焦躁: He could barely conceal his *impatience*. 他再也按捺不住焦急的心情。

im·pa·tient /imˈpeiʃᵊnt/ *adj.* ❶不耐烦的,没耐心的(*on*,*with*): He is *impatient with* his little sister. 他对妹妹没有耐心。❷表示不耐烦的;恼火的: An *impatient* look crossed his face. 他脸上掠过一丝不耐烦的神色。❸热切的,急切的;急躁的,焦躁的(*for*): look forward to an event with *impatient* desire 眼巴巴地盼着某事的到来 ‖ **imˈpa·tient·ly** *adv.*

im·peach /imˈpiːtʃ/ *vt.* ❶【律】控告;检举: The judge was *impeached* for taking a bribe. 有人检举法官受贿。❷弹劾: They say he should either resign or be *impeached*. 他们说他要么辞职,要么遭弹劾。❸怀疑;对…提出质疑: Do you *impeach* my motives? 你怀疑我的动机吗? ‖ **imˈpeach·a·ble** *adj.* —**imˈpeach·er** *n.* [C] —**imˈpeach·ment** *n.* [U;C]

im·pec·ca·ble /imˈpekəbᵊl/ *adj.* ［无比较级］无瑕疵的；无可指责的；无懈可击的：The argument was *impeccable*. 这个论点滴水不漏，无懈可击。‖ **im·pec·ca·bil·i·ty** /imˌpekəˈbiliti/ *n.* ［U］—**imˈpec·ca·bly** *adv.*

im·pe·cu·ni·ous /ˌimpiˈkjuːniəs/ *adj.* ［无比较级］没有钱的，一文不名的，身无分文的：an *impecunious* gambler 一文不名的赌徒 ‖ ˌ**im·peˈcu·ni·ous·ly** *adv.* —ˌ**im·peˈcu·ni·ous·ness** *n.* ［U］

im·pede /imˈpiːd/ *vt.* 阻碍，妨碍；阻止（见 hinder）：The deep snow *impeded* travel. 厚厚的积雪阻碍了交通。

im·ped·i·ment /imˈpedimᵊnt/ *n.* ［C］❶阻碍，妨碍；障碍物：The pool was an awkward *impediment*. 这片泥塘真叫人进退两难。❷口吃，结巴；生理障碍，残疾：He has an *impediment* in speech. 他讲话结巴。

im·pel /imˈpel/ *vt.* （**-pelled**；**-pel·ling**）❶驱策；激励；迫使：Man's nature *impels* him to acquire knowledge. 人的本性驱使他学知识。❷推进，推动：The wind *impelled* the boat toward the shore. 风把船吹向岸边。‖ **imˈpel·ler** *n.* ［C］

im·pend·ing /imˈpendiŋ/ *adj.* ［无比较级］［作定语］行将到来的，即将发生的；逼近的，迫在眉睫的：Your departure must be *impending*. 你的离期一定是迫在眉睫了。

im·pen·e·tra·ble /imˈpenitrəbᵊl/ *adj.* ❶无法进入的；不能通过的；不可穿越的；透不过的：The shrub here often forms an almost *impenetrable* coppice. 这儿的灌木往往连成树丛，密得简直插不下脚。❷难以理解的，令人费解的；不可测知的：His sudden disappearance was hidden in an *impenetrable* mystery. 他的突然失踪是个难解之谜。‖ **im·pen·e·tra·bil·i·ty** /imˌpenitrəˈbiliti/ *n.* ［U］—**imˈpen·e·tra·bly** *adv.*

im·pen·i·tent /imˈpenitᵊnt/ *adj.* 不知悔悟的，无忏悔之意的；顽固不化的：an *impenitent* philistine 不知悔悟的市侩 ‖ **imˈpen·i·tence** /-tᵊns/ *n.* ［U］

im·per·a·tive /imˈperətiv/ **I** *adj.* ［无比较级］❶不可规避的，必做的；紧急的；极为重要的：It is *imperative* for us to act at once. 我们必须马上行动。❷命令（式）的；必须服从的，强制的；专横的：*imperative* discipline 必须遵守的纪律 **II** *n.* ［**the ～**］【语】祈使语气；祈使语气动词：In "Come here!" the verb "come" is in *the imperative*. 在"Come here!"中，动词"come"用的是祈使语气。‖ **imˈper·a·tive·ly** *adv.*

im·per·cep·ti·ble /ˌimpəˈseptəbᵊl/ *adj.* ❶觉察不出的，感觉不到的：He gave an almost *imperceptible* nod. 他几乎是令人难以察觉地点了点头。❷极微小的，极细微的；渐进的，逐步的：an *imperceptible* breeze 一阵微风 ‖ **im·per·cep·ti·bil·i·ty** /ˌimpəˌseptəˈbiliti/ *n.* ［U］—ˌ**imˌperˈcep·ti·bly** *adv.*

im·per·fect /imˈpəːfikt/ **I** *adj.* ［无比较级］❶不完美的；有缺点的；有瑕疵的：The verse is technically *imperfect*. 这首诗在创作技巧上有瑕疵。❷不完整的；残缺的；未完全的：*imperfect* understanding 不完整的理解 **II** *n.* ［U］【语】未完成时 ‖ **imˈper·fect·ly** *adv.* —**imˈper·fect·ness** *n.* ［U］

im·per·fec·tion /ˌimpəˈfekʃᵊn/ *n.* ❶［U］不完美：Nature is full of *imperfection*. 大自然充满了不尽如人意之处。❷［C］缺点；缺陷，瑕疵：There are many *imperfections* in the painting. 这幅画中有许多缺陷。

im·pe·ri·al /imˈpiriəl/ *adj.* ［作定语］❶［无比较级］帝国的；［常作 **I-**］英帝国的：the *imperial* Roman army 罗马帝国的军队 ❷［无比较级］皇帝（或女皇）的；帝位的；至尊的，（权威）至高无上的：the *imperial* household 皇室 ❸（度量衡）英制的 ‖ **imˈpe·ri·al·ly** *adv.*

im·pe·ri·al·ism /imˈpiəriəˌlizᵊm/ *n.* ［U］❶帝国主义（统治）；帝制 ❷〈常贬〉（侵犯他国的）帝国主义行径；帝国主义政策 ‖ **im·pe·ri·al·ist** /imˈpiəriəlist/ *n.* ［C］ & *adj.* —**im·pe·ri·al·is·tic** /imˌpiəriəˈlistik/ *adj.*

im·per·il /imˈperil/ *vt.* （**-il(l)ed**；**-il(l)ing**）〈主英〉使陷入危险，危及：Water pollution *imperils* all kinds of marine life. 水污染危及各种水生生物。

im·pe·ri·ous /imˈpiəriəs/ *adj.* 傲慢的；专横的；盛气凌人的；飞扬跋扈的：an *imperious* man 飞扬跋扈的人 ‖ **imˈpe·ri·ous·ly** *adv.* —**imˈpe·ri·ous·ness** *n.* ［U］

im·per·ish·a·ble /imˈperiʃəbᵊl/ **I** *adj.* ［无比较级］不会腐烂的，不会变质的：*imperishable* goods 不会腐败变质的货物 II *n.* [C]不会腐烂的食物,不会变质的食物

im·per·ma·nent /imˈpəːmᵊnənt/ *adj.* 转瞬即逝的;不能持久的,短暂的;非永久性的:Magnetic media are notoriously *impermanent*. 磁性媒质是最不能持久的。‖ **imˈper·a·nence** /-nᵊns/ *n.* [U] —**imˈper·ma·nent·ly** *adv.*

im·per·me·a·ble /imˈpəːmiəbᵊl/ *adj.* [无比较级](液体、气体等)无法渗透的,无法透过的,不透性的:*impermeable* rocks 不透性岩石 ‖ **im·per·me·a·bil·i·ty** /imˌpəːmiəˈbiliti/ *n.* [U] —**im·per·me·a·bly** *adv.*

im·per·mis·si·ble /ˌimpəˈmisəbᵊl/ *adj.* [无比较级]不允许的,不许可的:ethically *impermissible* behaviour 不道德的行为

im·per·son·al /imˈpəːsᵊnəl/ *adj.* [无比较级] ❶非个人的;非特指某一个人的;不受个人情感(或偏见)影响的,客观的:an *impersonal* discussion 客观的讨论 ❷〈常贬〉没有人情味的,冷淡的:an *impersonal* tone 冷淡的语气 ❸不作为人存在的;不具人格的;非人格化的:an *impersonal* deity 非人格化的神 ❹[作定语]【语】(动词、代词)无人称的,非人称的:an *impersonal* verb 非人称动词 ‖ **imˈper·son·al·ly** *adv.*

im·per·son·ate /imˈpəːsəˌneit/ *vt.* ❶假扮,假冒:He was arrested for *impersonating* a police officer. 他因冒充警官而被逮捕。❷扮演,饰演:He *impersonates* Othello with great skill. 他以精湛的技巧饰演奥赛罗。‖ **im·per·son·a·tion** /imˌpəːsəˈneiʃᵊn/ *n.* [U; C] —**imˈper·sonˌa·tor** *n.* [C]

im·per·ti·nent /imˈpəːtinᵊnt/ *adj.* [无比较级]不礼貌的;傲慢的;粗鲁的;莽撞的:I hope they are not so *impertinent* as to follow me. 但愿他们别死皮赖脸地跟着我。‖ **imˈper·ti·nence** *n.* [U] —**imˈper·ti·nent·ly** *adv.*

im·per·turb·a·ble /ˌimpəˈtəːbəbᵊl/ *adj.* [无比较级]不易激动的;冷静的,沉着的:The mess waiters remained expressionless and *imperturbable*. 餐厅侍者一个个毫无表情,纹丝不动地站着。‖ **im·per·turb·a·bil·i·ty** /ˌimpəˌtəːbəˈbiliti/, **ˌim·perˈturb·a·ble·ness** *n.* [U] —**ˌim·perˈturb·a·bly** *adv.*

im·per·vi·ous /imˈpəːviəs/ *adj.* [无比较级] ❶不能穿过的;不能渗透的,不能透过的(*to*):a steel *impervious to* rust 不锈钢 ❷不易损坏的;不易伤害的:a carpet *impervious to* rough treatment 经得住乱踩乱踏的地毯 ❸不受影响的;无动于衷的(*by*,*to*):a man *impervious to* criticism 对批评置若罔闻的人 ‖ **imˈper·vi·ous·ly** *adv.*

im·pe·ti·go /ˌimpiˈtaigəu/ *n.* [C]([复]-**gos**)【医】脓疱病

im·pet·u·ous /imˈpetjuəs/ *adj.* 急躁的;莽撞的;冲动的:It was *impetuous* of him to do that. 他那样做太冲动了。‖ **im·pet·u·os·i·ty** /imˌpetjuˈɔsiti/ *n.* [U] —**imˈpet·u·ous·ly** *adv.*

im·pe·tus /ˈimpitəs/ *n.* ❶[用单]推动;促进;刺激:The two trains came into collision with great *impetus*. 两列火车猛烈相撞。❷[U]【物】动量:Anything that can stop easily has little *impetus*. 容易停下来的物体动量很小。

im·pi·e·ty /imˈpaiəti/ *n.* ❶[U](对神、上帝的)不虔诚,不敬 ❷[U]不孝顺;不恭敬:filial *impiety* 不孝 ❸[C]不虔诚(或不敬、不孝)的行为;邪恶行为

im·pinge /imˈpindʒ/ *vi.* ❶侵犯(*on*,*upon*):Not that I want to *impinge upon* any man's recreation. 我并非想侵占哪一个人的娱乐时间。❷起作用;影响;触动(*on*,*upon*):The economic crisis is *impinging on* every aspect of our lives. 经济危机正在影响我们生活的各个方面。❸冲击,撞击;打击(*on*,*upon*,*against*):rays of light *impinging on* the eye 刺眼的光线 ‖ **imˈpinge·ment** *n.* [U]

im·pi·ous /ˈimpiəs, imˈpaiəs/ *adj.* 不敬神的,不虔诚的;亵渎的:an *impious* life 没有宗教信仰的生活

imp·ish /ˈimpiʃ/ *adj.* 顽皮的,淘气的:an *impish* smile 调皮的笑容 / a charmingly *impish* child 淘气得可爱的孩子 ‖ **ˈimp·ish·ly** *adv.* —**ˈimp·ish·ness** *n.* [U]

im·plac·a·ble /imˈplækəbəl,-ˈpleikə-/ *adj.* [无比较级] ❶不能安抚的;无法平息的:an *implacable* resentment 无法平息的怨恨 ❷不能缓和(或减轻)的:an *implacable* interest 无法摆脱的兴趣 ‖ **im·pla·ca·bil·i·ty** /imˌplækəˈbiliti/ *n.* [U] —**imˈpla·ca·bly** *adv.*

im·plant I /imˈplɑːnt;-ˈplænt/ *vt.* ❶把…嵌入;

埋置(*in*):a ruby *implanted in* a gold ring 嵌在金戒指里的一颗红宝石 ❷【医】移植;植入:*implant* an artificial heart 植入人造心脏 **II** /ˈimplɑːnt;-plænt/ *n.* [C]【医】植入物;移植片;种植体:suitable for body *implants* 适合作体内植入物 ‖ **imˈplant·a·ble** *adj* —**imˈplant·er** *n.* [C]

im·plau·si·ble /imˈplɔːzəbᵊl/ *adj.* 不像是真实的;难以置信的;似乎不合情理的:*a string of implausible* adventures 一连串难以置信的奇遇 ‖ **im·plau·si·bil·i·ty** /imˌplɔːzəˈbiliti/ *n.* [U] —**imˈplau·si·bly** *adv.*

im·ple·ment **I** /ˈimplimᵊnt/ *n.* [C]工具;用具;器具(见 device):household *implements* 家用器具 / cooking *implements* 烹饪用具 **II** /ˈimpliˌment/ *vt.* 贯彻;实施,执行;履行:The government is *implementing* its policy of helping the unemployed. 政府正在实施帮助失业人员的政策。‖ **im·ple·men·ta·tion** /ˌimplimenˈteiʃᵊn/ *n.* [U]

im·pli·cate /ˈimpliˌkeit/ *vt.* 表明(某人)与…有牵连;[常用被动语态]使卷入(*in*);涉及:Having the stolen goods in his possession *implicated* him *in* the robbery. 他窝藏赃物这一点表明他与抢劫案有牵连。

im·pli·ca·tion /ˌimpliˈkeiʃᵊn/ *n.* ❶[C]含意;暗示,暗指;言外之意:The term carries no derogatory *implications*. 这个词不带贬义。❷[U]牵连;卷入;涉及:We heard of his *implication* in the plot. 我们听说他与这一阴谋有牵连。‖ ***by implication*** *adv.* 含蓄地;暗示地:She said very little directly, but a great deal *by implication*. 她直接说得很少,但做了很多的暗示。

im·plic·it /imˈplisit/ *adj.* ❶不言明的,暗示的;暗含的,含蓄的:Her silence gave *implicit* consent. 她用沉默表示赞同。❷[通常作定语]绝对的;毫无保留的;毫不怀疑的:He has *implicit* confidence in his friends. 他毫无保留地信任自己的朋友。‖ **imˈplic·it·ly** *adv.* —**imˈplic·it·ness** *n.* [U]

im·plode /imˈpləud/ *vi.* & *vt.* (使)内爆;(使)(向心)聚爆;(使)向心破裂:When a vacuum tube breaks it *implodes*. 真空管破裂时是向心聚爆。‖ **im·plo·sion** /imˈpləuʒən/ *n.* [U;C] —**imˈplo·sive** /-siv,-ziv/ *adj.*

im·plore /imˈplɔː/ *vt.* 恳求;哀求;乞求(见 demand):She *implored* her mother to give permission for her to go on the trip. 她恳求母亲允许她去旅行。‖ **im·plor·ing** /imˈplɔːriŋ/ *adj.* —**imˈplor·ing·ly** *adv.*

im·ply /imˈplai/ *vt.* ❶暗示;暗指;意味着,含有…的意思(见 suggest):What do you *imply* by that statement? 你说这句话是什么意思? ❷必然含有;必然涉及;必须有:Speech *implies* a speaker. 演讲必有演讲者。

im·po·lite /ˌimpəˈlait/ *adj.* 不礼貌的;无礼的,失礼的;粗鲁的:Take care not to be *impolite* to customers. 注意不要对顾客失礼。‖ **ˌim·poˈlite·ly** *adv.*

im·pol·i·tic /imˈpɔlitik/ *adj.* 失策的;不当的;不审慎的;不明智的:The behaviour of these people may appear *impolitic* and ungrateful. 这些人的行为未免太不识时务,太没良心了。

im·pon·der·a·ble /imˈpɔndᵊrəbᵊl/ **I** *adj.* 不能衡量的;无法(精确)估计的;难以断定(或解释)的:The concept raises a number of *imponderable* questions. 这一概念提出了一些无法解释的问题。**II** *n.* [~s]无法估量的事物;难以断定(或解释)的事物

im·port **I** /imˈpɔːt,ˈimpɔːt/ *vt.* ❶进口;输入;引进:*import* coffee from Brazil 从巴西进口咖啡 / food *imported* into the city 运到城里的食品 ❷意味着,含有…的意思:Religion *imports* belief. 宗教意味着信仰。❸表示,表明:Her words *imported* a change of attitude. 她的这番话表明了态度上的转变。**II** /ˈimpɔːt/ *n.* ❶[U]进口;输入;引进:The *import* of diseased animals was forbidden. 带病动物是禁止进口的。❷[C]进口商品;进口劳务;输入物:the taxes on *imports* 进口商品税 ‖ **imˈport·a·ble** *adj.* —**imˈport·er** *n.* [C]

im·por·tance /imˈpɔːtᵊns/ *n.* [U]重要,重大;重要性:In mind, he was not of much *importance*. 在智力方面,他没有什么了不起。

im·portant /imˈpɔːtᵊnt/ *adj.* ❶重要的,重大的(*to*);非常有价值的:She realized something *important* was about to happen. 她意识到要出什么大事了。❷有地位的;有名望的;有势力的;显赫的:A prime minister is a very *important* man. 首相是非常显要的人物。‖

im'por·tant·ly *adv.*

im·por·tu·nate /im'pɔːtjunət/ *adj.* (人)强求的;纠缠不休的:an *importunate* beggar 胡搅蛮缠的乞丐 ‖ **im'por·tu·nate·ly** *adv.*

im·por·tune /im'pɔːtʃuːn, ˌimpɔː'tʃuːn/ *vt.* & *vi.* 向…强求;对…纠缠不休(见 urge):The boy *importuned* the teacher to raise his grade. 那个男孩子缠着老师要提高分数。‖ **im·por·tu·ni·ty** /ˌimpɔ'tjuːniti/ *n.* [U;C]

im·pose /im'pəuz/ *vt.* ❶征(税);使承受(负担、惩罚等)(*on*,*upon*):*impose* duties *on* tobacco and wines 征收烟酒税 ❷把…强加于:No other conditions were *imposed upon* my freedom. 没有任何别的条件来约束我的行动。—*vi.* 利用,占便宜;打搅,麻烦(*on*,*upon*):I will not *impose upon* your good nature. 我不愿欺你心好就麻烦你。‖ **im'pos·er** *n.* [C]

im·pos·ing /im'pəuziŋ/ *adj.* 壮观的;庄严的;气势宏伟的;不凡的;给人深刻印象的:Edwin's desk is the largest and most *imposing*. 埃德温的办公桌最大,气派不凡。‖ **im'pos·ing·ly** *adv.*

im·po·si·tion /ˌimpə'ziʃ°n/ *n.* ❶[U](税的)征收;(负担、惩罚等的)施加;强加❷[C]被迫接受的负担(或惩罚等);不合理的要求

im·pos·si·ble /im'pɔsəb°l/ *adj.* [无比较级] ❶不可能的;做不到的:It is next to *impossible* to give 24 hour security to people living in private apartments. 为私宅居民提供 24 小时安全措施几乎是不可能的。❷不可能发生的;不可能有的;难以置信的;不真实的:I find it *impossible* to believe a single word you say. 我发现你说的话我一句也不能信。‖ **im·pos·si·bil·i·ty** /imˌpɔsə'biliti/ *n.* [C] —**im'pos·si·bly** *adv.*

im·pos·tor, im·pos·ter /im'pɔstə'/ *n.* [C] (尤指伪造身份行骗的)骗子;冒名顶替者:The *impostor* has been shown up. 这个骗子已被识破。

im·po·tent /'impət°nt/ *adj.* ❶无力量的;不起作用的;无能为力的:Their armies and what is left of their Navy are now *impotent*. 他们的陆军以及剩下的海军已经毫不足惧了。❷(尤指男子)性无能的,阳痿的:It's better than listening to the confessions of *impotent* men. 这总比听那些窝囊废的男人自白好一点儿。‖ **'im·po·tent·ly** *adv.*

im·pound /im'paund/ *vt.* 扣留,扣押;没收:The court *impounded* the documents to use as evidence. 法庭扣押了这些文件用作证据。

im·pov·er·ish /im'pɔv°riʃ/ *vt.* ❶使穷困;使赤贫:A long draught *impoverished* the farmers. 长期干旱使农民生活穷困。❷耗尽;使枯竭;使贫瘠:They worked the land year after year until it was *impoverished*. 他们年复一年地使用土地,直至耗尽其地力。‖ **im'pov·er·ished** *adj.* —**im'pov·er·ish·ment** *n.* [U]

im·prac·ti·ca·ble /im'præktikəb°l/ *adj.* ❶不能实行的:an *impracticable* plan 不能实行的计划 ❷(装置、材料等)不适合的;不实用的:an *impracticable* mechanism 不实用的机械装置 ‖ **im'prac·ti·ca·bly** *adv.*

☆**impracticable** 和 **impractical** 在词义上有细微的区别。**impracticable** 的意思是"不能实现的,不能实施的"(not capable of being carried out or put into practice),而 **impractical** 的意思是"不切实际的,不稳妥的"(not sensible or prudent)。一项计划如果耗资过大,需要投入的精力过多,它可以说是 **impractical**,但却不一定是 **impracticable**。

im·prac·ti·cal /im'præktik°l/ *adj.* ❶不切实际的;无用的;不现实的:It is a bit *impractical* (for you) to hope that everyone will be nice to you. 希望每个人都对你好,这有点不太现实。❷不注重实际的;不善做实际工作的,无动手能力的:He is intelligent but too *impractical* for commercial work. 他人很聪慧,但不善做实际工作,不能经商。‖ **im·prac·ti·cal·i·ty** /imˌprækti'kæliti/ *n.* [U]

im·pre·ca·tion /ˌimpri'keiʃ°n/ *n.* ❶[U]诅咒:torrents of *imprecation* 一阵阵的诅咒 ❷[C]咒骂;咒语:Sikes, with a hideous *imprecation*, overthrew the table, burst out of the house. 赛克斯破口大骂,掀翻桌子,冲出了屋子。

im·pre·cise /ˌimpri'sais/ *adj.* ❶不精确的;不准确的;不确切的:His definition of the term remained somewhat *imprecise*. 他对这个术语的定义仍旧尚欠准确。❷模糊不清的;不明确的:The witness gave only vague and *imprecise* descriptions. 证人所提供的只是含糊的、不明确的描述。‖ **ˌim·pre'cise·ly** *adv.*

—ˌ**im·preˈcise·ness**, ˌ**im·pre·ci·sion** /-ˈsiʒᵊn/ *n.* [U]

im·preg·na·ble /imˈpregnəbᵊl/ *adj.* ❶坚不可摧的，攻不破的；无法征服的：an *impregnable* fortress 坚不可摧的堡垒 ❷驳不倒的，无可辩驳的：win one's case with an *impregnable* argument 以无可辩驳的论据打赢官司 ‖ **im·preg·na·bil·i·ty** /imˌpregnəˈbiliti/ *n.* [U] —**imˈpreg·na·bly** *adv.*

im·preg·nate /ˈimpregˌneit/ *vt.* ❶[常用被动语态]【生】使怀孕，使妊娠；使受精：Flowers are often *impregnated* by bees as they gather nectar. 蜜蜂采蜜时常使花受粉。❷[常用被动语态]使充满；使饱和；浸渍(*with*)：be *impregnated with* the spirit of optimism 洋溢着乐观主义精神 ❸灌输，注入；对…施加影响(*with*)：The captain *impregnated* the soldiers *with* his own fearless courage. 连长向士兵们灌输他自己的一身勇气。‖ **im·preg·na·tion** /ˌimpregˈneiʃᵊn/ *n.* [U]

im·press /imˈpres/ *vt.* ❶给…(留下)深刻的印象；使铭记，铭刻；打动，使感动(*with*)：He *impressed* me as someone rather mysterious. 他使我感到他是一个十分诡秘的人物。❷强调(*on*)：She *impresses on* everyone the urgency of her mission. 她向每个人强调自己的任务紧迫。❸印，压印；盖(印或邮戳等)于；把(记号等)压于(或压入)(*on*)：The clerk *impressed* his signature *on* the documents. 办事员在文件上盖上了自己的签名章。

im·pres·sion /imˈpreʃᵊn/ *n.* [C] ❶印象；感想(见 idea)：His face and the parts around his eyes gave the *impression* of total exhaustion. 他的面色和眼圈使人感到他已经筋疲力尽。❷压印；印记；压痕：About the throat were bruises and *impressions* of fingers. 喉部有瘀伤和手指的掐痕。❸(尤指出于逗乐目的的)漫画式模仿：The comedian gave several *impressions* of famous movie stars. 这位喜剧演员对几位电影明星作了滑稽模仿。

im·pres·sion·a·ble /imˈpreʃᵊnəbᵊl/ *adj.* 易受影响的；敏感的：Children are more *impressionable* than adults. 孩子比成人易受外界影响。

im·pres·sion·ism /imˈpreʃᵊˌnizᵊm/ *n.* [U] ❶[常作 I-]印象主义，法国印象派 ❷(泛指美术、文学、音乐领域内的)印象主义，印象派 ❸印象派风格；印象派技巧

im·pres·sion·ist /imˈpreʃᵊˌnist/ I *n.* [C] ❶印象派画家(或作家，作曲家) ❷模仿性喜剧演员；漫画式模仿名流的演员 II *adj.* [作定语]印象主义的，印象派的

im·pres·sion·is·tic /imˌpreʃᵊˈnistik/ *adj.* [无比较级] ❶印象主义的；印象派的；印象派风格的 ❷印象式的；主观的：an *impressionistic* survey of recent history 对近代史印象式的概述

im·pres·sive /imˈpresiv/ *adj.* ❶给人以深刻印象的；感人的，打动人的；令人敬佩的：Economic development is even more *impressive*. 经济上的发展就更令人瞩目。❷威严的；使人肃然起敬的：*an impressive* figure 一个令人肃然起敬的人物 ‖ **imˈpres·sive·ly** *adv.* —**imˈpres·sive·ness** *n.* [U]

im·print/ˈimprint/ *n.* ❶[C]印记，戳记，印痕；痕迹：His head left an *imprint* on the pillow. 他的头在枕头上留下了一个压痕。❷[通常用单]深刻的印象；影响，作用；特征，标记：The performance made a deep *imprint* on our minds. 那场演出给我们留下了深刻的印象。

im·pris·on /imˈprizᵊn/ *vt.* ❶关押，监禁：I had a sense of being *imprisoned*. 我有身陷囹圄之感。❷禁锢；束缚；限制：a bird *imprisoned* in a cage 关在笼中的鸟 ‖ **imˈpris·on·ment** *n.* [C; U]

im·prob·a·ble /imˈprɔbəbəl/ *adj.* 不大可能的；未必会(发生)的；未必确实的：Rain is *improbable* tonight. 今晚不大可能会下雨。‖ **im·prob·a·bil·i·ty** /imˌprɔbəˈbiliti/ *n.* [C] —**imˈprob·a·bly** *adv.*

im·promp·tu /imˈprɔmᵖtʲu/ *adj.* [无比较级] 事先无准备的；即席的，即兴的；临时凑成的：I like *impromptu* traveling. 我喜欢即兴外出旅游。

im·prop·er /imˈprɔpəʳ/ *adj.* ❶不合适的，不适当的；不相宜的，不得体的：It is *improper* to speak out extensively in the reading room. 在阅览室里大声说话是不合适的。❷不成体统的；不合礼仪的，不体面的；下流的：Short trousers are *improper* at a dance. 舞会上穿短裤不成体统。❸不合标准的；不规则的；错误的；不正确的：That is an *improper* usage of the word. 这个词那样用是不正确的。‖

im'prop·er·ly *adv.*

im·pro·pri·e·ty /ˌimprəˈpraiəti/ *n.* ❶[U]不合适,不适当;不相宜,不得体:She was scandalized by the *impropriety* of the question. 她为那个问题的粗鄙而惊骇反感。❷[U;C]不合标准;不合规则;错误;不正确:judicial *impropriety* 司法过失 ❸[C]不合适的举止;不正当的行为;不得体的话:The magazine exposed his financial *improprieties*. 该杂志披露了他经济上的舞弊行为。

im·prove /imˈpruːv/ *vt.* ❶改进,改善;增进,提高:We aren't *improving* our chances by sitting here. 光坐在这里也无济于事呀。❷(通过耕种、盖屋、修路等)提高(土地、地产)的价值:land *improved* by cultivation 因为耕植而升值的土地 —*vi.* 改善;变得更好;增加,提高(*on*, *upon*):Janet came up with nice ideas for *improving on* her previous plans. 珍尼特带来了改进原计划的好主意。‖ **im·prov·a·ble** /imˈpruːvəbl/ *adj.*

im·prove·ment /imˈpruːvmᵊnt/ *n.* ❶[U]改进,改善;增进,提高:There's much room for *improvement*. 大有改进的余地。❷[C]改进处,改善处:The new edition embodies many *improvements*. 新版有许多改进之处。

im·prov·i·dent /imˈprɔvidᵊnt/ *adj.* ❶无远见的;不谨慎的:He should be so *improvident* in a point of such common, such natural concern! 对于这样平平常常、屡见不鲜的利害关系,他竟如此缺乏先见之明!❷不节俭的;挥霍的,奢侈的:sb's *improvident* habits 某人挥霍的习惯 ‖ **im'prov·i·dence** /-dᵊns/ *n.* [U] —**im'prov·i·dent·ly** *adv.*

im·pro·vise /ˈimprəˌvaiz/ *vt.* ❶即兴创作(乐曲、诗歌等);即席演说;即兴表演(或演奏):The pianist *improvised* an accompaniment to the song. 钢琴家为这首歌即席伴奏。/ The actor *improvised* his lines. 演员现编台词。❷临时做成;临时提供;临时安排:We *improvised* a dinner from yesterday's leftovers. 我们用昨天的剩饭剩菜凑合着做了顿饭。—*vi.* ❶即兴创作;即席演说;即兴表演 ❷临时做成;临时安排;临时凑合:We left the tent poles behind, so we had to *improvise*. 我们忘了带帐篷支架,所以只得临时找别的东西凑合。‖ **im·pro·vi·sa·tion** /ˌimprəvaiˈzeiʃᵊn/ *n.* [U; C] —ˌ**im·pro·vi·sa·tion·al** /-ˈzeiʃᵊnᵊl/ *adj.* —ˈ**im·proˌvis·er**, **im·pro·vis·or** *n.* [C]

im·pru·dent /imˈpruːdᵊnt/ *adj.* 不谨慎的;轻率的;鲁莽的:*imprudent* action 鲁莽之举 ‖ **im'pru·dence** *n* [U]

im·pu·dent /ˈimpjudᵊnt/ *adj.* 厚颜无耻的;放肆的;无礼的:He was *impudent* enough to pervert the truth. 他居然无耻到歪曲事实的地步。‖ ˈ**im·pu·dence** *n.* [U] —ˈ**im·pu·dent·ly** *adv.*

im·pugn /imˈpjuːn/ *vt.* 对…进行质疑;抨击;指责:Do not *impugn* the umpire's fairness. 不要怀疑裁判员的公正。‖ **im'pugn·er** *n* [C]

im·pulse /ˈimpʌls/ *n.* ❶[C;U]冲动;一时的欲念;突然产生的念头(见 motive):Wealth enabled them to follow *impulse* where it led. 财富使他们随心所欲。❷[C]推动,刺激,驱策;冲力,推动力:Rivalry gives an *impulse* to trade. 竞争促进贸易。

im·pul·sive /imˈpʌlsiv/ *adj.* [无比较级]冲动的;易冲动的;出于冲动的:His decision to call his ex-wife was *impulsive*. 他决定给前妻打电话完全是出于冲动。‖ **im'pul·sive·ly** *adv.* —**im'pul·sive·ness** *n.* [U]

im·pu·ni·ty /imˈpjuːniti/ *n.* [U](惩罚、伤害、损失等的)免除

im·pure /imˈpjuəʳ/ *adj.* ❶不纯净的;肮脏的;被玷污的:*impure* water 不干净的水 / *impure* air 污浊的空气 ❷不纯的,有杂质的;掺假的:*impure* mercury 不纯的水银 / *impure* food 掺假食品 ❸不纯洁的;不道德的;腐化的;淫猥的,下流的:an *impure* fellow 下流之人 ‖ **im'pure·ly** *adv.*

im·pu·ri·ty /imˈpjuəriti/ *n.* ❶[常作 **impurities**]不纯物;污染物;杂质:Filtering the water removed its *impurities*. 将水过滤后去除了其中的杂质。❷[U]不纯;不洁;掺杂;掺假 ❸[U]不道德;罪恶;淫猥,淫秽;亵渎,渎神

im·pute /imˈpjuːt/ *vt.* 归因于;把…归咎于;归(罪等)于(*to*):They *imputed* the accident *to* the driver's carelessness. 他们把这次车祸归咎于驾驶员的疏忽。‖ **im'put·a·ble** *adj.* —**im·pu·ta·tion** /ˌimpjuːˈteiʃᵊn/ *n.* [U]

in /in/ **I** *prep.* ❶[表示地点、场所、部位等]在…里面,在…之内;在…上:*in* Asia 在亚洲 / *in*

China 在中国❷[表示时间]在…(时候);在…期间;在…(一段时间)之内;过…(一段时间)后:*in* ancient times 在古代 / *in* the crisis period 在危机时期❸[表示状态、情景、情况]处于…中: He is *in* luck. 他交了好运。❹[表示服饰等]穿着;戴着;带着:dress *in* furs 身着毛皮衣服 / young ladies *in* summer dresses 穿着夏装的女士们❺[表示形式、方式、手段、工具、原材料等]以,用:speak *in* French 说法语 / paint *in* oil 画油画 ❻[表示数量、程度、比例]以;按;从…中: One *in* ten will fail. 10 人中会有 1 人失败。❼[表示职业、活动等]从事;参与;为…的成员:He's *in* rice. 他做稻米生意。**II** *adv*. [无比较级] ❶进,入: Come *in*, please. 请进! ❷朝里;向某一方向;到某地;向某处:Darkness closed *in*. 黑暗快要降临了。❸在里面:Shut him *in*. 把他关进去。❹在屋里;在家;在办公室: She isn't *in*. 她不在。**III** *adj*. [无比较级] 流行的,时尚的;(赶)时髦的:Jewelry is *in* this year. 今年流行戴首饰。‖ ***be in at*** *vt*. 在场:I want to *be in at* the finish. 我想亲自在场经历最后时刻。***be in for*** *vt*. ❶必定会经历;免不了要遭受:It looks as if we *are in for* a storm. 看来我们免不了要碰上一场暴风雨了。❷参加(竞赛等):Will you *be in for* the high jump? 你会报名参加跳高比赛吗? ***be in on*** *vt*. 熟悉,了解;参与:*Don't* let everyone *in on* the secret. 别让每个人都知道这个秘密。

in- /in/ *pref*. ❶[用以构成形容词]表示"非","不","无":*in*correct,*in*defensive,*in*variable ❷[用以构成名词]表示"无";"缺":*in*justice

in·a·bil·i·ty /ˌinəˈbiliti/ *n*. [U;C]无能力,没办法;无力;不能: the *inability* to pay one's debts 无力还债/ the *inability* to free oneself from difficulties 无法使自己摆脱困境

in·ac·ces·si·ble /ˌinækˈsesəbᵊl/ *adj*. [无比较级]达不到的,难到达的;不可(或难以)进入的:The place is *inaccessible* by road. 无路通达该地。‖ **in·ac·ces·si·bil·i·ty** /ˌinækˌsesəˈbiliti/ *n*. [U] —ˌ**in·acˈces·si·bly** *adv*.

in·ac·cu·rate /inˈækjurit/ *adj*. ❶不准确的;不精确的: Such a definition is *inaccurate* and misleading. 这样的定义不精确,会导致误解。❷错误的;失实的:*inaccurate* information 错误的信息 ‖ **inˈac·cu·ra·cy** *n*. [C; U] —**inˈac·cu·rate·ly** *adv*.

in·ac·tion /inˈækʃᵊn/ *n*. [U]无行动,无所作为;不活动;不活跃;懒散: We do not accept this as an excuse for government *inaction*. 以此作为政府不采取行动的借口,我们无法接受。

in·ac·tive /inˈæktiv/ *adj*. 不活动的;不活跃的;缺乏活力的:an *inactive* volcano 不活动的火山 / an *inactive* market 缺乏活力的市场 ‖ **in·ac·tiv·i·ty** /ˌinækˈtiviti/ *n*. [U]

in·ad·e·qua·cy /inˈædikwisi/ *n*. ❶[U]不适当;不够格;不充分:the *inadequacy* of education facilities 教育设施的不足❷[C]不足之处,缺陷:There are several obvious *inadequacies* in your plan. 你的计划中有几处明显的缺陷。

in·ad·e·quate /inˈædikwit/ *adj*. [无比较级] ❶不充分的;不足的:The food was *inadequate* for fourteen people. 这些食物不够 14 个人吃。❷不够格的;不胜任的:I felt inherently inferior,*inadequate* to fill the role. 我内心感到身居卑职,难以承担此任。‖ **inˈad·e·quate·ly** *adv*.

in·ad·mis·si·ble /ˌinədˈmisəbᵊl/ *adj*. [无比较级](证据等)不可接受的;不能承认的:Such evidence would be *inadmissible* in any court. 任何一个法庭都不会接受这样的证据。

in·ad·vert·ent /ˌinədˈvəːtᵊnt/ *adj*. ❶粗心大意的;漫不经心的:an *inadvertent* critic 轻率的批评家 ❷因疏忽造成的;非故意的:the *inadvertent* damage 因疏忽造成的损失 ‖ ˌ**in·adˈvert·ence** *n*. [U] —ˌ**in·adˈvert·ent·ly** *adv*.

in·ad·vis·a·ble /ˌinədˈvaizəbᵊl/ *adj*. [通常作表语]不可取的;不妥当的;不明智的;失策的:It's tempting, but probably *inadvisable*, to accept their statements. 他们的声明听起来挺诱人的,可要接受下来怕是不明智。

in·al·ien·a·ble /inˈeiljənəbᵊl/ *adj*. 不能让予的;不可分割的;不能放弃的;不可剥夺的: National sovereignty must be *inalienable*. 国家主权是绝不能放弃的。‖ **in·al·ien·a·bil·i·ty** /inˌeiljənəˈbiliti/ *n*. [U] —**inˈal·ien·a·bly** *adv*.

in·ane /iˈnein/ *adj*. 空洞的,无意义的;愚蠢的:an *inane* remark 无聊的话 / an *inane* smile 傻笑 ‖ **inˈane·ly** *adv*. —**in·an·i·ty** /iˈnæniti/ *n*. [U;C]

in·an·i·mate /inˈænimət/ *adj*. [无比较级] ❶

无生命的;非动物的:Stones are *inanimate* objects. 石头是没有生命的物体。❷了无生气的,无精打采的;沉闷的,单调的:an *inanimate* conversation 沉闷的谈话 ‖ **in'an·i·mate·ly** *adv.* —**in'an·i·mate·ness**, **in·an·i·ma·tion** /inˌæni'meiʃ°n/ *n.* [U]

in·ap·pli·ca·ble /in'æplikəb°l/ *adj.* [无比较级]不适用的;不适宜的;不相干的(*to*):Most of the questions on the form were *inapplicable to* me. 这份表格所列问题大都与我不相干。

in·ap·pro·pri·ate /ˌinə'prəupriət/ *adj.* 不恰当的,不适合的:It is *inappropriate* that he (should) be present. 他出席是不适宜的。‖ **ˌin·ap'pro·pri·ate·ly** *adv.*

in·ar·tic·u·late /ˌinɑː'tikjulət/ *adj.* ❶不善辞令的,拙于言辞的:an *inarticulate* public speaker 不善于在大庭广众之下讲话的人 ❷(言语、讲话)含糊不清的;发音不清的:She danced and shouted a string of *inarticulate* words. 她手舞足蹈嘟嘟囔囔骂了一通。❸(因激动等)说不出话的;哑的:He burst into an *inarticulate* rage. 他火冒三丈,气得说不出话来的。‖ **ˌin·ar'tic·u·late·ly** *adv.* —**ˌin·ar'tic·u·late·ness** *n.* [U]

in·as·much /ˌinəz'mʌtʃ/ *adv.* [无比较级] ❶因为,由于,鉴于(*as*):*Inasmuch as* we have no money,it is no good thinking about a holiday. 既然我们没钱,那么考虑假期也没用。❷在…的程度上;在…的范围内;就…而言(*as*):These provisions apply only *inasmuch as* trade between Member States is affected. 这些规定仅适用于成员国之间的贸易。

in·at·ten·tive /ˌinə'tentiv/ *adj.* 不注意的;漫不经心的,随便的;疏忽的:A bell rang,and the teacher went in to take her class. The students were *inattentive* and tiresome. 铃响了,老师走进去上课,可学生们却心不在焉,无精打采。‖ **ˌin·at'ten·tion** *n.* [U]

in·au·di·ble /in'ɔːdəb°l/ *adj.* [无比较级]听不见的:*the inaudible* and noiseless foot of Time 时间那悄无声息的脚步 ‖ **in'au·di·bly** *adv.*

in·au·gu·ral /i'nɔːgjur°l/ **I** *adj.* [无比较级][作定语] ❶就职的,就任的:*inaugural* celebrations 就职庆典活动 ❷开始的,首次的;开幕的;成立的,创立的:The airline made its *inaugural* flight in October. 这条航线于10月进行了首次飞行。**II** *n.* [C] ❶就职演说 ❷就职典礼

in·au·gu·rate /in'ɔːgjuˌreit/ *vt.* ❶为…举行就职典礼,使正式就任:A President of the United States is *inaugurated* every four years. 美国总统四年一任。❷为…举行开幕式;为…举行落成(或通车等)仪式:The new city hall was *inaugurated* with a parade and speeches. 人们用游行和演讲来为新市政大厅举行落成仪式。❸(正式)开始;着手进行;发动:The discovery of the X ray in 1895 *inaugurated* a new age in medicine. 1895年X射线的发现开创了医学史上的新纪元。‖ **in·au·gu·ra·tion** /iˌnɔːgju'reiʃ°n/ *n.* [U;C]

in·aus·pi·cious /ˌinɔː'spiʃəs/ *adj.* 不祥的,不吉的;不(顺)利的;凶兆的:The new service got off to an *inauspicious* start. 这一新的服务项目出师不利。‖ **ˌin·aus'pi·cious·ly** *adv.* —**ˌin·aus'pi·cious·ness** *n.* [U]

in·born /'inˌbɔːn/ *adj.* [无比较级] ❶天生的,与生俱来的:an *inborn* sense of rhythm 天生的节奏感❷先天的,遗传的:There is an *inborn* component in human intelligence which is genetically heritable. 人的智力中某种先天因素是可以遗传的。

in·bound /'inˌbaund/ *adj.* 归航的,回程的

in·bred /ˌin'bred,'inˌbred/ *adj.* [无比较级] ❶天生的,生来的:the *inbred* manners of a diplomat 天生的外交家风度 ❷近亲繁殖的;同系交配生出的;自交的:an *inbred* mouse strain 老鼠的近交系

in·breed·ing /'inˌbriːdiŋ/ *n.* [U]【生】近亲繁殖;同系交配;自交:hereditary illnesses due to *inbreeding* within a group 由于同一群体内近亲繁殖引起的遗传病

in·cal·cu·la·ble /in'kælkjuləb°l/ *adj.* [无比较级] ❶(大到)无法计算的,不可计数的;数量极大的:The sands of the sea are *incalculable* in number. 海里的沙子数不尽。❷不可估量的;难以预计的,无法预料的:A flood in the valley would cause *incalculable* losses. 山谷里的洪水会造成无法预计的损失。❸不稳定的,多变的;不能依靠的:He has an *incalculable* disposition. 他的性格难以捉摸。‖ **in'cal·cu·la·bly** *adv.*

in·can·des·cent /ˌinkæn'des°nt/ *adj.* ❶[无比

较级]炽热发光的;白炽的,白热的:*incandescent light* 白炽光 ❷闪闪发光的;明亮的;绚烂的:*incandescent* eyes 闪闪发亮的眼睛 ‖ **in·can'des·cence** *n.* [U]—**in·can'des·cent·ly** *adv.*

in·ca·pa·ble /in'keipəb°l/ *adj.* [无比较级] ❶无能力的,什么事都做不好的,不能胜任的(*of*):You are *incapable of* judging this matter. 在这件事情上,你的眼力可不行哟。❷[作表语]不会的,不能的(*of*):He was *incapable of* empathy! 他这个人不会表示同情! ‖ **in·ca·pa·bil·i·ty** /inˌkeipə'biliti/ *n.* [U]—**in'ca·pa·bly** *adv.*

in·ca·pac·i·tate /ˌinkə'pæsiˌteit/ *vt.* 使无能;使不适合;使伤残:His poor health *incapacitated* him for work. 他因身体不好而不能工作。

in·ca·pac·i·ty /ˌinkə'pæsiti/ *n.* [U] 无能力;不适合;伤残:His *incapacity* for kindness makes everybody dislike him. 他不能与人为善,使得大家都讨厌他。

in·car·cer·ate /in'kɑːs°ˌreit/ *vt.* 监禁,囚禁;囿于,局限于:They were *incarcerated* in that broken elevator for four hours. 他们被关在那台破电梯里四个小时。‖ **in·car·cer·a·tion** /inˌkɑːs°'reiʃ°n/ *n.* [U]

in·car·nate I /in'kɑːnət/ *adj.* [无比较级][作后置定语] ❶人体化的;化身的:Jesus Christ as God *incarnate* 作为上帝化身的耶稣基督 ❷拟人化的,人格化的;典型的,代表性的:a moneylender who is greed *incarnate* 堪为贪婪活化身的放债人 II /'inkɑːˌneit,in'kɑːneit/ *vt.* ❶赋予…以形体,使成化身:People used to *incarnate* the devil in the form of animals. 以前人们常把魔鬼表现为动物。❷作为…的典型;代表:She *incarnates* all the virtues of womanhood. 她代表了女性的所有美德。

in·car·na·tion /ˌinkɑː'neiʃ°n/ *n.* ❶[C](神灵等的)化身:the *incarnation* of an angel 天使的化身 ❷[通常用单](象征某种品质、概念或思想等的)典型,化身,体现:The leading dancer is the *incarnation* of grace. 领舞者简直是优美的化身。

in·cen·di·ar·y /in'sendiəri/ *adj.* [无比较级][作定语] ❶(物质)能(引起)燃烧的:*incendiary* bombs 燃烧弹 /*incendiary* material 纵火材料 ❷煽动性的:The agitator was arrested for making *incendiary* speeches. 鼓动者因发表煽动性演说而被捕。

in·cense[1] /'insens/ *n.* [U] ❶香;(祭祀等)焚香时的烟(或香气) ❷香味,芳香

in·cense[2] /in'sens/ *vt.* 激怒,使愤怒(*at*, *with*, *against*):Cruelty *incenses* kind people. 残忍使善良的人们为之愤怒。‖ **in'cense·ment** *n.* [U]

in·cen·tive /in'sentiv/ *n.* [C;U]刺激;鼓励,激励;奖励;动机(*to*):Competition is the strongest *incentive to* industry. 竞争最能激发勤奋。

in·cep·tion /in'sepʃ°n/ *n.* [C]开始,开端;初期

in·cer·ti·tude /in'səːtiˌtʲuːd/ *n.* [U]不肯定,不确定;怀疑;犹豫:Some schools broke down under the stresses of policy *incertitude*. 有些学校在摇摆不定的政策的压力下解体了。

in·ces·sant /in'ses°nt/ *adj.* [无比较级]不停的,连续的,不断的:The roar of Niagara Falls is *incessant*. 尼亚加拉瀑布的轰响声不绝于耳。‖ **in'ces·sant·ly** *adv.*

in·cest /'insest/ *n.* [U]乱伦,血亲通奸;乱伦罪:brother-sister *incest* 兄妹乱伦 ‖ **in·ces·tu·ous** /in'sestjuəs/ *adj.*

inch /intʃ/ I *n.* [C] ❶英寸(等于1英尺[foot]的1/12或2.54厘米,略作 **in**,符号为″):a 6-*inch* ruler 一把6英寸长的尺子 ❷[表示距离、数量、部分、程度等]少许,一点儿:win by an *inch* 险胜 II *vi.* 一点点地移动,缓慢地移动:The worm *inched* along. 虫子一点点地向前蠕动。—*vt.* 使缓慢地移动:I *inched* my way through the narrow space between the cars. 我从汽车间的狭缝中慢慢挤过去。‖ ***by inches*** *adv.* ❶慢慢地,一点点地:The river was rising *by inches*. 河水慢慢地上涨。❷差一点儿,险些:The bus missed our car *by inches*. 那辆公共汽车差一点就撞上了我们的小汽车。***every inch*** *adv.* 完全,彻头彻尾;在各方面:He is *every inch* a gentleman. 他完全是一幅绅士派头。***Give him an inch and he'll take a mile [yard]***. 〈谚〉得寸进尺。***inch by inch*** *adv.* = by inches ***within an inch of*** *prep.* 非常接近,差一点儿:He came *within an inch of* being struck by the falling tile. 他走进来时差一点被掉下来的瓷砖砸到。

in·cho·ate /in'kəueit/ *adj.* [无比较级]刚开始

的；初期的：a Church *inchoate* 初期的教会 / *inchoate* anger 刚刚露头的怒火

in·ci·dence /ˈinsidᵊns/ *n.* [通常用单]发生率：a high *incidence* of crime 很高的犯罪率

in·ci·dent /ˈinsidᵊnt/ *n.* [C] ❶发生的事，事情：a painful *incident* 令人痛苦的事情 / an amusing *incident* 趣事 ❷[C]伴随的事，小事：She could remember every trivial *incident* in great detail. 她能把每一件小事的细节都记得一清二楚。❸[C；U]（尤指国际政治中的）事件；事故；事端；事变：The chronicler wasn't present at the *incident*. 事故发生时记录者并不在场。

in·ci·den·tal /ˌinsiˈdentᵊl/ *adj.* [无比较级]偶然发生的（见 accidental）：Tom insists his discoveries have been purely *incidental*. 汤姆坚持说他所有的发现纯属偶然。

in·ci·den·tal·ly /ˌinsiˈdentᵊli/ *adv.* [无比较级]顺便提及地，顺便说一下：*Incidentally*, do you believe in ghosts? 顺便问一句，你相信有鬼吗？

☆**incidentally, by the way** 均有"顺便说及，顺便提一句"之意。**incidentally** 和 **by the way** 均可用以提出一个看来并不重要但实际上十分重要的话题，前者既可对原有话题进行补充或附加说明，也可提出与此有关的另一个话题，而后者一般用以提出一个新的话题：Oh, *by the way*, have you heard from Bill lately? (唉，顺便问一句，你最近有比尔的消息吗？)

in·cin·er·ate /inˈsinəˌreit/ *vt.* 把…烧成灰烬；火化，火葬：All the letters has been *incinerated*. 所有的信都烧成了灰。‖ **in·cin·er·a·tion** /inˌsinəˈreiʃᵊn/ *n.* [U]

in·cin·er·a·tor /inˈsinəˌreitəʳ/ *n.* [C]焚化炉，火化炉；焚尸炉

in·cip·i·ent /inˈsipiənt/ *adj.* [作定语]刚开始的；初期的；初始的：The police quickly quelled the *incipient* riot. 暴乱刚一发生，就很快被警察镇压了。‖ **inˈcip·i·ent·ly** *adv.*

in·cise /inˈsaiz/ *vt.* ❶切（入）；切开 ❷刻，雕：*incise* an inscription on a tablet 把碑文刻在碑上

in·ci·sion /inˈsiʒᵊn/ *n.* [C] ❶切入；切开：An *incision* was made into the diseased organ. 切开了有病的器官。❷伤口；切痕：We're able to perform the operation through very small *incisions*. 我们只需切很小的口子就能进行手术。

in·ci·sive /inˈsaisiv/ *adj.* 敏锐的；深刻的，尖锐的；清晰而精确的；直接的：The newspaper is known for *incisive* international coverage. 该报以国际时事报道深刻而著称。‖ **inˈci·sive·ly** *adv.* —**inˈci·sive·ness** *n.* [U]

in·ci·sor /inˈsaizəʳ/ *n.* [C]【解】切牙，门齿

in·cite /inˈsait/ *vt.* 刺激；激起；煽动；激励(*to*)：She *incited* her son *to* greater efforts. 她激励儿子更加发奋。‖ **inˈci·ta·tive** /-tətiv/ *n.* [U；C] —**inˈci·ter** *n.* [C]

in·ci·vil·i·ty /ˌinsiˈviliti/ *n.* ❶[U]无礼貌，不文明；粗鲁：be treated with marked *incivility* 受到明显无礼的对待 ❷[C]无礼貌（或不文明）的举动；不礼貌（或不文明）的话

in·clem·ent /inˈklemᵊnt/ *adj.* ❶（天气、气候）恶劣的，严酷的；狂风暴雨的：*inclement* weather 恶劣的气候 ❷冷酷无情，残暴 ‖ **inˈclem·en·cy** *n.* [U]

in·cli·na·tion /ˌinkliˈneiʃᵊn/ *n.* ❶[C；U]（性情上的）倾向；意向；喜爱，癖好(*for*)：It is a marriage of pure *inclination* and suitability. 这是一桩纯粹的情投意合的婚姻。❷[通常用单]倾斜；屈身，弯腰；点头：He gave an *inclination* of the head. 他点了点头。❸[用单]斜坡；斜面；倾（斜）度：There is a steep *inclination* in the road ahead. 前面的路有陡坡。

in·cline Ⅰ /inˈklain/ *vt.* ❶使倾斜：Rays of light are *inclined* in passing through a medium of high refractive index. 光线通过高折射率介质时发生偏斜。❷弯（腰）；曲（身）；点（头）：As they both sat down, she *inclined* her head towards Dick. 他们俩坐了下来，她把头歪向迪克。❸[常用被动语态]使倾向于，使偏爱；使有意于，使愿意(*to*, *for*)：Increasing knowledge *inclines* one *to* further study. 一个人知识越多就越想学习。—*vi.* ❶倾斜：snow-laden birches *inclining* over the road 路上方被积雪压弯的白桦树 ❷倾向；赞同；爱好，喜爱(*to*, *towards*)：I *incline toward* your idea. 我赞同你的观点。Ⅱ /ˈinklain/ *n.* [用单]斜面；斜坡：The road has a steep *incline*. 那条路有个陡坡。

in·clined /inˈklaind/ *adj.* [无比较级] ❶[作表语]倾向于…的；有…意向的；喜好…的；赞成…的：a youth *inclined* to silence 沉默寡言的青

年 ❷倾斜的；斜坡的，倾面的：*inclined* necks 歪脖子 ❸有某方面的天赋的：Louise is very musically *inclined*. 路易丝很有音乐天赋。

in·clude /in'klu:d/ *vt.* ❶包括；包含：Desserts usually *include* cake, pie, cookies, ice cream, and candy. 甜点一般包括蛋糕、馅饼、饼干、冰激凌和糖果。❷把…列入；把…算入：I *included* eggs in the list of things to buy. 我把鸡蛋列在购物单上。‖ **in'clu·sion** /-ʒ°n/ *n.* [U]

in·clud·ed /in'klu:did/ *adj.* [无比较级][作后置定语]包括在内的：all of us, me *included* 我们所有的人，包括我在内

in·clud·ing /in'klu:diŋ/ *prep.* 如果包含…在内，算上…的话：There are altogether six members, *including* the chairman. 算上主席一共 6 位成员。

in·clu·sive /in'klu:siv/ **I** *adj.* [无比较级] ❶[作后置定语]首末日(或页码等)包括在内的：A calendar year is from January 1 to December 31 *inclusive*. 年历从 1 月 1 日到 12 月 31 日，含首尾两天。❷包容广泛的；包括一切费用在内的；包括所有项目在内的：*inclusive* package tours 全包旅游 ‖ ***inclusive of*** *prep.* [作后置定语]包含的，包括在内的：The rent is $ 90 *inclusive of* heating charges. 包括暖气费在内，房租为 90 美元。‖ **in'clu·sive·ly** *adv.* —**in'clu·sive·ness** *n.* [U]

in·cog·ni·to /ˌinkɔg'ni:təu, in'kɔgnitəu/ *adv.* [无比较级]隐姓埋名地；化名地；化装地：I have come *incognito* to avoid crowds and ceremonies. 我微服出行，以避开人群和仪式。

in·co·her·ent /ˌink^u'hiər°nt/ *adj.* 不连贯的，表达不清的，没有条理的；慌乱的：He began an *incoherent* argument. 他开始东扯西拉地辩解。‖ **ˌin·co'her·ence** *n.* [U; C] —**ˌin·co'her·ent·ly** *adv.*

in·com·bus·ti·ble /ˌink°m'bʌstib°l/ *adj.* [无比较级]不燃的；防火的

in·come /'iŋkʌm, 'iŋk°m/ *n.* [C; U]收入，进项，所得，收益：Income per capita is rising fast. 人均收入迅速增长。

income tax *n.* [U; C]所得税

in·com·ing /'inˌkʌmiŋ/ *adj.* [无比较级][作定语] ❶进来的，进入的；正到达的：*incoming* vessels 正进港的船 ❷新来的；刚刚到达的；刚收到的：*incoming* orders 新来的订单 ❸刚开始的；新来的；继任的：the *incoming* chairman 新任主席

in·com·pa·ra·ble /in'kɔmp°rəb°l/ *adj.* [无比较级] ❶无比的，无双的：a man of *incomparable* genius 绝顶聪明的人 ❷无从比较的；缺乏比较基础的；无可比性的(*with*, *to*)：Censorship still exists, but now it's absolutely *incomparable with* what it was. (新闻)审查制度依然存在，但是今日的审查制度与昔日的审查制度压根儿就没有可比性。

in·com·pat·i·ble /ˌink°m'pætib°l/ **I** *adj.* [无比较级] ❶不能和谐相处的，合不来的；不相容的；不一致；不协调的：Cats and dogs are *incompatible*. 猫和狗彼此是对头。❷【计】不兼容的：That computer is *incompatible* with mine. 那台计算机跟我的计算机不兼容。**II** *n.* [C][常作～s]盖世无双的人(或物) ‖ **in·com·pat·i·bil·i·ty** /ˌink°mˌpæti'biliti/ *n.* [U] —**ˌin·com'pat·i·bly** *adv.*

in·com·pe·tence /in'kɔmpit°ns/ *n.* ❶[U] 无能力；不胜任，不称职：He was fired for *incompetence*. 他因不称职而被解雇。❷无行为能力；法律上无资格

in·com·pe·tent /in'kɔmpit°nt/ **I** *adj.* 无能力的；不胜任的，不称职的：A poor manager is *incompetent* to run a business. 蹩脚的经理没有管理企业的能力。**II** *n.* [C]无能的人；不称职者；弱智者：the jealous *incompetents* 嫉贤妒能的无能之辈 ‖ **in'com·pe·tent·ly** *adv.*

in·com·plete /ˌinkəm'pli:t/ *adj.* 不完全的；不完善的：Without him, the world was *incomplete*. 没有他，这个世界会美中不足。‖ **ˌin·com'plete·ly** *adv.* —**ˌin·com'plete·ness** *n.* [U]

in·com·pre·hen·si·ble /ˌinkɔmpri'hensib°l, inˌkɔm-/ *adj.* 不能理解的，难以领悟的；莫测高深的(*to*)：This is *incomprehensible to* the vast majority of humanity. 这一点对芸芸众生来说是无法理解的。‖ **in·com·pre·hen·si·bil·i·ty** /ˌinkɔmpriˌhensi'biliti, inˌkɔm-/ *n.* [U] —**in·com·pre'hen·si·bly** *adv.*

in·con·ceiv·a·ble /ˌink°n'si:vəb°l/ *adj.* ❶不可想象的；不可思议的：It is *inconceivable* that we could see eye to eye on all issues. 要我们在

所有问题上都看法一致，简直是不可想象的。❷〈口〉难以置信的，匪夷所思的；非凡的；惊人的：It was *inconceivable* he should take his own life. 他居然自杀，简直匪夷所思。‖ **ˌin·conˈceiv·a·bly** *adv.*

in·con·clu·sive /ˌinkᵊnˈkluːsiv/ *adj.* ❶不能使人信服的；非决定性的，非结论性的；不确定的：Such studies were *inconclusive*. 这样的研究是非决定的。❷无最后结果的；无效果的：They held a brief but *inconclusive* conference. 他们简单地商量了一阵，结果不了了之。‖ **ˌin·conˈclu·sive·ly** *adv.* —**ˌin·conˈclu·sive·ness** *n.* [U]

in·con·gru·ous /inˈkɔŋgruəs/ *adj.* [无比较级] ❶不合适的，不适宜的；不相称的：*incongruous* behaviour 不合时宜的行为 ❷不和谐的，不协调的(*with*)：He seemed *incongruous with* the family. 他似乎跟家里的气氛格格不入。❸前后不一致的，自相矛盾的：an *incongruous* alibi 自相矛盾的不在场的托词 ‖ **in·con·gru·i·ty** /ˌinkɔŋˈgruːiti/ *n.* [C; U] —**inˈcon·gru·ous·ly** *adv.*

in·con·se·quen·tial /ˌinkɔnsiˈkwenʃᵊl, inˌkɔn-/ *adj.* [无比较级]不重要的，微不足道的；琐细的：an *inconsequential* idea 无关紧要的想法 ‖ **ˌin·con·seˈquen·tial·ly** *adv.*

in·con·sid·er·a·ble /ˌinkᵊnˈsidᵊrəbᵊl/ *adj.* [无比较级](价值、数量、尺寸等)相对较小的，小的：*Her not inconsiderable* talent is dwarfed by his. 她那并不算小的才华和他一比，可就是小巫见大巫了。

in·con·sid·er·ate /ˌinkᵊnˈsidᵊrət/ *adj.* ❶〈贬〉不为别人着想的，不体谅别人的：She is intensely selfish, utterly *inconsiderate* of others. 她为人非常自私，压根儿就不顾别人。❷考虑不周的；轻率的：*inconsiderate* behaviour 轻率的举动 ‖ **ˌin·conˈsid·er·ate·ly** *adv.* —**ˌin·conˈsid·er·ate·ness, in·con·sid·er·a·tion** /ˌinkᵊnˌsidᵊˈreiʃᵊn/ *n.* [U]

in·con·sist·ent /ˌinkᵊnˈsistᵊnt/ *adj.* [无比较级] ❶不一致的；不协调的；不一贯的，前后矛盾的(*with*)：All this seemed *inconsistent with* the thing itself. 这一切看起来都不能自圆其说。❷(在原则、行为等方面)易变的，反复无常的：Slavery was *inconsistent with* freedom. 奴役与自由是相悖的。‖ **ˌin·conˈsist·ent·ly** *adv.*

in·con·spic·u·ous /ˌinkᵊnˈspikjuəs/ *adj.* 不显著的，不突出的；不显眼的，不引人注目的：Her features were plain and *inconspicuous*. 她相貌平平，不引人注目。‖ **ˌin·conˈspic·u·ous·ly** *adv.* —**ˌin·conˈspic·u·ous·ness** *n.* [U]

in·con·stant /inˈkɔnstᵊnt/ *adj.* ❶(人)反复无常的；不专一的；不坚定的，动摇的：an *inconstant* friend 不忠实的朋友❷(事物)多变的；无规则的：Fortune is *inconstant*. 命运无常。‖ **inˈcon·stan·cy** *n.* [U] —**inˈcon·stant·ly** *adv.*

in·con·test·a·ble /ˌinkᵊnˈtestəbᵊl/ *adj.* [无比较级]无可争辩的；不容置疑的；不可否认的：*incontestable* evidence [proof] 铁证 ‖ **in·con·test·a·bil·i·ty** /ˌinkᵊnˌtestəˈbiliti/ *n.* [U] —**ˌin·conˈtest·a·bly** *adv.*

in·con·ti·nent /inˈkɔntinᵊnt/ *adj.* [无比较级]【医】(大小便)失禁的：The paralysis made him *incontinent*. 他因瘫痪而大小便失禁。‖ **inˈcon·ti·nence** *n.* [U]

in·con·ven·i·ence /ˌinkᵊnˈviːniəns/ **I** *n.* ❶[U]不方便；麻烦，打扰；为难，不适：We apologize for any *inconvenience* you may have been caused. 我们对可能给你们带来的任何不便表示歉意。❷[C]不方便(或让人为难)的事；麻烦事：What an *inconvenience*! 多大的一个累赘啊！**II** *vt.* 给…带来不方便；麻烦，打扰；使为难：I hope I didn't *inconvenience* you. 但愿我没有给您带来麻烦。

in·con·ven·i·ent /ˌinkᵊnˈviːniənt/ *adj.* ❶不方便的；打扰的；使人感到麻烦的；让人为难(或烦恼)的：It was *inconvenient* for me to be without a car. 没有自己的车对我来说十分不便。❷不恰当的；不适宜的；不相称的：She chose to go at a very *inconvenient* time, I must say. 应该说，她挑了个很尴尬的时间去那儿。‖ **ˌin·conˈven·i·ent·ly** *adv.*

in·cor·po·rate /inˈkɔːpᵊˌreit/ *vt.* ❶包含；加入；吸收(*in, with*)：We will *incorporate* your suggestion *in* this new plan. 我们将把你的建议纳入这个新计划之中。❷把…组成公司(或社团)；把…吸收为公司(或社团)成员：When the businesses became large, the owners *incorporated* it. 企业规模变大以后，老板们把它兼

并了。❸使具体化;体现:*incorporate* one's thoughts in an article 把自己的思想体现在一篇文章中 —*vi.* 组建公司(或社团)‖ **in•cor•po•ra•tion** /inˌkɔːpᵊˈreiʃᵊn/ *n.* [U]

in•cor•po•rat•ed /inˈkɔːpᵊˌreitid/ *adj.* [无比较级]组成公司(或社团)的;股份有限的:an *incorporated* company 一家股份有限公司

in•cor•po•re•al /ˌinkɔːˈpɔːriəl/ *adj.* [无比较级]无物质形态的;非实体的;无形体的:*incorporeal* speed 无形的速度

in•cor•rect /ˌinkəˈrekt/ *adj.* ❶不正确的;错误的;不真实的:The newspaper gave an *incorrect* account of the accident. 报纸对那次事故作了失实的报道。❷不合适的,不适当的:This neglect was most *incorrect*. 很不应该出现这种疏忽。❸(在形式、用法或方式上)不地道的,不纯正的:*incorrect* English 不地道的英语‖ **ˌin•corˈrect•ly** *adv.*

in•cor•ri•gi•ble /inˈkɔridʒibəl/ *adj.* [无比较级] ❶屡教不改的;不可改造的;不可救药的:The criminal was perfectly *incorrigible*. 那名罪犯怙恶不悛。❷根深蒂固的;难以根除的;不易变更的:His *incorrigible* nature meant he was unrepentant. 他秉性顽梗,意味着他决不会悔改。/ You will begin to believe that I am *incorrigible* — I am writing a dictionary. 你一定会认为我是死心眼儿——我在编词典。❸不守规矩的;不服管教的,难以控制的:an *incorrigible* child 一个顽皮透顶的孩子‖ **in•cor•ri•gi•bil•i•ty** /inˌkɔridiʒiˈbiliti/ *n.* [U] —**inˈcor•ri•gi•bly** *adv.*

in•cor•rupt•i•ble /ˌinkəˈrʌptibᵊl/ *adj.* [无比较级] ❶不可腐蚀的;清廉的;正直的;诚实的:a competent and *incorruptible* leader 能干廉正的领导人 ❷不腐蚀的;不溶解的;不分裂的:Gold is *incorruptible* by most chemical agents. 大多数化学试剂都腐蚀不了黄金。‖ **in•cor•rupt•bil•i•ty** /ˌinkəˌrʌptiˈbiliti/ *n.* [U]

in•crease I /inˈkriːs/ *v.* 增加;增大;增长;增强:The driver *increased* the speed of the car. 司机加快了汽车的速度。II /ˈinkriːs/ *n.* ❶ [U;C]增加;增大;增长;增强:There has been a great *increase* in student enrollment during the past year. 去年一年里学生的录取人数大大增加了。❷[C;U]增加量;增(长)额:She voted against an *increase* in tuition. 她投票反对增加学费。‖ ***on the increase*** *adj.* & *adv.* 在增加中(的),不断增长(的);有增无减(的):The number of married women on payrolls is *on the increase*. 已婚职业妇女的人数正在不断增加。

☆**increase, augment, enlarge, multiply** 均有"增加;扩大"之意。**increase** 为一般用词,常指在大小、数量或程度等方面逐渐增加或增长:The population of this town has *increased*. (这个城镇的人口增加了。) **augment** 为比较正式的用词,常指在本来就很不错的基础上进一步增大或加强,强调增加的行为本身,且含临时性、权宜性之意:*augment* one's income by writing reviews (借写书评增加收入) **enlarge** 指在面积、体积、容量或范围等方面的扩大或扩展:This photograph probably won't *enlarge* well. (这张照片放大后效果可能不会太好。) **multiply** 常指生物自然增殖,有时也指同类事物通过无限重复增加数量:When animals have more food, they generally *multiply* faster. (动物在有较多的食物时,一般繁殖得较快。)

in•creased /inˈkriːst/ *adj.* [作定语]增加的,增长的;增强的:*increased* use of handguns in violent crimes 在暴力犯罪中手枪使用的增多

in•creas•ing /inˈkriːsiŋ/ *adj.* [常作定语]渐增的,越来越多的:the *increasing* friendly relations between the two countries 两国友好关系的日益增长‖ **inˈcreas•ing•ly** *adv.*

in•cred•i•ble /inˈkredibᵊl/ *adj.* ❶不可信的,不能相信的:They felt incredulous about his *incredible* story. 他们都不信他说的不可信的事。❷难以置信的,不可思议的;惊人的;妙极的;了不起的:His soup is *incredible*, a mixture of different fish. 他用各种鱼混合烹制的汤鲜美极了。‖ **in•cred•i•bil•i•ty** /inˌkrediˈbiliti/ *n.* [U] —**inˈcred•i•bly** *adv.*

☆**incredible** 与 **incredulous** 常误用。前者意为"难以置信的;无说服力的",指境况、观点、政策等使人难以理解:It seemed *incredible* that people would still want to play football during a war. (战时人们仍然想踢足球,这似乎不可思议。)后者意为"怀疑的;不易轻信的",指行为主体对某一事件或情况的怀疑态度:"He made you do it?" Her voice was *incredulous*. ("他让你做的?"她的声音带着怀疑。)

in•cred•u•lous /inˈkredjuləs/ *adj.* ❶不相信的;不轻信的;怀疑的(*of*):be *incredulous of* sb.'s statements 不轻信某人的声明 ❷表示不相信的,表示怀疑的:an *incredulous* look 怀疑的目光 ‖ **in•cre•du•li•ty** /ˌinkriˈdjuːliti/ *n.* [U] —**inˈcred•u•lous•ly** *adv.*

in•cre•ment /ˈinkrimᵊnt/ *n.* [C] ❶增加(物);增长(物);增大(物):We add daily *increments* to science. 我们每日都给科学添加新的内容。❷增值,增额(尤指加薪):There was a steep *increment* in salaries between grade categories. 不同的工资级别档之间增额幅度很大。‖ **in•cre•men•tal** /ˌinkriˈmentᵊl/ *adj.*

in•crim•i•nate /inˈkrimiˌneit/ *vt.* ❶指控,控告:He *incriminated* the other boys to the teacher. 他向老师控告别的男孩。❷归咎于:*incriminate* cigarettes as one cause of lung cancer 把肺癌的原因之一归咎于吸烟 ‖ **inˈcrim•iˌnat•ing** *adj.* —**in•crim•i•na•tion** /inˌkrimiˈneiʃᵊn/ *n.* [U] —**inˈcrim•iˌna•to•ry** *adj.*

in•cu•bate /ˈinkjuˌbeit/ *vt.* ❶(禽鸟)孵(卵等),孵化:I don't think that a good hen can *incubate* a wooden egg. 我想母鸡再好,也孵不出木头蛋。❷在孵卵器里孵(卵等);在培养基中培养(细菌):*incubate* the seeds for eight days at 15℃ 在15摄氏度的环境下把种子放在恒温箱里孵育八天 ❸(在恒温箱内)保育(早产婴儿) —*vi.* 孵化 ‖ **in•cu•ba•tion** /ˌinkjuˈbeiʃᵊn/ *n.* [U]

in•cu•ba•tor /ˈinkjuˌbeitəʳ/ *n.* [C] ❶【医】(保育早产婴儿等的)恒温箱,保育箱 ❷孵化器;孵化员

in•cul•cate /ˈinkʌlˌkeit,inˈkʌlkeit/ *vt.* ❶反复灌输(*upon*,*in*,*into*):Prejudice is often *inculcated in* children. 人们经常把偏见灌输给孩子。❷谆谆教诲(*with*):Socrates *inculcated* his pupils *with* the love of truth. 苏格拉底谆谆教诲他的弟子们要热爱真理。‖ **in•cul•ca•tion** /ˌinkʌlˈkeiʃᵊn/ *n.* [U]

in•cul•pa•ble /inˈkʌlpəbəl/ *adj.* 无可指责的,无过错的:an *inculpable* life 无瑕的一生

in•cul•pate /ˈinkʌlˌpeit/ *vt.* 指控,控告:*inculpate* a group of five aldermen with participation in the troubles 指控五名市政委员会委员参与那起动乱

in•cum•ben•cy /inˈkʌmbᵊnsi/ *n.* [U;C]现任职位;现任职权;任期:six year of senatorial *incumbency* 六年的参议员任期

in•cum•bent /inˈkʌmbᵊnt/ I *adj.* [无比较级] ❶[作表语]成为责任(或义务)的,义不容辞的;必须履行的(*on*,*upon*):She felt it *incumbent upon* her to answer the letter at once. 她感到有责任立即回信。❷[通常作定语]现任的,在位的,在职的:*incumbent* mayor 现任市长 II *n.* [C]在位者,现任者,在职者 ‖ **inˈcum•bent•ly** *adv.*

in•cur /inˈkəːʳ/ *vt.* (**-curred**;**-cur•ring**) 招致,惹起,引起,带来;遭受,受到:*incur* sb.'s anger 触怒某人

in•cur•a•ble /inˈkjuərəbᵊl/ *adj.* [无比较级]治疗无效的,治不好的;不可救药的;无可矫正的:an *incurable* disease 不治之症 ‖ **inˈcur•a•bly** *adv.*

in•cu•ri•ous /inˈkjuəriəs/ *adj.* 缺乏好奇的,不爱刨根问底的:an *incurious* student 缺乏好奇的学生

in•cur•sion /inˈkəːʃᵊn/ *n.* [C]侵入;侵犯;袭击:the *incursion* upon individual liberty 对个人自由的侵犯

in•debt•ed /inˈdetid/ *adj.* ❶负债的(*to*):The company was heavily *indebted*. 这家公司债台高筑。❷蒙恩的,受惠的;感激的,欠情的(*to*):We are deeply *indebted to* you for taking care of our child. 我们对你为我们照料孩子深表感激。

in•de•cent /inˈdiːsᵊnt/ *adj.* [无比较级] ❶下流的;有伤风化的;粗鄙的;猥亵的:The film was indeed grossly *indecent*. 那部影片简直下流透顶。❷不合适的;不礼貌的;不成体统的:go away with *indecent* haste 不礼貌地匆匆离去 ‖ **inˈde•cen•cy** *n.* [U;C] —**inˈde•cent•ly** *adv.*

in•de•ci•sion /ˌindiˈsiʒᵊn/ *n.* [U]无决断力,优柔寡断,迟疑不决:There was a hint of *indecision* in his voice. 他的声音里透出几分踌躇。

in•de•ci•sive /ˌindiˈsaisiv/ *adj.* [无比较级] ❶非决定性的;非结论性的:The goalkeeper's punch was *indecisive* and Wright had to clear the danger. 守门员的一脚未能定音,赖特只得采取措施救场。❷无决断力的,优柔寡断的,迟疑不决的:It was unusual to see Brown so *indecisive*. 布朗居然如此优柔寡断,这倒是很

I

少见到的。‖ ˌin·deˈci·sive·ly *adv.* —ˌin·deˈci·sive·ness *n.* [U]

in·deed /inˈdiːd/ **I** *adv.* [无比较级] ❶[用以加强语气]确实;实在:He was glad *indeed*. 他确实很高兴。❷[用于对问句的肯定的回答或期望得到肯定回答的问句]真正地,真实地;当然:Did you *indeed* finish the work? 你真的把工作做完了吗? ❸[表示就某事的真实情况而言]事实上;实际上;其实:*Indeed* she is not innocent in the least. 其实,她这个人压根儿就不天真。❹[用以进一步强调或补充所陈述的事]更确切地说;甚至,而且:He was a cautious man,*indeed* a timid one. 他为人小心谨慎,甚至可以说是胆小怕事。**II** *int.* [表示惊讶、不相信、嘲讽等]哦;真的吗;不见得吧:Would you,*indeed*? Tell that to the potatoes. 你真会这样吗?我不相信。

in·de·fat·i·ga·ble /ˌindiˈfætigəbᵊl/ *adj.* [无比较级]不知疲倦的;执着的;坚持不懈的;不屈不挠的 He has *indefatigable* patience. 他有着始终不渝的耐心。‖ ˌin·deˈfat·i·ga·bly *adv.*

in·de·fin·a·ble /ˌindiˈfainəbᵊl/ *adj.* [无比较级]无法定义的;难以界定的;难以确定的;难以确切描述的:"Truth" and "beauty" are practically *indefinable*. "真"和"美"实际上是难以定义的。

in·def·i·nite /inˈdefinit/ *adj.* [无比较级] ❶不确定的,未定的;不明确的,模糊不清的:At the end of the book,her future is left deliberately *indefinite*. 在本书结尾时,作者故意让她的未来悬而未决。❷无(定)限的;无期限的:an *indefinite* term of imprisonment 无期徒刑 ‖ inˈdef·i·nite·ly *adv.*

indefinite article *n.* [C]【语】不定冠词(即 a 和 an)

in·del·i·ble /inˈdelibᵊl/ *adj.* [无比较级] ❶[作定语](墨汁等)留下难以去除的痕迹的:an *indelible* pencil 一支笔迹不易擦掉的铅笔 ❷难以去除的;不可磨灭的;难以忘怀的;持久的:an *indelible* stain 难以去除的污迹 ‖ inˈdel·i·bly *adv.*

in·del·i·cate /inˈdelikət/ *adj.* ❶不文雅的;粗鲁的,粗野的;无礼的:*indelicate* manners 不文雅的举止❷不顾别人感情(或脸面)的;令人窘迫的;不得体的;无策略的:It was *indelicate* of him to point out her error in public. 他当着大家的面指出她的过错是不讲策略的。‖ inˈdel·i·ca·cy *n.* [U;C] —inˈdel·i·cate·ly *adv.*

in·dem·ni·fy /inˈdemniˌfai/ *vt.* ❶补偿;赔偿(*for*):We will *indemnify* you any loss sustained. 我们将赔偿你蒙受的任何损失。❷使免于受损;保障(*from*,*against*):money set aside to *indemnify* workers *against* loss of a job 拨出用以保障失业工人生活的款项 ‖ in·dem·ni·fi·ca·tion /inˌdemnifiˈkeiʃᵊn/ *n.* [U]

in·dem·ni·ty /inˈdemniti/ *n.* ❶[U]保障;补偿;赔偿:double *indemnity* 加倍赔偿 ❷[C]赔偿物;赔款:demand the payment of $ 30 million *indemnity* 要求3 000万元的赔偿金

in·dent /inˈdent/ *vt.* 缩格书写;(印刷中)缩排:Each new paragraph is *indented* at the beginning. 每段的开头都要缩格。/ *indent* the subtitle 缩排副标题 —*vi.* 缩格书写;(印刷中)缩排:You forgot to *indent*. 你没有缩格写。

in·den·ta·tion /ˌindenˈteiʃᵊn/ *n.* ❶[C]槽口;切口;凹口:deep *indentations* of finger-nails 深深的指甲印 ❷[C]锯齿形缺口;锯齿状:the *indentation* of a maple leaf 枫树叶的锯齿形缺口 ❸[C;U](书写时的)缩格;(印刷中的)(首行)缩排;(缩格书写或缩排时留出的)空格

in·de·pend·ence /ˌindiˈpendᵊns/ *n.* [U]独立;自主;自立:English people are too fond of privacy and *independence* to like living in flats. 英国人好清静,喜独处,不愿住公寓楼。

in·de·pend·ent /ˌindiˈpendᵊnt/ **I** *adj.* [无比较级] ❶独立的;自主的;自治的:an *independent* businessman 个体经营者 / *independent* research 独立研究 ❷单独的;分离的;不相关联的(*of*):Two *independent* units make up this sofa. 两个单独的组件拼成这个沙发。❸自立的,自力更生的,拒绝外援的:She is completely *independent*. 她完全自立了。❹无党派的:a truly *independent* news voice 不具有任何党派观点的新闻 **II** *n.* [C] ❶独立自主者;有独立见解的人:Those artists are *independents* and do not follow any school of painting. 那些艺术家有独立见解,不追随任何一个画派。❷[常作 I-]无党派人士 ‖ ˌin·deˈpend·ent·ly *adv.*

in-depth /ˌinˈdepθ/ *adj.* 深入的;全面的;彻底的:It was given *in-depth* coverage on television and radio. 电视台与广播电台都对此做了全面报道。

in·de·scrib·a·ble /ˌindiˈskraibəbᵊl/ *adj.* ［无比较级］难以形容的；描写不出的：The noise was *indescribable.* 噪声之大难以言表。‖ **ˌin·deˈscrib·a·bly** *adv.*

in·de·struct·i·ble /indiˈstrʌktibᵊl/ *adj.* ［无比较级］不可毁灭的，破坏不了的：The fortress proved not *indestructible.* 事实证明这个堡垒不是攻不破的。‖ **in·de·struct·i·bil·i·ty** /ˌindiˌstrʌktiˈbiliti/，**ˌin·deˈstruct·i·ble·ness** *n.* ［U］—**ˌin·deˈstruct·i·bly** *adv.*

in·de·ter·mi·na·ble /ˌindiˈtəːminəbᵊl/ *adj.* ［无比较级］无法确定的；不能查明的：*indeterminable* relationship 无法查明的关系

in·de·ter·mi·nate /ˌindiˈtəːminət/ *adj.* ［无比较级］❶(程度、数量、性质等)不确定的；不明确的；未限定的；模糊的：postpone sth. to some *indeterminate* future date 将某事延至未来某个不确定的日子 ❷不肯定的；尚无结果的；未(决)定的；未解决的：an *indeterminate* reply 不肯定的回答

in·dex /ˈindeks/ **I** *n.* ［C］(［复］**-dex·es**，**-di·ces** /-diˌsiːz/) ❶索引；卡片索引；书目索引，文献索引；图书馆目录：an author *index* 著者索引/ an *index* to periodicals 期刊索引 ❷(书边)新月索引，拇指索引，指标索引 ❸标志；迹象，征兆：Style is an *index* of the mind. 风格是思想的反映。❹【经】【统】指数；率：*index* of growth 生长率 / Dow-Jones *index* 道琼斯指数 **II** *vt.* ❶为(书等)编索引：The book is well *indexed.* 这本书的索引编得很好。❷把…编入索引：All persons and places mentioned are carefully *indexed.* 所有提到的人名和地名都被仔细地编入了索引。

☆**index** 的复数形式为 **indexes** 或 **indices**。前者适用于该词的所有义项，后者多见于技术文本。

index finger *n.* ［C］食指，示指

In·di·an /ˈindiən/ **I** *n.* ❶［C］印度人；东印度群岛人 ❷［C］(美洲)印第安人(＝American Indian)❸［U］(美洲)印第安语 **II** *adj.* ［无比较级］❶(有关)印度的；东印度群岛的；印度人的 ❷印第安的；(与)印第安人(有关)的 ❸(美洲)印第安文化(或语言)的；西印度群岛文化(或语言)的

in·di·cate /ˈindiˌkeit/ *vt.* ❶表明，指出；表示；说明：A nod *indicates* assent. 点头表示同意。❷标示；指示；显示(见 sign)：The hands of the clock *indicated* noon. 钟的指针指着中午 12 点。❸简要陈述，扼要说明：He *indicated* his disapproval but did not go into detail. 他简要地说明了自己不同意，但没有具体说明原因。

in·di·ca·tion /ˌindiˈkeiʃᵊn/ *n.* ［C；U］❶标示；指示；表示：Context gives an *indication* of a word's meaning. 上下文能指示某个单词的意思。❷象征；暗示；迹象：There is every *indication* of a change in the weather. 种种迹象表明天气要变。

in·dic·a·tive /inˈdikətiv/ **I** *adj.* ❶［作表语］标示的；指示的；暗示的；象征的(*of*，*that*)：His presence is *indicative of* his willingness to help. 他的到场说明他愿意帮忙。❷【语】直陈(语气)的；陈述(语气)的 **II** *n.* ❶［U］直陈语气，陈述语气 ❷［C］直陈语气的动词形式 ‖ **inˈdic·a·tive·ly** *adv.*

in·di·ca·tor /ˈindiˌkeitəʳ/ *n.* ［C］❶指示者；指示物；象征物；(反映趋势等的)指标；标示：all the usual *indicators* of a weak economy 薄弱经济所有常见的指标 ❷(机器工作状态的)指示装置；信号装置 ❸(与仪器相连的)记录器，计数器 ❹(汽车的)转向信号灯

in·dict /inˈdait/ *vt.* ❶依法控告，起诉；对…提起诉讼：There was insufficient evidence to *indict* him on espionage charges. 没有足够的证据来起诉他犯有间谍罪。❷控诉，谴责：I *indict* those citizens whose easy consciences condone such wrongdoings. 我谴责那些是非不分、爱憎不明因而宽容这类不道德行为的公民。‖ **in·dict·a·ble** /inˈdaitəbᵊl/ *adj.*

in·dict·ment /inˈdaitmᵊnt/ *n.* ❶［C；U］控告，指控，告发；起诉：He was under *indictment* for embezzlement. 他因盗用公款而受到控告。❷［C］谴责；控诉：He delivered a harsh *indictment* of the military regime. 他对该军政权进行严厉谴责。

in·dif·fer·ence /inˈdifᵊrᵊns/ *n.* ［U］❶不感兴趣；漠不关心；冷淡；不在乎，不计较：Nothing could rouse her from a numb *indifference.* 什么也唤醒不了她的麻木不仁。❷不重要，无关紧要：Her opinions are a matter of *indifference* to me. 对我来说，她的看法无关紧要。

in·dif·fer·ent /inˈdifᵊrᵊnt/ *adj.* ［无比较级］❶［通常作表语］不感兴趣的；漠不关心的；冷

淡的;不在乎的,不计较的(*to*):He took perils with an *indifferent* air. 他对困境报以满不在乎的神情。❷中等的;适度的;一般性的;平庸的:a novel of *indifferent* quality 一部平庸的长篇小说 ‖ **in'dif·fer·ent·ly** *adv.*

in·dig·e·nous /in'didʒinəs/ *adj.* [无比较级](尤指动植物)本地的,当地的,本土的;土生土长的:an *indigenous* species 本地物种 / *indigenous* music 本土音乐

in·di·gent /'indidʒ°nt/ **I** *adj.* 贫穷的,贫困的;缺衣少食的:a large *indigent* family 贫穷的大家庭 **II** *n.* [**the** ～][用作复]贫困的人,穷人:a desire to do something for *the indigent* 渴望为穷人做点事 ‖ **'in·di·gent·ly** *adv.*

in·di·gest·i·ble /ˌindi'dʒestib°l,ˌindai-/ *adj.* 难以消化的,不能消化的:Certain types of carbohydrates are *indigestible*. 某些种类的碳水化合物是不能消化的。

in·di·ges·tion /ˌindi'dʒestʃ°n,ˌindai-/ *n.* [U]消化不良,不消化;消化不良症;消化不良的不适感:chronic *indigestion* 慢性消化不良症

in·dig·nant /in'dign°nt/ *adj.* 愤怒的;愤慨的,义愤的:Hoomey felt *indignant* on Bones's behalf. 胡密替博恩斯感到愤慨。‖ **in'dig·nant·ly** *adv.*

in·dig·na·tion /ˌindig'neiʃ°n/ *n.* [U]愤怒;愤慨,义愤:She played out the *indignation* of years. 她把多年的积怨在弹奏中尽情倾泻出来。

in·dig·ni·ty /in'digniti/ *n.* [U;C]轻蔑,伤害尊严;无礼举动,侮辱言行:The *indignity* of peering into other people's intimacies had appalled me. 窥视他人亲昵活动的无礼之举使我大为惊骇。

in·di·go /'indiˌgəu/ **I** *n.* [U] ❶[U]【化】靛蓝,靛青;靛蓝染料 ❷[U]靛蓝色,靛青色 **II** *adj.* 靛蓝色的,靛青色的

in·di·rect /ˌindi'rekt,-dai/ *adj.* [无比较级] ❶绕行的;迂回的,曲折的:an *indirect* course in sailing 迂回航线 ❷偶然的,意外的;非本意的:an *indirect* outcome 意外的结果 ❸不直截了当的;非正面的:His methods are *indirect* but not dishonest. 他用的手段不那么直截了当,不过倒并非是不诚实。❹非直接的,间接的;继发的:*indirect* evidence 间接的证据 ‖ **ˌin·di'rect·ly** *adv.* —**ˌin·di'rect·ness** *n.* [U]

indirect object *n.* [C]【语】间接宾语

indirect tax *n.* [C]【经】间接税

in·dis·creet /ˌindi'skriːt/ *adj.* 不审慎的,轻率的,鲁莽的;有失检点的,不稳重的;不策略的,不明智的:an *indiscreet* confidence 轻率的信任 / He was thoughtless and *indiscreet*. 他为人轻率冒昧。‖ **ˌin·dis'creet·ly** *adv.*

in·dis·cre·tion /ˌindi'skreʃ°n/ *n.* ❶[U]不审慎,轻率,鲁莽;不检点,不稳重;不策略,不明智:*Indiscretion* in eating and drinking brings such troubles. 乱吃乱喝会引起这类疾病。❷[C]轻率(或鲁莽)的言行;不策略(或不明智)行为;过失:Tibbs's verbal *indiscretion* leads to his dismissal. 蒂布一言不慎便遭辞退。

in·dis·crim·i·nate /ˌindi'skriminit/ *adj.* ❶不加区别的;不加选择的;一视同仁的:*indiscriminate* reading 不加选择的阅读/be *indiscriminate* in one's friendships 交友时良莠不分 ❷任意而为的:*indiscriminate* forest destruction 随意毁林 ‖ **ˌin·dis'crim·i·nate·ly** *adv.*

in·dis·pen·sa·ble /ˌindi'spensəb°l/ *adj.* [无比较级]不可或缺的,必需的(*to*, *for*):Fresh air during sleep is *indispensable* to health. 睡眠时呼吸新鲜空气对于健康是必需的。‖ **in·dis·pen·sa·bil·i·ty** /ˌindiˌspensə'biliti/, **ˌin·dis'pen·sa· ble·ness** *n.* [U] —**ˌin·dis'pen·sa·bly** *adv.*

in·dis·put·a·ble /ˌindi'spjuːtəb°l/ *adj.* [无比较级]无可争辩的;不容置疑的:That she loves him is *indisputable*. 她爱他,这是毋庸置疑的。‖ **ˌin·dis'put·a·bly** *adv.*

in·dis·sol·u·ble /ˌindi'sɔljub°l/ *adj.* [无比较级] ❶不溶(解)的;无法分解的:the *indissoluble* plastic bags 不可溶解的塑料袋❷不可毁损的;牢不可破的;持久不变的:an *indissoluble* friendship 牢不可破的友谊

in·dis·tinct /ˌindi'stiŋkt/ *adj.* ❶不清楚的,不清晰的,模糊的;轮廓(或界限)不分明的;微弱的:In some types of wood the grain markings are *indistinct*. 有些树种上的年轮很不清晰。❷难以清楚辨别的;不能明确区分的;不能明确感觉的:The path is clear in places, *indistinct* in others. 这条小路有些地方看得清,而有些地方却难以辨认。‖ **ˌin·dis'tinct·ly** *adv.*

in·di·vid·ual /ˌindiˈvidjuəl,-dʒuəl/ **I** *n.* [C]个人;个体;〈口〉人:We saw a herd of giraffes containing 30 *individuals*. 我们看到一群长颈鹿,有 30 只。**II** *adj.* [无比较级][作定语] ❶个别的;单独的;个人的(见 special):Lectures are followed by *individual* coaching. 讲座之后是个别辅导。❷只供一人用的;单人的:*individual* seats 单人座位 ❸个人(或个别事物)独特的;特有的;有个性的:*individual* tastes 个人独特的品位 ‖ **in·diˈvid·u·al·ly** *adv.*
☆将某个人与团体或群众加以区分,以进行对照或强调特征时,名词 **individual** 可以用来表示"个人"的意思:anonymous *individuals* who are doing good things within our community (一些在我们社区内做好事却不为名的个人)但是将 **individual** 当作 **person** 的替代词的用法,尚未得到普遍认可:Two *individuals* were arrested for the crime. (有两人因这起犯罪而被捕。)

in·di·vid·u·al·ism /ˌindiˈvidjuəˌlizᵊm;-dʒu-/ *n.* [U] ❶个人主义,个体主义(指一种主张个人自由、权利或独立行动的社会理论) ❷自力更生原则(或习惯) ‖ **ˌin·diˈvid·u·al·ist** *n.* [C] —**in·di·vid·u·al·is·tic** /ˌindiˌvidjuəˈlistik;-dʒu-/ *adj.*

in·di·vid·u·al·i·ty /ˌindiˌvidjuˈæliti;-dʒu-/ *n.* [U]个性;个体特征:This book has its own *individuality* that sets it apart from all others. 这本书具有区别于其他书的个体特性。

in·di·vid·u·al·ize /ˌindiˈvidjuəˌlaiz;-dʒu-/ *vt.* 使具有个性,使具有个人特色:The characters in his novel are sharply *individualized* and clearly presented to the reader. 他小说中的人物都充分地个性化了,轮廓分明地出现在读者面前。‖ **in·di·vid·u·al·i·za·tion**/ˌindiˌvidjuəliˈzeiʃᵊn;-dʒuəlaiˈz-/ *n.* [U]

in·di·vis·i·ble /ˌindiˈvizibᵊl/ *adj.* [无比较级]不可分的:*indivisible* entity 不可分的统一体 ‖ **in·di·vis·i·bil·i·ty** /ˌindiˌviziˈbiliti/ *n.* [U] —**ˌin·diˈvis·i·bly** *adv.*

in·doc·tri·nate /inˈdɔktriˌneit/ *vt.* ❶向…灌输(学说、思想、信仰等)(*with*)(见 teach):They often *indoctrinate* their children *with* patriotic thoughts. 他们常给孩子们灌输爱国思想。❷教,教导;传授(*in*, *into*):accept the function of *indoctrinating* youth 接受对青年进行教导的任务 ‖ **in·doc·tri·na·tion** /inˌdɔktriˈneiʃᵊn/ *n.* [U]

in·do·lent /ˈindəlᵊnt/ *adj.* 懒惰的,怠惰的,好逸恶劳的;懒散的:He is naturally *indolent* and without application to any kind of business. 他生性懒惰,做什么事都不专心。‖ **ˈin·do·lence** *n.* [U]

in·dom·i·ta·ble /inˈdɔmitəbᵊl/ *adj.* 不能征服的;不屈服的,不屈不挠的;不气馁的,不服输的:The girl had something *indomitable* about her. 那姑娘身上有股子不服输的劲头。‖ **inˈdom·i·ta·bly** *adv.*

In·do·ne·si·an /ˌindəᵘˈniːziən/ **I** *adj.* [无比较级]印度尼西亚的;印度尼西亚人的;印度尼西亚语的 **II** *n.* ❶[C]印度尼西亚人;印度尼西亚居民 ❷[U]印度尼西亚语

in·door /ˈinˌdɔːʳ/ *adj.* [无比较级][作定语]室内的;在室内进行的;适于室内使用的:Billiards is a good *indoor* game. 台球是一项很好的室内活动。

in·doors /ˌinˈdɔːz/ *adv.* [无比较级]在室内;在户内:We stayed *indoors* during the storm. 下暴雨的时候我们待在屋内。

in·du·bi·ta·ble /inˈdʲuːbitəbᵊl/ *adj.* [无比较级]不容置疑的,毋庸置疑的;确定无疑的:Laziness and ignorance were the two *indubitable* causes of his failure. 毋庸置疑,懒惰和无知是他失败的两个原因。‖ **inˈdu·bi·ta·bly** *adv.*

in·duce /inˈdʲuːs/ *vt.* ❶引诱;劝服:Our price is competitive enough to *induce* business. 我们的价格具有足够的竞争力以招来业务。❷导致;引发:The song *induced* a nostalgia for Scotland in us. 这首歌引起了我们对苏格兰的怀乡之愁。‖ **inˈduc·er** *n.* [C]

in·duce·ment /inˈdʲuːsmᵊnt/ *n.* ❶[U]引诱;劝诱;吸引力;诱因(*to*):This measure offers significant *inducement to* economic growth. 这项措施对于经济发展是一个重大的促进。❷[C]引诱物;劝诱物;(经济)刺激(见 motive):As an *inducement* he gave me twenty-five dollars bonus. 他给了我 25 美元奖金作为奖励。

in·duct /inˈdʌkt/ *vt.* ❶使正式就任:He was *inducted* into the office of mayor. 他正式就任

I

市长一职。❷使入门；使（对…）有所了解：They *inducted* him into the mystic rites of the order. 他们使他对神秘的牧师授职仪式略知一二。❸征召…入伍（*into*）：Her son had refused to be *inducted into* the US Army. 她儿子拒不接受参加美国陆军的征召。

in·duct·ee /ˌindʌkˈtiː/ *n.* [C]被征召入伍者

in·duc·tion /inˈdʌkʃᵊn/ *n.* ❶[C;U]正式就职；新任圣职；征召入伍：his *induction* into the US Army in 1943 他 1943 年应征入伍美军 ❷[U]诱发；带领，引导；导致：*induction* of a hypnotic state 催眠诱导 ❸[U]【逻】归纳（法）；归纳得出的结论 ❹[U]【电】电（磁）感（应）

in·duc·tive /inˈdʌktiv/ *adj.* [无比较级] ❶【电】感应的；感生的；电感（性）的 ❷【逻】（基于）归纳（法）的：The purely *inductive* view is untenable. 纯粹归纳的观点是站不住脚的。

in·dulge /inˈdʌldʒ/ *vi.* ❶沉溺；放纵；肆意从事（*in*）：He did not let himself *indulge in* hopeless thoughts. 他没有让自己一味地做一些无望的空想。❷让自己随心所欲一下；让自己享受一下；让自己满足一下：Dessert came, but I didn't *indulge*. 甜点来了，不过我并没有放开肚皮去吃。—*vt.* ❶使（自己）沉溺（于）；沉迷于；肆意从事：*indulge* oneself in eating and drinking 大吃大喝 ❷纵容；迁就：the daughter whom he *indulged* 他娇生惯养的女儿

in·dul·gence /inˈdʌldʒᵊns/ *n.* ❶[U]沉溺，沉迷；放纵，随心所欲：Constant *indulgence* in gambling brought about his ruin. 经常耽于赌博导致了他的毁灭。❷[U]纵容；迁就；宽容：The old man demanded *indulgence* as his due. 老人要求别人迁就他。❸[C]沉溺物，着迷物；嗜好，爱好：Her favourite *indulgence* was candy. 最使她着迷的东西就是糖果。

in·dul·gent /inˈdʌldʒᵊnt/ *adj.* ❶纵容的；迁就的；放纵的；溺爱的：She was too *indulgent* of her children's every caprice. 她过分迁就孩子的任性。❷宽容的；宽厚的：Father was *indulgent* towards our pranks. 父亲宽容地对待我们的恶作剧。‖ **inˈdul·gent·ly** *adv.*

in·dus·tri·al /inˈdʌstriəl/ *adj.* [无比较级][作定语] ❶工业的；产业的：*industrial* waste 工业废料 / the newly established *industrial* sites 新建的工业园区 ❷工业高度发达的：an *industrial* nation 工业国 ‖ **inˈdus·tri·al·ly** *adv.*

in·dus·tri·al·ism /inˈdʌstriəˌlizᵊm/ *n.* [U]工业主义，产业主义（指以大工业及工业活动为重要组成部分的社会组织形式）

in·dus·tri·al·ist /inˈdʌstriəlist/ **I** *n.* [C]工业家；企业家；工厂主 **II** *adj.* [作定语]工业主义的；与工业主义有关的

in·dus·tri·al·ize, in·dus·tri·al·ise /inˈdʌstriəˌlaiz/ *vt.* & *vi.* （使）工业化 ‖ **in·dus·tri·al·i·za·tion** /inˌdʌstriəliˈzeiʃᵊn;-laiˈz-/ *n.* [U]

in·dus·tri·ous /inˈdstriəs/ *adj.* 勤劳的，勤奋的；勤勉的：The were *industrious* in seeking out the fountain. 他们孜孜不倦地寻找那眼泉水。‖ **inˈdus·tri·ous·ly** *adv.* —**inˈdus·tri·ous·ness** *n.* [U]

in·dus·try /ˈindəstri/ *n.* ❶[U;C]工业；制造业：the steel *industry* and automobile *industry* 钢铁工业和汽车制造业 / labour-intensive *industry* 劳动密集型的工业 ❷[C]（实）业；行业；企业（见 business）：Pop music has grown into an immense and profitable *industry*. 流行音乐已发展成为大型盈利产业。

in·e·bri·ate **I** /iˈniːbriˌeit/ *vt.* 使醉；使醉倒：Sweet wines do not so much *inebriate* and overturn the brain as others. 甜酒不像其他酒那样醉人。**II** /iˈniːbriət/ *adj.* 醉醺醺的；陶醉的：The man got so hopelessly *inebriate* as to be incapable of speech. 那人醉得一塌糊涂，连话都说不了了。**III** /iˈniːbriət/ *n.* [C]醉汉；酒鬼 ‖ **inˌe·bri·a·tion** /-ˈeiʃᵊn/ *n.* [U]

in·ed·i·ble /inˈedibᵊl/ *adj.* [无比较级]不能吃的；不适合食用的：Poisonous mushrooms are *inedible*. 有毒的蘑菇不能吃。‖ **in·ed·i·bil·i·ty** /inˌediˈbiliti/ *n.* [U]

in·ed·u·ca·ble /inˈedjukəbᵊl,-dʒu-/ *adj.* [无比较级]（尤指因智力缺陷而）不可教育的，不堪启迪的，不堪造就的：No child is *ineducable*. 没有一个孩子是不可教育的。

in·ef·fa·ble /inˈefəbᵊl/ *adj.* 言语难以形容的；无法言喻的；难以名状的：Linguistics shows that literary interpretation is not *ineffable*. 语言学表明文学诠释并非不可言传。‖ **inˈef·fa·bly** *adv.*

in·ef·fec·tive /ˌiniˈfektiv/ *adj.* [无比较级] ❶无效果的，不起作用的：*ineffective* efforts 徒劳 / *ineffective* drugs 不灵验的药物 ❷

(人)无能的;无效率的:an *ineffective* salesman 无能的推销员

in·ef·fec·tu·al /ˌiniˈfektʃuəl/ *adj*. [无比较级]无效果的,徒劳无益的,不起作用的:*ineffectual* attempts 徒劳的努力

in·ef·fi·cient /ˌiniˈfiʃᵊnt/ *adj*. [无比较级] ❶无效率的,效率低的;无效果的;不经济的:The present system is *inefficient* and wasteful. 现行体制效率低,耗费大。❷无能的;不称职的:an *inefficient* manager 无能的经理 ‖ ˌ**in·efˈfi·cien·cy** *n*. [C] —ˌ**in·efˈfi·cient·ly** *adv*.

in·el·e·gant /inˈeligᵊnt/ *adj*. [无比较级]不雅的,粗俗的;不精致的,粗糙的 ‖ **inˈel·e·gant·ly** *adv*.

in·el·i·gi·ble /inˈelidʒəbᵊl/ *adj*. [无比较级]无人选(或录取)资格的;不够格的:A foreign-born citizen is *ineligible* for the U. S. presidency. 在国外出生的公民没有资格当美国总统。‖ **in·el·i·gi·bil·i·ty** /inˌelidʒɪˈbiliti/ *n*. [U] —**inˈel·i·gi·bly** *adv*.

in·ept /inˈept/ *adj*. ❶笨拙的;无能的;不称职的:The replacement director proved *inept*. 事实证明这位接任的主任很不称职。❷不合适的;不恰当的:It is socially very *inept* to ask someone their age. 在社交场合问人年龄是很不得体的。‖ **in·ept·i·tude** /inˈeptitʲuːd/ *n*. [U] —**inˈept·ly** *adv*. —**inˈept·ness** *n*. [U]

in·e·qual·i·ty /ˌiniˈkwɔliti/ *n*. ❶[U]不均等;不平等;不平衡;不等量:There is always *inequality* of individuals. 始终存在着人与人之间的不平等。❷[C](社会地位的)不平等事例;(等级上的)差异;(尺寸、数量等的)不相同;不规则:the *inequality* between the rich and the poor 贫富悬殊

in·eq·ui·ty /inˈekwiti/ *n*. ❶[U]不公平;不公正:*inequity* in the distribution of research funding 研究经费之分配不公 ❷[C]不公平的事;不公正的做法:The author was very bitter about [at] the *inequities* of the social system. 作者对社会制度的种种不公正十分愤懑。

in·ert /inˈəːt/ *adj*. ❶[无比较级]无自动力的;无生命的:*inert* machines 无生命的机器 ❷呆滞的,迟钝的,迟缓的;无生气的:an *inert* person 怠惰之人 ‖ **inˈert·ly** *adv*. —**inˈert·ness** *n*. [U]

in·er·tia /iˈnəːʃə,-ʃɪə/ *n*. [U] ❶不活动;无活力;惰性;迟钝:Its economy was in a state of *inertia*. 该国经济毫无活力。/ lapse into *inertia* 堕入懒散的状态 ❷【物】惯性;惯量:the law of *inertia* 惯性法则 ‖ **inˈer·tial** *adj*.

in·es·cap·a·ble /ˌiniˈskeipəbᵊl/ *adj*. 无法逃避的,不可避免的;必然发生的:*inescapable* responsibilities 不可推卸的责任 / the *inescapable* right answer to the question 问题的必然正确的答案 ‖ ˌ**in·esˈcap·a·bly** *adv*.

in·es·ti·ma·ble /inˈestimәbᵊl/ *adj*. ❶(大到)无法估计的,不可计量的:The flood caused *inestimable* damage. 洪水造成无法估量的损失。❷无价的,极宝贵的:a treasure of *inestimable* value 无价之宝 ‖ **inˈes·ti·ma·bly** *adv*.

in·ev·i·ta·ble /inˈevitəbᵊl/ I *adj*. ❶不可避免的;必然(发生)的;无法改变的:the *inevitable* consequences 必然结果 ❷在意料中的;照例必有的;免不了的:make the *inevitable* jokes about the bridegroom 照例开新郎的玩笑 II *n*. [**the** ~]不可避免的事物:bow to *the inevitable* 向不可避免的事态低头 ‖ **in·ev·i·ta·bil·i·ty** /inˌevitəˈbiliti/ *n*. [U;C] —**inˈev·i·ta·bly** *adv*.

in·ex·cus·a·ble /ˌinikˈskjuːzəbᵊl/ *adj*. 不可原谅的,无法宽恕的:an *inexcusable* act of aggression 不可饶恕的侵略行径

in·ex·haust·i·ble /ˌinigˈzɔːstibᵊl/ *adj*. ❶无穷尽的,用不完的:the *inexhaustible* source of inspiration 不竭的灵感源泉 ❷不倦的;不会疲劳的:a man of *inexhaustible* energy 一位精力充沛、不知疲倦的人

in·ex·o·ra·ble /inˈeksᵊrəbᵊl/ *adj*. [无比较级]不为(恳求)所动的,无动于衷的;毫不宽容的,无情的:The principle of organization is *inexorable*. 组织原则是无可变更的。‖ **inˈex·o·ra·bly** *adv*.

in·ex·pen·sive /ˌinikˈspensiv/ *adj*. 价格不贵的,花钱不多的,便宜的:a bottle of excellent but *inexpensive* champagne 一瓶价廉物美的香槟 ‖ ˌ**in·exˈpen·sive·ly** *adv*. —ˌ**in·exˈpen·sive·ness** *n*. [U]

in·ex·pe·ri·ence /ˌinikˈspiəriəns/ *n*. [U]没有经验,缺乏实践,不熟练:*inexperience* in teaching 缺乏教学经验 / *inexperience* of the world 不谙世故 ‖ ˌ**in·exˈpe·ri·enced** *adj*.

I

in·ex·pert /inˈekspəːt/ *adj.* 非内行的，外行的；不熟练的；不灵巧的：an *inexpert* hand 生手 / to the *inexpert* eye 在非内行人的眼里

in·ex·plic·a·ble /ˌinikˈsplikəbᵊl/ *adj.* 无法说明的；费解的；莫名其妙的：an *inexplicable* mystery 不解之谜 / an *inexplicable* horror 莫名的恐惧

in·ex·press·i·ble /ˌinikˈspresibᵊl/ *adj.* ［无比较级］(言语)表达不出的，难以言说的；无法形容的：a scene of *inexpressible* beauty 难以言状的美景

in·ex·tri·ca·ble /inˈekstrikəbᵊl, ˌinikˈstrik-/ *adj.* ❶(地方等)无法逃离的；(困境等)摆脱不了的：*inextricable* economic difficulties 无法摆脱的经济困境 ❷(绳结)解不开的；分不开的：an *inextricable* knot 死结❸错综复杂的；繁复的：*inextricable* confusion 剪不断理还乱 ‖ **ˌin·exˈtri·ca·bly** *adv.*

in·fal·li·ble /inˈfælibᵊl/ *adj.* ❶不可能错的；从不失误犯的；不会犯错误的：He is *infallible* in his business judgement. 他在生意上所作的判断从不失误。❷不会失败的；绝对有效的；绝对可靠的：an *infallible* cure 绝对有效的治疗 ‖ **in·fal·li·bil·i·ty** /inˌfæliˈbiliti/, **in·fal·li·ble·ness** *n.* ［U］ —**inˈfal·li·bly** *adv.*

in·fa·mous /ˈinfəməs/ *adj.* ❶声名狼藉的，臭名昭著的：an *infamous* criminal 声名狼藉的罪犯 / make sb's name *infamous* 使某人声名狼藉 ❷丢脸的，无耻的：the *infamous* deed 丑恶的行径 / become *infamous* to the whole world 为全世界所不齿 ‖ **ˈin·fa·mous·ly** *adv.* —**in·fa·my** /ˈinfəmi/ *n.* ［U;C］

in·fan·cy /ˈinfᵊnsi/ *n.* ［U］ ❶婴儿期，幼年：from *infancy* to old age 从幼年到老年 ❷(成长或发展的)早期阶段，初期

in·fant /ˈinfᵊnt/ **I** *n.* ［C］婴儿 **II** *adj.* ❶婴儿的；婴儿期的 ❷初期的，初级阶段的：a technology in its *infant* stages 处于雏形期的一项技术

in·fan·ti·cide /inˈfæntiˌsaid/ *n.* ❶［U］杀害婴儿 ❷［C］杀(害)婴(儿)者

in·fan·tile /ˈinfənˌtail/ *adj.* ❶(尤指大孩子或成年人)孩子气的；幼稚的：*infantile* curiosity 孩子般的好奇 / an *infantile* misunderstanding of political reality 对政治情况的幼稚认识 ❷婴儿(期)的，幼儿(期)的

in·fan·try /ˈinfᵊntri/ *n.* ❶步兵 ❷［C］步兵部队 ‖ **in·fan·try·man** /ˈinfᵊntrimᵊn/ *n.* ［C］

in·fat·u·at·ed /inˈfætjuˌeitid/ *adj.* 着迷的；迷恋的；热恋的(*with*)：become *infatuated with* gambling 迷上赌博 / He's *infatuated with* that girl next door. 他热恋着隔壁那个姑娘。 ‖ **in·fat·u·a·tion** /inˌfætjuˈeiʃən/ *n.* ［U;C］

in·fect /inˈfekt/ *vt.* ❶【医】使感染，使染上；传染：The wound was *infected* with disease germs. 伤口受到了病菌的感染。❷使受(坏)影响；染上(习气等)；腐蚀：He's been *infected* by the cynicism of his generation. 他染上了他那一代人的玩世不恭的习气。

in·fec·tion /inˈfekʃᵊn/ *n.* ❶［U］【医】感染；传染：lung *infection* 肺部感染 ❷［C］传染病：a viral *infection* 病毒性传染病

in·fec·tious /inˈfekʃəs/ *adj.* ❶(疾病)传染(性)的；感染性的：Measles is an *infectious* disease. 麻疹是一种传染病。/ Colds are *infectious.* 感冒会传染。❷富有感染力的；易传播的：He has a jolly, *infectious* laugh. 他的笑声乐呵呵的，富有感染力。 ‖ **inˈfec·tious·ly** *adv.* —**inˈfec·tious·ness** *n.* ［U］

in·fer /inˈfəːʳ/ *vt.* (-ferred,-fer·ring) (根据已知事实等)推断；推知；推定：*infer* an unknown fact from a known fact 从已知的事实推断未知的事实

☆**infer** 常误作 **imply**。**infer** 意为"推断；推理"，指从已知信息或某种前提进行系统论述从而推演出某一结论：From his grades I *inferred* that he was a good student.（根据他的成绩我推断他是个好学生。）**imply** 意为"意味；暗示"，指未把要说的意思明确表达出来：Are you *implying* that I'm a liar?（你在暗示我是个骗子吗？）

in·fer·ence /ˈinfᵊrᵊns/ *n.* ❶［U］推论，推断，推理：the deductive *inference* 演绎推理 ❷［C］推理结果，推断结果；结论 ‖ **in·fer·en·tial** /ˌinfᵊˈrenʃᵊl/ *adj.*

in·fe·ri·or /inˈfiəriəʳ/ **I** *adj.* ❶(地位、等级等)低等的；下级的；低于…的：a rank *inferior to* captain 低于上尉的军衔 / It was not that ladies were *inferior to* men; it was that they were different. 女人不是比男人低，而是和男人不同。❷(位置)较低的；(在)下方的；近底部

I

的 ❸(质量等)差的,次的;较差的;次于…的:an *inferior* work of art 一件质量较差的艺术品 **II** *n.* [C](地位、等级等)低于他人者;下级,部下:A good leader gets on well with *inferiors.* 好的领导同他的下级相处融洽。‖ **inˈfe·ri·or·ly** *adv.*

in·fe·ri·or·i·ty /inˌfiəriˈɔriti/ *n.* ❶[U]低等;劣等;下级;下位:They won, despite of their *inferiority* in numbers. 他们尽管在人数上处于劣势,但还是取得了胜利。❷[U;C]自卑感,自卑情绪

in·fer·nal /inˈfəːnəl/ *adj.* ❶[无比较级]阴间的,冥界的,地狱的❷地狱般的,恶魔似的;穷凶极恶的:*infernal* plot 穷凶极恶的阴谋 ❸〈口〉可恨的,可恶的;坏透的;该死的:an *infernal* scoundrel 十恶不赦的坏蛋

in·fer·no /inˈfəːnəu/ *n.* [C]([复]-nos) ❶地狱❷地狱般的地方;恐怖景象

in·fer·tile /inˈfəːtail,-til/ *adj.* 不肥沃的,贫瘠的:*infertile* soil 贫瘠的土地 ‖ **in·fer·til·i·ty** /ˌinfəːˈtiliti/ *n.* [U]

in·fest /inˈfest/ *vt.* ❶(害虫、强盗、疾病)大批出没于;大举侵扰:The numerous bands of blackguards *infest* the vicinity of the city upon Sunday. 星期日有多伙流氓横行郊外。❷遍布于:lawn *infested* with weeds 杂草蔓延的草坪 ‖ **in·fes·ta·tion** /ˌinfeˈsteiʃən/ *n.* [C;U]

in·fi·del·i·ty /ˌinfiˈdeliti/ *n.* [U;C] ❶(夫妇间的)不忠实(行为);不贞(行为) ❷背信(行为);不忠诚(的举动):accuse sb. of the basest *infidelity* 谴责某人轻诺寡信

in·fil·trate /ˈinfilˌtreit/ *vt.* & *vi.* (使)(军队、人员等)渗透,通过;(使)(思想等)渗透:*infiltrate* a spy into the enemy camp 派遣间谍潜入敌军营地 / Competition and choice are already beginning to *infiltrate* the school system. 竞争和选择已开始渗入到教育系统中。‖ **in·fil·tra·tion** /ˌinfilˈtreiʃən/ *n.* [U] —**ˈin·filˌtrat·or** *n.* [C]

in·fi·nite /ˈinfinit/ **I** *adj.* ❶无限的,无穷的;无边的:a virtually *infinite* number of possibilities 几近无限的可能性/ What *infinite* delight would there be in conversing with them! 同他们交谈,其乐无穷!❷极大的,巨大的:a document of *infinite* importance 意义重大的文件 **II** *n.* [U][the ~]无限(的空间);无穷 ‖ **ˈin·fi·nite·ly** *adv.*

in·fi·ni·tes·i·mal /ˌinfiniˈtesiməl/ *adj.* 微不足道的;微小的:Their chance of success is *infinitesimal.* 他们成功的机会很小。‖ **ˌin·fi·niˈtes·i·mal·ly** *adv.*

in·fin·i·tive /inˈfinitiv/【语】**I** *n.* [C]原形(动词);不定式 **II** *adj.* 原形的;不定式的:an *infinitive* clause 不定式短语 ‖ **in·fin·i·ti·val** /inˌfiniˈtaivəl/ *adj.*

in·fin·i·ty /inˈfiniti/ *n.* ❶[U]无限,无穷:The white sand beach appeared into *infinity.* 白色的沙滩一望无垠。❷[U;C]无限时空;无穷;无限量;无限远:an *infinity* of sea and sky 无边无际的大海和天空 ❸[U]【数】无穷,无穷大(符号为∞)

in·firm /inˈfəːm/ **I** *adj.* (尤指因年迈而)虚弱的,体弱的:an *infirm* old lady 一个风烛残年的老太太 **II** *n.* [the ~][用作复]年老体弱者

in·fir·ma·ry /inˈfəːməri/ *n.* [C](尤指学校、寺院等机构中内附设的)医务所;医务室;医院

in·fir·mi·ty /inˈfəːmiti/ *n.* ❶[C]体弱,虚弱:old age and *infirmity* 年老体弱 ❷[U]体弱状况,虚弱之态:suffering from physical *infirmity* 忍受体弱之痛

in·flame /inˈfleim/ *vt.* ❶使极度激动;激起(情绪等);撩起(欲望等);使十分愤怒:They employed imagination rather than knowledge to *inflame* their readers. 他们不是用知识,而是用想象来激发读者的热情。/ be *inflamed with* anger 怒火中烧 ❷【医】使发炎;使红肿:*inflame* the skin 弄得皮肤发炎 ‖ **inˈflamed** *adj.*

in·flam·ma·ble /inˈfleiməbəl/ *adj.* ❶易燃的:*inflammable* gases 易燃气体 / Gasoline is highly *inflammable.* 汽油一点就着。❷易激动的;易动怒的;一触即发的;易被撩起欲望的:The situation is highly *inflammable.* 局势一触即发。‖ **in·flam·ma·bil·i·ty** /inˌfleiməˈbiliti/ *n.* [U]

☆**inflammable** 与 **flammable** 均有"易燃的"含义,反义词为 **nonflammable**。**inflammable** 易误作 **flammable** 的反义词。为避免误解,建议用 **flammable** 表示易燃品。与此类似的词还有 **invaluable** 和 **valuable**。前者并非是后者的反义词,其含义为"价值大得无法估量的"。

in·flam·ma·tion /ˌinflə'meiʃᵊn/ *n.* [U; C]【医】炎(症)

in·flam·ma·to·ry /in'flæmətᵊri/ *adj.* ❶使人激愤的;激起敌意的;煽动性的:His intentions were pacific, but his words seemed only to have an *inflammatory* effect. 他意在求和,但说的话只能引起敌意。❷[无比较级]【医】炎(性)的:*inflammatory* breast cancer 炎性乳腺癌

in·flate /in'fleit/ *vt.* ❶对…充气;使膨胀,使胀大:Pull this cord to *inflate* the life jacket. 拉这根带子给救生衣充气。❷使骄傲,使得意,使自以为了不起:She is *inflated with* her own idea. 她为自己的想法感到洋洋得意。❸使(通货等)膨胀;涨(价):*inflate* currency 使通货膨胀 —*vi.* 膨胀;(因充气而)胀大 ‖ **in'flat·a·ble** *adj.*

in·flat·ed /in'fleitid/ *adj.* ❶充了气的:an *inflated* balloon 充气气球 ❷(语言等)夸张的,言过其实的,华而不实的:Her account of it was no *inflated* representation. 她对此事的叙述并没有添枝加叶。❸(通货)恶性膨胀的;(物价)飞涨的

in·fla·tion /in'fleiʃᵊn/ *n.* [U]【经】通货(或信用)膨胀;物价飞涨:*Inflation* has debased the value of the dollar. 通货膨胀使美元贬值了。/ check *inflation* 遏制通货膨胀 ‖ **in'fla·tion·ar·y** *adj.*

in·flect /in'flekt/ *vt.* ❶【语】屈折变化(词形) ❷变(音);转(调):*inflect* the tone of voice 改变声调 —*vi.*【语】(词形)屈折变化

in·flec·tion /in'flekʃᵊn/ *n.* [U;C] ❶转调;变音;语调的抑扬变化:His voice is high-pitched and lacks *inflection.* 他的说话声尖尖的,缺少抑扬变化。❷【语】屈折变化;屈折形式;屈折成分,屈折词缀 ‖ **in'flec·tion·al** *adj.*

in·flec·tion /in'flekʃᵊn/ *n.* [U;C] ❶转调;变音;语调的抑扬变化:His voice is high-pitched and lacks *inflection.* 他的说话声尖尖的,缺少抑扬变化。❷【语】屈折变化;屈折形式;屈折成分,屈折词缀 ‖ **in'flec·tion·al** *adj.*

in·flex·i·ble /in'fleksibᵊl/ *adj.* ❶不可弯曲的;刚性的:*inflexible* plastic 刚性塑料 ❷坚定的;强硬的;不屈服的;不受影响的;不可动摇的:an *inflexible* will to succeed 百折不挠的意志 / be *inflexible* to temptation 不为诱惑所动 ❸不可改变的,不容变更的:an *inflexible* law 不可变更的法律 ‖ **in·flex·i·bil·i·ty** /inˌfleksi'biliti/ *n.* [U] —**in'flex·i·bly** *adv.*

in·flict /in'flikt/ *vt.* 使遭受(苦痛、损伤等);给以(打击等);将…强加于:She *inflicted* the children *on* her mother for the weekend. 她为了度周末而硬把孩子塞给自己的母亲照管。/ The hurricane *inflicted* severe damage on the crops. 飓风使庄稼损失惨重。

☆**inflict** 与 **afflict** 因词形相近时常误用。**inflict** 意为"使遭受(损伤、苦痛等);使承受(负担等)",通常用于 *inflict* sth. on sb. 或 be *inflicted* on sb. 等结构;**afflict** 意为"使苦恼;折磨",用于 *afflict* sb. with sth. 或 be *afflicted* with sth. 等结构:They have been *afflicted* by political corruption for decades. (几十年来他们一直饱受政治腐败之苦。)

in·flight, in-flight /ˌin'flait/ *adj.* 飞行(过程)中的:*in-flight* meals 航空餐

in·flo·res·cence /ˌinflɔː'resᵊns/ *n.* [U] ❶【植】[总称]花(朵) ❷开花;开花期 ‖ **ˌin·flo'res·cent** *adj.*

in·flu·ence /'influəns/ **I** *n.* ❶[U;C]影响;作用:the *influence* of the moon *on* the tides 月亮对潮汐的影响 / exercise *influence on* sb. 对某人施加影响 ❷[C]有影响(力)的人(或事物):a dominant *influence* in educational circles 在教育界举足轻重的人物 ❸[U]权力;势力;权势:A large part of his *influence* is attributable to his charismatic leadership style. 他的权威主要源于他那极具性格魅力的领导风格。**II** *vt.* 影响;感召;对…起作用;支配,左右:What we read *influences* our thinking. 我们阅读的东西影响着我们的思维。‖ ***under the influence*** *adv.* 〈口〉喝酒地;醉酒地:He was fined $ 25 last week for driving *under the influence*. 他因酒后开车而被罚款 25 美元。

in·flu·en·tial /ˌinflu'enʃᵊl/ *adj.* 有影响的;有权势的:have an *influential* role in making decisions 在决策中有举足轻重的作用 / Hoskyns was enormously *influential* in the formation of his mind. 霍斯金斯对他思想的形成有着巨大的影响。

in·flu·en·za /ˌinflu'enzə/ *n.* [U]【医】流(行性)感(冒)〔亦作 **flu, grippe**〕

in·flux /'inflʌks/ *n.* [C] ❶流入,注入;涌进;汇

集:The *influx* of Asian immigrants has added a new element to American culture. 亚洲移民的进入给美国文化增添了新的成分。❷(河流汇入湖、海的)河口;河流交汇处

in•fo /ˈinfəu/ *n.* 〈口〉=information

in•form /inˈfɔːm/ *vt.* ❶告知,告诉;通知;报告:Please *inform* your students *of* the changes in today's schedule. 请把今天课程变动的情况通知你班上的学生。/ I *informed* him that I would not be able to attend. 我告诉他我可能不能出席。❷[~ **oneself**]使了解,使熟悉:She *informed herself of* all the pertinent facts. 她了解了所有有关的情况。—*vi.* 检举,告发:He *informed against* his accomplices. 他检举揭发了同案犯。

in•for•mal /inˈfɔːmᵊl/ *adj.* ❶[无比较级]非正式的,非正规的:an *informal* talk 非正式会谈 ❷不拘礼节的,随便的:an *informal* person 不拘礼节的人 ❸[无比较级]适合于日常谈话的;口语体的:*informal* spoken English 日常使用的英语口语 ‖ **inˈfor•mal•ly** *adv.*

in•for•mal•i•ty /ˌinfɔːˈmæliti/ *n.* ❶[U]非正式,非正规;随意;不拘礼节 ❷[C]不拘礼节的行为

in•form•ant /inˈfɔːmənt/ *n.* [C]告密者,检举者

in•for•ma•tion /ˌinfəˈmeiʃᵊn/ *n.* [U] ❶消息;情报;资料(*on, about*):the first-hand *information* 第一手材料 / Most *information* — we get through that channel. 大部分消息我们是通过那个渠道得到的。❷知识;见闻:a man of vast *information* 博学之人 ❸【计】信息;数据:feed *information* into a computer 把数据输入计算机〔亦作 **info**〕

in•form•a•tive /inˈfɔːmətiv/ *adj.* 提供信息(或资料)的;给人教益的;使人增长见闻的 ‖ **inˈform•a•tive•ly** *adv.* —**inˈform•a•tive•ness** *n.* [U]

in•form•er /inˈfɔːməʳ/ *n.* [C] ❶告密者;密探:a police *informer* 警方的眼线 ❷通知者;通报者

in•frac•tion /inˈfrækʃᵊn/ *n.* [C](对法规等的)违犯,违背:commit an *infraction* of a rule 违反规则

in•fra•red /ˌinfrəˈred/ 【物】 I *n.* [U] 红外线,红外辐射 II *adj.* [无比较级]红外区的;红外线的;产生红外辐射的;使用红外线的:*infrared* cameras 红外线照相机

in•fra•struc•ture /ˈinfrəˌstrʌktʃəʳ/ *n.* [U;C] ❶基础;基础结构:a country's economic *infrastructure* 一个国家的经济基础结构 ❷行政机构:*the infrastructure* of the department 部门的行政机构

in•fre•quent /inˈfriːkwᵊnt/ *adj.* ❶不常发生的,出现频率低的;罕见的:a flowering plant which is *infrequent* in this region 该地区罕见的一种有花植物 ❷不经常的,偶尔的;非习惯性的:an *infrequent* visitor 稀客 ‖ **inˌfre•quen•cy**, **in•fre•quence** *n.* [U] —**inˈfre•quent•ly** *adv.*

in•fringe /inˈfrindʒ/ *vt.* 违反,违背(法律、规定、协约、誓言等);违犯,侵犯(权利等):The inventor sued the company for *infringing* his patent. 发明人控告那家公司侵犯他的专利权。—*vi.* 侵犯,侵害,侵入(*on, upon*):*infringe on* the national sovereignty 侵犯国家领土主权

in•fringe•ment /inˈfrindʒmənt/ *n.* [C;U] ❶(对法律、规定、协约、誓言等的)违背(行为):an *infringement* of copyright 侵犯版权 ❷侵权行为

in•fu•ri•ate /inˈfjuəriˌeit/ *vt.* 使暴怒,使狂怒;激怒:The noise subdued, baffled, and *infuriated* him. 这噪音使他感到压抑,感到无能为力而又火冒三丈。‖ **inˈfu•riˌat•ed** *adj.* —**inˈfu•riˌat•ing** *adj.* —**inˈfu•riˌat•ing•ly** *adv.*

in•fuse /inˈfjuːz/ *vt.* ❶把…注入,向…灌输(*into*):*infuse* loyalty *into* the new employees 向新员工灌输忠诚观念 ❷使充满;鼓舞(*with*):*infuse* a mind *with* fresh hope 使一个人的心里充满新的希望 ‖ **inˈfus•er** *n.* [C]

in•fu•sion /inˈfjuːʒᵊn/ *n.* [U;C] ❶注入,灌输 ❷【医】输注;输液:start an intravenous *infusion* 开始进行静脉输液

in•ge•ni•ous /inˈdʒiːniəs/ *adj.* ❶(人)心灵手巧的;善于创造发明的;足智多谋的:It was *ingenious* of her to solve the problem so quickly. 她这么快就解决了问题,真是很聪明。❷(机器等)制作精巧的;(理论、方法等)巧妙的,精妙的:an *ingenious* explanation 巧妙的解释 ‖ **inˈge•ni•ous•ly** *adv.* —**inˈge•ni•ous•ness** *n.* [U] ☆**ingenious** 与 **ingenuous** 因词形相近容易误用。

ingenious 15 世纪借自法语，由拉丁语 *ingeniosus* 衍生而来；**ingenuous** 最早见于 16 世纪英语，由拉丁语 *ingenuus* 衍生而来。词义演化过程中，两者均产生过多种词义，但前者根本词义为"机灵的；独创性的；富有智谋的"：a truly *ingenious* invention (真正有创意的发明) 后者基本词义为"直率的；朴实的"，用以描述某人或其性格因善良或单纯而具有坦荡、直率等特征：*ingenuous* honesty (朴实正直)

in·ge·nu·i·ty /ˌindʒɪˈnjuːiti/ *n.* ❶[U]心灵手巧；善于创造发明；足智多谋：He exercised much *ingenuity* in making the best of his materials. 他在充分利用材料的时候显示了自己创造发明的才能。❷(安排、设计等的)巧妙；精巧

in·gen·u·ous /inˈdʒenjuəs/ *adj.* ❶单纯的；天真无邪的；胸无城府的：She was so obviously sincere and *ingenuous* that everyone likes her. 她这人一看就知道待人真挚、胸无城府，所以大家都喜欢她。❷坦率的；真诚的：an *ingenuous* opinion 坦率的看法 ‖ **inˈgen·u·ous·ly** *adv.* —**inˈgen·u·ous·ness** *n.* [U]

in·gest /inˈdʒest/ *vt.* 咽下；摄取；吸收：*ingest* oxygen from the air 从空气中吸收氧气 ‖ **in·ges·tion** /inˈdʒestʃᵊn/ *n.* [U]

in·got /ˈiŋgət,-ˌgɒt/ *n.* [C](金属的)铸块，锭：gold *ingot* 金锭

in·grained, en·grained /inˈgreind, ˈingreind/ *adj.* ❶根深蒂固的：*ingrained* resentment 积怨 ❷(污物)深嵌于…中的；深嵌着(污物等)的

in·gra·ti·ate /inˈgreiʃɪˌeit/ *vt.* [常作～ **oneself**]使(自己)讨…的欢心(*with*)：He seized every chance to *ingratiate himself with* the boss. 他抓住一切机会讨好老板。‖ **inˈgra·tiˌat·ing** *adj.* —**in·gra·ti·a·tion** /inˌgreiʃɪˈeiʃᵊn/ *n.* [U]

in·grat·i·tude /inˈgrætiˌtʲuːd/ *n.* [U]忘恩负义：She reproached him for his *ingratitude* to his friends. 她责备他不该对朋友那样无情无义。

in·gre·di·ent /inˈgriːdiənt/ *n.* [C] ❶(混合物的)组成部分，成分；(烹调用的)原料：Olive oil is the classic *ingredient* for so many fine dishes. 橄榄油是许多佳肴最重要的烹饪原料。❷(构成)要素，因素：Good management is the key *ingredient* of success. 良好的管理是成功的关键。

in·gress /ˈingres/ *n.* ❶[U]进入：All sides are sealed against the *ingress* of water. 把四边都密封起来防止水渗入。❷[C]进入的办法；入口：an *ingress* to the valley 山谷的入口

in·hab·it /inˈhæbit/ *vt.* 居住于；(动物)栖息于；栖居于：small animals that *inhabit* the woods 栖居在树林里的小动物 / North and South America was *inhabited* by more than 90 million people. 北美洲和南美洲有9 000多万居民。‖ **inˈhab·i·ta·ble** *adj.*

in·hab·it·ant /inˈhæbitənt/ *n.* [C]常住居民，住户；栖息的动物

in·hal·ant /inˈheilᵊnt/ *n.* [C]吸入药，吸入剂

in·ha·la·tor /inhəˌleitəʳ/ *n.* [C] ❶气雾吸入器，药物吸入器 ❷人工呼吸器

in·hale /inˈheil/ *vt.* ❶吸入：*inhale* fresh air 吸入新鲜空气 ❷〈口〉(急切或贪婪地)吃；狂饮：He *inhaled* a couple of beers. 他猛喝了两杯啤酒。—*vi.* 吸入气体(或烟、气味等)

in·her·ent /inˈhiərᵊnt, inˈherᵊnt/ *adj.* [无比较级]内在的；固有的；与生俱来的(*in*)：an *inherent* positive quality 一种与生俱来的品质 / There are dangers *inherent in* almost every sport. 几乎每一种体育运动都有危险。‖ **inˈher·ent·ly** *adv.*

in·her·it /inˈherit/ *vt.* ❶继承(财产、传统、权利、称号等)：*inherit* a large fortune 继承一大笔财产 ❷(从前人或前任等处)接过，得到 ❸经遗传而得到(性格、特征等)：She *inherited* her red hair from her mother. 她从母亲那里继承了一头红发。—*vi.* ❶成为财产(或传统、权利、称号等)的继承人 ❷获得性格(或特征)的遗传

in·her·it·ance /inˈheritᵊns/ *n.* ❶[U]继承；遗传：the *inheritance* of good looks from one's mother 得自母亲遗传的美貌 ❷[C]继承物；遗传物；遗产；遗赠

in·hib·it /inˈhibit/ *vt.* ❶抑制；约束：Large quantities of caffeine can *inhibit* iron absorption. 大量的咖啡因会抑制铁的吸收。❷禁止；阻止(*from*)：His presence *inhibits* me *from* saying what I want to. 他的在场使我怯于说出我想说的话。‖ **inˈhib·i·tor, inˈhib·it·er** *n.* [C]

in·hib·it·ed /inˈhibitid/ *adj.* 矜持的，拘谨的；

不能自然表达的：He's far too *inhibited* to talk frankly about sex. 他对有关性的事讳莫如深。

in·hi·bi·tion /ˌinhiˈbiʃᵊn/ *n.* ❶[C;U]抑制，约束；抑制力，约束力：moral *inhibitions* 道德约束 ❷[C]（对观点、行为的）情感抵制；矜持；禁忌：After a couple of drinks he loses his *inhibition (s)* and starts talking and laughing loudly. 两杯酒下肚，他便变得无所顾忌，开始大声地说笑。

in-house /ˈinˌhaus, ˌinˈhaus/ [无比较级][作定语] I *adj.* 存在于机构内部的；在机构内部进行的；有关机构内部事务的；依靠机构内部力量的：*in-house* training 机构内部人员培训 II *adv.* 在机构内部；无外援地

in·hu·man /inˈhjuːmᵊn/ *adj.* ❶无人道的；无情的；野蛮的；残酷的：an *inhuman* punishment 残酷的惩罚 / *inhuman* words 无情的言辞 ❷非人(类)的；超人的：His stamina seems *inhuman*. 他似乎有着超乎凡人的精力。

in·hu·mane /ˌinhjuːˈmein/ *adj.* 不仁慈的；不人道的，残忍的：He called such a law *inhumane*. 他认为这样的法规不人道。‖ **ˌin·hu·ˈmane·ly** *adv.*

in·hu·man·i·ty /ˌinhjuːˈmæniti/ *n.* ❶[U]无人性；野蛮；残酷：They cannot endure the *inhumanity* of their lives. 他们无法忍受生活的残酷。/ He saw a lot of *inhumanity* in the prison camp. 他目睹了牢房里许多惨无人道的事情。❷[C]残酷无情的行为(或言词)

in·im·i·cal /iˈnimikᵊl/ *adj.* [无比较级] ❶不利的；有害的(*to*)：Unsociability is *inimical to* success in business. 不善交际对取得事业成功不利。❷〈书〉不友好的，反对的，敌意的(*to*)：Jack was openly *inimical to* Harry. 杰克与哈里公然反目。‖ **inˈim·i·cal·ly** *adv.*

in·im·i·ta·ble /iˈnimitəbᵊl/ *adj.* [无比较级] 无法模仿的；无与伦比的，无双的：The actress was *inimitable*. 这位女演员演得妙不可言。‖ **in·im·i·ta·bil·i·ty** /iˌnimitəˈbiliti/, **inˈim·i·ta·ble·ness** *n.* [U] —**inˈim·i·ta·bly** *adv.*

in·iq·ui·ty /iˈnikwiti/ *n.* ❶[U]极不公正；罪恶，邪恶：the *iniquity* of the transaction 不公正的交易 ❷[C]不公正行为；恶劣行径；罪孽

i·ni·tial /iˈniʃᵊl/ I *adj.* [无比较级][通常作定语]开始的，最初的，第一个的：Do not allow an *initial* success to build up your hopes. 别指望事情一开始就会成功。II *n.* [~s](尤指姓名及组织的)首字母：We will mark the packages with your *initials*. 我们会在行李上写上你名字的首字母作为标记。III *vt.* (**-tial(l)ed**; **-tial·(l)ing**) 用姓名的首字母签名于；(为表示拥有某物而)用姓名的首字母做标志于：The document is *initialed* at the top right by its drafter. 文件起草者在文件的右上角签上了自己的姓名首字母。‖ **iˈni·tial·ly** *adv.*

i·ni·ti·ate I /iˈniʃiˌeit/ *vt.* ❶开始；创始；发起；开始实施：Who *initiated* the violence? 是谁首先动武的？❷使初步了解；向…传授基础知识(或基本技巧)(*in*, *into*)：The teacher *initiated* the class *into* the wonders of science by telling a few interesting things about the earth and stars. 老师讲述有关地球和星球的趣事，将全班学生领进了科学的奇妙境地。❸(通过正式手续或秘密仪式)吸收，接纳(新成员)；让…加入(*into*)：We were *initiated into* the sports club by one of the members. 我们经体育俱乐部一成员介绍，参加了该俱乐部。II /iˈniʃiət/ *n.* [C](尤指新近)被接纳入会的人 ‖ **i·ni·ti·a·tion** /iˌniʃiˈeiʃᵊn/ *n.* [U; C] —**iˈni·tiˌa·tor** *n.* [C]

i·ni·ti·a·tive /iˈniʃətiv/ *n.* ❶[C]主动的行动；倡议：The meeting was held at the *initiative* of Jones. 会议是由琼斯提议召开的。❷[U]首创精神；进取心：a man of great *initiative* 进取心极强的人 / He lacks *initiative*. 他缺乏独创精神。❸[U]决断能力；主动能力：I've made my move, so the next *initiative* rests upon you. 我已经开了头，下面主动权就掌握在你手里了。‖ ***on one's own initiative*** *adv.* 主动地；自觉地；不受他人指导(或影响)地：He took on the tough job *on his own initiative*. 他主动承担了这项棘手的工作。***take the initiative*** *vi.* 采取主动；带头(*in*)：They *took the initiative in* putting forward a series of constructive proposals for the solution of the knotty problem. 他们主动提出了一系列解决这一难题的建设性意见。

in·ject /inˈdʒekt/ *vt.* ❶【医】注射(药液等)(*into*)；给…注射(*with*, *against*)：Drugs are *injected into* the body. 药液被注射入人体。❷引入；注入；投入(*into*)：Enormous sums of money are *injected* each year *into* teaching. 每年有大量的资金被投入教育。❸插(话)：When she and I were talking, he *injected* a remark *into* the conversation. 我和她谈话的时候，他插了一句嘴。‖ in'jec•tor *n.* [C]

in•jec•tion /in'dʒekʃᵊn/ *n.* ❶[U;C]注射：Those drugs are given by *injection* as well as through the mouth. 那些药物既可以口服，又可以注射。❷[C]引入；注入；投入：His arrival will give the group an *injection* of basic management skills and strategy. 他的到来将给该集团带来基本的管理技巧和经营策略。

in•ju•di•cious /ˌindʒuː'diʃəs/ *adj.* 不明智的；不慎重的；缺乏判断力的：Whoever initiated it, it was an *injudicious* action to take. 不管是谁发起的，这个行动都是不明智的。

in•junc•tion /in'dʒʌŋkʃᵊn/ *n.* [C] ❶命令；指令；训示；嘱咐，叮咛：Finally they let us go, with many *injunctions* to be careful and not forget the parcels. 他们千叮咛万嘱咐，"一路小心"，"别忘了包裹"等等，最后才让我们出门。❷【律】禁制令：The court has issued an *injunction* forbidding them to strike for a week. 法庭已发出禁止他们罢工一周的禁制令。

in•jure /'indʒəʳ/ *vt.* ❶伤害(人、动物或躯体的一部分)；损害(健康等)：He claimed that working too hard was *injuring* his health. 他声称工作太累使他的健康受到损害。❷伤害(感情等)；损害(名誉等)；委屈，亏待：*injure* a friend's feelings 伤害朋友的感情 ‖ 'in•jur•er *n.* [C]

in•ju•ry /'indʒəri/ *n.* [U;C] ❶(对人、动物或躯体的一部分的)伤害；(对健康的)损害；(躯体的)受伤处：withdraw from a competition through *injury* 因受伤而退出比赛 / dress an *injury* 包扎伤处 ❷(对感情、名声、自尊心等的)伤害，损害；委屈(或亏待)人的行为：The harsh review was an *injury* to the singer's pride. 那篇尖刻的评论对于那位歌唱家的自尊心是一个伤害。‖ in•ju•ri•ous /in'dʒuəriəs/ *adj.*

in•jus•tice /in'dʒʌstis/ *n.* ❶[U]不公正，不公平；非正义：He said it was on his conscience that he had done her *injustice*. 他说他对不起她，他的良心深感不安。❷[C]不公正的行为；非正义行为：If that's so, I'm doing her an *injustice*. 事情果真如此，那我就冤枉她了。

ink /iŋk/ I *n.* [U;C]墨水；墨汁；墨；油墨：a blob of *ink* 一滴墨水 / different coloured *inks* 各种颜色的墨水 II *vt.* 使沾上墨水(或油墨)；用墨水(或油墨)做标记于；给…上墨(*in*, *over*)：They *inked* their thumbs on an inking pad. 他们把大拇指按在印台里沾上印油。‖ 'ink•less *adj.*

ink•ling /'iŋkliŋ/ *n.* [用单] ❶暗示；迹象(*of*)：At that time there was absolutely no *inkling of* reunification. 当时压根儿没有一丝重新统一的迹象。❷略知；模糊概念(*of*)：He had an *inkling* that something was up. 他隐约觉得要出什么事儿。

ink•y /'iŋki/ *adj.* ❶墨似的；漆黑的：*inky* shadows 漆黑的影子 ❷[无比较级]墨水的；含墨水的 ‖ 'ink•i•ness *n.* [U]

in•laid /in'leid, 'inˌleid/ *adj.* [无比较级](家具等)有镶饰的，镶花的

in•land /'inlᵊnd, 'inlænd/ I *adj.* [通常作定语]内陆的；内地的：an *inland* state 内陆国家 / The Black Sea is a large *inland* sea. 黑海是一个很大的内陆海。II *n.* [C]内陆；内地 III *adv.* [无比较级]在内陆；在内地；向内地：travel *inland* by boat 乘船去内地旅行

in-law /'inˌlɔː/ *n.* [常作~s]〈口〉姻亲：He's spending Christmas with his *in-laws*. 他在和自己的姻亲们一块儿过圣诞节。

in•lay I /in'lei, 'inˌlei/ *vt.* (-laid /-'leid/) ❶将…镶嵌入(*in*, *into*)：*inlay* gems *in* a ring 把宝石镶到戒指上 ❷(用…)嵌饰；(用…)镶饰(*with*)：The stage is given a marble floor, *inlaid with* inscriptions. 舞台的地面是大理石的，上面镶饰着一些文字。II /'inˌlei/ *n.* [U](用黄金、陶瓷等材料制成的)嵌体；内置法；镶嵌工艺：porcelain *inlay* 瓷嵌体

in•let /'inˌlet, -lit/ *n.* [C]小海湾；小港湾；(两岛之间的)水道：They found an *inlet* and anchored the boat. 他们找到了一个小港湾，泊了船。

in•mate /'inˌmeit/ *n.* [C](医院、精神病院里的)住院者；(监狱里的)犯人，被监禁者；(收容所里的)被收容者

in•most /'inˌməust, -məst/ *adj.* [无比较级][作定语] ❶最深处的，最里面的：We went to the *inmost* depths of the mine. 我们进到了矿井的最深处。❷内心深处的；最隐秘的；最秘密的：Her *inmost* desire was to be an actress. 她内心

最大愿望便是成为一个演员。〔亦作 **innermost**〕

inn /in/ *n.* [C] ❶(通常位于乡村或公路旁的)客栈,旅社,小旅馆❷小酒店,酒馆

in·nards /ˈinədz/ [复] *n.* 〈口〉❶内脏:He had a pain in his *innards*. 他肚子疼。❷(机器等的)内部构件;内部:the innermost *innards* of the machine 机器最里面的部件

in·nate /iˈneit,ˈineit/ *adj.* [无比较级] ❶天生的;(观念、能力等)天赋的:Musical talent seems to be *innate* in some people. 有些人的音乐天才似乎是与生俱来的。❷(某事物中)固有的:the *innate* flaws in the plan 计划中固有的缺点 ‖ **inˈnate·ly** *adv.* —**inˈnate·ness** *n.* [U]

in·ner /ˈinəʳ/ *adj.* [无比较级][通常作定语] ❶里面的,内部的:*inner* organs 内部器官 ❷内心的;内在的;隐秘的:sb.'s *inner* feelings of failure 某人内心的失败情绪

inner city *n.* [C] ❶市中心 ❷(人口稠密、住屋破旧的)市中心贫民区 ‖ **in·ner-city** /ˈinəˌsiti/ *adj.*

in·ner·most /ˈinəˌməust/ *adj.* 〈旧〉〈书〉= inmost

in·ning /ˈiniŋ/ *n.* [C] ❶【棒】局,回合 ❷[~s][用作单]【板】局,回合;一局得分 ❸(游戏中的)挨次轮换:You've had your *innings*, now it's my chance. 你这一轮完了,现在轮到我了。

inn·keep·er /ˈinˌkiːpəʳ/ *n.* [C]客栈掌柜;旅馆老板

in·no·cent /ˈinəsᵊnt/ **I** *adj.* [无比较级] ❶天真无邪的,单纯的,率真的:the child's *innocent* eyes 那孩子的天真无邪的眼睛 ❷清白的;无罪的;无辜的(*of*):An accused person is assumed to be *innocent* until he is proved to be guilty. 被指控者在被证明有罪之前是清白的。❸幼稚的,不谙世故的;无知的;无所意识的(*of*):They are *innocent* of English grammar. 他们对英语语法一无所知。❹无害的;无恶意的:It was an *innocent* remark, I didn't mean to hurt her feelings. 此话没有恶意,我并不是故意要伤她的感情。**II** *n.* [C] ❶单纯的人;心灵纯洁的人 ❷无辜者,无罪的人:the souls of the poor *innocents* 无辜的穷人 ‖ **ˈin·no·cent·ly** *adv.*

in·noc·u·ous /iˈnɔkjuəs/ *adj.* [无比较级] ❶无害的;无毒的:Few drugs are completely *innocuous*. 完全无毒的药品几乎没有。❷无伤大雅的;不冒犯(或得罪)人的:an *innocuous* explanation 无意得罪人的解释 ‖ **inˈnocu·ous·ly** *adv.* —**inˈnocu·ous·ness** *n.* [U]

in·no·vate /ˈinəˌveit/ *vi.* 革新,改革,创新;引入新事物(*in, on, upon*):The fashion industry is always desperate to *innovate*. 时装行业总是渴望不断创新。/ *innovate in* products 更新产品 ‖ **in·no·va·tion** /ˌinəˈveiʃᵊn/ *n.* [C; U] —ˌ**in·no·va·tion·al** /-ˈveiʃənᵊl/ *adj.* —ˈ**in·noˌva·tive** *adj.*

in·nu·en·do /ˌinjuˈendəu/ *n.* ([复]-**do(e)s**) [C;U]影射(的话);暗讽(的话):His voice carried every shade of *innuendo* in it. 他话里有话,极尽讽刺之能事。

in·nu·mer·a·ble /iˈnʲuːmᵊrəbᵊl/ *adj.* [无比较级]无数的,数不清的:The sky shines with *innumerable* stars. 天空因无数颗星星而银光闪闪。

in·oc·u·late /iˈnɔkjuˌleit/ *vt.* 【医】给…接种;给…打预防针;接种(疫苗):There is no immediate hope of discovering a vaccine to *inoculate* people against the AIDs virus. 眼下没有希望能找到一种能给人注射预防艾滋病毒的疫苗。‖ **in·oc·u·la·tion** /iˌnɔkjuˈleiʃᵊn/ *n.* [C;U]

in·of·fen·sive /ˌinəˈfensiv/ *adj.* [无比较级] ❶无害的;不伤人的:an *inoffensive* gas 无害的气体 ❷不触犯人的:The whole tenor of his life was quiet and *inoffensive*. 他生活淡泊宁静,与世无争。‖ ˌ**in·ofˈfen·sive·ly** *adv.*

I

in·op·er·a·ble /inˈɔpᵊrəbᵊl/ *adj.* [无比较级] ❶【医】不宜动手术的;手术不能治愈的 ❷行不通的;无法施行的;不能操作的:an *inoperable* solution to a problem 一个不可行的解决问题的办法

in·op·er·a·tive /inˈɔpᵊrətiv/ *adj.* [无比较级] ❶无效果的;不起作用的:*inoperative* measures 未奏效的措施 ❷(法律、规则等)无效的;不生效的:This rule is not *inoperative* until further notice. 这个规定何时开始生效等待通知。

in·op·por·tune /inˈɔpətʲuːn/ *adj.* [无比较级]不合时宜的,不是时候的;不凑巧的:an *inopportune* visit 时间上不合适的造访

in·or·di·nate /inˈɔːdinət/ *adj.* [无比较级]无

节制的,过度的;放纵的:an *inordinate* cigarette-smoker抽烟无度的人 ‖ **in'or•di•nate•ly** *adv.*

in•or•gan•ic /ˌinɔːˈgænik/ *adj.* [无比较级] ❶【化】无机的:Salt is an *inorganic* chemical, but sugar is an organic one. 盐是无机化学物,而糖是有机化学物。❷无生物的

in•pa•tient /ˈinˌpeiʃᵊnt/ *n.* [C]住院病人

in•put /ˈinˌput/ **I** *n.* ❶[U;C](资金、材料、劳力、智力等的)投入,输入;投入(或输入)量;投入(或输入)物;投资;成本:high-cost *input* such as energy 能源之类的高成本投入 / the intellectual and emotional *input* 智力及感情投资 ❷[C]【电子】【计】输入;输入端:the *input* of data to the system 系统的数据输入 ❸[U]【电】输入功率;输入电压 ❹[U]【计】输入信息 **II** *vt.* (**-put** 或 **-put•ted**; **-put•ting**)【计】输入:Data is carefully preprocessed before being *input* to a computer. 数据在输入计算机之前经过精心的预处理。

in•quest /ˈinkwest,ˈiŋ-/ *n.* [C]【律】(验尸官进行的)验尸

in•quire /inˈkwaiəʳ,iŋ-/ *vi.* ❶打听,询问:He rang up to *inquire* about the train times. 他打电话询问火车运行时刻。❷查问,查究,调查(*into*):*inquire into* the history of the town 研究该镇的历史 —*vt.* 打听,询问:*inquire* a person's name 打听某人的姓名〔亦作 **enquire**〕 ‖ ***inquire after*** *vt.* 问候,问好:He phoned to *inquire after* her health. 他打电话去向她问候。 ‖ **in'quir•er** *n.* [C]

in•quir•ing /inˈkwaiəʳiŋ-/ *adj.* [作定语] ❶好问的;爱打听的;爱探索的:a child with an *inquiring* mind 富有好奇心的孩子 ❷探询的;询问的:an *inquiring* expression on his face 他脸上一幅刨根问底的神情 ‖ **in'quir•ing•ly** *adv.*

in•quir•y /inˈkwaiəri,iŋ-/ *n.* ❶[C](尤指官方的)调查,查问:call for new *inquiry* into plane disaster 呼吁对空难事件重新展开调查 ❷[C;U]打听;询问:For further *inquiries* call at 83592620. 要了解更多信息请拨打83592620。❸[C]问题,疑问〔亦作 **enquiry**〕

in•qui•si•tion /ˌinkwiˈziʃᵊn,ˌiŋ-/ *n.* [C](尤指严格而详细的)调查,查究;审查,盘问 ‖ **in•quis•i•tor** /inˈkwizitəʳ,iŋ-/ *n.* [C]

in•quis•i•tive /inˈkwizitiv,iŋ-/ *adj.* ❶过于好奇的,包打听的,爱打听别人隐私的:The old lady was very *inquisitive* about other people's affairs. 这个老太婆就是爱打听别人家的事儿。❷好学的,爱钻研的;好奇的:*inquisitive* academics 爱钻研的学者 ‖ **in'quis•i•tive•ly** *adv.* —**inquis•i•tive•ness** *n.* [U]

in•road /ˈinˌrəud/ *n.* [常作~s] ❶(对权利等的)侵犯,损害;(对时间、金钱等的)占用,消耗(*into,on,upon*):The banks made their *inroad into* the mortgage market. 银行界侵入了质押市场。❷侵袭(*into,on,upon*):an *inroad* on the law 对法律的侵犯

in•sane /inˈsein/ *adj.* ❶[无比较级](患有)精神病的;精神失常的,精神错乱的;疯狂的:an *insane* act 疯狂的举动 / He went *insane.* 他精神失常了。❷〈口〉蠢极的;荒唐透顶的:*an insane* plan for crossing the ocean in a canoe 划独木舟穿越大海的愚蠢计划 ‖ **in'sane•ly** *adv.* —**in'sane•ness** *n.* [U] —**in•san•i•ty** /inˈsæniti/ *n.* [U]

in•sa•tia•ble /inˈseiʃəbᵊl/ *adj.* [无比较级]无法满足的;贪得无厌的:an *insatiable* curiosity 永不满足的好奇心 / a politician who is *insatiable* for power 权欲熏心的政客 ‖ **in•sa•tia•bil•i•ty** /inˌseiʃəˈbiliti/, **in•sa•tia•ble•ness** *n.* [U] —**in'sa•tia•bly** *adv.*

in•scribe /inˈskraib/ *vt.* ❶雕;刻(*in,on*):*inscribe* a gravestone 在墓碑上刻字 ❷题写;写;印:We asked him to *inscribe* his name on his latest novel. 我们请他在他最新出版的小说上签名。 ‖ **in'scrib•er** *n.* [C]

in•scrip•tion /inˈskripʃᵊn/ *n.* [C]铭刻;铭文;碑文;匾额;(铸币、图章、勋章等上的)刻印文字:an *inscription* on a monument 纪念碑上的碑文

in•scru•ta•ble /inˈskruːtəbᵊl/ *adj.* [无比较级]不可理解的;神秘莫测的;晦涩难懂的;令人捉摸不透的:We cannot understand the *inscrutable* laws of human nature. 人性的复杂规律我们无法掌握。 ‖ **in•scru•ta•bil•i•ty** /inˌskruːtəˈbiliti/, **in'scru•ta•ble•ness** *n.* [U] —**in'scru•ta•bly** *adv.*

in•sect /ˈinsekt/ *n.* [C]【生】昆虫;虫:Ants, beetles, butterflies and flies are all *insects.* 蚂

蚁、甲虫、蝴蝶以及苍蝇都是昆虫。

in·sec·ti·cide /in'sektiˌsaid/ *n.* [C;U]杀虫剂，杀虫药 ‖ **in·sec·ti·cid·al** /inˌsekti'saidᵊl/ *adj.*

in·se·cure /ˌinsi'kjuəʳ/ *adj.* ❶不安全的；无保障的：Nations which are not self-sufficient in energy will face an *insecure* future. 能源不能自给的国家对其将来难免感到不安。❷不稳定的；不牢固的：The country is politically *insecure*. 该国政局很不稳定。❸无把握的；信心不足的；担忧的：the *insecure* feelings 心里没底的感觉 / be *insecure* of one's success 对成功把握不大 ‖ ˌ**in·se'cure·ly** *adv.* —**in·se·cu·ri·ty** /ˌinsi'kjuəriti/ *n.* [U;C]

in·sem·i·nate /in'semiˌneit/ *vt.* 使受精；使怀孕；对…施行人工授精：The number of offspring a male rabbit can produce depends on his ability to produce sperm and *inseminate* females. 一只雄兔能有多少兔崽子取决于它产精和使雌兔受精的能力。‖ **in·sem·i·na·tion** /inˌsemi'neiʃᵊn/ *n.* [U]

in·sen·sate /in'senseit/ *adj.* ❶[无比较级]无感觉的；无生命的；失去知觉的：a patient who was permanently unconscious and *insensate* 一位永久失去知觉，毫无生气的病人 ❷无理性的；无情的；残忍的：a positively *insensate* hatred 完全失去理性的仇恨

in·sen·si·ble /in'sensibəl/ *adj.* ❶无感觉的，麻木的；失去知觉的：The man hit by the truck was *insensible* for hours. 被卡车撞倒的那个人一直昏迷了好几个小时。❷无感情的，无动于衷的；冷漠的：a cold, *insensible* man 冷漠、无同情心的人 ❸[无比较级]没有意识到的；不知道的；不以为然的(*of*, *to*)：The boys in the boat were *insensible of* the dangers. 小船上的几个男孩没有意识到危险。‖ **in·sen·si·bil·i·ty** /inˌsensə'biliti/ *n.* [U] —**in'sen·si·bly** *adv.*

in·sen·si·tive /in'sensitiv/ *adj.* ❶不顾及他人的；无同情心的；无动于衷的；无情的：How can you be so *insensitive* as to laugh at someone in pain? 你怎能这么不体谅人，而去嘲笑正处在痛苦中的人呢？❷无感觉的；麻木的：*insensitive* to pain 对疼痛无感觉 / This paper was *insensitive* to light. 这种纸不感光。‖ **in'sen·si·tive·ly** *adv.* —**in·sen·si·tiv·i·ty** /inˌsensi'tiviti/ *n.* [U]

in·sen·ti·ent /in'senʃiᵊnt/ *adj.* [无比较级]无感觉的；无知觉的；无生命的；无生气的：She had seen herself sunning on deck, *insentient* with ease. 她经常在甲板上晒太阳，心无所系，怡然自得。‖ **in·sen·ti·ence** /in'senʃiᵊns/ *n.* [U]

in·sep·a·ra·ble /insepᵊrəbᵊl/ *adj.* [无比较级] ❶分不开的，不可分离的：Form and content often constitute an *inseparable* bond. 形式和内容经常构成不可分割的联系。❷常在一起的，形影不离的：Tom and myself were the most *inseparable* of companions. 汤姆和我是一对拆不散分不开的好友。

in·sert I /in'səːt/ *vt.* ❶插入；嵌入(*in*, *into*, *between*)：*insert* the key *into* [*in*] the lock 将钥匙插进锁里 / *insert* a bookmark *into* a book 在书里夹一枚书签 ❷插(话)；添加；添写(*in*, *into*, *between*)：Please *insert* your comments *in* the space provided. 请在允许的篇幅内加上你的按语。/ *insert* an advertisement *in* a newspaper 在报纸上插登广告 ❸把(人造卫星等)射入(轨道)(*into*)：*insert* a spacecraft *into* orbit 把宇宙飞船送入轨道 II /'insəːt/ *n.* [C](夹在报刊中的)散页广告：a four-page advertising *insert* of a newspaper 有四版篇幅的广告附刊 ‖ **in·ser·tion** /in'səːʃᵊn/ *n.* [U;C]

in·set /'inˌset/ *n.* [C] (书中的额外)插页；散页：The magazine has two *insets*, advertising laptop computers. 杂志中有两张散页，宣传各款便携式电脑。

in·shore /ˌin'ʃɔː, 'in-/ [无比较级] I *adj.* 沿海的；沿岸的；靠近海岸的：*inshore* operation 沿海作业 / *inshore* water 近岸水域 II *adv.* 向海岸：The rafts were drifting *inshore*. 救生艇向近岸漂流。

in·side I /ˌin'said/ *prep.* ❶在…里面；往…的里面：They have many acquaintances, *inside* or outside their professions. 他们行内行外都有许多熟人。❷(时间)在…以内，少于：We'll reach our destination *inside* an hour. 不出一小时我们就会到目的地。II /'inˌsaid/ *adv.* [无比较级] ❶在里面(或内侧、内部)；往里面：It was faintly warm and sticky *inside*. 屋内既闷热又黏糊。❷在心里；本性上：For all her relaxed poise, *inside* she was tense. 她外表虽说沉着自若，内心却极度紧张。III /in'said, 'in-/

n. ❶[通常用单]里面,内侧;内部:The women, mostly out of curiosity, went to see the *inside* of her house. 女人们多半出于好奇,想看看她那所房子里面的究竟。❷[常作～s]〈口〉肠胃;内脏 **IV** /ˈinˌsaid/ *adj.* [无比较级][作定语]❶(处于)里面的,内侧的;内部的:*inside* tyre 内侧轮胎 / drive on the *inside* lane 在内车道上行驶 ❷从内部得到的,只有少数人知道的:*inside* information 内部消息 ‖ ***inside of*** *prep.* 〈口〉在…(时间或距离)以内,少于:We expect them to arrive *inside of* an hour. 我们希望他们一小时之内到达。***inside out*** *adv.* ❶里面朝外地,外翻地,翻面地:Hastily, he had his socks on *inside out*. 匆忙中他把袜子里外穿反了。❷彻底地;完全地:know a subject *inside out* 非常熟悉某问题

in·sid·er /ˌinˈsaidəʳ/ *n.* [C] ❶(社团、组织等机构的)内部成员,圈内人士 ❷(尤指了解内情并以此谋利的)知情者;掌握内幕者:According to *insiders*, the board of the company is in a dilemma. 据知情者透露,公司董事会进退两难。

in·sid·i·ous /inˈsidiəs/ *adj.* ❶阴险的,狡诈的;暗中为害的:an *insidious* opponent 狡诈的对手 / an *insidious* trap 阴险的圈套 ❷[无比较级](疾病、危难等)隐伏的,潜在的;不知不觉地加剧的:an *insidious* danger 潜在的危险 / The onset of dementia is highly *insidious*. 痴呆症开始时是很隐蔽的。

in·sight /ˈinˌsait/ *n.* ❶[U]洞察力(*into*):She was amazed at his shrewd *insight into* things. 他对事物敏锐的洞察力令她惊叹。❷[C]洞悉;深入了解;深刻见解(*into*):There are plenty of edifying *insights* in that novel. 那部小说中富含启迪心智的真知灼见。‖ **ˈin sight·ful** *adj.*

in·sig·ni·a /inˈsigniə/ [复] *n.* [用作单或复]❶衔章;官阶徽章:military *insignia* 军衔 ❷标志:the *insignia* of sb.'s popularity 某人知名度的标志

in·sig·nif·i·cant /ˌinsigˈnifikᵊnt/ *adj.* ❶不重要的;无足轻重的:He was a relatively *insignificant* writer. 相对说来他是一位不怎么重要的作家。❷无意义的;无价值的:These comparisons seem statistically *insignificant*. 这些比较在统计学上似乎毫无意义。‖ **ˌin·sigˈnif·i·cance** /-kᵊns/ *n.* [U]

in·sin·cere /ˌinsinˈsiəʳ/ *adj.* 不诚恳的;不真诚的;虚伪的:*insincere* flattery 言不由衷的恭维 ‖ **ˌin·sinˈcere·ly** *adv.* —**in·sin·cer·i·ty**/ˌinsinˈseriti/ *n.* [U]

in·sin·u·ate /inˈsinjuˌeit/ *vt.* ❶含沙射影地说;旁敲侧击地指出:He *insinuated* that she was lying. 他含沙射影地说她是在撒谎。❷[常作～ **oneself**]使逐渐而巧妙地取得;使迂回地潜人(或挤入)(*into*):Many computer viruses are capable of *insinuating themselves into* a system via emails. 许多计算机病毒能通过电子邮件而潜入微机系统。‖ **inˈsin·uˌa·tive** *adj.* —**inˈsin·uˌa·tor** *n.* [C]

in·sin·u·a·tion /inˌsinjuˈeiʃən/ *n.* [C; U]影射,含沙射影;含蓄的批评:I object to these malicious *insinuations* about my friend's honesty! 我不同意这些说我朋友不诚实的恶意影射! / *insinuations* about movie stars 对影星们含蓄的批评

in·sip·id /inˈsipid/ *adj.* ❶枯燥无味的;无情趣的,无生气的;呆板的;无特色的:an *insipid* looking young man in a uniform 一位身着制服、表情木讷的青年 / make *insipid* remarks about weather 干巴巴地谈论天气❷乏味的;淡而无味的:an *insipid* dish 味同嚼蜡的菜肴。

in·sist /inˈsist/ *vt.* ❶坚持,坚决认为:Fred stubbornly *insisted* that he did nothing wrong. 弗雷德坚持他没做错事。❷坚决主张;坚决要求:We *insist* that a meeting be held as soon as possible. 我们坚决主张尽早召开会议。—*vi.* ❶坚持,坚决认为;强调(*on*, *upon*):Mary *insisted on* her innocence. 玛丽坚持她是无辜的。❷坚决主张;坚决要求,执意要(*on*, *upon*):Mr. Brown *insists on* speaking to him personally. 布朗先生非要亲自跟他讲不可。‖ **inˈsist·ing·ly** *adv.*

in·sist·ence /inˈsistəns/ *n.* [U]坚持,强调;坚决要求,坚决主张:She finished the work at the boss's *insistence*. 在老板的坚决要求下她完成了那项工作。

in·sist·ent /inˈsistᵊnt/ *adj.* ❶[无比较级]坚持的;持续的(*on*):the *insistent* buzz of the telephone 响个不停的电话铃声 / She was *insistent on* taking me with her. 她执意要我与她同行。❷急促的;急切的:the increasingly *insistent* demands of modernization 现代化日益迫切

的要求

in·so·far /ˌinsəuˈfɑːʳ/ *adv.* [无比较级]在…范围(或程度)内;就…而言(*as*):I will do the work *insofar as* I am able. 我会尽我所能来做这项工作。

in·sole /ˈinˌsəul/ *n.* [C] ❶(鞋靴的)内垫;鞋垫 ❷(鞋靴的)内底

in·so·lent /ˈinsəlᵊnt/ *adj.* ❶傲慢的;无礼的;侮慢的:*insolent* behaviour 傲慢无礼的举止 / That's rather an *insolent* question. 那是个很不礼貌的问题。❷厚颜的,无耻的:You bastard, you *insolent* bastard! 你这混蛋,你这恬不知耻的混蛋。‖ **in·so·lence** /ˈinsəlᵊns/ *n.* [U] —ˈ**in·so·lent·ly** *adv.*

in·sol·u·ble /inˈsɔljubəl/ *adj.* [无比较级] ❶【化】不溶的;不易溶解的:an *insoluble* chemical 不易溶解的化学品 ❷(问题等)不能解决的;无法解释的:an *insoluble* mystery 不解之谜 ‖ **in·sol·u·bil·i·ty** /inˌsɔljuˈbiliti/ *n.* [U]

in·sol·vent /inˈsɔlvᵊnt/ **I** *adj.* [无比较级]无清偿能力的(尤指资不足抵债的);破产的:Owing to its poor management, the company is becoming *insolvent*. 由于管理不善,该公司濒临破产。**II** *n.* [C]无清偿能力者;破产者 ‖ **in·sol·ven·cy** /inˈsɔlvᵊnsi/ *n.* [U]

in·som·ni·a /inˈsɔmniə/ *n.* [U]失眠;失眠症:Worrying about my exams has given me *insomnia*. 担心考试使我失眠。‖ **inˈsom·ni·ac** /-niˌæk/ *n.* [C] & *adj.*

in·sou·ci·ant /inˈsuːsiənt/ *adj.* 无忧无虑的;漫不经心的,漠不关心的:*insouciant* frolics 无忧无虑的嬉闹 ‖ **inˈsou·ci·ance** *n.* [U]

in·spect /inˈspekt/ *vt.* ❶检查;查看,察看;审视:Your passport shall have to be *inspected* at the Customs before boarding. 登机前你的护照须经过海关检查。❷视察;检阅:The mucky mucks will be here tomorrow to *inspect* the plant. 明天有重要人物来视察这个工厂。‖ **inˈspec·tor** *n.* [C]

in·spec·tion /inˈspekʃᵊn/ *n.* [U;C] ❶检查;查看,察看;审视:routine *inspection* 例行检查 / On close *inspection*, the painting was found to be genuine. 经进一步仔细检查,发现这幅画是真迹。❷视察;检阅

in·spi·ra·tion /ˌinspᵊˈreiʃᵊn/ *n.* ❶[U]灵感:the inexhaustible source of *inspiration* 灵感之不竭的源泉 / He drew his *inspiration* from African masks. 他从非洲面具中汲取灵感。❷[C]鼓舞(或激励)人的人(或事物):John's burst of hope was an *inspiration* to everyone. 约翰突然迸发出的一线希望鼓舞了大家。❸[C]灵机,妙策,好主意:a pure *inspiration* in emergency 应急之妙策 ‖ ˌ**in·spi·ra·tion·al** /-ˈreiʃᵊnᵊl/ *adj.*

in·spire /inˈspaiəʳ/ *vt.* ❶鼓舞,激励:The trainer *inspired* the team to even greater efforts. 教练鼓励球队更加努力。❷(在某人心中)激起,唤起(某种思想、情感等)(*in*);向(某人)灌输(某种思想、情感等)(*into*);使(某人)产生(某种思想、情感等)(*with*):His father read widely and *inspired in* his children intellectual curiosity and achievement. 他的父亲读书很多,并且善于激发孩子们对知识的好奇心,鼓励他们有所作为。/ *inspire* sb. *with* horror and astonishment 叫人感到惊讶恐怖 ❸引起,促成;导致:*inspire* sb's muse 激起某人的诗兴 ❹驱使;促使:Oppression *inspires* only rebellion. 压迫只能引起反抗。

in·spired /inˈspaiəd/ *adj.* [无比较级] ❶富有灵感的:an *inspired* architect 富有灵感的设计师 ❷(猜测等)凭灵感的;在灵感支配下的;直觉的:an *inspired* conjecture 凭直觉的猜测

in·spir·ing /inˈspaiəriŋ/ *adj.* ❶启发灵感的;启迪性的:His book is educative and *inspiring*. 他的作品既富有教育意义又启迪心智。❷鼓舞(或激励)人心的:an *inspiring* speech 激励人心的讲话

in·sta·bil·i·ty /ˌinstəˈbiliti/ *n.* [U] 不稳定(性),不稳固:economic and social *instability* 经济和社会的不稳定

in·stal(l) /inˈstɔːl/ *vt.* (**-stalled**; **-stall·ing**) ❶安装,设置:*install* an air conditioner in one's room 在自己的房间里安装一台空调 ❷正式任命,使正式任职;任用:He was *installed* as chairman of the committee. 他被任命为该委员会的主席。❸安顿,安置:They *installed* themselves in a new home. 他们搬入新居安顿了下来。‖ **inˈstall·er** *n.* [C]

in·stal·la·tion /ˌinstəˈleiʃᵊn/ *n.* ❶[U;C]安装,设置:the cost for *installation*, maintenance and inspection 安装、维护和检修的费用 / the *installation* of a lift 电梯的安装 ❷[C]装置，设备，设施：a lighting *installment* 照明装置

in·stall·ment /in'stɔːlmᵊnt/ *n.* [C] ❶分期付款；(分期付款的)一期付款额：Houses in this residential quarter could be paid for in 10 *installments.* 这片住宅区的房屋可分10期付款。❷(分期连载的)部分；(分期出版的)分册；(电视剧、广播节目等连播的)一集；(戏剧的)分本演出(或连播)

in·stance /'instᵊns/ *n.* [C] 实例，事例，例子：an *instance* of true heroism 显示真正英雄主义的一个实例 / cite a few *instances* 引用几个事例 ‖ ***for instance*** *adv.* 例如：You can't rely on her; *for instance*, she arrived an hour late for an important meeting yesterday. 她这个人靠不住。举例说吧，昨天一个重要会议她就迟到了一个小时。

in·stant /'instᵊnt/ **I** *n.* ❶[C]顷刻；瞬间，刹那：She could change her mind in an *instant.* 她会在瞬间改变主意。❷[C]现时，当下，此刻：Come back this *instant*! 即刻返回！❸[C](某一)时刻：At that *instant* I felt a pang in my heart! 就在那时，我感到我的心咯噔了一下。**II** *adj.* [无比较级] ❶[通常作定语]立即的，即刻的，即时的：make an *instant* response 立即做出反应 / an *instant* water heater 瞬间致热的热水器 ❷[作定语]紧急的，急迫的；刻不容缓的，迫在眉睫的：a matter of *instant* urgency 刻不容缓的事务 ❸(食品)已配制好的；调制快速而方便的；即食的，速溶的；(东西)使用方便的：*instant* coffee 速溶咖啡 / *instant* noodles 方便面

in·stan·ta·ne·ous /ˌinstᵊn'teiniəs/ *adj.* [无比较级]瞬间(发生)的；瞬间完成的；猝发的：an *instantaneous* blast 瞬间爆破 / an *instantaneous* death 猝死 ‖ **ˌin·stan'ta·ne·ous·ly** *adv.*

in·stant·ly /'instᵊntli/ *adv.* [无比较级]立即，即刻，马上：The statement *instantly* aroused criticism. 那个声明立即招来批评。

in·state /in'steit/ *vt.* 使(某人)就任；置(某人)于特定职位(*in*)

in·stead /in'sted/ *adv.* [无比较级]作为替代：Please send the sample by air *instead* over land route. 请将样品空运而不要陆运。‖ ***instead of*** *prep.* 代替，而不是…：I continually watch for birds *instead of* keeping my eyes on the road. 我目不转睛看着鸟而没注意脚下的路。

in·step /'inˌstep/ *n.* [C] ❶足背，足弓；跖 ❷(鞋面的)覆盖足背部分；袜背

in·sti·gate /'instiˌgeit/ *vt.* ❶使发生；使开始；鼓动：They are urging the Committee to *instigate* regulations on pollutant emission. 他们敦促该委员会制定污染物排放条例。❷煽动，挑动；唆使，怂恿(*to*)：They were *instigated to* terrorist activities. 有人唆使他们从事恐怖活动。‖ **in·sti·ga·tion** /ˌinsti'geiʃᵊn/ *n.* [U] —**'in·stiˌga·tor** *n.* [C]

in·still /in'stil/ *vt.* 逐渐灌输(*in*, *into*)：She was striving to *instill in* her son a hatred for his father. 她竭力灌输给儿子对他父亲的仇恨。

in·stinct /'instiŋkt/ *n.* [C; U] ❶本能；天性：As do other animals, humans have a strong *instinct* to survive. 像其他动物一样，人类也具有强烈的求生本能。❷直觉：female *instinct* 女人的直觉 ‖ **in·stinc·tu·al** /in'stiŋktjuəl/ *adj.*

in·stinc·tive /in'stiŋktiv/ *adj.* [无比较级] (出于)本能的；天性使然的；(凭)直觉的：*instinctive* pugnacity of animals 动物的好斗本能 / Fear of death is *instinctive.* 对死亡的恐惧是出于本能。

in·sti·tute /'instiˌtʲuːt/ **I** *vt.* ❶建立，创立，设立，组织(协会等)；制定(规则等)：This policy was *instituted* as a reaction to the crimes in economic field. 这项政策是针对经济领域中的犯罪而制定的。❷开始；着手；实行：*institute* a sweeping reform of the educational system 着手彻底改革教育制度 **II** *n.* [C] ❶学会，学社，协会；组织，机构：the *Institute* of International Law 国际法学会 / an independent *institute* 独立机构 ❷(大专)学校，学院；研究院(或所) ‖ **'in·stiˌtut·er**, **'in·stiˌtu·tor** *n.* [C]

in·sti·tu·tion /ˌinsti'tʲuːʃᵊn/ *n.* ❶[C](慈善、教育、宗教等性质的)社会公共机构；社会公共机构的建筑物：government *institutions* 政府机构 / *institutions* of higher learning 高等院校 ❷[U]设立，创立，建立；制定：the *institution* of a club 俱乐部的创立 / the *institution* of constitutions 宪法的制定 ❸[C]制度；习俗；法规；惯例：linguistic and moral *institutions* 语言习惯和道德规范 ‖ **in·sti·tu·tion·al** /ˌinsti'tʲuːʃᵊnəl/ *adj.*

in·sti·tu·tion·al·ize /ˌinsti'tʲuːʃᵊnəˌlaiz/ *vt.*

❶使制度化：*institutionalize* democracy 使民主法制化 ❷把(某人)收容在社会福利机构

in·struct /inˈstrʌkt/ *vt.* ❶教，讲授；指导；训练(*in*)(见 teach)：*instruct* sb. *in* the cheese-making methods 向某人传授奶酪制作方法 ❷指示；命令；吩咐：She *instructed* the maid to come an hour earlier on Monday. 她吩咐女佣星期一早一个小时来。

in·struc·tion /inˈstrʌkʃən/ *n.* ❶[常作～s]指示；命令：junior officers awaiting the *instructions* of the regimental commander 等待团长指示的下级军官们 ❷[U]教学，讲授；教育：computer assisted *instruction* 计算机辅助教学 ❸[U]讲授的知识；传授的信息：The course gives you a lot of *instruction* but not very much that is useful. 这门课程教你很多知识，但有用的不多。❹[C]【计】(定义或控制操作的)指令❺[常作～s]用法说明；操作说明：technical *instructions* in manuals 操作手册上的技术说明 ‖ **inˈstruc·tion·al** *adj.*

in·struc·tive /inˈstrʌktiv/ *adj.* ❶有教育意义的；启迪性的：an *instructive* and entertaining essay 既有教育意义又有娱乐性的文章 ❷增长知识的；教训开导的：The book has three *instructive* appendices. 该书包括三个知识性较强的附录。

in·struc·tor /inˈstrʌktəʳ/ *n.* [C] ❶指导者；教员；教练：a language *instructor* 语言教师 ❷大学讲师

in·stru·ment /ˈinstrəmᵊnt,-stru-/ *n.* [C] ❶器具，器械(见 device)：*instruments* for surgical operation 外科手术器械 ❷乐器：Do you play an *instrument*? 你会弹奏乐器吗？❸手段：Language is an *instrument* of communication. 语言是交际的工具。❹仪器，仪表：directional *instruments* 方位指示仪

in·stru·men·tal /ˌinstrəˈmentᵊl,-stru-/ I *adj.* [无比较级] ❶起作用的，有帮助的(*to*, *in*)：John was *instrumental in* my finding work. 我能找到工作多亏约翰从中帮忙。❷(乐曲)仅供乐器演奏的(指非声乐的)；器乐曲的 II *n.* [C]器乐曲

in·stru·men·tal·ist /ˌinstrəˈmentəlist/ *n.* [C]乐器演奏者

in·stru·men·ta·tion /ˌinstrəmenˈteiʃᵊn,-stru-/ *n.* [U] ❶【音】(一组乐器的)配曲(或曲谱)；[总称](演奏某一乐曲选用的)所有乐器，配器 ❷(工业和科研等领域中)仪器设计；仪表配置：the *instrumentation* of a power plant 电厂的仪器仪表配置 ❸仪器仪表的使用

in·sub·or·di·nate /ˌinsəˈbɔːdinət/ *adj.* [无比较级]不服从的；反抗的；犯上的：intentionally *insubordinate* behaviour 故意违抗命令的行为 ‖ **in·sub·or·di·na·tion** /ˌinsəˌbɔːdiˈneiʃᵊn/ *n.* [U]

in·sub·stan·tial /ˌinsəbˈstænʃᵊl;-ˈstɑːn-/ *adj.* ❶[无比较级]无实质的，无实体的；非实在的，虚幻的：*insubstantial* plot 虚构的情节 / *insubstantial* visions 幻景 ❷不坚实的，不坚固的；脆弱的：an *insubstantial* floor 不坚固的地板 / an *insubstantial* basis for cooperation 脆弱的合作基础

in·suf·fer·a·ble /inˈsʌfᵊrəbᵊl/ *adj.* 不能容忍的；难以忍受的：His temper was *insufferable.* 他的脾气让人难以忍受。‖ **inˈsuf·fer·a·bly** *adv.*

in·suf·fi·cient /ˌinsəˈfiʃᵊnt/ *adj.* [无比较级]不充分的，不足的：*insufficient* evidence 证据不充分 / There is *insufficient* money to pay the whole cost. 没有足够的资金来支付成本费用。‖ ˌ**in·sufˈfi·cient·ly** *adv.*

in·su·lar /ˈinsjuləʳ/ *adj.* ❶[无比较级]海岛的，岛屿的；在岛上(生活)的；海岛(或岛屿)似的：*insular* people 岛民 ❷(对其他文化、民族等)无知的；漠然视之的；见少识寡的；思想狭隘的；有偏见的：*insular* nationalism 狭隘的民族主义 ‖ **in·su·lar·i·ty** /ˌinsjuˈlæriti/ *n.* [U]

in·su·late /ˈinsjuˌleit/ *vt.* ❶【物】使绝缘；使隔热；使隔音(*against*, *from*)：*insulate* a roof *against* aircraft noise 使屋顶与飞机噪音绝缘 / The wires are *insulated* with a plastic material. 用一种塑料包住导线使之绝缘。❷隔离；使隔绝(*against*, *from*)：Man cannot be *insulated from* the natural world. 人不能与自然相隔离。‖ ˈ**in·suˌla·tor** *n.* [C]

in·su·lin /ˈinsjulin/ *n.* [U] ❶【生化】胰岛素 ❷【药】(可治疗糖尿病的)胰岛素制剂

in·sult I /inˈsʌlt/ *vt.* ❶侮辱，辱骂：*insult* sb. with great acrimony 言词尖酸刻薄地侮辱某人 ❷损害；伤害：She felt deeply *insulted* that anyone would think her old enough to be his sister. 只要有人认为她年纪大得可以做他姐姐,她就觉得自尊心受到了很大伤害。**II** /ˈinsʌlt/ *n.* [C]侮辱,辱骂,凌辱:They considered the book an *insult* against the Church. 人们认为这部书对基督教会是一种亵渎。‖ **inˈsult·ing** *adj.*

in·su·per·a·ble /inˈs'uːpᵊrəbᵊl/ *adj.* [无比较级]不可逾越的;不能克服的;抑制不住的:an *insuperable* obstacle 不可逾越的障碍

in·sup·port·a·ble /ˌinsəˈpɔːtəbᵊl/ *adj.* ❶难以忍受的;不能容忍的:Marriage without love is *insupportable*. 没有爱情的婚姻令人不堪忍受。❷无根据的;不合理的:arrive at a wholly *insupportable* conclusion 得出一个毫无根据的结论

in·sur·ance /inˈʃuərᵊns/ *n.* ❶[U]保险:health *insurance* 健康险/ We cannot offer *insurance* against acts of God. 我们不能保不可抗力险。❷[U]保险业:His wife works in *insurance*. 他妻子在保险业工作。❸[U]保险金额;赔偿金:His widow received $ 100,000 in *insurance*. 他的遗孀收到了 10 万美元的赔偿金。❹[C;U]预防措施;安全保障:Meticulous planning is the best *insurance* for the future. 精打细算是对将来最好的保险措施。

in·sure /inˈʃuəʳ/ *vt.* ❶给…保险;为…投保(*against*):*insure* one's property *against* accidental damage 出钱为自己的财产保意外损失险 ❷保证,确保(=ensure)(见 ensure):I will *insure* that you succeed by getting their support beforehand. 只要你事先得到他们的支持,我保证你会获得成功。‖ **inˈsur·a·ble** *adj.* —**inˈsur·er** *n.* [C] ·

☆**insure, ensure, assure** 均具有使人或事得到保证的潜在含义,但其用法稍有区别。**assure** 意为"保证;确告",常用以指人;**ensure** 意为"保证;确保",用以指事;**insure** 意为"确保;保险",常用于金融保障或保险。**insure** 和 **ensure** 就一般"保证"的意义而言可相互替换使用,前者似乎多见于美国英语。

in·sured /inˈʃuəd/ *n.* [the ~][用作单或复]被保险的人,保户

in·sur·gent /inˈsəːdʒᵊnt/ **I** *n.* [C]起义者;暴动者;造反者;叛乱者 **II** *adj.* [作定语]起义的;造反的;反叛的;叛乱的:head of the *insurgent* government 叛乱政府的头目 ‖ **inˈsur·gence** *n.* [C;U]

in·sur·mount·a·ble /ˌinsəˈmauntəbᵊl/ *adj.* 不可逾越的;难以克服的:an *insurmountable* barrier 不可逾越的障碍 / face *insurmountable* difficulties 面临难以克服的困难

in·sur·rec·tion /ˌinsəˈrekʃᵊn/ *n.* [C;U]起义;暴动;造反;叛乱:crush the *insurrection* 镇压叛乱 ‖ **ˌin·surˈrec·tion·ist** *n.* [C]

in·tact /inˈtækt/ *adj.* [常作表语]完整无缺的;未被触动的;未受损伤的:He arrived to find all 20 houses *intact*. 他来到现场发现那 20 幢房子都完好无损。

in·take /ˈinˌteik/ *n.* ❶[C](水、气体等流入管、沟等的)进口,入口;【矿】进风巷道,风道:a water *intake* 入水口 ❷[C]吸入;纳入,收纳;接受:I heard the sudden *intake* of her breath. 我听到她突然深深地吸了一口气。/ increase the *intake* of students by 20% 扩招 20%的学生 ❸[通常用单]吸入(数)量;纳入(数)量;收纳(数)量:Your protein *intake* is insufficient. 你的蛋白质摄入量不足。

in·tan·gi·ble /inˈtændʒɪbᵊl/ **I** *adj.* [无比较级]触摸不到的;无(定)形的:*intangible* personal property 个人的无形资产 / Air is *intangible*. 空气是触摸不到的。**II** *n.* [C]无形物;无法测量(或估算)的东西:common sense, goodwill and other *intangibles* 常识、诚意和其他无形的东西

in·te·ger /ˈintidʒəʳ/ *n.* [C]【数】整数

in·te·gral **I** /ˈintigrᵊl, inˈtegrᵊl/ *adj.* [无比较级] ❶[通常作定语]构成整体所必需的:Technological innovation is *integral* with product development. 技术革新对产品开发是必不可少的。❷[通常作定语]作为整体一部分的;内在的,内置的:a computer with an *integral* power source 有内置电源的计算机 ❸【数】整数的;用整数表示的;积分的 **II** /ˈintigrᵊl/ *n.* [C]整体;整个事物

in·te·grate /ˈintigreit/ *vt.* ❶使成一体,使合并,使结合(*with*, *into*):*integrate* Eastern *with* Western art 融东西方艺术为一体 ❷使完全融入(社会等);使获得…的成员资格(*with*, *into*):*integrate* mentally handicapped people *into* the society 使有智力障碍的人们完全融入社会 / *integrate* new buildings with their surroundings 使新建筑物与周边环境协调起来 —*vi.* 成为一体,合并,结合在一

起(*with*, *into*): *integrate* easily *into* the local community 很快就融入当地社区 ‖ **in·te·grat·ed** /ˈintireitid/ *adj*. —**in·te·gra·tion** /ˌintiˈgreiʃᵊn/ *n*. [U] —ˈ**in·te·gra·tive** *adj*.

in·teg·ri·ty /inˈtegriti/ *n*. [U] ❶正直;廉正;诚实:He retired at seventy, a man of unyielding *integrity*. 他70岁退休,一身傲骨,两袖清风。❷完整,完全;完好,完美:structural *integrity* 结构的完整性

in·tel·lect /ˈintiˌlekt/ *n*. ❶[C;U]智力,思维能力;理解力,领悟力:a man of high *intellect* 智力水平高的人 / computers with *intellects* 智能计算机 ❷才智非凡的人,才华出众的人

in·tel·lec·tu·al /ˌintiˈlektjuᵊl/ **I** *adj*. ❶[无比较级][通常作定语]智力的;理智的;知识的:*intellectual* property 知识产权 / Few men are his *intellectual* equals. 没有什么人在智力方面能与他相提并论。❷用脑筋的,需智力的:an *intellectual* game 智力游戏 / *intellectual* pursuits 脑力工作 ❸智力发达的;理解力强的:an *intellectual* man 饱学之士 **II** *n*. [C]知识分子,脑力劳动者;高智商者 ‖ ˌ**in·telˈlec·tu·al·ly** *adv*.

in·tel·li·gence /inˈtelidʒᵊns/ *n*. [U] ❶智力,才智,智慧;聪颖,颖悟:an acute *intelligence* 才思敏捷 ❷情报;情报工作;搜集(或交换)情报:gather *intelligence* 搜集情报 ❸[总称]情报(工作)人员;[常作 I-]情报机关,情报部门

in·tel·li·gent /inˈtelidʒᵊnt/ *adj*. ❶有才智的;智力水平高的;理解力强的,聪颖的,颖悟的;明智的:a most farsighted *intelligent* leader 一位富有远见卓识、思维敏捷的领导人 / an *intelligent* dog 有灵性的狗 ❷[无比较级]【计】有智能的,智能化的:an *intelligent* camera 智能照相机 ‖ inˈ**tel·li·gent·ly** *adv*.

in·tel·li·gi·ble /inˈtelidʒibᵊl/ *adj*. 可被理解的,明白易懂的;清楚的,清晰的(*to*):an *intelligible* message 一条明白易懂的信息 / What she said was hardly *intelligible to* an outsider. 她的话外行人很难听懂。‖ **in·tel·li·gi·bil·i·ty** /inˌtelidʒiˈbiliti/ *n*. [U] —**in**ˈ**tel·li·gi·bly** *adv*.

in·tem·per·ate /inˈtempᵊrət/ *adj*. [无比较级]〈书〉❶(人或言行)无节制的,过分的,过度的;放纵的:*intemperate* action 放纵的行为 / His mouth covered hers in a storm of *intemperate* kisses. 他用嘴贴住她的嘴狂吻起来。❷纵酒的,酗酒的:I was daily intoxicated yet no man could call me *intemperate*. 我每天都是醉醺醺的,可没有人凭这点说我是酒鬼的。❸(气候)严酷的:an *intemperate* winter 严寒的冬季 ‖ inˈ**tem·per·ance** *n*. [U]

in·tend /inˈtend/ *vt*. ❶想要,打算,意欲,计划:*intend* doing sth. 有意做某事 / I don't *intend* (you) any harm. 我(对你)没有一点儿恶意。❷[常用被动语态]打算使(成为);(为…而)准备(*for*, *as*):This book is *intended for* the children. 这本书是为儿童而写的。❸意指,意思是,意味着:He *intended* it as a gesture of disapproval. 他的这个举动意味着不赞成。

☆**intend** 意为"打算",指心中存有明确目标或计划。该词后若用 that 从句则从句多用虚拟语气:They *intend* that the plan should be put into practice within the year. / We never *intended* that she (should) get involved.

in·tend·ed /inˈtendid/ **I** *adj*. [无比较级] ❶故意的;蓄意的;有预谋的:He told no one of his *intended* flight but his friend Tom. 除了他的朋友汤姆,他再没把他要逃跑的事告诉别人。❷打算中的,拟议中的,预期中的;未来的:the *intended* destination 计划的目的地 / an *intended* bride 准新娘 **II** *n*. [通常用单]〈旧〉〈谑〉未婚夫;未婚妻

in·tense /inˈtens/ *adj*. ❶强烈的,剧烈的,激烈的;极度的,极端的:an *intense* flavor 浓烈的味道/an *intense* thought 过激的思想 ❷热心的,热情的,热烈的;热切的;易动感情的:All the time his *intense* eyes locked onto a listener. 他那对热切的眼睛总是盯住某一位听众的眼睛。❸紧张的;认真的:The presidential campaign was palpably *intense*. 总统竞选活动显然进入了紧张阶段。‖ inˈ**tense·ly** *adv*.

in·ten·si·fi·er /inˈtensiˌfaiəʳ/ *n*. [C] ❶加强者;增强物 ❷增强器;增强剂 ❸(形容词、副词等)强调词,强调成分(=intensive)

in·ten·si·fy /inˈtensiˌfai/ *vt*. 加强,增强;使尖锐:*intensify* the war against the terrorists 加大对恐怖主义的打击力度 / *intensify* competition in the market 增强市场竞争力 —*vi*. 强化;增强;变尖锐:The dispute began to *intensify*. 争执变得尖锐起来。‖ **in·ten·si·fi·ca·tion** /inˌtensifiˈkeiʃᵊn/ *n*. [U]

in·ten·si·ty /inˈtensiti/ *n*. ❶[U]强烈,剧烈,

激烈；紧张；极度，极端：The pain increased in *intensity*. 疼痛加剧了。/ *the intensity* of one's ambitions 野心勃勃 ❷[U]激情；高度兴奋；热烈：The young poet wrote with *intensity*. 年轻的诗人满怀激情地创作。/ the *intensity* of one's feeling 感情之热烈 ❸[C]【物】强度；密度；亮度 ❹[U]【化】色饱和度

in·ten·sive /in'tensiv/ **I** *adj*. ❶加强的；集中的，密集的；深入细致的；彻底的，透彻的：ten days' *intensive* training 为期10天的强化训练 / *intensive* English reading 英语精读课 ❷[无比较级]【语】(形容词、副词等)(表示)强调的，用作强调成分的 ❸[无比较级][通常用以构成复合词]集约(经营)的，精耕细作的：a capital *intensive* enterprise 资本集约型企业 **II** *n*. [C]【语】(形容词、副词等)强调词，强调成分〔亦作 **intensifier**〕‖ **in'ten·sive·ly** *adv*. —**in'ten·sive·ness** *n*. [U]

intensive care *n*. [U]【医】重病特别护理

in·tent[1] /in'tent/ *n*. [U] ❶意图，目的：He declared his *intent* to run in the election. 他声明自己要出马参加竞选的意向。❷意思，含义：The *intent* of the article escaped me. 我看不出那篇文章的含义。‖ ***to [for] all intents and purposes*** *adv*. 实际上，事实上：His speech was *to all intents and purposes* a declaration of love. 他这番话实际上是在表达他的爱情。

in·tent[2] /in'tent/ *adj*. ❶下定决心的，坚决的(*on*, *upon*)：be *intent on* revenge 决意要复仇 ❷专心的，专注的(*on*, *upon*)：She was *intent on* her book and didn't see me come in. 她埋头凝神读书，没有看见我进来。❸(目光等)急切的，热切的；渴望的；意味深长的：with an *intent* expression on one's face 带着意味深长的表情 ‖ **in'tent·ly** *adv*. —**in'tent·ness** *n*. [U]

in·ten·tion /in'tenʃ°n/ *n*. ❶[C; U]意图，意向，目的；计划，打算：misunderstand sb.'s *intention* 误解某人的意图 / What are your *intention* in doing that? 你这么做是何居心？❷[～s]〈口〉(尤指男子的)求婚意图：His *intentions* are honourable. 他的求婚出于一片诚心。

in·ten·tion·al /in'tenʃ°n°l/ *adj*. [无比较级]有意的，故意的：I'm sorry I hurt you but it was not *intentional*. 很抱歉让你伤心，可我并不是有意的。‖ **in'ten·tion·al·ly** *adv*.

in·ter- /'intə/ *comb. form* ❶表示"在…之间"，"在…内"，"在…中间"：*inter*class ❷表示"互相"，"双方"：*inter*communication

in·ter·act /ˌintər'ækt/ *vi*. 相互影响；相互作用；互动：Teachers and students *interact* on each other. 教学双方相辅相成。‖ **in·ter·ac·tion** /ˌintər'ækʃ°n/ *n*. [U; C] —**in·ter·ac·tive** /ˌintər'æktiv/ *adj*.

in·ter·cept **I** /ˌintə'sept/ *vt*. ❶拦截；截住，截获；截击：Tom's pass to Dick was *intercepted* by Harry. 汤姆给迪克传球，结果被哈里拦截了。❷截取(情报等)；窃听，侦听：*intercept* conversations of people engaged in serious crime 侦听重大犯罪团伙的谈话 **II** /'intəˌsept/ *n*. [C] ❶拦截；截住，截获；截击：the *intercept* of a plane in flight by a surface-to-air missile 地对空导弹对飞行中的飞机的截击 ❷窃听，侦听；(通过窃听、侦听)截获的情报资料 ‖ **in·ter·cep·tion** /ˌintə'sepʃ°n/ *n*. [U; C] —ˌ**in·ter'cep·tor**, ˌ**in·ter'cep·ter** *n*. [C]

in·ter·ces·sion /ˌintə'seʃ°n/ *n*. [U; C]求情，说情；调解，调停，斡旋：Her requests were granted through [at] the *intercession* of her father. 经其父代为求情，她的要求得到了满足。

in·ter·change **I** /ˌintə'tʃeindʒ/ *vt*. & *vi*. ❶互换，交换：freely *interchange* ideas 无拘无束地交换意见 ❷(使)互相易位：The two girls often *interchanged* clothes. 这两个女孩子经常把衣服换着穿。**II** /'intəˌtʃeindʒ/ *n*. ❶[C]互换，交换：an *interchange* between persons 人际交往 / the *interchange* of letters 互通信件 ❷[C]互通式立体交叉；道路立体枢纽

in·ter·change·a·ble /ˌintə'tʃeindʒəbəl/ *adj*. 可交换的；可互换的：The two parts are *interchangeable*, so it doesn't matter which one you use. 这两个零件是可以互相替代的，所以你用哪一个都行。

in·ter·con·nect /ˌintəkə'nekt/ *vt*. & *vi*. (使)互相连接；(使)互相联系：Everything in the world are *interconnected* somehow. 世上万物之间都有某种联系。

in·ter·con·ti·nen·tal /ˌintəˌkɔnti'nent°l/ *adj*. [无比较级][通常作定语]跨洲的；洲际的；在洲际进行的：*intercontinental* ballistic missile 洲际弹道导弹

in·ter·course /'intəˌkɔːs/ *n*. [U] ❶往来；交往，交际；交流：cut oneself off from all *inter-*

course with one's friends 断绝与朋友的一切交往 / diplomatic *intercourse* 外交 ❷ = sexual intercourse

in·ter·cul·tur·al /ˌintəˈkʌltʃərəl/ *adj.* 不同文化间的：*intercultural* contact 不同文化间的接触

in·ter·deˈpend·ent /ˌintədiːˈpendənt/ *adj.* 相互依靠的，相互依赖的，相互依存的 ‖ **ˌin·ter·deˈpend·ence** *n.* [U]

in·ter·dict **I** /ˈintəˌdikt,-ˌdait/ *n.* [C]（当权者或法庭作出的）强制令，禁令 **II** /ˌintəˈdikt,-ˈdait/ *vt.* ❶禁止；制止：The canons of the Catholic Church *interdict* divorce. 天主教法规禁止离婚。❷（用炮火或轰炸）封锁；阻断：*interdict* the enemy's advance 阻断敌军前进 ❸【宗】（天主教）停止…的圣事活动（或教权）‖ **in·ter·dic·tion** /ˌintəˈdikʃᵊn/ *n.* [U]

in·ter·dis·ci·pli·nar·y /ˌintəˈdisiˌplinəri/ *adj.* [无比较级][通常作定语]不同学科间的，跨学科的；涉及不同学术领域的

in·ter·est /ˈintᵊrəst,-trist/ **I** *n.* ❶[C；U]兴趣；关注；好奇心；爱好：His *interest* rose higher and higher；it developed into enthusiasm. 他的兴致越来越高，豪兴终于变成了狂热。/ a man with wide *interests* 兴趣广泛的人 ❷[C]令人感兴趣（或关注）的事物（或人）：One of my main *interests* is cooking. 我的一项主要爱好是烹饪。❸[U]趣味；吸引力：Computers didn't hold any *interest* for me. 我那时对计算机没有任何兴趣。❹[U]重要性；影响：political issues of great *interest* 非常重大的政治议题 / These matters are not of any public *interest*. 这些情况是不足为外人道的。❺[C]【经】权益；股权；产权（*in*）：buy an *interest in* the company 购买该公司的一份股权 ❻[C][常作～s]利益；私利；福利；利害关系：We have your (best) *interests* at heart. 我们一心为你着想。❼[U]【经】利息；利率：borrow money at 6% *interest* 以 6%的利率借款 **II** *vt.* ❶使感兴趣；引起…的兴趣；使关注：The subject of the talk *interested* me greatly. 我对这次谈话的主题很感兴趣。❷使加入，使参与，使有关系；使入股（*in*）：*interest* sb. *in* a project 劝某人加入一项计划 ‖ ***in the interest(s) of*** *prep.* 为了（或符合）…的利益；对…有利；有助于：*In the interests of* safety, no smoking is allowed. 为了安全，严禁吸烟。***with interest*** *adv.* ❶感兴趣地：I watched her *with interest* but felt nothing. 我饶有兴味地看着她，但是没有找到感觉。❷附利息；添加；加重地，加倍地：The money should be paid back *with interest*. 这笔钱归还时要附上利息。

in·ter·est·ed /ˈintᵊrəstid,-trist-/ *adj.* ❶感兴趣的；关注的，关心的；好奇的（*in*）：I got so deeply *interested in* it. 我对此事一下就着了迷了。/ an *interested* look 好奇的神情 ❷[通常作定语]存私心的，有偏见的：repudiate sb. for *interested* reasons 为了自私自利的原因而否认某人

in·ter·est·ing /ˈintᵊrəstiŋ,-trist-/ *adj.* 有趣（味）的；令人感兴趣（或关注）的：an *interesting* topic 令人关注的话题 / It is always *interesting* to hear your point of view. 聆听你的见解总是很有趣。

in·ter·face /ˈintəˌfeis/ **I** *n.* [C] ❶（两个系统、过程、学科等之间的）交叉区域，边缘区域：the *interface* between physics and chemistry 物理与化学的交叉点 ❷【计】接口，连接（部）；连接装置；界面 **II** *vt.* 【计】使连接，接上（*with*）：*interface* this laptop *with* other equipment 把这台笔记本电脑与其他设备相连接 —*vi.* ❶【计】连接，接合，相连 ❷互相联系；互相作用：Authors *interface* with the reading public through publishers. 作者通过出版社与广大读者发生关系。

in·ter·fere /ˌintəˈfiəʳ/ *vi.* ❶干涉，干预；搅扰，扰乱（*with, in*）：They are of non-interfering type and resent being *interfered with*. 他们从不打搅别人，也不喜欢别人打搅他们。❷妨碍；冲突；抵触（*with*）：*interfere with* sb. *in* the performance of his duty 妨碍某人执行任务

in·ter·fer·ence /ˌintəˈfiərᵊns/ *n.* [U] ❶介入；干扰，干涉；扰乱：political *interference* in the judicial process 政治对司法程序的干扰 ❷妨碍；冲突；抵触：He must be tired of running *interference* for his boss and getting him out of trouble. 他为上司左拦右挡，帮助他摆脱困境，想必已是十分疲累了。❸【物】（电波、声波、光波等的）干涉，干扰

in·ter·im /ˈintərim/ **I** *n.* [the ～]间歇；过渡期间：The new house isn't finished yet so in *the interim* we live with my parents. 新房子还没有盖好，所以在此之前我们住在我父母家。**II**

adj. [无比较级][作定语]过渡期间的;临时性的,暂时的:an *interim* coalition government 临时联合政府 / an *interim* arrangement 权宜之计

in•te•ri•or /in'tiriəʳ/ I *adj*. [无比较级][作定语] ❶内部的,里面的:the *interior* rooms of a house 房屋的内室 ❷内陆的,内地的:the *interior* regions of Australia 澳大利亚腹地 II *n*. ❶[通常用单](建筑物等的)内部,里面:the *interior* of the car 汽车内部 ❷[**the ~**](国家或地区的)内陆,内地,腹地:Highways thrust into *the interior*. 一条条公路伸展至腹地。

in•ter•ject /ˌintə'dʒekt/ *vt*. (突然)插入:May I *interject* a question into the proceedings? 在议事过程中我可以插问吗? / "I object!" he *interjected*. "我反对!"他插话道。

in•ter•jec•tion /ˌintə'dʒekʃᵊn/ *n*. ❶[C]【语】(感)叹词,感叹语(如 ah!,oh dear! 等) ❷[U](突然)插入:sb.'s *interjection* of new demands into the negotiations 某人在谈判过程中的突然插入新要求

in•ter•lace /ˌintə'leis/ *vt*. ❶使交织,使交错:*interlace* some branches 把一些树枝交叉在一起 ❷点缀;使夹杂,使混有:*interlace* one's lecture with some jokes 在讲课中穿插笑话 —*vi*. 相互交叉;纵横交错

in•ter•lock /ˌintə'lɔk/ *vi*. 连锁;联结;互相扣住;交错;交织:This piece of the machine *interlocks* with that one. 这个机器零件是与那个扣在一起的。—*vt*. [常用被动语态]使连锁;使联结;使互相扣住;使交错:Some strong rods are *interlocked* at right angles. 若干结实的棍子呈直角扣在一起。

in•ter•loc•u•tor /ˌintə'lɔkjutəʳ/ *n*. [C]对话者,谈话人 ‖ **in•ter•loc•u•to•ry** /ˌintə'lɔkjutᵊri/ *adj*.

in•ter•lop•er /'intəˌləupəʳ/ *n*. [C]闯入者,介入者;(为求私利等)干涉他人事务者

in•ter•lude /'intəˌlʲuːd/ *n*. [C] ❶(戏剧的)幕间间歇,幕间休息;幕间节目,幕间表演 ❷间歇;插入(或过渡)的时间(或空间、事物);插曲;临时性娱乐节目:a relaxing *interlude* during a busy week 忙碌的一周中的轻松间歇

in•ter•mar•ry /ˌintə'mæri/ *vi*. ❶(不同种族或家族等)通婚,联姻(*with*) ❷内部通婚,近亲结婚 ‖ **in•ter•mar•riage** /ˌintə'mæridʒ/ *n*. [U]

in•ter•me•di•ar•y /ˌintə'miːdiəri/ I *n*. [C]中间人;调解人:negotiate through an *intermediary* 通过中间人谈判 II *adj*. [无比较级] ❶居间的,中间的:an *intermediary* stage in the act of creation 创造行为的中间阶段 ❷中间人的;调解人的:an *intermediary* role 中间人(或调解人)的作用

in•ter•me•di•ate /ˌintə'miːdiət/ *adj*. [无比较级] ❶中间的,居间的;中型的:an *intermediate* step 中间步骤 / *intermediate* enterprises 中型企业 ❷中级的,中等程度的:the *intermediate* and advanced courses 中级和高级课程

in•ter•mi•na•ble /in'təːminəbᵊl/ *adj*. [无比较级]没有尽头(或极限)的;没完没了的;冗长乏味的 ‖ **in'ter•mi•na•bly** *adv*.

in•ter•min•gle /ˌintə'miŋgᵊl/ *vt*. & *vi*. (使)混合;(使)夹杂(*with*):Fact and fiction are *intermingled* throughout the book. 整个书中虚实内容相混。

in•ter•mis•sion /ˌintə'miʃᵊn/ *n*. [C;U](戏剧、电影、音乐会、比赛等的)中场休息;休息时间(见 interval):two fifteen-minute *intermissions* during the show 节目中间两次各 15 分钟的休息时间

in•ter•mit•tent /ˌintə'mitᵊnt/ *adj*. [无比较级]间歇性的;断断续续的;周期性的:*intermittent* rain 阵雨 / The pain is *intermittent* but severe. 病痛时断时续,但很厉害。‖ **ˌin•ter'mit•tent•ly** *adv*.

in•ter•mix /ˌintə'miks/ *vt*. & *vi*. (使)混合;(使)夹杂(*with*):Do oil and water *intermix*? 油和水可以相混合吗?

in•tern¹ /in'təːn/ *vt*. 囚禁,拘禁,软禁;扣押 ‖ **in'tern•ment** *n*. [U]

in•tern² /'intəːn/ I *n*. [C]实习医生;实习生 II *vi*. (医生或医科大学学生)实习;做实习生 ‖ **'in•ternˌship** *n*. [C]

in•ter•nal /in'təːnᵊl/ *adj*. [无比较级] ❶内的,内部的:the *internal* and external architecture 内外结构 / the *internal* phone system 内部电话系统 ❷[作定语]体内的;内服的:*internal* organs 体内器官 / medicine for *internal* use 内服药物 ❸[作定语]国内的;内政的:the *internal* revenue 国内税收 ‖ **in'ter•nal•ly** *adv*.

in·ter·nal-com·bus·tion /inˌtəːnᵊlkᵊmˈbʌstʃᵊn/ **engine** *n.* [C]【机】内燃机

in·ter·na·tion·al /ˌintəˈnæʃᵊnᵊl/ **I** *adj.* ❶[无比较级]国际(上)的;两国(以上)的;在国际上进行的;世界(性)的:*international* waters 国际海域(或公海) / an artist of *international* reputation 享誉世界的艺术家 ❷(思维方式)世界性的,跨越国界的:Living abroad gave them a more *international* outlook. 身居海外使他们能以更国际化的眼光看待问题。**II** *n.* [C]国际组织;国际企业;国际集团 ‖ **ˌin·terˈna·tion·al·ly** *adv.*

in·ter·na·tion·al·ism /ˌintəˈnæʃᵊnəˌlizᵊm/ *n.* [U]国际主义(原则)

International Phonetic Alphabet *n.* [C]【语】国际音标(略作 IPA)

in·ter·ne·cine /ˌintəˈniːsain/ *adj.* [无比较级][通常作定语]互相损伤的;互相残杀的;两败俱伤的;内讧的:*internecine* strife [conflict] 萧墙之祸

in·tern·ee /ˌintəːˈniː/ *n.* [C]被囚禁(或拘禁、软禁、扣押)者;受禁人员;在押者

in·tern·ist /inˈtəːnist/ *n.* [C]【医】内科医生

in·ter·per·son·al /ˌintəˈpəːsᵊnᵊl/ *adj.* [无比较级]人与人之间的,人际的:*interpersonal* skills 人际交往艺术

in·ter·plan·e·tar·y /ˌintəˈplænitᵊri/ *adj.* [无比较级]【天】行星之间的,行星际的:*interplanetary* travel 行星际旅行

in·ter·play /ˈintəˌplei/ *n.* [U]相互影响;相互作用:Reality and imagination, and their *interplay*, are one of his main themes. 现实和想象,以及两者交互的关系,是他的一个重要的主题。

in·ter·po·late /inˈtəːpəˌleit/ *vt.* 〈书〉插入(文字);插(话):The speaker *interpolated* several anecdotal asides into his speech. 演讲者在讲话中插入了几则逸事趣闻。

in·ter·pose /ˌintəˈpəuz/ *vt.* ❶使插入;使介入;使干预(*between*, *among*):He *interposed* himself *between* the fighters and got hurt. 他到打架者中间拉架受了伤。❷插(话):At this point it is necessary to *interpose* an important note of caution. 在这节骨眼上有必要插句话提醒大家务必谨慎从事。‖ **in·ter·po·si·tion** /ˌintəpəˈziʃᵊn/ *n.* [U]

in·ter·pret /inˈtəːprit/ *vt.* ❶解释,阐释,说明,阐明:*interpret* music in dance terms 用舞蹈语言解释音乐 ❷理解,了解,弄懂:how to *interpret* these lines of the poem 怎样理解该诗的这些行 ❸翻译,口译:Albino spoke in English and I *interpreted* it into Chinese for them. 阿尔比诺讲英语,我为他们翻译成汉语。—*vi.* 当翻译,做口译工作:*interpret* for a foreigner 为外国人当翻译 ‖ **inˈter·pret·er** *n.* [C] —**inˈter·pre·ta·tive** /-tətiv/, **in·ter·pre·tive** /-tiv/ *adj.*

in·ter·pre·ta·tion /inˌtəːpriˈteiʃᵊn/ *n.* ❶[U;C]解释,阐释,说明;理解:What's your *interpretation* of these statistics? 你怎么理解这些统计资料? ❷[C]表演;演绎;艺术处理:a modern designer's *interpretation* of Renaissance clothing 一位现代设计师对文艺复兴时期服饰的演绎 ❸[U;C]翻译,口译

in·ter·ra·cial /ˌintəˈreiʃᵊl/ *adj.* [无比较级](存在于)种族间的;跨种族的;(影响)不同种族的:promote *interracial* cooperation 增进种族间的合作

in·ter·ro·gate /inˈterəˌgeit/ *vt.* 讯问;审问;盘问;质问:The suspect was *interrogated* on his contacts with underworld figures. 那嫌疑人被问及他与黑道人物的关系。‖ **in·ter·ro·ga·tion** /inˌterəˈgeiʃᵊn/ *n.* [C;U] —**inˈter·roˌga·tor** *n.* [C]

in·ter·rog·a·tive /ˌintəˈrɔgətiv/ **I** *adj.* [无比较级](带有)疑问的;讯问的;探问的,询问的:an *interrogative* pronoun 疑问代词 / *interrogative* spirit 寻根究底的精神 **II** *n.* [C]【语】疑问词;疑问句;疑问结构

in·ter·rog·a·tor·y /ˌintəˈrɔgətᵊri/ **I** *adj.* [无比较级]疑问的;询问的;探问的:He gave us both his little *interrogatory* headshake. 他朝我们俩微微摇了摇头,表示不理解。**II** *n.* [C]询问;问题

in·ter·rupt /ˌintəˈrʌpt/ *vt.* ❶打断(工作、讲话、休息、讲话人等);打扰:I had to *interrupt* my work to answer the phone. 我只好暂时放下工作去接电话。/ His speech was repeatedly *interrupted* by cheers and applause. 他的讲话多次被欢呼声和掌声打断。❷中止;阻碍;挡住,遮断:An accident *interrupted* traffic. 一起

事故阻隔了交通。—*vi.* 打断；打扰：Tom, don't *interrupt*, I'll be straight with you. 汤姆，别打断我，听我把话给你说清楚。‖ ˌ**in·ter·rup·tion** /-ˈrʌpʃᵊn/ *n.* [C;U]

in·ter·sect /ˌintəˈsekt/ *vt.* 贯穿，横穿；与…相交，与…交叉：a busy stretch of road where the expressway *intersects* the highway 高速公路与公路交叉处的繁忙路段 —*vi.* (线、路等)相交，交叉：The two roads *intersect* at the castle. 这两条路交会于城堡。

in·ter·sec·tion /ˌintəˈsekʃᵊn/ *n.* ❶[U]横断；横穿；相交；交叉：the point of *intersection* 交叉点 ❷[C]交点；道路交叉口；十字路口：a traffic accident at a busy *intersection* 繁忙十字路口的交通事故

in·ter·sperse /ˌintəˈspəːs/ *vt.* ❶散布，散置于，使散落(*between*, *among*)：*intersperse* statuary *among* the flowers in a garden 把一些雕像零散置于花园的花丛中 ❷点缀，使夹杂(*with*)：a street of old shops and houses *interspersed with* modern offices and banks 一条在老式商店和房屋中点缀着现代化办公楼和银行的街道

in·ter·state /ˈintəˌsteit/ **I** *adj.* [无比较级][通常作定语]州与州之间的；州际的；跨州的：*interstate* highways 州际公路 **II** *n.* [C]州际公路

in·ter·stice /inˈtəːstis/ *n.* [通常作～s]空隙；裂隙；缝隙：the *interstices* between the bricks 砖缝

in·ter·twine /ˌintəˈtwain/ *vt.* 使缠结，使缠绕在一起(*with*)：The town's prosperity is inextricably *intertwined with* the fortunes of the company. 小镇的繁荣与那家公司的命运密不可分。—*vi.* 缠结，缠绕在一起：The climbing roses *intertwined* on my roof. 攀缘的蔷薇在我的屋顶上盘绕在一起。

in·ter·val /ˈintəvᵊl/ *n.* [C] ❶(时间、空间上的)间隔；间隙；空隙；间距：Much rain also in these days, though with some *intervals* of fair weather. 这几天雨水仍旧很多，虽然间或也有天晴的时候。❷〈主英〉幕间休息；【体】中场休息：lead 3∶0 at the *interval* 中场休息时以三比零领先 ‖ ***at intervals*** *adv.* 不时地；或此或彼地；(在时间或空间上)有间隔地：Buses leave the stop *at* regular *intervals*. 每隔一定时间就有公共汽车离站。

☆ **interval**, **break**, **intermission**, **pause**, **recess** 均有"暂停；休息"之意。**break** 尤用以指工作或学习的间歇：take an hour's *break* for lunch (休息 1 个小时吃午饭) / work for five hours without a *break* (一直不间断地工作 5 个小时) 在指戏剧、音乐、体育表演的间歇时，美国、加拿大和澳大利亚用 **intermission**，而英国用 **interval**。**pause** 一词多用以指行动或语言过程中的暂停：a *pause* in the conversation (谈话中的暂停) **recess** 一词在美国英语中多用以指课间休息，而在英国英语中则多指议会或法院中较长的休息：Parliament is in *recess*. (议会处于休会期。)

in·ter·vene /ˌintəˈviːn/ *vi.* ❶(尤指为防止坏的结果而)干预，干涉；调停，调解(*in*)：We hope the Secretary General would use his good office and *intervene in* the dispute. 我们希望秘书长出面斡旋，排解纠纷。❷(事情、情况等)介乎其间；发生于其间：War *intervened* before she could graduate. 她还未能毕业，战争就爆发了。❸(外来因素)干扰，阻挠；打扰：If nothing else *intervenes* I can meet you there at 5 o'clock. 要是没有别的事打扰，我可以 5 点钟到那儿接你。‖ **in·ter·ven·tion** /ˌintəˈvenʃᵊn/ *n.* [U]

in·ter·view /ˈintəˌvjuː/ **I** *n.* [C] ❶(对求职者或求学者等的)口试，面试：She's got an *interview* next week for a job as PR Manager. 她下周要去参加公关经理工作面试。❷(记者等的)采访，访谈；访问记；(接见记者时的)谈话，谈话录：telephone *interview* 电话采访 **II** *vt.* ❶对…进行面谈(或面试、口试)：*interview* all the applicants one by one 对申请人一一面试 ❷采访，访问；接见；会见：The politician refused to be *interviewed* on camera. 那位政治家不接受摄影采访。—*vi.* 进行面谈(面试、口试)；进行采访：The committee has been *interviewing* all day, but doesn't like any of the candidates. 委员会一整天都在对应征者进行面试，但没有一个让他们满意的。‖ **in·ter·view·ee** /ˌintəvjuːˈiː/ *n.* [C] —ˈ**in·terˌview·er** *n.* [C]

in·ter·weave /ˌintəˈwiːv/ *vt.* & *vi.* (**-wove** /-ˈwəuv/, **-wo·ven** /-ˈwəuvᵊn/) ❶(使)交织，(把…)交错编织在一起(*with*)：huts of cardboard *interwoven with* tree branches and dried grass 用树枝和干草交错编结起来的纸板房子

❷(使)紧密结合;(使)混杂:skillfully *interweave fictional and historical events* 将虚构事件与历史事件娴熟地掺揉在一起

in·tes·tate /inˈtestət/ *adj.* [无比较级]【律】死前未立遗嘱的;(财产等)未经由遗嘱作出安排的 ‖ **inˈtes·ta·cy** /-təsi/ *n.* [U]

in·tes·ti·nal /inˈtestinᵊl, ˌinteˈstainᵊl/ *adj.* [通常作定语]肠的,肠内的:*intestinal* worms 肠内寄生虫

in·tes·tine /inˈtestin/ *n.* [C][通常作~s]【解】肠

in·ti·ma·cy /ˈintiməsi/ *n.* ❶[U]亲密;密切;熟悉:the *intimacy* between spouses 配偶间的亲密 / His *intimacy* with that country makes him a likely choice as ambassador. 他很了解那个国家,这使他可能成为大使人选。❷[C]亲昵的言语(或行为)

in·ti·mate¹ /ˈintimət/ **I** *adj.* ❶亲密的;亲昵的;密切的;熟悉的:an *intimate* relationship 亲密关系 / For all its complexity in presentation, her performance art is open and *intimate*. 尽管表现手法错综复杂,但她的表演艺术是直截了当和富于亲切感的。❷[作定语]个人的;私下的;秘密的:*intimate* objects of toilet 个人卫生用品 / *intimate* thoughts 内心的想法 ❸[作定语]精通的;详尽的:She's lived here all her life and has an *intimate* knowledge of the small town. 她在此生活了一辈子,因而对小镇了如指掌。❹(处所等)小而舒适的;温馨的,怡人的;气氛融洽的:the *intimate* atmosphere of a coffee bar 咖啡馆里的怡人气氛 **II** *n.* [C]密友,知己,至交 ‖ **ˈin·ti·mate·ly** *adv.*

in·ti·mate² /ˈintiˌmeit/ *vt.* 暗示;提示(见 suggest):The report *intimates* that more troops are being moved. 报道的字里行间透露了正在调遣更多的军队的信息。‖ **in·ti·ma·tion** /ˌintiˈmeiʃᵊn/ *n.* [C]

in·tim·i·date /inˈtimiˌdeit/ *vt.* 恐吓,恫吓,威胁:They tried to *intimidate* me into getting them the key. 他们企图胁迫我给他们钥匙。‖ **in·tim·i·da·tion** /inˌtimiˈdeiʃᵊn/ *n.* [U]

in·to /ˈintu,弱 ˈintə,元音前 ˈintu:/ *prep.* ❶向,朝;靠在;触及,碰到:gaze *into* the sky 凝视天空 / walk *into* the tree 撞到树上 ❷进,入,到…里面:come *into* the house 走进屋里 / The train went *into* the tunnel. 火车开进了隧道。❸成为;变成;变得:translate a book from French *into* English 把一本书由法语译为英语 ❹分成,分为;【数】除:divide an apple *into* four parts 把一只苹果分成 4 块 / Two *into* eight is four. 2 除 8 得 4。❺从事;进行;承担:I was well *into* my work and not inclined to conversation. 我在专心工作,没有心思谈话。❻〈口〉对…很感兴趣,极喜欢:I've never been able to get *into* pop music. 我对流行音乐一向就提不起兴趣。

in·tol·er·a·ble /inˈtɔlᵊrəbᵊl/ *adj.* 不堪忍受的;无法容忍的:the *intolerable* white sun of high noon 中午酷热难当的炫目的骄阳 ‖ **inˈtol·er·a·bly** *adv.*

in·tol·er·ant /inˈtɔlᵊrᵊnt/ *adj.* 〈常贬〉(尤指对不同的观点、信仰、行为等)不容忍的;褊狭的,偏执的:an *intolerant* old man 偏执的老人 / be critical and *intolerant* of others 对他人挑剔且不容异见 ‖ **inˈtol·er·ance** *n.* [U]

in·to·na·tion /ˌintəˈneiʃᵊn/ *n.* ❶[C;U]语调,声调:a rising *intonation* 升调 / a sing-song *intonation* 平板的声调 ❷[C]口音;土音:Her voice had lost its Irish *intonation*. 她说话已经没有了爱尔兰口音。

in·tox·i·cate /inˈtɔksiˌkeit/ *vt.* ❶使喝醉:A glass of beer is not enough to *intoxicate* her. 一杯啤酒醉不了她。❷使陶醉;使兴奋;使激动不已:The beauty of the scene *intoxicated* him. 美景令他陶醉。—*vi.* 醉人,致人醉:All alcohol *intoxicates*. 是酒都醉人。‖ **in·tox·i·cant** /inˈtɔksi kᵊnt/ *n.* [C] —**in·tox·i·ca·tion** /inˌtɔksiˈkeiᵊn/ *n.* [U]

in·tox·i·cated /inˈtɔksiˌkeitid/ *adj.* ❶喝醉的 ❷陶醉的,极其兴奋的:be *intoxicated* by success 因成功而狂喜

in·tox·i·cat·ing /inˈtɔksiˌkeitiŋ/ *adj.* ❶含酒精的;醉人的:*intoxicating* beverages like beer and wine 像啤酒和葡萄酒之类含酒精的饮料 ❷令人陶醉的,令人极其兴奋的:an *intoxicating* ride in a hot-air balloon 一次令人兴奋不已的热气球之旅 ‖ **inˈtox·iˌcat·ing·ly** *adv.*

in·tra- /ˈintrə/ *pref.* [用以构成形容词]表示"内","内部";"在内","在内部":*intra*net

in·trac·ta·ble /inˈtræktəbᵊl/ *adj.* ❶难驾驭的;难对付的;无法控制的;棘手的:an *intractable* question 难以解答的问题 ❷顽固的,倔强

的,执拗的;(病症等)难治疗的,难消除的:*intractable illness* 难治疗消除的疼痛 ‖ **in·trac·ta·bil·i·ty** /inˌtræktəˈbiliti/ *n.* [U]

in·tra·mu·ral /ˌintrəˈmjuərᵊl/ *adj.* [无比较级] ❶学校内的;单位内部的❷墙(壁)内的

in·tran·si·gent /inˈtrænsidʒᵊnt,-ˈtrɑːn-,-zi-/ *adj.* 不妥协的,不让步的;不愿合作的;顽固的:He was *intransigent* on this issue. 他在这一问题上不肯让步。‖ **inˈtran·si·gence** *n.* [U]

in·tran·si·tive /inˈtrænsitiv,-ˈtrɑːn-,-zi-/ *adj.* [无比较级]【语】(动词)不及物的;(含有)不及物动词的:Are they transitive, *intransitive*, or linking? 它们是及物动词,还是不及物动词或联系动词? ‖ **inˈtran·si·tive·ly** *adv.*

in·tra(-)u·ter·ine /ˌintrəˈjuːtəˌrain,-rin/ **device** *n.* [C]宫内避孕器(略作 **IUD**)〔亦作 **loop**〕

in·tra·ve·nous /ˌintrəˈviːnəs/ **I** *adj.* [无比较级]【医】静脉内的(略作 **IV**):give an *intravenous* injection 进行静脉内注射 **II** *n.* [C]静脉注射(略作 **IV**) ‖ **ˌin·traˈve·nous·ly** *adv.*

in·trep·id /inˈtrepid/ *adj.* 无畏的,勇敢的,勇猛的:an *intrepid* cyclist 勇猛的赛车手 ‖ **inˈtrep·id·ly** *adv.*

in·tri·ca·cy /ˈintrikəsi/ *n.* ❶[U]错综复杂;复杂精细:I don't think you appreciate the *intricacy* of the problem. 我想你没意识到问题的错综复杂。❷[C]错综复杂的细节:I couldn't figure out some of the *intricacies* of the plot. 我弄不明白这个情节中一些错综复杂的细节。

in·tri·cate /ˈintrikit/ *adj.* 错综复杂的;复杂精细的:an *intricate* pattern 复杂而精细的图案 / The skyline was *intricate* and voluptuous. 天际变幻莫测,妖娆多变。

in·trigue I /inˈtriːg/ *vi.* 搞阴谋诡计(*with*)(见 plot):*intrigue with* the enemy against the government 与敌人串通跟政府作对 —*vt.* 使感到好奇,使产生兴趣;强烈吸引:His reply *intrigued* me. 他的回答使我发生兴趣。**II** /inˈtriːg,ˈintriːg/ *n.* [C;U]阴谋,诡计;密谋,暗中策划:a political *intrigue* against the President 一起反对总统的政治阴谋 ‖ **inˈtri·guer** *n.* [C]

in·tri·guing /inˈtriːgiŋ/ *adj.* 引起兴趣(或好奇心)的;引人入胜的;迷人的:a thoroughly *intriguing* girl 十分迷人的少女 ‖ **inˈtri·guing·ly** *adv.*

in·trin·sic /inˈtrinzik,-sik/ *adj.* 固有的;内在的;本质的:There is no *intrinsic* connection between race and language. 种族与语言之间并无内在联系。‖ **inˈtrin·si·cal·ly** /-kᵊli/ *adv.*

in·tro- /ˈintrəu/ *comb. form* 表示"在内","向内":*intro*duce,*intro*version

in·tro·duce /ˌintrəˈdʲuːs/ *vt.* ❶介绍,引荐;使相互认识,使熟悉(*to*):May I *introduce* Miss Fox *to* you? 让我介绍福克斯小姐跟你认识好吗? / *introduce* the guests *to* each other 介绍来宾相互认识 ❷向公众正式宣布(节目等);推销(新产品):*introduce* a new product into the market 向市场推出一种新产品 ❸引进,传入;采纳,采用;推行:Was coffee *introduced* into Europe from America? 咖啡是从美洲传入欧洲的吗? / *introduce* a new manufacturing procedure 引进新的生产程序 ❹提出(动议、法案等):*introduce* a bill to control handguns 提出控制手枪的法案 ❺使注意;使了解;使入门(*to*):This course *introduces* beginners *to* the basic skills of car maintenance. 这门课程使初学驾驶者了解汽车保养的基本技能。❻插入,插进,添入:*introduce* some comic relief into the tragedies 在悲剧中穿插一些喜剧成分

in·tro·duc·tion /ˌintrəˈdʌkʃᵊn/ *n.* ❶[C;U](正式的)介绍;引见:Could you get me an *introduction* to your boss? 你能不能把我引见给你的上司? /a letter of *introduction* 介绍信 ❷[U;C]引进,传入;采纳,采用;开始,创始:the *introduction* of foreign capital to China 引入中国的外国资本 / a pleasant *introduction* to work 初次接触工作的愉快经历 ❸[C]引言,序言,绪言;导论:the *introduction* to the book 书的引言 ❹[C]入门书,初阶:an *introduction* for beginners 初学者用的入门书

in·tro·duc·to·ry /ˌintrəˈdʌktᵊri/ *adj.* [无比较级] ❶介绍的;引导的:an *introductory* talk 开场白 ❷引言的,序言的,绪言的;导论的;初步的;发端的:an *introductory* chapter explaining the objectives and scope of the research 阐明研究目的和范围的绪言 / an *introductory* course in word-processing (计算机)文字处理基础教程

in·tro·spec·tion /ˌintrəᵘˈspekʃᵊn/ *n.* [U]【心】

内省，反省 ‖ ˌin·troˈspec·tive *adj*.

in·tro·vert /ˈintrᵊuˌvəːt/ *n*. [C] ❶【心】内向型性格的人，性格内倾者 ❷害羞的人 ‖ **in·tro·ver·sion** /ˌintrəᵘˈvəːʃᵊn/ *n*. [U] —**in·tro·vert·ed** /ˌintrəᵘˈvəːtid/ *adj*.

in·trude /inˈtruːd/ *vi*. ❶侵人，闯入(*on*, *upon*, *into*): *intrude into* sb.'s room 闯入某人的房间 ❷打扰；侵扰(*on*, *upon*, *into*): I'm sorry to *intrude*, but could you lend me a pen? 很抱歉打搅您，请问能借我一支钢笔吗？—*vt*. 把…强加(在)(*on*, *upon*, *into*): *intrude* oneself *into* a conversation 硬挤入他人谈话

in·trud·er /inˈtruːdəʳ/ *n*. [C]闯入者，侵入者；夜盗者：The alarms go off if an *intruder* enters the house. 一旦有人擅闯屋内，警报器会自动告警。

in·tru·sion /inˈtruːʒᵊn/ *n*. [U; C]闯入，侵入；打扰，侵扰：Please excuse my *intrusion*. 请原谅我擅自闯了进来。/ frequent *intrusion* of advertisements on television 电视上广告的不断插播 ‖ **in·tru·sive** /inˈtruːsiv/ *adj*. —**inˈtru·sive·ly** *adv*. —**inˈtru·sive·ness** *n*. [U]

in·tu·it /inˈtʲuːit/ *vt*. 〈书〉凭直觉知道(或发现)：He *intuited* that she was worried about the matter. 他凭直觉感到她对那事很担心。

in·tu·i·tion /ˌintʲuːˈiʃᵊn/ *n*. ❶[U]直觉；直觉力：know sth. by *intuition* 凭直觉感知某事物 / It is said that females have more *intuition* than males. 据说女性的直觉力比男性强。❷[C]直觉感知的事物；直觉知识；直觉真理：Our *intuitions* may fail in moments of panic. 在紧张的瞬间我们的直觉认识或许靠不住。

in·tu·i·tive /inˈtʲuːitiv/ *adj*. ❶直觉的；有直觉力的；具有直觉性质的：an *intuitive* feeling 直觉感受 / an *intuitive* thinker 有敏锐洞察力的思想家 ❷凭直觉获知的；天生的；本能的：a great *intuitive* musician 伟大的天才音乐家 ‖ **inˈtu·i·tive·ly** *adv*. —**inˈtu·i·tive·ness** *n* [U]

in·un·date /ˈinʌnˌdeit/ *vt*. ❶(洪水)覆盖，淹没；泛滥：The flash flood *inundated* about 200 villages. 洪水突发，淹没了大约 200 个村庄。❷[常用被动语态](洪水般地)布满，铺盖；压倒(*with*): a place *inundated with* tourists 挤满了游客的地方 ‖ **in·un·da·tion** /ˌinʌnˈdeiʃᵊn/ *n*. [C]

in·ure /iˈnjuəʳ/ *vt*. [常用被动语态]〈书〉使习惯(于)，使适应(于)(*to*): Life in the tropic *inures* people *to* the hardships of heat and humidity. 生活在热带使得人们对天气湿热带来的种种艰苦习以为常。

in·vade /inˈveid/ *vt*. ❶入侵，侵略(见 trespass): *invade* a neighbouring country in great force 大举入侵邻国 ❷[尤用被动语态]蜂拥而入；挤满；占据：The holiday resort is *invaded* with tourists every summer. 每年夏天都有大量游客涌入这一度假胜地。❸(疾病等)侵袭：An epidemic of bird flu *invaded* that region. 那个地区流行禽流感。❹侵犯，侵害，侵扰：*invade* sb.'s privacy 侵犯某人的隐私权—*vi*. 侵入，侵略；侵袭；侵犯，侵扰 ‖ **inˈvad·er** *n*. [C]

in·va·lid¹ I /ˈinvəˌliːd,-lid/ *n*. [C]病人，病号；(不能起床活动的)病弱者，久病者；伤残者；残废者：an intellectual *invalid* 弱智者 II /ˈinvəˌliːd,-lid/ *adj*. [无比较级][作定语] ❶有病的；体弱多病的；生活不能自理的；伤残的：look after an *invalid* husband 照顾病中的丈夫 ❷供病人用的：*invalid* diet 病人饮食

in·val·id² /inˈvælid/ *adj*. [无比较级] ❶无效果的；不得力的；无价值的：an *invalid* argument 站不住脚的论点 ❷【律】无效(力)的；作废的：an *invalid* check 无效的支票 ‖ **in·va·lid·i·ty** /ˌinvəˈliditi/ *n*. [U]

in·val·i·date /inˈvæliˌdeit/ *vt*. 使无效；使作废：A faulty signature may *invalidate* a check. 错误的签名会使一张支票无效。‖ **in·val·i·da·tion** /inˌvæliˈdeiʃᵊn/ *n*. [U]

in·val·u·a·ble /inˈvæljbᵊl/ *adj*. [无比较级]极其宝贵的；非常贵重的；无法估价的：*invaluable* experience 宝贵的经验 /a book *invaluable* for reference 很有参考价值的书 ‖ **inˈval·u·a·bly** *adv*.

in·var·i·a·ble /inˈveəriəbᵊl/ I *adj*. [无比较级] ❶不变的，始终如一的；恒定的：The menu is *invariable* but the food is always good. 菜单千篇一律，不过饭菜一直很可口。❷【数】不变的，固定的；常数的 II *n*. [C]【数】不变量；固定值；常数 ‖ **inˈvar·i·a·bly** *adv*.

in·va·sion /inˈveiʒᵊn/ *n*. ❶[C; U](武装)入侵，侵略：launch an *invasion* 发动侵略 / The enemy *invasions* were fiercely resisted. 敌军的入侵遭到顽强抵抗。❷[C]侵害，侵犯；侵占；

侵袭，侵扰：He's got an *invasion* of the disease. 他受到病魔的侵袭。

in·vec·tive /in'vektiv/ *n.* [U]痛骂，辱骂，咒骂；猛烈抨击：let out a stream of *invective* 破口大骂 / She replied his charge with *invective*. 她用痛斥来回击他的指控。

in·veigh /in'vei/ *vi.* 痛骂；痛斥，猛烈抨击；激烈反对(*against*)：*inveigh against* the destiny 诅咒命运 / *inveigh against* corruption 猛烈抨击腐败现象

in·vei·gle /in'veig°l,-'viːg°l/ *vt.* 〈书〉❶引诱；诱骗(*into*)：Housewives are often *inveigled into* buying worthless stock. 家庭主妇经常被诱骗而购买毫无价值的物品。/ *inveigle* sb. out of money 骗走某人的钱财 ❷骗取(*from*, *away*)：He *inveigled* a door pass *from* the usher. 他骗得迎宾员同意他入内。‖ **in'vei·gler** *n.* [C]

in·vent /in'vent/ *vt.* ❶发明，创造；首创：When was printing *invented*? 印刷术是何时发明的？❷〈常贬〉虚构，捏造，胡编：In the present book, I have *invented* nothing. 在本书里面，我丝毫没有杜撰。‖ **in'vent·or** *n.* [C]

in·ven·tion /in'venʃ°n/ *n.* ❶[U]发明，创造；首创：the *invention* of printing 印刷术的发明 ❷[C]发明(或创造)物：market an *invention* 把新发明的东西投入市场 ❸[C]谎言；虚构的事：His report was just an *invention*. 他的报道全是凭空捏造的。

in·ven·tive /in'ventiv/ *adj.* ❶[无比较级]发明的，创造的：use one's own *inventive* faculties 运用自己的创造才能 ❷善于发明(或创造)的；有发明(或创造)才能的：He is highly *inventive*. 他有很强的创造力。❸显示创造力的；独具匠心的；聪明的，巧妙的：*an inventive* excuse 巧妙的借口 ‖ **in'ven·tive·ness** *n.* [U]

in·ven·to·ry /'inv°nt°ri/ *n.* [C] ❶(存货等)清单；(财产等)目录；存货盘存(报表)：make an *inventory* of stock 清点库存 ❷存货，库存；存货总值：Our *inventory* of used cars is the best in town. 我们库存的二手车是城里最好的。

in·verse /'invəːs,ˌin'vəːs/ **I** *adj.* [无比较级][作定语] ❶相反的；反向的；倒转的，翻转的：an *inverse* order 逆序 / The results are just *inverse* to the amount of effort put in. 结果与付出的努力正好相反。❷【数】反的，逆的：Addition and subtraction are *inverse* operations. 加法与减法是逆运算。**II** *n.* [**the ～**]〈书〉相反；颠倒；反面(*of*)：Is *the inverse of* the statement equally true? 与这一陈述相反的陈述同样正确吗？‖ '**in·verse·ly** *adv.*

in·ver·sion /in'vəːʃ°n/ *n.* [U] ❶反向；倒置；颠倒；倒转：the exact *inversion* of what it used to mean 与其过去的含义正好相反的含义 ❷倒置物；倒转物 ❸【语】倒装(指词序)

in·vert /in'vəːt/ *vt.* ❶使反向；使倒置；使颠倒；使倒转(见 reverse)：*invert* the glass over a fly 把杯子倒过来罩住苍蝇 ❷【语】使(词序)倒装：In this language the word order in questions is *inverted*. 在这种语言中，疑问句的词序是倒装。

in·ver·te·brate /in'vəːtibrət,-ˌbreit/ **I** *adj.* [无比较级] ❶【动】无脊椎(动物)的：Insects and worms are *invertebrate* (creatures). 昆虫和毛虫是无脊椎动物。❷没有骨气的；软弱无能的；意志薄弱的 **II** *n.* [C] ❶无脊椎动物 ❷没有骨气的人；软弱无能者；意志薄弱者

in·vest /in'vest/ *vt.* ❶投(资)(*in*)：He *invested* his money *in* stocks and bonds. 他用钱购买股票及公债。❷耗费；投入(金钱、时间、精力等)(*in*)：*invest* significant amounts of time and energy *in* modern-izing one's house 花费大量时间和精力置办现代化家庭设施 ❸授以；赋予；使充满(*with*, *in*)：*invest* sb. *with* full authority 授某人以全权 ‖ **in'ves·tor** *n.* [C]

in·ves·ti·gate /in'vestiˌgeit/ *vt.* 调查；调查研究；侦查；审查：*investigate* the cause of an accident 调查事故的原因 / The patient was X-rayed and *investigated*. 病人拍了X光照片并接受体检。—*vi.* 作(官方)调查；侦查；审查(*into*)：*investigate into* a scandal 调查一起丑闻 ‖ **in'ves·tiˌga·tor** *n.* [C]

in·ves·ti·ga·tion /inˌvesti'geiʃ°n/ *n.* [U; C](官方的)调查；调查研究；侦查；审查：carry out fresh *investigation* 重新进行调查 / There should be a thorough *investigation* into the cause of the accident. 应该对事故的原因进行彻底调查。

in·ves·ti·ga·tive /in'vestigətiv/ *adj.* (官方)调查的；调查研究的；侦查的；审查的：an economic *investigative* agency 经济调查机构 / *investigative* reporting 调查性新闻(报道)

in·ves·ti·ture /inˈvestiˌtjuəʳ/ *n.* [C]授权(仪式);授职(仪式);授爵(仪式)

in·vest·ment /inˈvestmᵊnt/ *n.* ❶[U;C]投资;投资额;投资物;投资的财产;值得投资的对象:open up to foreign *investment* 对外国投资实施开放政策 / They believe education is a good *investment* for life. 人们认为教育是个终生值得投资的项目。❷[C](时间、精力、思考等的)投入:A happy marriage requires an *investment* of time and energy. 美满的婚姻是需要付出时间和精力的。

in·vet·er·ate /inˈvetᵊrət/ *adj.* [作定语]〈常贬〉❶(人)有恶习的;顽固不化的:an *inveterate* gambler 恶习难改的赌棍 ❷(恶感、陋习等)根深蒂固的,由来已久的;(行为等)习惯性的:an *inveterate* prejudice 根深蒂固的偏见 ‖ **inˈvet·er·a·cy** /-rəsi/ *n.* [U]

in·vid·i·ous /inˈvidiəs/ *adj.* (行为、态度等)(会)招致不满的;(由于不公正等)引起反感的;激起怨恨的;招来嫉妒的 ‖ **inˈvid·i·ous·ly** *adv.* —**inˈvid·i·ous·ness** *n.* [U]

in·vig·or·ate /inˈvigᵊˌreit/ *vt.* 使生气勃勃;使精力充沛;使活跃;使健壮:They took various steps to *invigorate* trade in the town. 他们采取各种措施来活跃镇上的商业活动。‖ **in·vig·orˈat·ing·ly** *adv.* —**in·vig·or·a·tion** /inˌvigəˈreiʃᵊn/ *n.* [U]

in·vin·ci·ble /inˈvinsibᵊl/ *adj.* [无比较级]不可战胜的;不能克服的;不能征服的;不屈不挠的:an *invincible* will 不屈不挠的意志 / have an *invincible* loathing for sb. 对某人无比厌恶 ‖ **in·vin·ci·bil·i·ty** /inˌvinsiˈbiliti/ *n.* [U]

in·vi·o·la·ble /inˈvaiələbᵊl/ *adj.* [无比较级]不可侵犯的;不可违背的;不可亵渎的:The area is designated *inviolable* where no drilling should be allowed. 明确规定该地区不可进犯,严禁在此采掘。‖ **in·vi·o·la·bil·i·ty** /inˌvaiələˈbiliti/ *n.* [U]

in·vi·o·late /inˈvaiələt/ *adj.* [无比较级][通常作表语]〈书〉不受侵犯的;未遭破坏的;不受亵渎的;纯洁的:keep one's faith *inviolate* 恪守自己的信仰

in·vis·i·ble /inˈvizibᵊl/ *adj.* [无比较级] ❶看不见的;无形的;隐形的:In the air there are millions of particles that are *invisible* to the naked eye. 空气中有数不清肉眼看不见的粒子。❷(有意)隐匿的;隐藏着的:*invisible* seam 暗缝 ❸【经】非贸易的;无形的(指未列在公开账目上或反映在统计表上):*invisible* assets 无形资产 ‖ **in·vis·i·bil·i·ty** /inˌviziˈbiliti/ *n.* [U] —**inˈvis·i·bly** *adv.*

in·vi·ta·tion /ˌinviˈteiʃᵊn/ *n.* ❶[U;C]邀请:a letter of *invitation* 邀请信/accept the *invitation* to a dinner party 接受赴宴的邀请 ❷[C]邀请信,邀请函;请柬,请帖 ❸[C]吸引;招引,引诱,挑逗;鼓励,怂恿;要求,号召(*to*):Her warm smile was an *invitation* for me to go on. 她温和的微笑等于示意我接着往下说。

in·vite I /inˈvait/ *vt.* ❶邀请;约请(*to*):*invite* sb. along [over] for a drink 请某人过来喝酒 ❷引起,招致:Casual clothes may *invite* criticism. 衣着随便或许会惹人非议。II /ˈinvait/ *n.* [C]〈口〉邀请:turn down an *invite* to a party 谢绝参加社交聚会的邀请 ‖ **in·vi·tee** /ˌinvaiˈtiː/ *n.* [C]

in·vit·ing /inˈvaitiŋ/ *adj.* 有吸引力的,吸引人的,诱人的:an *inviting* sight 吸引人的景色

in·vo·ca·tion /ˌinvəᵘˈkeiʃᵊn/ *n.* ❶[U;C]祈祷,乞灵;祈求神助❷[C](礼拜仪式开始时的)祷文

in·voice /ˈinvɔis/ I *n.* [C]发票;发货清单;服务费用清单:a purchase *invoice* 购货发票 II *vt.* ❶开列(货品或服务)的清单,出具(货品或服务)的发票:*invoice* the tools to sb. 给某人开具这些工具的发货清单 ❷给(某人)开具发票(或清单):Will you *invoice* me, or do I have to pay now? 你开发票给我还是我现在就得付款?

in·voke /inˈvəuk/ *vt.* 〈书〉❶祈求(神等)保佑,乞灵于;向…祈祷:*invoke* God's mercy 祈求上帝保佑 ❷求助于(法律等);行使(法权等);实施:*invoke* the law for protection 诉诸法律以求保护 ❸唤起;引起,引发;产生:The song *invokes* our memories of that wonderful summer. 这首歌勾起我们对那个美妙夏天的回忆。

in·vol·un·tar·y /inˈvɔlᵊntᵊri/ *adj.* [无比较级] ❶非自愿的;非出自本意的;不情愿的:an *involuntary* listener 非出于本意的倾听者 ❷非故意的;无意间(完成)的;偶然的:the legal debate in *involuntary* manslaughter 关于过失杀人的司法辩论 ❸[通常作定语]不受意志控制的;不由自主的,无意识的;本能的:Sneezing is *involuntary*. 打喷嚏是不由自主的。‖ **in'vol·un·tar·i·ly adv.** —**in'vol·un·tar·i·ness** *n.* [U]

in·volve /in'vɔlv/ *vt.* ❶使卷入;使参与,使介入;牵涉,连累(*in*,*with*):Don't *involve* me *in* your project. 别把我拉进你们的计划中去。❷包含,含有;使成为必要;使承担:Winning the game *involves* both skill and experience. 要赢得这场比赛势必既要有技术又要有经验。❸影响;引起;与…直接有关:the musicians' ability to *involve* their listeners 音乐家感染观众的能力

in·volved /in'vɔlvd/ *adj.* ❶[无比较级][通常作表语]有关的;有关联的;牵涉在内的;参与的;受影响的:try to explain some of the problems *involved* 力图把一些相关问题解释清楚 / He got *involved* in smuggling. 他参与走私。❷[通常作表语]有密切关系的(尤指性关系):He was *involved* with several women. 他和几个女人有染。❸(思想或形式上)复杂的;难懂的(见 complex):a long and *involved* account 冗长复杂的陈述

in·volve·ment /in'vɔlvm^{ə}nt/ *n.* ❶[U]卷入;参与;牵连(*in*,*with*):He denied any *involvement in* the murders. 他矢口否认他与这几起命案有任何瓜葛。/ encourage volunteer *involvement* 鼓励自愿加入 ❷[U]投入,专注:total *involvement* in community affairs 全身心地投入社区事务 ❸[C]亲密关系(尤指性关系)

in·vul·ner·a·ble /in'vʌln^{ə}rəb^{ə}l/ *adj.* [无比较级]不能伤害的,刀枪不入的;不能攻破的:a command bunker that is *invulnerable* to attack 固若金汤的指挥地堡 / The party had an *invulnerable* parliamentary majority. 该党在议会中占有难以抗衡的多数。‖ **in·vul·ner·a·bil·i·ty** /inˌvʌln^{ə}rə'biliti/ *n.* [U]

in·ward /'inwəd/ Ⅰ *adv.* [无比较级] ❶向内;朝里;向中心;向家里;向国内:This end should go *inward*. 这一端应该向里头放。❷内心里,思想上,精神上;灵魂中:The mind's turning *inward* upon itself. 思想转向内省。〔亦作 **inwards**〕Ⅱ *adj.* ❶[无比较级]向里面的,入内的;输入的:an *inward* spiral 内旋 / *inward* transmission of data 数据的输入接受外国的投资 ❷里面的,内部的;体内的:the *inward* parts of the body 体内器官 ❸内心的;精神的:an *inward* happiness 内心的喜悦

in·ward·ly /'inwədli/ *adv.* [无比较级] ❶在内部;在外表下面:bleed *inwardly* 内出血 ❷向内地;向中心地:bend *inwardly* 向内弯 ❸内在地;在内心,在心灵深处;思想上,精神上:*Inwardly* he was very unhappy but he didn't show it. 他心底里着实不痛快,只是没有表现出来。

in·wards /'inwədz/ *adv.* =inward

i·o·dine /'aiəˌdiːn,-ˌdin/ *n.* [U] ❶【化】碘(符号 I) ❷碘酒,碘酊

i·o·dize /'aiəˌdaiz/ *vt.* 【化】用碘处理,使碘化

i·on /'aiən/ *n.* [C]【化】离子 ‖ **i·on·ic** /ai'ɔnik/ *adj.*

i·on·ize /'aiəˌnaiz/ *vt.* & *vi.* 【化】(使)电离,(使)离子化 ‖ **i·on·i·za·tion**, **i·on·i·sa·tion** /ˌaiəni'zeiʃ^{ə}n;-nai'z-/ *n.* [U]

i·o·ta /ai'əutə/ *n.* [C] ❶希腊语字母表的第九个字母(即 Ι,ι,相当于英语字母表的 I,i) ❷[通常用于否定句或疑问句]极少量,丝毫,一点点:Her story hadn't moved him one *iota*. 她的话丝毫没有打动他。

IOU, I. O. U. /ˌaiəu'juː/ *n.* [C]([复]**IOUs** 或 **IOU's**) 借据,借条:They don't accept *IOUs* — do you have any cash on you? 他们不收欠条——你带现金了吗?

i·ous /-iəs,-əs/ *suf.* [用于源于拉丁语的词干后以构成形容词]表示"具有…特点的","充满…的":curious

IPA *abbr.* International Phonetic Alphabet 国际音标

IQ *abbr.* intelligence quotient 智商

IRA, I. R. A. *abbr.* ❶ individual retirement account【经】个人退休金账户 ❷ Irish Republican Army 爱尔兰共和军

I·ra·ni·an /i'reiniən/ Ⅰ *adj.* [无比较级] ❶伊朗的;伊朗人的;伊朗人血统的 ❷伊朗语的 Ⅱ *n.* ❶[C]伊朗人;伊朗居民;伊朗人后裔 ❷[U]伊朗语

I·ra·qi /i'rɑːki,i'ræki/ Ⅰ *adj.* [无比较级] ❶伊拉克的;伊拉克人的;伊拉克人血统的 ❷伊拉克语的 Ⅱ *n.* ❶[C]伊拉克人;伊拉克居民;伊拉克人后裔 ❷[U]伊拉克语

i·ras·ci·ble /i'ræsib^{ə}l/ *adj.* ❶〈书〉脾气暴躁的;易怒的:*irascible* humor 性情暴躁

❷发怒的,怒气冲冲的;因怒气产生的:an *irascible response* 怒气冲冲的回答‖**i·ras·ci·bil·i·ty** /iˌræsiˈbiliti/ *n*. [U]

i·rate /aiˈreit/ *adj*. 〈书〉发怒的,愤怒的,被激怒的:an *irate* critic 被激怒了的评论家 ‖ **iˈrate·ly** *adv*. —**iˈrate·ness** *n*. [U]

ire /ˈaiəʳ/ *n*. [U]〈书〉愤怒,盛怒,怒火

ir·i·des·cent /ˌiriˈdesᵊnt/ *adj*. [无比较级]〈书〉❶彩虹色的;【气】虹彩的:an *iridescent* soap bubble 五光十色的肥皂泡 ❷(因位置改动而)变色的;灿烂光辉的;璀璨炫目的:Its eyes, when they opened, were *iridescent* and flamed in the sunlight. 在阳光下它睁开的双眼灿烂光辉,闪耀着红光。‖ **ˌir·iˈdes·cence** /-sᵊns/ *n*. [U]

i·rid·i·um /iˈridiəm/ *n*. [U]【化】铱(符号 **Ir**)

i·ris /ˈaiəris/ *n*. [C]([复] **i·ris·es** 或 **ir·i·des** /ˈaiəriˌdiːz, ˈiri-/) ❶【解】虹膜 ❷【植】鸢尾属植物

I·rish /ˈaiəriʃ/ **I** *adj*. [无比较级]爱尔兰的;爱尔兰人的;爱尔兰语的 **II** *n*. ❶[U]爱尔兰语 ❷[the ~][用作复]爱尔兰人;爱尔兰人后裔

I·rish·man /ˈaiəriʃmᵊn/ *n*. [C]([复] **-men** /-mᵊn/) 爱尔兰男人;爱尔兰人男性后裔

I·rish·wom·an /ˈairiʃˌwumᵊn/ *n*. [C]([复] **-wom·en** /-ˌwimin/) 爱尔兰女人;爱尔兰人女性后裔

irk /əːk/ *vt*. 〈书〉使厌倦;使厌烦;使恼怒:be *irked* by sb.'s negative reply 因某人的否定回答而气恼

irk·some /ˈəːksəm/ *adj*. 〈书〉令人厌烦的;令人生厌的;令人气恼的:*irksome* restrictions 令人厌烦的限制条件 / It is *irksome* to have to wait so long. 如此久等真叫人心烦。‖ **ˈirk·some·ness** *n*. [U]

i·ron /ˈaiən/ **I** *n*. ❶[U]【化】铁(符号 **Fe**):a rod of *iron* 铁棒 ❷[U]刚强;(性格的)坚强,坚毅;(坚强的)意志;毅力:have a will of *iron* 具有钢铁般的意志 ❸[C]熨斗:an electric *iron* 电熨斗 **II** *adj*. [作定语] ❶铁的;铁制的;含铁的:an *iron* rail 铁轨 ❷刚强的;强健的;刻板的:have a cold, taunt, *iron* look 表现出一种冷静、严峻、刚毅的神态 **III** *vt*. (用熨斗)熨(衣):*iron* my shirt before going out 出门之前把我的衬衫熨好 —*vi*. 熨衣;烫平:Do clothes *iron* more easily when they are damp? 衣服湿时更易熨平吗? ‖ ***Strike while the iron is hot.*** 〈谚〉趁热打铁:Father is in a good mood at the moment. *Strike while the iron is hot*, and ask him to let you go to the circus. 父亲这时正在兴头上,你趁机让他答应你去看马戏吧。

i·ron·clad **I** /ˌaiənˈklæd/ *adj*. [无比较级] ❶铁甲的,装甲的 ❷攻不破的;不能改变的;取消不了的:The decisions he made were *ironclad*. 他作出的决定是取消不了的。**II** /ˈaiənˌklæd/ *n*. [C]【史】【军】铁甲舰,装甲舰

i·ron·ic /aiˈrɔnik/, **i·ron·i·cal** /-kᵊl/ *adj*. ❶冷嘲的,讽刺的,挖苦的:an *ironic* smile 冷笑 / *ironic* remarks 冷言冷语 ❷用反语的,爱挖苦人的:an *ironic* speaker 爱挖苦人的演讲者 ❸具有讽刺意味的;出人意料的;令人啼笑皆非的:It was *ironic* that I was seated next to my ex-husband at the dinner. 没想到晚宴上我被安排挨着前夫坐。‖ **iˈron·i·cal·ly** *adv*.

i·ron·ing /ˈaiəniŋ/ *n*. [U] ❶[总称]待熨烫(或熨烫过)的衣物:a large pile of *ironing* 一大堆要熨的衣服 ❷熨烫衣物

i·ron·ware /ˈaiənˌweəʳ/ *n*. [总称](家用)铁器,铁制用具

i·ron·work /ˈaiənˌwəːk/ *n*. [U] ❶铁器,铁制品 ❷铁器制作

i·ro·ny /ˈairəni/ *n*. ❶[U]反语,反话;冷嘲,讽刺:detect the *irony* in sb.'s words 察觉出某人话语中的讥讽 ❷[C;U]具有讽刺意味的事;意想不到的事;令人啼笑皆非的场合;捉弄:The *irony* is that this victory may contain the seeds of eventual defeat. 颇为耐人寻味的是,这场胜利可能孕育着最终失败的种子。

ir·ra·di·ate /iˈreidiˌeit/ *vt*. ❶照耀,照亮;使发光,使生辉:Sunlight *irradiated* the placid water. 太阳照耀在平静的水面上。❷[常用被动语态]【物】使受辐射,辐照:The insects are artificially reared and *irradiated* to make them sterile. 这些昆虫经人工饲养并经过辐照以使之不育。‖ **ir·ra·di·a·tion** /iˌreidiˈeiʃᵊn/ *n*. [U]

ir·ra·tion·al /iˈræʃᵊnᵊl/ *adj*. [无比较级] ❶不合逻辑的;不合理的;荒谬的:Superstitions are *irrational*. 迷信是荒谬的。❷没有理性的;失去理性的:be *irrational* in one's attitude to one's own child 在对自己的孩子的态度上不明

智 ❸【数】无理的：*irrational* equation 无理方程‖**irˈra·tion·al·ly** *adv.*

ir·rec·on·cil·a·ble /iˈrekənˌsailəbəl/ *adj.* [无比较级] ❶不能和解的；相对立的；势不两立的：The two parties were *irreconcilable* (with each other) after the quarrel. 争吵之后双方怨恨难消。❷不可调和的；不相容的；格格不入的：His account was *irreconcilable* to the fact. 他的描述与事实大不相同。

ir·re·cov·er·a·ble /ˌiriˈkʌvərəbəl/ *adj.* [无比较级]不能恢复原状的；无法挽回的：an *irrecoverable* loss 无法挽回的损失

ir·re·deem·a·ble /ˌiriˈdiːməbəl/ *adj.* [无比较级] ❶无望的；无法补救的；不能改变的：*irredeemable* selfishness 不可救药的自私❷不能赎回(或买回)的 ❸【经】(债券等)不能提前清偿的

ir·ref·u·ta·ble /ˌireˈfjutəbəl, ˌiriˈfjuː/ *adj.* [无比较级]无可辩驳的，不容争辩的；不可否认的：*irrefutable* evidence [facts] 不容争辩的证据[事实]

ir·re·gard·less /ˌiriˈgɑːdlis/ *adv.* 〈俗〉不管，不顾，无论(*of*)：The kids are going to disobey you *irregardless of* the punishment you threaten them with. 不管你怎么威胁说要惩罚他们，孩子们都不会听你的话。

ir·reg·u·lar /iˈregjuləʳ/ I *adj.* [无比较级] ❶不规则的，无规律的；不稳定的；不合常规的：an *irregular* shape 不规则的形状 / I hate working *irregular* hours. 我讨厌工作不定时。❷不平整的；不对称的；不一致的：Because of the effects of weather the rock has an *irregular* surface. 由于气候的作用，岩石的表面崎岖不平。❸不合法的；不合道德的；非正式的；非正规的：an *irregular* marriage 不合法的婚姻❹【语】不规则变化的：an *irregular* verb 不规则动词 II *n.* [C] ❶[～s]【军】非正规军 ❷不合格产品，次品，处理品 ‖ **ir·reg·u·lar·i·ty** /iˌregjuˈlæriti/ *n.* [C;U] —**irˈreg·u·lar·ly** *adv.*

ir·rel·e·vant /iˈreləvənt/ *adj.* 不相干的；无关紧要的；不切题的(*to*)：These references are largely *irrelevant to* the present topic. 这些参考资料与眼下的话题风马牛不相及。‖ **irˈrel·e·vance**, **irˈrel·e·van·cy** *n.* [U;C]

ir·re·li·gious /ˌiriˈlidʒəs/ *adj.* [无比较级] ❶漠视宗教的；反对宗教的；仇视宗教的 ❷无宗教的；无宗教信仰的

ir·re·me·di·a·ble /ˌiriˈmiːdiəbəl/ *adj.* [无比较级]无法弥补的，不能补救的；无可救药的：These obvious flaws are *irremediable.* 这些明显的漏洞没办法弥补。‖ **ˌir·reˈme·di·a·bly** *adv.*

ir·rep·a·ra·ble /iˈrepərəbəl/ *adj.* [无比较级]无法矫正的；无法修复的；无法挽回的：*irreparable* damage 无法挽回的损失

ir·re·place·a·ble /ˌiriˈpleisəbəl/ *adj.* [无比较级]不可替代的；失掉就无法补偿的；独一无二的：a sad, *irreplaceable* loss 一个令人遗憾的无可弥补的损失 / Some *irreplaceable* paintings were stolen. 有些举世无双的绘画作品被盗。

ir·re·press·i·ble /ˌiriˈpresibəl/ *adj.* [无比较级]压抑不住的；控制(或约束)不了的：*irrepressible* good humor 按捺不住的好心情 ‖ **ˌir·reˈpress·i·bly** *adv.*

ir·re·proach·a·ble /ˌiriˈprəutʃəbəl/ *adj.* [无比较级]〈书〉没有过错的；没有瑕疵的；无可指责的：*irreproachable* character [conduct] 无可非议的品德[行为]

ir·re·sist·i·ble /ˌiriˈzistibəl/ *adj.* [无比较级] ❶不可抗拒的，不可抵抗的；压制不住的：an *irresistible* temptation 挡不住的诱惑 / an *irresistible* argument 无可辩驳的论据 ❷富有诱惑力的：sing in one's *irresistible* voice 用令人陶醉的声音唱歌 ‖ **ˌir·reˈsist·i·bly** *adv.*

ir·res·o·lute /iˈrezəˌlʲuːt/ *adj.* [无比较级]无决断的；迟疑不决的；优柔寡断的；犹豫不定的：She stood there *irresolute*, not knowing which way to take. 她站在那里没了主意，不知该走哪一条路。‖ **irˈres·o·lute·ly** *adv.* —**ir·res·o·lu·tion** /iˌrezəˈlʲuːʃən/ *n.* [U]

ir·re·spec·tive /ˌiriˈspektiv/ *adj.* [无比较级]不考虑的；不问的；不顾的(*of*)：Workers doing the same kind of work should receive the same pay *irrespective of* sex. 应该做到男女同工同酬。

ir·re·spon·si·ble /ˌiriˈspɔnsibəl/ *adj.* [无比较级] ❶不负责任的；没有责任感的，不可靠的：an *irresponsible* refusal 不负责任的拒绝 ❷不承担责任的，无需承担责任的：The mentally ill are *irresponsible* for their actions. 精神失常者对其行为不承担责任。‖ **ir·re·spon·si·bil·i·ty**

/ˌiriˌspɔnsiˈbiliti/ *n.* [U] —ˌ**ir·reˈspon·si·bly** *adv.*

ir·re·triev·a·ble /ˌiriˈtriːvəbᵊl/ *adj.* [无比较级]不能挽回的;无法恢复的;不能补救的

ir·rev·er·ent /iˈrevᵊrᵊnt/ *adj.* 不虔诚的,不尊敬的;傲慢的,无礼的:*irreverent* behaviour 失敬的行为 / It is *irreverent* to talk loudly during the lecture. 听课时高声讲话甚是无礼。‖ **irˈrev·er·ence** *n.* [U] —**irˈrev·ent·ly** *adv.*

ir·re·vers·i·ble /ˌiriˈvəːsibᵊl/ *adj.* [无比较级] ❶不能倒转(或翻转)的;不能颠倒的;不可逆的:an *irreversible* machine 不可倒置的机器 / an *irreversible* decline 不可逆转的衰落 ❷不可更改的;无法挽回的;不可撤回(或撤销)的:The losses may be *irreversible*. 这些损失也许是不可挽回的。‖ ˌ**ir·reˈvers·i·bly** *adv.*

ir·rev·o·ca·ble /iˈrevəkəbᵊl/ *adj.* [无比较级] ❶不可改变的;无可挽回的:*irrevocable* decrees of nature 不可变更的自然法则 ❷不可撤回的;不可取消的;不可废除(或废止)的:an *irrevocable* contract 不可取消的合同 ‖ **irˈrev·o·ca·bly** *adv.*

ir·ri·gate /ˈiriˌgeit/ *vt.* ❶灌溉:They *irrigate* the crops with water being pumped from underground. 他们抽取地下水来浇灌庄稼。❷【医】冲洗(伤口等):*irrigate* a cut 冲洗伤口 ‖ ˈ**ir·ri·ga·ble** /-gəbᵊl/ *adj.* —**ir·ri·ga·tion** /ˌiriˈgeiʃᵊn/ *n.* [U]

ir·ri·ta·ble /ˈiritəbᵊl/ *adj.* 易怒的,急躁的,暴躁的:The heat made him *irritable*. 酷热使他变得脾气暴躁。‖ **ir·ri·ta·bil·i·ty** /ˌiritəˈbiliti/ *n.* [U] —ˈ**ir·ri·ta·bly** *adv.*

ir·ri·tant /ˈiritᵊnt/ *n.* [C] ❶令人厌烦(或恼怒)的人(或事物):A lazy worker is an *irritant* to colleagues. 同事们见了干活偷懒的人就来气。❷【医】刺激物,刺激剂

ir·ri·tate /ˈiriˌteit/ *vt.* ❶激怒,使恼怒;使烦躁:It really *irritates* me the way he keeps repeating himself. 他说来说去都是那些话,我真听烦了。❷使过敏;使难受;使疼痛;使发炎:*irritate* the skin 使皮肤过敏 / The smoke *irritated* my throat. 烟呛得我的嗓子疼。—*vi.* 引起过敏;引起发炎:That chemical *irritates* if it gets on your skin. 那种化学物质如果粘到皮肤上会过敏的。

ir·ri·tat·ed /ˈiriˌteitid/ *adj.* ❶被激怒的,恼怒的,生气的:She was feeling *irritated* with him on that matter. 她为了那件事正在生他的气呢。❷(皮肤等因受刺激)变粗糙的,过敏的,发炎的:the baby's *irritated* skin 那婴儿发炎的皮肤

ir·ri·tat·ing /ˈiriˌteitiŋ/ *adj.* ❶使人不愉快的,恼人的,使人不耐烦的:sb.'s *irritating* whining 某人令人烦躁的哭哭啼啼 ❷使过敏的,使发炎的,使难受的:the *irritating* effects of soot on the eyes 烟灰眯了眼的不适感

ir·ri·ta·tion /ˌiriˈteiʃən/ *n.* ❶[U]激怒,恼怒,烦躁:His wife stared at him in *irritation*. 他妻子生气地瞅着他。❷[C]刺激物;恼人事:Those troublemakers are true *irritations*. 那几个捣蛋鬼真叫人闹心的。❸[U]过敏,发炎,痛痒

is /iz/ *v.* be 的第三人称单数现在时:The earth *is* round. 地球是圆的。

-ise /aiz/ *suf.* 〈主英〉=-ize

-ish /iʃ/ *suf.* [用以构成形容词] ❶[用于名词后]表示"有…性质(或特征)的";"像…一样的","…似的":boy*ish*;mul*ish* ❷[用于名词后]表示"属于…国籍(或民族)的";"…语的":Engl*ish*;Span*ish* ❸[用于名词后]表示"和…有关的";"具有…特征的":brut*ish* ❹[用于名词后]表示"倾向于…的";"沉溺于…的":book*ish* ❺[用于形容词后]表示"有些…的","稍微…的":thick*ish*;old*ish* ❻〈口〉[用于表示年龄或时间的数字后]表示"大约","差不多","在…左右":forty*ish*;seven*ish*

Is·lam /ˈizlɑːm,-læm;izˈlɑːm/ *n.* ❶【宗】伊斯兰教(中国旧称回教、清真教等) ❷[总称]伊斯兰教信徒,穆斯林;伊斯兰教界 ‖ **Is·lam·ic** /izˈlæmik/ *adj.*

is·land /ˈailənd/ *n.* [C] ❶岛,岛屿 ❷岛状物;孤立物;与外界隔绝的物(或人):No man is an *island* in the society. 在社会中任何人都不是孤立的。

is·land·er /ˈailəndəʳ/ *n.* [C]岛上居民,岛民

isle /ail/ *n.* [C][用于诗歌或地名中]岛屿;小岛;半岛

is·let /ˈailit/ *n.* [C]小岛

ism /ˈizᵊm/ *n.* [C]〈口〉〈常贬〉信条,学说;主义;制度

-ism /iz°m/ *suf.* [用以构成名词] ❶表示"行为","行动";"过程";"结果":critic*ism*;organ*ism* ❷表示"制度","原则","信条","学说","主义":Darwinism;femin*ism*;social*ism* ❸表示"状态","情况","特点","性质":barbar*ism*;hero*ism* ❹表示"语言特色":American*ism*;colloquial*ism* ❺表示"病理状态","病态","病症":alcohol*ism*;Parkinson*ism*

is·n't /ˈiz°nt/ =is not

i·so- /ˈaisəᵘ/ *comb. form* 表示"同","等":*iso*metric;*iso*chromatic

i·so·late /ˈaisəˌleit/ *vt.* ❶使隔离;使孤立;使脱离:Those who get contagious diseases are *isolated* from other patients. 传染病患者被与其他病人隔离开。❷【化】使离析:*isolate* the virus 分离出病毒

i·so·la·tion /ˌaisəˈleiʃən/ *n.* [U]隔离;分离;脱离;单独;孤立;孤独(见 solitude):*Isolation* of the infected person is necessary. 隔离受感染者很有必要。/ You can't consider one sentence in *isolation*. 你不能孤立地考虑一个句子。

i·so·la·tion·ism /ˌaisəˈleiʃəˌniz°m/ *n.* [U](在政治等方面漠然对待别国或其他组织的)孤立主义,孤立政策 ‖ **i·soˈla·tion·ist** *n.* [C]

i·sos·ce·les /aiˈsɔsiˌliːz/ *adj.* [无比较级]【数】等腰的

i·so·tope /ˈaisəᵘˌtəup/ *n.* [C]【化】同位素 ‖ **i·so·top·ic** /ˌaisəᵘˈtɔpik/ *adj.*

Is·rae·li /izˈreili/ **I** *adj.* [无比较级]以色列(国)的 **II** *n.* [C]([复]-**li(s)**) 以色列人

is·sue /ˈiʃuː,ˈisjuː/ **I** *n.* ❶[U;C]发行;颁布;(一次的)发行量;(书刊的)期,辑,号;版次:the *issue* of new decrees 新法令的颁布 / an *issue* consisting of 2,000 copies 一次2 000本的发行量 / the July 20th *issue* of *Newsweek* 7月20日的《新闻周刊》❷[U;C](血、水等的)流出,放出:the *issue* of blood 出血 ❸[C]问题,议题;争议,争论点:the ultimate social *issue* 首要的社会问题 ❹[C]结果;结局;决定(见 effect):the *issue* of an argument 争论的结果 **II** *vi.* 〈书〉流出;出去,出来;发出;出现(*out*, *from*, *forth*):a stream *issuing from* a lake 源自湖泊的一条小溪 —*vt.* ❶发行;颁布;出版:They *issued* the book as a paperback. 该书以平装形式出版了。/ *issue* a statement 发表声明 ❷使流出,放出,送出,排出:He passed a lighted door *from* which *issued* music. 他走过一道灯火辉煌、乐声洋溢的门。❸分配,发给(*to*,*with*):*issue* passports *to* persons going abroad 给出国人员签发护照 ‖ ***at issue*** *adj.* 〈书〉在争论中的;有待解决的:The point *at issue* is not how it happened but why. 争论的焦点不是怎样发生而是为什么会发生。***join issue*** *vi.* =take issue ***make an issue of*** *vt.* 挑起争论;引起讨论:I chose not to *make an issue of* the blunder. 我决定不利用这个错误挑起争端。***take issue*** *vi.* 〈书〉持异议,不同意,有争议(*with*,*on*):I must *take issue with* you *on* your ideas of sex education. 我对你有关性教育的想法不敢苟同。

-ist /ist/ *suf.* [用以构成名词,有些义项亦可用作形容词] ❶表示"(某种制度或信仰、学说、主义等的)提倡(或执行、支持)者","…主义者":fatal*ist*;Marx*ist*;sex*ist* ❷表示"(某种职业或行当的)从事者";"…(专)家":geolog*ist*;patholog*ist* ❸表示"(某种动作的)实施者","动作者":apolog*ist*;plagiar*ist*

it /it/ *pron.* ([主格]**it**,[所有格]**its**,[宾格]**it**,[复数主格]**they**,[复数所有格]**their** 或 **theirs**,[复数宾格]**them**) ❶[人称代词(personal),用以指无生命物、动物、植物,在性别不计或不详时也可指人或婴儿]它,这,那:*It* is a most beautiful garden. 这是一座非常美丽的花园。/The dog would not let him touch *it*. 那条狗不让他碰。/ She picked up the baby when *it* cried. 婴儿哭时,她就把婴儿抱了起来。❷[指示代词(demonstrative),用以指事物、群体、抽象观念、经验、活动等]它,这,那:Since you advert to this matter so frequently you must regard *it* as important. 既然你经常说及此事,那你一定认为它很重要了。❸[非人称代词(impersonal),用作无人称动词的主语,指天气、时间、距离、环境或虚指情况等]:*It* is foggy today. 今天有雾。/ *It*'s Saturday, March 8. 今天是3月8日,星期六。❹[先行代词(anticipatory)或引导代词(introductory),用以引导作为逻辑主语或宾语的短语、从句等]:*It* was clear that they don't know each other. 显然他们互不相识。/ Jane will see to *it* that your plan is quickly put into effect. 简会留意你的计划是否很快付诸实施。❺[填充代词(expletive),用作某些动词和介词的宾语,本身意义含糊,用以构成习语]:Damn *it*! 该死!/We had a good time of *it*. 我们过得很快活。❻[强调代词(emphatic),用以构成强调句型]:*It* was last year that we got married. 我们是去年结的婚。/ *It* was me she gave the book to. 她把书给了我。‖ ***that's it***〈口〉❶正中下怀;正是这(或那)样;正是所希望的样子:*That's it*, you're doing fine, Bill. 这就对了,干得不错,比尔。❷[表示事情的结束]好了,就这样:Well, *that's it*, let's call it a day. 好,就这样吧,今天就到这儿。***this is it***〈口〉❶[表示与期望相同]就是这样;就是这(个):We've been looking for a house for months and I think *this is it*. 我们找房子已经找了好几个月了,我看这所就是我们要找的。❷困难所在,难办的地方:I turned the corner and a taxi came towards me. "*This is it*," I thought. 我转过街角时,一辆出租车朝我开了过来。我心想:"这下我完了。"

☆**it** 和 **one** 作代词时时有误用。**it** 通常用以代替带定冠词的普通名词;**one** 用以代替带不定冠词的普通名词:Do you want the dictionary? — Yes, I want *it*. / Do you want a hammer? — Yes, I want *one*. 然而,"the [this]+普通名词"若属同名异物则需使用 **one**:This knife will not cut; lend me a better *one*. 若及物动词之后的名词属特指则须使用 **it**:He bought a knife and lent *it* to me. 注意 **one** 不能代替物质名词或抽象名词。

I·tal·ian /iˈtæljᵊn/ **I** *n.* ❶[C]意大利人;意大利人后裔 ❷[U]意大利语 **II** *adj.* [无比较级]意大利的;意大利人的;意大利语的

i·tal·ic /iˈtælik/ **I** *adj.* [无比较级]【印】斜体的 **II** *n.* ❶[常作~s]【印】斜体;斜体活字;斜体字(或字母、数字等) ❷[U](字、字母、数字等的)斜体:The letter was in *italic*. 这封信是用斜体字书写的。

i·tal·i·cize /iˈtæliˌsaiz/ *vt.* & *vi.* 【印】用斜体字印刷;把…排成斜体 ‖ **i·tal·i·ci·za·tion** /iˌtælisiˈzeiʃᵊn;-saiˈz-/ *n.* [U]

itch /itʃ/ **I** *vi.* ❶发痒,使人发痒:He's *itching* all over. 他浑身发痒。❷热望,渴望:I am *itching* to tell you the news. 我巴不得马上就把消息告诉你。❸〈口〉抓痒,搔痒 —*vt.* ❶使发痒:The mosquito bites *itched* me so much (that) I couldn't sleep. 蚊子叮咬弄得我痒得睡不着。❷〈口〉抓挠(痒处) **II** *n.* ❶[通常用单]【医】痒:have an *itch* on one's back 背部发痒 ❷[用单]热望,渴望:have an *itch* to go around the world 渴望周游世界 ‖ ˈ**itch·y** *adj.*

it'd /ˈitəd/〈口〉❶=it had ❷=it would

i·tem /ˈaitᵊm/ **I** *n.* [C] ❶物件,商品;(物件的)(一)件,(一)样:A colour television set was still a luxury *item* then. 彩色电视机那时仍是奢侈品。❷(新闻等的)(一)条,(一)则,(一)段:The alcoholism case was the most important news *item* of news last month. 酒精中毒案是上个月的特大新闻。**II** *adv.* (用于详细列举多项内容)同样地,又及,还有

i·tem·ize /ˈaitəˌmaiz/ *vt.* ❶逐条讲述,详细登录:*itemize* an account 记账 / These parcels are all individually *itemized*. 这些包裹都一一作了登记。❷(在计算个人所得税时)单独开列(所有正当的扣税项目) —*vi.* 单独开列(正当的扣税项目) ‖ **i·tem·i·za·tion** /ˌaitᵊmiˈzeiʃᵊn;-maiˈz/ *n.* [U]

it·er·ate /ˈitəˌreit/ *vt.* 重申,重述:Wise men do not *iterate* mistakes. 聪明的人不会重复犯错。‖ **it·er·a·tion** /ˌitəˈreiʃᵊn/ *n.* [U;C]

i·tin·er·ant /iˈtinᵊrᵊnt,ai-/ **I** *adj.* [作定语]流动的;需要流动的;(跟随马戏团)巡回的:*itinerant* journalist 流动记者 **II** *n.* [C]巡回工作者;流动的人;流浪汉

i·tin·er·ar·y /iˈtinᵊrəri,ai-/ *n.* [C] ❶拟定路线,预定行程;详细旅行安排(或计划):receive one's *itinerary* from the local travel agency 收到当地旅行社拟定的旅程安排 ❷旅行线路 ❸旅行指南,旅行指导书

it'll /ˈitl/〈口〉=it will

its /its/ *poss. pron.* [it 的所有格]它的:Tom's textbook has lost *its* cover. 汤姆的课本封皮不见了。

it's /its/ ❶=it has ❷=it is

it·self /itˈself/ *pron.* ([复]**themselves**) ❶[反身代词]它自己,它本身:Her baby hurt *itself*. 她的娃娃把自己弄疼了。❷[表示强调]本身,自身:The vase *itself* is beautiful even without flowers. 即使没有花,花瓶本身也很美。‖ ***by itself*** *adv.* 自行地,自动地;独自地,单独地:The machine will start *by itself* in a few seconds. 这台机器几秒钟后会自动开启。

I've /aiv/ =I have

-ive /iv/ *suf.* [用以构成形容词]表示"有…倾

向的"，"有…特性的"：act*ive*；descript*ive*

i·vo·ry /ˈaivəri/ I *n.* ❶[C]象牙；海象牙 ❷[U]象牙质，牙质 ❸[U]象牙(白)色；乳白色：an *ivory* chair 乳白色椅子 II *adj.* [作定语] ❶象牙制的 ❷象牙(白)色的，乳白色的

ivory tower *n.* [C]〈喻〉象牙塔(指脱离俗世或实际生活、严酷现实的环境、状态或态度)：University students in their *ivory towers* don't seem to worry about it. 看来生活在象牙塔内的大学生对此漠不关心。

i·vy /ˈaivi/ *n.* [U；C]【植】常春藤；常春藤类植物

-ize /aiz/ *suf.* [用以构成动词] ❶表示表示"(使)…化"，"(使)进入…状态"，"(使)变得"，"(使)变成"，"(使)形成"：Angli*cize*；actual*ize*；fossil*ize* ❷表示"使经历…"，"使忍受…"，"使受…影响"：hospital*ize*，terror*ize*，galvan*ize*

J j

J, j /dʒei/ *n.* [C]([复]**J's, j's; Js, js** /dʒeiz/) 英语字母表中第十个字母

jab /dʒæb/ **I** (**jabbed; jab·bing**) *vt.* & *vi.* ❶(用尖头物)戳,刺,扎:*jab* a fork into a potato 用叉叉土豆 ❷捅;捣;猛戳:She *jabbed* me in the ribs. 她碰碰我的胸肋。—*vi.* 捅;捣;猛碰:He *jabbed* at the fire with a poke. 他用拨火棍捅火。**II** *n.* [C] ❶猛戳;猛刺;【军】续刺,再刺:She gave him a *jab* with her elbow. 她用胳膊肘戳他。❷猛击;【拳击】刺拳(指短促有力的一击):a left *jab* to the head 出左拳猛击头部

jab·ber /ˈdʒæbəʳ/ **I** *vi.* ❶急促而含糊地说:I can't understand you if you keep *jabbering* away like that. 像你那样急促地说话,我可听不明白你的意思。❷喋喋,饶舌;信口闲聊:Listen to those kids *jabbering* away! 听那些小家伙叽里咕噜地说个不停! **II** *n.* [U] ❶急促而含糊不清的话 ❷无意义的话;莫名其妙的话 ‖ ˈ**jab·ber·er** *n.* [C]

jack /dʒæk/ **I** *n.* ❶[C]【机】起重机;千斤顶:lift car with a *jack* 用千斤顶把汽车顶起 ❷[C]【牌】(也作 knave)(纸牌中的)"J"牌,杰克(在国王[king]和皇后[queen]之下):the *jack* of hearts 红桃杰克 ❸[C]【电】插座,插口;塞孔;弹簧开关 **II** *vt.* (用起重机等)起,举,杠:*jack* a car (up) 把汽车顶起

jack·al /ˈdʒækᵊl/ *n.* [C]【动】豺,黑背豺,亚洲胡狼

jack·ass /ˈdʒækˌæs/ *n.* [C] ❶公驴 ❷笨蛋,傻瓜,蠢货

jack·boot /ˈdʒækˌbuːt/ *n.* [C] ❶过膝长筒靴;(尤指 17 至 18 世纪流行的)长筒马靴 ❷(不系带的)半筒军靴;(第二次世界大战时的)纳粹军靴 ❸高压手段;军事压迫

jack·daw /ˈdʒækdɔː/ *n.* [C]【鸟】寒鸦;鹩哥

jack·et /ˈdʒækit/ *n.* [C] ❶短上衣,夹克(衫):a sport(s) *jacket* 运动衫 / a life *jacket* 救生衣 ❷外罩,保护罩,绝热罩,隔离罩;【机】套 ❸(书的)护封;(平装书的)封面

jack·ham·mer /ˈdʒækˌhæməʳ/ *n.* [C]【机】手持式风钻,轻型凿岩机,气锤

jack-in-the-box /ˈdʒækinðəˌbɔks/ *n.* [C] ([复]**-box·es**或 **jacks-**) 揭盖即跳玩偶;玩偶匣:*jack-in-the-box* spectator 激动得像玩具跳偶般一跃而起的观众

jack-in-the-pulpit /ˌdʒækinðəˈpulpit/ *n.* [C]【植】天南星

jack·knife /ˈdʒækˌnaif/ **I** *n.* [C]([复]**-knives** /-ˌnaivz/) ❶(随身携带的)大折刀 ❷【泳】屈体跳水,镰刀式跳水 **II** *vi.* ❶铰接车辆弯折(成V形):The articulated lorry skidded and *jack-knifed*. 那辆拖着挂车的大卡车刹车时一个打滑,弯折成V形。❷做屈体跳水

jack-of-all-trades /ˌdʒækəvˈɔːltreidz/ *n.* [C] ([复]**jacks-**) 什么事都能来两下的人,行行皆通样样稀松的人;杂而不精的人,三脚猫

jack·pot /ˈdʒækˌpɔt/ *n.* [常用单] ❶(彩票等的)头奖;(若干赌博中的)累加奖金:The *jackpot* now stands at 50,000. 头奖高达 5 万英镑。❷大笔收入;巨额的奖金;意外的成功 ‖ ***hit the* [*a*] *jackpot*** *vi.* 〈口〉❶中头彩,得大奖;赢一大笔钱❷获得巨大的成功;交上好运:The firm has *hit the jackpot* with its new line of production. 这家公司因上了一条新生产线而获得巨大成功。

Ja·cuz·zi /dʒəˈkuːzi/ *n.* [C]"极可意"浴缸(一种水力按摩浴缸,源自商标名)

jade /dʒeid/ *n.* [U] ❶【矿】玉(包括硬玉与软玉);(类似玉的其他)宝石 ❷〔亦作 **jade green**〕绿玉色;翡翠色

jad·ed /ˈdʒeidid/ *adj.* ❶筋疲力尽的;疲惫不堪的:a *jaded* look 倦容 ❷(因过多使用而)变钝

的;用旧了的;(因过饱或过多而)发腻的;厌倦的:The novel told an old *jaded* story about moving from rags to riches overnight. 这部小说讲述了一个一夜之间暴发致富那种老一套的故事。‖ ˈ**jad·ed·ly** *adv.* —ˈ**jad·ed·ness** *n.* [U]

jade green *n.* [U]绿玉色;翡翠色(=jade)

jag /dʒæg/ *n.* [C](感情等的)突发;(难以控制的)一阵:a crying *jag* 一阵号啕大哭 / the annual Christmas gift-buying *jag* 一年一度的圣诞节礼品的抢购风

jag·ged /ˈdʒægɪd/ *adj.* ❶有尖突的;有锯齿状缺口的;凹凸不平的;参差不齐的:a *jagged* streak of lightning 锯齿状闪电 / *jagged* leaves 四周像锯齿似的叶片 ❷粗糙的;(声音等)刺耳的:a *jagged* scream 刺耳的尖叫声 ‖ ˈ**jag·ged·ly** *adv.* —ˈ**jag·ged·ness** *n.* [U]

jag·uar /ˈdʒægjuəʳ/ *n.* [C]【动】(产于南美洲的)美洲虎,美洲豹

jail /dʒeil/ **I** *n.* [C;U]监狱;看守所:put sb. in *jail* 把某人关进监狱 / sentence sb. to *jail* 判处某人监禁 **II** *vt.* 监禁,拘留;禁锢:He was *jailed* for life for murder. 他因谋杀罪而被终身监禁。〔亦作 **gaol**〕

jail·bird /ˈdʒeilˌbəːʳd/ *n.* [C]囚犯,犯人

jail·break /ˈdʒeilˌbreik/ *n.* [C]越狱

jail·er, jail·or /ˈdʒeiləʳ/ *n.* [C]监狱看守,狱卒,牢子

ja·lop·y /dʒəˈlɔpi/ *n.* [C]〈口〉破旧的汽车(或飞机)

jal·ou·sie /ˈdʒæluˌziː/ *n.* [C]【建】固定百叶窗;遮窗

jam[1] /dʒæm/ **I** (**jammed**;**jam·ming**) *vt.* ❶使卡住,使轧住;使受挤而动弹不得:The ship was *jammed* between two rocks. 那条船夹在石缝中进退不得。❷压碎;挤伤,轧伤,扭伤(手指、足趾等):She *jammed* her hand in the door. 她的手给门轧伤了。❸把…塞紧,把…塞满,把…塞入,把…楔进;使挤紧,使挤满:He *jammed* the suitcase with clothing. 他一个劲儿地往手提箱里塞衣服,把手提箱塞得满满的。❹猛推;猛压:She *jammed* her foot on the brake. 她猛地用脚踩住刹车。❺堵住,塞住:The street was *jammed* with traffic. 来往车辆把街道堵得水泄不通。❻使发生故障,使失灵,使不能正常运行:The company's switchboard was *jammed* with complaints. 用户纷纷打来抱怨电话,公司总机因此无法正常工作。❼【无】干扰:The broadcasts were *jammed* by the enemy. 广播受到敌方的干扰。—*vi.* ❶卡住,轧住不动;失灵,发生故障:This door *jams* easily. 这扇门动不动就卡死开不开。❷挤进;挤满;塞紧;堵塞:A crowd *jammed* into the elevator. 一群人拥进了电梯。**II** *n.* [C] ❶拥挤;阻塞,堵塞;拥挤的人群;堵塞物:She was delayed by a traffic *jam*. 她因交通堵塞而耽搁了。/ There's such a *jam* of people in there, I didn't try to go in. 那里挤着那么一大群人,我压根儿就没想挤进去。❷〈口〉困境,窘况:He got himself into a *jam* with the tax people. 他因税务遇上了麻烦。

jam[2] /dʒæm/ *n.* [C;U]果酱:spread strawberry *jam* on a slice of bread 把草莓酱涂在一片面包上

Ja·mai·can /dʒəˈmeiˌkən/ **I** *adj.* 牙买加的;牙买加人的;来自牙买加的 **II** *n.* [C]牙买加人(或居民)

jamb /dʒæm/ *n.* [C]【建】门窗边框;门边框柱;门窗(或壁炉)侧墙

jam·bo·ree /ˌdʒæmbəˈriː/ *n.* [C] ❶〈口〉喧闹的聚会;狂欢活动 ❷〈口〉(尤指有发表演说和文娱活动的)大型集会(如运动会、政党竞选集会等)

jam-packed /ˈdʒæmˌpækt/ *adj.* 〈口〉挤得满满的;塞得紧紧的:The drawers were all *jam-packed* with old notes and letters. 抽屉里全都塞满了旧日的笔记本和信件。

jam session *n.* [C]〈口〉爵士音乐即兴演奏会〔亦作 **jam**〕

Jan., **Jan** *abbr.* January

jan·gle /ˈdʒæŋgᵊl/ **I** *vi.* 发出噪声,发出不和谐的刺耳声:The pots and pans *jangled* in the kitchen. 厨房里响起了锅碗瓢盆的叮当磕碰声。—*vt.* ❶使发出噪声,使发出不和谐的刺耳声:The children *jangled* cowbells. 孩子们把母牛的颈铃摇得丁零当啷直响。❷烦扰;刺激(神经等);使非常烦躁:The harried staff is *jangled* by several hundred phone calls every day. 那些心力交瘁的职员们每天被数百个电话搅得极度烦躁。**II** *n.* [U]刺耳噪声;丁零当啷声:the *jangle* of a city 城市的噪音 ‖

ˈ**jan·gler** *n.* [C] —ˈ**jan·gly** *adj.*

jan·i·tor /ˈdʒænitəʳ/ *n.* [C] ❶(公寓、学校、办公大楼等处的)照管房屋的工友 ❷〈罕〉看门人,守门人 ‖ **jan·i·to·ri·al** /ˌdʒæniˈtɔːriəl/ *adj.*

Jan·u·ar·y /ˈdʒænjuəri/ *n.* [U;C]一月(略作 **Ja.** 或 **Jan.**)

Jap·a·nese /ˌdʒæpəˈniːz/ **I** *adj.* ❶日本的;日本人的:*Japanese* customs 日本风俗 ❷日语的;日本文化的:*Japanese* writings 日文作品 / *Japanese* art 日本艺术 **II** *n.* ❶[单复同]日本人 ❷[U]日本语

jar[1] /dʒɑːʳ/ *n.* ❶(玻璃、陶瓷、塑料等制的)罐子,坛子;广口瓶 ❷一罐(坛、瓶等)所装的量(或物):The boy claims that he can eat a whole *jar* of jelly at breakfast. 那男孩说他一顿早饭可吃掉整整一瓶果子冻。

jar[2] /dʒɑːʳ/ (**jarred**;**jar·ring**) *vi.* ❶使人感到不快;刺激(*on*,*upon*):Her sharp tone *jarred upon* my nerves. 她那尖利的声调刺激我的神经。❷(剧烈)震动;(突然)颤动:The platform *jarred* as a train rumbled by. 列车隆隆驶过时,站台剧烈地震动。❸(意见、行动等)冲突;争吵:Our opinions always *jarred*. 我们的意见总是相左。—*vt.* ❶震动,震荡;使动摇;把…震得嘎嘎作响:His heavy footsteps *jarred* my table. 他的咚咚脚步声把我的桌子震得直晃悠。❷(突然打击、强烈冲击等)震伤,撞伤,击伤:The fall *jarred* every bone in my body. 那一跤跌得我浑身骨头疼 ‖ **jar·ring** /ˈdʒɑːriŋ/ *adj.* —ˈ**jar·ring·ly** *adv.*

jar·gon/ˈdʒɑːgən,-gɔn/ *n.* [U] ❶(各行各业所使用而在外人听来费解的)行(业)话;黑话,隐语:legal *jargon* 法律界行话 ❷难懂的话(或文章);晦涩做作的谈话(或文章),用词含混生僻的谈话(或文章) ‖ ˈ**jar·gon·y**, **jar·gon·is·tic** /ˌdʒɑːgəˈnistik/ *adj.*

jas·min(e) /ˈdʒæzmin,ˈdʒæs-/ *n.* [U] ❶【植】素馨;茉莉,素方花 ❷淡黄色,素馨色

jaun·dice /ˈdʒɔːndis,ˈdʒɑːn-/ *n.* [U]【医】黄疸(病):*jaundice* of the newborn 新生儿黄疸

jaun·diced /ˈdʒɔːndist,ˈdʒɑːn-/ *adj.* ❶得黄疸病的;患黄疸病似的 ❷妒忌的;持有偏见的;充满敌意的:He takes a very *jaundiced* view of life. 他以非常褊狭的眼光看待生活。

jaunt /dʒɔːnt,dʒɑːnt/ **I** *n.* [C]短途旅行,游览;远足:a *jaunt* to the seashore 去海滨游览 **II** *vi.* 作短途游览(*about*,*around*):a free warrant to *jaunt around* British Railways 免费乘坐不列颠铁路公司火车作短途游览观光

jaun·ty /ˈdʒɔːnti,ˈdʒɑːn-/ *adj.* ❶欢快的,活泼的;无忧无虑的;洋洋自得的:a *jaunty* mood 欢快的心情 ❷时髦的,漂亮的;优雅的:a *jaunty* wave of the hand 潇洒的挥手(动作) ‖ ˈ**jaun·ti·ly** *adv.* —ˈ**jaun·ti·ness** *n.* [U]

ja·va /ˈdʒɑːvə;ˈdʒævə/ *n.* [U]〈俚〉咖啡:a good cup of *java* 满满一杯咖啡

jave·lin /ˈdʒævᵊlin/ *n.* [C](田径运动中用的投掷器械)标枪

jaw /dʒɔː/ **I** *n.* [C] ❶颌;颚:the upper [lower] *jaw* 上[下]颌 ❷下颌,下巴颏 **II** *vi.* 〈口〉闲聊,胡扯;唠唠叨叨,喋喋不休:Peter was *jawing* on at her about the new car he had bought. 彼得在她面前没完没了地唠叨着他刚买的那辆新汽车。

jaw·bone /ˈdʒɔːbəun/ **I** *n.* [C]【解】颌骨(尤指下颌骨) **II** *vt.* (尤指试图利用职位的权势)说服;(尤指为试图改变某项决定而)磨嘴皮子说服(或训斥);(通过权势人物的呼吁)影响,左右:The president tried to *jawbone* the unions into agreement. 总统试图说服各家工会接受协议。

jaw·break·er /ˈdʒɔːˌbreikəʳ/ *n.* [C] ❶〈口〉难发音的词,读起来特别费劲的长词:a *jawbreaker* definition 佶屈聱牙的定义 ❷大块硬糖,大硬糖球

jay /dʒei/ *n.* [C]【鸟】松鸦

jay·walk /ˈdʒeiˌwɔːk/ *vi.* 〈口〉(不遵守交通规则)乱穿马路 ‖ ˈ**jayˌwalk·er** *n.* [C]

jazz /dʒæz/ **I** *n.* [U] ❶爵士乐;爵士乐曲:He plays *jazz* as a hobby. 他以弹奏爵士乐作为业余消遣。❷爵士舞;爵士舞曲 **II** *vi.* 演奏爵士乐;跳爵士舞:*jazz* to the music of the band 跟着乐队的音乐跳爵士舞 ‖ ***jazz up*** *vt.* 〈口〉使活泼热烈;使生色;使兴奋:*jazz up* a lecture with some funny stories 穿插讲些诙谐的故事使讲演更为生动有趣

jazz·y /ˈdʒæzi/ *adj.* ❶爵士乐的;具有爵士乐特质的:play *jazzy* rhythms 弹奏爵士乐调式 ❷〈口〉花哨的,俗艳的,华而不实的 ‖ ˈ**jazz·i·ly** *adv.* —ˈ**jazz·i·ness** *n.* [U]

jeal·ous /ˈdʒeləs/ *adj*. ❶妒忌的,嫉妒的(*of*):When the boy saw his mother holding a new baby,he became *jealous*. 那男孩看到母亲抱着另一个孩子,他脸上浮泛起妒忌的神情。❷妒羡的,艳羡的,羡慕的(*of*):She was *jealous of* her friend's good looks. 她妒羡她那女友有一张漂亮的脸蛋。❸好妒忌的,嫉妒心重的;出于妒忌(或妒羡、妒恨、怨愤等)的:He was a *jealous* husband. 他是个醋坛子。‖ ˈ**jeal·ous·ly** *adv*.

☆**jealous, envious** 均有"妒忌的"之意。**jealous** 强调对别人占有或有企图占有属于或者应该属于自己的东西而感到恼恨不满:She was so *jealous* that she wouldn't let her husband dance with anyone else. (她生性十分嫉妒,不让丈夫和其他任何人跳舞。) **envious** 表示"羡慕"他人的好运,通常着重的是自己想要得到而不能得到的一面,有时带恶意:I'm so *envious* of you getting an extra day's holiday. (我真羡慕你得到一天额外的假期。)

jeal·ous·y /ˈdʒeləsi/ *n*. ❶[U]妒忌,嫉妒;妒羡:burn with *jealousy* 妒火中烧 / She felt a pant of *jealousy* against him. 她心中对他生起一股妒意。❷[C]妒羡,艳羡,羡慕(的言行)

jean /dʒiːn/ *n*. ❶[有时作~s]【纺】三页细斜纹布;〈美〉粗斜纹棉布 ❷[~s]紧身裤,紧身工装裤,牛仔裤;粗斜纹棉布裤;裤子:The cowboy wore blue *jeans*. 那个牛仔穿着粗蓝裤子。

jeep /dʒiːp/ *n*. [C]吉普车;小型越野汽车;[J-]民用吉普车

jeer /dʒiəʳ/ **I** *vi*. & *vt*. 嘲笑,嘲弄(*at*):*jeer* off a suggestion 对一个建议付诸一笑而不予理睬 **II** *n*. [C]嘲笑;讥评,奚落人的话;揶揄的口吻:He added *jeers*. 他还出言不逊。‖ ˈ**jeer·er** *n*. [C] —**jeer·ing·ly** /ˈdʒiəriŋli/ *adv*.

je·june /dʒiˈdʒuːn/ *adj*. ❶(思想、文章等)空洞的,贫乏的,枯燥无味的;味同嚼蜡的:a *jejune* novel 兴味索然的小说❷幼稚的,不成熟的,孩子气的:Her idea about marriage was romantic and a little *jejune*. 她的婚姻观浪漫而又带点稚气。

jell /dʒel/ *vt*. & *vi*. 〈口〉❶(使)结冻,(使)胶凝,(使)成胶状:The cold will *jell* the dessert. 寒冷的天气会使甜点结冻。❷(使)(思想、意见、计划等)定型,(使)具体化:Talking with you helped *jell* my ideas. 与你交谈有助于我的想法具体化。

jel·lied /ˈdʒelid/ *adj*. ❶成胶冻状的,胶凝了的 ❷涂满胶冻(或果子冻)的

Jell·-O, Jell-O /ˈdʒeləu/ *n*. [U]果子冻

jel·ly /ˈdʒeli/ *n*. ❶[U;C]果(子)冻;肉冻 ❷[U]胶冻,凝胶,胶凝物,黏稠物:lubricating *jelly* 凝胶润滑剂 ‖ ˈ**jel·lyˌlike** *adj*.

jel·ly·bean /ˈdʒeliˌbiːn/ *n*. [C]软心豆粒糖

jelly·fish /ˈdʒeliˌfiʃ/ *n*. [C] ❶([复]**fish**(**·es**))【动】水母,海蜇 ❷〈口〉懦夫,软蛋,脓包,孬种

jeop·ard·ize /ˈdʒepədaiz/ *vt*. 使处于险境;冒…的危险;损害,危及:*jeopardize* one's life to do sth. 冒生命危险去做某事 / To make an exception would *jeopardize* our relations with other customers. 一次破例将有损于我们和其他客户的关系。

jeop·ard·y /ˈdʒepədi/ *n*. [U]危险,危难,危境:The spy was in constant *jeopardy* of being discovered. 该间谍处于随时都有可能暴露的危险境地。/ cast one's own welfare into *jeopardy* 置自己的幸福于不顾

jer·e·mi·ad /ˌdʒeriˈmaiəd/ *n*. [C] ❶哀诉,悲叹 ❷伤心的故事,哀歌,哀史

jerk /dʒəːk/ **I** *n*. [C] ❶急拉;急推;急扭;急抽;急甩;急动:give a firm *jerk* on the string 使劲猛拽绳子/ He gave her elbow a *jerk* to get her out of the way. 他猛推她的胳膊肘,把她挤到一旁。❷【医】反射;[~s](因激动引起的)抽搐;舞蹈病 **II** *vt*. 猛拉;猛推;猛扭;猛抽;猛扔;使急动:She *jerked* the child by the hand. 她猛地一把拉住孩子的手。—*vi*. ❶蓦地一动;急拉;猛推;急扭;急抽;猛扔:The cat's whiskers *jerked* now and then. 猫不时抖动着胡须。❷颠簸,震摇:The car *jerked* to a stop. 汽车颠动了一下停止了。❸痉挛,抽搐

jer·kin /ˈdʒəːkin/ *n*. [C] ❶无袖外套 ❷(16 和 17 世纪时流行的)男用无袖紧身皮夹克(或短上衣)

jerk·wa·ter /ˈdʒəːkˌwɔːtəʳ/ *adj*. [作定语]偏僻而不重要的,不在干线上的:a *jerkwater* station 偏僻小站

jerk·y[1] /ˈdʒəːki/ *adj*. 忽动忽止的,(说话)急促又断续的:a *jerky* way of speaking 急促又结巴的说话方式 ‖ ˈ**jerk·i·ly** *adv*. —ˈ**jerk·i·ness** *n*. [U]

jerk·y² /ˈdʒəːki/ *n.* [U](条状)熏肉干(尤指牛肉干)

jer·sey /ˈdʒəːzi/ *n.* ❶[U]平针织物 ❷[C](女用)针织紧身内衣

jest /dʒest/ **I** *n.* [C;U] ❶笑话,俏皮话:break [drop] a *jest* 说笑话(或俏皮话) ❷打趣;嘲笑;戏谑;诙谐:make a *jest* of sb. 拿某人打趣逗乐 ❸玩笑,滑稽事:in friendly *jest* 友善而打趣地 **II** *vi.* ❶说笑话,说俏皮话:I *jested* with her in a low voice. 我低声和她说笑。❷开玩笑;戏谑,打趣;嘲笑:Don't *jest* about the matter. 别拿这件事情当儿戏。‖ ˈ**jest·ful** *adj.* —**jest·ing·ly** /ˈdʒestiŋli/ *adv.*

jest·er /ˈdʒestəʳ/ *n.* [C] ❶爱说笑话的人,好开玩笑的人 ❷(中世纪宫廷或贵族府邸中的)逗乐小丑,弄臣

Jes·u·it /ˈdʒezjuɪt/ *n.* [C]【宗】(天主教)耶稣会会士 ‖ **Jes·u·it·ic** /ˌdʒezjuˈitik/, **ˌJes·uˈit·i·cal** /-kəl/ *adj.*

Je·sus /ˈdʒiːzəs/ *n.* 耶稣(基督教创始人,该教所信奉的救世主,称之为基督):*Jesus* Christ 耶稣基督

jet /dʒet/ **I** *n.* [C] ❶(水、蒸汽、煤气、火焰等的)喷射流;喷涌而出的东西;喷嘴:The fire hose sent up a *jet* of water. 消防龙头喷出一股水柱。❷喷气式飞机:take a *jet* back home 搭喷气式飞机回国 **II** (**jet·ted;jet·ting**) *vi.* 〈口〉乘喷气式飞机旅行:*jet* around the globe 乘喷气式飞机作环球旅行 / *jet* (off) to Las Vegas for the weekend 乘喷气式飞机去拉斯维加斯度周末 —*vt.* 〈口〉用喷气式飞机载运

jet engine *n.* [C]【机】喷气式发动机〔亦作 **jet**〕

jet lag *n.* [U]喷气飞行时差综合征(指乘喷气式飞机作跨时区高速飞行后的生理节奏失调)

jet set *n.* [常用单](乘喷气式客机游览世界各地或往来各地办理事务的)喷气机阶层,阔佬阶层:a charter member of the international *jet set* 国际喷气机旅游俱乐部成员

jet stream *n.* [常用单]【气】急流

jet·ti·son /ˈdʒetisᵊn,-zᵊn/ *vt.* ❶(船舶、飞机、热气球等在紧急情况下为减轻重量而)投弃(货物、设备等)❷把…作为废物抛弃;扔掉(负担等);放弃 Because of the shortage of money, they had to *jettison* their plans to travel to Greece. 因手头拮据,他们只得放弃去希腊旅游的计划。

jet·ty /ˈdʒeti/ *n.* [C] ❶防波堤,突堤,导流堤 ❷突码头,登岸码头,栈桥

Jew /dʒuː/n. [C] ❶犹太人 ❷犹太教徒

jew·el /ˈdʒuːəl/ *n.* [C] ❶宝石,宝玉:The ring was set with several diamond *jewels*. 那枚戒指镶嵌着几颗钻石。❷宝石饰物;首饰(如戒指、手镯、项链等):the shine of *jewels* 珠光宝气 ❸宝贝;难能可贵的人;珍贵的东西:She's made a *jewel* of her son. 她把儿子培养成出类拔萃的人。‖ ˈ**jew·el·ly** *adj.*

jew·eled /ˈdʒuːəld/ *adj.* 用宝石制成的;镶嵌着宝石的

jew·el·er /ˈdʒuːələʳ/ *n.* [C] ❶宝石匠;钟表匠 ❷宝石商,珠宝商;钟表商

jew·el·ry /ˈdʒuːəlri/ *n.* [总称]珠宝,首饰:Which *jewelry* will you wear with that dress? 你穿那件衣服该佩戴哪种首饰呢?

Jew·ish /ˈdʒuːɪʃ/ **I** *adj.* 犹太人(似)的;有关犹太人的;具有犹太人特点的:He feels more *Jewish* in that country than he does here. 他感到生活在那个国家里比在这里更像个犹太人。**II** *n.* 〈口〉意第绪语 ‖ ˈ**Jew·ish·ly** *adv.* —ˈ**Jew·ish·ness** *n.* [U]

Jew·ry /ˈdʒuːri/ *n.* [总称]犹太人,犹太民族

jib(b) /dʒib/ *n.* [C]【船】船首三角帆

jibe /dʒaib/ *vi.* 〈口〉相一致;符合(*with*):Our opinions *jibe*. 我们的意见一致。

jiff /ˈdʒif/ *n.* =jiffy

jif·fy /ˈdʒifi/ *n.* [常用单]〈口〉一会儿,瞬间:drop off to sleep for a *jiffy* 打会儿瞌睡

jig /dʒig/ **I** *n.* [C] 捷格舞(一种源于英国通常为3拍子的快步舞);捷格舞曲 **II** (**jigged; jig·ging**) *vi.* ❶跳捷格舞,跳快步舞;演奏捷格舞曲,演奏欢快乐曲 ❷上下(或前后)快速移动;跳跃着走动:The bird came *jigging* round the window. 鸟儿飞到窗前跳来跳去。—*vt.* ❶跳(捷格舞) ❷按捷格舞曲演唱(或演奏):*jig* a tune 用捷格舞曲的风格演奏一支曲子 ❸使上下(或前后)快速移动

jig·ger /ˈdʒigəʳ/ *vt.* ❶使快速抖动 ❷(出于非法或不诚实的目的)篡改;操纵:The accountant *jiggered* the figures to hide the theft. 为掩盖自己的贪污行为,会计窜改了账目上的数字。

jig·gle /ˈdʒigᵊl/ **I** *vt.* & *vi.* 轻摇；抖动；急颤：The feathers on the women's hats *jiggled* slightly. 那几个女人的帽子上的羽毛微微地颤动着。**II** *n.* [C]轻摇；抖动；急颤 ‖ ˈ**jig·gly** *adj.*

jig·saw /ˈdʒigsɔː/ **I** *n.* [C]线锯；竖锯；钢丝锯，镂花锯 **II** *vt.* 用线锯(或钢丝锯等)锯

jigsaw puzzle *n.* [C]拼图玩具，七巧板；拼图玩具(或七巧板)似的东西；犬牙交错的图案；错综复杂的事物

ji·had /dʒiˈhæd,-ˈhɑːd/ *n.* [C](伊斯兰教的)护教战争，圣战〔亦作 **jehad**〕

jilt /dʒilt/ *vt.* 抛弃(情人)：He had *jilted* her to marry a maidservant. 他抛弃了她，同一个女佣人结婚。‖ ˈ**jilt·er** *n.* [C]

Jim Crow *n.* [亦作 **j- c-**][U][**the J- C-**][作定语](尤指对黑人的)种族歧视；种族隔离

jim-dan·dy /dʒimˈdændi/ **I** *adj.* 极好的，第一流的：a *jim-dandy* sports car 顶呱呱的赛车 **II** *n.* [C]出色的东西

jim·my /ˈdʒimi/ **I** *n.* [C](窃贼等用来撬开门窗等的)撬棍 **II** *vt.* 撬：*jimmy* a drawer open 把抽屉撬开

jin·gle /ˈdʒiŋᵊl/ **I** *vi.* &*vt.* (使)发出叮当声；响着铃铛行进：The sleigh bells *jingled* as we rode. 我们划雪橇时，雪橇上的铃铛叮当直响。/*jingle* the coins in one's pocket 把口袋里的硬币弄得丁零当啷直响 **II** *n.* [C] ❶(铃铛、硬币、钥匙等磕碰时发出的)叮当声；发出叮当声的东西 ❷(广播或电视中轻快又诙谐的)广告短诗(或歌)，配乐广告短诗(或歌) ‖ ˈ**jin·gly** *adj.*

J

jin·go·ism /ˈdʒiŋgəuˌizᵊm/ *n.* [U]侵略主义，沙文主义；武力外交政策 ‖ ˈ**jin·go·ist** *n.* [C] & *adj.* —**jin·go·is·tic** /ˌdʒiŋgəuˈistik/ *adj.*

jink /dʒiŋk/ *vi.* ❶〈主英〉急转；急闪；闪避：He was *jinking* from side to side as he scampered forward to the ridge. 他朝山脊急奔而去，一路上忽左忽右地躲闪着。❷〈军俚〉(飞机)作之字形飞行(以避开敌机、高射炮等的袭击) —*vt.* 闪避：The pilots *jinked* their planes to avoid the missles. 飞行员们使飞机作之字形飞行以避开敌方的导弹。

jin·rik·i·sha, jin·rick·sha /ˌdʒinˈrikʃə/ *n.* [C]人力车，黄包车，东洋车〔亦作 **rickshaw, ricksha**〕

jinx /dʒiŋks/〈口〉**I** *n.* [U]不吉祥的人(或物)；克星，祸水，凶煞 **II** *vt.* 给…带来厄运，使遭殃：You *jinxed* my ball club. 你把我的棒球俱乐部搅得一团糟。

jit·ter /ˈdʒitəʳ/〈口〉**I** *n.* [(**the**) **jitters**][用作单或复]极度的紧张不安；慌张；惶恐；激动：The musician experienced a bad case of *the jitters* before playing the solo. 乐师在独奏开始前感到浑身紧张。/show a sign of *jitters* 露出紧张不安的神色 **II** *vi.* 紧张不安，心神不宁；慌慌张张地行事：Don't *jitter*! 别紧张！/ I *jittered* around the house unable to concentrate on anything. 我紧张地在屋子附近转悠，心里头乱极了。‖ ˈ**jit·ter·i·ness** *n.* [U] —ˈ**jit·ter·y** *adj.*

jit·ter·y /ˈdʒitəri/ *adj.* 紧张不安的，神经过敏的：be *jittery* over oil shortage 因石油匮乏而惴惴不安

jive /dʒaiv/ **I** *n.* [U] ❶摇摆乐(一种狂热的即兴爵士乐，20 世纪 40 年代至 50 年代最为流行)；摇摆舞 ❷〈俚〉花言巧语，假话，空话；蠢话 **II** *vi.* & *vt.* 取笑；愚弄；欺骗：Quit *jiving* me and give me a straight answer. 别骗我了，给我个直截了当的答复。**III** *adj.* 〈俚〉不诚实的；骗人的；假的：I listened to her little *jive* speech and fired her. 我听到她撒谎后便把她辞退了。‖ ˈ**jiv·er** *n.* [C] —ˈ**jiv·ey** *adj.*

job /dʒɔb/ *n.* ❶[C](一件)工作，活计；零活，散工：I think Peter's just the man for the *job*. 我认为彼得正是适合做这件工作的人。/do odd *jobs* 打零工 ❷[C]职业；职位：I'm looking for a new *job*, one where I get a bit more job satisfaction. 我正在寻找一份新工作，一份能从中得到更大满足感的职业。❸[U]〈口〉事情；任务；职责；作用：It's the secretary's *job* to open the mail. 拆邮件是秘书的事情。/ The white blood cells have the *job* of fighting infection. 白细胞有抵抗感染的作用。‖ ***do a job on*** *vt.* 毁损，毁坏；彻底打败；使不知所措：The collision *did a job on* his car. 撞车事故毁坏了他的汽车。***do the job*** *vi.* 〈口〉获得成功；达到预期的目的：If you can't loosen the screw, put a little oil on it; and that may *do the job*. 如果螺丝旋不下来，加上一点油，也许就会松开的。‖ ˈ**job·less** *adj.* —ˈ**job·less·ness** *n.* [U]

job lot *n.* [C](零售商或中间商廉价购进的)散

批货物;零星批量:in *job lots* 整批(或成批)地

jock /dʒɔk/ *n.* [C]〈口〉❶(尤指男运动员用的)下体护身(＝jockstrap) ❷爱好者,迷:a computer *jock* 计算机迷 ❸职业赛马骑师(＝jockey)

jock·ey /ˈdʒɔki/ **I** *n.* [C]职业赛马骑师 **II** *vt.* (在赛马中)骑(马) —*vi.* 充当赛马骑师:He quit *jockeying* after his fall. 他从马上摔下来之后便不再当赛马骑师。

jock·strap /ˈdʒɔkˌstræp/ *n.* [C](尤指男运动员用的)下体护身〔亦作 **jock**〕

jo·cose /dʒəuˈkəus/ *adj.* 爱开玩笑的;滑稽的;幽默的,诙谐的(见 witty):His *jocose* remarks had the audience roaring with laughter. 他那幽默的话语把观众逗得哄堂大笑。‖ **joˈcose·ly** *adv.* —**joˈcose·ness** *n.* [U]

joc·u·lar /ˈdʒɔkjuləʳ/ *adj.* ❶爱开玩笑的;滑稽的;戏谑的(见 witty):He was a *jocular* fellow, especially around women. 他好开玩笑,特别是在女人跟前。❷打趣的,逗乐的 ‖ **joc·u·lar·i·ty** /ˌdʒɔkjuˈlæriti/ *n.* [U] —ˈ**joc·u·lar·ly** *adv.*

joc·und /ˈdʒɔkənd/ *adj.* 〈书〉欢乐的,愉快的 ‖ **jo·cun·di·ty** /dʒəuˈkʌnditi/ *n.* [U] —ˈ**joc·und·ly** *adv.*

jodh·purs /ˈdʒɔdpəz/ [复] *n.* 马裤

jog[1] /dʒɔg/ **I** (**jogged; jog·ging**) *vt.* ❶轻推;轻撞;轻摇:She *jogged* my elbow to get my attention. 她碰碰我的胳膊肘提醒我注意。❷(用暗示等)唤起(记忆);使回想起;提醒:I showed him a photograph of Mary to see if that would *jog* his memory. 我拿给他看玛丽的照片,试试这能否唤起他的记忆来。—*vi.* ❶慢跑(尤指作为健身锻炼):Father *jogs* in the park every morning before going to work. 父亲每天清晨上班前都要在公园里跑步锻炼。❷(马)缓行 **II** *n.* [C] ❶轻推,轻撞;轻摇:He gave her a *jog* to wake her up. 他轻轻地把她推醒。❷暗示;提醒:give sb.'s memory a *jog* 用提示唤起某人的记忆 ❸缓行;慢跑;(马的)徐步前行:He approached us at a *jog*. 他朝我们款款而来。‖ **jog·ger** /ˈdʒɔgəʳ/ *n.* [C]

jog[2] /dʒɔg/ **I** *n.* [C]急转弯 **II** *vi.* 突然转向:The road *jogs* to the right. 这条路向右急转弯。

jog·gle /ˈdʒɔgəl/ *vt.*, *vi.* & *n.* [U]轻轻颠摇:The slow-moving train *joggled* us to sleep. 缓缓前行的列车将我们轻轻晃入梦乡。/ The *joggle* of the carriage put the baby to sleep. 马车轻轻颠摇,使孩子酣然入梦。

john /dʒɔn/ *n.* [C]〈口〉❶浴室;盥洗室(尤指男公共厕所):Enough of business. Can I use your *john*? 正事就谈到这里吧。我可以在这里方便一下吗? ❷[亦作 **J-**]〈俚〉嫖客

join /dʒɔin/ *vt.* ❶连接;接合:*join* hands in a circle 手拉手围成一个圆圈 /The blade is *joined* on to the handle by a small screw. 刀片由小螺丝固定在把手上。❷与…会合;与…交汇:Where do you know the two roads *join* each other? 你知道这两条大路在什么地方交接? ❸使联合;使结合:join forces with one's allies against the common enemy 与盟友合力反对共同的敌人 ❹参加,加入;成为…的一员:*join* a club 加入俱乐部 / *join* the army 参军 ❺与…做伴;和…一起做同样的事:Will you *join* me for a walk? 陪我一块儿去散步好吗? /*Join* us at our table when you're done. 你做完事后来和我们一块儿吃饭吧。—*vi.* ❶会合,汇合;相遇:a place where cliffs and sea *join* 峭壁与海水的会合点 ❷联合;结合:They *joined* to combat the smugglers. 他们联合起来与走私犯作斗争。❸参加,加入;与别人一道做同样的事(*in*, *with*):They all *joined in* singing the national anthem. 他们齐声合唱国歌。‖ ˈ**join·a·ble** *adj.*

☆**join, combine, connect, link, unite** 均有"连接,结合"之意。**join** 指紧密地结合、联合或组合,强调结合部分原来的分离性:He *joined* the two ends of the rope together in a knot.(他把绳子两头打个结连起来。)此外,**join** 还指较小的东西组合成较大的东西,也指个人组成集体或参加某一个团体:Where do the two streams *join*?(两条小溪在什么地方汇合?) / He *joined* the army in 1945.(他 1945 年参的军。)**combine** 着重强调"合而为一",多用于抽象或无形的东西:They *combined* their efforts to a common end.(他们为共同的目标合力奋斗。)**connect** 指两事物在某一点上相连接,但彼此仍保持独立,可用于具体事物或抽象概念:The railway line *connects* London and Edinburgh.(这条铁路连接伦敦和爱丁堡。)**link** 表示比 connect 更牢固的连接,有时暗含"不可分离

J

性”：Television stations around the world are *linked by satellite*.（全世界的电视台通过卫星联系在一起。）**unite** 与 combine 一样，也表示许多个体由于共同的目的或性质结合成一个新的整体，但较 combine 更强调这一新的整体的不可分割性：The threat of war has *united* the country behind its leaders.（国难当头，全国人民都团结在领袖的周围。）

join·er /ˈdʒɔinəʳ/ *n*. [C] ❶〈口〉爱参加各种社团组织的人 ❷细木工人

joint /dʒɔint/ **I** *n*. ❶[C]接合处；接头；接缝：The plumber tightened up all the *joints* in the pipes. 管子工把管道上的接头都旋紧。❷[C；U]【解】关节；【动】关节；节；【植】关节 **II** *adj*. [作定语] ❶共有的，共享的；与他人合作的：a *joint* enterprise 合营企业 / a *joint* venture 合作项目 ❷联合的，共同的；同时的：a *joint* reply 联合答复 / in our *joint* names 以我们共同的名义 ‖ ***out of joint*** *adj*. ❶脱臼的；脱位的；脱节的；脱榫的：The fall put his shoulder *out of joint*. 这一跤把他的肩膀摔脱了臼。❷混乱的；不利的；凶兆的：The political situation was *out of joint*. 政局动荡不安。 ‖ **ˈjoint·less** *adj*. —**ˈjoint·ly** *adv*.

joist /dʒɔist/ *n*. [C]【建】搁栅；桁条；托梁；工字钢；檩

joke /dʒəuk/ **I** *n*. [C] ❶笑话；玩笑；有趣可笑(之处)：carry a *joke* too far 玩笑开得过火了 ❷荒唐可笑的事情(或人、境况等)；笑料，笑柄：Everyone knows the election was nothing but a *joke*. 大伙儿都明白那次选举不过是一场荒唐的闹剧。❸[常用于否定句]微不足道的事情；轻而易举的事：The loss was no *joke*. 这笔损失可不是件小事。**II** *vi*. 说笑话；开玩笑：He didn't really mean it, he was only *joking*. 他并不是认真的，只是开玩笑罢了。 ‖ ***You can talk a joke!*** 你真会说笑话！***You must be [have got to be] joking.*** 〈口〉[用以表示不信或觉得可笑]你一定是在说笑话吧：A：He's very good at his job, isn't it? B：*You must be joking*! He's absolutely useless. 甲：他工作很在行，对不？乙：你一定是在说笑话吧？他是个十足的窝囊废！ ‖ **ˈjo·ky**，**ˈjok·ey** *adj*. —**ˈjok·ing·ly** *adv*.

jok·er /ˈdʒəukəʳ/ *n*. [C] ❶好说笑话的人；爱开玩笑的人 ❷【牌】百搭(可作任何点数的牌或王牌)

jol·li·ty /ˈdʒɔliti/ *n*. [U]欢乐；欢闹

jol·ly /ˈdʒɔli/ *adj*. ❶欢快的，快乐的，兴高采烈的：a *jolly* companion 快活的伙伴 / a *jolly* laugh 爽朗的笑声 ❷令人极其愉快的，使人十分高兴的；非常惬意的；舒适的：a *jolly* room 舒适的房间 / At Christmas we have an awfully *jolly* time. 每逢圣诞佳节，我们都玩得开心极了。 ‖ **ˈjol·li·ness** *n*. [U]

jolt /dʒəult/ **I** *vt*. ❶使震动；使摇动；使颠簸：The wagon *jolted* us when the wheel went over the rocks. 车轮滚过山地时，把我们颠得东倒西歪。❷猛敲：He *jolted* the nail free with a stone. 他用石块把钉子敲掉。—*vi*. (车辆等)震动，颠簸：The car *jolted* across the rough ground. 汽车颠簸着驶过崎岖不平的道路。/ The car *jolted* to a halt. 汽车嘎的一震刹住了。**II** *n*. [C] ❶震动，摇动；颠簸：The car gave a *jolt* and started. 汽车一震便启动了。❷震惊；引起震惊的事物：The news was a *jolt* to me. 这消息对我是一个打击。 ‖ **ˈjolt·er** *n*. [C]

jon·quil /ˈdʒɔŋkwɪl/ *n*. [C]【植】长寿花

Jor·da·ni·an /dʒɔːˈdeiniən/ **I** *n*. [C]约旦人(或居民) **II** *adj*. 约旦的；约旦人的；与约旦(人)有关的

josh /dʒɔʃ/ 〈俚〉*vt*. & *vi*. (无恶意地)开玩笑，逗趣，戏弄：He climbed into our bus and *joshed* with the women school teachers. 他爬进我们的汽车，同女教师说笑逗趣。 ‖ **ˈjosh·er** *n*. [C] —**ˈjosh·ingly** *adv*.

jos·tle /ˈdʒɔsᵊl/ **I** *vt*. ❶推；(用肘)撞：*jostle* sb. away 推开某人 / The crowd *jostled* him into the subway. 人流把他拥进了地铁。❷与…竞争；与…争夺：The candidates *jostled* each other to win the position. 为赢得那个职位，候选人一个个你争我夺。—*vi*. ❶挤；推；撞(*with*, *for*, *against*)：Don't *jostle against* me! 别推我！/ The crowd *jostled* into the theater. 人们蜂拥进入戏院。❷竞争；争夺：*jostle* for money and fame 争名逐利 **II** *n*. [C]挤；推；撞

jot /dʒɔt/ **I** *vt*. (**jotted**；**jot·ting**) 草草记下，匆匆写下(*down*)：I'll just *jot* that time *down* before I forget it. 趁现在还没有忘，我得把时间记下来。**II** *n*. [**a** ～][通常用于否定句]一丁点儿，微量，丝毫：I don't care *a jot* what you are going to do. 你想干什么,我才不管呢。

joule /dʒuːl,dʒaul/ *n.* [C]【物】焦耳(米·千克·秒单位制功或能的单位,符号 **J,j**;1 焦耳＝10^7 ergs)

jounce /dʒauns/ **I** *vt.* & *vi.* (使)颠簸,(使)震摇,(使)上下跳动:The old car *jounced* along the rough road. 那挂旧汽车沿着崎岖不平的道路颠簸前行。**II** *n.* [C]震动,颠簸 ‖ ˈ**jouncy** *adj.*

jour·nal /ˈdʒəːnᵊl/ *n.* [C] ❶日志;日记:She kept a *journal* during her European trip. 在旅欧期间,她坚持记日记。/ keep a *journal* of the temperature each day 将每天的气温记录下来 ❷日报;期刊;杂志:a monthly *journal* 月刊 / a weekly *journal* 周报(或周刊) / a professional *journal* 专业杂志

jour·nal·ism /ˈdʒəːnᵊˌlizᵊm/ *n.* [U] ❶新闻业;新闻工作:Forsaking medicine, he took up *journalism*. 他弃医操起新闻生涯。❷新闻采访,新闻写作,新闻报道:That article is an example of first-class *journalism*. 那篇文章是第一流新闻报道的范例。❸新闻学:an MA program in *journalism* 新闻学硕士专业 ‖ **jour·nal·ist** /ˈdʒəːnᵊlist/ *n.* [C] —**jour·nal·is·tic** /ˌdʒəːnᵊˈlistik/ *adj.*

jour·ney /ˈdʒəːni/ *n.* [C] ❶(常指陆上的)旅行:He went on a *journey* across Russia. 他做了一次横穿俄国的旅行。❷旅程,行程,路程:By train, it is only a two-hour *journey* from here to New York. 乘火车的话,从这里到纽约只有两个小时的行程。❸〈喻〉过程,进程,历程:Life is a long but short *journey* from cradle to grave. 人生是从摇篮到坟墓的虽长犹短的历程。‖ ˈ**jour·ney·er** *n.* [C]

☆**journey, excursion, expedition, tour, trip, voyage** 均有"旅行"之意。**journey** 适用范围最广,通常指时间较长、距离较远的陆地旅行,有时亦指水上或空中旅行,着重指从一个地方到另一个地方,而无返回出发地的含义:The young man in the seat next to mine was on his first *journey*. (我邻座的年轻人是头一回出门。) **excursion** 指短距离游乐性的旅行,时间一般不超过一天,且有回到出发地的含义:Many *excursions* had been arranged by the holiday company. (短程旅行原先多由度假服务公司安排。) **expedition** 意为"远征、探险",一般只用于长距离的、有严肃目的的活动:I'm sending an *expedition* to photograph wild animals in Africa. (我派遣一支探险队去拍摄非洲的野生动物。) **tour** 指按巡回路线沿途参观许多地方,然后回到出发地的旅游;有时还带有对非常小的地方进行巡回视察的含义:We went on a guided *tour* round the castle. (我们随着导游参观了城堡。) **trip** 指时间短、距离近的旅行,往往出于"公差"或"娱乐"的目的,含往返一次之义;在口语中,可替代 journey 和 voyage:On that *trip*, I traveled with my brother. (那次旅行,我和我弟弟同行。) **voyage** 指远距离的水上或空中旅行,有"航海、航空、航行、航程"等含义:make a *voyage* across the Atlantic (作横渡大西洋的旅行)

jour·ney·man /ˈdʒəːnimən/ *n.* [C]([复]**-men** /-mən/) 满师学徒工;熟练工人;熟手

joust /dʒaust,dʒʌst,dʒuːst/ **I** *n.* [C](古代骑士的)马上长矛打斗,枪术比武 **II** *vi.* ❶骑马持长矛比武(或打斗) ❷(参与)竞争;争斗,格斗:*joust* for the producer's Academy Award 角逐电影制片人学院奖 ‖ ˈ**jous·ter** *n.* [C]

jo·vi·al /ˈdʒəuviəl/ *adj.* 友善快活的;愉快的;乐天的:He seems to be in a very *jovial* mood this morning. 他今天早上看上去心情很好。‖ ˈ**jo·vi·al·i·ty** /ˌdʒəuviˈæliti/ *n.* [U;C] —ˈ**jo·vi·al·ly** *adv.*

jowl /dʒaul,dʒəul/ *n.* [常作~**s**]颌(尤指下颌);(无脊椎动物的)大颚;颌骨:fat *jowls* rolling over sb.'s collar 肥实的下巴裹住了某人的衣领 ‖ **jowled**, ˈ**jowl·y** *adj.*

joy /dʒɔi/ *n.* ❶[U]快乐,高兴,喜悦:She could not hide her *joy* that everybody was safe. 见到大家平安无事,她掩饰不住内心的喜悦。❷[C]令人高兴的人(或事);乐事,乐趣:His grandchildren are a great *joy* to him. 孙儿孙女们是他极大的快乐。‖ ˈ**joy·less** *adj.*

joy·ful /ˈdʒɔiful/ *adj.* ❶充满喜悦的,高兴的,快乐的:a *joyful* heart 快乐的心 / be *joyful* about [over] sth. 因某事而感到高兴 ❷使人高兴的,令人开心的:a *joyful* event 喜事 ‖ ˈ**joy·ful·ly** *adv.* —ˈ**joy·ful·ness** *n.* [U]

joy·ous /ˈdʒɔiəs/ *adj.* 快乐的,高兴的:a *joyous* song 一支快乐的歌 / the *joyous* sounds of children at play 做游戏的儿童们的欢声笑语 ‖ ˈ**joy·ous·ly** *adv.* —ˈ**joy·ous·ness** *n.* [U]

joy·ride /ˈdʒɔiraid/〈口〉**I** *n.* [C]驾车(或飞机等)兜风(尤指偷车乱开):A man who drove away two cars for a *joyride* was fined 75. 一个连偷两辆汽车乱兜风的男子被罚款 75 美元。**II** *vi.* (**-rode** /-rəud/, **-rid·den** /-ˌridᵊn/) 驾汽车(或飞机等)兜风 ‖ ˈ**joyˌrid·er** *n.* [C]

joy·stick /ˈdʒɔiˌstik/ *n.* [C] ❶〈口〉(飞机的)操纵杆,驾驶杆 ❷【计】控制杆

ju·bi·lant /ˈdʒuːbilənt/ *adj.* 欢腾的,欢欣雀跃的;兴高采烈的,喜气洋洋的(*about*, *at*, *over*):The whole nation was *jubilant* when the war was over. 战争过后,举国上下一片欢腾。‖ ˈ**ju·bi·lant·ly** *adv.*

ju·bi·la·tion /ˌdʒuːbiˈleiʃən/ *n.* [U]欢呼;欢腾;欢庆

ju·bi·lee /ˈdʒuːbiliː,ˌdʒuːbiˈliː/ *n.* [C]周年纪念;(尤指)50 周年纪念大庆:Our college will celebrate its *jubilee* next year. 我们学院将于下一年举行建院 50 周年纪念。

Ju·da·ic /dʒuːˈdeiik/, **Ju·da·i·cal** /-kᵊl/ *adj.* 犹太教的:the *Judaic* idea of justice 犹太教的正义观

Ju·da·ism /ˈdʒuːdeiˌizᵊm/ *n.* [U] ❶【宗】犹太教 ❷[总称]犹太人,犹太民族 ‖ **Ju·da·ist** /ˈdʒuːdeiist/ *n.* [C]

judge /dʒʌdʒ/ **I** *n.* [C]❶法官,审判员:a district *judge* 地方初审法官 / an associate *judge* 陪审员 ❷(争端、纠纷等的)仲裁人,调解人;(比赛、竞赛等的)裁判员:the *judges* at a sports meet 体育运动会的裁判员 / the *judges* of a singing contest 歌咏比赛的裁判员 ❸鉴定人;鉴赏家;批评家:a good *judge* of horses 相马行家 **II** *vt.* ❶审理,审判;判决:*judge* a murder case 审理一起谋杀案 / The court *judged* him guilty. 法庭判他有罪。❷裁决(争端、纠纷等);裁判(比赛、竞赛等);评定:She was chosen to *judge* the entries at the flower show. 她被推选担任花展的评判员。❸判断;断定;估计:She couldn't *judge* whether he was telling the truth. 她不能判断他说的是真话还是假话。❹评价;识别;鉴定:*judge* sb's personality on his performance 根据某人的言行表现评价其个性 —*vi.* ❶审理;审判;评判;裁决:Who is *judging* at the horse show? 谁当这次骏马展的评判员?❷判断;评介;估计:*Judging* by the sky, there'll be a storm soon. 看天色,很快要来暴风雨了。‖ ˈ**judgeˌlike** *adj.* —ˈ**judge·ship** *n.* [U;C]

judg(e)·ment /ˈdʒʌdʒmᵊnt/ *n.* ❶[U]判断力;识别力;鉴赏力:She showed good *judgment* in her choice of people. 她看人很有眼力。❷[C]意见;看法;评价:In his *judgment*, most politicians are dishonest. 在他看来,多数政客都是不诚实的。❸[C]审判;裁判;判决:a *judgment* against the defendant 裁定被告败诉的判决 ❹[C;U]判断;估计:an error of *judgment* 判断失误 / make a *judgment* of distance 估测大致距离 ‖ **judg(e)·men·tal** /dʒʌdʒˈmentᵊl/ *adj.*

judg(e)ment call *n.* [C] ❶【体】(裁判根据个人观察对有争议的比赛作出的)裁决 ❷(凭感情或个人看法作出的)判断;裁决

ju·di·cial /dʒuːˈdiʃəl/ *adj.* ❶司法的;审判(上)的:the *judicial* system 司法系统/go through proper *judicial* procedures 履行正当的诉讼程序❷法官(或审判员)的;法庭的;法庭裁决的:a *judicial* decision 法院的决定 ‖ **juˈdi·cial·ly** *adv.*

ju·di·ci·ar·y /dʒuːˈdiʃiəri,-ˈdiʃəri/ *n.* [U](政府的)司法部;(一国的)司法系统:The *judiciary* is expected to publish its report next month. 司法部预计下星期将发表其报告。

ju·di·cious /dʒuːˈdiʃəs/ *adj.* 贤明的;审慎的;切合实际的;明白事理的(见 wise):With a *judicious* choice of words, he made a reply that pleased them both. 他措辞谨慎,作出的回答使他们俩皆大欢喜。‖ **juˈdi·cious·ly** *adv.* —**juˈdi·cious·ness** *n.* [U]

ju·do /ˈdʒuːdəu/ *n.* [U]([复]**-dos**)〈日〉现代柔道(或柔术) ‖ ˈ**ju·do·ist** *n.* [C]

jug /dʒʌg/ *n.* [C] ❶(有柄有嘴的)壶(常作餐桌容器);(细颈、狭嘴、有柄的)大罐(=pitcher) ❷一大罐(或壶)的容量;一大罐(或壶)的东西:a *jug* of wine 一壶葡萄酒 ‖ ˈ**jug·ful** *n.* [C]

jug·ger·naut /ˈdʒʌgəˌnɔːt/ *n.* 不可抗拒的摧毁力量;具有毁灭力的事物

jug·gle /ˈdʒʌgᵊl/ *vi.* ❶(用球、小刀等)玩杂耍,要把戏,变戏法(*with*):*juggle with* knives and swords 耍刀舞剑 ❷〈贬〉歪曲;窜改;篡改(*with*):*juggle with* facts 歪曲事实 —*vt.* ❶耍;用…玩杂耍;用戏法变出:He entertained

J

the audience by *juggling* four balls and four plates at once. 他为观众表演同时抛接 4 个球和 4 只碟子。/ *juggle* a card away 把一张牌变没了 ❷歪曲;窜改;篡改:*juggle* black and white 颠倒黑白/ *juggle* historical facts 篡改历史事实 ❸努力对付;(巧妙地)安排;(勉为其难地)处理(常指同时做几件事):*juggle* the responsibilities of family life and full-time job 勉为其难地挑起工作和照管家庭的两副担子 ‖ **jug·gler** /ˈdʒʌglə^r/ *n.* [C]

jug·u·lar /ˈdʒʌgjulə^r, ˈdʒuː-/ **I** *adj.* [作定语]【解】喉的;颈的 **II** *n.* [C]【解】颈静脉

juice /dʒuːs/ **I** *n.* ❶[U;C](水果、蔬菜、鲜肉等的)汁,液:fruit *juice* 果汁 ❷[常作~s]体液:digestive *juices* 消化液 ❸[U]〈口〉精力,活力,生命力,劲儿:The sad thing about her is that the *juice* has been cut off. 可悲的是,她青春已逝。**II** *vt.* 榨出…的汁液 ‖ ***juice up*** *vt.* 使有生气;使增活力:A new Chinese chef *juiced up* the restaurant's menus. 新来的一名中国厨师使餐馆的菜谱增色不少。‖ **juice·less** *adj.*

juic·er /ˈdʒuːsə^r/ *n.* [C] ❶榨汁机;榨汁器 ❷〈俚〉嗜饮烈酒的人,酒鬼

juic·y /ˈdʒuːsi/ *adj.* ❶多汁的,富含汁液的:a *juicy* pear 多汁的梨子 ❷生动有趣的;妙趣横生的;*juicy* gossip 绘声绘色的小道消息 ‖ **ˈjuic·i·ly** *adv.* —**ˈjuic·i·ness** *n.* [U]

ju·jit·su /dʒuːˈdʒitsuː/, **ju·jut·su** /dʒuːˈdʒutsuː/ *n.* [U]〈日〉柔道,柔术

ju·jube /ˈdʒuːdʒuːb/ *n.* [C]枣子酱;枣味胶糖

juke·box /ˈdʒuːkˌbɔks/ *n.* [C]投币自动电唱机

Jul., **Jul** *abbr.* July

Ju·ly /dʒuːˈlai/ *n.* [U;C]7 月(略作 **Jul.**, **Jl.**, **Jy.**)

jum·ble /ˈdʒʌmbəl/ **I** *vt.* 使混乱,使混杂(*up*, *together*):She *jumbled up* every thing in her drawer while hunting for her white gloves. 在寻找她那副白手套的当儿,她把抽屉翻得乱七八糟。**II** *n.* [C]混乱,杂乱;混乱的一堆(见 confusion):a singular *jumble* of sadness and pleasure 悲欢苦乐、百感交集 / Our plans fell into a *jumble*. 我们的计划陷入了混乱。‖ **ˈjum·bly** *adj.*

jum·bo /ˈdʒʌmbəu/〈口〉**I** *n.* [C]([复]**-bos**)体大而笨拙的人(或动物、物件);庞然大物 **II** *adj.* [通常作定语]特大(号)的;巨型的:a *jumbo* packet of soap powder 大号袋装洗衣粉

jump /dʒʌmp/ **I** *vi.* ❶跳,跃;跳跃:*jump* up and down with excitement 欢欣雀跃 / How high can you *jump*? 你能跳多高? ❷霍地站起;快速行动;迅速作出反应(*up*, *in*, *out*, *from*):He *jumped from* his seat when she entered. 她走进来时,他蓦地从椅子里站起。❸惊跳,悸动;跳动:I nearly *jumped out* of my skin when I saw the snake under my bed. 看到那条蛇在我的床下,我吓得跳了起来。❹〈口〉[常用进行式]活跃,闹热;(爵士乐等)奏出强节奏:The party was *jumping* when I arrived. 我来到时,舞会正进行得热火朝天。❺(价格等)突升,暴涨;(数量等)激增:Prices *jumped* sky-high. 物价扶摇直上。❻越级晋升:He *jumped* from clerk to general manager in a year. 在一年里头,他从普通职员越级提升为总经理。❼突然转换,急速地变换:He *jumped* from one thing to another without being able to concentrate on anything. 他老是突然从这事跳到那事,就是定不下心来做一件事。—*vt.* ❶跳越,跃过:*jump* a gap 跃过缺口 ❷使跳过;使颤动:*jump* a horse over a hedge 策马跃过树篱 ❸〈口〉跳上(或跳下)(车辆等):He *jumped* the train as it was leaving. 他跳上一列徐徐离站的火车。**II** *n.* [C] ❶跳,跃;跳跃:He took the rest of the steps in a *jump*. 他一跃跳过了剩下的几级台阶。❷需跳越的障碍:a racecourse with *jumps* 设置障碍的赛马场 ❸急升;激增;暴涨:There has been a big *jump* in the number of unemployed. 失业人数大幅度增加。❹突变;跃变;突然转换:make a *jump* from one subject to another 突然从一个话题跳到另一个话题 ❺突然的一跳;惊跳,悸动:He gave a *jump* at the noise of the gun. 听到枪声,他吓了一跳。‖ ***jump at*** *vt.* ❶急切地接受,欣然应承:She *jumped at* the long-awaited opportunity. 她忙不迭地抓住了这一等待已久的机会。❷匆忙作出(结论等):Let us not *jump at* conclusions before all the facts are in. 全部事实尚未弄清楚之前,咱们先别忙着下结论。***jump on*** *vt.* ❶跳上:He *jumped on* a plane for Chicago. 他匆匆地登上了飞往芝加哥的飞机。❷突然袭击,猛扑;呵斥,责骂,严厉批评:He'll *jump on* anyone who contradicts him. 谁和他意见不合,他就骂谁。

☆ **jump, leap, spring** 均有"跳,跳跃"之意。**jump** 为最普通用词,既可指往上跳,也可指往下跳,或者从一点往前跳到另一点:I *jumped* into the river.(我跳进了河里。)**leap** 则着重指从一点越过相当距离到另一边,有连跑带跳的含义,且所要付出的体力较 jump 大:A frog *leapt* out.(一只青蛙一跃而出。)**spring** 侧重指跳得轻、快或突然,给人一种弹性感:Grasshoppers were *springing* through the field.(蚱蜢在田野里四处蹦跶。)

jump·er[1] /ˈdʒʌmpəʳ/ *n.* 跳跃者;做跳跃动作的人;跳跃的动物

jump·er[2] /ˈdʒʌmpəʳ/ *n.* [C] ❶无袖连衣裙;女学生裙 ❷(宽松的)工作夹克;(水手穿的)短上衣 ❸〈主英〉(针织)女套衫

jump-start /ˈdʒʌmpˌstɑːt/ **I** *n.* [C](汽车)助推启动 **II** *vt.* ❶助推启动(汽车的发动机);用助推启动法发动(汽车) ❷发动,推动,强力启动;使充满生机:That country is trying to *jump-start* its economy. 那个国家正在努力使本国经济起飞。

jump suit *n.* [C] ❶伞兵服,跳伞员服装 ❷连衫裤工装;女式紧身连衫裤

jump·y /ˈdʒʌmpi/ *adj.* 易受惊吓的;心惊肉跳的;神经过敏的:It made me *jumpy* to watch him. 一看到他我就胆战心惊。‖ **ˈjump·i·ly** *adv.* —**ˈjump·i·ness** *n.* [U]

Jun *abbr.* June

Jun. *abbr.* ❶ June ❷ Junior

junc·tion /ˈdʒʌŋkʃən/ *n.* [C]连接点;(公路、道路等的)交叉口;(铁路)联轨站,枢纽站;(河流的)汇合处:at the *junction* of two hills 在两座小山的连接点 / Our train waited for a long time in a siding at a *junction.* 我们的列车在一个枢纽站的岔道上等候了好长时间。

junc·ture /ˈdʒʌŋktʃəʳ/ *n.* [C] ❶时刻;(尤指)关键时刻,危急关头:a critical *juncture* in a struggle 斗争的危急关头 ❷接合,联结;接合点;交接处:the *juncture* of the Third and Seventh armies 第三军和第七军的结合部

June /dʒuːn/ *n.* [U;C] 6 月(略作 **Jun.**, **Je.**, **Ju.**)

jun·gle /ˈdʒʌŋgᵊl/ *n.* [U;C]热带植丛,热带雨林;密林,丛林,莽丛:the gross vegetation of the tropical *jungles* 热带丛林中繁茂的草木

jun·ior /ˈdʒuːnjəʳ/ **I** *adj.* ❶较年幼的,年轻人的;由青少年组成的;为青少年的:my *junior* brother 我的弟弟 / She's *junior* to me by two years. 她比我小两岁。❷[作定语]新近的,晚近的;随后的,接续的:the *junior* senator from New York 新近由纽约州选出的美国参议院议员 ❸地位(或等级)较低的;年资较浅的:a *junior* officer 下级军官 **II** *n.* [C] ❶较年幼者;年少者:He is his brother's *junior* by two years. 他比他哥小两岁。❷地位(或等级)较低者;年资较浅者,晚辈:Police officers chided their *juniors* for not spotting the clues. 警官们责备他们的属员没能找到线索。❸(美国四年制大学或中学的)三年级生 ❹[常作~s]瘦小的女服尺寸(尤指 3 至 15 号);(3 至 15 号)尺寸的女服;(百货公司内的)小尺寸女子服装部;少女,身材瘦小的女子 ❺[常作 J-]〈口〉儿子;男孩;小伙子:Do bring *Junior* with you! 一定要把你儿子带来!

junior college *n.* [C]两年制专科学校,大专

junior high school *n.* [C;U]初级中学;接受初中教育:Is he attending *junior high school*? 他正在上初中吗?

junk[1] /dʒʌŋk/ *n.* [U][总称]废弃的旧东西,废旧杂物:a collection of *junk* 一堆废旧杂物

junk[2] /dʒʌŋk/ *n.* [C]中国式平底帆船,舢板

junk bond *n.* [C]【股】低档(风险)债券

jun·ker /ˈjuŋkəʳ/ *n.* [C]〈口〉破车;破机器

jun·ket /ˈdʒʌŋkit/ **I** *n.* ❶[U]乳冻甜食;凝乳食品;(原指在蒲篮里制成的)奶酪 ❷[C]郊游;旅游;(尤指政府官员等的)公费旅游 **II** *vi.* 郊游;旅游;作公费旅游 ‖ **jun·ke·teer** /ˌdʒʌnkiˈtiəʳ/, **ˈjun·ket·er** *n.* [C]

junk food *n.* [U](尤指虽多热量但缺乏营养价值的)劣等食品(如油炸土豆片等)

junk·ie, junk·y /ˈdʒʌŋki/ *n.* [C]〈口〉❶服用麻醉品的人;吸毒成瘾者,(尤指)海洛因瘾君子,注射海洛因上瘾者;毒品贩子 ❷狂热爱好者;狂热追随者;

junk mail *n.* [U]三级邮件;(大宗)邮寄广告宣传品(封套上仅注明地址而不注明收件人)

jun·ta /ˈdʒuntə, ˈdʒʌn-; ˈhuntə/ *n.* [C](尤指政变后掌握政权的)军人(或政治)集团

ju·rid·i·cal /dʒuˈridikəl/, **ju·rid·ic** /dʒuˈridik/ *adj.* ❶司法(上)的;审判(上)的 ❷法律(上)的;法学(上)的:a *juridical* association 社团法

人 / *juridical* powers 法律权限

ju·ris·dic·tion /ˌdʒuəris'dikʃən/ *n.* [U] ❶司法;司法权,审判权;裁判权 ❷权威;权力,管辖权:The principal has *jurisdiction* over the teachers in a school. 在学校校长对教师拥有管辖权。‖ ˌ**ju·ris'dic·tion·al** *adj.*

ju·ris·pru·dence /ˌdʒuəris'pruːdᵊns/ *n.* [U] ❶法学;法律学 ❷法律系统

ju·rist /'dʒuərist/ *n.* [C] ❶(尤指精通罗马法或民法的)法律学者;法学家 ❷律师;法官

ju·ris·tic /dʒu'ristik/, **ju·ris·ti·cal** /-kᵊl/ *adj.* 司法上的;法律上的;审判上的

ju·ror /'dʒuərəʳ/ *n.* [C] ❶审团成员,陪审员 ❷(竞赛或展览等的)评奖人,评判员

ju·ry /'dʒuəri/ *n.* [C][通常用单]❶(由12人组成的)陪审团:judge and *jury* 法官和陪审团 ❷(竞赛或展览等的)评判委员会;专家评奖团:a *jury* for a song contest 歌咏比赛的评委会

ju·ry-rig /'dʒuəriˌrig/ *vt.* (**-rigged;-rig·ging**) 临时装备;临时补救:*jury-rig* stage lights using automobile headlights 用汽车前灯权充舞台灯光 ‖ '**ju·ry-ˌrigged** *adj.*

just /dʒʌst/ **I** *adv.* ❶刚才,方才:The book has *just* been published. 那本书刚刚出版。❷正好,恰恰正是:That's *just* what I mean. 我正是那个意思。/He had handled things *just* right so far. 到目前为止,他把事情处理得恰到好处。❸勉强地,好不容易地;差一点就不:I *just* managed to escape. 我好不容易才逃脱。❹只是,仅仅:He was *just* a clerk until he became ambitious. 他只不过是个职员,可后来渐渐变得野心勃勃。❺直接地,就:*just* at present 就在目前 / *just* opposite St George's Square 就在圣乔治广场的对面 ❻〈口〉[用以加强语气]很,非常;实在,确实;完全:The weather is *just* marvelous. 这天气真是好极了!**II** *adj.* ❶正义的;正直的;公正的,公平的(见upright):a *just* action 正义的行为/be *just* in one's dealings 做生意公道 ❷有充分根据的;合乎情理的:a *just* suspicion 有充分根据的怀疑 ❸合法的;正当的:a *just* inheritance 法律上认可的继承权 ‖ ***just about*** *adv.* 〈口〉❶正要,将要,正准备:I was *just about* to telephone you. 我正要打电话给你。❷几乎,差不多:The car accident *just about* finished her as an actress. 那起车祸几乎结束了她的演员生涯。***just as well*** (***as***) *conj.* 〈口〉幸运,幸好;正好:It is beginning to rain; it is *just as well* we brought our raincoats with us. 天开始下雨了;幸好我们带了雨衣。‖ '**just·ly** *adv.* —'**just·ness** *n.* [U]

jus·tice /'dʒʌstis/ *n.* ❶[U]正义;正直;正义行为:sense of *justice* 正义感 / secure the social *justice* 维护社会正义 ❷[U]公正,公平;公平原则:*justice* to all 给人人以公正 / He tried to deal with the two of them with equal *justice*. 他努力做到对他们两人一视同仁。❸[U]正确;合理;正当,正当的理由;合法性:Do you feel that there is *justice* in their claim? 你觉得他们的要求正当吗?❹[U]司法;审判;法律制裁:the administration of *justice* 司法当局 ❺[C]法官(在英国尤指高等法院的法官)‖ ***bring to justice*** *vt.* 把…送交法院审判;给予…应有的处分;依法惩处:The murderer escaped and was finally *brought to justice*. 杀人犯逃跑了,但最后还是被绳之以法。***do justice to...*** [***do...justice***] *vt.* 承认…的价值;公平地对待;公正地评判:To *do* him *justice*, he did apologize in the end. 说句公道话,他最后还是表示歉意了。‖ '**jus·tice·ship** *n.* [U;C]

justice of the peace *n.* [C]治安法官;兼理一般司法事务的地方官(俗称"太平绅士")

jus·ti·fi·a·ble /'dʒʌstiˌfaiəbᵊl/ *adj.* (在法律或道义上)可证明为正当的;可辩护的;无可非议的;情有可原的,顺理成章的:a *justifiable* defence 正当防卫 ‖ **jus·ti·fi·a'bil·i·ty** /ˌdʒʌstiˌfaiə'biliti/, '**jus·tiˌfi·a·ble·ness** *n.* [U] —'**jus·tiˌfi·a·bly** *adv.*

jus·ti·fi·ca·tion /ˌdʒʌstifi'keiʃən/ *n.* [U;C] 正当的理由;借口:What is your *justification* for being so late? 你来得这么迟有何理由?

jus·ti·fy /ˌdʒʌsti'fai/ *vt.* 证明(行为、要求、言论等)正当(或有理、正确);为…辩护;辩明;为…的正当理由:His behaviour *justifies* our suspicion. 他的行为证明我们的怀疑是有道理的。‖ **jus·ti·fi·ca·to·ry** /'dʒʌstifiˌkeitᵊri/ *adj.* —'**jus·ti·fi·er** *n.* [C]

jut /dʒʌt/ *vi.* (**jut·ted; jut·ting**) 突出;伸出(*out*):Piers *jut out* into the harbor. 一个个码头突入港湾。

jute /dʒuːt/ *n.* ❶[U]黄麻纤维(用以制麻袋、麻绳等) ❷[C]【植】黄麻

J

ju•ve•nile /ˈdʒuːviˌnail/ I *adj*. ❶年少的(见young):a *juvenile* offender 少年犯 ❷适合于青少年的,专为青少年的;青少年所特有的:*juvenile* literature 青少年文学 ❸幼稚的,不成熟的:Don't you think it's a bit *juvenile* to stamp your feet? 难道你不认为你这样的跺脚显得幼稚了点儿? II *n*. [C]少年 ‖ ˈ**ju•veˌnile•ly** *adv*.

juvenile delinquency *n*. [U;C]少年犯罪

jux•ta•pose /ˌdʒʌkstəˈpəuz/ *vt*. (尤指为做比较或对比)把…并置,把…并列:If you *juxtapose* the two pictures, it will give a better effect. 你把这两张照片并放在一起,就可以看出哪一张照得好。 ‖ **jux•ta•po•si•tion** /ˌdʒʌkstəpəˈziʃən/ *n*. [U]

JV, J. V. *abbr*. joint venture 合资(企业)

J

K k

K, k /kei/ *n.* ([复]**K's, k's; Ks, ks** /keiz/) ❶[C]英语字母表中第十一个字母 ❷[C]字母 K,k 所表示的爆破音/k/ ❸[U]【计】(存储单位)千字节(实际等于1 024字节) ❹[U]〈美俚〉1 000元:Four bastards got ninety-seven *K* out of a little bank. 四名歹徒从一家小银行里抢走了9.7 万元钱。

ka·bu·ki /kəˈbuːki/ *n.* [U][亦作 **K-**]〈日〉歌舞伎

kale /keil/ *n.* [U]【植】羽衣甘蓝,无头甘蓝

ka·lei·do·scope /kəˈlaidəˌskəup/ *n.* [C] ❶万花筒 ❷[通常用单]万花筒般千变万化的情景:the perpetually shifting *kaleidoscope* of public opinion 变化无常,捉摸不定的公众舆论 ‖ **ka·lei·do·scop·ic** /kəˌlaidəˈskɔpik,-ˈskɑː-/ *adj.*

kan·ga·roo /ˌkæŋgəˈruː/ *n.* ([复]**-roo(s)**) [C]【动】袋鼠:a mob of *kangaroos* 一群袋鼠

ka·pok /ˈkeipɔk; ˈkæpək/ *n.* [U]木棉(吉贝树种子外面的丝质纤维)

ka·put(t) /kəˈput, kæ-; kɑː-/ *adj.* 〈俚〉[作表语] ❶完蛋了的,失败了的:The firm is *kaput.* 这家公司破产了。❷坏了的,没用的:The TV is *kaput.* 这台电视机坏了。

kar·at /ˈkærət/ *n.* 〈主美〉开(=carat)

ka·ra·te /kəˈrɑːti/ *n.* [U]〈日〉空手道(一种徒手武术):She knew a little *karate.* 她会一点儿空手道。

kar·ma /ˈkɑːmə/ *n.* [U] ❶【宗】羯磨,业(佛教中泛指一切身心活动,一般分身、语(或口)、意三业,认为三业的善恶必得相应的报应) ❷(人、地、事物等能为客体感知的)气质;气度;气氛:She had this exquisite *karma* that attracts every one. 她气度高雅,人见人爱。

ka·sha /ˈkɑːʃə/ *n.* [U] ❶麦糊,麦糜 ❷制麦糊的谷物

kay·ak /ˈkaiæk/ *n.* [C]爱斯基摩划子,(用动物皮绷在木架或骨架上做成的)单人小划子

ke·bab /kəˈbæb; kiˈbɑːb/ *n.* [C][常作~s](印度)烤肉串;烤海鲜串〔亦作 **kabob**〕

keel /kiːl/ **I** *n.* [C](船、飞艇、飞船等的)龙骨 **II** *vi.* (船等)倾覆,底朝天翻转;倒下(*over*):The boat *keeled* (*over*) when the wind came up. 大风骤起,那条船被刮了个底朝天。

keen /kiːn/ *adj.* ❶锋利的,尖的,锐利的:a *keen* edge 锋利的刀刃 ❷刺人的;寒冷刺骨的;尖利的;尖刻的: A *keen* north wind arose. 刮起了凛冽的北风。❸敏锐的,敏捷的;机灵的,精明的:*keen* eyes 敏锐的眼睛 ❹强烈的,激烈的;深切的:a *keen* sense of loss 强烈的失落感 ❺[通常作表语]热衷的;热心的;热切的,渴望的:He is *keen* about canoeing. 他热衷于划船。‖ ***be keen on*** *vt.* 〈口〉对…着迷;热衷于;喜爱:*Boys are* just *keen on* cooking as girls are. 男孩子跟女孩子一样,也喜爱烧饭做菜。‖ **ˈkeen·ly** *adv.* —**ˈkeen·ness** *n.* [U]

keep /kiːp/ **I** (**kept** /kept/) *vt.* ❶保存;保留;保有:He gave me the picture to *keep.* 他送我一张照片作纪念。❷储存,储藏,储备;存放:*keep* grain for seed 储粮留种 / *Keep* a thing, its use will come. 惜物有物用。❸使保持某状态;使继续进行;继续执行;保持: *Keep* the child away from the fire. 别让孩子挨近火! ❹照管;照料;收拾;看管;留心:*keep* the house 持家 / She *keeps* the garden beautifully. 她把花园收拾得很漂亮。❺保护;保养;保存好:He *keeps* his car in good condition. 他把汽车保养得很好。❻拘留;禁闭;监禁:*keep* sb. in custody 把某人拘留起来 ❼坚持;留在(某处):The boy *kept* his progress in study. 这孩子在学业上不断取得进步。❽备有;经售,经销:*keep* a large supply of machine parts 备有大批机器零部件 ❾拥有;享有;雇用;豢养:*keep* a maid and a

gardener 雇用女佣和花匠各一名 ❿抚养，供养：The girl was *kept* by foster parents. 那姑娘由养父母抚养。⓫饲养（牲口等）：*keep* sheep 养羊 ⓬结交，与…交往：A man may be known by the company he *keeps*. 从一个人所交的朋友可知他的为人。⓭保守；隐匿：*keep* a secret 保守秘密 / *keep* one's own counsel 不露声色 ⓮阻止，妨碍；防止；控制住：What could be *keeping* him this late? 究竟是什么原因使他这么晚了还不来？⓯定期登录；记载：*keep* books 记账 / *keep* a diary 记日记 ⓰履行（诺言等）；遵循，遵从；信奉：*keep* one's pledge 信守誓言 / *keep* the law 遵守法律 —*vi.* ❶抑制；忍住：The little boy couldn't *keep* from crying when he fell down. 那个小孩跌倒后，忍不住哭了起来。❷保持良好状态；持久不坏；保持健康：Milk does not *keep* long in hot weather. 天气热牛奶就放不长。❸维持原状，保持某状态；留在某处：*Keep* in line! 大家站好队！/ *Keep* silent! 保持安静！❹坚持，持续：*keep* talking 滔滔不绝地说 / *Keep* going till you reach the traffic lights. 照直走，前面就是交通信号灯。❺（沿着道路、方向等）继续行进：*keep* along the main road 沿着大路往前走 **II** *n.* [C] [通常用单]衣食，生计，生活所需：The money he earns would not pay for his *keep*. 他挣的钱还不够自己糊口的。‖ ***for keeps*** *adv.* 〈口〉永远地，永久地；完全；终于：She's coming home tomorrow *for keeps*. 她明天回家来，就再不走了。***keep at*** *vt.* （使）坚持做；（使）继续干：The only way to get a dictionary written is to *keep at* it, day after day. 要编成一部词典，唯有日复一日，锲而不舍地写。***keep back*** *vi.* & *vt.* ❶留在远处；不向前；（使）不靠近（*from*）：The police *kept* the crowds *back*. 警察不让人群向前。❷隐瞒：It really seemed to me as if she were *keeping* something *back*. 我总觉得她有什么事情瞒着。***keep down*** *vt.* ❶控制；限制；压缩，缩减：*keep down* the population 控制人口 / *keep down* the daily expenses 紧缩日常开支 ❷抑制，克制，按捺（感情等）：He had difficulty *keeping* his anger *down*. 他按捺不住内心的怒火。❸压制；征服；镇压：*keep down* a revolt 平息叛乱 ***keep on*** *vi.* & *vt.* ❶继续（做某事）；继续行进；坚持下去：How can I work if you *keep on* chattering? 像你这样絮絮叨叨地没个完，我怎么工作下去？❷对…纠缠不休，不断催促，对…责骂不休（*at*）：She *kept on at* me to write to her. 她老是催促我给她写信。***keep to*** *vt.* ❶坚持：Though he was warned of the danger, he *kept to* his plan to climb the mountain alone. 虽经警告有危险，但他仍然坚持其独自登山的计划。❷遵守，恪守，信守；不违背：He has *kept to* our agreement. 他信守我们签订的合同。***keep up*** *vi.* & *vt.* ❶不落后；（与…）并驾齐驱；跟上（人、时代、形势等）（*with*, *on*）：I had to run to *keep up*. 我得跑步才能不掉队。❷（使）持续；（使）不停止；坚持：The hurricane *kept up* for several days. 接连数日，飓风肆虐。❸维持；保养；（使）保持良好状态：How do you manage to *keep up* such a big house? 你是怎么把这么大一幢房子保养得这么好的？

keep·er /ˈkiːpəʳ/ *n.* [C] ❶看守人；警卫员 ❷监护人，保护人 ❸保管人；饲养者；（尤指动物园、马戏团等的）动物饲养员：the *keeper* at a zoo 动物园饲养员

keep·ing /ˈkiːpiŋ/ *n.* [U] ❶照管；保护；保管；管理：The money has been given into his *keeping*. 那笔钱已交由他保管。❷协调，和谐；一致 ‖ ***in keeping with*** *prep.* 与…一致；与…协调：His deeds are *in keeping with* his words. 他言行一致。***out of keeping*** (***with***) *adj.* （与…）不一致；（与…）不协调：These actions are *out of keeping with* accepted standards. 这些行为不符合公认的道德准则。

keep·sake /ˈkiːpˌseik/ *n.* [C]纪念物，赠品

keg /keg/ *n.* [C] ❶小桶，桶（容量英制 5 至 10 加仑，美制 5 至 30 加仑）：a powder *keg* 炸药桶 ❷一（小）桶的容量：a *keg* of beer 一桶啤酒

kelp /kelp/ *n.* [U]【植】巨藻；海草；大型褐藻

kel·vin /ˈkelvin/ *n.* [C]【物】开（开尔文温标的计量单位，略作 K.）

ken /ken/ **I** *n.* [U] ❶知觉；知识的范围；理解（或领悟）的范围：What happens on Mars is no longer beyond our *ken*. 对火星上的情况我们不再是一无所知了。❷〈罕〉视阈，视野，眼界：He vanished from human *ken*. 他神不知鬼不觉地消失了。**II** (**kenned** 或 **kent** /kent/; **ken·ning**) *vt.* 〈主苏格兰〉知道，了解；认得，熟悉：Do you *ken* John Peel? 你认得约翰·皮尔吗？

ken·nel /ˈkenəl/ *n.* [C] 狗舍，狗窝

Ken·yan /ˈkenjən, ˈkiːn-/ **I** *adj.* ❶（关于）肯尼

K

亚的 ❷(关于)肯尼亚人的 II *n.* [C]肯尼亚人(或居民)

kept /kept/ I *v.* keep 的过去式和过去分词 II *adj.* [作定语](由于暧昧性爱关系而)被供养的：a *kept* woman (被供养的)姘妇

ker·a·tin /ˈkerətin/ *n.* [U]【生化】角蛋白，角朊，角质

kerb /kəːb/ *n.* [C] & *vt.* 〈英〉=curb

ker·chief /ˈkəːtʃif/ *n.* [C]([复]**-chiefs**, **-chieves** /-tʃivz/) ❶(女用)方头巾，方围巾 ❷=handkerchief

ker·nel /ˈkəːnᵊl/ I *n.* [C] ❶(果核或果壳内的)仁：He that will eat the *kernel* must crack the nut. 〈谚〉要吃果仁，就得破果壳。(意指不劳则无获) ❷核心，中心，要点：the *kernel* of an argument 争论的焦点 II *vt.* 把…包在壳(或核)内；把…作为中心(或核心)

ker·o·sene, ker·o·sine /ˈkerəsiːn, ˌkerəˈsiːn/ *n.* [U]煤油，火油：a *kerosene* lamp 煤油灯

ketch·up /ˈketʃəp/ *n.* [U]番茄酱，番茄沙司〔亦作 **catchup, catsup**〕

ket·tle /ˈketᵊl/ *n.* [C](烧水用的)壶；(煮水果、蔬菜等用的)锅

ket·tle·drum /ˈketᵊlˌdrʌm/ *n.* [C]定音鼓，锅形铜鼓

key /kiː/ I *n.* [C] ❶钥匙：a bunch of *keys* 一串钥匙 /Do you have the *key* for this door? 你有没有开这扇门的钥匙? ❷(达到目的、理解问题、解决困难等的)方法，手段；线索，关键，秘诀(*to*)：hold the *key to* a mystery 掌握揭开奥秘的线索 / Hard work is one *key* to success. 勤奋是成功的要诀之一。❸谜底；(问题等的)答案；题解，解答(集)：the *key* to a puzzle 谜底/a *key* to the grammar exercises 语法解题集 ❹(辞书、地图、图表等的)略语表，语音表，符号表；凡例，使用说明：a pronunciation *key* 发音表 ❺(钢琴、风琴、打字机等的)键：a natural *key* (钢琴等的)白键 ❻【音】调，主音：a sonata in the *key* of C major 一首 C 大调奏鸣曲 II *adj.* [作定语]主要的，极重要的，关键性的：a *key* battle in the war 战争中的重要战役 / *key* dates in history 历史上的重要日子 III *vt.* ❶用钥匙锁上；(用销子、楔、栓等)把…插牢(或拴住)：*key* a door 用钥匙把门锁上 /*key* a pulley on a shaft 把滑轮固定在轴上 ❷【音】给…调音：*key* a piano in preparation for a concert 为开音乐会给钢琴调音 ❸〈喻〉为(言论、文章等)定基调：The letter was *keyed* to a tone of defiance. 这封信是用挑衅性语气写的。❹用键盘或排字机排(字)；用电子键盘编写(文稿)；用电子键盘输入(信息)：At the start of a journey the driver *keys* in the map reference of their destination. 起程时，驾驶员用键盘将终点的地图坐标输入。

key·board /ˈkiːˌbɔːd/ I *n.* [C] ❶(钢琴、风琴、打字机、计算机等的)键盘 ❷键盘乐器 II *vt.* & *vi.* 操纵(电子计算机等的)键盘；用键盘式排字机排(字)；用电子键盘编写(文稿)；用电子键盘输入(信息) ‖ **ˈkeyˌboard·er** *n.* [C]

keyed-up /ˈkiːdʌp/ *adj.* 激动的；神经紧张的：a *keyed-up* boxing crowd 一群激动不已的拳击迷

key·hole /ˈkiːhəul/ *n.* [C]锁眼，钥匙孔

key·note /ˈkiːnəut/ I *n.* [C] ❶【音】主音；主调音 ❷(演说等的)主旨，要旨，基调；(行动、政策等的)基本方针，主导原则；(情绪等的)基本倾向；主要动向：the *keynote* of a speech 演说的中心意旨 / Economic expansion was the *keynote* of the nation's foreign policy. 经济扩张是该国对外政策的主导方针。II *vt.* 给…定基调：The governor will *keynote* the convention. 州长将在会上做基调演说。‖ **ˈkey·not·er** *n.* [C]

key·punch /ˈkiːpʌntʃ/ I *vt.* ❶用键盘穿孔机在(打孔资料卡)上打孔：Cards are *keypunched* with index codes describing the record they carry in microfilm. 资料卡均由键盘穿孔机打上表明缩微胶卷所存信息的索引码。❷用键盘穿孔机记录(资料等)；用键盘穿孔机把(资料等)译成电码 II *n.* [C](电子计算机等的)键盘穿孔机，卡片穿孔机 ‖ **ˈkeyˌpunch·er** *n.* [C]

key·stone /ˈkiːstəun/ *n.* [C] ❶【建】拱顶石；塞缝石 ❷〈喻〉(组织等的)中枢；(学说、教义等的)基础；主旨；基本原理，基本原则：the *keystone* of sb.'s philosophy 某人哲学的基础

khak·i /ˈkæki; ˈkɑːki/ *adj.* ❶卡其色的，土黄色的：*khaki* background 土黄色背景 ❷卡其布做的：*khaki* pants 卡其裤

KIA, K. I. A *abbr.* killed in action 阵亡，战死

kib·butz /kiːˈbuːts/ *n.* [C]([复]**-butz·im** /-ˈbuːtsim/) 基布兹(以色列的集体居民点，尤指合作农场)

ki·bosh /ˈkaibɔʃ, kiˈbɔʃ/ *n.* [U]〈俚〉❶瞎说，

胡诌:His speech was all *kibosh*. 他的发言全是胡扯。❷[**the ~**]终止;完蛋,悲惨的结局;突然毁灭

kick /kik/ **I** *vi*. ❶踢(*at*,*against*):*kick at* a ball 踢球❷(游泳、舞蹈等中)踢腿,举腿,蹬腿:You have to *kick* rapidly when using a crawl stroke. 游自由泳时,两腿要急速地踢蹬。—*vt*. ❶踢:*kick* a pebble on the beach 踢海滩卵石/ He would need something to *kick* this depression. 他需要某种东西来排除这种低落的情绪。❷(游泳、舞蹈等中)踢(腿),抬(腿),举(腿):Together we *kicked* our legs high in the air. 我们一起把腿踢得高高的。❸【橄】使触地得分;【足】踢进(球门)得分 **II** *n*. [C]❶踢,蹴;踢力;踢法:give a *kick* at sb. 朝某人[某物]踢一脚 ❷[**~s**]〈口〉极度的快感(或刺激);极大的乐趣:He did it just for *kicks*. 他这样做纯粹是为了好玩。‖ ***kick off*** *vt*. & *vi*. ❶【足】开球;(中线)开球;(足球赛)开始;(足球队)开始比赛:The match is due to *kick off* at 3:30 pm today. 足球比赛定于今日下午三时半开始。❷(使)开始;发起;引起:A rally tomorrow night will *kick off* the campaign. 竞选活动将从明晚大会开始。***kick out*** *vt*. 驱逐,赶出;开除,解雇:He was *kicked out* of the company. 他被开除出公司。‖ **'kick·er** *n*. [C]

kick·back /'kikˌbæk/ *n*. [C]酬金;回扣;贿赂

kick·off /'kikɔf/ *n*. [C]【足】开球;中线开球;足球比赛开始的时间

kick·stand /'kikˌstænd/ *n*. [C](自行车等的)撑脚架

kick·y /'kiki/ *adj*. 〈俚〉富有刺激性的:a *kicky* dance club 劲爆刺激的舞蹈俱乐部

kid[1] /kid/ *n*. ❶[C]〈口〉小孩:She is a cute little *kid*. 她是个逗人喜爱的孩子。❷[C]〈口〉年轻人:the *kids* in college 大学生 ❸[C]小山羊;小羚羊 ❹[U](仿)小山羊革(用以制手套、皮鞋、皮靴等)

kid[2] /kid/ 〈口〉*vt*. &*vi*. (**kid·ded**;**kid·ding**) ❶取笑;戏弄:We were *kidding* him on about the girl who keeps sending him love letters. 我们正拿有个姑娘不断给他写情书这件事儿跟他打趣呢。❷欺骗,哄骗:I'm not *kidding*, Jill, he could have taken it if he'd wanted. 说真的,吉尔,他想要的话,早就把它拿走了。‖ **'kid·der** *n*. [C]

kid·die,kid·dy /'kidi/ *n*. [C] ❶〈口〉小孩,小家伙 ❷小山羊羔

kid·nap /'kidnæp/ *vt*. (**-nap(p)ed**;**-nap·(p)ing**) 拐骗,诱拐(小孩等);绑架,劫持:Four men *kidnapped* the boy, but the police soon caught them and rescued the boy. 四个人把那个男孩拐走了,但是警察很快抓住了那几个人,并救出了孩子。‖ **'kid·nap·(p)er** *n*. [C]

kid·ney /'kidni/ *n*. [C]【解】肾,肾脏

kidney bean *n*. [C]菜豆,四季豆,芸豆,红花菜豆

kidney stone *n*. [C]【医】肾结石

kill /kil/ **I** *vt*. ❶杀,杀死:*kill* sb. without a motive 误杀某人/Her tongue was enough to *kill* her. 她的那根舌头就够送她的命了。❷(疾病、忧伤、灾害、战争、意外事故等)使丧生;是…的死亡原因:Famine *killed* thousands. 饥荒使数以千计的人死亡。❸扼杀;消灭;毁灭;使(兴趣等)完全消失:*kill* sb.'s appetite 使某人倒胃口/ His response *killed* our hopes. 他的反应使我们的希望破灭。❹〈口〉使着迷;使倾倒;使折服;使神魂颠倒:On her first stage appearance she *killed* the audience. 她初次登台演出就使全场观众倾倒。❺〈口〉[常用进行时态]使非常痛苦;使极不舒服:My eyes are *killing* me with hay fever. 我患了花粉热,两眼简直痛得要命!❻〈口〉使筋疲力尽;耗光…的精力:The long hike *killed* us. 这次长途徒步旅行使我们精疲力竭。❼否决,使(方案、提案等)不得通过;撤销,宣布…无效:The bill was *killed* in the House of Lords. 该议案在贵族院未获通过。**II** *n*. [通常用单] ❶杀,杀死,杀害;(尤指对猎物的)捕杀:The hunter was determined to make a *kill* before returning to the camp. 那个猎手决心捕杀到猎物以后再回营地。❷被捕杀的动物:The tiger dragged its *kill* into the jungle. 老虎把咬死的动物拖进密林。‖ ***kill off*** *vt*. 消灭;杀光:So many deer have been shot that the species has almost been *killed off*. 那么多鹿遭到杀戮,这个物种几乎濒临灭绝。‖ **'kill·er** *n*. [C]

kill·ing /'kiliŋ/ **I** *n*. [U;C]杀害;谋杀;屠宰:a brutal *killing* which occurred in the neighbourhood 邻近地区发生的一起惨不忍睹的凶杀案 **II** *adj*. ❶[作定语]致命的,致死的;毁灭性的;不共戴天的,你死我活的:a *killing* blow 致命

的打击❷难以忍受的；极其艰苦的；使人筋疲力尽的：He ran to the station at a *killing* pace. 他拼命跑到车站。

kill·joy /ˈkildʒɔi/ *adj.* & [C] *n.* 令人扫兴的(人)，煞风景的(人)

kiln /kiln, kil/ *n.* [C] ❶窑(用以烧制或烘干砖、陶瓷、石灰等)：a brick *kiln* 砖窑 ❷烘房，窑房(用以烘干木材、谷物、烟草等)

ki·lo /ˈkiːləu, ˈkil-/ *n.* ([复]**-los**) =kilogram

kil·o- /ˈkiləu/ *comb. form* 表示"千(=10^3)"：*kilo*gram, *kilo*meter, *kilo*bar, *kilo*watt

kil·o·gram(me) /ˈkiləˌgræm/ *n.* [C]千克，公斤(略作 **kg, k., kilo.**)

kil·o·ton /ˈkiləˌtʌn/ *n.* [C] ❶千吨(重量单位；略作 **kt.**) ❷【核】千吨(原子弹或氢弹当量的单位，等于1 000吨梯恩梯炸药的爆炸力；略作 **kt.**)

kil·o·hertz /ˈkiləˌhəːts/ *n.* [C] ([复]**-hertz(·es)**)【物】千赫(兹)(略作 **kHz**；曾作 **kilocycle**)

kil·o·me·ter, kil·o·me·tre /ˈkiləˌmiːtəʳ, kiˈlɔmitəʳ/ *n.* [C]【物】千米(长度单位，等于1 000米；略作 **km., kil., kilo., kilom.**)

kil·o·watt /ˈkiləˌwɔt/ *n.* [C]【物】千瓦(特)(功率单位，等于1 000瓦特，略作 **kW, kw, k. w.**)

kilt /kilt/ *n.* [C] ❶苏格兰褶裥短裙(苏格兰高地男子或英国苏格兰军团士兵所穿，长及膝盖，通常为格子花呢质地) ❷苏格兰褶裥短裙式的女服(或童装)

kil·ter /ˈkiltəʳ/ *n.* (身心等的)正常状态；正常运转状况：My alarm-clock is going too fast; it must be out of *kilter*. 我的闹钟走得太快了，想必出毛病了。

ki·mo·no /kiˈməunəu/ *n.* [C]([复]**-nos**)〈日〉❶和服 ❷和服式女晨衣

kin /kin/ *n.* [总称]家属，亲属：All his *kin* were at his mother's funeral. 他全家人都参加了他母亲的葬礼。

kind[1] /kaind/ *adj.* ❶友好的；亲切的；和蔼的：She is very *kind* toward her neighbours. 她对邻居很友好。❷令人感激的；乐于助人的；体贴周到的：It was *kind* of you to help. 承蒙相助，不胜感激。❸仁慈的，仁爱的：You always should be *kind* to animals. 任何时候都要爱护动物。

kind[2] /kaind/ *n.* ❶[C]种类：A butterfly is a *kind* of insect. 蝴蝶是昆虫的一种。❷[C](动、植物等的)类，族；种，属：the cat *kind* 猫属 / The wolf is an animal of the dog *kind*. 狼是犬类动物。‖ ***a kind of*** *adj.* …的一种：*a* new *kind of* razor 一种新式剃须刀 / *a* queer *kind of* person 古怪的人 ***kind of*** *adv.*〈口〉有点儿，有几分，有些：This seemed *kind of* unfair. 这似乎有点儿不公平。***of a kind*** *adj.* 同一类型的：Things *of a kind* come together. 物以类聚。

☆❶在口语中，**kind of** 常被说成 **kind o', kinda, kinder**，主要用来修饰形容词，有时用作状语修饰动词：It's *kind o'* interesting, isn't it?（这有点儿趣味，是不?）/ He acted *kinda* ugly.（他的行为有失体面。）/ He *kinder* laughed.（他几乎笑出声来。）❷**kind of** 用来表示 more or less 的意思时，前面应该加不定冠词 a，如：a *kind of* genius（一般不说 *kind of* a genius）。在 He was *kind of* sleepy. 中，**kind of** 可以用来表示 somewhat，但这种用法通常用于口语。

kin·der·gar·ten /ˈkindəˌgɑːtᵊn/ *n.* [C; U] 幼儿园：He started *kindergarten* at five. 他5岁就上幼儿园了。‖ **ˈkin·der·gar·tner** /-ˌgɑːtnəʳ/, **ˈkin·derˌgar·ten·er** *n.* [C]

kind-heart·ed /ˈkaindˌhɑːtid/ *adj.* 厚道的；仁慈的；(富于)同情(心)的：He was by nature a friendly and *kind-hearted* man. 他生性和蔼，待人厚道。‖ **ˈkind-ˌheart·ed·ly** *adv.* —**ˈkind-ˌheart·ed·ness** *n.* [U]

kin·dle /ˈkindᵊl/ *vt.* ❶点燃；燃起(火)：*kindle* a fire with a match 用火柴点火 ❷激起(热情等)；使(人)激动起来；煽动：*kindle* enthusiasm for the project 激起对该项工程的热情 —*vi.* ❶着火，燃烧起来：The damp wood won't *kindle* easily. 潮湿的木头不容易点燃。❷(人、情感等)变得兴奋，激动起来：Her imagination again *kindled*. 她的想象力又活跃起来。

kin·dling /ˈkindliŋ/ *n.* [U][总称]小块的引火柴；引火物

kind·ly[1] /ˈkaindli/ *adj.* [常作定语]仁慈的；友好的；体贴的；富于同情心的，表示同情的：The students were watching her with *kindly* interest. 学生们凝视着她，一双双眼睛里流露出同情和关切。‖ **ˈkind·li·ness** *n.* [U]

kindly[2] /ˈkaindli/ *adv.* ❶仁慈地；友好地；体

贴地；宽容地；同情地：The nurse acted *kindly* toward her patients. 那位护士体贴周到地服侍病人。❷请，劳驾（＝please）：*Kindly* be quiet while I am thinking. 我在思考问题，请保持安静。

kind·ness /ˈkaindnis/ *n.* ❶[U]仁慈；好心；亲切；体贴：He did it out of *kindness*. 他做此事出于好心。❷[C]仁慈（或好心）的行为：Will you do me a *kindness*? 求你帮我一个忙好吗？

kin·dred /ˈkindrid/ **I** *n.* [U] ❶[总称]家属；亲属：Most of his *kindred* are said to be competent. 据说他的家属中大多都颇有才干。❷宗族；种族：study the incidence of cancer among members of a *kindred* 在同一血统成员中研究癌症发病率 ❸血缘关系；亲属关系：Does he claim *kindred* to you? 他声称与你有亲属关系吗？**II** *adj.* [作定语]同类的；类似的；同源的：He enjoys climbing, camping, and *kindred* sports. 他喜爱登山、野营以及诸如此类的体育运动。

ki·net·ic /kiˈnetik, kai-/ *adj.* 【物】（关于）运动的；运动引起的；运动学上的：the *kinetic* theory of heat 热的分子运动论

kin·e·tics /kiˈnetiks, kai-/ [复] *n.* [用作单]【物】动理学；动力学

kin·folk(s) /ˈkinfəuk(s)/ [复] *n.* 家属，亲属

king /kiŋ/ *n.* ❶[C]王，国王，君主；（部落等的）首领；头人：the *King* of England 英国国王/the pirate *king* 海盗魁首 ❷[C]〈口〉（某界）大亨，巨子，巨擘：a steel *king* 钢铁大王 / a baseball *king* 棒球名手 ❸[U]（同类事物或动物中的）首屈一指者；最重要者；最优者：the *king* of pears 品种最佳的梨 ❹[C]【棋】（国际象棋）王；（西洋跳棋）王棋 ❺[C]【牌】老K ‖ ˈ**king·ly** *adj.* —ˈ**king·ship** *n.* [U]

king·dom /ˈkiŋdəm/ *n.* [C] ❶王国：the United *Kingdom* （大不列颠和北爱尔兰）联合王国 ❷（某事物）占优势的地方；（某人）占主宰地位的地方（或范围）；领域：the *kingdom* of the intellect 知识的领域 ❸（动、植物及矿物）界：the animal *kingdom* 动物界

king·fish·er /ˈkiŋˌfiʃəʳ/ *n.* [C]【鸟】翠鸟，鱼狗（一种食鱼或昆虫的鸟）

king·pin /ˈkiŋpin/ *n.* [C] ❶〈口〉（团体、政党、事业、运动等中的）核心人物，首要人物；杰出人物；（系统、计划、理论、论点等中的）要害部分，主要支柱 ❷（保龄球中）处于中心位置的球柱

king-size(d) /ˈkiŋsaiz(d)/ *adj.* [常作定语]长（或大）于正规（或标准）尺寸的；特长的；特大的；特多的：*king-size* cigarettes 长支烟 /a *king-size* portion of meat 一客超量的猪肉

kink /kiŋk/ *n.* [C] ❶（绳线、毛发等的）扭结，绞缠：a *kink* in a cable 钢丝绳的绞缠 ❷（颈、背、腿等的）痉挛，抽筋：I tore myself out of it in such a hurry that I gave myself a *kink* in the neck. 我奋力挣脱开去，因用力过猛，结果把颈子给扭了。

kin·ship /ˈkinʃip/ *n.* [U] ❶家属关系，亲属关系：She was of *kinship* with the queen. 她与女王有亲戚关系。❷密切关系；亲切感：the *kinship* between botany and zoology 植物学和动物学之间的密切关系 ❸（性质等的）类似，近似：carry *kinship* to sth. 具有与某事物相似的性质

kins·man /ˈkinzmən/ *n.* [C]（[复]**-men** /-mən/）❶（男性）家属，（男性）亲属：*Kinsmen* fell out. 骨肉失和。❷同一民族（或种族、部落、家族）的人

kins·wom·an /ˈkinzˌwumən/ *n.* [C]（[复]**-wom·en** /-ˌwimin/）❶女性亲属，女性家属 ❷同一民族（或种族、部落、家族）的女人

ki·osk /ˈkiːɔsk, kiˈɔsk/ *n.* [C]❶（车站、广场等处的）室外报刊亭；（供出售香烟、茶点、票等或供问询用的）小亭 ❷广告塔 ❸〈英〉公用电话亭

kip·per /ˈkipəʳ/ **I** *n.* 腌晒（或熏制）的鲱鱼（或鲑鱼等）**II** *vt.* 腌后晒干（或熏制）（鲱鱼、鲑鱼等）

kis·met /ˈkismet, ˈkiz-/ *n.* [U]命运，天命

kiss /kis/ **I** *vt.* ❶吻：They *kissed* each other good night. 他们相互亲吻，表示晚安。❷（微风、阳光等）轻拂，轻抚；轻触：A soft wind *kissed* the treetops. 柔风抚弄树梢。**II** *n.* [C] ❶吻：He gave his mother a *kiss* good-bye. 他与他母亲吻别。❷轻拂，轻抚；轻触：the *kiss* of the breeze 微风轻拂

kiss·er /ˈkisəʳ/ *n.* [C] ❶接吻者 ❷〈俚〉嘴，嘴唇；脸：I'll hit you on the *kisser*. 我要给你个耳掴子吃吃。

kit[1] /kit/ **I** *n.* ❶[C]整套元件（供购买者装配成形）：a radio *kit* 无线电收音机全套元件 ❷[C]

成套工具(或用品):a first-aid *kit* 一套急救用品 / a plumber's *kit* 一套管子工用具 ❸[C;U](旅行等的)行装;(士兵的)个人装具 **II** *vt.* (**kit•ted**; **kit•ting**)〈主英〉装备;装饰(*out*, *up*):Sergeant took the young man to the Q. M. stores, and *kitted* him at once. 中士把那个年轻人领到军需商场,并当即让他穿上了新军装。

kitch•en /ˈkitʃin,-tʃᵊn/ **I** *n.* [C]厨房,灶间 **II** *adj.* [作定语](语言)混杂的,不标准的:a sort of *kitchen* English 某种洋泾浜英语

kitch•en•ette /ˌkitʃiˈnet/ *n.* [C]小厨房

kite /kait/ *n.* [C] ❶风筝:The children were flying their *kites* in the park. 孩子们在公园里放风筝。❷【动】鸢

kitsch /kitʃ/ *n.* [U] ❶(尤指文艺作品中的)庸俗,低级趣味;多愁善感;矫揉造作:The quality of the pure entertainment as such is generally *kitsch* or trash. 诸如此类的纯娱乐性作品通常质量低劣,毫无价值。❷迎合时尚的文艺作品,庸俗的文艺作品 ‖ ˈ**kitsch•y** *adj.*

kit•ten /ˈkitᵊn/ *n.* [C]小猫 ‖ ˈ**kit•ten•ish** *adj.*

kit•ty /ˈkiti/ *n.* [C] ❶小猫 ❷〈儿〉猫咪(对猫的昵称)

ki•wi /ˈkiːwiː/ *n.* [C] ❶【鸟】鹬鸵,几维(一种新西兰无翼鸟) ❷=kiwi fruit

kiwi fruit *n.* [C]【植】猕猴桃

klutz / klʌts / *n.* [C]粗笨的人,木头人,不善交际的人,傻瓜:John is an utter *klutz*. 约翰是一个十足的呆子。‖ ˈ**klutz•i•ness** *n.* [U] —ˈ**klutz•y** *adj.*

km *abbr.* kilometer (s)

knack /næk/ *n.* [C][常用单](尤指天生的)特殊才能(或技能),本领;熟练技巧:a *knack* for writing 写作的技巧 / Leslie possesses the *knack* at languages which is born into some men. 莱斯利具备某些人生来就有的学习语言的禀赋。

knack•wurst / ˈnɔkwəːst / *n.* [U;C](一种短而粗的)德国蒜肠

knap•sack /ˈnæpˌsæk/ *n.* [C](士兵或徒步旅行者等背的帆布或皮制的)背包

knave /neiv/ *n.* [C] ❶狡诈的人,无赖,恶棍❷【牌】杰克,J:the *knave* of diamonds 方块杰克 ‖ ˈ**knav•ish** *adj.*

knav•er•y / ˈneivəri / *n.* ❶[U]无赖作风;狡诈,不老实:This is flat *knavery*. 这是十足的无赖作风。❷[C](一次)无赖行为;不正当行为

knead /niːd/ *vt.* ❶揉,捏(湿面粉或陶土等):*knead* dough on a well-floured plank 在一块撒满面粉的厚板上捏面团 ❷揉成,捏制:*knead* a statue of clay 捏做泥塑像 / *knead* bread 揉做面包 ‖ ˈ**knead•er** *n.* [C]

knee /niː/ *n.* [C] ❶(人或动物的)膝关节;膝,膝盖:The child fell down and cut his *knee*. 那孩子跌倒在地,磕破了膝盖。❷(裤子等的)膝部 ‖ *on* [*to*] *one's knees adv.* 跪着;恳求,哀求:He sat *on his knees* and began to write on a sheet of paper on a bench in front of him. 他跪下去,在面前长凳上的一张纸上写了起来。

knee•cap /ˈniːˌkæp/ *n.* [C]【解】髌,膝盖骨

knee-deep /ˈniːˌdiːp/ *adj.* ❶(水、草、雪、泥等)齐膝深的:The snow lay *knee-deep*. 那场大雪积得齐膝深。❷没膝的:sink *knee-deep* into mud 陷入没膝的泥淖之中

kneel /niːl/ *vi.* (**kneeled** 或 **knelt** /nelt/) 跪下;跪着:She *knelt* down to pull a weed from the flower bed. 她跪下来从花坛里拔去一棵杂草。

knell /nel/ *n.* [C] ❶钟声,丧钟声:The *knell* of the church bell was sounding for the dead President. 教堂的钟为已故总统发出当当丧钟声。❷〈喻〉丧钟;(事物)终结的信号:Not receiving the requested funds was the death *knell* for the project. 没有获得申请的经费表明该计划的寿终正寝。

knelt /nelt/ *v.* kneel 的过去式或过去分词

knew /njuː; nuː/ *v.* know 的过去式

knick•ers /ˈnikəz/ [复] *n.* ❶(膝下束紧的)灯笼裤 ❷〈英〉女用短衬裤

knick•knack /ˈnikˌnæk/ *n.* [C]无用的小摆设,小玩意儿,不值钱的小饰物

knife /naif/ **I** *n.* [C]([复]**knives** /naivz/) ❶刀;餐刀:a clasp *knife* 折刀 ❷匕首;短剑 **II** *vt.* 用刀砍(或切、刺、戳等):He *knifed* the man in the back. 他在那人的背上砍了一刀。—*vi.* 用刀推进;刀劈似的穿过

knight /nait/ *n.* [C] ❶(欧洲中世纪的)骑士;骑马的武士 ❷(近代英国的)爵士,勋爵士(常略作 **Kt.**)❸【棋】(国际象棋中的)马

knight·hood / ˈnaithud / *n.* [U] ❶爵士身份；爵士品位 ❷[总称]骑士；爵士

knight·ly / ˈnaitli / *adj.* 骑士的；属于骑士的；侠义的；英勇高尚而彬彬有礼的 ‖ ˈ**knight·li·ness** *n.* [U]

knit /nit/(**knit·ted**或 **knit**; **knit·ting**) *vt.* &*vi.* ❶编结，编织，针织，机织(衣服、地毯等)；织(平针)：This sweater is *knitted* in wool. 这件套衫是用毛线编织的。❷皱紧；皱(眉)，蹙(额)：Her brows *knit* in thought. 她皱眉深思。‖ ˈ**knit·ter** *n.* [C]

knit·ting /ˈnitiŋ/ *n.* [U] ❶编结(法)；编织(法)，针织(法) ❷[总称]编结物；针织品：Her *knitting* was on the table. 她的编结物放在桌子上。

knit·wear /ˈnitweəʳ/ *n.* [总称]针织品，针织物(指针织的袜子、内衣、外套等)

knob /nɔb/ *n.* [C] ❶球形突物；疖，瘤，疙瘩；(树木的)节；(门、抽屉等的)球形把手；(收音机等的)旋钮：You adjust the contrast by turning the *knob* at the bottom. 旋转底部的旋钮即可调整对比度。❷圆块；(一)团：Her dark hair is drawn into a tight little *knob* on the neck. 她那乌黑的头发在颈后挽成一个小发髻。

knock /nɔk/ *vt.* ❶敲；打，击：The falling branch *knocked* him on the head. 掉落的树枝击中了他的头部。❷使碰撞：*knock* one's knee against the leg of a table 膝盖撞上桌腿 ❸把…击(或撞)成某种状态：He *knocked* the other man senseless. 他把另外一个人击昏了。❹〈口〉找…的茬子，挑剔；小看，轻视，贬低：He's always *knocking* everything. 啥事他都要挑剔一番。—*vi.* ❶敲；打，击：*knock* gently at [on] the window 轻轻敲窗 / *knock* for admittance 叩门求见 ❷碰撞，撞击：His knees *knocked* with fright. 他吓得两腿直打哆嗦。‖ ***knock around*** [***about***] *vi.* & *vt.* 〈口〉漫游；漂泊，流浪；游荡；放荡；闲逛：He *knocked around* for a few years after university. 他大学毕业后在外游荡了几年。***knock down*** *vt.* & *vi.* ❶击倒，撞倒；射杀，击落：Only two or three boxers have ever succeeded in *knocking* Ali *down*. 仅有两三名拳击手曾经把阿里击倒。❷拆除，拆毁(建筑物等)；(以便装运而)拆散，拆卸(机器、家具等)：The slum will be *knocked down* and replaced by modern blocks of flats. 这片贫民窟将被拆除，代之而新建现代公寓式街区。***knock off*** *vt.* & *vi.* ❶停止，中断(工作等)；歇工，下班：They *knocked off* at 5:30. 他们五点半下班了。❷〈口〉迅速处理；草草完成；匆匆写出：He *knocked off* all the remaining business. 他迅速办完未了事宜。❸〈口〉(从价格、账单等中)减去，除去；降低(速度)：*knock off* a pound to make the price more attractive 减去1英镑使价格更有吸引力 ❹〈俚〉偷；抢劫：The gang *knocked off* a gas station. 那犯罪团伙抢劫了一家加油站。***knock out*** *vt.* ❶击昏(或死)；撞昏(或死)：The pit-prop fell on his head and *knocked* him *out*. 坑木掉在他头上，把他击昏过去。❷使劳累，使筋疲力尽：They *knocked* themselves *out* swimming. 他们游泳游得精疲力竭。***knock over*** *vt.* ❶打倒，打翻，撞倒：*knock* a glass *over* 把杯子打倒 ❷〈俚〉抢劫

knock·er /ˈnɔkəʳ/ *n.* [C] ❶敲击者；敲击物：Who was the *knocker* at the door? 敲门的是谁呀？❷(装在门上供人敲门用的)门环，门扣

knock·out /ˈnɔkˌaut/ *n.* [C] ❶【拳】有效击倒(指把对手击倒并使其在规定的10秒钟内不能再起的打击) ❷击倒，击昏；击昏对手的一击

knoll /nəul/ *n.* [C]圆丘，土墩

knot /nɔt/ **I** *n.* [C] ❶(绳、线、发丝等的)结；结节：make a *knot* 系结 / tie a rope in a *knot* 把绳子打结 ❷(用缎带等打成的装饰性的)花结；蝴蝶结；帽结；肩饰 ❸群；组；束，丛，簇：a *knot* of flowers 一束鲜花/gather in *knots* 三五成群地集合 ❹【植】瘤；节；叶垫；(木板上的)节疤；【解】结；【医】瘤；肿块；硬结 ❺【物】节(航速和流速单位；1节＝1海里/小时) **II** (**knot·ted**; **knot·ting**) *vt.* ❶把…打成结，在…上打结；把…结牢：Carol *knotted* the string around the package. 卡罗尔用绳子扎牢包裹。❷使紧缩，使紧张：The excitement *knotted* his stomach. 他紧张得胃都缩了起来。

knot·hole /ˈnɔtˌhəul/ *n.* [C](木板等的)节孔

knot·ty /ˈnɔti/ *adj.* ❶打结的；多结节的：a *knotty* cord 有结的绳子 ❷(木材等)多节(或瘤)的 ❸难于理解的，令人困惑的；难以解决的；错综复杂的(见 complex)：a *knotty* problem 棘手的问题

know /nəu/ **I** (**knew** /njuː/, **known** /nəun/) *vt.* ❶知道；了解；懂，理解：He *knows* all about it because I told him. 这事儿他全知道，是我告诉

K

他的。❷确知;确信:William refused to compromise because he *knew* that he was right. 威廉确信自己是对的,所以不肯作出让步。❸(通过学习、研究等而)会;熟习;精通;通晓(语言等):*know* how to type 会打字 / He *knows* six foreign languages. 他通晓 6 种外国语。❹经历,体验(饥饿、恐惧等):Times are hard, I've *known* despair. 世道是艰难的,我饱尝过绝望的痛苦。❺认识;熟悉(某个事物、地方或人等);与…关系密切:I *know* California very well. 我对加利福尼亚很熟悉。❻认出;辨认出;认定:I would *know* her even in a crowd. 就是在人群中,我也能把她认出来。❼辨别;识别;分辨:You will *know* our house by the red roof. 你看到那个红屋顶就能认出我家屋子来了。—*vi*. 知道;了解;懂;确知:He was working in the bank, as far as I *know*. 据我所知,他当时在银行界做事。**II** *n*. [U]〈口〉知道;知晓;知识 ‖ ***in the know*** *adj*. 〈口〉熟知内情的;消息灵通的;深谙某专门知识(或技艺)的:I don't think he is really *in the know*. 我认为他并不真的知道实情。***know of*** *vt*. 知道,听说过:I *know of* him, but I've never met him. 我听说过他,可从来没有见过他。‖ ˈ**know·a·ble** *adj*.

☆在否定结构中,**know** 可跟由 that, whether 或 if 引导的从句:I don't know *that* [*whether*, *if*] he can come. 但是,I don't know *that* he can come 与 I don't know *whether* [*if*] he can come 语义有别,前者意思相当于 I doubt that he can come,只是语气较为婉转。

☆**know**, **learn**, **understand** 均有"知道;懂得"之意。**know** 指对某件事的直接了解,或对某一专门知识或技能的掌握,带有经常性:Do you *know* how to drive? (你懂得怎样开车吗?) **learn** 则强调从不知到知的具体变化:She *learns* English with ease. (她学习英语毫不费劲。) **understand** 语气较 **know** 强烈,不仅指对某一事实有清楚、透彻的了解,而且还指了解它所包含的意义和关系:I'm not sure that I fully *understand* (you). (我不敢说我完全听懂了你的话。)

know-how /ˈnəuˌhau/ *n*. [U]〈口〉❶技术:computer *know-how* 计算机技术 / the *know-how* of atomic bomb 制造原子弹的技术 ❷实际知识;经验;技能;本领;窍门:She hasn't got the mere social *know-how* to carry it off. 她连起码的社会经验都没有,应付不了这件事。

know·ing /ˈnəuiŋ/ *adj*. ❶有知识的;有见识的;消息灵通的;通晓的,熟谙的:Both of them were *knowing* in astronomy. 他们俩在天文学方面都颇有造诣。❷心照不宣的,心领神会的,会意的:She gave him a *knowing* and sly look. 她向他投来会意而俏皮的一瞥。‖ ˈ**know·ing·ly** *adv*.

know-it-all /ˈnəuitˌɔːl/ *n*. 〈口〉〈贬〉自称万事通的人

knowl·edge /ˈnɔlidʒ/ *n*. [U; C] ❶知识;学识;学问:How much *knowledge* did you gain from history lessons? 你在历史课上学到了多少东西? ❷知晓;见闻;消息:I have no *knowledge* of cooking. 我对烹调一窍不通。❸了解;理解;辨别:in full *knowledge* of circumstance 对情况完全了解 / an exclusive *knowledge* of human nature 对人性问题的独到见解 ‖ ***to sb.'s knowledge*** *adv*. 据某人所知:*To my knowledge*, he hasn't come to work today. 据我所知,他今天没有来上班。

☆**knowledge**, **learning**, **scholarship** 均有"知识,学问"之意。**knowledge** 指通过学习、调查、观察或亲身经历等方式所获知的事实、知识和技能等,也可指对这些事实和知识的理解和经过推理而获得的概念和原理,含正确而又系统之义:I have only (a) limited *knowledge* of computers. (我的计算机知识很有限。) **learning** 常指通过正规而长期的高等教育或个人的调查研究而获得的知识或学问,尤其适用于语言、文学或哲学等方面:He possesses great *learning*. (他知识渊博。)该词有时也用来表示学识和智慧的总和:A little *learning* is a dangerous thing. (一知半解,危害不浅。) **scholarship** 指高级学者在其专业领域内进行高级科学研究必须具有的学识和能力:The book shows meticulous *scholarship*. (这本书表明了作者很慎重的写作态度。)该词也可表示学生在学校的优异成绩或奖学金:She won a *scholarship* to Oxford. (她荣获了一份到牛津大学读书的奖学金。)

knowl·edg(e)·a·ble /ˈnɔlidʒəbᵊl/ *adj*. 知识渊博的;见多识广的;有见识的;消息灵通的:a *knowledgeable* teacher 知识渊博的教师 / be *knowledgeable* on sheep and horses 对放羊牧马很在行

knuck·le /ˈnʌkᵊl/ *n*. [C] 指节(尤指掌指关

节);(四足兽的)膝关节:He knocked on the door with his *knuckles*. 他用指节叩门。

knuck·le·head /ˈnʌkᵊlˌhed/ *n.* [C]〈口〉傻瓜,笨蛋 ‖ **ˈknuck·leˌhead·ed** *adj.*

K·O /ˈkeiˈəu/ **I** *n.* [C]([复]**KOs, KO's**)(拳击中的)击倒对手的一击;判败击倒 **II** *vt.* (**K·O'd; K·O'ing**)(拳击中)击倒(对手)(使对手在规定时间内不能起立):He *KO'd* six in a row. 他接连击倒了6个对手。〔亦作 **kayo**〕

ko·a·la /kəuˈɑːlə/ (**bear**) *n.* [C]【动】树袋熊(一种澳洲产树栖无尾动物)

kohl·ra·bi /ˈkəulˌrɑːbi/ *n.* [C; U]([复]**-bies**) ❶【植】苤蓝,球茎甘蓝 ❷苤蓝的球茎(可供食用或作家畜饲料)

ko·la /ˈkəulə/ *n.* =cola

kook /kuːk/ *n.* [C]〈俚〉❶怪人;傻瓜 ❷疯子,狂人

Ko·ran /kɔːˈrɑːn, kə-/ *n.* [C]【宗】(伊斯兰教的)《古兰经》(一译《可兰经》)〔亦作 **Qur'an**〕‖ **Ko·ran·ic** /-ˈrænik, -ˈrɑːnik/ *adj.*

Ko·re·an /kəˈriən/ **I** *adj.* ❶朝鲜的 ❷朝鲜人的;朝鲜族的 ❸朝鲜语的 **II** *n.* ❶[C; U]朝鲜人;朝鲜族人 ❷[U]朝鲜语

ko·sher /ˈkəuʃəʳ/ **I** *adj.* ❶(食物等)按犹太教规制成的,洁净的,可食的 ❷(店铺)恪守犹太教规的,供应符合犹太教规的洁净食品的 **II** *vt.* 制作(符合犹太教规的)食物

kow·tow /ˈkauˌtau, ˌkəuˈtau/ *vi.* 〈汉〉❶叩头,磕头(*to*):The pious old woman *kowtowed to* Buddha. 那个虔诚的老太婆向菩萨叩拜。❷卑躬屈膝,奉承(*to*):Ben refused to *kowtow to* his boss and so he changed his job. 本拒不向老板卑躬屈膝,因此调换了工作。‖ **ˈkowˌtow·er** *n.* [C]

Krem·lin /ˈkremlin/ *n.* ❶[**the K-**](莫斯科的)克里姆林宫;苏联政府;俄罗斯联邦政府 ❷[C](俄国的)莫斯科城堡

kryp·ton /ˈkriptɔn/ *n.* [U]【化】氪(元素符号 **Kr**)

ku·dos /ˈkjuːdɔs, -dəuz/ *n.* [单复同]〈口〉名望;声誉;称赞:The prize gave him little material benefit but much *kudos*. 该奖并没有给他带来多少物质上的好处,但却给了他极大的荣誉。

kud·zu /ˈkudzuː/ *n.* [U]【植】野葛

kum·quat /ˈkʌmkwɔt/ *n.* [C] ❶金柑,金橘 ❷【植】金柑树

kung-fu /ˌkuŋˈfuː/ *n.* [U]〈汉〉功夫;武术;武艺:a *kung-fu* movie 功夫(或武打)片

Ku·wai·ti /kəˈweiti/ **I** *n.* [C]科威特人(或居民) **II** *adj.* (有关)科威特的

kvetch /kvetʃ/ **I** *vi.* 〈俚〉抱怨,找碴子:He's an amiable one, not given to angry *kvetching*. 他和蔼可亲,生性不闹脾气发牢骚。**II** *n.* [C]老是抱怨的人,老是找碴子的人 ‖ **ˈkvetch·er** *n.* [C]

L l

L,l /el/ *n.* [C]([复]**Ls,ls** 或 **L's,l's** /elz/) 英语字母表中第十二个字母

la /lɑː/ *n.* [C]【音】全音阶唱名的第六音

lab /læb/ *n.* 〈口〉实验室

la·bel /ˈleibᵊl/ I *n.* [C] ❶标签,签条:luggage *labels* 行李标签 / attach a *label* to 在…上贴标签 ❷(尤指 CD、唱片等生产商的)商标,品牌,标牌:The group's latest hit record is on the Polygram *label*. 那个演唱组的最新流行金曲是由宝丽金公司监制的。II *vt.* (**-bel(l)ed;-bel·(l)ing**) ❶贴标签(或签条)于:All items should be *labelled* with a price. 所有商品都应该明码标价。❷把…归类,把…分类(*as*):The phrase is *labelled as* slang in the dictionary. 这一短语在词典里被归为俚语。❸把…描写为;把…称为,把…叫作(*as*):He was *labeled* selfish,sensual,cruel. 人们认为他自私、好色、残酷。

la·bi·al /ˈleibiəl/ I *adj.* [无比较级] ❶(嘴)唇的;靠近(嘴)唇的;唇状的:a *labial* gland 唇腺 ❷【语】唇音的:*labial* letters 唇音字母(如 p,b,m 等) / a *labial* click 嘴唇发出的啧啧声 II *n.* [C]【语】唇音(如/b/,/p/,/m/等)

la·bor /ˈleibəʳ/ *n.* & *v.* 〈主美〉=labour

la·bor·a·to·ry /ləˈbɔrətᵊri;ˈlæbᵊrəˌtɔːri/n. [C] ❶(用于科学试验、调研、观测等的)试验场;研习所 ❷(学校的)实验室;实验楼:establish a chemical laboratory 建立化学实验室 / a language learning *laboratory* 语言实验室

la·bored /ˈleibəd/ *adj.* 〈主美〉=laboured

la·bor·er /ˈleibərəʳ/ *n.* 〈主美〉=labourer

la·bo·ri·ous /ləˈbɔːriəs/ *adj.* 费力的;艰辛的;需坚持不懈的:*laborious* and futile negotiations 艰苦而无结果的谈判 / a long,*laborious* road 一条漫长而艰辛的道路 ‖ **laˈbo·ri·ous·ly** *adv.*

la·bour /ˈleibəʳ/ I *n.* ❶[U]努力:He succeeded,but the marks of his painful *labour* are upon his verses. 他取得了成功,但在他的诗里可以看出苦心经营的痕迹。❷[U][总称]劳工;工人阶级;(体力)劳动者:the skilled *labour* 熟练工人 / a negotiation between *labour* and management 劳资双方之间的谈判 ❸[U](体力或脑力)劳动(尤指为挣钱糊口而做的体力活):manual *labour* 体力劳动 / volunteer *labour* 义务劳动 ❹[C;U]分娩,生产;临产阵痛:easy [hard] *labour* 顺产[难产]〔亦作 **labor**〕II *vi.* ❶劳动,工作:*labour* after wealth 劳动致富 ❷努力(*for*):*labour for* the cause of peace 努力谋求和平 ❸缓慢而笨重地移动;费力地前进:He *laboured* through the snow towards the house. 他费力地踏着雪朝那所房子走去。

Labour Day *n.* (美国、加拿大两国的)劳工节(每年 9 月的第一个星期一)

la·boured /ˈleibəd/ *adj.* [无比较级]〈主英〉艰苦的,辛苦的,吃力的:*laboured* breathing 艰难的呼吸〔亦作 **labored**〕

la·bour·er /ˈleibərəʳ/ *n.* [C](尤指非技术性的)劳动者;体力劳动者:agricultural [farm] *labourers* 农业工人[农场工人]〔亦作 **laborer**〕

la·bour-sav·ing,la·bour·sav·ing /ˈleibəˌseiviŋ/ *adj.* [作定语]节省劳力的,减轻劳动强度的:computers and other *labour-saving* equipment 计算机及其他减轻劳动强度的设备

labour union *n.* [C]工会

lab·y·rinth /ˈlæbᵊrinθ/ *n.* [C] ❶迷宫;曲径:a *labyrinth* of narrow,twisting alleyways 迷宫般的狭窄曲折的小胡同 ❷复杂局面;(事物的)错综复杂:a *labyrinth* of rules and regulations 繁杂的规则和条例 ‖ **lab·y·rin·thine** /ˌlæbəˈrinθain/ *adj.*

lace /leis/ **I** *n.* ❶[U](尤指棉质或丝质)网眼织物,透空织品;(网眼)花边,蕾丝:a piece of exquisite *lace* 一条精致的花边 ❷[C]带子;鞋带:undo the *lace* of boots 解开靴子的系带 **II** *vt.* 用带子系紧(或束紧);将…串联在一起;用带子束(腰);将带子穿过(*up*):He *laced* his ice skates up. 他系好了冰靴。

lac•er•ate /ˈlæsəˌreit/ *vt.* ❶撕裂,割破(肌肉或软组织等):The man's face was severely *lacerated* in the accident. 这个人的脸在事故中被严重划破。❷伤害(感情、心灵等);使苦恼;使痛苦,折磨:*lacerate* sb.'s feelings 伤害某人的感情 ‖ **lac•er•a•tion** /ˌlæsəˈreɪʃᵊn/ *n.* [U;C]

lach•ry•mal /ˈlækrimᵊl/ *adj.* [无比较级] ❶〈书〉泪的;流泪的 ❷【解】泪腺的〔亦作 **lacrimal**〕

lach•ry•mose /ˈlækriˌməus/ *adj.* 〈书〉❶催人泪下的,令人悲伤的:sentimental and *lachrymose* poetry 幽怨感伤的诗歌❷爱流泪的,爱哭的;泪汪汪的:the *lachrymose* heroine of the play 这出戏中哭哭啼啼的女主人公

lack /læk/ **I** *n.* [C;U]缺乏;不足;没有:lack of food 食品匮乏 / The team has a *lack* of skill. 该队技艺欠佳。**II** *vt.* [不用进行时态] ❶缺乏;没有:*lack* the necessities of life 缺乏生活必需品/A novice *lacks* experience. 新手缺乏经验。❷不足;匮乏;需要:He *lacks* three votes to win. 他差三票当选。

☆❶lack 作不及物动词时意为"缺乏;没有",后常接介词 in 或 for,但 for 往往用在否定结构中:She never *lacked for* self-knowledge in the matter of vanity. (她深知自己是何等的爱虚荣。) ❷lack 作名词时常接介词 of:*Lack of* respect for the rights of man constitutes a threat to peace. (对人权缺乏足够的尊重是威胁和平的一个因素。)

☆**lack, be short of, need, require, want** 均有"缺乏;短缺;需要"之意。**lack** 为一般用语,指部分或全部地缺乏日常的或必需的东西,可用于人或具体事物,也可用于抽象概念:He's good at his job but he seems to *lack* confidence. (他工作很出色,但似乎缺乏信心。) **be short of** 指部分短缺、未能提供所需数量或达不到一定的水准:The hospital *is* getting *short of* clean linen. (这所医院现在缺少干净的被服用品。) **need** 有需要和缺乏两重含义,但侧重点往往放在急切需要而不是实际短缺上:This soup *needs* more salt. (这汤需要多加点盐。) **require** 与 need 的不同之处在于更为强调必要性:Civil servants are *required* to sign the Official Secrets Act. (公务员须签署《公务保密条例》。) **want** 与 lack 同义,但常常强调满足需要的迫切性或必要性:The plants *want* watering daily. (这些植物得天天浇水。)

lack•a•dai•si•cal /ˌlækəˈdeizikᵊl/ *adj.* 缺乏活力的,没有兴趣的;无精打采的,无力的

lack•ey /ˈlæki/ *n.* [C]〈贬〉❶(尤指政治上的)追随者,随从,跟班 ❷谄媚者,马屁精;走狗

lack•ing /ˈlækiŋ/ *adj.* [无比较级][作表语]缺少的;匮乏的;不足的;没有的(*in*):Money was badly *lacking* for the plan. 这项计划的经费严重不足。

lack•lus•tre, lack•lus•ter /ˈlækˌlʌstəʳ/ *adj.* ❶(眼睛等)没有光泽的,暗淡无光的:*lacklustre* eyes 暗淡的眼神 ❷无生气的;无热情的:a *lacklustre* performance 毫无生气的演出

la•con•ic /ləˈkɔnik/ *adj.* 〈书〉(文章、话语等)简洁的,简明的;精练的,洗练的:a *laconic* reply 简洁的回答 / be *laconic* in expression 表达(或措辞)精练

lac•quer /ˈlækəʳ/ **I** *n.* [U](涂于金属、木材等表面的)喷漆;涂料 **II** *vt.* 用漆涂于,喷漆于:*lacquer* the table top 把桌面漆一下

lac•tate /ˈlækteit/ *vi.* 泌乳,产乳 ‖ **lac•ta•tion** /lækˈteiʃᵊn/ *n.* [U]

lac•tic /ˈlæktik/ *adj.* [无比较级]乳(汁)的;从乳清中提取的:*lactic* fermentation 乳酸发酵

lactic acid *n.* [U]【生化】乳酸

lac•tose /ˈlæktəus,-təuz/ *n.* [U]【化】乳糖

la•cu•na /ləˈkjuːnə/ *n.* [C]([复]**-nae** /-niː/或 **-nas**)〈书〉❶空白,空缺❷(尤指书稿等中的)脱漏;漏字,脱句

lac•y /ˈleisi/ *adj.* (似)花边的;(似)带子的:a *lacy* frock 花边连衣裙

lad /læd/ *n.* [C]男孩,少年;小伙子

lad•der /ˈlædəʳ/ *n.* [C] ❶梯子 ❷晋升之阶,发迹的途径,成功的手段:Hard work is often a *ladder* to success. 努力工作常常是迈向成功的阶梯。

lad•die /ˈlædi/ *n.* [C]〈主英口〉男孩,少年,小伙子

lad•en /ˈleidᵊn/ *adj.* [无比较级][通常作表语]

装满的，载货的(*with*)：a *laden* ship 货物的船 / He returned *laden with* honours. 他载誉归来。

la-di-da /ˌlɑːdiˈdɑː/ 〈口〉 **I** *adj.* (言谈、举止等)做作的，装腔作势的；故作文雅的：in a *la-di-da* accent 拿腔捏调 **II** *adv.* 做作地，装腔作势地

Ladies' room *n.* [C]女公共厕所，女盥洗室

lad·ing /ˈleidiŋ/ *n.* [U] ❶船货，货物：bill of *lading* 提单 ❷装载，装货

la·dle /ˈleidᵊl/ **I** *n.* [C]长柄(汤)勺：a soup *ladle* 汤勺 **II** *vt.* (用长柄勺)汲，舀：*ladle* soup into the dish 把汤舀入碟子里

la·dy /ˈleidi/ *n.* [C] ❶举止文雅的女子，淑女：a society *lady* 社交名媛 ❷贵妇人 ❸女子，女子：a sales *lady* 女售货员 / a dynamic *lady* 充满活力的女人 ❹[用作称呼语，表示礼貌]女士，夫人，小姐：*Ladies* and gentlemen, welcome. 女士们，先生们，欢迎光临。❺妻子：By his present *lady*, Mr. Smith has three daughters. 史密斯先生和现在的妻子有三个女儿。

☆lady 意为"女士"，多指高雅、有身份的女子，也指影星、歌星等公众关注的单身女子。社交场合多用 lady 表示礼貌；年长女士多用 an old lady, an elderly lady 或 elderly ladies 而不用 old woman 或 old women：*Lady* Cotton was famous for her fanatically eleemosynary life. (考顿夫人极其乐善好施的一生人人皆知。)演说或祝酒场合多用 ladies 而不用 women：*Ladies*, could I have your attention, please? (女士们，请静一静好吗?) lady 用作限定词作"女性的，妇女的"解时已为 woman 取代：a *woman* doctor (女医生)，若用 a lady doctor 则有轻蔑讥讽之意。

la·dy·bug /ˈleidiˌbʌg/, **la·dy·bird** /ˈleidiˌbəːd/ *n.* [C]【昆】瓢虫

la·dy·like /ˈleidiˌlaik/ *adj.* ❶贵妇人似的；有礼貌的，有良好教养的；雍容华贵的：a *ladylike* young woman 一位雍容华贵的少妇 ❷符合贵妇人身份的，适合于贵妇人的：in *ladylike* manner 以大家闺秀的风范

la·dy-love /ˈleidiˌlʌv/ *n.* [C]女情人，情妇

la·dy·ship /ˈleidiˌʃip/ *n.* [常作 L-][常用单] ❶贵妇身份(或地位) ❷[对除公爵夫人外有爵位女子的尊称，常与 your 或 her 连用]夫人，小姐

lag /læg/ **I** *vi.* (**lagged**; **lag·ging**) 走得慢；落后；逡巡，磨蹭(*behind*)(见 delay)：The U. S. *lags behind* Japan in implementing robot technology. 在机器人技术应用方面，美国落后于日本。**II** *n.* [C]落后；滞后；延迟，延缓；(时间的)耽搁：The project is suffering from (a) severe time *lag*. 这项工程的工期迟迟拖延。

La·ger /ˈlɑːgəʳ/ (**beer**) *n.* [C；U]贮藏(或贮存)啤酒(味淡，通常多泡沫)

lag·gard /ˈlægəd/ *n.* [C]落后者，落伍者；迟缓的人(或物)：a *laggard* at homework 做作业拖拖拉拉的学生 / Housing is a *laggard* in the current business recovery. 住房是当前商业复苏中一个拖后腿的因素。

La·gniappe /læˈnjæp, ˈlænjæp/ *n.* [C] ❶(顾客购物时商家附送的)小赠品；奖品 ❷赏金；小费

la·goon /ləˈguːn/ *n.* [C]【地理】潟湖；环礁湖；咸水湖

laid /leid/ *v.* lay 的过去式和过去分词

laid-back /ˈleidbæk/ *adj.* [无比较级]〈口〉放松的，轻松的

lain /lein/ *v.* lie 的过去分词

lair /leəʳ/ *n.* [C] ❶兽窝，兽穴，兽洞 ❷〈喻〉秘密藏身处，隐藏处，躲藏处：The police tracked him to his *lair*. 警方追踪至他的秘密藏身地。

la·i·ty /ˈleiiti/ *n.* [常作 the ~][总称] ❶(有别于教士或僧侣的)俗人 ❷外行，门外汉，非专业人员

lake /leik/ *n.* [C]湖(泊)：a pleasure *lake* 供游览娱乐的湖泊 / On the edge of the *lake* was a pavilion. 湖边有一处亭榭。

lal·ly·gag /ˈlæliˌgæg/ *vi.* (**-gagged**; **-gag·ging**) 〈俚〉闲混，闲荡，游荡，混日子，无所事事：He was in high spirits after weeks of fish and *lallygagging* in Florida. 他在佛罗里达经过数周钓鱼和休闲以后，情绪高涨。〔亦作 **lollygag**〕

lam /læm/ **I** *n.* [C]〈俚〉(从犯罪现场、警察手中或狱中等的)仓皇逃逸，迅速脱逃；(尤指)畏罪潜逃 **II** *vi.* 迅速逃离，脱逃：The crooks *lamed* out of there as fast as they could. 强盗们拼了命地逃离了那里。

la·ma /ˈlɑːmə/ *n.* [C]喇嘛(西藏和蒙古的佛教僧侣)

la·ma·ser·y /ˈlɑːməsᵊri, ləˈmɑːsᵊri/ *n.* [C]喇嘛寺

lamb /læm/ *n.* ❶[C]羔羊，小羊；小羚羊 ❷[U]【烹】羔羊肉：roast *lamb* 烤羔羊肉 ❸[C]温顺

的人；软弱的人；容易受骗的人

lam·baste /læm'beist/, **lam·bast** /læm'bæst/ *vt.* 〈口〉❶痛打，毒打；鞭打，鞭抽：*lambaste* the drums 不停地敲鼓 ❷严责，谴责，抨击；斥骂：His second novel was well and truly *lambasted* by the critics. 他的第二部小说受到批评家的猛烈抨击。

lamb·kin /'læmkin/ *n.* [C]小羊羔

lame /leim/ *adj.* ❶[无比较级]跛的，瘸的；(腿或脚)残废的：He limps because he is *lame* from an old wound. 他因为一次受伤而导致了跛足。❷(论据、叙述、借口等)站不住脚的；蹩脚的；软弱无力的：Sleeping too long is a *lame* excuse for being late. 把睡过头作为迟到的借口是站不住脚的。‖ **'lame·ly** *adv.* —**'lame·ness** *n.* [U]

la·mé /'lɑːmei/ *n.* [U](用金、银丝等编织的)金银锦缎

lame-brain /'leimˌbrein/ *n.* [C]〈口〉呆子，笨蛋 ‖ **'lameˌbrained** *adj.*

la·ment /lə'ment/ **I** *vt.* ❶为…悲痛(或恸哭)；哀悼：a widow *lamenting* the death of her husband 哀悼亡夫的孀妇 ❷为…感到遗憾；为…感到惋惜：*lament* one's folly 为某人的愚蠢行为而感到遗憾 —*vi.* 悲痛；哀悼；恸哭：(*for*, *over*)：Mothers *lament for* [*over*] their missing children. 母亲们为失踪的孩子恸哭不已。**II** *n.* [C]悲痛；哀悼；恸哭

lam·en·ta·ble /'læməntəbəl/ *adj.* 〈书〉(事件、命运、状态等)可悲的；不幸的，令人惋惜的，令人伤心的：a *lamentable* accident 不幸的事故 ‖ **'lam·en·ta·bly** *adv.*

lam·en·ta·tion /ˌlæmən'teiʃən/ *n.* [C；U] ❶遗憾；悔恨；悲叹 ❷悲伤，悲痛；哀悼；恸哭：Voices were raised in *lamentation*. 哀声四起。

lam·i·nat·ed /'læmiˌneitid/ *adj.* [无比较级] ❶层压的；层积的：*laminated* wood 多层胶合木 ❷用塑料薄膜覆盖(或包装) ‖ **lam·i·na·tion** /ˌlæmi'neiʃən/ *n.* [U]

lamp /læmp/ *n.* [C] 灯；油灯；照明用具

lam·poon /læm'puːn/ **I** *n.* [C]讽刺(作品) **II** *vt.* (撰文)挖苦，讽刺；对…冷嘲热讽：The article *lampoons* the pretensions of some movie moguls. 这篇文章嘲讽了电影界一些大腕的矫揉造作。

lamp·post /'læmpˌpəust/ *n.* [C]路灯柱，灯杆

lamp·shade /'læmpˌʃeid/ *n.* [C]灯罩

lance /lɑːns; læns/ **I** *n.* [C] (近代骑兵或中世纪骑士的)枪，长矛 **II** *vt.*【医】(用柳叶刀)切开：*lance* a boil [vein] 切开疮[静脉]

lan·cet /'lɑːnsit; 'læn-/ *n.* [C]【医】(用于外科手术的)柳叶刀〔亦作 **lance**〕

land /lænd/ **I** *n.* ❶[U]陆地；地面：a body of *land* 一片陆地/ It is easier to drill for oil on *land* than at sea. 在陆地钻探石油要比在海上钻探容易。❷[U](用作某种用途的)土地：five acres of arable *land* 五公顷耕地 ❸[U](有明确界限的)土地：buy *land* in Florida 在佛罗里达州置地 ❹[the ～]农村，农村地区；郊区：They left *the land* for the city. 他们离开农村进城了。❺[常作～s]【律】房地产；地皮；田产，地产；领地，属地；私有土地：own houses and *lands* 拥有房地产 ❻[～s]地域；地带：Too much rain is the problem of the equatorial *lands*. 雨水过多是赤道地区面临的问题。**II** *vt.* ❶使上岸；使靠岸：*land* goods from a vessel 把货物从船上卸到岸上 ❷使登陆；使降落：The pilot *landed* the airplane in Seattle. 飞行员将飞机降落在西雅图。❸〈口〉得到，赢得；找到：*land* a contract 揽到一份合同 / *land* sb.'s support 赢得某人的支持—*vi.* ❶(飞机、宇宙飞船、鸟等)着陆：The crippled airplane *landed* at an emergency field. 那架受损的飞机在应急场地降落了。❷(船)靠岸；(人)上岸；登陆；下机；下船：The ship *landed* at the pier. 那艘船停泊在码头。‖ ***land on one's feet*** *vi.* 成功地脱离困境(或避免麻烦)；逢凶化吉，化险为夷：I have been in a few scrapes, but I have always *landed on my feet*. 我曾几次陷入困境，但每次我都成功地渡过了难关。

☆**land, earth, floor, ground, soil** 均有"土地，土壤；地面"之意。**land** 指地球表面与海洋相对的陆地，该词也指作为财产的土地或适于耕作的大片田地：After working at sea for several years, I got a job on *land*. (在海上工作数年之后，我找了一份陆上的工作。) **earth** 指与天空相对的地面，该词也指与太空中其他星球相对的地球，与天堂或地狱相对的人间或植物赖以生长的泥土：The balloon burst and fell to *earth*. (气球破裂而落到地上。) **floor** 特指室内地面：I must sweep the kitchen *floor*. (我必

须扫一下厨房的地面。）**ground** 多指室外的地面，有时也指小块田地：The injured man was lying on the *ground*.（伤者躺在地上。）**soil** 多指地球表面种植作物并促使其生长的土壤：Plants grow well in good *soil*.（植物在沃土里生长茂盛。）

lan·dau /ˈlændɔː/ *n.* [C]（19 世纪的）分顶（或活顶）式四轮马车；双排座开合（或脱卸）式顶篷四轮马车

land·ed /ˈlændid/ *adj.* [无比较级][作定语] ❶拥有土地（尤指庄园）的：the *landed* aristocracy 拥有土地的贵族 ❷由地产组成的；地皮的；不动产的：a *landed* property [estate] 地产

land·fall /ˈlændˌfɔːl/ *n.* [U] ❶（航海或飞行中的）初见陆地；接近陆地：We shouted like seamen making *landfall*. 我们像水手看到陆地时一样高声喊叫起来。❷（航海或飞行中）初见的陆地

land·fill /ˈlændˌfil/ *n.* ❶[C]固体垃圾（或废物）埋填地；垃圾填筑地 ❷[U]固体垃圾

land·ing /ˈlændiŋ/ *n.* [C] ❶着陆，登陆；上岸，上陆；（飞机的）降落，着陆：make an emergency *landing* 紧急降落 / a *landing* on the moon 登月 ❷（轮船旅客或货物的）登陆处，停泊处；码头，卸货场；（直升机旅客或货物的）着陆处，登陆处 ❸【建】楼梯平台，楼梯过渡平台，楼梯顶部（或底部）的平台：the first floor *landing* 一楼平台

land·ing-gear /ˈlændiŋˌgiəʳ/ *n.* [U]【空】起落装置；（陆上飞机的）降落装置；（水上飞机）降落用的浮舟

land·la·dy /ˈlændˌleidi/ *n.* [C] ❶女地主，土地的女性所有者 ❷（酒店的）女店主，女老板；（旅馆、寄宿舍等的）女房东

land·locked /ˈlændˌlɔkt/ *adj.* [无比较级] ❶（湖等）被陆地包围的：the *landlocked* Great Lakes 被陆地包围的北美五大湖 ❷内陆的；没有入海口的；不通海的：a *landlocked* country 内陆国家

land·lord /ˈlændlɔːd/ *n.* [C] ❶地主 ❷（客栈、寄宿舍等的）房东；（酒馆等的）店主

land·mark /ˈlændˌmɑːk/ *n.* [C] ❶土标，陆标；（航海或陆路上的）标志物：The post office will serve as a *landmark* for you to pick out on the way back. 在你回来的路上，邮局可以充当路标。❷（国界、庄园或土地等的）界标，界碑，界石 ❸（纪念碑、遗址等）历史遗存；名胜古迹；标志性建筑物：The boat ride on the Yangtze River along the Three Gorges can bring you to many historic *landmarks*. 沿长江三峡乘船观光可以使你看到很多历史遗迹。❹〈喻〉（历史上的）重大事件（或事变）；里程碑：The invention of computer was a *landmark* in science. 计算机的发明是科学史上的一座里程碑。

land·mass /ˈlændˌmɑːs;-ˌmæs/ *n.* [C]陆块，地块

land mine *n.* [C]【军】地雷

land·scape /ˈlændˌskeip/ **I** *n.* [C] ❶（陆上）景色，（陆地）风景：rural *landscape* 农村的景色 ❷陆上风景画，山水画：an exhibit of *landscapes* and portraits 山水人物画展 ❸活动领域；活动范围；界：the political *landscape* 政界 **II** *vt.*（通过植草、植树等）美化（花园、公园等的）景观：The garden needs to be further *landscaped*. 这个花园需要进一步修整美化。‖ ˈ**landˌscap·er** *n.* [C]

land·slide /ˈlændˌslaid/ *n.* [C] ❶【地质】山崩；滑坡；崩塌，塌方：Slight noise might set off a *landslide*. 细微的响声也会引发崩塌。❷〈喻〉（竞选中政党或候选人获得的）压倒多数的选票；一边倒的（竞选）胜利：The pre-election poll suggested his election would be a *landslide*. 选举前的民意测验表明他将会获得绝对多数票。

land·ward /ˈlændwəd/ **I** *adv.* [无比较级]朝陆地地；向岸地 **II** *adj.* [无比较级][作定语] ❶朝陆地的；向岸的 ❷朝着内陆方向的

land·wards /ˈlændwədz/ *adv.* ＝landward

lane /lein/ *n.* [C] ❶（乡村）小径，小路：It is forbidden to drive fast along the narrow country *lane*. 在乡间狭窄的小路上禁止快速行车。❷【海】（海上）航线，航道；【空】飞行航线，空中走廊 ❸小巷，胡同，里弄：I lost my way in the *lanes*. 我在小巷里迷了路。❹车道 ❺【体】（田径中的）跑道；泳道

lan·guage /ˈlæŋgwidʒ/ *n.* ❶[C;U]语言；语言文字（或符号）：Literature is simply *language* charged with meaning. 文学只不过是负载意义的语言。❷[U]语言交际：sign *language* 符号语言 ❸[U]专门用语，术语，行话：mathematics *language* 数学术语 / diplomatic *language* 外交辞令 ❹[U]非文字的表达方式：body *language* 身势语 ❺[U]语言学习（或研

究);语言学 ❻[C]【计】(程序)语言:computer programming *languages* 计算机编程语言

lan·guid /ˈlæŋgwid/ *adj.* ❶不感兴趣的;缺乏力度的:a *languid* manner 一副无精打采的样子 ❷倦怠的,精神萎靡的,有气无力的;懒散的:a *languid*,indifferent air 一副疲疲沓沓,无动于衷的样子 ❸虚弱的,软弱乏力的

lan·guish /ˈlæŋgwiʃ/ *vi.* ❶变得衰弱,失去活力:The tulips *languished* in broiling weather. 郁金香花因天气闷热而枯萎了。❷松弛;松懈:He *languished* in his dull job. 他在沉闷的工作中放松了自己。❸被忽视;遭冷遇:*languish* in prison 被遗忘在狱中 ❹(因渴望等而)变得憔悴:*languish* for sb.'s love 渴望着某人的爱

lan·guor /ˈlæŋgəʳ/ *n.* [U]〈书〉❶缺乏兴趣(或热情等) ❷倦怠,无精打采;疲累:a feeling of utter *languor* 极度疲累的感觉 ❸慵懒,懒洋洋:the delicious *languor* of a massage 按摩过后懒意洋洋的感觉

lan·guor·ous /ˈlæŋgᵊrəs/ *adj.* ❶令人倦怠的;令人懒洋洋的:a *languorous* breeze 令人慵懒的轻风 ❷倦怠的,懒洋洋的:a *languorous* wave of the hand 懒懒的一挥手 ‖ **ˈlan·gor·ous·ly** *adv.*

lan·iard /ˈlænjəd,-jɑːd/ *n.* =lanyard

lank /læŋk/ *adj.* (毛发)平直的,不卷曲的:Her *lank* hair looked like it hadn't been washed for months. 她直竖的头发看起来好像有几个月没洗了。

lank·y /ˈlæŋki/ *adj.* 过分瘦长的;瘦长得难看的 ‖ **ˈlank·i·ness** *n.* [U]

lan·tern /ˈlæntᵊn/ *n.* [C]灯笼;提笼;灯笼罩

lan·yard /ˈlænjəd,-jɑːd/ *n.* [C] ❶【海】系索,短索,牵索 ❷(用以拴系哨子、小刀等的)颈带,项带 ❸(军服上的)勋带,(军服上供装饰用的)绶带〔亦作 **laniard**〕

La·o·tian /ˈlauʃiən,lɑːˈəuʃiən/ I *n.* ❶[C]老挝人;老挝公民;老挝后裔 ❷[U]老挝语 II *adj.* [无比较级]老挝的;老挝人的;老挝语的;老挝文化的

L

lap¹ /læp/ *n.* [C] (人坐着时)大腿的朝上部分,大腿的前部

lap² /læp/ I *n.* [C] ❶【体】(赛程或跑道的)一圈,一周:She was overtaken in [on] the first *lap.* 她在第一圈就被人超过了。❷一段路程;一段行程;(工作、计划等的)一部分,一阶段:the final [last] *lap* of the campaign 竞选的最后阶段 II *vt.* (**lapped**;**lap·ping**) (在赛跑、赛车等中)领先(对手)一圈;绕(跑道)跑完一圈:The course has to be *lapped* six times. 整个赛程必须跑完六圈。

lap³ /læp/ I (**lapped**;**lap·ping**) *vt.* ❶(波浪等)拍打,冲刷:Water *lapped* the sides of the boat. 水拍打着船舷。❷舐,舔,舔食:The cat *lapped* the porridge as if it had been nearly starved to death. 这只猫舔食着粥,好像快要饿死了。—*vi.* ❶(波浪等)拍打;发出拍打声(*against*):The water *lapped against* the shore. 水波拍岸。❷舐,舔,舔食 II *n.* [C] ❶舐,舔,舔食 ❷(波浪的)拍击 ❸(波浪的)拍击声 ‖ ***lap up*** *vt.* ❶舔,舔食;喝:The kitten *laps up* its milk. 小猫喝着它的牛奶。❷爱听(唠叨、恭维话等);不加区别地接受:She *lapped* it *up.* 她对这一切照单全收。

lap belt *n.* [C](汽车或飞机座位上的)安全腰带

lap dog *n.* [C]小型宠物狗,供观赏的小狗,哈巴狗

la·pel /ləˈpel/ *n.* [C](西服上衣胸前向两边打折的)翻领:wear a badge in the wide *lapel* 在宽翻领上戴一枚徽章 / grab sb. by the *lapels* 抓住某人的衣领

lap·i·dar·i·an /ˌlæpiˈdeəriən/ *adj.* =lapidary

lap·i·dar·y /ˈlæpidəri/ I *n.* ❶[C]宝石工,玉石工 ❷[U]宝石雕琢术,玉石雕刻术 II *adj.* [作定语] ❶[无比较级]宝石的,玉石的;(尤指)宝石(或玉石)雕刻的:The gem is of high *lapidary* value. 这块宝石极具雕刻价值。❷(措辞等)简明扼要的,(似碑文)精确(或中肯)的:*lapidary* prose 精辟的散文

lap·in /ˈlæpin/ *n.* ❶[C]兔子 ❷[U]兔毛皮

lap·is /ˈlæpis/ (**laz·u·li** /ˈlæzˈuːli,-ˌlai/) *n.* [U] ❶【矿】天青石,青金石 ❷天青石色:a sky of *lapis lazuli* 青石色天空

lapse /læps/ I *n.* [C] ❶(道德等的)沦丧;(对正道等的)背离,偏离:a *lapse* of principle 背离原则/a *lapse* in good judgement 未能作出的正确判断 ❷小错,差错,疏忽,失误:a *lapse* of memory 记错 / a *lapse* of the tongue 口误 ❸(时间的)流逝,逝去,过去:a *lapse* of six weeks between letters 书信一来一往六个星期 **II** *vi.* ❶(地位、水平等)降低,下降;(状况)恶化;(兴趣、信心等)减退:Their zeal upon the work *lapsed*. 他们对这份工作的热情有所减退。❷终止,停止:We let our subscription *lapse*. 我们终止了订单。❸进入;陷入(*into*):*lapse into* thought 陷入沉思/ *lapse into* insensibility 不省人事 ❹(时间)流逝,逝去 ❺(保险契约等)中止;失效:An insurance policy *lapses* with forfeiture of value. 保险契约作废,连同保险金也被罚没了。

lap·top /ˈlæpˌtɒp/ *n.* [C]〈口〉【计】便携式计算机

lar·ce·ny /ˈlɑːsᵊni/ *n.* [U;C]【律】盗窃(罪)

larch /lɑːtʃ/ *n.* ❶[C]【植】落叶松 ❷[U]落叶松木材

lard /lɑːd/ **I** *n.* [U]【烹】猪油 **II** *vt.* ❶涂抹(猪)油于 ❷(常指不必要地)润饰(讲话、文章等)(*with*):She delivered a speech *larded with* witticism. 她的演讲妙语连珠。

lar·der /ˈlɑːdəʳ/ *n.* ❶[C]食物贮藏柜;食品(储藏)室 ❷[U](尤指为越冬而)贮藏的食品,储备的食物

large /lɑːdʒ/ **I** *adj.* ❶(形状、面积、数量、程度等)大的,硕大的,巨大的(见 big 和 broad):a *large* country 幅员辽阔的国家 / The second edition is about one sixth *larger* than the first. 第二版比第一版容量大 1/6。❷开阔的;广泛的:She has a *large* scope of interest. 她兴趣广泛。**II** *n.* ❶[U](衣服中的)大号,大尺码 ❷[C]大号的服装;大尺码的衣物 ‖ **at large** *adj.* & *adv.* ❶(罪犯)逍遥法外的(地),负案在逃的(地):The police were still searching for the serial killer *at large*. 警方正在搜捕负案在逃的系列杀人犯。❷[用于名词后]一般的(地);总的;大体上:El Niño, *at large*, is the result of the damages inflicted by human being upon the earth. 厄尔尼诺现象总体上讲是由于人类破坏地球而引起的。‖ ˈ**large·ness** *n.* [U]

large·ly /ˈlɑːdʒli/ *adv.* [无比较级]在很大程度上;大半地;主要地:Success of a company *largely* depends on management. 一家公司的成功与否很大程度上取决于管理。

lar·gess(e) /lɑːˈʒes,-ˈdʒes/ *n.* [U]〈书〉❶慷慨:Fraternity is the *largess* of one's affection. 博爱是一个人对情感的慷慨施予。❷慷慨馈赠(或捐助);慷慨赠送的钱物

lar·i·at /ˈlæriət/ *n.* [C](套捕或拴马匹等的)绳索,套索

lark /lɑːk/ *n.* [C]【鸟】百灵鸟;云雀

lar·va /ˈlɑːvə/ *n.* [C]([复]**-vae** /-viː/或**-vas**) ❶【昆】幼虫 ❷【动】(青蛙等的)幼体 ‖ ˈ**lar·val** *adj.*

lar·yn·gi·tis /ˌlærinˈdʒaitis/ *n.* [U]【医】喉炎

lar·ynx /ˈlæriŋks/ *n.* [C]([复]**la·ryn·ges** /ləˈrindʒiːz/或**-ynx·es**)【解】喉 ‖ **la·ryn·ge·al** /ləˈrindʒiəl,ˌlɑːrinˈdʒiəl/ *adj.*

la·ser /ˈleizəʳ/ *n.* [C]激光;激光器

lash[1] /læʃ/ **I** *n.* [C] ❶鞭梢;鞭子:a many-tongued *lash* 多梢鞭子 ❷鞭笞,抽打:be subject to 36 *lashes* 被鞭笞 36 下 ❸[常作~s]睫毛 **II** *vt.* ❶鞭笞,抽打:The prisoners were ill-treated and sometimes they were even *lashed* with electric cable. 囚犯受到虐待,有时甚至遭到电缆绳的抽打。❷猛烈抨击;严厉斥责:*lash* the vices of the time 鞭挞时弊 ❸猛烈冲击,拍打:The hurricane *lashed* the coast. 飓风席卷了海岸地区。—*vi.* 鞭打,抽打:*lash* sb. with a staff 用棍子抽打某人 / The boxer *lashed* wildly back at [into] his rival. 拳击手挥拳凶猛地反击对手。

lash[2] /læʃ/ *vt.* (用线、绳等)捆,系,拴:The campers *lashed* their tent to a tree during the hurricane. 飓风来袭时,露营者们将帐篷拴在树上。

lass /læs/, **las·sie** /ˈlæsi/ *n.* [C]姑娘,少女,丫头

las·si·tude /ˈlæsiˌtʲuːd/ *n.* [U]〈书〉❶疲倦;乏力:He was too far gone in the *lassitude* of seasickness to make any reply to these words. 他晕船晕得特别厉害,早已四肢瘫软,哪里还顾得上回答。❷无精打采;慵懒:Shareholders are blaming the company's problems on the *lassitude* of the managing staff. 股东们将公司的问题归咎于管理层人浮于事。

las·so /læˈsuː,ˈlæsəu/ **I** *n.* [C]([复]**-so(e)s**)(用以套捕马、牛等的)套索 **II** *vt.* 用套索套捕:It seemed a heaven-sent opportunity for *lassoing* him there. 在那里把他抓住真可谓是天赐良机。

last[1] /lɑːst;læst/ **I** *adj.* [无比较级] ❶(时间、

L

次序等)最后的,末尾的,最迟的;最后阶段的;(等级等)最低的,最次的,末等的:the *last* day in October 10月的最后一天 / the *last* row of seats 最后一排座位 ❷[作定语](时间上)最近的;上一个的;上一次的(见 latest): *Last* evening we watched a football match. 昨天晚上我们看了一场足球赛。❸[作定语]最后一个的,唯一剩下的:the *last* cigarette in the pack 烟盒里剩下的最后一支烟 ❹[作定语]临终的: one's *last* hours 生命中的最后时刻 ❺[作定语]最终的,结论性的;决定性的:The professor gave no *last* answer to the question. 教授没有对这个问题给出最终的答案。**II** *adv.* [无比较级] ❶(时间、位置或次序上)最后地,最末地:He arrived *last* at the party. 他是最后一个到达晚会现场的。❷上一次,最近一次:She was fine when I *last* saw her. 我上次见到她时她很好。❸最后:*Last*, I want to thank my wife. 最后,我要感谢我的妻子。**III** *n.* [**the** ～] ❶最后的人(或事物);最后提到的人(或事物):*the last* of kings 末代国王 ❷最后的提及;最后的出现:That was *the last* I saw her. 那是我最后一次见到她。❸(月、星期等的)最后一天;最后的部分,末尾:Her husband would come home *the last* of October. 她丈夫10月底回家。‖ ***at* (*long*) *last*** *adv.* 终于,最终;最后:*At* (*long*) *last* the government began to consider our complaints. 政府终于开始考虑我们的投诉了。***to the last*** *adv.* 坚持到最后;在最后时刻:*To the last* he told everyone he was innocent. 他至死都坚称自己无罪。

☆last 既可意指"最后的"也可意指"最近的"。为避免歧义,当谈及过去某一时刻发生的事件时,宜使用 the (week) before 或 the previous (week)替代 last (week):She'd been in Paris the weekend before. (上周周末她在巴黎。)同理,为避免歧义,his last novel 宜改为 his final novel (他最后的一部小说),或者改为 his latest novel (他最新的一部小说)。注意"昨天夜里"宜用 last night,"昨天早上"、"昨天下午"和"昨天晚上"则分别须使用 yesterday morning, yesterday afternoon 和 yesterday evening。

☆ **last, eventual, final, terminal, ultimate** 均有"最后,最终"之意。**last** 指一系列事物中的最末一个,适用于顺序或时间等方面:George was the *last* to arrive. (乔治是最后一个到达的。) **eventual** 强调因某种原因必然导致或产生某一最终结果,含有迟早会或终究要的意味:The new computer system is expensive, but the *eventual* savings it will bring are very significant. (新的计算机系统是昂贵的,但是它最终将带来的节约是很可观的。) **final** 语气强烈,不仅指在顺序上是最终的或最后的,而且强调终结的不可更改性及决定性:The game is now in its *final* stages. (这场比赛现在处于最后阶段。) **terminal** 指某一系列或过程的终点,表示事物扩展、延伸、增长或发展至结束的意思:a *terminal* marker (终点的标志) / His illness is *terminal*. (他的病已到晚期。) **ultimate** 较为正式,指一系列事物中的最后一个,可表示某一过程的最后结果,有在时间上最为遥远的意思:the *ultimate* conclusion (最终的结果)

last² /lɑːst; læst/ *vi.* ❶[不用进行时态]持续,延续(见 continue):The avant-garde film *lasts* (for) six hours. 这部先锋派电影长达六个小时。❷维持;够用:So long as this supply *lasted* the people kept their oath. 在这些供应品用尽之前,这些人是信守诺言的。❸持久;保持良好的状态:Meat can *last* months if kept in refrigerator. 肉放在冰箱里可以保鲜几个月。—*vt.* (使)度过,(使)挨过:The rice has to *last* you for the rest of the month. 这个月余下的日子你得靠这些米度过。

last hurrah *n.* [常用单]最后的努力;(政治家的)最后一次竞选;(诗人、音乐家等的)最后作品(或言行等);告别演出

last·ing /ˈlɑːstiŋ; ˈlæst-/ *adj.* [作定语]持久的,永久的;耐久的:maintain a *lasting* peace 维持长久的和平 / have a *lasting* effect on 对…产生持久的效力 ‖ **ˈlast·ing·ly** *adv.*

last·ly /ˈlɑːstli; ˈlæst-/ *adv.* [无比较级]作为最后一点;最后:*Lastly*, I would like to thank the film crew. 最后我想感谢全体摄制组人员。

☆lastly 意为"最后",常用以引介一系列观点或事件中的最后一点;其含义与 finally 相似:*Lastly*, I'd like to thank everyone who offered help of one kind or another. (最后,我想感谢每一位为我们提供了某种帮助的人。)

last straw *n.* [通常作 **the l- s-**](一系列烦恼、打击等中)最终使人无法忍受的事,终于导致垮台(或失败)的原因

latch /lætʃ/ **I** *n.* [C] ❶闩,门闩;窗闩:close with a *latch* 用门闩关上 ❷碰锁,弹簧锁 **II** *vt.* 用闩闩(门、窗等);用碰锁锁(门、窗等):The

L

cargo door had not been *latched* properly before takeoff. 货舱门在起飞前没闩好。‖ ***latch on*** [***onto***] *vt.* ❶得,得到:*latch on* to the first empty seat 得到了第一个空位子 ❷主动参与;主动结交;缠住不放:As soon as I picked up the phone,she *latched onto* me and was unwilling to hang up. 我一拿起话筒她就缠住我不愿挂电话。

latch•key /ˈlætʃkiː/ *n.* [C]弹簧锁钥匙,门锁钥匙

late /leit/ **I** [比较级 **later** 或 **latter**,最高级 **latest** 或 **last**] *adj.* ❶迟的,迟于规定(或预期)时刻的:The *late* audience missed the most excellent performance. 晚来的观众错过了最精彩的演出。❷晚的,晚于通常时间(或季节、年龄等)的:*late* fruits 晚熟水果 ❸(时间)近日暮的;近深夜的;持续到深夜的:in the *late* afternoon 在傍晚时分 **II** *adv.* ❶迟,迟于规定(或预期)时间地:The mail arrived *late* today. 今天邮件到迟了。❷晚于通常的时间(或季节、年龄等),到深夜地:Late last night I received a call from John. 昨天深夜我接到了约翰打来的电话。‖ ˈ**late•ness** *n.* [U;C]

☆late 一词有"已故的;亡故的"的含义,故在表述某一职位的"前任"时多使用 the previous:the previous president (前任总统)

late•com•er /ˈleitˌkʌməʳ/ *n.* [C]迟来者,晚到者

late•ly /ˈleitli/ *adv.* [无比较级]近来,最近;不久前:Have you been reading anything interesting *lately*? 你最近读过什么有趣的东西吗?

la•tent /ˈleitᵊnt/ *adj.* [无比较级] ❶潜伏的,潜在的;隐蔽的:The vast resources are said to be *latent* in the desert. 据说沙漠里蕴藏着丰富的资源。❷【医】隐性的,潜伏的:a *latent* infection 隐性感染 ‖ ˈ**la•ten•cy** /ˈleitᵊnsi/ *n.* [U]

lat•e•ral /ˈlætᵊrᵊl/ *adj.* [无比较级] ❶(位于)侧面的;朝侧面的;从侧面的:The lungs are *lateral* to the heart. 肺位于心脏的两侧。❷【语】边音的,旁流音的 ‖ ˈ**lat•e•ral•ly** *adv.*

lat•est /ˈleitist/ **I** *adj.* ❶[late 的最高级]最新的;最近的:the *latest* fashions from Paris 来自巴黎的最新时装 ❷最后的 **II** *n.* [**the** ～]最新消息;最新发展(或发现);最新的式样;最流行的事物:The latest of the crises affected seriously the stability of the government. 最近一次危机严重影响了政府的稳定。‖ ***at the latest*** *adv.* 最迟,最晚:Make sure that you are at the airport by 8 o'clock *at the latest*. 你要确保最迟于 8 点钟到达机场。

☆**latest**, **last** 均有"最近的"之意。**latest** 的所指往往包括当前的事物:What is his *latest* novel about? (他刚发表的一部小说写的是什么内容?) **last** 的所指往往不包括当前事物:I don't like his *last novel*. (我不喜欢他最近的一部小说。)

la•tex /ˈleiteks/ *n.* [U;C]([复] **lat•i•ces** /ˈlætiˌsiːz/或**la•tex•es**)【植】乳汁;橡浆

lath /lɑːθ;læθ/ *n.*【建】❶[C]([复]**laths** /lɑːθs, lɑːðz;læθs,læðz/) 条板,木板条 ❷[U](代替木板条用的)金属丝网;金属丝布

lathe /leið/ **I** *n.* [C]【机】车床:operate [work] a *lathe* 开[操作]车床 **II** *vt.* 用车床加工,用车床切削

la•ther /ˈlɑːðəʳ;ˈlæðəʳ/ **I** *n.* [U;C](肥皂水、洗涤剂等的)泡沫:soapy *lather* 肥皂泡沫 **II** *vi.* 形成皂沫,起泡沫:This soap *lathers* well. 这种肥皂起很多泡沫。‖ ˈ**lather•y** *adj.*

Lat•in /ˈlætin/ **I** *n.* ❶[U]拉丁语(略作 L) ❷[C]拉丁人(指讲拉丁语系语言的民族成员) ❸拉丁美洲人 **II** *adj.* [无比较级] ❶拉丁语系国家(或民族)的 ❷拉丁美洲的;拉美国家的

lat•i•tude /ˈlætiˌtʲuːd/ *n.* ❶[C;U]【地理】纬度:drift at a *latitude* of fifteen degrees 在纬度 15°的地方漂移 ❷[～s]纬度地区,区域,地带:high *latitudes* 高纬度地区

la•trine /ləˈtriːn/ *n.* [C](尤指军营、工厂或棚屋中的)厕所,公共厕所

lat•ter /ˈlætəʳ/ **I** *adj.* [无比较级][作定语] ❶(两者之中)后者的:In the *latter* bag, he found nothing. 在后面的一个包里他什么也没找到。❷近期的,近来的:the *latter* days of human progress 人类当今的进步 ❸后半部分的;接近最后的:He lived the *latter* part of his life alone. 他孤独地度过了余生。**II** *n.* [**the** ～](两者中的)第二者,后者:John and Joe were late, but *the latter* was later. 约翰和乔都来迟了,但后者来得更晚。‖ ˈ**lat•ter•ly** *adv.*

lat•ter-day /ˈlætəˌdei/ *adj.* [无比较级][作定语] ❶后来的,后期的:*latter-day* pioneers 后来的开拓者 ❷近代的;当今的:*latter-day* writers 当代作家

lat·tice /ˈlætis/ *n.* [C]【建】格构式窗(或门、棚架等);(木或金属的)方格,格子,斜条结构

lat·tice·work /ˈlætisˌwəːk/ *n.* [C;U]【建】格构式窗(或门、棚架等);(木或金属的)方格,格子,斜条结构

Lat·vi·an /ˈlætviən/ **I** *adj.* [无比较级]拉脱维亚的;拉脱维亚人的;拉脱维亚语的 **II** *n.* ❶[C]拉脱维亚人;拉脱维亚居民;拉脱维亚后裔 ❷[U]拉脱维亚语

laud /lɔːd/ *vt.* 赞美,称赞,赞扬

laud·a·ble /ˈlɔːdəbᵊl/ *adj.* 〈书〉值得赞美的,值得称颂的:the *laudable* implementation of the reform policy 值得赞赏的改革政策的实施 ‖ ˈ**laud·a·bly** *adv.*

laud·a·to·ry /ˈlɔːdətᵊri/, **laud·a·tive** /ˈlɔːdətiv/ *adj.* 〈书〉表示赞美的,褒扬的,颂扬的:the subject of *laudatory* articles 文章颂扬的对象

laugh /lɑːf;læf/ **I** *vi.* (大)笑,发笑;感到好笑:They smiled rather than *laughed.* 他们脸上露出微笑,但不放声大笑。**II** *n.* [C] ❶笑;笑声;笑意:The smile passed into a *laugh.* 起初是微笑,继而又开怀大笑。❷〈口〉引人发笑的人(或事);笑料:The political cartoon has a *laugh* on every detail. 这幅政治漫画上的每个细节都会令人发笑。‖ ***have the last laugh*** *vi.* 获得最后胜利,成为最终的赢家:In the race between the hare and the tortoise, the tortoise *had the last laugh.* 在龟兔赛跑中,乌龟获得了最后的胜利。***laugh at*** *vt.* ❶取笑,嘲笑,讥笑:It's not wise to *laugh at* the others' failures. 嘲笑别人的失败是不明智的。❷因(有趣的人或事)而发笑;对…笑:There's nothing to *laugh at.* 没有什么好笑的。‖ ˈ**laugh·ing·ly** *adv.*

laugh·a·ble /ˈlɑːfəbᵊl;ˈlæf-/ *adj.* 荒唐可笑的;逗人笑的,引人发笑的;有趣的:a *laughable* act 可笑之举 ‖ ˈ**laugh·a·bly** *adv.*

laugh·ing-gas /ˈlɑːfiŋˌgæs;ˈlæf-/ *n.* [U](用作麻醉剂的)笑气(=nitrous oxide)

laugh·ing·stock /ˈlɑːfiŋˌstɔk;ˈlæf-/ *n.* [常用单]笑柄

laugh·ter /ˈlɑːftəʳ;ˈlæf-/ *n.* [U]笑;笑声;笑意,笑容:let out a hideous *laughter* 发出一阵可怕的狞笑

launch¹ /lɔːntʃ,lɑːntʃ/ **I** *vt.* ❶使(新船)首次下水;使(船)下水:The new aircraft carrier was officially *launched* by the queen. 女王主持一艘新建航空母舰的隆重下水仪式。❷发射(火箭、航天器等):*launch* a rocket 发射火箭 ❸使投身于,使投入到:They *launched* their two countries toward a new era of cooperation. 他们开创了两国合作的新时代。❹开始进行,着手干:The two countries signed an agreement to *launch* their first official cultural exchange. 两国签订协议,开始双方的首次官方文化交流。❺投出,投掷,猛投:*launch* a spear 投矛 **II** *n.* [C] ❶(船只的)下水 ❷(火箭、航天器等的)发射

launch² /lɔːntʃ,lɑːntʃ/ *n.* [C]大型摩托游艇

launch·er /ˈlɔːntʃəʳ,ˈlɑːn-/ *n.* [C](火箭、航天器等的)发射装置,发射架,发射台;发射员

launch pad, **launch-pad** /ˈlɔːntʃˌpæd/, **launching pad** *n.* [C](火箭、航天器等的)发射台;发射坪

launch window *n.* [C](有利的)时机,机会(=window)

laun·der /ˈlɔːndəʳ,ˈlɑːn-/ *vt.* ❶洗熨(衣服、亚麻布等):He has his shirt *laundered* every day. 他每天都叫人洗熨衬衫。❷洗(黑钱等)—*vi.* (被)洗熨:The cloth didn't *launder* well. 这种布不经洗。‖ ˈ**laun·der·er** *n.* [C] —ˈ**laun·dress** /-dris/ *n.* [C]

laun·der·ette /ˌlɔːndəˈret,ˌlɑːn-/, **laund·drette** /ˌlɔːnˈdret,ˌlɑːn-/ *n.* [C]投币自助洗衣店

laun·dry /ˈlɔːndri,ˈlɑːn-/ *n.* ❶[U]需洗熨(或已洗熨)的衣物:do the *laundry* 洗衣服 ❷[C]洗衣店,洗衣坊,洗衣房 ‖ ˈ**laun·dry·man** *n.* [C] —ˈ**laun·dryˌwom·an** *n.* [C]

laundry list *n.* [C](尤指长而无规则的)清单,列表

laur·e·ate /ˈlɔriət,ˈlɔː-/ *n.* [C]获得特殊荣誉的人

laur·el /ˈlɔrᵊl/ *n.* ❶[C]【植】月桂〔亦作 bay〕❷[C](用以编织象征胜利和荣誉桂冠的)月桂枝叶 ❸[通常作~s]桂冠;殊荣:gain (one's) *laurels* 赢得荣誉 ‖ ***rest on one's laurels*** *vi.* 满足既得荣誉;吃老本;不思进取:Don't *rest on your laurels.* You did well in the exam, but you still have a lot to learn. 别自满,你考得虽不错,但要学的东西还多着哩。

la·va /ˈlɑːvə/ *n.* [U]【地质】❶火山岩浆 ❷火山岩

lav·a·to·ry /ˈlævətᵊri/ *n.* [C] ❶厕所;盥洗室 ❷抽水马桶

lav·en·der /ˈlævindəʳ/ *n.* ❶[U]淡紫色 ❷[C]【植】薰衣草 ❸[C]薰衣草的干花(或叶、茎)

lav·ish /ˈlæviʃ/ **I** *adj.* ❶丰富的;无节制的;大量的:*lavish* gifts 丰厚的礼物/be *lavish* with money 花钱大手大脚 ❷非常大方的,过分慷慨的,毫不吝啬的:the *lavish* hospitality of the local inhabitants 当地居民的过于好客 **II** *vt.* 挥霍,浪费;非常慷慨地施予,滥施(*on*,*upon*):He rejects the praise that his colleagues *lavished on* him with indifference. 他的同事对他滥加赞扬,但他却无动于衷。‖ ˈ**lav·ish·ly** *adv.*

law /lɔː/ *n.* ❶[总称]法律体系,法律系统;法制:a court of *law* 法院 / a country that is ruled by *law* 法治国家 ❷[C]法,法律(条文):the *law* of land 土地法 / abide by the *law* 守法 ❸[U]法学;法律知识;律师职业:read *law* at college 在大学读法律 / practice *law* 当律师 ❹[C;U]准则:a moral *law* 道德准则 / divine *law* 天理 ❺[C](尤指自然界中的)规律,定律:the *laws* of nature 自然规律 / the *law* of gravity 万有引力定律 ❻[~s]法则,规则:the *laws* of play writing 戏剧创作法则 ‖ ***be a law to [unto] oneself*** *vi.* 我行我素,独断专行;无视惯例:She *was a law unto herself*. 她是个独断专行的人。

law-a·bid·ing /ˈlɔːəˌbaidiŋ/ *adj.* 守法的;安分的:a *law-abiding* citizen 守法的公民

law·break·er /ˈlɔːˌbreikəʳ/ *n.* [C]违法者,触犯刑律者 ‖ ˈ**lawˌbreak·ing** *n.* [U] & *adj.*

law·ful /ˈlɔːfᵘl/ *adj.* [无比较级] ❶合法的;守法的;法律允许的:*lawful* surveillance 合法监管 / It's not *lawful* to park in front of a hydrant. 在消火栓前泊车是不合法的。❷法律认可的;(孩子)非私生的:a *lawful* son 婚生子 ‖ ˈ**law·ful·ly** *adv.*

law·less /ˈlɔːlis/ *adj.* [无比较级] ❶无视法律的,目无法纪的:We cannot tolerate such *lawless* behaviour. 我们不能容忍这种无视法律的行为。❷非法的,不合法律的:*lawless* activities 非法活动 ‖ ˈ**law·less·ness** *n.* [U]

law·mak·er /ˈlɔːˌmeikəʳ/ *n.* [C]立法者

law·man /ˈlɔːˌmæn,-mᵊn/ *n.* [C]([复]**-men** /-men/或/-mᵊn/) *n.* [C]执法者;警察

lawn /lɔːn/ *n.* [C](花园、公园、房屋前等的)草坪,草地

lawn·mow·er /ˈlɔːnˌməuəʳ/ *n.* [C]割草机

law·suit /ˈlɔːˌsʲuːt/ *n.* [C]诉讼:bring a *lawsuit* against sb. 对某人提起诉讼〔亦作 **suit**〕

law·yer /ˈlɔiəʳ,ˈlɔːjəʳ/ *n.* [C]律师

lax /læks/ *adj.* ❶不严格的;不严厉的:*lax* security arrangements at the airport 机场上不严格的保安措施 / be *lax* with one's pupils 对学生管教太松 ❷松(弛)的:His muscles are very *lax*. 他的肌肉非常松弛。❸不严密的;马虎的 ‖ **lax·i·ty** /ˈlæksiti/ *n.* [U] —ˈ**lax·ness** *n.* [U] —ˈ**lax·ly** *adv.*

lax·a·tive /ˈlæksətiv/ **I** *n.* [C]泻药,通便剂 **II** *adj.* [无比较级][作定语]致泻的,通便的:This medicine has a *laxative* effect. 这药有通便的功效。

lay[1] /lei/ (**laid** /leid/; **lay·ing**) *vt.* ❶放置,摆放;放下:He *laid* the tray down on the table. 他把托盘放在桌子上。❷将…摔倒,使倒下;推翻:The boxer's first punch *laid* his rival low. 拳击手第一拳就把他的对手打倒了。❸把…放在特定位置:He *laid* his hand on her forehead. 他把手放在她的额头上。❹使处于特定状态:Their motives were *laid* bare. 他们的动机被暴露在众目睽睽之下。❺铺;铺设;把…放入土中:*lay* bricks 铺砖 / *lay* a new cable 铺设新的电缆 ❻〈喻〉奠定(基础等):The initial negotiations are intended to *lay* the basis for more detailed talks. 初期的谈判旨在为举行更具体的谈判做准备。❼提出(问题等),提交(事实等):He *laid* before Parliament proposals for the establishment of the committee. 他向议会提出有关设立该委员会的建议。❽产(卵),下(蛋):The hen has *laid* more eggs than it did last year. 这只母鸡下的蛋比去年多。❾把(责任、负担、惩罚等)加诸:*lay* an embargo on oil shipment 对石油加以禁运 ❿布置(餐桌):The places at the table were *laid* for five people. 桌子已收拾停当,可供五人用餐。⓫下(赌注)(*on*);押注于;同…打赌 ‖ ***lay***

aside vt. ❶抛弃;放弃:*Lay aside* those bad habits. They are harmful. 改掉那些坏习惯吧,它们是有害的。❷积存;贮藏:Every month they *lay aside* some money just in case of emergency. 他们每月都存点钱以备不时之需。**lay down** *vt.* ❶放弃;辞掉(职务等):*lay down* presidency 辞去总统职务 ❷规定;制定:It is *laid down* that the motorcyclist must wear helmet when riding. 按规定,骑摩托时车手要戴头盔。**lay off** *vt. & vi.* ❶(暂时性地)解雇;使离岗,使待岗:The workers of the factory have been *laid off* on account of the depression. 因工厂不景气,工人们都在待岗。❷〈俚〉停止骚扰(或戏弄):For God's sake! Can't you *lay* me *off*! 唉,你高抬贵手饶了我吧! **lay out** *vt.* ❶摆开;摊开;展开:*lay out* the sheet on the lawn for drying 把被单摊在草坪上晾晒 ❷[常用被动语态](按计划等)布置,安排;设计;策划:The lakeside has been *laid out* as a small park. 湖滨被规划成一座小公园。

☆注意 lay 不可与 lie 混淆。当 lie 表示"躺;卧"时,其过去式、过去分词和现在分词分别为 lay, lain, lying;当表示"说谎"时为 lied, lied, lying。一般意义上讲 lay 的这三种形式分别为 laid, laid 和 laying,但当它表示"押(注);赌(钱)"时,前两种形式也可为 layed, layed。

☆**lay, lie** 均有"平放,平卧"之意。**lay** 指将物、人等平放或横放在某一位置,用作及物动词:They *laid* the injured woman down on the grass.(他们将受伤的妇女平放在草地上。)**lie** 指人或物平卧、平躺或平放在某处,用作不及物动词:They just *lie* on the beach all day.(他们一整天只是躺在沙滩上。)

lay² /lei/ *v.* lie 的过去式

lay³ /lei/ *adj.* [无比较级][作定语] ❶世俗的;非神职的 ❷(尤指在法律和医学方面)外行的,非专业的,业余的

lay·er /ˈleiəʳ/ *n.* [C] ❶(一)层:a *layer* of ice 一层冰 ❷【地质】岩层,地层 ❸一层(衣服):wear several *layers* of clothes 穿好几层衣服

lay·man /ˈleimᵊn/ *n.* [C]([复]**-men** /-mᵊn/) ❶平信徒(未受神职的普通信徒),俗人 ❷外行,门外汉

lay·out /ˈleiˌaut/ *n.* ❶[C;U]安排;设计;布局:the road *layout* 道路设计 / the *layout* of rooms in a hotel 旅馆内房间的布局 ❷[C]铺设;放置 ❸[C]规划,方案;构想 ❹[U](书、报纸、广告等的)版面设计;编排

lay·o·ver /ˈleiˌəuvəʳ/ *n.* [C](尤指旅途中的)短暂停留

laze /leiz/ *vi.* 懒散;闲散;混日子(*about, around*):He has been *lazing around* the street the whole day. 他在大街上闲荡了一整天。

la·zy /ˈleizi/ *adj.* ❶懒惰的;懒散的:Jack was *lazy* by nature. 杰克生性疏懒。❷令人懒洋洋的,使人懒惰的:a long *lazy* summer's day 漫长而慵懒的夏日 ❸缓慢的,慢吞吞的:a *lazy* stream 缓缓流淌的小溪 ‖ ˈ**la·zi·ly** *adv.* —ˈ**la·zi·ness** *n.* [U]

la·zy·bones /ˈleiziˌbəunz/ [复] *n.* [用作单或复]〈口〉懒骨头,懒虫

LCD *n.* [C]([复]**LCDs, LCD's**) 液晶显示

lead¹ /liːd/ **I** (**led** /led/) *vt.* ❶为…指路(或带路);引领,指引(见 guide):The guide *led* the expedition across the desert. 向导领着探险队越过沙漠。❷牵(马等):*lead* a horse by a rope 用绳牵马 ❸引导,劝导;诱导(行为、舆论等)(见 conduct):What *led* her to change her mind? 是什么让她改变了主意? ❹指导,指领:You can *lead* him around to your opinion. 你可以让他接受你的观点。❺度过(时间);过(生活):*lead* a full and happy life 过着美满幸福的生活 ❻领导;率领;指挥:*lead* an investigation into the case 负责调查这个案件 ❼处于…的领先地位:After 45 minutes the challengers were *leading* their opponents by three goals. 45 分钟后,挑战者领先对手三个球。❽主持(讨论、会议等):Who is going to *lead* the discussion? 谁将主持这次讨论? —*vi.* ❶领路,带路:You *lead* and we'll follow. 你带路,我们跟着。❷导致(*to*):Exhaustive efforts *led to* new invention. 经过不懈的努力,终于有了一项新的发明。❸通向,通往(*to*):A flight of steps *leads* down *to* the basement. 一段石阶通往地下室。❹领先,居前:The nation *leads* in the field of nuclear physics. 这个国家在核物理领域处于领先地位。**II** *n.* [C] ❶[**the** ～]领导地位;领先(地位):be in *the lead* 处于领先地位 ❷领先量;超前程度:command a narrow *lead* over sb. 以微弱优势胜过某人 / have a *lead* of two goals 领先两个球 ❸领先者,处于领先地位的人(或事物) ❹(牵狗等用的)皮带,绳索:keep a dog on a *lead* 用皮带拴住狗 ❺线索,信息:The investigation gave little *lead*. 调查几乎没有发现任何线索。❻典范；领导：Parents should *give* their children a *lead*. 家长应该给孩子起个模范带头作用。❼(戏剧等的)主角；扮演主角的演员：play the *lead* 扮演主角 ❽【电】导线，引线，连接线 ‖ ***lead up to*** *vt*. [不用被动语态] ❶导致，致使：The inflation *led up to* a financial panic. 通货膨胀导致金融恐慌。❷间接地把话题引向；旁敲侧击地说：The employee *led up to* demanding a pay rise. 这位雇员旁敲侧击地要求加薪。

lead² /led/ *n*. [U] ❶【化】铅(符号 **Pb**) ❷子弹 ❸铅笔芯

lead·ed /ˈledid/ *adj*. [无比较级](汽油)含铅的

lead·en /ˈledᵊn/ *adj*. ❶(似注铅般)沉重的；缓慢的；负重的：He has *leaden* feet. 他走起路来脚步沉重。❷沉闷的，阴郁的；无精打采的：a *leaden* expression 阴郁的表情 ❸铅做的

lead·er /ˈliːdəʳ/ *n*. [C] ❶领袖，首领，领导者：the *leader* of the Conservative Party 保守党领袖 ❷领先者；先行者；向导；引导者：the *leader* in the election 选举中的领先者

lead·er·ship /ˈliːdəˌʃip/ *n*. ❶[U]领导地位；领导作用，领导权 ❷[U]领导能力：She demonstrated qualities of *leadership*. 她表现出了领导才能。❸[C][通常用单]领导；领导层，领导集团：the government *leadership* 政府领导层

lead·ing /ˈliːdiŋ/ *adj*. [无比较级][作定语] ❶主要的；最重要的(见 chief)：a *leading* scientist on the commission 委员会的首席科学家 / the *leading* topic of the discussion 讨论的中心议题 ❷首位的；前列的：Their team will be the *leading* group in the parade. 他们队将走在游行队伍的最前面。❸领导的；领路的；指引的；带领的：He has become a *leading* figure in the union. 他已成为联合会的领导人物。

lead·ing /ˈliːdiŋ/ **question** *n*. [C]诱导性提问(或询问)(指提问者通过问该种问题以期获得希望得到的答案)

leaf /liːf/ **I** *n*. ([复]**leaves** /liːvz/) ❶[C]叶，叶子：The trees in the avenue were thick with *leaves*. 大街两旁的树木枝叶茂密。❷[C](书、刊等的)页，叶，张：turn the *leaves* of the book 翻动书页 ❸[U]薄金属片；(尤指)金箔，银箔 **II** *vi*. 翻(书页)；匆匆翻阅(书、杂志等)(*through*)：*leaf through* a pictorial 匆匆翻阅画报

leaf·let /ˈliːflit/ *n*. [C] 传单；(供散发的)小册子：hand out *leaflets* 散发传单

leaf·y /ˈliːfi/ *adj*. 多叶的，叶茂的，长满叶子的：the *leafy* forest 树叶茂密的森林 / the *leafy* lanes 浓阴郁郁的小巷

league /liːg/ *n*. [C] ❶同盟，联盟；联合会，协会；社团：be united in a *league* of friendship 结成友好同盟 ❷【体】球队俱乐部联合会：Their team was top of the Football *League* this season. 他们的球队本赛季排名列足球俱乐部榜首。❸等级；种类；范畴：China is first in the *league* of most-populated nations. 中国在人口最多的国家行列中位居榜首。‖ ***in league*** *adj*. 联合(或结盟)的；相互勾结的(*with*)：She was *in league with* her mother against her husband. 她伙同她母亲对付她丈夫。

leak /liːk/ **I** *n*. [C] ❶(船只、管道、容器等的)漏洞；漏缝，裂隙：After the collision with an iceberg, Titanic had sprung a *leak*. 与冰山相撞之后，泰坦尼克号出现了渗漏。❷(消息、秘密等的故意)透露，泄露 **II** *vi*. ❶(液体、气体等)泄漏，渗出：The gas pipe *leaked*. 煤气管道漏了。❷(秘密、消息等)被泄露，被透露(*out*)：The news of the tax raise *leaked out* quickly. 增税的消息不胫而走。—*vt*. ❶使渗漏，使漏出：The car *leaked* oil all over the journey. 这辆汽车在整个行程中都在漏油。❷使(消息或机密等)泄露：*leak* a list of names to the press 把一张名单透露给报界 ‖ **ˈleak·y** *adj*.

leak·age /ˈliːkidʒ/ *n*. ❶[C；U]泄漏(过程)，渗漏(过程)：A lot of oil polluted the seas through *leakage*. 大量石油泄漏使众海域遭受污染。❷[C]泄漏物；漏出量：*Leakage* of body came from the surgical wound. 体液从手术的伤口流出。

lean¹ /liːn/ (**leaned** /liːnd/或〈主英〉**leant** /lent/) *vi*. ❶屈身；弯腰：Father *leaned* down to me and whispered. 父亲身子前倾着悄声对我说话。❷斜，倾斜：The fence is *leaning* too much to the left. 栅栏向左倾斜得太厉害。❸倚，斜靠：He stood *leaning* against the wall. 他侧身靠墙站着。❹依靠，依赖(*on*, *upon*)：She came, *leaning* on her sister's arm. 她在她妹妹的搀扶下来了。—*vt*. ❶屈(身)；弯(腰)：He *leaned* his head forward. 他向前探头。❷使倾

斜;使斜靠:*Lean* your head on my shoulder. 将你的头靠着我的肩膀。

lean² /liːn/ *adj*. ❶(人或动物)瘦的(见 thin):a *lean*, lithe runner with great stamina 身材瘦长轻巧,充满耐力的赛跑者 ❷(肉)瘦的,少脂肪的,无脂肪的

lean·ing /ˈliːniŋ/ *n*. [C]倾向;爱好:a political *leaning* 政治倾向 / show a great *leaning* for football 对足球表现出极大的爱好

leap /liːp/ **I** (**leaped** 或 **leapt** /lept, liːpt/) *vi*. ❶跳;跃(见 jump):The skyscraper *leaped* to the eye. 摩天大楼一下子跃入眼帘。❷迅速行动:At the sight of the criminal the police *leapt* into action. 一看见罪犯,警察就扑了上去。❸马上进入(某种状态);迅速取得(*to*):*leap to* conclusions 草率得出结论 **II** *n*. [C] ❶跳跃:make a brave *leap* at the rock 朝岩石勇敢地跳过去 ❷〈喻〉(通常指好的)突变;上升:The violinist made an abrupt *leap* from a bar to a conservatoire. 这位小提琴手从一位酒吧演奏者一跃进入了音乐学院。‖ ˈ**leap·er** *n*. [C]

leap·frog /ˈliːpfrɔg/ *n*. [U]跳背游戏(参加者叉开两腿跳过另一人的弯背处,依次轮流进行)

leap year *n*. [C]【天】闰年

learn /ləːn/ (**learned** /ləːnt, ləːnd/或〈主英〉**learnt** /ləːnt/) *vt*. ❶学,学习:He had *learned* how not to get married. 他学乖了,不再陷入任何婚姻关系。❷获悉,得知(见 know):I have asked questions about him and *learned* something. 我已经到各处去问过,打听到他的一点底细。❸记住:*learn* Lincoln's *Gettysburg Address* by heart 背诵林肯的《葛底斯堡演讲》❹学会,学到;习得:She *learned* patience from her father. 她从父亲那儿学会了要有耐心。❺〈俚〉教;教训:I'll *learn* you to have done with mispronunciation. 我要教你别再发错音。—*vi*. ❶学,学习;获得知识(或技能):He could *learn* fast and well if he put his mind to it. 如果用心的话,他会学得既快又好。❷获悉,得知(*about*, *of*):We were excited when we *learned about* his arrival. 得知他到达的消息,我们很兴奋。‖ ˈ**learn·er** *n*. [C]

☆英国英语中 learn 的过去式为 learned,过去分词为 learnt;美国英语中只使用 learned。应注意 learned 自身可作形容词解,意为"博学的;有学问的"。

learn·ed /ˈləːnid/ *adj*. 有学问的,博学的,知识渊博的:The more *learned* a man is, the more modest he usually is. 一个人学问越高往往就越谦虚。

learn·ing /ˈləːniŋ/ *n*. [U] ❶知识,学识;学问(见 knowledge):a man of *learning* 饱学之士 ❷学习,习得:From *learning* comes wisdom, from speaking repentance. 多听出智慧,多说引懊悔。

learning disability *n*. [C]无学习能力 ‖ **learning-dis·a·bled** /ˌləːniŋdisˈeibld/ *adj*.

lease /liːs/ **I** *n*. [C] ❶租约,租契:sign a *lease* 签订租约 ❷租赁期限:He has the flat on a long *lease*. 他长期租住这套公寓。**II** *vt*. 租出:He *leased* his apartment to a friend. 他把自己的公寓租给了一位朋友。‖ ˈ**leas·er** *n*. [C]

leash /liːʃ/ **I** *n*. ❶[C](系狗、鹰等的)皮带;绳索;链条:Keep the dog on *leash*. 拴住这条狗。❷[U]控制,约束:His subordinates were held on tight *leash*. 他的下属被管束得很严。**II** *vt*. ❶(用皮带、绳索等)拴住,缚住:a horse *leashed* to a tree 拴在树上的一匹马 ❷控制;约束:keep one's emotions *leashed* 控制自己的情感

least /liːst/ **I** *adj*. [little 的最高级][作定语]最小的;最少的;尽可能少(或小)的:They gained their country's independence with the *least* violence. 他们基本上刀不血刃地获得了国家的独立。**II** *n*. [**the** ~]最少量;最小物;微不足道的事:That's *the least* of my worries. 那是我最不担心的事情。**III** *adv*. [little 的最高级]最少;最小;微不足道地:The team is the *least* likely to win the championship. 这个队最没有可能获得冠军。‖ ***at least*** *adv*. ❶至少,起码:The jacket cost *at least* $500. 这件夹克至少得花 500 美元。❷无论如何;不管怎样;反正:The letter was very short, but *at least* she did write to me. 这封信非常短,但不管怎样她总算给我写信了。***not in the least*** *adv*. [多用于否定句]一点儿也不,丝毫不;极少地:I don't like sightseeing *in the least*. 我一点也不喜欢观光。

leath·er /ˈleðə/ **I** *n*. [U]皮革:shoes made of genuine *leather* 真皮皮鞋 **II** *adj*. [无比较级][作定语]皮革的;皮制的:black *leather* shoes 黑皮鞋 ‖ ˈ**leath·er·y** *adj*.

leave[1] /liːv/ **I** (**left** /left/) *vt.* ❶离开,从…离去:In 1620, the Mayflower *left* England for the New World. 1620年"五月花"号离开英国驶往"新大陆"。❷辞(职),放弃(工作、职位等):*leave* a job for another firm 辞职到另一家公司去干 / *leave* school 退学 ❸留下;丢下,遗忘:She *left* her gloves on the chair. 她把手套忘在了椅子上。❹使处于某种状态:Perhaps it will be as well to *leave* her in ignorance. 恐怕还是不让她知道的好。❺别管,听任,不干扰:I'll *leave* you to your reading. 我不耽误你读书了。❻把…交付(于):They *left* the details to the lawyer. 他们把具体的事情交由律师去办理。❼委托,托付:I'll *leave* you to find out who they are. 我委托你查出他们的身份。❽(尤指死后)把…留给(*to*):The old lady *left* the house *to* her relative. 老太太把这所房子留给了她的一位亲戚。—*vi.* ❶离开,出发(见go):The bus *leaves* for the terminal in ten minutes. 这辆公共汽车将于10分钟后开往终点站。❷留下;遗留:Your father didn't *leave* very much, and I don't know what's become of it. 你爸爸没留下多少钱,不知道现在还剩下几个子儿呢。‖ ***leave off*** *vt.* & *vi.* ❶停止;结束;放弃:The snow *left off*. 雪停了。❷漏掉,遗漏:*leave* four people *off* (the list) by mistake 因疏忽而(使名单上)漏掉四个人 ‖ ˈ**leav·er** *n.* [C]

☆leave 用作"离开,离去"解时,它是点动词,但却可用 for a few minutes, for a while 等来修饰,须注意这一用法的含义:Annie has *left* for a while. (安妮已经走了一会儿了。) / The sentry *left* his post for a few minutes. (卫兵离开了他的岗哨一小会儿。) 前一句是现在完成体,表示的是"去而未返";后一句是一般过去时,表示的是"去而已返"。

leave[2] /liːv/ *n.* ❶[U]准许,许可:I must get *leave* before I sign the contract. 我必须得到批准后才能签这份合同。❷[U;C]请假;休假;假期(见 holiday):apply for two day's *leave* 请两天假

leav·en /ˈlevᵊn/ **I** *n.* [U] ❶酵母,面引子 ❷潜移默化的影响,潜在影响 **II** *vt.* ❶(加酵母)使(生面团)发酵:*leavened* bread 发酵面包 ❷潜移默化地影响;使演化,使渐变:A racial emotion *leavened* the peace progress. 一种种族情绪潜在地影响着这一和平进程。

leav·en·ing /ˈlevᵊniŋ/ *n.* [U] ❶发酵剂 ❷发酵过程,发酵作用

leavening agent *n.* [U]发酵剂(=leavening)

leaves /liːvz/ *n.* leaf 的复数

Leb·a·nese /ˌlebəˈniːz/ **I** *adj.* [无比较级]黎巴嫩(人)的 **II** *n.* [C][单复同]黎巴嫩人,黎巴嫩公民

lech·er /ˈletʃəʳ/, **lech** /letʃ/ *n.* [C]好色之徒;纵欲之人

lech·er·ous /ˈletʃᵊrəs/ *adj.* (通常指男性)好色的,淫荡的,纵欲的 ‖ ˈ**lech·er·ous·ly** *adv.*

lech·er·y /ˈletʃᵊri/ *n.* [U](通常指男性)好色,淫荡;纵欲

lec·tern /ˈlektəːn,-tᵊn/ *n.* [C]演讲台

lec·ture /ˈlektʃəʳ/ **I** *n.* [C] ❶讲座;授课;演讲:give a *lecture* on chemistry 作化学讲座 ❷训斥,谴责;告诫;冗长的训话:He got a *lecture* on being responsible. 有人告诫他要负起责任来。**II** *vi.* & *vt.* ❶(给…)做演讲;(为…)授课(或举办讲座)(*about*, *on*):My supervisor *lectured* me *on* 19th century British poetry. 我的导师给我讲19世纪的英国诗歌。❷训斥,谴责;告诫:Mother often *lectures* me on the importance of being tidy. 妈妈经常告诫我要注意整洁。‖ ˈ**lec·tur·er** *n.* [C]

led /led/ *v.* lead 的过去式和过去分词

LED *n.* [C]([复]LEDs, LED's)【电子】发光二极管

ledge /ledʒ/ *n.* [C] ❶壁架;(窗户等的)平台:a window *ledge* 窗台 ❷(峭壁上的)突岩;岩架;岩脊

lee /liː/ *n.* [C][常作 **the** ~] ❶遮阴(处);庇护(所):The *lee* of rock gave us protection against the storm. 岩石为我们遮风挡雨。❷背风面,下风:shelter in the *lee* of the hill 在山的背风面躲避

leech /liːtʃ/ *n.* [C]【动】水蛭;蚂蟥

leek /liːk/ *n.* [C]【植】韭葱

leer /liəʳ/ **I** *vi.* (狡黠、色眯眯或不怀好意地)(朝…)斜睨(*at*):He *leered* (*at*) the pretty girl across the room. 他乜斜着眼瞅房间对面的那个漂亮女孩。**II** *n.* [C](狡黠、淫邪或恶意的)一瞥,斜睨

leer·y /ˈliəri/ *adj.* [作表语]警惕的,警觉的;怀疑的,不相信的(*of*):Girls should be *leery of* his leering attitude. 女孩必须警惕他的暧昧举动。‖ˈ**leer·i·ness** *n.* [U]

lees /liːz/ [复] *n.* [用作单](酒瓶或酒杯中的)残渣,残酒

lee·ward /ˈliːwəd/ *adj.* [无比较级]背风的,下风的;在下风的:the *leeward* side of the hill 山的背风面

lee·way /ˈliːˌwei/ *n.* [U] ❶余量,余额;余地:a *leeway* of ten minutes 10 分钟的剩余时间 ❷(行动、思想等的)自由度

left[1] /left/ I *adj.* [无比较级,最高级 **left·most** /ˈleftˌməust/][作定语] ❶左边的,左侧的,左面的,左首的;向左的,朝左的:a *left* turn 左拐弯/the *left* arm 左臂 ❷[常作 L-]左翼的;激进的:a *left* government 左翼政府 II *n.* ❶[U]左边,左侧,左首,左面,左部:look to the *left* 朝左边看 ❷[C]左转:After the post office I took a third *left.* 走过邮局我在第三个路口处往左拐弯。❸[常作 **the L-**][用作单或复]激进分子,激进派 III *adv.* [无比较级,最高级 **left·most** /ˈleftˌməust/]朝左,靠左地;在左侧地

left[2] /left/ *adj.* [无比较级][作表语]余下的,剩下的;未用的:Only one quart of juice is *left.* 只剩下一夸脱的果汁了。

left-hand /ˌleftˈhænd/ *adj.* [无比较级][作定语] ❶(在)左侧的,(在)左边的;靠左侧的:a *left-hand* turn 左拐弯 ❷左手的;用左手的:a *left-hand* blow 左手出击

left-hand·ed /ˌleftˈhændid/ [无比较级] *adj.* ❶惯用左手的,左撇子的 ❷(工具等)左手使用的:a *left-handed* tool 供左手使用的工具

left·ie /ˈlefti/ *n.* =lefty

left·ist /ˈleftist/ I *n.* [C][时作 L-]左派成员;激进派成员 II *adj.* [无比较级]左派的 ‖ ˈ**left·ism** *n.* [U]

left·o·ver /ˈleftˌəuvəʳ/ I *n.* [C] ❶[通常作~s]残羹剩饭;残渣 ❷剩余物,残留物 II *adj.* [无比较级][作定语]剩余的;吃剩的:*leftover* vegetables 吃剩的蔬菜

left wing *n.* [C][常作 **the l- w-**](政治上的)左翼,激进派 ‖ **left-wing** /ˌleftˈwiŋ/ *adj.* —ˌ**left-ˈwing·er** *n.* [C]

left·y /ˈlefti/ *n.* [C]〈口〉左撇子〔亦作 **leftie**〕

leg /leg/ *n.* [C] ❶腿,腿部:How did he come by the cut on his *leg*? 他腿上的伤口是怎么来的? ❷(衣服的)腿部;裤腿;靴筒 ❸(椅子、桌子、床等的)腿;(尤指杆等)细长的支撑物:the *legs* of a table 桌腿

leg·a·cy /ˈlegəsi/ *n.* [C] ❶遗产;遗赠;遗赠物:He received a *legacy* from his uncle. 他从叔叔那里获得了一笔遗产。❷〈喻〉遗产(先人留下的精神或物质财富或影响):Books are the *legacies* that a great genius leaves to mankind. 书籍乃天才留给人类的遗产。

le·gal /ˈliːgᵊl/ *adj.* [无比较级] ❶法定的;合法的;具有法律地位的:the *legal* age for marriage 结婚的合法年龄 ❷[作定语]法律的;以法律为依据的;属于法律范畴的:the European *legal* system 欧洲法系 ‖ ˈ**le·gal·ly** *adv.*

legal age *n.* [C;U]法定年龄;成年:a *legal age* of twenty-one 21 岁的法定年龄 / under *legal age* 未成年

legal holiday *n.* [C]法定假日

le·gal·ise /ˈliːgəˌlaiz/ *vt.* 〈主英〉= legalize ‖ **le·gal·i·sa·tion** /ˌliːgᵊlaiˈzeiʃᵊn;-liˈz-/ *n.* [U]

le·gal·ism /ˈliːgəˌlizᵊm/ *n.* [U;C]墨守法规条文,文牍主义(行为) ‖ **le·gal·is·tic** /ˌliːgəˈlistik/ *adj.*

le·gal·i·ty /liːˈgæliti/ *n.* [U]合法(性):defy the *legality* of the ban on the magazine 质疑禁止出版该杂志的合法性

le·gal·ize /ˈliːgəˌlaiz/ *vt.* 使合法化;使得到法律认可:*legalize* the personal possession of arms 使私人拥有武器合法化〔亦作 **legalise**〕‖ **le·gal·i·za·tion** /ˌliːgᵊlaiˈzeiʃᵊn;-liˈz-/ *n.* [U]

leg·ate /ˈlegət/ *n.* [C] ❶(罗马教皇的)特使,使节 ❷〈古〉大使;使臣

leg·a·tee /ˌlegəˈtiː/ *n.* [C]遗产受赠人

le·ga·tion /liˈgeiʃᵊn/ *n.* [C] ❶公使馆全体人员 ❷公使馆

le·ga·to /liˈgɑːtəu/ *adv.* & *adj.* 【音】[无比较级]连奏地(的);连唱地(的):a *legato* passage 连奏乐段

leg·end /ˈledʒᵊnd/ *n.* ❶[C]传说;传奇故事:There are many *legends* about the exploits of Robin Hood. 有许多关于罗宾汉事迹的传奇故事。❷[总称][用作单]民间传说(或传奇);传奇文学;稗官野史:Chinese *legend* and mythology 中国民间传说和神话 ❸[C]〈口〉具有传奇色彩的人(或事):He was something of a *leg-*

end as a legitimately tough cop. 他是个家喻户晓的正统硬汉子警察。

leg·end·ar·y /ˈledʒəndəri/ *adj*. [无比较级]传奇(式)的;传奇中的;具有传奇色彩的:a *legendary* instead of real character 传奇而非真实的人物 / a *legendary* dragon 传说中的龙

leg·er·de·main /ˌledʒədəˈmein/ *n*. [U] ❶耍花招;诡辩,狡辩:diplomatic *legerdemain* 外交手腕 ❷变戏法,障眼法,玩杂耍

leg·gin /ˈlegin/ *n*. [C]绑腿,裹腿(=legging)

leg·ging /ˈlegiŋ/ *n*. ❶[C]绑腿,裹腿 ❷[~s](冬季保暖的)紧身裤

leg·gy /ˈlegi/ *adj*. ❶腿长的 ❷(女人)有颀长美腿的:a *leggy* girl 双腿颀长秀美的女子

leg·i·ble /ˈledʒəbəl/ *adj*. (字迹、印刷等)清晰的,容易辨认的:His cursive handwriting is hardly *legible*. 他那潦草的字迹几乎无法辨认。‖ **leg·i·bil·i·ty** /ˌledʒəˈbiliti/ *n*. [U] —ˈ**leg·i·bly** *adv*.

le·gion /ˈliːdʒən/ **I** *n*. [C] ❶古罗马兵团(约有3 000～6 000名士兵,包括一支骑兵部队) ❷军团,兵团 ❸〈书〉大批,大量,众多:a *legion* of stars 群星 **II** *adj*. [无比较级][作表语]大量的,大批的,众多的 ‖ **le·gion·ar·y** /ˈliːdʒənəri/ *adj*. & [C] *n*.

leg·is·late /ˈledʒisˌleit/ *vi*. 立法,制定(或颁布)法律:*legislate* against drug abuse 立法禁止滥用毒品

leg·is·la·tion /ˌledʒisˈleiʃən/ *n*. ❶[U]立法,法律的制定(或颁布):Parliament is supposed to perform the function of *legislation*. 议会应该履行立法职能。❷[总称]法规;法律

leg·is·la·tive /ˈledʒislətiv,-ˌlei-/ *adj*. [无比较级] ❶行使立法职能的;有立法权的:a *legislative* body 立法机关 ❷立法的;立法机构(或团体)的;由立法机构产生的;立法机构成员的:*legislative* proceedings 立法程序

leg·is·la·ture /ˈledʒisˌleitʃəʳ,-lətʃəʳ/ *n*. [C]立法机构,立法团体

le·git·i·mate /liˈdʒitimit,-mət/ *adj*. ❶合法的,法律认可的:the *legitimate* owner of the land 土地的合法所有者 ❷循规蹈矩的,合乎规范的 ❸[无比较级]合法婚姻所生的,非私生的:*legitimate* children 婚生孩子 ❹正当的,合理的:a *legitimate* inference 合理的推论 ‖ leˈ**git·i·ma·cy** *n*. [U] —leˈ**git·i·mate·ly** *adv*.

le·git·i·mize /liˈdʒitiˌmaiz/ *vt*. =legitimate ‖ **le·git·i·mi·za·tion** /liˌdʒitimaiˈzeiʃən;-miˈz-/ *n*. [U]

leg·man /ˈlegmæn,-mən/ *n*. [C]([复]**-men** /-men/或/-mən/) ❶(到处搜集消息或跑腿等的)外勤人员 ❷驻外记者;现场采访记者

leg·ume /ˈlegjuːm/ *n*. [C] ❶【植】豆科植物 ❷豆荚 ‖ **le·gu·mi·nous** /liˈgjuːminəs/ *adj*.

leg·work /ˈlegˌwəːk/ *n*. [U]〈口〉外勤工作;跑腿的活儿

lei·sure /ˈleʒəʳ;ˈliː-/ *n*. [U] ❶休闲,悠闲,安逸:a life of *leisure* 悠闲自在的生活 ❷闲暇,空暇;自由支配的时间:a young man of *leisure* 无所事事的年轻人 / the *leisure* to pursue hobbies 从事业余爱好的时间 ‖ ***at leisure*** *adj*. & *adv*. ❶空闲,有空:Do it when you're *at leisure*. 有空时再做。❷从容,不慌不忙:He finished the book *at leisure*. 他不慌不忙地读完了这本书。***at one's leisure*** *adj*. & *adv*. 空闲,有空:You can take the documents home and study them *at your leisure*. 你可以把这些文件拿回家,在空闲时研究研究。

lei·sured /ˈleʒəd;ˈliː-/ *adj*. [作定语] ❶有空的,空闲的:the *leisured* class 有闲阶层 ❷从容的,不急促的:walk in a *leisured* manner 优哉游哉地踱着步子

lei·sure·ly /ˈleʒəli;ˈliː-/ *adj*. & *adv*. 悠闲的(地),不紧不慢的(地):The bird flew *leisurely* in the sky. 鸟儿在天空中悠闲地飞翔着。

lem·on /ˈlemən/ *n*. ❶[C;U]柠檬 ❷[C]【植】柠檬树

lem·on·ade /ˌleməˈneid/ *n*. [U]柠檬汁;柠檬汽水

le·mur /ˈliːməʳ/ *n*. [C]【动】狐猴

lend /lend/ *vt*. (**lent** /lent/) ❶把…借给,借出,出借:He *lent* his lawnmower to me. 他把割草机借给我用。❷贷(款):The bank wouldn't *lend* the money to him. 银行不愿意把钱贷给他。❸(图书馆有规定期限地)借出(书籍、资料等):The library will *lend* you the books. 你可以到图书馆借书。❹给予,奉献:He *lent* their cause his support. 他支持他们的事业。❺增添;赋予;使具有:The flowers *lent* vitality to the room. 花儿使房间充满了生气。‖ ˈ**lend·er** *n*. [C]

length /leŋᵏθ/ *n.* ❶[U]长；长度；间距：The box is four centimetres in *length*. 这只盒子长4厘米。❷(账本、书籍等的)厚度：a novel 300 pages in *length* 长达300页的小说 ❸[U,C]时间的长短；一段时间：the *length* of a speech 演讲时间 ❹[C]伸开的长度；(手臂等的)张幅：the waving *length* of upland 起伏连绵的高地 ❺[C]一段，一片，一节：a *length* of cloth 一段布 ❻[U]长(与短相对)：a journey remarkable for its *length* 因行程漫长而不寻常的旅行 ‖ ***at length*** *adv.* ❶长时间地；最终，终于：*At length* he married her after a bitter-and-sweet courtship. 经过一段时间的酸甜苦辣的追求之后，他终于把她娶进了门。❷详细地，详尽地：Cosby discusses *at length* the effect of his children on his marriage. 考茨比详尽地讨论了他的孩子对其婚姻的影响。

length·en /ˈleŋᵏθᵊn/ *v.* (使)变长；(使)伸长；(使)延长：Her hair *lengthened* gradually. 她的头发慢慢地长长了。

length·wise /ˈleŋᵏθˌwaiz/, **length·ways** /ˈleŋᵏθˌweiz/ *adv.* & *adj.* [无比较级]纵长地(的)，纵向地(的)：make a *lengthwise* advance 纵向挺进 / cut the material *lengthwise* 将材料纵向切割

length·y /ˈleŋᵏθi/ *adj.* 长的；特长的；(演讲、文章等)冗长的；(讲话人、作者等)啰嗦的：a *lengthy* journey 漫长的旅程 / a *lengthy* dissertation 一篇长篇大论的论文

le·ni·en·cy /ˈliːniənsi,-njən-/ *n.* [U]宽厚；仁慈；温和：The judge was known for his *leniency* toward first-time offenders. 这个法官以对待初犯者宽大而出名。

le·ni·ent /ˈliːniənt,-njən-/ *adj.* 仁慈的；宽厚的；温和的：be *lenient* towards minor infractions of the school rules 宽容地对待轻微触犯校规的行为 ‖ **ˈle·ni·ent·ly** *adv.*

lens /lenz/ *n.* [C]([复]**lens·es**) ❶透镜；镜片：a concave [convex] *lens* 凹[凸]透镜 ❷(眼球的)晶状体 ❸=contact lens

L

Lent /lent/ *n.* [C]【宗】大斋节(指圣灰星期三到星期六之间进行斋戒忏悔的40天，以纪念耶稣在荒野禁食)

lent /lent/ *v.* lend的过去式和过去分词

len·til /ˈlentil/ *n.* [C] ❶【植】小扁豆，兵豆，滨豆 ❷(去皮可食用的)小扁豆，兵豆，滨豆

leop·ard /ˈlepəd/ *n.* [C]【动】豹

le·o·tard /ˈliːəˌtɑːd/ *n.* [C](芭蕾舞或杂技演员穿的)紧身连衣裤

lep·er /ˈlepəʳ/ *n.* [C] ❶麻风病患者 ❷〈喻〉(因道德败坏而)被排斥的人

lep·ro·sy /ˈleprəsi/ *n.* [U]【医】麻风病 ‖ **ˈlep·rous** /-rəs/ *adj.*

les·bi·an /ˈlezbiən/ *n.* [C]女性同性恋者 ‖ **ˈles·bi·anˌism** *n.* [U]

less /les/ I *adv.* [little的比较级] ❶较小地，更小地；较少地，更少地；较差地，更差地；级别(或地位、辈分等)较低地；较次要地：He was *less* hurt than frightened. 他的伤不算什么，可是受的惊吓倒不小。❷[与much和still连用]更不用说；更何况：He didn't know her, much less love her. 他不认识她，更谈不上爱她了。❸[与否定词连用]区别，不同：He is nothing *less* than a thief. 他根本不是窃贼。II *prep.* 缺；差；减去；不包括：*In a month less* two days, he will get together with his family. 再过一个月差两天的时间他就要和家人团聚了。‖ ***less and less*** *adj.* & *adv.* 越来越少(或小、差)：Because of his disease, he does *less and less* work. 因为生病，他干的活越来越少了。

☆**less, fewer** 均表示"少的，小的"。**less** 是 little 的比较级，用于修饰不具数名词或集合名词：There is *less* water than before. (水比以前少了。)具体数量前一般多用 less 修饰：They live *less* than two kilometres away. (他们住在离这不足两千米的地方。) **fewer** 是 few 的比较级，用于修饰具数名词：This has one-third *fewer* calories than regular sour cream. (这比普通的酸奶油少三分之一的卡路里。)

-less /lis/ *suf.* ❶[用于名词后以构成形容词或副词]表示"没有"，"缺失"，"免于"：care*less*, child*less* ❷[用于动词后以构成形容词或副词]表示"没有受…影响"：tire*less*, resist*less*

les·see /leˈsiː/ *n.* [C]承租人，租户(*of*)

less·en /ˈlesᵊn/ *vi.* (使)变小，(使)缩小；(使)减少，(使)减弱：The storm *lessened* to a drizzle. 暴风雨减弱，转成毛毛雨。

less·er /ˈlesəʳ/ [little的比较级][无比较级] I *adj.* 较小的；更少的；次要的：Summer and, to a *lesser* degree, autumn are the busy seasons for tourism. 夏天是旅游旺季，秋天也是这样，只是稍差一点。II *adv.* 较小地；较少地；较次

要地;在较小程度上(或范围内)

les·son /ˈlesᵊn/ *n*. [C] ❶[～s]教程,课程(*in*):give [take] *lessons in* chemistry 讲授[上]化学课 ❷功课;授课单元;(课本中的)课:*Lesson* Two is on page 10. 第二课在第十页上。❸教训;经验:give [teach] sb. a *lesson* 教训某人一顿

les·sor /leˈsɔːʳ/ *n*. [C]出租人

lest /lest/ *conj*. [后接带 should 或原形动词的虚拟式从句] ❶唯恐;以免,免得:He set the alarm *lest* he (should) be late for work. 他上好闹钟以免上班迟到。❷[用于表示恐惧、危险等的词语之后,相当于 that]:They live in fear *lest* the war break out. 他们生活在战争时刻会爆发的阴影中。

let /let/ *vt*. (**let;let·ting**) ❶让,允许:He wanted to smoke,but his wife couldn't *let* him. 他想吸烟,但他妻子不让。❷允许…进入(或通过、离开等):*let* a car into high gear 把汽车挂满档 ❸使(见 cause):*Let* me know directly if he comes. 他来了,马上告诉我一声。❹[用作助动词,后接第一或第三人称,表示请求、命令、劝告、假设、允许等]让,使,任由;假定:*Let's* go out to a movie,shall we? 我们出去看电影,好吗? ❺出租(房屋、土地等);把…承包出去:*let* the work to a bricklayer 把这份工作包给一位泥瓦匠 ‖ ***let be*** *vt*. 不干扰;使维持原状:If he's such a fool,*let* him *be*! 他自己要糊涂,那只好由他了! ***let down*** *vt*. ❶使失望;抛弃:You should study hard and not *let* us *down*. 你应该努力学习,不能让我们失望。❷放下;降下:*let down* a bucket into the well 把水桶放入井中 ***let go*** *vt*. & *vi*. ❶放走;释放:She *let* the fish *go* because it was too small to keep. 她把鱼放走了,因为这条鱼太小了,不好养。❷放开,松开(*of*):Don't *let go* of the rope,or you'll fall. 别松开绳子,要不你会掉下来的。***let in*** *vt*. 使进入;允许…进入:The doors were open to *let in* the sun. 门打开了,阳光照了进来。***let off*** *vt*. ❶放(枪、炮、烟火等);引爆(炸弹等):The mine clearer *let off* a bomb in a secure place. 排雷兵在一个安全的地方引爆炸弹。❷准许…停止(工作):Since it was a holiday the employees were *let off*. 因为是假日,雇员们停工了。***let on*** *vi*. & *vt*. 〈口〉泄露,透露(秘密);流露(真情):The police didn't *let on* about the truth of the murder. 警方没有透露这起谋杀案的真相。***let out*** *vt*. & *vi*. ❶说出;表达出:The girl *let out* her feelings in the song. 女孩用这首歌表达了她的情感。❷使(光、空气、水等)外泄,放出:*let* the air *out* of the balloon 给气球放气

☆let 用作实义动词时意为"使;让",后接不带 to 的动词不定式:*Let* the next patient come in, nurse! (护士,叫下一个病人进来!) let 无被动语态,表示被动含义时可用 allow 或 permit 等动词:She was the only prisoner *permitted* to enter my cell. (她是唯一一个被允许与我同住一间牢房的囚犯。) let's 是 let us 的缩写形式,用以向对方提出建议或征询对方意见。与 let us 照应的反义疑问句用 shall we,let us 的否定形式是 let's not 和 let us not,但在英国口语中多用 don't let's: *Don't let's* waste time on this. (别让我们在这上面浪费时间。) 美国口语中多用 let's don't: *Let's don't* waste time on this. (让我们别在这上面浪费时间。)

☆**let,allow,permit** 均有"允许,容许"之意。**let** 为最普通用词,常用于口语,还含有无法加以阻止或限制、消极地听任事情发生之意:My father's just had his operation and the doctor won't *let* me see him yet. (我父亲刚动过手术,医生还不允许我去看他。) **allow** 指容许某人做某事,含有不去禁止、不加阻止的意味:Walking on the grass is not *allowed*. (不准践踏草地。) **permit** 常与 allow 换用,但比 allow 正式,指准许某人做某事,强调正式许可:The prisoners were *permitted* two hours' exercise a day. (允许犯人每天有两小时户外活动时间。)

let-down /ˈletˌdaun/ *n*. [C] ❶失望,沮丧:The book was a bit of a *let-down*. 这本书有些令人失望。❷减少;减弱;减退:I felt a terrible *let-down* after the party. 聚会后我感到精疲力竭。

le·thal /ˈliːθᵊl/ *adj*. 致死的;足以致命的:*lethal* weapons 杀伤性武器 ‖ ˈ**le·thal·ly** *adv*.

le·thar·gic /liˈθɑːdʒik/ *adj*. ❶无精打采的;懒洋洋的:He's always *lethargic* after a little sleep. 小睡之后他总是一副无精打采的样子。❷使人昏昏欲睡的 ‖ **leˈthar·gi·cal·ly** /-kᵊli/ *adv*.

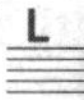

leth·ar·gy /ˈleθədʒi/ *n*. [U]无精打采,无生气:The *lethargy* creeps through all my senses. 我浑身感到懒洋洋的。

let's /lets/ =let us

let·ter/ˈletəʳ/ *n*. ❶[C;U]信,信件,信函:mail a

letter 寄信 / get a *letter* from sb. 收到某人寄的来信❷[C]字母：There are 26 *letters* in the English language. 英语中有 26 个字母。❸[～s][用作单或复]文学；文学研究；学问，学识：the profession of *letters* 作家职业 / a man of *letters* 文学家

let·tered /ˈletəd/ *adj*. [无比较级]〈书〉❶接受良好教育的；有学问的 ❷标有字母的；(似)写有(或刻有)文字的

let·ter·head /ˈletəˌhed/ *n*. [C] ❶信笺抬头 ❷印有抬头的信笺

let·ter·ing /ˈletəriŋ/ *n*. [U] ❶写字，刻字 ❷[总称](写或刻印的)字

let·tuce /ˈletis/ *n*. ❶[C；U]【植】莴苣，生菜 ❷[U]生菜叶

let·up /ˈletˌʌp/ *n*. [U；C]中止，停止

leu·k(a)e·mi·a /lʲuːˈkiːmiə/ *n*. [U]【医】白血病

lev·ee /ˈlevi，liˈviː/ *n*. [C] ❶防洪堤 ❷码头，驳岸

lev·el /ˈlevᵊl/ **I** *adj*. ❶平坦的；平直的；平面的：*level* land 平坦的土地 ❷[无比较级]平等的；同一个级别的：attempt no work that is not *level* with one's capacities 不去做力不能及的工作 ❸均匀的，平均的；统一的，一致的：give *level* dyeing 均匀染色 / *level* stress 平重音 **II** *n*. ❶[C；U]水平线；水平面；水平状态；水平高度：bring the tilted surface to a *level* 使倾斜的表面呈水平状态 ❷[C]标准，水准；程度；等级：a course book at intermediate *level* 中级课本 / relatively low *level* of damage 较小程度的损失 ❸[C]级别；地位：a meeting at board *level* 董事会级别的会议 ❹[C]平面：the upper *level* of the bridge 桥的上层平面 ❺[C]【测】水准器，水准仪 **III** (**-el(l)ed；-el·(l)ing**) *vt*. ❶使平坦；使平直；使成水平：The field must be *leveled* before seeds are planted. 田地必须先整平再播种。❷夷平；拆毁；使坍塌：A single atomic bomb *leveled* 90% of Hiroshima. 仅仅一枚原子弹就把广岛 90%的区域夷为了平地。‖ ***level off*** *vt*. & *vi*. ❶变得平稳；变得均衡：Inflation rose to 5% and then *leveled off*. 通货膨胀上升到 5%后趋于平稳了。❷使变得平整；使变得均匀：The plantation was *leveled off*，waiting to be planted next spring. 种植园被整平了，等待第二年春天播种。‖ **ˈlev·el·er** *n*. [C] —**ˈlev·el·ly** *adv*. —**ˈlev·el·ness** *n*. [U]

lev·el-head·ed /ˌlevᵊlˈhedid/ *adj*. (头脑)清醒的；冷静的；理智的：a *level-headed* manager 遇事冷静的管理者 ‖ **ˌlev·elˈhead·ed·ness** *n*. [U]

le·ver /ˈliːvəʳ/ **I** *n*. [C] ❶操纵杆，控制杆 ❷撬棒；【机】杠杆 ❸(尤指从道德上施加压力的)方法，手段：The blackmailer used the threat of scandal as a *lever* to get money from his victims. 勒索者以丑闻相要挟企图向对方敲诈钱财。**II** *vt*. (用杠杆)撬起；撬动；撬开：*lever* up a drain cover with an iron bar 用一根铁棍把窨井盖撬开

le·ver·age /ˈliːvᵊridʒ/ *n*. [U] ❶使用杠杆；杠杆效率，杠杆作用 ❷(为达目的而使用的)手段，方法；影响：By sending more troops the country wanted to have more political *leverage* over this area. 该国通过增派部队试图对这一地区施加更多的政治影响力。

le·vi·a·than /liˈvaiəθᵊn/ *n*. [C] ❶(鲸鱼等)大型海洋动物 ❷庞然大物：It's a *leviathan* of a book. It took me forever to read it. 这真是一部巨著，我花了一辈子时间来阅读它。

Le·vis，Le·vi's /ˈliːvaiz/ [复] *n*. [商标名]李维斯牛仔裤(或吊带裤)(一般为深蓝色，钉有铜铆钉)

lev·i·tate /ˈleviˌteit/ *vi*. & *vt*. (尤指借助超自然力量)(使)升起；(使)飘浮：The dancer seemed to *levitate* in the air. 舞蹈者似乎飘浮在空中。‖ **lev·i·ta·tion** /ˌleviˈteiʃᵊn/ *n*. [U]

lev·i·ty /ˈleviti/ *n*. [U]〈书〉草率；轻浮：Giggling in church shows *levity*. 在教堂里咯咯笑是轻浮的表现。

lev·y /ˈlevi/ **I** *n*. [C] ❶征税 ❷征收的税款：impose 10% *levy* on tobacco 对烟草征收 10%的税款 **II** *vt*. 征(税等)；收(罚款等)：*levy* a duty on imports 对进口商品征收关税 ‖ **ˈlev·i·er** *n*. [C]

lewd /lʲuːd/ *adj*. ❶淫荡的；猥亵的；下流的：*lewd* behaviour 下流动作 / cast *lewd* glances at a girl 色眯眯地斜睨一位姑娘 ❷不体面的；不检点的 ‖ **ˈlewd·ly** *adv*. —**ˈlewd·ness** *n*. [U]

lex·i·cal /ˈleksikᵊl/ *adj*. [无比较级]词汇的；词汇表的

lex·i·cog·ra·phy /ˌleksiˈkɔgrəfi/ *n*. [U]词典编纂(学) ‖ **ˌlex·iˈcog·ra·pher** *n*. [C]

—**lex·i·co· graph·ic** /ˌleksikəˈgræfik/ *adj.* —ˌ**lex·i·coˈgraph·i·cal** /-kəl/ *adj.*

lex·i·con /ˈleksikən/ *n.* [C]([复]-**ca** /-kə/或-**cons**) ❶词典,字典 ❷(个人或社会阶层等的)特有用语;(专业学科等的)专门词汇,术语表

li·a·bil·i·ty /ˌlaiəˈbiliti/ *n.* ❶(**liabilities**)债务,欠款 ❷[C]不利条件:She wondered whether her outspokenness might be a *liability* to Franklin. 她怀疑自己那么心直口快,会不会给富兰克林惹麻烦。❸[U]倾向,趋向;趋势(*to*):*liability to* influenza 易患流感

li·a·ble /ˈlaiəbəl/ *adj.* [作表语] ❶[无比较级]负有(法律)责任的;需承担义务的:Laws hold the driver *liable* for any injury to his passengers. 法律规定司机对其乘客受到的任何伤害负有责任。❷易遭受…的;易患…的;有…危险的(*to*)(见 apt):Children are *liable to* asthma during cold weather. 天冷时孩子们容易患哮喘病。❸会…的,有…可能的,有…倾向的(*to*)(见 likely):He's *liable* to get angry. 他动辄就生气。

li·ai·son /liˈeizən/ *n.* ❶[U]联系,联络:establish close *liaison* between army and police 在军队与警察之间建立密切关系 ❷[C]联系人,联络人

li·ar /ˈlaiər/ *n.* [C](惯于)说谎的人

lib /lib/ *n.* [U;C]〈口〉解放(运动)(=liberation):women's *lib* 妇女解放运动

li·ba·tion /laiˈbeiʃən,li-/ *n.* [C] ❶奠酒祭神仪式:pour [make] a *libation* to gods 向众神献奠酒 ❷奠酒 ❸〈谑〉酒

lib·ber /ˈlibər/ *n.* [C]〈口〉(妇女)解放论者

li·bel /ˈlaibəl/ **I** *n.* [U]【律】(以文字、图画等为手段的)诽谤(罪):bring an action for *libel* against sb. [sue sb. for *libel*] 控告某人诽谤 **II** *vt.* (-**bel(l)ed**;-**bel·(l)ing**)【律】(以文字、图画等)诬告,诽谤:A district court ruled that the newspaper had *libeled* the President. 地区法院作出判决,裁定这家报纸诽谤总统。‖ ˈ**li·bel·(l)er** *n.* [C] —ˈ**li·bel·(l)ous** *adj.*

lib·er·al /ˈlibərəl/ **I** *adj.* ❶(在政治运动或宗教信仰方面)希望进步的;不拘泥传统的;倾向于变化的 ❷[无比较级][常作 **L-**](英国、加拿大等国的)自由党的:the *Liberal* Party 自由党 ❸胸襟宽大的;不带偏见的,公允的,开明的:adopt a *liberal* attitude toward people 宽以待人 ❹慷慨的,大方的:He was *liberal* of money in helping the poor. 他接济穷人总能慷慨解囊。❺不拘泥于字面的,不逐字进行的:a *liberal* translation 意译 ❻[无比较级]大学文科(教育)的:a *liberal* education 文科教育 **II** *n.* [C] ❶自由主义者 ❷[常作 **L-**](英国、加拿大等国的)自由党党员;自由党的支持者 ‖ **lib·er·al·i·ty** /ˌlibəˈræliti/ *n.* [U]—ˈ**lib·er·al·ly** *adv.*

liberal arts [复] *n.* 大学文科

lib·er·al·ism /ˈlibərəlizəm/ *n.* [U] ❶宽容,开朗;开明的思想 ❷自由主义(指一种政治或社会哲学,呼吁个人自由,民主的政府,改革进步并保护公民的民主权利) ❸[时作 **L-**]自由党的纲领(或原则、主张等)

lib·er·al·ize /ˈlibərəˌlaiz/ *vt.* 使自由化;放宽对…的限制:All the banks decided to *liberalize* their policy of agricultural loans. 所有银行决定放宽农业贷款政策。—*vi.* 自由化 ‖ **lib·er·al·i·za·tion** /ˌlibərəlaiˈzeiʃən; -liˈz-/ *n.* [U]

lib·er·ate /ˈlibəˌreit/ *vt.* ❶释放,使重获自由;解放(*from*):*liberate* black people *from* slavery 把黑人从奴隶制中解放出来 ❷(尤指在性观念方面)使摆脱传统观念,使不受束缚 ‖ **lib·er·a·tion** /ˌlibəˈreiʃən/ *n.* [U]—ˈ**lib·erˌa·tor** *n.* [C]

Li·be·ri·an /laiˈbiəriən/ **I** *adj.* [无比较级]利比里亚的;利比里亚人的 **II** *n.* [C]利比里亚人;利比里亚公民

lib·er·tine /ˈlibəˌtiːn,-tin,-ˌtain/ **I** *n.* [C]放荡不羁的人,淫荡的人 **II** *adj.* 放荡不羁的,淫荡的:*libertine* playboys 放浪形骸的花花公子们

lib·er·ty /ˈlibəti/ *n.* ❶[U](言论、行动、选择等的)自由(见 freedom):*liberty* of expression 言论自由 ❷[U](政治上的)独立自主:a nation of *liberty* from colonial rule 摆脱殖民统治的独立自主的国家 ‖ ***at liberty*** *adv.* & *adj.* ❶自由地(的);不受监禁地(的);(囚犯)在逃地(的):They were both walking *at liberty* in the next street. 他们两个人正自由自在地在旁边那条街上走路呢。❷获得许可的,得到批准的;有权的:We are not *at liberty* to reveal the content of the conversation. 我们无权透露会谈内容。

li·bid·i·nous /liˈbidinəs/ *adj.* 好色的,淫荡的:the *libidinous* spark in Willie's eye 威利色

眯眯的眼神

li·bi·do /li'biːdəu,-'bai-/ *n.* [C]([复]**-dos**) 情欲,性欲 ‖ **li·bid·i·nal** /li'bidinəl/ *adj.*

li·brar·i·an /lai'breəriən/ *n.* [C]图书馆管理员;图书馆馆长

li·bra·ry /'laibrəri/ *n.* [C] ❶图书馆;藏书楼,藏书室,书库 ❷影片(或唱片、手稿等)资料库;资料馆;收藏的影片(或唱片、手稿等)资料

li·bret·to /li'bretəu/ *n.* [C]([复]**-ti** /-ti/或**-tos**) ❶(歌剧、音乐剧等的)歌词 ❷剧本 ‖ **li'bret·tist** *n.* [C]

Lib·y·an /'libiən,'libjən/ **I** *adj.* [无比较级]利比亚的 **II** *n.* [C]利比亚人,利比亚公民

lice /lais/ *n.* louse 的复数

li·cence /'laisəns/ **I** *n.* ❶[C]许可证,特许证;执照;证书:grant a driver's *licence* 颁发驾驶执照 ❷[U]放纵,放任;(对法律、法规等的)无视:Freedom of the press cannot be turned into *licence*. 新闻自由不能变得无所顾忌。❸[U](行为、言论等的)自由(见 freedom) **II** *vt.* =license

li·cen·cee /ˌlaisən'siː/ *n.* =licensee

li·cense /'laisəns/ *vt.* 向…颁发许可证(或执照等):The restaurant is not *licensed* to sell alcohol. 这家餐馆没有酒类销售执照。〔亦作 **licence**〕 ‖ **'licensed** *adj.*

li·cen·see /ˌlaisən'siː/ *n.* [C]许可证持有者;(尤指酒类销售的)执照持有者〔亦作 **licencee**〕

li·chen /'laikən/ *n.* [C]【植】地衣

lic·it /'lisit/ *adj.* [无比较级]准许的;合法的:a *licit* marriage 合法婚姻 ‖ **'lic·it·ly** *adv.*

lick /lik/ **I** *vt.* ❶舔,舐;舔着吃,舐着喝:He *licked* the stamp and stuck it on the envelope. 他舔了舔邮票,把它贴在信封上。❷(波浪等)轻拍,轻打,轻触;(火焰似火舌般)舔,卷:The rocks were being greedily *licked* by the waves. 海浪贪婪地啮噬着岩礁。**II** *n.* [C] ❶舔,舐:Can I have a *lick* of chocolate? 我可以吃一点巧克力吗? ❷〈口〉少量,少许:do a *lick* of work 做一丁点儿工作

lic·o·rice /'likəris/ *n.* =liquorice

lid /lid/ *n.* [C] ❶盖,盖子:get the *lid* off the jar 揭开罐子盖 / put a *lid* on the bottle 盖上瓶盖 ❷【解】眼睑,眼皮 ‖ **'lid·ded** *adj.*

lie[1] /lai/ **I** *n.* [C] ❶谎言,假话:tell a *lie* 说谎 ❷假象;造成错觉的事物:His pose of humility was a *lie*. 他的这副谦卑相是骗人的。**II** (**lied**;**ly·ing**) *vi.* 说谎,撒谎:The singer used to *lie* about her age. 这位歌星先前经常谎报她的年龄。

lie[2] /lai/ (**lay** /lei/,**lain** /lein/;**ly·ing**) *vi.* ❶平卧,躺(见 lay):I had to *lie* down after driving all day. 我开车开了一整天后得躺下歇息了。❷处于某种状态:The troops *lay* in ambush. 部队处于伏击圈中。❸位于,坐落:The river *lies* 10 miles to the south of the city. 这条河位于城南 10 英里处。❹(抽象事物)存在;在于(*in*,*with*):His originality *lies in* his dramatic power. 他的独创性在于他的戏剧表现力。‖ ***lie behind*** *vt.* 是…的真正原因(或理由等):What *lies behind* her decision to quit? 她辞职的真正原因是什么? ***lie in*** *vi.* 赖床不起;(孕妇)卧床待产:She used to *lie in* on Sunday. 她以前星期天早晨老是赖床。***lie with*** *vt.* [不用进行时态]由…负责;是…的职责;取决于:It *lies with* the police to investigate and seek evidence. 调查取证是警察的责任。

lie detector *n.* [C]测谎器,测谎仪〔亦作 **polygraph**〕

lieu /ljuː/ *n.* [U][主要用于短语 in lieu (of)]位置;替代:They accepted his check *in lieu of* cash. 他们接受了他的支票,没有让他付现金。

lieu·ten·ant /lef'tenənt;luː-/ *n.* [C] ❶(美国)陆军(或空军、海军陆战队)中尉;(英国)陆军中尉 ❷(级别次于少校的)海军上尉 ❸代理官员;副官 ‖ **lieu'ten·an·cy** /-nənsi/ *n.* [U]

life /laif/ *n.* ([复]**lives** /laivz/) ❶[U]生命:the origins of *life* 生命的起源 / There are many forms of *life* on earth. 地球上有多种生命形式。❷[C]一生;寿命:Bad luck and ill health befell him throughout his *life*. 他一生都不走运,而且病魔缠身。❸[C]使用寿命;有效期;期限:The *life* of a new car is quite a few years. 一辆新汽车可以使用好几年。❹[U]人生:He doesn't know what he really wants in *life*. 他不知道想从人生中真正得到什么。❺[U]生物;活物:animal *life* 动物 ❻[U]生气;活力;活跃:The designs are not stale, but they lack *life*. 图案并不过时,但缺乏生气。❼[U;C]生活;生活方式:look for a meaning in *life* 寻找生活的意义 / He enjoyed the bustle of city *life*. 他喜欢过城市中那种忙忙碌碌的生

活。‖ ***bring to life*** *vt.* ❶使恢复知觉，使清醒 ❷使活跃，使有生气：He *brought* the party *to life*. 他活跃了聚会的气氛。❸使逼真地再现：The movie *brings to life* a great historical event. 该电影将一次重大的历史事件再现到人们面前。***come to life*** *vi.* ❶苏醒过来：After artificial respiration he *came to life* again. 经过人工呼吸后，他又活了过来。❷变得生动（或有趣等）；活跃起来：The dancers only really *came to life* during the jazz numbers. 爵士乐奏起时舞蹈演员们才真正活跃起来。❸（非生命体）被逼真地再现出来，被惟妙惟肖地表现：The sculptor made the ancient god *come to life*. 雕塑家把这位古代的神灵逼真地再现了出来。***for life*** *adv.* 终身；一生：As a result of the accident, he was paralysed *for life*. 那次事故使得他终身瘫痪。***take (sb.'s) life*** *vi.* 杀死，杀害

life belt *n.* [C]救生带

life·blood /ˈlaifˌblʌd/ *n.* [U] ❶（生命赖以维持的）血液 ❷命根子，命脉；关键：Tourism is the *lifeblood* of Thailand's economy. 旅游业是泰国的支柱产业。

life·boat /ˈlaifˌbəut/ *n.* [C]（船上或海岸的）救生艇，救生船

life·guard /ˈlaifˌgɑːd/ *n.* [C]救生员

life·jack·et /ˈlaifˌdʒækit/ *n.* [C]救生衣〔亦作 life vest〕

life·less /ˈlaiflis/ *adj.* [无比较级] ❶无生命的；死的；失去知觉的：*lifeless* stones 无生命的石头 ❷无生气的，沉闷的：a *lifeless* voice 有气无力的声音 / a *lifeless* performance 一场乏味的演出

life·like /ˈlaifˌlaik/ *adj.* 逼真的，栩栩如生的：a *lifelike* computer-controlled robot 像真人一样由电脑控制的机器人

life·line /ˈlaifˌlain/ *n.* [C] ❶救生索 ❷生命线；唯一的交通线（或通信线等）

life·long /ˈlaifˌlɔŋ/ *adj.* [无比较级][作定语]终身的，毕生的；持久的：a *lifelong* habit 伴随一生的习惯 / *lifelong* regret 终身的遗憾

life net *n.* [C]（消防员用以接住从着火房子中跳楼逃生者所用的）救生网，救生垫

life·pre·serv·er /ˈlaifpriˌzəːvəʳ/ *n.* [C] ❶救生用具（如救生衣、救生圈等）❷〈英俚〉（用以自卫的）护身棒

lif·er /ˈlaifəʳ/ *n.* [C]〈口〉❶终身坐牢的犯人 ❷[用以构成复合词]毕生干…事业的人；一生过…生活的人：an island-*lifer* 一生都在岛上生活的人

life·raft /ˈlaifˌrɑːft; -ˌræft/ *n.* [C]救生木筏；充气救生筏

life·sav·er /ˈlaifˌseivəʳ/ *n.* [C] ❶救生者；救命者 ❷帮助解脱困境的人（或事物）

life-size(d) /ˈlaifˌsaiz(d)/ *adj.* [无比较级]与真人（或实物）一般大小的：a *life-size* statue of a discus-thrower 与本人大小一样的铁饼运动员的雕像

life style, life·style /ˈlaifˌstail/ *n.* [C]生活方式：the benefits of a healthy *lifestyle* 健康生活方式的种种益处/pursue an alternative *lifestyle* 追求别样的生活方式

life·time /ˈlaifˌtaim/ **I** *n.* [C] ❶一生，终身，一辈子：This is a problem which you are going to see in your *lifetime*. 这是一个在你有生之年将会看到的问题。❷长时间，很久：We waited a *lifetime* for the doctor's report. 我们等医生的报告等了很长时间。**II** *adj.* 终身的，一生的：a *lifetime* membership 终身会员

life vest *n.* =lifejacket

life·work /ˈlaifˌwəːk/ *n.* [通常用单]一生的事业；毕生的工作

lift /lift/ **I** *vt.* ❶提；抬；举；吊；使上移：The cable *lifted* the tourists up to the summit. 索道把游客送到山顶上。❷抬起，使向上：*lift* one's eyes to the heavens 抬眼看天空 ❸解除，撤销（限制等）：*lift* the sanctions 解除制裁 ❹提高；提高…的地位（或名声等）：*lift* prices of commodities 提高商品价格 ❺〈口〉剽窃，抄袭：The author *lifted* the characters and plot from another writer's novel. 该作者抄袭了另一位作家小说中的人物和情节。❻消除，摆脱（痛苦、悲伤等不良情绪）：He felt the sense of depression *lifted* from him. 他觉得抑郁感一扫而光。—*vi.* ❶（雾等）升起，腾起：A violet haze was *lifting* from the sea. 一团紫色雾霭从海面上升起。❷（痛苦、悲伤等）消除，被摆脱：It was only then that some of his gloom *lifted*. 直到那个时候他心头的愁云才稍稍散开。**II** *n.* ❶[C]抬；提；举；吊；上升：the *lift* of a leg 抬腿 / a *lift* in transport costs 运输费用的提高 ❷[U]提升力；升力：In straight level flight the *lift* equals the weight. 在直线水平飞行中升力等于重力。❸[C](给步行者的)搭顺风车,搭便车:give sb. a *lift* 给某人搭车 / hitch a *lift* (用拇指示意)搭车 ❹[C]鼓舞;振奋;兴奋:The children got tremendous *lift* from the excursion. 孩子们从远足当中获得了极大的快乐。❺〔亦作 **elevator**〕[C]〈英〉电梯:I took the *lift* down to the ground floor. 我乘电梯下到底层。

lift-off, lift-off /ˈliftˌɔf,-ˌɔːf/ *n.* [C] ❶(飞机的)起飞;(宇宙飞船、火箭等的垂直)发射 ❷(飞机的)起飞时间;(宇宙飞船、火箭等的)发射时间

lig·a·ment /ˈligᵊmᵊnt/ *n.* [C]【解】韧带:tear a *ligament* in one's ankle 拉伤了脚踝韧带

lig·a·ture /ˈligətʃəʳ/ *n.* ❶[U]结扎;绑扎 ❷[C](外科手术用的)绑扎物;绷带;结扎线,缚线 ❸[C]【印】连字(弧)线;连字(如/æ/)

light¹ /lait/ **I** *n.* ❶[U]光;光线;光亮;光感:the *light* of a lamp 灯光 / The sun gives off *light*. 太阳发出光亮。❷[C]发光体,光源;灯,灯火;烛火:The walls reflected one hundred thousand *lights* to me from my two candles. 只见那四壁反射着我的两支烛光,放出霞光万道。❸[U]日光;白昼;黎明:in the *light* of morning 在晨光熹微中 ❹[C]点火物(如火柴、打火机等);引火物(如火焰、火花):I took out a cigarette and asked him for a *light*. 我拿出一支烟,向他借个火。❺[常作~s]交通指挥灯:cross against a red *light* 闯红灯 **II** *adj.* ❶光线足的;采光好的;明亮的:The rooms are airy and *light*. 这些房间不仅通风而且采光好。❷(颜色)淡的,浅的:a *light* orange 浅橙黄色 **III** (**lit** /lit/或**light·ed**) *vt.* ❶点燃:*light* a cigarette 点燃香烟 / *light* a fire 生火 ❷点(灯);使(灯)照亮:*light* the lamp 把灯点亮 ❸使满面春风,使容光焕发:A smile *lit* her face. 她笑容盈面。—*vi.* ❶点燃,燃着:Damp wood does not *light* easily. 潮湿的木头不易点燃。❷(灯)点着;照亮:The table lamp won't *light*. 台灯不亮了。❸变得亮堂;被照亮:The sky *lights* up at sunrise. 日出时分天空开始亮起来。‖ ***bring to light*** *vt.* 揭露;暴露;揭示;发现;发掘:The investigation *brought to light* new facts about the case. 经过调查,发现了一些与该案有关的新证据。***come to light*** *vi.* 显露;暴露;为人所知:The truth *came to light* after a thorough investigation. 经过彻底调查,真相大白了。***in (the) light of*** *prep.* 鉴于,由于:*In light of* the muddy roads, they all put on their rubbers. 因为道路泥泞,他们都穿上了胶鞋。***see the light*** *vi.* ❶意识到错误 ❷(突然)找到前进的方向 ‖ ˈ**light·ness** *n.* [U]

light² /lait/ **I** *adj.* ❶轻的;不重的:The bag was *light* enough for even a very small child to carry. 这个包很轻,甚至一个很小的孩子也能拿得动。❷比重小的:a *light* metal 轻金属 ❸轻薄的:wear *light* clothing in the summer 在夏天穿轻薄的衣服 ❹少量的;轻度的;低于标准分量(或质量)的,分量(或质量)不足的:a *light* rain 小雨 ❺容易承担的;易于承受的:take *light* exercise 进行轻松的锻炼 / a *light* illness 小病 ❻消遣性的,娱乐性的:*light* musical 轻音乐剧 ❼小的,微小的,不严重的:The loss of a job is no *light* job. 失业绝不是件小事。❽(饭、菜等)清淡的;易消化的:a *light* snack 清淡快餐 ❾(酒)口味淡的;酒精含量低的❿轻捷的;轻快的,轻盈的;灵巧的:be *light* on one's feet 步履轻盈 ⓫愉快的;无忧无虑的:be *light* of mind 无忧无虑 ⓬生产消费品的:*light* industry 轻工业 **II** *adv.* 轻载地;空载地;轻装地,轻便地:Experienced campers travel *light*. 有经验的露营者都是轻装旅行。‖ ˈ**light·ly** *adv.* —ˈ**light·ness** *n.* [U]

light³ /lait/ *vi.* (**light·ed**或**lit** /lit/) ❶(鸟、目光等)停落(*on*, *upon*):The bird *lit on* the branch. 鸟儿飞落在树枝上。❷(好运、不幸等)(突然)降临,降落(*on*, *upon*):Nemesis *lit on* him. 他忽然遭到报应。❸碰巧遇上;偶然得到(*on*, *upon*):*light on* a clue 突然想到了一条线索 ‖ ***light into*** *vt.* ❶痛击;鞭打:Jim *lit into* his attacker, who soon lay unconscious on the ground. 吉姆猛击袭击他的人,那人很快就被击倒在地,不省人事了。❷痛斥;抨击:I haven't offended you, why do you want to *light into* me like that? 我没冒犯你,你干吗要那样攻击我呢?

light·en¹ /ˈlaitᵊn/ *vt.* 照亮,使明亮:The sun *lightened* the bedroom. 阳光照亮了卧室。—*vi.* 变得明亮:The sky began to *lighten* at dawn. 黎明时分天空开始放亮。

light·en² /ˈlaitᵊn/ *vt.* ❶减轻;减轻…的负担:*lighten* the learning task 减轻学习负担 / *lighten* taxes 减税 ❷使轻松;使愉快;缓解(见 re-

L

lieve)：Such news *lightens* my heart. 这类消息让我心情愉快。—*vi.* ❶(载重、负担等)减少，减轻：Our responsibilities have begun to *lighten* somewhat. 我们的责任开始有所减轻。❷变得轻松；变得愉快：His mood *lightened* and brightened as he figured things out. 事情解决了，他的情绪也开朗多了。

light·er /ˈlaitəʳ/ *n.* [C]打火机；点火器

light-foot·ed /ˌlaitˈfutid/ *adj.* 脚步轻捷的，步履轻盈的

light-head·ed /ˌlaitˈhedid/ *adj.* ❶眩晕的；神志不清的：She'd had a glass of champagne and began to feel *light-headed*. 她喝了一杯香槟就开始头晕目眩。❷头脑简单的，愚蠢的，无知的：Jack was nothing but his thoughtless *light-headed* tool. 杰克就是他没有思想没有头脑的工具。

light-heart·ed /ˌlaitˈhɑːtid/ *adj.* 轻松愉快的，无忧无虑的：Whatever was going forward was sure to make matter of mirths for the *light-hearted* Mary. 不管发生什么事，无忧无虑的玛丽总是拿来开玩笑。

light heavyweight *n.* [C]【体】(体重为72.5～79.5千克的)重量级职业拳击手；(体重为75～81千克的)重量级业余拳击手

light·house /ˈlaitˌhaus/ *n.* [C]([复]-**hous·es** /-ˌhauziz/) 灯塔

light·ing /ˈlaitiŋ/ *n.* [U] ❶点火；照明：artificial *lighting* 人工照明 ❷(家居、绘画、摄影等的)布光：work out the *lighting* for one's living room 研究如何对自己的起居室布光

light-minded /ˌlaitˈmaindid/ *adj.* 头脑简单的，愚蠢的，无知的

light·ning /ˈlaitniŋ/ **I** *n.* [U]【气】闪电：a flash of *lightning* 一道闪电 **II** *vi.* [用 it 作主语]划出一道闪电：Go inside if it starts to *lightning*. 天上出现闪电就到屋里去。**III** *adj.* [无比较级][作定语]闪电的；闪电般的；快似闪电的：launch a *lightning* raid 发动闪电进攻

lightning rod *n.* [C]避雷针

light·weight /ˈlaitˌweit/ *adj.* [无比较级] ❶(人、动物等)轻于标准重量的；(服装)轻薄的，薄型的：a *lightweight* garment 轻薄的衣服 ❷无足轻重的：a *lightweight* author 名不见经传的作家 ❸【体】轻量级拳击手的

light-year /ˈlaitˌjiəʳ,-ˌjəːʳ/ *n.* [C] ❶【天】光年(指光在一年中经过的距离，约合95 000亿千米) ❷[～s]很大的差距；遥远的距离；很长的时间：Last Saturday seemed *light-year* away already. 上个星期六好像早已成了遥远的过去。

lik·a·ble /ˈlaikəbᵊl/ *adj.* ＝likeable

like[1] /laik/ **I** *adj.* (比较级 **more like** 或〈诗〉**lik·er**，最高级 **most like** 或〈诗〉**lik·est**) ❶相像的，相似的：The two girls are not twins, but they're very *like*. 这两个女孩虽非双胞胎，却十分相像。❷[无比较级]相同的；同类的：On this point we are of *like* mind. 在这一点上我们的意见是一致的。**II** *prep.* ❶(在外观、性格等方面)具有…的特点：He talks to one just *like* a doctor. 他对人说话俨然是个医生。❷像，似…一样：Her soft hair feels *like* silk. 她那柔软的头发摸起来像丝绸一般。❸看起来会有；好像要：It looks *like* rain. 天好像要下雨。❹想要：I feel *like* having a drink. 我想喝杯酒。❺例如，比如：We are sending special reporters to countries *like* the United States. 我们向美国这样的一些国家派遣了特派记者。**III** *conj.* ❶如同；以…的相同方式：It didn't work out quite *like* I intended it to. 此事并未像我打算的那样发展。❷似乎，好像：He acted *like* he was afraid. 他的所作所为表明他好像有点害怕。**IV** *n.* ❶[C]同样的人(或事物)；匹敌者；可媲美的东西：*Like* clings to unlike more than to *like*. 与其说是同声相应，倒不如说是异气相求。❷种类；类型：He despised bigots and their *like*. 他鄙视这类偏执的人。‖ ***like anything*** [***blazes***, ***crazy***, ***hell***, ***mad***] *adv.* 〈口〉非常地，极度地：I ran *like crazy*. 我发疯似的向前跑。***Like father, like son.*** 〈谚〉有其父，必有其子。***something like*** *adv.* 相似，大约 ***the like*** *n.* 等等；诸如此类的东西：There's a big sports hall for tennis and badminton and *the like*. 有一个大型体育馆，在里面可以打网球、羽毛球等。

☆**like, as** 均有"像，如同"之意。**like** 侧重比较，表示很像，但没有到完全相似或属于一类的程度：He plays tennis *like* a professional. (他打起网球来像个职业选手。) **as** 强调同一性，有完全相似或属于一类的含义，常指当作或作为：Most people regarded him *as* a fool. (大多数人把他当作傻子。)

like[2] /laik/ **I** *vt.* [不用进行时态] ❶喜欢，喜

爱:There's nothing I *like* better. 没有比这个更让我喜欢的了。❷[常用于 how 引导的疑问句]认为;感觉:I *like* you as my friend. 我把你当成朋友。❸[常用于 would, should 之后]想,要;希望;想有:I'*d like* a cake. 我想吃块蛋糕。/I'*d like* you to join us. 我想让你加入我们。—*vi*. 愿意;希望:You can drop in whenever you *like*. 你可以随时来我这里。**II** *n*. [通常作~s]爱好;喜爱之物:take strong *likes* to animals 特别喜爱动物 ‖ **ˈlik•er** *n*. [U]

☆like 作动词时可接动名词,表示行为和状态,也可接不定式表示具体动作;美国英语中 like 之后多用不定式:He *likes* dancing. (他喜欢跳舞。) / She *likes* to have her own way. (她喜欢自行其道。)

-like /laik/ *comb. form* [附于名词后以构成形容词]表示"类似…的","有…特征的":child*like*, dog*like*, life*like*

like•a•ble /ˈlaikəbᵊl/ *adj*. 可爱的;讨喜的:a *likeable* sort of bloke 那种讨喜的家伙〔亦作 **likable**〕 ‖ **ˈlike•a•ble•ness** *n*. [U] —**ˈlike•a•bly** *adv*.

like•li•hood /ˈlaikliˌhud/, **like•li•ness** /ˈlaiklinis/ *n*. [U;C]可能,可能性:There is every *likelihood* that the volcano will erupt. 这座火山很有可能爆发。

like•ly /ˈlaikli/ **I** *adj*. ❶可能的;看来要发生的(见 probably):An earthquake was *likely* to happen. 可能要地震了。❷[作定语]看起来真实的;有些可信的:The witness produced a very *likely* version of the murder. 证人讲述的谋杀案较为可信。❸[作定语]合适的;适当的;符合要求的:a *likely* place to fly a kite 放风筝的理想地点 **II** *adv*. 可能(见 probably):Most *likely* it will be John. 极有可能是约翰。

☆**likely**, **apt**, **liable**, **prone** 均有"很可能的;有倾向的"之意。**likely** 强调或然性,多指将要发生的事情,含预测的意味:He is *likely* to succeed. (他取胜的可能性很大。) **apt** 强调内在的、惯常的倾向,可以指过去、现在或将来发生的事情:A careless person is *apt* to make mistakes. (粗心大意的人往往会犯错误。) **liable** 含会碰上某种风险之意,多用于发出警告、表示担忧的场合:Children who play in the street are *liable* to be injured or killed by automobiles. (小孩子在大街上玩耍时极有可能被汽车撞伤或撞死。) **prone** 通常表示容易招致或遭受令人不快的事情的那种倾向、习性或癖性,往往带有不可避免的意味:People are more *prone* to make mistakes when they are tired. (人在疲劳时往往会出错。)

like-mind•ed /ˌlaikˈmaindid/ *adj*. [无比较级]志趣相投的;观点一致的

lik•en /ˈlaikᵊn/ *vt*. 将…比作(*to*):The young actress was *likened to* Marilyn Monroe. 这位年轻女演员被比作玛丽莲•梦露。

like•ness /ˈlaiknis/ *n*. ❶[C]肖像,画像;照片;相似物:This statue is a good *likeness* of the leader. 这座雕像非常逼真地塑造了这位领袖的形象。❷[U]相像,相似(*between*, *to*):The two sisters bear a striking *likeness to* each other. 这两姐妹长得一模一样。

like•wise /ˈlaikˌwaiz/ *adv*. [无比较级] ❶也,又,还:Such figures are *likewise* the protagonists of his most effective novels. 这些形象也是他的小说力作中的主要人物。❷同样地,照样地:Watch how she does it and do *likewise*. 看她怎么做,然后照着做。

lik•ing /ˈlaikiŋ/ *n*. [通常用单] ❶口味,品味:The room is to my *liking*. 这个房间我很满意。❷喜欢,爱好(*for*):have a *liking for* reading 喜欢阅读

li•lac /ˈlailək, -læk/ **I** *n*. ❶[U;C]【植】丁香 ❷[U]丁香紫,淡紫色,淡雪青色 **II** *adj*. [无比较级]丁香紫的,淡紫色的,淡雪青色的

Lil•li•pu•tian /ˌliliˈpjuːʃᵊn/ *adj*. [无比较级] ❶极小的;微小的;小型的:a *lilliputian* chest of drawers 极小的柜橱 ❷微不足道的,无关紧要的

lilt /lilt/ *n*. [C]轻快跳跃(或摇摆)的节奏;抑扬顿挫的旋律(或曲调)

lil•y /ˈlili/ **I** *n*. [C] ❶【植】百合 ❷百合花 **II** *adj*. 像百合般洁白的;白嫩的,白皙的:*lily* hands 白嫩的手

limb /lim/ *n*. [C] ❶肢;臂;腿;翼,翅膀:have an artificial *limb* fitted 安装假肢 / rest one's weary *limbs* 解乏 ❷(大的)树枝;(树的)干枝,主枝:an upper *limb* of the tree 树上面的枝干

lim•ber /ˈlimbəʳ/ **I** *adj*. ❶肢体柔韧的:a *limber* athlete 身体柔韧的运动员 ❷柔软的,易弯曲的;灵巧的:*limber* joints 柔软的关节 **II** *vt*. 使柔软(*up*):*limber up* one's fingers 松弛手指 —*vi*. (比赛等前)热身,做准备活动(*up*)

lime¹ /laim/ *n.* [U]石灰;生石灰;熟石灰〔亦作 **quicklime**〕‖ ˈ**lime·y** *adj.*

lime² /laim/ *n.* ❶[C;U]酸橙(果) ❷[C]【植】酸橙树 ❸[U]酸橙绿色,淡黄绿色

lime·ade /ˌlaimˈeid, ˈlaimˌeid/ *n.* [U;C]酸橙汁;柠檬水

lime·light /ˈlaimˌlait/ *n.* [**the** ～]公众瞩目的焦点;著名:She's been in *the limelight* immediately following the release of her controversial film. 那部颇有争议的影片刚刚发行,她就成了公众关注的焦点。

lim·er·ick /ˈlimᵊrik/ *n.* [C]五行打油诗(一种幽默打趣短诗,韵式为 aabba)

lime·stone /ˈlaimˌstəun/ *n.* [U]【地质】灰岩,石灰岩

lim·it /ˈlimit/ **I** *n.* [C] ❶(地区等的)边界,边缘:outside the country's territorial *limits* 在该国疆界之外 ❷限度;极限;限制:set a time *limit* 规定时间限制/ reach the *limit* of one's endurance 忍无可忍 **II** *vt.* 限定,限制:*limit* spending 限制开销 / *limit* sb.'s speech to 5 minutes maximum 限定某人发言最多不能超过五分钟 ‖ ˈ**lim·it·er** *n.* [C] —ˈ**lim·it·less** *adj.*

lim·i·ta·tion /ˌlimiˈteiʃᵊn/ *n.* ❶[C]局限;限制因素;弱点;不足之处:know one's own *limitations* 有自知之明 ❷[U]限制:the *limitation* of nuclear weapons 限制核武器

lim·it·ed /ˈlimitid/ *adj.* 有限的;(数量)少的:*limited* accommodation 为数不多的房间/They are now buying on a *limited* scale. 他们现在买货规模有限。

lim·ou·sine /ˈlimuˌziːn, ˌlimuˈziːn, ˈliməˌziːn/ *n.* [C] ❶(由专职司机驾驶的)豪华轿车 ❷〈美〉(机场等接送旅客的)中型客车

limp¹ /limp/ **I** *vi.* ❶一瘸一拐地走,跛行;蹒跚:*limp* away through the trees 一瘸一拐地穿过树林 ❷进展缓慢;缓慢前行:The economy *limps* along. 经济发展缓慢。**II** *n.* [C]跛行:walk with a *limp* 一瘸一拐地走路

limp² /limp/ *adj.* ❶松散的;疲沓的:a *limp* rag 松软的碎布 / The anchor-cable was hanging *limp* from the bow. 锚链从船头松松地荡开了。❷疲倦的:I was *limp* with exhaustion. 我累极了。‖ ˈ**limp·ly** *adv.* —ˈ**limp·ness** *n.* [U]

lim·pid /ˈlimpid/ *adj.* ❶(水、眼睛等)清澈的;透明的:a *limpid* pool 清澈的水潭 ❷(文体等)明晰的,顺畅的:write in a *limpid* style 用明丽晓畅的文笔写作 ❸平静的;无忧无虑的:a *limpid* gaze 静静的凝视 ‖ **lim·pid·i·ty** /limˈpiditi/ *n.* [U] —ˈ**lim·pid·ly** *adv.* —ˈ**lim·pid·ness** *n.* [U]

linch·pin /ˈlintʃˌpin/ *n.* [C] ❶【机】制轮楔 ❷核心,关键:The *linchpin* of the presidential campaign is the heavy use of advertising. 总统选举的关键是要进行大量的宣传。〔亦作 **lynchpin**〕

line¹ /lain/ **I** *n.* [C] ❶线:draw a broken *line* 画不连贯线 ❷排;行;〈美〉排队:a *line* of trees 一排树 / get in *line* for tickets 排队买票 ❸队列,队伍:A long *line* stretched in front of the box office. 售票处前面排了一条长长的队伍。❹沟纹;纹路;皱纹;掌纹:the *lines* in the face 脸上的皱纹 ❺分界;界线;边界:You only have to cross the *line* beyond which there is no return. 你只要跨过边界,便踏上了不归路。❻诗行:a *line* of poetry 一行诗 ❼[～s]【戏】台词,对白:rehearse one's *lines* 练习对白 ❽交通系统:a subway *lines* 地铁系统 ❾(汽车、轮船、飞机的)运行线路:an export *line* 出口线路 / the *line* of flight 航空线 ❿[通常用单]行业,职业:What *line* are you in? 你从事什么行业? ⓫电路,线路;电话线;电报线:For further information, call the hot *line*. 详情请拨打热线。⓬(商品的)类,品种:This article is not in our *line*. 这件商品不属于我们的业务范围。⓭【军】战线,防线;阵地,前沿;[常作～s]布阵:break the enemy's *line* 攻破敌人的防线 / fight in the front *line* 在前线作战 ⓮线路;管道:*lines* of communication 通信线路 / natural gas pipe *lines* 天然气管道 ⓯【体】场界,界线,边线:take a throw-in near the half-way *line* 在靠近中线处投球入篮 **II** *vt.* ❶用线标示;画线于:*line* the blank paper with a pencil and a ruler 用铅笔和尺子在白纸上画线 ❷形成纹路于;划痕于:Rocks *lined* the drive. 震动使磁盘产生了划痕。‖ ***down the line*** *adv.* 完全地;全部地;自始至终地:They promised to back me *down the line*. 他们许诺自始至终都会支持我。***draw the line*** *vt.* 限制,限定(*at*):They *draw the line at* drinking before noon. 他们在中午前严禁喝酒。***hold the line*** *vi.* ❶[常用祈使句](打电话时)请先别挂断 ❷坚定不移,不

L

肯退让：*hold the line* on price increases 保持价格上涨的态势 ***in line*** *adj*. & *adv*. ❶成一直线，成一排：set the chairs *in line* along the wall 把椅子沿墙排成行 ❷一致的(地)，相符的(地)(*with*)：Your price is *in line with* the ruling market here. 你们的价格与这里当前的市场价格一致。❸控制的(地)，在掌控中：keep the squirming children *in line* during the opera 在歌剧上演时让那些叽叽喳喳的孩子们闭嘴 ❹排成队的(地)：We have been waiting *in line* the whole morning. 一上午我们都在排队。***line up*** *vt*. & *vi*. ❶准备，组织；安排：A farewell party was *lined up*. 告别聚会已安排好了。❷(使)排成行；(使)列队；(使)排队：The soldiers *lined up* on the drilling ground for inspection. 士兵们在训练场列队接受检阅。***on line*** *adj*. & *adv*. ❶在生产线上的(地) ❷在工作中；在运行中：The new factory will come *on line* next month. 新工厂下个月投产。❸【计】机上操作的；在线的：The system is *on line* to the mainframe computer. 这个系统与电脑主机相连。

line² /lain/ *vt*. ❶给(衣、帽、箱、包等)装衬里，使有内衬：*line* the drawers with newspaper 用报纸作抽屉衬垫 ❷覆盖，遮盖：Bookcases *lined* the wall. 书架把墙挡住了。

lin·e·age /ˈliniidʒ/ *n*. [U;C]家族；世系，血统；祖谱：matrilineal [patrilineal] *lineage* 母系[父系]家族

lin·e·al /ˈliniəl/ *adj*. [无比较级][作定语] ❶〈书〉直系的，嫡传的：*lineal* heirs 直系继承人 ❷＝linear

lin·e·a·ment /ˈliniəmᵊnt/ *n*. [通常作～s]外貌特征；(尤指面部)轮廓

lin·e·ar /ˈliniəʳ/ *adj*. [无比较级][作定语] ❶线的；直线的；线形的：a *linear* arrangement 直线排列 ❷成一直线的；在线上的 ❸长度的：a unit of *linear* measure 长度度量单位〔亦作 **lineal**〕‖ **ˈlin·e·ar·ly** *adv*.

line·back·er /ˈlainˌbækəʳ/ *n*. 【美橄】❶[C]中后卫 ❷[U]中后卫位置

line drive *n*. [C]【棒】(击球员击出的)平直球〔亦作 **liner**〕

line·man /ˈlainmᵊn/ *n*. [C]([复]**-men** /-mᵊn/) ❶【电】(电线、电话线等的)架线工，维修工；线务员 ❷【美橄】锋线球员

lin·en /ˈlinin/ 【纺】I *n*. ❶[U]亚麻布；亚麻纱(或线) ❷[U;C]亚麻织物；(仿)亚麻制品：table *linen* 亚麻桌布 / a sale on *linens* 亚麻布的甩卖 II *adj*. [无比较级]亚麻制的；亚麻布的：a *linen* jacket 亚麻夹克

lin·er /ˈlainəʳ/ *n*. [C] ❶(走固定路线的)班机，班轮；定期列车；定期豪华客轮 ❷＝eyeliner ❸＝line drive

lines·man /ˈlainzmᵊn/ *n*. [C]([复]**-men** /-mᵊn/)【橄】边线裁判员；中区裁判员；【足】巡边员；【排】【网】司线员

line·up /ˈlainˌʌp/ *n*. [C] ❶(乐队等的)阵容；阵式 ❷(为接受检查或辨认而排列的)一排(或一行)人；队列：The prisoners were brought before witnesses in a *lineup*. 一排囚犯被带到证人面前进行辨认。❸【体】(棒球等的)参赛队员：the starting *lineup* 首发阵容

lin·ger /ˈliŋgəʳ/ *vi*. ❶(因不愿离开而)继续逗留，留恋，徘徊：The people *lingered* at the door with a long good-bye. 人们在门口依依不舍，久久不肯离去。❷继续存留；缓慢消失：Doubts *lingered* in my mind. 我始终不能消除心中的疑团。‖ **ˈlin·ger·er** *n*. [C] —**ˈlin·ger·ing·ly** *adv*.

lin·ge·rie /ˈlænʒəri/ *n*. [U]女式内衣(裤)；女式睡衣

lin·go /ˈliŋgəu/ *n*. [C]([复]**-go(e)s**) ❶行话；隐语❷外国语；外国话；奇怪难懂的语言

lin·gua fran·ca /ˌliŋgwəˈfræŋkə/ *n*. [C]([复] **lin·gua fran·cas** 或 **lin·guae fran·cae** /ˌliŋgwiːˈfræŋkiː/)(不同的语言集团间为交际或商用目的而使用的)通用语；交际语；商用语

lin·gual /ˈliŋgwᵊl/ *adj*. [无比较级]舌的；舌状的；舌边的

lin·guist /ˈliŋgwist/ *n*. [C] ❶语言学家 ❷通晓数国语言的人

lin·guis·tics /liŋˈgwistiks/ [复] *n*. [用作单]语言学 ‖ **linˈguis·tic** *adj*.

lin·i·ment /ˈlinimᵊnt/ *n*. [C;U]【药】(用作止痛药或对抗刺激剂的油状)擦剂，搽剂

lin·ing /ˈlainiŋ/ *n*. [C](衣服、箱包等的)衬里，里子；衬料，内衬：leather gloves with fur *linings* 毛衬里皮手套

link /liŋk/ I *n*. [C] ❶(链条的)环，节；环状物，圈：the *links* of a chain 链条节 ❷环节；连接部

分,纽带;联系,关联:The present forms a *link* with the past and the future. 现在把过去与未来联系了起来。**II** *vt.* 串联,连接;联系(*up*)(见 join):The new bridge *links* the island to the mainland. 新建的大桥将岛屿与大陆连在了一起。—*vi.* 连接起来;联系在一起(*up*):The company will soon *link up* with a hotel chain. 这家公司不久将与一家旅馆连锁企业联手。

link•age /ˈliŋkidʒ/ *n.* ❶[U]连接,连合 ❷关联,联系:a *linkage* between cause and effect 因果关系 / develop *linkages* with the institutes abroad 与外国学术机构建立联系

link•ing /ˈliŋkiŋ/ **verb** *n.* [C]【语】连系动词(=copula)

link•up /ˈliŋkˌʌp/ *n.* [C] ❶(军队、航天器等的)会合:the *linkup* of two spacecrafts 两艘宇宙飞船的对接 / The two troops made a *linkup* at Torgau. 那两支军队在托尔高会合。❷连接;联系

li•no•le•um /liˈnəuliəm/ *n.* [U](亚麻)油地毡;漆布

lin•seed /ˈlinˌsiːd/ **oil** *n.* [U]亚麻籽油

lint /lint/ *n.* [U]棉线,飞花 ‖ ˈ**lint•y** *adj.*

lin•tel /ˈlintᵊl/ *n.* [C]【建】(门窗的)过梁

li•on /ˈlaiən/ *n.* [C]【动】狮子

li•on•ess /ˈlaiənis/ *n.* [C]母狮

li•on•ize, li•on•ise /ˈlaiəˌnaiz/ *vt.* 把…视为(或捧作)名人:As a pianist, Liszt was *lionized* as the greatest of his age. 李斯特被推崇为他那个时代最伟大的钢琴家。‖ **li•on•i•za•tion, li•on•i•sa•tion** /ˌlaiənaiˈzeiʃᵊn;-niˈz-/ *n.* [U]

lip /lip/ *n.* ❶[C]嘴唇:the lower *lip* 下嘴唇 ❷[通常作~s]嘴,口:*Lips* are rich with words of love and truth. 人们的谈吐中尽是爱与真的言语。❸[C](容器或洞穴的)边沿;(罐、壶等的)嘴:the *lip* of the canyon wall 大峡谷的岩壁 / the *lip* of a dead volcano 死火山口 ‖ **lipped** *adj.* —ˈ**lip**ˌ**py** *adj.*

li•po•suc•tion /ˈlipəᵘˌsʌkʃᵊn, ˈlai-/ *n.* [U]吸脂术

lip•read•ing /ˈlipˌriːdiŋ/ *n.* [U](尤指聋哑人)唇读;观唇辨义 ‖ ˈ**lip•read** *vt.* & *vi.* (**-read** /-ˌred/) —ˈ**lip**ˌ**read•er** *n.* [C]

lip service *n.* [C]难以兑现的承诺:give *lip service* to sb. 对某人口惠而实不至

lip•stick /ˈlipˌstik/ *n.* ❶[U]口红,唇膏:wear *lipstick* 涂口红 ❷[C]一支口红(或唇膏)

liq•ue•fy /ˈlikwiˌfai/ *vt.* & *vi.*【化】(使)液化:Gases *liquefy* under pressure. 气体在高压下会液化。‖ **liq•ue•fac•tion** /ˌlikwiˈfækʃᵊn/ *n.* [U]

li•queur /liˈkjuəʳ, ˈlikəʳ/ *n.* [U;C](饭后喝的)利口酒

liq•uid /ˈlikwid/ **I** *adj.* [无比较级] ❶液体的,液态的:*liquid* hydrogen 液态氢 ❷流质的:*liquid* food 流质食物 ❸(财产)易变换成现金的;(资金)可流动的:*liquid* assets 流动资产 **II** *n.* [U;C]液体;液状物:Oxygen turns into *liquid* below minus 183℃. 氧气在零下 183℃以下会变成液体。‖ **li•quid•i•ty** /liˈkwiditi/ *n.* [U]

☆**liquid, fluid** 均有"流体"之意。**liquid** 与固体相对,指具有水的特征,即有一定体积、没有一定形状且可以流动:Water is a *liquid*. (水是液体。) **fluid** 强调流动,可用于液体、气体、泥石流等流动的物质:Air is a *fluid*, but not a liquid. (空气是流体,不是液体。)

liq•ui•date /ˈlikwiˌdeit/ *vt.* ❶清偿(债务等):sold stocks to *liquidate* the loan 卖股票还贷款 ❷(尤指使用暴力手段)消灭;清洗:The government has ruthlessly *liquidated* its enemies. 该政府残酷地清剿了它的敌人。❸解除;取消:*liquidate* a partnership 解除合伙关系 ‖ **liq•ui•da•tion** /ˌlikwiˈdeiʃᵊn/ *n.* [U] ˈ**liq•ui**ˌ**da•tor** *n.* [C]

liq•uid•ize, liq•uid•ise /ˈlikwiˌdaiz/ *vt.* 使液化 ‖ ˈ**liq•uid**ˌ**iz•er**, ˈ**liq•uid**ˌ**is•er** *n.* [C]

liq•uor /ˈlikəʳ/ **I** *n.* [U]酒,烈性酒 **II** *vt.* 〈口〉使喝醉

liq•uo•rice /ˈlikᵊvis/ *n.* [C]【植】洋甘草;甘草类植物〔亦作 **licorice**〕

lisp /lisp/ **I** *n.* [C]咬舌;口齿不清(指把/s/,/z/音分别发作/θ/,/ð/等):speak with a *lisp* 讲话口齿不清 **II** *vt.* 咬着舌说出;口齿不清地说出:She demurely lowers her eyes and *lisps* a soft reply. 她拘谨地低下眼睛,轻声嘟囔着回答。

list /list/ **I** *n.* [C] 表,一览表,明细表;名单;目录:a shopping *list* 购物清单 / compile a *list* 制表 **II** *vt.* ❶列举;罗列:He *listed* the items they would need. 他列出他们可能所需物品的清单。❷[常用被动语态]把…编成一览表(或

清单、名册、目录等);登录:99 men were officially *listed* as missing. 有 99 人被官方作为失踪人员记录在案。

lis·ten /ˈlisᵊn/ *vi.* ❶(注意地)听(见 hear):She *listened* without listening. 她一副爱听不听的样子。❷听从;听信(*to*):He didn't always *listen to* his parents. 他并不是一直听父母的话的。❸留神等着听(*for*):The old lady *listened for* the phone to ring. 老太太等着电话铃响。‖ ˈ**lis·ten·er** *n.* [C]

list·ing /ˈlistiŋ/ *n.* [C] ❶一览表,明细表;目录;名册 ❷(登记表或目录等中的)一项:a *listing* in the telephone directory 电话簿中的一项

list·less /ˈlistlis/ *adj.* 倦怠的,无精打采的;冷漠的;不留心的:A report from leading businesses suggests that the economy will remain *listless* until the end of the year. 来自一些主要企业的报告表明到年底经济仍然处于低迷状态。‖ ˈ**list·less·ly** *adv.* —ˈ**list·less·ness** *n.* [U]

list price *n.* [C]【商】(价目单上的)定价〔亦作 **list**〕

lit /lit/ **I** *v.* light 的过去式和过去分词 **II** *adj.* 〈俚〉醉醺醺的

li·tchi /ˈlaitʃi,ˈli-/ *n.* ❶[U;C]荔枝 ❷[C]荔枝树

li·ter /ˈliːtəʳ/ *n.* 〈主美〉=litre

li·ter·a·cy /ˈlitᵊrəsi/ *n.* [U] ❶识字,读写能力;有文化:a national agency for adult *literacy* 国家级成人扫盲机构 ❷了解;通晓:Computer *literacy* is obligatory for college students. 大学生必须懂电脑。

lit·er·al /ˈlitᵊrᵊl/ *adj.* ❶[无比较级]照字面的;本义的;非喻义(或引申义)的:the *literal* meaning of a word 一个单词的字面意义 ❷[无比较级]逐字的:The translation is quite *literal* and occasionally faulty. 这篇译文几乎是逐字逐句的翻译,其间还夹杂着几处错误。‖ ˈ**lit·er·al·ness** *n.* [U]

lit·er·al·ly /ˈlitᵊrəly/ *adv.* ❶字面上地,本义地:decide what the word means *literally* 确定该字的本义 ❷逐字地:translate a verse *literally* 逐字翻译一首诗 ❸如实地,不夸张地:The city was *literally* destroyed. 这座城市确实被摧毁了。

li·ter·ar·y /ˈlitᵊrᵊri/ *adj.* ❶[无比较级]文学(上)的:a man of high *literary* attainments — 个文学上有很高造诣的人 ❷有知识的,博学的:a *literary* person 饱学之士

lit·er·ate /ˈlitᵊrət/ *adj.* ❶有读写能力的:the *literate* proportion of the population 人口中非文盲人数 ❷受过教育的,有文化修养的:It is a highly *literate* community, with several good museums and its own symphony orchestra. 这个社区的文化氛围很浓,拥有几个很好的博物馆和自己的交响乐团。‖ ˈ**lit·er·ate·ly** *adv.*

lit·e·ra·ti /ˌlitᵊˈrɑːtiː/ [复] *n.* ❶[总称]文人 ❷知识阶层

lit·er·a·ture /ˈlitᵊrətʃəʳ/ *n.* [U] ❶文学;文学作品:a towering figure in world *literature* 世界文学中的重要人物 /19th century British *literature* 19 世纪英国文学 ❷(关于某一学科或专题的)文献资料:an extensive body of *literature* on generative linguistics 大量的关于生成语言学的文献资料

lithe /laið/ *adj.* 柔韧的,易弯曲的:Regular sport had kept him robust and *lithe*. 经常性的体育锻炼使他体格强健,行动敏捷。

lithe·some /ˈlaiðsᵊm/ *adj.* 柔韧的,易弯曲的

lith·i·um /ˈliθiəm/ *n.* [U]【化】锂(符号 **Li**)

lith·o·graph /ˈliθəˌgræf/ **I** *n.* [C]【印】平板印刷品,石印品 **II** *vt.* 用平板印刷术(或石印术)印刷 ‖ **li·thog·ra·pher** /liˈθɔgrəfəʳ/ *n.* [C]

li·thog·ra·phy /liˈθɔgrəfi/ *n.* [U]【印】平板印刷术;石印术 ‖ **lith·o·graph·ic** /ˌliθᵊˈgræfik/ *adj.*

Lith·u·a·ni·an /ˌliθuːˈeiniən/ **I** *adj.* [无比较级] ❶立陶宛的 ❷立陶宛语的 **II** *n.* ❶[C]立陶宛人;立陶宛居民;立陶宛人后裔,有立陶宛血统的人 ❷[U]立陶宛语

lit·i·gant /ˈlitigᵊnt/ *n.* [C]【律】诉讼当事人

lit·i·gate /ˈlitiˌgeit/ *vt.* 就…提出诉讼 —*vi.* 诉讼,打官司 ‖ **lit·i·ga·tion** /ˌlitiˈgeiʃᵊn/ *n.* [U] —ˈ**lit·iˌga·tor** *n.* [C]

li·ti·gious /liˈtidʒəs/ *adj.* ❶[无比较级]诉讼的 ❷好诉讼的,好打官司的 ‖ **liˈti·gious·ness** *n.* [U]

lit·mus /ˈlitməs/ *n.* [U]【化】石蕊

li·tre /ˈliːtəʳ/ *n.* [C]〈主英〉升(公制容量单位)〔亦作 **liter**〕

lit·ter /ˈlitəʳ/ **I** *n.* ❶[U]废弃物;废纸:streets full of *litter* 满是废弃物品的街道 ❷[U]凌乱,

杂乱无章，乱七八糟：Kate was surprised to see her office in such a *litter*. 凯特看到自己的办公室如此凌乱大为惊讶。❸[C]一次产下的一窝(狗、猫等动物)：a *litter* of four kittens 一窝四只小猫 **II** *vt.* ❶乱扔东西于；使凌乱：We had *littered* the desk with books. 我们把书扔得满桌子都是。❷乱扔；随处丢弃：*litter* empty glasses and ashtrays round the living room 客厅里到处扔着空杯子和烟灰缸 ‖ **ˈlit·ter·er** *n.* [C]

lit·tle /ˈlitᵊl/ **I** *adj.* (比较级 **less** /les/或**les·ser** /ˈlesəʳ/或**lit·tler**，最高级 **least** /liːst/或**lit·tlest**) ❶[作定语]小的；少的：a *little* puppy dog 一条小宠物狗 / a *little* voice 轻声轻语 ❷[作定语]矮小的：a *little* man 矮个子男人 ❸[作定语](时间或距离)短的；简短的：They have been here for a *little* while. 他们已来了一会儿了。❹[无比较级][作定语]小规模的：a *little* group of scientists 一小组科学家 ❺[作定语][表示否定](数量或程度上)不多的，微量的，少到几乎没有的：There is *little* hope of victory. 几乎没有获胜的希望。❻[**a** ～][作定语][表示肯定]些许的，一点点的：We're having *a little* difficulty. 目前我们遇到了一点儿困难。❼[作定语]幼小的；年幼的：She is too *little* to do the job. 她太年幼了，干不了这份工作。❽渺小的；微不足道的：To a great mind, nothing is *little*. 对于一个智者来说，没有什么东西是微不足道的。❾(心胸)狭窄的，气量小的：*little* minds 狭窄的心胸 **II** *adv.* (**less**, **least**) ❶[常用于 imagine, know, realize, suspect, think 等动词前或句首]毫不，一点也不：We *little* expected that we would win. 我们压根儿没料到我们会赢。❷[**a** ～][表示肯定]稍许，有点儿：He was *a little* taken aback. 他感到有些诧异。❸[表示否定](数量或程度上)甚微，少到几乎没有：She's *little* better than she was before the treatment. 她比治疗前好不了多少。**III** *n.* ❶[U][表示否定](数量或程度的)甚微，几乎没有：young people who have seen very *little* of the world 涉世未深的年轻人 ❷[**a** ～][表示肯定]一点，一些：I grasped only *a little* of what they discussed. 他们谈话的内容，我只能听懂一点儿。‖ ***little by little*** *adv.* 逐渐地，一点一点地：*Little by little* I learnt the early history of her and her family. 我逐渐了解了她和她家庭的早期经历。

little finger *n.* [C](手的)小指

lit·to·ral /ˈlitᵊrᵊl/ *adj.* [无比较级][作定语]海岸的；湖岸的；沿岸的，岸边的：the *littoral* hills 沿岸的丘陵

li·tur·gi·cal /liˈtəːdʒikᵊl/ *adj.* [无比较级]【宗】礼拜仪式的；圣餐仪式的

lit·ur·gy /ˈlitədʒi/ *n.* ❶[C]礼拜仪式 ❷[U](礼拜仪式的)一整套程序按规定仪式进行的礼拜

liv·a·ble /ˈlivəbᵊl/ *adj.* ＝liveable

live[1] /liv/ *vi.* ❶活；生存；(尤指动物)有生命：The child was still *living* when the doctor arrived. 医生来的时候，孩子还活着。❷生活；过活，过日子：*live* in poverty 生活贫困 ❸(人或物)幸存；留存：These heroes' names will *live* forever. 这些英雄的名字将流芳百世。❹(靠某人或某物)生活(*on*, *upon*)：He can't *live on* his salary. 他靠薪水没法过日子。❺居住：*live in* town [the country] 住在城里[乡下] —*vt.* 过(生活)；度过；经历：He *lived* and died a bachelor. 他终身未娶。‖ ***live down*** *vt.* [常用否定句](通过一段时间的悔改行动)使人们忘记(自己过去的过失或窘态、耻辱等)：It will take him a long time to *live down* this disgrace. 他得花很长一段时间才能使人们遗忘他这件不光彩的事。***live out*** *vt.* & *vi.* ❶(佣人或雇员等)不在工作的地方住宿；(学生)不住校 ❷活过；渡过(危险、困难等)：He *lived out* the earthquake, but his house was destroyed. 他逃过了地震，但他的房子坍塌了。***live together*** *vi.* (尤指未婚男女)同居：Many *live together*, almost always without expectation of marriage. 许多人未婚同居，几乎都不打算结婚。***live up to*** *vt.* 遵守，实践(诺言、原则等)；不辜负(期望等)：We have a high regard for him because he always *lives up to* his principles. 我们钦佩他，因为他一贯坚持原则。***live with*** *vt.* ❶与…住在一起；与…同居：He *lived with* us until he got married. 他一直与我们住在一起，直到结婚才另立门户。❷忍受，容忍：We'll have to *live with* that noise. 我们只能忍受那种噪音。

live[2] /laiv/ *adj.* [无比较级] ❶[作定语]活着的，有生命的：*live* animals 活动物 / an animal's *live* weight 动物活着时的重量 ❷活生物的：the *live* sounds of the forest 森林中活生物发出的声音 ❸充满活力的，精力充沛的：

His eyes were small and brown and quick and *live*. 他那双棕色的小眼睛很敏锐，炯炯有神。

live·a·ble /ˈlivəbᵊl/ *adj*. ❶(房屋、气候等)适于居住的：make the old house *liveable* 使该旧房子适于居住 / The aim is to create a more *liveable* environment. 目的是为了创造一个更适宜居住的环境。❷(生活)过得有意义的：He found life here very *liveable*. 他发觉这儿的生活很有意思。〔亦作 **livable**〕‖ **live·a·bil·i·ty** /ˌlivəˈbiliti/, ˈ**live·a·ble·ness** *n*. [U]

live·li·hood /ˈlaivliˌhud/ *n*. [通常用单]生活方式；生活；生计：earn a *livelihood* by teaching 靠教书为生

live·ly /ˈlaivli/ *adj*. ❶充满活力的；精神饱满的；精力充沛的：a *lively* type of guy 生龙活虎的人 / a *lively* discussion 热烈的讨论 ❷活泼的；快的；轻快的：a *lively* song 欢快的歌曲 / a *lively* tune 活泼的曲调 ‖ ˈ**live·li·ness** *n*. [U]

liv·en /ˈlaivᵊn/ *vt*. & *vi*. (使)有生气；(使)愉快；(使)活跃(*up*)：The party is beginning to *liven up*. 聚会的气氛开始活跃起来了。

liv·er /ˈlivəʳ/ *n*. ❶[C]肝脏 ❷[U;C]【烹】(动物供食用的)肝

live·stock /ˈlaivˌstɔk/ *n*. [单复同]牲畜；家畜

liv·id /ˈlivid/ *adj*. ❶(由于青肿、伤痕等而)变了色的；乌青色的：*livid* marks on the body 身上乌青色的伤痕 ❷〈口〉狂怒的，大怒的：The rude letter from his girlfriend made him *livid*. 他女朋友写来的那封无礼的信使他大为恼火。‖ ˈ**liv·id·ly** *adv*.

liv·ing /ˈliviŋ/ I *adj*. [无比较级] ❶活(着)的；有生命的：a *living* cell 活细胞 / He still has a *living* grandfather. 他的爷爷仍健在。❷尚在使用(或实施)的：a *living* language 活语言 ❸有生命力的；活生生的；充满生命力(或生气)的：The hostess made them merry with *living* talk. 女主人谈笑风生，逗得大家非常开心。II *n*. ❶[U]生活(方式)：the standard of *living* 生活水准 ❷[用单]生计：earn a *living* by painting 以画画谋生 ❸[**the** ～]生者，活着的人们：*the living* and the dead 生者和死者

liv·ing-room /ˈliviŋˌruːm,-ˌrum/ *n*. [C]起居室，客厅

living wage *n*. [C]基本生活工资

liz·ard /ˈlizəd/ *n*. [C]【动】蜥蜴

load /ləud/ I *n*. [C] ❶负荷物，载荷物(尤指沉重者)：The *load* on the beam is more than it will bear. 这根柱子的负荷已超出了其承受力。❷[常用以构成复合词]一车(或一船、一驮、一飞机等)的装载量：a bus *load* of tourists 一公共汽车的游客 / a lorry *load* of coal 一卡车煤 ❸工作量：The professor was carrying a *load* of twenty-one class hours a year. 教授每年要承担 21 个课时。❹思想负担：Both of them felt a *load* off their minds. 他们两人都觉得心里放下了一块石头。❺[～s或 **a** ～ **of**]〈口〉大量(*of*)：*loads of* friends 许多朋友 II *vt*. ❶把货物(或人)装上(车、船、飞机等)：a plane fully *loaded* with passengers and goods 装满乘客和货物的飞机 ❷承载：The ship *loaded* coal. 船上装满了煤炭。❸使负重荷(*with*)：an old woman *loaded with* her shopping 拎着大包小包物品的老太太 ❹使受重压(*down*)：*load* oneself *down* with obligations 使自己承担各种义务 ❺给(枪、炮等)装填弹药；让(子弹)上膛 ❻把胶卷(或磁带、程序等)装入(相机、录音机等)；装(胶卷、磁带等) —*vi*. ❶装货；负重：All buses *loaded* at the platform. 所有的公共汽车都在站台带客。❷装弹，填弹：He *loaded* quickly. 他填弹的速度很快。‖ ˈ**load·er** *n*. [C]

load·ed /ˈləudid/ *adj*. [无比较级] ❶负载的，负重的：a *loaded* truck 载有货物的卡车 ❷已装好弹的：a *loaded* rifle 已装弹的来复枪 ❸(词语等)具隐含意义的，引起歧义的：a *loaded* statement 话中有话的言语 ❹[作表语]〈俚〉富有的，有钱的

loaf /ləuf/ *n*. [C]([复]**loaves** /ləuvz/) ❶(一条)面包：a *loaf* of white bread 一条白面包 ❷(食物的)一块：a sugar *loaf* 糖块 / a meat *loaf* 肉块

loam /ləum/ *n*. [U]【地质】壤土 ‖ ˈ**loam·y** *adj*.

loan /ləun/ I *n*. ❶[U]暂借；借贷：the *loan* of a book 借出一本书 ❷[C]暂借物；(有息)贷款：The car is a *loan* from a friend. 这车是向朋友借来的。II *vt*. 出借(钱款等)：He never *loaned* his car to anybody. 他从来不把车借给任何人。‖ ***on loan*** *adj*. & *adv*. 暂借的(地)；贷出的(地)：Most of his books are *on loan* from the library. 他的书多数是从图书馆借来的。

loan·er /ˈləunəʳ/ *n*. [C] ❶借出者；债权人 ❷借出物；借用物

loan·word /ˈləunwəːd/ *n.* [C]【语】外来词，借词

loath /ləuθ/ *adj.* [作表语][常接动词不定式]不愿意的；勉强的：Miss Klein is *loath* to work with you. 克兰小姐不愿意跟你一起工作。

loathe /ləuð/ *vt.* [不用进行时态]厌恶；憎恶：I particularly *loathe* having to get up early in the morning. 我特别讨厌早晨早起。‖ **ˈloath·er** *n.* [C]

loath·ing /ˈləuðiŋ/ *n.* [U；C]厌恶；憎恶：He looked at his enemy with *loathing*. 他以憎恨的眼光看着他的敌人。

loath·some /ˈləuðsᵊm/ *adj.* 令人憎恶的；讨厌的：Most people think war is a *loathsome* business. 大部分人认为战争是可憎的。‖ **ˈloath-some·ness** *n.* [U]

loaves /ləuvz/ *n.* loaf 的复数

lob /lɔb/ *v.* (**lobbed；lob·bing**)【体】把(网球、乒乓球等)高抛给对方；发(高抛球) ‖ **ˈlob·ber** *n.* [C]

lob·by /ˈlɔbi/ **I** *n.* [C] ❶门廊；大厅，大堂；走廊 ❷(在议院的走廊里走动或休息、试图说服议员按其意图投票的)游说集团 **II** *vt.* (选民)向(立法人员)进行游说 ‖ **ˈlob·by·ist** *n.* [C]

lobe /ləub/ *n.* [C]【解】(脑、肺、肝等的)叶：*lobes* of the brain 脑叶 ‖ **lobed** *adj.*

lob·ster /ˈlɔbstəʳ/ *n.* ❶[C]([复]-ster(s))【动】螯龙虾；大螯虾，龙虾 ❷[U]【烹】(供食用的)龙虾肉

lo·cal /ˈləukᵊl/ **I** *adj.* [无比较级] ❶本地的，当地的：a *local* accent 当地的口音 ❷[作定语]地方性的：a *local* newspaper 地方报纸 **II** *n.* [C] ❶市郊列车；市内公交车 ❷[常作～s]本地人，当地居民 ‖ **ˈlo·cal·ly** *adv.*

lo·cale /ləuˈkɑːl/ *n.* [C](尤指发生重大事件的)场所，地点

lo·cal·i·ty /ləuˈkæliti/ *n.* [C](具体的)地点；位置，方位：They moved to another *locality*. 他们搬到另一地方居住。

lo·cal·ize /ˈləukəˌlaiz/ *vt.* ❶使局部化：*localize* the effect of these disturbances 使动乱的影响局部化 ❷使具地方色彩；使具地方性：*localize* news service 使新闻广播具有地方色彩 ‖ **ˈlo·cal·i·za·tion** /ˌləukᵊlaiˈzeiʃᵊn；-liˈz-/ *n.* [U]

lo·cate /ləuˈkeit/ *vt.* ❶发现(或找出)…的位置：*locate* a missing book 寻找一本遗失的书 ❷安(家)；设办(生意等)：They *located* their offices downtown. 他们将办公场所设在市中心。❸确定…的位置；指出(或指明)…的位置：The reporter can't *locate* the accident. 记者无法确定出事地点。‖ **loˈcat·a·ble** *adj.* —**loˈcat·er，loˈcat·or** *n.* [C]

lo·ca·tion /ləuˈkeiʃᵊn/ *n.* [C] ❶位置；地点：The room is in a *location* overlooking the lake. 从这房间可以看到湖。❷场所，处所(见 place)：a suitable *location* for a camp 适于扎营的场所

loch /lɔk/ *n.* [C]〈苏〉❶湖 ❷(尤指狭长的)海湾

lock[1] /lɔk/ **I** *n.* [C] ❶锁：fasten a *lock* 把锁锁上 / be on the *lock* 已上锁 ❷(运河等的)(船)闸，水闸 **II** *vt.* ❶锁(门等)，锁上；(用锁等)拴上：Don't forget to *lock* the door when you go out. 出去时别忘了锁门。❷把(人或东西)关起来，锁起：He's not only mad but also dangerous，so he really should be *locked* up. 他不仅疯了，而且很危险，所以的确应该把他关起来。❸[常用被动语态](争斗或拥抱时)紧紧搂住，抱住：Both sides were *locked in* a fight. 双方打得难解难分。—*vi.* ❶(门、窗、盒子等)被锁上：The safe *locks* easily. 这保险柜好锁。❷被锁定，固定：The wheels have *locked*，so I can't control the car. 车轮不动了，所以我控制不了车。‖ ***lock in*** *vt.* & *vi.* ❶锁定(靶子或目标)：The pilot *locked in* his target. 飞行员锁定了他的靶子。❷把…关在门内：Help me，somebody — I'm *locked in*. 谁来帮帮忙吧，我给锁在里面了。***lock out*** *vt.* ❶把…关在门外：I was *locked out* of my car. 我被锁在车外了。❷(工厂老板等)通过关闭工厂(或停工等手段)迫使(雇工)服从 ***lock up*** *vt.* & *vi.* ❶把…关入牢房，监禁：Police took him away and *locked* him *up*. 警察带走了他并把他关进了牢房。❷关好，锁好：Lock up your money in the safe. 把钱锁在保险柜里。

lock·er /ˈlɔkəʳ/ *n.* [C] ❶(公共场所的)小锁柜；寄存柜：leave one's luggage in a *locker* 把行李寄存在锁柜里 ❷冷库

lock·et /ˈlɔkit/ *n.* [C]小装饰盒，纪念品盒(一种内装头发、照片等的小盒，通常戴在脖子上)

lock·jaw /ˈlɔkdʒɔː/ *n.* [U]【医】破伤风

lock·out /ˈlɔkˌaut/ *n.* [C](旨在迫使工人接受

某些条件而采取的)关闭工厂,停工

lock·smith /ˈlɔkˌsmiθ/ *n.* [C]锁匠

lock·step /ˈlɔkˌstep/ **I** *n.* [U] ❶前后紧挨的行进方式 ❷不变的模式:in *lockstep* to the old way of doing things 严格按照老办法办事 **II** *adj.* [无比较级][作定语]古板的,守旧的:*lockstep* educational procedures 老套的教育程式

lock-up /ˈlɔkˌʌp/ *n.* [C] ❶临时拘留所 ❷锁住;关闭

lo·co·mo·tion /ˌləukəˈməuʃᵊn/ *n.* [U]运动(力);移动(力)

lo·co·mo·tive /ˌləukəˈməutiv/ **I** *n.* [C]机车,火车头 **II** *adj.* [无比较级] ❶[作定语]机车的:*locomotive* power 机车动力 ❷有运动(或移动)力的;非静止的,运动的;活动的:*locomotive* at birth 天生会动的

lo·cus /ˈləukəs/ *n.* [C]([复]**lo·ci** /-sai,-kai,-kiː/) ❶地点,所在地 ❷中心;集中地

lo·cust /ˈləukəst/ *n.* [C] ❶【昆】蝗虫 ❷【昆】蝉,知了 ❸【植】洋槐,刺槐

lo·cu·tion /ləˈkjuːʃᵊn/ *n.* [C] ❶惯用语,熟语 ❷语言表达方式,语言风格

lode /ləud/ *n.* [C] ❶【矿】金属矿脉 ❷充足的给养(或资源)

lode·stone /ˈləudˌstəun/ *n.* ❶[U]【化】磁性氧化铁 ❷[C]吸引人的东西

lodge /lɔdʒ/ **I** *n.* [C] ❶(公园或花园宅第门口看门人或花匠等住的)小屋;小舍:a gatekeeper's *lodge* 看门人的小屋 / a hunting *lodge* in the Highlands 苏格兰高地的狩猎屋 ❷(尤指旅游胜地的)旅馆,客栈 **II** *vi.* ❶临时居住,暂住:We *lodged* in a guest house for the night. 我们晚上暂时住在旅社。❷(尤指付房租后)寄宿;暂住:Where are you *lodging* now? 你现在寄宿在何处? ❸埋入;嵌入;卡住;固定:A pebble *lodged* in his shoe. 他的鞋子里卡了一粒石子。—*vt.* ❶供…住宿;使住下来;出租房子给…居住:The hotel can *lodge* 200 persons. 这旅馆可以接纳200人住宿。❷把…射入;投入;埋入;嵌入:The tide *lodges* mud in the cavities. 潮水把泥冲入洞中。❸(向法庭或官方等)提出(声明、抗议等):*lodge* an appeal against the sentence 对此次判决提起上诉

lodg·er /ˈlɔdʒəʳ/ *n.* [C]房客,租住者:take in *lodgers* 接收房客

lodg·ing /ˈlɔdʒiŋ/ *n.* ❶[U]临时住宿;借宿:furnish board and *lodging* 提供食宿 ❷[~s](有别于旅馆的)寄宿舍;租住的房间,公寓

loft /lɔft/ *n.* [C] ❶阁楼;顶楼 ❷(教堂或大厅的)楼厢 ❸(仓库、商业建筑物等的)顶层,天台 ❹(将仓库、商业建筑物等的顶层或天台改建而成的)天台工作室;天台房屋

lof·ty /ˈlɔfti/ *adj.* ❶〈书〉高耸的;极高的(见high):The Alps mountains were *lofty* and rugged. 阿尔卑斯山巍峨陡峭。❷高尚的;崇高的:a man with *lofty* expectations 胸怀大志的人 ‖ ˈ**loft·i·ly** *adv.* —ˈ**loft·i·ness** *n.* [U]

log /lɔg/ **I** *n.* [C] ❶原木,圆木;圆材,干材 ❷正式记录;(尤指)航海(或飞行等)日志 **II** *vt.* (**logged;log·ging**) ❶砍伐(树木);把…锯成段木:*log* the wood for fire 把这些树木锯成段木当柴烧 ❷记录;把…载入航海(或飞行等)日志:They *logged* what they saw on the island. 他们把岛上的所见所闻记在航海日志中。‖ ***log in*** *vi.*【计】登录,进入网络系统,连接主机;联机注册(或登记) ***log off*** *vt.* & *vi.*【计】退出,退出网络系统,切断与主机的连接;注销 ‖ ˈ**log·ger** *n.* [C]

log·a·rithm /ˈlɔgəˌriðᵊm/ *n.* [C]【数】对数〔亦作log〕‖ **log·a·rith·mic** /ˌlɔgəˈriðmik/ *adj.*

loge /ləuʒ/ *n.* [C](剧院的)包厢;(楼厅的)前排座位

log·ger·head /ˈlɔgəˌhed/ *n.* [C]傻瓜,笨蛋 ‖ ***at loggerheads with*** *prep.* 与…意见不一致的;与…起争执的:She has been *at loggerheads with* her colleagues. 她一直与同事不和。

log·ic /ˈlɔdʒik/ *n.* [U] ❶逻辑;逻辑学 ❷逻辑(推理):To raise prices is not always good commercial *logic*. 提价并不总是好的商业逻辑。❸道理;论据,理由:There's no *logic* in such foolish statements. 说这样愚蠢的话是没有道理的。

log·i·cal /ˈlɔdʒikᵊl/ *adj.* ❶[无比较级]逻辑上的;逻辑学的:*logical* thinking 逻辑思维 ❷符合逻辑的;正确推理的:a *logical* explanation 符合逻辑的解释 ❸按照逻辑发展的;可以推想而知的:It seemed *logical* for her to take a two-year post doctoral fellowship. 她顺理成章地准备进行两年博士后研究。‖ ˈ**log·i·cal·ly** *adv.*

☆**logical, reasonable** 均有"合理的,有道理的"之意。**logical** 表示经过了仔细思考、逻辑推断,

L

含符合逻辑或有逻辑头脑的意思：Mathematics requires *logical* thinking.（数学需要逻辑思维。）**reasonable** 用于人时指能听取他人意见的、讲道理的或理智的；用于物时强调合理公正、不过分：It's *reasonable* to expect that prices will come down soon.（预料价格会很快下降是有道理的。）

lo·gi·cian /lə'dʒiʃᵊn/ *n.* [C]逻辑学家

lo·gis·tics /ləᵘ'dʒistiks/ [复] *n.*【军】❶[用作单]后勤学；[用作复]后勤：*Logistics* is a complex field. 后勤学是一个复杂的领域。❷[用作单或复](任何行动的)细节规划，细节协调：The *logistics* of the office move is the problem. 问题在于转移办公场所的细节规划。‖ **lo'gis·tic** *adj.* —**lo'gis·ti·cal** /-kᵊl/ *adj.* —**lo'gis·ti·cal·ly** /-kᵊli/ *adv.*

log·jam /'lɔgˌdʒæm/ *n.* [C] ❶(河道等上的)木材堵塞 ❷僵局

lo·go /'ləugəu,'lɔgəu/, **lo·go·type** /-ˌtaip/ *n.* [C]([复]-**gos**)(尤指一个公司或企业用于广告中的)商标，专用标志

-lo·gy /lədʒi/ *comb. form* ❶表示"…学"：archaeo*logy*，zoo*logy* ❷表示"言语"，"语言的特点"：tauto*logy* ❸表示"系列"：tri*logy*

loin /lɔin/ *n.* ❶[通常作~s]【解】(动物的)腰，腰部 ❷[C]【烹】腰肉，背脊肉 ❸[~s](人的)耻骨区；生殖器官

loi·ter /'lɔitəʳ/ *vi.* 闲逛，游荡；徘徊，踯躅(见 delay)：Come as you are；do not *loiter* over your toilet. 你就这样来吧，不要在梳妆上磨蹭了。‖ **'loi·ter·er** *n.* [C]

loll /lɔl/ *vi.* ❶懒洋洋地倚靠(或站、坐、躺)：*loll* in a chair 懒洋洋地躺在椅子上 ❷(头等)下垂：His head *lolled* forward. 他的头垂了下来。

lol·li·pop /'lɔliˌpɔp/ *n.* [C]棒棒糖〔亦作 **lolly-pop**〕

lol·ly·pop /'lɔliˌpɔp/ *n.* =lollipop

lone /ləun/ *adj.* [无比较级][作定语]孤单的，孤寂的；独自的，离群的：*a lone* house in the forest 森林中孤零零的一座房子 / a *lone* life 孤寂的生活

lone·ly /'ləunli/ *adj.* ❶孤独的，孤单的；寂寞的，孤寂的(见 alone)：She looked at the *lonely* man. 她看着这个踽踽独行的人。❷使人感到孤独的，令人觉得寂寞的：a *lonely* room 令人感觉孤单的房间 ❸(地方)人迹罕至的；荒凉的：a *lonely* place 荒无人烟的地方 ‖ **'lone·li·ness** *n.* [U]

lon·er /'ləunəʳ/ *n.* [C]喜欢孤独(或独处)的人；不合群的人

lone·some /'ləunsᵊm/ *adj.* ❶孤单的，孤独的；单独的；寂寞的，孤寂的(见 alone)：a *lonesome* traveller 孤单的旅行者 ❷令人寂寞的，令人孤寂的：a *lonesome* evening 寂寞的夜晚

long[1] /lɔŋ/ **I** *adj.* ❶(空间上)长的：a *long* line 一条长线 ❷(时间上)长的：a *long* time ago 好久以前 ❸[置于名词后]：two metres *long* 两米长 ❹含有众多项目(或条款等)的；一长串的：a *long* list 一长串 ❺超长的，冗长的：a *long* meeting 马拉松式的会议 ❻[无比较级]【语】长音的；(音节)重读的；长元音的：a *long* vowel 长元音 **II** *adv.* ❶长距离地，路程远地 ❷长时间地；长期地：a reform that has been *long* needed 早就需要的改革 ‖ ***as long as*** *conj.* ❶如果；只要：It doesn't matter whether a cat is black or white，*as long as* it catches mice. 不管白猫黑猫，只要抓老鼠就是好猫。❷既然：*As long as* you're going，I'll go too. 既然你要走，那我也得走。***before long*** *adv.* 很快，不久：I promise that we'll meet again *before long*. 我保证我们不久会再见面的。

long[2] /lɔŋ/ *vi.* 渴望，渴念，渴想(*for*)：Ever since then she had been *longing* to be back in London to meet him. 打那以后她一直渴望回到伦敦去见他。

long distance *n.* [U]长途电话 ‖ **long-distance** /'lɔŋˌdistᵊns/ *adj.* & *adv.*

long-drawn(-out) /'lɔŋˌdrɔːn(ˌaut)/ *adj.* [无比较级](尤指不适当地)延长的，拖延的

lon·gev·i·ty /lɔn'dʒeviti/ *n.* [U]〈书〉长寿，长命

long·hand /'lɔŋˌhænd/ *n.* [U]普通书写(区别于速记、打字或印刷)

long·ing /'lɔŋiŋ/ **I** *n.* [U;C]渴望，热望，切望(*for*)：a *longing* among undergraduates *for* knowledge 大学生中对知识的渴求 **II** *adj.* [无比较级]渴望的；流露出渴望之情的：a *longing* look 渴望的神情 ‖ **'long·ing·ly** *adv.*

lon·gi·tude /'lɔndʒiˌtʲuːd/ *n.* [C;U]【地理】经度

lon·gi·tu·di·nal /ˌlɔndʒi'tʲuːdinᵊl/ *adj.* [无比较级] ❶长度的；经度的：*longitudinal* meas-

L

urements 长度 ❷纵向的:*longitudinal* stripes 纵条纹‖ˌ**lon·gi'tu·di·nal·ly** *adv.*

long jump *n.* [C][通常作 **the l- j-**]【体】跳远〔亦作 **broad jump**〕

long-lived /'lɔŋˌlaivd,-ˌlivd/ *adj.* [无比较级] ❶长寿的 ❷耐用的,使用寿命长的

long-range /'lɔŋˌreindʒ/ *adj.* [无比较级][作定语] ❶长远的,长期的,远期的:a *long-range* planning 远景规划 ❷(炮弹、导弹等)远程的,远距离的:a *long-range* missile 远程导弹

long-stand·ing /ˌlɔŋ'stændiŋ/ *adj.* [无比较级]持续长时间的;由来已久的:*a long-standing* disagreement 长期存在的分歧

long-suf·fer·ing /lɔŋ'sʌfəriŋ/ *adj.* [无比较级]长期忍受(苦难)的:He had been *long-suffering* in bad. 他长期命运坎坷。

long-term /'lɔŋˌtəːm/ *adj.* [无比较级][通常作定语]长期的;长期生效的:*long-term* plans 长期计划/ fail to project *long-term* steadiness 未能表现出长期的稳定性

long-time /'lɔŋˌtaim/ *adj.* [无比较级][作定语]为时已久的;历久的:a *long-time* employee 老雇员 / a *long-time* friendship 老交情

long-wind·ed /ˌlɔŋ'windid/ *adj.* (话语、文章等)冗长乏味的:a *long-winded* speech 冗长的演讲 / a *long-winded* speaker 讲话啰里啰唆的人‖ˌ**long-'wind·ed·ness** *n.* [U]

look /luk/ **I** *vi.* ❶看,瞧,望(*at*)(见 see):We *looked* but saw nothing. 我们看了,但什么也没有看见。❷寻,找:We *looked*, but didn't find it. 我们找过了,但没找到。❸显得;看上去:Why she *looks* as neat and clean as she does I can't imagine. 想不到她倒出落得这般眉清目秀,干干净净。❹[不用进行时态]面向,朝向:The house *looks* to the sea. 这幢房子面向大海。❺[用以引起注意或表示抗议等]喂,嗨;注意:*Look*, I don't want to talk about this any more. 哎,关于这个我不想再谈了。**II** *n.* [C] ❶看,望,瞧;(一)瞥:She threw a quick sharp *look* in my direction. 她目光锐利地向我瞥了一眼。❷(人的)脸色;表情,神态;(事物的)外表,外观(见 appearance):put on a serious *look* 表情严肃 ❸流行式样,风格:the latest *look* in furniture 最新的家具式样 ❹[~s]总的印象,样子:We didn't like the *looks* of the place. 我们不喜欢那个地方。❺[~s]容貌;美貌:*Looks* have language. 眉目也能传情。‖ ***look after*** *vt.* 照料,照管,照顾:They help with the housework and *look after* the children. 他们帮忙做家务,并且帮助照看孩子。***look ahead*** *vi.* 向前看,规划未来:Our leaders have to *look ahead*. 我们的领导人必须向前看。***look back*** *vi.* 回顾,回忆:I *looked back to* the days when I was a little boy. 我回想了童年的时光。***look down on*** [***upon***] *vt.* 〈口〉轻视,鄙视,瞧不起:We shouldn't *look down on* anyone. 我们不应该鄙视任何人。***look for*** *vt.* ❶寻找,查找:*look for* a meaning in life 寻找生活的真谛 ❷指望;期待:It's too soon to *look for* results. 现在便期望有结果为时尚早。***look forward to*** *vt.* (急切地)盼望;期待:He is *looking forward to* working here. 他期望能在这儿工作。***look into*** *vt.* 调查,研究:The detectives were *looking into* the kidnapping. 侦探们正在调查这起绑架事件。***look like*** *vt.* [不用进行时态] ❶长得像;具有…的外表:She *looked like* her father. 她长得像她父亲。❷似乎是,好像是;看来像是:After the storm she *looked like* a drowned rot. 暴雨过后,她淋得像只落汤鸡。❸看来像要,会有:It *looks like* rain. 天好像要下雨。***look on*** *vi.* & *vt.* ❶旁观;观望:He *looked on* as the others were playing basketball. 其他人在打篮球时,他在一旁观看。❷(把…)看成;看待(*as*):We *look on* this system *as* advanced. 我们认为这套系统很先进。***look out for*** *vt.* 注意防备:Our boss was always *looking out for* us. 我们的老板时时都提防我们。***look to*** *vt.* ❶指望;依赖:They *looked to* him for leadership. 他们希望他来做领导。❷期望,盼望:We *look to* a brighter future for our children. 我们期望我们的孩子能有一个美好的未来。***look up*** *vi.* & *vt.* ❶好转,改善:Everyone hopes that things will *look up* in the coming year. 每个人都希望来年情况有所好转。❷(尤指在词典、参考书等中)查找,查检:*look up* the meaning of a new word in the dictionary 在词典里查检生词的意思 ***look up to*** *vt.* 尊敬;敬仰:The children are taught to *look up to* their elders. 教育孩子尊敬长辈。

☆**look, gaze, glance, glare, glimpse, peer, scan, stare** 均有"看,瞧,望"之意。**look** 为普通用词,指直接用眼睛有意识地看或打量某人或某物:*Look* at him jump!(看他跳!) **gaze** 指由于好奇、喜爱、羡慕、着迷而长时间地看或凝视,含

有被吸引住的意思：We stood *gazing* at the beautiful scenery.（我们站着凝视着美丽的风景。）**glance** 指由于匆忙而对所看对象扫视或很快地看一眼：As I was making the speech, I *glanced* at the clock.（我演讲时看了一下钟。）**glare** 指带着凶狠的、威胁性的目光瞪着或怒视，强调敌意或惊恐：He *glared* fiercely as he stood up.（他起身而立，怒目而视。）**glimpse** 指偶然地或意外地瞥见或看到一眼：I *glimpsed* the Town Hall clock as we drove quickly past.（我们开车经过那里时，我猛然看到了市政厅的时钟。）**peer** 指因好奇或看不清而眯缝着眼睛或伸着脖子向前看：She *peered* through the mist, trying to find the right path.（她透过雾眯着眼睛看，试图找到正确的那条路。）**scan** 指为了解概况或获知某一特定信息而粗略翻阅、浏览：She *scanned* the newspaper over breakfast.（她吃着早饭把报纸大略地看了一遍。）**stare** 可指由于惊愕、羡慕或恐惧而睁大眼睛看，也可指不礼貌而无意识地看：It's rude to *stare* at others.（盯着看他人是不礼貌的。）

look·a·like /ˈlukəˌlaik/ *n.* [C]〈口〉酷似的人（或物）；极像(…)的人（或物）：a Prince Charles *look-alike* 极像查尔斯王子的人

look·ing-glass /ˈlukiŋˌglɑːs; -ˌglæs/ *n.* [C] 镜子

look·out /ˈlukˌaut/ *n.* [C] ❶留心守候；密切注意；监视：keep a sharp *lookout* for 密切注意 ❷监视者，瞭望者：send *lookouts* in advance 预先派出的监视者 ❸瞭望台，监视哨所

loom[1] /luːm/ **I** *n.* [C]【纺】织(布)机 **II** *vt.* (在织布机上)织布

loom[2] /luːm/ *vi.* ❶隐约地出现(*up*)：A figure *loomed up* through the mist. 一个人影在雾中隐现。❷(事件、前景等)不祥地逼近：Energy shortages still *looms* for the human beings. 人类仍面临能源短缺。

loon·y, loon·ey /ˈluːni/〈俚〉**I** *adj.* ❶疯狂的 ❷愚蠢的 **II** *n.* [C]疯子；狂人

loop /luːp/ **I** *n.* [C] ❶(线、绳等绕成的)环，圈：make a *loop* 绕成一个环 ❷环状物，环形物；环状饰物 **II** *vt.* ❶把(线、绳等)结(或绕)成环(或圈)；绕，缠：*loop* the shoelaces 系鞋带 ❷使成环(或圈)：The pilot *looped* her plane. 驾驶员开着飞机在转圈。

loop·hole /ˈluːpˌhəul/ *n.* [C] ❶(墙上用以射击的)枪眼；(瞭望时用的)观察孔；(用以通风或通气的)透光孔；透气孔 ❷漏洞，空子：find *loopholes* in environmental protection laws 寻找环境保护法中可钻的空子

loop·y /ˈluːpi/ *adj.* ❶多环的 ❷〈俚〉癫狂的；着迷的；愚蠢的：He must have gone completely *loopy* to give up such a good job. 他放弃这么好的工作一定是疯了。

loose /luːs/ **I** *adj.* ❶松开的；松动的；松的：a *loose* door 未拴牢的门 / a *loose* end of the rope 绳子松开的一端 ❷[无比较级]不受束缚的；无羁绊的；自由的：a horse that had got *loose* 挣脱了缰绳的马 ❸(衣服等)宽松的：*loose* clothing 宽大的衣服 ❹放松的；松弛的：run with a *loose* stride 步子轻松地跑步 ❺疏松的；(织物等)稀松的，结构不紧密的：*loose* fabric 织得稀松的织物 ❻(组织等)宽松自由的 ❼不严谨的；不精确的；(语词等)意义不明确的：a *loose* reasoning 不严谨的推理 / *loose* calculations 不精确的计算 **II** *vt.* ❶使不受束缚；使自由；放掉，释放：They *loosed* the prisoner's bonds and set him free. 他们给囚犯松了绑，让其自由。❷解开(结等)；松开，放开：*loose* a knot 把结解开 / *loose* one's hold on sth. 松手放开某物 ❸放射(箭等)；投(镖等)；开(枪等)：*loose* the arrow 放箭 / *loose* off at the shadows 向黑影开枪 ‖ ***break loose*** *vi.* 挣脱，逃走：One of the horses *broke loose* from the stable and bolted. 一匹马冲出马厩逃走了。***let loose*** *vt.* & *vi.* ❶松手；放开；释放：He *let loose* the balloon and it quickly rose into the sky. 他放开气球，气球很快就升上天空。❷突然倒塌：The guardrail *let loose* and the bus plunged down the canyon. 护栏突然塌了，汽车掉入了峡谷。❸不拘束；任意说话(或行动)：We told him to *let loose* and say whatever he wanted to. 我们叫他不要拘束，想讲什么就讲什么。‖ ˈ**loose·ly** *adv.* —ˈ**loose·ness** *n.* [U]

loose end *n.* [常作 **loose ends**]未了结的零星事务：Mark arrived back at his office to tie up some *loose ends*. 马克回到办公室来处理一些未了结的零星事务。‖ ***at loose ends*** *adj.* & *adv.* 不知所措：Lacking the information needed for their project, they were for a time truly *at a loose end*. 由于这项工程缺乏必要的资料，他们一时不知如何是好。

loose-leaf /ˈluːsˌliːf/ *adj.* [无比较级](笔记本等)活页的，活页装订的

loos·en /ˈluːsᵊn/ *vt.* ❶使松;使松动:*loosen* the soil 松土 ❷松开;解开:She *loosened* the bobby pins from her beret. 她松开了贝雷帽上的扁平发夹。❸放松,放宽(限制等):*loosen* restriction on foreign trade 放宽对外贸的限制

loot /luːt/ **I** *n.* [U] ❶战利品 ❷掠夺物;赃物:dispose of the *loot* 销赃 ❸〈俚〉钱财;值钱的东西 **II** *v.* 抢劫,洗劫:The mob broke into his shop and *looted* all his belongings. 暴徒们冲进他的店里将他的东西洗劫一空。‖ **ˈloot·er** *n.* [C]

lop /lɔp/ (**lopped**; **lop·ping**) *vt.* ❶砍掉;截(肢等);修剪(树枝等)(*off*,*away*):*lop off* branches from a tree 修剪树枝 ❷删减;削减(*off*,*away*):*lop* several thousand pounds *off* the budget 削减掉好几千英镑的预算开支

lope /ləup/ **I** *vi.* (尤指动物)跨越着跑动 **II** *n.* [C]大跨步;跨越

lop·sid·ed /ˌlɔpˈsaidid/ *adj.* 一边高一边低的;大小不一的;不匀称的;不平衡的;不对称的:*lopsided* development 不平衡发展 / the author's *lopsided* political analysis of Northern Ireland 作者对北爱尔兰所作的一边倒的政治分析 ‖ **ˌlopˈsid·ed·ly** *adv.* —**ˌlopˈsid·ed·ness** *n.* [U]

lord /lɔːd/ *n.* ❶[C]君主,君王;领主;主人:a *lord* of land 地主 / Rome's army was once the *lord* of the world. 罗马军队往日天下无敌。❷[C](尤指英国的)(男性)贵族 ❸[**L-**](英国对有侯、伯、子、男世袭爵位贵族及主教的尊称)阁下,大人

lord·ly /ˈlɔːdli/ **I** *adj.* ❶贵族气派的;高贵的,威严的;堂皇的,宏伟的 ❷高傲的,傲慢的,不可一世的:put on *lordly* airs 摆出一副不可一世的架势 **II** *adv.* 贵族般地;贵族气派地

lord·ship /ˈlɔːdʃip/ *n.* ❶[常与 Your 或 His 连用,用作对勋爵、主教或法官的尊称]大人,阁下;爵爷:Your *Lordship* 老爷(或大人) / His *Lordship* 老爷(或大人) ❷[U]贵族身份;贵族地位;勋爵爵位

lor·gnette /lɔːˈnjet/ *n.* [C]长柄眼镜;(看戏用的)长柄望远镜

lor·ry /ˈlɔri/ *n.* [C]〈主英〉重型载货卡车,载重卡车

lose /luːz/ (**lost** /lɔst/) *vt.* ❶失去,丧失;损失:He never *lost* his head in any situation. 他在任何情况下都不会不知所措。❷遗失,丢失,找不到:If you *lose* your checks, you call us immediately and report the check numbers. 你若遗失支票,请立即打电话通知我们支票的号码。❸输掉(财产等):*lose* a fortune by gambling 因赌博而输掉大笔财产 ❹亏损,使亏蚀:*lose* a million dollars on the deal 在这笔交易上亏损了 100 万美元 ❺减除,去除:*lose* weight 减肥 ❻迷失;使迷路:*lose* one's way 迷路 ❼浪费(时间、努力等):Your labour will not be *lost*. 你的努力不会白费的。❽[~ **oneself**]使专心(于);使沉湎(于):I just *lose myself* in the music. 我醉心于音乐。‖ ***lose it*** *vi.* 失去控制,无法自制

los·er /ˈluːzəʳ/ *n.* [C] ❶损失者;遗失者;亏损买卖(或项目等):We shall be both *losers* in the dispute. 这样吵下去,我们谁也不会有好下场。❷(比赛、竞争、战役等的)输者,失败的一方:The *losers* of both games will play each other for third place. 两场比赛的输家将角逐第三名。

loss /lɔs/ *n.* ❶[U;C]损失;丧失;遗失:The plane crashed with total *loss* of life. 飞机坠毁了,机上人员全部罹难。❷[C]损失物;亏损,亏蚀:The fire caused heavy *losses*. 这场火造成了巨大损失。❸[C](比赛中的)失败,失利:This game is their only *loss*. 这场比赛是他们唯一的一次失利。‖ ***at a loss*** *adv.* & *adj.* ❶亏本地:sell sth. *at a loss* 亏本出售某物 ❷困惑不解;茫然不知所措:I was *at a* complete *loss* as to how to do next. 关于下一步该怎么做,我心里完全没谱。

lost /lɔst/ *adj.* ❶[作定语]失去的,丧失的;损失的:a *lost* art 失传的艺术 ❷遗失的,丢失的:Her *lost* necklace was never found. 她那条遗失的项链一直没有找到。❸迷失的,失散的;迷路的:a *lost* kid 迷路的小孩 / It is easy to get *lost* in the woods. 在森林中很容易迷路。❹未抓住的,没有把握住的;错过的:be in real consternation at one's *lost* chance 对自己错过这次机会实在感到惊愕 ❺输掉的;失败了的:a *lost* battle 败仗 / a *lost* game 输掉的比赛

lot /lɔt/ *n.* ❶[C]签,阄 ❷[U]抽签,抓阄:divide property by *lot* 抽签决定财产的分割 ❸[通常用单]命运,运气;遭遇:an unhappy *lot* 不幸的命运 ❹[**a lot** 或 **lots**]〈口〉大量;许多:The two women have *a lot* in common. 这两个女人

有诸多相似之处。

☆a lot of 和 lots of 意为"大量;许多",可限定可数名词复数和不可数名词;书面语中多用 many 和 much。a lot of 和 lots of 常用于肯定句:There was *a lot of* money in the safe.(保险柜里有许多钱。)a lot 可用作副词,意为"在很大程度上;很,非常",也可用于比较级之前以加强语气:This is *a lot* better.(这好多了。)

lo·tion /ˈləuʃᵊn/ *n.* [U;C](医学上的外用)洗剂;(化妆用的)润肤剂

lot·ter·y /ˈlɔtᵊri/ *n.* [C] ❶(通过发行彩票或奖券等途径募集资金的)抽奖法 ❷抽签 ❸难以预料的事:Life is a *lottery*. 生活是难以预料的。

loud /laud/ **I** *adj.* ❶(声音)响亮的,洪亮的:a *loud* blast of trumpets 洪亮的喇叭声 / a *loud*, discordant chant 震耳欲聋且不和谐的呼喊 ❷喧闹的,嘈杂的:a *loud* party 喧闹的聚会 ❸(颜色、设计等)花哨的,俗艳的;显眼的:That tie is a bit *loud* to wear to a business meeting. 参加商务会议戴那条领带有点惹眼。**II** *adv.* 大声地,响亮地:He was snoring so *loud* I couldn't sleep. 他的鼾声太大了,吵得我无法睡觉。‖ ***out loud*** *adv.* ❶出声地:Language uses sounds, so you must do most of your practicing *out loud*. 语言是使用声音的,因此你的大多数训练必须要发声进行。❷大声地:laugh *out loud* 大声地笑 ‖ ˈ**loud·ly** *adv.* —ˈ**loud·ness** *n.* [U]

loud·speak·er /ˌlaudˈspiːkəʳ/ *n.* [C]扬声器,喇叭〔亦作 **speaker**〕

lounge /laundʒ/ **I** *vi.* ❶闲逛,闲荡;百无聊赖地消磨时间:Don't *lounge* about all day. You'd better do something! 不要整天闲逛,你最好干点什么。❷(懒洋洋地)倚;(懒散地)躺:*lounge* over a café table 懒洋洋地倚着咖啡馆的桌子 **II** *n.* [C] ❶(无靠背而有头垫的)躺椅,卧榻,沙发 ❷(剧场、旅馆等公共场所的)休息室 ❸候机厅;候车室:the *lounge* at airport 机场的候机厅

loupe /luːp/ *n.* [C](珠宝匠等用的)小型放大镜

louse /laus/ *n.* [C]([复]**lice** /lais/)【昆】虱

lous·y /ˈlauzi/ *adj.* ❶多虱的,长满虱子的 ❷〈口〉卑鄙的,可鄙的:That was a *lousy* thing to do. 那可是卑鄙的行径。❸〈口〉糟透的:What *lousy* weather! 多糟糕的天气!

lout /laut/ *n.* [C](尤指男性)粗鄙之人;乡巴佬 ‖ ˈ**lout·ish** *adj.*

lou·vre, lou·ver /ˈluːvəʳ/ *n.* [C] ❶百叶窗 ❷百叶窗片,百叶窗板 ‖ ˈ**lou·vred** *adj.*

lov·a·ble /ˈlʌvəbᵊl/ *adj.* 可爱的,惹人爱的,讨人喜欢的:a *lovable* child 可爱的孩子 / She is really *lovable*. 她确实讨人喜欢。〔亦作 **loveable**〕

love /lʌv/ **I** *n.* ❶[U]爱恋,爱慕;性爱:*Love* is not a commodity; the real thing cannot be bought and sold. 爱情并不是商品;真情实意不可能买卖。❷[U]爱,热爱:maternal *love* 母爱 / *love* for one's country 对祖国的热爱 ❸[C]恋人,情人(多指女性):Jane is the *love* of his life. 简是他一生深爱的人。❹[C]喜爱;爱好:She had no *love* for Jack. 她一点也不喜欢杰克。**II** *vt.* ❶爱恋,爱慕:John loved Mary. 约翰爱玛丽。❷爱;热爱:*love* one's country 爱祖国 ❸喜爱;爱好:I *love* being free. 我喜欢自由自在。—*vi.* 爱,爱恋 ‖ ***in love*** *adv.* & *adj.* 堕入情网(的);深爱着(的)(*with*):This man is certainly very much *in love*. 这个人一定堕入情网了。‖ ˈ**love·less** *adj.*

☆**love, affection, attachment, devotion, infatuation, passion** 均有"爱;热爱"之意。**love** 为普通用词,表示一种难以控制的激情,可用于人、具体事物或抽象概念:You are not marrying for *love*.(你并不是为了爱才结婚的。)**affection** 强调深厚、温柔的感情,多用于人:He has a deep *affection* for his old friend.(他对老朋友怀有深厚的感情。)**attachment** 表示喜欢某人或某物,但多用于事物,也可指出自理智对某人或某事的热爱和忠诚:an *attachment* to one's profession(敬业)/ She formed an *attachment* to him.(她深深地依恋着他。)**devotion** 常指表现出极大的热忱,含有奉献的意思:Their *devotion* to their children is plain to see.(他们对孩子的爱是显而易见的。)**infatuation** 指短暂的、无理智的错爱或迷恋,尤其适用于成年人:It is only an *infatuation*; she will get over it soon enough.(她这不过是一时的热恋,很快就会过去的。)**passion** 指极强烈的情绪,有时这种强烈的情绪可以使人失去理智或判断力:Revenge became his ruling *passion*.(报复成了他最大的乐趣。)

love·bird /ˈlʌvˌbəːd/ *n.* ❶[C]【鸟】(产于非洲和马达加斯加的)情侣鹦鹉 ❷[~s]情侣,爱侣

love·a·ble /ˈlʌvəbᵊl/ *adj.* =lovable

love·ly /ˈlʌvli/ *adj.* ❶秀丽的,秀美动人的;可爱的:a *lovely*, dark-haired girl 秀美动人的黑发少女 ❷令人愉快的;美好的:a *lovely* holiday 快乐的假期 / It was *lovely* walking in the woods. 在林子里散步让人心情愉快。‖ ˈ**love·li·ness** *n.* [U]

lov·er /ˈlʌvəʳ/ *n.* [C] ❶恋人,爱侣 ❷情人(尤指男性),情夫 ❸爱好者:an opera *lover* 歌剧爱好者

love seat *n.* [C]情侣座,双人座椅(或沙发)

love·sick /ˈlʌvˌsik/ *adj.* 害相思病的:a *lovesick* girl 害相思病的少女

lov·ing /ˈlʌviŋ/ *adj.* [常作定语]爱的,钟爱的;充满爱意的;表示爱的:a *loving* friend 亲爱的朋友 / a long, *loving* letter 充满柔情蜜意的长信

low /ləu/ I *adj.* ❶低的;矮的:a *low* building 低矮的楼房 / a *low* range of hills 低矮的山峦 ❷近地面的;接近海平面的;(太阳)接近地平线的;(纬度)近赤道的:The sun is *low* in the sky. 太阳低悬在天空。❸低洼的:*low*, marshy ground 低洼的沼泽地 ❹下弯的;深的:He gave a *low* bow. 他深深鞠了一躬。❺向下望的;指向下面的:His head was *low* in prayer. 祈祷时他将头垂下。❻处于较低水平的:a *low* income bracket 低收入等级段 ❼令人不振的,令人消沉的:a *low* point in life 人生的低谷 ❽情绪低落的,精神不振的,消沉的:in a *low* mood 心情不佳 ❾(在数量、程度、价值等方面)少的;低下的:diets *low* in iron 含铁量少的食物 / *low* on ammunition 弹药供应不足 ❿(声音)低的,轻柔的;低沉的:Please turn the radio up. It's too *low*. 请把收音机声音开大点,太低了。⓫(地位、级别等)低微的;低等的;卑贱的(见 base):of *low* birth 出身微贱 II *adv.* ❶处于低水平地;在较低位置地;向下地;近地面地:bow *low* 深深地一鞠躬 ❷快耗尽地;减少地:We're running *low* on fuel. 我们的燃料快用完了。

low·brow /ˈləuˌbrau/ I *n.* [C]缺乏文化修养的人;对文化艺术不感兴趣的人:a movie that appeals to highbrows and *lowbrows* 一部雅俗共赏的影片 II *adj.* 缺乏文化修养的;适于缺乏文化修养的人的:*lowbrow* entertainment 大众娱乐

low-cal /ˈləuˌkæl/ *adj.* 低卡路里的,低热量的

low-down /ˈləuˌdaun/ I *n.* [the ～]事实,真相 II *adj.* [作定语]低贱的;卑鄙的;不光彩的:a *low-down* trick 卑鄙的伎俩

low·er /ˈləuəʳ/ I *vt.* ❶放下,拉下,降下:*lower* a flag 降旗 ❷使(高度、水平等)下降:*lower* the water in a canal 降低运河的水位 ❸减低,减少;降(价等):*lower* the rents 降低租金 / *lower* expenses 减少开支 ❹【音】降低…的音量:She *lowered* her voice to a whisper which immediately alerted a larger audience. 她压低嗓音,轻声嘀咕,这立刻引起了众多观众的注意。❺降低…的身份(或地位、人格等):He wouldn't *lower* himself to beg. 他不会委曲求全去乞求的。—*vi.* ❶放下,降下;落下:The sun *lowered* in the west. 日落西山。❷变低:The water level *lowered*. 水位降下来了。❸(声音)变弱,减弱:Her voice *lowered* and she spoke softly in my ear. 她降低了声音,在我耳边轻声说话。II *adj.* [无比较级][作定语](河流)远离源头的,下游的 ‖ ˈ**low·er·most** /-ˌməust/ *adj.*

low·er·case /ˈləuəˈkeis/ I *adj.* [无比较级](字母)小写体的;小写字母的 II *n.* [U]【印】(西文)小号字体

lower /ˈləuəʳ/ **class** *n.* [C]工人阶级 ‖ **low·er-class** /ˈləuəˌklɑːs;-ˌklæs/ *adj.*

low·est /ˈləuist/ **common denominator** *n.* [C] ❶【数】最小公分母 ❷符合大多数人胃口的东西

low-key(ed) /ˌləuˈkiː(d)/ *adj.* 低调的;有节制的,克制的:give sb. a *low-key* reception 低调地接待某人

low·land /ˈləulᵊnd/ I *n.* [U;C]低地 II *adj.* [无比较级][作定语]低地的

low·ly /ˈləuli/ I *adj.* ❶卑微的;地位低的:a girl of *lowly* birth 出身卑微的姑娘 / a *lowly* position 低微的地位 ❷谦卑的;卑恭的;恭顺的:learn to be *lowly* and reverent 学会待人要谦卑恭敬 II *adv.* 谦卑地,恭顺地 ‖ ˈ**low·li·ness** *n.* [U]

low-mind·ed /ləuˈmaindid/ *adj.* (思想或品质)庸俗的,低级的;下流的,粗俗的:*low-minded* people 庸俗下流的人们

low profile *n.* [C]低调,低姿态:He avoids scandals by always keeping a *low profile*. 他

尽量避免抛头露面，以免被人家议论。

low-rise /ˈləuˌraiz/ I *adj.* [作定语]（建筑物）低层的 II *n.* [C]低层建筑

low-spir·it·ed /ˌləuˈspiritid/ *adj.* 沮丧的，消沉的

low tide *n.* [U]低潮

loy·al /ˈlɔiəl/ *adj.* ❶（对国家、君主、政府等）忠心的，效忠的：be *loyal* to one's country 忠于国家 ❷（对爱情、职责、义务等）忠诚的，忠实的，忠贞不渝的：a *loyal* friend 忠实的朋友 ‖ ˈ**loy·al·ly** *adv.*

loy·al·ist /ˈlɔiəlist/ *n.* [C] ❶（尤指对君主、政府等）忠诚的人 ❷（美国独立战争期间的）亲英分子，反对独立者

loy·al·ty /ˈlɔiəlti/ *n.* ❶[U]忠诚；忠贞；忠心耿耿：ardent *loyalty* 赤胆忠心 ❷[C]忠诚的表现：His *loyalties* to his family come before his *loyalties* to his work. 他把对家庭的忠诚置于对工作的尽职之上。

lub·ber /ˈlʌbəʳ/ *n.* [C] ❶傻大个，笨大汉 ❷笨手笨脚的水手

lube /luːb/ *n.*〈口〉❶[U]润滑剂；润滑油 ❷[C]注润滑油

lu·bri·cant /ˈluːbrikᵊnt/ I *n.* ❶[C;U]润滑剂；润滑油 ❷[C]用以减少摩擦的东西：a social *lubricant* 社交润滑剂（指在社交中能起到拉拢关系作用的东西）II *adj.* 润滑的：a *lubricant* additive 润滑添加剂

lu·bri·cate /ˈluːbriˌkeit/ *vt.* ❶使滑润；加润滑油于：*lubricate* the engine 给发动机上油 ❷使顺畅；缓和：*lubricate* relations between the warring factions 缓和交战双方间的关系 ‖ **lu·bri·ca·tion** /ˌlubriˈkeiʃᵊn/ *n.* [U] —ˈ**lu·briˌca·tor** *n.* [C]

lu·cid /ˈlʲuːsid/ *adj.* ❶表达清楚的；明晰的；明白易懂的：a *lucid* explanation 清楚的解释 ❷头脑清楚的，神志清醒的；理智的，有理性的：a *lucid* mind [brain] 清醒的头脑 ❸明亮的，光辉的：a *lucid* light 明亮的光 ‖ **lu·cid·i·ty** /lʲuːˈsiditi/ *n.* [U] —ˈ**lu·cid·ly** *adv.* —ˈ**lu·cid·ness** *n.* [U]

luck /lʌk/ I *n.* [U] ❶运气，命运：There has been a run of *luck* against us. 近来我们一直时运不济啊。❷好运；幸运：She had recently had a special stroke of *luck*. 她最近特别走运。II *vi.*〈口〉走运；靠运气得到 ‖ ***in luck*** *adj.* 运气好：You are *in luck* — you won the lottery. 你中了彩票，运气真好。***out of luck*** *adj.* 不走运，运气不好：You are *out of luck*; the boss isn't in. 你运气不好，老板不在。‖ ˈ**luck·less** *adj.*

luck·y /ˈlʌki/ *adj.* ❶靠运气的；有好运气的；幸运的：He was *lucky* to escape with his life from a very heavy landing. 降落时他重重地摔在地上却大难不死，真是万幸。❷侥幸的，碰巧的：a *lucky* guess 碰巧猜中 ❸[无比较级]带来好运的：a *lucky* star 幸运星 ‖ ˈ**luck·i·ly** *adv.* —ˈ**luck·i·ness** *n.* [U]

lu·cra·tive /ˈlʲuːkrətiv/ *adj.* 赢利的，赚钱的：The reorganization proved to be *lucrative* for the company. 改组已证明可以使公司赢利。‖ ˈ**lu·cra·tive·ly** *adv.* —ˈ**lu·cra·tive·ness** *n.* [U]

lu·cre /ˈlʲuːkəʳ/ *n.* [U]〈贬〉钱财；利润

lu·cu·brate /ˈlʲuːkjuˌbreit/ *vi.*〈书〉（尤指夜间）用心写作，刻苦攻读

lu·di·crous /ˈlʲuːdikrəs/ *adj.* 滑稽有趣的；可笑的；荒唐的；愚蠢的：The *ludicrous* antics of the harlequins delighted the audience. 丑角可笑的滑稽表演让观众很开心。‖ ˈ**lu·di·crous·ly** *adv.* —ˈ**lu·di·crous·ness** *n.* [U]

lug /lʌg/ I (**lugged; lug·ging**) *vt.* 用力拖，使劲拉，费力地拽：*lug* a handcart along 拉着一辆手拉车 —*vi.*（引擎或机器）用力拖，拉，拽(*at*) II *n.* [C]费力的拉，使劲的拖

lug·gage /ˈlʌgidʒ/ *n.* [U]〈英〉行李

luke·warm /luːkˈwɔːm, ˈluːkwɔːm/ *adj.* [无比较级] ❶不冷不热的；温热的：*lukewarm* coffee 温热的咖啡 ❷不热情的，冷淡的：She was rather *lukewarm* about the idea. 她对这主意不大感兴趣。‖ **luke**ˈ**warm·ly** *adv.* —**luke**ˈ**warm·ness** *n.* [U]

lull /lʌl/ I *vt.* ❶使安静；哄…入睡：*lull* a baby to sleep 哄婴儿入睡 ❷使缓和，减轻，消除(*into*)：*lull* sb.'s fears 消解某人的恐惧感 —*vi.*（噪音、风暴等）平息，停止；减退，减弱：The furious activity of the crowd finally *lulled*. 这群人的愤怒行动最终平息了下来。II *n.* [通常用单]（风暴、骚乱等过后的）暂停；暂时平息；暂时平静：a *lull* in storm 风暴的间歇

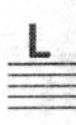

lul·la·by /ˈlʌləˌbai/ *n.* [C]催眠曲，摇篮曲

lum·ba·go /lʌmˈbeigəu/ *n.* [U]【医】腰痛;风湿痛

lum·bar /ˈlʌmbəʳ/ *adj.* [无比较级]【解】腰的,腰部的

lum·ber¹ /ˈlʌmbəʳ/ *n.* [U]方材;成材;木料 ‖ **ˈlum·ber·er** *n.* [C] —**ˈlum·ber·man** ([复]-**men** /-mᵊn/) *n.* [C]

lum·ber² /ˈlʌmbəʳ/ *vi.* 笨拙地移动;隆隆作响地行进:The heavy tanks *lumbered* along. 重型坦克隆隆驶过。

lum·ber·jack /ˈlʌmbəˌdʒæk/ *n.* [C]伐木工人

lum·ber·yard /ˈlʌmbəˌjɑːd/ *n.* [C]〈美〉贮木场,木材堆置场

lu·mi·nar·y /ˈlʲuːminᵊri/ *n.* [C] ❶〈书〉(尤指太阳、月亮等)发光(或反光)天体 ❷杰出人物,名人,泰斗:one of the *luminaries* of child psychiatry 儿童精神病学界泰斗之一

lu·mi·nous /ˈlʲuːminəs/ *adj.* ❶发光的,发亮的;反光的:The rocket broke up into many *luminous* fragments. 那火箭炸裂成许多闪闪发光的碎片。❷清楚的;易懂的:a *luminous* explanation 清楚的解释 ‖ **lu·mi·nos·i·ty** /ˌlʲuːmiˈnɔsiti/ *n.* [U] —**ˈlu·mi·nous·ly** *adj.*

lump /lʌmp/ **I** *n.* [C] ❶(通常无定形的)块,堆,团(见 chunk):a *lump* of ice 一块冰 / a *lump* of dough 一团生面 ❷肿块;隆起:He had a *lump* on his head. 他的头上起了个包。**II** *vt.* ❶把…归并在一起;把…归于一类:All the children are *lumped* together in one class regardless of their age and ability. 把所有儿童不分年龄和能力都归并到一个班里。❷将…混为一谈:*lump* together unrelated matters 把毫不相干的事情混为一谈 —*vi.* 步履沉重地行走(*along*):The old woman *lumped along*, with a heavy bag on the back. 老太太背着沉重的包裹蹒跚走去。‖ **ˈlump·i·ness** *n.* [U] —**ˌlump·ish** *adj.* —**ˌlump·y** *adj.*

lu·na·cy /ˈlʲuːnəsi/ *n.* ❶[U]精神错乱 ❷[U]疯狂;愚蠢:It's sheer *lunacy*. 这纯粹是愚蠢的行为。❸[C]疯狂的行为;愚蠢的行为

lu·nar /ˈlʲuːnəʳ/ *adj.* [无比较级][作定语]月的,月亮的,月球的;月亮上的,月球上的:*lunar* soil 月球土壤 / the *lunar* calendar 阴历

lu·na·tic /ˈlʲuːnətik/ **I** *n.* [C] ❶精神错乱者,狂人,疯子 ❷愚蠢的人,大傻瓜 **II** *adj.* ❶精神错乱的,疯的,癫狂的 ❷极其愚蠢的 ❸为精神病人设立的;供精神病人使用的:*lunatic* asylum 精神病院

lunatic fringe *n.* [**the l- f-**](政治上的)极端分子(团体),狂热分子(团体)

lunch /lʌntʃ/ *n.* [C;U]午饭,午餐,中饭:take *lunch* 用午餐

lunch·eon /ˈlʌntʃᵊn/ *n.* [C]〈书〉午餐,午饭,午宴

lunch·eon·ette /ˌlʌntʃəˈnet/ *n.* [C]便餐店;小吃店

luncheon meat *n.* [U;C](罐装)午餐肉

lung /lʌŋ/ *n.* [C]【解】肺

lunge /lʌndʒ/ **I** *n.* [C] ❶(身体的)猛的向前,冲,扑:make a *lunge* at sb. 朝某人猛冲过去 ❷(刀、剑等的)前刺,戳 **II** *vi.* 猛然前冲;刺,戳:He *lunged* at the door and smashed it open with his shoulder. 他猛然朝门冲过去,用肩膀把它撞开。

lurch /ləːtʃ/ **I** *n.* [C](船、蹒跚走路者等的)突然倾斜;左右摇晃的动作;蹒跚的步态 **II** *vi.* ❶突然倾斜;突然急动:The ship *lurched* in the storm. 船在暴风雨中突然摇晃起来。❷蹒跚而行,踉踉跄跄:The drunken man *lurched* across the street. 那醉汉蹒跚着穿过街道。

lure /ˈlʲuəʳ/ **I** *n.* [C] ❶诱惑物,引诱物;引诱力,吸引力:The *lure* of art was too strong to resist. 艺术的魅力让人无法抗拒。❷(诱捕动物等的)诱饵;囮子;鱼饵:Anglers use different *lures* to catch different kinds of fish. 垂钓者用不同的诱饵来钓不同的鱼。**II** *vt.* 吸引,引诱,诱惑:Life in the city *lured* him away from home. 城里生活诱使他离开了家乡。

lu·rid /ˈlʲuərid/ *adj.* ❶可怕的,骇人听闻的:a *lurid* tale 恐怖故事 ❷刺眼的,夺目的:*lurid* nocturnal brilliance 炫目的夜间灯火 ‖ **ˈlu·rid·ly** *adv.* —**ˈlu·rid·ness** *n.* [U]

lurk /ləːk/ *vi.* ❶潜伏,埋伏:*lurk* for the enemy 埋伏以待敌人 ❷潜藏,暗藏:We didn't see the dangers that *lurked* in our experiments. 我们无法看到实验中潜藏的危险。

lus·cious /ˈlʌʃəs/ *adj.* ❶香甜的,甘美的;可口的:*luscious* tropical fruits 香甜的热带水果 ❷(文体、音乐等)华丽的:a *luscious* style 华丽的文体 ❸性感的;迷人的:That woman looks *luscious* tonight. 那妇人今晚看上去漂亮极了。‖ **ˈlus·cious·ly** *adv.* —**ˈlus·cious·ness** *n.* [U]

lush /lʌʃ/ *adj.* ❶繁茂的，茂盛的：a *lush* tropical forest 茂密的热带森林 ❷豪华的；奢侈的：*lush* furniture 豪华家具 / a *lush* life 奢侈的生活 ‖ ˈ**lush·ness** *n.* [U]

lust /lʌst/ **I** *n.* ❶[U]（强烈的）性欲❷[U]（强烈的）渴望，欲望；物欲（*for*，*of*）：satisfy sb.'s *lust for* power 满足某人的权力欲 ❸[C]热爱；热情：a *lust* for life 对生活的热爱 **II** *vi.* ❶有强烈的性欲，好色 ❷有强烈的欲望，渴望（*after*，*for*）：*lust for* [*after*] power 图谋权势 ‖ ˈ**lust·ful** *adj.* —ˈ**lust·ful·ly** *adv.*

lus·tre, lus·ter /ˈlʌstə/ *n.* [U] ❶反光 ❷光泽；光彩，光辉：the *lustre* of pearls 珍珠的光泽/ A smile of delight added *lustre* to her eyes. 她喜欢得笑逐颜开，双目发光。❸荣耀，荣光：Their names have shed *lustre* on Chinese literature. 他们的名字为中国文学增添了光辉。‖ ˈ**lus·tre·less**, ˈ**lus·ter·less** *adj.*

lus·trous /ˈlʌstrəs/ *adj.* ❶光亮的，有光泽的：*lustrous* hair 鲜亮的头发 ❷光辉的，杰出的：a *lustrous* career 光辉历程

lust·y /ˈlʌsti/ *adj.* 健康的，强壮的；精力充沛的，富有生气的：a *lusty* boy from the country 体格强壮的乡村男孩 / *lusty* enthusiasm 饱满的热情 ‖ ˈ**lust·i·ly** *adv.* —ˈ**lust·i·ness** *n.* [U]

lute /l[j]uːt/ *n.* [C]【音】诗琴（一种流行于14—17世纪的形似吉他的长颈半梨形弦乐器）

lux·u·ri·ant /lʌgˈʒuəriənt, lʌkˈʃuə-/ *adj.* ❶（草木等）茂盛的，繁茂的；郁郁葱葱的；（须发等）浓密的 ❷（土地等）肥沃的；丰饶的；多产的 ❸丰富的

lux·u·ri·ate /lʌgˈʒuəriˌeit, lʌkˈʃuə-/ *vi.* ❶纵情享乐，过奢华的生活 ❷长得繁密，茂盛地生长：The plants *luxuriated* in the fertile soil. 这些植物在肥沃的土壤中长得枝繁叶茂。❸尽情享受；感到非常快乐（*in*）：*luxuriate in* the warm spring sunshine 尽情享受春日温暖的阳光

lux·u·ri·ous /lʌgˈʒuəriəs, lʌkˈʃuə-/ *adj.* ❶奢侈的；骄奢淫逸的：live in *luxurious* surroundings 生活在骄奢淫逸的环境中 ❷豪华的；非常舒适的：We spent a *luxurious* weekend at a country hotel. 我们在一家乡村旅馆里过了一个非常舒服的周末。❸精选的，精美的，特等的：*luxurious* shampoos 高级洗发水 ‖ **luxˈu·ri·ous·ly** *adv.* —**luxˈu·ri·ous·ness** *n.* [U]

lux·u·ry /ˈlʌkʃ[ə]ri, ˈlʌgʒ[ə]ri/ **I** *n.* ❶[C]奢侈品；精美贵重（或难得）的物品 ❷[U]奢侈，奢华；豪华；奢侈的享受：a life of *luxury* 奢侈的生活 / live in *luxury* 过着奢华的生活 ❸[通常作 **the ～**]使人愉快（或舒适）但非必需的东西；（任何方式或形式的）享受：There is no time to engage in the *luxury* of cooling off. 现在不是侈谈冷静的时候。**II** *adj.* [作定语]奢侈的，奢华的；豪华的：a *luxury* flat 豪华的公寓/ˈləiiŋˌin/

ly·ce·um /laiˈsiəm/ *n.* [C]❶组织讲座的社团 ❷讲演厅

ly·ing-in /ˈlaiiŋˌin/ **I** *n.* [U]（复）**lyings-in** 或 **lying-ins**）分娩 **II** *adj.* [无比较级][作定语]分娩的；产科的

lymph /limf/ *n.* [U]【解】淋巴

lym·pho·ma /limˈfəumə/ *n.* [C]（[复]-**mas**或 -**ma·ta** /-mətə/）【医】淋巴瘤，淋巴癌

lynch /lintʃ/ *vt.* （一群人不经法律审判）以私刑将…处死 ‖ ˈ**lynch·er** *n.* [C]

lyr·ic /ˈlirik/ **I** *adj.* [无比较级] ❶（诗歌）歌一般的；适于吟唱的：a *lyric* drama 歌剧 ❷（诗歌或歌曲等）抒情的 **II** *n.* [C] ❶抒情诗 ❷[通常作～**s**]歌词

lyr·i·cal /ˈlirik[ə]l/ *adj.* ＝lyric

lyr·i·cist /ˈlirisist/ *n.* [C] ❶歌词作者 ❷抒情诗人 ‖ ˈ**lyr·i·cism** *n.* [U]

M m

M /em/ *n.* ([复]**Ms, ms** 或 **M's, m's** /emz/) ❶[C]英语字母表中第十三个字母 ❷[C](罗马数字)1 000 ❸[U]马克(mark(s))的符号

ma /mɑː/ *n.* [C][单独使用时大写]〈口〉妈:Don't say anything to *Ma.* 什么也别告诉妈。

M. A. *abbr.* Master of Arts

ma'am /mæm, mɑːm, məm/ *n.* [C]〈口〉夫人;太太;女士

ma·ca·ber, ma·ca·bre /məˈkɑːbəʳ, -brᵊ/ *adj.* 可怕的,恐怖的;令人毛骨悚然的:a *macabre* tale of violence 涉及暴力的恐怖故事 / *macabre* details of the victim's death 被害人恐怖的详细死亡记录

mac·a·ro·ni /ˌmækəˈrəuni/ *n.* [U]通心粉,通心面:He sat down to a great dish of *macaroni.* 他坐下来吃一大盘通心粉。

mace¹ /meis/ *n.* ❶[C]【史】(中世纪作武器用的)狼牙棒,钉头槌,铁头棍 ❷[C](象征着权威的)权杖;下议院议长权杖

mace² /meis/ *n.* [U]豆蔻香料

ma·chet·e /məˈtʃeti, məˈʃeti/ *n.* [C](南美洲、中美洲及西印度群岛人用以砍甘蔗、树丛或作武器用的)大(砍)刀

mach·i·na·tion /ˌmækəˈneiʃᵊn/ *n.* [C][常作~s]阴谋,诡计

ma·chine /məˈʃiːn/ *n.* [C] ❶机器(见 device):Sewing *machines* and washing *machines* make housework easier. 缝纫机和洗衣机的使用简化了家务劳动。❷机械(装置):simple *machines* 简单的机械装置 ❸(复杂的)机构;(操纵政党或其他组织的)核心;领导中心;政党组织:a state *machine* 国家机器 ❹(投币式的)自动售货机;点唱机

M

ma·chine-gun /məˈʃiːnˌgʌn/ *n.* [C]机关枪,机枪:*Machine-guns* had been mounted on the roof of the building. 机关枪已经架上了楼顶。

ma·chin·er·y /məˈʃiːnᵊri/ *n.* [U] ❶[总称]机械,机器:construction *machinery* 建筑机械 ❷机件;机器的运转部分;机械装置 ❸[U]机构,团体,组织;制度;体系(*of*):the *machinery of* government 政府机构

ma·chin·ist /məˈʃiːnist/ *n.* [C] ❶机器(或机床)操作工(尤指缝纫车工) ❷机器发明者;机器制造者;工程师 ❸机械师;机修工

mach·o /ˈmætʃəu/〈口〉〈时贬〉*adj.* 雄性的,男子汉的;英武的,勇敢的,有胆量的;大男子主义的:Many American women are outraged by *macho* films. 很多美国妇女对宣扬大男子主义的影片感到愤怒。

mack·er·el /ˈmækᵊrᵊl/ *n.* [C]([复]**-el(s)**)【鱼】鲭;鲐;马鲛鱼

mack·in·tosh /ˈmækinˌtɔʃ/ *n.* [C]〈主英〉雨衣;雨披(=raincoat)

mac·ro- /ˈmækrəᵘ/ *comb. form* ❶表示"大的","长的";"宏观的","大规模的":*macro*chemistry (常量化学),*macro*scale (大规模;宏观尺度),*macro*climate (大气候) ❷表示"巨型的","巨大的":*macro*fossil (巨体化石),*macro*globulin (【生化】巨球蛋白)

mac·ro·bi·ot·ics /ˌmækrəubaiˈɔtiks/ [复] *n.* [用作单](只吃水果、蔬菜、糙米等素食的)长寿饮食法,素食法 ‖ **ˌmac·ro·biˈot·ic** *adj.*

mac·ro·cosm /ˈmækrəᵘˌkɔzᵊm/ *n.* [C] ❶整个宇宙,全宇宙,大宇宙;宏观世界:a cultural *macrocosm* 宏观文化 ❷全域;大而复杂的整体:No population is absolutely inert in the *macrocosm* of humanity. 在人类错综复杂的整体中,没有一个种族是绝对静止不变的。

mad /mæd/ *adj.* (**mad·der, mad·dest**) ❶发疯的;不正常的,神经错乱的,精神失常的:Mattie abandoned her *mad* artist mother to live with her cousins. 玛蒂抛下了她发了疯的艺术家母

亲,和表兄妹们住在一起。❷〈口〉很生气的,火冒三丈的,盛怒的,非常恼火的:The insult made him *mad*. 这种侮辱让他感到十分恼火。❸愚蠢的,傻的;狂妄的,不明智的;不合逻辑的,异想天开的:They insisted on working in *mad* ways of their own. 他们坚持用自己那套愚蠢的方式工作。❹[作定语]发疯似的,失控的:The dog made *mad* efforts to catch up with the automobile. 这狗发疯似的追赶汽车。❺痴狂的,疯迷的,狂热的,着迷的;热爱的,迷恋的(*about*,*on*,*over*):*mad about* skiing 对滑雪着迷 ❻[作定语]狂欢的,狂乐的;喧闹的:have a *mad* time 玩疯了(或玩得极痛快) ‖ ***drive sb. mad*** *vi*. 使某人(气得)发疯:We *drove him mad* with jealousy. 我们让他妒火中烧。‖ **'mad·ly** *adv*. **'mad·ness** *n*. [U]

Mad·a·gas·can /ˌmædəˈgæskᵊn/ **I** *n*. [C]马达加斯加人 **II** *adj*. [无比较级]马达加斯加的

mad·am /ˈmædᵊm/ *n*. [C]([复]**mad·ams**)[单独使用时为招呼妇女的尊称]女士;夫人,太太

mad·den /ˈmædᵊn/ *vt*. 使恼火;使狂怒;使激动,使兴奋:The company *maddened* its customers with all those delays of goods. 公司屡屡误货惹恼了客户们。‖ **'mad·den·ing** *adj*.

made /meid/ **I** *v*. make 的过去式和过去分词 **II** *adj*. [无比较级]制造的,制作的

made-to-or·der /ˌmeidtəˈɔːdəʳ/ *adj*. [无比较级] ❶定制的;像定制的:*made-to-order* shoes 定制的鞋 ❷完全合适的:a *made-to-order* candidate 最佳候选人

made-up /ˈmeidˌʌp/ *adj*. [无比较级] ❶编造的,虚构的:a *made-up* story 虚构的故事 ❷[通常作表语]化妆过的;化了装的:She was heavily *made-up*. 她化了浓妆。

mad·house /ˈmædˌhaus/ *n*. [C]([复]**-hous·es** /-ˌhauziz/)〈口〉疯人院,精神院

mad·man /ˈmædmᵊn/ *n*. [C]([复]**-men** /-mᵊn/)男疯子,男精神失常者,男精神病人:downright *madman* 地地道道的疯子

mael·strom /ˈmeilstrᵊm/ *n*. [C] ❶大漩涡,大漩流;[**M-**]挪威西海岸大漩涡 ❷〈喻〉(感情、思想、事态等的)极度混乱

maes·tro /ˈmaistrəu/ *n*. [C]([复]**-tros** 或 **-tri** /-tri/) ❶杰出作曲家;优秀音乐教师;著名指挥家 ❷名家,大师,大家;能手:a movie *maestro* 电影大师

mag·a·zine /ˌmægəˈziːn, ˈmægəˌziːn/ *n*. [C] 期刊,杂志:a photography *magazine* 摄影杂志/These popular *magazines* come out once a month. 这些畅销杂志每月一期。

ma·gen·ta /məˈdʒentə/ *n*. [U]【化】(碱性)品红;洋红

mag·got /ˈmægət/ *n*. [C]【昆】蛆

mag·ic /ˈmædʒik/ **I** *n*. [U] ❶魔术;戏法;幻术:He rocked the world with his revolutionary *magic*. 凭借自己超凡的魔术,他让世界为之震惊。❷施魔法,使巫术:*Magic*, it was believed, could drive illness from the body. 人们一度认为,施魔法能祛除人体的疾病。❸神效,奇效;神力,魔力:The *magic* of her voice charmed the audience. 她的声音极富魅力,深深地吸引了听众。**II** *adj*. [作定语] ❶[无比较级](用)魔术的;(用)巫术的;魔术(或巫术)般的:She has a *magic* touch with the baby; he never cries when she's holding him. 她像对这个婴儿施了魔术,只要她抱着,他就从来不哭。❷神奇的,有奇效的;〈喻〉有魔力的;有魅力的;诱人的:a *magic* key 万能钥匙 / *magic* smile 迷人的微笑 ‖ **'mag·i·cal** *adj*. —**'mag·i·cal·ly** /-kᵊli/ *adv*.

ma·gi·cian /məˈdʒiʃᵊn/ *n*. [C] ❶巫师,术士;施行妖术者:She has more strength in her than all the *magicians* in Egypt. 她的魔力比埃及所有的巫师都强大。❷魔术师;变戏法的人:The *magician* amazed the audience with his sleight of hand. 魔术师的戏法让观众大开眼界。

mag·is·te·ri·al /ˌmædʒiˈstiəriəl/ *adj*. [无比较级] ❶蛮横的,傲慢的,盛气凌人的:a *magisterial* tone of command 盛气凌人的命令口吻 ❷[作定语]地方行政官的,适于地方行政官的;地方法官的:*magisterial* standing 地方法官的身份

mag·is·trate /ˈmædʒiˌstreit,-strit/ *n*. [C] ❶(行政兼司法的)文职官员,公职官员,行政官员 ❷地方法官,治安官,初级法院推事

mag·ma /ˈmægmə/ *n*. [U]([复]**-ma·ta** /-mətə/ 或 **-mas**)【地质】岩浆,浮悬液

mag·na·nim·i·ty /ˌmægnəˈnimiti/ *n*. [U]崇高,高尚;宽宏大量

mag·nan·i·mous /mægˈnænimǝs/ *adj*. 宽厚的,气量大的;大度的,宽容的:a *magnanimous* adversary 大度的对手 ‖ **mag'nan·i·mous·ly** *adv.*

mag·nate /'mægneit,-nit/ *n.* [C] ❶显贵,权贵;要人,大人物;富豪;企业巨头:a leading *magnate* in industrial circles 工业巨头 / an oil *magnate* 石油大亨 ❷杰出人物,优秀人才:literary *magnates* 杰出的文人(或文豪)

mag·ne·si·um /mæg'ni:ziəm/ *n.* [U]【化】镁(符号 **Mg**)

mag·net /'mægnit/ *n.* [C] ❶磁铁;磁石,吸铁石:*magnet* wire 磁线圈 ❷〈喻〉有吸引力的人,诱人之物:Austria's universities are a permanent *magnet* for students from all parts of the world. 奥地利的大学永远吸引着世界各地的学子。

mag·net·ic /mæg'netik/ *adj.* ❶[无比较级]磁的;磁铁的;有磁性(或磁力)的;地磁的:*magnetic* materials 磁性材料 / the *magnetic* meridian 磁子午线 ❷〈喻〉有魅力的,吸引人的;迷人的:a brilliant and *magnetic* composer 一位才华横溢,魅力四射的作曲家 ‖ **mag'net·i·cal·ly** /-kᵊli/ *adv.*

magnetic field *n.* [C]【物】磁场

magnetic tape *n.* [C;U] ❶磁带,录音带;储存数据的磁带 ❷录像带,录影带〔亦作 **tape**〕

mag·net·ism /'mægni,tizᵊm/ *n.* ❶[C;U]【物】磁力,磁性:the mutual relations of the two *magnetisms* 两种磁力的相互关系 ❷[U]〈喻〉魅力,吸引力

mag·net·ize /'mægni,taiz/ *vt.* 使磁化,使起磁,使有磁性:To *magnetize* a steel object, insert it into the coil as shown in photo D. 要磁化钢件,如图 D 所示将其插入线圈。‖ **mag·net·i·za·tion** /,mægnitai'zeiʃᵊn; -ti'z-/ *n.* [U]

mag·ni·fi·ca·tion /,mægnifi'keiʃᵊn/ *n.* ❶[U]放大,扩大;放大(或扩大)后的状态 ❷[U;C](透镜的)放大率;放大倍数,放大比率:This microscope has a *magnification* of two hundred. 这台显微镜能(把物体)放大 200 倍。

mag·nif·i·cent /mæg'nifisᵊnt/ *adj.* ❶豪华的,华丽的,富丽堂皇的;壮丽的,壮观的;宏伟的,宏大的:*magnificent* canyons and waterfalls 壮观的峡谷和瀑布 / a *magnificent* display of paintings 大型画展 ❷极好的;极美的,很迷人的;最佳的:She has *magnificent* blonde hair. 她有一头迷人的金发。‖ **mag'nif·i·cence** *n.* [U] —**mag'nif·i·cent·ly** *adv.*

mag·ni·fy /'mægni,fai/ *vt.* ❶(用透镜)放大;扩大:We *magnify* objects with a microscope. 我们用显微镜放大物体。❷〈喻〉夸张,夸大:*magnify* one's difficulties 过分夸大困难 ‖ **'mag·ni,fi·er** *n.* [C]

mag·ni·fy·ing /'mægni,faiŋ/ **glass** *n.* [C]放大镜

mag·ni·tude /'mægni,tʲu:d/ *n.* ❶[C;U](大小或数量的)巨大,庞大;广大:the height, strength and *magnitude* of a building 建筑物的高大宏伟 ❷[U]伟大;重大;重要(性);紧迫(性):We could not carry out a project of this *magnitude* without assistance. 没有外援我们无法完成如此重大的项目。

mag·no·li·a /mæg'nəuliə/ *n.* [C]【植】木兰

mag·pie /'mæg,pai/ *n.* [C]【鸟】鹊,喜鹊

ma·ha·ri·shi /,mɑ:hə'ri:ʃi/ *n.* [C](印度的)圣人;精神领袖

mah-jong(g) /mɑ:'dʒɔŋ/ *n.* [U]〈汉〉麻将(牌),(麻)雀牌

ma·hog·a·ny /mə'hɔgᵊni/ *n.* ❶[C]【植】桃花心木;桃花心木属乔木 ❷[U]红木,桃花心木

maid /meid/ *n.* [C] ❶女仆,侍女,婢女;保姆 ❷(未婚)年轻女子,姑娘;少女,女孩:a timid *maid* 羞怯的姑娘

maid·en /'meidᵊn/ **I** *n.* [C]少女;(未婚的)年轻女子,姑娘:a *maiden* of bashful fifteen 一个腼腆的 15 岁少女 **II** *adj.* [无比较级][作定语] ❶少女的;未婚的,独身的;处女的 ❷初次的,首次的:a ship's *maiden* voyage 船的首航(或处女航) ‖ **'maid·en·hood** *n.* [U] —**'maid·en·ly** *adj.*

maiden name *n.* [C](女子的)娘家姓氏,婚前姓氏

maid of honour *n.* [C](婚礼中的)第一女傧相,第一伴娘

maid·serv·ant /'meid,sə:vᵊnt/ *n.* [C]女仆;女佣;侍女

mail /meil/ **I** *n.* ❶[U]信函,邮件;邮包:domestic [foreign] *mail* 国内[国外]邮件 ❷[亦作~s][U;C]邮递制度;邮政:You can pay most bills by *mail*. 大多数账款你都能邮付。

M

II *vt.* 寄(信等),发(信等);把(邮件)投入邮箱;邮寄:*Mail* the package tomorrow. 明天把包裹邮寄出去。

mail·box /ˈmeilˌbɔks/ *n.* [C] ❶邮箱;邮筒 ❷信箱

mail·man /ˈmeilˌmæn/ *n.* [C]([复]**-men** /-ˌmen/) 邮递员,邮差

mail order *n.* [U]邮购,函购:The medicine could have been purchased anywhere, perhaps by *mail order*. 也许这种药通过邮购到处都可以买到。

maim /meim/ *vt.* [常用被动语态]使残废;将…致残;残害;使受重伤:The explosion *maimed* him for life. 那次爆炸使他终生致残。

main /mein/ **I** *adj.* [无比较级][作定语] 最重要的;最大的;主要的,主流的(见 chief):keep the *main* topic in mind 记住要点 / the *main* character 主人翁(或主角) **II** *n.* [C](自来水、煤气、污水等的)总管,干道:a fire [gas] *main* 消防总水管[煤气管道] / water from the *main* 自来水

main·ly /ˈmeinli/ *adv.* [无比较级]主要地;大概地,大抵地:Our access to history is *mainly* through writing. 我们主要通过写作来追溯历史。

main·frame /ˈmeinˌfreim/ *n.* [C]【计】(计算机的)主机,中央处理机:a time-shared *mainframe* 一台分时中央处理器

main·land /ˈmeinlᵊnd/ *n.* [常作 **the** ～](相对于小岛及半岛而言的)大陆,本土:*the mainland* of England 英国本土

main·line /ˈmeinˌlain/ *adj.* [无比较级][作定语]被接受的,被认可的;传统的,正统的:the membership of *mainline* churches 传统教会的会员身份

main·mast /ˈmeinˌmɑːst,-məst;mæst/ *n.* [C]【海】主桅

main·stay /ˈmeinˌstei/ *n.* [C]〈喻〉主要的支持(或依靠);支柱:Loyal friends are a person's *mainstay* in time of trouble. 忠诚的朋友是一个人处于困难时期的支柱。

main·stream /ˈmeinˌstriːm/ **I** *n.* [C]主要倾向;主流;主流派风格:He is far from the *mainstream* of Russian culture. 他与俄罗斯主流文化相距甚远。**II** *adj.* [无比较级][作定语]主流的;主要倾向的;主流派的:With its new models, the company hopes to move into the heart of the *mainstream* car market. 公司希望新的车型能够进入主流汽车市场的中心地带。

main·tain /meinˈtein/ *vt.* ❶保持;维持,使继续:*maintain* a constant alert 长期保持警觉 / *maintain* the friendship for over forty years 保持 40 多年的友情 ❷(对建筑物、机器、公路等的)维修,维护;保养;保护:The city hall is a perfectly *maintained* building. 市政大厅是一座养护完善的建筑。❸[接 that 引导的从句]断言;主张;强调;坚信,坚持认为:Bill *maintains* that the myth was invented because it was needed. 比尔坚持认为神话是因需所生。❹维护(名誉等);坚持(观点等):She *maintained* her innocence. 她坚持说自己是无辜的。‖ **mainˈtain·a·ble***adj.* —**main·ten·ance**/ˈmeintənəns/ *n.* [U]

maize /meiz/ *n.* [U]玉米,玉蜀黍:grow *maize* 种玉米〔亦作 **Indian corn**〕

ma·jes·tic /məˈdʒestik/ *adj.* 威严的,庄严的;崇高的,高贵的;壮丽的,雄伟的:a *majestic* woman 威风凛凛的女人 / thank sb. with a *majestic* curtsey 郑重其事地对某人屈膝行礼以表谢意 ‖ **maˈjes·ti·cal·ly** /-kᵊli/ *adv.*

maj·es·ty /ˈmædʒisti/ *n.* ❶[U]威严,庄重,庄严;崇高,高贵;壮丽,雄伟:the *majesty* of the starry heavens 星空的壮丽 / *majesty* of bearing 举止的端庄 ❷[C][常作 **M-**][对国王、王后、皇帝等的尊称]陛下:Your *Majesty* [直接称呼时用]陛下 /Her *Majesty* begs you to set forth without delay. 女王陛下请您立即出发。

ma·jor /ˈmeidʒəʳ/ **I** *n.* [C] ❶(英国)陆军(或海军陆战队)少校;(美国)陆军(或空军、海军陆战队)少校(略作 **Maj.**)❷主修科目;专业;专业学生:I have a *major* in math but a minor in science. 我专修数学,辅修科学。**II** *adj.* [无比较级][作定语] ❶(重)大的;重要的,主要的;严重的:Accommodation is the *major* item of expenditure to be taken into account. 住宿是必须考虑的重要支出项目。❷【音】大调的,大音阶的,大三和弦的:a major chord 大调三和弦 ❸(大学课程或学科)主修的;(中学课程)学时最多的 **III** *vi.* 主修(*in*):*major in* physics 主修物理学 / a student *majoring* in English 英文专业的学生

☆**major** 作形容词时置于名词之前,意为"主要的;重要的":a *major* earthquake (大地震) / a

major problem（重要的问题）其反义词为 **minor**。**major** 和 **minor** 均无比较级。**superior**，**inferior**，**senior**，**junior** 等词可用 to 表示比较含义：This restaurant is *superior to* the one we usually go to.（这家饭店比我们常去的那家要好得多。）

ma·jor-ge·ne·ral /ˌmeidʒəˈdʒenᵊrᵊl/ *n.* ［C］（英国）陆军（或海军陆战队）少将；（美国）陆军（或空军、海军陆战队）少将

ma·jor·i·ty /məˈdʒɔriti/ *n.* ❶［U；C］多数，大半，多半，大多数，过半数：He often disagreed with the *majority*. 他总是和大家意见相左。❷［C］（选举中的）多数票：win (by) a *majority* of 867 votes 以 867 票的多数获胜

☆**majority** 与 **plurality** 时有误用。**majority** 意为“多数；大半”，指在总数中占 50%以上。百人群体中若男性 51 人或更多、女性 49 人或更少，男性则为多数，称之为 **majority**。**plurality** 意为“较大数；多数”，指三个或三个以上数字组成的一组数值中较大的一个数。在百人规模的投票中若 A、B、C 三人得票数分别为 20、30 和 10 票，B 则为多数票得主；若 A、B、C 三人得票数分别为 10、54 和 18 票，则 B 既是多数票得主又是过半数票得主。**the majority of** 用以修饰可数名词，而 **most of** 用以修饰不可数名词：*The majority of* citizens were indifferent or opposed to the policy.（对这个政策大多数市民不是漠不关心，就是持反对意见。）

make /meik/ **I**（**made** /meid/；**mak·ing**）*vt.* ❶做，作，制（作），制造；做成，造成：Mother *made* my favourite dish for dinner. 妈妈烧了我最喜欢的菜。❷引起，使产生；导致，造成（见 cause）：Haste *makes* waste. 欲速则不达。❸使成为；使变得：Railroads，ships，buses，and airplanes have *made* travel easier，faster，and cheaper. 铁路、轮船、汽车和飞机使旅行变得更加容易、快捷和便宜。❹［不用进行时态］变成，发展为：Someday you will *make* a good lawyer. 将来你会成为一名优秀的律师。❺［不用进行时态］（足以）成为；宜用于，适合做：The place *makes* an ideal skiing resort. 这个地方适合做理想的滑雪胜地。❻任命，指定；委派，选派：He was *made* the director of the institute. 他被任命为这家研究所的主任。❼［宾语后常接不带 to 的动词不定式，但在被动语态结构中则用带 to 的动词不定式］（促）使；迫使，强迫：The effect of cold weather is to *make* you shiver. 寒冷的天气会让你瑟瑟发抖。❽整理，收拾（床铺等）；准备：The beds were perfectly clean and had been well *made*. 床铺极其干净，收拾得整整齐齐。❾得到，挣得，赚得；获得，赢得：*make* a good salary 收入不菲 ❿写作，创作；编著；写下：Joyce attempted to *make* a fiction that would image the whole of life. 乔伊斯试图创作一部可以反映全部生活内容的小说。⓫达成（协议、交易等）；缔（约）：*make* a deal 达成一笔交易 ⓬拟定；制定，订立；颁布，使（法规等）通过；使生效：*make* rules 制定规则 / *make* laws 立法 ⓭（在心中）作出，形成（决定、判断、估计、选择等）：*make* a choice 作出选择 ⓮组成，集成，合成；构成：A thousand probabilities cannot *make* one truth. 纵然有一千种可能，也不能构成一个事实。⓯［不用进行时态］等于，相当于；合计为；算定为：Two and two *make* four. 2 加 2 等于 4。⓰及时赶到，赶上；到，到达，抵达：We *made* the station in time to catch the train. 我们及时抵达车站，赶上了火车。⓱（体育比赛或游戏中）得（分），赢得；【板】完成（跑动得分）：The team *made* 40 points in the first half. 上半场球队得了 40 分。**II** *n.* ［C］（某种）产品，制品；货物；（产品的）种类，品种；牌子，品牌；型号；式样：She couldn't even tell what *make* of car he was driving. 她说不出他开的什么牌子的车。‖ ***make as if*** ［***though***］ *vt.* 假装，做出…的样子：We will *make as if* to leave，then come back and surprise him. 我们要假装离开，然后再回来让他大吃一惊。***make believe*** *vt.* & *vi.* 相像；假装；做出（…的）样子：My son was *making believe* (that) he was my doctor. 我儿子假装是我的医生。***make it*** *vi.* ❶〈口〉成功，发迹；做成，办到；如愿：They'll never *make it* across the desert. 他们永远不能穿越那片沙漠了。❷〈口〉及时赶到，赶上：I've got to catch a train at 10:20. Do you think I'll *make it*? 我要赶 10 点 20 分的火车。你看我赶得上不？***make of*** *vt.* 理解，了解，明白；解释；断定：What are we to *make of* the argument? 这个论调该怎样理解呢？***make off with*** *vt.*（未经允许）拿走；偷（走）：While the family was away，thieves *made off with* most of their valuables. 这家人外出时，窃贼把他们家大部分值钱的东西都席卷而去。***make out*** *vt.* & *vi.* ❶写出，书写（文件等）；开出（支票、账单等）；填写（表格）：She *made out* a marketing list. 她开了张购货单。❷弄懂，了解，理

解,明白;发现:*make out* the general meaning of the book 弄懂这部书的大意 ❸看见,看清;听清;认出:You can just *make out* the farm in the distance. 你刚能看见远处的农场。***make up*** *vt.* & *vi.* ❶[通常不用进行时态]产生,生成;构成;组成:Different qualities *make up* a person's character. 人的性格由许多不同的特点构成。❷编造,捏造,虚构:*make up* a story 杜撰故事 ❸补充,补足;充实;弥补;补偿;赔偿:*make up* a loss 补偿损失 ❹和好,和解;言归于好,握手言和:The two friends had a quarrel, but they have now *made* it *up*. 这两个朋友曾争吵过,但现已言归于好。❺(为…)涂脂粉;(给…)上妆,(给…)化妆;(为扮演角色)着装,化装:*make up* as a beggar 化装扮演乞丐 ‖ ˈ**mak·er** *n.* [C]

make-be·lieve /ˈmeikbiˌliːv/ **I** *n.* [U]假装;假扮:Fairies live in the land of *make-believe*. 仙女们住在假想的国度里。**II** *adj.* [无比较级][作定语]假装的;虚伪的;假想的,想象的,虚构的:a *make-believe* world of fantasy 虚构的幻想世界

make·shift /ˈmeikˌʃift/ *adj.* [无比较级]一时的,暂时的;暂时替代的,临时代用的:play with *makeshift* weapons and toy guns 玩着假武器和玩具枪 / a *makeshift* classroom 临时教室

make-up /ˈmeikˌʌp/ *n.* ❶[U](口红、唇膏等)化妆品,脂粉:She had no *make-up* on. 她没化妆。❷[常用单]构成,组成;结构,构造:society *make-up* 社会结构 ❸气质;性格;体格:*the make-up* of a criminal 罪犯的体格

make-work /ˈmeikˌwəːk/ *n.* [U]仅为提供就业机会而安排的工作;(为不使雇员空闲而安排的)不必要的工作

mak·ing /ˈmeikiŋ/ *n.* ❶[U]制作,制造,生产;形成;创作:shoe *making* 制鞋 ❷[常作～s]素质,要素;必备条件;潜力,能力:I see in him the *making* of a hero. 我看他身上有英雄气概。‖ ***be of one's own making*** *vi.* 自己造成:The trouble here *is of her own making*. 这里的麻烦是她自找的。***in the making*** *adj.* 在制造中;在形成中;在发展中;在酝酿中;即将产生的,随时出现的:The slogans and concepts are everywhere, and they add up to a new American economy *in the making*. 口号与理念随处可见,这些都是正在形成的美国新经济的组成部分。

mal- /mæl/ *comb. form* ❶表示"坏","恶","不良":*mal*practice ❷表示"错误","有障碍","非法":*mal*apportioned (分配不公的),*mal*occlusion (【医】错位咬合)

mal·ad·just·ed /ˌmæləˈdʒʌstid/ *adj.* [无比较级](人对环境)不适应的,适应不良的 ‖ ˌ**mal·adˈjust·ment** *n.* [U]

mal·a·droit /ˌmæləˈdrɔit,ˈmælˌdrɔit/ *adj.* 不熟练的,没技巧的;不变通的,欠机智的,呆板的:a *maladroit* translation 呆板的翻译 ‖ ˌ**mal·aˈdroit·ly** *adv.* —ˌ**mal·aˈdroit·ness** *n.* [U]

mal·a·dy /ˈmælədi/ *n.* [C](身体的)不适,疾病;(慢性)病,痼疾

ma·laise /məˈleiz/ *n.* [U] ❶(病发前身体隐约的)不适,不爽,不舒服;烦躁,心神不宁;虚弱:marked *malaise* 明显的不舒服 ❷精神上的低落;不自在;烦乱;不安;抑郁情绪:the source of one's *malaise* 某人心绪烦乱的根源

ma·lar·i·a /məˈleəriə/ *n.* [U]【医】疟疾 ‖ **maˈlar·i·al** *adj.*

Ma·lay·sian /məˈleiziən/ **I** *n.* [C]马来西亚人;马来西亚居民 **II** *adj.* [无比较级](有关)马来西亚的

mal·con·tent /ˈmælkᵊnˌtent/ **I** *n.* [C] ❶(对现状、现行政府或制度)不满者;抱怨者;厌恶者;不服者 ❷反叛者,叛逆者;反抗者 **II** *adj.* ❶(对现状、现行政府或制度)不满的,抱怨的;厌恶的;不服的:*malcontent* irony 不满的讽刺 ❷反叛的,叛逆的;反抗的:a *malcontent* group of political exiles 一群反叛政府的政治流放者

male /meil/ **I** *adj.* [无比较级][常作定语] ❶(在繁衍过程中起授精作用的)雄的,雄性的,公的:a *male* animal 雄性动物 / a *male* dog 一只公狗 ❷男(人)的,男子的;男孩的;由男子(或男孩)组成的:*male* voice 男声 / the *male* love of fighting 男子的好斗 **II** *n.* [C]雄性动物;(表示类别的)男性,雄性 ‖ ˈ**male·ness** *n.* [U]

mal·e·dic·tion /ˌmæliˈdikʃᵊn/ *n.* [C]咒骂,诅咒;诽谤;憎恶:The witch uttered *maledictions* against her captors. 巫婆诅咒俘虏她的人!

mal·e·fac·tor /ˈmæliˌfæktəʳ/ *n.* [C]不法分子,罪犯;坏人,做坏事的人,为非作歹者

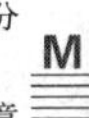

ma·lev·o·lent /məˈlevᵊlᵊnt/ *adj.* ❶有恶意的,恶毒的,歹毒的,心肠坏的;幸灾乐祸的;表

现出恶意的，怀有歹念的：a *malevolent* intruder 恶意侵犯者❷坏的，有害的；致伤的，造成损害的：a *malevolent* inclination to destroy the happiness of others 毁坏他人幸福的有害倾向 ‖ **ma'lev·o·lence** *n.* [U] —**ma'lev·o·lent·ly** *adv.*

mal·fea·sance /mæl'fiːzᵊns/ *n.* [U]【律】(尤指公务人员的)渎职(罪)；违法乱纪；不法行为

mal·for·ma·tion /ˌmælfɔː'meiʃᵊn/ *n.* [U] ❶畸形，变形；残缺：congenital *malformation* 先天性畸形 ❷【医】畸形，变形；畸形物；畸形体：A hunchback has a *malformation* of the spine. 驼背是背脊骨畸形。‖ **mal·formed** /ˌmæl'fɔːmd/ *adj.*

mal·func·tion /mæl'fʌŋᵏʃᵊn/ **I** *n.* [C]功能失灵，机能失常；功能障碍，故障；事故 **II** *vi.* 运转失灵，发生故障；显示功能失常：One of the motors has *malfunctioned*. 有一台发动机出了故障。

mal·ice /'mælis/ *n.* [U]伤害欲，破坏欲；歹念，恶意；怨恨，憎恶：I bear you no *malice*. 我对你毫无恶意。‖ **ma·li·cious** /mə'liʃəs/ *adj.* —**ma'li·cious·ly** *adv.*

ma·lign /mə'lain/ *vt.* 诬蔑，诽谤，中伤，恶毒攻击：The engineers found their motives *maligned* and their conclusions impugned. 工程师们发现他们的动机被恶意中伤，他们得出的结论也受到怀疑。

ma·lig·nan·cy /mə'lignᵊnsi/ *n.* [U]恶意，敌意，怨恨

ma·lig·nant /mə'lignᵊnt/ *adj.* ❶心存歹念的，有恶意的；恶毒的，歹毒的；邪恶的：the *malignant* power 邪恶势力 ❷[无比较级]【医】(肿瘤、疾病)恶性的，致命的；控制不住的，迅速扩散的：Lori's tumor was *malignant*. 洛里的肿瘤是恶性的。

mall /mæl, mɔːl/ *n.* [C] ❶〈美加澳新〉商业中心区大街；步行商业区(＝shopping mall)：a huge shopping *mall* 大型购物中心 ❷林荫道；散步林地

mal·le·a·ble /'mæliəbᵊl/ *adj.* ❶(金属)可锤展的；有韧性的；有延展性的 ❷〈喻〉可改变的，可塑造的，可训练的；可塑性大的，适应性强的：Human nature is often *malleable*. 人性常常是可塑的。‖ **mal·le·a·bil·i·ty** /ˌmæliə'biliti/ *n.* [U]

mal·let /'mælit/ *n.* [C] ❶(锤头用木、铜、铅或皮革等制成、用以敲击凿子或锤击金属片等的)大头锤 ❷(打马球等用的)球棍；木槌

mal·nour·ished /mæl'nʌriʃt/ *adj.* [无比较级]营养不良的，营养缺乏的：50% of our children are *malnourished*. 有一半的孩子营养不良。

mal·nu·tri·tion /ˌmælnjuː'triʃᵊn/ *n.* [U]【医】营养不良，营养不足；营养不均衡：suffer from chronic *malnutrition* 长期受营养不均衡之苦

mal·o·dor·ous /mæl'əudərəs/ *adj.* 有恶臭的，难闻的，臭气熏天的：*malodorous* plants 散发臭气的植物

mal·prac·tice /mæl'præktis/ *n.* [U;C] ❶(尤指医生的)失职行为，草率治疗；医疗事故，治疗失误，滥治 ❷【律】玩忽职守；营私舞弊；失职，渎职；违法乱纪 ❸失职行为；不良行为，不端行为；不法行为：cheating and fixing and other *malpractices* 欺骗、贿赂以及其他的不法行为

malt /mɔːlt, mɔlt/ *n.* ❶[U]麦芽 ❷[U;C]〈口〉(一份)麦芽酒，啤酒：He ordered a single *malt* in a little cafe. 他在小酒馆里叫了一杯啤酒。❸[U;C]麦乳精：a vanilla *malt* and a chocolate *malt* 一份香草麦乳精和一份巧克力麦乳精

malt·ed /'mɔːltid, mɔlt-/ **milk** *n.* ❶[U](由牛奶与麦乳精冲泡的)麦乳精饮料 ❷[U;C]麦乳精(＝malt)：a glass of *malted milk* 一杯麦乳精

Mal·thu·si·an /mæl'θjuːziən/ **I** *adj.* [无比较级]【社】(英国经济学家)马尔萨斯的；马尔萨斯人口论的 **II** *n.* [C]马尔萨斯人口论者 ‖ **Mal'thu·si·anˌism** *n.* [U]

malt·ose /'mɔːltəuz/ *n.* [U]【化】麦芽糖

mal·treat /mæl'triːt/ *vt.* ❶虐待；粗暴(或残酷)地对待：*maltreat* a prisoner 虐待囚犯 ❷乱用，误用，滥用：*maltreat* a machine 滥用机器 ‖ **mal'treat·ment** *n.* [U]

mam·a /'mæmə, mə'mɑː/ *n.* [C]〈主儿口〉妈妈〔亦作 **mamma, momma**〕

mam·ma /'mæmə, mə'mɑː/ *n.* 〈主儿口〉＝mama

mam·mal /'mæmᵊl/ *n.* [C]【动】哺乳动物：sea *mammals* 海洋哺乳生物 ‖ **mam·ma·li·an** /mæ'meiliən/ *adj.* & [C] *n.*

mam·ma·ry /ˈmæmᵊri/ *adj*. [无比较级][作定语]【解】(似)乳房的,胸的;乳腺的:*mammary* cancer 乳腺癌

mam·mo·gram /ˈmæməgræm/ *n*. [C]【医】乳房X线照片

mam·moth /ˈmæməθ/ **I** *n*. [C]【古生】猛犸象,(长)毛象 **II** *adj*. [常作定语](像猛犸象般)庞大的,巨大的:*mammoth* hurricanes 强劲飓风

man /mæn/ **I** *n*. ([复]**men** /men/) ❶[C](区别于女人及男孩的)(成年)男子,男性,男人:He may still be a boy, but he has the physique of a *man*. 按理说他还是个男孩儿,可他的体形已长得像个成年男子了。❷[C](无性别或年龄之分的)人类一员,人:*Men* should be *men*, not brutes. 人总应该有人味儿,不该像畜生。❸[常作 **a** ～]某(个)人,任何(个)人:All *men* are created equal. 人人生而平等。❹[时作 **M-**][不用冠词][总称]人,人类:*Man* hopes for peace. 人类渴望和平。❺[C][用作表示说话者之间的非正式关系的呼语]喂,嗨;伙计,哥们儿;老兄,老弟;朋友:*Man*! Listen to him blow that horn! 嗨!听听他在吹号! **II** *vt*. (**manned**; **man·ning**) ❶给…配备人员(或兵力);向…提供人员(或兵力):*man* a fleet 为舰队配备船员 ❷工作(或坚守)在…岗位上;在…上操作;操纵;充任(职位),担任(职务):They *manned* the phones all through the night. 他们整夜都守在电话机旁。‖ ***one's own man*** *adj*. 不受约束的,自由自在的;独立自主的:Now that he has a business he feels he is *his own man*. 既然有了自己的商号,他就觉得能独立自主了。‖ ˈ**man·less** *adj*.

-man /mᵊn, mæn/ *comb. form* 表示"从事…活动的人";"居住在(或来自)…的人":sales*man*, bar*man*, camera*man*, business*man*, post*man*, English*man*, country*man*

man·a·cle /ˈmænəkᵊl/ **I** *n*. [通常作～s]镣铐;手铐;脚镣:They locked the *manacles* around the man's wrists. 他们锁上了那人腕上的手铐。**II** *vt*. ❶给…戴上手铐(或脚镣):The captives were at times *manacled*. 俘虏们有时被戴上手铐(或脚镣)。❷〈喻〉制约,约束;束缚,限制:He was *manacled* by his inhibitions. 他受制于重重阻力。

man·age /ˈmænidʒ/ *vi*. ❶设法应付掉,想法对付过去;达到目的:They *managed* to see the governor. 他们想办法见到了州长。❷(尤指克服经济方面的困难)勉强过活;勉强维持:I don't want charity. I can *manage*. 我不需要施舍,我还能勉强维持下去。—*vt*. ❶设法做到,努力完成;勉强做成:They *managed* a satisfactory resolution to the question. 他们努力为此问题找到满意的解决方案。❷组织,安排;设计,策划;管理,料理,处理;经营(见 conduct):He *managed* the plot of the story with inventiveness. 他对故事情节的安排很有创意。❸〈口〉[与 can, could, be able to 连用]妥善处理,成功应付;安排(时间)做,有空做(某事);吃;得到:The truck can *manage* a ton and a half. 这辆卡车能装一吨半的货。‖ **man·age·a·ble** /ˈmænidʒəbᵊl/ *adj*.

man·age·ment /ˈmænidʒmᵊnt/ *n*. ❶[U]管理;经营;支配;处理:courses in business *management* 企业管理课程 ❷[常作 **the** ～][总称](企业或机构等的)管理人员,行政人员:*The management* is having talks with the workers. 管理方正在同工人们对话。

man·ag·er /ˈmænidʒəʳ/ *n*. [C] ❶(企业、商店或机构等的)经理;(某些活动的)组织者,负责人:The bank *manager* asked for security. 银行负责人要求人身保护。❷(演员、乐队及演出团体等的)演出经理;(运动员、运动队及体育比赛的)领队;经纪人:the *manager* of a pop group 流行乐队的经纪人

man·a·ge·ri·al /ˌmæniˈdʒiəriəl/ *adj*. [无比较级][作定语] ❶经理的;管理人员的 ❷管理方面的;经营上的:a *managerial* post 管理岗位

man·da·rin¹ /ˈmændərin/ *n*. [C] ❶〈时贬〉(政界或知识界年长或保守的)达官,显贵;要人,名流;权威人士,领袖人物 ❷(尤指明、清等中国封建王朝时期经科举考试选拔的九品以上的)官吏,官员(其品级以朝服的颜色及所戴官帽区分)

man·da·rin² /ˈmændərin/ *n*. [C] ❶【植】中国柑橘树 ❷中国柑橘

man·date /ˈmændeit/ *n*. [C] ❶(选民对选出的政府代表或议会等的)支持;委任,授权:the *mandate* given to sb. by the electors 选民们授予某人的权利 ❷(官方或权威的)指令,命令;训令:the *Mandate* of Heaven 天命

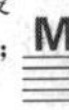

man·da·to·ry /ˈmændətᵊri/ *adj*. [无比较级]

❶指令的,命令的;训令的:a *mandatory* statement 训令声明 ❷政策(性)的;强制的,强迫的;必须的,义务的:It is *mandatory* that all students take two years of math. 所有学生必须学两年数学。

man·di·ble /ˈmændibᵊl/ *n.* [C]【动】颚;颔;(尤指脊椎动物的)下颌骨 ‖ **man·dib·u·lar** /mænˈdibjuləʳ/ *adj.*

mane /mein/ *n.* [C] ❶(马或狮等动物的)鬃毛;鬣毛:That angry lion erected his *mane*. 那头发怒的狮子竖起了鬃毛。❷〈口〉(人的)长(头)发:She tipped back her blonde *mane* and let out a hearty laugh. 她捋了捋金色长发,由衷地笑了起来。‖ ˈ**mane·less** *adj.*

ma·neu·ver /məˈnuːvəʳ/ *n.* & *v.* 〈主美〉=manoeuvre

ma·neu·vra·ble /məˈnuːvᵊrəbᵊl/ *adj.* 〈主美〉= manoeuvrable ‖ **ma·neu·vra·bil·i·ty** /məˌnuːvᵊrəˈbiliti/ *n.* [U]

man·ful /ˈmænfᵘl/ *adj.* [作定语]有男子汉气魄的;勇敢的,果断的,坚毅的:explorers' *manful* attempts to reach the summit 探险者努力到达顶点的勇气 ‖ ˈ**man·ful·ly** *adv.*

man·ga·nese /ˈmæŋgəˌniːz/ *n.* [U]【化】锰(符号 **Mn**):*manganese* dioxide 二氧化锰

man·gle /ˈmæŋgᵊl/ *vt.* ❶[常用被动语态]乱切,乱砍;乱碾,乱压;乱撕,乱扯;(乱砍、乱打、乱撕或乱压而)使受重创;使伤残缺损:The two cats bit and clawed until both were much *mangled*. 两只猫互相抓咬,彼此弄得血肉模糊。❷〈喻〉破坏,弄坏,损坏;(因发音拙劣等)使(话)听不懂;(因错误)损坏(原文等):The pianist *mangled* the concerto. 那个钢琴演奏者把协奏曲弹砸了。

man·go /ˈmæŋgəu/ *n.* ([复]**-go(e)s**) ❶[C;U]杧果 ❷[C]【植】杧果树

man·grove /ˈmæŋgrəuv/ *n.* [C]【植】红树:*mangrove* swamps 红树林沼泽地

man·hole /ˈmænˌhəul/ *n.* [C](锅炉、下水道等供人进出检修等的)检修孔,进入孔;窨井:an inspection *manhole* 检修人孔〔亦作 **inspection chamber**〕

man·hood /ˈmænhud/ *n.* ❶[U](男子的)成人(期),成年(期);成熟(期):arrive at *manhood* 长大成人 ❷[**the ～**][总称](全体)男子:*the whole manhood* of a country 一国的全体男子

man-hour /ˈmænˈauəʳ/ *n.* [C]工时,人时,人工作时(指每人1小时完成的工作量):*man-hours* spent on the job 那项工作花费的工时

man·hunt /ˈmænˌhʌnt/ *n.* [C](尤指警方组织的对罪犯、逃犯或人质的)追捕,追缉,搜捕:We were then on the biggest *manhunt*. 我们当时正在进行最大规模的搜捕。

ma·ni·a /ˈmeiniə/ *n.* [C] ❶狂热,癖好,痴迷(*for*):Ballet is the national *mania*. 芭蕾风靡了整个国家。❷【医】躁狂,癫狂,(疯)狂:Kleptomania is a *mania* for stealing things. 偷窃癖是一种爱偷东西的躁狂症。

ma·ni·ac /ˈmeiniæk/ *n.* [C] ❶〈口〉躁狂者,狂人,疯子:She was attacked by a *maniac*. 她遭到了一个疯子的袭击。❷〈口〉(对某事的)狂热者,酷爱者,着迷者:*computer maniacs* 电脑迷 / a *maniac* at Frisbee 飞盘的狂热爱好者 ‖ **ma·ni·a·cal** /məˈnaiəkᵊl/ *adj.* —**maˈni·a·cal·ly** *adv.*

man·ic /ˈmænik, ˈmei-/ *adj.* ❶[无比较级]【心】躁狂的;似躁狂的;患躁狂症的:He was afraid that she would become scattered and *manic*. 他担心她会精神分裂乃至疯狂。❷狂热的,疯狂的:The whole place has an air of *manic* cheerfulness. 整个地方充满狂欢的气氛。

man·ic-de·pres·sive /ˌmænikdiˈpresiv/【心】**I** *adj.* [无比较级]躁狂抑郁(症)的:It's a *manic-depressive* book. 这是一本充满狂躁抑郁的书。**II** *n.* [C]躁狂抑郁症患者

man·i·cure /ˈmæniˌkjuəʳ/ *n.* [C]修手(尤指指甲的修剪、洗净、涂染等);手部护理:She went to the beauty parlour for a *manicure*. 她去了趟美容院修了一下指甲。‖ **man·i·cur·ist** /ˈmæniˌkjuərist/ *n.* [C]

man·i·fest /ˈmæniˌfest/ **I** *adj.* 明显的,明白的,明了的:As *manifest* in his music, Ives's faith was real and transcendental. 正像他的音乐所明晰表达出的那样,艾夫斯的信念是真实、超脱的。**II** *vt.* 明白显示,清楚表明;表露,流露(情感等):He *manifested* his approval with a hearty laugh. 他用一阵发自内心的笑声清楚地表明了赞同的意思。‖ ˈ**man·iˌfest·ly** *adv.*

man·i·fes·ta·tion /ˌmænifeˈsteiʃᵊn/ *n.* ❶[U]显示,表明,证明:some *manifestation* of gratitude 某种感恩的表示 ❷[C]表现;表现形式:a *manifestation* of disease 疾病的症状

man·i·fes·to /ˌmæniˈfestəu/ *n.* [C]([复]-**tos**) 宣言,声明;告示:They impelled the government to issue *manifestos*. 他们迫使政府发表声明。

man·i·fold /ˈmæniˌfəuld/ **I** *adj.* [无比较级]〈书〉各种各样的;很多的;许多的;不同的:There are *manifold* apples on this tree. 这棵树上有很多苹果。**II** *n.* [C]【机】多支管;歧管

man·i·kin /ˈmænikin/ *n.* [C] 侏儒,矮人

man·i·oc /ˈmæniˌɔk/ *n.* [C]木薯(=cassava)

ma·nip·u·la·ble /məˈnipjuləbᵊl/ *adj.* 易被操纵的:*manipulable* children who are eager to please adults 喜欢取悦大人的易被操纵的孩子

ma·nip·u·late /məˈnipjuˌleit/ *vt.* ❶(机智、巧妙或狡猾地)安排;应付,处理;利用;影响;控制,操纵:It is a simple matter to *manipulate* such a situation. 应付这样一个局面很简单。❷熟练地操作,巧妙地使用(见 handle):*manipulate* the steering wheel 熟练操作方向盘 ‖ **ma·nip·u·la·tion** /məˌnipjuˈleiʃᵊn/ *n.* [C;U] —**maˈnip·uˌla·tor** *n.* [C] — **ma·nip·u·la·tive** *adj.*

man·kind *n.* [总称] ❶/mænˈkaind/ 人类,人:*Mankind* is now ready to explore the Mars. 人类已经准备好要探索火星了。❷/ˈmænˌkaind/ 男性,男人,男子

man·ly /ˈmænli/ *adj.* ❶有男子汉气魄的,大胆的;强壮有力的;勇敢的,坚毅的;有主见的;果断的;坦率的;高尚的:He has a free and *manly* temper. 他这人向来是豪爽大方的。❷适合于男人的,男性的:*manly* voice 男性的嗓音 ‖ **man·li·less** *n.* [U]

man-made /ˈmænˌmeid/ *adj.* [无比较级]人造的,人的;人为的:*a man-made* satellite 人造卫星

manned /mænd/ *adj.* [无比较级] ❶由人(尤指士兵)操纵的:a *manned* bomber 由人操纵的轰炸机 ❷(宇宙飞船或飞机等)载人的:a *manned* space vehicle 载人宇宙飞船

man·ne·quin /ˈmænikin/ *n.* [C] ❶(裁缝、商店等用来试装或展示服装的)人体模型,服装模型 ❷女服装模特儿,女时装模特儿

man·ner /ˈmænəʳ/ *n.* [C] ❶方式,方法;手段:They praised me in a *manner* that did not quite please my brother. 他们表扬我的方式让我哥哥很不高兴。❷[~s]习俗,风俗;生活方式;社会状况:Numerous indigenous people are found living in a more or less traditional *manner*. 许多土著居民不同程度地生活在传统习俗中。❸[~s]规矩,规范;礼貌,礼仪;风度;气质:You ought to teach your children some *manners*. 你得教你的孩子们学些规矩。❹[用单][用作单或复]种类,类别:*all manner* of birds in the forest 森林里各种各样的鸟

man·nered /ˈmænəd/ *adj.* ❶[用以构成复合词]表示"…态度的","举止…的";"…风格的":ill-*mannered*举止粗鲁的❷不自然的,做作的,扭捏的:one's *mannered* walk 扭捏作态的走路姿势

man·ner·ism /ˈmænəˌrizᵊm/ *n.* [C](个人特有的)举止,姿势;习惯;习性,癖性:He has this strange *mannerism* of picking at his teeth while talking. 他说话时有剔牙的奇怪习惯。

man·ner·ly /ˈmænəli/ *adj.* 彬彬有礼的,谦恭的,文雅的

man·nish /ˈmæniʃ/ *adj.* ❶〈常贬〉(女人)男人似的,男性化的;模仿男人的:a *mannish* voice 男性化的嗓音 ❷有男子特性的,有阳刚之气的;适合男子的 ‖ **ˈman·nish·ly** *adv.* —**ˈman·nish·ness** *n.* [U]

ma·noeu·vre /məˈnuːvəʳ/ 〈主英〉**I** *n.* [C] ❶(部队、战舰等的)机动;调动;调遣:This critical stance gives him room for *manoeuvre*. 这一关键的态度使他有了很多机动余地。❷[~s]【军】(尤指大规模的)(对抗性)演习,演练:The new soldiers were divided into opposing teams and went out on *manoeuvres* in the field. 新兵分成两队,到野外进行对抗演习。❸(熟练或灵巧的)动作,行动;程序,方法:This gives him a freedom of *manoeuvre*. 这使他有了行动的自由。**II** *vt.* 使…灵巧地转动:She *manoeuvred* the truck around the fallen tree. 她开车巧妙绕过倒地的树。—*vi.* ❶做(熟练或灵巧的)动作:Pheasants *manoeuvred* in the underbush. 雉鸡在灌丛中翻转腾挪。❷要花招;用计谋:This seems like *manoeuvring*. 这种办法像是要手腕。〔亦作 **maneuver**〕

ma·noeu·vra·ble /məˈnuːvᵊrəbᵊl/ *adj.* 〈主英〉操纵灵活的:a *manoeuvrable* car that is easy to park in tight spaces 一辆在狭窄地方也能轻松停放的操纵灵活的车〔亦作 **maneuvrable**〕‖ **ma·noeu·vra·bil·i·ty** /məˌnuːvᵊrəˈbiliti/ *n.* [U]

man·or /ˈmænəʳ/ *n.* [C] ❶庄园,田庄;庄园主宅第 ❷〈英〉(中世纪欧洲封建领主的)领地,采邑 ‖ ˈ**ma·no·ri·al** *adj.*

man·pow·er /ˈmænˌpauəʳ/ *n.* [U] ❶人力,劳力:an ancient building constructed entirely by *manpower* 一座完全靠人力建造的古建筑 ❷(可利用的)劳动力;人力资源;(可用)兵力,军力:The police are seriously short of *manpower*. 警力严重缺乏。

man·serv·ant /ˈmænˌsəːvᵊnt/ *n.* [C]([复] **men·serv·ants** /ˈmensˌsəːvᵊnt/) 男佣,男仆

man·sion /ˈmænʃᵊn/ *n.* ❶[C]豪宅,宅邸;大厦:I spent two nights in the *mansion*. 我在大厦里过了两宿。❷[～s]〈英〉公寓大厦,公寓楼;公寓楼中的套房:In my father's house are many *mansions*. 我父亲的房子里有多套住房。

man-sized /ˈmænˌsaizd/ *adj.* [无比较级]〈口〉(适合成人使用的)大的;大型的:*man-sized* paper handkerchiefs (成人用的)大号纸巾

man·slaugh·ter /ˈmænˌslɔːtəʳ/ *n.* [U]非预谋杀人罪,过失杀人:Jack was arrested on a charge of *manslaughter*. 杰克因过失杀人罪而被逮捕。

man·tel /ˈmæntᵊl/ *n.* [C]壁炉台;壁炉架〔亦作 **mantlepiece**〕

man·tel·piece /ˈmæntᵊlˌpiːs/ *n.* =mantel

man·tis /ˈmæntis/ *n.* [C]([复]-**tis(·es)**)【昆】螳螂

man·tle /ˈmæntᵊl/ *n.* [C] ❶斗篷,披风,氅:throw a *mantle* over one's shoulders 把披风披在肩上 ❷覆盖物;盖罩;幕:the *mantle* of darkness 夜幕 ❸【地质】地幔:*mantle* plume 地幔热柱

man·u·al /ˈmænjuəl/ Ⅰ *adj.* [无比较级] ❶[作定语]手动的;手工的,用手操作的:a *manual* gearshift 手动挡 ❷人力的,体力的;非自动的:hard *manual* work 艰苦的体力劳动 Ⅱ *n.* [C]手册,说明书;指南:a users' *manual* 用户手册 ‖ ˈ**man·u·al·ly** *adv.*

man·u·fac·ture /ˌmænjuˈfæktʃəʳ/ Ⅰ *vt.* ❶(用机器大规模地)生产,制造:Our company *manufactures* cars. 我们公司生产汽车。❷(用某种材料)加工,制作:The wood is *manufactured* into fine cabinetwork. 那段木料被制成了精细的家具。Ⅱ *n.* [U] ❶(大规模的机器)制造;生产;加工:the *manufacture* of furniture 家具生产 ❷形成;创作;创造:the *manufacture* of stories 小说创作 ‖ ˌ**man·u**ˈ**fac·tur·er** *n.* [C]

ma·nure /məˈnjuəʳ/ *n.* [U]粪肥(尤指马粪):a fresh pile of horse *manure* 一堆新鲜马粪

man·u·script /ˈmænjuˌskript/ *n.* [C] ❶手稿;手写本,手抄本:The location of the full *manuscript* of her novel was unknown. 她小说的完整手稿仍下落不明。❷(尚未付印的手写或打印)原稿,原件;初稿;稿件:His early work was still in *manuscript*. 他的早期作品尚未问世。

man·y /ˈmeni/ Ⅰ *adj.* (**more** /mɔːʳ/, **most** /məust/) ❶[后接具数名词]许多的,(很)多的,众多的:Ice cream comes in *many* flavours. 冰激凌有多种口味。❷[后接冠词 a 和单数可数名词]许多,很多:For *many a* day it rained. 一连下了很多天的雨。Ⅱ *pron.* [用作复]许多人(或事物),很多人(或事物):*Many* were unable to attend. 很多人不能来参加。‖ ***many a time*** *adv.* 很多次;常常

map /mæp/ Ⅰ *n.* [C]地图;路线图:Please mark your university on this *map*. 请在这张地图上标出你们大学的所在地。Ⅱ *vt.* (**mapped**; **map·ping**) ❶绘制…的地图;在(图等)上标出,使标出;描绘;使清楚:*map* the surrounding terrain 绘制周边的地形图 ❷(详细)计划,策划;(精心)安排,组织:My friend there has it all *mapped* out for me. 我朋友在那里已经为我安排好了一切。‖ ˈ**map·mak·er** *n.* [C]

ma·ple /ˈmeipᵊl/ *n.* ❶[C]【植】槭(树),枫树:reddening *maples* 树叶正在变红的枫树 ❷[U]槭木,枫木 ❸[U]槭树汁味;槭糖味

maple syrup *n.* [U]槭糖浆;槭树汁

mar /mɑːʳ/ *vt.* (**marred**; **mar·ring**) 损坏,毁坏;玷污;损伤:That trash can *mars* the view. 那个垃圾箱大煞风景。

Mar,Mar. *abbr.* March

mar·a·thon /ˈmærəθᵊn,θᵊn/ *n.* [C] ❶[亦作 **M-**]马拉松(赛跑)(一项超长距离赛跑,全程 42 195米,起源于希腊):international *Marathon* 国际马拉松赛 ❷任何长距离的赛跑 ❸耐力活动;耗时而费力的行动(或工作、任务等):

a marathon for skaters 一场滑冰耐力赛 ‖ ˈ**ma·ra·thon·er** *n.* [C]

ma·raud /məˈrɔːd/ *v.* 掠夺,抢劫,劫掠(*on*, *upon*):Those freebooters were *marauding* all across the country. 那些海盗在那个国家四处掠夺。‖ **maˈraud·er** *n.* [C] —**maˈraud·ing** *adj.* [作定语]

mar·ble /ˈmɑːbᵊl/ *n.* ❶[U]大理石;大理石块(或板):columns of beautiful *marble* 漂亮的大理石柱 ❷[C](黏土、玻璃或石头做成的)弹子:The *marbles* spilled onto the floor. 弹子洒落在地板上。❸[~s][用作单]弹子游戏:a group of boys absorbed in a game of *marbles* 一帮迷在弹子游戏里的男孩 ‖ **mar·bly** *adj.*

march /mɑːtʃ/ **I** *vi.* ❶行军,进军:The soldiers *marched* down the street. 士兵们沿着街道向前行进。❷(步伐齐整地)行走,行进;稳步地走(或前进);(快步地)径直走:She *marched* off to bed. 她径直上床睡觉去了。❸〈喻〉进展,进行:Time *marches* on. 时间在不停地向前。❹参加游行示威(或抗议):*march* for civil rights 为争取公民权利而游行示威 —*vt.* ❶迫使(某人)前往;将(某人)押赴,押送:He took me by the arm and *marched* me out of the door. 他抓住我的胳膊,把我赶出了门。❷使前进,使行进;使行军,使进军:*march* the economy out of crisis 领导经济走出危机 **II** *n.* [C] ❶前进,行进;行军,进军:make a forced *march* of five days 进行五天的急行军 ❷游行示威,游行抗议:a peace *march* 和平游行示威 ‖ ˈ**march·er** *n.* [C]

March /mɑːtʃ/ *n.* [C](一年之中的)三月(份)(略作 **Mar.**, **Mr.**, **M**):in the first week of *March* 3月的第一周

mare /meəʳ/ *n.* [C]牝马,母马;母驴

mar·ga·rine /ˌmɑːdʒəˈriːn, ˌmɑːɡə-; ˈmɑː-/ *n.* [U]麦淇淋,人造黄油,植物黄油:spread some *margarine* on the toast 在吐司上面抹些植物黄油

mar·gin /ˈmɑːdʒin/ *n.* [C] ❶页边空白,页边:Leave a good *margin* on all sides. 在四周留足空白。❷边,边缘,边沿(见 border):at the *margin* of the woods 在森林的边缘 ❸(超过或少于的)差额,差量;余额,余量;余地:disappointing sales and profit *margins* 令人失望的销售量和利润额 ❹(可能性、接受性或成功等的)限度,幅度;极限;机会;概率:His *margin* of victory was too small to be conclusive. 他获胜的概率很小,难下定论。

mar·gin·al /ˈmɑːdʒinᵊl/ *adj.* [无比较级] ❶(印在或写在)页边的,页边空白处的;边注的:*marginal* illustrations 页边图示 ❷边缘的,沿边的;边缘地区的;构成边缘的:a *marginal* piece of land 边缘地区的一块地 ❸最低限度的,接近承受边缘的;勉强够格的:a *marginal* student 差生 ‖ ˈ**mar·gin·al·ly** *adv.*

mar·gi·na·li·a /ˌmɑːdʒiˈneiliə/ [复] *n.* [用作复]边注,旁注:the dense *marginalia* of an eighteenth-century annotator 18世纪的注释者所做的密密麻麻的旁注

mar·i·gold /ˈmæriˌɡəuld/ *n.* [C]【植】金盏花;万寿菊

mar·i·jua·na, **mar·i·hua·na** /ˌmæriˈwɑːnə/ *n.* ❶[C]【植】大麻 ❷[U]干大麻叶和花(可作麻醉兴奋剂原料)

ma·ri·na /məˈriːnə/ *n.* [C](为小型船只提供系泊、补给和维修等服务的)小船坞,小船泊区

mar·i·nade I /ˌmæriˈneid/ *n.* [C; U](用醋、酒、油等配制而成的)腌泡汁 **II** /ˈmæriˌneid/ *vt.* (用腌泡汁)浸泡;腌制:*marinade* a chicken in white wine 将鸡放入白葡萄酒中腌浸

mar·i·nate /ˈmæriˌneit/ *v.* (食物被腌泡汁)浸泡,淹泡:Allow the meat to *marinate* overnight. 将肉浸泡一晚上。‖ **mar·i·na·tion** /ˌmæriˈneiʃᵊn/ *n.* [U]

ma·rine /məˈriːn/ **I** *adj.* [无比较级] ❶海洋的;海里发现的;海产的:*marine* vegetation 海洋植物 ❷航海的;海运的;海事的:*marine* affairs 海事 **II** *n.* [C]海军陆战队士兵(或军官)

Marine Corps *n.* [常作 **the** ~]海军陆战队

mar·i·ner /ˈmærinəʳ/ *n.* [C]航海者;海员;水手

mar·i·o·nette /ˌmæriəˈnet/ *n.* [C]牵线木偶,提线木偶

mar·i·tal /ˈmæritᵊl/ *adj.* [无比较级]婚姻的;夫妻(间)的:*marital* crises 婚姻危机 ‖ ˈ**mar·i·tal·ly** *adv.*

mar·i·time /ˈmæriˌtaim/ *adj.* [无比较级] ❶航海的;海事的;海运的:*maritime* insurance 海事保险 ❷海洋的;海上的,沿海的;海边的;靠海居住的,生活在海边的:*maritime* provinces

沿海省份

mark /mɑːk/ I *n.* ❶[C]痕迹，印迹；疤痕，瘢痕，伤痕；斑点；污点，污渍：the *mark* of an old wound 旧伤疤 ❷[C]符号；标记，记号(见 sign)：punctuation *marks* 标点符号 ❸[C]表现；体现；We bow as a *mark* of respect. 我们鞠躬以示敬意。❹[C;U](尤指长久深刻的)印象；影响；特征标志：This writer left his *mark* on English literature. 这位作家给英国文学留下了深远的影响。❺[C]标志；特点，特征：a *mark* of nobility 高贵身份的象征 ❻[C]标签，标志；商标：a laundry *mark* 洗衣店标志 ❼[C](考试等的)分数，等级；名次，排名；(操行等的)级别；评价：My *marks* in [for] music are 90. 我的音乐课分数是 90 分。II *vt.* ❶标志，表明…的特征：*mark* the beginning of civilization by the development of city life 以城市生活的发展作为文明起源的标志 ❷在…留下痕迹(或印记、斑点等)：Do not *mark* the paintwork while moving the furniture around. 搬动家具时不要碰伤表面的油漆。❸评判…的等级，给…打分；批改(学生作业)：Poetry is very difficult to *mark*. 诗歌的优劣很难评判。❹(清楚地)表示；表明；表现；显露：The teacher *marked* his satisfaction by a smile. 老师笑了笑，表明他很满意。❺(用记号)标出，标示，标明；做记号于：You should *mark* your own things. 你应该在自己的东西上写上名字做记号。—*vi.* 留下痕迹(印记或斑点)：That soft wood surface *marks* too easily. 那种软质木表面太容易留下印记。‖ ***mark down*** *vt.* ❶削减(商品)的价格，标低(商品)的价格：These summer suits will be *marked down* fifty per cent. 这些夏季服装将五折出售。❷记下，写下：*Mark* that number *down*, please! 请把那个数字写下来！***mark up*** *vt.* ❶在…上加注：Do not *mark* it *up* with so much red ink! 别用红墨水笔在上面批注太多。❷标高(商品)的价格，给…涨价：We may *mark up* the raincoats during the rainy season. 我们可以在雨季标高雨衣的价格。

mark-down /ˈmɑːkˌdaun/ *n.* [C] ❶减(或降、削)价，打折：a *mark-down* on sofas 沙发的降价 ❷降价幅度；折扣(额)：a *mark-down* of £10 减价 10 英镑

marked /mɑːkt/ *adj.* ❶相当明显的，显著的：The curiously modern feeling in much of his work became more *marked*. 他大部分作品中奇特的现代感变得更明显了。❷受怀疑的；受仇视的：The accountant is a *marked* man. 那个会计受到了怀疑。❸有记号的，打上标记的 ‖ **mark·ed·ly** /ˈmɑːkidli/ *adv.*

mark·er /ˈmɑːkəʳ/ *n.* [C] ❶标记物；标志：leave a piece of paper in the book as a *marker* 在书里夹张纸作为标记 ❷画线器，画线装置

mar·ket /ˈmɑːkit/ I *n.* [C] ❶集市：a country *market* 乡村集市 ❷市场；集贸市场；商贸中心，中心市场；超市；经销地区：Annie took the bus into London to shop in the *market*. 安妮乘车到伦敦的商业中心购物。❸(尤指特定商品的)交易，买卖：The coffee *market* is very excited. 咖啡的买卖相当活跃。II *vt.* 卖；(送到市场)出售，(上市)销售：Robert successfully *marketed* the first paperbacks in the U. S. 罗伯特成功地在美国卖出了第一批平装书。—*vi.* (为家里)买食品：We were out *marketing* when our house was robbed. 我们外出采购食品的时候，家里被盗了。‖ ***be on the market*** *vi.* 投放市场，上市：How long has their house *been on the market*? 他们的房子上市多久了？ ‖ **ˈmar·ket·a·ble** *adj.* —**ˈmar·ket·er** *n.* [C]

mar·ket·ing /ˈmɑːkitiŋ/ *n.* [C] ❶销售学；市场推广：She majored in *marketing*. 她专修市场营销。❷采购食品：Her husband did the *marketing* on Fridays. 她丈夫星期五负责买食物。

mar·ket-place /ˈmɑːkitˌpleis/ *n.* [C] ❶(尤指露天的)集市，市场；商业中心 ❷商界，商业圈：In a free, open *market-place* our goods can compete. 在自由开放的商界我们的商品才能相互竞争。❸(各种思想、观点等的)交流(或竞争)场所：a *market-place* for ideas 各种思想争鸣的场所

marks·man /ˈmɑːksmᵊn/ *n.* [C]([复]-**men** /mᵊn/) 射击者；射击能手，神枪手；射(球)手：He was the best *marksman* in the league at kicking field goals. 在足球联赛中，他是最佳射门手。‖ **ˈmarks·manˌship** *n.* [U]

mark·up /ˈmɑːkˌʌp/ *n.* [C]【商】(为确保管理费用的开支而对商品成本进行的)加价，涨价

mar·lin /ˈmɑːlin/ *n.* [C]([复]-**lin(s)**)【鱼】青枪鱼；枪鱼

mar·ma·lade /ˈmɑːməˌleid/ *n.* [U](用带皮的

橘子、柠檬或其他水果制成的)橘子酱,柠檬酱,果子酱:*marmalade* on toast 烤面包片上抹的橘子酱

mar·mo·set /ˈmɑːməˌzet/ *n.* [C]【动】狨(栖于中南美洲的小长尾猴)

ma·roon¹ /məˈruːn/ I *n.* [U]绛紫色,褐红色 II *adj.* [无比较级]绛紫色的,褐红色的:The *maroon* outer casing was beautifully bright. 绛紫色的外包装明艳漂亮。

ma·roon² /məˈruːn/ *vt.* [常用被动语态]把…放逐(或遗弃)到孤岛上:be *marooned* on a desolate island with no food 被遗弃在一个荒岛上,没有任何食物

mar·quee /mɑːˈkiː/ *n.* [C] ❶(装在大型建筑物入口处的)延伸遮篷,大天篷:the *marquee* of the theatre entrance 剧院入口处的天篷 ❷(户外社交或商用的)大帐篷:a collation and a dance in *marquees* on the lawn 草坪上的大帐篷里有小吃和舞会

mar·quis /ˈmɑːkwis,mɑːˈkiː/ *n.* [C]([复] **mar·quis·es**或**mar·quis** /mɑːˈkiː/)(英国等的)侯爵

mar·quise /mɑːˈkiːz/ *n.* [C] ❶侯爵夫人(=marchioness) ❷女侯爵(=marchioness)

mar·riage /ˈmæridʒ/ *n.* ❶[U]结婚,成亲:different customs of *marriage* 不同的婚俗 ❷[C;U]婚姻;婚姻生活;夫妻关系,婚姻关系:Her last two *marriages* were unhappy. 她的前两次婚姻都不幸福。❸[C]结婚仪式,婚礼:The *marriage* took place in her old parish church. 婚礼在她那个教区的老教堂里举行。

mar·riage·a·ble /ˈmæridʒəbᵊl/ *adj.* (尤指女性)已达婚龄的,当嫁的:a girl of *marriageable* age 待嫁的姑娘

mar·ried /ˈmærid/ *adj.* [无比较级] ❶已婚的;有妇(或夫)的:Though twice *married*, Constantine had no offspring. 康斯坦丁尽管已结了两次婚,却没有子女。❷[作定语]夫妻的;婚姻的:*married* love 夫妻之爱

mar·row /ˈmærəu/ *n.* [U]【解】髓,骨髓;脊髓:bone *marrow* transplants 骨髓移植

mar·ry /ˈmæri/ *vt.* ❶与…结婚,和…成亲;娶;嫁:He *married* her when he was eighteen. 他18岁的时候跟她结了婚。❷(牧师或官员等)为…主持婚礼,为…证婚:The priest *married* them in the old church. 牧师在老教堂为他们举行了婚礼。❸为…娶亲;把…嫁出(*to*):*marry* one's daughter into a rich family 将女儿嫁入豪门 —*vi.* 结婚,成亲:*marry* like a shot 闪电式结婚

☆**marry** 作及物动词时意为"与(某人)结婚";该词只表示动作而不表示婚姻状态。表示婚姻状态时常用 **get married** 结构,其中 **married** 为形容词:My son's *getting married* next week.(我儿子下星期要结婚了。)/ They are saving up to *get married*.(他们俩在攒钱结婚。)提及配偶双方时可说:Ben and Jill are *getting married*.(本和吉尔要结婚了。)**marry into** 意为"与…联姻;靠婚姻获得":She *married into* a wealthy family.(她嫁入了一个富人家。)**marry off** 意为"嫁(女)":She *married off* her daughter to a young diplomat.(她把女儿嫁给了一位年轻的外交官。)

marsh /mɑːʃ/ *n.* [C]沼泽,湿地 ‖ ˈ**marsh·y** *adj.*

mar·shal /ˈmɑːʃᵊl/ *n.* [C] ❶〈美〉联邦司法区执法官;市司法官 ❷市警察局局长;消防队长 ❸司仪,典礼官 ❹[**M-**](法国等军队的)最高指挥官,元帅:Field *Marshal* 陆军元帅

marsh gas *n.* [U]【化】沼气(由沼泽地内腐烂植物产生的可燃气体,其主要成分为甲烷)〔亦作 **swamp gas**〕

mar·su·pi·al /mɑːˈsuːpiəl/ *n.* [C]【动】有袋(目)动物,有袋类:*marsupial* frog (南美洲的)囊蛙

mart /mɑːt/ *n.* [C] ❶市场,集市:discount *marts* 折价市场❷商业中心,贸易中心

mar·ten /ˈmɑːtin/ *n.* ([复]**-ten(s)**) ❶[C]【动】貂 ❷[U]貂(毛)皮

mar·tial /ˈmɑːʃᵊl/ *adj.* [无比较级][作定语]战争的;适合于战争的:*martial* array 战争布阵 ‖ ˈ**mar·tial·ly** *adv.*

☆**martial, military, warlike** 均有"战争的;军事的"之意。**martial** 表示具有战争的根本特征,尤指军队的威武雄壮:*martial* law (军事管制法) **military** 泛指与战争有关的事情,但常用于正规部队的陆战,与 **naval** 相对:In some countries every young man must do a year's *military* service.(有些国家每个年轻人都要接受一年的军事训练。)**warlike** 表示导致或伴随战争的紧张、激烈的情绪:a *warlike* nation (好战

的国家）

martial arts［复］*n.*（东方）武术：*martial arts* movies 功夫片

martial law *n.*［U］戒严令；军事管制法：They have exercised *martial law* in this area. 他们已对该地区实施戒严。

Mar·tian /ˈmɑːʃᵊn/ *n.*［C］（假想的）火星人：the science fiction novel of *Martians* 有关火星人的科幻小说

mar·tyr /ˈmɑːtəʳ/ *n.*［C］❶殉道者；殉教者：early Christian *martyrs* 早期的基督教殉道者 ❷（为某种事业或信仰献身的）烈士，殉难者：The *martyrs* who died for the liberty of our country did not die for nothing. 为祖国的自由而牺牲的烈士们的鲜血没有白流。❸饱受（疾病等）折磨的人（*to*）：My aunt is a *martyr to* migraine. 我姑姑饱受偏头痛的折磨。‖ **mar·tyr·dom** /ˈmɑːtədᵊm/ *n.*［U］

mar·vel /ˈmɑːvᵊl/ **I** *n.*［C］出奇的事，令人惊奇的事；奇迹，奇观：My teacher is a *marvel* of patience. 我的老师有着出奇的耐心。**II** (**-vel(l)ed;-vel·(l)ing**) *vi.*〈书〉感到惊异，为…而感叹；赞叹（*at*, *over*）：I *marveled at* her ability to charm. 我为她施展魅力的能力而惊叹。—*vt.* ❶对…感到惊讶：They *marveled* that you won. 你们能赢，他们很惊讶。❷［常接 how, why 引导的从句］对…感到好奇：She *marveled* how the cat had managed to come into the room. 她很奇怪，那只猫是怎么进屋来的。

mar·vel·(l)ous /ˈmɑːvᵊləs/ *adj.* ❶〈口〉了不起的；绝妙的；很棒的：a *marvelous* idea 绝妙的主意 ❷令人吃惊的，使人惊异的；非同寻常的，奇异的：Her bedroom contained a *marvelous* glass bed. 她的卧室里有一张非同寻常的玻璃床。‖ **ˈmar·vel·(l)ous·ly** *adv.*

Marx·ism /ˈmɑːksizᵊm/ *n.*［U］马克思主义 ‖ **ˈMarx·ist, Marx·i·an** *n.*［C］& *adj.*

mar·zi·pan /ˈmɑːziˌpæn, ˌmɑːziˈpæn/ *n.*［U］杏仁蛋白软糖

mas·car·a /mæˈskɑːrə/ *n.*［U］睫毛（或眉毛）油（或膏）：I rubbed my eyes and smudged my *mascara*. 我揉了揉眼睛，把睫毛膏擦糊了。

mas·cot /ˈmæskət, -kɔt/ *n.*［C］（被认为能带来好运的）福星；吉祥物；护身符；保护神：Paul is a member of the softball team and his daughter is their *mascot*. 保罗是垒球队的队员，他的女儿是球队的福星。

mas·cu·line /ˈmæskjulin; ˈmɑːs-/ *adj.* ❶［无比较级］男人的，男子的；男性的；男性主导的，男性控制的：She was a woman who spoke her mind in a *masculine* society. 她是一个在男权社会里表达自己想法的女性。❷男子气概的，男子汉的；阳刚的，强壮的；精力旺盛的；适合男子特性的：She loved the *masculine* aspects of Stanley. 她爱上了斯坦利的阳刚之气。‖ **mas·cu·lin·i·ty** /ˌmæskjuˈliniti/ *n.*［U］

mash /mæʃ/ *vt.* ❶将（土豆等）碾成糊状；捣碎，捣烂：Please *mash* the potatoes for tomorrow's dinner. 请把土豆做成泥明天吃。❷压碎，压坏：He *mashed* his thumb with a hammer. 他用锤子压坏了拇指。

mask /mɑːsk; mæsk/ **I** *n.*［C］❶（用于娱乐、防护或伪装等的）（假）面具，鬼脸；面罩，口罩：She dropped the *mask* and smiled at me. 她摘下面具冲我笑笑。❷掩饰，伪装，假面：In spite of the threat of war, the city seems determined to put on a *mask* of normality. 尽管有战争的威胁，这座城市似乎还是着意摆出一切如常的样子。❸（外科医生或护士戴的）（消毒）口罩；（击剑等体育运动中用的）防护面罩；防毒面具；潜泳面罩：the aseptic *mask* of the surgeon 外科医生的无菌口罩 **II** *vt.* ❶〈喻〉掩饰，掩盖，遮掩；伪装，假装；使不易察觉：His dusty face *masked* his age. 他灰尘蒙面，使人看不出他的年纪。❷在（脸部）戴上面具（或面罩）；用面具（或面罩）防护（或遮蔽）：She is *masking* her face except for the eyes. 她把脸全都罩住，只露出眼睛。‖ **masked** *adj.*

mas·och·ism /ˈmæsəˌkizᵊm/ *n.*［U］❶【医】【心】（性）受虐狂；受虐倾向；自虐倾向 ❷受虐快感；自虐快感 ‖ **ˈmas·o·chist** *n.*［C］—**mas·o·chis·tic** /ˌmæsəˈkistik/ *adj.* —**ˌmas·oˈchis·ti·cal·ly** /-kᵊli/ *adv.*

ma·son /ˈmeisᵊn/ *n.*［C］石工，石匠，砖瓦匠

ma·son·ry /ˈmeisᵊnri/ *n.*［U］❶砖石建筑；水泥砖石结构；砖石工程：We do admire the *masonry* in this cathedral. 我们确实非常喜欢这座教堂里的砖石建筑。❷砖石工艺；砖石行业

mas·quer·ade /ˌmæskəˈreid/ **I** *n.*［C］❶化装舞会，假面舞会：join in a *masquerade* 参加化装舞会 ❷化装舞会服装，假面舞会服装 ❸伪装；

M

化装，假扮；伪装行为；欺骗：a *masquerade* of sb.'s true feelings 掩盖某人真实情绪的伪装 **II** *vi.* 化装，假扮；冒充，假冒(*as*)：a man *masquerading as* a woman 男扮女者 ‖ ˌ**mas·querˈad·er** *n.* [C]

mass[1] /mæs/ **I** *n.* ❶[C](积聚的)(一)块，(一)堆，(一)团：He was frightened by the amorphous *mass* which had floated in from the sea. 他被那一团从海里浮起来的不定型的东西吓倒了。❷[C]大量；大宗；大批：a *mass* of errors 一大堆错误 ❸[U]【物】质量(略作 **m**)：The *mass* of the sun is about 330,000 times greater than that of the earth. 太阳的质量比地球大大约330 000倍。❹[常作 **the ～es**]民众，群众，百姓；大批人群：the labouring *masses* 劳动人民 **II** *adj.* [无比较级][作定语]大规模的；大量的；大批的：a *mass* audience 大批观众 **III** *v.* 聚集，集中：Clouds were *massing* in the west. 云团在西边聚集。

mass[2] /mæs;mɑːs/ *n.* [常作 **M-**][U]【宗】弥撒(天主教对圣体礼拜礼仪的称谓)：go to *Mass* 去做弥撒

mas·sa·cre /ˈmæsəkəʳ/ **I** *n.* [C] ❶大屠杀，残杀；(牲畜的)成批屠宰：a *massacre* of civilians 对平民的大规模屠杀 ❷(彻底的)毁坏，破坏，浩劫：the deads from the *massacre* 惨遭浩劫后留下的尸体 **II** *vt.* 大规模屠杀，大批残杀：*massacre* hundreds of enemies 杀死了几百个敌人

mas·sage /ˈmæsɑːʒ,-sɑːdʒ/ **I** *n.* [C;U]按摩，推拿：have a *massage* 进行按摩 **II** *vt.* 对…按摩，给…推拿；用按摩(或推拿)治疗(疼痛或僵直)：*massage* one's stiff neck 推拿治疗僵直的脖子

mas·sive /ˈmæsiv/ *adj.* ❶(尤指物体)大块的；大而重的，笨重的；厚实的，结实的：The sun is about 330,000 times more *massive* than the earth. 太阳比地球约重330 000倍。❷(五官等面貌或身材)宽大的；粗壮的，魁梧的：His voice was strangely small coming out of his *massive* form. 从他那魁梧的身躯里发出的声音小得让人奇怪。❸大批的，大量的；大规模的，巨大的：*massive* amounts of financial aid 巨额财政援助 ‖ ˈ**mas·sive·ly** *adv.* —ˈ**mas·sive·ness** *n.* [U]

mass media [复] *n.* 大众传媒(如报刊、广播、电视等)

mass number *n.* [C]【物】(原子)质量数

mass-pro·duce /ˈmæsprəˌdʲuːs/ *vt.* (尤指使用机器)大(批)量生产，成批生产：When cars could be *mass-produced*, prices for them fell. 当汽车能够大批量生产的时候，价格就下跌了。

mast /mɑːst;mæst/ *n.* [C] ❶【海】桅杆，船桅；旗杆：The flag was fluttering from the top of the *mast*. 旗帜在旗杆顶部飘扬。❷(起支撑作用的)柱，杆：television *masts* 电视天线杆

mas·ter /ˈmɑːstəʳ;ˈmæs-/ **I** *n.* [C] ❶艺术家，艺术巨匠，艺术大师：a zen *master* 禅宗大师 ❷〈主英〉(尤指执教于私人学校的)男教师 ❸(录音、录像的)原版；(磁带的)母带；(唱片的)模版：I have sent her a copy of the recording and have kept the *master*. 我已经送了一盘复制的录像带给她，把原版保存起来了。**II** *vt.* ❶学会；熟练掌握，精通：My sister has already *mastered* riding her bicycle. 我妹妹已经学会了骑自行车。❷成为…的主宰；制服，征服；控制：These diseases, not yet *mastered*, are simply beyond our grasp. 这些未被攻克的疾病让我们无能为力。

mas·ter·ful /ˈmɑːstəfᵘl;ˈmæs-/ *adj.* ❶摆主人架子，盛气凌人的；爱发号施令的，好支配人的；专横的；专权的：Her tone had become more *masterful*. 她的口气愈发盛气凌人了。❷娴熟的，熟练的；精湛的，技艺高超的；精彩的；出色的：*a masterful* answer 巧妙的回答 ‖ ˈ**mas·ter·ful·ly** *adv.*

☆**masterful** 与 **masterly** 因词义交错而时有误用。**masterful** 意为"专横的；好支配他人的；熟练的"，指某人有能力、实力和技艺支配或领导他人，通常含有态度蛮横之意。该词在指某人具有从事某项活动的娴熟技艺和灵巧时，重在突出其专横：speak in a *masterful* manner (用独行其是的态度说话) **masterly** 意为"熟练的；精湛的；技艺高超的"，强调所制作或展示的物品具有灵巧、技艺精湛等属性，常暗含自信之意：a *masterly* summing-up of the situation (对局势的高明总结)

master key *n.* [C]万能钥匙

mas·ter·ly /ˈmɑːstᵊli;ˈmæs-/ **I** *adj.* 娴熟的，熟练的；巧妙的；极好的，出色的：*a masterly* presentation of the budget 预算案的巧妙陈述 **II** *adv.* 娴熟地，熟练地；精辟地：At an obvious

level, the book is simply a *masterly* guided tour. 显而易见,这是一本很好的导游手册。

mas·ter·mind /ˈmɑːstəˌmaind; ˈmæs-/ **I** *vt.* 谋划;暗中指挥,幕后策划:*mastermind* a project 主谋一项计划 **II** *n.* [C]智囊,谋士,出谋划策者;决策人:The *mastermind* behind the escape has already been identified. 策划逃跑的幕后主使的身份已确定。

master of ceremonies *n.* [C](广播、电视或夜总会等的)节目主持人

mas·ter·piece /ˈmɑːstəˌpiːs; ˈmæs-/ *n.* [C] ❶杰作;代表作;突出成就;出色表现:Her cake was a *masterpiece.* 她的蛋糕真是杰作! ❷(最能体现特质的)最佳范例,突出典型:a *masterpiece* of selfishness 自私自利的最佳范例〔亦作 **masterwork**〕

mas·ter-stroke /ˈmɑːstəˌstrəuk; ˈmæs-/ *n.* [C] 绝招;妙举;伟绩:He had thought that his action would be a *master-stroke.* 他还以为他的行为会是一大壮举。

mas·ter·work /ˈmɑːstəˌwəːk; ˈmæs-/ *n.* =masterpiece

mas·ter·y /ˈmɑːstᵊri; ˈmæs-/ *n.* ❶[U;C]超凡技艺;专长:still lives painted with a *mastery* 用高超技艺绘制的静物画 ❷[C]熟练掌握;精通:a *mastery* of French 精通法语 ❸[U]指挥权,控制权;统治;操纵:The flames soon obtained the complete *mastery* of the house. 熊熊火焰顿时将那幢房子吞没了。❹[U]胜利,优胜;优势:In the end love got the *mastery.* 最后还是爱情占了上风。

mast·head /ˈmɑːstˌhed; ˈmæst-/ *n.* [C] ❶(报刊的)刊头,报头;刊名,报名 ❷【海】桅头,桅顶

mas·ti·cate /ˈmæstiˌkeit/ *vt.* & *vi.* 咀嚼(食物):The old lady slowly *masticated* an apple. 那个老太太慢慢地吃着苹果。‖ **mas·ti·ca·tion** /ˌmæstiˈkeiʃᵊn/ *n.* [U]

mat /mæt/ *n.* [C] ❶地席;(铺在门口、浴室等处的)地垫:bath *mat* 浴室地垫 ❷(防潮隔热用的)杯垫,桌垫;(厨房炉灶或洗涤槽等表面的)清洁护垫:Put the hot dish down on the *mat.* 把那盘热菜放在桌垫上面。

match[1] /mætʃ/ *n.* [C](一根)火柴:My *match* lights easily. 我这火柴容易划着。

match[2] /mætʃ/ **I** *n.* [C] ❶配对物;相配(或相似、相同)的人(或物);一对中的一个:This new tablecloth is a good *match* for the carpet. 这块新台布和地毯很相配。❷(有竞争实力的)敌手,对手;可匹敌之物:This campaign of calumny does not possess its *match* in history. 这一造谣中伤运动是史无前例的。❸相配的一对(人或物);组合:The blue hat and green scarf were not a good *match.* 蓝帽子和绿围巾不大配。❹竞赛,比赛:final *matches* 决赛 **II** *vt.* ❶(分数、数量上)使相符,使一致(见 compare):He couldn't match his earlier score. 他的比赛成绩不如以前了。❷(款式、颜色、风格等)与…相配;与…相符;与…一致;适应:The colour of the carpet does not *match* that of the wallpaper. 地毯和墙纸的颜色不太协调。❸(行为、作品与信仰、观点等)相符,相一致:Her look *matches* her mood. 从她的表情可知她的情绪。❹匹配;对应;找出…与…的关联:*Match* the puzzle pieces to the clues at the bottom. 把谜面与底部的提示对应起来。❺比得上,敌得过;是…的对手:The local people can't be *matched* for their generosity and hospitality. 当地人的慷慨与热情是无人可比的。—*vi.* 相似,相近;相称,相配;相适应;保持一致:She wears a new skirt with a new hat to *match.* 她穿了一条新裙子,还配了一顶新帽子。

match·less /ˈmætʃlis/ *adj.* [无比较级]无与伦比的;举世无双的;无可匹敌的:The lady is still in her *matchless* beauty. 那女子仍然是那样艳丽无比。

match·mak·er /ˈmætʃˌmeikəʳ/ *n.* [C] ❶媒人,红娘,(婚姻)介绍人 ❷(旨在促成双方交易的)中间人;中介机构

mate /meit/ **I** *n.* [C] ❶〈口〉(人的)配偶,伴侣,爱人;丈夫;妻子:She mourned for her dead *mate.* 她因丈夫的去世感到悲痛。❷(动物尤指鸟的)配偶:We should look for a *mate* for the female panda. 我们应该给雌熊猫找个配偶。❸配对物,(一对中的)另一个(或只、半):I've never struck the *mate* to it before. 我以前从来没碰到过像这样的事儿。❹[常用于对男性的称呼]老兄,老弟;哥们儿,伙计:Feel like a drink, *mate*? 来喝点儿吗,老兄? ❺【海】(商船的)大副 ❻[常用以构成复合词](尤指同性的)朋友,伙伴;同事;合伙人:room-*mate* 室友 **II** *vt.* 使(雄雌动物)成配偶;使(雌雄动物)交配:an experiment in which mice are *mated* with rats 使大小家鼠交配的实验 —*vi*.（动物）交配；结成配偶：Those animals *mate* in the fall. 那些动物秋季交配。‖ ˈ**mat·ing** *adj*.

ma·te·ri·al /məˈtiəriəl/ **I** *n*. ❶[U]原料，材料；物资：building *material* 建材 ❷[～s]（必备的）用具，设备，器材：painting *materials* 绘画用具 ❸[C；U]布（料），面料；织物：She used a light *material* to make her dress. 她采用了一种轻的面料做衣服。❹[C；U]素材，材料；资料；史料，史实：teaching *materials* 教材 **II** *adj*. [无比较级][作定语] ❶物质的；实物的，实体的；有形的：the *material* world 物质世界 ❷重要的，关系重大的；有意义的；实质性的：In this dialogue she held a *material* part. 她在讨论中起了举足轻重的作用。‖ **maˈte·ri·al·ly** *adv*.

ma·te·ri·al·ism /məˈtiəriəˌlizᵊm/ *n*. [U]物质主义，实利主义 ‖ **maˈte·ri·al·ist** *n*. [C] —**ma·te·ri·al·is·tic** /məˌtiəriəˈlistik/ *adj*.

ma·te·ri·al·ize /məˈtiəriəˌlaiz/ *vi*.〈主英〉❶物质化，具体化；具象化；成为现实；实现；形成：Many venture start-ups promised products that never *materialized*. 许多新兴合资公司承诺生产根本无法做出的产品。❷（鬼魂等）显现，显形；突然（神秘地）出现：A spirit *materialized* from the smoke. 精灵从烟雾中显形。‖ **ma·te·ri·al·i·za·tion** /məˌtiəriəlaiˈzeiʃᵊn; -liˈz-/ *n*. [U]

ma·ter·nal /məˈtəːnᵊl/ *adj*. [无比较级] ❶母亲的；母亲似的，慈母般的：She is very *maternal* towards her staff. 她对手下的职员都很慈爱。❷[作定语]母系的；娘家的，母亲一方的；母亲遗传的：Her beautiful long hair was a *maternal* inheritance. 她那一头漂亮的长发是母亲的遗传。‖ **maˈter·nal·ly** *adv*.

ma·ter·ni·ty /məˈtəːniti/ *adj*. [无比较级][作定语]（适合）孕妇的；（适合）产妇的：*maternity* hospital 妇产医院/ *maternity* dress 孕妇装

math /mæθ/ *n*.〈口〉＝mathematics

math·e·mat·i·cal /ˌmæθɪˈmætikᵊl/ *adj*. [无比较级][作定语]数学的；数学方面的：a *mathematical* formula 数学公式 ‖ ˌ**math·eˈmat·i·cal·ly** *adv*.

math·e·ma·ti·cian /ˌmæθɪməˈtiʃᵊn/ *n*. [C]数学（专）家

math·e·mat·ics /ˌmæθiˈmætiks/ [复] *n*. ❶[用作单]数学：pure [applied] *mathematics* 纯[应用]数学 ❷[用作复]数学运算；数学应用〔亦作 **math**〕

mat·i·née*, *mat·i·nee /ˈmætiˌnei/ *n*. [C]〈法〉（戏剧或音乐等的）下午场演出，下午场表演；（电影等的）午后场

ma·tri·arch /ˈmeitriˌɑːk/ *n*. [C] ❶（尤指母权制社会中的）女族长，女首领；女头人；女家长 ❷（国家、团体或组织等的）女领导人，女负责人

ma·tri·ar·chal /ˌmeitriˈɑːkᵊl/ *adj*. 女族长的，女首领的；女头人的；女家长的；女领导人的；女负责人的

ma·tri·ar·chy /ˈmeitriˌɑːki/ *n*. [C；U] ❶母权制社会；母系氏族（或部落等）：a *matriarchy* deep in the jungle 密林深处的母系部落 ❷母权制，女权制；母系氏族制：Were *matriarchies* more stable than patriarchies? 母权制比父权制更稳固吗？

ma·tri·cide /ˈmeitriˌsaid/ *n*. ❶[C；U]杀母（罪），弑母（罪）：the horror of *matricide* 弑母的恐怖 ❷[C]杀母者，弑母者 ‖ **mat·ri·cid·al** /ˌmeitriˈsaidᵊl/ *adj*.

ma·tric·u·late /məˈtrikjuˌleit/ *vt*. 准许…注册入学，录取…入大学：The college *matriculated* over 1,200 new students. 这个学院录取了1 200多名新生。—*vi*. 注册入学；被录取入大学：She *matriculated* in 1987 and graduated in 1991. 她是1987年被录取上的大学，1991年毕了业。‖ **ma·tric·u·la·tion** /məˌtrikjuˈleiʃᵊn/ *n*. [U]

mat·ri·mo·ny /ˈmætrimᵊni/ *n*. [U] ❶婚姻生活；婚姻关系：He is a widower, having tried *matrimony* for twelve months in his youth. 他是个鳏夫，年轻时只尝过一年的伉俪之爱。❷结婚；婚姻：She must be allowed to be a favourite of *matrimony*. 她应该说是赞成男娶女嫁的。‖ **mat·ri·mo·ni·al** /ˌmætriˈməuniəl/ *adj*. —ˌ**mat·riˈmo·ni·al·ly** *adv*.

ma·trix /ˈmeitriks/ *n*. [C]（[复] **-tri·ces** /-triˌsiːz/或**-trix·es**）❶母体，基体；基质，母质 ❷【计】矩阵，点阵；真值表；母式：*matrix* algebra 矩阵代数

ma·tron /ˈmeitrᵊn/ *n*. [C] ❶（尤指端庄而有身份的）（中年）妇女，已婚妇女；主妇：the corseted *matron* of mature years 穿着紧腰衣的成熟

女士 ❷女狱吏,(监狱的)女看守,女看管 ‖ ˈ**ma·tron·ly** *adj*.

matte, matt /mæt/ *adj*. 暗淡的,没有光泽的;表面粗糙无光的,不光滑的:a *matt* complexion 暗淡的肤色

mat·ter /ˈmætəʳ/ **I** *n*. ❶[U]物质:three states of *matter* 物质的三种形态 ❷[U]物料,材料:The old lady only eats vegetable *matter*. 那位老妇人只吃素食。❸[C][**a ～ of**]事情,事件;问题:Using a computer is just *a matter of* patience and training. 使用计算机只是需要些耐心和培训而已。❹[**～s**]情况,形势,事态,局面:*Matters* went from bad to worse. 情况越来越糟。**II** *vi*. [不用进行时态]有重要性,事关重大;有关系;要紧:The cost doesn't *matter* to him. 花费对他来说是无所谓的。‖ ***a matter of opinion*** *n*. 有不同看法的某个问题:Whether eating certain kinds of food is good for your health or not is *a matter of opinion*. 吃某些食物是否有益于健康,这个问题仁者见仁,智者见智。***as a matter of fact*** *adv*. 事实上,实际上,其实:But *as a matter of fact* my concern has been with the ideal value of things, events and people. 然而实际上我关心的是物、事和人的理想价值。***for that matter*** [***for the matter of that***] *adv*. 就此而言;在这方面;至于那个;其实,实际上:I'm going to bed early, and so *for that matter* should you. 我要早点上床睡觉,其实你也应该这样。***no matter*** *adv*. & *conj*. ❶[与 how, what, when, where, which, who, whom, whose 等连用]无论…,不管…:She ignored them, *no matter what* they did. 无论他们做了什么,她都根本不理会。❷没关系,不要紧:A: Whoops! I've spilt my coffee. B: *No matter*, here's another one. 甲:哎呀!我把咖啡洒了。乙:没关系,再来一杯。***no matter what*** *adv*. 肯定;当然;无论如何:I'll be there *no matter what*. 我肯定会在那儿的。

mat·ter-of-fact /ˌmætərəvˈfækt/ *adj*. [无比较级] ❶如实的;就事论事的:She gave a *matter-of-fact* account of the murder. 她如实地讲述了那桩谋杀案的经过。❷无感情色彩的;直截了当的:I tried to be very *matter-of-fact*, but my heart was breaking. 我试图显得很无所谓的样子,可我的心在破碎。‖ ˌ**mat·ter-of-ˈfact·ly** *adv*.

mat·tress /ˈmætris/ *n*. [C]床垫,褥垫

ma·ture /məˈtjuəʳ/ **I** *adj*. ❶(生理、心理等方面)发育完备的,成熟的:He is *mature* enough to make up his own mind. 他已很成熟,完全可以拿主意。❷(尤指植物等)熟的,长成的;(酒类等)酿熟的:Do you prefer mild or *mature* cheddar? 你是要淡味的还是酿熟的浓味切德干酪?❸[作定语]成年人的:*mature* subjects 成人话题 **II** *vi*. 变成熟,发育完备;长成:Her character *matured* during these years. 这些年她的性格渐渐成熟了。—*vt*. ❶使成熟;使长成:Experience has *matured* him. 经验使他成熟了。❷使酝酿成熟,使完备:We have *matured* the plan for a long trip. 我们已仔细谋划好了那个远程旅行计划。‖ **ma·tur·a·tion** /ˌmætjuəˈreiʃᵊn/ *n*. [U] —**maˈture·ly** *adv*.

ma·tu·ri·ty /məˈtjuəriti/ *n*. [U] ❶成熟:show great *maturity* in handling an emergency 在处理紧急事件时表现出的沉稳 ❷完善,准备就绪:bring a plan to *maturity* 使计划成熟 ❸(票据等)到期

maul /mɔːl/ *vt*. ❶殴打,殴伤;(尤指动物)将…抓伤(或撕伤):He died soon after being badly *mauled* by a bear. 他被一只熊抓得遍体鳞伤后不久就去世了。❷粗暴地对待;笨手笨脚地处理:The gang was *mauling* her in the parking lot. 那伙人在停车场里对她动粗。‖ ˈ**maul·er** *n*. [C]

maun·der /ˈmɔːndəʳ/ *vi*. 迷迷糊糊地说,含糊不清地说;胡诌(*on, about*):He *maundered about* his hard life in the past. 他迷迷糊糊地说着以往的艰苦生活。

mau·so·le·um /ˌmɔːsəˈliːəm/ *n*. [C]([复] **-le·ums**或**-le·a** /-ˈliə/) 陵墓

mauve /məuv/ *n*. [U]淡紫色

mav·er·ick /ˈmævᵊrik/ **I** *n*. [C]〈口〉(在学术、艺术或政治上)持不同观点(或意见)的人,有独立见解的人:a political *maverick* 持不同政见者 **II** *adj*. [作定语]持不同观点的,有独立见解的:a *maverick* politician 有独立见解的政治家

max /mæks/ 〈俚〉*n*. [U][常用于数字后]最大量,最大值,最多:That pair of shoes cost $ 80 *max*. 那双鞋子最多花 80 美元。‖ ***to the max*** *adv*. 最大限度地;完全地:We drove her car *to the max*. 我们把她的车开到了极限速度。

max·im /ˈmæksim/ *n*. [C]格言,箴言,警句;座右铭

max·i·mal /ˈmæksimᵊl/ *adj*. [无比较级][通常作定语]最大的;最高的:a *maximal* increase in employment 就业人数最大限度的增长 ‖ ˈ**max·i·mal·ly** *adv*.

max·i·mize /ˈmæksiˌmaiz/ *vt*. ❶使达到(或增长到)最大限度:ways of *maximizing* profit 获取最大利润的方法 ❷充分利用:*maximize* one's time 充分利用某人的时间

max·i·mum /ˈmæksimᵊm/ **I** *n*. [C]([复]-**ma** /-mə/或-**mums**) 最大限度;最大数量,最大值;最高点,顶点:At a *maximum*, we have twenty students in each class. 我们每个班级 20 名学生,这已经是最大限度了。**II** *adj*. [无比较级][作定语]最大限度的;最大的;最高的,顶点的:This requires *maximum* effort. 这件事需要全力以赴去做。

may /mei/ *aux. v*. (**might** /mait/) [无人称变化,后接不带 to 的不定式] ❶[后可跟 well 加强语气][表示可能性]可能,或许,想必(见 can):Payment *may* be deferred until the end of the month. 付款可能会延迟至本月底。❷[表示许可、请求或(对请求的)许可]可以:You *may* go, only come back early. 你可以去,不过要早些回来。❸[用于目的、条件、结果、让步状语从句]以便能够;可能,或许:Ben *may* only be ten, but he plays the guitar beautifully. 本虽然才 10 岁,但吉他却弹得非常好。❹[表示希望或愿望]愿,祝,希望:*May* you live a long and happy life! 祝您健康长寿,生活幸福! ‖ ***may (just) as well*** =might (just) as well

May /mei/ *n*. [U;C] 5 月

may·be /ˈmeiˌbiː/ *adv*. 可能,或许,大概:*Maybe* Bailey has an extra shirt in his suitcase. 没准巴利的箱子里还有一件备用的衬衫。

☆**maybe** 和 **perhaps** 都用以表示"可能;也许;大概"之意,但 **maybe** 较 **perhaps** 更为口语化,多出现于英国英语中,如:*Maybe* they'll attack tomorrow.(也许他们明天会进攻。)但在英国英语中,**maybe** 有时也用于正式文体中,此时 **maybe** 放在句末,且重音在第二个音节上,如:They'll attack tomorrow *maybe*, but we shall be ready to repel them.(他们有可能明天进攻,而我们要准备好将其击退。)此外,**maybe** 还可用以表达委婉或客气地提出建议或要求等,如:*Maybe* we should meet sometime next week.(我们下周什么时间碰个面吧。)/ Put it over, *maybe*.(把它放在上面,怎么样?)

may·fly /ˈmeiˌflai/ *n*. [C]【昆】蜉蝣

may·n't /ˈmeiᵊnt/ 〈主英〉=may not

may·on·naise /ˌmeiəˈneiz/ *n*. [U](用蛋黄、醋、油或柠檬汁调制而成的)蛋黄酱

may·or /ˈmeəʳ/ *n*. [C]市长 ;镇长 ‖ ˈ**may·or·al** *adj*. — **may·or·al·ty** /ˈmeərᵊlti/ *n*. [U]

maze /meiz/ *n*. [常作单] ❶迷宫,迷径:lead sb. through a *maze* of caves 带某人穿过迷宫般的洞穴 ❷错综复杂(的事物),盘根错节(的事物):a *maze* of interlacing waterpipes 错综复杂的水管

MBA, M. B. A. *abbr*. Master of Business Administration ❶工商管理学硕士学位 ❷工商管理学硕士学位获得者

MD *abbr*. Doctor of Medicine 医学博士

me /miː,mi/ *pron*. [I 的宾格形式] ❶[用作宾语]我:Give *me* your hand. 把你的手伸给我。❷〈口〉[在非正式用法中,用于动词 be 后面,代替 I,作表语]我:That's *me* in the middle of the photograph. 相片上中间那人是我。❸[在非正式用法中,用于动名词前,代替 my]我的:He has heard about *me* being promoted. 他已经听说了我升职的消息。

mead·ow /ˈmedəu/ *n*. [C](平坦的)草地;草场:There were cows in the *meadow*. 草场上有奶牛。

mea·gre, mea·ger /ˈmiːgəʳ/ *adj*. ❶(数量)少的,不足的;(质量)差的,劣的:The information is too *meagre* to be of any use. 资料太少没有任何用处。❷(人或动物)瘦的,细小的:The man I saw was of *meagre* aspect. 我见到的那个人骨瘦如柴。 ‖ ˈ**mea·gre·ly** *adv*. —ˈ**mea·gre·ness** *n*. [U]

meal /miːl/ *n*. [C] ❶(一)餐,(一顿)饭:He eats three *meals* a day. 他一日吃三餐。❷进餐时间;进餐:The *meal* was prolonged beyond an hour. 吃饭时间过了一个小时。

meal·time /ˈmiːlˌtaim/ *n*. [C]进餐时间,吃饭时间:We often meet during *mealtimes*. 我们常常在吃饭的时间碰面。

mean[1] /miːn/ (**meant** /ment/) *vt*. ❶[不用进行时态](词语、句子等)意思是,表示…的含

意：So what does the word *mean* nowadays? 那么这个词现在是什么意思呢？❷[不用进行时态]意指，意谓：I *meant* the police chief. 我指那位警察局局长。❸[常接动词不定式]想，打算；意欲；怀有…目的：He *means* no mischief. 他并非存心捣蛋。❹[常用被动语态，不用进行时态]指定，认定；预定：He was *meant* to be head of the delegation. 他被指派担任代表团团长。❺[常接 that 引导的从句，不用进行时]引起，造成：Further budget cuts will *mean* more layoffs. 继续削减预算将使更多的人下岗。❻[常接 that 引导的从句，不用进行时]意味着；表明，表示；预示：A grinding noise could *mean* a damaged disk drive. 摩擦的噪音表明硬盘驱动器可能受损。

☆**I mean** 可用以解释已说过的话以使之更加清楚：He's really very rude; *I mean*, he never even says "good morning".（他确实很没礼貌，我是说，他甚至从来都没说过"早上好"。）**I mean** 也可用以纠正说过的话：She plays the violin, *I mean* the viola, really well.（她的小提琴，不，我是说，中提琴拉得很不错。）**I mean to say** 常用以表示不赞成：He can't be allowed to behave like that; *I mean to say*, he's a grown man.（他那样的行为让人不能容忍。我想说的是，他已经是个大人了。）**What do you mean by...?** 意为"竟敢"，指对某事表示质疑或责问：*What do you mean by* coming home so late?（什么叫你竟敢这么晚回家?）正式英语中，**mean** 表示意图或目的时用作及物动词，其后不用介词 for：I didn't *mean* this to happen.（我没想弄成这样。）**mean** 意为"意欲；打算"时与 **intend** 意思相近，接不定式表示决心、意愿，但不如 **intend** 坚决：I *mean* to go, and nothing is going to stop me.（我想去，什么也不能阻止我。）

mean² /miːn/ *adj.* ❶〈口〉怀有恶意的，恶毒的：a *mean* smile 狞笑 ❷吝啬的，小气的；不大度的，心胸狭窄的(*with*)（见 base）：He is very *mean with* his money. 他很吝啬自己的金钱。‖ ˈ**mean·ly** *adv.* —ˈ**mean·ness** *n.* [U]

mean³ /miːn/ **I** *n.* [C] ❶[常作～**s**][用作单或复]方法，手段；工具；途径：The job was a *means* to several ends. 这份工作是达到许多目的的手段。❷【数】平均(数)，平均(值)；中数（见 average）：compare the *means* of the different groups 比较各组的平均数 **II** *adj.* [无比较级][作定语]中间的，居中的：the *mean* position 中间位置 ‖ ***by all means*** *adv.* 〈口〉当然，行：A：May I borrow your paper? B：*By all means*. 甲：我可以借你的报纸看看吗？乙：当然可以。***by means of*** *prep.* 用，靠，凭借：express one's thoughts *by means of* words 借助词语来表达思想 ***by no (manner of) means*** [***not by any (manner of) means***] *adv.* 一点也不，绝不：They are *by no means* poor; in fact, they are quite rich. 他们可不穷，其实他们有钱得很。

me·an·der /miˈændəʳ/ **I** *vi.* ❶(道路、河流等)蜿蜒而行，曲折而流：A path *meandered* through woods to the swamp's edge. 小径迂回地穿过树林，朝沼泽边延伸而去。❷徘徊；闲逛(*along*, *through*)：He objects to people *meandering* about in his fields. 他不愿别人在他的田地里漫步。**II** *n.* [C]曲径；迂回曲折的道路

mean·ing /ˈmiːniŋ/ *n.* ❶[C; U]意思，含义：Now he knew the *meaning* of terror. 他此刻体会到恐惧的滋味了。❷[U]重要性；价值；意义：This law has *meaning* for everyone. 这部法律对每个人来说都很重要。‖ ˈ**mean·ing·less** *adj.*

mean·ing·ful /ˈmiːniŋfᵘl/ *adj.* ❶有意义的，意味深长的：exchange *meaningful* glances 意味深长地互视 ❷认真的，严肃的；重要的：She wanted a *meaningful* relationship. 她希望有一份认真的情感。‖ ˈ**mean·ing·ful·ly** *adv.* —ˈ**mean·ing·ful·ness** *n.* [U]

meant /ment/ *v.* mean 的过去式和过去分词

mean·time /ˈmiːnˌtaim/ **I** *n.* [U]间隔；其间：We have to leave at seven; in the *meantime*, let's have a drink. 我们必须在 7 点出发；走之前我们喝点东西吧。**II** *adv.* ＝meanwhile

mean·while /ˈmiːnˌwail/ **I** *n.* ＝meantime **II** *adv.* [无比较级]❶在此期间：*Meanwhile* he was only just beginning to enjoy his new life. 此间他才刚开始享受新的生活。❷与此同时；此时，那时：*Meanwhile* her taxes had been remitted. 与此同时，她的税款已被汇出。

mea·sles /ˈmiːzᵊlz/ [复] *n.* [用作单]【医】麻疹

mea·sly /ˈmiːzli/ *adj.* 〈口〉毫无价值的，小(或少)得可怜的：a *measly* sum of money 区区一笔小钱

meas·ur·a·ble /ˈmeʒᵊrəbᵊl/ *adj.* ❶可测量的，

M

可计量的：a quantifiable and *measurable* market share 可量化并可计量的市场份额 ❷引人注目的；重大的；具有重要意义的：*measurable* improvements in the quality of the products 产品质量的重大提高 ‖ **'meas·ur·a·bly** *adv.*

meas·ure /'meʒə^r/ **I** *n.* ❶[C]计量单位；(蒲式耳等)容积单位：The metre is a *measure* of length. 米是长度单位。❷[U]度量法，计量法：weighs and *measures* 度量衡 ❸[C]量具；量尺，量杆；(计量液体的)标准量具：a tape *measure* 卷尺 ❹[C][用单](衡量一个人或事物的)标准，尺度：In philosophy, time is the *measure* of motion. 在哲学上，时间是衡量运动的标准。❺[常作~s]措施，举措，策略；方法，办法：The government is considering new *measures* against crime. 政府正在考虑采取打击犯罪的新措施。**II** *vt.* ❶测量；计量：a technique for *measuring* bamboo's tensile strength 用于测量竹子张力的技术 ❷用作…的量具：A speedometer *measures* the speed of a motor vehicle. 速度计是用来测量机动车速度的。❸(依照一定的标准)对(质量、能力、品行等)作出评价，评估；估计：You shouldn't overlook educational values that cannot be *measured* in dollars. 您不应该忽视无法用金钱衡量的教育价值。❹[不用进行时态]长度(或宽度等)为：The cave *measures* 10 feet by 9 feet. 这个岩洞10英尺深9英尺高。‖ ***for good measure*** *adv.* 作为额外添加的东西；额外地，另外地：In addition to dessert, they served chocolates *for good measure*. 除了甜点以外，他们还额外上了些巧克力。***measure up*** *vi.* ❶合格，达到标准，符合要求(*to*)：I'm afraid John just didn't *measure up* to the job. 恐怕约翰做那项工作还不够格。❷比得上；达到与…相同的水平(*to*)：The exhibition didn't *measure up to* last year's. 这次展出无法与去年的相提并论。‖ **'mea·sure·less** *adj.*

meas·ured /'meʒəd/ *adj.* [无比较级]缓慢的；慎重的；(语言)再三斟酌的，经深思熟虑的：a *measured* response 审慎的答复

meas·ure·ment /'meʒ^əm^ənt/ *n.* ❶[U]测量，计量，量度：Two different kinds of *measurement* are used in a horoscope. 占星术中使用了两种不同的量度方式。❷[常作~s](测得的)尺寸，大小；长(或宽、高、深)度；面(或体、容)积：The architects made careful *measurements*. 建筑师们进行了精心测量。❸[U]度量法，计量法：the metric system of *measurement* 米制度量衡

meas·ur·ing /'meʒəriŋ/ *adj.* [无比较级][作定语]称量用的；测量用的：*measuring* cup (烹饪用的)量杯

meat /miːt/ *n.* ❶[U;C]肉制品，肉食品：Is the *meat* fresh? 这肉新鲜吗？❷[U](水果、核桃、禽蛋、贝类等的)可食用部分，肉：crab *meat* 蟹肉

meat·ball /'miːtˌbɔːl/ *n.* [C]肉圆，肉丸：spaghetti and *meatballs* 肉丸通心粉

meat·y /'miːti/ *adj.* ❶(似)肉的，肉状的；有肉味的：a *meaty* soup 肉汤 ❷〈口〉多肉的；粗重的：a tall person with *meaty* shoulders 双肩厚实的高个子 ❸〈口〉内容丰富的；重要的，有价值的；令人深思的：some *meaty* proposals 有价值的建议

mec·ca /'mekə/ *n.* [C](旅游等的)胜地

me·chan·ic /mi'kænik/ *n.* [C]机械工，机修工：a car *mechanic* 汽车修理工

me·chan·i·cal /mi'kænik^əl/ *adj.* ❶[无比较级]机械的，机械装置的：He has little *mechanical* knowledge. 他对机械了解很少。❷[无比较级]用机器制造(或制作)的；用机器操作的：*mechanical* toys 机制玩具 ❸(人或其行为)机械的，呆板的；缺乏思想(或感情)的；习惯性的；没有独创性的：His gratitude seemed rather *mechanical*. 他的感激看上去并无一点真心。‖ **me'chan·i·cal·ly** *adv.*

me·chan·ics /mi'kæniks/ [复] *n.* ❶[用作单]力学；机械学：*Mechanics* includes the study of kinetics. 力学包括动力学在内。❷[**the** ~][用作复]基本方法，机制；例行程序(或手续)；技术性细节；技艺：*the mechanics* of running a business 经营企业的方法

mech·a·nism /'mekəˌniz^əm/ *n.* ❶[C](机器等的)机械装置；连动装置：The alarm *mechanism* is jammed. 报警装置被卡住了。❷[C]机构；机制：the feedback *mechanism* 反馈机制 ❸[C](组织、机构中的)一个程序(或步骤、手续)：What's the *mechanism* for adjusting the bylaws? 调整附则要办理哪些手续？

mech·a·nis·tic /ˌmekə'nistik/ *adj.* [无比较级]力学的；机械学的

mech·a·nize /'mekəˌnaiz/ *vt.* ❶使机械化：

mechanize an industrial process 使工业生产过程机械化 ❷用机器生产(或制作、操作等) ‖ **mech·a·ni·za·tion** /ˌmekənaiˈzeiʃᵊn;-niˈz-/ *n.* [U]

med·al /ˈmedᵊl/ *n.* [C] ❶奖章,勋章;奖牌;纪念章;徽章:He won a *medal* in World War II. 他在第二次世界大战中获得了一枚勋章。❷(铸有宗教人物像或图案的硬币状)圣牌(通常为天主教徒佩带,认为经教会宣福圣化后具有灵效)

me·dal·lion /ˈmedᵊliən/ *n.* [C] ❶大奖牌;大奖章;大勋章;大纪念章 ❷(形似大奖章的)圆形装饰物

med·al·list /ˈmedᵊlist/ *n.* [C]奖章(或勋章等)获得者:an Olympic gold *medallist* 奥运会金牌得主〔亦作 **medalist**〕

med·dle /ˈmedᵊl/ *vi.* 干涉,插手;好管闲事(*in*,*with*):Do not *meddle in* things that do not concern you. 不要插手那些与你无关的事情。‖ **ˈmed·dler** *n.* [C] —**med·dle·some** /ˈmedᵊlsᵊm/ *adj.*

me·di·a /ˈmiːdiə/ [复] *n.* ❶ medium 的复数:mass *media* 大众媒体 ❷[通常作 **the** ~](包括报纸和电台等的)新闻媒体:a *media* celebrity 媒体名人

med·i·ae·val /ˌmediˈiːvᵊl/ *adj.* =medieval

me·di·al /ˈmiːdiəl/ *adj.* [无比较级] ❶位于中间的,居中的,中部的 ❷平均(数)的

me·di·an /ˈmiːdiən/ **I** *adj.* [无比较级][通常作定语](位于)中间的,居中的:the *median* position 中间位置 **II** *n.* [C] ❶【数】中间数,平均数(见 average) ❷【数】(三角形的)中线

me·di·ate /ˈmiːdiˌeit/ *vi.* 调解,斡旋,充当中间人(*in*,*between*):He is appointed to *mediate in* a legal dispute. 他被指派去调解一起法律纠纷。—*vt.* 通过调解(或斡旋等)解决(纠纷、冲突等):*mediate* a dispute 调解纠纷 ‖ **me·di·a·tion** /ˌmiːdiˈeiʃᵊn/ *n.* [U] —**ˈme·di·ˌa·tor** *n.* [C]

med·ic /ˈmedik/ *n.* [C]〈口〉❶(尤指)战地急救员,随军急救卫生员 ❷实习医生;医科学生

Med·i·caid /ˈmediˌkeid/ *n.* [专有名词,不与冠词连用](政府)医疗补助制度;医疗保险制度:When was *Medicaid* instituted? 政府医疗补助制度是什么时候创立的?

med·i·cal /ˈmedikᵊl/ *adj.* [无比较级][作定语] ❶医学的,医学上的:*medical* circles 医学界 ❷医疗的;医用的:*medical* products 医药产品 ‖ **ˈmed·i·cal·ly** *adv.*

med·i·cate /ˈmediˌkeit/ *vt.* ❶用药物治疗(疾患或病人):The doctor *medicated* him with a drug. 医生用药物给他治疗。❷[常用被动语态]在…中加入药物;敷药于;将…用药物浸泡:a *medicated* bandages 用药物浸渍过的绷带

med·i·ca·tion /ˌmediˈkeiʃᵊn/ *n.* [U;C]药物,药剂:Her *medications* did not agree with her. 她不能适应那些药。

me·dic·i·nal /miˈdisinᵊl/ *adj.* [无比较级]医药的;医用的;药用的;有疗效的:That soda has a *medicinal* taste. 那苏打水有种药味儿。‖ **meˈdic·i·nal·ly** *adv.*

med·i·cine /ˈmedᵊsin/ *n.* ❶[C;U](尤指用于内服或口服的)药物,药品,药剂:Although she has taken a lot of *medicines*, her disease doesn't change for the better. 她尽管吃了许多药,病情仍不见好转。❷[U]医学;医术;诊治:Williams practiced *medicine* in Rutherford. 威廉姆斯在卢瑟福行医。

med·i·e·val /ˌmediˈiːvᵊl/ *adj.* [无比较级]中世纪的,中古(时期)的;中世纪风格的;似中世纪的;仿中世纪(风格)的:*medieval* literature [architecture] 中世纪文学[中世纪风格的建筑]〔亦作 **mediaeval**〕‖ **ˌmed·iˈe·val·ist** *n.* [C]

me·di·o·cre /ˌmiːdiˈəukəʳ/ *adj.* [无比较级](质量)中等的;平庸的,一般的:His drawings are rather *mediocre*. 他所作的画相当一般。‖ **ˌme·di·oc·ri·ty** /-ˈɔkriti/ *n.* [U]

med·i·tate /ˈmediˌteit/ *vi.* ❶默念,冥想:He *meditates* twice a day. 他每天默念两次。❷沉思;冥思苦想(*on*,*upon*):He sat on the grass *meditating on* his misfortunes. 他坐在草地上冥想自己的不幸。—*vt.* 计划,打算;谋划;企图:They are *meditating* a reimposition of tax on electronics. 他们正计划对电子产品重新征税。

med·i·ta·tion /ˌmediˈteiʃᵊn/ *n.* [C;U]默念;沉思,冥思苦想:In my *meditations* I came across that idea. 苦思冥想之中,我想到了那个主意。

med·i·ta·tive /ˈmeditətiv/ *adj.* ❶(好)沉思

的,(爱)思考的:There is much in this book for a *meditative* reader. 对于喜欢思考的读者来说,这本书的内容非常丰富。❷仔细计划的;慎重考虑的 ‖ ˈ**med·i·ta·tive·ly** *adv.*

me·di·um /ˈmiːdiəm/ **I** *n.* [C]([复]**-di·a** /-diə/ 或**-diums**) ❶中等,适中;中庸;中间(物):find the *medium* between severity and leniency 寻求宽严适中 ❷媒体,介质;传导体:The atmosphere is a *medium* for sound waves. 大气是传播声波的一种介质。❸方法,手段,工具:Television can be an excellent *medium* for education. 电视可以成为一种极好的教育手段。❹[常作 **media**](广播、电视和报刊等)新闻媒介,传播媒体,宣传工具:The *media* are covering the general election thoroughly. 新闻媒介正对大选作全面报道。**II** *adj.* [无比较级][通常作定语] ❶(质量、程度等)中间的,适中的:a *medium*-priced ticket 中价位票 ❷(数量、大小、身高等)中等的,平均的,一般的:This man is of *medium* height. 此人中等身材。

med·ley /ˈmedli/ *n.* [C] ❶杂乱的一团(或一群);混合物,杂烩:The report includes a *medley* of useful suggestions. 报告中夹杂了各种有用的建议。❷【音】集成曲:a *medley* of songs from the 1950s 自 20 世纪 50 年代以来的歌曲总汇

me·dul·la /miˈdʌlə/ *n.* [C]([复]**-las** 或**-lae** /-liː/)【解】骨髓;脊髓;髓鞘

meek /miːk/ *adj.* ❶卑躬屈膝的;逆来顺受的;懦弱的,胆怯的;无精打采的 ❷温顺的:a *meek* and obedient child 温顺、听话的孩子 ‖ ˈ**meek·ly** *adv.* —ˈ**meek·ness** *n.* [U]

meet /miːt/ (**met** /met/) *vt.* ❶遇见,碰见;(会)见:She wanted to *meet* her daughter. 她想见到她的女儿。❷结识,与…相识;被介绍与…认识:Nice to *meet* you. 见到你,我很高兴。❸迎接(人、火车、飞机等):We'll *meet* the train from Beijing. 我们要去接从北京来的火车。❹看到;注意到;映入眼帘:A beautiful sight *met* my eyes. 一幅美丽的景象映入我的眼帘。❺(道路、河流、线条等)与…相交;与…相连;与…接触;相撞:His eyes *met* hers. 他与她的目光相遇了。❻和…交战;与…比赛;与…对抗:If he is to challenge me, I'll *meet* him. 他若向我提出挑战的话,我会应战的。❼应付;对付;答复:He *met* that situation very well. 他对那种状况应付自如。❽满足(需要、要求等);达到(目标、目的等):The new industry would have to *meet* the zero-pollution standard. 这项新产业应该符合零污染的标准。—*vi.* ❶偶遇;相会,会面:You never know what sort of people you'll *meet*. 你永远不会知道将遇见什么样的人。❷互相认识;交朋友:We've already *met*. 我们已经认识了。❸集会,聚会,开会;集合,集中:They are *meeting* at the town square at night. 晚上他们将在市内广场上集会。❹(道路、河流、线条等)互相接触;相撞;相交;会合:Parallel lines never *meet*. 平行线永不相交。❺交战;参与比赛;对抗:*meet* face to face 正面交锋 ‖ ***meet with*** *vt.* ❶遭遇,遭受;经受:*meet with* some difficulties 遇到一些困难 ❷与…会面,与…碰头:The director *met with* his assistants this morning. 今天早上,主任同他的助理们碰了头。

meet·ing /ˈmiːtiŋ/ *n.* ❶[常用单]会面,会合,见面:an unexpected *meeting* 不期而遇 ❷[C](尤指社团、委员会成员等参与的)集会;会议:They called a special *meeting* to settle the matter. 他们召开了一次特别会议来解决这一问题。

meg·a- /ˈmegə/ *comb. form* ❶表示"巨大的","数量多的","超大量的":*mega*dose (超大剂量) ❷表示"兆","百万倍":*mega*bite (【计】兆比特) ❸表示"极…的";"非常…的":*mega*trend (超级流行趋势)

meg·a·hertz /ˈmegəˌhəːts/ *n.* [C]【电】兆赫

meg·a·phone /ˈmegəˌfəun/ *n.* [C]扩音器;传声器;喇叭;话筒:address the crowd through a *megaphone* 用喇叭筒向人群作演说

mel·an·cho·li·a /ˌmelᵊnˈkəuliə/ *n.* [U]【医】抑郁症,忧郁症

mel·an·cho·ly /ˈmelᵊnkᵊli/ *n.* [U]精神抑郁;(习惯上或气质上的)忧郁;忧伤:Solitude breeds *melancholy*. 孤独滋生忧郁。

mel·a·nin /ˈmelᵊnin/ *n.* [U]【生化】(出现于毛发、皮肤等处的)黑色素

mel·a·no·ma /ˌmeləˈnəumə/ *n.* [C]([复]**-mas** 或**-ma·ta** /-mətə/)【医】(常长在皮肤上的)黑素瘤

me·lee, mê·lée /meiˈlei, meˈlei/ *n.* [C] ❶(徒手)混战,大打出手:wade into the *melee* and started hitting 劲头十足地陷入混战当中,开始厮打 ❷混乱;混乱的情况:a wild *melee* of shouting and screaming 喊叫声响成一片的混乱情景

mel·lif·lu·ous /mi'lifluəs/ *adj.* (嗓音、声音)甜美的,悦耳的;(言词)流畅的

mel·low /'meləu/ **I** *adj.* ❶(果实)(成)熟的;甘美多汁的:*mellow* wine 醇香的美酒 ❷(声音、颜色、光线等)柔和的:*mellow* colours of the dawn sky 拂晓时天空中柔和的色彩 ❸(人或其性格等)老练的;稳重的;成熟的:He became *mellow* after his retirement. 退休之后,他变得沉稳了。**II** *v.* ❶使(果实)变熟;使变得甘美多汁 ❷使(声音、颜色、光线等)变得柔和:Gentle sunshine *mellowed* the old garden, casting an extra sheen of gold on leaves that were gold already. 温柔的阳光柔和地照在老园里,在那已金灿灿的叶子上又洒上点点金辉。❸使(人或其性格等)变得老练(或稳重):The years have *mellowed* him. 这些年的日子使他变得老成了。

me·lod·ic /mi'lɔdik/ *adj.* [作定语] ❶[无比较级]旋律的,曲调的:a very individual *melodic* style 十分独特的曲风 ❷旋律优美的;发出优美旋律的:a sweet *melodic* voice 甜美的嗓音 ‖ **me'lod·i·cal·ly** /-kᵊli/ *adv.*

me·lo·di·ous /mi'ləudiəs/ *adj.* ❶[无比较级]旋律的 ❷发出优美旋律的;旋律优美的:This piece is *melodious*. 这段音乐的旋律很美。‖ **me'lo·di·ous·ly** *adv.* —**me'lo·di·ous·ness** *n.* [U]

mel·o·dra·ma /'meləˌdrɑːmə/ *n.* ❶[C]情节剧,传奇剧(指表现善恶斗争、充满奇情和夸张、结局通常惩恶扬善的戏剧或电影):Music played very fast to accompany the swift action of *melodrama*. 音乐奏得飞快以跟上迅速发展的传奇剧情。❷[C;U]传奇剧式的言辞(或行为、事件):He makes a *melodrama* out of every little thing that happens. 他戏剧化地夸大每一件发生的琐事。

mel·o·dra·mat·ic /ˌmelədrə'mætik/ *adj.* (有关或适于)传奇剧的,情节剧的:a *melodramatic* performance 传奇剧的表演

mel·o·dy /'melədi/ *n.* [C]【音】旋律;曲调,(乐曲的)主调;歌曲:They played some beautiful Chinese *melodies*. 他们演奏了一些优美的中国乐曲。

mel·on /'melᵊn/ *n.* [U;C]瓜(指甜瓜、西瓜等葫芦科植物的果实):I had some *melon* for breakfast. 我早餐吃了点甜瓜。

melt /melt/ *v.* ❶使熔化;使溶化;使融化:The hot sun *melted* the snow. 灼热的阳光晒化了积雪。❷使渐渐减少,使消失:The cost of her medicine *melted* their savings away. 她买药的花销使得他们的积蓄日益减少。❸使心软;使(心肠等)变软:The pride that shines in their eyes when they look at their grandson *melts* me. 他们注视孙子时目光中闪耀着的自豪眼神令我感动。

☆**melt, dissolve, liquefy, thaw** 均有"融化;溶解"之意。**melt** 较其他词更为普通,指缓慢的融化过程,含软化、使之失去原先形状之意:The snow is *melting* in the sun. (冰正在阳光下融化。)**dissolve** 专指固体溶于溶剂的过程,含消失不见之意:Salt *dissolves* in water. (盐在水中溶解。)**liquefy** 多用于科技方面,指通过加热或加压使固体或气体转变为液体:Wax *liquefies* in heat. (蜡遇热熔化。) **thaw** 特指融化处于冰冻状态的物体,主要用于冰和雪等:Use the microwave to *thaw* the meat. (用微波炉把冻肉化开。)

melt·down /'meltˌdaun/ *n.* ❶[C](因燃料冷却不足而造成的核反应堆中心部件的)熔化,熔毁:Overheated fuel may result in *meltdown*. 过度加热的燃料可能会造成熔毁。❷急剧发生的故障;不幸;事故

melt·ing-pot /'meltiŋ'pɔt/ *n.* [C] ❶(坩埚等用于熔化金属的)熔化锅 ❷多种族同化的国家(或地区);多种文化的大融合;多种思想的混合:a cultural *melting-pot* 文化的大熔炉

mem·ber /'membəʳ/ *n.* [C] ❶(社团、组织、团体等的)成员,会员;一分子:two *members* of staff 两名员工 ❷(人体、动物等的)组成部分(如手、足等肢体)

mem·ber·ship /'membəʃip/ *n.* ❶[U]会员资格(或身份、地位);会(或党、团)籍:They were suspended from club *membership* for two years. 他们被取消了两年俱乐部会员资格。❷[C][通常用单]会员数:The *membership* of the society is 200. 该社团拥有 200 名会员。

mem·brane /'membrein/ *n.* [C]【解】【生】(细胞)膜:a cell *membrane* 细胞膜 ‖ **mem·bra·nous** /'membrᵊnəs/ *adj.*

me·men·to /mi'mentəu/ *n.* [C]([复]-o(e)s) 令人想起故人(或往事)的东西;纪念物,纪念

品：a small gift as a *memento* of the journey 作为此次旅行纪念的小礼品

mem·o /ˈmeməu/ *n.* [C]([复]**-os**)〈口〉=memorandum

mem·oir /ˈmemwɑː/ *n.* ❶[C](根据本人的所见所闻为他人撰写的)传记，传略；(重大事件的)实录：a *memoir* of life in England in the 60s 60年代英国生活实录 ❷[～s]自传；回忆录：The retired general has begun to write his *memoirs*. 那位退役的将军已着手撰写自传。

mem·o·ra·bil·i·a /ˌmemᵊrəˈbiliə/ [复] *n.* 纪念品，纪念物：military *memorabilia* 军事纪念物

mem·o·ra·ble /ˈmemᵊrəbᵊl/ *adj.* 值得纪念的；难以忘怀的：The performance was *memorable* for its splendour and grandeur. 演出活动以其豪华壮观而令人难忘。‖ ˈ**mem·o·ra·bly** *adv.*

mem·o·ran·dum /ˌmeməˈrændᵊm/ *n.* [C]([复]**-da** /-də/或**-dums**) ❶备忘录，(以助于记忆的)备忘便条：This book was assembled from his diaries, *memorandums*, and letters. 这部书是根据他的日记、备忘录和书信汇编而成的。❷商业便函(或便笺)〔亦作 **memo**〕

me·mo·ri·al /miˈmɔːriəl/ *n.* [C] ❶纪念物；纪念仪式；纪念日；纪念，留念：The statue is a *memorial* to Sir Winston Churchill. 这尊塑像是为了纪念温斯顿·丘吉尔爵士的。❷纪念碑；纪念馆：a *memorial* to the men who died in the war 阵亡将士纪念碑

mem·o·rize /ˈmeməˌraiz/ *vt.* 记住；将…背下，熟记：Summoning his powers of concentration, the artist *memorized* details of the man's face and carriage. 艺术家敛心凝神，记住了那个男人的脸庞和姿态的细微之处。‖ **mem·o·ri·za·tion** /ˌmemərаiˈzeiʃᵊn;-riˈz-/ *n.* [U]

mem·o·ry /ˈmemᵊri/ *n.* ❶[U]记忆：She tried to obliterate the tragic event from her *memory*. 她想把那个悲剧事件从记忆中抹去。❷[C]记性；记忆力：The ninety-five-year-old economist taps his *memory*. 这位95岁高龄的经济学家绞尽脑汁地回忆。❸[C]回忆；记忆中的人(或事物)：He sighed as a *memory* struck him. 当回忆涌上心头，他叹了口气。❹[U]【计】内存，存储(器)；存储量：a *memory* for instructions 指令存储器

men /men/ *n.* man 的复数

men·ace /ˈmenəs/ **I** *n.* ❶[C]构成威胁的人(或物)：He is a *menace* to society and should be locked away. 他是个社会危险分子，理应被关押起来。❷[U]威胁；恐吓：Gradually they came to see the *menace* to themselves. 他们渐渐知道了自己所面临的危险。**II** *vt.* ❶威胁；恐吓：A gang *menaced* the students. 有个团伙威胁学生们。❷使受到危险，使面临危险：ships *menaced* by mines 遭受鱼雷攻击危险的船只

men·ac·ing /menəsiŋ/ *adj.* 威胁的；威吓的；造成威胁的：*menacing* looks 吓人的表情

mend /mend/ **I** *vt.* ❶修理(物品)，修补(道路等)；缝补(衣物等)：He used to *mend* our car. 他以前常给我们修车。❷使得到改善，改进；使(事态等)出现转机：Their effort won't *mend* the matters. 他们的努力于事无补。❸使康复，使痊愈：The treatment *mended* his broken leg. 通过治疗他那骨折的腿痊愈了。—*vi.* 健康好转；〈口〉(伤口、骨头等)愈合：His arm was *mending* nicely. 他的手臂康复得很好。**II** *n.* [C] ❶修补，修理；缝补❷修补之处；(衣物等的)补丁：The *mends* in her dress are scarcely visible. 衣服上补过的地方几乎看不出来。‖ ˈ**mend·er** *n.* [C]

men·da·cious /menˈdeiʃəs/ *adj.* ❶(好)撒谎的；不够诚实的：a *mendacious* person [official] 一个爱撒谎的人[惯于说谎的官员] ❷不真实的；捏造的：a *mendacious* story 一则编造的故事 ‖ **menˈda·cious·ly** *adv.*

men·dac·i·ty /menˈdæsiti/ *n.* [U]撒谎；撒谎癖；撒谎习惯

mend·ing /ˈmendiŋ/ *n.* [U] ❶修补，修理；缝补：The *mending* of the chair took a long time. 修理椅子花了很长时间。❷需缝补(或织补)的东西(尤指衣物)：a basket of *mending* 一篮子要缝补的衣物

men·folk(s) /ˈmenˌfəuk(s)/ [复] *n.* 〈口〉(家庭或社团中的)男人(们)

me·ni·al /ˈmiːniəl/ *adj.* (工作等)不体面的，地位低下的；毫无趣味的：She considered such a job too *menial*. 她认为干这样一份工作太失身份了。‖ ˈ**me·ni·al·ly** *adv.*

men·in·gi·tis /ˌmeninˈdʒaitis/ *n.* [U]【医】脑

膜炎

men·o·pause /ˈmenəˌpɔːz/ *n*. [U]【生理】绝经〔亦作 change of life〕‖ **men·o·paus·al** /ˈmenəˌpɔːzᵊl/ *adj*.

men's room *n*. [C]男厕所;男盥洗室

men·stru·al /ˈmenstruəl/ *adj*. [无比较级][作定语]【生理】月经的:*menstrual* period [cycle] 月经期

men·stru·ate /ˈmenstruˌeit/ *vi*.【生理】行经,月经来潮

men·stru·a·tion /ˌmenstruˈeiʃᵊn/ *n*. [U]【生理】行经,月经来潮;月经期

men·tal /ˈmentᵊl/ *adj*. [无比较级][作定语] ❶思想的,思维的;精神的;心理的:*mental* arithmetic 心算 ❷〈口〉精神病的;患精神病的;治疗精神病的:*mental* wards in a hospital 医院的精神病区 ‖ **ˈmen·tal·ly** *adv*.

men·tal·ist /ˈmentᵊlist/ *n*. [C]有心灵感应能力者;算命者

men·tal·i·ty /menˈtæliti/ *n*. ❶[U]智力(水平),智能:As far as his *mentality* goes, he has no rivals. 就智力而言,无人能与他匹敌。❷[C]思想(方法);想法,观点:Our whole corporate *mentality* has to be changed. 我们整体的公司理念都要改变。

mental retardation *n*. [U]智力迟钝;精神发育不全

men·tion /ˈmenʃᵊn/ **I** *vt*. 提及,提到,说起,谈起:Did you *mention* this to your friend? 你对你的朋友谈起此事了吗? **II** *n*. [U] 提及,提到,说起:Few of the sights of the old city escape all *mention*. 该古城的风光只有极少数未被全面提及。‖ ***Don't mention it***. [回答他人道谢或致歉时的用语]不用谢,不用客气;没关系:A: Thanks for everything. B: *Don't mention it*. I was glad to help. 甲:谢谢你为我做的一切。乙:不必客气! 能帮上忙我很高兴。***not to mention*** *vi*. 更不用说,更不用提;而且:It is too late for you to go out, *not to mention* the fact that it's raining. 你这时候出去太晚了,更何况天正在下雨。

men·tor /ˈmentɔːʳ, -təʳ/ *n*. [C]顾问;导师,指导者:a fashion *mentor* 时装顾问

men·u /ˈmenjuː/ *n*. [C] ❶菜单;(端上餐桌的)菜肴:There were no *menus*, and you ate what you were given. 当时没有菜单,给你什么就吃什么。❷【计】(功能)菜单:From the *menu* select S, N, or D. 根据这个菜单选择 S、N 或者 D。

me·ow /ˌmiːˈau/ **I** *n*. [C]咪,喵(猫发出的叫声) **II** *vi*. 咪咪叫,喵喵叫

mer·can·tile /ˈməːkᵊnˌtail/ *adj*. [无比较级][作定语] ❶商人的 ❷商业的;经商的,从事商业活动的:*mercantile* papers 商业票据

mer·ce·nar·y /ˈməːsinᵊri/ **I** *adj*. [无比较级] ❶出于金钱目的的;贪图钱财的,财迷心窍的:She is so *mercenary* that she would not marry a poor man. 她十分爱财,不会嫁给穷汉。❷受雇于外国军队的:*mercenary* forces 雇佣军 **II** *n*. [C]外国雇佣兵

mer·chan·dise /ˈməːtʃᵊnˌdaiz/ *n*. [U] ❶货物;商品:*merchandise* from all over the world 来自世界各地的商品 ❷(商店的)商品存货:take an inventory of all the *merchandise* 对所有商品进行库存清查 ‖ **ˈmer·chanˌdis·er** *n*. [C]

mer·chant /ˈməːtʃᵊnt/ *n*. [C] ❶商人;(尤指从事外贸的)批销商:an import-export *merchant* 从事进出口业务的商人 ❷零售商;零售店店主

mer·chant·a·ble /ˈməːtʃᵊntəbᵊl/ *adj*. 可销售的;有销路的,适销对路的:a *merchantable* commodity 一种销路通畅的商品

merchant marine *n*. [总称][用作单] ❶(一个国家的)商船队;全部商船:He has served in the *merchant marine* for 10 years. 他已在商船上当了 10 年船员。❷(一个国家的)所有商船船员

mer·ci·ful /ˈməːsifᵘl/ *adj*. ❶仁慈的,慈悲的;富于同情心的;宽大的:be *merciful* to the prisoners 对囚犯宽大处理 ❷(因解脱痛苦等而)令人欣慰的;不幸中之大幸的:a *merciful* death (不再使人受苦的)安乐死 ‖ **ˈmer·ci·ful·ly** *adv*.

mer·ci·less /ˈməːsiləs/ *adj*. ❶毫无同情(或怜悯)之心的,无情的;残忍的:He was *merciless* in his criticism of the newspapers. 他对报纸进行了无情的抨击。❷(风、雨等)强烈的,严重的;肆虐的:*merciless* snowstorms 强暴风雪 ‖ **ˈmer·ci·less·ly** *adv*.

mer·cu·ri·al /məːˈkjuəriəl/ *adj*. (情绪等)多变

的，捉摸不定的，反复无常的：a *mercurial* mood 反复无常的情绪

mer·cu·ry /ˈməːkjuri/ *n.* ❶[U]【化】汞，水银：the colour of *mercury* 一片银白色 ❷[**the ～**]（温度计中的）汞柱；温度：*The mercury* has climbed to 40℃. 温度已升到了 40℃。

mer·cy /ˈməːsi/ *n.* ❶[U]仁慈，慈悲；怜悯；宽容：If they attempted escape, they should be put to death without *mercy*. 如果他们想逃跑，就格杀勿论。❷[C]善行，好事：perform *mercies* 做好事 ‖ ***at the mercy of*** *prep.* 任由…摆布，完全受…支配：Their little boat was completely *at the mercy of* the hurricane. 他们的小船完全失去了控制，任由飓风摆布。

mercy killing *n.* [C；U]〈口〉（为了减轻重病者或年老者等的痛苦而实施的）无痛苦致死术；安乐死

mere /miəʳ/ *adj.* （**merer, merest**）[作定语]仅仅的，只不过的：The *merest* noise is enough to wake him. 一丁点儿声音就足以把他吵醒。

mere·ly /ˈmiəli/ *adv.* 仅仅，只，不过：He *merely* raised an eyebrow. 他只不过是挑了挑眉毛。

merge /məːdʒ/ *vt.* ❶将…合并，使并入（*with*）（见 mix）：It was decided that the two businesses should be *merged*. 经决定这两家企业需要合并。❷使（财产等）融入；使融为一体（*in*）：You can *merge* these two small businesses (together) *into* one larger one. 你们可以把这两个小企业合并成一家大企业 。—*vi.* ❶合并；会合：The two firms *merged*. 这两家公司合并了。❷融合在一起，融为一体（*into*）：At midday the illusions *merged into* the sky. 到了中午，各种幻影融进天空。

merg·er /ˈməːdʒəʳ/ *n.* [C]（企业等的）合并；合并行为：There's been a *merger* between two large investment companies. 两大投资公司已经合并成一家了。

me·rid·i·an /məˈridiən/ *n.* ❶[C]【天】子午线；子午圈 ❷[C]经线：The prime *meridian* of 0° passes through the old observatory at Greenwich. 零度经线经过格林尼治老天文台。

mer·it /ˈmerit/ **I** *n.* ❶[U]价值；可取之处；优秀条件：He produced a work of no small *merit*. 他完成了一件上乘作品。❷[C]优点，长处：Everything has its *merits* and demerits. 每件事都有其优点和缺点。**II** *vt.* [不用进行时态]应得，应受，值得：Do you think this case *merits* further discussion? 你觉得这件事情值得做进一步的讨论吗？

mer·i·toc·ra·cy /ˌmeriˈtɔkrəsi/ *n.* [C；U] 英才管理（体制）：*Meritocracies* exist in some enterprises. 一些企业实行英才管理。

mer·i·to·ri·ous /ˌmeriˈtɔːriəs/ *adj.* 有价值的；值得赞赏的；应受奖励的；有功绩的：His patience has been *meritorious*. 他的耐心令人称道。‖ **ˈmer·iˈto·ri·ous·ly** *adv.*

mer·maid /ˈməːmeid/ *n.* [C]（传说中的）美人鱼

mer·ri·ment /ˈmerimᵊnt/ *n.* [U]欢乐，欢快；欢笑：My report caused general *merriment* in the family. 我的描述把全家都逗乐了。

mer·ry /ˈmeri/ *adj.* 欢乐的，愉悦的，充满欢笑的，欢声笑语的：He was a *merry* soul that evening. 那天晚上他非常开心。‖ **ˈmer·ri·ly** *adj.*

mer·ry-go-round /ˈmerigəuˌraund/ *n.* [C]〈英〉❶旋转木马 ❷繁忙的一系列活动；走马灯似的忙碌〔亦作 **roundabout, turnabout**〕

mer·ry·mak·ing /ˈmeriˌmeikiŋ/ *n.* [U]欢庆；狂欢；尽情享乐 ‖ **ˈmer·ryˌmak·er** *n.* [C]

mesh /meʃ/ *n.* [U] ❶网眼；筛孔，筛目，筛眼：a sieve with fine *mesh* 细孔筛 ❷网；网状结构；网形物：We used some strong *mesh* to make a home for our rabbit. 我们用一些牢固的网给我们的兔子安了个家。

mes·mer·ize /ˈmezməˌraiz/ *vt.* 使着迷；迷惑：The TV *mesmerizes* the children. 孩子们为电视而着迷。‖ **ˈmes·mer·ism** *n.* [U] —**ˈmes·merˌiz·er** *n.* [C]

mess /mes/ **I** *n.* ❶[C；U][常用单]脏乱的状态；凌乱的样子：How much *mess* did they make? 他们造成了多少混乱？❷[C]（外溅液体等）污物，脏东西；凌乱的东西，不整洁的东西：The workmen cleaned up the *mess* before they left. 工人们将横七竖八的东西收拾完后才离开。❸[C][常用单]困境；窘境；混乱的局面：Look at the *mess* you've gotten us into now. 看看你现在给我们带来的麻烦。**II** *vt.* 〈口〉将…弄脏（或乱）（*up*）：Don't *mess* it *up*! 别把它弄乱了！ ‖ ***mess around*** [***about***] *vi.* & *vt.* 〈主英口〉❶漫不经心地做事；浪费时间：I spent

the day *messing around* in the garden. 我整天都在花园里转悠。❷胡闹：Stop *messing about* and come and help! 别胡闹了，快过来帮忙！*mess up* *vi.* & *vt.* ❶出糗；出错：It's your big chance, so don't *mess up*. 这可是你的大好机会，千万别出错。❷搞砸；弄糟：He was asked to organize the trip, but he *messed* it *up*. 大家要他来组织这次旅游，可是他把事情搞砸了。

mes·sage /ˈmesidʒ/ *n.* ❶[C]（用口头或书面等形式传达的）信息，消息；音信，口信；电文：I conveyed the *message* to John. 我把这消息告诉了约翰。❷[C]（电影、戏剧、书籍、演讲等的）要旨，主题；寓意；启示：The *message* of the movie was clear: war is horrible. 这部影片的主题很清楚：战争太可怕了。‖ *get the message* *vi.* 〈口〉明白他人的所指，懂得他人话语中的暗示：He said it was getting late; I got the *message*, and left. 他说时候不早了，我心领神会，于是告辞。

mes·sen·ger /ˈmesindʒəʳ/ *n.* [C] ❶送信人；报信者；信使；通讯员：send a *messenger* to a place 派一名使者去某地 ❷电报（或信件等的）投递员

Mes·si·ah /miˈsaiə/ *n.* ❶[the ～]弥赛亚（犹太教中被期待的将犹太人从外族人奴役中拯救出来的大卫王系国王）❷[the ～]（基督教中受上帝派遣来拯救世界的）基督救世主 ‖ **Mes·si·an·ic** /ˌmesiˈænik/ *adj.* [无比较级][作定语]

Messrs /ˈmesəz/ *n.* Mr. 的复数

mess·y /ˈmesi/ *adj.* ❶乱七八糟的；脏兮兮的，邋遢的；杂乱的，没有条理的：He is *messy* in personal habits. 他做事一向没有条理。❷〈口〉引起混乱的；难以应付的，棘手的：a *messy* divorce 难办的离婚案 ‖ ˈ**mess·i·ly** *adv.* —ˈ**mess·i·ness** *n.* [U]

met /met/ *v.* meet 的过去式和过去分词

met·a·bol·ic /ˌmetəˈbɔlik/ *adj.* [无比较级][作定语]新陈代谢的；代谢作用的：a high *metabolic* rate 过快的新陈代谢

me·tab·o·lism /miˈtæbəˌlizᵊm/ *n.* [C;U]【生理】新陈代谢，代谢作用：He has a very active *metabolism*. 他的新陈代谢功能非常强。

me·tab·o·lize /miˈtæbəˌlaiz/ *vt.* & *vi.*（使）发生新陈代谢：The body can *metabolize* these proteins efficiently. 身体能够有效地将这些蛋白质代谢掉。

met·a·car·pus /ˌmetəˈkɑːpəs/ *n.* [C]（[复]-pi /-pai/）【解】掌骨，手掌 ‖ ˌ**met·a**ˈ**car·pal** *adj.*

met·al /ˈmetᵊl/ *n.* [C;U]金属；合金：This car was made of fibreglass instead of *metal*. 这辆车是用玻璃钢而不是金属材料做成的。

me·tal·lic /miˈtælik/ *adj.* [无比较级]金属的；金属制成的；具有金属特性的：a loud *metallic* clang 清脆响亮的叮当声

met·al·lur·gy /miˈtælədʒi, ˈmetᵊˌləːdʒi/ *n.* [U]冶金学；冶金术 ‖ **met·al·lur·gist** /miˈtælədʒist, ˈmetəˌləːdʒist/ *n.* [C]

met·a·mor·phose /ˌmetəˈmɔːfəuz/ *vt.* ❶使改变形状（或结构、性质等）：The heat *metamorphosed* the rocks. 高温改变了岩石的结构。❷使变成（*to*, *into*）：Living in the city *metamorphosed* him *into* a snob. 城市生活使他成了势利眼。—*vi.* ❶发生变化；变形，变性：Over thousands of years the rocks *metamorphosed*. 经过几千年的日晒雨淋，岩石的形状发生了变化。❷变成，转化成（*into*）：After marriage, that shrew *metamorphosed into* a loving housewife. 那个悍妇在婚后变成了一位充满柔情爱意的家庭妇女。

met·a·mor·pho·sis /ˌmetəˈmɔːfəsis, ˌmetəmɔːˈfəusis/ *n.*（[复]-ses /-ˌsiːz/）❶[C;U]【生】【医】（昆虫、青蛙等从幼体到成体的）变态：the study of *metamorphosis* 对变态过程的研究 ❷[C]改变的形态；（性格、环境、外表等的）彻底改变：Their magazine will undergo a *metamorphosis* next month. 他们的杂志将于下月实行大改版。

met·a·phor /ˈmetəfəʳ, -ˌfɔːʳ/ *n.* ❶[C]【语】暗喻；隐喻：The rose is often a *metaphor* of love in poetry. 在诗歌中，玫瑰常常是爱情的一种隐喻。❷[U]隐喻的表达法；比喻的说法：examples of *metaphor* in the *Illiad*《伊利亚特》中隐喻表达法的例子 ❸[C]象征；代名词（*for*）：Crime stories are a *metaphor for* his times. 描写犯罪的小说是他那个时代的显著特点。

met·a·phor·i·cal /ˌmetəˈfɔrikᵊl/ *adj.* [无比较级]使用隐喻的；用隐喻表达的 ‖ ˌ**met·a**ˈ**phor·i·cal·ly** *adv.*

met·a·phys·i·cal /ˌmetəˈfizikᵊl/ *adj.* [无比较级]❶【哲】形而上学的；玄学的：*metaphysi-*

cal assumptions 形而上学假论 ❷深奥的；高度抽象的

met·a·phys·ics /ˌmetəˈfizik(s)/ [复] *n.* [用作单]形而上学；玄学：*Metaphysics* was greatly influenced by Einstein's theories. 形而上学受到了爱因斯坦理论的极大影响。

me·tas·ta·sis /miˈtæstəsis/ *n.* ([复]-ses /-ˌsiːz/) ❶[C]【医】(疾病、癌细胞等的)转移 ❷[U]【医】转移瘤，转移灶 ‖ **met·a·stat·ic** /ˌmetəˈstætik/ *adj.*

me·tas·ta·size /miˈtæstəˌsaiz/ *vi.* 【医】(疾病、癌细胞等)转移

mete /miːt/ *vt.* 〈书〉分配给；给予(惩处、奖励等)(*out*)：*mete out* punishment to the offenders 惩处犯罪分子 / *mete out* praise 给予表扬

me·te·or /ˈmiːtiəʳ/ *n.* [C] ❶【天】流星；陨石：His photo shows a *meteor* fireball. 他的照片上显示着一个流星火球。❷(流星的)曳光，尾光

me·te·or·ic /ˌmiːtiˈɔrik/ *adj.* [无比较级] ❶【天】流星的；陨石的：*meteoric* iron 陨铁 ❷流星般的；极为迅速的；耀眼的，令人眼花缭乱的；昙花一现的，瞬间即逝的：a *meteoric* flight 迅疾的飞行

me·te·or·ite /ˈmiːtiəˌrait/ *n.* [C]【天】陨星；陨石；陨铁

me·te·or·oid /ˈmiːtiəˌrɔid/ *n.* [C]【天】流星体；陨星体

me·te·or·ol·o·gy /ˌmiːtiəˈrɔlədʒi/ *n.* [U]气象学 ‖ **ˌme·te·or·o·log·ic** /-ˈlɔdʒik/ *adj.* —**ˌme·te·or·oˈlog·i·cal** *adj.* —**ˌme·te·orˈol·o·gist** *n.* [C]

me·ter[1] /ˈmiːtəʳ/ *n.* 〈主美〉＝metre

me·ter[2] /ˈmiːtəʳ/ **I** *n.* [C] ❶(测量用的)表，仪，计：an electricity *meter* 电表 ❷＝parking-meter **II** *vt.* ❶用计(或表、仪等)测量：This instrument *meters* rainfall. 这种仪器用于计量降水量。❷用(自动邮资机)盖印邮戳

meth·ane /ˈmeθein, ˈmiːθein/ *n.* [U]【化】甲烷

meth·a·nol /ˈmeθəˌnɔl/ *n.* [U]【化】甲醇〔亦作 **methyl alcohol**〕

meth·od /ˈmeθəd/ *n.* ❶[C]方法，方式，办法；手段：There are several *methods* we could use to recover your lost data. 我们有几种办法可以恢复你丢失的数据。❷[U]整洁，整齐，井然有序；(思维、计划、安排等的)条理(性)：There is no sign of *method* in his writings. 看不出他的文章有什么条理。

me·thod·i·cal /miˈθɔdikᵊl/ *adj.* 有条理的，有秩序的，井然的；按一定程式的：A *methodical* search for the missing car must be organized. 必须找人细心地寻找那辆丢失的汽车。‖ **meˈthod·i·cal·ly** *adv.*

meth·o·dol·o·gy /ˌmeθəˈdɔlədʒi/ *n.* [C;U]方法论；方法学；(某一学科的)一套方法：experience with several *methodologies* 采用几种方法 ‖ **meth·od·o·log·i·cal** /ˌmeθədəˈlɔdʒikᵊl/ *adj.*

me·tic·u·lous /məˈtikjuləs/ *adj.* ❶过于注重细节的；一丝不苟的；极其仔细(或细致)的：*meticulous* planning 周密的计划 / be *meticulous* about one's work 对工作一丝不苟 ❷过分讲究的；挑剔的：a *meticulous* dresser 穿衣挑剔的人 ‖ **meˈtic·u·lous·ly** *adv.* —**meˈtic·u·lous·ness** *n.* [U]

me·tre /ˈmiːtəʳ/ *n.* [C]〈主英〉(公制长度单位)米(略作 **m.**)：The palms grow to a height of 30 *metres* and their leaves are 6 across. 棕榈树长至 30 米高，叶宽 6 米。〔亦作 **meter**〕

met·ric /ˈmetrik/ *adj.* [无比较级][作定语] ❶(公制长度单位)米的 ❷(采用)米制(或公制)的；用米制(或公制)计量的；(采用)十进制的：Virtually every country in the world is *metric*. 其实世界上的每个国家都使用米制。

met·ri·cal /ˈmetrikᵊl/ *adj.* [无比较级] ❶韵律的，格律的；诗体的：The translation is not *metrical* — it is in prose. 这种翻译不是韵文体，而是散文体。❷测量的，度量的：*metrical* instrument 量具 ‖ **ˈmet·ri·cal·ly** *adv.*

met·ri·ca·tion /ˌmetriˈkeiʃᵊn/ *n.* [U]采用公制；改为公制；公制化

met·ri·cize /ˈmetriˌsaiz/ *vt.* 用公制单位表示；使公制化

metric system *n.* [常用单]公制，米制

metric ton *n.* [C]公吨，米制吨(重量单位，折合1 000千克)〔亦作 **ton**〕

met·ro /ˈmetrəu/ *n.* [C; U]([复]-ros) [亦作 M-]地下铁路，地铁：take the *metro* 乘坐地铁

met·ro·nome /ˈmetrəˌnəum/ *n.* [C]【音】节拍器(一种能调整每分钟拍子数目的发声装置)

me·trop·o·lis /miˈtrɔpəlis/ *n.* [C] ❶大都市，大城市 ❷(一个国家或地区的)最重要城市；首都，首府：Beijing is China's *metropolis*. 北京是

中国的首都。

met·ro·pol·i·tan /ˌmetrəˈpɔlitᵊn/ *adj*. [无比较级] ❶大都市的,(有关)大城市的;具有大都市居民风格(或气派)的:a *metropolitan* outlook 都市人的观点 ❷首都的,首府的

met·tle /ˈmetᵊl/ *n*. [U] ❶勇气;精神 ❷性格,秉性;气质:a man of fine *mettle* 性情很好的人

mew /mjuː/ I *vi*. (猫、海鸟等)喵喵地叫,咪咪地叫;发出猫叫似的声音:Kitty *mews* for milk. 小猫喵喵叫着要奶喝。II *n*. [C](猫或海鸟等发出的)喵喵声,咪咪声

mewl /mjuːl/ *vi*. 低声哭泣,呜咽;婴儿(或幼童)似的哭泣:*mewl* like a child 孩子般的哭泣

Mex·i·can /ˈmeksikᵊn/ I *n*. [C]墨西哥人;墨西哥印第安人;具有墨西哥血统的人 II *adj*. [无比较级]墨西哥(人)的;墨西哥印第安人的:*Mexican* craftsmen 墨西哥手艺人

MHz *abbr*. megahertz

mi·as·ma /miˈæzmə,mai-/ *n*. [C]([复]-**ma·ta** /-mətə/或-**mas**) ❶瘴气,瘴毒:A *miasma* of pollution hung over the city. 一团被污染的气体漂浮在城市上空。❷不良的气氛(或影响、处境):the *miasma* of defeat 失败的阴霾

mi·ca /ˈmaikə/ *n*. [U]【矿】云母

mice /ˈmais/ *n*. mouse 的复数

mi·cro- /ˈmaikrəᵘ/ *comb. form* ❶表示"小","小型的","微型的":*micro*bus (小公共汽车) ❷表示"范围有限的":*micro*habitat;*micro*economics

mi·crobe /ˈmaikrəᵘb/ *n*. [C]微生物;(尤指致病或起发酵作用的)细菌

mi·cro·bi·ol·o·gy /ˌmaikrəᵘbaiˈɔlədʒi/ *n*. [U]微生物学 ‖ ˌ**mi·cro·biˈol·o·gist** *n*. [C]

mi·cro·chip /ˈmaikrəᵘˌtʃip/ *n*. [C]微片,微型晶片(=chip)

mi·cro·com·put·er /ˈmaikrəᵘkᵊmˌpjuːtəʳ/ *n*. [C]微型计算机

mi·cro·cosm /ˈmaikrəᵘˌkɔzᵊm/ *n*. [C] ❶缩影;缩图:Our city is a *microcosm* of the whole country. 我们的城市是整个国家的缩影。❷微观世界;小宇宙

mi·cro·fiche /ˈmaikrəᵘˌfiːʃ/ *n*. [C;U]([复]-**fiche(s)**)(用于记录文件等的长方形)缩微平片,缩微照片;缩微照片阅读机:documents available on *microfiche* 保存在微缩胶片上的文件〔亦作 **fiche**〕

mi·cro·film /ˈmaikrəᵘˌfilm/ *n*. [C;U](用以拍摄文档、地图、书报等的)缩微胶卷;缩微照片:The *microfilms* are cracked with age. 时间久了,这些微缩胶卷破裂了。

mi·crom·e·ter[1] /maikrɔmitəʳ/ *n*. [C]测微计

mi·cro·me·tre, **mi·cro·me·ter**[2] /ˈmaikrəᵘˌmiːtəʳ/ *n*. [C]微米,百万分之一米(长度单位)

mi·cron /ˈmaikrɔn/ *n*. [C]([复]-**crons** 或-**cra** /-krə/) 微米,百万分之一米(长度单位)

mi·cro-or·gan·ism /ˌmaikrəᵘˈɔːgəˌnizᵊm/ *n*. [C]【生】微生物

mi·cro·phone /ˈmaikrəˌfəun/ *n*. [C]麦克风,扩音器,送话器,话筒:talk into a *microphone* 对着麦克风说话〔亦作 **mike**〕

mi·cro·pro·ces·sor /ˌmaikrəᵘˈprəusesəʳ/ *n*. [C]【计】微处理器,微处理机

mi·cro·scope /ˈmaikrəˌskəup/ *n*. [C]显微镜 ‖ ˈ**mi·crosˌco·py** *n*. [U]

mi·cro·scop·ic /ˌmaikrəˈskɔpik/ *adj*. [无比较级]〈口〉小得只有用显微镜才能看见的;极为细小的,微小的:*microscopic* creatures 微生物

mi·cro·sur·ger·y /ˈmaikrəᵘˌsəːdʒᵊri/ *n*. [U]【医】显微外科(手术)

mi·cro·wave /ˈmaikrəᵘˌweiv/ I *n*. [C] ❶微波(指波长为1毫米至300毫米之间的高频电磁波) ❷微波炉 II *vt*. 用微波炉烧煮:*microwave* sth. for dinner 用微波炉做饭

microwave oven *n*. [C]微波炉

mid /mid/ *adj*. [无比较级][作定语] ❶[常用以构成复合词]居中的,位居中间的;在一半的:in *mid*-autumn 在中秋时节 ❷(位置等)中间的,中央的,中部的:a collision in *mid* channel 发生于隧道中间的撞车事故

mid- *pref*. 表示"在…中间";"在…中央";"居中的":*mid*day, *mid*-Victorian; *mid*-twentieth century

mid·day /ˈmidˌdei/ *n*. [U]正午;日中:finish work at *midday* 正午时完成工作

mid·dle /ˈmidᵊl/ I *adj*. [无比较级][作定语] ❶中间的,正中的;中部的,中央的;位居中间的:the *middle* part of a room 房间的中间部分 ❷中级的;中等的;(高度等)平均的;一般的:a city of *middle* size 中等城市 II *n*. [C][常用

M

单]❶中间,中部,中央;中点;中间位置;中间部分(*of*):During the *middle of* summer it is suffocatingly hot in Nanjing. 盛夏的南京酷热难当。❷[用单]〈口〉腰,腰部:He bent at the *middle* and picked it up. 他弯腰把东西捡了起来。‖ ***in the middle of*** *prep*. 在…过程中,在…期间;正忙于:We were *in the middle of* the lunch. 当时我们正在吃午餐。

☆**middle,centre,midst** 均有"中间,中部"之意。**middle** 指靠近中心的部位,可用于圆形、方形或直线形的物体:a sheet of paper folded down the *middle* (一张对折的纸) 该词也可指一段时间、一个过程或一件事情的中间:This bill must be paid not later than the *middle* of the month.(这份账单必须在本月中旬以前付清。)**centre** 指位于正中心,常用于圆形、球形或方形物体:I like chocolates with soft *centres*.(我喜欢吃软心的巧克力。)该词还可指在政治、经济、文化、商业等方面的中心:Hongkong is a major banking and financial *centre*.(香港是一个重要的银行业与金融业中心。)**midst** 为正式用词,指处于人群、事物或某一行动的中间,常用于介词短语中:In the *midst* of all his troubles he managed to remain cheerful.(虽然身处许多烦恼之中,他依然保持了乐观情绪。)

middle age *n*. [U]中年(常指 45 岁～65 岁之间的时期):in one's *middle age* 处于中年期 ‖ **ˈmid·dle-ˌaged** *adj*.

Middle Ages *n*. [复][**the M- A-**](欧洲史上的)中世纪(约公元 400 年至公元 1350 年)

mid·dle-class /ˈmidᵊlˌklɑːs;-klæs/ **I** *n*. [C]中产阶级 **II** *adj*. [无比较级]中产阶级的;具有中产阶级特点的:come from a *middle-class* background 出生于中产阶级家庭

middle ear *n*. [C]【解】中耳

mid·dle·man /ˈmidᵊlˌmæn/ *n*. [C]([复]**-men** /-ˌmen/) ❶中间人,中间商;掮客:One of the ways to lower price is to bypass completely the software industry *middlemen*. 降低价格的办法之一就是完全绕过软件产业的中间商。❷(争论或政治争端中的)调解者,协调者:He acts as a *middleman* in improving the relations between the two countries. 他充当改善两国间关系的协调人。

mid·dle-of-the-road /ˌmidᵊləvðəˈrəud/ *adj*. [无比较级]中间道路的;中间立场的;采取温和政策的:His *middle-of-the-road* policy did please some politicians. 他的中间道路政策确实迎合了一些政客。‖ **ˈmid·dle-of-the-ˌroad·er** *n*. [C]

middle school *n*. [C;U]中学;〈英〉(介于小学和中学之间的)中间学校(指招收 9 至 13 岁儿童的学校);初中:He is in the second year of *middle school*. 他在读中学二年级。

mid·dling /ˈmidliŋ/ **I** *adj*. [无比较级]〈口〉(大小、质量等)中等的;一般的;二流的:Beaches and ski resorts have become accessible to *middling* people and many workers. 海滨和滑雪胜地也变得让中等收入的人和很多工人们去得起了。**II** *adv*. 尚可地,马马虎虎地:doing *middling* well 做得还算可以

midge /midʒ/ *n*. [C] ❶〈口〉【昆】(叮咬人畜的)摇蚊,蚋,蠓 ❷矮个子,侏儒

midg·et /ˈmidʒit/ *n*. [C] ❶个子矮小之人,侏儒 ❷(同类动物或事物中的)极小者

mid·land /ˈmidlᵊnd/ *n*. [C][**the** ～](一个国家的)中部(地区);内地,内陆(地区)

mid·most /ˈmidˌməust/ [无比较级] **I** *adj*. ❶位于正中的;最靠近中心的 ❷内心最深处的;最里面的〔亦作 **middlemost**〕**II** *adv*. 位于正中心;最靠近中心

mid·night /ˈmidˌnait/ *n*. [U][通常不与冠词连用]午夜,子夜;半夜 12 点:The clock struck *midnight*. 子夜 12 点的钟声敲响了。

mid·point /ˈmidˌpɔint/ *n*. [常用单] ❶(直线等的)中点,中间位置:He drew a circle at the *midpoint* of a line. 他在线的中间画了个圆。❷(事情等发展的)中期,(时间等进行的)一半:At the *midpoint* of the season their team started to lose games. 赛季过半时他们的参赛队开始在比赛中失利。

mid·riff /ˈmidrif/ *n*. [C] ❶【解】膜,膈 ❷上腹部:a punch in the *midriff* 击在上腹部的一拳 ❸(女式紧身装的)上腹部位

midst /midst/ *n*. [U]中间;中部;中央;当中(见 middle) ‖ ***in the midst of*** *prep*. ❶在…中间:*in the midst of* the crowd 在人群中 ❷在…期间,正值:He got up *in the midst of* the concert and walked out. 音乐会正在进行的时候,他突然起身离去。

mid·stream /ˈmidˌstriːm/ *n*. [U] ❶中流:keep the boat in *midstream* 使船保持在水流的中央

❷中途，半途：She stopped in *midstream*, coughed, then started up again. 她讲话中途停下来咳嗽，然后又继续讲。

mid·sum·mer /ˌmid'sʌməʳ, 'midˌsʌ-/ **I** *n*. [U] ❶仲夏❷夏至(6月21日或前后) **II** *adj*. [无比较级][作定语]仲夏的；仲夏般的；发生于仲夏的：*A Midsummer Night's Dream*《仲夏夜之梦》

mid·term /'midˌtəːm/ *n*. ❶[U](任期等的)中期：Our next project is due at *midterm*. 我们的下一个项目将在中期完成。❷[C]〈口〉期中考试

mid·town /'midˌtaun/ **I** *n*. [U](介于商业区和住宅区之间的)市中心区 **II** *adj*. [无比较级][作定语](位于)市中心区的

mid·way /'midˌwei/ **I** *adv*. [无比较级]中途，在半路；在中间：stand *midway* across a bridge 站在桥中间 **II** *adj*. [无比较级][作定语]中途的，位于中间的：the *midway* point of the project 项目进展途中

mid·week /'midˌwiːk/ **I** *n*. [C;U]一星期的中段，周中：*Midweeks* I'm too busy to see you. 在星期当中我很忙，不能见你。**II** *adj*. [无比较级][作定语]一星期中段的，周中的：a *midweek* conference 星期当中的会议

mid·wife /'midˌwaif/ *n*. [C]([复]**-wives** /-ˌwaivz/) ❶接生员，助产士；接生婆，稳婆 ❷催生因素，促成因素：a *midwife* in the creation of a new product 新产品诞生的促成因素 ‖ **mid·wif·e·ry** /'midˌwifᵊri/ *n*. [U]

mid·win·ter /ˌmid'wintəʳ/ *n*. [U] ❶仲冬：It was a snowy day in *midwinter*. 这是仲冬时节一个下雪天。❷冬至(12月22日前后)

mid·year /'midˌjəːʳ/ **I** *n*. ❶[U]年中❷[C][常用复]〈口〉学年中期考试 **II** *adj*. [无比较级][作定语]年中的；学年中期的：a *midyear* dividend 年中红利

mien /miːn/ *n*. [C]〈书〉❶外表；神态：with a sorrowful *mien* 神情悲伤地 ❷气度，风度；举止，态度：a man of noble *mien* 气质高贵的人

miff /mif/ *vt*. [常用被动语态]〈口〉使生气，使发怒：It *miffed* her that she was not invited to the party. 她未被邀请参加聚会，这使她有些生气。

might¹ /mait/ *aux. v*. [无人称变化，后接不带to的不定式] ❶[用于陈述句中，后接不定式，表示可能性或不确定性]可能，或许：They *might* go at any moment. 他们随时可能出发。❷[用于虚拟语气中，后接完成式的不定式，表示与事实相反]会，可能：The war did not disrupt publishing as much as one *might* have thought. 战争并未像人们原本想得那样破坏了出版业。❸[对未完成事宜或未达预期目标表示抱怨或责备]应该，应当：You *might* have been more careful. 你应当更细心些。❹[表示建议采取某种行动]应该：They *might* at least have tried to get there on time. 他们至少应该尽可能准时赶到那里。❺[表示许可或请求许可]可以，能：*Might* I speak to you for a moment? 我能跟您说会儿话吗？❻[用于表示条件、目的或结果的从句中]会，能够：Let's agree on this so that (as a result) we *might* go home early. 我们就此达成共识吧，这样我们就能早点回家了。‖ ***might* (*just*) *as well*** *aux. v*. 不妨，倒不如：No one will eat this food; it *might just as well* be thrown away. 没有人要吃这些东西，不如扔掉算了。

might² /mait/ *n*. [U] ❶(身体的)力量；力气：He swung the door open with all his *might*. 他使出浑身力气把门拧开了。❷权势；强势：His face told the tale of one who knew but the law of *might*. 一看他这张脸就知道他是很懂得仗势欺人的家伙。❸实力，威力：The industrial *might* of the United States began to come into full force. 美国的工业力量日臻成熟。

might·y /'maiti/ **I** *adj*. ❶强大的；有力的：She gave him a *mighty* thump. 她狠狠地捶了他一下。❷巨大的，庞大的：*mighty* mountains 巍峨大山(或崇山峻岭) / the *mightiest* river in the world 世界上最大的河流之一 ❸〈口〉伟大的；重大的；不同凡响的：a *mighty* accomplishment 非凡的成就 / a *mighty* task 影响重大的任务 **II** *adv*. [无比较级]〈口〉非常，十分，很：I'm *mighty* pleased. 我简直太高兴了。**III** *n*. [the ～][用作复]强势集团；权势集团 ‖ **'might·i·ly** *adv*. —**'might·i·ness** *n*. [U]

mi·graine /'miːgrein, 'mai-/ *n*. [C;U]【医】(周期性)偏头痛

mi·grant /'maigrᵊnt/ **I** *adj*. [无比较级][作定语]迁移的，迁徙的；移民的；流动的：*migrant* birds 候鸟 **II** *n*. [C] ❶移民，迁移者：a city full of *migrants* 一座到处都是外来移民的城市 ❷迁徙动物；候鸟；洄游鱼类：Summer *migrants*

M

nest here. 夏季飞来的候鸟在此筑巢。❸(到处奔波寻找工作的)流动工人;农业季节工人

mi·grate /maiˈgreit/ *vi.* ❶移居(迁移至)他乡(或海外);移民;进入…之中(*from*, *to*):John *migrated to* London from Germany after marrying an English girl. 约翰娶了一位英国姑娘,便从德国移民到了伦敦。❷(候鸟等)迁徙;(鱼类)洄游:In winter some birds *migrate* thousands of miles to a warmer climate. 有些鸟类在冬天迁徙几千英里飞往气候更温暖的地方。‖ **mi·gra·tion** /maiˈgreiʃᵊn/ *n.* [C;U] —**mi·gra·to·ry** /ˈmaigreitᵊri/ *adj.*

☆**migrate, emigrate, immigrate, move, travel** 均有"迁移,旅行"之意。**migrate** 表示某个群体从一个国家或地区搬迁至另一个国家或地区,含定期迁移、居住一定时间后又离开之意,尤其指候鸟的移栖和鱼类的洄游:These birds *migrate to* North Africa in winter. (这些鸟冬天迁徙到北非。) **emigrate** 指离开祖国而移居海外:Her family *emigrated* to Australia in the 1950s. (她的家人于 20 世纪 50 年代移居澳大利亚。) **immigrate** 指从外国移居入境:They *immigrated* to this country in the last century. (他们于上个世纪移民到这个国家。) **move** 表示从一个地方移居至另一个地方,特指搬迁:Our present house is too small, so we decide to *move*. (我们现在的住房太小了,我们决定搬迁。) **travel** 特指离开居住地以作短暂的旅行,往往不打算在那里长期逗留:We have *travelled* the whole world. (我们游遍了世界各地。)

mike /maik/ 〈口〉 **I** *n.* = microphone **II** *vt.* 给…配备话筒;安装话筒于:*mike* a singer 给歌手配个话筒

mil /mil/ *n.* [C]密耳(计量金属线直径的长度单位;1 密耳=0.001 英寸)

mil·age /ˈmailidʒ/ *n.* =mileage

mild /maild/ *adj.* ❶(尤指人的性情、举止等)柔和的,温和的:have a *mild* temperament 性情温和 ❷(尤指冬天的天气)暖和的,不太冷的:a *mild* winter 暖冬 ❸(食物、烟草等)味淡的:a *mild* smell of burning 淡淡的煳味 ❹(规定、处罚等)宽松的,不太严厉的;(疾患等)不严重的,轻微的;(感觉等)不强烈的:He was given a *mild* sentence. 他受到了轻微的判罚。‖ ˈ**mild·ly** *adv.* —ˈ**mild·ness** *n.* [U]

mil·dew /ˈmildjuː/ *n.* [U]真菌;霉

mile /mail/ *n.* ❶[C]英里(约合 1.609 千米):The Great Wall snakes for 3,700 *miles*. 长城蜿蜒曲折达 3 700 英里。❷海里(= nautical mile) ❸[~s]〈口〉很大的距离:Nightfall found him many *miles* short of his appointed preaching place. 夜幕降临,他离约好的布道地点还远着呢。

mile·age /ˈmailidʒ/ *n.* ❶[U]英里里程,英里数:What *mileage* has your car done? 你的车已跑了多少英里路? ❷[U]耗油 1 加仑(或 1 升)所行驶的英里数:The *mileage* is about 5 kilometres per litre. 每升汽油的里程约为 5 000 米。❸[U]〈口〉利益;利润;好处:The news media got a lot of *mileage* out of the scandal. 新闻媒体因报道这个丑闻获利颇丰。〔亦作 **milage**〕

mile·stone /ˈmailˌstəun/ *n.* [C] ❶里程碑,里程标 ❷〈喻〉(人生经历中、事业或历史上的)意义重大的事件,划时代的事件,里程碑

mi·lieu /miˈljəː, ˈmiːljəː/ *n.* [C]([复]**-lieus** 或**-lieux** /-ljəːz/) 周围环境,氛围;社会环境;文化环境(见 background):a poor social *milieu* 恶劣的社会环境

mil·i·tan·cy /ˈmilitᵊnsi/ *n.* [U]好战分子的行动;激进的举动

mil·i·tant /ˈmilitᵊnt/ **I** *adj.* 好斗的,好战的;富有战斗精神的;(思想或行动)激进的(见 aggressive):*militant* reformers 激进的改革者 **II** *n.* [C]好战分子;富有战斗精神的人;(尤指政治上的)激进人士;积极分子:a perfect *militant* 彻头彻尾的好战分子 ‖ ˈ**mil·i·tant·ly** *adv.*

mil·i·ta·rism /ˈmilitəˌrizᵊm/ *n.* [U] ❶尚武精神;军人精神:Frontier *militarism* had become rather pastoral. 边区的战斗气息已被乡村气息所替代。❷军国主义;黩武主义;军国主义政策(或方针):the *militarism* that led to the First World War 导致第一次世界大战的穷兵黩武思想 ‖ ˈ**mil·i·ta·rist** *n.* [C] —**mil·i·ta·ris·tic** /ˌmilitəˈristik/ *adj.*

mil·i·ta·rize /ˈmilitəˌraiz/ *vt.* ❶使军事化;使处于临战状态:The police force has been fully *militarized*. 警察部队已完全实行了军事化。❷向…灌输军国主义思想,使接受军国主义教

M

育 ‖ **mil·i·ta·ri·za·tion** /ˌmilitᵊraiˈzeiʃᵊn;-riˈz-/ *n.* [U]

mil·i·tar·y /ˈmilitᵊri/ **I** *adj.* [无比较级][作定语] ❶军人的;军队的;具军人(或军队)特征的:top-level *military* brass 最高层的军官 ❷军事的;军用的(见 martial):*military* plans 军事计划 **II** *n.* [**the** ～][用作单或复] ❶[总称]军人;陆军军官:*The military* were not treating civilians kindly. 那些军人没有善待平民。❷武装部队;军队,军方:*The military* does not want him to become president. 军方不希望让他当总统。

mil·i·tate /ˈmiliˌteit/ *vi.* 起作用,产生影响,妨碍(*against*):His prison record *militated against* him. 他的监禁记录对他影响不好。

mi·li·tia /miˈliʃə/ *n.* [**the** ～][用作单或复]民兵组织;[总称]全体民兵:the fighting between the rival *militias* 发生在敌对民兵组织之间的战斗 ‖ **miˈli·tia·man** *n.* [C]

milk /milk/ **I** *n.* ❶[U]奶,乳汁;牛奶;羊奶;[C]一份奶:He took two *milks* in his coffee. 他在咖啡里加了两份奶。❷[U]乳状物;(植物等的)液汁:coconut *milk* 椰(汁)奶 **II** *vt.* ❶挤(牛、羊等)的奶:We *milk* the cows twice every day. 我们每天给奶牛挤两次奶。❷抽取(植物等)的液汁;提取(毒蛇等)的毒液:*milk* the snake of its venom 提取蛇的毒液 ❸〈贬〉榨取…的钱财,敲诈;充分利用…而获利:be accused of *milking* the people 被指控压榨人民 ‖ **ˈmilk·er** *n.* [C] —**ˈmilk·i·ness** *n.* [U] —**ˈmilk·y** *adj.*

milk·man /ˈmilkmᵊn/ *n.* [C]([复]**-men** /-mᵊn/) 卖牛奶的人;送奶工

milk shake *n.* [C]牛奶冰激凌(俗称奶昔,一种用牛奶、糖、果汁、香料和冰激凌混合后搅拌而成的饮料)〔亦作 **shake**〕

milk·sop /ˈmilkˌsɔp/ *n.* [C]懦夫,没男子气的人;窝囊废

milk tooth *n.* [C]([复]**milk teeth**)【解】乳齿,乳牙

Milky Way *n.* [**the M- W-**]【天】银河系:the stars in *the Milky Way* 银河系里的星星〔亦作 **galaxy**〕

M

mill /mil/ **I** *n.* [C] ❶制造厂,工场;作坊:a cotton *mill* 棉纺厂 ❷磨粉厂,磨坊;面粉厂:The farmer took his corn to the *mill*. 农民把他的谷物拿到磨粉厂磨粉。❸磨粉机;碾磨机,研磨机:a pepper *mill* 胡椒磨 **II** *vt.* 碾磨(谷物);磨(面粉);去(种子等)的外壳:*mill* the wheat into flour 将麦子磨成面粉

mil·len·ni·um /miˈleniəm/ *n.* [C]([复] **-ni·ums**或**-ni·a** /-niə/) 一千年;千年期:celebrate the *millennium* in the year 2000 在 2000 年庆祝千禧年 ‖ **mil·len·ni·al** /miˈleniəl/ *adj.*

mill·er /ˈmiləʳ/ *n.* [C]面粉厂主;磨坊主

mil·let /ˈmilit/ *n.* [U] ❶【植】小米,粟 ❷小米

mil·li- /ˈmili/ *comb. form* ❶表示"千":*milli*pede ❷表示"毫","千分之一":*milli*mole (毫(克)分子(量)) / *milli*roentgen (毫伦琴)

mil·li·ard /ˈmiljɑd,-jɑːd/ *n.* [C]〈英〉10 亿

☆在英国英语中 **milliard** 意为"10 亿";在美国英语中 **billion** 意为"10 亿"。现代英国英语中也倾向于使用 **billion** 表示 10 亿。

mil·li·gram(me) /ˈmiliˌɡræm/ *n.* [C]毫克,千分之一克(重量单位)

mil·li·li·tre, mil·li·li·ter /ˈmiliˌliːtəʳ/ *n.* [C]毫升,千分之一升(容量单位)

mil·li·me·tre, mil·li·me·ter /ˈmiliˌmiːtəʳ/ *n.* [C]毫米,千分之一毫米(长度单位)

mil·li·ner·y /ˈmilinᵊri/ *n.* [U] ❶[总称]女帽;女子头饰用品 ❷女帽制造(或销售)业

mil·lion /ˈmiljən/ *n.* ([复]**-lion(s)**) ❶[单复同]百万;百万个:Nanjing has a population of over 6 *million*. 南京的人口为 600 多万。❷[常作～**s**]〈口〉许多,大量,众多:*millions* of years 千秋万代 ‖ **ˈmil·lionth** *n.* [C] & *adj.*

mil·lion·aire /ˌmiljəˈneəʳ/ *n.* [C]百万富翁;大富翁:a *millionaire* banker 腰缠百万的银行家

mil·li·pede /ˈmiliˌpiːd/ *n.* [C]【动】千足虫,马陆〔亦作 **millepede**〕

mill·stone /ˈmilˌstəun/ *n.* [C] ❶(用于碾磨谷物的)磨石,磨盘 ❷磨难,折磨:be caught between the *millstones* of high prices and low wages 备受高物价和低工资的双重折磨

milque·toast /ˈmilkˌtəust/ *n.* [C]胆小鬼,懦夫

mime /maim/ **I** *n.* ❶[U]哑剧表演艺术;[C]哑剧:He improvised two new *mimes*. 他即兴表演了两个哑剧新段子。❷[C]哑剧表演者;喜剧演员;小丑,丑角 **II** *vt.* 用手势(或动作)表示;模仿,效仿:He *mimed* turning a steering wheel to indicate that he wanted to rent a car. 他做出转动方向盘的动作表示要租辆车。—*vi.* 表演哑剧;参加哑剧演出

mi·met·ic /mi'metik/ *adj.* [无比较级]模拟的,模仿的;喜好模拟的:*mimetic* skills 模仿能力

mim·ic /'mimik/ **I** *vt.* (**-icked, -ick·ing**) ❶模仿,模拟;(通过模仿他人的言行举止)取笑,戏弄:He *mimicked* the teacher's scolding. 他模仿老师责骂人的样子。❷酷似,活像;呈现…的形象:Certain flies *mimic* wasps. 有些苍蝇看上去极像黄蜂。**II** *n.* [C] ❶善于模仿者,精于模仿者:Chimpanzees and mockingbirds are congenital *mimics*. 大猩猩和嘲鸫是天生的模仿者。❷滑稽剧演员;小丑 ‖ **'mim·ick·er** *n.* [C]

mim·ic·ry /'mimikri/ *n.* ❶[U]模仿,模拟:a talent for *mimicry* 模仿能力 ❷[U]【生】拟态 ❸[C]模拟物,仿制品

mi·mo·sa /mi'məuzə/ *n.* [C;U]【植】❶含羞草属(植物);含羞草 ❷澳洲金合欢树

min. *abbr.* ❶ minimum ❷ minor ❸ minute

min·a·ret /ˌminə'ret/ *n.* [C](伊斯兰教清真寺旁的)尖塔

mince /mins/ **I** *vt.* 将(肉等)切碎,切细;将(肉等)绞碎:The meat has been *minced*. 肉已经切碎了。—*vi.* 〈常贬〉迈着碎步扭捏而行(*about, across, along, around, in, out*):He *minced across* the room. 他迈着碎步一扭一扭地从房间走过。**II** *n.* [U]〈主英〉碎肉,肉末,肉糜:They had *mince* and potatoes for lunch. 他们中饭吃肉末和土豆。‖ **'minc·ing** *adj.*

mince·meat /'minsˌmiːt/ *n.* [U] ❶(由葡萄干、糖、苹果、香料等混合而成的)果馅 ❷(剁或绞得很细的)肉末,肉糜

mind /maind/ **I** *n.* ❶[C]头脑;脑海;脑子:Such an idea never entered my *mind*. 我脑子里从未有过这样的念头。❷[常用单]智力,智慧:have a sharp *mind* 思维敏捷 ❸[C]理智;正常的神志:It's enough to drive a man out of his *mind*. 这足以逼疯一个人。❹[C]观点,见解,看法,主张:A wise man changes his *mind*, a fool never will. 智者通权达变,愚者刚愎自用。**II** *vt.* ❶注意,关注:Just get on with you work; don't *mind* me. 继续做你的工作吧,别管我!❷关心,致力于:"You *mind* your own business," he says. "你管好你自己的事。"他说。❸暂时(或临时)照看,照料,看管,看护:Who's *minding* the children? 谁在看管孩子们?❹[常用命令句]小心,当心,留神:*Mind* the step. 小心台阶!❺[常接否定句或疑问句][不用进行时]反对,介意:I wouldn't *mind* a cup of tea. 我不反对喝一杯茶。—*vi.* ❶[常用命令句]当心,小心,留神:*Mind* now, I want you home by twelve. 现在给我听着,我要你 12 点之前回家。❷[常用否定句或疑问句]反对,介意:I do not *mind* at all. 我一点也不介意。‖ ***never mind*** 〈口〉❶不用担心:*Never mind* about that broken window. 别担心那打破的窗户。❷没关系,不要紧:She still owes me money, but *never mind*. 她还欠着我钱呢,但无关紧要。***on one's mind*** *adj.* 想到的,牵挂的;关注的,关心的:The economy has been *on his mind* lately. 近来,他一直在关注经济形势。

mind·ed /'maindid/ *adj.* [无比较级] ❶[用以构成复合词]具有…精神(或思想)的;关心…的;热心于…的;具有…意识的:He was politically *minded* by nature. 他天生就有一副政治头脑。❷[作表语]有意(向)的,意欲的(*to*):Now that he has enough money, he is *minded to* travel. 他已有了足够的钱,因此想去旅游一番。

mind·ful /'maindfʷl/ *adj.* [用作表语]注意的,留心的,留意的;记住的,不忘记的(*of*):Be *mindful of* the social consequences. 要注意社会影响。‖ **'mind·ful·ly** *adv.* —**'mind·ful·ness** *n.* [U]

mind·less /'maindlis/ *adj.* ❶不需要动脑筋的:a boring, *mindless* job 不用动脑筋的无聊工作 ❷不注意的,不顾及的,无视的(*of*):be *mindless of* the dangers the workers are faced with 不顾工人们面临的危险 ❸没头脑的;愚笨的,愚钝的;无知的:These teenagers must be *mindless* to get involved in such a fight. 这些少年肯定是毫无头脑,竟卷入了这样一场打斗。

mind's eye *n.* [U]想象:In my *mind's eye* I can still see her. 我想象着自己还能见到她。

mine[1] /main/ *pron.* [I 的物主代词形式]我的(东西),我的(所有物);我的家属,我的亲属,与我相关之人:The game is *mine*. 是我赢了这场比赛。

mine[2] /main/ **I** *n.* [C] ❶矿;矿井;矿山:The

mine once had a rich vein of silver. 矿中原有一个丰富的银矿脉。❷(知识、信息等的)源泉，宝库：a *mine* of information 信息库 ❸水雷；地雷：hit [strike] a *mine* 触雷 **II** *vt.* ❶开(矿)，采(矿)，采(煤、金属等)；在…中采矿：A great deal of tin has been *mined* in this area. 在这一地区已开采到了大量的锡。❷在…设雷；用雷将…炸毁：The area has been heavily *mined* to prevent the enemy from coming too near. 该地区布设了大量地雷，防止敌人靠得太近。—*vi.* 开矿，采矿：*mine* for gold 开采金矿 ‖ **'min•er** *n.* [C]

mine•field /'mainˌfiːld/ *n.* [C] ❶【军】雷区：The submarine slid carefully through the *minefield.* 潜艇小心翼翼地从雷区潜行而过。❷〈喻〉(潜在的)危险区；危险情形：steer a course through a *minefield* of ethical problems 穿过布满伦理问题的雷区

min•er•al /'minᵊrᵊl/ *n.* [C] ❶矿物；矿石：Iron is the world's most common *mineral.* 铁是世界上最常见的矿物。❷(身体必需的)矿物质：vitamins and *minerals* 维生素和矿物质

min•e•ral•o•gy /ˌminə'rælədʒi/ *n.* [U]矿物学 ‖ **ˌmin•e'ral•o•gist** *n.* [C]

mineral water *n.* [U] 矿泉水

min•gle /'miŋgᵊl/ *vt.* ❶相互交往，互相往来(*with*)：He wandered around, trying to *mingle with* the guests. 他四处转悠，想跟宾客们打成一片。❷混合在一起，融合在一起(*with*)(见 mix)：His account *mingled* truth *with* exaggerations. 他的叙述中事实与夸张的东西混在一起。—*vi.* 使混合，掺和(见 mix)：Near the bridge, the waters of the two streams *mingled.* 在靠桥的地方，两条小溪汇合到了一起。‖ **min•gled** *adj.*

min•i /'mini/ *n.* [C] ❶超短裙，迷你裙；超短连衣裙 ❷＝minicomputer ❸微型物

min•i- /'mini/ *comb. form* ❶表示"微型的"，"极小的"，"小于正常水平(或程度)的"：*mini*gun (急射小机枪) ❷范围、强度或持续时间有限的：*mini*-boom (经济的短期复苏) ❸(衣服)超短的，膝盖以上长度的：*mini*skirt

min•i•a•ture /'miniətʃəʳ/ *n.* [C] 微型复制品；小模型；缩影；缩图；微型物 ‖ ***in miniature*** *adj.* 小型的，小规模的 ‖ **'min•i•a•tur•ist** *n.* [C]

min•i•a•tur•ize /'miniətʃəˌraiz/ *vt.* 使微型化，使小型化：*miniaturize* computer components 使计算机部件微型化 ‖ **min•i•a•tur•i•za•tion** /ˌmin'ətʃᵊrai'zeiʃᵊn;-ri'z-/ *n.* [U]

min•i•bus /'miniˌbʌs/ *n.* [C]([复]-**bus•(s)es**) 小型公共汽车，面包车，中巴：go to work in a *minibus* 乘坐小公共汽车上班

min•i•com•put•er /'minikᵊmˌpjuːtəʳ/ *n.* [C] 微型(或小型)计算机〔亦作 **mini**〕

min•i•mal /'minimᵊl/ *adj.* [无比较级] ❶最小的；最低程度的，尽可能少(或小)的；(期限等)尽可能短的：The flood caused *minimal* loss. 洪水没造成多大损失。❷[作定语]最简单派抽象艺术的 ‖ **'min•i•mal•ly** *adv.*

min•i•mal•ism /'minimə'lizᵊm/ *n.* [U]最简单派抽象艺术(20 世纪五六十年代流行于美国的一种绘画或雕塑艺术，主张将作品减小到其最基本的抽象成分) ‖ **'min•i•mal•ist** *n.* [C]

min•i•mize /'miniˌmaiz/ *vt.* ❶将…减少到最低限度：Your proofreading can help to *minimize* my mistakes. 你的校对能帮我把错误减少到最低限度。❷低估…的价值(或重要性等)；贬低，小看：He was keeping *minimizing* my accomplishments. 他一直都在贬低我的成绩。‖ **min•i•mi•za•tion** /ˌminimai'zeiʃᵊn;-mi'z-/ *n.* [U] —**'min•iˌmiz•er** *n.* [C]

min•i•mum /'minimᵊm/ **I** *n.* [C]([复]-**mums** 或-**ma** /-mə/) 最小值；最低点；最低限度，最低程度：work a *minimum* of six hours a day 每天最少工作六小时 **II** *adj.* [无比较级][作定语]最小的；最低点的；最低限度的：the *minimum* fee 最低费用

min•i•skirt /'miniˌskəːt/ *n.* [C]超短裙，迷你裙

min•is•ter /'ministəʳ/ *n.* [C] ❶(某些教会的)教长 ❷(内阁)部长；大臣；prime *minister* 总理 ❸(低于大使级的)外交使节；公使：the British *minister* to the U. S. 英国驻美国公使

min•is•te•ri•al /ˌmini'stiəriəl/ *adj.* [无比较级][作定语](内阁)部长的；大臣的；内阁的：a *ministerial* meeting 部长级会议

min•is•tra•tion /ˌmini'streiʃᵊn/ *n.* ❶[U]给予(照顾或帮助等)：*ministration* to the sick 对病人的照顾 ❷[C][常作～s]帮助，援助；照料，照顾；服务；伺候：brush aside the *ministrations* of

M

the nurse 无视护士的照顾

min·is·try /ˈministri/ *n.* ❶[C]牧师职位;牧师业;(牧师等)宗教人员的工作:Her first *ministry* was in a small town. 她第一次当牧师是在一个小镇。❷[**the** ~]全体牧师:He was intended for *the ministry*. 别人想让他成为一名牧师。❸[C](内阁的)部:the *Ministry* of Defence 国防部

mink /miŋk/ *n.* ([复]**mink(s)**) ❶[C]【动】鼬,水貂 ❷[U]貂皮:a coat of *mink* 貂皮大衣 ❸[C]貂皮大衣

mi·nor /ˈmainəʳ/ **I** *adj.* [无比较级] ❶(在大小、数量、程度、重要性等方面)较少的;较小的;较轻的:We agree to *minor* alterations only. 我们只同意稍做修改。❷【律】未成年的:*minor* children 未成年儿童 ❸【音】小调的;小音程的;小音阶的:a symphony in F *minor* F 小调交响曲 **II** *n.* ❶[C]【律】未成年人:*Minors* are not permitted in this establishment. 未成年人不得进入此处。❷[C](大学里的)副修科目;选修副修科目的学生:the number of physics *minors* 副修物理的学生数

mi·nor·i·ty /maiˈnɔriti/ *n.* ❶[C]少数,小部分:He got a minority of the votes in the first election. 第一次选举中,他获少数票。❷[C][用作单或复]少数党;少数派:a *minority* revolution 少数党革命 ❸[C]少数民族:Can the rights of *minorities* be guaranteed? 少数民族的权利能得到保障吗?❹[C]少数民族的成员:made an effort to hire more *minorities* 争取雇用更多的少数民族成员

mint[1] /mint/ **I** *n.* ❶[U]薄荷香料 ❷[C]薄荷糖:chew on a *mint* 嚼一块薄荷糖 **II** *adj.* [无比较级][作定语]用薄荷制作的;添加薄荷的:*mint* tea 薄荷茶 ‖ ˈ**mint·y** *adj.*

mint[2] /mint/ **I** *n.* [C] ❶铸币厂;铸币局:the largest *mint* in the country 该国最大的铸币厂 ❷[C][用单]〈口〉大笔钱财;(钱物等的)大量:make a *mint* 挣一大笔钱 **II** *vt.* ❶将(金属)铸成钱币;铸造(硬币):*mint* coins 铸币 ❷创造(新词语等):We've got to *mint* a new word for this situation. 我们得为这情形造个新词。‖ ˈ**mint·er** *n.* [C]

mi·nus /ˈmainəs/ **I** *prep.* ❶减去,减掉:Ten *minus* seven is [equals] three. 10 减 7 等于 3。❷〈口〉缺少;少去;去除:a book *minus* a few pages 一本少了几页的书 **II** *adj.* [无比较级] ❶【数】表示减的,减去的:a *minus* sign 减号(或负号) ❷【数】负的:a *minus* quantity 负数 ❸[用于名词后]稍差的,偏差的,略低的:get a B *minus* on an examination 在考试中得 B⁻ ❹[用于数字前](温度)零下的:In February a year ago, the temperature once dipped to *minus* thirty-seven. 去年 2 月气温一度降至零下 37 度。**III** *n.* [C] ❶=minus sign ❷【数】负数,负值 ❸不利因素,不利条件;不足之处;缺陷:weigh the pluses and *minuses* 权衡利弊

mi·nus·cule /ˈminəˌskjuːl/ *adj.* 〈口〉极小的;不值一提的:some *minuscule* pieces of toast 几小片土司〔亦作 **minis cule**〕

minus sign *n.* [C]【数】负号;减号(即 —)〔亦作 **minus**〕

min·ute[1] /ˈminit/ *n.* ❶[C]分(钟):The precious *minutes* slipped by. 宝贵的时间飞逝而去。❷[C]〈口〉瞬间,一刹那;一会儿:Do it this *minute*. 即刻就去做吧。❸[常作~s]会议记录,议事记录:The *minutes* of the conference are not available to the public. 会议记录是不向公众公开的。❹[C]【数】分(角的度量单位;60 分=1 度;用′表示) ‖ ***the last minute*** 最后一刻:They always leave their packing till *the last minute*. 他们总是到临行前才收拾行李。***the minute*** (***that***) 一…就:Let me know *the minute* (*that*) they get here. 他们一到这儿你就通知我。

mi·nute[2] /maiˈnjuːt/ *adj.* ❶细小的;微小的;琐碎的:*minute* differences 细微的区别 ❷微不足道的,无足轻重的 ❸详细的;细致的;精密的:in *minute* detail 极其详尽地 ‖ **miˈnute·ly** *adv.* —**miˈnute·ness** *n.* [U]

minute /ˈminit/ **steak** *n.* [C;U]【烹】一分钟牛排,快熟薄牛排:Next time buy *minute steak* that isn't so tough. 下次买不太老的一分钟牛排。

mi·nu·ti·a /maiˈnjuːʃiə,mi-/ *n.* [C]([复]**-ti·ae** /-ʃiˌiː/) [常作 **minutiae**] 细节;小节;琐事

mir·a·cle /ˈmirəkᵊl/ *n.* [C] ❶(神灵或人类创造的)奇迹:His life was saved by a *miracle*. 他的生命是靠奇迹救活的。❷意想不到的事,奇事:It was a *miracle* that she wasn't killed in the aircrash. 她没在坠机事故中身亡,真是个奇迹。

mi·rac·u·lous /mi'rækjuləs/ *adj.* 奇迹的；奇迹般的；神奇的：The army won a *miraculous* victory over a much stronger enemy. 这支军队奇迹般地战胜了一支比它强大得多的敌军。‖ **mi'rac·u·lous·ly** *adv.*

mi·rage /mi'rɑːʒ/ *n.* [C] ❶(尤指在沙漠等地出现的)海市蜃楼；幻景(见 delusion)：The lost traveller was fooled by a *mirage* in the desert. 迷路的游客被沙漠中的海市蜃楼蒙骗了。❷幻想；空想：The promises of promotion turned out to be a *mirage*. 升职的种种许诺结果是一场空。

mire /'maiəʳ/ **I** *n.* [C] ❶沼泽地；泥沼：sink into [get stuck in] the *mire* 陷入泥潭 ❷〈喻〉困境：the *mire* of poverty 贫穷的困境 **II** *vt.* [常用被动语态] ❶使陷入泥潭：The troops were *mired* in the mud. 队伍陷入了泥潭。❷使陷入困境；使为难：be *mired* in the lawsuits 官司缠身

mir·ror /'mirəʳ/ **I** *n.* [C] ❶镜，镜子：She arranged her beret in front of a *mirror*. 她在镜前整了整贝雷帽。❷体现，反映：Charles Dickens's novels hold up a *mirror* to the times he lived in. 查尔斯·狄更斯的小说是其生活时代的真实写照。**II** *vt.* ❶反射；映照：The smooth surface of the lake *mirrored* the surrounding mountains. 湖面平静如镜，周围的群山倒映其中。❷反映，体现；与…一致，与…相仿：The parliament should more accurately *mirror* public opinion. 议会理应更准确地反映民意。

mirth /məːθ/ *n.* [U]欢乐，愉悦；欢笑：the *mirth* of the holiday season 假日的喜悦 ‖ **'mirth·ful** *adj.*

mis- /mis/ *pref.* [用于名词、动词、形容词、副词前] ❶表示"错误"，"坏"，"不正确"，"不好"：*mis*lead，*mis*print，*mis*trial ❷表示"…的反面"，"与…相反"：*mis*trust

mis·ad·ven·ture /ˌmisəd'ventʃəʳ/ *n.* [U；C]不幸，不幸的事件；灾难：death by *misadventure* 意外死亡

mis·ap·pre·hend /ˌmisæpri'hend/ *vt.* 误解，误会：*misapprehend* sb.'s intentions 错会某人的意图 ‖ **ˌmis·ap·pre·hen·sion** /-'henʃᵊn/ *n.* [U；C]

mis·ap·pro·pri·ate /ˌmisə'prəupriˌeit/ *vt.* 挪用，盗用；私吞，侵占：John *misappropriated* the society's funds. 约翰将该社团的资金据为己有。‖ **mis·ap·pro·pri·a·tion** /ˌmisəˌprəupri'eiʃᵊn/ *n.* [C；U]

mis·be·have /ˌmisbi'heiv/ *vt.* [～ **oneself**]使行为不当；使行为不检点：He *misbehaved himself* at the dinner party. 他在宴会上有些失态。—*vi.* 行为不当，不守规矩：*misbehave* in church 在教堂不守规矩

mis·be·hav·io(u)r /ˌmisbi'heiviəʳ/ *n.* [U]不正当举止，不规矩行为；粗鲁行为

mis·cal·cu·late /ˌmis'kælkjuˌleit/ *vt.* ❶误算，错算：He *miscalculated* the total. 他把总数算错了。❷错误地估计；对…作出错误的判断：*miscalculate* the public's mood 错误地判断公众的心态 —*vi.* 算错；判断失误：He *miscalculated* when adding up the figures. 他在加数时算错了。‖ **mis·cal·cu·la·tion** /misˌkælkju'leiʃᵊn/ *n.* [C；U]

mis·call /ˌmis'kɔːl/ *vt.* ❶把…的名字叫错 ❷(裁判)误判；错误判断形势：The referee *miscalled* that play. 那场比赛裁判误判了。

mis·car·riage /'misˌkæridʒ, ˌmis'kæridʒ/ *n.* [C；U] ❶【医】流产，小产 ❷(计划等的)失败，未能实现；流产：His carelessness led to the *miscarriage* of all his schemes. 他的粗心大意使他所有的计划都流产了。

mis·car·ry /ˌmis'kæri/ *vi.* ❶【医】流产 ❷(生意、计划等)失败，未获成功：The general's plan to depose the president has *miscarried*. 将军试图推翻总统的计划流产了。

mis·cel·la·ne·ous /ˌmisə'leiniəs/ *adj.* [无比较级] ❶多种东西混杂在一起的，杂七杂八的，五花八门的：The party attracted a *miscellaneous* group of people. 聚会吸引了形形色色的人群。❷各色各样的，种类繁多的：*miscellaneous* household items 五花八门的家用物品

mis·cel·la·ny /mi'selᵊni/ *n.* [C]混合物，混杂物

mis·chance /mis'tʃɑːns; -'tʃæns/ *n.* ❶[U]厄运；不幸；遭遇：It was (by) sheer *mischance* that her car ran into a tree. 她的汽车撞树纯属意外。❷[C]不幸的事情，灾难：A serious *mischance* prevented him from arriving. 一件非常倒霉的事情使他无法到来。

mis·chief /'mistʃif/ *n.* ❶[U](尤指孩子的)淘

气任性;恶作剧,捣蛋:The child was always involved in some *mischief*. 这个孩子总要搞点恶作剧。❷[U]调皮,顽皮;狡黠:Her eyes were full of *mischief*. 她的眼神很调皮。

mis·chie·vous /ˈmistʃivəs/ *adj*. ❶(人等)好恶作剧的;顽皮的,淘气的;好捣乱的:The boy is as *mischievous* as a monkey. 这个男孩猴子般顽皮。❷(行为等)恶作剧的;(表情或眼睛等)带有(或流露出)淘气的,顽皮的:I noticed a *mischievous* smile on her lips. 我看见她嘴边挂着一丝狡黠的微笑。‖ ˈ**mis·chie·vous·ly** *adv*. —ˈ**mis·chie·vous·ness** *n*. [U]

mis·con·ceived /ˌmiskᵊnˈsiːvd/ *adj*. 计划不周的;设想草率的:the government's *misconceived* foreign policy 政府草草出台的对外政策

mis·con·cep·tion /ˌmiskᵊnˈsepʃᵊn/ *n*. [C]计划不当;考虑不周;错误想法;误解:a major *misconception* about AIDS 对艾滋病的一大误解

mis·con·duct I /misˈkɔndʌkt/ *n*. [U](政府官员等的)滥用职权,(与身份不符的)非法行为:The doctor was found guilty of professional *misconduct*. 医生被判犯有失职罪。II /ˌmiskᵊnˈdʌkt/ *vt*. [～ **oneself**]使行为不当:*misconduct oneself* in office 渎职

mis·con·struc·tion /ˌmiskᵊnˈstrʌkᵊn/ *n*. ❶[U]错误;出错:a law not open to *misconstruction* 不容误解的法律 ❷[C](对言语、行动、意图等的)误解

mis·con·strue /ˌmiskᵊnˈstruː/ *vt*. 曲解,歪解(词意等);误解(举动等):*misconstrue* sb.'s words 误解某人的语意

mis·count /misˈkaunt/ I *vt*. 数错;算错 II *n*. [C]计算错误;(尤指选票的)错点,错数:a *miscount* in the election results 大选结果的计票错误

mis·cre·ant /ˈmiskriənt/ I *n*. [C]歹人,恶棍:The *miscreants* were jailed for three months. 那些歹徒被拘禁了三个月。II *adj*. 品德坏的;邪恶的;卑劣的

mis·cue /misˈkjuː/ I *n*. [C]〈口〉错误,误差:several *miscues* on the bill 账单中的几处错误 II *vi*. 〈口〉犯错误

mis·deed /misˈdiːd/ *n*. [C]罪行;违法行为;恶行;不道德行为:commit a *misdeed* 犯法

mis·de·mean·o(u)r /ˌmisdiˈmiːnəʳ/ *n*. [C] ❶〈英〉【律】轻罪(轻于重罪[felony]的罪行,1967年的刑事法已废除它们之间的区别) ❷不端行为;品行不端

mis·di·rect /ˌmisdaiˈrekt,-diˈrekt/ *vt*. ❶给(人)指错地址(或方向);错送(物品等);写错(信等)的地址:*misdirect* sb. to the railway station 给某人错指火车站的方向❷将…用错地方:His talents were *misdirected*. 他的才干用得不是地方。

mis·do·ing /misˈduːiŋ/ *n*. [常作～s]罪行;违法行为;恶行;不道德行为

mi·ser /ˈmaizəʳ/ *n*. [C] ❶守财奴 ❷吝啬鬼;贪婪之人 ‖ ˈ**mi·ser·li·ness** *n*. [U] —ˈ**mi·ser·ly** *adj*.

mis·er·a·ble /ˈmizᵊrəbəl/ *adj*. ❶(人)痛苦的,难受的,苦恼的;显示(或流露)痛苦的:Her face had a *miserable* expression. 她脸上流露出痛苦的表情。❷卑劣的;卑鄙的;可耻的:a *miserable* coward 卑鄙的懦夫 ❸令人痛苦(或难受、苦恼)的:have a *miserable* cold 患着很难受的伤风 ‖ ˈ**mis·er·a·bly** *adv*.

mis·er·y /ˈmizᵊri/ *n*. [C;U]痛苦,苦难;穷困;凄惨,悲惨的境况:We are appalled to see the *misery* around us. 我们看到周围一片凄惨的景象,不禁愕然。

mis·fire /ˌmisˈfaiəʳ/ *vi*. ❶(枪炮等)卡膛,打不出子弹(或炮弹),(炮弹、地雷等)不能引爆;(发动机等)不点火,不运作:Both guns *misfired*. 两支枪都打不响。❷(行动、计划等)未能实现,失败;〈口〉(笑话、恶作剧等)未达预期效果:The jokes *misfired* on him. 笑话对他不起作用。

mis·fit /ˈmisˌfit/ *n*. [C] ❶不合身的衣着:His suit is a *misfit*. 他的衣服不合身。❷对环境(或工作)不适应的人:a social *misfit* 与社会格格不入的人

mis·for·tune /misˈfɔːtʃᵊn/ *n*. ❶[U]不幸,倒霉,逆境,苦难:be depressed by one's *misfortune* 因遭遇不幸而意志消沉 ❷[C]不幸事件,祸事;灾难:Various *misfortunes* had made her sad. 各种不幸的遭遇使她感到很伤心。

mis·giv·ing /misˈgiviŋ/ *n*. [常作～s](尤指对未来事件的)担心;害怕;疑虑:He had some *misgivings* about investing in the stock. 他对股票投资有一些疑虑。

mis•guide /ˌmisˈgaid/ *vt.* 误导;使误入歧途 ‖ **misˈguid•ance** *n.* [U]

mis•guid•ed /ˌmisˈgaidid/ *adj.* (行为等)受错误思想(或动机等)影响的:It was *misguided* of him to pay his son's debts again. 他再次替儿子偿还债务,这种做法是不对的。

mis•han•dle /ˌmisˈhændᵊl/ *vt.* 处理失当;对…处理不力;处置不当;错误地操作:She *mishandled* the whole affair. 她把整个事情弄得一团糟。

mis•hap /misˈhæp,ˈmishæp/ *n.* [C;U]不幸,厄运;灾祸,不幸事故:They flew through the snowstorm without *mishap*. 他们安然无恙地飞出了那场暴风雪。

mis•in•form /ˌmisinˈfɔːm/ *vt.* 给…提供错误的消息(或情报、信息);误导:Whoever told you I was dead *misinformed* you. 无论谁告诉你我死了,那都是对你的误导。

mis•in•ter•pret /ˌmisinˈtəːprit/ *vt.* ❶对…作出错误的解释;曲解;误译:*misinterpret* sb.'s remarks 曲解某人所说的话 ❷对…会错意:*misinterpret* one's silence as agreement with the plan 将某人的沉默误认为对这项计划的同意 ‖ **mis•in•ter•pre•ta•tion** /ˌmisinˌtəːpriˈteiʃᵊn/ *n.* [C;U]

mis•judge /ˌmisˈdʒʌdʒ/ *vt.* ❶对(时间、距离、数量等)作出错误的判断(或估计):He *misjudged* how wide the stream was and fell in. 他对小溪的宽度判断失误,因此掉入了水中。❷对…持错误的看法:Jack totally *misjudged* the situation. 杰克完全错误地估计了形势。‖ ˌ**misˈjudg(e)•ment** *n.* [C;U]

mis•lay /misˈlei/ *vt.* (**-laid** /-ˈleid/) 把…放错位置(或地方);把…放在不易被记起的地方:He's always *mislaying* his things. 他老是将东西四处乱放。

mis•lead /misˈliːd/ *vt.* (**-led** /-ˈled/) ❶给…领错路;给…带错方向:The guide *misled* the tourists. 那个导游给游客带错了路。❷使步入歧途;使产生错误想法;误导:I was *misled* into believing she was honest. 我错以为她很诚实。

mis•lead•ing /misˈliːdiŋ/ *adj.* 引人入歧途的;令人误解的;令人费解的,困惑人的:The city's new shopping centre gives a *misleading* impression of prosperity. 城里新建的购物中心给人一种繁华的假象。

mis•man•age /misˈmænidʒ/ *vt.* 对…经营(或管理)不善;对…处理(或处置)不当:*mismanage* the funds 对资金管理不善 ‖ **misˈman•age•ment** *n.* [U]

mis•place /ˌmisˈpleis/ *vt.* ❶将…摆错位置,将…放错地方:The absent-minded clerk was always *misplacing* files. 那位粗心大意的职员总是把文件放错地方。❷把…放在一时记不起的地方;(因记不起放在何处而)丢失:I seem to have *misplaced* my keys. 我好像是把钥匙放在了什么地方,但想不起来了。❸误信(某人);将(感情、信任等)寄托于不当之人:*misplace* one's trust in sb. 错信某人 ‖ **mis•placed** *adj.*

mis•print /ˈmisˌprint/ *n.* [C]印刷错误,排印错误:the *misprints* in the headline 标题中的印刷错误

mis•pro•nounce /ˌmisprəˈnauns/ *vt.* 发错(字母、单词等)的音,读错(字母、单词等)的发音:She always *mispronounces* my name. 她老把我的名字读错。‖ **mis•pro•nun•ci•a•tion** /ˌmisprəˌnʌnsiˈeiʃᵊn/ *n.* [C;U]

mis•quo•ta•tion /ˌmiskwəuˈteiʃᵊn/ *n.* [C;U] 错误地引用的话(或文字等)(=misquote)

mis•quote /ˌmisˈkwəut/ I *vt.* 错误地引用(他人的话、文字等);误引 II *n.* [C]错误地引用的话(或文字等)

mis•read /ˌmisˈriːd/ *vt.* (**-read** /ˈred/) ❶误读,错读,看错:He *misread* the time and rose an hour earlier. 他看错了时间,因而早起了一个小时。❷误解;错误地解释…的意思:*misread* one's silence as consent 将某人的沉默误解为同意

mis•rep•re•sent /ˌmisrepriˈzent/ *vt.* ❶误述;歪曲;对…进行错误的描述:The press *misrepresented* him as a political extremist. 报界将他误称为政治上的极端分子。❷不称职地代表,未能恰当地代表:He *misrepresented* the stockholder's views. 他没能很好地代表股东们的意见。‖ **mis•rep•re•sen•ta•tion** /ˌmisˌreprizenˈteiʃᵊn/ *n.* [C;U]

mis•rule /ˌmisˈruːl/ I *n.* [U]暴政 II *vt.* 对…治理不当;对…施行暴政:The military government *misruled* its people. 军人政府对其人民

M

实行残酷统治。

miss[1] /mis/ I *vt.* ❶未击中,未抓住:The goalkeeper *missed* the ball. 守门员未能把球接住。❷未能赶上(汽车、火车、飞机等),误(车、船、飞机等):*miss* a train 误了火车 ❸未能把握(机会等);失去…的机会:I *missed* the chance to meet him. 我没能把握住和他见面的那次机会。❹错过:Bob seized on the rain as an excuse for *missing* school. 鲍勃以下雨为逃课的借口。❺[不用进行时态]注意到…的遗失;发现(某人)不在身边:When did you first *miss* your wallet? 你最早什么时候发现钱包不见的? ❻惦记,挂念;因…的失去(或缺席)而感到遗憾:The girl *missed* her family terribly at first, but it all dried straight. 那个女孩起先非常想家,但后来一切都好转了。❼[不用进行时]躲开,避开:He only just *missed* an accident. 他侥幸避免了一场事故。❽未理解:He completely *missed* the point of her argument. 他完全没有领会她论点的要旨。—*vi.* ❶未击中目标,未抓住目标:His rifle never *missed*. 他打枪百发百中。❷(发动机等)熄火,不启动:There's something wrong with the car; its engine keeps *missing*. 这辆汽车出问题了,发动机老是熄火。II *n.* [C] ❶未击中目标;(球等)未被接住,接球失误:After several *misses*, she finally found the target. 她几次未中后终于找到了目标。❷〈口〉=misfire

miss[2] /mis/ *n.* ❶[常作 M-][用于未婚女子姓氏、姓名或名字前,或因职业等原因用于已婚女子父姓前,作称呼语]:*Miss* Mary Jones 玛丽·琼斯小姐 ❷[单独使用,为了表示礼貌用于对不熟悉的年轻女子等的称呼]小姐:A cup of soda water and an ice cream, *Miss*. 来一杯苏打水和一份冰激凌,小姐。

mis·shape /ˌmisˈʃeip/ *vt.* 使变形,使扭曲,歪曲:the book that *misshaped* sb.'s conceptions 歪曲了某人观念的那一本书 ‖ **ˌmisˈshap·en** *adj.*

mis·sile /ˈmisail;-s°l/ *n.* [C] ❶发射物,投掷物:Some police officers were injured by stones and other *missiles* thrown by the rioters. 有几个警察被暴乱者投掷的石块和其他物品砸伤了。❷【军】导弹,飞弹;弹道导弹:short-range [cruise] *missiles* 短程[巡航]导弹

mis·sil·e·ry, mis·sil·ry /ˈmisailri;-s°l/ *n.* [U] ❶导弹学;导弹技术:advances in rocketry and *missilery* 火箭技术和导弹技术方面的进展 ❷[总称](尤指)弹道导弹

miss·ing /ˈmisiŋ/ *adj.* [无比较级] ❶缺损的,缺掉的;缺少的:A definite sickness may result when something is *missing* from the diet. 饮食中缺乏某种营养物质时,人体就会患一定的疾病。❷(人等)失踪的,不知去向的,下落不明的;无从查找的:They searched far and wide for the *missing* children. 他们四处寻找失踪的孩子们。❸缺席的,不在场的:He's always *missing* whenever there's work to be done. 每次有工作要做的时候,他总是不在。

mis·sion /ˈmiʃ°n/ *n.* [C] ❶[用作单或复](尤指派驻国外的)外交使团;代表团;使节:a fact-finding *mission* to the Caribbean 派往加勒比国家的调查团 ❷外交机构;外交使团所在地;大使馆;领事馆;公使馆:the US *mission* at Berlin 美国驻柏林大使馆 ❸ 传教团,布道团;传教机构;传教组织:Father Brooks is part of the Catholic *mission*. 布鲁克斯神父是天主教传教团的一个成员。❹(分配给个人或团体的)使命;任务,差事;(飞机、火箭等的)飞行任务:Columbia's new *mission* was aborted 31 seconds after lift-off. 哥伦比亚号航天飞机的新任务在升空后 31 秒就流产了。

mis·sion·ar·y /ˈmiʃ°n°ri/ *n.* [C](常指被派往国外的)传教士

mis·spell /ˌmiˢˈspel/ *vt.* (**-spelt** /-ˈspelt/ 或 **-spelled**) 将…拼错,误拼:The word "statesman" is often *misspelt*. "statesman"一词经常会拼错。‖ **mis·spell·ing** /ˌmiˢˈspeliŋ/ *n.* [C; U]

mis·spend /ˌmiˢˈspend/ *vt.* (**-spent** /-ˈspent/) 滥用,浪费(时间、金钱等):*misspend* years [youth] 虚度岁月[青春]

mis·state /ˌmiˢˈsteit/ *vt.* 错误地叙述(或陈述);对…作出错误的说明

mis·step /ˌmiˢˈstep/ *n.* [C] ❶失足,(行走时受其他物体的)磕绊:As he was descending a flight of stairs, he made a *misstep* and fell. 他下楼梯时失足摔了下来。❷不检点的行为:some *missteps* during the interview 面试过程中的一些不当行为

mist /ˈmist/ I *n.* ❶[C; U]【气】(薄)雾,霭:There was a wisp of sun coming through the *mist*. 一缕阳光透过了薄雾。❷[C](薄)雾状

物:spray a *mist* of perfume onto a handkerchief 往手绢上喷洒香雾 **II** *vt.* 使(玻璃等表面)蒙上水(蒸)气;使(眼睛等)变得模糊(*over*,*up*):Damp *mists* his glasses. 潮气使他的眼镜模糊不清。—*vi.* (玻璃等表面)被蒙上水(蒸)气;(眼睛等)变得模糊(*over*,*up*):Her eyes *misted over* with tears. 她的双眼因泪水变得模糊了。‖ **ˈmist·i·ness** *n.* [U] —**ˈmist·y** *adj.*

mis·take /miˈsteik/ **I** *n.* [C]错误;过失;失误;失策:It was a *mistake* to level this ancient building. 将这座古建筑拆除是失策的。**II** *vt.* (**-took** /-ˈstuk/, **-tak·en** /-ˈsteikᵊn/) ❶将…误认为;误认…为,将…认错(*for*):He is often *mistaken for* the mayor. 人们经常把他误认为市长。❷对…产生误解(或误会);误解(或误会)…的意思(或意图等);弄错(时间、地点等):He *mistook* my intentions. 他误解了我的意图。‖ **by mistake** *adv.* 无意地;错误地:She put salt into her tea *by mistake*. 她错把盐放进茶里了。

mis·tak·en /miˈsteikᵊn/ *adj.* [无比较级] ❶被误解的,弄错的;产生于错误观点的:He was arrested but it later proved to be a case of *mistaken* identity. 他被拘捕了,但后来证明这是一件张冠李戴的案子。❷(思想、观点、判断等)错误的,不正确的;误会了的:She was *mistaken* about the time of their flight. 她记错了他们航班的时间。‖ **misˈtak·en·ly** *adv.*

mis·ter /ˈmistəʳ/ *n.* [C] ❶[M-][用于姓氏、姓名或职务前,用作表示尊敬的称呼语]先生 ❷〈俚〉〈谑〉[单独使用,用作对陌生男子的称呼,尤用作孩童、商人或店主等对男子的称呼]先生:Excuse me, *mister*. How can I get to the station? 劳驾,先生,去车站怎么走?

mis·time /ˌmisˈtaim/ *vt.* 不合时宜地说(或做);不当(或不合理)地安排…的时间:He *mistimed* his speech and spoke too long. 他没有安排好演讲的时间,说得太多了。

mis·tle·toe /ˈmisᵊlˌtəu/ *n.* [C]【植】欧寄生(寄生于苹果树的一种植物,其小枝常用作圣诞饰物)

mis·treat /ˌmisˈtriːt/ *vt.* 虐待:The dog's owner *mistreated* it terribly. 那条狗的主人对它的虐待很严重。‖ **ˌmisˈtreat·ment** *n.* [U]

mis·tress /ˈmistris/ *n.* [C] ❶(家庭里的)女主人,(家庭)主妇:The *mistress* is very good to her guests. 女主人对客人非常友好。❷情妇

mis·tri·al /misˈtraiᵊl/ *n.* [C]【律】(诉讼程序上存在严重错误的)无效审判;错误审判:The judge declared a *mistrial*. 法官宣布为无效审判。

mis·trust /ˌmisˈtrʌst/ **I** *n.* [U]不相信,不信任:There is considerable *mistrust* between labour and capital. 劳资双方之间存在着极大的不信任。**II** *vt.* 不相信;不信任:The girl seems honest enough but I *mistrust* her. 这女孩看上去很诚实,可我不相信她。‖ **ˌmisˈtrust·ful** *adj.*

mis·un·der·stand /ˌmisʌndəˈstænd/ *vt.* (**-stood** /-ˈstud/) ❶[不用进行时态]误解,误会;歪解,曲解:The telegram was *misunderstood* because of its ambiguity. 电文因意思含糊不清而造成了误解。❷未能理解(某人的)性格(或禀性等):He continually *misunderstands* his children. 他一直都无法理解自己的孩子们。—*vi.* 误解,误会;曲解

mis·un·der·stand·ing /ˌmisʌndəˈstændiŋ/ *n.* ❶[C;U]误解,误会;歪解,曲解:Let there be no *misunderstanding* on this point. 不要在这一点上有任何误会。❷[C]小摩擦,小纠纷,不和;意见的不一致:They had a slight *misunderstanding* over the deadline. 他们就最后期限发生了小小的争执。

mis·use I /ˌmisˈjuːs/ *n.* [C; U](词语等的)误用,错用;(职权、金钱等的)滥用:The machine was damaged by *misuse*. 这台机器因操作不当而损坏了。**II** /ˌmisˈjuːz/ *vt.* ❶误用,错用(词语等);滥用(职权、金钱等):The minister was accused of *misusing* agricultural funds. 那位部长被指控滥用农业基金。❷虐待;(不公正地)对待:The employees in this firm got *misused*. 这家公司的雇员遭到了不公正对待。

☆**misuse**, **abuse** 均有"误用,滥用"之意。**misuse** 表示不适当地使用,强调误用、错用的行为或过程,常用于具体事物:I hate to see him *misusing* his time like that. (我不愿意看到他那样把时间用在不正当的事情上。) **abuse** 常表示对权力、权利的歪曲滥用,强调因滥用而导致的不良后果,有时也可用于具体事物,其语义要比 **misuse** 强得多,有可能带来伤害的含义:*abuse* one's privileges (滥用特权)

mite /mait/ *n.* [C]【动】螨

mit·i·gate /ˈmitiˌgeit/ *vt.* ❶缓和,缓解(愤怒、伤心、痛苦等):*mitigate* one's anxiety 缓解某人的焦虑 ❷减轻(惩处、刑罚、严厉程度等):*mitigate* one's hostility 缓解某人的敌对情绪 ‖ **mit·i·ga·tion** /ˌmitiˈgeiʃᵊn/ *n.* [U]

mi·tre /ˈmaitəʳ/ *n.* [C]〈主英〉(主教、大主教等穿戴以示身份的)主教冠〔亦作 **miter**〕

mit·ten /ˈmitᵊn/ *n.* [C] ❶连指手套,(只有拇指与其他四指分开的)双指手套 ❷露指手套

mix /miks/ I *vt.* ❶将…掺入;将…和入:You can *mix* this paint with water. 你可以给这种涂料掺水。❷使混合(或掺和)在一起:*mix* joy with sorrow 悲喜交加 ❸将…结合在一起;使同时发生:The book *mixed* fact and fancy. 这本书同时融合了真实与幻想。—*vi.* ❶相互混合,掺杂在一起;融合为一体:Because capsaicin is an oil,it *mixes* better with starch. 因为辣椒素是一种油质,它能较好地溶于淀粉。❷交往,交际,交流;与人和睦相处(*with*):At the party,everybody *mixed* (in) together happily. 在聚会上每个人都愉快地一起交流。II *n.* ❶[C]混合,拌和,搅和:manage an appropriate *mix* of authority and deference 摆出一种既威严又谦虚的态度 ❷[C](混合物等中的)成分比例:a *mix* of three to one 3 比 1 的成分比例 ❸[U;C](制作糕点等用的)混合干配料;(生产混凝土等用的)水泥混合材料:a cake *mix* 糕点干配料 ‖ ***mix up*** *vt.* ❶把…弄糊涂,使摸不着头脑:I've got my head all *mixed up* with hotels. 我的脑子全被旅馆搅糊涂了。❷将(日期、活动等)混淆,搞错:He *mixed up* the date and missed the Fair. 他弄错了日期,因此错过了交易会。‖ ˈ**mix·a·ble** *adj.*

☆**mix**,**blend**,**fuse**,**merge**,**mingle** 均有"混合"之意。**mix** 为最普通用词,指各种成分混在一起难以区别,也有可能保留各自的特性和形式:Oil and water will not *mix*.(油和水不相融。)**blend** 指可以调和的各种成分混合后各自的特性消失,形成和谐的一体:*Blend* the sugar,flour and eggs together.(把糖、面粉和鸡蛋和在一起。)**fuse** 指融为一体,强调不可分解:In her richest work she *fuses* comedy and tragedy.(在其优秀的作品中,她巧妙地把悲喜剧结合在一起。)**merge** 指合并为一个统一的整体后各自的特性全部消失,有时表示被吞并或吸收:The bank *merged* with its major rival.(该银行与其主要对手合并了。)**mingle** 表示两种或两种以上的成分混合后仍保留各自的特性,并可加以区别:He rushed out into the bushy street and *mingled* with the crowd,hoping that that way the police wouldn't spot him.(他冲了出去,奔上热闹的大街,混入人群,希望这样一来警察就认不出他了。)

mixed /mikst/ *adj.* [无比较级][作定语] ❶混合的;掺杂的;混杂的:The past and the present world become *mixed* in her. 过去和现在的种种情景在她心中纠缠在一起,混淆不清了。❷由不同种族(或宗教等)混合成的;形形色色的:*Mixed* images of violence ran like sand through his mind. 五光十色的暴力形象像流沙一样掠过他的脑际。❸(情感、反应等)错综复杂的,交集的;(观点、意见等)好坏皆有的,兼有褒贬的:He stared at the letter with *mixed* emotions. 他凝视着那封信,心中百感交集。‖ **mix·ed·ness** /miksidnis/ *n.* [U]

mixed number *n.* [C]【数】(由一个整数和一个分数组成的)带分数

mixed-up /ˈmikstˌʌp/ *adj.* [无比较级]〈口〉❶思维混乱的,头脑迷糊的;迷惑的;困惑的:She has been *mixed-up* about life since her divorce. 她离婚后对生活感到很迷惘。❷(情绪)不稳定的,多变的

mix·er /ˈmiksəʳ/ *n.* [C](使食品等混合的)搅拌器,搅拌机;混合器:an electric double-duty food *mixer* 两用食品搅拌器

mix·ture /ˈmikstʃəʳ/ *n.* ❶[C]混合物,混合体;混杂的人群:They are a happy *mixture* of African,Asian and European,and there is no racial prejudice. 他们是一群快乐的非洲人、亚洲人和欧洲人,没有任何种族歧视。❷[U]混合,混杂;拌和;混合状态:The *mixture* of copper and zinc produces brass. 铜与锌熔合后可产生黄铜。

mix-up /ˈmiksˌʌp/ *n.* [C]〈口〉❶混乱,混淆;搞混:There has been *mix-up* with his reservation for a room. 他预订的房间被搞混了。❷迷惑;误解,曲解;错误;错觉:There was the most marvellous *mix-up* in the piece they did just before the interval. 他们在临近中场休息时演奏的那段真是洋相百出。

moan /məun/ I *n.* [C] ❶(因痛苦等而发出的)呻吟声;呜咽声;悲叹:A low animal *moan* escaped his lips. 他发出动物般的低声悲吼。❷

〈口〉抱怨,牢骚:He often has a *moan* about hard work. 他经常抱怨工作辛苦。❸(风等发出的)萧萧声:the continuous *moan* of the wind 接连不断的萧萧风声 **II** *vi.* ❶发出呻吟声;呜咽;悲鸣:The child *moaned* from pain. 那小孩痛苦地呻吟着。❷〈口〉抱怨,发牢骚:She was always *moaning* about how poor she was. 她老是抱怨自己是多么地贫穷。❸(风等)发出萧萧声:The wind *moaned* round the house all night. 大风整夜都在屋外呼啸。—*vt.* ❶呻吟着说,悲切地诉说 ❷抱怨:The woman *moaned* that the house was too small. 那妇人抱怨说房子太小了。‖ **ˈmoan•er** *n.* [C] —**ˈmoan•ful** *adj.* —**ˈmoan•ing•ly** *adv.*

moat /məut/ *n.* [C](城堡、城市等的)护城河;堑壕,城壕

mob /mɔb/ **I** *n.* [总称][用作单或复][C]骚乱的人群;暴徒;暴民(见 crowd):A disorderly *mob* ran through the streets, shouting and breaking windows. 一群捣乱分子跑上街头,大叫大嚷,打砸窗户。**II** (**mobbed**;**mob•bing**) *vt.* ❶(出于好奇、仰慕等)将…团团围住:The film star was *mobbed* by her excited fans. 那位电影明星被兴奋的影迷们团团围住。❷群攻;大举围攻:The prisoner was *mobbed* by the angry crowd. 犯人受到了人群的围攻。❸成群地涌入(房屋、广场等):Crowds *mobbed* the fairgrounds. 人群蜂拥来到露天广场。‖ **ˈmob•ber** *n.* [C] & *adj.*

mo•bile /ˈməubail;-bil,məuˈbiːl/ **I** *adj.* [无比较级] ❶可移动的;活动的;(人)可以走动的:He has not been *mobile* since the accident. 自从事故发生后他一直无法走路。❷(商店、图书馆等)流动的;用车辆运输的;巡回的:a *mobile* rocket launcher 车载火箭发射架 **II** *n.* [C] ❶活动雕塑,活动艺术品:Making *mobile* is a type of abstractionism. 创作活动雕塑是一种抽象派艺术。❷移动电话,手机,手提电话:When he tried to use the *mobile*, it didn't work. 当他想用移动电话时,电话却坏了。‖ **mo•bil•i•ty** /məuˈbiliti/ *n.* [U]

mobile home *n.* [C](由大型拖车改装而成、可在一地长期居住的)活动房屋,旅游居住车,房车

M

mo•bil•ize, mo•bil•ise /ˈməubiˌlaiz/ *vt.* ❶(尤指为了战争等)动员(军队等):Mr. Lindsay was trying to *mobilize* support for a new political party. 林赛先生正试图动员他人支持他成立一个新的政党。❷动用,调动;发动;鼓动:These resources can be *mobilized* for a variety of ends. 这些资源可以用于不同的用途。—*vi.* 动员起来;调动起来:The army was *mobilizing*. 部队正在集结。‖ **mo•bi•li•za•tion, mo•bi•li•sa•tion** /ˌməubilaiˈzeiʃᵊn;-liˈz-/ *n.* [U] —**ˈmo•biˌliz•er, ˈmo•biˌlis•er** *n.* [C]

mob•ster /ˈmɔbstəʳ/ *n.* [C]〈俚〉犯罪集团成员;歹徒

mo•cha /ˈmɔkə/ *n.* [U] ❶优质阿拉伯咖啡,摩卡咖啡 ❷(由优质咖啡和巧克力等配制而成的)咖啡巧克力调料 ❸棕褐色,咖啡色

mock /mɔk/ **I** *vt.* ❶嘲笑,嘲弄,讥笑:He was still *mocking* his adversaries a few years before his death. 直到临死前的几年他还在嘲弄他的对手们。❷愚弄,戏弄;欺骗:I shall not forget how they *mocked* my father. 我不会忘记他们是怎样耍弄我父亲的。—*vi.* 嘲讽,讥笑(*at*):They *mocked at* his poverty. 他们嘲笑他的贫穷。**II** *adj.* [无比较级][作定语] ❶仿制的,仿造的;假(冒)的:A light fall of snow in the night gives to a morning the curious *mock* daylight. 晚上的一场小雪给早晨带来了奇异的犹如白昼的日光。❷模拟的;演习的:She was diverted at the *mock* courtship. 扮演的这出求婚戏使她感到有趣。‖ **ˈmock•a•ble** *adj.* —**ˈmock•er** *n.* —**ˈmock•ing•ly** *adv.*

mock•er•y /ˈmɔkᵊri/ *n.* ❶[U]嘲笑,讥笑,嘲讽:She became the *mockery* of her colleagues. 她成了同事们嘲笑的对象。❷[C]嘲笑的举动(或言语);被嘲笑者,笑柄:Justice is not a *mockery*. 法律并不是儿戏。

mock-up /ˈmɔkˌʌp/ *n.* [C](用于教学、实验等的)实体模型;实体图形:a *mock-up* of an experimental airplane 一架试验用飞机的实体模型

mod /mɔd/ **I** *adj.* [无比较级] ❶穿着时髦的,(衣着、行为等)大胆新潮的;赶时髦的,摩登的 ❷(20 世纪 60 年代英国)摩登派成员的 **II** *n.* [C]衣着时髦的人;赶时髦的人

mo•dal /ˈməudᵊl/ **I** *adj.* ❶[无比较级]形式的,形态的;方式的 ❷[无比较级]【语】(动词的)语气的;情态的:*modal* verb 情态动词 **II** *n.* [C]情态动词

mode[1] /məud/ *n.* ❶[C]方法,方式,办法:Chinese *modes* of thought 中国人的思维方式 ❷[C]式样;种类,类型:divide one's works into two fictional *modes* 将某人的作品分为两种虚构类型 ❸[U]状态,状况:a tape-recorder in play *mode* 一台处于播放状态的录音机

mode[2] /məud/ *n.* ❶[U]时尚,时髦,流行:Reading *Harry Porter* is all the *mode* among children in that country. 阅读《哈利·波特》在那个国家的孩子中间蔚然成风。❷[C](服装等流行的)款式,样式;时兴的东西:a showing of summer *modes* 夏装表演

mod·el /ˈmɔdᵊl/ **I** *n.* [C] ❶(供他人效仿的)模范,典范,典型:He is a *model* of industry. 他在勤奋方面堪称楷模。❷(三维)模型:make up a *model* 制作模型 ❸(艺术家、摄影师等创作时雇用的)模特儿;时装模特儿;(为厂家或商家做宣传用的)商用模特儿:The girl was the *model* for most of the painter's portraits. 这个女孩是该画家大多数肖像画的模特儿。❹(汽车等的)样式,款式,型号:the latest *model* of Benz cars 奔驰轿车的最新款式 ❺(常指用数学等方法来阐述事物的)模型:a *model* of the universe 宇宙的模型 **II** (**-el(l)ed; -el·(l)ing**) *vt.* ❶用(蜡、泥土等)制作…的形象,用(蜡、泥土等)塑造:Her face was finely *modeled*, with a good sharp New England profile. 她五官端正,具有鲜明的新英格兰人特点。❷当模特儿展示(服装等):She earns a living by *modeling* clothes and hats. 她以当衣帽模特儿为生。❸按…仿制;效仿,模仿;学…的样子(*after*, *on*, *upon*):This car is *modeled after* the Fiat. 这种轿车是仿照菲亚特车制造的。—*vi.* 当模特儿:She *modeled* before she became a film star. 她成为电影明星前是一名模特儿。‖ ˈ**mod·el·(l)er** *n.* [C]

mo·dem /ˈməudem,ˈmɔdᵊm/ *n.* [C]【计】调制解调器;〈口〉猫

mod·er·ate **I** /ˈmɔdᵊrət/ *adj.* ❶不走极端的;有节制的;中庸的:Be *moderate* in speech. 讲话要有分寸。❷[无比较级](大小、数量等)中等的;一般的;(能力等)不突出的:Their standard is just *moderate*. 他们的水平不过尔尔。❸(价格等)适中的,公平的,合理的:at very *moderate* prices 以适中的价格 ❹(言词、观点、行为等)温和的,不偏激的;稳健的:He was a *moderate* dry. 他是一名温和的禁酒派。**II** /ˈmɔdəˌreit/ *vt.* ❶主持(会议、讨论、电视或广播节目等):The president *moderated* the commencements. 校长主持了毕业典礼。❷使变得温和;使缓和;使减弱:She resolved that she would now endeavour to *moderate* her zeal. 她决定不宜操之过急。—*vi.* ❶担任(讨论、电视或广播节目等的)主持;任(会议的)主席:He *moderated* on the programme Evening News. 他主持《晚间新闻》节目。❷变得温和;变得缓和;减弱:The bad weather has *moderated*. 恶劣的天气已有所好转。‖ ˈ**mod·er·ate·ness** *n.* [U]

mod·er·ate·ly /ˈmɔdᵊrətli/ *adv.* 适度地,不过分地:She only did *moderately* well in the exam. 她考试成绩尚可。

mod·er·a·tion /ˌmɔdəˈreiʃᵊn/ *n.* ❶[U]温和;克制,节制;适度,适中:Most policemen do their job with *moderation*. 大部分警察执行公务时十分克制。❷[U;C]缓和;减低,减轻:achieve some *moderation* of the pain 减轻痛苦 ‖ ***in moderation*** *adv.* 适量地,适度地;有节制地;温和地:The physician advised him to exercise but *in moderation*. 医生建议他参加锻炼,但要适量。

mod·er·a·tor /ˈmɔdəˌreitəˈ/ *n.* [C] ❶调解人,调停人;仲裁者:send the UN *moderator* 派遣联合国调解人员 ❷(讨论会、电视和广播节目等的)主持人:the *moderator* of this programme 这个节目的主持人

mod·ern /ˈmɔdᵊn/ *adj.* ❶[无比较级][作定语]现代的,近代的;现代化的(见 new):the *modern* history of the world 世界近代史 ❷流行的,时新的,时髦的:They appeared in the most *modern* magazines. 他们出现在最时尚的杂志上。‖ **mod·er·ni·ty** /məˈdəːniti/ *n.* [U] —ˈ**mod·ern·ness** *n.* [U]

mod·ern·ism /ˈmɔdəˌnizᵊm/ *n.* [U] ❶现代方法;现代风格;现代主义;现代标准;现代特征;现代思想;现代价值观:There was a flourishing *modernism* in these areas. 在这些地方现代思潮正在蓬勃发展。❷[时作 **M-**](文学和艺术活动中的)现代主义 ‖ ˈ**mod·ern·ist** *n.* [C] & *adj.* —**mod·ern·is·tic** /ˌmɔdəˈnistik/ *adj.*

mod·ern·ize /ˈmɔdəˌnaiz/ *vt.* 使现代化;使适应现代的需要(或习惯);使革新:*modernize* the army 使军队现代化 —*vi.* 变得现代化;接

受现代的思想(或方式等):The factory won't survive if it does not *modernize*. 该工厂若不实施现代化将无法生存下去。‖ **mod·ern·i·za·tion** /ˌmɔdᵊnaiˈzeiʃᵊn;-niˈz-/ *n*. [U;C] —**ˈmod·ernˌiz·er** *n*. [C]

mod·est /ˈmɔdist/ *adj*. ❶谦虚的,谦逊的:The scientist was *modest* about his achievements. 这位科学家对自己所取得的成绩非常谦虚。❷(事物的外表等)不矫饰的;朴素的:a *modest* house 朴实无华的寓所 ❸(尤指女人及其着装或举止等)端庄的,优雅的:*modest* dress 得体的服装 ❹(数量、程度等)有限度的;适度的,不太多的;适中的;(价格等)不高的,不太昂贵的:a *modest* lane 不起眼的小巷子 ‖ **ˈmod·est·ly** *adv*.

mod·es·ty /ˈmɔdisti/ *n*. [U] 谦虚,谦逊:The contestants lack in *modesty* and team spirit. 这些参赛选手缺乏谦虚和团体精神。

mod·i·cum /ˈmɔdikᵊm/ *n*. [C][常用单]([复] **-cums**或**-ka** /-kə/)[常用于否定句和疑问句] 些许,少量,一点点(*of*):He didn't show a *modicum of* regret for what he had done. 他对自己的所作所为没有丝毫的悔意。

mod·i·fy /ˈmɔdiˌfai/ *vt*. 修改,修正;更改,变更;改善,改进,改良:We should *modify* the design. 我们应该修改这个方案。‖ **mod·i·fi·ca·tion** /ˌmɔdifiˈkeiʃᵊn/ *n*. [U;C] —**ˈmod·i·fi·er** *n*. [C]

mod·ish /ˈməudiʃ/ *adj*. 流行的,新潮的,时髦的,时尚的:*modish* magazines 时尚杂志 / a *modish* hat 时髦的帽子 ‖ **ˈmod·ish·ly** *adv*. —**ˈmod·ish·ness** *n*. [U]

mod·u·lar /ˈmɔdjuləʳ/ *adj*. [无比较级] ❶(组件等)标准化的;按标准尺寸制作的:*modular* components 标准部件 ❷(家具等)组合式的:*modular* furniture [kitchen] 组合式家具[厨房] ❸(系统、体系等)由多个部分组成的,模块化的:This program is *modular* in design, that is, it consists of several steps. 该程序的设计是模块化的,即由几个步骤组成。

mod·u·late /ˈmɔdjuˌleit/ *vt*. ❶调节;调整;使适应…的需要:They *modulate* their corpus by the frequent insertion of latest materials. 他们不断地补充新材料改进语料库。❷使(声音)变得柔和(或悦耳、动听);改变(说话的语调);调节(音量):When the boss entered she *modulated* her voice politely. 老板进来时她有礼貌地压低了声音。‖ **mod·u·la·tion** /ˌmɔdjuˈleiʃᵊn/ *n*. [C;U] —**ˈmod·uˌla·tor** *n*. [C]

mod·ule /ˈmɔdjuːl/ *n*. [C] ❶(组合家具中的)一件家具;(组成套房的)住房单元:The emergency building is composed of individual *modules*, such as a bedroom, a waiting room and a kitchen. 应急住房是由卧室、客厅和厨房等单元组成的。❷【计】模块;标准组件;程序组;【电】标准元件:break problems down into *modules* 将问题分解成几个模块

mo·hair /ˈməuˌheəʳ/ *n*. [U] ❶安哥拉山羊毛,马海毛 ❷马海毛纺纱;马海毛织物;马海毛服装

moist /mɔist/ *adj*. ❶(略)湿的,湿润的,湿漉漉的;潮湿的:Make sure the soil is *moist* after planting the seeds. 播种后要保证土壤湿润。❷(眼睛)含泪的:She saw her son off with *moist* eyes. 她含泪和儿子道别。‖ **ˈmoist·ly** *adv*. —**ˈmoist·ness** *n*. [U]

moist·en /ˈmɔisᵊn/ *vt*. 使湿润,弄湿:The early rain *moistened* the track. 清晨的小雨打湿了小径。—*vi*. 湿润;潮湿:His eyes *moistened*. 他双眼湿润了。

mois·ture /ˈmɔistʃəʳ/ *n*. [U] ❶潮湿;湿气,水汽:This soil is in need of *moisture*. 土壤需要浇水。❷水滴,水珠;水分;降水

mois·tur·ize, mois·tur·ise /ˈmɔistʃəˌraiz/ *vt*. 使湿润;增加…的水分;用…滋润(皮肤等):*moisturize* lotion [cream] on one's skin 用乳液[霜]滋润皮肤 ‖ **ˈmois·turˌiz·er**, **ˈmois·turˌis·er** *n*. [C] —**ˈmois·turˌiz·ing**, **ˈmois·turˌis·ing** *adj*.

mo·lar /ˈməuləʳ/ *n*. [C]臼齿,磨牙:upper *molars* 上臼齿

mold[1] /məuld/ *n*. & *vt*. 〈主美〉=mould[1]

mold[2] /məuld/ *n*., *vt*. & *vi*. 〈主美〉=mould[2]

mold·er /ˈməuldəʳ/ *vi*. 〈主美〉=moulder

mold·ing /ˈməuldiŋ/ *n*. 〈主美〉=moulding

mold·y /ˈməuldi/ *adj*. 〈主美〉=mouldy

mole[1] /məul/ *n*. [C] ❶【动】鼹鼠 ❷〈口〉"鼹鼠",长期潜伏并担任要职的间谍,双重间谍;出卖(或泄露)绝密情报者;地下工作者:There was a *mole* in Starr's office. 斯塔尔办公室中有人泄露了绝密消息。

mole[2] /məul/ *n.* [C]【医】痣：The girl has a little *mole* on her face. 那女孩脸上有一颗小痣。

mo·lec·u·lar /məˈlekjulər/ *adj.* [无比较级][常作定语]【化】【物】分子的，摩尔的：*molecular* rearrangement [aggregation] 分子重排[凝聚]

mol·e·cule /ˈmɔliˌkjuːl/ *n.* [C] ❶【化】【物】分子；摩尔：a *molecule* of alcohol 酒精分子 ❷微粒；一点点，些微：She has only a *molecule* of honesty. 她只有一点点的诚实。

mo·lest /məˈlest/ *vt.* ❶妨碍；干扰，打扰；骚扰；袭击：The heat of summer is incapable of *molesting* them. 夏天的酷热不会对他们造成影响。❷骚扰；调戏：get physically *molested* 受到性骚扰 ‖ **mo·les·ta·tion** /məlesˈteiʃən/ *n.* [U；C] —**moˈlest·er** *n.* [C]

mol·li·fy /ˈmɔliˌfai/ *vt.* ❶使平静，使安静；安抚，安慰：They had *mollified* the man into listening to their explanation. 他们使那个人心平气和来听他们的解释。❷减轻，缓解，使缓和；使变得柔和：*mollify* one's pique 平息怒气 ‖ **mol·li·fi·ca·tion** /ˌmɔlifiˈkeiʃən/ *n.* [U；C]

mol·lusc, mol·lusk /ˈmɔləsk/ *n.* [C]【动】软体动物 ‖ **mol·lus·kan, mol·lus·can** /məˈlʌskən/ *adj.*

mol·ly·cod·dle /ˈmɔliˌkɔdəl/ **I** *vt.* 过于宠爱，溺爱；纵容：*mollycoddle* oneself 养尊处优 **II** *n.* [C]娇生惯养的男孩；女人气十足的男子；做女人事务的男子；柔弱的人

molt /məult/ *vt.*, *vi.* & *n.* 〈主美〉＝moult

mol·ten /ˈməultən/ **I** *v.* melt 的过去分词 **II** *adj.* [无比较级] ❶(金属、岩石等)熔化的；(冰雪等)溶化的；融溶的：a great mass of *molten* rock 大量的熔岩 ❷(温度等高得)灼人的，炽热的；(感情等)炽热的，异常激烈的：the *molten* sunshine in summer 夏日骄阳

☆**molten** 和 **melted** 两者容易误用。**molten** 意为"熔化的；熔融的"，多指金属、岩石等在高温下溶化为熔融状态：*molten* rock / *molten* metal / *molten* glass。**melted** 意为"融化的，熔化的"，指固体受热的影响软化而成为液态：*melted* chocolate。

mo·lyb·de·num /məˈlibdinəm/ *n.* [U]【化】钼(符号 **Mo**)

mom /mɔm/ *n.* [C]〈口〉妈妈，妈

mo·ment /ˈməumənt/ *n.* ❶[C]眨眼间，瞬间，一会儿，片刻：As every thread of gold is valuable, so is every *moment* of time. 一寸光阴一寸金。❷[C](具体的)时刻，时间点：laugh-out-loud *moments* 开怀大笑的时刻 ❸[U]重要，重大意义：The soccer star's big *moment* came in the final game. 那位足球明星在最后一场比赛中大出风头。‖ ***at the moment*** *adv.* 目前，此时，此刻，当前；一时：Father is in a good mood *at the moment*. 父亲此刻心情不错。

mo·men·tar·i·ly /ˈməuməntərili, ˌməumənˈterili/ *adv.* [无比较级] ❶暂时地，临时地；一会儿，片刻：The train *momentarily* stopped. 列车临时停车。❷随时，在任何时候：The thieves will visit the neighborhood *momentarily*. 窃贼随时都会光顾这个街区。❸立刻，马上；刹那间：The couple are expecting their first child *momentarily*. 这对夫妇的第一个孩子马上就要降生了。

mo·men·tar·y /ˈməuməntəri/ *adj.* [无比较级] ❶一刹那的，瞬间的，眨眼间的：a *momentary* hesitation 片刻的犹豫 ❷暂时的，临时的，一时的；短暂的，短命的：Our lives are merely *momentary*. 我们每个人的一生都不过是短暂的一刹那。‖ **ˈmo·men·tar·i·ness** *n.* [U]

mo·ment·ous /məˈmentəs/ *adj.* 极为重要的，重大的，具有重要意义的：The happening was too *momentous* to be left to a local priest. 此事非同小可，由当地牧师管理并非上策。‖ **mo·ment·ous·ly** *adv.* —**moˈment·ous·ness** *n.* [U]

mo·men·tum /məˈmentəm/ *n.* ([复]**-ta** /-tə/ 或**-tums**) ❶[U；C]【物】动量，冲量：lose *momentum* 减少动量 ❷[U]动力：His career lost *momentum* after two setbacks. 他经历过两次挫折后在事业上失去了动力。❸[U]冲劲，冲力；(连续运动的)势头：The troop recovered the *momentum* and pushed ahead. 军队得了缓冲，然后向前挺进。

mom·ma /ˈmɔmə/ *n.* 〈口〉＝mamma

mom·my, mom·mie /ˈmɔmi/ *n.* [C]〈口〉母亲，妈妈

Mon. *abbr.* Monday

mon·arch /ˈmɔnək, -ɑːk/ *n.* [C] ❶君主，君王；国王；皇帝；女皇；女王：a hereditary *monarch* 世袭君主 ❷最高领袖，最高统治者；元首 ❸王

者,(具有绝对权威的)至尊者:The lion is often called the *monarch* of all beasts. 狮子常被称作万兽之王。‖ **mo·nar·chic** /mə'nɑːkik/ *adj.* —**mo'nar·chi·cal** *adj.*

mon·ar·chism /'mɔnəˌkizᵊm/ *n.* [U] ❶君主政体理论(或原则) ❷鼓吹(或奉行)君主主义 ‖ **'mon·ar·chist** *n.* [C] —**'mon·ar·chistic** *adj.*

mon·ar·chy /'mɔnəki/ *n.* ❶[C]君主制国家;君主制政府 ❷[U]君主政体,君主制度:abolish a *monarchy* 废除君主制度

mon·as·ter·y /'mɔnəstᵊri/ *n.* ❶[C]修道院,隐修院;寺院 ❷[总称](修道院或隐修院的)全体僧侣(或修士)

mo·nas·tic /mə'næstik/ **I** *adj.* [无比较级] 修道院的,隐修院的;寺院的:*monastic* libraries 修道院的图书馆 **II** *n.* [C]僧侣;修士;修女;尼姑 ‖ **mo·nat·ic·ism** /mə'nætiˌsizᵊm/ *n.* [U]

Mon·day /'mʌndei,-di/ *n.* [C;U]星期一(略作 **Mon.**):Can we meet on *Monday*? 我们星期一见面好吗?

Mon·e·gasque /ˌmɔni'gæsk/ **I** *adj.* 摩纳哥的,摩纳哥人(语)的 **II** *n.* [C]摩纳哥人

mon·e·tar·ism /'mʌnitəˌrizᵊm/ *n.* [U]【经】货币主义(主张货币供应是决定经济活动的主要因素的经济学理论) ‖ **'mon·e·tar·ist** *n.* [C]

mon·e·tar·y /'mʌnitᵊri/ *adj.* [无比较级] ❶(现行)货币的;金融的:tight *monetary* policy 紧缩金融政策 ❷金钱的;使用货币的:They will expect no *monetary* return. 他们不指望金钱上的报答。‖ **'mon·e·tar·i·ly** *adv.*

mon·ey /'mʌni/ *n.* ([复]**mon·eys**或**mon·ies**) ❶[U]货币;[总称]通货;(金币、银币等的)特种货币:The Fed Res Bd has clamped down on the *money* supply. 美国联邦储备委员会已收紧了通货供应。❷[通常作 **moneys** 或 **monies**]一笔钱;款子,款项:The parents held the *moneys* for their son until he came of age. 这对父母为他们的儿子积攒一笔钱,直至他成年为止。❸[U]财富;(被视为可转化为货币的)财产,资产:a pile of *money* 一大笔财产 ‖ ***make money*** *vi.* 赚钱,发财:He *made money* in the stock market. 他在证券市场上发了财。(***right***) ***on the money*** *adj.* 〈口〉精确的;准确的,正确的:His conclusion is *right on the money*. 他的结论准确无误。

☆**money, cash, change, currency** 均有"钱,金钱"之意。**money** 为最普通用词,指政府或银行发行的货币,包括纸币和金属货币:His father earns a lot of *money* as a pilot. (他父亲当飞行员挣钱很多。) **cash** 与 **check** 相对,指以纸币或硬币形式出现的现钱:I haven't any *cash* on me — Can I pay in *check*? (我没带现金——可以用支票付款吗?) 该词也可非正式地表示任何形式的金钱:I'm a bit short of *cash* at the moment. (我现在手头有点紧。) **change** 表示小额硬币,常指购物付钱后的找头:Tom gave me two dollars *change*. (汤姆给了我两美元的零钱。) **currency** 指一个国家采用的特定货币形式:The British teachers in China were paid in local *currency*. (在中国的英国教师的工资是用中国货币支付的。)

mon·ey·bag /'mʌniˌbæg/ *n.* [C]钱包

mon·ey·bags /'mʌniˌbægz/ [复] *n.* [用作单]〈常贬〉〈口〉富人,大款:a real *moneybags* 真正的大款

mon·eyed /'mʌnid/ *adj.* [无比较级] ❶有钱的,富裕的:He was born into an artistic and *moneyed* family. 他生在一户富贵人家。❷使用金钱的;资金的:*moneyed* assistance 资金援助〔亦作 **monied**〕

mon·ey·mak·er /'mʌniˌmeikəʳ/ *n.* [C] ❶挣大钱者❷挣大钱的生意(或东西、主意)

money order *n.* [C](银行或邮局等签发的)汇票;汇款单

mon·ger /'mʌŋgəʳ/ **I** *n.* [C][通常用以构成复合词] ❶〈常贬〉专门制造…的人;散布(消息等)的人:scandal-[rumour-]*monger* 散布他人丑闻[谣言]者❷〈主英〉交易者,…商;贩子:*fishmonger* 鱼贩子 **II** *vt.* 贩卖

Mon·go·li·an /mɔŋ'gəuliən/ **I** *adj.* [无比较级] ❶蒙古的;蒙古人的,蒙古族(人)的 ❷蒙古语的 **II** *n.* ❶[C]蒙古人;蒙古族人;蒙古种人 ❷[U]蒙古语

mon·gol·oid /'mɔŋgəˌlɔid/ **I** *adj.* [无比较级]〈忌〉【医】先天愚型的,先天智力低下的 **II** *n.* [U]〈忌〉【医】先天愚型,先天智力低下

mon·goose /'mɔŋguːs/ *n.* [C]([复]**-goos·es** /-guːsiz/)【动】獴

mon·grel /'mʌŋgrᵊl,'mɔŋ-/ **I** *n.* [C] ❶杂种狗,杂交狗 ❷杂交动物;杂交植物 **II** *adj.* [无比较级][作定语]杂交的;混杂的:I detest this *mongrel* time, neither day nor night. 我恨死了这种不阴不阳、朦胧暧昧的时候啦，昼也不是，夜也不是。

mon·ies /ˈmʌniz/ [复] *n.* 一笔钱；款项；钱款：tax levy *monies* 征收的税款

mon·i·ker /ˈmɔnikəʳ/ *n.* [C]〈俚〉名字；绰号；雅号〔亦作 **monicker**〕

mon·i·tor /ˈmɔnitəʳ/ I *n.* [C] ❶(学校的)班长；级长；辅导员(指帮助教师督导学生的高年级学生)；教务助理生 ❷监视器，监听器：Electronic *monitors* announce his movements. 电子监视器监视着他的行动。II *vt.* ❶监测；观察：We'll be *monitoring* the situation right up to the last minute. 我们会始终对情况进行观察，直到最后一刻。❷监控(电视或广播信号等)；监听(他人电话等)

mon·i·tor·y /ˈmɔnitᵊri/ *adj.* [无比较级]〈书〉警告的，警示的：He shook a *monitory* finger at his partner. 他向同伙晃动手指以示警告。

monk /mʌŋk/ *n.* [C]僧侣；和尚；修士：Lama Buddhist *monks* 喇嘛僧

mon·key /ˈmʌŋki/ *n.* [C]【动】猴；猿：This little man is agile like a *monkey.* 这个矮个子犹如猴子般灵活。

monkey business *n.* [U]〈口〉❶恶作剧，胡闹：The boss ordered the staff to cut out the *monkey business* and get down to work. 老板喝令员工别再胡闹，马上开始干活。❷捣鬼；欺骗，鬼名堂：There is a lot of *monkey business* going on at the city hall. 市政厅里有许多见不得人的事。

mon·key·shine /ˈmʌŋkiˌʃain/ *n.* [常作 ～s]〈口〉恶作剧；玩笑

monkey wrench *n.* [C] ❶【机】活动扳手，管子钳，活旋钳，螺丝扳手 ❷破坏性因素

mon·o /ˈmɔnəᵘ/〈口〉I *adj.* [无比较级]单声道的 II *n.* [C]([复]-**os**) 单声道的录音(或音像制品)

mon·o- /ˈmɔnəᵘ/ *comb. form* ❶表示"单个"，"单一"，"一"：*mono*buoy (【海】单点浮标(或浮筒)) / *mono*cable (【机】单索架空索道) ❷【化】[用以构成化合物名词]表示"单个原子"，"单基"：*mono*crystal (单晶(体))

mon·o·chro·mat·ic /ˌmɔnəᵘkrəˈmætik/ *adj.* [无比较级] ❶单色的 ❷【物】(光或辐射等)单色的，单频的

mon·o·chrome /ˈmɔnəˌkrəum/ I *n.* [C]单色照片，黑白照片；单色图片；单色画 II *adj.* [无比较级](使用)单色的；黑白的：*a monochrome* painting 单色画

mo·noc·u·lar /məˈnɔkjuləʳ/ *adj.* [无比较级] ❶单眼的，单目的 ❷供单眼使用的；(望远镜等)单筒的：a *monocular* telescope 单筒望远镜

mo·nog·a·my /məˈnɔgəmi/ *n.* [U] ❶一夫一妻制 ❷【动】单配性；单配偶 ‖ **moˈnog·a·mous** *adj.* —**moˈnog·a·mous·ly** *adv.*

mon·o·graph /ˈmɔnəˌgrɑːf；-ˌgræf/ *n.* [C]专题文章；专题著作；专题评论

mon·o·lin·gual /ˌmɔnəᵘˈliŋgwᵊl/ I *adj.* [无比较级]单语的；只懂一种语言的，只使用(或操)一种语言的：a *monolingual* ELT dictionary 一本单语英语教学词典 II *n.* [C]单语者；只懂一种语言的人，只使用(或操)一种语言的人

mon·o·lith /ˈmɔnəᵘliθ/ *n.* [C] ❶巨石石碑(或石柱、石雕等) ❷整块巨石；独块石料：prehistoric *monolith* 史前巨石 ❸磐石般的人(或物)；巨型物：the break-up of the political *monolith* 庞大政体的解体 ‖ **mon·o·lith·ic** /ˌmɔnəˈliθik/ *adj.*

mon·o·logue, mon·o·log /ˈmɔnəˌlɔg/ *n.* [C] ❶独角戏；(戏剧中的)独白：interior *monologue* 内心独白 ❷独角戏剧本 ‖ **ˈmon·oˌlog·ist** *n.* [C] —**ˈmon·oˌlogu·ist** *n.* [C]

mon·o·ma·ni·a /ˌmɔnəᵘˈmeiniə/ *n.* [U]【医】单狂，偏狂，偏执狂 ‖ **ˌmon·oˈma·ni·ac** /-æk/ *n.* [C]

mon·o·phon·ic /ˌmɔnəᵘˈfɔnik/ *adj.* [无比较级][作定语] ❶(录制或播放的声音)单声道的 ❷【音】单声部音乐的〔亦作 **monaural**〕

mo·nop·o·lize /məˈnɔpəˌlaiz/ *vt.* ❶垄断；对(商品、货物等)取得专卖权，对…实行专营；获得…的专利：*monopolize* trade 垄断交易 ❷完全占据，一人独占(时间、言论等)；完全吸引(注意力)：All her spare time was *monopolized* by her children. 她的业余时间都被孩子们占用了。

mo·nop·o·ly /məˈnɔpᵊli/ *n.* [C；U] ❶(对商品的)垄断(权)；专卖(权)，专营(权)：The company's *monopoly* of telephone services in Germany is being whittled at. 这家公司在德国的电信业垄断权已逐渐被削弱。❷绝对控制；

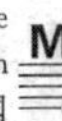

完全占有；独享(*of*, *on*)：I don't think the British have a *monopoly of* that virtue. 我不认为只有英国人才有那样的美德。❸专营企业；垄断集团；专卖店：His father has a *monopoly* of stationery. 他父亲拥有一家文具专卖店。

mon·o·so·di·um glu·ta·mate /ˌmɒnəᵘˈsəudiəm ˈglu:təmeit/ *n.* [C]【化】谷氨酸单钠；味精

mon·o·syl·la·ble /ˈmɒnəᵘˌsiləbᵊl/ *n.* [C]单音节词：The kids called *monosyllables* to each other. 小家伙们互相用小名称呼。‖**mon·o·syl·la·bic** /ˌmɒnəsiˈlæbik/ *adj.*

mon·o·the·ism /ˈmɒnəᵘˌθi:izᵊm/ *n.* [U]【宗】一神论 ‖ **ˈmon·oˌthe·ist** *n.* [C] —**mon·o·the·is·tic** /ˌmɒnəθiˈistik/ *adj.*

mon·o·tone /ˈmɒnəˌtəun/ *n.* [C]单调的声音；单调的话语

mo·not·o·nous /məˈnɒtᵊnəs/ *adj.* ❶单一的，没有变化的；乏味的：He considered this work extremely *monotonous*. 他认为这项工作极其单调乏味。❷(声音)单调的，无轻重缓急的：the dull, *monotonous* roar of the sea 大海发出沉闷单调的咆哮声 ‖ **moˈnot·o·nous·ly** *adv.* —**moˈnot·o·nous·ness**, **moˈnot·o·ny** *n.* [U]

mon·sieur /məˈsjə:ʳ/ *n.* [C]([复]**mes·sieurs** /meˈsjə:ʳ/)[用于法国男子姓氏前，表示对男子的尊称]先生

mon·si·gnor /mɒnˈsi:njəʳ/ *n.* [C]([复]**-gnors** 或**mon·si·gno·ri** /ˌmɒnsi:ˈnjɔ:ri/) ❶[M-][对天主教神职人员的尊称]大人，阁下 ❷有[天主教神职人员的尊称]的人

mon·soon /mɒnˈsu:n/ *n.* [C] ❶【气】(南亚)季风：in drenching *monsoon* 在潮湿的季风中 ❷(印度及周边地区的)季风期，雨季 ❸大雨，暴风雨 ‖ **monˈsoon·al** *adj.*

mon·ster /ˈmɒnstəʳ/ *n.* [C] ❶(想象中的非人非兽的)怪物：the Loch Ness *monster* 尼斯湖水怪 ❷丧失人性的人，极其恶毒的人；恶魔：He is a *monster* of cruelty. 他是个极为残忍的家伙。

mon·stros·i·ty /mɒnˈstrɒsiti/ *n.* [C] ❶〈口〉庞然大物；巨型物：Their office building is a real *monstrosity*. 他们的办公大楼简直是一个庞然大物。❷可恶的东西，可憎的东西；极其丑陋的东西

mon·strous /ˈmɒnstrəs/ *adj.* ❶怪物般的，似怪物的；奇形怪状的，畸形的：a *monstrous* creature 怪物 ❷庞大的，巨大的：*monstrous* taxes and over drafts 沉重的捐税和惊人的超支 ❸凶残的，残暴的，残忍的：a *monstrous* crime 骇人听闻的罪行

mon·tage /mɒnˈtɑ:ʒ/ *n.* ❶[U]【电影】【电视】蒙太奇，(镜头或画面的)剪辑；[C]用蒙太奇手法制作的影视片段 ❷[U](画面、文字或声音的)合成；[C]合成的画面(或文字)；混合的声音

month /mʌnθ/ *n.* [C]❶月，月份：The *month* of August has 31 days. 8月份有31天。❷一个月的时间(或期限)；四周时间，28天；一个月左右的时间：It will take better than two *months* to fulfill the order. 执行这个订货需要两个多月的时间。‖ ***a month of Sundays*** *n.* 很长时间，很久：It's been *a month of Sundays* since you've called. 我很长时间没有接到你的电话了。

month·ly /ˈmʌnθli/ **I** *adj.* [无比较级]每月的；每月一次的；按月计的：He edits our *monthly* magazine. 他编辑我们的月刊。**II** *n.* [C]月刊：computer *monthlies* 计算机月刊 **III** *adv.* [无比较级]每月一次；每月：This periodical is published *monthly*. 这份期刊每月出版一期。

mon·u·ment /ˈmɒnjumᵊnt/ *n.* [C] ❶纪念物；纪念碑；纪念馆；纪念塔：They erected a *monument* in his honour. 他们为他立了一座纪念碑。❷(城堡、桥梁等)具有历史价值的东西，古建筑物；古城址：The ruins of the ancient walls are a *monument*. 古城墙遗址具有历史价值。

mon·u·men·tal /ˌmɒnjuˈmentᵊl/ *adj.* ❶[无比较级]纪念物的；纪念碑的；纪念馆的；纪念塔的；以示纪念的：*monumental* inscriptions 碑文 ❷(规模等)宏大的；(数量、程度、范围等)巨大的，浩瀚的：*monumental* statues 巨幅雕像 ❸具有重大意义的：the monument to a *monumental* man 一位不朽人物的纪念碑 ‖ **mon·uˈmen·tal·ly** *adv.*

moo /mu:/ **I** *vi.* 哞哞地叫，发出哞哞的声音 **II** *n.* [C]([复]**moos**) 哞哞的叫声

mood¹ /mu:d/ *n.* ❶[C]心情，情绪；心态，心境：He is in a bellicose *mood*. 他想找人争吵。❷[常用单]气氛，氛围；(对某事的)看法，观

点:This piece creates *mood* but not plot. 这篇小品不重在写故事情节,而着重渲染气氛。❸[C]心情不好;忧郁;坏脾气:After a day's work, Jane was in one of her *moods*. 经过一天的工作,简的情绪很不好。

☆**mood, humour, temper, vein** 均有"心情;情绪"之意。**mood** 指一时的心情,也可指精神状态,强调情绪影响的广度和力度:Mary's in a merry *mood*. (玛丽的心情很好。)**humour** 常指某种脾性或感觉造成的特定心情,特指某一时刻的心情,有一时兴起、反复无常的含义:He wept and laughed as his *humour* moved him. (他的情绪很激动,时哭时笑。)**temper** 表示某一种强烈的情感占主导地位,常指愤怒或怒气:Jean's in a bad *temper* because she missed the bus and had to walk to work. (琼很恼火,因为她没赶上公共汽车,不得不走路上班。)**vein** 与 **mood** 的区别在于其短暂性,与 **humour** 的区别在于不强调与性情、气氛的关系:He spoke in a serious *vein* for a moment. (他严肃地讲了一会儿话。)

mood² /muːd/ *n.* [C]【语】语态;语式;语气:the indicative [imperative, subjunctive] *mood* 陈述[命令,虚拟]语气

mood·y /ˈmuːdi/ *adj.* ❶情绪多变的,喜怒无常的:He can be stubborn and *moody*. 他很顽固,而且喜怒无常。❷忧郁的,情绪低落的:a *moody* expression 忧伤的神情 ‖ ˈ**mood·i·ly** *adv.* —ˈ**mood·i·ness** *n.* [U]

moon /muːn/ **I** *n.* ❶[**the** ~]月亮;月球:the phases of *the moon* 月相 ❷[C]【天】(行星的)卫星:Titan is the largest *moon* of Saturn. 土卫六是土星最大的卫星。**II** *vi.* ❶闲逛,游荡(*about, around*):Ever since she met that boy, she spends her time *mooning around* waiting for him to telephone. 她自从遇见那个男孩后,整天等着他给她打电话。❷精神恍惚地思念(*over*):He *mooned* about silently, spent hours looking at the portrait of his Melie. 他一言不发,神思恍惚,整天看着他那梅丽的画像。‖ (*in a*) *blue moon* *adv.* 很长时间,很久:I see her once *in a blue moon*. 我难得见到她。

moon·light /ˈmuːnˌlait/ **I** *n.* [U]月光:We walked together the rest of the way by a brilliant *moonlight*. 在明亮美好的月光下,我们一起走完了余下的路程。**II** *adj.* [无比较级][作定语]沐浴着月光的,在月色中的;夜间的;发生在夜间的:a fine [beautiful] *moonlight* night 美好的月夜 ‖ ˈ**moonˌlight·er** *n.* [C] —ˈ**moon·lit** /-lit/ *adj.*

moor¹ /muəʳ, mɔːʳ/ *n.* [C] ❶(未开发的)高沼(地)草原:They have walked for miles on [over] the *moor*. 他们已在高沼地草原走了好几英里。❷沼泽(地)

moor² /muəʳ, mɔːʳ/ *vt.* ❶用绳索等把(船、浮标、浮筒等)系住(或系留):Boats were *moored* on the southern bank of the river. 船只泊靠在河南岸。❷被(绳索等牢牢地)系住(或系留) —*vi.* (船只等)停泊,停留,泊留:I don't know where to *moor*. 我不知道把船停在哪儿。

moor·ing /ˈmuəriŋ, ˈmɔːriŋ/ *n.* ❶[C][常作~s]系泊设施(或设备),系泊用具 ❷[常作~s]系泊处,停泊处,泊留地:a private *mooring* 私人泊位

moose /muːs/ *n.* [单复同]【动】北美鹿,驼鹿,大角麋

moot /muːt/ *adj.* [无比较级] ❶尚未决定的,有待争论的:a *moot* point [question] 尚未解决的问题 ❷无实际意义的;纯学术性的:Appeal will become *moot* when the alien leaves the country. 当外国侨民离开该国时,上诉就变得毫无意义了。

mop /mɔp/ **I** *n.* [C] ❶拖把:Since all the floors are concrete, a few swipes with a *mop* is all it takes. 所有的地都是水泥做的,所以只要用拖把拖几下就行了。❷〈口〉蓬乱的头发(*of*):a coarse *mop of* black hair 一团乱糟糟的黑发 **II** *vt.* (**mopped; mop·ping**) ❶用拖把拖(地):The mistress *mopped* the living room. 女主人用拖把拖会客室的地板。❷擦去(脸、额上的)汗水;擦去(眼睛)里的泪水:She *mopped* her forehead with a handkerchief. 她用手帕拭去额头上的汗水。‖ *mop up* *vt.* ❶擦去,抹去:You spilt the milk, so you *mop* it *up*. 你把牛奶洒出来了,你得把它擦掉。❷完成,结束,肃清(残余分子):*mop up* the last few bits of work 完成最后几件工作

mope /məup/ **I** *vi.* ❶神情沮丧,情绪低落,忧郁:He lay there *moping* on such a lovely morning. 这是一个可爱的早晨,他却躺在那里,闷闷不乐。❷行动懒散;做事无精打采 **II** *n.* [C]忧郁者,神情沮丧的人,情绪低落的人 ‖ ˈ**mop·er** *n.* [C] —ˈ**mop·ey** *adj.* —ˈ**mop·y**

adj. —ˈ**mop·ish** *adj*.

mo·ped /ˈməuˌped/ *n*. [C]助力自行车;机动自行车;人力机动两用轻便摩托车;机器脚踏车

mor·al /ˈmɔrəl;ˈmɔː-/ **I** *adj*. ❶[作定语]道德的;伦理的;道德规范的;行为准则的:Our *moral* sense controls passion. 道德观念控制着情感。❷[作定语]明辨是非的;品行端正的,有道德的;讲究品德的:Animals are not *moral* beings. 动物不能辨别是非曲直。❸符合道德规范的,符合行为准则的:His attitude to life is very *moral*. 他的生活态度是合乎道德规范的。❹精神上的,心理上的;道义上的:an elementary *moral* beauty 基本的心灵之美 **II** *n*. ❶[C](寓言、故事或事件等的结尾所引出的)寓意,道德教育;教训:There is a *moral* to his story. 他的故事中含有寓意。❷[~s]道德规范,行为准则:safeguard public *morals* 维护公德

mo·rale /məˈrɑːl;məˈræl/ *n*. [U;C](个人或集体的)士气;精神面貌,风貌:boost [raise] one's *morale* 增强士气

mor·al·ist /ˈmɔrəlist/ *n*. [C] ❶说教者;道德家;道学家;卫道士 ❷伦理学家 ‖ **mor·al·is·tic** /ˌmɔrəˈlistik/ *adj*.

mor·al·i·ty /məˈræliti;mɔː-/ *n*. ❶[U]道德性:He wonders whether there's any *morality* in politics. 他不知道搞政治是否有道德可言。❷[U]道德,品德;美德:public *morality* 公共道德 ❸[C;U]道德标准,道德规范;道德观:a difference between *morality* in America and China 中美道德标准的不同

mor·al·ize /ˈmɔrəˌlaiz/ *vi*. 阐述是非;论道;说教(*on*,*upon*,*about*,*over*):He tends to *moralize on* the events of his life. 他喜欢利用自己一生的经历进行说教。

mor·al·ly /ˈmɔrəli,mɔː-/ *adv*. ❶道义上,道德上:What you did wasn't actually illegal,but it was *morally* wrong. 你所做的虽然算不上犯法,但在道义上是错的。❷有道德地,品行端正地

mo·rass /məˈræs/ *n*. [C] ❶〈书〉沼泽(地);泥潭:a *morass* of mud difficult to walk through 难于行走的一片泥浆地 ❷乱成一团;困境:They usually bogged down in a *morass* of paperwork. 他们常常忙于纷繁的文字工作。

M

mor·a·to·ri·um /ˌmɔrəˈtɔːriəm/ *n*. [C]([复] **-ri·ums**或**-ri·a** /-riə/) 暂停,暂禁,临时中止(*on*):declare a *moratorium* 宣布暂禁(或暂停)令

mor·bid /ˈmɔːbid/ *adj*. (思想、观点等)不健康的,病态的:A liking for horrors is *morbid*. 对恐怖的喜爱是病态的。‖ **mor·bid·i·ty** /mɔːˈbiditi/ *n*. [U] —ˈ**mor·bid·ly** *adv*. —ˈ**mor·bid·ness** *n*. [U]

mor·dant /ˈmɔːdənt/ *adj*. (讽刺等)辛辣的,尖锐的,尖刻的:The title of the book itself is *mordant* in its ironies. 这本书的题目本身具有辛辣的讽刺意味。‖ ˈ**mor·dant·ly** *adv*.

more /mɔːr/ **I** *adj*. ❶[many 和 much 的比较级]更多的,较多的;更大的,较大的:There has always been *more* books than anyone could read. 书总是多得读不胜读。❷[无比较级]更大程度的;更深层次的:I regard Louisa as a clever girl;but Tom is something *more*. 我把路易莎看作一个聪明的姑娘,但是汤姆更胜一筹。❸[无比较级]另外的,额外的,附加的:You had better stay here for a few *more* days. 你最好再待几天。**II** *n*. ❶[用作复][总称]更多的东西(或事情、人):She asked a bit *more*. 她又要了一些。❷[U](数量、数目、程度等)更多,较多;更大,较大:I wanted to know *more* about her. 我想对她有更多的了解。**III** *pron*. [常用作复]更大(或更多)的数量:I'd like to know *more* about the job. 关于这份工作,我想再了解一些情况。**IV** *adv*. [无比较级] ❶更多地,较多地:I couldn't agree with you *more*. 我完全同意你的观点。❷更大程度地;更大范围地:He walks *more* these days. 这些天他走的路比以往多一些。❸[用于多音节形容词或副词前构成其相应的比较级]更,更加:do it *more* carefully 更加仔细地做这件事 ❹又,再,另外:I can't eat a mouthful *more*. 我一口也不能多吃了。‖ (***and***) ***what's more*** *adv*. [常用作插入语]更为重要的是;更为甚者,而且:*What's more*,I was the victim of one such incident. 更重要的是,我就是这种事故的受害者。***more and more*** *adv*. & *adj*. 越来越(多的),愈发(多的):She loved the man *more and more*. 她愈发地爱那个人。

☆**more** 是 **many** 和 **much** 的比较级,可修饰具数及不具数名词。修饰具数名词时,**more** 之前可用 a few,many,a great many 等来修饰:*a few more* words/*many more* books;修饰不具数名词时,其前可用 a bit,a little,a great deal

等来修饰：*a bit more* coffee/*a little more* money；无论修饰具数还是不具数名词，**more** 之前均可用 far, some, any, no, rather, lots, a lot 等来修饰：*far more* butter/*a lot more* water。

more·o·ver /mɔːˈrəuvəʳ/ *adv.* [无比较级][用以引导或伴随新论点或话题]此外，再者，而且，加之：The house is big enough, and *moreover*, the rent is reasonable. 房子相当大，而且房租也很合理。

mo·res /ˈmɔːreiz, -riːz/ [复] *n.* ❶(某个社会群体的)习俗，习惯 ❷道德观念

morgue /mɔːg/ *n.* [C] 停尸房，太平间

mor·i·bund /ˈmɔriˌbʌnd/ *adj.* ❶垂死的，濒临死亡的，奄奄一息的：In the *moribund* patient deepening comas are the usual preludes to death. 在弥留之际，病人加重的昏迷状态常常预示着死亡的来临。❷没有生气的，缺乏活力的：revive a *moribund* economy 使低迷的经济恢复活力

morn·ing /ˈmɔːniŋ/ *n.* ❶[C;U]上午；早晨，清晨：He plays golf every *morning*. 他每天上午都去打高尔夫球。❷[C;U]黎明，拂晓，日出时分：The *morning* of that day broke forth most gloriously. 那天一清早天就格外晴朗。❸[C](人生等的)初期，早期：the *morning* of life 生命的初期

morning glory, morn·ing-glo·ry /ˈmɔːniŋˌglɔːri/ *n.* [C]【植】牵牛花

morning star *n.* [C]【天】晨星，启明星(常指金星)

Mo·roc·can /məˈrɔkᵊn/ **I** *n.* [C]摩洛哥人；摩洛哥人后裔 **II** *adj.* [无比较级]摩洛哥的；摩洛哥人的

mo·ron /ˈmɔːrɔn/ *n.* [C] ❶〈口〉笨蛋，傻子，蠢货：Put that knife down, you *moron*! 把刀子放下，你这蠢货！❷低能儿，弱智者(指智力只相当于 *8*～*12* 岁孩童的成年人)

mo·ron·ic /məˈrɔnik/ *adj.* 〈口〉傻的，愚蠢的；鲁钝的：a *moronic* smile 傻笑 ‖ **moˈron·i·cal·ly** *adv.*

mo·rose /məˈrəus/ *adj.* 忧郁的，情绪低落的；脾气暴躁的：He is in such a *morose* mood that he won't speak to anybody. 他情绪低落，不想跟任何人说话。‖ **moˈrose·ly** *adv.*

mor·pheme /ˈmɔːfiːm/ *n.* [C]【语】语素，词素

mor·phine /ˈmɔːfiːn/ *n.* [U]【药】吗啡

mor·phol·o·gy /mɔːˈfɔlədʒi/ *n.* [U] ❶【生】形态学；形态 ❷【语】(词汇)形态学；构词学，词法 ‖ **mor·pho·log·i·cal** /ˌmɔːfəˈlɔdʒikᵊl/ *adj.*

mor·row /ˈmɔrəu/ *n.* [常作 **the** ～]〈书〉翌日，次日，第二天

Morse /mɔːs/ **alphabet** *n.* ＝Morse code

Morse code *n.* [U]莫尔斯电码

mor·sel /ˈmɔːsᵊl/ *n.* [C] ❶(食物的)一小块，一小份，一口：eat up every *morsel* 吃得一口不剩 ❷〈喻〉一丁点儿，很少；小块，小片：The boy has a poor *morsel* of learning. 那个小孩只学过一丁点儿可怜的东西。

mor·tal /ˈmɔːtᵊl/ **I** *adj.* [无比较级] ❶(尤指人等生命体)死的，死亡的；注定要死的，终将死亡的：All human beings are *mortal*. 凡人都是要死的。❷(敌人)不共戴天的，无法宽恕的：*mortal* enemy [foe] 死对头 ❸(痛苦、害怕或侮辱等)强烈的，剧烈的：*mortal* pain 剧痛 ❹致死的，致命的(*to*)(见 deadly)：a *mortal* disease 致命的疾病 **II** *n.* [C]凡人，普通人：We are all *mortals*. 我们皆凡人。‖ **ˈmor·tal·ly** *adv.*

mor·tal·i·ty /mɔːˈtæliti/ *n.* [U] ❶必死性：She has become more aware of man's *mortality*. 她更加清楚地意识到人总是要死的。❷死亡人数；死亡率：The *morality* from traffic accidents is dreadful. 死于交通事故的人数触目惊心。

mor·tar[1] /ˈmɔːtəʳ/ *n.* [C] ❶研钵，陶钵，臼 ❷【军】迫击炮；迫击炮弹

mor·tar[2] /ˈmɔːtəʳ/ **I** *n.* [U]【建】(砌砖等用的)砂浆，灰浆，灰泥，胶泥 **II** *vt.* 用灰浆(或灰泥等)砌合(砖或石等)；用灰浆(或灰泥等)抹(墙)

mort·gage /ˈmɔːgidʒ/ **I** *n.* [C] ❶抵押借款；抵押借贷款项；抵押借款利率：It's difficult to get a *mortgage* on an old house. 很难拿旧房子作抵押获取借款。❷抵押合同，抵押契约：a *mortgage* with a commercial bank 与商业银行签订的抵押借款合同 **II** *vt.* 用…作抵押：He *mortgaged* all his assets trying to save his business. 他抵押了所有的财产，试图挽救他的生意。‖ **ˈmort·ga·gor**, **ˈmort·ga·ger** *n.* [C]

mort·ga·gee /ˌmɔːgiˈdʒiː/ *n.* [C](银行等)受押人，承受抵押者

mor·ti·cian /mɔːˈtiʃ°n/ *n.* [C]丧葬承办者；殡葬从业者

mor·ti·fy /ˈmɔːtiˌfai/ *vt.* ❶侮辱，羞辱，使蒙羞，使丢脸：She said with some hesitation from the fear of *mortifying* him. 她说话时有点儿犹豫，唯恐让他下不了台。❷伤害…的感情：He was only *mortified*, and would take his revenge. 他就会耿耿于怀，总要伺机报复。‖ **mor·ti·fi·ca·tion** /ˌmɔːtifiˈkeiʃ°n/ *n.* [U]

mor·tise /ˈmɔːtis/ *n.* [C]榫眼，榫孔；铆

mor·tu·ar·y /ˈmɔːtjuəri/ *n.* [C]〈英〉停尸房，陈尸室，太平间(＝funeral home)：receive the remains at a military *mortuary* 在一家军方停尸所接收遗体

mo·sa·ic /məuˈzeiik/ *n.* [C]马赛克，镶嵌图案，拼花图案；镶嵌画：walls covered with *mosaic* 贴有马赛克的墙壁

mo·sey /ˈməuzi/ *vi.* 〈俚〉(漫无目的地)闲逛，溜达，漫步(*along*, *around*, *down*, *about*)：The man *moseyed* across to the bar. 那人信步来到酒吧。

mosque /mɔsk/ *n.* [C](穆斯林的)清真寺

mos·qui·to /məsˈkiːtəu/ *n.* [C]([复]**-to(e)s**)【昆】蚊

moss /mɔs/ *n.* [C；U]【植】苔藓，地衣；苔藓类植物：rocks covered with *moss* 长满青苔的岩石 ‖ **ˈmoss·y** *adj.*

most /məust/ **I** *adj.* [作定语] ❶[many 和 much 的最高级，修饰名词]最多的；最大的；最大程度的：He has made *most* mistakes. 他犯的错误最多。❷[无比较级]大多数的，大部分的，差不多所有的：*Most* European countries are democracies. 大多数欧洲国家是民主国家。**II** *n.* ❶[**the** ～]最多，最大量；最高程度：*The most* they expect is to cut work hours. 他们最大的期望就是减少工时。❷[C]大多数，大部分；大多数人(或物)：*Most* of the voters have not yet decided whom to vote for. 大多数投票者尚未决定投谁的票。**III** *adv.* ❶[much的最高级，常用于修饰多音节形容词或副词]最：This is the *most* delicious cake I've ever tasted. 这是我吃过的最好吃的蛋糕。❷[无比较级]最大地；最多地；最大限度地：She helped me *most* when we were at university. 在上大学时她给我们的帮助最多。❸[无比较级]十分，非常，极其：He'll *most* probably go there by train. 他极有可能坐火车去那里。‖ ***at* (*the*) *most*** *adv.* 不超过，至多，顶多：The auditorium can hold 600 people *at most*. 礼堂顶多能容纳600人。***for the most part*** *adv.* ❶大部分，大多数：These cameras are, *for the most part*, of excellent quality. 这些照相机大多质量上乘。❷在大多数情况下，一般说来：Everything goes smooth, *for the most part*. 总的来说，万事顺利。***make the most of*** *vt.* 充分利用，最大限度地利用，尽量利用：*make the most of* every minute 充分利用每分钟

most·ly /ˈməustli/ *adv.* [无比较级]❶大多地，大部分地；主要地：What he said was *mostly* true. 他说的大多是真实的。❷一般情况下，在大多数情况下，通常：An owl *mostly* hunts at night. 猫头鹰通常在夜间觅食。

mo·tel /məuˈtel/ *n.* [C]汽车旅馆(为汽车驾驶员提供食宿的旅馆，附属设施有车库或停车场，通常建在公路边)

moth /mɔθ/ *n.* [C]【昆】蛾，飞蛾；衣蛾：*Moths* are attracted to light. 蛾子朝有光的地方飞。

moth·ball /ˈmɔθˌbɔːl/ *n.* [C]樟脑丸，卫生球：The room smells of *mothballs*. 房间里有一股樟脑丸的气味。‖ ***in mothballs*** *adj.* 封存的，久置不用的；贮存的：old aircrafts *in mothballs* 业已封存的老式飞机

moth·er /ˈmʌðəʳ/ *n.* ❶[C]母亲，妈妈：Laura helped her *mother* with the goodbyes. 劳拉帮妈妈送客。❷[C]养母〔亦作 **adoptive mother**〕❸[C]源泉，根源：Ambition is the *mother* of destruction as well as of evil. 野心不仅是罪恶的根源，而且还是毁灭的根源。‖ ***the mother of*** *prep.* …中最好的，…中最出色的 ‖ **ˈmoth·er·less** *adj.*

moth·er·hood /ˈmʌðəˌhuːd/ *n.* [U]母亲的身份：*Motherhood* doesn't suit her, she shouldn't have had children. 她不是当母亲的人，她本不应该有孩子的。

moth·er-in-law /ˈmʌðərinˌlɔː/ *n.* [C]([复]**mother-in-laws** 或〈美〉**mothers-in-law**) 岳母，丈母娘；婆母，婆婆

moth·er·land /ˈmʌðəˌlænd/ *n.* [C]祖国，故土

moth·er·ly /ˈmʌðəli/ **I** *adj.* ❶慈母般的，给予母爱的 ❷[无比较级]母亲的 **II** *adv.* 慈母般地，母亲般地 ‖ **ˈmoth·er·li·ness** *n.* [U]

mo·tif /məuˈtiːf/ *n.* [C](文艺作品等中的)主题,主旨,中心思想;主要人物,中心人物:a leading *motif* 主题

mo·tile /ˈməutail,-til/ *adj.* [无比较级]【生】能动的,活动的,运动的:*motile* cilia 能动纤毛 ‖ **mo·til·i·ty** /məuˈtiliti/ *n.* [U]

mo·tion /ˈməuʃᵊn/ **I** *n.* ❶[U;C]运动,移动;(姿势的)改变,变动:This single *motion* of her head told me that she was unhappy. 从她这一摇头,我就知道她不太高兴。❷[C]动议,提议:Her *motion* was defeated. 她的动议落了空。**II** *vt.* 向…招手示意,给…打手势;向…点头(或摇头)示意:Her mother *motioned* her closer. 她母亲示意她走近一些。—*vi.* (向某人)点头(或摇头)示意;(给某人)打手势(*to*):The police officer *motioned* for the driver to pull over. 警察示意司机停车。‖ ***in motion*** *adj.* 运动的,移动的;转动的:Don't get off the motorcycle while it is *in motion*. 请勿在摩托车行驶时下车。

mo·tion·less /ˈməuʃᵊnlis/ *adj.* [无比较级]静止的,一动不动的:The cat remained *motionless*, waiting for the mouse to come out of its hole. 猫一动不动地等着老鼠出洞。‖ ˈ**mo·tion·less·ly** *adv.* —ˈ**mo·tion·less·ness** *n.*

motion picture *n.* [C] ❶电影故事,影片 ❷[~s]电影(=movie)

mo·ti·vate /ˈməutiˌveit/ *vt.* ❶使具有动机;成为…的动机:He was *motivated* by friendship, not love. 他的举动是出自友谊,而不是爱情。❷激起(行动等),激励:The young manager is capable of *motivating* the staff to work hard. 那位年轻经理善于激励员工努力工作。‖ **mo·ti·va·tor** /ˌməutiˈveitᵊr/ *n.* [C]

mo·ti·va·tion /ˌməutiˈveiʃᵊn/ *n.* ❶[C]目的:They lack the *motivation* to study. 他们缺乏学习的积极性。❷[U]动力,动机,诱因:*Motivation* was the key to their success. 因为有动力,他们获得了成功。‖ ˌ**mo·tiˈva·tion·al** /-nᵊl/ *adj.*

mo·tive /ˈməutiv/ **I** *n.* [C]动机,动因;目的(见cause):He has a *motive* for denying the fact that he was once imprisoned. 他旨在否认曾经坐过牢这个事实。**II** *adj.* [无比较级] ❶促进的,推动的;激励的;成为动机的:*motive* power machine 动力机械 ❷运动的,活动的:the *motive* nerves 运动神经

☆ **motive, impulse, incentive, inducement** 均有"动机,动因"之意。**motive** 指作用于人的意志,使其按一定目的行事的激情、欲望或身体本能需要:The police could not find a *motive* for the murder. (警方未能找出凶手的动机。) **impulse** 常指自发的、非理性的、情不自禁的内在冲动,强调冲动的力量而不是冲动的结果:He bought a car on (an) *impulse*. (他一时冲动买了一辆小汽车。) **incentive** 常指能带来报偿的外部刺激物:His interest gave me an *incentive* and I worked twice as hard. (他的关注给我以鼓励,我工作起来加倍努力。) **inducement** 指用以诱使他人的引诱物:They offered her a share in the business as an *inducement* to stay. (他们提出在生意中给她一份股份以鼓励她留下。)

mot·ley /ˈmɔtli/ *adj.* [无比较级] ❶各种各样的,杂七杂八的:It set the *motley* onlookers wild with admiration. 这使那些乌七八糟的旁观者敬佩得发狂。❷五颜六色的,杂色的:the strange *motley* garb 花花绿绿的奇装异服

mo·tor /ˈməutəʳ/ **I** *n.* [C]电动机,马达;引擎,发动机:an electric *motor* 电动机 **II** *adj.* [无比较级][作定语] ❶电动的;机动的,由引擎发动的 ❷(提供给)机动车的;机动车驾驶员的:a *motor* inn 汽车旅馆

motor bike *n.* [C](机动或脚踏)两用摩托车;轻型摩托车(=motor cycle)

motor boat **I** *n.* [C]摩托艇 **II** *vi.* 乘坐(或驾驶)摩托艇

mo·tor·cade /ˈməutəˌkeid/ *n.* [C](机动)车队,一长排(机动)车:He rides in the presidential [the president's] *motorcades*. 他在总统车队开车。

motor car *n.* [C]〈英口〉汽车,小汽车:a second-hand *motor car* 二手汽车

motor cycle **I** *n.* [C](两轮)摩托车〔亦作 **motor bike**〕 **II** *vi.* 驾驶(或骑)摩托车 ‖ **motor cyclist** *n.* [C]

motor home *n.* [C](驾驶座后有设施齐全的居室用空间的)旅馆汽车,房车

mo·tor·ist /ˈməutᵊrist/ *n.* [C]〈主英〉(机动车)驾驶员,(私家车)开车者:This *motorist* was fined for speeding. 这位驾驶员因超速行驶被罚了款。

mo·tor·ize /ˈməutəˌraiz/ *vt.* ❶给…装备发动机 ❷给(部队)提供摩托化设施,使(部队)实现摩托化:*motorized* infantry 摩托化步兵团 ‖ **mo·tor·i·za·tion** /ˌməutəraiˈzeiʃ°n;-riˈz-/ *n.* [U]

mo·tor·man /ˈməutəm°n/ *n.* [C]([复]**-men** /-m°n/)(电动汽车、地铁等的)驾驶员,司机

motor scooter *n.* [C]小型摩托车

motor vehicle *n.* [C](汽车,卡车或公交车等)机动车

mot·tled /ˈmɔt°ld/ *adj.* [无比较级]花色的,杂色的;斑驳的;有花纹的:The foreman's face was *mottled* with anger. 工头气得脸上青一块紫一块。

mot·to /ˈmɔtəu/ *n.* [C]([复]**-to(e)s**) 箴言,格言;警句;座右铭:She lives by the *motto* "Never leave for tomorrow what you can do today". "今日事今日毕"是她的人生格言。

mould[1] /məuld/ **I** *n.* ❶[C]模型,铸模;模子:pour the molten metal into the *mould* 将熔铁倒入铸模 ❷[C](制作布丁等糕点的)模子,模具;用模具制作的布丁(或其他糕点等):a jelly *mould* shaped like a rabbit 形状像兔子的果冻模子 ❸[C]模制品;铸造物 ❹[用单](人的)性格,品性;性情,脾气;类型:People of her *mould* is difficult to understand. 像她这类人很难被人理解。**II** *vt.* ❶用模具制作,用模型浇铸:The car body is *moulded* in Japan. 汽车的车身是在日本用模型浇铸而成的。❷使成形,使具…的形状;塑造:The winds *moulds* the waves. 风吹浪起。‖ **ˈmould·a·ble** *adj.* —**ˈmould·er** *n.* [C]

mould[2] /məuld/ *n.* [U;C]霉;真菌:The bread is covered with *mould*. 面包上长满了霉。

mould·er /ˈməuldəʳ/ *vi.* ❶成为碎屑;崩裂,坍塌:The house had long *mouldered*. 这幢房子早已坍塌。❷腐烂,腐朽(*away*):Her memory *mouldered away*. 她的记忆逐步衰退了。〔亦作 **molder**〕

mould·ing /ˈməuldiŋ/ *n.* ❶[U]浇铸;模制 ❷[C]模型,模件,模制品 ❸[U;C]【建】线条,花边,线角,嵌条〔亦作 **molding**〕

mould·y /ˈməuldi/ *adj.* 发霉的,霉变的;有霉味的:His room smells *mouldy*. 他房间有股霉味。‖ **ˈmould·i·ness** *n.* [U]

moult /məult/ *vi.* (动物)脱毛,换毛;蜕皮;脱壳(或角):Their geese begin to *moult*. 他们的鹅开始换毛。

mound /maund/ *n.* [C] ❶土堆,土墩;石堆:a grassy *mound* 长满草的土堆 ❷(一)堆:He lay under a *mound* of blankets. 他躺在一大堆毯子下。

mount[1] /maunt/ *vt.* ❶爬,登上(山、楼梯等):She *mounted* the stairs. 她登上楼梯。❷骑(马等):He ran to *mount* the motorcycle. 他跑着去骑摩托车。—*vi.* ❶骑上马背,上马:The soldiers stood beside their horses, waiting for the orders to *mount*. 士兵们都站在马的旁边,等待上马的命令。❷向上爬,爬到上面:The old man approached the stairs and *mounted* carefully. 那老人走近楼梯,小心翼翼地往上爬。❸增加;积累(*up*):Prices are steeply *mounting*. 价格呈直线上扬趋势。‖ **ˈmount·a·ble** *adj.* —**ˈmount·er** *n.* [C]

mount[2] /maunt/ *n.* [C]〈古〉[常用于高山名称前,不接定冠词]山,山峰:*Mount* Kilimanjaro 乞力马扎罗山

moun·tain /ˈmauntin/ *n.* [C] ❶山;高山,大山;[~s]山区:They went to the *mountains* for their summer holiday last year. 去年他们到山区度暑假。❷(一)大批;(一)大堆;大量:a *mountain* of debts 一大堆债务 ‖ ***make a mountain out of a molehill*** *vi.* 小题大做:You're not hurt badly, Johnny. Stop trying to *make a mountain out of a molehill* with crying. 约翰,你伤得并不厉害,别小题大做哭得那么凶。

moun·tain·eer /ˌmauntiˈniəʳ/ *n.* [C] ❶山区居民 ❷爬山者;登山运动员:He is one of the first few *mountaineers* who climbed Mount Qomolangma. 他是最早登上珠穆朗玛峰的少数几个人之一。

mountain lion *n.* [C]【动】美洲豹,山豹

moun·tain·ous /ˈmauntinəs/ *adj.* ❶多山的;山峦起伏的:The country is very *mountainous*. 该国地势山峦起伏。❷[作定语]大如山的,巨大的,硕大的:a *mountainous* meal 极为丰盛的一餐

moun·tain·top /ˈmauntinˌtɔp/ *n.* [C]山顶,山巅

moun·te·bank /ˈmauntiˌbæŋk/ *n.* [C] ❶江湖

骗子,诈骗者 ❷江湖郎中;庸医;四处叫卖假药的游医

moun·ted /ˈmauntid/ *adj.* [作定语]骑马的;骑摩托车(或自行车)的:*mounted* police 骑警

mount·ing /ˈmauntiŋ/ *n.* [U] ❶登上;爬上;骑马;骑车;上车 ❷支架;托架 ❸底座:a *mounting* of stone 石头底座

mourn /mɔːn/ *vi.* ❶表示惋惜;感到痛心(*for*, *over*):The girl *mourned for* the loss of her beauty. 这女孩为失去美貌而伤心。❷表示哀悼;感到悲痛(*for*):The soldiers all *mourned for* their fallen comrades-in-arms. 战士们都在为牺牲的战友致哀。—*vt.* ❶对(遗失物或往事等)表示惋惜;对…感到痛心:The old man *mourned* the passing of old customs. 那位老人为古老习俗的逝去感到痛心。❷对(死者或某人的去世)表示哀悼,感到悲痛:The whole nation *mourned* the correspondents killed in the bombardment. 全国人民哀悼在轰炸中献身的新闻记者。‖ ˈ**mourn·er** *n.* [C]

mourn·ful /ˈmɔːnfᵘl/ *adj.* ❶忧伤的,悲伤的,悲痛的:He shook his head with an intensely *mournful* air. 他十分伤心地摇了摇头。❷流露出悲伤之情的;令人悲痛的:The music is rather *mournful*. 这首曲子非常忧伤。‖ ˈ**mourn·ful·ly** *adv.* —ˈ**mourn·ful·ness** *n.* [U]

mourn·ing /ˈmɔːniŋ/ *n.* [U]致哀,举哀;悲痛,悲伤;服丧:She was in *mourning* [took to *mourning*] for a month when her mother died. 母亲去世时,她伤心了一个月。

mouse /maus/ *n.* [C]([复]**mice** /mais/) ❶【动】老鼠;小家鼠;田鼠;鼷鼠:He raised a cat to keep the *mice* out of the kitchen. 他养了只猫以防老鼠进入厨房。❷【计】鼠标(器)

mouse·trap /ˈmausˌtræp/ **I** *n.* [C] ❶捕鼠器,捕鼠夹 ❷诱人上当的设施(或伎俩) **II** *vi.* 诱捕,引诱…上当,使人圈套

mousse /muːs/ *n.* [C] ❶慕司,奶油冻(一种以菜泥或果泥为主要原料、与蛋清和奶油搅拌而成的美味甜凉菜):salmon *mousse* 鲑鱼奶油冻 ❷(定型)摩丝(一种美发用品)

mous·tache /məˈstɑːʃ, ˈmʌstæʃ/ *n.* [C]髭,小胡子〔亦作 **mustache**〕

mous·y /ˈmausi/ *adj.* ❶老鼠的;似老鼠的:*mousy* smell 老鼠的臭味 ❷多鼠的,鼠害成灾的,为鼠所扰的:a *mousy* old house 一所鼠害成灾的旧屋子 ‖ ˈ**mous·i·ness** *n.* [U]

mouth I /mauθ/ *n.* ([复]**mouths** /mauðz/) ❶[C]口,嘴;口腔:Her *mouth* remained closed upon her secret. 她对她的秘密缄口不言。❷[C](需要抚养的)人口:The man got five *mouths* to feed. 他有五口人要养活。❸[C](容器的)开口:the *mouth* of a sack 袋口 ❹[C](河流、湖泊等的)出口;入海口:We live on the *mouth* of the Yangtse River. 我们住在长江的入海口。**II** /mauð/ *vt.* ❶装腔作势地说,故作姿态地说;机械地重复:He kept *mouthing* the usual platitudes about the need for more compassion. 他一直把那些陈词滥调挂在嘴上,说什么要多付出爱心。❷小声但清晰地说;用口形表达;努嘴示意:The girl *mouthed* the word "no". 那女孩用嘴形说"不"。‖ ***down in the mouth*** *adj.* 沮丧,情绪低落:The children looked very *down in the mouth* when I told them that I couldn't take them to the cinema. 当我告诉孩子们说我不能带他们去看电影时,他们都哭丧着脸。

mouth·ful /ˈmauθfᵘl/ *n.* [C] ❶满满一嘴的东西;一大口:eat up at a *mouthful* 一口吃光 ❷〈口〉重要的话,含义深刻的话:say a *mouthful* 说到点子上 ❸〈口〉拗口的长句(或词组);难读的字(或句):The names are quite a *mouthful*. 这些名字读起来很拗口。

mouth-or·gan /ˈmauθˌɔːgᵊn/ *n.* [C]【音】口琴:play the tune on the *mouth-organ* 用口琴演奏这首曲子

mouth·piece /ˈmauθˌpiːs/ *n.* [C] ❶(电话的)送话口:She held her hand over the *mouthpiece* of the telephone. 她用手捂住电话的送话口。❷代言人(指替他人说话的人);喉舌:The spokesman is the *mouthpiece* for [of] the leadership. 发言人是领导集团的喉舌。

mouth·wash /ˈmauθˌwɔʃ/ *n.* [C;U]口腔清洁剂;漱口液:The dentist gave the patient some *mouthwash* after the operation. 牙医在术后给病人一些漱口剂漱口。

mouth-wat·er·ing /ˈmauθˌwɔːtᵊriŋ/ *adj.* ❶(食物等)令人流口水的,馋人的:His eyes fixed on the *mouth-watering* peach. 他眼睛盯着令人垂涎的桃子。❷诱人的:a *mouth-watering* film 一部诱人的电影

mov·a·ble /ˈmuːvəbᵊl/ *adj.* [无比较级] ❶可

移动的，活动的：The boards dividing the room into working areas are *movable*. 将房间隔成几个工作区的木板是活动的。❷（节日、庆祝活动等）日期不定的，变更的：a *movable* holiday 日期随历书变化的节日

move /muːv/ **I** *vi*. ❶移动；被搬动，改变位置；改变姿势：He was knocked down by a bicycle and couldn't *move*. 他被自行车撞了，身子无法动弹。❷活动，运动；（四处）走动（*about*，*away*）：Someone is *moving about* [around] upstairs. 有人在楼上走来走去。❸搬家，搬迁，迁徙；（公司等）迁址（见 migrate）：She *moved* to Illinois. 她搬去了伊利诺伊。❹（工作、工程等）进展，发展：There's a lot of business there that isn't *moving* at all. 那里还有好多生意压根儿没有起色。—*vt*. ❶使移动，搬移；挪动；驱动；改变…的位置（或姿势）：Water *moves* the waterwheel. 水流驱动水车。❷使活动，使运动；搅动；摆动：Her dress swung as she *moved* her body. 她摆动身子，身上的裙子随着摇曳。❸搬（家）；搬迁：The man *moved* his father out of his house and into a home for elderly people. 那人将父亲从家里搬了出来，然后送进了养老院。❹使有进展，使发展：The foreign coach really *moved* the football team ahead. 这位外国教练确实使足球队向前迈进了一步。❺感动；打动…的情感；使动感情：She told us that she was *moved* to tears after seeing the film. 她说看了电影后她感动得哭了。**II** *n*. ❶[C；U]移动；挪动；搬动；走动：The TV cameras follow her every *move*. 电视摄像机摄下她的每一个动作。❷[C]搬家，搬迁；（公司的）迁址：do one's *move* 搬家 ❸[C]措施；步骤：He made several *moves* to take over the company. 他采取了几大步骤，接管了那家公司。❹[U]走棋，走子；一步棋，一着棋；走棋一轮；（棋子的）走法，着法：It is difficult to learn all the *moves* in chess. 要学会象棋中所有的走法很难。‖ ***move heaven and earth*** *vi*. 竭尽全力，千方百计，尽所有可能：The boy's parents would *move heaven and earth* to get him anything he wants. 这孩子的父母会满足他的一切要求。***on the move*** *adj*. ❶走动的；移动的；迁徙的；忙忙碌碌的：We have been *on the move* all the week. 我们整个星期忙得团团转。❷变化的，革新的，发展的：Science is always *on the move*. 科学一直在向前发展。***move along*** *vt*. & *vi*. ❶（使）朝前走，（使）往前走：The police urged the crowd to *move along*. 警察催赶人群向前走。❷让…离开：The police *moved* the demonstrators *along*. 警察叫示威者离开。***move in*** *vi*. & *vt*. （使）搬入（新居等），（使）搬进：Jane has been said to have *moved in* with John. 据说简已经和约翰一道搬入新居了。***move in on*** *vt*. ❶向…逼近，向…靠近：The police were reportedly *moving in on* the terrorists. 据报道警方正在向恐怖分子逼近。❷围攻：The riot police began to *move in on* the criminals armed with guns. 防暴警察开始围攻持枪罪犯。***move off*** *vi*. 离开，出发：The guard blew his whistle，the train *moved off*. 列车长一吹哨子，火车就开动了。***move on*** *vi*. & *vt*. ❶改变（到新的话题）；从事新的活动（或工作）；升职：We have spent much time on that subject. Let's *move on*. 我们已经花了很多时间讨论那个问题，换个题目吧。❷（使）朝前走，（使）前行；（使）走开，（使）离开：Sir，*move on*！先生，走吧。***move up*** *vi*. & *vt*. ❶往前移，向上走；往远处挪（给他人腾出地方）：Mother told him to *move up* so as to make room for more people. 妈妈叫他坐过去一点，给更多的人留出点地方。❷（使）晋升，（使）提升，（使）晋职：He *moved up* quickly in the army. 他在军队中晋升得很快。

move·a·ble /ˈmuːvəbᵊl/ *adj*. & *n*. ＝movable

move·ment /ˈmuːvmᵊnt/ *n*. ❶[C；U]移动；搬动；挪动；走动：It was late afternoon and the streets were in *movement*. 已近黄昏，街上车辆川流不息。❷[C]（身躯等的）摇动，晃动，摆动，抖动；摆动的姿势（或方式）：nervous *movements* of the hands 手臂紧张的摆动 ❸[～s]（尤指某人在特定时间的）活动；行动：Her *movements* were uncertain. 她的行踪不定。❹[U]很多事件；（事件的）快速发展 ❺[C；U]动向，动态；趋向，趋势：*movement* in education toward more computer use in high schools 在中学教育中更多地使用计算机的趋向

mov·er /ˈmuːvəʳ/ *n*. [C] ❶移动者；搬动者；挪动者；走动者：a job *mover* 调动工作者 ❷搬运家具的人；搬家公司 ‖ **movers and shakers** *n*. 有影响的人；有权势的人

mov·ie /ˈmuːvi/ *n*. 〈美〉❶[C]电影，影片，片子：He brings friends in for popcorn and a *movie*. 他把朋友带来，边吃爆米花边看电影。❷

[常作 **the ～s**]电影院:go to the *movies* 看电影 ❸[**the ～s**]电影(业):make a large fortune in *the movies* 在电影业挣一大笔钱

mov·ing /'muːviŋ/ *adj*. [无比较级] ❶[作定语]运动的;引起运动的;活动的;转动的;引起转动的:Through the windows he could see *moving* sheets of rain. 透过窗户,他可以看见那移动着的雨幕。❷[作定语]正在驾驶车辆的:If a driver receives a *moving* violation, he will be fined. 驾驶员若在行车过程中违反交通规则,就会被罚款的。❸感人的,打动人的:It is always a *moving* subject. 这永远是一个动人心弦的主题。‖ '**mov·ing·ly** *adv*.

mow /məu/ **down** *vt*. ❶割倒(青草、秸秆、谷类等植物)❷(用机枪等)扫杀,撂倒,歼灭;大肆杀戮 ‖ '**mow·er** *n*. [C]

mpg, m. p. g. *abbr*. miles per gallon 每英里行程所需的加仑数,英里/加仑

mph, m. p. h *abbr*. miles per hour 每小时所行英里数,英里/小时

Mr, Mr. /'mistəʳ/ *n*. [C]([复] **Messrs** /'mesəz/) ❶[用于男子姓氏或职务前,表示尊敬]先生:*Mr*. Johnson 约翰逊先生 / *Mr*. President 总统先生 ❷[用于地名、职业或活动等之前,表示被称呼者是该事物男性代表人物或佼佼者]:She is waiting for *Mr*. Right. 她在等待如意郎君。

Mrs, Mrs. /'misiz/ *n*. [C]([复] **Mrs** 或 **Mes·dames** /mei'dɑːm/) ❶[用于已婚女子的夫姓前]夫人,太太 ❷[用于地名、职业或活动等之前,表示被称呼者是该事物女性代表人物或佼佼者]夫人:*Mrs*. Punctuality is right on time, as usual. 跟往常一样,准点夫人非常准时。

Ms, Ms. /miz/ *n*. [C] ❶[用于婚姻状况不明或不愿提及其婚姻状况的女子姓氏前]女士:*Ms* Morrison 莫里森女士 ❷[用于地名、职业或活动等之前,表示被称呼者是该事物女性代表人物或佼佼者]:I see that Ms Perfect got 100% on the test again. 我看见"百分小姐"在这次测验中又得了满分。

M. S. *abbr*. Master of Science 理科硕士

much /mʌtʃ/ **I** *adj*. (**more** /mɔːʳ/, **most** /məust/)[后接不可数名词](很)多的,大量的:This job doesn't need *much* time. 这份工作不需要很多时间。**II** *n*. [U] ❶许多,大量:*Much* of the land was flooded. 大部分陆地被淹没了。❷[常用于否定句]非常重要的事情,具有重大意义的事情;杰出的东西,非常了不起的东西:There isn't *much* to live for in this jail of a house. 住在这监牢似的房子里,活着没有多大意思。❸(表示某物的)数量、程度:How *much* does it cost? 这东西多少钱? **III** *adv*. ❶(**more**, **most**) 非常,十分:*Much* to my disappointment, he hasn't finished his work yet. 令我大为失望的是,他还没有完成工作。❷[无比较级][与形容词或副词的比较级或最高级连用,表示程度]更;最,最大程度:Their new house cost *much* more than they expected. 他们新房的价格比他们预计的要高得多。❸几乎,差不多;实际上:This book is *much* like the others. 这本书和其他的没什么区别。‖ ***much as*** *conj*. ❶正如…一样;与…相似:Babies need love, *much as* they need food. 小孩子们需要爱,正如他们需要食物一样。❷尽管,即使,虽然:*Much as* he wanted to go outing, his parents didn't agree. 他尽管很想去旅游,可父母不同意。***so much for*** *adv*. 到此为止,到此结束:Look at this traffic jam; *so much for* arriving on time! 瞧这堵车的阵势,别想准时到了!

☆**much** 多用于疑问句和否定句;**much** 之前可用 so, too 或 as 修饰:There wasn't *much* to do. (没多少要做的了。)陈述性口语语句中多使用 a great deal of, plenty of, a lot of 或 lots of 等:The room contained *a lot of* furniture. (房间里有很多家具。) / Mr. Lucas spent *a great deal of* time in the Far East. (卢卡斯先生在远东待了很长时间。) **much** 作代词时不能单独置于肯定句末,而宜用 a lot, lots 等:There is *a lot*. (有很多。) / I need *a great deal*. (我需要很多。)但 **much** 前有 too, so 修饰时可置于句末:She had endured *so much*. (她已经历了太多的磨难。) / We've eaten *too much*. (我们已吃得太多了。)正式语体中 **much** 可用以强化副词修饰某些形容词或过去分词:She was *much* impressed by his performance. (她被他的表演深深打动了。)

muck /mʌk/ **I** *n*. [U] ❶(动物的)排泄物,粪便;(由动物排泄物构成的)粪堆肥:a pile of dog [dog's] *muck* 一堆狗屎 ❷〈主英口〉污(秽)物,脏东西:Cold water would never get his *muck* off. 他那份脏劲儿,凉水是永远洗不干净的。**II** *vt*. 弄乱;弄脏(*up*) ‖ '**muck·y** *adj*.

mu·cous /ˈmjuːkəs/ *adj*. [无比较级][作定语](似)黏液的;涂有黏液的;分泌黏液的:a *mucous* membrane 黏膜

mu·cus /ˈmjuːkəs/ *n*. [U]【生】(黏膜分泌出的)黏液

mud /mʌd/ *n*. [U] 泥(土);泥地;烂泥,泥浆:The boy was covered with [in] *mud*. 这个小孩浑身是泥。

mud·dle /ˈmʌdᵊl/ **I** *vt*. ❶将…弄乱;把…搅和在一起;把(事情等)弄糟(*together*):The papers on my desk was *muddled* during my absence. 我不在时桌子上的文件被弄得乱七八糟。❷使搞混,使弄不清,使糊涂:His thoughts were *muddled*. 他思绪不清。**II** *n*. [常用单] ❶糊涂,混淆:He is in so much of a *muddle* that he is of no help. 他非常糊涂,根本帮不上忙。❷混乱,凌乱,乱七八糟;混乱的局面,糟糕(见 confusion):There was a *muddle* over the hotel accommodation. 宾馆的膳宿管理一片混乱。‖ ***muddle through*** *vi*.〈主英〉糊里糊涂渡过(困难时期);混过(难关):The parents left their children alone to *muddle through* on their own. 父母让孩子们靠自己混过难关。***muddle up*** *vt*. 将…弄混,混淆:The man *muddled up* the date of arrival. 那人把抵达日期搞错了。

mud·dy /ˈmʌdi/ *adj*. ❶泥泞的,多烂泥的;烂泥斑斑的:His shoes are *muddy*. 他的鞋子上全是烂泥。❷模糊的,不清楚的:*muddy* colours 模糊的颜色 ❸(思想)糊涂的,思路不清的:*muddy* thoughts 糊涂的思想

mud-slide /ˈmʌdslaid/ *n*. 泥石流

mud-sling·ing /ˈmʌdˌsliŋiŋ/ *n*. [U;C]诽谤,中伤 ‖ **ˈmud-ˌsling·er** *n*. [C]

mu·ez·zin /muːˈezin/ *n*. [C]宣礼员(伊斯兰教中在清真寺塔顶上按时宣布礼拜时间的人)

muff /mʌf/ **I** *n*. [C](御寒用的)手筒,手笼 **II** *vt*. 把…搞砸,把…弄糟;笨拙地处理:*muff* an opportunity 错过机会 ❷【体】接不住(球),漏(球),失(球)

muf·fin /ˈmʌfin/ *n*. [C] ❶〈英〉松饼 ❷(嵌有水果片的)小松糕

muf·fle /ˈmʌfᵊl/ *vt*. [常用被动语态] ❶使(声音等)变得轻微;抑制…的声音:He made some reply in a voice *muffled* by his tears. 他流着眼泪,声音哽咽着回答。❷围裹;蒙:He was *muffled* in silk. 他身穿一件丝质衣服。

muf·fler /ˈmʌfləʳ/ *n*. ❶[C] 围裹物;围巾;面纱 ❷(乐器上的)消音毡 ❸(汽车上的)减声器;(枪支上的)消音器

mug /mʌg/ **I** *n*. [C](筒形带柄的)大杯;水壶;啤酒杯;一大杯的量:a tea *mug* 茶杯 **II** (**mugged**;**mug·ging**) *vt*. (尤指在公共场合)攻击并抢劫:The old man was *mugged* in the back street. 那位老人在后街遭人抢劫。‖ **ˈmug·ger** *n*. [C] —**ˈmug·ging** *n*. [C;U]

mug·gy /ˈmʌgi/ *adj*. (天气等)湿热的:*muggy* weather 湿热的天气 ‖ **ˈmug·gi·ness** *n*. [U]

Mu·ham·mad /muˈhæmid/ *n*. [不加冠词]穆罕默德,伊斯兰教创始人〔亦作 **Mohammed**〕

Mu·ham·mad·an /məˈhæmədᵊn/ *n*. & *adj*. 穆斯林(的),伊斯兰教徒(的)(=Muslim)〔亦作 **Mohammedan**〕‖ **Muˈham·mad·anˌism** *n*. [U]

mul·ber·ry /ˈmʌlbᵊri/ *n*. [C] ❶桑葚 ❷【植】桑树

mulch /mʌltʃ,mʌlʃ/ *n*. [C;U](由稻草、树叶等组成,用以肥沃土壤或防止杂草丛生的)盖料,堆肥:He spread *mulch* around the flowers yesterday. 昨天他在花卉周围铺了一层盖料。

mule /mjuːl/ *n*. [C] ❶【动】(公驴和母马杂交而生的)骡(子) ❷愚蠢的人;固执的人,执拗的人

mul·ish /ˈmjuːliʃ/ *adj*. 顽固的,执拗的:Surely you do not mean to persist in that *mulish* vagary? 你总不至于一味固执,坚持你那怪念头吧? ‖ **ˈmul·ish·ly** *adv*. —**ˈmul·ish·ness** *n*. [U]

mull /mʌl/ *vt*. 沉思,思索;仔细考虑:*mull* two possible tactics 考虑两种可行的策略 —*vi*. 思索,反复考虑(*over*):*mull over* an idea for weeks 就一个想法反复考虑几个星期

mul·ti- /ˈmʌlti;-tai/ *comb. form* ❶表示"多的","两个以上的":*multi* vitamined (含多种维生素的) ❷表示"多方面的","多方位的":*multi*specialist (多面手)

mul·ti·cul·tur·al /ˌmʌltiˈkʌltʃᵊrᵊl/ *adj*. [无比较级]多元文化的,融合多种文化的;多民族的,多种族的 ‖ **ˌmul·tiˈcul·tur·al·ism** *n*. [U]

mul·ti·dis·ci·pli·nar·y /ˌmʌltiˈdisiˌplinᵊri/ *adj*. [无比较级]多学科的;结合多种学科的

mul·ti·far·i·ous /ˌmʌltiˈfeəriəs/ *adj*. [无比较级] ❶[后接复数名词]由多个部分(或个体等)

组成的 ❷许多的,多样的,多种形式的:*multifarious problems* 各种各样的问题 ‖ ˌ**mul·ti·ˈfar·i·ous·ly** *adv.* —ˌ**mul·tiˈfar·i·ous·ness** *n.* [U]

mul·ti·form /ˈmʌltiˌfɔːm/ *adj.* [无比较级] ❶多样的,多种形式的:the *multiform* universe of nature 千变万化的大自然世界 ❷多种类的

mul·ti·lat·er·al /ˌmʌltiˈlætᵊrᵊl/ *adj.* [无比较级] ❶【数】多边的 ❷(协议、条约或会议等)由多国(或多方)参与的,多国(或多方)间的,多边的:*multilateral* agreements to stop the spread of nuclear arms 禁止扩散核武器的多边协议

mul·ti·lin·gual /ˌmʌltiˈliŋgwᵊl/ *adj.* [无比较级]多种语言的;用多种语言表达的;能用多种语言的:*multilingual* dictionaries 多语词典 ‖ ˌ**mul·tiˈlin·gualˌism** *n.* [U]

mul·ti·me·di·a /ˌmʌltiˈmiːdiə/ *adj.* [无比较级]多媒体的;使用多种媒体的:the latest *multimedia Encyclopedia Britannica* 最新的多媒体版《大不列颠百科全书》

mul·ti·na·tion·al /ˌmʌltiˈnæʃᵊnᵊl/ **I** *n.* [C]跨国公司 **II** *adj.* [无比较级] ❶(公司、企业等)跨国经营的,在多国设有分支机构的;由多国参与的:A *multinational* peace-keeping force has been sent to that country. 已经向那个国家派遣了一支多国维和部队。❷多民族的,多种族的:*multinational* societies 多民族社会

mul·ti·ple /ˈmʌltipᵊl/ **I** *adj.* [无比较级][作定语] ❶多个部分(或个体)的;由多个部分(或个体)组成的:a *multiple* collision 一起多辆汽车相撞的交通事故 ❷[后接复数名词]许多的,众多的:He receives *multiple* injuries in the accident. 他在事故中多处受伤。**II** *n.* [C]【数】倍数:20 is a *multiple* of 5. 20 是 5 的一个倍数。

mul·ti·ple-choice /ˈmʌltipᵊlˌtʃɔis/ *adj.* [无比较级](试题的答案)有多个选择的;多项选择题的:a *multiple-choice* question 多项选择题

multiple sclerosis *n.* [U]【医】多发性硬化

mul·ti·plex /ˈmʌltiˌpleks/ *n.* 多放映场影剧院,多剧场影剧院:a *multiplex* at the shopping mall 购物中心里的多剧场影剧院

mul·ti·pli·cand /ˌmʌltipliˈkænd/ *n.* [C]【数】被乘数

mul·ti·pli·ca·tion /ˌmʌltipliˈkeiʃᵊn/ *n.* [C;U]【数】乘法;乘法运算

mul·ti·plic·i·ty /ˌmʌltiˈplisiti/ *n.* ❶[C;U]许多,众多(*of*):have a *multiplicity of* interests 兴趣广泛 ❷[U]多样性,多重性,各式各样:The security for religious rights consists in the *multiplicity* of sects. 保障宗教权利就是容许多种教派并存。

mul·ti·pli·er /ˈmʌltiˌplaiəʳ/ *n.* [C] ❶做乘法运算者 ❷【电】扩程器 ❸【数】乘数 ❹【经】乘数,倍数

mul·ti·ply /ˈmʌltiˌplai/ *vt.* ❶乘(以);使相乘:Five *multiplied* by six is 30. 5 乘 6 等于 30。❷使成倍增加,使大量增加(见 increase):I shall not *multiply* professions on this head. 我不会在这个问题上多加表白。❸使(动、植物)繁殖:*multiply* one's descendants 使后代繁衍兴旺 —*vi.* 繁殖:Rats *multiply* very rapidly. 老鼠繁殖很快。

mul·ti·ra·cial /ˌmʌltiˈreiʃᵊl/ *adj.* [无比较级]多民族的,多种族的,多人种的:*multiracial* society 多民族社会

mul·ti·sto·r(e)y /ˌmʌltiˈstɔːri/ *adj.* [无比较级][作定语](房屋等)多层的:For safety reasons, *multistory* bamboo buildings are rare. 由于安全方面的原因,多层竹结构建筑不多见。

mul·ti·tude /ˈmʌltiˌtʲuːd/ *n.* ❶[C]大量,许多(*of*):learn a *multitude of* things 学习各种杂事 ❷[C]人群,聚成一堆的人:A large *multitude* assembled before the auditorium for the occasion. 一大群人聚集在礼堂前等待那个重要时刻。

mul·ti·tu·di·nous /ˌmʌltiˈtʲuːdinəs/ *adj.* [无比较级] ❶众多的,无数的,数不清的:a *multitudinous* city 人口众多的城市 ❷由多个部分(或个体)组成的

mul·ti·vi·ta·min /ˌmʌltiˈvaitəmin/ **I** *adj.* 由多种维生素组成的,含有多种维生素的:a *multivitamin* pill 多种维生素丸 **II** *n.* [C]多种维生素,复合维生素

mum /mʌm/ *adj.* [无比较级]安静的,沉默的,不出声的:be as *mum* as an oyster 守口如瓶

mum·ble /ˈmʌmbᵊl/ **I** *vi.* 说话含糊其词,咕哝着说话,说话吐字不清(见 murmur):The mother told her son to stop *mumbling*. 母亲告诉儿子说话别含含糊糊的。—*vt.* 含糊其词地

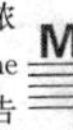

说;咕哝着说:She was *mumbling* some indistinct words as she went. 她一面走,一面口中念念有词。II *n.* [C]含糊其词的话语,咕哝 ‖ ˈ**mum·bler** *n.* [C]

mum·mi·fy /ˈmʌmiˌfai/ *vt.* ❶将(尸体等)制成木乃伊;将…风干制成标本:Scientist *mummified* the dead body of the rare animal. 科学家将那种稀有动物的尸体风干制成了标本。❷将…风干保存;使像木乃伊,使成木乃伊状;使干瘪:*mummified* fruits 干瘪的水果 ‖ **mum·mi·fi·ca·tion** /ˌmʌmifiˈkeiʃᵊn/ *n.* [U;C]

mum·my /ˈmʌmi/ *n.* [C]木乃伊;干尸:an Egyptian *mummy* 埃及木乃伊

mumps /mʌmps/ [复] *n.* [用作单]【医】流行性腮腺炎

munch /mʌntʃ/ *vi.* 嘎吱嘎吱地嚼东西,津津有味地吃东西:The little girl is *munching* on [at] an apple. 那小女孩正在啃一个苹果。—*vt.* 嘎吱嘎吱地咀嚼,津津有味地吃

mun·dane /mʌnˈdein/ *adj.* ❶[无比较级]世俗的,凡尘的;世界的:*mundane* affairs 俗事 ❷单调的,乏味的;常规的,例行公事的:live a dull, *mundane* existence 过着一种枯燥乏味的生活 ‖ **munˈdane·ly** *adv.*

mu·nic·i·pal /mjuːˈnisipᵊl/ I *adj.* [无比较级][作定语]自治市的;市的;市政的;市立的,市营的;由市管辖的:*municipal* elections 市政选举 II *n.* [C]市政公债 ‖ **muˈnic·i·pal·ly** *adv.*

mu·nic·i·pal·i·ty /mjuːˌnisiˈpæliti/ *n.* ❶[C]自治市,自治镇:Small *municipalities* are looking for financial help from the state. 小的自治市镇正在寻求国家的财政援助。❷[用作单或复]市政当局

mu·nif·i·cent /mjuːˈnifisᵊnt/ *adj.* 慷慨的,出手大方的:a *munificent* youngster 一位出手阔绰的年轻人 ‖ **muˈnif·i·cence** *n.* [U] **muˈnif·i·cent·ly** *adv.*

mu·ni·tion /mjuːˈniʃᵊn/ I *n.* [C][通常作~s]军火,军需品:His factory made a large wealth by making *munitions* in the world war. 他的工厂在世界大战中制造军火赚了一大笔钱。II *vt.* 为…提供军需品:The man was accused of *munitioning* the rebels. 那个人被指控向叛乱分子提供军火。

mu·ral /ˈmjuərᵊl/ *n.* [C]壁画,壁饰;作在天花板上的画 ‖ ˈ**mu·ral·ist** *n.* [C]

mur·der /ˈməːdəʳ/ I *n.* ❶[C;U]谋杀,凶杀;谋害;杀害;谋杀案,凶杀案;谋杀罪;屠杀:She knew there was *murder* in him. 她知道他心里起了杀意。❷[C]〈口〉特别困难(或危险)的事情;特别令人不悦的事;令人难以忍受的人(或事):This summer heat is *murder*. 这夏天真是热死人了。II *vt.* ❶谋杀;谋害;残杀:She was *murdered* on her way back home. 她在回家的路上被人谋杀了。❷〈口〉把…弄糟,将…搞得一塌糊涂;(因缺乏知识或技能等而)糟蹋(歌曲、戏剧或音乐作品等):*murder* a piece of music 糟蹋音乐作品 ❸〈口〉彻底打败:After that we *murdered* them, seven goals to zero. 终场之前,我们以7:0的悬殊比分使他们一败涂地。‖ ***get away with murder*** *vi.* 做了坏事而逍遥法外(或逃脱);随心所欲地干坏事:Just because she's famous, she thinks that she can *get away with murder*. 就因为她是名人,她就觉得自己可以随心所欲地干坏事了。‖ ˈ**mur·der·er** *n.* [C] —ˈ**mur·der·ess** *n.* [C]

mur·der·ous /ˈməːdᵊrəs/ *adj.* ❶[无比较级]杀人的,凶杀的;致人死亡的,造成伤亡的:a *murderous* deed 凶杀行为 ❷[无比较级]谋杀罪的;蓄意谋杀的:a *murderous* tyrant 一位残忍的暴君 ❸(表情等)充满杀机的,有杀气的:a look of *murderous* hatred 满含杀机和仇恨的目光 ‖ ˈ**mur·der·ous·ly** *adv.*

murk·y /ˈməːki/ *adj.* ❶阴暗的,黑暗的;昏暗的:a *murky* night 昏暗的夜晚 ❷雾蒙蒙的,似浓雾笼罩的:*murky* streets 雾蒙蒙的大街 ❸(水等)混浊的,不干净的,肮脏的:the river's *murky* depths 混浊的河底 ❹含糊不清的,晦涩的:a *murky* statement 含糊其词的语句 ‖ ˈ**murk·i·ly** *adv.* —ˈ**murk·i·ness** *n.* [U]

mur·mur /ˈməːməʳ/ I *n.* [C] ❶(波浪、溪流等发出的持续却极轻的)细声,轻声:The *murmur* of the rain went on and on. 淅淅沥沥的雨声一直在继续着。❷轻声细语,小声说话:drop one's voice to a *murmur* 喃喃细语 ❸咕哝;低声抱怨:make a [no] *murmur* at 对…不满[并无不满] II *vi.* ❶(波浪、溪流等)持续发出轻微的声音:The spring *murmured* drowsily beside him. 泉水在他身旁喃喃低语,催人入眠。❷低声说话,轻声细语(*about*):*murmur* to oneself 喃喃自语 ❸咕哝;小声抱怨(*against*, *at*):

murmur against new taxes 对新征的税收表示不满 —*vt.* 低声地说,小声说:He *murmured* his admiration and approbation. 他小声说了一句,表示他的敬慕和赞许。‖ ˈ**mur·mur·er** *n.* [C]

☆**murmur, mumble, mutter** 均有"低语"之意。**murmur** 指人语、微风、小溪等柔和、低沉、连续的声音,也可表示抱怨或反对:I heard voices *murmuring*. (我听到有人低声说话。) **mumble** 指含糊不清地说:The old woman *mumbled* a prayer. (老太太喃喃咕咕祷告。) / What are you *mumbling* about? I can't understand a word! (你叽里咕噜说什么呀? 我一句也听不懂!) **mutter** 常指因气愤或不满发出低声细语:She *muttered* some rude remarks. (她低声说些粗鲁的话。)

mus·cle /ˈmʌsᵊl/ *n.* [C;U]【解】肌,肌肉;肌肉组织:These activities build *muscle* and increase stamina. 这些活动能使肌肉发达,使精力充沛。

mus·cu·lar /ˈmʌskjuləˊ/ *adj.* ❶[无比较级]肌的;肌肉的:*muscular* pains 肌肉疼痛 ❷强壮的;肌肉发达的:He is very *muscular*. 他的肌肉很发达。‖ **mus·cu·lar·i·ty** /ˌmʌskjuəˈlæriti/ *n.* [U]

muse¹ /mjuːz/ *vi.* 沉思,深思,冥想(*about*, *on*, *upon*, *over*):The boy lay in bed *musing over* what happened during daytime. 那男孩躺在床上想着白天发生的事情。

muse² /mjuːz/ *n.* [**the** ~](能给予诗人、作家、艺术家创作灵感的)女神;诗才,极具创作天赋的诗人;(诗人、作家、艺术家的)创作灵感,诗兴:a musician whose *muse* had left him 已失去创作灵感的音乐家

mu·se·um /mjuːˈziᵊm/ *n.* [C]博物馆,博物院:a *museum* of natural history 自然历史博物馆

mush¹ /mʌʃ/ **I** *n.* ❶[U]玉米粥 ❷[C;U]糊状物,软乎乎的东西:boil sth. into a *mush* 将某物煮得很烂 ❸[U;C]轻微的伤感,脆弱的感情;伤感作品(或电影、电视):His arguments are nothing but *mush*. 他的论点软弱无力,不堪一击。**II** *vt.* 使成糊状,把…碾碎,弄烂

mush² /mʌʃ/ **I** *vi.* (乘坐雪橇)在雪地上赶路:He *mushed* southwards through the land under midnight sun. 他在午夜的月光下乘坐雪橇向南穿过了这片大地。**II** *int.* [吆喝拉雪橇的狗前进的吆喝声]快走:"*Mush*!" she cried, and the team leaped ahead. "驾!"她吆喝着,狗拉雪橇的队伍跳跃前进。**III** *n.* [C]坐狗拉的雪橇的旅行

mush·room /ˈmʌʃruːm, -rum/ *n.* [C] ❶【植】蘑菇,伞菇 ❷蘑菇状物:radioactive *mushroom* from an atom-bomb explosion 原子弹爆炸后形成的放射性蘑菇云

mushy /ˈmʌʃi/ *adj.* ❶烂糊的,玉米粥状的 ❷多愁善感的,感伤多情的;(电影,小说等)谈情说爱的,软绵绵的 ‖ ˈ**mush·i·ness** *n.* [U]

mu·sic /ˈmjuːzik/ *n.* [U] ❶音乐:Melody is the quintessence of *music*. 旋律是音乐的精髓。❷乐曲:a piece of *music* 一首乐曲 ❸音乐作品:play *music* 演奏音乐 ❹乐谱,曲谱:The pop star can't read *music*. 那位流行歌手不识乐谱。

mu·si·cal /ˈmjuːzikᵊl/ **I** *adj.* ❶[无比较级][作定语]音乐的;关于音乐的;用于音乐的:*musical* talent 音乐才能 ❷(声音、说话等)悦耳的,动听的:whistle a *musical* tune 哼一段优美的曲调 ❸喜好音乐的;精通音乐的;有音乐天赋的:His daughter was very *musical* since she was a child. 他女儿从小就很有音乐天赋。**II** *n.* [C]音乐剧;音乐电影:*The Sound of Music* is a *musical*. 《音乐之声》是一部音乐电影。‖ **mu·si·cal·i·ty** /ˌmjuziˈkæliti/ *n.* [U] —ˈ**mu·si·cal·ly** *adv.*

musical comedy *n.* [C]音乐剧;音乐电影(=musical)

mu·si·cian /mjuːˈziʃᵊn/ *n.* [C]音乐家;乐师;作曲家:a fine *musician* 一位优秀音乐家 ‖ **muˈsi·cianˌship** *n.* [U]

mu·si·col·o·gy /ˌmjuːziˈkɔlədʒi/ *n.* [U]音乐学,音乐理论 ‖ ˌ**mu·si**ˈ**col·o·gist** *n.* [C]

musk /mʌsk/ *n.* [U]麝香;人造麝香:*Musk* is produced naturally by the musk deer. 麝香是由香獐自然产出的。‖ ˈ**musk·i·ness** *n.* [U] —ˈ**musk·y** *adj.*

mus·ket /ˈmʌskit/ *n.* [C]火枪,滑膛枪 ‖ **mus·ket·eer** /ˌmʌskiˈtiəˊ/ *n.* [C] —ˈ**mus·ket·ry** /-tri/ *n.* [U]

musk melon *n.* [C] ❶甜瓜,香瓜 ❷【植】甜瓜,香瓜 ❸【植】罗马甜瓜,皱皮香瓜

Mus·lim /ˈmuzlim, ˈmʌz-/ **I** *n.* [C]穆斯林(即伊斯兰教的信奉者) **II** *adj.* [无比较级]穆斯

林的；伊斯兰教的；伊斯兰文化的〔亦作 **Moslem, Muhammadan**〕

mus·lin /ˈmʌzlin/ *n.* [U]【纺】❶麦斯林纱，薄纱 ❷平纹细布

muss /mʌs/ 〈口〉 **I** *vt.* 搞乱，弄乱，使混乱(*up*)：The boy *mussed up* the paper on the desk. 那男孩把桌子上的纸弄得乱七八糟。**II** *n.* [C][用单]混乱，凌乱，杂乱无章：Their bedroom is all a *muss*. 他们的卧室凌乱不堪。‖ ˈ**muss·y** *adj.*

mus·sel /ˈmʌsᵊl/ *n.* [C]【动】❶贻贝，壳菜，淡菜 ❷河蚌，珠蚌

must /mʌst/ **I** *aux. v.* [无时态和人称变化，后接不带 to 的不定式] ❶[表示必要性]必须：The play begins at eight, so they *must* dine at seven. 戏 8 点钟开始，因此他们必须在 7 点钟吃饭。❷[表示意愿、建议或劝告]应该，肯定：You *must* ask your son not to do that again. 你得劝你的儿子别再做那种事了。❸〈口〉[表示强制、命令等]必须，一定：You *must* keep off the lion. 你不得碰那头狮子。❹[表示猜测、揣测或推断]一定，肯定，必定：The man could eat all those apples, so he *must* have a good digestion. 那人能吃掉所有那些苹果，他的消化系统肯定很好。**II** *n.* [C][用单]〈口〉必不可缺的东西；必须要做的事情：The Great Wall is a *must* for most foreign visitors to Peking. 对于大多数到北京的外国游客，万里长城是必游之地。

☆**must** 意为“必要；必须”。**must not do** 表示禁止做某事；**do not have to** 或 **need not do** 表示不必要或无义务做某事。表示过去时间的“必要；必须”含义时宜用 **had to do**：You *mustn't* smoke in the classroom.（你不得在教室里抽烟。）/ You *needn't* arrive at the airport till 10:30.（你不必在 10 点半前到机场。）/ We *had to* wait half an hour before the bus finally came.（我们等了半个小时汽车才来。）**must** 与现在完成时连用时表示对过去事件的肯定性推测：Her eyes are red. She *must have been* crying long.（她眼睛红红的，肯定哭了很长时间。）**should** 与现在完成时连用时表示对现状的不满和责备：You *should have been* here 10 minutes ago.（你 10 分钟前就该来了。）**should** 与一般现在时连用时表示对现状的不肯定性推测：The meal *should be* ready now.（现在应该可以吃饭了。）

mus·tache /məˈstɑːʃ, ˈmʌstæʃ/ *n.* ＝moustache ‖ **musˈta·ched** *adj.*

mus·tard /ˈmʌstəd/ *n.* ❶[U;C]芥子；芥子酱 ❷[U]芥末，芥子粉 ❸[C]【植】芥，芥菜；芥属植物；黑芥；欧白芥

mus·ter /ˈmʌstəʳ/ *vt.* ❶召集(士兵、船员等)：The commander ordered the major to *muster* his soldiers. 司令官命令少校把士兵召集起来。❷对(全体士兵、船员等)点名：The mate *mustered* the ship's crew. 大副对船上的全体成员点名。❸振起，鼓起：I couldn't *muster* up much enthusiasm for it. 我对这件事鼓不起劲来。— *vi.* 召集士兵(或船员等)：The division *mustered* on the playground ready to set off to the front. 全师士兵集结在操场上，准备开赴前线。

must·n't /ˈmʌsᵊnt/ ＝must not

mus·ty /ˈmʌsti/ *adj.* 霉的，发霉的；发出霉味的，有霉味的：The vinegar is *musty*. 醋已发霉了。‖ ˈ**mus·ti·ly** *adv.* —ˈ**mus·ti·ness** *n.* [U]

mu·ta·ble /ˈmjuːtəbᵊl/ *adj.* ❶可变的，可变更的，可改变的：*mutable* colours 可变化的颜色 ❷变化无常的，经常改变的：the *mutable* foreign policy of the cabinet 这一内阁经常更改的外交政策 ‖ **mu·ta·bil·i·ty** /ˌmjuːtəˈbiliti/ *n.* [U] —ˈ**mu·ta·bly** *adv.*

mu·tant /ˈmjuːtᵊnt/ **I** *n.* [C]突变体 **II** *adj.* [无比较级][常作定语]突变的；由突变产生的

mu·tate /mjuːˈteit/ *vt.*【生】使(遗传基因等)突变；使变异：Radiation can *mutate* plant life by affecting the genes. 辐射能影响植物的基因而使其发生变异。—*vi.*【生】(遗传基因等)突变；变异：organisms that *mutate* into new forms 变成新物种的生物

mu·ta·tion /mjuːˈteiʃᵊn/ *n.* ❶[U;C]【生】突变，变异：Radiation can cause *mutation*. 辐射可导致基因的突变。❷[C]【生】突变体，突变种 ‖ **muˈta·tion·al** *adj.*

mute /mjuːt/ *adj.* [无比较级] ❶保持沉默的，不开口说话的，暂时不吭声的；不出声的(见 speechless)：He sat *mute* at the corner of the hall. 他一声不吭地坐在大厅的角落里。❷哑的，不会说话的：a *mute* person 一个哑巴 ‖ ˈ**mute·ly** *adv.* —ˈ**mute·ness** *n.* [U]

M

mu·ti·late /ˈmjuːtiˌleit/ *vt.* (通过删除或修改)将(书稿等)弄得支离破碎:The story has been *mutilated* by the big changes. 这些重大改动使那个故事变得残缺不全。‖ **mu·ti·la·tion** /ˌmjuːtiˈleiʃᵊn/ *n.* [U;C] —ˈ**mu·tiˌla·tor** *n.* [C]

mu·ti·ny /ˈmjuːtini/ **I** *n.* [C;U](尤指士兵或水手对上级军官的)叛变,反叛,叛乱:There were rumours of *mutiny* among the troops. 谣传部队里有人发动叛乱。**II** *vi.* 发动叛乱,反叛;参与叛乱(*against*):*mutiny against* the command 发动反抗指挥官的叛乱 ‖ **mu·ti·neer** /ˌmjuːtiˈniəʳ/ *n.* [C] —ˈ**mu·ti·nous** *adj.*

mut·ter /ˈmʌtəʳ/ *vi.* 嘀咕,咕哝(见 murmur):The old woman was *muttering* away to herself. 那位老妇人在喃喃自语。—*vt.* 小声地说;悄悄地说,偷偷地说:*mutter* one's displeasure 低声嘟哝着满肚子的不高兴

mut·ton /ˈmʌtᵊn/ *n.* [U]【烹】羊肉:a leg of *mutton* 一块羊腿肉 ‖ ˈ**mut·ton·y** *adj.*

mu·tu·al /ˈmjuːtʃuəl,-tjuəl/ *adj.* [无比较级] ❶(情感、行为等)相互的,彼此的:*mutual* affection 情投意合 / *mutual* admiration 相互仰慕 ❷〈英口〉共同的,共有的:They met each other through a *mutual* friend. 他们通过两人共同的朋友介绍相识。❸互相得益的,基于相互利益的:*mutual* beneficiaries 双方都得益的受益者 ‖ **mu·tu·al·i·ty** /ˌmjuːtʃuˈæliti,-tju-/ *n.* [U] —ˈ**mu·tu·al·ly** *adv.*

☆ **mutual**, **common**, **interchangeable**, **reciprocal** 均有"相互的,共同的"之意。**mutual** 指双方有相同的思想、感情、行为等,有时并不局限于两者之间的关系:*mutual* dislikes (相互憎恨) / a *mutual* friend, Smith (共同的朋友史密斯) **common** 表示两人或多人共同享有某种东西:We share a *common* purpose. (我们有共同的目标。) **interchangeable** 指可交换的或可互换的:True synonyms are entirely *interchangeable* (with one another). (真正的同义词是可以互换使用的。) **reciprocal** 强调双方互惠、有来有往的关系或具有某种共同之处:They have a *reciprocal* loathing for [of] each other. (他们相互厌恶。)

mutual fund *n.* [C]共同基金

muz·zle /ˈmʌzᵊl/ **I** *n.* [C] ❶【动】(四足动物的)鼻口部,吻 ❷枪口;炮口 ❸(用带子或金属片制作的套在动物嘴上用以防止其进食或咬人的)口套 **II** *vt.* ❶给(动物等)套上口套:The law required the owners to *muzzle* their dogs in public places. 法律要求养狗户在公共场所给狗戴上口套。❷使保持沉默;制止…发表言论,禁止…自由发表见解:In some countries, the newspapers are *muzzled* by the strict censorship laws. 在一些国家里,严格的新闻检查法使报纸上的言论受到压制。

my /mai/ *poss pron.* [I 的所有格] 我的;属于我的;有关我的;我所做的:*My* country is blessed with unsurpassed natural resources. 我们国家的天然资源得天独厚。

my·o·pi·a /maiˈəupiə/ *n.* [U] ❶【医】近视 ❷目光短浅,缺乏远见 ‖ **my·op·ic** /maiˈɔpik/ *adj.* —**my**ˈ**op·i·cal·ly** *adv.*

myr·i·ad /ˈmiriəd/ **I** *n.* [C]巨大的数目,无数:*Myriads* of supermarkets have now opened in the city. 这座城市开了无数家超市。**II** *adj.* [无比较级][作定语]无数的,数目巨大的:the *myriad* stars of the summer night 夏日夜空中数不清的星星

my·self /maiˈself/ *pron.* ❶[反身代词]我自己:I taught *myself* French. 我自学法语。❷[表示强调,用以加强语气]我本人:I didn't really approve of the demonstration *myself*. 我本人确实不赞成游行。

mys·te·ri·ous /miˈstiəriəs/ *adj.* ❶神秘的;不易看懂的:The essence of intelligence is *mysterious*. 智慧的本质是不可思议的。❷(人)好弄玄虚的,行为诡秘的:The man was being very *mysterious*, and wouldn't tell me what his job was. 那人卖了个关子,不告诉我他干什么工作。❸秘密的,秘而不宣的:Jane was *mysterious* about her plan. 海伦对她的计划保密。‖ **mys**ˈ**te·ri·ous·ly** *adv.* —**mys·**ˈ**te·ri·ous·ness** *n.* [U]

mys·ter·y /ˈmistᵊri/ *n.* ❶[C]神秘的东西,谜一样的事物:He is something of a *mystery*. 他有点让人难以捉摸。❷[C]〈口〉来历不明者,身份不清的人,神秘的人❸[U]神秘(性),秘密:have an air of *mystery* 具有神秘感 ❹[C]神秘的行为(或做法):be engaged in *mystery* and intrigue 参与诡秘活动和阴谋

mys·tic /ˈmistik/ **I** *adj.* =mystical **II** *n.* [C]

神秘主义者：religious *mystics* 宗教神秘主义者

mys·ti·cal /ˈmistikəl/ *adj*. ［作定语］❶神秘的，谜一般的，玄妙的：the *mystical* significance of names and numbers 名字和数字的玄机 ❷隐晦的，高深莫测的，难以理解的 ‖ ˈ**mys·ti·cal·ly** *adv*.

mys·ti·cism /ˈmistiˌsizəm/ *n*. ［U］❶神秘主义 ❷通灵论，人神灵交❸模糊思想，（没有根据的）虚构信念

mys·ti·fy /ˈmistiˌfai/ *vt*. ❶使困惑，使迷惑不解：They were *mystified* by the decision. 他们被这个决定弄懵了。❷使神秘化；使难以理解：*mystify* a passage of *Scripture* 使《圣经》的一段经文让人难以理解 ‖ **mys·ti·fi·ca·tion** /ˌmistifiˈkeiʃən/ *n*. ［U］

mys·tique /miˈstiːk/ *n*. ［U］神秘性，神秘感：There is a certain *mystique* about that tribe. 那个部族有某种神秘感。

myth /miθ/ *n*. ❶［C］神话，神话故事；［总称］神话：Many *myths* explain something about the cosmos. 许多神话故事是对宇宙的解释。❷［C；U］谣言，谣传；谎话：This report has exploded the *myth* among the people. 这个报告已经攻破了人们盛传的谣言。❸［C］虚构的人（或物）；不真实的观念（或思想、理论等）：His story is based more on *myth* than on reality. 他的故事大多以虚构为基础，而不是以事实为依据。

myth·i·cal /ˈmiθikəl/ *adj*. ❶神话的；只存在于神话中的：*mythical* heroes 神话中的英雄 ❷虚构的，杜撰出来的：The explanation was entirely *mythical*. 这种解释纯属杜撰。

my·thol·o·gy /miˈθɔlədʒi/ *n*. ❶［总称］神话：classical *mythology* 古典神话 ❷［U］神话研究，神话学 ❸［C］神话集：the *mythologies* of primitive races 原始民族神话集 ‖ **myth·o·log·i·cal** /ˌmiθəˈlɔdʒikəl/ *adj*. —**myˈthol·o·gist** *n*. ［C］

N n

N¹, n¹ /en/ *n.* [C]([复] **Ns, ns** 或 **N's, n's** /enz/) 英语字母表中第十四个字母

N², n² /en/ *abbr.* ❶ north ❷ northern

nab /næb/ 〈俚〉 *vt.* (**nabbed; na•bing**) ❶逮捕，拘捕：The police would *nab* him sooner or later. 警察迟早会抓住他的。❷(突然)抓住，捉住：The kidnappers *nabbed* him as he got into his car. 他正要钻进汽车时，绑架者抓住了他。

na•bob /ˈneibɒb/ *n.* [C]富豪；名流；权贵

na•dir /ˈneidiəʳ/ *n.* [C]最低点，谷底：I had touched the very *nadir* of despair. 我已彻底绝望了。

nag /næg/ (**nagged; nag•ging**) *vt.* ❶(用不断的抱怨、要求等)使烦恼，使恼火；对…纠缠不休；不断地找…的岔子：He was always *nagging* her into marrying him. 他总是缠着要她嫁给他。❷(问题等)困扰：The problem *nagged* me all the week. 整整一个星期这个难题搞得我心烦意乱。—*vi.* ❶不断地抱怨(或指责)；不断地找岔子(*at*)：All the time his wife was *nagging at* him to mow the lawn. 他妻子一直絮絮叨叨，催他去修剪草坪。❷困扰；令人苦恼(*at*)：The crime *nagged at* his conscience. 那起案子一直使他良心不安。

nag•ging /ˈnægiŋ/ *adj.* 纠缠不休的，令人烦恼不已的：a *nagging* backache 经常性的背痛

nail /neil/ **I** *n.* [C] ❶钉(子)：hammer a *nail* into the wall 把钉子钉进墙 ❷指甲；趾甲；(动物的)爪；喙甲 **II** *vt.* ❶钉，把…钉上：He *nailed* a notice to the bulletin. 他把通知钉在布告栏上。❷钉住，钉牢：*nail* a door closed [up] 把门钉死 ‖ ***nail down*** *vt.* 确立，确定：*nail down* an agreement 签订合约 ***hit the nail on the head*** *vi.* 切中要害；说到点子上：He talked briefly, but he *hit the nail on the head*. 他寥寥数语，却一针见血。

nail brush *n.* [C]指甲刷

nail file *n.* [C]指甲锉

nail polish *n.* [U]指甲油〔亦作 **varnish**〕

na•ive, na•ïve /nɑːˈiːv/ *adj.* ❶天真的；单纯的；纯朴的：If he is *naive*, he has the writer's essential naiveté. 如果说他天真，那是作家不可或缺的纯朴本色。❷幼稚的；轻信的：It is *naive* to think that the world is free of violence, crime and evil people. 认为世界上没有暴力、没有犯罪、没有恶人的想法是很幼稚的。‖ **naˈive•ly** *adv.*

na•ive•té, na•ïve•té, na•ive•te /ˌnɑːiːvˈtei, nɑːˈiːvəˌtei/ *n.* [U]天真；单纯；幼稚：There was a strong streak of *naiveté* in his view of women. 他对女人的看法十分幼稚。

na•ked /ˈneikid/ *adj.* ❶[无比较级]裸体的，赤裸的，光着身子的(见 bare)：the *naked* children swimming in the lake 在湖中裸泳的孩子们 ❷[无比较级](灯、火焰等)无遮盖的，无遮蔽的；暴露的；(刀、剑等)出鞘的：*naked* electric wires 裸线 / *naked* electric light bulb 没有灯罩的电灯 ❸[作定语](言语等)不加修饰的，原本的：This is his *naked* word. 这是他的原话。❹[作定语]赤裸裸的，露骨的；明显的：The novel is about *naked* greed. 这部小说描写的是赤裸裸的贪婪。‖ ˈ**na•ked•ly** *adv.* —ˈ**na•ked•ness** *n.* [U]

name /neim/ **I** *n.* [C] ❶名字；姓；姓名；名称：I called out his *name*, but he didn't answer. 我喊他的名字，但他没应。❷[通常用单]名声，名誉：His firm has a *name* for good workmanship. 他的企业以工艺精湛而闻名。**II** *vt.* ❶给…命名，给…取名：a man *named* Jefferson 一个名叫杰斐逊的人 ❷喊出…的名字；正确说出…的名字：The boy can *name* all the plants in the garden. 那个男孩能说出花园里所有植物

的名称。❸提…的名;任命:He was *named* (*as*) Minister of Foreign Affairs. 他被提名担任外交部长。‖ ***in name*** (***only***) *adv.* 名义上地,表面上地:He is a king *in name only*. 他只是名义上的国王。***in the name of*** *prep.* 以…的名义:I opened an account *in the name of* my wife. 我以妻子的名义开立账户。***name after*** [***for***] *vt.* 以…的名字命名:The baby was *named after* his grandfather. 那小孩是以其祖父的名字命名的。‖ **'name•a•ble** *adj.* —**'nam•er** *n.* [C]

name•less /'neimlis/ *adj.* [无比较级] ❶没有名字(或名称)的:John's son is still *nameless*. 约翰的儿子还没有取名字。❷没有名气的;不知名的 ❸未署名的,匿名的:a *nameless* hero 无名英雄 ❹难以名状的;无法形容的:a *nameless* crime 令人发指的犯罪行为

name•ly /'neimli/ *adv.* [无比较级]即,就是:This disguised her intention; *namely*, to turn her colleagues against the boss. 这件事掩盖了她的动机,那就是唆使其同事同老板作对。

☆**namely** 与 **i. e.** 均有"即,就是"之意。**namely** 常用在较为笼统或抽象的话语之后引介解释性新信息:Only one boy was absent, *namely* Harry. (只有一个男孩缺席,那就是哈里。) **i. e.** 之后所引介内容并非新信息,内容也不及 **namely** 所引介的信息具体:Hot drinks, *i. e.*, tea and coffee, are charged for separately. (热饮,即茶和咖啡,费用另计。)

name-plate /'neimˌpleit/ *n.* [C]名牌,铭牌

name•sake /'neimseik/ *n.* [C] ❶以别人的名字命名的人 ❷同名(或同姓、同姓名)的人;同名物:There was a fellow oddly enough a *namesake* of mine. 有一个人凑巧和我同名。

Na•mib•i•a /nə'mibiə/ 纳米比亚(非洲国家)

Na•mib•i•an /nə'mibiən/ **I** *adj.* [无比较级]纳米比亚的 **II** *n.* [C]纳米比亚人,纳米比亚居民,纳米比亚公民

nan•ny /'næni/ *n.* [C](照看孩子的)保姆

nanny goat *n.* [C]母山羊

nap /næp/ **I** (**napped**; **nap•ping**) *vi.* ❶(尤指在白天)打盹,小睡:He *napped* in the sofa after lunch. 午饭后他在沙发上打了个盹。❷不留神,不设防 **II** *n.* [C](尤指白天的)打盹,小睡:have a *nap* after lunch 午饭后小睡一会儿 ‖

nap•per *n.* [C]

nape /neip/ *n.* [C]【解】项,后颈

nap•kin /'næpkin/ *n.* [C] ❶(餐桌上用的)餐巾;餐巾纸(=table napkin) ❷〈主英〉(婴儿的)尿布

nap•py /'næpi/ *n.* [C]〈英〉尿布

nar•cis•sism /'nɑːsiˌsizᵊm/ *n.* [U]自我欣赏;【心】自恋(癖)

nar•cis•sus /nɑː'sisəs/ *n.* [C]([复]-**sus**(•**es**)或-**cis•si** /-'sisai/)【植】水仙;水仙花

nar•co•sis /nɑː'kəusis/ *n.* [C]([复]-**ses** /-siːz/)【医】麻醉;麻醉状态

nar•cot•ic /nɑː'kɔtik/ **I** *n.* [C] ❶麻醉剂;致幻毒品 ❷起麻痹作用的事物 **II** *adj.* [作定语] ❶麻醉的;起麻醉作用的:*narcotic* drugs 麻醉药 ❷麻醉剂的;由麻醉剂引起的;毒品的;因吸食毒品引起的:*narcotic* addiction 毒瘾

nar•rate /'næreit, næ'reit/ *vt.* ❶叙述;讲述:Pitt *narrated* the desperate fight on the docks. 皮特讲述了发生在码头的激烈打斗。❷解说(电影等);评论:*narrate* the slide shows 充当幻灯片的解说员 ‖ **nar•ra•tion** /nə'reiʃᵊn/ *n.* [C;U] —**'nar•rat•or** *n.* [C]

nar•ra•tive /'nærətiv/ *n.* ❶[C]记叙文;故事 ❷[U]叙述,讲述;记叙体;叙述手法:His essay has too much *narrative*. 他的论文中叙述的成分太多。

nar•row /'nærəu/ **I** *adj.* ❶窄的,狭窄的;狭长的:Many of the main roads are much too *narrow* and winding. 许多主干道不仅过于狭窄而且拐弯又多。❷(程度、范围等)有局限的;狭隘的:Her interests were *narrow*, and she rarely journeyed farther than the corner grocery. 她兴趣很窄,最远只是到拐角处的杂货店去走走。❸[作定语]勉强的;差距极小的:His party had a *narrow* victory. 政党在大选中以微弱优势获胜。**II** *vt.* ❶使变狭,使变窄:The new buildings on the other side *narrowed* the road. 路另一边新建的房子使道路变窄了。❷使缩小;压缩:*narrow* the gap between the rich and poor 缩小贫富间的差距 —*vi.* ❶变狭窄,变窄:The river *narrows* at its mouth. 河流在入海口变窄了。❷缩小;收缩,紧缩:The great divide between them has been *narrowing* dramatically in recent years. 他们间严重的分歧在

近几年里已大大缩小了。‖ ˈ**nar·row·ness** *n.* [U]

nar·row·ly /ˈnærəuli/ *adv.* ❶仅仅;勉强地:They won *narrowly*. 他们仅是险胜。❷严密地;仔细地;小心地:observe someone *narrowly* 密切注意某人

nar·row-mind·ed /ˌnærəuˈmaindid/ *adj.* 心胸狭窄的;思想偏狭的;偏执的:Her parents would never allow it; they're very *narrow-minded*. 她的父母亲决不会同意,他们思想非常偏执。‖ ˌ**nar·row**ˈ**minded·ness** *n.* [U]

nar·y /ˈneəri/ *adj.* [无比较级][作定语][通常后接 a 或 an]〈口〉一个也没有的;从来没有一个的:She speaks *nary a* word to me. 她一句话都不跟我说。

NASA /ˈnæsə/ *abbr.* National Aeronautics and Space Administration (美国)国家航空和航天局

na·sal /ˈneizᵊl/ *adj.* [无比较级] ❶鼻的:the *nasal* cavity 鼻腔 ❷【语】鼻音的:*nasal* sound 鼻音 ‖ **na·sal·i·ty** /neiˈzæliti/ *n.* [U] —ˈ**na·sal·ly** *adv.*

nas·cent /ˈnæsᵊnt,ˈnei-/ *adj.* 刚形成的;初期的,未成熟的:a *nascent* political party 新兴的政党 ‖ ˈ**nas·cence** *n.* [U]

nas·ty /ˈnɑːsti;ˈnæs-/ *adj.* ❶令人不快的,讨厌的:My car has a *nasty* habit of breaking down. 我的小汽车动不动就抛锚,真烦人。❷淫秽的,下流的,低俗的:a *nasty* story 下流故事 ❸令人难受的;令人作呕的;(天气等)非常恶劣的:give off a *nasty* smell 发出刺鼻的气味 ‖ ˈ**nas·ti·ly** *adv.* —ˈ**nas·ti·ness** *n.* [U]

na·tal /ˈneitᵊl/ *adj.* [无比较级]出生的;分娩的:lower the *natal* death rate 降低出生死亡率

na·tion /ˈneiʃᵊn/ *n.* [C] ❶民族(见 race):a sense of duty to the *nation* 民族责任感 ❷国家:a deve-loped *nation* 发达国家 ❸(尤指北美印第安人的)部落 ‖ ˈ**na·tion**ˌ**hood** *n.* [U]

na·tion·al /ˈnæʃᵊnᵊl/ **I** *adj.* [无比较级] ❶国家的;国立的,国有的;全国性的:a *national* anthem 国歌 ❷[作定语]民族的:*national* customs 民族风情 **II** *n.* [C] ❶国民;公民:a Chinese *national* working in the Middle East 一个在中东工作的中国公民 ❷国有公司(或企业);全国性组织(或机构):This *national* was annexed by a private-owned business. 这家国有企业被一家私营企业兼并了。‖ ˈ**na·tion·al·ly** *adv.*

na·tion·al·ism /ˈnæʃᵊnəˌlizᵊm/ *n.* [U] ❶民族主义;国家主义 ❷国家独立主义 ‖ ˈ**na·tion·al·ist** *n.* [C] & *adj.* —**na·tion·al·is·tic** /ˌnæʃᵊnᵊˈlistik/ *adj.*

na·tion·al·i·ty /ˌnæʃᵊˈnæliti/ *n.* ❶[U;C]国籍:She lives in China but has Japanese *nationality*. 她住在中国,但具有日本国籍。❷[C]民族:Many different *nationalities* came to the U.S. 不同民族的人都来到美国。

na·tion·a·lize /ˈnæʃᵊnᵊˌlaiz/ *vt.* 把…收归国有;使国有化,使由国家经营:When he came to power, his cabinet took measures to *nationalize* the leading industries in the country. 他一上台,他的内阁就采取措施把该国的主要工业收归国有。〔亦作 **nationalise**〕‖ **na·tion·al·i·za·tion** /ˌnæʃᵊnᵊlaiˈzeiʃᵊn;-liˈz-/ *n.* [U]

na·tion·wide /ˈneiʃᵊnˌwaid/ *adj.* [无比较级]全国性的,全国范围的,遍布全国的:a *nationwide* chain of shops 遍布全国的连锁店

na·tive /ˈneitiv/ **I** *adj.* [无比较级] ❶[作定语]出生的;出生地的:He returned to his *native* town [land]. 他又回到了故乡。❷[作定语]与生俱来的,天生的,天赋的(*to*):Her *native* performing ability impressed the film director. 她那天生的表演能力给这位电影导演留下了深刻的印象。❸本地的,当地的:The *native* guide accompanied the tourists through the whole rain forest. 当地的向导带着游客穿过了整个热带雨林。❹[作定语]土生土长的;原产地的:That flower is not *native* to this country. 这种花并不产于该国。❺母语的:the acquisition of one's *native* language 母语的习得 **II** *n.* [C] ❶本地人,土生土长的人;本国人:The Jacksons are not *natives* of New York. 杰克逊一家不是纽约本地人。❷(与暂居者相对而言的)当地人 ❸土生土长的动物(或植物):The panda is a *native* of China. 大熊猫原产于中国。

Native American *n.* [C]美洲印第安人

na·tiv·i·ty /nəˈtiviti/ *n.* [C] ❶出生,出世,诞生 ❷[**the N-**]耶稣诞生;耶稣诞辰;圣诞节

NATO, Na·to /ˈneitəu/ *abbr.* North Atlantic Treaty Organization 北大西洋公约组织(简称北约)

nat·ter /ˈnætə/ *vi.* 闲聊,闲谈,瞎侃,瞎扯:They were *nattering* about discrimination. 他们在闲聊有关歧视的事情。

nat·ty /ˈnæti/ *adj.* (外貌、衣着)整洁的,齐整的:a *natty* officer 衣着整齐的军官 / a *natty* uniform 一件笔挺的制服 ‖ ˈ**nat·ti·ly** *adv.*

nat·u·ral /ˈnætʃᵊrᵊl/ **I** *adj.* [无比较级] ❶非人为的;天然的:*natural* oil 天然石油 ❷自然界的,大自然的:a land replete with *natural* resources 自然资源丰饶的土地 ❸真实的,物质世界的,客观存在的:the *natural* world 物质世界 ❹[作定语]天生的,固有的;天赋的:His *natural* temper was careless and easy. 他天生是个粗心大意、无拘无束的人。❺自然而然的,合乎常理的;理所当然的:The results looked *natural* and realistic. 看来结果是必然的,也是合乎实际的。❻正常的:die a *natural* death 自然死亡 ❼[作定语]生身的;亲生的:*natural* mother 生身母亲 ❽【音】本位音的,还原的:the *natural* scale of C major C大调本位音 **II** *n.* [C] ❶天生合适的人;特别合适的事物:He is a *natural* for the job. 他天生就适合做这份工作。❷【音】(钢琴等的)白键;本位号 ‖ ˈ**nat·u·ral·ness** *n.* [U]

natural childbirth *n.* [U;C]【医】自然分娩(法)

natural gas *n.* [U]天然气

natural history *n.* [U]博物学

nat·u·ral·ise /ˈnætʃᵊrᵊˌlaiz/ *vt.* 〈主英〉=naturalize ‖ **nat·u·ral·i·sa·tion** /ˌnætʃᵊrᵊlaiˈzeiʃᵊn; -liˈz-/ *n.* [U]

nat·u·ral·ism /ˈnætʃᵊrᵊˌlizᵊm/ *n.* [U]自然主义,写实主义,写真主义(文学艺术中注重再现事物原生态的一种观点)

nat·u·ral·ist /ˈnætʃᵊrᵊlist/ *n.* [C] ❶博物学家 ❷(文学艺术)自然主义者,写实主义者,写真主义者

nat·u·ral·ize /ˈnætʃᵊrᵊˌlaiz/ *vt.* 使归化;使(外国人)入本国国籍;接受(外国人)成为国民:My brother had become *naturalized* five years after he went to the U.S. 我哥哥去美国五年后入了美国籍。〔亦作 **naturalise**〕‖ **nat·u·ral·i·za·tion** /ˌnætʃᵊrᵊlaiˈzeiʃᵊn; -liˈz-/ *n.* [U]

nat·u·ral·ly /ˈnætʃᵊrᵊli/ *adv.* ❶自然地;轻松自如地;不做作地:Catherine was too nervous to act *naturally*. 凯瑟琳太紧张了,举止极不自然。❷天生地;天然地;非人为地:The woman is *naturally* kind. 那女人天生有一副好心肠。❸[表示发问者期望对方给出肯定的答复]当然,那还用说:A: You'll phone me when you arrive, won't you? B: *naturally*. 甲:你抵达后会给我打电话,对吗?乙:那还用说。

natural science *n.* [C;U]自然科学

natural selection *n.* [U]【生】自然选择(指生物界物竞天择、适者生存的现象)

na·ture /ˈneitʃə/ *n.* ❶[U]大自然;自然界:the pleasures which the world of *nature* affords 大自然赋予的快乐 ❷[U]自然法则;个人的原则 ❸[C]本性,天性:It is a cat's *nature* to keep itself clean. 保持干净是猫的本性。❹[C;U]类型,类别,种类:I don't have interest in things of this *nature*. 我不喜欢这类事情。❺[C]性格,性情:He had a sweet and generous *nature*. 他禀性仁慈,慷慨。❻[U]原始状态;自然状态;原始生活:a return to *nature* 回归自然

naught /nɔːt/ **I** *n.* 〈古〉〈书〉[U]无,没有,没有什么:All their efforts were for *naught*. 他们的努力全都白费了。**II** *adj.* ❶不存在的 ❷不重要的 ‖ ***come to naught*** *vi.* 失败;化为乌有:Numerous attempts to persuade him to write his memoirs *came to nought*. 说服他撰写回忆录的种种努力均告失败。

naught·y /ˈnɔːti/ *adj.* ❶(尤指儿童)调皮的,顽皮的,淘气的;不听话的(见 bad):His son is very *naughty*. 他的儿子很调皮。❷卑劣的;下流的;淫猥的:a *naughty* story 下流的故事 ‖ ˈ**naught·i·ly** *adv.* —ˈ**naught·i·ness** *n.* [U]

nau·se·a /ˈnɔːziə, -ʒə, -siə, -ʃə/ *n.* [U]恶心,作呕

nau·se·ate /ˈnɔːziˌeit, -ʒi-, -si-, -ʃi-/ *vt.* ❶使呕吐,使感到恶心:The rolling of the ship *nauseated* him. 船只一摇一晃使他感到恶心。❷使厌恶;使憎恨:His cruelty to animals *nauseates* me. 他对动物的残暴态度令我厌恶。

nau·se·at·ing /ˈnɔːziˌeitiŋ/ *adj.* 令人呕吐的,让人恶心的:The judge described the offence as *nauseating* and unspeakable. 法官把这种犯罪描述为令人作呕，难以形容。‖ ˈ**nau·seˌat·ing·ly** *adv.*

nau·se·ous /ˈnɔːziəs, -siəs/ *adj.* ❶感到恶心的，想吐的：be [feel] *nauseous* while crossing the sea 在穿越大海时感到恶心 ❷令人呕吐的，让人恶心的：the *nauseous* smell of stale cabbages 烂白菜发出的令人恶心的气味 ‖ ˈ**nau·se·ous·ness** *n.* [U]

nau·ti·cal /ˈnɔːtikᵊl/ *adj.* [无比较级]船舶的；海员的，水手的；航海的；海上的：a *nautical* uniform 水兵制服 ‖ ˈ**nau·ti·cal·ly** *adv.*

na·val /ˈneivᵊl/ *adj.* [无比较级][作定语] ❶船舶的；军舰的：*naval* wars 海战 ❷海军的：*naval* ships 军舰

nave /neiv/ *n.* [C]【建】(教堂的)中殿

na·vel /ˈneivᵊl/ *n.* [C]【解】肚脐

navel orange *n.* [C]【植】脐橙

nav·i·ga·ble /ˈnævigəbᵊl/ *adj.* ❶(江、河、湖、海等)可通航的，可行船的：This river is *navigable* in winter. 这条河在冬天也可通航。❷(气球、飞机等)可操纵的，可驾驭的；适于航行的：*navigable* airships 可操纵的飞船 ‖ **nav·i·ga·bil·i·ty** /ˌnævigəˈbiliti/ *n.* [U]

nav·i·gate /ˈnæviˌgeit/ *v.* ❶在(江、河、湖、海等)上航行；横渡；(飞机等)在(空)中飞行，飞越：It was a difficult passage to *navigate*. 这是一段很难通行的航道。❷给(飞机、船只等)领航，导航；驾驭(飞机或船只等)：He managed to *navigate* the plane through the snowstorm. 他成功地驾机穿过了暴风雪。❸穿过，走过；使挤过：It is difficult to *navigate* a large crowd. 穿过拥挤的人群很难。

nav·i·ga·tion /ˌnæviˈgeiʃᵊn/ *n.* [U] ❶航行；航海；航空；飞行：He demanded that that nation be open to *navigation* by its allies. 他要求那个国家向其盟国开放领空。❷导航(术)；航行学；航海术；航空术

nav·i·ga·tor /ˈnæviˌgeitəʳ/ *n.* [C]航行者，航海者，航海家；(船舶、飞机、宇宙飞船等的)驾驶员；领航员

na·vy /ˈneivi/ *n.* ❶[C]舰队，船队 ❷[常作 the N-][用作单或复]海军：*The navy* is our principle bulwark against invasion. 海军是我们防御侵略的主要力量。

navy bean *n.* [C]菜豆

navy blue *n.* [U]海军蓝，藏青色〔亦作 **navy**〕

nay /nei/ **I** *adv.* [无比较级][用以强调、对比、更正前面所说的话]〈书〉不止于此，而且：The news made him happy, *nay*, ecstatic. 这则消息令他高兴，不，是欣喜若狂。**II** *n.* [C] ❶否定，拒绝；否定的回答 ❷反对票；投反对票的人：A bill passed with no *nays*. 一项法案以全票通过。

nay·say·er /ˈneiˌseiəʳ/ *n.* [C]总是表达消极(或悲观)意见的人

Na·zi /ˈnɑːtsi, ˈnætsi/ **I** *n.* [C] ❶【史】(德国由希特勒创立的)国家社会主义工人党党员，纳粹分子 ❷[常作 n-]极端种族主义者；极权主义者 **II** *adj.* [无比较级][作定语]德国国家社会主义工人党的，纳粹党的；纳粹的；纳粹分子的：a *Nazi* officer 一位纳粹军官 ‖ **Na·zi·ism** /ˈnɑːtsiˌizᵊm, ˈnæ-/, **na·zism** /ˈnɑːtsizᵊm, ˈnæ-/ *n.* [U]

neap /niːp/ **I** *adj.* [无比较级]小潮的；最低潮的 **II** *n.* [C]小潮；最低潮

near /niəʳ/ **I** *adv.* ❶在附近，在近处；(时间)逼近，即将来临(*to*)：The new year draws *near*. 新年将至。❷相近地，接近地，近似地：He copied the famous painting *The Sunflower* as *near* as he could. 他尽可能逼真地临摹名画《向日葵》。❸〈古〉近乎，差不多：This project is *near* impossible to be finished in such a short time. 这项工程几乎无法在这么短的时间内完成。**II** *adj.* ❶[常作表语]近的，接近的：Nick steered them into the *nearest* seats. 尼克把他们领到最近的座位上。❷(道路等)近的；近路的，直路的：They took the *nearest* road to the town. 他们走了一条去城里最近的路。❸[作定语]近亲的；亲密的，关系亲近的：The subject was *nearest* to his heart. 那是他最心爱的话题。❹很接近的，差距极小的：This was a *near* match. 这是一场实力相当的比赛。**III** *prep.* 接近，离…近的，在…的附近；近乎：She came *near* to hitting him. 她差点打中他。**IV** *v.* 接近，靠近，向…靠拢：His father is *nearing* seventy. 他父亲年近 70 岁了。‖ ***near at hand*** *adj.* ❶就在手边的；在附近的：She likes to read with a dictionary *near at hand*. 她喜欢看书时手边摆

本词典。❷不久将来的；快要到的：in the *near* future 在不久的将来‖ˈ**near•ness** *n.* [U]

☆**near, close** 均有"接近的；不远的"之意。**near** 意指在空间、时间、程度或关系方面相差不远的，强调两者间有明显的距离或差别：His flat is very *near*.（他的公寓就在附近。）**close** 意指在空间或时间方面接近、靠近或逼近的，强调两者间的距离或差别极小，甚至可以不予考虑，该词也可表示关系、友谊或联系等接近、紧密或亲密的：The church is *close* to the shops.（教堂离商店不远。）

near•by [无比较级] **I** /ˈniəˌbai/ *adj.* 附近的，位于附近的：a *nearby* village 附近的一座村庄 **II** /ˌniəˈbai/ *adv.* 在附近，位于附近：They live *nearby*, just in a quarter's walk. 他们就住在附近，走路不过15分钟。

near•ly /ˈniəli/ *adv.* [无比较级] ❶接近；大约，几乎，差不多：When he came back home, it was *nearly* midnight. 他回家时已近午夜。❷很，极，十分：He resembles his father very *nearly*. 他长得酷似他父亲。

near-sight•ed /ˈniəˌsaitid, niəˈsait-/ *adj.* 近视的‖ˌ**near-ˈsight•ed•ly** *adv.* —ˌ**near-ˈsight•ed•ness** *n.* [U]

neat /niːt/ *adj.* ❶整洁的；整齐的：He has fallen in the habit of keeping his bedroom *neat* and tidy. 他已养成习惯，把卧室搞得干净整洁。❷（人等）喜欢整洁的；衣着整齐的：The cat is *neat* in its habits. 爱整洁是猫的习性。❸（工作等）干得利索的；（人等）灵巧的，麻利的；高效率的：a *neat* way of doing things 高效的做事方法 ❹（酒等）不掺水（或冰）的，纯的：take a mouthful of *neat* whisky 喝一大口纯威士忌酒‖ˈ**neat•ly** *adv.* —ˈ**neat•ness** *n.* [U]

☆**neat, tidy, trim** 均有"整齐的，整洁的"之意。**neat** 意指干净、简洁、整齐而有条理的，强调没有多余或杂乱的感觉：a *neat* row of books（整整齐齐的一排书）**tidy** 强调做过精心而有条理的安排而不侧重清洁：He keeps his office neat and *tidy*.（他把办公室保持得很整洁。）**trim** 除表示整洁外，还有苗条、灵巧、利落或匀称的含义：She looked very *trim* in her new dress.（她穿上这条新裙子显得非常苗条。）

N

neb•u•la /ˈnebjulə/ *n.* [C]（[复]-**lae** /-ˌliː, -ˌlai/ 或-**las**）【天】星云‖ˈ**neb•u•lar** *adj.*

neb•u•lous /ˈnebjuləs/ *adj.* ❶模糊的，不清楚的；不透明的；含糊的，意义模糊的：put forward one's *nebulous* ideas 提出自己尚不清楚的想法❷云状的，云雾状的

nec•es•sar•i•ly /ˈnesisərili/ *adv.* [无比较级] ❶必需地，必要地：*Necessarily*, I must go soon. 事不由己，我得走了。❷[常用于否定句]必然，必定：Rich people are not *necessarily* happy. 富人未必幸福。

nec•es•sa•ry /ˈnesisᵊri/ *adj.* ❶必要的，必须的；必需的，不可或缺的：It is *necessary* for you to be at the party on time. 你必须准时参加聚会。❷[无比较级]必然的，必定的，不可避免的：There is not a *necessary* relation between these two things. 这两个事物间没有必然的联系。

ne•ces•si•tate /niˈsesiˌteit/ *vt.* 使成为必需；需要：His crime *necessitated* punishment. 他所犯的罪应受到惩罚。

ne•ces•si•ty /niˈsesiti/ *n.* ❶[C]必需品，必要的东西，不可或缺的东西：Sturdy shoes are a *necessity* for hiking. 耐用的鞋子是远足所必备的。❷[U]必需，必要，必要性；不可或缺（*of*）：She went with him only out of *necessity*. 她是出于需要才和他一起去的。❸[C]需要，要求：There is no *necessity* for you to come so early. 你不必来这么早。‖***of necessity*** *adv.* 必然，必定，不可避免地：The match will, *of necessity*, be postponed until a later date because of the accident. 由于这一突发事故，比赛将改日举行。

neck /nek/ *n.* ❶[C]颈，颈部，脖子：grab sb. by the *neck* 抓住某人的脖子 ❷[C]衣领，领子，领口：a sweater tight in the *neck* 一件领口很紧的毛衣 ❸[C]颈状物；细长部分；瓶颈：the *neck* of a bottle 瓶颈 ❹[C]（陆地或水中的）狭窄地带‖***neck and neck*** *adj.*（在比赛或竞争中）双方势均力敌，不分上下：The two candidates are *neck and neck* in the opinion polls. 两候选人在民意测验中不分上下。***neck of the woods*** *n.* 附近，周围，邻近地区：What are you doing in this *neck of the woods*? 你在这干什么呢？

neck•er•chief /ˈnekətʃif, -ˌtʃiːf/ *n.* [C]（[复]-**chiefs**或-**chieves** /-tʃiːvz/）围巾，领巾

neck•lace /ˈneklis/ *n.* [C]项链，项圈：wear a

gold *necklace* 戴一条金项链

neck·line /ˈnekˌlain/ *n.* [C]领口,领圈

neck·tie /ˈnekˌtai/ *n.* [C]领带(=tie)〔亦作 **cravat**〕

nec·tar /ˈnektəʳ/ *n.* [U] ❶花蜜 ❷【希神】众神饮用的美酒,琼浆玉液 ❸〈喻〉甘露,甜美的饮料

nec·tar·ine /ˌnektəˈriːn,ˈnekəˌriːn/ *n.* [C]【植】蜜桃

née, nee /nei/ *adj.* [无比较级][用于已婚妇女的姓名后、娘家姓氏前]娘家姓…的:Mrs. Mary Clinton *née* Williams 娘家姓威廉姆斯的玛丽·克林顿夫人

need /niːd/ **I** *n.* ❶[C]需要;必要:Fortunately there is no *need* for me to risk the adventure. 幸而在这方面我无须冒任何风险。❷[C]需要的东西:the basic *needs* of life 生活必需品 ❸[U;C]匮乏,急需:The greatest problem they are facing is the *need* of fund. 目前他们面临的最大问题就是资金不足。**II** *vt.* [不用进行时态]需要;必须要(见 lack):The children can't get the care they *need*. 这些孩子得不到所需要的关心。**III** *aux. v.* [后接不带 to 的动词不定式,一般现在式第三人称单数动词无词尾变化,常用于疑问句和否定句]不得不,必须;必要:I *need* not say that I had my own reasons for dreading his coming. 我不消说,我自有理由怕他来。‖ ***if need be*** *adv.* 有必要的话,如果需要的话:The city council authorized the police department to shut down traffic on the street *if need be*. 市政府授权警察局,如果需要的话就封锁街上的交通。

need·ful /ˈniːdfᵘl/ *adj.* 需要的,必需的,必不可少的:To finish compiling the dictionary by the end of this year, it is *needful* for us to work extra hours. 为了在年底完成词典的编纂工作,我们有必要加班加点。

nee·dle /ˈniːdᵊl/ *n.* [C] ❶针;缝衣针;编织针;钩针:the eye of *needle* 针眼 ❷(唱机等的)唱针;磁针,罗盘针,指针;(用以刻制唱片纹道的)铁针:*the needle* of the gramophone 留声机的唱针 ❸【医】注射针(头);(手术中用的)缝合针;(针灸用)银针:She often got *needles* when she was a kid. 她在孩提时代经常要打针。❹【植】(松树、杉树等的)针叶:These firs drop their *needles* in winter. 这些杉树在冬天掉叶子。

nee·dle·point /ˈniːdᵊlˌpɔint/ *n.* [U]帆布刺绣品

need·less /ˈniːdlis/ *adj.* [无比较级]不需要的,不必要的;多余的:It is *needless* to spend so much time on that work. 没必要在那份工作上花那么多时间。‖ ***needless to say*** *adv.* 不用说:*Needless to say*, the hungry kids ate all the cakes. 不用说,那些饥饿的孩子把蛋糕全部吃掉了。‖ **ˈneed·less·ly** *adv.* —**ˈneed·less·ness** *n.* [U]

nee·dle·work /ˈniːdᵊlˌwəːk/ *n.* [U]针线活,女红

need·n't /ˈniːdᵊnt/ =need not

need·y /ˈniːdi/ *adj.* 贫穷的,贫困的:a *needy* family 贫困家庭 / a *needy* mountainous village 贫困的山村 ‖ **ˈneed·i·ness** *n.* [U]

ne·gate /niˈgeit,ˈnegeit/ *vt.* ❶否认,否定:He warned to *negate* the results of elections would only make things worse. 他警告说如果不承认选举结果,情况只会变得更糟。❷使无效,取消;使失去作用:The lack of funds *negated* their research. 他们的研究因资金的匮乏而无法进行。

ne·ga·tion /niˈgeiʃᵊn/ *n.* ❶[U;C]否定,否认:a *negation* of what one says 对某人所说的话的否定 ❷[通常用单]反面,对立面:Black is the *negation* of white. 黑是白的对立面。❸[C]否定的言论(或主张、观点、思想等)

neg·a·tive /ˈnegətiv/ **I** *adj.* ❶[无比较级]否定的;否认的:a *negative* answer 否定的回答 ❷[无比较级]拒绝的,不同意的;反对的:a *negative* reply 否定回答 ❸消极的:a *negative* outlook on life 消极的人生观 ❹不利的,负面的,产生不利影响的:Their criticism is not *negative*. 他们的批评不会产生消极影响。❺徒劳的;没有结果的:A search for drugs proved *negative*. 未搜查到任何毒品。❻[无比较级]【数】(数字或数值)负的,非正的:a *negative* number 负数 / *negative* sign 负号 ❼[无比较级]【医】(化验结果)阴性的,呈阴性的:The result of the HIV test is *negative*. HIV 的化验结果呈阴性。**II** *n.* [C] ❶否定;否定的词语(或观点、言论、回答等) ❷否定形式 ❸【摄】负

片,底片 ‖ ***in the negative*** *adj*. & *adv*. 否定的(地);用否定形式的(地):The vote was unanimous,no one voted *in the negative*. 投票一致通过,没人投反对票。 ‖ **ˈneg·a·tive·ly** *adv*. —**ˈneg·a·tive·ness** *n*. [U] —**neg·a·tiv·i·ty** /ˌnegəˈtiviti/ *n*. [U]

neg·a·tiv·ism /ˈnegətiˌvizᵊm/ *n*. [U]否定态度;消极主义

neg·lect /niˈglekt/ *vt*. ❶忽视,不注意:They *neglected* their children. 他们对自己的孩子关心不够。❷不重视:He *neglected* his health. 他不太注意自己的身体。❸未能履行,未完成:*neglect* one's duty 玩忽职守 ‖ **negˈlect·ful** *adj*. —**negˈlect·ful·ly** *adv*.

neg·li·gence /ˈneglidʒᵊns/ *n*. [U]疏忽;玩忽职守;不留心,粗心大意:The fire was caused by *negligence*. 大火是因粗心大意而引起的。

neg·li·gent /ˈneglidʒənt/ *adj*. ❶疏忽的;玩忽的;不留心的,粗心大意的:Don't be *negligent* of your duties. 别玩忽职守。❷漠然的;漫不经心的:He gave a *negligent* shrug of unconcern. 他漫不经心地耸耸肩。 ‖ **ˈneg·li·gent·ly** *adv*.

neg·li·gi·ble /ˈneglidʒəbᵊl/ *adj*. 微乎其微的,极少的;无关紧要的:Compared with bestsellers,profits from poetry are *negligible*. 与畅销书相比,从诗歌中获得的利润可是少之又少。

ne·go·ti·a·ble /niˈgəuʃiəbᵊl/ *adj*. 可协商的,可磋商的;可谈判的:As to this matter,nothing is not *negotiable*. 就这件事而言,没有什么是不可商量的。 ‖ **ne·go·ti·a·bil·i·ty** /niˌgəuʃiəˈbiliti,-ʃə-/ *n*. [U]

ne·go·ti·ate /niˈgəuʃiˌeit/ *vt*. ❶商谈,商定,洽谈;谈妥:*negotiate* an important business deal 洽谈一桩重要的生意 ❷穿越,穿过,通过(障碍物等):This is a difficulty corner [curve] for any car to *negotiate*. 这是一个任何一辆车都很难通过的拐角。—*vi*. 协商,谈判,交涉(*with*):The president *negotiated with* the prime minister on economic reform. 总统就经济改革与总理磋商。

ne·go·ti·a·tion /niˌgəuʃiˈeiʃᵊn,-si-/ *n*. [C;U]协商,磋商;谈判,交涉:The details concerned are under *negotiation*. 有关细节正在磋商。

ne·go·ti·a·tor /niˈgəuʃiˌeitəʳ/ *n*. [C]谈判者,商议者

Ne·gress /ˈniːgris/ *n*. [C]〈常贬〉黑人女子,黑妞

Ne·gro /ˈniːgrəu/ **I** *adj*. [无比较级]黑人的;黑种人的 **II** *n*. [C]([复]**-groes**) 黑人;黑种人

neigh /nei/ **I** *n*. [C]马嘶声;马嘶般的声音 **II** *vi*. (马)嘶;发出马嘶般的声音

neigh·bo(u)r /ˈneibəʳ/ *n*. [C] ❶邻居:A fire in the *neighbour*'s house can easily bring disaster to everyone. 一家失火,四邻遭殃。❷相邻的人(或事物);邻座;邻国:Mexico and the United States are *neighbours*. 墨西哥和美国是邻国。

neigh·bo(u)r·hood /ˈneibəˌhud/ *n*. [C] ❶邻近(地区);附近(地区);周围:a safe *neighbourhood* 一个安全的地区 ❷四邻,街坊;住在附近的人:The whole *neighbourhood* talks about the murder. 所有的左邻右舍都在谈论这起凶杀案。 ‖ ***in the neighbourhood of*** *prep*. 大约,接近:The corporation tax measure has yielded *in the neighbourhood of* $ 30,000,000 a year. 公司的税收已近3 000万美元一年。

neigh·bo(u)r·ing /ˈneibᵊriŋ/ *adj*. [作定语]靠近的;邻近的;附近的(见 adjacent):a *neighbouring* village 附近的村子

neigh·bo(u)r·ly /ˈneibəli/ *adj*. 似邻居的;友好的,和睦的:The town were *neighbourly* when we moved in. 我们搬来时镇上的人非常友好。 ‖ **ˈneigh·bo(u)r·li·ness** *n*. [U]

nei·ther /ˈnaiðəʳ,ˈniːðəʳ/ **I** *conj*. [通常与 nor 连用,置句首时主语和谓语倒装]也不:She didn't talk hardly at all and *neither* did I. 她几乎不说话,我也是。**II** *adj*. [无比较级][作定语][后接单数名词](两者)都不的,两者均非的:This solution is satisfactory to *neither* side. 双方对这 解决方案都不满意。**III** *pron*. (两者)都不,(两者中)无一:I like *neither* of the two books. 这两本书我一本也不喜欢。

☆neither...nor 常用于正式文体。neither...nor 与其后动词的一致问题存在两种观点:❶"概念一致"观点。该观点认为,如果 neither 和 nor 分别连接两个单数名词或代词,动词则用单数:*Neither* you *nor* John is to blame. (你和约翰都不应受到指责。)若 nor 之后或 neither 和 nor 两者之后均连接复数名词或代词,动词

则用复数：*Neither* Tim *nor* his brothers have to shovel the snow.（蒂姆和他的弟兄们都没必要去铲雪。）/ *Neither* he *nor* they are wholly right.（他和他们都不是全对的。）❷"形式一致"观点。该观点认为动词的数取决于与其紧挨的名词或代词的数：*Neither* Rose *nor* I am sure.（我和露丝都不能确定。）/ *Neither* tears *nor* protest effects their parents' decision.（眼泪和抗议都不能影响他们父母的决定。）

nem·e·sis /ˈnemisis/ *n.*（[复]-ses /-ˌsiːz/）❶失败的原因（或因素）：First-night stage fright can sometimes be an actor's *nemesis*. 首晚登台时出现的恐惧有时会导致演员的失败。❷难以取胜的对手，克星：That team has become our *nemesis*. 那支队已成了我们的克星。❸报应，应有的惩罚；天谴：meet one's *nemesis* 遭报应

ne·o- /ˈniːəᵘ/ *pref.* 表示"新的"，"现代的"，"新型的"：*neo*classical，*neo*logy，*neo*colonialism

ne·o·class·ic /ˌniːəuˈklæsik/，

ne·o·classi·cal /-kᵊl/ *adj.* 新古典主义的 ‖ **ˌne·oˈclas·si·cism** /-ˌsizᵊm/ *n.* [U]

ne·o·co·lo·ni·al·ism /ˌniːəukəˈləuniəˌlizᵊm/ *n.* [U]新殖民主义

Ne·o·lith·ic /ˌniːəˈliθik/ *adj.* [无比较级]新石器时代的

ne·ol·o·gism /niːˈɔləˌdʒizᵊm/ *n.* [C]新词；旧词新义

ne·on /ˈniːɔn/ *n.* [C] ❶【化】氖，氖气 ❷霓虹灯标志；霓虹灯广告

ne·o·nate /ˈniːəˌneit/ *n.* [C]（尤指出生不满一个月的）新生婴儿 ‖ **ne·o·na·tal** /ˌniːəˈneitᵊl/ *adj.*

ne·o·phyte /ˈniːəˌfait/ *n.* [C]新来者，初学者，新手

neph·ew /ˈnefjuː/ *n.* [C]侄子，侄儿；外甥

ne·phri·tis /niˈfraitis/ *n.* [U]【医】肾炎 ‖ **ne·phrit·ic** /niˈfritik/ *adj.*

nep·o·tism /ˈnepəˌtizᵊm/ *n.* [U]任人唯亲；裙带关系 ‖ **ˈnep·o·tist** *n.* [C]

nerd /nəːd/ *n.* [C]〈俚〉书呆子 ‖ **ˈnerd·y** *adj.*

nerve /nəːv/ *n.* ❶[C]【解】神经：the auditory *nerve* 听觉神经 ❷[U]胆量，勇气，大胆，魄力：Climbing calls for strength and *nerve*. 登山运动需要力量和胆识。❸[U]厚脸皮；冒失（行为）：You've got some *nerve* coming in here without knocking. 你胆子真大，竟然不敲门就进来了。❹[～s]神经过敏；过度紧张；神经质：The girl broke all to pieces with *nerves*. 那女孩神经质地把所有的东西都打得粉碎。❺[～s]控制力；意志力；耐力：be gifted with *nerves* of steel 具有钢铁般的意志 ‖ ***get on sb.'s nerves*** *vi.* 惹恼某人，激怒某人：His business was *getting on his nerves*. 他的生意让他感到头疼。

nerve cell *n.* ＝neuron

nerve centre *n.* [C] ❶【解】神经中枢：press on the *nerve centre* 压迫中枢神经 ❷〈喻〉控制中心，指挥中心

nerve·less /ˈnəːvlis/ *adj.* ❶沉着的，镇静的，冷静的：a *nerveless* opponent 一位沉着的对手 ❷缺乏勇气的，无胆量的；无生气的；无力的，虚弱的：He was *nerveless* and weaponless. 他既没有胆量，也没有武器。‖ **ˈnerve·less·ly** *adv.* —**ˈnerve·less·ness** *n.* [U]

nerve-(w)rack·ing /ˈnəːvˌrækiŋ/ *adj.* 令人精神紧张的，使神经受到刺激的；伤脑筋的：It was *nerve-racking* to wait for the news. 等消息让人心急。

nerv·ous /ˈnəːvəs/ *adj.* ❶[作表语]紧张的，局促不安的；胆小的：Carol was *nervous* when she made her speech. 卡洛尔演说时有些紧张。❷非常激动的；非常混乱的：a *nervous* crowd 躁动的人群 ❸[无比较级][作定语]神经的：a *nervous* disease 神经疾病 ‖ **ˈnerv·ous·ly** *adv.* —**ˈnerv·ous·ness** *n.* [U]

nervous breakdown *n.* [C]【医】精神失常；神经衰弱：suffer [have] a *nervous breakdown* 患有神经衰弱症

nervous system *n.* [C]【解】神经系统

nerv·y /ˈnəːvi/ *adj.* ❶厚脸皮的；粗鲁的，无耻的：a *nervy* request 无理的要求 / Though he was not invited, he was *nervy* enough to come. 他尽管没被邀请，却厚着脸皮来了。❷有勇气的，大胆的：the *nervy* feats of the explorers 探险者的勇敢行为 ‖ **ˈnerv·i·ly** *adv.* —**ˈnerv·i·ness** *n.* [U]

-ness /nis/ *suf.* [附于形容词、动词的分词等形式后构成抽象名词]表示"性质"，"状态"，"程度"：sad*ness*，careless*ness*，loud*ness*，wilder*ness*

nest /nest/ I *n.* [C] ❶鸟窝,鸟巢;(昆虫、鱼类等的)巢,窝,窟,穴:an animal sleeping in a *nest* of straw 一只睡在稻草窝里的动物 ❷安逸的场所,安乐窝;隐身处:a *nest* of comforts 安乐窝 II *vi.* ❶筑巢,做窝;入巢:A family of mice are *nesting* in a pile of newspapers. 一窝老鼠在报纸堆中做窝。❷套叠 —*vt.* 把(箱子等)叠放;叠放置(碗碟等):*nest* the dishes in the cupboard for more storage space 为节省空间将碟子叠放在碗橱里

nest egg *n.* [C]储蓄金,储备金

nes·tle /ˈnesᵊl/ *vi.* ❶(舒舒服服地)安顿下来;安居,安身;安卧(*down, in, into, among*):She loves to *nestle down* in bed watching TV. 她喜欢窝在床上看电视。❷偎依,依靠;紧贴(*against, on*):They *nestled* together *on* the sofa. 他们在沙发上依偎在一起。❸隐藏,位于隐蔽处:a cottage *nestling* in a grove of leafy trees 掩隐在一片浓郁的树林中的村庄 —*vt.* 把(头、脸、肩膀等)紧挨,紧靠;将…抱于怀中:She *nestled* her shoulder close against him. 她把肩膀紧靠着他。

nest·ling /ˈnesˈliŋ/ *n.* [C] ❶雏鸟 ❷婴幼儿

net¹ /net/ *n.* ❶[U]网;网眼织物 ❷[C]网兜;网状物;(尤指捕鱼、捕鸟等用的)网子:a hair *net* 发网 / a butterfly *net* 一个用于捕蝴蝶的网子

net² /net/ I *adj.* [无比较级] ❶净的;纯的;净价的:What are the *net* proceeds? 净收入多少? ❷最后的,最终的:The *net* result of the policy is to remove corruption. 这项政策的最终目的是清除腐败。❸净重的:The box of apples weighs 12 kilos *net*. 这箱苹果净重 12 千克。II *n.* [通常用单]纯利(润),净利;纯收益 III *vt.* (**net·ted**; **net·ting**) 净得,净赚:The consolidation *netted* the company $ 9.2 million in savings. 合并使公司的净收益达到了 920 万美元。

neth·er /ˈneðəʳ/ *adj.* [作定语][无比较级] ❶地下的 ❷下面的:*nether* lips 下嘴唇

Neth·er·land·er /ˈneðəˌlændəʳ, -ləndəʳ/ *n.* [C]荷兰人,荷兰居民

neth·er·most /ˈneðəˌməust, -məst/ *adj.* 最低的,最下面的

net·ting /ˈnetiŋ/ *n.* [U]网;网状织物:a fence of wire *netting* 铁丝网篱笆 / mosquito *netting* 蚊帐

net·tle /ˈnetᵊl/ I *n.* [C]【植】荨麻 II *vt.* 惹恼,激怒:He was *nettled* by Jim's remarks. 他被杰姆的话惹怒了。

net·tle·some /ˈnetᵊlsᵊm/ *adj.* 令人生气的;给人制造麻烦的

net·work /ˈnetwəːk/ I *n.* [C] ❶网状结构,网络:a *network* of sewers under the city 城市地下纵横交错的排水管道 ❷广播网;电视网;广播(或电视)联播公司:the major television *networks* in the city 该市主要的几家电视网 ❸网状系统:transportation *network* 交通网 ❹【计】【电信】网络:send programs across a computer *network* 通过计算机网络传送程序 ❺联络网,关系网:set up a distribution *network* 建立销售网 II *vi.* 加入联络网,成为关系网的成员 —*vt.* 【计】把(计算机)联网

net·work·ing /ˈnetˌwəːkiŋ/ *n.* [U] ❶建立联络(关系)网 ❷【计】联网;建立计算机网络;网络服务

neu·ral /ˈnʲuərᵊl/ *adj.* [无比较级]【解】神经的;神经系统的 ‖ ˈ**neu·ral·ly** *adv.*

neu·ral·gia /nʲuəˈrældʒə/ *n.* [U]【医】神经痛 ‖ **neu·ral·gic** /-ˈrældʒik/ *adj.*

neu·ras·the·ni·a /ˌnʲuərəsˈθiːniə/ *n.* [U]【医】神经衰弱 ‖ ˌ**neu·ras·then·ic** /-ˈθenik/ *adj.*

neu·ri·tis /nʲuəˈraitis/ *n.* [U]【医】神经炎 ‖ **neu·rit·ic** /-ˈritik/ *adj.*

neu·ro- /ˈnʲuərəu/ *pref.* [用于辅音字母前]表示"神经";"神经系统":*neuro*genic (【解】神经元的;神经性的),*neuro*muscular(【解】神经肌肉的)

neu·rol·o·gy /nʲuəˈrɔlədʒi/ *n.* [U]神经病学 ‖ **neu·ro·log·i·cal** /ˌnʲuərəˈlɔdʒikᵊl/ *adj.* —ˌ**neu·roˈlog·i·cal·ly** /-kᵊl/ *adv.* — **neuˈrol·o·gist** *n.* [C]

neu·ron /ˈnʲuərɔn/, **neu·rone** /ˈnʲuərəun/ *n.* [C]【解】神经元,神经细胞〔亦作 **nerve cell**〕‖ **neu·ron·al** /ˈnʲuərᵊnᵊl, nʲuəˈrəunᵊl/ *adj.*

neu·ro·sis /nʲuəˈrəusis/ *n.* [C]([复]-ses /-ˌsiːz/)【医】神经机能病,神经官能症

neu·rot·ic /nʲuəˈrɔtik/ I *adj.* [无比较级] ❶【医】神经病的;神经官能症的:*neurotic* disorders 神经官能紊乱 ❷(人)患有神经官能症的：a *neurotic* character 神经官能症患者 II *n.* [C] 神经病患者 ‖ **neu'rot·i·cal·ly** /-kəli/ *adv.* —**neu'rot·i·cism** /-ˌsizəm/ *n.* [U]

neu·ter /'njuːtə/ I *adj.* [无比较级]【语】(名词等)中性的：a *neuter* noun [pronoun, adjective] 中性名词[代词,形容词] II *n.* ❶[U]【语】中性；[C]中性词(包括名词、形容词、代名词等) ❷[C]被阉割的动物 III *vt.* 阉割：They had their dogs *neutered*. 他们把狗阉割了。

neu·tral /'njuːtrəl/ I *adj.* [无比较级] ❶中立的；公平的：be *neutral* on this subject 在这个问题上保持中立 ❷不明显的；不明确的；模糊的：a *neutral* personality 不鲜明的个性 ❸(颜色等)不鲜艳的，不明亮的；灰暗的：He likes to paint the walls a *neutral* colour. 他喜欢把墙壁刷成暗灰色。II *n.* ❶[C]中立者；中立国：Switzerland was a *neutral* during World War II. 第二次世界大战期间，瑞士是一个中立国。❷[U](汽车等的)空挡 ‖ **'neu·tral·ly** *adv.*

neu·tral·ise /'njuːtrəˌlaiz/ *vt.* 〈主英〉＝ neutralize ‖ **neu·tral·i·sa·tion** /ˌnjuːtrəlai'zeiʃən; -li'z-/ *n.* [U] —**'neu·tralˌis·er** *n.* [C]

neu·tral·i·ty /njuː'træliti/ *n.* [U] ❶中立 ❷中立政策；中立地位

neu·tral·ize /'njuːtrəˌlaiz/ *vt.* ❶使中立化，使保持中立：*neutralize* a disputed area 使有争议的地区中立 ❷使不起作用，使无效，抵消：They *neutralize* the effect of the poison by giving him an antidote. 他们给他吃解毒剂去除毒药的毒性。〔亦作 **neutralise**〕 ‖ **neu·tral·i·za·tion** /ˌnjuːtrəlai'zeiʃən; -li'z-/ *n.* [U] —**'neu·tralˌiz·er** *n.* [C]

neu·tron /'njuːtrɔn/ *n.* [C]【物】中子

nev·er /'nevə/ *adv.* [无比较级] ❶[用于句首时，主语和谓语次序倒装]从不，从未；永不：I have *never* heard such stories as he tells. 我从未听过像他讲的这样的故事。❷[用以加强语气]决不，一点也不，压根儿不：He *never* really expected that those plans would come about. 他并没有真正指望那些计划会出台。‖ ***never mind*** *vi.* 不用担心：*Never mind* about your mistake. 别再想你犯的错了。

nev·er·more /ˌnevə'mɔː/ *adv.* [无比较级]决不再，永不再

nev·er·the·less /ˌnevəðə'les/ *adv.* [无比较级]尽管如此；可是；仍然：Though he is poor, yet he is *nevertheless* satisfied with his situation. 他尽管很穷，但对目前的境遇很满足。

new /njuː/ I *adj.* ❶新做的，新生产的，新制造的；新买的：a *new* book 一本新书 ❷[作定语]新近出现的，全新的：a *new* concept of the universe 有关宇宙的全新观念 ❸[作定语]新发现的；新发明的：discover a *new* star 发现一颗新恒星 ❹不同以往的，变样的，更新的：She made the old song sound *new*. 她把一首旧歌唱得颇有一番新意。❺[作定语]新来的，新到的：Dorothy had told the other children well in advance about their *new* brother. 多萝西早已提前告诉其他孩子他们即将出生的小弟弟。❻[作表语]陌生的，未曾见过的(*to*)：He is still *new to* the work. 他对这份工作还不熟悉。II *n.* [U]新事物：Down with the old and up with the *new*. 破旧立新。‖ **'new·ness** *n.* [U]

☆**new, contemporary, current, modern, recent** 均有"新近的，现时的"之意。**new** 为普通用词，意指新近出现且现在依然存在的：Have you seen their *new* baby? (看到他们的新生儿了吗?) **contemporary** 表示当代的，其历史区间或时间范围要比 modern 窄得多：*contemporary* morals (当代伦理) **current** 表示当前的、现时存在的或正在进行的，往往含有与以往不同或今后还会出现变化的意思：the *current* issue of the magazine (最新一期的杂志) **modern** 表示现代的或新式的，意指包括从现在到并不久远的过去在内的历史区间：*Modern* medical science has conquered many diseases. (现代医学征服了很多疑难病症。) 该词也可表示时新的或当今的，以区别于过时的或陈旧的，与 ancient 相对：*modern* marketing techniques (最新市场推广技巧) **recent** 表示不久前发生或存在的，常用于重要事件：The *recent* election produced a new government. (新的选举产生了新一届政府。)

New Age *adj.* ❶[无比较级]新时代运动的，新潮运动的 ❷新潮音乐的

new·born /njuː'bɔːn, 'njuːbɔːn/ I *adj.* [无比较级](婴儿)新出生的，刚降世的，刚出生的：*newborn* babies 新生儿 II *n.* [C]新生儿

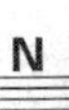

new·com·er /'njuːˌkʌmə/ *n.* [C] ❶新来的人 ❷新出现的事物

new·fan·gled /ˈnjuːˌfæŋgᵊld/ *adj*. [无比较级]最新的;最新款式的;新奇的;新潮的:*newfangled* computer games 最新的电脑游戏

new-fash·ioned /ˈnjuːˈfæʃᵊnd/ *adj*. [无比较级] ❶新款的,新式的 ❷时髦的,摩登的

new·ly /ˈnjuːli/ *adv*. [无比较级][与动词的过去分词连用]新近,最近:the *newly* elected mayor 新当选的市长

new·ly·wed /ˈnjuːliˌwed/ *n*. 新近结婚的人

new moon *n*. [通常用单]【天】新月,朔

news /njuːz/ [复] *n*. [用作单] ❶新闻;新闻报道:He is good at his job of gathering *news*. 他对自己收集新闻的工作很在行。❷消息,新信息:hear *news* of a relative 听到一位亲戚的消息 ❸[**the ~**](报纸、杂志的)新闻栏目;(电视、广播的)新闻节目:We watch *the news* about the general election on television this night. 我们将在今天晚上收看大选的电视新闻。

news·cast /ˈnjuːzˌkɑːst;-ˌkæst/ *n*. [C]新闻广播 ‖ ˈ**newsˌcast·er** *n*. [C]

news·let·ter /ˈnjuːzˌletəʳ/ *n*. [C](企业、团体等定期刊发的)简讯,要闻通报;业务通讯

news·man /ˈnjuːzmæn,-mən/ *n*. [C]([复] **-men** /-men,-mən/) 新闻记者;新闻工作者

news·paper /ˈnjuːzˌpeipəʳ,ˈnjuːs-/ *n*. ❶[C]报,报纸:He read that day's *newspaper* with his breakfast. 他在吃早饭时看了那天的报纸。❷[C]报社:Evans was running a rich *newspaper*. 埃文斯那时正经营一家财力雄厚的报社。❸[U]新闻纸,白报纸:wrap sth. in *newspaper* 用报纸包东西

news·paper·man /ˈnjuːspeipəˌmæn/ *n*. [C]([复]**-men** /-men/) ❶报业从业人员 ❷报社的所有人(或主办人)

news·paper·wom·an /ˈnjuˌspeipˌwumən/ *n*. [C]([复]**-wom·en** /-ˌwimin/) ❶报社的女从业人员 ❷报社的女所有人(或女主办人)

news·print /ˈnjuːzˌprint/ *n*. [U]新闻纸,白报纸

news·reel /ˈnjuːzˌriːl/ *n*. [C]新闻影片

news·stand *n*. [C]报摊,书报亭

N

news·wor·thy /ˈnjuːzˌwəːði/ *adj*. 有新闻价值的,值得报道的 ‖ ˈ**newsˌwor·thi·ness** *n*. [U]

news·y /ˈnjuːzi/ *adj*. 多新闻的;多趣事的:Their letters are always *newsy*. 他们的信中一直会有许多消息。

new year *n*. [通常作 **the n- y-**] ❶新的一年,刚刚开始的一年;即将到来的一年 ❷[**N- Y-**]元旦 ❸[**N- Y-**]新年的头几天 ❹[**N- Y-**]【宗】岁首节(犹太教的国历节)

New Year's Day *n*. [不与冠词连用]元旦(即公历1月1日)

New Year's Eve *n*. [不与冠词连用]除夕(即公历12月31日)

New Zea·land /ˌnjuˈziːlᵊnd/ *n*. 新西兰(大洋洲国家)

New Zea·land·er /ˌnjuˈziːlᵊndəʳ/ *n*. [C]新西兰人;新西兰居民;新西兰公民

next /nekst/ **I** *adj*. [无比较级] ❶[指时间、次序等]紧接着的,接下去的:They talked a lot the *next* time they saw one another. 第二次见面时,他们又聊了很久。❷[指重要性等]仅次于前者的,位居第二的:Pigs and poultry are *next* in importance to cattle and sheep in Britain. 在英国猪和禽类的重要性仅次于牛和羊。❸[指位置]隔壁的,紧邻的:He was talking to a woman at the *next* table. 他在跟邻桌的一位女士交谈。**II** *adv*. [无比较级] ❶[指位置]邻近地,紧挨地 ❷[指时间或次序]紧接着地,接下去地:What shall we do *next*? 接下来我们做什么? ❸[指频率]下一次,在此之后的最近一次:When will we *next* meet? 我们下一次什么时候见面? ❹[指重要性]仅次于前者地,位居次席地:Canada is the *next* largest country in the world. 加拿大是世界上第二大国家。‖ ***next door to*** *prep*. 与…紧挨的,在…隔壁,在…旁边:The City Hall is *next door to* the church. 市政厅就在教堂旁边。***next to*** *prep*. ❶与…紧挨的,在…隔壁,在…旁边:At the meeting John sat *next to* me. 在会上约翰就坐在我旁边。❷仅次于,排在…之后:*Next to* Jack,he is the best. 除了杰克,他就是最优秀的。

☆在临近的具体日期、星期、月份、季节之前宜用 next 而不用 the next:*next* Thursday [February,summer,week,month] (下周四[明年二月,明年夏天,下个星期,下个月]) 在表示未来时间段之前宜用 the next:*The next* few weeks would be terrible. (接下来的几个星期会很糟糕的。)

next door *adv*. =next-door

next-door /ˈnekstˌdɔː/ ［无比较级］ **I** *adv.* (在)隔壁: His father, a retired railwayman, lives *next-door* at No. 18. 他父亲是退休铁路工人,就住在隔壁的 18 号。 **II** *adj.* ［作定语］(住)在隔壁的,紧邻的: *next-door* neighbours 隔壁邻居

next of kin *n.* ［单复同］最近的亲属,直系亲属

nex·us /ˈneksəs/ *n.* (［复］**-us**(**·es**)) 联系,关联: The old personal *nexus* between student and teacher was weakened. 以往的师生关系已经变得淡薄了。

nib /nib/ *n.* ［C］❶笔尖 ❷尖头,尖端

nib·ble /ˈnibᵊl/ **I** *vt.* ❶小口吃;一点点地咬(或吃);啃: She was *nibbling* her food like a rabbit. 她像兔子一样地小口吃东西。❷轻咬: John was *nibbling* her ear. 约翰正在轻轻地咬她的耳朵。—*vi.* ❶小口吃;一点一点地咬(或吃);啃(*at*): He often *nibbles at* a piece of bread for breakfast. 他经常是啃上几口面包就算是吃了早餐。❷轻咬: The puppy *nibbled* at his ear. 小狗轻轻地咬他的耳朵。 **II** *n.* ［C］❶咬下的少量食物;一小口的量;少量: There's not even a *nibble* left. 甚至连一口吃的都没剩下。❷小口的吃;一点一点的咬(或吃);啃 ‖ ˈ**nib·bler** *n.* ［C］

Nic·a·ra·gua /ˌnikəˈrɑːgwə/ *n.* 尼加拉瓜(南美洲国家)

Nic·a·ra·guan /ˌnikəˈrɑːgwᵊn/ **I** *n.* ［C］尼加拉瓜人,尼加拉瓜居民;尼加拉瓜公民 **II** *adj.* 尼加拉瓜的

nice /nais/ *adj.* ❶好看的,漂亮的;令人高兴的,让人愉悦的;令人满意的: Oh, what a *nice* little girl this is! 啊,这是多么好看的一个小姑娘! ❷［作表语］友好的,和气的,亲切的: He is a *nice* man and generous. 他人缘好,人也慷慨大方。 ‖ ˈ**nice·ness** *n.* ［U］

nice·ly /ˈnaisli/ *adv.* ❶愉快地;高兴地;讨人喜欢地: behave *nicely* 表现很好 ❷恰当地;合适地: Five dollars should do quite *nicely* for a tip for the waiter. 给服务员 5 美元小费是很合适的。

ni·ce·ty /ˈnaisiti/ *n.* ❶［C］细节,微妙之处: the *niceties* of table manners 饭桌上的种种规矩 ❷［U］精密,准确: The job calls for *nicety* of judgment. 这份工作需要有准确的判断能力。❸［通常作 **niceties**］美妙;美好的东西(或事情)

niche /nitʃ, niːʃ/ *n.* ［C］❶(墙壁上搁置雕像、花瓶等的)壁龛 ❷合适的位置(或职务、职业等): carve ［mark］ one's *niche* of fame 成名成家

nick /nik/ **I** *n.* ［C］❶凹痕;刻痕,划痕: cut ［make］ a *nick* in the handle of the joy stick 在操纵杆上刻痕 ❷擦伤,划伤,割伤: a couple of *nicks* on the face 脸上的几道印子 **II** *vt.* ❶刻痕于;在…上刻痕记: He *nicked* the trees as a sign for others. 他在树上刻上印记为其他人引路。❷擦伤,划伤,割伤: He *nicked* himself when cutting with a knife. 他用刀子切东西时割伤了自己。 ‖ ***in the nick of time*** *adv.* 正当时;在关键时刻: The police came *in the nick of time* and the criminal was caught. 警察在关键时刻出现,罪犯被逮住了。

nick·el /ˈnikᵊl/ *n.* ❶［U］【化】镍(符号 **Ni**) ❷［C］5 美分镍币;5 美分钱

nick·name /ˈnikneim/ **I** *n.* ［C］❶诨名,绰号,外号: He is so fat that he has the *nickname* "Fattie". 他由于长得胖,所以得了个"小胖"的外号。❷爱称,昵称: Eisenhower was *nicknamed* "Ike" as a child. 艾森豪威尔小时候人们叫他"艾克"。 **II** *vt.* ❶给…加诨名,给…起绰号;叫…的诨名: The Santa Clara Valley of California is *nicknamed* Silicon Valley. 加州圣克拉拉山谷有"硅谷"之称。❷用爱称(或昵称)称呼: He *nicknames* his son James Jimmie. 他亲昵地称自己的儿子詹姆斯为吉米。

nic·o·tine /ˈnikəˌtiːn, -tin, ˌnikəˈtiːn/ *n.* ［U］【化】烟碱,尼古丁

niece /niːs/ *n.* ［C］侄女;(外)甥女

nif·ty /ˈnifti/ *adj.* 〈口〉❶绝妙的,绝佳的,很棒的 ❷漂亮的,时髦的

Ni·ge·ri·a /naiˈdʒiəriə/ *n.* 尼日利亚(非洲国家)

Ni·ge·ri·an /naiˈdʒiəriən/ **I** *adj.* ［无比较级］尼日利亚的 **II** *n.* ［C］尼日利亚人;尼日利亚居民;尼日利亚公民

nig·gard·ly /ˈnigədli/ *adj.* 小气的,吝啬的: a *niggardly* donation 少得可怜的捐赠 ‖ ˈ**nig·gard·li·ness** *n.* ［U］

nig·ger /ˈnigəʳ/ *n.* ［C］〈忌〉〈贬〉❶黑人,黑鬼 ❷皮肤黝黑的人,深色皮肤的人

☆该词指称黑人或其他肤色较深的人时具有轻蔑鄙视的含义,一般忌用。

nig·gle /ˈnigᵊl/ *vi.* ❶为琐事操心;在琐事上花费时间:*niggle* over every detail of the contract 仔细琢磨合同的每一个细节 ❷让人烦恼(或担忧):The puzzle *niggled* away in his mind. 这个谜团一直是他的心结。

nig·gling /ˈnigliŋ/ *adj.* ❶细小的,无足轻重的:a *niggling* difference 细微的区别 ❷麻烦的,烦人的;恼人的:*niggling* chores 烦人的杂务

nigh /nai/ [无比较级] **I** *adv.* ❶(在空间、时间、关系等方面)靠近地,接近地,临近地:The deadline for the project is drawing *nigh*. 这项工程的工期越来越近了。❷几乎,几近(*on*, *onto*):The twin brothers haven't met each other for *nigh onto* thirty years. 这对双胞胎兄弟已近30年没有见面了。**II** *adj.* 临近的,接近的:Night is *nigh*. 夜幕即将降临。**III** *prep.* 在…附近;靠近

night /nait/ *n.* ❶[C;U]夜,夜间,夜晚:He didn't sleep a wink all *night*. 他一夜没合眼。❷[C]黄昏,傍晚 ❸[U]黑夜;夜色:*Night* was beginning to fall. 夜幕开始降临了。‖ ***night and day*** *adv.* 夜以继日,昼夜不停地:Machines kept running *night and day*. 机器日夜不停地运转。

night blindness *n.* [U]【医】夜盲(症)

night·clothes /ˈnaitˌkləuᵊz/ [复] *n.* 睡衣

night·club /ˈnaitˌklʌb/ **I** *n.* [C]夜总会 **II** *vi.* 去夜总会

night·fall /ˈnaitˌfɔːl/ *n.* [U]黄昏,傍晚

night·gown /ˈnaitˌgaun/ *n.* [C](妇女或儿童穿着的)睡衣

night·ie, night·y /ˈnaiti/ *n.* [C]〈口〉睡衣

night·in·gale /ˈnaitinˌgeil, ˈnaitiŋ-/ *n.* [C]【鸟】夜莺

night·ly /ˈnaitli/ [无比较级] **I** *adj.* [常作定语] ❶每夜的,夜夜的:For months, air raids were a *nightly* occurrence. 连续几个月,每晚都有空袭。❷夜间的,晚间的;在夜间做的;发生于晚上的:*nightly* news broadcast 晚间新闻广播 **II** *adv.* ❶每夜地,夜夜地:She appears *nightly* on the television news. 她每晚都在电视新闻中露面。❷晚上,在夜间

night·mare /ˈnaitˌmeəʳ/ *n.* [C] ❶梦魇,噩梦:fall into a *nightmare* 做噩梦 ❷可怕的事物(或情景、经历等):Falling from a cliff is a *nightmare*. 从悬崖下摔下去是很可怕的。‖ **ˈnightˌmar·ish** *adj.*

night owl *n.* [C]夜猫子,经常夜间工作的人

night school *n.* [C;U]夜校:study at a *night school* 在夜校学习 / go to *night school* 上夜校

night·shirt /ˈnaitˌʃəːt/ *n.* [C](男式)衬衫式睡衣

night·spot /ˈnaitˌspɔt/ *n.* [C]夜总会

night·stick /ˈnaitˌstik/ *n.* [C]警棍

night table *n.* [C]床头柜

night-time /ˈnaiˈtaim/ *n.* [U]夜间,夜里

nil /nil/ **I** *n.* [U]无;零:Boorishness or bad manners were almost *nil*. 粗野或无礼的行为几乎没有发生。**II** *adj.* [无比较级]无的;零的:*nil* visibility 零能见度

nim·ble /ˈnimbᵊl/ *adj.* ❶敏捷的,迅捷的;灵巧的:a *nimble* girl 心灵手巧的姑娘 ❷机敏的,头脑灵敏的;才思敏捷的:To succeed in such business, a fellow has to be *nimble*. 谁想做好这种生意,谁就得头脑敏捷。‖ **ˈnim·ble·ness** *n.* [U] —**ˈnim·bly** *adv.*

nim·bus /ˈnimbəs/ *n.* [C]([复]**-bi** /-bai/或**-bus·es**)【气】雨云;积雨云

nine /nain/ *n.* [C] ❶九:by the age of *nine* 到9岁的时候 ❷表示九的符号(9, ix, IX)

nine·teen /ˌnainˈtiːn/ *n.* [C] ❶十九 ❷表示十九的符号(19, xix, XIX) ‖ **ˈnine·teenth** *adj.* [无比较级] & *n.* [C]

nine·ty /ˈnainti/ *n.* ❶[C]九十 ❷[U]表示九十的符号(90, xc, XC) ❸[通常 **nineties**](世纪的)90年代;90到99岁的时期;(温度的)90到99的数字 ‖ **ˈnine·ti·eth** *adj.* [无比较级] & [C] *n.*

nin·ny /ˈnini/ *n.* [C]笨蛋,傻瓜,白痴

ninth /nainθ/ *adj.* [无比较级]第九的;第九位的

nip[1] /nip/ **I** (**nipped**; **nip·ping**) *vt.* ❶紧紧夹住;使劲拧,用力捏,狠掐;(马、狗等)咬:The alligator *nipped* the big fish. 鳄鱼咬住那条大鱼。❷拧掉;掐取;截断;咬断(*off*):*nip* the tip *off* the cigar 把雪茄的头掐掉 ❸阻止,阻碍(生长等);使受挫折;使夭折:His design was *nipped* in its infancy. 他的设计方案在一开始

就被毙掉了。—*vi.* ❶拧,捏,掐;猛咬:The dog *nipped* at his heels. 狗咬住了他的脚后跟。❷〈主英〉疾走,跑动(*along*,*in*,*off*,*on*,*out*,*round*):Where did you *nip off* to? 你到哪里去了? **II** *n.* [C]拧,捏,掐;咬:The dog gave him a few *nips* on the leg. 狗在他腿上咬了几下。‖ ***nip and tuck*** *adj.* 势均力敌的,不分上下的:The two runners contested the race closely — it was *nip and tuck* all the way. 那两个赛跑选手竞争激烈——在比赛中一直不相上下。

nip² /nip/ *n.* [C](酒等的)一口,少量

nip·per /ˈnipəʳ/ *n.* [C] ❶夹(或捏、掐、摘、咬)的人(或东西) ❷[通常作~s]钳子,镊子,夹子 ❸【动】(蟹或虾的)螯 ❹〈口〉小孩;少年

nip·ple /ˈnipᵊl/ *n.* [C] ❶乳头 ❷(奶瓶的)橡皮奶头

nip·py /ˈnipi/ *adj.* ❶(天气等)寒冷的,刺骨的:It gets *nippy* during the night. 晚上天变冷了。❷刺鼻的,辛辣的 ‖ ˈ**nip·pi·ness** *n.* [U]

nir·va·na /nəːˈvɑːnə,-ˈvænə,nə-/ *n.* [U]【宗】❶[常作 N-](佛教的)涅槃 ❷(从充满痛苦、烦恼的尘世中的)解脱;极乐世界,天堂:attain *nirvana* 获得解脱

nit /nit/ *n.* [C] ❶虮,虱卵 ❷幼虫

nit·pick,nit-pick /ˈnitˌpik/ *vt.* 找…的碴儿,就…挑刺:He *nitpicked* the report to pieces. 他把这篇报道批得一无是处。—*vi.* 找碴儿,挑刺:Don't *nit-pick* with me. 别老是找我的碴儿。‖ ˈ**nitˌpick·er** *n.* [C]

ni·trate /ˈnaitreit,-trit/ *n.* [C]【化】❶硝酸盐;硝酸酯 ❷(用作化肥的)硝酸钾,钾硝

nitric acid *n.* [U]【化】硝酸

ni·tro·gen /ˈnaitrədʒᵊn/ *n.* [U]【化】氮(符号 N) ‖ **ni·trog·e·nous** /naiˈtrɔdʒinəs/ *adj.*

ni·tro·glyc·er·in /ˌnaitrəuˈglisᵊrin/, **ni·tro·glyc·er·ine** /-rin,-ˌriːn/ *n.* [U]【化】甘油三硝酸酯

ni·trous oxide *n.* [U]【化】一氧化二氮,氧化亚氮;笑气(可作麻醉剂或航空推进剂)〔亦作 **laughing-gas**〕

nit·ty-grit·ty /ˌnitiˈgriti/ *n.* [U]基本事实,实际情况;实质;细节:get down to the *nitty-gritty* of the problem 进入问题的实质

nit·wit /ˈnitˌwit/ *n.* [C]笨蛋,傻瓜

nix /niks/ 〈俚〉 **I** *n.* [U]没有,无:All that effort for *nix*. 所有这些努力都前功尽弃。**II** *adv.* [无比较级]不,非,否:say *nix* to a proposal 不同意某项建议 **III** *vt.* 拒绝;否决:*nix* the tax 否决一税项

no¹ /nəu/ *adv.* [无比较级] ❶[用于对一般疑问句的否定回答,表示不同意、反对、拒绝、否定等]不,非,否:A: You need some money? B: *no*. I'll cover it. 甲:你需不需要钱? 乙:不需要,我付得起。❷[用以强调或引出表示否定的语句]不,没有:*No*, not one of them came. 他们一个人也没有来。❸[用于形容词或副词的比较级前]无论怎样也不;一点也不;决不会:make *no* further comments 不再进一步做评论

no² /nəu/ *adj.* [无比较级] ❶一点儿没有的;不存在的:There seemed to be *no* solutions to the problems. 这些问题看起来毫无解决的办法。❷[用于名词前,表示与其后的名词意义相反]完全不是的;远非的:He's *no* fool. 他一点也不傻。

no.,No. *abbr.* ❶ north ❷ northern ❸ number

no·bil·i·ty /nəuˈbiliti/ *n.* [U] ❶贵族阶层:the portraits of the English *nobility* 英国贵族的画像 ❷高贵的身份(或出身):a figure of considerable *nobility* 特具贵族气质的一位人物 ❸(气质的)高贵;(品质或思想等的)高尚

no·ble /ˈnəubᵊl/ **I** *adj.* ❶[无比较级]贵族的;贵族阶层的;贵族身份(或头衔)的:a *noble* man 贵族 ❷高贵的;高尚的:a *noble* cause 高尚的事业 ❸宏伟的;富丽堂皇的;壮观的:a building with a *noble* facade 一座外观看上去富丽堂皇的建筑 **II** *n.* [C]贵族 ‖ ˈ**no·ble·ness** *n.* [U] —ˈ**nob·ly** *adv.*

no·ble·man /ˈnəubᵊlmᵊn/ *n.* [C]([复]**-men** /-mᵊn/) 贵族

no·ble·wom·an /ˈnəubᵊlˌwumᵊn/ *n.* [C] ([复]**-wom·en** /-ˌwimin/) 女贵族

no·bod·y /ˈnəubɔdi,-bʌdi,-bədi/ **I** *pron.* 谁都不,没人;无人:*Nobody* knows for certain what kind of man he is. 没有人确切地知道他是一种什么样的人。**II** *n.* [C]无名小卒,小人物(与 somebody 相对):As a national leader, he was considered a political *nobody*. 作为国家领导人,人们认为他在政界无足轻重。

noc·tur·nal /nɔkˈtəːnᵊl/ *adj.* [无比较级] ❶夜

的；夜间的：long *nocturnal* walks 夜间长距离散步 ❷夜间活动的，夜间出没的（与 diurnal 相对）：the *nocturnal* mosquitoes 夜间出没的蚊子 ‖ **noc'tur·nal·ly** *adv.*

noc·turne /ˈnɔktəːn/ *n.* [C]【音】夜曲；梦幻曲

nod /nɔd/ **I**（**nod·ded; nod·ding**）*vi.* ❶点头；点头示意：Elizabeth *nodded* at the questions over and over. 伊丽莎白一面听着这些问题，一面不停地点头。❷打瞌睡：*nod* over one's book 读书时打盹 —*vt.* ❶点（头）：*nod* one's head in complete, sleepy agreement 昏昏沉沉地点头表示完全同意 ❷点头表示（同意等）：*nod* agreement 点头表示同意 **II** *n.* [C]点头 ‖ ***give the nod to*** *vt.* 赞同，同意：He *gave the nod to* our proposal. 他同意我们的建议。***nod off*** *vi.* 打盹；瞌睡：Jessie fought to keep from *nodding off.* 杰西尽力克制不让自己睡着。

node /nəud/ *n.* [C] ❶【植】（树根或树枝上的）节，结；瘤 ❷中心点 ❸【解】硬结肿；结，结节：a lymph *node* 淋巴结 ❹【植】（长叶子或枝节的）茎节 ‖ **'no·dal** *adj.*

nod·ule /ˈnɔdjuːl/ *n.* [C]小结；小瘤 ‖ **nod·u·lar** /ˈnɔdjuːləʳ/ *adj.*

No·el /nəuˈel/ *n.* ❶圣诞节 ❷[n-][C]圣诞颂歌

no-fault /ˌnəuˈfɔːlt/ *n.* [U]无责任汽车保险（指对发生交通事故的车辆赔付时不追究当事人的事故责任）

nog·gin /ˈnɔgᵊn/ *n.* [C] ❶小杯 ❷一小杯的量 ❸〈口〉脑袋

no-good I /ˌnəuˈgud/ *adj.* [无比较级]无价值的；无用的：He is *no-good* at anything helpful. 他真没用，什么忙都帮不上。**II** /ˈnəuˌgud/ *n.* [C]无用的人（或事物）

noise /nɔiz/ *n.* ❶[U]噪声，噪音；巨响：There was too much *noise* in the room, and he needed peace. 房间里太吵了，他需要安静。❷[C]声响，声音：strange *noises* coming form the engine 发动机发出的奇怪的声音 ❸[U]大声叫喊；噪音；嘈杂声，喧闹声：The boys made enough *noise* to scare off a forest of animals. 孩子们大喊大叫，足以把森林中的动物都吓跑。‖ **'noise·less** *adj.* —**'noise·less·ly** *adv.*

noise-mak·er /ˈnɔizˌmeikəʳ/ *n.* [C] ❶发出噪音的人 ❷噪音发生器（如哨子、喇叭等）

noi·some /ˈnɔisᵊm/ *adj.* ❶（气味等）有恶臭的；刺鼻的 ❷有害的，有毒的

nois·y /ˈnɔizi/ *adj.* ❶发出噪音的，吵吵闹闹的：a *noisy* child 吵闹的孩子 ❷嘈杂的，喧闹的：a piece of *noisy* music 嘈杂的音乐 ‖ **'nois·i·ly** *adv.* —**'nois·i·ness** *n.* [U]

no·mad /ˈnəumæd/ *n.* [C] ❶游牧部落的成员 ❷流浪者，居无定所者 ‖ **no·mad·ic** /nəuˈmædik/ *adj.*

no-man's land /ˌnəuˈmænz/ *n.* ❶[U]【军】（对阵军队之间的）无人地带，无人区 ❷[通常用单]性质（或范围）尚未确定的领域

no·men·cla·ture /ˈnəumənˌkleitʃəʳ, nəuˈmenklətʃəʳ/ *n.* [C]（系统）命名法，记名法；术语集，术语表

nom·i·nal /ˈnɔminᵊl/ *adj.* [无比较级] ❶名义上的，徒有其名的；有名无实的：the *nominal* head of the state 名义上的国家首脑 ❷微不足道的，轻微的：a *nominal* price 极其低廉的价格 ‖ **'nom·i·nal·ly** *adv.*

nom·i·nate /ˈnɔmiˌneit/ *vt.* ❶提名；推荐（*for*）：Every movie he made was *nominated for* an Oscar. 他制作的每部影片都获得了奥斯卡提名。❷指定，任命（*as*）：a presidential decree *nominating* Johnson as sports ambassador 一项任命约翰逊担任体育大使的总统令 ‖ **'nom·i·na·tor** *n.* [C]

nom·i·na·tion /ˌnɔmiˈneiʃᵊn/ *n.* ❶[C]提名，推荐；任命：a list of *nominations* for the award 该奖项的提名名单 ❷[U]被提名，被推荐；被任命：His *nomination* was assured. 他的提名已得到了证实。

nom·i·na·tive /ˈnɔminətiv/ **I** *adj.* [无比较级] ❶【语】主格的：the *nominative* case 主格 ❷被提名，被推荐的；指定的 **II** *n.* [C]【语】❶主格 ❷主格词

nom·i·nee /ˌnɔmiˈniː/ *n.* [C]被提名（或指定、任命、推荐）者

non- /nɔn/ *pref.* ❶[用于副词或形容词前]表示"非"，"不"：*non*-aggressively（不侵犯地）❷[用于动作性名词前]表示"未"，"否"，"无"：*non*-alignment, *non*-payment, *non*-appearance ❸[用于名词前构成形容词]表示"非"，"反"：*non*-profit, *non*-stop

non-al·co·hol·ic /ˌnɔnælkəˈhɔlik/ *adj.* [无比较级]（饮料等）不含酒精的，软的

non-a·ligned /ˌnɔnəˈlaind/ *adj.* [无比较级]（国家）不结盟的 ‖ **ˌnon·aˈlign·ment** *n.* [U]

non·ap·pear·ance /ˌnɔnəˈpiərᵊns/ *n.* [U;C] 不出场,不到场:His continual *nonappearances* at the meetings began to annoy everyone. 他不断缺席会议,这激怒了每一个人。

non·cha·lant /ˌnɔnʃəˈlɑːnt,ˈnɔnʃᵊˌlɑːnt/ *adj.* [无比较级]冷漠的,不关心的;若无其事的 ‖ ˌ**non·chaˈlance** *n.* [U] —ˌ**non·chaˈlant·ly** *adv.*

non·com·mit·tal /ˌnɔnkəˈmitᵊl/ *adj.* [无比较级](态度、观点等)不明朗的,模棱两可的:a *noncommittal* answer 模棱两可的回答 ‖ ˌ**non·comˈmit·tal·ly** *adv.*

non·com·pli·ance /ˌnɔnkᵊmˈplaiəns/ *n.* [U] 不顺从;不同意;不屈从

non·con·duc·tor /ˌnɔnkᵊnˈdʌktəʳ/ *n.* [C]【物】非导体;绝缘体

non·con·form·ist /ˌnɔnkᵊnˈfɔːmist/ **I** *n.* [C] 不守传统规范的人;不循规蹈矩的人 **II** *adj.* [无比较级]不墨守成规的,不循规蹈矩的 ‖ ˌ**non·conˈform·i·ty** *n.* [U]

non·co(-)op·er·a·tion /ˌnɔnkəuˌɔpəˈreiʃᵊn/ *n.* [U] ❶不合作 ❷非对抗性抵制;不合作主义

non·cred·it /ˌnɔnˈkredit/ *adj.* [通常作定语]无学分的;不计学分的

non·des·cript /ˈnɔndiˌskript/ *adj.* [无比较级]无特色的;难形容的;难辨别的;难归类的:The new buildings were *nondescript*. 新建的楼房毫无特色。

none /nʌn/ *pron.* ❶没有一个人(或事物):There is *none* braver than I. 没人比我更勇敢。❷没有任何一人(或事物):This is *none* of your business. 这不关你的事。❸一点没有,全无:I have *none* of that. 那没我的份儿。‖ ***none but*** *adv.* 仅;只:He had *none but* the best wishes for her. 他对她怀着最美好的祝愿。

☆**none of** 在复数名词或代词之前用以否定该名词或代词所代表的所有成员,在不可数名词之前用以否定该名词所表示的所有成分:She liked *none of* the books. (她不喜欢这其中的任何一本书。)/ She has *none of* her mother's beauty. (她一点也不具备她母亲的美貌。) none of 用在不可数名词之前或单数代词之前时,其后动词须用单数;用在复数名词或代词之前时,其后动词可用单数也可用复数;正式书面语体中常用单数:*None of* the blame was your brothers'. (你的兄弟都不应受到指责。)/ *None of* my neighbours possesses a cat. (我的邻居中没有一个人养猫的。) none 用以指代三者以上构成的整体,若整体中只包含两个成员,则须使用 neither of 对其否定:They both made a promise, but *neither of* them kept it. (他们两人都作出了承诺,但是没人信守。)

non·en·ti·ty /nɔnˈentiti/ *n.* [C]无足轻重的人(或事物),微不足道的人(或事物)

non·es·sen·tial /ˌnɔniˈsenʃᵊl/ *adj.* [无比较级]非本质的;不重要的

none·such /ˈnʌnˌsʌtʃ/ *n.* [通常用单]无与伦比的事物;无以匹敌的人

none·the·less /ˌnʌnðəˈles/ *adv.* 尽管如此;依然;然而:He had a learning disability but became a great scientist *nonetheless*. 他尽管有很大的学习障碍,却依然成了科学家。

non·ex·ist·ent /ˌnɔnigˈzistᵊnt/ *adj.* ❶[无比较级]不存在的;非实在的:His crime was *non-existent*. 他的罪名是莫须有的。❷假的;虚构的:a *non-existent* company 一家虚假的公司 ‖ ˌ**non-exˈist·ence** *n.* [U]

non·fat /ˌnɔnˈfæt/ *adj.* [通常作定语]脱脂的:*nonfat* milk 脱脂牛奶

non·fic·tion /nɔnˈfikʃᵊn/ *n.* [U]非小说类文学作品(如传记、工具书等) ‖ **non-ˈfic·tion·al** *adj.*

non·flam·ma·ble /nɔnˈflæməbᵊl/ *adj.* [无比较级]不易燃的

non·in·ter·ven·tion /ˌnɔnintəˈvenʃᵊn/ *n.* [U] (尤指对别国事务的)不干涉;不干涉主义

no-non·sense /ˌnəuˈnɔnsᵊns/ *adj.* [作定语] ❶严肃的,正经的:He gave a *no-nonsense* explanation. 他认真地做了解释。❷经济的,节约的;讲究实际的:a *no-nonsense* economy car 一辆经济实惠的车

non·pa·reil /ˌnɔnpəˈreil/ **I** *adj.* [无比较级]无与伦比的,举世无双的 **II** *n.* [C]❶无可匹敌的人(或事物) ❷(装饰糕点等用的)彩色糖球 ❸蘸糖扁圆巧克力糖

non·par·ti·san /nɔnˈpɑːtizᵊn/ **I** *adj.* [无比较级]无党派的;不支持任何党派的 **II** *n.* [C]无党派人士

non·plus /nɔnˈplʌs,ˈnɔnplʌs/ *vt.* (**-plus(s)ed**; **-plus·(s)ing**) 使迷惑,使茫然:The student seemed completely *nonplussed* by the teacher's question. 这个学生对老师提的问题好像完全迷惑不解。

non·pre·scrip·tion /ˌnɔnpriˈskripʃᵊn/ *adj.* [作定语](药等)非处方的

non·prof·it /nɔnˈprɔfit/ *adj.* [无比较级]非盈利(性)的,不以盈利为目的的:*non-profit* cultural institutions 非盈利性的文化机构

non·pro·lif·er·a·tion /ˌnɔnprəˌlifᵊˈreiʃᵊn/ I *n.* [U]防止(核)扩散:nuclear *non-proliferation* issues 防止核扩散的问题 II *adj.* [作定语]防止(核)扩散的:a *nonproliferation* treaty 防止核扩散条约

non·res·i·dent /nɔnˈrezidᵊnt/ I *adj.* [无比较级]不住在特定地方的;非定居的 II *n.* [C]不住在特定地方的人;非定居者

non·re·stric·tive /ˌnɔnriˈstriktiv/ *adj.* ❶无限制的,无约束的:*nonrestrictive* regulations 无约束法规 ❷【语】非限制性的:a *nonrestrictive* clause 非限制性从句

non·re·turn·a·ble /ˌnɔnriˈtəːnəbᵊl/ I *adj.* [无比较级] ❶不能退还的;不能回收的 ❷不能交换的 II *n.* [C]不能退还的容器

non·rig·id /nɔnˈridʒid/ *adj.* ❶[无比较级](尤指材料等)非钢性的 ❷无内部支撑结构的,软式的

non·sched·uled /nɔnˈskedʒuːᵊld,-ˈʃed-/ *adj.* (航班)不按计划的,不定期的

non·sense /ˈnɔnsens,-sᵊns/ *n.* [U] ❶无意义的话 ❷胡说;荒谬可笑的话:The writer talks complete *nonsense*. 作者完全是胡说八道。❸愚蠢(或荒唐)的行为:My God, will you stop that *nonsense*? 天哪!你能不能别再那样胡闹了?

non·sen·si·cal /ˌnɔnˈsensikᵊl/ *adj.* 荒谬的,荒唐的;可笑的;无意义的:*nonsensical* ideas 荒谬的想法 ‖ ˌ**nonˈsen·si·cal·ly** *adv.*

non·skid /nɔnˈskid/ *adj.* [作定语]防滑的

non-stand·ard /nɔnˈstændəd/ *adj.* [无比较级]不标准的;(语言等)不规范的:"I gotta to" is considered *non-standard*. 大家认为"I gotta to"这种说法不规范。

non·stick /nɔnˈstik/ *adj.* [无比较级]不黏的;不具黏性的

non·stop /nɔnˈstɔp/ I *adj.* [无比较级] ❶(火车、飞机等)中途不停的,直达的:a *nonstop* flight from Beijing to New York 从北京直飞纽约的航班 ❷不停顿的,不间断的,连续的:The training was *nonstop* and continued for a week. 训练不间断进行,前后持续了一周。II *adv.* ❶直达地,不停地:They drove *nonstop* from Los Angeles to New York. 他们从洛杉矶直驶纽约。❷不间断地:They are talking *nonstop* for eight hours. 他们连续交谈了8个小时。

non·vi·o·lence /nɔnˈvaiəlᵊns/ *n.* [U] ❶非暴力,无暴力 ❷非暴力政策 ‖ **nonˈvi·o·lent** *adj.*

noo·dle /ˈnuːdᵊl/ *n.* [C]面条:instant *noodles* 快餐面

nook /nuk/ *n.* [C] ❶(房间等的)角落 ❷偏僻处,隐蔽处:a shady *nook* in the garden 花园里一个僻静的地方 ❸荫蔽处:a shady *nook* 荫凉处

noon /nuːn/ *n.* [U]正午,中午:The meeting started at *noon*. 会议在中午开始。

no one *pron.* 无人,没有人:*No one* is so foolish as to believe that anything happens by chance. 谁也不会愚蠢到相信世间任何事情都是偶然发生的。

nope /nəup/ *adv.* [无比较级]〈口〉不,不是(=no):A: Are you going to the cinema tonight? B: *Nope*. 甲:你今晚去看电影吗?乙:不去。

noose /nuːs/ *n.* [C]绳圈,绳套

nor /nɔːʳ,弱 nəʳ/ *conj.* ❶[与否定词 neither 连用,用以引出被否定的两项中的第二项]也不,也不是,也没有:Neither he *nor* his friends came back. 他和他的朋友们都没有回来。❷[用于否定词 not, no, never 等后,表示前面否定意义的延续,用于句首时主语和谓语倒装]不,也不:The little girl's expression didn't change, *nor* did she move her eyes from my face. 小女孩的表情没有变化,也没有把目光从我脸上移开。

Nor·dic /ˈnɔːdik/ *adj.* [无比较级] ❶斯堪的纳维亚的;北欧的 ❷北欧日耳曼民族体征(身材高大、金黄头发和蓝眼睛)的

norm /nɔːm/ *n.* [C] ❶标准;准则;规范:a universal ethical *norm* 普遍的道德标准 ❷规定额;平均水平;平均值

nor·mal /ˈnɔːmᵊl/ I *adj.* [无比较级] ❶标准的;规范的:a *normal* height 标准身高 / *normal* grammar 规范语法 ❷正常的;常规的;一般的:

normal relations 正常关系 / *normal* food 常规食品 **II** *n.* [U]正常状态；常规标准：Things were returning to *normal*. 情况已恢复正常。

nor·mal·i·ty /nɔːˈmæliti/ *n.* [C]常态；正常

nor·mal·ize /ˈnɔːməˌlaiz/ *vt.* 使正常化；使标准化；使规范化：We have *normalized* our relations. 我们已经使我们的关系正常化了。—*vi.* 正常化；标准化；规范化：Relations between these two countries are gradually *normalizing*. 两党之间的关系正逐步恢复正常。〔亦作 **normalise**〕‖ **nor·mal·i·za·tion** /ˌnɔːmᵊlaiˈzeiʃᵊn;-liˈz-/ *n.* [U]

nor·mal·ly /ˈnɔːmᵊli/ *adv.* [无比较级] ❶正常地；正规地：The radio broadcast continued *normally*. 电台继续正常广播。❷通常，惯常：Every summer a troupe of actors were engaged, *normally* from the beginning of May to the end of October. 每年夏天都有一队演员参加，通常是从 5 月初到 10 月底。

nor·ma·tive /ˈnɔːmətiv/ *adj.* [无比较级] ❶规范的，标准的：*normative* principles 准则 ❷设立规范的，制定标准的

north /nɔːθ/ **I** *n.* ❶[通常作 **the** ～](罗盘仪指针所指的)北；北方(略作 **N.**) ❷[U]北方，北部；北方地区：From the *north* came a sound like rolling thunder. 从北面传来滚雷般的声音。❸[通常作 **N-**]北方(地区)；北疆：The south is a much heavier importer of goods than *the north*. 南方地区比北方地区的货物进口量要大得多。**II** *adj.* [做定语] ❶北边的；在北边的；靠北的：We went into the store by the *north* entrance. 我们是从北大门进商店的。❷向北的，朝北的：take a *north* course 向北走 ❸来自北方的：A penetrating *north* wind swept the city with icy blasts. 凛冽刺骨的北风席卷整个城市。❹[通常作 **N-**]北方的，北部的：the *North* Atlantic 北大西洋 / *North* China 华北 **III** *adv.* [无比较级]朝北方，向北方；在北方：The high building faces *north*. 高大的建筑坐南朝北。

north·bound /ˈnɔːθˌbaund/ *adj.* [无比较级] 朝北的，北上的

north·east /ˌnɔːθˈiːst/ **I** *n.* ❶[U](罗盘仪指针所指的)东北；东北方(略作 **NE**) ❷[U]东北方，东北部；东北地区 **II** *adj.* [无比较级] ❶在东北的；向东北的，朝东北的：a *northeast* course 去东北方向的路线 ❷来自东北的：a *northeast* wind 东北风 **III** *adv.* [无比较级]在东北；向东北，朝东北 ‖ ˌ**north**ˈ**east·er·ly** *adv.* —ˌ**north**ˈ**east·ern** *adj.*

north·east·er /nɔːθˈiːstəʳ/ *n.* [U]【气】东北风

north·er·ly /ˈnɔːðəli/ *adj.* [无比较级] ❶北的；北边的；北方的；在北部的，在北方的：the most *northerly* parts of Europe 欧洲最北的地区 ❷向北的，朝北的；北上的 ❸来自北面的：They turned and headed into the *northerly* wind. 他们转身顶着北风走去。

north·ern /ˈnɔːðᵊn/ *adj.* [无比较级] ❶北的；北边的；北方的；在北部的，在北方的：the *northern* hemisphere 北半球 ❷向北的，朝北的；北上的 ❸来自北方的：the *northern* wind 北风

north·ern·er /ˈnɔːðənəʳ/ *n.* [C]北方人，居住在北方的人；[常作 **N-**]美国北部人，居住在美国北部的人

northern lights [复] *n.*【地理】北极光

North Pole *n.* [**the N- P-**]【地理】北极

north·ward /ˈnɔːθwəd/ [无比较级] **I** *adv.* [无比较级]向北，朝北：Our ships headed *northward* at high speed. 我们的船只快速向北航行。**II** *adj.* [无比较级]向北的，朝北的；北上的

north·ward·ly /ˈnɔːθwədli/ [无比较级] *adv.* & *adj.* ＝northward

north·west /ˌnɔːθˈwest/ **I** *n.* ❶[U](罗盘仪指针所指的)西北；西北方(略作 **NW**) ❷西北方，西北部；西北地区：in the fertile *northwest* 在富饶的西北地区 **II** *adj.* [无比较级] ❶在西北的；向西北的，朝西北的 ❷来自西北的 **III** *adv.* [无比较级]在西北；向西北，朝西北：It is about 45 kilometers *northwest* of London. 那在伦敦西北约 45 千米的地方。‖ ˌ**north**ˈ**west·er·ly** *adv.* —ˌ**north**ˈ**west·ern** *adj.*

Nor·way /ˈnɔːwei/ *n.* 挪威(北欧国家)

Nor·we·gian /nɔːˈwiːdʒᵊn/ **I** *adj.* [无比较级] ❶挪威的 ❷挪威语的 **II** *n.* ❶[C]挪威人 ❷[U]挪威语

nose /nəuz/ **I** *n.* [C] ❶鼻子：have a runny *nose* 流鼻涕 ❷嗅觉；嗅觉力：a dog with a good *nose* 嗅觉灵敏的狗 ❸前端突出的部分；车头；飞机头：the plane's *nose* 飞机头 **II** *v.* ❶用鼻子拱(或擦)：The dog *nosed* the door open. 狗把门

拱开了。❷慢慢使…向前:The driver carefully *nosed his car into the small gap*. 司机小心翼翼地把车开进窄小的空间。‖ ***follow one's (own) nose*** *vi*. ❶径直往前走:Just *follow your nose* and in about five minutes you're at the old railway. 一直往前走,大约五分钟后就到了旧铁路那儿了。❷凭直觉办事:You won't have to think, just *follow your nose*. 你不需要考虑,跟着感觉走就行了。***keep one's nose clean*** *vi*. 行为规矩,不惹是非:He's not quite sure how to *keep his nose clean*. 他还不太清楚如何才能洁身自好。***lead (around) by the nose*** *vt*. 牵着…的鼻子走;完全控制住 ***look down one's nose at sb./sth.*** *vt*. 轻视,藐视,小看:I gave the dog some lovely steak, and it just *looked down its nose at* it. 我给狗一些挺好的肉排,可它却看不上。***on the nose*** *adv*. 精确地,一点不差地 ***turn up one's nose at*** *vt*. 鄙视,对…不屑一顾:My parents *turn up their noses at* popular songs. 我父母对流行歌曲很不以为然。***under one's nose*** *adv*. 当着某人的面,就在某人眼皮底下:He wasn't going to have his story snatched from *under his very nose*. 他不愿让别人抢先将他得来的新闻讲出来。

nose•bleed /ˈnəuzˌbliːd/ *n*. [C]【医】鼻出血

nose•dive /ˈnəuzˌdaiv/ **I** *n*. [C] ❶(飞机等的)俯冲:The plane went into a *nosedive*. 飞机突然俯冲。❷突降,暴跌:The price took a *nosedive*. 价格暴跌。**II** *vi*. 突降,暴跌:The rates seem unlikely to change much unless the dollar *nosedives*. 如果美元不猛跌的话,利率不大可能有大的变动。

nosh /nɔʃ/ **I** *vi*. 吃小吃;吃快餐:He *noshed* on a hot dog before the match. 他比赛前吃了只热狗。—*vt*. 吃(小吃);吃(快餐):She *noshed* potato chips before dinner. 她在饭前吃了些薯片。**II** *n*. [C]小吃;快餐,简餐:He just had a little *nosh* at lunchtime. 他中午只是吃了点快餐。‖ **ˈnosh•er** *n*. [C]

nos•tal•gia /nɔˈstældʒə, nəs-/ *n*. [U]怀旧,恋旧(*for*):have a *nostalgia for* 对…有眷恋之情

nos•tal•gic /nɔˈstældʒik, nəs-/ *adj*. 怀旧的,恋旧的 ‖ **nosˈtal•gi•cal•ly** /-kəli/ *adv*.

N

nos•tril /ˈnɔstril/ *n*. [C]【解】鼻孔

nos•y, nos•ey /ˈnəuzi/ *adj*. 好打听的,爱管闲事的:I shall not be *nosy*. 我不会管闲事。‖ **ˈnos•i•ly** *adv*. —**ˈnos•i•ness** *n*. [U]

not /nɔt/ *adv*. [无比较级] ❶[与 be, have 或助动词、情态动词连用,用以表示相反、否认、拒绝、禁止等]不,不是,没有:There is nothing that time will *not* cure. 时间能治愈一切。❷[与 think, want, seem, appear, expect 等实义动词连用,表示对所跟动词的否定]不会这样:He did *not* want to go. 他不想去。❸[后接 a 或 one,表示强调]没有,无:He had *not* a penny to his name. 他已一文不名。‖ ***not at all*** *adv*. ❶[客套语]不用谢,别客气:A: Thanks for helping. B: *Not at all*. I enjoyed it. 甲:谢谢你帮忙。乙:别客气,我乐意效劳。❷一点也不:Authors are *not* mentioned *at all*. 压根儿就没提到作家。

no•ta•ble /ˈnəutəbəl/ **I** *adj*. ❶值得注意的;显著的:*notable* achievements 辉煌的业绩 ❷著名的,显要的:His production is *notable* for its humor. 他的创作主要以其幽默而著称。**II** *n*. [C]名人,显要人物

no•ta•bly /ˈnəutəbli/ *adv*. ❶引人注目地,显著地:The audience was *notably* small. 观众非常少。❷尤其,特别地:a *notably* fine meal 特别好的一顿饭

no•ta•rize, no•ta•rise /ˈnəutəˌraiz/ *vt*. 公证,证实 ‖ **no•ta•ri•za•tion, no•ta•ri•sa•tion** /ˌnəutəraiˈzeiʃən/ *n*. [U]

no•ta•ry /ˈnəutəri/ *n*. [C]公证员,公证人

no•ta•tion /nəuˈteiʃən/ *n*. ❶[U](数字、数量等的)记号系统;【音】音谱,乐谱;棋谱符号;舞步符号:musical *notations* 乐谱 ❷[U]【音】记谱,记谱法:the *notation* of monodic music 单音音乐记谱法

notch /nɔtʃ/ **I** *n*. [C] ❶ V形槽口,V形切口:cut a *notch* on a stick with a knife 用刀子在棒上刻一个V形切口 ❷〈口〉等级,水平:a *notch* above the average 中上水平 **II** *vt*. ❶在…上刻V形痕 ❷赢得,获得(*up*):The team has *notched up* their victory for the third time. 该队已第三次获胜。

note /nəut/ **I** *n*. [C] ❶记录,笔记:make [take] *notes* 做笔记(或记录) ❷便条,留言短笺:She has left a *note* at their usual table. 她在他们平常吃饭的饭桌上留了张条子。❸短信 ❹评论;批注;注释,脚注:explanatory *notes* 注解 ❺口吻,声调:an icy *note* 冷冰冰的语气 ❻票据;支

票;钞票,纸币:a new £20 *note* 一张新的 20 英镑钞票 **II** *vt.* ❶记录,写下,记下(*down*):The actor *noted down* every word the audience said. 演员把观众说的每一句话都记了下来。❷着重提到,强调:She *noted* the heroic efforts of her staff. 她特别提到了她手下的英勇无畏。❸注意,留意,关注:We have *noted* your counter proposal. 我们注意到你的反对建议。‖ ***take note*** *vi.* 注意,留意(*of*):You should *take note of* what he tells you because he's more experienced. 你应该留意他对你讲的话,因为他更有经验。

note·book /ˈnəutˌbuk/ *n.* [C] ❶笔记本 ❷笔记本电脑

not·ed /ˈnəutid/ *adj.* 著名的;知名的(*for*):He was *noted for* his wisdom. 他才智出众。

note·pa·per /ˈnəutˌpeipəʳ/ *n.* [U]信纸:five sheets of *notepaper* 五张信纸

note·wor·thy /ˈnəutˌwəːðɪ/ *adj.* 值得注意的;显著的:It is a most unusual and *noteworthy* composition. 这是一篇不同凡响,令人瞩目的作品。

noth·ing /ˈnʌθiŋ/ **I** *pron.* ❶没有事情,没有东西,没有什么:Tomorrow was far away and there was *nothing* to trouble about. 明天还遥远,没什么要烦闷的。❷无足轻重的事物;不值钱的东西:Wealth and power are *nothing*. 财富和权力一文不值。**II** *n.* [C] ❶无关紧要的事情(或东西等);空话:Wade whispered sweet *nothings* into her ears. 韦德在她耳边低声地讲些毫无意义的甜言蜜语。❷[C]无足轻重的人,小人物:It makes you feel like *nothing*. 它使你感到自己微不足道。‖ ***for nothing*** *adv.* ❶不花钱地,免费地:She got the painting *for nothing*. 这幅画是她没花一分钱得来的。❷没有理由地,无缘无故地:fly into a rage for nothing 无缘无故地发火 ❸没有结果;徒劳:We waited for two hours and *for nothing* — he didn't come. 我们等了两个小时,但毫无结果,他一直没来。***nothing but*** *adv.* 只是,仅仅:The war brought *nothing but* sadness, misery and tragedy. 战争只会带来悲伤、痛苦和灾难。***think nothing of*** *vt.* 对…不重视,不把…放在心上,小看:They *think nothing of* working ten hours a day. 他们觉得一天工作 10 个小时算不了什么。

☆nothing 后接单数动词,但若与 but 连用,则动词的数与 but 后面的名词的数一致:There's *nothing* better than a cup of hot coffee. (没有比喝一杯热咖啡更好的了。) / It was a shop where *nothing but* souvenirs were sold. (这是一家专卖纪念品的商店。)

noth·ing·ness /ˈnʌθiŋnis/ *n.* [U] ❶不存在,无,虚无:sink into one's dream of *nothingness* 沉浸在虚无缥缈的梦想之中 / There's *nothingness* after death. 人死一切皆空。❷无价值;无意义;微不足道

no·tice /ˈnəutis/ **I** *n.* ❶[U]消息;预告;警告;征兆:I meant to have a dinner party once a week until further *notice*. 我打算每星期办一次宴会,如有变动,另行通知。❷[U](终止用工协议等的)预先通知:She gave her employers two-weeks' *notice*. 她提前两周通知了雇主。❸[C]书面通知,布告;启事:a lost-and-found *notice* 招领启事 ❹[U]注意,觉察:It has come to my *notice* that you have been telling lies these days. 我发现这些天你一直在撒谎。❺[U]关注;理会:She was singled out for *notice* because of her charitable work. 她因所做的慈善工作而受到特别的关注。❻[C](对新书、新戏等的)短评,评论:The book received favourable *notices*. 这本书受到了好评。**II** *vt.* 注意到;觉察到:Did the manager *notice* my age? 经理注意到我的年龄了吗?

no·tice·a·ble /ˈnəutisəbᵊl/ *adj.* 明显的,很容易看出的:The years has made a *noticeable* change in him. 岁月在他身上留下明显的变化。‖ **ˈno·tice·a·bly** *adv.*

no·ti·fy /ˈnəutiˌfai/ *vt.* 通知,告知(*of*):We can *notify* them quickly *of* our decision. 我们可以很快把我们的决定告诉他们。‖ **no·ti·fi·ca·tion** /ˌnəutifiˈkeiʃᵊn/ *n.* [U] —**ˈno·tiˌfi·er** *n.* [U]

no·tion /ˈnəuʃᵊn/ *n.* ❶[C]观念;理念;想法,看法,见解:The *notion* of getting married never crossed his mind. 他从未有过结婚的念头。❷[C]突发的念头,奇想:have some weird *notions* about space creatures 对外星生物产生的一些奇怪的想法

no·to·ri·e·ty /ˌnəutəˈraiəti/ *n.* [U]臭名;恶名:His crimes earned him considerable *notoriety*. 他因犯罪而声名狼藉。

no·to·ri·ous /nəuˈtɔːriəs, nə-/ *adj.* ❶臭名昭

著的，声名狼藉的：the world's most *notorious* criminals 世界上最臭名昭著的罪犯 ❷众所周知的，出名的：Tokyo is *notorious* for its noise pollution. 东京的噪音污染是众所周知的。‖ **no'to·ri·ous·ly** *adv.*

not·with·stand·ing /ˌnɔtwiðˈstændiŋ,-wiθ-/ **I** *prep.* 尽管，虽然：Such problems *notwithstanding*, the competition was completed. 虽然有一些问题，比赛还是进行完了。**II** *adv.* [无比较级]尽管，还是：It was raining; but he went out, *notwithstanding*. 天在下雨，但他还是出门了。

nought /nɔːt/ *n. adj.* & *adv.* ＝naught

noun /naun/ *n.* [C]【语】名词：common *nouns* 普通名词 / proper *nouns* 专有名词

nour·ish /ˈnʌriʃ/ *vt.* ❶喂养；给…滋养，给…营养：You look ill; you should *nourish* yourself with healthy soups. 你的气色不好，应该喝点滋补汤补补身体。❷怀有，抱有(情感、希望等)：She has long *nourished* the hope of becoming a famous actress. 她一直渴望成为名演员。❸培养(知识、情感等)；助长：*nourish* the brain 培养智力

nour·ish·ing /ˈnʌriʃiŋ/ *adj.* (尤指食物)有营养的；滋补的：This kind of food is not very *nourishing*. 这种食物营养不太丰富。

nour·ish·ment /ˈnʌriʃmᵊnt/ *n.* [U] ❶食物；营养品；养料：spiritual *nourishment* 精神食粮 ❷提供营养；营养状况

Nov, Nov. *abbr.* November

no·va /ˈnəuvə/ *n.* [C](-**vas** 或-**vae** /-viː/)【天】新星

nov·el[1] /ˈnɔvᵊl/ *n.* [C](长篇)小说：a detective *novel* 侦探小说 / a historical *novel* 历史小说

nov·el[2] /ˈnɔvᵊl/ *adj.* 新的，新颖的，创新的；新奇的：a *novel* problem 新问题 / try *novel* approaches 试用新方法

nov·el·ist /ˈnɔvəlist/ *n.* [C]小说作者

nov·el·ty /ˈnɔvᵊlti/ *n.* ❶[U]新颖(性)，新奇(性)；创新(性)；原创(性)：bring *novelty* to the old way of doing business 旧事新办 ❷[C]新事物；新现象：The proposal is a *novelty* in here. 这个建议在这里尚属创举。❸[C]新颖的小玩具(或饰品)：*Novelties* displayed to visitors aroused curiosity. 给游客们展示的小玩意引起了他们很大的好奇。

N

No·vem·ber /nəuˈvembəʳ/ *n.* [C] 11月(略作 **Nov.**)

nov·ice /ˈnɔvis/ *n.* [C] 初学者；新手，生手：a *novice* at swimming 初学游泳者

now /nau/ **I** *adv.* [无比较级] ❶现在，目前；当今：I didn't understand anything at first, but *now* I'm beginning to catch on. 起初我什么也不懂，现在开始明白一点了。❷马上，立刻：I must go and see him *now*! 那我得马上去见他！❸[用以引出后面欲说的话或提出问题]嗳；嗨；喏：*Now*, may I ask you a question? 嗳，我可以向你提个问题吗? **II** *conj.* 既然，由于，鉴于(＝now that)：*Now* you're here, why not stay for dinner. 你既然在这儿，就留下来吃饭吧。‖ ***now and again*** [***then***] *adv.* 时而，有时，偶尔：I like to go to the opera *now and then*. 我喜欢偶尔去看歌剧。***now that*** *conj.* 既然，由于：*Now that* we are all part of the global village, everyone becomes a neighbour. 既然我们是地球村的一部分，那我们就是邻居了。

now·a·days /ˈnauəˌdeiz/ **I** *adv.* [无比较级]现今，时下：*Nowadays*, asking for a fax number is as commonplace as asking for someone's phone number. 如今，问别人的传真号和问电话号码一样普通。**II** [复] *n.* [用作单][不与冠词连用]现今，目前

no way *adv.* 〈口〉决不；不：*No way* will I be there. 我决不会去的。

no·way(s) /ˈnəuˌwei(z)/ *adv.* 〈口〉决不，根本不

no·where /ˈnəuˌweəʳ/ *adv.* [无比较级]任何地方都不：This could have occurred *nowhere* but in England. 这种事只有可能在英国发生。‖ ***nowhere near*** *prep.* 远没有，远不及：Now, I like my sports, but I'm *nowhere near* her league. 我喜欢体育，但比她的水平差远了。

no-win /ˈnəuˌwin/ *adj.* [无比较级]不能取胜的，打不赢的：Under present circumstances, the conflict is a *no-win* situation. 在目前情况下，这场争斗对双方来说谁也不会赢。

no·wise /ˈnəuˌwaiz/ *adv.* [无比较级]决不，一点也不：It is *nowise* absurd that an old lady lives in a room without a bed. 一个老太太住的房间里没有床并不是不可思议的事。

nox·ious /ˈnɔkʃəs/ *adj.* 有害的，有毒的：*noxious* gases 有毒气体 / *noxious* byproducts 有害

的副产品

noz•zle /ˈnɔzᵊl/ *n.* [C]管嘴,喷嘴

nu•ance /ˈnʲuːɑːns,nʲuːˈɑːns/ *n.* [C](意义、感情、色彩等的)细微差异:the smallest *nuances* of colour in the two paintings 两幅画在色彩上极其细微的差异

nub /nʌb/ *n.* ❶[通常用单]要点,核心内容:The discussion never really gets to the *nub* of the problem. 讨论从来就没能够真正涉及问题的实质。❷[C]小块;小团:a *nub* of coal 一小块煤

nu•bile /ˈnʲuːbil,-bail/ *adj.* ❶(年轻女子)性发育成熟的;性感的 ❷(女子)适宜结婚的

nu•cle•ar /ˈnʲuːkliəʳ/ *adj.* [无比较级] ❶(拥有)核武器的:a *nuclear* power 核大国 ❷(使用)核能的:a *nuclear* reactor 核反应堆 ❸【物】(原子)核的,核子的

nuclear energy *n.* [U]原子能,核能

nuclear family *n.* [C]核心家庭,小家庭(由父母和孩子组成的家庭)

nuclear reactor,nuclear pile *n.* [C]核反应堆

nu•cle•ic /nʲuːˈkliːɪk,-ˈklei-/ **acid** *n.* [U]【生化】核酸

nu•cle•us /ˈnʲuːkliəs/ *n.* [C]([复] **-cle•i** /-kliˌai/或 **-cle•us•es**) ❶核心,中心:The four new players will form the *nucleus* of the football team. 这四位新队员将成为足球队的核心力量。❷【生】细胞核 ❸【物】原子核:the atomic *nucleus* 原子核

nude /nʲuːd/ **I** *adj.* [无比较级]裸体的;裸露的,赤裸的:*Nude* sunbathing is allowed on that beach. 那个海滩允许裸体日光浴。**II** *n.* ❶[C]裸体画;裸像 ❷[U]裸体:sleep in the *nude* 裸睡

nudge /nʌdʒ/ **I** *vt.* ❶轻推;(尤指为引起注意)用肘轻推:The crowd *nudged* him out of the way. 人群把他推开了。❷接近:The thermometer was *nudging* 39℃. 温度计上的温度快到39℃了。**II** *n.* [C](用肘等的)轻推

nu•di•ty /ˈnʲuːditi/ *n.* [U]裸露;裸体:There are signs posted to remind visitors that public *nudity* is unlawful. 有标牌提醒游客,在大庭广众之下裸露身体是违法的。

nug•get /ˈnʌgit/ *n.* [C] ❶(尤指金子等贵重金属的)块,小块:Their first shovelful disclosed a *nugget* worth thirty cents. 他们第一铲就挖出一小块价值30分的金子。❷渺小却有价值的东西:some astonishing *nuggets* of information 几则惊人的消息

nui•sance /ˈnʲuːsᵊns/ *n.* [C] ❶讨厌的人:He had been a dreadful *nuisance* in his later years. 他晚年变得令人十分讨厌。❷讨厌的事情(或东西);恼人的事情:It's such a *nuisance* having to work on Saturday. 星期六还得上班,真烦人。

nuke /nʲuːk/ 〈俚〉**I** *n.* [C] ❶核武器 ❷核电站;核反应堆 **II** *vt.* ❶用核武器摧毁,用核武器轰炸:The city has been *nuked*. 城市毁于核武器。❷用微波炉加热(或烹煮)

null /nʌl/ *adj.* [无比较级] ❶没有价值的,无意义的;无效的:It makes the previous agreement *null*. 这使得原有的协议失效。❷【数】(集合)空的:a *null* set 空集合 ‖ ***null and void*** *adj.* 无约束力的,无效的 ‖ **ˈnul•li•ty** *n.* [U]

nul•li•fy /ˈnʌliˌfai/ *vt.* ❶使无效;取消:*nullify* a contract 取消合同 ❷使无价值;使无用;抵消:Defeat in one battle *nullified* all the achievements of previous successive victories. 连战皆捷之后吃了一个败仗便前功尽弃。‖ **nul•li•fi•ca•tion** /ˌnʌlifiˈkeiʃᵊn/ *n.* [U]

numb /nʌm/ **I** *adj.* [无比较级] ❶麻木的,无感觉的(*with*):My fingers are *numb with* cold. 我的手指冻僵了。❷无感情的,冷淡的;表情僵硬的:Nothing could rouse her from a *numb* indifference. 没有什么能改变她的麻木不仁。**II** *vt.* ❶使麻木;使失去知觉:His fingers were *numbed* by the cold. 他的手指冻僵了。❷使冷淡,使麻木不仁;使表情僵硬:be *numbed* by shock 惊得目瞪口呆 ‖ **ˈnumb•ing** *adj.* —**ˈnumb•ly** *adv.* —**ˈnumb•ness** *n.* [U]

num•ber /ˈnʌmbəʳ/ **I** *n.* ❶[C]数:a serial *number* 序列号 ❷[C]数字 ❸[C;U]数目,数额,数量:The *number* of deaths due to lung cancer is steadily increasing. 因肺癌死亡的人数在不断增加。❹[通常用单;常作~ **of**]几个,一些:I've been there a *number of* times. 我去过那里几次。❺[C]号码,编号:He knocked on apartment *number* three. 他敲了敲3号房门。❻[C](演出等的)一段;(歌曲、舞蹈等的)一曲,一首,一支:She sang several *numbers* at the evening party. 她在晚会上唱了好几段。**II** *vt.* ❶把…编号,给…标号码:Each line must be *numbered*. 每行都得编号。❷计有,达到(某数量):His audience often *numbered* 80 or more. 他的听众多达 80 人或更多。

☆a number of 后面须接复数名词,后接的动词也使用复数;the number of 后须接复数名词,但后接的动词使用单数:*A number of* invitations have been sent.(已经发出了大量的邀请信。)/ *The number of* sightings of UFOs since 1980 is relatively small.(自 1980 年以来见过飞碟的人数比较少。)

num·ber·less /ˈnʌmbᵊlis/ *adj.* [无比较级]数不清的,难以计数的:a *numberless* flock of geese 一群数不清的鹅

nu·mer·a·ble /ˈnʲuːmᵊrəbᵊl/ *adj.* [无比较级]可数的,可计数的

nu·mer·al /ˈnʲuːmᵊrᵊl/ *n.* [C]数字:Roman *numerals* 罗马数字

nu·mer·ate I /ˈnʲuːməˌreit/ *vt.* 列举;数;计算 II /ˈnʲuːmᵊrət/ *adj.* [无比较级]识数的;懂数学的 ‖ **ˈnu·mer·a·cy** *n.* [U]

nu·mer·a·tor /ˈnʲuːməˌreitəʳ/ *n.* [C]【数】分子

nu·mer·i·cal /nʲuːˈmerikᵊl/, **nu·mer·ic** /-ˈmerik/ *adj.* ❶[无比较级]数字的 ❷用数字表达的 ‖ **nuˈmer·i·cal·ly** *adv.*

nu·mer·ous /ˈnʲuːmᵊrəs/ *adj.* ❶大量的,数目巨大的:The audience brought dancers back for *numerous* curtain calls. 观众让舞蹈演员一次又一次地谢幕。❷人数众多的,由许多人组成的:Recent audiences have been more *numerous*. 近来观众的人数越来越多。

nun /nʌn/ *n.* [C]修女;尼姑

nup·tial /ˈnʌpʃᵊl/ I *adj.* [无比较级]婚姻的;结婚的;婚礼的:the *nuptial* chamber 洞房 II *n.* [通常作~s]婚礼

nurse /nəːs/ I [C] ❶护士;护理员 ❷保姆;保育员:the family *nurse* 家庭保姆 II *vt.* ❶护理,照料,服侍:He had *nursed* and cosseted her through the winter. 他服侍照料了她一冬天。❷治疗,调治(疾病):He stayed in bed and *nursed* his cold. 他因感冒卧床养病。❸给…喂奶,给…哺乳:The mother cat is *nursing* the kitten. 母猫在给小猫喂奶。❹(尤指)慢慢地享用;呷:He's *nursing* a beer at the table. 他坐在桌旁慢慢喝着啤酒。❺(心中)怀有,抱有:*nurse* one's contempt 心存鄙视 —*vi.* ❶喂奶,哺乳:She had to give up *nursing* to concentrate on her business. 她为了专心做生意不得不给孩子断奶。❷(婴儿)吃奶 ‖ **ˈnurs·er** *n.* [C]

nurse·maid /ˈnəːsˌmeid/ *n.* [C]保姆〔亦作 **nurseymaid**〕

nurs·er·y /ˈnəːsᵊri/ *n.* [C] ❶育婴堂;保育室 ❷托儿所:day [night] *nursery* 日间[晚间]托儿所 ❸苗圃

nursery rhyme *n.* [C]童谣,儿歌

nursery school *n.* [C;U]托儿所

nursing home *n.* [C] ❶(接受年老体弱者的)私人疗养院 ❷〈英〉小型私人医院

nur·ture /ˈnəːtʃəʳ/ I *vt.* ❶给…营养(或养分) ❷培植,培养:*nurture* a habit 培养一种习惯 ❸养育,抚养;教育:Women are born to *nurture* children. 女人天生会养育孩子。II *n.* [U] ❶养育;培养;教育,教养 ❷营养(物);食物 ‖ **ˈnur·tur·er** *n.* [C]

nut /nʌt/ *n.* [C] ❶坚果,干果:pine *nuts* 松果 ❷果仁 ❸螺母,螺帽

nut·crack·er /ˈnʌtˌkrækəʳ/ *n.* [C](轧碎坚果的)坚果钳

nut·meat /ˈnʌtˌmiːt/ *n.* [C]核仁,果仁

nut·meg /ˈnʌtˌmeg/ *n.* ❶[C]肉豆蔻籽 ❷[U]肉豆蔻粉

nu·tri·ent /ˈnʲuːtriənt/ I *adj.* [作定语](有)营养的,滋补的:*nutrient* deficiency 营养不良 II *n.* [C]营养品,滋养物:plant *nutrients* 植物营养

nu·tri·ment /ˈnʲuːtrimᵊnt/ *n.* [C]营养物,营养品;食物

nu·tri·tion /nʲuːˈtriʃᵊn/ *n.* [U] ❶营养学:the science of *nutrition* 营养学 ❷营养,滋养:food of *nutrition* 营养食品 ❸食物;营养物,滋补品:Good *nutrition* is essential for the recovery of patients. 良好的营养食品对病人恢复健康是很有必要的。‖ **nuˈtri·tion·al** *adj.* —**nuˈtri·tion·al·ly** *adv.* —**nuˈtri·tion·ist** *n.* [C] —**nuˈtri·tive** *adj.*

nu·tri·tious /nʲuːˈtriʃəs/ *adj.* 有营养的,滋补

的:the richly *nutritious* milk 营养丰富的牛奶 ‖ **nu'tri·tious·ly** *adv.* —**nu·tri 'tious·ness** *n.* [U]

nuts /nʌts/ *adj.* [无比较级][作表语]发疯的;发狂的;失常的:Sometimes I think my husband is *nuts*. 有时我觉得我丈夫很不正常。‖ ***be nuts about*** [***on***] *vt.* 〈口〉对…狂热,对…痴迷:He knew she *was nuts about* caviar. 他知道她特别喜欢吃鱼子酱。

nut·shell /'nʌtˌʃel/ *n.* [C]坚果外壳 ‖ ***in a nutshell*** *adv.* 概括地,简约地:There's a lot to say about the novel but to put it *in a nutshell*, it is terrible. 有关这本小说的看法很多,但简而言之,小说很糟糕。

nut·ty /'nʌti/ *adj.* 坚果味的;果仁味的:a *nutty* taste 果仁味 ‖ **'nut·ti·ness** *n.* [U]

nuz·zle /'nʌzᵊl/ *vt.* ❶(用鼻、口等)触,擦,蹭 ❷使紧靠;使依偎 —*vi.* (深情地)拥抱,依偎

NW, N. W., n. w. *abbr.* ❶ northwest ❷ northwestern

ny·lon /'nailɔn/ *n.* ❶[U]尼龙 ❷[~s]尼龙长袜

nymph /nimf/ *n.* [C] ❶【希神】【罗神】(居于山林水泽的)仙女 ❷〈诗〉美女 ❸【昆】幼虫(如小蜻蜓等)

N

O o

O[1], **o** /əu/ *n.* [C]([复]**O's, o's; Os, os** 或 **oes** /əuz/) 英语字母表中第十五个字母：There are two *o's* in Ohio. "Ohio"这个词中有两个"O"。

O[2] /əu/ *int.* ❶[诗歌或祈祷中用于直接称呼前，表示诚挚]啊!：*O* my people, what have I done unto thee? 啊，我的人民，我为你们做了些什么？❷[表示惊讶、痛苦、赞叹等]哦！啊！唉！哎呀!：*O* yes, he's very good. 噢，是的，他这个人很好。

O[3] /əu/ *n.* ❶【化】元素氧(oxygen)的符号 ❷[U]【生理】(四种主要血型中的)O 型 ❸[U]表示"第十五(或 I 或 J 不算时的第十四)"的符号 ❹[C][用于口语表达中]零：a phone number with three *O*'s 带有三个 0 的电话号码

oaf /əuf/ *n.* [C]([复]**oafs** 或 **oaves**) 笨拙的(乡下)人，笨手笨脚的家伙；愚蠢的人，笨蛋，傻瓜

oak /əuk/ *n.* ❶[C]【植】栎属树，栎，橡 ❷[U](用于建筑或制上等家具等的)栎树材，栎木：an *oak* table 栎木桌 ‖ ˈ**oak·en** *adj*

oar /ɔːʳ, əuʳ/ *n.* [C]橹，桨 ‖ ˈ**oars·man** *n.* [C]([复]**-men**)

o·a·sis /əuˈeisis/ *n.* [C]([复]**-ses** /-siːz/) (沙漠中的)绿洲：The road went through several *oases* in the desert. 这条路穿过沙漠中好几个绿洲。

oat /əut/ *n.* [C] ❶【植】燕麦 ❷[～s]燕麦种子；燕麦谷粒；燕麦庄稼 ‖ ***feel one's oats*** *vi.* 〈口〉自以为了不起，自高自大：He was *feeling his oats* and started to boss the other men. 他神气活现，并开始对别人发号施令。‖ **oat·en** /ˈəutən/ *adj.*

oath /əuθ/ *n.* [C]([复]**oaths** /əuðz, əuθs/) ❶誓言；誓约；宣誓，立誓：make an *oath* 立誓，宣誓 ❷(强调或发怒时的)妄用神名之词，亵渎神灵的话 ❸咒语，诅咒的言辞：He slammed the door with an *oath*. 他骂骂咧咧地关上房门。

oat·meal /ˈəutˌmiːl/ *n.* [U] ❶燕麦粉，燕麦面：He spilled some *oatmeal* out of the box. 他将一些燕麦粉溅出了盒子。❷燕麦片；燕麦粥：We often have *oatmeal* for breakfast in cold winter. 在寒冷的冬天，我们早餐常常吃燕麦片。

ob·du·ra·cy /ˈɔbdjurəsi/ *n.* [U]顽固不化，冷酷无情；执拗，倔强

ob·du·rate /ˈɔbdjurit/ *adj.* ❶铁石心肠的，冷酷无情的 ❷不听劝告的，顽固不化的；强硬的：an *obdurate* sinner 一位死不改悔的罪犯 ‖ ˈ**ob·du·rate·ness** *n.* [U]

o·be·di·ence /əˈbiːdiəns/ *n.* [U]听从，服从；顺从；遵从：A soldier must give implicit *obedience* to his commanding officers. 士兵必须绝对服从他的长官。

o·be·di·ent /əˈbiːdiənt/ *adj.* 听从的，顺从的；遵从的；孝顺的(*to*)：She was an *obedient* child. 她是个孝顺的孩子。

o·bei·sance /əuˈbeisᵊns/ *n.* ❶[U]敬重；尊敬：The nobles gave *obeisance* to the new king. 贵族们向新国王表示敬意。❷[C](表示尊敬的)深鞠躬，屈膝礼；敬礼：After three profound *obeisances* they were permitted to sit beside the Queen. 他们十分恳切地三鞠躬后，获准在女王旁边坐下来。‖ oˈ**bei·sant** *adj.*

ob·e·lisk /ˈɔbəlisk/ *n.* [C]【建】石制方尖塔；方尖碑

o·bese /əuˈbiːs/ *adj.* (人)过度肥胖的，很胖的；肥大的，臃肿的：*Obese* people are more likely to contract diabetes and heart disease. 过分肥胖者更易患糖尿病和心脏病。‖ **o·bes·i·ty** /əuˈbiːsiti/ *n.* [U]

o·bey /əuˈbei/ *v.* 听从，服从；顺从：Martin would be dismissed if he refused to *obey*. 马丁如果不服从的话，会被解雇的。

ob·fus·cate /ˈɔbfʌsˌkeit/ *vt.* ❶使暗淡;遮掩,掩盖;使模糊不清:The report *obfuscated* the principal issues. 这份报告将主要问题掩盖起来了。❷使困惑,使迷惑;使惊呆:Her emotions *obfuscated* his judgment. 他感情用事,无法作出正确决断。‖ **ob·fus·ca·tion** /ˌɔbfʌsˈkeiʃ°n/ *n.* [U]

o·bit·u·ar·y /əuˈbitjuəri/ *n.* [C] ❶(尤指报纸上刊登的)讣告 ❷死者生平

ob·ject I /ˈɔbdʒikt/ *n.* [C] ❶物体,物件;实物,东西:They put several *objects* on the floor. 他们在地板上摆放好几样东西。❷(感情、思想或行为的)接受者,对象:Jack was an *object* of embarrassment to the university authorities. 杰克是一个令学校当局难堪的人。❸目的,目标,宗旨:His *object* in life is to earn as much money as possible. 他生活的目标就是尽量多挣钱。❹【语】宾语 ❺问题:Money is no *object*,so spend all you want. 钱不是问题,你想花多少就花多少。II /əbˈdʒekt/ *vi.* ❶反对;提出相反意见(*against*,*to*):The new transport is much *objected to*. 新的运输方式遭到了众人的反对。❷不喜欢,不赞成(*against*,*to*):I *object to* being treated like this. 我不喜欢受到这种待遇。—*vt.* 提出…作为反对意见(或理由):He *objected* that it was unfair. 他反对说,那不公平。‖ **obˈject·or** *n.* [C]

ob·jec·tion /əbˈdʒekʃ°n/ *n.* ❶[C]反对的话,异议:Most of them raised *objections* to his bid. 他们中大多数人对他的竞标提出异议。❷[C;U]反对;不喜欢,厌恶;反对的行为(或举动):He has a strong *objection* to getting up early. 他坚决反对早起。❸[C]反对的理由(或依据)(*to*,*against*):His main *objection to* the plan is that it would be too expensive. 他反对该项计划的主要原因就是耗资太大。

ob·jec·tion·a·ble /əbˈdʒekʃənəb°l/ *adj.* ❶会招致反对的:I am ready to omit any passages which you may think *objectionable*. 我准备删去任何你会认为不合适的章节。❷使人不愉快的;讨厌的:He apologized for his *objectionable* behaviour. 他为自己的不当行为道歉。

ob·jec·tive /əbˈdʒektiv/ I *adj.* ❶客观(存在)的;具体的,实在的,真实的:an *objective* law 客观规律 ❷客观公正的,无偏见的;不感情用事的;不主观的:Nothing of the report is properly *objective*. 报道中没有哪部分真正实事求是。II *n.* [C]目的,目标,宗旨:If this policy is reversed they will never achieve their *objectives*. 如果这项政策彻底改变的话,他们将永远不会达到他们的目的。‖ **obˈjec·tive·ly** *adv.* —**obˈjec·tive·ness** *n.* [U] —**ob·jec·tiv·i·ty** /ˌɔbdʒekˈtiviti/ *n.* [U]

ob·li·ga·tion /ˌɔbliˈgeiʃ°n/ *n.* ❶[C;U](法律或道义上的)义务,责任;职责;负担(见 duty):It is the *obligation* of all citizens to pay taxes. 所有公民都有纳税的义务。❷[C;U](法令、允诺或责任感等的)约束(力),束缚(作用):Damaging the goods puts you under an *obligation* to buy them. 你如果把商品弄坏了,就必须买下来。

ob·lig·a·to·ry /əˈbligət°ri/ *adj.* [无比较级](道义上或法律上)受约束的,受束缚的;必须的,强制性的(*on*,*upon*):It is *obligatory on* cafe owners to take precautions against fire. 餐馆老板必须采取防火措施。

o·blige /əˈblaidʒ/ *vt.* ❶[常用被动语态;后接不定式](以诺言、合同或责任)束缚,约束(某人);强迫,迫使:We were *obliged* to sell our car in order to pay our debts. 我们不得不卖掉汽车来偿还债务。❷[常用被动语态]使感激,使感恩:I shall be much *obliged* to you for an early reply. 尽早赐复,不胜感激。❸施恩于;帮助:*Oblige* us with your company at dinner. 务请光临宴会。—*vi.* 〈口〉施恩于人;帮忙(*with*):I'll do anything within reason to *oblige*. 只要合乎情理,我会帮忙做任何事。‖ **oˈblig·ing** *adj.*

ob·lique /əˈbliːk/ *adj.* ❶斜的,倾斜的;歪的:an *oblique* line 斜线 ❷不直截了当的,转弯抹角的;间接的:He took this as an *oblique* reference to his own affairs. 他认为这是在影射他自己的事情。

ob·lit·er·ate /əˈblitəreit/ *vt.* ❶擦去,抹掉;冲刷掉;使不留痕迹:He *obliterated* his signature from the paper. 他把自己的签名从文件上擦掉了。❷消灭;彻底破坏,毁掉:The whole town was *obliterated* by the typhoon. 整个小镇被台风毁灭了。‖ **ob·lit·er·a·tion** /əˌblitəˈreiʃ°n/ *n.* [U] —**obˈlit·er·a·tor** *n.* [C]

ob·liv·i·on /əˈbliviən/ *n.* [U](被)忘却的状态;忽略的状态:He sat there in peaceful *obliv-*

O

ion. 他坐在那里安详自然,无忧无虑。

ob·liv·i·ous /əˈbliviəs/ *adj*. ❶遗忘的,健忘的;使人忘记的,令人遗忘的:an *oblivious* sleep 令人忘怀的睡眠 ❷未意识到的,未觉察出的;不知道的(*of*,*to*):They are working hard,*oblivious of* all fatigue. 他们不知疲倦地努力工作。‖ **obˈliv·i·ous·ness** *n*. [U]

ob·long /ˈɔblɔŋ/ I *adj*. [无比较级]【数】长方形的,矩形的 II *n*. [C]长方形;长椭圆形;长方形(或长椭圆形)之物

ob·lo·quy /ˈɔbləkwi/ *n*. [U] ❶丢脸,蒙羞;耻辱,羞辱 ❷(公开的)指责,谴责;辱骂;诋毁,诽谤

ob·nox·ious /əbˈnɔkʃəs/ *adj*. 非常讨厌的,可恨的;可招致反对的;冒犯的:He is so *obnoxious* that everyone hates him. 他是那样地讨人嫌,人人都恨他。

o·boe /ˈəubəu/ *n*. [C]【音】双簧管 ‖ **ˈo·bo(e)·ist** *n*. [C]

ob·scene /əbˈsiːn/ *adj*. ❶猥亵的,淫乱的;下流的;淫秽的,色情的:The press had been prosecuted for printing *obscene* and indecent advertising. 该出版社因印制淫秽和不健康的宣传品而受到起诉。❷〈口〉很讨厌的;可恨的,可憎的;令人作呕的:so heinous,black,*obscene* a deed 如此凶残、邪恶、可憎的行为 ‖ **obˈscene·ness** *n*. [U]

ob·scen·i·ty /əbˈseniti/ *n*. ❶[U]淫秽,猥亵;下流 ❷[C]下流话(或行为);淫秽字眼(或动作):They started yelling abuse and *obscenities* at the workers. 他们开始用下流的语言辱骂工人。

ob·scure /əbˈskjuəʳ/ I *adj*. ❶晦涩的,深奥的;费解的,难懂的:The meaning of this essay is very *obscure*;I really do not understand it. 这篇散文的意思极为深奥,我实在无法理解。❷(意思表达得)含糊不清的;不明确的:The *obscure* words baffled him. 这些含糊不清的话语使他大惑不解。❸未被注意的;被忽视的;(人)不著名的,不知名的;不引人注目的:She was of some *obscure* nationality. 她的国籍不明。II *vt*. ❶使变暗;使模糊,使看不清:The large building *obscured* the hills behind. 高大的建筑物挡住了后面的山丘。❷使费解,使难懂;使混淆不清;隐瞒,掩盖:The management deliberately *obscured* the real situation from federal investigators. 管理部门故意向联邦调查员隐瞒事情的真相。‖ **obˈscure·ly** *adv*.

☆ **obscure, ambiguous, cryptic, equivocal, vague** 均有"含糊的,不明确的"之意。**obscure** 表示因事物被掩藏或因智力局限而显得意义隐晦深奥,难以理解:Is the meaning still *obscure* to you?(你仍然觉得意思不清楚吗?)**ambiguous** 尤指有意或无意地使用含有多种意义的词语,使人感到含糊不清和难以理解:an *ambiguous* reply(模棱两可的回答)**cryptic** 强调故意让人感到困惑、迷惑或神秘,往往带有内含隐义这一意思:a *cryptic* remark(含义隐晦的话)**equivocal** 表示为欺骗或规避而故意使用容易产生歧义的词语或话语,带有含糊的或模棱两可的意味:The politician gave an *equivocal* answer.(那位政客的答复模棱两可。)**vague** 表示因为太笼统、考虑不全面而概念不清,带有含糊、不明确的意味:I haven't the *vaguest* idea what you mean.(我一点都不明白你的意思。)

ob·scu·ri·ty /əbˈskjuəriti/ *n*. ❶[U]默默无闻,无名:rise from *obscurity* to fame 由无名小辈成为显赫的大人物 ❷[U]暗淡;昏暗;黑暗:The spy hid in the *obscurity* of the thick bushes. 那个间谍躲藏在密林的阴暗处。

ob·se·qui·ous /əbˈsiːkwiəs/ *adj*. 谄媚的,阿谀奉承的:be *obsequious* to one's superiors 对上级溜须拍马

ob·serv·ance /əbˈzəːvᵊns/ *n*. ❶[U](对法律或习俗等的)遵守,遵从,奉行:All the players should show complete *observance* of the rules of the game. 所有选手必须严格遵守比赛规则。❷[C;U]关注,注意;观察

ob·serv·ant /əbˈzəːvənt/ *adj*. ❶观察力强的,目光敏锐的;注意观察的,留心的:For a child of his age,he had an *observant* eye. 对于他这样年纪的小孩,观察力已是非常敏锐。❷(对法律、礼仪和习俗等)遵守的,奉行的:Churchgoers must be *observant* of religious rites. 去教堂的人必须恪守宗教礼仪。

ob·ser·va·tion /ˌɔbsəˈveiʃᵊn/ *n*. ❶[U;C]观察(力);观测,监测:He has remarkable powers of *observation*. 他具有很强的观察力。❷[U;C]关注,注意,察觉:The thief avoided *observation*. 那个小偷未被人发现。❸[C](通过观察后所作出的)言论,看法;议论;评论:The book is full of interesting *observations* on the universe. 这本书里全是些关于宇宙的有趣观点。

ob·serv·a·to·ry /əbˈzɜːvətəri/ *n.* [C] ❶观象台,天文台:At the *observatory* is a big telescope through which scientists study the stars. 天文台有一架大型望远镜,科学家通过此望远镜研究恒星的活动。❷气象台,气象站;观测站,观测台:Magnetic *observatories* have been established in Europe and the United States. 欧洲大陆和美国等地都建起了地磁台。

ob·serve /əbˈzɜːv/ *vt.* ❶[后常接 that 或 how 引导的从句]看到,看见;发现;注意;意识到,察觉:He began to *observe* a curious phenomenon. 他开始看到一奇异的现象。❷观测;观察;注视;监视:The scientist *observed* the behaviour of the mice after they were given the drug. 这位科学家观察老鼠服用这种药物后的行为。❸遵守,遵循,奉行;(法律、规章、约定或习俗等):The policeman has warned him that he must *observe* the law. 警察警告过他必须要遵守法律。❹议论;评论;说:I have very little to *observe* on what has been said. 我简短地说几句谈论过的事情。—*vi.* ❶注意,留心;观察,观测 ❷(评)说,评论;议论(*on*,*upon*):The papers should be read for the members of Council to *observe upon* them. 应该把这些文件读一读,让议员们对此发表看法。‖ **obˈserv·er** *n.* [C]

ob·sess /əbˈses/ *vt.* [常用被动语态]使着迷;使萦绕于心,使心神不宁;困扰,烦扰:He was *obsessed* with going home. 他一直想着要回家。—*vi.* 不停地思念:He *obsessed* about his old girl friend for years. 多年来他对以前的女友一直念念不忘。

ob·ses·sion /əbˈseʃᵊn/ *n.* ❶[U]着迷,迷恋;困扰,烦扰:The little girl's *obsession* is to become a woman chess grandmaster. 那女孩一心想成为女子国际象棋大师。❷[C]困扰人的念头(或想法、愿望等)

ob·ses·sive /əbˈsesiv/ *adj.* 着迷的,缠住不放的;困扰的,烦扰的:the *obsessive* interest for soccer 对足球着魔般的兴趣 ‖ **obˈses·sive·ly** *adv.*

ob·so·les·cence /ˌɔbsəˈlesᵊns/ *n.* [U]废弃,淘汰

ob·so·les·cent /ˌɔbsəˈlesᵊnt/ [无比较级] *adj.* 过时的,陈旧的,老式的;作废的,废弃的;(武器、设备等)淘汰的:an *obsolescent* term 过时的术语

ob·so·lete /ˈɔbsəliːt/ *adj.* [无比较级] ❶不再使用的;废弃的,作废的;淘汰的:an *obsolete* expression 废弃的表达方式 ❷过时的,陈旧的,老式的:*obsolete* machinery 过时的机器

ob·sta·cle /ˈɔbstəkᵊl/ *n.* [C]障碍(物),阻碍(物);妨碍的人,阻碍的人:He still has tremendous *obstacles* to encounter. 他仍要遭遇巨大的障碍。

ob·ste·tri·cian /ˌɔbsteˈtriʃən/ *n.* [C]产科医生

ob·stet·rics /əbˈstetriks/ [复] *n.* [用作单或复]产科学;接生术(略作 **OB**, **ob**) ‖ **obˈstet·ri·cal**, **obˈstet·ric** *adj.*

ob·sti·na·cy /ˈɔbstənəsi/ *n.* [U;C]顽固,固执;倔强,顽强:I detected a certain *obstinacy* in his attitude. 我发现他的态度有些固执。

ob·sti·nate /ˈɔbstinit/ *adj.* ❶固执的,顽固的;倔强的;执拗的:I never saw anyone so *obstinate*. 我从来没见过这么固执的人。❷不妥协的,不让步的,不屈服的,顽强的:The enemy troops met with *obstinate* resistance by guerilla forces. 敌人的部队遭到了游击队强有力的抵抗。

ob·strep·er·ous /əbˈstrepərəs/ *adj.* ❶难以控制的;不守秩序的,不守规矩的;混乱不堪的:Drunks were seldom charged unless they became *obstreperous*. 醉鬼很少受到指控,除非他们扰乱治安。❷大声吵闹的,喧哗的:I heard him very *obstreperous* in his sleep. 我听见他睡觉时鼾声很大。

ob·struct /əbˈstrʌkt/ *vt.* ❶阻塞,使堵塞:After the typhoon many roads were *obstructed* by collapsed trees. 台风过后,许多道路被倒塌的树木堵塞了。❷妨碍,阻碍;阻挡,阻止,阻挠(见 hinder):Trees *obstruct* our view of the ocean. 树木使我们无法看见海洋。‖ **obˈstruc·tive** *adj.* —**obˈstruc·tive·ness** *n.* [U]

ob·struc·tion /əbˈstrʌkʃᵊn/ *n.* ❶[U]阻碍,妨碍;阻塞,堵塞;受阻,被妨碍:*obstruction* of justice 妨碍司法公正 ❷[C]障碍物,堵塞物;妨碍者,阻碍者:Ignorance is an *obstruction* to progress. 无知阻碍了进步。

ob·tain /əbˈtein/ *vt.* 获得,获取,得到:This single book *obtained* him a good reputation. 就靠这一本书,他获得了很高的声誉。—*vi.* [不用

O

于进行时态]使用;风行,流行;存在:Certain customs still *obtain* today. 一些习俗现在还很流行。‖ **ob'tain·a·ble** *adj.* —**ob'tain·ment** *n.* [U]

ob·trude /əb'truːd/ *vi.* ❶强行进入,闯入(*on*, *upon*):An old song kept *obtruding upon* my consciousness. 一首老歌一直在我的脑海浮现。❷挤出;向前伸出;突出:The snail's horns *obtruded*. 蜗牛的触角向前伸出。—*vt.* ❶逼人接受,将…强加于;强迫(*on*,*upon*):Do not *obtrude* your opinions *upon* others. 不要将你的观点强加于他人头上。❷挤出;向前伸出;使突出:A turtle *obtrudes* its head from its shell. 乌龟把头从壳里伸出来。

ob·tru·sive /əb'truːsiv/ *adj.* ❶炫耀的,招摇的;过于显眼的:I found him a very *obtrusive* person, constantly seeking the centre of the stage. 我发现他是个爱出风头的人,一直想成为众人瞩目的焦点。❷向外伸出的,突出的 ‖ **ob'tru·sive·ly** *adv.* —**ob'tru·sive·ness** *n.* [U]

ob·tuse /əb'tʲuːs/ *adj.* ❶智力低下的,反应慢的,愚笨的:She's being deliberately *obtuse*. 她故意显得非常迟钝。❷【数】(角)钝的;钝角的 ❸不尖的;不锋利的,钝的 ❹不敏感的,反应迟钝的;不活跃的 ‖ **ob'tuse·ness** *n.* [U]

ob·verse /'ɔbvəːs/ **I** *n.* [U;C] ❶(铸币、奖章、印章等印有主要图案的)正面;正面图案 ❷正面,前面;较显著面,主要面 ❸对应物;对立面:The *obverse* of expansion at the top was contraction at the bottom. 顶部膨胀使得底部收缩。**II** *adj.* ❶正面的;显著面的 ❷对立面的;对应物的:We must see the reverse as well as the *obverse* side of things. 我们要看到事物的正面也要看到它们的反面。

ob·vi·ate /'ɔbvieit/ *vt.* ❶排除,消除(困难、不利因素等):*obviate* the risk of serious injury 排除严重受伤的危险 ❷使不必要;避免,免除:Energy conservation *obviates* the need for further generating capacity. 节能就不需要更大的发电容量。‖ **ob·vi·a·tion** /ˌɔbvi'eiʃᵊn/ *n.* [U]

O

ob·vi·ous /'ɔbviəs/ *adj.* ❶明显的,显而易见的;毫无疑问的:As we all know the problems, there's no need to state the *obvious*. 既然大家都知道问题所在,就没有必要明说了。❷[常作表语](情感、动机、意图等)直露的,不隐藏的:He was very *obvious* in his distrust of me. 他明显地流露出对我的不信任。

ob·vi·ous·ly /'ɔbviəsli/ *adv.* ❶明显地,显而易见地:He is *obviously* wrong. 他明显错了 ❷一目了然地:A: Is she sorry? B: *Obviousl* not! Look at her. 甲:她难过吗? 乙:显然不(你)看她那个样子。

oc·ca·sion /ə'keiʒᵊn/ *n.* [C] ❶时候,时刻;时节;场合:The band enlivened the *occasion* wit cheerful music. 乐队演奏欢快的乐曲使这种场合的气氛活跃。❷特别事件;重要时刻;典礼庆典:It is proposed the *occasion* should b marked by a dinner. 有人提议设宴来庆祝这个日子。❸时机,机会,机遇(见 chance):An *oc casion* may arise when you can use your knowl edge of English. 你会有机会使用你的英语知识的。‖ ***on occasion*** *adv.* 偶尔,间或:He vis its Broadway *on occasion* to see the new plays 他有时到百老汇去看新戏。

oc·ca·sion·al /ə'keiʒənᵊl/ *adj.* [作定语]偶尔的,间或的:My father has the *occasional* wal in the morning. 我父亲早晨偶尔散散步。‖ **oc'ca·sion·al·ly** *adv.*

oc·clude /ə'kluːd/ *vt.* 使堵塞,使闭塞,堵住 Something *occluded* the drainpipe. 什么东西堵住了排水管。—*vi.* 阻挡,遮住;隔断,阻断 The drainpipe *occluded*. 排水管堵住了。‖ **oc·clu·sion** /ə'kluːʒᵊn/ *n.* —**oc'clu·sive** *adj.*

oc·cult /ɔ'kʌlt,'ɔkʌlt/ **I** *adj.* [无比较级] ❶超自然的,神奇的,有魔力的,神秘的:an *occul* fortune-teller 一位神秘的算命人 ❷难懂的,费解的,艰深的,深奥的:As far as the genera public was concerned, the museum was an eso teric, *occult* place. 就一般公众而论,博物馆是一个充满奥秘、高深莫测的地方。**II** *n.* [U [the ~]超自然的(神秘的)事物(力量) ‖ **oc'cult·ism** *n.* [U]

oc·cu·pan·cy /'ɔkjupənsi/ *n.* [U](房屋或土地等)占有,占领,占用,居住:*occupancy* of th house 房子的占有权

oc·cu·pant /'ɔkjupənt/ *n.* [C] 占有者;占用者;居住者:Both *occupants* of the car were un hurt. 汽车上的两个乘客均未受伤。

oc·cu·pa·tion /ˌɔkju'peiʃᵊn/ *n.* [C] ❶所做的事情,从事的活动;休闲,消遣:Gardening wa her favourite *occupation*. 园艺是她最喜爱做的事情。❷职业;行业;工作:He has gone fror one *occupation* to another without settling down to any. 他干一行换一行,从来没有固定干过一个职业。❸(军事)占领(期):*Occupation* does not give them the right to impose their will on the local people. 军事占领并未赋予他们将自己的意愿强加于当地人民的权力。

oc·cu·pa·tion·al /ˌɔkjuˈpeiʃənᵊl/ *adj*. [无比较级][作定语](有关)职业的;行业的;工作的:*occupational* guidance 求职指南

oc·cu·py /ˈɔkjupai/ *vt*. ❶住入,住进;住在,居住于:The house hasn't been *occupied* for a few months. 这间房子已有几个月没人居住了。❷占用(时间或空间等);占有:The bathroom's *occupied* — it must be John. 浴室里有人,那肯定是约翰。❸担任(职务);占据(职位或地位):The demonstration *occupies* a central place in their political campaign. 这次示威在他们的政治运动中占有极为重要的地位。❹(采用武力或军事手段)占据,占领;侵占;侵入:Our purpose is not to *occupy* the enemy's capital. 我们的目的并不是要占领敌方的首都。❺使忙忙碌碌;使从事;使专心于(*in*,*with*):He *occupied* himself *in* playing his flute. 他忙于吹奏笛子。

oc·cur /əˈkəːʳ/ *vi*. (**-curred**;**-cur·ring**) ❶发生(见 happen):Mistakes are bound to *occur*. 错误肯定会犯的。❷[不用进行时态]存在;出现;被发现;遇到,遇见:The same theme *occurs* in much of his work. 他的许多作品里都有同样的主题。❸被想起,被想到(*to*):Didn't it *occur to* you that she might be absent? 难道你没想到她可能会不来吗?

oc·cur·rence /əˈkʌrəns;-ˈkəː-/ *n*. ❶[U]发生;出现:This word is of frequent *occurrence*. 该单词经常出现。❷[C](发生的)事情,事件:We were delayed by several unexpected *occurrences*. 我们因一些突发事件而耽误了。

o·cean /ˈəuʃᵊn/ *n*. ❶[U;C]洋(地球上的四大洋太平洋、大西洋、印度洋、北冰洋之一):the Atlantic [Pacific] *Ocean* 大西洋[太平洋] ❷[C][常作 **the** ～]海,大海:mysterious creatures at the bottom of *the ocean* 海底神秘生物

o·ce·an·ic /ˌəuʃiˈænik/ *adj*. [作定语]海洋的;(气候)受海洋影响的,海洋性的:*oceanic* currents 洋流

o·cean·og·ra·phy /ˌəuʃəˈnɔgrəfi/ *n*. [U]海洋学 ‖ **ˌo·cean'og·ra·pher** *n*. [C] —**o·cean·o·graph·ic** /ˌəuʃᵊnəˈgræfik/ *adj*.

o·cher, o·chre /ˈəukəʳ/ *n*. ❶[U]赭石 ❷[U]赭色,黄褐色

o'clock /əˈklɔk/ *adv*. ❶[只用于整点]…点钟:He arrived between five and six *o'clock*. 他是在5点和6点之间到达的。❷[与数字连用,表示方向]…方向(或航向)(以水平或垂直放置的钟面时针指示方向,以12点表示正前方,以此类推):The arrow struck the target at 9 *o'clock*. 弓箭从正左方击中目标。

Oct, Oct. *abbr*. October

oc·ta·gon /ˈɔktəgən/ *n*. [C] ❶【数】八边形;八角形 ❷八角形物体;八角形建筑物 ‖ **oc·tag·o·nal** /ɔkˈtægənᵊl/ *adj*.

oc·tane /ˈɔktein/ *n*. [U]【化】辛烷

oc·tave /ˈɔktiv/ *n*. [C] ❶【音】八度;八度音程,八度音阶;八度音;八度和声 ❷八个一组的事物

oc·tet /ɔkˈtet/ *n*. [C] ❶八重唱小组;八重奏小组 ❷【音】八重唱;八重奏

Oc·to·ber /ɔkˈtəubəʳ/ *n*. [C;U]十月(份)

oc·to·pus /ˈɔktəpəs/ *n*. [C]([复]**-pus·es**, **-pi** /-pai/或**-top·o·des** /-ˈtɔpədiːz/)【动】章鱼;章鱼属软体动物

oc·u·lar /ˈɔkjuləʳ/ *adj*. [无比较级] ❶(有关)眼睛的 ❷像眼睛的;起眼睛作用的 ❸(有关)视力的;视觉的

oc·u·list /ˈɔkjulist/ *n*. [C] ❶眼科医生;眼科学者 ❷验光配镜师

OD /ˈəuˈdiː/ 〈俚〉**I** *n*. [C]([复]**OD'S, ODS**) ❶过量毒品(或麻醉品) ❷服用过量毒品者 **II** *vi*. (**OD'd, ODed;OD'ing, OD·ing**) ❶服用过量毒品(或麻醉品) ❷因服用过量毒品(或麻醉品)致死 ❸沉湎(于某事物):He sometimes *OD's* on video games. 他有时迷恋电视游戏。

odd /ɔd/ *adj*. ❶[作定语]不寻常的,特别的;独特的,奇特的;奇怪的,怪异的;古怪的:Her taste in clothing was rather *odd*. 她着装的品位相当怪异。❷[作定语]偶然的;临时的;不定期的:He works at *odd* moments. 他只是临时打打工。❸[作定语]剩余的,余留的;额外的;多余的;零头的:He was the *odd* man on the team. 他是队里的替补队员。❹奇数的,单数的;单号的:Numbers like 3, 15, and 181 are *odd* numbers. 诸如 3,15 和 181 的数字都是奇数。❺[作定语](一对或一双中剩下)单只的;无配对的:He went out wearing *odd* socks. 他穿着不成双的袜子外出了。❻[常用于数词后以构成复合词]略多的,…以上:It cost three hundred-*odd* dollars. 这花了 300 多美元。

odd·i·ty /ˈɔditi/ *n.* ❶[C]怪人;怪事;不同寻常的东西:a collection of *oddities* 珍奇物品的收藏 ❷[U]特别;奇物;怪异;古怪 ❸[C]怪癖;癖好

odd·ment /ˈɔdmənt/ *n.* [C] ❶残留物,剩余物 ❷[～s]零星物品,零散东西

odds /ɔdz/ [复] *n.* [用作单或复] ❶机会,可能性(*on*, *against*):The *odds on* the champion winning are three to two. 夺冠的可能性是三比二。❷成功的可能性(或希望) ‖ ***against the odds*** *adv.* 尽管极为不利(或遭到强烈反对):She managed to fulfil her task before the deadline *against* all *the odds*. 尽管困难重重,她还是在规定期限前完成了任务。***at odds*** *adj.* & *adv.* 不和的(地);存在分歧的(地),不一致的(地):They were usually *at odds* over political issues. 他们通常在一些政治问题上存在分歧。

odds and ends [复] *n.* 零碎物,杂物;琐事,小事,杂事

ode /əud/ *n.* [C]【史】(用以演唱的)颂诗;颂歌 ‖ **ˈod·ic** *adj.*

o·di·ous /ˈəudiəs/ *adj.* 令人憎恨的;可恶的,讨厌的,让人反感的;倒胃口的

o·di·um /ˈəudiəm/ *n.* [U] ❶憎恨;厌恶 ❷指责,谴责;臭名昭著,名誉扫地:He had to bear the *odium* of neglecting his family. 他无视家庭因而必须要承受他人对他的谴责。

o·dom·e·ter /əuˈdɔmˈtəʳ/ *n.* [C]里程计,计程器

o·dor /ˈəudəʳ/ *n.* 〈美〉＝odour

o·dor·ous /ˈəudərəs/ *adj.* 有气味的

O

o·dour /ˈəudəʳ/ *n.* [C; U]气味,味道〔亦作 **odor**〕

Od·ys·sey /ˈɔdisi/ *n.* ❶[常作 **the** ～](荷马史诗)《奥德赛》❷[常作 **o-**][C]长期流浪;漫长的探险旅程

of /强 ɔv,弱 əv/ *prep.* ❶[表示动作的名词、形容词及动名词的对象](有关)…的:She was listening to his description *of* the stars and the mountains. 她正在听他描述星星和大山。❷[表示所属关系](属于)…的:the king *of* France 法国国王 ❸[表示数量、种类、大小等]…的:a pint *of* milk 1 品脱牛奶 ❹由…组成的;含有…的;由…制成的:a dress *of* silk 一条丝质连衣裙 ❺[表示距离、时间、方位]:within a mile *of* the church 距教堂不到一英里 ❻[表示同位关系]:the city *of* Rome 罗马城 ❼由于;出于…原因:die *of* cancer 因癌症而死亡 ❽[表示部分或全体]…中的:two *of* his friends 他的两个朋友 ❾[表示具有某种性质或特征](有或似)…的:a man *of* courage 勇敢的人 ❿[用于 the 和比较级或最高级后]…中较(或最)为突出的:the older *of* the two 两人中的长者

off /ɔf/ **I** *adv.* ❶(尤指机器、电器等)中断,切断:The water has been turned *off*. 自来水已经关掉了。❷去除,消除:He just laughed *off* these spiteful remarks. 他对那些恶意中伤的言语只是一笑了之。❸降低价格,打折扣:He took 10 percent *off* for all cash purchases. 他对现金购物都给九折优惠。❹不上班;休假:two days *off* at Christmas 圣诞节放假两天 ❺离开;上路:start *off* early 早早动身 ❻在远处:The ship was 10 miles *off*. 船只在 10 海里远的地方。❼剥落,脱落,脱离:The door handle fell *off*. 门拉手掉下来了。❽(时间上)距离:Summer is only a week *off*. 距夏天只有一个星期了。❾中止;不再发生:The game is *off* because of the rain. 比赛因下雨而取消了。**II** *prep.* ❶离开…,从…下来:She jumped *off* the bus. 她从汽车上跳了下来。❷从…扣除;免除:I managed to knock 100 pounds *off* the price. 我已将价格压低了 100 英镑。❸(时间上)距,离:We're still a long way *off* achieving this. 我们还远没有完成这一任务。**III** *adj.* [无比较级] ❶错误的:You are *off* on that point. 在那一点上你是错的。❷(精神)不正常的:Sometimes he's a little *off*, but he's harmless. 有时他精神有点不正常,但不伤害人。❸[作定语]低于通常水平的,较差的:an *off* season 淡季 ❹变坏的,变味的:The cream is a bit *off*. 奶油有点变味。

of·fal /ˈɔfəl/ *n.* [U] ❶(动物的)内脏,下水;(动物被宰杀后留下的头、脚、尾、皮等)下脚肉 ❷废料,渣滓,垃圾

off·beat /ˈɔfˌbiːt/ I *n.* [C]【音】弱音；弱拍 II *adj.* 非凡的，不同寻常的；非正统的；非常规的

off-col·o(u)r /ˈɔfkʌləʳ/, **off-col·o(u)red** /ˈɔfkʌləd/ *adj.* ❶颜色不正的，色泽不佳的；脸色不好的 ❷不成体统的，有伤风化的；下流的：some rather *off-colour* jokes 一些极其下流的笑话

of·fence /əˈfens/ *n.* ＝offense

of·fend /əˈfend/ *vt.* ❶伤害…的感情，得罪；使生气，惹怒：Even the hint of prejudice *offends* me. 甚至连一丝偏见都会使我大为恼火。❷使感到不舒服；使厌恶：Ashtrays on restaurant tables *offend* me. 餐馆桌子上的烟灰缸令我讨厌。—*vi.* 冒犯，得罪；引起不快：Her language *offends* against religion. 她的话违背了宗教信仰。‖ **ofˈfend·er** *n.* [C]

of·fend·ing /əˈfendiŋ/ *adj.* 使人生气的，令人不快的：I had a bad toothache and decided to have the *offending* tooth removed. 我牙疼得厉害，就决定拔掉这颗讨厌的牙。

of·fense /əˈfens/ *n.* ❶[C]（对规章、制度等的）违反；犯罪，犯法；【律】轻罪：Driving without a licence is an *offense*. 无证驾驶是违法的。❷[C；U]进攻，攻击；冒犯：The most effective defence is *offense*. 最有效的防御就是进攻。❸[C]进攻者 ❹[C；U]进攻的一方；进攻的策略〔亦作 **offence**〕

of·fen·sive /əˈfensiv/ I *adj.* ❶令人讨厌的；使人反胃的：He is an extremely *offensive* man. 他是个非常讨厌的人。❷令人生气的；无礼的；冒犯的：His ideas were *offensive* to the government. 他的观点令政府大为光火。❸[常作定语]进攻性的，攻击性的；（武器等）用以进攻的：*offensive* warfare 进攻性武器 II *n.* [C；U] ❶[**the** ～]攻势，进攻的姿态 ❷（尤指军队发起的）进攻，攻击：The enemy launched a full-scale *offensive*. 敌人发起了全面进攻。

of·fer /ˈɔfəʳ/ I *vt.* ❶提供，拿出；（主动）给予：He *offered* me a lift. 他让我搭他的车。❷提出（意见或建议等）：The plan *offered* at the meeting was soon put into action. 会上提出的方案很快就付诸实施了。❸愿意做（某事），自告奋勇做（某事）：She *offered* to accompany me. 她主动提出来陪我。—*vi.* 呈现，出现：I will act when opportunity *offers*. 一有机会我就采取行动。II *n.* [C] ❶提议；提供的东西；祭献品：They made us an *offer* we couldn't refuse. 他们提出了一个我们无法拒绝的建议。❷提供，给予，供给（量）❸【商】出价，报价：His *offer* was the most attractive. 他的报价最诱人。‖ **ˈof·fer·er**, **ˈof·fer·or** *n.* [C]

of·fer·ing /ˈɔfəriŋ/ *n.* [C] ❶供奉，献祭；供品，（宗教）祭物 ❷（给教会的）捐款；捐献品 ❸展销，削价销售

off·hand /ˌɔfˈhænd/ *adj.* ❶毫无准备的，即兴的 ❷未经思考的，不假思索的：This sort of *offhand* remark could be thought of as racist. 这种言论欠考虑，可能会被认为带有种族主义色彩。❸不拘束的，随便的，非正式的

off-hour /ˈɔfˌauəʳ/ I *n.* [C] ❶业余时间，非工作时间：Tom collects stamps during *off-hours*. 汤姆在业余时间集邮。❷非高峰时间：Only one car is in service in *off-hour*. 非高峰时间只有一辆车服务。II *adj.* [无比较级] ❶非工作时间的：*off-hour* diversions 业余消遣 ❷非高峰时间的：cut-rate tickets for *off-hour* travelers 非高峰时期乘客车票的减价

of·fice /ˈɔfis/ *n.* ❶[C]办公室，办公楼：The *office* is at the back of the factory. 办公室在工厂后面。❷[总称][用作单或复]（公司、办公室等的）全体员工，全体职员：The whole *office* was at his wedding. 整个办公室的人都参加了他的婚礼。❸[C]（商业等的）办事处，分理处；营业场所：They've got *offices* in the major cities in Europe. 他们在欧洲各大城市都设有办事处。❹[C；U]公职，官职；职位：She was elected twice to the *office* of president. 她曾两度当选公司的董事长。❺[O-，常作 **the** ～]〈英〉（政府内阁的）部；（政府部门下属的）局；厅：Foreign *Office* 外交部

of·fi·cer /ˈɔfisəʳ/ *n.* [C] ❶军官：He wanted to be an *officer* in the navy. 他想当一名海军军官。❷警官；法警，执法官 ❸（社团或俱乐部的）领导职位（如主席，副主席）；（秘书或司库等）高级职员；行政管理人员，干事：the *officers* of the trade union 工会负责人 ❹（公司或企业等的）主管 ❺（商船或客船等的）船长

O

of·fi·cial /əˈfiʃᵊl/ I *adj.* ❶[作定语]官职的，公职的；公务的，职务的；官员的：His *official* powers were quite limited. 他的职权相当有限。❷政府当局认定的；法定的；官方的；政府的：Number Ten Downing Street is the British

Prime minister's *official* residence. 唐宁街10号是英国首相的官邸。❸[作定语]正式的：an *official* visit 正式访问 **II** *n*. [C] ❶公务员，官员；主管人员：the trade union *officials* 工会负责人 ❷高级职员；行政管理人员 ‖ **of'fi·cial·ism** *n*. [U] —**of'fi·cial·ly** *adv*.
☆*official* 意指官方的或正式的，不带感情色彩：You have to get *official* permission to build a new house.（你想建一所新房子，必须得到官方的许可。）**officious** 表示过分献殷勤或好管闲事，多用于贬义：An *officious* little guard came and told me not to whistle in the museum garden.（一位爱管闲事的小警卫走过来叫我不要在博物馆花园里吹口哨。）但该词用在外交方面时却表示非正式的或非官方的，正好与 official 相对：an *officious* exchange of news（非正式的交换意见）

of·fi·cial·dom /ə'fiʃəldəm/ *n*. [U][常贬]官员，官僚；[总称]官场

of·fi·ci·ate /ə'fiʃieit/ *vi*. ❶担任官职 ❷主持宗教活动；司祭：A priest *officiated* at the wedding. 一位牧师主持了婚礼。❸主持社交活动，当主持人 ❹担任体育比赛的裁判，竞争中的公断人，争端中的仲裁人 —*vt*. 裁判；公断，仲裁 ‖ **of'fi·ci,a·tor** *n*. [C]

of·fi·cious /ə'fiʃəs/ *adj*. 〈贬〉过于热心的，殷勤的；爱管闲事的，好干涉他人事情的（见 official）：He's an *officious* man. 他好管闲事。

off·ing /'ɔfiŋ/ *n*. [C][常用 **the ～**] 看得见的远处海面（或水面）；比锚地远的海面 ‖ ***in the offing*** *adv*. & *adj*. 即将发生（的）；在不久的将来（的）：War was already *in the offing*. 大战已然迫在眉睫。

off-key /ˌɔf'kiː/ **I** *adj*. ❶【音】走调的，不合拍的；不和谐的 ❷〈口〉不合适的；反复无常的；鲁莽的 **II** *adv*. 走调地，不合拍地；不和谐地

off-lim·its /ˌɔf'limits/ *adj*. [作表语]禁止人内的；禁止涉足的，禁止使用的：The pub is *off-limits* to soldiers. 那家小酒馆不对士兵开放。

off-line /ˌɔf'lain/ *adj*. 【计】脱机的，不连线的

off·load /'ɔfləud,ɔf'ləud/ *vt*. 推脱；卸去（责任、烦恼等），清除（*onto*）

off-peak /'ɔfpiːk/ *adj*. [常作定语]非高峰时间的；不繁忙的：Telephone charges are lower during *off-peak* periods. 在非高峰时期电话费较低。

off-put·ting /'ɔfˌputiŋ/ *adj*. 〈英口〉使人不快的，令人生气的；使人沮丧的；令人困窘的：I found his aggressive manner rather *off-putting*. 我觉得他那咄咄逼人的架势使人十分不悦。

off-sea·son /'ɔfˌsiːzən/ **I** *n*. [C]淡季：Fares are lower in the *off-season*. 淡季时各种费用都更低。**II** *adj*. [常作定语]淡季的：*off-season* hotel rates 淡季时旅馆的费用 **III** *adv*. 在淡季：Travelling *off-season* is the easiest way to save vacation money. 在淡季旅行是节省旅游费用的最简便方法。

off·set **I** *vt*. /ɔf'set,ɔːf-/ (**-set**; **-set·ting**) ❶（用…）补偿；抵消：He *offset* his travel expenses against tax. 他以旅游开销来抵税收。❷【印】胶印 **II** *adj*. /ɔf'set,ɔːf-/ ❶补偿的；抵消的 ❷【印】（适于）胶印的

off·shoot /'ɔfˌʃuːt/ *n*. [C] ❶【植】萌蘖枝条；分株 ❷分支；（山脉的）支脉；（河流等的）支流；支族（亲属），旁系（亲属）：The Gulf is a shallow *offshoot* of the Indian Ocean. 波斯湾是印度洋的一个浅海分支。❸衍生物；派生物：The Committee was an *offshoot* from the Nationwide Liaison Committee. 该委员会是全国联络委员会的分支。

off·shore /ˌɔf'ʃɔː/ *adj*. [无比较级] ❶离岸的；近海的，临海的：an *offshore* wind 刮向海面的大风 ❷远离海岸的 ❸（在）国外的，（在）外国的：an *offshore* investment company 海外投资公司

off-side /ˌɔf'said/ *adj*. & *adv*. [无比较级]【体】（球类运动中进攻队员）越位（犯规）（的）：That player is *offside*. 那名球员越位了。

off·spring /'ɔfˌspriŋ/ *n*. [C]（[复]**-spring(s)**）❶子女，后嗣，后代：limit one's *offspring* 节育 ❷结果；产物 ❸（动物的）幼崽；（植物的）幼苗

off-white /ˌɔf'wait/ *n*. [U] & *adj*. 灰白色（的）；黄白色（的），米黄色（的）

of·ten /'ɔfᵊn,'ɔftᵊn/ *adv*. ❶经常地，常常地，频繁地：He didn't write home very *often*. 他不常写信回家。❷通常，在大多数情况下：Women are *often* very successful in advertising. 女性在广告业通常是很成功的。

o·gre /'əugəʳ/ *n*. [C] ❶（民间传说或神话故事中的）食人巨妖 ❷凶残之人，残暴之人；可怕的人（或事）

O

oh /əu/ *int.* ❶[表示惊讶、喜悦、悲伤、痛苦等]啊,唉,呵,呀:*Oh*, how beautiful! 啊,真是太美了! / *Oh*! There's a snake! 噢! 有蛇! ❷[用于人名或头衔前,作称呼语]喂,唉,噢:*Oh*, John, will you take these books? 噢,约翰,把这些书拿来好吗?

ohm /əum/ *n.* [C]【电】欧(姆)(电阻单位;符号 Ω)

oil /ɔil/ **I** *n.* ❶[U;C]油:vegetable *oils* 植物油 ❷[U]矿物油,石油:The price of *oil* has gone up. 石油价格上涨了。❸[U]润滑油:He put some *oil* in the car. 他往汽车里放些润滑油。**II** *vt.* 加润滑油于:He *oiled* the hinge of that door to stop it from creaking. 他在那扇门的铰链中加些润滑油避免发出吱呀声。‖ ***burn the midnight oil*** *vi.* 学习(或工作)到深夜,熬夜,开夜车:You'll have to go to bed earlier and *burn* less *midnight oil*. 你得早点睡觉,少开些夜车。

oil·cloth /ˈɔilˌklɔθ/ *n.* [U] ❶油布,防水油布 ❷(亚麻)油地毡

oil-paint·ing /ˈɔilˌpeintiŋ/ *n.* ❶[U]油画艺术 ❷[C]油画

oil-skin /ˈɔilskin/ *n.* ❶[U]防水油布 ❷[C]油布雨衣 ❸[~s](尤指水手等穿着的)油布衣裤

oil-slick /ˈɔilslik/ *n.* [U] ❶(因油浮在水面上而形成的)浮油膜 ❷浮油

oil well *n.* [C]油井

oil·y /ˈɔili/ *adj.* ❶油的;含油的 ❷涂满油的,浸透油的:an *oily* road surface 柏油路面 ❸〈贬〉油滑的;谄媚的,讨好的:an *oily* shop assistant 油嘴滑舌的店员 ‖ **ˈoil·i·ness** *n.* [U]

oint·ment /ˈɔintmənt/ *n.* [U;C]药膏,软膏:The doctor gave him some *ointment* to stop the cut from becoming infected. 医生给他配些药膏,防止伤口感染。

OK, O. K., okay, okey /əuˈkei/ 〈口〉 **I** *adj.* ❶正常的,令人满意的:Things are *OK* at the moment. 目前一切正常。❷可以接受的,认可的:Is this suit *OK* to wear to a formal party? 在正式的宴会上穿这套衣服合适吗? ❸干得不错的;(身体)硬朗的:She's been *OK* since the operation. 她自从手术后身体一直不错。❹安全的;不会错的:Stay behind me, and you will be *OK*. 待在我后面,你会没事的。**II** *adv.* 不错,很好:She'll manage *OK* on her own. 她自己会处理好的。**III** *vt.* (**OK's, OK'd, OK'ing**) 同意,批准,认可:Would you *OK* my application? 你同意我的申请吗? **IV** *n.* [C]([复] **OKs**) 同意,批准,认可:They gave their *OK* to her leave of absence. 他们同意她请假。**V** *int.* ❶[用以表示同意、接受]好的,可以,行 ❷[用于表示说话者询问对方是否听懂了]明白吗,知道吗,懂吗:Turn the ignition on when I signal, *OK*? 当我发信号时就发动引擎,懂吗?

o·kra /ˈəukrə/ *n.* [C] ❶【植】秋葵,羊角豆 ❷秋葵荚,羊角豆荚〔亦作 **gumbo**〕

old /əuld/ *adj.* (**older, oldest; elder, eldest**) ❶老的,年龄大的,年老的;年长的:An *old* man walked slowly along the street. 一位老人在大街上缓慢行走。❷[作定语]看上去老的,老年人一般的:She had an *old* face for her age. 她虽然年纪轻轻,但已一脸老相。❸[作定语]陈旧的;破旧的:*old* clothes 旧衣服 ❹[用作后置定语,表示年龄]…多大,…岁;[无比较级]大…岁:a girl three years *old* 一个 3 岁的女孩 ❺废弃的;过时的,不再流行的:old magazines 过期杂志 ❻古老的,古代的;由来已久的;自古就有的:The *old* traditions die hard. 古老的传统是极难改变的。❼从前的;昔日的,以往的,旧时的:the good *old* days 往日的好时光

old-fash·ioned /ˌəuldˈfæʃᵊnd/ *adj.* ❶老式的,旧式的,不再时髦的;过时的,淘汰的:an *old-fashioned* bathing suit 一件老式浴衣 ❷因循守旧的;保守的;恪守传统的:He is *old-fashioned* in his ideas. 他的思想很保守。

old fogy *n.* [U]守旧者,老保守〔亦作 **fogey, fogy**〕

old hand *n.* [C]经验丰富的人;熟练工;专家,能手(*at*):an *old hand at* fishing 垂钓能手

old master *n.* [C] ❶(13 到 17 世纪之间欧洲的)大画家 ❷(13 到 17 世纪之间欧洲)大画家的作品:a collection of *old masters* 欧洲大画家作品的收藏

old school *n.* [C][常作 **the** ~]保守派,守旧派:a military man of *the old school* 军队中的保守分子

Old Testament *n.* [C][常作 **the** ~]【宗】《圣经·旧约》

old-time /ˈəuldˌtaim/ *adj.* [作定语] ❶以往的,往日的,如过去一般的:*old-time* sailing ships 古时的帆船 ❷老资格的,久经考验的

O

old-tim·er /ˌəuldˈtaimər/ *n.* [C] ❶行家里手,老手,老前辈 ❷上了年纪的人,老人

old-world /ˌəuldˈwəːld/ *adj.* ❶旧时的;具有古典风格的,古朴的;传统的:*old-world* courtesy 古代的礼仪 ❷旧世界的,东半球的;欧洲的

o·le·ag·i·nous /ˌəuliˈædʒinəs/ *adj.* ❶油质的;油状的,似油的;油腻的 ❷产油的;含油的:*oleaginous* seeds 油籽 ❸油嘴滑舌的;花言巧语的;阿谀奉承的:*oleaginous* address 恭维语

o·le·o·mar·ga·rine /ˌəuliəuˌmɑːdʒəˈriːn, -ˈrin, -ˌmæːgə-/ *n.* [U] ❶(从牛脂中提炼出,用以制造人造黄油的)油脂 ❷代黄油,人造奶油〔亦作 **margarine**〕

ol·fac·to·ry /ɔlˈfæktəri/ **I** *adj.* [无比较级][作定语]【医】嗅觉的:an *olfactory* sense 嗅觉 **II** *n.* [常作 **the olfactories**]嗅觉器官

ol·ive /ˈɔliv/ **I** *n.* ❶[C]【植】油橄榄树 ❷[C](油)橄榄 ❸[U]橄榄绿;黄绿色 **II** *adj.* ❶橄榄色的;橄榄绿的;黄绿色的 ❷[作定语]油橄榄的;橄榄枝的;橄榄柄的

O·lym·pic /əˈlimpik, əu-/ **games** [复] *n.* [C](每四年举行一次的现代)奥林匹克运动会;(每两年举行一次的)冬季奥运会〔亦作 **the Olympics**〕‖ **Oˈlym·pic** *adj.*

om·buds·man /ˈɔmbudzmən/ *n.* [C]([复] **-men** /-mən/) ❶(由政府指派调查公民对政府或其官员的指控的)调查官,缉查员 ❷意见调查员;维护个人权利者

o·meg·a /ˈəumigə/ *n.* [C] 希腊语字母表(24个字母)中的最后一个字母(Ω,ω)

ome·let(te) /ˈɔmlit/ *n.* [C]煎蛋卷,煎蛋饼:a cheese *omelette* 奶酪炒蛋

o·men /ˈəumən, -men/ *n.* [C]预兆,预示:a bad [good] *omen* 凶[吉]兆

om·i·nous /ˈɔminəs/ *adj.* ❶凶兆的,不祥的,不吉利的:an *ominous* silence 一阵不祥的沉寂 ❷预兆的;预示不吉利的 ‖ **ˈom·i·nous·ly** *adv.* —**ˈom·i·nous·ness** *n.* [U]

o·mis·sion /əˈmiʃᵊn/ *n.* ❶[U]省略,删除;删节:The book was shortened by the *omission* of two chapters. 此书删除了两个章节,从而缩短了篇幅。❷[C]省略的东西;删除部分;遗漏的东西:This article is full of *omissions*. 这篇文章中的省略之处比比皆是。

o·mit /əˈmit/ *vt.* (**-mit·ted, -mit·ting**) ❶省略删除;排除:They were *omitted* from the tean 他们没有被选入参赛队。❷遗漏,疏漏;忘i 做,忽略:*omit* a greeting 忘了打招呼

om·ni·bus /ˈɔmnibəs/ **I** *n.* [C]([复]**-bus·e -bus·ses**)〈书〉=bus:a horse-drawn *omnibus* 车 **II** *adj.* [无比较级][作定语] ❶多用途的多功能的;由多个项目组成的,综合的 ❷(一作家作品的)选集的

om·nip·o·tent /ɔmˈnipətᵊnt/ *adj.* ❶全能的无所不会的:an *omnipotent* dictator 权力至无上的独裁者 / *omnipotent* government off cials 大权在握的政府要员 ❷【律】有全权的

om·ni·pres·ent /ˌɔmniˈprezᵊnt/ *adj.* [无比级] ❶(尤指上帝)无所不在的,无时不有的 the *omnipresent* God 无所不在的上帝 ❷随可见的;到处存在的:the *omnipresent* fear failure 普遍存在的对失败的恐惧感

om·nis·cient /ɔmˈnisiənt, -ʃiənt/ *adj.* 博学的无不知晓的,样样精通的:an *omniscient* woma 一位学识渊博的女士 ‖ **omˈnis·cience** *n.* [U]

om·niv·o·rous /ɔmˈnivərəs/ *adj.* [无比较级 ❶【动】杂食性的,吃杂食的:an *omnivorous* an mal 杂食动物 ❷阅读各类书籍的;吸收各种分的;喜爱所有东西的;收看各类电视节目的 an *omnivorous* television viewer [filmgoer] 位什么电视[电影]都看的观众 ‖ **om·ni·vo /ˈɔmnivɔːr/ *n.* [C]

on /ɔn,弱 ən/ **I** *prep.* ❶[表示支撑、接触、覆等]在…上面:The ball hit him *on* the head. 打中了他的头。❷(钱、物)带在…身上:I hav no money *on* me. 我身上没带钱。❸[表示间]在…时候;与…同时;在…前(或后)之刻 *on* May 28 在5月28日 ❹依据,根据,以…基础:He will be judged *on* his academic pe formance. 将根据他的学业成绩对他作出价。❺靠近,在…附近;沿着:a small town o the border 靠近边境的小镇 ❻[表示方向朝…,面向…:march *on* Paris 向巴黎挺进 ❼于,因为:He was arrested *on* suspicion theft. 他因涉嫌偷窃被捕了。❽出于…目的为了…;将…作为(标准、承诺或保证):*on* e rand 出差 ❾关于;有关:books *on* education 关教育的书籍 ❿对…上瘾;定期服用(药等):*on* the pill 服用药片 ⓫反复,接二连三 suffer defeat *on* defeat 接二连三地遭受失败

以…方式;通过…手段:*on* foot 步行 ⓭在…情况下;在…过程中:*on* fire 着火 / *on* holiday 度假 / The workers are *on* strike. 工人们在罢工。⓮〈口〉由…付钱:The drinks are *on* me. 我来付酒水钱。⓯[表示比较]与…相比:The sales figures are down *on* last month's. 与上月相比,本月的销售额下降了。〔亦作 **upon**〕 **II** *adv.* [无比较级] ❶(衣服等)盖上;穿上;戴上;接上:Put your raincoat *on*. 把雨衣穿上。❷朝着(正确的)方向;面向某人(或某物):He looked *on* while others work. 其他人工作时他却在一旁看着。❸反复地,不断地,不停地;继续:get *on* with one's work 继续干活 ❹正在进行中,(事情等)正在做:turn *on* the radio 打开收音机 ‖ ***on and off*** *adv.* 间或地,不时地,时断时续地:He's worked at the factory *on and off* just for a year. 他在工厂里断断续续地干了一年。***on and on*** *adv.* 不间断地,无休止地:talk *on and on* 唠叨个没完

once /wʌns/ **I** *adv.* [无比较级] ❶一次,一回:*once* a week 每周一次 ❷曾经,从前:He *once* lived in France. 他曾在法国住过。❸[用于条件句]一旦:If the facts *once* become known, it will be just too bad. 真相一旦公布于众,事情就会弄得一团糟。**II** *conj.* ❶一…就…:*Once* he arrives, we can start. 他一来,我们就开始。❷一旦:*Once* the news is out, we'll be hunted down. 消息一旦泄露,我们就会被人追踪。‖ ***all at once*** *adv.* 猛然间,突然地,顿时:*All at once* the rain came down. 天突然下起了大雨。***at once*** *adv.* ❶立刻,马上:Tell him to come *at once*. 叫他马上来。❷同时,一齐:She usually cooked several different meals *at once*. 她常常同时做几道不同的菜。***once again*** [***more***] *adv.* 再次,又一次:The woman wanted to see her former husband *once again* before she died. 那个女人临死前想再见前夫一面。***once upon a time*** *adv.* 曾经,从前:*Once upon a time*, in a faraway land, there lived a princess. 从前,在遥远的地方住着一位公主。

once-o·ver /ˌwʌnsˈəuvəʳ/ *n.* [C]随便看看,草草过目:He gave the car the *once-over* and decided not to buy it. 他粗略地看了一下这辆汽车,就决定不买了。

on·col·o·gy /ɔŋˈkɔlədʒi/ *n.* [U]【医】肿瘤学 ‖ **on·co·log·ic** /ˌɔŋkəˈlɔdʒik/, ˌ**on·co**ˈ**log·i·cal** /-kl/ *adj.* —**on**ˈ**col·o·gist** *n.* [C]

on·com·ing /ˈɔnˌkʌmiŋ/ *adj.* [无比较级][作定语] ❶临近的,即将来临的;迎面而来的:an *oncoming* truck 一辆迎面驶来的卡车 ❷逐渐兴起的,新出现的:the *oncoming* generation of leaders 正在崛起的新一代领导人

one /wʌn/ **I** *n.* [C] ❶一(或1) ❷标号为1的东西 ❸一个整体,一体:secretary and treasurer in *one* 秘书兼出纳员 ❹单个人(或事物);(前述的)那个人(或事物):a difficult *one* to answer 难以回答的问题 **II** *pron.* ❶[用于特指](特定群体中的)一个人(或东西):*one* of his friends 他的一位朋友 ❷[用于泛指]任何人(或东西),某个人(或东西):*One* should do his or her duty. 每个人都要尽其职责。❸[用以替代提过的名词或名词短语]某个人(或东西):My shoes are similar to the *ones* you had on yesterday. 我的鞋子跟你昨天穿的差不多。‖ ***all one*** *adj.* (对…来说)无所谓;无关紧要(*to*):The issue is *all one to* him. 这件事对他来说无所谓。***at one*** *adj.* (意见、观点等)一致的:We are *at one* with the opposition on this issue. 在这一点上我们与反对派是一致的。***one and all*** *n.* 每个人,人人:They came, *one and all* to welcome him home. 他们中每个人都出来欢迎他回家。***one another*** *pron.* 相互,彼此:They often have discussions with *one another*. 他们经常互相讨论问题。***one by one*** *adv.* 一一地;逐个地:go through the items on the paper *one by one* 逐题逐题地解答试卷上的题目 ***one or two*** *adj.* 一两个,几个:Only *one or two* friends came to the party. 只有几个朋友来参加聚会。

one another *pron.* 相互:The students in this class help *one anther*. 这个班的学生相互帮助。

one-di·men·sion·al /ˌwʌndiˈmenʃᵊnəl/ *adj.* ❶单向的:A line is *one-dimensional*. 线条是单向的。❷浅薄的;淡而无味的:It seems rather *one-dimensional* and unimportant. 这看上去相当浅薄又不重要。

one-lin·er /ˈwʌnˌlainəʳ/ *n.* [C]〈口〉(单句的)俏皮话,诙谐话

one·ness /ˈwʌnnis/ *n.* [U] ❶唯一,单一:a *oneness* of purpose 目的的单一性 ❷(思想、情感等的)统一,一致;和睦

one-on-one /ˌwʌnɔnˈwʌn/ **I** *adj.* [无比较级] ❶【体】单打的,一对一的 ❷面对面的:a *one-*

on-one interview 面对面的采访 / a *one-on-one* discussion 面对面的讨论 II *adv.* [无比较级] ❶【体】单打地，一对一地 ❷面对面地，正面地：settle this with her *one-on-one* 与她面对面地解决这一事情

on·er·ous /ˈɔnərəs, ˈəun-/ *adj.* 繁重的；沉重的；烦琐的，麻烦的：I undertook the most *onerous* task of all. 我承接了所有任务中最为繁重的一项。

one·self /wʌnˈself/ *pron.* ❶[反身代词]自己，自身：One often hurts *oneself* accidentally. 人常常会无意中伤到自己。❷[表示强调]本人，亲自：do sth. *oneself* 亲自做某事 ‖ **by oneself** *adv.* 单独地，独自地，独立地：carry out the task *by oneself* 独立完成一项任务

one-shot /ˈwʌnˌʃɔt/ *adj.* [无比较级][通常作定语] ❶一次性的：a *one-shot* deal 一次性交易 ❷一次完成的；一举成功的：a *one-shot* solution 一次就能成功的解决办法

one-sid·ed /ˈwʌnˌsaidid/ *adj.* [无比较级] ❶片面的；不公正的，袒护一方的：a *one-sided* judgment 不公平的裁决 / a *one-sided* account of the affair 对事件的片面之词 ❷单边的，单面的 ❸一边较好的；不均等的，不均衡的：a *one-sided* fight 一边倒的比赛 ‖ ˈ**one-ˌsid·ed·ness** *n.* [U]

one-time /ˈwʌnˌtaim/ *adj.* ❶以前的，从前的：the *one-time* President 前总统 / my *one-time* partners 我以前的同事 ❷只用一次的，一次性的

one up, one-up /ˈwʌnˈʌp/ *vt.* 比…技高一筹，胜过，战胜

one-way /ˌwʌnˈwei/ *adj.* [无比较级] ❶单向(行驶)的：a *one-way* street 单行道 ❷单程的：a *one-way* fare 单程票价 ❸单方面的：a *one-way* friendship 单方面的友谊

on·go·ing /ˈɔnˌgəuiŋ/ *adj.* [无比较级] ❶继续存在的 ❷正在进行的：an *ongoing* programme of research 正在进行的研究项目

on·ion /ˈʌnjən/ *n.* [C] ❶【植】洋葱；洋葱类植物 ❷洋葱头

on(-)line /ˌɔnˈlain/ *adj.* [无比较级]【计】连机的，连线的

on·look·er /ˈɔnˌlukəʳ/ *n.* [C]旁观者：a crowd of curious *onlookers* 一群好奇的旁观者 ‖ ˈ**on·look·ing** *adj.*

on·ly /ˈəunli/ I *adv.* [无比较级] ❶仅仅；只：This information is for your eyes *only*. 这份资料只供你阅读。❷[常接不定式和从句]结果却：He tried to creep up silently to the enemy agent, *only* to sneeze suddenly. 他本想悄悄地爬近敌方特务，不料突然打了喷嚏。II *adj.* [无比较级][作定语] ❶唯一的，仅有的：an *only* survivor 唯一的幸存者 ❷独特的；最好的，最优秀的；独一无二的：the *only* person for the job 干这份工作最为合适的人选 III *conj.* 〈口〉❶只是，不过：She wants to go, *only* she doesn't have time. 她想去，却没有时间。❷要不是：I would have called you, *only* I forgot the number. 我要不是忘了电话号码，早就打电话给你了。‖ **only too** *adv.* ❶十分，非常：I am *only too* glad to go. 我很乐意去。❷太；过于：It's *only too* likely to happen. 此事太可能发生了。

on·o·mat·o·poe·ia /ˌɔnəˌmætəˈpiːə/ *n.* [U] ❶拟声 ❷拟声词 ❸【语】(修辞中的)拟声法 ‖ ˌ**on·oˌmat·oˈpoe·ic, on·o·mat·o·po·et·ic** /ˌɔnəˌmætəpəuˈetik/ *adj.*

on·rush /ˈɔnrʌʃ/ *n.* [C][常用单]狂奔；奔流：the *onrush* of the tears 泪水的簌簌而下

on·set /ˈɔnˌset/ *n.* [U] ❶攻击，袭击：*onset* of the enemy 敌人发起的进攻 ❷开始：the *onset* of winter 冬天的开始

on·slaught /ˈɔnslɔːt/ *n.* [C]攻击，进攻；猛攻(*on*)：a co-ordinated *onslaught on* enemy airfields 对敌方机场发起的协同攻击

on·to /ˈɔntuː; 弱 ˈɔntu, ˈɔntə/ *prep.* ❶到…之上；朝…上：get *onto* a horse 骑到马背上 ❷〈口〉对…了解，对…熟知：*onto* one's tricks 识破某人的诡计

o·nus /ˈəunəs/ *n.* ❶[C]重负，负担 ❷[U]责任，义务；过失：The *onus* is on him to apologize to her. 他有责任向她道歉。

on·ward /ˈɔnwəd/ I *adv.* [无比较级]向前；从…以后：From now *onward* we'll do things my way. 从现在起，我们要按我的方式行事。II *adj.* [无比较级]向前的，朝前的：the *onward* march of events 事情的进一步发展

on·wards /ˈɔnwədz/ *adv.* [无比较级] ❶[指时间]向前，朝前：from breakfast *onwards* 从早餐起 ❷[指空间]前行地：move steadily *onwards*

稳步前行 ❸在前方，在前面

ooze /uːz/ *vi.* ❶滴出；渗出，流出；释放出：blood *oozing* from the wound on one's leg 从某人腿上的伤口流出的鲜血 ❷(消息等)泄露；(勇气等)逐渐消失(*away*, *out*)：His courage *oozed away*. 他渐渐失去了勇气。—*vt.* ❶溢出，渗出，流出；释放出：a massive pizza that *oozes* cheese 奶酪四溢的大比萨饼 ❷显现出；流露出：someone who *oozes* charm 富有魅力的人

o·pac·i·ty /əˈpæsiti/ *n.* [U] ❶不透明(性)，不透光(性)：the *opacity* of the paper 纸张的不透明性 ❷(意思等)不明确，含糊不清

o·paque /əuˈpeik/ *adj.* ❶不透明的，不透光的：*opaque* glass 毛玻璃 ❷(含义)隐晦的，难懂的：His article was rather *opaque*. 他的文章极难理解。

op /ɔp/ **art** *n.* [U]〈口〉视觉艺术

OPEC /ˈəupek/ *abbr.* [不与定冠词连用] Organization of Petroleum Exporting Countries 欧佩克(即石油输出国组织)

o·pen /ˈəupən/ **I** *adj.* [无比较级] ❶(门、窗等)未关的，敞开的：push the door *open* 把门推开 ❷(房间、场地等)开着门的：*an open* house 一间开着门的房子 ❸(人或言语等)坦诚的，坦率的：tell sth. with an *open* heart 坦率地讲述某事 / a friendly, *open* person 友好、坦诚之人 ❹(展览会等)对外开放的；(商店等)在营业的；开业的；(道路等)开通的 ❺未解决的，未定的，无定论的：an *open* question 尚无定论的问题 **II** *vt.* ❶开，打开；张开(嘴等)；睁开(眼睛等)：*open* one's mouth 张开嘴 ❷开始；着手做：*open* a meeting 开始开会 ❸使开业(或开张)；开始营业：*open* the store at eight 8点钟开始营业 ‖ ˈ**o·pen·a·ble** *adj.* —ˈ**o·pen·ness** *n.* [U]

open air *n.* [U][the o- a-]户外，露天 ‖ **o·pen-air** /ˈəupənˈeəʳ/ *adj.*

o·pen·er /ˈəupənəʳ/ *n.* [C] ❶开启东西的人(或事物) ❷开罐器，开瓶器；开刀 ❸〈口〉(戏剧等的)第一部；(演出等的)第一个节目 ‖ *for openers adv.*〈口〉首先：*For openers*, we need to discuss the problem. 首先，我们需要讨论一下这个问题。

o·pen-hand·ed /ˌəupənˈhændid/ *adj.* 慷慨的，大方的；乐善好施的：an *open-handed* offer of help 慷慨提供的帮助

open-heart /ˌəupənˈhɑːt/ **surgery** *n.* [C；U]【医】心内直视外科

open house *n.* ❶[U]热诚欢迎(或接待)；热情好客 ❷[C]接待日，开放日(指学校、军事基地等供公众参观的日子) ❸[C](待出售或租赁的)房屋；公寓

o·pen·ing /ˈəupəniŋ/ **I** *n.* [C] ❶开；开口，缺口；孔；洞：an *opening* in the fence 篱笆的缺口 ❷开阔地，(林间的)空地：an *opening* in the woods 林中的一片开阔地 ❸开始，开端；(戏剧等的)首演；开演：The *opening* of the play will be delayed for twenty minutes. 这出戏将推迟20分钟开演。❹(建筑物等的)落成典礼；(商店等的)开业典礼；挂牌(或揭幕)仪式：The new supermarket is going to give away prizes at its *opening*. 这家新落成的超级市场将在开业之日向顾客赠送礼品。❺(工作、职位的)空缺 **II** *adj.* [无比较级，作定语]开始的，起始的；(戏剧等)首演的：*opening* words 开场白

o·pen·ly /ˈəupənli/ *adv.* ❶坦诚地，直率地 ❷公开地，公然地

o·pen-mind·ed /ˌəupənˈmaindid/ *adj.* ❶思想开放的；易于接受新思想的：be *open-minded* about the subject 愿意考虑这一课题(或话题) ❷无任何偏见的；开明的

op·er·a /ˈɔpərə/ *n.* ❶[U]歌剧；歌剧艺术：an *opera* singer 歌剧演唱者 ❷[C]歌剧作品：an *opera* by Wagner 一部由瓦格纳创作的歌剧作品

op·er·a·ble /ˈɔpərəbəl/ *adj.* ❶可操作的，可运作的：an *operable* motor 可以转动的电动机 ❷可实施的，可行的：an *operable* plan 可以实施的计划

op·er·ate /ˈɔpəˌreit/ *vt.* ❶操作；控制：*operate* the remote control unit 操作遥控器 ❷经营，管理：The company has *operated* a pension scheme. 该公司已实行了养老金制度。❸促使，促成，引发 —*vi.* ❶运作，运行；(机器等)运转：The machine is not *operating* properly. 这台机器运行得不正常。❷发生作用，产生影响(*on*, *upon*)：*operate on* sb.'s mind 对某人的思想产生了影响 ❸做手术，开刀(*on*)：He has to *operate* immediately to remove the tumour. 他必须马上动手术摘除肿瘤。

op·er·a·tion /ˌɔpəˈreiʃᵊn/ *n.* ❶[C；U]操作；运作；操作方法；运行方式：The law has been put into *operation*. 该法律业已生效。❷[C][常作

~s]工作;活动(见 act):an espionage *operation* 间谍活动 ❸[C]【医】外科手术:a major *operation* 一个大手术 ❹[C;U]企业,公司;营业,业务;经营活动;经营方式:a huge multinational electronics *operation* 一个庞大的跨国电子公司

op·er·a·tion·al /ˌɔpəˈreiʃənəl/ *adj.* [无比较级] ❶操作(方面)的;运行中的;实施时的:*operational* problems 实施时的困难 ❷处于正常工作状态的;随时可使用的:*operational* new vehicle 随时可用的新车

op·er·a·tive /ˈɔpərətiv/ *adj.* ❶操作的,运作的:The plant was fully *operative*. 这家工厂已全面投产。❷(可)使用的:They had only one radar station *operative*. 他们只有一个雷达站可以使用。

op·er·a·tor /ˈɔpəˌreitəʳ/ *n.* [C] ❶操作员;(电话)接线员,话务员:a lift *operator* 电梯操作员 ❷(企业的)经营者,管理者:a private *operator* in civil aviation 民航的私营业者

oph·thal·mol·o·gy /ˌɔfθælˈmɔlədʒi/ *n.* [U]【医】眼科学 ‖ **ˌoph·thalˈmol·o·gist** *n.* [C]

o·pi·ate /ˈəupiət/ *n.* [C] ❶含鸦片药物,鸦片制剂 ❷麻醉剂;镇静剂 ❸慰藉物;起镇静(或催眠)作用的事物

o·pine /əuˈpain/ *vt.* [常接 that 引导的宾语从句]认为,以为:It was *opined* that it was too dangerous. 人们认为那太危险了。—*vi.* 发表观点(或看法、意见等)(*on*,*about*):*opine about* [*on*] the editorial in the newspaper 就报纸上的评论文章发表见解

o·pin·ion /əˈpinjən/ *n.* ❶[C;U]意见,观点,见解(*about*,*of*,*on*):a personal *opinion* 个人的看法 ❷[U]舆论:He called on world *opinion* to condemn the illegality of the sentence. 他呼吁世界舆论谴责这一不合法的判决。

o·pi·um /ˈəupiəm/ *n.* [U] ❶鸦片 ❷麻醉剂;镇静剂

op·po·nent /əˈpəunənt/ *n.* [C] ❶对手;敌人(*at*,*in*):a worthy *opponent* 势均力敌的对手 ❷反对者(*of*):a fierce *opponent of* nuclear arms 核武器的强烈反对者

op·por·tune /ˈɔpəˌtjuːn/ *adj.* ❶(时间等)非常合适的,恰当的:Such a visit was, indeed, *opportune*. 如此拜访确实正是时候。❷(行动或事情等)及时的:an *opportune* remark 不失时机的讲话

op·por·tun·ism /ˌɔpəˈtjuːnizəm,ˈɔpəˌtjuːnizəm/ *n.* [U]机会主义;机会主义行径:political *opportunism* 政治机会主义 ‖ **ˌop·porˈtun·ist** *n.* [C]

op·por·tun·is·tic /ˌɔpətjuːˈnistik/ *adj.* 机会主义的

op·por·tu·ni·ty /ˌɔpəˈtjuːniti/ *n.* [C;U] ❶机会,机遇;时机:He no longer had *opportunity* to see her. 他再也没有机会见到她了。❷就业(或升迁)机会:equal pay and *opportunities* for women 妇女享受的同等工资和就业机会 ‖ ***take the opportunity to do sth.*** *vi.* 利用机会做某事:I'd like to *take this opportunity to say* a few words. 我想借此机会说几句话。

op·pose /əˈpəuz/ *vt.* ❶反对;反抗:*oppose* the enemy force 抵抗敌军 ❷使对照(*to*,*against*):*oppose* spoken language *to* written language 将口语与书面语做对照 ‖ ***be opposed to*** *vt.* 与…相反,与…对立:I'*m* strongly *opposed to* your suggestion. 我坚决反对你的建议。

op·pos·ing /əˈpəuziŋ/ *adj.* 对面的,相反的:The two speakers took *opposing* viewpoints. 这两位发言者的观点截然不同。

op·po·site /ˈɔpəzit/ **I** *adj.* ❶对面的(*to*):the door *opposite* 对面的门 ❷完全相反的;截然不同的(*to*,*from*):Hot is *opposite to* cold. 热与冷是截然相反的。**II** *n.* [C] ❶对立的人(或事物):He is very reticent, but his sister is just the *opposite*. 他沉默寡言,而他妹妹则截然不同。❷反义词:The *opposite* of "up" is "down". "up"的反义词为"down"。**III** *adv.* 反方向地;对面地:sit *opposite* at the table 坐在桌子对面 **IV** *prep.* 在…对面:the buildings *opposite* the street 街对面的大楼 / The hotel is *opposite* the post office. 宾馆位于邮局的对面。

☆ **opposite**, **conflicting**, **contradictory**, **contrary**, **reverse** 均有"相反的,相对的"之意。**opposite** 指在位置或方向上相反或相对:They lived at the *opposite* house. (他们住在对面的房子里。)该词也可表示事物的性质或所持的观点截然相反:They are at *opposite* ends of the political spectrum. (他们的政治观点截然相反。)**conflicting** 指思想、感情、利益的对立,强调相互冲突、不协调:*conflicting* schedules (自相矛

盾的日程安排）**contradictory** 与 opposite 的区别在于否定或排斥对方，表示非此即彼的矛盾关系，如果一方是真实的或有效的，另一方一定是虚假的或无效的：They give *contradictory* explanations for being late.（他们对于迟到作出了两种截然不同的解释。）**contrary** 常指与某种观点、态度、主张、估计等正好相反，表示存在着本质区别或目标根本不同，但并不是说否定一方就一定意味着肯定另一方，有可能两方都错：The decision was *contrary* to their wishes.（决议与他们的愿望相反。）**reverse** 尤指在位置、面向或方向上与通常完全相反：the *reverse* side of the cloth（布的反面）

op·po·si·tion /ˌɔpəˈziʃᵊn/ *n.* ❶[U]反对，对抗(*to*)：a great deal of *opposition to* the war 对战争的强烈反对 ❷[用单]（竞选等中的）对手；（政党等中的）反对派：She wanted to know the *opposition* before signing the contract. 她想先了解一下对手的情况再签订合同。❸[the O-]〈英〉反对党

op·press /əˈpres/ *vt.* ❶压迫；对…进行残酷统治（见 wrong）：The dictator *oppressed* the conquered peoples. 独裁者对臣服的民族实行残酷统治。❷[常用被动语态]〈书〉使忧虑，使烦恼；使消沉：Care and sorrow *oppressed* them. 忧虑和痛苦使他们意志消沉。‖ **opˈpres·sion** *n.* [U] —**opˈpres·sor** *n.* [C]

op·pres·sive /əˈpresiv/ *adj.* ❶压迫的，欺压的；实行暴政的：an *oppressive* king 暴君 ❷压抑的；使人心情沉重的：*oppressive* sorrows 令人苦恼的伤心事 ❸（天气）闷热的；（天气等）令人无法忍受的：the *oppressive* heat 难耐的高温 ‖ **opˈpres·sive·ly** *adv.* —**opˈpres·sive·ness** *n.* [C]

op·pro·bri·ous /əˈprəubriəs/ *adj.* ❶（言语等）鄙夷的，蔑视的；无礼的；辱骂人的：*opprobrious* language [remarks] 骂人的话❷该骂的，可耻的，不光彩的：*opprobrious* conduct 恶行

op·pro·bri·um /əˈprəubriəm/ *n.* [U] ❶蔑视；辱骂；批评 ❷耻辱，蒙羞 ❸蒙受耻辱的原因

opt /ɔpt/ *vi.* 选择，挑选(*for*, *between*)：I *opted for* teaching as my profession. 我选择教学为职业。‖ ***opt out*** (***of***) *vi.* 决定不参与，决定退出：You promised to help us, so please don't *opt out* (*of* it) now. 你答应过要帮助我们，现在可不能撒手不管啊！

op·tic /ˈɔptik/ *adj.* [作定语]视觉的，视力的：*optic* nerves 视觉神经

op·ti·cal /ˈɔptikəl/ *adj.* [无比较级] ❶眼睛的；视觉的，视力的：*optical* effects 视觉效果 ❷【物】光的；光学的：an *optical* microscope 光学显微镜 ‖ **ˈop·ti·cal·ly** *adv.*

op·ti·cian /ɔpˈtiʃᵊn/ *n.* [C] ❶眼镜经销商；眼镜制造商 ❷光学仪器经销商；光学仪器制造商 ❸验光师

op·tics /ˈɔptiks/ [复] *n.* [用作单或复]光学

op·ti·mism /ˈɔptiˌmizəm/ *n.* [U] ❶乐观，开朗 ❷【哲】乐观主义 ‖ **ˈop·ti·mist** *n.* [C] —**op·ti·mis·tic** /ˌɔptiˈmistik/ *adj.* —**ˌop·tiˈmis·ti·cal·ly** /-kəli/ *adv.*

op·ti·mum /ˈɔptiməm/ *adj.* 最优的，最佳的；最有利的：*optimum* conditions for growth 生长的最佳条件 ‖ **ˈop·ti·mal** *adj.*

op·tion /ˈɔpʃᵊn/ *n.* ❶[C]选择；选择的东西（见 choice）：Many *options* are open to them. 他们有多种选择。❷[U]选择权；选择余地，选择自由：have little *option* 没有多大选择余地/He did have the option of leaving or staying. 他确实有权选择离去或留下来。‖ **ˈop·tion·al** *adj.* —**ˈop·tion·al·ly** *adv.*

op·tom·e·try /ɔpˈtɔmitri/ *n.* [U] 视力测定（法），验光配镜（业）

op·tom·e·trist /ɔpˈtɔmitrist/ *n.* [C] ❶验光师 ❷配镜师

op·u·lent /ˈɔpjulənt/ *adj.* ❶富裕的，富有的：an *opulent* society 一个富裕社会 ❷奢华的；富丽堂皇的：an *opulent* hotel 一家豪华饭店 ❸充足的，大量的：*opulent* vegetation 充裕的蔬菜 ‖ **ˈo·pu·lent·ly** *adv.*

or /ɔːʳ, əʳ/ *conj.* ❶[表示选择]或，或者：black *or* white 黑色或白色 ❷[常与 either 连用，表示选择]或；就是：He must be either mad *or* drunk. 他肯定疯了，要不就是喝醉了。❸[与 whether 连用，引导间接问句或条件子句的后半部分]或；还是：It's not important whether you win *or* lose. 你是赢是输，这并不重要。❹[表示后面所接的词语或结构与前面的词语同义或所作的说明]即；或者说，换言之：photons, *or* individual particles of light 光子，即构成光的单个粒子 ❺[表示警告或建议]否则，要不然：Put on your raincoat *or* you'll get soaked. 把雨衣

穿上,否则你会全身湿透的。‖ ***or so*** *adv.* [表示不确定]大约,大概,左右:a hundred dollars *or so* 大约 100 美元

or·a·cle /ˈɔrəkəl/ *n.* [C] ❶【宗】(尤指古希腊的)神示所 ❷(尤指古希腊的)神谕;神的启示(或诏示) ❸(女)先知;传达神谕者;圣人,圣贤;圣物:consult the *oracle* 求问于神使 ❹〈喻〉权威;言语可信之人;(指书等)可靠的指导:She is the *oracle* on beauty matters. 她是审美方面的权威。‖ **o·rac·u·lar** /ɔˈrækjuləˊ/ *adj.*

o·ral /ˈɔːrəl/ **I** *adj.* [无比较级] ❶口头的;口述的:an *oral* examination 口试 ❷【医】口服的:doses for *oral* administration 口服剂量 ❸【解】口(腔)的,口腔部位的:*oral* surgery 口腔手术 **II** *n.* [C][常作~s]〈口〉口试(英国英语指外语的口头测试;美国英语指硕士生入学考试中的口头测试):He has passed his *orals*. 他已通过了口试。‖ ˈ**o·ral·ly** *adv.*

☆**oral, spoken, verbal, vocal** 均有"口头的,非书面的"之意。**oral** 指口头的、口述的,用于人与人之间的直接交流:He passed his English *oral* examination.(他通过了英语口试。)该词还可表示口部的、口腔的或口服的:*oral* hygiene(口腔卫生) **spoken** 义同 oral,可互换:a *spoken* message(口信) **verbal** 强调实际使用的词语,而不管采取何种交流方式,既可用于口头说话,也可用于书面:She gave her *verbal* promising to the outing.(她口头上答应去郊游。) **vocal** 指具有或赋予发声的能力,强调有声音的,并可引申为敢于说话:The tongue is one of the *vocal* organs.(舌头是发音器官之一。)

or·ange /ˈɔrindʒ/ **I** *n.* ❶[C]柑子;橙子;橘子 ❷[C]【植】柑树;橙树;橘树 ❸[C;U]橙色,橘黄色:a brilliant [bright] *orange* 明亮的橙黄色 **II** *adj.* [无比较级][作定语] ❶(似)柑橘的 ❷橙黄色的,橘黄色的

or·ange·ade /ˌɔrindʒˈeid/ *n.* [C;U]橘子(汽)水

o·rang(-)u·tan /ɔːˌræŋuːˈtæn/, **o·rang(-)ou·tang**/-uːˈtæŋ/ *n.* [C]【动】(产于婆罗洲和苏门答腊岛的一种树生)猩猩

o·rate /ɔːˈreit/ *vi.* 〈谑〉〈贬〉夸夸其谈;高谈阔论

o·ra·tion /ɔːˈreiʃᵊn,ə-/ *n.* [C]演说,演讲:deliver an *oration* 发表演说 / a funeral *oration* 悼词

or·a·tor /ˈɔrətəˊ/ *n.* [C]演说家;善于辞令者:a fine political *orator* 出色的政治演说家

or·a·to·ri·o /ˌɔrəˈtɔːriəu/ *n.* [C]([复]**-ri·os**)【音】(常以宗教题材为主题的)清唱剧,神剧

or·a·to·ry /ˈɔrətəri/ *n.* [U]演讲(术),雄辩(术):famous for one's power of *oratory* 以充满魅力的演讲而闻名的 / susceptible to emotional *oratory* 易被充满感情的演讲感动的 ‖ **or·a·tor·i·cal** /ˌɔrəˈtɔrikəl/ *adj.*

or·bit /ˈɔːbit/ **I** *n.* ❶[C]【天】(天体的)轨道:the earth's *orbit* around the sun 地球绕太阳运转的轨道 ❷[U](人造航天器等的)轨道;在轨运行;绕轨道运行一周:a spacecraft in *orbit* 在轨运行的航天飞机 **II** *vt.* ❶绕…的轨道运行:The moon *orbits* the earth every 24 hours. 月球每 24 小时绕地球运行一周。❷把(人造卫星等)送入轨道,使进入轨道:The first man-made satellite was *orbited* in 1957. 第一颗人造卫星于 1957 年被送入轨道。—*vi.* (人造卫星等)绕轨道运行,环行:*orbit* in space 在太空中飞行 ‖ ˈ**or·bit·al** *adj.*

or·chard /ˈɔːtʃəd/ *n.* [C] ❶果园:a cherry *orchard* 樱桃园 ❷果(树)林

or·ches·tra /ˈɔːkistrə/ *n.* [C][用作单或复]管弦乐队:The *orchestra* was [were] playing in the hall last week. 乐团曾于上周在这个大厅里演出。‖ ˈ**or·ches·tral** *adj.*

or·ches·trate /ˈɔːkiˌstreit/ *vt.* ❶为…创作管弦乐;将…改编成管弦乐 ❷精心组织(或安排)

or·chid /ˈɔːkid/ *n.* [C] ❶【植】兰科 ❷兰花

or·dain /ɔːˈdein/ *vt.* ❶任命…为牧师,授命…担任圣职:*ordain* sb. (as) a priest 任命某人为牧师 ❷[常接 that 引导的从句](法律、法令等)规定;命令:*ordain* a new type of government 制定新的管理体制

or·deal /ɔːˈdiːl/ *n.* [C](对人格和忍耐力等的)严峻考验;磨难,折磨:an *ordeal* such as imprisonment or illness 诸如入狱和疾病的折磨

or·der /ˈɔːdəˊ/ **I** *n.* ❶[U]顺序:in chronological *order* 按年代顺序 / in *order* of size 按大小顺序 ❷[U]整齐,有条不紊:put one's affairs in *order* 把某人的事务处理得有条不紊 ❸[C]命令;指示:carry out an *order* 执行命令 ❹[U](公共)秩序,治安:keep *order* 维持秩序 ❺[C]订购,下订单;订单;订货量;(餐馆中的)点菜

(单);一份(菜):two *orders* of French fried potatoes 两份法式炸薯条 **II** *vt.* ❶[常接不定式或 that 从句]命令;指示:The police *ordered* them to wait right there. 警察命令他们就在那儿等着。❷叮嘱,嘱咐;开(药方):The doctor *ordered* the patient to (stay in) bed. 医生嘱咐病人要卧床休息。❸订购;叫(菜、饮料等):*order* two copies of that book 订购两本书 —*vi.* 订购;叫菜(或饮料等):Have you *ordered* yet? 菜点好了吗? ‖ ***in order that*** *conj.* 为了,以便:He sold his antiques *in order that* he might pay off the debts. 为了还清他的债务,他卖掉了古玩。***in order to*** *prep.* 为了,以便:He left early *in order to* catch the train. 他为了赶火车,早早就出发了。***out of order*** *adj.* ❶(运行情况等)不正常的;发生故障的:The computer is *out of order*. 这台计算机出故障了。❷不合规定的;违反规程的:The motion was ruled *out of order*. 这一动议被裁定为违反规程。‖ **ˈor·der·er** *n.* [C]

or·dered /ˈɔːdəd/ *adj.* 有条理的,整齐的:lead an *ordered* life 过有条理的生活

or·der·ly /ˈɔːdəli/ **I** *adj.* ❶井井有条的,整齐的:an *orderly* mind 条理分明的思维 ❷守纪律的;守秩序的:an *orderly* crowd 秩序井然的人群 **II** *n.* [C] ❶医院护理员;医院勤杂人员 ❷传令兵;勤务兵 ‖ **ˈor·der·li·ness** *n.* [C]

or·di·nal /ˈɔːdinəl/ *n.* [C]序数(词)

ordinal number *n.* [C]序数(词)

or·di·nance /ˈɔːdinəns/ *n.* [C]法规,法令;条例

or·di·nar·i·ly /ˈɔːdinərili/ *adv.* ❶平常地,普通地:He was behaving quite *ordinarily*. 他表现得很平常。❷一般地,一般情况下:*Ordinarily*, she's back by 5 o'clock. 她一般 5 点钟回来。

or·di·nar·y /ˈɔːdinəri/ *adj.* ❶常规的,正常的;惯常的:an *ordinary* way of cooking chicken 鸡肉烹饪的普通方法 ❷一般的,普通的;平凡的;平庸的(见 common):an *ordinary* man 平凡的人 ‖ ***out of the ordinary*** *adj.* 不一般的,非同寻常的;特别的:The performance was nothing *out of the ordinary*. 这场演出并没有什么与众不同之处。‖ **ˈor·di·nar·i·ness** *n.* [U]

or·di·na·tion /ˌɔːdiˈneiʃᵊn/ *n.* ❶[C;U]【宗】授予圣职;授圣职仪式:go to an *ordination* 参加圣职授予仪式 ❷[U]颁布法令(或命令)

ore /ɔː/ *n.* [U;C]矿;矿砂;矿石;矿物

o·reg·a·no /ˌɔriˈgɑːnəu/ *n.* [U]【植】牛至

or·gan /ˈɔːgən/ *n.* [C] ❶风琴;管风琴;电风琴;口琴;手风琴 ❷器官:the vocal *organ* 发声器官

or·gan·ic /ɔːˈgænik/ *adj.* [无比较级] ❶【化】有机的:*organic* solvents 有机溶剂 ❷[作定语](动植物等)生物体的;有机体的:*organic* substances 有机物 ❸(蔬菜、耕作等)只用有机肥料(或有机农药)的:rich *organic* soil 含有大量有机物的沃土 ‖ **orˈgan·i·cal·ly** *adv.*

or·gan·ism /ˈɔːgəˌnizəm/ *n.* [C] ❶生物体;有机体:microscopic *organisms* 微生物 ❷有机组织(或机构等):a large, complicated *organism* 庞大而复杂的机体

or·gan·ist /ˈɔːgənist/ *n.* [C]风琴手,演奏风琴的乐师

or·gan·i·za·tion, or·gan·i·sa·tion /ˌɔːgənaiˈzeiʃᵊn;/ -niˈz-/*n.* ❶[U]组织,安排:a new system of *organization* 一个新的组织机制 ❷[C](商业、政府部门等的)组织,机构;团体;协会:set up a charity *organization* 创立一家慈善机构 ❸[U]条理性:This report lacks *organization*. 这份报告缺乏条理性。‖ **ˌor·gan·iˈza·tion·al, ˌor·gan·iˈsa·tion·al** *adj.*

or·gan·ize, or·gan·ise /ˈɔːgəˌnaiz/ *vt.* ❶将…分组(或分门别类);安排:*organize* the class into five groups 将班级分成五个小组 ❷提供,供应;设法获得:*organize* some sandwiches 设法找些三明治 ❸(政党、工会等)吸收(新成员);(工人等)加入(或组成)工会;创建(工会、政党等);创办:*organize* a political party 创建政党 ❹使有条不紊:*organize* one's life better 使某人的生活更加有规律 ‖ **ˈor·ganˌiz·er, ˈor·ganˌis·er** *n.* [C]

or·gan·ized /ˈɔːgəˌnaizd/ *adj.* ❶有组织的,有秩序的,高效的:a well-*organized* office 工作效率高的办公室 ❷有组织的,有安排的,有准备的:*organized* crime 有组织的犯罪

or·gasm /ˈɔːgæzəm/ *n.* [C;U] ❶【生理】性高潮,性快感❷极度兴奋;(情感等的)突然爆发,迸发 ‖ **or·gas·mic** /ɔːˈgæzmik/ *adj.*

or·gy /ˈɔːdʒi/ *n.* [C] ❶纵欲;狂饮;狂欢;放荡:sex [sexual] *orgies* 纵欲取乐 ❷无节制(的行为)(*of*):an *orgy of* spending 毫无节制的大肆

挥霍

o•ri•ent I /ˈɔːriənt/ *n.* [U][the O-]东方，亚洲；东亚(尤指包括日本、中国等的远东)；东方国家(指地中海以东的国家)：the West and *the Orient* 东西方(国家) II /ˈɔːriˌent, ˈɔr-/ *vt.* 〔亦作 **orientate**〕❶(用罗盘仪)给…定向(或定方位)：The explorer climbed a tree in order to *orient* himself. 探险者爬上一棵树以确定自己的方位。❷使适应(或熟悉)环境(或情况等)(*towards*)：*orient* the freshmen to campus life 使大学新生熟悉校园生活

o•ri•en•tal /ˌɔːriˈentəl, ˌɔr-/ *adj.* [无比较级]❶[常作 O-]东方文明的，东方文化的；东方国家的；东方人的；具有东方人特征的：*Oriental* art 东方艺术 ❷东部的，东方的

o•ri•en•tate /ˈɔrienˌteit, ˈɔːr-/ *vt.* & *vi.* =orient

o•ri•en•ta•tion /ˌɔːrienˈteiʃᵊn, ˌɔːr-/ *n.* ❶[U]定向；定位；确定方向 ❷[U](对环境或情况的)适应，熟悉：New employees must go through a period of *orientation.* 新来的职员都必须经过一段时间的适应过程。❸[C]方向；方位；政治倾向(方向)：lose one's *orientation* 迷失方向

o•ri•ent•ed /ˌɔːriˈentid/ *adj.* ❶[常跟在名词、形容词或副词后面构成复合词]表示"以…为方向；以…为目的"：a sports-*oriented* course 一门以体育为宗旨的课程 ❷[作表语]：The school was *oriented* to helping foreign students succeed. 这所学校的宗旨是帮助外国学生获得成功。

or•i•fice /ˈɔrifis/ *n.* [C]孔，洞，口：the nasal *orifices* 鼻孔 / the facial *orifices* 嘴和鼻

or•i•gin /ˈɔridʒin/ *n.* ❶[C]开端；起源；根源；起因，原因：the *origins* of life on earth 地球上生命的起源 ❷[C;U][具数时常作～s]出身；血统；来历：a man of humble *origin(s)* 出身卑微的人

o•rig•i•nal /əˈridʒinəl/ I *adj.* [无比较级]❶原始的；固有的，本来的；最初的：The house has recently been restored to its *original* style. 这所房子最近又恢复了原先的风格。❷创新的，新颖的，新奇的；有独创性的，别出心裁的(见 new)：an *original* idea 独到的见解 ❸原创的，原作的；原版的；原件的：The *original* document is in Washington. 文件的原稿在华盛顿。

O

II *n.* [C] ❶[the ～]原型；原作；原文；原件；原物：in *the original* 用原文(或原著) ❷有创见的思想家(或作家、画家等) ‖ **o•rig•i•nal•i•ty** /əˌridʒəˈnæliti/ *n.* [U]

o•rig•i•nal•ly /əˈridʒinəli/ *adv.* ❶最初，原先：The family *originally* came from France. 那个家族最初来自法国。❷独创地；崭新地：a very *originally* written play 一本十分新颖独特的剧本

o•rig•i•nate /əˈridʒiˌneit/ *vt.* ❶引起，产生：A misunderstanding *originated* a quarrel. 误解引起了一场争吵。❷创设，创办；创作；发明：*originate* a new style of a dancing 创设一种新型的舞蹈形式 —*vi.* 起源，源自；产生(*from, in, with*)：Their friendship *originated in* a chance meeting. 他们间的友谊源自一次邂逅。‖ **o•rig•i•na•tion** /əˌridʒəˈneiʃᵊn/ *n.* [U] —**oˈrig•iˌna•tor** *n.* [C]

or•na•ment /ˈɔːnəmənt/ *n.* ❶[C]装饰品，装饰物：glass *ornaments* 玻璃饰品 ❷[C]增添光彩的人(或事物、行为)(*to*)：a bright *ornament to* one's family 光耀门庭的人 ❸[U]装饰，修饰：add something by way of *ornament* 增添一些装饰 ‖ **or•na•men•ta•tion** /ˌɔːnəmenˈteiʃᵊn/ *n.* [U]

or•nate /ɔːˈneit/ *adj.* ❶精心装饰的，装饰华美的；〈时贬〉过分装饰的，装饰华丽的：an *ornate* style of architecture 一种装饰华美的建筑风格 ❷(文件等)辞藻华丽的；矫揉造作的：*ornate* descriptions 华丽的描写 ‖ **or•ˈnate•ly** *adv.* —**or•ˈnate•ness** *n.* [U]

or•ni•thol•o•gy /ˌɔːniˈθɔlədʒi/ *n.* [U]鸟类学 ‖ **ˌor•niˈthol•o•gist** *n.* [C]

o•ro•tund /ˈɔrəˌtʌnd, ˈɔː-/ *adj.* ❶(嗓音)洪亮的；爽朗的：*orotund* tones 洪亮的声音 ❷(说话或文章等)浮夸的，矫揉造作的

or•phan /ˈɔːfᵊn/ I *n.* [C] ❶孤儿：an infant *orphan* 失去父母的婴儿 ❷孤行，孤立行(指一段文字的首行是本页的末行) II *vt.* [常用被动语态]使成为孤儿：He was *orphaned* as a baby. 他在婴儿时就失去了双亲。

or•phan•age /ˈɔːfənidʒ/ *n.* [C]孤儿院

or•tho•don•tics /ˌɔːθəˈdɔntiks/ *n.* [U]【医】正牙术 ‖ **ˌor•tho•don•tia** /-ˈdɔnʃiə/ *n.* [U] —**ˌor•thoˈdon•tic** *adj.* —**ˌor•thoˈdon•tist** *n.* [C]

or·tho·dox /ˈɔːθəˌdɒks/ *adj*. ❶正统的；正宗的：the *orthodox* European origins of the Jews 犹太教的正宗欧洲渊源 ❷(宗教教义和道德标准等)传统的；合乎社会惯例的：*orthodox* ideas 传统观念 ‖ **or·tho·dox·y** *n*.

or·thog·ra·phy /ɔːˈθɒgrəfi/ *n*. ❶[U]正字术；正字学 ❷[C]正字法，拼写法 ‖ **or·tho·graph·ic** /ˌɔːθəˈgræfik/ *adj*

or·tho·p(a)e·dics /ˌɔːθəuˈpiːdiks/ *n*. [U]【医】矫形学；整形外科 ‖ ˌ**or·tho**ˈ**p(a)e·dic** *adj*. —ˌ**or·tho**ˈ**p(a)e·dist** *n*. [C]

os·cil·late /ˈɒsiˌleit/ *vi*. ❶摆动，移动：A pendulum *oscillates*. 钟摆作单摆运动。❷(意见、立场等)动摇，犹豫：*oscillate* between desperation and hope 在绝望和希望间波动 ‖ ˈ**os·cil**ˌ**la·tor** *n*. [C]

os·cil·la·tion /ˌɒsiˈleiʃᵊn/ *n*. ❶[U]摆动，动摇，振动：the *oscillation* of radio waves 无线电波的振荡 ❷[C](人或物的)一次摆动，动摇：*the oscillations* in mood 喜怒无常

os·mo·sis /ɒzˈməusis/ *n*. [U] ❶【化】渗透(作用) ❷潜移默化；渗透般的吸收(或同化)：cultural *osmosis* 文化渗透

os·si·fy /ˈɒsiˌfai/ *vt*. ❶使骨化，使成骨 ❷〈贬〉使(观点和思维等)僵化；使变得守旧，使故步自封：*ossify* one's thinking 使某人的思想僵化

os·ten·si·ble /ɔˈstensibᵊl/ *adj*. [无比较级] ❶表面上的；假装的，伪装的：an *ostensible* cheerfulness concealing sadness 掩饰伤悲的故作欢颜 ❷明显的，显而易见的；可公开的：Police authorities sometimes take people into custody for the *ostensible* purpose of protecting them from harm. 警方有时监禁公民，明显是为了保护他们免受伤害。‖ **os**ˈ**ten·si·bly** *adv*.

os·ten·ta·tion /ˌɒstenˈteiʃᵊn/ *n*. [U]〈贬〉(尤指对财富、学识等的)炫耀，夸示；卖弄；摆阔：studied *ostentations* of learning 故意卖弄学问

os·ten·ta·tious /ˌɒstenˈteiʃəs/ *adj*. 夸耀的，卖弄的：*ostentatious* jewellery 惹眼的珠宝 ‖ ˌ**os·ten**ˈ**ta·tious·ly** *adv*.

os·te·op·a·thy /ˌɒstiˈɒpəθi/ *n*. [U]【医】整骨术 ‖ **os·te·o·path** /ˈɒstiəˌpæθ/ *n*. [C]

os·te·o·po·ro·sis /ˌɒstiəupəˈrəusis/ *n*. [U]【医】骨质疏松(症)

os·tra·cize /ˈɒstrəˌsaiz/ *vt*. ❶将…放逐(或流放) ❷排挤；摈弃；使失宠：His colleagues *ostracized* him because of his rudeness. 他粗鲁无礼，同事们因而疏远了他。

os·trich /ˈɒstritʃ/ *n*. [C]([复]-**trich**(·**es**))【鸟】鸵鸟

oth·er /ˈʌðəʳ/ **I** *adj*. [无比较级] ❶其他的，其余的，别的：*Other* people may disagree with him. 其他人或许不同意他的看法。❷更多的；添加的，增加的，额外的：He offered some *other* examples. 他又举了几个例子。❸[常与 the 和 one's 连用](两者中的)另一(个)的：the *other* hand 另一只手 ❹[常与复数名词连用](许多事物中)其余的，剩下的：Some *other* countries may join the boycott. 其他一些国家或许也会加入联合抵制的行动。**II** *pron*. ❶其他的人(或事物)，别的人(或事物)；不同的人(或事物)：This glass is broken; get some *others*. 这只玻璃杯打碎了，另拿几只来。❷[常作 **the** ～**s**]其余的人(或事物)：I'll take these and leave *the others*. 我将带走这些，而把其余的留下。‖ ***on the other hand*** *adv*. 另一方面：On the one hand, we could go; *on the other hand*, we could stay. 一方面，我们可以走；另一方面，我们也可以留下。***other than*** *prep*. [常用于否定结构后] ❶除…之外：He never came to me *other than* to ask for help. 他除了有求于我外，从不来看我。❷不同于；并非，不是：She can hardly be *other than* annoyed about what he said. 她对他所说的话当然大为光火。

oth·er·wise /ˈʌðəˌwaiz/ **I** *adv*. [无比较级] ❶否则，不然(的话)：an *otherwise* happy and uneventful life 原本幸福、平静的生活 ❷在其他方面；除此之外：The sofa's old, but *otherwise* in good condition. 这张沙发虽然旧了，不过其他方面都很不错。❸以不同方式地：He didn't go to work, but was *otherwise* engaged. 他没去上班，却做了其他一些事情。**II** *conj*. 否则，不然的话：Hurry up, *otherwise* we'll miss the bus. 快点，不然就赶不上汽车了。

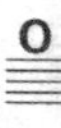

oth·er·world·ly /ˌʌðəˈwəːldli/ *adj*. ❶不现实的，脱离实际的；置于现实世界外的 ❷关注来世的；修行来世的

ot·ter /ˈɒtəʳ/ *n*. ([复]-**ter**(**s**)) ❶[C]【动】水獭 ❷[U]水獭毛皮

ouch /autʃ/ *int*. ❶[表示突然剧痛]哎哟 ❷[表

示愤怒或不悦]哎

ought /ɔːt/ *aux. v.* [无时态和人称变化,通常后接动词不定式] ❶[表示义务、职责和合适等]应当,应该:You *ought* to help them. 你应当帮助他们。❷[后接不定式的完成时态]早该,本该:He *ought*n't to have done that. 他本不该做那样的事情。❸[表示建议、愿望]应该:He *ought* to be more careful. 他应该更加细心一些。

ounce /auns/ *n.* [C] ❶盎司(英制重量单位,略作 **oz**,常衡等于 1/16 磅,约合 28 克;金衡或药衡等于 1/12 磅,约合 31 克) ❷液盎司(英制液量单位,等于 1/20 品脱;美制液量单位,等于 1/16 品脱)(= fluid ounce) ❸[用单]〈口〉少量,少许:an *ounce* of sense 些许理智

our /ˈauə/ *pron.* 我们的:*our* house 我们的房子

ours /ˈauəz/ *pron.* (属于)我们的人(或东西):He's a friend of *ours*. 他是我们的一个朋友。

our·selves /auəˈselvz/ *pron.* ❶[用以加强语气]我们亲自;我们本人:We made it *ourselves*. 我们亲手制作了这件东西。❷[反身代词]我们自己:We have been trying to keep *ourselves* informed about current trends. 我们一直努力使自己了解当今事物发展的动向。

oust /aust/ *vt.* 驱逐;罢免,撤…的职(*from*)(见 eject):*oust* sb. *from* office 撤某人的职

oust·er /ˈaustə/ *n.* [U]驱逐;罢免,撤职:The opposition called for the *ouster* of the cabinet minister. 反对派要求罢免那位内阁大臣。

out /aut/ **I** *adv.* [无比较级] ❶在远处;向外,朝外;外出地:take sth. *out* 把东西拿出来 ❷在户外;不在家;不在办公室(或工作):It is rather cold *out* today. 今天外面相当寒冷。❸由头至尾地;完全地,彻底地:be tired *out* 精疲力竭 ❹(火、蜡烛等)熄灭地,燃完地:The lamps went *out*. 灯火熄灭了。❺出差错地,有误差地:The increase in the price of petrol put my calculations *out*. 石油价格的上涨使我的核算发生了误差。❻〈口〉过时,不再流行:Flared trousers went *out* a decade ago. 喇叭裤 10 年前就不流行了。❼不予考虑 ❽大声地,朗声地;清晰地:call [cry, shout] *out* 高声喊叫 **II** *adj.* [无比较级] ❶在远处的;向外的,朝外的:put sth. in the *out* box 将东西放在朝外面的盒子里 ❷在户外的;不在家的,外出的;不在办公室(或工作部门)的:The children are *out* in the garden playing games. 孩子们正在外面的花园里做游戏。❸(火、蜡烛等)熄灭的,燃完的:The lights are *out*. 灯火熄灭了。❹出差错的,有误差的,不准确的:The bill was £10 *out*. 账单差了 10 英镑。❺〈口〉过时的,不再流行的,淘汰的:Long hair is definitely *out*. 蓄长发肯定已不再时髦了。❻不予考虑的;无法接受的;不可能的:That suggestion is right *out*. 那条建议完全不予考虑。**III** *vt.* ❶驱逐,将…逐出,将…撵走 ❷〈英俚〉【拳】将…击倒,击昏 ❸使(名人等的)同性恋行为曝光 —*vi.* 暴露;为人所知;公布于众:Murder will *out*. 谋杀终将败露。‖ ***all out*** *adv.* 不遗余力地,竭尽全力地:They went *all out* to finish before the deadline. 他们全力以赴力争在截止日期前完成任务。

out- /aut/ *comb. form* ❶表示"超过","超越","胜过":*out*do, *out*number ❷表示"外面的","外部的":*out*line, *out*building ❸表示"向外的","朝外的","远离中心的":*out*cry, *out*going, *out*burst

out·age /ˈautidʒ/ *n.* [C] ❶(水、电、煤气等的)供应中断(期):a two-hour *outage* 持续两小时的停电(水或煤气) ❷(因停电等造成的)停机

out-and-out /ˌautəndˈaut/ *adj.* [无比较级]十足的,彻头彻尾的:an *out-and-out* fool [snob, crook] 一个十足的傻子[势利眼,骗子]

out·back /ˈautbæk/ 〈主澳〉 **I** *n.* [C](人烟稀少的)偏僻内陆地区 **II** *adj.* (位于)偏僻内陆地区的

out·bal·ance /autˈbæləns/ *vt.* ❶(在重要性等方面)胜过 ❷比…重

out·board /ˈautbɔːd/ *adj.* [无比较级] ❶(发动机等)装在船只舷外的,尾挂的;位于飞机舱外的:an *outboard* motor 尾挂发动机 ❷(船只)装有舷外(或尾挂)发动机的 ❸(船只、飞机等)外侧的;外部的:an *outboard* engine of an aircraft 飞机外部的发动机

out·bound /ˈautbaund/ *adj.* [无比较级]开往外地(或外国)的;外出的

out·break /ˈautbreik/ *n.* [C] ❶(情感、战争、反叛等的)突然爆发:an *outbreak* of rioting [war, hostilities] 骚乱[战争,敌视]的突然爆发 ❷(疾病等的)突然发生(或发作):an *outbreak* of disease 疾病的突发

out·build·ing /ˈautˌbildiŋ/ *n.* [C]【建】外屋;

附属建筑物

out·burst /ˈautbəːst/ *n.* [C] ❶(情感等的)突然爆发,迸发:an *outburst* of laughter 放声大笑 ❷(行动、力量等的)突然出现:*outbursts* of machine gun fire 机枪的猛射 ❸(火山的)喷发;(烟雾、蒸汽的)外冒:volcanic outbursts 火山喷发

out·cast /ˈautkɑːst;-kæst/ *n.* [C] ❶被抛弃(或遗弃)的人(或物):an *outcast* from society 社会弃儿❷流浪者,无家可归者

out·class /autˈklɑːs;-ˈklæs/ *vt.* ❶(在品质和质量等方面)大大优于:He far *outclassed* the other runners in the race. 他在赛跑中将其他选手远远地抛在后面。❷轻易击败

out·come /ˈautkʌm/ *n.* [C][常用单]结果,结局,后果:What do you think the likely *outcome* of the negotiation will be? 你认为谈判会有什么样的结果呢?

out·crop /ˈautkrɔp/ **I** *n.* [C]【地】(岩层等的)露头;露出地表;露头的岩层 **II** *vi.* (**-cropped;-crop·ping**)(地层等)露头,露出地表

out·cry /ˈautkrai/ *n.* [C] ❶喊叫,喧嚷,鼓噪;怒号:the *outcry* of police sirens 警笛的呼啸 ❷(常指公众)强烈的抗议,极力反对(*about*, *against*):an *outcry against* the rising price of food 公众对食品价格上扬的强烈不满

out·dat·ed /autˈdeitid/ *adj.* 过时的,陈旧的;废弃不用的:*outdated* clothing 不再时髦的衣服

out·dis·tance /autˈdistᵊns/ *vt.* 领先于;远远超过;(在比赛中)把…抛在后面:He soon *outdistanced* all the others. 他很快把其他人甩在了后面。

out·do /autˈduː/ *vt.* (**-did** /-ˈdid/,**-done** /-ˈdʌn/;第三人称单数现在式**-does** /-ˈdʌz/) 在…干得更出色;优于,超过:He worked very hard as he did not want to be *outdone* by anyone. 他干活非常卖力,因为他不想别人超过他。

out·door /ˈautdɔːʳ/ *adj.* [无比较级][作定语] ❶在户外的,在野外的,在露天的:lead an *outdoor* life 在野外生活 ❷用于户外(或野外)的,供户外(或野外)使用的:*outdoor* shoes 供户外穿着的鞋子 ❸喜欢户外活动的:He's not much of an *outdoor* type. 他不是那种喜爱户外活动的人。〔亦作 **out-of-doors**〕

out·doors /autˈdɔːz/ *adv.* [无比较级]在户外,在野外;在露天;到户外,到野外:eat *outdoors* 在户外就餐〔亦作 **out-of-doors**〕

out·er /ˈautəʳ/ *adj.* [无比较级][作定语] ❶外部的,外面的,外观的:*outer* layer 外层 ❷远离中心的:the *outer* suburbs of a city 一个城市的远郊

out·er·most /ˈautəˌməust/ *adj.* [无比较级]最外面的;最远的;离中心距离最长的: the *outermost* planet from the sun 离太阳最远的行星

outer space *n.* [U] ❶外层空间(= deep space) ❷宇宙空间(=deep space)

out·er·wear /ˈautˌweəʳ/ *n.* [C]外衣,外套

out·fit /ˈautfit/ *n.* [C] ❶(尤指在特定场合下穿着的)全套服装: a blue tennis *outfit* 一套蓝色网球服 ❷成套设备;全套工具;所有用品:a complete car repair *outfit* 一整套汽车修理工具 ‖ ˈ**out·fit·ter** *n.* [C]

out·go·ing /ˈautˌgəuiŋ/ *adj.* ❶友好的;性格开朗的;善于交际的:an *outgoing* personality 开朗的性格 ❷即将退休的,即将离任的:the *outgoing* government 任期将满的政府 ❸[作定语]外出的,离去的:*outgoing* phone calls 外线电话

out·grow /autˈgrəu/ (**-grew** /-ˈgruː/, **-grown** /-ˈgrəun/) *vt.* ❶长得太高(或胖、壮)穿不下(衣服等):*outgrow* one's clothing 人长大而穿不下原来的衣服 ❷成长(或发展得)不再需要;改掉…习惯:*outgrow* one's bad habits 戒掉坏习惯

out·growth /ˈautgrəuθ/ *n.* [C] ❶长出的东西;分叉,分支;瘤❷(自然的)发展结果;后果

out·ing /ˈautiŋ/ *n.* [C] ❶(尤指由团体参与的)短途游玩,观光;远足,出游;外出看电影(或戏等):go on an *outing* 外出旅游 ❷体能比赛;马赛

out·land·ish /autˈlændiʃ/ *adj.* ❶异国风味的;(说话)外国腔的:Her language was *outlandish*. 她说的是一种外语。❷〈贬〉怪异的,古怪的:*outlandish* clothes 奇装异服

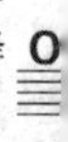

out·last /autˈlɑːst;-ˈlæst/ *vt.* ❶比…经久耐用,比…持久:The pyramids have *outlasted* the civilization that built them. 金字塔比其修建时的文明流传得更久远。❷比…活得长久,比…存在得更久:The house *outlasted* several owners. 这所房子的主人换了好几个。

out·law /ˈautlɔː/ I *n.* [C]罪犯,歹徒;逃犯;亡命之徒:a hunted *outlaw* 被搜捕的亡命之徒 II *vt.* 使失去法律效力;宣布…为非法;禁止;取缔:*outlaw* smoking in public places 在公共场所禁止吸烟

out·lay /ˈautlei/ *n.* [C] ❶(金钱、精力等的)花费 ❷费用,支出(*on*, *for*):*outlays for* new equipment 用于购置新设备的费用

out·let /ˈautlet,-lit/ *n.* [C] ❶出口;出水口;排气孔,通风口;出路:a waste water *outlet* 废弃的出水口 ❷(情感等的)发泄方法;(精力等的)释放途径;(才干等的)施展途径:Playing football is an *outlet* for energy. 踢足球是释放能量的一个办法。❸商店,商行;批发商店;市场,销路:*fast-food outlet* 快餐店 ❹电源插座

out·line /ˈautlain/ I *n.* [C] ❶轮廓图;草图,略图:draw an *outline* of the new house 画新房子的平面结构图 ❷外形,轮廓:the *outline* of the face in the candlelight 在烛光映照下的面部轮廓 ❸(文章、讲话稿等的)提纲,提要;草案:an *outline* for a lecture 讲话稿的提纲 II *vt.* ❶概述;提出…的要点:I *outlined* the proposals we had to make. 我简要地列出了我们需要提的建议。❷勾勒出…的轮廓(或外形);画…的草图:The area is *outlined* in red on the map. 这片地区已用红笔在地图上标了出来。‖ ***in outline*** *adv.* 简要地:I have prepared my speech *in outline*. 我已简要地准备了我的演讲。

out·live /autˈliv/ *vt.* ❶比…活得久:He *outlived* his wife by ten years. 他比妻子多活了10年。❷活过(某个日期或时期);(指事物)旧得不再具有:The system has *outlived* its usefulness. 这一体制已不再有用。

out·look /ˈautluk/ *n.* [C][常用单] ❶(对未来的)展望;前景,前途(*for*):political *outlook* 政治前途 ❷观点,看法,见解(*about*, *on*):one's *outlook on* the world 某人的世界观 ❸风景,景致:The house has a pleasant *outlook*. 从这房子可以看到外面秀美的风景。

out·ly·ing /ˈautˌlaiiŋ/ *adj.* [作定语]远离中心的,边远的;外围的:the *outlying* sections of a city 城市的郊区

out·mod·ed /ˌautˈməudid/ *adj.* 〈常贬〉过时的;不再流行的;弃之不用的:*outmoded* styles of clothing 不再时髦的服装款式

out·num·ber /autˈnʌmbəʳ/ *vt.* 在数量上比…多:The fans of our team were *outnumbered* two to one by those of their team. 他们队的球迷是我们队的两倍。

out-of-date /ˈautəvˌdeit/ *adj.* 过时的,老式的,废弃的

out-of-the-way /ˈautəvðəˌwei/ *adj.* ❶人迹罕至的,偏僻的:an *out-of-the-way* restaurant 偏远地方的餐馆 ❷不常遇到的,不寻常的,不普通的

out(-)pa·tient /ˈautˌpeiʃᵊnt/ *n.* [C]门诊病人:the *out(-)patients'* department of a hospital 医院的门诊部

out·post /ˈautpəust/ *n.* [C] ❶【军】前哨基地;前哨,警戒部队;(设在国外的)军事基地 ❷边远居民定居点;边远地带;(组织或机构等的)分支机构:Several *outposts* have recently been established overseas by the company. 该公司最近在海外设立了几个分公司。

out·put /ˈautput/ I *n.* ❶[U]生产,出产,出品:slow [fast] *output* 低速[高速]生产 ❷[U](矿产、工业和农业等)产品;(文艺等)作品:artistic *output* 艺术作品 ❸[常用单](某个特定时间内的)产量:We must improve our *output*. 我们必须要提高产量。❹[C;U]【计】(数据或信息等的)输出;输出端;输出设备;输出信息(或数据) II *vt.* (**-put**;**-put·ting**) ❶生产 ❷【计】输出(计算结果等):*output* the data to the printer 将数据传送到打印机上

out·rage /ˈautreidʒ/ I *n.* ❶[C]暴行,暴虐的行径:The bandits committed many acts of *outrage*. 匪徒们暴行累累。❷[U]暴怒,愤怒:be filled with *outrage* 义愤填膺 II *vt.* ❶侮辱;凌辱:*outrage* sb.'s feelings 伤害某人的感情 ❷[常用被动语态]激怒,引起…的义愤:They were *outraged* by the brutality of the police. 他们对警方的暴行感到愤慨。

out·ra·geous /autˈreidʒəs/ *adj.* ❶毫无节制的,无法无天的 ❷令人震惊的,吓人的:an *outrageous* price 高得吓人的价格 ❸残暴的,凶残的:*outrageous* crimes 暴行

out·rank /autˈræŋk/ *vt.* 级别(或职位等)高于;排名先于,位次尊于:A colonel *outranks* a major in the army. 在部队,上校的军衔高于少校。

out·reach I /autˈriːtʃ/ *vt.* ❶超过…的范围 ❷

超过,超越:Demand has *outreached* supply. 供不应求。**II** /ˈautriːtʃ/ *n.* [U] ❶(手臂等的)伸出;展开 ❷(尤指社会福利等)服务(或活动)范围的扩大;扩大的服务(或活动)范围:programs of community *outreach* to the poor 向更多的穷人提供社区服务的计划 **III** /ˈautriːtʃ/ *adj.* 扩大服务范围的:AIDS *outreach* prevention programs 扩大艾滋病防治范围的计划

out·right I /autˈrait/ *adv.* [无比较级] ❶完全地,彻底地:The young woman was *outright* mad. 那名年轻女子彻底疯了。❷公开地,公然地,毫无保留地;直截了当地,直率地:Tell him *outright* my opinion. 坦率地告诉他我的观点。❸立刻,马上;当场地:Ten were killed *outright*. 有10人当场被杀。**II** /ˈautrait/ *adj.* [作定语] ❶完全的,彻底的,十足的:an *outright* villain 十足的恶棍 ❷公开的,公然的;毫无保留的;直截了当的,直率的:an *outright* denial 断然否认

out·run /ˌautˈrʌn/ *vt.* (**-ran** /-ˈræn/,**-run;-run·ning**) ❶比…跑得快(或好、远):He *outran* the others and won the first place. 他跑在其他选手的前面,获得了第一名。❷超过,超越:His ambition *outran* his ability. 他眼高手低。

out·sell /autˈsel/ *vt.* (**-sold** /-ˈsəuld/) ❶比…卖得多(或快),比…更能推销:He *outsells* all our other salespeople. 他推销的东西比我们公司里其他所有的推销员都要多。❷销量超过,比…畅销:This detergent *outsells* any other brand. 这种洗涤剂的销售量超过了其他任何一个品牌。

out·set /ˈautset/ *n.* [C][常作 **the ~**]开始,开端:at *the outset* (of) 在…开始时

out·side I /autˈsaid,ˈautsaid/ *n.* ❶[C;U]外(表)面,外部:paint the *outside* of the house 粉刷房屋的外墙 ❷[常作 **the ~**]外观,外表:Don't judge a man from his *outside*. 勿以貌取人。❸[**the ~**](人行道等靠机动车道的)外侧:walk around *the outside* of the mall 沿林荫大道的外侧行走 ❹[常作 **the ~**]外界;[指相对位置]外面:She has got some help from *outside*. 她已得到了外界的援助。**II** /ˈautsaid/ *adj.* [无比较级][作定语] ❶外面的,外部的;(人行道等的)外侧的;室外的:an *outside* swimming pool 露天游泳池 ❷圈外的,局外的;外界的:*outside* help 外援 ❸(机会、可能性等)极小的,几乎不可能的:He has an *outside* chance of winning the race. 他不大可能在比赛中夺冠。❹最大数量的;极限的,极端的:an *outside* estimate [price] 最高估计(价格) **III** /autˈsaid/ *adv.* [无比较级] ❶在外面;朝外面:The house was painted white *outside*. 房子的外面刷成了白色。❷在(或朝)露天,在(或朝)室外:*Outside* there was only the threshing of the rain. 屋外只有雨声在沙沙作响。❸不包含地,不包括地,在规定范围外 **IV** /autˈsaid/ *prep.* ❶在…外面;到…的外面:He stood *outside* the door. 他站在门外。❷在…范围之外,超越…的范围:get involved in activities *outside* the law 参与违法活动 ❸〈口〉除…之外:She has no interests *outside* her work. 她除了工作,别无其他爱好。‖ ***at the* (*very*) *outside*** *adv.* 充其量:It was estimated that the job would take two hours *at the outside*. 据估计这项工作最多需要两个小时。***outside of*** *prep.* 〈主美口〉除…之外:*Outside of* us, no one came to the party. 除了我们,没人来参加聚会。

out·sid·er /autˈsaidəˈ/ *n.* [C] ❶非圈内人,圈外人;党外人士;局外人:Some families do not welcome *outsiders*. 有些家庭不喜欢外人来访。❷〈主英〉(在比赛中)取胜可能性极微的选手(或赛马等);所提交申请不大可能获得批准之人:Amazingly, the job went to a rank *outsider*. 真怪,那工作竟然交给了一个万万想不到的人。‖ ***The outsider sees the best* [*the most*] *of the game.*** 〈谚〉旁观者清。

out·size /ˈautsaiz/ *adj.* [作定语] ❶异常大的:*outsize* vegetables 特大蔬菜 ❷(服装、鞋帽等)超大号的,极大的;(人)过胖的:wear *outsize* clothes 穿超大号的衣服

out·skirt /ˈautskəːt/ *n.* [C][常作~s]市郊,城郊,郊区:in [on] the *outskirts* of London 在伦敦市郊

out·spo·ken /autˈspəukᵊn/ *adj.* (说话)坦率的,直率的,直言不讳的,毫无保留的:be *outspoken* in one's remarks 说话时毫无保留 ‖ **outˈspo·ken·ness** *n.* [U]

out·spread /autˈspred,ˈautspred/ *adj.* [有时用在名词之后] ❶展开的,铺开的,张开的;扩张的:*outspread* fingers 张开的手指 ❷(消息等)到处流传的

out·stand·ing /aut'stændiŋ/ *adj.* ❶向外突出的：a stiff, *outstanding* fabric 一种凸面硬质纤维 ❷杰出的；闻名的，出名的；(成绩等)显著的(*at*, *in*)：an *outstanding* scholar 知名学者 ❸(债务等)未还清的；(问题等)未解决的；(工作等)未完成的：some work still *outstanding* 一些尚未完成的工作 ‖ **out'stand·ing·ly** *adv.*

out·stretch /'autstretʃ, aut'stretʃ/ *vt.* ❶前伸，向外伸出，张开(尤指手或手臂)：*outstretch* one's hand in welcome 伸手以示欢迎 ❷(范围、程度)超过：His behaviour *outstretched* my patience. 我已无法容忍他的行为。

out·stretched /'autstretʃt, aut'stretʃt/ *adj.* [有时用在名词之后]向外伸出的；张开的，铺开的：The bird stood on the rock, wings *outstretched*. 鸟儿张开翅膀立于岩石之上。

out·strip /aut'strip/ *vt.* (**-stripped**; **-strip·ping**) ❶(在赛跑等比赛中)比…跑得快，把…甩在后面：He far *outstripped* the other runners on the last lap. 他在最后一圈中把其他选手远远地甩在了身后。❷(在数量方面)比…多：Last year export growth of electronic equipment far *outstripped* import growth. 去年电子设备的出口增长远远高于进口。❸(在能力等方面)胜过，比…更出色：Roger's dreams constantly *outstrip* his ambitions. 罗杰一贯异想天开，野心勃勃。

out·ward /'autwəd/ *adj.* [无比较级][作定语] ❶位于外面的，在外面的：an *outward* room 外屋 ❷朝外的，向外的：an *outward* flow 外流 ❸(船只等)驶向外面(或外地)的；(旅行等)到外地的：an *outward* journey 去外地的旅行 ‖ **'out·ward·ly** *adv.*

out·wards /'autwədz/ *adj.* & *adv.* =outward

out·weigh /aut'wei/ *vt.* ❶比…重：He *outweighs* his brother by ten pounds. 他比他兄弟重10磅。❷比…重要；比…更具价值；比…更有影响力：His success *outweighed* his failures. 他所取得的成功多于他遭受的失败。

out·wit /aut'wit/ *vt.* (**-wit·ted**; **-wit·ting**) ❶智取；哄骗：I have *outwitted* a lot of my opponents. 我凭智慧战胜了许多对手。❷比…聪明，比…更具睿智

out·worn /aut'wɔːn/ *adj.* [无比较级] ❶(观念、习俗等)过时的，不合潮流的：*outworn* ideas 陈腐的观念 ❷(衣物等)破旧的，磨损的：an *outworn* bicycle 破旧的自行车

o·val /'əuvᵊl/ **I** *adj.* 卵形的；椭圆形的：The mirror is *oval*. 镜子呈椭圆形。**II** *n.* [C]卵形(物)；椭圆形(物)

o·va·ry /'əuvəri/ *n.* [C] ❶【解】卵巢 ❷【植】子房 ‖ **o·var·i·an** /əu'veəriən/ *adj.*

o·va·tion /əu'veiʃᵊn/ *n.* [C]热烈鼓掌，欢呼；热烈欢迎：receive an enthusiastic *ovation* 受到热烈欢迎

ov·en /'ʌvᵊn/ *n.* [C] ❶(用于烤煮食物的)烤炉；烤箱：a slow *oven* 低温烤箱 ❷烘箱，干燥器；(化学、冶金等工业中使用的)窑；干燥炉

o·ver /'əuvəʳ/ **I** *adv.* [无比较级] ❶在上面，在上方；在空中：a roof that hangs *over* 悬在上空的房顶 ❷倒，颠倒；翻转过来：push a house *over* 推倒房子 ❸到处，遍布地：The lake was frozen *over* last year. 去年这湖泊完全冻结了。❹从一地至另一地；到(街、河、湖等的)另一边：He will go *over* to the schoolyard and watch her play baseball. 他要去学校看她打棒球。❺越过，跨过：fly *over* 飞过 ❻自始至终地；详细地：talk sth. *over* with sb. 与某人详谈某事 ❼反复，再三：do a house *over* 重新装修房子 ❽超过，更多：children of ten and *over* 10岁和10岁以上的孩子 **II** *prep.* ❶在…上方；在…上空：a lamp *over* the table 桌子上方的一盏灯 ❷覆盖在…上，遮在…上：He folded his arms *over* his chest. 他双手交叉放在胸前。❸越过…向外(或向下)，从…边缘向下：fall *over* a cliff 从悬崖边上落下 ❹越过，跨过，横跨；(从一处)到…的另一处：jump *over* the wall 越墙而过 ❺在…的对面，在(路、街等的)另一边：live in a house *over* the way 住在路对面的房子里 ❻关于，有关：have a talk *over* an issue 就某个问题进行会谈 ❼由于，因为：fly into rage *over* nothing 发无名火 ❽在做…的过程中：chat *over* one's coffee and cigarettes 一边喝咖啡、抽烟，一边闲聊 ❾[常与all连用]遍及，遍布：*all over* the country 在全国各地 ❿直到…之后，在…期间：stay *over* the weekend 在周末留下来住 ⓫(在数量、程度等方面)超过：They were to stay at that city for *over* ten days. 他们将在那个城市待上10多天。‖ ***all over*** *adv.* 到处，遍及：He aches *all over*. 他浑身都感到酸痛。***over and above*** *prep.* 除…之外：He earns a large amount *over and above* his salary. 他除了薪金之外，还有很大的一笔收

人。(*all*) *over again* *adv.* 重新,再一次:The incompetent typist had to type the report *all over again*. 那位不称职的打字员不得不将报告从头至尾又打了一遍。*over with* *adj.* 做完,完成,结束:They were *over with* the meeting by ten o'clock. 他们的会议到10点钟结束。*over against* *prep.* 与…相对比,与…进行比较:set the quality of this cupboard *over against* that one 将这个柜子的质量与那一个做比较 *over and over* (*again*) *adv.* 反复地,再三地:He was told *over and over* not to do that. 别人一再告诉他不要做那件事。

o•ver- /ˈəuvəʳ/ *pref.* ❶表示"过度","过分":*o*vereat, *over*full ❷表示"上面","外面":*over*coat, *over*board ❸表示"超过":*over*time, *o*verage ❹表示"从上至下":*over*hang ❺表示"完全地","十分":*over*joyed, *over*awe

o•ver•act /ˌəuvərˈækt/ *vt.* (在剧中)将(角色等)演得过火:He *overacted* the hero in the play. 他将剧中的男主人公演得太夸张了。—*vi.* 演得过火,表演得过于夸张

o•ver•age /ˈəuvəridʒ/ *n.* [C]【商】商品过剩;超额

o•ver•all I /ˈəuvərˌɔːl/ *adj.* [无比较级] ❶从头至尾的;从一端到另一端的:the *overall* length of a ship 船只的长度 ❷全部的,所有的;全面的,总的:the book's *overall* design 书本的整体设计 II /ˌəuvərˈɔːl/ *adv.* [无比较级] ❶总体上,总的来说:*Overall*, this is a valuable survey. 总的来说,这是一个很有价值的调查。❷全面地,总共:It cost $1,000 *overall*. 这件物品总共花了1 000美元。III /ˈəuvərˌɔːl/ *n.* [C]〈英〉外衣;(用于防水或防污垢等而穿着的)防护服,工作服:She wore an *overall* when cleaning the house. 她在打扫房子时穿了件工作服。

o•ver•awe /ˌəuvərˈɔː/ *vt.* [常用被动语态]使敬畏;唬住,镇住,威慑:*overawe* one's subordinates 慑服下属

o•ver•bal•ance /ˌəuvəˈbæləns/ *vt.* ❶使失去平衡;使摔倒;使翻倒,使翻转:He *overbalanced* himself on the edge of the cliff and fell into the sea below. 他在悬崖边上跌倒了,掉入大海。❷比…重;比…重要;比…更具价值;比…更有影响力:The opportunity *overbalances* the disadvantages of leaving hometown. 这个机会胜过离开家乡所带来的不利之处。—*vi.* 失去平衡;跌倒;摔倒;翻倒,翻转

o•ver•bear•ing /ˌəuvəˈbeəriŋ/ *adj.* 〈贬〉傲慢无礼的;专横跋扈的,颐指气使的:her *overbearing* mother-in-law 她那位爱指手画脚的婆婆

o•ver•blown /ˌəuvəˈbləun/ *adj.* ❶过分渲染的,言过其实的:Officials say the fear of famine is *overblown*. 官方称对于饥荒的恐惧有些言过其实。❷妄自尊大的;自命不凡的

o•ver•board /ˈəuvəˌbɔːd/ *adv.* [无比较级]朝舷外,从船上往外:He jumped *overboard*. 他从船上跳下水。‖ *go overboard* *vi.* 走极端:Take two of them; don't *go overboard*. 就拿其中两个,别太出格了。*throw* [*toss*, *chuck*] *overboard* *vt.* ❶将…扔到船外;从船上将…抛到水里 ❷将…弃之不用;不再聘用(某人):The book of rules seems to have been *thrown overboard*. 那本章程似乎已被扔到了一边。

o•ver•bur•den /ˌəuvəˈbəːdᵊn/ *vt.* 使负担过重;使超载,将…装载过多(*with*):be *overburdened with* cares 忧心忡忡

o•ver•cast /ˈəuvəˌkɑːst;-ˌkæst/ *adj.* 阴云蔽日的;【气】(天空、天气)多云的,阴的:an *overcast* day 阴天

o•ver•charge /ˌəuvəˈtʃɑːdʒ/ *vt.* 向(某人)过高收费,对(某物)过高开价;高于正常价格(或标准收费)收取(钱款),超标准收(款):The taxi-driver was fined for *overcharging* his customers. 出租车驾驶员因宰客而被罚款。—*vi.* 过高收费,超出标准收费

o•ver•coat /ˈəuvəˌkəut/ *n.* [C]外衣,外套,大衣

o•ver•come /ˌəuvəˈkʌm/ (**-came** /-ˈkeim/, **-come**) *vt.* ❶战胜,击败;征服(见 conquer):The enemy was *overcome* on the last attack. 在最后一次进攻中敌人被击败了。❷克服(困难等);抑制(情绪等):He has *overcome* many obstacles in his life. 他克服了生活中的许多障碍。—*vi.* 获胜,取胜:It is strongly believed that truth will *overcome*. 人们深信真理必胜。

o•ver•crowd /ˌəuvəˈkraud/ *vt.* 使过于拥挤;将(空间等)挤(塞)得过满(*with*):The buses are always *overcrowded*. 公共汽车总是拥挤不堪。

o•ver•do /ˌəuvəˈduː/ *vt.* (**-did** /-ˈdid/, **-done** /-ˈdʌn/;第三人称单数现在式**-does** /-ˈdʌz/) ❶

过分做(某事);过分强调,过于夸大:*overdo* dieting 过于节食 ❷过度使用:*overdo* pepper in the soup 在汤中放入过量的胡椒 ❸[常用被动语态]将…烤得太老(或太久);将…煮得太烂(或太久):The bread is *overdone*. 面包烤老了。‖ ***overdo it*** [***things***] *vi.* ❶工作(或学习、锻炼等)过度:He must not *overdo it* again because of his poor health. 他身体不好,绝对不能再工作过度。❷做事过分,夸张:New movements usually *overdo it*. 新兴运动通常会过火。

o•ver•dose /ˈəuvəˌdəus/ *n.* [C](药物等)过量,超量:take an *overdose* of sleeping pills 过量服用安眠药

o•ver•draft /ˈəuvəˌdrɑːft;-ˌdræft/ *n.* [C]透支;透支额

o•ver•draw /ˌəuvəˈdrɔː/ (**-drew** /-ˈdruː/,**-drawn** /-ˈdrɔːn/) *v.* 从(银行账户中)透支:*overdraw* one's account 从银行账户中透支取款

o•ver•due /ˌəuvəˈdjuː/ *adj.* [无比较级][常作表语] ❶过期的,超过期限的;(债务等)逾期未付的;(所借图书)逾期未还的:a few *overdue* books 几本已过期的图书 ❷(火车、飞机等)误点的;迟到的:The train is half an hour *overdue*. 火车已误点半个小时了。

o•ver•es•ti•mate /ˌəuvərˈestiˌmeit/ *vt.* 对(能力、费用等)估计过高;对(某人)作过高的评价:*overestimate* the importance of social problems 高估社会问题重要性

o•ver•flow /ˌəuvəˈfləu/ *vt.* ❶从(边)上流出(或溢出);从…边上流出(或溢出):The river *overflowed* its banks. 河水溢出了两边的堤岸。❷(人群等)挤满(房间等);使…多得容纳不下:The crowd *overflowed* the theatre. 剧院里挤满了人。❸淹没:The flood *overflowed* several villages. 洪水淹没了几个村庄。—*vi.* ❶(容器等)满得溢出;(液体等)溢出容器:The washing machine *overflowed* onto the floor. 洗衣机里的水溢到了地板上。❷充满;挤满(*with*):The desk is *overflowing with* books. 书桌上摆满了书籍。❸洋溢(*with*):*overflow with* happiness 满心喜悦 ❹(人群等)(因房间、厅堂等无法容纳而)被挤出(*into*):They *overflowed into* [onto] the street. 他们被挤到了大街上。❺(河水等)泛滥:After the thaw, the ri ver tends to *overflow*. 冰雪融化后,河水经常会泛滥。

o•ver•fly /ˌəuvəˈflai/ *vt.* (**-flew** /-ˈfluː/,**-flown** /-ˈfləun/) ❶飞越(某地或某地区):*overfly* the war zone 飞越战区 ❷比…飞得远(或快、高)‖ **o•ver•flight** /ˈəuvəˌflait/ *n.* [C]

o•ver•grown /ˌəuvəˈgrəun,ˈəuvəˌgrəun/ *adj.* ❶[常作定语]长得太大的;生长过度的:*overgrown* weeds 长得过于繁茂的杂草 ❷(植物)蔓生的,过于繁茂的;(杂草)丛生的(*with*):an *overgrown* tree 枝叶茂盛的树木

o•ver•hang /ˌəuvəˈhæŋ/ (**-hung** /-ˈhʌŋ/) *vt.* 悬挂于…之上,倒垂于…之上;突出于…之上:Birch trees *overhang* the walk. 白桦树高耸于人行道之上。—*vi.* 垂悬;突出:*overhanging* branches 下垂的树枝

o•ver•haul I /ˌəuvəˈhɔːl/ *vt.* 对…彻底检修;将…拆修:The cars have been *overhauled*. 这些汽车已经全面检修过了。II /ˈəuvəˌhɔːl/ *n.* [C;U] 全方位检修;拆修:My computer is due for an *overhaul*. 我的电脑应该彻底检修一下了。

o•ver•head I /ˌəuvəˈhed/ *adv.* ❶在上面;在头顶上:planes flying *overhead* 飞过头顶的飞机 ❷在天上,在空中;在楼上:The children *overhead* kept making noises. 楼上的孩子们一个劲地发出各种噪声。II /ˈəuvəˌhed/ *n.* [U](企业中的)日常管理费用,一般管理费用:The sales revenue covers the manufacturing costs but not the *overheads*. 销售收入与生产成本持平,但却不抵企业日常管理费。

o•ver•hear /ˌəuvəˈhiəʳ/ (**-heard** /-ˈhəːd/) *v.* 无意中听到(某人的谈话等);偷听(他人的谈话等):She *overheard* the couple quarrelling. 她偶然听到了这对夫妻在吵嘴。

o•ver•joy /ˌəuvəˈdʒɔi/ *vt.* 使万分高兴,使大喜:The good news did not overjoyed him. 这一喜讯并未令他欣喜若狂。‖ **ˌoverˈjoyed** *adj.*

o•ver•kill /ˈəuvəkil/ *n.* [U] ❶(尤指核武器的)超量摧毁能力;超量摧毁 ❷过多;过分(的行为):A propaganda *overkill* is likely to stop people from believing it. 过多的宣传会使人们对此失去信任。

o•ver•land /ˈəuvəˌlænd,ˌəuvəˈlænd/ I *adj.* [无比较级]陆(地)上的;(经由)陆路的:an *overland* trip 陆路旅行 II *adv.* [无比较级]横穿陆地地;经由陆路地:march *overland* across the desert 从陆地横穿沙漠

o•ver•lap I /ˌəuvəˈlæp/ (**-lapped**; **-lap•ping**) *v.* ❶与…部分重叠(或交叉):One feather *overlaps* another on a bird's wing. 鸟翅膀上的羽毛互相交搭在一起。❷与…部分相同;部分地与…同时发生:Every personality *overlaps* every other personality. 每种个性都与其他个性有着相似之处。II /ˈəuvəˌlæp/ *n.* ❶[C]部分重叠(量),部分相同;重叠部分;交叉(量),交叉部分:a large *overlap* 大面积的交搭 ❷[U]部分的同时发生:There is always some *overlap* in a set of talks. 在一系列谈判中总会提及一些相同的内容。

o•ver•lay I /ˌəuvəˈlei/ (**-laid** /-ˈleid/) *vt.* ❶将…覆盖:*overlay* fertilizer on the soil 给土地施肥 ❷[常用被动语态]在…上铺以(覆盖物);在…上涂以(颜料等);在…上贴以(饰物等)(*with*):use thin pieces of polish wood to *overlay* the floor 用抛光的薄木片贴在地板上 / The road is *overlaid with* gravel. 路面上铺设了沙砾。II /ˈəuvəˌlei/ *n.* [C]覆盖物,遮盖物;饰面:a table covered with a silver *overlay* 一张台面包银的桌子

o•ver•load /ˌəuvəˈləud/ *vt.* ❶使过载;使超载,使…填塞过满:The lorry overturned because it had been *overloaded*. 卡车因超载而翻覆了。❷使(电路)超负荷运行:He *overloaded* the electrical system by using [with] too many electrical appliances. 他使用太多的电器使得该电路系统过载了。❸〈喻〉使超负荷工作,使负担太重:be *overloaded* with work 需要做太多的工作 —*vi.* 电路过载

o•ver•look /ˌəuvəˈluk/ *vt.* ❶忽略,忽视;漏看,对…未加注意:The robbers *overlooked* the possibility of the alarm system sounding. 强盗们没料到报警系统会响起来。❷俯视;向…眺望:I rented a room *overlooking* the Central Park. 我租了一间可以远眺中央公园的房子。❸宽恕,原谅,对…不予计较:I shall *overlook* your disobedience this time. 这次我原谅你的不听话。

o•ver•ly /ˈəuvəli/ *adv.* [无比较级]太,过于,过分地:*overly* cautious 谨小慎微的 / *overly* cooked food 烹煮过度的食物

o•ver(-)much /ˌəuvəˈmʌtʃ/ I *adv.* [无比较级][常用于否定句]过多地;过度地:I don't like it *over(-)much*. 我不太喜欢这东西。II *adj.* [无比较级]过多的;过度的:have *over(-)much* confidence in one's ability 对某人的能力过于信任 / undertake *over(-)much* work 承担过多的工作 III *n.* [U]过量;超额

o•ver•night /ˌəuvəˈnait/ *adj.* [无比较级][作定语] ❶旅行时晚间使用的;一整夜的,通宵的;持续(或逗留、居住)一夜的:assign sb. to *overnight* duty 安排某人通宵值班 ❷〈口〉突然间的,一下子的:a book which became an *overnight* sensation 一部突然轰动一时的书籍

o•ver•pass /ˈəuvəˌpɑːs;-pæs/ *n.* [C]高架桥,上跨桥,跨线桥,(人行)天桥;高架路,上跨路;上跨立体交叉:The jeep swept up onto an *overpass* above some railroad tracks. 吉普车飞快驶上横跨铁轨的高架桥。

o•ver•pop•u•late /ˌəuvəˈpɔpjuleit/ *vt.* 使人口过剩(或过密) ‖ **o•ver•pop•u•la•tion** /ˌəuvəˌpɔpjuˈleiʃᵊn/ *n.* [U]

o•ver•power /ˌəuvəˈpauəʳ/ *vt.* ❶以较强力量(或较大数目)击败;制服:The troops *overpowered* the invading enemies. 部队击败了来犯之敌。❷(高温、感情、气味等)使难以忍受;压倒:She was *overpowered* by grief. 她悲伤不已。‖ **ˌo•verˈpow•er•ing** *adj.*

o•ver•price /ˌəuvəˈprais/ *vt.* 对…定价过高;定价高出(某人)的购买力:My view is that you have been *overpriced*. 我认为你开价太高了。

o•ver•qual•i•fied /ˌəuvəˈkwɔlifaid/ *adj.* (尤指任某职)资历过高的:He is *overqualified* for the job assigned to him. 安排他干这份工作是大材小用了。

o•ver•rate /ˌəuvəˈreit/ *vt.* 过高评价(或估计):He *overrated* his ability. 他过高地估计了自己的能力。

o•ver•re•act /ˌəuvəriˈækt/ *vi.* 作出过激的反应,反应过于强烈(*to*):He *overreacted to* criticism. 他对批评意见的反应过于强烈。

o•ver•ride /ˌəuvəˈraid/ (**-rode** /-ˈrəud/, **-rid•den** /-ˈridᵊn/) *vt.* ❶优先于,领先于;压倒:In foreign policy, national interests *override* ideological differences. 在外交政策中,国家利益高于意识形态上的分歧。❷使无效,使失去作用 ❸推翻;否决;取消(决定等):The managing director will be able to *override* the decisions of his inferiors. 总经理有权否决下属作出的决定。

o·ver·rid·ing /ˌəuvəˈraidiŋ/ *adj*. [无比较级][作定语]最为重要的，最主要的：an *overriding* aim 主要目标

o·ver·rule /ˌəuvəˈruːl/ *vt*. ❶否决(提案等)；驳回(建议、提议等)；宣布(决定等)无效：His claims were *overruled*. 他的要求被驳回了。❷否决(或拒绝)…的建议(或提议)：Jack was *overruled* by the planners. 杰克的意见未被设计者们采纳。

o·ver·run /ˌəuvəˈrʌn/ (**-ran** /-ˈræn/，**-run**；**-run·ning**) *vt*. ❶[常用被动语态](杂草、攀缘植物等)蔓延于，在…上蔓生；(害虫、害鸟等)成群出没于(*by*，*with*)：a kitchen *overrun with* cockroaches 蟑螂成群的厨房 ❷[常用被动语态]征服，侵占；蹂躏(*by*，*with*)：Very soon the area was *overrun by* [*with*] enemy soldiers. 该地区很快就被敌军占领了。❸跑过；超过(规定的时间)；超出(额定的费用、范围等)：The programme *overran* the allotted time. 节目超过了规定时间。

o·ver·seas **I** /ˌəuvəˈsiːz/ *adv*. [无比较级]在(或向)海外，在(或向)国外：Jane plans to live *overseas*. 简打算去国外定居。**II** /ˈəuvəˌsiːz/ *adj*. [无比较级][作定语] ❶(在)海外的，(在)国外的：*overseas* markets 海外市场 ❷越洋的，跨海的；前往国外(或海外)的；面向国外(或海外)的；来自国外(或海外)的：*overseas* trade 对外贸易

o·ver·see /ˌəuvəˈsiː/ *vt*. (**-saw** /-ˈsɔː/，**-seen** /-ˈsiːn/)监视，监督；管理；照看；指导：He was hired to *oversee* the construction crews. 他受雇来管理建筑工人。‖ **o·ver·se·er** /ˈəuvəˌsiːəʳ/ *n*. [C]

o·ver·sell /ˌəuvəˈsel/ (**-sold** /-ˈsəuld/) *vt*. 过分夸大…的优点，对…吹嘘过度：He *oversold* his son's talents. 他对其儿子的才干大加吹嘘。

o·ver·shad·ow /ˌəuvəˈʃædəu/ *vt*. ❶比…更重要；使黯然失色：My successes at school were always *overshadowed* by my brother's. 我在学校取得的成绩总比不过我弟弟。❷将…遮暗；挡住…的光线：clouds *overshadowing* the moon 遮住月亮的云彩 ❸使不快，使忧郁；给…蒙上阴影：The threat of war *overshadowed* the nation. 战争的威胁给这个国家蒙上了一层阴影。

o·ver·sight /ˈəuvəˌsait/ *n*. ❶[C；U]疏忽；忽视：It was *oversight* that caused the accident. 正是疏忽大意造成了这次事故。❷[C]错误，失误；漏洞：My bank statement is full of *oversights*. 我的银行结算单中错误百出。

o·ver·sim·pli·fy /ˌəuvəˈsimpliˌfai/ *vt*. & *vi*. 使过于简化(以至歪曲)：*oversimplify* the problem 将问题过于简单化

o·ver·size(d) /ˈəuvəˌsaiz(d)/ *adj*. 过大的，超大的，特大的；(服饰等)特大号的，超大号的：wear *oversize* clothes 穿着过于肥大的衣服

o·ver·sleep /ˌəuvəˈsliːp/ *vt*. (**-slept** /-ˈslept/)睡过头：He *overslept* and missed the train. 他睡过了头，没赶上那趟火车。

o·ver·state /ˌəuvəˈsteit/ *vt*. 把…说得过分；过于强调(重要性等)；夸大，夸张：She *overstated* her argument. 她过于夸大其论点。

o·ver·step /ˌəuvəˈstep/ *vt*. (**-stepped**；**-step·ping**) 超越(范围、界限等)：He *overstepped* his authority when he ordered the prisoner to be released. 他越权下达命令将罪犯释放。

o·vert /əuˈvəːt，ˈəuvəːt/ *adj*. 公开的；显然的；公然的：an *overt* dislike of the manager 对经理明显的厌恶 ‖ **oˈvert·ly** *adv*.

o·ver·take /ˌəuvəˈteik/ (**-took** /-ˈtuk/，**-tak·en** /-ˈteikᵊn/) *vt*. ❶赶上，追上；超(车)：He had to walk very fast to *overtake* me. 他必须走得很快才能跟上我。❷[常用被动语态](暴风雨等)突然袭击；(厄运、灾难等)突然降临于：The rainstorm *overtook* them just outside the city. 他们就在城外突遇暴雨。

o·ver·tax /ˌəuvəˈtæks/ *vt*. ❶使负担过重；使承受过多的压力；对(体力等)提出过高要求：*overtax* oneself 使自己过于疲劳 ❷向…征收过重的税收，使交付过高的税收：He thought he was *overtaxed*. 他认为自己交税过重。

o·ver·throw **I** /ˌəuvəˈθrəu/ *vt*. (**-threw** /-ˈθruː/，**-thrown** /-ˈθrəun/) ❶推翻；颠覆；征服，战胜(见 conquer)：a political conspiracy to *overthrow* the government 一个试图推翻政府的政治阴谋 ❷废除(制度等)；使终止；摧毁：*overthrow* a plan 取消一项计划 **II** /ˈəuvəˌθrəu/ *n*. [C]推翻；征服，战胜：the *overthrow* of the monarchy 君主政体的推翻

o·ver·time /ˈəuvəˌtaim/ **I** *n*. [U] ❶加班加点：He's on *overtime* tonight. 他今晚加班。❷加班费；加班时间：pay *overtime* 支付加班费 **II**

adv. 超时(工作)地;加班地:The staff have to work overtime. 职员们必须要加班加点地工作。

o•ver•tone /'əuvətəun/ *n.* [C]暗示;言外之意:There were *overtones* of discontent in his speech. 他言语之间流露出不满之意。

o•ver•ture /'əuvəˌtjuəʳ/ *n.* [C] ❶【音】(歌剧等的)序曲,前奏曲 ❷[常作～s]正式的提议;主动表示;谈判的开始:make *overtures* for [of] peace 主动求和

o•ver•turn /ˌəuvə'təːn/ *vt.* ❶使翻转,使倒下;弄翻:The car was *overturned* by the flood. 汽车被洪水冲翻了。❷颠覆,推翻;打倒;废除,取消:The rebels are plotting to *overturn* the existing government. 反叛者们正谋划推翻现政府。—*vi.* 倒下;翻转:The car *overturned* on the icy road. 汽车在结冰的道路上行驶时翻车了。

o•ver•view /'əuvəˌvjuː/ *n.* [C]概述;概要:give an *overview* of the present situation 概述当前形势

o•ver•weight /ˌəuvə'weit/ *adj.* 超重的;太胖的(见 fat):His luggage is *overweight*. 他的行李超重了。

o•ver•whelm /ˌəuvə'welm/ *vt.* ❶使(情感等)难以承受;使不知所措:She was a little *overwhelmed* by his words. 听了他的话,她有点不知所措。❷使累垮:He was *overwhelmed* by work, illness and family problems. 工作、疾病和家庭问题使他心力交瘁。❸使毁灭,击垮;制服;征服:The enemy forces *overwhelmed* the camp. 敌军将营地彻底破坏了。

o•ver•whelm•ing /ˌəuvə'welmiŋ/ *adj.* (在数量、影响等方面)压倒的,势不可挡的:The evidence was *overwhelming*. 所提证据是无可辩驳的。‖ **ˌo•ver'whelm•ing•ly** *adv.*

o•ver•work I /ˌəuvə'wəːk/ *vi.* 工作过度,劳累过度:If you *overwork* you'll be ill. 你如果过度工作,就会得病的。—*vt.* 使工作过度,使劳累过度:*overwork* one's brains 用脑过度 II /'əuvəwəːk/ *n.* [U]过分繁重的工作:It was *overwork* that made him ill. 正是过于繁重的工作把他累病了。

o•ver•wrought /ˌəuvə'rɔːt/ *adj.* 过分激动的,过于兴奋的;过于紧张的;神经质的:emotionally *overwrought* females 情绪过于激动的女性

o•vu•late /'ɔvjuˌleit/ *vi.* 【生】排卵,产卵 ‖ **o•vu•la•tion** /ˌɔvju'leiʃᵊn/ *n.* [U]

o•vum /'əuvəm/ *n.* [C]([复]-**va** /-və/)【动】卵(细胞)

ow /au/ *int.* [表示突然的疼痛]喔唷,啊唷,哎唷

owe /əu/ *vt.* ❶欠(钱等):I *owe* you for my lunch. 我欠你一顿午饭钱。❷对…感激(*to*):I *owe* her for her help. 我得谢谢她的帮助。❸应把…归功于(*to*):If I have improved in any way, I *owe* it all *to* you. 我要是有任何提高的话,那全亏你的帮助。—*vi.* 欠钱,负债

ow•ing /'əuiŋ/ *adj.* [无比较级][作表语](尤指钱物)欠的,未还清的:pay what is *owing* 付清所欠钱款 ‖ ***owing to*** *prep.* 由于,因为:*Owing to* my work, I don't get up much to the club. 由于工作忙,我不经常光顾俱乐部。

owl /aul/ *n.* [C]【鸟】鸮枭,猫头鹰 ‖ **'owl•ish** *adj.*

own /əun/ I *adj.* [无比较级][用于物主代词后] ❶(属于)自己的:She had her *own* income and her *own* way. 她有自己的收入,且有自己的挣钱途径。❷为自己所用的;自己做的:cook one's *own* meals 做自己的饭 II *pron.* 自己的东西;自己的家人(或同族人等):They treated the child as if she were their *own*. 他们把这个女孩子看作亲生的。III *vt.* [不用进行时态] ❶拥有,占有(见 have):He *owned* a dry goods store in his home town. 他在老家开办了一家纺织品商店。❷承认(错误等);对…认可:He *owned* himself defeated. 他认输了。—*vi.* 承认,坦白(*up to*):He *owned up to* having told a lie. 他承认撒了谎。‖ ***come into one's own*** *vi.* 获取自己应得的东西;获得认可,得到承认:His theory has *come into its own*. 他的理论最终为人们所接受。***hold one's own*** *vi.* ❶坚持住;不让步;抵挡住:*hold one's own* against those in the argument 在争辩中立于不败之地 ❷抗衡,匹敌:He can *hold his own* at chess with any of the experts. 他在下国际象棋方面能与任何高手抗衡。***of one's own*** *adj.* (属于)自己的,归自己所有的:She had no children *of her own*. 她未曾生下一儿一女。***on one's own*** I *adv.* ❶单独地,独自地:He has been living *on his own* since last year. 自去年起他一直一个人住。❷独立地;凭借自身力量

地：He got the job *on his own*. 他凭自己的本事找到了这份工作。**II** *adj*. 单独的，独自一人的：He was *on his own* yesterday. 昨天只有他一个人。‖ **own•er** /ˈəunəʳ/ *n*. [C] —ˈ**own•er•ship** *n*. [U]

ox /ɔks/ *n*. [C]([复]**ox•en** /ˈɔksᵊn/)【动】❶牛 ❷阉割过的公牛

ox•ide /ˈɔksaid/ *n*. [C]【化】氧化物

ox•i•dize, ox•i•dise /ˈɔksiˌdaiz/ *vt*. ❶【化】使氧化，使发生氧化反应 ❷使(金属)生锈 —*vi*. 发生氧化 ‖ ˈ**ox•iˌdiz•er**, ˈ**ox•iˌdis•er** *n*. [C]

ox•y•gen /ˈɔksidʒᵊn/ *n*. [U]【化】氧；氧气(符号O)

ox•y•gen•ate /ˈɔksidʒəˌneit, ɔkˈsi-/ *vt*. 使(血液等)充氧：use a pump to *oxygenate* the water in fish tanks 用泵往养鱼池中充氧

oys•ter /ˈɔistəʳ/ *n*. [C]【动】牡蛎，蚝；牡蛎类双壳软体动物

o•zone /ˈəuzəun/ *n*. [U] ❶【化】臭氧 ❷= ozone layer

ozone hole *n*. [C]臭氧洞

ozone layer *n*. [U]【气】臭氧层〔亦作 **ozone**〕

P p

P, p[1] /piː/ *n.* [C]([复]**Ps, ps** 或 **P's, p's** /piːz/) 英语字母表中第十六个字母

p[2] *abbr.* ❶([复]**pp**) page ❷ part ❸ penny; pence ❹ pint

P. A. *abbr.* public address system 有线广播系统

pace /peis/ **I** *n.* ❶[C; U]步速，走速：quicken one's *pace* 加快步伐 ❷[U; C]进展(或发展)速度；节奏：fit into the fast *pace* of life 适应快节奏的生活 ❸[C][常用单](一)步：Take one *pace* forward. 向前一步。**II** *vi.* 踱步：She *paced* up and down waiting for the phone. 她来回踱步，等着电话。‖ ***keep pace*** *vi.* & *vt.* (与…)同步前进，(与…)齐头并进：Our incomes have not been *keeping pace* with inflation. 我们的收入一直未能赶上通货膨胀的速度。***set the pace*** *vi.* 带头，领头：*set the pace* in the electronics industry 引领电子行业 ‖ ˈ**pac·er** *n.* [C]

pace·mak·er /ˈpeisˌmeikəʳ/ *n.* [C]❶(比赛中的)领跑者，定速度的人：run with a *pacemaker* 与领跑者一起赛跑 ❷【医】起搏器

pace-set·ter /ˈpeiˢˌsetəʳ/ *n.* ❶[C]领头人，领导 ❷=pacemaker

pach·y·derm /ˈpækiˌdəːm/ *n.* [C](大象、犀牛、河马等)厚皮动物

pa·cif·ic /pəˈsifik/ **I** *adj.* ❶平静的，宁静的：a *pacific* tone of voice 平静的语调 ❷求和的，和解的；爱和平的：*pacific* views 期望和平的主张 **II** *n.* [**the P-**]太平洋 ‖ **paˈcif·i·cal·ly** /-kᵊli/ *adv.*

pac·i·fi·er /ˈpæsiˌfaiəʳ/ *n.* [C] 调停者，调解人；平定者，平息者

pac·i·fism /ˈpæsiˌfizᵊm/ *n.* [U]和平主义，反战主义

pac·i·fist /ˈpæsiˌfist/ *n.* [C] ❶和平主义者，反战主义者 ❷拒不参战者

pac·i·fy /ˈpæsiˌfai/ *vt.* ❶安抚，使安静，使平静；平息(怒气、纷争等)：The babysitter tried to *pacify* the crying baby. 保姆想让哭闹的婴儿安静下来。❷使(国家或地区)实现和平：*pacify* the conflicting area 使发生冲突的地区恢复安宁 ‖ **pac·i·fi·ca·tion** /ˌpæsifiˈkeiʃən/ *n.*

pack /pæk/ **I** *n.* [C] ❶包，包裹；背包 ❷(一)包；(一)盒；(一)箱：a *pack* of cigarettes 一包香烟 ❸〈贬〉(一)群，(一)伙，(一)帮；(一)套：a *pack* of thieves 一群窃贼 ❹〈英〉(一)套(牌)，(一)副(牌)：a *pack* of cards 一副牌 ❺(野兽等的)(一)群：a pack of wolves 一群狼 **II** *vt.* ❶把衣物等装入(箱、袋等)；将(行李)装箱(或打包)，捆扎：*Pack* the trunk with your clothes as soon as possible. 尽快把你的衣服放进箱子里。❷挤满，塞满；使充满，使充实：The gallery was *packed* to capacity. 美术馆已经爆满。❸将…包起来，把…盖严实：*Pack* the newspaper around the vase. 用报纸把花瓶包起来。—*vi.* ❶打包；打点行装：pack for the trip 准备旅行的行装 ❷拥挤：He *packed* in to see the exhibition. 他挤进去看展览。❸适合打包(或装箱)，便于捆扎装运：These goods *pack* more easily. 这些货物更容易打包装运。‖ ***pack away*** *vt.* =pack off ***pack in*** *vt.* & *vi.* ❶(大批地)吸引(观众)：The new movie was really *packing* them *in* during its first week of showing. 这部新片首映的第一周的确吸引了他们涌入影院。❷放弃；让步：Due to disease, he *packed in* his career at age 35. 他由于患病，35 岁就放弃了事业。***pack off*** *vt.* 寄出；送走；把…打发走：She always *packed* the children *off* to bed about seven. 她总是在 7 点左右就把孩子们打发上床。***pack up*** *vt.* & *vi.* =pack in

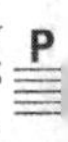

pack·age /ˈpækidʒ/ **I** *n.* [C] ❶(一)包，包裹；(一)箱；袋：carry a bulky *package* 带一件笨重

的包裹 ❷包装箱;包装袋:tear the label off the *package* 把标签从包装袋上撕下来 ❸(作为整体的)一系列相关事物;一揽子方案(或计划、建议等):The new tax *package* was vetoed. 一揽子新的税收计划被否决了。**II** *vt.* ❶将…打包;包装;把…装箱:*package* chocolates in colourful wrappers 用彩纸包装巧克力 ❷设计(或制作)(产品)的包装:The wine is *packaged* in an eye-catching bottle. 酒被包装在很惹眼的瓶子里。

pack•er /ˈpækəʳ/ *n.* [C] ❶包装工,打包工 ❷包装机;打包机

pack•et /ˈpækit/ *n.* [C]小包,小袋;小札,小捆;小包裹:a *packet* of biscuits 一包饼干

pack•ing /ˈpækiŋ/ *n.* [用单] ❶打包,包装:A more attractive *packing* will popularize your products. 把包装做得更吸引人,你们的产品就会更畅销。❷(包装易碎物品用的)衬垫材料

pact /pækt/ *n.* [C]协议,契约;条约,盟约

pad[1] /pæd/ **I** *n.* [C] ❶(用以减少磨损或吸湿等的)垫子,衬垫,护垫;(女用)卫生垫,月经垫:The runner wore knee *pads*. 赛跑者戴了一副膝垫。❷(空白的)纸簿,拍纸簿,簿本:doodle on a *pad* 在纸簿上乱涂 ❸【解】(肉)垫 **II** *vt.* (**pad•ded**; **pad•ding**) ❶(用衬垫物)填衬,填塞;在…上包护垫:All seats are comfortably *padded*. 所有的座位都有衬垫,很舒服。❷(用不必要的内容)拉长,拖长:*pad* one's expense account 拉长花销清单

pad[2] /pæd/ (**pad•ded**; **pad•ding**) *vi.* ❶稳步轻移,放轻放慢脚步走:The cat *padded* after the rat. 那只猫悄悄地跟在那只老鼠后面。❷走路,步行:We *padded* through the forest. 我们步行穿过了那片森林。

pad•ding /ˈpædiŋ/ *n.* [U] ❶衬垫材料(如棉或草) ❷(文章、讲话等中的)多余内容,废话

pad•dle /ˈpædᵊl/ **I** *n.* [C] ❶短桨,小桨:hold the *paddle* with both hands 双手握桨 ❷(用以搅拌、捶打等的)桨状工具 **II** *vt.* 用桨划(船):Let's take turns to *paddle* the little boat. 我们来轮流划那条小船。

pad•dock /ˈpædək/ *n.* [C] ❶牧马场,驯马场 ❷赛前备鞍场;赛车停泊场

pad•dy /ˈpædi/ *n.* [C]稻田,水田:rice *paddies* 水稻田

pad•lock /ˈpædˌlɔk/ *vt.* 用挂锁锁上:the *padlocked* box 上了挂锁的盒子

pae•an /ˈpiːən/ *n.* [C]赞歌,颂歌;凯歌

pa•gan /ˈpeigᵊn/ **I** *n.* [C]异教徒 **II** *adj.* [无比较级] 异教徒的;泛神论的 ‖ ˈ**pa•gan•ism** /-ˌnizᵊm/ *n.* [U]

page[1] /peidʒ/ *n.* [C]❶ (一)页,(一)面;(一)张(单数略作 **P.**,复数略作 **pp.**):on *page* 7 在第七页 ❷〈喻〉(历史的)一页,历史时期:add a glorious *page* to the history of our nation 为我国历史增添光辉的一页

page[2] /peidʒ/ *vt.* ❶广播找人:You were *paged* in the hall just now. 刚才在大厅有人用广播呼叫找你。❷呼叫:The doctor was often *paged* in the middle of the night. 常常半夜有人打寻呼找那位大夫。

pag•eant /ˈpædʒᵊnt/ *n.* [C]❶盛况;盛大游行,大典:the *pageant* of seasons 四季的奇妙变幻 ❷(以历史事件为主题的)游行活动;露天历史剧表演 ❸展览

pag•eant•ry /ˈpædʒᵊntri/ *n.* ❶[U]炫耀;浮华;虚饰:a land of pomp and *pageantry* 讲究豪华气派的国家 ❷[C]奢华的庆典;盛大的场面

pag•er /ˈpeidʒəʳ/ *n.* [C]无线呼叫器,寻呼机

pa•go•da /pəˈgəudə/ *n.* [C]([复]-**das**) ❶塔式寺庙;宝塔 ❷宝塔形饰品;观赏宝塔

paid /peid/ *v.* pay 的过去式和过去分词

pail /peil/ *n.* [C] ❶桶,提桶:a milk *pail* 牛奶桶 / Fill the *pail* with water. 往桶里加满水。❷一桶,一桶的量:several *pails* of wine 几桶酒 ‖ ˈ**pail•ful** *n.* [C]

pain /pein/ **I** *n.* [C;U]❶痛;疼痛:These tablets can't relieve him from back *pain*. 这些药片并不能减轻他的背痛。❷(精神或情感方面的)痛苦;悲痛:He poured into his writing all the *pain* of his life. 他在作品里倾诉了自己一生的痛苦。**II** *vt.* 使疼痛;使痛苦;使烦恼:The injury *pained* me for a long time. 那次受伤让我疼了很长时间。‖ ***go to great pains*** *vi.* 努力;费尽心力:He *went to great pains* to select a gift for her. 他费了很大劲儿给她挑礼物。***on*** [***under***] ***pain of*** *prep.* 不顾,冒着…的危险:He brought drugs into the country *on pain of* death. 他舍命把毒品带到这个国家来。

pain•ful /ˈpeinfᵘl/ *adj.* ❶引起疼痛的;造成痛苦的:a *painful* wound 疼痛的伤口 ❷(尤指身

P

体局部)疼痛的:My eyes were *painful*. 我的眼睛火辣辣地疼。‖ ˈ**pain·ful·ly** *adv.*

pain·kill·er /ˈpeinˌkiləʳ/ *n.* [C;U]【药】止痛药,镇痛药 ‖ ˈ**painˌkill·ing** /-iŋ/ *adj.*

pain·less /ˈpeinlis/ *adj.* [无比较级] 不疼的,无痛的:*painless* laser treatment 无痛激光治疗 ‖ ˈ**pain·less·ly** *adv.*

pains·tak·ing /ˈpeinzˌteikiŋ/ *adj.* [无比较级] 不辞辛劳的,勤奋的;仔细的;审慎的:a *painstaking* writer 勤奋创作的作家 ‖ ˈ**painsˌtak·ing·ly** *adv.*

paint /peint/ **I** *n.* ❶[U]油漆;涂料:a coat of *paint* 一层油漆 ❷[常作~s](一套)颜料:oil *paints* 油画颜料 **II** *v.* ❶油漆;涂刷;给…上色;用…涂:Let's *paint* the window white. 我们把窗刷成白色吧。❷(用颜料)画;创作(图画):I prefer to *paint* children. 我喜欢画儿童。‖ ***paint the town red*** *vi.* 狂欢,胡闹

paint·brush /ˈpeintˌbrʌʃ/ *n.* [C]漆刷;画笔

paint·er /ˈpeintəʳ/ *n.* [C]画家;油漆匠

paint·ing /ˈpeintiŋ/ *n.* ❶[U]绘画(创作);绘画艺术 ❷[C;U](一幅)画;[总称]绘画(作品):oil *paintings* 油画 / 19th century French *painting* 19 世纪的法国绘画(作品)

pair /peəʳ/ **I** *n.* [C] ❶一对,一双,一套,一副(见 couple):a matching *pair* of socks 一双相配的袜子 ❷一件,一副,一条,一把:a *pair* of glasses 一副眼镜 ❸(已订婚的)情侣;夫妇;(动物的)配偶:a bridal *pair* 一对新婚夫妇 **II** *vt.* 使成双,使配对(*off*):Mrs Smith *paired off* her guests by age and taste. 史密斯太太根据客人的年龄和兴趣爱好安排结对。—*vi.* 成对,配对(*up*,*off*):Mary *paired up* with Tom to practice the dialogue. 玛丽和汤姆一组练习对话。‖ ***in pairs*** *adv.* 一对对地,成双地:The guests arrived *in pairs*. 宾客们三三两两地到达了。

☆❶ **pair** 和 **couple** 都可表示"一对,一双",但 couple 还可表示不确指的"两三个,几个;一些"。**pair** 是指由相连的两部分组成的一件或是通常同时使用的两件一对,亦可指一起工作或做事的搭档(或对子),pair 所修饰的名词均用复数,谓语动词的数与 pair 的数一致:a *pair* of jeans (一条牛仔裤) / two *pairs* of slippers (两双拖鞋) **couple** 是指两个或几个同类的事物:a *couple* of socks that are not a pair (不能配成对的两只袜子) / a *couple* of dollars (几美元) 在指已婚夫妇或关系较持久的一对时常用 couple 而较少用 pair。❷ **pair** 之后可接单数动词也可接复数动词,这取决于把 pair 视为集合名词还是视为单位。

pa·ja·mas /pəˈdʒɑːməz;-ˈdʒæ-/ *n.* [C]睡衣(=pyjamas)〔亦作 **pj's**〕

Pa·ki·stan·i /ˌpɑːkiˈstɑːni;ˌpækiˈstæni/ **I** *n.* [C]巴基斯坦人;巴基斯坦人后裔 **II** *adj.* [无比较级]巴基斯坦的

pal /pæl/ *n.* [C]〈口〉❶朋友,伙伴,同志:my best *pal* 我最好的朋友 ❷[用于不太友好的称呼]哥们儿,朋友:Listen, *pal*. Don't ask for trouble. 听着,哥们儿,别找不痛快。

pal·ace /ˈpælis/ *n.* [C] ❶王宫,宫殿:the Summer *Palace* 颐和园 ❷豪宅,华府;大厦,宏伟建筑:the *palaces* of commerce 商业大厦

pal·at·a·ble /ˈpælətəbᵊl/ *adj.* ❶好吃的,可口的;美味的:a *palatable* wine 美酒 ❷(想法、建议等)令人满意的,受欢迎的:books *palatable* to children 受儿童欢迎的书籍

pal·ate /ˈpælət/ *n.* ❶[C]【解】腭,硬腭〔亦作 **soft palate**〕❷[C;U]味觉:suit all *palates* 合众人口味

pale /peil/ **I** *adj.* ❶苍白的,灰白的:He is looking sickly *pale*. 他看上去十分苍白,一脸病容。❷(颜色)浅的,淡的;浅色的:a *pale* blue hat 一顶浅蓝色帽子 **II** *vi.* ❶变苍白;变暗淡;失色:Her face *paled* with nerves. 她紧张失色。❷相形见绌,相比逊色(*before*,*beside*):Your singing doesn't *pale before* hers. 你唱得比她毫不逊色。‖ ˈ**pale·ness** *n.* [U]

pal·ette /ˈpælit/ *n.* [C] ❶(画家用的)调色板 ❷(画家绘画用的)一组颜色

pal·i·sade /ˌpæliˈseid/ *n.* [C]❶木栅栏;铁栅栏 ❷(用于防卫的牢固的)木栅

pall /pɔːl/ *vi.* 变得令人厌倦,令人失去兴趣(*on*):Your jokes began to *pall on* me. 你的那些笑话我都开始听腻了。—*vt.* 使厌倦,使腻烦;使失去兴趣

pal·let[1] /ˈpælit/ *n.* [C] ❶草垫,草褥 ❷(临时的)简易小床

pal·let[2] /ˈpælit/ *n.* [C] ❶(画家用的)调色板 ❷码垛货板

pal·li·ate /ˈpæliˌeit/ **I** *vt.* ❶缓解(疾病、痛苦

等)，减轻：*palliate* low spirits [chronic disease] 缓解低落的情绪[慢性病] ❷为…找借口，替…开脱：He *palliated* his crime by claiming that he had many mouths to feed in his family. 他声称家里有好多人需要糊口，以此来开脱自己的罪行。**II** *adj.* ❶减轻的，缓解的，缓和的：a *palliative* measure for the syndrome 缓解症状的疗法 ❷掩饰的，开脱的 ‖ **pal·li·a·tion** /ˌpæliˈeiʃᵊn/ *n.* [U] —**pal·li·a·tive** /ˈpæliətiv/ *adj.*

pal·lid /ˈpælid/ *adj.* ❶苍白的，无血色的；暗淡的：*pallid* skin 苍白的肤色 ❷毫无生气的；无趣的，乏味的：The first act in the drama was successful but the second one was *pallid* by comparison. 这出话剧的第一幕演得较成功，而相比之下第二幕就苍白得多。

pal·lor /ˈpæləʳ/ *n.* [常作单]苍白，惨白；灰白：the deathly *pallor* of sb.'s face 某人死灰一般的脸色

palm¹ /pɑːm/ **I** *n.* [C] ❶手掌，(手)掌心：sweaty *palms* 出汗的掌心 ❷(手套的)掌心部 **II** *vt.* ❶将(某物)藏于手(掌)中：We suspected that the magician had *palmed* a playing card. 我们怀疑魔术师在掌心藏了一张扑克牌。❷顺手偷走：The crook managed to *palm* a few rings from the display area. 那窃贼设法从展区顺手牵羊偷走了几只戒指。‖ ***in the palm of sb.'s hand*** *adj.* 完全受制于某人的，在某人手掌之中的：He's got the whole committee *in the palm of his hand*. 他已完全控制了整个委员会。***know sth. like the palm of one's hand*** *vi.* 对某事了如指掌 ***palm off*** (***on sb.***) *vt.* 用欺骗手段把…卖掉；(为摆脱)把…骗塞出去：He *palmed* the jewelry *off* as genuine. 他谎称珠宝是真的给卖掉了。

palm² /pɑːm/ *n.* [C]❶【植】棕榈树 ❷(象征胜利的)棕榈叶

palm·is·try /ˈpɑːmistri/ *n.* [U]手相学，手相术 ‖ **ˈpalm·ist** *n.* [C]

pal·pa·ble /ˈpælpəbᵊl/ *adj.* ❶触摸得到的：a *palpable* tumor 可触摸到的肿块 ❷可感知的；觉察得到的；显而易见的：a *palpable* effect 明显的效果 ‖ **ˈpal·pa·bly** *adv.*

pal·pate /pælˈpeit/ *vt.* (尤指看病时医生)对…进行触摸检查 ‖ **pal·pa·tion** /-ˈpeiʃᵊn/ *n.* [U]

pal·pi·tate /ˈpælpiˌteit/ *vi.* ❶(心脏)急速跳动，直跳：His heart *palpitated* madly when he realized he had forgotten the speech. 当意识到自己忘了这次演讲时，他的心狂跳起来。❷颤抖，颤动 —*vt.* 使(心脏)急速跳动

pal·pi·ta·tion /ˌpælpiˈteiʃᵊn/ *n.* [U]颤抖，颤动

pal·sy /ˈpɔːlzi, ˈpɔl-/ *n.* [U]【医】瘫痪，麻痹：cerebral *palsy* 大脑麻痹

pal·try /ˈpɔːltri, ˈpɔl-/ *adj.* 毫无价值的，微不足道的；卑劣的，可鄙的：a *paltry* excuse 可鄙的借口 ‖ **ˈpal·tri·ness** *n.* [U]

pam·pas /ˈpæmpəs/ [复] *n.* (无树的)南美大平原

pam·per /ˈpæmpəʳ/ *vt.* (在物质方面)尽可能满足；宠爱，娇惯：Why not *pamper* yourself with a hot bath? 你自己为什么不洗个热水澡享受一下呢？

pam·phlet /ˈpæmflit/ *n.* [C]手册，小册子：a *pamphlet* on universal suffrage 关于普选的手册

pan /pæn/ *n.* [C] 平底锅，平底烤盘；浅盆，浅盘

pan·a·ce·a /ˌpænəˈsiːə/ *n.* [C] (包治百病的)灵丹妙药：seek a *panacea* 寻找灵丹妙药 ‖ **ˌpan·a·ˈce·an** *adj.*

pa·nache /pəˈnæʃ/ *n.* [U]自负；炫耀；神气活现：He plays the piano with *panache*. 他神气活现地弹奏钢琴。

Pan·a·ma·ni·an /ˌpænəˈmeiniən/ **I** *n.* [C] ❶巴拿马人(或居民) ❷巴拿马人后裔 **II** *adj.* [无比较级]巴拿马的；巴拿马人的

Pan-A·mer·i·can /ˌpænəˈmerikᵊn/ *adj.* [无比较级]泛美的(指整个北美、中美、南美国家和人民的)

pan·cake /ˈpænˌkeik; ˈpæŋ-/ *n.* [C]薄煎饼，薄烤饼；烙饼，烘饼

pan·cre·as /ˈpæŋkriəs/ *n.* [C]【解】胰(腺) ‖ **pan·cre·at·ic** /ˌpæŋkriˈætik/ *adj.* —**pan·cre·a·ti·tis** /ˌpæŋkriəˈtaitis/ *n.* [U]

pan·da /ˈpændə/ *n.* [C]【动】大熊猫；小熊猫

pan·dem·ic /pænˈdemik/ **I** *adj.* [无比较级] (疾病)大流行的，四处蔓延的：The disease appeared in *pandemic* form. 这种病是以流行的方式出现的。**II** *n.* [C]大流行病

P

pan·de·mo·ni·um /ˌpændiˈməuniəm/ *n.* ❶[U]喧嚣,吵闹;混乱不堪:*Pandemonium* broke loose [out] in the street. 街上出现了混乱。❷[C]喧嚣混乱的场所(或场面)

pan·der /ˈpændəʳ/ *vi.* 放纵,迎合,取悦;尽可能满足(*to*):She *panders to* his every whim. 她总是迎合他的每一个奇怪念头。

P. and L.,p. and l. *abbr.* profit and loss 盈亏

pane /pein/ *n.* [C](窗或门上的)玻璃:several *panes* of glass 几块门窗玻璃

pan·el /ˈpænᵊl/ *n.* [C] ❶(通常为长方形的)墙板;门板;窗格 ❷控制板;配电盘;仪表板;油画板:paint pictures on a *panel* 在画板上画油画 ❸[用作单或复]专家小组;讨论小组:a crime prevention *panel* 预防犯罪专家小组

pan·el·ing /ˈpænᵊliŋ/ *n.* =panelling

pan·el·ist /ˈpænᵊlist/ *n.* =panellist

pan·el·ling /ˈpænᵊliŋ/ *n.* 〈主英〉❶[总称]镶嵌板 ❷[U]镶嵌板材,镶嵌板料〔亦作 **paneling**〕

pan·el·list /ˈpænᵊlist/ *n.* [C]〈主英〉顾问小组成员;讨论小组成员〔亦作 **panelist**〕

pang /pæŋ/ *n.* [C] ❶(突发的)剧痛;猝然刺痛:John could not hear of her marriage without a *pang*. 如果约翰听说她出嫁,他就会痛心疾首。❷一阵剧烈的痛苦;猛然产生的感觉:feel a *pang* of remorse 感到一阵内疚

pan·ic /ˈpænik/ **I** *n.* [U;C](突发的)恐慌,惊慌:the children seized with a *panic* 惊慌失措的孩子们 **II** (**-icked;-ick·ing**) *v.* 使恐慌,使惊慌(*into*):The news *panicked* many investors *into* selling their shares. 这个消息令很多投资者们大为恐慌,他们匆忙卖掉了手中的股份。‖ ˈ**pan·ick·y** *adj.*

pan·o·ra·ma /ˌpænəˈrɑːmə;-ˈræ-/ *n.* [用单] ❶全景:The summit commands a fine *panorama* of the village. 站在山顶上,乡村的美景尽收眼底。❷全景画;全景照片:The stately *panorama* unfolded before us. 一卷气势恢宏的图画在我们面前展开。‖ ˌ**pan·o·ram·ic** /-ˈræmik/ *adj.*

pant /pænt/ **I** *vi.* ❶急促地喘气:*pant* from one's run 跑得上气不接下气 ❷想要,渴望(*for*):*pant for* love 渴望爱情 —*vt.* 呼吸急促地说(*out*):The policeman *panted* his apology and ran on. 那个警察气喘吁吁地说了声抱歉就又往前跑。**II** *n.* [C](急促的)喘息,喘气:breathe in rapid and shallow *pants* 急速、短促地呼吸

pan·ta·loon /ˌpæntᵊˈluːn/ *n.* [C][~s]【史】(紧身的)马裤,窄腿裤

pan·the·ism /ˈpænθiˌizᵊm/ *n.* [U]【哲】泛神论;泛神崇拜 ‖ ˈ**pan·the·ist** *n.* [C] —**pan·the·is·tic** /ˌpænθiˈistik/ *adj.* —ˌ**pan·the**ˈ**is·ti·cal** /-kᵊl/ *adj.* —ˌ**pan·the**ˈ**is·ti·cal·ly** /-kᵊli/ *adv.*

pan·ther /ˈpænθəʳ/ *n.* [C]【动】❶(尤指黑色的)豹 ❷〈美〉美洲狮;美洲豹(=puma)

pan·ties /ˈpæntiz/ [复] *n.* 〈口〉(妇女和少女的)短衬裤;(三角)内裤〔亦作 **pantie,panty**〕

pan·to·mime /ˈpæntəˌmaim/ *n.* [C;U]❶〈英〉(圣诞节期间演出的)音乐童话喜剧 ❷(尤指戏剧和舞蹈中的)手势表情交流;哑剧表演;哑剧 ‖ **pan·to·mist** /ˈpæntəˌmist/ *n.* [C]

pan·try /ˈpæntri/ *n.* [C] 餐具间;食品储藏室(或柜)

pants /pænts/ [复] *n.* ❶〈英〉男衬裤;内裤:wet one's *pants* 尿裤子 ❷裤子,长裤;女式长裤,(女式)宽松休闲裤:a girl in green *pants* 穿绿裤子的女孩

pap /pæp/ *n.* [U] ❶(婴儿或病人食用的)半流质食品,软食;糊,羹 ❷消遣读物;无用的闲谈,废话

pa·pa /pəˈpɑː/ *n.* [C](尤指儿语的)爸爸

pa·pal /ˈpeipᵊl/ *adj.* [无比较级][作定语]教皇的;教皇职位的;教皇统治制度的;天主教教会的

pa·pa·ya /pəˈpaijə/ *n.* [C]【植】番木瓜树;番木瓜果(=pawpaw)

pa·per /ˈpeipəʳ/ *n.* ❶[U;C][表示纸品种类时可数]纸,纸张:a piece [sheet] of *paper* 一张纸 ❷[C]报纸;杂志,期刊:daily *papers* 日报 ❸[C]文件:some important *papers* 一些重要文件 ❹[C]考卷:grade *papers* 评试卷 ❺[C](尤指宣读或正式发表的)文章,论文:give a *paper* on ancient history at the conference 在会上宣读一篇有关古代史的论文 ‖ ***on paper*** *adv.* ❶以书面形式,在纸上:She works *on paper* because she hates computer. 她在纸上写东西,因

为她讨厌电脑。❷理论上;据书面材料判断:Your design looks perfect *on paper*. 从理论上看,你的设计完美无缺。‖ 'pa·per·er *n.* [C]

pa·per·back /ˈpeipəˌbæk/ *n.* [C;U]平装书,简装本:This book will be published in *paperback* next year. 这本书将在明年出版简装本。

pa·per-board /ˈpeipəˌbɔd/ **I** *n.* [U]纸板 **II** *adj.* 纸板的:a *paper-board* box 纸板箱

pa·per-boy /ˈpeipəˌbɔi/ *n.* [C](卖报或送报的)报童

pa·per-clip /ˈpeipəˌklip/ *n.* [C]回形针,曲别针

pa·per-girl /ˈpeipəˌgəːl/ *n.* [C](卖报或送报的)女报童

paper tiger *n.* [C]纸老虎,外强中干的人(或物)

pa·per·trail /ˈpeipəˌtreil/ *n.* [C]记录

pa·per·weight /ˈpeipəˌweit/ *n.* [C]镇纸;压纸器

pa·per·work /ˈpeipəˌwəːk/ *n.* [U](日常的)文书工作;文案工作,书面工作

pa·per·y /ˈpeipəri/ *adj.* 薄如纸的;(干)似纸的:the wrinkled and *papery* skin 满是皱纹的干巴巴的皮肤

pa·pier mâ·ché /ˌpæpjeiˈmæʃei/ *n.* [U]纸型;制型纸板

pap·ri·ka /ˈpæprikə; pəˈpriːkə/ *n.* [U]红甜椒粉

pa·py·rus /pəˈpaiərəs/ *n.* ([复]-**ri** /-rai/) ❶[C]【植】纸(莎)草〔亦作 **bulrush**〕❷[C;U](古代的)纸(莎)草纸;(古代)纸草文献;纸草纸卷轴

par /pɑːʳ/ *n.* [U] ❶平均量,常量;常态;一般水准 ❷平等;相同,同等;相同水平,同等水平 ❸【体】(高尔夫球一流选手通常应达到的)规定击球次数(18 个穴共 72 次)

P

par·a·ble /ˈpærəbᵊl/ *n.* [C](尤指《圣经》中由耶稣讲述的)道德(或宗教)寓言,说教小故事

pa·rab·o·la /pəˈræbᵊlə/ *n.* [C]【数】抛物线 ‖ **par·a·bol·ic** /ˌpærəˈbɔlik/ *adj.*

par·a·chute /ˈpærəˌʃuːt/ **I** *n.* [C]降落伞;减速伞:release a *parachute* 打开降落伞 **II** *vt.* 伞投;空投:*parachute* supplies to the garrison 往驻地空投补给品 —*vi.* 伞降,空降,跳伞:*parachute* into the town 跳伞进入那座小镇 ‖ **par·a·chut·ist** /ˈpærəˌʃuːtist/ *n.* [C]

pa·rade /pəˈreid/ *n.* [C] ❶(接受检阅的)队伍;队列,行列:march in *parade* 列队行进 ❷阅兵行进;阅兵场 ❸(公开庆祝的)游行:a victory *parade* 庆祝胜利的游行 ‖ ***on parade*** *adj.* 参加游行的;列队行进的;列队受阅的:Did you see the policemen *on parade*? 你看见那些列队受阅的警察了吗? ‖ **paˈrad·er** *n.* [C]

par·a·digm /ˈpærəˌdaim;-dim/ *n.* [C] ❶【语】(名词、动词等的)词形变化(表)❷样式,范例,范式:Cross-cultural communication will produce a change in the current cultural *paradigm* for a nation. 文化间的交流将会使一个国家当前的文化样式产生变化。‖ **par·a·dig·mat·ic** /ˌpærədigˈmætik/ *adj.* —**ˌpar·a·digˈmat·i·cal·ly** /-kᵊli/ *adv.*

par·a·dise /ˈpærəˌdais;-ˌdaiz/ *n.* ❶[P-][U]【宗】天堂,天国;伊甸园 ❷[C;U][具数时用单]极幸福美好的地方(或环境),天堂;乐园;仙境,胜地:a *paradise* for surfers 冲浪的胜地

par·a·dox /ˈpærəˌdɔks/ *n.* [C]❶看似矛盾但正确的说法,似是而非的隽语:Poetry at its best unites apparent *paradoxes* by way of metaphor. 诗篇的最高境界是用比喻把明显的矛盾统一起来。❷(与常规或常理相悖对立的)怪人;怪事:There was a *paradox* about his movement. 他的动作真有点儿不可思议。‖ **par·a·dox·i·cal** /ˌpærəˈdɔksikᵊl/ *adj.* —**ˌpar·aˈdox·i·cal·ly** *adv.*

par·af·fin /ˈpærəfin/ *n.* [U] ❶〈主英〉煤油,火油 ❷【化】链烷(属)烃,石蜡烃

par·a·gon /ˈpærəgᵊn/ *n.* [C]杰出代表,典范,楷模

par·a·graph /ˈpærəˌgrɑːf;-ˌgræf/ *n.* [C](文章的)段落,小节:Each *paragraph* is indented at the beginning. 每一段的开头都缩格。

Par·a·gua·yan /ˈpærəgweijən/ **I** *n.* [C]巴拉圭人 **II** *adj.* [无比较级]巴拉圭的

par·a·keet /ˈpærəˌkiːt/ *n.* [C]〈主英〉【鸟】长尾小鹦鹉

par·a·le·gal /ˌpærəˈliːgᵊl/ **I** *adj.* [无比较级]辅助法律事务的 **II** *n.* [C](经过一定培训但没有律师资格的)律师助理,律师帮办

par·al·lel /ˈpærəˌlel/ **I** *adj.* [无比较级] ❶平行的;(与…)有平行关系的(*to*,*with*):a pair of *parallel* lines 两条平行线 ❷(情形等)极似的,

相同的；相应的：*parallel* experiments 相同的试验 ❸(过程等)同时发生(或进行)的，并行的：The two countries' interests often were *parallel*. 这两国的利益常常是并行不悖的。**II** *n.* [C] 极为相似的人(或物)，相同的人(或物)；相似之处：a social reform without a *parallel* in history 前所未有的社会变革 **III** *adv.* [无比较级]平行地：This river runs *parallel* to the main street in the city. 这条河与城市的主干道平行。

par·a·lyse /ˈpærəˌlaiz/ *vt.* ❶使瘫痪；使麻痹：be *paralysed* by a stroke 因中风瘫痪 ❷〈喻〉使失去作用，使丧失活力；使陷入瘫痪状态：He had been a writer *paralysed* by early success. 他曾是位被早期的成功剥夺了创作力的作家。‖ **ˈpar·aˌly·ser** *n.* [C] —**ˈpar·aˌlys·ing·ly** *adv.*

pa·ral·y·sis /pəˈrælisis/ *n.* ([复]-**ses** /-ˌsiːz/) ❶[C;U]【医】瘫痪(症)；麻痹(症)：a permanent *paralysis* 终身瘫痪 / suffer from infantile *paralysis* 患小儿麻痹症 ❷[U]完全瘫痪状态：fiscal *paralysis* 财政瘫痪

par·a·lyt·ic /ˌpærəˈlitik/ *adj.* (似)患瘫痪的；(似)患麻痹的：He had a *paralytic* stroke yesterday. 昨天他出现了瘫痪性中风。

par·a·lyze /ˈpærəˌlaiz/ *vt.* 〈主美〉= paralyse ‖ **ˈpar·aˌly·zer** *n.* [C] —**ˈpar·aˌlyz·ing·ly** *adv.*

par·a·med·ic /ˌpærəˈmedik/ *n.* [C] ❶医务辅助工，医务助理人员 ❷伞降医生，伞降急救人员；伞降部队医务员

pa·ram·e·ter /pəˈræmitəʳ/ *n.* [常作~s] 限定因素，参数；特点，特征；界限，范围：keep within the *parameters* of the discussion 限制在这次讨论的范围之内

par·a·mil·i·tar·y /ˌpærəˈmilitᵊri/ *adj.* [无比较级]【军】(部队)准军事化的；辅助军事的：terrorist *paramilitary* organizations 恐怖分子的准军事组织

par·a·mount /ˈpærəˌmaunt/ *adj.* [无比较级]最高的，至上的；首要的，最重要的；杰出的，卓越的：His *paramount* goal was the containment of the power. 他的最终目标就是要遏制权力。

par·a·mour /ˈpærəˌmuəʳ/ *n.* [C](已婚者的)情人；情夫；情妇

par·a·noi·a /ˌpærəˈnɔiə/ *n.* [U] ❶【心】妄想狂，偏执狂(一种精神病) ❷多疑症，疑心病：She told me it was not just *paranoia*; someone had been following her for three hours. 她告诉我不是她疑心重，有人一直在她后面跟踪了三个小时。

par·a·noid /ˌpærəˈnɔid/ *adj.* 妄想狂倾向的，多疑的

par·a·pher·na·li·a /ˌpærᵊfəˈneiliə/ [复] *n.* [时用作单](个人的)随身用品；全部(小)装备：The travel *paraphernalia* were stored in a large box. 那些旅行用品全都放在一只大箱子里。

par·a·phrase /ˈpærəˌfreiz/ **I** *n.* [C](用简洁明了的语言对某段文字所进行的)重新阐述，意义释译：make a *paraphrase* of an English proverb 释译英语谚语 **II** *vt.* (用其他措辞或语言)重新阐述，释译：*paraphrase* the passage in modern Chinese 用现代汉语将这个段落重新阐述一下 —*vi.* 释译，阐释

par·a·ple·gi·a /ˌpærəˈpliːdʒˈə/ *n.* [U]【医】截瘫，下身麻痹 ‖ **ˌpar·aˈple·gic** *adj.* & *n.* [C]

par·a·site /ˈpærəˌsait/ *n.* [C] ❶寄生生物；攀附植物，寄生植物：a *parasite* on sheep 羊身上的寄生虫 ❷〈喻〉不劳而获者，寄生虫 ‖ **par·a·sit·ic** /ˌpærəˈsitik/ *adj.*

par·a·sol /ˈpærəˌsɔl/ *n.* [C](遮)阳伞：carry a *parasol* 撑一把阳伞

par·a·troop·er /ˈpærəˌtruːpəʳ/ *n.* [C]伞兵

par·cel /ˈpɑːsᵊl/ *n.* [C] ❶包裹；(纸包的)小包：a huge *parcel* of toys 一大包玩具 ❷(尤指作为财产的)一块(地)，一片(地)：a *parcel* of farmland 一块田

parch /pɑːtʃ/ *vt.* & *vi.* (使)干热，(使)燥热；(使)干枯；(使)干渴：The hot sun soon *parched* the grass. 烈日很快就烤干了草。

parched /pɑːtʃt/ *adj.* ❶干热的，燥热的；干枯的：the *parched* Sahara desert 干热的撒哈拉沙漠 ❷〈口〉[常作表语]口渴的，干渴的：*parched* throat 干渴的喉咙

parch·ment /ˈpɑːtʃmᵊnt/ *n.* [U] ❶羊皮纸 ❷高级仿羊皮纸，高级书写纸；硫酸纸

par·don /ˈpɑːdᵊn/ **I** *n.* ❶[C;U]原谅，谅解；宽恕：ask for *pardon* 请求谅解 ❷[C]赦免；赦免状：general *pardon* 大赦 **II** *vt.* ❶原谅，谅解；宽恕(见 excuse)：He asked her to *pardon* his delay. 他请她原谅自己的拖延。❷赦免(见 excuse)：The political prisoners have been *par-*

doned by the new king. 新国王已经赦免了那些政治犯。‖ ˈ**par·don·a·ble** *adj.* —ˈ**par·don·er** *n.* [C]

pare /peəʳ/ *vt.* ❶削(或剥)去(水果或蔬菜)的皮;削去,剥去(*off*,*away*):*Pare* the potatoes; then cut them. 将土豆削皮,然后再切。❷(逐渐)缩减,削减(*away*,*down*):*pare* staff *down* 逐步裁员 ‖ ˈ**par·er** *n.* [C]

par·ent /ˈpeərᵊnt/ *n.* [C] 父亲;母亲:indulgent *parents* 溺爱的父母 ‖ ˈ**par·entˌhood** *n.* [U]

par·ent·age /ˈpeərᵊntidʒ/ *n.* [U] ❶家系,家族,血统;出身,门第:a girl of mixed American and Chinese *parentage* 一位中美混血女孩 ❷起源,来源:be of different *parentage* 来源不一

parental leave *n.* [C;U]产假

pa·ren·the·sis /pəˈrenθisis/ *n.* [C]([复]-**ses** /-ˌsiːz/) ❶【语】插入词(或句),插入成分 ❷[-**ses**](一对)圆括号,括弧,即( )(= round brackets) ❸间隔,间歇;插曲;插入物:She said in a *parenthesis*. 她从旁插了一句。

par·ent·ing /ˈpeərᵊntiŋ/ *n.* [U] ❶父母的养育(或教育),父母的关爱(或照顾) ❷为人父(或母)

pa·ri·ah /pəˈraiə;ˈpæriə/ *n.* [C]社会弃儿,被社会遗弃者

par·ing /ˈpeəriŋ/ *n.* ❶[常作～s]削下的皮;削下物:apple *parings* 削下的苹果皮 ❷[C]削减,缩减,裁减:a drastic *paring* of the school budget 学校预算的一次大削减

par·ish /ˈpæriʃ/ *n.* [C] ❶(本区拥有教堂及教牧人员的)教区,堂区,牧区 ❷(路易斯安那州的)(教区)县

par·i·ty /ˈpæriti/ *n.* [U] ❶(尤指地位或薪金方面的)平等,相等,等同,相同:stand at *parity* 处于同等地位 ❷【经】平价

P

park /pɑːk/ I *n.* ❶[C]公园;(乡村别墅附近的)庭园,庄园:a wildlife *park* 野生动物园 ❷[C](机动车辆的)停车场;停机场(或坪) ❸[U](机动车辆的停车)制动:Put your car in *park*. 把你的车刹住。II *v.* (尤指在路边停车场临时)停放(或停靠)(车辆),泊(车):I *parked* my car at the side of the road. 我把车停在路边。

park·ing-me·ter /ˈpɑːkiŋˌmiːtəʳ/ *n.* [C](投币式)自动停车计时器(或计费器)〔亦作 **meter**〕

Park·in·son's /ˈpɑːkinsənz/ **disease** *n.* [U]【医】帕金森病,震颤(性)麻痹

Parkinson's law *n.* [U]帕金森定律(即政府机构越臃肿,开支越大,内部扯皮时间消耗越多,效率也就越低,由英国作家帕金森提出)

park·way /ˈpɑːkˌwei/ *n.* [C]绿化干道,绿化公路;风景大道

par·lance /ˈpɑːlᵊns/ *n.* [U](尤指言语方面特别的)措辞,用语,说法:in advertising *parlance* 用广告用语(来讲) / newspaper *parlance* 新闻体

par·lay /ˈpɑːli,-lei/ I *vt.* 〈美〉❶将(本金和所赢赌金)押上再赌 ❷充分利用,成功运用:*parlay* a small inheritance into a vast fortune 充分利用一小笔遗产来发大财 II *n.* [C](将本金和赢金合起来再赌的)累积连赌

par·ley /ˈpɑːli/ I *n.* [C] ❶(指双方为结束争执而进行的)商谈,讨论 ❷(尤指就停战条件所进行的)谈判;会谈;磋商:a cease-fire *parley* 停火谈判 II *vi.* (进行)谈判;会谈;磋商(*with*):*parley with* the locals 与当地人进行磋商

par·lia·ment /ˈpɑːləmᵊnt/ *n.* ❶[**P-**][U]〈英〉英国议会;议会两院;下议院:*Parliament* was opened by the British king. 英国国王宣布议会开会。❷[C](其他国家的)议会;国会:convene [dissolve] *parliament* 召开[解散]议会

par·lia·men·ta·ry /ˌpɑːləˈmentᵊri/ *adj.* [无比较级] ❶议会的,国会的:a *parliamentary* candidate 议会候选人 ❷议会颁布(制定或批准、通过)的:a *parliamentary* act 议会颁布的法令

par·lo(u)r /ˈpɑːləʳ/ *n.* [C]〈主英〉❶客厅,起居室:an Edwardian *parlour* 爱德华时代式样的起居室 ❷(提供某种服务或出售某些商品的)店堂,厅室:a beauty *parlour* 美容厅(院)

par·o·dy /ˈpærədi/ I *n.* ❶[C;U](指对某作家、文学作品或风格等)(诙谐夸张的)模仿诗文:He only wrote *parodies* of other people's works. 他只是写些模仿他人作品的诙谐夸张的诗文。❷[C]拙劣的模仿;滑稽的模仿 II *vt.* ❶诙谐夸张地模仿:*parody* sb.'s style 诙谐夸张地模仿某人的文体 ❷模仿嘲弄:*parody* a pop singer 模仿嘲弄流行歌手 ❸拙劣地模仿

pa·role /pəˈrəul/ *n.* [U]假释,有条件释放:grant a *parole* to a prisoner 批准假释一名囚犯 ‖ **pa·ro·lee** /pəˌrəuˈliː/ *n.* [C]

par·ox·ysm /ˈpærəkˌsizᵊm/ *n.* [C] ❶(怒火、笑声等情感的)突发,迸发:She broke out into a *paroxysm* of sobbing. 她突然啜泣起来。❷【医】(疾病的)发作;阵发:*paroxysms* of coughing 阵阵猛咳

par·quet /ˈpɑːki,-kei/ **I** *n.* [U]拼木地板,镶木地板 **II** *vt.* 给(房间)铺拼木地板

par·ri·cide /ˈpæriˌsaid/ *n.* ❶[U](尤指杀害父母的)弑亲(罪) ❷[C]弑亲者,杀父(或母)者〔亦作 **patricide**〕‖ **par·ri·ci·dal** /ˌpæriˈsaidᵊl/ *adj.*

par·rot /ˈpærət/ *n.* [C] ❶【鸟】鹦鹉 ❷鹦鹉学舌者,人云亦云者;机械模仿者

par·ry /ˈpæri/ **I** *vt.* & *vi.* ❶挡开,拨开,避开(武器或进攻等):She *parried* his knife with her arm. 她用手臂把他的刀给挡开了。❷回避:He *parried* her questions and confined himself to small talk. 他把她问的话支吾过去了,只谈些不相干的闲话。**II** *n.* [C]挡开(或避开)的行为;回避行为 ‖ ˈ**par·ri·er** *n.* [C]

pars·ley /ˈpɑːsli/ *n.* [C]【植】荷兰芹,皱叶欧芹,洋芫荽

pars·nip /ˈpɑːsnip/ *n.* ❶[C]【植】欧洲防风,欧洲萝卜 ❷[C;U](可食用的)欧洲防风根,欧洲萝卜

part /pɑːt/ **I** *n.* ❶[U;C]一部分,部分;组成部分:the early *part* of this century 本世纪初期 ❷[C](机器的)零件,部件:spare *parts* of a machine 机器的备用零件 ❸[C](人或动物的)身体部位,器官;[~s]私处,阴部:the inner [inward] *parts* of an animal 动物的内脏❹[C](长篇著作的)篇,部;(多卷册著作的)(分)册,辑;(系列广播剧、电视剧或连载小说的)集;段;节:the first *part* of a novel 小说的开篇 ❺[C](等分的)一份,…分之一:use two *parts* olive oil and one *part* vinegar 用两份橄榄油加一份醋 ❻[U;C][具数时通常用单]份额,份儿;本分,职责;作用,功能:I want no *part* in your crazy plans. 我可不想介入你们那些疯狂的计划。❼[C](演员在剧中扮演的)角色;台词;台词本:He was an absolute genius at comedy *parts*. 他绝对是个表演喜剧的天才。**II** *vt.* ❶将…分成几部分;使分裂,使裂开:Mom *parted* the pie for us. 妈妈替我们把馅饼分成几块。❷使分开,使隔开;使分离:*Part* the curtains, please. 请把窗帘拉开。❸(用梳子)将(头发)往两边分开:*part* one's hair in the middle 将头发中分 —*vi.* ❶分开;分成几部分;裂开;断开:The rope *parted* from the pole. 桅杆上的绳子断了。❷离开,告别;分手,分离;断绝关系;离婚:It's time for us to *part*. 我们该道别了。**III** *adv.* [无比较级]部分地;某种程度上:a lie that is *part* truth 部分真实的谎言 ‖ ***for one's part*** *adv.* 就个人而言,至于本人:*For my part*, you can do whatever you please. 对我来说,你想干什么就干什么。***in part*** *adv.* 部分地;在一定程度上:His attractiveness is *in part* due to his self-confidence. 他的魅力在一定程度上来自他的自信。***on the part of sb.*** *adv.* & *adj.* 就某人而言,在某人方面;由某人所做出的:There has never been any jealousy *on my part*. 就我而言,我从未有过任何嫉妒。***part and parcel*** *n.* 主要部分,必要部分:Writing is *part and parcel* of my everyday life. 写作是我日常生活的最基本部分。***take part*** *vi.* 参加,参与(*in*):He would rather resign than *take part in* such dishonest business. 他宁肯辞职也不愿参与这种不正当的勾当。***take sb.'s part*** [***take the part of sb.***] *vi.* 支持某人,站在某人一边;偏袒某人,袒护某人:Her mother *took her part*, even though she was obviously wrong. 尽管她明显错了,她妈妈还是袒护她。

par·take /pɑːˈteik/ *vi.* (**-took** /-ˈtuk/, **-tak·en** /-ˈteikᵊn/) 参与,参加;分享,分担(*of*,*in*)(见 share):*partake in* each other's joys and sorrows 同甘共苦 / You should *partake of* our success. 你应该分享我们的成功。‖ **parˈtak·er** *n.* [C]

par·tial /ˈpɑːʃᵊl/ *adj.* [无比较级] ❶不完全的,部分的:a *partial* recovery 部分康复 ❷偏心的,偏袒的,不公正的(*to*):a *partial* reporting 不公正的报道 ‖ **par·ti·al·i·ty** /ˌpɑːʃiˈæliti/ *n.* [C;U] —ˈ**par·tial·ly** *adv.*

par·tic·i·pant /pɑːˈtisipᵊnt/ *n.* [C]参与者,参加者:She was a *participant* in two radical groups. 她曾经是两个激进组织的成员。

par·tic·i·pate /pɑːˈtisiˌpeit/ *vi.* ❶参加,参与(*in*):She will *participate in* our discussion tomorrow. 她将参加我们明天的讨论。❷分享,共享;分担(见 share)(*in*,*with*):*participate in* profits 分享利润 ‖ **par·tic·i·pa·tion** /pɑːˌtisiˈpeiʃᵊn/ *n.* [U] —**parˈtic·iˌpa·tor** *n.* [C] —**parˈtic·iˌpa·to·ry** *adj.*

par·ti·ci·ple /ˈpɑːtiˌsipᵊl/ *n.* [C]【语】分词

P

par·ti·cle /ˈpɑːtikᵊl/ *n.* [C] ❶(物质的)细粒,微粒:Dust *particles* must have gone into the motor. 发动机里面肯定进了灰尘。❷【语】小品词,语助词;词缀

par·tic·u·lar /pəˈtikjuləʳ/ *adj.* ❶[无比较级][作定语]独特的,特有的;特殊的,特别的;特定的,特指的(见 special 和 single):*particular* preference for coffee 对咖啡特有的喜好 ❷[作定语]不寻常的;值得关注的:pay *particular* attention to sth. 特别重视某事 ❸挑剔的,苛求的;(过分)讲究的:be *particular* about one's food 挑食 ‖ ***in particular*** *adj.* & *adv.* 尤其(的),特别(的):What *in particular* do you like about the film we saw last night? 我们昨晚看的电影你特别喜欢什么地方?

par·tic·u·lar·ize, par·tic·u·lar·ise /pəˈtikjulᵊˌraiz/ *vt.* & *vi.* ❶(逐一)列出,列举 ❷详细说明 ‖ **par·tic·u·lar·i·za·tion, par·tic·u·lar·i·sa·tion** /pəˌtikjuləraiˈzeiʃᵊn;-riˈz-/ *n.* [U]

par·tic·u·lar·ly /pəˈtikjuləli/ *adv.* ❶尤其,特别;很,非常:be in a *particularly* low mood 情绪非常低落 ❷具体地,个别地:They *particularly* asked for you. 他们点名要找你。

part·ing /ˈpɑːtiŋ/ *n.* ❶[U]分裂,分开;分隔:the *parting* of the sea 海的分隔 ❷[C;U]离别,道别:It was a hard *parting*, though it was not for long. 离别的时间虽说不长,却也难舍难分。

par·ti·san /ˌpɑːtiˈzæn;ˈpɑːtiˌzæn/ I *n.* [C] ❶狂热支持者;党人,党徒:She murmured in the tone of a *partisan* of Harry. 她低声说道,语气有点像是在为哈利打抱不平。❷【军】游击战士,游击队员:The *partisans* escaped to the surrounding woods. 游击队员们逃到附近的树林里去了。II *adj.* [无比较级][作定语] ❶党派的,派性的;偏袒的:*partisan* bickering 党派之争 ❷游击战士的,游击队的:*partisan* troops 游击队伍 ‖ **ˌpar·tiˈsan·ship** /-ʃip/ *n.* [U]

par·ti·tion /pɑːˈtiʃᵊn/ I *n.* ❶[U]划分,分开;(尤指国家或政体的)分裂,划分,分割:the *partition* of profits 利润分成 ❷[C]隔板,隔墙;分隔物:an open-plan office with *partitions* between desks 办公桌用隔板隔开的敞开式办公室 II *vt.* ❶将…分成部分,对…进行划分;分割,瓜分:The teacher *partitioned* out the new books. 老师将新书分发出去。❷(用隔板或隔墙等)隔开,分隔(*off*):Why don't you *partition* this room into a sitting room and a kitchen? 你干吗不把这间屋子隔成一间会客室和一间厨房呢? ‖ **parˈti·tioned** *adj.*

part·ly /ˈpɑːtli/ *adv.* [无比较级]部分地,不完全地;在一定程度上:Your company's problems are *partly* due to bad management. 你们公司出现的问题一定程度上是由于管理不善。

part·ner /ˈpɑːtnəʳ/ *n.* [C] ❶合伙人,股东:a senior *partner* in an insurance company 保险公司的主要合伙人 ❷伙伴,同伙:China's largest trading *partner* 中国最大的贸易合作伙伴 ❸(已婚的)配偶,伴侣;(未婚的)恋人,情侣;(泛指共同生活的)同住者,伴侣:a marital *partner* 婚姻伴侣 ❹(体育活动中的)搭档,同伴;舞伴:a tennis *partner* 网球搭档

part·ner·ship /ˈpɑːtnəˌʃip/ *n.* [U]合伙(关系);伙伴关系;合作关系;合伙人身份

part of speech *n.* [C]【语】词类,词性

par·tridge /ˈpɑːtridʒ/ *n.* [C]([复]**-tridg·es**或**-tridge**)【鸟】❶山鹑;灰山鹑 ❷鹑鸡;雪鹑

part-time I /ˈpɑːˌtaim/ *adj.* [无比较级][作定语]用部分时间的;兼职的:a *part-time* clerk 兼职职员 II /ˌpɑːˈtaim/ *adv.* [无比较级]用部分时间;作为兼职

part-tim·er /ˌpɑːˈtaiməʳ/ *n.* [C]兼职者,兼职人员

par·tu·ri·tion /ˌpɑːtjuˈriʃᵊn/ *n.* [U]〈书〉【医】分娩,生产

part-w·ay /ˌpɑːtˈwei/ *adv.* [无比较级] ❶(到)中途:Shall I walk you *part-way*? 我陪你走一段好吗? ❷到某种程度,部分地:The door was *part-way* open. 那扇门半开着。

par·ty /ˈpɑːti/ *n.* [C] ❶(邀请客人参加的)(社交)聚会;宴会:a cocktail *party* 鸡尾酒会 ❷[用作单或复]团体,团队;组,群:a rescue *party* 救援小组 ❸[用作单或复]党,政党,党派:The Labour *Party* has [have] just elected a new leader. 工党刚刚选出了一位新领导人。❹(条约或争论等中的)一方:all *parties* in the conflict 冲突中的所有各方 ❺【律】(诉讼中的)当事人

pass /pɑːs;pæs/ I (过去式 **passed**,过去分词 **passed** 或 **past** /pɑːst;pæst/) *vt.* ❶经过,通过;穿过,越过:*pass* the jungle 穿越丛林 ❷传递,传

P

送；转移：Please *pass* her the cheese. 请把奶酪递给她。❸使经过，使通过；使穿过：*pass* a sword through one's body 用剑刺穿某人的身体 ❹通过（考试或检查等）；使通过考试：She didn't *pass* her driving test first time. 她第一次考驾照没通过。❺批准，通过（议案等）：*pass* laws banning the sale of alcohol 通过禁止销售烈性酒的法律 ❻使流通，使用；传播，传出：*pass* the rumor of earthquake all over the city 在全城散布有关地震的谣言 ❼度过，消磨（时光）：*pass* the summer holiday abroad 到国外过暑假 ❽说，讲；发表（评论）；宣布（判决）：The judges *passed* a sentence of 20 years of imprisonment on the man guilty of arson. 法官们判处那个纵火犯 20 年监禁。—*vi*. ❶前进；经过；通过；穿过；超过：We stand aside to let her *pass*. 我们站到一边，让她过去。❷传递，传送；（财产等的所有权）转移，转让：The advertisement *passed* from one to another. 大家逐一传看了那份广告。❸进入：*pass* into coma 进入昏迷状态 ❹被通过；被逃脱，被忽略，被放过：Such an attitude cannot *pass* in our school. 在我们学校不允许有这样的态度。❺被接纳；被视为（*as*, *for*）❻考试合格，检查通过：*pass* for a lawyer 通过律师资格考试 ❼（议案或提议）被批准，被接受：The bill *passed* by a slim majority. 那个议案以微弱多数通过了。❽参与审理；作出判决；（判决）被宣判；（决定）被作出（*on*, *upon*）：The jury will *pass on* the case today. 今天，陪审团将对此案作出判决。**II** *n*. ❶[C; U]经过，通过；穿过：The airplane will make a *pass* over this small town. 飞机将要经过这座小镇。❷[C]（较难通过的）小路，窄道；（山间的）关口，隘路（见 way）：a *pass* that crosses the mountains 山间小路 ❸[C]（考试等）及格，通过：O-level *pass* rate 普通考试通过率（或合格率）❹[C]通行证，出入证；护照；免费入场券；免费乘车证；月票；（士兵的）短期准假证：check sb.'s *pass* 检查某人的通行证 ❺[C]【体】传球：a clever *pass* to the centre forward 传给中锋的好球 ‖ ***come to pass*** *vi*. 实现，发生：Nothing special *came to pass*. 没发生什么特别的事情。***pass away*** *vi*.〈婉〉去世：When did your grandfather *pass away*? 您的祖父是何时去世的？***pass off*** *vi*. ❶渐渐消失；停止：Your headache will soon *pass off*. 你的头痛很快会缓解的。❷（尤指顺利地）进展，进行；完成：Our performance *passed off* well last night. 昨晚我们的演出进行得很顺利。***pass on*** *vi*. ❶继续前进（或进行）：Let's have a short break and then *pass on*. 我们先稍事休息，然后再继续进行。❷〈婉〉故去，去世：The old woman *passed on* quietly. 那位老妇人安静地故去了。***pass out*** *vi*. 昏倒，失去知觉；醉倒：She *passed out* with the terrible news. 听到那可怕的消息，她顿时昏厥过去。***pass over*** *vt*. ❶忽略，漠视，不理会；原谅：Don't *pass* any possible chance *over*. 别放过任何可能的机遇。❷（在升职等方面）不考虑（某人）：We will surely not *pass over* you for chairmanship. 我们肯定会考虑你的主席职位的。***pass up*** *vt*.〈口〉拒绝；放弃；错过（机会等）：He never *passes up* a chance to earn money. 他从不放过任何可以挣钱的机会。

pass·a·ble /ˈpɑːsəbᵊl; ˈpæs-/ *adj*. ❶[无比较级]（道路、关口等）可通行的，能通过的：Many of these roads are not *passable* in bad weather. 这些道路中有许多在天气恶劣时都不能通行。❷尚可的，过得去的；刚刚够格的：a *passable* composition 一篇马马虎虎的作文 ‖ ˈ**pass·a·bly** *adv*.

pas·sage /ˈpæsidʒ/ *n*. ❶[C]（书籍等中的）章节，段落；诗句：a *passage* in [of] the Bible《圣经》中的一节 ❷[C]走廊，过道；通道；航道：keep a clear *passage* for the traffic 使交通畅通无阻 ❸[C]【医】（人体内的）（通）道：breathing *passages* 呼吸道 ❹[U]（时间等的）推移，流逝：Forgetting is related directly to the *passage* of time. 时间的流逝会使人记忆淡忘。

pass·book /ˈpɑːsˌbuk; ˈpæs-/ *n*. [C]存折

pas·sen·ger /ˈpæsindʒəʳ/ *n*. [C]乘客，旅客：Both the driver and the *passengers* were hurt. 司机和乘客们都受了伤。

pass·er-by /ˌpɑːsəˈbai; ˌpæs-/ *n*. [C]（[复] **pass·ers-by**）过路人

pass·ing /ˈpɑːsiŋ; ˈpæs-/ **I** *adj*. [无比较级][作定语] ❶经过的，通过的；路过的；流逝的：a *passing* stranger 过路的陌生人 ❷短暂的，一时的：a *passing* emotion 瞬息即逝的感情 **II** *n*. [U] ❶（时间等的）流逝，消失：With the *passing* of time she became more and more bad-tempered. 随着时间的流逝，她的脾气也越来越坏了。❷去世，逝世：the *passing* of a much loved leader 深受爱戴的领袖的逝世 ‖ ***in pass-***

ing adv. 顺便,附带地:It's not important,I only mentioned it *in passing*. 这不重要,我只是附带说说而已。‖ ˈ**pass·ing·ly** *adv.*

pas·sion /ˈpæʃ°n/ *n.* ❶[U]激情,热情:arouse sb.'s *passion* for learning 激发某人学习的热情 ❷[U]炽热的爱情:tender *passion* 柔情 ❸[U]强烈的情欲(见 love) ❹[常用单]极度喜好,酷爱;酷爱之物:develop a consuming *passion* for romantic fiction 对言情小说的痴迷

pas·sion·ate /ˈpæʃ°nət/ *adj.* ❶热情的,充满激情的;出自强烈感情的,情绪激昂的:*passionate* speech 热情洋溢的演说 ❷热恋的;多情的;情欲强烈的:She was a *passionate* young beauty. 她年轻貌美,万般柔情。‖ ˈ**pas·sion·ate·ly** *adv.* —ˈ**pas·sion·ate·ness** *n.* [U]

pas·sive /ˈpæsiv/ **I** *adj.* ❶被动的;消极的:We should not remain *passive* any longer. 我们不该再消极被动下去了。❷【语】被动的;被动(语)态的:the *passive* voice 被动语态 **II** *n.* [C; U]【语】被动语态;被动形式 ‖ ˈ**pas·sive·ly** *adv.*

passive smoking *n.* [U]被动吸烟

Pass·o·ver /ˈpɑːsˌəuvəʳ; ˈpæs-/ *n.* [U]【宗】(犹太人的)逾越节

pass·port /ˈpɑːspɔːt; ˈpæs-/ *n.* [C] ❶护照;过境通行证:You should apply to the authorities for a *passport* first. 你应该先向当局申请护照。❷〈喻〉(使人获取某物或达到某个目的的)手段,途径;保障(*to*):Many girls see marriage as a *passport to* happiness. 很多女孩认为结婚可以使她们获得幸福。

pass·word /ˈpɑːsˌwəːd; ˈpæs-/ *n.* [C]口令,密码:enter your *password* 输入你的口令

past /pɑːst; pæst/ **I** *adj.* [无比较级] ❶[作定语]过去的,以往的,先前的:*a past* glory 昔日的荣誉 ❷[作定语]刚刚结束的,刚过去的:the *past* month 上个月 **II** *n.* ❶[**the** ~]过去,往昔:a thing of *the past* 旧物 ❷[C]往事,旧事;经历;历史:We cannot undo the *past*. 逝者不可追。❸[U]【语】过去时;过去式 **III** *prep.* ❶超过,迟于:It's a quarter *past* 8. 8点一刻。❷经过,在…以外:It's impossible for me to walk *past* cake shops without stopping. 每次经过蛋糕店,我都会忍不住停下脚步。❸(在年龄或数量等方面)超过,多于:*past* the age for enlisting in the army 超过了参军的年龄 ❹超出…的范围(或限度、可能):She was *past* hunger. 她已经饿过头了。**IV** *adv.* [无比较级]经过:Has the No. 11 bus gone *past* yet? 11路汽车已经开走了吗?

pas·ta /ˈpæstə, ˈpɑːs-/ *n.* [U]【烹】(通心粉等形状各异的)意大利面制品,意大利面食

paste /peist/ **I** *n.* ❶[用单]糊;膏;酱;糊状物,膏状物:bean *paste* 豆瓣酱 ❷[U](制作糕点用的)(油)面团:puff *paste* 做泡芙的面团 **II** *vt.* ❶用糨糊粘(或贴):*paste* down the edges of a photograph 将照片的四周贴好 ❷涂;敷:bread thickly *pasted* with butter 涂有厚厚一层黄油的面包

pas·tel /ˈpæst°l; ˈpæstel/ *adj.* [无比较级][作定语] ❶彩色粉笔的;蜡笔的 ❷粉笔画的;蜡笔画的 ❸(色彩)柔和的,淡的,浅的:*pastel* purple 浅紫色

pas·teur·ize, pas·teur·ise /ˈpɑːstəˌraiz, ˈpæst-/ *vt.* 【医】对(牛奶等)进行巴氏消毒 ‖ **pas·teur·i·za·tion, pas·teur·i·sa·tion** /ˌpɑːstəraiˈzeiʃ°n; -riˈz-/ *n.* [U]

pas·time /ˈpɑːstaim; ˈpæs-/ *n.* [C]消遣,娱乐;爱好:Reading is my favourite *pastime*. 我最大的爱好是读书。

pas·tor·al /ˈpɑːstər°l; ˈpæs-/ *adj.* [无比较级] ❶牧(羊)人的;畜牧的:*pastoral* people 牧民 ❷(诗歌或绘画等)(描绘)田园风光的;纯朴的;乡村的:*pastoral* symphony 田园交响乐

past participle *n.* [C]【语】(动词的)过去分词

past perfect *adj.* & *n.* 【语】过去完成时(的);过去完成体(的)

pas·try /ˈpeistri/ *n.* ❶[U]油酥面团 ❷[C]酥皮小甜点

pas·ture /ˈpɑːstʃəʳ; ˈpæs-/ *n.* [C; U] 牧场;草场,草地:That's a poor, rabbit bitten *pasture*. 那是一个被兔子破坏得不成样子的草场。

past·y /ˈpeisti/ *n.* [C]馅饼

pat[1] /pæt/ **I** (**pat·ted; pat·ting**) *vt.* ❶(用手或扁平物)轻拍,轻打:Don't always *pat* me on the head. 别老是拍我的头。❷(为表示喜爱、同情或祝贺等)轻抚,轻拍:She bent down to *pat* the little puppy. 她弯下腰去拍拍那条小狗。—*vi.* 轻拍,轻打(*on, upon, against*):Raindrops were *patting on* my umbrella. 雨点

滴滴答答地落在我的伞上。**II** *n.* [C] ❶轻拍，轻打：Grandma gave me a *pat* on the head. 奶奶轻轻地拍了拍我的头。❷(尤指黄油等)一小块：a few *pats* of butter 几小块黄油 ‖ ***pat on the back*** *n.* 〈口〉表扬，赞赏；鼓励：I got a *pat on the back* from my boss for my hard work. 我因工作努力得到了老板的赞赏。

pat[2] /pæt/ **I** *adj.* [无比较级] ❶熟知的；应付自如的：have a poem *pat* 熟背一首诗 ❷(尤指令人难以信服的)妥帖的，恰当的；预备好似的，巧合的：a *pat* answer 再恰当不过的答案 **II** *adv.* [无比较级] ❶熟知地；应付自如地 ❷恰当地，妥帖地 ‖ ***stand pat*** *vi.* 坚持，固守(*on*)：When his friends tried to change his mind, he *stood pat*. 当朋友想改变他的主意时，他坚持不变。

patch /pætʃ/ **I** *n.* [C] ❶(用以补洞或加固的)补丁，补片；贴片：Memory wasn't a *patch* on reality. 回忆无补于现实。❷(用以保护受伤眼睛的)眼罩：wear a *patch* over the eye 戴眼罩 ❸(与周围部分明显不同的)一块，一片；斑块：a *patch* of moisture on a rock 岩石上的一块潮斑 ❹一块地；一块田；一块田里的作物：a vegetable *patch* 一块菜地 **II** *vt.* 在…上打补丁；修补(*up*)：*patch up* the trousers 补裤子

patch·work /ˈpætʃˌwəːk/ *n.* ❶[U](用各色小块织物拼缝而成的有一定图案的)拼缝织物：My sister is fond of doing *patchwork*. 我妹妹喜欢做拼缝织物。❷[用单]拼凑的东西；杂烩：a *patchwork* poem 一首胡乱拼凑的诗

patch·y /ˈpætʃi/ *adj.* ❶有补丁的，补缀的；拼凑的 ❷(质量)不稳定的，参差不齐的：I think the service offered by the travel agency is extremely *patchy*. 我觉得那家旅行社的服务质量时好时坏。❸(分布)不均衡的，不规则的；局部的；斑驳的：*patchy* rain 局部地区的雨 ‖ ˈ**patch·i·ness** *n.* [U]

pate /peit/ *n.* [C]头，脑瓜子；头顶：He has to wear a hat to cover his bald *pate*. 他只好戴顶帽子来遮住秃顶的脑袋。

pâ·té /ˈpætei/ *n.* [C;U]〈法〉【烹】(以鱼或肉等加调料制成的)肉酱

pa·tent /ˈpeitᵊnt,ˈpæ-/ **I** *n.* [C;U]专利，专利权：apply for a *patent* on penicillin 申请青霉素的专利 **II** *adj.* [作定语] ❶[无比较级]拥有专利权的，受专利保护的：a *patent* cooler 一种专利制冷装置 ❷明显的，明白的：a *patent* disregard of the law 对法律的公然蔑视 ‖ ˈ**pa·tent·ly** *adv.*

pa·tent·ee /ˌpeitᵊnˈtiː/ *n.* [C]专利权所有人；专利权获得者

patent leather *n.* [U](尤指黑色光亮的)漆皮，漆革〔亦作 **patent**〕

pa·tent·ly /ˌpeitᵊnˈtːli/ *adv.* 明显地，显然；公开地

pa·ter·nal /pəˈtəːnᵊl/ *adj.* [无比较级] ❶父亲的；父亲般的：*paternal* duties 父亲的职责 ❷父亲一方的，父系的：*paternal* uncle 叔叔(伯伯) ‖ **paˈter·nal·ly** *adv.*

pa·ter·nal·ism /pəˈtəːnəˌlizᵊm/ *n.* [U] ❶(政府或机构的)家长式统治；家长式管理 ‖ **paˈter·nal·ist** *n.* [C] —**pa·ter·nal·is·tic** /pəˌtəːnəˈlistik/ *adj.* —**paˌter·nalˈis·ti·cal·ly** /-kᵊli/ *adv.*

pa·ter·ni·ty /pəˈtəːniti/ *n.* [U] ❶父亲身份，父亲资格：The *paternity* of the orphan is still in dispute. 那个孤儿的父亲是谁仍有争议。❷父系血统

path /pɑːθ;pæθ/ *n.* [C]([复]**paths** /pɑːðz,pɑːθs; pæðz,pæθs/) ❶(人、畜踩出来的)路；小路，小径(见 way)：a mountain *path* 山间小路 ❷(物体运动的)路线，途径；(思想或行为等的)道路，路线：Many people saw a college degree as the only *path* to future success. 有很多人将大学学历视为通往成功未来的唯一途径。

pa·thet·ic /pəˈθetik/ *adj.* ❶令人同情的，可怜的；可悲的：a *pathetic* sight 悲惨的景象 ❷(因缺乏能力或勇气而)可鄙的，讨厌的；差劲的，没用的：Sanitary conditions were *pathetic*. 卫生条件很恶劣。 ‖ **paˈthet·i·cal·ly** /-kᵊli/ *adv.*

path·o·gen /ˈpæθədʒᵊn/ *n.* [C]【医】病原体，致病菌，病原菌 ‖ **path·o·gen·ic** /ˌpæθəˈdʒenik/ *adj.* —**pa·thog·e·nous** /pəˈθɔdʒᵊnəs/ *adj.*

path·o·log·i·cal /ˌpæθəˈlɔdʒikᵊl/ *adj.* [无比较级] ❶病理(学)的 ❷(生理或心理)疾病的；由(生理或心理)疾病引起的

pa·thol·o·gy /pəˈθɔlədʒi/ *n.* [U] ❶病理学 ❷(疾病的)症状，病理 ‖ **paˈthol·o·gist** *n.* [C]

pa·thos /ˈpeiθɔs/ *n.* [U](演讲或文学作品等)令人伤感的特性；悲情感染力

pa·tience /ˈpeiʃᵊns/ *n.* [U] ❶忍耐，容忍；忍耐

力,耐心,耐性:His *patience* wears thin. 他越来越没耐心。❷坚忍;勤勉:She wouldn't have the *patience* to typewrite all day. 她没法坚持整天都打字。

pa·tient /ˈpeiʃᵊnt/ I *adj.* ❶忍耐的,容忍的:a *patient* smile 无奈的微笑 / These young girls are *patient* of hardships. 这些年轻姑娘们很能吃苦耐劳。❷耐心的,有耐性的:It is sometimes a difficult film, but rewards the *patient* viewer. 这部电影有时看起来会很艰涩,但只要耐心地看下去就有收获。II *n.* [C]病人,患者:treat a *patient* 治疗病人 ‖ ˈ**pa·tient·ly** *adv.*

pat·i·o /ˈpætiəu/ *n.* [C]([复]**-os**) ❶露天休息处:The French doors opened onto the *patio*. 落地窗敞向天井。❷庭院,天井

pat·ois /ˈpætwɑː; pɑːˈtwɑː/ *n.* [C; U]([复] **pat·ois** /ˈpætwɑːz, pɑːˈtwɑː/) 方言;土语

pa·tri·arch /ˈpeitriˌɑːk/ *n.* [C] ❶(尤指男性的)家长;族长 ❷【宗】宗主教;(东正教的)最高级主教 ❸(某学科的)创始人,鼻祖;元老 ‖ **pa·tri·ar·chal** /ˌpeitriˈɑːkᵊl/ *adj.*

pa·tri·ar·chy /ˈpeitriˌɑːki/ *n.* ❶[C]父权制社会 ❷[U]父权制;男权统治

pa·tri·cian /pəˈtriʃᵊn/ I *n.* [C] ❶贵族 ❷有教养的人 II *adj.* [无比较级]贵族的;高贵的:The man speaks English with a marked *patrician* accent. 那人说英语的腔调明显有种贵族气派。

pat·ri·cide /ˈpætriˌsaid/ *n.* ❶杀父(罪):The hero of this tragedy Oedipus is guilty of *patricide*. 这部悲剧的男主角俄狄浦斯犯了杀父之罪。❷杀父者

pat·ri·mo·ny /ˈpætriməni/ *n.* [U]遗产;祖传家产:real-estate *patrimony* 祖上留下的房地产 ‖ **pat·ri·mo·ni·al** /ˌpætriˈməuniəl/ *adj.*

pa·tri·ot /ˈpeitriət; ˈpæt-/ *n.* [C]爱国(主义)者 ‖ **pa·tri·ot·ic** /ˌpeitriˈɔtik; ˌpæt-/ *adj.* —ˌ**pa·tri·ot·i·cal·ly** /-ˈɔtikᵊli/ *adv.* —ˈ**pa·tri·otˌism** *n.* [U]

pa·trol /pəˈtrəul/ I *n.* ❶[C; U]巡逻,巡视,巡查:The policemen all went out on *patrol* in the mist. 警察们全都出去在大雾中巡查。❷[C]巡逻者;巡逻兵:When was the *patrol* changed last night? 昨晚巡逻兵是何时换班的? II (**-trolled**; **-trol·ling**) *vt.* 在…巡逻(或巡视、巡查、侦察):Our security guards with dogs are *patrolling* the building site. 我们的保安人员带着狗在建筑工地上巡查。—*vi.* 巡逻,巡视,巡查;侦察:*patrol* along coast 沿海岸巡视

pa·tron /ˈpeitrᵊn/ *n.* [C] ❶(商店、饭店等的)老主顾:the *patrons* of a pub 酒吧的老主顾们(酒吧的常客们) ❷资助人;捐助人,赞助人:a well-known *patron* of several charities 几家慈善团体共同的知名捐助人

pat·ron·age /ˈpætrənidʒ/ *n.* [U] ❶光顾,惠顾:The restaurant enjoys [has] a large *patronage*. 这家饭馆总是顾客盈门。❷(重要职务等的)任命权 ❸资助,捐助,赞助:This concert was made possible by the kind *patronage* of Mr. Smith. 这次音乐会的举办得益于史密斯先生的善意资助。

pat·ron·ize /ˈpætrəˌnaiz/ *vt.* ❶以恩赐的态度对待,对…傲气十足:She was always *patronizing* her maids. 她对自己的女佣们总是盛气凌人。❷资助,捐助;支持:I still remember the teacher who *patronized* my early ambition. 对那位曾资助我实现早年抱负的老师,我仍铭记在心。❸(经常)光顾,惠顾:This bookstore is not well *patronized*. 这家书店里的顾客不太多。‖ ˈ**pat·ronˌiz·er**, ˈ**pat·ronˌis·er** *n.* [C]

patron saint *n.* [C](某人或某地等的)守护神,保护神

pat·ter /ˈpætəʳ/ I *vi.* ❶急促地轻轻拍打(或敲打);发出急促轻拍声:The rain *pattered* against the tent. 雨点噼噼啪啪地打在帐篷上。❷急促地小跑:The children *pattered* along the floor with bare feet. 孩子们光着脚在地板上啪嗒啪嗒地快步小跑。II *n.* [U; C]急促的轻拍声;急促轻快的脚步声

pat·tern /ˈpætᵊn/ *n.* [C] ❶图案,花样:*patterns* on fabrics 织物的图案 / Do you care for the *patterns* of wallpaper? 你喜欢这些墙纸的花样吗? ❷模式,样式;方式,形式;形状:behaviour(al) *patterns* 行为模式

pat·ty /ˈpæti/ *n.* [C] ❶小馅饼 ❷小肉饼

pau·ci·ty /ˈpɔːsiti/ *n.* [C; U] ❶小数目;少量:The chorus suffers slightly from a *paucity* of male voices. 合唱队男声人数偏少。❷缺乏,不足:a *paucity* of resources 资源缺乏

paunch /pɔːntʃ/ *n.* [C](尤指凸起的)肚子,腹

部;〈谑〉大肚皮

pau·per /ˈpɔːpəʳ/ *n.* [C] 穷人;乞丐

pause /pɔːz/ **I** *n.* [C] ❶暂停,中止,间歇(见 interval):The enemy didn't make a *pause* in the bombing. 敌军并没有暂停轰炸。❷犹豫,迟疑:What they said put me to a *pause*. 他们的话让我有点儿犹豫。**II** *vi.* 暂停,中止;停顿;迟疑;等待:She *paused* for breath and then went on with her work. 她停下来喘口气,然后又接着干了起来。

pave /peiv/ *vt.* 铺砌(道路、地面等):a road *paved* only yesterday 昨天才铺的路 ‖ ***pave the way for*** [***to***] *vt.* 为…铺平道路;为…做好准备

pave·ment /ˈpeivmᵊnt/ *n.* ❶[C]〈英〉人行道:Keep to the *pavement*, John; there's a nice restaurant. 约翰,沿人行道走,那儿有家很不错的餐馆。〔亦作 **sidewalk**〕❷[U](铺砌的)街面,路面;地面

pa·vil·ion /pəˈviljᵊn/ *n.* [C] ❶凉亭;楼阁,亭子 ❷(演出或展览用的)大帐篷 ❸(医院的)附属病房

pa·ving /ˈpeiviŋ/ *n.* [U] ❶人行道 ❷铺路材料

paw /pɔː/ **I** *n.* [C] (动物的)爪(子):a cat's *paw* 猫爪 / She found some *paw* prints in the kitchen. 她发现厨房里有些爪印。**II** *vt.* 用爪子抓(或刨):When my dog heard me, it began *pawing* the ground in excitement. 我的狗一听见我的声音便开始兴奋地用爪子刨起地来。

pawn¹ /pɔːn/ *n.* [C] ❶【体】(国际象棋的)卒,兵(略作 **P**) ❷爪牙,狗腿子;马前卒:Obviously, he made a *pawn* of you. 很显然,他利用了你。

pawn² /pɔːn/ *vt.* 典当,当掉:You shouldn't *pawn* your wedding ring. 你不该当掉结婚戒指。

pawn·bro·ker /ˈpɔːnˌbrəukəʳ/ *n.* [C]当铺老板;典当业主 ‖ **ˈpawnˌbro·king** *n.* [U]

paw·paw /ˈpɔːpɔː/ *n.* [C] ❶【植】番木瓜树 ❷番木瓜〔亦作 **papaya**〕

pay /pei/ **I** (**paid** /peid/) *vt.* ❶支付;缴纳;偿还:We *paid* him $ 50 for that vase. 我们付给他 50 美元买了那个花瓶。❷付给(某人)工钱(或报酬);花钱雇(某人):a magazine known to have *paid* its contributors very well 一家素以稿酬优厚而闻名的杂志 ❸于…有益,对…有利,对…有好处:Hard training does *pay* young kids. 让孩子们接受艰苦训练的确有好处。❹有…报酬;产生…利润,有…效益:My job *pays* 50 dollars a week. 我干活一星期挣 50 美元。❺酬谢,补偿;受(处罚);遭(惩处):Let him *pay* the consequences. 让他承担后果。—*vi.* ❶付款;交费;还债:My aunt *paid* for his education. 我姑姑出钱供他上学。❷(工作等)有报酬;有利润;有利:Optimism surely *pays*. 乐观些总有好处。❸赔偿损失;付出代价;受到惩处,得到报应:His father had to *pay* for the window broken by him. 他打坏了窗户,只好由父亲替他赔钱。**II** *n.* [U]付款;薪水,工钱:a general rise in *pay* 普通的加薪 ‖ ***pay off*** *vt.* & *vi.* ❶结账解雇(某人):Many workers have been *paid off* without previous notice. 很多工人在事先未得到通知的情况下被付清工钱解雇了。❷〈口〉有好结果;获得成功:Her hard work *paid off* when she got the first prize. 她得了头等奖,她的辛劳没白费。❸还清(债务);偿清(某人)的债务:have all the money *paid off* in four months 在四个月内还清所有的钱款 ***pay up*** *vi.* & *vt.* 全部偿还:It's time you *paid up*. 你该付款了。‖ **ˈpay·er** *n.* [C]

☆**pay, fee, income, salary, stipend, wage** 均有"劳动报酬"之意。**pay** 为非正式用语,指脑力或体力劳动者所得的工资,尤指军人的军饷:I get my *pay* each Friday.(我每周五领取薪水。)**fee** 指付给医生、律师、家庭教师等专业人员的酬金:the consultant's *fee* for some useful advice(由于提出一些有用的建议而给顾问的酬金)**income** 意指个人的工资或其他经济收入:He has some secret *income* apart from his pay.(除了工资以外,他还有一些不公开的收入。)**salary** 常指白领工人、经理、教师等脑力劳动者所得的薪金,常按月或年计算和发放:Sarah earns a high *salary* as a lawyer.(作为一名律师,莎拉的薪水很高。)**stipend** 主要指牧师、教师或政府官员的薪水:He received an annual *stipend* as a pastor.(他作为一名牧师领取年薪。)该词也可指学生的定期生活津贴:a graduate holding a *stipend* on condition of research(一个根据研究状况领取津贴的研究生)**wage** 多指以现金形式支付给体力劳动者和佣人的工钱,以时间或定额计算,一般按天或周发放:the high *wages* paid for skilled labour(付给熟练工人的高薪)

pay·a·ble /ˈpeiəbᵊl/ *adj*. [无比较级]应付的；到期的；可支付的：Interest payments are *payable* monthly. 利息按月支付。

pay·ee /peiˈiː/ *n*. [C]([复]-ees)收款人：Endorse the check by signing it over to the *payee*. 将支票背书给收款人。

pay gravel *n*. [U] ❶【矿】可采矿石；可采金矿砂 ❷〈口〉(经济上)有利可图的局面〔亦作 **pay dirt**〕

pay·ment /ˈpeimᵊnt/ *n*. ❶[C]支付款项，支付物：charge extra *payments* 索取额外报酬 ❷[U]支付，付款：prompt *payment* 即时付款

pay-off /ˈpeiˌɔːf/ *n*. [C]〈俚〉❶工资发放；付清，偿清 ❷〈口〉(故事等的)高潮；顶点 ❸结局；报偿；报应：the *pay-offs* for years of research 多年研究的结果 ❹贿金，好处费

pay phone *n*. [C]投币电话

pay·roll /ˈpeiˌrəul/ *n*. [C]工资名单；工资表

pea /piː/ *n*. [C] 豌豆种；豌豆

peace /piːs/ *n*. [U]❶和平，太平：advocate genuine *peace* 倡导真正的和平 ❷平静，安宁；宁静，安静：be in *peace* with oneself 处世淡泊 ❸静谧；沉寂：the *peace* of the mountain village 山村的静谧 ‖ ***hold*** [***keep***] ***one's peace*** *vi*. 保持沉默；闭嘴：*Hold your peace*, won't you? Nobody wants to listen to your rubbish. 闭上你那张嘴，好不好？没有人听你胡说八道。***make one's peace with*** *vt*. 与…和好(或和解)：Lucy has not *made her peace with* her boyfriend yet. 露西还没有和她的男朋友重归于好。***make peace*** *vi*. 讲和，和解：They shook hands and *make peace* finally. 他们最终握手言和了。

peace·a·ble /ˈpiːsəbᵊl/ *adj*. 和平的；安宁的；友好的：in *peaceable* times 和平时期

peace·ful /ˈpiːsfᵘl/ *adj*. ❶平静的，宁静的；安宁的，平和的：The valley lay quiet and *peaceful* in the sun. 山谷沐浴在阳光中，宁静而又祥和。❷和平的；和平时期的：*peaceful* coexistence 和平共处 ‖ **ˈpeace·ful·ly** *adv*.

peace·mak·er /ˈpiːsˌmeikəʳ/ *n*. [C]调停者，调解人：play the role of *peacemaker* 充当调解人 ‖ **ˈpeaceˌmak·ing** *n*. [U] & *adj*.

peace·time /ˈpiːsˌtaim/ *n*. [U]和平时期，和平年代：military conscription in *peacetime* 和平时期的义务征兵

peach /piːtʃ/ *n*. [C] ❶桃子 ❷【植】桃树

pea·cock /ˈpiːˌkɔk/ *n*. [C] ❶【鸟】(雄)孔雀 ❷(像孔雀般的)卖弄招摇者，虚荣骄傲者

peak /piːk/ **I** *n*. [C] ❶山峰，山巅：snowy *peaks* 积雪的山峰 ❷尖端，尖顶：the *peak* of a small church 一座小教堂的尖顶 ❸帽檐，帽舌：The man wore a black leather cap with the *peak* pulled down low over his eyes. 那人戴着一顶黑色的皮帽，帽舌往下拉得很低，遮住了眼睛。**II** *vi*. 达到高峰，达到最大值：Sales *peaked* in 1985 and have been falling ever since. 销售额在1985年达到最高峰，从那时开始就一直下滑。**III** *adj*. [无比较级][作定语]高峰的，顶点的；最大值的，最高值的：We went there in the *peak* season. 我们是在旅游旺季到那儿去的。‖ **peaked** *adj*. —**ˈpeak·y** *adj*.

peak·ed /ˈpiːkid/ *adj*. 面容苍白的，病态的，虚弱的，憔悴的：I'm feeling rather *peaked* today. 我今天感觉很不舒服。

peal /piːl/ **I** *n*. [C] ❶(一连串响亮的)钟声(或铃声)：a beautiful *peal* of church bells 一阵很动听的教堂钟声 ❷(尤指雷声、笑声等)持久反复的响声：The loud *peal* of thunder woke me up. 那声响雷把我弄醒了。**II** *vi*. 发出响亮的声音；大声回响：Her silvery laughter *pealed* against the ceiling. 她那银铃般的笑声在屋里回荡。—*vt*. 大声说出；使发出响声；使(钟)鸣响：The small boy *pealed* his idea and it made us laugh. 那个小男孩大声说出了自己的主意，惹得我们大笑起来。

pea·nut /ˈpiːˌnʌt/ *n*. [C] ❶【植】花生，落花生 ❷花生(果)；花生米：*peanut* oil 花生油 ❸[~s]〈口〉(尤指钱)少量，小数目；(不值钱的)小东西，小玩意儿；小人物：The cleaner is usually paid *peanuts* in our company. 我们公司的清洁工通常收入很少。

peanut butter *n*. [U]花生酱

pear /peəʳ/ *n*. [C] ❶梨 ❷【植】梨树

pearl /pəːl/ *n*. ❶[C; U]珍珠：cultivate *pearls* 养殖珍珠 ❷[C]人造珍珠，仿珍珠 ‖ **ˈpearl·y** *adj*.

peas·ant /ˈpezᵊnt/ *n*. [C] ❶〈口〉农民，庄稼人：hillside *peasants* 山区农民 ❷〈贬〉乡巴佬，土包子：You *peasant*! 你这土包子！

☆**peasant** 指在土地上劳作的人，特别指为封建

生产关系所束缚的农业生产者；该词在英国已基本由 farmer 所取代。汉语中的“农民”指直接从事农业生产的劳动者，无贬义，因此宜用 farmer 表示。peasant 常指没有受过教育、举止粗鲁的人，含贬义。

peas·ant·ry /ˈpezəntri/ *n.* [U][总称]农民：the British *peasantry* 英国农民

peat /piːt/ *n.* ❶[U]泥炭，泥煤 ❷[C](用作肥料或燃料的)泥炭砖，泥煤块

peb·ble /ˈpebᵊl/ *n.* [C] 鹅卵石，小圆石：*pebble* beaches 鹅卵石海滩 ‖ ˈ**peb·bly** *adj.*

pe·can /ˈpiːkᵊn/ *n.* [C] ❶美洲山核桃 ❷【植】美洲山核桃树

peck /pek/ **I** *vt.* ❶啄；啄出；啄食：Those sparrows are *pecking* the crumbs on the ground. 那些麻雀正在啄食地上的面包屑。❷匆匆地吻；轻吻：They *pecked* the hostess farewell. 他们与女主人轻吻道别。—*vi.* 啄；啄食 **II** *n.* [C]❶啄；琢；凿 ❷匆匆一吻；轻吻：give sb. a light *peck* of farewell 向某人轻轻地吻别

pec·to·ral /ˈpektᵊrᵊl/ *n.* [～s]胸肌：bulging *pectorals* 凸出的胸肌

pe·cu·li·ar /piˈkjuːliəʳ/ *adj.* ❶奇怪的；奇特的；古怪的；不寻常的；异样的：Don't look at me in that *peculiar* way. 别用那种异样的眼神看我。❷特有的；独特的(*to*)：a girl with *peculiar* charm 有独特魅力的姑娘

pe·cu·li·ar·i·ty /piˌkjuːliˈæriti/ *n.* ❶[C](个体所表示出的)特点，特色；个性；癖好，习惯：We noticed that one of his *peculiarities* is that he never wears socks. 我们注意到他有个特点就是从不穿袜子。❷[U]异常，奇特；古怪，奇怪：The *peculiarity* of his behaviour puzzled us. 他的古怪行为让我们感到不解。❸[C]奇特(或怪异)的事物；怪癖：It took some time for us to get used to our manager's *peculiarities*. 我们经过好长一段时间之后才适应了经理的种种怪癖。

ped·a·gogue /ˈpedəˌgɔg/ *n.* [C] ❶教师，教员 ❷学究 ‖ **ped·a·gog·ic** /ˌpedəˈgɔdʒik;-ˈgəu-/ *adj.* —ˌ**ped·a·**ˈ**gog·i·cal** /-kᵊl/ *adj.*

ped·a·go·gy /ˈpedəˌgɔdʒi;-ˌgəudʒi;-ˌgɔgi/ *n.* [U]教学法；教育学

ped·al /ˈpedᵊl/ **I** *n.* [C] ❶脚踏，踏板：The *pedal* has come off your bicycle. 你自行车上的一个脚踏脱落了。❷【音】(钢琴、竖琴等的)踏板：*pedal* bin 脚踏式垃圾桶 **II** (**-al(l)ed**; **-al·(l)ing**) *v.* 骑车；踩踏板：*pedal* around on bicycles 骑自行车四处转悠

ped·ant /ˈpedᵊnt/ *n.* [C] ❶学究，迂夫子：a pompous *pedant* 浮夸的迂夫子 ❷书呆子，学痴 ‖ **pe·dan·tic** /piˈdæntik/ *adj.* —ˈ**ped·ant·ry** *n.* [U]

ped·dle /ˈpedᵊl/ *vt.* ❶叫卖，兜售(商品)：a little girl *peddling* flowers on a street corner 在街道拐角处叫卖鲜花的小姑娘 ❷提倡；推广，传播(主张、思想等)：*peddle* radical ideas 鼓吹激进的思想 ‖ ˈ**ped·dler** *n.* [C]

ped·es·tal /ˈpedistᵊl/ *n.* [C]【建】❶基座；柱脚 ❷(雕像的)底座：Those statues were toppled from their *pedestals*. 那些雕像被人从底座上打翻下来了。‖ ***put*** [***set***] ***on a pedestal*** *vt.* 崇拜，敬重：You shouldn't *put* such a hypocrite *on a pedestal*. 你们不该崇拜这样一个伪君子。

pe·des·tri·an /piˈdestriən/ *n.* [C]行人：No *pedestrians*. 禁止行人通过。

pe·di·at·rics /ˌpiːdiˈætriks,ˌpe-/ [复] *n.* [用作单]儿科学

ped·i·gree /ˈpediˌgriː/ **I** *n.* ❶[C;U]家谱；宗谱 ❷[C;U](家畜的)纯种系谱：He is by *pedigree* an athlete. 他出身于运动世家。❸[U]血统；出身；名门望族：a lady of *pedigree* 名门闺秀 **II** *adj.* [无比较级]【动】纯种的，有系谱的：a *pedigree* greyhound 纯种灵猩 ‖ ˈ**ped·iˌgreed** *adj.*

pe·dom·e·ter /piˈdɔmitəʳ/ *n.* [C]计步器，步程表

pee /piː/ *vi.* 〈口〉小便，撒尿：The baby *peed* in her pants and was crying. 那个小宝宝尿了裤子，正哭呢。—*vt.* 排出(尿或血等)：My younger brother *peed* himself again. 我的弟弟又尿裤子了。

peek /piːk/ **I** *vi.* (很快地)看一眼，瞥；偷看，窥视(*in*,*out*,*at*)：The man was caught while he was *peeking in* through the keyhole. 那人透过钥匙孔向里面窥视时被逮个正着。**II** *n.* [用单](很快的)一瞥，一看；偷看，窥视：He had a quick *peek* at the answers. 他快速地扫了一眼答案。

peel /piːl/ **I** *vt.* ❶削去(或剥去)…的皮(或壳)；

削去;剥去:*Peel*, core and chop the apples. 将苹果削皮、去核并切成块儿。❷去除(外层覆盖物):First, we should *peel* the wallpaper off the wall. 首先,我们应该将墙上的墙纸撕掉。—*vi.* 脱落,剥落;脱皮:White paint *peeled* from those windows. 那些窗户上的白漆脱落了。II *n.* [U;C](水果、蔬菜或虾等的)(外)皮,(外)壳:slip on a banana *peel* 踩了一块香蕉皮而滑倒 ‖ ***keep one's eyes peeled*** 留心,警觉,注意:You're *your eyes peeled* for the turn-off. 注意岔道。***peel off*** *vt.* & *vi.* 离群;(飞机)脱离编队:The last motorcycle *peeled off* suddenly from the convoy. 最后一辆摩托车突然驶离了护送车队。‖ **'peel•er** *n.* [C]

peel•ing /'piːliŋ/ *n.* [C](蔬菜或水果等削掉的)皮;果皮:*peelings* of pears 梨子皮

peep[1] /piːp/ I *vi.* ❶窥视;偷看(*at, in, out, into*):He *peeped* over the top of his sunglasses *at* that beautiful lady. 他的目光掠过太阳镜上方偷看那位漂亮的女士。❷缓慢显现;浮现,隐现(*out*):A few early flowers *peeped* up through the snow. 雪中隐约可见几枝早开的花朵。II *n.* [C] 窥视;偷看;一瞥:I get a *peep* at his card. 我偷偷看了一眼他的名片。

peep[2] /piːp/ I *vi.* 发出叽叽喳喳的声音;尖声细气地说话:Little birds were *peeping* in the nest. 小鸟在巢里叽叽喳喳地叫着。II *n.* [C] 叽叽喳喳声;尖细的声音:The two girls were making tiny *peeps*. 那两个姑娘在小声嘀咕。/ One *peep* out of you and I'll cut your throat. 你要是透露了一点儿风声,我就宰了你。

peer[1] /piəʳ/ *n.* [C] ❶能力相当者;地位相同者;同辈人;同龄人:a masterpiece without a *peer* 举世无双的杰作 ❷贵族:a hereditary *peer* 世袭贵族

peer[2] /piəʳ/ *vi.* ❶仔细看,费力地看(见 gaze 和 look)(*into, at*):She *peered* closely *at* her daughter's lovely face. 她仔细端详女儿那可爱的脸蛋。❷浮现,隐现:Sweat *peered* out on the porter's face. 搬运工的脸上渗出了汗水。

peer•age /'piəridʒ/ *n.* ❶[总称]贵族(阶级) ❷[C]贵族爵位(或头衔)

peer•less /'piərlis/ *adj.* [无比较级]无比的,独一无二的:She is playing the cello with *peerless* skill. 她正以无可比拟的技巧演奏大提琴。

peeve /piːv/ *vt.* 〈口〉触怒,惹恼:My aunt is easily *peeved* after a restless night. 我姑姑如果一夜没能睡好,就很容易发火。

pee•vish /'piːviʃ/ *adj.* ❶爱发牢骚的,好抱怨的;易怒的;乖戾的:a *peevish* colleague 爱发牢骚的同事 ❷有怨气的,有怒气的:a *peevish* retort 满含怨气的反驳 ‖ **'pee•vish•ly** *adv.* —**'pee•vish•ness** *n.* [U]

peg /peg/ I *n.* [C] ❶销钉;螺钉;挂钉,挂钩:Hang your hat on the *peg*. 把你的帽子挂在衣钩上。❷等级,程度:the topmost *peg* 最高等级 ❸(晒衣用的)衣夹 II *vt.* (**pegged; peg•ging**) ❶用钉(或桩)固定(*down, in, out*):a poster *pegged* to the wall 钉在墙上的海报 ❷【经】钉住,限定(物价、工资等):*peg* the vegetable market 控制菜市的物价 ‖ ***peg away*** (***at***) *vi.* & *vt.* (尤指长时间)不停地做(某事);孜孜不倦地工作(于):To compile a dictionary, one must keep *pegging away at* it consistently. 要编字典就必须坚持不懈,孜孜以求。

pe•jor•a•tive /pi'dʒɔrətiv, 'piːdʒə-/ I *adj.* (词语等)贬义的;贬损的:a *pejorative* word 贬义词 II *n.* 【语】轻蔑词(或短语)

pe•king•ese /ˌpiːkiŋ'iːz/ I *n.* [单复同](原产于中国的)狮子狗,哈巴狗 II *adj.* [无比较级]狮子狗(哈巴狗)的

pel•i•can /'pelikᵊn/ *n.* [C]【鸟】鹈鹕

pel•let /'pelit/ *n.* [C] ❶小团,小丸,小粒:a bread *pellet* 面包团 ❷子弹;弹丸;铅弹

pell-mell /'pelˌmel/ I *adv.* [无比较级]匆忙地,仓促地;草率地,无顾忌地:She rushed *pell-mell* downstairs. 她匆忙地冲下楼去。II *adj.* [无比较级]混乱的,杂乱的,乱七八糟的:a *pell-mell* classification 混乱的分类 III *n.* [U] 混乱,杂乱;乱七八糟的一堆

pel•lu•cid /pi'lʲuːsid/ *adj.* ❶(水等)清澈的,透明的:a *pellucid* glass 透明玻璃杯 / The sea was blue and *pellucid*. 海水碧蓝,清澈透明。❷(风格或讲话等)清楚的,畅达的:an essay with *pellucid* phrases 明白易懂的文章

pelt /pelt/ *vt.* ❶(向…)连续猛掷(*with*):The audience *pelted* him *with* bottles and cans. 观众们不停地将瓶瓶罐罐向他猛掷过去。❷猛烈抨击,辱骂:*pelt* sb. with questions 连珠炮似的质问某人 —*vi.* ❶(尤指雨)又急又猛地落下(*down*):Rain started and within minutes it was *petting down*. 雨开始了,只几分钟就又急

P

又猛地落下。❷不停地猛掷(*at*):The angry demonstrators pelted at the speaker with rotten eggs. 愤怒的示威者不停地用臭鸡蛋猛掷那位发言人。

pel·vis /ˈpelvis/ *n.* [C]([复]-**vis·es** 或 -**ves** /-viːz/)【解】❶(肾)盂 ❷骨盆(带);盆腔

pen[1] /pen/ *n.* [C]笔;钢笔:a fountain *pen* 自来水笔

pen[2] /pen/ *n.* [C](圈养禽畜的)圈,栏:a pig *pen* [a *pen*] for pigs 猪圈

pe·nal /ˈpiːnᵊl/ *adj.* [无比较级]处罚的;刑罚的:*penal* laws 刑法

pe·nal·ize, pe·nal·ise /ˈpiːnəˌlaiz/ *vt.* ❶对…处罚;使受刑罚:The referee *penalized* Dave for a bad tackle. 裁判因戴夫铲球犯规而罚了他。❷使处于不利地位;使受不公平对待:Her burning jealousy *penalizes* her in public life. 强烈的嫉妒心使她在社会生活中处于不利地位。‖ **pe·nal·i·za·tion**, **pe·nal·i·sa·tion** /ˌpiːnəlaiˈzeiʃᵊn;-liˈz-/ *n.* [U]

pen·al·ty /ˈpenəlti/ *n.* ❶[C;U]处罚;刑罚:inflict a heavy *penalty* upon a drug-pusher 对毒贩予以严惩 ❷[C]罚金,罚款;违约金:*Penalty* for speeding $50! 超速罚款 50 美元! / He refused to pay the *penalty*. 他不肯交纳违约金。❸[C](由行为、处境等造成的)不利因素(或结果):I have paid a heavy *penalty* for telling the truth. 我因说出了真相而付出了很大代价。

pen·ance /ˈpenᵊns/ *n.* [C;U] ❶自罚,苦行 ❷[P-]【宗】(天主教和东正教中的)补赎(指为求得赦罪而忏悔、自新等的圣事) ❸悔过,悔罪;忏悔

pence /pens/ *n.* penny 的复数

pen·chant /ˈpɔŋʃɔŋ;ˈpentʃᵊnt/ *n.* [用单]喜好,偏爱:a *penchant* for buying exotic clothes 爱买些奇装异服

pen·cil /ˈpensᵊl/ **I** *n.* [C] 铅笔:clasp a *pencil* 握紧铅笔 **II** *vt.* (-**cil(l)ed**;-**cil·(l)ing**) 用铅笔写(或画、描等):I *penciled* some notes on the top of the page. 我在那一页的上面用铅笔写了一些注释。

pend·ant /ˈpendᵊnt/ *n.* [C](坠在项链、手镯等上面的)垂饰,吊件,挂件(= pendent):ear *pendants* 耳环(或耳坠)

pend·ent /ˈpendᵊnt/ *adj.* [无比较级] ❶悬挂的;下垂的:*pendent* branches 垂挂的树枝 / a *pendent* lamp 吊灯 ❷突出的,外伸的:a *pendent* rock 突出的岩石 ❸悬而未决的;待定的:a *pendent* lawsuit 一桩悬而未决的诉讼案

pend·ing /ˈpendiŋ/ **I** *prep.* ❶在…期间,在…进行之中:*pending* those negotiations 在那些谈判期间 ❷直到:We are holding the shipment *pending* your further shipment. 在你方未进一步通知前,我方暂停装运。**II** *adj.* [无比较级] ❶未决的;待定的:a *pending* question 尚未有定论的问题 ❷即将形成的,在进行中的:patent *pending* 即将生效的专利(或待批专利)

pen·du·lous /ˈpendjuləs/ *adj.* [无比较级]下垂的,松垂的;悬垂的,垂挂的:*pendulous* fruit on the trees 树上垂挂的水果

pen·du·lum /ˈpendjulᵊm/ *n.* [C] ❶钟摆;(手表的)扭摆:The *pendulum* swings back and forth. 钟摆不停地来回摆动。❷〈喻〉摇摆不定的状态:the boat that is playing *pendulum* in the lake 在湖中摇摇晃晃的小船

pen·e·trate /ˈpeniˌtreit/ *vt.* ❶(用力)戳进,刺入;穿过,刺透:Nothing can *penetrate* this bulletproof vest. 什么也穿不透这件防弹背心。❷透入,渗入,浸入;透过:His words of encouragement finally *penetrated* my despair. 他的鼓励终于渗入了我绝望的内心。❸进入;深入;打入:The two explorers are going to *penetrate* this forest. 两位探险家准备深入这片森林。❹了解,洞察:Can you *penetrate* the author's symbolism? 你能看懂作者的形象手法吗? —*vi.* ❶戳进,刺入;穿过,刺透:The nail *penetrated* through the tyre. 钉子戳进了轮胎。❷浸透,渗透;渗入,透过:A thin *penetrating* drizzle swept the streets. 润物的细雨洒在街道上。❸进入;深入;打入:*penetrate* into intelligence services 打入情报机构 ❹看穿,看透,识破;分辨,认清:a *penetrating* study of legal interpretation 对法律阐释的深入研究 ❺〈口〉被理解,被弄懂;洞察,了解:He recited the poem, but it didn't fully *penetrate*. 他能背诵这首诗,但并未完全理解它。‖ **ˈpen·e·tra·ble** /-trəbᵊl/ *adj.*

pen·e·tra·ting /ˈpeniˌtreitiŋ/ *adj.* ❶有穿透(渗透)力的:*penetrating* power 穿透力 ❷了解透彻的,敏锐的:*penetrating* remarks 透彻的话语

pen·e·tra·tion /ˌpeniˈtreiʃᵊn/ *n.* [C;U] ❶穿

P

透；穿透力：enemy *penetrations* into our territory 敌人侵入我国领土 ❷[U]了解；洞察力：He showed great *penetration* in analyzing this problem. 他在分析这一问题时表现得非常敏锐。

pen friend *n.* ＝pen pal

pen·guin /ˈpeŋgwin/ *n.* [C]【鸟】企鹅

pen·i·cil·lin /ˌpeniˈsilin/ *n.* [U]【药】青霉素，盘尼西林

pe·nin·su·la /piˈninsjulə/ *n.* [C]【地理】半岛 ‖ **peˈnin·su·lar** *adj.*

pe·nis /ˈpiːnis/ *n.* [C]([复]-**nis·es** 或 **pe·nes** /-niːz/)【解】阴茎

pen·i·tent /ˈpenitᵊnt/ *adj.* 后悔的，懊恼的；(表示)忏悔的；悔罪的：I was really *penitent* about it then. 当时我对此事真是后悔不已。‖ **ˈpen·i·tence** *n.* [U] —**ˈpen·i·tent·ly** *adv.* —**pen·i·ten·tial** /ˌpeniˈtenʃᵊl/ *adj.* —**ˌpen·iˈten·tial·ly** *adv.*

pen·i·ten·tia·ry /ˌpeniˈtenʃᵊri/ *n.* [C]监狱：a federal *penitentiary* 联邦监狱〔亦作 **pen**〕

pen·knife /ˈpenˌnaif/ *n.* [C]([复]-**knives** /-ˌnaivz/) 小折刀，袖珍折刀

pen·man·ship /ˈpenmᵊnˌʃip/ *n.* [U] ❶书法，书写 ❷字迹，笔迹：My *penmanship* is the worst in the class. 我的字在全班是最差的。

pen name *n.* [C]笔名

pen·ni·less /ˈpenilis/ *adj.* [无比较级]没钱的，身无分文的；赤贫的，穷困的：Unemployment has left them *penniless*. 失业使他们一文不名。

pen·ny /ˈpeni/ *n.* [C]([复]**pen·nies** 或 **pence** /pens/) ❶便士(英国辅币名，1971年起采用，相当于1/100英镑的价值，略作 **P.**)：He lent me 10 *pence* (10P). 他借给我10便士。❷1便士铜币：We need ten *pennies*. 我们需要10个1便士的铜币。

P

pen pal *n.* [C]〈口〉(通信而不见面的)笔友〔亦作 **pen friend**〕

pen·sion /ˈpenʃᵊn/ I *n.* [C;U] ❶养老金；抚恤金，救济金；退休金：The employee is entitled to a full *pension*. 雇员享有全额养老金。❷(欧洲)寄宿公寓，小旅馆 II *vt.* ❶给…发放养老金(抚恤金或退休金) ❷发放养老金使人退休(*off*)

pen·sive /ˈpensiv/ *adj.* ❶沉思的，深思的：the *pensive* statue of Shakespeare 莎士比亚做沉思状的雕像 ❷忧虑的，心事重重的：He has been looking *pensive* all day. 他一整天看上去都闷闷不乐的。‖ **ˈpen·sive·ly** *adv.*

pent /pent/ *adj.* [无比较级]被囚禁的，被关押的；被禁锢的：a *pent* man in the garage 被关在车库里的人

pen·ta·gon /ˈpentəgᵊn;-ˌgɔn/ *n.* ❶[C]五边形 ❷[**the P-**]五角大楼(美国国防部五角形的办公大楼，常用来代指美国国防部)；[总称]五角大楼首脑(指美国国防部首脑) ‖ **pen·tag·o·nal** /penˈtægᵊnᵊl/ *adj.*

pen·tam·e·ter /penˈtæmitəʳ/ *n.* [C](英诗或古希腊、拉丁诗的)五音步诗行；五音步诗

pent·house /ˈpentˌhaus/ *n.* [C]([复]-**hous·es** /-ˌhauziz/) ❶屋顶房间；(高层建筑的)顶楼公寓 ❷(附属建筑或披屋上的)斜顶棚

pent-up /ˈpentˌʌp/ *adj.* [无比较级][作定语]被禁锢的；被抑制的，被压抑的：*pent-up* breath 屏着的呼吸

pe·nul·ti·mate /piˈnʌltimət/ I *adj.* [无比较级][常作定语]倒数第二的 II *n.* [C] ❶倒数第二个 ❷倒数第二个音节

peo·ple /ˈpiːpᵊl/ *n.* ❶[**the** ～]民众，人民(见 folk)：the voice of *the people* 人民的声音 ❷[C]民族，种族(见 race)：We are a know-how and can-do *people*. 我们的民族是个知道怎么干，而且又能干的民族。❸[总称](特指的)人们，人群；人员，人士：The village *people* don't like the new priest. 村里人不喜欢那个新来的牧师。

pep /pep/ I *n.* [U]精力，活力，生气；劲头：After the coffee, she felt full of *pep* again. 喝了咖啡后，她感觉又充满了活力。II *vt.* (**pepped; pep·ping**) 使充满活力，使精力充沛；鼓舞，振奋(*up*)：A cooling drink will *pep* you *up* in such a hot day. 这样的大热天，喝点冷饮会让你提神。

pep·per /ˈpepəʳ/ I *n.* ❶[U]胡椒粉；辣椒粉；香辛调料：Would you like some black *pepper* on your pizza? 你的比萨饼上面要撒点儿黑胡椒粉吗？❷[C]【植】胡椒；胡椒科植物 ❸[C](作蔬菜食用的)辣椒；甜椒，柿子椒：a red *pepper* 红辣椒 II *vt.* ❶往…上撒胡椒粉；用胡椒粉给…调味：Don't forget to *pepper* the oyster stew. 别忘了在煨牡蛎上撒点儿胡椒粉。❷

(像撒胡椒粉一般)朝…密集投掷(或射击、提问等):They *peppered* him with numerous questions at sight of him. 他们一见他就劈头盖脸地质问起来。❸(像撒胡椒粉一般)将…分布于,使布满:He seems fond of *peppering* quotations in his article. 他写文章似乎喜欢引经据典。

pep·per·corn /ˈpepəˌkɔːn/ *n.* [C] ❶胡椒粒 ❷微不足道的东西

pep·per·mint /ˈpepəˌmint/ *n.* ❶[C]【植】(胡椒)薄荷 ❷[U](胡椒)薄荷油 ❸[C](胡椒)薄荷糖

pep·per·y /ˈpepəri/ *adj.* ❶(像)胡椒的;(像)辣椒的;胡椒味的:I got a *peppery* feeling, a dryness of the throat. 我的喉咙有种火辣辣的感觉,干渴得要命。❷(尤指语言等)尖刻的,辛辣的:Now that is the way to write — *peppery* and to the point. 你看,要这样写才行——既富于刺激性,又中肯。❸暴躁的,易怒的 ‖ ˈ**pep·per·i·ness** *n.* [U]

pep talk *n.* [C]〈口〉(简短的)激励性讲话,鼓动性发言:The coach gave his team a *pep talk* at half time. 中场休息时,教练给球队鼓了鼓劲儿。

per /pəː/ *prep.* 每,每个,每一:Oranges are 30 cents *per* pound. 橘子每磅 30 美分。

per·ceive /pəˈsiːv/ *vt.* ❶感觉;发觉,察觉:I was amazed to *perceive* the air quite dim. 我吃惊地发现空气灰蒙蒙的。❷意识到,认识到;明白,理解:Didn't you *perceive* some truth in this statement? 你没有意识到这一声明有几分真实性吗? ‖ **perˈceiv·a·ble** *adj.* —**perˈceiv·er** *n.* [C]

per cent, per·cent /pəˈsent/ I *adv.* [无比较级][与基数词连用]每一百中有…地,百分之…地:You have to be a hundred *percent* right. 你得百分之百地正确才行。II *n.* [单复同]❶百分比,百分率;部分:Only a small *per cent* of our company was [were] present at the meeting. 我们公司只有少部分人出席了会议。❷百分之一(略作 **pct.**,符号为%):You got 50 *percent* of the answers correct. 你的答案对了一半。III *adj.* [作定语]百分之…的(符号%):a six *percent* interest rate 百分之六的利率

per·cent·age /pəˈsentidʒ/ *n.* [C] ❶百分比,百分率:a *percentage* of eight 百分之八 ❷部分,所占比例:A large *percentage* of students in my class come from rural areas. 我班上大多数学生来自农村地区。

per·cep·ti·ble /pəˈseptibəl/ *adj.* 可感知的;可察觉的:barely *perceptible* dissimilarities 几乎觉察不出的差异 ‖ **perˈcep·ti·bly** *adv.*

per·cep·tion /pəˈsepʃən/ *n.* ❶[C]观点,看法;观念,认识(*of*):These photographs will affect your *perceptions of* war. 这些照片将会影响你们对战争的种种看法。❷[U]感觉,知觉,察觉,发觉:a poet of quick *perception* 感觉敏锐的诗人 / intuitive *perception* 直觉 ❸[U]感知力;领悟力;洞察力:I do admire your gifts of *perception*. 我真羡慕你们的领悟力。

per·cep·tive /pəˈseptiv/ *adj.* ❶有感知力的;有领悟力的;有洞察力的,敏锐的:a *perceptive* critic 颇有洞察力的评论家 ❷感知的,感觉的:*perceptive* organs 感觉器官 ‖ **perˈcep·tive·ly** *adv.* —**perˈcep·tive·ness**, **per·cep·tiv·i·ty** /ˌpəːsepˈtiviti/ *n.* [U]

per·cep·tu·al /pəˈseptjuəl/ *adj.* 感知的,感觉的:*perceptual* problems in identifying words 识别单词的感知方面的问题

perch /pəːtʃ/ I *n.* [C] ❶(尤指鸟类的)栖枝;栖息处;(鸟笼中的)栖木:The birds sing from a *perch* in a tree. 从树中的栖息处传来鸟的欢唱声。❷(常指较高或较险的)休息处,歇脚处:From our *perch* on the hill, we saw the whole farm. 从山顶歇脚的地方我们看到了整个农场。II *vi.* ❶(鸟)停歇,飞落(*on*, *upon*):Several birds *perched on* [*upon*] the telephone wire. 有几只鸟儿停在那根电话线上。❷(人在较高处或边沿处)暂坐;(物在高处)坐落:The king *perched* on the throne. 国王坐在王位宝座上。—*vt.* 将…置于高处;[常用被动语态]使坐落于:He strode to the platform with his kid *perched* on his shoulder. 他把小孩扛在肩膀上,大步向站台走去。

per·chance /pəˈtʃɑːns/ *adv.* [无比较级]可能,或许:*Perchance* he is not drunk. 或许他没喝醉。

per·co·late /ˈpəːkəˌleit/ *vi.* ❶(液体等)过滤,渗滤;渗透:The coffee was *percolating*. 咖啡正在过滤。❷(思想等)散布,扩散;弥漫:The news about firings began to *percolate* through the staff. 有关裁员的消息开始在员工中间传开。—*vt*. ❶过滤，筛滤，渗滤；滤煮(咖啡) ‖ **per·co·la·tion** /ˌpəːkəˈleiʃᵊn/ *n*. [U]

per·co·la·tor /ˈpəːkəˌleitəʳ/ *n*. [C]渗滤式咖啡壶

per·cus·sion /pəˈkʌʃᵊn/ *n*. ❶[the ～][用作单或复][总称]【音】打击乐器；(打击乐器的)敲打演奏：a *percussion* band 打击乐队 ❷[U](猛烈的)敲击(或碰撞)

per di·em /pəˈdiːem;-ˈdaiem/ 〈拉〉 I *adj*. [无比较级]每日的，以日计的；按日支付的：a *per diem* fee 每日交纳的费用 II *adv*. [无比较级]每日地，以日计地；按日支付地：a *per diem* employee 按日计酬的雇员 III *n*. [C]([复]***per di·ems***) 每日津贴，每日酬金

per·di·tion /pəˈdiʃᵊn/ *n*. [U] 永灭，毁灭：the *perdition* of the enemy's fleet 敌人舰队的全军覆灭

per·du·ra·ble /pəˈdjuərəbᵊl/ *adj*. [无比较级]〈书〉永久的；永恒的

per·e·gri·nate /ˈperigriˌneit/ *vi*. 〈古〉〈谑〉(尤指范围较广地徒步)漫游；旅行：He is *peregrinating* around France. 他正在徒步漫游法国。

pe·remp·to·ry /pəˈremptᵊri;ˈperim-/ *adj*. ❶(陈述或命令)不容置疑的；必须执行的：*peremptory* instructions 必须执行指令 ❷(人及其言行举止等)武断的，说一不二的：The boss spoke with a *peremptory* air. 老板讲话语气不容置疑。

pe·ren·ni·al /pəˈreniəl/ *adj*. [无比较级] ❶终年的，常年的：*perennial* snow on the peak 山顶上的常年积雪 ❷【植】多年生的：*perennial* herbaceous plants 多年生草本植物 ❸持久的，长期的：The film is a *perennial* favourite. 这部电影很受欢迎，久映不衰。‖ **peˈren·ni·al·ly** *adv*.

P

per·fect I /ˈpəːfikt/ *adj*. [无比较级] ❶完美的，完善的；完满的，理想的：The computer system is far from *perfect*. 该计算机系统还远不够完善。❷完整的，完好的；无损的，无缺的；健全的：an old but *perfect* map 一张虽旧但却完好无缺的地图 ❸[作定语]完全的，绝对的；十足的，地道的：have a *perfect* trust in one's judgment 完全相信某人的判断 ❹【语】完成时的；完成体的：the present *perfect* tense 现在完成时 II /pəˈfekt/ *vt*. ❶使完美；改善，改进：He spent a lot of time *perfecting* his calligraphy. 他花很多时间使他的字写得更好。❷使娴熟；使精通：*perfect* oneself in English 使自己娴熟掌握英语 ‖ **ˈper·fect·ness** *n*. [U]

☆**perfect**, **unique** 等词用以描述某种极端或绝对状态，通常无比较级，无须其他词对其修饰。在 less *perfect*, most *perfect*, very *perfect*, quite *unique*, very *unique* 等结构中，修饰词 less, most, very 和 quite 宜去掉。

per·fec·tion /pəˈfekʃᵊn/ *n*. ❶[U]完美，完满；完善，改进，提高：work on the *perfection* of a new drug formula 努力改进新药配方 ❷[U;C]精美；精湛；造诣，成就：His piano playing was *perfection*. 他钢琴弹得炉火纯青。

per·fec·tion·ism /pəˈfekʃᵊˌnizᵊm/ *n*. [U]尽善尽美主义；求全思想，求全的做法：Obsessive *perfectionism* can be very annoying. 过于求全会令人很讨厌。‖ **perˈfec·tion·ist** /-nist/ *n*. [C] & *adj*.

per·fect·ly /ˈpəːfiktli/ *adv*. [无比较级] ❶完全地，绝对地：We all trust him *perfectly*. 我们全都绝对信任他。❷十分，非常：The red skirt fits *perfectly*. 那条红裙子再合身不过了。

per·fo·rate /ˈpəːfəˌreit/ *vt*. ❶在…上穿孔(或打洞)；刺穿，刺通：*perforate* a sheet of steel 在一片钢板上打孔 ❷钻孔进入；进入；穿过：The worms are *perforating* the soil. 那些蚯蚓正朝土里钻。—*vi*. 穿孔；穿入；穿透(*into*, *through*)：Her stomach ulcer has almost *perforated*. 她的胃溃疡几乎要穿孔了。‖ **per·fo·ra·tion** /ˌpəːfəˈreiʃᵊn/ *n*. [C;U]

perforation of the lung *n*. 【医】肺穿孔

per·force /pəˈfɔːs/ *adv*. [无比较级]不可避免地，必然地；必定，必须：You must *perforce* be careful about what you say and what you do. 你必须谨言慎行。

per·form /pəˈfɔːm/ *vt*. ❶实施；进行，做：The wedding ceremony was *performed* in the Chinese manner. 婚礼是以中国式婚礼的方式举行的。❷完成；履行，执行：*perform* an urgent task 执行一项紧急任务 ❸表演；演出：*perform* tricks 表演杂耍—*vi*. ❶表演；演出：*perform* in the role of Othello 饰演奥赛罗一角 ❷进行；表现；工作：The engine *performs* well only in warm weather. 这台发动机只有天气暖和时才运转良好。❸完成；履行，执行：Be slow to promise and quick to *perform*. 许诺要慢，践

诺要快。

per·form·ance /pəˈfɔːməns/ *n.* ❶[U]实施;进行,做;履行,执行: the *performance* of contracts [one's duties] 履行合同(义务) ❷[C;U]表演;演出:acrobatic *performances* 杂技表演 ❸[C](完成的)事情;成绩,成就;成果,作品: His *performances* in prose are good enough. 他写的散文很不错。

per·form·ing /pəˈfɔːmiŋ/ **arts** [复] *n.* 表演艺术(指戏剧、音乐、舞蹈等需要通过表演形式体现其内涵的艺术)

per·fume /ˈpəːfjuːm/ *n.* [C;U] ❶香味;香气,芳香:a faint *perfume* 淡淡的香味 ❷香水: What French *perfume* are you wearing? 你用的是什么牌子的法国香水?

per·func·to·ry /pəˈfʌŋktəri/ *adj.* ❶敷衍的,搪塞的: He dismissed me with a *perfunctory* reply. 他搪塞地回答了我一句就把我给打发了。❷肤浅的,表面的;冷漠的;机械的: *perfunctory* reading 粗读

per·haps /pəˈhæps/ *adv.* [无比较级] ❶也许,可能,大概(见 maybe 和 probably): He thought that *perhaps* he might also make a painter, the real thing. 他想,说不定他也可能成为一个画家,地地道道的画家。❷[用以表示礼貌的请求]或许可以,是否可以: *Perhaps* you would like some coffee? 你是不是来杯咖啡?

per·i·car·di·um /ˌperiˈkɑːdiəm/ *n.* [C]([复] **-di·a** /-diə/)【解】心包;心包膜

per·il /ˈperil/ *n.* ❶[U](尤指严重的或致命的)危险:He was in *peril* of a mental collapse. 他面临精神崩溃的危险。❷[常作~s]险事;险情,险境:survive the *perils* of the expedition 经历探险过程中的艰难险阻而生存下来 ‖ ***at one's peril*** *adv.* [尤用以告诫]由自己负责;由自己承担风险: It's dangerous to swim in this part of the river, you'll be doing it *at your peril*. 在这段河里游泳很危险,你要去就得自己负责。

per·il·ous /ˈperiləs/ *adj.* (充满)危险的,多险的:a *perilous* moment 危险时刻 ‖ **ˈper·il·ous·ly** *adv.*

pe·rim·e·ter /pəˈrimitəʳ/ *n.* [C] ❶周边,周界,边缘: The river runs along one side of the cotton field's *perimeter*. 那条小河流经棉花田的一边。❷【数】周,周长: Calculate the *perimeter* of this square. 算一下这个正方形的周长。

pe·ri·od /ˈpiəriəd/ *n.* [C] ❶(一段)时间,时期,阶段:a *period* of economic recovery 经济复苏期 ❷(一段)历史时期,时代: the post-colonial *period* 后殖民时期 ❸课时,学时;(体育比赛的)局:a break between *periods* 课间(或赛场)休息 ❹【医】病期;(妇女的)经期: She has her *periods*. 她来例假了。❺句号,句点;句末停顿;(缩略词后使用的)圆点: You should put a *period* at the end of this sentence. 你应该在这个句子末尾加上句号。

☆**period, aeon, age, epoch, era** 均有"时代,时期"之意。**period** 为最普通用词,所指时间可长可短: The story is set in the *period* of the French Revolution. (故事发生在法国大革命时期。) **aeon** 指极其漫长的时期: It all happened *aeons* ago. (这件事发生在很久以前。) **age** 常指具有某种显著特征或以某个历史人物为标志的时代或时期,时间比 epoch 或 era 要长: We are living in the information *age*. (我们生活在信息时代。) 该词还可表示考古或地质学上的时代: the Neolithic *Age* (新石器时代) **epoch** 常指发生了巨大变化或重大事件,开辟了新时代或新纪元,强调新时代的起点: The computer marked a new *epoch* in human civilization. (计算机的诞生标志着人类文明的一个新纪元。) 现代英语中,该词还经常表示整个历史时代: The Chinese People's War of Liberation was an *epoch* in Chinese history. (中国人民的解放战争是整个中国历史的一个时代。) **era** 与 epoch 近义,指建立起新秩序的新时代,时间比 epoch 长,强调时代的历程: The *era* of space travel has begun. (航天时代已经开始。)

pe·ri·od·ic /ˌpiəriˈɔdik/ *adj.* [无比较级]周期(性)的;定期的:a *periodic* wind 季候风 ‖ **ˌpe·riˈod·i·cal·ly** /-kəli/ *adv.* —**pe·ri·o·dic·i·ty** /ˌpiəriəˈdisiti/ *n.* [U]

pe·ri·od·i·cal /ˌpiəriˈɔdikəl/ *n.* [C]期刊: issue a weekly *periodical* 发行周刊

periodic table *n.* [C]【化】周期表

pe·riph·er·al /pəˈrifərəl/ **I** *adj.* ❶次要的,无关紧要的,微不足道的: *peripheral* affairs 无关紧要的事情 ❷[无比较级]周围的,边缘的: *peripheral* boundaries 外围边界 **II** *n.* [C]【计】外围设备,外部设备 ‖ **peˈriph·er·al·ly** *adv.*

pe·riph·er·y /pəˈrifəri/ *n.* [C] ❶外围,周围,

P

边缘：His radical position put him on the *periphery* of politics. 他立场激进，只能待在政治的边缘。❷(城市等的)周边地带，边缘地区：the *periphery* of the city 城市的外围 ❸(问题等的)次要方面，枝节部分：the *peripheries* of the issue 问题的枝节部分

per·i·scope /'peri,skəup/ *n.* [C](潜艇上使用的)潜望镜

per·ish /'periʃ/ *vi.* ❶死亡，丧生；凋谢：The buds *perished* when the frost came. 霜打花蕾凋。❷被摧毁；毁灭；消亡：Buildings *perished* in flames. 一栋栋建筑在烈火中焚毁殆尽。

per·ish·a·ble /'periʃəbᵊl/ *adj.* 易毁灭的；易消亡的；易腐烂的，易腐败的：store *perishable* food in the refrigerator 把易坏的食物放在冰箱里储存

per·jure /'pəːdʒəʳ/ *vt.* [常作～ **oneself**]【律】使发假誓，使作伪证：She *perjure herself* by lying about her husband's whereabouts on the night of murder. 她发假誓，就她的丈夫在谋杀案发生的那天晚上的下落撒了谎。‖ **'per·jur·er** *n.* [C]

per·ju·ry /'pəːdʒᵊri/ *n.* [C；U]【律】伪证(罪)，假誓(罪)：commit (a) *perjury.* 犯伪证罪 ‖ **per·ju·ri·ous** /pəː'dʒuəriəs/ *adj.*

perk[1] /pəːk/ *vt.* ❶(敏捷地)昂起，抬起，竖起，翘起(*up*)：*perk up* one's head 昂起头 ❷使振奋；使活跃(*up*)：Nothing can *perk* her *up.* 没有什么能够让她振作起来。—*vi.* ❶(敏捷地)昂起，抬起，竖起，翘起(*up*)：My ears *perked up* at the news. 我竖起耳朵听这个消息。❷振奋起来；活跃起来(*up*)：She *perked up* immediately when I told her that I got a ticket for the concert. 我告诉她我买到了一张音乐会的票，她一下子就来了情绪。

perk[2] /pəːk/ *n.* [C]〈英口〉特权，特殊待遇(＝perquisite)：the *perks* in the officialdom 官场中的特权

perk·y /'pəːki/ *adj.* 活泼的，轻快的；生机勃勃的，神气十足的，敏捷的：She looks very *perky* in her new dress. 她穿上新衣服看起来特别精神。‖ **'perk·i·ness** *n.* [U]

perm /pəːm/ **I** *n.* [C]〈英口〉烫发波浪；烫发：Do you want a new *perm*? 你要烫个新发型吗？**II** *vt.* 烫(发)，使(头发)成波浪状；给…烫发：She had her hair *permed* in a curly style. 她把头发烫成了卷发。

perm·a·frost /'pəːmə,frɔst/ *n.* [U]【地】永冻土，永冻层

per·ma·nent /'pəːmᵊnᵊnt/ *adj.* [无比较级] ❶永久(性)的，永恒的；永远的：Your fame will be *permanent.* 你的声名流芳百世。❷长久的，长期的；固定(性)的；常在的：a *permanent* residence 长期居住 ‖ **'per·ma·nent·ly** *adv.*

per·me·a·ble /'pəːmiəbᵊl/ *adj.* 有渗透性的，可渗透的 ‖ **per·me·a·bil·i·ty** /,pəːmiə'biliti/ *n.* [U]

per·me·ate /'pəːmi,eit/ *vt.* ❶渗入；透过：The rain *permeated* our clothes. 雨水浸湿了我们的衣服。❷弥漫，遍布，深入；充满：The sunshine *permeated* the room. 阳光洒满了房间。—*vi.* ❶弥漫，遍布(*through*, *among*)：Fear *permeated* throughout the entire village. 整个村子都人心惶惶。❷渗透：Water *permeated* into the dike. 水渗进了堤坝。

per·mis·si·ble /pə'misəbᵊl/ *adj.* [无比较级] 允许的，准许的，许可的：It is not *permissible* to smoke in the waiting room. 等候室不准吸烟。‖ **per'mis·si·bly** *adv.*

☆**permissible** 和 **permissive** 容易误用。**permissible** 常作表语，指从事某事不会给他人带来不利影响，也不违反任何法规：It is *permissible* to ask such questions. (可以问这样的问题。) **permissive** 常作定语，尤指社会和人群对一些有争议的做法或事物采取容忍的态度：We live in a *permissive* age. (我们生活在一个过分放纵的时代。)

per·mis·sion /pə'miʃᵊn/ *n.* [U]允许，准许，许可，同意：give sb. *permission* to leave 允许某人离开〔亦作 **permit**〕

per·mis·sive /pə'misiv/ *adj.* ❶宽容的，放任的；不严格的：The society is getting more and more *permissive* towards sex. 这个社会对性的态度越来越开放了。❷表示准许的，表示允许的：He gave me a *permissive* nod. 他朝我点了点头，表示允许。‖ **per'mis·sive·ly** *adv.* —**per'mis·sive·ness** *n.* [U]

per·mit **I** /pə'mit/ (**-mit·ted**；**-mit·ting**) *vt.* ❶允许，认可，同意；准许(见 let)：We'll use your car, if you will *permit* us. 如果你同意，我们就用你的车。❷使有可能，使有机会：There are two windows to *permit* light to enter. 有两扇

窗户用来采光。—*vi.* 允许，许可，容许：We'll go for an excursion tomorrow, weather *permitting*. 如果天气好，我们明天去远足。II /ˈpəːmit/ *n.* [C]许可证；通行证；签证；执照：issue the occupancy *permit* for development 发放土地开发占用证 ‖ **per·mit·tee** /ˌpəːmiˈtiː/ *n.* [C] —**perˈmit·ter** *n.* [C]

per·mute /pəˈmjuːt/ *vt.* ❶变更…的次序，对…重新排列 ❷【数】置换；排列

per·ni·cious /pəˈniʃəs/ *adj.* 有害的；恶性的，破坏性的；恶劣的；致命的：a *pernicious* influence on children 对孩子的不良影响

pe·rox·ide /pəˈrɔksaid/ *n.* [C;U]【化】过氧化物；过氧化氢(溶液)

per·pen·dic·u·lar /ˌpəːpᵊnˈdikjuləʳ/ *adj.* [无比较级] ❶直立的，竖立的，矗立的：keep the flag pole in *perpendicular* position 让旗杆保持直立 ❷垂直的；竖的，纵向的：The floor must be *perpendicular* to the side walls. 地面必须与边墙垂直。‖ ˌ**per·penˈdic·u·lar·ly** *adv.*

per·pe·trate /ˈpəːpiˌtreit/ *vt.* 犯下(罪行等)；实施(恶行等)：*perpetrate* an insurance fraud 实施一宗金融诈骗 ‖ **per·pe·tra·tion** /ˌpəːpiˈtreiʃᵊn/ *n.*

per·pet·u·al /pəˈpetjuəl/ *adj.* [无比较级] ❶永久(性)的；永恒的；长期的：*perpetual* planning 长期规划 ❷〈口〉连续不断的；无休止的：Who can bear your *perpetual* whining? 谁能忍受得了你没完没了地发牢骚？‖ **perˈpet·u·alˌism** *n.* [U] —**perˈpet·u·al·ly** *adv.*

per·pet·u·ate /pəˈpetjuˌeit/ *vt.* 使永久，使永恒；使持久，使长存：A monument was built to *perpetuate* the memory of the great hero. 修建一座纪念碑，以永久纪念那位伟大的英雄。‖ **per·pet·u·a·tion** /pəˌpetjuˈeiʃᵊn/ *n.* [U;C]

per·pe·tu·i·ty /ˌpəːpiˈtʲuːiti/ *n.* ❶[U]永久，永恒；长存 ❷[C]终身年金

per·plex /pəˈpleks/ *vt.* 使困惑，使茫然；使费解：She behaved in a way that *perplexed* me. 她的行为方式令我不解。‖ **perˈplex·ing** *adj.*

per·plex·i·ty /pəˈpleksiti/ *n.* ❶[U]困惑，茫然；费解：He looked at me in complete *perplexity*. 他万分困惑地看着我。❷[C]使人困惑的事物，令人费解的事物

per·qui·site /ˈpəːkwizit/ *n.* [C] ❶额外收入；(与所从事职业相关的)附带好处；特权：We scarcely receive any *perquisite* besides our monthly salaries. 我们除了每月的工资以外几乎没有什么额外收入。〔亦作 **perk**〕❷【律】(相对于继承物而言的)自得物

per·se·cute /ˈpəːsiˌkjuːt/ *vt.* ❶迫害；虐待，残害(见 wrong)：They were *persecuted* for political reasons. 他们受到政治迫害。❷骚扰，纠缠，烦扰：You'll surely be *persecuted* by those creditors. 那些债主肯定会上门来纠缠你们的。‖ ˈ**per·seˌcu·tor** *n.* [C] —ˈ**per·seˌcu·to·ry** *adj.*

per·se·vere /ˌpəːsiˈviəʳ/ *vi.* 坚持不懈，锲而不舍(*in*, *at*, *with*)：*Persevere* to an end and you will succeed. 坚持到底就是胜利。‖ **per·se·ver·ance** /ˌpəːsiˈviərᵊns/ *n.* [U]

per·sist /pəˈsist/ *vi.* ❶坚持不懈；执意(*in*)：The government still *persists* with the diplomatic policy. 政府仍坚持这一外交政策。❷(习俗、制度等)持续；存留(见 continue)：The idea has *persisted* in his mind for days. 这个想法在他的头脑中已经持续了几天了。

per·sist·ence /pəˈsistᵊns/ *n.* [U] ❶坚持不懈；执意：cultivate *persistence* in children 培养儿童的毅力 ❷持续性，持续状态；存留(状态)：have the *persistence* of a fever 发烧持续不退

per·sist·ent /pəˈsistᵊnt/ *adj.* ❶坚持不懈的；执意的：My daughter is always *persistent* in her questions. 我女儿总爱打破砂锅问到底。❷[无比较级]持续的；存留的；摆脱不掉的：a *persistent* drought 持续干旱 ❸一再的，重复的：persistent questions 一再追问的问题 ‖ **perˈsist·ence**, **perˈsist·en·cy** *n.* [U] —**perˈsist·ent·ly** *adv.*

per·son /ˈpəːsᵊn/ *n.* ([复]**people** 或〈书〉**-sons**) ❶[C]人：a strange *person* 陌生人 ❷[用单]【语】人称：*a first person* narrator 第一人称叙述者 ‖ ***in person*** *adv.* ❶亲自，本人：Applicants for this position must apply *in person*. 该职位必须亲自申请。❷(与上银幕或电视等相对而言)直接，当面：She looks younger *in person* than on the screen. 她当面看上去比银幕上年轻。

per·son·a·ble /ˈpəːsᵊnabᵊl/ *adj.* (言行举止)讨人喜欢的；(外表)美丽动人的，有魅力的：a *personable* young man 翩翩少年

per·son·age /ˈpəːsənidʒ/ *n.* [C]名人;要人,大人物:The president and many local *personages* attended the banquet. 总统和许多地方名流出席了那个豪华的宴会。

per·son·al /ˈpəːsənl/ *adj.* ❶[无比较级]个人的;私人的:give one's *personal* opinion 发表个人看法 ❷[无比较级]亲自的;本人直接从事的:He takes a *personal* hand in everything. 他事必躬亲。❸针对个人的;涉及隐私的;有关私人的:Don't get *personal*! 别针对个人! ❹[无比较级]身体的;相貌的,仪容的:*personal* beauty 仪表美 ❺[无比较级]人的,有关人的;有人性的;人化的:The western light shines brilliantly and makes the statue wonderfully *personal*. 西方的斜阳金光灿烂,照得雕像栩栩如生。

personal computer *n.* [C]【计】个人计算机,个人电脑

personal effects [复] *n.* 随身携带物品:Connie spent half the night packing her *personal effects*. 康妮花了半个晚上的时间给自己的随身物品打包。

per·son·al·i·ty /ˌpəːsəˈnæliti/ *n.* ❶[C;U]人格:recognize and respect the *personality* of sb. 认知并尊重某人的人格 ❷[C;U]个性,性格,品性(见 disposition):He has a very strong *personality*. 他这个人的个性特强。❸[U]独有的特色;鲜明的特性(尤指社交方面颇具魅力的素质):Emily's got lots of *personality*. 埃米莉是个人见人爱的女人。❹[C]个人;人物,名人,名士:*personalities* of stage and screen 戏剧与影视界名流

per·son·al·ize /ˈpəːsənəˌlaiz/ *vt.* ❶(标注姓名等)使个人专有(专用)化:We should have the *personalized* letter paper printed earlier. 我们应该早些印好专用的信笺。❷使个人化;使针对个人;使个性化:You shouldn't *personalize* this argument. 你们不该将这一争论针对个人。‖ **per·son·al·i·za·tion** /ˌpəːsənəlaiˈzeiʃən;-liˈz-/ *n.* [U]

per·son·al·ly /ˈpəːsənəli/ *adv.* [无比较级] ❶亲自;本人直接地;当面:He *personally* asked me not to testify. 他亲自出马,叫我别去作证。❷[用作插入语]就本人而言;以个人见解:Well, *personally*, I feel that this is impossible. 我个人以为,这是不可能的。❸作为个人:*Personally* she may be very charming; but is she a good housewife? 作为个人,她或许很迷人,但她是个好主妇吗? ❹单独地,个别地:I must see you *personally*. 我必须单独见你。❺针对个人地:You shouldn't take the criticism *personally*. 你不应该把这批评看作针对你个人的。

per·son·i·fy /pəˈsɔniˌfai/ *vt.* ❶将…拟人化,将…人格化:We often *personify* time as an old man. 我们常常将时间拟人化为一位老人。❷体现,象征,成为…的化身:The goddess Aphrodite is the beauty *personified* in ancient Greek myth. 在古希腊神话中,女神阿佛洛狄特是美的化身。〔亦作 **personalize**〕‖ **perˈson·iˌfi·er** *n.* —**per·son·i·fi·ca·tion** /pəˌsɔnifiˈkeiʃən/ *n.* [C;U]

per·son·nel /ˌpəːsəˈnel/ *n.* ❶[用作单或复][总称](全体)员工;人员:All medical *personnel* are to wear new uniforms. 全体医务人员都将统一着新装。❷[U]人事部门(如科、室、处等):*Personnel* will help you solve this problem. 人事部门会帮你解决这个问题的。

per·spec·tive /pəˈspektiv/ *n.* ❶[U]【画】透视(画)法;[C]透视画,透视图:the rules of *perspective* 透视画法的规则 ❷[C;U](看问题的)观点,看法;视角:From this *perspective*, the pursuit of fashion is an irrational activity. 从这个角度来看,追逐时尚是毫无理性的活动。❸[C;U]洞察力:keep one's *perspective* 明察事理 ‖ **perˈspec·tive·ly** *adv.*

per·spi·ca·cious /ˌpəːspiˈkeiʃəs/ *adj.* (思想)敏锐的;有洞察力的;聪明的,机智的:*perspicacious* judgment 敏锐的判断

per·spi·ra·tion /ˌpəːspiˈreiʃən/ *n.* [U]〈书〉❶汗,汗水❷流汗,出汗,淌汗

per·spire /pəˈspaiəʳ/ *vi.* 〈书〉流汗,出汗,淌汗:They *perspired* profusely. 他们挥汗如雨。—*vt.* 流(汗);出(汗);渗出(液体),分泌:Firs *perspire* a balsam of turpentine. 冷杉树分泌一种松脂。

per·suade /pəˈsweid/ *vt.* ❶使相信,使确信(*of*):*Persuade* them *of* our seriousness about this. 让他们相信我们对此是认真的。❷劝说,说服(见 convince):If she doesn't agree, nobody will *persuade* her. 如果她不同意,谁也说服不了她。‖ **per·suad·a·bil·i·ty** /pəˌsweidəˈbiliti/

n. [U] —**per'suad•a•ble** *adj.* —**per'suad͵er** *n.* [C] —**per'sua•si•ble** *adj.*

per•sua•sion /pə'sweiʒᵊn/ *n.* ❶[U]说服,劝说:All our *persuasion* was of no use, she still refused to marry him. 我们所有的劝说都无济于事,她仍不肯嫁给他。❷[C](宗教或政治等的)派别,宗派;持特定信仰的一派人:Which political *persuasion* does he belong to? 他是哪个政治派别的?

per•sua•sive /pə'sweisiv/ *adj.* ❶劝说的;劝诱的:His voice became *persuasive*. 他的语气变得循循善诱起来。❷有说服力的;能说得人相信的;能言善道的:The defendant presented his evidence in a way which made *persuasive* sense. 被告的呈堂证供具有说服力。‖ **per'sua•sive•ly** *adv.* —**per•'sua•sive•ness** *n.* [U]

pert /pəːt/ *adj.* ❶(言行举止)冒失的,唐突的;粗鲁的,无礼的:a *pert* child 冒失的孩子 / a *pert* letter 无礼的书信 ❷(身体的某一部位)小巧的,精巧的;(尤指年轻女子)活泼的;讨喜的:a *pert* nose 小巧的鼻子 ❸(服饰等)时髦的,漂亮的:the girl with a *pert* little hat 戴着一顶时髦小帽的姑娘 / a *pert* little bird 漂亮的小鸟儿 ‖ **'pert•ly** *adv.* —**'pert•ness** *n.* [C]

per•tain /pə'tein/ *vi.* ❶有关,涉及(*to*):We are only interested in the documents *pertaining to* the case. 我们只对与此案有关的文件感兴趣。❷属于,从属,附属(*to*):Will his son inherit his title and all that *pertains to* it? 他儿子将继承他的头衔以及那头衔所属的一切吗? ❸适合,符合(*to*):It does not *pertain to* the female to wear sexy clothes in an office. 女性在办公室里不宜穿性感的衣服。

per•ti•na•cious /͵pəːti'neiʃəs/ *adj.* 固执的,顽固的;执着的;顽强的,不让步的:The *pertinacious* secretary refused to admit her mistake. 那个顽固的秘书拒不承认错误。‖ **͵per•ti'na•cious•ly** *adv.* —**͵per•ti'na•cious•ness** *n.* [U] —**͵per•ti•nac•i•ty** /-'næsiti/ *n.* [U]

per•ti•nent /'pəːtinᵊnt/ *adj.* 有关的,相关的;贴切的,切题的;合适的(*to*):He followed a course *pertinent to* his future career. 他修了一门适合今后发展的课程。‖ **'per•ti•nence**, **'per•ti•nen•cy** *n.* [U] —**'per•ti•nent•ly** *adv.*

per•turb /pə'təːb/ *vt.* ❶使混乱无序,搅扰,扰乱(见 disturb):A rumour about the coming flood *perturbed* the order of the village. 洪水灾害将临的谣传搅乱了村子的秩序。❷使不安,使心烦,使忧虑,使担心(见 disturb):The news that her son had been wounded by a bullet *perturbed* her greatly. 她儿子中弹受伤的消息使她极为不安。‖ **per'turb•a•ble** *adj.* —**per•tur•ba•tive** /pə'təːbətiv;'pəːtə͵beitiv/ *adj.* —**per'turb•ing•ly** *adv.*

per•tur•ba•tion /͵pəːtə'beiʃᵊn/ *n.* ❶[U]不安,心烦;担心,忧虑:in uncontrollable *perturbation* 处于难以控制的焦躁不安之中❷[C]不安(或心烦、忧虑)的原因 ❸[C]【物】【数】【天】摄动

pe•ruse /pə'ruːz/ *vt.* ❶细读;精研:You should *peruse* this report. 你们应当仔细研究一下这份报告。❷翻阅,浏览:I opened a newspaper and began to *peruse* the personal ads. 我打开报纸,开始浏览起寻偶广告来。‖ **pe'ru•sal** *n.* [U] —**pe'rus•er** *n.* [C]

per•vade /pə'veid/ *vt.* ❶弥漫于,渗透于:A haze *pervades* the park, prompting health concerns. 公园里弥漫着雾霭,引起了人们对健康的关注。❷(影响等)遍及;流行于:When the echoes had fully ceased, a light laughter at once *pervaded* the assembly. 等回声余音寂止,聚会上顿时遍布一片轻松的欢笑声。‖ **per'va•sion** /-ʒᵊn/ *n.* [U]

per•va•sive /pə'veisiv/ *adj.* ❶弥漫的,渗透的:There is a *pervasive* smell of diesel in your garage. 你的车库里到处都是柴油味儿。❷普遍存在的;遍及的:The problem of unemployment is *pervasive*. 失业的问题是普遍存在的。‖ **per'va•sive•ly** *adv.* —**per'va•sive•ness** *n.* [U]

per•verse /pə'vəːs/ *adj.* ❶(人)故意作对的;逆反的:We all want to go by air, but she is *perverse* and wants to go by train. 我们全都想乘飞机去,可她偏要唱反调,想乘火车去。❷不合常情的,悖理的:a *perverse* decision 乖谬的决定 / It was rather *perverse* of her to refuse to help. 她拒不帮忙有悖常理。❸[常作定语]任性的,蛮不讲理的,执迷不悟的:an old man of *perverse* heart 心地乖张的老家伙 / Even the most *perverse* person might agree. 即便最难缠的人也有可能会同意。❹变坏的;恶毒的:*perverse* obscenities 恶言秽语 ❺[无比较级]【律】(判决等)不合法的,不适当的 ‖

P

per'verse·ly *adv.* —per'verse·ness *n.* [U] —per'ver·si·ty /-siti/ *n.* [C;U]

per·ver·sion /pə'vəːʃ°n/ *n.* [C;U] ❶反常;变态(行为);错乱的事物(或行为);变坏:Can you understand his *perversion*? 你能理解他的反常行为吗? / This is a *perversion* of appetite. 这是一种食欲错乱。❷歪曲,曲解:Her testimony was obviously a *perversion* of truth. 她的证词显然是歪曲事实。❸性变态(行为),性反常(行为);性欲倒错(行为)

per·vert I /pə'vəːt/ *vt.* ❶使错乱,使反常;将…引入歧途,使变坏(见 debase):They *pervert* the order of nature, sleep in the day and wake in the night. 他们颠倒了生活规律,昼眠夜醒。❷错用,误用;滥用:The police officer was charged with *perverting* the course of justice. 这名警官被指控破坏执法程序。❸歪曲,扭曲;颠倒:My original argument has been *perverted* by him for his own purpose. 他为了自己的目的而歪曲了我最初的论点。❹使性变态,使性欲倒错,使性欲反常 II /'pəːvəːt/ *n.* [C] ❶误入歧途者;行为错乱(或反常)者 ❷性变态者,性欲倒错者,性欲反常者 ‖ per·ver·sive /pə'vəːsiv/ *adj.* —per'vert·ed *adj.* —per·vert·ed·ly /pə'vəːtidli/ *adv.* —per'vert·er *n.* [C]

pes·si·mism /'pesiˌmiz°m/ *n.* [U] ❶悲观,消极;悲观情绪,消极态度 ❷【哲】悲观主义 ‖ 'pes·sim·ist *n.* [C] —pes·si·mis·tic /ˌpesi'mistik/ *adj.* —ˌpes·si'mis·ti·cal·ly /-k°li/ *adv.*

pest /pest/ *n.* [C] ❶讨厌的人(或事物);有害的东西;害人精:We can't stand him, he's a real *pest*. 我们受不了他,他真是个讨厌的家伙。❷害虫;有害生物

pes·ter /'pestəʳ/ *vt.* 不断烦扰,纠缠:The child was *pestering* his mother for raisins and dates. 小孩缠着妈妈要葡萄干和枣。‖ 'pes·ter·er *n.* [C]

P

pes·ti·cide /'pestiˌsaid/ *n.* [C;U]杀虫剂;农药 ‖ pes·ti·ci·dal /ˌpesti'said°l/ *adj.*

pes·tif·er·ous /pe'stif°rəs/ *adj.* ❶有毒的,有害的;传播疾病的,引起瘟疫的:*pestiferous* air 有毒的空气 ❷有危害的,恶劣的;危害道德的,伤风败俗的:a *pestiferous* doctrine 有危害的教义

pes·ti·lence /'pestil°ns/ *n.* [C;U]❶恶性传染病,瘟疫;鼠疫❷有害的事物;伤风败俗的事;罪恶

pes·tle /'pes°l/ *n.* [C] ❶(研磨或捣研用的)杵,捣锤,碾槌:Crush the garlic into a paste using a *pestle* and mortar. 用杵臼将大蒜捣成蒜泥。❷研磨器,粉碎机

pet /pet/ *n.* [C] ❶宠物,爱畜:Don't make *pets* of snakes or crocs! 不要拿蛇或鳄鱼当宠物! ❷[常用作爱称,时用于贬义]宝贝;宠儿;最喜爱(或欣赏)的人:They hate her because she is the director's *pet*. 他们恨她是因为她很得导演的宠。‖ 'pet·ter *n.* [C]

pet·al /'pet°l/ *n.* [C] ❶花瓣:He opens the little *petals*. 他掰开了那些小小的花瓣。❷[用作称呼语,常称呼喜欢或熟悉的人]宝贝;伙计 ‖ 'pet·al·ine /-ˌlain,-lin/ *adj.* —'pet·alled *adj.* —'pet·alˌlike *adj.*

pe·ter /'piːtəʳ/ *vi.* 逐渐减少,逐渐减弱;消失,耗尽;结束,终止(*out*, *away*):The gas *peters out*. 煤气慢慢用完了。—*vt.* [常用被动语态]使精疲力竭:The patient is *petered out* after that long walk. 病人在那次长时间漫步以后累坏了。

pe·tite /pə'tiːt/ I *adj.* ❶(女性身材等)娇小的,小巧玲珑的:She was dark-eyed and *petite*. 她眼睛黑亮,身材娇小。❷(女式服装)小号的 II *n.* (妇女服装尺码)小号

pe·ti·tion /pi'tiʃ°n/ I *n.* [C] ❶请求;祈求;请愿;申请:He didn't reject my *petition* for clemency. 他并未拒绝我要求宽大的请求。❷书面请求;请愿书:draw up the *petition* 起草请愿书 II *vt.* (书面或口头的)请求,要求;向…请愿(见 appeal):She *petitioned* that the case be retried. 她要求重新审理此案。—*vi.* 请求,恳求;祈求,请愿(见 appeal)(*to*, *for*):Those people *petitioned to* be allowed to return to their village. 那些人恳求回到自己的村子里去。‖ pe'ti·tion·a·ble *adj.* —pe'ti·tion·a·ry *adj.* —pe'ti·tion·er *n.* [C]

pet·ri·fy /'petriˌfai/ *vt.* ❶使惊呆,将…吓傻:The woman seemed *petrified* as the burglar came near. 当窃贼逼近时,那女人似乎吓傻了。❷使石化;使成为化石 ❸使变硬,使僵化,使麻木;使失去活力:The war *petrified* her emotions. 这场战争使她变得铁石心肠。—*vi.*

石化;变成化石

pet·ro- /ˈpetrəᵘ/ *comb. form* ❶表示"(岩)石":*petro*logy ❷表示"石油":*petro*chemistry

pet·ro·chem·i·cal /ˌpetrəuˈkemikᵊl/ *n.* [C]石(油)化(学)制品

pet·ro·chem·is·try /ˌpetrəuˈkemistri/ *n.* [U] ❶岩石化学 ❷石油化学

pet·rol /ˈpetrᵊl/ *n.* [U]〈英〉汽油(=gasoline):I was a bit low on *petrol* at that time. 那时我的车油不多了。〔亦作 **benzine, benzin**〕

pe·trol·le·um /piˈtrəuliəm/ *n.* [U]石油

pe·trol·o·gy /piˈtrɔlədʒi/ *n.* [U]【地质】岩石学 ‖ **pet·ro·log·ic** /ˌpetrəˈlɔdʒik/ *adj.* —ˌ**pet·roˈlog·i·cal** /-kᵊl/ *adj.* —**peˈtrol·o·gist** *n.* [C]

pet·ty /ˈpeti/ *adj.* ❶无关紧要的,微不足道的,细小琐碎的:As a boy, he had his share of *petty* vices. 他在儿时也免不了有些小毛病。❷小心眼的,气量小的;可鄙的,卑劣的:My sister is very *petty* at times. 我妹妹有时很小心眼儿。‖ ˈ**pet·ti·ly** *adv.* —ˈ**pet·ti·ness** *n.* [U]

petty cash *n.* [U](办公室里存放的)小额现金;小额备用金

pet·u·lant /ˈpetjulᵊnt/ *adj.* 脾气大的,不耐烦的,爱发火的:He looked at me with a *petulant* air. 他一脸不耐烦地看着我。‖ ˈ**pet·u·lance** *n.* [U] —ˈ**pet·u·lant·ly** *adv.*

pe·tu·ni·a /piˈtʲuːniə/ *n.* ❶[C]【植】矮牵牛花,喇叭花;碧冬茄属植物,矮牵牛属植物 ❷[U]深紫色,暗紫色,碧冬茄紫色

pew /pjuː/ *n.* [C](带靠背的)教堂长椅

pew·ter /ˈpjuːtəʳ/ *n.* [U]❶【冶】白镴,锡镴(一种以锡为主的锡铅合金)❷白镴器皿,锡镴器皿

PG. *abbr.* parental guidance (suggested)〈美〉【电影】家长指导级的,宜由家长指导观看的

pH /piːˈeitʃ/ *n.* [U]【化】(描述氢离子活度的)pH 值:a *pH*-balanced shampoo 中性香波

phal·anx /ˈfælæŋks/ *n.* [C]([复]**-anx·es** 或 **pha·lan·ges** /fæˈlændʒiːz/) ❶(古希腊)步兵方阵(古代希腊战争中的一种步兵密集队形) ❷(为共同目标聚集的)密集人群(或兽群等):a solid *phalanx* of policemen 严实密布的警察群 ❸([复]**phalanges**)【解】指骨,趾骨

phan·tom /ˈfæntᵊm/ *n.* [C] ❶鬼魂,幽灵:a female *phantom* 女鬼 ❷幻影,幻象;幻觉,幻想:the *phantom* of past years 如烟往事

phar·aoh /ˈfeərəu/ *n.* [C]法老(古埃及君主或其称号) ‖ **Phar·a·on·ic** /ˌfeəreiˈɔnik/ *adj.*

phar·ma·ceu·ti·cal /ˌfɑːməˈsʲuːtikᵊl/ *adj.* [无比较级] ❶药物的;药用的;药学的:a *pharmaceutical* product 药品 ❷制药的,配药的;药品销售的:the *pharmaceutical* industry 制药业 ‖ ˌ**phar·maˈceu·ti·cal·ly** *adv.*

phar·ma·ceu·tics /ˌfɑːməˈsʲuːtiks/ *n.* [U]药剂学,配药学;制药学

phar·ma·cist /ˈfɑːməsist/ *n.* [C] ❶药剂师 ❷药商

phar·ma·cy /ˈfɑːməsi/ *n.* ❶[U]配药业;制药业 ❷[U]配药学;药剂学;制药学 ❸[C]药店,药铺

phar·yn·gi·tis /ˌfærinˈdʒaitis/ *n.* [C]([复]**-git·i·des** /-ˈdʒitiˌdiːz/)【医】咽炎

phar·ynx /ˈfæriŋks/ *n.* [C]([复]**pha·ryn·ges** /fæˈrindʒiːz/)【解】咽 ‖ **pha·ryn·gal** /fəˈriŋgᵊl/ *adj.* —**pha·ryn·ge·al** /ˌfærinˈdʒiːəl/ *adj.*

phase /feiz/ *n.* [C] 时期,阶段:A new *phase* was going to begin in her life. 她生活中的一个新时期即将开始了。‖ ***in phase*** *adj.* & *adv.* 同步的(地);协调一致的(地)(*with*):His two arms are not *in phase with* each other. 他的两只胳膊动作不协调。***out of phase*** *adj.* & *adv.* 不同步的(地);不协调一致的(地)(*with*):Did you notice that the traffic lights were *out of phase with* each other? 你有没有注意到红绿灯的变换不同步? ***phase in*** *vt.* 逐步引进(或采纳):We will *phase* the new administrative system *in* over a period of two years. 我们将在两年的时间内逐步采用新的行政管理体制。***phase out*** *vt.* 逐步停止;逐步淘汰:Our country is now *phasing* the silver coin *out*. 我们国家正逐步停用这种银币。‖ ˈ**pha·sic** /-zik/ *adj.*

Ph. D., PhD *abbr.* 〈拉〉*Philosophiae Doctor* 哲学博士(=Doctor of Philosophy)

pheas·ant /ˈfezᵊnt/ *n.* ❶[C]([复]**-ant(s)**)【鸟】雉鸡,野鸡:a cock-*pheasant* 雄雉 ❷[U]雉鸡肉

phe·nom·e·na /fiˈnɔminə/ *n.* phenomenon 的

复数

phe·nom·e·nal /fiˈnɔminəl/ *adj.* ❶[无比较级]现象的；关于现象的 ❷不寻常的，非凡的；显著的；惊人的：She has a *phenomenal* talent for languages. 她具有惊人的语言天赋。❸[无比较级](只有凭感官才能)感觉到的，可感知的 ‖ **pheˈnom·e·nal·ly** *adv.*

phe·nom·e·non /fiˈnɔminən/ *n.* [C]([复]-**na** /-nə/或-**nons**)(尤指原因不明的)现象：the curious weather *phenomena* 奇特的天气现象

phil·an·thro·pist /fiˈlænˌθrəupist/ *n.* [C]慈善家，乐善好施者

phi·lan·thro·py /fiˈlænθrəpi/ *n.* [U] ❶博爱，仁慈：judge other people with *philanthropy* 宽厚待人 ❷(尤指大规模的)慈善性捐赠 ❸慈善机构；慈善团体 ‖ **phil·an·throp·ic** /ˌfilənˈθrɔpik/ *adj.* —ˌ**phil·anˈthrop·i·cal·ly** /-kəli/ *adv.* —**phiˈlan·thro·pist** *n.* —**phiˈlan·thro·pism** /-ˌpizəm/ *n.* [U]

phi·lat·e·ly /fiˈlætəli/ *n.* [U]集邮 ‖ **phil·a·tel·ic** /ˌfiləˈtelik/ *adj.* —ˌ**phil·aˈtel·i·cal·ly** /-kəli/ *adv.* —**phiˈlat·e·list** /-list/ *n.* [C]

Phil·ip·pine /ˈfiliˌpiːn/ *adj.* [无比较级]菲律宾群岛的；菲律宾人的

phi·lol·o·gy /fiˈlɔlədʒi/ *n.* [U] ❶语言学(尤指历时性的语言研究)；历史文献学 ❷对学问和文学的爱好

phi·los·o·pher /fiˈlɔsəfəʳ/ *n.* [C] ❶哲学家 ❷哲人，贤哲

phil·o·soph·i·cal /ˌfiləˈsɔfikəl/ *adj.* ❶[无比较级]哲学的：*philosophical* meditation 哲学思辨 ❷冷静的；达观的，豁达的；(逆境中)泰然自若的：a *philosophical* mother 豁达的母亲 ‖ ˌ**phil·oˈsoph·i·cal·ly** *adv.*

P

phi·los·o·phize, phi·los·o·phise /fiˈlɔsəˌfaiz/ *vi.* ❶进行哲学推理；进行理性思辨：*philosophize* about death 对死亡予以哲理性思考 ❷空谈哲学；道德说教：philosophize on the failure of the young people 讨论年轻人品行缺点的问题 —*vt.* 用哲学(理论)说明；使哲理化

phi·los·o·phy /fiˈlɔsəfi/ *n.* ❶[U]哲学：an expert on western *philosophy* 西方哲学专家 ❷[C](某一哲学家或派别的)哲学思想，哲学体系：the *philosophy* of Plato 柏拉图的哲学思想 ❸[C]人生哲学，生活信念；宗旨，见解，观点：What an appalling *philosophy* that sounds! 那听上去是多么令人吃惊的观点啊！

phlegm /flem/ *n.* [U]痰

phleg·mat·ic /flegˈmætik/ *adj.* 冷静的；冷漠的；镇定的：The *phlegmatic* gentleman listened to her with coldness. 那位冷峻的先生冷漠地听她说着话。‖ **phlegˈmat·i·cal·ly** /-kəli/ *adv.*

phlox /flɔks/ *n.* [C]【植】草夹竹桃

pho·bi·a /ˈfəubiə/ *n.* [U]惧怕，恐惧；憎恶

pho·bic /ˈfəubik/ I *adj.* [无比较级]恐惧症的 II *n.* [C]恐惧症患者

phoe·nix /ˈfiːniks/ *n.* [C]长生鸟，不死鸟

phone /fəun/ I *n.* [C]电话：Do you own a *phone*? 你安装电话了吗? II *vt.* & *vi.* 〈口〉打电话(＝tele-phone)：I *phoned* him (up) last night. 我昨晚给他打了电话。

pho·net·ic /fəˈnetik/ *adj.* [无比较级] ❶[作定语]发音的；语音的；表音的：*phonetic* symbols 音符 ❷(语言)拼写与发音相似的，表音性的：Spanish spelling is *phonetic*. 西班牙文的拼写与发音相似。‖ **phoˈnet·i·cal·ly** /-kəli/ *adv.* —**phoˈnet·i·cism** /-ˌsizəm/ *n.* [U] —**phoˈnet·i·cist** /-sist/ *n.* [C] —**phoˈnet·i·cize, phoˈnet·i·cise** /-ˌsaiz/ *vt.*

pho·net·ics /fəˈnetiks/ [复] *n.* [用作单] ❶(单词的)表音拼法 ❷语音学；音位学：English *phonetics* 英语语音学 ‖ **pho·ne·ti·cian** /ˌfəuniˈtiʃən/ *n.* [C]

phon·ic /ˈfɔnik, ˈfəu-/ *adj.* [无比较级] ❶声音的；发声的 ❷声学的 ❸【语】语音(学)的；浊音的 ‖ ˈ**phon·i·cal·ly** /-kəli/ *adv.*

pho·nol·o·gy /fəˈnɔlədʒi/ *n.* [U]音系学 ‖ **pho·no·log·i·cal** /ˌfəunəˈlɔdʒikəl, ˌfɔn-/ *adj.* —ˌ**pho·noˈlog·i·cal·ly** /-kəli/ *adv.* —**phoˈnol·o·gist** *n.* [C]

pho·ny, pho·ney /ˈfəuni/ 〈口〉 I *adj.* ❶假的，不真实的；伪造的：The works he collected turned out to be *phoney*. 他收集的作品原来都是伪作。❷诈骗的，欺骗的；骗取的：*phoney* gains 骗取的东西 II *n.* [C]([复]-**neys**) 骗子，假冒者；假货，赝品 ‖ ˈ**pho·ni·ness** *n.* [U]

phos·phate /ˈfɔsfeit/ *n.* [U] ❶【农】磷肥 ❷磷

酸果汁汽水 ‖ **phos•phat•ic** /fɔsˈfætik/ *adj*.

phos•pho•rus /ˈfɔsfᵊrəs/ *n*. [U]【化】磷(符号 P) ‖ **phos•phor•ic** /fɔsˈfɔrik/ *adj*. —ˈ**phos•pho•rous** *adj*.

pho•to /ˈfəutəu/ I *n*. [C]([复]-**tos**) = photograph II *vt*. & *vi*. = photograph

pho•to•cop•i•er /ˈfəutəᵘˌkɔpiəʳ/ *n*. [C](摄影)复印机

pho•to•cop•y /ˈfəutəᵘˌkɔpi/ I *n*. [C]摄影复制品;复印件 II *vt*. 摄影复制;复印 ‖ ˈ**pho•to**ˌ**cop•i•a•ble** *adj*.

pho•to•e•lec•tric /ˌfəutəᵘiˈlektrik/ *adj*. [无比较级]【电子】光电(效应)的 ‖ ˌ**pho•to•e•lec•tric•i•ty** /-ˌiːlekˈtrisiti/ *n*. [U]

photoelectric cell *n*. [C]【电子】光电池,光电管〔亦作 **photo cell**〕

pho•to•graph /ˈfəutəˌgrɑːf;-ˌgræf/ I *n*. [C]照片,相片:Her grandchildren were more beautiful in the flesh than in their *photographs*. 她的孙子们本人比照片更漂亮。II *vt*. 给…拍照:I prefer *photographing* people rather than landscapes. 我喜欢拍人物照,而不是风景照。—*vi*. 被拍照:She *photographs* better. 她比较上相。〔亦作 **photo**〕‖ ˈ**pho•to**ˌ**graph•a•ble** *adj*. —**pho•tog•ra•pher** /fəˈtɔgrəfəʳ/ *n*. [C]

pho•to•graph•ic /ˌfəutəˈgræfik/ *adj*. [作定语] ❶摄影的;摄影用的:*photographic* equipment 摄影器材 ❷摄影般的;照相般的:*photographic* accuracy 摄影般的精确 ‖ ˌ**pho•to**ˈ**graph•i•cal•ly** /-kᵊli/ *adv*.

pho•tog•ra•phy /fəˈtɔgrəfi/ *n*. [U]摄影(术),照相(术):She's doing an evening class in *photography*. 她正在上夜校学习摄影。

pho•to•syn•the•sis /ˌfəutəᵘˈsinθisis/ *n*. [U]【生】光合作用;光能合成 ‖ ˌ**pho•to**ˈ**syn•the**ˌ**size**, ˌ**pho•to•**ˈ**syn•the**ˌ**sise** *vi*. & *vt*. —**pho•to•syn•thet•ic** /ˌfəutəᵘsinˈθetik/ *adj*. —ˌ**pho•to•syn**ˈ**thet•i•cal•ly** /-kᵊli/ *adv*.

phras•al /ˈfreizᵊl/ *adj*. [无比较级]【语】短语的,片语的;短语形式的,片语形式的:a *phrasal* preposition 短语介词

phrasal verb *n*. [C]【语】短语动词(由动词与介词或副词搭配而成,如 put off, break up, look into 等)

phrase /freiz/ I *n*. [C]❶【语】短语,片语;词组:Don't learn words singly, learn *phrases*. 不要记单个词,要记短语。❷(简明的)语句;警句:a vogue *phrase* 一句流行语 II *vt*. 用言语表达;表述:His account is *phrased* with a lack of precision and detail. 他的陈述不够精确,也不够详细。‖ ˈ**phras•ing** *n*. [U]

phys•i•cal /ˈfizikᵊl/ *adj*. [无比较级] ❶身体的;体质的,体格的:Her appeal comes from her stunning *physical* presence. 她的魅力来自她的婀娜身姿。❷[作定语]物质的,非精神性的;唯物的;实体性的:*physical* demand 物质需求 ❸物理的;物理学的 ‖ **phys•i•cal•i•ty** /ˌfiziˈkæliti/ *n*. [U] —ˈ**phys•i•cal•ly** *adv*. —ˈ**phys•i•cal•ness** *n*. [U]

physical education *n*. [U]体育

physical science *n*. [U;C]自然科学(如物理、化学、天文学等)

physical therapy *n*. 物理治疗法;理疗 ‖ **physical therapist** *n*.

phy•si•cian /fiˈziʃᵊn/ *n*. [C](内科)医生;医师

phys•ics /ˈfiziks/ *n*. [U]物理;物理学 ‖ **phys•i•cist** /ˈfizisist/ *n*. [C]

phys•i•ol•o•gy /ˌfiziˈɔlədʒi/ *n*. [U] ❶生理学:medical *physiology* 医学生理学 ❷生理;生理机能 ‖ **phys•i•o•log•i•cal** /ˌfiziəˈlɔdʒikᵊl/ *adj*. —ˌ**phys•i**ˈ**ol•o•gist** *n*. [C]

phys•i•o•ther•a•py /ˌfiziəᵘˈθerəpi/ *n*. [U]【医】物理疗法,理疗 ‖ ˌ**phys•i•o**ˈ**ther•a•pist** *n*. [C]

phy•sique /fiˈziːk/ *n*. [U;C]体格,体形;体质:The exercises can function as *physique* builders. 这种锻炼可以起到健美的作用。

pi /pai/ *n*. [C] ❶希腊语的第十六个字母(Π,π) ❷【数】圆周率,π(近似值为 3.14159)

pi•an•ist /ˈpiənist/ *n*. [C]钢琴演奏者;钢琴家

pi•an•o /piˈænəu/ *n*. [C]([复]-**os**)【音】钢琴

pi•az•za /piˈætsə/ *n*. [C] ❶(尤指意大利等城市中的)广场;露天市场 ❷〈美〉阳台,门廊

pic•co•lo /ˈpikəˌləu/ *n*. [C]([复]-**los**) ❶【音】短笛 ❷短笛吹奏者

pick /pik/ I *vt*. ❶挑选,选择(见 choose):You've *picked* the bad time to see my father. 你选了一个不合适的时间来看我父亲。❷采;

摘;取走:*pick* flowers 摘花 ❸(用手指或尖细器具)掏,挖;剔;剔除:*pick* one's teeth 剔牙 **II** *n.* ❶[C]挑选出来的人(或物);选中的人(或物):He is our *pick* for president. 他是我们的总裁人选。❷[U]挑选,选择,选取 ❸[C]精华;精选物:We find Type 10 the *pick* of the lot. 我们发现10号货物是这批货物中的精品。‖ ***pick and choose*** *vi.* & *vt.* 挑三拣四,挑肥拣瘦:*pick and choose* one's posts 对某人的工作挑精拣肥 ***pick at*** *vt.* ❶无胃口地吃;一点一点地吃:The canary fluttered on its wing and *picked at* a bar of seed. 金丝雀扑棱着翅膀在啄食一粒种子。❷找…的岔子 ***pick off*** *vt.* ❶摘下,摘掉 ❷逐个地瞄准射击:With the guns out of the holster, the soldier was poised to *pick off* the enemy. 士兵把两支枪都拔出了枪套,严阵以待地瞄向敌人。***pick on*** *vt.* ❶找…的岔子;挑…的毛病:Older boys *picked on* him, calling him a sissy. 大一点的男孩老是拿他开心,管他叫胆小鬼。❷挑中,选中:Why should you *pick on* me to do the chores? 你为什么要挑我去做那些杂事? ***pick out*** *vt.* ❶挑出;拣出;选出:*pick* the fly *out* of the soup 把汤里的苍蝇捞掉 ❷辨认出,分辨出:*pick out* one's friends in a crowd 在人群中辨出朋友 ***pick up*** *vt.* & *vi.* ❶捡起;拿起;抱起:She *picked up* the magazine and ruffled the page. 她拿起杂志,快速翻了翻。❷(尤指偶然、无意或轻易)获得;得到;学到:In her long course of medication, she has *picked up* certain professional phrases. 她在长期的治疗过程中学会了一些专业术语。❸(停下来)把…带走(或取走);搭载(人):He stopped the car to *pick up* a young girl. 他停下车来搭载一个年轻女孩。‖ **ˈpick·a·ble** *adj.* —**ˈpick·er** *n.* [C]

pick·et, pic·quet /ˈpikit/ *n.* [C] ❶(举行罢工等时在工厂外阻止工人上班的)纠察队(员) ❷(拴牲口、作篱栅等用的)尖木桩,尖板条 ‖ **ˈpick·et·er** *n.* [C]

P

pick·le /ˈpikəl/ *n.* ❶[常作~s]腌渍食品;腌菜,泡菜:dine off *pickles* 吃腌菜 ❷[U](腌制鱼、菜等用的)盐卤;醋渍液

pick·pock·et /ˈpikˌpɔkit/ *n.* [C]扒手

pick-up /ˈpikˌʌp/ *n.* [C] 小卡车;轻型货车,皮卡

pick·y /ˈpiki/ *adj.* 〈口〉吹毛求疵的,爱挑剔的 ‖ **ˈpick·i·ness** *n.* [U]

pic·nic /ˈpiknik/ **I** *n.* [C]野餐:Come on a *picnic* with us. 和我们一起去野餐吧。**II** *vi.* (**-nicked;-nick·ing**) 去野餐:*picnic*, swim and play volleyball under the hot run 在火辣辣的太阳底下野餐、游泳和打排球 ‖ **ˈpic·nick·er** *n.* [C] —**ˈpic·nick·y** *adj.*

pic·to·graph /ˈpiktəˌgrɑːf;-ˌgræf/ *n.* [C] ❶象形文字;象形文字记载 ❷【统】图表,图示 ‖ **pic·to·graph·ic** /ˌpiktəˈgræfik/ *adj.* —**pic·tog·ra·phy** /pikˈtɔgrəfi/ *n.* [U]

pic·to·ri·al /pikˈtɔːriəl/ *adj.* ❶[无比较级]画的,绘画的:*pictorial* art 绘画艺术 / *pictorial* inventions 绘画作品 ❷[无比较级]用图说明的,图示的;插图的:*pictorial* writings 带插图的文字作品 ‖ **picˈto·ri·al·ly** *adv.*

pic·ture /ˈpiktʃəʳ/ **I** *n.* ❶[C]画,图画;画片,画像;照片:draw a *picture* 画画儿 ❷[通常用单]美丽如画的人(或物);景物;景色:This Chinese garden is a *picture* in the spring. 这座中国庭园在春天美不胜收。❸[通常用单](形象生动的)描绘,描写,叙述,写照:give a vivid *picture* of one's visit to China 绘声绘色地描述中国之行 ❹[C](影视等的)画面;图像清晰度:Channel 10 has a good *picture*. 10频道的图像很清晰。**II** *vt.* ❶绘,画;拍摄:They were *pictured* playing on the beach. 他们拍了张在海滩上戏耍的照片。❷用图说明,图示;(形象生动地)描绘,描述,描写:This story *pictures* the war of stars. 这篇小说生动地描写了星球大战。❸想象;构想:*picture* to one's imaginations a mode 凭空幻想出一种方式 ‖ ***out of the picture*** *adj.* & *adv.* 〈口〉不了解情况,不知情,不知底细:She felt quite *out of the picture* after her long illness. 久病后,她感到自己对情况不甚了解。

pic·tur·esque /ˌpiktʃəˈresk/ *adj.* ❶如画的,可入画的;自然美的:a *picturesque* village 风景如画的村庄 ❷(语言等)生动的;逼真的,栩栩如生的:*picturesque* language 生动的语言 ‖ **ˌpic·tuˈresque·ly** *adv.* —**ˌpic·tuˈresque·ness** *n.* [U]

pid·dle /ˈpidəl/ *vi.* ❶〈口〉(尤指小孩)解小便,撒尿 ❷做事懒散;混日子:He wasted the day *piddling* around. 他整天游手好闲。

pid·dling /ˈpidliŋ/ *adj.* 〈口〉微不足道的;微小

的:a *piddling* sum of money 一小笔钱

pidg·in /ˈpidʒin/ *n.* [U;C](在贸易或交往中形成的不同语种的)混杂语,皮钦语〔亦作 **pigeon**〕

pie /pai/ *n.* [C;U]肉馅饼,蔬菜馅饼;果馅派

piece /piːs/ **I** *n.* [C] ❶块;片;段;片段;部分(*of*):You are allowed one carry-on and two *pieces of* luggage. 容许你带一件随身行李和两个大件行李。❷(一套中的)件;个:a dinner service of 50 *pieces* 一套50件的餐具 ❸硬币:a ten-pence *piece* 10便士的硬币❹一段(文学、音乐等作品);一幅(画);一出(戏):a famous *piece* of music 一段著名的音乐 ❺(事例、消息、建议等的)件;项;条:Now I have a *piece* of news for you. 现在我有一条消息要告诉你。**II** *vt.* ❶拼凑;凑合(*together*):*piece together* odds and ends of cloth 把零碎的布头拼凑在一起 ❷弥补…不足;使…完整,完善(*out*):*piece out* the salary with perks 用特殊待遇弥补薪水 ❸串起各部分而完成(故事、理论等)(*out*,*together*):The safety board began to *piece together* the reason for the disaster. 安全委员会开始拼缀线索,找出灾难原因。‖ ***break to pieces*** *vt.* 使成为碎片 ***by the piece*** *adv.* 按件:pay the wages *by the piece* 按件付酬 ***go (all) to pieces*** *vi.* ❶破碎;瓦解:He dropped the glass on the floor,and it *went all to pieces*. 他把玻璃杯掉在地板上,摔了个粉碎。❷〈口〉(人在身体、精神或道德方面)崩溃,垮掉:Vaguely she knew herself that she was *going to pieces* in some way. 她隐隐觉得自己快支撑不住了。***in one piece*** *adv.* ❶完好地,未损坏地 ❷平安无恙地,未受伤地 ***in pieces*** *adj.* 破碎的:His soul is split *in pieces*. 他的灵魂已支离破碎。***of a piece*** *adj.* (与…)相似的;(与…)一致的(*with*) ***pick to pieces*** *vt.* 严厉斥责 ***piece of cake*** 容易(或轻松愉快)的事情:This job is anything but a *piece of cake*. 这份差事决不轻松。***say one's piece*** *vi.* 说自己要说的话;发表意见 ***take to pieces*** *vt.* ❶拆开,拆卸 ❷严厉地批评,尖锐指责 ***to pieces*** 完全地;非常,极度:He reads those books *to pieces*. 他把这些书读得烂熟。‖ ˈ**piec·er** *n.* [C]

piece·meal /ˈpiːsˌmiːl/ **I** *adv.* [无比较级]逐个地;逐渐地 **II** *adj.* [无比较级]逐个的;逐渐的;零碎的

piece of cake *n.* [用单]容易做的事,易如反掌之事

piece-work /ˈpiːsˌwəːk/ *n.* [U]计件工作

pier /piəʳ/ *n.* [C] ❶(供上下旅客、装卸货物或散步用的)码头;栈桥 ❷突堤;防浪堤 ❸桥墩,墩 ❹窗间壁

pierce /piəs/ *vt.* ❶刺入;刺穿:The arrow *pierced* his shoulder. 箭刺入他的肩膀。❷(声音)刺破;(光亮)照入;(目光)看穿:The lights *pierced* the mist. 灯光照穿了迷雾。❸突破;穿过:Our forces *pierced* the enemy's defense. 我军突破了敌军的防线。—*vi.* 穿入,刺入;透入(*through*,*into*):One of the tines *pierced into* the muscles of his thigh. 其中一个尖齿刺入了他的大腿肌肉中。‖ ˈ**pierc·er** *n.* [C]

pierc·ing /ˈpiəsiŋ/ *adj.* ❶(冷风等)刺骨的,锥子般的;(目光等)犀利的:a *piercing* wind 刺骨的风 ❷(声音)刺耳的,尖厉的:utter a *piercing* shriek 发出一声刺耳的尖叫 ‖ ˈ**pierc·ing·ly** *adv.*

pi·e·ty /ˈpaiiti/ *n.* ❶[U]虔诚,虔敬:affected *piety* 假虔诚 ❷[C]虔诚的行为 ❸[U]孝顺,孝敬

pif·fle /ˈpifᵊl/ 〈口〉 **I** *n.* [U]废话,无聊话 **II** *vi.* ❶胡扯,说废话 ❷做蠢事;闲混 ‖ ˈ**pif·fler** *n.* [C]

pif·fling /ˈpifliŋ/ *adj.* 〈口〉琐碎的;无价值的;无聊的

pig /pig/ **I** *n.* [C] ❶【动】猪科动物;家猪:keep a *pig* or two in the backyard 在后院养一两头猪 ❷〈口〉贪婪(或龌龊、固执、郁闷)的人;令人讨厌的人 **II** *vt.* (**pigged**;**pig·ging**) ❶生(仔猪) ❷〈口〉贪婪地吃 —*vi.* 像猪一样地聚在一起;猪般地生活 ‖ ***pig out*** *vi.* 狼吞虎咽地大吃:We *pigged out* on pizza last night. 昨天晚上我们大吃比萨。‖ ˈ**pigˌlike** *adj.* —ˈ**pig·ling** *n.* [C]

pig·eon /ˈpidʒin,-dʒᵊn/ *n.* [C] ❶【鸟】鸽子 ❷头脑简单的人;易受骗的人 ❸ = pidgin ‖ ˈ**pig·eon·ry** *n.* [C]

pig·eon-hole /ˈpidʒinˌhəul/ *n.* [C] ❶(书桌或书橱中的)鸽笼式分类架,信件架,文件格:The *pigeon-holes* bulged with papers. 文件架里塞满了文件。❷鸽巢;鸽子出入孔

pig·eon-toed /ˈpidʒinˌtəud/ *adj.* [无比较级]足内翻的,内八字的

pig·gie /ˈpigi/ *n.* = piggy

pig·gish /ˈpigiʃ/ *adj.* ❶贪婪的;贪吃的 ❷顽

P

梗的 ‖ ˈ**pig·gish·ly** *adv.* —ˈ**pig·gish·ness** *n.* [U]

pig·gy /ˈpigi/ I *n.* [C]〈口〉❶小猪 ❷〈儿〉小猪猪 ❸〈儿〉脚指头 ❹〈英〉击木块游戏(见 piggie) II *adj.* ❶猪似的;(体貌)长得像猪的❷贪心的,贪婪的

pig·gy·back /ˈpigiˌbæk/ *n.* [U]❶背驮;肩扛 ❷(用火车平板车装运卡车挂车或集装箱的)背负式运输,驮运联运

piggy bank *n.* [C]猪形储蓄罐,扑满〔亦作 **bank**〕

pig·head·ed /pigˈhedid/ *adj.* 固执的;愚蠢的:Maybe he is being a *pigheaded* fool. 也许他是一个梗得要命的傻瓜。‖ pigˈ**head·ed·ly** *adv.* —pigˈ**head·ed·ness** *n.* [U]

pig·let /ˈpiglit/ *n.* [C]小猪,猪崽,乳猪

pig·ment /ˈpigmᵊnt/ *n.* [U;C] ❶颜料;涂料:The *pigment* on her lips won't wear off through dinner. 她嘴唇上的颜色吃饭时不会被抹掉。❷色素,色质:*pigment* cell 色素细胞 ‖ **pig·men·tal** /pigˈmentᵊl/ *adj.*

pig·sty /ˈpigˌstai/ *n.* [C] ❶猪圈,猪栏 ❷肮脏的地方

pig·tail /ˈpigˌteil/ *n.* [C] ❶辫子 ❷辫状烟草束 ‖ ˈ**pigˌtailed** *adj.*

pil·chard /ˈpiltʃəd/ *n.* [C] 沙丁鱼

pile /pail/ I *n.* [C] ❶堆;叠:a heterogeneous jumbled *pile* of rubbish 一堆乱七八糟的垃圾 ❷高大的建筑物,大厦;建筑群:a stately *pile* 雄伟的大厦 ❸〈口〉(一)大堆;大量:a *pile* of work 一大堆工作 II *vt.* ❶堆起,堆叠(*up*, *on*):She had her boot-black hair *piled on* top of her head. 她把自己黑亮的头发盘结在头上。❷装载;使负担(*with*):*pile* bottles of beer into the pickups 把啤酒瓶装进小货车 —*vi.* 拥,挤(*in*, *into*, *on*, *out of*):Three drunks *pile into* the cab. 三名醉汉挤进出租车。

☆**pile**, **heap**, **stack** 均有"(一)堆"之意。**pile** 常指同类物体由人整齐地堆放在一起:We put the newspapers in *piles* on the floor. (我们把报纸堆放在地板上。) **heap** 常指东西随意、临时地以丘状堆放在一起,不一定是由人堆放:a *heap* of dirty clothes waiting to be washed (一堆要洗的脏衣服) / a *heap* of leaves (一堆树叶) **pile** 和 heap 都可与不可数名词连用:a *pile* [heap] of sand(一堆沙) **stack** 与 pile 近义,表示由人堆叠,并且堆成特定的形状,有用心安排的含义:hay in the *stack* (干草堆) / On the sideboard was a *stack* of plates. (餐柜上堆放着盘子。)

piles /pailz/ [复] *n.* 〈口〉【医】痔疮

pile up *vt.* & *vi.* ❶堆积,堆叠:Garbage *piled up* in the city during strike. 罢工期间城市里堆满了垃圾。❷积累,积聚:My work keeps *piling up*. 我的工作愈积愈多了。❸(数辆车)碰撞在一起,追尾:Nearly 200 vehicles *piled up* in thick fog along a 50-kilometre stretch of a north highway. 北部一条公路上将近有 200 辆汽车沿 50 公里长的路段因大雾相互追尾。

pile-up /ˈpailˌʌp/ *n.* [C] ❶多车相撞,数车追尾 ❷堆积,积累:There was a *pile-up* of goods because of the rail strike. 铁路工人罢工造成货物积压。

pil·grim /ˈpilgrim/ *n.* [C] ❶朝圣者,参拜圣地的人:*pilgrims* from the holy land 来自圣地的朝圣者 ❷漫游者;浪人 ❸旅客 ‖ ˈ**pil·grim·ize**, ˈ**pil·grim·ise** /-ˌmaiz/ *vi.*

pil·grim·age /ˈpilgrimidʒ/ *n.* [C] ❶朝圣者的旅程:go on the mental *pilgrimage* to Asia 到亚洲去精神朝拜 ❷人生的旅程;一生:How far have we come in man's long *pilgrimage* from darkness toward light? 在人类从黑暗通往光明的长途旅程中,我们已经走了多远?

pill /pil/ *n.* [C]❶药丸;药片;药粒:take *pills* 服药丸 ❷[**the** ~]〈口〉避孕药丸(片) ‖ ***sugar*** [***sweeten***] ***the pill*** *vi.* 使必须做的苦差事易被接受

pil·lage /ˈpilidʒ/ *vt.* 抢劫,劫掠,掠夺:*pillage* sb. for no particular reason 莫名其妙地抢劫某人 ‖ ˈ**pil·lag·er** *n.* [C]

pil·lar /ˈpiləʳ/ *n.* [C] ❶支柱(如石柱、木柱、金属柱等);(用作装饰的)柱子 ❷(坚定的)支持者;支柱;栋梁:Key state-owned enterprises are the *pillar* of the country's public-owned economy. 主要的国有企业是这个国家公有经济的支柱。‖ ˈ**pil·lared** *adj.* —ˈ**pil·lar·et** /-et/ *n.* [C]

pill·box /ˈpilˌbɔks/ *n.* [C] ❶(圆形)药丸盒,药片盒 ❷(无边平顶的)筒状女帽

pil·lion /ˈpiljən/ *n.* [C] ❶摩托车后座 ❷【史】

P

女用轻鞍;(妇女乘骑用的)鞍垫 ‖ ***ride pillion*** *vi*. 乘骑于后座

pil·low /ˈpiləu/ *n*. [C] ❶枕头;似枕头的东西;靠垫:Suddenly her head burrowed deeper into the *pillow*. 突然,她的头深埋进枕头里。❷靠垫 ‖ ˈ**pil·low·y** *adj*.

pil·low·case /ˈpiləuˌkeis/ *n*. [C]枕套

pi·lot /ˈpailət/ **I** *n*. [C] 飞机驾驶员,飞行员 **II** *vt*. ❶为(船)掌舵;驾驶(飞机) ❷带领;领导(见 guide):*pilot* a new scheme 主持一项新计划 **III** *adj*. [无比较级][作定语] ❶指导的,引导的:a *pilot* beacon 引航灯塔 ❷试验性的,试点的;小规模的:a *pilot* farming scheme 小规模试验性的农耕计划 ‖ ˈ**pi·lot·age** *n*. [U] —ˈ**pi·lot·less** *adj*.

pim·ple /ˈpimpᵊl/ *n*. [C] ❶【医】丘疹;小脓疱 ❷小突起;小高处 ‖ ˈ**pim·pled** *adj*. —ˈ**pim·ply** *adj*.

PIN /pin/ *abbr*. Personal Identification Number 个人身份号码

pin /pin/ **I** *n*. [C] ❶大头针;别针;针:a drawing *pin* 图钉 / a tarnished collar *pin* 失去光泽的领口针 ❷针形物;夹子;卡子:a hair *pin* 发夹 **II** *vt*. (**pinned**;**pin·ning**) ❶别住;钉住;固定住(*to*,*up*,*together*):Paul fumbled repeatedly as he tried to find a place to *pin* the microphone. 保罗不断地摸索着,想找个地方别麦克风。❷阻止;扣牢;使…不能动(*against*,*on*):He was *pinned* under the wrecked truck. 他被压在破卡车底下。‖ ***pin down*** *vt*. & *vi*. ❶把…别牢(或钉住):*pin down* a picture to the wall 用图钉把画钉在墙上 ❷把…困住;使不能行动:He was *pinned down* by a fallen plank and was badly wounded in the legs. 他被一块落下来的厚木板压住不能动弹,腿部严重受伤。❸使受约束(或限制);强使承诺(或承担):*pin* sb. *down* to a particular time 给某人限定时间 ***on pins and needles*** *adj*. & *adv*. 如坐针毡般的(地);焦躁不安的(地);心急火燎的(地):The child was *on pins and needles*, wondering whether the teacher was going to reprimand him for misconduct. 那孩子做错了事后,感到如坐针毡,不知道老师是否会因此而责备他。

pin·a·fore /ˈpinəˌfɔː/ *n*. [C]〈主英〉❶围涎,围嘴;反穿衫 ❷围裙 ❸无袖连衣裙

pin·cers /ˈpinsəz/ [复] *n*. ❶钳子,手钳 ❷(虾、蟹等的)螯

pinch /pintʃ/ **I** *vt*. ❶捏,拧;夹:He reached out with his free hand and *pinched* the old man's nose. 他伸出空着的手捏了一把老头的鼻子。❷紧压,挤压;挤痛:The shoes *pinch* him. 这双鞋挤他的脚。❸〈俚〉偷;擅自取用:Who's *pinched* my book? 谁偷了我的书?—*vi*. 小气;节省:They *pinched* and scraped for years to save money. 他们为了省钱多年以来十分节俭。**II** *n*. [C] ❶捏,拧,挤压;挤痛,夹痛:give sb. a *pinch* in the arm 在某人胳膊上拧一把 ❷一撮;少量:a *pinch* of sugar 一撮糖 ‖ ***at*** [***in***] ***a pinch*** *adv*. 在紧要关头;必要时:*At a pinch*, we could field four national teams in world-class competition. 在紧要时刻我们会派四支国家队参加世界级比赛。***feel the pinch*** *vi*. 感到手头拮据 ***pinch pennies*** 精打细算

pine¹ /pain/ *n*. ❶[C]【植】松树 ❷[U]松木 ‖ **pin·er·y** /ˈpainᵊri/ *n*. [C]

pine² /pain/ *vi*. ❶渴望,想念,怀念(*for*):The mother was *pining* to see her son. 这位母亲渴望能见到自己的儿子。❷(因悲伤、病痛等而)消瘦,憔悴(*away*):He was a bright-eyed man, but woefully *pined away*. 他虽然目光炯炯,但完全憔悴不堪。

pine·ap·ple /ˈpainˌæpᵊl/ *n*. [C] ❶【植】凤梨树,菠萝树 ❷凤梨,菠萝

ping /piŋ/ **I** *n*. [C](短促尖锐的)砰,铛(如子弹击中物体的响声) **II** *vi*. 发出砰(或铛等)的响声

Ping-Pong /ˈpiŋˌpɔŋ/ *n*. 〈口〉=table tennis

ping-pong /ˈpiŋˌpɔŋ/ *vt*. 把…传来传去,把…踢来踢去:be *ping-ponged* from one court to another 被人从一个法院推到另一个法院

pin·hole /ˈpinˌhəul/ *n*. [C] ❶针孔,针眼 ❷销孔;钉子;闩孔

pink /piŋk/ **I** *n*. [U;C]淡红色,粉红色:decorate in *pink* 用粉红色来装饰 **II** *adj*. [无比较级][常用以构成复合词]淡红的,粉红的:She was *pink* and flawless. 她的脸色白里泛红,完美无瑕。‖ ***in the pink*** *adj*. & *adv*. 〈口〉非常健康:Look at those children! All *in the pink*. 瞧那些孩子,长得多结实! ‖ ˈ**pink·ish** *adj*. —ˈ**pink·ly** *adv*. —ˈ**pink·ness** *n*. [U] —ˈ**pink·y** *adj*.

P

pin·na /ˈpinə/ *n.* [C]([复]-**nae** /-niː/或-**nas**)【解】【动】耳郭

pin·na·cle /ˈpinəkᵊl/ *n.* [C] ❶最高点;顶点:reach the *pinnacle* of one's career 到达事业的顶峰 ❷尖峰;高峰

pin·point /ˈpinˌpoint/ *vt.* 瞄准;确认,确定:It is difficult to *pinpoint* the cause for a woman giving up her career. 很难弄明白一位妇女为什么要放弃职业。

pin·prick /ˈpinˌprik/ *n.* [C] ❶针孔;(针似的)小孔 ❷小烦恼;小麻烦:It was nothing but a *pinprick*. 没什么,一点儿小麻烦。

pins and needles [复] *n.* 手脚发麻 ‖ ***on pins and needles*** 如坐针毡,坐立不安

pin·stripe /ˈpinˌstraip/ *n.* [U] ❶(织物上的)细条子(或花纹) ❷细条子织物,细条子布:get out of one's *pinstripe* 脱掉细条布套装 ‖ ˈ**pinˌstriped** *adj.*

pint /paint/ *n.* [C] ❶品脱(容量单位,等于1/8加仑或0.568升) ❷〈英口〉一品脱啤酒

pin-up /ˈpinˌʌp/ *n.* [C] ❶(被钉或挂在墙上欣赏的)女人图片 ❷(照片被钉或挂于墙上的)美貌女子,妖艳女子

pin-wheel /ˈpinˌwiːl/ **I** *n.* [C]玩具纸风车 **II** *vi.* (玩具风车似的)快速旋转

pi·o·neer /ˌpaiəˈniəʳ/ **I** *n.* [C] ❶先驱者;创始人;倡导者:Duncan is now hailed as a *pioneer* of modern dance. 邓肯被称颂为现代舞蹈的开创者。❷探荒者;开辟者:the brave stories of early *pioneers* 初期开拓者的英勇故事 **II** *vt.* ❶开拓;开辟:*pioneer* the wilderness 开拓荒野 ❷开创;开办;倡导:He *pioneered* the magazine devoted to capturing the beat of a city. 他创办了一本捕捉城市节奏的杂志。—*vi.* 当先锋,当先驱:*pioneer* in launching satellite into space 开创向外层空间发射人造卫星的壮举

P

pi·o·neer·ing /ˌpaiəˈniəriŋ/ *adj.* [作定语]开创性的,先驱的:a *pioneering* novel 新派小说

pi·ous /ˈpaiəs/ *adj.* ❶虔诚的;敬神的:*pious* obedience 唯命是从 ❷尽责的;孝顺的;好心的:She dropped a *pious* tear upon the twins. 她不禁动了慈心,掉下眼泪,恰好滴到双胞胎身上。‖ ˈ**pi·ous·ly** *adv.* —ˈ**pi·ous·ness** *n.* [U]

pip /pip/ *n.* [C] ❶(苹果、橘子、梨等的)种子,籽 ❷出众的人(或物) ‖ ˈ**pip·less** *adj.*

pipe /paip/ **I** *n.* [C] ❶(输送液体或气体的)管:hot water *pipes* 热水管 ❷烟斗;(烟丝等的)一斗,一筒:He recently switched from cigarettes to a *pipe*. 他最近不抽香烟,改抽烟斗了。❸【音】管乐器;(管风琴的)音管,风管,簧管 **II** *vt.* ❶【音】以管乐器吹奏(曲调):*pipe* a song 吹奏一支歌曲 ❷用管子输送,用管道运输:*pipe* gas into a house 用管子将煤气送到屋里 ‖ ***pipe up*** *vi.* 开始吹奏(或唱歌、说话等):Aida *piped up* in a small voice from across the room. 艾达从对面的房间里用低声叫喊。‖ ˈ**pipe·ful** *n.* [C] —ˈ**pipe·less** *adj.* —ˈ**pip·y** *adj.*

pipe·line /ˈpaipˌlain/ *n.* [C] ❶(长距离的)输水(或油、气)管,管道,管线:evacuated *pipeline* 真空管 ❷(信息、物质等流通的)渠道,途径:set up diplomatic *pipelines* to East Asia 建立联系东亚的外交渠道 ‖ ***in the pipeline*** 在进行中;在生产中;在处理中;在运输中:a number of projects *in the pipeline* 几个在建项目

pip·er /ˈpaipəʳ/ *n.* [C] ❶风笛吹奏者 ❷管乐器吹奏者(尤指流浪艺人) ‖ ***pay the piper and call the tune*** *vi.* 承担费用而有权控制其用途

pique /piːk/ **I** *vt.* ❶伤害…的自尊心;使生气;激怒:She was greatly *piqued* when they refused her invitation. 当他们拒绝了她的邀请时,她非常生气。❷激起(好奇心或兴趣等):Her interest in it was *piqued* by a chance conversation she had with an assistant. 她对此的兴趣是因一次与助理的偶然谈话引起的。❸[～ **oneself**]使自豪;使庆幸(*on*):He *piqued himself* on being punctual. 他以自己守时而沾沾自喜。**II** *n.* [U]不高兴;愤慨

pi·ra·cy /ˈpairəsi/ *n.* [C;U] ❶海盗行为,海上抢劫 ❷抢劫(或劫持)行为 ❸侵犯版权;非法仿制:video *piracy* 影像盗版

pi·rate /ˈpaiᵊrət/*n.* [C] ❶海盗;海盗船 ❷剽窃者;侵犯版权者;非法仿制者 ‖ **pi·rat·ic** /paiˈrætik/ *adj.* —**piˈrat·i·cal** /-kᵊl/ *adj.* —**piˈrat·i·cal·ly** /-kᵊli/ *adv.*

piss /pis/ 〈俚〉〈粗〉〈忌〉**I** *vi.* 撒尿,解小便 —*vt.* ❶尿(血等) ❷尿在…上:He has *pissed* his shoes. 他尿在鞋子上了。**II** *n.* [U] ❶尿,小便 ❷排尿,解小便

pis·ta·chi·o /piˈstɑːʃiəu/ *n.* ([复]-**os**) ❶[C]【植】阿月浑子树 ❷[C]开心果(＝pistachio nut)

pistachio nut *n.* [C]阿月浑子的果实

pis·til /ˈpistil/ *n.* [C]【植】雄蕊 ‖ ˈ**pis·til·la·ry** *adj.* —**pis·til·lif·er·ous** /ˌpistiˈlifᵊrəs/ *adj.* —ˈ**pis·til·line** /-ˌlain/ *adj.*

pis·tol /ˈpistᵊl/ *n.* [C] 手枪：a silencer-equipped *pistol* 安装了消声器的手枪

pit /pit/ I *n.* [C] ❶(地面的)坑；洼；壕沟，堑：*pits* caused by erosion 由于侵蚀而造成的坑洼 ❷【矿】(采矿或探矿挖掘的)坑道，巷道；矿井：coal-*pit* 煤坑 ❸(捕兽等用的)陷阱 ❹(赛车道旁的)检修加油站 II (**pit·ted; pit·ting**) *vt.* 使坑坑洼洼；使留下麻点：the surface of skin *pitted* by orifices of sweat gland 由汗腺的孔隙造成的坑坑洼洼的皮肤表面 —*vi.* (皮肤、身体等被按后)起凹凸 ‖ ***dig a pit for*** *vt.* 设圈套陷害；使陷入困境

pitch[1] /pitʃ/ I *vt.* ❶搭架；架设；使…固定：*pitch* a stall 设摊位 ❷投，掷，扔，抛(见 throw)：He *pitched* a stone into the inky-dark billabong. 他往漆黑的水潭里扔了一块石头。❸种植 ❹把…定于特定程度(或标准、性质等)：He *pitched* his hope too high. 他的期望太高。—*vi.* ❶向前跌倒；向外摔(*against*, *into*)：She *pitched* backward *into* the laps of the listener behind her. 她朝后摔倒在后面听众的大腿上。❷(船)上下颠簸 II *n.* ❶[C](室外)比赛场地；足球场；板球场 ❷[常用单]高度；程度；顶点：The roar reached a deafening *pitch*. 那吼声震耳欲聋。❸[U]音高；音质：She spoke at her normal *pitch*. 她用一种平常的声音讲话。❹[C]〈口〉(竭力推销商品的)叫卖语，广告语；推销计划，行动计划：The sales *pitch* for buildings has become depressingly familiar. 这一房屋促销方案看起来像熟面孔，索然无味。‖ ***a pitch of*** *adj.* 极度的，极大的 ***pitch in*** *vi.* 〈口〉开始努力工作 ***pitch into*** *vt.* 〈口〉❶猛烈攻击；痛打；痛骂 ❷着手；忙于做：The hungry girl *pitched into* the apple-pie. 那个饥饿的女孩开始大吃苹果派。***pitch on*** [***upon***] *vt.* 偶然选中；碰巧发现：They *pitch on* the most suitable man for the job. 他们碰巧选到最适当的人做这份工作。

pitch[2] /pitʃ/ I *n.* [U] ❶沥青 ❷天然产沥青物质 II *vt.* 用沥青准备；在…上铺沥青

pitch-black /ˈpitʃˌblæk/ *adj.* [无比较级]乌黑的；漆黑的：Outside, it was *pitch-black* and there was ice on the roads. 外面漆黑一片，路上结着冰。

pitch·er[1] /ˈpitʃəʳ/ *n.* [C] ❶大水罐(通常为陶制品，有柄和嘴)；壶〔亦作 **jug**〕❷瓶状树的叶子 ‖ ˈ**pitch·er·ful** *n.* [C]

pitch·er[2] /ˈpitʃəʳ/ *n.* [C] ❶投掷者 ❷【棒】投手 ❸铺路石

pitch·fork /ˈpitʃˌfɔːk/ *n.* [C]干草叉：She used the four-tined *pitchfork* for haying. 她用四齿草叉翻晒干草。

pit·e·ous /ˈpitiəs/ *adj.* 令人同情的；可怜的：The fish looked up at the fisherman with *piteous* eyes. 鱼可怜巴巴地看着渔夫。‖ ˈ**pit·e·ous·ly** *adv.* —ˈ**pit·e·ous·ness** *n.* [U]

pit·fall /ˈpitˌfɔːl/ *n.* [C] ❶意想不到的困难；隐藏的危险，隐患：His poem presents many *pitfalls* for the translator. 对译者来说，他的这首诗有许多潜在的难点。❷陷阱，圈套：a political *pitfall* 政治陷阱

pith /piθ/ *n.* [U] ❶(橘子等皮和瓤之间的)衬皮 ❷精髓；要旨；核心：That is the *pith* of their argument. 那是他们争论的焦点。‖ ˈ**pith·less** *adj.*

pith·y /ˈpiθi/ *adj.* ❶有力的；简洁的；简练的(见 concise)：*pithy* sayings 简洁的谚语 ❷[无比较级]【植】(果实或植物)髓的；多髓的；似髓的 ‖ ˈ**pith·i·ly** *adv.* —ˈ**pith·i·ness** *n.*

pit·i·a·ble /ˈpitiəbᵊl/ *adj.* ❶可怜的，令人怜悯的，值得同情的：in *pitiable* condition 处境可怜 ❷可鄙的：a *pitiable* act 卑劣的行为 ‖ ˈ**pit·i·a·ble·ness** *n.* [U] —ˈ**pit·i·a·bly** *adv.*

pit·i·ful /ˈpitifᵘl/ *adj.* ❶可怜的；令人同情的：Her agony was *pitiful* to see. 她那痛苦的样子真是惨不忍睹。❷可鄙的：a *pitiful* attempt 卑劣的企图 ‖ ˈ**pit·i·ful·ly** *adv.* —ˈ**pit·i·ful·ness** *n.* [U]

pit·i·less /ˈpitilis/ *adj.* 无同情心的；无情的；残忍的：Ambition is *pitiless*. 野心勃勃意味着冷酷无情。‖ ˈ**pit·i·less·ly** *adv.* —ˈ**pit·i·less·ness** *n.* [U]

pit·tance /ˈpitᵊns/ *n.* [常用单] ❶少量津贴(或工资、报酬等)：pay sb. a mere *pittance* 仅付给某人微薄的工资 ❷少量；小额

pi·tu·i·tar·y /piˈtjuːitᵊri/ *n.* ❶[C]【解】脑下垂

P

体 ❷[U]垂体制剂

pit·y /ˈpiti/ **I** *n.* ❶[U]同情;怜悯:A soft laugh came from behind the mask, a laugh with no *pity* in it. 面具后面传来了一声轻轻的笑声,里面毫无怜悯之意。❷[C]可惜的事,憾事:It's almost a *pity*! 真叫作孽! **II** *vt.* 同情,怜悯;可怜:*I pity* you if you think so. 你那样想就可鄙了。‖ ***have*** [***take***] ***pity on*** *vt.* 对…表示同情;可怜 ‖ ˈ**pit·y·ing** *adj.* —ˈ**pit·y·ing·ly** *adv.*

piv·ot /ˈpivət/ **I** *n.* [C] ❶【机】轴,枢轴,支轴;支枢,支点:*pivot* bearing 枢轴承 ❷关键人物,轴心人物;中心点,要点:He is the *pivot* of her life. 他是她生活的中心。❸转动,旋转 **II** *vi.* ❶在枢轴上转动;似绕轴旋转:The celestial sphere appears to *pivot* at points on a line with the earth's axis of rotation. 天体好像在围绕地球的转轴线转动。❷由…而定,取决于(*on*, *upon*):Clothing, as the outward mark of difference, *pivots* specifically *on* gender. 作为差异外在标志的衣服,尤其取决于性别的差异。—*vt.* 【机】给…装枢轴;把…放在枢轴上 ‖ ˈ**piv·ot·a·ble** *adj.* —**piv·ot·a·bil·i·ty** /ˌpivətəˈbiliti/ *n.* [U]

piv·ot·al /ˈpivətᵊl/ *adj.* 重要的;关键的:a *pivotal* event in the country's struggle for independence 该国争取独立斗争的关键事件

pix·el /ˈpiksᵊl/ *n.* [C]【电子】(电子图像的)像素

pix·ie /ˈpiksi/*n.* [C] ❶顽童;小淘气 ❷小精灵

piz·za /ˈpiːtsə/ *n.* [C]比萨饼(意大利式馅饼):Do you like eating *pizza*? 你爱吃比萨饼吗?

piz·zi·ca·to /ˌpitsiˈkɑːtəu/【音】**I** *adv.* [无比较级](用手指)拨奏地 **II** *adj.* [无比较级](用手指)拨奏的

P **PLA** *abbr.* ❶ People's Liberation Army (中国)人民解放军 ❷ Port of London Authority (英国)伦敦港务管理局

P/L *abbr.* profit and loss【经】盈亏

plac·a·ble /ˈplækəbᵊl;ˈplei-/ *adj.* 易平息的;易抚慰的;宽容的;温和的 ‖ **plac·a·bil·i·ty** /ˌplækəˈbiliti;ˌplei-/ *n.* [U] —ˈ**plac·a·bly** *adv.*

plac·ard /ˈplækɑːd/ *n.* [C]公告;布告;招贴;海报:The volunteers paraded with a cannon having round its neck a *placard* with the words "Free trade or this!" 志愿者们拉着大炮举行游行,炮颈处挂着牌子,上面写道"自由贸易不然就是这个!"

pla·cate /pləˈkeit;ˈplæ-;ˈplei-/ *vt.* 平息;抚慰;使和解:She was pleased and *placated*. 她心里很高兴,疙瘩也解开了。‖ **plaˈcat·ing·ly** *adv.* —**plaˈca·tion** /-ʃᵊn/ *n.* [U] —**plaˈca·to·ry** /-tᵊri/ *adj.*

place /pleis/ **I** *n.* ❶[C]地方,地点;场所,所在地:run out of *places* to go 无处可去 ❷[C]地域,地区(如城、镇、村、岛等):What *place* do you come from? 你是哪里人?❸[C](有特定用途的)建筑物;场所:A church is a *place* of worship. 教堂是做礼拜的场所。❹[C]住处,寓所;房子,(尤指)乡间巨宅;家:Please come and have dinner at our *place*. 请到我们家来吃饭。❺[C]座位,席位;合适的(或原来的、指定的、应有的)位置;适当的时刻(或场合):She resumes her *place* and puts her hands in her lap. 她回到自己的座位上,把手放在膝上。❻[用单](社会的)等级,地位,身份;重要地位,高位,名望:sb.'s *place* in society 某人的社会地位 ❼[C](在学校)学习(或研究)的机会;学籍;(人运动队的)运动员资格:The demand for *places* in the 12 universities is apparently insatiable. 这12所大学的招生名额显然供不应求。❽[C](竞赛中的)名次;(赛马)前几名中的任何一名(英国指前三名;美国指前两名,尤指第二名):get [win] the first *place* 获(赢)得第一名 ❾[C]【数】位:calculate to five decimal *places* 计算到小数点后五位 **II** *vt.* ❶放,摆放,放置;安排;使处于…的境地:He *placed* the ring on her finger. 他把戒指套在她手指上。❷(凭经验或记忆)辨认出(或说出、找出等):You *place* a man anywhere in London the moment he opens his mouth. 你一听人张口就可以断定他是伦敦哪一区的人。❸为…找到职位,安插,任命;为…找到住处,安置:They *placed* me in the sales department. 他们派我到销售部工作。❹寄托(信任等);寄予(希望等)(*in*, *on*):*place* confidence *in* [*on*] one's friend 信赖朋友 ‖ ***all over the place*** *adv.* 到处;乱七八糟:The bottle broke, leaving pieces of glass *all over the place*. 瓶子打破了,碎玻璃摔得到处都是。***fall into place*** *vi.* (情况)变得清楚:After his explanation, everything began to *fall into place*. 经他一解释,一切都清

楚了。***give place to*** *vt*. ❶给…腾地方,给…让路 ❷让位于,让…居先,为…所替代:Time passes and the old *gives place to* the new. 光阴荏苒,旧去新来。***in place*** *adj*. & *adv*. ❶在适当的位置:Please take a look and see if everything is *in place*. 请看一下是否一切就绪了。❷适宜的;得其所的:I don't think your suggestion is quite *in place*. 我认为你的建议不是很适当。***in place of*** *prep*. 代替:We have to elect a new manager *in place of* George who is leaving for another post. 我们得另选一位经理,以接替即将离任另就的乔治。***in the first place*** *adv*. ❶原先,最初,一开始:We would have finished the job long ago if we had listened to him *in the first place*. 要是我们一开始就听他的话,这工作早就完成了。❷[用以列举事项]首先,第一:These new tests are good because *in the first place* they link theory with practice. 这些新的试验很好,首先,它们把理论和实践结合起来了。***out of place*** *adj*. & *adv*. ❶不在适当的位置:The teacher told his pupils not to get *out of place* once they were lined up. 老师叫学生们站好队以后就不要乱动。❷不适当的;不适时的;不相称的;格格不入的:His statement was entirely *out of place* on such an occasion. 在这种场合他说这种话完全不合时宜。***take one's place*** *vi*. 就座;就位:Little Tom came quickly and *took his place* between his father and his sister. 小汤姆匆匆跑过来,在父亲和妹妹中间坐了下来。***take place*** *vi*. 发生;举行:The accident *took place* only in a few yards from the small shop. 事故发生在离小店只有几码远的地方。***take the place of*** *vt*. 代替;取代:Plastics have *taken the place of* many materials. 塑料已经取代了许多种材料。‖ **ˈplace·less** *adj*. —**ˈplace·ment** *n*. [U]

☆ **place, location, position** 均有"地方"之意。**place** 为普通用词,常指事物所在的地方或事情发生的地方:I'll show you the *place* where I was born. (我带你去看看我出生的地方。) **location** 是 place 或 position 的正式用词或术语:The company has found a suitable *location* for its new headquarters. (公司已经找到了新的总部的合适的地址。) **position** 尤指某物与周围事物相对的位置:The army will attack the enemy's *positions*. (这支军队将进攻敌军阵地。)

pla·ce·bo /pləˈsiːbəu/ *n*. [C]([复]-**bo(e)s**) ❶安慰剂(安慰病患用的非药剂性物品);宽心丸 ❷(用作对照试验以决定药物效力的)无效对照剂

place·ment /ˈpleismənt/ *n*. ❶[U]放置;布置;布局;部署:the *placement* of furniture 家具的布置 ❷[U](人员的)安插,工作安排;(学生的)编班:a *placement* office 安置办公室 ❸[C]就业安排

pla·cen·ta /pləˈsentə/ *n*. [C]([复]-**tae** /-tiː/或-**tas**) ❶【解】胎盘 ❷【植】(花的)胎座 ‖ **plaˈcen·tal** *adj*.

plac·id /ˈplæsid/ *adj*. 宁静的;平静的;(人)平和的,温和的;沉着的:a *placid*, starry sky 万籁俱寂、繁星点点的天空 ‖ **pla·cid·i·ty** /pləˈsiditi/ *n*. [U] —**ˈplac·id·ly** *adv*. —**ˈplac·id·ness** *n*. [U]

pla·gia·rism /ˈpleidʒəˌrizᵊm/ *n*. ❶[U]剽窃;抄袭:*Plagiarism* and piracy are a form of theft. 抄袭和非法翻印都是剽窃。❷[C]剽窃物,抄袭物 ‖ **ˈpla·gia·rist** *n*. [C] —**pla·gia·ris·tic** /ˌpleidʒəˈristik/ *adj*.

pla·gia·rize, pla·gia·rise /ˈpleidʒəˌraiz/ *vt*. ❶剽窃;抄袭(他人的思想、写作或发明等):One of his most famous plays was later *plagiarized* by his friend. 他的一个非常著名的剧本后来被朋友剽窃了。❷冒充;假装 ‖ **ˈpla·giaˌriz·er, ˈpla·giaˌris·er** *n*. [C] —**ˈpla·gia·rist** *n*. [C]

plague /pleig/ I *n*. ❶[C]瘟疫;鼠疫;[the ~]腺鼠疫,肺鼠疫 ❷[C]天灾,灾难,祸患(*of*):a *plague of* locust 蝗灾 ❸[常用单]麻烦,烦恼:control the *plague* of handguns 控制手枪的滥用 II *vt*. ❶使染瘟疫 ❷使受灾祸:A succession of bad harvests *plagued* that country. 那个国家连年歉收。❸〈口〉使痛苦;使烦恼,使厌烦;烦扰:be *plagued* to death 厌烦得要命 ‖ **ˈplague·some** *adj*.

plaid /plæd;pleid/ I *n*. ❶[U][常用作定语]方格呢;格子花呢:a *plaid* skirt 方格呢裙 ❷[C](苏格兰高地人所披的)肩巾,披风 II *adj*. 有格子图案的:a *plaid* shirt 一件有格子图案的衬衫 ‖ **ˈplaid·ed** *adj*.

plain /plein/ I *adj*. ❶清楚的;明晰的;明白的,明显的;浅近的,易懂的:The wave rings in the

P

water was *plain* to see. 水上波纹清晰可见。❷直截了当的;率直的,坦率的,坦诚的:*tell the plain* truth 实话实说❸朴素的,简朴的;不矫饰的:The art is presented *plain* and unadorned. 艺术表现朴实无华。❹(食物等)清淡的;单纯的;不掺杂的:a *plain* diet 清淡的饮食 II *adv.* ❶清楚地,明白地;直截了当地:Talk *plain* so I can understand you. 要讲得简单明了,这样我可以听懂。❷[无比较级][用以加强语气]显然,完全地:He's just *plain* stupid. 他简直愚不可及。III *n.* ❶[C]平原;(尤指无树林的)大片平地:a wide *plain* 广阔的平原 ❷[U]【纺】平针 ‖ ˈ**plain·ly** *adv.* —ˈ**plain·ness** *n.* [U]

plain clothes [复] *n.* 便衣(尤指不穿制服的警察)

plain-clothes /ˈpleinˌkləuðz/ *adj.* [无比较级][作定语]便衣的:They were tailed by *plain-clothes* police. 他们被便衣警察跟踪。‖ ˈ**plain·clothesˌman** *n.* [C] —ˈ**plain·clothesˌwoman** *n.* [C]

plain·tiff /ˈpleintif/ *n.* [C]【律】起诉人,原告

plain·tive /ˈpleintiv/ *adj.* ❶伤心的;悲哀的:make a low *plaintive* sound 发出低沉忧伤的声音 ❷哀怨的,哀诉的:the *plaintive* babbling of the river 幽咽的河水 ‖ ˈ**plain·tive·ly** *adv.* —ˈ**plain·tive·ness** *n.* [U]

plan /plæn/ I *n.* [C] ❶计划,规划,方案:a city *plan* 城市规划 ❷(建筑物、公园、城市等的)平面图,示意图,详图:He took a pencil and drew a rough *plan* of the garage on a plank. 他拿铅笔在木板上打了个车库的草图。❸(表示机器部件的)机械平面图,图表 ❹计划表,进度表,程序表:draw up a *plan* for experiment 制订试验进度表 II *vt.* (**planned**; **plan·ning**) ❶计划,规划;筹划;部署;按计划进行;打算,意欲:Where are you *planning* to spend your holidays? 你打算去哪儿度假呀? ❷设计;绘制…的图样(或图表):This garden had been expertly *planned*. 这个花园设计得颇具匠心。—*vi.* ❶订计划:We should *plan* carefully in advance. 我们应该预先仔细地拟订计划。❷计划,打算,意欲(*on*, *for*):Something happened that sent me back to Boston much sooner than I had *planned*. 有一件事情使我比原计划更早地回到了波士顿。‖ ˈ**plan·ning** *n.* [U] —ˈ**plan·ner** *n.* [C]

plane[1] /plein/ I *n.* [C] ❶【数】几何平面 ❷平面:an inclined *plane* 斜面 ❸〈口〉飞机(=*aeroplane*) II *adj.* [无比较级] ❶水平的;平坦的 ❷平面的;在同一平面的:*plane* geometry 平面几何学

plane[2] /plein/ I *n.* [C] ❶(木工)刨,刨子 ❷(瓦工)镘刀,抹子 II *vt.* ❶刨;刨平;刨光:*plane* sth. smooth 将某物刨平滑 ❷刨掉;刨去(*away*, *down*) ❸〈古〉使平滑,弄平

plan·et /ˈplænit/ *n.* [C]【天】❶行星(如火星、金星等);地球 ❷〈古〉古行星(尤指太阳、月亮、水星、金星、火星、木星及土星等被古人认为的七行星之一)

plan·e·tar·i·um /ˌplæniˈteəriəm/ *n.* [C]([复] **-i·ums**或**-i·a** /-iə/) ❶天文馆,天象放映馆 ❷【天】天象仪

plan·e·tar·y /ˈplænitᵊri/ *adj.* [无比较级] ❶行星的:the *planetary* galaxy 行星系 ❷流浪的,飘忽不定的:a *planetary* vagabond 流浪者

plank /plæŋk/ *n.* [C] ❶(尤用于建筑、地板材料等的)厚木板 ❷政纲的基本准则;政纲的条目:They fought for a *plank* supporting civil rights. 他们为争取支持公民权的政纲条目而战。

plank·ing /ˈplæŋkiŋ/ *n.* [U](用以铺地板的)板材;铺板

plank·ton /ˈplæŋᵏtᵊn/ *n.* [总称]浮游生物 ‖ **plank·ton·ic** /plæŋᵏˈtɔnik/ *adj.*

plant /plɑːnt; plænt/ I *n.* [C] (一株)植物:a tropical *plant* 热带植物 II *vt.* ❶种,植;播种;在…种植植物:He *planted* trees in the garden. 他在花园里种了树。❷安置,放置;(秘密地)安放(炸弹):*plant* a flag on the summit 在顶上插一面旗子 ❸(在河流或湖中)放养(鱼、虾或牡蛎等) ❹布置(岗哨等);安插(间谍等),使卧底:*plant* a policeman on every corner 在每一个拐角都布置了警察 ‖ ˈ**plant·a·ble** *adj.* —ˈ**plant·let** *n.* [C] —ˈ**plantˌlike** *adj.*

plan·tain[1] /ˈplæntin/ *n.* [C]【植】车前草

plan·tain[2] /ˈplæntin/ *n.* [C]【植】❶大蕉 ❷大蕉的果实

plan·ta·tion /plænˈteiʃᵊn; plɑːn-/ *n.* [C] ❶大农场;大种植园:a coffee *plantation* 咖啡种植园 ❷造林地;森林

plant•er /ˈplɑːntəʳ; ˈplæn-/ *n.* [C] ❶种植者，栽培者 ❷种植场主；大农场主 ❸花盆，花架 ❹种植机

plas•ma /ˈplæzmə/ *n.* ❶[U]【医】浆；血浆；乳清肌浆 ❷＝protoplasm ❸[C]【物】等离子体；等离子区 ❹[U]【矿】深绿玉髓 ‖ **plas•mat•ic** /plæzˈmætik/ *adj.*

plas•ter /ˈplɑːstəʳ; ˈplæs-/ **I** *n.* [U] ❶(用以涂墙或天花板等的)灰泥：They preferred to cover their buildings in stucco *plaster*. 他们想给房子涂粉饰灰泥。❷【史】膏药：mustard *plaster* 芥末药膏 **II** *vt.* ❶在…上抹灰泥：the freshly *plastered* wall of the dining hall 餐厅刚抹了灰泥的墙壁 ❷厚厚地涂抹(或覆盖)(*with*)：*plaster* the bread *with* jam 在面包上厚厚地涂了一层果酱 ‖ ˈ**plas•ter•er** *n.* [C] —ˈ**plas•ter•y** *adj.*

plas•ter•board /ˈplɑːstəˌbɔːd; ˈplæs-/ *n.* [C]石膏灰泥板

plas•tic /ˈplæstik/ **I** *n.* ❶[U;C]可塑物；塑料 ❷[C]塑料信用卡 **II** *adj.* [无比较级]可塑的；塑性的；塑料的：*plastic* substances 可塑性物质 ‖ ˈ**plas•ti•cal•ly** /-kəli/ *adv.* —**plas•tic•i•ty** /plæsˈtisiti/ *n.* [U] —**plas•ti•ci•za•tion**, **plas•ti•ci•sa•tion** /ˌplæstisaiˈzeiʃən; -siˈz-/ *n.* [U] —ˈ**plas•ti•cize**, ˈ**plas•ti•cise** /-ˌsaiz/ *vt.* —ˈ**plas•ti•ciz•er**, ˈ**plas•ti•cis•er** /-ˌsaizəʳ/ *n.* [C] —ˈ**plas•tic•ky** *adj.*

plastic surgeon *n.* [C]整形外科医生，整复外科医生

plastic surgery *n.* [U]【医】整形外科，整复外科

plate /pleit/ **I** *n.* [C]❶盘，大碟，浅盆：He piled up food on his *plate*. 他往盘子里堆了很多食物。❷一盘(或碟)之物：He returned with a *plate* of biscuits. 他拿了一碟饼干回来。❸(金属制的)名牌；门牌；招牌；(汽车等的)牌照：put up a *plate* in the street 在那个街上挂起招牌 ❹(金属等的)平板，薄板 **II** *vt.* ❶以金(或银、铜或锡)镀(另一金属)：unearth a small silver-*plated* bronze calf figurine 出土一只小型的镀银铜牛像 ❷以薄金属板覆盖 ‖ ˈ**plate•ful** *n.* [C] —ˈ**plate•less** *adj.* —ˈ**plat•er** *n.* [C] —ˈ**plat•ed** *adj.*

plat•eau /ˈplætəu/ *n.* [C]([复]-**teaux** /-təuz/或-**teaus**) ❶高原 ❷(上升后的)稳定水平

plat•form /ˈplætfɔːm/ *n.* [C] ❶台；(楼梯口等的)平台：New cars were displayed on rotating *platforms*. 新车放在旋转平台上展出。❷论坛；讲台；舞台，戏台：go up a *platform* 登台 ❸〈英〉(铁路等的)站台，月台：In a few minutes the train drew up beside an improvised wooden *platform*. 几分钟后火车停在破旧不堪的木制站台上。❹(政党的)政纲，党纲，纲领：The candidate has a strong *platform*. 候选人持强有力的政见。

plat•i•num /ˈplætinəm/ *n.* [U]❶【化】铂，白金(符号 **Pt**) ❷银灰色，青灰色

plat•i•tude /ˈplætiˌtʲuːd/ *n.* ❶[C]陈腐的话；陈词滥调：His speech was heavy with *platitudes*. 他的演讲陈词滥调太多。❷[U]平凡；陈腐：the *platitude* of most political oratory 大多数政治演讲的陈腐老套 ‖ **plat•i•tu•di•nize** /ˌplætiˈtʲuːdiˌnaiz/ *vi.* —ˌ**plat•i•tu•di•nous** /-ˈtʲuːdinəs/ *adj.*

Pla•ton•ic /pləˈtɔnik/ *adj.* [无比较级] ❶【哲】(古希腊哲学家)柏拉图的；柏拉图哲学的 ❷[**p-**](友谊)纯精神的；(恋爱)无肉欲的：He thought the embrace was not *platonic*. 他认为那种拥抱不是出于纯洁的友谊。❸[**p-**]理论上的；空想的；不实际的；无害的 ‖ **Pla**ˈ**ton•i•cal•ly** /-kəli/ *adv.*

pla•toon /pləˈtuːn/ *n.* [C] ❶【军】排(军队中连以下的单位)：the infantry *platoon* 步兵排 ❷一队；一组：a *platoon* of students 一组学生

plat•ter /ˈplætəʳ/ *n.* [C] ❶(尤指盛放肉及鱼的)大浅盘：a *platter* of roasted chickens 一大盘烤鸡肉 ❷〈口〉(留声机)唱片 ❸一道菜 ‖ ***on a* (*silve*) *platter*** *adv.* 毫不费劲地，轻而易举地：She always got what she wanted *on a platter*. 她总是毫不费力地得到她想要的东西。

plat•y•pus /ˈplætipəs/ *n.* [C]【动】(澳大利亚)鸭嘴兽

plau•si•ble /ˈplɔːzibəl/ *adj.* ❶(论点等)貌似有理的，似真实的：They have offered quite *plausible* excuses. 他们的借口貌似有理。❷(人)貌似可信的；花言巧语的：He is a *plausible* coxcomb. 他是个巧言令色的花花公子。‖ **plau•si•bil•i•ty** /ˌplɔːzəˈbiliti/ *n.* [U] —ˈ**plau•si•bly** *adv.*

play /plei/ **I** *n.* ❶[U]玩，玩耍；游戏，消遣，娱

乐：Everybody needs a balance of work and *play*. 人人都需要在工作与娱乐之间取得平衡。❷[U;C](游戏或体育等的)比赛;比赛的举行(或进行);比赛的方式;(比赛中的)打法,玩法,走法;(比赛中的)动作,技巧;(一)步;(比赛中)轮到的一次机会:Bad weather stopped *play* yesterday. 昨天的比赛因天气恶劣中止了。❸[C]戏剧;剧本:write a *play* 写剧本 **II** *vi*. ❶玩,玩耍;弄着玩:The children *played* in the yard. 孩子们在院子里玩耍。❷参加运动(或游戏),参加比赛;会某项体育运动;走棋,出牌;(运动员)以特定方式做动作;(比赛场地)呈特定条件:He *plays* for China. 他在中国队效力。/ He is *playing* in the goal. 他在做守门员。❸演奏,奏响,奏鸣:In the distance a band was *playing*. 远处有个乐队在演奏。❹(唱片、录音带等)放音:There was a recorder somewhere *playing* over their conversation. 在他们谈话的当儿,不知什么地方有台录音机在播放音乐。❺表演,扮演角色;(戏剧等)上演,演出;(剧本等)适于演出:*play* in a comedy 在一出喜剧中扮演角色 —*vt*. ❶玩,做(游戏);[不用于被动语态]假扮(或模仿)…玩:Most boys would rather *play* cowboys. 大多数男孩子宁可玩牛仔游戏。❷开(玩笑);耍(花招、恶作剧等);作弄,逗弄;使对立:This is the third time he *plays* me this practical joke. 这是他第三次对我搞这种恶作剧了。❸参加(体育运动、比赛等);同…比赛;(在运动队中)(让…)担任(特定角色);打出,踢出;走(棋),出(牌):He'll *play* Fred at tennis. 他的网球对手是弗雷德。❹演奏(乐曲或乐器);为…演奏;演奏…的乐曲;奏乐带领(或迎送):*play* a familiar melody of the past 演奏一首熟悉的老曲子 ❺放(唱片、录音带等);开(收音机、录音机等)放音;为…放音:Shall I *play* some jazz music for you? 要不要让我为你放点爵士音乐听听? ❻扮演,饰演(角色等);演出,上演(戏剧、影片等);演出…的戏剧;〈美〉在…演出:*play* an underpart 扮演配角 ‖ ***play about*** [***around***] ***with*** *vt*. 玩弄,摆弄;乱弄:He *played about with* my papers. 他乱动我的文件。***play down*** *vt*. ❶降低…的重要性;对…轻描淡写;贬低:He had gone out of his way to *play down* these wonders. 他刻意贬低这些奇迹。❷降尊纡贵,降尊随群(*to*):Right before the election, the candidate *played down to* the voters in order to win their support. 就在选举前夕,那位候选人装出一副降尊纡贵的姿态,以博取选民的支持。***play off*** *vt*. & *vi*. ❶延长比赛(或加赛)以破(平局);使(平局双方)延长比赛(或加赛);(平局后)打延长赛(或加赛);继续进行(中断了的比赛):They *played off* the game interrupted by rain the previous afternoon. 他们继续进行前一天下午因雨而中断的比赛。❷(尤指为渔利)使相斗:She tried to *play off* two of her colleagues against each other, but neither of them took any notice of her. 她企图挑拨两个同事之间的关系,但这两个同事都不理睬她。***play out*** *vt*. ❶演出;把(戏)演完;将(比赛)进行到底:Despite the drizzle, the actors *played out* the opera in the open air. 虽然下着毛毛雨,演员们还是坚持在露天把戏演完。❷[常用被动语态]使筋疲力尽,使耗尽;使逐渐减弱(或消失):We walked 30 miles that day and were *played out* at the end. 那天我们步行了30英里,最后简直累垮了。***play up*** *vi*. & *vt*. ❶(比赛时)拼命;[常用祈使句]加油:"*Play up*! *Play up*!" the spectators shouted to the athletes. 观众朝着运动员们喊道:"加油! 加油!" ❷(给)…制造麻烦;使恼火,使痛苦:The children always *play up* when it is bedtime. 一到睡觉时间,孩子们总是调皮捣蛋。❸夸大…的重要性,对…大加渲染:The director *played up* the actress's glamour to conceal her lack of acting ability. 导演夸大这位女演员的魅力,以此掩饰其演技的不足。***play up to*** *vt*. ❶给…当配角;配合 ❷投…所好,迎合:He was a person who would always *play up to* his superiors. 他这个人老是拍上司的马屁。***All work and no play make Jack a dull boy***. 〈谚〉死读书,不玩耍,孩子会变傻。(或:只张不弛人变痴。) ***bring*** [***call***] ***into play*** *vt*. 使活动;使用;发挥:*bring into play* the initiative and creativeness of the people 把人民的积极性和创造性调动起来 ***come into play*** *vi*. 开始活动;投入使用;起作用:In tackling this problem, we must take into consideration all the facts that may *come into play*. 在解决这个问题的时候,我们得把一切可能起作用的因素都考虑进去。***make play*** *vi*. 有效地行动;切实地办事:I'm too late, and therefore I must *make play*. 我来得太迟了,得赶紧做。***make play with*** *vt*. (在讨论、辩论等中)故意卖弄:The speaker *make* great *play with* his opponent's weaknesses of argument. 演讲人抓住对手论点

中的漏洞大做文章。‖ ˈplay·a·ble *adj.* —play·a·bil·i·ty /ˌpleiəˈbiliti/ *n.* [U]

play·act /ˈpleiˌækt/ *vi.* ❶表演,演戏 ❷假装;装腔作势 —*vt.* 表演,演出;扮演(角色):*play-act* a burglar 扮演一个盗贼 ‖ ˈ**play**ˌ**act·ing** *n.* [U] —ˈ**play**ˌ**act·or** *n.* [C]

play·back /ˈpleiˌbæk/ *n.* [U](录音、录像的)回放,重放;(唱片的)放送

play·boy /ˈpleiˌbɔi/ *n.* [C] 寻欢作乐的男子,花花公子

play·er /ˈpleiəʳ/ *n.* [C] ❶玩耍(或游戏)的人;打牌的人;下棋的人:a chess *player* 棋手 ❷运动员,选手 ❸演员 ❹演奏者 ❺(电)唱机(=record player)

play·ful /ˈpleifᵘl/ *adj.* ❶爱玩耍的;嬉戏的;顽皮的:*playful* children 嬉戏的儿童 ❷开玩笑的,闹着玩的,不当真的:*playful* behaviour 开玩笑的举动 ‖ ˈ**play·ful·ly** *adv.* —ˈ**play·ful·ness** *n.* [U]

play·ground /ˈpleiˌgraund/ *n.* [C](学校的)操场,运动场;(儿童)游乐场

play·group /ˈpleiˌgruːp/ *n.* [C](在成人监护下按时一起活动的)幼儿游戏组

play·house /ˈpleiˌhaus/ *n.* [C]([复]-**hous·es** /-ˌhauziz/) ❶剧场,戏院 ❷儿童游戏房;玩具房

play·ing-card /ˈpleiiŋˌkɑːd/ *n.* [C]纸牌,扑克牌

play-off /ˈpleiˌɔf;-ˌɔːf/ *n.* [C](平局后的)延长赛(或加赛),平分决胜

play·thing /ˈpleiˌθiŋ/ *n.* [C] ❶供玩耍的东西;玩具:An overturned boat in the surf is not a *plaything* to a swimming man. 在激浪里,一只翻了身的船对正在游泳的人来说可不是闹着玩的。❷被玩弄的人,玩物:She was merely a love-smitten *plaything*. 她不过是一个为情所迷的玩物。

play·wright /ˈpleiˌrait/ *n.* [C]剧作家,编写剧本的人

pla·za /ˈplɑːzə/ *n.* [C] ❶(尤指西班牙城市的)广场,集市 ❷〈主美加〉购物中心,商业区

plc, PLC *abbr.* Public Limited Company 股份公开有限公司

plea /pliː/ *n.* [C] ❶恳求;请求:an impassioned *plea* 恳切的请求 ❷【律】(被告表明对于被指控的罪名服或不服的)答辩,抗辩,辩护 ❸借口;托词:under the *plea* of delicate health 以身体不好为借口

plead /pliːd/ (**plead·ed**或〈美〉〈苏〉**pled** /pled/) *vi.* ❶恳求,请求,祈求(见 appeal):*plead* for help 请求帮助 ❷【律】申诉,辩护 —*vt.* ❶【律】作为答辩提出;为…辩护 ❷【律】承认,认(罪):*plead* guilty 承认有罪;服罪 ❸提出…为理由;以…为口实:He was obliged to *plead* indisposition and excuse himself. 他出于无奈只好推说身体不适要走。❹申诉,辩护 ‖ ˈ**plead·a·ble** *adj.* —ˈ**plead·er** *n.* [C]

pleas·ant /ˈplezᵊnt/ *adj.* ❶(事、物等)令人愉快的,使人开心的;宜人的,舒爽的;合意的:a *pleasant* summer day 愉快的夏日 ❷(人或其外表、举止等)令人喜爱的,讨人喜欢的;(态度、性情等)和蔼可亲的:They seem pretty *pleasant* together. 看来他们在一块儿还挺和美的。‖ ˈ**pleas·ant·ly** *adv.* —ˈ**pleas·ant·ness** *n.* [U]

pleas·ant·ry /ˈplezᵊntri/ *n.* 〈书〉❶[常作 **pleasantries**]有礼貌的话,客气话,应酬话:We exchanged *pleasantries* about weather, then got down to business. 我们俩就天气寒暄了几句就谈起正事了。❷[C]轻松幽默的话;(善意的)笑话,打趣话,俏皮话:He laughed at his own *pleasantry*. 打趣话一出口,他自己也笑了。❸[C]愉快的事情,快乐的事情

please /pliːz/ *vt.* ❶使高兴,使喜欢;使满意:This speech *pleased* her very much. 这番话说得她心里乐滋滋的。❷[用 it 作形式主语]合…的心意,是…的意愿:May it *please* the court to show mercy. 但愿法庭会以宽大为怀。❸[用 it 作形式主语]〈旧〉乐于做,选择做:Instead of attending the meeting, it *pleased* him to go off hunting. 他不去参加会议,而决定溜出去打猎。—*vi.* ❶令人高兴,讨人喜欢;使人满意:The words are so arranged that their sounds *please*. 词语安排得如此巧妙,它们的声音给人以快感。❷愿意,喜欢;认为合适:She allowed her children to do as they *pleased*. 她对孩子们放任自流。‖ ***please oneself*** *vi.* ❶使自己满意:Thus *pleasing himself* a while, he at last fell into a slumber. 他这样自鸣得意了一会儿,终于打起瞌睡来,很快就睡熟了。❷〈口〉请便;愿意怎样就怎样:I *please myself* what I do with my life. 我爱怎么生活就怎么生活。

☆**please** 表示"请求"的意义时有下述几类用法:❶用于祈使句句末或句首,表示委婉命令:Come here *please*.(请到这里来。)/ Pass me the salt *please*!(请把盐递给我!)❷用于较有礼貌地征询他人意见:*Please* may I come in?(请问我可以进来吗?)❸用于对他人所提问题作肯定答复:A: Shall I use the phone?(我打个电话好吗?)B: Yes, *please*.(请打吧。)❹用于表示愿望:He will return someday, *please* God!(但愿他有天会回来!)please 表示"请求"的意义时可与 kindly 换用,please 多用于口语,可置于句首、句中或句末,而 kindly 多用于书信和正式文体:*Kindly* let me know your name.(请教阁下的姓名。)kindly 有时具有讽刺意义:*Kindly* behave properly.(拜托,放规矩点。)

pleased /pliːzd/ *adj*. 高兴的,喜欢的;满意的:She was *pleased* with the new house. 她对新房子很满意。‖ ***be pleased with oneself*** *vi*. 沾沾自喜,自鸣得意:Both *were* well *pleased with themselves*. 双方都洋洋得意。‖ **pleas·ed·ly** /ˈpliːzidli/ *adv*. —ˈ**pleas·ed·ness** *n*. [U]

pleas·ing /ˈpliːziŋ/ *adj*. 令人高兴的,讨人喜欢的;使人满意的:a *pleasing* working environment 惬意的工作环境/ There is something *pleasing* in her countenance. 她的外表有某种赏心悦目之处。‖ ˈ**pleas·ing·ly** *adv*. —ˈ**pleas·ing·ness** *n*. [U]

pleas·ur·a·ble /ˈpleʒərəbəl/ *adj*. 令人快乐的,愉快的,舒适的:a *pleasurable* journey 令人愉快的旅程 ‖ ˈ**pleas·ur·a·bly** *adv*.

pleas·ure /ˈpleʒər/ *n*. ❶[U]高兴,愉快,快乐;满足:She blushed in *pleasure*. 她脸红了,但心里却乐滋滋的。❷[C]令人高兴的事,令人愉快的事;乐事,乐趣:It was a *pleasure* to behold. 那真是叫人看了很痛快的场面。❸[U;C]娱乐,消遣;感官的享受;声色之乐;性快感:Are you in New York on business or is it for *pleasure*? 你来纽约是出差还是旅游呢?

P

pleat /pliːt/ *n*. [C]褶裥;褶状皱起物:The little *pleat* had appeared again in her brow. 她的眉头又皱了起来。‖ ˈ**pleat·ed** *adj*.

ple·be·ian /pliˈbiːən/ **I** *n*. [C](古罗马的)平民,百姓 **II** *adj*. ❶[无比较级]平民的;下层社会的:a *plebeian* organization 平民组织 ❷无教养的:*plebeian* violence 粗暴 ❸卑贱的;不体面的 ‖ **pleˈbe·ian·ism** /-ˌnizəm/ *n*. [U]

pleb·i·scite /ˈplebisit;-ˌsait/ *n*. ❶[C;U]公民投票 ❷[C](关于特定事物的)公众舆论 ‖ **ple·bis·ci·tar·y** /pləˈbisitəri/ *adj*.

pledge /pledʒ/ *n*. [C] ❶誓言,誓约;保证:She was harmed by his failure to honour his *pledge*. 他未能履行诺言,这使她受到了伤害。❷担保品,担保物:leave a TV set as a *pledge* for the debt 留下一台电视作为欠债的担保物 ❸抵押品,典押物 ‖ ***in pledge*** *adj*. & *adv*. 在抵押中 ***take the pledge*** 发誓戒酒 ‖ ˈ**pledge·a·ble** *adj*. —ˈ**pledg·er**, ˈ**pledg(e)·or** *n*. [C]

ple·na·ry /ˈpliːnəri;ˈplen-/ **I** *adj*. [无比较级] ❶完全的;绝对的;无限制的,无条件的:*plenary* indulgence 大赦 ❷全体出席的 **II** *n*. 全体会议

plen·i·tude /ˈpleniˌtjuːd/ *n*. [U]〈书〉❶充分,完全;充实,充满:in the *plenitude* of one's powers 权倾一时 ❷丰富,富饶:Midday dinner is an image of *plenitude*. 午餐充分体现了富裕。

plen·te·ous /ˈplentiəs/ *adj*.〈诗〉丰富的;丰硕的;丰产的:a *plenteous* year 大有之年 ‖ ˈ**plen·te·ous·ly** *adv*. —ˈ**plen·te·ous·ness** *n*. [U]

plen·ti·ful /ˈplentifəl/ *adj*. ❶大量的,丰富的,多的:*plentiful* protein 丰富的蛋白质 ❷富裕的;丰产的:a *plentiful* land 富饶的土地 ‖ ˈ**plen·ti·ful·ly** *adv*. —ˈ**plen·ti·ful·ness** *n*. [U]

plen·ty /ˈplenti/ **I** *n*. [U] ❶丰富,充足;众多;大量(*of*):*Plenty* is at our doorstep. 我们手头并不匮乏。❷富裕,繁荣:the times of *plenty* 丰衣足食的光景 **II** *adv*. [无比较级]〈口〉充分地,完全地,十分:*plenty* large enough 足够大 ‖ ***in plenty*** *adj*. 大量的;丰富的;充裕的:natural resources *in plenty* 丰富的自然资源

pleu·ri·sy /ˈpluərisi/ *n*. [U]【医】胸膜炎;肋膜炎 ‖ **pleu·rit·ic** /ˌpluəˈritik/ *adj*.

pli·a·ble /ˈplaiəbəl/ *adj*. ❶易弯的;柔韧的;可塑的:Cane is *pliable* when wet. 藤条受潮易弯曲。❷柔顺的;易受影响的;能适应的:the *pliable* mind of youth 青年人易受影响的思想 ‖

pli•a•bil•i•ty /ˌplaiəˈbiliti/, ˈ**pli•a•ble•ness** *n.* [U] —ˈ**pli•a•bly** *adv.*

pli•ant /ˈplaiənt/ *adj.* ❶易弯的;柔韧的:*pliant* willow twigs 柔软的柳枝 ❷易适应的;顺从的:He had not a *pliant* face. 他脸上并不是凡事随和的样子。‖ ˈ**pli•an•cy** *n.* [U] —ˈ**pli•ant•ly** *adv.*

pli•ers /ˈplaiəz/ [复] *n.* 钳子;老虎钳

plight /plait/ *n.* [用单]困境,苦境:Countless news stories featured the *plight* of the unemployed scholar with a PhD. 无数新闻报道讲述博士学位获得者失业的困境。

plinth /plinθ/ *n.* [C]【建】❶柱基;底座 ❷(花瓶、雕像等的)底座

plod /plɔd/(**plod•ded**; **plod•ding**) *vi.* ❶沉重缓慢地走(*along*, *on*):The caravan *plodded* forward, covering ten or twelve miles a day. 车队缓慢地向前行进,每天走 10 到 12 英里。❷不厌其烦地工作;吃力地做事;埋头苦干(*at*):*plod at* one's books 勤奋读书 —*vt.* 沉重地走:*plod* one's way back 沉重地走在回来的路上 ‖ ˈ**plod•der** *n.* [C] —ˈ**plod•ding** *adj.*

plop /plɔp/ **I** *n.* ❶[C](光滑的小物件落入水中的)落水声;扑通声:One sandal fell to the sand with a soft *plop*. 一只凉鞋噗的一声掉进沙里。❷[U]扑通落下;啪嗒掉下 **II** *vt.* (**plopped**; **plop•ping**)使扑通一声掉落 —*vi.* 扑通一声掉落:*plop* into the water 扑通一声落入水中

plot /plɔt/ **I** *n.* [C] ❶小块地皮,小块土地:a garden *plot* 菜园 / Each family has been allocated a *plot* of land to farm. 每个家庭都分了一块地耕种。❷(诗歌、小说、戏剧等的)结构,情节:The *plot* thickens. 情节变得错综复杂起来。❸密谋;阴谋;(秘密)计划:political *plots* 政治圈套 **II** *vt.* (**plot•ted**; **plot•ting**) ❶制(图),画(图):We *plotted* the graph in the opposite way. 我们用相反的方法制图。❷密谋;计划,策划:Have you *plotted* to drown me? 你想淹死我吗? ‖ ˈ**plot•less** *adj.* —ˈ**plot•less•ness** *n.* [U] —ˈ**plot•ter** *n.* [C]

☆**plot**, **conspiracy**, **intrigue** 均有"阴谋,诡计"之意。**plot** 常指为达到某一罪恶目的而进行的精心谋划和安排,可用于个人,也可用于集体:The police have uncovered a *plot* to assassinate the president. (警方已揭露了一个行刺总统的阴谋。) **conspiracy** 指两个或两个以上的人共同密谋进行犯罪或非法活动,常用于叛变等重大阴谋:The men were found guilty of *conspiracy* to murder. (这些人被裁决犯有阴谋杀人罪。) **intrigue** 指幕后的秘密策划或操纵,强调通过玩弄诡计以达到自己的目的而不是要推翻或摧毁别人:She got to her present high position by plotting and *intrigue*. (她通过耍阴谋诡计取得了目前这样高的地位。)

plough /plau/ *n.* ❶[C]【农】犁 ❷[C]犁形器具:a snow *plough* 除雪机 ❸[U]犁过的地;耕地 ❹〈英口〉考试不及格〔亦作 **plow**〕‖ ***put one's hand to the plough*** *vi.* 承担任务 ‖ ˈ**plough•a•ble** *adj.* —ˈ**plough•er** *n.* [C]

plough•man /ˈplaumᵊn/ *n.* [C] ([复]**-men** /-mᵊn/) 把犁人;庄稼汉〔亦作 **plowman**〕

plow•share /ˈplauˌʃeəʳ/ *n.* [C]〈主美〉(犁)铧,铧头

ploy /plɔi/ *n.* [C]〈口〉❶(为化弊为利而采取的)策略;伎俩 ❷娱乐(活动)

pluck /plʌk/ **I** *vt.* ❶拔;摘;采(*out*, *off*):The plums have been *plucked* from this particular pudding. 这种布丁上的葡萄干已经被拿掉了。❷拔除…的毛;修(眼睫毛):*pluck* the goose 拔鹅毛 ❸拉,拽 ❹弹,拨(乐器的弦);弹奏(乐器) —*vi.* 抓住(*at*):A drowning man *plucks at* a straw. 快淹死的人一根草也要抓。**II** *n.* [U]勇气,胆量,决心,精神 ‖ ***pluck up*** *vt.* 鼓起(勇气),振作(精神):He *plucked up* enough courage to approach her. 他鼓起勇气靠近她。‖ ˈ**plunck•er** *n.* [C] —ˈ**plunck•less** *adj.*

pluck•y /ˈplʌki/ *adj.* 有勇气的,有胆量的:a *plucky* cowboy 胆大的牛仔 ‖ ˈ**pluck•i•ly** *adv.* —ˈ**pluck•i•ness** *n.* [U]

plug /plʌg/ **I** *n.* [C] ❶塞子;填塞物:a small *plug* used to stop the vent of a cask 一个用来堵住酒桶漏孔的小塞子 ❷电插头:I yanked the *plug* out of the wall. 我使劲把插头从墙上拽出来。❸〈口〉(广告或电视的)一则商业广告;商业宣传:throw in a *plug* 插入一则广告 **II** *vt.* (**plugged**; **plug•ging**) ❶填塞;堵塞;以塞子塞入(*up*):*plug* a lamp into a wall receptacle 把灯插到墙上的插座上 ❷〈口〉(通过反复宣传)使为人所知;大肆宣传:*plug* a song 宣传一首歌 —*vi.* 〈口〉勤奋工作;用劲干(*at*):*plug* away *at* a task 勤奋地工作 ‖ ***plug in*** *vt.* (将插

头插入插座)给…接通电源;接通(电源) ***pull the plug*** ❶突然中断(停止):The government *pulled the plug* on the project when it became too expensive. 政府因该工程开支太高而突然中断了它。❷终止抢救 ‖ ˈ**plug·ger** *n.* [C]

plug-in /ˈplʌgˌin/ *adj.* [无比较级]【电】插入式的,带插头接电的:a *plug-in* toaster 插入式烤炉

plum /plʌm/ *n.* [C]❶李子;梅子 ❷【植】李子树;梅子树;李属植物

plum·age /ˈpluːmidʒ/ *n.* [U]鸟羽,羽毛 ‖ ˈ**plum·aged** *adj.*

plumb /plʌm/ **I** *n.* [C](固定于铅垂线的一端以测定水深或检测墙体是否垂直的)垂球,铅锤;测锤 **II** *vt.* ❶用铅锤测(水)深;测量(深度) ❷用铅锤检查(是否垂直) ‖ ***out of plumb*** *adj.* 不垂直的,倾斜的 ***plum the depths of*** 达到…的最低点:This new play really *plumbs the depths of* unpleasantness. 这出新戏实在令人讨厌极了。

plumb·er /ˈplʌməʳ/ *n.* [C](装修水管的)管子工,水暖工

plumb·ing /ˈplʌmiŋ/ *n.* [U] ❶(建筑物的)管道设备;水暖设备:We hope to get the *plumbing* put in very soon. 我们希望能很快把水暖设备安装好。❷装修水管业;管子工的工作

plume /pluːm/ *n.* [C] ❶羽毛:the brilliant *plume* of a peacock 鲜艳的孔雀羽毛 ❷(缀在帽子、盔或头发上的)羽毛饰 ❸羽毛状的东西:A war-damaged oil refinery sends a *plume* of smoke over the skyline. 毁于战争的炼油厂在天际线上冒出一股羽状烟雾。 ‖ ˈ**plume·less** *adj.* —ˈ**plumeˌlike** *adj.* —ˈ**plum·er·y** *n.* [U] —**plumed** *adj.*

plum·met /ˈplʌmit/ *vi.* (**-met·ed;-met·ing**) ❶垂直落下,笔直下坠:Her wavering self-esteem *plummeted.* 她那动摇的自尊心一落千丈。❷陡然下跌:The value of the product would *plummet.* 产品的价值会陡然下降。

P

plump¹ /plʌmp/ *adj.* ❶(尤指动物、人、身体的各部分)圆胖的,丰满的,多肉的(见 fat):a *plump* but not fat woman 一位丰满但并不肥胖的妇女 ❷圆滚滚的;胀鼓鼓的:the sofa's *plump* white cushions 圆鼓鼓的白色沙发靠垫(*up*,*out*) ‖ ˈ**plump·ish** *adj.* —ˈ**plump·ly** *adv.* —ˈ**plump·ness** *n.* [U] —ˈ**plump·y** *adj.*

plump² /plʌmp/ *vi.* ❶(突然)沉重地落下(*down*):The fat body *plumped down* in the chair. 肥胖的身体沉重地压在椅子上。❷极力支持,拥护(*for*):*plump for* a team 竭力支持某一队 ❸赞成;选定(*for*):We finally *plumped for* the red car rather than the black one. 我们最终选定了这辆红色的汽车而不是那辆黑色的。—*vt.* ❶使(突然)沉重地落下(*down*):*plump* sth. down on the floor 扑通一声把某物放到地上 ❷冲口说出(*out*):She *plumped out* the truth at the oddest times. 她在最可笑的时候冲口说出事实真相。

plun·der /ˈplʌndəʳ/ **I** *vt.* ❶(尤指在战乱时用武力)抢劫,抢掠;抢(某地)的东西;盗窃:*plunder* a bank 抢银行 ❷侵占,侵吞;骗取:The people were *plundered* by the pirate. 人们受到了海盗的抢劫。**II** *n.* [U] ❶抢劫;侵吞;盗窃:prevent the *plunder* and confusion 平定掠夺和混乱的局面 ❷劫掠物;赃物:A man can enjoy *plunder* peaceably nowhere. 一个人不管在哪儿都没法安享不义之财。 ‖ ˈ**plun·der·er** *n.* [C]

plunge /plʌndʒ/ **I** *vt.* ❶猛力把…投入(或插入、刺进)(*in*,*into*):*plunge* the hand *into* the fire 把手猛地伸进火里 ❷使突然陷入:When the electric station exploded,every house was immediately *plunged* into darkness. 发电站发生了爆炸,所有房子立刻陷入了黑暗之中。❸使埋头于,使投身于:be *plunged* into a book 专心阅读一本书 —*vi.* ❶纵身投入;一头进入:*plunge* into water 扎猛子 ❷开始从事;投入(*into*):*plunge into* the political arena 涉足政治舞台 ❸猛跌;骤降 **II** *n.* [C] ❶投入;陷入;猛跌,陡降;猛冲;突进 ❷跳水 ‖ ***take the plunge*** *vi.* 〈口〉采取重大步骤;做决定性的事:She *took the plunge* at the age of 25 by marrying a diplomat. 她25岁时迈出重要一步,嫁给了一个外交官。

plunk /plʌŋk/ **I** *n.* [U] ❶(弦乐器发出的)叮咚的弹拨声 ❷〈美〉重击 **II** *vt.* ❶使发出叮咚的弹拨声 ❷〈美〉突然击打 ❸〈美〉重重倒下 —*vi.* 发出叮咚的弹拨声 **III** *adv.* ❶扑通一声地,砰砰地 ❷不偏不倚地:The dart landed *plunk* in the center of the target. 羽镖正中靶心。

plu·per·fect /pluːˈpəːfikt/【语】**I** *adj.* [无比较级]过去完成时的 **II** *n.* [U]过去完成时〔亦作

past perfect〕

plu·ral /ˈpluərᵊl/ I *adj*. [无比较级] ❶多于一个的;多元的:Our world is indeed a *plural* one. 我们的世界确实是一个多元的世界。❷【语】复数的:the *plural* number 复数 ❸多数的;多种的 II *n*. [C]【语】❶复数形式;复数形式的词 ❷复数 ‖ ˈ**plu·ral·ly** *adv*.

plu·ral·ism /ˈpluərəˌlizᵊm/ *n*. [U] ❶(尤指在数个教堂的)兼职 ❷多元主义;多元性 ‖ ˈ**plu·ral·ist** *n*. [C] —**plu·ral·is·tic** /ˌpluərəˈlistik/ *adj*. —ˌ**plu·ral**ˈ**is·ti·cal·ly** /-kᵊli/ *adv*.

plu·ral·i·ty /pluəˈræliti/ *n*. ❶[U]【语】复数,复数形式 ❷多元性(=pluralism) ❸[用单]多数,大量:A text is sure to elicit a *plurality* of responses. 一个文本肯定会引起多种反应。

plu·ral·ize /ˈpluərəˌlaiz/ *vt*. ❶使更多;使多元化 ❷【语】以复数形式表示 —*vi*. ❶变得更多;变得多元化 ❷【语】成为复数 ❸兼数职;兼管数个教堂〔亦作 **pluralise**〕

plus /plʌs/ I *prep*. ❶【数】加,加上:One *plus* two is three. 1加2等于3。❷(温度)在零上,正:*plus* 2℃ 零上2℃ ❸〈口〉外加;另有;且有:Single houses usually rent for at least $350 per month *plus* heat and utilities. 单间房出租一般每月至少要350美元,外加供热设备和器具使用的费用。II *adj*. [无比较级] ❶(放在数字后)至少:fifteen *plus* 至少15 ❷[放到考分等后面,常用十号表示]略好一些的;略高一些的:It no doubt has its *plus* points. 这毫无疑问有它好的一面。❸【数】正的;加的 III *n*. [C] ❶加号 ❷【数】正量;正数 ❸好处;有利因素,优势:an unexpected *plus* 未料到的有利因素

plush /plʌʃ/ *adj*. ❶[无比较级]长毛绒的;长毛绒制的:*plush* curtains 长毛绒窗帘 ❷豪华的,华丽的:a *plush* restaurant 豪华餐馆 ‖ ˈ**plush·ly** *adv*. —ˈ**plush·ness** *n*. [U]

plu·to·ni·um /pluːˈtəuniəm/ *n*. [U]【化】钚(符号 **Pu**)

ply[1] /plai/ *n*. [C] ❶(布、纸板、胶合地板等的)一层;一层厚:three-*ply* wood 三夹板 ❷(纱、绳等的)一股:four-*ply* thread 四股线

ply[2] /plai/ *vt*. ❶使用(器具、武器等):*ply* the razor 用剃须刀 ❷辛勤地从事,不停地做(某一行业或商业):The local fishermen *ply* their trade there. 当地渔民在那里辛勤地从事着自己的行业。—*vi*. ❶(车辆等)定期往返于(*between*) ❷(出租车司机、船工等在固定地点)候客,等生意:a porter *plying* at the platform 在站台上等生意的搬运工

ply·wood /ˈplaiˌwud/ *n*. [U]胶合板

PM *abbr*. ❶ post-mortem ❷ Prime Minister ❸ Provost Marshal (陆军)宪兵司令

p. m. , P. M. *abbr*. 〈拉〉*post meridiem* 下午

pneu·mat·ic /nʲuːˈmætik/ *adj*. [无比较级] ❶空气的;气体的;风的 ❷压缩空气的;压缩空气操作(或推动)的:*pneumatic* tyres 充气的轮胎 ‖ **pneu**ˈ**mat·i·cal·ly** /-kᵊli/ *adv*. —**pneu·ma·tic·i·ty** /ˌnʲuːməˈtisiti/ *n*. [U]

pneu·mo·nia /njuːˈməuniə/ *n*. 肺炎

PO *abbr*. ❶ postal order 邮政汇票 ❷ Post Office

poach[1] /pəutʃ/ *vt*. ❶煮(荷包蛋):They got eggs from the woman to *poach* it for their dinner. 他们从那个女人那里弄来些鸡蛋,煮了当饭吃。❷煨,炖(鱼等) ‖ ˈ**poach·er** *n*. [C]

poach[2] /pəutʃ/ *vt*. ❶非法猎取(或捕取),偷猎:*poach* elephants 偷猎大象 ❷不公平地占取(便宜、好处等) —*vi*. 侵犯(领土等);盗用,窃取(他人的想法等)(*on*):*poach on* a neighbour's land 侵犯邻居的土地

pock /pɔk/ *n*. [C] ❶(出天花后留下的)痘痕,麻子 ❷(麻子似的)凹痕;凹坑 ‖ ˈ**pock·y**, **pocked** *adj*.

pock·et /ˈpɔkit/ I *n*. [C] ❶衣袋,口袋,兜:He pulls a handkerchief from his coat *pocket*. 他从上衣口袋里抽出一块手帕。❷(车站、皮箱等的)凹处,匣,槽 ❸钱包,钱袋;财力,财源:I'll finance the film out of my own *pocket*. 我会用自己的钱来资助这部影片。❹(与周围孤立的)一小群,一小批;一小块,一小片:in this *pocket* of place 在这小小的弹丸之地 II *vt*. ❶把…放入衣袋:He grinned as he *pocketed* the coin. 他把硬币放进口袋的时候,咧嘴笑了笑。❷把…据为己有;侵吞,侵占:*pocket* public funds 侵吞公共基金 ‖ ***line one's pocket*** *vi*. 为自己谋利;中饱私囊 ***pick sb.'s pocket*** *vi*. 扒窃 ‖ ˈ**pock·et·a·ble** *adj*. —ˈ**pock·et·ful** *adj*. —ˈ**pock·et·less** *adj*.

pock·et·book /ˈpɔkitˌbuk/ *n*. [C] ❶笔记本 ❷(用来放钞票、纸等的)皮夹子

pocket money *n*. [U] ❶日常零用钱 ❷〈英〉

P

(家长给孩子的)零花钱

pod /pɔd/ *n.* [C] ❶荚,荚果(尤指豆荚) ❷蚕茧

po·di·a·try /pəˈdaiətri/ *n.* [U]〈美〉足医术,足病学 ‖ **poˈdi·a·trist** *n.* [C]

po·di·um /ˈpəudiəm/ *n.* [C]([复]**-di·ums**或**-di·a** /-diə/) ❶(房子等的)墩座 ❷(古代圆形竞技场与观众席之间的)矮隔墙 ❸讲台;高台;演讲台;指挥台

po·em /ˈpəuim/ *n.* [C]诗;韵文

po·e·sy /ˈpəuizi;-si/ *n.* [U]〈古〉[总称]诗;韵文

po·et /ˈpəuit/ *n.* [C]诗人

po·et·ic /pəuˈetik/, **po·et·i·cal** /-kᵊl/ *adj.* ❶诗的;有诗歌特点的,诗意的:*poetic* forms 诗歌形式 ❷[无比较级]诗人的;诗人似的 ‖ **poˈet·i·cal·ly** *adv.*

poetic licence, poetic license *n.* [U](诗歌中不按一般语言规则行文的)诗的破格

po·et·ry /ˈpəuitri/ *n.* [U]❶[总称]诗;诗歌艺术(或理论、结构):the classical Chinese *poetry* 中国古典诗歌 ❷诗情;诗意;诗质

poign·ant /ˈpɔinjənt/ *adj.* ❶痛切的;惨痛的;辛酸的:*poignant* regret 痛彻的悔恨 ❷令人同情的;感人的:a *poignant* scene in the movie 电影中一处感人的场景 ‖ **ˈpoign·ance**, **ˈpoign·an·cy** *n.* [U] —**ˈpoign·ant·ly** *adv.*

point /pɔint/ **I** *n.* ❶[C](工具、武器、铅笔等的)尖,尖头,尖端,顶端;端点:the *point* of a needle 针尖 ❷[C]【数】(几何中的)点;交点;小数点 ❸[C](表示位置的)点,处,地方,地点;位置:The goods will have to travel overland to inland *points*. 此货必须经陆路运至内地。❹[常作 **the ~**]时刻,时分;关键时刻,决定性时刻;临近时刻:at *the point* of death 在弥留之际 ❺[C]痕点;小点;斑点 ❻[C](温度计等刻度表上的)点,度:the melting *point* of a substance 物质的熔点 ❼[C](用作计分单位的)点;分;学分;(赌博所赢的)点数:The 111 *points* set an Olympic record. 这 111 分的成绩创下了奥运会纪录。❽[C]要点;论点;主旨:That's my *point*. 这就是我的主要意思。❾[C][常用在否定句、疑问句中]理由,道理;目的;价值(*in*):You have a *point* there. 言之有理。**II** *vt.* ❶(用手指、武器等)瞄准,对着;把注意力转向(*to*,*at*):She pointed a finger at me. 她用手指指着我。❷加强(言语或动作)的力量;强调,突出:*point* the necessity 强调必要性 —*vi.* ❶指向;对准(*at*,*towards*):I looked where he *pointed*. 我顺着他指的方向望去。❷有…的倾向(*at*,*towards*):The house *points towards* the sea. 那幢房子面向大海。‖ ***at all points*** *adv.* 在各方面;完全地:study a language *at all points* 全面研究一门语言 ***at the point of*** *prep.* [后常接表示动作的名词]正要…之际,就要…之时:His head was *at the point of* bursting. 他感到头就要爆炸了。***beside the point*** *adj.* 离题的,不相关的:It is *beside the point* under discussion. 这与眼下讨论的不相关。***have a point*** *vi.* 有其独到之处:Needless to say, she fails, although she *has a point*. 毋庸置疑她失败了,尽管她有自己的特别之处。***make a [one's] point*** *vi.* 立论,确立观点:concoct an anonymous source to *make a point* 炮制无名的消息来源来立论 ***make a point of*** *vt.* [后常接表示动作的名词或动名词]坚持做,努力做;认为做…是必要的:It would be stupid to *make a point of* it. 坚持这么做是很愚蠢的。***off the point*** *adj.* & *adv.* 不相关的(地);不切题的(地),不中肯的(地) ***on the point of*** *prep.* [后接表示动作的名词或动名词]正要…之际,就要…之时:He was actually *on the point of* tears. 他确实差点要哭起来。***point out*** *vt.* 表明;指出;使注意:*point out* a pathway 指点迷津 ***point to [toward]*** *vt.* 表明,证明:*It all points to* murder. 一切证据都表明是谋杀。***point up*** *vt.* 强调;表明…重要:*point up* the necessity 强调必要性 ***take sb.'s point*** *vi.* 承认某人说得对;接受某人的观点 ***to the point*** *adj.* & *adv.* 切题的(地),中肯的(地):In contrast with what is to follow, the language is *to the point* and unadorned. 跟下文形成对比的是,语言直白无华。***upon the point of*** *prep.* =on the point of ***up to a point*** *adv.* 在一定程度上;有一点:He had habits, but only *up to a point*, for he was a student of change. 他有些毛病,但程度不深,他毕竟还是不断在改变的学生。‖ **ˈpoint·y** *adj.*

point-blank /ˈpɔintˌblæŋk/ [无比较级] *adj.* ❶近距离平射的;(距离、射程)近的:a *point-blank* shot 直射 ❷直截了当的,明白的:make a *point-blank* refusal 直截了当地拒绝

point·ed /ˈpɔintid/ *adj.* ❶[无比较级]有尖头

的，尖的：high *pointed* kid shoes 尖头的羊皮鞋 ❷(评论等)尖锐的；有针对性的；一针见血的：He says in a *pointed* voice, as if blaming her. 他话外有音，有点责怪她的味道。‖ ˈ**point·ed·ly** *adv.* —ˈ**point·ed·ness** *n.* [U]

point·er /ˈpɔintəʳ/ *n.* [C] ❶指示者；指示物 ❷指示棒；教鞭 ❸〈口〉暗示，线索，点子 ❹(钟表、仪表等的)指针

point·less /ˈpɔintlis/ *adj.* ❶[无比较级]无尖头的，钝的：a *pointless* knife 一把钝刀 ❷无意义的，不得要领的；无目标的：The statements are *pointless.* 这些陈述不得要领。‖ ˈ**point·less·ly** *adv.* —ˈ**point·less·ness** *n.* [U]

point of view *n.* [C]([复]**points of view**) ❶观察位置；角度：a distant *point of view* 遥远的观察点 ❷观点，看法：And other things happened, sad, comical, or cruel, depending on one's *point of view.* 诸如此类的事发生了不少，是悲，是喜，还是凶残，那完全是见仁见智的问题了。

poise /pɔiz/ **I** *n.* [U] 镇定，泰然自若，沉着自信：For all her relaxed *poise* she was tense. 她尽管显得从容不迫，内心却很紧张。**II** *v.* 使平衡；使均衡：She *poised* herself on her toes. 她踮起脚尖，平稳站立。

poised /pɔizd/ *adj.* ❶镇定的，泰然自若的，沉着的：a *poised* manner 沉着冷静的态度 ❷[作表语](勉强地保持)平衡的；均衡的：be *poised* between life and death 挣扎于生死之间 ❸[作表语]做好准备的；摆好姿势不动的；蓄势待发的：The army is *poised* for the battle. 军队做好了这次战役的准备。

poi·son /ˈpɔizᵊn/ **I** *n.* [U;C]❶毒，毒物，毒药：a dose of *poison* 一剂毒药 ❷毒害；有毒害的事物，有危害的东西(如思想、学说等)：the *poison* of racial hatred 种族仇恨这种害人的思想 **II** *vt.* ❶给…服毒药；使中毒；毒死：The police confirmed that the victim had been *poisoned.* 警方证实有人给受害者下了毒。❷在…中投毒；在…上涂毒：Someone *poisoned* the well. 有人在井里下毒。❸〈喻〉毒害；危害，戕害：Religious bias has *poisoned* their mind. 宗教偏见戕害了他们的心灵。‖ ˈ**poi·son·er** *n.* [C]

poi·son·ous /ˈpɔizᵊnəs/ *adj.* ❶有毒的；含毒素的：The snake has *poisonous* bits. 这种蛇有毒。❷有害的：the *poisonous* influence of the rumors 谣言产生的坏影响 ‖ ˈ**poi·son·ous·ly** *adv.*

poke /pəuk/ **I** *vt.* ❶戳，捅；戳出，捅出：*poke* sb. in the cheek 戳某人的脸颊 ❷用…戳(或捅)；把…戳(或插)向；把…指(或伸)向：He *poked* the stick down the hole to see how deep it was. 他把木棒伸进洞里，看看洞有多深。—*vi.* (反复地)戳，捅；拨弄(*at*)：*poke at* a pile of sand 拨弄一堆沙子 **II** *n.* [C] 戳，捅；拨弄：He gave her a playful *poke* in the ribs. 他开玩笑地戳了戳她的肋部。

pok·er[1] /ˈpəukəʳ/ *n.* [C] ❶戳(或捅、拨弄)的人 ❷拨火棒，火钩，火钳

pok·er[2] /ˈpəukəʳ/ *n.* [C]【牌】扑克牌戏：a game of *poker* 一局扑克牌戏

pok·y /ˈpəuki/ *adj.* ❶慢吞吞的，缓慢的：a *poky* old man 动作迟钝的老人 ❷(房间等)狭小的；闷人的：a *poky* little apartment 一间狭小的公寓 ‖ ˈ**pok·i·ly** *adv.* —ˈ**pok·i·ness** *n.* [U]

po·lar /ˈpəuləʳ/ *adj.* [无比较级] ❶【地理】地极的；近地极的：*polar* explorers 极地探险家 ❷【生】(物种)生活在北极的 ‖ ˈ**po·lar·ly** *adv.*

polar bear *n.* [C]【动】北极熊，白熊

po·lar·i·ty /pəˈlæriti/ *n.* ❶[C; U]【物】极性；二极性：*polarity* indicator 极性指示器 ❷[U](倾向、观点等的)对立，相反：reconcile *polarities* of individualism and conformity 调和特立独行与循规蹈矩的对立关系

po·lar·i·za·tion /ˌpəuləraiˈzeiʃᵊn;-riˈz-/ *n.* [U] ❶【物】偏振(现象)；极化(作用) ❷两极化，分化：a growing world *polarization* between rich and poor countries 世界性日趋严重的富国和贫国的两极分化

po·lar·ize /ˈpəuləˌraiz/ *vt.* ❶【物】使产生偏振现象：*polarize* wave 使波发生偏振 ❷使两极化；使分化：Whenever he and I argue about politics we inevitably *polarize* our position. 每当我和他讨论政治问题时，我俩的立场总是完全对立的。—*vi.* 两极化；分化 ‖ ˈ**po·larˌiz·a·ble** *adj.* —**po·lar·i·za·tion** /ˌpəuləraiˈzeiʃᵊn;-riˈz-/ *n.* [U] —ˈ**po·larˌiz·er** *n.* [C]

pole[1] /pəul/ *n.* [C] 细长的圆木棒(或金属棒)；(尤指一端插入地面作支撑的)柱；杆；竿：a telephone *pole* 电线杆

pole[2] /pəul/ *n.* [C] ❶【天】天球北极；天球南

极；北极；南极：Six adventurers reached the South *Pole*. 六名探险家到达了南极。❷【物】磁极 ❸【电】电极：the negative [positive] *pole* 阴[阳]极 ‖ ***be poles apart*** *vi*. 大相径庭，完全相反 ***set poles apart*** *vt*. 使大相径庭，使完全相反 ‖ **ˈpoleˌward(s)** *adv*.

pole-jump /ˈpəulˌdʒʌmp/ *n*. & *vi*. = pole-vault

po·lem·ic /pəˈlemik/ **I** *n*. [C;U] ❶激烈的争论，辩论(*against*)：*polemic against* totalitarianism 反对极权主义的辩论 ❷争辩者，辩论者 (口头或书面)抨击，攻击 **II**〔亦作 **po·lem·i·cal** /-kəl/〕*adj*. 引出争辩的；好争辩的：*polemic* compositions 辩论性文章

po·lem·ics /pəˈlemiks/ [复] *n*. [用作单]争辩术，争辩法；争辩学

pole·star /ˈpəulˌstɑːr/, **polar star** *n*. [C] ❶【天】北极星❷指导原则，指南 ❸(注意力、兴趣等的)集中点

pole-vault /ˈpəulˌvɔːlt/ **I** *n*. ❶[C]撑竿跳高(项目) ❷[U]撑竿跳高比赛 **II** *vi*. 作撑竿跳高〔亦作 **pole-jump**〕

po·lice /pəˈliːs/ *n*. ❶[**the** ～][用作复]警察部门；警察当局；警方：*the* marine *police* 水上警察 ❷[总称][用作复]警察；警官：There were over 20 *police* on duty. 有 20 多名警察在值班。

police officer *n*. [C]警察；警官

police state *n*. [C]警察国家(常指极权国家)

police station *n*. [C]警察局〔亦作 **station house**〕

po·lice·wom·an /pəˈliːsˌwumən/ *n*. [C]([复] **-wom·en** /-ˌwimin/) 女警察；女警员

pol·i·cy¹ /ˈpɔlisi/ *n*. ❶[C]政策；方针：domestic [foreign] *policy* 国内[对外]政策 ❷[U]计谋；策略；办法：Honesty is the best *policy*. 诚实为上。

pol·i·cy² /ˈpɔlisi/ *n*. [C]保险契约，保险单：an endowment *policy* 养老保险单

pol·i·cy·hold·er /ˈpɔlisiˌhəuldər/ *n*. [C]投保人，保险客户

po·li·o·my·e·li·tis /ˌpəuliəuˌmaiiˈlaitis/ *n*. [U]【医】脊髓灰质炎，小儿麻痹症

pol·ish /ˈpɔliʃ/ **I** *vt*. ❶擦，磨；擦亮，磨光：She dusted and *polished* the furniture. 她给家具除尘，并把它们擦亮。❷使完美，改进：She went to a night class to *polish* her French. 她去上夜校补习法语。—*vi*. (经摩擦)变得光亮；被擦亮：These glasses *polish* easily. 这些玻璃杯很容易擦亮。**II** *n*. ❶[U;C]擦亮剂；上光剂：a tin of leather *polish* 一罐皮革上光剂 ❷[用单](擦拭后表面的)光滑，光亮；光亮的表面：The roses on the piano were reflected in the *polish* of the broad top. 钢琴上的玫瑰花在光可鉴人的宽大琴盖上倒映出来。‖ ***polish up*** *vt*. & *vi*. ❶擦光，擦亮；被擦光，被擦亮：They are busy *polishing up* the table silver for the dinner. 他们正在为宴会忙着擦拭银餐具。❷使完美，改进：He went to a night class to *polish up* on his English. 他上夜校补习英语。‖ **ˈpol·ish·a·ble** *adj*. —**ˈpol·ish·er** *n*. [C]

Po·lish /ˈpəuliʃ/ **I** *adj*. [无比较级] ❶波兰的 ❷波兰人的；波兰语的 **II** *n*. [U]波兰语

pol·ished /ˈpɔliʃt/ *adj*. ❶擦亮的，磨光的：*polished* wood floor 擦得锃亮的木地板 ❷光洁的，光滑的：His hair is *polished*. 他的头发光洁滑溜。❸优雅的；有教养的：*polished* behaviour 优雅的举止 / He conducts himself with his usual *polished* assurance. 他摆出平常练就的那副自信的样子。❹完美的；精湛的；洗练的：a *polished* performance of Mozart's "*Magic Flute*" 莫扎特《魔笛》的精湛表演

po·lite /pəˈlait/ *adj*. ❶有礼貌的；文雅的(见 civil)：His voice was grave but *polite*. 他说话的语调严肃而又不失礼数。❷出于礼貌的；客气的：couch one's refusal in *polite* terms 婉言谢绝 ‖ **poˈlite·ly** *adv*. —**ˈpo·lite·ness** *n*. [U]

pol·i·tic /ˈpɔlitik/ **I** *adj*. 〈书〉❶(行为、态度等)明智的，策略的；考虑周全的：a *politic* decision 明智的决定❷(人)精明的，工于心计的；狡猾的：a *politic* businessman 精明的生意人 ❸[无比较级]政治的；政治上的：a *politic* amnesty 政治特赦 **II** *vi*. (**-ticked**; **-tick·ing**) 从政，参政 ‖ **ˈpol·i·tic·ly** *adv*.

po·lit·i·cal /pəˈlitikəl/ *adj*. [无比较级] ❶政治的，政治上的：the *political* arena 政界 ❷政党的，党派的：a *political* party 政党 ❸国家的；政府的；由政府组织的：a *political* unit 行政部门 ❹从事政治的；对政治感兴趣的：I'm afraid I'm not very *political*. 很抱歉，我对政治并没有太大的兴趣。‖ **poˈlit·i·cal·ly** *adv*.

political science *n.* [U]政治学

pol·i·ti·cian /ˌpɔliˈtiʃᵊn/ *n.* [C] ❶政治家;从政者 ❷政治专家;政治学家

po·lit·i·cize, po·lit·i·cise /pəˈlitiˌsaiz/ *vt.* 使具有政治性,使政治化:He argued that such a system would *politicize* the union. 他认为这种体制会使工会政治化。—*vi.* 从事政治;谈论政治 ‖ **po·lit·i·ci·za·tion, po·lit·i·ci·sa·tion** /pəˌlitisaiˈzeiʃᵊn;-siˈz-/ *n.* [U]

pol·i·tics /ˈpɔlitiks/ [复] *n.* ❶[单复同]政治;政治事务;政治活动:keep out of *politics* 不问政治 ❷[用作单]政治职业(或事业):He wants to go into [enter] *politics*. 他想从政。❸政治主张(或见解):May I ask what your *politics* are? 请问你对政治有何高见? ❹[单复同]手腕,权术;策略:play *politics* 玩弄政治手腕 ❺[用作单]政治学:He studies *politics*, philosophy and economics at university. 他在大学里选修政治学、哲学和经济学。

polka dot *n.* [C](衣料上的)圆点花纹

poll /pəul/ **I** *n.* ❶[C]民意测验(或调查);民意测验(或调查)记录(或结果):the *polls* in the national elections 全国大选中的民意测验结果 ❷[常作 a ～或 the ～](选举或表决中的)投票;计票;点票:The result of *the poll* is still uncertain. 投票结果仍然不确定。❸[常作 a ～或 the ～]投票数;投票结果:head *the poll* 获得最高票数 **II** *vt.* ❶对…进行民意测验(或调查):In all,64% of those *polled* responded to the survey. 接受民意测验的人中总共有64%的人对调查作出了反应。❷(候选人等)获得(若干票数):The Labour leader *polled* 30,908 votes. 工党领导人得了30 908票。❸投(票);组织…进行投票;接受(或统计)…的投票:They *polled* the townspeople on the matter of building the highway. 他们组织全体镇民就修筑公路投票表决。—*vi.* 投票:*poll* for sb. 投某人的票 ‖ **poll·ee** /pəuˈliː/ *n.* [C]

pol·len /ˈpɔlᵊn/ *n.* [U]【植】花粉 ‖ **ˈpol·len·less** *adj.* —**pol·lin·ic** /pəˈlinik/ *adj.*

pollen count *n.* [C]花粉数量(在定量空气中24小时之内可能引起花粉热等症的花粉数量)

pol·li·nate /ˈpɔliˌneit/ *vt.* 给…传授花粉 ‖ **pol·li·na·tion** /ˌpɔliˈneiʃᵊn/ *n.* [U] —**ˈpol·liˌna·tor** *n.* [C]

poll·ster /ˈpɔlstəʳ/ *n.* [C]民意调查(或分析)者

pol·lut·ant /pəˈlˡuːtənt/ *n.* [C]污染物质:chemical *pollutant* pouring into the river 倾倒在河里的化学污染物

pol·lute /pəˈlˡuːt/ *vt.* ❶污染,把…弄脏:Cigarette smokers *pollute* the air for other people. 吸烟者污染其他人呼吸的空气。❷玷污,败坏;亵渎:*pollute* the young people 败坏年轻人的心灵 —*vi.* 污染,弄脏:Should steel companies be given the freedom to *pollute*? 难道钢铁公司就可以随意污染环境吗? ‖ **polˈlu·tant** *adj.* —**polˈlut·er** *n.* [C]

pol·lu·tion /pəˈluːʃᵊn/ *n.* [U] ❶污染:combat global *pollution* 跟全球污染现象作斗争 ❷污染物:oil *pollution* at sea 海上的石油污染物

pol·y·es·ter /ˌpɔliˈestəʳ/ *n.* [U;C]【化】聚酯

po·lyg·a·mous /pəˈligᵊməs/ *adj.* [无比较级] ❶一夫多妻的;一妻多夫的 ❷【动】多配偶的:The gorillas live in stable *polygamous* family groups. 猩猩是多配偶群居的。‖ **pol·y·gam·ic** /ˌpɔliˈgæmik/ *adj.* —**poˈlyg·a·mist** *n.* [C] —**poˈlyg·a·mous·ly** *adv.* —**poˈlyg·a·my** *n.* [U]

pol·y·he·dron /ˌpɔliˈhiːdrᵊn;-ˈhedrᵊn/ *n.* [C] ([复]**-dra** /-drə/ 或 **-drons**)【数】多面体 ‖ **ˌpol·yˈhe·dral, ˌpol·yˈhe·dric** *adj.*

pol·y·math /ˈpɔliˌmæθ/ *n.* [C]博学者,博识者;大学者 ‖ **pol·y·math·ic** /ˌpɔliˈmæθik/ *adj.* —**po·lym·a·thy** /pəˈliməθi/ *n.* [C]

pol·yp /ˈpɔlip/ *n.* [C] ❶【动】(水螅型)珊瑚虫,水螅虫 ❷【医】息肉

pol·y·sty·rene /ˌpɒliˈstaiəriːn;-ˈstiərin/ *n.* [U]【化】聚苯乙烯

pol·y·tech·nic /ˌpɔliˈteknik/ **I** *n.* [C]工艺专科学校,理工专科学校 **II** *adj.* [无比较级]有多种工艺的;工艺教育的,工艺培训的:a *polytechnic* institute 工艺学院

pol·y·the·ism /ˈpɔliθiːˌizᵊm/ *n.* [U]多种信仰(或崇拜),多神主义 ‖ **ˈpol·yˌthe·ist** *n.* [C] —**pol·y·the·is·tic** /ˌpɔliθiːˈistik/ *adj.*

pol·y·thene /ˈpɔliˌθiːn/ *n.* [U]【化】聚乙烯〔亦作 **polyethene, polyethylene**〕

pol·y·un·sat·u·rat·ed /ˌpɔliʌnˈsætʃəˌreitid;-tju-/ *adj.* [无比较级]【化】多不饱和的

pom·e·gran·ate /ˈpɔmˌgrænit/ *n.* [C] ❶【植】

P

石榴树 ❷石榴

pom•e•lo /ˈpʌməˌləu/ *n.* [C]([复]-los)【植】柚子,文旦

pom•mel /ˈpʌmᵊl/ *n.* [C] ❶(刀、剑等柄的)圆头,球状末端 ❷(马鞍的)前鞍桥

pomp /pɔmp/ *n.* ❶[U]壮观;壮丽;盛况:I remember the *pomp* of the coronation as if it were yesterday. 我还记得加冕礼的盛况,就好像发生在昨天。❷[常作～s]炫耀;浮华;炫耀的行为;浮华的行为

pom•pous /ˈpɔmpəs/ *adj.* 〈贬〉爱炫耀的,自命不凡的,虚夸的:He was something of a *pompous* bore. 他颇为张狂,令人生厌。‖ **pom•pos•i•ty** /pɔmˈpɔsiti/ *n.* [C] —ˈ**pom•pous•ly** *adv.* —ˈ**pom•pous•ness** *n.* [U]

pond /pɔnd/ *n.* [C]池塘;人工水池

pon•der /ˈpɔndəʳ/ *vt.* 思索,考虑:He *pondered* his next words thoroughly. 他仔细考虑了下一步要讲的话。—*vi.* 沉思;默想;仔细考虑(*on*, *over*):He *pondered* a minute. 他沉吟了片刻。‖ ˈ**pon•der•er** *n.* [C]

☆**ponder, muse, ruminate** 均有"思考,思索"之意。**ponder** 指从多方面、多角度来考虑和权衡某一问题,但往往得不出结论:Successive committees have *pondered* over this problem without finding a solution.(连续几届委员会都考虑过这个问题而未找到解决办法。)**muse** 与 meditate 近义,但缺乏思辨色彩,常指陷入漫无目的的沉思、幻想或回忆:She sat *musing* for hours.(她长时间地静坐沉思。)**ruminate** 指反复思考同一事情,与其他词相比,缺少 ponder 的全面权衡,meditate 的聚精会神或 muse 的出神忘我,常表示推理或推测的过程:He *ruminated* over the problem.(他反复思考这个问题。)

pon•der•ous /ˈpɔndᵊrəs/ *adj.* ❶沉重的;笨重的:a *ponderous* line of vehicles 一队笨重的车辆 ❷动作缓慢的;笨拙的,迟钝的;费劲的:*ponderous* movement 笨拙的动作 ❸(文章、谈话等)毫无趣味的;生硬的;不生动的;不流畅的:He said in a *ponderous* voice. 他说话口气生硬。‖ **pon•der•os•i•ty** /ˌpɔndəˈrɔsiti/ *n.* [U] —ˈ**pon•der•ous•ly** *adv.* —ˈ**pon•der•ous•ness** *n.* [U]

po•ny /ˈpəuni/ *n.* [C] ❶矮种马,小型马 ❷小酒杯 ‖ ***pony up*** 付清(欠款):He decided to *pony up* the money he owed. 他决定要还清他欠的债。

po•ny-tail /ˈpəuniˌteil/ *n.* [C](将头发一把束在脑后的)马尾辫

pooh /puː/ *n.* (表示轻视、藐视)哼,呸

pool[1] /puːl/ **I** *n.* [C] ❶水池,水坑,水塘,水洼:a limpid *pool* 清澈的水池 / an open-air swimming *pool* 户外游泳池 ❷(液体等的)一摊,一片:He lay dying in a *pool* of blood. 他躺在血泊之中,生命垂危。**II** *vt.* 使形成池塘(或水坑等):The school ground was *pooled* with rain after the storm. 暴风雨过后,学校运动场到处是雨水坑。—*vi.* (血)淤积:The blood *pooled* between my thighs. 血淤积在我的大腿之间。

pool[2] /puːl/ **I** *n.* ❶[C](为共同利益集中起来使用的)共用物;共用人员;(人等)有相同需要的一群;(意见等)集中起来的一批:a *pool* of unemployed workers 一群失业工人 ❷[C]【商】联营;联合投资;[用作复]联营者;联合投资者 ❸[U]落袋台球戏(通常有 6 袋 16 球);〈英〉赌注式台球:shoot *pool* 〈美〉打台球 **II** *vt.* 把…集中起来使用,共用;把(钱)入集合基金:They want us to *pool* their orders into one shipment. 他们要我们将几笔订货集中一次装运。

poop[1] /puːp/ *n.* [C]【海】船尾;船尾高甲板;船尾楼

poop[2] /puːp/ *vt.* 〈口〉使疲乏,使筋疲力尽;使喘不过气来

poop[3] /puːp/ *n.* [U](俚)消息;情况

poor /puəʳ;pɔːʳ/ **I** *adj.* ❶贫穷的,贫困的:a *poor* economy 贫困的经济 ❷[无比较级]有关贫穷的;显示贫穷的:He lived with his daughter in *poor* lodgings. 他和女儿一起,住在一个简陋的寓所里。❸缺乏的,不充足的;(土地)贫瘠的,瘠薄的:He has a *poor* sense of humour. 他这人缺乏幽默感。❹质差的,粗劣的;拙劣的:products of *poor* quality 品质粗劣的产品 ❺差劲的,不顶用的,无关紧要的,微不足道的:It's *poor* business for a fighter like me. 对于像我这样的拳手,这笔买卖实在差劲。**II** *n.* [the ～][总称][用作复]穷人,贫民:Dickens writes of *the poor* and the humble. 狄更斯专事描写穷人和卑微者的生活。

poor•ly /ˈpuəli,ˈpɔː-/ **I** *adv.* 贫穷地;贫乏地;不足地:He was deeply in debt and *poorly* nourished. 他债台高筑,食不果腹。**II** *adj.*

[作表语]身体不适的，健康不佳的，不舒服的：She felt *poorly* for about one month. 有一个月的光景她感觉身体不舒服。

pop[1] /pɔp/ **I** *n.* ❶[C]啪的一声，砰的一声：There was a loud *pop* as the champagne cork came out of the bottle. 香槟酒瓶塞被拔了出来，响亮地发出啪的一声。❷[U]（不含酒精的）含气甜味饮料；汽水，苏打水：a bottle of *pop* 一瓶汽水 ❸[C]（手枪、步枪等的）一次射击，一枪：take a *pop* at sb. 朝某人开一枪 **II** (**popped;pop·ping**) *vi.* ❶发出啪（或砰）的响声；啪（或砰）的一声打开（或爆裂）：The balloon *popped*. 那气球啪的一声爆了。❷（突然）冒出，（出其不意地）出现（或发生）：A wonderful idea *popped* into my head. 我脑子里闪过一个绝妙的主意。❸迅速（或突然）行动；不意来到（或走开）；顺道来访：Why don't you *pop* in for a cup of coffee? 你怎么不进来喝杯咖啡？—*vt.* ❶使发出啪（或砰）的响声；使啪（或砰）的一声打开（或爆裂）：Little Tom *popped* the balloon. 小汤姆啪的一声把那气球弄爆了。❷把…突然一放（或一伸）：She *popped* a fragment of biscuit into her mouth. 她一下子把一块饼干塞进了嘴里。‖ ***pop in*** *vi.* 作短暂的访问：She often *pops in* for coffee. 她常来喝杯咖啡。***pop up*** *vi.* 出现；发生（尤指出乎意料）：He seems to *pop up* in the most unlikely places. 他似乎在最不可能出现的地方出现。

pop[2] /pɔp/ *n.* ❶[U]流行音乐 ❷[C]流行音乐（或歌曲）录音（或唱片）：Jakki popped up on Top of the *Pops*. 杰基位居金唱片榜首。

pop[3] *abbr.* population

pop art, Pop Art *n.* [U]（尤指以漫画或广告手法描绘现实生活的）波普艺术 ‖ **pop artist** *n.* [C]

pop·corn /ˈpɔpˌkɔːn/ *n.* [U] ❶爆玉米花 ❷炒玉米

Pope /pəup/ *n.* [C][时作 **p-**]罗马主教

pop·lar /ˈpɔpləʳ/ *n.* [C]【植】杨属乔木；杨树

pop·py /ˈpɔpi/ *n.* [C]【植】罂粟；罂粟属植物；（含吗啡）罂粟提炼物

pop·u·lace /ˈpɔpjuləs/ *n.* [单复同] ❶平民，百姓，民众：an armed *populace* 武装起来的人民大众 ❷（一个国家或地区的）人口，全体居民：Epidemics spread among the city's *populace*. 传染病在这座城市居民中蔓延。

pop·u·lar /ˈpɔpjuləʳ/ *adj.* ❶大众喜爱（或接受、赞同）的，大众化的，通俗的；普及的，普遍的，流行的（见 common）：American *popular* culture 美国的大众文化 ❷[作定语]讨人喜欢的；深得人心的；广受欢迎的：a *popular* hero 深孚众望的英雄 ❸[无比较级][作定语]大众的，民众的，人民的，公众的：Their work lay exposed to *popular* derision. 他们的作品广受公众嘲笑。‖ ˈ**pop·u·lar·ly** *adv.*

pop·u·lar·i·ty /ˌpɔpjuˈlæriti/ *n.* [U]普及，流行，大众化：*popularity* of computers 计算机的普及

pop·u·lar·ize, pop·u·lar·ise /ˈpɔpjuləˌraiz/ *vt.* ❶使大众化，使通俗化：*popularize* profundities 把奥妙的东西弄得妇孺皆知 ❷推广，普及：*popularize* the new theories about the creation of the universe 把有关宇宙创始的新学说通俗化 ‖ **pop·u·lar·i·za·tion, pop·u·lar·i·sa·tion** /ˌpɔpjuləraiˈzeiʃᵊn;-riˈz-/ *n.* [U]

pop·u·late /ˈpɔpjuˌleit/ *vt.* ❶（大批地）居住于，生活于：The desert regions are mainly *populated* by a few nomadic tribes. 居住在这些沙漠地区的主要是一些游牧部落。❷构成…的人口（或动植物的总数）；向…移民：Parts of Wales are very thinly *populated*. 威尔士有一些地区人口十分稀少。

pop·u·la·tion /ˌpɔpjuˈleiʃᵊn/ *n.* ❶[常作 **the** ～]（城市、地区、国家等的）全部人，全体人民：Education could enrich the *population* as a whole. 教育可以提高全体人民的整体素质。❷[U;C]人口：an increase [fall] in *population* 人口的增长[减少]

population explosion *n.* [C]人口爆炸，人口激增

pop·u·lous /ˈpɔpjuləs/ *adj.* 人口众多的，人口稠密的：Egypt was the most *populous* Arab country. 埃及是人口最多的阿拉伯国家。‖ ˈ**pop·u·lous·ness** *n.* [U]

por·ce·lain /ˈpɔːsᵊlin;-lein/ *n.* ❶[U]瓷；[总称]瓷器：The dinner service is made of *porcelain*. 餐具是瓷制的。❷[C]一件瓷器

porch /pɔːtʃ/ *n.* [C]❶（建筑物前有顶的）人口处，门廊；柱廊 ❷走廊；阳台

por·cu·pine /ˈpɔːkjuˌpain/ *n.* [C]【动】豪猪，

P

箭猪

pore[1] /pɔːʳ/ *n.* [C]【生】毛孔;气孔;细孔:sweat from every *pore* 周身出汗

pore[2] /pɔːʳ/ *vi.* 专心阅读;钻研(*over*):He sat *por·ing over* his book. 他坐在那里潜心读书。

pork /pɔːk/ *n.* [U]❶猪肉 ❷政治拨款

po·rous /ˈpɔːrəs/ *adj.* 能渗透的;渗水的;透风(或气、光等)的:Sandy soil is *porous.* 沙土具有渗透性。‖ **po·ros·i·ty** /pɔːˈrɔsiti/ *n.* [U]

por·ridge /ˈpɔridʒ/ *n.* [U](用麦片等谷类加水或牛奶煮成的)粥;糊

port[1] /pɔːt/ *n.* ❶[C;U]港,港口:make [reach] (a) *port* 入港 ❷[C]港市,口岸:Liverpool is a major *port.* 利物浦是一个重要的港口城市。

port[2] /pɔːt/*n.* [U](船的)左舷;(飞机的)左侧:put the helm to *port* 把舵转向左舷

port[3] /pɔːt/ *n.* [C] ❶(船的)舱门,上下货口;舷窗 ❷通道;气门;风门

port·a·ble /ˈpɔːtəbᵊl/ *adj.* [无比较级] ❶便于携带的,手提式的;轻便的:This little computer is extremely *portable.* 这台小小的计算机携带极其方便。❷(权利、享受权等)可随带的,可转移的:*portable* pension 可转移的养老金 ‖ **port·a·bil·i·ty** /ˌpɔːtəˈbiliti/ *n.*

por·tage /ˈpɔːtidʒ/ *n.* ❶[U;C](两水路间的)陆上运输;陆上运输路线 ❷[U]搬运,运输

por·tal /ˈpɔːtᵊl/ *n.* [C]门,入口(尤指高大、壮观的正门)

por·tend /pɔːˈtend/ *vt.* 预示;预告;警告:The street incident may *portend* a general uprising. 发生在街头的事件可能是大暴动的预兆。

por·tent /ˈpɔːtent;-tᵊnt/ *n.* [C] ❶凶兆,不祥之兆;迹象,征兆:*portents* of doom 命运的前兆 ❷奇才;奇事;奇物;奇观:*portents* of science 科学奇才

por·ten·tous /pɔːˈtentəs/ *adj.* ❶[无比较级]预示的;不祥的:Almost any act could be taken as *portentous.* 几乎所有的行动都可以看作某种预兆。❷自命不凡的,自负的;矜持的 ‖ **porˈten·tous·ly** *adv.*

por·ter[1] /ˈpɔːtəʳ/ *n.* [C] ❶搬运工(尤指火车站、旅馆等的行李工、脚夫) ❷(医院中运送病人的)护工,勤杂工

por·ter[2] /ˈpɔːtəʳ/ *n.* [C]〈英〉(尤指大型建筑物的)门房,守门者

port·fo·li·o /pɔːtˈfəuliəu/ *n.* ([复]**-li·os**) ❶[C]公事包;文件夹,卷宗夹:a *portfolio* of drawings 图片夹 ❷[C](投资者或公司所持有的)投资组合;有价证券财产目录:a woman with a *portfolio* worth $2,200 一个有2 200美元有价证券的女人 ❸[U;C]部长职位;大臣职位:take on one's *portfolio* 任部长职务

port·hole /ˈpɔːtˌhəul/ *n.* [C] ❶(船舶或飞机等的)舷窗 ❷【史】(堡垒、坦克等的)枪眼,炮眼,射击孔

por·ti·co /ˈpɔːtiˌkəu/ *n.* [C]([复]**-co(e)s**) 柱廊;(尤指有圆柱的)门廊 ‖ **ˈport·iˌcoed** *adj.*

por·tion /ˈpɔːʃᵊn/ *n.* [C] ❶一部分;一份;一定数量:The first *portion* of the novel was marvelous. 小说的开头部分写得非常精彩。❷(事物的)一份,一客:one *portion* of roast beef 一客烤牛排

port·ly /ˈpɔːtli/ *adj.* (尤指男性)肥胖的,肥硕的:a *portly* little man 肥胖的矮个子男人 ‖ **ˈport·li·ness** *n.* [U]

por·trait /ˈpɔːtrit;-treit/ *n.* [C] ❶肖像,画像,人像:a *portrait* in oils 油画像 ❷(用文字的)描写,描绘,描述:a biography that provides a fascinating *portrait* of an 18th century rogue 一部描述18世纪一个无赖的引人入胜的传记

por·trait·ist /ˈpɔːtritist;-trei-/ *n.* [C]肖像画家,画像者;人像摄影师

por·tray /pɔːˈtrei/ *vt.* ❶画(人物、景物等);用雕塑表现:The writer was *portrayed* sitting at his desk. 画像中那位作家坐在自己的书桌前。❷(用文字生动地)描写,描述,描绘:It became the task of painters to *portray* this world in their art. 画家的任务就是把这个世界在艺术作品中描绘出来。❸表现;表演,扮演,饰演:He picked out episodes in Shakespeare's play and *portrayed* them in music. 他选择了莎士比亚剧中的一些片段并把它们用音乐表现出来。

por·tray·al /pɔːˈtreiəl;pəu-/ *n.* [C] ❶描绘,描写,描述:specialize in the *portrayal* of heroism 专长于英雄主义的描写 ❷肖像,画像 ❸表演;饰演

Por·tu·guese /ˌpɔːtjuˈgiːz;ˌpɔːtʃ-/ **I** *n.* ❶[单复同]葡萄牙人;葡萄牙人的后裔 ❷[U]葡萄牙语 **II** *adj.* ❶[无比较级]葡萄牙的;葡萄牙人的 ❷葡萄牙语的

pose /pəuz/ **I** *vi.* ❶摆姿势：*pose* for a painter 摆姿势让画家画像 ❷假装，冒充；作态，矫揉造作，装模作样：He *posed* as a plain uneducated man. 他故意装成没有受过教育的平民。—*vt.* ❶使摆好姿势；把…摆正位置：He *posed* the picture on the wall. 他把墙上的那幅画扶正。❷提出(问题等)：A loan boom *poses* problems. 货款激增提出难题。❸造成，引起(困难等)：All drugs *pose* some side effects. 所有药物都会引起一定的副作用。**II** *n.* [C] ❶(身体呈现的)样子，姿势：The most difficult *pose* was the natural one. 最难摆的姿势就是自然的姿势。❷(故意装出来的)态度，姿态；装腔作势：strike an indifferent *pose* toward sth. 对某事故作不屑一顾的样子

posh /pɔʃ/ *adj.* 第一流的，高档的：a *posh* hotel with five stars 一流的五星级饭店

po•si•tion /pəˈziʃᵊn/ **I** *n.* ❶[C;U]位置；方位；地点(见 place)：The enemy's *position* was marked on the map. 地图上标示了敌人的位置。❷[C;U](身体的)姿势；(人或事物或其各部位的)位置安排，安置方式：He rose to his feet and threw his arms into a pugilistic *position*. 他站了起来，摆出拳击的架势。❸[C;U]恰当(或习惯)位置；有利地位；【军】【棋】阵地：Turn the switch to the off *position*. 把开关转到关的位置。❹[C;U](尤指崇高的)地位，身份，等级：He has a lofty *position* in society. 他的社会地位很高。❺[C]工作，职位：lose one's *position* 失业 / Mary's got a *position* as an interpreter. 玛丽谋得了一份口译员的差事。❻[常用单]处境；状况：appreciate sb.'s *position* 理解某人的处境 ❼[常用单]立场，态度；见解，意见：He is under considerable pressure to modify his *position*. 他承受着要他修正立场的相当大的压力。❽[C](球队等中的)位置；(比赛等中的)名次：What's the student's *position* in class? 那学生在班上排名第几？**II** *vt.* 安放，放置；安置…在适当的位置：She *positioned* the desk so that the light would fall on. 她把写字桌放在灯光照得到的地方。

pos•i•tive /ˈpɔzitiv/ *adj.* ❶有事实根据的，无可怀疑的，确实的：I have *positive* proof that these men have been engaged in smuggling. 我有确凿的证据证明这些人一直从事走私活动。❷[作表语]有把握的；确信的(见 sure)：I feel very *positive* about our team's chances this season. 我对我们球队在这个赛季中获胜绝对有把握。❸武断的；独断的；过于自信的：What I have adduced has been with the view to show the folly of the *positive* and headlong assertions of the newspaper. 我印证的东西有一个目的，就是揭露那家报纸那番自负而轻率的武断是多么荒唐无稽。❹明确的，断然的：*positive* prohibition 明令禁止 ❺肯定的，表示赞同的：Their reaction to my idea was generally *positive*. 他们对我那个意见的反应大致上都是肯定的。❻建设性的，积极的；怀有希望的：a *positive* suggestion 建设性的建议 ❼[无比较级][常作表语]【医】(试验)阳性的；RH 阳性的：The blood test declared him *positive*. 验血结果称他呈阳性。‖ ˈ**pos•i•tive•ness** *n.* [U]

pos•i•tive•ly /ˈpɔzitivli/ *adv.* ❶肯定地，有把握地：The statement is *positively* true. 这一陈述确定无疑。❷明确地，确实地：His words were *positively* disgusting. 他说的话确实令人讨厌。

pos•sess /pəˈzes/ *vt.* ❶有，拥有(见 have)：He *possesses* several Picassos. 他拥有几幅毕加索的画。❷具有(品质、能力、特性等)：*possess* the noble qualities 具有崇高的品质 ❸[常用被动语态](感情、想法等)影响，左右，控制；使受影响(或支配、控制等)：She was again restless, and she was *possessed* by restlessness. 她又感到坐立不安，她被这种坐立不安的感觉缠住了。‖ **posˈses•sor** *n.* [C]

pos•sessed /pəˈzest/ *adj.* [无比较级] ❶着魔的；发疯(似)的；疯狂的：He studies like one *possessed*. 他拼命地用功。❷沉着的，冷静的，镇定的：remain *possessed* in face of difficulties 在重重困难面前表现得泰然自若 ‖ ***be possessed of*** 具有，拥有：He *is possessed of* intelligence and ambition. 他智慧和雄心兼备。

pos•ses•sion /pəˈzeʃᵊn/ *n.* ❶[U]有，拥有；持有；占有：I've had the *possession* of this house for 8 years. 我拥有这幢房子已有 8 年了。❷[常作～s]所有物；财产，财富：He packed all his *possessions* into one trunk. 他把所有的东西一股脑儿塞进一个行李箱里。

pos•ses•sive /pəˈzesiv/ *adj.* ❶[无比较级][作定语]拥有的；所有的；占有的：*possessive* rights 所有权 ❷占有欲强的；有支配欲的；不愿与人分享的：He has a *possessive* nature. 他

占有欲很强。‖ **pos'ses·sive·ly** *adv.* —**pos'ses·sive·ness** *n.* [U]

pos·si·bil·i·ty /ˌpɒsəˈbiliti/ *n.* ❶[U]可能(性):The *possibility* of a fall in price is rather remote. 降价的可能性是很渺茫的。❷[C]可能(发生)的事(或情况);可以想象的事;可能获胜(或被选中)的人:Real disarmament is a distant *possibility*. 真正裁军的可能性是渺茫的。

pos·si·ble /ˈpɒsəbᵊl/ *adj.* ❶[无比较级]可能的;有可能存在(或发生)的;有可能做到(或得到)的:I said nothing. There seemed no *possible* reply. 我没吭声,看来说什么也是白搭。❷尚可接受的;可能属实的;合适的;可用的;可能获胜(或被选中)的:There are several *possible* explanations for his strange behaviour. 对于他的奇怪行为,有几种可能的解释。

☆**possible, feasible, practicable** 均有"有可能实现的,可行的"之意。**possible** 指如果条件适宜或恰当,某事是可能存在、发生或做到的:It's no longer *possible* to find a cheap flat in London.(在伦敦找到一处便宜的公寓不再可能。)**feasible** 指不仅完全有可能而且可行,多半会成功:Your plan sounds quite *feasible*.(你的计划听起来十分可行。)**practicable** 用于描述计划、方案时,指在现有的条件或情况下是可以实施的;用于描述方法、做法时,指可以操作的:Is it *practicable* to develop agriculture in desert region?(在沙漠地区发展农业可行吗?)

pos·si·bly /ˈpɒsəbli/ *adv.* [无比较级] ❶也许,可能(见 probably):Bob phoned to say he would *possibly* be late home. 鲍勃打电话来说,他也许要晚一点回家。❷[用于否定句和疑问句]无论如何,究竟:I couldn't *possibly* do that. 我绝不可能干那种事儿。

post¹ /pəust/ I *n.* [C] ❶(木材、金属、石头等的)柱;杆;桩:a gate *post* 门柱 ❷标杆,标桩:a distance *post* 里程标 II *vt.* ❶张贴(布告、通知等);在…上张贴布告(或通知等)(*up*):*Post* no bills. 禁止张贴。❷(张榜)公布,宣布:*post* a reward 张榜悬赏

post² /pəust/ I *n.* [U]〈英〉邮政,邮递:The notifications are in the *post*. 通知正在邮递过程中。II *vt.* ❶邮寄,投寄(*off*):Please remind me to *post* the letters. 请提醒我寄信。❷向…提供最新消息;使充分了解(*up*):keep me *posted* 不断给我提供消息

post³ /pəust/ I *n.* [C]❶职务,职位;(委派的)工作,职守:the best candidate for the *post* 那个职位的最佳人选 ❷(军警等的)岗位;哨所;巡逻地区:desert the *post* 擅离岗位 ❸(防区内的)驻军;岗警 ❹(证券交易所的)交易台 II *vt.* ❶〈主英〉委派;(旧时军队中)任命(某人)担任指挥职务:Blake was *posted* to naval headquarters as an interpreter. 布莱克被派往海军司令部担任口译员。❷交付保释金

post- /pəust/ *pref.* 表示"后":*post*war, *post*operative

post·age /ˈpəustidʒ/ *n.* [U] ❶邮费,邮资:*postage* due 欠邮资 ❷(盖印在信封、明信片等上的)邮票;邮资戳记;标记

postage stamp *n.* [C]邮戳(=stamp)

post·al /ˈpəustᵊl/ *adj.* [无比较级] ❶邮政的;邮局的;邮件的:*postal* savings 邮政储蓄 ❷邮递的,以邮件方式进行的:a *postal* questionnaire 邮寄意见调查表

post·card /ˈpəusˌkɑːd/ *n.* [C]明信片

post·date /ˌpəusˈdeit/ *vt.* 在(票证、信件、文件等)上填写比实际晚的日期,把…的日期填迟;把(事件等)的日期确定得比实际发生晚:*postdate* a document 推迟文件的日期

post·er /ˈpəustəʳ/ *n.* [C]招贴;海报;布告;标语

pos·te·ri·or /pɒˈstiəriəʳ/ I *adj.* [无比较级] ❶(时间上)较晚的,以后的;(次序上)其次的(*to*):These events happened *posterior to* the Reformation. 这些事件发生在宗教改革之后。❷[作定语](位置上)后的,后面的;尾部的 II *n.* [常作~s]〈谑〉屁股;臀部 ‖ **pos'te·ri·or·ly** *adv.*

pos·ter·i·ty /pɒˈsteriti/ *n.* [U]后世,后代;后裔,子孙:We must look after our environment for the sake of *posterity*. 为了子孙后代,我们应该保护环境。

post·grad·u·ate /ˌpəusˈɡrædjuət;-ˌeit/ *n.* [C]研究生

post·hu·mous /ˈpɒstjuməs/ *adj.* [无比较级] ❶死后的,身后的:sb.'s *posthumous* reputation 某人死后的声誉 ❷(书等)著作者死后出版的,遗世的:This *posthumous* third edition has a number of changes and additions. 这部遗作的第三版有许多改动,并增加了内容。‖ **'post·hu·mous·ly** *adv.*

post·in·dus·tri·al /ˌpəustinˈdʌstriəl/ *adj*. [无比较级](经济基础已由重工业转为服务业、高技术等的)后工业化的,工业化后的

post·man /ˈpəusᵗmᵊn/ *n*. [C]([复]**-men** /-mᵊn/) 邮递员,投递员

post·mark /ˈpəusᵗˌmɑːk/ *n*. [C]邮戳,日戳戳记:an envelope from the US bearing a 1869 *postmark* 一个来自美国盖有1869年邮戳的信封

post·mas·ter /ˈpəustˌmɑːstəʳ;-ˌmæs-/ *n*. [C]邮政局长

post·me·rid·i·an /ˌpəustməˈridiən/ *adj*. [无比较级]下午的,午后的

post·mod·ern /ˌpəusᵗˈmɒdᵊn/ *adj*. [无比较级]后现代主义的;后现代派的

post-mor·tem /ˌpəusᵗˈmɔːtᵊm/*n*. [C] ❶验尸,尸检,尸体解剖:The body was cremated without a *post-mortem*. 尸体未做检验就火化了。❷(对失败或不愉快事件等的)事后剖析,事后检讨:Conduct a careful *post-mortem* of your own actions. 事后认真检讨一下你自己的所作所为。

post·na·tal /ˌpəustˈneitᵊl/ *adj*. [无比较级]产后的,分娩后的:*postnatal* infection 产后感染

post office *n*. ❶[C][**P- O-**]邮电部;邮政部 ❷邮局

post·pone /ˌpəusᵗˈpəun;pəˈspəun/ *vt*. 推迟,延迟,延缓,使延期(见 defer):Miller wished to *postpone* a visit to Berlin. 米勒希望推迟他的柏林之行。‖ **ˌpostˈpone·ment** *n*. [U]

post·script /ˈpəusᵗˌskript/ *n*. [C](信末签名后的)附笔,又及(略作 **P. S.**):She added a *postscript* to the letter. 她在信末附了一笔。

pos·tu·late I /ˈpɒstjuˌleit/ *vt*. 假定…是真的,假定…存在(或必要);以…为前提;视…为当然:There are some philosophers who *postulate* that all is matter in some form of action. 一些哲学家认为所有的东西都是处于某种运动形式的物质。II /ˈpɒstjulət/ *n*. [C]假定,假设 ‖ **pos·tu·la·tion** /ˌpɒstjuˈleiʃᵊn/ *n*. [U;C]

pos·ture /ˈpɒstʃəʳ/ *n*. ❶[U;C]姿势;姿态,仪态;体位:Poor *posture* can lead to backache. 不适当的姿势会引起背痛。❷[通常用单]心态;心境;态度;(政府等的)立场:He found her still sitting on the grass in the same melancholy *posture*. 他发现她仍然垂头丧气地坐在草地上。

post·war /ˌpəustˈwɔːʳ;ˈpəustˌwɔːʳ/ *adj*. [无比较级]战后的:*postwar* reconstruction 战后重建

pot /pɒt/ I *n*. [C]❶(用于煮食的)(深)锅:*pots* and pans 深锅和平底锅 ❷罐;钵;壶,茶壶,咖啡壶;盆,花盆:*Pots* of roses stood on the table. 桌子上摆着几盆玫瑰花。❸白镴大酒杯 ❹一罐(或一壶、一钵、一锅等)的量;盛物的一罐(或一壶、一钵、一锅等):We drank two *pots* of coffee. 我们喝了两壶咖啡。II (**pot·ted; pot·ting**) *vt*. 把(植物)栽种(或移植)于花盆中:*pot* (up) cornflowers 把矢车菊栽在花盆里 ‖ ***go to pot*** *vi*. 〈口〉毁灭;堕落;衰败;破产;完蛋:The garden has *gone to pot*, let's tidy it up. 这座花园已经荒芜了,我们来把它整修一番吧。***keep the pot boiling*** [***make the pot boil***] *vi*. ❶谋生;糊口:He said that he had to find a job to *keep the pot boiling*. 他说他得找个工作混碗饭吃。❷使(游戏等)继续生动活泼地进行 ‖ **ˈpot·ful** *n*. [C]

po·ta·ble /ˈpəutəbᵊl/ *adj*. 可饮的,适合饮用的:*potable* water 饮用水 ‖ **po·ta·bil·i·ty** /ˌpəutəˈbiliti/ *n*. [U]

po·tas·si·um /pəˈtæsiəm/ *n*. [U]【化】钾(符号 K) ‖ **poˈtas·sic** *adj*.

po·ta·to /pəˈteitəu/ *n*. [C]([复]**-toes**) ❶马铃薯,土豆:mashed *potato* 马铃薯泥 ❷甘薯,山芋,白薯

potato chip *n*. [常作 **potato chips**] ❶〈英〉炸土豆条 ❷炸土豆片

po·ten·cy /ˈpəutᵊnsi/ *n*. [U] ❶威力,力量 ❷效力,效用:Alcohol can affect the drug's *potency*. 酒精会影响这种药的药效。

po·tent /ˈpəutᵊnt/ *adj*. ❶强有力的;有权势的;有影响的:a *potent* figure 权势炙手可热的人物 ❷(议论等)有说服力的:Several *potent* arguments were in his favour. 一些有说服力的论据对他很有利。❸(药、酒等)有效力的,有效能的;浓烈的,烈性的:This cider is very *potent*. 这种苹果酒很浓。

po·ten·tial /pəᵘˈtenʃᵊl/*adj*. [无比较级][作定语]可能的;潜在的:the *potential* market for the Chinese goods 中国商品的潜在市场

P

po·ten·ti·al·i·ty /pəʊˌtenʃiˈæliti/ *n.* [U] ❶潜在性;潜力;潜质 ❷潜在物

pot·hold·er /ˈpɔtˌhəuldəʳ/ *n.* [C](用以端热锅等的)防烫布垫

pot·hole /ˈpɔtˌhəul/ *n.* [C](道路因雨及行车所形成的)坑;穴

po·tion /ˈpəuʃᵊn/ *n.* [C](液体、药物或毒物的)一剂,一服

pot·ter /ˈpɔtəʳ/ *vi.* 慢条斯理地干活;轻松地干琐碎活(*about*, *around*): *potter about* in the garden 在花园里做些杂活〔亦作 **putter**〕

pot·ter·y /ˈpɔtəri/ *n.* ❶[U]陶器,陶瓷器皿 ❷[U]陶瓷制造业 ❸[C]陶瓷厂(或作坊)

pot·ty /ˈpɔti/ *n.* [C]〈口〉〈儿〉厕所

pouch /pautʃ/ *n.* [C] ❶(随身携带的)小袋,小包: a tobacco [tool] *pouch* 烟袋[工具袋] ❷松垂的眼皮,眼袋;(皮肤上的)肿胀处 ❸【动】(袋鼠等有袋目动物腹部的)育儿袋

poul·tice /ˈpəultis/ *n.* [U;C]泥罨剂,膏药

poul·try /ˈpəultri/ *n.* ❶[总称]家禽(如鸡、鸭、鹅等) ❷[U]家禽的肉

pounce /pauns/ *vi.* ❶猛扑;猛冲;突袭(*on*, *onto*, *upon*): The cat sat motionless, waiting to *pounce on* the mouse. 猫儿不动声色,伺机扑向老鼠。❷一把抓住并利用(*on*, *upon*): He was quick to *pounce on* any mistakes I made. 他不轻易放过我犯的任何错误。

pound[1] /paund/ *n.* [C] ❶磅,常衡磅(合 16 盎司或0.4536千克,略作 **lb**);金衡磅(合 12 盎司或 0.3732 千克,略作 **lb. t.**);药量磅(合5 760 格令或 1 金衡磅): The carrots cost 30p a *pound*. 胡萝卜 30 便士一磅。❷([复] **pound(s)**)英镑(英国货币单位,全称 pound sterling,符号 **£**;1971 年后 1 英镑 = 100 pence): The price of this book is twenty *pounds*. 这本书的售价是 20 英镑。❸([复] **pound(s)**)镑(爱尔兰、埃及、塞浦路斯等国的货币单位) ‖ ***a pound to a penny*** *adv.* 〈口〉十有八九,非常可能: I said it was *a pound to a penny* our team would win the game within ten minutes — and they did! 我说过我队很可能在十分钟之内赢得比赛——瞧,果不其然!

pound[2] /paund/ *vt.* ❶连连重击: She lifted the knocker and *pounded* it repeatedly on the door. 她拿起门环嘭嘭敲打门。❷捣碎,碾碎: She *pounded* the meat into a paste. 她把肉捣成糊状。❸敲击出(*out*): The drummers were *pounding out* the beat with wooden hammers. 鼓手们用木槌敲击出节奏。—*vi.* ❶连连重击: Great waves *pounded* against the rocks. 巨浪拍击岩石。❷(心等)激烈地跳动: My heart was *pounding* with excitement. 我的心兴奋得怦怦直跳。❸脚步沉重地走;费力(或轰隆隆)地行进;(持续地)苦干: He *pounded* along the street and round two corners, losing his way. 他脚步沉重地走在马路上,过了两个拐角,不料迷了路。

pound[3] /paund/ *n.* [C] ❶(走失或无证照家畜的)认领栏;(警方的)扣押汽车场 ❷拘留处;监禁所

pour /pɔːʳ/ *vt.* ❶倒;灌;注: This will give the beer a head when you *pour* it. 这啤酒你倒的时候会起泡沫。❷倾诉,倾吐;发送(*out*, *forth*): I must *pour forth* the exultation of a heart swelling with joy. 我一定要向你倾诉我满腔的喜悦。—*vi.* ❶涌流;喷涌;倾泻: Tears were *pouring* down her cheeks. 泪水汩汩地从她的脸颊淌下。❷[常用 it 作主语]下倾盆大雨: I'm not going out. It's *pouring*. 我不外出了,天下着大雨呢。‖ **ˈpour·ing** *adj.*

pout /paut/ **I** *vi.* ❶噘嘴;板脸,面露不悦: The child *pouted* and seemed about to cry. 这孩子噘起嘴,好像马上要哭。❷(嘴唇等)噘起,凸起,鼓起 —*vt.* 噘起(嘴唇): *pout* one's mouth for lipstick 噘起嘴唇涂口红 **II** *n.* [C]噘嘴;噘嘴生气

pov·er·ty /ˈpɔvəti/ *n.* ❶[U]贫穷,贫困: abject *poverty* 赤贫 ❷[常用单]贫乏,不足,缺少;贫瘠: He made no secret of what he thought of as the *poverty* of American culture. 他认为美国文化贫乏,对此他毫不隐讳。

pov·er·ty-strick·en /ˈpɔvətiˌstrikᵊn/ *adj.* [无比较级]穷困的

POW *abbr.* prisoner of war 战俘

pow·der /ˈpaudəʳ/ **I** *n.* ❶[U]粉;粉末: grind sth. into *powder* 把某物磨成粉末 ❷[C;U]药粉;化妆用粉: There was a smell of sweat and face *powder*. 有一股汗味和脂粉味。**II** *vt.* ❶搽粉于: *powder* one's nose 往鼻子上搽粉 ❷撒(粉),施(粉);用粉来装饰

pow·er /ˈpauəʳ/ **I** *n.* ❶[U]力,力量: physical

P

power 体力❷[U;C]能力;本领;才智:Excitement deprived me of all *power* of utterance. 我兴奋得什么话也说不出来。❸[U]权力;政权,统治地位,支配地位;权势;影响力:When did this government come to *power*? 这届政府是何时上台的?❹[常作～s]职权;权限;权力范围:the *powers* of the Prime Minister 首相的权限 ❺[U]授权;授予的权力:The 1967 Act conferred *power* to release a life prisoner on the Secretary of State. 1967 年法案将释放终身监禁的囚犯的权力授予国务大臣。❻[C]强国,大国;有权势(或影响力)的人物(或机构):a world *power* 世界强国 ❼[U]国家(或政治)力量:Military buildup threatens the regional balance of *power*. 军事集结威胁着地区力量的均势。❽[U]精力,活力;强度:He is not without *power*. 他并不是缺乏魄力。❾[U]动力;电力;能源;能量:electric *power* 电力 **II** *vt.* 给…提供动力,使开动:Atomic energy *powers* the new submarines. 原子能给这些新潜艇提供动力。‖ ***in power*** *adj.* & *adv.* 掌权,执政,在台上:A friend *in power* is a friend lost. 朋友得势,友谊不再。***the powers that be*** *n.* 当局,掌权者 ***to the nth power*** *adv.* 到极点;极度地,极端地:He was a perfectionist *to the nth power*. 他追求尽善尽美到了极点。

power cut *n.* [C]停电,供电中断〔亦作 cut〕

pow·er·ful /ˈpauəfᵊl/ *adj.* 强大的;强有力的;效力大的;有影响力的:The President made a *powerful* speech. 总统做了一场有力的演说。‖ ˈ**pow·er·ful·ly** *adv.*

pow·er·house /ˈpauəˌhaus/ *n.* [C]([复]**-hous·es** /-ˌhauziz/) ❶=power station ❷精力充沛的人;(影响力等的)源泉

pow·er·less /ˈpauəlis/ *adj.* [无比较级]无力的;无能为力的;无权力的;无效力的;无影响力的:I stood and watched him struggle, *powerless* to help. 我站在那儿,眼巴巴地看着他挣扎却无从救助。‖ ˈ**pow·er·less·ly** *adv.*

power of attorney *n.* [C]委托代理书

power station *n.* [C](发)电站,(发)电厂

pox /pɔks/ *n.* [U] ❶【医】痘,痘疮(如水痘、牛痘等) ❷〈口〉梅毒(=syphilis) ❸诅咒 ‖ ***a pox on sth.***[***sb.***] *int.* 〈古〉降灾祸于某物[某人]:A *pox on you*! 该死的!

prac·ti·ca·ble /ˈpræktikəbᵊl/ *adj.* ❶可行的,能实行的,行得通的(见 possible):a *practicable* strategy 切实可行的策略 ❷适用的;(舞台布景的门窗等)可实际使用的,真实的:There is no doubt that this system is perfectly *practicable*. 毫无疑问,这个系统完全适用。‖ ˈ**prac·ti·ca·bly** *adv.*

prac·ti·cal /ˈpræktikᵊl/adj. ❶[无比较级]实际的;实践性的:She lacks *practical* experience. 她缺乏实践经验。❷实用的;有实用价值的:*practical* unit实用单位 ❸(人)重实际工作的,实干的;身体力行的;做事机敏的;有实际经验的:*practical* minds 实干家 ❹注重实效的,讲究实际的:be in *practical* control 处于实际的控制地位

☆**practical** 与 **practicable** 容易混淆。**practical** 用以形容人、观点、项目等,意为"实践的;实际的;实用的",与 theoretical 相对:Elitha is a very *practical* person. (伊利莎是个很讲究实际的人。) **practicable** 指事物时意为"能实行的;行得通的",不能用以修饰人:Is it *practicable* to try to grow crops in desert? (在沙漠里种植农作物行得通吗?)

prac·ti·cal·i·ty /ˌpræktiˈkæliti/ *n.* [C;U]实例;实用性

practical joke *n.* [C]恶作剧:play a *practical joke* on sb. 对某人搞恶作剧(或捉弄某人) ‖ **practical joker** *n.* [C]

prac·ti·cal·ly /ˈpræktikəli/ *adv.* [无比较级] ❶〈口〉几乎,差不多:*Practically* all substances expand when heated and contract when cooled. 几乎所有的物质都是热胀冷缩的。❷实际上,事实上:*Practically*, we have solved all these problems. 事实上,我们已把这些问题一起解决了。❸从实际的立场,讲究实际地;从实用的角度,实用上:I mean is she good to you *practically* speaking? 说真格的,她对你好不好?

practical nurse *n.* [C]有实际经验的护士

prac·tice /ˈpræktis/ **I** *n.* ❶[U]实践;实行,实施;(知识的)应用;经验:divorce theory from *practice* 使理论与实践脱节 ❷[U;C]练习;一段练习时间;(经练习达到的)熟练程度:He told the story easily and well. He had had a lot of *practice* telling it. 他的故事讲得既流畅又生动,他已经讲过许多回了。❸[U;C]惯常做法,惯例;习俗:The *practice* of banks closing at

4 o'clock is very annoying. 银行在4点钟关门的惯例实在令人讨厌。❹[U;C](医生或律师等的)业务,工作,执业;医生行业;律师业;[总称](医生的)病人,主顾;(律师的)委托人,客户:a surgeon in good *practice* 医术高明的外科医生 **II** *vt.* & *vi.* =practise

prac·ticed /ˈpræktist/ *adj.* =practised

prac·ti·cum /ˈpræktikəm/ *n.* [C]实习科目;实习课

prac·tise /ˈpræktis/ *vt.* ❶练习,学习;使练习,训练:*practise* a song 练歌 ❷经常做,实践,实行;养成…的习惯:Get a livelihood and then *practise* virtue. 先安身而后立命。❸从事(职业):His father *practises* medicine. 他父亲开业当医生。—*vi.* ❶练习(*on*,*upon*):A ballet dancer who does not *practise* every day loses a lot of skill. 芭蕾舞蹈演员如果不天天练,舞艺就要大退步。❷经常做:*practise* clever 经常耍小聪明 ❸行动;把知识用于实践 ❹从事职业(尤指医生行业或律师业):She's *practising* as a doctor in London. 她在伦敦当执业医生。〔亦作 **practice**〕‖ ***in practice*** *adv.* & *adj.* ❶实际上,事实上;在实践中:*In practice*, the economic policy didn't work. 实际上,那项经济政策并未奏效。❷不断练习的;熟练的:I'm afraid I won't be able to play well because I haven't been *in practice* for many years. 恐怕我已经玩不好了,因为有多年不练了。❸(医生、律师等)在开业中:He is now *in* private *practice*. 他现在自己开诊所看病。***make a practice of*** *vt.* 经常做(某事);有…的习惯:He *makes a practice of* taking a walk after supper. 他吃过晚饭后总要散散步。***out of practice*** *adv.* 疏于练习;荒废,生疏:I'm not playing the piano very well at the moment. I'm really *out of practice*. 我现在钢琴弹得不好,因为实在疏于练习。***Practice makes perfect.*** 〈谚〉熟能生巧。***put into*** [***in***] ***practice*** *vt.* 把…付诸实践,实行,实施:*put* one's plan *in practice* 实行计划

prac·tised /ˈpræktist/ *adj.* 熟练的;老练的,有经验的;训练有素的:He was *practised* in [at] negotiating business deals. 他在谈生意方面富有经验。〔亦作 **practiced**〕

prac·ti·tion·er /prækˈtiʃᵊnəʳ/ *n.* [C] ❶开业者(尤指医生、律师等):a licensed general *practitioner* 领有营业执照的全科医生 ❷从事者,实践者:a successful *practitioner* of landscape painting 一位成功的风景画家

prag·mat·ic /prægˈmætik/, **prag·mat·i·cal** /-kᵊl/ *adj.* ❶讲究实际的,重实效的;务实的,实干的:He was *pragmatic* and principled. 他注重实际,但也坚守原则。❷[无比较级]【哲】实用主义的:a *pragmatic* view 实用主义观点 ‖ **pragˈmat·i·cal·ly** *adv.*

prag·ma·tism /ˈprægməˌtizᵊm/ *n.* [U] ❶实用性;实用观点;务实精神:The potential is there, if they show the skill and *pragmatism* to develop it. 如果他们发挥出他们的才能和务实精神以求发展,他们是有潜力的。❷【哲】实用主义(一种以实效性或利益得失作为判断基准的理论) ‖ **ˈprag·ma·tist** *n.* [C]

prai·rie /ˈpreəri/ *n.* [C]大草原;(尤指北美地区的)高草原

praise /preiz/ **I** *vt.* ❶赞扬,称赞,赞许:The book was widely *praised* by critics. 这本书博得评论界的广泛好评。❷(用言词或诗歌)赞颂,赞美(神、圣人等):God be *praised*! 谢天谢地! **II** *n.* [U]❶赞扬,称赞,赞许;[~s]赞扬话:His novel received a lot of *praise*. 他那本新小说好评如潮。❷赞美,崇拜;[~s](对神、圣人等的)赞词,赞美诗 ‖ ***beyond*** (***all***) ***praise*** *adj.* 赞美不尽的;夸不胜夸的:The revolutionary heroism of the Red Army during the Long March is *beyond praise*. 红军在长征期间所表现的革命英雄主义令人赞叹不已。***Praise be*** (***to God***)! *int.* [表示虔诚的感恩]感谢上帝!谢天谢地! ***sing one's*** (***own***) ***praises*** *vi.* 夸耀自己,自我标榜,自吹自擂:Talking lavishly on the merits of the new bridge, the architect was actually *singing his own praises*. 那位建筑师大谈特谈该桥的妙处,事实上是在自我吹嘘。***sing sb.'s praises*** *vi.* 高度赞扬某人;歌颂某人:The national hero is so deeply rooted in the people's hearts that even today many are still *singing his praises*. 那位民族英雄深深地铭刻在人们的心坎上,直到今天许多人还在传颂他。

praise·wor·thy /ˈpreizˌwəːði/ *adj.* 值得赞扬的,可嘉的:In terms of performance the film is *praiseworthy*. 就表演而言,这部影片可圈可点。‖ **ˈpraiseˌwor·thi·ly** *adv.* —**ˈpraiseˌwor·thi·ness** *n.* [U]

prance /prɑːns; præns/ **I** *vi.* ❶(马)腾跃,腾跳:The horse was *prancing* around in the corral. 那匹马在围栏里四处腾跳。❷昂首阔步,神气十足地行走:She *pranced* into the room with her high heels clicking. 她趾高气扬地走进房间,那双高跟鞋儿笃笃响个不停。❸雀跃,欢欣地跳跃;轻快地行走:The young lady was *prancing* about the beach in a very revealing swimsuit. 那个女郎身穿暴露泳衣在海滩上四处蹦跳。—*vt.* 使(马)腾跃:The rider *pranced* the horse around the corral. 骑手策马在围栏里四处腾跳。**II** *n.* [通常用单] ❶(马的)腾跃,腾跳 ❷昂首阔步 ❸欢跳,雀跃:She giggled, with a little *prance* of her feet. 她一边咯咯地笑着,一边双脚微微地蹦跳着。‖ **ˈpranc·er** *n.* —**ˈpranc·ing·ly** *adv.*

prank /præŋk/ *n.* [C](引起难堪的)玩笑;恶作剧,胡闹:It had all been a wonderful *prank* at worst. 这事顶多是闹一闹寻开心。‖ **prank·ster** /ˈpræŋkstəʳ/ *n.* [C]

prate /preit/ *vi.* ❶唠叨;啰唆:She *prated* of the good old days. 她唠叨过去的好日子。❷瞎谈,扯淡 —*vt.* 唠叨地谈论;瞎扯:*prate* the works of art 瞎侃艺术作品 ‖ **ˈprat·er** *n.* [C]

prat·tle /ˈpræt°l/ **I** *vi.* 闲扯,胡扯:And you *prattle* along with the prattlers? 你常跟那些话匣子在一起神侃胡聊吗? **II** *n.* [U]闲扯,胡扯:Anna was full of *prattle* about where she had been and what she had done. 安娜说她到过哪里哪里、做过什么什么事情,一聊起来就没个完。

prawn /prɔːn/ *n.* [C]【动】海虾;对虾属动物;龙虾

pray /prei/ *vi.* ❶祈祷,祷告;祈求(*to*, *for*):*Pray to* God for mercy. 祈求上帝发慈悲。❷恳求,请求(见 appeal) —*vt.* 祈求;哀求,央求:*pray* God's forgiveness 祈求上帝的原谅

prayer /preəʳ/ *n.* ❶[U;C]祈祷,祷告;[常作~s]祷告词,祷文:be at *prayer* 在祈祷 ❷[常作~s]祈祷礼;祈祷仪式:He knelt down at the bedroom door and joined in the *prayers*. 他在卧室门旁跪下,加入了祈祷仪式。❸[C]祈求,祈望;祝愿,祷求:answer one's *prayers* 实现某人的祈愿 ❹[C]祈望(或祈求)的事物,许愿 ‖ ***not have a prayer*** *vi.* 〈口〉没有(成功或实现等的)机会

pray·ing /ˈpreiiŋ/ **mantis** *n.* [C]【昆】螳螂

pre- /priː/ *pref.* ❶[用于时间、位置、顺序等方面]表示"在…之前","…的前面":*pre*adult (未成年人) ❷[用于程度、重要性等方面]表示"超","更":*pre*eminent

preach /priːtʃ/ *vi.* ❶布道,传道;宣讲:The teacher was *preaching* to her students about the virtue of observing disciplines. 老师正在向学生宣讲遵守纪律的美德。❷极力劝说;(反复或不厌其烦地)劝诫,告诫:*preach* against using violence 极力劝阻使用暴力 —*vt.* ❶宣讲(教义);布(道);传授:The puritans *preached* sober living. 清教徒提倡生活节制。❷倡导;宣扬;鼓吹;灌输:a society in which tidiness was *preached* and practiced 一个讲究整洁并且做到整洁的社会 ❸(用类似布道的方式)使处于某种境地:*preach* the customer into the impulse to buy 说得顾客产生购买欲 ‖ **ˈpreach·ment** *n.* —**ˈpreach·y** *adj.*

preach·er /ˈpriːtʃəʳ/ *n.* [C]传道士,牧师;说教者;鼓吹者

pre·am·ble /priːˈæmb°l; ˈpriːæ-/ *n.* [C] ❶前言,序文,导言;开场白:the *preamble* to the Federal Constitution《联邦宪法》的序言 ❷开端;前奏:I think I may, without *preamble*, read them the proclamation. 我想我可以单刀直入地向他们宣读这份宣言。

pre·ar·range /ˌpriːəˈreindʒ/ *vt.* 预先约定;预先指定 ‖ **ˌpre·arˈrange·ment** *n.* [U;C]

pre·can·cer·ous /priˈkænsərəs/ *adj.* [无比较级]癌症前期的;恶性病变前的:*precancerous* changes 癌前病变

pre·car·i·ous /priˈkeəriəs/ *adj.* ❶不稳定的,不确定的;不安全的,危险的(见 dangerous):Working on the roof of that building looks very *precarious*. 在那楼宇的屋顶上干活看来很危险。❷前提有问题的;根据不足的;靠不住的:a *precarious* assumption 靠不住的假设❸随机而定的;偶然性的;说不定的:the *precarious* tenure of human possessions 人间财物的聚散无常 ‖ **preˈcar·i·ous·ly** *adv.*

pre·cau·tion /priˈkɔːʃ°n/ *n.* [C]预防措施,防备办法:You took *precautions* too late. 为时已晚,来不及了。

pre·cau·tion·ar·y /priˈkɔːʃ°nəri/ *adj.* ❶预防的,防备的:*precautionary* measures 预防措施

❷警惕的

pre•cede /pri'siːd/ *vt.* ❶(在时间、顺序、重要性等方面)位于…之前,先于:It is the quiet that *precedes* a storm. 风暴来临之前是宁静。❷走在…的前头,领先于:The usher *preceded* us into the theatre. 引座员在前面领我们走进了剧院。❸放在…之前,在…前加上(*by*,*with*):*precede* the name *by* Miss 在名字前加上 Miss

prec•e•dence /'presidᵊns/, **prec•e•den•cy** /-dᵊnsi/ *n.* [U] ❶(时间、顺序或重要性上的)居前;在先,居先;领先:Knowledge instead of wealth takes *precedence* in one's identity. 一个人的身份取决于知识而不是财富。❷优先权 ‖ ***take precedence over*** [***of***] *vt.* 在…之上;优先于:Quality still *took precedence over* quantity. 质量仍然优先于数量。

prec•e•dent /'presidᵊnt/ *n.* ❶[C]先例,前例:The task was virtually without *precedent*. 这种工作确实前所未有。❷[U]惯例:Part of the constitutional system is based on *precedent* and custom. 宪法体系部分依据惯例和习惯法。

pre•ced•ing /pri'siːdiŋ/ *adj.* [无比较级][作定语]在前的,居先的;领先的:the *preceding* editions of the book 此书的前几个版本

☆**preceding**, **antecedent**, **anterior**, **foregoing**, **former**, **previous**, **prior** 均有"前面的,先前的"之意。**preceding** 常指在时间、位置方面紧贴在前面的:the *preceding* night (前一夜) **antecedent** 指时间顺序上在前,但中间往往有一段间隔,常有某种因果关系的含义:The cave men lived in a period of history *antecedent* to written records. (穴居人生活在有文字记载之前的一个历史时期。) **anterior** 常指空间位置上在前面部位的:The *anterior* part of a fish contains the head and gills. (鱼的前部包括头和鳃。) **foregoing** 专指前面所论述或提到的:The *foregoing* are only a few of the instances. (以上仅举数例。) **former** 往往用以将某事与后来的事情作明确比较或对照:In *former* times people were hanged for stealing in Britian. (从前在英国,偷窃东西的人要被绞死。) **previous** 表示在某事前面存在或发生的,用于时间或次序方面:Have you had any *previous* experience of this kind of work? (这种工作你以前做过吗?) **prior** 可与 previous 换用,但带有更重要或优先的含义,并常与介词 to 连用:I stopped playing football because my work had a *prior* claim on my time. (我不踢足球了,因为我的时间首先要用于工作上。)

pre•cept /'priːsept/ *n.* [C](行为)规范;戒律:That's the true business *precept*. 这才真是做买卖的金科玉律呢。

pre•cinct /'priːsiŋkt/ *n.* [C] ❶(围起来的)场地,院落;(教堂、学校等的)四周土地:on the edge of the college *precinct* 在校区的边缘 ❷(城市中划归特定用途的)区域;(尤指)机动车禁行地段:the *precinct* of a national park 国家公园区

pre•cious /'preʃəs/ *adj.* ❶贵重的;珍贵的,宝贵的:Everything for the writer is *precious* material. 对于这位作家来说,一切都是宝贵的素材。❷受到珍爱的,心爱的:Every child is *precious* to its parents. 每个孩子都是父母的宝贝。❸得到珍视的,可贵的:I hold our friendship most *precious*. 我极其珍视我们的友谊。‖ **'pre•cious•ly** *adv.* —**'pre•cious•ness** *n.* [U]

prec•i•pice /'presipis/ *n.* [C]悬崖,峭壁:We found ourselves on the top of a dreadful *precipice*. 我们发现自己来到了可怕的峭壁顶上。

pre•cip•i•tate I /pri'sipiˌteit/ *vt.* ❶使突然发生;促成;使加速:a blackout *precipitated* by swimming 游泳引起的猝然昏厥 ❷使猛力投入;使突然处于(*into*):*precipitate* oneself *into* a struggle 奋力投入斗争 II /pri'sipitət/ *adj.* ❶[无比较级]突如其来的,突然的:a *precipitate* car accident 突发车祸 ❷急速的;猛冲的:beat a *precipitate* retreat 急速撤退 ❸贸然的,仓促的,轻率的:He had given no satisfactory explanation for his *precipitate* action. 他还没有对其贸然的举动作出令人满意的解释。III /pri'sipitət/ *n.* [C;U] ❶【化】【物】沉淀物,沉降物 ❷【气】【物】凝结物(如雨、露、雪等) ‖ **pre'cip•i•tate•ly** *adv.*

pre•cip•i•ta•tion /priˌsipi'teiʃᵊn/ *n.* [U]❶急促,仓促,轻率;贸然性:act with *precipitation* 贸然行事 ❷突然发生,突如其来:The *precipitation* of his resignation was revelations published in all the newspapers. 所有报纸的这番披露导致他的突然辞职。

pre•cip•i•tous /pri'sipitəs/ *adj.* ❶[无比较级](似)悬崖峭壁的 ❷陡峭的,险峻的:a *precipitous* wall of rock 陡峭的石壁 / *precipitous* mountain trails 险峻的山道 ❸急速的;急促的;猛冲的:a *precipitous* rise in unemployment 失业人数的激增 ❹贸然的,鲁莽的,轻率的:a *precipitous* decision 贸然的决定

pré·cis /ˈpreisiː/ *n.* [C]([复]-cis /-siːz/) 提要;概略,梗概:*précis* of PhD dissertation 博士学位论文提要

pre·cise /priˈsais/ *adj.* ❶精确的,精密的;准确的;确切的:*precise* calculations 精确的计算 ❷明确的;清晰的:*precise* directions 明确的指示 ❸〈时贬〉(人、思想等)精细的,周密的,细致的;严谨的,一丝不苟的;刻板的:He has a very *precise* mind. 他有一颗虑事周密的头脑。❹[无比较级][作定语]恰好的,正是的:I'm sorry. I can't come just at this *precise* moment. 对不起,恰好这个时候我不能来。‖ *to be precise adv.* 确切地说:The answer was 10, or 9.98 *to be precise*. 答案是10,确切地说是9.98。‖ preˈcise·ness *n.* [U]

pre·cise·ly /priˈsaisli/ *adv.* ❶精确地,精密地;准确地;确切地:I can't remember *precisely* where she lives. 我记不准她的住所。❷[无比较级]恰好,正是:That's *precisely* what I mean. 这正好是我的意思。

pre·ci·sion /priˈsiʒᵊn/ *n.* [U] ❶精确(性),精密(度);准确(性);确切(性):The designs were drawn with great *precision*. 设计图画得极为精确。❷明确(性);清晰(性):His writing is a model of clarity and *precision*. 他的文笔是简洁明晰的典范。

pre·clude /priˈkluːd/ *vt.* ❶阻止;妨碍(*from*):*preclude* development 阻碍发展❷使不可能;排除:*preclude* all doubts 排除所有疑虑

pre·co·cious /priˈkəuʃəs/ *adj.* [无比较级]〈常贬〉(尤指小孩)早熟的,过早发育的:a *precocious* lad 老成的小伙子 ‖ preˈco·cious·ness *n.* [U] —pre·coc·i·ty /-ˈkɔsiti/ *n.* [U]

pre·cog·ni·tion /ˌpriːkɔgˈniʃᵊn/ *n.* [U](尤指超感官能力的)预感,早察:possess a modicum of *precognition* 有一点预感

pre·con·ceived /ˌpriːkᵊnˈsiːvd/ *adj.* 事先构成的(看法、想法等):He arrived with *preconceived* idea of what he would find. 他到达时心里早已想到会找到什么。

pre·con·cep·tion /ˌpriːkᵊnˈsepʃᵊn/ *n.* [C]事先构成的看法,预想

pre·con·di·tion /ˌpriːkᵊnˈdiʃᵊn/ *n.* [C]先决条件,前提:The board set *preconditions* for his promotion. 董事会为他的提升制订了先决条件。

pre·cur·sor /priːˈkəːsəʳ/ *n.* [C]〈书〉❶先驱,先锋;开创者:a *precursor* of revolution 革命先驱 ❷前辈;前任 ❸前兆,先兆:Aches and pains are the *precursors* of flu. 浑身酸痛是流感的前兆。‖ preˈcur·so·ry /-səri/ *adj.*

pre·date /priːˈdeit/ *vt.* ❶(时间上)早于,先于:a house that *predates* the Civil War by three years 内战发生前三年建的房子 ❷使早于实际日期:*predate* a check 把支票的日期填得早于实际日期

pred·a·tor /ˈpredətəʳ/ *n.* [C] ❶猎食其他动物的动物;食肉动物 ❷劫掠者;掠夺成性的人

pred·a·to·ry /ˈpredətᵊri/ *adj.* ❶[无比较级]【动】猎食其他动物的,食肉的 ❷(国家、民族或人)掠夺(成性)的:*predatory* act 掠夺性行为

pre·de·cease /ˌpriːdiˈsiːs/ **I** *vt.* 比…先死亡,死于…之前:Most of men *predecease* their wives, and the majority of women have to face the brushing blow of widowhood. 男人大多死在自己妻子的前面,大多数妇女将不得不承受孀居的沉重打击。**II** *n.* [U]先死,早死

pred·e·ces·sor /ˈpriːdiˌsesəʳ/ *n.* [C] ❶前任;前辈:adopt the opinions of one's *predecessors* 拾人牙慧 ❷(被取代的)原有事物,前身:a fully revised edition with twice length of its *predecessor* 长度为前一版两倍的全面修订版

pre·des·ti·na·tion /priːˌdestiˈneiʃᵊn/ *n.* [U]【宗】命定论;宿命论

pre·des·tine /priːˈdestin/ *vt.* 〈书〉❶预先确定,预先指定:It seemed to them that Fate *predestined* them for one another. 在他们看来似乎他们之间是前生有缘。❷[常用被动语态]命定,注定:The elect had been *predestined* to salvation, and the reprobate to damnation. 蒙(上帝之)恩被选中者注定获救赎,遭天谴者注定入地狱。

pre·de·ter·mine /ˌpriːdiˈtəːmin/ *vt.* [常用被动语态] ❶预先决定,预先确定,预先裁定,预先安排:The colour of a person's hair and eyes are often genetically *predetermined*. 人的头发和眼睛的颜色通常是由遗传决定的。❷(神、命运等)注定:His death was *predetermined*.

他的死是命中注定。‖ **ˌpre·de·ter·mi·na·tion** /-ˌtəːmiˈneiʃᵊn/ *n.* [U;C]

pre·dic·a·ment /priˈdikəmᵊnt/ *n.* [C]尴尬的处境,窘境;困境,危境:find oneself in a *predicament* 发现自己处境尴尬

pred·i·cate/ˈprediˌkeit/ *vt.* ❶断言…真实(或存在);断定;肯定:*predicate* a motive to be well-intended 断定动机是善意的 ❷使(声明等)基于,使根据;使取决于(*on*,*upon*);(作为先决条件)决定:Science is *predicated upon* the assumption that any factual assertion could be true. 科学是以任何真实的断言为真的设想为依据的。❸意味,暗示:His retraction *predicates* a change of attitude. 他的退缩表示他态度有了变化。‖ **pred·i·ca·tion** /ˌprediˈkeiʃᵊn/ *n.* [U;C] —**pre·dic·a·tive** /priˈdikətiv/ *adj.*

pre·dict /priˈdikt/ *vt.* 预言;预测;预示(见foretell):What I had *predicted* fortnight ago had happened far sooner than I had anticipated. 两星期前我所预料的事情比预期的早早提前发生了。‖ **preˈdic·tor** *n.* [C]

pre·dict·a·ble /priˈdiktəbᵊl/ *adj.* 可预言的;可预测的,可预料的;可预报的:Most insects have fairly *predictable* behaviour. 大多数昆虫的行为具有相当的可预测性。‖ **preˈdict·a·bly** *adv.*

pre·dic·tion /priˈdikʃᵊn/ *n.* [U;C] ❶预言;预测,预料,预计;预报:environmental monitoring and *prediction* 环境监测❷预言的事物;预测(或预料、预计)的事物;预报的事物

pre·di·lec·tion /ˌpriːdiˈlekʃᵊn/ *n.* [C]偏爱;偏好(*for*)(见 prejudice):have a *predilection for* outdoor sports 偏爱户外运动

pre·dis·pose /ˌpriːdiˈspəuz/ *vt.* ❶使先倾向于;使偏爱:I find myself *predisposed* in his favour. 我发现自己偏爱他。❷使易受感染;使易接受(*to*):The polluted water *predisposes* one *to* cancer. 受污染的水容易使人得癌症。

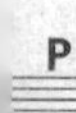

pre·dis·po·si·tion /priːˌdispəˈziʃᵊn/ *n.* [U;C] ❶倾向,意向:an ideological *predisposition* in favour of reform 支持改革的观念倾向 ❷(身体的)易受感染性:a *predisposition* to asthma 易患气喘病的体质

pre·dom·i·nant /priˈdɔminᵊnt/ *adj.* [无比较级] ❶有势力的;重要的;占主导(或支配)地位的:Fear with me became *predominant*. 恐惧在我心里占了上风。❷(在数量等方面)占优势的,占绝大多数的;显著的;普遍的:Alice's health was her *predominant* worry. 艾丽丝的健康是她的一大心病。‖ **preˈdom·i·nance** *n* [U] —**preˈdom·i·nant·ly** *adv.*

pre·dom·i·nate /priˈdɔmiˌneit/ *vi.* ❶占主导(或支配)地位;统治;控制:Service industries *predominate* for employment in the island. 服务性行业在该岛就业市场上占主导地位。❷(在数量等方面)占优势,占绝大多数:In the colder regions, pine trees *predominate*. 在更寒冷的地带,绝大多数树木是松树。

pre·em·i·nent /priːˈeminᵊnt/ *adj.* 超群的,非凡的,卓越的,杰出的:a *preeminent* player in the global market 全球市场上的超级玩家 ‖ **preˈem·i·nence** *n.* [U] —**preˈem·i·nent·ly** *adv.*

pre·empt /priːˈempt/ *vt.* ❶抢先占有,抢先得到:Our cat had *preempted* the comfortable chair. 我家的猫捷足先登占据了那张舒适的椅子。❷抢在…之前行动,抢先制止,先发制人地阻止:*preempt* one's rival in the competition 在竞争中抢在对手之前行动 ❸取代,替代;取消:A special news report on the earthquake *preempted* the game show. 球赛转播因有关地震的特别新闻报道取消了。‖ **preˈemp·tion** /-ʃən/ *n.*

pre·emp·tive /priːˈemptiv/ *adj.* [无比较级] ❶优先占有的;先行获得的;优先购买的;有优先购买权的 ❷(军事行动)抢先的,抢得先机的;先发制人的:a *preemptive* air strike 先发制人的空袭

preen /priːn/ *vt.* ❶(鸟)用喙整理(羽毛等):*preen* one's feathers 用喙梳理羽毛 ❷(人)精心打扮:spend ages *preening* oneself in front of the mirror 在镜子面前没完没了地梳妆打扮 ❸使得意;使庆幸(*on*):*preen* oneself *on* having graduated with honours 为自己以优异成绩毕业洋洋自得

pre·fab·ri·cate /priːˈfæbriˌkeit/ *vt.* ❶预制(房屋等)的构件;(用预制构件)组装(房屋、船舶等):*prefabricated* houses 组装式房屋 ❷预先编造;预备:a *prefabricated* speech 预先准备好的发言 ‖ **pre·fab·ri·ca·tion** /priːˌfæbriˈkeiʃᵊn/ *n.* [U;C]

pref·ace /ˈprefəs; ˈprefis/*n.* [C] ❶(书籍等的)

序言,序文:write a *preface* to a book 写一本书的序言 ❷(演讲等的)开场白:He crossed over to where Mary was sitting, and began, without *preface*. 他走到玛丽坐的这边,开门见山地说道。‖ ˈ**pref·a·to·ry** /-tᵊri/ *adj*.

pre·fect /ˈpriːfekt/ *n*. [C](法国等国行政部门的)长官,首长

pre·fer /priˈfəːʳ/ *vt*. (**-ferred**; **-fer·ring**) 更喜欢;宁愿(见 choose):Do you *prefer* coffee or tea? 你喜欢喝咖啡还是茶? ‖ ***prefer charges*** 起诉,控告:Since they are so young, the police have decided not to *prefer charges*. 由于他们很年轻,警方决定不起诉他们。

pref·er·a·ble /ˈprefᵊrəbᵊl/ *adj*. [无比较级] ❶(比…)优先选取的;(比…)更可取的(*to*):Poliosis is far *preferable to* baldness. 头发早白要比秃顶强得多。❷更如意的,更为称心的:Which of the two houses is *preferable*? 这两所房子中哪一所更合你意? ‖ ˈ**pref·er·a·bly** *adv*.

pref·er·ence /ˈprefᵊrᵊns/ *n*. ❶[U;C]更加的喜爱,偏爱(见 choice):What you wear is entirely a matter of personal *preference*. 穿什么衣服完全是个人喜好的事情。❷[C]偏爱的事物(或人):We have both beer and wine. Do you have a *preference* for one or the other? 我们啤酒和葡萄酒都有。你喜欢哪一种呢?

pref·er·en·tial /ˌprefəˈrenʃᵊl/ *adj*. [无比较级] 优先的;优待的:have a *preferential* right 拥有优先权 ‖ ˌ**pref·erˈen·tial·ly** *adv*.

pre·fix /ˈpriːfiks/*n*. [C]【语】前缀(如 ex-, non-, re-):negative *prefixes* 表示否定的前缀

preg·nan·cy /ˈpregnᵊnsi/ *n*. [U;C]怀孕,妊娠;怀孕期,妊娠期:Her *pregnancy* advanced. 她的肚子一天一天大起来了。

preg·nant /ˈpregnᵊnt/ *adj*. ❶[无比较级]怀孕的,妊娠的;有妊娠反应的:a *pregnant* woman 孕妇 ❷[作定语](语言或行为)意味深长的;含义隽永的;意义重大的:a *pregnant* word 重要的字眼儿

pre·hen·sile /priːˈhensail; -sil/ *adj*. [无比较级]【动】(尾巴或四肢)会抓的;能握住的;适于攀缠的:Elephants have *prehensile* trunks. 大象的鼻子有抓握能力。

pre·his·tor·ic /ˌpriːhisˈtɔrik/, **pre·his·tor·i·cal** /-kᵊl/ *adj*. [无比较级]有文字记载的历史以前的,史前的:*prehistoric* archaeology 史前考古学

pre·judge /priːˈdʒʌdʒ/ *vt*. (未经了解全面情况)对…预先作出判断;凭预想判断:It is wrong to *prejudge* an issue on the basis of hopeful speculation. 凭一厢情愿的想象对事情预先作出判断是错误的。‖ **preˈjudge·ment** *n*. [U;C]

prej·u·dice /ˈpredʒudis/ **I** *n*. [U;C]❶先入之见,成见:a deep-rooted *prejudice* 根深蒂固的先入之见 ❷偏见;歧视;反感:I have no *prejudice* against X or Y. 我对谁都没有偏见。**II** *vt*. ❶使产生先入之见,使有成见:The newspaper successfully *prejudiced* the public with their biased stories. 那家报纸用其片面的报道文章成功地使公众产生了先入之见。❷使有偏见;使产生歧视(或反感):The retarding service *prejudiced* customers against the company. 那家公司拖拖拉拉的服务作风使顾客们对其产生了反感。❸对…不利;损害,侵害(他人的权利等):The fact that he frequently breaks his promises has *prejudiced* his reputation. 他屡屡言而无信,坏了自己的名声。‖ ***without prejudice to prep***. 无损于(权利等);不妨碍:The verdict was announced *without prejudice to* further appeals to higher court for both parties. 判决结果宣布了,但并不妨碍当事人双方向高一级的法院上诉。

☆ **prejudice**, **bias**, **partiality**, **predilection**, 均有"偏见,偏向"之意。**prejudice** 指出于无知、害怕、褊狭、憎恨或毫无根据的成见等而对某人或某事不公正,常给对方带来伤害:They accused him of having a *prejudice* against his women employees. (他们指责他歧视女雇员。) **bias** 指根据个人的好恶或成见对有争议的人物或事件存有偏见或偏爱,既可表示赞成,亦可表示反对:They complained of *bias* in the way the news media reported the story. (他们投诉新闻媒体在报道该事件的方式上表现出的偏见。) **partiality** 表示因强烈喜爱而偏袒某人或某事,含不能一视同仁、缺乏公允之意:Show no *partiality* in your decisions. (作出决定时切勿有偏心。) **predilection** 指因某人的气质、性情或经历所产生的特别喜爱,可用于朋友、书籍、食物、方法等:a *predilection* for dangerous sports (对危险运动的嗜好)

prej·u·di·cial /ˌpredʒuˈdiʃᵊl/ *adj*. [无比较级]

造成先入之见的；引起偏见的：*prejudicial* remarks 造成先入之见的言论

pre·lim·i·nar·y /pri'lim'nəri/ I *adj*. [无比较级]初步的；起始的；预备的：a *preliminary* race 赛跑预赛 II *n*. ❶[常作 **preliminaries**]初步做法；起始行为；预备工作：She began without any *preliminaries*. 她开门见山地说。❷[C]初试；预赛：defeat all the rivals in the contest *preliminaries* 在预赛中击败所有的对手

prel·ude /'prelʲuːd/ *n*. [C] ❶[通常用单]前奏，序幕，先声：An evening was the *prelude* to night. 黄昏是黑夜的前奏。❷【音】(尤指钢琴演奏的)前奏曲，序曲

prem·a·ture /'premə,tjuəʳ; ,premə'tjuəʳ; ,priːmə'tʃuəʳ/ *adj*. ❶[无比较级]比预期(或正常)时间早的，提前的，过早的：Guard yourself against *premature* ageing of the skin by eating plenty of vitamin A rich fruits. 要多吃富含维生素 A 的水果以防皮肤过早老化。❷[无比较级]【医】早产的；早产儿的：*Premature* birth can lower IQ. 早产可能降低婴儿的智商。‖ **'prem·a,ture·ly** *adv*.

pre·med·i·tat·ed /pri'medi,teidid/ *adj*. 预先考虑的，预先策划的：a *premeditated* act of murder 预谋杀人 ‖ **pre·med·i·ta·tion** /priː,medi'teiʃᵊn/ *n*. [U;C]

prem·i·er /'premiəʳ; pri'mjəʳ/ I *n*. [C](内阁)总理；首相：the former *premier* 前总理 II *adj*. [无比较级] ❶首先的；首位的；首要的：the *premier* auto maker 主要的汽车制造商 ❷最早的，最初的，最先的

prem·i·ère /'premiəʳ; 'premi,eəʳ/ I *n*. [C](戏剧等的)首次公演；(电影的)首映；首次展出：The movie channel occasionally screens *première*. 电影频道偶尔播放首映片。II *vt*. & *vi*. 首次上演(戏剧等)；首映(电影)；首次展览：He was working on an orchestral work to be *premièred* at the Olympics. 他当时正在创作弦乐作品，准备在奥运会上首演。

prem·ise I /'premis/ *n*. ❶[C]【逻】前提；先决条件：Guarantee of minimum profit is a *premise* to the signing of the agency agreement. 保证起码的利润是签订代理协议的前提。❷[～s](企业、机构等使用的连地基和附属设施的)房屋；生产用地；经营场所：buy the *premises* freehold 购买可终身保有的房产 II /pri'maiz/ *vt*. 预说，前述；作…的前提，作…的条件；假设，预设：The film is *premised* on an illogicality. 这部电影有悖逻辑。

pre·mi·um /'priːmiəm/ *n*. [C] ❶保险费；保险金：property [casualty, life] *premiums* 财产[意外，人寿]保险费 ❷奖金；红利；(基本酬金之外的)津贴，补贴；额外费用(见 bonus 和 reward)：raise the overtime pay *premium* 提高超时工资津贴 ❸奖品；奖励(见 bonus 和 reward)：a *premium* for good conduct 品行优良奖 ❹(为商品购买者或接受服务的客人提供的)免费(或低价)赠品 ‖ ***at a premium*** *adj*. & *adv*. ❶超出一般价格(或价值)的(地)，高价的(地)：The television sets and stereos are fenced *at a premium*. 电视机和音响以高价销赃。❷稀缺的(地)，奇缺的(地)；急需的(地)：Truth is *at a premium* in science. 科学需要真理。***put a premium on*** *vt*. ❶为…提供动力；鼓励，激励：We are moving towards an economy which *puts a premium on* skilled labour. 我们正在朝着鼓励技术性劳动的经济类型发展。❷给…加价；使增值：Consumers are willing to *put a premium on* high-quality commodities. 消费者愿意出高价买高质量的商品。

prem·o·ni·tion /,premə'niʃᵊn; ,priː-/ *n*. [C](尤指对不好事情的)预感；预告；预警：The sky is clear and wintry with *premonitions* of frost. 天空清冷，预示着霜冻天气的到来。‖ **pre·mon·i·to·ry** /pri'mɔnitᵊri/ *adj*.

pre·na·tal /priː'neitᵊl/ *adj*. [无比较级]出生前的；生产前的：*prenatal* infection 胎内感染 ‖ **pre'na·tal·ly** *adv*.

pre·oc·cu·pa·tion /priː,ɔkju'peiʃᵊn/ *n*. ❶[U]全神贯注；入神(*with*)：I'm afraid that his *preoccupation with* language, names and terms could impede free-flowing talk. 我担心他对语言、名称和措辞的过分讲究可能妨碍交谈，使大家不能畅所欲言。❷[C]使人全神贯注的事物，使人入神的事物：The concern with his own roots was a frequent *preoccupation* in his writing. 他的寻根情结是他作品中经常出现的主题。

pre·oc·cu·py /priː'ɔkju,pai/ *vt*. 使全神贯注；使入神：What is likely to *preoccupy* voters most? 选民们最为关注的会是什么呢？‖ **pre'oc·cu·pied** *adj*.

P

prep /prep/ **I** *n*. 〈口〉❶[C;U]〈英〉功课的准备;家庭作业的预习;准备功课的时间 ❷[C]预科学校的学生 ❸[C]预科学校 ❹[C]摸底考试 **II** *adj*. [无比较级] ❶预科学校的 ❷准备的,预备的 **III** *vt*. & *vi*. (**prepped;prep•ping**) ❶(使)做好考试准备:the children who *prepped* diligently for exams 用功复习迎考的孩子们 ❷做好(病人)手术的准备工作

pre-pack•age /priːˈpækidʒ/ *vt*. (出售前)预先包装(产品)

prep•a•ra•tion /ˌprepəˈreiʃᵊn/ *n*. ❶[U]准备;预备;准备停当:He is packing his things in *preparation* for his trip. 他正在为旅行准备行李。❷[常作~s]准备行动(或措施):His *preparations* went extremely well. 他的准备工作进行得异常顺利。

pre•par•a•to•ry /priˈpærətᵊri/ *adj*. [无比较级] ❶准备性的,预备性的:His face was black with *preparatory* anger. 他气得脸色铁青,眼看就要发火了。❷引导的;作为开头的;初步的:*preparatory* pencil drawings 铅笔草图

preparatory school *n*. [C]预科学校;大学预科班〔亦作 **prep school**〕

pre•pare /priˈpeəʳ/ *vt*. ❶使做好准备;预备:*prepare* one's campsite 安营扎寨(准备宿营) ❷备(饭);调配(饭菜):His wife was moving about *preparing* dinner. 他妻子走来走去地在张罗午饭。❸把…诉诸笔端,写成:*Prepare* me an outline — nice and brief. 给我写个提纲——写得好一些,简明一些。—*vi*. 准备,预备;做准备:*prepare* for the journey 为旅行做准备

pre•pared /priˈpeəd/ *adj*. [无比较级] ❶准备好的,有准备的:I confess I was not *prepared* for it. 我承认我没提防这一点。❷[作表语]愿意的,乐意的:Would you be *prepared* to contribute? 您愿意捐款吗?

pre•pay /priːˈpei/ *vt*. (**-paid** /-ˈpeid/) 预支,预付(费用):*prepay* the postage 预付邮费 ‖ **preˈpay•ment** *n*. [U;C]

pre•pon•der•ance /priˈpɒndərəns/ *n*. [U](在数量、权力、影响等方面所处的)优势:The great *preponderance* of opinion supported the view. 绝大多数意见支持这种观点。‖ **preˈpon•der•ant** *adj*.

prep•o•si•tion /ˌprepəˈziʃᵊn/ *n*. [C]【语】介词 ‖ **ˌprep•oˈsi•tion•al** *adj*.

pre•pos•sess•ing /ˌpriːpəˈzesiŋ/ *adj*. 给人好感的,使人喜欢的;可爱的,有吸引力的:Clean clothes and good manners are *prepossessing*. 衣着整洁和举止文雅会给人留下好印象。

pre•pos•ter•ous /priˈpɒstᵊrəs/ *adj*. 反常的,荒谬的,乖戾的;愚蠢的,可笑的:The fact is too *preposterous* for tears, too lugubrious for laughter. 这一事实真太叫人啼笑皆非了。

prep school *n*. =preparatory school

pre•req•ui•site /priːˈrekwizit/ *n*. [C]先决条件,前提;必备条件(*for*,*to*):A certain level of education is a necessary *prerequisite to* industrialization. 具有一定的教育水准是实现工业化必要的先决条件。

pre•rog•a•tive /priˈrɒgətiv/ *n*. [C]〈书〉独享的权利,特权:The mayor can exercise [use] the *prerogative* to veto actions of the council. 市长可运用手中的特权否决市政厅的决议。

pres•age /ˈpresidʒ/ *vt*. 预示;预兆:Increasing devotion to a lady may *presage* an imminent proposal of marriage. 对一位女性不断增加情感投入就预示着会很快提出求婚。

pre•school /ˈpriːskuːl;priːˈskuːl/ **I** *adj*. [无比较级]学龄前的,入学前的:new methods of *preschool* education 学龄前教育的新路子 **II** *n*. [C;U]幼儿园 ‖ **preˈschool•er** *n*. [C]

pre•science /ˈpriːʃəns;ˈpre-/ *n*. [U]预知,先知:foresee dangers with *prescience* 未卜先知地预见到危险

pre•sci•ent /ˈpresiənt/ *adj*. 预知的;有预见力的;有先见之明的:the *prescient* comments about the dangers 对危险的预见 ‖ **ˈpre•sci•ent•ly** *adv*.

pre•scribe /priˈskraib/ *vt*. ❶(医生)开(药或药方);写(医嘱);为…开(药或药方),为…写(医嘱):*prescribe* medicines 开药 ❷规定,指定;指示,命令:A dictionary describes the language, not *prescribes* what it should be. 词典描述语言而不是规定语言该怎样。—*vi*. ❶(医生)开处方;给医嘱(*for*,*to*):*prescribe for* a complaint 针对病症开处方 ❷规定,指定;作指示,下命令(*for*,*to*):She sullenly told him not to *prescribe to* her, for she knew her duty. 她绷着脸对他说,她自己会尽自己的本分,用不着

P

他指点。

pre·scrip·tion /pri'skripʃᵊn/*n*. [U;C]❶处方，药方：a medical *prescription* 药方(或医嘱) ❷处方上开列的药：Take this *prescription* three times a day. 这药一日服三次。

pre·scrip·tive /pri'skriptiv/ *adj*. [无比较级]规定的，指定的；指示的，命令的：Any guidelines must avoid being too *prescriptive*. 任何指导原则都必须避免变成硬性规定。

pres·ence /'prezᵊns/ *n*. ❶[U]出席，在场；存在：request sb.'s *presence* at a meeting 要求某人出席会议 ❷[U](人)所在地方，周围；面前：A young man entered her *presence*. 一位年轻人向她走来。❸[U]仪表，仪容，仪态；风采，气质，风度；(演员的)亲和力，表演风度：a general of august *presence* 威风凛凛的将军 ❹[通常用单](在国外的)政治(或军事、经济)势力：The insurance company has a limited *presence* abroad. 那家保险公司在海外的业务很有限。‖ ***in the presence of*** *prep*. 在…的面前；当着…的面：The document must be signed *in the presence of* two witnesses. 这份文件必须有两名见证人在场时签署。***make one's presence felt*** *vi*. 设法让他人注意自己，设法不使自己受到冷落：The coming catastrophe *made its presence felt* through trifling details. 从微不足道的细节之中觉察到灾难的来临。

pres·ent[1] /'prezᵊnt/ **I** *adj*. [无比较级] ❶[通常作表语]出席的，在场的，在座的：There were 200 people *present* at the meeting. 有 200 人出席会议。❷[作定语]现在的，现今的，目前的，当前的；正在考虑(或讨论、处理等)中的：the *present* state of the art 艺术的现状 **II** *n*. [通常作 **the** ～] ❶现在，现今，目前，当前：applaud the past and condemn *the present* 厚古薄今 ❷【语】现在时(态) ‖ ***at present*** *adv*. 现在，现今，目前，当前：She's *at present* in the library. 她眼下在图书馆。***for the present*** *adv*. 暂时，暂且；眼下：Let's leave it as it is *for the present*. 暂时就这样子吧。

pre·sent[2] **I** /pri'zent/ *vt*. ❶赠送，赠予；授予；呈献：She decided to *present* gifts at the end of the party. 她决定在聚会结束时赠发礼物。❷提出；提供；递交；向…提出(或提供、递交)：*present* a report to the board of directors 向董事会提交一份报告 ❸上演，演出；表演；使公演(或公映)；使(某人)担任角色；主持(广播或电视节目)：Warner Brothers *presents* a sequel to the blockbuster. 华纳兄弟电影公司推出了那部大片的续集。❹(尤指正式地)引见，介绍：May I *present* my fiancée to you? 请允许我向您介绍我的未婚妻好吗? ❺表示，致以(问候等)：*present* one's apologies to sb. 向某人致歉 ❻显示，呈现；表现；描述；向…显示(或表现等)：In her poetry she *presented* intimate pictures of country life. 她在诗歌中展现了一幅幅温馨怡人的田园生活景象。**II** /'prezᵊnt/ *n*. [C]礼物，赠品：a birthday *present* 生日礼物 ‖ ***present itself*** *vi*. 出现，呈现，显现：It was the first time the opportunities had *presented itself*. 这是头一次碰到这样的天赐良机。***present oneself*** *vi*. 出席，到场：I have no mind to *present myself* for the meeting. 我无意出席这次会议。‖ **pre'sent·er** *n*. [C]

pre·sent·a·ble /pri'zentəbᵊl/ *adj*. 拿得出手的，摆得出去的；像样的；体面的：Is he a *presentable* sort of person? 他这人上得台面吗?

pres·en·ta·tion /ˌprezᵊn'teiʃᵊn/ *n*. ❶[U;C]赠送，赠予；授予；呈献；赠送(或赠予、授予、呈献)仪式：the *presentation* of gifts 赠礼 ❷[C]赠送(或赠予、授予、呈献)物；礼物，赠品：The Oscar Awards are an annual *presentation*. 奥斯卡金像奖每年颁授一次。❸[U]提出；提供；递交：the *presentation* of a research plan 研究计划的提出 ❹[U;C]显示，呈现，显现；表现，描述：give a vivid *presentation* on sth. 有声有色地描述某事

pres·ent-day /'prezᵊn'ˌdei/ *adj*. [无比较级]当今的，现时的；当代的，现代的：solutions to *present-day* problems 解决当前问题的办法

pres·ent·ly /'prezᵊntli/ *adv*. [无比较级] ❶不久，一会儿：*Presently* the conductor came on his rounds again. 过了一会儿，列车员又巡视来了。❷〈英方〉现在，目前：The travel industry is *presently* experiencing a depression. 旅游业眼前正值萧条期。

☆**presently** 在句中的位置不同，其词义也不同，意为"不久"时常置于句末；意为"一会儿之后，片刻之后"时常置于句首；意为"现在；目前"时常置于动词之后。

present participle *n*. [C]【语】现在分词

present perfect *adj*. 【语】现在完成时的

P

pres·er·va·tion /ˌprezəˈveiʃ°n/ *n.* [U] ❶保护,保养;维护,保全:The society is working for the *preservation* of wild life. 该协会致力于保护野生生物。❷保存,保留;留存:in an excellent state of *preservation* 处于极好的保存状态

pres·er·va·tion·ist /ˌprezəˈveiʃ°nist/ *n.* [C] (主张保护野生动物、自然区、历史遗存等的)保护主义者

pre·serv·a·tive /priˈzəːvətiv/ *n.* [C; U] 防腐剂;保护剂:Some tinned food is full of *preservatives*. 有些罐头食品充满了防腐剂。

pre·serve /priˈzəːv/ *vt.* ❶保护,保养;维护,保全:Oil *preserves* metal from rust. 油可保护金属使其免于生锈。❷维持;保持;保守:*preserve* one's independence 保持独立性 ❸保存,保留;使留存:They've managed to *preserve* most of the wall paintings in the caves. 他们设法保存了那些洞穴内的大部分壁画。‖ **preˈserv·er** *n.* [C]

pre·set /priːˈset/ *vt.* (**-set; -set·ting**) 预先安置;预先调置:*pre-set* holiday dates 预先安排度假日期

pre·side /priˈzaid/ *vi.* ❶主持,当主持人(*at*, *over*):Who's to *preside at* the meeting today? 今天谁主持会议? ❷掌管,管辖;领导(*over*):He *presided over* a professional staff of more than a hundred. 他手下有一百多名专业人员。

pres·i·den·cy /ˈprezid°nsi/ *n.* ❶[常作 **the P-**]总统(或国家主席)的职务(或职位、职权、任期):The president's resignation thrust him into *the Presidency*. 总统的辞职一下子把他推上了总统职位。❷[U;C]院长(或校长、会长、总裁、机关行政长官等)(或职位、职权、任期):work one's way up to the *presidency* of a university 努力工作一直升至大学校长

pres·i·dent /ˈprezid°nt/ *n.* [C] ❶[常作 **P-**](共和国的)总统,国家主席:He was elected *President* again. 他再次当选总统。❷(学院的)院长,(大学的)校长;(学会、协会等的)会长;(公司等的)总裁,董事长;(银行的)行长:the *president* of Yale University 耶鲁大学校长

pres·i·den·tial /ˌpreziˈdenʃəl/ *adj.* ❶[无比较级][作定语]总统的;总统职务的:a *presidential* election 总统选举 ❷总统制的

press[1] /pres/ **I** *vt.* ❶(用力地)按,挤,压,推,顶;用…按(或挤、压、推、顶等):*Press* the return key. 按回车键。❷挤压;挤取,榨取:*press* grapes 榨葡萄汁 ❸(用熨斗)熨平:His trousers were *pressed*. 他的裤子烫得笔挺。❹把…压(或捏)成型;给…压模;压制(唱片等):His compact discs are *pressed* in Japan. 他的激光唱片是在日本压制的。❺挤出(路):*press* one's way out of the crowd 挤出人群 ❻使紧贴;(表示亲热或鼓励等)紧握,紧攥;紧抱:The child *pressed* her nose against the window. 那个小女孩把鼻子贴到窗子上面。❼进逼,进攻:The troops were hard *pressed*. 军队遭到了步步进逼。❽敦促,力劝;催促(见 urge):Oliver *pressed* her to grasp her chance and go to university. 奥利弗敦促她抓住机会去上大学。❾催逼,逼迫:If you *pressed* him for details, he would get all worked up. 你要逼他讲出细节,他会发火的。—*vi.* ❶(用力地)按,挤,压,推,顶:He felt a pistol *pressing* against his side. 他觉得有支枪正顶着他的腰。❷拥挤,聚拢:Young girls *pressed* round the movie star's car. 年轻姑娘们把电影明星的车子团团围住。❸挤着走;奋力前进:The crowd *pressed* against the wall of policemen. 人群向警察组成的人墙推挤。❹熨;(衣服)被熨平:This pair of trousers does not *press* well. 这条裤子不容易熨平。❺竭力要求,竭力推行:*press* for change 竭力主张变革 ❻催促;催逼:*press* for rent 逼租 **II** *n.* ❶[通常用单](用力的)按,挤,压,推,顶:a *press* of a switch 按开关 ❷[U;C]印刷;印刷术;印刷机;印刷机构;出版机构:He showed an avid interest in the *press*. 他对出版界显示出极大的兴趣。❸[**the ~**][总称]报刊;报业,新闻业;报界,新闻界;记者们:*The press* support(s) government policy. 新闻界支持政府的政策。❹[**a ~**]报刊评论;新闻舆论:The film *Crouching Tiger, Hidden Dragon* has *a* good *press* abroad but *a* bad *press* in China. 影片《卧虎藏龙》在国外受到好评,却在中国遭到苛议。‖ ***be at*** [***in***] (***the***) ***press*** *vi.* 印刷中(的),印制中(的) ***be pressed for*** *vt.* 缺少,缺乏;迫切需要:I must hurry. I'*m* really *pressed for* time. 我得赶紧走,时间实在紧迫。***come/go to*** (***the***) ***press*** *vi.* 付印,开印;出版,发表:All details were corrected at the time of *going to press*. 在付印的时候所有细节都已经校对过了。

P

press² /pres/ *vt.* ❶【史】强迫…服兵役,强征…入伍(或当水兵) ❷(临时)征用;征发:*press* a passing car to give chase 征用一辆过路车进行追踪

press conference *n.* [C]记者招待会

pressed /prest/ *adj.* 紧缺的,缺少的:I'm *pressed* for time this morning so it will have to wait until this afternoon. 我今天上午时间很紧,所以这件事要等到下午再处理。

press·ing /ˈpresiŋ/ *adj.* 紧迫的,急迫的;迫切的:a *pressing* engagement 紧急的约会 / a *pressing* practical need 迫切的实际需要 / remove the *pressing* danger 消除迫在眉睫的危险

press·man /ˈpresmᵊn/ *n.* [C]([复]**-men** /-mᵊn/) ❶新闻工作者;记者 ❷印刷工人

press release *n.* [C](通讯社或政府机构等发布的)新闻稿

press secretary *n.* [C]新闻公关秘书

pres·sure /ˈpreʃəʳ/ **I** *n.* ❶[U]按,挤,压;榨:Apply *pressure* to the cut and it will stop bleeding. 用力按着伤口便能止血。❷[U]压力;压迫;紧迫,急迫;催促:come under mounting *pressure* 受到越来越大的压力 ❸[U;C]困扰;困难,困苦;苦恼:the *pressure* of want 饥寒交困 ❹[U;C]【物】压力;压强:The *pressure* of the water caused the dam to crack. 水的压力导致堤坝崩溃。**II** *vt.* 对…施加压力(或影响);迫使;说服:No one has the right to *pressure* you. 谁也没有权利强迫你。‖ ***bring*** [***put***] ***pressure to bear on*** [***upon***] *vt.* 对…施加压力:Don't try to *bring pressure to bear on* him; let him make the decision himself. 别给他施加压力,让他自己做决定吧。***under pressure*** *adv.* & *adj.* 在压力下;被迫;迫不得已:Water is forced out through the hose *under pressure*. 在压力下水通过那软管喷了出来。

P

pres·sure-cook·er /ˈpreʃəˌkukəʳ/ *n.* [C]压力锅,高压锅

pressure group *n.* [C](谋求对立法者、舆论等施加压力的)压力集团

pres·sur·ize, pres·sur·ise /ˈpreʃəˌraiz/ *vt.* 使(飞机机舱等)维持常压;使增压;使耐压;密封 ‖ **pres·sur·i·za·tion, pres·sur·i·sa·tion** /ˌpreʃəraiˈzeiʃᵊn;-riˈz-/ *n.* [U;C] —**ˈpres·surˌiz·er** /ˈpreʃəˌraizəʳ/ *n.* [C]

pres·tige /preˈstiːʒ/ *n.* [U] ❶声望,名望;威望,威信;信誉:The senator wants to burnish his political *prestige*. 该议员想提高他的政治声望。❷影响力,魅力:By his presence, the President lent *prestige* to the peace talks. 总统通过莅临和谈现场施加自己的影响力。

pres·ti·gious /preˈstidʒəs/ *adj.* 有声望的,有威望的;有威信的;受尊敬的:*prestigious* private universities 著名的私立大学

pre·sum·a·bly /priˈzʲuːməbli/ *adv.* [无比较级]据推测;大概,可能:*Presumably* the flight has been delayed by the bad weather. 可能因为天气不好航班才延误的。

pre·sume /priˈzʲuːm/ *vt.* ❶推测;假设,假定;(没有根据地)相信:I *presume* you're tired after your drive. 我想你开车之后一定很累。❷[常用于否定句或疑问句;后接动词不定式]冒昧(做),擅自(做):May I *presume* to advise you? 我不揣冒昧地向你提个建议好吗?—*vi.* ❶擅自行事,僭越,放肆:You're *presuming* rather a lot. 你也太放肆了。❷[常用于疑问句或否定句]设想,猜想;相信:You are Mr Wood, I *presume*? 您就是伍德先生,我没猜错吧? ‖ ***presume on*** [***upon***] (不正当地)利用,滥用:She'll think he's *presuming upon* their relationship. 她会认为他这是在利用他们之间的关系。

pre·sump·tion /priˈzʌmᵖʃᵊn/ *n.* ❶[U;C]推测;推定;假设,假定:Although Government could alter the proposals, the *presumption* was that they would not. 按说政府是可以改变这些提案的,但是据推测他们不会这么做。❷[U]冒昧;无礼;僭越,放肆;专横,擅自行事;傲慢:Please excuse my *presumption*. I don't think that you've taken everything into consideration. 请原谅我的放肆,我觉得你没有把所有情况都考虑进来。❸[C]作出推论的理由(或根据、证据):There is a strong *presumption* in favour of the falsehood of their story. 有一个强有力的证据足以推定他们的报道是虚假的。‖ **pre·sump·tive** /priˈzʌmᵖtiv/ *adj.*

pre·sump·tu·ous /priˈzʌmᵖtjuəs/ *adj.* 放肆的;专横的,自行其是的;傲慢的;冒昧的;无礼的:He lay aside the *presumptuous* attitude of an instructor. 他抛弃了那种以教训者自居的傲慢自恃的态度。

pre·sup·pose /ˌpriːsəˈpəuz/ *vt.* 预先假定；预想，预设；事先推测：You're *presupposing* that he'll have come, but he may not have. 你以为他会来，但他可能不来。‖ **pre·sup·po·si·tion** /priːˌsʌpəˈziʃᵊn/ *n.* [C;U]

pre·tend /priˈtend/ *vt.* ❶假装，佯装；伪装：Just *pretend* she's not here. 就当她不在一样。❷假托；借口；伪称，谎称：People *pretend* to have emotions, and they really feel nothing. 人们谎称自己情感丰富，实际上他们毫无感觉。‖ **preˈtend·er** *n.* [C]

pre·tense /priˈtens/ *n.* ❶[通常用单]虚假，虚伪；假装；矫饰，做作：John got into the club under false *pretenses* he isn't a member at all! 约翰冒充会员混进俱乐部——他根本不是会员！❷[C]伪称，谎称；借口，托词，口实：a man who flourished on false *pretenses* 靠招摇撞骗过日子的人

pre·ten·sion /priˈtenʃᵊn/ *n.* ❶[常作～s](对权利或特权的)要求；权利：have no *pretensions* to a gentleman 不配称作绅士 ❷[常作～s]自诩，自称，自命：a man with *pretensions* to superior judgement 自诩有非凡判断力的人 ❸[C;U]矫饰，做作；虚荣，虚伪(见 ambition)：The cartoonist attacked the *pretensions* of his era. 漫画家抨击他那个时代的虚伪。

pre·ten·tious /priˈtenʃəs/ *adj.* ❶自负的，自命不凡的，狂妄的：He got called *pretentious* for that. 就为了这件事，他被人骂作狂妄的家伙。❷炫耀的；做作的；矫饰的：*pretentious* erudition 华而不实的学识 ‖ **preˈten·tious·ly** *adv.* —**preˈten·tious·ness** *n.* [U]

pre·text /ˈpriːtekst/ *n.* [C]借口，托词；口实：The man divorced his wife on a trumped-up *pretext*. 那个男人以捏造的借口和他的妻子离了婚。

pret·ti·fy /ˈpritiˌfai/ *vt.* ❶过分修饰(或润饰)；刻意打扮；雕琢；装点：*prettify* verses 润饰诗句 / She does not want to *prettify* herself too much. 她不愿过分打扮自己。❷掩饰；粉饰；美化：*prettify* war 美化战争 / *prettify* sb.'s crude behaviour 掩饰某人粗暴的行为

pret·ty /ˈpriti/ I *adj.* ❶漂亮的，标致的，俊俏的；秀丽的，秀美的：She was a *pretty* woman. 她算得上是个有几分姿色的女人。❷优美的；悦目的；悦耳的；(游戏等)有趣的，令人愉快的：The valley is a very *pretty* view to look at. 那峡谷景色极为悦目。II *adv.* 〈口〉❶[无比较级]很，颇，相当，十分，非常：The old days were *pretty* good. 从前的日子真不赖。❷有礼貌地，恭敬地：talk *pretty* 彬彬有礼地讲话 ‖ ***pretty much*** [***well, nearly***] *adv.* 差不多；几乎(全部)：I have known *pretty nearly* all the details of that secret. 那个秘密的所有细节我几乎全知道。‖ **ˈpret·ti·ly** *adv.* —**ˈpret·ti·ness** *n.* [U]

pre·vail /priˈveil/ *vi.* ❶获胜；占优势，占上风：Truth will *prevail*. 真理必胜。❷通行；流行，盛行，风行；占主导地位：Let us pray that the benison of peace once more shall *prevail* among the nations of the world. 让我们祈求和平的福祉再次降临世界各国。❸说服，劝服(*on*, *upon*, *with*)：Such an argument does not *prevail with* us. 这样的论据不足以说服我们。

pre·vail·ing /priˈveiliŋ/ *adj.* [无比较级]❶流行的，盛行的；普遍的；通行的：the *prevailing* climate of opinion 流行的舆论气氛 ❷占主要地位的，占优势的；极有力的；有影响的：several *prevailing* forces 几股有影响的势力

☆**prevailing, current, prevalent, widespread** 均有"流行的，盛行的"之意。**prevailing** 表示在某一特定地方、特定时间占绝对优势或超越其他事物，暗含主观评价的意味：the *prevailing* fashion (流行时装) **current** 表示当前为人们普遍接受或采用，常用于发展变化的语言、服饰、思想观念等事物：This word is no longer in *current* use. (这个词现今已不再使用。) **prevalent** 指某事物在某时或某地普遍发生或广为存在，无主观评价的意味：Eyes diseases are *prevalent* in some tropical countries. (在一些热带国家眼疾很流行。) **widespread** 强调影响的范围、流行的地点而不是时间：There is *widespread* public concern about this problem. (公众普遍关注这个问题。)

prev·a·lent /ˈprevᵊlᵊnt/ *adj.* ❶流行的，盛行的；普遍的；总的；经常发生的(见 prevailing)：a *prevalent* trend 总的趋势 ❷有权势的，有权力的 ‖ **ˈprev·a·lence** *n.* [U]

pre·var·i·cate /priˈværiˌkeit/ *vi.* ❶支吾，含糊其词；搪塞；回避；推诿(*over*)：He *prevaricated over* whether to go there. 对于是否去那儿，他一直支支吾吾的。❷说谎：He tried to *prevaricate* in the matter. 他试图在这事上说谎。‖

P

pre•var•i•ca•tion /priˌværiˈkeiʃᵊn/ *n.* [U; C] —**preˈvar•iˌca•tor** *n.* [C]

pre•vent /priˈvent/ *vt.* ❶阻止,阻挡;制止;妨碍,阻碍(*from*):*prevent* sb. *from* living on a joyous life 使某人无法过无忧无虑的生活 ❷防治,预防:do everything to *prevent* accidents 采取一切措施预防事故

☆**prevent,anticipate,forestall** 均有"预先行动"之意。**prevent** 指采取预先措施或设置障碍去阻止某人或某事:measures taken to *prevent* an epidemic (为防止流行性传染病所采取的措施) **anticipate** 表示在时间顺序上走在他人前面,或先于他人行动:We *anticipated* our competitors by getting our book into the shops first.(我们抢在竞争对手之前先把书送往书店销售。) **forestall** 指先发制人、采取行动来制止某事发生,常用于几乎是不可避免的事情:We *forestalled* any attempt to steal the jewels by having them moved to a safer place.(我们防止了偷珠宝的一切企图,把珠宝转移到了安全的地方。)

pre•vent•a•ble /priˈventəbᵊl/ *adj.* 可防止的,可预防的:a *preventable* disease 可以预防的疾病

pre•ven•tion /priˈvenʃᵊn/ *n.* [U]预防,防止:disease *prevention* 疾病预防

pre•vent•ive /priˈventiv/ *adj.* [无比较级]预防性的;防护的;防止的:provide rudimentary *preventive* care 提供基本的预防性保健

pre•view /ˈpriːvjuː/ *n.* [C] ❶预观;预览;预审;预习 ❷(公开艺术展之前的)预展;(电影的)预映,试映;(戏剧等的)预演,试演:a *preview* performance 预演 ❸(电影或电视等的)预告片

pre•vi•ous /ˈpriːviəs/ *adj.* [无比较级]以前的;先的;前面的;预先的,事先的(见 preceding):in the *previous* three years 在过去的三年里 ‖ ***previous to*** 在…之前,先于:two days *previous to* sb.'s birthday 某人生日的前两天 ‖ **ˈpre•vi•ous•ly** *adv.*

pre-war /priːˈwɔːʳ; ˈpriːwɔːʳ/ *adj.* [无比较级]战前的

prey /prei/ *n.* [U]❶被捕食的动物,捕获物;猎物:Mice are the owl's *prey*. 老鼠是猫头鹰的猎物。❷捕食;捕食的习性:a beast of *prey* 食肉野兽 ‖ ***prey on*** [***upon***] *vt.* ❶捕食:Cats *prey on* rats and mice. 猫捕食老鼠。❷掠夺,劫掠;诈骗,敲诈:Pirates *preyed on* bullion ships plying out of the Carribean. 海盗们劫掠来往于加勒比海运输黄金的船只。❸折磨,损害,使痛苦;使困扰,使烦恼:My feelings *prey on* me so! 我老是受感情的折磨! ***be*** [***become***, ***fall***] (***a***) ***prey to*** *vt.* ❶(动物)被…捕食:The zebra *fell prey to* lions. 那匹斑马被狮子捕食了。❷(人)成为…的牺牲品;深受…之害;为…所困扰(或折磨、蹂躏):We are *all prey to* this speed of change. 我们都吃了这变化速度的亏了。

price /prais/ **I** *n.* ❶[C; U]【商】价格;价目;价位:a market *price* 市价 ❷[U]价值;贵重:The *price* of wisdom is above rubies. 智慧的价值高于宝石。❸[C]代价;牺牲:They gained the victory,but at a heavy *price*. 他们取得了胜利,却付出了惨重的代价。**II** *vt.* ❶给…定价;给…标价:Love cannot be *priced*. 真爱无价。❷〈口〉打听…的价钱;问…的价:We went around all the travel agents *pricing* the different tours. 我们跑遍所有的旅行社打听各种路线的价格。—*vi.* 定价:London is too complex for road *pricing*. 伦敦的情况太复杂,不宜征收公路通行费。‖ ***above price*** *adj.* 无价的,极其贵重的;无价之宝的:Good advice is *above price*. 忠言无价。***at any price*** *adv.* 无论如何;不惜一切代价:He said he would not go there *at any price*. 他说他无论如何都不会去那儿。***at a price*** *adv.* ❶付高价钱:You can buy the freshest fruits here,*at a price*. 这儿能买到最新鲜的水果,但价钱很高。❷付出很大代价:He gained the victory,but at a price. 他胜利了,但代价很高。‖ **priced** *adj.* —**ˈpric•er** *n.* [C]

price•less /ˈpraislis/ *adj.* [无比较级]❶无价的,无法估价的;极贵重的;稀世之珍的:The news is *priceless*. 这个消息简直是无价之宝。❷〈口〉极其有趣的;极荒唐的;非常滑稽的,非常可笑的:She looks absolutely *priceless* in that hat. 她戴那顶帽子看上去很滑稽。

price•y /ˈpraisi/ *adj.* 〈口〉昂贵的,价格过高的:That coat is too *pricey* for me. 那件上衣对我而言太贵了。

prick /prik/ **I** *vt.* ❶刺;扎;戳;刺穿;戳穿;扎破:*prick* a balloon with a needle 用针把气球刺破 ❷戳(点);刺(点);打(点)(以作标记)(*off*, *out*): *prick* little holes in the paper 在纸上刺小点 ❸刺伤;刺痛;使刺痛:The film *pricked* our conscience. 那部电影刺痛了我们的良心。—*vi*. ❶刺;扎;戳:Thorns *prick*. 刺戳人。❷刺痛;感到刺痛:His finger *pricked* with the cold. 他的手指冻得刺痛。**II** *n*. [C] ❶扎;刺;穿刺 ❷刺孔;刺点;刺痕;针点:the *pricks* in the leather 皮革上的刺点 ❸刺痛;扎痛;刺伤:a *prick* in the finger-tips 指尖上的刺痛 ‖ ***kick against the pricks*** *vi*. 不自量力,作无谓抵抗;以卵击石,螳臂当车

prick·le /ˈprikᵊl/ **I** *n*. ❶[C](动植物的)刺;皮刺;棘:The fruit can be eaten when the *prickles* have been removed. 这种水果去刺后可以吃。❷[U]刺痛;刺痛的感觉:We feel the gentle *prickle* of the rain upon our faces. 我们感到雨打在脸上有点刺痛。**II** *vt*. (使)刺痛:My sweater is *prickling* me. 我的毛线衫扎人。

prick·ly /ˈprikli/ *adj*. ❶[无比较级][尤用于动植物的名称]满是刺的;带刺的:*prickly* bushes 刺丛 ❷易动怒的,易发脾气的;敏感的:She's *prickly* with disapproval. 她对反对意见很敏感。❸针刺般痛的;刺痛的;痒的:a *prickly* feeling 刺痛感

prickly heat *n*. [U]【医】痱子:His body tingled, as though he had *prickly heat*. 他浑身刺痛,就像生了痱子一样。

pride /praid/ **I** *n*. ❶[U]得意;满意;自豪:His name alone brings *pride* to those who served under him. 单是他的名字就使他手下的人感到自豪。❷[C]引以为自豪的人(或事物):The little girl is their parents' *pride*. 那个可爱的小女孩是她父母的骄傲。❸[U]傲慢;骄傲;自负:The man was full of *pride* at his success. 那个人因成功而沾沾自喜。❹[U]自尊,自尊心;尊严:Perhaps she was hurt in her *pride*. 也许她的自尊心受到了伤害。**II** *vt*. [~ **oneself**]使得意;使以…而感到自豪;使为…自鸣得意(*on*, *upon*):He *prides himself on* his composure. 他为自己的镇静而自命不凡。‖ ***pocket one's pride*** *vt*. 暂时克制自尊;隐忍;忍辱:He had no choice but to *pocket his pride* and enter into an agreement. 他别无选择,只有放下面子来缔约。***Pride goes before a fall.*** [***Pride will have a fall.***]〈谚〉骄者必败。***swallow one's pride*** *vi*. = pocket one's pride ***take (a) pride in*** *vt*. 以…自豪;对…感到骄傲;对…得意;满意于:The library *takes pride in* its rare book acquisitions. 这个图书馆以其珍贵图书的收藏量为荣。‖ ˈ**pride·ful** *adj*. —ˈ**pride·ful·ly** *adv*.

priest /priːst/ *n*. [C] ❶【宗】(天主教或东正教的)神父,司铎;(基督教的)教士;牧师;祭司;僧侣;术士;(基督教教会的)长老:He can never, never stop being a *priest*. 他绝对不能半路还俗。❷神职人员

prim /prim/ *adj*. (**prim·mer**, **prim·mest**) ❶端正的;整洁的;一丝不苟的;漂亮的:a *prim* little garden 整洁的小花园 ❷端庄的;拘谨的;古板的;规矩的:She had a kind of *prim* face. 她脸庞端庄。‖ ˈ**prim·ly** *adv*.

pri·ma·cy /ˈpraiməsi/ *n*. [U]〈书〉(重要性、级别、次序等中的)首位,第一位;基础:Industrial employment took *primacy* over agricultural work in some countries. 在一些国家,工业就业的重要性超过了农业。

pri·ma don·na /ˌpriːməˈdɔnə/ *n*. [C]([复]**pri·ma don·nas**或**pri·me don·ne** /ˌpriːmeˈdɔne/) ❶(歌剧中的)女主角;首席女歌手 ❷敏感的人;变幻无常的人;神经质的人

pri·mal /ˈpraimᵊl/ *adj*. [无比较级] ❶首先的;原来的;原始的;远古的:a *primal* forest 原始森林 ❷主要的;首要的;根本的:the *primal* distinctions between truth and meaning, faith and reason 真实与意义、信仰与理性的根本区别

pri·ma·ry /ˈpraimᵊri;-meri/ **I** *adj*. [无比较级] ❶最重要的;首要的,第一位的;主要的:Cigarette smoking was the *primary* cause of lung cancer. 吸烟是患肺癌的主要原因。❷根本的,基本的;基层的:Many deaf-mutes use sign languages as their *primary* means of communication. 许多聋哑人使用手势语作为基本的交际手段。❸最初的;最早的;原始的;初步的:*primary* stage 初始阶段 ❹(尤指 11 岁以下儿童的教育)初等的;小学的;预备的;初级的:lower *primary* school 小学低年级 **II** *n*. [C] ❶(顺序、阶层、重要性等)居首位的人(或物) ❷(尤指总统大选中的)初选;预选;候选人选拔会:the Democratic *primary* 民主党的初选 ‖ ˈ**pri·ma·ri·ly** *adv*.

primary school *n*. [C]〈英〉初等学校;小学

primary stress *n*. [C]【语】主重音

P

pri•mate /ˈpraimeit/ *n.* [C] ❶【动】灵长目动物(最高级哺乳动物,如眼镜猴、狐猴、类人猿、人等) ❷大主教,首席主教

prime /praim/ I *adj.* [无比较级][作定语] ❶最主要的;首要的;主要的:*Prime* importance was laid on agriculture. 农业是重中之重。❷优质的;最好的;头等的:a *prime* model 典范 ❸基本的;基础的;根本的:the *prime* reason 根本原因 ❹典型的:a prime example of how he cheats 一个他如何骗人的典型例子 II *n.* ❶[用单]最好时期;全盛期;青春;壮年;旺盛期:be in the *prime* of life 正值盛年 ❷[**the** ~]精华;最好部分;最完美状态 III *vt.* 使准备好;使完成准备工作:be *primed* as a 2014 pennant contender 准备好竞争 2014 年度锦旗

prime minister *n.* [C][常作 **P- M-**]总理;首相

prime number *n.* [C]【数】质数;素数

prim•er[1] /ˈpraimə^r/ *n.* ❶[C;U]底漆;底层涂料,涂底料:the wall of dining hall painted with white *primer* 涂了白色底漆的餐厅墙面 ❷[C]雷管;火帽;点火药;导火线;底火:a *primer* cord 导火线 ❸[C]涂底漆的人;装火药的人

prim•er[2] /ˈpraimə^r/ *n.* [C] ❶初级读本;识字课本:The boy started for school with his new *prim-er*. 小男孩带着新的识字课本去上学。❷入门书;初学书;初阶;入门:a *primer* in Children's English 儿童英语入门

pri•me•val, pri•mae•val /praiˈmiːvᵊl/ *adj.* [无比较级] ❶远古时代的 ❷原始的;远古的;早期的:a *primeval* rain forest 原始雨林

prim•i•tive /ˈprimitiv/*adj.* ❶[无比较级]原始的;远古的;早期的:*primitive* tribes 原始部落 ❷古风的,古朴的;质朴的;自然的:*primitive* simplicity 带有古风的素朴 ❸简单的;粗陋的;未开化的;落后的;蛮荒的:Conditions are even more *primitive* in the countryside. 农村的条件更落后。

P

pri•mo•gen•i•tor /ˌpraiməᵘˈdʒenitə^r/ *n.* [C]始祖;祖先

pri•mor•di•al /praiˈmɔːdiəl/ *adj.* [无比较级]〈书〉原始的;最初的;初发的;(自)原始时代(存在)的;先天的:the *primordial* experience 最初的体验 / He began to see in man a *pri-mordial* weakness. 他开始注意到人类的先天弱点。

primp /primp/ *vt.* & *vi.* (仔细或过分讲究地)打扮;装扮;装饰:If you are going to take my photo, I must *primp* myself up a bit first. 要是你打算给我照相,我得先打扮一下。

prim•rose /ˈprimˌrəuz/*n.* [C]❶【植】报春花属植物;欧洲樱草;藏樱草 ❷报春花;樱草花 ❸【植】月见草;夜来香

prince /prins/ *n.* [C] ❶王子;亲王;王孙;王储:the *Prince* of Wales 威尔士王储 ❷(诸侯国的)国君,国王;诸侯 ❸[用作英国以外国家贵族的封号](次于公爵的)贵族

prin•cess /prinˈses/*n.* [C] ❶公主;王妃;亲王夫人;孙公主 ❷(英国以外的)公爵(或侯爵)夫人;贵夫人 ❸女权威;女巨头;杰出女性;女名家;〈喻〉杰出的阴性事物

prin•ci•pal /ˈprinsipᵊl/ I *adj.* [无比较级]主要的;首要的;最重要的;首位的(见 chief):the *principal* cause of global warming 地球变暖的主因 II *n.* [C] ❶主要人物;头目;首长;负责人;带头人 ❷中学(或小学、大学)校长:the school *principal* serving for five years 任期五年的校长

prin•ci•pal•i•ty /ˌprinsiˈpæliti/ *n.* [C]公国;侯国;封邑

prin•ci•ple /ˈprinsipᵊl/ *n.* ❶[C]原则;(基本)原理;基本假设:follow the basic *principle* 遵循基本原则 ❷[U;C](高尚的)操行,操守;节操;正直;道义;[~**s**]行为准则:He came up against a matter of *principle* first time in his life. 他平生第一次违背了自己的做人原则。❸[C]信条;基本信念;主义;主张;政策:bend the *principle* 放弃信条 ‖ ***in principle*** *adv.* ❶原则上;理论上;本质上:Outdoor recreation facilities differ only in kind, not *in principle*. 户外的休闲设施只在种类上而不在本质上有所不同。❷基本上,大致 ***on principle*** *adv.* 按(道德)原则;按规定;根据信条;按照惯例:He declined *on principle*. 他按原则婉言拒绝了。

prin•ci•pled /ˈprinsipᵊld/ *adj.* [无比较级]〈书〉原则的;有原则(性)的,讲原则的:His reasons were more pragmatic than *principled*. 他的理由与其说是讲原则的,不如说是讲实用的。

print /print/ I *n.* ❶[C]印记;印痕;痕迹:the *print* of the primitive lives 原始生命的印迹 ❷[C]印刷品;出版物;(尤指)报纸:The works on display were chosen from 637 *prints* submitted. 展出的作品是从637种送交的印刷品中选出来的。❸[C;U](由印模或感光板等)印出的画片(或图案等);版画;(尤指陶瓷上的)印画:the ceramic dishes in *print* 印有图案的陶瓷餐具 ❹[C]【摄】(从底片印出的)照片,相片;正片:a positive colour *print* 彩色正片 **II** *vt.* ❶印刷;印制:*print* bold italics 印刷黑斜体 ❷付印;印行;出版;刊发;发行:a privately *printed* pamphlet 私自印行的小册子 ❸印;刻;盖上(印章等);打上(印记等);留(痕迹):*print* footmarks on the sand 在沙上留下脚印 ❹【摄】洗印(照片);晒印,(从底片)印;复制(电影拷贝等)(*off*, *out*):*print* photographs from the original negative 用底片洗印照片 —*vi.* ❶印;印刷;出版:The book is *printing*. 这本书正在印刷之中。❷用印刷体写 ‖ ***appear in print*** *vi.* 付梓印刷,出版:an agreement between editor and reader about what should *appear in print* 编辑与读者对该出版什么所形成的共识 ***out of print*** *adj.* (书籍)脱销的,售完的;已绝版的:They read the article in turn because it was already *out of print*. 那篇文章已绝版,他们只得相互传看。

print·a·ble /ˈprintəbᵊl/ *adj.* ❶可印刷的;印得出的:*printable* paper 可印刷的纸张 ❷可刊印的,适于出版的:one of the more *printable* slogans 较适合刊出的口号之一

print·er /ˈprintəʳ/ *n.* [C] ❶印刷工人;排版工;排字工 ❷印刷业者;印刷商 ❸印刷机;打印机

print·ing /ˈprintiŋ/ *n.* ❶[U]印刷业;印刷术:the *printing* union 印刷业联合会 ❷[C](书的)一次印数;版,版次,印刷次数:the first *printing* of 3,000 copies 第一版3 000册的印数 ❸[U]印刷字体:hand *printing* 手写印刷体

printing press *n.* [C]印刷机

print·out /ˈprintˌaut/ *n.* [C;U]【计】打印输出;打印记录:the *printouts* of word processors 文字处理机的打印输出

pri·or /ˈpraiəʳ/ [无比较级]*adj.* ❶〈书〉在前的,居先的;较早的;预先的;先决的(见 preceding):*prior* year 上年度 ❷优先的;更重要的;首要的:be of *prior* importance 具有最重要性 ‖ ***prior to*** *prep.* 在…之前,优先于;比…更重要:*Prior to* their detention, they were tailed by plain clothes police. 他们在拘留前被便衣警察尾随跟踪。

pri·or·ess /ˈpraiəris/ *n.* [C]小女修道院院长;大女修道院副院长

pri·or·i·tize /ˈpraiəriˌtaiz/ *vt.* ❶按优先顺序列出:*prioritize* their work and their personal goals 将他们的工作和个人目标按优先顺序排列 ❷优先考虑:*prioritize* the agricultural programme 优先考虑农业计划

pri·or·i·ty /praiˈɔriti/ *n.* ❶[U]优先;优先权;优先次序;优先级(*over*, *to*):*priority* in the purchase 优先购置权 ❷[C]优先考虑的事;最为重要的事:Housing should be a top *priority*. 应该优先考虑住房问题。

prism /ˈprizᵊm/ *n.* [C] ❶【数】棱柱,棱柱体 ❷棱柱体透明物;【物】棱镜:*prism* angle 棱镜角 ‖ **pris·mat·ic** /prizˈmætik/ *adj.*

pris·on /ˈprizᵊn/ *n.* ❶[C;U]监狱,牢狱;看守所,拘留所:He has been *in prison* twice. 他坐过两次牢。❷[C]〈喻〉牢笼;禁锢;束缚:Many people are trapped in their carpeted respectable *prisons*. 有许多人陷身于铺着地毯的、体面的牢笼之中。

pris·on·er /ˈprizᵊnəʳ/ *n.* [C] ❶犯人,囚犯:a political *prisoner* 政治犯 ❷为他人所制的人;被捕获的动物:She was for many days a most honourable *prisoner*. 许多天她都被体面地关起来了。

pris·tine /ˈpristiːn;-tain/ [无比较级] *adj.* 〈书〉❶初始状态的;原来的;早期的;未受破坏的,未毁坏的:The *pristine* whiteness of the walls remains unchanged. 那些墙依旧保持着原来的洁白。❷无污点的,无瑕疵的;新鲜的;崭新的:*pristine* innocence 天真质朴 ❸原始的;古老的;远古的

priv·a·cy /ˈprivəsi;ˈprai-/ *n.* [U] ❶隐居;独处,独守;不受干扰的状态:She turned in the drawing room for *privacy*. 她拐进客厅里想清静清静。❷隐私权;私事;私生活:He can not allow the outside world to penetrate his *privacy*. 他不允许外界介入他的私生活。❸私下;秘密;保密:in strict *privacy* 完全秘密地

pri·vate /ˈpraivət;-vit/ **I** *adj.* ❶[无比较级]个人的;私人的;属于个人的,私有的:a *private* investigator 私人侦探 ❷秘密的,保密的,不公开的;私下的:a *private* meeting 秘密会议 ❸[无比较级]不对公众开放的;个人专用的:

the *private* number at a company 公司的内部电话号码 ❹[无比较级]私立的;民间的;私营的,民营的:the *private* business system 私营商业体系 **II** *n.* [C]列兵;(美国陆军或海军陆战队的)二等兵 ‖ ***in private*** *adv.* 私下;秘密地:This acclaimed novel attracts cavils,more *in private* than in public. 这部受到好评的小说招来了一些私下里而不是公开的吹毛求疵。‖ **ˈpri·vate·ly** *adv.*

pri·va·tion /praiˈveiʃᵊn/ *n.* [C;U] ❶(生活必需品等的)匮乏;困顿;贫穷:The troop surrendered after much *privation.* 军队弹尽粮绝投降了。❷(东西的)被剥夺;(品质等的)缺失

priv·i·lege /ˈprivilidʒ/ *n.* ❶[C;U]特权;特惠;特许:have diplomatic *privilege* 享有外交特权 ❷[C;U](尤指议员在议会上)言论的自由 ❸[C]特殊待遇;特别荣幸;特别恩典:It is a *privilege* to meet you. 见到您是我莫大的荣幸。

priv·i·leged /ˈprivilidʒd/ *adj.* [无比较级] ❶特权的;享有特权的;优先的:a *privileged* job 美差 ❷特许的;专用的:a *privileged* parking stall 专用停车处

prize¹ /praiz/ **I** *n.* [C;U]奖励,奖赏;奖项;(比赛、摸彩等中获得的)奖品;奖金(见 reward):be awarded the Nobel *Prize* for physics 被授予诺贝尔物理学奖 **II** *adj.* [无比较级][作定语]获奖的;得奖的:a *prize* novel 得奖的小说

prize² /praiz/ *vt.* 珍视,珍爱;重视:Their literary and artistic reviews are particularly *prized.* 他们的文学艺术评论受到特殊重视。

prize·fight /ˈpraizˌfait/ *n.* [C]职业拳击赛 ‖ **ˈprizeˌfight·er** *n.* [C]

pro¹ /prəu/ 〈口〉**I** *n.* [C]([复]**pros**) 专家,内行;专业人士;职业选手(= professional):a golf *pro* 高尔夫球职业选手 **II** *adj.* [无比较级][作定语]内行的;专业的;职业选手的

P

pro² /prəu/ **I** *adj.* [无比较级][作定语]正面的,赞成的:*pro* and con reasons 赞成和反对的理由 **II** *n.* [C]([复]**pros**) ❶赞成的理由;赞成票;投赞成票者;赞成者;赞成者的立场:add up the *pros* and cons 归纳正反两方面的意见 ❷好处,益处:For all its *pros*, the device is not without its problems. 尽管有这样那样的优点,这台设备也并不是没有问题的。

pro-¹ /prəu/ *pref.* ❶表示"赞成…的","支持…的","亲…的":*pro*-military (尚武的) ❷表示"副的","代理的","替代的":*pro*-consular (代理领事的) ❸表示"向外";"向前":*pro*duce ❹表示"前俯","前倾","前伏":*pro*strate ❺表示"继续","进行":*pro*ceed,*pro*gress ❻表示"在前","在先":*pro*tect

pro-² /prəu/ *pref.* [用于时间、位置或顺序等]表示"在前","在先":*pro*phet,*pro*boscis

prob·a·bil·i·ty /ˌprɔbəˈbiliti/ *n.* ❶[U;C]可能;可能性;或然性:the *probability* of the divorce of marriage 婚姻破裂的可能性 ❷[C](很)可能发生的事:There is a high *probability* that mistakes will be made. 出差错的可能很大。‖ ***in all probability*** *adv.* 十有八九;很可能:*In all probability* he'll defeat his opponent. 他打败他的对手,那是十拿九稳的。

prob·a·ble /ˈprɔbəᵊl/ *adj.* ❶很可能发生的;很可能成为事实的;或然的;大概的;很有希望的;可信的:It is more than *probable* that he will fail. 他十有八九将失败。❷有充分依据的:a *probable* hypothesis 有充分依据的假设

prob·a·bly /ˈprɔbəbli/ *adv.* [无比较级]很可能,大概,或许:I already knew that the papers were *probably* in the bedroom. 我早就知道这些文件十之八九是在卧室里。

☆**probably**,**likely**,**perhaps**,**possibly** 均可表示可能性,几者时有混淆。**probably** 强调事件发生的可能性较大,主要与陈述句式一起使用:We're going on holiday soon,*probably* next month. (我们很快就要去度假了,多半是下个月。) **likely** 意为"大概,很可能",属口语用词,主要以 most likely 或 very likely 等形式使用,后可接不定式:The teacher is *very likely* to ask about our lessons. (老师很可能会问我们功课的情况。) likely 后所接从句中的谓语动词多用 may 和 might,疑问句中多用 should:It seems *likely* that he might never return the book once you lent it to him. (一旦你把书借给他,很可能他就不会归还给你了。) **perhaps** 意为"或许;大概",表示推测,含有"或许不是那样的"之意,强调没有多大可能:*Perhaps* he is ill. (也许他生病了。) **possibly** 意为"大概;也许",通常用以强调 can, could, may 和 might,意义比 probably 弱,强调事件发生的可能性,所指的可能性或希望小于 perhaps:I may *possibly* go. (我可能会走。)

pro·ba·tion /prəᵘˈbeiʃᵊn/ *n.* [U] ❶【律】缓刑

(期)；缓刑制：fulfill the terms of *probation* 服完缓刑期 ❷(尤指对雇员、学习等的)考察(期)；试用(期)；试读期：go through a period of *probation* 经过一段试用期 ‖ ***on probation*** *adv.* ❶处于试用期；在试用过程中：an employee *on probation* 试用期雇员 ❷服缓刑；在缓刑期间：He was allowed a painful respite, more dead than alive, *on probation*. 他获得缓期执行，这是一种痛苦的缓刑，生不如死。‖ **pro'ba·tion·al** *adj.*

pro·ba·tion·ar·y /prəᵘˈbeiʃᵊnəri/ *adj.* [作定语] ❶试用的；见习的：a *probationary* employee 见习雇员 ❷缓刑的：a *probationary* prisoner 缓刑犯 ❸准备期的

probe /prəub/ **I** *n.* [C] ❶探索；(深入的)调查；探查：The charge led off a *probe* chaired by a Senator. 这一指控引发了由参议员主持的调查。❷探测工具；(尤指用于测量或检验的)探头 ❸(医用)探针，探子 **II** *vt.* ❶探究；探查；探索；(深入地)调查：*probe* a question of morality 调查一个道德问题 ❷用探针(或探测器等)探测；探查：He ascended to the edge of the snow, stopped and *probed* it with his axe. 他爬上雪坡的边缘，然后停步用冰斧试探一下冰层的虚实。—*vi.* ❶探查；探索；探究；(深入地)调查(*into*, *for*)：He *probes* deeper than that. 他探究得比这更深入。❷用探针(或探头)探测

prob·lem /ˈprɔblᵊm/ *n.* [C] ❶(须解决或供讨论的)问题；疑难问题：Video piracy is a huge *problem*. 音像制品的盗版是个大问题。❷令人苦恼(或困惑)的事物；难以解决的事情，棘手的事情：He did have his *problems*. 他也有倒霉的时候。

prob·le·mat·ic /ˌprɔbləˈmætik/, **prob·le·mat·i·cal** /-kᵊl/ *adj.* ❶成问题的；疑难的；难处理的：*problematic* relationship 难处理的关系 ❷可疑的；有疑问的；未定的：a *problematic* stranger 来历不明的陌生人

pro·bo·no /prəuˈbəunəu/ *adj.* (为慈善机构、穷人等提供的)无偿(专业性)服务

pro·ce·dur·al /prəˈsiːdʒərᵊl/ *adj.* 程序上，法律程序上的：*procedural* arrangements 程序上的安排

pro·ce·dure /prəˈsiːdjəʳ; -dʒəʳ/ *n.* [C;U]程序；步骤；手续：If you want to make a complaint, please follow the correct *procedure*. 如要投诉，请按照正规手续提出。

pro·ceed /prəᵘˈsiːd/ *vi.* ❶(尤指停顿后)继续进行，继续前进；接着做(或讲)下去：History is *proceeding* in spite of us. 历史的进程是不以我们的意志为转移的。❷进行；举行；开展：Everything *proceeds* smoothly. 一切进展顺利。❸进而做，着手做，开始做：We filled the cars and *proceeded* to London. 我们给车子加好油，然后开往伦敦。‖ ***proceed from*** 源于，出自：diseases that *proceed from* poverty 由贫困引起的疾病

pro·ceed·ings /prəᵘˈsiːdiŋ/ [复] *n.* ❶【律】诉讼案件；诉讼程序：initiate divorce *proceedings* 提出离婚诉讼 ❷会议论文集；(科学文献)汇编；讨论记录；公报：The rest of the stockholders will receive a copy of today's *proceedings*. 其他股东将收到一份今天的会议公报。❸[～s]程序；事项；项目：The conference concluded its *proceedings*. 会议结束了日程。

pro·cess /ˈprəuses; ˈprɔ-/ **I** *n.* [C] ❶过程；步骤；程序；方法；流程：the decision-making *process* 决策过程 ❷进程；进展；进行：Nothing could arrest this *process*. 没有什么可以阻止这一进程。**II** *vt.* ❶处理；处置：After *processing* the urgent correspondence, I start working on the speech for the ceremony. 在处理了急需回复的信件之后，我开始准备典礼上的讲话。❷加工；对(食物等)作防腐处理：The *processed* water is drinkable. 加工过的水可以饮用。❸【计】(用程序)处理(数据)：a word-*processing* programme 文字处理程序 ‖ ***in the process*** *adv.* 在此期间；在这当中：*In the process*, he describes and analyses historical circumstances. 其间，他描述并分析了历史背景。

pro·ces·sion /prəᵘˈseʃᵊn/ **I** *n.* [C] ❶(尤指庆典、游行或节日时由人、车等组成的)队伍；队列：the funeral *processions* 送葬的队伍 ❷连续；一连串；一长排，一长列：She lumbered on through an interminable *procession* of days. 她整天在挨日子。**II** *vt.* 列队行进

pro·ces·sion·al /prəᵘˈseʃᵊnᵊl/ *adj.* [无比较级] 列队行进的

pro·ces·sor /ˈprəusesəʳ; ˈprɔ-/ *n.* [C] ❶加工者；(尤指食品)加工机；处理者；处理器：food *processor* 食品加工机 ❷【计】(信息)处理机；处理器：central *processor* 中央处理器

pro·claim /prəᵘˈkleim/ *vt.* ❶(公开或正式)宣布,公布;宣告;声明:*proclaim* war 宣战 ❷声称,宣称…为:The Prince was *proclaimed* King in succession to his father, who was dead. 国王驾崩,王子被宣告继承王位。

proc·la·ma·tion /ˌprɔkləˈmeiʃᵊn/ *n.* ❶[U]宣布,公布:the *proclamation* of martial law 宣布戒严 ❷[C]公告,布告;声明:*proclamations* of independence 独立宣言

pro·cras·ti·nate /prəᵘˈkræstiˌneit/ *vi.* 延迟;推迟;耽搁:As a nurse, you learn not to *procrastinate*. 作为一名护士,你要学会凡事宜早不宜迟。‖ **pro·cras·ti·na·tion** /prəᵘˌkræstiˈneiʃᵊn/ *n.* [U] —**proˈcras·tiˌna·tor** *n.* [C]

pro·cre·ate /ˈprəukriˌeit/ *vt.* & *vi.* 生育,(自然)生产;繁殖:the capacity to *procreate* 生育能力 ‖ **pro·cre·a·tion** /ˌprəukriˈeiʃᵊn/ *n.* [U] —ˈ**pro·creˌa·tive** *adj.*

pro·cure /prəᵘˈkjuəʳ/ *vt.* (尽心或努力)获得,获取;实现;达到:He managed to *procure* us two tickets for the show. 他设法为我们弄到了两张演出票。‖ **proˈcur·a·ble** *adj.* —**proˈcur·al** *n.* [U] —**proˈcure·ment** *n.* [U] —**proˈcur·er** *n.* [C]

prod /prɔd/ (**prod·ded**; **prod·ding**) *vt.* ❶(用手指、尖物等)捅;戳;刺:The tip of the baton was *prodded* sharply towards the listener. 警棍尖猛然刺向了那位听众。❷刺激,激励;敦促;促使:be *prodded* into action 被迫采取行动 —*vi.* 捅;戳;刺(*at*):*prod at* the stonefish 戳向石鱼

pro·di·gious /prəᵘˈdidʒəs/ *adj.* 〈书〉❶巨大的;庞大的:He seemed to have a *prodigious* amount of energy. 他好像有过人的精力。❷不寻常的,异常的;非常的;惊人的;奇妙的:He would make some *prodigious* hits which would restore the battle. 他会打出几个精彩的球,转败为胜。‖ **proˈdi·gious·ly** *adv.*

P

prod·i·gy /ˈprɔdidʒi/ *n.* [C]不凡之人;天才,奇才;神童:a linguistic *prodigy* 语言天才

pro·duce I /prəᵘˈdʲuːs/ *vt.* ❶生产;出产;制造,造出;创造:*produce* cars 制造汽车 ❷生,生育:*produce* eggs 产卵 ❸(自然地)产生,产出:Do you know how a brain could *produce* conscious experience? 你知道大脑是如何产生意识经验的吗? ❹引起;导致,招致:Her remarks *produced* roars of laughter. 她的话惹来哄堂大笑。—*vi.* 生产;制造;生,生育;自然增长;产生:This hen *produces* well. 这只母鸡很会下蛋。**II** /ˈprɔdʲuːs/ *n.* [U]产品,物产;(尤指矿石分析得出的)产量;[总称]农产品:fresh farm *produce* 新鲜的农场产品

pro·duc·er /prəᵘˈdʲuːsəʳ/ *n.* [C] ❶【经】(商品或货物的)生产者;制造者;制作者:the *producers* of vehicles 汽车制造商们 ❷(电影或电视片等的)制片人,监制人;〈英〉戏剧导演,歌剧导演;(广播节目的)制作人:a young film *producer* 年轻的电影制片人

prod·uct /ˈprɔdʌkt/ *n.* ❶[C;U](自然或加工的)产物,物产;制品;[总称]产品:the finished *product* 成品 ❷[C]〈喻〉成果;结果;产物:Language is essentially a social *product*. 语言本质上是社会的产物。

pro·duc·tion /prəᵘˈdʌkʃᵊn/ *n.* ❶[U;C]制造;制作;(尤指大批量的)生产:expand *production* to an economic batch-size 将生产扩大至批量规模 ❷[U]总产量:Consumption outstrips *production*. 消费量超过生产量。❸[U]产生;生成:In the reading, the reader is requested to participate in the *production* of the meaning. 读者在阅读中被要求参与意义的生成。❹[C]产品,出产的东西

pro·duc·tive /prəᵘˈdʌktiv/ *adj.* ❶多产的;富有成效的;有成果的;积极的,尽职的:Our civil servants are all *productive*. 我们的公务员们工作都很尽职。❷[无比较级][作表语]〈书〉产生…结果的(*of*):This is a vice which is *productive of* every possible evil. 这是万恶之源。‖ **proˈduc·tive·ly** *adv.* —**proˈduc·tive·ness** *n.* [U]

prod·uc·tiv·i·ty /ˌprɔdʌkˈtiviti/ *n.* [U]生产力,生产能力:*Productivity* is the ultimate yardstick of international competitiveness. 生产力水平是国际竞争力的最终衡量标准。

Prof. *abbr.* Professor

pro·fess /prəᵘˈfes/ *vt.* 〈书〉❶公开声明;声称;表白:All of them *professed* an enthusiasm for the adventures. 他们所有的人都声称热衷于冒险。❷表明忠于;公开宣布(信仰):*profess* religion 公开表示信教 / *profess* a belief in fate 表明相信命运 ❸(宣誓)接受…入教

pro•fessed /prəᵘ'fest/ *adj.* [无比较级]公开宣称的;公开表示的;公开承认的;自我表明的:the *professed* beliefs 公开宣称的信仰

pro•fes•sion /prəᵘ'feʃᵊn/ *n.* ❶[C;U](尤指需要专门知识或学问的)职业;行业;专业;工种:They are designers by *profession.* 他们是专业设计师。❷[总称]同行,同道,同仁:sb.'s unpopularity with the whole *profession* 某人在所有同行中不受欢迎

pro•fes•sion•al /prəᵘ'feʃᵊnᵊl/ **I** *adj.* ❶[无比较级]专业(性)的;职业(上)的;行业(上)的;与特定职业有关的:the *professional* background 职业背景 ❷内行的;专门的;胜任的:The investigator is not a *professional* private eye. 那个调查者并不是个很在行的私人侦探。❸[无比较级]职业性的;专职的,非业余的:*professional* rugby teams 职业橄榄球队 **II** *n.* [C]专业人员;专职人员;专家,内行:Dr Smith is a medical *professional.* 史密斯医生是位医学专家。‖ **pro'fes•sion•al•ly** *adv.*

pro•fes•sion•al•ism /prəᵘ'feʃᵊnəˌlizᵊm/ *n.* [U]职业特性;职业作风;职业精神

pro•fes•sor /prəᵘ'fesəʳ/ *n.* [C] ❶教授;大学教席持有者(略作 **Prof.**):a *professor* emeritus 荣誉退休教授 ❷大学教师 ‖ **pro•fes•so•ri•al** /ˌprɔfi'sɔːriəl/ *adj.*

☆在英国,只有头衔较高的大学教师方可称为 **professor**:a research *professor* (从事研究的教授) / *Professor* Leech is in charge of the department here. (雷切教授在这里负责这个系。)头衔较低者有 lecturer (讲师),senior lecturer (高级讲师)和 reader (高级讲师)。在美国,大学教师均可称为 professor,这种称谓含三种级别:assistant professor (助理教授),associate professor (副教授)和 full professor (正教授)。英语国家对中小学教师不用 professor 这一称谓。

prof•fer /'prɔfəʳ/ *vt.* 〈书〉给予(礼物等);提供(服务、帮助等);提出;提交(见 offer):*proffer* an opinion 提出意见

pro•fi•cient /prəᵘ'fiʃᵊnt/ *adj.* 精通的;熟练的;在行的(*in*,*at*):Mr Barret is not *proficient in* diagnosis. 巴雷特先生不擅长诊断。‖ **pro'fi•cien•cy** /-si/ *n.* [U] —**pro'fi•cient•ly** *adv.*

pro•file /'prəufail/ **I** *n.* [C] ❶(尤指人面部的)侧影;侧面像:the portraits of soldiers in three-quarters *profile* 士兵四分之三的侧面肖像 ❷轮廓;外貌,外观;外形:the *profile* of a distant hill 远山的轮廓 ❸传略;(人物)简介,小传,素描;概貌:The magazine features celebrity *profiles.* 这本杂志登载名人简介。**II** *vt.* ❶画…的侧面像 ❷描绘…的轮廓;显示…的轮廓:Skyscrapers are *profiled* against cloudless skies. 无云的天空衬托出摩天大楼的轮廓。‖ ***in profile*** *adj.* & *adv.* 从侧面(的):The vast majority of animal figures are adults drawn *in profile.* 很大一部分动物图形是从侧面画的成年动物。

prof•it /'prɔfit/ **I** *n.* ❶[U]利益,益处,好处;得益(见 benefit):His motives may have been tainted by *profit.* 他的动机也许是受利益驱使的。❷[C;U]利,利润,利得,赢利;(资产等的)受益;红利:a net *profit* 纯利 **II** *vi.* ❶有益,有利:Who will *profit* most from the economic reform? 经济改革对谁最有利? ❷获利:He *profited* by the transactions. 他从这些交易中捞得了好处。—*vt.* 有益于,有利于,对…有好处:The boy's musings *profited* him nothing. 这男孩想了半天,一点用处也没有。‖ ***at (a) profit*** *adv.* 以获利结果;不赔钱地:I'm hoping to sell my shares *at a profit.* 我希望出售股票时会赚钱。

prof•it•a•ble /'prɔfitəbᵊl/ *adj.* 可赢利的;赚钱的;有利可图的(见 beneficial):It is *profitable* to the big corporations. 这对那些大公司有利。‖ **'prof•it•a•bly** *adv.*

prof•i•teer /ˌprɔfi'tiəʳ/ **I** *n.* [C](非法或从黑市)获暴利者,牟取暴利之徒;奸商;投机商 **II** *vi.* 牟取暴利;获取暴利;投机倒把:Junk dealers and used car salesmen *profiteered* on them. 经营废旧品和推销旧汽车的商人在他们身上发了横财。

prof•li•gate /'prɔfligət/ *adj.* ❶放荡的,荒淫的;不检点的:all the shameless and *profligate* enormities 所有荒淫无耻的暴行 ❷恣意浪费的,挥霍无度的:He often brought his *profligate* companions home. 他经常把他的酒肉朋友带回家来。‖ **'prof•li•ga•cy** *n.* [U]

pro•found /prəᵘ'faund/ *adj.* ❶[作定语]深邃的,深不可测的:the *profoundest* pit 无底的深渊 ❷深沉的;深长的,深远的;深度的,极度的:

a *profound* silence 死寂 ❸深刻的;根深蒂固的:a *profound* cultural change 深刻的文化变化 ❹深奥的;渊博的,造诣高深的;思想深邃的:a *profound* book 艰深难懂的书 ‖ **pro·found·ly** /prəᵘ'faundli/ *adv.*

pro·fun·di·ty /prəᵘ'fʌnditi/ *n.* ❶[U]深度;深刻:the *profundity* of the changes 深层次的变革 ❷[C]深奥之物,奥妙

pro·fuse /prəᵘ'fjuːs/ *adj.* ❶[通常作表语]毫不吝惜的,非常慷慨的;挥霍的,浪费的(*in*,*of*):These people are *profuse in* hospitality. 这些人十分豪爽好客。❷大量的,极其丰富的,充沛的;过多的:At last her husband arrived with *profuse* apologies. 终于,她的丈夫来了,抱歉不迭。‖ **pro'fuse·ly** *adv.*

pro·fu·sion /prəᵘ'fjuːʒən/ *n.* [C; U]丰富;充沛;过分:make promises in *profusion* 作出过多的承诺

pro·gen·i·tor /prəᵘ'dʒenitəʳ/ *n.* [C] ❶(人或动植物的)祖先 ❷(政治或学术上的)先驱;创始人;前辈:Johnson's dictionary was the *progenitor* of many others that followed its treatment of the languages. 约翰逊的词典在处理语言方面为很多后来者开辟了先河。

prog·e·ny /'prɔdʒini/ *n.* [单复同]〈书〉❶(人或动植物的)后代,后裔:a large *progeny* 儿孙满堂 ❷成果;结果:leave a substantial intellectual *progeny* 留下了大量的智力成果

prog·no·sis /prɔg'nəusis/ *n.* [C]([复]**-ses** /-siːz/) ❶预测:The *prognosis* for the future does not seem bright. 对前景的预测似乎并不乐观。❷【医】预后(指医生对病情发展情况的预测):a *prognosis* of some years to live 预测还能活几年 ‖ **prog·nos·tic** /-'nɔstik/ *adj.*

prog·nos·ti·cate /prɔg'nɔstiˌkeit/ *vt.* ❶预兆;预言;预报(见 foretell):The clouds *prognosticate* a storm. 乌云预示着暴风雨。❷预测(疾病的结果) —*vi.* 作出预测 ‖ **prog·nos·ti·ca·tion** /-ˌnɔsti'keiʃᵊn/ *n.* [U; C] —**prog'nos·tiˌca·tor** *n.* [C]

pro·gram(me) /'prəugræm/ **I** *n.* [C] ❶节目单;(演出)说明书:A typical cinema *programme* includes a supporting film and advertisements as well as the main feature. 一份典型的影院节目单包括正片以及加映片和广告。❷(戏剧、广播、电视等的)节目:Do you want to watch the *programme* on French cookery at 9 o'clock? 你想收看 9 点钟关于法国式烹饪的节目吗? ❸活动安排;计划;规划:What's (on) your *programme* today? 今天你有什么安排? ❹纲要,纲领;(教学)大纲;课程:the PhD *programme* in French Literature 法国文学博士课程 ❺【计】程序:write a *programme* 编写程序 **II** *vt.* ❶制订…的计划;安排…的日程;编排…的节目(单) ❷【计】给…编程序,为…设计程序:The computer can be *programmed* to solve many different problems. 计算机可以通过编程解决很多不同的问题。—*vi.* ❶按计划行动;编排节目 ❷【计】编程序 ‖ **'pro·gram·ma·ble** *adj.* —**pro·gram·mat·ic** /ˌprəugrə'mætik/ *adj.*

pro·gram·mer /'prəugræməʳ/ *n.* [C]计算机程序编制员

pro·gress I /'prəugres; 'prɔg-/ *n.* [U] ❶前进,行进:The heavy traffic meant that we made very slow *progress*. 由于交通严重阻塞,我们行进得十分缓慢。❷进步;进展,发展;进度,进程:make noticeable *progress* in Chinese studies 在汉语研究方面取得了长足进步 **II** /prəᵘ'gres/ *vi.* ❶前进;行进;进行;进展:I got more and more tired as the evening *progressed*. 夜越深,我越觉得疲倦。❷进步,提高;发展;改进;改善:Things are *progressing* to the eventually normal condition. 一切都朝着最终趋于正常的状态发展。—*vt.* 使(工作等)正常进行;促进;推进 ‖ ***in progress*** *adv.* & *adj.* 进步中;进行中;发展中:Discontent is the first step *in progress*. 不满足是进步的开始。

pro·gres·sion /prəᵘ'greʃᵊn/ *n.* ❶[U; C]行进;前进;进展,进程,发展,进步;上升;提高:a straight-line *progression* 直线前进 ❷[C](行为、动作或事件等的)一系列,一连串;连续:a regular *progression* of cultic ceremonies 一连串膜拜仪式

pro·gres·sive /prəᵘ'gresiv/ *adj.* [无比较级] ❶行进中的,前进中的;发展中的:the *progressive* nature of science and technology 科学技术的发展性 ❷渐进的,逐步的;累进的,累加的:*progressive* weakening of muscles 肌肉的逐渐萎缩 ❸(疾病等)越来越严重的;(暴力等)愈演愈烈的 ‖ **pro'gres·sive·ly** *adv.*

pro·hib·it /prəᵘ'hibit/ *vt.* ❶(尤指以法令、法

规或条例的方式)禁止(*from*)(见 forbid):The rule *prohibits* customers *from* smoking here. 按规定,顾客不允许在此吸烟。❷阻止,阻碍;使不可能(*from*):The heavy rain *prohibited* me *from* going home. 雨下得太大,我无法回家。

pro·hi·bi·tion /ˌprəuʰiˈbiʃᵊn/ *n.* ❶[U;C]禁止;被禁:call for a total *prohibition* against smoking 要求全面禁止吸烟 ❷[C]禁令,禁律,禁例:In this area there's a *prohibition* against killing birds. 在这个地区有不许捕杀鸟类的禁令。ˌ**pro·hiˈbi·tion·ist** *n.* [C]

pro·hib·i·tive /prəᵘˈhibitiv/ *adj.* [无比较级] ❶禁止的;禁止性的:Shortage of capital is seen as a *prohibitive* problem. 资金短缺被视为阻碍发展的问题。❷(价格等)高得使人不敢问津的;(税收等)高得负担不起的:a *prohibitive* cost 高得离谱的费用 ‖ **proˈhib·i·tive·ly** *adv.*

proj·ect Ⅰ /ˈprɔdʒekt,ˈprəᵘ-/ *n.* ❶[C;U]计划,规划,方案;提议:a new agricultural reform *project* 新的农业改革方案 ❷[C]工程;事业;企业:the human genome *project* 人类基因组工程 ❸[C]科研项目;(学校等的)课题,作业:be committed to a research *project* 承担一项研究项目 Ⅱ /prəᵘˈdʒekt/ *vt.* ❶[通常用被动语态]打算,计划,规划;设计:We are *projecting* a visit to Singapore. 我们正在计划游览新加坡。❷[通常用被动语态]预计,推断,估算,预报:the *projected* time of delivery 预产期 ❸投掷;发射;喷射:The bowman *projected* an arrow at the target. 那位弓箭手瞄准靶子射出一箭。❹投射(热、光、影、图像等);放映:Coloured lights were *projected* onto the dance floor. 五光十色的灯光投射到舞厅地板上。❺使伸出,使突出:The balcony *projects* one metre out from the wall. 那阳台从墙体往外伸出一米。—*vi.* ❶伸出,突出:Two bricks on the left-side of the fire-place were *projecting*. 壁炉左边有两块砖头突出来了。❷成功地使用嗓子(或手势等) ❸生动地表现感情(或思想、性格等) ❹【心】投射:He's always *projecting*. 他总是以己之心度他人之腹。

pro·jec·tile /prəᵘˈdʒektail;-til/ n. [C] ❶火箭;导弹:the 155mm cannon-launched laser-guided *projectile* 155 毫米大炮发射的激光制导弹 ❷(用作武器的)射弹(如子弹、炮弹、弹丸等):fire a single *projectile* 发射单发子弹

pro·jec·tion /prəᵘˈdʒekʃᵊn/ *n.* [U;C]❶发射;投射;抛射;投掷 ❷凸出,伸出;凸出(或伸出、突出)物:the *projection* of blood vessels 血管的突出 ❸投影;放映;影射物:the *projection* room 投影室(或放映室) ❹(根据现状进行的)预测;推测;预计:a microeconomic *projection* 微观经济预测 ‖ **proˈjec·tion·ist** *n.* [C]

pro·jec·tor /prəᵘˈdʒektəʳ/ *n.* [C]放映机;幻灯机;投影仪

pro·le·tar·i·an /ˌprəuliˈteəriən/ Ⅰ *adj.* [无比较级]无产阶级的,工人阶级的:*proletarian* literature 无产阶级文学 Ⅱ *n.* [C]无产阶级的一员;无产者

pro·le·tar·i·at(e) /ˌprəuliˈteəriət/ *n.* [the ~][总称]无产阶级,工人阶级:the dictatorship of *the proletariat* 无产阶级专政

pro·lif·er·ate /prəᵘˈlifəˌreit/ *vi.* ❶【生】增殖,增生;繁殖;多育:That allows those bacteria that survived the initial drug dosing to *proliferate*. 那会使初期用药之后存活的病菌大量增生。❷激增,成倍增长;扩散:Fears *proliferate* as a result of rumors without facts. 毫无根据的谣言会造成大范围的恐惧。—*vt.* 使增生,使增殖;使猛增;使扩散:Since its birth, Christianity had been *proliferating* parties, sects, heresies, and movements. 基督教自诞生以来就不断滋生出各种各样的宗派、教派、异端邪说和运动。‖ **pro·lif·er·a·tion** /prəᵘˌlifəˈreiʃᵊn/ *n.* [C;U]

pro·lif·ic /prəᵘˈlifik/ *adj.* ❶(动植物)多产的,有生殖力的;产量大的:a *prolific* apple tree 高产苹果树 ❷(作家等)多产的;富有创造力的(*of*):Indeed, all seven authors are *prolific*. 的确,所有七位作者都著述颇丰。‖ **proˈlif·i·cal·ly** /-kᵊli/ *adv.*

pro·lix /ˈprəuliks;prəᵘˈliks/ *adj.* (讲话、文章等)冗长的;长而乏味的:a *prolix* speech 冗长的演说 / *prolix* works 极其冗长的作品 ‖ **pro·lix·i·ty** /prəᵘˈliksiti/ *n.* [C] —ˈ**pro·lix·ly** *adv.*

pro·log(ue) /ˈprəulɔg/ *n.* [C] ❶序言,序文;序诗;(戏剧的)开场白;引子:a *prologue* to the *New Testament*《新约》的序篇 ❷念开场白的演员 ❸(行动、事件等的)序幕,开端

pro·long /prəᵘˈlɔŋ/ *vt.* (时间或空间)延长,延

展;拖长;拉长(见 extend):She succeeded in persuading Polly to *prolong* her stay in Sicily. 她说服了波利在西西里多逗留些日子。‖ **pro·lon·ga·tion** /ˌprəulɔŋˈgeiʃᵊn/ *n.* [U;C]

prom /prɔm/ *n.* [C]〈口〉(大学等的)正式舞会

prom·e·nade /ˌprɔməˈnɑːd;-ˈneid/ **I** *n.* [C] ❶人行道;〈英〉海滨人行道:a bathing beach and *promenades* 游泳海滩和海滨人行道 ❷(为炫耀、社交活动而作的)散步;骑马闲逛;开车兜风:a riverbank *promenade* 河边散步 **II** *vt.* & *vi.* (在海滨、公园等)散步,漫步

prom·i·nence /ˈprɔminᵊns/ *n.* [U]显著;突出,杰出;重要:achieve *prominence* in science 在科学界成绩斐然

prom·i·nent /ˈprɔminᵊnt/ *adj.* ❶明显的;显著的;突出的:He kept the painting in a *prominent* place on his wall. 他把这幅画挂在墙上显眼的位置。❷杰出的,卓越的;著名的;重要的:a *prominent* lawyer 一位杰出的律师 ‖ **ˈprom·i·nent·ly** *adv.*

pro·mis·cu·ous /prəᵘˈmiskjuəs/ *adj.* ❶[无比较级](人或动物)滥交的;(异性或同性)杂居的:lead a *promiscuous* life 过着杂居的生活 ❷杂乱的,混杂的;混淆的,不加区分的,随便的:*promiscuous* defecation 随地大小便 ‖ **proˈmis·cu·ous·ly** *adv.*

prom·ise /ˈprɔmis/ **I** *n.* ❶[C]允诺;承诺;诺言;保证:There was a *promise* on her eyes. 从她眼里看到默许的神色。❷[U](有)可能;(有)指望;(有)希望;(有)前途:be full of danger and *promise* 危机与希望并存 **II** *vt.* ❶允诺,许诺;答应;答应做(或给予等):He *promised* her his loyal support. 他答应一心不二地支持她。❷〈口〉向…保证(或断言):Jim *promised* me that he'd never be late again. 吉姆向我保证以后不再迟到。—*vi.* ❶允诺,许诺;答应;做出保证:I'll try to be back at 7 o'clock but I can't *promise*. 我尽量在7点钟回来,但我不能保证。❷有可能;有指望;有前途:Our research project *promises* well. 我们的研究项目大有前途。‖ ***promise oneself*** *vt.* 指望,期待:I *promised myself* a good result of the interview. 我期待着这次面试有个好结果。

prom·is·ing /ˈprɔmisiŋ/ *adj.* 有希望的;有前途的,有出息的:Our future relationship is *promising*. 我们将来的关系令人乐观。

P

prom·is·so·ry /ˈprɔmisᵊri/ *adj.* [无比较级]约好的,约定的;允诺的

promissory note *n.* [C]【经】本票,期票:redeem the *promissory* note 将期票变现

prom·on·to·ry /ˈprɔmᵊntᵊri/ *n.* [C]海角,岬

pro·mote /prəᵘˈməut/ *vt.* ❶[常用被动语态]提升,擢升,晋升:He's been *promoted* from assistant manager to manager. 他已由助理经理晋升为经理。❷[常用被动语态]使(学生)升级:The student has been *promoted* to the next higher grade. 那个学生已升入更高一年级学习。❸促进,增进;发扬,提倡;引起(见 advance):*promote* international understanding 促进国际的相互了解 ❹宣传,推销(商品等):*promote* a new product 促销新产品

pro·mot·er /prəᵘˈməutəʳ/ *n.* [C](尤指体育比赛、文艺演出等的)组织者;赞助人,资助者:a boxing *promoter* 拳击比赛的筹划者

pro·mo·tion /prəᵘˈməuʃᵊn/ *n.* ❶[C;U]提升,晋级:get a *promotion* 得到提升 ❷[C;U]宣传,推销:a sales *promotion* 促销 ❸[U]促进,发扬;提倡:the *promotion* of a health campaign 一场健康运动的倡导

prompt /prɔmᵖt/ **I** *adj.* 敏捷的;迅速的;及时的,立刻的:take *prompt* action 采取果断行动 **II** *vt.* ❶激励;刺激;敦促;推动;怂恿:Their rebellion is *prompted* by hatred. 仇恨驱使他们反叛。❷【戏】给(演员、背诵者等)提词(或提白);提示,提醒(演讲者等):The actor had to be often *prompted* that night. 那晚不得不时常给那位男演员提词。—*vi.* 鼓励,激励;催促;提醒:She *prompted* when the silence threatened to lengthen. 当沉默有持续之虞时她就给予提醒。**III** *n.* [C] ❶激励;催促;鼓动,怂恿 ❷(给演员等的)提词,提白,提醒物:*prompt* books 提词本 ❸【计】提示符 ‖ **ˈprompt·er** *n.* [C] —**ˈprompt·ly** *adv.* —**ˈprompt·ness** *n.* [U]

prom·ul·gate /ˈprɔmᵊlˌgeit;prəuˈmʌl-/ *vt.* ❶传播;散播,散布;宣传:This philosophy had been *promulgated* by the newly founded university. 新建的大学宣扬了这一哲学思想。❷颁布,发布;公布,发表:The new law was finally *promulgated*. 新法终于颁布了。‖ **prom·ul·ga·tion** /ˌprɔmᵊlˈgeiʃᵊn/ *n.* [U]

prone /prəun/ *adj.* ❶[无比较级]平卧的,俯卧

的；卧倒的：a *prone* position 俯卧姿势 ❷易于…的，倾向于…的；有…癖的：be *prone* to fits of rage 动不动就发火 ❸［常用以构成复合词］易…的，易遭受…的（见 apt 和 likely）：bring a durable peace to the world's most war-*prone* region 给世界上最易爆发战争的地区带来持久的和平

prong /prɔŋ/ *n.* ［C］叉状物；分叉物；尖状物，尖头：three-*pronged* fork 三齿叉 ‖ **pronged** *adj.*

pro·noun /ˈprəunaun/ *n.* ［C］【语】代词，代名词 ‖ **pro·nom·i·nal** /prəuˈnɔminᵊl/ *adj.*

pro·nounce /prəᵘˈnauns/ *vt.* ❶发（音），吐（音）；吐（词）：How is his name *pronounced*? 他的名字怎么念？❷（尤指正式地、庄重地或官方）宣告，宣布；声称；断言：*pronounce* the funeral oration 致悼词 ‖ **proˈnounce·a·ble** /-səbᵊl/ *adj.*

pro·nounced /prəᵘˈnaunst/ *adj.* ❶显著的，明显的，显眼的：a whiskey of less *pronounced* taste 味道不太浓烈的威士忌酒 ❷断然的，决然的；强硬的：a *pronounced* opinion 强硬的观点

pro·nounce·ment /prəᵘˈnaunsmənt/ *n.* ［C］❶声明，公告 ❷看法，意见；决定：the *pronouncement* of literary critics on the short story 文艺批评家们对短篇小说的看法

pro·nun·ci·a·tion /prəᵘˌnʌnsiˈeiʃᵊn/ *n.* ［C；U］发音（法）；读法；读音：The dictionary does not report *pronunciation*. 那本词典没有标明读音。

proof /pruːf/ **I** *n.* ❶［U；C］证据；证言；证物：positive *proof* 铁证 ❷［U］（酒类的）标准酒精度：The gin is 80% *proof*. 这杜松子酒为标准酒精度的 80%。❸［C；U］【印】校样，付印样；校样阶段：read the *proofs* of a novel 审阅小说校样 **II** *adj.* ［无比较级］［常用以构成复合词］耐…的；防…的；抗…的（*against*）：He was *proof against* every threat. 他始终威武不屈。

proof·read /ˈpruːfˌriːd/ *vt.* & *vi.* （**-read** /-ˌred/）【印】校对，校勘：*proofread* all reports before submitting them 在提交之前对所有的报告进行校对 ‖ **ˈproofˌread·er** *n.* ［C］

prop¹ /prɔp/ **I** *n.* ［C］支撑物，支柱，支件：The bird's tail serves as a *prop* against the tree. 鸟的尾巴用来靠依树木。**II** *vt.* 支起，撑起；支持；维持（*against*）：I *propped* her upon the pommel of saddle. 我把她靠在马鞍的鞍环上。‖ ***prop and stay*** *n.* 后盾；靠山；中坚力量

prop² /prɔp/ *n.* ［C］〈口〉【戏】【电影】道具（＝property）：a couple of simple *props* 几件简单的道具

prop³ /prɔp/ *n.* ［C］〈口〉螺旋桨，推进器

prop·a·gan·da /ˌprɔpəˈgændə/ *n.* ［U］（有组织的）宣传；（观念、消息或谣言的）传播；散布：a barrage of *propaganda* 一连串的强势宣传 ‖ **ˌprop·aˈgan·dist** *n.* ［C］

prop·a·gate /ˈprɔpəˌgeit/ *vt.* ❶使繁殖，使增殖，使繁衍：Some plants *propagate* themselves by seeds. 有些植物通过种子繁殖。❷散布，传播；宣传；普及：*propagate* the doctrine 传播学说 ‖ **prop·a·ga·tion** /ˌprɔpəˈgeiʃᵊn/ *n.* ［U］

pro·pane /ˈprəupein/ *n.* ［U］【化】丙烷

pro·pel /prəᵘˈpel/ *vt.* （**-pelled**；**-pel·ling**）推；推进：He was *propelled* into the national limelight. 他被推到全民瞩目的中心。

pro·pel·ler /prəᵘˈpeləʳ/ *n.* ［C］（飞机、轮船等的）螺旋桨；推进器；搅拌叶片

pro·pen·si·ty /prəᵘˈpensiti/ *n.* ［C］倾向；爱好；习性：natural *propensity* to indolence 生性怠惰

prop·er /ˈprɔpəʳ/ *adj.* ❶适宜的，合适的，适当的，恰当的（见 fit）：That's not the *proper* way to eat pizza! 比萨饼不该这么吃的！❷［作定语］原本的，固有的；正确的，准确的：This clock keeps *proper* time. 这个钟走时很准。❸［无比较级］［作定语］严格意义上的，本身的：The cetacean does not belong to the fishes *proper*. 鲸目动物严格说来不属于鱼类。❹［无比较级］［作定语］［用以修饰带贬义的名词］〈主英口〉完全的，彻底的：I feel a *proper* fool. 我觉得自己是个十足的傻瓜！‖ **ˈpro·per·ly** *adv.*

proper noun *n.* ［C］【语】专有名词，固有名词，专名（指人名、地名等的专用称呼，书写时首字母通常大写）

prop·er·ty /ˈprɔpəti/ *n.* ❶［总称］财产，资产；所有物：Language is the *property* of society at large. 语言是全社会的财富。❷［C；U］（包括建筑物及其四周土地在内的）地产，房地产；房地产投资（或股票）：He owns several *properties* near the beach. 他在海滩附近拥有几处房地产。❸［U］所有（权）；财产权：Duties and responsibilities always go together with *property*. 有了财产也就有了义务和责任。❹[C](物质等的)特性;属性;性质;性能(见 quality):the essential *properties* of language 语言的基本特性

proph·e·cy /ˈprɔfisi/ *n.* ❶[C;U]预言,预测;作预测:It was a sure-fire *prophecy*. 这是个一定能实现的预言。❷[U]预言能力 ❸[C]预兆;预示:a *prophecy* of the poet's downfall 那位诗人衰落的征兆

proph·e·sy /ˈprɔfiˌsai/ *v.* [常接 that,who 等引导的从句]预言,预测(见 foretell):Few could *prophesy* this war. 几乎没人能预测到这场战争。‖ ˈ**proph·eˌsi·er** *n.* [C]

proph·et /ˈprɔfit/ *n.* [C] ❶【宗】先知:the *prophets* of the *Old Testament*《旧约》中的先知们 ❷预言者,预言家:the concept of the writer as *prophet* 把作家视作预言家的观念

proph·et·ess /ˈprɔfitis/ *n.* [C] ❶【宗】女先知 ❷女预言者,女预言家

pro·phet·ic /prəᵘˈfetik/ *adj.* ❶预言的;预示的(*of*):The enunciation is *prophetic*. 这一宣告具有预言性。❷预言者的,先知先觉的:Peter's *prophetic* instincts have again been vindicated. 彼得的预言直觉再次得到证明。‖ **proˈphet·i·cal·ly** /-ikəli/ *adv.*

pro·phy·lac·tic /ˌprɔfiˈlæktik/ 〈书〉 **I** *adj.* [无比较级]【医】预防疾病的;预防性的 **II** *n.* [C;U]预防剂;预防法

pro·po·nent /prəᵘˈpəunᵊnt/ *n.* [C]建议者,提议者:the leading *proponent* of neoclassicism 新古典主义的主要倡导者

pro·por·tion /prəᵘˈpɔːʃᵊn/ *n.* ❶[C]部分;份额;份儿:Only a small *proportion* of the food is left. 只剩下了一点儿食品了。❷[U]比例,比:the *proportion* of births to the population 人口的出生率 ❸[U;C]均衡,协调,调和,相称:The sculpture lacks *proportion*. 这座雕像比例失调。❹[~s]面积;体积;容积;大小;范围;程度:a ship of large *proportions* 巨大的船只 ‖ ***a sense of proportion*** *n.* 区别轻重缓急的能力;分布感 ***in proportion*** *adv.* ❶成比例地;相应地:Price will be reduced *in proportion*. 价格将相应降低。❷恰如其分地;协调地:Martha's so upset that she can't see the problem *in proportion*. 玛萨心烦意乱,无法恰如其分地看待这问题。***in proportion as*** *prep.* 〈罕〉根据;取决于(=according as) ***in proportion to*** *prep.* ❶与…成比例,与…相称:In his opinion,exertion should always be *in proportion to* what is required. 他觉得尽力也不要尽得过分。❷与…相比:*In proportion to* the number of staff as a whole,there are very few women. 与雇员总人数相比,女雇员只是极少数。***out of proportion*** *adj.* & *adv.* 不成比例的(地),不相称的(地)(*to*):The sleeves are a bit too long,*out of proportion to* the rest of the coat. 袖子太长了点儿,跟上衣的其他部分不相称。

pro·por·tion·al /prəᵘˈpɔːʃᵊnᵊl/ *adj.* [无比较级] ❶比例的;成比例的:*proportional* distribution 按比例分配 ❷均衡的,协调的,相称的:meet with an end *proportional* to one's crime 得到罪有应得的结局

pro·por·tion·ate /prəᵘˈpɔːʃᵊnət/ *adj.* [无比较级]成比例的;均衡的,相称的

pro·pos·al /prəᵘˈpəuzᵊl/ *n.* ❶[C;U]提议,建议;提案,议案;计划:Their London Office agreed to the *proposal*. 他们的伦敦办事处同意了这一提议。❷[C]求婚:I could not accept the *proposal*. 我没法接受这门亲事。

☆**proposal**,**proposition**,**suggestion** 均有"建议,意见"之意。**proposal** 为正式用词,强调正式、直接地提出计划、方案或意见供他人考虑或采纳:The French have put forward a *proposal* for a joint project.(法国人提出了一个联合项目的建议。)**proposition** 常指商业或交易方面的建议或计划:We made him a *proposition*:he would join us,and we would support his company.(我们向他建议:他与我们联合,我们就支持他的公司。)严格说来,该词还表示提出供人们争论或证明的观点、主张或原理:the *proposition* that all men are created equal(所有的人生来就平等的观点)也可表示拟采取的行动、施行的政策或授予的荣誉等,此意义很少用于私人关系场合:an attractive mining proposition(一宗诱人的采矿事业)**suggestion** 指提出供别人参考的意见或建议,不一定正确或有价值,语气比较委婉,往往用于非正式场合:He rejected my *suggestion* that we should appoint Roger.(他拒绝了我们提出的应该任命罗杰的建议。)

pro·pose /prəᵘˈpəuz/ *vt.* ❶提议,建议;提出(计划等):Mike *proposed* that they (should) go to a motel. 迈克建议他们去汽车旅馆。❷计划,打算:Dora announced that she *proposed* to learn to swim. 多拉宣称她打算学游泳。❸提…的名;推荐:be *proposed* as a candidate 被提名为候选人 ❹提议为…干杯,为…祝酒:Let's *propose* Mr Mann's health. 让我们为曼先生的健康干杯! —*vi*. ❶提议,建议;提出计划 ❷求婚:He had the temerity to *propose* to the richest girl in the town. 他竟胆敢向城里最富有的女子求婚。

prop·o·si·tion /ˌprɔpəˈziʃᵊn/*n*. [C] ❶(对于某事物)意见;见解;主张:It is the basic *proposition* of the book. 这是本书的基本论点。❷提议,建议;提案(见 proposal):I would like to put forward the *proposition*. 我想提个建议。

pro·pri·e·tar·y /prəᵘˈpraiətᵊri/ *adj*. [无比较级] ❶所有者的;所有权的:*proprietary* right 所有权 ❷专有的;专利的;专用的:a *proprietary* formula 专用配方

pro·pri·e·tor /prəᵘˈpraiətəʳ/ *n*. [C]财产所有人;业主,老板(尤指旅店业老板):the copyright *proprietor* 版权所有者 ‖ **proˈpri·e·torˌship** *n*. [U]

pro·pri·e·ty /prəᵘˈpraiiti/ *n*. 〈书〉❶[U](行为等)适当,妥当;正当;得体,合宜:Her sense of *propriety* could but just smooth the irritation over. 她只是怕有失体统才勉强未将这满腔怒火形诸于色。❷[U]正当(或得体)的行为;礼貌;[**proprieties**]礼节,行为的规矩:a breach of *propriety* 失礼行为

pro·pul·sion /prəᵘˈpʌlʃᵊn/ *n*. [U]推进,推进力;前冲:the *propulsion* of birds 鸟的推进力 ‖ **proˈpul·sive** /-siv/ *adj*.

pro·rate /prəuˈreit;ˈprəureit/ *vt*. 按比例分配;按比例分摊:The amount of money you get will be *prorated* to the work you do. 你所得的报酬是按你的工作量发的。

pro·sa·ic /prəᵘˈzeiik/ *adj*. 平凡的;平淡无奇的;单调的,乏味的:I felt the book was *prosaic*. 我觉得这本书写得单调乏味。

pro·scribe /prəᵘˈskraib/ *vt*. 禁止;排斥;谴责:His works were *proscribed* and therefore valuable. 他的作品曾被查禁,因而非常珍贵。‖ **pro·scrip·tion** /-ˈskripʃᵊn/ *n*. [U]

pro·sce·ni·um /prəᵘˈsiːniəm/ *n*. [C]([复] **-ni·ums**或**-ni·a** /-niə/)舞台前部,前舞台;(舞台)幕前部分

prose /prəuz/*n*. [U](与诗歌、韵文相对的书面或口语体的)散文,白话文;散文体:These plays lie in a limbo between poetry and *prose*. 这些剧本介乎诗与散文之间。

pros·e·cute /ˈprɔsiˌkjuːt/ *vt*. ❶对…提出公诉;告发,控告,检举;依法进行:*prosecute* an action [a lawsuit] against sb. 对某人提出公诉 ❷执行;使进行到底:*prosecute* an investigation 彻底进行调查

pros·e·cu·tion /ˌprɔsiˈkjuːʃᵊn/ *n*. ❶[C;U]起诉;告发,检举;被告发:criminal *prosecutions* 刑事诉讼 ❷[**the ～**][用作单或复]原告方,控方:*The prosecution* must bear the burden of proof. 控方必须承担举证的责任。❸[U]执行;彻底进行;从事,经营:the *prosecution* of one's duties 职责的履行

pros·e·cu·tor /ˈprɔsiˌkjuːtəʳ/ *n*. [C]【律】起诉人;公诉人;检察官:a public *prosecutor* 公诉人

pros·o·dy /ˈprɔsədi/ *n*. [U] ❶诗体学;作诗法;韵律学 ❷诗体;韵律:The normal basis of his *prosody* is both accentual and syllabic. 他的诗歌韵律以重音和音节为常规基础。

pros·pect/ˈprɔspekt/ *n*. ❶[C;U]即将发生的事;期望(或期待、期盼)中的事;预期,展望;指望:You are tempting me with a new *prospect*, when all my other *prospects* are closed before me. 在我万念俱灰的时候,你拿一线新的希望来引诱我。❷[常作～**s**](成功等的)可能性,机会;前途,前景,前程:The job offers a good salary and excellent *prospects*. 这份工作薪金优厚,而且前景极好。❸[常用单]眺望,远望;景色,景象;境界:The grand hotel has a fine *prospect* of the mountain and lake. 从这家大饭店可以眺望优美的湖光山色。‖ ***in prospect*** *adj*. 期望中的,展望中的;在望的:A rich harvest is *in prospect*. 丰收在望。

pro·spec·tive /prəᵘˈspektiv/ *adj*. [无比较级][常作定语]未来的,将来的;可能发生的;即将成为的:*prospective* teachers 未来的教师们

pro·spec·tus /prəᵘˈspektəs/ *n*. [C] ❶学校介绍 ❷(企业等的)概况介绍;企划书,发展计划;说明书

pros·per /ˈprɔspəʳ/ *vi*. 兴旺,繁荣,昌盛;成功:In his business Robert *prospered*. 罗伯特的生意蒸蒸日上。

pros·per·i·ty /prɔˈsperiti/ *n.* [U]兴旺，繁荣，昌盛；富足；成功：Tourism has brought *prosperity* to many parts of Thailand. 旅游业使泰国许多地区繁荣起来。

pros·per·ous /ˈprɔspᵊrəs/ *adj.* 兴旺的，繁荣的，昌盛的；富足的；成功的：Our citizens individually have been happy and the nation *prosperous.* 人人安居乐业，国泰民安。‖ **ˈpros·per·ous·ly** *adv.*

prostate gland *n.* [C]【解】前列腺

pros·ti·tute /ˈprɔstiˌtʲuːt/ *n.* [C]卖淫者；妓女，娼妓；男妓(尤指与同性恋男子有性关系的男子)：a *prostitute* soliciting customers on the street 在街上拉客的妓女

pros·ti·tu·tion /ˌprɔstiˈtʲuːʃᵊn/ *n.* [U] ❶卖淫 ❷滥用，糟蹋

pros·trate /ˈprɔstreit/ *adj.* ❶俯卧的；卧倒的，平卧的；倒在地上的：lie *prostrate* 仰卧着 ❷精疲力竭的；身心交瘁的；沮丧的：be *prostrate* with fatigue 累得筋疲力尽 ‖ **pro·stra·tion** /prɔˈstreiʃᵊn; prəᵘ-/ *n.* [U]

pro·tag·o·nist /prəᵘˈtægənist/ *n.* [C](小说或故事中的)主人公：The novel's real *protagonist* seldom appears in the flesh. 这部小说中的真正主人公很少现身。

pro·tect /prəᵘˈtekt/ *vt.* 保护，防护，防御(见 defend)：I cannot love a man who cannot *protect* me. 我不能爱一个不能保护我的男人。

pro·tec·tion /prəᵘˈtekʃᵊn/ *n.* ❶[U]保护，防护；防御：the *protection* of the environment 环境保护 ❷[C]保护者；防护物：This *protection* will also exclude ultraviolet light. 这种防护装置也可挡住紫外光。

pro·tec·tion·ism /prəˈtekʃᵊˌnizᵊm/ *n.* [U]【经】贸易保护主义(或理论、制度、行为等) ‖ **proˈtec·tion·ist** *adj.* & [C] *n.*

P

pro·tec·tive /prəᵘˈtektiv/ *adj.* ❶保护的，防护的；防御的：*protective* padding 防护衬垫 ❷[作表语](对人或家庭)爱护的(*of*，*towards*)：Keating is very *protective of* his family. 基廷很爱护自己的家庭。‖ **proˈtec·tive·ly** *adv.* —**proˈtec·tive·ness** *n.* [U]

pro·tec·tor /prəᵘˈtektəʳ/ *n.* [C] ❶保护人；护卫；监护人；保护国：a *protector* of British values 英国价值观的卫士 ❷防护物，保护器：ear *protectors* 护耳套

pro·tec·tor·ate /prəᵘˈtektᵊrət/ *n.* [C]受保护国

pro·tein /ˈprəutiːn/ *n.*【生化】❶[C]蛋白质，朊 ❷[U]含蛋白质的植物或动物

pro tem·po·re /prəuˈtempəri/ *adj.* & *adv.* 〈拉〉当时的(地)；临时的(地)，暂时的(地)

pro·test I /ˈprəutest/ *n.* [C；U]抗议；异议，反对；不服；抗议书：a formal [an official] *protest* 正式抗议 II /prəᵘˈtest/ *vi.* ❶抗议；提出异议，反对；抱怨(*about*，*against*，*at*)：The residents *protested about* the noise and dust from the construction site. 居民们对建筑工地上的噪音和尘土提出抗议。❷申明，声言；断言，坚称(见 assert) —*vt.* 申明，声言；断言，坚称：*protest* one's innocence at trial 在法庭上坚持声辩自己无罪 ‖ ***under protest*** *adv.* 持有异议地，极不情愿地，勉勉强强地：He was forced to give in, but did so only *under protest.* 他被迫作出让步，但他这样做，完全是出于无奈。‖ **proˈtest·er** *n.* [C]

Prot·es·tant /ˈprɔtistᵊnt/ I *n.* [C]新教徒(指天主教和东正教之外的其他基督教教徒)：become [be] a *Protestant* 成为新教徒 II *adj.* [无比较级]新教的；新教徒的：a *Protestant* church 基督教教堂 ‖ **ˈProt·es·tantˌism** *n.* [U]

pro·tes·ta·tion /ˌprəutiˈsteiʃᵊn，ˌprɔt-/ *n.* [C]〈书〉声明；断言；申辩：make [raise] sympathetic *protestations* 提出表示支持的观点

pro·to- /ˈprəutəᵘ/ *comb. form* ❶表示"原初的"，"原始的"，"初始的"：*proto*-Slavic (古斯拉夫语的) ❷表示"第一的"，"首要的"，"母本的"：*proto*type

pro·to·col /ˈprəutəˌkɔl/ *n.* ❶[U]礼仪；(尤指外交)礼节；规矩：the *protocol* of European diplomacy 欧洲的外交礼节 ❷[C]〈书〉草案；草约；协议；议定书；备忘录草稿：the *protocol* of conference 会议备忘录 ❸[C]【计】协议；规程

pro·ton /ˈprəutɔn/ *n.* [C]【物】质子

pro·to·plasm /ˈprəutəᵘˌplæzᵊm/ *n.* [U]【生】❶原生质 ❷细胞质〔亦作 **plasma**〕‖ **pro·to·plas·mic** /ˌprəutəˈplæzmik/ *adj.*

pro·to·type /ˈprəutəᵘˌtaip/ *n.* [C]原型；样本：This equestrian image became the *prototype* for portraits. 这个骑在马背上的形象成了肖像

画的原型。

pro·to·zo·an /ˌprəutəᵘˈzəuən/ 【生】I *n.* [C] ([复]-**zo·a** /-ˈzəuə/或-ans) 原生动物 II *adj.* [无比较级]原生动物(门)的 ‖ ˌ**pro·to**ˈ**zo·ic** *adj.*

pro·tract·ed /prəᵘˈtræktid/ *adj.* [无比较级] [作定语]延长的,拖延的:a *protracted* visit 延期的访问

pro·trac·tor /prəᵘˈtræktəʳ/ *n.* [C]分度器,量角器

pro·trude /prəᵘˈtruːd/ *vi.* 伸出,突出:His eyes begin to *protrude* with the cough. 由于咳嗽他的眼睛开始凸出。—*vt.* 使伸出,使突出:*protrude* one's lips 噘嘴

pro·tru·sion /prəᵘˈtruːʒən/ *n.* ❶[U]伸出,突出 ❷[C]突出部,隆起物 ‖ **pro·tu·ber·ant** /prəᵘˈtʲuːbᵊrᵊnt/ *adj.* —**pro**ˈ**tu·ber·ance** *n.* [C;U]

proud /praud/ *adj.* ❶感到自豪的,得意的;感到光彩(或光荣)的:I'm incredibly *proud* of what I've achieved. 我因我取得的成就而非常自豪。❷有自尊心的,自尊的,自重的:Joe might be poor but he is *proud*. 乔也许很穷,但不失自重。❸骄傲的,高傲的,傲慢的,妄自尊大的:a lonely and *proud* woman 孤傲的女人 ❹令人愉快(或满意)的;值得夸耀(或引以为荣)的;光彩的,光荣的:She was *proud* of her wonderful cooking. 她自夸她高超的烹调技艺。‖ ***do oneself proud*** *vi.* 〈口〉养尊处优 ***do sb. proud*** *vi.* 〈口〉❶给某人面子(荣誉),替某人争光:His handwriting *does him proud*. 他那一手书法为他增光。❷盛情款待某人:You've really *done us proud*, so thanks every so much. 谢谢你们的盛情款待,你们真太客气了。‖ ˈ**proud·ly** *adv.*

prove /pruːv/ (过去式 **proved**,过去分词 **proved** 或**prov·en** /ˈpruːvᵊn/) *vt.* ❶证明,证实:She can *prove* anything by statistics — except the truth. 她有本领用统计数据证明任何事物——只是真理除外。❷被发现为;表现;显示:Yet the momentary halt *proved* a good one. 这短暂的延宕倒成了件好事。—*vi.* 证明是;原来是;结果是:The job *proved* more difficult than I'd expected. 那项工作原来比我想象的难得多。‖ **prov·a·bil·i·ty** /ˌpruːvəˈbiliti/ *n.* [U] —ˈ**prov·a·ble** *adj.*

prov·en /ˈpruːvᵊn/ I *v.* prove 的过去分词 II *adj.* [无比较级]被证实的:a tested and *proven* method 一种经试用证明有效的方法

☆❶历史上 **proven** 作为 prove 的过去分词先用于法律文本,继而用于文学和一般场合。曾有调查表明,作为过去分词时,proved 的使用频率高于 proven;而用作定语形容词时,proven 的使用频率高于 proved。proved 和 proven 用作过去分词在现代英语中均属标准用法。❷ **prove** 之后有无反身代词可导致句法意义上的差别:He *proved* himself to be innocent. (他证明自己清白无辜。) / He *proved* to be innocent. (结果证明他无罪。) ❸ **prove** (**to be**)与 **turn out** (**to be**)之间存在差别,后者意为"结果证明是",比前者语气强,且含有"意外,岂知"等含义:The day *turned out* to be a fine one. (结果那天是个好天气。)

prov·e·nance /ˈprɔvinᵊns/ *n.* [U]起源,来源,出处:No *provenance* is given for either of these illustrations. 这些例证都没有标明出处。

prov·en·der /ˈprɔvindəʳ/ *n.* [U](动物的)粮草,秣,干饲料

prov·erb /ˈprɔvəːb/ *n.* [C]谚语;俗话,常言:A *proverb* is no *proverb* to you till life has illustrated it. 没有经过生活检验的谚语算不上真谚语。

pro·ver·bi·al /prəᵘˈvəːbiəl/ *adj.* [无比较级] ❶众所周知的,有名的:The independence of American children was *proverbial*. 美国孩子的独立是出了名的。❷谚语的;谚语式的;用谚语表述的:the *proverbial* clichés 俗语套话

pro·vide /prəᵘˈvaid/ *vt.* ❶供应;提供;给予:He is *providing* pain for himself, instead of pleasure. 他不是在找乐趣,而是在自讨苦吃。❷准备好,预先准备:It is deemed best that passengers *provide* them, and so guard against contingencies. 旅客们最好把它们随身带好,以防不时之需。‖ **pro**ˈ**vid·er** *n.* [C]

pro·vid·ed /prəᵘˈvaidid/ *conj.* 倘若,假使;除非,以…为条件:I'll forgive her for her mistake *provided* that she apologizes to me. 只要她向我道歉,我就原谅她的过错。〔亦作 **providing**〕

prov·i·dence /ˈprɔvidᵊns/ *n.* [通常用单]天意,天道,天命;天佑:We can only regard it as a special *providence*. 我们只能把这视为天意。

prov·i·dent /ˈprɔvidᵊnt/ *adj.* ❶有先见之明

的，有远见的：National *Provident* Fund 国家防范基金 ❷节俭的，节约的 ‖ ˈ**prov·i·dent·ly** *adv.*

prov·i·den·tial /ˌprɔviˈdenʃᵊl/ *adj.* 〈书〉 ❶[无比较级]上帝的；天意的；神助(似)的，天佑(似)的：Thanks to that *providential* snowstorm the enemy attack had been repulsed. 多亏上天保佑下了那场暴风雪，敌人的进攻被击退了。❷幸运的，走运的；凑巧的：It is so *providential* that I can meet you here. 能在这儿遇到你真是太巧了。‖ ˌ**prov·iˈden·tial·ly** *adv.*

pro·vid·ing /prəᵘˈvaidiŋ/ *conj.* ＝provided

prov·ince /ˈprɔvins/ *n.* ❶[C]省；省级行政区：Canada has ten *provinces*. 加拿大有 10 个省。❷[the ～s]首都以外的地方，外省；边远地区，未开化地区：London and *the provinces* 首都伦敦和市外地区

pro·vin·cial /prəᵘˈvinʃᵊl/ *adj.* ❶[无比较级][作定语]省的，省份的：a *provincial* capital 省会城市 ❷[无比较级][作定语]外省的，外地的；地方的：a *provincial* town 外省城镇 ❸土气的，乡气的；狭隘的；地方性的；未开化的：You can't be *provincial* about beauty. 对待美的问题你不应少见多怪。‖ **pro·vin·cial·ism** /prəᵘˈvinʃᵊˌlizᵊm/ *n.* [U]

pro·vi·sion /prəᵘˈviʒᵊn/ *n.* ❶[U]准备，预备；预先作出的安排，事先采取的措施：adequate *provision* for family 为家庭以后的生计所作的适当安排 ❷[U]供应；提供；给予：the *provision* of supplies 必需品的供应 ❸[通常用单]供应品，储备物；供应量，提供的量：The *provision* of English teachers is being increased. 配备英语教师的人数有所增加。❹[通常作～s]食物和饮料；食物和饮料的供应(或储备)：have a plentiful store of *provisions* 储存大量的食物和饮料

pro·vi·sion·al /prəᵘˈviʒᵊnᵊl/ *adj.* [无比较级]临时的；暂时(性)的；暂定的：a *provisional* government 临时政府 ‖ **proˈvi·sion·al·ly** *adv.*

pro·vi·so /prəᵘˈvaizəu/ *n.* [C]([复]-so(e)s)附文；条件，附带条件；限制性条款；但书：I'll go, but with [on] a *proviso*. 我可以去，但是有一个条件。

prov·o·ca·tion /ˌprɔvəˈkeiʃᵊn/ *n.* ❶[U]挑衅；挑拨，煽动；激怒；刺激：The lesion tended to bleed on the least *provocation*. 伤口稍受刺激就会出血。❷[C]挑衅性的事；惹人恼火的事；激怒的原因：It was a *provocation* to call him a liar. 骂他撒谎是挑衅的行为。

pro·voc·a·tive /prəᵘˈvɔkətiv/ *adj.* ❶挑衅的；挑拨的，煽动的；激怒的；刺激的：The conduct of the ministers was *provocative*. 部长们的行为令人恼火。❷激发情感(或行动)的；引发争论(或议论、深思、好奇心等)的：His views were unexpected and *provocative*. 他的看法出人意料，引起了争论。‖ **proˈvoc·a·tive·ly** *adv.*

pro·voke /prəᵘˈvəuk/ *vt.* ❶对…挑衅；挑拨，煽动；激怒；刺激：*provoke* conflicts in society 挑起社会冲突 ❷激起，引发，引起：Edwin's remarks *provoked* a storm of controversy. 埃德温的话引起激烈的争议。‖ **proˈvo·ker** *n.* [C]

prow /prau/ *n.* [C] ❶船首，船头：a beaked *prow* 鸟喙形的船头 ❷尖状前端；(前面的)突出部

prow·ess /ˈprauis/ *n.* [U]〈书〉高超的技艺(或本领)；杰出的才能(或才干)：His *prowess* with bow and arrow earned him fame. 他高超的箭术使他出了名。

prowl /praul/ *vt.* (为觅食、偷窃等)潜行于；(暗中)巡行于；徘徊于；在…搜寻：A fox *prowled* a farmyard. 一只狐狸在场院里潜行觅食。—*vi.* (为觅食、偷窃等)潜行；(暗中)巡行；(仔细地)搜寻：*prowl* across the soft carpet 轻手轻脚地走过地毯 ‖ ***on the prowl*** *adj.* & *adv.* 在潜行；在四处觅食；在徘徊；在闲逛：A leopard is *on the prowl* for its prey. 一只豹正在四处觅食。‖ ˈ**prowl·er** *n.* [C]

prox·im·i·ty /prɔkˈsimiti/ *n.* [U]邻近，接近，临近，靠近：Physical *proximity* cannot overcome emotional distance. 即使朝夕相处也弥合不了情感上的距离。

prox·y /ˈprɔksi/ *n.* ❶[U]代理权，代表权：a *proxy* vote 委托投票 ❷[C]代理人，代表；替代者；代替物：Can I designate someone as a *proxy* to attend the meeting? 我可以指派别人替我参加这个会议吗？

prude /pruːd/ *n.* [C]极端拘礼的人；过于拘谨的人；(尤指在性方面)假正经的人，假道学：She's a terrible *prude*! 她简直是个假正经。‖ ˈ**prud·er·y** *n.* [U] —ˈ**prud·ish** *adj.*

P

pru·dent /ˈpruːdᵊnt/ *adj.* 〈书〉❶审慎的,慎重的,小心谨慎的(见 wise):It would be *prudent* to find out more before you decide. 查问清楚再作决定是慎重的做法。❷精明的,深谋远虑的:a *prudent* salesman 精明的商品推销员 ‖ ˈ**pru·dence** *n.* [U] —ˈ**pru·den·tial** /pruːˈdenʃᵊl/ *adj.* —ˈ**pru·dent·ly** *adv.*

prune[1] /pruːn/ *n.* [C]梅干,李子干:plums and *prunes* 梅子和梅干

prune[2] /pruːn/ *vt.* ❶修剪,修整(*down*);给…剪枝(*off*,*away*):*prune* bonsai 修剪盆景 ❷削减(成本、费用等):*prune* expenses 削减开支 ‖ ˈ**prun·er** *n.* [C]

pru·ri·ent /ˈpruəriənt/ *adj.* 好色的,淫秽的,色情的;勾起淫欲的:a *prurient* film 色情片 ‖ ˈ**pru·ri·ence** *n.* [U]

pry[1] /prai/ *vi.* 询问,打听(*into*):He never talked about his past, and his friends didn't *pry*. 他从未向别人谈起他的过去,他的朋友们也没向他打听。

pry[2] /prai/ *vt.* ❶撬开:*pry* open the door with a crowbar 用撬杠把门撬开 ❷费力得到,艰难获得:*pry* money from a miser 从吝啬鬼手里费力弄到钱

pry·er /ˈpraiəʳ/ *n.* [C]撬杠

PS *abbr.* postscript

psalm /sɑːm/ *n.* ❶[C][亦作 P-]赞美诗,圣诗,圣歌:sing a *psalm* 唱圣歌 ❷[通常作 **the (Book of) Psalms**][用作单](《圣经·旧约》中的)《诗篇》❸[C](礼拜仪式上所唱的)诗篇歌 ‖ ˈ**psalm·ist** *n.* [C]

pseu·do- /ˈᵖsʲuːdəu/ *comb. form* ❶[用于辅音字母前]表示"假的","伪的":*pseudo*nym, *pseudo*-science ❷[一般用于科技术语中]表示"拟","仿":*pseudo*-acid (【化】假酸)

pseu·do·nym /ˈᵖsʲuːdᵊnim/ *n.* [C]假名,化名;笔名:Mark Twain was the *pseudonym* used by Samuel Clemens. 马克·吐温是塞缪尔·克莱门斯的笔名。

psych /ᵖsaik/ *vt.* 〈口〉使做好心理准备;使激动,使兴奋(*up*):We go over all the routines that we're going to be performing and just to get *psyched up*. 我们把即将演出的所有节目排练了一遍,借此做好心理准备。

psy·che /ˈᵖsaiki/ *n.* [C]精神;心灵;心理:the influence of the *psyche* on human behaviour 人的心理对行为的影响

psy·che·del·ic /ˌᵖsaikiˈdelik/ *adj.* ❶[无比较级](用迷幻药)扩展意识的;(药物、体验等)引起幻觉的;致幻的:*psychedelic* drug 致幻药物 ❷[无比较级]〈口〉有迷幻效果的:the Beatles' *psychedelic* period 甲壳虫乐队的迷幻时期

psy·chi·at·ric /ˌᵖsaikiˈætrik/ *adj.* [作定语]精神病的;精神病学的

psy·chi·a·try /siˈkaiətri/ *n.* [U]精神病学;精神病治疗 ‖ **psyˈchi·a·trist** *n.* [C]

psy·chic /ˈᵖsaikik/ *adj.* [无比较级] ❶(官能现象等)超自然的:*psychic* research 通灵研究 ❷精神的,心理的:the threat of physical, emotional, or *psychic* death 生理死亡、情感死亡及心理死亡的威胁 ‖ ˈ**psy·chi·cal·ly** /-kəli/ *adv.*

psy·cho /ˈᵖsaikəᵘ/ 〈口〉 **I** *n.* [C]([复]**-chos**)精神变态者;人格变态者 **II** *adj.* 精神变态(者)的;人格变态(者)的

psy·cho·a·nal·y·sis /ˌᵖsaikəuəˈnælisis/ *n.* [U]精神分析(学);心理分析(学);精神(或心理)分析治疗法:the relation of *psychoanalysis* to literature 精神分析与文学的关系〔亦作 **analysis**〕‖ **psy·cho·an·a·lyst** /ˌpsaikəˈænəlist/ *n.* [C]

psy·cho·an·a·lyze /ˌᵖsaikəuˈænəˌlaiz/ *vt.* 【心】对…进行精神(或心理)分析;对…实施精神(或心理分析治疗)〔亦作 **analyze**〕

psy·cho·log·i·cal /ˌᵖsaikəˈlɔdʒikᵊl/ *adj.* [无比较级] ❶[作定语]心理的;精神的:*psychological* penetration 心理洞察力 / *psychological* blow 精神打击 ❷心理学的 ‖ ˌ**psy·choˈlog·i·cal·ly** *adv.*

psy·chol·o·gy /ᵖsaiˈkɔlədʒi/ *n.* ❶[U]心理学:educational *psychology* 教育心理学 ❷[U]人与动物的行为科学 ❸[C;U]〈口〉心理特点;心理因素:the *psychology* of crime 犯罪心理 ‖ **psyˈchol·o·gist** *n.* [C]

psy·cho·path /ˈᵖsaikəᵘˌpæθ/ *n.* [C]精神病患者,精神变态者;人格变态者 ‖ **psy·cho·path·ic** /ˌsaikəˈpæik/ *adj.*

psy·cho·sis /ᵖsaiˈkəusis/ *n.* [C;U]([复]**-ses** /-siːz/) 精神病,精神错乱

psy·cho·so·mat·ic /ˌᵖsaikəᵘsəˈmætik/ *adj.* [无比较级]【医】❶(疾病等)受心理影响的;因

精神压力引起（或恶化）的：*psychosomatic* disorder 由心理引起的生理紊乱 ❷身心的，有关身心的

psy·cho·ther·a·py /ˌᵖsaikəᵘˈθerəpi/ *n.* [U；C]【医】精神疗法；心理治疗 ‖ **ˌpsy·choˈther·a·pist** *n.* [C]

psy·chot·ic /ᵖsaiˈkɔtik/ **I** *adj.* [无比较级]患精神病的；精神错乱的：a *psychotic* condition 精神不正常 **II** *n.* [C]精神病患者

psy·cho·trop·ic /ˌᵖsaikəᵘˈtrɔpik/ **I** *adj.* [无比较级]（药物）作用于精神的 **II** *n.* [C]精神药物，亲精神药

pub /pʌb/ *n.* [C]〈口〉〈英〉酒吧

pu·ber·ty /ˈpjuːbəti/ *n.* [U]发育期，青春期：reach *puberty* 进入青春期

pu·bes·cent /pjuːˈbesᵊnt/ *adj.* [作定语]到达发育期，到达青春期的 ‖ **pu·bes·cence** /pjuːˈbesᵊns/ *n.*

pu·bic /ˈpjuːbik/ *adj.* [无比较级][作前置定语]【解】阴部的；耻骨的：*pubic* hair 阴毛

pub·lic /ˈpʌblik/ **I** *adj.* ❶[无比较级]公众的，大众的；属于（或有关）公众的；公共的；公有的；公用的：These facilities are *public*. 这些设施供公众使用。❷[无比较级][作定语]为大众的；社会的；（从事）公众事务的：She had a distinguished *public* career. 她有过一段辉煌的公务员生涯。❸公开的；公开做的；公然的；在众人面前公示的：He made his views *public*. 他公开亮出了自己的观点。❹[无比较级][作定语]众所周知的；有名的；杰出的：a *public* figure 知名人士 **II** *n.* ❶[the ～][用作单或复]公众，民众，人民，众人：the general *public* 人民大众 ❷[C]（有共同兴趣或特点的）一群人：the reading *public* 读者大众 ‖ ***go public*** *vi.* ❶（不公开招股公司）使股票上市；（公开招股公司）挂牌：His firm is doing so well that he thinks he may *go public* next year. 他公司的生意十分兴隆，因此他想明年将可以挂牌上市了。❷把秘密公开；公开 ***in public*** *adv.* 当众；公开地；公然地：He admitted his mistake *in public*. 他当众承认了错误。***in the public eye*** *adj.* 常公开出现的；众所周知的：After the scandal in 1975 he was seldom *in the public eye*. 自1975年的丑闻之后他很少在公开场合露面了。***make public*** *vi.*（使）公开：The news was not *made public* for several weeks. 这则新闻是好几个星期以后才公开的。‖ **ˈpub·lic·ly** *adv.*

P

pub·li·ca·tion /ˌpʌbliˈkeiʃᵊn/ *n.* ❶[U]出版，刊印：the *publication* of a new novel 一部新小说的出版 ❷[C]出版物：There are a lot of *publications* about gardening. 有许多园艺方面的书刊。❸[U]公开，发表：the *publication* of exam results 考试成绩的公布

public defender *n.* [C]公设辩护律师

public domain *n.* [U]（书等的）不受版权限制（或保护）状态；（发明、商标等的）不受专利权限制（或保护）

pub·li·cist /ˈpʌblisist/ *n.* [C] ❶广告员，宣传员；公关人员 ❷新闻记者；时事评论员

pub·lic·i·ty /pʌbˈlisiti/ *n.* [U] ❶公众（或传媒等）的注意，众所周知，闻名；名声：His latest novel received good *publicity*. 他最近出版的小说大获好评。❷惹人注目的办法；宣传，宣扬：Her novel was published with a lot of *publicity*. 伴随着巨大的宣传攻势，她的小说出版了。❸宣传品；宣传文章；广告：post *publicity* 张贴广告

pub·li·cize /ˈpʌbliˌsaiz/ *vt.* 宣传，宣扬；为…做广告：We are *publicizing* a new product. 我们正在对一项新产品进行广告宣传。

public opinion *n.* [U]舆论，民意：*Public opinion* was not in favour of the war. 民意不赞成开战。

public relations [复] *n.* [用作单]公共关系（学）；[用作复]公关（活动）：Giving money to local charities is good for *public relations*. 给地方上的慈善机构捐款有助于促进公共关系。

public school *n.* [C] ❶〈英〉公学（一种实行寄宿制的私立收费学校）：Eton and Harrow are two of England's most famous *public schools*. 伊顿和哈罗是英国最有名的两所公学。❷〈澳〉免费公立学校

pub·lic-spir·it·ed /ˌpʌblikˈspiritid/ *adj.* 热心公益的，有公益精神的

public utility *n.* [C]公用事业机构〔亦作 **utility**〕

pub·lish /ˈpʌbliʃ/ *vt.* ❶（作者、出版商等）使出版，使发行：She was only 19 when her first novel was *published*. 她第一部小说出版的时候，她才19岁。❷发表，刊登；出版…的作品：The newspaper has *published* his letters. 报纸刊登

了他的书信。—*vi.* 出版,发行 ‖ ˈ**pub·lish·er** *n.* [C]

pub·lish·ing /ˈpʌbliʃiŋ/ *n.* [U]出版(业);发行(业);出版(或发行)活动

puce /pjuːs/ *n.* [U] & [无比较级] *adj.* 暗红色(的);紫褐色(的):Her face turned *puce* with anger. 她气得脸发紫。

puck /pʌk/ *n.* [C](用硬橡胶做成的饼状)冰球

puck·er /ˈpʌkəʳ/ **I** *vt.* & *vi.* (使)起皱;(使)折叠;(使)缩拢:*pucker* one's eyebrows 蹙眉 / Her dress *puckered* (up) at the waist. 她的衣服腰部有些皱。**II** *n.* [C]皱纹,皱褶;拢起

puck·ish /ˈpʌkiʃ/ *adj.* 好恶作剧的,(似)顽童的

pud·ding /ˈpudiŋ/ *n.* ❶[C;U]布丁;(酒席中的)甜点:rice *pudding* 大米布丁 ❷[U]〈英口〉甜点心,甜食

pud·dle /ˈpʌdᵊl/ *n.* [C] ❶(尤指雨水形成的)水洼,水坑:a *puddle* of water 一洼水 ❷(任何液体积成的)小洼

pu·er·ile /ˈpjuərail/ *adj.* 天真的;不成熟的;孩子气的,稚嫩的(见 young):He can be very *puerile* when he's had a couple of drinks. 他只要喝上几口酒,就会显得很孩子气。

puff /pʌf/ *vi.* ❶(一阵阵地)吹,喷 ❷(吸烟者、机器等)喷(或冒、吐)着烟;(蒸汽机)冒出(或喷出)蒸汽;喷(或冒、吐)着烟(或蒸汽)移动(*away*,*out*):The train *puffed out* of the station. 火车扑哧扑哧开出车站。❸喘息,喘粗气:He was *puffing* and panting after his half-hour jog. 他慢跑半小时后就上气不接下气了。❹鼓胀,膨胀,肿胀(*up*,*out*):His eyes were inflamed and *puffed up*. 他的双眼又红又肿。❺使松软,拍松,抖松:*puff up* a pillow 拍松枕头 —*vt.* ❶[常用被动语态]使喘息;使喘粗气,使上气不接下气(*out*):I'm *puffed*. I can't run any further. 我喘不过气来了,跑不动了。❷使充气;使膨胀;使肿胀(*up*,*out*):*puff up* a balloon 吹气球 ❸吹拂(烟、尘土等);喷吐(*out*, *up*,*away*):Stop *puffing* smoke in my face. 别再把烟喷到我的脸上。❹吐纳着抽(烟袋等) ‖ ***puff and blow*** *vi.* 喘息,喘粗气

puf·fin /ˈpʌfin/ *n.* [C]【鸟】海鹦属鸟类;北极海鹦

puff·y /ˈpʌfi/ *adj.* (尤指脸等)水肿的:Your eyes look a bit *puffy*. Have you been crying? 你的眼睛看来有点儿水肿。你哭来着? ‖ ˈ**puff·i·ness** *n* [U]

pu·gil·ism /ˈpjuːdʒiˌlizᵊm/ *n.* [U]拳击术;拳击 ‖ ˈ**pu·gil·ist** *n.* [C] —**pu·gi·lis·tic** /ˌpjuːdʒiˈlistik/ *adj.*

pug·na·cious /pʌgˈneiʃəs/ *adj.* 好斗的,好战的:a *pugnacious* temperament 好斗的性情 ‖ **pugˈna·cious·ly** *adv.* —**pug·nac·i·ty** /-ˈnæsiti/ *n.* [U]

puke /pjuːk/ 〈俚〉 **I** *vt.* & *vi.* 呕吐:I'd better not eat. I *puke* on planes. 我还是不吃东西吧。我坐飞机容易呕吐。**II** *n.* [U]呕吐

pull /pul/ **I** *vt.* ❶(用力地)拉;拖;拽;扯;牵:*Pull* your chair a bit nearer to the table. 把你的椅子拉近桌子一些。❷拔;摘;采;抽:*pull* a tooth 拔牙 ❸撕开,拉开,扯开:*pull* open an envelope 撕开信封 ❹(过分伸展而)弄伤,拉伤:He *pulled* the muscle in his thigh during the fight. 他打架时把腿部肌肉拉伤了。—*vi.* ❶(用力地)拉;拖;拽;扯;牵:You push and I'll *pull*. 你来推,我来拉。❷拔;摘;采;抽;撕 ❸(能)被拉(或拖、扯、拔、摘等):This kind of turnip won't *pull* easily. 这种萝卜不容易拔。❹〈口〉拔枪(或刀):*pull* and fire 拔枪射击 ❺划桨,划船;行驶:We *pulled* for the shore. 我们朝岸边划去。**II** *n.* ❶[C](用力的)拉;拖;拽;扯;牵:The diver gave a *pull* on the rope to show he wanted to go back to the surface. 潜水员拉了一下绳子,表示他想返回水面。❷[C;U]拉力;拖力;牵引力;吸力;引力:The greater the mass of an object, the greater its gravitational *pull*. 物体质量越大,引力就越大。❸[U;C]吸引力;感染力;魅力:Who can resist the *pull* of her charm? 谁能抗拒她的魅力呢? ‖ ***pull a fast one on sb.*** *vi.* 欺骗某人;捉弄某人 ***pull apart*** *vt.* & *vi.* 严厉地批评;找…的岔子:His argument was *pulled apart* during the debate. 辩论中,他的论点被批得体无完肤。***pull at*** *vt.* ❶用力拉(或拖、拽、扯等):I felt someone *pull at* my sleeve and turned round. 我觉得有人拽我的衣袖,就转过身去。❷从…中喝(酒等);从…中抽烟:He *pulled* thoughtfully *at* his pipe before commenting on our proposal. 他若有所思地吸了口烟,然后就我们的建议发表自己的见解。***pull away*** *vt.* & *vi.* ❶拉开,扯掉:He *pulled* the wrapping *away* to see what was in the parcel. 他把包裹拆

开,看看里面是什么东西。❷(使)离开;(使)驶离;(使)撤离:The car was *pulling away* with speed. 那辆汽车疾驶而去。**pull back** *vi*. & *vt*. (使)后退;(使)撤退;(使)退却:They *pulled back* in horror and retreated to a safe place. 他们仓皇撤至安全地带。**pull down** *vi*. & *vt*. ❶拉下;拉倒;拆掉:The old cinema has been *pulled down*. 那座旧影院已给拆除了。❷使衰弱,拖垮;挫…的锐气,杀…的威风;使降至较低的地位:He was *pulled down* by a sudden fever. 他突然发烧病倒了。❸赚(钱);获得(赏金、成绩等):He can *pull down* over $ 100,000 a year. 他一年能挣 10 万多美元。**pull for** 热情支持;给…帮助;为…鼓气:We were *pulling for* the runners. 我们正在为跑步的运动员加油。**pull in** *vi*. & *vt*. ❶(车等)停下,驶向路边;(列车)进站,到达;(船)靠岸:The express from Beijing *pulled in* on time. 从北京开来的快车准点进站了。❷停止,止住;紧缩(开支):*pull in* expenses 缩减开支 ❸吸引;招引:The film *pulled in* large audiences when it was shown in the city. 那部影片在该市上映期间,吸引了大批观众。**pull into** *vt*. (车等)到达,驶进;驶向:Our guests will *pull into* the station at eight sharp. 我们的客人将于 8 点整进站。**pull off** *vt*. ❶(车等)驶离(道路)进入停车处(或支路等) ❷(成功地或艰难地)完成(某事):*pull off* a business deal 做成一宗生意 **pull oneself together** *vi*.〈口〉控制自己,恢复镇静,重新振作起来:*Pull yourself together*. I'll be back in a while. 沉住点气吧,我一会儿就回来。**pull out** *vi*. & *vt*. ❶(列车等)驶出,离去;(船)离岸,划出;(车辆)驶离路边;(为超车而)驶离车辆行列:The train for Shanghai will *pull out* in five minutes. 开往上海的列车还有五分钟就要开了。❷拉出;拔出;抽出;掏出:He *pulled out* the pistol and aimed at the attacker. 他拔出手枪对准袭击他的人。❸(使)退出(或撤退、退休等):They were so deeply involved in the matter that they found it hard to *pull out*. 他们在那个问题上陷得太深,难以自拔。**pull over** *vi*. & *vt*. (车)驶到(或驶向)路边;(船)驶到(或驶向)岸边;使(车)驶到(或驶向)路边;使(船)驶到(或驶向)岸边:The bus *pulled over* and picked up some passengers. 公共汽车停靠在路边,让一些乘客上车。**pull through** *vi*. & *vt*. (使)渡过危机(或难关);(使)恢复健康:It was quite some time before the firm *pulled through* after the economic crisis. 那场经济危机过去好长时间之后,公司才恢复元气。**pull together** *vi*. & *vt*. ❶(使)齐心协力,(使)团结起来:If we *pull together*, we'll be able to surmount all difficulties. 只要我们齐心协力,所有的困难都能克服。❷使恢复镇定,使振作起来:*pull* oneself *together* and fight back one's annoyance 打起精神顶住烦恼 **pull up** *vi*. & *vt*. ❶(使)停住:She *pulled up* short and wouldn't say anything more. 她突然打住话头,再不肯多说一句话。❷(车)(开到某处)停下;(人)把(车)(开到某处)停下;靠近:The car didn't *pull up* at a red light. 那辆汽车见了红灯没有停下。‖ ˈ**pull·er** *n*. [C]

☆**pull, drag, draw, haul, tow, tug** 均有"拉,拖"之意。**pull** 为最普通用词,词义和使用范围最广,表示拖、拉的方向,着重一时或突然拉动的动作:Help me move the piano over here; you push and I'll *pull*. (帮我把钢琴搬到这儿,你推我拉。) / *pull* a trigger (扣扳机) **drag** 表示用力拖拉某一笨重物体,克服阻力或摩擦力,使其在另一物体的表面缓慢移动:A boy was *dragged* into the compound as a suspect. (一个男孩被当作嫌疑人拽进了院子。) **draw** 常包含一种比较平稳、均匀的移动,引申为产生某种结果的抽、拉动作:A horse *draws* the cart. (马拉车。) / I *drew* a chair to the table for her. (我把椅子拉到桌旁让她坐下。) **haul** 表示持续地使劲拖拉庞大或笨重的物体,带有费力、缓慢、艰难的意味,常指运输:*haul* logs to a mill (把木料拖到工厂) / *haul* passengers (运送旅客) **tow** 指用绳索或铁链来拖拽或牵引:*tow* a damaged ship into port (把损坏的船拖进港口) **tug** 表示用劲拽或拉,但不一定产生实际的移动:*tug* at a stuck drawer (使劲拉卡住的抽屉) / He *tugged* the door but it wouldn't open. (他用劲拉门,但是拉不开。)

pull-back /ˈpulˌbæk/ *n*. [C] ❶阻力,障碍 ❷撤兵,撤退:ensure a balanced troop *pull-back* 确保均衡撤军

pul·ley /ˈpuli/ *n*. [C] ❶滑轮;滑轮组:The blocks of stone had to be lifted into position with a system of *pulleys*. 这些石块得用滑轮来吊放。❷皮带轮

pull-out /ˈpulˌaut/ *n*. [C] ❶(尤指杂志中的活页等)可抽出的东西 ❷拉出;移动;离开;(军队

的)撤出

pull·o·ver /ˈpulˌəuvəʳ/ **I** *n.* [C]套衫 **II** *adj.* [作定语]套穿的

pull-up /ˈpulˌʌp/ *n.* [C]【体】引体向上

pul·mo·nar·y /ˈpʌlməˈnəri/ *adj.* [无比较级] ❶【解】肺的,肺部的 ❷【解】影响肺的

pulp /pʌlp/ *n.* [U] ❶(水果的)果肉;(植物的)肉质部分;【植】软髓:the *pulp* of a watermelon 西瓜瓤 ❷【纸】纸浆:The company manufactures *pulp* and paper products. 这家公司生产纸浆和纸制品。‖ ˈ**pulp·y** *adj.*

pul·sar /ˈpʌlsɑːʳ/ *n.* [C]【天】脉冲星

pul·sate /pʌlˈseit;ˈpʌlseit/ *vi.* ❶(心脏、动脉等)搏动,跳动;有节奏地舒张及收缩 ❷颤动,抖动,震动:The rose petals *pulsate* like butterflies. 玫瑰花瓣儿宛若彩蝶翩翩起舞。‖ **pul·sa·tion** /pʌlˈseiʃᵊn/ *n.* [U]

pulse /pʌls/ **I** *n.* ❶[常用单]脉搏;脉(或心)的一次跳动:The patient had an irregular *pulse*. 病人的脉搏不齐。❷[C]有节奏的跳动(或振动、拍打等):the exciting *pulses* of African drum music 催人激奋的非洲鼓乐节奏 ❸[C]动向;意向;心态:the issues which tap the popular *pulse* 调查了解民情的问题 **II** *vi.* ❶搏动,跳动;振动;拍打;起伏:The scar on his cheek *pulsed*. 他面颊上的伤疤抽搐不已。❷颤动,抖动,震动 —*vt.* 使搏动(或跳动、振动等)

pul·ver·ize /ˈpʌlvᵊˌraiz/ *vt.* ❶〈书〉粉碎,磨碎;将…磨成粉末:*pulverize* rock 碎石 ❷〈口〉摧毁;挫败,大败:The storm *pulverized* their home. 风暴摧毁了他们的家。—*vi.* 成粉状 ‖ **pul·ver·i·za·tion** /ˌpʌlvəraiˈzeiʃᵊn;-riˈz-/ *n.* [U]

pu·ma /ˈpjuːmə/ *n.* [C]【动】美洲狮(=cougar)〔亦作 **panther, mountain lion**〕

pum·ice /ˈpʌmis/ *n.* [C;U](去污、磨光用的)轻石,浮石:Some people use *pumice* in the bath to remove dry skin from their feet. 有些人洗浴时用浮石去除脚上的干皮。

pum·mel /ˈpʌmᵊl/ *vt.* (**-mel(l)ed;-mel·(l)ing**)(尤指用拳头)连续击打:The boxer *pummeled* his opponent into submission. 拳击手连续击打对手,一直把他打败。〔亦作 **pommel**〕

pump[1] /pʌmp/ **I** *n.* [C]泵,抽水(或气)机,唧筒:an irrigation *pump* 灌溉泵 **II** *vt.* ❶用泵抽吸(或抽运)(水、气等):Your heart *pumps* blood around your body. 心脏把血液压送至全身各处。❷用泵从…中抽吸水(或气等);用泵抽干(或抽空)(*out*):*pump* the swimming pool dry 把游泳池里的水抽干 ‖ ***pump up*** *vt.* ❶用泵(或气筒等)充气;用泵(或气筒等)给轮胎充气:*pump up* a tire 给车胎打气 ❷使激动;使达到兴奋状态 ‖ ˈ**pump·er** *n.* [C]

pump[2] /pʌmp/ *n.* [通常作~s]女式(无带)低跟浅帮鞋

pump·kin /ˈpʌmᵖkin;ˈpʌŋ-/ *n.* [U;C]【植】南瓜属植物;笋瓜;西葫芦;南瓜

pun /pʌn/ *n.* [C]谐音语,双关语:use the *pun* on angling 使用垂钓的双关语

punch[1] /pʌntʃ/ **I** *vt.* ❶(用拳)猛击,狠捅:*punch* the ball into the goal 把球猛踢进球门 ❷(用钝器等)戳,捅,刺 **II** *n.* [C] ❶一拳,一击,一捅:throw a *punch* 挥拳击打 ❷用拳击打的能力 ‖ ***pull punches*** *vi.* ❶(拳击中)故意不用猛击,故意轻击:The man boasted of his victory everywhere, little realizing his opponent had *pulled* his *punches* in the match. 那人到处吹嘘他的胜利,他哪里知道他的对手在比赛中是故意让他的。❷[常用否定句]故意不猛烈攻击(或批评等);谨慎地行动;控制;留有余地;婉转地说话:I hope you'll be frank with me and not *pull* any *punches*. 我希望你坦率地跟我讲好了,不要有所保留。‖ ˈ**punch·er** *n.* [C]

punch[2] /pʌntʃ/ **I** *n.* [C]冲头,打孔器,穿孔机:a ticket *punch* 车票打孔器 **II** *vt.* 在(金属、纸张或票据等)上打(或穿、刺)孔;打(孔),穿(孔),刺(孔):You have to *punch* some holes in these sheets of paper. 你得在这些纸上打些孔。‖ ***punch in*** *vi.* & *vt.* ❶用计时钟在考勤卡上打印上班时间 ❷使(数据)进入(计算机) ***punch out*** *vi.* ❶用计时钟在考勤卡上打印下班时间 ❷拳击 ***punch up*** *vt.* 使有生气,使活跃;使生动活泼

punch-line /ˈpʌntʃˌlain/ *n.* [C](笑话或故事等中的)关键字眼,引人发笑的词语:She always laughs before she gets to the *punch-line*. 她总是还没听到惹人发笑的地方就已忍俊不禁了。

punch·y /ˈpʌntʃi/ *adj.* ❶有力的;充满活力的:They were *punchy* and energetic men, neither handsome nor tall. 他们并不高大英俊,但精神抖擞,充满活力。❷简洁的,简练的:a short,

P

punchy summary 简短精练的摘要 ❸(拳击手等因头部受重击而变得)晕头转向的,昏厥的;痴呆的;〈口〉昏乱的,迷糊的

punc·til·i·ous /pʌŋ^kˈtiliəs/ *adj*. ❶拘礼的,拘谨的 ❷细心的,谨慎的:a *punctilious* attitude 谨慎的态度 ‖ **puncˈtil·i·ous·ly** *adv*. —**puncˈtil·i·ous·ness** *n*. [U]

punc·tu·al /ˈpʌŋ^ktjuəl/ *adj*. 守时的;[无比较级]准时的,按时的,如期的:He is always *punctual* for an appointment. 他一向约会很准时。‖ **punctu·al·i·ty** /ˌpʌŋ^ktjuˈæliti/ *n*. [U] —**ˈpunc·tu·al·ly** *adv*.

punc·tu·ate /ˈpʌŋ^ktjuˌeit/ *vt*. ❶加标点于;在…中起标点作用:Be sure to *punctuate* your sentences with the correct marks in the right places. 一定要在句子的适当位置上加正确的标点。❷[通常用被动语态]不时地打断:Her performance was *punctuated* by bursts of applause. 她的表演被阵阵鼓掌声打断。❸强调,使突出:He *punctuated* his last statement with a violent wave of his arm. 他猛然挥了一下手,用来强调他的最后陈述。

punc·tu·a·tion /ˌpʌŋ^ktjuˈeiʃ^ən/ *n*. ❶[U]标点法;标点系统;标点符号的使用,加标点 ❷[总称]标点符号

punctuation mark *n*. [C]【语】标点符号

punc·ture /ˈpʌŋktʃə^r/ **I** *n*. ❶[U]穿刺,穿孔 ❷[C](车胎等的)刺孔;(皮肤等的)刺痕:If you put the tyre in the water you should be able to see where the *puncture* is. 如果你把那轮胎放在水中,应该可以见到刺孔在哪里。**II** *vt*. ❶穿(孔);刺穿,刺破:*puncture* a balloon 戳破气球 ❷削弱;挫伤;损坏:The break-up with her former husband *punctured* her faith in love. 她与前夫的离异挫伤了她对爱情的信念。—*vi*. 被刺穿,被戳破:The parachute *punctured* when it fell on the bush. 降落伞掉在灌木上被戳破了。

P

pun·gent /ˈpʌndʒ^ənt/ *adj*. ❶(味道、气味等)有刺激性的;辣的:a *pungent* smell of smoke 一阵刺鼻的烟味 ❷(言辞等)尖刻的,辛辣的:a *pungent* comment 尖刻的评语 ‖ **ˈpun·gen·cy** *n*. [U] —**ˈpun·gent·ly** *adv*.

pun·ish /ˈpʌniʃ/ *vt*. ❶罚,处罚,惩罚:The child was severely *punished* for telling lies. 那孩子因说谎而被重罚。❷〈口〉粗暴(或严厉)地对待;使吃苦头;损害:I am not obliged to *punish* myself for her sins. 我可不必为了她的罪过而和自己过不去。

pun·ish·a·ble /ˈpʌniʃəbl/ *adj*. 可处罚的,可惩罚的;该惩罚的,该处罚的

pun·ish·ment /ˈpʌniʃm^ənt/ *n*. [U;C] ❶(受)罚,(受)处罚,(受)惩罚;(受)刑罚:undergo *punishment* 遭受刑罚 ❷〈口〉粗暴(或严厉)的对待;吃苦头;损害;痛击:The automobile can withstand thousands of miles of *punishment*. 这种车能经得起数千英里的颠簸。

pu·ni·tive /ˈpjuːnitiv/ *adj*. 〈书〉❶[无比较级](用以)处罚的,惩罚的;处罚性的,惩罚性的:*punitive* policies 处罚政策 ❷(税收等)苛刻的,极其严厉的:lighten the *punitive* tax burden 减轻苛捐杂税的负担 ‖ **ˈpu·ni·tive·ly** *adv*.

punk /pʌŋk/ *n*. ❶[C]〈俚〉痞子,流氓,阿飞:He grew up as a street *punk* in a poor neighbourhood. 他在贫民区长大,逐渐成了街痞。❷[U]朋客摇滚乐师风格

punt /pʌnt/ **I** *n*. [C](一种用篙撑的)方头平底小船 **II** *v*. 用篙撑(船);为…撑船:*punt* a boat 撑船 ‖ **ˈpunt·er** *n*. [C]

pu·ny /ˈpjuːni/ *adj*. 〈常贬〉❶弱小的,瘦弱的;发育不良的,未充分发育的;虚弱的:a *puny* lad 瘦小的家伙 ❷微弱的;微不足道的;次要的:He won the election by a *puny* margin. 他以微弱的多数赢得了选举。‖ **ˈpu·ni·ness** *n*. [U]

pup /pʌp/ *n*. [C] ❶小狗,幼犬:a sheepdog *pup* 小牧羊犬 ❷幼小动物(如小狼、小鼠、小海豹等):a seal *pup* 小海豹

pu·pa /ˈpjuːpə/ *n*. [C]([复]**-pas** 或**-pae** /-piː/)【昆】蛹 ‖ **ˈpu·pal** *adj*.

pu·pil[1] /ˈpjuːp^əl;-pil/ *n*. [C](尤指小学)学生;弟子,门生:a third-year *pupil* 三年级学生

☆**pupil, disciple, scholar, student** 均有"学生"之意。**pupil** 一般指初中和小学的学生、学童,也可指向家庭教师学习的学生:The school has about 500 *pupils*. (该校大约有 500 名学生。)**disciple** 常指跟随某一宗教领袖并在其指导下学习和传播这一宗教的门徒:Martin Luther King considered himself a *disciple* of Gandhi. (马丁·路德·金自认为是甘地的信徒。)该词也可指任何杰出人物或重要学说的热心崇拜者或拥护者:The distinguished professor has had *many disciples*.（那位杰出的教授有许多崇拜者。）**scholar** 可作为 student 较为正式的代用词，常指成绩卓著的学生或精通某一学科的权威学者，也可指获得奖学金的优秀学生、学者。**student** 为最普通用词，可指初中、高中、大专院校的学生，也可表示某一学科领域的研究者、专家：These *students* belong to Oxford University.（这些学生是牛津大学的。）

pu·pil² /ˈpjuːpᵊl;-pil/ *n.* ［C］【解】瞳孔：The *pupils* contract and dilate in response to the change of light intensity. 瞳孔会根据光线强弱的变化缩小或放大。

pup·pet /ˈpʌpit/ *n.* ［C］❶木偶，玩偶：a *puppet* show 木偶戏 ❷〈贬〉傀儡，受人操纵者 ‖ ˈ**pup·pet·ry** *n.* ［U］

pup·pet·eer /ˌpʌpiˈtiəʳ/ *n.* ［C］操纵木偶的人

pup·py /ˈpʌpi/ *n.* ［C］（常指未满一岁的）小狗，幼犬：Our dog has just had six *puppies*. 我家的狗刚生了六只小狗。

pur·chase /ˈpəːtʃis;-tʃəs/ **I** *vt.* ❶买，购买，购置：*purchase* a high-speed supercomputer 购买一台高速超级计算机 ❷（通过付出代价、劳动、冒险等）争取到，获得：*purchase* with money exemption from the punishment 用钱行贿得以赦免 **II** *n.* ❶［U;C］购买，购置；采购；［常作～s］购买行为：installment *purchase* 分期付款购买 ❷［C］购买的物品，购置物：She carried her *purchases* home in a bag. 她把买的东西用包拎回家。‖ ˈ**pur·chas·a·ble** *adj.* —ˈ**pur·chas·er** *n.* ［C］

pure /pjuəʳ/ *adj.* ❶纯的，不掺杂的：be dressed in *pure* white 一袭纯白色的衣着 ❷［无比较级］（血统）纯的；【生】纯合的，纯种的：a *pure* Irish 纯爱尔兰血统的人 ❸无垢的；纯净的，洁净的，清澈的：The air by the sea is wonderfully *pure*. 海边的空气清新宜人。❹（品德等）纯洁的；贞洁的；清白的，无过失的；真诚的：*pure* motives 纯洁的动机 ‖ ***pure and simple*** *adj.* 纯粹的，十足的，不折不扣的：For all his high-sounding words, he was a hypocrite, *pure and simple*. 不管他说得有多好听，他还是个十足的伪君子。‖ ˈ**pure·ness** *n.* ［U］

pure·bred /ˈpjuəˈbred/ **I** *adj.* 纯种的：a *purebred* animal 纯种动物 **II** *n.* ［C］纯种动物

pure·ly /ˈpjuəli/ *adv.* ［无比较级］纯粹地，完全地，绝对地：He won the prize *purely* on his own merit. 他完全是靠自己的成绩赢得这一奖项的。

pur·ga·tive /ˈpəːgətiv/ **I** *adj.* ［无比较级］❶净化的，纯化的 ❷【医】催泻的，通肠的；利便的：*purgative* medicine 泻药 **II** *n.* ［U;C］❶净化剂，净化物 ❷泻药，通便剂：take a dose of *purgative* 吃一剂泻药

pur·ga·to·ry /ˈpəːgətᵊri/ *n.* ［U］❶炼狱；受难场所：suffer in *purgatory* 在炼狱中受难 ❷涤罪，洗罪；（一时）受难：go through *purgatory* 历经劫难 ‖ **pur·ga·to·ri·al** /ˌpəːgəˈtɔːriəl/ *adj.*

purge /pəːdʒ/ **I** *vt.* ❶清洗，洗刷，清除；使摆脱：This medicine will help to *purge* waste matter *from* the bowels. 这药能清除肠内的废物。❷纯洁（组织、党派等），清（党）；肃清（*of*, *from*）：Extremists are expected to be *purged from* our party. 极端分子可望能从我们党内清除出去。**II** *n.* ［C;U］净化，清洗；清除；肃清：a *purge* of disloyal members 对不忠诚分子的清洗行动 ‖ ˈ**purg·er** *n.* ［C］

pu·ri·fy /ˈpjuəriˌfai/ *vt.* ❶净化，使洁净（*of*, *from*）：*purify* air 净化空气 ❷使纯洁，使完美：*purify* one's mind 纯洁思想 ‖ **pu·ri·fi·ca·tion** /ˌpjuərifiˈkeiʃᵊn/ *n.* ［U］—ˈ**pu·riˌfi·er** *n.* ［C］

pur·ism /ˈpjuərizᵊm/ *n.* ［U］纯粹主义；纯粹主义实例

pur·ist /ˈpjuərist/ *n.* ［C］（在语言或艺术风格上主张纯正优美的）纯正论者，纯粹主义者：My father is a *purist* about grammar. 我父亲对语法要求极高。

Pu·ri·tan /ˈpjuəritᵊn/ *n.* ［C］❶［P-］【史】清教徒（16世纪基督教新教徒中的一派，提倡宗教仪式的简约和生活上的清苦）❷（道德或宗教上）恪守清规戒律的人，清教徒似的人，"苦行僧"：He is too much of a *puritan* to go to the theatre. 他是个十足的清教徒，连电影院都不进。‖ ˈ**Pu·ri·tanˌism**, ˈ**pu·ri·tanˌism** *n.* ［U］

pu·ri·ty /ˈpjuəriti/ *n.* ［U］❶纯净（度），洁净（度）：He finally stroked out a new method for testing the *purity* of the water. 他终于想出了测定水纯度的新方法。❷纯洁，贞洁，圣洁；清白：For Christians, the Virgin Mary is a symbol of *purity*. 在基督徒的心目中，圣母玛利亚是圣洁的象征。

purl /pəːl/ *n.* ［U］（编织的）反针；上针：a *purl*

stitch 上针

pur·ple /ˈpəːpᵊl/ **I** *n.* [U;C]紫色;红紫色;深红色:be dressed in *purple* 身穿紫色衣服 **II** *adj.* 紫色的,紫红的,绛紫的:Your orange sweater and *purple* skirt clash. 你的橘红色毛衫和紫色的裙子很不协调。‖ ˈ**pur·plish** *adj.*

pur·port/pəˈpɔːt/ *vt.* 〈书〉声称;自称:The message *purports* to come from the mayor. 那消息据称是来自市长。‖ **purˈport·ed** *adj.* —**purˈport·ed·ly** *adv.*

pur·pose /ˈpəːpəs/ *n.* ❶[C]目的,意图:the *purpose* of a visit 访问的目的 ❷[U]〈书〉意志;决心;决断:He is firm of *purpose.* 他意志坚强。‖ ***answer*** [***fit, fulfill***] ***the purpose*** *vi.* 适用,合用;符合要求:They have sampled the goods and found the quality *answered the purpose* very well. 他们取样检验,认为质量是合乎要求的。***on purpose*** *adv.* 特意地;故意地:It's not likely that he did it *on purpose.* 他不像是故意做那事的。***to no purpose*** *adj.* & *adv.* 毫无结果的(地),徒劳的(地),无成效的(地):All the doctor's efforts to save his life turned out to be *to no purpose.* 医生做了种种努力拯救他的生命,但没能成功。‖ ˈ**pur·pose·less** *adj.*

pur·pose·ful /ˈpəːpəsfᵘl/ *adj.* ❶有目的的;有意图的;故意的:Her movement becomes more *purposeful.* 她的一举一动更具目的性了。❷坚定的;有决心的;果断的:*purposeful* men pressing on towards freedom 坚定不移地向自由挺进的人们

☆**purposefully** 有时误作 **purposely**。前者意为"有目的地;有意图地",而后者意为"故意地;蓄意地":The door was *purposely* left open.(故意将门敞开。)

purr /pəːʳ/*vi.* ❶(猫高兴时)发呜呜声,咕噜声:The cat was *purring* by the fire. 猫在火炉旁发出愉快的咕噜声。❷(机器等)发低沉轰鸣声:The engine of my old car rattled all the time, but my new one *purrs.* 我那部旧车的发动机格格作响,但新车的发动机只发出低沉的呜呜声。—*vt.* 笑呵呵地说出

purse /pəːs/ **I** *n.* [C] ❶〈主英〉钱包;(用细绳拢口的)小钱袋:She opened her *purse* and took out some money. 她打开钱包,掏出一些钱。❷(手提或肩挂的)女用小包 ❸(募集或捐赠的)一笔款子;一笔奖金(或礼金等):a present *purse* 一笔赠金 **II** *vt.* 使缩拢,使皱起;撅起(*up*):He *pursed up* his lips, but made no reply. 他撅起了嘴,没有回答。

purs·er /ˈpəːsəʳ/ *n.* [C](轮船等的)事务长

pur·su·ance /pəˈsʲuːəns/ *n.* [U](计划、观念等的)实施,执行

pur·su·ant /pəˈsʲuːənt/ [无比较级] **I** *adj.* 追求的,追随的;遵循的 **II** *adv.* 依照,遵循地,相符地(*to*):authorize the use of gun *pursuant to* the valid court order 根据有效的法庭命令授权使用枪支

pur·sue /pəˈsʲuː/ *vt.* 〈书〉❶追逐,追赶;追捕;追击:The hounds were *pursuing* the fox across the field. 猎犬追逐狐狸穿过田野。❷追随,跟随:*pursue* one's way along the zigzagging road 行进在蜿蜒曲折的道路上 ❸实行,执行,进行;从事;继续讨论:*pursue* a policy of peace abroad 对外奉行和平政策 ❹追求;追寻,寻求:*pursue* one's own good 追求一己私利 —*vi.* ❶追,追赶(*after*):*pursue after* a robber 追赶一名劫匪 ❷继续 ‖ **purˈsu·a·ble** *adj.* —**purˈsu·er** *n.* [C]

pur·suit /pəˈsʲuːt/ *n.* 〈书〉❶[U]追逐,追赶;追捕,追击:The thief ran down the street, with a policeman in hot *pursuit.* 小偷沿街跑去,警察在后面紧追不舍。❷[U]追求,追寻,寻求:the *pursuit* of happiness 对幸福的追求 ❸[常作~s]职业;事务;活动:leisure *pursuits* 消遣 / I enjoy outdoor *pursuits*, like hiking, climbing and riding. 我喜欢户外活动,譬如徒步旅行、爬山,还有骑马。‖ ***in pursuit of*** *prep.* 追求:*in pursuit of* pleasure 追求快乐

pur·vey /pəˈvei/ *vt.* ❶〈书〉(业务性)供应(货物或食品);提供(信息、服务等):The well-known shop *purveys* fine foods and wines. 这家名店供应优质的食物和酒。❷出售,兜售;传播,散步 ‖ **purˈvey·or** *n.* [C]

pur·view /ˈpəːvjuː/ *n.* [U](文件、计划、知识、活动、研究等的)范围,界域;权限:This case lays [falls] outside the normal *purview* of civil laws. 这起案件超越了民法受理的一般权限。

pus /pʌs/ *n.* [U]【医】脓:a *pus*-filled wound 化脓的伤口

push /puʃ/ **I** *vt.* ❶推,推动:The door was *pushed* open. 门被推开了。❷施力于;揿

(下),按(下);塞(进):To turn the television on,you just *push* this button. 要开电视,按这个钮就行了。❸使突出;使伸出:She *pushed* her lips into a pout. 她撅起了嘴。❹挤,挤过;推进;推搡着走过:*push* one's way through the crowd 挤过人群—*vi*. ❶推,推动,推开:Don't *push* against the door. 别使劲推门。❷用力向前;推挤,推搡:Stop *pushing*,wait your turn. 别挤,挨个等着!❸突出,伸出;翘起:The beautiful cape *pushes* out into the blue sea. 美丽的海角伸向蓝色的大海。**II** *n*. [C]推,推动;(用力的)按,揿:She gave him a *push*. 她推了他一把。‖ ***push ahead*** *vi*. 奋力前进,推进;推行(*with*):We must *push ahead with* the project as fast as we can. 我们必须尽快抓紧进行这项工程。***push along*** *vi*. [常用祈使句]走开;离去,离开:I'll have to be *pushing along* now. 我得走了。***push around*** *vt*. 〈口〉把…差来遣去,摆布;欺侮:He *pushes* his younger brother *around*. 他老是欺负自己的弟弟。***push for*** *vt*. 急切要求;力图得到:They are *pushing for* entrance examination reform. 他们迫切要求改革入学考试制度。***push in*** *vi*. 〈英口〉推入;挤入,塞进;闯入:Don't *push in*,wait in line like everyone else. 别挤,和别人一样排队。***push on*** *vi*. 继续旅行;继续前进(或进行):I had to *push on* with my work after they left. 他们走了之后,我得继续做我的家庭作业。***push through*** *vt*. 使通过(考试、审议等);使被接受;设法完成:*push* a student *through* (his test) 帮助学生通过测验 ***push up*** *vt*. 提高,抬高;增加:*push* oil prices *up* 提高石油价格

push-but·ton /ˈpuʃˌbʌtᵊn/ **I** *n*. [C]按钮;电钮 **II** *adj*. (利用)按钮的

push·er /ˈpuʃəʳ/ *n*. [C] ❶推动者;推进者 ❷〈口〉非法销售毒品者;毒品贩子

push·o·ver /ˈpuʃˌəuvəʳ/ *n*. [C]〈口〉❶容易做的事情:With four of our players injured,the game won't be a *pushover* for us. 我队有四个球员受伤,要赢这场比赛绝对不是轻而易举的事。❷易被劝服(或击败、欺骗等)的人;易受摆布的人:Her father will give us some money to go out tonight — he's a real *pushover*. 她父亲今晚会给我们钱让我们出去玩的——他确实是个耳根很软的人,一说就行。❸易被打败的人(或球队)

push-up /ˈpuʃˌʌp/ *n*. [C]俯卧撑:do a few *push-ups* and sit-ups 做几个俯卧撑和仰卧起坐

push·y /ˈpuʃi/ *adj*. 〈口〉❶爱出风头的,争强好胜的;积极进取的:You need to be *pushy* to be successful in show business. 你要积极进取,才能在演艺圈内取得成功。❷刚愎的,武断的,固执己见的 ‖ **ˈpush·i·ness** *n*. [U]

puss[1] /pus/ *n*. [C]〈口〉[常作称呼语]猫咪:Here,*puss*. 过来,咪咪。

puss[2] /pus/ *n*. [C]脸

puss·y /ˈpusi/ *n*. [C]〈口〉〈儿〉猫,猫咪:Don't pull the nice *pussy's* tail. 别拽小猫的尾巴。

put /put/ *vt*. ❶放,置,摆;装;使处于特定位置:She *put* the key back in her purse. 她把钥匙放回手提包里。❷使处于特定状态(或顺序、境况、局面等):He always *puts* his work before [above] everything else. 他总是把工作放在首位。❸说,表达,表述:I don't know how to *put* it to you. 我不知道这事儿该怎么对你说。❹估计;给…定价(或估值):I *put* the young man's age at around thirty. 我估计这个小伙子30岁的光景。—*vi*. (船只)开航,起航;航行:The ship *put* into the harbour for repairs. 那条船进港检修。‖ ***put about*** *vt*. & *vi*. 传播,散布(谣言、消息等):It has been *put about* that several workers are to be dismissed. 据说有几名工人要被解雇。***put across*** *vt*. 使被人接受;使被理解:He's very good at *putting* his ideas *across*. 他很善于表达自己的想法。***put aside*** [***by***] *vt*. ❶把…放在一边;把…搁置起来;暂停:He *put aside* his present work for more urgent business. 他把手头上的工作先搁置起来干更重要的事情。❷省下;储存;留出:You ought to have *put aside* some amount of money for emergencies. 你应该存一些钱,以备应急之用。***put away*** *vt*. ❶把…收起来;放好:Come on,it's time to *put* these toys *away*. 来,该把玩具收起来了。❷储存,贮存:*I put* most of my money *away* in very conservative investments. 我把大部分钱投入非常稳妥的投资项目里存起来。***put back*** *vt*. & *vi*. ❶把…放回原处;使恢复原样:The table and chair were *put back* where she had lain. 桌椅被放回了原来她摆放的地方。❷推迟,拖延,使拖后:The match has been *put back* to next Saturday because of the rain. 因为下雨,比赛推迟到下星

期六。***put by*** *vt*. ❶把…暂放一边：She was reading a book, but *put* it *by* when the telephone rang. 她在看一本书，听到电话铃响就把书放在了一边。❷储存，积蓄；(为顾客)保留：I have *put by* some money for emergencies. 我存了点钱应急用。***put down*** *vt*. & *vi*. ❶放下；压下；按下：The policeman persuaded him to *put* the gun *down*. 警察劝他把枪放下来。❷镇压，平定；取缔；制止；压制：Such gossip must be *put down* at once. 这种流言蜚语必须立即制止。❸写下；记录，登记；(为了特定的目的)记下…的姓名：I've *put* myself *down* for the football team. 我已报名加入足球队。❹贬低；奚落；羞辱；使窘迫；使沉默：Mike is always *putting* his wife *down*. 迈克常常奚落他妻子。❺认为，以为；当作；估计(*as*, *at*, *for*)：I'd *put* him *down* as thirty at the most. 我猜他至多30岁。❻把…归因(于)(*to*)：I don't think you can *put* all his success *down to* pure luck. 我认为你不能把他所取得的全部成就归结为侥幸。❼杀死(病、老或危险动物)：The cat got so ill that it was better to have him *put down* than to let him go on suffering. 这只猫病得很厉害，与其让它受罪，不如终止它的生命。❽付(定金)：I've *put* a deposit *down* on a new car. 我付了一笔定金买了一辆新车。***put forth*** *vt*. & *vi*. ❶长出，生出；放出，放射出：The bush *put forth* new branches after being cut. 灌木砍掉之后又长出新枝。❷提出(意见、理论、思想等)：The argument he *put forth* is worth considering. 他提出的论点值得考虑。***put forward*** *vt*. ❶提出；建议：Various projects were *put forward* from time to time. 不时提出一些不同的方案。❷推荐；推举：She's decided to *put* herself *forward* for the position of chairman. 她已决定自荐出任主席一职。❸拨快(钟表)：I missed the hostel meal because I forgot to *put* my watch *forward*. 我没赶上招待所吃饭，因为我忘了把表拨快。***put in*** *vt*. & *vi*. ❶放进；加进；使伸进：I find the tea too strong and *put in* more water. 我觉得茶太浓了，就又加了点水。❷提出(请求等)；呈交，申请(*for*)：She has *put in* an application to the college. 她已向学院提出申请。❸选举，推荐，指派，使作为选举候选人(*for*)：Maybe they *put* you *in* by mistake. 可能他们错把你推举出去了。❹花费，消磨，度过(时间)：You've obviously *put* a lot of work *in* on your garden. 你显然已在花园里花了很大的工夫。***put in for*** 申请，要求：*put in for* a job 要求一份工作 ***put it on*** *vi*. 装腔作势；夸大，夸张：I don't like the way she *puts it on*. 我不喜欢她那装腔作势的劲儿。***put off*** *vt*. & *vi*. ❶推迟；拖延：Never *put off* till tomorrow what you can do today. 今日事，今日毕。❷使分心；使心烦意乱；使苦恼：I was trying to write an essay, but the continuous noise from the next room *put* me *off*. 我正想写一篇文章，但隔壁房里吵闹不停，打断了我的思路。❸使反感，使厌恶；使泄气；使对…失去兴趣(或乐趣)：Don't be *put off* by a little difficulty like that. 别因为这么一点点困难就泄气。❹让…下车(或船、飞机等)：Do you *put* the offender *off* at the next station? 您打算到了下一站把冒犯者赶下车吗？❺关掉，熄灭：She *put off* the light and went to sleep. 她把灯熄了，然后去睡觉。***put on*** *vt*. ❶穿上，戴上，披上；抹上：*put on* an apron 系上围裙 ❷开(灯或电器等)：Could you *put* the light *on*, please? 请把灯打开好吗？❸使用，使(交通工具等)起作用：They always *put on* extra buses between 8:00 and 9:00 am. 上午8:00至9:00总要增开公共汽车。❹上演，上映；举行(展览等)；使上市：*put on* an exposition 举行展览 ❺拨快(钟表)：I must *put* my watch *on* three minutes, it's running slow. 我的表慢了，我得拨快三分钟。❻装出，假装；夸大，夸张：I can't tell whether he's really upset, or if he's just *putting* it *on*. 我说不清他是真的很苦恼，还是装出来的。❼增加(重量、尺寸等)；提高：He's *put on* 10 pounds in the last month. 他上个月增了10磅。***put oneself out*** *vi*. 不厌其烦；做出极大努力：He *put himself out* bringing us water from miles away. 他不厌其烦地跑到数英里远的地方去拿水给我们喝。***put out*** *vt*. & *vi*. ❶拿出，取出；伸出：It's rude to *put out* your tongue at people. 朝人吐舌头是不礼貌的。❷使为难，使不安，使窘困；使不高兴，使恼火：I never get *put out* even by the most difficult matters. 即使遇到最困难的事，我都不会心烦。❸使不方便，麻烦，打扰：We are so sorry to *put* you *out* by arriving so late. 很抱歉，我们这么晚才到，麻烦你了。❹关(灯)，熄灭；扑灭(火等)：*put out* the flames 扑灭火焰 ***put over*** *vt*. 使被人接受；使被人理解：Advertisements are intended to *put over* the best qualities of the product to the public. 广告

的作用就是向公众展示产品的最佳品质。***put sb. up to*** *vt*. 唆使某人干:He isn't usually the kind of person to do something like that; someone must have *put him up to* it. 他一般来说不是干那种事的人,一定是有人唆使他干的。***put through*** *vt*. ❶执行,完成,做成:Has he managed to *put* that deal *through*? 他做成那笔交易了吗? ❷接通(电话);为…接通(电话)(*to*):Could you *put* me *through* to the manager? 请给我接经理好吗? ❸使经受(磨难等);使通过(考试等):I'm sorry to *put* you *through* this ordeal. 让你受这样的苦,我很难过。***put together*** *vt*. ❶把…组合起来;把…放在一起:Model aeroplanes come in pieces which you have to *put together*. 模型飞机被拆开了,你得重新组装起来。❷把…加在一起;把…汇总起来:If you *put together* yellow and blue paint you get green. 黄色和蓝色混在一起就变成绿色。***put up*** *vt*. & *vi*. ❶举起;抬起;升起:*put up* a flag 升旗 ❷建造;搭建;撑起:*put up* small tents for the summer camp 为夏令营搭起小帐篷 ❸公布;张贴:Ads are not allowed to be *put up* on this wall without special permission. 没有特殊许可,不得在这面墙上张贴广告。❹提出(请愿、问题、建议等):*put up* a petition 提出请愿 ❺提高,增加(价格等):*put up* the rate of production 提高生产率 ***put upon*** *vt*. [通常用被动语态]利用;欺骗,使上当;使成为牺牲品:He's fed up with being *put upon* by his boss all the time. 他的老板一直在利用他,对此他腻烦透了。***put up with*** *vt*. 忍受,容忍:I don't know why she *puts up with* him. 我不知道她怎么可以忍受他。

pu·ta·tive /ˈpjuːtətiv/ *adj*. [无比较级]假定的,推定的,一般认定的:the *putative* marriage 大家认定的婚姻

put-down /ˈpuˌdaun/ *n* [C]〈口〉❶贬损(或奚落)的言辞;使不再作声的反驳 ❷(飞机的)着陆,降落

put-on /ˈputˌɔn/ **I** *n*. [C]〈口〉欺骗,戏弄:She's not really angry — it's just a *put-on*. 她并不是真生气,是装样子。**II** *adj*. 假装的;做作的:a *put-on* smile 假笑

pu·tre·fy /ˈpjuːtriˌfai/ *vi*. & *vt*. ❶(使)腐烂,(使)腐败:The body had *putrefied* beyond recognition. 尸体已经腐烂得难以辨认。❷【医】化脓,溃烂 ❸腐化,堕落 ‖ **pu·tre·fac·tion** /ˌpjuːtriˈfækʃᵊn/ *n*. [U]

pu·tres·cent /pjuːˈtresᵊnt/ *adj*. 〈书〉❶正在腐烂的,发臭的:The fruit is *putrescent*. 水果已经腐烂。❷[无比较级]腐烂(性)的;与腐烂有关的 ‖ **puˈtres·cence** *n*. [U]

pu·trid /ˈpjuːtrid/ *adj*. ❶腐败的,腐烂的;恶臭的:The meat is *putrid*. 肉臭了。❷腐化的,堕落的:He knows quite well the *putrid* atmosphere of the party. 他很清楚党内的腐化风气。

putsch /putʃ/ *n*. [C]政变;暴动

putt /pʌt/ *vt*. 【高尔夫】击(球)入洞:He *putted* the ball straight into the hole. 他把球直接推进洞。

put·ter[1] /ˈpʌtəʳ/ *n*. [C]【高尔夫】❶轻击棒,击球棒 ❷轻击者,击球(入洞)者:You need to be a good *putter* to be a successful golfer. 要想成为高尔夫球高手,首先要善于轻击球。

put·ter[2] /ˈpʌtəʳ/ *vi*. =potter

put·ty /ˈpʌti/ *n*. [U] ❶(嵌装玻璃或填塞木缝的)油灰,泥子 ❷易被影响(或摆布)的人

puz·zle /ˈpʌzl/ **I** *n*. [C] ❶难题;令人费解的事:The reason for their behaviour remains a *puzzle* to the new supervisor. 他们的行为仍然让新来的督导弄不清楚。❷测验(智力、耐心、技巧等)的问题(或游戏);智力玩具;谜:the solution to a *puzzle* 谜底 **II** *vt*. ❶使迷惑,使茫然;使困窘,使为难:Here is the secret that *puzzled* everybody. 这就是把大家蒙在鼓里的秘密呀。❷为难题费(脑筋等),使苦思,使冥思苦想:I've been *puzzling* my brain, and the more I think the more incredible does it become. 我整整一夜没合眼想这事儿,越想越觉得莫名其妙。—*vi*. ❶感到迷惑(*at*) ❷苦思,冥思苦想 ‖ ***puzzle out*** *vt*. 苦苦思索而弄清楚(或解决):*puzzle out* the meaning of Ice Age art 绞尽脑汁破解冰河时代艺术的意义 ***puzzle over*** *vt*. 苦苦思索,为…大伤脑筋:He *puzzled over* this mathematical problem for many days. 一连数日,他为这道数学题大伤脑筋。‖ **ˈpuz·zle·ment** *n*. [U] —**ˈpuz·zler** *n*. [C]

puz·zled /ˈpʌzld/ *adj*. 感到迷惑的;感到费解的;感到茫然的

puz·zling /ˈpʌzliŋ/ *adj*. 令人费解的;令人迷惑的:Her words were *puzzling*. 她的话很费解。

Pyg•my /ˈpigmi/ I *n.* [C] ❶俾格米人(生活在非洲赤道一带和东南亚部分地区的矮种人) ❷侏儒;矮小的人种(或物种) ❸矮小的人(或物) II *adj.* ❶[无比较级]俾格米人的 ❷(人、动物等)矮小的,侏儒的 ❸能力很低的

py•ja•mas /pəˈdʒɑːməz;-ˈdʒæ-/ [复] *n.* 睡衣裤:a suit of striped light-blue *pyjamas* 一套淡蓝色的条纹睡衣裤〔亦作 **pajamas**〕

py•lon /ˈpailᵊn;-lɔn/ *n.* [C] ❶架线塔,电缆塔:an electricity *pylon* 电缆塔 ❷(桥梁或大道旁标志入口的)柱台;桥塔 ❸(飞机场的)标塔,定向塔

pyr•a•mid /ˈpirəmid/ *n.* [C] ❶锥形塔;(埃及的)金字塔 ❷棱锥状物;金字塔形物:The acrobats formed a *pyramid* by standing on each other's shoulders. 杂技演员一个叠一个地站在肩上,组成金字塔形。❸金字塔式结构(或组织、体系等):at the summit of a power *pyramid* 权力金字塔的塔尖上 ‖ **py•ram•i•dal** /piˈræmidᵊl/ *adj.*

pyre /ˈpaiəʳ/ *n.* [C]燃料堆;(尤指)火葬柴堆

py•thon /ˈpaiθᵊn/ *n.* [C]【动】蟒蛇,蚺蛇

P

Q q

Q,q /kjuː/ *n*. ([复]**Qs,qs** 或 **Qs,qs** /kjuːz/)[C]英语字母表中第十七个字母

quack /kwæk/ **I** *n*. [C]鸭叫声(鸭叫般的)嘎嘎声 **II** *vi*. (鸭子)嘎嘎叫;发嘎嘎声

quack·er·y /ˈkwækəri/ *n*. [U]江湖骗术;江湖骗子的医术

quad·ran·gle /ˈkwɔdˌræŋɡᵊl/ *n*. [C] ❶【数】四边形,四角形;四方形;矩形;正方形 ❷(尤指大学学院里周围有建筑物的)四方院,四方场地〔亦作 **quad**〕‖ **quad·ran·gu·lar** /ˌkwɔdˈræŋɡjuləʳ/ *adj*.

quad·rant /ˈkwɔdrənt/ *n*. [C] ❶四分之一圆周;九十度弧 ❷四分之一圆面,直角扇面 ❸象限仪

quad·ren·ni·al /kwɔˈdreniəl/ *adj*. ❶四年的:in a *quadrennial* period 在四年时间里 ❷四年一次的:a *quadrennial* festival 四年一度的节日

quad·ri·lat·er·al /ˌkwɔdriˈlætərᵊl/ **I** *adj*. 四边形(的) **II** *n*. [C]四边形

quad·ru·ped /ˈkwɔdruˌped/【动】**I** *adj*. [无比较级](有)四足的 **II** *n*. [C]四足动物;四足哺乳动物 ‖ **quad·ru·pe·dal** /kwɔdˈruːpidəl; ˌkwɔdruˈpedəl/ *adj*.

quad·ru·ple /ˈkwɔdrupᵊl/ **I** *adj*. [无比较级] ❶包括四部分的,由四部分组成的;四方的:a *quadruple* alliance 四方联盟 ❷四重的;四倍的:a *quadruple* amount 四倍之量 **II** *n*. [C]四倍:100 is the *quadruple* of 25. 100 是 25 的 4 倍。**III** *vt*. & *vi*. (使)变成四倍;(使)增至四倍:We expect to *quadruple* our profits this year. 我们指望今年的利润能增至四倍。

quad·ru·plet /ˈkwɔdruplit; kwɔˈdruːplit/ *n*. [C] ❶成套的四件东西,四件套 ❷四胞胎之一

quad·ru·pli·cate /kwɔˈdruːplikət/ **I** *n*. [C]四个相同物之一;一式四份中的一份 **II** *adj*. 四重的,四倍的;一式四份的 **III** /kwɔˈdruːpliˌkeit/ *vt*. ❶使成为四倍;将…乘以四 ❷把…制成一式四份 ‖ **quad·ru·pli·ca·tion** /kwɔˌdruːpliˈkeiʃᵊn/ *n*. [U]

qua·ff /kwɔf; kwɑːf/ **I** *vt*. 狂饮,痛饮,大口喝(酒):He *quaffed* half the contents of his glass in one gulp. 他一口把杯中的饮料喝了一半。**II** *n*. [C] ❶狂饮,痛饮 ❷大口喝下的酒

quag·mire /ˈkwɔɡˌmaiəʳ/ *n*. [C] ❶泥潭,泥沼,沼泽地,泥泞地 ❷(难以摆脱的)困境

quail[1] /kweil/ *n*. [C]([复]**quail(s)**)【鸟】鹑,鹌鹑,北美鹑:a bevy [flock] of *quails* 一群鹌鹑

quail[2] /kweil/ *vi*. 畏缩;害怕;发抖(*at*,*before*,*to*,*with*):My heart *quailed* in disgust *at* the prospect. 想到前途,我就胆怯心烦。

quaint /kweint/ *adj*. ❶古色古香的:To Philip the room seemed *quaint* and charming. 菲利普觉得这房间布置得古色古香,极具美感。❷古怪的;离奇的:a *quaint* old man 古怪的老头 ‖ ˈ**quaint·ly** *adv*. —ˈ**quaint·ness** *n*. [U]

quake /kweik/ **I** *vi*. ❶摇动;哆嗦,颤抖(*with*,*for*):He was *quaking* in his boots at the thought. 一想到此事,他就两腿发抖。❷震动;摇晃:He felt the ground *quaking* under his feet. 他感到大地在他脚下震动。**II** *n*. [C] ❶〈口〉地震:two magnitude 5 *quakes* 两次五级地震 ❷[通常用单]颤抖;哆嗦;摇晃;震动 ‖ ˈ**quak·y** *adj*.

qual·i·fi·ca·tion /ˌkwɔlifiˈkeiʃᵊn/ *n*. ❶[C]资格;资历;资格证书,合格证明:a teaching *qualification* 执教资格证书 ❷[U]赋予(或取得)资格;取得资格证书(或合格证明):*Qualification* as a lawyer takes several years. 要经过多年努力方能取得律师资格。❸[U;C]限制;限

定；限定性条件：make some *qualifications* to what sb. says 对某人的话加以限定性的说明

qual·i·fied /ˈkwɔliˌfaid/ *adj*. ❶有资格的，具备必要条件的；胜任的，合适的（见 able）：She's *qualified* to take over in my absence. 当我不在时，她有能力接管一切事务。❷有限制的，有保留的：*qualified* agreement 有保留的赞同

qual·i·fy /ˈkwɔliˌfai/ *vt*. ❶使具备资格；证明…合格；使胜任：Being the son of the boss doesn't *qualify* him as the foreman. 单凭他是老板的儿子并不能使他具有资格做领班。❷限定，限制；修正；减轻；使缓和：I would *qualify* that by putting it into context. 我要把那句话放在上下文中去限定其意义。❸把…归类；描述，形容：*qualify* sb. as a wolf 称某人为色狼 。—*vi*. ❶有资格，取得资格；胜任；合适：He must pass an examination to *qualify*. 他必须通过考试才能合格。❷【体】取得比赛资格，预赛及格：This is the first time our team has *qualified* for the semi-final. 这是我们队第一次取得半决赛权。

qual·i·ta·tive /ˈkwɔlitətiv;-ˌteitiv/ *adj*. ［无比较级］质的，质量的；性质的：a *qualitative* change 质变 ‖ ˈ**qual·i·ta·tive·ly** *adv*.

qual·i·ty /ˈkwɔliti/ **I** *n*. ❶［C；U］性质；特性，性能；特点，特色：People define substances in terms of *qualities* such as colour, shape, size, hardness and heaviness. 人们用诸如颜色、形状、大小、软硬和轻重等表示性质的术语来解释物质。❷［U］质，质量；品级；优质：*Quality* takes precedence over quantity. 质与量比，应优先考虑质。❸［C］品德，品性，品质；才能：moral *qualities* 道德品质 / He shows strong leadership *qualities*. 他展现了很强的领导才能。**II** *adj*.［无比较级］［作定语］优质的；高级的：a *quality* product 名优产品 / offer a *quality* service 提供优质服务

☆**quality, attribute, character, property** 均有“特征，特性”之意。**quality** 为最普通用词，指人或事物的个别特性或属性，既可表示具体、明确的特征，也适用于笼统的总体印象：She shows *qualities* of leadership.（她表现出了领导才能。）**attribute** 常指构成人或事物综合性格或性质的某一具体特征或自然属性：Patience is one of the most important *attributes* in a teacher.（教师最重要的一个品性就是要有耐心。）**character** 常指某类特定事物所独具的显著特征：A tendency not to show emotions is supposed to be part of the British national *character*.（情感不外露的倾向被视为英国国民性的一部分。）该词也可表示某人的综合品质、品格，或某物的综合特性、特征，带有赞美的意味：a woman of great *character*（品格高尚的妇人）/ a nice old house with a lot of *character*（很有特色的漂亮的老房子）**property** 表示某种或某类事物的本质特性：the soothing *properties* of an ointment（一种油膏的止痛性能）

qualm /kwɑːm；kwɔːm/ *n*. ［C］［常作～s］❶疑虑，疑惧，担心：She has no *qualms* about lying. 她撒谎肆无忌惮。❷（良心上的）不安，内疚：His *qualms* of conscience had become so great that he decided to abandon his plan. 他良心上极为不安，所以决定放弃计划。

quan·da·ry /ˈkwɔndəri/ *n*. ［常用单］困惑，窘况，不知所措的境地：I was put in a great *quandary*. 我陷入进退两难的境地中。

quan·ti·fy /ˈkwɔntiˌfai/ *vt*. 确定…的（数）量；以数量表示，测量：It's difficult to *quantify* the damage caused by the disaster. 灾难造成的损失难以确切测算。

quan·ti·ta·tive /ˈkwɔntitətiv;-ˌteitiv/ *adj*. ❶（可以）用数量表示的：*quantitative* examination of the vocabulary 对词汇作数量调查 ❷量的，数量的：a *quantitative* change 量变 / a *quantitative* jump in agricultural production 农业生产的猛增

quan·ti·ty /ˈkwɔntiti/ *n*. ❶［U；C］量，数量；总量：the *quantity* of heat in a body 人体内的热量 ❷［U］大量：buy food in *quantity* ［(large) *quantities*］大量采购食品 ❸［C］人；物；因素：an unknown *quantity* 未知数

quan·tum /ˈkwɔntəm/ **I** *n*. ［C］（［复］-**ta** /-tə/）❶量；份额，部分：a *quantum* of energy 少量能源 ❷【物】量子：the *quanta* of gravitational radiation 引力辐射的量子 **II** *adj*. ❶［作定语］【物】量子的：*quantum* physics 量子物理学 ❷大的，重大的：a *quantum* improvement 重大的改进

qua·ran·tine /ˈkwɔrənˌtiːn/【医】**I** *n*. ［U；C］❶［常用单］（为防止传染病流行而对外来人、畜、船等强行实施的）隔离，检疫：put a dog in ［under］*quarantine* 对狗进行隔离 ❷隔离期；检疫期；（原先为 40 天的）停船检疫期：a long *quarantine* 漫长的隔离期 **II** *vt.* (为防止传染病流行而强行)对…进行检疫,隔离:He had to be *quarantined* for a few days to prevent the infection from spreading. 为了防止染疾传播,他得接受几天的检疫隔离。

quark /kwɑːk/ *n.* [C]【物】夸克

quar·rel /ˈkwɒrᵊl/ **I** *n.* [C] ❶争吵,吵架,吵嘴,口角;失和:start a *quarrel* with sb. about sth. 与某人就某事吵了起来 ❷[通常用单][通常用于否定句]抱怨的缘由;失和的原因:We have no *quarrel* with people of the country, only with the dictator. 我们对该国人民没有任何意见,只是对该国的独裁者不满。**II** *vi.* (**-rel(l)ed;-rel·(l)ing**) ❶争吵,吵架,吵嘴,口角;失和:She's been feeling very tired of late, and is rather quick to *quarrel*. 近来她一直感觉身心疲惫,所以动不动就跟人吵架。❷(对…)表示反对,抱怨,挑剔(*with*):I don't *quarrel with* what you say, but *with* how you say it. 我不反对你说什么,但是反对你的这种说法。‖ ˈ**quar·rel·(l)er** *n.* [C] —ˈ**quar·rel·some** *adj.*

☆**quarrel, argue** 均有"争论,争吵"之意。**quarrel** 表示因观点不同或有怨气而吵吵闹闹地争论,往往导致关系紧张或断绝来往:I had a *quarrel* with my flatmate about who should do the housework. (我与和我同住一单元的人就谁做家务一事吵了一架。) **argue** 尤指清楚而有条理地论述观点或讲明道理,以表示赞成或反对某事:Jim and I often have a drink together and *argue* about modern art. (吉姆和我经常在一起喝酒,并且辩论现代艺术的问题。) 该词也可用来表示令人不快地或怒气冲冲地争论或争吵:Jack and Jill *argued* about who should get the money, and stopped speaking to each other. (杰克和吉尔为了谁该得到这笔钱而吵了一架,并互不理睬了。)

quar·ry[1] /ˈkwɒri/ **I** *n.* [C]采石场;露天矿场 **II** *vt.* 从采石场采(石);〈喻〉努力发掘(资料、事实等):*quarry* the vocabulary of science 努力发掘科学词汇

quar·ry[2] /ˈkwɒri/ *n.* [C] ❶用鹰(或狗等)追逐的猎物;猎物:The hunters pursued their *quarry* into an empty warehouse. 猎人们把猎物追进了一个空仓库。❷被追逐的目标;被追捕的人

quart /kwɔːt/ *n.* [C] ❶夸脱(液量单位,合 1/4 加仑或 2 品脱) ❷夸脱(干量单位,合 1/32 蒲式耳)

quar·ter /ˈkwɔːtəʳ/ **I** *n.* [C]❶四分之一:cover a *quarter* of the distance 走完全程的四分之一 ❷四分之一元,两角五分;(美国和加拿大的)25 分;25 分硬币:put another *quarter* in [into] the machine 再往机器里投一枚 25 分币 ❸ 一刻钟;(钟面上)标明一刻(或三刻)的点:It's (a) *quarter* to [before] eight. 现在差一刻到八点(或 7 点 45 分)。❹季(度),三个月:the current [past] *quarter* 本[上]季度 ❺(中学或大学的)学季(指一个学年的四期之一,约 12 周):He spent more than a *quarter* of his course at a college. 他在一所学院里上过一个多学季的课。❻(篮球和橄榄球等比赛中每场进行四节中的)一节 ❼(城市中的)区,地区;社区,居住区:a business [market] *quarter* 商业区 ❽ [~*s*]住处,宿舍;住宿:*find quarters* at a hotel 在旅馆找到住处/install one's sleeping *quarters* in the metallurgical plants 把住处安在冶炼厂/live in close *quarters* 住得很拥挤 **II** *vt.* ❶把…分为四(等)份:Peel and *quarter* the bananas. 把这些香蕉剥了皮切成四段。❷安顿…住宿;驻扎(部队);安排…(与…一起)住宿:My mother has decided to *quarter* herself on [upon] us. 我的母亲决定同我们住在一起。**III** *adj.* [作定语]四分之一的:a *quarter* century 25 年

quar·ter·back /ˈkwɔːtəˌbæk/ **I** *n.* [C;U]【橄】(组织进攻的)枢纽前卫,四分卫;枢纽前卫的位置 **II** *vt.* 担任…的枢纽前卫 —*vi.* 担任枢纽前卫:*quarterback* for one's college team 在就读学院的橄榄球队担任枢纽前卫

quar·ter·fi·nal /ˌkwɔːtəˈfainəl/ *n.* [C]【体】四分之一决赛,复赛

quar·ter·ly /ˈkwɔːtəli/ **I** *adj.* [无比较级][作定语] ❶季度的;按季度的:a *quarterly* report 季度报告 /This magazine is going *quarterly*. 本杂志每三个月出一期。❷【纹】(盾形)纵横分成四部分的 **II** *n.* [C]季刊:a new academic *quarterly* 新出版的学术季刊 **III** *adv.* [无比较级]按季度地,一季度一次地:The newsletter will be published *quarterly*. 那份简讯将三个月出版一期。

quar·tet /kwɔːˈtet/ *n.* ❶[C]四重奏乐队;四重唱乐队 ❷[C;U]【音】四重奏(曲);四重唱(曲):write a string *quartet* 创作一首弦乐器四

重奏曲 ❸[C]四人一组；四件一套〔〈英〉亦作 **quartette**〕

quar·to /ˈkwɔːtəu/ **I** *n.* ([复]-tos)【印】❶[U]四开(略作 4°、4to 或 Q) ❷[C]四开本(书) **II** *adj.* [作定语]四开(本)的

quartz /kwɔːts/ *n.* [U]【矿】石英

qua·sar /ˈkweizɑːʳ;-sɑːʳ-/ *n.* [C]【天】类星体，类星射电源

quash /kwɔʃ/ *vt.* ❶镇压，平息；压制，压倒：*quash* the speculation over the prince's future 平息对王子前途的猜测 ❷(尤指通过法律程序)撤销，废止；宣布(或宣判等)…无效：The verdict was *quashed* on appeal. 经上诉，那项判决被撤销了。

quat·rain /ˈkwɔtrein/ *n.* [C](通常隔句押韵的)四行诗节；四行诗

qua·ver /ˈkweivəʳ/ *vi.* (尤指嗓音或乐音)颤抖：Her voice *quavered* in fright. 她害怕得说话声直发抖。‖ ˈ**qua·ver·ing·ly** *adv.* —**qua·ver·y** /ˈkweivəri/ *adj.*

quay /kiː/ *n.* [C]码头(常指实体式顺岸码头)：a boat moored at the *quay* 系泊在码头的船

quea·sy /ˈkwiːzi/ *adj.* ❶(人)想呕吐的，有恶心感的：Jeannie was two months' pregnant and feeling slightly *queasy* in the mornings. 珍妮怀孕两个月了，到了早上就有点想呕吐。❷感到不安的，感到不自在的：I had a *queasy* feeling about the whole thing. 我对此整个儿感到忐忑不安。‖ **quea·si·ly** *adv.* —ˈ**quea·si·ness** *n.* [U]

queen /kwiːn/ *n.* [C] ❶(尤指世袭制独立国家的)女王；王后：*Queen* Elizabeth is the titular head of state. 伊丽莎白女王只是名义上的国家元首。❷出众的女子，出类拔萃的女子；(节日、庆典等场合中的)最美的女子，最重要的女子；(同类事物中)首屈一指者；胜地：a movie *queen* 影后 ❸【牌】王后；Q 牌：the *queen* of diamonds 方块 Q ❹【棋】后：A good chess-player avoids exposing his *queen*. 高明的棋手总是避免毫无保护地暴露其后。❺【昆】(蜂、蚁等中的)后：a *queen* ant 蚁后

Q

queen·ly /ˈkwiːnli/ *adj.* ❶女王的；王后的；与女王(或王后)身份相称的 ❷像女王(或王后)的；高贵的；威严的；仪态万方的：*queenly* dignity 女王般的威严

queer /kwiəʳ/ *adj.* ❶奇怪的，古怪的，怪异的：It's *queer* that she did not come. 真怪，她还没有来。❷可疑的：He is a *queer* character. 他是一个可疑的人物。❸[作表语]不太舒服的；眩晕的：I'm feeling rather *queer*, may I sit down? 我感到很不舒服，我可以坐下来吗？

quell /kwel/ *vt.* ❶镇压；平息；制止：Light rain and snow failed to *quell* the blaze. 细雨小雪未能把火焰浇灭。❷使安静；消除；减轻：Karen tried hard to *quell* her nervousness. 卡伦极力消除内心的紧张不安。

quench /kwentʃ/ *vt.* ❶消除；平息；终止；满足；减轻，缓解；压制，抑制(欲望等)：His thirst for knowledge will never be *quenched*. 他的求知欲永无止境。❷扑灭；熄灭：The fire was *quenched* by [with] the rain. 火被雨水浇灭了。‖ ˈ**quench·er** *n.* [C]

quer·u·lous /ˈkweruləs/ *adj.* ❶(好)抱怨的；脾气坏的；易怒的；乖戾的：*querulous* voices 抱怨声 ❷发出抱怨声的；哼哼唧唧地诉说的 ‖ ˈ**quer·u·lous·ly** *adv.*

que·ry /ˈkwiəri/ **I** *n.* [C] ❶问题；疑问；质问；询问：The shop assistant accepted my cheque without *query*. 那位商店营业员不加询问便收下了我的支票。❷问号(即"?")；(写在书稿、校样等边上以提醒注意的)疑问号，疑问标志(如?，qu.，qy. 或 q.) **II** *vt.* ❶问(及)；询问：She was *queried* about her future plans. 有人问及她今后的打算。❷对…的准确性提出质疑；对…表示疑问：I *query* the wisdom of spending so much time on that. 我对在那件事上花这么多时间是否明智表示怀疑。

quest /kwest/ *n.* [C] ❶(历时较久或艰辛的)寻求；寻找；追求；探索：She jogs every morning in her *quest* to achieve the perfect body. 为了塑造完美体形，她每天早晨都练长跑。❷(尤指中世纪骑士的)探险；探求目标

ques·tion /ˈkwestʃən/ **I** *n.* ❶[C]问题：There are a number of answers to this *question*. 这个问题有若干个答案。❷[U;C](对某事的真实性、可信性、可行性等提出的)疑问；不确定(或不肯定)的事：There is some *question* as to his qualifications. 他是否够资格还说不准。❸[C]难题；需考虑(或讨论)的问题；待处理(或解决)的事情；有争论(或争议)的问题：There's still the *question* of missing children. 失踪儿童的事还有待于解决。❹[C;U](提交表决或大

会辩论的)议题,提案;(对提案等的)表决:vote against a *question* 投票反对提案 **II** *vt.* ❶问;询问;盘问;审问:Anxiety moved her to *question* her husband. 内心的忧虑驱使她盘问她丈夫。❷怀疑,对…表示疑问;对…有异议;把…作为问题提出:To *question* it is to *question* everything. 怀疑这件事就是怀疑一切。‖ ***beyond* (*all*) *question*** *adj.* & *adv.* 毫无疑问;无可争辩:His ability is *beyond question*. 他的能力毋庸置疑。***call in* [*into*] *question*** *vt.* 对…表示疑问;对…表示异议;对…提出疑问:There is no reason to *call into question* the Commission's intellectual integrity and conclusions. 没有理由对该委员会的资质和结论表示异议。***in question*** *adj.* ❶正被讨论(或考虑、谈论)的:Can you give us more information about the person *in question*? 关于刚才提到的那个人,你能给我们提供更多的情况吗?❷有疑问的;有异议的;成问题的:His seriousness of purpose should not be *in question*. 他的目的之严肃性不应该成问题。***out of the question*** *adj.* 不值得考虑的;毫无可能的;办不到的:His proposal is *out of the question*. 他的提议根本不值得考虑。

ques·tion·a·ble /ˈkwestʃənəbᵊl/ *adj.* ❶(品德等)不纯的,不清不白的;可疑的;靠不住的:The legality of this spending was *questionable*. 这种支出的合法性值得怀疑。❷(真实性、质量等)成问题的,不见得可取的;有疑问的,不确定的(见 doubtful):The efficacy of the drug still remains *questionable*. 这种药物的功效尚不能确定。

question mark *n.* [C] ❶【语】问号(即"?") ❷未知因素,不确定的事情:His identity is still a *question mark* to most of us. 对我们大多数人来说,他的真实身份至今还是个谜。

ques·tion·naire /ˌkwestʃᵊˈneəʳ; ˌkestjə-/ *n.* [C](尤指用以统计、调查或征求意见等的)一组问题;问卷,问题单,调查表,征求意见表:In an appendix, she even offers a *questionnaire*. 她甚至在附录中附上了征求意见表。

queue /kjuː/ **I** *n.* [C] (排队等候的)一队(人);一排(车辆):jump the *queue* 插队 **II** *vi.* (**queu(e)·ing**) 排队(等候)(up):*queue up* for sb.'s autograph 排队等候某人签名

quib·ble /ˈkwibᵊl/ **I** *n.* [C]吹毛求疵的反对意见;小小的批评意见:Her only minor *quibble* with the film is that it's a bit long. 她对那部电影只有一个小小的批评意见,那就是有点长了。**II** *vi.* 持批评态度;吹毛求疵,找碴儿,计较;(为琐事)争执:He *quibbles* over [about] the meaning of everyday words. 他对日常用语的意思争辩不休。‖ ˈ**quib·bler** *n.* [C]

quiche /kiːʃ/ *n.* [C;U](通常冷吃的)鸡蛋火腿奶酪糕饼

quick /kwik/ **I** *adj.* ❶快的,迅速的:Be *quick* to perform and slow to promise. 敏于行而讷于言。❷需时少的,短时间内完成的;短暂的;匆匆的:What is the *quickest* way to travel? 怎样旅行最快?❸性子急的,不耐烦的;敏感的,易怒的:He is *quick* at taking offense. 他动不动就生气。❹(人)聪敏的,思维敏捷的,脑子反应快的:At least these children were *quick* of wit. 这些孩子至少脑子很灵活。❺(耳、目等)灵敏的;敏锐的;灵活的,灵巧的:He was a sharp young man,*quick* at his work. 他这个年轻人头脑精明,做事灵巧利索。**II** *adv.* 快地,快速地,迅速地:You're walking too *quick* for me. 你走得太快了,我跟不上。‖ ˈ**quick·ly** *adv.* —ˈ**quick·ness** *n.* [U]

quick·en /ˈkwikən/ *vt.* ❶加快,使加速:She *quickened* her steps, desperate to escape. 她加快步子,拼命奔逃。❷刺激,激发;使有生气;使活跃;使复活:The professor's words suddenly *quickened* his own memories. 教授那番话蓦地激活了他自己的记忆。—*vi.* ❶加快,加速:They felt their breathing *quicken*. 他们感到呼吸加快了。❷(孕妇)进入胎动期;(胎儿)开始在母体内蠕动,开始显示生命迹象:The child *quickened* in Mary's womb. 玛丽感到了胎动。

quick·ie /ˈkwiki/ **I** *n.* [C]〈口〉很快(或匆匆)完成的事(或作品等) **II** *adj.* ❶快的;需时少的,短时间内完成的;匆匆的,草率的:I'll fix a *quickie* meal after I get home from the office. 我下班回家后就来做一顿便餐。❷省去繁文缛节的;经最简捷的手续获得的,用最简便的方式搞成的:His wife cooperated with a *quickie* divorce. 对协议离婚他妻子采取合作态度。

quick·lime /ˈkwiklaim/ *n.* [U]生石灰(= lime)

quick·sand /ˈkwiksænd/ *n.* [U]【地质】流沙(区)

quick·sil·ver /ˈkwikˌsilvəʳ/ **I** *n.* [U]水银 **II**

Q

adj. 多变的

quick-tem•pered /kwik'tempəd/ *adj*. 性情急躁的;易怒的

quick-wit•ted /kwik'witid/ *adj*. 机敏的,颖悟的,富于急智的,能迅速有效地应答(或反驳等)的:He was exceptionally *quick-witted*,and certainly not without opinions of his own. 他为人非常机敏,当然并不是没有自己的观点。

quid /kwid/ *n*. [C][单复同]〈英口〉一英镑:This hat cost me only a *quid*. 这顶帽子只花了我一英镑。

quid pro quo /ˌkwidprəu'kwəu/ *n*. [C]([复] *quid pro quos*) ❶抵偿(品);交换物:The pardon was a *quid pro quo* for their helping in releasing hostages. 他们因协助释放人质而获得到了赦免。❷答谢的礼物;回赠物

qui•es•cent /kwi'esᵊnt/ *adj*. ❶不活动的;静止的,静态的:a *quiescent* state 静态 ❷默然的;无声无息的;休眠的:The fears gradually became *quiescent*. 恐惧渐渐地消失了。‖ **qui'es•cence** *n*. [U]

qui•et /kwaiət/ **I** *adj*. ❶轻声的,安静的;无声的,沉默的:Be *quiet*! I am trying to think. 安静!我在考虑问题呢。❷平静的,宁静的;静止的,没有动静的:The situation in the Middle East is fairly *quiet* at the moment. 目前中东的局势还算平静。❸寂静无声的,寂静的;僻静的:The valley lay *quiet* and peaceful in the sun. 阳光下,峡谷一片寂静和安宁。❹温和的;文静的,娴静的:a *quiet* disposition 性情娴静 **II** *n*. [U] ❶安静;宁静;寂静,静谧;清静:It is the *quiet* that precedes a storm. 暴风雨到来之前往往是一片寂静。❷平静,安宁,安定,太平:In the spring of 1936,the *quiet* was broken. 1936年的春天,太平景象被打碎了。/ restore public *quiet* 恢复社会安定局面 ‖ **'qui•et•ly** *adv*. —**'qui•et•ness** *n*. [U]

qui•e•tude /'kwaiiˌtjuːd/ *n*. [U]安静;平静;寂静;安宁:the *quietude* of the country life 乡村生活的恬静

quill /kwil/ *n*. [C] ❶【鸟】(翼或尾部的)翮羽 ❷【鸟】羽干;翮,羽(毛)管 ❸羽毛管制品;羽毛笔 ❹[常用复](豪猪身上的)棘刺

quilt /kwilt/*n*. [C] ❶被子;被褥:a *quilt* over a lumpy mattress 覆在高低不平的褥垫上的被子 ❷被状物;被子般缝制的东西:A *quilt* of dark clouds hung heavily. 乌云低垂。‖ **quilted** *adj*. —**'quilt•er** *n*. [C] —**'quilt•ing** *n*. [U]

qui•nine /'kwiniːn;kwi'niːn/ *n*. [U]【药】奎宁(含有金鸡纳碱的一种苦药,可用作补药或退热药)

quin•tes•sence /kwin'tesᵊns/ *n*. [常用单][常作 **the ～**]典范,完美的典型;最纯正的体现(*of*):These books are the *quintessence of* wit. 这几部书简直是智慧的化身。

quin•tes•sen•tial /ˌkwinti'senʃᵊl/ *adj*. [作定语]典范的,典型的:This film is the *quintessential* horror movie. 这部电影是典型的恐怖片。

quin•tet(te) /kwin'tet/ *n*. ❶[C]五个一组(或一套);五件套;五位一体 ❷[C]【音】五重唱(或五重奏)乐队(或乐团) ❸[C;U]【音】五重唱(作品);五重奏(作品)

quin•tu•ple /'kwintjupᵊl/ **I** *adj*. 五个的;五倍的;由五部分组成的 ❷涉及五方的 **II** *n*. [C]五个;五倍 **III** *vt*. & *vi*. (使)成为五倍

quin•tu•plet /'kwintjuːplit/ *n*. [C][通常用复] ❶五胞胎之一 ❷五个一组;五件套〔亦作 **quin**,**quint**〕

quip /kwip/ **I** *n*. [C](尤指即兴的)妙语,俏皮话;警句,隽语:make a *quip* about life 妙语连珠地谈论人生 / amusing *quips* 妙趣横生的俏皮话 **II** *vi*. (**quipped**,**quip•ping**) (尤指即兴地)说俏皮话,妙趣横生地说道 ‖ **quip•ster** /'kwipstəʳ/ *n*. [C]

quirk /kwəːk/ *n*. [C] ❶怪异的习惯(或行为),怪癖;(事物的)特性,特质:Knuckle-cracking was his most annoying *quirk*. 把指关节弄得噼啪响是他最恼人的怪癖。❷偶发事件;反复无常的变化;命运的捉弄:By a cruel *quirk* of fate the two of them met on the same bus again. 由于命运的恶作剧,他们俩竟在同一辆公共汽车上再次相遇。‖ **'quirk•i•ness** *n*. [U]

quit /kwit/ (**quit** 或 **quit•ted**;**quit•ting**) *vt*. ❶放弃;停止(见 stop):I promised mother I'd *quit* the race horses for good. 我向母亲保证从此决不再去赌赛马。❷退出;辞去:Although he was seriously wounded,he flatly refused to *quit* the battle line. 他虽身负重伤,但坚持不下火线。❸离开:He *quit* Nanjing for Beijing. 他离开南京前往北京。—*vi*. 放弃;停止:She *quit* because she knew she could not win. 她自知赢不了就放弃了。‖ ***call it quits*** *vi*. 停止;断交:

Q

After arguing back and forth about the matter, the committee decided to *call it quits* and adjourn. 经过反复辩论之后，委员会决定暂予搁置并休会。

quite /kwait/ *adv.* [无比较级] ❶完全，彻底，全部：I *quite* agree with you. 我完全同意你的意见。❷[用于答语中表示同意]正是这样，确实如此；是的，有道理(*so*)：A：Are you ready? B：*Quite*! 甲：准备好了吗？乙：差不多吧。❸很，相当，或多或少，在很大程度上：He's *quite* a good footballer. 他是一个相当不错的足球运动员。

quiv·er /ˈkwivəʳ/ *vi.* (微微)颤抖，颤动，发抖(*with*, *in*)：The blades of grass *quivered in* the breeze. 草叶在微风中颤动。‖ ˈ**quiv·er·y** *adj.*

quiz /kwiz/ **I** *n.* [C]([复]**quiz·zes**) ❶考查，(小)测验：The teacher gave us a *quiz* at the end of the lesson. 课文学完后，老师对我们做了一次测验。❷知识测验；(尤指广播、电视等节目中数人或数组之间进行的)智力竞赛，问答比赛：take part in a *quiz* 参加智力竞赛节目 **II** *vt.* (**quizzed**, **quiz·zing**) ❶对…考查(或测验)：*quiz* a student in [on] history 考查学生的历史知识 ❷[常用被动语态]向…提问，询问，查问，盘问：Three men have been *quizzed* about the murder. 有人向三名男子盘问有关命案的情况。‖ ˈ**quiz·zer** *n.* [C]

quiz show, **quiz program** *n.* [C](电台、电视台等的)智力竞赛(或问答比赛)节目

quiz·zi·cal /ˈkwizikᵊl/ *adj.* ❶疑惑的，不解的：affect a *quizzical* look 故作惑然之色 ❷戏弄的，嘲弄的，揶揄的：Rogers' *quizzical* remarks endeared him to his audience. 罗杰斯揶揄的话赢得听众对他的喜爱。‖ —ˈ**quiz·zi·cal·ly** *adv.*

quo·rum /ˈkwɔːrəm/ *n.* [C](会议、协会等必须达到的)法定人数：We now have a *quorum*, so we can begin. 现在已经达到法定人数，我们可以开会了。

quo·ta /ˈkwəutə/ *n.* [C] ❶限额；定额；(分)配额：The removal of entry *quotas* encouraged young people to enter universities. 取消招生限额鼓励年轻人上大学。❷[常用单]份额，(一)份；(一定)数量：have one's full *quota* of love 完全拥有自己的一份爱情

quo·ta·tion /kwəuˈteiʃᵊn/ *n.* ❶[C]引文，引语，语录：a direct *quotation* 直接引语 ❷[C]报价；估价；行情：His *quotation* of prices was too high. 他的要价太高了。❸[U]援引，引用，引述；引证：the *quotation* of a short passage 引用一小段文字

quotation mark *n.* [C]【语】(一对)引号(即“”或‘’)

quote /kwəut/ **I** *vt.* ❶引用，引述，引证；援引，援用：He *quotes* a few verses to us. 他给我们引用了几句诗。❷【商】报(价或牌价等)；发布(牌价等)；报…的价格(或牌价)：It is *quoted* at £10. 报价是10英镑。—*vi.* 引用，引述；援引，援用：To *quote* from Shakespeare, "Fools rush in where angels fear to tread." 用莎士比亚的话说就是，“天使害怕涉足之处，蠢人纷至沓来。” **II** *n.* [C] ❶=quotation ❷=quotation mark ‖ ˈ**quot·a·ble** *adj.*

quo·tid·i·an /kwɔˈtidiən/ *adj.* [无比较级] ❶〈书〉每日的；日常的；每天出现(或发生)的：Computer has become part of our *quotidian* life. 计算机已经成为我们日常生活的一部分。❷普通的，平凡的；琐碎的，不重要的：*quotidian* matters 琐事

quo·tient /ˈkwəuʃᵊnt/ *n.* [C] ❶【数】商：If you divide 26 by 2, the *quotient* is 13. 26除以2，商为13。❷程度；率：This job has a high stress *quotient*. 这项工作紧张程度很高。

R r

R, r /ɑː/ *n.* [C]([复]**Rs, rs** 或 **R's, r's**) 英语字母表中第十八个字母

rab•bi /ˈræbai/ *n.* [C] ❶拉比(指被委任为犹太教宗教领袖者) ❷[对犹太教教律学者或教师尊称]拉比,先生,大师 ‖ **rab•bin•ic** /rəˈbinik/, **rab•bin•i•cal** /-kᵊl/ *adj.*

rab•bit /ˈræbit/ *n.* ([复]**-bit(s)**) ❶[C]【动】兔;家兔;野兔 ❷[U]兔皮毛

rab•ble /ˈræbᵊl/ *n.* ❶[C]乌合之众;暴民,暴徒:They are only a mindless *rabble.* 他们不过是一群愚昧的暴民。❷[**the** ～][用作复]下层民众;下等人,贱民:We should not keep *the rabble* out of athletic competition. 我们不应该排斥下层人参与体育竞赛。

rab•id /ˈræbid/ *adj.* ❶[作定语]失去理性的;偏激的;走极端的:in the *rabid* desire to say something easily 一时随心所欲地信口胡说❷狂怒的;狂暴的:He was made *rabid* by the headache. 头痛使他变得狂躁不安。❸[无比较级]【医】患狂犬病的,疯的;狂犬病的:a *rabid* dog 狂犬

ra•bies /ˈreibiːz/ [复] *n.* [用作单]【医】狂犬病

rac•coon /ræˈkuːn/ *n.* ❶[C]([复]**-coon(s)**) 浣熊〔亦作 **coon**〕❷[U]浣熊毛皮

race¹ /reis/ **I** *n.* [C] ❶(速度的)比赛,竞赛:a cross-country *race* 越野赛 ❷[**the** ～**s**]联赛,系列赛:The letter was from Brown, saying he was sorry to have missed me at *the races.* 信是布朗寄来的,他说他很遗憾,上次在赛马会上与我失之交臂。❸竞争;争夺:a Senate *race* 参议员竞选 **II** *vt.* ❶与…赛跑,与…比赛速度:We would often *race* one another to the school. 我们常常会你追我赶地朝学校奔去。❷使(车、马、狗等)参加赛跑:He never *raced* his horses himself. 他从来不亲自骑马参加比赛。❸使急行,使疾走,使飞跑:*race* the reform plans through the board of directors 使改革计划在董事会迅速获得通过 —*vi.* ❶参加比赛,竞赛:We decide to *race* for the cup. 我们决定参赛争夺奖杯。❷参加赛马(或赛车、赛狗等) ❸全速行进;急行,疾走,迅跑:The policeman is *racing* after the thief. 警察在追小偷。‖ ˈ**rac•er** *n.* [C]

race² /reis/ *n.* ❶[C;U]人种,种族:members of various *races* 各种族的人 ❷[C]民族:the German *race* 德意志民族

☆**race, nation, people, state, tribe** 均有"人民;民族,种族"之意。**race** 指按肤色、面部特征等生理特点综合分成的人种:The law forbids discrimination on the grounds of *race* or religion. (法律禁止以种族或宗教信仰为理由实行歧视。) **nation** 主要用作政治术语,指具有共同历史、语言、地域、经济生活以及共同心理素质的人组成的大集体,尤指一国国民整体:The President spoke on radio to the *nation.* (总统对全国发表广播讲话。) **people** 指由长期共同文化和社会基础形成的一国国民,其成员的种族、民族背景可以不尽相同:The Chinese are a hard-working *people.* (中华民族是一个勤劳的民族。) **state** 指政治上独立的国家政体,也可指联邦制度中的州:Most former colonies have now become self-governing *states.* (大部分以前的殖民地现在都成了自治的国家。) **tribe** 常指由若干血缘相近的氏族结成的原始文化群,比民族要小,具有共同的语言和风俗习惯,往往遵循古老的生活方式:primitive *tribes* in the heart of Africa (非洲腹地的主要部落)

race•horse /ˈreisˌhɔːs/ *n.* [C]赛马,比赛用马

race•track /ˈreisˌtræk/ *n.* [C]赛车跑道;赛车场

race•way /ˈreisˌwei/ *n.* [C]跑道;马术比赛场

ra•cial /ˈreiʃᵊl/ *adj.* [无比较级] ❶人种的,种族的;民族的;具有人种(或种族、民族)特征

的：a minority *racial* group 少数种族群体 / a *racial tradition* 民族传统 ❷种族之间的；由种族差异引起的：the *racial* laws 种族法 / *racial* equality［discrimination］种族平等［歧视］‖ ˈ**ra·cial·ly** *adv.*

ra·cial·ism /ˈreiʃəˌlizᵊm/ *n.* = racism ‖ ˈ**ra·cial·ist** *n.*［C］& *adj.*

rac·ing /ˈreisiŋ/ **form** *n.*［C］赛马消息报

rac·ism /ˈreisizᵊm/ *n.*［U］❶种族主义；种族偏见，种族歧视 ❷种族仇恨，种族敌视〔亦作 **racialism**〕‖ ˈ**rac·ist** *n.*［C］& *adj.*

rack[1] /ræk/ **I** *n.*［C］挂架，支架，三脚架，搁架，台架：Set the bottles safely on［upon］the *racks.* 把瓶子在架子上放好。**II** *vt.* ❶（疾病、疼痛等）使遭受痛苦，折磨（见 torment）：So strongly he was *racked* by hatred. 强烈的仇恨使他万分痛苦。❷冥思苦想：Jack *racked* his head for the reason for his friend's absence. 杰克绞尽脑汁极力想知道他朋友为何没有到场。‖ ***rack up*** *vt.* 累计取得；累计达到；得（分）：He *racked up* ten very useful points for his team. 他为他们队赢得非常重要的 10 分。

rack[2] /ræk/ *n.*［U］毁灭；破坏：His health is going to *rack* and ruin. 他的健康正在受到损害。

rack·et[1] /ˈrækit/ *n.* ❶［通常用单］噪声；喧嚣，喧闹；（尤指）骚动：The drums and gongs made a *racket.* 鼓声锣声响成了一片。❷［C］有组织的犯罪活动，不法勾当；敲诈勒索：the secret society's entertainment-related income from territory-wide *rackets* 黑社会从遍布全境的非法活动中获得的收入

rack·et[2] /ˈrækit/ *n.*［C］❶【体】（网球、壁球、羽毛球等的）球拍〔亦作 **racquet**〕❷乒乓球球拍〔亦作 **racquet**〕❸［～s］［用作单］【体】网拍式壁球

rac·y /ˈreisi/ *adj.* ❶有伤风化的；淫秽的，猥亵的：His book is actually less *racy* than its voyeuristic title suggests. 他这本书其实并不像它那猥亵的书名表示的那样淫秽。❷（风格）生动活泼的；饶有趣味的：*The Bible* is full of *racy* stories.《圣经》里面满是生动有趣的故事。‖ ˈ**rac·i·ly** *adv.* —ˈ**rac·i·ness** *n.*［U］

ra·dar /ˈreidɑː/ *n.*［U］雷达，雷达设备；雷达系统

ra·di·al /ˈreidiəl/ *adj.*［无比较级］❶放射的；辐射状的，辐射式的：*radial* network 辐射（式）网络 / *radial* avenues 呈辐射状的街道 ❷径向的，（沿）半径的，径向运动的：*radial* development 径向展开 ‖ ˈ**ra·di·al·ly** *adv.*

radial tire *n.*［C］子午（线）轮胎

ra·di·ant /ˈreidiənt/ *adj.* ❶［作定语］光芒四射的；绚丽夺目的：a *radiant* bar 光可鉴人的柜台 ❷（眼睛或神情等）喜气洋洋的，兴高采烈的：She gave me a *radiant* smile. 她朝我粲然一笑。❸［无比较级］［作定语］【物】辐射的，发出辐射热的：*radiant* heating 辐射供暖 ‖ ˈ**ra·di·ant·ly** *adv.*

ra·di·ate /ˈreidiˌeit/ *vi.* ❶从中心向四周延伸；呈辐射状分布：Nerves *radiate* to all parts of the body from the brain. 神经从大脑呈辐射状伸向身体各个部位。❷发光；发热；发出电磁波：These wires can *radiate* like antennas. 这些金属丝可以像天线一样发出电磁波。❸流露，洋溢，显示：All of us can see the joy that *radiates* from their eyes. 我们大家都能看出他们目光中流露出的快乐。—*vt.* ❶（由中心向四周）散发出（光、热等）：The sun *radiates* rays of light. 太阳放射出万道霞光。❷流露出；焕发出，洋溢着：Her blue eyes *radiated* endurance. 她那蓝色的眼睛流露出坚忍的神情。

ra·di·a·tion /ˌreidiˈeiʃᵊn/ *n.* ❶［U］发光，发热；【物】辐射；放射：nuclear *radiation* 核辐射 ❷［U］辐射能：trap and store *radiation* from the sun 捕捉并贮存太阳辐射能 ❸［C］辐射物；辐射线；（尤指）放射性微粒：harmful *radiations* 有害放射物

radiation sickness *n.*［U］【医】辐射病，放射病

ra·di·a·tor /ˈreidiˌeitəʳ/ *n.*［C］❶暖气装置，供暖设备 ❷（汽车引擎等的）散热片，散热器

rad·i·cal /ˈrædikᵊl/ **I** *adj.* ❶［无比较级］根本的；彻底的，完全的：The reforms he's suggesting are rather *radical.* 他所主张的变革是彻底的变革。❷主张彻底变革的；（观点、措施等）激进的，极端的，过激的：take *radical* measures 采取极端措施 **II** *n.*［C］激进分子；激进党派成员 ‖ ˈ**rad·i·cal·ism** *n.*［U］—ˈ**rad·i·cal·ly** *adv.*

rad·i·cal·ize, rad·i·cal·ise /ˈrædikᵊlaiz/ *vt.*（尤指政治上）使激进，使走极端 ‖

R

rad·i·cal·i·za·tion, rad·i·cal·i·sa·tion /ˌrædikᵊlaiˈzeiʃᵊn;-liˈz-/ *n.* [U]

radical sign *n.* [C]【数】根号

rad·i·i /ˈreidiˌai/ *n.* radius 的复数

ra·di·o /ˈreidiəu/ **I** *n.* ([复]**-os**) ❶[U]无线电;无线电传输;无线电广播:police talking to each other by *radio* 用无线电对讲的警察 ❷[C]无线电(设备);无线电收音机:turn on the *radio* 开收音机 ❸[U]无线电广播事业 **II** *adj.* [无比较级][通常作定语]无线电的;用无线电的;无线电广播的:*radio* waves 无线电波 **III** *vt.* ❶用无线电发送(讯号):The pilot *radioed* the message. 飞行员发出无线电信息。❷用无线电给…发信号 —*vi.* 用无线电通信;用无线电广播:These messages would earlier have *radioed* in. 这些信息本来可以早一点用无线电传过来的。‖ ***on* (*the*) *radio*** *adj.* ❶在广播中的:hear the news *on the radio* 从广播中听到这一消息 ❷用无线电广播(或发送)的:The car is *on radio*. 与这辆车有无线电联系。

ra·di·o- /ˈreidiəᵘ/ *pref.* ❶表示"辐射能":*ra*-*dio*meter ❷表示"无线电":*radio*location(无线电定位) ❸表示"放射","辐射";"放射性":*radio*carbon(放射性碳) ❹表示"射线":*radio*therapy

ra·di·o·ac·tive /ˌreidiəuˈæktiv/ *adj.* [无比较级]放射性的:This scientist raised the question whether other elements are *radioactive*. 这位科学家提出的问题是其他元素是否具有放射性。‖ ˌ**ra·di·o**ˈ**ac·tive·ly** *adv.*

ra·di·o·ac·tiv·i·ty /ˌreidiəuækˈtiviti/ *n.* [U]放射性:a high [low] level *radioactivity* 高[低]放射性

ra·di·o·gram /ˈreidiəᵘˌgræm/ *n.* [C]无线电报

ra·di·o·lo·gy /ˌreidiəᵘˈɔlədʒi/ *n.* [U]辐射学,放射学 ‖ ˌ**ra·di**ˈ**ol·o·gist** *n.* [C]

ra·di·os·co·py /ˌreidiˈɔskəpi/ *n.* [U]【医】射线透视,X 光透视

ra·di·o·tel·e·graph /ˌreidiəᵘˈteliˌgrɑːf;-ˌgræf/ **I** *n.* [C]无线电报 **II** *vt.* 用无线电报发送 ‖ **ra·di·o·te·leg·ra·phy** /ˌreidiəutəˈlegrəfi/ *n.* [U]

ra·di·o·tel·e·phone /ˌreidiəᵘˈteliˌfəun/ *n.* [C]无线电话

ra·di·o·ther·a·py /ˌreidiəuˈθerəpi/ *n.* [U]【医】放射疗法 ‖ ˌ**ra·di·o**ˈ**ther·a·pist** *n.* [C]

rad·ish /ˈrædiʃ/ *n.* [C]【植】小萝卜

ra·di·um /ˈreidiəm/ *n.* [U]【化】镭(符号 **Ra**)

ra·di·us /ˈreidiəs/ *n.* [C]([复]**-di·i** /-diˌai/或**-di·us·es**) ❶【数】半径:This circle has a *radius* of 15cm. 这个圆的半径为 15 厘米。❷半径距离,径向距离;半径范围:This transmission is likely to reach a several-hundred-mile *radius*. 这一传输的有效半径可能会达几百英里。

ra·don /ˈreidɔn/ *n.* [U]【化】氡(符号 **Rn**)

RAF, R. A. F /ˌɑːreiˈef;〈口〉ræf/ *abbr.* Royal Air Force (英国)皇家空军

raff·ish /ˈræfiʃ/ *adj.* 名声不好的,放荡的:a *raffish* young man of letters 生活放荡的年轻文人 ‖ ˈ**raff·ish·ly** *adv.* —ˈ**raff·ish·ness** *n.* [U]

raf·fle /ˈræfᵊl/ *n.* [C]有奖销售:The vase was put up in a *raffle*. 这个花瓶被拿到有奖销售活动中去出售。

raft[1] /rɑːft;ræft/ *n.* [C]筏子;木筏,木排;竹筏

raft[2] /rɑːft;ræft/ *n.* [C]〈口〉大量,一大堆(*of*):a *raft of* mail 一大堆信件

raf·ter /ˈrɑːftəʳ;ˈræf-/ *n.* [C]椽 ‖ ***packed to the rafter*** *adj.* 装得满满的

rag /ræg/ *n.* ❶[C;U]破布片,碎布片:My shirt was torn to *rags*. 我的衬衫被撕成了碎片。❷[~s]破衣 ❸[C]〈口〉(粗制滥造的)报纸 ‖ ***from rags to riches*** *adv.* 从赤贫到巨富

rage /reidʒ/ **I** *n.* ❶[U]暴怒,大怒(见 anger):Her face was red with *rage* and terror. 她的脸因为愤怒和恐怖而涨得通红。❷[C]一阵大怒,一阵暴怒:fly into a *rage* 暴跳如雷 **II** *vi.* ❶发怒,发火 ❷愤怒地说,怒斥;咆哮,狂吼(*at*, *against*):The manager *raged against* her incompetence. 经理大骂她无能。❸怒气冲冲地急行;席卷;肆虐:He *raged* around the room. 他在房间里怒气冲冲地窜来窜去。‖ ˈ**rag·ing·ly** *adv.*

rag·ged /ˈrægid/ *adj.* ❶(人)衣衫褴褛的:a *ragged*, bearded beggar 一个衣衫褴褛、胡子拉碴的乞丐 ❷(衣服等)破烂的,破旧的,磨损的:dirty *ragged* clothes 肮脏破旧的衣服 ❸呈锯齿状的;凹凸不平的:*ragged* edges 犬牙交错的边缘 ❹不完美的,有缺陷的:We find ourselves rich in goods, but *ragged* in spirit. 我们发现自己物质丰富,但精神贫乏。❺不整齐的,凌乱的:a *ragged* line of customers 歪歪扭

扭的一长队顾客 ‖ ˈ**rag·ged·ness** *n.* [U] —ˈ**rag·ged·y** *adj.*

rag·tag /ˈræɡˌtæɡ/ *adj.* ❶褴褛的，蓬乱的：dressed in *ragtag* uniforms 穿着破烂制服的 ❷混乱的，无秩序的：a *ragtag* army 纪律涣散的军队

rag·time /ˈræɡˌtaim/ *n.* [U]【音】散拍旋律，雷格泰姆调

raid /reid/ I *n.* [C] ❶【军】突然袭击：an air *raid* 空袭 ❷突击搜查：a drugs *raid* 突击搜查毒品行动 ❸(对竞争对手、人员等的)抢夺，掠夺(*on*, *upon*)：a *raid on* marketing staff 对营销人员的争夺 II *vt.* ❶突袭，袭击：He ordered his men to *raid* enemy supply lines. 他命令士兵攻击敌人的补给线。❷抢夺，掠夺：They tried to *raid* this treasury but failed. 他们企图抢夺这一财宝，但失手了。—*vi.* ❶突袭，袭击 ❷抢夺，掠夺：These gangsters developed techniques of *raiding* from horseback. 这些歹徒们学会了在马上抢劫的技术。‖ ˈ**raid·er** *n.* [C]

rail[1] /reil/ *n.* ❶[C]横杠，斜杠(如挂物杆、扶手、栏杆条等)；栏杆，栅栏：clothes on a hanging *rail* 挂在挂衣架上的衣服 ❷[C]铁轨，钢轨 ❸[U]铁路：be sent by *rail* 经铁路运输

rail[2] /reil/ *vi.* 抱怨；责骂，怒斥(*at*, *against*)：He *railed* that nobody liked him. 他抱怨说没人喜欢他。

rail·ing /ˈreiliŋ/ *n.* [C]栏杆，栅栏

rail·road /ˈreilrəud/ n. [C] ❶铁路：the building [construction] of the *railroads* 修建铁路 ❷铁路系统 ‖ ˈ**rail·road·er** *n.* [C] —ˈ**rail·road·ing** *n.* [U]

rail·way /ˈreilˌwei/ *n.* [C] ❶铁路，铁道：He enjoyed his job on the *railways*. 他很喜欢在铁路上的工作。❷铁路系统：the Canadian Pacific *Railway* 加拿大太平洋铁路公司

rain /rein/ I *n.* ❶[U]【气】雨；雨水 ❷下雨，降雨，降水：It looks like *rain*. 看样子要下雨了。❸[通常作 **the ～s**]雨天，雨季；一场降雨：The previous *rains* have worn a channel. 前几场降雨已经冲成了一条沟。II *vi.* ❶[用 it 作主语]下雨，降雨：It was still *raining* outside. 外面还在下雨。❷雨点般落下；雨点般流下：The blows *rained* on my head and my shoulders. 拳头雨点般落在我的头上和肩上。—*vt.* [用 it 作主语]使大量落下；使大量流下：The jets *rained* bombs down on the enemy position. 飞机朝敌人的阵地投下了无以数计的炸弹。‖ ***rain out*** *vt.* [通常用被动语态]因下雨而取消(或推迟)

rain·bow /ˈreinˌbəu/ n. [C] ❶虹，彩虹 ❷五彩缤纷的排列，五花八门的聚合：a *rainbow* of colours 五颜六色

rain check, rain·check /ˈreinˌtʃek/ *n.* [C] ❶延期兑现的承诺：I'm sorry I'm busy tonight, but I'd like a *rain check*. 可真抱歉，我今晚太忙，我们下回去玩吧。❷(商店在廉价商品售罄时对顾客的)下次优惠供货凭证；货到优惠供货券 ❸(尤指因下雨延期比赛而给予观众的)雨票，延期票：I took a *rain check* on today's tennis, which left me two days to spare. 我拿了一张今天网球赛的雨票，可以延期两天。

rain·coat /ˈreinˌkəut/ *n.* [C]雨衣；雨披〔亦作 **mackintosh**〕

rain·drop /ˈreinˌdrɔp/ *n.* [C]雨点，雨滴

rain·fall /ˈreinˌfɔːl/ *n.* [C; U]【气】降雨；降雨量：*Rainfall* is slight in this area. 这一地区降雨稀少。

rain forest *n.* [C](热带)雨林

rain·storm /ˈreinˌstɔːm/ *n.* [C]【气】大暴雨

rain·wa·ter /ˈreinˌwɔːtə/ *n.* [U]雨水

rain·y /ˈreini/ *adj.*【气】有雨的；多雨的：This year it has been unusually chilly and very *rainy*. 今年的天气异常寒冷，雨水很多。

raise /reiz/ I *vt.* ❶举起，提起，抬起，使升高：*raise* one's hands 举起双手 ❷竖起，立起；扶直：Peleg *raised* himself on one elbow. 佩雷格用肘支起身体。❸提高，增加；增大；增强：*raise* productivity 提高生产力 ❹种植；喂养，饲养：Farmers *raised* a variety of crops. 农民们种了各种各样的农作物。❺养育，抚养；教育：During those years I was trying to *raise* my own family and earn a living. 那些年里，我正想方设法养家糊口。❻提出；表露：*raise* a question 提出一个问题 ❼唤起，引起，惹起，激起：Her appearance *raised* a thunder of applause. 她的出现引起了雷鸣般的掌声。❽建立，建起(*up*)：Tom shows him how to *raise* a frame house. 汤姆教他如何盖木板房。II *n.* [C] ❶加薪，涨工资：He asked the boss for a *raise*. 他要求老板涨工资。❷工资涨幅：a fifty-dollar-a-week *raise* 每周 50 美元的工资涨幅

❸提高;增加:I regard it as a *raise* in spirits. 我认为这可以提高兴致。

rai•sin /ˈreizᵊn/ *n.* [C]葡萄干

rake /reik/ **I** *n.* [C]【农】(长柄)耙,搂耙,草耙,钉齿耙;(马或拖拉机牵引的)耙机,搂草机:a garden *rake* 园艺耙 **II** *vt.* ❶把…耙平,把…耙松;用耙平整:He *raked* the sand smooth for the athletes. 他为运动员把沙坑耙平。❷(用耙子)耙;耙去;把…耙拢:We *raked* the leaves up. 我们用耙子把树叶拢起来。

rak•ish[1] /ˈreikiʃ/ *adj.* 浪荡子的;骄奢淫逸的,沉迷于酒色的:a *rakish* life 放荡的生活 ‖ ˈ**rak•ish•ly** *adv.* —ˈ**rak•ish•ness** *n.* [U]

rak•ish[2] /ˈreikiʃ/ *adj.* 潇洒的,漂亮的:a *rakish* salesman 衣着不俗的推销员

ral•ly /ˈræli/ **I** *vt.* ❶重新聚集(失散的人群等),重新集合(离散的队伍等);重整(见 stir):He succeeded in *rallying* the fleeing troops. 他成功地重新集合起四处溃散的部队。❷集合;联合,团结:He tried to *rally* working men to support him. 他试图联合工人来支持他。❸重新鼓起(勇气等);使振作:*rally* one's energy 恢复精力 —*vi.* ❶(失散后)重新聚集,重新集合:The veterans *rallied* ten years after the war. 战后10年这些老兵重新聚在了一起。❷集合;联合,团结 ❸康复,恢复;重新振作起来:He *rallied* soon and got as healthy as a fiddle. 他很快就恢复了,身体十分健康。**II** *n.* [C] ❶重整旗鼓:The second *rally* was defeated another time after the first defeat. 第一次失败后,重整的军队又被打败了。❷重振精神;(病后的)康复,恢复 ❸集会:a mass *rally* 群众集会

ram /ræm/ **I** *n.* [C] ❶公羊 ❷【机】冲头,压头;(打桩机、汽锤的)撞锤,夯锤 ❸ = battering ram **II** (**rammed**; **ram•ming**) *vt.* ❶用力捶击;(使)猛烈撞击:The ship *rammed* an iceberg. 轮船撞上了冰山。❷猛压,用力推;硬塞:He *rammed* his clothes into the suitcase and rushed out. 他将衣物胡乱塞入手提箱,然后冲了出去。—*vi.* 用力捶打;猛烈撞击:The motorcar *rammed* against a wall. 摩托车撞在墙上。

ram•ble /ˈræmbᵊl/ **I** *vi.* ❶闲逛,漫步,散步(见 wander):I used to *ramble* about in the afternoon. 以前我经常在下午到处游荡。❷(小路、溪流等)蜿蜒伸展;(植物)蔓生:This unknown plant *rambles* over the roof. 屋顶上爬满了这种不知名的植物。❸漫谈,闲聊;写随笔:Stop *rambling*. Let's get back to the point. 别胡扯了,咱们回到正题上来吧。**II** *n.* [C]闲逛,漫步,散步:Let's go for a *ramble*. 我们去散步吧。

ram•bler /ˈræmbləʳ/ *n.* [C] ❶闲逛者,漫步者:The park is popular with *ramblers*. 很多人喜欢到这个公园来散步。❷漫谈者;随笔写作者

ram•bling /ˈræmbliŋ/ *adj.* ❶(建筑物、街道等)布局零乱的:The house is old and *rambling*. 这座房子又旧又乱。❷闲逛的,漫步的:a *rambling* walk 散步 ❸(言词、文字)无条理的,松散的:a long, *rambling* speech 冗长啰唆的讲话

ram•bunc•tious /ræmˈbʌŋkʃəs/ *adj.* ❶难控制的;无法无天的;桀骜不驯的,难管束的:a *rambunctious* girl 桀骜不驯的女孩子 ❷(动物)狂野的,狂暴的:a *rambunctious* animal 狂暴的动物 ‖ **ram**ˈ**bunc•tious•ness** *n.* [U]

ram•i•fi•ca•tion /ˌræmifiˈkeiʃᵊn/ *n.* [C]可能的结果(或结局)

ram•i•fy /ˈræmiˌfai/ *vi.* 〈书〉❶(植物)分支,分杈 ❷形成分支机构;构成网络系统

ramp /ræmp/ *n.* [C] ❶斜面;斜坡 ❷倾斜的(人行)通道 ❸(上、下飞机用的)活动舷梯 ❹(公路的)出(或入)通道

ram•page **I** /ræmˈpeidʒ/ *n.* [C]狂暴的行为;骚动:Many people were killed in the *rampage*. 许多人在骚乱中被打死。**II** /ˈræmpeidʒ; ræmˈpeidʒ/ *vi.* ❶横冲直撞:The enemy soldiers *rampaged* through the town. 敌军士兵在城里横冲直撞。❷暴怒,暴跳如雷:She *rampaged* at the news. 她听到这个消息后暴跳如雷。

ram•pant /ˈræmpᵊnt/ *adj.* [无比较级]泛滥的,广为传播的;猖獗的:Diseases were *rampant* and millions of people in this country died. 疾病肆虐,这个国家有上百万人丧生。‖ ˈ**ram•pant•ly** *adv.*

ram•part /ˈræmpɑːt; -pᵊt/ *n.* [C](城堡、城市等的)护城墙,防护墙;堡垒:In summer, its *ramparts* groan with thousands of visitors. 入夏,城墙在成千上万的游客脚下呻吟。

ram•shack•le /ˈræmˌʃækᵊl/ *adj.* [通常作定

语](常指房屋、车辆等)破旧不堪的,摇摇欲坠的,快散架的:a *ramshackle* house 东倒西歪的房子

ran /ræn/ *v.* run 的过去式

ranch /rɑːntʃ; ræntʃ/ *n.* [C] ❶大型牧场 ❷专业牧场;专业养殖场:a fruit *ranch* 果园 / fox *ranches* 养狐场 ‖ **ˈran·cher** *n.* [C]

ran·cid /ˈrænsid/ *adj.* (食物等)腐败变质的,发出恶臭的;腐臭的:a *rancid* smell 腐臭味 ‖ **ran·cid·i·ty** /rænˈsiditi/ *n.* [U] —**ˈran·cid·ness** *n.* [U]

ran·co(u)r /ˈræŋkəʳ/ *n.* [U]深仇大恨;积怨;憎恶;敌意:ancient rancour 世仇

ran·dom /ˈrændᵊm/ *adj.* [无比较级] ❶随意的,随便的,胡乱的,无章法的:Readers often jump directly to *random* pages in a book. 读者常常会胡乱地直接跳到书中的某一页。❷【统】随机的,随机取样的:*random* selection 随机选择 ‖ ***at random*** *adj.* & *adv.* 随意的(地),随便的(地);无目的的(地);无原则的(地):They interviewed 100 male and female students picked *at random*. 他们随机访问了100名男女学生。‖ **ˈran·dom·ly** *adv.*

ran·dom·ize, ran·dom·ise /ˈrændᵊˌmaiz/ *vt.* 使任意排列;随机抽取 ‖ **ran·dom·i·za·tion, ran·dom·i·sa·tion** /ˌrændᵊmaiˈzeiʃᵊn; -miˈz-/ *n.* [U]

rand·y /ˈrændi/ *adj.* 性欲旺盛的;好色的:a *randy* old man 老色鬼

rang /ræŋ/ *v.* ring 的过去式

range /reindʒ/ **I** *n.* ❶[C;U]范围,幅度,区间;限度:beyond sb.'s *range* of hearing 超过某人的听力范围 ❷[C;U]射程;航程;航距:shoot at close *range* 近距离射击 ❸[C]一系列,各种:a broad *range* of issues 一系列问题 ❹[常作 **the ~s**]山系;山脉:an important mountain *range* 重要的山系 **II** *vi.* ❶[不用进行时态](在一定幅度或范围内)变化,改变,变动:Her emotions *ranged* from extreme joy to deep sorrow. 她的情绪波动颇大,一会儿大喜,一会儿大悲。❷漫游,漫步:The sheep and cattle *range* freely about [over] the pasture. 牛羊在草地上走来走去。❸论及,谈及,涉及:Their talk *ranged* over many issues. 他们的谈话涉及很多问题。—*vt.* ❶漫游于;走遍:The hunter *ranged* the woods all day. 猎人成天在树林里游荡。❷排列,把…排成行;部署:The soldiers were *ranged* before the officer. 士兵们在军官面前列队集合。❸把…分类,使成系列:*range* errors into different categories 将错误分类

rank /ræŋk/ **I** *n.* ❶[C]社会阶层,社会等级:a man of a higher social *rank* 社会地位高的人 ❷[U]层,级,级别,等级;度:writers of the first *rank* 一流作家 ❸[C]排,列,行;序列;排列:*Ranks* of bikes line the streets outside the university. 大学外面的街上自行车排列成行。❹[**~s**]【军】普通士兵:We welcome you to *the ranks* of the free. 我们欢迎你们加入自由的阵营。❺[常作**~s**]普通群众;(团体、组织等的)普通成员 **II** *vt.* 把…分类,把…分级;给…评定等级;把…列为,把…评为(*as*):They *ranked* this country first in terms of its access to education. 他们认为这个国家在教育普及上具有领先地位。—*vi.* [不用进行时态]具有级别,占特定的等级;居某位置(*among*, *with*):His masterpieces *rank with* Chekhov's. 他的杰作可以同契诃夫的名著媲美。

rank and file [复] *n.* ❶普通士兵 ❷(团体、组织等的)普通成员:the *rank and file* of the company 公司的普通职员

rank·ing /ˈræŋkiŋ/ *adj.* [无比较级][作定语] ❶地位高的;高级的;杰出的:*ranking* officers 高级军官 ❷有名望的,德高望重的:a *ranking* authority 德高望重的权威人士 ❸(与另一词连用)一定级别的:a low-*ranking* executive 基层管理人员

ran·kle /ˈræŋkᵊl/ *vi.* (妒忌、失望等)使人长期受折磨:It still *rankles* that we lost the game. 我们仍因为输了那场比赛而痛苦。—*vt.* 使怨恨;使痛苦,使受折磨:The low income *rankles* many labourers. 许多劳动者因为收入低而愤愤不平。

ran·sack /ˈrænsæk/ *vt.* ❶彻底搜索,仔细搜查:The police *ransacked* his house. 警方把他的房子搜了个遍。❷洗劫:The bandits *ransacked* the village. 匪徒将村子洗劫一空。

ran·som /ˈrænsᵊm/ *n.* ❶[U]赎回;赎身 ❷[C]赎金:pay a *ransom* of $ 2 million 交付 200 万美元的赎金 ‖ **ˈran·som·er** *n.* [C]

rant /rænt/ *vi.* & *vt.* 大叫大嚷地说(话):She

came home *ranted* about how everybody hated her. 她一回家就大声嚷嚷大家怎么不喜欢她。

rap /ræp/ **I** (**rapped**; **rap·ping**) *vt.* ❶敲,有节奏地敲击:The chairman *rapped* the table to get our attention. 主席敲敲桌子提醒我们注意。❷大声说出:*rap* out orders 大声地发布命令 ❸〈俚〉严肃批评,指责:Our department was sharply *rapped* in his address. 在他的讲话中,我们这个部门受到了严厉的批评。—*vi.* ❶敲;急促地敲击:The judge *rapped* (on the table) for order. 法官敲桌子,示意肃静。❷〈俚〉聊天,闲聊:She never *raps* to me. 她从来不跟我说话。❸【音】用拉普调演唱:The singer is *rapping* over a regular beat. 那个歌手伴着有规律的节奏唱着拉普调。**II** *n.* ❶[C]有节奏的轻击;急促的敲击声:a *rap* at [on] the door 敲门声 ❷[U]【音】拉普,拉普调,洋快板(摇滚乐的一种风格,指配以音乐的有节奏的独白),说唱音乐 ‖ **'rap·per** *n.* [C]

rape /reip/ **I** *n.* ❶[C;U]强奸行为,强奸事件:They use various appeals to excuse their *rapes*. 他们用了种种借口来为他们的强奸行为开脱。❷[通常用单]洗劫;肆意毁坏,大肆破坏 **II** *vt.* ❶强奸:She killed a man who was trying to *rape* her. 她杀死了一个企图强奸她的人。❷洗劫;毁坏 —*vi.* 强奸:The enemy soldiers murder, *rape*, and pillage for no particular reason. 敌军士兵肆意杀人、强奸和掳掠。‖ **'rap·er** *n.* [C] —**'rap·ist** *n.* [C]

R

rap·id /'ræpid/ **I** *adj.* 快的,迅速的,高速的:*rapid* motion 快速运动 **II** *n.* [通常作~**s**]急流,湍流:The boat was in the middle of the *rapids*. 小船正处在激流的中央。‖ **ra·pid·i·ty** /rə'piditi/ *n.* [U] —**'rap·id·ly** *adv.* —**'rap·id·ness** *n.* [U]

rapid transit *n.* [U](铁路等)城市高速交通

rap·ine /'ræpin;-pain/ *n.* [U]劫掠;抢劫,强夺

rap music *n.* [U]【音】拉普,拉普调,洋快板(摇滚乐的一种风格,指配以音乐的有节奏的独白),说唱音乐〔亦作 **hip-hop**〕

rap·port /ræ'pɔːr;rə-/ *n.* [通常用单]关系,联系;交往;(尤指)融洽,和谐:The animal kingdom is in *rapport* with its environment. 动物世界与环境和谐共存。

rap·scal·lion /ræp'skæljən/ *n.* [C]流氓,恶棍,无赖

rapt /ræpt/ *adj.* ❶着迷的,痴迷的:a *rapt* listener 痴迷的听众 ❷全神贯注的;专心致志的;出神的:be *rapt* in contemplation 沉思 ❸狂喜的,欣喜的:We were all *rapt* with joy. 我们大家都欣喜若狂。‖ **'rapt·ly** *adv.* —**'rapt·ness** *n.* [U]

rap·ture /'ræptʃər/ *n.* ❶[U]狂喜,欣喜:He gazed in *rapture* at the girl he loved. 他满心欢喜地看着自己心爱的姑娘。❷[常作~**s**]狂喜的表现:be in *raptures* 欣喜若狂 ‖ **'rap·tur·ous** *adj.*

rare /reər/ *adj.* ❶难得的,稀有的,罕见的(见 choice):a *rare* experience 难得的经历 ❷稀薄的;稀松的,稀疏的:The air is *rare* at the tops of these high mountains. 在这些高山顶上,空气很稀薄。❸[作定语]出奇好的,极好的:We had a *rare* time last night. 昨天晚上我们玩得真痛快。‖ **'rare·ness** *n.* [U]

rar·e·fied, rar·i·fied /'reəriˌfaid/ *adj.* ❶精奥的;精练的;崇高的:*rarefied* language 精练的语言 ❷变稀薄的,变稀疏的:*rarefied* atmosphere 稀薄的大气层

rare·ly /'reəli/ *adv.* 难得,极少:There are *rarely* extremes of cold or heat in Britain. 在英国很少出现严寒酷暑的天气。

rar·ing /'reəriŋ/ *adj.* [作表语]〈口〉渴望的:The big names are *raring* to go in this event which offers 3.1 million dollars in prize money. 大腕们为了310万美元的高额奖金都急着要参加这种活动。

rar·i·ty /'reəriti/ *n.* ❶[U]稀有;罕见;珍贵:This kind of fruit is extremely expensive because of their *rarity* here. 这种水果在这地方很罕见,因此特别贵。❷[C]罕见的东西,珍品:natural and artificial *rarities* 天然和人造的精品

ras·cal /'ræskəl;'rɑːs-/ *n.* [C] ❶流氓,无赖,恶棍 ❷淘气包,调皮鬼,捣蛋鬼(可指人或动物):Tom, you damned *rascal*! 汤姆,你这个该死的捣蛋鬼!

rash[1] /ræʃ/ *adj.* ❶行事鲁莽的,莽撞的:His *rash* adventures resulted in his death. 他一次次莽撞的冒险最终导致了他的死亡。❷草率的,轻率的:a *rash* promise 轻率的许诺 ‖ **'rash·ly** *adv.* —**'rash·ness** *n.* [U]

rash[2] /ræʃ/ *n.* [C] ❶【医】皮疹，疹子 ❷大面积的突发，大量涌现(*of*)：a *rash of* complaints 一片抱怨声

rash·er /ˈræʃəʳ/ *n.* [C] ❶熏肉(或火腿肉)的薄片：He took two *rashers* and three eggs. 他拿了两片熏肉和三个鸡蛋。❷(熏肉或火腿肉等的)一客(通常约 3～4 片)：He ordered two eggs with a *rasher* of bacon. 他要了两个鸡蛋，一客熏肉。

rasp /rɑːsp;ræsp/ **I** *vt.* ❶用粗锉刀锉；粗磨；刮擦(*away*,*off*)：The cow *rasped* her face with her tongue. 母牛用舌头舔自己的脸。❷刺激；激怒：They are always *rasping* one another. 他们总是互相挑衅。❸用粗嘎的声音说出；厉声说出："You damned fool!" he *rasped* at her. "你这该死的蠢货！"他向她厉声吼道。—*vi.* ❶刮擦，摩挲：*rasp* on sb.'s hand 抚摸某人的手 ❷刺激，激怒(*on*)：Any reference to his ex-wife *rasped on* his nerves. 一提起他的前妻，他就受不了。**II** *n.* [C] ❶锉，粗磨；刮擦 ❷粗嘎的说话声；刺耳的刮擦声：He spoke with a *rasp*. 他说话声音嘶哑。❸粗锉刀 ‖ **ˈrasp·ing** *adj.* —**ˈrasp·y** *adj.*

rasp·ber·ry /ˈræzˌberi;-bəri/ *n.* ❶[C]悬钩子属浆果(常呈红色或紫色)，树莓，糙莓：*raspberry* jam 树莓酱 ❷[C]【植】悬钩子属植物 ❸[C;U]莓子红；红色(指从粉红到猩红的各种红色)

rat /ræt/ *n.* [C] ❶【动】老鼠，耗子 ❷〈俚〉无赖；奸人，小人：He cheated her; he's a dirty *rat*. 他欺骗了她，他是一个卑鄙小人。‖ **ˈratˌlike** *adj.*

ratch·et /ˈrætʃit/ *n.* [C]【机】棘轮

rate /reit/ **I** *n.* [C] ❶比率，率：interest *rate* 利率 ❷(固定的)费；价值；费率：postal *rate* 邮费 / telephone *rates* 电话费 ❸(运动、变化等的)速率，速度：The population has recently expanded at an unprecedented *rate*. 近来，人口已经以前所未有的速度增长了。**II** *vt.* ❶评估；对…估价：Many publications invite readers to *rate* the writers each year. 很多出版物每年都邀请读者对作家们进行评估。❷把…列为；把…看作，认为…是(*as*)：He has never been *rated* a first-rank writer. 他从来就没有被列为一流作家。❸值得，应得：His name doesn't *rate* a mention in this review. 他的名字在这篇评论中不值得一提。—*vi.* 被归入重要之列，被认为有价值；被列入特定级别(*as*)：Does that *rate as* a luxury product too? 那也算是奢侈品吗？‖ ***at any rate*** *adv.* 无论如何，不管怎么说：That was harmless, *at any rate*. 无论怎么说，那没有害处。

ra·ther /ˈrɑːðəʳ;ˈræ-/ *adv.* [无比较级] ❶有几分，有些；相当(见 fairly)：Dick found that he felt *rather* drunk. 迪克感到自己已有几分醉意了。❷[常接 than]宁愿，宁可：I would *rather* think of it another way. 我宁愿用另外一种方式考虑这个问题。‖ ***had*** [***would***] ***rather*** *aux. v.* 宁可，宁愿：I *had rather* be alone. 我宁愿一个人。

rat·i·fi·ca·tion /ˌrætifiˈkeiʃən/ *n.* [U]正式批准，签署认可

rat·i·fy /ˈrætiˌfai/ *vt.* 正式批准，签署，使(合同、协议等)生效：*ratify* a treaty 批准条约 ‖ **ˈrat·iˌfi·er** *n.* [C]

rat·ing /ˈreitiŋ/ *n.* [C] ❶评级，定级；等级：pop music *ratings* lists 流行音乐排行榜 ❷(广播节目的)收听率；(电视节目的)收视率：*ratings* battle 收视率大战

ra·ti·o /ˈreiʃəu/ *n.* [C]([复]-**os**) ❶比例关系：The *ratio* of 3 to 9 is the same as the *ratio* of 1 to 3. 3 和 9 的比例关系与 1 和 3 的比例关系是一样的。❷【数】比例，比，比率：in an approximate *ratio* of 2∶1 以 2∶1 左右的比例

ra·tion /ˈræʃən;ˈrei-/ **I** *n.* [C] ❶配给量，定量：the daily *ration* of food 每天的食品配给量 ❷(配给的给养、燃料、衣物等的)一份(*of*)：a *ration of* meat 一份肉 **II** *vt.* ❶定量发放(食物等)(*out*)：*ration out* food [*ration* food *out*] to an army 向部队发放食品 ❷定量供应(给养等)；向…定量供应给养：They promised to *ration* us for the first six months. 他们承诺向我们提供头六个月的给养。

ra·tion·al /ˈræʃənəl/ *adj.* ❶推理的；理性的；合理的：a form of *rational* design 合理的设计 ❷理智的，明智的：*rational* debate 理智的辩论 ❸头脑清醒的；思路清晰的：a sane *rational* person 神智健全、思路清晰的人 ‖ **ra·tion·al·i·ty** /ˌræʃəˈnæliti/ *n.* [U] —**ˈra·tion·al·ly** *adv.*

ra·tion·ale /ˌræʃəˈnɑːl;-ˈnæl/ *n.* [U] ❶(事物的)根本原因(*of*)：a *rationale of* conflict 冲突

R

的根本原因 ❷[C]有理有据的说明;理由的说明:The committee did not accept his *rationale* for the accident. 委员会没有接受他对这次事故的解释。

ra·tion·al·ism /ˈræʃᵊnəˌlizᵊm/ *n.* [U] ❶理性至上:This paper is on *rationalism* in politics. 这篇文章是讨论政治上的理性至上思想的。❷【哲】唯理论 ‖ **ˈra·tion·al·ist** *n.* [C]

ra·tion·al·ize /ˈræʃᵊnəˌlaiz/ *vt.* ❶理性地解释(行为、态度等),合理地解释:He cannot *rationalize* his attitude. 他没法对自己的态度作出合理的解释。❷使趋于合理,使合理化:Increasingly,it is viewed as a means of *rationalizing* the current system. 人们越来越认为这是使当前体制合理化的一种手段。—*vi.* 作出合理的解释:Don't *rationalize* any more,it's useless. 别再解释了,没用的。〔亦作 **rationalise**〕 ‖ **ra·tion·al·i·za·tion** /ˌræʃᵊnᵊlaiˈzeiʃᵊn; -liˈz-/ *n.* [C;U]

rational number *n.* [C]【数】有理数

rat·tle /ˈrætᵊl/ **I** *vi.* ❶发出短而尖的声音;碰撞(或震动)作声;发咯咯声:The wind *rattled* at the window, scattering rain drops onto the floor. 风把窗户撼得吱吱嘎嘎直响,将雨点吹洒在地板上。❷嘎吱作响着移动:The carriage *rattled* past. 马车哐啷哐啷地驶过去了。—*vt.* ❶使发短而尖的声音;把(椅子、窗户、陶器等)摇得咯咯作响;使发咯咯声:The man *rattled* pocket change. 那人把硬币弄得叮叮当当地响。❷使嘎吱作响着移动:The wind *rattled* the metal can. 风把金属罐吹得哐啷直响。❸使困惑;使惊慌失措;使慌乱:He was known to get *rattled* quickly when under pressure. 大家都知道,他一有压力就会手足无措。**II** *n.* [C] ❶短而尖的声音;咯咯的声音:the *rattle* of carriage-wheels 马车轮子的隆隆声音 ❷拨浪鼓(一种幼儿玩具) ❸(响尾蛇尾部的)角质环 ‖ ***rattle off*** *vt.* 快速说出;快速完成:*rattle off* the multiplication table 一口气背完乘法口诀表 ***rattle on*** *vi.* 喋喋不休,唠叨:He kept *rattling on* his ailments. 他老是唠叨自己的病情。‖ **ˈrat·tly** *adj.*

rat·tler /ˈrætləʳ/ *n.* [C] ❶【动】响尾蛇 ❷咯咯响的东西 ❸唠叨的人

rat·tle·snake /ˈrætᵊlˌsneik/ *n.* [C]【动】响尾蛇

rat·tle·trap /ˈrætᵊlˌtræp/ *n.* [C]咯咯作响的东西;(尤指)破旧车辆,老爷车

rat·tling /ˈrætliŋ/ **I** *adj.* ❶活跃的;轻快的:a *rattling* pace 轻快的步伐 ❷呱呱叫的,精彩的:a *rattling* game 一场精彩的比赛 **II** *adv.* [无比较级]非常,极其:It's a *rattling* good film. 这部电影真是呱呱叫。

rat·trap /ˈrætˌtræp/ *n.* [C] ❶捕鼠夹 ❷破烂不堪的邋遢之地

rat·ty /ˈræti/ *adj.* ❶[无比较级]多鼠的,鼠满为患的:a *ratty* house 多鼠的房屋 ❷[无比较级]鼠的;似鼠的:*ratty* eyes 贼眉鼠眼 ❸破旧的;邋遢的:His car looks a little *ratty*. 他的车看上去有点破旧。

rau·cous /ˈrɔːkəs/ *adj.* ❶嘶哑的;粗嘎的,刺耳的:*raucous* laughter 沙哑的笑声 ❷喧闹的,闹腾的:a *raucous* crowd 喧闹的人群 ‖ **ˈrau·cous·ly** *adv.* —**ˈrau·cous·ness** *n.* [U]

raunch /rɔːntʃ;rɑːntʃ/ *n.* [U]粗俗,下流;淫秽

raun·chy /ˈrɔːntʃi;ˈrɑːn-/ *adj.* ❶邋遢的,肮脏的:a *raunchy* jacket 邋遢上衣 / She felt *raunchy* in that long-worn shirt. 她觉得自己身着这件穿了很长时间的衬衫显得很邋遢。❷粗俗的,下流的,淫秽的;色情的,具挑逗性的:*raunchy* humour 粗俗的幽默 / a *raunchy* film 黄色电影 ‖ **ˈraun·chi·ness** *n.* [U]

rav·age /ˈrævidʒ/ *vt.* 毁灭,毁坏:a country *ravaged* by bloodshed and war 被战争和杀戮摧残得满目疮痍的国家

rave /reiv/ **I** *vi.* ❶说胡话,口出呓语,语无伦次地说话:He was drunk and *raved* on [about] the policy. 他喝醉了,胡言乱语地大谈这一政策。❷愤怒地说话,怒气冲冲地说话:*rave* on [at] sb. about sth. 为某事申斥某人 ❸赞叹,极力夸奖(*about*,*of*,*over*):People are *raving over* the performance. 人们盛赞这次表演。—*vt.* ❶语无伦次地说出;狂乱地说出:He *raved* out his grief. 他语无伦次地倾诉心中的悲痛。❷愤怒地说出:She *raved* that everyone hated her. 她愤愤地说每个人都恨她。**II** *n.* [C] ❶胡言乱语;怒气冲冲的话 ❷褒评,盛赞;溢美之词

rav·el /ˈrævᵊl/ *v.* (-el(l)ed;-el·(l)ing) ❶松开,解开,分开(线头等)(*out*):He *raveled out* the fishing net. 他把渔网松开。❷使变得明白:*ravel* out the tangles of sb.'s mind 理顺某人纷乱的思绪 ❸使缠结;使混乱:The kid has *rav-*

R

eled wool up. 小家伙把毛线弄得乱成一团。

ra·ven /ˈreivᵊn/ *n.* [C]【鸟】渡鸦 ‖ **ˈra·venˌlike** *adj.*

rav·en·ous /ˈrævᵊnəs/ *adj.* ❶饿极的：He was *ravenous*. 他饿极了。❷(饥饿、渴求等)极度的：be *ravenous* for attention 渴望引起关注 ‖ **ˈrav·en·ous·ly** *adv.*

ra·vine /rəˈviːn/ *n.* [C]沟壑，冲沟

rav·ing /ˈreiviŋ/ **I** *adj.* [无比较级][作定语] ❶胡言乱语的，呓语连篇的：a *raving* maniac 胡言乱语的疯子 ❷绝顶的，极度的，非常的：a *raving* beauty 绝色美人 **II** *adv.* [无比较级]完全地，十足地：You're *raving* mad to marry such a woman. 你真是疯了，怎么和这么个女人结婚。

rav·ish /ˈræviʃ/ *vt.* ❶[常用被动语态]使人迷，使陶醉；使狂喜：I was utterly *ravished* by her words. 我被她的话深深打动。❷强奸：They want to prevent women from being *ravished* and brutalized. 他们想要防止妇女遭强奸和虐待。 ‖ **ˈrav·ish·er** *n.* [C] —**ˈrav·ish·ment** *n.* [U]

rav·ish·ing /ˈræviʃiŋ/ *adj.* 迷人的，靓丽的，可人的：a *ravishing* smile 妩媚动人的笑容

raw /rɔː/ *adj.* ❶[无比较级](食物)生的，未煮的：*raw* meat 生肉 ❷[无比较级][作定语]自然状态的；未加工的，未处理过的：*raw* cotton 原棉 ❸[作定语](牛奶等)未消毒的：*raw* milk 未经消毒的鲜牛奶 ❹(伤口)未愈合的；皮肉裂开的，(因擦伤而)疼的：He fell down and his hands were *raw*. 他跌倒了，两只手都擦破了。 ‖ **ˈraw·ness** *n.* [U]

raw-boned /ˌrɔːˈbəund/ *adj.* [无比较级]骨瘦如柴的，瘦骨嶙峋的：a *raw-boned* beggar 骨瘦如柴的乞丐

ray /rei/ *n.* [C] ❶光线(见 gleam)：a light *ray* 光线 ❷(智慧等的)闪现；一丝：*a ray* of hope 一线希望 ❸射线，辐射线：alpha *rays* α射线

ray·on /ˈreiɒn/ *n.* [U]【纺】❶人造丝，人造纤维 ❷人造丝织物

raze /reiz/ *vt.* 彻底摧毁；将…夷为平地：buildings which are about to be *razed* 即将被摧毁的建筑〔亦作 **rase**〕

ra·zor /ˈreizəʳ/ *n.* [C]剃刀

razz /ræz/ *vt.* 嘲笑，取笑，戏弄：The pilots *razzed* their colleagues for ugly landings. 这些飞行员们嘲笑自己的同事着陆差劲。

re /rei;riː/ *prep.* 鉴于，关于，有关：*re* your communication of 14 June 鉴于你6月14日的来信

re- /riː;ri;re/ *pref.* ❶表示"返回"：*re*assemble, *re*verse ❷表示"回复"，"回报"，"相互"：*re*act, *re*semble ❸表示"重新"，"再一次"，"又"：*re*adjust, *re*write, *re*start, *re*use, *re*cast

reach /riːtʃ/ **I** *vt.* ❶抵达，到达；来到：Six adventurers *reached* the South Pole by dogsled. 有六位探险者乘坐狗拉的雪橇到达了南极。❷伸手(或脚等)触及：*reach* a book on the shelf 够着书架上的书籍 ❸伸(手或脚等)：*reach* out a hand [*reach* a hand out] in greeting 伸手打招呼 ❹延伸至；长及：The bookcase *reaches* the ceiling. 书架高及天花板。❺(用电话等)与…联系，与…联络：By going on-line, consumers can *reach* health experts. 在网上，消费者可与保健专家取得联系。❻达到(某种程度、数量等) —*vi.* ❶伸手拿东西；伸出肢体够到物体(*for*)：He *reached for* the bundle of letters. 他伸手去拿那堆书信。❷触及某处：Her dress *reaches* to the floor. 她的裙子长及地板。❸伸展，延伸(*out*)：Its application *reaches* much more widely into the production of materials at all levels. 它将更加广泛地应用于各种材料的生产。**II** *n.* [C](手等的)伸出；伸出距离：Keep poisons out of the children's *reach*. 不要把毒药放在孩子们拿得到的地方。

☆ **reach, accomplish, achieve, attain, gain** 均有"达到，到达"之意。**reach** 为普通用词，使用范围较广，不强调是否具有预定的目的或所做努力的大小：We can never *reach* perfection. (我们不可能做到尽善尽美。) **accomplish** 表示完成某项规定的任务，常指出色地做成某件不容易干的事情：He *accomplished* the building of the bookcase. (他已做完了书柜。) **achieve** 强调通过不懈的努力、耐心和技能达到预期的目的：You will never *achieve* anything if you don't work harder. (你如不加紧努力工作，将一事无成。) **attain** 表示怀有很大的抱负或强烈愿望，达到一般人不易达到的目的：He has tried in vain to *attain* great fame in his profession. (他一直试图在自己的职业生涯中获得巨大的名望，但终未如愿。) **gain** 指通过努力和奋斗达到既定的目的或做成想做的事情，也可用于军事方面，表示用武力夺取：Smith gradu-

R

ally *gained* a reputation as a skilled technician. (史密斯逐渐地掌握了熟练的技艺，成了远近闻名的技师。)

re·act /riˈækt/ *vi.* ❶作出反应，反应(*to*)：How did she *react* when you told her? 你告诉她时，她有何反应？❷朝反方向移动，背道而驰 ❸反对，反抗(*against*)：*react against* the prolongation of office hours 反对延长工作时间

re·act·ant /riˈæktᵊnt/ *n.* [C]【化】反应体，反应物

re·ac·tion /riˈækʃᵊn/ *n.* ❶[C]反方向移动；背道而驰 ❷[U]反动；保守，反对变革：He had a *reaction* against the war and against talking about it. 他反对战争，还反对谈论战争。❸[C；U]反应；反响(*to*)：What was her *reaction to* the news? 她对这个消息有何反应？❹[C](生理或本能等的)反应(*to*)：the instinctive *reaction* 本能的反应 ❺[C]【化】化学反应：chemical *reactions* 化学反应

re·ac·tion·ar·y /riˈækʃᵊnᵊri/ **I** *adj.* 保守的；反动的；反动派的：*reactionary* forces 反动势力 **II** *n.* [C]保守分子；反动分子

re·ac·tor /riˈæktəʳ/ *n.* [C] ❶反应者；反应物，反应剂 ❷反应堆

read¹ /riːd/ **I** (**read** /red/) *vt.* ❶读，阅读，看(书)：He *read* that day's newspaper with his breakfast. 他一边吃饭一边看那天的报纸。❷朗读，念；宣读：I *read* her a story. 我给她念了一则故事。❸读懂，看懂：teach sb. how to *read* faces 教会某人怎样看别人的脸色 ❹解释，阐释；理解：*read* the dark sky as the threat of a storm 把黑天看作暴风雨来临的前兆 ❺攻读，学习：He *read* theology at Oxford. 他曾在牛津大学研习神学。—*vi.* 阅读，看书；朗读：One may feel that he is more interesting to *read* about than to *read*. 我们也许觉得读评论他的文章比读他的作品更有趣味。**II** *n.* [C] ❶阅读；朗读：*Read* without reflecting is like eating without digesting. 读而不思犹如食而不化。❷读物：literature *read* 文学读物 / an easy *read* 简易读物

read² /riːd/ *adj.* 读书多的，博学的：a well-*read* person 饱学之士

read·a·ble /ˈriːdəbᵊl/ *adj.* ❶可读的；易读的；读起来有趣味的：Rich and accurate data make essays more *readable*. 翔实的资料使得论文颇具可读性。❷(字迹)易辨认的，清晰的：a machine-*readable* form 可机读的稿子 ‖ **read·a·bil·i·ty** /ˌriːdəˈbiliti/ *n.* [U]

read·er /ˈriːdəʳ/ *n.* [C] ❶读者：the general average *reader* 普通读者 ❷(尤指语言学习)教科书，读本：a third-grade *reader* 一本三年级读本

read·er·ship /ˈriːdəˌʃip/ *n.* [C][通常用单](报刊或作者拥有的)读者，读者群；读者人数：This magazine has a *readership* of thirty thousand. 这份杂志有三万读者。

read·i·ly /ˈredili/ *adv.* ❶不耽搁地，迅速地：Being invited by a gesture to a pull at the mug, he *readily* acquiesced. 主人做了个手势，邀他端起大杯喝酒，他立刻照办。❷轻易地，容易地：These contemporary views are *readily* overlooked. 这些当代人的观点很容易被忽略。❸乐意地，欣然地：*readily* accept sb.'s proposals 欣然接受某人的建议

read·ing /ˈriːdiŋ/ *n.* ❶[U]阅读，朗读，诵读：These pages are painful *reading*. 这几页读起来真让人痛苦。❷[U；C]阅读材料，读物；文选，选读：a whole series of new *readings* of ancient literature 一整套新编古代文学选读 ❸[C]解读，理解，阐释：What is your *readings* of the situation? 你对这种情形是如何看的？❹[C](仪表等的)读数，度数，显示刻度：The *reading* of temperature is 80℃. 温度读数为80℃。

re·ad·just /ˌriːəˈdʒʌst/ *vt.* ❶(使)重新适应(*to*)：*readjust* oneself *to* country life 使自己重新适应农村生活 ❷重新调节，重新调整：*readjust* the focus of the camera 重新调节照相机的焦距 —*vi.* 重新适应：He had trouble *readjusting* to new situations. 他很难适应新的环境 ‖ **ˌre·adˈjust·ment** *n.* [U；C]

read(-)out /ˈriːdˌaut/ *n.* [U] ❶【计】(数据等的)读出 ❷(测量仪表等的)读数

read·y /ˈredi/ *adj.* [无比较级] ❶[通常作表语]准备就绪的，适于使用的：I'll have your tea *ready* in a minute. 你的茶我马上就沏好。❷[作表语]愿意的，乐意的：She is *ready* for another baby. 她还想要一个孩子。❸[作定语]现成的；事先准备好的：*ready* cash 现金 / a *ready* answer 现成的答案 ‖ ***at the ready*** *adj.* 做好准备的：He is very cautious with food and umbrella *at the ready*. 他很谨慎，备好了食物

和雨伞。

read·y-made /ˈrediˈmeid/ *adj*. [无比较级]预先制成的,现成的:*ready-made* clothes 成衣

re·a·gent /riːˈeidʒᵊnt/ *n*. [C]【化】试剂

re·al /ˈriəl;riːl/ **I** *adj*. [无比较级] ❶[作定语]真的,真正的(见 genuine):*real* reason 真正的理由 ❷实际存在的,真实的;现实的;实际的:*real* experience 实际经验 ❸非人工的,天然的:Your ring is a *real* diamond? 你的戒指是真钻石的吗? **II** *adv*. [无比较级]〈口〉很;真正地,确实地:It was *real* bad luck. 真背运。‖ ˈ**re·al·ness** *n* [U]

real estate *n*. [U] ❶不动产;(尤指)土地 ❷房地产

re·al·i·sa·tion /ˌriəlaiˈzeiʃᵊn;ˌriː-;-liˈz-/ *n*. 〈主英〉=realization

re·al·ise /ˈriəˌlaiz;ˈriː-/ *vt*. 〈主英〉=realize ‖ ˈ**re·alˌis·a·ble** *adj*.

re·al·ism /ˈriəˌlizᵊm/ *n*. [U] ❶现实主义:social *realism* 社会现实主义 ❷[通常作 **R-**]写实;写实主义:artistic *realism* 艺术写实主义 ‖ ˈ**re·al·ist** *n*. [C]

re·al·is·tic /ˌriəˈlistik/ *adj*. ❶现实主义的:a *realistic* fiction 现实主义小说 ❷依据事实的;务实的,现实的:*realistic* dangers 现实的危险 ❸写实的;逼真的:a *realism* novel 写实小说 ‖ ˌ**re·alˈis·ti·cal·ly** /-kᵊli/ *adv*.

re·al·i·ty /riˈæliti/ *n*. ❶[U]真实(性) ❷[C]真实的东西;事实:historical *reality* 史实 ❸[U]现实:escape from *reality* 逃避现实 ‖ ***in reality*** *adv*. 实际上,事实上:It seems a fortunate life indeed, though *in reality* it was not so. 看起来日子过得十分幸福,不过事实并非如此。

re·al·i·za·tion /ˌriəlaiˈzeiʃᵊn;ˌriː-;-liˈz-/ *n*. [U] ❶理解,认识:I was struck by the full *realization* that she was guilty. 当我充分认识到她有罪时,我深感惊讶。❷实现:Travelling there was the *realization* of all my dreams. 去那里旅游,我所有的梦想就都实现了。〔亦作 **realisation**〕

re·al·ize /ˈriəˌlaiz/ *vt*. ❶意识到,知道,明白:At long last he *realized* the truth. 很久以后他才知道事实真相。❷使成为现实,实现:*realize* one's dream 实现自己的梦想 ❸把…兑成现钱;赚取(利润);以…价格出售物品;(货物等)卖出…价钱:The property *realized* its full value. 这些地产物有所值。‖ ˈ**re·alˌiz·a·ble** *adj*.

re·al·ly /ˈriəli/ **I** *adv*. [无比较级] ❶实际上,事实上;真正地:a *really* responsible officer 一位真正负责的军官 ❷肯定地,确实地:a *really* hot day 确实炎热的一天 ❸[用以强调,表示肯定]真的;没错:We were *really* glad. 我们真是感到很高兴。**II** *int*. [表示疑问、惊讶、异议等]真的,当真:A:He is leaving tomorrow. B:Oh, *really*? 甲:他明天就要走了。乙:啊,真的吗?

realm /relm/ *n*. [C] ❶王国;国度:the *realm* of freedom 自由王国 ❷界,领域,范围:the *realm* of education 教育界

real number *n*. [C]【数】实数

real time **I** *n*. [U] ❶(事件发生及其报道或记录进行的)同时,同步 ❷【计】实时:The computer working in *real time* may offer advantages. 实时工作的电脑会提供一定的便利。**II** *adj*.【计】实时的:*real-time* data processing 实时数据处理

re·al·ty /ˈriːəlti;ˈriːl-/ *n*. [U]【律】房地产

ream /riːm/ *n*. ❶[C]令(纸张的计量单位,以前为480张,现为500张或20刀) ❷[通常作~s](尤指文字或诗歌等的)大量:*reams* of poetry 大量诗歌

reap /riːp/ *vt*. ❶收割(庄稼):*reap* corn 收谷子 ❷获得,收到,得到:*reap* a good harvest 获得丰收/ *reap* rewards 获得回报 —*vi*. 收割;收获

reap·er /ˈriːpəʳ/ *n*. [C] ❶收割机 ❷收割者,收获者

re·ap·pear /ˌriːəˈpiəʳ/ *vi*. 重现,再现,再出现,重新显露:They *reappeared* almost unchanged. 他们再次出现时几乎没有什么变化。‖ ˌ**re·apˈpear·ance** *n*. [C;U]

re·ap·prais·al /ˌriːəˈpreizᵊl/ *n*. [C;U]重新审视;重新评估

rear[1] /riəʳ/ **I** *n*. [C] ❶后边,后面;背后:at the *rear* of the house 在屋后 ❷后部,尾部:at the *rear* of the bus 在汽车的后部 ❸臀部,屁股 **II** *adj*. [无比较级;最高级 **rear·most** /ˈriəˌməust/][作定语] ❶后部的,后面的;背部的:*rear* view mirror 后视镜 ❷位于后面的 ‖

R

bring up the rear *vi*. 殿后,断后

rear² /riə^r/ *vt*. ❶抚养,养育;培养:*rear* a child 抚养孩子 ❷竖起,举起,抬高:He *reared* his head and looked around. 他抬起头,朝四下里望了望。—*vi*. ❶(马等)用后腿直立:The horse *reared* up. 这马用后腿直立了起来。❷高耸;立起:The huge skyscrapers *reared* over me. 巨大的摩天大楼高耸于我头顶。

rear admiral *n*. [C]海军少将

re·arm /ˌriːˈɑːm/ *vt*. & *vi*. 重新装备;(给…)装备新式武器 ‖ **re·ar·ma·ment** /ˌriːˈɑːməmᵊnt/ *n*. [U]

rear·most /ˈriəˌməust/ *adj*. [rear¹ 的最高级][作定语]最后部的,最后面的;最末端的:the *rearmost* car 最后一辆车

re·ar·range /ˌriːəˈreindʒ/ *vt*. 重新整理;再排列;重新布置:*rearrange* the molecules 将分子重新排列 ‖ **ˌre·arˈrange·ment** *n*. [C;U]

rear·ward /ˈriəwəd/ **I** *adv*. [无比较级]向后面;在后面:look *rearward* 向后看 **II** *adj*. [无比较级][作定语] ❶在后面的,位于后面的:the *rearward* part of the building 建筑物的后部 ❷向后面的;朝后面的:a *rearward* motion 向后的运动

rea·son /ˈriːzᵊn/ **I** *n*. ❶[C]原因,理由(见cause):There is no *reason* for surprise. 不必大惊小怪。❷[C]引证的事实,佐证 ❸[U]推理力,推断力:Animals do not possess *reason*. 动物没有推理能力。❹[U]理智,理性:lose one's *reason* 失去理智 **II** *v*. 推论,推理,推断;做理性思考:Humans possess the ability to *reason*. 人具有理性思维的能力。‖ ***by reason of*** *prep*. 由于,因为:All of them preferred the canteen *by reason of* the superior food there. 他们都喜欢那家餐厅,因为那里的菜非常好。***in*** [***within***] ***reason*** *adj*. & *adv*. 在情理之中的(地),合情合理的(地);正当的(地):It's *in reason* for us to ask them to pay for the loss. 我们要求他们赔偿损失是合情合理的。***with reason*** *adj*. & *adv*. 有道理的(地),有充分理由的(地):She doesn't like me, and *with reason*. 她不喜欢我,而且还有充分的理由。‖ **ˈrea·son·er** *n*. [C]

rea·son·a·ble /ˈriːzᵊnəbᵊl/ *adj*. ❶合理的;合乎逻辑的:a *reasonable* decision 合情合理的决定 ❷适量的,适度的;(价格)不很高的:a *reasonable* price for the new car 新车不是很高的价格 ❸通情达理的;讲道理的:The demands seemed less than *reasonable*. 这些要求似乎不近情理。‖ **ˈrea·son·a·ble·ness** *n*. [U]

rea·son·ab·ly /ˈriːzᵊnəbli/ *adv*. ❶合理地;理智地:She said quite *reasonably* that she didn't agree. 她极为得体地说她不同意。❷十分;相当地:We live *reasonably* close. 我们住得十分近。

rea·soned /ˈriːzᵊnd/ *adj*. [作定语]深思熟虑的:a *reasoned* argument 经过缜密思考的论点

rea·son·ing /ˈriːzᵊniŋ/ *n*. [U]推断,推理:His *reasoning* on this point was quite wrong. 他在这一点上的推理大错特错。

re·as·sur·ance /ˌriːəˈʃuərᵊns;-ʃɔːr-/ *n*. ❶[U]安慰,宽慰 ❷[C]安慰的话语;令人宽慰的事情

re·as·sure /ˌriːəˈʃuə^r;-ˈʃɔː^r/ *vt*. 安慰,使放心,使恢复信心:She went to *reassure* her grandmother that she was unharmed. 她去安慰奶奶说,她没有受到伤害。‖ **ˌre·asˈsur·ing·ly** *adv*.

re·bate /ˈriːbeit/ *n*. [C]折扣;回扣:*rebates* to contractors 给承包商的回扣

reb·el **I** /ˈrebᵊl/ *n*. [C] ❶反政府者,叛乱分子,造反者:a knot of military *rebels* 一小股武装叛乱分子 ❷反对权威者;不愿受控制者;反抗者,叛逆:a *rebel* against all school discipline 一个反对学校的所有清规戒律的人 **II**/riˈbel/ *vi*. (**-bel(l)ed**; **-bel·(l)ing**) ❶反叛,造反:They *rebelled* against the military dictatorship. 他们奋起反抗军政府的独裁统治。❷反对;反抗:She *rebelled* against playing the subordinate role in the marriage. 她反对在婚姻中扮演从属的角色。

re·bel·lion /riˈbeljən/ *n*. [U;C] ❶叛乱,造反:organize an armed *rebellion* 组织武装叛乱 ❷反抗,反对;(对权威等的)抗拒:be in *rebellion* against war 反对战争

re·bel·li·ous /riˈbeliəs/ *adj*. ❶叛乱的,造反的;反政府的:*rebellious* troops 叛军 ❷藐视权威的;叛逆的,反叛的:*rebellious* ideas 叛逆的思想 ‖ **reˈbel·li·ous·ly** *adv*. —**reˈbel·li·ous·ness** *n*. [U]

re·birth /riːˈbɜːθ;ˈriːˌbɜːθ/ *n*. [通常用单] ❶新生;再生;【宗】转世:revolutionary *rebirth* 革命新生 ❷复兴,复活:a spiritual *rebirth* 精神复兴

R

re•born /riːˈbɔːn/ *adj.* [无比较级][通常作表语] ❶重生的,新生的 ❷复活的,复兴的

re•bound /riˈbaund;ˈriːbaund/ **I** *vi.* ❶反弹,回弹:The ball *rebounded* off the wall. 球从墙上弹了回来。❷重新振作;(患病后)恢复健康 **II** *n.* [C]反弹,回弹

re•buff **I** /riˈbʌf;ˈriːbʌf/ *n.* [C]断然拒绝,坚决回绝 **II** /riˈbʌf/ *vt.* 断然拒绝,坚决回绝:*rebuff* the country's claims for the return of the islands 拒绝了该国提出的归还那些岛屿的要求

re•build /riːˈbild/ *vt.* (**-built** /-ˈbilt/) ❶重建;改建:*rebuild* a country 重建国家 ❷重组,改组;改造:The president *rebuilt* his campaign staff. 总统改组了其竞选人员。

re•buke /riˈbjuːk/ **I** *vt.* 指责,斥责;呵斥:The teacher *rebuked* the disobedient students. 教师对不听话的学生大加训斥。**II** *n.* [C]指责,斥责;呵斥;谴责:Jane was hurt at this *rebuke*. 一顿抢白叫简很不自在。‖ **reˈbuk•ing•ly** *adv.*

re•but /riˈbʌt/ *vt.* (**-but•ted;-but•ting**) 驳斥;证明…不实:*rebut* the claims 驳回要求

re•but•tal /riˈbʌtᵊl/ *n.* [C]反驳,驳斥

re•cal•ci•trant /riˈkælsitrᵊnt/ *adj.* ❶拒不服从的,桀骜不驯的:*recalcitrant* subjects 桀骜不驯的臣民 ❷难处理的,不易对付的:a *recalcitrant* issue 棘手的问题 / a story *recalcitrant* to comparative study 很难进行比较研究的小说 ‖ **reˈcal•ci•trance** *n.* [U]

re•call /riˈkɔːl/ *vt.* ❶记得;回忆起:I *recalled* that he was out visiting. 我想起来了,他那时正在外面访问。❷叫回,唤回,召回:*recall* an ambassador 召回大使 —*vi.* 记得;回想:People had occupied the land for as long as history could *recall*. 有史以来,人们就占据了这片土地。

re•cant /riˈkænt/ *vt.* 宣布撤回(声明等);放弃(信仰、誓言、主张等):*recanted* one's declarations 撤回声明 —*vi.* (正式并公开地)撤回声明;放弃信仰(或主张等)

re•cap /ˈriːˌkæp/ *vt.* & *vi.* (**-cap•ped;-cap•ping**) 扼要地重述,概述;概括:*recap* the top news stories 重播新闻简报

re•ca•pit•u•late /ˌriːkəˈpitjəˌleit/ *vt.* & *vi.* 扼要重述,概述;概括:*recapitulate* the details of the plan 重复一下计划的具体内容 ‖ **re•ca•pit•u•la•tion** /ˌriːkəˌpitjəˈleiʃᵊn/ *n.* [U;C]

re•cap•ture /riːˈkæptʃəʳ/ *vt.* ❶再俘虏;再抓获:*recapture* the escaped prisoners 再次捕获越狱犯 ❷再次经历,重温:The film *recaptured* the glorious military experience of the famous general. 影片再现了这位著名将军光辉的戎马生涯。❸重占,夺回,收复:The time passed and can never be *recaptured*. 时光一去不复返。

re•cast /riːˈkɑːst;-ˈkæst/ *vt.* (**-cast**) ❶改动(文字或言语等):The clause must be *recast* to convey the right meaning. 为了正确表达意思,此条款必须要重写。❷改编:*recast* the novel as a movie 将这部小说改编成电影 ❸改变(戏剧等)的演员阵容;改变(演员)的角色:The part of Cinderella was *recast* to her. 改由她来演灰姑娘这一角色。

re•cede /riˈsiːd/ *vi.* ❶退,后退:*recede* from the eye of 从…的视线中渐渐远去 ❷变得模糊:They went farther and the house *receded*. 他们越走越远,房子已变得模糊不清。❸向后倾斜,向后缩:a chin that *recedes* 向后缩的下巴

re•ceipt /riˈsiːt/ *n.* ❶[C]发票;收据;回执 ❷[~s]进款,进账(额) ❸[U]接受;收到,接到:pay on *receipt* of the goods 货到付款

re•ceiv•a•ble /riˈsiːvəbl/ **I** *adj.* ❶(账目等)应收的 ❷可收到的 **II** *n.* [~s]应收票据,应收款项

re•ceive /riˈsiːv/ *vt.* ❶收到,接到:*receive* donations 收到捐赠 / *receive* a letter 收到信函 ❷接受;获得,得到:This book *received* a number of favourable notices. 这本书得到了不少好评。❸承受(重量、力量等);遭受,经受:*receive* a heavy load 承受重载 ❹听取(意思、建议等):He does not *receive* my advice. 他不听我的忠告。❺受到:*receive* an exuberant welcome 受到热烈的欢迎

☆**receive, accept, admit, gain, take** 均有"接收;接受"之意。**receive** 通常指被动地接到或收到,只有在表示接见时才有主动的意味:The king *received* the ambassador. (国王接见了大使。) **accept** 表示接受,含有满意、赞同、答应、认可等意味:He *accepted* the gift gratefully. (他感激地收下了礼物。) **admit** 与 receive 的不同之处在于强调得到接受方的准许,与 accept

R

的不同之处在于含有作出让步的意味：Smith was *admitted* into the club as an ordinary member.（史密斯被接纳为俱乐部的普通会员。）**gain** 指通过竞争或努力来获取、赢得有益的、有利的或需要的东西：I'm new in the job but I'm already *gaining* experience.（我对这项工作不熟，但正在不断摸索经验。）**take** 表示拿或取，但含有让别人把东西送到手上的意味：We can't *take* money from you.（我们不能拿你的钱。）

re•ceiv•er /ri'siːvə/ *n.* [C] ❶接收者；收件人；接待者：a *receiver* of bribe 受贿者 ❷（电话等的）受话器，听筒，耳机；接收器；收音机，收报机；电视接收机：a telephone *receiver* 电话听筒

re•ceiv•er•ship /ri'siːvəˌʃip/ *n.* [U]【律】❶破产管理，破产在管：be in *receivership* 处于破产在管状态 ❷破产事务官职位；破产事务官的职责

re•cent /'riːsᵊnt/ *adj.* 最近的，新近的，近来的；新近发生：the *recent* market developments 最近的市场发展情况

re•cent•ly /'riːsᵊntli/ *adv.* 最近，近来，不久前：Tom's only *recently* started learning Chinese. 汤姆只是最近才开始学汉语。

re•cep•ta•cle /ri'septəkᵊl/ *n.* [C] ❶容器，贮存器；贮藏所：a *receptacle* for water 盛水的容器 ❷【电】（电源）插座

re•cep•tion /ri'sepʃᵊn/ *n.* ❶[C]收到，接到；得到 ❷[C]（被）接受方式：The book met with a favourable reception. 该书受到了好评。❸[C]接待，招待；招待会；（尤指）婚宴：a wedding *reception* 婚宴 ❹[U]（无线电、电视的）接收；接收效果：transmission and *reception* equipment 收发设备

re•cep•tion•ist /ri'sepʃᵊnist/ *n.* [C]（接待来访者或接听电话的）接待员

re•cep•tive /ri'septiv/ *adj.*（对知识、思想、意见、建议等）易接受的；愿意接受的：He tends to be *receptive* of any proposal. 他会接受任何建议。‖ **re'cep•tive•ly** *adv.* —**re'cep•tive•ness** *n.* [U] —**re•cep•tiv•i•ty** /ˌriːsep'tiviti/ *n.* [U]

re•cess /ri'ses; 'riːses/ *n.* [C] ❶（工作等的）暂停，休息（时间）❷（法庭的）休庭；（尤指英国议会的）休会期 ❸（墙壁等处的）壁龛，凹处：a semicircular *recess* 半圆形壁龛 ❹[～es]幽深处；隐秘处：in the deepest *recesses* of the human soul 在人类灵魂的最深处

re•ces•sion /ri'seʃᵊn/ *n.* ❶[C; U]经济的衰退；经济的衰退期：get out of *recession* 走出经济衰退期 ❷[U]后退；退回；（潮水的）退潮 ‖ **re'ces•sion•a•ry** /-nᵊri/ *adj.*

re•ces•sion•al /ri'seʃᵊnᵊl/ *adj.* [无比较级]【宗】（宗教仪式结束后牧师等）退场的，离去的：*recessional* music（基督教礼拜结束时所奏的）退场乐曲

re•ces•sive /ri'sesiv/ *adj.* [无比较级] 后退的；退回的

re•cid•i•vist /ri'sidivist/ **I** *n.* [C]惯犯，累犯 **II** *adj.* [无比较级]惯犯的，累犯的：a *recidivist* case 一桩累犯案

rec•i•pe /'resipi/ *n.* [C] ❶烹饪法；菜谱；（饮料等的）调制法：a *recipe* for making chocolate cake 巧克力蛋糕的做法 ❷诀窍，方法：a secret *recipe* for sth. 做某事的秘诀〔亦作 **receipt**〕

re•cip•i•ent /ri'sipiənt/ *n.* [C]接受者；接收者：an artificial heart *recipient* 接受人工心脏移植的人

re•cip•ro•cal /ri'siprəkᵊl/ *adj.* [无比较级] 相互的，交互的（见 mutual）：a *reciprocal* trade agreement between two nations 两国间的互惠贸易协定

re•cip•ro•cate /ri'siprəˌkeit/ *v.* 回报，报答（情意等）：He expected his generosity to be *reciprocated*. 他希望自己的宽宏大量能得到回报。‖ **re•cip•ro•ca•tion** /riˌsiprə'keiʃᵊn/ *n.* [U]

rec•i•proc•i•ty /ˌresi'prɔsiti/ *n.* [U] ❶相互性，交互性：the maintenance of *reciprocity* between members 成员之间相互关系的维系 ❷【商】（国与国之间贸易的）互惠

re•cit•al /ri'saitᵊl/ *n.* [C] ❶独奏会；个人演唱会；独舞表演；（由多人参加的）表演会：music *recitals* 音乐独奏会 ❷背诵；朗诵：a sarcastic *recital* 讽刺性的朗诵 ‖ **re'cit•a•list** *n.* [C]

rec•i•ta•tion /ˌresi'teiʃᵊn/ *n.* ❶[C; U]背诵；朗诵：poetry *recitations* 诗歌朗诵 ❷[C]（学生对预先准备的课文的）口头作答

re•cite /ri'sait/ *vt.* ❶背诵；朗诵：*recite* a poem 朗诵一首诗 ❷列举；详述：He was *reciting* his views. 他正在列举他的观点。—*vi.* 背诵；朗诵

reck•less /'reklis/ *adj.* ❶不顾后果的，冒失

的;鲁莽的,轻率的:a very *reckless* girl 放肆的姑娘 ❷粗心的,不注意的:*reckless* spending 无节制的消费 ‖ ˈ**reck·less·ly** *adv.* —ˈ**reck·less·ness** *n.* [U]

reck·on /ˈrekᵊn/ *vt.* ❶计算,算出(见 calculate):His expenditure was *reckoned* at $ 3,000 a month. 他每月的花销高达3 000美元。❷[常用被动语态]看作,认为(*as*):She is *reckoned* (to be) the most outstanding poet in her generation. 她被认为是她那一代诗人中最杰出的。❸〈方〉猜想,作出…的判断;估计:I *reckon* (that) he'll be here soon. 我想他很快就会来的。—*vi.* ❶猜想;估计:A:Will she come? B:I *reckon* so. 甲:她会来吗? 乙:我想会的。❷指望,期望;依赖,依靠(见 rely):She did not *reckon* on him supporting her. 她并没有指望他会支持她。‖ ***reckon with*** *vt.* ❶考虑到;估计到:He hadn't *reckoned with* bad weather. 他没有考虑到天气会变坏。❷处理:She has to *reckon with* this kind of complaint all day long. 她成天都得处理这类投诉。❸认真对待:a sales force to be *reckoned with* 不容忽视的销售队伍

reck·on·ing /ˈrekᵊniŋ/ *n.* [U]计算,估计:By my *reckoning*, he will come in five minutes. 我估计,他五分钟后就会到。

re·claim /riˈkleim/ *vt.* ❶开垦(荒地等);开拓:*reclaim* land from the sea 填海拓地 ❷使(材料)再生,回收(材料):*reclaim* metal from old cars 从旧汽车回收金属

rec·la·ma·tion /ˌrekləˈmeiʃᵊn/ *n.* [U] ❶废物回收利用 ❷开垦,开拓

re·cline /riˈklain/ *v.* 斜靠,斜倚:*recline* on a sofa

re·clin·er /riˈklainəʳ/ *n.* [C] ❶斜靠者;斜倚物 ❷躺椅

re·cluse /ˈreklu:s;riˈklu:s/ *n.* [C]隐遁者,遁世者,隐士,隐居者:lead a life of a *recluse* 隐居 ‖ reˈ**clu·sive** *adj.*

rec·og·ni·tion /ˌrekəgˈniʃᵊn/ *n.* [U] ❶识别;认出:He hoped to avoid *recognition* by wearing dark glasses and a hat. 他戴着墨镜和帽子,希望人们认不出他来。❷明白,认识,发现:There is growing *recognition* that investment is useful for economy reasons. 人们越来越认识到投资应有助于经济发展。❸赏识;奖赏:gain [receive] *recognition* 得到青睐 ❹(正式)承认,确认,认可:The new government has not received *recognition* from other nations. 该新政府尚未得到其他国家的承认。

rec·og·nize /ˈrekəgˌnaiz/ *vt.* ❶[不用进行时态]认出:I *recognized* you at once. 我一眼就认出了你。❷识别,分辨出:*recognize* a swindler 识破骗子 ❸明白,认识到,意识到:She was able to *recognize* the problem. 她已经意识到这个问题。❹正式承认:*recognize* a country's independence 正式承认某国独立 ❺赏识,欣赏:We *recognize* your great achievements. 我们欣赏你们取得的巨大成就。‖ ˈ**rec·ogˌniz·a·ble** *adj.*

re·coil /riˈkɔil/ *vi.* ❶(因害怕、恐惧或厌恶)突然后退,退缩:I *recoiled* at the idea of climbing such a high mountain. 一想到要爬这么高的山,我就退缩了。❷(枪、炮等)产生后坐力:This gun does not *recoil*. 这枪没有后坐力。

rec·ol·lect /ˌrekəˈlekt/ [不用进行时态] *v.* 记得;回想起:I couldn't *recollect* the password. 我不记得密码了。

rec·ol·lec·tion /ˌrekəˈlekʃᵊn/ *n.* ❶[U]回忆;记忆,记忆力:The scene faded from his *recollection*. 这一场景在他的记忆里渐渐逝去。❷[C]回忆起的事情,往事:This book is based on the *recollections* of some survivors. 这本书是根据几个幸存者的回忆写成的。

rec·om·mend /ˌrekəˈmend/ *vt.* ❶推荐,举荐:He *recommended* her to Dr. Lee. 他把她推荐给了李博士。❷劝告,建议:We *recommend* that she (should) be released. 我们建议释放她。❸使可以接受,使成为可取:A good manner will *recommend* you. 良好的举止会使你易于与别人相处。‖ ˌ**rec·om**ˈ**men·da·ble** *adj.*

rec·om·men·da·tion /ˌrekəmenˈdeiʃᵊn/ ❶[C]劝告;建议:His *recommendations* will be discussed tomorrow. 明天将讨论他的提议。❷[C;U]推荐,举荐:a letter of *recommendation* 推荐信 ❸[C]推荐信

rec·om·pense /ˈrekᵊmˌpens/ **I** *vt.* ❶酬谢,酬答:*recompense* good with evil 恩将仇报 ❷赔偿;补偿:They agreed to *recompense* him for the loss. 他们同意赔偿他的损失。**II** *n.* [U] ❶酬谢,酬答 ❷赔偿,赔付:Each of them received a sum of money in *recompense* for the

R

damage. 他们每人都得到了一笔损失赔偿金。

rec·on·cile /ˈrekənˌsail/ *vt.* ❶使听从,使顺从(*to*):He was *reconciled to* his fate. 他认命了。❷使和解,使和好:*reconcile* with sb. 与某人和解 ❸调停,调解:*reconcile* the contradictions 调解矛盾 ❹使一致,使符合(见 adapt):Economic growth and concepts of sustainability can be *reconciled*. 经济增长和可持续发展的观念可以和谐一致。—*vi.* 和解,和好:The couple *reconciled* at last. 夫妻俩最终和好了。‖ **ˈrec·onˌcil·a·ble** *adj.*

rec·on·cil·i·a·tion /ˌrekənˌsiliˈeiʃən/ *n.* ❶[C;U]和解,和好;调解,调停:There was no hope of a *reconciliation* between the two families. 这两家人没有和好的希望。❷[U]调和,一致

rec·on·dite /ˈrekənˌdait;riˈkɔndait/ *adj.* 深奥的,晦涩的:*recondite* vocabulary 生僻词汇 / Such a book is inevitably *recondite*. 这样的书肯定晦涩难懂。

re·con·di·tion /ˌriːkənˈdiʃən/ *vt.* [常用被动语态]翻修,修理;修复

re·con·nais·sance /riˈkɔnisəns;-zəns/ *n.* [U;C]【军】侦察:a *reconnaissance* of the enemy position 对敌人阵地的侦察

re·con·sid·er /ˌriːkənˈsidər/ *vt.* & *vi.* 重新考虑:She said she wouldn't *reconsider*. 她说她不会重新考虑的。‖ **ˌre·con·sid·er·a·tion** /-ˌsidəˈreiʃən/ *n.* [U]

R

re·con·sti·tute /riːˈkɔnstiˌtjuːt/ *vt.* [常用被动语态]❶重组,重新组织;改组(机构等);重建:*reconstitute* a government 改组政府 ❷(加水等)使(脱水食物等)复原:*reconstitute* dried eggs 使脱水鸡蛋复原

re·con·struct /ˌriːkənˈstrʌkt/ *vt.* ❶重新建立;重构:*reconstruct* a city after the war 战后重建城市 ❷使重现:*reconstruct* the events of the murder 模拟谋杀案的全过程 ‖ **ˌre·con·struc·tion** /-ˈstrʌkʃən/ *n.* [C;U]

re·cord I /riˈkɔːd/ *vt.* ❶记录,记载:The responsibility of a dictionary is to *record* the language. 词典的职责是把语言记录下来。❷登记,登录:His no vote was *recorded*. 他的否决票已登记在案。❸录制(声音、图像等):He happened to *record* the fighting. 他刚巧把打斗的场面拍摄了下来。**II** /ˈrekəd/ *n.* [C] ❶记录,记载:medical *records* 病历 ❷履历,历史:The company has an outstanding *record* in industrial relations. 这家公司在劳资关系上表现得很出色。❸犯罪记录,前科:have no previous *record* 没有前科 ❹【体】比赛成绩:The team's *record* is three wins and two losses. 该队的成绩是3胜2负。❺(体育等)最佳表现,最好成绩,最高纪录:a world *record* 世界纪录 ❻唱片,唱盘:cut a *record* 刻录唱片 ‖ ***on record*** *adj.* & *adv.* ❶众所周知的(地):Their accomplishments in the Olympic Games are *on record*. 他们在奥运会上取得的成绩众人皆知。❷记录在案的(地) ❸公开的(地):He is *on record* as supporting the tax cut. 他公开支持减税。❹有记录的(地),有史以来的(地):the hottest summer *on record* 有史以来最炎热的夏天 ‖ **reˈcord·a·ble** *adj.*

re·cord·er /riˈkɔːdər/ *n.* [C] ❶记录员 ❷(磁带式)录音机;录像机

re·cor·ding /riˈkɔːdiŋ/ *n.* [C] ❶(音像制品的)录制,灌制:synchronized *recording* 同步录音 ❷录音材料 ❸唱片;唱盘;磁:a set of *recordings* 一套唱片

record /ˈrekəd/ **player** *n.* [C]唱机(=phonograph)〔亦作 **player**〕

re-count /riːˈkaunt/ *vt.* 再次计算,重新计算;重新统计:They had to *re-count* the votes. 他们不得不重新计算选票。

re·count /riˈkaunt/ *vt.* ❶叙述,讲述(见 tell):The novel *recounts* the life of a pop star. 这部长篇小说讲述了一位流行歌星的一生。❷详述,详细说明:*recount* one's plan 详细说明某人的计划

re·coup /riˈkuːp/ *vt.* 挽回(损失等):*recoup* the losses 挽回损失 / He has *recouped* his popularity. 他重新受到了人们的青睐。

re·course /ˈriːkɔːs;riˈkɔːs/ *n.* [U]求助,求援:It may be necessary for us to have *recourse* to arbitration. 我们也许有必要提请仲裁解决。

re·cov·er /riˈkʌvər/ *vt.* ❶重新获得;收复:The police managed to *recover* the stolen goods. 警方设法找回了被盗的货物。❷使恢复,使康复,使复原:He *recovered* himself after a memory lapse. 他失忆了一段时间后又恢复了正常。❸(从废料等)回收(有用物) —*vi.* 康复,复原:He has *recovered* from his bad cold. 他的重感冒好了。‖ **reˈcov·er·a·ble** *adj.*

—re'cov·er·y *n.* [U;C]

re·cre·ate /ˌriːkriˈeit/ *vt.* 再创造;使再现:*recreate* the scene of the accident 再现事故发生时的情形

rec·re·a·tion /ˌrekriˈeiʃᵊn/ *n.* [U;C](身心的)放松;消遣,娱乐:His only *recreation* is reading. 他唯一的消遣就是看书。‖ ˌ**rec·re'a·tional** *adj.*

re·crim·i·na·tion /riˌkrimiˈneiʃᵊn/ *n.* [C;U]反责;反诉:Let's make friends, instead of wasting our time on *recrimination*. 咱们交个朋友吧,不要再浪费时间互相指责了。

re·cruit /riˈkruːt/ **I** *n.* [C] ❶新兵 ❷(社团、组织等的)新成员,新会员:New *recruits* to our book club are always welcome. 我们的读书俱乐部随时欢迎新会员参加。**II** *vt.* ❶招收…为新兵:These Africans were *recruited* for military service. 这些非洲人被征召入伍。❷招兵组建(军队) ❸招募,招收:*recruit* new employees 招工 —*vi.* ❶招兵,征兵 ❷招募新成员:*recruit* for an important executive position 招聘重要的行政职位人员 ‖ re'**cruit·er** *n.* [C] —re'**cruit·ment** *n.* [U]

rec·tal /ˈrektᵊl/ *adj.* [无比较级]【医】直肠的;用于直肠的:a *rectal* examination 直肠检查 ‖ '**rec·tal·ly** *adv.*

rec·tan·gle /ˈrekˌtæŋgᵊl/ *n.* [C]【数】长方形,矩形

rec·ti·fy /ˈrektiˌfai/ *vt.* 调整;纠正,矫正:*rectify* the unsafe condition 改变不安全的状况 ‖ '**rec·tiˌfi·a·ble** *adj.* —**rec·ti·fi·ca·tion** /ˌrektifiˈkeiʃᵊn/ *n.* [U]

rec·ti·lin·e·ar /ˌrektiˈliniəʳ/ *adj.* [无比较级] ❶直线的;有直线的:*rectilinear* forms 直线形 ❷成直线的:a *rectilinear* motion 直线运动

rec·ti·tude /ˈrektiˌtʲuːd/ *n.* [U]品行端正,正直:a person of stern *rectitude* 刚正不阿的人

rec·tor /ˈrektəʳ/ *n.* [C] ❶【宗】(英、美圣公会的)教(区)长 ❷(学校、大学和学院的)校长,院长

re·cum·bent /riˈkʌmbᵊnt/ *adj.* [无比较级]躺着的,斜靠着的:a *recumbent* stone lion 卧石狮 ‖ re'**cum·ben·cy** *n.* [U]

re·cu·per·ate /riˈkʲuːpᵊˌreit/ *vi.* 康复,复原:She went to the mountains to *recuperate*. 她去山区休养。‖ **re·cu·per·a·tion** /riˌkʲuːpᵊˈreiʃᵊn/ *n.* [U] —re'**cu·per·a·tive** /-ˌreitiv;-rətiv/ *adj.*

re·cur /riˈkəːʳ/ *vi.* (**-curred;-cur·ring**) ❶再次发生:The mistake *recurs* in the second paragraph of the review. 这个错误在书评的第二段再次出现。❷(想法、念头等)重新萌生;(在头脑中)再次出现:The idea kept *recurring*. 这个念头一直在脑海中出现。‖ **re·cur·rence** /riˈkʌrᵊns/ *n.* [C; U] —re'**cur·rent** *adj.* —re'**cur·rent·ly** *adv.*

re·cy·cle /riˈsaikᵊl/ *vt.* ❶回收利用(垃圾、废弃物等);从(垃圾、废弃物等)中提取可用物质:These tins can be *recycled*. 这些罐头盒可以回收利用。❷重新使用,再次利用:*recycle* a former speech 再次使用先前的讲话稿 ‖ **re·cy·cla·ble** /riˈsaikləbᵊl/ *adj.*

red /red/ **I** *n.* ❶[U;C]红色;红颜料:deep *red* 深红色 ❷[U]红衣;红布:a girl in *red* 穿红衣服的姑娘 **II** *adj.* (**red·der, red·dest**) 红色的:a *red* scarf 一条红色的围巾 ‖ ***in the red*** *adj.* 亏欠的,赤字的 ‖ '**red·dish** *adj.* —'**red·ness** *n.* [U]

red-blood·ed /ˌredˈblʌdid/ *adj.* [无比较级][通常作定语]身强体壮的,精力充沛的

red carpet *n.* [通常用单] ❶(用以欢迎贵宾的)红地毯 ❷(对有名望的来访者所给予的)贵宾礼遇:roll out the *red carpet* for sb. 隆重欢迎某人 ‖ **red-car·pet** /ˈredˌkɑːpit/ *adj.*

red·coat /ˈredˌkəut/ *n.* [C]【史】(尤指美国独立战争时期的)英国兵

red·den /ˈredᵊn/ *vt.* 使变红,染红:The sunset *reddens* the clouds. 落日把云霞映得通红。—*vi.* ❶变红;被染红 ❷脸红

re·dec·o·rate /riːˈdekəˌreit/ *vt.* & *vi.* 重新装饰:They decided to *redecorate* their house. 他们决定重新装修房子。

re·deem /riˈdiːm/ *vt.* ❶买回;赎回:She returned to the pawnbroker's to *redeem* her watch. 她回到当铺赎回她的手表。❷兑现(债券、股票等):*redeem* bonds 将债券兑现 ❸遵守(诺言);履行(义务、职责等):The promise was finally *redeemed*. 这个诺言最终得以兑现。❹解救;赎(人质):They agreed to pay the ransom to *redeem* the hostage. 他们同意交赎金赎回人质。❺补救;弥补;补偿:These failings are *redeemed*. 这些失误都得到了补救。‖ **re'deem•a•ble** *adj*. —**re'deem•er** *n*. [C]

re•demp•tion /ri'dempʃn/ *n*. [U] ❶买回，赎回 ❷(债券、股票等的)兑现 ❸(诺言的)遵守；(义务、职责等的)履行 ❹解救 ❺补救；弥补；补偿：beyond [past] *redemption* 无可救药的(或不可挽回的)

re•de•ploy /ˌriːdi'plɔi/ *vt*. & *vi*. 重新部署，重新调遣：They wanted to *redeploy* troops from Europe. 他们想从欧洲重新调集部队。‖ **ˌre•de'ploy•ment** *n*. [U]

re•de•vel•op /ˌriːdi'veləp/ *vt*. & *vi*. ❶重新发展；重新提出(思想、观点等)：He *redeveloped* his ideas. 他再次提出了他的观点。❷重新开发，重新建设：They planned to *redevelop* in this area. 他们计划重新开发这一地区。‖ **ˌre•de'vel•op•er** *n*. [C] —**ˌre•de'vel•op•ment** *n*. [U;C]

red•head /'redˌhed/ *n*. [C]红头发的人 ‖ **'redˌhead•ed** *adj*.

red-hot /ˌred'hɔt/ *adj*. [无比较级] ❶(指金属)热得发红的，炽热的 ❷发怒的；十分激烈的：*red-hot* anger 暴怒 ❸最新的：a *red-hot* idea 全新的观点

re•di•rect /ˌriːdi'rekt;-dai-/ *vt*. ❶改变…的方向(或路线)：The monsoon *redirected* the river. 季风使河流改道。❷改变…的注意力(或重心等)：He has *redirected* his interests. 他已改变了自己的兴趣。

R

re•dis•tri•bute /ˌriːdi'stribjuːt/ *vt*. ❶再分配，再分发 ❷重新分配：*redistribute* working time 重新分配工作时间 ‖ **ˌre•dis•tri•bu•tion** /-tri'bjuːʃn/ *n*. [U]

red-let•ter /'red'letə/ *adj*. ❶用红字标明的 ❷(日子)值得纪念的，有特殊意义的：a *red-letter* day 有特殊意义的日子

red-light /ˌred'lait/ **district** *n*. [C]红灯区(指妓院集中的地区)

re•do /riː'duː/ *vt*. (**-did** /-'did/, **-done** /-'dʌn/；第三人称单数现在式**-does** /-'dʌz/) 重做；重写：You'll have to *redo* your homework. 你得重做你的家庭作业。

red•o•lent /'redələnt/ *adj*. [作表语] ❶有浓烈气味的：a room *redolent* of tobacco 满是烟味的房间 ❷使人怀旧的，缅想的：a drama *redolent of* the times 充满时代气息的剧本 ‖ **'red•o•lence** *n*. [U]

re•dou•ble /riː'dʌbl/ *vt*. 使进一步增加；使大大加强：We have to *redouble* our efforts to overcome the difficulties. 我们得加倍努力克服这些困难。

re•doubt /ri'daut/ *n*. [C]【军】堡垒；防御工事

re•doubt•a•ble /ri'dautəbl/ *adj*. ❶(尤指对手等)可怕的；难对付的，厉害的：two *redoubtable* authors 两位很难对付的作者 ❷令人崇敬的，令人敬畏的：a *redoubtable* opponent 令人敬畏的对手 ‖ **re'doubt•a•bly** *adv*.

red pepper *n*. ❶[U]辣椒粉 ❷[C]红辣椒

re•dress I /'riːdres;ri'dres/ *n*. [U] ❶纠正，矫正；平反：The black people petition peacefully for the *redress of* grievances. 黑人为昭雪冤屈举行了和平请愿。❷补偿，补救：You should seek *redress* in the law courts for the damage to your house. 你的房屋受到了损坏，你应当通过法律途径要求赔偿。II /ri'dres/ *vt*. ❶纠正，矫正；平反：*redress* an error 纠正错误 / *redress* a grievance 平反一起冤案 ❷调整，调节，使恢复平衡：His study *redresses* an imbalance in this field. 他的研究改变了这一领域中的不平衡现象。

red tape *n*. [U](尤指公共事务中的)官僚作风

re•duce /ri'djuːs/ *vt*. ❶减少，减小；降低；精简(见 decrease)：*reduce* one's weight 减肥 / *reduce* the speed of the car 降低汽车的速度 ❷简化，简约：*reduce* a complicated problem to its essentials 将复杂的问题简约成其要点 ❸摧毁，毁坏：Their house was *reduced* to ashes by the fire. 他们的房子被大火焚毁了。‖ **re'duc•tive** /ri'dʌktiv/ *adj*.

re•duc•tion /ri'dʌkʃn/ *n*. ❶[U]减少；缩减；削减：price *reduction* 降价 ❷[C]缩减量，减少量；降低量：a 10 percent *reduction* in price 10%的降价额度

re•dun•dant /ri'dʌndənt/ *adj*. [无比较级] ❶多余的，冗余的：remove *redundant* words in the sentence 删除句子中多余的词语 ❷〈主英〉遭裁员的，被裁掉的：Many workers at the factory were made *redundant* when the machines were installed. 机器安装好以后，工厂里有不少工人成为冗员被辞退了。‖ **redun•dan•cy** *n*. [C,U]

re•dux /riˈdʌks/ *adj.* [无比较级][用于名词后]被带回的,返回的

red•wood /ˈredˌwud/ *n.* ❶[C]【植】(美国产的)北美红杉 ❷[U](木质为红色的)红木木材

reed /riːd/ *n.* ❶[C]芦苇秆,芦秆 ❷[C]【植】芦苇 ❸[U]芦苇丛;(尤指盖屋顶用的)干芦苇 ❹[C]簧舌,簧片;簧乐器

reed•y /ˈriːdi/ *adj.* ❶[无比较级]长满芦苇的,芦苇丛生的:a *reedy* marsh 芦苇丛生的沼泽 ❷声音细而尖的 ‖ ˈ**reed•i•ness** *n.* [U]

reef /riːf/ *n.* [C]礁石;礁脉:a coral *reef* 珊瑚礁 / underwater *reef* 暗礁

reek /riːk/ **I** *vi.* ❶发出浓烈难闻的气味;发出臭气:The rotting cabbage *reeked*. 开始腐烂的卷心菜发出阵阵恶臭。❷有某种意味:The assignment *reeks* with injustice. 这种分配不公正。**II** *n.* [通常用单]浓烈的气味;臭味:the *reek* of lamp-oil 灯油的浓烈气味

reel[1] /riːl/ **I** *n.* [C] ❶(棉纱、电线等的)卷轴,卷筒;绞轮,绞盘 ❷(磁带等的)一盘;(电影等的)一卷 ❸〈英〉(线等的)一团,一卷 **II** *vt.* ❶卷,绕:*reel* the film 卷胶片 ❷(用转轮)收(线);绕线拉起:*reel* the fish in 拉线收鱼 ‖ ***reel off*** *vt.* 一口气说出(或背出);流畅地写出:She *reeled* her answers *off*. 她很快就写下了答案。

reel[2] /riːl/ *vi.* ❶蹒跚走路 ❷(因犯困或醉酒而)站立不稳,摇晃:The boxer was *reeling* from the blows. 那拳击手被打得摇摇晃晃的。❸眩晕:Numbers make my head *reel*. 数字弄得我头昏脑涨。

re-en•try /riːˈentri/ *n.* ❶[C]重新进入,再进入;重返 ❷[U;C](航天飞机、导弹等的)重返大气层:The spacecraft made a successful *re-entry* into the earth's atmosphere. 宇宙飞船成功地重返大气层。

ref /ref/ 〈口〉 **I** *n.* =referee **II** *vt.* & *vi.* (**reffed**;**ref•fing**) =referee

re•fec•to•ry /riˈfektᵊri/ *n.* [C](修道院、学院等的)餐厅,食堂

re•fer /riˈfəːʳ/ (**-ferred**;**-fer•ring**) *vi.* ❶参考;查看,查阅(*to*):Please *refer to* the remarks postscripted to our letter of May 22. 请参阅我们5月22日信中后面所附的意见。❷归类(*to*):The government *refers to* a plumber's work as a blue-collar job. 政府把管子工的工作列入蓝领工作范畴。❸适用;涉及;针对(*to*):The new regulation does not really *refer to* your company. 这条新规并不是真正针对贵公司的。—*vt.* ❶让…参阅(或查询);使参照(*to*):The reader's attention is *referred to* a footnote. 指引读者参阅脚注。❷提交…以仲裁(或决定)(*to*):We have to *refer* the matter *to* arbitration. 我们不得不将此事提交仲裁。

ref•er•ee /ˌrefᵊˈriː/ **I** *n.* [C] ❶(纠纷、争端中的)仲裁者,调停人;公断人 ❷【体】(足球、篮球、曲棍球、橄榄球、摔跤、拳击等的)裁判员 ❸(确定学术论文发表与否的)评审人,评阅人 **II** *vt.* ❶担任…的裁判 ❷仲裁,对…作出裁决 ❸评审,评阅(学术论文等) —*vi.* ❶当裁判 ❷仲裁,裁决 ❸评审,评阅

ref•er•ence /ˈrefᵊrᵊns/ *n.* ❶[U]查阅,查询:This empty island alone is free from every *reference*. 查遍所有的资料都查不着这座无人岛。❷[C]提到,提及(*to*):The letter made no *reference to* his wife. 信中未提到他妻子。❸[U]参考,引用:He made *reference* to several authors in his paper. 他在论文中引用了几位作者的作品。❹[C]引文,参考章节;参考书(目),参考文献,参考资料:the use of *references* in one's term paper 在学期论文中引用参考文献 ❺[C]推荐人,介绍人;证明人 ❻[C]推荐信,介绍信;证明信;鉴定

ref•er•en•dum /ˌrefᵊˈrendᵊm/ *n.* [C]([复]-**dums** 或-**da** /-də/) 全民公决

ref•er•ent /ˈrefᵊrᵊnt/ *n.* [C]指示物;所指对象

re•fer•ral /riˈfəːrᵊl/ *n.* ❶[C]参考;参照;查阅;引证 ❷[C]被推举人;被介绍人;被证明人 ❸[U]介绍,推荐,推举

re•fill **I** /riːˈfil/ *vt.* 再填满;再注满;再装满:The waiter *refilled* my glass with beer. 侍者替我把杯子重新斟满啤酒。—*vi.* 被重新装满;被重新填满;被重新注满,得到补充 **II** /ˈriːˌfil/ *n.* [C] ❶替换物;重装物;补给:a *refill* for a ball-pen 圆珠笔的替换笔芯 ❷重新加满,再次斟满:a *refill* of coffee 再次加满的一杯咖啡 ‖ **reˈfill•a•ble** *adj.*

re•fine /riˈfain/ *vt.* ❶精炼,提炼:*refine* oil 炼油 ❷精制;提纯 ❸使简练,提炼(思想或语言、文字等):*refine* a theory 提炼理论

re•fined /riˈfaind/ *adj.* ❶优雅的,高雅的;有

R

教养的：*refined* manners 优雅的举止 ❷精炼的，提炼的；精制的：*refined* sugar 精制糖 ❸精确的：*refined* measurements 精确的尺寸

re•fine•ment /riˈfainmᵊnt/ *n.* ❶[U]（言谈、举止、趣味等的）优雅，高雅；有教养：invest sb. with a sense of *refinement* 让某人有一种高雅感 ❷[U]提炼，精炼；精制；提纯；纯度：the *refinement* of oil 石油的精炼 ❸[C]改进，改良：The new theory is a *refinement* of an earlier one. 新理论是对先前理论的一种完善。❹[C]精细的改进；附加的改进装置

re•fin•er•y /riˈfainᵊri/ *n.* [C]精炼厂，提炼厂；炼油厂

re•flect /riˈflekt/ *vt.* ❶反射（热、光、声等）：The mirror *reflected* his image perfectly. 他在镜子里的映像和他本人一模一样。❷反映；表明，显示：Often both types of conflict occur simultaneously, the outer struggle *reflecting* the inner. 通常两种类型的冲突同时发生，外部冲突反映出内部冲突。❸反省；考虑；深思：He *reflected* that he would not see her again. 他考虑后决定不再去见她。—*vi.* ❶（光、热、声音等）被反射：The light *reflects* from the surface of the water. 光线从水面上反射回来。❷反省；考虑；深思（*on*, *upon*）（见 think）：Reading without *reflecting* is like eating without digesting. 读而不思，犹如食而不化。‖ ***reflect on*** *vt.* ❶使蒙羞；责备，指摘：His crimes *reflected on* the whole community. 他所犯的罪行让整个社区都蒙受耻辱。❷证明，表明，反映：The accomplishment *reflects* well *on* your abilities. 这一成就很好地反映了你的能力。

re•flec•tion /riˈflekʃᵊn/ *n.* ❶[U]反射；反照；反响：the *reflection* of the sun on the water 太阳光在水面上的反射 ❷[C]反射光；反射波；反射热；回声 ❸[C]映像，倒影：the *reflection* on the mirror 镜子中的映像 ❹[U]沉思，反思；反省：He roused her from this *reflection*. 他把她从这种沉思中唤醒。❺[C]想法，意见（*on*, *upon*）：He published his *reflections on* the years of his presidency. 他公开表达了对其总统岁月的看法。‖ **reˈflec•tion•al** *adj.*

re•flec•tive /riˈflektiv/ *adj.* [无比较级] ❶思考的，沉思的；反省的：fall into a *reflective* mood 陷入沉思 ❷反射的；反光的：the *reflective* quality of the sand 沙的反射性

re•flec•tor /riˈflektəʳ/ *n.* [C]反射物；反射面；反射镜；反射器

re•flex /ˈriːfleks/ *n.* ❶[C]【生理】（对外部刺激的）反射作用，反射动作 ❷[U;C]本能反应：He smiles at other people by *reflex*. 他本能地朝别人笑笑。

re•flex•ive /riˈfleksiv/ **I** *adj.* [无比较级] ❶【语】（动词）后接反身代词的；（代词）反身的：a *reflexive* pronoun 反身代词 ❷（本能）反应的：a *reflexive* act of self-preservation 自我保护的本能反应 **II** *n.* [C]【语】反身代词；反身动词 ‖ **reˈflex•ive•ly** *adv.*

re•for•est /riːˈfɔːrist;-ˈfɔr-/ *vt.* 在…重新造林 ‖ **re•for•est•a•tion** /ˌriːfɔriˈsteiʃᵊn/ *n.* [U]

re•form /riˈfɔːm/ **I** *n.* [U;C] ❶（政治或社会等的）改革，变革，革新：Some *reforms* to the current system are necessary. 有必要对现行制度进行改革。❷改过自新，改造：Moral solutions of the past effected a *reform*. 从道义上解决以往的问题，使改革行之有效。❸（恶习、弊病等的）革除：bring about *reforms* in school administration 革除学校管理中的种种弊端 **II** *vt.* ❶改革；改良；改造：*reform* the election laws 改革选举法 ❷革除（恶习或弊病）；改（过）；使得到改造：*reform* one's evil ways 改过自新 —*vi.* 改过；革除恶习：He promised to *reform*. 他答应要改过自新的。‖ **ˈre•form•er** *n.* [C]

ref•or•ma•tion /ˌrefəˈmeiʃᵊn/ *n.* [U;C]改良；改革；革新：a necessary *reformation* of the present system 现有制度必要的改革

re•form•a•to•ry /riˈfɔːmətᵊri/ *adj.* [无比较级]改革的；革新的；旨在改造的：The object of these measures is not so much retributive as *reformatory*. 这些举措的目的是改造人而不是惩罚人。

re•fract /riˈfrækt/ *vt.* 【物】使折射：The glass prism *refracted* the white light into the colours of the rainbow. 玻璃棱镜把白光折射成各种色彩的光。

re•frac•tion /riˈfrækʃᵊn/ *n.* [U]【物】折射：*refraction* of light-beam [sound] 光束[声音]折射 ‖ **reˈfrac•tive** *adj.*

re•frain[1] /riˈfrein/ *vi.* 抑制，忍住（*from*）：He *refrained from* asking any questions. 他忍住了，没有提任何问题。

re·frain² /riˈfrein/ *n*. [C] ❶(诗歌节末的)叠句 ❷(乐曲各段末重复的)叠歌,副歌

re·fresh /riˈfreʃ; riː-/ *vt*. ❶使精神振奋;使恢复(精力或体力等):A nap after lunch *refreshes* me in body and mind. 午饭后小睡一会儿使我身心恢复了活力。❷激活;恢复(记忆等):Perhaps this will *refresh* your memory. 也许这可以使你恢复记忆。‖ **reˈfresh·er** *n*. [C]

re·fresh·ing /riˈfreʃiŋ/ *adj*. 清爽的;提神的,令人振作的:The sherbet is icy, dark pink, *refreshing*. 冰冻果子露冰凉,深粉红色,很提神。

re·fresh·ment /riˈfreʃmᵊnt/ *n*. ❶[C][~es]点心,茶点 ❷[U](精神或身体的)恢复活力;神清气爽

re·frig·er·ate /riˈfridʒᵊˌreit/ *vt*. ❶使冷却;使变清凉:*refrigerate* battery 冷却电池 ❷冷藏(食品等):The fresh fruit should be *refrigerated*. 这种新鲜水果需冷藏。‖ **re·frig·er·ant** /riˈfridʒᵊrᵊnt/ *adj*. & [C] *n*. —**re·frig·er·a·tion** /riˌfridʒᵊˈreiʃᵊn/ *n*. [U]

re·frig·er·a·tor /riˈfridʒᵊˌreitəʳ/ *n*. [C]冰箱,冰柜;冷藏室,冷库〔亦作 **fridge, icebox**〕

re·fu·el /riːˈfjuːəl/ (-el(l)ed; -el·(l)ing) *vt*. 给…补充燃料;给…重新加油:*refuel* a car 给汽车重新加油 —*vi*. (飞机、汽车等)补燃料;重新加油

ref·uge /ˈrefjuːdʒ/ *n*. ❶[U]避难;庇护;躲避:a harbor of *refuge* 避风港 ❷[C]避难所,庇护所;收容所;藏身之处

ref·u·gee /ˌrefjuˈdʒiː/ *n*. [C]难民;流亡者;避难者

re·fund I /riˈfʌnd; ˈriːfʌnd/ *vt*. 偿还;退还,归还:I'll *refund* the postage. 我将退还邮资。II /ˈriːfʌnd/ *n*. ❶[U;C]偿还;退还,归还 ❷[C]偿还金额;退回的款额:Do you want accredit or *refund*? 你是要积分还是要退款? ‖ **reˈfund·a·ble** *adj*.

re·fur·bish /riːˈfəːbiʃ/ *vt*. 刷新;整修;翻新:*refurbish* the old apartment 将旧公寓楼修缮一下 ‖ **reˈfur·bish·ment** *n*. [U]

re·fus·al /riˈfjuːzᵊl/ *n*. [U;C]拒绝,推却:*Refusal* does not serve the purpose. 拒绝解决不了问题。

re·fuse¹ /riˈfjuːz/ *vt*. ❶拒绝(接受);回绝(见decline):He *refused* a cigarette. 他没有接香烟。❷拒绝答应(请求等);拒绝给予:It is within your right to *refuse* co-operation. 你有权拒绝合作。—*vi*. 拒绝,回绝:Some collaborated with them; others contemptuously *refused*. 有些人与他们合作,另一些人则不屑一顾地拒绝了。

ref·use² /ˈrefjuːs/ *n*. [U]废物,废料;垃圾:recycle *refuse* 回收垃圾

re·fute /riˈfjuːt/ *vt*. 反驳;驳斥,批驳:We *refuted* his accusations. 我们对他的指控进行反驳。‖ **ref·u·ta·ble** /riˈfjuːtəbᵊl; ˈrefjutəbᵊl/ *adj*. —**ref·u·ta·tion** /ˌrefjuːˈteiʃᵊn/ *n*. [U;C]

re·gain /riˈgein/ *vt*. ❶重新得到,重新获得;恢复:They managed to *regain* their independence. 他们重新获得了独立。❷重回,返回,回到:*regain* the shore 重新回到岸上

re·gal /ˈriːgᵊl/ *adj*. [无比较级]❶帝王的;国王的;王室的:*regal* title 帝王称号 ❷适于帝王的;似帝王的:*regal* splendour 富丽堂皇 ‖ **ˈre·gal·ly** *adv*.

re·gale /riˈgeil/ *vt*. ❶使欢娱,使高兴(*with*):*regale* sb. *with* funny stories 用有趣的故事逗乐某人 ❷宴请,盛宴款待:The host *regaled* the children with cakes. 主人拿糕点给孩子们吃。

re·ga·li·a /riˈgeiliə; -ljə/ [复] *n*. ❶王位标记;皇家徽章 ❷华丽的衣服,礼服

re·gard /riˈgɑːd/ I *vt*. ❶[不用进行时态]看待,把…当作,视…为(*as*):He is *regarded as* one of the greatest landscapists who ever lived. 他被认为是迄今为止最伟大的风景画家之一。❷[不用进行时态]敬重;尊重,尊敬:*regard* the feelings of others 尊重别人的感情 ❸注视,凝视,盯着看;打量:He *regards* the house from the outside for a while. 他从外面盯着房子看了一会儿。II *n*. ❶[U]关系;方面:in this and other *regards* 在方方面面 ❷[U]留意,注意,关注(*to*, *for*):He had no *regard for* my feelings. 他从来都不顾我的感情。❸[U]敬重;尊敬,尊重(*for*):They had high *regard for* their teacher. 他们十分敬重他们的老师。❹[~s]致意;(信末等的)问候:Give them my *regards*. 请代我问候他们。‖ ***as regards prep***. 关于;至于;就…而言:*As regards* novelists, this distinction doesn't much matter. 对小说家们而

言,这一区分并没多大关系。*in* [*with*] *regard to prep.* 在…方面;就…而言;关于:*In regard to* the volume of business done with you, we turned over quite a substantial sum last year. 去年我方同你方的交易额总量相当大。

re·gard·ing /ri'gɑːdiŋ/ *prep.* 关于;至于;就…而言:He knew nothing *regarding* the matter. 他对此事一无所知。

re·gard·less /ri'gɑːdlis/ *adv.* [无比较级]不管怎样,无论如何;不顾后果地:I carried on *regardless.* 不管怎样,我都继续进行了下去。‖ ***regardless of prep.*** 不顾,不管;不论:I like them *regardless of* your opinion. 不管你怎么看,我还是喜欢他们。

re·gat·ta /ri'gætə;-gɑːtə/ *n.* [C]【体】❶帆船比赛;赛艇比赛 ❷赛船大会

re·gen·e·rate /ri'dʒenəˌreit/ *vt.* ❶使(精神上)获得新生;使重生;使悔悟 ❷革新;重建;复兴:The city was soon *regenerated* after the earthquake. 这座城市在地震后很快就完成了重建。❷使(丢失或受伤的器官)重新产生:A lizard can *regenerate* its tail. 蜥蜴的尾巴可以再生。—*vi.*【生】再生:Tissue *regenerates* after skin is scratched. 皮肤划伤后组织会再生。‖ **re·gen·er·a·tion** /ˌridʒenə'reiʃᵊn/ *n.* [U] —**re'gen·er·a·tive** /-rətiv/ *adj.*

reg·gae /'regei/ *n.* [C]【音】雷盖(一种配强劲打击乐的牙买加民间音乐),雷鬼乐

R

reg·i·cide /'redʒiˌsaid/ *n.* ❶[U;C]弑君;弑君罪 ❷[C]弑君者

re·gime, ré·gime /rei'ʒiːm/ *n.* [C] ❶政体;政权;政治制度;统治,管辖:*regime* of centralism 中央集权统治 ❷特定的政权;特定政权的统治期

reg·i·ment I /'redʒimᵊnt/ *n.* [C]【军】团 II /'redʒiˌment/ *vt.* 严格管制;严密控制:Children nowadays don't like to be *regimented* by their parents. 如今的小孩不喜欢被父母管得很死。‖ **reg·i·men·tal** /ˌredʒi'mentᵊl/ *adj.*

reg·i·menta·tion /ˌredʒimen'teiʃᵊn/ *n.* [U]严密管制;严密控制

re·gion /'riːdʒᵊn/ *n.* [C] ❶地带;地域;地区;区域(见 area):the plateau *region* 高原地区 / an industrial *region* 工业区 ❷(身体的)部位:in the *region* of the brain 在脑部 ‖ ***in the region of prep.*** 大约,接近;在…左右:The rate of inflation is *in the region of* 18%. 通货膨胀率大约在18%。

re·gion·al /'riːdʒᵊnᵊl/ *adj.* [无比较级] ❶地区性的,整个地区的:a *regional* library 地区性图书馆 ❷[作定语]区域的,地方的:a *regional* accent 地方口音 ‖ **'re·gion·al·ly** *adv.*

re·gion·al·ism /'riːdʒənəˌlizᵊm/ *n.* ❶[C]方言词语;(地方性的)习俗 ❷[U]地方主义

reg·is·ter /'redʒistəʳ/ I *n.* [C] ❶登记簿;登记表;注册簿;挂号簿;花名册:on the *register* of voters 列入选民名册中 ❷=cash register ❸(人声、乐器的)声区;音域 II *vt.* ❶登记;记录:They were *registered* as Mr. and Mrs. Johnsons. 他们是以约翰逊先生和约翰逊太太的名字登记的。❷挂号邮寄(信件或包裹等):It is a very important letter, so I will *register* it. 这是一封很重要的信函,我要用挂号邮寄。❸给…注册:Last year the school *registered* 7,000 students. 去年这所学校注册登记了7 000名学生。❹(仪表等)自动记录;显示,指示:The device can *register* information about its environment. 这种设备能自动记录下其周围环境的信息。❺表达,表示,显现:They *registered* anxiety. 他们脸上露出焦急的神色。—*vi.* ❶登记,记录:All foreign visitors must *register* with the state officials on entrance. 所有外国游客在入境时都须向政府官员登记。❷注册;报到:*register* at the congress 向大会报到 ❸自动记录;显示:The earthquake did not *register* on our instruments. 地震不会在我们的仪表上显示出来。❹表达表情,流露感情:A delight *registered* on his face. 他脸上流露出喜悦之情。❺留下印象;受到注意:I can't understand how it didn't *register* on me. 我不明白它如何没给我留下印象。‖ **'reg·is·trant** *n.* [C]

reg·is·tered /'redʒistəd/ **nurse** *n.* [C]注册护士(略作 **RN, R. N.**)

reg·is·trar /ˌredʒis'trɑːʳ; 'redʒisˌtrɑːʳ/ *n.* [C]登记员;注册员;(尤指学校的)教务员,学籍注册员

reg·is·tra·tion /ˌredʒi'streiʃᵊn/ *n.* ❶[U]登记;注册;记录;签到;挂号:*registration* of trade mark 商标注册 ❷[C]登记项目;记录事项

reg·is·try /ˈredʒistri/ *n.* ❶[U]记录；登记；注册；挂号 ❷[C]登记处；注册处；挂号处 ❸[C]登记簿；注册簿；挂号簿

re·gress I /riˈgres/ *vi.* ❶退回；复归；回归 ❷倒退，后退；退步；退化：For a while the patient was making progress, but now he seems to be *regressing*. 刚才病人的病情有所好转，而此时又好像恶化了。II /ˈriːgres/ *n.* [U] ❶退回；复归；回归：Few express *regress* about leaving academia. 很少有人表示离开学术界之后要重新回去。❷倒退，后退；退步；退化：perceptual *regress* 知觉的退化 ‖ **re·gres·sion** /riˈgreʃᵊn/ *n.* [U] —**re·gres·sive** /riˈgresiv/ *adj.*

re·gret /riˈgret/ (**-gret·ted**; **-gret·ting**) I *vt.* ❶对…感到后悔；因…懊恼；对…感到遗憾：Lawrence *regrets* his choice. 劳伦斯对他的选择感到后悔。❷[不用进行时态]对…表示歉意，因…而感到愧疚：We *regret* we have to reply in the negative. 很抱歉，我方不得不作否定的答复。II *n.* ❶[C；U]后悔，懊悔；遗憾：Robert never suffered any *regret* for what he had done. 罗伯特对他的所作所为从不后悔。❷[C；U]歉意；抱歉：express *regret* over sth. 对某事表示歉意 ‖ **reˈgret·ful** *adj.* —**reˈgret·ful·ly** *adv.*

re·gret·ta·ble /riˈgretəbᵊl/ *adj.* 使人悔恨的；令人遗憾的；不幸的：It is *regrettable* that our appeal remained a dead letter. 不幸的是我们的呼吁竟石沉大海了。‖ **reˈgret·ta·bly** *adv.*

reg·u·lar /ˈregjuləʳ/ I *adj.* ❶[无比较级]常规的，惯例的；惯常的：*regular* work 日常工作 ❷(结构或排列)匀称的；整齐的；对称的：His features were *regular*. 他五官端正。❸[无比较级]【语】(动词或名词的屈折形式)规则变化的：*regular* verbs 规则动词 ❹[无比较级]正常的；有规律的：His pulse is *regular*. 他脉搏正常。II *n.* [C] ❶老主顾；常客：The old man is one of the *regulars* at the village pub. 那老汉是乡村酒馆的常客之一。❷(适合平均身高穿着的)一般尺寸，普通尺寸；普通尺寸的衣服 ❸(体育队的)正式队员；主力(队员) ‖ **reg·u·lar·i·ty** /ˌregjuˈlæriti/ *n.* [U]

reg·u·lar·ize, **reg·u·lar·ise** /ˈregjuləˌraiz/ *vt.* ❶使有规律；使规则化，使系统化 ❷规范

reg·u·lar·ly /ˈregjuləli/ *adv.* ❶定期地；经常地：Take the medicine *regularly* three times a day. 定时服药，一日三次。❷有规律地；整齐地，匀称地

reg·u·late /ˈregjuˌleit/ *vt.* ❶管理；控制；制约：*regulate* expenditure 控制费用 ❷调整，调节：Prices are *regulated* by supply and demand. 价格受供需调节。❸调准，校准：*regulate* a watch 校准手表 ❹使有条理；使整齐 ‖ **ˈreg·u·la·tive** /-lətiv/ *adj.* —**ˈreg·uˌla·tor** *n.* [C] —**ˈreg·u·la·to·ry** /-lətᵊri/ *adj.*

reg·u·la·tion /ˌregjuˈleiʃᵊn/ I *n.* ❶[C]规章，章程；规定；条例：*regulations* on the exercise of autonomy 自治条例 ❷[U]管理；控制；制约；管制：*regulation* of traffic 交通管理 ❸[U]调整，调节：*regulation* of behaviour 对行为的调节 ❹[U]调准，校准 II *adj.* [无比较级][通常作定语]符合规定的；标准的：the *regulation* size 标准尺寸

re·gur·gi·tate /riˈgəːdʒiˌteit/ *vt.* ❶使反胃；吐出；使反哺 ❷重复：*regurgitate* facts in an exam 在考试中机械地重复事实 —*vi.* 反胃；呕吐；反哺 ‖ **re·gur·gi·ta·tion** /riˌgəːdʒiˈteiʃᵊn/ *n.* [U]

re·ha·bil·i·tate /ˌriːʰəˈbiliˌteit/ *vt.* ❶使康复；使恢复正常：exercises for *rehabilitating* damaged knees 使受伤的膝盖得到康复的活动 ❷恢复…的名誉(或职位、功能等)：*rehabilitate* a witness 恢复证人的名誉 ❸改造(罪犯)：*rehabilitate* imprisoned criminals 改造在押的犯人 ‖ **ˌre·haˈbil·i·ta·tive** /-tətiv/ *adj.*

re·ha·bil·i·ta·tion /ˌriːʰəˌbiliˈteiʃᵊn/ *n.* [U] ❶康复，恢复 ❷恢复名誉，昭雪 ❸(罪犯的)改造

re·hash /riːˈhæʃ/ *vt.* 将…改头换面；以新形式重用(旧内容)：*rehash* the same old ideas 套用同样旧的观点

re·hears·al /riˈhəːsᵊl/ *n.* [C；U]彩排，排练，排演：You've had enough *rehearsal*; it's time to perform before a live audience. 你们已经排练得差不多了，现在该去现场演出了。

re·hearse /riˈhəːs/ *vt.* ❶彩排，排练，排演(戏剧或吟诵等)：*rehearse* one's part in the play 排练剧中的角色 ❷背诵，吟咏；复述 —*vi.* 彩排，排练，排演：She didn't have enough time to *rehearse*. 她没有时间排练了。

reign /rein/ I *n.* [C](君主的)统治时期，在位期，执政期 II *vi.* ❶统治，执政：The queen

R

reigned over her subjects for 45 years. 女王对其臣民统治了45年。❷当主管;主宰;支配:Perpetual spring *reigned*. 四季如春。/ Let peace *reign* over all. 让和平主宰一切。

re•im•burse /ˌriːimˈbəːs/ *vt*. 偿还,归还:The company will *reimburse* you the full amount. 公司将向你全额退款。‖ **ˌre•imˈburse•ment** *n*. [U]

rein /rein/ *n*. [C] ❶缰绳:He prides himself on his skill with the *reins*. 他因其高超的骑马术而感到自豪。❷[~s]统治权;支配权;制约手段:the *reins* of government 管理权 ‖ ***give (free) rein to*** *vt*. 放任,对…完全放权:The proposals *give* farmers more *free rein* to plant what they want. 这些提议让农民更自由地去种植他们想种植的东西。***keep a tight rein on*** *vt*. 对…严加约束;严格控制:The company *kept a tight rein on* the production of this new equipment. 公司严格控制这种新设备的生产。***rein in*** *vt*. 严格控制;对…严加管束:You'll need to *rein* those children *in*. 你得管管那些孩子了。

re•in•car•na•tion /ˌriːinkɑːˈneiʃᵊn/ *n*. ❶[U]转世投胎说 ❷[C]投胎转世的人 ❸[C]重新体现:The new proposal is a *reincarnation* of his earlier ideas. 这一新观点是他先前观点的再现。‖ **ˌre•in•car•nated** /-ˈkɑːneitid/ *adj*.

rein•deer /ˈreinˌdiəʳ/ *n*. [C]([复]**-deer(s)**)【动】驯鹿

R

re•in•force /ˌriːinˈfɔːs/ *vt*. ❶加固,补强:*reinforce* a wall 加固墙体 ❷增强,加强:*reinforce* the law 增强法律意识〔亦作 **reenforce**〕

re•in•force•ment /ˌriːinˈfɔːsmᵊnt/ *n*. ❶[U]加固;补强:*reinforcement* of doors with iron bars 用铁棒加固门框 ❷[U]增强,加强:the *reinforcement* of the legal system 法制的加强 ❸[U]增加;补充:the *reinforcement* of personnel 人员的增加 ❹[C]加固件;加强材料:steel *reinforcement* 钢质加固物 ❺[~s]【军】援兵,增援部队:a large deployment of *reinforcements* 增援部队的大规模部署

re•in•state /ˌriːinˈsteit/ *vt*. ❶把…放回原处;使复位;使恢复原状:The big balls are *reinstated*. 大球已放归原位。❷恢复…的权力;使复职:He was removed from office three times and *reinstated* three times. 他曾三起三落。‖ **ˌre•inˈstate•ment** *n*. [U]

re•is•sue /riːˈɪʃuː;-sjuː/ *vt*. 再发行(证券、邮票等);再版(书刊等):a book *reissued* in paperback 再版平装书

re•it•er•ate /riːˈɪtᵊˌreit/ *v*. 重申,重述;反复做:He *reiterated* that this sort of behaviour was a major problem. 他一再说这种行为是主要问题。‖ **re•it•er•a•tion** /ˌriːitᵊˈreiʃᵊn/ *n*. [U;C] —**reˈit•er•a•tive** /-rətiv/ *adj*.

re•ject Ⅰ /riˈdʒekt/ *vt*. ❶拒绝;拒绝接受;拒绝相信(见 decline):As it turned out, both sides *rejected* the proposals. 结果双方都未能接受这些建议。❷不受理;否决,驳回:*reject* an appeal 驳回上诉 / The board *rejected* his request for a license. 管理委员会对他申请执照一事不予受理。Ⅱ /ˈriːdʒekt/ *n*. [C] ❶被抛弃的人;被拒绝的人:a *reject* from the selection test 选拔测试中的淘汰者 ❷被弃之物;淘汰品

re•jec•tion /riˈdʒekʃᵊn/ *n*. ❶[C;U]拒绝;拒绝接受;拒绝相信:*Rejections* of his proposal could lead to disaster. 拒绝接受他的建议可能导致灾难。❷[U]不受理;否决,驳回

re•joice /riˈdʒɔis/ *vi*. 感到高兴,喜悦,愉悦:They *rejoiced* and jumped for joy. 他们欢呼跳跃。‖ **reˈjoic•ing** *n*. [U;C]

re•join /riːˈdʒɔin/ *vt*. ❶再参加,重新加入:*rejoin* the regiment 重新加入军团 ❷与…再团聚;使重聚:The general *rejoined* his forces. 将军将部队重新召集起来。—*vi*. 再度相聚:The two brigades *rejoined* at the river. 两旅在河边再次相遇。

re•ju•ve•nate /riˈdʒuːviˌneit/ *vt*. ❶使年轻化;使富有朝气:The vacation *rejuvenate* him. 假期让他年轻了。❷更新,使改观:*rejuvenate* an old sofa 翻新旧沙发 ‖ **re•ju•ve•na•tion** /ˌridʒuːviˈneiʃᵊn/ *n*. [U]

re•lapse Ⅰ /riˈlæps/ *vi*. 故态复萌,回到原先的状态:She *relapsed* into her early failing. 她故态复萌,又步入早年的歧途。Ⅱ /riˈlæps; ˈriːlæps/ *n*. [C] ❶故态复萌;回复 ❷(病情的)复发:possibility of former patients suffering *relapses* 已康复的患者旧病复发的可能性

re•late /riˈleit/ *vt*. ❶讲,讲述;叙述(见 tell):I have heard him *relate* the anecdote. 我已听他讲过这一逸事。❷使关联;使有联系:*relate* events to probable causes 将事件与可能的原因

联系起来 —*vi*. ❶[不用进行时态]有关联,相关;涉及(*to*):The idea does not *relate to* the other. 此想法与彼想法互不相关。❷欣赏;认同:The two sisters were unable to *relate* to each other. 以前两姐妹总是互相不理解。‖ **reˈlat·er** *n*. [C]

re·lat·ed /riˈleitid/ *adj*. [无比较级] ❶有关的;关联的;相关的:Forgetting is *related* to the passage of time. 遗忘与时间的流逝有关联。❷有族系(或血缘、姻亲)关系的:*related* languages 同语族的语言 / I'm *related* to the guy. 我与那个家伙是亲戚。

re·la·tion /riˈleiʃᵊn/ *n*. ❶[U](事物之间的)关系,关联(见 relationship):*relation* of inclusion 包含关系 / *relation* between cause and effect 因果关系 ❷[~s](国家、团体等之间的)联系,往来:further cement trade *relations* 进一步加强贸易关系 ❸[C]亲戚;家属 ‖ *in* [*with*] *relation to prep*. 有关;关于;涉及:It is *in relation to* her reputation. 这涉及她的声誉。‖ **reˈla·tion·al** *adj*.

re·la·tion·ship /riˈleiʃᵊnˌʃip/ *n*. [C] ❶关系;关联:the *relationship* between the unemployment and inflation 失业与通货膨胀的关系 ❷[通常用单]家属关系;亲属关系;姻亲关系 ❸(国际、人际等的)交际,交往;联系:solidify the *relationship* between Australia and China 巩固中国与澳大利亚的关系

☆**relationship, relation, relations** 均有"关系;关联;联系"之意。**relationship** 常用于个人之间,表示亲密或紧密的关系,有较强的感情色彩:the good *relationship* between the police and the local people (警察与当地居民间的良好关系);该词用于事物时,表示两者之间存在互相依靠或依赖的关系:What is the *relationship* between language and thought? (语言与思想间有什么联系?) **relation** 用于事物时,与 relationship 同义,表示依靠或依赖关系:She argued that literature has no *relation* to reality. (她认为文学与现实互不相干。) **relations** 表示人与人之间、团体与团体之间较为正式、较为一般的关系:The unions should have close *relations* with management. (工会应与资方保持密切联系。)

rel·a·tive /ˈrelətiv/ **I** *n*. [C] ❶家属;亲戚,亲属:a *relative* by marriage 姻亲 ❷相关的事物:English is a close *relative* to Dutch. 英语是荷兰语的近亲。**II** *adj*. [无比较级] ❶[作定语]比较的:a *relative* method 比较法 ❷相对的:Standards of good or bad are *relative to* the society in which one lives. 水平的好坏是相对于一个人所生活的社会而言的。❸[作定语]【语】(代词等)(表示)关系的;(子句)由关系词引导的:a *relative* clause 关系从句 ‖ ***relative to*** *prep*. 与…相比:Our profits were up, *relative to* costs. 相对于成本而言,我们的利润上升了。

relative humidity *n*. [U]【气】相对湿度

rel·a·tive·ly /ˈrelətivli/ *adv*. 比较而言;相对地;相当地:The accused men have been given *relatively* light sentences. 被告只被判以相当轻的刑罚。

rel·a·tiv·i·ty /ˌreləˈtiviti/ *n*. [U] ❶相对性:from the point of view of historical *relativity* 从历史相对性角度来看 ❷【物】相对论:the special theory of *relativity* 狭义相对论

re·lax /riˈlæks/ *vt*. ❶使放松,使松弛:*relax* one's fingers 松开手指 ❷缓和;减轻;放宽:We cannot *relax* our watchfulness. 我们不能放松警惕。❸使休息;使轻松 —*vi*. ❶放松,松弛:His muscles *relaxed* during sleep. 睡觉时他的肌肉得到了放松。❷休息:Music can help people to *relax*. 音乐能助人休息。‖ **reˈlax·er** *n*. [C]

re·lax·a·tion /ˌriːlækˈseiʃᵊn/ *n*. ❶[U]休息;休养:a few moments of *relaxation* 片刻的休息 ❷[C]消遣,娱乐活动:These are her favourite *relaxations*. 这些是她最喜欢的娱乐活动。❸[U]放松,松弛:*relaxation* of the muscles 肌肉的放松 ❹[U]缓和;减轻;放宽:*relaxation* on interest rates 利率的降低

re·laxed /riˈlækst/ *adj*. ❶悠闲的;轻松自在的:She feels *relaxed* when she's by the sea. 她在海边感到非常轻松。❷松弛的;松懈的

re·lax·ing /riˈlæksiŋ/ *adj*. 令人放松的:a *relaxing* swim 让人得到放松的游泳

re·lay I /ˈriːlei/ *n*. [C] ❶接替人员,替班人;(替换人员的)一组,一群:work in *relays* 轮班上班 ❷【体】接力赛 **II** /ˈriːlei;riˈlei/ *vt*. ❶转播,转发:Television traffic is *relayed* by satellite. 电视通过卫星传送。❷传达,转达;转告:This kind of information is not easily *relayed* by the straightforward use of language. 这种信

息不易直接用语言传达。

re·lease /riˈliːs/ **I** *vt.* ❶释放;解放;使自由(*from*):He was soon *released* but under strict surveillance. 他很快就获释,但仍受到严密监视。❷免除…的债务;解除…的负担(或痛苦、职务等);使放弃权利:*release* sb. from duty 解除某人职务 ❸松开,放开:He *released* his hold on the camera. 他松开了抓住照相机的手。❹使(信息等)公开,透露;发布(新闻等);公开发行(唱片、电影等):Her first CD was just *released*. 她的首张 CD 刚刚发行。❺排放;释放;发出:Heat is *released* into the atmosphere. 热量排放到大气中。**II** *n.* ❶[C]解放;释放;放松:the *release* of the hostages 人质的释放 ❷[C](负担、痛苦、职务等的)解除;(责任、债务等的)免除;豁免;(困难等的)摆脱;解脱:We feel satisfaction and *release*. 我们感到满意和解脱。❸[C]排放;释放;发出:the *release* of a bomb 投弹 ❹[U]发布;公开发行:The record has sold three million copies in its first three weeks on *release*. 唱片在公开发行的前三周就售出了 300 万张。

rel·e·gate /ˈreliˌgeit/ *vt.* ❶使降级;使降职;使处于次要地位:The defeated football team was *relegated* to a lower group. 战败的足球队被降级了。❷分配;委托;移交:*relegate* the job of cleaning out to the janitor 将打扫工作分给看门人来做 ‖ **rel·e·ga·tion** /ˌreliˈgeiʃᵊn/ *n.* [U]

re·lent /riˈlent/ *vi.* ❶变温和,变仁慈;动恻隐之心(见 yield):At first she refused to let her boyfriend come in, but later she *relented*. 起初她拒绝男朋友进来,后来她又心软了。❷变缓和;减弱:There was no sign that the storm will *relent*. 没有迹象表明暴雨会减弱。

re·lent·less /riˈlentlis/ *adj.* 不懈的,坚韧的;不屈服的:*relentless* pursuit 不懈的追求 ‖ **reˈlent·less·ly** *adv.* —**reˈlent·less·ness** *n.* [U]

rel·e·vant /ˈrelivᵊnt/ *adj.* ❶相关的,关联的:comment *relevant* to the topic 有关与该话题的评论 / the *relevant* documents 相关的文件 ❷切题的;适当的;中肯的:It may not seem to be *relevant* in design. 它的设计似乎不适宜。‖ **ˈrel·e·vance**, **ˈrel·e·van·cy** *n.* [U]

re·li·a·ble /riˈlaiəbᵊl/ *adj.* 可信赖的;可靠的;可依赖的:Is your watch *reliable*? 你的表准吗? ‖ **re·li·a·bil·i·ty** /ˌrilaiəˈbiliti/ *n.* [U] —**reˈli·a·bly** *adv.*

re·li·ance /riˈlaiᵊns/ *n.* [U] ❶信任,信赖:place little *reliance* upon 对…不太信任 ❷依靠,依赖:*reliance* on social assistance 对社会援助的依靠

re·li·ant /riˈlaiᵊnt/ *adj.* [作表语]依赖的;依靠的:The company is heavily *reliant* on bank loans. 这家公司完全是依赖银行贷款运作的。

rel·ic /ˈrelik/ *n.* [C] ❶遗迹;遗物:historic [cultural] *relics* 历史[文化]遗迹 ❷遗风;遗俗:They regarded this practice as a *relic* of past superstition. 他们认为这种习俗是以前迷信的遗风。

re·lief /riˈliːf/ *n.* ❶[U](痛苦或焦虑等的)减轻,缓解;解除,消除:We desperately need *relief* from these difficulties. 我们急切地需要从这些困境中解脱出来。❷[C;U](痛苦或焦虑等解除后的)宽慰,宽心,轻松:a sigh of *relief* 如释重负的叹气 ❸[U]救济品;救济金:He is now living on *relief*. 他目前靠救济金生活。

re·lieve /riˈliːv/ *vt.* ❶减轻,缓解(见 comfort):This medicine can *relieve* his symptoms. 这种药可以减轻他的症状。❷消除;解除;使解脱:*relieve* one's grief by imparting it 把自己的悲痛一吐为快 ‖ ***relieve oneself*** *vi.* 排泄,方便:The buses did not stop often enough to allow people to *relieve themselves*. 汽车不常停下来让乘客方便。

☆**relieve**, **alleviate**, **lighten**, **mitigate** 均含有"减轻;缓和"之意。**relieve** 指减轻负担,使其可以忍受或暂时忘却,有时也指摆脱烦恼或打破单调和沉闷的状况:Anxiety may be *relieved* by talking to a friend. (可以通过与朋友谈心排解烦恼。) **alleviate** 强调减轻暂时的或局部的苦痛或烦恼,常与根治或根除相对而言:The oil of cloves will *alleviate* a toothache. (丁香油可以缓解牙疼。) **lighten** 常指减轻令人压抑的包袱或负担,强调使人轻松、愉快或振奋:The taking on of a new secretary *lightened* her workload considerably. (聘用一位新秘书大大减轻了她的工作负荷。) **mitigate** 尤指减轻、缓和折磨带来的伤害或苦痛:Ocean breezes *mitigated* the intense heat. (海风使酷热得到了缓解。)

re·lieved /riˈliːvd/ *adj.* [作表语]宽慰的,宽心的,放心的:He was very *relieved* when his wife recovered. 他妻子痊愈后他甚感宽慰。

re·li·gion /riˈlidʒ°n/ *n.* ❶[U]宗教信仰;信仰:a book on *religion* 有关宗教信仰的书 ❷[C]宗教,教:believe in no *religion* 不信奉宗教

re·li·gious /riˈlidʒəs/ *adj.* ❶[无比较级][作定语]宗教的;宗教性的;宗教方面的:*religious* beliefs 宗教信仰 / *religious* reforms 宗教改革 ❷虔诚的;笃信宗教的:She is deeply *religious*. 她是个虔诚的教徒。❸严谨的,严格的:pay *religious* attention to detail 十分注重细节 ‖ **reˈli·gious·ly** *adv.*

re·lin·quish /riˈliŋkwiʃ/ *vt.* ❶放弃(权利、财产、要求等):*relinquish* a claim 放弃索赔 ❷放松,松开:He slowly *relinquished* his hold on the rope. 他慢慢地松开了紧拽着的绳索。‖ **reˈlin·quish·ment** *n.* [U]

rel·ish /ˈreliʃ/ I *n.* [C;U] ❶喜爱,喜好,爱好;兴趣,兴致:eat with great *relish* 津津有味地吃东西 ❷作料,佐料,调料,调味品:I would like some *relish* on my beefsteak. 我想往牛排上加点佐料。**II** *vt.* 对…感兴趣,喜欢,爱好:He *relished* telling such jokes. 他喜欢说这一类笑话。

re·live /riːˈliv/ *vt.* ❶(尤指想象中)重温,使再现;再经历,再体验:He *relived* every moments of the adventure. 他重温了历险时的每时每刻。❷重新过…的生活:You can't *relive* your life. 你不可能再过以前那种生活。‖ **reˈliv·a·ble** *adj.*

re·lo·cate /riːˈləukeit;ˌriːləuˈkeit/ *vt.* 使重新安置;使搬迁:His wife *relocated* him to another city. 他妻子让他移居另一座城市。—*vi.* 重新安置;搬迁 ‖ **re·lo·ca·tion** /ˌriːləuˈkeiʃ°n/ *n.* [U]

re·luc·tant /riˈlʌkt°nt/ *adj.* ❶不愿意的,不情愿的:It is difficult to quantify an exact figure as firms are *reluctant* to declare their losses. 由于公司不愿意公布他们的损失,因此很难确定准确的数目。❷勉强的:He gave a *reluctant* promise. 他勉强答应下来。‖ **reˈluc·tance** *n.* [U] —**reˈluc·tant·ly** *adv.*

re·ly /riˈlai/ *vi.* ❶信任,信赖;指望(*on*,*upon*):He is a person to be *relied on*. 他是个完全可以信赖的人。❷依赖;依靠;仰仗(*on*,*upon*):*rely on* the support of the people 依靠人民的支持

☆**rely**,**count on**,**depend**,**reckon**,**trust** 均有"相信,信任;依靠"之意。**rely** 常指根据以往的经验判断某人或某事情是靠得住的:He can be *relied* on to keep the secret.(他是靠得住的,他会保守秘密的。)**count on** 与 reckon 同义,但较为正式,带有指望的意思:They *count on* my going.(他们都指望我会去。)**depend** 尤指信赖或相信某人或某事情会给予帮助,有时含有自身不够强大、需要外部支持的意味:The organization *depends* on the government for most of its income.(该组织的大部分收入来源于政府。)**reckon** 为口语用词,指根据估计或预测认为某事情是确定的或有把握的,与 depend 不同之处在于如果期望落空,不一定会带来灾难性后果:He *reckoned* on a large reward if he succeeded.(他希望成功后能得到一大笔奖金。)**trust** 表示完全信赖或相信某人或某事情,不一定需要过去经验的证明:While reading,never *trust* your memory,but fill up your notebook.(在阅读时千万别相信你的记忆力,你需要做笔记。)

re·main /riˈmein/ I *vi.* ❶[不用进行时态]保留;保持,维持:She has *remained* faithful to memory. 她始终念念不忘旧情。❷逗留;停留,滞留(见 stop):He *remained* in his hotel bedroom for the whole day. 他一整天都待在旅馆客房内。❸遗留;余留;剩下:Few buildings *remain* in that region. 那个地区没留下什么建筑了。—*vt.* 保留;保持,维持:We can *remain* friends. 我们仍可以做朋友。**II** *n.* [~s] ❶剩余物;残余物;遗留物:the *remains* of wreck 沉船残骸 ❷遗迹;遗址;遗风:the *remains* of a Greek city 一座希腊城市的遗址 ❸遗体;遗骨;遗骸

re·main·der /riˈmeindəʳ/ *n.* [C] 剩余部分;遗留物;残余物;余下的人(或事物):The *remainder* found work mainly outside their living quarters. 其余的人大多是在住宅区以外找到了工作。

re·mand /riˈmɑːnd;-ˈmænd/ *vt.* 【律】❶还押(嫌疑人或被告);将…还押候审:He was *remanded* on bail for three days. 他被保释还押三天。❷将(案件)发回下级法院重审

re·mark /riˈmɑːk/ I *vt.* ❶评论,评述;说;表述:She *remarked* that he was her best student. 她说他是她最好的学生。❷观察;觉察 —*vi.* 评论,评述;谈论(*on*,*upon*):A few folks *re*-

marked on her absence. 有几个人对她的缺席议论纷纷。**II** *n.* ❶[U]注意;察觉:This is a new trend worthy of *remark*. 这是一种值得注意的新动向。❷[C]言词,言语;评论;意见:an unflattering *remark* 直言不讳

re·mark·a·ble /riˈmɑːkəbəl/ *adj.* ❶值得注意的;非同寻常的:develop with *remarkable* speed 以惊人的速度发展 ❷引人注目的,显著的;出众的:He is *remarkable* for his perseverance. 他以其坚持不懈的努力著称。‖ **reˈmark·a·bly** *adv.*

re·me·di·al /riˈmiːdiəl/ *adj.* [无比较级] ❶治疗的;治疗上的:a *remedial* schema 治疗方案 ❷(为差生或落后生)补习的:a *remedial* course 补习课程 ❸补救的,弥补性的:take *remedial* measures 采取补救措施 ‖ **reˈme·di·al·ly** *adv.*

rem·e·dy /ˈremidi/ **I** *n.* [C] ❶医药,药品;药方;治疗(法):*remedies* for headache 头痛药 ❷补救法;纠正法:Oil is the *remedy* for strident hinges. 铰链发出刺耳声音时,上点油就会好的。**II** *vt.* ❶医治;救治(见 cure):*remedy* an illness 治病 ❷补救;纠正(见 cure):*remedy* a mistake 纠正错误

re·mem·ber /riˈmembəʳ/ *vt.* ❶记得;回忆起:She couldn't *remember* her old phone number. 她不记得以前的电话号码了。❷记住;铭记:She *remembered* to bring her umbrella. 她记得要带伞。❸记起,想起:I just *remembered* our date. 我才想起来我们的约会。❹代…问好(或致意、致谢)(*to*):*Remember* me *to* your mother. 代我向你母亲问好。—*vi.* ❶记得;想起来;记起:Sorry, I can't *remember* now. 对不起,我现在想不起来了。❷记住;铭记:*Remember*, I'll be there on time. 记住,我会准时到那儿的。

R

re·mem·brance /riˈmembrəns/ *n.* ❶[C]回想,回忆:I have many happy *remembrances* of my childhood. 我有许多幸福的童年回忆。❷[U]记忆,记住:In my *remembrance*, father never got angry with me. 在我的记忆中,父亲从未对我发过火。❸[U]纪念;怀念,缅怀:bear sb. in *remembrance* 怀念某人

re·mind /riˈmaind/ *vt.* ❶提醒:Please *remind* me to post the letters. 请提醒我把这些信寄走。❷使想起,使记起(*of*):She *reminds* me *of* her mother. 她使我想起她母亲。‖ **reˈmind·er** *n.* [C]

rem·i·nisce /ˌremiˈnis/ *vi.* 追忆;缅怀往事;怀旧;叙旧:*reminisce* about the golden days 回忆以前的黄金时光

rem·i·nis·cence /ˌremiˈnisəns/ *n.* ❶[U]追忆;回忆;怀旧;怀念:through the eye of *reminiscence* 在回忆里 ❷[C]记起的经历;往事,旧事:a series of fragmentary *reminiscences* 一系列回忆片段

rem·i·nis·cent /ˌremiˈnisənt/ *adj.* [作表语] 令人回想的;引人联想的(*of*);提示的:Ellen smiled a *reminiscent* smile. 爱伦的笑令人回味。

re·miss /riˈmis/ *adj.* [作表语]玩忽职守的,失职的;疏忽的:It was *remiss* of you to forget to bring your textbook. 你忘带课本来上课,真是粗心。

re·mis·sion /riˈmiʃən/ *n.* ❶[U]汇款,寄钱 ❷[C;U](罪行等的)宽恕;赦免:*Remissions* for the murderers are illegal. 对谋杀犯的赦免不合法。❸[C;U]减刑:the *remission* of sentence 减刑 ❹[U](疾病的)缓解,好转;[C](疾病的)好转期:There may be *remissions* of tumour growth. 肿瘤的增长也许有些减缓。

re·mit /riˈmit/ *vt.* (**-mit·ted;-mit·ting**) 汇寄(钱或支票等),汇(款):Please *remit* balance due us. 请将欠我方的余款汇来。

re·mit·tance /riˈmitəns/ *n.* [C]汇款额

rem·nant /ˈremnənt/ *n.* [C] ❶剩余(物);残余(物);遗留物:a defeated *remnant* 残兵败将 ❷遗存,遗迹;遗风(*of*):*remnants of* the city's glory 这座城市昔日繁荣的遗迹

re·mod·el /riːˈmɔdəl/ *vt.* (**-el(l)ed; -el·(l)ing**) ❶重做模型;重新塑造 ❷重建;改造:*remodel* a house 改建房子

re·mon·strance /riˈmɔnstrəns/ *n.* [U; C]抗议;抗辩:be deaf to *remonstrances* 对抗议不予理会

rem·on·strate /riˈmɔnstreit/ *vi.* 抗议;抗辩:He *remonstrated* about their rudeness. 他对他们的粗暴无理提出抗议。—*vt.* 对…提出抗议;抗辩道:The boy *remonstrated* that he had been done wrong. 男孩辩解说他是被冤枉的。

re·morse /riˈmɔːs/ *n.* [U]悔恨,懊悔,痛悔;*re-*

morse for one's behaviour 对自己的行为感到的懊悔‖re'morse•ful *adj*. —re'morse•ful•ly *adv*.

re•morse•less /ri'mɔːslis/ *adj*. ❶毫无悔意的,不懊悔的 ❷持续的,不间断的:the *remorseless* pressure of recession and financial constraint 长期遭受的经济衰退和金融紧缩 ❸无情的,残忍的:a *remorseless* attack 猛烈的进攻‖re'morse•less•ly *adv*.

re•mote /ri'məut/ *adj*. ❶(时间或空间)远的;久远的;遥远的:the *remote* future 遥远的将来 ❷偏远的,偏僻的,边远的(见 far):a *remote* farm 偏远的农场 ❸微乎其微的,极小的:The possibility of a fall in price is rather *remote*. 降价的可能性极小。❹不与人交往的,冷淡的:a *remote* manner 冷淡的态度 ‖ re'mote•ness *n*. [U]

remote control *n*. ❶[U]遥控,远程控制 ❷[C]遥控器

re•mote•ly /ri'məutli/ *adv*. ❶冷淡地;漠然地 ❷[通常用于否定句中]略微地;丝毫:She isn't *remotely* interested in what you're saying. 她对你说的话毫无兴趣。

re•mov•al /ri'muːvᵊl/ *n*. [U] ❶消除;清除,去除;拆除;拆卸:the *removal* of illegally constructed homes 拆除违建房屋 / the *removal* of contamination 清除杂质 ❷搬移,搬动;移动;调动:one's *removal* abroad 移居国外 ❸罢免,免职,解职,开除:the *removal* of sb. from office 免去某人的职务

re•move /ri'muːv/ *vt*. ❶拿走;移开,挪开:*remove* the desk to the next room 将桌子搬到隔壁房间 ❷脱去(衣服或鞋帽);摘掉(眼镜等):*removed* one's hat 脱下帽子 ❸开除;免去…的职务,罢免:*remove* sb. from his job 开除某人 ‖ re'mov•a•ble *adj*.

re•moved /ri'muːvd/ *adj*. ❶[作表语]远离的,遥远的(见 far) ❷[作表语]差别巨大的:Her policies are far *removed* from mine. 她的政策与我的政策大不一样。❸[用于名词后](尤指表亲间)远房的,隔好几代的:a first cousin *removed* 堂(或表)兄弟姐妹的子女

re•mu•ner•ate /ri'mjuːnəˌreit/ *vt*. ❶酬报;给…酬劳:You will be well *remunerated* for your hard work. 你付出的辛勤劳动会有丰厚报酬。❷给…补偿;向…赔偿 ❸作为(辛苦劳动等)的酬报;为(服务等)付酬:Your writing will be *remunerated*. 你的著作会得到报酬的。‖ re'mu•ner•a•tion /riˌmjuːnə'reiʃᵊn/ *n*. [C] —re'mu•ner•a•tive /-rətiv/ *adj*.

Re•nais•sance /ˌrenə'sɑːns, -'zɑːns, 'renəˌsɑːns, -ˌzɑːns/ *n*. ❶[the ~](14—16 世纪发生在欧洲的)文艺复兴:It was only *the Renaissance* which again opened the world to new ideas. 是文艺复兴重新打开了通往新思想的道路。❷[通常作 r-][通常用单]复兴;复活;新生,再生:a black literary *renaissance* 黑人文学复兴运动

re•nal /'riːnᵊl/ *adj*. [无比较级]【解】肾的;肾脏的;肾部的

re•name /riː'neim/ *vt*. 给…改名(或更名),重新命名:*rename* a river 给河流重新命名

re•nas•cent /ri'næsᵊnt;-'nei-/ *adj*. [无比较级]新生的,再生的;复活的;复兴的

rend /rend/ *vt*. (**rent** /rent/) ❶用力扯,撕扯(见 tear):*rend* the veil 撕去面纱 / *rend* one's garments [hair] 撕扯衣服[头发] ❷(声音等)刺破,冲破:A terrifying scream *rent* the air. 一声令人惊恐的尖叫刺破长空。❸使(心)碎,伤(心):*rend* sb.'s heart asunder 使某人肝肠寸断 ‖ 'rend•er *n*. [C]

rend•er /'rendəʳ/ *vt*. ❶使变得;使成为:The blow to the head *rendered* him unconscious. 头部遭受的重击使他失去了知觉。❷给予;提供(帮助或服务等):You did *render* a valuable service to me. 你真是给我帮了大忙。

ren•dez•vous /'rɔndiˌvuː;-deiˌvuː/ *n*. [C] ([复]-**vous** /-ˌvuːz/) ❶约会;见面,会晤:have a *rendezvous* with sb. 与某人约会 ❷(部队、船只等的)会合地,集结地 ❸集会地点,集合地点:This club is a *rendezvous* for artists. 这个俱乐部是艺术家经常聚会的地方。

ren•di•tion /ren'diʃᵊn/ *n*. [C] (戏剧等的)演出,表演(手法);(角色等)扮演;(音乐作品的)演奏(手法),演唱(方式);表现:give an exuberant *rendition* of the red ribbon dance 充满活力地表演红绸舞

ren•e•gade /'reniˌgeid/ *n*. [C] ❶变节者,叛变者,叛徒;叛党者;叛国者 ❷叛教者,改变宗教信仰者

re•nege /ri'nig;-'neg,-'neiːg/ *vi*. 食言;背信;毁约(*on*):*renege on* one's promise 不守诺言 / The dealer *reneged on* the deal. 那位商人毁了

R

约。‖ re'neg•er *n.* [C]

re•new /ri'nʲuː/ *vt.* ❶重新开始；重新建立（友谊、联系等）：She *renewed* the acquaintance of Mr. and Mrs. Greene. 她跟格林夫妇重修旧好。❷使延期；延长（执照、订单、租赁合同等）的有效期：*renew* a library book 延长图书馆书籍的借期 ❸再次做，再次进行：The army *renewed* its attacks. 部队再次发动进攻。❹重申，重述：*renew* the demands for a tax cut 重申减税的要求 ❺恢复（体力、青春等）：*renew* one's spirits 恢复精力 ❻使恢复原先的状态，使复原：We need to *renew* our resources. 我们要使我们的资源恢复到原有的状态。‖ re'new•a•ble *adj.*

re•new•al /ri'nʲuːəl/ *n.* [U;C] ❶延期，延续：a contract due for *renewal* 需要延期的合同 / passport *renewals* 护照的延期 ❷恢复；重建，修复

re•nounce /ri'nauns/ *vt.* ❶声明放弃（要求、权利、财产等）；抛弃，摒弃（习惯等）：*renounce* one's claim to the throne 放弃王位继承权 ❷宣布与…断绝往来；抛弃：The arrogant man has *renounced* all his former friends. 那个傲慢的男子已宣布与以前所有的朋友断绝关系。

ren•o•vate /'renəˌveit/ *vt.* 翻新；刷新；修缮；修复：*renovate* a house 将房子修缮一新 ‖ ren•o•va•tion /ˌrenə'veiʃᵊn/ *n.* [C; U] —'ren•oˌva•tor *n.* [C]

R

re•nown /ri'naun/ *n.* [U]声望，名气，声誉：win great *renown* 享有盛誉 ‖ re'nowned *adj.*

rent /rent/ I *n.* [U;C]租金；地租；房租：put up the *rent* 提高租金 / water *rents* 水费 II *vt.* ❶租借，租用：All of them simply *rent* studio space *from* him. 他们大家都向他租工作室。❷将…出租；把…租给：She *rented* me the apartment. 她把这套房子租给了我。‖ *for rent* *adj.* 供出租的：You don't know any flats *for rent*, do you? 你不知道有公寓出租，是吗？‖ 'rent•er *n.* [C]

rent•al /'rentᵊl/ *n.* [C] ❶租金，租赁费：*rentals* for housing 房租 ❷出租；租借，租用；租赁 ❸出租物；出租房；出租车

re•nun•ci•a•tion /riˌnʌnsi'eiʃᵊn;-ʃi'ei-/ *n.* [U]（权利、要求等的）放弃；摒弃；（对人的）抛弃：I rebelled against his *renunciation*. 我不同意他这种自暴自弃的态度。

re•or•gan•ize, re•or•gan•ise /riː'ɔːgəˌnaiz/ *vt.* & *vi.* 改组；重新组合：The company needs to *reorganize*. 公司应该改组。‖ re•or•gan•i•za•tion, re•or•gan•i•sa•tion /ˌriːɔːgᵊnai'zeiʃᵊn;-ni'z-/ *n.* [U;C]

rep¹ /rep/ *n.* [C]〈口〉商务代表

rep² /rep/ *n.* [C]〈口〉保留剧目轮演剧团（或专用剧场）

re•pair /ri'peəʳ/ I *vt.* ❶修补，修理；修缮：*repair* a TV 修理电视机 ❷弥补；补救；补偿；纠正（错误、失误等）：I could not *repair* the injuries I had done. 我无法弥补我造成的伤害。II *n.* ❶[U; C]修补，修理；修整；修缮：The brakes need *repairs*. 刹车需要修一修了。❷[U]维修状况；保养状况：Some roads are in a disgraceful state of *repair*. 有些路急需修复。‖ re'pair•a•ble *adj.*

rep•a•ra•tion /ˌrepᵊ'reiʃᵊn/ *n.* ❶[U]赔偿；补偿 ❷[通常作～s]赔偿金（战败国所支付的）赔款

rep•ar•tee /ˌrepɑ'tiː,-'tei,-pɑː-/ *n.* ❶[C]妙答，机敏的回答（见 wit）：a playful *repartee* 打趣的妙答 ❷[U]巧妙应答的才能；如流对答

re•past /ri'pɑːst;-'pæst/ *n.* [C]饮食，膳食：a light *repast* 小吃

re•pa•tri•ate I /riː'peitriˌeit;-pæt-/ *vt.* ❶把…遣送回国；使回国：*repatriated* the illegal immigrants 将非法移民遣送回国 ❷把（资金等）送回本国 —*vi.* 回国，归国 II *n.* [C]被遣送回国者 ‖ re•pat•ri•a•tion /ˌriːpeitri'eiʃᵊn, -pæt-/ *n.* [U]

re•pay /riː'pei/ (-paid /-'peid/) *vt.* ❶付还；偿还；还（钱）：*Repay* him his money. 把他的钱还给他。❷回报；回敬：*repay* a compliment with a smile 对别人的恭维报以一笑 ‖ re'pay•a•ble *adj.* —re'pay•ment *n.* [U;C]

re•peal /ri'piːl/ *vt.* 取消，撤销，废除（法律或议会法令等）：*repeal* a federal law 废除一项联邦法律

re•peat /ri'piːt/ I *vt.* ❶重说；重做：I *repeat* what I said. 我还是那句话。❷复述：She tries to *repeat* what she has read. 她试图复述所读的内容。❸转述；将…告诉别人，跟别人讲述：Don't *repeat* what I've told you. 不要把我跟你

讲的话告诉别人。**II** *n.* [C] ❶重复;重说;重做 ❷重复的东西;反复出现的事情;重播的广播(或电视等)节目:All these programmes are *repeats*! 这些节目都是重播的! ‖ **re'peat·er** *n.* [C]

re·peat·ed /ri'piːtid/ *adj.* [无比较级][作定语]重复的,反复的,再三的:*repeated* attempts 不断的努力 ‖ **re'peat·ed·ly** *adv.*

re·pel /ri'pel/ (**-pelled;-pel·ling**) *vt.* ❶击退;逐退:The army *repelled* the invaders. 部队击退了入侵者。❷与…不相融:Water and oil *repel* each other. 油水不相融。❸使厌恶,使反感:She felt that her attitude *repelled* him. 她感到自己的态度令他反感。

re·pel·lent, re·pel·lant /ri'pelᵊnt/ **I** *adj.* ❶令人生厌的,使人反感的:a *repellent* behaviour 令人反感的举止 ❷[无比较级]驱除的;排斥的:a *repellent* net 驱虫网 **II** *n.* [C;U] ❶驱虫剂,防虫剂,驱虫药 ❷防水剂,防护剂

re·pent /ri'pent/ *vi.* 后悔,懊悔:*repent* of one's rudeness 对自己的粗暴行为感到后悔 —*vt.* 对(错事、不良行为等)表示悔恨;对…感到后悔:He *repented* his angry words. 他后悔说了那些气话。‖ **re'pent·ance** *n.* [U] —**re'pen·tant** *adj.*

re·per·cus·sion /ˌriːpə'kʌʃᵊn;ˌrepə-/ *n.* [通常作~s](事件或行为间接产生的)影响,反响;反应:far-reaching social *repercussions* 深远的社会影响

rep·er·toire /'repəˌtwɑːʳ/ *n.* [C] ❶(剧团或演员等已准备好的)全部节目(或剧目、曲目等):a well-rehearsed *repertoire* 已排练好的全部节目 ❷全部技能;全套本领

rep·e·ti·tion /ˌrepi'tiʃᵊn/ *n.* [U;C]重复;反复;重说;重做;重演:*repetition* of the word being stressed 强调词的重复

rep·e·ti·tious /ˌrepi'tiʃəs/ *adj.* (尤指不必要或令人生厌地)重复的;反复的:This dispute has become somewhat *repetitious*. 这一争论已变得有些老生常谈了。

re·pet·i·tive /ri'petitiv/ *adj.* 重复的;反复的:a *repetitive* speech 内容重复的演说

re·phrase /riː'freiz/ *vt.* 改述,改变…的说法,重新描述:He *rephrased* the question over and over. 他再三换着提法提这一问题。

re·place /ri'pleis/ *vt.* ❶接替,接任;取代:In offices, typewriters have been *replaced* by computers. 在办公室里,打字机已为计算机所替代。❷替换,更换,调换(*with, by*):*replace* a broken dish 更换一只破碟子 ❸把…放回原处,使复位:The book should be *replaced* on the shelf. 应把书重新放回书架上。‖ **re'place·a·ble** *adj.*

☆**replace, displace, supersede, supplant** 均有"替代"之意。**replace** 为口语化用词,可指任何形式的代替,尤指用新的代替陈旧的、用坏的、丢失的或不喜欢的等:*replace* the amber necklace with a string of pearls (用珍珠链子替换琥珀项链) **displace** 表示将某人或某事物挤掉或强行替代:Many of the inhabitants were *displaced* by the rising floodwaters. (许多居民被汹涌的洪水冲走了。) **supersede** 为最正式用词,常指直接或间接地使某一事物变得陈旧、落后从而取而代之:The new edition *supersedes* all previous ones. (新的版本已替代了所有的旧版本。) **supplant** 原意为使跌倒或推翻,表示用阴谋诡计来篡夺或剥夺,有时也指一般意义上的取代:The party leader has been *supplanted* by his rival. (政党领袖已被其对手取而代之。)

re·place·ment /ri'pleismᵊnt/ *n.* ❶[U]接替;代替;取代:the *replacement* of paper and pencils with [by] computers 计算机取代纸和笔 ❷[C]取代者;接替者;代替者,代替物:He's Mr. Brown's *replacement*. 他是来接替布朗先生的。

re·play I /riː'plei/ *vt.* ❶重放(电影、录音等) ❷重新举行(比赛) ❸重演;重奏 **II** /'riːˌplei/ *n.* [C] ❶(录音等的)重播;(电影、录像等的)重放 ❷重新比赛 ❸重演;重奏

re·plen·ish /ri'pleniʃ/ *vt.* 将…重新注满,把…再加满:*replenish* a cup with water 把杯子重新加满水 ‖ **re'plen·ish·ment** *n.* [U]

re·plete /ri'pliːt/ *adj.* [无比较级][作表语] ❶充满的;装满的(*with*):an evening *replete with* excitement 充满兴奋的夜晚 ❷吃饱的,塞饱的 ‖ **re'ple·tion** /-'pliːʃᵊn/ *n.* [U]

rep·li·ca /'replikə/ *n.* [C](艺术品等的)复制品;临摹品(见 copy):a human-sized *replica* of the Statue of Liberty 真人大小的自由女神像复制品

rep·li·cate /'repliˌkeit/ *vt.* ❶重复做;反复做:

R

replicate a chemical experiment 重复做一个化学实验 ❷复制：The virus can *replicate* itself. 这种病毒可以自我复制。—*vi.* ❶重复做；反复做 ❷复制

rep·li·ca·tion /ˌrepliˈkeiʃᵊn/ ❶[C]复制品，复制物 ❷[U]复制；复印 ❸[U]重复；反复 ❹[U]重复实验，复现实验

re·ply /riˈplai/ **I** *vi.* ❶回答；答复，回复(*to*)(见 answer)：*reply* to a question 回答问题 ❷(以动作)作出反应；回击，回敬(*to*)：She *replied to* his threats by going to the police. 受到了他的威胁后，她去警察局告了他。—*vt.* 答复道，回答说：He *replied* that this was absolutely impossible. 他回答说这绝对不可能。**II** *n.* [C] ❶答复，回答：We anticipate receiving you early *reply*. 盼早复。❷(以动作作出的)回应；回击：This is a *reply* from him to their criticisms. 这是他对他们非难的回击。‖ ***in reply*** *adv.* 应答，答复，回答：There are three points I wish to raise *in reply*. 作为回答，我想提出三点。

re·port /riˈpɔːt/ **I** *n.* [C] ❶报告；正式记录：a *report* of investigation 调查报告 ❷报道，通讯：the weather *report* 天气报告 **II** *vt.* ❶报告，汇报(见 tell)：The credit cards have been *reported* missing. 这些信用卡已报失。❷宣布；宣告：I am happy to *report* a profit for the year. 我高兴地来宣布本年度的收益情况。❸告发，揭发，举报：I shall *report* your taking bribes. 我要告发你受贿。❹报道；写有关…的报道：*report* an aircraft missing 报道一起飞机失踪事件 —*vi.* ❶汇报：He *reported* on the facts. 他就有关事实做了汇报。❷报告：He felt dizzy so he *reported* sick. 他感到头晕，因此请了病假。❸报到：*report* for work 上班

re·port·ed·ly /riˈpɔːtid/ *adv.* 据报道：The president is *reportedly* suffering from a fever. 据报道总统正在发烧。

re·port·er /riˈpɔːtəʳ/ *n.* [C] ❶报告人，汇报人 ❷记者；通讯员；新闻广播员：a TV *reporter* 电视播音员 ❸(法庭等的)书记员，笔录人

re·port·ing /riˈpɔːtiŋ/ *n.* [U] ❶报告；汇报 ❷报道：sports *reporting* 体育报道

re·pose[1] /riˈpəuz/ **I** *n.* [U] ❶休息，歇息，憩息：a place of tranquil *repose* 宁静的休息场所 ❷睡眠；长眠，安息：in *repose* 睡着地 ❸安静，平静，平和 **II** *vi.* ❶躺下休息：She *reposed* on the sofa. 她躺在沙发上休息。❷静卧，安睡 ❸安息，长眠：My grandfather now *reposed* in a cemetery in his hometown. 我的祖父已长眠于故乡的一个公墓里。‖ **reˈpose·ful** *adj.*

re·pose[2] /riˈpəuz/ *vt.* 寄托(信赖、信任等)(*in*)：We *repose* confidence *in* his competence. 我们对他的能力很有信心。

re·pos·i·to·ry /riˈpɔzitᵊri/ *n.* [C] ❶储藏室；存放处；仓库❷〈喻〉宝库

re·pos·sess /ˌriːpəˈzes/ *vt.* ❶使重新获得，使重新拥有：*repossess* the dispossessed culture 重新获得已被剥夺的文化 ❷收回(赊购物品等)：Those whose homes have been *repossessed* have lost their job. 那些被收回房子的人失去了工作。‖ **ˌre·pos·ses·sion** /-ˈzeʃᵊn/ *n.* [U]

rep·re·hen·si·ble /ˌrepriˈhensibᵊl/ *adj.* 应受指摘的，应受斥责的，应受谴责的：a *reprehensible* conduct 应受指责的行为 ‖ **ˌrep·re·hen·si·bil·i·ty** /-ˌhensiˈbiliti/ *n.* [U] —**ˌrep·reˈhen·si·bly** *adv.*

rep·re·sent /ˌrepriˈzent/ *vt.* ❶象征；代表：Words *represent* ideas of things. 词语表示事物的概念。❷代替；作…的代表：The prime minister may *represent* the president at the ceremony. 总理将代替总统参加典礼。❸假扮，假装：He *represented* himself as an expert in English literature. 他自诩为英国文学专家。❹等于，相当于：The achievement *represents* the efforts of all the members in the team. 成就是小组所有成员共同努力的结果。

rep·re·sen·ta·tion /ˌreprizenˈteiʃᵊn;-zᵊn-/ ❶[U]象征；代表：Symbols have become the dominant form of *representation* in modern society. 符号已成为现代社会中的主要象征形式。❷[C]画画；雕塑；图画；画像；雕像；塑像：a life-size *representation* of the mayor 这位市长的全身塑像 ❸[常作～s]陈述；说明：make strong *representations* 强烈声言 ‖ **ˌrep·re·senˈta·tion·al** *adj.*

rep·re·sent·a·tive /ˌrepriˈzentətiv/ **I** *n.* [C] ❶代表；代理人：a *representative* by special invitation 特邀代表 ❷代表物，具代表性的东西 **II** *adj.* ❶代表的；代理的；由代表组成的：a *representative* group 代表团 ❷[无比较级][作定语]代表制的，代议制的：a *representative* government 代议制政府 ❸代表性的，典型的：Is this painting *representative* of your work? 这幅画是不是你的代表作?

re·press /ri'pres/ *vt.* ❶抑制,控制(感情等): *repressed* one's anger 强压怒气 ❷压制;制止: This UN resolution banned him from *repressing* his people. 联合国的该项决议严禁他镇压其人民。‖ **re·pres·sion** /-'preʃ°n/ *n.* [U] —**re'pres·sive** *adj.*

re·prieve /ri'pri:v/ **I** *vt.* 【律】暂缓对…的处罚;暂缓对…行刑: *reprieve* a condemned prisoner 暂缓对死刑犯执行死刑 **II** *n.* [C] ❶【律】(给予死刑犯的)缓刑令;(尤指死刑的)缓期执行 ❷暂时逃脱;暂时解救;暂时缓解: Out of the farmer's merciful bosom I had won *reprieve*. 农夫慈悲的胸怀使我获得了暂时解脱。

rep·ri·mand **I** /'repri,ma:nd;-,mænd/ *n.* [C] (尤指对下属等的)斥责,申斥,训斥;责难;谴责(*for*): The teacher gave the boy a stern *reprimand for* playing truant. 老师狠狠地训斥了逃学的男孩。**II** /'repri,ma:nd, ,repri'ma:nd; -,mænd/ *vt.* 斥责,申斥,训斥;责难;谴责: She was *reprimanded* by her boss for her neglect of duty. 她因玩忽职守挨了老板的训斥。

re·print **I** /ri:'print/ *vt.* 重印;再版;翻印: The book was *reprinted* twice. 该书已经重印了两次。**II** /'ri:,print/ *n.* [C]重印本;再版本;翻印本 ‖ **re'print·er** *n.* [C]

re·pris·al /ri'praiz°l/ *n.* [C;U]报仇,复仇;报复性行为: action taken in *reprisal* 报复行为

re·proach /ri'prəutʃ/ **I** *vt.* 责备;指摘;斥责,申斥;谴责;非难: She had not even *reproached* him for breaking his promise. 她甚至对他的不守信用未加指责。**II** *n.* ❶[U]指摘;斥责,申斥;责备,责怪: He looked at her with *reproach*. 他满眼责备地看着她。❷[C]责备的话: My words sounded to her like a *reproach*. 我的话在她看来像是在责备她。‖ **re'proach·ful** *adj.* —**re'proach·ful·ly** *adv.*

re·pro·duce /,ri:prə'dʲu:s/ *vt.* ❶复制(图画、书本等);仿制;模仿,模拟: *reproduce* an article 复印文章 ❷使复现;使再现,使重现: *reproduce* an experiment 重做实验 ❸[~ **oneself**]【生】生殖,繁殖;再生: Some animals *reproduce themselves* by laying eggs. 有些动物通过卵生繁殖。—*vi.* ❶被复制;被仿制: Black and white photographs *reproduce* best. 黑白照片的复制效果最好。❷生殖,繁殖;再生: Species survive and *reproduce* generation after generation. 物种一代代地生存繁衍。‖ **,re·pro'duc·i·ble** *adj.* —**re·pro·duc·tive** /-'dʌktiv/ *adj.*

re·pro·duc·tion /,ri:prə'dʌkʃ°n/ *n.* ❶[U]复制;复写;仿制;模仿,模拟: masterful *reproduction* of the colloquial speech of the native South 对南方方言的高超模仿 ❷[U]【生】繁殖,繁衍;生育: sexual *reproduction* 有性繁殖 ❸[C](尤指艺术品的)复制品;模仿品,仿制物(见 copy): a *reproduction* of an American primitive painting 美国原始绘画的复制品

re·proof /ri'pru:f/ *n.* ❶[U]指责,斥责;谴责;非难: He suffered in silence without a word of *reproof* to his wife. 他默默地忍受,对妻子没有一句责备的话语。❷[C]谴责之辞;责备之辞: She got a sharp *reproof* for being late. 她因迟到而受到严厉责备。

re·prove /ri'pru:v/ *vt.* 责备,责骂,指责: His father *reproved* him for his idleness. 他因无所事事而被其父责骂。‖ **re'prov·ing·ly** *adv.*

rep·tile /'reptil;-tail/ *n.* [C]【动】爬行动物 ‖ **rep·til·i·an** /rep'tili°n/ *adj.*

re·pub·lic /ri'pʌblik/ *n.* [C]共和国;(苏联的)加盟共和国: Ukraine was a *republic* of the former Soviet Union. 乌克兰曾是苏联的加盟共和国。

re·pub·li·can /ri'pʌblik°n/ **I** *adj.* [无比较级] ❶共和国的;共和政体的: a *republican* system of government 共和政体 ❷拥护(或主张)共和政体的 ❸[**R-**]共和党的 **II** *n.* [C] ❶共和主义者;拥护共和政体者 ❷[**R-**]共和党党员 ‖ **re'pub·li·can·ism** /-,iz°m/ *n.* [U]

Republican Party *n.* [通常作 **the R- P-**](美国)共和党

re·pu·di·ate /ri'pju:di,eit/ *vt.* ❶拒绝承认(权威等);拒绝遵守(条约等): *repudiate* a treaty 拒绝履行一项条约 ❷与…断绝来往;声明与…脱离关系(见 decline): The old man *repudiated* the daughter who insisted on marrying a poor young man. 那位老人宣布与坚持嫁给穷小子的女儿脱离关系。❸否认,否定: *repudiate* an accusation 拒绝一项指控 ‖ **re·pu·di·a·tion** /,ripju:di'eiʃ°n/ *n.* [U]

re·pug·nant /ri'pʌgn°nt/ *adj.* 令人极度厌恶

R

的；使人大为反感的：Killing was *repugnant* to him. 他讨厌杀戮。

re•pulse /riˈpʌls/ *vt.* ❶击退；驱退，赶走：The enemy was *repulsed*. 敌人被击退了。❷拒绝，回绝：They coldly *repulsed* our offers of friendship. 他们冷淡地拒绝了我们友好的表示。❸使反感；使厌恶：Your falseness only *repulses* your friends. 你的虚伪只会令你的朋友们反感你。

re•pul•sion /riˈpʌlʃᵊn/ *n.* [U] ❶击退；驱退，赶走 ❷反感，厌恶，嫌恶：I feel a great *repulsion* at the sight of the scene. 此情此景令我感到极度厌恶。

re•pul•sive /riˈpʌlsiv/ *adj.* ❶令人讨厌的；使人反感的：The title is rather *repulsive*. 这个标题很令人反感。❷[无比较级]【物】推斥的，排斥的：*repulsive* interaction 相斥作用 ‖ **reˈpul•sive•ly** *adv.* —**reˈpul•sive•ness** *n.* [U]

rep•u•ta•ble /ˈrepjutəbᵊl/ *adj.* 声誉好的，受好评的；值得尊敬的：a *reputable* occupation 受人尊敬的职业 ‖ **rep•u•ta•bil•i•ty** /ˌrepjutəˈbiliti/ *n.* [U] —ˈ**rep•u•ta•bly** *adv.*

rep•u•ta•tion /ˌrepjuˈteiʃᵊn/ *n.* [C] ❶名气；名声：He always enjoys a *reputation* as tough and shrewd. 他素有精明强硬之名声。❷好名声，美名；声誉，声望：Barron has a *reputation* for being noble and valiant. 巴伦高尚与勇敢的美名远扬。

re•pute /riˈpjuːt/ *n.* [U] ❶名气；名声：persons of good *repute* 有名气的人 ❷好名声，美名；声誉，声望：a man of high *repute* and good character 德高望重的人

re•put•ed /riˈpjuːtid/ *adj.* [无比较级][作定语]普遍认为的，公认的：the *reputed* discoverer of the new continent 公认的新大陆发现者 ‖ **reˈput•ed•ly** *adv.*

re•quest /riˈkwest/ **I** *n.* [C] ❶要求；请求：accede to a *request* 答应一项要求 ❷要求的东西，需要得到的东西 **II** *vt.* 要求；请求：I *requested* to be excused. 我希望得到原谅。

re•quire /riˈkwaiəʳ/ *vt.* [不用进行时态] ❶需要（见 lack）：This work *required* great patience. 这项工作需要极大的耐心。❷命令，指示；要求（见 demand）：She would be *required* to return to complete her testimony. 她被命令回来作完证词。—*vi.* 命令，指示；要求：do as the law *requires* 依法办事 ‖ **reˈquire•ment** *n.* [C]

req•ui•site /ˈrekwizit/ **I** *adj.* [无比较级][作定语]必需的，必要的，必不可少的：*requisite* documents 必备文件 **II** *n.* [C]必需品；必要条件；要素：the primary *requisite* of language 语言最基本的要素

req•ui•si•tion /ˌrekwiˈziʃᵊn/ **I** *n.* [C] ❶要求，请求 ❷申请书：a *requisition* for payment 付款申请书 **II** *vt.* ❶要求；申请：Our records of files *requisitioned* for John are incomplete. 我们没有关于约翰的完整档案记录。❷征购；征用：*requisition* by purchase 征购

re•quite /riˈkwait/ *vt.* ❶报答；酬答：*requite* kindness with ingratitude 以怨报德 ❷答谢；报复：*requite* sb. for his kindness 答谢某人的好意 / *requite* like for like 一报还一报 ❸回报（*with*）‖ **reˈquit•al** *n.* [U] —**reˈquit•er** *n.* [C]

re•scind /riˈsind/ *vt.* 【律】废除，取消，撤销；废止（法规、合同等）：*rescind* a law 废除一项法律

res•cue /ˈreskjuː/ **I** *vt.* 援救，营救；解救，搭救：*rescue* hostages 营救人质 **II** *n.* [C]救援，营救；解救，搭救：come to sb.'s *rescue* [the *rescue* of sb.] 解救某人 ‖ ˈ**res•cu•er** *n.* [C]

re•search /riˈsəːtʃ; ˈriːsəːtʃ/ **I** *n.* ❶[U]研究；调查；考察：conduct *research* on international relations 进行国际关系研究 ❷[常作～es]研究工作，学术研究；调查工作：the most recent *researches* in linguistics 语言学方面最新的研究 **II** *vt.* & *vi.* 研究；调查：He *researched* the subject. 他研究过这一课题。‖ **reˈsearch•er** *n.* [C]

re•sec•tion /riˈsekʃᵊn/ *n.* [C]切除

re•sem•blance /riˈzemblᵊns/ *n.* ❶[U]类似；相似：in striking *resemblance* 惟妙惟肖 ❷[C]相似性；相似处：These two bears no *resemblance*. 这两者间没有任何相似之处。

re•sem•ble /riˈzembᵊl/ *vt.* [不用进行时态]与…相似（或相像）；类似于：All happy families *resemble* one another. 幸福的家庭大多相似。‖ **re•sem•blance** *n.*

re•sent /riˈzent/ *vt.* 憎恨，怨恨；对…不满：He *resented* being seen as a moneyed idler. 他讨厌被人看作有钱的浪荡子。

re•sent•ful /riˈzentfᵘl/ *adj.* 感到怨恨的；充满怨恨的；憎恨的：He felt acutely *resentful*. 他

愤愤不平。 ‖ re'sent·ful·ly *adv.*

re·sent·ment /ri'zentmᵊnt/ *n.* [U;C]怨恨;愤恨,愤慨:His face hardened with *resentment.* 他气得紧绷着脸。

res·er·va·tion /ˌrezə'veiʃᵊn/ *n.* ❶[U;C]保留;保留意见;保留态度:I accept what he says, but with some *reservations.* 我同意他说的,但持保留意见。❷[C](美国印第安人、非洲黑人或澳洲土著人等的)特别居留地,保留地:live on *reservations* 住在保留地 ❸[C]预订,预留;预约;预订的房间(或座位等):make advance *reservations* 预订

re·serve /ri'zəːv/ I *vt.* ❶保存;贮藏;储备;保留:He *reserved* the comment. 他保留评论的权利。❷预订;预约:*reserve* a room 预订房间 ❸特意留下,专门保留:*reserve* seats for the elderly 专为长者保留座位 II *n.* ❶[C]【经】(黄金或外汇等的)储备金;准备金:foreign currency *reserves* 外汇储备 ❷[C]储备物,贮存物;备用物:energy *reserves* 能量储备 ❸[C]保留地;保护区:wildlife *reserves* 野生动植物保护区 ❹[~s]后备役部队,预备队 ❺[U]慎言;沉默寡言,缄默;拘谨:He kept his usual *reserve.* 他保持了常有的沉默。 ‖ *in reserve adv.* & *adj.* 储备的,贮存的;备用的:keep money *in reserve* 备用资金

re·served /ri'zəːvd/ *adj.* ❶[无比较级]预备的,预留的;用作储备的;留作专用的:*reserved* energy 备用能 ❷矜持的;含蓄的;缄默的,寡言的:His public persona was grim and *reserved.* 他在公众场合给人的印象冷峻而矜持。 ‖ re'serv·ed·ly /-vidli/ *adv.*

res·er·vist /'rezəˌvist/ *n.* [C]预备役军人,后备役军人

res·er·voir /'rezəˌvwɑːʳ/ *n.* [C] ❶水库;注水池,蓄水池:the 1,200 acre *reservoir* 1 200英亩的水库 ❷储藏所,仓库 ❸蓄积,储藏;〈喻〉宝库:a *reservoir* of wisdom 智慧的宝库

re·set I /riː'set/ *vt.* & *vi.* (-set;-set·ting) ❶重新安放,重置 ❷重新设定;重调(钟、表等) II /'riːˌset/ *n.* [C] ❶重新安放;重置 ❷复位器

re·set·tle /riː'setᵊl/ *vt.* & *vi.* (使)重新定居;重新安置:They *resettled* in Europe. 他们重新在欧洲定居。 ‖ re'set·tle·ment *n.* [U]

re·shuf·fle /riː'ʃʌfᵊl/ I *vt.* 改组,重组:*reshuffle* the Cabinet 改组内阁 II *n.* [C]改组,重组

re·side /ri'zaid/ *vi.* ❶居住,定居:The guests *resided at* Hilton Hotel. 来宾们下榻于希尔顿饭店。❷[不用进行时态](权利或权力等)属于,归属(*in*):The right to interpret *resides in* the company. 解释权归公司。

res·i·dence /'rezidᵊns/ *n.* ❶[C]住宅,住房,住所,住处:the Prime Minister's official *residence* 首相的官邸 ❷[U]居住;定居;居留:a certificate of *residence* 居住证 ❸[U]合法居住资格

res·i·den·cy /'rezidᵊnsi/ *n.* ❶[U]居住;定居 ❷[U;C](一般住院实习期满后的)高级专科住院实习

res·i·dent /'rezidᵊnt/ I *n.* [C] ❶居民;定居者:a foreign *resident* 外国侨民 ❷(一般住院实习期满后的)高级专科住院医师 II *adj.* [无比较级] ❶[作定语]居住的,定居的:the *resident* population of a town 城市人口 ❷留驻的,常驻的:a *resident* minister 驻外公使

res·i·den·tial /ˌrezi'denʃᵊl/ *adj.* [无比较级][作定语] ❶居住的;住所的,住房的:locate in a *residential* district 位于住宅区 ❷适于居住的;用于住宅:*residential* zoning 住宅区

re·sid·u·al /ri'zidjuᵊl/ *adj.* [无比较级]残留的;剩余的;残余的:Many patients are left with *residual* fear. 许多病人仍心有余悸。

res·i·due /'reziˌdʲuː/ *n.* [C]残余物,剩余物;残留物:pesticide *residues* 残留农药

re·sign /ri'zain/ *vt.* ❶辞去(工作、职务等):He *resigned* directorship because of severe illness. 他因病情严重而辞去董事职务。❷放弃(希望等);摒弃(权利):*resigned* one's hope 放弃希望 / *resign* one's right 放弃权利 ❸[常作~oneself]使屈从,使顺从(*to*):She *resigned herself* contentedly *to* old age. 她乐天知命,安心养老。—*vi.* 退职;辞职(*from*):*resign from* one's post 辞职

res·ig·na·tion /ˌrezig'neiʃᵊn/ *n.* ❶[C]辞职,退职:one's *resignation* from the office 辞职 ❷[C]辞呈,辞职报告:submit one's *resignation* 递交辞呈 ❸[U](对命运等的)屈服,屈从,顺从:*resignation* to inevitable evils 逆来顺受

re·signed /ri'zaind/ *adj.* 屈从的,顺从的,听从的:He has become *resigned to* the circumstances. 他已安于这种境况了。 ‖ re'sign·ed·ly /-nidli/ *adv.*

R

re·sil·i·ence /riˈziliəns/ *n.* [U] ❶弹回，弹性 ❷复原力，恢复力

re·sil·i·ent /riˈziliᵊnt/ *adj.* ❶有弹性的；回弹的：*resilient* materials 弹性材料 ❷富有活力的；适应能力强的：a *resilient* young woman 活力四射的姑娘 ‖ **reˈsil·i·en·cy** /-si/ *n.* [U]

res·in /ˈrezin/ *n.* [U] ❶树脂，树胶〔亦作 **rosin**〕❷松香，松脂 ‖ **res·in·ous** /ˈrezinəs/ *adj.*

re·sist /riˈzist/ *vt.* ❶抵抗；抵挡，抵御：抵御进攻 ❷抗，耐，防：*resist* acid 耐酸 ❸抗拒（诱惑等）；忍住，按捺住：Succulent peaches are hard to *resist*. 多汁的桃子使人忍不住想吃。—*vi.* 抵抗；抵制；抵御：Some of the forces are still *resisting*. 一些军队仍在进行抵抗。‖ **reˈsist·er** *n.* [C]

re·sist·ance /riˈzistᵊns/ *n.* [U] ❶抵抗，抵御；反抗：They made no much *resistance* to the enemy's advance. 他们对敌人的进攻未作抵抗。❷阻力；反作用力：*resistance* to air flow 气流阻力

re·sis·tant /riˈzistᵊnt/ *adj.* 抵抗的，反抗的：Many of them are *resistant* to new ideas. 他们中有很多人抵制新思想。

re·sis·tor /riˈzistəʳ/ *n.* [C]【电】电阻器

res·o·lute /ˈrezəˌlʲuːt/ *adj.* 坚定的，坚决的，果敢的：Emily was *resolute* in breaking up with him. 埃米莉铁了心要跟他一刀两断。‖ **ˈres·o·lute·ly** *adv.*

R

res·o·lu·tion /ˌrezəˈlʲuːʃᵊn/ *n.* ❶[C]（会议等的）正式决定；决议：adopt [pass] a *resolution* 采纳[通过]一项决议 ❷[C]决心；决意做的事情：He lacks the *resolution* to give up smoking. 他缺乏戒烟的决心。❸[U]坚决；坚定；果断；刚毅：a man of *resolution* 刚毅的男子 ❹[U；C]（问题或困难等的）解决；解除：the *resolution* of puzzles 困惑的解除

re·solve /riˈzɔlv/ **I** *vt.* ❶决心，决定，决意去做（见 decide）：I *resolved* to keep my mouth shut. 我决心严守秘密。❷（会议等）作出…的决议，正式决定：The assembly *resolved* that a special team (should) be established to deal with this issue. 大会正式决定成立一个特别小组来处理这一问题。**II** *n.* ❶[C]决心；决定：make a *resolve* to do sth. 决定做某事 ❷[U]坚决；坚毅 ‖ **reˈsolv·a·ble** *adj.*

re·solved /riˈzɔlvd/ *adj.* 决意的，坚定的：He was *resolved* to do it by himself. 他决意独自去做这件事。

res·o·nance /ˈrezᵊnᵊns/ *n.* ❶[U]回声，回响；洪亮：the *resonance* of sb.'s deep voice 某人深沉嗓音的回声 ❷[U；C]深层的意义：the *resonance* of the election results 选举结果所蕴涵的意义

res·o·nant /ˈrezᵊnᵊnt/ *adj.* （声音）回响的，回声的；洪亮的，响亮的：The story bears a *resonant* title. 故事有个响当当的名字。‖ **ˈres·o·nant·ly** *adv.*

res·o·nate /ˈrezəˌneit/ *vi.* 回响；回荡：His good name will *resonate* through ages. 他将名扬千古。

re·sort /riˈzɔːt/ **I** *n.* ❶[C]旅游（或度假）胜地：a beach *resort* 海滨胜地 ❷[U]求助；凭借：I need your help, you're my last *resort*. 我需要你的帮助，只有你能帮我了。**II** *vi.* 求助；凭借（*to*）：*resort to* violence 诉诸武力

re·sound /riˈzaund/ *vi.* ❶回荡；回响（*with*）：The valley *resounded with* howls of wolfs. 狼嚎声在山谷中回荡。❷鸣响；发出响声：The cheers *resounded* through the room. 欢呼声响彻这间屋子。

re·sound·ing /riˈzaundiŋ/ *adj.* [作定语] ❶[无比较级]共鸣的；回声的，回响的：a *resounding* cheer 回荡的欢呼声 ❷巨大的：a *resounding* defeat 惨败 ‖ **reˈsound·ing·ly** *adv.*

re·source /ˈriːsɔːs；-zɔːs；riˈsɔːs，-ˈzɔːs/ *n.* ❶[C]（尤指用作储备的）财富：She is an important *resource* in the college because she knows how to solve many different problems. 她是该大学的重要财富，因为她知道如何解决很多不同的难题。❷[C]资源：natural *resources* 自然资源

re·spect /riˈspekt/ **I** *n.* ❶[C]方面；着眼点：His failure in this *respect* did not embitter him. 他在这一方面的失败没使他感到难过。❷[U]尊重，尊敬，敬重：hold sb. in *respect* 敬重某人 ❸[常作～s]问候；敬意：Give my *respects* to your father. 请代我向你父亲问候。**II** *vt.* ❶尊敬，敬重：He was widely *respected* for his humbleness, loyalty and kindness. 他因谦逊、忠诚和善良受到广泛尊敬。❷不妨害；尊重：Writers are supposed to *respect* the facts. 作家应该尊重事实。‖ ***with respect to*** *prep.* 关于；

至于:This is the case *with respect to* our land and water resources. 我们的土地和水资源就是这个情况。

re·spect·a·ble /ri'spektəbᵊl/ *adj.* ❶可敬的,值得尊重的;人格高尚的;值得重视的:Such remarks are considered *respectable*. 有人认为这种评论值得重视。❷过得去的,尚可的,还不错的:She provided *respectable* accommodation for visitors. 她为游客们提供的膳宿还不错。❸相当数量的,可观的;规模大的:a *respectable* turnout 相当大的产出 ‖ **re·spect·a·bil·i·ty** /riˌspektə'biliti/ *n.* [U] —**re'spect·a·bly** *adv.*

re·spect·ful /ri'spektfᵘl/ *adj.* 尊敬人的,有礼貌的:be *respectful* to elders 尊敬长者 ‖ **re'spect·ful·ly** *adv.*

re·spect·ing /ri'spektiŋ/ *prep.* 关于,涉及;至于;就…而言:*Respecting* incentive payments, they still need further discussion. 至于奖励费问题,他们仍需进一步讨论。

re·spec·tive /ri'spektiv/ *adj.* [无比较级]各个的,各自的;分别的:Both partners valued their *respective* careers more than the marriage relationship. 双方较重视各自的事业,而不太重视他们的婚姻。

re·spec·tive·ly /ri'spektivli/ *adv.* [无比较级]各个地,各自地;分别地:The husband and wife are *respectively* a lawyer and television presenter. 丈夫是律师,妻子是电视节目主持人。

res·pi·ra·tion /ˌrespi'reiʃᵊn/ *n.* [U]呼吸,吸气:artificial *respiration* 人工呼吸

res·pi·ra·tor /'respiˌreitəʳ/ *n.* [C] ❶【医】人工呼吸装置;呼吸器,呼吸机 ❷口罩;防毒面具;防尘面罩

re·spi·ra·to·ry /'respᵊˌreitᵊri/ *adj.* [作定语]呼吸的;呼吸器官的:*respiratory* diseases 呼吸器官疾病

re·spire /ri'spaiəʳ/ *vi.* ❶呼吸,吸气:Fish *respire* through gills. 鱼靠鳃呼吸。❷【生】(植物等)完成呼吸作用

res·pite /'respit;-pait/ *n.* [C;U] ❶暂停;暂缓:work without *respite* 一刻不停地工作 ❷(痛苦等的)暂时缓解;暂时解脱:The patient will have a *respite* from the pain after taking medicine. 病人服药后疼痛暂时会得到缓解。

re·splend·ent /ri'splendᵊnt/ *adj.* 辉煌的;灿烂的;华丽的:The beautiful young violinist was *resplendent* in a red dress. 美丽的小提琴手一袭红裙,光彩照人。‖ **re'splend·ence** *n.* [U] —**re'splend·ent·ly** *adv.*

re·spond /ri'spɔnd/ *vi.* ❶回答,答复(见 answer):He didn't know how to *respond* to the question. 他不知如何来回答这个问题。❷响应,回应:*respond* to a charity drive with donations 通过捐赠响应慈善活动 / Police *responded* with tear gas and clubs. 警察以催泪弹和棍棒还击。❸回报:*respond* instantly in kind 立即以牙还牙 ❹作出反应(*to*):Nerves *respond to* a stimulus. 神经会对刺激物作出反应。

re·spond·ent /ri'spɔndᵊnt/ *n.* [C] ❶应答者;响应者 ❷(尤指离婚案件的)被告

re·sponse /ri'spɔns/ *n.* ❶[C]回答;答复:make no *response* to sb.'s speech 对某人的讲话未做出任何反应 ❷[C;U]响应,回应:Her sullen beauty awoke no *response* in me. 对她阴郁的美我无动于衷。❸[C](对刺激物的)反应:the chimp's *response* to seeing the blue light flash 猩猩看见蓝灯闪烁后的反应

re·spon·si·bil·i·ty /riˌspɔnsi'biliti/ *n.* ❶[U]责任,负责:assume *responsibility* for an incident 对一起事故承担责任 ❷[C]职责;义务(见 duty):Women usually took *responsibility* for the care of young children and the home. 妇女通常承担照顾小孩和家庭的义务。

re·spon·si·ble /ri'spɔnsᵊbᵊl/ *adj.* ❶[无比较级][作定语]应负责任的,有义务的:Nurses are *responsible* for giving each patient the medication specified by his doctor. 护士负责把医生开的药交给每一位病人。❷需负责任的:He's *responsible* for production. 他负责生产。❸[作表语]承担责任的,应受过的:Who is *responsible* for the mess? 谁应为这混乱的局面负责? ❹可信赖的,可靠的,可依赖的:make a *responsible* prediction 作出可信的预测 ‖ **re'spon·si·bly** *adv.*

re·spon·sive /ri'spɔnsiv/ *adj.* 敏感的;易受影响的;富有同情心的:The disease is *responsive to* treatment. 这种病容易治疗。‖ **re'spon·sive·ly** *adv.* —**re'spon·sive·ness** *n.* [U]

rest¹ /rest/ I *n.* ❶[U]休息,歇息;睡眠;[C]休息时间;睡眠时间:take a *rest* 休息一会儿 ❷[U]安宁;安心:His words of comfort gave me no *rest*. 他安慰的话语没能让我宽心。II *vi.* ❶休息;睡:She *rested* (for) a minute. 她小睡了一会儿。❷静止;停止:Let the matter *rest* here. 此事就到此为止吧。❸倚,躺;靠;搁;放:*rest* one's head in his hands 双手托着腮帮子 —*vt.* ❶使休息,使歇息:*Rest* yourselves. 你们休息一下吧。❷使倚躺;使靠着;使支撑;使搁放(*on*,*upon*):He *rested* the book *on* his knees. 他把书搁在膝盖上。‖ *at rest adj.* ❶休息;睡觉:You will see them *at rest*. 你会看到他们在休息。❷长眠,死去:She is now *at rest*. 她已长眠了。

rest² /rest/ *n.* [**the ～**] ❶[用作单]其他部分;剩余部分:The first part was easy while *the rest* was hard. 第一部分很容易,而其他部分则很难。❷[用作复]其他人:He remained aloof while all *the rest* were conversing. 其他人谈话时,他离得远远的。

res·taur·ant /ˈrestᵊrᵊnt;-təˌrɑːnt;-trɑːnt/ *n.* [C]餐馆,饭馆,菜馆,酒店,饭店:a fast-food *restaurant* 快餐馆

res·taur·at·eur /ˌrestᵊrəˈtəːʳ/ *n.* [C]餐馆(或饭馆、菜馆、酒店、饭店等)老板;经理

rest·ful /ˈrestfᵘl/ *adj.* ❶[无比较级]憩息的,休憩的:a *restful* time 休憩的时间 ❷安宁的,静谧的:It's *restful* sitting in the dark. 坐在黑暗中是很安宁的。‖ ˈ**rest·ful·ly** *adv.*

R

res·ti·tu·tion /ˌrestiˈtʲuːʃᵊn/ *n.* [U] ❶(对损失、损坏、伤害等的)赔偿,赔付:make full *restitution* to the victims 对受害人负全部赔偿责任 ❷(对被窃、丢失等物品的)归还,返还:The court ordered the *restitution* of assets to the company. 法院命令将资产归还给公司。

res·tive /ˈrestiv/ *adj.* ❶烦躁的,坐立不安的;不耐烦的:The cats were feeling *restive* because they sensed an earthquake. 因为预感到地震来袭,猫儿们变得烦躁不安。❷不听话的;倔强的:a *restive* boy 倔强的男孩 ‖ ˈ**res·tive·ly** *adj.* —ˈ**res·tive·ness** *n.* [U]

rest·less /ˈrestlis/ *adj.* ❶静不来的;好动的:The *restless* spirit is on me. 我充满好动的精神。❷(焦躁)不安的,心烦的,烦躁的:It is the quiet that makes me *restless*. 正是这静寂使我心神不定。❸不平息的,不平静的,不止息的:The last years of his brief life were *restless*. 他短促一生的最后几年萍踪无定。‖ ˈ**rest·less·ly** *adv.* —ˈ**rest·less·ness** *n.* [U]

res·to·ra·tion /ˌrestᵊˈreiʃᵊn/ *n.* ❶[U]整修,翻修,整新:the *restoration* of an old house to an elegant hotel 将一所老房子修葺成典雅的酒店 ❷[U]恢复;修复,复原:the *restoration* of law and order 恢复法律和秩序 ❸[C](模拟原型的)复建物;复原物

re·stor·a·tive /riˈstɔrətiv/ I *adj.* ❶修复的,复原的;恢复的 ❷有助健康的,滋养身体的:the drink's *restorative* qualities 这种饮料的滋补性能 II *n.* [C]恢复体力的药物(或食物);补品;营养食品 ‖ ˌ**re·storˈa·tive·ly** *adv.*

re·store /riˈstɔːʳ/ *vt.* ❶恢复:*restore* order 恢复秩序 ❷修复,整修:*restore* a water-colour painting 修复一幅水彩画 ❸恢复(健康、体力等):be fully *restored* to health 完全康复 ❹使复位;把…放回原处;使复职:*restore* cups *to* the cupboard 将杯子放回橱柜里

re·strain /riˈstrein/ *vt.* ❶抑制,控制,克制(情绪等)(*from*):You must not *restrain* them of their liberty. 你不能限制他们的自由。❷限制;禁止:*restrain* import from certain countries 限制从某些国家进口物品

re·strained /riˈstreind/ *adj.* 克制的,受约束的

re·straint /riˈstreint/ *n.* ❶[U]限制,控制;约束:under no *restraint* 无所顾忌 ❷[C]限制措施;约束力:government spending *restraints* 政府支出限制措施

re·strict /riˈstrikt/ *vt.* 限制(活动空间、行为、数量等);限定,规定:*restrict* the sale of cigarettes 限制烟草的买卖

re·strict·ed /riˈstriktid/ *adj.* [无比较级] ❶有限的;受限制的:a *restricted* space 有限的空间 ❷不对外开放的:a *restricted* zone 禁区

re·stric·tion /riˈstrikʃᵊn/ *n.* ❶[C]限制条件,规定;限制物:There were too many *restrictions* on business. 贸易限制条款太多了。❷[U]限制,限定;约束:behave without *restriction* 恣意妄为

re·stric·tive /riˈstriktiv/ *adj.* 限制的,约束的:The project is not able to continue because of *restrictive* budget. 由于预算限制,该项目无

法再继续下去。‖ re'stric·tive·ness *n.* [U]

rest room *n.* [C](餐馆、电影院、商店等公共建筑物内的)公共厕所,盥洗室

re·sult /ri'zʌlt/ Ⅰ *vi.* ❶(因某种原因或条件等)发生,产生(*from*):What will *result from* his arrest? 他的被捕会带来什么样的结果? ❷导致(或造成)某种结果;产生某种作用(*in*):The quarrel *resulted in* his leaving the house. 他在争吵后离开了家。Ⅱ *n.* [C] 结果,后果;成果,效果(见 effect):bring about good *results* 产生良好的效果

☆**result from** 和 **result in** 都表示一种因果关系,前者的主语是结果,宾语是起因;后者的主语是起因,宾语是结果:Disorder *resulted from* his action.(混乱是因他的所作所为引起的。)/ His action *resulted in* disorder.(他的所作所为造成了混乱的局面。)

re·sult·ant /ri'zʌltᵊnt/ *adj.* [无比较级][作定语]作为结果的,由此产生的:The drivers all sounded their horns and the *resultant* noise was unbearable. 司机们一齐按响喇叭,所造成的噪音令人难以忍受。

re·sume[1] /ri'zʲuːm/ *vt.* ❶(中断后)重新开始,继续:His wife would soon *resume* her relationship with him. 他的妻子必定会很快同他言归于好。❷重新占用;重新得到:The boy *resumed* his seat. 小男孩重新回到了座位上。—*vi.* (中断后)重新开始,继续:Traffic *resumed* at noon. 到中午时交通恢复了。

☆**resume** 作及物动词时,所带宾语通常是名词、动名词或从句,但不用不定式,如可以说:We must *resume* reading where we left off. 但不能说:We must *resume* to read where we left off.

☆**resume** 和 **continue** 均有"继续"之意。**resume** 特指某行为在中断或停顿后继续进行,亦可指重新占有原来拥有的东西,用于正式场合:The former king *resumed* his power.(前国王重新掌权了。)**continue** 所指的继续,既可指无间断的持续,又可指中止或停顿后的继续进行:We will *continue* with our experiment until we find a solution.(我们将继续做实验,直到找到解决的方法。)

ré·su·mé, re·su·me[2], **re·su·mé** /'rezjuˌmei; ˌrezju'mei/ *n.* [C] ❶摘要,梗概:give a *résumé* of the meeting 做会议的纪要 ❷履历,个人简历:write a *résumé* 写简历

re·sump·tion /ri'zʌmᵖʃᵊn/ *n.* [C;U] ❶(中断后)重新开始,继续:a *resumption* of peace talk 和谈的恢复 ❷重新占用,重新获得

re·sur·gent /riː'səːdʒᵊnt/ *adj.* [无比较级]恢复活力的,再次活跃的;重新崛起的:a *resurgent* political party 重新崛起的政党

res·ur·rect /ˌrezə'rekt/ *vt.* ❶使复活 ❷重新使用;重提(往事等);使(记忆)重现:Suddenly everything was *resurrected* in memory again. 刹那间一切都重现在记忆里。

res·ur·rec·tion /ˌrezə'rekʃᵊn/ *n.* ❶[U]复活,(死而)复生:*resurrection* from the dead 死而复生 ❷[R-]【宗】耶稣复活

re·sus·ci·tate /ri'sʌsiˌteit/ *vt.* & *vi.* (使)苏醒;救醒:His breath had stopped, but the doctor successfully *resuscitated* him. 他已停止了呼吸,但医生成功地救活了他。‖ **re·sus·ci·ta·tion** /riˌsʌsi'teiʃᵊn/ *n.* [U] —**re'sus·ciˌta·tor** *n.* [C]

re·tail /'riːteil/ Ⅰ *n.* [U]零售,零卖:sell by *retail* 零售 Ⅱ *vt.* & *vi.* 零售,零卖:The equipment had been *retailing* for [at] $599. 这台设备的零售价为 599 美元。‖ **re'tail·er** *n.* [C]

re·tain /ri'tein/ *vt.* ❶保持;保留,保住:These peoples *retain* much of their traditional way of life. 这些民族仍保留着很多传统的生活方式。❷保存,使留住:clothing that *retains* its colour 不褪色的布料

re·tain·er[1] /ri'teinəʳ/ *n.* [C] ❶保持者,保留者 ❷老仆人

re·tain·er[2] /ri'teinəʳ/ *n.* [C](律师等的)聘请定金

re·take Ⅰ /riː'teik/ *vt.* (**-took** /-'tuk/, **-tak·en** /-'teikᵊn/) ❶夺回,再占有:*retake* the small hill 重新占领小山 ❷重拍,重摄;重录 Ⅱ /'riːˌteik/ *n.* [C]重拍的照片,重摄的镜头;重录的声音:the *retake* of a scene 重摄的某一场景

re·tal·i·ate /ri'tæliˌeit/ *vi.* 报复,回击,回敬(*for*, *against*, *on*, *upon*):You have to learn means of *retaliating against* your opponent's skillful play. 你得学会几招去对付对手灵巧的打法。‖ **re'tal·i·a·tive**, **re'tal·i·a·to·ry** /-ətᵊri/ *adj.*

re·tal·i·a·tion /riˌtæliˌeiʃᵊn/ *n.* [U]报复(行

R

为);回击

re·tard /ri'tɑːd/ *vt.* 延缓(或阻碍、妨碍)…的发展(或进展)(见 delay):Cold may *retard* the growth of bacteria. 寒冷可以延缓细菌的繁殖。‖ **re·tar·da·tion** /ˌriːtɑː'deiʃ°n/ *n.* [U]

re·tar·dant /ri'tɑːd°nt/ **I** *n.* [C]【化】阻滞剂,阻化剂 **II** *adj.* [通常用以构成复合词]阻止性的,起阻止作用的:fire-*retardant* material 阻燃剂

re·tard·ed /ri'tɑːdid/ *adj.* [无比较级]智力迟钝的,智障的,弱智的:a *retarded* child 智障儿童

re·ten·tion /ri'tenʃ°n/ *n.* [U] ❶保持;保留,保住:the *retention* of English as the country's official language 保留英语作为官方语言 ❷记忆(力):amazing powers of *retention* 令人惊异的记忆力

re·ten·tive /ri'tentiv/ *adj.* ❶保留的,保持的(*of*):a *retentive* soil 能保持住水分的土壤 ❷(记忆)持久的;(人)记性好的,记忆力强的:have a *retentive* memory 过目不忘 ‖ **re'ten·tive·ness** *n.* [U]

re·think /riː'θiŋk/ *vt.* (**-thought** /-'θɔːt/) 重新考虑,重想:He *rethought* the situation and came up with a new idea. 他重新考虑了现状并提出了新观点。

ret·i·cent /'retis°nt/ *adj.* 沉默寡言的,缄默的:He was *reticent* about his private life. 他闭口不提自己的私生活。‖ **'ret·i·cence** *n.* [U]

R

ret·i·na /'retinə/ *n.* [C]([复]**-nas** 或 **-nae** /-ˌniː/)【解】视网膜

ret·i·nue /'retiˌnjuː/ *n.* [C][总称](要人的)随从,侍从,随员:a large *retinue* of aides and bodyguards 大批的助手和保镖随行

re·tire /ri'taiəʳ/ *vi.* ❶退出;引退,退隐,归隐:*retire* to one's study 回到自己的书房 ❷退休,退职;退役:*retire* from the army 退役 —*vt.* ❶使退休(或退职、退役);使离职,辞退:*retire* three workers from the annual roster 将三名工人从年度名册上划去 ❷使(击球员等)出局

re·tired /ri'taiəd/ *adj.* [无比较级] ❶退休的,退职的;退役的:She was *retired* with a generous pension. 她领取了可观的退休金退休了。❷退休者领取的;退休者享受的:*retired* pay 退休工资

re·tire·ment /ri'taiəm°nt/ *n.* [U;C]退休,退职;退役:He earned a good pension during *retirement*. 他退休时得到的养老金十分可观。

re·tir·ing /ri'taiəriŋ/ *adj.* ❶[无比较级](行将)退休的;退役的;退出的:*retiring* age 退休年龄 ❷内向的,不与人交往的;羞怯的:She's really rather *retiring*. 她确实相当羞怯。

re·tort /ri'tɔːt/ **I** *vt.* 反驳,驳斥;回嘴:He *retorted* that the man may have been snobbish. 他反驳说那人也许是有点势利眼。—*vi.* 反驳,驳斥;回嘴:have no chance to *retort* 没有反驳的机会 **II** *n.* [C]反驳,驳斥;回嘴(见 answer):She risked her *retort*. 她贸然进行反驳。

re·touch I /riː'tʌtʃ/ *vt.* ❶修饰,润色,润饰(文章、绘画等);为…增色 ❷【摄】修描(底片);对…校色:*retouch* the photo to make it lighter 给照片校色使其看上去更亮一些 **II** /'riːtʌtʃ/ *n.* [C] ❶(文章、绘画等的)修饰,润饰,润色 ❷润色部分;修饰笔触

re·trace /ri'treis/ *vt.* ❶重走;返回(原路):I would have to *retrace* my way at least twenty miles. 我得回头走至少 20 英里的路。❷回忆,回顾;追忆,追述:*retrace* one's reasoning 回忆推理过程

re·tract /ri'trækt/ *vt.* 缩回,收回(爪子、舌头、触角等):The snake can *retract* its fangs. 蛇可以缩回毒牙。—*vi.* 缩回,收回:The wheels on the airplane don't *retract*. 飞机的轮子收不回去。

re·tract /ri'trækt/ *vt.* 撤回(声明、命令等);收回(意见、诺言等);推翻(证供、证词等);毁弃(约定、合同等):*retract* a statement 撤回声明 ‖ **re'tract·a·ble**, **re'tract·i·ble** *adj.* —**re·trac·tion** /-'trækʃ°n/ *n.* [C;U]

re·tread I /ˌriː'tred/ *vt.* (**-trod** /-'trɔd/, **-trod·den** /-'trɔd°n/) ❶装新(胎面),翻(胎):*retread* a tire 翻新轮胎 ❷把(旧物品)翻新,重做;改编(文章):*retread* old plots into new stories 把旧情节改编成新故事 **II** /'riːˌtred/ *n.* [C] ❶翻新的旧轮胎;(旧轮胎的)新胎面 ❷翻新的东西;更新的思想;改编的文章(或故事)

re·treat /ri'triːt/ **I** *n.* ❶[C;U]撤退,后退:The troops made a *retreat*. 部队向后撤退了。❷[C]退隐处;静居地 ❸[C;U]避世,退隐,隐居:The priests go on a *retreat* once a year. 牧师每年都要避世一次。**II** *vi.* ❶(尤指军队)撤退;

后退：The enemy army was forced to *retreat*. 敌军被迫撤退。❷退回原处；隐居，隐退：The boy *retreated* to his own room. 男孩回到了自己的房间。❸退避，躲避；退缩：*retreat* from one's responsibilities 逃避责任

re·trench /riˈtrentʃ/ *vt.* 减少；削减(开支)；降低(成本)：The university began to *retrench* its workforce. 大学开始裁员。—*vi.* 削减开支，节约成本；节俭：The factory had to *retrench* because of falling order. 工厂因订单减少必须节约成本。‖ **reˈtrench·ment** *n.* [C;U]

re·tri·al /riːˈtraiəl; ˈriːˌtraiəl/ *n.* [C]【律】复审，重审：grant sb. a *retrial* 对某人进行重审

ret·ri·bu·tion /ˌretriˈbjuːʃᵊn/ *n.* [U] 惩罚；【宗】(因果)报应：divine *retribution* 神的惩罚

re·triev·al /riˈtriːvᵊl/ *n.* [U] ❶收回；取回，拿回 ❷【计】检索，查询

re·trieve /riˈtriːv/ *vt.* ❶收回；取回，拿回：*retrieve* the kite from the tree 从树上取回风筝 ❷【计】检索，查询：Now we use computers to store and *retrieve* information. 现在我们利用计算机储存和查询信息。

ret·ro /ˈretrəu/ *adj.* [无比较级]复古的，怀旧的；(早年流行款式)再度流行的：a *retro* style 复古风格 / *retro* clothes 再度流行的服饰

ret·ro·ac·tive /ˌretrəuˈæktiv/ *adj.* [无比较级] ❶(尤指法规)有追溯力的，溯及以往的：a *retroactive* war crimes legislation 有追溯力的战争犯罪法 ❷补足的；补发的：They received a pay rise *retroactive* to last January. 他们拿到了从去年1月份开始补发的工资。‖ **ˌret·roˈac·tive·ly** *adv.*

ret·ro·fit /ˈretrəᵘˌfit/ *vt.* (**-fit·ted**; **-fit·ting**) 翻新(机器、车辆等的)式样，改型：*retrofit* jet aircraft to make it quieter 改良喷气式飞机以减少噪音

ret·ro·grade /ˈretrəᵘˌgreid/ *adj.* [无比较级] ❶向后的，撤回的，后退的 ❷衰退的，衰败的；倒退的：The economic development is on a *retrograde* step. 经济发展出现了倒退。

ret·ro·spect /ˈretrəᵘˌspekt/ *n.* [U]回顾，回忆，追忆，追溯 ‖ *in retrospect* *adv.* 回顾往事；事后看来，现在看来：*In retrospect*, we made two major mistakes. 事后看来，我们犯了两大错误。‖ **ret·ro·spec·tion** /ˌretrəᵘˈspekʃᵊn/ *n.* [U]

ret·ro·spec·tive /ˌretrəᵘˈspektiv/ *adj.* [无比较级] ❶回顾的，回想的，(基于)回忆的：*retrospective* suggestion 回顾性建议 ❷往后看的；向后的，朝后的：a *retrospective* glimpse 向后的一瞥 ‖ **ˌret·roˈspec·tive·ly** *adv.*

re·turn /riˈtəːn/ **I** *vi.* ❶回来，归来，返回：She *returned* wearing a light olive skirt. 她穿着一条浅橄榄绿的裙子回来了。❷回到；回复；重提，重谈(to)：Things were *returning to* normal. 事情都已经恢复正常。—*vt.* ❶把…送回(或放回)；归还，退回：*return* the fish to the river 将鱼放回河里 ❷回敬；回报；报答，答谢：*return* good for evil 以德报怨 **II** *n.* ❶[U]回来，返回；回家；还乡：The medalists in the Olympic Games had all been welcomed elaborately on their *return*. 奥运会奖牌获得者归来时受到了热烈的欢迎。❷[U]归还；送回，放回：require the *return* of illegally exported cultural relics 要求交还非法出境的文物 ❸[C]恢复，回复：the *return* of spring 春回大地 ❹[C]回报；回应：profits in *return* for outlay 投入所得到的回报 ❺[常作～s]利润，收益，回报，赢利：a 15% *return* on investment 15个百分点的投资收益 ❻[通常作～s]选举结果；报表，统计表：incomplete election *returns* 部分选票统计数字

re·turn·a·ble /riˈtəːnəbl/ *adj.* ❶可退还的，可归还的：a *returnable* deposit 可退还的押金 ❷可回收的：*returnable* cans 可回收罐头

re·turn·ee /ˌritəːˈniː; riˈtəːni/ *n.* [C]回来者，归来者；(尤指)归国军人

re·u·nion /ˌriːˈjuːnjən/ *n.* ❶[U]再会合；再联合；再统一 ❷[C](亲朋好友的)团圆，团聚；重聚：We have a family *reunion* in the Moon Festival last year. 去年中秋节我们一家团圆了。

re·u·nite /ˌriːjuːˈnait/ *vt.* & *vi.* ❶(使)重新联合，(使)重新统一；(使)重新合并：*reunite* a divided country 使分裂的国家重新统一 ❷(使)团圆，(使)团聚；(使)重聚：*reunite* a divided family 破镜重圆

re·use **I** /riːˈjuːz/ *vt.* 重新使用；重复使用，多次使用：Waste paper can be *reused* after chemical treatment. 废纸经过化学处理之后可重新使用。**II** /riːˈjuːs/ *n.* [U]二次使用；重复使用，多次使用

rev /rev/ 〈口〉 **I** *n.* [C](轮子、发动机转子等的)转速：run at 3,000 *revs* 以每分钟3 000转运

行 **II** (**revved**; **rev·ving**) *vi*. ❶(汽车等)快速启动;加速(*up*):Two cars *revved up* at the lights. 两辆汽车加快速度闯红灯。❷增加,增大,增长(*up*):The economy began to *rev up*. 经济开始出现增长。—*vt*. 使(机器、发动机等)快速运转(*up*):She *revved* the race car (*up*). 她加快了赛车的速度。

re·val·ue /riːˈvæljuː/【经】*vt*. 调整…的价值;调整(货币)的汇率:The government will *revalue* its currency to fit the international market changes. 为适应国际市场的变化,政府将会调整本国货币的汇率。

re·vamp /riːˈvæmp/ *vt*. ❶改建,改造;改组:*revamp* the kitchen 改建厨房 / *revamped* the management system 改组管理体系 ❷重做;重写:*revamp* a programme 重新制订计划

re·veal /riˈviːl/ *vt*. ❶泄露,透露;揭露;使公布于众:The girl won't *reveal* the secrets easily. 那姑娘是决不会轻易地透露这些秘密的。❷使显露;展示,展现:The young man *revealed* the scar on his arm. 那青年露出手臂上的伤疤。

re·veal·ing /riˈviːliŋ/ *adj*. ❶暴露部分身体的,袒露的:a *revealing* dress 暴露的连衣裙 ❷发人深省的,有启迪作用的:His comments on her abilities to wok with others were very *revealing*. 他对她与他人合作能力的评价令人深思。

rev·el /ˈrevᵊl/ *vi*. (**-el(l)ed**; **-el·(l)ing**) ❶陶醉,沉迷,着迷:Why do you *revel* in making trouble? 你为什么总是那么喜欢捣乱呢?❷狂欢,作乐(*in*):They were drinking and *revelling* all night. 他们饮酒作乐,彻夜狂欢。‖ ˈ**rev·el·(l)er** *n*. [C]

rev·e·la·tion /ˌrevəˈleiʃᵊn/ *n*. ❶[U]展示;揭露,泄露;(真相的)公开:All her attempts at *revelation* was thwarted. 她所有想表白的企图都被阻止了。❷[C]被揭露的真相(或内幕等);被公开(或泄露)的秘密:I listened to his strange *revelations* about his past. 我听他透露他过去那些奇异的经历。

re·venge /riˈvendʒ/ **I** *vt*. ❶为…雪耻,替…报仇(*on*, *upon*):He *revenged* his friend. 他替朋友报仇。❷因…而报仇;雪洗(耻辱等)(见 avenge):She resolved to *revenge* that insult. 她决意雪洗那次耻辱。**II** *n*. [U] ❶报复,复仇,雪耻:a bloody *revenge* 血腥的复仇 ❷报复心,复仇欲望 ‖ **reˈvenge·ful** *adj*.

rev·e·nue /ˈrevəˌnˈuː/ *n*. [U;C] ❶(国家的)岁入;税收:sources of *revenue* 税收来源 ❷收益,收入:business *revenue* 企业收入

re·ver·ber·ate /riˈvəːbᵊˌreit/ *vi*. ❶(声音)回响,回荡:The voice of the girl is still *reverberating* in my ears. 那姑娘的声音仍在我耳边回荡。❷产生极大的影响,引起震动:These measures *reverberate* in the company. 这些举措在公司里反响强烈。

re·ver·ber·a·tion /ˌrivəːbᵊˈreiʃᵊn/ *n*. ❶[U;C]回响;回声:the acoustics of *reverberation* 回音的声学原理 ❷[C](因突然举动而产生的)极大的影响,震动:The assassination sent *reverberation* throughout the country. 暗杀事件在全国引起了震动。

re·vere /riˈviəʳ/ *vt*. 尊敬;敬畏;崇拜;爱戴:He *revered* what he considered the best of Western traditions. 他崇敬他所认为的西方传统的精华。

rev·er·ence /ˈrevᵊrᵊns/ *n*. [U]尊敬;敬畏;崇拜;爱戴:hear with becoming *reverence* 洗耳恭听

rev·er·end /ˈrevᵊrᵊnd/ *n*. ❶[(the) **R-**][用于对教士的尊称]牧师大人:*Reverend* Clark 克拉克牧师大人 ❷[通常用单]教士,牧师

rev·er·ent /ˈrevᵊrᵊnt/ *adj*. 恭敬的,谦恭的,虔诚的 ‖ ˈ**rev·er·ent·ly** *adv*.

rev·er·ie /ˈrevᵊri/ *n*. ❶[U]遐想,遐思:be lost in a *reverie* 心潮起伏 / He sank into a long *reverie*. 他陷入了长长的遐想中。❷[C]白日梦,奇思妙想:absurd *reveries* of a perfect society 关于完美社会的不切实际的奇思妙想

re·vers /riˈviəʳ;-ˈveəʳ/ *n*. [C]([复] **-vers** /-ˈviəz,-ˈveəz/)(衣服的)翻边,翻口;翻领;翻袖口

re·ver·sal /riˈvəːsᵊl/ *n*. ❶[U]反向,倒转 ❷[C](财气、运气的)逆转,恶化;背运:That's a *reversal* of his usual position on relations with Iraq. 他在同伊拉克关系上所持的态度与平时截然不同。

re·verse /riˈvəːs/ **I** *adj*. [无比较级][作定语] ❶倒置的,颠倒的;反向的;(顺序)逆的,倒的(见 opposite):arrange the names in *reverse* order 将名字按倒序排列 ❷背面朝上的，反面的：the *reverse* side of the coin 硬币的反面 **II** *n.* ❶[**the** ～]对立(面)，相反情况：This was just *the reverse* of what I had anticipated. 这正出乎我的意料。❷[**the** ～]反面，背面：*the reverse* of the medal 奖牌的反面 ❸[U]【机】回动，倒转 **III** *vt.* ❶使相反，使反过来：He *reversed* the chairs so that they faced each other. 他把椅子反过来，这样他们面对着面。❷使后退，使朝反方向移动：*reverse* a car 倒车 ❸使反向，使成逆序：*reverse* a process 把过程颠倒过来 ❹使颠倒，使翻转：*reverse* the socks 把袜子翻过来 —*vi.* ❶反过来，倒转，反转：When the current *reverses*, the magnetism in the tool is killed. 当电流逆转时，工具上的磁性就消失了。❷后退，朝反方向移动 ‖ **reˈvers·i·ble** *adj.*

☆**reverse, invert, transpose** 均有"颠倒"之意。**reverse** 为普通用词，可表示倒转方向、颠倒顺序或对换位置等：I *reversed* the car through the gate.（我将汽车倒入大门。）**invert** 常指上下倒置，有时也可表示内翻向外：The chairs are *inverted* on the table.（椅子倒放在桌子上。）**transpose** 常用以表示改变某一序列中组成部分的次序或位置：If you *transpose* the letters of "at" it reads "ta".（若把"at"中的字母位置倒过来就变成了"ta"。）

re·vert /riˈvəːt/ *vi.* ❶恢复原有的状态；恢复原先的做法(或习惯等)(*to*)：He has *reverted to* drinking again. 他又开始喝酒了。❷回想；重提(*to*)：*Reverting to* the earlier question, we didn't really reach a decision. 再看看先前的问题，实际上我们并没有作出决定。‖ **reˈver·sion** /riˈvəːʒᵊn/ *n.* [U]

re·view /riˈvjuː/ **I** *n.* ❶[C](电影、书等的)评论(文章)：The *reviews* on the new play were mixed. 对该新戏的评论各有褒贬。❷[C;U]复习，温习：make a quick *review* of one's notes before examination 在考试前快速复习笔记 ❸[C]回顾：a *review* of the previous work 对前期工作的回顾 **II** *vt.* ❶复习，温习：*review* one's lessons 复习功课 ❷审核，审查；检查：*review* the law on homo-sexuality 审查有关同性恋的法规 ❸评论，批评：He *reviews* plays for that magazine. 他为那家杂志写剧评。❹回顾：*review* the events of the day 回顾一天所发生的事情 ‖ **reˈview·er** *n.* [C]

re·vile /riˈvail/ *vt.* 谩骂，辱骂；痛斥：The angry crowd *reviled* at the police who were trying to drive them away. 愤怒的人群辱骂试图驱赶他们的警察。‖ **reˈvile·ment** *n.* [U] —**reˈvil·er** *n.* [C]

re·vise /riˈvaiz/ *vt.* ❶改变，更改(观点等)：I *revised* my opinion about him when I saw his works. 我看了他的作品后改变了对他的看法。❷修订，修改；校正，勘校：*revise* a script 勘校脚本

re·vi·sion /riˈviʒᵊn/ *n.* ❶[U;C]修改；修订；校正，勘校，审校：He made several *revisions* to his speech. 他多次修改自己的演讲稿。❷[C]修订本；订正版：publish a *revision* of the dictionary 出版该词典的修订版

re·vi·tal·ize, re·vi·tal·ise /riːˈvaitᵊˌlaiz/ *vt.* 使恢复元气，使重获生机，为…注入新活力：plans to *revitalize* inner-city neighbourhoods 给内城区注入新活力的计划 ‖ **re·vi·ta·li·za·tion, re·vi·ta·li·sa·tion** /riːˌvaitᵊlaiˈzeiʃᵊn; -liˈz-/ *n.* [U]

re·viv·al /riˈvaivᵊl/ *n.* ❶[U]复兴；再生；重新使用；再度流行：the *revival* of old customs 旧传统的再度盛行 ❷[C](旧戏的)重演；(旧片的)重映；(系列节目的)重播：He starred in a *revival* of *Hamlet*. 他在新版的《哈姆雷特》中担任男主角。❸[U]苏醒；复活，复苏：stimulate an economic *revival* 刺激经济复苏

re·vive /riˈvaiv/ *vi.* ❶复兴；再生；重新使用；再度流行：Her interest in piano *revived*. 她又对钢琴感兴趣了。❷复苏；苏醒；复活：The roses will *revive* in water. 那些玫瑰浇了水就会活过来。—*vt.* ❶使复兴，使重兴，使重新流行：Don't *revive* those old prejudices. 不要让这些旧偏见死灰复燃。❷使复苏；使苏醒；使复活：They managed to *revive* the drowning man. 他们成功地把溺水者救活了。❸重演(旧戏)；重拍(旧片)；重播(系列节目)：*revive* classical ballets 重新排演经典芭蕾舞剧

re·viv·i·fy /riˈviviˌfai/ *vt.* 使复活；使重获生气，使恢复活力 ‖ **re·viv·i·fi·ca·tion** /riˌvivifiˈkeiʃᵊn/ *n.* [U]

rev·o·ca·ble; rev·o·ka·ble /ˈrevəkəbᵊl, riˈvəu-/ *adj.* 可撤销的，可取消的，可解除的，可废除的 ‖ **rev·o·ca·tion** /ˌrevəˈkeiʃᵊn/ *n.* [U]

re·voke /riˈvəuk/ *vt.* 撤销，取消；解除，废除：*revoke* sb.'s license 吊销某人的执照

re·volt /ri'vəult/ *vi.* ❶反叛，叛乱；造反，起义(*against*)：The farmers at last *revolted against* the feudalists. 农民们终于起来反抗封建主。❷厌恶，反感(*at*, *against*)：His heart *revolts against* killing animals. 他从心底里厌恶杀生。—*vt.* 使厌恶，使反感：The violence in the movie *revolted* her. 影片里的暴力令她反感。

re·volt·ing /ri'vəultiŋ/ *adj.* 讨厌的，令人生厌的：a *revolting* scene in the movie 电影中令人讨厌的镜头

rev·o·lu·tion /ˌrevə'lʲuːʃᵊn/ *n.* ❶[U;C]革命；革命运动：The country witnessed several *revolutions* in recent years. 该国在近几年经历了多次革命。❷[C]革命性剧变；大变革：the industrial *revolution* 工业革命 ❸[C](绕轴或中心的)旋转，循环，反复的圆周运动；(一)圈，(一)转：one complete *revolution* around the axis 绕轴旋转的一周 ‖ **ˌrev·o'lu·tion·ist** *n.* [C]

rev·o·lu·tion·a·ry /ˌrevə'lʲuːʃᵊnᵊri/ **I** *adj.* ❶[作定语]革命的：a *revolutionary* fighter 革命战士 ❷革命性的；巨大变革的：a *revolutionary* discovery 革命性的发现 **II** *n.* [C]革命者，革命党人；革命战士

rev·o·lu·tion·ize, **rev·o·lu·tion·ise** /ˌrevə'lʲuːʃᵊˌnaiz/ *vt.* 使发生革命性变化；使彻底改变，使发生重大变革：His work had *revolutionized* Italian painting. 他的作品引发了意大利绘画的变革。

R

re·volve /ri'vɔlv/ *vi.* ❶绕轨道作圆周运行；【天】(天体)自转；公转：The moon *revolves* around the earth. 月球绕着地球转。❷绕轴(或中心)旋转，做圆周运动，转圈，环行：The wheel *revolved* quickly. 轮子快速转动着。❸围绕；以…为中心(*about*, *around*)：The discussion *revolved around* a new plan to increase profits. 整个讨论都围绕增加利润的新计划展开。—*vt.* 使旋转，使转圈；使转动：She *revolved* the necklace around her neck. 她把项链绕着脖子转。

re·volv·er /ri'vɔlvəʳ/ *n.* [C] ❶左轮手枪 ❷旋转的人，转圈的人；旋转器，旋转体

re·volv·ing /ri'vɔlviŋ/ **door** *n.* [C] ❶旋转门 ❷〈口〉频繁更换员工的组织；(医院、监狱等)经常打发人走的地方，遣散人的地方

re·vul·sion /ri'vʌlʃᵊn/ *n.* [U]厌恶，憎恶，嫌恶：express *revulsion* at violence 对暴力深恶痛绝

re·ward /ri'wɔːd/ **I** *n.* ❶[C](抓获罪犯或归还失物等的)赏金，赏银：get a *reward* for capturing the escaped prisoner 因抓获逃犯而获得一笔奖金 ❷[C]报酬，酬金：offer a great *reward* to sb. 给予某人丰厚酬劳 ❸[U]报答，报偿：He had taken his *reward* in reading. 他在读书中大获裨益。**II** *vt.* 为…而奖励；酬谢(*for*, *with*)：My patience was *rewarded*. 我的耐心总算没有白费。

☆**reward**, **award**, **premium**, **prize** 均有"报偿；奖赏"之意。**reward** 指因做了好的或有价值的事情而得到的报酬：He received a *reward* for saving the child. (他救了那个小孩，因此得到了一笔酬金。) **award** 与 prize 不同之处在于获奖者往往不是因为在严格意义上的比赛中获胜，而是因为其出色表现符合评奖条件而得奖，强调对奖励的评定及授予：The *award* for this year's best actress went to Meryl Streep. (本年度的最佳女演员由梅丽尔·斯特里普获得。) **premium** 常指刺激人们努力从事生产、买卖或竞争的那种奖励：He was given a *premium* for selling the most insurance this month. (他因本月推销的保险量最大而获得一笔奖金。) **prize** 常指在竞赛或比赛中取胜而获得的奖赏、资金或奖品：She won first *prize* in the golf tournament. (她在高尔夫锦标赛中获得了一等奖。)

re·ward·ing /ri'wɔːdiŋ/ *adj.* 给予报偿的；有益的：Such effort is *rewarding*. 这样的努力是值得的。

re·wind /riː'waind/ (**-wound** /-'waund/) *vt.* 倒回，倒转(磁带、录像带等)：*Rewind* the tape before playing it. 放带子之前先倒带。—*vi.* 倒带：After the cassette *rewinds*, put it aside. 磁带倒好了就把它放在一边。

re·word /riː'wəːd/ *vt.* 改变…的措辞，改写：*reword* a contract 改写合同

re·work /riː'wəːk/ *vt.* ❶重做：The painting is constantly *reworked*. 这幅画不停地在返工。❷重写；改写；修订：*rework* an essay into a novel 将一篇文章改写成小说

re·write /riː'rait/ *vt.* (**-wrote** /-'rəut/, **-writ·ten** /-'ritᵊn/) ❶改写；修改：It took another three years to have the books *rewritten*. 修改这些书又耗费了三年。❷重写：*rewrite* a check 重签

支票 ❸加工(新闻稿)

rhap·so·dize /ˈræpsəˌdaiz/ *vi.* 热切地说,狂热地说(*about*, *over*): He *rhapsodized about* [*over*] his years in Europe. 他热切地谈论在欧洲的岁月。

rhap·so·dy /ˈræpsədi/ *n.* [C] ❶【音】狂想曲 ❷狂热言辞:a *rhapsody* about true love 真爱的狂热言语 ‖ **rhap·sod·ic** /ræpˈsɔdik/ *adj.* —**rhapˈsod·i·cal** /-kᵊl/ *adj.*

rhet·o·ric /ˈretᵊrik/ *n.* [U] ❶修辞(学),辞章(学);辞令:political *rhetoric* 政治辞令 ❷巧辩;虚夸的言辞:empty *rhetoric* 夸夸其谈 ‖ **rhet·or·i·cal**/ˈritᵊrikᵊl/ *adj.* —ˈ**rhet·or·i·cal·ly** *adv.*

rhetorical question *n.* [C](只重效果不重结论的)修辞性疑问

rhet·o·ri·cian /ˌretᵊˈriʃᵊn/ *n.* [C]修辞学家

rheu·mat·ic /ruːˈmætik/ *adj.* [无比较级]【医】❶(患有)风湿病的:*rheumatic* pains 风湿痛 ❷风湿性的:a *rheumatic* heart disease 风湿性心脏病

rheu·ma·tism /ˈruːməˌtizᵊm/ *n.* [U]【医】❶风湿病,风湿痛 ❷(儿童易患的)风湿热

rhi·no/ˈrainəu/ *n.* [C]([复]**-no(s)**)〈口〉=rhinoceros

rhi·noc·er·os /raiˈnɔsᵊrəs/ *n.* [C]([复]**-os(·es)**)【动】犀牛

rhom·bus /ˈrɔmbəs/ *n.* [C]([复]**-bus·es**或**-bi** /-bai/)【数】菱(面)形,钻石形

rhu·barb /ˈruːbɑːb/ *n.* ❶[U]【植】大黄 ❷[C]〈俚〉激烈争辩,大吵

rhyme /raim/ **I** *n.* ❶[U](尤指诗的)韵(脚);押韵,格律 ❷[C]同韵词,押韵词 ❸[C]押韵诗;韵文 **II** *vt.* 使成韵,用…押韵(*with*):The word "dog" is *rhymed with* "hog". "dog"一词与"hog"押韵。—*vi.* [不用进行时态](词或诗句)押韵,同韵(*with*):"Sleep" *rhymes with* "weep". "sleep"与"weep"同韵。‖ ˈ**rhym·er** *n.* [C]

rhythm /ˈriðᵊm/ *n.* ❶[C;U]【音】节拍,节奏:beat a *rhythm* 打拍子 / triple *rhythm* in music 音乐中的三拍节奏 ❷[U]律动,节律:an erratic heart *rhythm* 心律不齐

rhythm and blues [复] *n.* [用作单]节奏布鲁斯(20 世纪 40 年代受爵士乐影响形成的一种节奏强烈的黑人音乐,多使用电子乐器,摇滚乐即源于此)

rhyth·mic /ˈriðmik/, **rhyth·mi·cal** /-kᵊl/ *adj.* ❶[无比较级]节奏的,韵律的,节律的 ❷循环往复的,更替的 ❸有规律的,律动的:*rhythmic* beating of the heart 心脏有规律的跳动 ‖ ˈ**rhyth·mi·cal·ly** *adv.*

rib /rib/ *n.* [C] ❶【解】肋骨 ❷【烹】(动物的)肋条肉;肋排 ❸【建】(圆拱的)拱肋;(桥的)横梁 ❹伞骨;扇骨

rib·ald /ˈribᵊld/ *adj.* [无比较级](语言)粗俗的;下流的,猥亵的,不堪入耳的:*ribald* stories 粗俗不堪的故事 ‖ ˈ**rib·ald·ry** /-ri/ *n.* [U]

rib·bon /ˈribᵊn/ *n.* ❶[C](尤指用以捆扎或装饰的)缎带,丝带,绸带;纸带:a silver silk hair *ribbon* 一条扎头发的银丝带 ❷[U]带状物,窄条状物

rice /rais/ *n.* [U] ❶(大)米:a handful of *rice* 一把米 ❷【植】水稻:tropical *rice* 热带水稻

rich /ritʃ/ **I** *adj.* ❶富有的,有钱的:be *rich* and famous 名利双收 ❷盛产的,丰产的;(物产)丰饶的;(土地)肥沃的(*in*, *with*):be *rich in* minerals 矿产丰富 ❸大量的,丰富的;充足的,充满的(*in*, *with*):His voice was *rich* in wrath. 他的声音里充满了愤怒。❹(食物等)油腻的;味重的:a *rich* gravy 油乎乎的肉卤 ❺(颜色等)浓(艳)的,鲜艳的:a *rich* red wine 一种深红色葡萄酒 ❻(声音)深沉的,醇厚的,圆润的,洪亮的:His voice was *rich* and resonant. 他的声音浑厚洪亮。**II** *n.* [**the** ~][总称]有钱人,富人;富有阶级(或阶层):*The rich* are getting richer and the poor poorer. 富者愈富,贫者愈贫。‖ ˈ**rich·ly** *adv.* —ˈ**rich·ness** *n.* [U]

rich·es /ˈritʃiz/ [复] *n.* 财富;财产;财宝:be in hot pursuit of fame and *riches* 热衷于追名逐利

Rich·ter /ˈriktə/ **scale** *n.* [通常作 **the** ~]里克特震级,里氏震级(地震强度的一种数值标度,范围从 1 到 10)

rick /rik/ *n.* [C] ❶(尤指露天堆放的)草垛,禾堆 ❷柴堆,柴垛

rick·ets /ˈrikits/ [复] *n.* [用作单]【医】(小儿)佝偻病,软骨病

rick·et·y /ˈrikiti/ *adj.* ❶摇晃的,不稳的:The desks in the general manager's office were *rickety*. 总经理办公室的桌子都是摇摇晃晃

R

的。❷[无比较级]【医】(患)佝偻病的;似佝偻病的

rick•shaw /ˈrikʃɔː/,**rick•sha** /-ʃɑː/ *n*. [C]人力车,黄包车(=jinriksha)

ric•o•chet /ˌrikəˈʃei;ˈrikəˈʃei/ **I** *n*. [C](子弹、石片等在物体表面上多次的)弹跳;漂飞 **II** *vi*. (**-chet•ed** /-ˈʃeid, -ˌʃeid/ 或 **-chet•ted** /-ˈʃetid, -ˌʃeitid/; **-chet•ing** /-ˈʃeiiŋ, -ˌʃeiiŋ/ 或 **-chet•ting** /-ˈʃetiŋ,-ˌʃeitiŋ/)(子弹、石片等)弹跳,漂飞

rid /rid/ *vt*. (**rid** 或〈古〉**rid•ded**; **rid•ding**)使摆脱,使解脱;摆脱…的负担(*of*):The company would like to *rid* itself *of* debts. 公司非常希望能够摆脱债务负担。‖ ***be*** [***get***] ***rid of*** *vt*. ❶扔掉,摔掉;处理掉:*get rid of* the unwanted goods 把不需要的东西扔掉 ❷摆脱;除去…的负担;解决(问题等):*get rid of* a cold 治愈感冒 ❸除去,消灭,铲除:*get rid of* the flies in the kitchen 杀灭厨房里的苍蝇

rid•dance /ˈridᵊns/ *n*. [U]摆脱,解脱 ‖ ***good riddance*** *int*. [用以表达如释重负的感觉]总算摆脱;谢天谢地:They're gone, and *good riddance*! 他们走了,总算是走了!

rid•den /ˈridᵊn/ *v*. ride 的过去分词

rid•dle /ˈridᵊl/ *n*. [C] ❶谜(语),谜题;谜面:He was always asking me *riddles* to which I did not know the answer. 他总是问一些我猜不出来的谜语。❷〈喻〉谜,令人费解的事情;谜一般的人;猜不透的难题:His behaviour is a *riddle*. 他的行为让人捉摸不透。

R

ride /raid/ (**rode** /rəud/, **rid•den** /ˈridᵊn/) **I** *vi*. ❶骑;骑马;骑牲口;骑自行车;乘骑旅行:*ride* on a horse 骑马 ❷乘车;搭车;乘坐电梯:We *rode* up in the elevator to the sixth floor. 我们乘坐电梯到达六楼。❸开车,驾车:They *rode* along the highways. 他们驱车行驶在高速公路上。—*vt*. ❶骑(马、牲口、自行车等);乘坐(车辆):He *rode* the subway to the board meeting. 他乘坐地铁去参加董事会会议。❷乘(风、浪等);在…上航行:*ride* a wave 乘风破浪 ❸骑马(或自行车等)经过(或通过、跃过):Tom hoped to *ride* the central Asian grasslands. 汤姆希望骑马穿越中亚大草原。**II** *n*. [C] ❶骑马(或自行车)旅行;骑车旅行:He was sweating after a long bicycle *ride*. 他骑了很久的自行车,骑得汗流浃背。❷交通工具,车辆:wait for one's *ride* to come 等某人开车来接 ❸(游乐场的)乘骑装置;旋转木马;轨道滑车 ‖ ***ride out*** *vt*. 安然渡过(难关等);经受住(困难等):*ride out* the crisis 平安渡过危机 ***ride up*** *vi*. (服装、地毯等)向上拱,上翻,上卷:The skirt always *rides up*. 这条裙子老是往上卷。***take sb. for a ride*** *vt*. 哄骗,欺骗,使上当:This contract is worthless; you've been *taken for a ride*! 这份合同是无效的,你上当受骗了!

rid•er /ˈraidəʳ/ *n*. [C] ❶骑师,骑手;骑马者;骑车者;驾车者;乘客 ❷骑乘之物 ❸(文件后的)附件,附文;附加意见

ridge /ridʒ/ *n*. [C] ❶【地理】岭;山脉;山脊;岗 ❷(表面上的)脊状突起 ❸浪尖 ❹(织物的)隆起部分

rid•i•cule /ˈridiˌkjuːl/ **I** *n*. [U]嘲笑,嘲弄,讥笑;讽刺,挖苦:cast *ridicule* on sb. 尽情地嘲笑某人 **II** *vt*. 嘲笑,嘲弄,讥笑;讽刺,挖苦:He *ridiculed* his predecessor. 他大肆奚落其前任。

ri•dic•u•lous /riˈdikjuləs/ *adj*. 可笑的,滑稽的;荒唐的,荒谬的:You look *ridiculous* in such clothes. 你穿着这种衣服的样子可笑极了。‖ **riˈdic•u•lous•ly** *adv*. —**riˈdic•u•lous•ness** *n*. [U]

rife /raif/ *adj*. [无比较级][作表语] ❶流行的,盛行的;普遍的:Typhoid was *rife* in the village. 当时村子里流行伤寒。❷充满的,充斥的,丰富的(*with*):The region was *rife with* smuggling. 这个地区走私成风。‖ **ˈrife•ness** *n*. [U]

ri•fle¹ /ˈraifᵊl/ *n*. [C]来复枪,步枪 ‖ **ˈrifle•man** /-mᵊn/ *n*. [C]

ri•fle² /ˈraifᵊl/ *vt*. & *vi*. 搜劫;劫掠:The burglars *rifled* (through) their dresser drawers. 盗窃者搜掠了他们的衣柜抽屉。‖ **ˈri•fler** *n*. [C]

rift /rift/ *n*. [C] ❶裂缝,裂纹;裂口 ❷(人际关系中的)嫌隙,裂痕,不和:After years of harmonious marriage, however, *rifts* began appearing. 经过多年和谐的婚姻生活之后,他们之间开始出现了裂痕。

rig /rig/ **I** *vt*. (**rigged**; **rig•ging**) ❶给(船只)装置帆索;使(船只)装备就绪:The ship was *rigged* for its first sail. 该船已做好了初航的准备。❷配置(设备、装备等),装置:The truck was *rigged* with a roof rack. 给卡车配了一个行李架。❸组装,安装;准备(*up*):*rig up* a shelter

临时搭建一个栖身之处 ❹(用不正当手段)操纵,垄断:*rig* prices 操控价格 II *n.* [C] ❶【船】帆装 ❷装置,设备 ❸铰链式卡车,牵引式卡车

rig·ging /ˈrigiŋ/ *n.* [U] ❶【船】帆缆,索具 ❷升降设备,超重设备 ❸服装

right /rait/ I *adj.* [无比较级] ❶(行为等)合适的,恰当的;正当的:I don't think it's quite the *right* time for this probe. 我认为此时进行调查不太合适。❷正确的,准确的,对的:We are *right* about the outcome of the movie. 我们对电影的结局判断是对的。❸真实的;符合事实的:Am I *right* in thinking that the conference will start at 8 o'clock? 会议将在 8 点钟开始,我没说错吧? ❹[最高级 **right·most** /ˈraitˌməust/] [作定语]右的;右边的,右侧的:a reddish mark on the child's *right* arm 小孩右臂上的一块红斑 ❺身体状况好的,健康的:This morning he didn't feel *right*. 今天早上他感到身体不适。II *n.* ❶[C]权力;权利;职权;特权:enjoy a *right* to freedom of speech 享有言论自由权 ❷[U]恰当;正当;公正:You can not change wrong to *right*. 你不能颠倒是非。❸[通常作 **the** ~]正确,对:*The rights* and wrongs of the case are perfectly clear and admit of no dispute. 谁是谁非已经分明,无可争辩。❹[U]右;右边,右首;右侧:To our *right* was the hatcheck stall. 我们的右边是一个衣帽间。❺[C]右拐弯:Take the second *right*. 在第二个路口向右拐。III *adv.* [无比较级] ❶直线地,笔直地:The ship went *right* to the bottom. 船只笔直地驶向水底。❷完全地,彻底地:We've run *right* out of soy sauce. 我们的酱油全用完了。❸立即,马上:I'll just go to get something to eat and be *right* back. 我去买点吃的马上就回来。❹确切地;恰好:Put the dish *right* in the middle of the table. 把盘子放在桌子的正中间。❺正确地;准确地:You guessed *right*. 你猜得没错。❻适当地,恰当地:dress *right* 穿着得体 ❼向右地;往右方地;在右侧地,在右边地:Turn *right* at the cross. 在十字路口向右拐。‖ ***in one's own right*** *adv.* 通过自己的努力;凭自身的能力:Although he was the son of a famous football coach he soon became famous *in his own right*. 他尽管是一位著名的足球教练之子,但还是凭自身的努力迅速成名。***in the right*** *adv.* 有理地;合法地:No one knows which of them was *in the right*. 没人知道他们当中谁有理。***right away*** [***off***] *adv.* 马上,立即:Post the letter off *right away*. 马上把这封信寄出去。***to rights*** *adv.* 整齐地,整洁地,井井有条地:set a messed-up room *to rights* 把乱糟糟的房间整理干净 ‖ ˈ**right·ly** *adv.* —ˈ**right·ness** *n.* [U]

right angle *n.* [C]【数】直角

righ·teous /ˈraitʃəs/ *adj.* ❶正当的;正义的:a *righteous* act 正当行动 ❷正直的;正派的;公正的:a *righteous* man 正直的人 ‖ ˈ**right·eous·ly** *adv.* —ˈ**right·eous·ness** *n.* [U]

right·ful /ˈraitfᵘl/ *adj.* [无比较级] ❶合法的;依法享有的:the *rightful* heir 合法继承人 ❷正当的,正义的:a *rightful* act 正义的行为 ‖ ˈ**right·ful·ly** *adv.* —ˈ**right·ful·ness** *n.* [U]

right hand *n.* [C] ❶右手 ❷右侧,右边,右首 ❸(仅次于某人的)最重要位置;二把手(位置);第二把交椅

right-hand /ˈraitˌhænd/ *adj.* [无比较级] ❶右边的,右侧的,右首的:the *right-hand* position 右边 ❷最得力的,最可靠的,左膀右臂的:the governor's *right-hand* man 州长的得力助手

right-hand·ed /ˌraitˈhændid/ [无比较级] *adj.* ❶习惯用右手的:a *right-handed* pitcher 用右手投球的投球手 ❷(工具等)右手使用的 ‖ ˌ**right-ˈhand·ed·ness** *n.* [U]

right·ist /ˈraitist/ I [亦作 **R-**] *adj.* 右派的,右翼的 II *n.* [C]右派,右派分子,右翼分子 ‖ ˈ**right·ism** *n.* [U]

right-mind·ed /ˌraitˈmaindid/ *adj.* [无比较级]头脑清醒的;坚持原则的,立场坚定的:Any *right-minded* person would see things in your way. 任何一个头脑清醒的人都会像你一样看问题的。

right wing *n.* [C](党派、政治团体等的)右翼,右派,保守派

right-wing /ˈraitˌwiŋ/ *adj.* [无比较级](党派、政治团体等)右翼的,右派的;保守的:*right-wing* Congressmen 右翼国会议员 ‖ ˈ**right-ˌwing·er** *n.* [C]

rig·id /ˈridʒid/ *adj.* ❶不易弯曲的;具刚性的;僵硬的:His face became *rigid* with thought. 他心里想着事儿,因此脸儿绷得紧紧的。❷固执的,思想僵化的:a man with a *rigid* mind 固执的人 ❸严厉的,严格的:The rules are too

R

rigid. 这些规则太严厉了。‖ ˈ**rig·id·ly** *adv.* —ˈ**rig·id·ness** *n.* [U]

ri·gid·i·ty /riˈdʒiditi/ *n.* [U] ❶刚性,坚硬:the *rigidity* of the bones 骨质的坚硬 ❷固执,死板:the *rigidity* of sb.'s views 某人观点的僵化

rig·ma·role /ˈrigməˌrəul/ *n.* ❶[通常用单]冗长烦琐的程序,复杂的手续:go through the whole *rigmarole* of applying for visa 办理烦琐的申请签证手续 ❷胡言乱语;废话〔亦作 **rigamarole**〕

rig·or mor·tis /ˌrigəˈmɔːtis/ *n.* [U]【医】尸体僵硬

rig·or·ous /ˈrigᵊrəs/ *adj.* ❶严格的;严厉的:a *rigorous* critique 一篇措辞严厉的评论 ❷精确的,准确的;严谨的:*rigorous* science attitude 严谨的科学态度

rig·our /ˈrigəʳ/ *n.* ❶[U]严格;严厉:be punished with the full *rigour* of the law 受到法律最严厉的惩处 ❷[C]艰苦,艰难;恶劣的条件:survive the *rigours* of winter 挨过寒冷的冬天 ❸[U]准确,精确;严密,严谨:the *rigour* of mathematics 数学的精确

rile /rail/ *vt.* 激怒,惹恼:It took a lot to *rile* him [get him *riled*]. 要惹他生气可不那么容易。

rim /rim/ *n.* [C] ❶周边,边缘(见 border):on the *rim* of the glass 在杯子边上 ❷(轮胎套在上面的)轮圈,轮辋,胎环

R

rind /raind/ *n.* [C;U](水果、蔬菜、奶酪、腊肉等坚硬粗糙的)皮,外壳:*rind* of cheese 奶酪皮 ‖ ˈ**rind·less** *adj.*

ring[1] /riŋ/ **I** *n.* [C] ❶戒指;指环:a diamond *ring* 钻石戒指 ❷环形物:a smoke *ring* 烟圈 ❸圆形标记;(眼睛周围的)晕圈:dark *rings* under the eyes 黑眼圈 ❹圆,圆圈:dance in a *ring* 围成一圈跳舞 ❺围成一圈的人(或事物):a *ring* of hills 环抱的群山 ❻(用绳子等围起来的)竞技场;拳击台:The boxers climbed onto the *ring*. 拳击手登上拳击台。❼非法团伙;(黑社会)帮派:a drug *ring* 贩毒集团 **II** *vt.* 围绕;包围:The police *ringed* the mansion. 警察把豪宅围了起来。‖ ***run rings around*** *vt.* 比…做得好,胜过:My wife *runs rings around* me on driving. 我妻子开车比我开得好。

ring[2] /riŋ/ **I** (**rang** /ræŋ/, **rung** /rʌŋ/) *vi.* ❶(铃、钟等)鸣,响;似铃般鸣响:The phone is *ringing*. 电话铃声响了。❷按铃;打铃;敲钟:*Ring* for anything you want. 无论想要什么按铃就行了。❸回响,发出回音:His laughter *rang* over the river. 他的笑声在河面上回荡。❹[后接形容词]听起来,听上去:For most of us, all politicians' promises *ring* false. 在我们大多数人听来,所有政客的许诺都是假的。❺打电话:I haven't *rung* home for a long time. 我很长时间没有给家里打电话了。—*vt.* ❶使鸣响;打(铃);按(铃);敲(钟):*ring* bells to attract students' attention 敲铃吸引学生们的注意力 ❷〈英〉给…打电话(*up*):*Ring* us *up* when you get home. 你回家后请给我们打电话。❸按铃(或打钟)宣告;按铃召唤;(铃或钟)报(时):*ring* an alarm 鸣铃报警 **II** *n.* [C] ❶铃声;打铃声;敲钟声:No one inside answered the *ring* at the door. 屋里没人应门铃。❷铃鸣般清脆的响声:the *ring* of laughter 爽朗的笑声 ❸〈口〉打电话;电话:give sb. a *ring* 给某人打电话

ring·lead·er /ˈriŋˌliːdəʳ/ *n.* [C]团伙头目;非法活动的组织者;叛军首领

ring·worm /ˈriŋˌwəːm/ *n.* [U]【医】癣;癣菌病

rink /riŋk/ *n.* [C]【体】❶溜冰场 ❷旱冰场 ❸溜冰场馆

rinse /rins/ **I** *vt.* 冲洗,清洗(*through*, *out*):*rinse* the dishes 冲洗盘子 **II** *n.* ❶[C]清洗;漂洗:give sth. a quick *rinse* 快速清洗某物 ❷[C;U]染发剂

ri·ot /ˈraiət/ **I** *n.* [C] ❶骚乱,暴乱;社会动荡;动乱:put down an incipient *riot* 平定骚乱 ❷混合,混杂;错综复杂:a *riot* of colour 色彩斑斓 **II** *vi.* 参加暴乱;聚众闹事:*riot* in the street 在街头参加暴乱 ‖ ˈ**riot·er** *n.* [C]

ri·ot·ous /ˈraiətəs/ *adj.* ❶骚乱的,暴乱的;聚众闹事的;动荡的:the *riotous* undergraduates 到处闹事的大学生 ❷放纵不羁的,无法无天的:*riotous* behaviour 放纵的行为

rip /rip/ **I** (**ripped**; **rip·ping**) *vt.* ❶撕;扯(*up*)(见 tear):She *ripped up* the letter into little pieces. 她把信撕碎了。❷划出(口子、缝隙等):The explosion *ripped* a hole in the wall. 墙壁被炸开了一个口子。—*vi.* ❶撕破,扯破:Her dress caught on a nail and *ripped* in several places. 她的裙子被钉子钩住了,撕破了好几处。❷猛冲;疾跑,飞速行进:The ambulance *ripped* through the street. 救护车在马路上疾驶而过。II *n.* [C]裂口,裂缝;破洞:*rips* in the trousers 裤子的破洞 ‖ ***rip off*** *vt.* 欺诈;敲…的竹杠:The car dealer tried to *rip* us *off*. 汽车经销商企图敲我们的竹杠。 ‖ **ˈrip·per** *n.* [C]

ripe /raip/ *adj.* [无比较级] ❶(粮食、水果等)熟的;(庄稼或田地)可收割的:Apples hang *ripe* on the branches. 熟苹果挂在树枝上。❷[作定语]做好准备的;适当的,恰当的(*for*):The time is *ripe* for change. 变革的时机已经成熟。 ‖ **ˈripe·ly** *adv.* —**ˈripe·ness** *n.* [U]

☆**ripe, adult, mature, mellow** 均有"成熟的"之意。**ripe** 强调马上即可使用或享用的,主要指瓜果、蔬菜等;也可喻指时机成熟、准备就绪的:These apples aren't *ripe*; they'll give you indigestion. (这些苹果尚未成熟,你吃了后会消化不良的。) **adult** 与 mature 的区别在于该词只表示人或动物在生理上发育完全的,指人时强调与青少年时期相比较具有明显的界线:an *adult* person (成年人) / They've dealt with the situation in a very *adult* way. (他们已经用完全成人化的方式处理事情。) **mature** 指生物的成长过程已经完成的,用于人时含性成熟的意味,但常表示在生理和心理两方面均已成熟的:a *mature* tree (已经长成的树) / She's very *mature* for her age. (就她这个年龄她已经很成熟了。) **mellow** 强调成熟或熟透时的典型特征,如水果甘美多汁的或陈酒芬芳醇和的等,也可指声音圆润的、性格温柔的或光线、色彩柔和的等:She used to have a fierce temper, but she's got *mellower* as she's got older. (她原先脾气暴躁,但随着年龄的增长,已经变得温和了些。)

ri·pen /ˈraipᵊn/ *vi.* 变得成熟;成熟起来:Pumpkins in the field have been *ripen*. 地上的南瓜已熟了。—*vt.* 使成熟;把…催熟:*ripen* the peaches in the sun 在太阳下催熟桃子

rip(-)off /ˈripˌɔf/ *n.* [C]〈俚〉❶偷窃,偷盗 ❷欺骗,欺诈 ❸冒牌货,抄袭之作

rip·ple /ˈripᵊl/ I *vi.* ❶形成涟漪;兴起微微的波澜;轻轻荡漾:The canoe *rippled* through the water. 小船在水面上荡起层层涟漪。❷呈波浪状;有波纹:The screen *ripples* in the breeze. 银幕在微风中飘荡。❸(声音)微微荡漾:Laughter *rippled* through the crowd. 人群中发出阵阵笑声。—*vt.* ❶使形成涟漪;使呈现水纹;使波动:A breeze *rippled* the pool. 微风吹皱了池水。❷使呈波浪状:ripple one's muscles 鼓起肌肉 II *n.* [C] ❶涟漪,微波,细浪;轻微的波动(见 wave):a *ripple* on the water 水上涟漪 ❷(水流的)汩汩声;潺潺声;(尤指笑声或掌声的)轻微起伏声:a *ripple* of laughter 一阵轻盈起伏的笑声 ❸(头发等的)波浪发式;(衣裙的)小皱褶

ripple effect *n.* [C]连锁反应

rise /raiz/ I *vi* (**rose** /rəuz/, **ris·en** /ˈrizᵊn/) ❶站起来,直起身子:*rise* to one's feet 站起身来 ❷(尤指清晨)起床:We *rose* with the sun and finished our work when it set. 我们日出而作,日落而息。❸反叛,起义;采取行动对抗(*up*):The people *rose up* against the dictator. 人民起来反对独裁者。❹升高;升起:The curtain *rose*. 幕布拉开了。❺(地位或级别)提升,晋级:He has *risen* to second in command of a kitchen. 他已升任副厨师长。❻(日、月等)上升,升起:The sun *rises* in the east. 日出东方。❼挺立;矗立:The mountain *rises* above the clouds. 山峰矗立在云端。❽(在强度、音调等方面)加强;(在力量、体积等方面)增加;增长;提高:The incidence of cancer *rises* with age. 癌症的发病率随着年龄的增长而增长。II *n.* ❶[C](日、月等的)升起;上升 ❷[U](地位或权力等的)提高;(级别的)提升,晋级:His *rise* to power was quick. 他很快就掌权了。❸[C](数量的)增加(量);(程度等的)加强(量);(温度、气压等的)上升,升高;升幅;(价格、水面或潮水的)上涨(幅度),涨高(幅度):a sharp [steep] *rise* in inflation 通货膨胀的骤然加剧 ‖ ***rise above*** *vt.* 战胜;克服;不受…的影响:*rise above* the difficulties 克服困难 ***rise to*** *vt.* 证明有能力处理(险情、危机等);奋起应付:When the guest speaker failed to arrive, the chairman *rose to* the occasion. 当演讲嘉宾未能到来时,主持人表现出了应付窘境的本领。

risk /risk/ I *n.* [C;U]危险;危机;风险:a trip fraught with *risks* 险象环生的旅行 II *vt.* ❶拿…冒险;使有风险:Don't *risk* your health. 别拿你的健康去冒险。❷冒…的危险;面临…的危险:Volunteers *risked* drowning to search the roiling waters. 志愿者冒着被淹死的危险在汹涌的波涛中搜寻。 ‖ ***at risk*** *adj.* & *adv.* 处于危险之中;冒风险:put one's life *at risk* 冒生命危险 / The future of the company is at *risk*.

公司的前途受到威胁。*at the risk of prep.* 冒…的危险;受…的威胁:*At the risk of* seeming impolite, I'm afraid I have to interrupt. 我不揣冒昧,只得打搅一下。

risk·y /ˈriski/ *adj.* 危险的;有风险的(见 dangerous):It is too *risky* not to provide for such contingency. 对这种可能发生的意外不做任何准备危险性极大。

rite /rait/ *n.* [C] ❶(宗教等的)仪式;礼仪;庆典:Initiation *rites* are held at puberty. 在青春期举行成人仪式。❷惯常礼仪,习俗:make a greeting *rite* of bending one's knees 屈膝行见面礼

rit·u·al /ˈritjuəl/ **I** *n.* ❶[C](举行仪式的)习惯性程序;[U]礼仪制度:the court *ritual* 庭审程序 ❷[C]老习惯,老规矩,惯常做法:The seven-o'clock news was a nightly *ritual* in the family. 看7点的新闻是这一家每晚必做的事情。**II** *adj.* [无比较级][作定语] ❶仪式的;典礼的:costumed *ritual* dances 身着华服的仪式舞蹈 ❷惯常的;惯例的;习惯性的:a *ritual* gesture 习惯性动作 ‖ **ˈrit·u·al·ly** *adv.*

rit·u·al·is·tic /ˌritjuəˈlistik/ *adj.* [无比较级] ❶(宗教)仪式的 ❷例行的,老规矩的,惯常的 ‖ **ˈrit·u·al·ism** *n.* [U]

ri·val /ˈraivᵊl/ **I** *n.* [C] ❶(竞争)对手;对头:The job went to one of his chief *rivals*. 这份工作由他的一位主要对手得到了。❷实力相当者,彼此匹敌者,不相上下者:This car has no *rivals* in its class. 这种车在它这个档次中独领风骚。**II** *vt.* (**-val(l)ed;-val·(l)ing**) ❶与…竞争;是…的对手:*rival* one's peers in skill 同行业进行技术较量 ❷与…不相上下,与…旗鼓相当:Judy *rivaled* Bell in beauty. 朱迪的美貌与贝尔不相上下。

ri·val·ry /ˈraivᵊlri/ *n.* [U;C]对立(状态);敌对(状态);竞争:a strong sense of *rivalry* 强烈的对立感

riv·er /ˈrivəʳ/ *n.* [C] ❶河流;江;河川;水道:the Hudson *River* 哈得逊河 ❷河流般的事物:a *river* of lava 熔岩流

riv·er·side /ˈrivəˌsaid/ **I** *n.* [C]河边,河岸 **II** *adj.* [无比较级][作定语]在河岸边的;靠近河岸的

riv·et /ˈrivit/ **I** *n.* [C]铆钉;铆栓 **II** *vt.* (**-et·(t)ed;-et·(t)ing**) ❶铆接,铆合:*rivet* two pieces of iron together 把两块铁铆合在一起 ❷用(眼睛)盯住;集中(注意力)(*on*,*upon*):All of them were *riveted* to the TV screen. 所有的人目不转睛地盯着电视屏幕。‖ **ˈriv·et·er** *n.* [C]

riv·et·ing /ˈrivitiŋ/ *adj.* 吸引人的;令人十分感兴趣的:a *riveting* speaker 吸引听众的演讲者

roach /rəutʃ/ *n.* [C] ❶蟑螂 ❷〈俚〉(尤指卷有大麻的)烟蒂

road /rəud/ *n.* [C] ❶道路;车道;公路:a curving *road* 蜿蜒的道路 ❷〈喻〉途径,(通往成功等的)路(*to*):the *road to* peace 和平之路 ❸街道;马路 ‖ ***on the road*** *adj.* & *adv.* 在路上;在旅途中

road·bed /ˈrəudˌbed/ *n.* ❶[C]【铁】路基 ❷[U]路基石料

road·block /ˈrəudˌblɔk/ *n.* [C] ❶路障 ❷障碍:Lack of money was a *roadblock* to her goals. 没有钱是阻挠她实现目标的障碍。

road·side /ˈrəudˌsaid/ **I** *n.* [C]路边,路沿 **II** *adj.* [无比较级][作定语]路边的;靠近路边的:a *roadside* café 路边咖啡馆

road·way /ˈrəudˌwei/ *n.* [C] ❶道路 ❷车行道;快车道

road·work /ˈrəudˌwəːk/ *n.* [U](拳击运动员等)公路长跑练习;公路锻炼:do *roadwork* 进行公路锻炼

roam /rəum/ *vi.* 闲逛;漫游;流浪(见 wander):He *roamed* around the world for a few years. 几年来他周游列国。—*vt.* 在…漫游(或闲逛、流浪):On Saturdays I *roamed* the bookshops in search of inspiration. 每个星期六我都在书店里转悠,寻找灵感。‖ **ˈroam·er** *n.* [C]

roar /rɔːʳ/ **I** *vi.* ❶(动物)咆哮;怒吼;(人因愤怒或痛苦等)吼叫;大叫:The tiger was *roaring* mad and ready to kill. 那虎咆哮如雷,杀气腾腾。❷放声大笑:*roar* with laughter 哈哈大笑 ❸(机器、马达、雷电等)轰响,轰鸣;(狂风等)呼啸:The wind *roared* in the forest. 树林里风声大作。❹(车辆)轰鸣着行驶:A car *roared* past with smoke pouring from the exhaust. 一辆轿车呼啸而过,排气管放出一阵废气。—*vt.* 咆哮着说;高声唱出;大声表示(*out*):The fans *roared out* their support for the football team. 球迷们大声喊叫着支持这支足球队。**II** *n.*

[C] ❶(人因愤怒或痛苦而发出的)吼叫声;(动物发出的)咆哮声;嘶叫:The lion gave forth a *roar*. 狮子大声吼叫起来。❷放声大笑:burst into a *roar* of laughter 哈哈大笑起来 ❸(机器、马达等的)轰鸣;(狂风等的)呼啸:the *roar* of the engine 引擎的轰鸣声

roar·ing /ˈrɔːriŋ/ *adj*. [无比较级][作定语] ❶(人或动物)咆哮的;吼叫的 ❷(风等)呼啸的;(夜晚)暴风雨肆虐的:a *roaring* torrent 咆哮的急流 ❸(机器、车辆等)轰鸣的

roast /rəust/ I *vt*. ❶烤,烧烤,烤炙:*roast* the chicken for an hour 把鸡烤一个小时 ❷将(咖啡豆)烘烤;烘干:*roast* coffee beans 烘烤咖啡豆 —*vi*. ❶受烤炙,烧烤:The turkey is still *roasting*. 火鸡仍在烤着。❷被烘烤;被烘干:I hope the rascal *roasts* in Hell. 我咒那个恶棍在地狱里活活烤死! II *n*. [C] ❶烤肉;适于烧烤的肉 ❷礼仪式的宴会(在宴会上嘉宾通常受到他人简短的赞美或善意的嘲讽) ❸野外烧烤聚餐:a succulent Sunday *roast* 星期天的美味烧烤聚餐

roast·er /ˈrəustəʳ/ *n*. [C] ❶烧烤者;焙烘者:a chestnut *roaster* 烤栗子的人 ❷烤具;烤炉;烤盘 ❸供烧烤用的食物(如鸡、土豆等)

rob /rɔb/ (**robbed**; **rob·bing**) *vt*. ❶(尤指用武力或胁迫手段)抢劫;盗窃;欺诈(*of*):If I allow you to *rob* me, I help you to become a thief. 如果我让你抢劫我,那岂不是帮你做贼。❷剥夺…的权利(或地位、自由等):*rob* sb. of inheritance 剥夺某人的继承权 —*vi*. 抢劫;盗窃 ‖ ˈ**rob·ber** *n*. [C]

rob·ber·y /ˈrɔbəri/ *n*. ❶[C]抢劫行为;【律】抢劫案;抢劫罪 ❷[U]抢劫;盗抢:an armed *robbery* 持枪抢劫

robe /rəub/ *n*. [C]❶长袍:put on a flannel *robe* 穿上一件法兰绒长袍 ❷(罩于睡衣外的)晨衣;睡袍;浴袍

ro·bot /ˈrəubɔt;-bɔt/ *n*. [C] ❶机器人❷自动化机器;自动机械;自控机 ❸动作机械的人;机械工作的人 ‖ **ro·bot·ic** /rəuˈbɔtik/ *adj*.

ro·bot·ics /rəuˈbɔtiks/ [复] *n*. [用作单]机器人学;机器人设计 ‖ **roˈbot·i·cist** *n*. [C]

ro·bust /rəuˈbʌst;ˈrəubʌst/ *adj*. ❶强健的;健全的;充满生气的:The movie business is enjoying a *robust* boom. 电影业正处于强盛时期。❷强壮的,健壮的;粗壮的:a *robust* police officer 一个膀阔腰圆的警官 ‖ **roˈbust·ly** *adv*. —**roˈbust·ness** *n*. [U]

rock[1] /rɔk/ *n*. ❶[U;C]岩石;礁石:The river bottom was strewn with *rocks*. 河床上布满了礁石。❷[C]石块;石子:be hit with *rocks* 被石块击中 ❸小硬块,硬物

rock[2] /rɔk/ I *vt*. ❶(轻轻地)摇动;使摇晃;使摆动:A sudden gust of wind *rocked* the boat. 突如其来的一阵风吹得船直摇晃。❷使极为激动(或兴奋);使震惊:The news of killings *rocked* the small town. 连环凶杀案震惊了小镇。❸使剧烈摇摆,使抖动:The master's bellowing *rocked* the foundations of the house. 主人的叫喊声震得屋基直抖。—*vi*. ❶(轻轻地)摇来晃去,来回摆动,摇摆:She *rocked* quietly in her chair. 她躺在椅子里轻轻地摇着。❷(因激动等而)抖动;前倾后仰:*rock* with mirth 笑得前仰后合 ❸跳摇摆舞;奏摇滚乐:The band *rocked* away with carnival abandon. 乐队如痴如醉地演奏着摇滚乐。II *n*. ❶[C]摇晃,晃动,摆动:give the cradle a *rock* 摇一下摇篮 ❷[U]摇滚乐

rock and roll, rock & roll *n*. [U]【音】摇滚乐(发源于 20 世纪 50 年代的一种音乐,节奏强烈,具有蓝调色彩)

rock bottom *n*. [U][不与 a, the 连用]最低水平;最低限度:reach *rock bottom* 达到最低水平 ‖ **rock-bot·tom** /ˈrɔkˌbɔtəm/ *adj*.

rock candy /ˈrɔkˌkændi/ *n*. [U]彩色硬棒糖

rock·et /ˈrɔkit/ *n*. [C] ❶火箭;钻天炮 ❷【空】(靠火箭推进的)飞弹,导弹;火箭航天器:launch a *rocket* 发射一枚火箭

rock·et·ry /ˈrɔkitri/ *n*. [U]【空】火箭学

rock garden *n*. [C]岩石园林;假山庭园

rock·ing chair /ˈrɔkiŋ/ *n*. [C]摇椅

rocking horse *n*. [C](供儿童骑坐、前后可摇摆的)摇木马,弹簧马

rock·y /ˈrɔki/ *adj*. ❶布满岩石的;多岩石的:a small *rocky* island 岩石嶙峋的小岛 ❷(似)岩石的 ❸坚定不移的,不动摇的:*rocky* endurance 坚忍不拔 ‖ ˈ**rock·i·ness** *n*. [U]

ro·co·co /rəˈkəukəu/ I *n*. [U](18 世纪流行于法国等欧洲国家的)洛可可风格 II *adj*. [无比较级]洛可可式的,洛可可风格的

rod /rɔd/ *n*. [C] ❶(尤指木制或铁制)细棍;棒:

a lightning *rod* 避雷针 ❷(吊挂毛巾等的)细杆;细管

rode /rəud/ *v.* ride 的过去式

ro·dent /ˈrəudᵊnt/ *n.* [C]【动】啮齿动物(如老鼠、松鼠、狸、豪猪等)

ro·de·o /ˈrəudiəu; rəˈdeiəu/ *n.* [C]([复]-os)(西部牛仔驯野马、掷索套牛等的)马术竞技表演

roe /rəu/ *n.* [U]【动】(雌鱼卵巢中的)鱼卵,鱼子

rogue /rəug/ *n.* [C] ❶无赖;恶棍 ❷淘气鬼;爱捣蛋的小孩 ❸离群的动物

rogu·ish /ˈrəugiʃ/ *adj.* ❶无赖的;恶棍的 ❷顽皮的,淘气的:a *roguish* look 淘气的表情 ‖ ˈ**rogu·ish·ly** *adv.*

roil /rɔil/ *vt.* ❶使(液体)变浑,搅浑(液体):wind *roiling* the water 风起水涌 ❷惹恼,使生气:Her words *roiled* everyone present. 她的话惹恼了在场的每一个人。

role, rôle /rəul/ *n.* [C] ❶(戏剧、电影等中的)角色,人物:play a leading *role* 演主角 ❷作用;地位:play a crucial *role* 起重要作用

role model *n.* [C]典型;模范,楷模

roll /rəul/ I *vi.* ❶滚,滚动:A large stone *rolled* down the hill. 一块大石头从山上滚落了下来。❷滚行;(似车轮滚动般)行进:The car *rolled* to a stop. 汽车滚行了一段后停了下来。—*vt.* ❶使翻滚,使滚动:They *rolled* a huge stone down on their enemies. 他们把一块大石头滚到了山下,砸向敌人。❷使滚行;推(车):*roll* the wheelchair into the ward 把轮椅推进病房 ❸使翻滚着前行:The sea *rolled* its waves to the beach. 大海浪涛滚滚,涌向海滩。❹把…滚卷成筒状(或球状);把…卷起来;使成一团:*roll* wool into a ball 把毛线绕成团 ❺展开(卷状东西);摊开;滚平,压平:*roll* the lawn flat 压平草坪 II *n.* [C] ❶名单;名录;(班级、学校或议会等的)点名册花名册:take the *roll* 点名 ❷(一)卷;(一)筒:a toilet *roll* 手纸卷 ❸一(圆)团,一(圆)堆:*rolls* of fat on the stomach 肚子上的一团肥肉 ❹面包卷,卷饼:a seeded *roll* 果仁面包卷 ❺翻滚,滚动;起伏:the sickening *roll* of the ship 船只令人恶心的颠簸 ❻(雷等的)轰隆声,轰响声;(鼓的)咚咚声:a deafening *roll* of thunder 一阵震耳欲聋的滚雷声 ‖ ***on a roll*** *adj.* 成功的;进展顺利的:She's been *on a roll* for years. 她这几年来一直春风得意。***roll back*** *vt.* 使(价格、费用等)回落:The bill attempted to *roll back* oil prices. 这一法案试图降低油价。***roll in*** *vi.* 源源不断流入;大量到来;(钱财)滚滚而来:Money starts *rolling in*. 财源滚滚而来。***roll over*** *vi.* & *vt.* (使)滚动,(使)翻滚:The kid *rolled over* and went back to sleep. 小孩翻了个身,又睡着了。***roll up*** *vi.* & *vt.* ❶(将袖子、裤腿等)卷起,挽起:*roll up* the sleeves 把衣袖卷起来 ❷积累,不断增加:Profits kept *rolling up*. 利润仍不断在增加。❸(乘车)到达,抵达:*He rolled up* until the meeting had nearly finished. 他在会议快要结束时才来。

roll call *n.* [C]点名:He arrived just before *roll call*. 他刚好在点名前赶到。

roll·er /ˈrəuləʳ/ *n.* [C] ❶滚动东西的人 ❷滚动物 ❸滚筒,滚子,滚轴 ❹卷轴;(悬挂物品的)挂轴 ❺压路机;滚压机;碾压机

roller-coaster /ˈrəuləˌkəustəʳ/ *n.* [C] ❶(游乐园等中的)过山车道,云霄飞车 ❷急剧变化的局面(或事情等):the *roller-coaster* of emotions 情感的急剧变化

roller skate *n.* [C]溜旱冰(=skate)

roll·er-skate /ˈrəuləˌskeit/ *vi.* 溜旱冰

roll·ing /ˈrəuliŋ/ *adj.* [无比较级] ❶[作定语](地形)起伏的;呈波浪状的:*rolling* mounds of grass 呈波浪起伏状的草垛 ❷[作表语]富有的,有钱的:She was *rolling* in money. 她非常有钱。

rolling pin *n.* [C]擀面杖

ROM /rɔm/ *abbr.* read-only memory【计】只读存储器

Ro·man /ˈrəumᵊn/ I *adj.* [无比较级] ❶古罗马的;古罗马人的 ❷[通常作 r-]【印】罗马字体的 ❸罗马天主教的 ❹罗马数字的 II *n.* ❶[C]古罗马人(或居民、公民) ❷[通常作 r-][U]【印】罗马字体,正体字

Roman Catholic I *adj.* [无比较级]【宗】罗马天主教的,罗马公教的;罗马教廷的 II *n.* [C]罗马天主教徒 ‖ **Roman Catholicism** *n.* [U]

Roman Catholic Church *n.* 天主教会,罗马公教会

ro·mance /rəuˈmæns; ˈrəumæns/ *n.* ❶[C]传奇文学;浪漫文学 ❷虚构的故事,夸张的故事 ❸[U]浪漫情调;浪漫氛围:All the *romance* has gone out of his marriage. 他的婚姻已失去了往日的浪漫。❹[C]浪漫的男女情爱；风流韵事；恋爱：a fairy-tale *romance* 一段童话般的浪漫爱情 ‖ **ro'man·cer** *n*. [C]

Ro·ma·nesque /ˌrəumə'nesk/ *adj*. [无比较级]【建】(9 世纪和 12 世纪盛行于西欧和南欧的)罗马式的

Ro·ma·ni·an /rəu'meiniən/ **I** *adj*. [无比较级] ❶罗马尼亚的 ❷罗马尼亚语的；罗马尼亚人的 **II** *n*. ❶[C]罗马尼亚人；罗马尼亚公民；罗马尼亚人后裔 ❷[U]罗马尼亚语

Roman numeral *n*. [C]【数】罗马数字(如 I, V, X, L, M 等)

Roman numerals [复] *n*. 罗马(体)数字

ro·man·tic /rəᵘ'mæntik/ **I** *adj*. ❶富有浪漫情调的；传奇浪漫的：A *romantic* mood is in the air. 空气中弥漫着浪漫的情调。❷爱空想的，爱幻想的；追求理想化的：Most people are *romantic* in their youth, owing to lack of experience. 大多数人在年轻时都因涉世未深而耽于幻想。❸追求浪漫爱情的；情意绵绵的，充满激情的 **II** *n*. [C] ❶追求浪漫情调的人 ❷[常作 R-] 浪漫主义者 ‖ **ro'man·ti·cal·ly** /-kᵊli/ *adv*.

ro·man·ti·cise /rəu'mæntiˌsaiz/ *vt*. 〈主英〉=romanticize

ro·man·ti·ci·sm /rəᵘ'mæntiˌsizᵊm/ *n*. [U] ❶浪漫；浪漫主义精神(或倾向等) ❷[常作 R-] 浪漫主义风格；浪漫主义运动

ro·man·ti·cize /rəu'mæntiˌsaiz/ *vt*. 使浪漫化，使具浪漫情调；对…进行理想化虚构：He's *romanticizing* his past; it wasn't nearly so much fun then. 他把自己的经历说得很浪漫，其实当时并没有那么有趣。—*vi*. 耽于浪漫情调；追求浪漫：One who *romanticizes* usually neglects the true aspects of love. 追求浪漫的人往往会忽视爱情真实的方面。〔亦作 **romanticise**〕

romp /rɔmp/ **I** *vi*. ❶嬉戏，玩耍：He *romped* with his mates. 他跟伙伴们一起玩耍。❷轻易取胜：Their team *romped* to a 24 : 6 victory. 他们队以 24 比 6 轻松取胜。**II** *n*. [C] ❶嬉闹，玩耍 ❷压倒性的获胜

roof /ruːf; ruf/ *n*. [C] ❶屋顶，房顶：on the *roof* 在屋顶上 ❷遮盖，篷盖；车篷，车顶：on the *roof* of the train 在火车顶上 ‖ ***hit the roof*** *vi*. 暴跳如雷，大发雷霆：She'll *hit the roof* when she hears how much we spent. 她要是知道我们花了那么多钱肯定会大发雷霆的。‖ **'roof·er** *n*. [C]

roof·ing /'ruːfiŋ/ *n*. [U] ❶建造屋顶 ❷屋顶建材 ❸屋顶，屋面

roof·top /'ruːfˌtɔp; 'ruf-/ *n*. [C]屋顶，房顶

room /ruːm; rum/ *n*. ❶[C]房间，室：a conference *room* 会议室 ❷[U]空间：This cupboard will take up more *room*. 这个柜子会占用更大的空间。❸[U]机会；可能性；余地：No matter how hard he worked, he always made sure to leave enough *room* to have a good time. 无论工作多么辛苦，他总要确保腾出足够的时间来玩。‖ **'room·ful** *n*. [C]

room and board *n*. [U]食宿，膳宿

rooming house *n*. [C]公寓；寄宿舍

room-mate /'ruːᵐˌmeit; 'ruᵐ-/ *n*. [C]室友，舍友

room·y /'ruːmi; 'rum-/ *adj*. 空间大的；宽敞的：a *roomy* office 宽敞的办公室 ‖ **'room·i·ness** *n*. [U]

roost /ruːst/ **I** *n*. [C](鸟类的)栖息处，鸟巢；栖木；鸡舍：birds at *roost* in the trees 在树上栖息的小鸟 **II** *vi*. ❶(鸟类)人巢栖息：The birds were trying to find a tree to *roost* in for the night. 一群鸟正在试图找到一棵树栖息过夜。❷歇息；停宿：*roost* in a hotel 在旅馆里住宿过夜

roost·er /'ruːstəʳ/ *n*. [C] ❶公鸡，雄鸡 ❷雄禽

root[1] /ruːt; rut/ **I** *n*. [C] ❶【植】根；附生根；地下茎；块根：pull up the weed by *roots* 把草连根拔起 ❷根部；末端；根状物 ❸【解】(齿、毛发、指甲等的)根：the *root* of one's tongue 舌根 ❹根本；实质；核心；基础：tear out the evil by *roots* 根除罪恶 ❺根源，根由；原因：the *root* of all evil 万恶之源 ❻[～s]根，根子(指某人的身世或社会文化背景)，祖籍：When he discovered he was adopted he began a search for his *roots*. 他发现自己是养子后就开始了寻根。**II** *vi*. 生根，长根，扎根：Seedlings *rooted* quickly with plenty of sunlight. 树苗在充足阳光的照射下很快就生了根。—*vt*. ❶使根植；固定：Fear *rooted* him to the spot. 他吓呆了。❷除去(拔除)…的根；连根拔起(*out*, *up*)：*root* (*out*) the weeds from the garden 拔除花园里的杂草 ❸

R

根除，铲除，去除(*out*)：*root out* crime 根除犯罪 ‖ *take root vi*. ❶(植物)生根，扎根；开始生长：The new plant has *taken root*. 新种的植物已经长根了。❷建立，确立：Democracy has *taken root* in this country. 民主制度开始在该国实施。‖ **'root•less** *adj*.

root² /ruːt; rut/ *v*. 搜寻；翻找：Who's been *rooting* about [around] among my papers? 谁翻过我的文件？

root³ /ruːt; rut/ *vi*. ❶为…呐喊加油，为…鼓劲(*for*)：*root for* the basketball team 为篮球队呐喊加油 ❷声援，支持(*for*)：We're all *rooting for* you. 我们大家都支持你。‖ **'root•er** *n*. [C]

rope /rəup/ **I** *n*. ❶[C；U]绳(子)，绳索：a jump *rope* 跳绳 ❷[C](套捕牛、马等用的)套索 **II** *vt*. ❶用绳捆扎(或缚系、拽拉)：*rope* sb. to a tree 把某人捆在树上 ❷用绳把…围起来(或隔开、分隔)(*off*)：*rope off* the reserved seats 将预留的座位用绳子隔开 ‖ ***at the end of one's rope*** *vi*. 到极限，至极点 ***on the ropes*** *adj*. & *adv*. 濒于失败；处于困境；即将毁灭：I was *on the ropes* both emotionally and physically. 我在情感和身体上都几近崩溃。***rope in*** *vt*. 说服…参加；劝诱…加入：The boss *roped in* a few workers to stay late. 老板说服了一些工人让他们加班。

ro•sa•ry /ˈrəuzᵊri/ *n*. [C] ❶【宗】玫瑰经念珠祈祷(天主教徒反复数算念球进行祈祷的修行方式) ❷(一串)玫瑰念珠(由55或165个念珠组成)

rose¹ /rəuz/ *n*. ❶[C]【植】蔷薇 ❷[C]玫瑰花，蔷薇花：red *roses* 红玫瑰 ❸[U]淡紫红色，粉红色，玫瑰红

rose² /rəuz/ *v*. rise 的过去式

ro•sé /rəuˈzei/ *n*. [U；C]玫瑰红葡萄酒

ro•se•ate /ˈrəuziət；-ˌeit/ *adj*. ❶[无比较级]玫瑰色的，浅红色的，淡红色的：*roseate* buds 粉红色花蕾 ❷过于乐观的

rose•bud /ˈrəuzˌbʌd/ *n*. [C]玫瑰花蕾

rose-bush /ˈrəuzˌbuʃ/ *n*. [C]玫瑰丛，蔷薇丛

rose-col•oured /ˈrəuzˌkʌld/ *adj*. ❶[无比较级]玫瑰色的，玫瑰红的，淡红色的 ❷过于乐观的：the *rose-coloured* impression of life 对生活过于美好的印象

rose•mar•y /ˈrəuzˌmeəri/ *n*. [U]【植】迷迭香

ro•sette /rəuˈzet/ *n*. [C]玫瑰花形饰物；玫瑰花形徽章；玫瑰花结

ros•in /ˈrɔzin/ *n*. [U] ❶松香，松脂 ❷＝resin

ros•ter /ˈrɔstəʳ；ˈrəu-/ *n*. [C] ❶(军队等的)值勤人员表：a duty *roster* 值勤表 ❷花名册；登记表；项目单：a performance *roster* 节目单

ros•trum /ˈrɔstrᵊm/ *n*. [C]([复]**-trums**或**-tra** /-trə/) 演讲台，讲坛

ros•y /ˈrəuzi/ *adj*. ❶玫瑰色的，玫瑰红的，淡红色的 ❷肤色红润的；(因害羞、发烧等)脸红的：a *rosy*-cheeked girl 脸蛋红扑扑的女孩 ❸光明的；充满希望的：a *rosy* future 光明的未来 ❹愉快的；乐观的：a *rosy* view of the world 对世界所抱的乐观态度 ‖ **'ros•i•ly** *adv*. —**'ros•i•ness** *n*. [U]

rot /rɔt/ **I** (**rot•ted**；**rot•ting**) *vi*. ❶腐烂，腐败：The apple *rots* easily. 苹果很容易烂掉。❷(因长期使用、侵蚀等而)朽烂；残破，破损(*off*，*away*)：The ship has *rotted* in the harbor. 这艘船在港口已经朽烂掉了。—*vt*. 使腐烂，使变质：The heavy rains *rotted* the wheat. 大雨把麦子淋烂了。**II** *n*. [U] ❶腐烂，腐败：a tree affected by *rot* 已经枯朽的树 ❷腐烂物；朽败的事物 ❸(品质等的)腐败，腐化，堕落：put an end to the *rot* in the society 制止社会中的腐败

ro•ta•ry /ˈrəutᵊri/ *adj*. [无比较级]旋转的，转动的；轮转的：a *rotary* movement 旋转运动 / a *rotary* motion 曲线运动

ro•tate /ˈrəuteit/ *vi*. ❶旋转，转动：The earth *rotates* once every 24 hours around the sun. 地球每24小时绕太阳自转一次。❷循环，交替；轮流，轮换：*rotate* in shifts 轮班 —*vt*. ❶使旋转，使转动：*rotate* one's eyes 转动眼睛 ❷使轮流；轮换着做(或种植、使用等)：*rotate* the crops 轮种庄稼 ‖ **ro•ta•tion** /rəuˈteiʃᵊn/ *n*. [C；U]

ro•tor /ˈrəutəʳ/ *n*. [C]【机】转子；旋转部件

rot•ten /ˈrɔtᵊn/ *adj*. ❶腐烂的；腐朽的：a *rotten* peach 烂桃子 ❷腐败的，腐化的，堕落的：His heart went *rotten* with vanity. 他的心被虚荣腐蚀掉了。❸令人不快的；不幸的：How *rotten* for you! 你运气真背！❹(人、品行、行为等)卑劣的，令人鄙夷的：I think that was pretty *rotten* of her. 在我看来，她这人品行坏透

了。‖ **'rot·ten·ness** *n.* [U]

rouge /ruːʒ/ **I** *n.* [U]胭脂;口红 **II** *vt.* 用胭脂(或口红)涂抹

rough /rʌf/ **I** *adj.* ❶(表面)不平滑的,粗糙的;毛糙的:*rough* skin 粗糙的皮肤 ❷(路面等)崎岖不平的;颠簸的:a *rough* zigzag descending path 坑洼不平、弯弯曲曲的下坡路 ❸力量型的:Hockey is a *rough* sport. 曲棍球是一项冲撞性很强的运动。❹粗暴的,野蛮的:*rough* handling of the boxes 粗暴地搬运箱子 ❺粗野的,粗鲁的:be *rough* in speech and manners 言行粗俗 **II** *n.* [U] ❶粗糙的东西;(尤指)崎岖不平的路面 ❷草样,草图;草稿,初稿:draw in the *rough* 画草图 **III** *adv.* 粗暴地;粗鲁地,粗野地:I pushed him aside, kind of *rough*. 我把他推向一边,动作有点粗鲁。**IV** *vt.* ❶粗暴地对待 ❷画…的轮廓,勾勒…的草图;草拟:*rough* out a plan 草拟计划 ‖ ***rough it*** *vi.* 过着简陋的生活,勉强度日:They have *roughed it* in the bush for two years. 他们已在丛林中艰难地过了两年。***rough up*** *vt.* 粗暴对待;殴打,向…动粗:He was *roughed up* while filming the detention of the group. 他在拍摄这伙人被拘禁的镜头时遭到了毒打。‖ **'rough·ness** *n.* [U]

rough·age /'rʌfidʒ/ *n.* [U] ❶(食物中的)粗纤维质(=fiber) ❷粗饲料

rough-and-read·y /ˌrʌfᵊn'redi/ *adj.* [无比较级][作定语]粗糙但可用的;将就能用的:a *rough-and-ready* plan 仓促草拟的计划

rough·en /'rʌfᵊn/ *vt.* 使粗糙;使毛糙;使(路面)凹凸不平:The work *roughened* her hands. 这项工作使她的双手变得粗糙起来。—*vi.* 变粗糙,变毛糙;(路面)变得凹凸不平

rough·ly /'rʌfli/ *adv.* ❶粗暴地,粗鲁地:treat sb. *roughly* 粗暴地对待某人 ❷大致地,粗略地;大体上,大约:Just do the calculation *roughly*. 就大致上算一下吧。

rou·lette /ruː'let/ *n.* [U]轮盘赌(一种赌博方式)

round /raund/ **I** *adj.* ❶圆形的;环状的:His large blue eyes grew *round* with fright. 他大大的蓝眼睛吓得圆睁着。❷球形的,球体的:The earth is *round*. 地球是个圆球。**II** *n.* [C] ❶(活动、职责、事件等的)一连串;(一连串活动中的)(一)次,(一)件;(会议、谈判等的)(一)轮:in the final *round* of general elections 在最后一轮大选中 ❷[常作~s]巡视,巡逻,巡查;巡游:The doctor made his *rounds* in the hospital. 医生在医院巡诊。❸【体】(一)回;(一)局;(一)场;(一)盘;(一)轮:a *round* of cards 一圈牌 ❹(掌声、欢呼声等的)(一)阵:*round* upon *round* of applause 一浪接一浪的掌声 ❺(子弹等的)一发;(一)发子弹(或炮弹):15 *rounds* of ammunition 15 发子弹 ❻(酒水等的)一份;一客:I'll stand you all a *round* of beer! 我请大家每人喝一客啤酒! ❼(歌曲的)轮唱;(乐器的)轮奏:As if they were singing a *round*, when one stopped, another began. 他们像轮流唱歌似的,一个刚停下,另一个又开始了。**III** *adv.* [无比较级]循环地,周而复始地:We study the problem year *round*. 我们一年到头都在研究这一问题。**IV** *prep.* ❶在…整个期间:*round* the year 一整年 ❷大约:The accident happened *round* noon. 事故大约发生在中午时分。**V** *vt.* ❶完成,使圆满;使完美:*round* the task 圆满结束这项任务 ❷拐绕(角落等);绕…而行:The car *rounded* the corner. 汽车绕着拐角转。—*vi.* ❶环行,绕圈;拐弯:He *rounded* suddenly on his heels. 他突然转过身来。❷变圆;成圆形:The stranger's eyes *rounded* in amazement. 陌生人惊奇得眼睛瞪得溜圆。‖ ***go the rounds*** *vi.* (消息等)传播,散布:The news quickly *went the rounds* the village. 消息很快在村子里传开了。***make the rounds*** ❶巡视,巡查;到各处转:She *made the* usual *rounds* but found nothing. 她跟往常一样到处转,却什么也没发现。❷(谣言,传闻等)传播,散布 ‖ **'round·ish** *adj.* —**'round·ness** *n.* [U]

round·a·bout **I** /ˌraundə'baut; 'raundəˌbaut/ *adj.* [无比较级][作定语](说话、行事等)绕圈子的,迂回的,拐弯抹角的:He told me in a very *roundabout* way. 他转弯抹角地告诉我。**II** /'raundəˌbaut/ *n.* [C]〈英〉❶环形交叉路口:Turn right at the next *roundabout*. 在下一个环形交叉路口向右转。❷旋转木马(=merry-go-round)

round brackets [复] *n.* (一对)圆括号,括弧,即()〔亦作 **parentheses**〕

round·ly /'raundli/ *adv.* ❶[无比较级]呈圆形地,滚圆地:swell out *roundly* 圆圆地鼓起 ❷直率地;直截了当地:He told me *roundly* that he refused. 他直率地告诉我他拒绝了。

round table *n.* [C] ❶圆桌会议的全体参加者 ❷圆桌会议;圆桌会议的议题

rouse /rauz/ *vt.* ❶唤醒,叫醒:He *roused* himself from the sweet dream. 他从甜美的梦乡中醒来。❷唤起;使觉醒;使奋起;鼓动(见 stir):*rouse* sb. from sorrow 使某人从悲痛中振奋起来 ❸使激动;激起,激发(情感);激怒,惹恼:Ben said his father was good-natured, a man not quickly *roused* to anger. 本说他父亲的脾气很好,是一个不易动怒的人。—*vi.* 睡醒,起床(*up*):When I put my hand on his, he stirs but doesn't quite *rouse*. 我握着他的手,他动了一下,却依然是迷迷糊糊的。

rous·ing /ˈrauziŋ/ *adj.* ❶令人激动的,激动人心的:a *rousing* speech 令人振奋的演讲 ❷活泼的;活跃的;兴旺的;热烈的:*rousing* business 红火的生意

rout[1] /raut/ **I** *n.* [U;C]大败,溃败;溃逃,溃散:The last game was a *rout*. 最后一场比赛输得很惨。**II** *vt.* 击溃,彻底打垮:The team *routed* its opponents in the decisive rounds. 在决定性的几轮比赛中该队大胜对手。

rout[2] /raut/ *vt.* ❶(猪等)用鼻子拱(地等) ❷搜寻,挖找,翻找

route /ruːt/ **I** *n.* [C] ❶路线;航线:a bus *route* 汽车路线 ❷(汽车、火车等的)固定路线,指定路径;(邮递员、送奶工等的)固定递送路线:the *route* taken by that bus 那班公共汽车的行驶路线 **II** *vt.* (**rout(e)·ing**) ❶为…安排路线,给…划定路线:*route* a tour 安排旅行路线 ❷按指定路线运送(或发送):*route* the shipment via Hong Kong 经由香港发送这批货物

rou·tine /ruːˈtiːn/ **I** *n.* ❶[U;C]例行公事;惯例;常规程序:office *routine* 办公室的日常事务 ❷[U]机械的动作:the dull *routine* of the assembly line 流水线上机械枯燥的动作 ❸[C]老一套;重复的话 **II** *adj.* [无比较级] ❶例行的;日常的,惯例的:*routine* maintenance 日常保养 ❷一般的;普通的;平常的;平淡的:The trip seemed quite *routine*. 这次旅行似乎很平淡。‖ **rouˈtine·ly** *adv.*

rove /rəuv/ *vt.* 流浪于;漫游于:*rove* the streets 在街头游荡 —*vi.* 流浪;漫游(见 wander):Yesterday he *roved* in the woods for a whole day. 昨天他一整天都在林子里游荡。‖ **ˈrov·er** *n.* [C]

row[1] /rəu/ *n.* [C] ❶(人或事物的)(一)排,(一)行,(一)列,(一)队:the *rows* of customers 一排一排的顾客 ❷(戏院、飞机、教室等中的)成排座位:take a seat in the back *row* of the room 在房间的后排坐下 ‖ ***in a row*** *adj.* & *adv.* 成排的(地);成行的(地);成列的(地):stand *in a row* 列队站立

row[2] /rəu/ *vt.* ❶(用桨)划(船),摇(船):*row* a boat 划船 ❷(用船)划运,渡运:*row* sb. to safety 把某人摆渡到安全地带 —*vi.* 划船;当划手:*row* ashore 划船到对岸 ‖ **ˈrow·er** *n.* [C]

row[3] /rau/ **I** *n.* [C](激烈的)吵闹;争吵,吵架:raise a *row* about trifles 为小事发生争吵 **II** *vi.* 吵闹;吵架:*row* about [over] money 为钱而争吵

row-boat /ˈrəuˌbəut/ *n.* [C]划桨船,划艇

row·dy /ˈraudi/ *adj.* 好争吵的;吵吵嚷嚷的;喧嚣的:a *rowdy* kid 调皮捣蛋的孩子 / *rowdy* behaviour 吵闹 ‖ **ˈrow·di·ness** *n.* [U] —**ˈrow·dyˌism** *n.* [U]

roy·al /ˈrɔiəl/ **I** *adj.* [无比较级][作定语] ❶皇家的;王室的,王族的;皇亲国戚的:a *royal* prince 皇子 ❷适于君王的;盛大的:a *royal* banquet 盛大的宴会 **II** *n.* [C]〈口〉王室成员;皇亲国戚 ‖ **ˈroy·al·ly** *adv.*

roy·al·ist /ˈrɔiəlist/ **I** *n.* [C]君主主义者;保皇派分子 **II** *adj.* [无比较级]君主主义(者)的;保皇主义(者)的

roy·al·ty /ˈrɔiəlti/ *n.* ❶[U]皇室成员;王族;皇亲国戚:a marriage into *royalty* 与王室成员的联姻 ❷[U]王位;王者之尊;王权,君权:the purple robes of *royalty* 表示九五之尊的紫色长袍 ❸[C]【经】(书籍、乐曲等创作者的)版税:pay a *royalty* 支付版税

rpm, r. p. m. *abbr.* revolutions per minute 每分钟转数,转/分

RSVP *abbr.* 〈法〉*repondez s'il vous plait* [用于邀请信中]回复为盼

rub /rʌb/ (**rubbed; rub·bing**) *vt.* ❶擦,擦拭:He *rubbed* the silver teapot with a cloth. 他用一块布擦拭银茶壶。❷揉搓,按摩:*rub* one's eyes sleepily 睡意蒙眬地揉搓眼睛 ❸涂擦,涂抹(油膏、上光剂等)(*over*):*rub* an ointment on one's chapped lips 往皲裂的嘴唇上涂抹唇膏 ❹使摩擦;使触碰:*rub* hands together 搓手 ❺擦掉,抹

掉：*Rub* away the dirty mark. 把那个污点擦掉。—*vi*. ❶擦；擦拭：He *rubbed* until the silver shone. 他擦呀擦，直擦到银子闪闪发亮。❷擦掉，抹掉：Chalks *rubbed* off easily. 粉笔字很容易擦掉。‖ ***rub it in*** *vi*. 不断地提起不愉快的事情，揭他人的短处：I know I made a mistake but there's no need to *rub it in*. 我知道自己做错事了，可也不必老提这茬儿。***rub off on*** *vt*. 因打交道（或相处）而对…产生影响：Her talent for biology *rubbed off on* her daughters. 她在生物学方面的才干对其女儿们影响颇深。***rub out*** *vt*. 擦掉，擦除：*rub out* the wrong answer 把错误的答案擦掉 ***rub the wrong way*** *vt*. 激怒，惹恼：His laugh *rubbed* her *the wrong way*. 他的大笑声惹恼了她。

rub•ber /ˈrʌbəʳ/ *n*. ❶[U]（天然）橡胶；合成橡胶 ❷[C]橡皮擦子：a board *rubber* 黑板擦 ❸[通常作～s]高统橡皮套鞋；运动鞋

rubber band *n*. [C]橡皮筋〔亦作 **rubber**〕

rubber match *n*. [C]决胜局比赛，平局决赛

rubber stamp *n*. [C] ❶橡皮图章 ❷机械地照章办事的政府机构

rub•ber-stamp /ˌrʌbəˈstæmp/ *vt*. 例行公事式地批准；照章办事式地通过：*rubber-stamp* measures drafted by Prime Minister 对首相起草的措施例行公事式地批准

rub•ber•y /ˈrʌbᵊri/ *adj*. ❶橡胶的；类似橡胶的：This meat's a bit *rubbery*! 这肉有点儿老了。❷不够坚硬的，过于柔软的：His legs got *rubbery*. 他的两腿发软。

rub•bish /ˈrʌbiʃ/ *n*. [U] ❶垃圾；废物：a pile of *rubbish* 垃圾堆 ❷废话：a load of (old) *rubbish* 一派胡言 ‖ ˈ**rub•bish•y** *adj*.

rub•ble /ˈrʌbᵊl/ *n*. [U]碎石；瓦砾：The building was reduced to *rubble* during the war. 战争期间这幢建筑成了一片碎石乱瓦。

ru•bel•la /ruːˈbelə/ *n*. [U]【医】风疹〔亦作 **German measles**〕

ru•bric /ˈruːbrik/ *n*. [C] 红字（或特殊字体）标题（或句、段等）：under the *rubric* of "aesthetic attitudes" 在"美学态度"这个标题下

ru•by /ˈruːbi/ *n*. ❶[C]红宝石 ❷[U]红宝石色，红玉色，紫红色

ruck•sack /ˈrʌkˌsæk; ˈruk-/ *n*. [C]帆布背包

rud•der /ˈrʌdəʳ/ *n*. [C] ❶（船只的）舵；（飞机的）方向舵 ❷指导原则 ‖ ˈ**rud•der•less** *adj*.

rud•dy /ˈrʌdi/ *adj*. ❶（人或脸色等）健康红润的；气色好的；红光满面的：a *ruddy* complexion 满面红光 ❷微红的，淡红色的：a *ruddy* light 柔和的红光 ‖ ˈ**rud•di•ness** *n*. [U]

rude /ruːd/ *adj*. ❶（人、言行等）粗暴的，粗鲁的；无礼的：It is *rude* to interrupt. 打断别人的讲话是不礼貌的。❷野蛮的，未开化的：a *rude* tribe 野蛮的部落 ❸[作定语]狂暴的；猛烈的：a *rude* shock 大吃一惊 ❹[作定语]简陋的；粗劣的；做工粗糙的：a *rude* wooden plough 粗陋的木犁 ‖ ˈ**rude•ly** *adv*. —ˈ**rude•ness** *n*. [U]

ru•di•ment /ˈruːdimᵊnt/ *n*. [通常作～s] ❶基础知识；入门；初阶：learn the *rudiments* of architectural discipline 学习建筑学的基础知识 ❷雏形；萌芽：the *rudiments* of a plan 初步计划

ru•di•men•ta•ry /ˌruːdiˈmentᵊri/ *adj*. [无比较级]基础的，初步的，初阶的；基本的：a *rudimentary* system of ethics 伦理学的基本体系

rue /ruː/ **I** *vt*. ❶对…深感后悔（或懊悔、悔恨、遗憾）：I *rued* it bitterly all my life. 我为此而抱憾终生。❷希望…没有发生，希望没有做：He *rued* the day he was born. 他希望自己没有在那一天出生。**II** *n*. [U]痛苦；后悔，懊悔，悔恨

rue•ful /ˈruːfᵘl/ *adj*. ❶懊悔的，悔恨的：She managed a *rueful* little smile. 她勉强苦笑了一下。❷悲惨的；令人同情的，令人惋惜的：a *rueful* fate 悲惨的命运 ‖ ˈ**rue•ful•ly** *adv*.

ruf•fi•an /ˈrʌfiᵊn/ *n*. [C]暴徒，流氓，恶棍

ruf•fle /ˈrʌfᵊl/ *vt*. ❶使变皱，弄皱；使不平，使波动：The wind began to *ruffle* the calm surface of the sea. 平静的海面上风起浪涌。❷（鸟受惊、发怒等而）竖起（羽毛）：*ruffle* a bird's feathers 使鸟把羽毛竖起来 ❸惹恼，使生气：*ruffle* sb.'s temper 惹某人发火

rug /rʌg/ *n*. [C] ❶地毯 ❷〈主英〉（厚羊毛）盖毯；裹巾 ❸〈俚〉男用（遮秃）假发

rug•by /ˈrʌgbi/ *n*. [U]英式橄榄球（运动）（始创于拉格比公学 Rugby School，故名。比赛时每方有 13 人或 15 人参加）

rug•ged /ˈrʌgid/ *adj*. ❶（地面）高低不平的，崎岖的；（地貌）多岩石的；多丘陵的：a *rugged* volcanic island 岩石嶙峋的火山岛 ❷（人脸）多

R

皱纹的;粗糙的:a *rugged* masculine face 男人味十足的棱角分明的脸 ❸(尤指机器、车辆等)结实的,坚固耐用的:*rugged* vehicles 坚固耐用的车辆 ‖ ˈ**rug·ged·ly** *adv.* —ˈ**rug·ged·ness** *n.* [U]

ru·in /ˈruːin/ **I** *n.* ❶[～s]废墟;残骸;遗迹:The city was bombed into *ruins*. 该城被炸得满目疮痍。❷[C]被毁之物:The old mansion is now a *ruin*. 那个老宅子现在已是断壁残垣。❸[U]毁灭(或倾圮、破败等)的状态:The house has fallen into [gone to] *ruin* through years of neglect. 这幢房子因年久失修而破败不堪。**II** *vt.* ❶[常用被动语态]毁灭,使成为废墟:The whole city was *ruined* by the earthquake. 地震使整个城市沦为一片废墟。❷使倾家荡产,使破产:He was *ruined* by that case. 那场官司把他的家产折腾得精光。‖ **ru·in·a·tion** /ˌruːiˈneiʃᵊn/ *n.* [U]

ru·in·ous /ˈruːinəs/ *adj.* 毁灭性的;灾难性的:a *ruinous* war 灾难性的战争 ‖ ˈ**ru·in·ous·ly** *adv.*

rule /ruːl/ **I** *n.* ❶[C]规则;规章,条例;细则;法则:the *rules* of English writing 英语书写规则 ❷[C]规定;规律;习惯,惯例;通常的事情:I've made it a *rule* to have a cup of tea after sleep. 我已养成醒后喝杯茶的习惯。❸[U]统治(期);管辖(期):the *rule* by people 民治 **II** *vt.* ❶统治;管理(见 govern):*rule* a state 统治一个国家 ❷裁决,裁定:The court *ruled* that she could not keep the baby. 法庭裁决她不能抚养这个婴儿。❸控制;支配;主宰:be *ruled* by passion 感情用事 / This faith *rules* our whole way of life. 这个信念主宰着我们的整个生活方式。—*vi.* ❶统治;管理:*rule* with an iron hand 用铁腕手段统治 ❷作出裁决,作出裁定:The judge will *rule* on this issue next week. 法官将在下周就该问题作出裁决。‖ ***as a rule*** *adv.* 一般来说,通常地:*As a rule*, I get home by seven o'clock. 我一般是7点到家。***rule out*** *vt.* 对…不予考虑,将…排除在外:We can *rule out* the possibility that she was the murderer. 我们可以排除她是凶手。

ruled /ruːld/ *adj.* [无比较级][作定语]画好直线的:a sheet of *ruled* paper 画有直线的纸

rul·er /ˈruːləʳ/ *n.* [C] ❶统治者;主宰者;管理者 ❷直尺;界尺(=rule)

rul·ing /ˈruːliŋ/ *adj.* [无比较级][作定语] ❶统治的:the *ruling* party 执政党 ❷主导的,居支配地位的:the *ruling* factor 最重要的因素

rum /rʌm/ *n.* [U](用甘蔗渣或糖蜜等酿制的)朗姆酒,糖蜜酒

rum·ba /ˈrʌmbə;ˈrum-;ˈruːm-/ **I** *n.* [C]伦巴舞(源于古巴黑人交际舞蹈) **II** *vi.* (**rum·baed**或**rum·ba'd** /-bəd/) 跳伦巴舞

rum·ble /ˈrʌmbᵊl/ **I** *vi.* ❶隆隆作响;发出隆隆声:The thunder *rumbled* through the night. 雷声隆隆而至,划破夜空。❷隆隆行进;轰鸣着前进:A subway train *rumbled* underneath her. 一列地铁在她脚下轰鸣着驶过。**II** *n.* [C] 隆隆声;轰鸣声;辘辘声:a distant *rumble* of thunder 远处传来的隆隆雷声

rum·bling *n.* [C] ❶[常作～s]不满,怨言:The *rumblings* from the electorate were clear. 来自选区的不满是显而易见的。❷隆隆声,轰鸣声

ru·mi·nant /ˈruːminᵊnt/ **I** *n.* [C]反刍动物 **II** *adj.* [无比较级] ❶(动物)反刍的,倒嚼的 ❷反刍动物的

ru·mi·nate /ˈruːmiˌneit/ *vi.* ❶反刍,倒嚼 ❷沉思;反复思考(见 ponder):She *ruminated* for weeks about where to go. 关于去哪里的问题她考虑了几周。—*vt.* ❶反刍,倒嚼 ❷沉思;再三思量 ‖ **ru·mi·na·tion** /ˌruːmiˈneiʃᵊn/ *n.* [U; C]

rum·mage /ˈrʌmidʒ/ *vt.* 在…里翻找;搜找:*rummage* a photo out of the book 从书本中找出一张照片 —*vi.* 翻找;搜找:*rummage* through the drawers 在抽屉里翻找东西

rummage sale *n.* [C]捐赠品义卖

ru·mo(u)r /ˈruːməʳ/ **I** *n.* ❶[U]谣言,谣传,流言蜚语:*Rumour* has it that she's pregnant. 有人谣传说她怀孕了。❷[C](未经证实的)传闻,传说:*Rumours* go around that his wife had poisoned him. 有传闻说是他妻子把他毒死的。**II** *vt.* [通常用被动语态]谣传,散播(流言蜚语);传说:It was *rumoured* that he was living in London. 谣传他住在伦敦。

rump /rʌmp/ *n.* [C] ❶(兽类的)臀部;(鸟类的)尾端,尾梢 ❷牛臀肉 ❸(人的)屁股

rum·ple /ˈrʌmpᵊl/ *vt.* ❶弄皱,搓揉:Don't *rumple* the sheet of paper. 别把那张纸弄皱了。❷弄乱:Her hair was *rumpled* by a strong

R

gust of wind. 一阵强风吹乱了她的头发。‖ ˈ**rum•ply** *adj*.

run /rʌn/ **I** (**ran** /ræn/, **run**; **run•ning**) *vi*. ❶跑，奔跑：The jeep *ran* parallel with a train. 吉普车与火车并驾齐驱。❷滑动，滑行；(球等)滚动：The ball *ran* to the boundary. 球滚向边界线。❸竞选；当候选人：*run* in the next election 参加下一届选举 ❹(车辆、船只等按照适当路线或规定路线)行驶：The ship *ran* aground. 轮船搁浅了。❺(墨水等)渗开，洇开；(织物上的染料)渗化；渗色：The ink had *run* on the wet pages. 墨水在潮湿的书页上洇开了。❻(机器等)运作，运转：The engine was *running* noisily. 机器在轰鸣着。❼[不用进行时态]持续，延续；延伸：The story *runs* for eight pages. 这则故事长达八页纸。❽(在报刊上)被登出，被刊载：The news *run* in all the papers. 这则消息登在各家报刊上。❾(电影)被放映；(戏等)上演；(电影)上映；(录像带、磁带等)被播放；(展览等)在举办：The exhibition will *run* until November 28th. 这次展览将持续到 11 月 28 日。—*vt*. ❶在…上奔跑；跑完(一段距离、路程或赛程)：*run* the distance in four minutes 用四分钟跑完这段距离 ❷从事，进行：*run* errands for a bank 为一家银行跑腿 ❸使参加赛跑比赛；参加(赛跑)：He *ran* a race with me. 他与我赛跑。❹提名让…参加竞选：*run* sb. for the next governor 提名某人竞选下届州长 ❺使(车辆、船只等按适当路线或规定路线)行驶：*run* the car into the garage 把汽车开进车库 ❻使运转，使运作；开动，操作(机器)：*Run* the dishwasher again and see if it works. 再开动洗碗机，看看能不能开起来。❼经营；管理；开办：*run* a household 料理家务 ❽出版；刊登：*run* an ad 刊登广告 **II** *n*. [C] ❶跑，跑步；奔跑；逃跑：break [burst] into a *run* 猛然奔跑起来 ❷跑过的一段距离；赛程；旅程，行程：a 5-minute *run* 五分钟的赛程 ❸短暂的旅行：a few *runs* to the grocery store 跑几次杂货店 ❹惯常(或指定)的路线：do the evening *run* 跑晚上的路线 ❺一连串(话语等)；连续一段时间；(戏的)连演：The play had a *run* of 3 months. 这出戏连演了三个月。❻(商品的)抢购：a great *run* on beer 对啤酒的抢购 ‖ ***in the long run*** *adv*. 从长远看：*In the long run*, the deficits could damage the structure of the economy. 从长远来看，赤字会破坏经济结构。***in the short run*** *adv*. 短期内；不久：The stocks are losing money *in the short run*. 从短期内看，这些股票在不断地跌价。***on the run*** *adv*. & *adj*. ❶急急忙忙地(的)；四处奔忙地(的)：be *on the run* from morning till night 从早忙到晚 ❷在奔跑中地(的)，在快速走动地(的)：He was eating breakfast *on the run*. 他一边赶路一边匆匆地吃早餐。***run after*** *vt*. ❶追赶，追逐：The police are *running after* the escaped prisoner. 警察正在追赶逃犯。❷追求；争取：*run after* wealth 追求财富 ***run around*** *vi*. 四处奔忙；事务缠身 ***run away*** *vi*. 离开；逃走，逃跑：He wants to *run away* and take a new name. 他想逃走，然后改名换姓。***run down*** *vt*. & *vi*. ❶(车辆等)撞倒；撞伤；撞死：He accidentally *ran* the child *down*. 他意外地将孩子撞倒了。❷对…穷追不舍；追捕：*run down* the murderer 追捕凶犯 ❸诽谤，诋毁，说…的坏话：Don't *run* him *down*. 不要说他的坏话。***run into*** *vt*. ❶(使)撞上；(使)与…碰撞：They *ran into* each other and fell. 他们互相撞在一起，跌倒了。❷不期而遇；邂逅：I *ran into* an old friend when shopping. 我在买东西时碰见了一位老朋友。***run off*** *vi*. & *vt*. ❶跑开；逃跑，逃离：She *ran off* before I could thank her. 我还没来得及道谢她就跑开了。❷复制；打印：*run off* one hundred copies of the notice 把这份通知复印 100 份 ***run on*** *vi*. & *vt*. ❶持续(尤指超出预定的时间)；继续：The programme *ran on* for hours. 这一节目持续了好几个小时。❷喋喋不休，不停地说：He *ran on* about his computer. 他唠叨他的计算机。***run out*** *vi*. & *vt*. ❶期满，终结 ❷用完，耗尽 ❸赶走，驱赶 ***run out of*** *vt*. 用完，耗尽：We've *run out of* wood; how will we make a fire? 我们的木柴都用完了，拿什么来生火呢? ***run over*** *vt*. & *vi*. 驶过；碾过；压过：A bus *ran over* a few people near the museum yesterday. 昨天一辆公共汽车在博物馆附近撞了好几个人。

R

run•a•bout /ˈrʌnəˌbaut/ *n*. [C] ❶敞篷小轿车 ❷小汽艇

run-a•round /ˈrʌnəˌraund/ *n*. [通常用单]推诿；搪塞；躲避

run•a•way /ˈrʌnəˌwei/ **I** *n*. [C] 逃跑者；逃亡者；避难者；离家出走者 **II** *adj*. [无比较级][作定语] ❶逃跑的；逃亡的：a *runaway* criminal 逃犯 ❷(成功等)轻易取得的；压倒性的：a *runaway* victory 压倒性的胜利 ❸失控的；(价格等)飞涨的：a *runaway* horse 脱缰的马匹

run-down[1] /ˈrʌnˌdaun/ *adj*. [无比较级] ❶筋

疲力尽的,累极的:You're looking *run-down*. 你看起来很疲劳。❷身体虚弱的:He's severely *run-down* and had better see a doctor. 他看上去非常虚弱,最好去看医生。❸破败的;衰落的:a *run-down* neighbourhood 破败不堪的地区 ❹(钟表等因未上发条而)停止走动的

run-down² /ˈrʌnˌdaun/ *n.* [通常用单]扼要报告;简要描述:give a *run-down* on market conditions 简要报告有关市场状况

rung¹ /rʌŋ/ *v.* ring² 的过去分词

rung² /rʌŋ/ *n.* [C] ❶(梯子的)横档,踏步,梯级 ❷(凳、椅等的)横档 ❸(社会、职业等的)阶层,等级:move up a *rung* 晋级

run·ner /ˈrʌnəʳ/ *n.* [C] ❶跑步的人;赛跑的人(或马等):a long-distance *runner* 长跑运动员 ❷走私者;运私船;偷渡船

run·ner-up /ˌrʌnərˈʌp/ *n.* [C] ([复] **run·ners-up**或**run·ner-ups**)(竞赛中的)第二名,亚军

run·ning /ˈrʌniŋ/ I *n.* [U] ❶奔跑,跑步;赛跑:practise *running* 练习跑步 ❷管理;照看:*running* of a business 经营生意 II *adj.* [无比较级][作定语] ❶(液体)流动的;流出的;流水的:*running* water 流水 ❷连续的,持续不断的:a *running* battle 持续的战斗 ❸奔跑的;赛跑的;用于赛跑的:a *running* horse 一匹奔马

running light *n.* [C](船只、飞机等的)航行灯

running mate *n.* [C]竞选伙伴(尤指总统竞选中的副总统候选人)

R

run·ny /ˈrʌni/ *adj.* ❶水分过多的,过于稀的:Warm the honey until it becomes *runny*. 把蜂蜜热一下直至融化。❷[无比较级](鼻子)流鼻涕的:a boy with *runny* nose 流鼻涕的男孩

run-of-the-mill /ˌrʌnəvðəˈmil/ *adj.* [无比较级]平常的,普通的,一般的:a *run-of-the-mill* worker 普通工人

run-through /ˈrʌnˌθruː/ *n.* [C]彩排;预演;预映

run·way /ˈrʌnˌwei/ *n.* [C] ❶走道,通道;车道 ❷(机场的)跑道:clear the *runway* for these airlines 为这些航班清理跑道 ❸(由舞台延伸到观众席或乐团等的)延伸台道

rup·ture /ˈrʌptʃəʳ/ I *n.* ❶[C;U]破裂,断裂:the *rupture* of a uranium atom into two roughly equal pieces 一个铀原子分成几乎相等两部分的裂变 ❷[C](关系的)破裂;关系不和;交恶:mend the *rupture* 重修旧好 II *v.* 使破裂;使裂开:*rupture* the blood vessel 使血管爆裂

ru·ral /ˈruərᵊl/ *adj.* [无比较级]农村的;乡村的;有乡土气息的;乡下人的;有乡民特点的:*rural* life-style 乡村生活方式

ruse /ruːz/ *n.* [C]诡计;计策,计谋(见 trick):The plan was just a *ruse* to conceal her intentions. 这个计划只是一个用来隐瞒她真实意图的诡计。

rush /rʌʃ/ I *vi.* ❶冲,快奔;赶紧,速行:Within minutes, ambulances and police cars *rushed* to the scene. 几分钟后,救护车和警车赶到了现场。❷猛冲;猛攻:The soldiers *rushed* forward. 士兵们向前发起冲锋。❸不期而至,突然来到;快速涌起(或涌出):The train *rushed* by. 火车呼啸而过。—*vt.* ❶使快速行进;催促;赶紧做;加速…的进程:Don't *rush* me; it needs thinking about. 别催我,此事需要考虑考虑。❷向…猛冲;猛攻;突袭;强占;攻克:*rush* the enemy's position 强占敌人的阵地 II *n.* ❶[C]冲,奔跑;速行:make a *rush* for London 急忙赶往伦敦 ❷[U]匆忙,急忙;紧迫:There's no *rush*; what's your hurry? 不着急,你何必那么急呢? ❸[U](交通、事务等的)忙碌;紧张:the Christmas *rush* 圣诞节前的购物热

rush hour *n.* [C](交通繁忙时的)高峰期

Rus·sia /ˈrʌʃə/ *n.* 俄罗斯(欧洲国家)

Rus·sian /ˈrʌʃᵊn/ I *adj.* [无比较级] ❶俄罗斯的;俄国的;【史】苏俄的 ❷俄罗斯语的,俄语的 II *n.* ❶[C]俄罗斯人,俄罗斯公民,俄罗斯居民;俄国人;苏俄人;俄裔 ❷[U]俄罗斯语,俄语

rust /rʌst/ I *n.* [U] ❶锈;铁锈;锈迹 ❷铁锈色;赭色 II *vi.* ❶生锈;锈蚀:The gun will *rust* if you don't polish it. 枪不擦就会生锈。❷(能力、质量等)衰退;(脑子)变迟钝:Your mind will *rust* if you don't study. 不学习脑子会生锈的。—*vt.* 使生锈;使锈蚀:The roof was badly *rusted* by the rain. 屋顶因雨水锈蚀得很厉害。

rus·tic /ˈrʌstik/ *adj.* [无比较级] ❶乡村的,农村的;有乡村风味的:*rustic* food 具有乡村风味的食物 ❷乡下人般质朴的;土气的:*rustic* look 土里土气的长相 ‖ ˈ**rus·ti·cal·ly** /-kᵊli/ *adv.*

rus·tle /ˈrʌsᵊl/ I *vi.* 沙沙作响;发出瑟瑟声:A rat went *rustling* through the grass. 一只老鼠

簌簌地跑过草丛。—*vt.* 使沙沙作响;把…弄得瑟瑟作响:The wind *rustled* the dead leaves. 风把枯叶吹得沙沙作响。**II** *n.* [C]沙沙声,簌簌声,瑟瑟声:the *rustle* of paper 纸张的沙沙声 ‖ **'rust·ler** *n.* [C]

rust·y /'rʌsti/ *adj.* ❶生锈的;锈蚀的:a *rusty* nail 一枚生锈的钉子 ❷(在知识、学业等方面)荒废的;荒疏的,生疏的:a bit *rusty* on Chinese 对汉语有点生疏

rut /rʌt/ *n.* [C] ❶车辙;(车轮的)轧痕:the *ruts* made by tractors 拖拉机压出的车辙 ❷常规,惯例,陈规 ‖ **'rut·ty** *adj.*

ruth·less /'ruːθlis/ *adj.* 无情的,毫无同情心的;冷漠的;残忍的:Her lawyers have been *ruthless* in thrashing out a divorce settlement. 她的律师在抛出离婚解决方案时是毫不留情的。‖ **'ruth·less·ly** *adv.* —**'ruth·less·ness** *n.* [U]

rye /rai/ *n.* [U] ❶【植】黑麦 ❷黑麦粒,黑麦籽;黑麦粉 ❸黑麦威士忌

rye whiskey *n.* [U]黑麦威士忌(=rye)

R

S s

S,s /es/ *n.* ([复]**Ss,ss** 或 **S's,s's** /ˈesiz/) ❶[C]英语字母表中第十九个字母 ❷[C]字母 S,s 所表示的读音

sab·bath /ˈsæbəθ/ *n.* [C] ❶[常作 **the S-**]安息日,主日 ❷休息时间,休息期

sab·bat·i·cal /səˈbætikᵊl/ *n.* [C;U](大学教师等的)公休(期),休假(期);公休(假) ‖ ***on sabbatical*** *adv.* 度假:She's on *sabbatical* in Hawaii. 她在夏威夷休假。

sab·o·tage /ˈsæbəˌtɑːʒ,ˌsæbəˈtɑːʒ/ **I** *n.* [U](尤指出于政治或军事目的而进行的)蓄意毁坏,恶意破坏;捣乱:a campaign of *sabotage* 蓄意破坏运动 **II** *vt.* 对…进行破坏(或捣乱);蓄意毁坏;使变得无用:*sabotage* oil pipelines 破坏石油管道和电力供应

sa·bre,sa·ber /ˈseibəʳ/ *n.* (特别是骑兵用的)弯刀

sac·cha·rin /ˈsækᵊrin/ *n.* [U]【化】糖精

sac·cha·rine /ˈsækᵊˌriːn,-ˌrain,-rin/ *adj.* [无比较级] ❶极甜的;甜得发腻的 ❷含糖的;似糖的;糖质的 ❸过于礼貌的;过于多愁善感的:The poet valued spontaneity, eschewing the *saccharine*. 这位诗人崇尚自然的流露而规避做作多情。

sach·et /ˈsæʃei;sæˈʃei/ *n.* [C]❶香袋,香囊 ❷香粉包

sack /sæk/ **I** *n.* ❶[C](结实耐用的)大袋;麻袋;粗布袋;塑料袋;厚纸袋:a potato *sack* 装土豆的袋子 ❷[C](一)大袋的东西;(一)大袋的量(*of*):three *sacks of* potatoes 三大袋的土豆 ❸[**the** ~]〈口〉解雇,除名,开除:He got [was given] *the sack* for being drunk on duty. 他因当班时喝醉了酒而遭解雇。**II** *vt.* ❶用大袋(或麻袋等)装(或盛) ❷〈口〉解雇,开除,把…除名:He was *sacked* for being late again. 他因再次迟到而被除名了。‖ ***hit the sack*** *vi.* 〈俚〉上床睡觉 ‖ ˈ**sack·ful** *n.* [C]

sack·cloth /ˈsækˌklɔθ;-ˌklɔːθ/ *n.* [U]【纺】粗平袋布,麻(袋)布 ‖ ***in sackcloth and ashes*** 在悲痛(或忏悔)之中

sa·cred /ˈseikrid/ *adj.* ❶奉献给上帝(或神灵)的;神圣的(*to*):a mountain *sacred to* the Muses 文艺女神缪斯的圣山 ❷宗教的;有宗教意义的;用于宗教场合的:*sacred* art 宗教艺术 ❸〈书〉神圣不可侵犯的;(诺言、职责等)必须履行的;极为重要的:He is workaholic and his work is absolutely *sacred* to him. 他是个工作狂,对他来说,工作是绝对至关重要的。‖ ˈ**sa·cred·ly** *adv.* —ˈ**sa·cred·ness** *n.* [U]

sac·ri·fice /ˈsækriˌfais/ **I** *n.* ❶[U;C]供奉,献祭:Divine favour is sought by *sacrifice*. 神赐的恩惠通过献祭来获得。❷[C]供(奉)品,(献)祭品,祭礼:offer the animals as a *sacrifice* 拿动物献祭 ❸[U;C]牺牲;献身,舍身;舍弃;牺牲品:We succeeded at great personal *sacrifice*. 为取得成功我们作出了很大的个人牺牲。**II** *vt.* ❶牺牲;献出;舍弃:She is not willing to *sacrifice* her career in order to have children. 她不想为了生孩子而放弃自己的事业。❷拿…当供品(或祭礼);杀…以祭祀:*sacrifice* the animal to the gods 宰杀动物祭神 —*vi.* 献祭 ‖ **sac·ri·fi·cial** /ˌsækriˈfiʃᵊl/ *adj.*

sac·ri·lege /ˈsækrilidʒ/ *n.* [通常用单](对神圣事物的)亵渎(罪);亵渎行为:It's (a) *sacrilege* to tamper with stuff like this. 对此物待之不恭是辱没神灵。‖ **sac·ri·le·gious** /ˌsækriˈlidʒəs/ *adj.* —ˌ**sac·riˈle·gious·ly** *adv.*

sad /sæd/ *adj.* (**sad·der,sad·dest**) ❶悲哀的,伤心的;难过的;显露悲伤(或难过)的:She was looking very *sad*. 她一副悲伤凄惨的样子。❷可悲的;令人悲痛(或难过)的:That's one of the *saddest* news I've ever heard! 这是我所听

过的最令人伤心的消息之一！❸〈口〉十分糟糕的；很不像样的；不可救药的；令人遗憾的：*Sad* to say, I have no money with me. 真遗憾，我身上一个子儿也没有。‖ 'sad·ness *n.* [U]

sad·den /'sædᵊn/ *vt.* [常用被动语态]〈书〉使悲伤，使难过，使伤心：He was *saddened* to see that there were tears in her eyes. 看见她眼里噙着泪水，他心里很不好受。—*vi.* 感到伤心，感到悲伤；觉得难过：She *saddened* when hearing the bad news. 她听到这则坏消息感到很伤心。

sad·dle /'sædᵊl/ **I** *n.* [C] ❶(马等的)鞍(子)，座鞍；鞍具，鞍鞯：put a [the] *saddle* on the horse 给马备鞍 ❷(自行车、摩托车等的)车座，鞍座，坐垫：a bicycle *saddle* 自行车车座 **II** *vt.* ❶给(马等)上鞍：*saddle* up the horse and set off 备马起程 ❷迫使…承担任务(或责任等)(*with*)；强加(负担)于(*on, upon*)

sad·dle-bag /'sædᵊlˌbæg/ *n.* [C](马背上搭于鞍后的一对)鞍袋，马褡裢

sa·dism /'seidizᵊm, 'sæd-/ *n.* [U]【心】施虐狂；性施虐狂 ‖ 'sa·dist *n.* [C] —sa·dis·tic /sə'distik/ *adj.*

sa·fa·ri /sə'fɑːri/ *n.* [C] ❶(尤指在东部非洲进行的)游猎，狩猎；科学考察 ❷(在非洲动物的天然栖息地进行的)旅游，观赏动物旅游：go on a *safari* 去旅游

safe /seif/ **I** *adj.* ❶安全的，无危险的；保险的；平安的；无损的：They were *safe* over the Alps. 他们安然无恙地翻过了阿尔卑斯山。❷无害的，不能为害的；不致遭受伤害的；不会引起损害的：The leopard is *safe* in its cage. 那头豹关在笼子里，不会伤人的。❸一定的，有把握的，不会出错的；不致引起争议的：He's so forgetful; it's a *safe* bet that he'll forget it again. 他这人太健忘了，完全有把握地说他又会忘了这事儿。**II** *n.* [C]保险箱，保险柜：break into [crack] the *safe* and steal everything in it 撬开保险箱并偷光里面的东西 ‖ 'safe·ly *adv.* —'safe·ness *n.* [U]

☆**safe, secure** 均有"安全的，平安的"之意。**safe** 表示安然度过带有某种危险或风险的时期而不受损害或损伤，也指没有危险或风险、十分安全稳妥的情形或处境：They prayed for the *safe* return of the kidnapped child. (他们为那个被绑架的小孩能平安归来而祈祷。) **secure** 有时可与 safe 换用，强调客观形势，指处境安全牢靠或主观感觉很有把握，因而没有必要去担心或忧虑：Her place in the history books is *secure*. (她有着稳固的历史地位。)

safe·guard /'seifˌgɑːd/ **I** *n.* [C]预防措施；保障条款；保障物，防护装置：The new law will provide an adequate *safeguard* for consumers. 新法律将充分保护消费者的权益。**II** *vt.* & *vi.* 保护，保卫；捍卫；维护(见 defend)：*safeguard* the interests of the employees 维护雇员的利益

safe keeping *n.* [U]安全保管；安全保证：I will leave my computer with you for *safe keeping* while I am away. 我不在家时将托你为我保管计算机。

safe·ty /'seifti/ *n.* ❶[U]安全，无危险；保险；平安；无损：*Safety* first! 安全第一！❷[C; U]安全措施；安全设施，保安装置；(防止事故或疾病的)安全知识，安全技能：an expert in road *safety* 道路安全专家

safety glass *n.* [U]安全玻璃，钢化玻璃

safety match *n.* [C]安全火柴

safety pin *n.* [C]安全别针

safety razor *n.* [C]安全剃刀

safe·ty-valve /'seiftiˌvælv/ *n.* [C]【机】安全阀，保险阀

saf·fron /'sæfrᵊn/ *n.* ❶[C]【植】藏(红)花，番红花 ❷[U](用干番红花柱头做成，用作调味品、色素或药剂的)番红花素，藏红花素

sag /sæg/ *vi.* (**sagged; sag·ging**) ❶(因承重等而)下弯，下垂；下陷；垂坠：The old lady's head *sagged* on her shoulder. 老太太的头耷拉在肩膀上。❷(价格等)下降；(市场等)萧条，疲软：The exchange rates *sagged* considerably. 汇率大幅下降。‖ 'sag·gy *adj.*

sa·ga /'sɑːgə/ *n.* [C] ❶萨迦(中世纪冰岛、挪威等地区的散文体长篇英雄传奇) ❷家族史系列小说；长篇家世小说：the *Godfather saga*《教父》系列小说

sage /seidʒ/ *n.* ❶[C]【植】鼠尾草属植物；鼠尾草 ❷[U]鼠尾草叶

sa·go /'seigəu/ *n.* [U; C]([复]-**gos**) 西米，西谷米(以西谷椰子茎髓做成的食用淀粉，用以制作布丁)

said /sed/ **I** *v.* say 的过去式和过去分词 **II** *adj.* [无比较级][用于名词前][法律等行业用语]

上述的；前面提及的：The *said* Jim Brown broke into a shop last night. 这位叫吉姆•布朗的人昨夜闯入商店行窃。

sail /seil/ **I** *n.* ❶[C;U]帆，篷：The ship was flying along with billowing *sails*. 那条船扯着满帆飞速而来。❷[用单]（尤指乘帆船的）航行，航程：Would you like to go for a *sail* in my boat? 你愿不愿意乘坐我的帆船出游？❸[C]帆状物；（风车的）翼板 **II** *vi.* ❶（船）航行；扬帆行驶：*sail* along the bay 沿海岸航行 ❷（人）（乘船）航行：He *sailed* about from island to island. 他四处漂泊，从一个岛驶向另一个岛。❸开船，起航：When does the ship *sail*? 什么时候开船？❹（尤指作为体育运动）驾驶帆船：teach sb. to *sail* 教某人开帆船 —*vt.* ❶驾驶（船）；使（玩具船等）漂浮：I've never *sailed* this kind of yacht before. 我从来没有驾驶过这种游艇。❷在…上航行；飞过；飘过：*sail* the seas 漂洋过海 ‖ ***sail into*** *adv.* 痛骂；猛击：He *sailed into* our ideas for reorganization. 他抨击我们的想法，要求重新调整。***set sail*** *vi.* 扬帆待航；开航：The ship *set sail* for Santander. 那艘船开往桑坦德。

sail•boat /ˈseilˌbəut/ *n.* [C]帆船

sail•cloth /ˈseilˌkləθ;-ˌklɔːθ/ *n.* ❶[U]（制帆或用作衣料的）帆布 ❷（做衣服或窗帘的）轻质帆布

S

sail•ing /ˈseiliŋ/ *n.* ❶[C;U]（船等的）航行，航海；航行（或航海）术 ❷[C]扬帆，起航，出航；水运航班：The *sailing* is at 8 o'clock PM. 下午8点起航。‖ ***clear sailing*** *n.* 一帆风顺，顺顺当当：Once he gets through with the last chapter it will be *clear sailing* to the end. 他一旦写完最后一章，那么整个写作就顺利完成了。

sail•or /ˈseiləʳ/ *n.* [C]海员，水手；水兵

saint /seint，姓名前 sᵊnt/ *n.* [C] ❶（尤指基督教会正式册封的）圣徒 ❷〈口〉圣人；圣洁的人，品德高尚的人；仁慈的人；极有耐心的人：By the end of the novel, he has become a kind of *saint*. 在这部小说的结尾处，他成了某种意义上的好人。

sake /seik/ *n.* [U;C] ❶利益，好处：give up smoking for one's own *sake* 为自己而戒烟 ❷目的，目标：Let's not let them go for the *sake* of a few dollars. 咱们不能为了几个钱就放过他们。

sal•ad /ˈsæləd/ *n.* ❶[U;C]色拉，凉拌菜：make a mixed *salad* 做什锦色拉 ❷[U]色拉用蔬菜，生菜

sal•a•man•der /ˈsælᵊˌmændəʳ，ˌsælᵊˈmæn-/ *n.* [C] ❶【动】蝾螈属动物 ❷（神话传说中不怕火的）火蜥蜴，火蛇；火精

sa•la•mi /səˈlɑːmi/ *n.* [C;U]萨拉米，意大利蒜味香肠

sal•a•ry /ˈsælᵊri/ *n.* [C;U]（尤指专业人员或白领阶层通常按月或季领取的）薪金，薪水（见pay）：Our company pays [offers] decent *salaries*. 我们的公司工资待遇不菲。

sale /seil/ *n.* ❶[U;C]销售，出售，卖：Such books meet with an easy *sale*. 这样的书籍好卖（或畅销）。❷[通常作～s]销售量；销售额，营业收入：Retail *sales* have remained stagnant. 零销额持续低迷。❸[C]降价出售，打折销售；廉价出售：a 75-percent-off *sale* 二五折销售 ❹[C]卖场；展销会 ❺[C]拍卖（会），义卖：a *sale* of antique furniture 古董家具拍卖 ‖ ***for sale*** *adv.* （尤指私人的物品）待售：put the house up *for sale* 登广告准备卖房子 ***on sale*** *adv.* & *adj.* 降价（或廉价）出售（的）：She got the skirt *on sale*. 她是趁减价时买了这条裙子。

sales clerk *n.* [C]营业员，售货员

sales•man /ˈseilzˌmᵊn/ *n.* [C]（[复]**-men** /-mᵊn/）❶营业员，售货员 ❷（旅行）推销员，巡回推销员 ‖ **ˈsales•manˌship** *n.* [U]

sales•per•son /ˈseilzˌpəːsᵊn/ *n.* [C]营业员，售货员

sales•wom•an /ˈseilzˌwumᵊn/ *n.* [C]（[复]**-wom•en** /-ˌwimin/）❶女营业员，女售货员 ❷女（旅行）推销员，女巡回推销员

sal•i•cyl•ic /ˌsæliˈsilik/ **acid** *n.* [U]【化】水杨酸，邻羟苯甲酸 ‖ **sa•lic•y•late** /səˈlisiˌleit/ *n.* [C;U]

sa•li•ent /ˈseiliᵊnt/ 〈书〉*adj.* ❶突出的，显著的；引人注目的：One of the most *salient* demographic features of the country is uneven distribution of its population. 这个国家最为显著的人口特点之一是其人口分布不均。❷[无比较级]（工事的外角等）凸起的，外突的：a *salient* angle 外突角 ‖ **ˈsa•li•ence** *n.* [U] —**ˈsa•li•ent•ly** *adv.*

sa•line /ˈseilain/ 〈书〉*adj.* [无比较级] ❶（水

或泉等)含盐的：*saline* lakes 盐湖 ❷(食物或饮料等)有盐味的；咸的 ‖ **sa·lin·i·ty** /sə'liniti/ *n.* [U]

sa·li·va /sᵊ'laivə/ *n.* [U]唾液，涎 ‖ **sa·li·var·y** /'sælivəri/ *adj.*

sal·i·vate /'sæliˌveit/ *vi.* 分泌唾液，流涎：The thought of all that delicious food made me *salivate.* 一想到那么多佳肴美馔，我不禁馋涎欲滴。‖ **sal·i·va·tion** /ˌsæli'veiʃᵊn/ *n.* [U]

sal·low /'sæləu/ *adj.* (人的肤色等)病态发黄的，蜡黄的；土灰色的：You will become *sallow*, hollow-cheeked and dull-eyed. 你会变得面色蜡黄、两颊凹陷，而且眼神呆滞。‖ **'sal·low·ness** *n.* [U]

sal·ly /'sæli/ 〈书〉 **I** *n.* [C] ❶【军】(尤指被围困军队的)出击，突击；突围：Our *sally* took the surrounding troops by surprise. 我们突然冲出，令围剿军队措手不及。❷外出，出行 ❸笑话；俏皮话，妙语：His witty *sally* made them laugh heartily. 他谈吐诙谐风趣，令他们开怀大笑。**II** *vi.* ❶〈书〉〈谑〉外出，出行(*out*, *forth*)：*sally* through the crowd 冲过人群 ❷【军】出击，突击；突围(*out*, *forth*)：*sally forth* to the battle 冲向战场

salm·on /'sæmᵊn/ *n.* ([复]**-on(s)**) ❶[C]【鱼】鲑鱼科鱼类；大麻哈鱼属鱼类 ❷[U]粉红色，浅橙色

sal·mo·nel·la /ˌsælmə'nelə/ *n.* [C]([复]**-lae** /-liː/) ❶【微】沙门(氏)菌 ❷【医】沙门氏菌病

sal·on /'sælɔn/ *n.* [C] ❶(尤指法国式或欧陆式大宅中的)大厅，客厅 ❷(提供美发、美容等服务或专卖时装的)廊；厅；店：a hair *salon* 发廊

sa·loon /sᵊ'luːn/ *n.* [C] ❶(旅馆或公共建筑的)大厅；大堂；(有专门用途的)厅，室：a dining *saloon* 餐厅 ❷(客轮上的)公共休息厅；活动室

sal·sa /'sælsə/ *n.* ❶[C;U](融合了爵士乐和摇滚乐特点的)萨尔萨舞曲 ❷萨尔萨舞 ❸(墨西哥烹饪中的)(辣)沙司，(辣)调味汁

salt /sɔːlt, sɔlt/ **I** *n.* [C;U] ❶盐，食盐；氯化钠：*salt*-free diet 无盐饮食 ❷【化】盐；盐类 **II** *adj.* [无比较级]含盐的；有(食)盐味的，咸的；用盐腌渍制的；用盐治疗的：a *salt* solution 盐水 **III** *vt.* ❶用盐(或卤水)腌渍(或治疗)：Was the pork cut up and *salted*? 猪肉切好腌上了吗？❷(为融雪、防滑等)撒盐于(地上等)：*salt* the road after the storm 暴雪过后在路上撒盐 ‖ *worth one's salt adj.* 能干的，有本领的；称职的：An assistant *worth his salt* is difficult to find. 称职的助手不容易找。‖ **'salt·ed** *adj.* [无比较级]

salt-cel·lar /'sɔːltˌselə', 'sɔlt-/ *n.* [C](餐桌上用的)盐瓶；盐钵；盐碟；盐盒

salt of the earth *n.* 最可尊敬(或依靠、信任等)的人；社会中坚，精英分子；最高尚的人；出类拔萃的人；世人的楷模：People like Norman Bethune are *the salt of the earth.* 像诺尔曼·白求恩这样的人是最高尚的人。

salt·y /'sɔːlti, 'sɔlti/ *adj.* ❶含盐的，咸的：Sea salt tastes *saltier* than you expect. 海盐比你想象的要咸。❷粗俗的，猥亵的：*salty* humour 粗俗的幽默 ‖ **'salt·i·ness** *n.* [U]

sal·u·ta·tion /ˌsæljuː'teiʃᵊn, -lju-/ *n.* 〈书〉 ❶[U;C]招呼；致意；问候：exchange mutual *salutations* 相互致意 ❷[C]致意(或问候)的话(或文字)；(信函或演说开头的)称呼语(如 Ladies and Gentlemen, Dear Madam, My Dearest Sue)：The scene was very like an afternoon reception, with *salutation*, introductions, and gossip. 这个场面就像是一个下午招待会，人们打着招呼，相互引见着，说着闲言碎语。

sa·lute /sᵊ'lʲuːt/ **I** *n.* [C;U]致敬；致意；敬礼，行礼：They lifted their hats in *salute.* 他们举帽行礼。**II** *vt.* ❶向…敬礼(或致敬)；对…行军礼：The soldiers *saluted* the general when he arrived. 将军到场时士兵们向他行军礼。❷〈书〉向…致意；跟…打招呼；(以特定方式)迎接，接待(*with*)：The first object which *saluted* my eyes when I arrived on the coast was the sea. 我来到海边首先映入眼帘的是大海。—*vi.* 敬礼，行礼；致敬；致意；打招呼：The soldiers *saluted* when the hero arrived. 英雄到场时士兵们向他行军礼。

sal·vage /'sælvidʒ/ **I** *n.* ❶[U](在海上或火灾中等对船只、货物等财产的)抢救，挽救；打捞：*salvage* archaeology 抢救性考古挖掘 ❷[用单][总称]抢救(或打捞)出的货物(或财产等)：a sale of *salvage* from the wreck 拍卖从失事船只上打捞出的物品 **II** *vt.* ❶(在船只失事或火灾等)抢救；打捞(沉船)：*salvage* some of the cargo from the ship lying in deep water 从

S

沉入深水中的船上打捞出部分货物 ❷挽回，挽救；使免遭损失：There was nothing to do to *salvage* the situation. 形势已到了无法挽回的地步。‖ ˈ**sal·vage·a·ble** *adj*.

sal·va·tion /sælˈveiʃᵊn/ *n*. ❶[U]抢救；挽救，拯救；获救：You can't help; I've got to work out my own *salvation*. 你帮不上忙，我得自己寻求解决办法。❷[U]【宗】灵魂的得救；超度，救度：the eternal *salvation* of the soul 灵魂的永恒救赎 ❸[C]挽救者，拯救者；救星；救助手段：The rain has been our *salvation* after so much dry weather. 天气干旱了这么久，多亏我们有这场救命雨。

salve /sælv, sɑːv; sæv/ **I** *n*. [U; C]软膏；油膏；药膏：lip *salve* 护唇油膏 / *salves* for treating cuts 治疗创伤的各种药膏 **II** *vt*. 〈书〉安慰；宽慰；缓解：some words to *salve* sb.'s ego 能使某人的自负心理得到满足的一席话

sal·vo /ˈsælvəu/ *n*. ([复]-**vo(e)s**) [通常用单] ❶(礼炮)齐鸣；(海战等中的)火炮齐射；(炸弹等的)齐投：A battery fires a *salvo* in a shell-pitted landscape. 排炮朝弹坑累累的区域开火。❷(掌声、口头攻击等的)一阵；(一次)突然爆发：hear *salvoes* of raucous laughter 听见一阵粗声粗气的大笑

S

sam·ba /ˈsæmbə, ˈsɑːm-/ **I** *n*. [C](源于非洲、流行于巴西的)桑巴舞；舞厅桑巴舞 **II** *vi*. (-**baed** 或-**ba'd** /-bəd/) 跳桑巴舞

same /seim/ **I** *adj*. [无比较级] ❶[通常与 the 连用]同一的：See you tomorrow night. *Same* time, *same* place. 明儿晚上见，老时间老地方见。❷[通常与 the 连用]同样的，相同的：We're *the same* age, almost. 我们差不多是同龄人。❸[通常与 the 连用]无变化的，一成不变的；千篇一律的：Mrs Lee seemed *the same*. 李太太看来还是老样子。**II** *pron*. [通常与 the 连用]同样的人；同样的事物：*The same* is true [the case] with me. 我的情况也是如此。‖ ***all the same*** *adv*. ❶尽管如此；依然，仍旧，照样：I understand what you're saying. *All the same*, I don't agree with you. 我明白你在说什么，可我就是不同意。❷完全一样，毫无区别；无所谓：It's *all the same* to me whether we go in the morning or in the afternoon. 咱们上午走还是下午走，对我来说都一样。***just the same*** *adv*. 尽管如此；依然，仍旧，照样：He is often rude, but we like him *just the same*. 他常常很粗鲁，但我们依然喜欢他。***the very same*** *adj*. [用以加强语气]正是这个的，完全相同的：She's *the very same* person I've been trying to find the whole day. 我整整一天都在找的人正是她。‖ ˈ**same·ness** *n*. [U]

☆与 the same 相关的关系代词是 that 或 as 而非 which。the same...as 通常表示"与…同类"或"与…相同"，而 the same... that 则指同一物体：This is *the same* watch *as* I lost. (这表跟我丢的一样。) / This is *the same* watch *that* I lost. (这就是我丢的那块表。) 值得注意的是，the same...as 多用于后面的从句中有省略现象的时候：I attend *the same* school *as* he does. (我跟他上的是同一所学校。)

sam·pan /ˈsæmpæn/ *n*. [C]舢板

sam·ple /ˈsɑːmpᵊl; ˈsæm-/ **I** *n*. [C] ❶(产品、商品等的)样品，样本；赠品，免费样品：Pepsi sent trucks into the neighbourhoods to hand out free *samples*. 百事可乐公司把卡车开到居民区免费派发样品。❷(科研、统计等的)标本，试样；抽样：test a urine *sample* from a patient 检测病人的尿样 **II** *vt*. ❶从…中抽样(或采样、取样)：*sample* the population to find out their opinions 从总人口中抽样调查意见 ❷(抽样)检验，调查：They *sampled* the goods and found the quality satisfactory. 他们抽检了货物，认为质量令人满意。❸品尝(食品、饮料等)：You are welcome to *sample* any of our wines before making a purchase. 本店各类葡萄酒皆可品尝，欢迎先尝后买。

sam·pler /ˈsɑːmpləʳ; ˈsæm-/ *n*. [C] ❶抽样员；采样者；取样者：a tea-*sampler* 检茶员 ❷(借以展示刺绣针法、技术等的)绣样 ❸选集，集锦；【音】集锦专辑，精选专辑

san·a·to·ri·um /ˌsænəˈtɔːriᵊm/ *n*. [C] ([复]-**ri·ums**或-**ri·a** /-riə/) 疗养院，休养所

sanc·ti·fy /ˈsæŋᵏtiˌfai/ *vt*. 〈书〉❶使神圣化；把…奉为神圣：God blessed the seventh day, and *sanctified* it. 上帝祈福第七天，把它神圣化。❷净化；使脱离罪恶，使无罪：Let us pray that God will *sanctify* our hearts. 让我们向上帝祈祷，求他净化我们的心灵。‖ ˌ**sanc·ti·fi·ca·tion** /-ˈkeiʃən/ *n*. [U]

sanc·tion /ˈsæŋᵏʃᵊn/ 〈书〉**I** *n*. ❶[U]认可，许可；准许，批准：receive official *sanction* for one's scheme 使自己的计划获得官方批准 ❷

[C](对行为准则等的)约束(力);制约(因素):The best *sanction* against wrongdoing is that of conscience. 对不良行为的最佳约束即是良心的约束。❸[常作～s](政治、经济等方面的)国际制裁:lift *sanctions* 解除制裁 II *vt.* ❶批准,准许;同意(见 approve):*sanction* the use of capital punishment 准许使用极刑 ❷对…实行制裁,对…施以处罚,惩处

sanc·tu·ar·y /ˈsæŋᵏtjuəri/ *n.* [C] ❶避难所,庇护所,躲避处:a *sanctuary* for the rebels on both sides of the frontier 边境两边草寇的避难所 ❷鸟兽保护区(或保护期);禁猎区(或期):a *sanctuary* against hunting 禁猎区 / a swan *sanctuary* 天鹅保护区

sand /sænd/ *n.* ❶[U]沙;沙粒:You need *sand* to make concrete. 制造混凝土需要沙。❷[常作～s]沙滩:Our family often picnics on the *sands*. 我们一家常去沙滩野餐。❸[U]沙土色,沙灰色,浅灰色,浅黄棕色 ‖ ˈ**sand·er** *n.* [C]

san·dal /ˈsændᵊl/ *n.* [C] ❶凉鞋;拖鞋;浅帮鞋:a man in *sandals* 穿凉鞋的男子 ❷(拖鞋、浅帮鞋等的)鞋襻

sandal·wood /ˈsændᵊlˌwud/ *n.* ❶[C]【植】白檀 ❷[U]檀香木;白檀木材 ❸[U]檀香(料)

sand·bag /ˈsænᵈˌbæg/ I *n.* [C] ❶沙袋,沙包 ❷(作为武器,用于撞击、打击的)小沙袋 II *vt.* (**-bagged;-bag·ging**) ❶置沙袋于;用沙袋阻挡(或堵塞、保护、加固等):sandbag the door to stop the water coming in 用沙袋堵住门不让水流进来 ❷用小沙袋打击,用小沙袋把…打昏

sand·bank /ˈsænᵈˌbæŋk/ *n.* [C]【地理】沙坝,沙洲,沙滩

sand bar *n.* [C]【地理】河口沙洲;沙堤

sand·lot /ˈsænᵈˌlɔt/〈美加〉*n.* [C](供儿童玩耍的)沙地;非正式运动场地:start playing on Texas *sandlots* 在得克萨斯州的临时运动场上开始打球

sand·pa·per /ˈsænᵈˌpeipəʳ/ I *n.* [U]砂纸 II *vt.* (似)用砂纸打磨:*sandpaper* the windows before painting them 漆窗户之前用砂纸将其打磨光滑

sand·stone /ˈsænᵈˌstəun/ *n.* [U]【地质】砂岩;砂石〔亦作 **stone**〕

sand·storm /ˈsænᵈˌstɔːm/ *n.* [C]【气】(沙漠上的)沙暴,沙尘暴

sand·wich /ˈsænᵈwidʒ,-witʃ/ I *n.* [C] ❶三明治,夹心面包(片):What's in that *sandwich*? 那三明治里面是什么? ❷三明治式蛋糕,夹心饼 II *vt.* 把…夹入(或插入);挤入(*in*, *between*):He finished third, *sandwiched* in between his teammates. 他最终获得第三名,队友获得了第二名和第四名。

sand·y /ˈsændi/ *adj.* [无比较级] ❶(含)沙(质)的;多沙的;被沙覆盖的:My hands are *sandy*. 我两手都沾满了沙子。❷(毛发或肤色)沙(土)色的,浅黄棕色的:*sandy* hair 浅黄棕色的毛发 ‖ ˈ**sand·i·ness** *n.* [U]

sane /sein/ *adj.* ❶心智健全的,神志正常的:With a job like mine, it's incredible that I'm still *sane*! 干我这种工作,没想到居然到现在我还没有发疯! ❷清醒的,明智的;合乎情理的:He thought he was too *sane* for such sentimentality. 他认为自己为人老成持重,不致如此多愁善感。‖ ˈ**sane·ly** *adv.*

sang /sæŋ/ *v.* sing 的过去式

san·i·tar·i·an /ˌsæniˈteəriᵊn/ *n.* [C](公共)卫生专家

san·gui·nar·y /ˈsæŋgwinᵊri/ *adj.* ❶嗜血成性的,好杀戮的:a cruel and *sanguinary* tyrant 残酷滥杀的暴君 ❷流血的;血腥的:a *sanguinary* war 血腥的战争

san·guine /ˈsæŋgwin/ *adj.*〈书〉❶乐观的;自信的:Instead of being gloomy, I am *sanguine*. 我并不因此悲观反而信心百倍。❷(面色)红润的,有血色的;气色好看的:His complexion was fresh and *sanguine*. 他面色红润,精神焕发。

san·i·tar·y /ˈsænitᵊri/ *adj.* ❶[无比较级]卫生状况的;公共卫生的:Diseases thrive in poor *sanitary* conditions. 卫生状况差的地方疾病就猖獗。❷〈书〉卫生的,清洁的;除菌(或尘)的:His kitchen isn't very *sanitary*. 他的厨房不太卫生。

sanitary napkin, sanitary dressing, sanitary towel *n.* [C]卫生巾

san·i·ta·tion /ˌsæniˈteiʃᵊn/ *n.* [U]〈书〉❶改善卫生状况;保持环境卫生 ❷卫生设施;盥洗设备;排污设施

san·i·tize, san·i·tise /ˈsæniˌtaiz/ *vt.* 使变得

S

卫生；为…消毒(或杀菌)：The lavatory has been *sanitized* for your protection. 为了您的健康，厕所已经消过毒了。

san·i·ty /ˈsæniti/ *n.* [U] ❶神志(或头脑)清醒；精神正常(状态)：lose one's *sanity* 变得精神失常❷明智，合乎情理；不偏激：He tried to introduce some *sanity* into the discussion but nobody was willing to listen. 他试图使讨论会理性一点，可是没有人听他的。

sank /sæŋk/ *v.* sink 的过去式

Santa Claus, Santa Klaus /klɔːz/ *n.* ❶[专有名词，不与 the 连用]圣诞老人 ❷[C]衣着如圣诞老人的人

sap[1] /sæp/ *n.* [U]【生】液，汁：The *sap* flowed out when the stem of the flower was cut open. 花茎割开后，汁液流了出来。

sap[2] /sæp/ *vt.* (**sapped**; **sap·ping**) 挖掘…的基础；逐渐破坏…的基础

sap·ling /ˈsæpliŋ/ *n.* [C]【植】树苗，小树

sap·phire /ˈsæfaiəʳ/ *n.* ❶[U]【矿】蓝宝石 ❷[U](泛指)透明刚玉宝石 ❸[U]宝石蓝(色)；蔚蓝色；深蓝色

sar·casm /ˈsɑːkæzᵊm/ *n.* ❶[U]讽刺，讥讽，挖苦，嘲笑：Her voice dripped *sarcasm*. 她的声音流露出讥讽。❷[C]讽刺话，挖苦话：a speech full of reproachful *sarcasms* 满是指摘讥讽的讲话

sar·cas·tic /sɑːˈkæstik/, **sar·cas·ti·cal** /-kᵊl/ *adj.* ❶讽刺的，讥讽的，挖苦的，嘲笑的：Their friendship gave occasion to many *sarcastic* remarks among the colleagues. 他俩这种交情在同事中间引起了不少冷言冷语。❷好挖苦人的，尖刻的：When we were learning to fish big fish together we used to be excited and rude and *sarcastic*. 当初我们刚开始学着抓大鱼的时候，还不是一样紧张，一样的粗鲁，说难听话。‖ **sarˈcas·ti·cal·ly** *adv.*

sar·dine /sɑːˈdiːn/ *n.* [C]([复]-**dine(s)**)【鱼】沙丁鱼；小型鲱类海鱼：a tin of *sardines* 一听沙丁鱼

sar·don·ic /sɑːˈdɔnik/ *adj.* 〈书〉嘲笑的，讥笑的，讥讽的：a *sardonic* grin [smile] 嘲笑(或冷笑)

sa·ri /ˈsɑːriː, ˈsɑːri/ *n.* [C](印度妇女披肩裹身的)莎丽(服)

sar·to·ri·al /sɑːˈtɔːriᵊl/ *adj.* [无比较级] ❶裁缝的；缝纫的；成衣的，制衣的 ❷男装的 ‖ **sarˈto·ri·al·ly** *adv.*

sash /sæʃ/ *n.* [C](妇女或儿童的)腰带；饰带，彩带

sa·shay /sæˈʃei, ˈsæʃei/ **I** *vi.* 〈口〉得意(或轻松、斜向)地行进(或走)：*sashay* across a stage 斜向走过舞台 **II** *n.* [C] ❶短途旅行，郊游 ❷探索

sass /sæs/ 〈口〉**I** *n.* [U]粗鲁；放肆；无礼言语(或行为)：I don't want to hear any more of your *sass*! 我不许你再说粗话！**II** *vt.* 对…放肆；以无礼的言语(或行为)对待

sas·sy /ˈsæsi/ *adj.* 〈口〉❶不敬的，无礼的；莽撞的：a *sassy* remark 粗话 / You *sassy* villain, you shall pay for this. 你这无礼的家伙，走着瞧。❷充满生气的，活泼的

SAT *abbr.* Scholastic Aptitude Test【心】学业能力倾向测试

Sat. *abbr.* Saturday

sat /sæt/ *v.* sit 的过去式和过去分词

Sa·tan /ˈseitᵊn/ *n.*【宗】撒旦(基督教和犹太教教义中与上帝为敌的魔王)；魔鬼 ‖ **sa·tan·ic** /səˈtænik/, **saˈtan·i·cal** *adj.* —**saˈtan·i·cal·ly** *adv.*

satch·el /ˈsætʃᵊl/ *n.* [C](用皮革等制作的)肩背书包，小背包

sa·teen /sæˈtiːn/ *n.* [U]【纺】棉缎，横贡缎

sat·el·lite /ˈsætᵊˌlait/ *n.* [C] ❶【天】卫星：The Moon is the *satellite* of the Earth. 月亮是地球的卫星。❷人造卫星：The game was transmitted around the world by *satellite*. 比赛通过卫星向全世界转播。

sat·in /ˈsætin/ *n.* [U]【纺】缎子；缎纹丝织物

sat·ire /ˈsætaiəʳ/ *n.* ❶[U]讽刺，讥讽，嘲弄(见 wit)：sb.'s scathing *satire* of the official attitude 某人对官方态度的尖刻嘲弄 ❷[C]讽刺作品：Her play was a cruel *satire* on social life. 她的这出戏对社会生活予以了无情的讽刺。‖ **sa·tir·i·cal** /səˈtirikᵊl/ *adj.* —**sat·i·rist** /ˈsætirist/ *n.* [C]

sat·i·rize /ˈsætiˌraiz, ˈsætᵊ-/ *vt.* ❶讽刺，讥讽，嘲讽 ❷写讽刺…的作品；讽刺性地描述：a television programme which *satirizes* the political event 讽刺这一政治事件的电视节目

sat·is·fac·tion /ˌsætisˈfækʃᵊn/ *n.* ❶[U]满意;满足:I would strive to the utmost to give full *satisfaction*. 本人将鞠躬尽瘁,不负所望。❷[C]令人满意的事物;快事,乐事:I said he was a hound, which, at the moment, was a great *satisfaction* to me. 我骂他一声卑鄙,这当时使我觉得痛快极了。

sat·is·fac·to·ry /ˌsætisˈfæktᵊri/ *adj.* 令人满意的;合乎要求的;如愿的;恰好的;可喜的:The quality is passable but not very *satisfactory*. 质量尚可,但不是完全令人满意。‖ ˌ**sat·isˈfac·to·ri·ly** *adv.*

sat·is·fied /ˈsætisˌfaid/ *adj.* ❶满意的;满足的:He felt quite *satisfied* after his lunch. 他午饭吃得很多,觉得很饱。❷使确信;使弄清楚:I was *satisfied* that she was guilty. 我确信她有罪。

sat·is·fy /ˈsætisˌfai/ *vt.* [通常不用进行时态] ❶使满意;使满足;使高兴:Are you *satisfied* at [with] our service? 您对我们的服务满意吗? ❷满足(需要、欲望等):*satisfy* a reader's curiosity 满足读者的好奇心 ❸达到,符合(要求、标准、条件等):He *satisfied* all the entrance requirements for university. 他符合上大学的所有条件。❹使确信;使弄清楚:She tells me that my letter has *satisfied* her of Blake's innocence. 她告诉我,看了我的信,她才确信布莱克是冤枉的。

sat·is·fy·ing /ˈsætisˌfaiiŋ/ *adj.* 令人满意的;使人满足的:It's a very *satisfying* feeling when I've finished a paper. 当我写完一篇论文时就会感觉很满足。

sat·u·rate /ˈsætʃᵊˌreit,-tju-/ *vt.* ❶浸透;渗透;使湿透:She *saturated* her tiny handkerchief with tears. 她的眼泪湿透了那块小手帕。❷使充满:A dreadful accident *saturated* local medical facilities. 一次可怕的意外事故使得当地的许多医疗机构都人满为患。‖ **sat·u·ra·tion** /ˌsætʃəˈreiʃᵊn/ *n.* [U]

Sat·ur·day /ˈsætəˌdei,-di/ *n.* [C;U]星期六(略作 Sat.)

sauce /sɔːs/ *n.* ❶[U;C]调味汁;酱;(液体或半液体的)调料:He can make some spicy *sauces*. 他会做几种香辣调味酱。❷[U]〈口〉不敬;无礼的言语(或举动);莽撞:What (a) *sauce*! 真无礼!

sauce·pan /ˈsɔːspᵊn/ *n.* [C](用于炖、煮等的)长柄平底锅

sau·cer /ˈsɔːsəʳ/ *n.* [C] ❶(用以放茶杯的)小托盘,茶托,茶碟 ❷碟形物:a flying *saucer* 飞碟

Sau·di /ˈsaudi/ I *n.* [C]❶沙特阿拉伯人 ❷沙特王朝成员 II *adj.* 沙特阿拉伯的;沙特阿拉伯人的

sau·na /ˈsɔːnə,-nɑː,ˈsau-/ *n.* [C] ❶桑拿浴,蒸汽浴;芬兰浴:have a *sauna* 洗桑拿浴 ❷桑拿浴室,蒸汽浴室

saun·ter /ˈsɔːntəʳ/ *vi.* 缓行,漫步;闲逛:In silence he *sauntered* off. 他一声不吭地走开了。

sau·sage /ˈsɔsidʒ;ˈsɔː-/ *n.* [U;C]香肠(段),腊肠(段):grilled *sausages* 烤香肠

sav·age /ˈsævidʒ/ I *adj.* ❶凶恶的,凶残的,无情的;猛烈的(见 fierce):The fire thrust out a *savage* arm of heat. 火堆中冲出灼人的热浪。❷[无比较级]未开化的,原始的,野性的,未驯服的:a tribe in *savage* state 原始部落 ❸不文明的,无礼的,粗鲁的:give sb. the *savage* treatment 粗暴地对待某人 II *vt.* ❶(狼、狗等)乱咬,撕裂;猛烈地攻击:a house *savaged* by the hurricane 被飓风摧毁的一座房屋 ❷激烈地抨击;粗暴地对待:The performance was *savaged* by critics. 这次演出受到评论家的抨击。‖ ˈ**sav·age·ly** *adv.*

S

sav·ag·e·ry /ˈsævidʒᵊri/ *n.* [U]野蛮,残暴(的行为):The drunkard mistreated his wife with great *savagery*. 那个醉汉极其残暴地殴打他的妻子。

save /seiv/ I *vt.* ❶救,救助,搭救,挽救,拯救:She was *saved* in that she was hopeful. 她很乐观,因而不是无法自拔。❷顾全,保全;维护:*save* one's honour 维护自己的名誉 ❸保护;避免,防止;消除:The ointment can *save* the sunlight on the skin. 搽这种油膏可使皮肤防晒。❹储蓄;积攒;保存:I try and *save* $ 100 a month. 我努力做到每月储蓄 100 美元。❺保留,留下:*save* a seat for sb. 为某人留个位子 ❻【计】把(文件)存盘,储存:He *saved* his essay to disk A. 他把文章存到 A 盘。❼节省,节约:No dictionary is spared the necessity to *save* space. 所有词典都要考虑节省篇幅。II *n.* [C]【体】(球类比赛中的)救球;阻碍对方得分:The goalkeeper made a great *save*. 守门员成功地救回一个险球。‖ ˈ**sav(e)·a·ble** *adj.*

sav·ing /ˈseiviŋ/ *n.* ❶[通常用单]节约(或节省)的东西;节省的量:It'll be a *saving* to take this shortcut. 走这条捷径能省时间。❷[U]存钱,储蓄 ❸[~s]存款,储蓄金:Are your *savings* big enough to buy a house? 你们存的钱够买房子吗?

sav·io(u)r /ˈseivjəʳ/ *n.* [C]挽救者;救星:the *saviour* of the country 国家的救星

sa·vor /ˈseivəʳ/ *n.* & *vt.* 〈主美〉=savour

sa·vor·y /ˈseivᵊri/ *adj.* & *n.* 〈主美〉=savoury

sa·vo(u)r /ˈseivəʳ/ I *n.* [U]味道;口味,滋味;气味:The vegetables have cooked too long and lost their *savour*. 菜烧得时间太长,已经没有什么滋味了。II *vt.* 品尝:*savour* a cup of tea 品一杯茶〔亦作 **savor**〕

sa·vo(u)r·y /ˈseivᵊri/ *adj.* ❶有滋味的,美味的;可口的,开胃的:a *savoury* aroma 香气 ❷有咸味的;有辣味的;不甜的:*savoury* dumplings 咸味饺子 ‖ ˈ**sa·vo(u)r·i·ness** *n.* [U]

sav·vy /ˈsævi/ 〈口〉I *n.* [U]知识;常识;智慧:It's the managerial *savvy* that is lacking. 缺乏的是管理知识。II *adj.* 通晓的;理解的;老于世故的;精明的:a pragmatic, politically *savvy* reformer 讲求实用的、政治上有一套的改革者

saw[1] /sɔː/ I *n.* [C]锯(子);锯条;锯床,锯机:a power *saw* 电锯 / The *saws* cut through fresh timber. 锯子锯开新木材。II (过去式 **sawed**,过去分词 **sawn** /sɔːn/或 **sawed**) *vi.* ❶用锯锯东西;拉锯:*saw* through a power cable 把电缆锯断 ❷被锯开:This wood *saws* easily. 这种木料容易锯开。

saw[2] /sɔː/ *v.* see 的过去式

saw[3] /sɔː/ *n.* [C]谚语;箴言,格言:the old *saw* that ignorance is bliss "无知是福"这句古语

saw·dust /ˈsɔːˌdʌst/ *n.* [U]锯末,锯屑

saw·mill /ˈsɔːˌmil/ *n.* [C]锯木厂

sax /sæks/ *n.* [C]〈口〉【音】萨克斯管(=saxophone)

sax·o·phone /ˈsæksəˌfəun/ *n.* [C]【音】萨克斯管,萨克斯风 ‖ ˈ**sax·oph·on·ist** *n.* [C]

say /sei/ I (**said** /sed/;第三人称单数现在式 **says** /sez/) *vt.* ❶说,讲:What did she *say*? 她说了什么? ❷讲述,说明;声称,宣称:*Say* what is on your mind. 把你的想法说出来吧。❸表明,指明:What time does it *say* on that clock? 看那个时钟现在几点了? ❹〈口〉指示;要求;叫:Did she *say* where to wait for her? 她说要在哪儿等她了吗? ❺表达,传达(思想、感情等):What is the director trying to *say* in this film? 导演究竟想用这部影片表达什么呢? II *n.* ❶[常作 **one's say**]想说的话;所说的话;意见:Say *your say*. 你说你的吧。❷[用单]发言机会;发言权:demand an equal *say* in sth. 要求对某事拥有平等的发言权 ❸[常作 **the say**]决定权:In those days he wasn't allowed much *say* in choosing his wife. 在那个时候他在择妻问题上没有多少自主权。‖ ***go without saying*** *vi.* 显然,不言而喻:It *goes without saying* that our picnic depends on the weather. 不用说,我们的野餐计划要取决于天气的好坏。***that is to say*** *adv.* [用作插入语]亦即,也就是说,换句话说:He is coming next Friday, *that is to say*, on the 25th. 他下星期五,也就是 25 号来。

say·ing /ˈseiiŋ/ *n.* ❶[U;C]说话,讲话;发表意见:*Saying* and doing should agree with each other. 言行应该一致。❷[C]话(语),言论;意见:Throw away your pretty *sayings*! 去你的花言巧语吧! ❸[C]格言,警句;谚语,俗语:There is an old *saying* that a cat has nine lives. 古语云,猫有九命。‖ ***as the saying goes*** [***is***, ***runs***] *adv.* 常言道,俗话说:"More haste, less speed," *as the saying goes*. 有道是,欲速则不达。

scab /skæb/ *n.* [C;U]【医】痂,疤:pick the *scabs* 揭痂 / The coarse jacket tore away the *scabs* that had congealed on his wounds. 粗糙夹克刮掉了结在他伤口上的痂。

sca·bies /ˈskeibiːz/ [复] *n.* [用作单]【医】疥疮(病),疥螨病

scaf·fold /ˈskæfəuld, -fᵊld/ *n.* [C] ❶【建】脚手架,鹰架,台架 ❷(旧时的)断头台,斩刑台;绞刑台,绞刑架:die on the *scaffold* 死在绞刑架上

scaf·fold·ing /ˈskæfəuldiŋ, -fᵊld-/ *n.* ❶[C]【建】脚手架(组),鹰架(组):put up *scaffoldings* 搭脚手架 ❷[U]搭脚手架的材料

scald /skɔːld, skɔld/ I *vt.* ❶(用沸水、热气等)烫伤(皮肤等):She *scalded* her hand with hot grease. 她的手被热油烫伤了。❷把(牛奶等)加热至接近沸点:*scald* the milk and add some honey 把牛奶烧开再加点蜂蜜 **II** *n.* [C]烫伤，灼伤

scale¹ /skeil/ *n.* ❶[C]【动】鳞(片)；甲鳞：an overlap of *scales* 层叠的鱼鳞 / He lifted his lance and plunged it between the fish's *scale.* 他举起矛，向鱼鳞间刺去。❷[C](皮肤上的)鳞屑，鳞癣；痂

scale² /skeil/ *n.* [C] ❶[常作～s]天平；磅秤；盘秤：weigh oneself on the *scales* 在秤上称体重 ❷天平盘，秤盘

scale³ /skeil/ **I** *n.* ❶[C;U]等级，级别；分级(制)；等级表；标度法：The earthquake measured seven points on the Richter *scale.* 这次地震的强度是里氏 7 级。❷[C;U]【地理】【建】(地图、模型等的)比例，比率；比例尺；缩放程度：This map is larger in *scale* than that one. 这幅地图的比例尺比那幅的大。❸[U;C](相对)程度；范围；规模：Tourism has expanded to an industrial *scale.* 旅游已经扩展到了产业规模。❹[C]【音】音阶：a *scale* in the key of C C 大调音阶 ❺[C]刻度，标度；刻度单位：the *scale* on a barometer 晴雨表上的刻度 ❻[C]刻度尺，标尺；计算尺：a folding *scale* 折尺 **II** *vt.* ❶(尤指用梯)攀越；攀登，登上：The Great Wall meandered across valleys and *scaled* mountains. 长城蜿蜒曲折穿越峡谷，翻山越岭。❷(按一定标准、等级等)制定；(按一定比例等)制作；绘制；调节：*scale* a map 按比例绘制地图 ‖ ***scale down*** *vt.* (按比例)减小；使缩减；降低：The company has decided to *scale down* its operations in foreign countries. 该公司已决定缩减其在国外的业务。***to scale*** *adv.* & *adj.* 按(一定)比例(的)；成(一定)比例(的)：The statue was made *to scale*, one inch to a foot. 这尊雕像是以 1 英寸代表 1 英尺的比例制作的。

scal·lion /ˈskæljᵊn/ *n.* [C]【植】❶青葱 ❷大葱

scal·lop /ˈskæləp, ˈskɔl-/ *n.* [C] ❶【动】扇贝属动物 ❷[～s] (供食用的)扇贝的闭壳大肌，干贝

scalp /skælp/ *n.* [C] ❶【解】头皮：rub shampoo into one's *scalp* 用洗发香波揉搓头皮 ❷(尤指旧时印第安人用作战利品的)头皮 ‖ **ˈscalp·er** *n.* [C]

scal·pel /ˈskælpᵊl/ *n.* [C](用于外科手术的)解剖刀

scal·y /ˈskeili/ *adj.* 具鳞的；多鳞的：*scaly* animals such as crocodiles 诸如鳄鱼这类有鳞动物

scam /skæm/ **I** *n.* [C]〈俚〉诡计，阴谋；骗局；欺诈行为：crack a *scam* 粉碎阴谋 **II** *vt.* & *vi.* (**scammed;scam·ming**) 欺骗：*scam* sb. into doing sth. [to do sth.] 欺骗某人做某事

scamp /skæmp/ *n.* [C]〈口〉❶流氓，恶棍，坏蛋 ❷捣蛋鬼，小淘气

scamp·er /ˈskæmpəʳ/ *vi.* (匆匆或轻快地)跑跳；快跑；跳着玩(*about, through*)：The three children *scampered* off into the roadside garden. 三个孩子欢快地跑到路边的花园里去了。

scan /skæn/ **I** *vt.* (**scanned;scan·ning**) ❶〈书〉审视；细看，端详：She repeatedly *scanned* the rich furnishings of the room. 她把房间里的豪华陈设扫视了一眼又一眼。❷扫视，浏览；快速审阅(见 look)：rapidly *scan* the speech for errors 快速扫视讲稿以寻找错误 ❸(用雷达光束等电子手段)扫描；检测：An electron gun *scans* the inner surface of the picture tube. 电子枪对显像管的内层表面进行扫描。**II** *n.* ❶[U;C]审视，细看 ❷[U;C]扫视，浏览，粗看：give the magazine a quick *scan* 快速浏览了一眼这本杂志 / conduct a *scan* of the urban population 粗略地浏览一下城市人口资料

scan·dal /ˈskændᵊl/ *n.* ❶[C;U]丑闻；丑行；丑事：The *scandal* must break sooner or later. 这起丑事早晚会东窗事发。❷[用单]耻辱；公愤，民愤；引起公愤的举动：The poor state of school buildings is a real *scandal.* 学校的不少校舍年久失修，情况令人震惊。❸[U]恶意中伤；流言蜚语；背后诽谤：talk *scandal* 说闲话

scan·dal·ize, scan·dal·ise /ˈskændᵊˌlaiz/ *vt.* [通常用被动语态]与…的道德观念相抵触；伤害…的感情；使震惊；使愤怒：The story of the corruption *scandalized* public opinion. 贿赂案令舆论界大为震惊。

scan·dal·ous /ˈskændələs/ *adj.* 丢脸的，令人震惊的：It's *scandalous* that you still haven't been paid. 到现在还没有付给你钱，这太不像话了。‖ **ˈscan·dal·ous·ly** *adv.*

Scan·di·na·vi·an /ˌskændiˈneiviᵊn/ **I** *n.* ❶[C]斯堪的纳维亚人；斯堪的纳维亚人后裔 ❷[U]斯堪的纳维亚语族 **II** *adj.* [无比较级] ❶斯堪的纳维亚的；斯堪的纳维亚人的；斯堪的纳维亚人后裔的 ❷斯堪的纳维亚语(族)的

S

scan·ner /ˈskænəʳ/ *n.* [C] ❶(电子)扫描工具,扫描设备;扫描仪;析像仪 ❷审视者,细看者;浏览者;扫描者

scant /skænt/〈书〉*adj.* ❶不足的,不够的;少量的;贫乏的:Even in that *scant* garment he was very hot and sweaty. 尽管衣衫单薄,他还是感到浑身发热直冒汗。❷[作定语,与表示数量的词连用]刚刚够的,勉强够的;差一点点的:He was a *scant* four years older than John. 他比约翰大了将近四岁。‖ ˈ**scant·ly** *adv.*

scant·y /ˈskænti/ *adj.* 不足的,不够的;缺乏的;少量的,过少的:The evidence against him was *scanty* and contradictory. 指控他的证据不足,而且还相互矛盾。‖ ˈ**scant·i·ly** *adv.*

scape·goat /ˈskeipˌgəut/ *n.* [C]代人受过者,替罪羊:make a *scapegoat* of sb. 让某人背黑锅

scar /skɑːʳ/ I *n.* [C] ❶【医】疤,伤疤;瘢痕,伤痕:a faint *scar* 隐约可见的疤痕 ❷〈喻〉(精神等方面的)创伤;(不良)影响 II (**scarred; scar·ring**) *vt.* 在…上结疤(或划痕);使带有伤疤:The manuscript was *scarred* with erasures and interlineations. 那稿子被删改得体无完肤。—*vi.* 结疤;留下伤疤(或瘢痕);(伤口)愈合:The cut on his arm will *scar* (over) quickly. 他臂上的刀伤很快就会愈合的。

S

scarce /skeəs/ [无比较级] *adj.* ❶[通常用作表语](尤指食品、金钱等)匮乏的;不足的;供不应求的:*scarce* natural resources 匮乏的自然资源 ❷稀有的,罕见的;难弄到的 ‖ ˈ**scarce·ness** *n.* [U]

scarce·ly /ˈskeəsli/ *adv.* [无比较级] ❶几乎不,简直不:Her writing is *scarcely* known today. 她的作品如今已鲜为人知。❷当然不,肯定不,决不:She could *scarcely* have said a thing like that. 她才不会说那种话呢。❸[表示抱歉、讽刺或委婉等]不;大概不:That can *scarcely* have been true of any period. 并不是任何时期都是如此。

scar·ci·ty /ˈskeəsiti/ *n.* [U;C]短缺,匮乏;不足;荒歉(时期):Abundance has brought *scarcity*. 满招损,盈致亏。

scare /skeəʳ/ I *vt.* ❶吓,使惊恐,使恐惧,使害怕:His threat *scared* her out of telling the police. 他的威胁吓得她不敢报警。❷吓走,吓跑:*scare* chickens from the vegetable garden 把小鸡从菜园吓跑 —*vi.* 受惊吓;感到害怕:Our cat *scares* easily. 我家的猫容易受惊。II *n.* [C] ❶[用单]惊吓,惊恐,恐惧,害怕:The explosion gave him a *scare*. 爆炸声把他吓了一跳。❷恐慌:a bomb *scare* at the station 发生在车站上的炸弹恐慌

scare·crow /ˈskeəˌkrəu/ *n.* [C](立于田间用以吓走鸟类的)稻草人,人形物

scared /skeəd/ *adj.* 惊恐的,恐惧的,害怕的:There wasn't *scared* bone in him. 他毫无惧色。

scarf /skɑːf/ *n.* [C]([复] **scarves** /skɑːvz/ 或 **scarfs**)(用以保暖或装饰等的)围巾,头巾;披肩;领巾

scar·let /ˈskɑːlit/ I *n.* [U]猩红(色),鲜红(色) II *adj.* [无比较级]猩红(色)的,鲜红(色)的:*scarlet* begonia 鲜红的秋海棠

scarlet fever *n.* [U]【医】猩红热

scar·y /ˈskeəri, ˈskæri/ *adj.* 〈口〉❶吓人的,可怕的,恐怖的:At night the house was very quiet and *scary*. 夜里,那幢房子一片死寂,森然可怖。❷易受惊的;胆怯的:a *scary* horse 易受惊的马 ‖ ˈ**scar·i·ness** *n.* [U]

scat[1] /skæt/〈口〉*vi.* (**scat·ted; scat·ting**) 快速离开,快跑

scat[2] /skæt/【音】*n.* [U](爵士乐中的)拟声唱:a *scat* singer 拟声唱歌手

scath·ing /ˈskeiðiŋ/ *adj.* 严厉的,尖锐的;尖刻的,刻薄的:a *scathing* indictment 严厉的控诉 / a *scathing* remark 刻薄话 ‖ ˈ**scath·ing·ly** *adv.*

scat·ter /ˈskætəʳ/ *vt.* ❶撒,撒播;散布;使散落:He *scattered* his clothes all over the room. 他把衣服扔得满房间都是。❷撒播于;散布于;稀稀落落地覆盖:A tiny log cabins were *scattered* among the trees. 小木屋散落在树林中。❸使逃散,使溃散;使消散;驱散:The police came and *scattered* the demonstrators. 警察赶来驱散了示威的人群。—*vi.* 逃散,溃散;消散;分散:The clouds *scattered* after the storm. 暴雨过后,云便消散了。

☆**scatter, dispel, disperse, dissipate** 均有"驱散,分散"之意。**scatter** 为普通用词,表示人或事物因受外界因素影响而向各个方向散开:The gunshot *scattered* the birds. (枪声驱散了鸟群。) **dispel** 强调驱逐而不是分散,常表示排除黑暗、混乱、烦恼、疑虑或恐惧等:Her reassuring words *dispelled* our doubts.（她令人放心的话消除了我们的疑虑。）**disperse** 表示比 scatter 散得更开，指整体完全破碎：The wind *dispersed* the clouds.（风吹散了云。）**dissipate** 表示通过蒸发、分解而分崩离析，消失不见，也可表示挥霍钱财：The fog quickly *dissipated* as the sun rose.（太阳升起时雾很快就消散了。）/ He *dissipated* his large fortune in a few years of heavy spending.（他在几年的大肆挥霍中把自己一大笔财产都花光了。）该词也可用于人：The crowd soon *dissipated* when the police arrived.（警察一到，人群很快就散开了。）

scatter cushion *n.* [C]（室内随处零散放置的）零散靠垫；流动软垫

scav·enge /ˈskævindʒ/ *vt.*（从丢弃物等中）捡取（有用物）；捡取（丢弃物等）：*scavenge* information from the newspaper 从报纸上搜集信息 —*vi.*（从丢弃物等中）捡取有用物；捡取丢弃物：*scavenge* for treasure 寻宝

scav·en·ger /ˈskævindʒəʳ/ *n.* [C] ❶捡取丢弃物的人；捡破烂的人，拾荒者 ❷【动】食腐动物

sce·nar·i·o /siˈnɑːriəu,-ˈneəriəu/ *n.* [C]（[复] -os）❶（戏剧、电影、歌剧等的）剧本提纲，剧情说明；电影脚本，电影（分镜头）剧本：write a film *scenario* 写电影剧本 ❷设想；方案：devise a defense *scenario* 设计一个防务计划

scene /siːn/ *n.* [C] ❶（故事、事件等的）发生地点，现场；背景：Within a few minutes, the ambulance rushed to the *scene*. 几分钟之内救护车急驰着赶到事发现场。❷（现实生活中或虚构的）事件；插曲；场面：relive a *scene* in memory 让记忆中的场景重现 ❸（在众人面前愤怒等的）情绪发作；吵闹：make a *scene* with sb. about trifles 因鸡毛蒜皮的事与某人吵闹 ❹【戏】【电影】【电视】场；场面；情节，片段：The parting of the lovers is a very moving *scene*. 恋人别离那一场戏很感人。❺【戏】【电影】【电视】布景，场景：The *scene* is the royal court. 布景是皇宫。‖ ***on the scene*** *adj.* & *adv.* 到场；在场：The traffic policeman has arrived *on the scene*. 交警来到了事发现场。

scen·er·y /ˈsiːnᵊri/ *n.* [U] ❶风景，景色，景观：The coastal region contains no very remarkable *scenery*. 这一海岸地区没有非常迷人的景致。❷（戏剧、电影或电视的）（舞台）布景，场景：stage *scenery* 舞台布景

☆**scenery**, **landscape**, **scene**, **view** 均有“风景，景色”之意。**scenery** 为不可数名词，指以审美的眼光看到的自然景观，特指农村美丽的自然风光：We passed through some beautiful *scenery* on our journey through the Lake District.（在我们去湖区旅行的途中，我们路过了一些美丽的风景。）**landscape** 尤指某一特定地区的山川、峡谷、田园、树木和建筑等的综合陆地景色或风景：We stood at the top of the hill and viewed the beautiful *landscape*.（我们站在山顶眺望美丽的山川景色。）**scene** 指从观看者角度出发所见到的景色，也可指有人活动的场面：The children, playing happily with their mother, made a pretty domestic *scene*.（孩子们与他们的父母快乐地玩耍，营造出一种家庭和睦的景象。）**view** 强调从某一特定位置向远处眺望所见到的景色：The only *view* from my bedroom is of some high-rises.（从我的卧室看到的唯一景致就是一些高楼大厦。）

sce·nic /ˈsiːnik/ *adj.* [无比较级] ❶风景如画的；具自然美的；给人深刻印象的：a *scenic* view 旖旎风光 ❷风景的；自然景观的：the *scenic* beauty of Switzerland 瑞士的自然美景

scent /sent/ **I** *n.* ❶[U;C]气味；（尤指）香气，香味；芳香：A faint *scent* hangs in the thick air. 一股淡淡的香气悬浮在浓浓的空气中。❷[C]（动物的）臭迹，遗臭：The dog followed the fox by (the) *scent* as far as the river. 狗循着狐狸的臭迹一直追踪到河边。❸[C]线索；踪迹；蛛丝马迹：The police have got *scent* of the serial murders. 警方已掌握了那起系列谋杀案的线索。❹[U]（动物的）嗅觉：have a good *scent* 嗅觉很灵敏 **II** *vt.* ❶察觉到，感觉到；预感到：She *scented* (that) something was wrong. 她感到有些不对劲。❷加香水（或香味剂）于；使变香；使有气味：The air was *scented* with lavender. 空气中弥漫着薰衣草的气味儿。‖ ***on the scent*** *adv.* & *adj.* 找到线索（的），有线索（的）：The Chinese American is *on the scent* of a cure for AIDS. 这位美籍华人已找到治疗艾滋病的线索。‖ **ˈscent·ed** *adj.*

scep·tic /ˈskeptik/ **I** *n.* [C] ❶怀疑者，怀疑论者 ❷【宗】（怀疑基督教等的）宗教怀疑论者 **II** *adj.* ＝sceptical

sched·ule /ˈʃedjuːl; ˈskedʒuːl, -dʒuᵊl, -dʒᵊl/ **I** *n.* [C] ❶计划（表）；（议事）日程（表）；工作安排（表）：What's your *schedule* for next week? 你下周的活动是怎样安排的？❷费用表，价目单：

S

a tax *schedule* 税目清单 ❸时间表;(学校里的)课程表;(行车等的)时刻表:an airline *schedule* 航班时刻表 ❹明细表,一览表,清单;详细目录:prepare a *schedule* of repairs for the builder's estimate 为承建商估价单造一份修缮项目附表 **II** *vt.* ❶将…列入计划表(或议事日程、工作安排表、时间表等);将…列表:*schedule* one's receipts and expenditures 把收支情况列成清单 ❷安排,制订(计划、日程等):The meeting is *scheduled* for 10 am. 会议定于上午10点钟开始。‖ ***according to schedule*** *adv.* & *adj.* ❶按照预定计划(的),按事先安排(的):Everything went *according to schedule*. 一切都是按计划进行的。❷准时的 ***ahead of schedule*** *adv.* & *adj.* 提前(的):We cannot expect the building work to be completed *ahead of schedule*. 我们不能指望建筑工程会提前完成。***behind schedule*** *adv.* & *adj.* 落后于计划(的);迟于原定时间(的):We are already one month *behind schedule*. 我们已经比原计划晚了1个月了。***on schedule*** *adv.* & *adj.* =according to schedule

sche·mat·ic /ski'mætik,ski:-/ *adj.* [无比较级] ❶图解的;草图的:It's only a *schematic* diagram,and it doesn't show the details. 这只是个草图,没有标明细节。❷规划的;大纲的,概要的

S

scheme /ski:m/ **I** *n.* [C] ❶(工作、行动等的)计划,方案;(系统性的)设计,规划:the national health insurance *scheme* 国家健康保险计划 ❷诡计,阴谋;计谋,策略:She was full of *schemes* and secrets. 她诡计多端,居心叵测。❸图表;草图,略图 **II** *vi.* 密谋;谋划,策划(*for*):This clique *schemed* to overthrow the government. 这一集团阴谋推翻政府。—*vt.* 制订…的计划;密谋做;谋划:*scheme* (out) a way to escape 设法逃跑 ‖ '**schem·er** *n.* [C]

scher·zo /'skeəˌtsəu/ *n.* [C]([复]-**zos**)【音】谐谑曲

schism /'siz°m,'skiz°m/ *n* [U;C](教会、党派等内部的)分裂,分化:a *schism* between the two main groups 两大主要派别间的分裂 ‖ **schis·mat·ic** /siz'mætik,skiz-/ *adj.*

sch·i·zo·phre·ni·a /ˌskizəu'freniə/ *n.* [U]精神分裂症;人格分裂症

sch·i·zo·phren·ic /ˌskizəu'frenik/ **I** *adj.* ❶[无比较级]患精神分裂症的 ❷行为矛盾的 **II** *n.* [C]精神分裂症患者〔亦作 **schizoid**〕

schol·ar /'skɔlə^r/ *n.* [C](尤指人文学科领域的)学者,学界人士;博学者:a visiting *scholar* 访问学者 ‖ '**schol·ar·ly** *adj.*

schol·ar·ship /'skɔləˌʃip/ *n.* ❶[U]学识,学问;学术成就;学术水平:excel in *scholarship* at school 在学校里学业优秀 ❷[C]奖学金:apply for a *scholarship* 申请奖学金

scho·las·tic /skᵊ'læstik/, **scho·las·ti·cal** /-kᵊl/ *adj.* [无比较级][通常作定语]〈书〉学校的;学业(上)的;学术(界)的;教育(界)的:a *scholastic* year 学年 ‖ **scho'las·ti·cal·ly** /-kᵊli/ *adv.*

school[1] /sku:l/ *n.* ❶[C;U]学校;中学;小学:a boarding *school* 寄宿学校 ❷[C]专科学校;学院;大学:Harvard is a prestigious *school*. 哈佛大学是一所著名的高等学府。❸[用作单或复](一个学校的)全体学生;全部师生员工:The whole *school* was sorry when the old principal left. 老校长走了,全体师生都恋恋不舍。❹[U][不用冠词]上学;上课;上课时间;教学;培训(课程):Children usually attend *school* till they are about 15. 孩子们通常上中学上到15岁左右。❺(大学中的)系,科;研究所 ❻[C]学派,流派;[总称]流派成员;(哲学、艺术等大师的)追随者,门徒:the Platonic *school* of philosophy 柏拉图派哲学

school[2] /sku:l/ *n.* [C](鱼类、海豚、鲸等水生动物的)(一)群:a *school* of dolphins 一群海豚

school·house /'sku:lˌhaus/ *n.* [C]([复]-**hous·es** /-ˌhauziz/)〈英〉(尤指乡村的)校舍;教室

school·mas·ter /'sku:lˌmɑ:stə^r;-ˌmæs-/ *n.* [C](中学或小学的)(男)校长;(男)教师

school·mate /'sku:lˌmeit/ *n.* [C]同学;学友,校友

school·room /'sku:lˌru:m,-ˌrum/ *n.* [C]教室

school·teach·er /'sku:lˌti:tʃə^r/ *n.* [C](中学、小学等的)教师,教员 ‖ '**schoolˌteach·ing** *n.* [U]

school·work /'sku:lˌwə:k/ *n.* [U]学习,(做)功课;学习材料,作业

school·yard /'sku:lˌjɑ:d/ *n.* [C]校园;操场

school year *n.* [C]学年

schwa,shwa /ʃwɑː,ʃvɑː/ *n.* [C]【语】❶非重读央元音(如 a moment 中的 a 和 e 等) ❷(国际音标中的)/ə/符号

sci·ence /ˈsaiᵊns/ *n.* ❶[U]科学;科学研究:Modern *science* has discovered a lot about the origin of life. 现代科学发现了不少有关生命起源的知识。❷[U;C]自然科学;(科学)学科:She prefers the arts to the *sciences.* 与理科相比,她更喜欢文科科目。

science fiction *n.* [U]科幻小说

sci·en·tif·ic /ˌsaiᵊnˈtifik/ *adj.* [作定语] ❶[无比较级]科学(上)的:*scientific* knowledge 科学知识 ❷(具有)科学性的;符合科学规律的;系统的;精确的:a highly *scientific* report 科学性很强的报告 ‖ **ˌsci·enˈtif·i·cal·ly** /-kᵊli/ *adv.*

sci·en·tist /ˈsaiᵊntist/ *n.* [C](尤指自然科学领域的)科学家;科学工作者

sci-fi /ˈsaiˌfai,ˌsaiˈfai/ *n.* [U] & [无比较级] *adj.* 〈口〉科幻小说(的)

scin·til·la /sinˈtilə/ *n.* [C]〈书〉[通常用单][通常用于否定句或疑问句]极少,丝毫,一点点:not a *scintilla* of remorse 毫无悔过之意

scin·til·lat·ing /ˈsintiˌleitiŋ/ *adj.* 〈书〉〈谑〉(说话等)风趣的,妙趣横生的;聪慧机智的:*scintillating* wit 妙趣横生的机智 ‖ **scin·til·la·tion** /ˌsintiˈleiʃən/ *n.* [U]

scis·sor /ˈsizəʳ/ I *vt.* ❶(用剪刀)剪,剪断(*off*,*up*,*into*):*scissor up* a paper 把纸剪开 ❷(从报纸等上)剪下(*out*):Peter *scissored* a photo of the actress from the magazine. 彼得从杂志上剪了一张那位女演员的照片。II *n.* [C]剪刀

scis·sors /ˈsizəz/ [复] *n.* [用作单或复]剪刀:There's a pair of *scissors* on the table; could you pass me those *scissors*, please? 桌子上有一把剪刀,请递一下好么? ‖ **ˈscis·sorˌlike** *adj.*

scoff¹ /skɔf/ *vi.* 嘲笑,嘲弄,讥笑(*at*):*scoff at* a fanciful notion 嗤笑空想念头

scoff² /skɔf/ 〈口〉 *vt.* & *vi.* 贪婪地吃,狼吞虎咽地吃:I left a huge cake on the table and Tom *scoffed* the lot. 我在桌上留了一大块糕,结果全给汤姆吃掉了。

scold /skəuld/ *vi.* 骂,责骂:She *scolded* about her husband's eating habits. 她一个劲儿数落她老公的吃相。—*vt.* (尤指对孩子、雇员、下属等)责骂,斥责,叱责:Father *scolded* his son very soundly for taking to gambling. 父亲大声叱责儿子嗜赌成性。‖ **ˈscold·ing** *n.* [U;C]

scone /skɔn,skəun/ *n.* [C](用面粉加糖、牛奶等烤制而成的)烤饼

scoop /skuːp/ I *n.* [C] ❶勺,勺子;勺形工具;舀子;戽斗:a kitchen *scoop* 厨房用勺 ❷一勺(或铲、匙等)的量:Just two *scoops* of mashed potato for me,please. 请给我来两勺土豆泥吧。❸[the ～]〈口〉(报纸、广播等的)独占先机的新闻,最快的独家报道;最新消息:What's the *scoop* on the home front? 后方有什么最新动态? II *vt.* ❶(用铲等)挖,铲;(用勺等)舀(*out*,*up*):*scoop* a niche *out* of the rock 从岩石上挖出一个壁龛 ❷快速地捡起,拾起,抱起:She *scooped* up the wallet on the ground. 她一把捡起地上的皮夹子。❸抢在(别家)之前报道新闻;比…抢先获得新闻:The journalist rushed to the scene in case he was *scooped.* 这位记者赶赴现场,担心被别人抢了先。

scoot /skuːt/ *vi.* 〈口〉急行,飞奔,猛冲;急速移动:Tommy *scooted* out of the house to meet his mother. 汤米从屋里奔出来去迎接妈妈。

scoot·er /ˈskuːtəʳ/ *n.* [C] ❶(儿童一脚踩踏板、另一脚着地蹬着行进的)踏板车 ❷(前有防护板的)两轮轻便摩托车,轻骑,助力车:ride a *scooter* to get around the island 骑助力车在岛上转一圈

S

scope /skəup/ *n.* ❶[U](活动、效用等的)范围,领域:That problem goes well beyond the *scope* of this lecture. 那个问题不在该讲座的讨论范围之内。❷[U](能力、行动等的)空间,余地;机会;可能性:There was more *scope* for imagination in art. 艺术中有着更宽广的发挥想象力的空间。

scorch /skɔːtʃ/ *vt.* ❶把…烧焦,把…烤焦;烫烧;炙伤:The west side of the house had been *scorched* evenly free of white paint. 房子的西侧被烤得焦黑,白漆一点也没有了。❷使被晒得枯焦;使变得干焦:The hot summer sun *scorched* the vegetation. 灼热的夏日把草木晒得枯黄。—*vi.* 被烧焦,被烤焦;被炙伤:The meat is likely to *scorch* if you cook it too long. 肉烧得太久就会糊。

score /skɔːʳ/ I *n.* [C] ❶得分;比分,分数;计

分;总分;(以分数记录的)成绩:Tom had an average *score* of 65 in his exams. 汤姆考试的平均成绩为 65 分。❷【音】总谱;乐谱;配乐;乐曲,歌曲:write [create] the *score* of [to] the movie 为这部电影作曲 **II** *vt.* ❶取得(分数等);完成(进球、跑垒等);计作(一定分数);为(参赛者、比赛等)记分;记(分);给(试卷等)打分;给…评分:Frank *scored* the game for us. 弗兰克为我们记录比赛分数。❷获得成功,赢得;取得,搞到:*score* a big hit 获得很大成功 —*vi.* 得分;记分:John *scored* three times for our team. 约翰为我们队得了三次分 ‖ ***keep (the) score*** *vi.* (在比赛中)记分:We decided that I should *keep score* of the runs and extras. 我们决定由我来记跑动得分和额外得分。‖ **ˈscore·less** *adj.* —**ˈscor·er** *n.* [C]

score·board /ˈskɔːˌbɔːd/ *n.* [C]【体】记分牌

scorn /skɔːn/ **I** *n.* [U]轻蔑,鄙视,鄙夷:look at sb. with *scorn* 鄙夷地看着某人 **II** *vt.* ❶鄙视,蔑视,看不起:The popular writer *scorned* his critics. 这位畅销书作家看不起批评他的人。❷拒绝,摈弃;不屑于(做):She *scorned* my help. 她不屑于向我求助。

scorn·ful /ˈskɔːnfᵊl/ *adj.* 轻蔑的,鄙视的,鄙夷的;嘲笑的:His face grew bitterly *scornful.* 他的面容一变而为鄙夷不屑的样子。‖ **ˈscorn·ful·ly** *adv.*

scor·pi·on /ˈskɔːpiᵊn/ *n.* [C] ❶【动】蝎目动物 ❷【动】拟蝎目动物

Scot /skɔt/ *n.* [C]苏格兰人;苏格兰人后裔〔亦作 **Scotsman**, **Scotswoman**〕

Scotch /skɔtʃ/ *n.* ❶[**the** ~]苏格兰人 ❷苏格兰威士忌

Scot·tish /ˈskɔtiʃ/ **I** *adj.* [无比较级]苏格兰的;苏格兰人的 **II** *n.* [**the** ~]苏格兰人

Scots·man /skɔtsmən/ *n.* ([复]**-men** /-mən/) 苏格兰男人;男性苏格兰人(=Scot)

Scots·wom·an /ˈskɔtsˌwumən/ *n.* ([复]**-wom·en** /-ˌwimin/) 苏格兰女人;女性苏格兰人(=Scot)

scoun·drel /ˈskaundrᵊl/ *n.* [C]流氓,恶棍,无赖

scoun·drel /ˈskaundrᵊl/ *n.* [C]流氓,恶棍,无赖

scour[1] /ˈskauəʳ/ *vt.* ❶擦净;擦光,磨亮:*scour* (out) the blackened frying pan 把发黑的煎锅擦洗干净 ❷洗掉;擦去;清除(*away*, *off*):*scour* the rust *away* [*off*] with a scouring pad 用擦洗网垫把锈迹擦净 ❸冲刷;冲刷成,冲出:Floodwater has *scoured* out a creek bed. 洪水冲刷出一条小溪的河床。

scour[2] /ˈskauəʳ/ *vt.* 仔细搜遍(某一地区等):They joined the police *scouring* the dense, forbidding woods. 他们加入警察当中去,搜寻阴森茂密的那片树林。

scourge /skəːdʒ/ *n.* [C] ❶(惩戒用的)鞭子 ❷造成灾难的人(或事物);天谴,祸害;祸根;苦难的根源:wipe out the *scourge* of opium 清除鸦片毒害

scout /skaut/ *n.* [C] ❶【军】侦察机;侦察兵,侦察员;探子 ❷(体育界或娱乐界的)猎头;星探 ❸[常作 S-]童子军:a boy [girl] *scout* 男[女]童子军

scowl /skaul/ **I** *n.* [C]蹙额,皱眉头;怒容:glance at sb. with a *scowl* 怒视某人 **II** *vi.* 蹙额,皱眉头;作怒容:He said nothing, only *scowled* to indicate he was far from happy. 他什么都没说,只是皱一皱眉,表明他大为不快。

scrab·ble /ˈskræbᵊl/ *vi.* ❶乱抓,乱扒;摸索;摸索着寻找(或收集)(*about*, *at*):He *scrabbled about* in the big drawer, trying to find his keys. 他在大抽屉里翻找钥匙。❷努力达到;竭力争取:In the computer market, several big companies are *scrabbling* for a share. 在计算机市场上,好几家大公司都想在竞争中捞一把。‖ **ˈscrab·bler** *n.* [C]

scram·ble /ˈskræmbᵊl/ **I** *vi.* ❶(在岩间或崎岖路面上等)爬(行),攀登;快速攀爬:*scramble* aboard the boat 爬上小船 ❷竞争;争抢,抢夺(*for*, *at*):*scramble* madly for [to get] the front seats 争夺前面的座位 ❸急忙(或艰难)地行动:Seeing the fire, the boy *scrambled* for the door. 男孩看见起火便连忙跑向门口。—*vt.* 打乱,搅乱;把…混在一起:The patient's words were *scrambled* and made no sense. 病人说话语无伦次,让人听不懂。**II** *n.* [C] ❶[用单]打乱,搅乱;混乱;混乱的一团:The pile of boys on the football seemed a wild *scramble* of arms and legs. 孩子们挤成一堆抢足球,胳膊和腿乱成一团。❷[用单]爬(行);吃力的攀登;费力的行走:Mr. Smith encountered a stream in his *scramble* down the hill. 史密斯先生费力下山

时遇到一条溪流。❸[用单]竞争；争抢，抢夺：a *scramble for place and power* 权力和地位之争‖ˈ**scram·bler** *n.* [C]

scrap[1] /skræp/ **I** *n.* ❶[C]碎片，碎屑；零头：write on a *scrap* of paper 在一片纸上写 ❷[～s]吃剩的东西，剩饭：feed the dog on *scraps* 给狗喂剩饭 ❸[U]废旧金属；金属下脚料；切碎；碎料；废料；垃圾；废品：heaps of *scrap* 成堆的垃圾 **II** *vt.* (**scrapped**; **scrap·ping**) ❶报废(车辆、船只、机器等) ❷废弃，抛弃；摆脱：The media coverage caused such a public uproar that officials of the proposed plant *scrapped* the project. 媒体报道在公众中引起了轩然大波，提议建造这一工厂的官员们只好搁置了这一工程。

scrap[2] /skræp/ 〈口〉 *n.* [C]打架；(激烈的)争吵，吵架：get into a *scrap* with sb. 与某人吵起来 ‖ ˈ**scrap·per** *n.* [C]

scrap·book /ˈskræpˌbuk/ *n.* [C]剪贴簿，剪报(资料)簿

scrape /skreip/ **I** *vt.* ❶刮，擦；蹭；削；刮净，擦净：*scrape* the door to remove paint 刮掉门上的漆 ❷用(硬边、利刃等)刮 ❸刮掉，擦除；蹭去(*away*, *off*)：*scrape* meat from bones 从骨头上剔肉 ❹使磨蹭；刮伤；擦坏：She *scraped* her arm on a rough rock when she fell. 她跌了一跤，在粗糙的岩石上擦伤了胳膊。❺出声地划拉；出声地刮(或擦)；使发出刮(或擦)般的声音：In the wind, the branches tapped and *scraped* the window panes. 风中的树枝在我的玻璃窗上敲来刮去，沙沙作响。❻在…方面勉强成功；努力(或艰苦)做成：The company barely *scraped* a profit this year. 今年公司勉强获得一点点利润。—*vi.* ❶刮出(或擦出、发出)刺耳的声音：The fiddler *scraped* like a cricket. 小提琴拉得像蟋蟀叫一样吱呀难听。❷节俭，节省；艰难度日：We *scraped* for ten years to buy that house. 我们攒了10年的钱才买下那幢房子。**II** *n.* [C] ❶刮，擦；蹭 ❷刮(或擦、蹭等)的声音：He pushed back his chair with a loud *scrape*. 他把椅子向后推，弄出了刺耳的摩擦声。❸刮痕，擦痕；擦伤处：He was not hurt seriously — it's just a *scrape*. 他伤得不重，只是擦破了皮。❹〈口〉(尤指恶作剧引起的)麻烦；困境：help sb. out of the *scrape* 帮某人摆脱了困境 ‖ ***scrape by*** [***through***] *vi.* & *vt.* ❶勉强成功，费力做成：We only learned French for three years but we can just *scrape by* in most situations. 我们只学了三年法语，不过在多数情况下也够用了。❷〈口〉靠…勉强度日：Mr. Smith lost his job, so the family had to *scrape by* $150 a week. 史密斯先生丢了差事，全家人每周只能靠150美元生活。‖ ˈ**scrap·er** *n.* [C]

scratch /skrætʃ/ **I** *vt.* ❶刮；划拉；划痕于：He *scratched* match on his boot heel. 他在靴子后跟上划了一根火柴。❷划伤，划破；抓伤，抓破：She *scratched* his face with her fingernails. 她用手指甲抓破了他的脸。❸抓，挠，搔：*scratch* one's jaw 抓挠下巴 ❹划出；抓出；刮出：*scratch* drawings of animals and figures on walls 在墙上划出动物和人像画 —*vi.* ❶刮，划；抓；挠，搔：The dog *scratched* at the door to be let out. 狗直挠门，想让人放它出去。❷刮除 ❸搔，搔痒 **II** *n.* ❶[C]刮印，划痕；抓伤(处)；擦伤(处)：The desk was covered in *scratches*. 书桌上满是划痕。❷[C]划(或抓等)的声音；(放唱片时唱针与唱片摩擦发出的)刮擦声：The *scratches* on the record make it impossible to enjoy the music. 唱片上发出的刮擦声令人无法欣赏音乐。❸[用单]刮，划；抓；抓痒：The dog would give a *scratch* at the door when it wanted to be let out. 狗想让人放它出去时就抓门边。‖ ***from scratch*** *adv.* 〈口〉从头开始，从零开始：I will leave the story behind and start *from scratch*. 我把这个故事放在一边，另表一枝。***up to scratch*** *adj.* & *adv.* 〈口〉够好的(地)，达到要求的(地)：He promised to do his performance *up to scratch* next time. 他保证下次演出一定达到要求。***without a scratch*** *adv.* 〈口〉安然无恙地；(身体或心智)毫无损伤地：survive the truck crash *without a scratch* 卡车被撞坏了而人却安然无恙

scratch·y /ˈskrætʃi/ *adj.* ❶发出刮擦声的；(声音)刺耳的；(唱片等)有咔嚓声的：create a *scratchy* sound 发出刮擦声 ❷令人发痒的：a *scratchy* woollen shirt 刺弄人的羊毛衫 ‖ ˈ**scratch·i·ly** *adv.* —ˈ**scratch·i·ness** *n.* [U]

scrawl /skrɔːl/ **I** *vt.* 潦草(或匆忙)地写(或画)；乱涂；乱写；乱画：He *scrawled* a letter to his mother. 他匆匆地给妈妈写了一封信。**II** *n.* [C]潦草的字迹；涂鸦；匆忙写出的便条

scrawn·y /ˈskrɔːni/ *adj.* 骨瘦如柴的，瘦得皮包骨的 ‖ ˈ**scrawn·i·ness** *n.* [U]

scream /skriːm/ **I** *n.* [C] ❶(因痛苦、恐惧、愤怒、激动等发出的)尖叫(声),惊叫(声):a *scream* of laughter 尖声大笑 ❷尖叫一般的声音;(警报等)尖锐而刺耳的声音:Far away a locomotive gave out a shrill *scream*. 远处传来机车汽笛的尖啸声。❸[用单]〈口〉非常滑稽可笑的事件(或人):These comedians are a real *scream*. 这些喜剧演员真是滑稽可笑。**II** *vi.* ❶(因痛苦、恐惧、愤怒、激动等而)尖叫,惊叫;尖声大喊:He *screamed* at his son for making noise. 他因为儿子弄出声响来而对他大声嚷嚷。❷发出尖锐而刺耳的声音;呼啸而过:The whistle of the locomotive *screamed* mournfully and hysterically. 机车的汽笛哀婉而疯狂地啸叫着。—*vt.* (似)尖叫着说出,高喊着说出(或表达):*scream* one's instructions 大声喊出命令 ‖ ˈ**scream·er** *n.* [C]

screech /skriːtʃ/ **I** *n.* [C]尖叫;尖锐刺耳的声音:The car accident was followed by the screech of tires. 车祸发生后,是一阵刺耳的轮胎声。**II** *vi.* 尖叫;发出尖锐刺耳的声音:The car came *screeching* to a stop. 汽车开到十字路口时嘎的一声刹住了。—*vt.* 尖叫着说出:"Don't touch me!" she *screeched*. 她大喊道:"别碰我!" ‖ ˈ**screech·y** *adj.*

S

screen /skriːn/ **I** *n.* ❶[C]屏;屏风;帐,幕;隔板;屏障:The nurse pulled a *screen* around the bed. 护士绕床拉起一道帘子。❷[C]掩护物;掩盖物,遮蔽物 ❸[C;U]掩护(措施);隐藏(措施):under the *screen* of night 在夜幕的掩护之下 ❹[C](电影)银幕;[**the ～**]电影(或电视)界;电影(事)业:The play was a success on *screen*. 该剧拍成电影一举成功。❺[C]【电子】荧光屏;(电视机、计算机等的)屏幕:The video image reduces the imagination to a 25-inch *screen*. 录像把人的想象力缩减到25英寸的屏幕上。**II** *vt.* ❶遮蔽,遮掩;保护,庇护(*from*):The tall grass *screened* the hut from view. 深深的草丛掩住了茅屋。❷放映(电影);播出(电视节目等);把…搬上银幕:They will *screen* a new film tomorrow evening. 明天他们要放一部新片。❸为…作体格检查;考查,考核;筛选,审查:*screen* applicants for the job 筛选申请此项工作的候选人

screen·play /ˈskriːnˌplei/ *n.* [C]电影剧本,电影脚本:He wrote the *screenplay* for the movie. 这部电影的脚本是他写的。

screen·writ·er /ˈskriːnˌraitəʳ/ *n.* [C]电影剧本作家,电影编剧者:He's the *screenwriter* and direct-or. 他是编剧兼导演。

screw /skruː/ **I** *n.* [C] ❶螺(丝)钉,螺丝;(尤指木工用的)木螺丝:drive in a *screw* 把螺钉拧进去 ❷螺旋桨,螺旋推进器 **II** *vt.* ❶(用螺钉等)把…钉牢;为…加固;钉紧:*screw* the chairs into the floor 把椅子钉牢在地板上 ❷拧(螺钉等);(旋转着)操纵(带螺纹的物体):*screw* the lid down tightly 把盖子拧紧 —*vi.* ❶(如螺钉般)旋转,扭动:special clips which *screw* to the window-frame 旋入窗户框的专用夹子 ❷被(螺钉或螺旋)固定(或操纵);被旋牢:The chairs *screw* right into the floor. 椅子是用螺丝钉钉在地板上的。‖ ***screw up*** *vt.* & *vi.* ❶(用螺钉)固定,钉紧;拧紧;把门钉紧:*screw* the nut *up* tightly 把螺帽拧紧 ❷扭曲(嘴、脸等):*screw up* one's eyes 斜瞪着眼睛 ❸使紧缩;把…揉作一团:She *screwed up* the paper and threw it out the window. 她把纸揉成一团,扔出窗外。

screw·driv·er /ˈskruːˌdraivəʳ/ *n.* [C] ❶(螺丝)起子,螺丝刀,改锥 ❷伏特加橙汁鸡尾酒

scrib·ble /ˈskribᵊl/ *vt.* 匆忙(或潦草)地写:*scribble* a message on the edge of a newspaper 在报纸的边上潦草地写下一条留言 —*vi.* 乱涂;涂鸦:He began *scribbling* rapidly on a pad. 他开始在拍纸簿上奋笔疾书。‖ ˈ**scrib·bler** *n.* [C]

scribe /skraib/ *n.* [C] ❶(尤指中世纪时抄录手稿的)抄写员,文牍员 ❷(古代犹太人的)档案管理员 ❸〈口〉作家;(尤指)新闻记者 ‖ ˈ**scrib·al** *adj.*

scrimp /skrimp/ *vi.* 节约,节俭;吝啬:*scrimp* on food and clothes 节衣缩食

scrip /skrip/ *n.* 【经】❶[C;U](临时发放的)代金券,纸币;购物券;临时通货 ❷[C]【股】临时股票;红利股票

script /skript/ *n.* ❶[U](区别于印刷体的)手写体;手书,手迹:write in a tight *script* 字迹细密地书写 ❷[U;C]【印】书写体,书写体铅字:italic *script* 斜体字 ❸[C;U]书写系统:Can you read Greek *script*? 你能认希腊文吗? ❹[C](戏剧、电影等的)剧本,脚本;广播稿:He deserves an Oscar for his original *script*. 他应该获得奥斯卡原创电影剧本奖。

scrip·ture /ˈskriptʃəʳ/ *n.* ❶[U;C](宗教等的)圣书;经书;经典;经文:Hindu *scripture(s)* 印度教的经文 ❷[常作 S-]圣典,宗教著作

script·writ·er /ˈskriptˌraitəʳ/ *n.* [C](电影、戏剧等的)剧本作者;(广播节目的)撰稿人

scroll /skrəul/ **I** *n.* [C] ❶(有书写内容等的纸)卷,卷轴:a *scroll* painter 卷画画家❷(书籍的)卷子本,书卷;画卷 **II** *vi.* 【计】(显示屏上的内容)滚动,滚屏,翻屏:The text will *scroll* up automatically when you type. 在你录入的时候,文本会自动上卷。

scro·tum /ˈskrəutᵊm/ *n.* [C]([复]**-ta** /-tə/或**-tums**)【解】阴囊 ‖ ˈ**scro·tal** *adj.*

scrounge /skraundʒ/〈口〉*vt.* ❶用非法手段搞到;骗取,讹取:*scrounge* cigarettes from [off] sb. 向某人讹香烟抽 ❷搞到;找到;借…而不还:Let's see what we can *scrounge* (up) for supper. 咱们来看看晚饭能弄点什么吃的。—*vi.* (不花本钱地)找东西;弄到东西;行乞:*scrounge* for food and water 讨些吃的喝的 ‖ ˈ**scroung·er** *n.* [C]

scrub[1] /skrʌb/ **I** (**scrubbed**; **scrub·bing**) *vt.* ❶(用硬刷等)用力擦洗,搓洗;擦净:She *scrubbed* floors on her hands and knees. 她跪着擦地板。❷〈口〉取消(计划、命令等);放弃:*scrub* a mission 取消一项任务 ❸擦掉,刷掉:*scrub* the chewing gum off the floor 把地板上的口香糖刮掉 —*vi.* 用力擦洗,搓洗;擦净,刷净:*scrub* away for ages before getting the ink off 搓了老半天才把墨迹洗掉 **II** *n.* [C;U]擦洗,搓洗;擦净:Children, your hands need a good *scrub*. 孩子们,你们得好好地洗洗手。‖ ˈ**scrub·ber** *n.* [C]

scrub[2] /skrʌb/ *n.* ❶[U]灌木丛,矮树林:pine *scrub* 矮松林 ❷[C]灌木林地,矮树林地块

scrub·by /ˈskrʌbi/ *adj.* 灌木丛生的

scruff /skrʌf/ *n.* [C]颈背,后颈:grab [get] hold of sb. by the *scruff* of sb.'s neck 揪住某人的后颈

scruf·fy /ˈskrʌfi/ *adj.*〈口〉不整洁的,邋遢的;衣衫褴褛的:a *scruffy*-looking chap 一个衣衫褴褛的家伙

scrump·tious /ˈskrʌmᵖʃəs/ *adj.*〈口〉❶鲜美的,美味的,可口的:*scrumptious* ice cream 美味可口的冰激凌 ❷令人满意的,令人愉悦的

scrunch /skrʌntʃ/ **I** *vt.* & *vi.* ❶(嘎吱嘎吱地)碾;压;嚼:drop the cigarette to the floor and *scrunch* it out with one's foot 把香烟丢在地板上用脚踩灭 ❷(使)紧缩;把(纸、布等)揉作一团:He *scrunched* the letter up and threw it in the wastebasket. 他把那封信揉成一团扔进废纸篓。❸蹲,蹲坐;蹲伏;蜷缩 **II** *n.* [U;C] ❶碾;压;嚼 ❷紧缩;揉 ❸嘎吱嘎吱(或咔嚓咔嚓)的声音:hear the *scrunch* of footsteps on the stairs 听见楼梯上嘎吱嘎吱的脚步声

scru·ple /ˈskruːpᵊl/〈书〉*n.* [C][常作~s]顾虑,顾忌;犹豫,犹疑:Her moral *scruples* kept her from doing that. 出于良心上的考虑,她不能那么做。

scru·pu·lous /ˈskruːpjuləs/ *adj.* ❶有顾忌的;严谨的,审慎的;有道德原则的,凭良心办事的(见 upright):Even the most *scrupulous* businessman might have been tempted. 即使是最严谨的商人也可能抵挡不住诱惑。❷仔细的,一丝不苟的;认真严格的:He is *scrupulous* about collecting diverse views. 他认真仔细地收集不同意见。‖ **scru·pu·los·i·ty** /ˌskruːpjuˈlɔsiti/ *n.* [U] —ˈ**scru·pu·lous·ly** *adv.*

scru·ti·nize /ˈskruːtiˌnaiz/ *vt.*〈书〉〈时谑〉仔细观察,审视;详细检查,审查;细读:*scrutinize* the boarding card 核查登机卡

scru·ti·ny /ˈskruːtini/ *n.* [U]详细的检查(或审查);仔细的观察:stringent passenger and baggage *scrutiny* 严格的旅客和行李检查

scu·ba /ˈskʲuːbə/ **I** *n.* ❶[C]水肺,(便携)水下呼吸器,斯库巴 ❷[U]携水下呼吸器的游泳 **II** *vi.* 携水下呼吸器游泳

scuff /skʌf/ *vt.* ❶磨,擦;刷 ❷拖着(脚)走路;(因拖脚走路而)磨损(鞋子);在…上磨出痕印:The rocks *scuffed* the climbers' shoes. 岩石磨坏了登山者的鞋子。

scuf·fle /ˈskʌfᵊl/ *n.* [C]扭打,混战:There were *scuffles* between police and demonstrators. 警方和示威群众混战了一场。

sculpt /skʌlpt/ *vt.* & *vi.* ❶雕刻,雕塑;塑造;为…塑像:an angel *sculpted* in stone 用石头雕塑的天使 ❷【地质】刻蚀:The wind *sculpted* the rocks into strange shapes. 风把岩石刻蚀成奇形怪状。

sculp·tor /ˈskʌlptəʳ/ *n.* [C]雕刻(艺术)家,雕

S

塑家

sculp·ture /ˈskʌlptʃəˈ/ *n.* ❶[U]雕刻(术),雕塑(术);泥塑(术);蜡塑(术):be skilled in *sculpture* 长于雕塑 ❷[C;U]雕刻(或雕塑)作品;雕像:cast a *sculpture* in bronze 用青铜塑像 ‖ ˈ**sculp·tur·al** /-tʃᵊrᵊl/ *adj.*

scum /skʌm/ *n.* ❶[用单]浮渣(层),浮垢(层);浮沫(层),泡沫(层):After the storm, the pond was covered with (a) *scum*. 暴风雨过后,水塘上覆了一层污物。❷[单复同]〈口〉人渣;最无用(或最卑鄙)的人:You *scum*! How dare you do that! 你这坏蛋,竟敢做出这种事! ‖ ˈ**scum·my** *adj.*

scur·ry /ˈskʌri/ *vi.* 急匆匆地走,急赶;小步快跑:He *scurried* into the car and dashed for safety. 他急忙钻进车里,冲向安全的地方。

scur·vy /ˈskəːvi/ *n.* [U]【医】维生素 C 缺乏症 ‖ ˈ**scur·vi·ly** *adv.*

scut·tle /ˈskʌtᵊl/ *vi.* ❶急匆匆地走,急赶;小步快跑:Being rather frightened she turned tail and *scuttled* off. 她吓得转身就跑,一溜烟地没了影。❷跑开;逃跑;逃脱:When the cat came, the mouse *scuttled* away into the hole. 猫一过来,老鼠就逃进了洞。

scut·tle·butt /ˈskʌtᵊlˌbʌt/ *n* [U]〈口〉流言,传闻:Office *scuttlebutt* says he's going to be promoted. 办公室里有人传言说他要升职了。

S

scuzz·y /ˈskʌzi/ *adj.* 〈口〉肮脏的,邋遢的;满是污垢的;令人厌恶的:a *scuzzy* old jacket 脏兮兮的旧夹克衫

scythe /saið/ **I** *n.* [C](长柄)大镰刀 **II** *vt.* 用(长柄)大镰刀割(或砍)

SE *abbr.* ❶ southeast ❷ southeastern

sea /siː/ *n.* ❶[C;U]海,海洋;(与陆地或淡水相对的)海水;海域;海面,洋面:The ship sailed across the *sea* to the land on the other side. 轮船越过大海到达彼岸。❷[用于专有名词]海:the North *Sea* 北海 ❸[C]波涛,波浪:When we crossed the Strait the *sea* was rolling. 我们横渡海峡时,海面上波涛汹涌。❹[C]〈书〉很多,大量;一大片:a *sea* of complaints 大量的投诉 ‖ ***at sea*** *adv.* & *adj.* ❶在海(面)上(的);在海船上(的):We've been *at sea* for about two weeks. 我们已在海上航行差不多两个星期了。❷〈口〉迷惑;不知所措:You seem rather *at sea*. Shall I repeat what I said? 看来你还糊里糊涂的,要我把刚才说的重复一遍吗? ***between the devil and the deep (blue) sea*** *adj.* & *adv.* 进退两难 ***beyond (the) sea(s)*** *adv.* 在海外;往海外 ***by sea*** *adv.* 由海路,经海上;乘海船:He went to New York by air, and sent his heavy boxes *by sea*. 他是乘飞机去纽约的,而他的大箱子是海运过去的。***go to sea*** *vi.* 去当海员,去航海 ***on the sea*** *adv.* ❶在海(面)上;在(海)船上 ❷在海边,在海滨 ***put (out) to sea*** *vi.* 起航;(开船或乘船)出海:The ship will *put (out) to sea* on tomorrow evening's high tide. 轮船将于明晚涨潮时起航。

sea anemone *n.* [C]【动】海葵目动物

sea·bed /ˈsiːˌbed/ *n.* [C]海床,海底,洋底

sea·board /ˈsiːˌbɔːd/ *n.* [C] ❶海滨;沿海地区 ❷海岸线

sea coast *n.* 海滨;海岸

sea·food /ˈsiːˌfuːd/ *n.* [U]海味,海鲜,海产食品

sea·go·ing /ˈsiːˌgəuiŋ/ *adj.* [无比较级][作定语] ❶航海的;以航海为业的:begin one's *seagoing* career 开始航海生涯 ❷可以出海的,适于航海的:a high-performance *seagoing* cruiser 高性能远洋游艇

sea·gull /ˈsiːˌgʌl/ *n.* [C] 海鸥(=gull)

seal¹ /siːl/ **I** *n.* [C] ❶封蜡;封铅;封条;(火漆等的)封印;封泥;封缄:take off the *seal* 启封 ❷印章;玺;印记,图记:*seal* of office 官印 ❸密封物;封紧材料(或装置):the *seal* on a bottle 酒瓶的封口 **II** *vt.* ❶将…密封;使紧闭;加封紧材料(或装置)于:On this, his lips are *sealed*. 在这方面他总是守口如瓶。❷盖章于,盖印于;加检验印于;(以盖章等方式)给(信等)封口:send a *sealed* communication 发出一封封口的书信 ❸〈书〉决定;注定:The collapse of the bank helped *seal* the doom of his other enterprises. 这家银行的破产导致了他其他企业的垮台。‖ ***one's lips are sealed*** 守口如瓶 ***seal off*** *vt.* 封锁;封住;封闭:The city was completely *sealed off* from the press. 这座城市的新闻完全被封锁了。***set one's seal to [on]*** *vt.* ❶盖章于,盖印于 ❷证明,确认;保证;批准 ‖ ˈ**seal·er** *n* [C]

seal² /siːl/ *n.* [C]【动】海豹;海豹(毛)皮;海豹皮制品;海狮 ‖ ˈ**seal·er** *n* [C]

seal·ant /ˈsiːlᵊnt/ *n.* [C]密封材料,密封剂;密

封胶

sea lion *n.* [C]【动】海狮

seam /siːm/ *n.* [C] ❶缝;线缝:The bag has very strong *seams*. 这包缝得很结实。❷接缝,边缝;裂缝:The ship has started at the *seams*. 船板的接缝开裂了。❸【地质】(地)层;矿层;煤层:a coal *seam* 煤层 ‖ ***fall apart at the seams*** *vi.* 在接缝处裂开;失败;崩溃;垮掉:Her old coat is *falling apart at the seams*. 她旧外套的接缝处开线了。

sea·man /ˈsiːmᵊn/ *n.* [C]([复]**-men** /-mᵊn/) ❶水手,海员;航海者:a poor *seaman* 不懂航海的水手 ❷(海军)水兵 ‖ **sea·man·ship** /ˈsiːmᵊnˌʃip/ *n.* [U]

seam·less /ˈsiːmlis/ *adj.* ❶无缝的 ❷无明显分隔(或界线)的;流畅的 ‖ **ˈseam·less·ly** *adv.*

seam·stress /ˈsemstris, ˈsiːm-/ *n.* [C]女裁缝,缝纫女工

seam·y /ˈsiːmi/ *adj.* 令人不快的;污浊的;阴暗的:the *seamy* underworld of small-town life 小城镇生活的阴暗面

se·ance, sé·ance /ˈseiɑːŋs/ *n.* [C](巫师等联络死者的)降神(术)会,招魂(术)会

sea·plane /ˈsiːˌplein/ *n.* [C]水上飞机

sea·port /ˈsiːˌpɔːt/ *n.* [C]海港;海港城市

sear /siəʳ/ *vt.* 烧焦…的表皮;轻煎(或烤)(肉):*sear* the beef 把牛肉煎黄 / His body was *seared* and blackened. 他的躯体被烧得焦黑。

search /səːtʃ/ **I** *vt.* ❶搜查;在…中搜寻(或搜索):The police *searched* the area for clues. 警方在那一地区寻找线索。❷审察;调查;细查;探究;搜索:He *searched* her face for real intentions. 他审察她的脸色以弄清她的真实意图。—*vi.* ❶搜查;搜寻,搜索(*for*):He *searched* in the pocket *for* his bicycle keys. 他在口袋里翻找自行车钥匙。❷探究;调查(*into*):He was a student and *searched into* all matters. 他是个学者,凡事都要寻根究底。**II** *n.* [通常用单] ❶搜查;搜寻,搜索:She did a computer *search* for the related information. 她进行了相关信息的计算机查找。❷探究;调查:the *search* for meanings in life 对生活意义的探求 ‖ ***in search of*** *prep.* 寻找;寻求:This is the very book *of* which I was *in search*. 这本书正是我梦寐以求的。***Search me***! *int.* 〈口〉我不知道,我怎么知道:A: How do crickets make that chirping noise? B: *Search me*! 甲:蟋蟀是怎么发出唧唧叫声的? 乙:我怎么知道! ‖ **ˈsearch·er** *n.* [C]

search·ing /ˈsəːtʃiŋ/ *adj.* [通常作定语] ❶仔细详尽的;寻根究底的;彻底的:The smell of fish was so *searching*. 那股鱼的气味简直无孔不入。❷敏锐的;锐利的;洞察的:He gave her a *searching* look. 他目光锐利地盯了她一眼。

search·light /ˈsəːtʃˌlait/ *n.* [C] ❶探照灯 ❷探照灯光束

sear·ing /ˈsiəriŋ/ *adj.* ❶烧灼的;灼伤的,灼痛的:a *searing* heat [pain] 灼热[灼痛] / the *searing* jealousy of the woman 女人灼人的妒火 ❷(感情)炽热的;激烈的;充满激情的:a *searing* orator 激情似火的演说家

sea·scape /ˈsiːˌskeip/ *n.* [C]海景;海景画

sea shell *n.* [C]海贝壳

sea·shore /ˈsiːˌʃɔːʳ/ *n.* [U]海滨;海岸;海滩

sea·sick /ˈsiːˌsik/ *adj.* [无比较级]【医】晕船的 ‖ **ˈsea·sick·ness** *n.* [U]

sea·side /ˈsiːˌsaid/ **I** *n.* [常作 the ~](常有人度假或休闲的)海边,海滨(见 shore):a *seaside* hotel 海滨旅馆 **II** *adj.* [作定语]海边的,海滨的

sea·son /ˈsiːzᵊn/ **I** *n.* [C] ❶季,季节;时节;季度:The sun provides us energy and brings *seasons*. 太阳提供给我们能量,带来四季的变换。❷时兴期,流行期;旺季,高峰期;(社会活动等的)活跃期:Winter is (the) low *season* at seaside hotels. 冬天是海滨旅馆业的淡季。**II** *vt.* ❶【烹】给(食物)调味,加调料于,加佐料于:The beef has been highly *seasoned*. 牛肉里加了很多佐料。❷给…增加趣味(或特色):His play is *seasoned* with wit and humour. 机智幽默为他的演出增色不少。‖ ***in season*** *adv.* & *adj.* ❶正当令的,应时的;上市的:Fruit is cheapest in *season*. 当令水果最便宜。❷(雌性动物)处于发情期(的) ❸(依据法律)处于捕猎期:Are grouse in *season* now? 现在可以捕猎松鸡吗? ***out of season*** *adv.* & *adj.* ❶不当令(的);难以获取(的):Oysters are expensive because they are *out of season*. 牡蛎很贵,因为已经下市了。❷在淡季:Holiday prices are lower *out of season*. 在旅游淡季,度假费用很低。

sea·son·a·ble /ˈsiːzᵊnəbᵊl/ *adj.* 当令的,应时的:Cold weather is *seasonable* in December. 12

S

月份天冷是正常的。

☆**seasonable** 与 **seasonal** 容易误用。前者意为"适时的,合时宜的;当令的":Although *seasonable*,the weather was still a little cold.(这天气虽然合了季节,可仍有点冷。)后者意为"季节性的;随季节变化的":The onset of *seasonal* demand has aroused the market to action.(季节性需求的出现促使市场活跃起来。)

sea·son·al /ˈsiːzᵊnᵊl/ *adj*. [无比较级]季节的;随季节变化的;季节性的:Seymour's work at the seaside resort is *seasonal*. 西摩在海滨胜地的工作是季节性的。‖ **ˈsea·son·al·ly** *adv*.

sea·soned /ˈsiːzᵊnd/ *adj*. 成熟的,老练的;经验丰富的,经过历练的:I lacked John's *seasoned* know-how acquired during twenty years on the job. 我缺少约翰凭 20 年的工作经验学到的那套实际知识。

sea·son·ing /ˈsiːzᵊniŋ/ *n*. [U;C]【烹】调料,佐料,作料,调味品

season ticket *n*. [C](持有者有权多次旅行或入场的)季票;长期票〔亦作 **season**〕

seat /siːt/ **I** *n*. [C] ❶座位;座次:Take a *seat*, please. 请就座。❷〈主英〉(尤指议院的)议员座位;席位,职位:He was elected to a *seat* in the senate. 他被选入参议院。❸(椅子等坐具的)坐部,座儿:a chair with a cane *seat* 有藤编座儿的椅子 **II** *vt*. ❶使坐下;使入座,使就座;为…引座:My wife *seated* my son on her knees and sang a song. 我妻子让儿子坐在她腿上并唱歌给他听。❷为…提供坐具;给…设座;容纳:Our table *seats* four. 我们的桌子可以坐 4 人。❸使获得席位,使当选就职;使登位 ❹把…固定在底座上:*seat* the digital camera on the tripod 把数码相机装在三脚架上 ‖ ***in the driving* [*driver's*] *seat*** *adj*. & *adv*. 主管,掌管,操纵 ***take a back seat*** *vi*. 装扮成不重要的角色;在某事物中起较次要的作用 ***the hot seat*** *n*. (因身负重任而需面对批评、回答问题等的)难堪处境

seat belt *n*. [C](汽车、飞机等的)座椅安全带

seat·ing /ˈsiːtiŋ/ *n*. [U]座位:My car has *seating* for five. 我的汽车可以坐 5 个人。

sea·way /ˈsiːwei/ *n*. [C] ❶海上航道,海路 ❷(船舶的)航道,航路

sea·weed /ˈsiːˌwiːd/ *n*. [U]海草,海藻

sea·wor·thy /ˈsiːˌwəːði/ *adj*. [无比较级](船舶)适于航海的 ‖ **ˈseaˌwor·thi·ness** *n*. [U]

se·cede /siˈsiːd/ *vi*. 〈书〉(正式从政治、宗教等组织)脱离,退出(*from*):The south *seceded from* the Union, a move that led to the American Civil War. 南方退出了联邦,这一举动导致了美国内战。

se·ces·sion /siˈseʃᵊn/ *n*. [U](从政治、宗教等组织的)脱离,退出:the traumatic *secession* of a number of painters from the Society of Artists 一批画家从艺术家协会具有破坏性的退出

se·clude /siˈkluːd/ *vt*. 〈书〉隔离,使隔绝;使隐退;使隐居:They decided to *seclude* the garage from the rest of the property. 他们决定把车库与地产的其他部分分开。‖ **seˈclud·ed** *adj*.

se·clu·sion /siˈkluːʒᵊn/ *n*. [U]隔绝;隐退;隐居(见 solitude):days spent in utter *seclusion* 与世隔绝的日子 ‖ **seˈclu·sive** *adj*.

sec·ond[1] /ˈsekᵊnd/ **I** *n*. ❶[用单]第二;第二个;第二个人(或事物):Charles the *Second* 查理二世❷[U](汽车等的)第二挡,第二速度:I'll have to change [shift] (down) into *second* for the roundabout. 要绕过去我得把车速降到二挡。❸[~s]二等品,乙级货;次品:There are many cheap *seconds* of china in the shop. 店里有不少便宜的二级瓷器。**II** *adj*. [无比较级] ❶第二的;第二个的;第二次的;(两者中)后者的:a *second* year college student 大学二年级学生 ❷[作定语]又一个的;另外的:You won't have a *second* chance. 你不会再有机会的。**III** *vt*. 赞成(提案等):*second* sb.'s nomination 赞成某人的提名 **IV** *adv*. [无比较级]第二地;其次:The catcher is batting *second*. 接球手第二个击球。‖ ***get one's second wind*** *vi*. 恢复精力,恢复元气;重振精神:I often feel sleepy after supper and then I *get my second wind* later in the evening. 我吃完晚饭后常感到困,一到晚上就有精神了。‖ **ˈsec·ond·ly** *adv*.

sec·ond[2] /ˈsekᵊnd/ *n*. [C] 秒(略作 S,s 或 sec):This computer can process millions of instructions per *second*. 这台计算机每秒钟能够处理上百万条指令。

sec·ond·ar·y /ˈsekᵊndᵊri/ *adj*. [无比较级] ❶第二的;第二次的;第二位的 ❷次要的;从属的;辅助(性)的:a *secondary* organ 附属机构 ❸(教育、学校等)中等的,中级的:*secondary* education 中等教育 ❹间接的；第二手的：the documents from primary and *secondary* sources 来自第一手和第二手资料的文件 ❺【医】继发(性)的：*secondary* infections 继发性感染 ‖ ˈ**sec·ond·ar·i·ly** *adv.*

secondary school *n.* [U;C]中等学校

second class **I** *n.* [U]二级，二等，二流 **II** *adj.* ❶二级的，二等的，乙等的；第二类的：the *second-class* passenger car 二等旅客车厢 ❷(质量、地位、重要性等方面)次的，低下的；第二流的，二等的：Old people should not be treated as *second-class* citizens. 老年人不应该被视为二等公民。

second hand **I** *n.* [C](钟表的)秒针 **II** *adj.* ❶(货品)二手的，用过的，旧的：a *second-hand* watch 旧表 ❷经营二手货的：a *second-hand* shop 旧货商店 ❸(信息等)间接(得到)的；第二手的：*second-hand* knowledge 间接知识 **III** *adv.* ❶作为旧货地：buy a computer *second-hand* 买一台二手计算机 ❷间接地；第二手地：get this news *second-hand* 间接得悉这一消息 ‖ ***at second hand*** 间接地，第二手地：hear the story *at second hand* 间接听说那个故事

second nature *n.* [U]第二天性；习性：It's *second nature* for her to check twice if she's locked the door when she goes out. 她出门时总要检查两遍，看门锁好没有，这都成了老习惯了。

second person *n.* 【语】[U]第二人称

sec·ond-rate /ˌsekᵊndˈreit/ *adj.* [无比较级]第二等的，二流的；质量一般的：The critic thought our film *second-rate*. 这位影评家认为我们的电影很平庸。

se·cre·cy /ˈsiːkrisi/ *n.* [U]秘密(状态)，隐秘(状态)：a meeting held in the utmost *secrecy* 极其隐秘的会面 ‖ ***swear to secrecy*** *vt.* 使誓守秘密：I have been *sworn to secrecy* about this agreement. 我已发誓对此协议一定保密。

se·cret /ˈsiːkrit/ **I** *adj.* [无比较级] ❶秘密的；机密的；保密的：carry out *secret* missions 执行秘密使命 ❷隐秘的，暗中进行的；不公开的；秘而不宣的；内心感觉的：conduct *secret* and underground operations 开展秘密的地下活动 ❸隐蔽的，暗藏的：a *secret* hiding place 隐蔽的藏身之地 **II** *n.* [C] ❶秘密；机密；内情：an open *secret* 公开的秘密 / keep a *secret* 保守秘密 ❷奥秘，神秘：lay bare the *secrets* of nature 揭开大自然的奥秘 ❸秘诀，诀窍；秘方：What is the *secret* of your youth and beauty? 你保持青春健美的秘诀是什么？ ‖ ***in secret*** *adv.* 秘密地；私下地；在隐蔽地点：They met *in secret* to discuss the arrangements. 他们秘密会见，商议了各种安排。 ‖ ˈ**se·cret·ly** *adv.*

sec·re·tar·i·al /ˌsekrəˈteəriᵊl/ *adj.* [无比较级]秘书的，有关秘书事物的

sec·re·tar·y /ˈsekritᵊri,ˈsekrətri/ *n.* [C] ❶(个人、机构、组织等的)秘书；书记；文书，干事：a private *secretary* 私人秘书 ❷〈英〉大臣；部长：the Foreign *Secretary* 外交大臣 ❸写字台，写字桌

se·crete /siˈkriːt/ *vt.* 【生理】分泌：*secretes* hormones 分泌激素

se·cre·tion /siˈkriːʃᵊn/ *n.* 【生理】❶[U]分泌(作用)：the *secretion* of growth hormone 生长激素的分泌 ❷[C]分泌物：the toxic *secretions* of the insects 昆虫的有毒分泌物

se·cre·tive /ˈsiːkritiv/ *adv.* 〈常贬〉诡秘的；躲躲闪闪的，遮遮掩掩的；守口如瓶的：The media criticized the department as unduly *secretive* with them. 媒体批评那个部门对他们遮遮掩掩很不坦诚。 ‖ ˈ**se·cre·tive·ly** *adv.* —ˈ**se·cre·tive·ness** *n.* [U]

secret service *n.* ❶[C](政府机构中的)特务机关，特工处 ❷[**the S- S-**](美国财政部的)特工处

sect /sekt/ *n.* [C] 派别，派系；(政党的)宗派；学派，流派：a breakaway *sect* 闹分裂的一派 / different medical *sects* in ancient Greek 古希腊的各种医学流派

sec·tar·i·an /sekˈteəriᵊn/ *adj.* [无比较级] ❶派别的；宗派的；教派的：put aside *sectarian* difference 摒弃宗派分歧 ❷思想狭隘的，偏执的：non- *sectarian* education 有教无类 ‖ secˈ**tar·i·an·ism** /-ˌnizᵊm/ *n.* [U]

sec·tion /ˈsekʃᵊn/ **I** *n.* [C] ❶切下的部分；片，块；段，截：cut a watermelon into four *sections* 把西瓜切成四块 ❷(事物的)组成部分；(机器等的)部件，零件；(文章等的)节，段落(略作 **sec.**，**sect.**；符号为 §)；(条文等的)款，项：This chapter falls into three *sections*. 这一章共分三节。❸(乐队的)乐器组：the wind *section* of an orchestra 管弦乐团的管乐器部 ❹断面，剖面；

S

截面(图);(用显微镜观察的组织)切片:the *section of a diseased bone* 病骨的切片 II *vt.* ❶把…分成段(或组等);将…切片:*section* the tissue for examination 把组织切片供检查 ❷把…剖成断面

sec·tion·al /ˈsekʃᵊnᵊl/ *adj.* [无比较级] ❶[作定语]部分的;局部的:A special category of movies was made for a *sectional* audience. 专门为部分观众拍摄的一类电影。❷地区的;地方性的:*sectional* prejudices 地域偏见 ❸由可拆卸部件拼装成的;组合式的:*sectional* furniture 组合式家具

sec·tor /ˈsektəʳ/ *n.* [C] ❶(企业、社团等的)部分;部门;(尤指)经济领域:Not every *sector* of the economy was hit by the recession. 并非各个经济领域都受到萧条的冲击。❷【军】分区,防区;战区 ❸从一整体中切下的一部分 ❹地区,区域

sec·u·lar /ˈsekjuləʳ/ *adj.* [无比较级] ❶(教育等)与宗教(信仰)无关的:a *secular* school 世俗学校 ❷非宗教的;非教会的:spiritual and *secular* subjects 精神的和世俗的题材 ‖ **ˈsec·u·lar·ism** /-lᵊrizᵊm/ *n.* [U]

se·cure /siˈkjuəʳ/ I *adj.* ❶安全的,无危险的(见 safe):Endangered species should be kept *secure* from poachers. 应该保护濒危物种不受偷猎者的侵害。❷安心的;无恐惧的;无忧无虑的:They lived happily and were financially *secure*. 他们的生活幸福美满,而且在金钱上也无忧无虑。❸牢固的,稳固的:The ladder doesn't look very *secure*. 那梯子看来不很牢靠。❹有把握的;确信(或确定)无疑的:She feels *secure* about her future. 她对自己的前途充满了信心。II *vt.* ❶使安全;保护(见 ensure):The mountain village has only an entrance and is easy to *secure*. 那座山村只有一个入口,容易设防。❷使固定;把…缚住,系牢:*Secure* the rope to a tree. 将绳子绑在树上。❸获得,取得,把…弄到手;替…弄到:*secure* peace 获取和平 ‖ **seˈcure·ly** *adv.*

se·cu·ri·ty /siˈkjuəriti/ *n.* [U] ❶安全,平安;安全感:Children need the *security* of a stable home environment. 孩子们需要安稳的家庭环境。❷使免遭危险的东西;保护物:A good fire is *security* against wolves. 生一堆大火可免遭狼群的侵扰。❸保证;保障:He enjoyed good health and financial *security*. 他身体健康,不愁吃穿。❹保安,防卫,防护;安全(或保卫)措施;[常作 S-]安全保卫机构:*security* against theft 防盗措施 ❺[U]抵押品;保证金:You may need to use your house as *security* for the loan. 你可能需要用你的房子作为贷款的抵押品。

se·dan /siˈdæn/ *n.* [C] ❶有两扇或四扇门可坐四人以上的封闭式汽车车厢 ❷箱式小客车

se·date /siˈdeit/ I *adj.* 平静的;沉着的,镇定的;严肃的;庄重的:I prefer something more *sedate*, like chess. 我喜欢安静些的活动,比如下棋。II *vt.* 给…服镇静剂;(用镇静剂)使镇静:The patient was heavily *sedated* and could not recognize his cousin. 病人服了很多镇静剂,都认不出自己的表哥了。‖ **seˈdate·ly** *adv.* —**seˈda·tion** *n.* [U]

sed·a·tive /ˈsedətiv/【药】*n.* [C]镇静药;起镇静作用的东西:The patient was given a *sedative* to calm him during the voyage. 旅途中给病人服用了镇静药。

sed·en·tar·y /ˈsedᵊntᵊri/ *adj.* [无比较级]坐着的;不活动的,缺乏运动的;惯于(或需要)久坐的:Being *sedentary* can increase the risk of heart disease. 久坐不活动会增加心脏疾病的危险。

sed·i·ment /ˈsedimᵊnt/ *n.* [U;C] 沉淀(物),沉积(物);沉渣:There is (a) brownish *sediment* in your glass. 你的玻璃杯里有一层棕色的沉淀物。‖ **sed·i·men·tal** /ˌsediˈmentəl/ *adj.* —**sed·i·men·ta·tion** /ˌsedimenˈteiʃᵊn/ *n.* [U]

sed·i·men·tar·y /ˌsediˈmentᵊri/ *adj.* ❶沉积的,沉淀的;含沉淀物的,沉淀性的 ❷由成层沉积形成的

se·di·tion /siˈdiʃᵊn/ *n.* [U]煽动言论(或行为):newspapers suspended for *sedition* 因刊登煽动言论而被停刊的报纸

se·di·tious /siˈdiʃəs/ *adj.* 煽动性的:*seditious* posters 煽动性的大字报

se·duce /siˈdʲuːs/ *vt.* ❶诱奸;勾引,引诱:*seduce* a girl by fair speech 以花言巧语引诱姑娘 ❷〈书〉吸引;使着迷;迷惑:The beauty of the sunny day *seduced* her from her work. 阳光明媚的美景令她无心工作。‖ **seˈduc·er** *n.* [C]

se·duc·tion /siˈdʌkʃᵊn/ *n.* ❶[U;C]诱惑;引

诱,勾引;诱奸:It is impossible to resist the *seduction* of Chinese food. 中国食物的诱惑力无法抗拒。❷[常作～s]吸引人的东西,有魅力的事物,诱惑物;吸引力,诱惑力;魅力:His *seductions* involve the usual expensive dinner and witty conversation. 他的魅力往往在于豪华的宴席和机智的谈吐。

se·duc·tive /si'dʌktiv/ *adj*. 诱惑的,勾引人的;诱人堕落的;有吸引力的,富有魅力的:a *seductive* argument 令人折服的论据

see /siː/ (**saw** /sɔː/,**seen** /siːn/) *vt*. ❶[不用进行时态]看见,看到:He looked for her but couldn't *see* her in the crowd. 他寻找她,但在人群中看不见她。❷观看;参观,游览:*see* the sights of Beijing 游览北京名胜 ❸[不用进行时态]理解,领会:Do you *see* what I mean? 你明白我的意思吗? ❹[不用进行时态]察看,查看:Go and *see* who is at the door. 去看看谁在门口。❺[不用进行时态]看出;觉察,发觉;意识到:He *saw* a slight look of hostility in Kate's eyes. 他捕捉到凯特眼中闪过的一丝敌意。❻[不用进行时态]把…看作;认为;对…形成认识:I *see* you as a basically kind person. 我看你本质上是个好心人。❼[不用进行时态](从书报等中)得知,获悉:He *saw* from the headlines in the financial papers that the price of silver had taken another jump. 他从金融类报纸的标题上得知银价又暴涨了。❽[常用进行时态](尤指为求爱等)与…结交,与…约会;看(医生);访问(律师等);探望:The Whites are *seeing* friends at the weekend. 怀特夫妇周末要走访朋友。❾陪伴,护送:Tommy was kind enough to *see* the blind man across the street. 托米好心护送盲人过街。—*vi*. [不用进行时态] ❶有视力:My sister doesn't *see* very well in the left eye. 我妹妹左眼的视力不佳。❷察看,查看:He was buried in the churchyard and you can go there and *see* for yourself. 他就葬在教堂墓地里,你可以亲自过去看看。❸理解,领会;知道:You will *see* by reading these documents. 你读一读这些文件就会明白的。❹[常用祈使句]瞧:*See*! Here comes the bus. 瞧,公共汽车来了! ❺想,考虑:A: Will you bring your girlfriend to the party? B: I'll *see*. 甲:你带女友来参加聚会吗? 乙:再说吧。‖ ***as far as I can see*** *adv*. 在我看来,据我所知:*As far as I can see*, the accident was Bob's fault, not Ann's. 依我看,出这个事故是鲍勃的错,怪不得安妮。***as I see it*** *adv*. 依我看:*As I see it*, this article is quite well written. 依我看,这篇文章写得挺不错的。***I'll see* [*be seeing*] *you.*** 〈口〉再见! 回头见! ***I see*** *int*. 〈口〉我明白了,我知道了:*I see* — you don't know for certain. 原来如此——你也不知道究竟。***let me* [*let's*] *see*** 〈口〉让我(咱们)想想(用于表达思考时的停顿):*Let me see* … Yes, now I know what you mean. 让我想一想…嗯,现在我明白你的意思了。***see about*** *vt*. ❶询问;探询:He went to *see about* where we change trains. 他去打听我们该在哪儿转车。❷办理,处理,安排:Mother must *see about* supper soon. 妈妈马上就要去做晚饭了。***see in*** *vt*. 看中(或喜欢)(某人或某物的某一点):I don't know why he married that awful old man; I can't think what she *sees in* him. 不知道她怎么会跟那个糟老头子结婚;我就想不出她到底看中了他哪一点。***Seeing is believing.*** 〈谚〉眼见为实;百闻不如一见。***see off*** *vt*. 为…送行;向告别:We all went to the station to *see* him *off*. 我们都到车站去送他。***see out*** *vt*. ❶送…到门口:Don't worry, I'll *see* myself *out*. 不用麻烦了,我自己出门就行了。❷持续到…结束:Will our supplies *see* the winter *out*? 我们的供应足够维持一个冬天吗? ***see round* [*over*]** *vt*. 巡视,察看:Would you like to *see round* the old castle? 你要不要去巡视一下那座古堡? ***see of sb.*** 见到某人,和某人往来:They are good friends and *see* a lot *of* each other. 他们是好朋友,经常来往。***see (to it) that*** *vt*. 注意,留意;务必使,保证使:*See to it that* you are ready on time! 到时候你千万要准备好! ***see through*** *vt*. 看穿,识破:She knew him well enough to *see through* his laughter and realize that he was upset. 她对他太了解了,所以能看出他尽管哈哈大笑,实际上心中不安。***see to*** *vt*. ❶注意;照料;办理:Will you *see to* the arrangements for the next committee meeting? 你来办理下次委员会会议的安排好吗? ❷修理,修补;治疗:You ought to have your eyes *seen to* by a doctor. 你应该找个医生看看你的眼睛。‖ **'see·a·ble** *adj*.

☆**see, look at, watch** 均有"看,瞧"之意。**see** 表示有意或无意地通过视觉器官感知某人或某物,强调看到的结果而不是看的意愿:I looked

S

for her, but I couldn't *see* her in the crowd.（我找她，但在人群中没看到她。）**look at** 指有意识、集中精力地看，但并不一定看见，强调看的动作：Don't *look at* me like that.（别那样看着我。）/ He *looked* carefully *at* the figures.（他仔细地检查这些数字。）**watch** 常指较长时间地观看或注视会动的人或事物，强调注意力的全部投入：She *watched* the train until it disappeared behind the woods.（她注视着火车远去，直到它在树林后面消失。）

seed /siːd/ **I** *n.* ❶[C;U]【植】种，籽，种子：The *seeds* germinate in spring. 种子在春天发芽。❷[C]起因；开端：There seemed to be a *seed* of doubt in his mind. 他心中似有一丝疑虑。**II** *vt.* ❶播种于，撒种于：fields *seeded* with corn 已播种玉米的田地 ❷播(种)；(播种般)播撒 ❸[常用被动语态]除去…的种子(或核)：*seed* the fruit before eating 把水果里的核去掉再吃 —*vi.*【植】结籽，结种 ‖ ˈ**seed·er** *n.* [C] —ˈ**seed·less** *adj.*

seed·ling /ˈsiːdliŋ/ *n.* [C]【植】幼苗，籽苗，秧苗

seed·y /ˈsiːdi/ *adj.* ❶[无比较级]多种子的，多籽的；多核的：a *seedy* melon 多籽甜瓜 ❷〈口〉破旧的，褴褛的，寒酸的；肮脏的；下等的；下流的：*seedy* expatriates 衣衫褴褛的流亡者 ‖ ˈ**seed·i·ness** *n.* [U]

S

see·ing /ˈsiːiŋ/ *conj.* 〈口〉考虑到，鉴于，由于：*Seeing* (that) he's so busy, he's unlikely to come. 他既然这么忙，很可能不会来了。

seek /siːk/ *vt.* (**sought** /sɔːt/) ❶寻求，追求；探索，探求：Sitting President was *seeking* another term. 现任总统在谋求连任。❷寻找：Birds *seek* their roosts. 鸟儿纷纷觅路回巢。❸征求；请求：*seek* advice from sb. 向某人征求意见 ❹[后接动词不定式]试图，设法：That country *sought* to take its place among the great powers. 那个国家试图跻身于大国的行列。‖ ***seek one's fortune*** *vi.* 寻出路，去闯天下：He was determined to go to Guangzhou to *seek his fortune*. 他决计到广州去闯天下。‖ ˈ**seek·er** *n.* [C]

seem /siːm/ *vi.* [不用进行时态] ❶似乎，看来好像；仿佛：John *seems* very interested in a career in farming. 约翰似乎对务农很感兴趣。❷觉得似乎，感到好像：I *seemed* to have read this book before. 我觉得好像以前看过这本书。❸[用 it 作主语]好像要；很有可能会：It *seems* likely to rain. 好像要下雨。‖ ***it seems*** [***seemed***] ***as if*** [***as though***] 看样子，似乎，好像：*It* always *seemed as though* they would marry in the end. 从长远观点看来，他们最终是要结婚的。

seem·ing /ˈsiːmiŋ/ 〈书〉 *adj.* [无比较级][作定语]表面上的；似乎是的；貌似真实的：Despite his *seeming* enthusiasm, Brown did not help much. 虽然布朗显得很热心，但实际上他并没有帮什么忙。

seem·ing·ly /ˈsiːmiŋli/ *adv.* 表面上，看上去：a *seemingly* endless line of cars 看上去没有尽头的车队

seem·ly /ˈsiːmliː/ *adj.* 〈书〉恰当的；适宜的；得体的；合乎礼仪的：*seemly* conduct 得体的举止

seen /siːn/ *v.* see 的过去分词

seep /siːp/ *vi.* 渗出；渗漏：The boots allowed little water to *seep* inside. 这双靴子不渗水。

seep·age /ˈsiːpidʒ/ *n.* [用单] ❶渗出；渗漏 ❷渗出量；渗漏量

seer /siːəʳ, siəʳ/ *n.* [C]〈书〉预言者，先知；洞察力非凡者

see·saw /ˈsiːˌsɔː/ *n.* [C] ❶跷跷板：play on a *seesaw* 玩跷跷板 ❷(跷跷板似的)一上一下的动作，拉锯式的动作；此起彼伏的交替过程：a *seesaw* of terror and delight 恐惧和兴奋的交替

seethe /siːð/ (过去式 **seethed** 或〈古〉**sod** /sɔd/，过去分词 **seethed** 或〈古〉**sod·den** /ˈsɔdᵊn/) *vi.* ❶翻腾，冒泡(见 boil)：The vegetable soup *seethed* and bubbled as it boiled in the pot. 菜汤开锅时一边翻滚一边冒泡。❷激动；骚动；(尤指心里)发怒：The debate has *seethed*. 争论到了白热化程度。

seg·ment /ˈsegmᵊnt/ *n.* [C] ❶部分；部门；片段；环节；(水果的)瓣：All *segments* of society benefit under full employment. 就业率高社会的所有阶层都会受益。❷【数】线段；弓形；圆缺；球缺：a *segment* of a line 线段 ‖ **seg·men·tal·i·za·tion** /segˌmentᵊlaiˈzeiʃᵊn;-liˈz-/ *n.* [U]

seg·re·gate /ˈsegriˌgeit/ *vt.* ❶使分开，使分离；把…隔开：Boys and girls are *segregated* into different dining rooms. 男女学生被分别安排在不同的饭厅里。❷对…实行种族隔离：It is illegal to *segregate* people of different races. 对不同种族的人实行隔离不合法。

seg·re·ga·tion /ˌsegriˈgeiʃᵊn/ *n.* [U] ❶种族隔离:a policy of racial *segregation* 种族隔离政策 ❷分开,分离;隔离:the *segregation* of a patient with scarlet fever 对猩红热病人实行的隔离 ‖ **ˌseg·reˈga·tion·ist** *n.* [C]

seis·mic /ˈsaizmik/ *adj.* [无比较级][通常作定语]地震的;由地震引起的:*seismic* activities 地震活动 ‖ **ˈseis·mi·cal·ly** /-mikᵊli/ *adv.*

seis·mo·graph /ˈsaizməˌgrɑːf;-ˌgræf-/ *n.* [C] 地震仪,测震仪 ‖ **seis·mog·ra·pher** /saizˈmɔgrəfəʳ/ *n.* [C] —**seis·mo·graph·ic** /ˌsaizməˈgræfik/ *adj.*

seis·mol·o·gy /saizˈmɔlədʒi/ *n.* [U]地震学 ‖ **seis·mo·log·ic** /ˌsaizməˈlɔdʒik/ *adj.* —**ˌseis·moˈlog·i·cal** /-kᵊl/ *adj.* —**seisˈmol·o·gist** *n.* [C]

seize /siːz/ *vt.* ❶(突然地)抓住,捉住;逮捕;俘获(见 take):The cat *seized* the mouse. 猫咪逮住了耗子。❷查封;扣押;没收,将…充公:The police *seized* 50 kilos of illegal drugs. 警方没收了50千克违禁毒品。❸[常用被动语态](疾病等)侵袭,侵扰;(情绪等)支配,控制:be *seized* with an acute illness 得了急病 ❹理解,领会,掌握:He failed to *seize* the meaning of my remarks. 他没能听出我话中的意思。❺抓住(机会等),利用:*Seize* the day. 要分秒必争。—*vi.* ❶抓住,捉住,夺取:*seize* on a stick 抓住一根棍子 ❷(机器等因过热、受压等)卡住,咬住,夹住(*up*):The engine has *seized up*. 发动机卡住了。

sei·zure /ˈsiːʒəʳ/ *n.* ❶[U;C]【律】查封;扣押;没收;充公:The police ordered the *seizure* of the contraband goods. 警方下令没收违禁货物。❷[C]【医】(疾病的)突然发作:have an epileptic *seizure* 癫痫病突然发作

sel·dom /ˈseldᵊm/ *adv.* [无比较级]不常;很少地;难得地:She was *seldom* ill even in that difficult climate. 即使是在那样恶劣的气候中她也很少生病。

se·lect /siˈlekt/ **I** *vt.* 选择;挑选,选拔;选出,选中(见 choose):In the current exhibition, each picture has been carefully *selected*. 这次展览中的每一幅图片都是精挑细选的。**II** *adj.* [无比较级][作定语]〈书〉❶[通常作定语]挑选出来的;精选的;极好的:a *select* bibliography 精选参考书目 ❷(学校、社团、俱乐部等)选择成员严格的,加盟条件苛刻的;挑剔的:Mark belongs to a very *select* club. 马克是一家入会条件苛刻的俱乐部的成员。‖ **seˈlec·tor** *n.* [C]

se·lec·tion /siˈlekʃᵊn/ *n.* ❶[U]选择;挑选,选拔(见 choice):a random *selection* 随机选择 ❷[C]挑选出的事物(或人);选取部分;精选物(品);选集;文选(见 choice):The band played some *selections* from the new album. 乐队演奏了新专辑中的一些作品选段。❸[通常用单]供选择的事物(或范围):Their store offered the city's largest *selection* of office furniture. 他们店里的办公家具品种最多,居全城之首。

se·lec·tive /siˈlektiv/ *adj.* [无比较级]选择的;挑选的;有选择性的:That wealthy lady is very *selective* about clothes. 那位阔太太对衣着十分挑剔。‖ **seˈlec·tive·ly** *adv.* —**se·lec·tiv·i·ty** /ˌsilekˈtiviti/ *n.* [U]

self /self/ *n.* ([复]**selves** /selvz/) ❶[用单]自己,自我;自身,本身:I think we've concentrated too much on *self*. 我想我们过于注重自我了。❷[C]本性;本质;本性(或本质)的某一方面;个体状况:show one's true *self* 显露出自己的本性 ❸[C]私心,私欲;私利:He always thinks of the company, seldom of *self*. 他总是把公司的利益放在心上,很少考虑个人得失。

S

self- /self/ *comb. form* [用以表示自己的动作] ❶表示"自己的","自我的";"自身的","本身的" ❷表示"为自身的";"对自身的":*self*-respect, *self*-cleaning(自动净化的) ❸表示"靠自己的","无外助的":*self*-evident

self-ad·dressed /ˌselfəˈdrest/ *adj.* [无比较级](信封上)写明发信人地址的

self-as·sur·ance /ˌselfəˈʃuərᵊns/ *n.* [U]自持,自信

self-cen·tred /ˌselfˈsentəd/ *adj.* 极端自我的,自我为中心的;自私自利的

self-con·fi·dence /ˌselfˈkɔnfidᵊns/ *n.* [U]自恃,自信:lose one's *self-confidence* 失去自信 ‖ **ˌself-ˈcon·fi·dent** *adj.*

self-con·scious /ˌselfˈkɔnʃəs/ *adj.* (在别人面前)不自在的;忸怩的,害羞的:For a moment they were *self-conscious* and silent. 半晌,他们都感到不自在,相对无言。‖ **ˌself-ˈcon·scious·ly** *adv.* —**ˌself-ˈcon·scious·ness** *n.* [U]

self-con·tained /ˌselfkᵊnˈteind/ *adj.* ❶不爱说话的；寡言少语的：a *self-contained* man 守口如瓶的人 ❷独立的；不受他人支配的；自治的：live in *self-contained* communities 生活在自给自足的社会里 ❸自成一体的；设施齐全的：a *self-contained* flat 一套独门独户的公寓

self-con·trol /ˌselfkᵊnˈtrəul/ *n.* [U]自我克制：He continued to display a *self-control*. 他还是镇定自若。〔亦作 **self-restraint**〕‖ **ˌself-conˈtrolled** *adj.*

self-de·fense, self-de·fence /ˌselfdiˈfens/ *n.* [U] ❶自卫(术)，防身(术) ❷(通过争辩)保护自己的利益：mutter sth. in *self-defense* 小声替自己辩解

self-de·struct /ˌselfdiˈstrʌkt/ *vi.* (宇宙飞船或炸弹等按预先设定)自毁，自爆 ‖ **ˌself-desˈtruc·tion** *n.* [U] —**ˌself-desˈtruc·tive** *adj*

self-de·ter·mi·na·tion /ˌselfdiˌtəːmiˈneiʃᵊn/ *n.* [U] ❶民族自决(权)，民族自主(权) ❷独立自主，自决 ‖ **ˌself-de·ter·mined** /-ˈtəːmind/ *adj.*

self-es·teem /ˌselfiˈstiːm/ *n.* [U]自尊自重

self-ev·i·dent /ˌselfˈevidᵊnt/ *adj.* 不证自明的；不言而喻的；显而易见的：We hold the truth to be *self-evident*; that all men are created equal. 我们认为这个真理是不言而喻的，那就是人人生而平等。

self-ex·plan·a·to·ry /ˌselfikˈsplænətᵊri/ *adj.* 容易理解的，易懂的；无须解释的，不言而喻的：The book's title is *self-explanatory*. 那书名无须多加解释。

self-gov·ern·ment /ˌselfˈgʌvᵊnmᵊnt/ *n.* [U](尤指旧时的殖民地等的)自治〔亦作 **self-rule**〕‖ **ˌself-ˈgov·ern·ing** *adj.*

self-im·age /ˌselfˈimidʒ/ *n.* [C]自我形象；自我评价

self-im·por·tant /ˌselfimˈpɔːtᵊnt/ *adj.* 自负的，妄自尊大的 ‖ **ˌself-imˈpor·tance** *n.* [U]

self-in·ter·est /ˌselfˈɪntᵊrəst,-tᵊrist/ *n.* [U] ❶个人私利，自身利益 ❷自私自利；利己主义；私心 ‖ **ˌself-ˈin·ter·est·ed** *adj.*

self·ish /ˈselfiʃ/ *adj.* 只考虑自己的，自私自利的；(指行为或动机等)出于私心的，利己的 ‖ **ˈself·ishly** *adv.* —**ˈself·ishness** *n.* [U]

self·less /ˈselflis/ *adj.* 无私的；忘我的 ‖ **ˈself·less·ly** *adv.* —**ˈself·less·ness** *n.* [U]

self-made /ˈselfˌmeid/ *adj.* [无比较级][通常作定语]通过自己努力取得成功的；自力更生致富的；无师自通的：a *self-made* millionaire 白手起家的百万富翁

self-pos·sessed /ˌselfpəˈzest/ *adj.* 沉稳的，冷静的，有自制力的：a very smart, *self-possessed* young man 衣着讲究、沉稳自制的小伙子

self-pos·ses·sion /ˌselfpəˈzeʃᵊn/ *n.* [U]沉着，镇静，泰然自若：His sailor's life had given him something of that *self-possession*. 他的水手生涯使他养成了遇事冷静的作风。

self-pres·er·va·tion /ˌselfˌprezəˈveiʃᵊn/ *n.* [U]自我保护，自我防卫；自卫本能：the rules of *self-preservation* 明哲保身的金科玉律

self-re·li·ance /ˌselfriˈlaiᵊns/ *n.* [U]自力更生，自我依靠，自我依赖 ‖ **ˌself-reˈli·ant** /-ᵊnt/ *adj.*

self-re·spect /ˌselfriˈspekt/ *n.* [U]自尊(心)：He abandoned all *self-respect*. 他什么脸面也不顾了。

self-re·straint /ˌselfriˈstreint/ *n.* = self-control

self-right·eous /ˌselfˈraitʃəs/ *adj.* 〈贬〉自以为是的，自以为正直(或有道德)的 ‖ **ˌself-ˈright·eous·ly** *adv.* —**ˌself-ˈright·eous·ness** *n.* [U]

self-sac·ri·fice /ˌselfˈsækriˌfais/ *n.* [U]自我牺牲，自我奉献 ‖ **ˌself-ˈsac·riˌfic·ing** *adj.*

self-sat·is·fied /ˌselfˈsætisˌfaid/ *adj.* 沾沾自喜的，自鸣得意的

self-serv·ice /ˌselfˈsəːvis/ I *adj.* [无比较级](商店、餐馆、车库等)自助服务的，自助消费的 II *n.* [U]〈口〉自助服务

self-styled /ˈselfˌstaild/ *adj.* [无比较级][作定语]〈时贬〉自称的，自封的；假冒的：a *self-styled* diet expert 自封的饮食专家

self-suf·fi·cient /ˌselfsəˈfiʃᵊnt/ *adj.* 独立自主的，不依赖他人的；自给自足的 ‖ **ˌself-sufˈfi·cien·cy** /-ʃᵊnsi/ *n.* [U]

self-taught /ˌselfˈtɔːt/ *adj.* [无比较级]自学(成才)的，自修(学成)的

sell /sel/ (**sold** /səuld/) *vt.* ❶卖,出售:We do not *sell* cheap quality goods. 我们不卖价廉质劣的商品。❷经售,经销:*sell* insurance 经销保险 ❸出卖;背叛;牺牲:*sell* one's soul 出卖灵魂 ❹使卖出,使吸引买家,促进…的销路;向…推销:They rely on advertising to *sell* their products. 他们依靠广告推销产品。❺达到…销售额:This newspaper *sells* over a million copies a day. 这份报纸的日销量超过 100 万份。❻〈口〉宣传,推荐;使被接受,使被采纳:That's a tough policy to *sell*. 这样强硬的政策是很难让人接受的。❼〈口〉说服,使接受,使采纳;[常用被动语态]使热衷,使赞成,使感兴趣(*on*):He *sold* his idea to her. 他说服她接受了他的主意。—*vi.* ❶(被)卖出,(被)出售;有销路:*sell* at a loss 亏本销售 ❷以某价位卖出(或出售)(*at*, *for*):These watches *sell* at £1,000 each in the shops. 这些手表在商店里每块卖1 000英镑 ‖ 。***be sold out* (*of sth.*)** *vi.* 卖光(存货、票等):We'*re sold out* of today's papers, sir. 先生,今天的报纸我们全卖光了。***sell off*** *vt.* 清仓抛售,清仓甩卖(存货):*sell off* old-fashioned clothes at reduced prices 削价处理过时的服装 ***sell oneself*** *vi.* ❶出卖自己:I would starve before I'd *sell myself* for a handful of grain. 我宁可饿死也不为五斗米折腰。❷推销自己,自荐,自我宣传:I'm no good at job interviews — I just don't know how to *sell myself*. 我不善于应付求职面试——我就是不知道该如何推销自己。***sell out*** *vt.* & *vi.* ❶售完,卖掉(存货或股份等);(货物等)被卖掉,被售出:The match was completely *sold out*. 比赛入场券已全部销售一空。❷背叛;出卖;欺骗:an officer *selling out* to the enemy 投敌卖国的军官 ***sell sb. out*** 背叛某人:They've *sold us out* by agreeing to work during the strike. 他们背叛了我们,竟然同意罢工期间仍然上班。***sell up*** *vt.* & *vi.* 〈英〉卖掉(自己所有的一切,尤指企业):He plans to *sell up* his business and emigrate to Canada. 他计划把一切买卖全卖掉,然后移居到加拿大去。

☆**sell, auction, barter, trade, vend** 均有"交易;出售"之意。**sell** 指拿东西换钱或将某物以一定的价格转让给他人:I'd like to buy your camera if you're willing to *sell*. (如果你愿意卖的话,我想买你的照相机。) / I *sold* my camera to a friend for $ 50. (我以 50 美元的价格把照相机卖给朋友了。) **auction** 特指公开拍卖,物品由出价最高的人购得:*auction* off a famous paintings (拍卖一幅名画) **barter** 比较正式,专指进行物物交换:They *bartered* oil products for grains. (他们用石油产品交换粮食。) **trade** 用作及物动词时与 barter 同义,表示以物换物:The early settlers *traded* copper for corn. (早期的定居者用铜换取玉米。) 该词用作不及物动词时,表示做生意:The firm is *trading* at a profit. (这个公司做的买卖很赚钱。)/ They built their wealth by *trading* with other countries. (他们靠同别的国家做生意积累起了财富。) **vend** 常指在公共场合出售小件商品或沿街叫卖:He *vends* ice-cream from a cart. (他推着小车叫卖冰棒。)

sell·er /ˈseləʳ/ *n.* [C] ❶卖主,卖方;销售者,经销者:a carpet *seller* 地毯经销商 ❷经销的商品:the biggest *seller* of women's magazines 女性杂志中最畅销的一种

seller's /ˈseləz/ **market**, **sellers'** /ˈseləz/ **market** *n.* [C](商品供不应求而价格昂贵的)卖方市场

sell-out /ˈselˌaut/ *n.* [C] ❶(演出、比赛等入场券的)售空,脱销;(音乐会、体育比赛等的)满座:The show was staged and was a *sell-out*. 那出戏上演了,戏票一抢而空。❷〈口〉背叛,叛变,不忠

selves /selvz/ *n.* self 的复数

se·man·tics /siˈmæntiks/ [复] *n.* ❶[用单]【语】语义学 ❷[用作单或复](文字或符号等的)含义,解释:Let's not argue about *semantics*. 我们不要在文字的含义上纠缠不休。‖ **seˈman·tic** *adj.* —**seˈman·ti·cist** *n.* [C]

sem·blance /ˈsemblᵊns/ *n.* ❶[U]外表,外貌;外观(见 appearance):The girl bears the *semblance* of an angel but has the heart of a devil. 这姑娘天使外貌蛇蝎心肠。❷[C]表象;假象:The company has gone heavily into debt to maintain some *semblance* of operation. 这家公司为了维持表面上的运转已负债累累。❸[用单]少量,些许:There had been not even the *semblance* of a village, and wilderness rolled over the site. 那里连个村庄的影子都没有,只见一片茫茫荒野。

se·men /ˈsiːmᵊn/ *n.* [U; C]([复] **sem·i·na** /ˈseminə/或**-mens**)【生理】精液

S

se·mes·ter /si'mestəʳ/ *n.* [C](尤指美、德等国大学的)学期;半学年

sem·i /'semi/ *n.* [C]〈口〉❶半拖车,半挂车(=semi-trailer) ❷[常作～s]【体】半决赛

sem·i- /'semi/ *pref.* ❶表示"一半":*semi*circle ❷表示"部分地";"某种程度上地,不完全地";"特定地":*semi*-official,*semi*-detached ❸表示"(在某段时期)出现两次的":*semi*-annual

sem·i·an·nual /ˌsemi'ænjuəl/ *adj.* [无比较级]一年两次的,半年一次的

sem·i·cir·cle /'semiˌsəːkᵊl/ *n.* [C] ❶半圆(弧) ❷半圆形;半圆形物体 ‖ **sem·i·cir·cu·lar** /ˌsemi'səːkjuləʳ/ *adj.*

sem·i·co·lon /ˌsemi'kəulᵊn,-lɔn/ *n.* [C]分号(即";")

☆**semicolon** 意为"分号(;)"。❶分号表示的停顿长于逗号所表示的停顿,但不像句号那样把思想断开。分号可用于无连接词的表示对偶或对照的分句之间:I am not particularly interested in jazz; I prefer classical music. /I like tennis;I hate cricket. ❷分号可代替逗号用来断开已含有逗号的从句或短语:He was back in hospital twice: firstly, with bruises on his forearms after being beaten up; secondly, to have five stitches put in a gash on his hand. ❸分号也可用于 yet, therefore, however, nevertheless, also, otherwise 等词之前表示较长停顿:He tried his best; nevertheless he failed in the exam. /He did very little work; yet he was top of the form. ❹若一个动词有多个从句,分号可用以把从句彼此隔开:The principal said that he was very satisfied with the examination results of the previous year; that there had been a marked improvement; that...

S

sem·i·con·duc·tor /ˌsemikᵊn'dʌktəʳ/ *n.* [C]【物】半导体

sem·i·fi·nal /ˌsemi'fainᵊl/ **I** *adj.* 半决赛的 **II** *n.* [C]【体】半决赛 ‖ ˌ**sem·i'fi·nal·ist** *n.* [C]

sem·i(-)month·ly /ˌsemi'mʌnθli/ **I** *adj.* & *adv.* [无比较级]一月两次的(地),每半月一次的(地) **II** *n.* [C]半月刊

sem·i·nal /'seminᵊl/ *adj.* ❶[无比较级][作定语]精液的;输精的;储精的:*seminal* vesicles 阴囊 ❷根本的,基本的;重要的;开创性的:Picasso was one of the truly *seminal* artists of the twentieth century. 毕加索是 20 世纪真正具有开创性的艺术家之一。

sem·i·nar /'semiˌnɑːʳ/ *n.* [C] ❶(在教师指导下定期进行研讨的)(大学)研究班;研究小组 ❷(研究生班的)专题讨论课;研究(生)班课程:attend a graduate *seminar* 参加研究生专题讨论课 ❸专家讨论会;讲习会;研讨会:the international *seminar* on pragmatics 国际语用学研讨会

sem·i·na·ry /'seminəri/ *n.* [C]神学校[院]:the theological *seminaries* 神学院

sem·i·skilled /ˌsemi'skild/ *adj.* [无比较级](工人)半熟练的;(工作等)只需有限训练即可操作的

Se·mite /'siːmait,'sem-/ *n.* [C]闪族人,闪米特人(包括希伯来人、阿拉伯人、巴比伦人、亚述人和腓尼基人等,今特指犹太人和阿拉伯人)

sem·i·tone /'semiˌtəun/ *n.* [C]【音】半音;半音程

sem·i·trop·i·cal /ˌsemi'trɔpikᵊl/ *adj.*【地】副热带的,亚热带的

sem·i·vow·el /'semiˌvauᵊl/ *n.* [C]【语】半元音(如英语/w,y/音);半元音字母(如英语字母w,y)

sem·i·week·ly /ˌsemi'wiːkli/ **I** *adv.* & *adj.* [无比较级]每半周一次(的);一周两次(的) **II** *n.* [C]半周刊;三日刊

sen·ate /'senit/ *n.* [C] ❶[S-](美国国会、州议会或法国、加拿大等国议会的)参议院;上(议)院 ❷(大学或美国高等院校的)评议会,理事会:the university *senate* 大学评议会

sen·a·tor /'senətəʳ/ *n.* [C] ❶参议员;上(议)院议员;[用于对现任或前任参议员的尊称]参议员先生 ❷(大学的)评议员;理事 ‖ **sen·a·to·ri·al** /ˌsenə'tɔːriəl/ *adj.*

send /send/ (**sent** /sent/) *vt.* ❶发送,运送;发(电报等);汇(款等);寄(信或包裹等):Have this letter *sent* to Mr. Green as soon as possible. 尽快派人把这封信送给格林先生。❷打发;派遣(使者等):They *sent* ten advance men to Los Angeles. 他们派了 10 名先遣人员去洛杉矶。❸发出声音,散发(声音):*send* forth a cry of pain 发出痛苦的叫声 ❹促使;使处于;使陷入;使成为,使变成:The blow *sent* him crashing to the ground. 这一棒打得他重重地

跌倒在地。‖ ***send away for*** *vt*. (通过邮局)订购;函购:She *sent away for* a T-shirt she saw advertised in a magazine. 她邮购了一件在杂志广告上看到的T恤衫。***send for*** *vt*. 派人去叫(或请、拿);召唤:*send for* the doctor 派人去请医生 ***send forth*** *vt*. ❶散发(香气、光或热等):The flowers in my garden *sent forth* a sweet odour. 我家花园里的花儿清香四溢。❷长[生]出(芽、枝等):a plant *sending forth* shoots 正在抽苗的植物 ***send in*** *vt*. 呈递;提交(表格等),把…寄至某处进行处理:We want our listeners to *send in* their suggestions to the radio station. 我们希望听众把他们的建议寄给电台。***send off*** *vt*. ❶寄出;发送(信件、包裹等) ❷函购(*for*) ***send on*** *vt*. ❶先送;先派,先遣 ❷转寄;转送:He left instructions for his letters to be *sent on* to his new address. 他吩咐要把他的信件转寄到他的新地址。***send out*** *vt*. ❶派…出去;差…出去;把…打发出去:His father *sent* him *out* on an errand. 他父亲派他去办件事。❷发出,发(送)(函件、货物等):Make sure you *send out* the invitations in good time. 要确保及时发出请柬。***send sb.*** [***sth.***] ***flying*** *vi*. 把某人[某物]打翻;使某人跌倒;使某物四处飞散:The children *sent* all their toys *flying*. 孩子们把玩具扔得满地都是。***send sb. packing*** *vt*. 让…卷铺盖离开;撵走;解雇,开除:He was inefficient and was *sent packing* by his boss. 他办事不力,被老板解雇了。***send up*** *vt*. ❶使(温度、物价等)上升:Good news *sent* prices *up* on the market. 好消息使股市价格上涨。❷〈英口〉(用戏谑模仿的方式)取笑,讽刺;使显得滑稽可笑:Sam is often *sent up* by his children. 比尔经常遭到自己孩子的耍笑。‖ **'send·er** *n*. [C]

se·nile /'siːnail/ *adj*. [无比较级]老年的,高龄的;老年性的;衰老的:a *senile* expression 衰老的面容 ‖ **se·nil·i·ty** /si'niliti/ *n*. [U]

sen·ior /'siːnjə/ **I** *adj*. [无比较级] ❶(父子或两个同姓者中年纪较大的,略作 **Sr.** 或 **sr.**,附于姓名后)老,大:James Henton, Junior and James Henton, *Senior* 小詹姆斯·亨顿和老詹姆斯·亨顿 ❷前辈的;先辈的;资格老的,资深的;地位(或等级)较高的;高级的:He's *senior* to me. 他的职位比我高。❸[作定语](中学)最高年级的;(大学)四年级的;毕业班的;〈英〉高年级的:the *senior* year students 高年级学生毕业班学生 **II** *n*. [C] ❶年长者:Tom is my *senior* by one year. 汤姆比我大一岁。❷前辈;上司,上级;资历深者:Promotion usually goes to the *seniors* in our company. 在我们公司,资历深的人往往容易升职。❸〈英〉高班生;(中学)最高年级生,(大学)四年级学生;毕业班学生:He was my *senior* at Nanjing University by one year. 在南京大学读书时他比我高一年级。❹老年人,老年公民

senior citizen *n*. [C]〈婉〉(尤指退休的)老人;高龄公民

senior high school *n*. [C;U]高级中学(为第九年级至第十二年级的学生设立的中学)

sen·i·or·i·ty /ˌsiːni'ɔriti/ *n*. [U] ❶年长,年高 ❷资深,职位高:Promotion here goes by *seniority* and merit. 这儿提升的依据是资历和业绩。

sen·sa·tion /sen'seiʃᵊn/ *n*. ❶[U](感官的)感觉能力:the *sensation* of hearing 听觉 ❷[C;U]感觉,感受;知觉:I felt a burning *sensation* on my skin. 我的皮肤有一种灼热的感觉。❸[C][通常用单]轰动,激动;轰动一时的事件(或人物、新闻等):No ordinary appearance could have excited such *sensation*. 一般人的出现是决不会引起这样轩然大波来的。

sen·sa·tion·al /sen'seiʃənᵊl/ *adj*. ❶激起强烈情感的,令人兴奋的;激动人心的,轰动性的:a *sensational* event 轰动性事件 ❷〈贬〉耸人听闻的,夸大其词的;哗众取宠的;追求轰动效应的;煽情的:*sensational* court cases 耸人听闻的案件 ❸〈口〉极好的,非同异常的;了不起的;美丽的,漂亮的:a *sensational* victory 巨大的胜利

sen·sa·tion·al·ism /sen'seiʃᵊnᵊˌlizᵊm/ *n*. [U]〈贬〉(文艺作品、新闻报道等中的)追求轰动效应;耸人听闻的题材:a press which thrives on *sensationalism* 依靠轰动效应的报界

sense /sens/ **I** *n*. ❶[C]感官;官能:I've got a cold and I've lost my *sense* of smell. 我患了感冒,失去了嗅觉。❷[常作 **a ~**或 **the ~**]感觉;意识;观念:a person with poor business *sense* 缺乏经商意识的人/With September comes *a sense* of autumn. 九月来了,秋意渐浓。❸[**one's ~s**]神智,心智;知觉;理智,理性:Joan lost *her senses* when she heard the bad news. 琼忽闻噩耗,顿时昏了过去。❹[U]见识;智慧;常识:The boy had the good *sense* to manage

S

his business properly. 那男孩已有妥善处理自己事情的智慧。❺[C;U]意义;含义;意味,意思:This word has two *senses*. 这个词有两种意思。❻[U]道理,合理性;用处,益处:I think it is *sense*. 我觉得这很有道理。❼[U](公众的)意见;情绪:take the *sense* of the meeting 了解与会者的意向 II *vt*. 感觉到;意识到;发觉,觉察到:He *sensed* danger and leaped back, but not quite quickly enough. 他发觉情况不对,纵身后跃,但是已经晚了。‖ ***bring sb. to his*** [***her***] ***senses*** *vi*. ❶使某人苏醒过来 ❷使某人醒悟过来:He was finally *brought to his senses* and agreed to let them go. 他最后终于恢复了理智,同意放走他们。***come to one's senses*** *vi*. 恢复知觉(或理智):When I *came to my senses*, I was lying on the floor. 我苏醒过来的时候正在地板上躺着呢。***in a sense*** *adv*. 从某种意义上说:You are right *in a sense*, but you don't know all the facts. 从某种意义上说你是对的,但你不了解全部事实。***make sense*** *vi*. ❶有意义,讲得通:These words are jumbled up and don't *make sense*. 这些词藻堆砌在一起讲不通。❷〈口〉合乎情理;明智;可行:It *makes sense* to take care of your health. 注意身体健康是明智之举。***make sense of*** *vt*. 理解,弄懂,搞明白(含糊或难懂的事物):Can you *make* any *sense of* what this artist is doing? 你能理解这位艺术家在干什么吗?***out of one's senses*** *adj*. & *adv*. 精神不正常,愚蠢:You sold it? You must be *out of your senses*! 你把它卖了?你简直是疯了!***see sense*** *vt*. 明白事理:I hope she soon *sees sense* and stops fighting a battle she cannot win. 我希望她能很快明白过来,别再打这场赢不了的仗。***take leave of one's senses*** *vi*. 失去理智;发疯:Have you all *taken leave of your senses*? 你们都疯了吗?

sense·less /ˈsenslis/ *adj*. ❶失去知觉的,不省人事的:fall *senseless* to the ground 昏倒在地 ❷无知的;极愚蠢的,很蠢笨的:a *senseless* argument 谬论 ❸无意义的,无谓的;无目的的:A million lives had been lost in *senseless* slaughter. 100万条生命死于无谓的屠杀。‖ **ˈsense·less·ly** *adv*.

sen·si·bil·i·ty /ˌsensiˈbiliti/ *n*. ❶[U]感觉(力),感受(力):He has the great *sensibility* of a stand-up comedian. 他颇有做以说笑话为主的喜剧演员的悟性。❷[U](情绪方面的)敏感(性),善感(性);感受(性):He has a poetic *sensibility*, keen psychological insights. 他有诗人的敏感性以及敏锐的心理洞察力。❸[常作 **sensibilities**]感情,情绪:Her *sensibilities* were greatly injured. 她的感情受到极大伤害。❹[常作 **sensibilities**]识别力;审美力,鉴赏力:a musician of great *sensibilities* 有极高鉴赏力的音乐家

sen·si·ble /ˈsensibᵊl/ *adj*. ❶[作定语]能感觉到的,可觉察的;明显的;可注意到(看得到)的;实体的:a *sensible* difference 可察觉的差异 / a *sensible* rise in temperature 温度的明显上升 ❷[作表语]知道的,明白了的,意识到的(见 aware)(*of*):He is still not *sensible of* his peril. 他仍未意识到自己身处险境。❸明白事理的,懂事的,明智的,理智的:It's *sensible* of you to take her advice. 你听从她的劝告是明智的。❹切合实际的;实用的:Kay was in a *sensible* woolen costume. 凯身穿舒适的羊毛衫。‖ **ˈsen·si·bly** *adv*.

sen·si·tive /ˈsensitiv/ *adj*. ❶易受伤害的;易损坏的;(尤指身体部位被触及时)易疼痛的:Her skin is *sensitive* and burns easily. 她的皮肤很娇嫩,容易晒黑。❷感觉敏锐的,敏感的;灵敏的:a *sensitive* ear 灵敏的耳朵 ❸感情细腻的,善解人意的;近人情的,体贴人的:He possessed a *sensitive* nature and a singularly tender heart. 他感情丰富,心地也特别温和。❹(仪器等)灵敏的;灵敏度高的;(胶片等)感光的:*sensitive* equipment 灵敏度高的装备 ❺涉及国家机密的,高度机密的;极为微妙的,棘手的,须小心对待的:This is a *sensitive* period in the negotiations between the two countries. 两国的谈判现正处于微妙阶段。‖ **ˈsen·si·tive·ness** *n*. [U] —**sen·si·tiv·i·ty** /ˌsensiˈtiviti/ *n*. [U]

sen·si·tize /ˈsensiˌtaiz/ *vt*. ❶使敏感:We must *sensitize* our community penalties to the problems of mental disorder. 我们必须使社会意识到精神障碍问题带来的种种不利影响。❷【物】使敏化;激活 ‖ **sen·si·ti·za·tion** /ˌsensitaiˈzeiʃᵊn;-tiˈz-/ *n*. [U]

sen·sor /ˈsensəʳ/ *n*. [C]传感器;灵敏元件,探测器(装置);感受器

sen·so·ry /ˈsensəri/ *adj*. 感觉(上)的;感官的;知觉器官的:It is not just a matter of *sensory* experience. 这不仅仅是感官体验的问题。

sen·su·al /ˈsensjuəl,-ʃuəl/ *adj.* [无比较级] ❶肉体(上)的;官能的;感官的:*sensual* gratification 感官上的满足 ❷肉欲的,性欲的;色情的,淫荡的;耽于肉欲的,追求感官享乐(或刺激)的:a life devoted to *sensual* pleasure and luxury 耽于肉欲与奢华享受的一生 ❸性感的 ‖ **sen·su·al·i·ty** /ˌsensjuˈæliti, ˌsenʃu-/ *n.* [U] —ˈ**sen·su·al·ly** *adv.*

sen·su·ous /ˈsensjuəs/ *adj.* ❶[无比较级]感觉(上)的;感官的:optical *sensuous* delight 视觉愉悦 ❷官能享受的;给感官以快感的;激发美感的:*sensuous* colours 悦目的色彩 ‖ ˈ**sen·su·ous·ly** *adv.* —ˈ**sen·su·ous·ness** *n.* [U]

sent /sent/ *v.* send 的过去式和过去分词

sen·tence /ˈsentəns/ **I** *n.* [C] ❶句,句子:example *sentences* 例句 ❷【律】宣判;判决;刑罚:a *sentence* of bankruptcy 宣判破产 **II** *vt.* 宣判;对…判决;处…刑:The judge *sentenced* him to four months of hard labour. 法官判他 4 个月的苦役。

sen·tient /ˈsenʃᵊnt/ *adj.* 〈书〉[无比较级]有感觉(知觉)力的;能感觉的:a *sentient* being 有感觉的生命 ‖ ˈ**sen·tience** *n.* [U]

sen·ti·ment /ˈsentimᵊnt/ *n.* ❶[常作~s]意见,观点,看法:He gave no hint that his own *sentiments* on the matter are any different. 他一点儿也没有流露出他对此事有任何异议。❷[U]感情;(文艺作品等的)情趣;感情色彩(见 feeling):Patriotic *sentiments* ran high. 爱国主义感情非常高涨。

sen·ti·men·tal /ˌsentiˈmentᵊl/ *adj.* ❶多情的,情深的;充满柔情的:*sentimental* reminiscences 深情的回忆 ❷感伤的;多愁善感的:I felt a little *sentimental* and lonely at times. 我时不时感到有些伤感和孤独。❸怀旧的:a *sentimental* journey to one's old hometown 还乡苦旅 ‖ ˌ**sen·ti**ˈ**men·tal·ism** /-tᵊˌlizᵊm/ *n.* [U] —ˌ**sen·ti**ˈ**men·tal·ist** *n.* [C] —**sen·ti·men·tal·i·ty** /ˌsentimenˈtæliti/ *n.* [U] —ˌ**sen·ti**ˈ**men·tal·ly** *adv.*

sen·try /ˈsentri/ *n.* [C]哨兵;岗哨;步哨:They all went to sleep at once, instead of posting a *sentry*. 他们都立刻去睡觉了,没有留下人放哨。

sep·al /ˈsepᵊl, ˈsiː-/ *n.* [C]【植】萼片

sep·a·ra·ble /ˈsepᵊrəbᵊl/ *adj.* 可分离的;可分隔的;可分开的;可区分的:Supply and demand are not easily *separable*. 供给与需求不易分开。

sep·a·rate I /ˈsepəˌreit/ *vt.* ❶(使)分隔,把…隔开:The screen *separates* the large room into two parts. 屏风把那个大房间一隔为二。❷把…切断;使分离;使分开:*Separate* the egg yolk from the white. 将蛋黄和蛋白分开。—*vi.* ❶分散,散开:The tiny particles will *separate* in the air. 这些微小的颗粒会在空气中散开。❷分居:After 30 years of marriage, he *separated* from his wife to become a single parent himself. 结婚 30 年之后,他与妻子分居了,成了一个单身父亲。**II** /ˈsepərət/ *adj.* [无比较级] ❶分开的,不连接的:Always keep your cash and credit cards *separate*. 任何时候都要把现金和信用卡分开放置。❷不同的;个别的,各自的:They rode on their *separate* ways. 他们纵马各奔前程。❸[作定语]独立的,单独的:He was placed in a *separate* room in the infirmary. 他被安置在养老院的一个单间里。‖ ˈ**sep·a·rate·ly** *adv.*

sep·a·ra·tion /ˌsepəˈreiʃᵊn/ *n.* ❶[U]分离;分开:*Separation* from family and friends made her very lonely. 与家人和朋友分离使她感到很寂寞。❷[C]间隔;间隔点,间隔线;分岔处,分界线:They have come upstream to the *separation* of the two branches of the river. 他们来到河流上游两条支流的分岔处。❸[C]【律】(夫妻的)分居:a trial *separation* 试验性质的分居 ❹[C]缺口,裂口;空隙

sep·a·ra·tist /ˈsepᵊrətist/ **I** *n.* [C](尤指主张政治或宗教独立的)分离主义者,独立主义者,独立派 **II** *adj.* [无比较级]分离主义(者)的,独立派的 ‖ ˈ**sep·a·ra·tism** *n.* [U]

sep·a·ra·tor /ˈsepəˌreitəʳ/ *n.* [C] ❶分离者 ❷分离器;分液器;离析器;脱脂器

se·pi·a /ˈsiːpiə/ **I** *n.* ([复]**-pi·as**或**-pi·ae** /-piiː/) ❶[U]深红褐色,暗红褐色 ❷[U](用乌贼鱼的黑色分泌液制成,用于单色画或水彩画创作的)(褐色)乌贼墨颜料(或墨水) ❸[C](用乌贼墨颜料制作的)深褐色绘画(照片或印刷品等) **II** *adj.* 乌贼墨色的,深褐色的

sep·sis /ˈsepsis/ *n.* [U]([复]**-ses** /-siːz/)【医】腐败;坏血,败血

Sept. *abbr.* September

Sep·tem·ber /sepˈtembəʳ/ *n.* [U;C]九月(略作 **Sept.**,**Sep.** 或 **S.**):They met last *September.* 他们去年 9 月见了面。

sep·tet /sepˈtet/ *n.* [C] ❶【音】七重奏(曲),七部合唱(曲) ❷【音】七重奏(或七重唱)演出小组

sep·tic /ˈseptik/ *adj.* [无比较级] ❶引起腐烂的,引起感染的 ❷【医】脓毒性的,败血病的:*septic* infection 败血性感染

se·quel /ˈsiːkwᵊl/ *n.* [C] ❶(小说、电影等的)续篇,续集:The later Bond novels constitute a series of *sequels.* 后来的邦德小说出了一系列的续集。❷后果,结局,余波:The rise in price is the necessary *sequel* of the shortage. 价格上涨是缺货的必然结果。

se·quence /ˈsiːkwəns/ **I** *n.* ❶[C]接续,连续;一系列,一连串(见 series):meet with misfortunes in rapid *sequence* 接二连三地遭受不幸 ❷[U]顺序;次序;先后:arrange the names in alphabetical *sequence* 按字母顺序排列姓名 ❸[C](电影中描述同一主题的)连续镜头(或场景)**II** *vt.* 将…按顺序排列:They will be able to readily follow and *sequence* the flow of events that make up the story. 他们能毫无困难地看懂并理出故事情节发展的脉络。

S

se·quen·tial /siˈkwenʃᵊl/ *adj.* [无比较级] ❶有顺序的,成序列的 ❷连续的,后续的;顺序的

se·ques·ter /siˈkwestəʳ/ **I** *vt.* 使退隐;使隔离,使隔绝:He *sequesters* himself in his study every afternoon. 每天下午,他都在书房里闭门不出。**II** *n.* [C] ❶隔绝,分离 ❷(政府)全面削减开支 ‖ **se·ques·tra·tion** /ˌsiːkweˈstreiʃᵊn/ *n.* [U]

se·quin /ˈsiːkwin/ *n.* [C](衣服、围巾等上面的)闪光金属饰片:spangled with *sequins* 缀有闪光金属饰片的 ‖ ˈ**se·quined** *adj.*

ser·e·nade /ˌserəˈneid/ **I** *n.* [C] ❶(尤指男子在其女友窗外)演唱或演奏小夜曲 ❷【音】小夜曲 **II** *vt.* 对…唱(或演奏)小夜曲:He *serenaded* her with tributes to her beauty and charm. 他对她唱小夜曲,称赞她的美貌和魅力。

se·rene /siˈriːn,sə-/ *adj.* ❶(天空、天气等)晴朗的,无云的:a *serene* and moonlight night 晴朗的月夜 / *serene* weather 晴好天气 ❷宁静的,安详的:*serene* happiness 平静而惬意 / a *serene* face 安详的面容 ‖ **seˈrene·ly** *adv.* —**seˈrene·ness** *n.* [U]

se·ren·i·ty /siˈreniti,səˈr-/ *n.* [U] ❶平静;宁静;安详:the *serenity* of the sea 大海波澜不兴 ❷晴朗,清明;明亮,清澈:a sky of marvelous blue *serenity* 湛蓝的晴空

ser·geant /ˈsɑːdʒᵊnt/ *n.* [C] ❶【军】军士;〈英〉陆军(或空军、海军陆战队)中士;陆军(或海军陆战队)中士 ❷警官,巡佐

se·ri·al /ˈsiəriəl/ *n.* [C] ❶(小说、剧本或图画等)连载作品;系列影片;连续电视节目;连播节目:a television *serial* 电视连续剧 ❷期刊;(分期发表的)系列报告

se·ri·al·ize /ˈsiəriəˌlaiz/ *vt.* 连载;连播;连映;分期出版:*Oliver Twist* was *serialized* on television.《雾都孤儿》在电视上连映了。‖ **se·ri·al·i·za·tion** /ˌsiəriəlaiˈzeiʃᵊn;-liˈz-/ *n.* [U;C]

se·ries /ˈsiəriz,-riz/ [复] *n.* [用作单或复] ❶一系列;连续;接连:His life is a *series* of journeys. 他的生活就是一段又一段的旅程。❷(相同对手之间的)系列比赛 ❸(广播或电视)系列节目;(同一班底的)系列演出:a satirical comedy *series* 一系列讽刺喜剧 ‖ ***in series*** *adv.*【电】串联(方式)地

☆**series**,**chain**,**sequence**,**succession** 均有"一系列,一连串"之意。**series** 表示性质类似或有相同关系的事物依次排列在一起,强调各关联事物的个性特征而不是其序列组合:a *series* of twelve concerts this winter(今年冬天的 12 场系列音乐会)**chain** 表示按照因果关系或其他逻辑关系联结起来的一连串事物或事件:After a long *chain* of contacts,we have finally found out the truth.(经过多次联系,我们终于查明了真相。)**sequence** 表示事物间存在比 series 更为紧密的关系,如因果关系、逻辑关系、时间顺序、周期性重复等:A *sequence* of bad accidents has prompted the council to put up warning signs.(接连出现的严重事故已促使市议会设置警告标志。)**succession** 强调类似的事物或事件一个接一个出现,常用于时间上,而不一定有逻辑上的内在联系:The days followed each other in quick *succession* and still no news came.(日子一天天飞快地过去,但仍然一点消息也没有。)

se·ri·ous /ˈsiəriəs/ *adj.* ❶严肃的，庄重的：He is terribly *serious*. I don't think I've ever seen him laugh. 他严肃极了，我好像从来没见过他笑。❷重要的，重大的；需要认真对待，不可轻视的：The training of children is such a *serious* thing. 教育儿童是很重大的事情。❸严重的；危急的，令人担忧的：Pollution is a very *serious* problem. 污染是个很严重的问题。❹认真的，当真的，不是开玩笑的：Let us be *serious*, this is not a ludicrous issue. 我们认真点儿，这事情可不是闹着玩的。‖ ˈ**se·ri·ous·ness** *n.* [U]

se·ri·ous·ly /ˈsiəriəsli/ *adv.* ❶严肃地：He shook his head *seriously*. 他神情严肃地摇了摇头。❷严重地：Her mother is *seriously* ill. 她妈妈病得很重。❸认真地，当真地：Time to think *seriously* is hard to come by. 能认认真真地思考问题的时间很难找。❹〈口〉[用作插入语，表示严肃、认真]说真的，说正经的：*Seriously*, are they your relatives? 说真的，他们是你的亲戚吗？

ser·mon /ˈsəːmᵊn/ *n.* [C] ❶【宗】布道，讲道（见 speech）：preach a *sermon* on brotherly love 宣讲兄弟友爱 ❷〈喻〉说教；训诫：read sb. a *sermon* 一本正经地训斥某人

ser·pent /ˈsəːpᵊnt/ *n.* [C]〈书〉❶（尤指硕大的）蛇，巨蛇：The demon tempted Eve in the shape of a *serpent*. 魔鬼变成蛇去引诱夏娃。❷奸人，阴险之人

ser·rat·ed /seˈreitid, ˈsər-/ *adj.* 【解】【动】【植】锯齿状的；有锯齿的，有齿状边缘的：A knife for cutting bread has a *serrated* edge. 切面包的刀子有锯齿形刀刃。‖ **ser·ra·tion** /səˈreiʃᵊn/ *n.* [U]

se·rum /ˈsiərəm/ *n.* [U; C]（[复]-**rums** 或-**ra** /-rə/）血清；免疫血清：anti-snakebite *serum* 抗蛇咬血清

serv·ant /ˈsəːvᵊnt/ *n.* [C]家仆，仆人，佣人：Electric power became the *servant* of man only after the motor was invented. 发明了马达以后，人类才真正成为电的主人。

serve /səːv/ *vi.* ❶服役；任职；供职；服务：He had *served* three years in the army. 他曾在军队里服役三年。❷做佣人，帮佣：He *served* as a butler. 他曾做过管家。❸侍应，招待；上菜；端上饮料：It was her turn to *serve* at the tea. 该轮到她上茶点了。❹[常与 as 或 for 连用，或接不定式]有用，起作用；足以，足够：His failure only *served* to strengthen his resolve. 失败只会使他的决心更坚定。❺【体】（排球等运动中）发球，开球：It's his turn to *serve* and he'll *serve* well. 该他发球了，他会发个好球的。—*vt.* ❶为…服务；供…之职：Good citizens *serve* their country. 好公民应为祖国服务。❷对…有用；供…使用：Your computer has *served* me well over these days. 你的电脑这些日子对我的用处可真不小。❸适合；符合（某种要求）；满足：I fail to see what purpose this could *serve*. 我看不出这能达到什么目的。❹经历，度过；奉（职）；服（刑）：*serve* a life sentence in jail 在监狱服无期徒刑 ❺侍候…进餐；端上（饭菜或饮料等）；开（饭）：Lunch is usually *served* in this canteen at half past eleven. 这个食堂一般是 11 点半开午饭。❻【体】（排球等运动中）发（球）：She *served* an ace. 她发球得分。‖ **serve out** *vt.* 任职满（期）；（学徒）做到（或学到）满（期）；服满（刑期）：You'll have to *serve out* your notice before you leave the firm. 你必须做满你辞职通知上的最后期限才能离开公司。‖ ˈ**serv·er** *n.* [C]

serv·ice /ˈsəːvis/ **I** *n.* ❶[C]公益性服务，免费协助，效劳：a free on-site *service* 免费现场服务 / an on-line *service* 在线服务 ❷[常作～s]服务性事业；服务性工作；非生产性劳动；（需要专业知识的）服务：The lawyer was willing to offer his *services* free for the poor. 那位律师愿意为穷人免费提供服务。❸[C; U]帮助；用处，益处：You've done me a great *service*. 你帮了我一个大忙。❹[U]（公用事业的）公共设施，（公共设施的）营运；商业性服务机构，（机构的）业务：The airline is starting a new international *service*. 那家航空公司将开辟一条新国际航线。❺[U]（旅馆、餐馆等的）接待顾客；服务态度，服务质量：I enjoyed the meal there but the *service* was terrible. 我喜欢那儿的饭菜，但他们的服务态度太差。❻[U; C]（厂商提供的）售后服务；检修，维修；保养：They offer after-sales *service* on all their photocopiers. 他们为所有售出的影印机提供售后服务。❼[U; C][**the** ～]（海、陆、空）军；勤务（部队）：Military *service* is no longer compulsory. 服兵役已不再是强制性的了。❽[C]宗教仪式；[常作～**s**]（教堂）礼拜式；礼拜乐曲：the carol *service* 颂诗仪式 **II** *vt.* ❶为…服务；向…提供

S

(资料等):Only two trains a day *serviced* the town. 这个城镇一天只有两班火车。❷检修,维修;保养:All cars should be *serviced* at regular intervals. 所有汽车都要定期检修。‖ ***at sb.'s service*** *adj*. & *adv*. 听凭某人使用:If you need any help, I and my car are *at your service*. 如果您需要什么帮助,我和我的汽车听凭您使唤。***be of service*** (***to sb.***) *vi*. 有用,有帮助:Can I *be of service to* you in preparing for the party? 你准备这次晚会需要我帮忙吗?

serv·ice·a·ble /'sə:visəbᵊl/ *adj*. ❶有益的,有用的;适用的:Many amphibians have very *serviceable* rows of teeth. 许多两栖动物的牙齿都很好使。❷耐用的,耐久的;适于日常穿戴的:He bought a *serviceable* used car. 他买了一辆很耐用的旧车。❸充足的,足够的:a *serviceable* job 一份足以度日的工作

serv·ice·man /'sə:visˌmæn,-mᵊn/ *n*. [C]([复]**-men** /-ˌmen,-mᵊn/) ❶(男)军人 ❷(男)检修工,维修人员:a television *serviceman* 电视机修理工

service station *n*. [C]汽车加油维修站

ser·vi·ette /ˌsə:vi'et/ *n*. [C]〈主英〉餐巾:His *serviette* was tucked under his chin. 他把餐巾塞在下巴下面。

S

ser·vile /'sə:vail,-vil/ *adj*. ❶[无比较级]奴隶的:a *servile* revolt 奴隶起义 / free from *servile* bands 挣脱奴役枷锁 ❷奴隶般的;奴颜婢膝的;奴性的:*servile* flattery 奴颜婢膝的奉承 / Celebrities attract a throng of *servile* hangers-on. 名流吸引着一大群奴性十足的跟屁虫。‖ **ser·vil·i·ty** /sə:'viliti/ *n*. [U]

serv·ing /'sə:viŋ/ **I** *n*. ❶[U]服务,招待,上菜 ❷[C](供一人享用的)一份食物(或饮料),一客:There should be enough for three *servings*. 这食物足够三个人享用。**II** *adj*. [无比较级][作定语]上菜用的;分菜用的:A westerner doesn't put his own utensils into a *serving* bowl. 西方人用餐时不把自己的餐具放进分菜用的碗里。

ser·vi·tude /'sə:vitju:d/ *n*. [U] ❶奴役;受奴役状态;奴隶身份;管束,束缚:in a state of semi-*servitude* 处于半奴役状态 / be in *servitude* to the financial market 受金融市场的束缚 ❷(被罚所受的)苦役,劳役:be sentenced to 8 years penal *servitude* 被判 8 年劳役

ses·a·me /'sesəmi/ *n*. ❶[C]【植】芝麻,胡麻,油麻 ❷[U]芝麻(籽),胡麻籽

ses·sion /'seʃᵊn/ *n*. ❶[C](议会等的)会议;一届会议:He broke the news of the pilot studies during a secret *session*. 他在一次秘密会议上公布了试点研究的消息。❷[U](法庭的)开庭期;(议会等的)开会期:Congress is now in *session*. 国会正在召开。❸[C]学期;〈英〉学年:the summer *session* of a university 大学的夏季学期 ❹[C](从事某种活动的)一段时间:a one-week training *session* 为期一周的训练时间

set /set/ **I** (**set;set·ting**) *vt*. ❶摆放,放置;使直立,使竖立:She lifted a dish full of roast ham from the oven and *set* it on the table. 她从烤箱里端出满满一盘烤火腿放在桌子上。❷安置;布置;设置;安排;装配,安装:She was *setting* the dining table for dinner. 她正在餐桌上摆放餐具,准备开饭。❸调节,调整;校正;拨准(钟表);拨(闹钟)于指定时刻:*set* a clock 对钟 ❹镶嵌;点缀:*set* a bracelet with diamonds 给手镯镶上钻石 ❺使凝固;使凝结;使牢固;使固定;使(染料等)颜色固着:*set* milk 使牛奶凝结 ❻分派(工作等),指派(任务等);布置(作业等);出(题):She *set* the servants various tasks. 她给仆人们分派了各种各样的活儿。❼确定(价格、日期等);估定(价值);制定(规则等);规定(条件、标准等);指定(人员等):Have you *set* a date for your wedding yet? 你们的婚期定了吗? ❽开创(先例等);创造(记录);树立(榜样等):The stock market in the next ten months *set* 25 records. 在接下来的 10 个月里,股票市场连创 25 次历史新高。❾接(骨),使(折骨)复位:They did not *set* my broken leg. 他们没把我的断腿接好。—*vi*. ❶凝结,凝固,变硬:Some kinds of concrete *set* more quickly than others. 某些混凝土凝固得较快。❷(日、月等)落下,下沉:In the winter the sun *sets* early. 冬天太阳落得早。**II** *n*. ❶[C](相关事物的)一套;一副;一批;一组:a *set* of questions about family relations 一系列有关家庭关系的问题 ❷[C](因职业、志趣或利益相近而结交的)一群人,一伙人,一帮人;阶层,阶级:a fine *set* of men 一群优秀人物 ❸[C](影视或戏剧中的)布景,场景;(电影拍摄的)片场,摄影场:His wife is a *set* designer. 他夫人是搞布景设计的。**III** *adj*. [无比较级] ❶[作定语](事先)规定的,既定的;确定的:There is no *set* finishing time for sittings. 会议没有规定的结束时间。❷准备好的：a *set* speech 有准备的演说 ❸[作定语]固定的，规定的：The hall holds a *set* number of people. 这个大厅所能容纳的人数是规定好的。‖ ***be* (*dead*) *set against* (*doing*) *sth.*** *vi.* (坚决)反对(做)某事：The government *are set against* the idea of raising taxes. 政府坚决反对增加税收的意见。***be set on* (*doing*) *sth.*** *vi.* 决定做某事：He's *set on* going to university. 他决心要上大学。***set about*** *vt.* & *vi.* ❶着手，开始：*set about* a job 着手做某件工作 ❷处理，做：He *set about* this job in completely the wrong way. 他做这件工作的办法完全是错误的。***set against*** *vt.* ❶拿…与…进行比较；把…与…加以权衡：I began to comfort myself as well as I could and to *set* the good *against* the evil. 我开始尽量安慰自己，把当前的好处和坏处加以比较。❷使反对；使敌视；使对立：The old generation is frequently *set against* the younger. 老辈人和做晚辈的常常意见相左。❸用…抵消(或抵偿)；从…中扣除：He has many virtues to *set against* his faults. 他有许多优点可以弥补他的缺点。***set apart*** *vt.* 使显得突出，使与众不同：His exceptional height *set* him *apart* from the rest of the men. 他个子奇高，这使他在人群中很突出。***set aside*** *vt.* ❶留出，保留：Try to *set aside* some time to visit him. 设法留出一些时间去拜访他。❷把…放在一边；搁置：Norton *set aside* the paper clip he was mangling. 诺顿放下他刚掰断的回形针。***set back*** *vt.* ❶将(钟、表的)指针倒拨；把(仪表度数等)调低(或调小)：*Set back* the thermostat before you go to bed. 睡前把恒温器调低一点。❷阻碍，妨碍；推迟；耽搁：The harvest was *set back* by bad weather. 由于天气恶劣，收割推迟了。***set down*** *vt.* & *vi.* ❶记下，写下；登记：*set down* everything that happened 记下所发生的一切 ❷使(乘客)下车：Can you *set* me *down* here? 你能让我在这里下车吗？❸(尤指飞机在非常情况下)着陆，降落；使(飞机)降落，使着陆：The helicopter *set down* on the lawn. 直升机降落在草坪上了。***set forth*** *vt.* & *vi.* 〈书〉❶阐述，阐明；陈述，提出；宣布：The new administration *set forth* the aims of its term. 新一届政府公布了任期目标。❷出发，动身，起程：*set forth* without delay 立刻出发 ***set in*** *vi.* 来临，到来；开始：Darkness *set in*. 夜幕降临。***set off*** *vt.* & *vi.* ❶出发，动身，起程：They will *set off* back to their schools after the cheerful Christmas Holidays. 开心的圣诞假期之后，他们将动身返回各自的学校。❷激起；引起；触发：Peterson's remarks *set off* rumours. 彼得森的言论引得谣言四起。***set on*** *vt.* (使)袭击：The dog *set on* him. 那只狗向他扑去。***set out*** *vt.* & *vi.* ❶动身，出发，起程：They *set out* joyfully. 他们愉快地起程了。❷开始(从事)(*as*, *in*, *on*)：*set out as* a journalist 开始记者生涯 ***set to*** *vi.* 热心开始工作，决心努力做某事：If we all *set to*, we can finish the work in an hour. 如果我们大家都努力干，我们就能在一个小时内把这件事儿完成。***set up*** *vt.* & *vi.* ❶竖立，竖起；架设，支起：*set up* a statue 竖立塑像 ❷修建，建造；装配，安装：*set up* a nuclear power station 建造核电厂/ *set up* the machinery for the broadcast 安装供广播用的机器 ❸建立，创立；设立；开办：*set up* a new government 建立新政府 ❹创(纪录)：The young man has just *set up* a new national record in javelin throw. 那个小伙子刚创造标枪全国新纪录。

set·back /ˈsetˌbæk/ *n.* [C]挫折；失利，失败；倒退；(旧病的)复发：a temporary *setback* in one's fortunes 命运中的暂时挫折/ face up to innumerable *setbacks* 勇敢面对无数的挫折

set·tee /seˈtiː/ *n.* [C](可坐多人的)长靠背扶手椅

set·ting /ˈsetiŋ/ *n.* [C]❶[常用单]环境，周围情形：The hotel is in a beautiful *setting*, close to the sea. 那家旅馆临近大海，风景美丽。❷[常用单](文学作品的)故事背景(见 background)：The *setting* for their love story is a library. 他们的爱情故事发生在一个图书馆内。❸[常用单](戏剧的)布景，场景，舞台布置：The *setting* is simple and effective. 舞台布景虽简单但效果不错。❹(控制装置的)调节(点)：Cook it in the oven at a moderate *setting*. 把它放进烤箱里用中等火力烤熟。

set·tle /ˈset°l/ *vt.* ❶安放，放置；安顿：He *settled* his baby son in his lap. 他把小儿子放在膝上。❷使定居：Where should I *settle* my family? 我该把家安在哪里呢？❸使安下心来；使平静(或放松，镇定)；使缓和下来：His words *settled* my fears. 听了他的话，我不再害怕了。❹解决(问题、困难等)；结束(纠纷、争端等)；对…达成协议：We hope we can *settle* their dis-

S

pute in an amicable way. 我们希望能心平气和地解决这一争端。❺安排，料理（事务等）：I looked in to tell you that the affair is all *settled*. 我来告诉你，事情已经统统办妥了。❻支付；结算；偿付：*settle* a bill 付清账单 —*vi*. ❶安坐；安顿下来：They soon *settled* in their new house. 他们很快在新居安顿了下来。❷定居：He decided to *settle* in London to ply his craft of tailoring. 他决定在伦敦定居下来，做他的裁缝活。❸停留，滞留；（鸟、虫等）飞落；降落：A flock of birds *settled* on the roof. 一群鸟儿落停在屋顶上。❹定下心来；平静下来；镇静下来：The baby wouldn't *settle*. 那个婴儿不肯安静下来。‖ ***settle down*** *vt*. & *vi*. ❶（使）舒适地坐下：He *settled* himself *down* by the fire and read the letter carefully. 他在炉火旁坐下，仔细地看那封信。❷（使）安顿下来；定居；过安定的生活：The happy marriage finally *settled* him *down*. 幸福的婚姻终于使他安定下来。❸（使）定下心来；（使）平静下来；（使）安静：I was growing calm and *settling down* to business. 我已经逐渐恢复冷静，开始埋头工作。***settle for*** *vt*.（勉强或不完全称心地）接受，同意：I had hoped to get $ 900 for my old car but had to *settle for* a lot less. 我那辆旧汽车原指望卖上 900 美元，后来少卖了很多，我也认了。***settle in*** [***into***] *vi*. & *vt*. ❶（使）定居，（使）安顿下来：We haven't *settled in* yet. 我们尚未安顿停当。❷（使）适应（新环境等）：*settle* the new workers *in* 帮助新工人适应工作 ***settle on*** [***upon***] *vt*. 决定，同意，选定：She wanted red and I wanted yellow, so we *settled on* orange. 她要红的，我要黄的，因此我们选定橙色的。***settle up*** *vt*. & *vi*. 结算，结账；付清（欠账等）：Let's *settle up* and go. 咱们结清账目走吧。‖ ˈ**set·tler** *n*. [C]

set·tle·ment /ˈsetˈlmᵊnt/ *n*. ❶[U]安顿 ❷[U]定居，安居 ❸[C]解决；和解；解决方式；和解办法；协议；契约：No *settlement* of the strike is possible. 罢工的问题绝不可能解决。

set-up /ˈsetʌp/ *n*. [C] ❶[通常用单]结构；设置；安排；组织，机构；体制：We must rebuild the entire port *set-up*. 我们必须改造整个港口的结构。❷准备，计划，方案 ❸[通常用单]有意安排的一方容易取胜的比赛，容易完成的事；易实现的目标；容易得到的东西：This job would be a *set-up* for him. 这活儿对他来说是小菜一碟。❹圈套，陷阱：His arrest had been a planned *set-up*. 他被捕是遭人暗算。

sev·en /ˈsevᵊn/ **I** *n*. [C]❶七；第七 ❷表示七的符号（如 7，vii，VII）❸七个（人或物）（一）组；七件（一）套 **II** *adj*. [无比较级][用于名词前]七（的）；七个（的）‖ ˈ**sev·enth** *adj*. & [C] *n*.

sev·en·teen /ˌsevᵊnˈtiːn/ **I** *n*. [C] ❶十七，十七个（人或物）❷表示十七的符号（如 17，xvii，XVII 等）**II** *adj*. [无比较级][作定语]十七（的）；十七个（的）‖ ˌ**sev·enˈteen·th** *adj*. & [C] *n*.

seventh heaven *n*. [U]幸福至极，快乐无比：He was in *seventh heaven* after he got the bonus. 拿到奖金之后他开心极了。

sev·en·ty /ˈsevᵊnti/ **I** *n*. [C] ❶七十；七十个 ❷表示七十的符号（如 70，lxx，LXX 等）❸[**seventies**]从 70 岁到 79 岁的时期；（世纪的）70 年代；（温度、街号等的）70 到 79 的数字：the nineteen *seventies* 20 世纪 70 年代（略作 1970's）**II** *adj*. [无比较级][作定语]七十的；七十个的 ‖ ˈ**sev·en·ti·eth** *adj*. & [C] *n*.

sev·er /ˈsevəʳ/ *vt*. ❶切断，割断；把…割下：The builders accidentally *severed* a water pipe. 建筑工人不小心切断了水管。❷中断，断绝

sev·er·al /ˈsevᵊrᵊl/ **I** *adj*. [无比较级] ❶两个以上的，几个的，数个的：She travels *several* weeks each year. 她每年都要旅行几个星期。❷各自的，分别的；各个的：The agreement will satisfy the *several* interests of the parties concerned. 这份协议将符合有关各方的利益。**II** *n*. [用作复]几个，数个；数人，数件物：*Several* have given their consent. 有几个人已经表示首肯。‖ ˈ**sev·er·al·ly** *adv*.

sev·er·ance /ˈsevərəns/ *n*. ❶[U；C]切断，割断；分离；分隔：the *severance* from one's family 离家 ❷[U；C]（友谊或联系等的）断绝，中断，中止：The president announced the *severance* of aid to their country. 总统宣布停止对他们国家的援助。❸[U]（按年资发给离职雇员的）离职金，解雇金，退职金，遣散费

se·vere /siˈviəʳ/ *adj*. ❶极其严格的；严厉的；苛刻的：The new teacher is too *severe* on us. 新老师对我们太严厉了。❷严重的；严峻的；危险的，危急的：*severe* droughts 严重干旱 ❸严酷的；尖锐的；凛冽的；激烈的；猛烈的，剧烈的：The sick suffered *severe* pain. 病人疼痛剧

烈。❹(对能力、技巧等)要求极高的,苛求的 ‖ se'vere·ly *adv.* —se·ver·i·ty /si'verəti/ *n.* [U]

sew /səu/ (过去式 **sewed**, 过去分词 **sewed** 或 **sewn** /səun/) *vi.* 缝(纫),做针线活: *sew* over the seams down the side of the trousers 缝裤子的边缝 —*vt.* 缝(合);把…缝上,将…缝入(*in*, *on*): *sew* the seam 缝合这条缝线 ‖ *sew up vt.* ❶缝合,缝上;缝补好: *sew up* a rip in the top of the hat 缝补帽顶上的裂缝 ❷〈口〉顺利完成;解决,决定: *sew up* a deal with sb. 已与某人谈妥一笔交易

sew·age /'sjuːidʒ/ *n.* [U](阴沟等处的)污水,污物: *sewage* purification 污水净化

sew·er /sjuəʳ, suːəʳ/ *n.* [C]阴沟,下水道,排污管

sew·ing /'səuiŋ/ *n.* [U] ❶缝纫,缝补;缝纫活儿,女红;缝纫业;缝纫法: be good at *sewing* 擅长女红 ❷待缝的衣料;缝制物,缝制品

sewing machine *n.* [C]缝纫机

sex /seks/ *n.* ❶[C]性,性别: the male *sex* 男(或雄)性/*the female sex* 女(或雌)性 ❷[U]性特征;性区别: discrimination on the grounds of *sex* 性别歧视 ❸[U]性表现;性行为: There is too much *sex* and violence on television. 电视上色情和暴力的镜头太多。‖ 'sex·less *adj.*

sex·ism /'seksizəm/ *n.* [U] ❶(尤指歧视妇女的)性别歧视,性别偏见;女性歧视 ❷性别主义 ‖ 'sex·ist *adj.* & *n.* [C]

sex·tet, sex·tette /sek'stet/ *n.* [C] ❶【音】六重唱(曲);六重奏(曲) ❷六重唱组合;六重奏组合 ❸六人一组;六个一组,六个一套

sex·u·al /'seksjuəl; -ʃuəl/ *adj.* [通常作定语] ❶性的,性别的;两性(关系)的;性欲的: the *sexual* organs 性器官/*sexual* abstinence 禁欲 ❷【生】有性的;有性繁殖的;具性器官的: *sexual* reproduction 有性繁殖 ‖ **sex·u·al·i·ty** /ˌseksju'æliti/ *n.* [U] —'**sex·u·al·ly** *adv.*

sexual harassment *n.* [U]性骚扰

sex·y /'seksi/ *adj.* 〈口〉❶挑起性欲的,性感的: We thought it was a little too *sexy*, although it succeeded in getting attention. 尽管它达到了引人注目的效果,但我们觉得它有点儿太性感了。❷有魅力的,迷人的,吸引人的: For a lot of people grammar isn't a very *sexy* subject. 对许多人来说,语法可不是一门很吸引人的课程。‖ '**sex·i·ly** *adv.* —'**sex·i·ness** *n.* [U]

sh, shh /ʃ/ *int.* [用以示意他人安静]嘘

shab·by /'ʃæbi/ *adj.* ❶破旧的;破破烂烂的;失修的;坍塌的: His clothes were too *shabby* to be tolerable. 他身上的衣服破烂不堪。❷衣衫褴褛的;穿着寒酸的: be *shabby* in dress 衣衫褴褛 ❸卑鄙的;可耻的;不光彩的;不公正的: a *shabby* character 卑鄙小人 / a *shabby* trick 卑劣的伎俩 ❹低劣的,蹩脚的: It is a *shabby* justification for bad behaviour. 这是为不良行为所做的拙劣辩解。‖ '**shab·bi·ly** *adv.* —'**shab·bi·ness** *n.* [U]

shack /ʃæk/ *n.* [C]简易房屋,棚屋: The old buzzard has lived in the same *shack* for 20 years. 那个老家伙在同一棚屋里住了20年。

shack·le /'ʃækᵊl/ **I** *n.* ❶[C]镣铐,手铐,脚镣;马脚绊: The murderer was brought to the court in *shackles*. 凶犯被镣铐锁着带上法庭。❷[常作~s]束缚,羁绊;枷锁: release sb. from the *shackles* of the ancient traditions 将某人从传统习俗的束缚中解放出来 **II** *vt.* ❶给…上镣铐: The criminal's ankles were *shackled* to prevent his escape. 为防止罪犯逃脱,在其脚上戴了镣铐。❷束缚,阻挠: *shackle* the energies and liberties of individuals 束缚个人的能力和自由

shade /ʃeid/ **I** *n.* ❶[U]荫;阴凉处: The old oak tree gives a pleasant *shade*. 这棵老橡树树荫宜人。❷[C]遮光物;遮光屏;灯罩;(保护眼睛的)遮光帽檐;遮光窗帘: shut up the windows and draw the *shade* 关上窗户并拉上遮光窗帘 ❸[C](色彩的)浓淡深浅,色度(见 colour);〈喻〉形形色色: various *shades* of red 各种深浅不同的红色 ❹[用单]少许,一点儿: There was a *shade* of annoyance on Gerald's face. 杰拉尔德的脸上有一丝愠色。❺[~s]〈口〉太阳眼镜,墨镜: wear a pair of *shades* 戴一副墨镜 **II** *vt.* ❶为…遮阳,荫蔽;为…挡光: She *shaded* her eyes against the sun. 她遮盖着眼睛,挡住阳光。❷画阴影于;使…的色调(或光层次)渐变;使(照片)有明暗效果: You'd better *shade* this area to represent the theme. 你最好把这个部分画暗些以突出主题。❸使发生细微的差别(或变化): *shade* the meaning of a word 使某词的意义发生细微的变化 —*vi.* (颜

S

色、光层次等)渐变;(意义、做法等)出现细微的差别(或变化):The twilight was by this time *shading* down into darkness. 那时候,苍茫的暮色,已经一阵比一阵昏暗。

shad·ow /ˈʃædəu/ **I** *n.* ❶[C]影子:The dog was chasing its own *shadow*. 那只狗在追逐自己的影子。❷[U]阴影;荫;背光处;背声处;阴暗处:The great square was in *shadow*. 那个大广场笼罩在阴影里。❸[用单][常用于否定句和疑问句]微量;少许,些许,一丁点儿:There wasn't even a *shadow* of remorse on his face. 他脸上竟连一丝悔恨之意都没有。**II** *vt.* (影子般地)跟踪,尾随,盯…的梢:The police *shadowed* the suspect for three days. 警方跟踪那个嫌犯已有三日了。**III** *adj.* [无比较级][作定语]〈英澳〉影子内阁的:*Shadow* Home Secretary 影子内阁的内政大臣

shad·ow·y /ˈʃædəui/ *adj.* ❶多荫的;有阴影的;阴凉的;庇荫的;多阴影的;幽暗的:a *shadowy* gorge 幽暗的峡谷 ❷影子般的,模糊的;不明显的,看不清的:a *shadowy* figure 朦胧的人影儿 ❸难以捉摸的,不甚了解的:a *shadowy* historical figure 神秘的历史人物

shad·y /ˈʃeidi/ *adj.* ❶成荫的;遮阳的:a *shady* orchard 成荫的果园 ❷〈口〉(人或行为)为人不齿的,难以见人的;名声不好的;不诚实的:He's been involved in some *shady* dealings. 他参与了一些不体面的交易。‖ ˈ**shad·i·ness** *n.* [U]

shaft /ʃɑːft;ʃæft/ *n.* ❶[C]箭;箭杆;矛;矛杆:the wooden *shaft* of an arrow 弓箭的木制箭杆 ❷[C](光、闪电等的)一束;一道:A *shaft* of moonlight came through the open door. 一束月光从敞开的门中透射进来。❸[C]电梯(或升降机等)井;【矿】井筒;立井;矿井:ventilation [air] *shaft* 通风井道

shag·gy /ˈʃægi/ *adj.* ❶多粗毛的;长满粗毛的;(毛发等)粗浓的:His face was *shaggy* with a black beard. 他脸上长满了粗黑的胡子。❷不修边幅的,不整洁的,凌乱的,邋遢的:a *shaggy* woman 邋遢女人 ‖ ˈ**shag·gi·ness** *n.* [U]

shake /ʃeik/ **I** *vt.* (**shook** /ʃuk/, **shak·en** /ˈʃeikᵊn/) ❶摇,摇动;抖动;把…摇匀:*Shake* the bottle well before experiment. 试验前反复摇动瓶子。❷抖掉;抖开;抖出;抖起:The wind *shook* some blossoms from the trees. 风儿把树上的花朵吹落。❸使摇晃;使抖动;使震动:The explosion *shook* buildings for miles around. 那声爆炸震得方圆几英里内的建筑物都晃动起来。❹握(手);和…握手:He *shook* my hand and was slow to let it go. 他握着我的手迟迟不放。❺扰乱;使心烦意乱;使震惊:The silence seemed to *shake* her composure. 这沉默似乎令她心神不安。—*vi.* ❶摇动;摇匀;抖动,颤动,震动;被抖:Dust won't *shake* easily. 灰尘不易抖掉。❷发抖,战栗,颤抖:She covered her face and *shook* with sobs. 她双手捂住脸,全身抽搐地呜咽起来。❸〈口〉握手:*shake* and be friends 握手言和/ Let's *shake* on the agreement. 咱们握手成交。**II** *n.* [C] 摇动;抖动;震动;挥动:One *shake* of the stick scared the dog away. 棍子一挥,狗被吓跑了。‖ ***shake off*** *vt.* 摆脱;甩掉:*shake off* a fit of depression 摆脱低落的情绪 ***shake up*** *vt.* ❶使震动;使震惊;打扰;使不安:The lightning *shook* the little boy *up*. 闪电让那个小男孩感到害怕。❷使重组;使发生巨变:Technological changes have *shaken up* many industries. 技术革新使众多工业重新组合。

shak·er /ˈʃeikəʳ/ *n.* [C](使用时摇动瓶子将粉末倒出的)佐料瓶:a salt *shaker* 盐瓶

shake-up /ˈʃeikˌʌp/ *n.* [C]〈俚〉(机构等的)大改组;人员大调整:We've got a new director, and the usual *shake-up* is going on. 我们来了个新局长,正在照例作人事调整。

shak·y /ˈʃeiki/ *adj.* ❶不稳固的,摇晃的;不稳定的:a *shaky* ladder 摇摇晃晃的梯子 ❷(手等)发抖的,颤抖的,战栗的:a *shaky* voice 颤抖的声音 ❸不可靠的,靠不住的;成问题的:His arguments are *shaky*. 他的论点站不住脚。

shale /ʃeil/ *n.* [U]【矿】页岩

shall /强 ʃæl;弱 ʃᵊl/ *v. aux* [第三人称单数 **shall**,过去式 **should** /ʃud,ʃəd/,古英语中第二人称单数 **shalt**;其否定式 **shall not**,在口语中常作 **shan't** /ʃɑːnt,ʃænt/] ❶[用于第一人称单数或复数,表示将来,在口语中尤其常用 will 代替 shall]将要,会:By the end of this month, I *shall* have stayed here for five years. 到这个月底,我就已经在这里待满五年了。❷[在陈述句中用于第二人称或第三人称,表示说话者的意愿、命令、约定、决心、警告、威吓等]必须;应该;一定要;可以:Candidates *shall* remain in their seats until all the papers have been collected. 试卷全部收回后，应试者方可离座。❸[在法律、法规、法令等文件中表示义务、职责等，一般用于第三人称]必须，应该：It *shall* be unlawful for any person to kill any wild animal. 不管是谁，屠杀任何一种野生动物都是违法的。❹〈英〉[用于第一或第三人称的疑问句，表示征求对方意见或提出建议]：*Shall* I open the windows? 我可以把窗户打开吗？

shal·lot /ʃəˈlɔt/ *n.* [C] ❶【植】亚实基隆葱 ❷冬葱；青葱

shal·low /ˈʃæləu/ *adj.* ❶浅的，不深的；薄的：That dish is too *shallow* to serve soup in. 那只碟子太浅了，无法盛汤。❷肤浅的；表面的；浅薄的：a *shallow* unintelligent man 浅薄无知的男人 ❸(呼吸)浅的，弱的：Her breaths are a rapid *shallow* panting. 她的呼吸是一种急促的微弱喘息。

shalt /强 ʃælt；弱 ʃəlt，ʃlt/ *v. aux* 〈古〉＝shall (第二人称单数形式，只与 thou 连用，用于陈述语气现在时)

sham /ʃæm/ **I** *vi.* (**shammed；sham·ming**) 假装；制造假象：The boss knew she was not ill but only *shamming*. 老板知道她没生病，只是在装病。—*vt.* 假装，装…的样子：*sham* being drunk 佯装醉酒 **II** *n.* [C] ❶骗人物；假冒物；伪装物；仿制品，赝品：The American dream is a *sham*. 美国梦是骗人的。❷(床上用于装饰的)枕头套；床罩：*a pillow sham* 枕头套 **III** *adj.* [无比较级][作定语] ❶假的；假装的：a *sham* attack 佯攻❷假冒的；仿制的：These diamonds are *sham*. 这些钻石是假的。

sham·ble /ˈʃæmbᵊl/ **I** *vi.* 蹒跚，踉跄着走；拖着脚走(或跑)：The wounded *shambled* along. 受伤者拖着脚走着。**II** *n.* [用单]蹒跚；踉跄；蹒跚的步态

sham·bles /ˈʃæmbᵊlz/ [复] *n.* [常用作单]〈口〉混乱，凌乱，混乱场面：The whole thing ended in a *shambles*. 整件事情最后搞得一团糟。

shame /ʃeim/ **I** *n.* ❶[U]羞耻，羞愧；廉耻心，羞愧感：To my *shame*，I always lose at chess. 让我感到惭愧的是，我下棋老是输。❷[U]羞辱，耻辱，丢脸：He thought there was great *shame* in being out of work. 他视失业为奇耻大辱。❸[用单]憾事；令人失望的事；倒霉之事；可耻之事：It's a *shame* to waste time. 浪费时间可耻。**II** *vt.* ❶使痛感羞愧而…：She was *shamed* into marrying him. 她在羞惭无奈下便嫁给了他。❷使蒙羞，使丢脸：I will go there and *shame* him before them all. 我要到那儿当着众人臊他一臊。‖ ***Shame on you***！*int.* 〈口〉你真丢脸！你真不像话！你该觉得害臊！

shame·ful /ˈʃeimfᵊl/ *adj.* 可耻的；不光彩的，丢脸的：It was *shameful* of them to betray their comrades-in-arms. 他们出卖了自己的同志，真是可耻。‖ **ˈshame·ful·ly** *adv.*

shame·less /ˈʃeimlis/ *adj.* ❶无耻的，不知廉耻的，不要脸的：a *shameless* desire for power 对权力的无耻追求 ❷不顾体面的，伤风败俗的

sham·poo /ˌʃæmˈpuː/ **I** *n.* ([复]**-poos**) ❶[C；U]洗发剂，洗发香波；洗发膏：Be careful not to get any *shampoo* into your eyes. 小心不要把洗发水弄进眼睛里。❷[C；U](清洗汽车、地毯等用的)清洁剂；洗涤剂：a carpet *shampoo* 地毯洗涤剂 ❸[C]用洗发水洗头(或洗发)；用清洁剂清洗车辆(或地毯)：go to the hairdressers for a *shampoo* 去理发店洗头 **II** *vt.* ❶(用洗发水等)洗(头或头发)：They *shampoo* their hair with soaps. 他们用香皂洗头发。❷给…洗头发：*shampoo* the baby 给婴儿洗头 ❸用清洁剂清洗(地毯、垫子等)：He *shampoos* his carpet frequently. 他经常清洗地毯。‖ **shampˈoo·er** *n.* [C]

sham·rock /ˈʃæmrɔk/ *n.* [C；U]【植】蛇麻三叶草(爱尔兰的国花)

Shan·gri·la /ˌʃæŋgriːˈlɑː/ *n.* 香格里拉，世外桃源，人间仙境

shank /ʃæŋk/ *n.* [C] ❶【解】(人和脊椎动物的)胫，小腿；胫骨；[常用复]腿部 ❷(牛羊等的)腿肉 ❸(工具等的)柄，把；烟斗柄

shan't /ʃɑːnt/ ＝shall not

shan·ty /ˈʃænti/ *n.* [C]简陋的小(木)屋；(铁皮)棚屋

shape /ʃeip/ **I** *n.* ❶[C]形，外形；(人或物的)特有形状；样子，模样：desks of different sizes and *shapes* 不同大小与形状的桌子 ❷[C](尤指女子的)体形，身段：She's wearing a bathing suit which shows her *shape*. 她身穿显出她优美身段的浴衣。❸[U]〈口〉(尤指健康)状况；良好的身体状况，健康：What *shape* was the Soccer Team in after they were defeated? 足球队吃了败

S

仗以后精神状态如何？**II** *vt.* ❶使成形；塑造；制作：The event *shaped* him in many ways. 这件事从多方面塑造了他。❷形成：help *shape* a new international structure of relations 有助于形成国际关系新格局 ‖ ***in any shape or form*** *adv.* [用于否定句]以任何形式：I don't drink alcohol *in any shape or form*. 我什么酒都不喝。***out of shape*** *adj.* & *adv.* ❶变形（的）；走样（的）：The children have been playing with my hat — they've knocked it *out of shape*. 孩子们一直在玩我的帽子——把它弄得不成样子了。❷处于不良的（健康）状况：I get tired easily; I must be *out of shape*. 我很容易感到疲劳，一定是身体出了什么问题。***take shape*** *vi.* （开始）成形；形成；体现：After months of work，the new book is gradually *taking shape*. 经过数月的努力，这本新书渐渐像个样子了。

shape•less /ˈʃeiplis/ *adj.* ❶[无比较级]不定型的；没有形状的：*shapeless* fears 难以名状的恐惧 ❷样子难看的，形状不美的，丑陋的；不匀称的；走了样的：a *shapeless* dress 样子难看的连衣裙 ‖ ˈ**shape•less•ness** *n.* [U]

shape•ly /ˈʃeipli/ *adj.* 样子好看的；姿态优美的；匀称的：She was *shapely*，and attractive. 她模样姣好，挺迷人。

S

shard /ʃɑːd/ *n.* [C]（玻璃、陶瓷等的）碎片，碎块（＝potsherd）

share /ʃeəʳ/ **I** *n.* [C] ❶[用单]一份，份儿；（承担或分享的）份额：He divided the watermelon into equal *shares*. 他把西瓜切成相同的几份。❷[常作～s]股；股份；股票：Local *shares* were edging up. 本地股票价格缓慢回升。**II** *vt.* ❶分享；分担；共有；合用：John and the little girl had *shared* their fortunes. 约翰和小女孩相依为命。❷均分，平分；均摊；分配：They *shared* the pizza between the four of them. 他们四个人分食了那张馅饼。—*vi.* 分享；分担：We haven't enough lecture handouts to go round; some of you have to *share*. 我们没有足够的讲座提纲分发，你们中的一些人只得合用。‖ ***share in*** *vt.* 分摊，分享；参与：Both the couple *shared in* rearing their family. 夫妇俩各自支付养家费用。

☆**share，partake，participate** 均有“共享，分担”之意。**share** 为普通用词，指与他人共同使用、享受或拥有某物，可表示将事物的某一部分给予他人或从他人那里得到事物的某一部分，常带有热情、友好的意味：Children should be taught to *share* their toys.（应该教育孩子们愿意把自己的玩具与其他孩子分享。）**partake** 最为正式，表示与他人分享，尤其适用于食物、欢乐等：They invited us to *partake* of their simple meal.（他们邀请我们吃便饭。）**participate** 较为正式，常与介词 in 连用，表示主动参与某一活动、讨论或事件并发挥积极作用，一般不用于参加某一团体或组织的场合：Everyone in the class is expected to *participate* in these discussions.（希望全班同学参加这些讨论。）

share•hold•er /ˈʃeəhəuldəʳ/ *n.* [C]股东，股票持有者

shark[1] /ʃɑːk/ *n.* [C]（[复]**shark(s)**）【鱼】鲨鱼

shark[2] /ʃɑːk/ *n.* [C] ❶贪婪的人；骗子 ❷〈口〉老手，行家：a computer *shark* 计算机行家

sharp /ʃɑːp/ **I** *adj.* ❶锋利的，锐利的：a *sharp* knife 锋利的刀 ❷尖的；有突边的：She likes to keep her pencils *sharp*. 她总喜欢把铅笔削得尖尖的。❸突然的；急转向的：a *sharp* turn 急转弯 ❹轮廓清晰的，线条分明的；明显的，清楚的：the *sharp* outline of the hills 群山的清晰轮廓 ❺急剧的；剧烈的，激烈的，猛烈的：The government came under *sharp* criticism for price increase. 该政府因物价上涨而遭到猛烈抨击。❻刺激性强的；有浓烈气味（或味道）的；刺眼（或鼻）的：a *sharp* taste 浓烈的味道 / The cheese is a little too *sharp*. 这奶酪的味道太重了一点儿。❼尖锐的；尖酸的，刻薄的；辛辣的，嘲讽的；严厉的；易怒的：She threw a quick *sharp* look in my direction. 她目光锐利地向我瞥了一眼。❽敏锐的；灵敏的；聪明的；机智的；有洞察力的：The boy is *sharp* at mathematics. 那男孩在数学方面脑子非常灵光。❾【音】偏高的；升半音的；有升半音号（♯）的；大音价的，大调的：This concerto is in the key of C *sharp* minor. 这首协奏曲是升 C 小调。**II** *adv.* [无比较级] ❶〈口〉（时刻）正；准时地：Be here at eight o'clock *sharp*. 准 8 点到这儿来。❷〈口〉突然地；急剧地；急速地：Go to the traffic lights and turn *sharp* right. 向交通灯驶去，向右急转。❸【音】偏高地；升半音地：She sang *sharp* on the top notes. 她在唱高音时升高了半个音。**III** *n.* [C]【音】半升音（调）；半升音号（♯）：a piano piece full of *sharps* and flats 有很多升半音和降半音的钢琴曲 ‖ ˈ**sharp•ly** *adv.* —ˈ**sharp•ness** *n.* [U]

sharp·en /ˈʃɑːpᵊn/ *vt.* 使锋利,使锐利;磨快;磨尖,削尖:*sharpen* a knife 磨刀 —*vi.* 变锐利,变锋利;变尖 ‖ ˈ**sharp·en·er** *n.* [C]

sharp·er /ˈʃɑːpəʳ/ *n.* [C] ❶骗子,诈骗者 ❷以赌牌行骗为生的人

sharp-eyed /ˌʃɑːpˈaid/ *adj.* 目光敏锐的,眼尖的:a *sharp-eyed* police officer 目光敏锐的警察

shat·ter /ˈʃætəʳ/ *vt.* ❶使粉碎,打碎,砸碎(见break):The force of the explosion *shattered* the windows. 爆炸的威力把窗户玻璃都震碎了。❷破坏,毁坏,损害;使(希望等)破灭:Her hopes were *shattered* by the news. 她的希望被那个消息粉碎了。❸削弱;动摇;驳斥(意见等):The event *shattered* the public support for the new tax law. 这一事件削弱了公众对新税法的支持。—*vi.* 被打碎;破碎,碎裂:I dropped the glass and it *shattered* on the floor. 我把玻璃杯掉到地上打碎了。

shat·ter·ing /ˈʃætəriŋ/ *adj.* 令人极为震惊的;毁灭性的:The news of her death was *shattering*. 她的死讯令人无比惊骇。

shat·ter-proof /ˈʃætəˌpruːf/ *adj.* [无比较级]防碎的

shave /ʃeiv/ **I** (过去式**shaved**,过去分词**shaved**或**shav·en** /ˈʃeivᵊn/) *vt.* ❶剃(毛发、胡须等);刮(脸),修(面):*shave* one's beard 刮胡子 ❷略降…的价格;削减(价格、利率等);从…上削减(价格等):The company agreed to *shave* the prices a little. 公司同意将价格稍微降低一点。❸削;刨:*shave* a few millimeters off the bottom of the door 把门的底部刨掉几毫米 —*vi.* 剃头发;剃胡须;刮脸,修面:*shave* with an electric razor 用电动剃须刀剃须 **II** *n.* [用单]剃头;剃胡子;修面,刮脸:He needed a *shave*. 他需要刮一下脸。

shav·en /ˈʃeivᵊn/ *adj.* [无比较级]理过发的;刮过脸的,修过面的:a clean-*shaven* face 一张刮得干干净净的脸

shav·er /ˈʃeivəʳ/ *n.* [C] ❶理发师;刮脸者,修面者 ❷电动剃须刀

shav·ing /ˈʃeiviŋ/ *n.* ❶[~s]薄木屑;刨(或切、削)落的细屑:The floor was covered with *shavings*. 地板上落满了刨花。❷[U]剃胡子;刮脸,修面

shawl /ʃɔːl/ *n.* [C](尤指女式)长形(或方形)披肩,披巾

she /强 ʃiː,弱 ʃi/ *pron.* [主格] ❶她:I saw you talking to a girl. Who is *she*? 我看到你与一个女孩说话,她是谁? ❷[用以指拟人化的国家、月亮、汽车、轮船等]她:*She*'s a great-looking car. 这是一辆外观非常漂亮的车。

sheaf /ʃiːf/ *n.* [C]([复]**sheaves** /ʃiːvz/) ❶(谷物收割后的)束;捆:The corn was tied in *sheaves*. 谷物一捆捆地扎了起来。❷(纸张、文件等的)札:He gave a thick *sheaf* of papers to his superior. 他将厚厚的一札文件交给上司。

shear /ʃiəʳ/ (过去式 **sheared** 或〈古〉**shore** /ʃɔːʳ/,过去分词 **shorn** /ʃɔːn/或 **sheared**) *vt.* ❶用剪刀剪(羊毛等):*shear* wool from the sheep 剪去羊身上的毛 ❷使弯曲;使(机翼)折断;切断,剪断(*away,off*):The wind *sheared* the wing and the plane crashed. 风刮断了机翼,飞机因此坠毁。—*vi.* (金属等)变弯曲,折断;被切断,被剪断;机翼折断(*away,off*):The wing of the plane *sheared off*. 机翼断裂了。 ‖ ˈ**shear·er** *n.* [C]

sheath /ʃiːθ/ *n.* [C]([复]**sheaths** /ʃiːðz,ʃiːθs/)(刀、剑等的)鞘:put a dagger into a *sheath* 插剑入鞘

sheathe /ʃiːð/ *vt.* ❶把…插入鞘;装…入鞘:He *sheathed* his sword. 他把剑插入鞘中。❷包;裹;套:The playground was *sheathed* in ice. 操场上覆盖着一层冰。

sheath·ing /ˈʃiːðiŋ/ *n.* ❶[C]护套;(防护)外壳:a water-proof *sheathing* 防水套 / Plastics are used as insulating *sheathing* for the wire. 塑料用作电线的绝缘包层。❷[U]覆材,包板材

shed[1] /ʃed/ *n.* [C] ❶(木结构、单层的)工棚;车库;棚屋式建筑:He built a *shed* to put his tools in. 他修建了工具房摆放工具。❷(通常各面或两端都敞开的大型)货栈,库:the customs *shed* at the port 港口的海关仓库,海关堆栈

shed[2] /ʃed/ *vt.* (**shed;shed·ding**) ❶使(毛发、树叶等)脱落;蜕(壳、皮等),换(角等):The cicada *shed* slough on the twig. 这只蝉在树枝上蜕掉蝉蜕。❷抗,防;使不透(水):This duck's plumage *can shed* water. 鸭子的羽毛不沾水。—*vi.* (毛发、树叶等)脱落;蜕(壳、皮等),换(角等):The dog hair was *shedding* all over the house. 狗毛掉得屋里到处都是。

S

she'd /强 ʃiːd,弱 ʃid/ ❶ = she had ❷ = she would

sheen /ʃiːn/ *n.* [用单]光辉;光彩;光泽:He used this polish to restore the *sheen* to his furniture. 他用这种抛光剂使家具恢复原有的光泽。

sheep /ʃiːp/ *n.* [C][单复同]【动】羊;绵羊:The *sheep* are bleating. 羊在羊圈咩咩地叫。‖ ˈ**sheep·like** *adj.*

sheep(-)dog /ˈʃiːpˌdɒg/ *n.* [C]牧羊犬

sheep·ish /ˈʃiːpiʃ/ *adj.* ❶羞怯的,腼腆的,害羞的:a *sheepish* grin 羞惭的微笑 ❷窘迫的,局促不安的:David stood at the door looking shocked and *sheepish*. 戴维站在门旁,看起来受到了惊吓而感到局促不安。‖ ˈ**sheep·ish·ly** *adv.* —ˈ**sheep·ish·ness** *n.* [U]

sheep·skin /ˈʃiːpˌskin/ *n.* [C] 带毛绵羊皮;带毛羊皮大衣

sheer /ʃiəʳ/ **I** *adj.* ❶[作定语]纯粹的;十足的,全然的;绝对的;彻底的:He won the game by *sheer* chance. 他全凭运气赢得了比赛。❷(织物等)透明的;极薄的:That dress is too *sheer* to wear. 那件连衣裙薄得无法穿。**II** *adv.* ❶绝对地;十足地,全然地;彻底地 ❷险峻地;陡峭地;垂直地:the precipitous cliffs rising *sheer* from the sea 从海里笔直升出来的陡峭的绝壁 ‖ ˈ**sheer·ness** *n.* [U]

sheet /ʃiːt/ *n.* [C] ❶[常用复]被单,床单:The *sheets* on his bed want airing. 他的床单要晾一下。❷(薄片或薄板的)(一)片,(一)块,(一)层:a *sheet* of copper 铜片 ❸〈口〉(雨、雪、冰、火、颜色等的)一大片:The rain came down, drifting in great *sheets* of water. 白茫茫的大雨倾盆而下。❹一大片宽阔、平坦的表面或区域:a *sheet* of ice 一大片冰域 ❺一张(纸);(用于印刷或装订的)纸张,书页;印刷品:a propaganda *sheet* 宣传单

sheet·ing /ˈʃiːtiŋ/ *n.* [U] ❶被单料子,床单布 ❷覆盖;成片,压片 ❸金属薄板;(塑料)薄膜:sleep under plastic *sheeting* 睡在塑料薄膜下

sheet music *n.* [U]【音】(不装订成册的)散页乐谱

sheik(h) /ʃeik,ʃiːk/ *n.* [C](阿拉伯国家的)酋长;族长;村长;家长 ‖ ˈ**sheik(h)·dom** *n.* [C]

shelf /ʃelf/ *n.* [C]([复]**shelves** /ʃelvz/) ❶(墙壁或家具等上的)架子;搁架,隔板:In the store we browsed through different *shelves*. 我们在商店里的不同架子上翻找。❷突出的(扁平)岩石

shelf life *n.* [常用单](食品的)货架期,保存期;保质期:the *shelf life* of frozen food 冷冻食品的保质期

shell /ʃel/ **I** *n.* ❶[C](贝类、蜗牛等的)软体动物壳;贝壳:collect *shells* on the beaches 在海滩上采集贝壳 ❷[C](鸟类或爬行类动物等的)蛋壳:crack the *shell* 破壳 ❸[C](坚果等的)果壳;(种子的)外皮;荚:the hazelnut *shell* 榛子壳 ❹[C](龟类动物的)介壳,甲壳,龟壳:Lobsters moult their *shells* at frequent intervals. 龙虾经常换壳。❺[C]弹药筒;烟火弹:artillery *shells* 炮弹 ❻[C]【建】(建筑物的)框架,骨架;薄壳建筑物:After the fire, only the *shell* of the school was left. 大火之后,学校只剩下了一副躯壳。**II** *vt.* ❶去除…的壳;剥去(豆)的壳:*shell* peanuts 剥花生 ❷炮轰,炮击:Enemy gunners *shelled* scores of towns and bases. 敌人的炮兵炮击数十个城镇和基地。‖ ***come out of one's shell*** *vi.* 不再羞怯;活跃起来:She used to be so quiet, but now she's really *coming out of her shell* and chatting to everyone. 她一向沉默寡言,但现在很活泼,跟谁都能谈得来。***crawl*** [***go***, ***retire***, ***retreat***, ***withdraw***] ***into one's shell*** *vi.* 变得羞怯;变得沉默:Sally *went into her shell* after her mother scolded her. 萨莉受到母亲责备以后变得沉默寡言。

she'll /ʃiːl,弱 ʃil/ = she will

shel·lac(k) /ʃəˈlæk/ **I** *n.* [U;C]虫胶;紫胶 **II** *vt.* (**-lacked**;**-lack·ing**) 用虫胶清漆涂;用虫胶处理:*shellac* the wood 给木头涂上虫胶

shell·fish /ˈʃelfiʃ/ *n.* [C]([复]**-fish(·es)**)【动】(牡蛎、滨螺等)水生贝壳类动物;(虾、蟹等)水生甲壳类动物

shel·ter /ˈʃeltəʳ/ **I** *n.* ❶[C]遮蔽物;隐蔽处;掩蔽处;躲避处;避难所:an air-raid *shelter* 防空洞 ❷[U]遮蔽,掩蔽;庇护,保护;避难:She had abandoned the safe *shelter* of luxurious life. 她抛弃了奢侈生活的安乐窝。❸[C](尤指为无家可归者提供的)临时收容所:The school was turned into a *shelter* for the victims of the earthquake. 那所学校变成了地震灾民的临时收容所。**II** *vt.* 遮蔽,掩蔽;庇护,保护;为…提

供避难所：The trees *shelter* the house from the wind. 那些树给房子挡风。—*vi.* 躲避，避难：They *sheltered* under a tree until the shower passed. 他们在树下躲雨，直到阵雨过去。

shelve /ʃelv/ *vt.* ❶把(书)摆到书架(或隔板)上；使(商品)上架：He has fallen into the habit of neatly *shelving* his books. 他已养成习惯，把书整整齐齐地摆放在书架上。❷对(计划、方案等)暂缓考虑；搁置；推迟：Eventually, I *shelved* the bill. 最后，我将那个提案束之高阁。‖ ˈ**shelv·er** *n.* [C]

shelves /ʃelvz/ *n.* shelf 的复数

shelv·ing /ˈʃelviŋ/ *n.* [U]❶架子料，隔板料 ❷[总称]一组隔板；架子

shep·herd /ˈʃepəd/ **I** *n.* [C] ❶牧羊人 ❷保护者，看护者 **II** *vt.* ❶牧(羊)；放牧：*shepherd* one's flock all the year round 一年四季都放牧羊群 ❷(在心灵或精神上)指导，引导

sher·bet /ˈʃəːbət/ *n.* [C;U]冰糕

sher·iff /ˈʃerif/ *n.* [C] ❶〈英〉(某些城市的)行政司法长官 ❷(通常由民众选举产生的)县级行政司法长官，县治安官

sher·ry /ˈʃeri/ *n.* [C;U]雪利酒(原产于西班牙南部的一种白葡萄酒)；一杯雪利酒

she's /强 ʃiːz，弱 ʃiz/ ❶＝she is ❷＝she has

shield /ʃiːld/ **I** *n.* [C] ❶盾，盾牌：The soldiers bore *shield* and spear. 士兵们手执盾牌和长矛。❷防御物；保护物；保护者：protective *shield* against infection 抵御感染的保护屏障 ❸盾形物：The sun showed half its *shield* behind the horizon. 太阳在地平线后面露出半个盾形。**II** *vt.* ❶(似)用盾挡住；挡护；遮挡：The ozone layer *shields* all living things against harmful ultraviolet rays from the sun. 臭氧层可保护所有生物不受来自太阳有害的紫外线的辐射。❷防御；保护，防护(见 defend)：The courtyards are *shielded* from the neighbours' windows. 从邻居们的窗户里是看不见院子的。

shift /ʃift/ **I** *vt.* ❶变动，改变；替换，更换：*shift* the scenes on a stage 变换舞台场景 ❷转移；移动，搬移；推卸，转嫁：Please help me to *shift* the desk about. 请帮我把办公桌掉个向。❸变(速)，换(挡)：He nimbly *shifted* gears. 他熟练地换挡。—*vi.* ❶变动，改变；替换，更换：Media attention has *shifted* onto environment issues. 传媒的注意力已转向环境问题。❷转移；移动，改变位置(或方向)：Since evening, the wind has *shifted* about. 从傍晚开始，风向就已经倒转过来了。❸变速，换挡：*shift* out of second into third 从二挡变换成三挡 **II** *n.* [C] ❶变动，改变；替换，更换；转移；移动，搬移：a *shift* of emphasis 重点的转移 / the *shift* of power 政权的更迭 ❷班；轮班；轮班职工；班次的工作时间：an eight-hour *shift* 八小时一班 ‖ ***make shift*** *vi.* ❶设法过活：They *made shift* with his meagre salary. 他们靠他微薄的薪水勉强度日。❷尽力设法利用；将就应付：He *made shift* to stammer out. 他勉强撑持着吞吞吐吐地说。***shift for oneself*** *vi.* 〈口〉设法应付；自谋生计：You haven't the least idea how she is able to *shift for herself*. 她随机应变的办法可多着呢，这你是一点也想不到的。

shift·less /ˈʃiftlis/ *adj.* ❶无谋略的；无志气的；不中用的，无能的；没出息的：He is lazy and *shiftless*. 他又懒又没有志气。❷懒惰的，懒散的；得过且过的：a *shiftless* individual who lives on alms 一个靠救济金度日的懒汉 ‖ ˈ**shift·less·ness** *n.* [U]

shift·y /ˈʃifti/ *adv.* 〈口〉不坦诚的，躲躲闪闪的；骗人的；诡诈的，狡猾的：Perhaps I was prejudiced, but I thought his eyes too *shifty*. 可能我有些偏见，我觉得他的眼神鬼里鬼气的。‖ ˈ**shif·ti·ly** *adv.* —ˈ**shif·ti·ness** *n.* [U]

shill /ʃil/ 〈俚〉**I** *n.* [C] ❶(摊贩、拍卖商等雇用来引诱他人购买其商品的)媒子，托儿；(赌徒引诱赌客入局的)骗赌者 ❷(小贩等)招徕生意者；(广告人员或公关人员等)推销生意者 ❸阿谀奉承者 **II** *vt.* 充当(商贩、拍卖商等)的托儿；当托儿诱骗；为…大做广告；大肆推销(商品等) —*vi.* 当托儿(或媒子、骗赌者)：*shill* for a casino 为一家赌场充当骗赌者

shil·ling /ˈʃiliŋ/ *n.* [C] ❶【史】先令(20 先令折合 1 英镑，相当于 12 便士，略作 s)〔亦作 **bob**〕❷先令(原为英国殖民地的国家使用的货币单位)

shil·ly-shal·ly /ˈʃiliˌʃæli/ *vi.* 踌躇，犹豫；游移不定，优柔寡断：The authorities *shilly-shallied* about the affair. 当局对这起事件迟迟未下定论。

shim /ʃim/ **I** *n.* [C]【机】薄垫片；填隙片 **II** *vt.* (**shimmed**; **shim·ming**)【机】用薄垫片填入；往

S

…里填薄垫片

shim·mer /ˈʃiməʳ/ I *vi.* ❶闪烁,闪动:Moonlight was *shimmering* on the lake. 湖面上月光粼粼。❷闪光;微微发光:The blades *shimmered* in the morning sun. 刀刃在晨曦的照耀下寒光逼人。II *n.* [U] ❶闪烁,闪动:There was a *shimmer* of gold on the river. 河面上金光粼粼。❷闪光;微光:a darkish figure against the *shimmer* of the lagoon 微弱的湖光映照着的暗影 ‖ ˈ**shim·mer·y** *adj.*

shim·my /ˈʃimi/ I *n.* [C](汽车车轮不正常的)震动;摆动;抨动:The stabilizer can reduce *shimmy* from the wheels. 稳定器可以降低车轮的震动。II *vi.* (汽车不正常地)震动;摆动;抨动

shin /ʃin/ *n.* [C]【解】胫;胫部:a bruise on one's *shin* 胫部的一块青肿

shine /ʃain/ I (**shone** /ʃɔn/或 **shined**) *vi.* 照耀;发光,发亮:The sea *shone* in the light of the moon. 海水在月亮下闪闪发光。—*vt.* 〈口〉使发光,使发亮;往…照射,把…的光投向:He *shone* the headlight on the door. 他让车前灯照亮大门。II *n.* [用单] ❶光;光亮:a *shine* of torch 手电筒的光亮 ❷光泽,光辉;光彩:There's a lovely *shine* on that table. 那张桌子有漂亮的光泽。‖ ***shine through*** *vi.* 能清楚地看见,显而易见:What *shines through* in her autobiography is her love for life. 从她的自传中一眼就能看出她对生活的热爱。

shin·gle /ˈʃiŋgᵊl/ I *n.* [C;U]【建】盖屋板;木(片)瓦;墙面板 II *vt.* [常用被动语态]用木瓦板盖(屋顶);给…贴墙面板

shin·gles /ˈʃiŋgᵊlz/ [复] *n.* [用作单]【医】带状疱疹

shin·y /ˈʃaini/ *adj.* ❶发光的,发亮的;光亮的:a *shiny* new car 闪闪发亮的新汽车 ❷晴朗的,阳光灿烂的:the *shiny* sky 晴朗的天空 ‖ ˈ**shin·i·ness** *n.* [U]

ship /ʃip/ I *n.* ❶[C;U]船(只);大船;海船;舰:The *ship* was made seaworthy. 这艘船可以出海航行了。❷[总称]船员 II *vt.* (**shipped**; **ship·ping**) ❶将(货物等)装上船;将(乘客或水手等)接(或送)上船 ❷用(船、火车或飞机等)运送,装运:The goods will be *shipped* in bulk. 此货将散装发运。

-ship /ʃip/ *suf.* ❶表示"性质","情况","状况":friend*ship*, hard*ship* ❷表示"身份","地位","资格":lord*ship* ❸表示"技能";"技巧":craftsman*ship*

ship·board /ˈʃipˌbɔːd/ I *n.* [C]船;船舷 II *adj.* [无比较级]在船上的;在船上使用的 ‖ ***on shipboard*** *adv.* 在船上

ship·build·er /ˈʃipˌbildəʳ/ *n.* [C]造船商;造船厂,造船公司 ‖ ˈ**ship**ˌ**build·ing** *n.* [U]

ship·ment /ˈʃipmᵊnt/ *n.* ❶[U]装运;〈主英〉船运:Please defer *shipment* until you receive our further instructions. 在我方另有通知以前请暂停装运。❷[C]装载(或交运)的货物(量);〈主英〉(一批)船货:a *shipment* of grain 一船谷物

ship·ping /ˈʃipiŋ/ *n.* ❶[U]海运,船运;航运;装运;运输:cost for *shipping* 运(输)费 ❷[总称](尤指一个国家、地区或航运公司的)船舶 ❸[U]航运业;运输业

ship·shape /ˈʃipˌʃeip/ *adj.* [无比较级]整齐的,整洁的,井井有条的:Everything in the library was clean and *shipshape*. 图书馆里的一切都整整齐齐,井井有条。

ship·wreck /ˈʃipˌrek/ *n.* ❶[C;U]海难,船舶失事,海损事故:The danger of *shipwreck* is much greater in hurricane. 飓风天气发生海难的危险更大。❷[C]失事船只,沉船;失事船只的残骸:retrieve the wartime *shipwrecks* 打捞战时沉船残骸

ship·yard /ˈʃipˌjɑːd/ *n.* [C]造船厂;修船厂;船坞

shirk /ʃəːk/ *vt.* (因懒惰或害怕等而)逃避(工作、义务、责任等):He *shirks* taking care of his parents. 他不愿赡养父母。—*vi.* (因懒惰或害怕等而)逃避工作(或义务、责任等):He always *shirks* from doing when he must. 他总是在该做的时候却不做。‖ ˈ**shirk·er** *n.* [C]

shirt /ʃəːt/ *n.* [C] ❶(男式)衬衫:He wears a *shirt* and tie for work. 他上班总是穿衬衫,系领带。❷汗衫

shit /ʃit/ 〈俚〉〈粗〉 I (**shit·ted**或 **shit** 或 **shat** /ʃæt/; **shit·ting**) *vi.* 拉屎,屙屎 —*vt.* ❶拉(屎),屙(屎);在…拉屎;拉屎弄脏:The baby *shitted* its diaper. 那婴儿把屎拉在尿布上。❷〈俚〉对…胡扯;取笑;试图欺骗:Stop *shitting* me! 别跟我胡搅蛮缠了! II *n.* ❶[U]屎,粪便:Don't step in that *shit* there. 那儿有屎,别踩着

了。❷[用单]拉屎,屙屎:have [take] a *shit* 拉屎 ❸[**the ~s**]拉肚子,腹泻:have [get] *the shits* 拉肚子 ❹[U]蹩脚货;蹩脚的演出:This stuff is *shit*. Show me something better. 这玩意是蹩脚货,拿些好的来让我瞧瞧。❺[C]讨厌(或愚蠢、窝囊、一钱不值)的家伙;可鄙的人;坏蛋❻[U]胡说八道;废话;谎话;愚蠢:You're talking *shit*. 你这是胡说八道! **III** *int*. [表示厌恶、恼怒、失望、惊奇等]呸,讨厌,放屁:*Shit*! I left my notebook at home. 妈的!我把笔记本丢在家里了。

shiv·er /ˈʃivəʳ/ **I** *vi*. 发抖,颤抖,哆嗦:The child *shivered* from the cold. 那孩子因患感冒而直哆嗦。**II** *n*. [C]发抖,颤抖,哆嗦:He's all of a *shiver*. 他浑身发抖。‖ ˈ**shiv·er·y** *adj*.

shoal /ʃəul/ *n*. [C] ❶[用作单或复]鱼群:a *shoal* of giant jellyfish 一群大水母 ❷〈口〉一大群;大量,许多:a *shoal* of troubles 一大堆困难

shock /ʃɔk/ **I** *n*. ❶[通常用单]猛击;撞击;冲击:The burglary was a *shock* to his sense of security. 这起入室抢劫冲击了他的安全感。❷[U;C]震惊,惊愕;悲伤;令人震惊的事;让人伤心的事:His mouth opened wide in *shock*. 他惊诧得嘴张得很大。❸[C;U](由冲击、爆炸和颤动等引起的)震动;地震:the *shocks* from an earthquake 地震引起的震动 **II** *vt*. 使震惊,使惊骇;使愤慨;使悲伤;使厌恶:He said something to his mother that *shocked* the children. 他跟母亲说了些让孩子们惊骇不已的话。

shock absorber *n*. [C](汽车的)减震器,缓震器

shock·er /ˈʃɔkəʳ/ *n*. [C]〈口〉❶令人震惊的事物(或人);让人极其讨厌的事物(或人) ❷耸人听闻的小说(或电影、戏剧、新闻等)

shock·ing /ˈʃɔkiŋ/ *adj*. ❶使人震惊的;骇人听闻的;触目惊心的:The massacre is *shocking*. 这起屠杀事件令人震惊。❷[无比较级]极差的,极坏的;低劣的:*shocking* luck 背运

shock therapy *n*. [U;C]【医】休克疗法,电震疗法(通过注射药物或电击等手段治疗心理疾病的方法)

shock wave *n*. [C] ❶【物】激(震)波,冲击波 ❷〈喻〉冲击波;(由爆炸性事件或新闻等引起的)强烈震动,剧烈反应

shod /ʃɔd/ *v*. shoe 的过去式和过去分词

shod·dy /ˈʃɔdi/ *adj*. ❶劣质的;做工差的;用劣质材料做成的:a *shoddy* job 马虎的工作 ❷卑劣的,卑鄙的:They treated him in a *shoddy* way. 他们用卑鄙的手段对待他。‖ ˈ**shod·di·ly** *adv*. —ˈ**shod·di·ness** *n*. [U]

shoe /ʃuː/ **I** *n*. [C]([复]**shoes** 或〈英古〉**shoon** /ʃuːn/) ❶鞋,鞋子:a pair of *shoes* 一双鞋 / high-heeled *shoes* 高跟鞋 ❷马蹄铁,马掌 **II** *vt*. (过去式 **shod** /ʃɔd/ 或 **shoed**,过去分词 **shod** 或 **shod·den** /ˈʃɔdᵊn/ 或 **shoed**) ❶给…穿鞋:*shoe* sb.'s feet 给某人穿上鞋子 ❷给(马)钉蹄铁:The boy was watching the man *shoeing* a horse. 男孩在看那人给马钉掌子。‖ ˈ**shoe·less** *adj*.

shoe-horn /ˈʃuːˌhɔːn/ **I** *n*. [C]鞋拔 **II** *vt*. 〈口〉使硬挤进去;把…硬塞进去:We managed to *shoe-horn* one more person into the seat. 我们往座位里又硬塞了一个人。

shoe·lace /ˈʃuːˌleis/ *n*. [C]鞋带:His *shoelaces* have come loose. 他的鞋带松了。〔亦作 **shoe-string**〕

shoe·mak·er /ˈʃuːˌmeikəʳ/ *n*. [C]制鞋匠;补鞋匠

shone /ʃɔn/ *v*. shine 的过去式和过去分词

shoo /ʃuː/ **I** *int*. [用以驱赶牲口、鸟类等]嘘 **II** *vi*. 发出嘘声 —*vt*. 〈口〉❶发嘘声驱赶,把…哄走(*away*):*shoo* sb. out of the shop 把某人哄出商店 ❷把…赶向指定地点:*shoo* the birds in the direction of the open window 把鸟儿往敞开的窗户里赶

shook /ʃuk/ **I** *v*. shake 的过去式 **II** *adj*. 〈口〉[作表语]心绪不宁的,焦躁不安的;紧张的(*up*):He was too *shook up* to speak. 他紧张得连话都说不出来。

shoot /ʃuːt/ **I** (**shot** /ʃɔt/) *vt*. ❶开(枪、炮);发射(子弹、炮弹等);(拉弓)射(箭);射出(光线等):*shoot* an arrow from the bow 张弓射箭 ❷射中,击中;射杀;射死;射伤;射坏:*shoot* sb. dead 把某人打死 ❸【电影】【电视】拍摄(场景、电影、电视等):This film was *shot* in 1978. 这部电影于 1978 年拍摄完成。❹【足】射(门);【篮】投(篮):It was Beckham who *shot* the winning goal. 正是贝克汉姆射进了制胜的一球。—*vi*. ❶射击;开枪;开炮;射箭:*shoot* on sight 见人就开枪 ❷射出;喷出;涌出:Water pump *shot* down from the ceiling. 水泵从天花板往下喷出水来。❸迅速移

S

动;(箭似的)飞驰;急冲(*out*,*along*,*forth*):The meteor *shot* across the sky. 流星倏地划过天空。❹【足】射门;【篮】投篮 ❺【高尔夫】打高尔夫球;击杆得分 ❻〈俚〉拍摄电影(或电视等);拍照;摄影:The cameraman almost took a sniper's bullet while *shooting* from a window at night. 那位摄影师晚上从窗口拍摄时差点被狙击手的子弹击中。**II** *n*. [C] ❶芽;苗;嫩枝,新梢:the young *shoots* on the plants 植物的嫩芽 ❷狩猎;狩猎旅行;狩猎会;射击比赛;狩猎队;猎场,猎区:He is a member of a *shoot*. 他是狩猎队成员。‖ ***shoot ahead*** *vi*. 飞速向前;迅速超越对手,突然领先:The supermarket was started in the first half of the year, but it has *shot ahead* rapidly. 这家超市上半年才开张,但发展迅猛。***shoot at*** *vt*. 向…射击,朝…开枪;用枪指着;用枪瞄准:They were *shooting at* a target. 他们正瞄准目标射击。***shoot away*** *vi*. & *vt*. ❶连续射击:The soldiers have been *shooting away* for five hours until their ammunitions are exhausted. 士兵们连续射击了五个小时,直到弹药用完。❷打坏,击毁:The front part of the car was *shot away*. 汽车的前半部分被击毁了。***shoot down*** *vt*. ❶打死;射死;击伤:If you go to war you might get *shot down*. 如果你去打仗就会挨枪子的。❷将(飞机、飞行员等)击落:*shoot* a fighter *down* with a light machine-gun 用一挺轻机枪把战斗机打下来 ***shoot off*** *vt*. & *vi*. ❶(用枪)将…射断,把…打掉;击毁;击毙:One of his legs was *shot off* in that battle. 他的一条腿在那次战斗中被打断了。❷朝天开(枪等);朝空中放(焰火);发射:The police *shot off* their weapons as a sign of warning. 警察朝天开枪示警。***shoot out*** *vt*. & *vi*. ❶(使)向外突出;(使)向外延伸:The steep cliff *shot out* into the sea. 陡峭的悬崖向外伸入海中。❷突然伸出(手、手臂等):His hand *shot out* and grasped her wrist. 他突然伸出手来抓住她的手腕。***shoot up*** *vt*. & *vi*. ❶(植物)发芽;抽枝:After last week's rain, the weeds have *shot up*. 上周下过雨后,杂草长得很快。❷(物价等)急剧上扬,猛涨;(数量、数目等)剧增:The population of the world is *shooting up*. 世界人口急剧上升。‖ **'shoo·ter** *n*. [C]

shoot·ing /ˈʃuːtiŋ/ **star** *n*. [C]【天】流星:marvellous showers of *shooting stars* 神奇的流星雨

shop /ʃɔp/ **I** *n*. [C]〈英〉(尤指零售)商店,店铺;(大商场里的)专营柜台;专业服务部:We hope that the book will be in the *shops* next year. 我们希望这部书明年能面市。**II** *vi*. (**shopped**; **shop·ping**) ❶买东西,购物:*shop* by telephone 电话购物 ❷寻找,搜寻:*shop* for the missing man 寻找失踪者 ‖ ***set up the shop*** *vi*. ❶经商,从商;开始营业,(商店)开张:Last year he *set up the shop* in downtown. 去年,他在闹市区开了一家商店。❷从事某种职业;开始某项工作:He has *set up the shop* as the chairman of the committee. 他已开始行使委员会主席的职权。***shot up shop*** *vi*. ❶关店;打烊 ❷歇业;停止活动

shop·keep·er /ˈʃɔpˌkiːpəʳ/ *n*. [C]〈主英〉店主,商店经理

shop·per /ˈʃɔpəʳ/ *n*. [C] ❶购物者,顾客 ❷(商店的)代客选购货物者 ❸(商店免费赠送的)广告宣传单;商场信息报

shop·ping /ˈʃɔpiŋ/ **centre** *n*. [C]购物中心〔亦作 **centre**〕

shopping mall *n*. [C]〈美加澳新〉商业中心区大街;步行商业区〔亦作 **mall**〕

shore[1] /ʃɔːʳ/ *n*. ❶[C;U](江、河、湖、海等的)岸,滨:take a walk along the *shore* 沿岸边散步 / They lived off the *shore*. 他们住在海岸不远处。❷[常作~s]国家:China is my native *shores*. 中国是我的祖国。‖ ***in shore*** *adv*. 近海地,近岸地 ***on shore*** *adv*. 在岸上:The sailors stayed a couple of hours *on shore*. 水手们在岸上待了几个小时。

☆**shore**, **bank**, **beach**, **coast**, **seaside** 均有"海岸"之意。**shore** 为普通用词,指陆地与江、河、湖、海等水域的相接部分:The boat reached *shore* at noon. (中午船靠岸了。) / Every dusk he would stand on the *shore* and gaze out to sea. (每天黄昏他都站在岸边凝视着海洋。) **bank** 特指河流的堤岸:You can see an old house on the left *bank* of the river. (在河的左岸你可以看到一幢老房子。) / He jumped over the opposite *bank* of the stream. (他跳到了小溪对岸。) **beach** 多用于美国英语,指海滨的娱乐场所:In summer, crowds of people go to the *beach*. (夏天人们纷纷涌向海边。)当该词表示靠海边的一片平整的陆地时,既可用于英国英

语，也可用于美国英语，通常有潮水的涨落：We are coming to the *beaches*!（我们快到岸了！）**coast** 指陆地与海洋接壤的部分，往往被列入一个国家的领土范围：The *coast* of West Australia is near, but I mean to proceed to our destination.（离西澳大利亚海岸已经近了，但我打算继续朝目的地前进。）**seaside** 多用于英国英语，指海滨的娱乐场所：I spent the whole summer at the *seaside* with my family.（整个夏天我都和家人一起待在海边。）

shore² /ʃɔːʳ/ *vt.* 用支柱（或撑柱）撑住（*up*）：*shore* the walls up with timbers 用木材支撑墙壁

shore·line /ˈʃɔːˌlain/ *n.* ［常用单］海岸线，海滨线；（湖泊等的）岸线

shorn /ʃɔːn/ *v.* shear 的过去分词

short /ʃɔːt/ *adj.* ❶（长度）短的，不长的：His trousers were too *short* to wear. 他的裤子短得不能穿了。❷（时间）短的，短暂的；短期的：They have made great progress in a few *short* years. 他们在短短几年内就取得了巨大的进步。❸（身材）矮小的，短小的；低的：He is *shorter* than any other member in the family. 他是家中个子最矮的。❹近的，近距离的；短程的：*short* flights 短程航班 ❺不足的，短缺的；缺乏的，匮乏的（*on, in*）：Their group is still one person *short*. 他们组还缺一个人。❻低于标准的，不足的：*short* rations 不足的配给量 ❼唐突的；脾气急躁的；易生气的：be *short* with sb. 对某人无礼 ❽【语】（元音或音节）短（音）的；持续时间短的；（音节）非重读的：There is a *short* vowel in "book". 在 book 一词中有一个短元音。‖ ***come short*** *vi.* & *vt.* ❶变得短缺：Her funds *came short*, and she had to wire home for help. 她的钱快用完了，她只好拍电报回家求援。❷令人失望；不够格 ***come short of*** *vt.* 未达到（要求、目标等）；未实现（愿望等）：The arrow *came short of* the target. 箭没射中靶子。***cut short*** *vt.* ❶切短；剪短；截短：Most of them had their hair *cut short*. 他们中大多数人把头发剪短了。❷使中止，使结束，中断：His nap was *cut short* by a noise from outside. 他的小憩被外面的喧闹声打断了。❸使缩短，使变短：On hearing the sad news she wanted to *cut short* her skiing trip. 一听到这个让人伤心的消息她就想提前结束滑雪旅行。***for short*** *adv.* 作为缩写；作为简称：His name is William, or Will *for short*. 他名叫威廉，或简称为威尔。***go short*** (***of***) *vi.* & *vt.* 缺乏 ***in short*** *adv.* 简言之，总之：*In short*, the accusations cannot be regarded as established. 总之，这些指控无法认定。***short for*** *prep.* 是…的缩略形式，是…的缩写：They called the boy "Dipper", *short for* "Dippermouth". 他们称那男孩为 Dipper，即 Dippermouth 的简称。***short of*** *prep.* ❶缺乏…的，匮乏…的：Still the city will be *short of* 1,000 nurses. 该市还缺少 1 000名护士。❷少于，不足；达不到：With 88 seats in Parliament, the new coalition cabinet was two votes *short of* a majority. 新的联合政府在国会中占有 88 个席位，但还需两票才能成为多数。‖ **ˈshort·ness** *n.* ［U］

short·age /ˈʃɔːtidʒ/ *n.* ［C；U］缺乏，匮乏，不足（*of*）：cover ［make up］ the *shortage* 弥补不足

short·bread /ˈʃɔːʳˌbred/ *n.* ［U］【烹】（用黄油、面粉和少量糖烘烤而成的）松脆饼，黄油酥饼

short-change /ˌʃɔːʳˈtʃeindʒ/ *vt.* ❶（故意）少找给…零钱：The cashier *short-changed* that old woman. 收银员故意少找了那个老太太的零钱。❷欺骗，欺诈：He felt that life had *short-changed* him. 他感到生活欺骗了他。

short circuit *n.* ［C］【电】短路

short-cir·cuit /ˈʃɔːʳˌsəːkit/ *vt.* ❶【电】使短路：*short-circuit* a battery 使电池短路 ❷阻碍，使受挫：He kept *short-circuiting* the implementation of the plan. 他一直在阻碍这项工程的实施。—*vi.* 【电】短路：The electricity supply *short-circuited*. 供电系统短路了。

short·com·ing /ˈʃɔːʳˌkʌmiŋ/ *n.* ［常作～s］缺点，短处；缺陷：a person with many *shortcomings* 一个有许多缺点的人

short cut *n.* ［C］❶近路：take a *short cut* 抄近路 ❷〈喻〉捷径，便捷的方法：There are no *short cuts* in the arts. 艺术上没有捷径可走。

short·en /ˈʃɔːtᵊn/ *vt.* 弄短，使缩短：At times I wished that he had *shortened* the book. 有时我希望他能把书缩减一下。—*vi.* 变短，缩短：As you grow older, your spine *shortens*. 随着年龄的增长，人的脊椎骨会变短。

short·en·ing /ˈʃɔːtᵊniŋ/ *n.* ❶［U］缩短 ❷［U］（制作糕点时加于湿面中使糕饼松脆的）酥油 ❸［U；C］（单词的）简化（形式），缩略（形式），缩写（形式）："Phone" is the *shortening* of "telephone". Phone 是 telephone 的缩略形式。

short·hand /ˈʃɔːtˌhænd/ *n.* [U]〈英澳〉❶速记法：The secretary took down their conversations in *shorthand*. 秘书把他们的谈话速记了下来。❷简便的表达方式：They couldn't understand the kind of *shorthand* that we talk. 他们无法理解我们那种简略的谈话方式。

short-hand·ed /ˈʃɔːtˌhændid/ *adj.* [无比较级]人手不足的，缺乏人手的：His company is heavily *short-handed*. 他的公司严重缺员。〔亦作 **underhanded**〕

short-lived /ˈʃɔːtˌlivd/ *adj.* [无比较级] ❶短命的：Men are *short-lived* compared with women. 男人的寿命要比女人短些。❷短暂的，为时不久的：The drop in employment was *short-lived*. 就业率下降是暂时的。

short·ly /ˈʃɔːtli/ *adv.* ❶[无比较级][常用于 before 和 after 前]立刻，马上，不久：*Shortly* after he had drifted off to sleep, the phone rang. 他刚刚迷迷糊糊地睡着，电话铃就响了起来。❷简短地，简明扼要地：He described his past experiences *shortly*. 他简要地讲述了他的往事。❸鲁莽地；唐突地，无礼地：He answered me rather *shortly*. 他很无礼地回答了我。

short order *n.* [C]快餐 ‖ ***in short order*** *adv.* 快，立即：The world champion knocked out his rival *in short order*. 那位世界冠军很快打败了对手。

short-range /ˈʃɔːtˌreindʒ/ *adj.* [无比较级] ❶短程的，近距离的：*short-range* missiles 短程导弹 ❷短期的；近期的：a *short-range* goal 短期目标

short-sight·ed /ˌʃɔːtˈsaitid/ *adj.* ❶近视的：He's so *short-sighted* that he has to wear glasses. 他近视得厉害，必须戴眼镜。❷〈喻〉目光短浅的，缺乏远见的：be *short-sighted* about sth. 对某事缺乏远见 ‖ **ˌshort-ˈsight·ed·ly** *adv.* —**ˌshort-ˈsight·ed·ness** *n.* [U]

short·stop /ˈʃɔːtˌstɒp/ *n.* [C; U]【棒】游击手；游击手的位置：play *shortstop* 打游击手的位置

short story *n.* [C]短篇小说

short-term /ˈʃɔːˌtəːm/ *adj.* [无比较级] ❶[常作表语]短期的，短时间的：*short-term* earnings 短期收益 ❷【经】(贷款等)短期内到期的：a *short-term* loan 一笔短期贷款

short wave *n.* [C] ❶【无】短波；短波波段；短波广播 ❷短波发射机；短波接收机

shot[1] /ʃɒt/ *n.* ❶[C]射击；打枪；开炮；射箭；枪声；炮声：fire *shots* 开火射击 ❷[C]瞄准：take a *shot* at sb. 瞄准某人 ❸[单复同]子弹；炮弹；[U](猎枪用的)铅沙弹；实心弹：I don't know how *shot* is [are] made. 我不知道怎么造子弹。❹[C]照片，相片；(电影或电视的)一组镜头；一段影片；拍照；摄影；摄像：The exterior *shots* of the film were taken in Bermuda. 这部电影的外景是在百慕大拍摄的。❺[C]【足】射门；【篮】投篮；击球；(乒乓球、网球、台球等的)一击：a penalty *shot* 罚球 / take a *shot* at the goal [basket] 射门[投篮] ❻[C]〈口〉猜测；尝试：Have a *shot* at solving the problem. 试着解答一下这个问题。❼[C]【体】铅球：put the *shot* 推铅球 ❽[C]射手；枪手；炮手：His father is a good *shot*. 他父亲是个神枪手。‖ **ˈshotˌproof** *adj.*

shot[2] /ʃɒt/ *v.* shoot 的过去式和过去分词

shot·gun /ˈʃɒtˌgʌn/ *n.* [C] ❶猎枪；滑膛枪；霰弹枪 ❷〈俚〉机关枪；速射武器

shot-put /ˈʃɒtˌput/ *n.* [用单]【体】推铅球，掷铅球 ‖ **ˈshot-ˌput·ter** *n.* [C] —**ˈshot-ˌput·ting** *n.* [U]

should /ʃud, ʃəd/ *aux. v.* ❶ shall 的过去式 ❷[用于第一人称的转述引语]将，会：I *should* be very cross if he did that one more time. 如果他再那么干的话，我会非常生气的。❸[表示义务、职责、正确性等]应该，应当；必须：He *should* stop smoking. 他该戒烟了。❹[用于第一人称，表示愿望或期望达到某种状态]想，要，希望：I *should* like to say something. 我想说几句话。❺[常用于虚拟语气的条件从句，语气较强，表示可能会发生的事件或可能会出现的情形，有时可放在从句的句首]万一…的话，如果…的话：What if we *should* be caught? 万一我们被逮住，该怎么办呢？❻[常用于第一人称的虚拟语气的主句，表示与事实相反的结果]就会：I *should* have not laughed if I had thought you were serious. 我如果当时认为你是认真的，就不会笑了。❼[表示说话者的推测、意愿或承诺]会：In the coming years we *should* be able to raise the annual production by 10% each year. 在未来的几年里，我们能将年产量提高10%。

shoul·der /ˈʃəuldəʳ/ **I** *n.* ❶[C]肩,肩膀;肩胛;[常作~s](肩)背部:He is muscular in the *shoulders*. 他肩膀厚实。❷[C]肩关节:He dislocated his *shoulder*. 他的肩关节错位了。❸[C](衣服等的)肩部:the *shoulders* of a coat 大衣的肩部/ a man's jacket with padded *shoulders* 有垫肩的男式夹克衫 **II** *vt.* ❶将…扛在肩上,掮,扛:The boy *shouldered* the basket of fruits. 小男孩扛起了果篮。❷承担(责任、负担等):They *shouldered* all the expenses [responsibilities]. 他们承担了所有的费用[责任]。❸用肩挤,用肩推;用肩挤过:That rude man *shouldered* me aside and got on the bus ahead of me. 那人粗鲁地把我挤向一边,在我前面上了汽车。—*vi.* 用肩膀推,使劲推:I *shouldered* into the mass myself. 我自己挤进了人群。‖ ***give sb. the cold shoulder*** *vi.* 冷淡地对待某人:If I had known he might have *given* me *the cold shoulder*, I would not have gone to see him. 早知道会遭他的冷遇,我根本就不会去看他。***shoulder to shoulder*** *adv.* ❶并肩地 ❷齐心协力地:The volunteers worked *shoulder to shoulder* with the police to keep order. 志愿者与警察一起维持秩序。

shoul·der-blade /ˈʃəuldəˌbleid/ *n.* [C]【解】肩胛骨

should·n't /ˈʃudᵊnt/ =should not

shout /ʃaut/ **I** *vi.* 呼喊,喊叫(*at*):She *shouted* for me to come. 她大声地叫我过来。—*vt.* 大声讲出;喊出,叫出:Guides *shout* their explanations in several languages. 导游们大声地用几种语言进行讲解。**II** *n.* [C]呼喊,叫喊;呐喊:Again and again the audience broke into *shouts* of applause. 听众中一次又一次地爆发出阵阵喝彩声。‖ ***shout out*** *vt.* 突然喊出;大声说出:He *shouted* the news *out*. 他大声宣布了这则消息。‖ ˈ**shout·er** *n.* [C]

shove /ʃʌv/ **I** *vt.* 推,挤;猛推;用力挤过:He was *shoved* against the wall. 他被推到了墙边。—*vi.* 推,挤,用劲推;用劲移动(或挪动)(*along*, *past*, *through*):His mother told him to *shove along* to make some room for her. 他妈妈叫他往旁边挪一挪,给她腾点地方。**II** *n.* [C]推,挤,搡:Julia gave her a *shove* that sent her in. 朱丽娅把她推到了里面。

shov·el /ˈʃʌvᵊl/ **I** *n.* [C] ❶铲;铁锹 ❷铲形机械;机械的铲状部件;单斗挖掘机:The *shovel* of the grab is capable of moving a large amount of earth in one go. 那台挖土机一次可以挖起大量的泥土。**II** *vt.* (**-el(l)ed;-el·(l)ing**) 用铲子铲:*shovel* the snow off the front path 把前面路上的雪铲掉

shov·el·ful /ˈʃʌvᵊlful/ *n.* [C]满铲的量

show /ʃəu/ **I** *vt.* (过去式 **showed**,过去分词 **shown** /ʃəun/或 **showed**) ❶使被看见,出示;让…看,给…看:A broad smile *showed* her white teeth. 她咧嘴笑起来,露出了白色的牙齿。❷显示,表示;显露,露出;流露(情感等):He *showed* respect to the old man. 他对那位老人表示尊敬。❸证实,证明;表明:This *shows* that he is not without a sense of humour. 这表明他并不缺乏幽默感。❹告诉;教,指导;阐明;讲解:The mechanic *showed* them how to assemble the machine. 机械师教他们怎样安装这台机器。❺放映(电影等);播放(电视或广播节目);上演(戏剧等):What films are they *showing* this week? 这星期放什么电影? ❻陈列,展览;展出(图画、动物、花卉等):The artist *showed* his works at the gallery. 那位艺术家在画廊展出了自己的作品。❼给…引路,引领:His mother *showed* him into a tiny bedroom. 他母亲把他带进了一间小卧室。—*vi.* ❶被看见;显示,显露,显现:The mark of the wound still *shows*. 伤疤还能看得见。❷放映;播放;上演;(电影)参映:When is the film *showing*? 这部电影什么时候上映? **II** *n.* ❶[C]显示,显露,显现:This western country staged a big military parade as a *show* of strength. 这个西方国家举行大阅兵以展示其军事力量。❷[C]展览;展览会;展览物,陈列品:hold [put on, stage] a *show* 举办展览 ❸[C](尤指音乐等的)演出,上演;上映的影片;播放的电视(或广播)节目:look at an art *show* 观看艺术展 ❹[C]外观,外表;相貌;扮相;表情:make a sorry *show* 作出遗憾的表情 ‖ ***on show*** *adj.* ❶在展览的,正展出的:Some of her paintings are *on show* in the museum. 她的一些画正在博物馆展出。❷(戏剧等)上演的;(电影)上映的;(电视节目等)播放的 ***show around*** *vt.* 带(某人)逛;领(某人)参观:I have promised to *show* him *around* Nanjing. 我答应了陪他在南京逛逛。***show off*** *vt.* & *vi.* ❶展览,展出;陈列:The shopkeeper had sufficient

S

space to *show off* his goods. 店主有足够的空间摆出他的商品。❷使更加突出,使尤为显眼:She wears a bikini that *shows off* her figure well. 她身穿一件比基尼,身材更显突出。❸显示:On the walls hung paintings that *showed off* her true artistic talent. 墙上挂着的画显示了她的真正艺术才能。***show up*** *vt.* & *vi.* ❶(使)变得醒目,(使)显而易见;(使)看得更清楚:The bright sunlight *shows up* the cracks in the wall. 明媚的阳光使墙上的裂缝显露了出来。❷揭露;暴露;披露:The investigation *showed up* the inefficiency of the management. 通过调查,管理的低效率问题暴露了出来。❸〈口〉露面,到场,出席:He was invited, but didn't *show up*. 他受到邀请却没来。

show business *n.* [U]〈口〉(包括电影、电视、戏剧等的)娱乐业:She never had to claw her way into *show business*. 她从来就不必拼命挤进娱乐界。

show·case /ˈʃəuˌkeis/ **I** *n.* [C] ❶(商店等的)玻璃陈列柜:a *showcase* of gems 珠宝陈列柜 ❷(为引起普遍注意而设的)展示场所(或媒介):The contest will offer a *showcase* for the young models. 这次比赛将为年轻的模特们提供一个崭露头角的机会。❸展览;陈列:a retrospective *showcase* of films 电影回顾展 **II** *vt.* ❶将…置于陈列柜中;将…展览(或陈列):The gallery was established to *showcase* the works of photographers and painters. 这间画廊的建立是用来展出摄影家和画家们的作品的。❷展示;使亮相:*showcase* a new production of the play 特别推出这部戏的新版本

S

show·down /ˈʃəuˌdaun/ *n.* [C] ❶最后的较量 ❷摊牌

show·er /ˈʃauəʳ/ **I** *n.* [C] ❶阵雨;冰雹(或风雪等)的一阵:A *shower* of rain won't last long. 阵雨不会下得很久。❷(子弹、尘土、石块、火花、眼泪等的)一阵;倾泻:The pipe burst, sending a *shower* of water into the air. 水管爆裂了,一股水柱冲向空中。❸如阵雨般的东西;一大串;一大批:a *shower* of tears 泪雨滂沱 ❹淋浴;淋浴间;淋浴器:He got up and took a *shower*. 他起床后冲了个澡。**II** *vt.* ❶把…弄湿;使湿透;喷淋:I had a rain *showered* on me yesterday. 我昨天淋了雨。❷大量给予(礼物等)(*on*, *upon*, *with*):The boss *showered* his employees *with* praise. 老板对他的员工们大加赞赏。—*vi.* ❶洗淋浴,冲澡:He *showered* after pouring himself a drink. 他倒了一杯饮料后就去冲凉。❷下阵雨 ‖ ˈ**show·er·y** *adj.*

show·ing /ˈʃəuiŋ/ *n.* ❶[U;C]展览;展示,陈列:visit a *showing* of European movies 参观欧洲电影展 ❷[C]表演;演出;(电影的)放映;(电视的)播放:I wasn't at my best at the *showing*. 演出时我不在最佳状态。

shown /ʃəun/ *v.* show 的过去分词

show-off /ˈʃəuˌɔf/ *n.* [C]〈贬〉爱炫耀的人,爱卖弄的人

show·room /ˈʃəuˌruːm,-ˌrum/ *n.* [C](工厂、商店等供展示样品的)陈列室,展览室

show·y /ˈʃəui/ *adj.*〈常贬〉❶惹眼的,引人注目的;堂堂的,堂皇的:a *showy* hair-style 招眼的发型 / a *showy* chateau 富丽堂皇的别墅 ❷俗艳的;花哨的:a great deal of *showy* costume jewellery 一大堆花里胡哨的戏服饰物 ❸夸示的,炫耀的,卖弄的:a *showy* manner 做作的态度 ‖ ˈ**show·i·ly** *adv.* —ˈ**show·i·ness** *n.* [U]

shrank /ʃræŋk/ *v.* shrink 的过去式

shrap·nel /ˈʃræpnᵊl/ *n.* [U]【军】❶(炮弹或炸弹的)碎弹片 ❷榴霰弹

shred /ʃred/ **I** *n.* ❶[C]碎片;细条;破布条;纸片:The violent seas ripped sails to *shreds*. 汹涌的大海把船帆撕成了碎片。❷[常用单][用于疑问句或否定句]少量,些许:Not a *shred* of evidence has been produced in support of those accusations. 提交不出任何证据来支持那些指控。**II** (**shred·ded**或 **shred**;**shred·ding**) *vt.* 把…撕碎(或切碎);把…弄成细条;把…放入碎纸机:This machine is used to *shred* documents. 这台机器用于切碎文件。—*vi.* 撕碎;切碎:The paper *shreds* easily. 这种纸很容易撕碎。‖ ***tear to shreds*** *vt.* ❶将…撕成碎片:She *tore* all her letters *to shreds*. 她将所有的信件都撕成碎片了。❷彻底驳倒(论点等) ‖ ˈ**shred·der** *n.* [C]

shrew /ʃruː/ *n.* [C] ❶【动】鼩鼱;地鼠 ❷泼妇,悍妇 ‖ ˈ**shrew·ish** *adj.*

shrewd /ʃruːd/ *adj.* ❶机灵的;敏锐的;精明的;狡猾的:It was *shrewd* of him to make that investment. 他眼光敏锐,做了那笔投资。❷(打击等)强烈的,猛烈的:He disarmed the man with a *shrewd* kick at his wrist. 他猛地向

那人手腕踢去，解除了他的武装。‖ ˈ**shrewd·ly** *adv.* —ˈ**shrewd·ness** *n.* [U]

shriek /ʃriːk/ **I** *vi.* ❶尖叫；惊叫；发出尖叫声：*shriek* in pain 痛得直叫 ❷清楚表示；大声表明 —*vt.* ❶尖声地说出（或叫出、喊出）；尖声发出(*out*)：*shriek* curses at sb. 尖声骂某人 ❷清楚地表示；大声地表明 **II** *n.* [C]尖叫；惊叫；尖叫声：a *shriek* of laughter 狂笑 / A *shriek* came from the living room. 客厅里传出尖叫声。

shrill /ʃril/ *adj.* ❶尖声的，刺耳的：a *shrill* whistle 刺耳的口哨声 ❷尖刻的；尖锐的；〈时贬〉猛烈的：The Opposition were *shrill* in their criticism of the cabinet's policies. 反对党尖锐地抨击内阁的政策。‖ ˈ**shrill·ness** *n.* [U] —ˈ**shril·ly** *adv.*

shrimp /ʃrimp/ *n.* [C]([复]**shrimp(s)**)【动】虾；褐虾属甲壳动物；褐虾，小虾

shrine /ʃrain/ *n.* [C] ❶神龛；圣坛；神殿：innumerable *shrines* to local gods 无数供奉地方神灵的圣殿 ❷圣陵 ❸圣骨匣，圣物箱 ❹圣地，神圣的场所：The location of his grave has become a *shrine*. 他的墓地已成了圣地。

shrink /ʃriŋk/（过去式 **shrank** /ʃræŋk/ 或 **shrunk** /ʃrʌŋk/，过去分词 **shrunk** 或 **shrunk·en** /ˈʃrʌŋkᵊn/）*vt.* 使收缩，使皱缩；使缩短；使变小；使减少：Internet has *shrunk* the world. 互联网把世界各地的距离拉近了。—*vi.* ❶收缩；皱缩；蜷缩；萎缩；变小；减少；贬值；变瘦：My T-shirt *shrank* in the wash. 我的T恤衫洗过以后缩水了。❷退缩；畏缩：She *shrank* from contemplating it. 她畏避退缩，不敢去想它。

shrink·age /ˈʃriŋkidʒ/ *n.* ❶[U]收缩；缩水，皱缩：at the current rate of *shrinkage* 按目前的收缩比率 ❷[用单]萎缩；减少；贬落；贬值：a *shrinkage* in the size of the police force 警力的减少 ❸[U]收缩量；减少（或贬落）程度；减少量

shrink·ing /ˈʃriŋkiŋ/ **violet** *n.* [C][常用于否定句]〈口〉很怕羞的人；含羞草

shrink-wrap /ˈʃriŋkˌræp/ *vt.* 用收缩性薄膜包裹

shriv·el /ˈʃrivᵊl/ (**-el(l)ed;-el·(l)ing**) *vt.* 使干枯，使干瘪，使枯萎；使干缩，使皱缩：The hot sun *shrivelled* the leaves. 骄阳烤得树叶都蔫了。—*vi.* ❶枯萎，干枯；干瘪；萎缩，皱缩：The crop began to *shrivel* in the sun. 烈日下庄稼开始打蔫。

shroud /ʃraud/ **I** *n.* ❶[C]裹尸布；寿衣 ❷[C]幕，罩；遮盖物，遮蔽物：be wrapped in a *shroud* of mystery 笼罩在神秘的气氛之中 **II** *vt.* ❶用裹尸布裹；给…穿寿衣 ❷遮盖，遮蔽；覆盖；将…伪装起来：The building was *shrouded* in darkness. 那幢房子笼罩在一片黑暗之中。

shrub /ʃrʌb/ *n.* [C]灌木 ‖ ˈ**shrub·by** *adj.*

shrub·ber·y /ˈʃrʌbᵊri/ *n.* [C;U]灌木丛，灌木林：throw the ball into the *shrubbery* 往灌木丛中扔球

shrug /ʃrʌg/ **I** (**shrugged;shrug·ging**) *vi.* (为表示冷漠、无助或轻蔑等)耸肩：He just sort of *shrugged* and said nothing. 他只是耸耸肩，什么也没说。—*vt.* 耸(肩)；耸肩表示(冷漠、无助或轻蔑等)：*shrug* one's shoulders 耸肩 **II** *n.* [C]耸肩：All I got was a dubitative *shrug* of the shoulders. 我得到的只是不置可否的一耸肩而已。‖ ***shrug off*** *vt.* 对…满不在乎；对…不屑一顾；对…不予理会：*shrug off* the increasingly insistent demands of modernization 漠视日益迫切的现代化要求

shrunk /ʃrʌŋk/ *v.* shrink 的过去式和过去分词

shrunk·en /ˈʃrʌŋkᵊn/ **I** *v.* shrink 的过去分词 **II** *adj.* [无比较级][常作定语]收缩的；萎缩的：a *shrunken* child 一个干瘦的小孩

shuck /ʃʌk/ **I** *n.* [C](果实或种子的)外壳；皮；荚 **II** *vt.* ❶去掉…的壳(或荚、皮)：*shuck* peas 剥豌豆 ❷剥去；脱掉(*off*) ❸摆脱；丢掉，抛弃(*off*)

shucks /ʃʌks/ *int.* [表示惊讶、遗憾、气愤等]嘘，咦：A: Thank you for coming. B: Oh, *shucks*, not at all. 甲：谢谢你过来。乙：咦，你这话说得，不用谢。

shud·der /ˈʃʌdəʳ/ **I** *vi.* (因恐惧、寒冷、厌恶等不自主地)战栗，颤抖：They *shuddered* at the bloody scene. 他们看到这个血腥场面不寒而栗。**II** *n.* [C]震动，颤动；打战，战栗：The poor girl shrank back with a strong *shudder*. 可怜的小女孩浑身颤抖着往后退去。

shuf·fle /ˈʃʌfᵊl/ **I** *vt.* ❶拖着(脚)走，缓慢地滑动(或移动)(脚步等)：We *shuffled* our way in the sand. 我们在沙地上拖着脚步，缓缓前行。❷(快速地)洗(牌)：*Shuffle* the cards! 洗牌！❸重组，改组；弄混，搞乱：*shuffle* the documents 把文件弄乱 ❹笨手笨脚地穿(或脱去)

S

(衣服等)(*on*,*off*,*into*):The clown *shuffled on* his clothes. 小丑笨手笨脚地穿上衣服。—*vi*. ❶拖步行走,拖着脚走路:The carrier's horse *shuffled* along,with his head down. 那匹拉车的马把个脑袋耷拉着,一步一步地往前蹭。❷洗牌:It's your turn to *shuffle*. 该你洗牌了。**II** *n*. [常用单] ❶弄混,搅乱;重组,改组:a *shuffle* of the Cabinet 内阁改组 ❷洗牌(权);洗牌轮值:Let me give the cards a good *shuffle*. 让我把牌好好洗一洗。❸曳步;曳行;曳步舞:walk with a *shuffle* 拖着步子走路 ‖ ***shuffle sth. off*** (***onto sb.***) *vi*. 搪塞;推卸(责任等);把某事物推诿(给某人):*shuffle* responsibility *off onto* others 把责任推给别人 ‖ ˈ**shuf·fler** *n*. [C]

shun /ʃʌn/ *vt*. (**shunned**;**shun·ning**) 避免;回避,避开:She *shunned* public life as a movie star. 她身为电影明星,不抛头露面。

shunt /ʃʌnt/ *vi*. (尤指火车)调轨,转轨:The train *shunted* to a side. 火车转到了岔轨上。—*vt*. ❶使(火车)调轨(或转轨):The locomotive was *shunted* into a siding. 这辆机车转到岔轨上去了。❷使转移,使移至另一地方(或方向):Blood is *shunted* away from the digestive organs. 血液从消化器官中转移到其他地方了。

S

shush /ʃuʃ,ʃʌʃ/ **I** *int*. 嘘;别出声(=hush):*Shush*! I want to listen to the news. 嘘,我要听新闻。**II** *vt*. 使安静,使不出声:She *shushed* him with a gesture. 她打了个手势让他安静。

shut /ʃʌt/ **I** (**shut**;**shut·ting**) *vt*. ❶关上,关闭;合上,盖上;收拢:Could you *shut* the door, please? 请你关上门好吗? ❷使停止营业,使停止开放:The company *shut* the brewery last year because of falling demand. 由于需求量下降,公司去年关闭了那家啤酒厂。—*vi*. ❶关上;合上:This window won't *shut* properly. 这扇窗户关不上。❷停止营业,关门,打烊:Shops *shut* late at weekend. 周末商店打烊很迟。**II** *adj*. [无比较级]关上的;闩住的;合拢的;封闭的:The door swung *shut*. 那扇门转了一下又关上了。‖ ***shut one's eyes to*** *vt*. 对…视而不见;故意回避 ***shut away*** *vt*. 把…关闭;将…藏起;使远离;隔离:*shut* oneself *away* in the countryside 隐居乡间 ***shut down*** *vt*. & *vi*. ❶把(窗户)拉下来关上:Could you *shut down* the window,please? 请把窗户拉下来关上,好吗? ❷(使)关闭;(使)歇业;(使)停办:Financial problems forced the business to *shut down*. 财政困难迫使公司关门。***shut in*** *vt*. & *vi*. ❶(山丘或房屋等)(被)环绕,(被)围住:The small building is *shut in* by the sea on three sides. 小楼三面环海。❷把…关起来,关住,禁闭;封闭,封住:The mad woman was *shut in* upstairs. 那个疯女人被关在楼上。***shut off*** *vt*. & *vi*. ❶切断,中断:The supply of oil can be *shut off* at any time because of the war. 由于战事石油供应随时都可能被切断。❷关掉;(使)停止运转;停止…的活动:My computer *shuts off* automatically. 我的这台计算机能自动关机。❸使隔绝(*from*):When I lived in the remote mountain village,I felt quite *shut off from* the outside world. 我住在边远山村里时,大有与世隔绝之感。***shut out*** *vt*. 把…关在外面,不让…入内;把…排斥在外:She *shut* her drunken husband *out* of the bedroom. 她把醉鬼丈夫关在卧室外面。***shut up*** *vt*. & *vi*. 〈口〉(使)住口;停止讲(或写):Once he starts talking,it's not easy to *shut* him *up*. 他这个人话匣子一开,就不容易堵住他的嘴。

shut-down /ˈʃʌtˌdaun/ *n*. [C](企业或商店等临时或永久的)关闭,歇业;停工,停产:The *shut-down* lasted into the next year. 这次停工一直持续到第二年。

shut·ter /ˈʃʌtəʳ/ *n*. [C] ❶百叶窗;活动遮板,活动窗帘;防盗门;防盗窗:Blizzards penetrated the *shutters*. 暴风雪刮进百叶窗。❷【摄】(照相机的)光门,快门:I didn't hear the *shutter* click. 我没听见快门的响声。

shut·tle /ˈʃʌtᵊl/ *n*. [C] ❶(织机上的)梭,梭子;(缝纫机上的)摆梭;来回穿梭的东西 ❷(交通工具的)短程穿梭运输(线路);(车辆或飞机等)短程穿梭运输工具:We're flying to London on the air *shuttle*. 我们将乘穿梭航班去伦敦。

shut·tle·cock /ˈʃʌtᵊlˌkɔk/ *n*. [C]【体】羽毛球;板羽球

shy /ʃai/ **I** *adj*. (比较级**shy·er**或**shi·er**,最高级**shy·est**或**shi·est**) ❶腼腆的,害羞的,羞怯的,怕生的:Her manner was *shy* but also rather stubborn. 她外表看上去很怕生,但脾气却相当固执。❷[作表语]畏缩的;不愿的,不喜欢的;有戒心的(*of*,*with*):He was *shy of* his aunt when he was a kid. 他小时候怕见姑姑。**II** *vi*. 逃避,躲避;畏惧,退缩(*away from*,*at*):

The beginning learners *shy away from* the monolingual dictionary. 初学者往往怕用单语词典。‖ ˈ**shy·ly**, ˈ**shi·ly** *adv.* —ˈ**shy·ness** *n.* [U]

Si·a·mese /ˌsaiəˈmiːz/ **twins** [复] *n.* ❶孪生子，联体双(胞)胎 ❷关系密切的一对(人或物)

sib·ling /ˈsibliŋ/ 〈书〉 *n.* [C]兄弟(或姐妹)；手足，同胞：His *siblings* are dying off. 他的兄弟姐妹相继死去。

sic /sik/ *adv.* 〈拉〉[用于括号内，以证实或提醒对所引述或抄录文字注意]原文如此

sick[1] /sik/ **I** *adj.* ❶有病的，生病的；不适的，不舒服的，有病感的：His wife is off *sick*. 他妻子休病假。❷[通常作表语]恶心的，想呕吐的；令人恶心的，引起呕吐的：*I feel sick* — I think it was that fish. 我想吐，我想是吃了那条鱼的缘故。❸[无比较级][作定语](为)病人的：a *sick* ward 病房 ❹[作表语]厌倦的；厌烦的，腻味的；厌恶的(*of*)：She's *sick of* her job. 她厌倦她的工作。❺懊丧的；郁悒的；心烦意乱的；极不愉快的：He's really *sick* at having made no progress in his work. 工作毫无进展，他感到灰心失望。❻(精神或道德上)不正常的，不健全的；病态的；败坏的；(思想或情绪上)混乱的：a *sick* society 病态社会❼〈口〉(故事、笑话、幽默等)残酷的；可怖的，令人毛骨悚然的；品味差的，令人作呕的：a *sick* ghost story 令人毛骨悚然的鬼故事 **II** *n.* [**the** ～][用作复]病人，患者：*The sick* are doing well under the doctor's care. 病人在医生的照料下病情好转了。‖ ***fall sick*** *vi.* 患病，生病 ‖ ˈ**sick·ish** *adj.*

☆**sick**, **ill**, **indisposed** 均有"生病的"之意。**sick** 在美国英语中通常表示身体有病、处于不健康状态；在英国口语中则常指感觉一阵不舒服、恶心或想呕吐：Jack's friends were not aware of how *sick* he was. (杰克的朋友们还没有意识到他的健康状况有多糟。)该词表示感觉不舒服时，不一定是身体有疾病，也可以是由于其他原因，带有较强的感情色彩：She was *sick* at heart through anxiety. (她的心情焦虑不安。) **ill** 源于古斯堪的纳维亚语，表示坏的，在美国指身体不好时可与 **sick** 换用，但多用于 **ill health** 等短语，在英国英语中通常表示染病在身：The old man was seriously *ill* with heart disease. (那位老人因患心脏病身体很虚弱。) **indisposed** 为书面语，指身体欠安或染有微恙：His Excellency the Ambassador is *indisposed*. (大使阁下身体欠佳。)

sick[2] /sik/ *vt.* ＝sic

-sick /sik/ *comb. form* 表示"因…感到恶心"：car*sick*，air*sick*

sick·bay /ˈsikˌbei/ *n.* [C] ❶(船上或学校中的)医务室：Henry fainted during the chemistry test，so he's in the *sickbay*. 亨利考化学时晕倒了，现在他在医务室里。❷病房，病室

sick·bed /ˈsikˌbed/ *n.* [C]病床，病榻

sick·en /ˈsikᵊn/ *vt.* 使恶心，使作呕；使厌恶；使厌倦：The violence in the movie *sickened* me. 影片中的暴力让我恶心。—*vi.* 生病，显露出症状(*for*)：She is *sickening for* measles. 她出麻疹了。

sick·en·ing /ˈsikᵊniŋ/ *adj.* ❶令人作呕的；使人厌恶的；令人毛骨悚然的：a *sickening* stench of blood 令人作呕的血腥味 / It's *sickening* to see the cruel bullfight. 见到那残忍的斗牛场面真叫人毛骨悚然。❷〈口〉使人厌烦的；让人生气的，恼人的；使人难受的：It's *sickening* that I can't go to the party. 不能去参加晚会，真叫人憋气。

sick·le /ˈsikᵊl/ *n.* [C] ❶镰刀 ❷镰刀状物(尤指新月等)

sick·le-cell /ˈsikᵊlˌsel/ **anaemia** *n.* [C]【医】镰状红细胞贫血症

sick·ly /ˈsikli/ *adj.* ❶生病的；多病的：a *sickly* child 多病的孩子 ❷因疾病而产生的；病态的；苍白的：She was pale and *sickly*. 她脸色苍白，满面病容。❸令人作呕的；使人厌恶的：the *sickly* smell of rotten fruit 使人恶心的烂水果的气味

sick·ness /ˈsiknis/ *n.* ❶[U；C]患病，生病；疾病：a pernicious *sickness* 致命的疾病❷[U]呕吐，作呕；恶心，反胃：Andrew entered the bedroom，which smelt of *sickness*. 安德鲁进了卧室，那里面散发着令人作呕的味道。

sick·room /ˈsikˌruːm，-ˌrum/ *n.* [C]病房，病室

side /said/ **I** *n.* [C] ❶边；缘；侧面；面：The sofa had arms at the *sides*. 长沙发的两侧有扶手。❷(人或动物身体的)侧边；肋：Do you feel a pain in your right *side*? 你觉得右肋疼吗？❸(山体等的)坡面，斜坡；(河流等的)堤岸：On its southwestern *side*, the mountain is covered in snow. 这座山的西南坡有积雪覆盖。❹近旁,旁边;身边:He rose and went to her *side*. 他站了起来,朝她身边走去。❺(战争、政治或比赛等对立的)一面,一派,一方:Neither *side* scored in the soccer game this afternoon. 今天下午的这场足球赛双方均未进球。❻(与另一方相对立的)一方的立场(或观点、态度等):He was having difficulty taking her *side*. 当时他很难赞同她的观点。❼家系;血统:the grandmother on one's father's *side* 奶奶 **II** *vi*. (尤指在争执或争斗中)坚持立场(*with*, *against*): They all *sided with* their father in the family conflict. 在这次家庭冲突中,他们全都站在父亲一边。‖ ***on one side*** *adv*. ❶在旁边 ❷一旁,一边:His father had to take him *on one side* to explain. 他父亲只得把他叫到一旁去解释。***on the side*** *adv*. ❶作为兼职;作为副业:He is a teacher, but he makes some money *on the side* by writing for a journal. 他是教师,但业余时间给一家杂志做兼职撰稿人挣点外快。❷秘密地,暗地里,私下:I think he has another woman *on the side*. 我认为他暗地里同另外一位女人有染。***side by side*** *adv*. ❶肩并肩地,一起:Some married couples sat *side by side* in deck chairs. 一些夫妻双双并肩坐在甲板的椅子上。❷协调地;相互支持地:The two theories worked *side by side* in the experiment. 这两个理论在试验中相得益彰。***take sides*** *vi*. 偏袒一方;支持一方:My mother never *take sides* when my brother and I argue. 我和哥哥吵架时,妈妈从不偏袒谁。

side·arm /ˈsaidˌɑːm/ **I** *adv*. 由体侧:pitch *sidearm* rather than overhand 从体侧而非上手投球 **II** *adj*. [无比较级][作定语]体侧的

side-arms /ˈsaidˌɑːmz/ [复] *n*. 随身武器(如佩剑、刺刀、匕首或手枪等)

side·board /ˈsaidˌbɔːd/ *n*. [C]餐具柜

side·burns /ˈsaidˌbəːnz/ [复] *n*. (男子的)鬓角,鬓发;络腮胡子,连鬓胡子

side dish *n*. [C](与主菜同时上的)配菜;配菜碟

side-ef·fect /ˈsaidiˌfekt/ *n*. [C]副作用:The *side-effects* of the drug are loss of hair and difficulty in eating. 这种药的副作用是头发脱落和进食困难。

side·light /ˈsaidˌlait/ *n*. [C] ❶侧面情况;附带信息(或知识):What he said threw a *sidelight* on what had happened. 他的话有助于了解发生的事。❷(车辆夜行使用的)侧灯,边灯;(船的)舷灯

side·line /ˈsaidˌlain/ *n*. ❶[C]副业,兼职:He works at the institute, but models at weekends as a *sideline*. 他在研究所工作,但周末兼职当模特。❷[常作~s]【体】(网球或曲棍球球场等的)边线;(邻近看台区供替补队员坐的)界外区域:The ball fell just outside the *sideline*. 球正好落在界外。

side·long /ˈsaidˌlɔŋ/ *adj*. [无比较级][作定语]往旁边的,侧面的;横向的:Vin gave him a sharp, *sidelong* glance. 文严厉地瞟了他一眼。

si·de·re·al /saiˈdiəriəl/ *adj*. [无比较级]【天】星的;恒星的;星座的;据恒星测定的

side·show /ˈsaidˌʃəu/ *n*. [C] ❶(游戏或杂耍等中的)穿插表演,附带表演:put on a *sideshow* 穿插表演节目 ❷附属活动;附带事件;次要事情,小事情

side-split·ting /ˈsaidˌsplitiŋ/ *adj*. 笑破肚子的,令人捧腹的:a *side-splitting* laughter 开怀大笑

side·step /ˈsaidˌstep/ *vt*. & *vi*. (**-stepped**; **-step·ping**) ❶(尤指足球运动中)跨步躲避,跨步躲闪:He managed to *sidestep* the first frontal attack. 他一个跨步,躲开了第一次正面的进攻。❷回避,规避,避开:He neatly *sidestepped* during the press conference. 在新闻发布会上他巧妙地躲开问题。

side-stroke /ˈsaidˌstrəuk/ **I** *n*. [C]【体】侧泳:swim [do] a *side-stroke* 侧泳 **II** *vi*. 游侧泳

side·track /ˈsaiᵈˌtræk/ *vt*. ❶将(火车)转到侧线;使(火车)转轨 ❷使改变(话题),使转移(话题):In his research, he was *sidetracked* by his interest in mystic notions dating back to the Greeks. 他在研究工作中因对源自古希腊的神秘观念深感兴趣而走了弯路。

side·walk /ˈsaidˌwɔːk/ *n*. [C]〈主美〉人行道(=pavement)

side·ways /ˈsaidˌweiz/ **I** *adv*. [无比较级] ❶往旁边;(斜)向一侧(或一边) She glanced *sideways*. 她往旁边斜了一眼。❷从旁边;从一侧(或一边):It was George's nature to approach any subject *sideways*. 乔治谈任何一个问题一向喜欢旁敲侧击。❸侧着;一侧(或一边)向前:The passenger sat *sideways* on the bus. 那位乘客在公共汽车上侧身坐着。**II** *adj.* [无比较级]往(或在、从)旁边的;向(或在、从)一侧(或一边)的;侧向的:a *sideways* movement 侧向运动

sid·ing /ˈsaidiŋ/ *n.* ❶[C](铁路的)岔线,侧线 ❷[U]【建】壁板,墙板

si·dle /ˈsaidᵊl/ **I** *vi.* 侧身走;偷偷摸摸地走;羞怯地走,(因紧张或羞怯而)悄悄移动(*along*, *up*) **II** *n.* [C]小心翼翼的移动;偷偷摸摸的行走

siege /siːdʒ/ *n.* [C] ❶包围,围困;围攻;围攻期间:After a week-long *siege*, the kidnappers gave themselves up to the police. 经过一个星期的围困后,绑架者向警方投降了。❷连续不断的进攻;反复的努力;再三说服:Apartheid kept the white-ruled country under *siege* internationally. 种族隔离政策使得这个白人统治下的国家处在全世界的不断声讨之中。

si·es·ta /siˈestə/ *n.* [C](气候炎热国家中的)午睡,午休

sieve /siv/ **I** *n.* [C]筛子,筛网;滤器,滤网 **II** *vt.* 筛,筛分;筛滤 ‖ ***have a head [mind] like a sieve*** *vi.* 〈口〉什么都记不住,记忆力很差

sift /sift/ *vt.* ❶筛;筛分;过滤:*sift* the rice from the chaff 把大米里的糠筛掉 ❷撒,撒布(糖等):*sift* the brown sugar onto the cookies 把红糖撒在饼干上 ❸细查;详审:Let us *sift* to the bottom of this affair. 让我们把这件事一查到底。

sigh /sai/ **I** *vi.* 叹气,叹息:She *sighed* with disappointment at the news. 消息传来,她失望地叹了口气。—*vt.* 叹息着说(或表示);悲叹;痛惜:She *sighs* that her Dutch is so rusty she can no longer speak it. 她叹口气说道,她的荷兰语已经荒疏,她再也不会讲了。**II** *n.* [C]叹气,叹息;叹息声:let out a long *sigh* 长叹一声

sight /sait/ **I** *n.* ❶[U]视力;视觉:Her *sight* is good. 她的视力很好。❷[用单]看见,瞥见:We'd like a *sight* of your resumé first. 我们想先看看你的简历。❸[U]视阈,视野,眼界;视线:She didn't let the child out of her *sight*. 她不让孩子走出自己的视线以外。❹[C][通常作 **a ~**]看(得)到的东西;情景;景象,景观;奇观:His face after the accident was not a pretty *sight*. 事故之后他的脸惨不忍睹。❺[常作 **~s**]值得看的东西;名胜;风景:see the *sights* of Beijing 游览北京的名胜古迹 ❻[**a ~**]〈口〉看不入眼的人(或事物);滑稽可笑的人(或事物);杂乱无章的人(或事物):Look at the girl with green hair. What *a sight*! 瞧那个一头绿发的女孩,难看死了!❼[常作 **~s**](枪、炮上的)瞄准器;观测器:the *sights* of a gun 枪的瞄准器 **II** *vt.* ❶看见,瞧见;发现:After many weeks at sea, we *sighted* land. 经过几个星期的海上航行,我们看见了陆地。❷校正(枪、炮等)的瞄准器;用瞄准器瞄准 —*vi.* 用瞄准器瞄准 ‖ ***at first sight*** *adv.* 乍一看,一见之下;立即:They fell in love *at first sight*. 他们一见钟情。***catch sight of*** *vt.* 看到,发现;意识到:I *caught sight of* my old friend in town today. 我今天在城里看见我的老朋友了。***in the sight of*** *prep.* 从…看点来看,从…的眼光来看:We are all equal *in the sight of* law. 法律面前,人人平等。***lose sight of*** *vt.* ❶不再看见:I saw her for a moment but then *lost sight of* her. 我看到了她一会儿,但很快她就在人群中消失了。❷忘记;忽略:Let's not *lose sight of* our main goal, even though we may disagree on how to get there. 我们不要忘记我们的主要目的,尽管在如何达到这个目的的途径上我们有分歧。***out of sight*** *adj.* & *adv.* 在看不见的地方的(地);在视线以外的(地)

sight·ed /ˈsaitid/ *adj.* [无比较级] ❶看得见的,不盲的,有视力的 ❷[用以构成复合词]有…视力(或视觉)的:long-*sighted* 远视的

sight·less /ˈsaitlis/ *adj.* [无比较级]无视力的,失明的,盲的

sight·see·ing /ˈsaitˌsiːŋ/ *n.* [U]游览,观光,旅游:an afternoon of *sightseeing* and shopping 一个观光购物的下午 ‖ **ˈsightˌse·er** *n.* [C]

sign /sain/ **I** *n.* [C] ❶标志;象征:Violence is a *sign* of weakness. 暴力是软弱的标志。❷(用以表示或区分的)符号,记号,标记,标志:a *sign* of danger 危险的标记 ❸暗示,示意动作:I gave him a *sign* to come in. 我示意他进来。❹牌子;标牌,指示牌;告示牌:a traffic *signs* 交通标牌 ❺预兆,征兆;迹象:The patient was showing some *signs* of improvement. 病人有好转的征候。**II** *vt.* ❶(尤指在文件等上)签

S

(字);署(名);在(文件等)上签字(或署名):Don't forget to *sign* your name to the document. 别忘了在文件上签你的名字。❷用手势(语)表示(或示意):He *signed* me to bring the bill. 他打手势示意我把账单拿来。❸(通过签订合约)雇用:*sign* top stars to fat contracts 以优厚的合同与超级球星签约 —*vi.* ❶签名,署名;签字:Would you *sign* here please? 请在此签名好吗? ❷签署合同;签字承担义务(*with*):Have you *signed with* the company? 你跟公司签合同了吗? ❸用手势示意,打手势交流:My teacher *signed* to me to go. 我老师示意我走开。‖ **sign in** *vt.* & *vi.* (使)签到(尤指入住旅馆):You must *sign* guests *in* when they enter the club. 客人进入俱乐部时你得为他们登记。**sign out** *vi.* & *vt.* 签名登记离开(尤指旅馆):Soldiers *sign out* when they leave the barracks. 士兵离开营房得登记签字。**sign up** *vt.* & *vi.* ❶签约雇佣;签约受雇:There was an attempt to *sign up* more men for the police force, but not many signed up. 警方本来准备雇用更多的人,但是报名参加的人不多。❷报名(或签约)参加(或从事);报名(或签约)获得:I've *signed up* to take a course at the local college. 我已经报名参加当地大学开设的一门课程。‖ ˈ**sign·er** *n.* [C]

S

☆ **sign, indication, mark, symptom, token** 均有"标志,迹象"之意。**sign** 为普通用词,既可表示象征、征兆或迹象,也可用以指人们公认的标记或符号:There are *signs* that the economy is improving. (种种迹象表明经济正在好转。) **indication** 指较为直接、明白的显示:She gave no *indication* of having heard us. (看不出她听见我们的声音了。) **mark** 指压印出来或深深刻下的记号、痕迹,也可指体现人或事物内在特性、特征的标志:The car had left tyre *marks* in the muddy ground. (这辆汽车在泥地上留下了轮胎印。) **symptom** 指身体患病而产生的症状,也可引申指揭示事物内在变化的、可辨认的外部迹象或征兆:Yellow skin is a *symptom* of jaundice. (皮肤变黄是黄疸病的症状。) **token** 通常指用以表示或证实某种思想、感情、态度的具体物件、行为等:These flowers are a small *token* of my gratitude. (仅以此花聊表谢忱。)

sig·nal /ˈsignᵊl/ **I** *n.* [C] ❶信号;信号语;暗号:A *signal* is sent every five minutes. 每五分钟发送一次信号。❷直接原因,起因;导火线(*for*):The uprising was a *signal for* repression. 造反直接引起了镇压。❸【电子】(电流脉冲、电磁波等传输的)信号 **II** (**-nal(l)ed; -nal·(l)ing**) *vi.* 发送信号;打信号语:The commander *signalled* when the town had been taken. 城市被拿下时,指挥官发出信号。—*vt.* 给…发信号;发信号指示(*to*);用信号表示(或示意);用信号发出(命令、信息等):The policeman *signalled to* the driver to stop. 警察示意司机停车。

sig·na·to·ry /ˈsignətᵊri/ **I** *n.* [C](协议或条约等的)签字方;签署人;签署国:These nations are *signatories* to the international organization. 这些国家都是该国际组织的签署国。**II** *adj.* [无比较级]签字的;签约的:the *signatory* nations to the treaty 缔约国

sig·na·ture /ˈsignətʃəʳ/ *n.* [C] (本人的)签名,署名;(文件的)签字;签署:the *Signature* Ceremony 签字仪式

sign·board /ˈsainˌbɔːd/ *n.* [C]招牌;告示牌;广告牌

sig·nif·i·cance /sigˈnifikᵊns/ *n.* ❶[U]重要性;重大;重视:Money at that time held no *significance* for him. 那时,钱对他来说一点儿也不重要。❷[用单]含义,意义;意思:The event has great political *significance*. 该事件有很重要的政治意义。

sig·nif·i·cant /sigˈnifikᵊnt/ *adj.* ❶有意义的;有含义的,意味深长的:give sb. a *significant* look 意味深长地瞥了某人一眼 ❷值得重视的;重要的;意义重大的,影响深远的:The chance is rather *significant* for your future. 这一机遇对你的未来会产生深远的影响。‖ **sigˈnif·i·cant·ly** *adv.*

sig·ni·fy /ˈsigniˌfai/ *vt.* ❶表示…的意思;有…的意思:Nobody really knows what the marks on the ancient stones *signify*. 没有人真的知道这些古老石头上的符号表示什么意思。❷表明;表示;示意:We *signified* our agreement by raising our hands. 我们举手表示赞同。‖ **sig·ni·fi·ca·tion** /ˌsignifiˈkeiʃᵊn/ *n.* [U]

sign language *n.* [C](尤指聋哑人使用的)手势语,哑语;身势语〔亦作 **sign**〕

sign·post /ˈsainˌpəust/ *n.* [C] ❶路牌,路标;指示牌;标志杆 ❷指示物,标志物;征兆;明显的线索(或迹象):My supervisor has given me *some signposts* towards what I should study next. 导师给了我一些下一步的学习内容的指导。

si·lence /ˈsailᵊns/ **I** *n.* [U] ❶安静，寂静，无声：The fields were filled with heavy *silence*. 田野一片沉寂。❷不出声，默不作声；静默，沉默：*Silence* gives consent. 不出声就是默认。❸缄默；闭口不谈：a hostile *silence* 一阵充满敌意的缄默 / Calumnies are best answered with *silence*. 对诬陷之词最好不理不睬。**II** *vt.* 使安静；使沉默；使哑口无言：The speaker *silenced* the crowd by raising his hand. 演讲者举起手示意人群安静下来。‖ ***reduce*** [***put***] ***to silence*** *vt.* 驳倒；驳得…哑口无言：Her forceful arguments *reduced* her opponents *to silence*. 她以有力的论点驳得对手哑口无言。***Silence is golden.*** 〈谚〉沉默是金。

si·lenc·er /ˈsailᵊnsəʳ/ *n.* [C] 消音器；消声装置：a *silencer*-equipped pistol 装有消声器的手枪

si·lent /ˈsailᵊnt/ *adj.* ❶安静的；寂静的；悄然无声的：His shouts echoed in the *silent* street. 他的喊叫声在寂静的街道上回荡着。❷沉默的，不作声的；寡言的：Miller has always been the *silent* type. 米勒一向沉默寡言。❸[无比较级]【语】(字母)不发音的：“b” is a *silent* letter in the word “tomb”. 单词 tomb 中的 b 不发音。‖ **ˈsi·lent·ly** *adv.*

sil·hou·ette /ˌsiluːˈet/ *n.* [C] ❶(浅色背景上的)黑色轮廓影像：The kids were looking at the *silhouettes* of some animals on the sign. 孩子们在观看那广告牌上面的一些动物轮廓。❷轮廓；形状：the *silhouette* of various leaves 各种叶片的形状

sil·i·ca /ˈsilikə/ *n.* [U]【矿】硅石；二氧化硅 ‖ **si·li·ceous, si·li·cious** /siˈliʃəs/ *adj.*

sil·i·con /ˈsilikᵊn/ *n.* [U]【化】硅(符号 **Si**)

sil·i·co·sis /ˌsiliˈkəᵘsis/ *n.* [U]【医】粉尘沉着病；硅肺

silk /silk/ *n.* [U] ❶(蚕或蜘蛛等昆虫吐出的)(细)丝；丝线 ❷丝绸；丝织物，丝织品：*silk* and satin 真丝与绸缎

silk·en /ˈsilkᵊn/ *adj.* ❶[无比较级]丝制的，丝织的；丝质的；丝绸的：*silken* robes 丝质长袍 ❷丝绸状的，丝绸一般的；(丝绸般)柔软光滑的：Della's greatest possession is her long, *silken* hair. 德拉最大的财富莫过于她那一头丝绸般柔顺光滑的长发。

silk·worm /ˈsilkˌwəːm/ *n.* [C]【昆】蚕，家蚕，桑蚕

silk·y /ˈsilki/ *adj.* 丝绸般的，柔细光滑的：The olive oil keeps your skin *silky*. 橄榄油可使您的肌肤细腻润滑。

sill /sil/ *n.* [C]【建】基石；底木；窗框；窗台；门槛

sil·ly /ˈsili/ *adj.* ❶愚蠢的，傻的；不明智的；不合理的；可笑的：He was *silly* to take the dare. 他接受挑战是很愚蠢的。❷毫无意义的，无聊的：We'd read a *silly* book. 我们看了一本无聊的书。‖ **ˈsil·li·ness** *n.* [U]

si·lo /ˈsailəu/ *n.* [C]([复]**-los**) ❶青贮窖(一种立式圆柱塔，用以青贮饲料) ❷筒仓(用以储存粮食或水泥等散货的立式圆柱形仓库)：book *silos* 书库

silt /silt/ *n.* [U](港湾或水道等处淤积的)泥沙，淤泥 ‖ **ˈsil·ty** *adj.*

sil·ver /ˈsilvəʳ/ **I** *n.* ❶[U]【化】(白)银(符号 **Ag**)：a bracelet made of solid *silver* 一只纯银的手镯 ❷[U]银色；银灰色；银白色：All her person was powdered with *silver*. 她的全身银装素裹。❸[U]银币；镍币：two pounds in *silver* 两镑的银币 ❹[U]用于衡量货币价值的这种金属 ❺[U]银器；镀银器皿；银餐具：Shall we use the *silver* for dinner tonight? 今天晚餐我们用银餐具好吗？❻[C]银(质奖)牌，银质奖章 **II** *adj.* [无比较级][作定语] ❶纯银的，银质的；银制的；镀银的：a *silver* bracelet 银镯子 ❷含银的；产银的 ❸银色的；银白色的；银灰色的：*silver* moonlight 银色的月光 ❹[作定语](结婚)第 25 周年的，银婚的

S

silver lining *n.* [C](痛苦、失望或不幸中的)一线希望；一丝慰藉

sil·ver·smith /ˈsilvəˌsmiθ/ *n.* [C]银匠；银器商

sil·ver·ware /ˈsilvəˌweəʳ/ *n.* [U]银器；镀银器皿

sil·ver·y /ˈsilvᵊri/ *adj.* ❶[无比较级]银色的；像银的，似银的：the *silvery* gleam of rain 雨丝的银光 ❷银铃般的；清脆的；悦耳的：the peal of *silvery* bells 悦耳的钟声 ❸含银的，镀银的

sim·i·lar /ˈsimiləʳ/ *adj.* 相像的，相仿的，类似

的(*to*):Joan is very *similar* in appearance *to* her sister. 琼长得和她姐姐非常相像。‖ **sim·i·lar·i·ty** /ˌsimiˈlæriti/ *n.* [C] —**ˈsim·i·lar·ly** *adv.*

sim·i·le /ˈsimili/ *n.* [C;U]【语】明喻;明喻用法;明喻运用:There are many *similes* in this poem. 这首诗里用了很多明喻。

sim·mer /ˈsiməʳ/ *vi.* ❶炖;煨(见 boil):You add the water and let it *simmer* for 30 minutes. 添水再煨 30 分钟。❷(愤怒或激动情绪等)积蓄,酝酿;趋于激化,一触即发:The idea had been *simmering* in his mind since March. 自从 3 月以来,他的脑子里就一直在转着这个念头。—*vt.* 炖;煨:Mum is *simmering* the soup for you. 妈妈在给你煨汤呢。

si·mon·ize /ˈsaiməˌnaiz/ *vt.* 给…上蜡,把…擦亮:*simonize* a car 给汽车上蜡

sim·per /ˈsimpəʳ/ **I** *vi.* 傻笑,痴笑;假笑:Don't *simper* at me! 别冲我嬉皮笑脸的! **II** *n.* [C] 傻笑,痴笑;假笑

sim·ple /ˈsimpᵊl/ *adj.* ❶简单的,简易的;简明的:It is *simple* to get in through the window. 打窗口爬进来一点也不费事。❷简朴的,朴素的;生活朴素的:The meal was *simple* but perfectly cooked. 饭菜虽简单,但做得很可口。❸淳朴的,纯真的;单纯的,天真无邪的:a *simple* fisherman 朴实的渔民 ❹不聪明的,头脑简单的;迟钝的;蠢的:I can't believe you were *simple* enough to give him your money. 我才不信你会那么傻,把钱白白地送给他呢! ❺[无比较级][作定语]完全的,纯粹的:a *simple* misunderstanding 完全误解 ‖ **ˈsim·ple·ness** *n.* [U]

sim·ple-mind·ed /ˌsimpᵊlˈmaindid/ *adj.* ❶淳朴的;天真无邪的,不世故的 ❷愚笨的;头脑简单的 ❸迟钝的;智能低下的

sim·plic·i·ty /simˈplisiti/ *n.* ❶[U]简单,简易;简明;【语】简单性:The *simplicity* of the cartoon film makes it suitable for kids. 这部动画片简单易懂,适合孩子们观看。❷[C]简单的东西,简明的事物;简单之处 ❸[U]简朴,朴素;朴实:a sick-room furnished with *simplicity* 布置得简朴的病房

sim·pli·fy /ˈsimpliˌfai/ *vt.* 使简单;使简明;使简易,简化:You have to *simplify* your language a little for children. 你得把语言简化一点儿,好让孩子们容易懂。‖ **sim·pli·fi·ca·tion** /ˌsimplifiˈkeiʃᵊn/ *n.* [U;C]

sim·plis·tic /simˈplistik/ *adj.* [无比较级](尤指为回避困难等而)过分简单化的

sim·ply /ˈsimpli/ *adv.* ❶简单地,简易地;简明地:I tried to explain the point as *simply* as I could, but she still did not catch it. 我尽可能简明地解释这一点,可她就是听不明白。❷简朴地,朴素地:The poet lived *simply* in a small hut. 诗人在小木屋里过着简朴的生活。❸[无比较级]完全地,纯粹地;简直:That basketball game was *simply* divine! 那场篮球比赛真是棒极了! ❹[无比较级]仅仅;只不过:The student was *simply* trying to please his teacher. 这名学生仅仅是为了取悦老师。

sim·u·late /ˈsimjuˌleit/ *vt.* ❶假装,伪装,冒充;假装拥有:He *simulated* insanity in order to avoid punishment for his crime. 他装疯卖傻,企图逃避对他罪行的惩罚。❷模拟:An electronic device can *simulate* the clicking sound. 一种电子装置可以模拟这种咔嚓声。❸仿造,仿制:*simulated* fur 仿毛皮 / a *simulated* pearl 人造珍珠

sim·u·la·tion /ˌsimjuˈleiʃᵊn/ *n.* ❶[U]模仿,冒充,假冒 ❷[C]模拟,仿真;模式,模拟试验:a computer *simulation* of industrial process 工业生产的计算机模式

sim·u·la·tor /ˈsimjuˌleitəʳ/ *n.* [C]模拟装置;模拟器

sim·ul·ta·ne·ous /ˌsimᵊlˈteiniəs,ˌsai-/ *adj.* [无比较级]同步进行(或完成)的;同时发生(或存在)的(*with*)(见 contemporary):There was a *simultaneous* broadcast of the concert on the radio and the television. 电台和电视台同步播出了这场音乐会。‖ **ˌsim·ulˈta·ne·ous·ly** *adv.*

sin /sin/ **I** *n.* ❶[U]【宗】(违反神的意志或宗教戒律的)罪孽;His *sin* was expiated. 他赎了罪。❷[C](违反神的意志或宗教戒律的)罪,罪恶:commit a *sin* 犯罪 / confess one's *sins* to sb. 向某人认罪忏悔 **II** *vi.* (**sinned**;**sin·ning**) 违反戒律;违反教规;犯罪:Forgive me, God, for I have *sinned*. 主啊,宽恕我吧,我违反了教规。‖ **ˈsin·ner** *n.* [C]

since /sins/ **I** *prep.* ❶从…以来;自…以后:Over forty years have passed *since* the onset of the war. 自战争爆发以来，四十多年过去了。❷从…时候起一直：It has been raining *since* morning. 雨从早上一直下到现在。**II** *conj.* ❶自…以后；从…以来：*Since* he stopped teaching, he has written seven books, two of them just out. 他自弃教以后，已经写了七本书，有两本刚出版。❷既然；由于，因为(见 because)：*Since* you've signed an agreement, you can't back out of it now. 既然签了协议，你现在就不能反悔了。❸从…时候起一直：He's been with the firm *since* it started. 他从这家公司初创时期开始一直干到现在。**III** *adv.* [无比较级] ❶此后；至今：They went to Birmingham two years ago, and we haven't seen them *since*. 两年前，他们去了伯明翰，此后我们就再也没有见过他们。❷以前，之前：I've long *since* forgotten any Chinese I ever learned. 我很早以前就把学过的中文给忘了。❸从那以后，后来：He at first refused, but has *since* consented. 他起初拒绝了，但后来同意了。

sin·cere /sin'siəʳ/ *adj.* ❶诚心诚意的，由衷的，诚挚的：I am *sincere* about it. 对此我是真心实意的。❷忠实的；诚实的；真诚的：I respect this man, he is *sincere*, which is rare in politics. 我尊敬这个人，他真挚诚实，这在政界是难能可贵的。‖ **sin'cere·ly** *adv.* —**sin·cer·i·ty** /sin'seriti/ *n.* [U]

sin·ew /'sinjuː/ *n.* ❶[C]【解】肌腱；筋：strain *sinew* 拉伤肌腱 ❷[U]力量；精力：fight with all one's *sinew* 全力以赴地搏斗

sin·ew·y /'sinjuːi/ *adj.* ❶多肌腱的，肌肉发达的；结实的，强壮的：one's *sinewy* body 某人健壮的身体 / *sinewy* biceps 发达的二头肌 ❷多筋的，有粗腱的：*sinewy* meat 多筋的肉 ❸强有力的，坚韧的，刚劲的：a *sinewy* rope 一条结实的绳子

sin·ful /'sinfᵘl/ *adj.* ❶[无比较级](尤指惯犯)有罪的，犯罪的；罪恶的，邪恶的：a *sinful* world 罪恶的世界 ❷(行为)有过失的；可耻的，不道德的：a *sinful* waste of resources 浪费资源的罪恶行为 ‖ '**sin·ful·ly** *adv.*

sing /siŋ/ (**sang** /sæŋ/, **sung** /sʌŋ/) *vi.* 唱，唱歌；演唱：My grandma likes to *sing* while she's cooking. 我奶奶喜欢一边做饭一边唱歌。—*vt.* ❶唱(歌)，唱出；演唱：They *sang* songs specially written for the occasion. 他们唱了一些特为这个场合创作的歌曲。❷吟咏，歌颂，赞颂：He's always *singing* his own praises. 他总是自吹自擂。‖ '**sing·a·ble** *adj.* —'**sing·er** *n.* [C]

singe /sindʒ/ **I** *vt.* (**singed; singe·ing**) 将…的浅表(或尖端、边沿)烧焦；使轻微地烧焦：A hot water bottle *singed* my feet. 热水瓶烫着了我的脚。**II** *n.* [C]轻微(或浅表)烧焦；轻微的焦痕：a *singe* on my dress 裙子上轻微的焦痕

sin·gle /'siŋgᵊl/ **I** *adj.* [无比较级] ❶[作定语]单个的，一个的，单一的：a *single* sunray 一缕阳光 / a *single* moment of one's life 生命的一瞬间 ❷[作定语]供一人用的，单人的；单组的：a *single* room 单人房 ❸[作定语]单独的，独自的；唯一的，独一无二的：a *single* exception 唯一的特例 ❹[作定语]个别的；一个个(或件件)的，每一个(或件)的：each *single* person 每一个人 ❺单身的，未婚的：It's not easy to be *single*. 单身生活不容易。**II** *n.* ❶[C](一系列中的)一个，单个，独个 ❷[C](旅馆中的)单人(房)间 ❸[C]【棒】一垒打 ❹[通常作～s]【体】(羽毛球等球类的)单打比赛；【高尔夫】(双人)一对赛：Women's *Singles* Championship 女子单打锦标赛 ❺[通常作～s]未婚者，独身者：young *singles* 未婚青年 **III** *vt.* (单独地)挑选，选拔；使突出(*out*)：They were all to blame; why *single* him out for punishment? 他们都应该受责备，为什么单挑他来接受惩罚？‖ '**sing·ly** *adv.*

☆ **single, particular, sole, solitary, unique** 均有"唯一的，单独的"之意。**single** 表示没有与别的人或事物结合，没有陪伴或支持：He's still *single*. (他仍是个单身汉。) **particular** 指在同一种类或整体中有别于其他成员的人或事物：Is there any *particular* colour you would prefer? (你有什么特别喜欢的颜色吗？) **sole** 用于唯一存在、唯一起作用或唯一可以考虑的人或事物：We have the *sole* right to sell this range of goods. (我们有独家经销这类货物的权利。) **solitary** 表示独来独往，强调孤独：The television was her *solitary* link to the outside world. (电视是她和外部世界的唯一联系。) **unique** 表示就其种类或特性来说是独一无二的：Each person's fingerprints are *unique*. (每个人的指纹都是不同的。)

sin·gle-breast·ed /'siŋgᵊlˌbrestid/ *adj.* [无比较级](外套等)对襟单排扣的

sin·gle-hand·ed /'siŋgᵊlˌhændid/ [无比较级]

S

I *adv.* 单独地;独自地;独立地:cope with something single-handed 独自处理某事 II *adj.* ❶独立完成的;单独一人的;只需一人的:He was lost overboard in a *single-handed* race across the Atlantic. 他在一次单枪匹马横渡大西洋时落水身亡。❷靠单手的,用一只手的 ‖ ˈ**sin·gle-ˌhand·ed·ly** *adv.*

sin·gle-mind·ed /ˈsiŋgᵊlˌmaindid/ *adj.* [无比较级]专心致志的;执着的:The film is *single-minded* in showcasing qualities of frontiers. 这部影片一心想表现拓荒者的优秀品质。‖ ˈ**sin·gle-ˌmind·ed·ly** *adv.*

sing·song /ˈsiŋˌsɔŋ/ I *adj.* (节奏或声调等)单调的,变化不大的;平淡无奇的:He spoke English with an appalling *singsong* accent. 他说英文时就像在念经,难听极了。II *n.* [C] ❶[通常用单]节奏平板的说话方式;语音单调的讲话 ❷〈英〉非正式的歌咏会,自娱歌会:We had a *singsong* after the match. 比赛之后我们开了个歌会。

sin·gu·lar /ˈsiŋgjuləʳ/ *adj.* ❶突出的,非凡的,卓绝的:a woman of *singular* beauty 绝色女子 ❷〈书〉奇特的,奇异的,奇怪的,异常的:Peter is *singular*, lonely and a bookworm. 彼得是个书呆子,性情乖张孤僻。❸[无比较级]【语】单数的;表示单数的;与单数形式一致的:a *singular* noun 单数名词

S

sin·gu·lar·ly /ˈsiŋgjuləli/ *adv.* 非凡地,突出地,卓绝地:*singularly* good taste 极佳的口感

sin·i·ster /ˈsinistəʳ/ *adj.* ❶恶意的,阴险的,邪恶的:There's something *sinister* about him. He frightens me. 他这个人有点儿邪,使我感到害怕。❷凶兆的,不祥的,不吉利的:a *sinister* news item 一条预示不祥的消息

☆**sinister, baleful** 均有"恶毒的"之意。**sinister** 表示根据以往的经验或对某种外部迹象的阐释,预感到存在某种危险或邪恶:a *sinister* smile (奸笑)/ A *sinister* aura surrounded the place. (一种不祥的气氛笼罩着这个地方。) **baleful** 所含威胁的意味比 sinister 要强,表示不可避免地会带来痛苦、不幸或毁坏,可指公开或暗中有害的事物:a *baleful* look (邪恶的一瞥)

sink /siŋk/ I (过去式 **sank** /sæŋk/ 或 **sunk** /sʌŋk/,过去分词 **sunk** 或 **sun·ken** /ˈsʌŋkᵊn/) *vi.* ❶下沉;沉没:Wood won't *sink* in water. 木头在水里不会下沉。❷(尤指日、月等)下落,沉:She watched the sun *sink* below the horizon. 她看着太阳渐渐西沉,落到地平线以下。❸(地面、建筑物等)下陷;倾斜,下斜;下坍:The new building *sank* about half an inch in three years. 那幢新大楼三年来下沉了半英寸。❹渐渐进入,渐渐变得,陷入(*in*, *into*):To enter the country is to *sink into* a bad dream. 踏上那片国土就等于堕入了噩梦。❺(声音等)减弱,变小,降低:Her voice *sank* to a whisper and I could hardly hear it. 她压低声音悄悄地说话,我几乎都听不见。❻(价格等)下跌,下降:The candidate number *sank* considerably this year. 今年参赛人数大幅度减少。❼(情绪等)低落,低沉:My heart *sank* at the thought of interview. 一想到面试,我的心情就沉重起来。—*vt.* ❶使下沉;使沉没:A small leak will *sink* a great ship. 小洞不堵沉大船。❷使低落;使低下;使降下:*sink* one's voice 压低声音 II *n.* [C] ❶(厨房的)洗涤槽:rinse the bowls in the *sink* 在洗涤槽里洗碗 ❷污水井,污水池;污水排出口 ‖ ***sink in*** *vi.* 渗入,透入:If the ink *sinks in* it'll be hard to remove the mark from the cloth. 如果墨水渗入布料,墨迹就很难洗掉。‖ ˈ**sink·a·ble** *adj.*

sink·er /ˈsiŋkəʳ/ *n.* [C] ❶(钓丝或测深绳上的)铅锤,坠子;测深锤,下沉块 ❷【棒】下坠球

sin·u·ous /ˈsinjuəs/ *adj.* ❶弯曲的;蜿蜒的,迂回曲折的:a *sinuous* garden path 曲折的园中小径 ❷(动作等)曲线柔美的,美妙的:the *sinuous* body of the dancer 舞者曼妙的身姿

si·nus /ˈsainəs/ *n.* [C]【解】窦,窦道;鼻窦:have *sinus* trouble [problems] 患鼻窦炎

sip /sip/ I (**sipped; sip·ping**) *vi.* 小口地喝,抿,呷:We sat in the sun, *sipping* lemonade. 我们一边坐着晒太阳,一边小口小口地喝着柠檬水。—*vt.* 小口地喝,抿,呷:*sip* whiskey 啜饮威士忌酒 II *n.* [C] ❶一小口的量,一啜(或一呷)之量:take a *sip* of brandy 喝一小口白兰地 ❷细啜,慢饮;抿尝,浅尝:drink brandy in *sips* 一口一口地饮白兰地 ‖ ˈ**sip·per** *n.* [C] —ˈ**sip·ping·ly** *adv.*

si·phon, sy·phon /ˈsaifᵊn/ I *n.* [C]虹吸管,U形弯管 II *vt.* ❶虹吸,用虹吸管吸取(或输送、抽取等)(*off*):*siphon* some gas *off* 输送一些煤气 ❷抽调,挪用;分出(资金等):*siphon* money off from company 挪用公司资金

sir /səʳ/ *n.* [C] ❶[用作对男性的尊称]先生，阁下：Can I help you, *sir*? 先生想要点什么？❷[S-][用于有爵士称号者的名字或姓名之前，但不用于姓氏之前]爵士：*Sir* John Williams 约翰·威廉斯爵士 ❸[用作正式信函开首时的称呼]先生，阁下：Dear *Sir* 亲爱的先生

sire /ˈsaiəʳ/ I *n.* [C] ❶(尤指种马等)雄性牲畜，公畜 ❷〈古〉陛下；大人，阁下；主人，老爷：I will serve you all my life, *sire*. 我将终生侍奉您，陛下。II *vt.* (尤指种马) 生殖；做…的父亲：The racehorse *sired* a foal. 这匹公赛马生有一匹小马驹。

si·ren /ˈsaiərᵊn/ *n.* [C] 汽笛；警笛，警报器：The ship sounded its *siren* in the thin fog. 轮船在薄雾之中鸣响了汽笛。

si·roc·co /siˈrɔkəu/ *n.* [C]([复]-cos)【气】(从撒哈拉地区吹向地中海北岸的干热的)西罗科风

sis /sis/ *n.* [C][sister 的缩略形式，常用作称呼语]姐，妹：Have you seen my *sis*? 看到我姐了吗？/ Hello, *Sis*! 你好啊，大姐！

si·sal /ˈsaisᵊl/ *n.* [U] ❶【植】波罗麻，剑麻 ❷(用以制作绳索等的)波罗麻纤维，剑麻纤维

sis·sy /ˈsisi/ I *n.* [C]〈口〉❶〈贬〉娘娘腔的男子；女孩子气的男子：I think he's an awful *sissy*. 我觉得他这个人太娘娘腔了。❷胆小鬼，脓包 II *adj.* ❶[无比较级]娘娘腔的，女子气的 ❷懦弱的，胆怯的：a *sissy* game 胆小鬼玩的游戏 ‖ ˈ**sis·si**ˌ**fied** *adj.*

sis·ter /ˈsistəʳ/ I *n.* [C] ❶姐姐；妹妹：Judy's elder *sister* 朱迪的姐姐 ❷[用以称呼同一民族、阶级、群体或组织的女性]姐妹，姊妹，女同胞：two little Argentine *sisters* 一对阿根廷小姐妹 ❸如同姐妹的事物，同型的事物：The two cities are *sisters*. 这两座城市是姐妹城市。❹女教友；修女：*Sister* Mary 玛丽修女 II *adj.* [无比较级][作定语]姐妹的；似姐妹的，姐妹般的；同类的，同型的：a *sister* city 姐妹城市 ‖ ˈ**sis·ter·ly** *adj.*

sis·ter·hood /ˈsistəˌhud/ *n.* ❶[U]姐妹关系；姐妹情谊：It was *sisterhood* that made her help me as she did. 是姐妹感情使她这样地帮助我。❷[U](亲如姐妹的)女友关系，女伴关系：the *sisterhood* of classmates 同班同学之间情同姐妹的关系 ❸[U]修女会；慈善妇女会；女性社团；女权组织：be a member of a *sisterhood* 成为女性社团的一员

sis·ter-in-law /ˈsistərinˌlɔː/ *n.* [C]([复] **sisters-in-law**) ❶姑子；姨子；嫂子；弟媳，弟妹 ❷妯娌〔亦作 **sister**〕

sit /sit/ I (**sat** /sæt/; **sit·ting**) *vi.* ❶坐，坐着；就座，入席：Come and *sit* next to me. I want to talk to you. 过来，坐在我身旁，我有话跟你说。❷坐落；被安放：The small inn *sits* back from the downtown. 那个小客栈远离闹市区。❸(议会等)开会；(法庭)开庭：The court will *sit* again soon. 法庭不久将再次开庭。—*vt.* ❶使坐，使坐着；使就座，使入席：She *sat* me down and offered me a cup of coffee. 她请我坐下，给我端来一杯咖啡。❷(车辆等)容纳…坐：The bus will *sit* sixty people. 这辆公共汽车可坐 60 个人。‖ ***sit about*** [***around***] *vi.* 坐着没事干：They just *sit around* and read the paper. 他们只是坐在那里看看报纸。***sit back*** *vi.* & *vt.* ❶(使)安坐，(使)稳坐；(使)放松，(使)休息：Let the nurse *sit* you further *back*. 让护士帮你再向后坐稳一些。❷〈口〉不采取行动，在一旁闲着，袖手旁观：We should not just *sit back* and do nothing when our friends need help. 朋友需要帮助的时候，我们不应该无动于衷，袖手旁观。***sit by*** *vi.* 坐视，袖手旁观：How can you just *sit by* and let the kid do this? 你怎么能坐视不管，让这孩子做这种事呢？***sit down*** *vt.* & *vi.* (使)坐下；(使)入座，(使)就座：*sit* oneself *down* 自行坐下 ***sit up*** *vi.* & *vt.* ❶(使)坐起来；(使)坐直：Feeling much better today, the patient is able to *sit up* in bed. 那位病人今天感觉好多了，已经能从床上坐起来。❷迟迟不睡，熬夜：We *sat up* all night talking. 我们整夜都在聊天。‖ ˈ**sit·ter** *n.* [C]

si·tar /siˈtɑːʳ, ˈsitɑːʳ/ *n.* [C]锡塔琴(一种形似吉他的印度弦乐器，有长颈，柱马可移动) ‖ **si·ta·rist** /siˈtɑːrist/ *n.* [C]

sit·com /ˈsitˌkɔm/ *n.* [C]〈口〉情景喜剧(＝situation comedy)：The new *sitcom* was simply a flop. 新开播的情景喜剧简直难看极了。

sit-down /ˈsitˌdaun/ I *adj.* [无比较级][作定语]坐着进行的；就座用餐的，坐着用餐的：a *sit-down* dinner party 由服务员端至餐桌的晚宴 II *n.* ❶[常用单]坐下；入座，就座：Have a *sit-down* if you are tired. 如果累了就坐下。❷[C]静坐罢工

site /sait/ I *n.* [C] ❶(建筑用)地皮;地基:the *site* for the new school 新校校址 ❷(活动等的)场所,地点;现场:a camping *site* 露营地 ❸遗址,旧址:the *site* of the ancient battlefield 古战场遗址 II *vt.* 使坐落于;将…置于:be *sited* on a hill 坐落在小山上

sit·ter /ˈsitəʳ/ *n.* =babysitter

sit·ting /ˈsitiŋ/ *n.* [C] ❶(尤指为了做某事而连续的)坐,坐着;(一段)连续坐着的时间:The novel is rather long to read at a *sitting*. 这小说太长,一口气读完恐怕不行。❷被画像(或照相)的一段时间:He endured 5 *sittings* a week for his portrait. 他坐着让人给自己画像,一周内坐了五次。

sitting duck *n.* [C]〈口〉脆弱的人;容易上当的人;易受害的人;容易击中的目标;坐以待毙者:With their bullets and food all gone, the enemy soldiers were *sitting ducks* for us. 弹尽粮绝之后,这些敌兵成了我们的瓮中之鳖。

sit·ting-room /ˈsitiŋˌruːm,-ˌrum/ *n.* [C]起居室;会客室,客厅

sit·u·ate /ˈsitjuˌeit;-tʃu-/ *vt.* [通常用被动语态]把…放在,将…置于;使处于,使位于:The government *situated* a monument in the town. 政府在那个镇子上建了一座纪念牌。

S

sit·u·a·tion /ˌsitjuˈeiʃᵊn;-tʃu-/ *n.* [C] ❶情况,情形,处境;状况,状态(见 condition 和 state):Jim is in a difficult *situation* at the moment. 吉姆眼下处境困难。❷形势,局面;事态;环境:Please survey the *situation* closely. 请密切观察形势。❸(建筑物等的)位置,地点:His house is in a beautiful *situation* on the edge of a lake. 他的房子位于湖边,风景优美。❹〈书〉职业;职务,职位:She held a *situation* as an audio typist in a company. 她担任一家公司口述打字员的职务。

situation comedy *n.* [C]〈书〉(广播或电视的)情景喜剧(略作 **sitcom**)

sit-up /ˈsitˌʌp/ *n.* [C]【体】仰卧起坐

six /siks/ I *n.* [C] ❶六;六个(人或物):*Six* are in room. 屋子里有六个人。❷表示六的符号(如 6, vi, VI):a box with a (number) *six* on it 标有"6"的盒子 II *adj.* [无比较级][作定语]六(的);六个(的):*six* books 六本书 ‖ **sixth** *adj.* & [C] *n.*

six·teen /ˌsiksˈtiːn,ˈsiks-/ I *n.* ❶[C]十六,十六个(人或物) ❷[C]表示十六的符号(如 16, xvi, XVI) ❸[C]十六个(人或物)一组 II *adj.* [无比较级][作定语]十六(的);十六个(的):*a sixteen*-year-old schoolgirl 一个十六岁的女学生 ‖ ˌ**sixˈteenth** *adj.* & [C] *n.*

sixth sense *n.* [用单]第六感(觉),直觉:A *sixth sense* tells me that Lisa must be there. 我的第六感觉告诉我,丽莎肯定在那儿。

six·ty /ˈsiksti/ I *n.* ❶[C]六十;六十个(人或物):*sixty*-one 61 ❷[U]表示六十的符号(如 60, lx, LX) ❸[**sixties**]从 60 到 69 的时期;(温度、街号等)60 到 69 的数字;(世纪的)60 年代:at (the age of) *sixty* 60 岁时 II *adj.* [无比较级][作定语]六十(的);六十个(的):For *sixty* years she had prayed against remembering him. 60 年来,她一直祈求不要再想起他。‖ ˈ**six·tieth** *adj.* & [C] *n.*

siz·a·ble, size·a·ble /ˈsaizəbᵊl/ *adj.* 相当大的;数量可观的:The idea has acquired a *sizable* following. 那个主张赢得了大批拥护者。‖ ˈ**size·a·bly** *adv.*

size /saiz/ I *n.* ❶[C](尺寸、面积、体积、规模、身材等的)大小;(数量等的)多少:take the *size* of a kitchen table 量餐桌的尺寸 ❷[U](尺寸、面积、体积、规模、身材等的)大:feel concern for the *size* of one's debt 为自己债务之巨而担忧 ❸[C](服装、鞋、帽等的)号,尺码:These hats come in children's *sizes*. 这些帽子是按照儿童尺码做的。II *vt.* 按大小(或多少)排列(或分类、编号等):The teacher *sized* the students up. 老师让学生们按高矮排成队。‖ ***size up*** *vt.*〈口〉评判,评价:I can't *size* him *up*, he's a bit of a mystery to me. 我很难评价他这个人,他有点让我捉摸不透。

sized /saizd/ *adj.* [用于词根或名词后]…大小的,…尺码的:same-*sized* (同样大小的);small-*sized* (小号的)

siz·zle /ˈsizᵊl/ *vi.* 发出咝咝声,发出哧哧声:The water steamed and *sizzled*. 水烧开后咝咝作响。

skate /skeit/ I *n.* [C] ❶冰鞋,冰刀〔亦作 **ice skate**〕❷〔亦作 **roller skate**〕(四轮)旱冰鞋,溜冰鞋 II *vi.* ❶溜冰,滑冰:*skate* on a frozen river 在结冰的河上滑冰 ❷一带而过,稍稍涉及(*over*):Some problems are *skated over*. 有些问题被一带而过。—*vt.* 滑出,溜出(花样);边滑

边表演 ‖ 'skat•er n. [C]

skate•board /'skeitˌbɔːd/ I n. [C]滑板：speed down the hill on one's *skateboard* 踩着滑板冲下山 II vi. 踩滑板，玩滑板

skein /skein/ n. [C] ❶(纱或线等的)(一)股，(一)束，(一)绺：the *skeins* of long hair 一绺长发 ❷(鸟类在飞行时的)一群 ❸乱七八糟的一团；错综复杂的一连串：a *skein* of lies 一串前言不搭后语的谎话

skel•e•tal /'skelitᵊl/ adj. ❶骨骼的；像骨骼的：the *skeletal* system 骨骼系统 ❷骨瘦如柴的

skel•e•ton /'skelitᵊn/ I n. [C] ❶(人或动物的)骨骼；骸骨；骷髅；(用于医学研究的)骨骼标本：development of *skeleton* 骨骼发育 ❷骨架，框架，构架；轮廓：the *skeleton* of a plan 计划的纲要 II adj. [无比较级][作定语] ❶骨骼的；像骨骼的：a pair of *skeleton* hands 一双骨瘦如柴的手 ❷骨干的；精干的：*skeleton* staff 骨干职员

skeleton key n. [C]万能钥匙

skep•tic, scep•tic /'skeptik/ n. [C] ❶怀疑者，怀疑论者 ❷【宗】(怀疑基督教等的)宗教怀疑论者

skep•ti•cal, scep•ti•cal /'skeptikᵊl/ adj. ❶(好)怀疑的，持怀疑态度的；不相信的(of, about)：She says this tree is 800 years old, but I'm *skeptical* of it. 她说这棵树有800年树龄了，可我不相信。❷【哲】怀疑论的，怀疑主义的〔亦作 sceptic〕 ‖ 'skep•ti•cal•ly adv.

skep•ti•cism, scep•ti•cism /'skeptiˌsizᵊm/ n. [U] ❶怀疑态度：regard a theory with some *skepticism* 对某一理论持一定程度的怀疑看法 ❷对宗教(或其教义)的怀疑

sketch /sketʃ/ I n. [C] ❶素描，速写：a character *sketch* 人物素描 ❷略图，草图；粗样，初稿：a *sketch* for a design 设计草图 ❸概述，概要；纲要：a brief *sketch* of the development of Greek philosophy 希腊哲学发展史简述 ❹短篇作品；小品文；特写；随笔：an autobiographical *sketch* 自传性特写 ❺(常为电视或电台节目的)幽默短剧，幽默独幕喜剧；(音乐等的)小品：The drama society put on a short comic *sketch*. 剧团演出了一个幽默短剧。II vt. ❶画…的素描(或速写)：He *sketched* her deftly in a few minutes. 仅仅几分钟的工夫，他娴熟地给她画了一张素描。❷简述，概述：Gerald *sketched* to him his doubts over Mark. 吉拉尔德向他简略地说了说自己对马克的怀疑。—vi. 画素描(或速写)：Students were *sketching* along the river. 学生们在河边写生。

sketch•y /'sketʃi/ adj. 概要的，简要的；粗略的，简略的：Your plan is rather *sketchy*. 你的计划太粗略了。

skew /skjuː/ I adj. 偏的，斜的，歪斜的：The curtain is a little *skew*. 这窗帘有点儿歪。II vt. 歪曲，曲解；使有偏见：Politics can often *skew* decisions. 政治常常使决策带有偏见。—vi. 歪斜；偏斜而行：The car had *skewed* across the track. 那辆汽车歪斜着驶过车道。

skew•er /'skjuːəʳ/ I n. [C](烹制食物时用的)串肉扦(或棒、叉)：put shrimp onto a *skewer* 把虾子串在扦子上 II vt. ❶(用扦、棒、叉)串起，刺穿：*skewer* meat before cooking 在烹制前先将肉串起 ❷讥讽，讽刺：*skewer* one's criticism home 批评得正中要害

ski /skiː/ I n. [C]([复]ski(s)) ❶滑雪板，雪橇：a pair of *skis* 一副滑雪板 ❷= water-ski II (ski'd 或 skied /skiːd/) vt. 在…上滑雪：*ski* the mountains 在山上滑雪 —vi. 滑雪，滑行：*ski* down the slope 滑下山坡 ‖ 'ski•er n. [C]

skid /skid/ I (skidded; skid•ding) vi. ❶(车辆、车轮或驾车者因路面湿滑而)侧滑，打滑：His car *skidded* and hit a walker. 他的车子一打滑就撞上了一个行人。❷〈口〉急速下滑，急剧下跌：His popularity is *skidding*. 他的声誉一落千丈。—vt. 使打滑，使侧滑；使滑行，使滑移 II n. [C] ❶(车辆等的)打滑，侧滑；滑移，滑行：go into a *skid* on the ice 在冰面上打滑 ❷(滑动)垫木：an adjustable *skid* 可调滑块

skill /skil/ n. ❶[C](专门)技术；技能，技艺，技巧(见 art)：Swimming requires *skill* as well as strength. 游泳需要体力，也需要技巧。❷[U; C]熟练性，能力：As a soldier, he displayed courage and tactical *skill*. 作为一名军人，他表现得勇敢善战。‖ 'skill•ful adj. —'skill•ful•ly adv.

skilled /skild/ adj. ❶有技术的，熟练的：a *skilled* worker 技术熟练的工人 ❷需要(专门)技术的；需要熟练能力的：a highly *skilled* job 技术性很强的工种

skim /skim/ vt. (skimmed; skim•ming) ❶撇去

S

(液体)表面的油脂(或浮物);(从液体表面)撇去(油脂或浮物);给…脱脂(或去油):*skim* the fat off the gravy 撇掉肉汤表层的油 ❷(轻轻地)从…的表面拂过(或掠过、滑过、擦过):I watched a big bird *skim* the water. 我看见一只大鸟掠水而过。❸(为打水漂而)抛出(小石块等):*skim* stones across the lake 在湖面上用石块打水漂 ❹粗看,略读,浏览:I am not going to read the essay word by word and I will just *skim* it. 我不打算逐字逐句地看这篇文章,只想翻翻而已。—*vi*. ❶(从表面)拂过,掠过;滑过;擦过(*over*, *across*, *along*):The seagulls *skimmed over* the tops of the waves. 海鸥从浪尖上掠过。❷粗看,略读,浏览(*over*, *through*):*skim over* the morning paper 浏览晨报

skim milk, skimmed milk *n*. [U]脱脂乳,脱脂奶

skimp /skimp/ *vi*. 俭省,节俭:She *skimped* on butter and the electric fire. 她省吃俭用,连电炉也舍不得开。

skimp·y /ˈskimpi/ *adj*. ❶(数量或大小等)不足的,不够的,缺乏的:Your dress is rather *skimpy*. 你的裙子用料可真少。❷太俭省的,吝啬的 ‖ ˈ**skimp·i·ness** *n*. [U]

skin /skin/ **I** *n*. ❶[U;C](人或动物的)(表)皮,皮肤:The cream is easily absorbed through the *skin*. 这种乳霜容易被皮肤吸收。❷[U;C]毛皮,兽皮;皮革;皮张;皮制品:a coat of leopard *skin* 豹皮外衣 ❸[C;U](植物或果实等的)表皮,皮壳;(灌制香肠用的)肠衣:eat the potatoes with their *skins* on 吃带皮土豆 ❹[C;U](液体表面凝结的)薄层,薄膜,薄皮:Stir the milk well to get rid of any *skin*. 将牛奶搅拌均匀,别让它起奶皮。**II** *vt*. (**skinned; skin·ning**) ❶剥去…的皮(或壳),去除…的皮(或壳):The hunter *skinned* the rabbit still warm. 猎人趁着兔子的身体还热,剥去了它的皮。❷蹭掉…的皮肤,擦破…的皮肤:*skin* one's knee 某人的膝盖蹭破了皮 ‖ ***by the skin of one's teeth*** *adv*. 勉强,侥幸:escape *by the skin of one's teeth* 侥幸逃脱 ***save one's skin*** *vi*. 〈口〉保全小命,平安逃脱,捡回一条命:She *saved his skin* by telling a lie. 她的谎话救了他一命。***skin alive*** *vt*. 严惩:He'll *skin* you *alive* if he finds out what you've done. 他要是知道了你干的事儿不活剥了你才怪。

skin-deep /ˈskinˌdiːp/ *adj*. [无比较级][作表语]〈贬〉表面的;肤浅的,浅薄的:What you have learned is only *skin-deep*. 你所学到的不过是皮毛而已。

skin·ny /ˈskini/ *adj*. ❶瘦得皮包骨的,骨瘦如柴的(见 thin):be tall and *skinny* 又瘦又高 ❷(衣服)紧身的,绷紧的;(物)窄小的:a *skinny* bed 一张窄小的床 ‖ ˈ**skin·ni·ness** *n*. [U]

skin-tight /ˈskinˌtait/ *adj*. [无比较级](衣服)紧身的,紧绷的:a *skin-tight* dress 紧身衣

skip /skip/ **I** (**skipped; skip·ping**) *vt*. ❶跳过,跳越;跳(绳):girls *skipping* rope to a rhymed chant 按节拍边唱边跳绳的女孩子们 ❷匆匆翻阅;略过:always *skip* the small print 总是略去小字不看 —*vi*. ❶(轻快地)蹦跳,雀跃;蹦蹦跳跳地走:*skip* down the stairs 蹦蹦跳跳地下楼梯 ❷跳过,跃过;飞跃着掠过(*over*):The stone *skipped over* the lake. 石头飞掠过湖面。❸浏览;略过;跳过:*skip* through the first part 略读第一部分 **II** *n*. [C] ❶跳;蹦跳,雀跃:He took little *skips* as he walked. 他走路时蹦蹦跳跳。❷遗漏;省略 ❸被忽略的部分,被跳过的部分:*skip* distance 跳距

skip·per /ˈskipəʳ/ *n*. [C] ❶(小型商船或渔船的)船长;(飞机的)机长:I'm a second mate of *Skipper* Smith. 我是史密斯船长的二副。❷(比赛中一方的)队长;领队:the *skipper* of the football team 橄榄球队队长

skir·mish /ˈskəːmiʃ/ *n*. [C] ❶(小部队之间的)小规模战斗;小冲突,小争斗:a *skirmish* in the countryside 一场农村小规模战斗 ❷小争论,小争执:a *skirmish* over the issue 关于此项议案的争论

skirt /skəːt/ **I** *n*. ❶[C](半截)裙;裙子;衬裙:She seated herself on the sofa, daintily spreading her *skirt*. 她坐在沙发上,裙幅优雅地展开。❷[C](衣服的)下摆:The *skirt* of her purple suit was above her knees. 她那紫色套装的衣摆长不过膝。**II** *vt*. ❶环绕…的周围,围绕;位于(或沿着)…的边缘;形成…的边缘:Hills *skirt* the town. 小镇四面环山。❷回避,避开(问题),在…上兜圈子:*skirt* the truth 对事实避而不谈

skit /skit/ *n*. [C]讽刺(或滑稽)短剧;幽默小品;讽刺杂文,小品文:He performed a *skit* that had the audience screaming with laughter.

他演了一出令观众又笑又叫的滑稽短剧。

skit·tish /ˈskitiʃ/ *adj.* ❶(人)活泼好动的;浮躁的;过度兴奋的;神经质的:The child is too *skittish* to study it closely. 那孩子太浮躁,没法认真学。❷(尤指动物)紧张的;易受惊的;易激动的:a *skittish* horse 一匹易受惊的马

skulk /skʌlk/ *vi.* ❶躲藏;潜伏;(在危急时刻)藏起来,躲起来:The thief *skulked* in the bushes. 小偷躲在灌木丛里。❷偷偷摸摸地行走,鬼鬼祟祟地行走:*skulk* around the forest 在树林里鬼鬼祟祟地绕圈 ‖ ˈ**skulk·er** *n.* [C]

skull /skʌl/ *n.* [C] ❶ 颅骨,头颅,头骨;脑袋,头:a gorilla *skull* 一个大猩猩的头骨 ❷脑子,脑筋,头脑:Can't you get it through your *skull* that she loves you? 难道你没有脑子,看不出她爱你吗?

sky /skai/ *n.* ❶[C;U]天,(天)空;苍穹,天幕:There is a lot of *sky* here. 这里有广阔的天空。❷[常作 **skies**]天气,气候:the sunny *skies* 艳阳高照的天气 ‖ ***out of a clear (blue) sky*** *adv.* 突如其来地,没有任何预兆地,毫无准备地:One day *out of a clear blue sky* he passed away. 没有任何预兆,他就去世了。***praise [laud] to the skies*** *vt.* 把…捧上天:The teacher was *praising* her work to the skies. 老师极力称赞她功课好。

sky·di·ving /ˈskaiˌdaiviŋ/ *n.* [U]特技跳伞(运动),延缓张伞跳伞(运动)

sky-high /ˈskaiˌhai/ *adj.* [无比较级]极高的,高耸入云的 ‖ ***blow sky-high*** *vt.* 完全摧毁,彻底击败:His plan has just been *blown sky-high*. 他的计划刚刚被彻底否定了。

sky·lark /ˈskaiˌlɑːk/ *n.* [C]【鸟】云雀:flocks of *skylarks* 一群群云雀

sky·light /ˈskaiˌlait/ *n.* [C]天窗

sky·line /ˈskaiˌlain/ *n.* [C] ❶(山、建筑物等在天空映衬下的)轮廓,剪影;影像:the city *skyline* in a lurid sunset 绚烂的夕阳映衬下的城市剪影 ❷地平线,天际

sky·scrap·er /ˈskaiˌskreipəʳ/ *n.* [C]摩天大厦:a 40-stor(e)y *skyscraper* 40 层的大厦

sky·ward /ˈskaiwəd/ [无比较级] **I** *adv.* 向上地,朝天地:look *skyward* 仰望天空 / The boy threw the ball *skyward*. 男孩把球往上扔去。**II** *adj.* 朝天的,向上的:a *skyward* direction 朝天的角度

sky·wards /ˈskaiwədz/ *adv.* & *adj.* = skyward

slab /slæb/ *n.* [C] ❶(尤指石质的)(长)方形厚板(材):a steel *slab* 一块钢板 ❷(巧克力、蛋糕等的)一大块:a *slab* of chocolate 一大块巧克力

slack /slæk/ *adj.* ❶(绳索等) 松散的,松弛的,不紧的:His muscles started to get *slack*. 他的肌肉开始变松弛了。❷忽视的;疏忽的,粗心的:The auditor found quite a few *slack* procedures in cash offices. 审计员在现金出纳处发现了好几笔粗心账。❸(生意、市场等) 萧条的,清淡的,不景气的:Travel business is always *slack* at this time of year. 每年到了这个时候都是旅游淡季。‖ ***slack off [up]*** *vi.* ❶减速,慢行:Please *slack off* your speed, you are already the first one. 放慢些速度吧,你已经是第一了。❷松弛,松懈,懈怠:The students tend to *slack off* at the end of the term. 学生们在期末时往往变得松懈。‖ ˈ**slack·ness** *n.* [U]

slack·en /ˈslækᵊn/ *vt.* ❶使松散,松开;使松弛,放松:*Slacken* the rein or you'll hurt the horse's mouth. 放松缰绳,不然会勒坏马嘴的。❷使松懈,使懈怠:He never *slackened* his efforts to improve himself. 在修身养性方面他从不松懈。—*vi.* ❶使松散;变松弛,放松:The sails *slackened* as the wind died down. 风停了,船帆张不起来了。❷松懈,懈怠:At last the work *slackened* a bit. 在最后阶段,工作有点松懈了。

slag /slæg/ *n.* [U]炉渣,熔渣,矿渣

slain /slein/ *v.* slay 的过去分词

slake /sleik/ *vt.* 满足;平息;使缓和;消解;消除:*slake* one's thirst with water [tea] 喝水[饮茶]解渴

sla·lom /ˈslɑːlᵊm/ *n.* [C]【体】❶障碍滑雪赛 ❷(滑水、划艇、汽车等的)回旋赛;障碍赛:a *slalom* bike races 自行车障碍赛

slam /slæm/ (**slammed**;**slam·ming**) *vt.* ❶猛力关(门等);砰地关(门等):She *slammed* the door and disappeared without waiting for him. 她用力关上门,没有等他就走了。❷〈口〉猛推;猛击;猛扔;猛地放下,摔,掼:If you *slam* the brakes, the car will skid. 要是你猛地踩刹

车的话，车子会打滑的。❸〈口〉猛烈抨击，严厉指责：Although the critics *slammed* the play, the audience loved it. 尽管评论家们猛烈抨击这部戏，但是观众仍喜欢看。—*vi.* ❶猛力关上，砰地关上；砰地作响：He went through the door, hearing it *slam* again behind. 他穿过那道门，听到身后门又砰的一声撞上了。❷动作剧烈地行进；猛烈冲撞：*slam* out of the room 猛地冲出房间

slam·bang /slæmˈbæŋ/ **I** *adv.* ❶[无比较级]突然而猛烈地，突然而剧烈地；砰砰作响地 ❷粗略地，马虎地，草率地，鲁莽地 **II** *adj.* ❶喧闹的，嘈杂的；砰砰作响的：a *slambang* action cartoon 一部乒乒乓乓的动作卡通片 ❷出色的，优秀的：a *slambang* movie 一部优秀的电影 ❸草率的，鲁莽的

slam·mer /ˈslæməʳ/ *n.* [the ～]〈俚〉牢(房)，班房

sland·er /ˈslɑːndəʳ; ˈslænd-/ *n.* [U; C]中伤，诽谤，诋毁；毁谤话，中伤话：I sued him for *slander*. 我告他诽谤罪。**II** *vt.* 中伤，诽谤：Give a person a bad reputation, *slander* him, and the bad reputation will remain. 一旦给人加个坏名声，诋毁他，他就永远洗刷不掉了。‖ ˈ**sland·er·er** *n.* [C] —**sland·er·ous** /ˈslɑːndᵊrəs, ˈslænd-/ *adj.*

S

slang /slæŋ/ *n.* [U] 俚语：British *slang* 英国俚语 / a *slang* word 俚语词 ‖ **slangy** *adj.*

slant /slɑːnt; slænt/ **I** *vt.* ❶使倾斜，使歪斜：*slant* a roof upward 使屋顶上斜 ❷使(报道等)有倾向性，使有偏向性：The report was *slanted* in favour of the President. 报道偏向总统。—*vi.* 倾斜，歪斜；斜穿，斜投：The roof *slants* upward sharply. 屋顶陡然上斜。**II** *n.* [C] ❶[用单]倾斜(度)，斜线，斜面：the *slant* of a roof 房屋的倾斜度 ❷[用单]歪曲；偏向，倾向：a story with a humourous *slant* 有幽默感的故事 ❸观点，看法；态度：a personal *slant* 个人观点 ‖ **slant·wise** /ˈslɑːntˌwaiz; ˈslænt-/ *adj.* & *adv.*

slap /slæp/ **I** (**slapped**; **slap·ping**) *vt.* ❶(用扁平物)拍打，拍击；掴，掌击：*slap* sb.'s face 给某人一记耳光 ❷(啪的一声)重重放下，用力放下；摔，掼：She *slapped* the bag on the chair and then left angrily. 她把包啪的一声摔在椅子上，然后就气呼呼地走了。❸(匆忙或随意地)涂抹：The children were laughing and *slapping* some mud on the wall. 孩子们一边笑着，一边将烂泥胡乱涂在墙上。—*vi.* (用扁平物)拍打，拍击；掴：She *slapped* at the fly with a book. 她用书拍打那只苍蝇。**II** *adv.* [无比较级]猛地，突然地；直接地，径直地：Jack ran *slap* into a man. 杰克与一个男子撞了个满怀。‖ ***slap in the face*** *vt.* 公开侮辱；冷落：They *slapped* her *in the face* by refusing her request. 他们拒绝了她的请求，这对她是莫大的侮辱。***slap on the back*** *vt.* 祝贺，恭喜：The parents *slapped* their daughter *on the back* for her excellent performance. 父母对女儿的出色表演表示了祝贺。***slap on the wrist*** *n.* 轻微的处罚，温和的警告

slap·dash /ˈslæpˌdæʃ/ *adj.* 仓促马虎的，匆忙草率的：The brush strokes of his compositions are *slapdash*. 他的作品笔法粗糙。

slap·stick /ˈslæpˌstik/ **I** *n.* [C]搞笑闹剧，粗俗滑稽剧 **II** *adj.* 打闹的：some *slapstick* comedy 嘻嘻哈哈的闹剧

slash /slæʃ/ **I** *vt.* ❶(用刀、剑等)砍，劈；挥击，挥舞(刀、剑等)：The child was *slashing* a plastic sword aimlessly. 那小孩正胡乱地挥舞着一把塑料剑。❷在…上留下深长切口，砍伤：Tom *slashed* the man on the back with a knife. 汤姆用刀砍伤了那人的背。❸大幅度削减(价格等)；裁减；删除：The shop advertisement says "Weekend only, prices *slashed*." 那个商店的广告上面写着"周末大减价"。—*vi.* (手持刀、剑或鞭子等胡乱地)挥击，挥舞；劈砍；抽打(*at*)：They are *slashing at* each other with swords. 他们各执利剑，相互乱砍。**II** *n.* [C] ❶劈砍；砍杀，砍击 ❷(刀、剑等砍杀的)伤痕，砍痕；鞭痕；(深长的)伤口，切口：a deep *slash* across one's face 脸部的一道深深的口子 ❸斜线，斜杠；斜线号："6/8" can be read as "six *slash* eight". "6/8"可读作"6 斜杠 8"。

slash-and-burn /ˌslæʃᵊnˈbəːn/ *adj.* ❶刀耕火种的 ❷盲目的，破坏性的，极端的：the company's *slash-and-burn* tactics of laying off its workers 公司采取的全员下岗的做法是盲目的、对公司发展极为不利的

slat /slæt/ *n.* [C](常用来做围栏或百叶窗的木质、塑料或金属的)薄板条

slate /sleit/ *n.* ❶[U]板岩，板石；页岩 ❷[C](做屋顶建材的)石板；石板瓦；(多镶于木框

中)石质写字板,书写石板 ❸[U]暗蓝灰色,石板色 ‖ ***wipe the slate clean*** *vi*. 不计前嫌,既往不咎;一笔勾销:We all hope that this agreement can *wipe the slate clean* and start a new era. 我们都希望这个协议能够一扫前嫌,开创一个新纪元。

slaugh·ter /ˈslɔːtəʳ/ **I** *n*. [U] ❶屠宰,宰杀:They drove the herds into yards for *slaughter*. 他们将牲畜赶进院子宰杀。❷屠杀,杀戮:the *slaughter* of innocent people during the war 战时杀害无辜的人 **II** *vt*. ❶大规模残杀,屠杀,杀戮:Many innocent citizens were *slaughtered* in both World Wars. 在两次世界大战中,许多无辜的平民惨遭杀戮。❷宰杀,屠宰:These cattle and sheep are freshly *slaughtered*. 这些牛羊是刚刚宰杀的。‖ ˈ**slaugh·ter·er** *n*. [C]

slaugh·ter·house /ˈslɔːtəˌhaus/ *n*. [C]([复] **-hous·es** /-ˌhauziz/) 屠宰场〔亦作 **butchery**〕

slave /sleiv/ **I** *n*. [C] ❶奴隶:treat sb. as a *slave* 把某人当奴隶使唤 ❷奴隶般受控制的人;〈喻〉奴隶(*of*, *to*):a *slave to* smoke 烟鬼 **II** *vi*. 奴隶般工作;苦干,拼命干:She *slaved* for her children. 她为儿女做牛做马。

slav·er[1] /ˈsleivəʳ/ *n*. [C]【史】❶贩奴船,运奴船 ❷ 奴隶贩子

slav·er[2] /ˈsleivəʳ/ **I** *n*. [U]涎水,口水 **II** *vi*. ❶流口水,淌口水 ❷渴望,垂涎(*over*, *after*):She was *slavering over* that necklace. 她对那条项链渴望已久。

slav·er·y /ˈsleivᵊri/ *n*. ❶[U]奴隶身份;受奴役状态:These blacks were all sold into *slavery*. 这些黑人都被卖做奴隶了。❷[U]蓄奴;奴隶制:eliminate and outlaw *slavery* 废除并取缔奴隶制

slav·ish /ˈsleiviʃ/ *adj*. ❶[无比较级]奴隶的 ❷奴隶般的;奴性的,卑躬屈膝的:Your *slavish* devotion to your boss makes me sick. 你对你们老板那种奴颜媚骨的样子让我恶心。❸缺乏创意的,无独创性的:This painting is a *slavish* copy of Rembrandt's style. 这幅画照搬伦勃朗的风格,毫无创意。‖ ˈ**slav·ish·ly** *adv*.

slay /slei/ (**slew** /sluː/, **slain** /slein/) *vt*. ❶〈书〉〈谑〉杀害,杀死:Many soldiers were *slain* in battle. 战斗中有很多士兵被杀死。❷[常用被动语态][常用于新闻文体]谋杀,杀害 ‖ ˈ**slay·er** *n*. [C]

sleaze /sliːz/ **I** *n*. 〈口〉❶[U]污秽,肮脏,邋遢;破烂,破败;低劣(品),蹩脚(货) ❷[C]〈口〉卑劣的人,卑鄙的家伙,邋遢的人 **II** *vi*. 懒散地进行

slea·zy /ˈsliːzi/ *adj*. ❶污秽的,肮脏的;廉价而俗丽的;华而不实的:a *sleazy* question 一个浅薄的问题 ❷(纺织品或衣服等)轻薄的;不结实的,易损坏的;粗劣的 ‖ ˈ**slea·zi·ly** *adv*. —ˈ**slea·zi·ness** *n*. [U]

sled /sled/ 〈美〉**I** *n*. [C] 雪橇 **II** *vi*. 滑雪橇,乘雪橇:Let's go *sledding*. 咱们滑雪橇去。—*vt*. 用雪橇运送:You can *sled* us to the building site. 你可以用雪橇送我们去建筑工地。‖ ˈ**sled·der** *n*. [C]

sledge /sledʒ/ *n*. [C] ❶雪橇;雪车:travel in *sledges* 乘雪橇旅行 ❷〈英〉平底雪橇,长橇;木制轻便滑橇

sleek /sliːk/ *adj*. ❶(毛发、皮肤等)光滑亮泽的,油亮的:*sleek* black hair 乌黑油亮的头发 ❷光亮平滑的;线条优美的:the *sleek* hull of the sailboard 光滑的帆板外壳

sleep /sliːp/ **I** *n*. ❶[U]睡眠;睡觉:He had little *sleep* last night. 他昨晚几乎没合眼。❷[U]睡意,倦意:Once I lie down, *sleep* comes easily. 我只要一躺下就犯困。❸[用单](一段)睡眠时间,(一)觉:a *sleep* of eight hours 八小时的睡眠 **II** (**slept** /slept/) *vi*. ❶睡,睡觉;入睡,入眠:Did you *sleep* well last night? 你昨晚睡得好吗? ❷〈婉〉〈诗〉安息,长眠,死:They *slept* in the land they made free. 他们在他们自己解放的土地中长眠。—*vt*. ❶睡(觉);使睡觉后变得(清醒等):*sleep* a sound sleep 酣睡一觉 ❷[不用被动语态]供…睡觉,供…住宿;(居)住:This hotel can *sleep* 500 guests. 那家旅馆可供 500 人住宿。‖ ***get to sleep*** *vi*. [常用否定句]入睡,睡着:I couldn't *get to sleep* last night. 我昨晚睡不着。***go to sleep*** *vi*. 入睡,睡着:She listened to the breath so close to her and mused without being able to *go to sleep*. 她听到这呼吸声就在身旁,不能成寐,就想着心事。***put to sleep*** *vt*. ❶使麻醉,使失去知觉:Don't worry, your dog will be *put to sleep* for the operation. 别担心,你的狗动手术前要做全身麻醉。❷无痛苦地处死(病畜等):*put* a pet dog *to sleep* 使宠物犬无痛苦地死去 ***sleep in*** *vi*. 〈英〉早晨迟起,睡懒觉:Don't *sleep* *in* tomorrow. 明天可不要睡懒觉。**sleep over** *vi*. 不在家过夜：*sleep over* at one's neighbour's house 在邻居家过夜 ‖ **ˈsleep•less** *adj*. —**ˈsleep•less•ness** *n*. [U]

sleep•er /ˈsliːpəʳ/ *n*. [C] ❶睡觉者，睡眠者：He was no great *sleeper*. 他不是太能睡。❷〈英〉(铁路上的)枕木 ❸卧铺车厢；(卧铺车厢里的)卧铺：He used to travel on the *sleeper*. 过去他常乘卧铺旅行。

sleep•ing-bag /ˈsliːpɪŋˌbæg/ *n*. [C]睡袋

sleep•ing-pill /ˈsliːpɪŋˌpil/ *n*. [C]安眠药片

sleeping sickness *n*. [U]【医】昏睡病；昏睡性脑炎(指非洲锥虫病)

sleep•walk•ing /ˈsliːpˌwɔːkiŋ/ *n*. [U]梦游 ‖ **sleep•walk** /ˈsliːˌpwɔːk/ *vi*. —**ˈsleepˌwalk•er** *n*. [C]

sleep•wear /ˈsliːpˌweəʳ/ *n*. [U]睡衣

sleep•y /ˈsliːpi/ *adj*. ❶昏昏欲睡的，瞌睡的，困倦的：I get *sleepy* after lunch. 吃完中饭我老犯困。❷使人昏昏欲睡的，使人瞌睡的：I was glad to get into the car that rushed me through *sleepy* streets of the town. 我巴不得钻进汽车，让它载着我穿过城里夜阑人静、诱人入睡的马路。❸寂静的；不活跃的，沉闷的：a *sleepy* little village 寂静冷清的小村庄 ‖ **ˈsleep•i•ly** *adv*. —**ˈsleep•i•ness** *n*. [U]

☆**sleepy, drowsy** 均有"瞌睡的，昏昏欲睡的"之意。**sleepy** 指很想睡觉或需要睡觉，也可用于使人产生睡意的事物或悄然无声的不活跃状态：It was a *sleepy* village as they say. (正像他们所说的那样，这个村庄冷冷清清。) **drowsy** 与 sleepy 的不同之处在于强调伴随瞌睡而来的那种懒散迟钝、倦怠无力或昏昏沉沉的感觉：The warmth of the fire made him feel *drowsy*. (温暖的炉火使他昏昏欲睡。)

sleet /sliːt/ *n*. [U]雨夹雪；冻雨；雨夹雹：It began to rain, rain with *sleet* in it. 开始下雨了，雨里面还夹着雪。‖ **ˈsleet•y** *adj*.

sleeve /sliːv/ *n*. [C] ❶袖子：long-*sleeve* T-shirts 长袖 T 恤衫 ❷(唱片或书等的)防护套，封套：a record *sleeve* 唱片套 ‖ **sleeved** *adj*. —**ˈsleeve•less** *adj*.

sleigh /slei/ *n*. [C]雪橇：Santa Claus arrives on Christmas Eve in a *sleigh* pulled by reindeers. 圣诞老人在圣诞夜乘着驯鹿拉的雪橇到来。

sleight of hand *n*. ❶[U](变戏法或击剑时的)敏捷的手法：The magician amazed the audience with his *sleight of hand*. 魔术师灵巧的手法使观众眼花缭乱。❷[C](尤指魔术表演的)戏法，花招：The magician uses *sleights of hand* to create his fiction; the writer uses sleights of mind. 魔术师靠巧妙的戏法来创造虚构，而作家靠的则是灵巧的思想。

slen•der /ˈslendəʳ/ *adj*. ❶纤细的，细长的；苗条的，修长的(见 thin)：The young women had a *slender*, leggy grace. 那几位年轻女郎一个个身材窈窕，两腿修长。❷细小的，细微的；不足的；微薄的；稀少的：a *slender* income 微薄的收入 ‖ **ˈslen•der•ness** *n*. [U]

slept /slept/ *v*. sleep 的过去式和过去分词

slew /sluː/ *v*. slay 的过去式

slice /slais/ **I** *n*. [C] ❶(尤指从肉、面包、蛋糕或水果上切下来的)薄片：two bacon *slices* 两片熏肉 ❷(一)份；部分：With a 13 per cent increase, his company gets the biggest *slice* of money. 涨幅达 13%后，他的公司分得的钱最多。**II** *vt*. ❶把…切成薄片(*up*)：She was *slicing* (*up*) the mutton. 她正在把那块羊肉切片。❷割，切；切开(*off*)：He *sliced* a thin piece *off* the beef and put it on the plate. 他从那块牛肉上切下薄薄的一片，放在盘子上。—*vi*. 切开；割；划破：The sailors saw a shark's fin *slicing* through the water and came directly to them. 水手们看见一条鲨鱼的鳍划破水面，径直朝他们冲来。‖ **ˈslic•er** *n*. [C]

slick /slik/ **I** *adj*. 〈口〉❶(人或行为)熟练的；有效率的；灵巧的，敏捷的：The visitors are deeply impressed by their *slick* performance. 他们熟练的技艺给来宾们留下了深刻的印象。❷圆滑的，油滑的；精明的；能说会道的：This man is very *slick* and can be a good salesman. 此人能说会道，去干推销员倒是块好料。❸光滑的，平滑的；易滑的，溜滑的：The road was *slick* with ice. 路上有冰，很滑。**II** *n*. [C] ❶(尤指海面上一片光滑的)浮油块，油膜：The searchers lost hope for the missing submarine when an oil *slick* appeared on the surface of the water. 水面上出现了一片浮油，使搜索人员失去了寻找失踪潜艇的希望。❷(尤指化妆品等)(湿腻的)一小块，一小片：a *slick* of lip balm 一小块湿腻的唇膏 ‖ **ˈslick•ness** *n*. [U]

slide /slaid/ **I** (**slid** /slid/) *vi.* ❶滑,滑动,滑行;滑落,滑下:The old man *slid* into a pit. 老人滑进了一个坑里。❷悄悄地行进(或移动);缓慢行进(或移动):He *slid* out of bed and went out. 他偷偷溜下床,走了出去。❸(不知不觉地)逐渐陷入;逐渐变化(*into*):At that time I was *sliding* even more steeply *into* debt. 当时,我的债台在不知不觉中越筑越高。❹任其自然发展;流逝:The years *slide* by. 岁月流逝。❺下跌 —*vt.* ❶使滑动,使滑行 ❷偷偷地移动;迅速地悄悄移动:The boy *slid* himself onto the stool. 那男孩把身子挪到凳子上去。**II** *n.* [C] ❶[用单]滑行,滑动;滑落:Many people were buried by the land *slide*. 山体滑坡把许多人埋进了土里。❷[用单]快速下跌,迅速下滑:The government should halt the *slide* in price. 政府应该遏止物价的迅速下滑。❸(儿童)滑梯;(运送货物的)滑道,滑槽 ❹冰道;雪橇滑坡 ❺(显微镜的)载物玻璃片 ❻(幻灯机的)透明胶片,幻灯片 ‖ ˈ**slid·a·ble** *adj.* —ˈ**slid·a·bly** *adv.* —ˈ**slid·er** *n.* [C]

☆**slide, glide, skid, slip** 均有"滑动"之意。**slide** 指人或事物在平滑的表面上轻快移动,含与表面持续保持接触而逐渐加速的意味:She *slid* along the ice. (她在冰上滑行。)该词也可指静止的事物在快速行进的观察者视野中飞快闪过,或事物悄悄地移至某一位置:She *slid* out of the room when no one was looking. (她趁人不注意溜出了房间。)**glide** 与 slide 意思接近,强调平稳、持续地滑行,不含会产生意外、危险的意思:So graceful was the ballerina that she just seemed to *glide*. (那芭蕾舞女演员翩翩起舞,宛如滑翔。)该词也常表示观察者乘车或坐船等,事物在身旁悄悄经过:Silently the boat *glided* past. (那只船悄然滑行而过。)**skid** 原指车辆在车轮不转动的情况下向前滑行,现多用于汽车、自行车等失去控制而滑向一侧,常带有会发生意外、危险的意味:I put the brakes on and the car went into a *skid*. (我一踩刹车,汽车便向前滑行。)**slip** 常指人在平滑表面上不由自主、无意地滑动,可能失足滑倒而造成伤害:My foot *slipped* and I nearly fell. (我的脚一滑,差点跌倒。)该词表示轻快移动时强调不为人知,引申用于事物时指失去控制、自行滑脱:I am just going to *slip* down the shops. (我正打算溜出去买东西。)

slid·ing /ˈslaidiŋ/ **scale** *n.* [用单](开销、税收、工资等按标准变化而变化的)浮动计算(制),浮动计算(法)

slight /slait/ *adj.* ❶轻微的;细微的;难以察觉的:a *slight* change 些微的改变 ❷极不重要的,不足道的:a *slight* acquaintance 泛泛之交 ❸纤细的;瘦小的(见 thin):a *slight* man 瘦小的男人 ❹纤弱的;不结实的;不牢靠的:the *slight* framework of a house 不坚固的房屋构架 ‖ (***not***) ***in the slightest*** *adv.* 一点也(不),根本(不):Though he had done a day's work, he said he was*n't* tired *in the slightest*. 他虽然干了一天的活,但说一点儿也不累。‖ ˈ**slight·ed** *adj.* —ˈ**slight·ly** *adv.* —ˈ**slight·ness** *n.* [U]

slim /slim/ **I** *adj.* (**slim·mer, slim·mest**) ❶细长的;苗条的,纤细的;狭长的;薄的(见 thin):a tall, *slim* woman 身材高挑、体态窈窕的女人 ❷不足的;少的;小的;差的:There was just a *slim* of chance of success. 成功的机会很渺茫。**II** (**slimmed; slim·ming**) *vi.* (通过运动、节食等)减轻体重,减肥;变苗条:She has *slimmed* down to 115 pounds by starving herself. 她靠节食把体重减到了 115 磅。—*vt.* 减轻…的体重;使变苗条:The actress tried her best to *slim* her figure. 那位女演员想方设法使自己的身材变得苗条起来。‖ ˈ**slim·ness** *n.* [U]

slime /slaim/ *n.* [U] 黏泥;黏泥样的物质(如沥青、黏液等)

slim·y /ˈslaimi/ *adj.* ❶黏性的;滑溜的,黏滑的:He stepped into *slimy* mud. 他一脚踏进了黏糊糊的烂泥里。❷分泌黏液的;覆有黏泥的,满是黏泥的 ❸卑鄙的;滑头的;讨好献媚的:a *slimy* politician 卑鄙的政客

sling /sliŋ/ **I** *n.* [C] ❶(悬挂重物用的)背带;吊带:A few women are working in the field with their babies in *slings*. 几个妇女用背带背着孩子,在田里干活。❷【医】悬带,挂带;吊腕带:I left the hospital, my broken arm in a *sling*. 我离开了医院,断了的手臂用吊带吊着。**II** *vt.* (**slung** /slʌŋ/) ❶用弹弓射(石头等) ❷〈口〉扔,投,掷:He *slung* the ball across the yard. 他把球扔到院子的另一边。

sling·shot /ˈsliŋˌʃɔt/ *n.* [C]弹弓(=catapult)

slink /sliŋk/ *vi.* (**slunk** /slʌŋk/) ❶偷偷摸摸地行动,鬼鬼祟祟地移动:The men *slunk* about the house like burglar. 那个人像贼一样鬼鬼祟祟地在房子周围转悠。❷扭捏招摇地走路

S

slink·y /ˈsliŋki/ *adj.* ❶鬼鬼祟祟的，偷偷摸摸的 ❷(衣服)合身的，合体的：At last, she appeared, wearing a *slinky* dress. 她终于露面了，穿着一条很合体的连衣裙。‖ ˈ**slink·i·ly** *adv.* —ˈ**slink·i·ness** *n.* [U]

slip[1] /slip/ **I** (**slipped; slip·ping**) *vi.* ❶失脚；滑跤：I was running downstairs when I *slipped* and fell. 我跑下楼梯，不想滑了一下跌倒了。❷滑脱，滑落；脱落：The fish *slipped* from his hand. 那条鱼从他手里滑掉了。❸滑行；轻快地移动：Already the sun *slipped* beyond the horizon. 太阳已经落下地平线。❹溜；悄悄地走开：The boy *slipped* off without leaving word where he was going. 那男孩也没说上哪儿就偷偷溜掉了。❺下降，下跌：The price *slipped* further. 价格进一步下滑。❻迅速穿上(*into*)；迅速脱下(*out of*)：She *slipped into* her nightie. 她很快穿上了睡衣。—*vt.* ❶使滑动，使滑行：She *slipped* the ring from her finger. 她把戒指从手指上退下来。❷迅速放置；暗中塞；悄悄给：He *slipped* the old man a tenner to keep quiet. 他暗中塞给那老头一张10英镑的钞票来封他的口。❸迅速穿上(*on*)；迅速脱下(*off*)：She *slipped* a white gown *on* him. 她把一件白大褂披在他身上。**II** *n.* [C] ❶[常用单]失脚；滑跤：A single *slip* could send them plummeting down the mountainside. 稍有失脚，他们就可能一头栽进山崖。❷疏漏；差错：make a *slip* 出差错 ❸下降，下跌：a *slip* in shares 股票下跌 ❹(有背带的)女衬裙；儿童围裙：She folded her *slip* and draped it over a chair. 她把衬裙叠好搭在椅子上。‖ *let slip vt.* ❶错过(机会) ❷无意说出：He *let slip* that he had been in prison. 他脱口说出他曾坐过牢。

slip[2] /slip/ *n.* [C] ❶小纸片：a *slip* of paper 一张纸条 ❷瘦长的年轻人(或孩子)

slip-case /ˈslipˌkeis/ *n.* [C](尤指书或唱片等的)封套

slip-co·ver /ˈsliᵖˌkʌvəʳ/ *n.* [C](棉布做的)椅套；沙发套；家具套

slip-knot /ˈsliᵖˌnɔt/ *n.* [C] ❶(一拉就开的)活结 ❷(可沿着绳索变换索套大小的)滑结

slip·page /ˈslipidʒ/ *n.* [C; U]滑动，滑行；滑倒；打滑

slipped disc *n.* [C]【医】滑行椎间盘

slipped disk *n.* ＝slipped disc

slip·per /ˈslipəʳ/ *n.* [C](室内穿的)拖鞋，便鞋

slip·per·y /ˈslipᵊri/ *adj.* ❶(表面、物体等)湿的，湿滑的；致使滑倒的：a *slippery* floor 滑不唧溜的地板 ❷易滑脱的，抓不住的：The fish was cold and *slippery*. 那条鱼又冷又滑。❸油滑的，狡猾的，不老实的；不可信赖的，靠不住的：a *slippery* boy 调皮的男孩 ❹不稳定的，多变的；不明确的：*slippery* weather 不稳定的天气 ‖ ˈ**slip·per·i·ness** *n.* [U]

slip·shod /ˈslipˌʃɔd/ *adj.* ❶不认真的，粗心的，马虎的：He'd caused many problems with his *slipshod* management. 他管理很不认真，造成了很多问题。❷没有条理的，杂乱无章的；不严谨的：These passages are *slipshod* to the point of meaninglessness. 这些段落条理不清，简直是不知所云。❸不整洁的，邋遢的；懒散的：He was always dressed in a *slipshod* way. 他总是衣衫不整，不修边幅。

slit /slit/ **I** *n.* [C]狭长切口；狭长开口；裂缝：We could see into the room through a *slit* in the curtains. 我们从窗帘的缝隙中可以看见室内的情形。**II** *vt.* (**slit; slit·ting**) 切开，割开；撕开；在…上开缝：*slit* open an envelope with a knife 用小刀裁开信封

slith·er /ˈsliðəʳ/ *vi.* 不稳定地滑动，摇晃着滑行；蜿蜒滑动(或滑行)：The eel was *slithering* about in the mud. 那条鳗鱼在烂泥里游动着。‖ ˈ**slith·er·y** *adj.*

sliv·er /ˈslivəʳ/ *n.* [C] ❶长薄切片；狭长条，窄条：a *sliver* of land 一块狭长的土地 ❷木片

slob /slɔb/ *n.* [C]〈口〉笨蛋；粗心的人；粗鲁的家伙；胖子；懒汉：Get up, you *slob*! 起来，你这懒虫！

slog /slɔg/ **I** (**slogged; slog·ging**) *vt.* (尤指在拳击或打板球时)猛击 —*vi.* ❶(尤指在拳击或打板球时)猛击 ❷顽强地行进，艰难地行进；顽强地工作，辛苦地工作(*away, on*)：The scientists are *slogging away* at the research. 科学家们执着地进行着这项研究。**II** *n.* [用单] ❶胡乱的猛击：A *slog* hit the boxer in the face. 拳击手脸上被猛击了一拳。❷艰苦而持久的工作；一段时间的艰苦努力：After the hard *slog* of working, they solved the problem. 经过努力工作，他们终于解决了问题。❸步履艰难的行进

slo·gan /ˈsləugᵊn/ *n.* [C]标语，宣传口号；广告

词：A good *slogan* should be arresting, short and memorable. 好的口号应该简短、好记，有感染力。

sloop /sluːp/ *n.* [C]【船】单桅水帆船

slop /slɔp/ (**slopped**; **slop·ping**) *vi.* ❶溢出，漫出；溅出，泼出(*over*)：He filled his glass too full and coffee *slopped over* the table. 他倒得太满了，咖啡溢到桌子上去了。❷踏着泥浆(或水、雪泥)行进(*along*, *through*)：*slop along* in the shallows 在浅水处涉水而行 —*vt.* ❶使溢出，使漫出；使溅出，使泼出：He shook the container and *slopped* the liquid out. 他晃动着容器，使里面的液体溢了出来。❷把…溅湿；溅污，弄脏：a desk *slopped* with ink 溅上了墨水的写字台 ❸用泔脚喂(猪等)

slope /sləup/ **I** *n.* ❶[C]斜坡，坡地；[～s]山丘：Sunlight streamed unhindered down the *slope*. 毫无遮拦的阳光沿着坡地倾泻下来。❷[用单]斜度，坡度；倾斜；【数】斜率：The *slope* of the pitch makes it quite difficult to play on. 由于足球场地面有坡度，在那儿进行比赛相当吃力。❸[C]斜面；斜线；【矿】斜井：the roof *slope* 屋顶斜面 **II** *vi.* 有坡度；倾斜：The sides of the pit were not steep; they *sloped* quite gently. 那个矿井的两边并不陡，坡度很小。—*vt.* 使有坡度；使倾斜 ‖ ***slope off*** *vi.* 〈主英口〉(尤指为逃避工作而)溜走，开小差

slop·py /ˈslɔpi/ *adj.* ❶潮湿的，湿漉漉的：*sloppy* streets 湿漉漉的马路 ❷〈口〉马虎的，草率的，粗心的；邋遢的，凌乱的：a *sloppy* worker 做事草率的工人 ❸〈口〉庸俗伤感的，无病呻吟的：I can't stand *sloppy* love songs. 我讨厌那些自作多情的情歌。‖ ˈ**slop·pi·ness** *n.* [U]

slosh /slɔʃ/ *vi.* ❶(在泥水等中)艰难地行走；边走边溅泼：*slosh* through the dank woods 跋涉穿过潮湿的树林 ❷(液体在容器中)晃动作响；液体般晃荡：The water *sloshed* around in the bucket. 水在桶里晃动作响。—*vt.* ❶使晃动；搅动：*slosh* the coffee in the cup 搅动杯中咖啡 ❷把…溅泼出；溅泼在…上：Careful! You're *sloshing* water all over the floor! 小心！你把水溅得地板上到处都是啦！

slot /slɔt/ **I** *n.* [C] ❶(尤指投币机器上的)狭长口；狭槽 ❷(机器或工具上的)沟槽；缝槽 ❸(尤指广播节目安排中的)时段，(一)档：The programs enjoyed a peak-hour viewing *slot*. 这些节目在黄金档节目时段播出。**II** (**slot·ted**; **slot·ting**) *vt.* ❶将…放入狭长口(或狭槽、沟槽、缝槽)：Will you *slot* this disk in? 你能把这个磁盘插进去吗？❷在…上开狭长口(或狭槽、沟槽、缝槽) ❸将…塞入(或放入)；(在系统、组织或名单等中)安排，安插：He finally *slotted* me into a job in his office. 他终于在他的办公室里给我安插了一个工作。—*vi.* ❶被放入狭长口(狭槽、沟槽、缝槽)：The pipe *slotted* into place. 管子插进去了。❷被塞入(放入)；被安排；被安插

sloth /sləuθ/ *n.* ❶[U]懒散；懈怠，不思进取：I'm not quite the *sloth* you imagine me to be. 我并不像你想象的那么懒散。❷[C]【动】树懒

sloth·ful /ˈsləuθfᵘl/ *adj.* 懒散的，懒惰的；懈怠的，不思进取的：Fatigue had made him *slothful*. 疲惫使他变得怠惰起来。‖ ˈ**sloth·ful·ness** *n.* [U]

slouch /slautʃ/ *vi.* ❶无精打采地站(或走、坐)；低头垂肩地站(或走、坐)：She *slouched* back to the living room. 她无精打采地回到起居室。❷低垂，下垂：The old hat *slouched* backward on his head. 一顶旧帽子耷拉在他的后脑勺上。—*vt.* 〈旧〉使低垂，使下垂 ‖ ˈ**slouch·y** *adj.* —ˈ**slouch·er** *n.* [C]

S

slough[1] /slau/ *n.* [C] ❶沼泽地；泥潭，泥塘 ❷[用单]〈喻〉〈书〉绝境，困境；(心理上的)深渊：a *slough* of despair 绝望的深渊 / an economic *slough* 经济困境 ‖ ˈ**slough·y** *adj.*

slough[2] /slʌf/ **I** *n.* [U] ❶(蛇等的)蜕皮，蜕壳 ❷【医】腐肉；腐痂；坏死组织 **II** *vi.* ❶(蛇皮等)脱落：Its outer layer of skin *sloughed* off. 它的表皮脱落了。❷(蛇等)蜕皮：A snake *sloughs* annually. 蛇每年蜕皮一次。—*vt.* ❶(蛇等)蜕(皮)；使脱落：A snake *sloughs* off its old skin. 蛇会蜕去老皮。❷丢弃，摈弃(*off*)：*sloughed off* doubts 摈除疑虑

slov·en·ly /ˈslʌvᵊnli/ **I** *adj.* ❶邋遢的，不修边幅的：The dirty dress made him look *slovenly*. 他穿着那件脏衣服显得很邋遢。❷凌乱的；做事马虎的，不认真的：*Slovenly* speech is a bad habit. 说话没有条理的习惯不好。**II** *adv.* ❶邋遢地，不修边幅地 ❷凌乱地；马虎地，极不认真地

slow /sləu/ **I** *adj.* ❶慢的，缓慢的：a *slow* improvement 缓慢的好转 ❷逐渐的,持续的;耗时的,费事的: Civilization is just a *slow* process. 文明是一个渐进的过程。❸[作后置定语](时间上)慢了的,晚的,迟的: That clock is five minutes *slow*. 那时钟慢了五分钟。❹迟钝的,笨的,反应慢的;理解力差的: a *slow* learner 学东西慢的人 ❺不迅速行动的;不乐意的,勉强的;非随意的;不易激动的: What a *slow* fellow you are! 你可真是个慢性子!❻无重大(或惊人)事件的;没有生气的;乏味的,枯燥的: She found that life was *slow* in the country. 她觉得乡下的生活很枯燥。❼(生意等)清淡的,不繁忙的,不景气的: Business is very *slow* at the moment. 眼下的生意不大好。**II** *adv.* 慢慢地,缓慢地: Could you drive a bit *slower*, please? 你可以开慢一点儿吗? **III** *vi.* 放慢速度,变得缓慢: Maggie ran along the path for a few minutes and then *slowed* to a walk. 玛吉沿着那条小路跑了几分钟后便放慢脚步,转而步行。—*vt.* 放慢,使缓慢: *slow* one's pace [step] 放慢脚步 ‖ **ˈslow·ish** *adj.* —**ˈslow·ly** *adv.* —**ˈslow·ness** *n.* [U]

slow-down /ˈsləuˌdaun/ *n.* [通常用单] ❶放慢速度,减速;(在经济活动中)放慢节奏: a *slow-down* in economy 经济发展速度的放慢 ❷消极怠工

S

slow motion *n.* [U](电影中的)慢镜头,慢动作

slow·wit·ted /ˈsləuˌwitid/ *adj.* 头脑迟钝的,笨的 ‖ **ˈslowˌwit·ted·ly** *adv.* —**ˈslowˌwitt·ed·ness** *n.* [U]

sludge /slʌdʒ/ *n.* [U] ❶烂泥;污泥;淤泥 ❷泥状沉积物,泥渣 ❸脏水,污水

slug /slʌg/ *n.* [C] ❶【动】蛞蝓,鼻涕虫 ❷(尤指形状不规则的)子弹;气枪子弹

slug·gish /ˈslʌgiʃ/ *adj.* ❶慢的,缓慢的: In front of them was a *sluggish* stream. 他们的面前是一条缓缓流淌的小溪。❷懒惰的,怠惰的;不活跃的,不好动的: He felt *sluggish* after a heavy lunch. 中午饱餐一顿之后,他觉得懒洋洋的。❸没有活力的,死气沉沉的;呆滞的,迟缓的: The stock market is a bit *sluggish*. 股市有点疲软。‖ **ˈslug·gish·ness** *n.* [U]

sluice /sluːs/ *n.* ❶[C]【建】水闸,闸门;控水阀 ❷[C](人造)排水渠,泄水道 ❸[C](淘洗矿石的)流矿槽,洗矿槽 ❹[C](冲运木材的)斜水槽

slum /slʌm/ *n.* [C]贫民窟 ‖ **ˈslum·mer** *n.* [C]

slum·ber /ˈslʌmbəʳ/〈书〉**I** *vi.* 睡眠;小睡;安睡: You have waked me too soon, I must *slumber* again. 你把我叫起来太早了,我得再去睡会儿。**II** *n.* [C; U]睡眠;小睡;安睡: a sound *slumber* 沉睡 ‖ **ˈslum·ber·ous** /-bᵊrəs/ *adj.*

slump /slʌmp/ **I** *vi.* ❶(沉重或突然地)倒下,落下,坍陷: Lonnie *slumped* down again on the steps. 朗尼又颓然跌坐在台阶上。❷垂头弯腰地坐(或走、倚靠等): I saw her *slump* against the wall. 我看见她无力地靠在墙上。❸(经济等)衰落,衰退;(物价等)暴跌;(健康、质量等)下降: Recession has caused business to *slump*. 不景气造成商业衰退。**II** *n.* [C] ❶(沉重或突然的)倒下,坍陷 ❷跌落;下降;衰落,衰退: The market is facing a *slump* of disastrous propositions. 市场正面临着严重衰退。❸(球赛等中的)大败,重创: United's recent *slump* 联队最近一次的失利

slung /slʌŋ/ *v.* sling 的过去式和过去分词

slunk /slʌŋk/ *v.* slink 的过去式和过去分词

slur /sləːʳ/ **I** (**slurred**; **slur·ring**) *vt.* 含混不清地说出;含糊地发(音);连笔潦草地写: His strong accent made him *slur* his "l" slightly. 他的口音很重,发"l"的音不太清楚。—*vi.* 含混地说;含糊地发音;连笔潦草地写: Your voice *slurs*; I can't hear you clearly. 你说话时声音很含糊,我听不清楚。**II** *n.* ❶[C]诋毁,诽谤: He regarded it a *slur* on his reputation. 他认为这是对他名誉的诋毁。❷[C; U]含糊的说话(或发音、唱歌);潦草的书写

slurp /sləːp/ **I** *vt.* 出声地吃(或喝): The boy *slurped* the Coke. 小男孩嘟噜嘟噜地喝着可乐。**II** *n.* [C; U] 吃(或喝)的声音;出声的吃(或喝)

slush /slʌʃ/ *n.* [U] ❶烂泥,稀泥;融雪,雪泥 ❷傻话,庸俗无聊的话 ‖ **ˈslush·y** *adj.*

slush fund *n.* [C](尤指用于政治贿赂的)行贿基金

sly /slai/ *adj.* (**sly·er**, **sly·est**) ❶狡猾的,奸诈的,诡诈的,阴险的: That old guy is as *sly* as a fox. 那个老东西狡猾得像狐狸。❷诡秘的,秘密的,偷偷的;躲躲闪闪的: He claims to admire our work greatly, though he contrives to give it a *sly* stab in the back. 他嘴上口口声声对我们的工作表示敬佩,可却心怀叵测地在背后捅刀子。❸会意的,会心的;俏皮的:a *sly* mischievous sense of humour 俏皮淘气的幽默感 ‖ ˈ**sly·ly** *adv.* —ˈ**sly·ness** *n.* [U]

smack /smæk/ **I** *n.* [C] ❶(尤指用手掌或扁平物的)拍击(声),拍打(声);掌掴(声),扇击(声):He gave the ball a hard *smack*. 他大力击球。❷出声的吻,响吻:She gave me a hearty *smack* before she left. 她离开之前给了我一个深情的响吻。**II** *vt.* ❶掌击,掴,扇:I'd *smack* his face. 我要扇他一记耳光。❷砰(或啪)地放下(或甩出、扔下等):She *smacked* the cup on the table. 她把杯子砰的一声放在桌子上。

small /smɔːl/ **I** *adj.* ❶(体积、规模等方面)小的,小型的,不大的;包含小片(或小块)的:a *small* bar 小酒吧 ❷年幼的,幼小的;矮小的:He has a wife and three *small* children. 他有妻子和三个年幼子女。❸不重要的,无关紧要的:Don't worry. It's only a *small* problem. 别担心,这只是个小问题。❹(地位、身份、工作等)低微的,不起眼的:*small* people 小人物 ❺少的,量少的,不多的:a *small* amount of money 少量的金钱 **II** *adv.* 小小地,小型地;微小地;细小地:He's painted the picture far too *small*. 他那幅画画得太小了。‖ ***look small*** *vi.* 显得渺小,显得难堪,显得矮人半截:Distance makes things *look small*. 距离使事物显得渺小。‖ ˈ**small·ish** *adj.* —ˈ**small·ness** *n.* [C]

small arm *n.* [C](尤指步枪、手枪、轻型机关枪等便于携带的)袖珍武器

small fry *n.* [总称] ❶小孩子,小家伙,小不点;小崽子,幼畜,幼兽,小鱼 ❷小事,琐事;小人物,不重要的人

small intestine *n.* [C]【解】小肠

small-mind·ed /ˌsmɔːlˈmaindid/ *adj.* 气量小的,心胸狭窄的

small·pox /ˈsmɔːlˌpɔks/ *n.* [U]【医】天花

small-scale /ˌsmɔːlˈskeil/ *adj.* 小规模的,小型的

small talk *n.* [U]无关紧要的客套语;闲谈,闲聊:I know I have no *small talk*. 我知道自己不会应酬。

smart /smɑːt/ **I** *adj.* ❶聪明的,伶俐的;机敏的;精明的;高明的:a *smart* pupil 聪颖的学生 ❷时髦的;漂亮的;潇洒的:the *smart* town people 城市中时髦社会的人们 ❸整齐的,整洁的:a *smart* suit 挺括的西装 ❹轻快的,敏捷的,活泼的:We tried to catch up with them by setting a *smart* pace. 我们加快步伐追赶他们。**II** *vi.* ❶引起疼痛:Iodine *smarts* when it is put on a cut. 碘酒涂在伤口上引起剧烈疼痛。❷感到疼痛:The boy said his eyes *smarted* from the smoke. 那孩子说烟熏得他眼睛疼。❸感到难受(或痛苦):He was still *smarting* from her insult. 他依然为曾被她羞辱一事而感到不快。‖ ˈ**smart·ly** *adv.* —ˈ**smart·ness** *n.* [U]

smart·en /ˈsmɑːtᵊn/ *vt.* & *vi.* (使)变聪明(或精明);(使)变整洁;(使)变时髦漂亮;(使)变轻快敏捷(*up*):We could *smarten up* a bit and then go. 我们可以打扮得漂亮潇洒一点,然后就走。

smash /smæʃ/ **I** *vt.* ❶使成碎片;打破,打碎(*up*):I *smashed up* all the furniture in anger. 我一怒之下砸了所有的家具。❷完全摧毁;粉碎;彻底击败:The police *smashed* a big network of drug dealing. 警方一举摧毁了一个庞大的贩毒网。❸(车辆等)猛冲,冲撞;猛击(*into*,*through*):I *smashed* the car *into* a tree. 我的车撞上了一棵树。❹【网】猛扣(球),高压击(球);高压击球得(分):He tried to *smash* the ball over the net but failed. 他想将球扣过网去,但没有成功。—*vi.* ❶变成碎片;被打破,被打碎:The bottle *smashes* against the wall. 瓶子碰到墙上被砸碎了。❷猛烈冲击;猛撞(*into*,*through*):Huge waves *smashed into* the village,damaging most houses. 巨浪扑进村庄,冲毁了大多数房屋。❸被粉碎;被摧毁;破灭:The stress grew inside him; he felt he should *smash*. 他内心的压力越来越大,他感到自己要粉身碎骨了。**II** *n.* [C] ❶[用单]破碎;打破,打碎 ❷[用单]破碎时的哗啦声:The car ran into a shop window with a loud *smash*. 汽车撞进了一家商店的橱窗,发出一阵巨大的稀里哗啦声。❸(车辆等的)猛烈撞击(声):a car *smash* 一起车祸 ❹(尤指影片、戏剧和歌曲等)轰动的演出;走红的演员:This song is a huge *smash*. 这首歌很走红。❺【网】高压球,扣球:a powerful *smash* from the baseline 一记强有力的底线扣杀

smash·ing /ˈsmæʃiŋ/ *adj.* 〈主英口〉❶极好的;漂亮的,美丽的:I had a *smashing* time in this small town. 我在这个小城里玩得很痛快。❷猛击的,粉碎的

smash-up /ˈsmæʃˌʌp/ *n.* [C]〈口〉(尤指车辆等的)猛烈碰撞,追尾:She died in an auto *smash-up*. 她死于车祸。

smat·ter·ing /ˈsmætᵊriŋ/ **I** *n.* [常用单](对某一种语言或主题的)肤浅了解,略懂,浅知:We have gained a *smattering* of Hebrew. 我们略懂一点希伯来语。**II** *adj.* 点滴的,少许的,不完整的,肤浅的

smear /smiəʳ/ **I** *vt.* ❶(尤指油污物)弄脏,玷污:Ink *smeared* my shirt. 墨水弄脏了我的衬衫。❷(用油污物)涂抹;涂上;抹上(油污物等):He *smeared* the knife with oil. 他把油涂在刀上。—*vi.* ❶被弄脏,被玷污:Be careful. The oil may *smear*. 当心!油会弄你一身。❷(因擦拭而)变模糊:The words *smeared*; I could not make it out. 字迹模糊,我认不出来。**II** *n.* [C] ❶污迹,脏斑:My glove had left a greasy *smear* on the window. 我的手套在窗户上留下了一块油迹。❷诽谤,诋毁:He was put out of the department by *smears* in the press, implying that he was a drug-addict. 有人在报上中伤他,影射他是个瘾君子,所以他被赶出了所在的部门。‖ ˈ**smear·y** *adj.*

S

smell /smel/ **I** *n.* ❶[U]嗅觉:A dog has a fine sense of *smell*. 狗的嗅觉很灵敏。❷[C]气味,味道;气息:There was a strong *smell* of coal oil in the house. 房间里有一股浓烈的煤油味。❸[C]臭味,难闻的气味 ❹[**a** ~]嗅,闻:The kid took *a smell* at the fruit. 那孩子闻了闻水果。**II** (**smelt** /smelt/或 **smelled**) *vt.* ❶嗅(到),闻(到):I *smell* gas. 我闻到有煤气味。❷感觉到,察觉到;辨别出:I *smelt* something strange in his words. 我觉得他的话有点怪。—*vi.* ❶发出气味,散发气味:This flower is beautiful but does not *smell*. 这花很好看,但却不香。❷闻起来:The garden *smelt* sweet. 花园里花气袭人。❸闻上去有某种气味(*of*):The kitchen *smelled of* roasting lamb. 厨房里有烤羊羔肉的味道。

smell·ing /ˈsmeliŋ/ **salts** [复] *n.* [用作单或复]【药】嗅盐(碳酸铵混以香料,昏厥者嗅之能苏醒)

smell·y /ˈsmeli/ *adj.* 味道刺鼻的,难闻的;臭的,有臭味的:The slum is horribly *smelly*. 贫民窟里臭不可闻。

smelt[1] /smelt/ *vt.* 熔炼,精炼;从(矿石)中炼取金属;从矿石中炼取(金属):The workers are *smelting* ores. 工人们正在熔炼矿石。

smelt[2] /smelt/ *v.* smell 的过去式和过去分词

smelt·er /ˈsmeltəʳ/ *n.* [C]❶冶炼工 ❷熔炉,冶炼厂

smidg·en /ˈsmidʒᵊn/ *n.* [常用单]〈口〉少量,一点点

smile /smail/ **I** *vi.* ❶微笑,露出笑容;笑:Jenny nodded, *smiling*. 詹妮粲然一笑,点点头。❷惠及,赞许,鼓励(*on*, *upon*):Fortune in general had *smiled on* them. 幸运总是照顾他们。—*vt.* 用微笑表示(或说):*smile* goodbye to sb. 微笑着向某人说再见 **II** *n.* [C]微笑;笑容:have a *smile* on one's face 面露笑容 ‖ ˈ**smil·ing·ly** *adv.*

smirch /sməːtʃ/ **I** *vt.* ❶弄脏:The boy *smirched* his trousers. 那孩子把裤子弄脏了。❷玷污,诬蔑:*smirch* one's reputation 玷污某人的名声 **II** *n.* [C] ❶污迹,脏斑 ❷(品行等上的)污点,劣迹

smirk /sməːk/ **I** *n.* [C]假笑;得意的笑;傻笑:a self-satisfied *smirk* 自鸣得意的笑 **II** *vi.* 假笑;得意地笑;傻笑:Whenever he sees a pretty girl, he *smirks* at her. 他一看见漂亮女孩,就冲着人家傻笑。

smith /smiθ/ *n.* [C] ❶[常用以构成复合词](与金属制作有关的)工匠,制作者:a gold*smith* 金匠 ❷铁匠;锻工

smith·er·eens /ˌsmiðᵊˈriːnz/ [复] *n.* 碎片:The glass smashed into *smithereens*. 杯子摔成了碎片。

smith·y /ˈsmiði/ *n.* [C]锻工车间,打铁工场

smock /smɔk/ *n.* [C](画家、医生等的)工作衣,罩衣

smog /smɔg/ *n.* [U](烟与雾合成的)烟雾 ‖ ˈ**smog·gy** *adj.*

smoke /sməuk/ **I** *n.* ❶[U;C]烟:The thin blue *smoke* was curling up over the small village. 淡淡的蓝色炊烟在小村子上空袅袅升起。❷[**a** ~]抽烟:I came out for *a smoke*. 我出来抽口烟。❸[C]〈口〉香烟;雪茄:He asked me to give him a *smoke*. 他要我给他一支烟。**II** *vi.* ❶冒烟,排烟;冒气,排气:The chimney is *smoking*. 烟囱正冒着烟。❷抽烟，吸烟：Pregnant women who *smoke* tend to have babies which weigh less at birth. 抽烟的孕妇生出来的孩子体重往往较轻。—*vt*. ❶抽（烟等）；使（自己）抽烟变得：He *smoked* an occasional cigarette. 他偶尔会抽支烟。❷用烟把…熏黑；用烟熏制：The ham is well *smoked*. 这火腿熏制得很好。‖ ***go up in smoke*** *vi*. 〈口〉❶付之一炬，被烧毁，化为灰烬 ❷落空，破灭，化为乌有：The plan *went up in smoke*. 这个计划泡汤了。***no smoke without fire*** 无火不起烟（或无风不起浪）***smoke out*** *vt*. ❶用烟驱赶：We tried to *smoke out* mosquitoes. 我们试图用烟驱蚊。❷查出；侦查出：*smoke out* the real criminal 查出真正的罪犯 ‖ **'smok·er** *n*. [C] —**'smok·i·ness** —**'smok·less** *adj*. *n*. [U] —**'smok·y** *adj*.

smoke detector *n*. [C]烟尘探测器，烟雾报警器

smold·er /'sməuldəʳ/ *vi*. ＝smoulder

smoul·der /'sməuldəʳ/ *vi*. ❶（有烟无火苗地）慢燃，阴燃，闷燃：The fire *smoldered* out at last. 火终于一点点地熄灭了。❷（情感等）被抑制，被压抑；郁积；（人）暗自愤恨（或恼怒）：Anger *smoldered* in her heart. 她怒火中烧。

smooch /smuːtʃ/ 〈口〉**I** *n*. [用单]搂抱亲吻 **II** *vi*. 相拥慢舞；搂抱亲吻，相拥互吻：They are *smooching* to music. 他们随着音乐相拥而舞。

smooth /smuːð/ **I** *adj*. ❶平滑的，光滑的，滑溜的：a *smooth* piece of wood 平滑的木板 ❷平坦的，平整的：a broad *smooth* road 宽阔平坦的道路 ❸平静的，平稳的：a *smooth* sea 水波不兴的大海 ❹顺利的，没有困难的，平平安安的：a *smooth* career 一帆风顺的事业 **II** *vt*. 把…弄平；使平滑；使平整：*smooth* one's dress 平整衣服 —*vi*. 变平滑，变光滑，变滑溜；变平整：At last his knitted brown *smoothed* out again. 他那紧锁的眉头终于又舒展开来了。‖ ***smooth over*** *vt*. 缓和，减轻

smoth·er /'smʌðəʳ/ *vt*. ❶使窒息，使透不过气；把…闷死：The crowd *smothered* me. 周围的人群挤得我透不过气来。❷把（火）闷熄：He tried to *smother* the flames with a damp blanket. 他试图用湿毯子闷熄火苗。❸厚厚地覆盖：She *smothered* her cake with cream. 她在饼子上涂了厚厚一层奶油。❹掩饰；抑制；扼杀：*smother* (up) a scandal 掩盖丑闻 —*vi*. ❶透不过气，窒息；闷死：*smother* in work 被工作压得透不过气来 ❷被掩饰；被抑制；被扼杀：His rage *smothered* and died away. 他的怒气被强行压了下去，渐渐消失了。

smudge /smʌdʒ/ **I** *n*. [C]污迹，污痕：a *smudge* of rust 锈斑 / His shoes left *smudges* on the carpet. 他的鞋把地毯弄得污迹斑斑。**II** *vt*. 弄脏，涂污；使模糊：His shirt was *smudged* with blood. 他的衬衫血迹斑斑。—*vi*. 变脏；变模糊：The drawings have *smudged*. 这些画已经模糊不清了。‖ **'smudg·y** *adj*.

smug /smʌg/ *adj*. (**smug·ger**, **smug·gest**) 〈贬〉自满的；自鸣得意的，洋洋自得的：This clever plan made him rather *smug*. 这一精明的计划使他感到很得意。‖ **'smug·ly** *adv*. —**'smug·ness** *n*. [U]

smug·gle /'smʌgᵊl/ *vt*. ❶非法运送（货物）出境（或入境），走私：*smuggle* drug 走私毒品 ❷偷运，偷送；偷带（*in*, *out*）：The man is caught for *smuggling* watches through customs. 那人从海关走私手表被抓了。—*vi*. 非法运送货物出境（或入境），走私 ‖ **'smug·gler** *n*. [C]

smut /smʌt/ *n*. ❶[C]煤炱，煤灰，煤烟 ❷[C]污点，脏斑 ❸[U]下流话，猥亵话；淫秽作品：pass ordinances banning *smut* 通过一系列禁黄的法令 ❹[U]【植】（谷类的）黑穗病；黑粉病 ❺[C]【微生】（引起黑穗病的）担子菌 ‖ **'smut·ti·ness** *n*. [U] —**'smut·ty** *adj*.

snack /snæk/ **I** *n*. [C]（正餐之间的）点心，小吃：I had a *snack* on the train. 我在火车上吃了点心。**II** *vi*. 吃快餐；吃点心：You can *snack* on cake at noon. 中午你就吃点蛋糕填补一下吧。

snack bar *n*. [C]快餐店；小吃部

snag /snæg/ **I** *n*. [C] ❶（意外或潜在的）困难，麻烦；障碍：They've run into a *snag* with their work. 他们的工作碰到了意想不到的麻烦。❷（锐利的）突出物，戳出物；（树的）残桩，断枝，残根：keep an emery board handy in case of nail *snags* 手头备个指甲砂锉以防碰到断钉子 ❸（衣服等的）戳破处，钩破处；（编织物的）抽丝处：There is a *snag* in her silk dress. 她的绸裙子上有一处抽丝。**II** *vt*. (**snagged**; **snag·ging**) 戳破，钩破；使（编织物等）抽丝：Thorns *snagged* his sweater from behind. 身后的荆棘钩破了他的羊毛套衫。

snail /sneil/ *n*. [C] ❶蜗牛 ❷动作缓慢的人（或

S

动物)‖ ***at a snail's pace*** *adv.* 以极慢的速度，以慢吞吞的步伐

snake /sneik/ **I** *n.* [C] ❶【动】蛇：a coiling *snake* 身子盘成一团的蛇 ❷阴险奸诈的人，卑劣的人：That man is a cold-blood *snake*. 那人冷酷奸险。**II** *vt.* 沿…曲折前进(或延伸)：The road *snaked* its way through mountain villages. 那条路弯弯曲曲地穿过一座座山村。—*vi.* 曲折前进(或延伸)：Smoke *snaked* up from a campfire. 营火的青烟袅袅上升。

snak·y /ˈsneiki/ *adj.* ❶蛇的；多蛇的：a *snaky* island 一个多蛇的岛屿 ❷似蛇的；蛇形的，蜿蜒的：This mountain road is very *snaky*. 这条山路弯弯曲曲。❸冷漠的；忘恩负义的；恶毒的，邪恶的；阴险的，奸诈的：A *snaky* look came to his face. 他的脸上露出了阴险的表情。

snap /snæp/ **I** (**snapped**; **snap·ping**) *vi.* ❶噼啪地响，发噼啪声：The dry wood *snapped* in the fireplace as it burned. 干柴在壁炉中燃烧，噼啪作响。❷(门、锁等)发出吧嗒声：The lock *snapped* open. 锁吧嗒一声打开了。❸咔嚓折断；啪地绷断：The branch *snapped*. 树枝咔嚓一声折断了。❹(神经等)突然崩溃，突然支持不住：My patience finally *snapped*. 我终于忍无可忍了。❺迅速抓住；立即接受(*at*)：He simply *snapped at* the opportunity of visiting the palace. 他立刻抓住了游览那座宫殿的机会。❻厉声说话；怒声责骂(*at*)：He *snapped at* a waitress. 他对一个女服务员粗声粗气地嚷嚷。—*vt.* ❶使噼啪作响；捻(手指)发噼啪声：He took one last drag on his cigarette and *snapped* it away. 他吸了最后一口烟，然后啪地把烟扔掉。❷使发出吧嗒一声(关上或打开等)：*snap* a lock on the chain 啪地锁上了链锁 ❸使咔嚓折断；使啪地绷断；把…啪地拉断：The weight of the snow *snapped* the branch in two. 积雪的重量将树枝压断。❹迅速抓住；立即接受(*up*)：When he invited her to the show, she *snapped up* the offer. 当他邀请她去看电影时，她迫不及待地表示同意。❺对…厉声说；怒气冲冲地说出；急促地说出：Don't *snap* him up just for a slip of his tongue. 不要因为他说错一句话就恶声恶气地责备他。❻使敏捷地行动；使迅速地移动；迅速做出：She *snapped* a black ribbon around a bundle of old and faded letters. 她麻利地用黑丝带把一捆年久褪色的信件扎了起来。**II** *n.* ❶[C]噼啪声；吧嗒声；咔嚓声：The piece of wood broke with a *snap*. 木条啪的一声折断了。❷[C]一段时间的寒冷天气：There will be a cold *snap* from tomorrow on. 从明天开始将有几天寒冷天气。**III** *adj.* [无比较级][作定语] 迅速的；突然的；仓促的，匆忙的：a *snap* decision 仓促的决定 ‖ ***snap one's fingers at*** *vt.* 轻蔑对待，对…毫不尊重 ***snap to it*** [***snap it up***] 急忙，赶快 ***snap up*** *vt.* 把…抢先弄到手，抢购

snap bean *n.* [C]【植】食荚菜豆，芸豆，四季豆〔亦作 **string bean**〕

snap·pish /ˈsnæpiʃ/ *adj.* (人的言谈举止)生硬的，粗暴无理的；尖刻的：His voice lost its usual *snappish* quality. 他的语气不再像往常那样恶声恶气的了。‖ ˈ**snap·pish·ly** *adv.* —ˈ**snap·pish·ness** *n.* [U]

snap·py /ˈsnæpi/ *adj.* 〈口〉❶清新明快的；充满活力的；敏捷的：a *snappy* prose 文笔明快的散文 ❷漂亮考究的，整洁雅致的：Our boss is a *snappy* dresser. 我们老板穿衣服很考究。❸(人的言谈举止)生硬的，粗暴无礼的；尖刻的：a *snappy* guy 脾气暴躁的家伙

snap·shot /ˈsnæpˌʃɔt/ *n.* [C] ❶【摄】快照 ❷概观，简要小结

snare /sneəʳ/ **I** *n.* [C] ❶(捕捉鸟、兽等的)陷阱，罗网：the birds caught in the *snare* 落入罗网的鸟儿 ❷〈喻〉陷阱，圈套：We're in a *snare*! 我们中了圈套! **II** *vt.* ❶(用陷阱、罗网等)捕捉(见 catch)：He taught me how to *snare* rabbits. 他教我网兔子的方法。❷诱…人圈套；诱获，诱捕，谋得：The police have spread a wide net to *snare* him. 警察布下一张巨大的网来捉拿他。

snarl /snɑːl/ **I** *n.* ❶缠结，纠结，乱结：tie a rope in a *snarl* 把绳子打个结 ❷混乱，一团糟：a traffic *snarl* 交通混乱 **II** *vt.* ❶使(线、发等)缠结：The kitten *snarled* up the ball of yarn. 小猫把线团弄得缠结在一起。❷使混乱，使一团糟：The power failure had *snarled* traffic in the city. 断电使该市的交通陷入混乱。—*vi.* 缠结：Long hair *snarls* easily. 长发容易缠结。

snatch /snætʃ/ **I** *vt.* ❶夺；夺走，夺取，夺得；抢夺(见 take)：Someone *snatched* my handbag and made off with it. 有人夺过我的手提包逃之夭夭。❷一下子拉；一把抓住：He *snatched* the reins of the runaway horse. 他一把抓住了

那匹失控的马的缰绳。—*vi.* ❶想要夺；试图攫取(*at*)：It's rude to *snatch*. 夺别人手中的东西是粗鲁的行为。❷一把抓住；立即接受(*at*)：*snatch at* sb.'s hand 紧握某人的手 **II** *n.* ❶[用单]夺；夺取；抢夺：The thief made a *snatch* at her handbag. 小偷抢走她的手提包。❷[常作～**s**]片刻；短时：have a *snatch* of sleep 小睡片刻 ❸[常作～**s**]片段；点滴：catch *snatches* of information 获得一鳞半爪的信息

sneak /sniːk/ **I** *vi.* 偷偷地走，悄悄地离开，溜，潜行：He *sneaked* into the kitchen for a tin of beer. 他溜进厨房喝一听啤酒。—*vt.* 悄悄地做；偷偷地拿(或给、吃、喝等)：I *sneaked* a glance at Anna. 我偷偷地看了安娜一眼。**II** *n.* [C] 偷偷摸摸的人，鬼鬼祟祟的人：He'd gone behind her back, like a *sneak*. 他真像个暗地捣鬼的人，溜到她身后。‖ ˈ**sneak·i·ness** *n.* [U] —ˈ**sneak·y** *adj.*

sneak·er /ˈsniːkəʳ/ *n.* [C] ❶〈俚〉(一只)软底帆布鞋 ❷偷偷摸摸的人，鬼鬼祟祟的人

sneak·ing /ˈsniːkiŋ/ *adj.* [作定语] ❶偷偷摸摸的，鬼鬼祟祟的：take a *sneaking* look through the keyhole 通过钥匙孔偷看 ❷暗中的，隐藏不露的：I have the *sneaking* suspicion that he's lying. 我暗自怀疑他在说谎。

sneer /sniəʳ/ **I** *vi.* 嗤笑，嘲笑；讥讽，讥诮(*at*)：*sneer at* sb.'s arrogance 对某人的傲慢态度嗤之以鼻 —*vt.* 嗤笑(或嘲笑)着说出；讥讽，讥诮：She *sneered* back a question. 她以讥诮的口吻反问了一个问题。**II** *n.* [C]嗤笑，嘲笑；讥讽，讥诮：A faint *sneer* touched the corners of his mouth. 他的嘴角隐约现出一种不屑的神情。

sneeze /sniːz/ **I** *n.* [C]喷嚏；喷嚏声：As the door shut, the *sneeze* burst out. 关门声落，喷嚏声起。**II** *vi.* 打喷嚏：Who catches cold is sure to *sneeze*. 人一感冒就要打喷嚏。‖ ***sneeze at*** *vt.* [常用于否定句]〈口〉轻视，小看，看轻：Rich though the Church was, thirteen million pounds was not to be *sneezed at*. 尽管教会十分富有，但1 300万英镑毕竟不能等闲视之。

snick·er /ˈsnikəʳ/ **I** *n.* [C] ❶窃笑，暗笑：a *snicker* of contempt 鄙夷的窃笑 ❷窃笑声 **II** *vi.* 窃笑，暗笑：It's nothing for you to *snicker at*. 此事你没有什么可窃窃自喜的。〔亦作 **snigger**〕

snide /snaid/ *adj.* 讥讽的，挖苦的；恶意的，贬损的：The words she'd uttered sounded *snide* and insinuating. 她说的那番话听来暗含讥讽，含沙射影。

sniff /snif/ **I** *vi.* ❶(哧哧地)用鼻吸气；擤鼻子：Stop *sniffing* and blow your nose. 不要再呼哧呼哧的，擤一擤你的鼻子吧。❷嗅，闻(*at*)：*sniff at* the air 嗅着空气 —*vt.* ❶嗅，闻：She lifted the flowers to *sniff* their faint fragrance. 她拿起鲜花，闻了闻花的清香。❷吸入，吸进：He looked around him and *sniffed* the chill night air. 他环顾了一下四周，耸耸鼻子，嗅了嗅略带寒意的夜晚的空气。**II** *n.* [C] ❶吸气(声)；一次吸入量：have a good *sniff* of the morning air 深深地吸了一口清晨的空气 ❷嗅，闻：Well, we'll have a *sniff* at it and see what it's like. 好吧，咱们就来闻一闻，看看这是什么玩意儿。

snif·fle /ˈsnifᵊl/ *vi.* (哧哧地)用鼻吸气；抽鼻子，吸鼻子：She was *sniffling* into her handkerchief. 她用手帕捂着脸抽噎着。

snip /snip/ **I** (**snipped**; **snip·ping**) *vt.* 剪；剪开，剪断：*snip* the paper apart 把纸剪开 —*vi.* 剪：She inspected the embroidery, *snipping* at loose threads. 她检查着绣品，一边剪去松开的线头。**II** *n.* [C] ❶(一)剪；剪刀的咔嚓声：She made [took] a *snip* in the cloth. 她在布上剪了一刀。❷剪下的碎片：some *snips* of cloth 剪下的碎布片 ❸〈口〉无足轻重的小人物；不知天高地厚的年轻人

snipe /snaip/ **I** *n.* [C]([复]**snipe(s)**)【鸟】鹬 **II** *vi.* ❶狙击，打冷枪：The soldiers in the trench *sniped* at the enemy. 战壕里的士兵狙击了敌军。❷突然袭击；诽谤；中伤(*at*)：The press *sniped at* inept government. 报界攻击无能的政府。

snip·er /ˈsnaipəʳ/ *n.* [C]狙击手

snip·pet /ˈsnipit/ *n.* [C] ❶(切下的)小片，碎片 ❷[常作～**s**](消息、新闻等的)片段；(书籍、报纸等的)摘录：the *snippets* of conversation 谈话的片段

snip·py /ˈsnipi/ *adj.* 〈口〉❶挑剔的，爱找碴的 ❷(言语)尖刻的，刻薄的

snit /snit/ *n.* [**a** ～]气恼，恼怒；焦急不安

snitch /snitʃ/ **I** 〈口〉 *vt.* 偷，偷窃 —*vi.* 告密，告发(*on*) **II** *n.* [C]告密者，告发者

S

sniv·el /ˈsnivᵊl/ *vi*. (**-el(l)ed**; **-el·(l)ing**) ❶抽泣,抽噎;哭诉 ❷流鼻涕;(不停地)抽鼻子:The kid is *snivelling* because he can't find his ball. 那小孩丢了球,正在哭鼻子呢。‖ ˈ**sniv·el·(l)er** *n*. [C]

snob /snɔb/ *n*. [C] ❶势利的人,势利眼,谄上欺下的人:He is a terrible *snob*. 他是一个极势利的人。❷自诩内行的人,自以为是的人:a musical *snob* 自认为懂音乐的人 ‖ ˈ**snob·ber·y** /-bᵊri/ *n*. [C] —ˈ**snob·bish** /-biʃ/ *adj*. —ˈ**snob·bish·ly** *adv*. —ˈ**snob·bish·ness** *n*. [U] —ˈ**snob·by** *adj*.

snoop /snuːp/ 〈口〉*vi*. ❶窥探,打探;管闲事:I find him *snooping* around in the building. 我发现他在大楼里到处打探消息。❷侦查,调查(*about*, *around*):The cops *snooped around* for the murderer from door to door. 警察挨家挨户搜查凶手。—*vt*. 窥探,打探;侦查,调查:That woman has been *snooping* him for a long time. 那个女人长期以来一直在探听他的情况。‖ ˈ**snoop·er** *n*. [C]

snooze /snuːz/ 〈口〉**I** *n*. [用单](尤指白天里的)小睡,小憩,打盹:He would take a *snooze* after lunch. 他以前午饭后总要小睡一会儿。**II** *vi*. (尤指白天)小睡片刻,打盹:The little girl *snoozed* under the tree. 小姑娘在树下睡着了。—*vt*. 以小睡打发(时间等);懒散地度过(时光):You shouldn't *snooze* away your time like this. 你不应该就这样把时间都睡掉了。

snore /snɔːʳ/ **I** *vi*. 打鼾,打呼噜:I could not have believed unless I had heard her *snore* so much. 她鼾声如雷,要不是我亲耳听见,真不敢相信。**II** *n*. [C]鼾(声),呼噜(声):a soft [thin] *snore* 轻微的呼噜声

snor·kel /ˈsnɔːkᵊl/ **I** *n*. [C] ❶潜水通气管 ❷潜水艇的通气管 **II** *vi*. (**-kel(l)ed**; **-kel·(l)ing**) 使用潜水通气管潜泳 ‖ ˈ**snor·kel·(l)er** *n*. [C]

snort /snɔːt/ **I** *vi*. ❶喷鼻息;鼓鼻:The horse *snorted* in fear. 那匹马受惊喷着鼻息。❷轻蔑(或愤怒、不耐烦)地哼:He *snorted* at his small salary. 他为自己的低工资大发牢骚。❸(机车等)发呼哧呼哧的喷气声;呼哧呼哧地行驶:The train was *snorting* out of the station. 那辆火车呼哧呼哧地驶出车站。—*vt*. 哼着鼻子说(或表示):*snort* out an answer 哼着鼻子回答 **II** *n*. [C] ❶喷鼻息;(表示气愤、轻蔑、不耐烦等的)哼鼻子;鼻息声:The horse gave a loud *snort*. 那匹马打了个响鼻。❷(机车等的)呼哧呼哧的喷气声

snot /snɔt/ *n*. 〈俚〉❶[U]鼻涕 ❷[C]下贱的人

snot·ty /ˈsnɔti/ *adj*. ❶流鼻涕的;被鼻涕弄脏的;鼻涕(般)的 ❷〈口〉傲慢的,蛮横无理的,不知天高地厚的:a *snotty* letter 唐突无礼的书信

snout /snaut/ *n*. [C] ❶【动】口鼻部;【昆】喙 ❷〈贬〉(人的)鼻子 ❸吻状物;喷嘴,管口

snow /snəu/ **I** *n*. ❶[U]雪;下雪天气:a fall of *snow* 降雪 ❷[C](一次)降雪;(一层)积雪;[~s]下雪期;积雪地区:the first *snows* of winter 冬雪初降 **II** *vi*. ❶[用 it 作主语]下雪:It was beginning to *snow* in great flakes. 天上飘起了鹅毛大雪。❷雪片似的飘落,雪片般地纷至沓来:Orders came *snowing* on the factory. 订单纷纷向工厂投来。—*vt*. ❶使纷纷飘落,使像雪片般地飘洒:In the last week it had *snowed* letters and business. 上个星期信件和生意纷至沓来。❷用雪困住(或封住)(*in*, *up*);用雪覆盖(*under*)

snow·ball /ˈsnəuˌbɔːl/ **I** *n*. [C] ❶雪球,雪团:The children are rolling a *snowball*. 孩子们正在滚雪球。❷滚雪球般迅速增长的事物 **II** *vi*. 滚雪球般迅速增长 —*vt*. 使滚雪球般迅速增长:Business has just *snowballed* so that we can hardly keep up with demand. 生意迅速增加,我们很难满足需求。

snow·bound /ˈsnəuˌbaund/ *adj*. 被雪困住的;被雪封住的

snow·drift /ˈsnəuˌdrift/ *n*. [C](被风吹成的)雪堆;吹雪

snow·drop /ˈsnəuˌdrɔp/ *n*. [C]【植】雪花莲

snow·fall /ˈsnəuˌfɔːl/ *n*. ❶[C; U]降雪:observe a *snowfall* 赏雪 ❷[U]降雪量:the average *snowfall* 平均降雪量

snow·flake /ˈsnəuˌfleik/ *n*. [C]雪花,雪片:He watched the *snowflakes* dancing. 他看着雪花飞舞。

snow·man /ˈsnəuˌmæn/ *n*. [C]([复]**-men** /-ˌmen/) 雪人:make [build] a *snowman* 堆雪人

snow·plow /ˈsnəuˌplau/ **I** *n*. [C]雪犁;扫雪机 **II** *vi*. 用除雪机扫雪

snow·storm /ˈsnəuˌstɔːm/ *n*. [C]暴风雪

snow·y /'snəui/ *adj.* ❶雪的；下雪的；被雪覆盖的，积雪的：a *snowy* road 积雪的道路 ❷(天气等)多雪的：*snowy* weather 多雪天气 ❸似雪的；雪白的，洁白的：a strand of *snowy* hair 一绺银发

snub /snʌb/ **I** *vt.* (**snubbed; snub·bing**) 冷落，怠慢：She *snubbed* him by not inviting him to the party. 她故意冷落他，没有邀请他参加那个聚会。**II** *n.* [C]冷落，怠慢：When he wasn't invited to the party, he felt it was a *snub*. 他没有获邀参加聚会，感到受了冷落。

snuck /snʌk/ *v.* sneak的过去式和过去分词

snuff /snʌf/ *n.* 鼻烟

snuf·fle /'snʌfᵊl/ *vi.* 抽鼻子，吸鼻子；发鼻息；(鼻塞时)呼哧呼哧地呼吸：She *snuffled* into silence. 她抽着鼻子渐渐安静下来。—*vt.* 带鼻音说出(*out*) ‖ **'snuf·fler** *n.* [C] —**'snuf·fly** *adj.*

snug /snʌg/ *adj.* (**snug·ger, snug·gest**) ❶温暖舒适的，安适的：a *snug* little room 温暖舒适的小房间 ❷(衣服)紧身的：a *snug* fit 紧身衣 ‖ **'snug·ly** *adv.*

snug·gle /'snʌgᵊl/ *vi.* 舒适地蜷伏；依偎(*down, up, together*)：She *snuggled down* under the blanket to get warm. 她蜷伏在毛毯下面取暖。

so /səu/ **I** *adv.* [无比较级] ❶[表示方式或状态](像)这样；(像)那样；就这么：Say it *so*. 就像这么说。❷[表示程度]这么；那么；多么，很，真：My stomach aches *so*. 我的胃疼得厉害。❸[用于副词或状语从句前，常接 that 引导的从句或 as 引导的从句或短语]到…程度，如此：It was *so* expensive *that* I can not afford it. 那么贵，我买不起。❹旨在，以此：The president gave a speech *so* commemorating this war. 总统发表了一篇旨在纪念这次战争的演说。❺因此，所以：She was ill, and *so* stayed home. 她病了，所以待在家里。❻[用于一从句之后、另一从句的主语和助动词之前，表示强调或同意前一从句所述内容]一定；的确：He said he would do it, and *so* he will. 他说过这事他会去做的，他就一定会去做的。❼[用于一从句之后、另一从句的助动词和主语之前，表示前一从句中所提之事]同样，也：I blushed when she looked right at me and *so* did she. 她直视着我的时候，我的脸红了，她的脸也红了。❽(像…)这样；(像…)那么：It is not *so* complex *as* it seems. 这件事并不像看上去的那样复杂。**II** *conj.* [常接 that 引导的从句] ❶因此，因而，所以：It was Sunday morning, *so that* they could lie in bed. 那是个星期天的早晨，因此他们可以睡睡懒觉。❷为了，以便：Keep the windows open *so that* you can hear what's happening outside. 窗户都别关，这样你就能听见外面的动静。❸[用以引出下文]然后，后来；就这样；于是：The students were seated, and *so* the lecture began. 学生都已就座，于是讲座开始了。**III** *pron.* [与动词及 if 等连用]这样，这么，如此：It seemed *so* once. 曾经似乎是这样。

soak /səuk/ *vt.* ❶使湿透；淋湿；浸湿：The sweat poured off his face and *soaked* his shirt. 他脸上汗如雨下，衬衫都湿透了。❷浸泡，浸渍：He suggested *soaking* the cloth in soap. 他建议把布浸在肥皂水里。❸用浸泡的方式除去(*out, off*)：Don't worry; you can *soak out* the dirt. 别担心，泡一泡就能把脏东西洗掉。—*vi.* ❶变湿透；被淋湿；被浸湿：His tunic was *soaking* wet. 他的束腰外衣都已经湿透了。❷渗入，浸透；被感受到(*in, into, through*)：Oil *soaked through* the carpet. 油浸透了地毯。‖ ***soak in*** *vi.* 渗入，浸透；被感受到：His words did not *soak in*. 他说的话没产生任何效果。

so-and-so /'səuᵊnᵈ ˌsəu/ *n.* [C] ([复] **so-and-so's**) ❶某某人；某某事：Don't tell me to do *so-and-so* for you. 别叫我为你做这做那的。❷〈口〉讨厌的人：You little *so-and-so*! 你这个小东西！

soap /səup/ *n.* ❶[U]肥皂；肥皂水：a bar [cake] of *soap* 一块肥皂 ❷〈口〉＝soap opera ‖ **'soap·i·ness** *n.* [U] —**soap·y** *adj.*

soap·er /'səupəʳ/ *n.* [C]❶肥皂商 ❷肥皂剧(＝soap opera)

soap opera *n.* [C]电视(广播)连续剧，肥皂剧(因美国早期的连续剧多由肥皂制造商赞助而得名)〔亦作 **soap**〕

soar /sɔːʳ/ *vi.* ❶高飞，翱翔；升高，升腾：a wild hawk *soaring* through heaven 搏击长空的鹞鹰 ❷剧增，猛增，飞涨：Banks failed; unemployment *soared*. 银行倒闭，失业率猛增。

sob /sɔb/ **I** (**sobbed; sob·bing**) *vi.* 啜泣，抽噎：He often saw her *sobbing* to herself. 他常看见她暗自垂泪。—*vt.* ❶哭得，哭着使进入某种

状态：The kid *sobbed* himself to sleep. 那孩子哭着哭着就睡着了。❷抽噎着说，哭诉：The poor girl *sobbed* out her sad story. 可怜的姑娘哭诉着她的悲惨遭遇。**II** *n.* [C]啜泣，抽噎；哭诉："Really?" she asked with a *sob*. "真的吗？"她带着哭腔问。

so·ber /ˈsəubəʳ/ *adj.* ❶未醉的，不过量饮酒的 ❷清醒的，冷静的：a *sober* look at a growing political danger 对日益增长的政治危险的冷静审视 ❸严肃的；审慎的；认真的；持重的：a *sober* expression 严肃的表情 ❹(颜色等)素淡的，暗淡的：a *sober* grey suit 一套素净的灰色衣服 ‖ ***sober up*** *vt.* & *vi.* (使)清醒；(使)冷静；(使)安静：His advice may *sober* you *up*. 他的忠告可能会使你清醒。 ‖ ˈ**so·ber·ly** *adv.* —ˈ**so·ber·ness** *n.* [U]

so·ber·ing /ˈsəubəriŋ/ *adj.* 严肃的，发人深省的：His *sobering* words reminded everyone not to celebrate too early. 他那一席发人深省的话语提醒我们不要高兴得太早。

so·bri·e·ty /səˈbraiəti/ *n.* [U] ❶冷静，清醒 ❷饮酒有节制 ❸严肃，持重

so-called /ˈsəuˈkɔːld/ *adj.* [无比较级][作前置定语] ❶所谓的 ❷如此称呼的，号称的

soc·cer /ˈsɔkəʳ/ *n.* [U]英式足球〔亦作 **football**, **association football**〕

S

so·cia·ble /ˈsəuʃəbᵊl/ *adj.* ❶好交际的；合群的：I was never a *sociable* fellow. 我本来就极不善交游。❷(场所、场合、活动等)友善的，友好的，融洽的：a *sociable* atmosphere 友善的氛围 ‖ **so·cia·bil·i·ty** /ˌsəuʃəˈbiliti/ *n.* [U] —ˈ**so·cia·bly** *adv.*

so·cial /ˈsəuʃᵊl/ *adj.* ❶社交的，交际的：*Social* interaction leads to creativity. 社交有助于提高人的创造力。❷好交际的；合群的；友好的：To be *social* is to be forgiving. 要合群就要会宽容人。❸过社会生活的，具有社会性的；群居的：Man is a *social* animal. 人是一种社会性动物。❹[作定语]社会的：*social* welfare 社会福利 ‖ ˈ**so·cial·ly** *adv.*

so·cial·ism /ˈsəuʃᵊˌlizᵊm/ *n.* [U]社会主义

so·cial·ist /ˈsəuʃᵊlist/ **I** *n.* [C]社会主义者 **II** *adj.* 社会主义的 ‖ **so·cial·is·tic** /ˌsəuʃəˈlistik/ *adj.*

so·cial·ize /ˈsəuʃᵊˌlaiz/ *vi.* 参与社交活动；交际，交往：Maybe I should *socialize* more. 也许我应该经常到社交场合中去。—*vt.* ❶使适应社会生活；使合群：the problems of *socializing* a two-year-old child 让两岁小朋友变得合群的诸多困难 ❷使符合社会需要；使社会化：*socialize* medicine 使医疗社会化 ‖ **so·cial·i·za·tion** /ˌsəuʃᵊlaiˈzeiʃᵊn;-liˈz-/ *n.* [U]

so·cial·ized /ˈsəuʃᵊˌlaizd/ **medicine** *n.* [U] (针对所有人的)社会化医疗

social science *n.* ❶[U]社会科学 ❷[C]社会科学分支(如政治学或经济学)

social security *n.* [U](由国家为缺乏经济和福利保障的人，如老人、失业者等所提供的)社会保险

social work *n.* [U]社会福利工作

social worker *n.* [C](无偿从事社会福利工作的)社工，义工

so·ci·e·ty /səˈsaiəti/ *n.* ❶[U;C]社会：a civilized *society* 文明社会 ❷[C]团体，社团；(学)会；协会：professional *societies* 专业学会 ❸[U]上流社会；社交界：go into *society* 进入社交界 ‖ **soˈci·e·tal** /-tᵊl/ *adj.*

so·ci·o- /ˈsəusiəᵘ/ *comb. form* ❶表示"社会(的)"：*socio*-economic 社会经济 ❷表示"社会学(的)"：*socio*biology 社会生物学，*socio*linguistics 社会语言学

so·ci·o·e·co·nom·ic /ˌsəusiəᵘiːkəˈnɔmik/ *adj.* [无比较级]社会经济的

so·ci·o·lo·gy /ˌsəusiˈɔlədʒi, ˌsəuʃiˈ-/ *n.* [U]社会学 ‖ ˌ**so·ci·o·log·i·cal** /-əˈlɔdʒikl/ *adj.* —ˌ**so·ciˈol·o·gist** *n.* [C]

sock /sɔk/ *n.* [C]([复]~**s**或 **sox** /sɔks/) 短袜

sock·et /ˈsɔkit/ *n.* [C]【电】插口；插座；管座

sod /sɔd/ **I** *n.* ❶[C](一块)草皮 ❷[U][**the** ~]草地 **II** *vt.* (**sod·ded**; **sod·ding**) 用草皮覆盖(地面)；用草皮铺

so·da /ˈsəudə/ *n.* ❶[U;C]汽水(=soda pop)：How many *sodas* did you drink? 你喝了多少汽水？❷苏打水 ❸[C]冰激凌苏打：a strawberry *soda* 一份草莓冰激凌苏打

sod·den /ˈsɔdᵊn/ *adj.* 湿漉漉的；浸湿的，湿透的：*sodden* clothes 湿淋淋的衣服 / get *sodden* by rain 被雨淋湿 ‖ ˈ**sod·den·ly** *adv.*

so·di·um /ˈsəudiᵊm/ *n.* [U]【化】钠(符号 **Na**)

sodium bicarbonate *n.* [U]【化】碳酸氢钠，小苏打〔亦作 **bicarb**, **bicarbonate of soda**, **baking soda**〕

so·fa /ˈsəufə/ *n.* [C](长)沙发

sofa bed *n.* [C]沙发床

soft /sɔft/ *adj.* ❶柔软的：a *soft* cushion 软垫 ❷易弯曲的：a *soft* metal 软金属 ❸平滑的；柔嫩的；细腻的；松软的：the baby's *soft* skin 婴儿细嫩的皮肤 ❹舒适的，令人舒服的：a *soft* chair 舒适的椅子 ❺(声音)轻的；轻柔的，悦耳的：speak in a *soft* whisper 悄悄耳语 ❻(光线、色彩等)柔和的，不刺眼的，不炫目的：the *soft* glow of candlelight 柔和的烛光 ❼ = soft-hearted ❽无酒精的；(食物)无刺激性的；(麻醉品)毒性不大的 ‖ ***be soft on*** *vt.* ❶迷恋上，爱上；对…钟情：He looked like he *was* getting a little *soft on* her. 他看上去好像对她有那么点意思。❷对…温和的，对…太宽厚的；对…同情的：The judge was viewed as being too *soft on* pushers. 人们认为那位法官对毒品贩子太宽容了。‖ ˈ**soft·ly** *adv.* —ˈ**soft·ness** *n.* [U]

soft drink *n.* [C]软性饮料；汽水

soft·en /ˈsɔfᵊn/ *vt.* ❶使变软，使软化；使温和；使缓和；使软弱：The rain *softened* the surface. 雨水使得地表变得松软。❷使(灯光)变暗；使(声音)变轻；使(色彩)变淡：try to *soften* the lighting 设法把照明弄暗 —*vi.* ❶变软，软化 ❷变温和；变缓和；变软弱；减轻：The interest rates are unlikely to *soften* soon. 利率不大可能很快就降低。‖ ˈ**soft·en·er** *n.* [C]

soft-heart·ed /ˌsɔftˈhɑːtid/ *adj.* 心肠软的；温柔的；仁慈的，宽厚的：Billy is a little *soft-hearted* or so, where beauty is concerned. 一牵涉到美人，比利就不免有点儿女情长。〔亦作 **soft**〕

soft·ware /ˈsɔftweəʳ/ *n.* [U] ❶【计】软件：There's a lot of new educational *software* available now. 现在有许多新的教育用软件。❷(胶卷、磁带、录像带等)软件载体

soft·wood /ˈsɔftˌwud/ *n.* ❶[U]【材】软(质)木 ❷[C]【林】针叶树，软木材树

soft·y /ˈsɔfti/ *n.* [C] ❶柔弱的人，娇气的人 ❷多愁善感的人，轻信的人〔亦作 **softie**〕

sog·gy /ˈsɔgi/ *adj.* ❶浸水的；湿透的；湿润的：It had rained, and the earth was *soggy*. 天下过雨，大地浸湿了。❷(面包等)未烤透的；有湿气的：peel *soggy* wallpaper off the wall 将受潮的墙纸撕下 ‖ ˈ**sog·gi·ness** *n.* [U]

soil[1] /sɔil/ *n.* [U] ❶土壤；泥土；土地：rich *soil* 沃土 ❷国土，领土：on foreign *soil* 在外国

soil[2] /sɔil/ *vt.* 弄脏，弄污：The boy *soiled* his face while playing on the ground. 那男孩在地上玩的时候把脸弄脏了。—*vi.* 变脏：These white clothes *soil* too easily. 这些白衣服不耐脏。

sol·ace /ˈsɔləs/ *n.* ❶[U]安慰，慰藉(见 comfort)：The writer's chief *solace* in old age is the nostalgia for his homeland. 对故土的热恋是那位作家晚年的主要安慰。❷[C]安慰物：Horses and gardening are the main *solaces* in his life. 养马与侍弄花草是他生活中的两大慰藉。

so·lar /ˈsəuləʳ/ *adj.* [无比较级] ❶太阳的：a *solar* eclipse 日食 ❷根据太阳运行测定的

solar cell *n.* [C]太阳能电池

solar energy *n.* [U]太阳能

so·lar·i·um /səˈleəriᵊm/ *n.* [C]([复]-**i·a** /-iə/) 日光浴室；日光间；日光浴床

solar system *n.* [**the s- s-**][C]【天】太阳系

sold /səuld/ *v.* sell 的过去式和过去分词

sold·er /ˈsəuldəʳ, ˈsɔldəʳ/ **I** *n.* [U]【材】(低温)焊料；焊锡 **II** *vt.* 焊合，焊接 ‖ ˈ**sol·der·er** *n.* [C]

sol·dier /ˈsəuldʒəʳ/ *n.* [C] ❶(陆军)士兵军人：go for a *soldier* 去当兵 ❷(陆军的)二等兵，列兵；军士(= common soldier) ‖ ˈ**sol·dier·ly** *adj.*

sole[1] /səul/ *adj.* [无比较级][作定语] ❶单独的；唯一的，仅有的；独特的(见 single)：the *sole* source of strength 力量的唯一源泉 ❷专用的，独享的：the *sole* agent 独家代理商

sole[2] /səul/ *n.* [C] ❶脚底 ❷鞋底；袜底

sol·emn /ˈsɔlᵊm/ *adj.* ❶庄严的，肃穆的：a *solemn* ceremony 庄严的仪式 ❷严正的；严重的：a *solemn* warning 严正的警告 ❸严肃的；庄重的；认真的；正经的：His *solemn* face told me that the news was bad. 他那严肃的表情告诉我：那是个坏消息。‖ **so·lem·ni·ty** /səˈlemniti/ *n.* [U] —ˈ**sol·emn·ly** *adv.*

so·lic·it /səˈlisit/ *vi.* ❶反复请求，恳求，乞求(*for*) ❷(妓女)拉客 —*vt.* ❶反复请求，乞求，

S

恳求:*solicit* sb.'s help 请求某人的帮助 ❷征求;征集:*solicit* donations 募集捐款 ❸勾引(嫖客);勾搭(妓女) ‖ **so·lic·i·ta·tion** /sᵊˌlisiˈteiʃᵊn/ *n.* [U;C]

so·lic·i·tor /sᵊˈlisitəʳ/ *n.* [C] ❶请求者;乞求者;征求者:He promised Tom that he should be his *solicitor* with the headmaster. 他答应汤姆一定替他在校长面前求情。❷(在城市或政府部门负责法律事务的)法务官;营业代理人 ❸〈英〉【律】初级律师;庭外律师,诉状律师;事务律师

so·lic·i·tous /sᵊˈlisitəs/ *adj.* 关心的,关切的(*of*,*about*):He is *solicitous of* others' opinions about himself. 他很在乎别人怎么看自己。‖ **soˈlic·i·tous·ly** *adv.*

so·lic·i·tude /sᵊˈlisiˌtjuːd/ *n.* [U]关心;挂念(见 care):the tender *solicitude* of parents 父母的亲切关怀

sol·id /ˈsɔlid/ *adj.* ❶[无比较级]实心的;无孔隙的:a *solid* mass of rock 一大块实心岩 ❷[无比较级]三维的,立体的:*solid* geometry 立体几何(学) ❸[无比较级]固体的,固态的:*solid* food 固体食物 ❹[无比较级]无缝隙的 ❺牢固的,坚固的;质地坚实的;真实的,实在的:on *solid* ground 在坚实的基础之上 ❻连续的,不间断的:a *solid* row of high-rise buildings 一整排的高楼大厦 ❼[无比较级][作定语]纯的,纯净的;纯色的:*solid* silver 纯银 ‖ **so·lid·i·ty** /səˈliditi/ *n.* [U] —**ˈsol·id·ly** *adv.*

S

sol·i·dar·i·ty /ˌsɔliˈdæriti/ *n.* [U]团结一致,共同:ideological *solidarity* 意识形态上的一致

so·lid·i·fy /sᵊˈlidiˌfai/ *vt.* ❶使凝固;使固化;使变硬:The concrete will *solidify* the foundation. 混凝土会使地基牢固。❷使团结一致:*solidify* support for the new programme 使大家一致支持新计划 ❸使牢固,巩固;充实:They try to *solidify* their relationship. 他们试图加强他们的关系。—*vi.* ❶凝固;固化;变硬:Water *solidifies* and becomes ice. 水结成冰。❷团结一致:The coalition must *solidify* and fight as one unit. 联合会必须团结一致,共同作战。‖ **so·lid·i·fi·ca·tion** /sᵊˌlidifiˈkeiʃᵊn/ *n.* [U]

so·lil·o·quy /sᵊˈliləkwi/ *n.* [C] ❶(戏剧、小说、诗歌中的)独白 ❷自言自语,内心独白

sol·ip·sism /ˈsɔlipˌsizᵊm/ *n.* [U]【哲】唯我论

sol·i·taire /ˈsɔliˌteəʳ/ *n.* ❶[U]【牌】单人纸牌戏 ❷[C]【矿】(戒指等饰品上的)独粒宝石

sol·i·tar·y /ˈsɔlitᵊri/ *adj.* ❶[无比较级][作定语]单独的,独自的:They were two *solitary* sufferers. 他们各人独自咀嚼自己的辛酸。❷[无比较级][作定语]唯一的,单一的(见 single):I can't think of a *solitary* example. 我一个例子也想不出来。❸独居的,隐居的:She lives a *solitary* life in a remote part of Ireland. 她独居于爱尔兰一个偏远的地区。❹孤独的;寂寞的:a *solitary* journey 孤独的旅程 ❺荒凉的;偏僻的;僻静的;被冷落的,人迹罕至的:the *solitary* desert 荒凉的沙漠

sol·i·tude /ˈsɔliˌtʲuːd/ *n.* ❶[U]单独,孤零;独居,隐居;寂寞:live in *solitude* 离群索居 ❷[U;C]偏僻,冷僻;荒凉;偏僻处;僻静处;荒凉之地:dwell in a *solitude* 居住在一个与世隔绝的地方

☆**solitude**,**isolation**,**seclusion** 均有"隔离,孤独"之意。**solitude** 常指一种独处状态,可用于心理方面,侧重缺乏密切交往而不是与世隔绝:One can study far better in *solitude*.(独自学习效果更好。)/ My spirits will not bear *solitude*, I must have employment and society.(我无法忍受孤独,我一定要融入工作和社会。)**isolation** 常指非自愿地与外界或其他人分开或隔开,用以指人或事物的隔绝而不是孤独的心态:live in complete *isolation* in the country(在乡下过着完全与世隔绝的生活)**seclusion** 表示闭门不出或隐居于遥远僻静之处,外界很难与之接触或联系:He lived in almost total *seclusion* these days.(这些日子里,他的生活几乎与外界完全隔绝。)

so·lo /ˈsəuləu/ **I** *n.* [C] ❶([复]**-los** 或**-li** /-liː/)独奏曲;独唱曲;独奏;独唱;单独表演(如独舞等):sing [play] a *solo* 独唱[独奏] ❷([复]**-los**)单独进行的行动(或工作等) **II** *adj.* [无比较级] ❶独奏(曲)的;独唱(曲)的;单独表演的;无伴奏的:a *solo* show 单独表演 ❷单独进行的;单独的:a *solo* flight 单飞 **III** *adv.* [无比较级]单独地;以独力:fly *solo* 单飞

sol·stice /ˈsɔlstis/ *n.* [C]【天】至:the summer *solstice* 夏至

sol·u·ble /ˈsɔljubᵊl/ *adj.* [无比较级] ❶【化】可溶的;可乳化的:a *soluble* powder 可溶性粉剂 ❷可解决的,能解决的:a *soluble* problem 可

解决的问题 ‖ **sol·u·bil·i·ty** /ˌsɔljuˈbiliti/ *n.* [U]

so·lu·tion /səˈluːʃən, səˈljuːʃən/ *n.* ❶[C;U]解答;解释;解决办法;答案(*to*, *of*, *for*):No *solution* is possible for that problem. 那个问题没办法解决。❷[U]溶解;溶解状态:ions in *solution* 溶解状态的离子 ❸[C]【化】溶液;溶体:a watery *solution* of unknown composition 一种成分不明的水状溶液

solve /sɔlv/ *vt.* ❶解决;解释;阐明:try to *solve* the problem of inflation 设法解决通货膨胀问题 ❷解,解答(数学题等):*solve* crossword puzzles 解纵横填字谜 ‖ **ˈsolv·a·ble** *adj.* —**ˈsolv·er** *n.* [C]

sol·vent /ˈsɔlvənt/ *n.* [C]溶剂,溶媒 ‖ **ˈsol·ven·cy** /-si/ *n.* [U]

som·bre, som·ber /ˈsɔmbəˈ/ *adj.* ❶(颜色等)灰暗的,暗淡的;(声音等)音调的,沉闷的:His coat was a *somber* brown. 他的大衣是棕灰色的。❷忧郁的,沮丧的,闷闷不乐的:a *somber* atmosphere 郁闷的气氛 ❸严峻的;严重的;严肃的:a *somber* expression on sb's face 脸上严峻的表情 ‖ **ˈsom·bre·ly, ˈsom·ber·ly** *adv.*

some /sʌm/ **I** *adj.* ❶[用以修饰单数名词]某个,某一:*Some* fool has locked the door. 不知哪个傻瓜把门锁上了。❷[用以修饰可数名词]若干,一些;一点,少量的:*some* TV sets 一些电视机 ❸[用以修饰不可数名词]一定量的;一定程度的:I agree with you in *some* extent. 在一定程度上我是同意的。❹相当多的,不少的;可观的:He stayed here for *some* days. 他待在这儿有些日子了。**II** *pron.* ❶[常用作复]〈口〉有些人;有些东西:I don't need any more money — I've still got *some*. 不用再给我钱了,我还有一些。❷[用作复]一些,若干:*Some* of his books are very exciting. 他的书有些写得惊心动魄。

-some /səm/ *suf.* [用以构成形容词]表示"易于…的","具有…的":tire*some*

some·bod·y /ˈsʌmbədi/ **I** *pron.* 某人,有人:*Somebody* in the crowd laughed. 人群中有人笑了起来。**II** *n.* [C]重要人物,名人(见 anybody):He wants to be a *somebody*, not a nobody. 他想出名,不甘心默默无闻。〔亦作 **someone**〕

☆**somebody, someone** 词形为单数,但后常接复数 they 与其照应:*Someone*'s got to do the work, haven't they? (总得有人来做工作,对吧?)非正式英语中也可用 him 或 her 与其照应。类似的词还有 everyone。everyone 之后可用复数 they 与其照应,也可以使用 him/her 与其对应。

some·day /ˈsʌmdei/, **some day** *adv.* [无比较级]将来某一天;总有一天,有朝一日:Stick with it and *someday* you will be a good pianist. 坚持不懈,终有一天你会成为一名优秀的钢琴家。

some·how /ˈsʌmhau/ *adv.* [无比较级] ❶由于某种未知的原因,不知怎的:*Somehow* I couldn't settle to my work. 不知怎的,我就是定不下心来做工作。❷用某种方法;从某种角度:The car's broken down but I'll get to work *somehow*. 汽车坏了,但我总得想法子上班去。‖ ***somehow or other*** *adv.* 不知怎么的;无论怎么样;用各种办法:*Somehow or other* she failed to turn up. 不知道为什么她没有露面。

some·one /ˈsʌmwʌn/ *pron.* & *n.* =somebody

some·place /ˈsʌmpleis/ *adv.* 〈口〉= somewhere

som·er·sault /ˈsʌməsɔːlt/ *n.* [C]筋斗;(采取抱膝、屈体或直体姿势的)翻腾入水动作:a forward *somersault* 前空翻

some·thing /ˈsʌmθiŋ/ **I** *pron.* ❶某物;某事:I wouldn't come to you if I hadn't *something* to ask of you. 无事不登三宝殿。❷[表示模糊概念]某;若干;什么:I saw her thirty *something* years ago, I guess. 我想大概是在 30 年前见过她。❸[表示犹豫或表达某种不确定的想法]:I was thinking of joining a health club or *something*. 正在考虑要不要参加一个健身俱乐部什么的。**II** *n.* [U]重要的人(或事物);值得重视的人(或事物);有价值的人(或事物):There is *something* about her. 她身上有一种非同等闲的气质。‖ ***something of*** *adv.* 有点儿;在某种程度上:He spoke English with *something of* a Japanese accent. 他讲英语带日本口音。

some·time /ˈsʌmˌtaim/ [无比较级] *adv.* ❶某个时间;某天:arrived *sometime* last week 上周的某天到的 ❷将来某个时候;哪一天;日后:I'll phone you *sometime* this evening. 今天晚上我会打电话给你。

☆**sometime** 与 **some time** 时有误用。前者为副

S

词，意为“在某一时候；在某一天”；后者为名词结构，指较长的一段时间：She has been ill for *some time*.（她病了有一段时间。）

some·times /ˈsʌmˌtaimz/ *adv.* ［无比较级］有时候，间或，偶尔：I *sometimes* watch television in the evening. 晚上我有时看电视。

some·way /ˈsʌmˌwei/, **some·ways** /-ˌweiz/ *adv.* ［无比较级］以某种方式；不知怎么的

some·what /ˈsʌmˌwɔt/ *adv.* ［无比较级］有点，稍微：*Somewhat* to our surprise he apologized. 他道歉了，这让我们有点想不到。

some·where /ˈsʌmˌweəʳ/ *adv.* ［无比较级］❶在某处；去某处：I've seen your glasses *somewhere* downstairs. 我在楼下什么地方看到过你的眼镜。❷在（限定范围内）的某一点上；大约，左右：He was elderly, *somewhere* in his mid-50's. 他上了年纪，有五十来岁的光景。〔亦作 **someplace**〕

som·nam·bu·lism /sɔmˈnæmbjuˌlizᵊm/ *n.* ［U］【医】梦游症；梦游 ‖ **somˈnam·bu·list** *n.* ［C］

som·no·lent /ˈsɔmnᵊlᵊnt/ *adj.* ❶瞌睡的，困倦的，昏昏欲睡的：a *somnolent* cat 瞌睡的猫 ❷催眠的：The rhythm of the falling rain has a *somnolent* effect. 那滴答滴答富有节奏的雨点声有催眠作用。

S

son /sʌn/ *n.* ［C］❶儿子 ❷（年长者对孩子或年轻男子的称呼或牧师对教徒的称呼）孩子，年轻人：It's nearly four hundred thousand dollars, *my son*. 小伙子，那就是将近四十万元哪。

so·nar /ˈsəunəʳ/ *n.* ［C］【物】❶声呐 ❷声波定位仪

so·na·ta /sᵊˈnɑːtə/ *n.* ［C］【音】奏鸣曲

song /sɔŋ/ *n.* ❶［C］歌（曲）；歌词；歌曲集：a folk *song* 民歌 ❷［U］歌唱；声乐：a people famous for their *song* 以歌唱闻名的民族 ❸［C；U］（虫、鸟等的）鸣声，叫声；（风、水流等的）独特的声音：the cricket's *song* in an autumn night 秋夜蟋蟀的唧唧鸣声

song·bird /ˈsɔŋˌbəːd/ *n.* ［C］【鸟】鸣禽，歌鸟；燕雀

song·ster /ˈsɔŋstəʳ/ *n.* ［C］❶歌手；歌唱家 ❷诗人；歌曲作家

son·ic /ˈsɔnik/ *adj.* ［无比较级］❶声音的：Under water it is mostly a *sonic* world. 水下大多是声音的世界。❷声速的：aircraft travelling at *sonic* and supersonic speeds 声速的和超声速的飞行器

son-in-law /ˈsʌninˌlɔː/ *n.* ［C］（［复］**sons-in-law**）女婿

son·net /ˈsɔnit/ *n.* ［C］十四行诗，商籁体

soon /suːn/ *adv.* ❶不久，很快：You will *soon* know the result. 你很快就会知道结果。❷快；早：How *soon* will it be ready? 何时能准备好？❸乐意，宁可，情愿：Which would you *sooner* do? 你更愿意做哪一件事？‖ ***sooner or later*** *adv.* 迟早，最终，终归：*Sooner or later*, he would come. 他迟早会来的。***would*** ［***had***］ ***sooner*** *adv.* 宁愿：I *would sooner* stay home and watch TV. 我宁愿待在家里看电视。

☆**no sooner... than** 结构中的 than 有时可用 when 替代；人们普遍认为使用 when 不当：*No sooner* had she arrived at the railway station *than* the train left.（他刚到火车站，火车就开了。）

soot /sut; suːt/ *n.* ［U］煤烟，煤炱，油烟；烟尘 ‖ **ˈsoot·y** *adj.*

soothe /suːð/ *vt.* ❶安慰，抚慰；使平静，使镇定（见 comfort）：To *soothe* himself John read in his library. 约翰在书房读书，借以排愁解闷。❷减轻，缓解，缓和（痛苦、伤痛、困难等）：I use it to *soothe* headaches. 我常常用它来缓解头疼。—*vi.* 镇痛：The medicine *soothes* as it heals. 这药既治标又治本。‖ **ˈsooth·er** *n.* ［C］

sop /sɔp/ **I** *n.* ［C］❶（泡在牛奶或肉汁等中吃的）面包片；湿软食物 ❷（出于巴结、息事宁人、使不声张等而送的）小贿赂；礼品，抚慰品 **II** *vt.*（**sopped**; **sop·ping**）❶浸，泡：*sop* bread in the milk 把面包浸在牛奶里 ❷吸干（水等）；揩干：Most of that money was *sopped* up by bureaucracies. 那笔钱财大部分都被官僚们吸干了。

soph·ism /ˈsɔfizᵊm/ *n.* ［C］似是而非的观点；谬见；诡辩之辞

soph·ist /ˈsɔfist/ *n.* ［C］诡辩者，诡辩家

so·phis·ti·cate /səˈfistiˌkeit/ *n.* ［C］世故很深的人

so·phis·ti·cat·ed /səˈfistiˌkeitid/ *adj.* ❶老于世故的；老练的；精通的；经验丰富的：a *sophisticated* woman 狡黠的女子 ❷趣味高雅的，不

落俗套的；深奥微妙的；精妙的，精致的：a *sophisticated analysis* 富有见地的分析 ❸（技术、产品等）先进而复杂的，精密的，尖端的；高度发展的：a *sophisticated* weapon 尖端武器 ‖ **so·phis·ti·ca·tion** /səˌfistiˈkeiʃᵊn/ *n.* [U]

soph·o·more /ˈsɔfəˌmɔːʳ/ *n.* [C]大学（或中学）二年级学生

sop·o·rif·ic /ˌsɔpᵊˈrifik/ **I** *adj.* 引起睡眠的，催眠的，致睡的：a *soporific* drug 催眠剂 / a *soporific* speech 令人昏昏欲睡的演讲 **II** *n.* [C]催眠药，安眠药；使人昏昏然的东西

sop·ping /ˈsɔpiŋ/ *adj.* [无比较级]湿透的；浸透的：a *sopping* road 湿漉漉的道路

sop·py /ˈsɔpi/ *adj.* ❶湿透的；浸透的；泥泞的：The roads were covered with *soppy* mud after the heavy rain. 大雨过后道路泥泞。❷多雨的：a *soppy* season 多雨季节 ❸自作多情的，多愁善感的，易伤感落泪的；庸俗伤感的：a *soppy* romantic film 庸俗伤感的浪漫影片

so·pran·o /sᵊˈprɑːnəu/ *n.* [C]（[复]**-os**或**-pran·i** /-ˈprɑːni/）【音】❶女高音；童声高音 ❷女高音歌手；童声高音歌手 ❸（四声部乐曲中的）女高音声部

sor·bet /ˈsɔːbei, ˈsɔːbit/ *n.* [U;C]果冻

sor·did /ˈsɔːdid/ *adj.* ❶卑鄙的，恶劣的，下贱的（见 base）：discover the truth about sb's *sordid* past 发现某人不光彩历史的真相 ❷肮脏的，污秽的：a *sordid* district 肮脏的地区 ‖ ˈ**sor·did·ly** *adv.* —ˈ**sor·did·ness** *n.* [U]

sore /sɔːʳ/ *adj.* ❶痛的；疼痛发炎的：a *sore* cut 发炎的伤口 ❷感到疼痛的：I'm *sore* all over from that heavy lifting we did yesterday. 昨天我们搬完那重东西之后，我浑身酸痛。❸悲伤的，痛苦的，痛心的：Maude felt *sore* about having lost his job at the Treasury. 莫德对自己丢掉了财政部的职位感到痛心疾首。‖ ˈ**sore·ness** *n.* [U]

sore·ly /ˈsɔːli/ *adv.* ❶很，非常，极其：I'm going to miss her *sorely*. 我会非常想念她的。❷严重地，剧烈地，激烈地：I could see it hurt him *sorely*. 我看得出来这件事严重地伤害了他。❸疼痛地，痛苦地；悲伤地：They were *sorely* vexed by the lawlessness in the Isles. 海岛上不法横行，人们受到痛苦的煎熬。〔亦作 **sore**〕

so·ror·i·ty /sᵊˈrɔriti/ *n.* [C]妇女联谊会；（大专院校）女生俱乐部

sor·row /ˈsɔrəu/ *n.* ❶[U]伤心，悲伤，悲痛：weep tears of *sorrow* 流下伤心的泪水 ❷[C]伤心事；悲伤的根源；忧患；痛楚：The *sorrows* of her earlier years gave way to joy in later life. 她早年历经沧桑，到了晚年才苦尽甘来。‖ ˈ**sor·row·ful** *adj.* —ˈ**sor·row**ˌ**ful·ly** *adv.*

sor·ry /ˈsɔri/ *adj.* ❶[作表语]歉疚的；遗憾的；懊悔的：He was awfully *sorry* about what he had done to you. 他为自己对你的所作所为感到非常内疚。❷[作定语]可悲的；可怜的；令人伤心的；使人痛苦的；使人沮丧的：a *sorry* story 悲惨的故事 ❸[作表语]对不起的，抱歉的，过意不去的：I'm *sorry* to be so late. 对不起，我迟到了这么久。❹[表示未听清楚对方的话，通常用升调]〈主英〉请再讲一下：A：My name's Mary Wiseman. B：*Sorry*? Mary who? 甲：我名叫玛丽·怀斯曼。乙：什么？玛丽什么？‖ ˈ**sor·ri·ly** *adv.* —ˈ**sor·ri·ness** *n.* [U]

☆**sorry, sorrowful** 均有"难过"之意。**sorry** 常用作有礼貌的道歉语，表示难过时带有遗憾、怜悯的意味：I'm *sorry* to hear that your father is dead.（惊悉令尊大人过世，我深感难过。）/ I'm *sorry* I'm late.（对不起我来晚了。）**sorrowful** 语气比 sorry 强，常指因失去亲朋好友而哀伤，悲痛之情溢于言表：We were all very *sorrowful* when we heard the tragic news.（得知这一噩耗，我们心里都很悲痛。）

sort /sɔːt/ **I** *n.* [C]❶种类；类别；品种；品级：That's the *sort* of car I'd like to have. 我希望拥有的就是那种汽车。❷性质；品质；性格，品格：Many people saw him as a *sort* of clown. 在许多人眼里，他只是个小丑而已。❸某一种；某一类：He is a *sort* of poet. 他是某一派的诗人。**II** *vt.* 把…分类；整理：*sort* mail 分拣邮件 —*vi.* 分类；分拣；整理：*sort* in the rubbish dump 在垃圾堆里捡东西 ‖ ***sort of*** *adv.*〈口〉有几分，颇为，有那么点儿：I feel *sort of* sick. 我有些恶心。‖ ˈ**sort·er** *n.* [C]

SOS, S. O. S. /ˌesəuˈes/ *n.* [C]（[复]**SOSs**）❶（船只、飞机等使用的）国际无线电紧急求救信号 ❷紧急求救（或求助）

so-so /ˈsəuˌsəu/ [无比较级] **I** *adj.* 一般的，还过得去的 **II** *adv.* 一般地，还过得去地

souf·fle /ˈsuːfᵊl/ **I** *n.* [C]蛋奶酥；油酥角 **II** *adj.* 起酥的

S

sought /sɔːt/ *v.* seek 的过去式和过去分词

sought-af·ter /ˈsɔːtˈɑːftəʳ/ *adj.* 受欢迎的,很吃香的:a *sought-after* entertainer 走红的艺人

soul /səul/ **I** *n.* ❶[C]灵魂;心灵:purification of the *soul* 心灵的净化 ❷[C]幽灵,鬼魂:the *souls* of the dead 死魂灵 ❸[C][通常冠以带感情色彩的形容词]人,家伙:a jolly fat *soul* 胖乎乎乐呵呵的人 ❹[用单]精华,精髓;核心;要素:Brevity is the *soul* of wit. 言贵简洁。❺= soul music **II** *adj.* [无比较级][通常作定语]美国黑人的;美国黑人文化的;美国黑人灵歌的:a *soul* singer 灵歌歌手 ‖ ˈ**soul·less** *adj.*

soul·ful /ˈsəulfᵘl/ *adj.* ❶深情的,充满热情的;真诚的:fine, *soulful* tunes 热情奔放的优美曲调 ❷[无比较级]表达黑人情感的;美国黑人爵士灵歌特有的:Today's pop is *soulful*. 今天的流行歌曲富有美国黑人灵歌色彩。‖ ˈ**soul·ful·ly** *adv.* —ˈ**soul·full·ness** *n.* [U]

soul music *n.* [U]爵士灵歌(集节奏布鲁斯与福音音乐为一体的黑人音乐)〔亦作 **soul**〕

sound[1] /saund/ **I** *n.* ❶[C;U]声音;响声:She opened the door without a *sound*. 她悄悄地打开门。❷[U]噪音;喧闹声;嘈杂声:the *sound* from the next room 隔壁房间传来的噪音 ❸[U;C]声调,音调:a man with heavy foreign *sound* 带有浓重外国语调的人 **II** *vi.* ❶发声;响:His voice *sounded* too loud. 他的嗓门太响了。❷听起来;似乎:That *sounds* like a child crying. 听上去像是小孩的哭泣声。—*vt.* ❶使发声;使响:*sound* the fire alarm 发出火警警报 ❷发(音):The students still do not *sound* English when they speak English. 这些学生讲英语时发的仍然不是英语的语音。‖ ˈ**sound·less** *adj.*

sound[2] /saund/ **I** *adj.* ❶健康的,强健的;健全的,正常的:a *sound* heart 健康的心脏 ❷完好的,无损伤的;无疵的;没有腐损的:*sound* fruit 无腐损的水果 ❸坚固的;稳当的,可靠的:a *sound* economic basis 稳固的经济基础 ❹正确的;合理的;明智的(见 valid):make a *sound* decision 做出正确的决定 **II** *adv.* 充分地;酣畅地:be *sound* asleep 酣睡 ‖ ˈ**sound·ly** *adv.* —ˈ**sound·ness** *n.* [U]

sound barrier *n.* [C]【空】音障(飞行器在接近音速时空气所产生的阻力)〔亦作 **sonic barrier**〕‖ ***break the sound barrier*** *vi.* 超音速飞行

sound·proof /ˈsaunᵈˌpruːf/ **I** *adj.* [无比较级]隔音的 **II** *vt.* 使隔音,给…做隔音处理 ‖ ˈ**sound**ˌ**proof·ing** *n.* [U]

sound·track /ˈsaunᵈˌtræk/ *n.* [C](电影的)声带;声迹

soup /suːp/ *n.* [U;C]汤,羹:The *soup* tastes wonderful. 这汤的味道很鲜美。‖ ***from soup to nuts*** *adv.* 自始至终;完整而详尽地:They took part in the building of the ship *from soup to nuts*. 他们参加了造船工作的全过程。

sour /sauəʳ/ **I** *adj.* ❶酸的,酸味的:a *sour* plum 酸梅子 / This green apple tastes very *sour*. 这个青苹果味道很酸。❷变酸的;酸败的,酸臭的;馊的:This milk has turned *sour*. 这牛奶变酸了。❸令人不快的;讨厌的;乏味的,无趣的:*sour* news 令人不快的消息 ❹脾气坏的,乖戾的,别扭的;易怒的;尖酸刻薄的;郁闷的:a *sour* temper 乖戾的脾气 **II** *vt.* ❶使变酸,使有酸味;使酸败,使变馊:*sour* the milk 使牛奶变酸 ❷使变得不愉快,使不满;使易生气;使厌烦;使失望;使失去兴趣:Five years of war had changed him, *soured* him. 五年战争使他变了个人,变得心灰意冷。—*vi.* ❶变酸;变酸败;变馊:Milk *sours* quickly in heat. 牛奶受热易变酸。❷变得不愉快,变得不满;(脾气)变得暴戾;变得厌烦;失望;失去兴趣:Seth's smile *soured*, and he shut the book. 塞思酸楚地笑了笑,把书合上了。‖ ***go*** [***turn***] ***sour*** *vi.* ❶发酸,变酸;变酸败;变馊:Bread can easily *turn sour* in hot weather. 天热时面包容易变酸。❷出问题,出毛病;变坏,变糟:Their relationship *turned sour* after a few months. 几个月后,他们的关系变坏了。‖ ˈ**sour·ish** *adj.* —ˈ**sour·ly** *adv.* —ˈ**sour·ness** *n.* [U]

☆**sour**, **acid**, **tart** 均有"酸的,酸味的"之意。**sour** 常指令人不快的浓烈的酸味,往往带有发酵或酸腐的含义,用于人则表示乖张、很不友好:This milk has gone *sour*. (牛奶发酸了。) **acid** 表示具有正常或自然的酸味,常用于水果、饮料或醋,由于酸的腐蚀性特征,该词可引申以表示辛辣或尖利刺人:A lemon is an *acid* fruit. (柠檬是酸味的水果。) **tart** 指略带刺激性但令人愉快的那种酸味,也可用于尖刻的话语等:She spoke with *tart* contempt. (她语气中带着轻蔑的酸味。)

source /sɔːs/ *n.* [C] ❶源,来源;根源,原因:It

was at once property and *source* of food. 它既是财产又是饭碗。❷源头,水源;源泉,泉眼:the *source* of the Mississippi 密西西比河的源头

sour·dough /ˈsauəˌdəu/ *n.* ❶[U](尤指上次发酵后剩下的)发酵面团,面肥,老面,酵头,酵母 ❷[C](阿拉斯加州等有经验的)原始开发者;老居民

sour grapes [复] *n.* 酸葡萄(源自《伊索寓言》,喻指一种自己得不到而看到别人得到后产生的嫉妒心理)

south /sauθ/ I *n.* [U] ❶南,南方:set course due *south* for Pearl Harbour 朝着正南方向的珍珠港驶去 ❷(地球的)南极地区;(国家或城市的)南部,南面,南边;[常作 S-](美国的)南部地区:get a job down *south* 到南方找工作 II *adj.* [无比较级] ❶朝南的,南面的;南部的,南方的;靠南的:get the crew on the *south* coast 在南海岸招募水手 ❷来自南方的:*south* wind 南风 III *adv.* [无比较级]朝南地,向南地:Countless Scots went *south* and settled in England. 无数的苏格兰人南下,在英格兰定居下来。

South African I *adj.* [无比较级] ❶南非的 ❷南非人的 II *n.* [C]南非人;南非土著人

south-east /ˌsauθˈiːst/ I *n.* [U][常作 the S-] ❶东南;东南方(即正东偏南 45 度;略作 SE) ❷[亦作 **South-East**](国家或地区的)东南部 II *adj.* & *adv.* [无比较级]东南方的(地);朝向东南的(地);来自东南的(地):the *south-east* corner of the Mediterranean Sea 地中海的东南角〔亦作 **south-easterly**〕‖ **ˌsouth·east·er·ly** /-ˈiːstəli/ *adj.* & *adv.* —**ˌsouthˈeast·ern** /-tᵊn/ *adj.*

south-east·er /ˌsauθˈiːstəʳ/ *n.* [C]【气】东南大风(或风暴)

south·er·ly /ˈsʌðᵊli/ *adj.* & *adv.* [无比较级] ❶位于南部的(地);向南的(地);朝南的(地):guide his footsteps in a *southerly* direction 将其引向南方 ❷来自南方(的)

south·ern /ˈsʌðᵊn/ *adj.* [无比较级] ❶来自南面的;朝南的;向南的:the *southern* tip of the island 岛屿的南端 ❷(风等)来自南方的 ❸[常作 S-]南方地区的;南部的;有南部地区特点的:a ship destined for *Southern* ports 驶向南方港口的船

south·ern·er /ˈsʌðᵊnəʳ/ *n.* [C]南方人;居住在南方的人

southern lights [复] *n.*【物】南极光

South Pole *n.* [常作 the S- P-]【地理】南极;(地球的)南磁极

south·ward(s) /ˈsauθwᵊd(z)/ I *adj.* [无比较级]朝南的,向南的 II *adv.* [无比较级]朝南地,南向地:The ship's course lay *southward*. 这条船的航道向南伸展。

south-west /ˌsauθˈwest/ I *n.* [U] ❶西南;西南方(即正西偏南 45 度;略作 SW) ❷[亦作 S-](一国或一地区的)西南部 II *adj.* & *adv.* 〔亦作 **south-westerly**〕[无比较级]西南的(地);西南方的(地);朝向西南的(地);自西南方的(地):flow in a *south-west* direction 向西南方漂流 ‖ **ˌsouth-ˈwest·er·ly** /-ˈwestᵊli/ *adj.* & *adv.* —**ˌsouth-ˈwest·ern** /-tᵊn/ *adj.*

south-west·er /ˌsauθˈwestəʳ/ *n.* [C]【气】西南风

sou·ve·nir /ˌsuːvᵊˈniəʳ/ *n.* [C]纪念品,纪念物(*of*):buy a watercolour as a *souvenir of* one's trip to Zhou Village 买一幅水彩画作为到周庄旅游的纪念

sov·er·eign /ˈsɔvᵊrin/ I *n.* [C] 最高统治者;君主;元首;领袖;(某一领域的)掌权者;主宰:the eldest son of the *Sovereign* 国王的长子 II *adj.* [无比较级][用于名词前] ❶(权力、地位、级别等)最高的,至高无上的;难以超越的:the *sovereign* body 最高权力机构 ❷拥有主权的,主权独立的;自治的:*sovereign* states 主权国家 ❸皇家的,皇室的;君王的:a *sovereign* lord 皇上

sov·er·eign·ty /ˈsɔvᵊrinti/ *n.* [U] ❶最高权力;统治权:submit to sb.'s *sovereignty* 服从某人的统治 ❷主权;自治权(*over*):China restored its *sovereignty over* Hong Kong in 1997. 中国于 1997 年恢复对香港行使主权。

so·vi·et /ˈsəuviət, ˈsɔ-/ I *n.* [C] ❶(苏联的)地方(或国家)政府委员会 ❷【史】(1917 年前由工人、农民等组成的)苏维埃联盟 II *adj.* [无比较级][通常作 S-][作定语]苏联的;苏维埃的

sow[1] /səu/ (过去式 **sowed**,过去分词 **sown** /səun/或 **sowed**) *vt.* ❶播(种),撒(种):*sow* the seeds in [on] the ground 在地里播种 ❷在…里播种;种(地)(*with*):*sow* the field *with* vegetables 在地里种蔬菜 ❸散布;传播;引发,激起:

S

It was said that someone had *sown* discord among them. 据说有人在他们中间挑拨。—*vi*. ❶播种,撒种:Farmers began to plow and *sow* immediately after the earth had attained enough humidity. 土壤达到足够的湿度后,农民们就马上开始耕田播种。❷开始启动;首先发起:Whoever *sows* in crime would end up in prison. 无论谁犯罪,都将以铁窗生涯而告终。‖ ˈ**sow·er** *n*. [C]

sow² /sau/ *n*. [C](尤指产过崽的)母猪

soy /sɔi/ (**bean**) *n*. [C]大豆

soy·a /sɔiə/ *n*. =soy bean

spa /spɑː/ *n*. [C] ❶(富含矿物质的)疗养温泉 ❷温泉疗养地〔亦作 **bath**〕❸游览胜地

space /speis/ **I** *n*. ❶[U](与时间相对的)空间:Technology has compressed time and *space*. 技术压缩了时间和空间。❷[U]太空,外层空间:advance into the vastness of *space* 进入浩无际涯的太空 ❸[C;U]空地;场地;开阔地带;余地:a parking *space* 泊车位❹[C;U]距离,间隔,空隙:a *space* of nine metres 9 米的间距 ❺[常用单]持续时间,(一段)时间:a short *space* of time 一段很短的时间 **II** *vt*. ❶把…分成间隔:*space* a form 把表格分成若干栏 ❷(用间隔)分隔开:They *spaced* the desks evenly so the students couldn't look at each other's paper. 他们均匀地把课桌隔开,这样学生们之间就看不到对方的试卷。

S

space·craft /ˈspeisˌkrɑːft;-ˌkræft/ *n*. [单复同]【空】航天飞行器,宇宙飞船,太空船〔亦作 **space vehicle**〕

spaced-out /ˈspeistˈaut/ *adj*. 〈俚〉❶昏沉沉的 ❷疯疯癫癫的

space·man /ˈspeisˌmæn/ *n*. [C]([复]**-men** /-ˌmen/)宇航员,太空飞行员

space·ship /ˈspeisˌʃip/ *n*. [C]【空】宇宙飞船

space shuttle *n*. [C]【空】(往返于地球和太空站的)太空穿梭机,航天飞机〔亦作 **shuttle**〕

space station *n*. [C]【空】宇宙空间站,太空站

space·suit /ˈspeiˢˌsʲuːt/ *n*. [C]宇航服

space walk *n*. [C]【空】太空行走

spac·(e)y /ˈspeisi/ *adj*. (行为等)古怪的,异乎寻常的

spa·cious /ˈspeiʃəs/ *adj*. ❶宽敞的,宽阔的:a *spacious* apartment 宽敞的公寓 ❷广大的,广阔的;无边无际的,广博的:a large and *spacious* forest 广袤的大森林 ‖ ˈ**spa·cious·ly** *adv*. —ˈ**spa·cious·ness** *n*. [U]

spac·y /ˈspeisi/ *adj*. =spacey

spade¹ /speid/ **I** *n*. [C]锹;铲 **II** *vt*. 用铲挖,用锹掘(*up*):*spade* a narrow outlet 用铲挖一道窄窄的出水口 ‖ ***call a spade a spade*** *vi*. 直截了当地说,直言不讳 ‖ ˈ**spade·ful** *n*. [C]

spade² /speid/ *n*. ❶[C]【牌】黑桃;(一张)黑桃牌 ❷[~s][用作单或复]一套黑桃同花(即由 13 张黑桃组成的一组牌)

spa·ghet·ti /spəˈgeti/ *n*. [U]意大利面条

span /spæn/ **I** *n*. [C] ❶(空间上的)跨度;全长;范围:an arch of 200-foot *span* 跨度为 200 英尺的拱门 ❷(时间上的)跨度;一段时间,时期;(尤指人的)一生:in a 30-year *span* 在 30 年里 ❸(桥墩间的)墩距;孔;跨距,跨度;支点距:the vital *span* of the bridge 主桥拱的全长 **II** *vt*. ❶在…上架桥(或拱门等);(桥、拱门等)跨越,横跨:*span* the Atlantic Ocean by submarine cable 在大西洋铺设海底电缆 ❷持续;包括:a task requiring vigilance that can *span* a long time 需持续保持警觉才能完成的任务

span·gle /ˈspæŋgᵊl/ **I** *n*. [C] ❶(衣服的)闪光装饰片:a girl in *spangles* 一个戴着闪闪发光的饰片的女孩 ❷闪亮的物体:the leaves wet with *spangles* of the dew 沾着晶莹露珠的树叶 **II** *vt*. 用(闪光装饰片)装饰;点缀:The wall was *spangled* with colourful electric bulbs. 墙壁上点缀着五颜六色的电灯泡。

Span·iard /ˈspænjəd/ *n*. [C]西班牙人;西班牙公民;西班牙裔人

Span·ish /ˈspæniʃ/ **I** *adj*. [无比较级] ❶西班牙的 ❷西班牙语的 **II** *n*. ❶[**the** ~]西班牙人;西班牙公民 ❷[U]西班牙语

spank /spæŋk/ *vt*. 拍击;(作为惩罚地)掴(尤指小孩)的屁股

spank·ing /ˈspæŋkiŋ/ **I** *adj*. ❶迅疾的,快捷的;轻快的:a *spanking* breeze 一阵轻风 ❷非常好的;了不起的,突出的:a *spanking* limousine 豪华轿车 **II** *adv*. [用于修饰 fine,new 等形容词]非常,十分:*spanking* clean 非常干净 **III** *n*. [C;U](尤指作为惩罚的)打屁股:Jane gave her child a *spanking*. 简在她孩子的屁股上打了一下。

span·ner /ˈspænəʳ/ *n.* [C] ❶用指距测量的人,测量器 ❷扳紧器,扳手,扳钳

spare /speəʳ/ I *vt.* ❶不伤害;宽容,饶恕;赦免:No passengers were *spared* in the shipwreck. 那次海难事故中无人幸免于难。❷对…留情面:She expressed her opinions bluntly and frankly,*sparing* no one's feelings. 她直言不讳地发表自己的看法,对谁都不留情面。❸使免遭;使免除;免去;解除:*Spare* me such pain as this,if you can. 你要是能够的话,就不要让我受这份罪了。❹省去,删去:Spare (me) the gory details. 残忍的细节就别讲了。II *adj.* ❶[无比较级]备用的;额外的:a *spare* room 备用的客房 ❷[无比较级]剩下的,多余的:There were no seats *spare* so we had to stand. 没有多出来的座位,我们只好站着。❸空闲的:in one's *spare* time 在余暇时间里 ‖ ***to spare*** *adj.* [作后置定语]多余的,有余的,剩余的:The turkey will feed ten people with some *to spare*. 那只火鸡 10 个人吃了还会有剩。‖ ˈ**spare·ly** *adv.* —ˈ**spare·ness** *n.* [U]

spar·ing /ˈspeəriŋ/ *adj.* [常作表语] ❶节省的,俭省的;吝惜的(*in*,*of*,*with*):He took a *sparing* drink,and passed the bottle to others. 他喝了一小口,把瓶子递给了别人。❷有节制的;谨慎的:be *sparing* of words and conducts 谨言慎行 ‖ ˈ**spar·ing·ly** *adv.*

spark /spɑːk/ I *n.* [C] ❶火星,火花:spit *sparks* 喷射出火星 ❷【电】电火花;火花放电 ❸激发兴趣的事物;令人振作的事物:The film lacks the special *spark* to move audiences to tears as well as laughter. 那部电影缺乏特别触发观众流泪或欢笑的东西。II *vi.* 冒火星,发出火花;(似火花般)闪光,闪亮:His dark eyes *sparked*. 他的黑眼睛闪着光亮。—*vt.* 引发;发动;激发(*off*):*spark* one's curiosity 激发某人的好奇心

spar·kle /ˈspɑːkəl/ I *vi.* ❶发出火星(或火花);闪闪发亮;闪烁:Dewdrops *sparkled* in the morning sunlight. 露珠在晨曦中闪闪发光。❷展现才智;焕发精神;散发出魅力:Her sister really *sparkles* at parties. 她妹妹在舞会上真是光彩照人。—*vt.* 使闪烁;使发光 II *n.* [C;U] ❶闪光,光亮;火花,火星:The *sparkle* of her eyes betrayed her great excitement. 她双眼闪着光芒,掩饰不住她极其兴奋的心情。❷生气,活力;光彩:He brought the *sparkle* of the day and the intimacy of that farmyard into his picture. 他把清晨的朝气和农家乐的情调画了出来。‖ ˈ**spark·er** *n.* [C]

spark-plug /ˈspɑːkˌplʌg/ *n.* [C] ❶【机】(内燃机的)火花塞 ❷(事业的)激励者,带头人,精神支柱

spar·row /ˈspærəu/ *n.* [C]【鸟】❶麻雀 ❷雀形鸟类

sparse /spɑːs/ *adj.* ❶稀疏的;稀少的;零散的:*sparse* woodlands 树木稀少的林地 ❷(人或动物)瘦小的;(土地等)不毛的;贫弱的:*sparse* vegetation 贫瘠的植被 ‖ ˈ**sparse·ly** *adv.* —ˈ**sparse·ness** *n.* [U] —**spar·si·ty** /ˈspɑːsiti/ *n.* [U]

spar·tan /ˈspɑːtən/ *adj.* [常作 S-]简朴的,简陋的;艰苦的:*spartan* words 朴实无华的语言

spasm /ˈspæzəm/ *n.* [C] ❶(肌肉)痉挛,抽搐:The physical *spasm* made her body shake all over. 痉挛使她浑身颤抖。❷[通常用单](动作、情绪等的)一阵突发(*of*):Again he clammed his jaw against his *spasms* of hunger. 尽管饥肠辘辘,他仍咬紧牙关。

spas·mod·ic /spæzˈmɔdik/ *adj.* ❶痉挛(性)的,抽搐的;痉挛引起的;易发生痉挛的:a *spasmodic* twitching 痉挛性跳动 ❷阵发的,间歇性的,断断续续的:the *spasmodic* course of the disease 该疾病的阵发性发病过程 ‖ **spasˈmod·i·cal·ly** /-kəli/ *adv.*

spas·tic /ˈspæstik/ I *adj.* [无比较级] ❶痉挛(性)的,抽搐的;痉挛引起的 ❷〈俚〉笨拙的,愚蠢的 II *n.* [C] ❶【医】痉挛性大脑麻痹症患者 ❷〈俚〉软弱无能的人;笨蛋

spat /spæt/ *v.* spit 的过去式和过去分词

spate /speit/ *n.* [C]猛烈爆发(或突发)的一阵:a *spate* of wrathful words and abuse 一连串的怒言恶语

spa·tial /ˈspeiʃəl/ *adj.* [无比较级] ❶空间的;空间关系的:the *spatial* awareness 空间感 ❷太空的;存于宇宙空间的:*spatial* exploration 太空探险

spat·ter /ˈspætəʳ/ *vt.* ❶溅污:The taxi *spattered* mud on my clothes. 出租车把泥巴溅在我的衣服上。❷溅;泼;洒(*with*):*spatter* the flower *with* water 给花洒水 —*vi.* 溅落;洒下:

S

The paint *spattered* over the wall. 油漆溅在墙上。

spat·u·la /ˈspætjulə/ *n.* [C](涂抹或调拌油漆等用的)抹刀;刮勺;刮铲

spawn /spɔːn/ *n.* [C] ❶(鱼、青蛙等的)卵:fish *spawns* 鱼卵 ❷子孙,后代;兔崽子:a *spawn* of Satan 撒旦的子孙

speak /spiːk/ (过去式 **spoke** /spəuk/ 或〈古〉**spake** /speik/,过去分词 **spo·ken** /ˈspəukᵊn/ 或〈古〉**spoke**) *vi.* ❶说话,讲话:The man *spoke* with a strong accent. 那人说话带着浓重的土音。❷谈话,交谈:I must *speak* to Tom's parents about his bad behaviour. 我必须跟汤姆父母谈谈他的不良行为。❸发言;演讲,演说;口头表达思想(或意见等):*speak* from notes 照本宣科 —*vt.* ❶说,讲:She had hardly *spoken* the words, when Hist walked in. 她话音刚落,希斯特便走了进来。❷(会)讲(某种语言):Does anyone here *speak* German? 这里有人会讲德语吗? ‖ ***so to speak*** *adv.* 可以说;可谓是:We lost our shirt, *so to speak*. 我们什么都没了,可以这么说。***speak for*** *vt.* 为…代言,代表…说话;为…辩护:*speak for* the right 仗义执言 ***speak well for*** *vt.* 对…很有利;说明…很好:It *speaks well for* Ruth that she can type quickly and accurately. 露丝打字既快又准确,这对她很有利。***to speak of*** *adv.* 不值一提,不多:They have no debts to speak of. 他们的外债不多。

☆**speak, converse, discourse, talk** 均有"说,讲,谈"之意。**speak** 为普通用词,可指正式讲话或演说,也可指不连贯的说话,不一定要有听众在场:I'd like to *speak* to you about our plan. (我想跟你谈谈我们的计划。)**converse** 强调思想、观点、知识、信息等的交流:The Secretary of State sat *conversing* with the President. (国务卿坐在那儿与总统交谈。)**discourse** 表示就某一专题向他人作正式而详细的讲述或论述:He was *discoursing* to us on Shakespeare. (他正在给我们讲述莎士比亚。)**talk** 指与他人进行交谈,有时表示闲聊、空谈或议论:There's an important matter I want to *talk* about with you. (我要和你谈点正事。)

speak·er /ˈspiːkəʳ/ *n.* [C] ❶说话者;讲演者;演说家 ❷代言人;发言人 ❸喇叭(=loudspeaker)

speak·ing /ˈspiːkiŋ/ *adj.* [无比较级]说话的,讲话的;用于谈话的,适合于谈话的:His *speaking* voice can be easily recognized. 他说话的声音很容易被辨认出来。

S

spear /spiəʳ/ *n.* [C]矛;长枪;梭镖;矛(或长枪、梭镖)尖

spear·head /ˈspiəˌhed/ **I** *n.* [C] ❶矛头,枪尖 ❷[通常用单]前锋,先导;先头部队 **II** *vt.* 当…的先锋,作…的先遣;带头做:*Spearheaded* by our fleet, we have been able to drive the enemy from these bases. 以我方的舰队作先导,我们成功地把敌人从这些基地上赶走了。

spear·mint /ˈspiəˌmint/ *n.* [U]【植】留兰香,绿薄荷

spec /spek/ **I** *n.* [C]〈口〉(专利、产品等的)详细说明书 **II** *vt.* (**spe'd** 或 **specked** 或 **spec·ced**; **spec'ing** 或 **speck·ing** 或 **spec·cing**) 详细说明,具体描述:Their latest model of car was *specked* online. 在网上可以看到对他们生产的最新式汽车的详细介绍。

spe·cial /ˈspeʃᵊl/ **I** *adj.* ❶特殊的;特别的:the *special* needs of Hongkong 香港的特殊需要 ❷[无比较级]专门的;特设的;特制的;用于特定目的的;具特殊用途的:a *special* assistant 特别助理 / a *special* force 特种部队 ❸突出的;非凡的,超群的;独特的:Isn't there something *special* about him? 他没有什么过人之处吗? **II** *n.* [C] ❶特殊的人(或物) ❷(电视)特别节目

☆**special, individual, particular, specific** 均有"特别的,特殊的"之意。**special** 表示特别的、专门的或特设的,带有与众不同、非常突出的意味,用于事物的质量、特性、特色等方面:He is a *special* commentator of that magazine. (他是那家杂志的特约评论员。)**individual** 常与团体或集体相对,表示个人的或个别的,强调个体的意味:Each *individual* leaf on the tree is different. (树上的每一片叶子都各有不同。)**particular** 表示与普遍的、一般的相对,强调某人或事(物)所具有的特点或特性:In that *particular* case, the rule doesn't hold. (对那种个别情况来说,这项规律不适用。)**specific** 与广泛的、笼统的相对而言,表示特定的或具体的,常用于明确说明或阐明的场合,强调具体性:The manager gave us very *specific* instructions. (经理给我们做了非常明确的指示。)

special delivery *n.* [U](邮件)快递,专递

spe·cial·ist /ˈspeʃᵊlist/ *n.* [C]专家,行家:a

specialist on American literature 美国文学专家

spec·i·al·i·ty /ˌspeʃiˈæliti/ *n.* ＝specialty

spe·cial·ize /ˈspeʃəˌlaiz/ *vi.* 成为专家；专攻；专门从事(*in*)：His partner is a lawyer who *specializes in* divorce cases. 他的合伙人是位专门帮人打离婚诉讼官司的律师。‖ **spe·cial·i·za·tion** /speʃəˌlaiˈzeiʃən;-liˈz-/ *n.* [U;C]

spe·cial·ly /ˈspeʃəˌli/ *adv.* 特意，专门：I came to New York *specially* to see you. 我是专程来纽约看你的。

spe·cial·ty /ˈspeʃəlti/ *n.* [C; U](企业、工厂的)拳头产品，特色产品，特种工艺：They dined on the restaurant *specialty*. 他们吃了这家餐馆的特色菜肴。〔亦作 **speciality**〕

spe·cies /ˈspiːʃiz,-ʃiːz,-siːz/ [复] *n.* ❶(具有共同特征的)同类事物，同种事物 ❷【生】种，物种：endangered *species* 濒危物种 ❸人类：Is the *species* threatened with extinction? 人类会受到灭绝的威胁吗？

spe·cif·ic /spiˈsifik/ *adj.* ❶确切的；明确的；具体的(见 explicit)：You must give the class *specific* instructions on what they have to do. 全班学生该如何做，你必须给他们以明确的指导。❷[无比较级]特定的；特有的；独特的(见 special)：The disease is *specific* to the inhabitants in the mountainous area. 这种疾病只有这个山区的居民才会得。‖ **speˈcif·i·cal·ly** /-kəli/ *adv.* —**spec·i·fic·i·ty** /ˌspesiˈfisiti/ *n.* [U]

spec·i·fi·ca·tion /ˌspesifiˈkeiʃən/ *n.* ❶[U;C]明确说明；详述；具体指明 ❷〔亦作 **specs**〕[常作～s]详细设计(书)；具体规划；明细单；(产品、材料等的)规格；说明书

spec·i·fy /ˈspesiˌfai/ *vt.* ❶具体说明；详细陈述：The directions *specify* the dosage. 服用说明对剂量做了规定。❷将…列作条件：The contract *specified* that they should deliver us the commodities before the end of the month. 合同规定他们必须在月底前把货物发给我们。

spec·i·men /ˈspesimən,-min/ *n.* [C] ❶样品；标本；实例：a collection of rare insect *specimens* 稀有昆虫标本的收集 ❷【医】(临床检验用的尿、血液等的)抽样，标本

speck /spek/ *n.* [C] ❶污点；斑点；瑕疵：ink *specks* 墨渍 ❷微粒；一点点：*specks* of dust 灰尘颗粒 ❸[常用单，后跟不可数名词]少许，一点点：This car hasn't given us a *speck* of trouble. 这辆车一点儿毛病也没有。

speck·le /ˈspekəl/ **I** *n.* [C](尤指皮肤、鸟蛋等上的)小斑点；色斑；亮斑 **II** *vt.* 使有斑点；留小污点于

specs /speks/ [复] *n.* 〈口〉❶一副眼镜 ❷说明书(＝specifications)

spec·ta·cle /ˈspektəkəl/ *n.* [C]❶景致；奇观；众人关注的对象：The trial of Simpson has become a public *spectacle*. 对辛普森的审判令公众瞩目。❷[通常用单]场面；公开展示；展览；演出：The military parade was a magnificent *spectacle*. 这次阅兵场面盛大。‖ ***make a spectacle of oneself*** *vi.* 出丑，出洋相：He *made a spectacle of himself* after getting drunk. 他醉酒之后出尽了洋相。

spec·tac·u·lar /spekˈtækjulər/ *adj.* ❶壮观的；壮美的；场面豪华的：The *spectacular* epic is life. 最为壮观的史诗就是生活。❷显著的，突出的；引人注目的；惊人的：He turned out to be a *spectacular* success in his job. 他在工作中成绩卓越。‖ **specˈtac·u·lar·ly** *adv.*

spec·ta·tor /spekˈteitər; ˈspekˌteitər/ *n.* [C] ❶观众❷旁观者；目击者

spec·ter /ˈspektər/ *n.* 〈主美〉＝spectre

spec·tral /ˈspektrəl/ *adj.* [作定语] ❶鬼怪(似)的，幽灵(似)的：That night when he passed by it, the house was deserted, bleak and *spectral*. 那个夜晚他走过那座房屋时，里面空无一人，凄清荒凉，鬼影绰绰。❷[无比较级]【物】(光)谱的：make a *spectral* analysis 做光谱分析

spec·tre /ˈspektər/ *n.* [C]❶鬼，幽灵 ❷萦绕心头的恐惧；(持续的)困扰：the *spectre* of unemployment 失业的恐惧〔亦作 **specter**〕

spec·tro·scope /ˈspektrəˌskəup/ *n.* [C]【物】分光镜 ‖ **spec·tro·scop·ic** /ˌspektrəˈskɔpik/ *adj.* —**spec·tros·co·py** /spekˈtrɔskəpi/ *n.* [U]

spec·trum /ˈspektrəm/ *n.* [C]([复]**-tra** /-trə/ 或**-trums**)❶【物】光谱 ❷频谱；射频频谱 ❸【物】电磁波谱 ❹范围；幅度；系列：A broad *spectrum* of topological features creates a pleasant landscape. 各种各样的地貌构成了一

幅宜人的风景画。

spec·u·late /ˈspekjuˌleit/ *vi.* ❶臆想；推断，猜测(*on*, *upon*, *about*)：They talked and *speculated* until after midnight. 他们一直谈论和分析到半夜。❷思考；沉思；冥想(*on*, *upon*, *about*)(见 think)：*speculate on* one's future 考虑自己的前途 ❸投机；做投机生意：The restaurant owner used the money to *speculate* on the stock market. 餐厅老板用这笔钱炒股。—*vt.* ❶推测，猜想，臆断：The hikers *speculate* whether it will rain these days. 这些远足者在推测这些日子会不会下雨。❷对…思考；就…沉思；冥想 ‖ ˈ**spec·u·la·tive** /-lətiv;-ˌleitiv/ *adj.* —ˈ**spec·uˌla·tor** *n.* [C]

spec·u·la·tion /ˌspekjuˈleiʃᵊn/ *n.* ❶[U]推测；假想；臆断：His death was the subject of intense *speculation*. 他的死亡是人们猜测的热门话题。❷[U;C]思考，思索；冥想；沉思：philosophical *speculation* 哲学玄想 ❸[U;C]投机；投机生意；投机活动：He has lost a lot of money on all his recent *speculations*. 他最近做的几笔投机生意亏了很多钱。

speech /spiːtʃ/ *n.* ❶[U]说话能力：a loss of *speech* 丧失说话能力 ❷[U;C]说话，言谈；话语，言语；所说的话：After this *speech*, he left the room. 他说完这句话就离开了房间。❸[C]演讲；(在公开场合的)发言，讲话：a resignation *speech* 辞职演说 ❹[C;U](国家、民族、地区等的)语言，方言；(组织、行业等的)行话，术语：He can mimic the Cockney *speech* quite well. 他能把伦敦土话模仿得很像。❺[U]说话方式：They tried to wash out their differences in *speech*, appearance and culture. 他们试图在说话方式、着装和文化上消除彼此之间的差异。

☆**speech, address, lecture, oration, sermon, talk** 均有"演说，讲话"之意。**speech** 可指任何形式的公开发言或讲话，可以是有准备的，也可以是即兴的：She made an opening *speech* at the meeting. (她在会上致开幕词。) **address** 指经过认真准备的重要演说，适用于庄严、隆重的场合：In his inaugural *address* John Kennedy said to the American people, "... my fellow Americans, ask not what your country can do for you, ask what you can do for your country." (在其就职演说中，肯尼迪对美国人讲了如下一句话："…我的美国同胞们，请你们对国家要谈贡献，莫计报酬。") **lecture** 常指经过充分准备后所作的专题性学术报告或演讲，也可表示授课：He gave a *lecture* on American War of Independence yesterday. (昨天他做了一次关于美国独立战争的讲座。) **oration** 指能激起听众强烈感情的讲演、雄辩，注重修辞和文体：Lincoln's Gettysburg Address was an *oration*. (林肯在葛底斯堡的讲话堪称是一篇充满激情的演讲。) 该词有时也可表示夸夸其谈、言过其实的演说：political *orations* at the picnic (野餐会上对政治的高谈阔论) **sermon** 指牧师根据《圣经》进行的说教、布道：We had to listen to a long *sermon* about observing school regulations. (我们硬着头皮听了一通关于遵守学校规章制度的大道理。) **talk** 表示将听众视为个别谈话对象进行的演说、报告或讲话，含方式比较自由、随便的意味：She gave a *talk* on Beethoven to the college Music Society. (她给学院音乐协会做了一次有关贝多芬的讲演。)

speech·less /ˈspiːtʃlis/ *adj.* [无比较级]一时语塞的：She was *speechless* with shame. 她羞得说不出来话。

☆**speechless, dumb, inarticulate, mute** 均有"不会说话的，说不出话来的"之意。**speechless** 常指由于震惊或沉浸于其他强烈感情而一时哑口无言：She was *speechless* with rage. (她气得连话都说不出来了。) **dumb** 指因发音器官的缺陷而丧失说话能力；在表示因震惊而一时说不出话来时，可与 speechless 换用：She has been *dumb* from birth. (她生来就不会说话。) **inarticulate** 可表示不能说话，但多指吞吞吐吐、语无伦次或不善表达：Their actions were an *inarticulate* cry for help. (她们的行动是无言的呼救。) **mute** 与 dumb 的区别在于因先天性耳聋而没能学会说话，不一定是发音器官有毛病；在表示默默无言或保持沉默时，带有拒绝说话的意味：The prisoner sat *mute*, offering nothing in his own defence. (囚犯坐着一言不发，不替自己辩护。) 该词有时也可表示不读的或不发音的：In the word "debt" the letter "b" is *mute*. (在 debt 这个词中，字母 b 不发音。)

speed /spiːd/ **I** *n.* ❶[U]迅捷，快速：The vehicle is pulling away with *speed*. 汽车迅速地开走了。❷[C;U]速度；速率：The economy continues to pick up *speed* with swiftness. 经济持续高速增长。❸[C](自行车、机动车辆等的)排挡，变速器 **II** (**sped** /sped/) *vi.* ❶快速行

进;疾驶:The train *sped* along at over 120 miles per hour. 火车以每小时超过120英里的速度疾驶。❷(**speed·ed**)(驾车者)违章超速行驶:His driver's license was suspended for *speeding*. 他的驾驶执照因为超速行车被吊销了。—*vt*. ❶快速发送;疾射:The warrior *sped* an arrow from the bow. 这位武士开弓疾射。❷使发展;使加速:The president's approval will *speed* the committee's work. 总统的许可加快了委员会的发展。‖ ***at full* [*top*] *speed*** *adv*. 〈口〉全速地;拼命地:We drove down the highway *at full speed*. 我们驾车沿公路高速行驶。***speed up*** *vt*. & *vi*. (使)加速;(使)增长:Everyone knows computer *speeds up* work. 众所周知,计算机可以提高工作效率。***up to speed*** *adv*. 全速地;全力地;完全地:Having lived on campus for a month he was getting *up to speed* with the college life. 在校园里生活了一月之后,他已全然了解了如何去过大学生活了。‖ ˈ**speed·er** *n*. [C]

speed·boat /ˈspiːdˌbəut/ *n*. [C]快艇,高速摩托艇

speed·om·e·ter /spiːˈdɔmitəʳ/ *n*. [C](机动车辆的)示速器,速度计;里程表

speed·way /ˈspiːdˌwei/ *n*. [C] ❶(摩托车赛)场地;比赛跑道 ❷快速车道

speed·y /ˈspiːdi/ *adj*. ❶快速的,迅疾的:A hole in the dike might lead to a *speedy* inundation. 堤坝上出现一个洞就会导致洪水的迅速蔓延。❷立即的,马上的:take *speedy* action 立即采取行动 ‖ ˈ**speed·i·ly** *adv*.

spell¹ /spel/ (**spelt** /spelt/或 **spelled**) *vt*. ❶拼写出(单词):I don't know how to *spell* his name. 我不会拼他的名字。❷[不用进行时态](字母)拼成:A-N-N-E *spells* Anne. A-N-N-E拼成Anne。❸[不用进行时态]招致,导致;意味着:Crop failure was likely to *spell* stark famine. 庄稼歉收有可能导致大饥荒。—*vi*. 拼写,拼字 ‖ ***spell out*** *vt*. ❶逐字母拼写(单词);逐词地读(或写、理解):I can't *spell out* what he has scrabbled. 我看不懂他胡乱写了些什么。❷阐述;详细说明:He didn't have to *spell out* what crimes he was referring to. 对于他所提及的犯罪行为他无需一一讲明。

spell² /spel/ *n*. [C] ❶魔咒;咒语 ❷[通常用单]中魔,着魔 ❸[常用单]吸引力,魅力;魔力:He fell under the *spell* of China. 他为中国的魅力所吸引。

spell³ /spel/ *n*. [C] ❶一段工作时间;轮班,轮值:He had a *spell* in Congress. 他当过一段时间的国会议员。❷(疾病等的)发作,一阵:a *spell* of coughing 一阵咳嗽 ❸一段(较短的)时间;一会儿:I lived in New York for a *spell*. 我在纽约住过一段时间。

spell·bind /ˈspelˌbaind/ *vt*. (**-bound** /-ˌbaund/) 用魔法(或妖术)迷惑;迷住,使着迷:The final game of the tennis match has *spellbound* the audience. 这场网球决赛使观众着了魔。‖ ˈ**spellˌbind·er** *n*. [C]

spell·er /ˈspeləʳ/ *n*. [C] ❶拼单词者:a poor *speller* 常犯拼写错误的人 ❷(小学生的)单词拼写课本 ❸(电子文档的)拼写检查程序

spell·ing /ˈspeliŋ/ *n*. ❶[U]拼写;拼读 ❷[C](单词的)拼法 ❸[U]拼写(或拼读)能力

spend /spend/ (**spent** /spent/) *vt*. ❶用(钱),花费:How much do you *spend* on food each week? 你每星期花费多少钱买食物?❷花(时间等);度过;消磨:I *spent* a whole evening writing letters. 我花了整个晚上写信。❸消耗,用尽(气力等):Their ammunition was *spent*. 他们的弹药打光了。—*vi*. 花钱;花费时间;花费精力:How will you *spend* tonight? 今晚你打算怎么度过? ‖ ˈ**spend·a·ble** *adj*. —ˈ**spend·er** *n*. [C]

spent /spent/ *v*. spend的过去式和过去分词

sperm /spəːm/ *n*. [U;C]([复]**sperm(s)**) 精液;精子

spew /spʲuː/ *vt*. ❶排出,放出;喷出(*out*):Factories *spewed* dense dirty smoke. 工厂排放出浓浓的乌烟。❷呕出(*up*):I've got this stomach infection which is making me *spew* my food *up*. 我胃不舒服,把吃的东西吐了出来。—*vi*. ❶喷出,涌出;释放;被排出(*out*, *up*):When the pipe burst, gallons of water *spewed out*. 管道破裂,大量的水喷涌而出。❷呕吐(*up*):I was *spewing* (*up*) all night after eating those mussels. 我吃了那些河蚌之后吐了整整一夜。‖ ˈ**spew·er** *n*. [C]

sphere /sfiəʳ/ *n*. [C] ❶球体;球面;球形 ❷星球;天体 ❸范围;领域:This style did not delimit the *sphere* of its applicability. 这种风格没有界定其适用范围。

S

spher·i·cal /ˈsferikᵊl/, **spher·ic** /-ik/ *adj.* [无比较级] ❶球形的,球状的 ❷球的;球面(图形)的;球体内的:*spherical* geometry 球体几何学

sphe·roid /ˈsfiərɔid/ *n.* [C]球状体;扁球体;椭球体 ‖ **sphe·roi·dal** /sfiəˈrɔidᵊl/ *adj.*

sphinc·ter /ˈsfiŋᵏtəʳ/ *n.* [C]【解】括约肌

sphinx /sfiŋks/ *n.* [C]([复] **sphinx·es** 或 **sphin·ges** /ˈsfindʒiːz/) ❶[S-]【希神】斯芬克司(带翼人面狮身女怪) ❷(古埃及)狮身人面像;[the S-](埃及吉萨金字塔附近的)狮身人面巨像

spice /spais/ I *n.* ❶[C;U]香料;调味品:Cinnamon,ginger and cloves are all *spices*. 橘皮、生姜和丁香都是调味品。❷[用单]情趣;趣味;风味:The story was rather lacking in *spice*. 这则故事枯燥无味。II *vt.* ❶加香料于;给…调味(*up*):The cook *spiced up* tuna fish by adding curry powder to it. 厨师往金枪鱼里面加了咖喱粉调味。❷使增添情趣;给…增加趣味(*up*):a book *spiced* with humour 一部颇有幽默情趣的书

spick and span [无比较级] *adj.* &*adv.* [通常作表语]〈口〉❶崭新的:His car is *spick and span*. 他的汽车是崭新的。❷整洁的,干净的:a *spick and span* little hotel 一家整洁的小旅馆

spic·y /ˈspaisi/ *adj.* ❶[无比较级]加香料的;有香味的:*spicy* wine 加香料的葡萄酒 ❷辛辣的,刺激性的:Of course you do find *spicy* bits in Paris. 你当然会在巴黎找到一些刺激。❸低俗的;下流的;淫秽的:a *spicy* novel 有庸俗描写的小说 ‖ ˈ**spic·i·ness** *n.* [U]

spi·der /ˈspaidəʳ/ *n.* [C] ❶【动】蜘蛛;蛛形目动物 ❷三脚架 ‖ ˈ**spi·der·y** *adj.*

spike /spaik/ *n.* [C] ❶大钉,长钉;(铁路)道钉 ❷尖头,尖头物;金属尖头,尖铁 ‖ ˈ**spik·y** *adj.*

spill /spil/ I (**spilt** /spilt/或 **spilled**) *vt.* ❶使溢出;使洒出,使泼出:I *spilt* coffee on my skirt. 我把咖啡溅到了裙子上。❷使摔下(车辆、马鞍等);使跌落:The horse bucked and *spilt* the rider onto the ground. 马失控跃起,把骑手摔在地上。—*vi.* ❶溢出;洒出,泼出:All her shopping *spilled* out of her bag. 她购买的东西全从包里散落了出来。❷蜂拥:The cheering people *spilled* into the street. 欢呼的人群涌入街道。II *n.* [C;U]溢出;泼洒;溅出:In 1989, there was a massive oil *spill* in Alaska. 1989年阿拉斯加发生了一起大规模的石油泄漏事件。‖ **spill·age** /ˈspilidʒ/ *n.* [U]

spill·way /ˈspilˌwei/ *n.* [C]溢洪道

spin /spin/ I (**spun** /spʌn/; **spin·ning**) *vt.* ❶使旋转,使转动:*spin* a ball 转球 / He *spun* the chair round to face the desk. 他把椅子转过来对着桌子。❷将…纺成纱(或线等);纺(纱、线等):The final stage of the production of cotton is when it is *spun* into thread. 棉花生产的最后一道工序是把它纺成线。❸(蜘蛛)结(网);(蚕等)吐(丝),作(茧):A spider *spun* a web at the corner. 一只蜘蛛在角落里结了网。❹抛,掷(硬币):Let's *spin* a coin to decide who'll have the first turn. 咱们掷硬币决定谁先来。—*vi.* ❶旋转,转动:The football went *spinning* into the canal. 足球旋转着掉进了运河。❷疾驰:It was just a nice hour to *spin* through Paris in an open cab. 乘一辆敞篷出租汽车在巴黎兜风,现在正是时候。❸头昏,眩晕:The stench is so powerful that it makes me *spin*. 臭味太浓了,熏得我头晕目眩。II *n.* ❶[U;C]旋转;回旋;(车轮的)空转:He put a lot of *spin* on the ball. 他让球旋转。❷[C]汽车(或骑自行车、乘飞机)短途游览,兜风:Shall we go for a *spin* in a car? 我们坐车兜兜风好吗? ‖ ***spin off*** *vt.* (利用现有电视节目的原班人马)制作(新节目);作为副产品生产出,派生出:The producers took the character of the uncle and *spun off* another TV series. 摄制组以叔叔为主角,又制作了一部电视剧。‖ ˈ**spin·ner** *n.* [C] —ˈ**spin·ning** *n.* [U]

spin·ach /ˈspinidʒ,-itʃ/ *n.* ❶[C]【植】菠菜 ❷[U](食用的)菠菜叶

spi·nal /ˈspainᵊl/ I *adj.* [无比较级]【解】脊柱的;脊髓的 II *n.* [C]脊髓麻醉,脊髓麻醉剂

spinal cord *n.* [C]【解】脊髓

spin·dle /ˈspindᵊl/ *n.* [C] ❶(纺车、纺纱机的)纺锤,锭子;(手纺用)绕线杆;(织机梭子上的)梭芯 ❷【机】转轴;【机】心轴;指轴

spine /spain/ *n.* [C] ❶【解】脊椎;脊柱 ❷[动][植]突起结构;刺棘 ❸精神;骨气;勇气:No one has the *spine* to sound off. 没人有勇气发

表意见。❹书脊

spine·less /ˈspainlis/ *adj*. [无比较级] ❶无脊椎的;无脊柱的 ❷缺乏精神的;没有骨气的;软弱的,无主见的:a *spineless* coward 优柔寡断的胆小鬼

spin-off /ˈspinˌɔf,-ˌɔːf/ *n*. [C] ❶副产品,派生物 ❷(利用现有节目或作品的素材制作的)电视新节目,电视新作品

spin·ster /ˈspinstəʳ/ *n*. [C] ❶〈书〉【律】未婚女子 ❷〈常贬〉老处女 ‖ ˈ**spin·sterˌhood** *n*. [U]

spi·ral /ˈspaiərᵊl/ **I** *n*. [C] ❶【数】螺线,蜷线 ❷螺旋形;螺旋体:The bird rose in the air in a slow ascending *spiral*. 鸟在空中慢慢地盘旋着向上飞去。**II** *adj*. [无比较级][作定语] 螺旋(形)的;盘旋的:The aerodone comes rapidly to earth with *spiral* dive. 滑翔机旋转着俯冲到地面上。**III** (**-ral(l)ed;-ral·(l)ing**) *vi*. ❶盘旋行进;螺旋式上升(或下降):With one wing damaged, the aircraft *spiralled* downward. 飞机一个机翼受损后旋冲下来。❷(工资、价格等)急剧变化:The prices of farm products *spiralled* upward. 农产品价格扶摇直上。

spire /ˈspaiəʳ/ *n*. [C] ❶锥形(或金字塔形)结构;(尤指教堂的)尖塔 ❷锥形物,尖塔形物;山峰

spir·it /ˈspirit/ **I** *n*. ❶[通常用单]意念;魂魄:He gave up the *spirit*. 他的魂已经离去了。❷[C](与肉体相对而言的)灵魂:an unquiet *spirit* 不安于地下的冤魂 ❸[C]幽灵;神仙;鬼怪,妖精;魔鬼:Her father called her his blithe *spirit*. 她爸爸称她为快乐的小精灵。❹[用单](特定时代的)主要倾向,主要趋势;精神,风气;(人、团体、民族等的)性格;品格,情操;气质:Few of them have the true virtuoso *spirit*. 他们中间没有几个具有真正的行家气质。❺[U]精神;心,心灵:suffer from a broken *spirit* 心灰意懒 ❻[常作~s]情绪;心境;心态:There was, at times, a want of *spirits* about him. 有时候他显得无精打采。❼[U]勇气;志气;意志;毅力;活力:The woman has *spirit*, determination, and purpose. 那个女人有气魄,有决心,有意志。❽[常作~s]烈酒(如威士忌、白兰地等) **II** *vt*. 偷偷地(或神秘地)带走;拐走;绑架(*away*, *off*):I parked my car outside the house and someone *spirited* it *away* during night. 我把汽车停在屋外,夜间有人偷偷地把它开走了。‖ ˈ**spir·it·less** *adj*.

spir·it·ed /ˈspiritid/ *adj*. ❶充满活力的,精神饱满的;活泼的;勇敢的:a *spirited* discussion 热烈的讨论 ❷[无比较级][跟在形容词后面,用以构成复合词]有…精神(或情绪)的;具…性格(或脾气)的:high-*spirited* 精神高昂的

spir·i·tu·al /ˈspiritjuəl/ **I** *adj*. ❶[无比较级]精神(上)的;心灵的:an agony of *spiritual* disillusionment 精神幻灭的痛苦 ❷(思想、面貌等)圣洁的;崇高纯洁的:There is a melody which she plays on the harp's chord with the touch of an angel, so simple and *spiritual*. 她在琴弦上用天使般的技巧奏出美妙的音调,是那么纯洁而空灵。❸[无比较级]神灵的,神的;神启的,天赐的;宗教(上)的;教会的:*spiritual* songs 圣歌 **II** *n*. 灵歌(美国南部黑人唱吟的带有宗教性质的歌曲) ‖ **spir·i·tu·al·i·ty** /ˌspiritjuˈæliti/ *n*. [U] —ˈ**spir·i·tual·ly** *adv*.

spir·i·tu·al·ism /ˈspiritjuəˌlizᵊm/ *n*. [U] (认为死者可以通过灵媒与生者沟通交流的)通灵论,招魂论;招魂术 ‖ ˈ**spir·i·tu·al·ist** *n*. [C] —**spir·i·tu·al·is·tic** /ˌspiritjuəˈlistik/ *adj*.

spit¹ /spit/ **I** (**spat** /spæt/或 **spit;spit·ting**) *vi*. 吐唾沫,吐口水;吐痰(*at*, *on*):Claude *spat on* the palm of his hands and rubbed them together. 克劳德朝手掌上吐了一口唾沫,然后搓了搓。**II** *n*. ❶[U]唾液,口水 ❷[通常用单]吐唾沫,吐口水;吐痰 ‖ ***spit up*** *vi*. 呕吐:The baby is *spitting up*. 宝宝正在呕吐。—*vt*. 呕出,吐出:The wounded soldier *spat up* some blood. 受伤的士兵们吐了血。

spit² /spit/ *n*. [C] ❶烤肉棒,炙肉扦 ❷岬;沙嘴;狭长的暗礁

spit and image *n*. [U]一模一样的人,地位职务相当的人物〔亦作 **spitting image**〕

spite /spait/ **I** *n*. [U]恶意;怨恨:do sth. in *spite* 出于恶意干某事 **II** *vt*. 恶意对待;使受辱;惹恼:He died without making a will to *spite* his family. 他死时没有立下遗嘱是想为难他的家人。‖ ***in spite of*** *prep*. 不顾,不管;尽管:Well, it was a good holiday, *in spite of* everything. 尽管出现一些问题,但假期还算不错。***in spite of oneself*** *adv*. 不由自主地:She started to cry, *in spite of herself*. 她禁不住哭了起来。

spite·ful /ˈspaitfᵘl/ *adj*. (怀有)恶意的;怀恨

S

在心的：Now don't be *spiteful*. 说话不要太刻薄。

splash /splæʃ/ I *vt.* ❶使溅湿；使溅脏：The paint *splashed* the carpet. 油漆溅到了地毯上。❷使溅起：She *splashed* cold water *on* her face. 她把冷水泼在自己脸上。❸泼洒（于）；使溅上：The ground was *splashed* with sunlight shining through leaves. 透过树叶的阳光把地面照得斑驳陆离。—*vi.* ❶（水、泥点等）溅起；泼洒：The white rain *splashed* down. 白蒙蒙的雨点刷刷地倾泻而下。❷拨弄液体：The kids were *splashing* (about) in the swimming pool. 孩子们在游泳池里嬉水。II *n.* [C] ❶溅泼（声）；飞溅（声），泼洒（声）：The rain was heard coming down in a *splash*. 听见雨哗哗地下着。❷泼溅的水（或污渍等）：wipe away a mud *splash* on the fender 清除溅在挡泥板上的泥巴

splash·down /ˈsplæʃˌdaun/ *n.* [C]【空】（宇航器等在海面上的）溅落

splash·y /ˈsplæʃi/ *adj.* ❶喷溅的；（容易）溅起水花（或泥浆等）的，泥泞的 ❷满是泥浆或斑点的 ❸惹眼的，瞩目的；轰动的 ‖ ˈ**splash·ily** *adv.* —ˈ**splash·iness** *n.* [U]

splat /splæt/ *n.* [用单]啪嗒声，噼啪声；溅泼声：The dough hit him across the face with a slapping *splat*. 面团吧唧一声摔在他脸上。

S

splat·ter /ˈsplætəʳ/ *vi.* 溅泼；噼啪落下：Turn the heat down, or hot fat will *splatter* everywhere. 把火调小一些，不然热油会溅得到处都是。—*vt.* ❶溅洒（液体）：The painter *splattered* paint on the canvas. 画家在画布上挥毫泼墨。❷溅湿；溅污：The wheels were *splattered* with mud. 车轮上溅上泥巴。

splay /splei/ *v.* 将（臂膀、腿等）展开，伸开：The dancers flipped on to their backs and *splayed* their legs. 舞蹈演员先是一个后空翻，接着一个劈叉。

spleen /spliːn/ *n.* ❶[C]【解】脾：Her *spleen* was ruptured. 她的脾脏破裂了。❷[U]坏脾气；怒气；恶意，邪念：He always showed much of *spleen* and rashness. 他性情向来急躁，动不动就发脾气。

splen·did /ˈsplendid/ *adj.* ❶壮丽的；壮观的；豪华的：Their fortune on both sides is *splendid*. 两家都是富豪。❷值得赞赏的，值得佩服的；光辉的，辉煌的；卓越的；庄严的：a *splendid* achievement 光辉的成就 ❸〈口〉极好的，非常令人满意的：What a *splendid* idea! 这个主意妙极了！ ‖ ˈ**splen·did·ly** *adv.*

splen·do(u)r /ˈsplendəʳ/ *n.* ❶[U]光彩；光辉；壮丽；壮观；豪华：He came arrayed in all his *splendour(s)*. 他来的时候身上穿着全套华美礼服。❷[U]（名声等的）显赫；（业绩等的）卓著，卓越：He advanced in rank and *splendour*. 他官运亨通，功勋卓著。‖ ˈ**splen·do(u)r·ous** *adj.*

splice /splais/ I *vt.* ❶编接，铰接（绳子等）❷拼接，粘接（木板、磁带、胶片等）：Montage is *splicing* together different shots to create an effect not present in the shots alone. 蒙太奇就是把多个镜头拼接起来，产生单个镜头所没有的效果。

splint /splint/ *n.* [C] ❶【医】夹板，夹 ❷（编篮子用的）薄木条

splin·ter /ˈsplintəʳ/ I *n.* [C] ❶（木头、玻璃、塑料等的）碎片，裂片；细片；碴儿：shrapnel *splinters* 炮弹碎片 ❷（从主派别中分离出来的）小派别 II *vt.* ❶使裂成碎片：The building was *splintered* in the explosion. 楼房被炸成一片瓦砾。❷使分裂；使瓦解；分解，分割：The opposition was *splintered* as it always was. 该反对党历来是四分五裂的。—*vi.* ❶裂成碎片：Chicken, rabbit or fish bones can easily *splinter*. 鸡、兔子或鱼的骨头容易碎裂。❷分裂：The government *splintered* over the diplomatic policy. 政府内部因外交政策而出现分歧。‖ ˈ**splin·ter·y** *adj.*

split /split/ I (**split**; **split·ting**) *vt.* ❶劈开；切开（见 tear）：The lighting *split* the shroud of darkness. 闪电划破了夜幕。❷将…分部；分割：The book is split (up) into five major divisions. 本书分为五大部分。❸（尤指因意见相左而）使分裂，使分化（*up*, *on*, *over*）；使断绝往来（*with*）：The party was *split* by internal revolt. 内讧使该政党产生分裂。❹分享；分得：The three men *split* a bottle of spirits at dinner. 这三个人吃饭时共喝一瓶酒。—*vi.* ❶被劈开，被切开；岔开；爆裂：The jar *split* when the water froze. 水结成了冰，把罐子冻裂了。❷分割；分享所得，分成（*up*）：*split* equal with others 与其他人平分❸（尤指因意见相左而）分裂，分化（*up*, *on*, *over*）；断绝关系（或来往）

(*with*):The organization *split over* leadership. 该组织在领导权问题上出现了分裂。II *n.* [C] ❶劈开,裂开 ❷裂缝;漏孔:Rain was getting in through a *split* in the plastic sheeting. 雨水从塑料薄膜的裂缝中漏了进来。❸裂片;薄片 ❹(覆有奶油、果仁等的)水果冰激凌;(尤指)香蕉冰激凌

split·ting /ˈsplitiŋ/ *adj.* [无比较级](头痛等)爆裂似的;剧烈的:with a *splitting* headache 头痛欲裂

splotch /splɔtʃ/ I *n.* [C]斑点;污痕,污迹:*splotches* of rust 锈斑 II *vt.* 使溅脏,使泼脏 —*vi.* 溅脏,泼脏 ‖ ˈ**splotch·y** *adj.*

splurge /spləːdʒ/〈口〉I *vi.* 挥霍钱财;购买奢侈品(*on*):The cigarette manufacturers *splurged on* advertising, in spite of cancer fears. 香烟制造商不顾香烟有致癌的危险而大量花钱做广告。—*vt.* 挥霍(钱财);购买(奢侈品)(*on*):The factory *splurged* millions of dollars *on* the machine, which turned out to be garbage. 工厂花费了数百万美元购进这台机器,结果却是一堆废铜烂铁。II *n.* [C]大额的消费;奢侈消费

splut·ter /ˈsplʌtəʳ/ I *vi.* ❶急促(或语无伦次、结结巴巴)地说话:The old gentleman was *spluttering* with indignation at what he was reading. 老先生对读到的东西愤愤不平,嘴里一个劲地嘟囔着。❷喷溅碎末(或食物、热油等);发出噼啪的声音:The bacon was *spluttering* on the barbecue. 咸肉在烤肉架上溅着油花。—*vt.* 急促(或语无伦次、结结巴巴)地说出:We didn't catch what he *spluttered*. 我们没听清楚他急切之中说的话。II *n.* [C]急促(或语无伦次、结结巴巴)的话:Everyone's voice was inaudible against the *splutter* of the whole crowd. 每个人的声音都淹没在整个人群的嘈杂声中。

spoil /spɔil/ (**spoilt** /spɔilt/或 **spoiled**) *vt.* ❶损坏;糟蹋;破坏:Time did not *spoil* the beauty of the Great Wall. 沧海桑田,而长城壮美依旧。❷使扫兴,使败兴:I haven't seen the film yet, so don't *spoil* it for me by telling what happens. 我还没有看这部电影呢,不要告诉我情节以免让我没了兴趣。❸宠坏,娇惯,溺爱:She *spoiled* Jason that way and it took him two years to outgrow it. 她把贾森惯成那样,足足花了两年才把他的坏习惯改过来。❹使(食物)变坏,使变质;使腐败:Hops contribute natural substances that prevent bacteria from *spoiling* beer. 啤酒花含有多种自然物质,可以防止细菌败坏啤酒的品质。—*vi.* (食物等)变坏,变质;腐败:Wine does not *spoil* if stored properly. 葡萄酒储藏得当不会变质。‖ ˈ**spoil·age** *n.* [U] —ˈ**spoil·er** *n.* [C]

spoil·sport /ˈspɔilˌspɔːt/ *n.* [C]〈口〉扫兴者,败兴者:Don't be a *spoilsport* at the party. 不要在聚会上扫大家的兴。

spoke[1] /spəuk/ *v.* ❶ speak 的过去式 ❷〈古〉speak 的过去分词

spoke[2] /spəuk/ *n.* [C]辐条,轮辐:a bicycle *spoke* 自行车辐条

spo·ken /ˈspəukᵊn/ I *v.* speak 的过去分词 II *adj.* [无比较级]用口说的;口头的;口语的(见 oral):a *spoken* explanation 口头说明

spokes·man /ˈspəuksmᵊn/ *n.* [C]([复]**-men** /-mᵊn/) 发言人;代言人

sponge /spʌndʒ/ I *n.* ❶[C;U]【动】海绵 ❷[C]海绵(指海绵角质骨骼) ❸[C;U]海绵状物;(橡胶、塑料等制成的)人造海绵:a cushion padded with *sponge* 塞满海绵的坐垫 II *vt.* ❶用湿海绵(或湿揩布等)擦,揩(*down*, *off*):The boy *sponged* ink marks *off* the desk. 那孩子用湿海绵擦去了课桌上的墨水痕迹。❷用海绵吸收;似海绵般吸收(*up*):She *sponged up* the spilled milk. 她用海绵把洒出来的牛奶吸掉。‖ ˈ**spong·er** *n.* [C] —ˈ**spon·gy** *adj.*

sponge cake *n.* [C;U]海绵状蛋糕,松蛋糕

spon·sor /ˈspɔnsəʳ/ I *n.* [C] ❶(尤指慈善筹款活动的)发起人,倡导人;主办者 ❷(艺术、体育等活动,尤指美国以资助广播电视节目来换取广告时间的)赞助者;赞助商:All the major theatres now have *sponsors*, especially for high-cost productions. 所有大剧院都有人赞助,特别是那些高投入的大制作。II *vt.* ❶发起;倡议;举办;主办:the conference *sponsored* by the United Nations 由联合国发起的会议 ❷为…提供资助,赞助;(尤指以换取广告时间为条件)赞助(广播电视节目):The team is *sponsored* by JVC. 这支球队是由 JVC 公司赞助的。❸(以所得款项赠予慈善事业为名)捐助…完成赛程:Would you mind *sponsoring* me in this race for cancer research? 你资助我为癌症研究做募捐跑步好吗? ‖ ˈ**spon·sorˌship** *n.*

S

[U]

spon·ta·ne·ous /spɔnˈteiniəs/ *adj.* ❶[无比较级]自发的;非出于强制的;非由外力诱发的:*spontaneous* volunteers 自发的志愿者 ❷[无比较级](动作等)无意识的,自动的,不由自主的:spontaneous respi ration 无意识的呼吸 ‖ **spon·ta·ne·i·ty** /ˌspɔntəˈniːiti,-ˈnei-/ *n.* [U] —**sponˈta·ne·ous·ly** *adv.*

spoof /spuːf/ 〈口〉*n.* [C](艺术作品尤其是影视作品的)戏仿作品;(轻松幽默的)模仿诗文:a Robin Hood *spoof* 罗宾汉式的绿林好汉

spook /spuːk/ 〈口〉**I** *n.* [C] ❶鬼怪,幽灵 ❷间谍;卧底人 **II** *vt.* 吓唬;使胆怯,使惊恐:The entire herd got *spooked* and stampeded into the mountains. 整个牧群受到惊吓,窜入山中。—*vi.* 受惊,感到害怕:Cattle *spooked* at shadows. 牛一看到影子就害怕。

spook·y /ˈspuːki/ *adj.* 可怕的,恐怖的;鬼似的:Did your *spooky* friend sleepwalk last night? 你那幽灵似的朋友昨夜梦游了吗?

spool /spuːl/ *n.* [C] ❶【纺】有边筒子,线轴 ❷线轴状物;(缝纫机线团的)木芯;(磁带、胶片、打字机色带等的)卷轴;(锚链的)绞盘;【电】线管 ❸(钓竿上的)绕线轮

spoon /spuːn/ **I** *n.* [C] ❶匙,调羹,勺:a wooden *spoon* for cooking 烹饪用木勺 ❷匙形用具;(赛艇的)匙形桨叶 ❸(尤指糖的)一匙的量:a *spoon* of grits 一勺麦粉 **II** *vt.* 用匙舀;舀取:He *spooned* the food into the baby's mouth. 他用勺往婴儿嘴里喂食物。‖ **ˈspoon·ful** *n.* [C]

S

spoor /spuəʳ/ **I** *n.* [C](野兽的)踪迹;臭迹 **II** *vt.* 跟踪(野兽)

spo·rad·ic /spəˈrædik/ *adj.* [无比较级]时断时续的;零落的,零散的:Work on my book became *sporadic*, finally stopped. 著书的活儿时作时辍,最后终于停顿。‖ **spoˈrad·i·cal·ly** /-kəli/ *adv.*

spore /spɔːʳ/ *n.*【生】❶[C]种子;胚芽;生殖细胞 ❷[总称]孢子

sport /spɔːt/ *n.* ❶[C]体育项目;竞技运动:Which *sports* do you like playing? 你喜欢哪一种体育活动? ❷[U][总称]体育;运动:the world of *sport* 体育界 ❸[U]娱乐,消遣,游戏:It's great *sport* to surf. 冲浪是一大乐事。

sport·ing /ˈspɔːtiŋ/ *adj.* ❶[无比较级][作定语](关于)体育运动的;从事(或爱好)体育运动的:a *sporting* event 体育比赛项目 ❷[无比较级][作定语]体育运动用的;(适宜于)打猎用的:*sporting* facilities 体育设施 ❸具有体育风尚的,堂堂正正的;光明正大的:a *sporting* attitude 公正的态度

sports car *n.* [C]跑车(一种双座低车身敞篷小汽车)

sports·cast /ˈspɔːtsˌkɑːst;-ˌkæst/ *n.* [U](电台或电视台的)体育节目播送 ‖ **ˈsportsˌcast·er** *n.* [C]

sports·man /ˈspɔːtsmən/ *n.* [C]([复]**-men** /-mən/) ❶(尤指职业)运动员,运动家;爱好运动(尤指打猎、钓鱼、赛马等运动)的人 ❷具有运动员风尚的人,堂堂正正的人:A true *sportsman*! 真有风度! ‖ **ˈsports·manˌlike** *adj.* —**ˈsports·manˌship** *n.* [U]

sport·y /ˈspɔːti/ *adj.* 〈口〉[无比较级]爱好体育运动的;有关体育运动的;运动员的;运动服的:He's not really a *sporty* type. 他并不是喜爱体育的那种人。

spot /spɔt/ **I** *n.* [C] ❶污渍,污迹:grease *spots* 油渍 ❷粉刺;丘疹;疱疹;痣:The boy was covered with *spots* all the week. 男孩整个星期都在出疹子。❸(通过色彩、图案等区分开来的)圆点,斑点:silk with white *spots* 有白点的丝绸 ❹(品行、名誉等方面的)污点:His efforts to erase the *spot* on the family name failed. 他努力洗刷家族名誉的污点,但却失败了。❺地点;场所,处所:There was not a dry *spot* in the ship. 船上没有一处是干的。❻[常作 a ~]〈英口〉少量,少许;一滴(雨);(酒等的)一杯(*of*):Shall we stop for *a spot of* lunch? 我们停下来吃点午饭好吗? **II** (**spot·ted**; **spot·ting**) *vt.* ❶将…弄脏:The blood *spotted* his shirt. 血弄脏了他的衬衫。❷玷污,败坏(名声等),使受辱:The scandal *spotted* the government's credit. 这起丑闻玷污了政府的信誉。❸〈口〉认出,辨认;发现;发觉;预先认定(比赛中的获胜者等):I *spotted* you standing by your car at the gas station. 我瞧见你在加油站里站在你的车子旁。‖ ***on* [*upon*] *the spot*** **I** *adj.* ❶需要当机立断的;刻不容缓的,要求马上采取行动的:He was there *on the spot*. 他立即到达。❷在场的;到场的:This reporter is always *on the spot* when an important news story develops. 有重要新闻的时候那个记者总是在现场。

II *adv.* ❶立刻,马上,当即:One can be sacked *on the spot* for stealing. 谁要是偷窃,就会被当即开除。❷在场;到场:Officials were sent to investigate *on the spot*. 官员们被派去做现场调查。‖ 'spot•less *adj.*

spot check *n.* [C] ❶现场检查;突击检查 ❷抽样调查,抽查:The police are doing *spot checks* on motorists to test alcohol levels. 警察在抽样检查摩托车驾驶员的酒精含量。

spot•light /'spɔtˌlait/ I *n.* ❶[C](舞台等的)聚光灯;聚光灯照明圈 ❷[the ~]引人注意的中心;受瞩目的焦点:hold the spotlight 独领风骚 II *vt.* (-light•ed或-lit /-lit/) ❶聚光为…照明;(尤指汽车反光灯或探路灯)为…照明:The exhibits were *spotlighted* from below. 展品是从下面采光照明的。❷使受瞩目;使成为焦点:*Spotlighted* at the meeting were such issues as trade, energy, and food supply. 会议上受关注的问题是贸易、能源和食品供给。

spot•ted /'spɔtid/ *adj.* [无比较级]有斑点的:the *spotted* furs 有斑点的毛皮

spot•ty /'spɔti/ *adj.* ❶有斑点的;有污点的 ❷不稳定的;不均匀的,不均衡的;零星的,间歇性的:a *spotty* economic performance 不稳定的经济作为 ‖ 'spot•ti•ness *n.* [U]

spouse /spauz, spaus/ *n.* [C]配偶

spout /spaut/ I *vt.* ❶喷出,喷射:The factory *spouted* black smoke. 这家工厂喷出黑烟。❷〈口〉不停地讲,滔滔不绝地说:Every cabdriver in town can *spout* facts and gossip. 城里的出租车司机个个都特别能侃。—*vi.* ❶喷出,喷涌:Steam came *spouting* out of hole. 蒸汽开始从孔中喷出来。❷〈口〉高谈阔论,夸夸其谈:*spout* at each other 滔滔不绝地对谈 II *n.* [C] ❶(壶)嘴;(喷泉、水泵等的)喷口,喷嘴 ❷(喷出或流出的)水柱,水流:A *spout* of water shot out of the ground. 水柱从地下喷出。

sprain /sprein/ I *vt.* 扭伤(脚踝、手腕等):She *sprained* her ankle playing squash. 她打壁球时扭伤了脚。II *n.* [U] ❶(脚踝、手腕等的)扭伤 ❷(因扭伤引起的)红肿

sprang /spræŋ/ *v.* spring 的过去式

sprawl /sprɔːl/ *vi.* ❶(懒散地)伸开四肢坐下(或躺下、倒下);(四肢)懒散地伸开;(四肢)伸开着倒下:He *sprawled* out with two legs splayed. 他叉开双腿平躺着。❷(植物)杂蔓地生长,蔓延;(城市等)无计划地扩展(或延展);(字迹)被潦草地写出:Ivy-cloaked houses *sprawl* under aging trees. 老树的浓荫下参差错落的几所房屋满墙爬着常春藤。—*vt.* (不优雅地)摊开(手或足);使摊开四肢躺下(或坐下、倒下):Robin *sprawled* his heavy form in his armchair. 罗宾沉重的身体瘫坐在扶手椅上。

spray /sprei/ I *n.* ❶[U;C]飞沫;(海浪、瀑布等溅起的)水沫,水花;浪花:We can feel the *spray* from the river. 我们感觉得到从河里溅起的浪花。❷[C;U]喷雾;喷雾器中的液体:a hair *spray* 喷发剂 ❸[C]喷雾器 ❹[C]喷雾状物;散射状物:a *spray* of shattered glass 一阵飞溅的碎玻璃 II *vt.* ❶喷,喷洒;喷抹;向…喷;(用力)溅洒:The stone hit the window frame and *sprayed* glass into his face. 石块击中了窗框,把玻璃碴溅到他脸上。❷喷(雾);喷(杀虫剂、香水等);向…喷雾:*spray* the paint on the wall 往墙上喷油漆 —*vi.* 喷洒;飞溅:Bullets were *spraying* out of the gun barrel. 子弹从枪管里喷射出来。‖ 'spray•er *n.* [C]

spray-gun /'spreiˌgʌn/ *n.* [C]喷枪

spread /spred/ I (spread) *vt.* ❶铺开;摊开;展开(*out*):The old oak *spread out* a canopy of dark-green foliage. 这棵老橡树撑起郁郁葱葱的华盖。❷涂,抹,敷:Andrew *spread* some butter on a piece of bread. 安德鲁往一片面包上抹了些黄油。❸覆盖;分布;布满:The operations of the corporate enterprise *spread* much of America. 这家合股公司业务遍及大半个美国。❹分摊,分配;使分期完成;使持续:The work had to be *spread* out between people. 这份工作得分给众人去干。❺传播(新闻等);散布(流言等);使广为人知;传染(疾病):*spread* gossip 散布谣言—*vi.* ❶伸开;展开;铺展;扩展,延展(*out*):A beaming *spread* across Mary's face. 玛丽满面笑容。❷(消息等)传播;传染;(火势等)蔓延,扩散:The word *spread* that postage would increase. 邮资要上涨的消息不胫而走。❸持续,延续:The rebate offered by the supermarket *spread* out for two months. 超市的打折退款期限为两个月。II *n.* ❶[C;U][通常用单]展开;伸开;延展;扩展:With a *spread* of her arms the actress acknowledged the applause. 女演员张开双臂在掌声中致谢。❷[通常用单]伸展性;延展度;

宽度；幅度：The sail has a large *spread*. 这张帆展幅很大。❸[C;U]抹在食品上的酱(或糊状物)：cheese *spread* 干酪抹酱 ❹[C](报刊上)跨两版(或多版)的篇幅；整版(或多版)的文章(或广告)：a centre page *spread* with pictures 中页配图跨版广告 ‖ ˈ**spread·a·ble** *adj*. —ˈ**spread·er** *n*. [C]

spread-ea·gle /ˈspredˌiːgᵊl/ **I** *adj*. [无比较级] 张开四肢的；像鹰一般展开翅膀的：She was lying *spread-eagle* on the grass. 她四肢摊开躺在草地上。**II** *vt*. 使张开四肢：*Spread-eagled* against the car, the suspect was searched by the policeman. 嫌疑人四肢伸开趴在轿车上让警察搜身。

spread·sheet /ˈspredˌʃiːt/ *n*. [C]❶(尤为会计所使用的) 账目分析表 ❷【计】空白表格程序

spree /spriː/ *n*. [C]无节制的狂热行为：go on a lottery-buying *spree* 狂热地购买彩票

sprig /sprig/ *n*. [C]小树枝

spright·ly /ˈspraitli/ **I** *adj*. 生气勃勃的；活泼的；轻快的；情绪饱满的：She was seriously inclined under her *sprightly* air. 她外表活泼，个性却是极其严肃的。**II** *adv*. 生气勃勃地；活泼地；轻快地；轻松地 ‖ ˈ**spright·li·ness** *n*. [U]

S

spring /spriŋ/ **I** (过去式 **sprang** /spræŋ/ 或 **sprung** /sprʌŋ/，过去分词 **sprung**) *vi*. ❶跳跃；蹦跳；疾行(见 jump)：The kitten was so frightened that is *sprang* onto the roof. 小猫吓得一溜烟地窜上屋顶。❷猛地弹动；反弹：The door *sprang* shut after him. 门在他身后猛然关闭。❸(突然)改变姿势；起身：A cat *sprang* from under the bush. 猫从树丛下蹿出来。❹(尤指突然)出现；(突然或迅速)产生；涌现；发出(*up*)：A fresh breeze had *sprung up* and overcast started to roll away. 此时清风徐来，阴云渐消。—*vt*. ❶使弹跳；使弹出：The wind *sprang* some tiles from the roof. 风掀起屋顶上的一些瓦片。❷使(木头或木制品等)断裂；使出现裂缝；使(缝隙)出现：The boat *sprang* a mast. 船的桅杆断裂了。❸(尤指用弹簧)触发；启动：*spring* the watchcase open 打开表壳 / *spring* a trap 触发陷阱 **II** *n*. ❶[C]弹跳；跳跃；蹦跳：The cat made a *spring* at the mouse. 猫朝老鼠扑过去。❷[C;U]弹回，跳回；反弹：the *spring* of a bow 弓的弹回 ❸[C]弹簧；发条：The lock opens with a *spring*. 这是把弹簧锁。❹[用单]弹力；弹性；反弹力；活力：Over the years the mattress has lost its *spring*. 几年下来床垫已失去了弹性。❺[U;C]春天；【天】春季：a sign of approaching *spring* 春回大地的象征 ❻[C]泉；(行动的)动机；源泉：Nature can provide the *spring* of inspiration for poets. 大自然能够为诗人提供灵感的源泉。‖ ˈ**spring·i·ness** *n*. [U] —ˈ**spring·y** *adj*.

spring·board /ˈspriŋˌbɔːd/ *n*. [C] ❶(跳水运动的)跳板：dive off the *springboard* 从跳板跳下 ❷起点；(帮助事业发展的)跳板(*for*, *to*)：The lecture served as a *springboard for* a series of seminars. 此篇演讲是系列研讨会的开始。

spring fever *n*. [U]【医】春困症(初春时易生的烦躁或倦怠症状)

spring·time /ˈspriŋˌtaim/ *n*. [U]春天，春季：In (the) *springtime* the woods are full of bluebells. 春天，树林中到处都开满了蓝铃花。

sprin·kle /ˈspriŋkᵊl/ *vt*. ❶洒(液体)；撒(粉末或碎屑)；(把…)洒(或撒)在…上(*with*)：The holy water was *sprinkled* over his proud head. 圣水点洒在他高昂的头上。❷使稍湿：the faded flowers *sprinkled* with dew 露打残花 —*vi*. ❶洒；撒 ❷(液体或粉状物)洒(或撒)下；落下：On that day fine dust began to *sprinkle* over the city. 那天细小的灰尘开始在城市上空洒落。‖ ˈ**sprin·kler** *n*. [C]

sprin·kling /ˈspriŋkliŋ/ *n*. [**a** ~](雨、雪等的)少量，少许；稀稀落落的几个：a *sprinkling* of faint stars 昏星两三点 / *a sprinkling* of learning 疏浅的学识

sprint /sprint/ **I** *vi*. (尤指短距离)疾跑，冲刺：*sprint* to catch the train 飞奔去赶火车 —*vt*. 疾跑(一段路程)：*sprint* up several steps 迅速跑上几个台阶 **II** *n*. [C] ❶迅跑，全速奔跑：I had to put on a *sprint* to attend the meeting. 我不得不跑步去开会。❷〔亦作 **dash**〕【体】短距离赛跑；(长距离赛跑的)冲刺：a 100-metre *sprint* 100 米短跑 / the *sprint* relays 短程接力赛 ‖ ˈ**sprint·er** *n*. [C]

sprite /sprait/ *n*. [C] ❶鬼魅；小精灵；妖怪 ❷调皮捣蛋的人

spritz /sprits/ **I** *vt*. 喷；洒 **II** *n*. [C]喷；洒

sprock·et /ˈsprɔkit/ *n*. ❶[C](自行车、胶卷等上的)链齿 ❷【机】正齿轮

sprout /spraut/ I *vi.* ❶(种子、植物)出芽，抽芽；抽条；(角、毛发等)长出：It takes about four days for the seeds to *sprout*. 这些种子发芽大约需要四天时间。❷迅速出现(或产生)；迅速发展；迅速成长(*up*)：Tourist villages are *sprouting* along the beach. 一个又一个度假村在海滩上迅速建起。—*vt.* 使发芽，使抽芽；使抽条；长出(角、毛发等)：The twig can *sprout* roots and become a new plant. 枝条可以抽根长成新的植株。II *n.* [C] ❶新芽；嫩苗；幼枝：put out a feeble *sprout* 发出嫩芽 ❷萌芽期的事物；发展初期的事物：*New sprouts* included the large aviation gas refinery. 新的发展包括大型的航空汽油提炼厂。

spruce[1] /spruːs/ I *adj.* 整洁漂亮的：How *spruce* he looks in his white shirt! 他穿这件白色衬衫看起来多精神！II *vt.* 把…打扮(或收拾)得整洁漂亮(*up*)：Local officials are struggling to *spruce up* the city. 地方官员正努力让城市变得整洁美观。—*vi.* 把自己打扮得整洁漂亮(*up*)：The lady dashed to the toilet to *spruce up* a bit. 那位女士冲向洗手间去梳妆打扮。

spruce[2] /spruːs/ *n.* ❶[C]【植】云杉属乔木 ❷[U]云杉木材

sprung /sprʌŋ/ *v.* spring 的过去式和过去分词

spry /sprai/ *adj.* 活跃的；充满活力的；轻捷的

spud /spʌd/ *n.* [C]〈口〉土豆

spume /spjuːm/ I *n.* [U](尤指海水的)泡沫：send *spumes* skyward 喷出冲天的泡沫 II *vi.* 起泡沫：A waterfall *spumes* among the pebbles. 瀑布在鹅卵石上溅起泡沫。—*vt.* 喷出(泡沫状东西)：The volcano *spumed* forth lava. 火山喷发出泡沫状岩浆。

spun /spʌn/ *v.* spin 的过去式和过去分词

spur /spəːʳ/ I *n.* [C] ❶踢马刺，马靴刺：Giving *spurs* to his horse he galloped through the thickets. 他不断地踢刺他的马，在灌木丛中跳跃前行。❷激发；激励，鼓舞；鞭策：The book is a *spur* to imagination. 这本书能够激发想象力。❸(铁路或公路的)支线，岔路：build a *spur* to the town 建一条通往这座城镇的岔路 II (**spurred**; **spur·ring**) *vt.* ❶用踢马刺策(马)：He *spurred* the horse through the storm. 他在暴风雨中策马奔驰。❷刺激；激发(兴趣等)；鼓舞，激励；鞭策(*on*)：*spur on* one's efforts 再接再厉 ‖ ***on the spur of the moment*** *adv.* 一时冲动地；不假思索地；当场，即兴地：She could not possibly make such a decision *on the spur of the moment*. 她不可能一时冲动作出这样的决定。‖ **ˈspurred** *adj.*

spu·ri·ous /ˈspjuəriəs/ *adj.* 伪的，虚假的；伪造的；欺骗性的(见 artificial)：She thought his claim was *spurious*. 她认为他的声明有悖事实。‖ **ˈspu·ri·ous·ly** *adv.* —**ˈspu·ri·ous·ness** *n.* [U]

spurn /spəːn/ *vt.* (鄙夷或轻蔑地)放弃，摈弃；唾弃；拒绝(见 decline)：*spurn* invitations to attend 拒绝出席各种场合的邀请

spurt /spəːt/ I *vi.* ❶(液体等)喷射，喷涌；迸出：We saw smoke billow and flame *spurt* out. 我们看见浓烟滚滚，火焰蹿出。❷迅猛增长；急剧上升(*ahead*, *forward*, *upward*)：Interest rates suddenly *spurted* higher. 利率突然蹿升。—*vt.* 喷射(液体等)；迸出：His arm was *spurting* blood where the vein had been severed. 他手臂上的血管割断处鲜血直流。II *n.* [C] ❶(液体等的)喷流，喷涌；迸出：The oil came out in *spurts*. 油迸涌而出。❷(价格等的)急剧上涨；激增；(商业等的)突然兴隆：*a spurt* in unemployment 失业人数的迅速增长

sput·ter /ˈspʌtəʳ/ I *vi.* ❶(因紧张、兴奋等)(被)气急败坏(或语无伦次、口齿不清)地说：The words *sputtered* out of the mouth of the terrified kidnapped. 被绑架者吓坏了，说起话来前言不搭后语。❷发出噼啪(或毕剥、吱啦)声：The fat was *sputtering* in the pan. 肥肉在锅里吱吱地响。II *n.* ❶[C;U](因紧张、兴奋等说出的)气急败坏(或语无伦次、口齿不清)的话❷[C]噼啪声；毕剥声；吱啦声

spu·tum /ˈspjuːtᵊm/ *n.* [C;U]([复]-**ta** /-tə/) ❶唾液 ❷痰

spy /spai/ I *n.* [C] ❶(为国家、团体或公司秘密收集敌对方或竞争对手情报的)间谍 ❷密探，暗探 II *vi.* ❶当间谍，从事间谍活动 ❷监视；窥探；刺探(*on*, *upon*, *into*)：*spy* illegally *on* citizens 对公民非法监视 —*vt.* ❶暗中监视；窥探；刺探：*spy* the enemy's movements across the river 监视敌人河对岸的动向 ❷看见，注意到：I've just *spied* Andrew in the crowd. 我刚从人群中看到安德鲁。

squab·ble /ˈskwɔbᵊl/ I *n.* [C]无聊的吵闹，口

角：The couple had a *squabble* about whose turn it was to wash dishes. 这两口子为该谁洗碗发生口角。**II** *vi.*（为小事）争吵，发生口角（*over*，*about*）：Don't *squabble over* details. 不要为细枝末节争吵。

squad /skwɔd/ *n.* [C] 小分队：an anti-terrorist *squad* 反恐怖小分队

squad·ron /ˈskwɔdrᵊn/ *n.* [C] ❶【军】（包括两个骑兵连的）陆军骑兵中队 ❷【军】海军中队 ❸【军】（英国皇家）空军中队

squal·id /ˈskwɔlid/ *adj.* ❶肮脏的，污秽的：*squalid* living conditions 肮脏的居住环境 ❷丑恶的；卑劣的，道德败坏的：It is easy to see how crime can breed in such a *squalid* neighbourhood. 不难发现，在这种道德败坏的环境里罪恶是如何滋生的。‖ ˈ**spual·id·ness** *n.* [U]

squall /skwɔːl/ **I** *n.* [C]【气】飑：Rain *squalls* rolled through every 30 minutes. 雨飑每半个小时就发生一次。**II** *vi.* 起飑

squal·or /ˈskwɔləʳ/ *n.* [U] ❶肮脏，污秽 ❷卑劣，道德败坏

squan·der /ˈskwɔndəʳ/ *vt.* 浪费（时间、钱财等）；挥霍：*squander* time and energy 浪费时间和精力 / *squander* large quantities of cash over priced clothes 挥霍大量的钱买昂贵的衣服

S

square /skweəʳ/ **I** *n.* [C] ❶正方形；四方形：draw a *square* 画一个正方形 ❷方形物体；（棋盘上的）小方块，棋格；方围巾：*a square* of bean curd 一块豆腐 ❸（方形）广场；街心广场；广场周围的建筑：He came to an open *square* with people eating at tables. 他来到一处有人摆开桌子吃饭的露天广场。❹【数】平方，二次幂：The *square* of 6 is 36. 6 的平方是 36。**II** *adj.* ❶[无比较级]正方形的；四方形的，方形的；方方正正的：At the top of the hill was a small, *square* landing. 山顶上有个小的方形着陆处。❷[无比较级]【数】平方的，二次幂的；平方面积的；（正方形等的）边长各为…的：The pine forest covers 10 *square* kilometres. 这片松树林面积有 10 平方公里。❸[无比较级]平直的；平行的；对等的；角度合适的（*to*，*with*）：The two hands of the clock are *square* to each other. 钟的两个指针相互垂直。❹[无比较级]成直角的；【板】（与击球手）成直角位置的；【足】横传的 ❺[无比较级]（账目或债务）付清的；两讫的：make an account *square* 付清账目 ❻公正的，公平的；正直的：His dealings are not always quite *square*. 他与人交往并不总是很规矩。**III** *adv.* ❶[无比较级]成直角地；平直地：sit *square* in the seat 端坐在座位上 ❷[无比较级]径直，直接地；正好：The bike ran *square* into the tree. 自行车径直撞上树。❸公正地；正直地：The shop treated consumers *square*. 这家商店不欺客。❹坚定地；固定地：He looked his girlfriend *square* in the eye. 他死死地盯住女朋友的眼睛。❺[无比较级]成正方形地；成四方形地：cut a cake *square* 把蛋糕切成正方形 **IV** *vt.* ❶使成正方形；使成四方形：*square* a timber 把木板横切成方块 ❷【数】使成平方，使成二次幂；求与…的面积相等的正方形；求…的面积：We *square* three and get nine. 3 的平方得 9。—*vi.* ❶符合，相一致（*with*）：Does that *square with* anything you know? 那符合你所知道的一切吗？❷结清，付讫 ❸成直角 ‖ ***square up*** *vt.* 付清，结讫：Let's pay the bill and *square up* the difference between our meals later. 我们付钱吧，以后再把差额补上。‖ ˈ**square·ly** *adv.* —ˈ**square·ness** *n.* [U]

square root *n.* [C]【数】平方根，二次根：The *square root* of 16 is 4. 16 的平方根为 4。

squash¹ /skwɔʃ/ **I** *vt.* ❶把…压扁（或压碎）；把…挤碎；（用力）挤压：*squash* the cans 压扁罐子 ❷挤塞，硬塞；使拥挤：Hey! You *squashed* me off the bench. 嗨！你把我挤出凳子了。❸镇压，压制；粉碎；消除；辟（谣）：The central bank was quick to *squash* any rumours that it would lower interests rates. 中央银行迅速对要降低利率的传言辟谣。—*vi.* 用力挤进；强行塞入（*in*，*into*，*up*）：Four of us *squashed into* the back seat of the car. 我们四个人挤坐进汽车后座。**II** *n.* ❶[用单]拥挤：There were one hundred people beyond the hall's capacity so it might be a bit of a *squash*. 大厅超员一百多人，有些拥挤。❷[U；C]被挤碎（或压扁）的东西；挤碎；压扁：The car was reduced to a *squash* in the accident. 汽车在这次事故中被压扁了。❸[C]挤压声；咯吱声；（软物体下落时的）噗声：*Squashes* came out of his boots. 他的靴子吱嘎作响。❹[C；U]〈英〉果汁汽水：orange [lemon] *squash* 橘子[柠檬]汁 ❺[用单]软式墙网球 ❻单打式墙网球 ‖ ˈ**squash·y** *adj.*

squash² /skwɔʃ/ *n.* [C]（[复] **squash(·es)**）

【植】❶南瓜属植物 ❷南瓜；南瓜属植物的果实

squat /skwɔt/ **I** (**squat(·ted)**; **squat·ting**) *vi.* ❶蹲(坐)；盘腿坐：He *squatted*, examining the front wheel of his bike. 他蹲着检查自行车前轮。❷擅自占用房屋(或地)；非法占据：They've been *squatting* in an apartment in the north of town for the past two years. 他们擅自占据城北的那间房子已有两年了。**II** *adj.* ❶(**squat·ter**, **squat·test**)(身材)粗短的，矮胖的；(房屋等)低矮的：a heavily-built *squat* man 健壮矮胖的男子 ❷[无比较级]蹲着的，蹲坐的；盘腿坐的；蹲伏的：The campers sat *squat* in a circle. 露营者盘腿围坐成一圈。‖ ˈ**squat·ness** *n.* [U]

squat·ter /ˈskwɔtəʳ/ *n.* [C] 擅自占用土地者；非法占据土地者

squawk /skwɔːk/ **I** *n.* [C] ❶(尤指鸟的)响而粗的叫声：a lengthy *squawk* of pleasure 一声长长的欢快叫声 ❷抱怨，诉苦，不满；抗议：The man let out [gave] a little *squawk* of indignation. 那人愤愤不平地发出一声轻微的抱怨。—*vi.* ❶发出响而粗的叫声：The chickens *squawked* in alarm. 小鸡警觉地叽叽叫着。❷(大声地)抱怨；抗议：Environmental groups have been *squawking* about the decision to build the motorway through a forest. 环境保护组织抗议穿过树林修建公路的决定。**II** *vi.* ❶响而粗的叫声 ❷抱怨，诉苦，不满；抗议

squeak /skwiːk/ **I** *n.* [C] ❶(老鼠等发出的)短促的尖叫声；吱吱声：He heard the *squeak* of mice under his bed. 他听见床底下老鼠的吱吱叫声。❷(未上油的铰链等发出的)吱扭声；嘎吱声：the *squeak* of oars 木桨的吱扭声 ❸侥幸脱险；侥幸成功；勉强通过；险胜：a close *squeak* 侥幸取胜 **II** *vi.* 发出尖叫声(或吱吱声、吱扭声、嘎吱声)：The door *squeaked* open on its rusty hinges. 门打开了，生锈的铰链发出吱扭声。

squeak·y /ˈskwiːki/ *adj.* 发短促尖厉叫声的；吱吱嘎嘎作响的：An ambulance whizzed by with *squeaky* sirens. 救护车尖厉地啸叫而过。

squeal /skwiːl/ **I** *n.* [C]长而尖的声音；尖叫声：She gave a *squeal* of fright. 她发出惊恐的尖叫声。**II** *vi.* 发出长而尖的声音；发出尖叫声：Some of the girls *squealed* in alarm. 有些女孩警觉地尖叫起来。‖ ˈ**squeal·er** *n.* [C]

squeam·ish /ˈskwiːmiʃ/ *adj.* ❶易呕吐的；感到恶心的：The movement of the ship made me *squeamish*. 船颠簸得让我直想吐。❷(行为或信仰方面)过分拘谨的；十分审慎的：a morally *squeamish* critic 一位道德观点极端保守的批评家 ❸惹不起的；易生气的；易受惊的；神经质的：If he were to remain in politics he mustn't be *squeamish*. 要是想干政治这一行，必须有一定度量。‖ ˈ**squeam·ish·ness** *n.* [U]

squeeze /skwiːz/ **I** *vt.* ❶挤；压；拧；捏；塞挤；挤拉：*squeeze* a toothpaste tube 挤牙膏管 ❷榨，榨出；挤出(*out*)：Cut the lemon in half and *squeeze* the juice into the bowl. 把柠檬切成两半，将汁挤进碗里。❸硬挤；硬塞；塞进；使挤入(或挤过)(*into*, *through*, *past*)：The car's quite full but we could manage to *squeeze* another couple of people in. 车已坐满了，但我们还能想办法再挤进几个人。**II** *n.* [C] ❶挤；捏；压；拧；塞：She gave the present a quick *squeeze* and tried to guess what was inside. 她飞快地捏了一下礼物，想猜猜里面是什么东西。❷紧握：She gave my hand a *squeeze*. 她紧紧地握住了我的手。❸[通常用单]拥挤；拥挤的一群 ❹[通常用单]紧缺；削减；经济困难；【经】(金融危机中的)财政紧缩；通货(或银根)紧缩：a budget *squeeze* 预算削减 ‖ ˈ**squee·za·ble** *adj.*

squelch /skweltʃ/ *vi.* (在泥地里)嘎吱嘎吱走动；(似在泥地里走动时)嘎吱作响：He heard a car *squelch* to a stop behind him. 他听见身后有一辆轿车嘎的一声停了下来。—*vt.* ❶平息，消除；镇压，挫败：*squelch* the rumours 辟谣 ❷使不吱声，使安静；镇住：The senator thoroughly *squelched* the journalist who tried to interrupt him during his speech. 议员使那位想打断他讲话的记者完全插不上嘴。

squid /skwid/ *n.* [C]([复]**squid(s)**)【动】枪乌贼

squig·gle /ˈskwigᵊl/ *n.* [C](尤指书写或涂鸦中出现的)波形短曲线；(文字等的)花体；波形曲线：an illegible *squiggle* 难认的潦草字体 ‖ ˈ**squig·gly** *adj.*

squint /skwint/ **I** *vi.* ❶[不用进行时态]患斜视，患斜眼 ❷乜斜着眼看，睨视，瞟；眯缝着眼看；窥看(*at*)：The photographer *squinted* through the viewfinder and froze the scene. 摄影师眯眼看取景框,然后把这个场景定格。**II** *n.* ❶[U]斜眼,斜视 have a bad *squint* 眼斜视得厉害 ❷[C]窥视;瞥;〈口〉看:He took a *squint* at the weathers and heaves a deep sigh. 他看了看天,长叹了一声。

squirm /skwəːm/ *vi.* 扭动;蠕动:The child *squirmed* and fidgeted at the desk. 这个孩子在书桌旁扭来扭去,坐立不安。‖ **'squirm·y** *adj.*

squir·rel /'skwirᵊl/ *n.* [C]【动】松鼠

squirt /skwəːt/ **I** *vt.* ❶喷射,注出(液体等):The whale *squirted* water out of her back. 鲸从背部喷出水来。❷(把液体等)朝…喷注,向…喷射:He *squirted* water at me from a water-pistol. 他用水枪射我。—*vi.* (液体等)喷出,注出:Water has *squirted* out all over the kitchen floor. 水喷得厨房地板到处都是。**II** *n.* [C] ❶喷出的液体(或粉末等);喷流;喷射;注射:eject *squirts* of water 喷出水柱 ❷注射器;喷射器 ‖ **'squirt·er** *n.* [C]

squish /skwiʃ/ **I** *n.* [C]嘎吱声 **II** *vi.* (在水中或泥里)嘎吱地走动;嘎吱嘎吱作响:We *squished* down a rutted lane. 我们沿着一条有车辙的小路嘎吱嘎吱地走着。—*vt.* ❶使发出嘎吱声,使嘎吱嘎吱作响 ❷〈口〉挤压;把…挤扁

S

Sr. *abbr.* ❶ Senior ❷〈西〉 *Señor* 先生 ❸ Sir ❹【宗】Sister

St. *abbr.* ❶ Saint ❷ Strait ❸ Street

stab /stæb/ **I** (**stabbed**; **stab·bing**) *vt.* ❶(用刀、匕首等)刺,戳;刺(或戳)伤:*stab* the brake 猛踩刹车 ❷(使)直插,(使)直入:The tower *stabbed* the sky. 这座塔直插云霄。—*vi.* (用刀、匕首等)刺,戳(*at*):His finger *stabbed at* the back of the paper. 他的手指戳向纸的背面。**II** *n.* [C] ❶刺,戳;刺(或戳)伤:The cuts and *stabs* in her flesh healed. 她身体受到的割伤和刺伤治好了。❷猛的一击;(疼痛、悲伤、喜悦等的)一阵突袭;(情感上的)刺痛;伤心:The book is full of such *stabs* of sights. 该书中此类给人以震撼的场景比比皆是。‖ ***stab in the back*** *vt.* 暗中伤(人),背后中伤;背叛:While wrestling with one enemy soldier, he was *stabbed in the back* by another. 正当他同一名敌兵搏斗的时候,另一名敌兵从背后捅了他一刀。

stab·bing /'stæbiŋ/ **I** *adj.* ❶(指疼痛等)突然而剧烈的,刀刺般的:a *stabbing* pain 锥心的痛 ❷伤人的:*stabbing* satire 伤人的嘲讽 **II** *n.* [C]用利器伤人的事件

sta·bil·i·ty /stə'biliti/ *n.* [U]稳固(性);稳定(性):The year saw the continued *stability* of the price. 这一年价格继续保持稳定。

sta·bi·lize /'steibiˌlaiz/ *vt.* ❶使稳定;使稳固:The political situation was *stabilized* with the arrival of peace-keeping force. 维和部队的到来使政局得以稳定。❷保持…的稳定(性);使稳定平衡:The rocket during the whole of its flight was *stabilized* to prevent rotation. 火箭在整个飞行过程中保持稳定,避免了旋转。—*vi.* 稳定;保持稳定;变得稳固:The price index has *stabilized* at 5% now. 物价指数现已稳定在5%。‖ **sta·bi·li·za·tion** /ˌsteibilai'zeiʃᵊn; -li'z-/ *n.* [U]

sta·bi·liz·er /'steibiˌlaizəʳ/ *n.* [C] 稳定器

sta·ble¹ /'steibᵊl/ *n.* [C] (马)厩;牛棚;羊棚;[总称]同厩的牲口

sta·ble² /'steibᵊl/ *adj.* ❶稳定的;稳固的;牢固的,坚固的:The patient is in a *stable* condition. 病人的情况稳定。❷持久的;永久的;固定的:a *stable* residential right 永久居住权 ‖ **'sta·ble·ness** *n.* [U]

stac·ca·to /stə'kɑːtəu/ **I** *adj.* [无比较级] ❶【音】断音的;断奏的:His song rose to a *staccato* pitch. 他的歌声升到了断调高音位置。❷不连贯的;断断续续的:the *staccato* barks from a dog 不时传来的狗叫声 **II** *adv.* [无比较级] ❶【音】断音地;断奏地 ❷不连贯地;断断续续地

stack /stæk/ **I** *n.* [C] ❶整齐的一堆(或一叠);(圆形或方形有顶的)禾堆,草垛(见 pile):a great *stack* of magazines 一大沓杂志 ❷〈口〉大量;许多:We have a *stack* of orders waiting to be executed. 我们有大量订单等着要完成。**II** *vt.* ❶堆放;把…筑成垛;堆置于:*Stack* the washing by the sink and I'll do it later. 把要洗的东西堆在水槽边,我过会儿再洗。❷暗中做手脚 —*vi.* 堆,堆放;形成堆(或垛);被堆成堆(或垛):The crops *stacked* right up to the roof ridge. 庄稼堆到了屋脊处。‖ ***stack up*** *vt.* & *vi.* 〈口〉能(与…)相比,(与…)有可比性(*against*, *with*)

sta·di·um /'steidiᵊm/ *n.* [C] (设有看台座椅

的)露天体育场

staff /stɑːf;stæf/ I *n.* [C]([复]**staffs** /stɑːfs,stæfs,stævz/) ❶([复]**staffs**)[时单复同]全体工作人员,全体职员,全体雇员;(机构或企业的)行政人员,管理层:Our company employs seventy members of (the) *staff*. 我们公司现有员工70名。❷[常作单](辅助州长、总统等的)工作班子:The President admitted that there were personality clashes on his *staff*. 总统承认在他的班子里存在着个性冲突。II *vt.* ❶为…配备职员(或教员等);担任…的职员(或教员等):We are *staffing* the faculties of other institutions. 我们正为其他机构配备人员。❷雇佣,雇有:The school *staffs* a faculty of 30 teachers. 该校有30名教师。

stag /stæg/ *n.* [C] ❶(尤指长角的)成年牡鹿 ❷雄兽;雄性动物

stage /steidʒ/ I *n.* ❶[C]阶段,时期;步骤:reach a critical *stage* 到了关键时期 ❷[C](演讲)平台;高台 ❸[C;U]舞台;[**the** ~]舞台艺术;表演艺术;表演职业;戏剧界;话剧界;戏剧文学:He fell to the *stage* at the end of his show. 演出结束时他摔倒在舞台上。❹[**the** ~][总称][常用作单]戏剧;舞台:He is a star of *stage*, screen and television. 他是舞台、电影、电视三栖明星。II *vt.* ❶(在舞台)上演,演出:*stage* an open-air concert 举办露天音乐会 ❷举行,举办;策划;筹备;组织:*stage* a sports meet 举办运动会 ‖ ***by easy stages*** *adv.* 慢慢地;从容不迫地 ***on stage*** *adv.* 在舞台上;当众:The students put a play *on stage*. 学生们上演了一出戏。

stage fright *n.* [U](演员出场前的)怯场

stage-hand /ˈsteidʒˌhænd/ *n.* [C](演出中管理灯光、布景、道具等的)舞台工作人员

stag·fla·tion /stægˈfleiʃᵊn/ *n.* [U]【经】滞胀(经济停滞和通货膨胀同时发生的经济状况)

stag·ger /ˈstægəʳ/ *vi.* 蹒跚,踉跄,摇摆:Old tottering chimneys reeled and *staggered* in the blast. 旧烟囱在狂风中摇摇欲坠。—*vt.* ❶使蹒跚;使摇摆;踉跄走过:The black man's club smashed into him *staggering* him to his knees. 那个黑人的棍子击得他站立不稳,跪倒在地。❷使震惊;使迷惑;使束手无策:The task is one to *stagger* the imagination. 这项任务的艰巨是难以想象的。❸(为避免日程安排等方面的冲突而)使错开,使交叉进行;使间隔:Their schedules were *staggered* two hours apart. 他们的时间安排有两个小时的错开时间。

stag·gered /ˈstægəʳd/ *adj.* [无比较级] ❶(感到)震惊的;迷惑的:a *staggered* look on her face 她脸上震惊的表情 ❷(位置或时间)交错的;错开的:*Staggered* strikes went on through the autumn. 断断续续的罢工持续了整个秋天。

stag·ger·ing /ˈstægᵊriŋ/ *adj.* 令人吃惊的;令人困惑的:with *staggering* rapidity 以惊人的速度/ the *staggering* variety of male costuming 令人眼花缭乱的各式男装

stag·nant /ˈstægnᵊnt/ *adj.* ❶(液体等)停滞的,不流动的;(因停滞而)发臭的:a *stagnant* pool 一潭死水 ❷(生活、行动、思维等)不发展的,停顿的;呆滞的;缺乏活力的:Demand rose while supply remained virtually *stagnant*. 需求增长了而供应却几乎还处于停滞状态。

stag·nate /stægˈneit,ˈstægˌneit/ *vi.* ❶(液体等)不流动;停顿:The air of tropical origin *stagnates* over these islands. 来自热带地区的气流滞留在这些岛屿上空。❷变臭 ❸不发展;停滞,不活跃:Despite its maritime location, the town *stagnates* economically. 尽管地处海滨,这个城镇经济上还是很滞后。‖ **stagˈna·tion** /-ʃᵊn/ *n.* [U]

staid /steid/ *adj.* ❶镇定的;冷静的;庄重的:the *staid* music hall 庄重肃穆的音乐厅 ❷一成不变的,固定的:abandon one's *staid* life 放弃呆板的生活 ‖ ˈ**staid·ly** *adv.*

stain /stein/ I *n.* ❶[C]污点,污迹:There was no *stain* upon the clearness of the sky. 晴空万里,不见一丝云彩。❷[C]斑点;色斑:A red *stain* seeped through the cloth. 一块红斑渗透了布料。❸[C](对声誉等的)玷污,败坏;劣迹:a *stain* on one's character 品质败坏 ❹[C;U]染色(剂),着色(剂);染料,颜料:Use an oak *stain* on the boards. 给木板上栎棕色染料。II *vt.* ❶弄脏;染污:The rain *stained* the outer walls. 雨水把墙的外面淋得雨痕斑驳。❷给…染色,给…着色:She *stained* the floorboards dark brown. 她把地板漆成深棕色。❸玷污,败坏:The country's history is *stained* with the blood of slaves. 那个国家的历史沾满了奴隶的鲜血。—*vi.* ❶产生污迹:Tomato sauce *stains* terribly. 番茄酱很容易染污东西。❷被玷污;被染污:This carpet is ideal for the kitchen because it doesn't *stain* easily. 这种地毯不容易脏,很适合铺在厨房里。‖ ˈ**stain·less** *adj.*

stainless steel *n.* [U]不锈钢

stair /steəʳ/ *n.* ❶[C]梯级,梯层 ❷[常作~s][用作单或复]楼梯:go up[down] the *stairs* 上[下]楼

stair·case /ˈsteəˌkeis/ *n.* [C]楼梯;楼梯间

stair·way /ˈsteəˌwei/ *n.* [C]楼梯,阶梯

stair·well /ˈsteəˌwel/ *n.* [C]楼梯井

stake[1] /steik/ *n.* [C] ❶桩;界标桩;篱笆桩;支撑桩:mark the land with wooden *stakes* 用木桩为这块地标界 ❷【史】火刑柱;[the ~]火刑:be burnt at *the stake* 受火刑

stake[2] /steik/ **I** *n.* [C] ❶[通常作~s]赌注;赌本,赌资:Each time he lost in gamble he would double his *stakes*. 每次赌输,他都要加倍下注。❷股本,股份(*in*):sell or buy a *stake* 买卖股票 / hold a 60% *stake in* the firm 持有公司 60% 的股份 ❸决定权;(说话的)分量;作用,影响:have a large *stake* in the success of the negotiations 有雄厚的谈判资本 ❹[~s](尤指赛马的)奖金,奖品;有奖比赛;竞赛:The *stake* is open to any people. 任何人都可以参加这一比赛。**II** *vt.* ❶以…打赌;拿…冒险(*on*,*upon*):The government *staked* its worldwide reputation *on* the aggressive move. 该政府的侵略行径是在拿其国际声誉冒险。❷资助;支持(*with*,*to*):Tell nobody that I'm *staking* you. 不要告诉别人我在资助你。‖ ***at stake*** *adj.* 在危险之中;处于危急关头:At *stake* is the equilibrium of the world's species. 世界物种之间的平衡正被打破。

stal·ac·tite /ˈstæləkˌtait,stəˈlæktait/ *n.* [C]【地质】钟乳石

stal·ag·mite /ˈstæləgˌmait/ *n.* [C]【地质】石笋

stale /steil/ *adj.* ❶(食品等)不新鲜的;发霉的;变味的;(啤酒)走气的:Coffee goes *stale* within a couple of weeks. 咖啡过一两个星期就会变味。❷(空气等)污浊的:*stale* cigarette smoke 污浊的香烟烟雾 ❸陈腐的;俗套的;无新鲜感的:*stale* and worn phrases 陈词滥调 ❹失去兴趣的;失去热情的:He had grown *stale* on the job and needed a long vacation. 这份工作使他感到疲惫不堪,需要休长假。‖ ˈ**stale·ness** *n.* [U]

stale·mate /ˈsteilˌmeit/ **I** *n.* [C;U]僵局;僵持(状态):Attempts ended in a *stalemate* over the issue. 一切努力因这个问题僵持不下而结束。**II** *vt.* 使陷于僵局,使处于僵持状态;使僵持:Some bureaucrats *stalemated* some parts of the programme. 一些官僚对这个计划的某些部分纠缠不放。—*vi.* 陷入僵局;僵持:The situation remains *stalemated*. 局势依然僵持不下。

stalk[1] /stɔːk/ *n.* [C] ❶【植】茎,杆;柄,梗 ❷(机器等的)撑杆,支柄;柄状物;酒杯脚

stalk[2] /stɔːk/ *vt.* ❶暗中跟踪(猎物、敌人等);悄悄逼近:a wild animal *stalking* its prey 一头紧追猎物不放的野兽 ❷出没于;游荡于:Famine *stalked* the hardest hit region. 受灾最严重的地区饿殍遍野。—*vi.* 傲视阔步地行走:She *stalked* furiously out of the room. 她昂着头愤然走出了房间。

stall[1] /stɔːl/ **I** *n.* [C] ❶马厩;牛棚;牲畜棚;单室畜栏:clean out a set of pig *stalls* 打扫一排猪圈 ❷货摊;货柜,货架;(商场里的)摊位;售货亭;书亭:the second-hand book *stalls* 旧书摊 ❸(发动机的)熄火;(飞机的)失速;(汽车等的)抛锚 **II** *vi.* (汽车因发动机超负荷运转或燃料不足而)抛锚;(发动机)熄火:He let go of the throttle string, and the boat's motor *stalled*. 他松开油门拉绳,船的马达熄了火。—*vt.* 使(车辆)抛锚;使(发动机)熄火;使(飞机)失速:I *stalled* the car twice during my driving test. 在驾驶测试中我的车抛锚两次。

stall[2] /stɔːl/ *vi.* 故意拖延;支吾,搪塞(*for*,*on*):All she can think of is to *stall for* time. 她想来想去只好拖延时间。—*vt.* 把…拖住;拖延;阻碍:*stall* an enemy attack 阻止敌人的进攻

stal·lion /ˈstæljᵊn/ *n.* [C]【动】牡马;种马

stal·wart /ˈstɔːlwət/ **I** *adj.* ❶强壮的,健壮的;结实的;坚实的:the *stalwart* Great Wall 坚固的长城 ❷勇敢的,无畏的:In the film he established the *stalwart* persona. 在这部电影中他塑造了一位彪悍的人物形象。❸坚定的,坚决的:a *stalwart* defender of the policy 该政策的坚定维护者 **II** *n.* [C] ❶健壮的人 ❷(政党等的)坚定支持者

sta·men /ˈsteimᵊn,-men/ *n.* [C]([复]**-mens** 或

S

stam·i·na /ˈstæminə, ˈstei-/)【植】雄蕊

stam·i·na /ˈstæminə/ *n.* [U]毅力;耐力;韧劲;持久力:Riding waves takes skill, *stamina* and agility. 冲浪运动需要技巧、耐力和矫捷的身手。

stam·mer /ˈstæmə/ **I** *v.* 结结巴巴地说话,口吃;含糊不清地说话:He usually blushes and *stammers* when he meets a stranger. 他遇见生人常常脸红,说话结巴。**II** *n.* [常用单]结巴,口吃:When he was at all agitated the *stammer* became a complete inhibition of speech. 他本来就有点结巴,一激动后一句话都说不出来了。‖ **ˈstam·mer·er** *n.* [C] —**ˈstam·mer·ing·ly** *adv.*

stamp /stæmp/ **I** *vt.* ❶(用脚)踩踏,跺;把…跺掉:He *stamped* the ground as a display of male superiority. 他用脚跺地,显示男人的威风。❷跺(脚):*stamp* one's feet to keep warm 跺脚取暖 ❸在…上压印图案(或标志、字样等);盖印于:All washing machines are *stamped* with the inspector's name. 所有洗衣机上面都印有检验者的名字。❹(在金属、纸张或黄油等上面)压印(图案、标志等):The country of origin was *stamped* on the base of each crate. 每只柳条箱的箱底都印有原产国的名字。❺在(信封)上贴邮票;贴印花税票于:Don't forget to *stamp* the envelope. 别忘了在信封上贴邮票。—*vi.* ❶踩踏:The farmer *stamped* down the earth round the plant. 农民把苗周围的土踩实。❷跺脚;重步走:*stamp* heavily into the kitchen 脚步很重地踏进厨房 **II** *n.* [C] ❶邮戳〔亦作 **postage stamp**〕❷印戳,印章;图章:make up an official *stamp* illegally 非法私刻公章 ❸戳印,印记;加盖的图章;公章印:a date *stamp* on the cover of the bottle 瓶盖的日期戳印 ❹[通常用单]特征;标志;痕迹,印迹:The *stamp* of his profession is unmistakably on him. 职业的印痕明显地留在他身上。‖ **ˈstamp·er** *n.* [C]

stam·pede /stæmˈpiːd/ **I** *n.* [C] ❶(马群、牛群等受惊后的)四散奔跑,乱窜:a *stampede* of cattle 四散奔跑的牛群 ❷(人群等的)四处奔逐;蜂拥;溃散:Dozens were trampled to death in the *stampede*. 有数十人在四散奔跑中被践踏而死。**II** *vi.* ❶惊逃;四散;乱窜:Big winds sent the clouds *stampeding* across the sky. 天上风起云涌。❷(群体)冲动行事;蜂拥:A crowd of producers *stampeded* to offer her roles in films. 一群制片人蜂拥而来找她演电影。—*vt.* ❶使惊逃;使四散;使乱窜:Thunderstorms often *stampede* the cattle. 暴风雨经常把牛群惊得四处乱窜。❷使(人群等)冲动行事;一窝蜂地涌向;使(投票人等)倒向一名候选人:The department store stepped up an advertising effort to *stampede* buyers in. 百货公司加强广告攻势,以期购买者蜂拥而入。

stance /stɑːns, stæns/ *n.* [C] ❶站立姿势;【体】击球姿势;预备动作:drop into a boxing *stance* 摆出一副拳击的架势 ❷姿态;态度;立场(*on*):one's moderate *stance on* the conflict 某人对冲突所持的温和立场

stanch[1] /stɑːntʃ, stɔːntʃ/ *vt.* ❶止住(血流);止住…的流出;止住(伤口)的血:*stanch* the flow of blood from the wound 止住从伤口流出的鲜血 / *stanch* the wound with cotton 用药棉为伤口止血 ❷阻止,制止,遏止:*stanch* the financial losses 遏止金融损失〔亦作 **staunch**〕

stanch[2] /stɑːntʃ, stɔːntʃ/ *n.* [C]支柱;廊柱;支杆

stan·chion / ˈstæntʃən/ *n.* [C]立柱;支柱

stand /stænd/ **I** (**stood** /stud/) *vi.* ❶站,站立;站直;直立:*stand* in a row 站成一排 / *stand* on every tip of one's toes 踮着脚尖站着 ❷(直立着)占位置,(矗立着)坐落;(竖直着)被置放;(植物)直立生长:The rocket is *standing* still on the launching pad. 火箭静静地矗立在发射架上。❸处于某种状态(或关系、地位、景况等);处于某一相对位置(或等级等):The country *stood* at the edge of the shadow of economic crisis. 经济危机的阴影正在逼近这个国家。❹取特定站立姿势;站到别处;移开;挪动:*stand* to one side 站到一边❺采取某种态度;保持某种立场:He retired to the wood, *standing* resigned from the worldly life. 他归隐山林,对尘世生活采取回避的态度。❻继续有效(或有用、有价值);(效力等)不变:The charge still *stands* against him. 对他的这项指控仍然有效。❼〈英〉竞选(*for*):Mr. Taylor said he would *stand for* president. 泰勒先生说他将竞选总裁。—*vt.* ❶使直立;使站直;竖放:The worker *stood* the ladder against the wall. 工人把梯子靠墙竖起。❷忍受;忍让(见 bear):She can't *stand* anyone criticizing her. 她忍受不了任何人的批评。❸经受;遭受;经得起:Her arguments could hardly *stand* inspection. 她的论

S

点经不起推敲。❹履行(职责):The lawyer was invited to *stand* proxy for the company. 律师受邀担任该公司的代理人。**II** *n.* [C] ❶[用单]停住,停止;终止;静止:The marching troop was brought to a *stand* by the heavy rain. 行军队伍因大雨停了下来。❷抵抗;抵御;防御:The general rallied his men for a final *stand*. 将军集结部队做最后的抵抗。❸[用单](站立的)位置;态度;姿态;立场:What's your *stand* on sexual prejudice? 你对性别歧视持什么态度?❹架,台:Put the book back on its *stand* when you've finished it. 书用完之后,放回架子上。❺货摊,摊位;(展厅中的)展位:a roadside fruit *stand* 路边水果摊 ❻(供坐或站的)支座,平台;[~s](阶梯式)看台;(看台上的)观众:Riot broke out in the *stands* when the guest team won by 2∶1. 客队以2∶1比分获胜时,看台上发生了骚乱。‖ ***stand in sb.'s way*** [***path***] *vi.* 挡某人的路;阻拦某人:You know I won't *stand in your way* if you really want to marry Linda. 如果你真想娶琳达的话,我不会阻拦你的。***stand in the way of*** *vt.* 挡住…的路;阻拦;妨碍:*stand in the way of* sb.'s ambitious scheme 给某人的雄心大志设置障碍 ***stand by*** *vt.* & *vi.* ❶支持,拥护;忠于:If they try to make you resign we'll *stand by* you. 如果他们想让你辞职的话,我们会支持你的。❷恪守(承诺、协议等):Both sides failed to *stand by* their promises. 双方都没有恪守承诺。❸等待:Please *stand by*, we're having technical difficulties. 请稍等,我们正在处理技术问题。❹做好准备;【海】准备(起锚):Rescue squad *stood by*. 救援队在待命。***stand for*** *vt.* ❶[不用被动语态]代表,表示;象征:"PRC" *stands for* People's Republic of China. "PRC"三个字母代表People's Republic of China(中华人民共和国)。❷[不用被动语态]主张;支持,赞同:Democracy *stands for* a great deal more than that. 民主所代表的不仅仅是这些。***stand in*** *vi.* 代替,接替(*for*):We have found someone to *stand in for* Jane while she's away on business. 简出差时我们已找到接替她的人了。***stand on*** *vt.* 以…为准,以…为依据:Your excuse has no bare to *stand on*. 你的借口根本站不住脚。***stand out*** *vi.* ❶伸出;凸出;耸出:The veins *stood out* in his temple. 他的太阳穴上青筋毕露。❷显眼,引人注目;突出,出色:The black lettering really *stands out* on that orange background. 黑色字体衬着橘黄色背景很显眼。***stand up*** *vi.* ❶经得起推敲:His story failed to *stand up* in the court. 他的证供在法庭上被推翻了。❷保持有效;经久使用,维持良好的运作状态:Wool *stands up* better than silk. 羊毛比丝绸耐用。—*vt.* 〈口〉与…失约:I don't know if I've been *stood up* or if she's just late. 我不知道她是有意与我失约还是仅仅迟到而已。***stand up for*** *vt.* 支持;与…站在一边;维护:*stand up for* democracy 维护民主 ***stand up to*** *vt.* 勇敢地面对:The corporation has also *stood up to* increased competition. 这家公司也无畏地面对日趋激烈的竞争。‖ **ˈstand·er** *n.* [C]

stand·ard /ˈstændəd/ **I** *n.* ❶[C;U]标准;规范;规格;准绳;原则:Her technique became a *standard* against which all future methods were compared. 她的技术成为将来所有方法都要依据的标准。❷[常作~s]水准,水平:maintain a *standard* of living 维持一定的生活水平 **II** *adj.* [无比较级] ❶标准的;规范的;符合标准的;法定的:Kilogramme is accepted as the *standard* unit for measuring weight. 千克作为重量的度量单位已被广为接纳。❷[作定语]合格的,常规的;(质量、等级等)一般的:*Standard* canned tomatoes are a good buy for cooking. 一般的罐装西红柿买来做菜很不错。❸[作定语]权威性的:a *standard* grammar book 一本权威的语法书 ❹普及的;通常的;普通的:the *standard* practice 通常的做法

stand·ard·ize, stand·ard·ise /ˈstændəˌdaiz/ *vt.* ❶使合乎标准,使标准化 ❷按标准检验 ‖ **stand·ard·iz·a·tion, stand·ard·is·a·tion** /ˌstændədaiˈzeiʃᵊn;-diˈz-/ *n.* [U]

standard of living *n.* [C]生活水平;生活水准

stand-by /ˈstændˌbai/ **I** *n.* [C]([复]-bys) ❶可靠的人或事物;可求助的人或事物 ❷忠实的支持者;坚定的追随者 ❸替补人员;备用品;代用品:Powdered milk is a *stand-by* in an emergency. 奶粉可备急用。**II** *adj.* [无比较级][常作定语] ❶备用的,应急的;代用的:They would have the *stand-by* generators on in a minute or two. 他们将马上启动备用发动机。❷待命的;替补的:a *stand-by* player 候补队员 ‖ ***on stand-by*** *adv.* 随时准备着;待命

stand-in /ˈstændˌin/ *n.* [C] ❶(电影、戏剧中的)替代演员,替身;(比赛中的)替补队员 ❷代替人;代替物:a convenient *stand-in* 合适的替代人

stand·ing /ˈstændiŋ/ **I** *n.* [U] ❶站立;站立的位置 ❷声望;地位;身份;级别:He had too little *standing* to get a hearing. 他没有地位,人微言轻,很少有人听他的。❸持续的时间;存在时间:The fair is a thing of ancient *standing*. 这个市场是古已有之。**II** *adj.* [无比较级][作定语] ❶站立的;直立的;立式的:a *standing* electric fan 落地电扇 ❷确定不变的;长期维持的;长期有效的;非临时的;常任的:You have a *standing* invitation to come and stay anytime you're in town. 只要你在城里,我们随时都欢迎你来住。❸(在跳跃、起跑等时)站立着做的;站式的;立定式的:speed up the hill from a *standing* start 站立式起跑快速爬山

stand-off /ˈstændˌɔf,-ˌɔːf/ **I** *n.* [C]僵局;平局:The two teams played to a *stand-off*. 这两支球队打得难解难分。**II** *adj.* 冷漠的,冷淡的;拘谨的

stand·out /ˈstændˌaut/ **I** *n.* [C] ❶突出(或显著、优秀)的人(或物):pick a *standout* among the graduates 挑选优秀毕业生 ❷持不同意见者;一意孤行者 **II** *adj.* [作定语]突出的;显著的;优秀的:a *standout* goalkeeper 出色的守门员

stand·point /ˈstændˌpɔint/ *n.* [C]立场,观点;态度:She felt an irresistible return to her old *standpoint*. 她不由自主地回到了老立场。

stand·still /ˈstændˌstil/ *n.* [用单]停顿;停止;停滞:All train services are at *a standstill* today in a dispute over pay. 因为工资纠纷,今天所有的火车服务都停顿了。

stand-up /ˈstændˌʌp/ *adj.* [无比较级][作定语] ❶站着的;竖立的:a *stand-up* bar 站着喝酒的酒吧 ❷(喜剧演员)单人表演的:Bruce had just begun to surface as a *stand-up* comic. 作为一名单人表演的喜剧演员,布鲁斯刚刚开始崭露头角。

stank /stæŋk/ *v.* stink 的过去式

stan·za /ˈstænzə/ *n.* [C]诗节(通常为 4 行,一般不超过 12 行)

staph / stæf / *n.* [U]【微生】葡萄球菌

sta·ple[1] /ˈsteipᵊl/ **I** *n.* [C] U 形钉;钉;订书钉;肘钉 **II** *vt.* 用订书钉(或肘钉)钉;用 U 形钉固定 ‖ ˈ**sta·pler** *n.* [C]

sta·ple[2] /ˈsteipᵊl/ **I** *n.* [C] ❶主要产品;重要产品;支柱产品:the *staples* of the island country 这个岛国的主要产品 ❷主食:dietary *staple* 日常主食 ❸主要原料 ❹主要内容;基本内容;主要成分:The *staple* of her doctrine was that nothing mattered save independence. 她那套信条的要领就是独立高于一切。**II** *adj.* [无比较级][作定语] ❶主要的;核心的;基本的;常用的:the *staple* diet 主食 ❷大宗出产的;大量出口的:the *staple* crops such as wheat and rice 像小麦和水稻这样大量种植的农作物

star /stɑːʳ/ **I** *n.* [C] ❶星,星球;恒星,(自然发光的)天体:*Stars* twinkled above them. 他们的上空群星熠熠。❷[常作~s](占星术中的)命运之星;星运;星象:It had to happen; it was written in the *stars*. 这件事必定会发生;这是命中注定的。❸星形;星状物:cut *stars* out of paper 把纸剪成星星 ❹星状徽章,星章;(表示军衔等级的)星:The soldier was awarded the silver *star* for valour. 这位士兵被授予银质英勇勋章。❺(常附于作业簿或挂图上用以表彰学生的)彩色星:Five lessons with *stars* won the pupil a prize. 学生五门功课得了星就会获奖。❻【印】星号,星标 ❼(表示质量等级的)星级:a five-*star* hotel 五星级饭店 ❽(娱乐、体育界的)名人,明星;杰出人才;名角:a rock *star* 摇滚明星 **II** *vt.* ❶使领衔主演,使任主角;使成为名角,使成为明星:Later he was *starred* in several comedies and musical pieces. 后来让他在几部喜剧和音乐剧中担纲主演。❷用星号(或星符)标注,用星号(或星符)注明…的质量(或等级):*star* the most important items on the agenda 把日程表上最重要的项目用星号标明 —*vi.* 主演,担任主角;当明星;表演出色:She'll be *starring* in a new movie by Spielberg. 她将在由斯皮尔伯格导演的新片中出任女主角。‖ ˈ**star·less** *adj.* —ˈ**star·y** *adj.*

star·board /ˈstɑːbəd,-ˌbɔːd/ **I** *n.* [U](船、飞机等的)右舷,右侧 **II** *adj.* [无比较级][作定语]向右转(舵)的,右边的

starch /stɑːtʃ/ *n.* ❶[U;C]淀粉:There are several different *starches* in this food. 该食品中含有几种不同的淀粉。❷[U](熨衣服用的)浆衣粉 ❸[C;U]淀粉类食物:Don't eat too much *starch*. 别吃太多的淀粉类食物。

S

starched /stɑːtʃt/ *adj*. 上过浆的,浆硬的

starch·y /stɑːtʃi/ *adj*. ❶由淀粉构成的;淀粉似的;含淀粉多的:*starchy* food 含淀粉食物 ❷〈口〉刻板的,拘谨的;一丝不苟的:a *starchy* book 一部严肃正经的书

star·dom /ˈstɑːdᵊm/ *n*. [U]明星的身份(或地位):As a result of just the right role, an obscure actor can burgeon into *stardom*. 只要饰演合适的角色,默默无闻的演员也可以成为明星。

stare /steəʳ/ **I** *vi*. 凝视,盯视,注视,目不转睛地看(见 gaze 和 look):The young man *stared*, uncomprehending. 那个年轻人瞠目不解。—*vt*. ❶凝视,注视,盯视:The old lady *stared* the stranger up and down. 老太太从头到脚仔细地打量这个陌生人。❷把…注视得,把…盯得:The audience *stared* the performer's face into blushness. 演员被观众们盯得满脸羞红。**II** *n*. [C]注视,凝视,目不转睛的看:She gave him a long *stare* but didn't answer his question. 她盯着他好一会儿,但并未回答他的问题。‖ ***stare down*** *vt*. 盯得(某人)不敢对视(或局促不安),以目光压倒,逼视:During the press conference, each fighter tried to *stare* the other *down*. 在记者招待会上两名拳击手相互逼视,试图把对方镇住。***be staring sb. in the face*** *adj*. ❶急迫的,在眼下的;即将到来的:The deadline *was staring* him *in the face*. 期限眼看就要到了。❷显然的,明显的:The answer *is staring* you right *in the face*. 答案已经十分明显了。‖ ˈ**star·er** *n*. [C]

star·fish /ˈstɑːˌfiʃ/ *n*. [C]([复]-**fish**(·**es**))【动】海星

stark /stɑːk/ **I** *adj*. ❶[无比较级][作定语]彻底的,完全的;纯粹的:The accusation met a *stark* denial from the involved. 指控受到当事人的矢口否认。❷荒芜的,不毛的,光秃的;空荡荡的:The terrain has been rendered *stark* by deforestation and consequent erosion. 森林砍伐后造成的侵蚀使得这一地区变成了不毛之地。❸严格的,不折不扣的;拘泥的:conform to the *stark* military discipline 遵守严格的军纪 ❹残酷的;苛刻的;无法回避的;直白的:Life was reduced to the *starkest* terms. 生活已凄惨到了极点。❺明显的,昭然的;突出的:The crags are *stark* outline against the sky. 陡崖在天空的衬托下轮廓分明。**II** *adv*. [无比较级]完全地,十足地:The boys slipped off their clothes and went *stark* naked into the pool. 孩子们脱掉衣服光着屁股走进水池。‖ ˈ**stark·ness** *n*. [U]

star·light /ˈstɑːˌlait/ *n*. [U]星光:in the [by] *starlight* 在星光下[借着星光] ‖ ˈ**star·lit** /ˈstɑːlit/ *adj*.

star·ling /ˈstɑːliŋ/ *n*. [C]【鸟】椋鸟

star·ry-eyed /ˈstɑːriˌaid/ *adj*. 过于乐观的;不切实际的,抱有幻想的;天真的,理想化的:He understood both businessmen and bureaucrats too well to be *starry-eyed* about either. 他很了解商人和官僚,对他们不抱有幻想。

Stars and Stripes [复] *n*. [用作单]星条旗(即美国国旗)

start /stɑːt/ **I** *vi*. ❶开始;着手:When do your courses *start*? 你们什么时候开始上课?❷(机器等)发动,启动:I was afraid my car might not *start*. 我担心我的汽车发动不起来。❸开始走;动身,出发,起程:I left the station and *started* down the road to Harwich town. 我离开车站,沿着大路朝哈里奇镇走去。❹开始从事工作,开始立业;开张,创立:Nearly fifty new businesses are *starting* in the south London area every month. 每月有近 50 家新企业在伦敦南区开张。❺突然跳起,惊起,吃惊:A loud noise outside made me *start*. 外面的一声巨响吓了我一跳。—*vt*. ❶使开始;开始做,着手做:It *started* me thinking about Mother. 这件事使我想起了我的母亲。❷开动,发动,启动:get a computer *started* 启动计算机 ❸使发生;使产生;使起家,使立业;发起,创办:They've decided to *start* their own businesses. 他们决定自己开业做生意。**II** *n*. [通常用单] ❶开始,开端;开始部分(或时间,地点):We've got a lot of work to do today, so let's make a *start*. 今天的工作多着呢,所以我们开始干吧!❷出发,动身,起程;出发时间(或地点):He proposed an early *start* for the first group. 他建议第一组一早出发。❸开动,发动,启动:He gave the tractor a *start* with the igniter. 他用点火器发动拖拉机。❹(比赛中给较弱方的)先起跑的优势;占先优势;有利条件:We gave the girls five minutes *start* but we soon caught up with them. 我们让女孩们提前 5 分钟起跑,但我们很快就追上了她们。❺受惊;惊起;惊

跳:She awoke with a *start*. 她猛然惊醒。

start·er /'stɑːtə/ *n.* [C]❶(汽车、发动机的)启动装置;(配有启动装置的)汽车;发动机 ❷初始者;始发物

star·tle /'stɑːtᵊl/ *vt.* 使受惊;惊吓:The loud whine briefly *startled* the crew. 喇叭的响亮鸣叫声一下子惊动了船员。

start·ling /'stɑːtliŋ/ *adj.* 令人吃惊的,令人惊讶的;骇人的:The news from the famine area was *startling*. 从饥荒地区传来的消息令人担忧。

star·va·tion /stɑː'veiʃᵊn/ *n.* [U]挨饿;饥饿;饿死:We need more food aid to avert mass *starvation*. 我们需要更多的粮食援助用以缓解大规模饥荒。

starve /stɑːv/ *vi.* ❶饿死;营养不良:All this time the family had *starved* and gone ragged. 这家人一直都在忍饥挨饿,穿着破衣烂衫。❷〈口〉挨饿:I've got to have something to eat. I'm *starving*. 我得吃点东西,我饿坏了。—*vt.* ❶使饿死;使挨饿:Ten men *starved* themselves to death in prison last year. 去年有10人绝食饿死在狱中。❷剥夺;使匮乏:The nation is increasingly *starved* for foreign exchange. 这个国家的外汇储备越来越短缺。

stash /stæʃ/ **I** *vt.* ❶藏匿,掩藏(*away*):The stolen paintings were *stashed away* in a London warehouse. 失窃的油画被藏匿在伦敦一家仓库。❷储藏,贮存:*stash* one's earnings abroad 把赚来的钱存在国外 **II** *n.* [C] ❶藏匿物;储藏品:have no *stashes* of money hidden away 没有藏匿钱财 / clean out one's *stash* 清理某人的藏品 ❷隐藏处,藏匿处;集结地;住处

state /steit/ **I** *n.* ❶[C]状态;状况,情状:Many of the survivors existed in vegetative *states*. 很多幸存者成了植物人。❷[常用单](物质的)状态:Water in a gaseous *state* in steam. 水在蒸汽中呈气态。❸[常作 S-][C]国家;联邦;领土(见 race):The representatives of the victorious *states* gathered at Versailles. 获胜的国家代表在凡尔赛开会。❹[C](尤指美国的)州;邦;[**the States**]美国:open up an office in *the States* 在美国开设办事处 ❺国务(活动);[**S-**](美国)国务院 **II** *adj.* [无比较级][作定语]❶国家的;州的;政府的:the *state* secondary school 州立中学 ❷(因与国事相关而)正式的;仪式上的;礼仪用的:a *state* visit 国事访问 **III** *vt.* ❶(正式或郑重)宣布;声明;表述:The idea can be *stated* in one simple sentence. 这一思想可以用一个简单的句子表述。❷指明;确定;规定:The cause of death was not *stated* in the letter we got. 我们收到的信中没有说明死因。‖ ***lie in state*** *vi.* (遗体在下葬前)接受瞻仰 ‖ **'stat·a·ble** *adj.* —**'state,hood** *n.* [U]

☆**state, condition, situation, status** 均有"情况,状况"之意。**state** 为普通用词,可泛指精神状态,也可具体指人或物在某一特定时间内、特定情形下所具有的特征和形式:I'm very concerned about the financial *state* of his firm. (我对他公司的财务状况很关心。)**condition** 可与 state 互换,但强调某种直接原因产生的影响或作用:His car has been well maintained and is in excellent *condition*. (他的车保养得当,状态极好。)该词的复数形式可表示情况、形势、环境、条件等:Under those *conditions*, I am in favour of his proposal. (在那种情况下,我赞成他的提议。)**situation** 常指各种因素相互联系、作用而组成的格局,可用于有利的、紧迫的、危急的或重大的形势:have the *situation* in hand (控制局势) / Having had poor harvests for three consecutive years, the country is in a desperate *situation*. (连续三年农业歉收,该国上下陷入了绝望的境地。)**status** 为法律用语,表示身份,也常指某人的社会、经济地位:Please state your name, age and marital *status*. (请说出你的姓名、年龄以及婚姻状况。)

state·craft /'steitˌkrɑːft;-ˌkræft-/ *n.* [U] ❶治国才能,国务才能 ❷外交手腕权术

state·less /'steitlis/ *adj.* 不属任何国家的;无国家的,无国籍的;无公民权的 ‖ **'state·less·ness** *n.* [U]

state·ly /'steitli/ *adj.* 庄重的;威严的;庄严的:give sb. a *stately* welcome 隆重地欢迎某人 / tall and *stately* trees 参天大树 ‖ **'state·li·ness** *n.* [U]

state·ment /'steitmᵊnt/ *n.* ❶[C](正式的)宣布;声明;断言:issue a joint *statement* 发表联合声明 ❷[U;C]陈述,叙述:His last *statement* was a far cry from his first story. 他最后的话与最初的叙述简直风马牛不相及。❸[C]报表;结算单;清单;(账目上的)交易记录:a *statement* of expenses 开支清单 ❹[C](尤指非语言表达的)意见;评论;信息:He threw paint over the fur coats because he wanted to make a *statement* about cruelty to animals. 他在毛皮大衣上泼上油彩，试图抗议对动物的虐杀。

state of the art *n.* [C](科技等发展的)最新状况，最近水平：the *state of the art* in car safety features 汽车安全性能的最新发展状况

state-of-the-art /ˌsteitəvðiˈɑːt/ *adj.* [无比较级][作定语]运用最新科技(或设备)的；最先进的；非研究(或开发)阶段的：the *state-of-the-art* weaponry 最先进的武器

state·room /ˈsteitˌruːm/ *n.* [C](轮船的)房舱，特等客舱；(火车的)贵宾室

states·man /ˈsteitsmᵊn/ *n.* [C]([复]**-men** /-mᵊn/) ❶政治家；国务活动家 ❷有明断能力的政治家 ‖ ˈ**states·manˌlike** *adj.* —ˈ**states·man·ly** *adj.* —ˈ**states·manˌship** *n.* [C]

stat·ic /ˈstætik/, **stat·i·cal** /ˈstætikᵊl/ I *adj.* ❶静止的；停滞的；恒定的：The birth rate has remained *static* for the past decade. 过去十年出生率一直保持稳定。❷固定的；在原地不动的 ❸缺乏活力的，无生机的；被动的 II *n.* [U] ❶【物】静电；天电 ❷【物】静电干扰；天电干扰；静电噪声 ‖ ˈ**stat·i·cal·ly** *adv.*

sta·tion /ˈsteiʃᵊn/ I *n.* [C] ❶车站，站点：underground *station* 地铁站 ❷站台，车站建筑：The old central train *station* had restaurants. 老中心火车站里面有餐厅的。❸(提供特定服务的)指定地点；所；站；邮电支局：a police *station* 公安派出所 ❹科研所，研究站：a biological research *station* 生物研究所 ❺广播电台；电视台：the daily output of a private *station* 私人电台每天播出的节目 II *vt.* 驻扎；安置：The regiment was *stationed* there for several years. 这个兵团在那里驻扎了好几年。

sta·tion·ar·y /ˈsteiʃᵊnᵊri;-ˌneri/ *adj.* [无比较级] ❶固定的；静止的；停滞的：*stationary* shadows 静止的影子 ❷原地不动的；非移动式的，落地的：We were *stationary* at a set of traffic lights when a police car passed by us. 一辆警车从我们身边驶过，我们站在一组交通信号灯边一动不动。

sta·tion·er /ˈsteiʃᵊnəʳ/ *n.* [C]文具商

sta·tion·er·y /ˈsteiʃᵊnᵊri/ *n.* [U]文具(有时专指纸张)：We deal in a large variety of *stationery*. 我们经营品种多样的文具。

sta·tion-wag·on /ˈsteiʃᵊnˌwægᵊn/ *n.* [C]旅行车

sta·tis·tic /stəˈtistik/ *n.* [C]统计数据，统计量

sta·tis·ti·cal /stəˈtistikᵊl/ *adj.* [无比较级]统计的；统计学的

stat·is·ti·cian /ˌstætisˈtiʃᵊn/ *n.* [C]统计员，统计学家

sta·tis·tics /stəˈtistiks/ [复] *n.* ❶[用作单]统计学 ❷统计数据；统计资料：Universities collect *statistics* on what jobs their students go into. 大学搜集有关其毕业生工作去向的数据。

stat·uar·y /ˈstætjuəri/ *n.* [U][总称]塑像，铸像，塑像

stat·ue /ˈstætjuː, ˈstætʃuː/ *n.* [C]雕塑，雕像，铸像

stat·u·ette /ˌstætjuˈet, ˌstætʃuː-/ *n.* [C]小雕像，小塑像，小铸像

stat·ure /ˈstætʃəʳ/ *n.* [U] ❶身高；身材：a man of short *stature* 身材矮小的男人 ❷(与行为、能力等相对应而具有的)声誉，名望；境界；高度，水平：The manager wanted to recruit someone of his *stature*. 经理想招聘像他这样有才干的人。

sta·tus /ˈsteitəs/ *n.* ❶[C;U](社会)地位，阶层；级别：the *status* of linguistics as a science 语言学作为科学的地位 ❷[U]重要位置；要人身份：The politicians often seemed to be more concerned with *status* than with the problems of the people. 这些政客们只是一心想如何往上爬，而不关心人民的疾苦。❸[U]形势，状况；情况(见 state)：The economic slowdown reached the *status* of a full-blown recession on Thursday. 经济的减速发展在星期四达到了全面衰退的境地。

status quo /ˌsteitəsˈkwəu/ *n.* [U]现状；原状，过去状况：a propensity to maintain the *status quo* 维持现状的倾向 / restore the *status quo* 恢复原状

status symbol *n.* [C]地位(或身份)的象征

stat·ute /ˈstætjuːt/ *n.* [C;U]【律】(立法机关通过的)法令，法规，成文法：The salaries of most federal workers are set by *statute*. 联邦工人的薪水有明令规定。

stat·u·to·ry /ˈstætjuːtᵊri/ *adj.* [无比较级] ❶成文法的；法令的，法规的：*statutory* provisions 法律条文 ❷法定的；受法规约束的；依法的；依

法惩处的：*statutory* obligations 法定义务

staunch /stɔːntʃ, stɑːntʃ/ *adj*. 可靠的，可信赖的；忠诚的；坚定的：the *staunch* hope 坚定不移的希望 ‖ ˈ**staunch·ly** *adv*.

stave /steiv/ **I** *n*. [C] ❶(用作木盆或木桶等边的)(弧形)桶板，桶条；窄木板；窄铁板 ❷棍，棒 **II** *vt*. (**staved** 或 **stove** /stəuv/) ❶使劲推开；拼命挡住(*off*)：*stave off* an attack 拼命抵抗 ❷挡住；避开；延迟(不幸、灾难等)的发生(*off*)：We were hoping to *stave off* these difficult decisions until September. 我们希望推迟到 9 月再作这些棘手的决定。

staves /steivz/ *n*. staff 的复数

stay /stei/ **I** *vi*. ❶留下，不走；逗留，客居，暂住：Can you *stay* for dinner? 留下来吃晚饭好吗？❷[不用进行时态]继续是；保持：I'm an academic, and I'll *stay* one. 我是个搞学术的，不准备改变初衷。❸站住，停下；暂停，暂缓；中止：The cargo liner *stayed* unloading at the harbour just for an hour. 货轮在港口只停留一个小时卸货。❹坚持；持续：She *stayed* to the end of the race. 她坚持跑完全程。—*vt*. ❶停止；阻止，制止；抑制(疾病等)：*stay* the rise in price 抑制物价的上涨 ❷待(一段时间)；坚持(或持续)到…的结束：He has started a university course, but I don't think he'll *stay* the distance. 他已上大学念书，但是我认为他坚持不到大学毕业。**II** *n*. ❶[通常用单]停留，逗留；逗留时间：Emergency shortened his holiday into a *stay* of five days. 由于有急事，他把假期缩短到五天。❷[C](审判、决议等的)推迟，延缓：The defendant was granted a *stay* of execution for two months. 对被告的判决获准推迟两个月执行。‖ ***stay put*** *vi*. 〈口〉留在原地；固定不动：We like this flat so we'll probably *stay put* for a few years. 我们喜欢这个公寓，大概会住上好几年。

☆**stay, linger, remain** 均有"停留，逗留"之意。**stay** 常指客人、游客或住户在某个地方暂时或短期停留或逗留，也可表示保持原有的地位、情况或状态：I was invited to *stay* for dinner. (我应邀留下来吃晚饭。) **linger** 常表示过了适当的时间仍继续逗留，含故意拖延或不愿离开的意味：Harrison *lingered* for a moment in the bar. (哈里森又在酒吧待了一会儿。) **remain** 与 stay 近义，有时可相互替换，尤指某人(或事物)在他人(或事物)离去、分离或受损后仍留在原处：The store *remained* [*stayed*] open all day. (这家商店那天全天营业。)

stay·ing /ˈsteiiŋ/ **power** *n*. [U]持久力；忍耐力：There is some doubt about the *staying power* of the new government. 人们对新政府能撑多久尚存疑虑。

STD *abbr*. sexually transmitted disease 性传播疾病

stead /sted/ *n*. [U](职位、身份、作用等的)代替；接替：The publisher appointed someone unknown in his *stead*. 出版社指定了一位不知名的人来接替他。‖ ***stand sb. in good stead*** *vi*. 对某人有好处；对某人有用：My school theatrical performances *stood me in good stead* in later years. 在学校里的戏剧演出让我后来受益匪浅。

stead·fast /ˈstedˌfɑːst, -fəst; -ˌfæst/ *adj*. ❶坚定的，始终不移的，不动摇的：The party remained *steadfast* in its support of economic reform. 该政党一贯支持经济改革。❷固定不动的；坚固的：a house *steadfast* in the storm 在暴风雨中非常稳固的房子 ‖ ˈ**steadˌfast·ly** *adv*.

stead·y /ˈstedi/ **I** *adj*. ❶平稳的，稳固的；固定不动的；不摇晃的：The tripod can't keep the camera *steady*. 这个三脚架不能固定住照相机。❷整齐的；有节奏的；有规律的：The procession moved through the streets at a *steady* pace. 队列以整齐的步伐穿过街道。❸稳定的；稳步的；持续的：They refuse to be tied down to *steady* jobs. 他们不愿拴死在一份固定的工作上。❹[作定语](关系)稳固的，稳定的：be in *steady* relationship 处于稳固的关系之中 **II** *vt*. 稳住，使保持平稳；使稳定：He turned the corner, *steadying* himself with one hand on the wall. 他拐过墙角，一只手撑住墙，让自己站稳。—*vi*. ❶稳定；不晃动：The boat moved slightly, then *steadied*. 船只轻轻地晃动了一下，然后又稳住了。❷变得平稳；持续；有规律：The dollar has *steadied* after early losses on the money markets. 美元早些时候在货币市场贬值后，已趋于平稳。‖ ˈ**stead·i·ly** *adv*. —ˈ**stead·i·ness** *n*. [U]

steak /steik/ *n*. 【烹】[U](选料上乘的)牛排(肉)；[C]牛排；肉排；鱼排：order rump *steaks* 点牛臀排

S

steal /stiːl/ (**stole** /stəul/, **sto·len** /ˈstəulᵊn/) *vt.* ❶偷,偷盗,窃取:*steal* invaluable works of art 偷盗价值连城的艺术品 ❷剽窃:It's certain he doesn't know enough to *steal* your ideas himself. 可以肯定,他懂得很少,无法剽窃你的思想。❸巧妙地占有;用不正当的手段获取:*steal* sb.'s heart away 获得某人的欢心 ❹偷偷地做(或进行、完成);偷偷地移动(或放置、通过、搬运等)(*away*, *from*, *in*, *into*, *out*):*steal* a visit 暗访 / *steal* a curious look at sb. 用好奇的目光看某人的面孔 —*vi.* ❶偷,偷盗,行窃:He wanted to be alone down here so he could *steal*. 他只想独自一人到这儿来,这样他好行窃。❷偷偷地行动(或移动);悄悄地靠近;不知不觉地发生(或产生);(声音、表情等)渐变清晰:She *stole* away in tears. 她含着眼泪悄然离去。‖ ˈ**steal·er** *n.* [C]

stealth /stelθ/ **I** *n.* [U]秘密行动;暗中活动:operate with *stealth* 进行秘密行动 **II** *adj.* [常作 S-]隐形的:*Stealth* plane 隐形飞机 ‖ ˈ**stealth·i·ly** *adj.* —ˈ**stealth·i·ness** *n.* [U] —ˈ**steal·thy** *adj.*

steam /stiːm/ **I** *n.* [U] ❶水蒸气:The train sweats a fog of *steam* in the autumn cold. 在秋寒中火车喷出雾气。❷(水蒸气冷却时产生的)水雾:prevent the *steam* blowing off in all directions 防止水雾四处吹散 **II** *vt.* ❶蒸(食物):The vegetables should be gently *steamed* for 15 minutes. 这种蔬菜应该用文火蒸 15 分钟。❷用蒸汽加工(或消毒、洗涤);把…蒸软:*steam* the dinnerware 用蒸汽消毒餐具 —*vi.* ❶散发蒸汽:The kettle was *steaming* away on the stove. 炉子上的水壶冒开了热气。❷(用蒸汽作动力)运行;行驶:Dozens of warships *steamed* across the Bay of Naples. 几十艘战舰驶过那不勒斯湾。❸发火,生气:*steam* over the insult 为受到羞辱而动怒 ‖ ***blow*** [***let off***] ***steam*** *vi.* 释放(压抑的)情感;发泄;松弛情绪:He used to *let off steam* by scolding their children. 他以往常常拿孩子撒气。***steam up*** *vt.* & *vi.* (使)蒙上水汽:The bathroom mirror (was) *steamed up* when I ran the hot water. 我放过热水后,浴室的镜子上蒙上了水雾。

steam boat *n.* [C;U]汽船,汽艇,汽轮:The mail is brought by *steamboat*. 邮件是船运来的。

steam engine *n.* [C]蒸汽机;蒸汽机车

steam·er /ˈstiːməʳ/ *n.* [C] ❶用蒸汽工作的人;用蒸汽处理的东西 ❷汽船,汽轮 ❸(蒸锅、蒸笼等)蒸汽(食品)加工器

steam·roll·er /ˈstiːmˌrəuləʳ/ *n.* [C] ❶(蒸汽)压路机 ❷(尤指对付反对者的)凶猛之势;压制对方的手段:prevent the operation of the *steamroller* 阻止反对派的咄咄逼人的行动

steam·ship /ˈstiːmˌʃip/ *n.* [C]汽船,汽轮

steam·y /ˈstiːmi/ *adj.* ❶蒸汽的;似蒸汽的;充满(或布满)气雾的:a *steamy* bathroom 雾气升腾的浴室 ❷湿热的:*steamy* summer weather 湿热的夏日天气 ❸〈口〉色情的,淫秽的:*steamy* fiction 色情小说

steel /stiːl/ **I** *n.* [U]钢,钢铁:security gate made of *steel* 钢制防盗门 **II** *adj.* [无比较级]钢的;钢制的;似钢的:*steel* cutlery 钢制刀具 **III** *vt.* [~ **oneself**]使钢铁般坚强;使冷酷无情:The parachutist *steeled himself* to jump out of the plane. 跳伞者鼓足勇气跳出飞机。

steel·y /ˈstiːli/ *adj.* [无比较级]钢的;钢制的;含钢的;(色泽、硬度或强度等方面)似钢的:The blue sky had changed to a *steely* grey. 蓝天变成了钢灰色。

steep /stiːp/ *adj.* ❶陡峭的;陡直的:scramble up *steep* slopes 攀爬陡峭的山坡 ❷[常作表语](物价、数量等)过高的;难以置信的;不合情理的:We enjoyed our meal, but the bill was a bit *steep*. 我们这顿饭吃得很好,就是账单有些离谱。‖ ˈ**steep·ly** *adv.* —ˈ**steep·ness** *n.* [U]

stee·ple /ˈstiːpᵊl/ *n.* [C](教堂等的)尖顶结构;尖塔

steer /stiəʳ/ *vt.* ❶把握(汽车、飞机等)的方向盘;给(轮船等)把舵:Jenny is learning to drive, but she isn't very good at *steering* it. 詹妮正在学开车,但她方向把握不好。❷指导;引导,引领;操纵,控制(见 guide):The usher *steered* me to a table and sat me down in a chair. 领座员把我引到一张桌子旁,让我坐下来。❸按(某一方向)行进:*steer* a middle course between war and peace 在战争与和平之间走一条中间道路 —*vi.* 把握方向;(被)掌舵;驾驶起来:The freighter *steered* out of the Santiago Bay. 货船驶出圣地亚哥湾。‖ ***steer clear of*** *vt.* 〈口〉绕开;躲开;避开:The summit meeting failed to *steer clear of* the sensitive subjects. 峰会没能回避敏感的议题。‖

ˈ**steer·a·ble** *adj*.

stein /stain/ *n*. [C] ❶(陶瓷)大啤酒杯 ❷一杯的含量

stel·lar /ˈstelə/ *adj*. [无比较级] ❶星的,星球的;由星球构成的:*stellar* explosion 星球爆炸 ❷(戏剧)名角的;(电影或体育)明星的:*stellar* cast 由明星组成的演员阵容 ❸主要的;杰出的,优秀的:His career so far has been *stellar*. 他的事业到目前为止非常辉煌。

stem¹ /stem/ **I** *n*. [C] ❶【植】(树木的)干;(花草的)茎,杆 ❷【植】(花、果或叶的)梗 ❸(酒杯的)杯柄;烟斗柄 ❹(钟表上紧发条用的)上弦柄,自来柄 ❺【语】词干 **II** *vi*. 起源,来源,发源(*from*):Their failure *stemmed from* their loose defense. 他们输球的原因在于防守松懈。

stem² /stem/ *vt*. ❶遏制;阻止:*stem* the flow of blood from one's wound 止住伤口的出血 ❷堵住;筑坝拦截,截(流):The river was *stemmed* for building a power station. 这条河流被截流筑坝,用来建设发电站。

stemmed /stemd/ *adj*. [无比较级] ❶[常用以构成复合词]有干(或茎、柄、梗)的:a narrow-*stemmed* wine glass 细柄酒杯 ❷去掉干(或茎、柄、梗)的:an ancient *stemmed* goblet 一只断了柄的古高脚杯

stench /stentʃ/ *n*. [C][常用单](浓烈的)臭味,恶臭;〈喻〉臭气;乌烟瘴气:A miasmic *stench* emanated from the polluted stream. 受污染的溪流中散发出一股腐臭气。

sten·cil /ˈstensil/, **sten·cil-plate** /-ˌpleit/ **I** *n*. [C](印制图案或文字的)(镂花)模板,摹绘板,型板 **II** *vt*. (**-cil(l)ed**;**-cil·(l)ing**) ❶用模板印制(图形或文字);用蜡纸油印(*on*):cartoons *stencilled on* the glass 在玻璃杯上印制的漫画 ❷用模板装饰(或标志):*stencil* the sides of aircraft with slogans 在飞机两侧用模板印上标语

ste·nog·ra·phy /stəˈnɔgrəfi,ste-/ *n*. [U]速记(法);速记术 ‖ **steˈnog·ra·pher** *n*. [C] —**sten·o·graph·ic** /ˌstenəˈgræfik/ *adj*.

step /step/ **I** *n*. [C] ❶脚步;(一)步;一步的距离,步长:I retraced my *steps*, looking for my lost keys. 我沿原路返回,寻找丢失的钥匙。❷脚步声:The dog knew her master by *steps*. 这条狗听得出她主人的脚步声。❸脚印 ❹走姿,步态;步履的节奏:The boy bounded off with a *step* as light and elastic as that of deer. 男孩的脚步轻盈欢快,像小鹿一般蹦蹦跳跳地离开了。❺步骤;环节;措施:Chris has now taken a few *steps* on the road to recovery. 克里斯身体现已开始康复。❻(楼梯等的)台阶;(门前或祭坛前的)石阶:It's difficult for people in wheelchairs to negotiate *steps*. 对于坐轮椅的人来说上下台阶很困难。**II** (**stepped**;**step·ping**) *vi*. ❶踏步,行走,步行:He *steps* quickly on tiptoe into the room. 他踮起脚尖快步走进房间。❷(按某一方向)来;去:Would you please *step* this way? 请这边走好么? ❸踩,踏:Watch out! You *step* on my toes. 当心!你踩着我的脚了。‖ ***in step*** *adj*. & *adv*. ❶齐步,步调一致;合拍:The soldiers marched *in step* from beginning to end. 士兵们行军的步伐自始至终整齐划一。❷一致,协调:The old-fashioned equipment was replaced because it was not *in step* with modern technology. 那些陈旧的设备由于不符合现代化技术的要求而被更新了。***out of step*** *adj*. & *adv*. ❶不合步伐,步伐错乱;不合拍:Jack always marched *out of step* with the music. 杰克的步法总是跟音乐不合拍。❷不一致,不协调:She feels that she is *out of step* with people of her own age. 她总觉得自己跟同龄人合不来。***step by step*** *adv*. 逐步地,逐渐地:We made progress *step by step*. 我们逐渐取得进步。***step down*** *vi*. ❶降低;减少 ❷退出;让位;弃权:He finally *stepped down* when it was clear that he had no support. 他明白自己失去了支持,最终退出了。***step in*** *vi*. 参与进来;干预:The United Nations was asked to *step in*. 请联合国出面干预。***step on it*** [***on the gas***] *vi*. 〈口〉加速,加快,赶快:*Step on it*, the plane leaves in half an hour. 赶快,飞机再有半个小时就要起飞了。***step out*** *vi*. 离开;出门:Ms. Jones has just *stepped out* of the office for a moment. 琼斯女士刚刚离开办公室一会儿。***step up*** *vt*. & *vi*. ❶(使)加速;提高;加强:*step up* the pace of the reforms 加快各项改革的步伐 ❷升职:He *stepped up* quickly through the ranks. 他很快就高升了。***take steps*** *vi*. 采取措施(或步骤):*take steps* to speed up production 采取步骤加快生产进度 ***watch one's step*** *vi*. ❶(走路时)小心脚下:*Watch your step*! The dog is sitting on the doorstep. 走路小心!那条狗正坐在门口

台阶上呢。❷小心谨慎：I can have a word with her and tell her to *watch her step*. 我可以去跟她谈谈，叫她小心就是了。‖ ˈ**stepˌper** *n.* [C]

step- /step/ *comb. form* 表示"再婚后形成的家庭关系的"，"同父异母（或同母异父）的"，"继的"：*step*mother，*step*brother

step·broth·er /ˈstepˌbrʌðəʳ/ *n.* [C]同父异母（或同母异父）的哥哥（或弟弟）

step·child /ˈstepˌtʃaild/ *n.* [C]（[复]-**chil·dren** /-ˌtʃildrᵊn/）继子；继女

step·daugh·ter /ˈstepˌdɔːtəʳ/ *n.* [C]继女

step-down /ˈstepˌdaun/ **I** *adj.* [作定语]【电】降压的：a *step-down* transformer 降压变压器 **II** *n.* [C;U]（数量等的）减少；（强度等的）减低：a *step-down* in output 产量的降低

step·fa·ther /ˈstepˌfɑːðəʳ/ *n.* [C]继父，后父

step·lad·der /ˈstepˌlædəʳ/ *n.* [C]（可折叠的）立式短梯，梯凳〔亦作 **step**〕

step·moth·er /ˈstepˌmʌðəʳ/ *n.* [C]继母，后母

step-pa·rent /ˈstepˌpeərᵊnt/ *n.* [C]继父，后父；继母，后母

steppe /step/ *n.* [C] ❶（东南欧或西伯利亚的）大草原 ❷干草原

S

step·ping-stone /ˈstepiŋˌstəun/ *n.* [C] ❶（为过河、泥地等铺的）垫脚石 ❷〈喻〉（求得发展或进步的）跳板，阶梯

step·sis·ter /ˈstepˌsistəʳ/ *n.* [C]同父异母（或同母异父）姐姐（或妹妹）

step·son /ˈstepˌsʌn/ *n.* [C]继子

ster·e·o /ˈsteriəu，ˈstiər-/ **I** *n.* ❶[C]立体声音响设备（如唱片机、录音机等）❷[U]立体声 **II** *adj.* [无比较级]立体声的

ster·e·o·phon·ic /ˌsteriəᵘˈfɔnik，ˌstiər-/ *adj.* [无比较级]（音效）立体的；立体声的

ster·e·o·type /ˈsteriəᵘˌtaip，ˈstiər-/ **I** *n.* [C] ❶【印】铅版 ❷ 陈规，老套；恪守陈规的人；老套的事物：A *stereotype* may be transmitted in each generation from parent to child. 陈规陋习可以世代相传。❸成见：have a negative set of *stereotypes* about alien races 对非本族类有着一系列的否定性偏见 **II** *vt.* 使成为陈规（或固见）；使变得老一套；使一成不变：Woman is usually subject to being sexually *stereotyped* in TV advertising. 在电视广告中女人通常一成不变地被塑造成性感的形象。

ster·ile /ˈsterail；sterᵊl/ *adj.* [无比较级] ❶无菌的，已消毒的：*sterile* injection needles 已消毒的注射针尖 ❷不生育的，无生殖力的 ❸（土地）贫瘠的，不毛的：a *sterile* desert 贫瘠的沙漠 ❹无结果的：His efforts during his last years in office were *sterile*. 他在执政的最后几年里所做的努力都白费了。‖ ˈ**ste·ril·i·ty** /stᵊˈriliti/ *n.* [U]

ster·i·lize，ster·i·lise /ˈsteriˌlaiz/ *vt.* ❶对…进行消毒，使无菌：You need to *sterilize* contact lenses before wearing them. 隐形眼镜在佩戴之前需要消毒。❷使绝育 ‖ ˈ**ster·iˌli·za·ble**，ˈ**ster·iˌli·sa·ble** *adj.* —**ster·i·li·za·tion**，**ster·i·li·sa·tion** /ˌsterilaiˈzeiʃᵊn；-liˈz-/ *n.* [U;C] —ˈ**ster·iˌli·zer**，ˈ**ster·iˌli·ser** *n.* [C]

ster·ling /ˈstəːliŋ/ **I** *adj.* ❶[无比较级][作后置修饰语]英币的；用英币支付（或结算）的：pay in pounds *sterling* 用英镑支付 ❷（物品）货真价实的，正品的；（人）可靠的；优秀的：The man has *sterling* qualities. 此人人品很好。**II** *n.* [U]英币；（尤指）英镑：prices in *sterling* 英镑的价格

stern[1] /stəːn/ *adj.* ❶严厉的，严格的：*stern* military disciplines 严格的军纪 ❷苛刻的，苛求的：make a *stern* vow 发重誓 ❸严峻的，严酷的：face the *sternest* test 面临最严峻的考验 ❹坚定的，不动摇的，不屈服的：a *stern* approach 坚定的态度 ‖ ˈ**stern·ly** *adv.* —ˈ**stern·ness** *n.* [U]

stern[2] /stəːn/ *n.* [C] ❶【船】船尾，艉部 ❷（物体的）后部，末端

ster·num /ˈstəːnᵊm/ *n.* [C]（[复]-**nums** 或-**na** /-nə/）【解】胸骨〔亦作 **breastbone**〕

ster·oid /ˈstiərɔid，ˈster-/ *n.* [C]【生化】类固醇

steth·o·scope /ˈsteθəˌskəup/ *n.* [C]【医】听诊器

stew /stjuː/ **I** *vt.* 煨，炖，焖（见 boil）：*stew* a chicken gently in the pot 用罐以文火炖鸡 —*vi.* ❶煨煮食物，炖食物 ❷感到不安（或焦虑、疑惑、愤怒等）（*over*，*about*）：City planners don't just sit around and *stew over* traffic congestion. 城市规划者不能只是闲坐着对交通状况发愁。**II** *n.* [U;C]煨炖的食物；炖菜：I'd like more beef *stew*. 我想再吃一些炖牛肉。

‖ ***stew in one's own juice*** *vi*. 自食苦果，自作自受

stew·ard /ˈstjuːəd/ *n*. [C] ❶(财产)经纪人 ❷管家 ❸(院校或俱乐部等的)伙食供应主管 ❹(火车、客轮或飞机的)乘务员，服务员 ‖ **ˈste·wardˌship** *n*. [U]

ste·ward·ess /ˈstjuːədis/ *n*. [C](尤指轮船或飞机上的)女乘务员，女服务员

stick¹ /stik/ *n*. [C] ❶树枝；木棍，细木棒 ❷木柴棍 ❸〈英〉拐杖：a walking *stick* 拐棍 ❹棍状物 ❺【体】(冰球、马球等比赛用的)球棍：a hockey *stick* 冰球球棍

stick² /stik/ (**stuck** /stʌk/或 **sticked**) *vt*. ❶插，戳，刺；把…插入，把…戳入，把…刺入：The cop grabbed the suspect and *stuck* a gun in him. 警察抓住嫌疑人，用手枪顶住他。❷(用尖东西)钉；楔牢；把…固定在尖物上：*stick* the painting on the wall 把这幅油画挂在墙上 ❸粘贴：*stick* stamps in the album 把邮票粘贴在集邮册里 ❹粘住；塞住；卡住：The door was *stuck*, and it would not budge. 门卡住了，纹丝不动。❺[常用否定句]〈口〉忍受，容忍；经得住：I resigned because I couldn't *stick* the chief's bullying any more. 我辞职了，因为我受不了老板的欺负。—*vi*. ❶保持，持续：His nickname *stuck* while his real name was forgotten. 他的绰号沿用了下来，他真正的名字反而被人遗忘了。❷粘住；塞住；阻塞；卡住：Something *stuck* in the pump. 什么东西把水泵堵住了。‖ ***stick around*** *vi*. 〈口〉等在…附近；待在…附近；在…附近闲荡：*Stick around* for a while, I'm sure Tom will soon be back. 在附近等一会儿吧，我想汤姆很快就会回来的。***stick by*** [***to***] *vt*. 忠诚于：The two lovers pledged to *stick by* each other in fair weather or foul. 两个情人立下海誓山盟，风风雨雨，永不变心。***stick it*** *vi*. 〈口〉忍耐，忍受；坚持，挺住 ***stick it out*** *vi*. 〈口〉容忍，忍受；经受，挺住：He was dead tired, but he *stuck it out*. 他疲惫不堪，但还是坚持着。***stick out*** *vi*. & *vt*. ❶伸出，(使)突出：His ears *stuck out*. 他伸长了耳朵。❷〈口〉显得明显；变得显著：The singer's voice *stuck out* in the chorus. 歌唱家的嗓音在合唱中显得特别突出。***stick to*** *vt*. ❶紧跟；坚持(道路或方向)：I went over the hill instead of *sticking to* the river. 我没有一直沿河走，而是翻山而过。❷努力保持；坚持不放弃：The local inhabitants *stuck to* the ancient habits. 土著居民仍然保持古老的习俗。***stick together*** *vt*. & *vi*. ❶(使)粘在一起，使黏合；(使)固定在一起；(使)结合在一起：Unlike things are *stuck together* to make a new reality. 不同的事物结合而成新的事物。❷团结一致：The colleagues *stuck together* in the critical period of the company. 同事们在公司的非常时期彼此照应，同舟共济。***stick up*** *vt*. 〈口〉使竖起；使举起：*Stick* your hands *up*! 举起手来！***stick up for*** *vt*. 〈口〉❶支持：I have a loss at which side to *stick up for* in the debate. 我不知道在争论中支持哪一方好。❷力争；力主；捍卫：*stick up for* one's rights and benefits 捍卫自己的权益

stick·er /ˈstikəʳ/ *n*. [C] ❶坚持不懈的人；坚定不移的人：He was no *sticker*, and in the third year dropped school. 他没有一以贯之，三年级的时候就辍学了。❷(背面有黏着剂的)标签(或布告等)；贴纸：a price *sticker* 标价签

stick·ler /ˈstikləʳ/ *n*. [C] ❶固执己见的人；刻板的人；恪守规则(或原则)的人(*for*, *about*) ❷难题；难解的谜

stick·pin /ˈstikˌpin/ *n*. [C](领带等的)装饰别针

stick shift *n*. [C] ❶(汽车等的)手动换挡杆；变速杆 ❷手动变速的汽车

stick·y /ˈstiki/ *adj*. ❶用以粘贴的：*sticky* tape 粘胶带 ❷有黏性的，黏着的：The wall was *sticky* with paint. 墙上的漆发黏。❸〈口〉棘手的，难对付的：answer *sticky* questions 回答棘手的问题 / make a *sticky* start 出师不利 ‖ **ˈstick·i·ness** *n*. [U]

stiff /stif/ **I** *adj*. ❶僵硬的，坚硬的；不易弯曲的；不灵活的(见 firm)：a *stiff* collar 挺括的衣领 ❷死板的，刻板的，不变通的：a *stiff* and formal letter 刻板正式的信函 ❸不灵活的，操作不方便的：a *stiff* handle 不灵活的把手 ❹难对付的；耗力的，费劲的：a *stiff* assignment 棘手的任务 ❺强劲的，强有力的；有活力的：a *stiff* breeze 一股劲风 ❻严厉的；严格的：The poems are *stiffer* in metre. 这些诗歌韵律更加严格。❼坚定的；固执的，不让步的；傲慢的：take a *stiff* position 采取强硬的立场 ❽黏稠的：Beat the egg whites until *stiff*. 把蛋清搅稠。**II** *adv*. ❶僵硬地，坚硬地 ❷[无比较级]极其地，异常地：The drama bored me

S

stiff. 这出戏让我感到非常乏味。‖ ˈ**stiff·ly** *adv*. —ˈ**stiff·ness** *n*. [U]

stiff·en /ˈstifᵊn/ *vt*. ❶使变硬;使变挺;使变得不易弯曲:*stiffen* the shirt with an iron 用熨斗把衬衫熨得挺括 ❷使僵硬,使僵直;使绷紧;使不灵活:The stillness *stiffened* the leafless trees. 万籁俱寂,光秃秃的树枝也僵滞不动。❸使严厉;使严格:*stiffen* a sanctions law preventing technology transfers 严格防止技术转让的制裁法律 —*vi*. ❶变硬;变挺;变得不易弯曲:Fronds of bladderwrack began to *stiffen* and blanch in the sun. 墨角藻的叶子在阳光下渐渐变硬发白。❷变得僵硬,变得僵直;绷紧;变得紧张:Alice *stiffened* as she heard a noise outside the door. 艾丽斯听见门外的声响,吓得身体僵直。‖ ˈ**stiff·en·er** *n*. [C]

stiff-necked /ˈstifˌnekt/ *adj*. 固执的;傲慢的:Now he would probably not be so *stiff-necked*. 他现在总不会像以前那么目中无人了吧。

sti·fle /ˈstaifᵊl/ *vt*. ❶压制;抑制;阻止:*stifle* the freedom of speech 压制言论自由 ❷切断(声音或呼吸);熄灭(火焰):*stifle* the flames 扑火 ❸使透不过气;使窒息(死亡),将…闷死:The murderer *stifled* the victim with a pillow. 凶犯用枕头把受害者闷死。

S

sti·fling /ˈstaifliŋ/ *adj*. ❶令人窒息的:*stifling* heat 令人窒息的炎热 ❷气闷的:I'm *stifling* in the overcrowded bus. 我在过分拥挤的公交车里气都透不过来。

stig·ma /ˈstigmə/ *n*. [C]([复]**-mas** 或 **-ma·ta** /-mətə,-mɑːtə/)(名誉上的)污点,污迹;耻辱:bear a social *stigma* 社会名声不好 ‖ **stig·mat·ic** /stigˈmætik/ *adj*.

stig·ma·tize /ˈstigməˌtaiz/ *vt*. 使承受耻辱;使背负恶名(*as*):People shouldn't be *stigmatized* on the basis of sex. 人不应该因性别差异而遭受耻辱。

still /stil/ **I** *adj*. [无比较级] ❶静止的,不动的;无风的:Even on the deck everyone was sweltering in the *still* air. 一点儿风也没有,即使在甲板上,大家也热得透不过气来。❷平静的;寂静的;安静的;轻声的:The room became very *still*. 屋子里顿时鸦雀无声。**II** *n*. ❶[常作 **the** ~]平静;寂静;安静:be steeped in *the still* of the field 沉浸在田野的一片静谧之中 ❷[C]【摄】静止摄影;静止画面,定格画面;剧照:a film *still* 电影剧照 **III** *adv*. [无比较级] ❶还是,还,仍然:He *still* couldn't move. 他还是不能走动。❷还有:Take it easy. There is *still* time. 别着急,还有时间。❸[用以强化比较级]还要,甚至更:*Still* more rain fell overnight. 夜间雨下得更大了。❹静止地,不动地;安静地:She sat *still* with her back toward the man. 她纹丝不动地背朝着那人坐着。‖ ***still and all*** *adv*. 〈口〉不管怎样,无论如何:You're late. *Still and all*, we're glad you've come. 你迟到了。但不管怎样,只要你来了我们就高兴。

still·born /ˈstilˌbɔːn/ *adj*. [无比较级] ❶死产的 ❷(构想、计划等)流产的;先天不足的,注定不成功的

still life *n*. [C]([复]**still lives**) ❶静物画:a glass or a cup in a *still life* 静物画中的一只玻璃杯或茶杯 ❷静物画派

stilt /stilt/ *n*. [C] ❶[~**s**]高跷 ❷(建筑物等的)桩,支材

stilt·ed /ˈstiltid/ *adj*. (文学风格等)呆板的;造作的;浮夸的

stim·u·lant /ˈstimjulᵊnt/ **I** *n*. [C] 兴奋剂(指起兴奋作用的药品、饮料、食品等):a banned *stimulant* 违禁兴奋剂 **II** *adj*. [无比较级][作定语]刺激的;有刺激性的:produce *stimulant* effect 产生刺激效果

stim·u·late /ˈstimjuˌleit/ *vt*. ❶激发,引发:The conflict in the story *stimulated* many critics into radical debate. 故事里面的冲突引发很多评论家展开激烈争论。❷刺激;激励:a drug used to *stimulate* the morbid tissue 用来刺激病变组织的药物 ‖ **stim·u·la·tion** /ˌstimjuˈleiʃᵊn/ *n*. [U;C]

stim·u·la·ting /ˈstimjuˌleitiŋ/ *adj*. 使人兴奋的,激励的,鼓励性的

stim·u·lus /ˈstimjuləs/ *n*. [C]([复]**-li** /-ˌlai/)刺激物;刺激源;引发物:Only money can not be the *stimulus* to invention. 仅仅有钱是不能激发创造发明的。

sting /stiŋ/ **I** (**stung** /stʌŋ/) *vt*. ❶刺,螫,叮:A bee *stung* her on the head. 一只蜜蜂刺了她的头部。❷刺痛;灼痛;使痛苦:He blew cigarette smoke to *sting* my eyes. 他吸烟时吐烟雾熏我的眼睛。❸刺激;激励;使激动:The general, *stung* with rage, set upon the castle. 将军一怒之下，马上派兵攻打那座城堡。—*vi.* ❶刺，螫，叮：Be careful. Those plants *sting*. 小心，那些植物有刺。❷感到（或引起）刺痛；感到（或引起）灼痛；感到（或引起）痛苦：It *stung* rather than hurt. 这件事没有伤着他，却让他感到心痛。**II** *n.* ❶[C]刺，螫，叮：The scorpion *sting* can cause serious illness. 被蝎刺伤可致重病。❷[C]刺痛（处），刺伤（处）：a wasp *sting* on the leg 腿上黄蜂蜇伤的疼痛 ❸[C；U]灼痛；痛苦：Tears can assuage the *stings* of remorse. 眼泪可以冲淡悔恨的痛楚。❹[C]【昆】螫针，螫刺；【动】（水母等的）毒刺；（蛇的）毒牙；【植】刺毛：a nettle *sting* 荨麻刺毛 ‖ ˈ**sting·er** *n.* [C]

sting·y /ˈstindʒi/ *adj.* ❶吝啬的，小气的：Their employer was a *stingy* and idle man. 他们的雇主吝啬小气，游手好闲。❷缺乏的，不足的，极少的 ‖ ˈ**sting·i·ly** *adv.* —ˈ**sting·i·ness** *n.* [U]

stink /stiŋk/ **I**（过去式 **stank** /stæŋk/ 或 **stunk** /stʌŋk/，过去分词 **stunk**）*vi.* ❶发出刺鼻的臭味（*of*）：The fish *stunk*. 鱼发出恶臭。❷[不用进行时态]〈口〉令人不悦；令人鄙视；令人反感：His reputation *stinks* so. 他的名声实在太臭了。—*vt.* ❶使充满臭气（*out*，*up*）：The perfumed lady *stank out* [*up*] the whole bar. 整个酒吧都充斥着这位夫人的香水味。❷用臭气把…熏走（*out*）：His feet *stank* his wife *out* of the bedroom. 他的臭脚把老婆从卧室熏了出去。**II** *n.* [C] ❶[常用单]刺鼻的臭味，恶臭：the *stink* of rotten food 腐烂的食物发出的臭气 ❷〈口〉争吵，争论：cause quite a *stink* 引起轩然大波 ‖ ˈ**stink·er** *n.* [C]

stink·ing /ˈstiŋkiŋ/ [无比较级] **I** *adj.* ❶发出恶臭的 ❷可恶的；令人鄙视的；令人反感的；糟透的，极坏的：What a *stinking* movie! 这部电影真臭！**II** *adv.* 极其地；十分，非常：get *stinking* drunk 喝得烂醉如泥

stint /stint/ **I** *vt.* ❶（近乎吝啬地）少量提供（食品、帮助等）（*on*）：Nor was he *stinted* in his draughts of wine. 酒他也没肯少喝几口。❷[常作～ **oneself**][常用否定句]对…吝啬，使节俭：Don't *stint ourselves* — we should buy anything we need. 不要太为难我们自己了——只要需要，我们都该买。—*vi.* 舍不得，吝啬（*on*）：The host didn't *stint on* drinks at the dinner. 进餐时主人让大家尽情地喝。**II** *n.* [C] 固定（或分配）的工作（量）；一段工作时间（见 task）：take on a weekly *stint* 承担一周的工作量 / do one's *stint* 做自己分内的工作 ‖ ˈ**stint·ing** *adj.*

sti·pend /ˈstaipend/ *n.* [C] ❶奖学金；定期支付款；定期津贴 ❷（尤指支付给牧师的）薪俸；经费

stip·ple /ˈstipᵊl/ **I** *vt.* 点绘；点刻：*stipple* the canvas in yellow and white 用黄色和白色在画布上点描 / The sidewalk was *stippled* with the shadows of the tree leaves on both sides. 树叶的影子点缀了两边的人行道。**II** *n.* [U] ❶点绘（工艺）；点刻（技术）❷点绘（或点刻）作品

stip·u·late /ˈstipjuˌleit/ *vt.* 〈书〉❶（作为条件）把…列入协议（或合同等）；（在协议、合同等中）详细规定：The Meat Inspection Act *stipulated* rules of sanitary meatpacking. 《肉食检查条例》明确规定了肉食卫生包装的细则。❷对…予以保证；承诺 —*vi.*（在合同、协议等中）作出明确规定（*for*）：*stipulate for* the disposition and management of these funds 明确规定这些基金的处置和管理方法

stip·u·la·tion /ˌstipjuˈleiʃᵊn/ *n.* [U；C]规定，条款：Here are the *stipulations* of the contract. 这些就是合同的条款。

stir /stəː/ **I**（**stirred**；**stir·ring**）*vt.* ❶搅动，搅拌，拌和；拨动：He *stirred* his coffee with a teaspoon. 他用茶匙搅动咖啡。❷使微动；（微微地）移动：A breeze *stirred* the grey haze of Daisy's fur collar. 微风吹拂戴茜毛茸茸的灰皮领子。❸惊动；唤醒；唤起：The scene *stirred* some memory of his childhood. 此情此景唤起了他对童年的回忆。❹引起，惹起，激发；激励，鼓励；打动：Such reports *stir* the mind to speculation. 这样的报道往往引起人们纷纷猜测。❺使活动，使行动；使振作，使奋起：If you don't *stir* yourself, you'll be late. 你要不赶快，就会迟到了。—*vi.* ❶微动；（微微地）移动；（起身）走动，活动：Not a bit did Walter *stir*. 沃尔特待着不动。❷苏醒；开始活跃；奋起；被打动：A memory *stirred*. 一段往事浮上心头。**II** *n.* [C] ❶搅动，搅拌，拌和；拨动：Give the soup a *stir*. 把汤搅拌一下。❷[用单]微动；移动；动静：He heard the *stir* of arrival and hurried forward to meet his guest. 他听到来客的脚步声，连忙上前去迎接。❸[用单]惊动；激动；轰

S

动;骚动:Carol felt a *stir* of anger deep within her breast. 卡罗尔感到内心深处有一股怒火。‖ **'stir·rer** *n.* [C]

☆**stir**, **arouse**, **awaken**, **rally**, **rouse**, **waken** 均有"唤醒,使觉醒"之意。**stir** 表示将潜伏、休眠状态中的人或事物激活,可指煽动或触动:He *stirred* violent protests among the workers. (他在工人中鼓动暴力抗议。)该词也可表示睡醒起身:She doesn't *stir* before ten in the morning. (她不睡到早晨 10 点是不会起床的。) **arouse** 表示从睡眠等状态中唤醒,不暗示随之要采取什么行动。该词只用作及物动词:My sister is *aroused* by the alarm clock every morning. (闹钟每天清晨把我妹妹唤醒。) **awaken** 较为正式,多用于比喻义,表示思想、意识、感情的觉醒:We must *awaken* people to the need to save water. (我们必须让人们认识到节约用水的必要。) **rally** 指召唤、集合各分散部分以采取有效行动:The colonel *rallied* his tired soldiers and they drove the enemy back. (上校召集疲惫的士兵把敌人赶走了。)**rouse** 原指为捕杀猎物而将其从巢穴中惊出,现常与 arouse 换用,但往往有唤醒某人使其采取积极行动的意味,一般用作及物动词:The rifle shoot *roused* the sleeping tiger. (来复枪响惊醒了沉睡的猛虎。) **waken** 表示从睡眠等非积极状态中唤醒:We were *wakened* by a siren. (我们被一阵警报声惊醒。)

stir-fry /'stəːˌfrai/ *vt.* 【烹】(用旺火)煸炒:*stir-fry* the vegetable 爆炒蔬菜

stir·ring /'stəːriŋ/ *adj.* ❶激动(或鼓舞)人心的:It was *stirring* times, that black and bitter night. 那个漆黑和寒冷的夜晚是够令人提心吊胆的。❷热闹的;忙碌的;活跃的:People down below were *stirring*. 下面人群熙熙攘攘。

stir·rup /'stirəp; 'stəː-/ *n.* [C]马镫

stitch /stitʃ/ I *n.* [C] ❶(缝纫或编织的)一针:cast on [off] a *stitch* 起[收]针 ❷缝线,针脚;线圈;(留有线的)缝针处:unpick the *stitches* 拆线 ❸[用单][常用于否定句]一件衣服;一块碎布:have not got a *stitch* on 一丝不挂 ❹[常用于否定句]一点,少许:It won't do a *stitch* of harm. 它不会造成任何损害。❺(因跑步等引起的)胁间剧痛 II *vt.* ❶缝;织补:*stitch* the button onto the shirt 给衬衫钉上纽扣 ❷缝合;订起:*stitch* a pair of gloves with thread 把一副手套用线缝缀起来 —*vi.* 缝合,织补:She sat there quietly *stitching*. 她坐在那儿默默地补着衣服。

stitch·er·y /'stitʃəri/ *n.* [C]缝纫;刺绣;编结;缝纫品;刺绣品;编结物

stock /stɔk/ I *n.* ❶[C;U](货物等的)库存;储备(物),存货:the *stock* of knowledge 知识宝库 ❷[C](生产的)原料,备料;(贸易的)备货;(印刷用的)纸张:*stocks* of timber 木料 ❸[C](农场的)家畜,牲畜 ❹[C;U]【经】(公司)资本;股票;股份:invest in the *stock* 投资股票 ❺[C;U](制作汤、肉卤、酱等用的)杂烩汤料汁,原汤:vegetable *stock* 蔬菜汤料汁 II *adj.* [无比较级][作定语] ❶(有)存货的,(有)货源的:The commodity comes in *stock* sizes. 这类商品按库存量进货。❷常用的;标准的;陈腐的,老一套的:sb.'s *stock* expression 某人的口头禅 III *vt.* ❶储备,储存(货物):Repair parts must be *stocked*. 维修零部件必须有存货。❷为(商店等)供货:Storeowners erected tents and *stocked* them for Christmas shoppers. 店主搭起了帐篷,在里面摆上商品供圣诞节的购物者购买。—*vi.* 储备货物(*up*):You'd better *stock up* now on cooking oil. 你最好现在就开始储备食用油。‖ ***put stock in*** *vt.* 相信;信任:Elaine always *puts stock in* the vulnerary properties of Vitamin E. 伊莱恩总是迷信维生素 E 的疗效。***take stock*** *vi.* ❶清点存货:After closing, the sale assistant would *take stock* from one item to another. 打烊后,售货员对商品存货进行逐一清点。❷评价,评估(*of*):The political observers found it hard to *take stock of* the ambiguous situation. 政治观察家们发觉很难对这一捉摸不定的局势作出评价。

stock·ade /stɔ'keid/ I *n.* [C](一道)栅栏;(一圈)围栅:put up a *stockade* around the farm against wolves 在农场周围竖起栅栏防范狼群 II *vt.* 用栅栏围起(或加固、防范)

stock·bro·ker /'stɔkˌbrəukəʳ/ *n.* [C]股票(或证券)经纪人〔亦作 **broker**〕

stock exchange *n.* ❶[C]股票(或证券)交易所 ❷[C]股票(或证券)交易(价格) ❸[总称]股票(或证券)交易所的工作人员

stock·hold·er /'stɔkˌhəuldəʳ/ *n.* [C]股票(或债券)的持有人,股东

stock·ing /'stɔkiŋ/ *n.* [C] ❶(女式)长筒袜 ❷

(女式)似袜紧身衣

stock market *n.* [C][常作 **the s- t-**] ❶股票(或证券)市场 ❷股市:The Tokyo *Stock Market* hit record breaking highs twice last week. 上周东京股票交易所两次创出新高。

stock·pile /'stɔkˌpail/ **I** *n.* [C](货物、材料、武器等的)储备,库存:the *stockpile* of unsold cars 未卖出的汽车库存 **II** *vt.* 储备;积存:*stockpile* arms and ammunition 储备军火

stock-still /'stɔkˌstil/ *adj.* [无比较级]静止的,纹丝不动的:stand *stock-still* 一动不动地站着

stock·y /'stɔki/ *adj.* (动植物)矮壮的;(人)敦实的 ‖ **'stock·i·ly** *adv.* —**'stock·i·ness** *n.* [U]

stock·yard /'stɔkˌjɑːd/ *n.* [C](临时圈养牲畜的)牲畜栏;牛圈

stodg·y /'stɔdʒi/ *adj.* ❶枯燥乏味的;冗长无趣的 ❷老派的,古式的:a *stodgy* old gentleman 老派的绅士 ❸邋遢的;俗气的:a *stodgy* business suit 俗气的职业套装 ‖ **'stodg·i·ness** *n.* [U]

sto·i·cal /'stəuikᵊl/ *adj.* 克己苦行的;逆来顺受的:Michael took a *stoical* approach to his time in the dentist's chair. 迈克尔坐在牙病诊所的椅子里任人医治。 ‖ **'sto·i·cal·ly** *adv.*

stoke /stəuk/ *vt.* 给(炉子、壁炉等)添加燃料;烧(火);司(炉)(*up*):The copper has been *stoked up* to provide enough hot water. 大锅已经添加了燃料,可以烧足够的热水 ‖ **'stok·er** *n.* [C]

stole /stəul/ *v.* steal 的过去式

sto·len /'stəulᵊn/ *v.* steal 的过去分词

stol·id /'stɔlid/ *adj.* 〈常贬〉冷淡的,缺乏热情的;漠然的,无动于衷的:a *stolid* man 神情淡漠的人 / speak in *stolid* tones 声调淡漠地讲 ‖ **'stol·id·ly** *adv.*

stom·ach /'stʌmək/ **I** *n.* [C] ❶(人或动物的)胃:a pain in the *stomach* 胃痛 ❷(人或动物的)肚子;腹部:a fat *stomach* 大肚子 ❸[用单][常用于否定句]胃口,食欲:I have no *stomach* for onions. 我不吃洋葱。**II** *vt.* [通常用于否定句或疑问句]忍受,承受:Leonard found this hard to *stomach*. 伦纳德觉得此事很难承受。

stom·ach-ache /'stʌməkˌeik/ *n.* [C]胃痛;肚子疼

stomp /stɔmp/ **I** *vt.* 用力踏(步);跺(脚):The freshmen *stomped* their feet when the principal entered the auditorium. 校长走进礼堂时新生们跺起了脚。—*vi.* 践踏,踩踏;跺着脚走路:Swarming out of the stadium, the soccer fans *stomped on* each other. 球迷们蜂拥挤出体育场时相互踩踏。**II** *n.* [C]跺脚,踩踏

stone /stəun/ *n.* ❶[U]石头,石料:a heart of *stone* 铁石心肠 ❷[C]界石,界碑:a memorial *stone* 纪念碑 ❸[C]石子,石块:The little boy picked up a *stone* and threw it into the river. 那小男孩拾起一块石子丢进河里。❹[C]宝石,钻石:a ring set with three *stones* 镶有三颗钻石的戒指 ‖ ***cast the first stone*** *vi.* 率先揭发(或责难、批评、攻击):Although Tom saw Billy cheating in exam, he didn't want to *cast the first stone*. 虽然汤姆看见比利考试作弊,但不愿带头揭发他。***leave no stone unturned*** *vi.* 想尽办法,千方百计:They *left no stone unturned* in their efforts to find more effective ways to increase production. 他们千方百计地摸索增产的有效途径。

stoned /stəund/ *adj.* [无比较级][作表语]〈俚〉❶喝醉的:He is really *stoned* out. 他喝得烂醉。❷因吸毒而昏迷的

ston·(e)y /'stəuni/ *adj.* ❶多石的;石头的;铺石头的:The sea bottom is *stony*. 海底满是石头。❷像石头的;坚硬如石的,极其坚硬的:very *stony* stone 非常坚硬的石头 ❸冷漠的,木然的;冷酷无情的,铁石心肠的:They received a *stony* welcome. 他们受到的欢迎很冷淡。 ‖ **'ston·i·ly** *adv.* —**'ston·i·ness** *n.* [U]

stood /stuːd/ *v.* stand 的过去式和过去分词

stooge /stuːdʒ/ *n.* [C]〈口〉❶(尤指作为喜剧演员取笑对象的)配角;魔术师的助手❷(尤指从事日常或烦琐工作的)助手;副手;跟班

stool /stuːl/ *n.* [C] ❶凳子 ❷跪凳

stoop[1] /stuːp/ **I** *vt.* ❶屈(身),弯下(身体):He *stooped* his head to get into the car. 他弯身钻进车里。❷使堕落,使败坏:*stoop* one's talents to an unworthy cause 屈才做不值得的事 —*vi.* ❶(身体)前倾;弯身,屈身:*stoop* over one's work 不辞劳苦,躬身力行 ❷[后接不定式]屈尊,俯就;屈从:*stoop* to do field work 屈尊做稼穑之事 **II** *n.* [通常用单]屈身,弯身;(上身的)前倾:walk with a pronounced [slight] *stoop* 明

S

显地[微微地]躬身行走

stoop² /stuːp/ *n.* [C]小门廊;门前台阶

stop /stɔp/ **I** (**stopped**;**stop·ping**) *vt.* ❶停止,使停下;中止,中断:He *stopped* his work for tea. 他放下手头的工作喝杯茶。❷阻止,阻挡;制止;阻拦,拦截:Can't you *stop* the alarm clock from ringing? 你不能让闹钟别再响下去吗? ❸阻塞,堵塞,填塞;止住(血等);用填料补(牙):*stop* a leak with cement 用水泥把漏洞堵住 ❹切断;停止兑付;拒付;扣除:The income tax was *stopped* from [out of] his wage each month. 所得税按月从他的薪水中扣除。—*vi.* ❶停,停止;终止;(突然)停下;中断:The music *stopped*,and the curtain pulled apart. 音乐终止,大幕拉开。❷顺路过访,走访;(中途)停留,逗留;〈主英〉留下:An old friend *stopped* that day to recall our friendship with me. 一位老朋友那天顺道来访,和我一起重叙友情。❸被塞住,被堵塞:The pipeline *stopped* and oil could not be transported outside. 输油管塞住了,原油运送不出去。**II** *n.* [C] ❶停止;终止;中断;停留,逗留:The aircraft made a brief *stop* to re-fuel. 那架飞机中途稍停加油。❷停车站;停留地点:My next *stop* was lunch with Jenny. 我下一站停下来与詹妮一起用午餐。❸〈主英〉标点(尤指句号):a full *stop* 句号 ‖ ***pull out all the stops*** *vi.* 全力以赴;千方百计;使出浑身解数:The senator *pulled out all the stops* to get his bill through the Congress. 那位参议员千方百计想让自己的提案在国会获得通过。***stop by*** [***in***] *vi.* & *vt.* 顺路走访;(在…)顺便稍做停留:Can you *stop by* for a moment on your way to office? 你去上班的路上顺便过来一下好吗? ***stop off*** *vi.* (顺路)走访;中途停留:The passengers will *stop off* in Tokyo for a couple of hours during the flight. 乘客们在飞行过程中要在东京停留两三个小时。***stop over*** *vi.* ❶(旅行中)中途停留 ❷在外过夜:Our car broke down. We had to *stop over* in a motel. 汽车抛锚了,我们只好在一家汽车旅馆过夜。

☆**stop**, **cease**, **desist**, **discontinue**, **quit** 均有"停止,终止"之意。**stop** 为最普通用词,词义和使用范围也最广,泛指暂时停止或终止某一运动、行动或进程,往往带有突然性或明确停止的意味:The dialogue *stopped* abruptly.(对话突然终止了。)**cease** 为正式用词,常指结束或终止某种状态或情形,往往带有逐渐停止、消失的意味:By nightfall the heavy rain had *ceased*.(黄昏的时候大雨渐渐停了。)该词有时也可用以表示突然停止某一动作:The girl *ceased* screaming at the sight of her parents.(女孩一看见父母就停下来不再尖叫。)**desist** 为最正式的用词,通常指克制自己而不再进行某一行动:The judge told the man to *desist* from beating his wife and children.(法官要求这个人停止殴打他的妻儿。)**discontinue** 常用以表示逐步停止或取消某一习惯做法或风俗,尤指逐步取消某种产品的生产:The practice of binding the feet of Chinese women was finally *discontinued*.(中国妇女裹脚的做法终于被取消了。)**quit** 指出于自愿或约定而果断放弃或停止某一活动或事情,强调最终结局是突然停止或终止:I've *quit* my job because of illness.(我因生病而放弃了工作。)

stop·gap /ˈstɔpˌgæp/ **I** *n.* [C]临时替代物;权宜之计:Hostels serve as a *stopgap* for the families until they can be housed in permanent accommodation. 这些家庭在找到永久性的住所之前,可临时住在招待所。**II** *adj.* [作定语]临时的;权宜之计的:a *stopgap* measure 临时措施

stop·light /ˈstɔpˌlait/ *n.* [C] ❶刹车灯 ❷=traffic light

stop·o·ver /ˈstɔpˌəuvəʳ/ *n.* [C]中途停留

stop·page /ˈstɔpidʒ/ *n.* ❶[C;U]停止;中止:the complete *stoppages* of production 全面停产 ❷[C;U]阻塞;堵塞:the *stoppage* of the traffic 交通的受阻 ❸[C]罢工;停工:The union called the workers out on a one-day *stoppage*. 工会号召工人停工一天。

stop·per /ˈstɔpəʳ/ *n.* [C] ❶堵塞物;塞子(如瓶塞等);栓 ❷阻碍者;阻止者,制止者;阻挡者:a conversation *stopper* 打断谈话的人

stop·ple /ˈstɔpᵊl/ **I** *n.* [C]堵塞物;塞子(如瓶塞、耳塞等):put *stopples* in one's ears 用耳塞塞住耳朵 **II** *vt.* (用塞子等)塞住

stop·watch /ˈstɔpˌwɔtʃ/ *n.* [C](用于赛跑等计时的)秒表,跑表,停表,马表

stor·age /ˈstɔːridʒ/ *n.* [U] ❶储存(量),储藏(量);保管:The dam has a total *storage* of ten billion cubic feet water. 这座水坝总共蓄有100亿立方英尺的水。❷【计】(数据的)存储:

Computers differ in their *storage* capacities. 计算机的存储能力各不相同。❸储藏费;保管费;仓租

store /stɔː/ **I** *n.* [C] ❶商店,店铺:a department *store* 商场 / a hardware *store* 五金店 ❷杂货店 ❸储备;储存;储藏:Mother always had a special *store* of chocolate for us. 母亲总是特地为我们储备些巧克力。❹[常用单]大量;丰富:He has a great *store* of energy. 他精力充沛。**II** *vt.* ❶供应,供给 ❷储备;储存;储藏:Energy can be *stored* in the form of coal and oil. 能量可以以煤炭和石油的形式储存。‖ ***in store*** *adj.* & *adv.* ❶储存着;准备着:food *in store* 储存着的食物 ❷将要发生;(命运等)等待着(*for*):Who knows what the future has *in store for* us? 谁知道未来都孕育着什么? ***set*** [***lay***] ***store by*** *vt.* 重视;尊重:They *set* great *store by* his opinion. 他们非常尊重他的意见。

store·front /ˈstɔːˌfrʌnt/ **I** *n.* [C]❶(商店朝街的)门面 ❷(商店的)前室 **II** *adj.* (在)店面的:a *storefront* meeting 店面会议

store·house /ˈstɔːˌhaus/ *n.* [C]([复]**-hous·es** /-ˌhauziz/) ❶仓库,库房 ❷〈喻〉宝库

store·keep·er /ˈstɔːˌkiːpə/ *n.* [C]店主

store·room /ˈstɔːˌruːm,-ˌrum/ *n.* [C]储藏室;库房

sto·r(e)y /ˈstɔːri/ *n.* [C] ❶楼层;楼;层 ❷一层的全部(或一套、一间)房间

stork /stɔːk/ *n.* [C] ❶([复]**stork(s)**)【鸟】鹳科鸟类;白鹳 ❷鹳妈妈(儿童故事中假称婴儿是由鹳所生,故有此说法)

storm /stɔːm/ **I** *n.* [C] 风暴;暴(风)雨;暴风雪;暴雹:a tropical *storm* 热带风暴 **II** *vi.* ❶[通常用 it 作主语]起风暴;刮大风;下暴雨(或暴雪,雹):It *stormed* hard last night. 昨夜风雨大作。❷暴怒,咆哮,大发雷霆;怒骂(*at*, *against*):He fumed and *stormed*. 他气得七窍生烟。❸猛冲;怒气冲冲地闯入(或离开):Heyward *stormed* in, his face flushed. 海沃德气冲冲地闯了进来,面孔涨得通红。—*vt.* 猛攻,强击(见 attack):The troops *stormed* the town at dawn. 那支军队拂晓时分向那座城镇发起强攻。

storm·y /ˈstɔːmi/ *adj.* ❶暴风雨般的;激烈的,猛烈的;多风波的:Character can only be best formed in the *stormy* billows of the world. 人之品格只有经风雨见世面才能得到最好的锻造。❷(脾气、心情等)狂暴的,暴躁的:a *stormy* temper 暴躁的脾气 ‖ **ˈstorm·i·ly** *adv.* —**ˈstorm·i·ness** *n.* [U]

sto·ry[1] /ˈstɔːri/ *n.* [C] ❶(对所发生的事情的)叙述,描述,记述:I've heard a *story* that he may be retiring next year. 我听说他明年可能要退休了。❷故事;(短篇)小说;传奇;传说;神话;逸事;趣事;传闻:a fairly *story* 童话故事 ❸(小说、电影、戏剧等的)情节:a complicated *story* 错综复杂的情节 ❹(新闻)报道;新闻报道的题材:the front-page *story* 头版新闻

sto·ry[2] /ˈstɔːri/ *n.* [C] ❶ 楼层;楼;层 ❷一层的全部(或一套、一间)房间 ❸[用以构成复合词]有…(层)楼的(=storey)

sto·ry-book /ˈstɔːriˌbuk/ **I** *n.* [C]儿童故事书,儿童小说书 **II** *adj.* [无比较级][作定语]不真实的,虚构的;传奇式的:Are you looking for a *story-book* romance? 你是在寻求一种传奇式的爱情故事吗?

stout /staut/ *adj.* ❶肥胖的,臃肿的(见 fat):My teacher was about fifty, somewhat *stout*. 我的老师五十岁左右,有点发福。❷强壮的,壮实的;粗大的,粗壮的:We need several *stout* young men to move the rock. 我们需要几个壮小伙子来搬动这块岩石。❸厚实的,结实的;坚固的,牢固的:The selected letters make a *stout* volume. 书信选形成了厚厚的一册。‖ **ˈstout·ly** *adv.* —**ˈstout·ness** *n.* [U]

stout-heart·ed /ˌstautˈhɑːtid/ *adj.* 〈书〉大胆的,勇敢的;不屈的,顽强的;有决心的:the most *stout-hearted* mountain climbers 最英勇无畏的登山者

stove[1] /stəuv/ *n.* [C](用以取暖或烹饪的)炉子;加热装置,加热器

stove[2] /stəuv/ *v.* stave 的过去式和过去分词

stow /stəu/ *vt.* ❶密集堆放(货物等);使堆成垛:The luggage must be *stowed* properly. 行李必须堆垛整齐。❷[通常用祈使句]〈俚〉停止:*Stow* the noise! 别吵了!

stow·a·way /ˈstəuəˌwei/ *n.* [C](藏匿于船只或飞机上的)逃票乘客,偷乘者

strad·dle /ˈstrædᵊl/ *vt.* ❶骑坐于,跨坐于;叉开腿站立于:He let his son *straddle* his back. 他让儿子骑在他背上。❷对(问题等)持模棱两可的态度;对…持骑墙观望的态度:You *shouldn't straddle* the controversial speech. 你不应该对这个有争议的讲话莫衷一是。‖ ˈ**strad·dler** *n.* [C]

strafe /strɑːf,streif/ *vt.* (猛烈地)炮击,轰炸;(从飞机上)对…低空扫射:They *strafed* the village and burned it to ground. 他们对这座村庄轰炸并把它夷为平地。

strag·gle /ˈstræɡəl/ *vi.* ❶散乱,零乱;散落地出现(或行进、离开);散乱分布(或呈现):The cows *straggled* along the lane. 牛群稀稀拉拉地走在小道上。❷(在行进或比赛中)掉队,落下;落后,落伍:Come on girls, don't *straggle*! 快点儿,姑娘们,别掉队了!❸(植物或须发等)蔓生;蓬乱生长:Her hair *straggled* down over her eyes. 她的头发披散下来,遮住了双眼。‖ ˈ**strag·gler** *n.* [C]

straight /streit/ **I** *adj.* ❶[无比较级]竖直的,垂直的,不歪斜的:a *straight* line 直线 ❷笔直的;挺直的:He made sure his tie was *straight*. 他检查自己的领带是否系正。❸诚实的,正直的;坦率的;直截了当的:The broker had made it clear that he intended to be perfectly *straight* with him. 那位代理商表示要对他绝对正直无欺。❹正确的;可靠的,确实的;权威性的:take a *straight* approach to a problem 对问题采取正确的处理方法 ❺(思维等)清晰的;有条理的;有逻辑的;不表露感情的:keep a *straight* expression 不动声色 ❻[作表语]整洁的,整齐的;井然有序的:Her office is always *straight*. 她的办公室总是井井有条的。❼[无比较级][作定语]直接的;连续的,不间断的;有次序的:four *straight* years 连续四年 ❽[无比较级]〈口〉(人的心理、生理状况)正常的;为社会所接受的;非同性恋的;不吸毒的;守法的:He's a *straight* guy. 他不吸毒。**II** *adv.* ❶直地,笔直地,成直线地:He was drunk and couldn't walk *straight*. 他喝醉了,走起路来歪歪斜斜的。❷垂直地;平正地:He always wore the hat *straight*. 他总是把帽子端端正正地戴着。❸挺直地:John stood there standing very *straight*. 约翰僵直地站在那里。❹[无比较级]直接地,径直地;接连不断地,不中断地:I took the children *straight* home after school. 放学后,我直接把孩子们送回家。❺[无比较级]直截了当地;直率地,坦诚地;如实地:Why don't you come *straight* to the point? 你为什么不直截了当地把要说的话说出来呢? ‖ *straight away* [*off*] *adv.* [无比较级]立刻,马上;尽快地:The boss will see you *straight away*. 老板要立刻见你。‖ ˈ**straight·ness** *n.* [U]

S

straight·a·way /ˈstreitəˌwei/ **I** *adj.* [无比较级]直道的;直接的,径直的:a *straightaway* track 直线跑道 **II** *n.* [C](道路的)直线路段;(跑道等的)直道 **III** *adv.* [无比较级]立刻,马上:You have to go there *straightaway*. 你得马上到那儿去。

straight·en /ˈstreitᵊn/ *vt.* ❶使笔直,将…弄直;使挺直;使平直:I've *straightened* the bent pin. 我已经将那枚弯的别针弄直了。❷使整洁有序,整理,清理:I stood up and *straightened* my clothes. 我站起身来,整了整衣服。—*vi.* 变直;挺直;直起:The alley curved and then *straightened*. 小巷先曲后直。‖ *straighten out vi.* & *vt.* ❶(使)变直:His curly hair *straightens out* if he doesn't wash it every day. 他那头鬈发一日不洗就会变直。❷整理,清理;澄清,弄清;(使)得到解决:He hired a top executive to *straighten out* the marketing department. 他聘用了一名高级行政人员来整顿市场营销部。❸(使)改正;(使)好转:I can still *straighten* you *out*, Charlie. 我仍然能使你改邪归正,查理。‖ ˈ**straight·en·er** *n.* [C]

straight face *n.* [C]拉长的脸,板着的面孔,没有表情的脸 ‖ **straight-faced** /ˌstreitˈfeist/ *adj.*

straight·for·ward /ˌstreitˈfɔːwəd/ *adj.* ❶径直的,直接的;向前的 ❷诚实的,不隐瞒的,坦率的,直言的:a *straightforward* person 坦诚的人

strain[1] /strein/ **I** *vt.* ❶使变紧;拉紧;绷紧:The weight *strained* the long rope. 重物把那根长绳子拽得紧紧的。❷尽力使用;使紧张:He *strained* every nerve to get the newly arrived celebrity to his house. 他费尽一切心机,想把这位新到的名人邀请到他家里去。❸使过劳;(因受力或用力过度等而)使损伤,使损坏,使变弱:Mark *strained* a muscle in his back playing squash. 马克打壁球时拉伤了背部肌肉。❹过滤;滤掉,滤去;滤出(*off*, *out*):*strain* the juice *off* the pineapple 滤出凤梨汁 —*vi.* ❶用力拉,紧拉;用力拽,紧拽;用力推,紧推(*at*, *against*, *on*):The dog *strained at* the leash. 那条狗用力拉脖子上的皮带。❷被过

滤;渗出;滴出:The solution doesn't *strain* easily. 这种溶液不易过滤。II *n.* [C;U] ❶拉紧,绷紧;拉力;应力;张力;作用力:Too much *strain* broke the rope. 用力太大,把绳子给拉断了。❷【物】应变,胁变 ❸使劲,努力,尽力;费力之事;严重的程度(或强度等):How can you talk in such a painful *strain*? 你怎么能说出这么让人听着难受的话呢?❹(过劳引起的)损伤,劳损;扭伤:To avoid muscle *strains*, warm up slowly before exercise. 为避免拉伤肌肉,锻炼前先做些缓慢的热身运动。❺过劳;重负;极度紧张;过分的要求(或使用、指望等):The *strain* of sleepless nights made her ill. 她由于夜夜失眠而心力交瘁,终于病倒了。

strain² /strein/ *n.* [C] ❶世系,谱系;种,族;血缘,血统:He came of the old masterful Baskerville *strain*. 他和那专横的老巴斯克维尔是一脉相传。❷(动物或植物的)(品)系;族;种;(菌)株;(菌)系;种类,类型:The various *strains* of thought have emerged. 出现了各种思想。❸(人的)个性特点,个性倾向;品性;气质:a *strain* of fanaticism 狂热倾向

strained /streind/ *adj.* 不自然的,勉强的:The atmosphere was a little *strained*. 气氛有点儿不自然。

strain·er /ˈstreinəʳ/ *n.* [C] ❶拉紧者;拉紧装置;张紧装置 ❷过滤器;滤网

strait /streit/ *n.* [C] ❶[作~s时用作单]海峡:the Bering *Strait* that separates Asia and America 隔断亚洲和美洲的白令海峡 ❷[通常作~s]困境,窘境;麻烦;危难:Our company is now in financial *straits*. 目前,我们公司经济正处于困境之中。

strait·en /ˈstreitᵊn/ *vt.* ❶[常用被动语态]使陷入财政困境 ❷使变窄;限制…的范围(或规模等):*straiten* the mind 束缚思想

strait-jack·et /ˈstreitˌdʒækit/ *n.* [C] ❶(用以束缚凶暴囚犯双手的)长臂约束衣 ❷限制措施;束缚物:The new regulation will possibly act as a *strait-jacket* in combating crime. 这项新条例将有可能在打击犯罪的过程中起约束作用。

strand /strænd/ *n.* [C] ❶(线、绳等的)(一)股;束;匝;缕;绞:a loose *strand* of hair 一缕松散的头发 / *strands* of pasta 几匝通心粉 ❷(构成整体的)(一个)部分,方面:all the *strands* of the argument 论据的各个方面

strange /streindʒ/ I *adj.* ❶不寻常的,奇特的;奇怪的;新奇的:There will be a *strange* gathering this evening. 今晚将有一个非同寻常的聚会。❷[无比较级]不熟悉的,陌生的(*to*):Don't accept lifts from *strange* men. 千万别搭陌生人的顺风车。II *adv.* 奇怪地,离奇地;陌生地:They sure acted *strange* when we said hello. 我们打招呼的时候他们表现得非常奇怪。‖ˈ**strange·ly** *adv.* —ˈ**strange·ness** *n.* [U]

stran·ger /ˈstreindʒəʳ/ *n.* [C] ❶陌生人,外人(*to*):Nancy, you shouldn't speak to *strangers*. 南希,你不该跟陌生人讲话。❷异乡人,外地人;生客,新来者:These *strangers* lost their way in the fog. 这些外地人在雾中迷了路。❸生手;外行;不适应的人,不习惯的人(*to*):be no *stranger to* misfortune 饱经磨难

stran·gle /ˈstræŋgᵊl/ *vt.* ❶掐死,扼死;勒死;绞死:I curse myself for not *strangling* you in your cradle. 我真后悔没有把你掐死在摇篮中。❷限制,束缚;压制;阻止:*strangle* the free press 限制新闻自由 ‖ˈ**stran·gler** *n.* [C] —ˈ**stran·gling** *adj.*

strap /stræp/ I *n.* [C] ❶(尤指用以捆扎或固定的)带(子),带条;皮带;铁皮条 ❷(衣服等的)背带,吊带:the shoulder *strap* 背带 II (**strapped;strap·ping**) *vt.* ❶用带子系牢(或捆扎、固定、扣住):Children should be *strapped* into a special car seat. 应用安全带将儿童固定在特制的汽车座位上。❷鞭打,抽打

strap·less /ˈstræplis/ *adj.* [无比较级](衣服等)无背带的,无吊带的,无肩带的:a *strapless* taffeta evening gown 无肩带的丝织晚礼服

strapped /stræpt/ *adj.* [无比较级][作表语]〈口〉短缺的;缺钱的,手头紧的:be *strapped* for cash 手头缺钱

strap·ping /ˈstræpiŋ/ *adj.* [作定语]〈口〉〈谑〉高大魁梧的,身高体壮的:a big *strapping* lad 一个人高马大的小伙儿

stra·ta /ˈstrɑːtə,ˈstrei-,ˈstræ-/ *n.* stratum 的复数

strat·a·gem /ˈstrætədʒᵊm/ *n.* [C;U]〈书〉(尤指蒙蔽或欺骗对方的)诡计,骗术;计策,计谋;策略

stra·te·gic /strəˈtiːdʒik/, **stra·te·gi·cal** /-kᵊl/ *adj.* [无比较级] ❶战略(上)的;策略

S

(上)的:*strategic* decisions 战略决策 ❷(物资)具有战略意义的,用于战略用途的:*strategic* defence [position, forces] 战略防御[位置,部队] ‖ **straˈte·gi·cal·ly** *adv.*

strat·e·gy /ˈstrætidʒi/ *n.* ❶[U]兵法;战略;战略学:military *strategy* 军事战略 / a master of *strategy* 战略家 ❷[C](作战)计谋;战略计划,战略部署:Why not try a different *strategy*? 为什么不尝试一下另一套战略计划呢? ❸[C](政治或经济等方面的)战略规划;对策;针对性措施;谋略,策略:marketing *strategy* 营销策略 ‖ **ˈstrat·e·gist** *n.* [C]

strat·i·fy /ˈstrætiˌfai/ *vt.* ❶使分层;使成(薄)层 ❷使形成阶层,使有层次:*stratify* the students by age and gender 按年龄和性别将学生分组 ‖ **strat·i·fi·ca·tion** /ˌstrætifiˈkeiʃᵊn/ *n.* [U]

strat·o·sphere /ˈstrætəᵘˌsfiəʳ/ *n.* [C][常作 the s-][常用单] ❶【气】平流层 ❷高处;高点

stra·tum /ˈstrɑːtᵊm, ˈstrei-/ *n.* [C]([复]-ta /-tə/) ❶(物质等的)层;(语言等的)层次 ❷【地质】(地)层:a water-bearing rock *stratum* 含水岩层 ❸社会阶层:the lower *strata* of society 社会下层

straw /strɔː/ *n.* ❶[U;C]稻草;禾秆;麦秆 ❷[C](吸饮料用的)麦管;(纸质或塑料)吸管 ‖ ***the last straw*** *n.* 最终导致失败的因素:The quarrel became *the last straw* to them. 这场争吵成了他们彻底决裂的导火索。***straw in the wind*** *n.* (预示某事即将发生的)苗头,兆头;迹象,动向,风吹草动:There were a few *straws in the wind* which indicated that his resignation was inevitable. 一些迹象表明他的辞职将不可避免。

S

straw·ber·ry /ˈstrɔːbᵊri/ *n.* [C] ❶草莓果:I made a delicious fruit salad with loads of *strawberries*. 我用很多草莓做了个好吃的水果沙拉。❷【植】草莓属植物;草莓

straw man *n.* ❶(非法交易中)被用作掩护的人,用作挡箭牌的人 ❷(政客等欲轻易战胜之的)假想对手

stray /strei/ I *vi.* ❶走失,走散;离群;迷路(见 wander):The little girl *strayed* from her dad. 这小女孩和她爸爸走散了。❷走神,分心;(话题等)离题,走题:Don't keep *straying* from the point! 别老是离题! II *n.* [C]迷路的人;流浪者;走失的家畜:Don't bring *strays* home. 别把别人走失的家畜领回家来。III *adj.* [无比较级][作定语] ❶迷路的;走失的,走散的;离群的:a *stray* cat 走失的猫 ❷零散的,个别的;偶尔出现的:This drawer is full of *stray* socks. 这只抽屉里全是不成双的袜子。

streak /striːk/ I *n.* [C] ❶条痕,条纹:rub the tear *streaks* from one's cheeks 擦去脸颊上的泪痕 ❷(肉的)条层:bacon with a thin *streak* of fat 有薄薄一层肥肉的腊肉 ❸性格倾向;个性(或气质)特点:a competitive *streak* 竞争意识 II *vi.*〈口〉飞速移动;飞跑;疾驰;闪现:A gigantic smile *streaked* across his face. 他满面笑容。

streak·y /ˈstriːki/ *adj.* [无比较级] 全是条纹的;似条痕的:The door is looking rather *streaky*. 这门看上去全是些条痕。

stream /striːm/ I *n.* [C] ❶水流;(尤指)小河,小溪,小川:Can you jump across the *stream*? 你能跳过这条小溪吗? ❷(液体或人群的)流;流动,涌动:*Streams* of people were coming out of the cinema. 一股股人流正涌出电影院。II *vi.* ❶(小河等)流过;流淌 ❷(液体)流淌,流:The tears *streamed* from his red old eyes. 泪水从他那红红的老眼中流了出来。❸放射:Moonlight was *streaming* in through a wide window. 月光如水,从一个宽大的窗户里泻进来。❹(不断)流动,涌动:The main front doors were open, early customers *streaming* in. 几扇大门打开了,第一批主顾摩肩接踵地涌进来。

stream·er /ˈstriːməʳ/ *n.* [C] ❶流动的物体:*streamers* of flame 流动的火焰 ❷(细窄的)长旗 ❸飘带,饰带;彩条,彩带:The little village was festooned with balloons and *streamers*. 小村子里气球悬挂,彩带飘扬。

stream·line /ˈstriːmˌlain/ I *vt.* ❶把(车辆等)设计(或制造)成流线型,使具流线型外观:*streamline* the new car for speed 为提高速度把新车设计成流线型 ❷使更高效;使精简:We are trying to *streamline* timber production. 我们正试图提高木材生产的效率。II *adj.* =streamlined

stream·lined /ˈstriːmˌlaind/ *adj.* ❶流线型的:a *streamlined* automobile design 流线型的汽车设计 ❷效率提高了的,精简了的:a *streamlined* company 精简高效的公司

street /striːt/ *n.* ❶[C]街,街道;马路;车行道:The *streets* are noisy and crowded with traffic. 大街小巷熙熙攘攘,车水马龙。❷[总称]街区居民,小区居民;街区工作人员,小区工作人员:The whole *street* cheered as the hero rode past. 当英雄骑马经过时,整条街的居民都为他欢呼。

☆**street** 在英国英语和美国英语的用法不尽相同。英国英语常用 **in a street**,而美国英语常用 **on a street**:〈英〉the shop *in* the High *Street*/〈美〉a cinema *on* Boston *Street*. 此外,在美国英语中,在指路时提到有序数词的街名时,往往将 **street** 一词略掉,例如:Where's the building? At 34th and 5th. 在英国英语中则不省略:At the junction of 34th *Street* and 5th Avenue. 在书面语中,thirty fourth *street* 不常写作 34 *street* 而应为 34th *street*. 街名前若加门牌号则无需加冠词:My sister lives at (No.) 22 Main *Street*.

☆**street**,**road** 均有"街道,马路"之意。**street** 常指城镇里两边有商店等建筑物的道路:She lives in the Fifth *Street*.(她住在第五大街。) **road** 可表示城镇里或乡村中的任何道路,通常指通向另外一个城镇或乡村等的道路,也可喻指方法、手段或途径:Our *road* lies through the forest.(我们的路要穿过一个森林。)

street·car /ˈstriːtˌkɑːʳ/ *n.* [C]有轨电车

street·wise /ˈstriːtˌwaiz/ *adj.* [无比较级]熟悉现代都市生活方式的

strength /streŋᵏθ/ *n.* ❶[U]力,力量;实力;活力;效力:Don't underestimate the opponent's *strength*. 不要低估对手的实力。❷[U]精神力量;心力,意志力:He felt the *strength* of a thousand souls in one. 他只觉得自己有万夫不当之勇。❸[C]给予力量(或支持)的人(或物):My *strength* is self-confidence. 自信给予我力量。❹[C;U]长处,优势;强项:History is my *strength*. 历史是我的强项。❺[U;C]牢固度;(风、浪等的)强度;(光的)亮度;(颜色的)鲜艳度;(液体的)浓度:working *strength* 工作强度 ‖ ***in strength*** *adv.* 大量地,众多地:Demonstrators arrived *in strength* to protest against it. 很多人前来示威游行以示对此抗议。***on the strength*** *adv.* 依靠,凭借(*of*):She finished her task *on the strength of* my advice. 她在我的建议之下完成了任务。‖ ˈ**strength·less** *adj.*

strength·en /ˈstreŋkθᵊn/ *vt.* 使更强壮;使更坚强;增强,加强;巩固:Your help will surely *strengthen* me against the hostile environment. 你们的帮助无疑将使我更加坚强地面对逆境。—*vi.* 变强壮,变强健;变强大:The wind *strengthened* tonight. 今晚的风刮得更猛了。

stren·u·ous /ˈstrenjuəs/ *adj.* ❶费力的,费劲的;艰苦的;累人的,繁重的:Don't take any *strenuous* exercise. 不要做任何剧烈运动。❷精力充沛的,劲头十足的;不松懈的(见 vigorous):a *strenuous* child 精力旺盛的孩子 ‖ ˈ**stren·u·ous·ly** *adv.* —ˈ**stren·u·ous·ness** *n.* [U]

strep·to·coc·cus /ˌstreptəˈkɔkəs/ *n.* [C] ([复]**-coc·ci** /-ˈkɔkai/)【微生】链球菌

stress /stres/ **I** *n.* ❶[U]强调,重视:Our school lays *stress* on English. 我们学校对英语很重视。❷[C;U]【语】重音;重读(音节):The *stress* is on the second syllable. 重音落在第二个音节上。❸[C;U]压力,重压:The earthquake results from *stresses* in the earth's crust. 地震源于地壳受压。❹[C;U](精神方面的)紧张;困苦;忧虑:Can you cope with the *stresses* of city life? 你们能应付紧张的都市生活吗? **II** *vt.* ❶强调,重视:The manager *stressed* the necessity of being punctual. 经理强调了守时的必要性。❷重读:Did you *stress* the first syllable? 你重读第一个音节了吗? ‖ ˈ**stress·ful** *adj.* —ˈ**stress·ful·ly** *adv.* —ˈ**stress·less** *adj.*

stressed-out /ˈstrestˌaut/ *adj.* 过分紧张的,压力过大的:Helena was *stressed-out* from all that pressure and badly needed a rest. 海伦娜的压力过大,非常需要休息。

stretch /stretʃ/ **I** *vt.* ❶伸直;伸长;伸出;伸展,舒展:She stood up from the chair and *stretched* herself. 她离座站起身子,伸了个懒腰。❷使延伸;使延续;展开;铺开:*Stretch* the wires across the valley. 把电线延伸架设到山谷的另一边。❸拉直;拉长;拉紧;撑大,绷大:You may *stretch* your new shoes by wearing them. 新鞋穿穿就撑大了。❹使竭尽全力,使紧张;使充分施展;极度使用:*stretch* oneself to help sb. 尽全力帮助某人 ❺超越…的界限;滥用;夸大,夸张;歪曲,曲解:He was accused of *stretching* power. 他被指控为滥用权力。—*vi.* ❶伸手;伸懒腰;舒展肢体:She *stretched* up for her Grandpa's beard. 她伸手去摸她爷爷的胡子。❷伸展,绵延,延展;延续;展开;铺开:The long white beaches *stretch* (for) miles along

S

the coast. 白色的沙滩沿海岸绵延数英里。❸被拉直;被拉长;被拉紧;被撑大,被绷大:My T-shirt *stretched* when I washed it. 我的短袖汗衫洗过以后变肥大了。❹竭尽全力,全力以赴 ❺〈口〉夸大,夸张:This word will not *stretch* to cover that meaning. 这个词不能引申做那样的解释。**II** *n.* ❶[C](肢体等的)舒展;伸长;伸出;拉直;拉长;拉紧;撑大,绷大;紧张:Stand up, everybody, and have a good *stretch*. 大家站起来,好好舒展一下筋骨。❷[U]弹性,弹力,伸缩性:That pair of stockings has a lot of *stretch*. 那双长筒袜的伸缩性很大。❸[C](空间上的)绵延,延伸;连绵的一片;一段距离(或路程);(时间上的)延续;一段时间:a *stretch* of beautiful countryside 一片美丽的郊野 ‖ ˈ**stretch·a·ble** *adj.*

stretch·er /ˈstretʃəʳ/ *n.* [C] ❶担架 ❷延伸(扩展或拉撑)器具;延伸(扩展或拉撑)器具的操作者

stretch·y /ˈstretʃi/ *adj.* 可延伸的,有弹性的

strew /struː/ *vt.* (过去式 **strewed**,过去分词 **strewn** /struːn/或 **strewed**) ❶撒,播撒;使散落;使洒落:The wind *strewed* the dead leaves on the ground. 风吹得落叶满地都是。❷洒落在…上;播散于;点缀,散布于(*with*):The park was *strewn with* rubbish. 公园里垃圾扔得到处都是。

S

strick·en /ˈstrikᵊn/ **I** *v.* strike 的过去分词 **II** *adj.* [无比较级]患病的;受伤害的;遭不幸的;受打击的:The old lady got panic-*stricken*. 老妇人吓得惊慌失措。

strict /strikt/ *adj.* ❶严格的;严厉的:They tend to be overly *strict* in demanding achievement from their youngsters. 他们寄托在年青一代身上的期望往往过于苛刻。❷严密的;严谨的;精确的:The election was in the *strict* sense of the word unfair. 这次选举从严格意义上说是不公正的。❸[无比较级]〈口〉完全的,彻底的,绝对的,不折不扣的:pretty *strict* honesty 绝对诚实 ‖ ˈ**strict·ly** *adv.* —ˈ**strict·ness** *n.* [U]

stric·ture /ˈstriktʃəʳ/ *n.* ❶[C]【医】(人体导管或通道产生病变而形成的)狭窄;狭窄部位 ❷[C]约束,束缚,限制;限制措施;束缚物:The press has always been willing to respect agreed-upon security *strictures*. 新闻界向来是愿意尊重商定好的保安限制措施的。❸[常作~s]〈书〉尖锐批评,苛责,苛评;抨击,指责

stride /straid/ **I** (**strode** /strəud/, **strid·den** /ˈstridᵊn/) *vi.* 大踏步行进,阔步前进:Our country is now *striding* forward into future. 我们的国家正阔步奔向未来。**II** *n.* ❶[C](一)大步,(一)跨步;步距,步幅:I couldn't keep up with his *strides*. 我赶不上他的步伐。❷[常作~s]进步,进展:the significant *strides* forward 重大进展 ‖ ***take in stride*** *vt.* 轻而易举地解决,毫不费力地处理;从容对待:She *takes* examinations *in stride*. 她考试都能顺利通过。

stri·dent /ˈstraidᵊnt/ *adj.* ❶(声音)尖厉的,刺耳的:the *strident* sound of croaking frogs 青蛙那吵人刺耳的呱呱叫声 ❷言辞激烈的,言语尖刻的;(色彩等)炫目刺眼的:The colours of the young lady's clothes were distinctly *strident*. 那位年轻女士的衣服色彩非常耀眼。‖ ˈ**stri·dent·ly** *adv.*

strife /straif/ *n.* [U]冲突,争端,摩擦;争斗,争吵:The two families are at *strife*. 这两家人彼此不和。

strike /straik/ **I** (过去式 **struck** /strʌk/,过去分词 **struck** 或 **strick·en** /ˈstrikᵊn/) *vt.* ❶(用拳头、锤子或兵器等)打,击;击中,打中;(雷电)击伤,击毁:Why did you *strike* him with your fist? 你干吗用拳头打他? ❷使碰撞,使撞击;撞上,碰着:Her car went out of control and *struck* an oncoming bicycle. 她的汽车失控后撞上了迎面来的一辆自行车。❸将…刺入;刺痛;刺透;使穿透:He *struck* the dagger into a tree. 他将那把匕首刺入一棵树中。❹划擦(火柴);摩擦点(火);磨打(火花);触发(电弧):Dad *struck* a match and lit the candle. 爸爸划了一根火柴,点亮了那支蜡烛。❺突然袭击;使突然染上:We'd better *strike* the enemy camp at dawn. 我们最好在拂晓时分袭击敌人的营地。❻(光线)照到…上;(声音)传入:The bright light *struck* my eyes. 明晃晃的光线直射到我的眼睛上。❼[不用进行式]使突然想起,使猛然意识到:A strange thought *struck* him. 他突发奇想。❽(通过钻探或开采)发现(矿藏、石油等):I've *struck* gold! 我找到金子了!❾(钟)敲响报(时),鸣报:You must leave immediately when the clock *strikes* twelve. 当时钟敲响 12 点时,你必须马上离开。❿罢工

反抗(雇主);在…罢工(或罢课等):We have to *strike our boss for higher wages.* 我们迫不得已向老板罢工抗议,要求增加工资。—*vi.* ❶(用拳头、锤子或兵器等)打,击;(闪电等)击毁;击伤:Lightning never *strikes* twice in the same place. 闪电在同一个地方不会发生两次。❷碰撞,撞击;敲击,叩击;轻拍;(船只)触礁;搁浅(*against*):Our liner has *struck against* a rock. 我们的班轮撞上了一块礁石。❸(突然地)袭击,进攻;作战,打仗:The enemy will probably *strike* at night. 敌人很可能会在夜间发起进攻。❹(尤指意外等)突然发生,意外出现;突然发现;不期然想到(*on*,*upon*):How could you *strike on* this excellent idea? 你是怎么突然想到这个绝妙的主意的? ❺(火柴等)被擦着,被点燃:Look at these damp matches. They won't *strike*. 瞧瞧这些受潮的火柴,划不着。❻(时钟)敲响(报时),鸣响(报时);(时间)被鸣示:Nine o'clock *struck*. 时钟敲了九点整。❼罢工:The taxi drivers will *strike* this Friday. 出租车司机将于本周五罢工示威。**II** *n.* ❶[C]打,击;碰击,撞击;敲击,叩击;轻拍 ❷[C;U]罢工;罢课;罢市:Great *strikes* were breaking out all over the country. 全国上下正在爆发大规模的工潮。❸[C](尤指空中)袭击,攻击,打击:a night *strike* 夜袭 ‖ ***strike off*** *vt.* 将(名字)从名单中删去;从职业注册记录中将…除名(使其无法开业):She has been *struck off* the list of dancers. 她的名字已被人从舞蹈演员的名单中删去了。***strike up*** *vt.* ❶开始演奏(或演唱):The regimental band *struck up* the national anthem. 军乐队开始演奏国歌。❷(尤指随意地)与人(交谈或结识等):Jim and I *struck up* a friendship immediately. 我很快就和吉姆交了朋友。

strik·er /ˈstraikəʳ/ *n.* [C] ❶敲击者,打击者;敲击工具,打击工具 ❷罢工者;罢课者;罢市者

strik·ing /ˈstraikiŋ/ *adj.* 惹人注目的,惊人的;显著的,突出的:What a *striking* face! 多么迷人的脸蛋儿!

string /striŋ/ **I** *n.* ❶[C;U](两股以上扭成的)多股线;细绳;(用来系、扎或拉的)(一根)带子;(操纵木偶用的)拉线,牵线:a bunch of balloons on a *string* 一根绳子拴的一串气球 ❷[C](一)串,(一)挂;一排,一行,一列;一系列,一连串:The reporter asked a *string* of questions. 记者提了一连串的问题。❸[C](同属一主的)一群赛马 ❹[C](乐器的)弦;[~s]【音】弦乐器;弦乐演奏者:A violin has four *strings*. 小提琴有四根弦。**II** (**strung** /strʌŋ/) *vt.* ❶为(乐器、弓或球拍等)上弦,装弦于:Do you know how to *string* and tune a guitar? 你知道怎么给吉他上弦调音吗? ❷用线(或细绳等)捆,扎,缚;(尤指为装饰而)挂起,挂上:The packages were all *strung* together. 所有的包裹都用细绳捆在了一起。❸(用线)将…串起;〈喻〉串起,将…连在一起:Would you help me *string* these beads? 你能帮我将这些珠子串起来吗? ‖ ***string along*** *vt.* & *vi.* ❶哄骗,欺骗:We won't be *strung along* by him again. 我们不会再上他的当了。❷(与…)结伴,(和…)待在一起(*with*):You must stop *stringing along with* those boys! 不许再跟那些男孩们待在一起! ***string out*** *vt.* ❶延长,拖长:They deliberately *strung out* the tennis match. 他们故意拖长了网球比赛的时间。❷(成行或成排地)延伸,延展:The telephone poles were *strung out* along the road. 电话线杆沿着这条路一直延伸下去。***string up*** *vt.* 吊死,绞死:We ought to *string* them *up* instead of putting them in prison. 我们应该将他们送上绞架而不是将其送进大牢。

strin·gent /ˈstrindʒᵊnt/ *adj.* (规则等)严格的;苛刻的,严厉的:The conditions in this contract are not *stringent* at all. 这个合同上的条件一点也不苛刻。‖ ˈ**strin·gen·cy** /-si/ *n.* [U] —ˈ**strin·gent·ly** *adv.*

string·er /ˈstriŋəʳ/ *n.* [C]❶ 穿串的人;缚线的人;穿串装置,穿串器 ❷【空】【船】(尤指飞机或船只上的)纵梁,桁条,纵向加强条 ❸〈口〉(按稿件篇幅取酬的报刊)兼职记者,特约通讯员 ❹[常用以构成复合词]第…流球员(或艺员等):These actors and actresses are first-*stringers*. 这些男女演员都是一流的。

string·y /ˈstriŋi/ *adj.* ❶[无比较级](食物等)含纤维的;有筋的;老得咬不动的:*stringy* beefsteak 咬不动的牛排❷(人)高挑细瘦的:a *stringy* old cowboy 高挑精瘦的老牛仔

strip[1] /strip/ (**stripped**;**strip·ping**) *vt.* ❶除去,剥去(果皮等) ❷脱去(衣服);脱去…的衣服(*of*):He dived from the bridge without even *stripping* his overcoat. 他甚至连外套都没脱就从桥上跳入水中。❸揭下;摘掉;撕去(*from*,*off*):The giraffe *stripped* the leaves

S

off trees. 长颈鹿把树上的叶啃掉了。❹剥夺…的头衔(或职务、权利等);夺去…的财物(*of*, *from*, *away*): He was *stripped of* all civil rights. 他的所有公民权都被剥夺了。—*vi.* ❶去皮: Bananas *strip* easily. 香蕉皮很容易剥。❷脱掉衣服(*off*): He *stripped* (*off*) and ran into the sea. 他脱掉了衣服,朝海里奔去。‖ **'strip·per** *n.* [C]

strip² /strip/ *n.* [C] ❶狭长条,带状物: two *strips* of adhesive tape 两条狭长的胶带 ❷狭长地带;狭长的水域: a narrow *strip* of lawn 一块狭长的草地 ❸连环漫画(=comic strip) ❹(可供飞机着陆的)简易跑道: a landing *strip* 飞机简易着陆跑道

stripe /straip/ *n.* [C] ❶(颜色、质地或结构不同的)细条,长条,条纹: Vertical *stripes* on a dress are slenderizing. 竖条纹的衣服使人看起来瘦长一些。❷(性格或观点等的)类型,特点: governments of every *stripe* 各类政府 ‖ ***earn one's stripes*** *vt.* 获得经验: She *earned her stripes* as a visiting scholar. 当一名访问学者让她获得了很多经验。

strip-mine /'stripˌmain/ *vt.* & *vi.* 露天开(矿) ‖ **'strip-ˌmin·ing** *n.* [U]

strip·tease /'stripˌtiːz/ *n.* [C; U](尤指女性的)脱衣舞(表演): do a *striptease* 跳脱衣舞〔亦作 **strip**〕‖ **'stripˌteas·er** *n.* [C]

S

strive /straiv/ *vi.* (**strove** /strəuv/, **striv·en** /'strivᵊn/) ❶奋斗,努力;力争,力求(*for*)(见 attempt): We'll *strive* to win. 我们会努力获胜的。❷斗争,抗争;搏斗;争斗(*with*, *against*): Don't *strive with* your younger brother for a toy. 别为一只玩具跟你弟弟争抢。

strobe /strəub/ *n.* [C]闪光灯

strode /strəud/ *v.* stride 的过去式

stroke¹ /strəuk/ *n.* ❶[C]打击;敲打;拍打;(一)打;(一)击: Can you cut the log in half with one *stroke* of the axe? 你能一斧子将这块木柴劈成两半吗? ❷[C]中风;晕厥;(疾病等的)突然发作: a sun *stroke* 中暑 ❸[C; U](游泳、击球等连续动作的)一次: She can't swim yet but has made a few *strokes* with her arms. 她还不会游泳,但已经能用胳膊划几下了。❹[C](用钢笔、铅笔或毛笔等写字的)(一)画,(一)笔;(字的)笔画: She crossed out his name with a light *stroke*. 她轻轻一笔就把他的名字画掉了。❺[用单](运气、不幸、突发事件等的)一次,一回: This was a great *stroke* of fortune for them. 这对他们来说是一大幸事。❻[C]成功之举,巧妙一着: It was a *stroke* of genius to try experiment in a vacuum. 在真空中进行实验真是一次天才之举。

stroke² /strəuk/ *vt.* ❶抚摸;轻抚,爱抚;轻捋: Then, with dim, compassionate fingers, she *stroked* his head. 她似有若无地用手轻轻抚弄他的头发,指间充满怜爱。❷拍…的马屁,对…献媚

stroll /strəul/ **I** *vi.* 漫步,散步,闲逛,溜达: Don't *stroll* on the lawn. 别在草坪上闲逛。**II** *n.* [C]漫步,散步,闲逛,溜达: Would you like to take a little *stroll* with me? 你想不想和我一起去溜达一会儿?

stroll·er /'strəuləʳ/ *n.* [C] ❶漫步者,散步者,闲逛者 ❷折叠式婴儿小推车

strong /strɔŋ/ **I** *adj.* ❶有劲的,力气大的;(肌肉)强劲的: She is not *strong* enough to lift that heavy box. 她没那么大劲儿提起那只重箱子。❷(思想、意志等)坚定的,坚强的: We took a *strong* stand on this issue. 在这个问题上,我们立场很坚定。❸杰出的,优秀的;擅长的,通晓的: My daughter has a *strong* imagination. 我女儿的想象力很丰富。❹强大的,富强的;有影响力的: a *strong* government 强有力的政府 ❺(个性等)积极的;激进的: He is a man with *strong* principles. 他是个原则性很强的人。❻(论据等)有分量的,有说服力的: It is said that the affirmative didn't present any *strong* arguments. 据说正方并未提出任何有说服力的论据。❼实力雄厚的,有把握的: He is not the *strongest* candidate. 他并不是最具实力的候选人。❽强健的,健壮的;[无比较级](病人)康复的,复原的: When he smiled he showed a row of *strong* white teeth. 他一笑便露出了一排雪白健康的牙齿。❾猛烈的,强烈的: The *strong* wind set the door agape. 风刮得很猛,把门吹开了。❿(溶液或饮料等)浓烈的,烈性的;【化】强的,浓的: a *strong* beer 烈性啤酒 / a *strong* salt solution 浓盐溶液 ⓫[无比较级][与数词连用](人数)有…的,多达…的: with a 200,000 *strong* membership 拥有多达 20 万的会员 **II** *adv.* ❶强劲地,强有力地: He was resolved to come out *strong* under disadvantageous circumstances. 他决心要在最不利的情

形下显出英雄本色。❷激烈地;强烈地;猛烈地:The tide is running *strong*. 潮水汹涌。‖ 'strong·ly *adv*.

strong-arm /'strɒŋˌɑːm/ *adj*. [无比较级][作定语]采用暴力的,强制性的:*strong-arm* men 暴徒 / *strong-arm* tactics 强制性手段

strong·box /'strɒŋˌbɒks/ *n*. [C]保险柜,保险箱

strong·hold /'strɒŋˌhəuld/ *n*. [C] ❶堡垒,要塞 ❷(尤指事业的)据点,大本营:a Puritan *stronghold* 清教徒的大本营

strong-mind·ed /ˌstrɒŋ'maindid/ *adj*. 下定决心的;意志坚强的;有主见的;果断的;固执的,顽固的:He's very *strong-minded* and never changes his own idea. 他为人很固执,从不改变自己的主张。

strong-willed /ˌstrɒŋ'wild/ *adj*. 意志坚强的,果断的;固执己见的,刚愎自用

strop /strɒp/ **I** *n*. [C](磨剃刀用的)磨刀皮带,革砥 **II** *vt*. (**stropped**; **strop·ping**) 在磨刀皮带上磨(剃刀);磨利(器具)

stro·phe /'strəufi/ *n*. [C](诗歌的)诗节

strove /strəuv/ *v*. strive 的过去式

struck /strʌk/ **I** *v*. strike 的过去式和过去分词 **II** *adj*. 受罢工影响的,因罢工而关闭的

struc·tur·al /'strʌktʃ°r°l/ *adj*. [无比较级][作定语]结构的;结构上的,构造上的:*structural* faults 结构上的缺点

struc·ture /'strʌktʃə'/ **I** *n*. ❶[U](建筑物等的)构造;结构:The *structure* of the new church is artfully artless. 新建教堂的结构是拙中见巧。❷[C]建筑物(见 building):one of the most famous *structures* in the world 世界最著名的建筑物之一 ❸[C]体系;组织,机构:rebuild a *structure* of values 重建价值体系 **II** *vt*. ❶建造;构成,形成…的结构(或体系、机构、组织等):The male is *structured* for aggressive competition. 雄性的体形结构适合进行攻击性的竞争。❷组建,建立;安排,设计;制订:*structure* a teaching programme 设计一个教学计划

strug·gle /'strʌg°l/ **I** *vi*. ❶斗争,搏斗;争夺;扭打:*struggle* against difficulties 与困难作斗争 / *struggle* for power 争夺权势 ❷努力,奋斗;使劲,尽力;挣扎:He *struggled* from the bed. 他勉强从床上爬起来。❸艰难地行进:He *struggled* across a continent with them in defeat. 他同他们在败退中踉跄地越过一大片陆地。**II** *n*. ❶[C]斗争,搏斗;争夺;扭打:a class *struggle* 阶级斗争 / *the struggle* between good and evil 善与恶的较量 ❷[通常用单]努力,奋斗;使劲,尽力;挣扎:You know what a *struggle* I've had all these years. 要知道这些年来我是怎么过来的。

strum /strʌm/ **I** (**strummed**; **strum·ming**) *vi*. (随意或漫不经心地)弹奏:*strum* quietly on the guitar 安静地拨弄着吉他 —*vt*. (随意或漫不经心地)弹奏(乐器);弹奏出(乐曲):*strum* a ditty 随意弹了一首小曲 **II** *n*. [C](随意或漫不经心的)弹奏声,弹拨声 ‖ '**strum·mer** *n*. [C]

strung /strʌŋ/ *v*. string 的过去式和过去分词

strut /strʌt/ *vi*. (**strut·ted**; **strut·ting**) 昂首阔步;傲气十足地走路:He *strutted* around trying to get the attention of a group of girls who were nearby. 他傲气十足地走来走去,试图引起附近一群姑娘们的注意。

strych·nine /'strikniːn/ *n*. [U]【药】士的宁

stub /stʌb/ *n*. [C] ❶树墩,树桩;(牙齿的)残根 ❷(铅笔等用后的)残余物;残端;烟蒂:My crayon has been worn down to a *stub*. 我这支彩色粉笔已用得只剩下个粉笔头了。❸(支票或收据等的)票根,存根:the cheque *stub* 支票存根

stub·ble /'stʌb°l/ *n*. [U]胡须茬;头发茬:three days' *stubble* on the chin 下巴上三天没刮的胡须茬 ‖ '**stub·bled** *adj*. —'**stub·bly** *adj*.

stub·born /'stʌb°n/ *adj*. ❶固执的,顽固的;犟的:My younger brother is really *stubborn* as a mule. 我弟弟可真是头犟驴。❷顽强的,刚强的;倔强的;不动摇的:*stubborn* determination 坚定的决心 ❸难克服的;难对付的;(疾病)顽固性的,难治愈的:The door is a bit *stubborn*, you have to push hard. 这门有点难开(或关),你得用力推。‖ '**stub·born·ly** *adj*. —'**stub·born·ness** *n*. [U]

stub·by /'stʌbi/ *adj*. 短粗的;矮胖的:two *stubby* legs 短粗的双腿

stuck /stʌk/ *v*. stick 的过去式和过去分词 ‖ ***stuck on*** *adj*. 〈口〉被…吸引:They were *stuck on* the scenery here. 他们被这里的风景迷住了。

stuck-up /ˌstʌkˈʌp/ *adj*. [无比较级]〈口〉自以为是的,自命不凡的:a *stuck-up* celebrity 自命不凡的名人

stud[1] /stʌd/ *n*. [C] ❶(门、皮件等上用于装饰的)大头饰钉;大头钉;(有螺旋的)嵌钉:iron *studs* 铁饰钉 ❷(用于衬衫的领口或衣袖等部位的)装饰揿扣,装饰纽扣 ❸【建】立柱;板墙筋,壁骨 ❹(连接索链或链环的)链挡 ‖ ˈ**stud·ded** *adj*.

stud[2] /stʌd/ *n*. [C] ❶种马场;种畜场 ❷公马,种马

stu·dent /ˈstʲuːdᵊnt/ *n*. [C] ❶(大中学校的)学生(见 pupil):a part-time *student* 非全日制学生 / a (post-)graduate *student* 研究生 ❷研究者,学者:You have to be a bit of a *student* of classic music. 你得懂点古典音乐。

stud·ied /ˈstʌdid/ *adj*. [无比较级] ❶故意的,有意的;做作的;假装的:She walked away in *studied* aloofness. 她故作冷漠地走开了。❷慎重的;经过认真考虑的:*studied* approval 认真考虑后表示的赞同 ‖ ˈ**stud·ied·ly** *adv*. —ˈ**stud·ied·ness** *n*. [U]

stu·di·o /ˈstʲuːdiəu/ *n*. [C]([复]-**os**) ❶(画家、摄影师、雕塑家等的)(艺术)创作室;工作室 ❷(音乐、舞蹈、戏剧等艺术表演的)排练场:a dance *studio* 舞蹈排练场 ❸(电影的)制片厂;摄影棚:She soon won a contract with a Hollywood *studio*. 她很快与好莱坞的一家电影厂签了约。❹(广播电视的)播音室,演播室;录音棚;录像室:He is now in the *studio* working on his latest album. 目前,他正在录音棚里灌他的最新唱片集。

stu·di·ous /ˈstʲuːdiəs/ *adj*. ❶勤奋的,好学的,用功的:You're so *studious* that you will surely pass the exam. 你这么用功,这次考试准能通过。❷有意的,特意的,故意的:His report was obviously prepared with *studious* care. 他的报告显然是刻意精心准备的。❸仔细的,认真的;专心致志的:You should be more *studious* to read this essay. 你应该更仔细地阅读这篇文章。‖ ˈ**stu·di·ously** *adv*. —ˈ**stu·di·ous·ness** *n*. [U]

stud·y /ˈstʌdi/ **I** *n*. ❶[U](尤指通过书本的)学习,求知:It takes hard *study* to make the grade in school. 在学校必须努力用功才会有好成绩。❷[常作~s](中小学校、大学的)学业;科目,课程,学科:Biology is the *study* of living things. 生物学是研究生命物体的学科。❸[C]研究;调查;探讨:We have made a close *study* of the habits of bees. 我们已对蜜蜂的习性进行了一番仔细的研究。❹[C]论文;研究(或调查)报告;研究成果:We have already read your *study* of insects with great interest. 我们已饶有兴趣地读了你有关昆虫的论文。❺[C]书房,书斋 **II** *vt*. ❶学,学习;攻读;研读,钻研:My husband *studied* chemistry at university. 我丈夫大学时学的是化学。❷仔细研究;详细察看;认真调查:We *studied* the document line by line. 我们逐行仔细研究了这份文件。—*vi*. 学习,求学;攻读:He *studied* under many famous painters. 他曾师从众多知名画家。

stuff /stʌf/ **I** *n*. [U] ❶原料,材料;素材,资料:Our adventures can make the *stuff* of a stirring novel. 我们的冒险经历可以成为一部激动人心的小说素材。❷物质;东西,物品:I put all that *stuff* into my cupboard. 我把所有那些东西全放进了橱柜里。❸财物,财产;行李;设备,装备:She asked him to remove his *stuff* from the room. 她要他将他自己的财物从屋里搬走。**II** *vt*. ❶(用力)将…装入,把…塞进(*in*, *into*):Don't *stuff* anything else *in*, or my bag will burst. 别再塞东西进去了,不然我的包就会撑破了。❷填满;塞满;装满;灌满:My drawer is *stuffed* with papers and I couldn't find that application form. 我的抽屉里塞满了文件,找不到那张申请表了。❸使填饱肚皮;填满(肚子或嘴巴);使大吃,使狼吞虎咽地吃:Don't *stuff* the little boy with cake. 别给这个小男孩喂太多的蛋糕。❹(在烹饪过程中)装馅于,给…塞馅;将填料(或佐料)填入(家禽等):They usually *stuff* a turkey before baking it. 他们通常是先给火鸡填料后再烤制。❺(为制作标本而)填塞(动物)的皮;将(动物)制成标本:He has *stuffed* the parrot. 他已将那只鹦鹉制成了标本。

stuff·ing /ˈstʌfiŋ/ *n*. [U] ❶(填充垫子、枕芯等的)(软性)填充料;填塞物 ❷(烹饪用的)填料,馅儿:I added peanuts to the turkey *stuffing*. 我在火鸡填料中加了花生。

stuff·y /ˈstʌfi/ *adj*. ❶(房间)不通风的,不透气的;(房间里的空气)混浊的,不新鲜的:the warm *stuffy* wet air 暖湿混浊的空气 ❷(鼻子)堵塞的,不通的:The cold made my nose

S

stuffy. 我因感冒而鼻塞。❸单调乏味的,枯燥的;沉闷的:Surprisingly, the magazine became rather *stuffy*. 没想到,这本杂志竟变得很乏味了。❹自负的,妄自尊大的 ❺(人)古板守旧的;一本正经的:It would be difficult to find a *stuffier* man. 恐怕很难找到一个更古板守旧的人了。‖ ˈ**stuff·i·ness** *n*. [U]

stum·ble /ˈstʌmbᵊl/ **I** *vi*. ❶绊倒,绊跌;失足摔倒:He was drunk and he *stumbled* on the bottom step. 他喝醉了,在最后一段阶梯上摔倒了。❷磕磕绊绊地走,跌跌撞撞地走;踉跄而行:She *stumbled* into the bedroom. 她跌跌撞撞地走进了卧室。❸吞吞吐吐地讲话,结结巴巴地说话;断断续续地演奏:She was nervous and *stumbled* through a piece by Chopin. 她很紧张,断断续续地勉强演奏完了一首肖邦的曲子。❹偶然发现;碰巧遇到(*on, upon, onto, across*):We *stumbled across* the entrance to an underground passage. 我们偶然发现一条地下通道的入口。**II** *n*. [C] ❶绊倒,绊跌;失足摔倒:Did you take a bad *stumble*? 你是不是失足摔了一大跤? ❷口误;失误 ‖ ˈ**stum·bler** *n*. [C]

stum·bling-block /ˈstʌmbliŋˌblɔk/ *n*. [C]绊脚石;障碍,阻碍:the main *stumbling-block* to reaching a peaceful settlement 和平解决的主要障碍

stump /stʌmp/ **I** *n*. [C] ❶树桩,树墩 ❷残体;残肢:the *stump* of one's severed hand 断手残端 ❸残端,残部:a cigarette *stump* 烟头 **II** *vt*. (问题等)使迷惑,使为难;难住,难倒:The problem didn't *stump* her. 这个问题没能难倒她。—*vi*. 脚步沉重地行走;跺脚而行:Try not to *stump* up the stairs. 上楼时走路不要蹬蹬作响。

stump·y /ˈstʌmpi/ *adj*. (像树墩一样)短粗的;矮胖的:a short *stumpy* tail 短粗的尾巴 / a *stumpy* little man 一个小矮胖子

stun /stʌn/ *vt*. (**stunned**; **stun·ning**) ❶打昏;使昏迷,使失去知觉:The guard was *stunned* by the robber. 门卫被强盗打昏了。❷使震惊,吓懵,吓呆;使惊叹:I was *stunned* to discover that my handbag had been stolen. 我发现自己的手提包被偷,大吃一惊。

stung /stʌŋ/ *v*. sting 的过去式和过去分词

stunk /stʌŋk/ *v*. stink 的过去式和过去分词

stun·ning /ˈstʌniŋ/ *adj*. [无比较级]〈口〉(尤指女性)极美的,绝色的:She is simply *stunning* — there is no other word for it. 她简直是绝妙佳人——再也找不到别的言语表达了。‖ ˈ**stun·ning·ly** *adv*.

stunt[1] /stʌnt/ *vt*. 阻碍…的发育(或发展);使生长(或增长)缓慢:These insecticides may probably *stunt* plant growth. 这些杀虫剂很可能会阻碍植物的生长。

stunt[2] /stʌnt/ *n*. [C] ❶绝技;惊险动作:They did all sorts of riding *stunts*. 他们表演了各种马上绝技。❷花招,手腕;噱头:an advertising *stunt* 广告噱头 ❸(电影中的)特技:He did most of his own *stunts*. 他的惊险动作大多是亲自完成的。

stu·pe·fy /ˈstʲuːpiˌfai/ *vt*. ❶使困倦;使感到乏味:The teacher's boring lecture *stupefied* the entire class. 老师的讲课枯燥无味,全班学生都感到厌倦。❷使惊愕,使震惊:We were all *stupefied* by the bad news. 我们都被这噩耗惊呆了。‖ **stu·pe·fac·tion** /ˌstʲuːpiˈfækʃᵊn/ *n*. [U]

stu·pen·dous /stʲuːˈpendəs/ *adj*. (尤指规模或程度)巨大的;了不起的,令人惊叹的:a *stupendous* field of grass 辽阔的草场/*stupendous* debts 巨额债务

stu·pid /ˈstʲuːpid/ *adj*. ❶愚蠢的,笨的;呆头呆脑的:a *stupid* mistake 愚蠢的错误 / be born *stupid* 禀性愚蠢 ❷没趣的,乏味的,无聊的:It's the *stupidest* story I've ever heard. 这是我所听到的故事中最没劲的了。❸〈口〉倒霉的;讨厌的,恼人的:Why don't you throw away that *stupid* hat? 你干吗不把那顶破帽子扔掉? ‖ **stu·pid·i·ty** /stʲuːˈpiditi/ *n*. [U] —ˈ**stu·pid·ly** *adv*.

stu·por /ˈstʲuːpəʳ/ *n*. [通常用单]昏迷,无知觉;恍惚,迷糊:She lay in a sort of *stupor* caused by the fever. 她发着烧,迷迷糊糊地躺着。

stur·dy /ˈstəːdi/ *adj*. ❶强壮的,健壮的:a *sturdy* young man 健壮的小伙子 ❷结实的;坚固的:*sturdy* oak tables 结实的橡木桌子 ❸坚定的,坚决的;坚毅的,坚强的:a *sturdy* opponent 顽强的对手 ‖ ˈ**stur·di·ly** *adv*. —ˈ**stur·di·ness** *n*. [U]

stut·ter /ˈstʌtəʳ/ **I** *vi*. 结结巴巴地说话:He *stutters* a bit. 他说话有点结巴。—*vt*. 结巴地

说出，口吃地讲出(*out*)：*stutter out* a protest 结结巴巴地抗议 **II** *n.* [用单]口吃，结巴；口吃习惯：He had a slight *stutter* when he was a boy. 他小时候略有点口吃。‖ ˈ**stut•ter•er** *n.* [C]

sty /stai/ *n.* [C] ❶猪圈，猪舍，猪栏 ❷(猪圈般)肮脏的住所(猪窝)

sty(e) /stai/ *n.* [C]【医】睑腺炎

style /stail/ **I** *n.* ❶[C；U]样式，款式；种类，类别；类型：be different in *style* 款式不同 ❷[C](做事、写作、言谈等的)方式，方法：Your *style* of speaking annoyed her. 你的说话方式惹恼了她。❸[U]流行式样；时髦，时尚 ❹[U]风度，风采；派头：Both were rather short and plump, but they had *style*. 尽管他俩又矮又胖，但还是很有派头。**II** *vt.* ❶(正式地)称呼，叫：How should I *style* him? 我该怎样称呼他呢？❷(尤指以一种特定的或时髦的款式)设计；制作：Her hair was *styled* in a short cropped pony tail. 她的头发做成了一种短马尾发型。

styl•ish /ˈstailiʃ/ *adj.* 流行的，新潮的，时尚的：*stylish* furniture 时兴家具

styl•ist /ˈstailist/ *n.* [C]时装设计师；装潢设计师；发型设计师 ‖ **sty•lis•tic** /staiˈlistik/ *adj.* —**styˈlis•ti•cal•ly** /-kᵊli/ *adv.*

S

styl•ize /ˈstailaiz/ *vt.* [常用被动语态]使合乎传统格式；使格式化，使程式化

sty•lus /ˈstailəs/ *n.* [C]([复]**-li** /-lai/ 或 **-lus•es**) ❶(古代用于蜡板书写的)尖笔；(刻写用的)铁笔 ❷(唱机的)唱针；(灌制唱片的)录音针 ❸尖笔状物；日晷指针

sty•mie, sty•my, sti • my /ˈstaimi/ *vt.* (**sty•mied；sty•my•ing**或**sty•mie•ing**) 阻挠，阻碍；使受挫；使陷入困境：Because of the rain, our attempt to go for a picnic was *stymied*. 由于下雨，我们想去户外野餐的计划无法实施了。

suave /swɑːv/ *adj.* (尤指男性)温和的，谦和的，文雅的；成熟的：The man is *suave*, well-educated and extremely well-spoken. 此人受过很好的教育，举止有礼而且谈吐极为文雅。‖ ˈ**suave•ly** *adv.* —ˈ**suave•ness** *n.* [U] —**sua•vi•ty** /ˈswɑːviti/ *n.* [U]

sub /sʌb/ **I** *n.* [C]〈口〉❶潜艇：a nuclear *sub* 核潜艇 ❷替代者，替身；替代物，替代品；(体育比赛中的)替补队员：Your class had a *sub* yesterday. 你们班昨天来了个代课老师。**II** (**subbed；sub•bing**) *vi.* 替代，替换；做替身(*for*)：Who will *sub for* Ted? 谁来替换特德？

sub- /sʌb, səb/ *pref.* ❶表示"下面"，"在底下"：*sub*terranean, *sub*way ❷表示"亚"；"近于"，"略微"：*sub*human ❸表示"副"，"次"，"小"；"分支"，"下属的"：*sub*continent, *sub*committee, *sub*plot

sub•con•scious /sʌbˈkɔnʃəs/ **I** *adj.* [无比较级]下意识的，潜意识的：Nail-biting is often a *subconscious* reaction to tension. 咬指甲往往是心理紧张时的下意识动作。**II** *n.* [U]下意识，潜意识：Freud's theory of the *subconscious* 弗洛伊德的潜意识论 ‖ **subˈcon•scious•ly** *adv.*

sub•con•ti•nent /ˈsʌbˌkɔntinᵊnt/ *n.* [C]【地理】次大陆：the history of railways in the *subcontinent* 该次大陆的铁路史

sub•con•tract **I** /sʌbˈkɔntrækt, ˈsʌbˌkɔntrækt/ *n.* [C]【经】转包合同，分包合同 **II** /sʌbˈkɔntrækt, ˈsʌbˌkɔntrækt, ˌsʌbkᵊnˈtrækt/ *vt.* & *vi.* 转包，分包(工作)：At first he *subcontracted*, then he went into business for himself. 首先他把工作分包出去，然后自己去经商了。‖ ˌ**sub•conˈtrac•tor** *n.* [C]

sub•cul•ture /ˈsʌbˌkʌltʃəʳ/ *n.* [C]【社】❶亚文化群，副文化群(指有别于主文化的价值取向、生活目标和行为规范等的小社会群体)：the gay *subculture* 同性恋人群 ❷亚文化，副文化(指相对于主文化的小社会群体文化)：youth *subcultures* 青年亚文化

sub•di•vide /ˈsʌbdiˌvaid, ˌsʌbdiˈvaid/ *vt.* ❶再分，将…再分小：Our travel agency was *subdivided* into departments. 我们的旅行社下设很多部门。❷将(土地)划分成建筑用地：*subdivide* the land into smaller units for development 把这块地划分成小块的建设用地 —*vi.* 再分，重新划分 ‖ **sub•di•vi•sion** /ˈsʌbdiˌviʒᵊn/ *n.* [C]

sub•due /səbˈdʲuː/ *vt.* (**-dued；-du•ing**) ❶征服；制服：Rome *subdued* Gaul. 罗马征服了高卢。❷克制；抑制：*subdue* one's tear 忍住泪水 / *subdue* one's anger 压住怒火

sub•dued /səbˈdʲuːd/ *adj.* ❶抑制住的，克制住的；低沉的；抑郁的：The atmosphere of the march appeared *subdued* compared with the previous protest. 比起上一次的示威活动，这次游行的气氛显得压抑沉闷。❷(颜色等)柔

和的;减弱的:Her dress was always *subdued*. 她的衣着总是素雅宜人。

sub·head(·ing) /ˈsʌbˌhed(iŋ)/ *n.* [C]副标题,小标题

sub·hu·man /ˌsʌbˈhjuːmᵊn/ I *n.* [C] ❶低能者,弱智者 ❷类人动物 II *adj.* [无比较级] ❶(行为、智力等)不及人类的,低于人类的;不及常人的:*subhuman* intelligence 弱智 ❷(动物)近似人类的,接近人类的

sub·ject I /ˈsʌbdʒikt/ *n.* [C] ❶题材,主题;题目;问题;话题:Love remains a favourite *subject* for novels. 爱情仍然是最受欢迎的小说题材。❷学科,科目,课程:take a *subject* 修习一门课程 ❸(事情或动作的)经受者;目标,对象:She was the *subject* for a number of Rodin's sculptures. 她是罗丹众多雕塑的模特。❹臣民,子民;国民,公民:the queen and her loyal *subjects* 女王及其忠实的臣民 ❺【语】主语:the *subject* and the predicate 主语和谓语 II /ˈsʌbdʒikt/ *adj.* ❶[无比较级]臣服的,隶属的;被统治的;受支配的(*to*):You know I am *subject to* nobody. 你知道我是不会屈服于任何人的。❷易受…的;易患…的;可能会…的(*to*):Japan is *subject to* earthquakes. 日本是个地震多发的国家。❸(由…)决定的(*to*):His hiring is *subject to* your approval. 他的录用与否取决于你是否同意。III /səbˈdʒekt/ *vt.* ❶使臣服;使服从;使受制约(*to*):The manager tried to *subject* the whole company *to* his own will. 经理试图让整个公司的人都服从他个人的意愿。❷使遭受;使经历,使经受(*to*):These products are *subjected to* strict tests before leaving the factory. 这些产品须经过严格的检验才能出厂。‖ **sub·jec·tion** /səbˈdʒekʃᵊn/ *n.* [U]

sub·jec·tive /səbˈdʒektiv/ *adj.* [无比较级] ❶主观(上)的;出于主观想法的:Meaning has both an objective component and a *subjective* component. 意义既有客观成分又有主观成分。❷个人的,私人的:*subjective* experience 个人经验 ‖ **subˈjec·tive·ly** *adv.* —**sub·jec·tiv·i·ty** /ˌsʌbdʒekˈtiviti/ *n.* [U]

subject matter *n.* [U](小说等的)题材;主要内容

sub·ju·gate /ˈsʌbdʒəˌgeit/ *vt.* ❶使臣服;使隶属;征服;制服:*subjugate* a wild horse 制服一匹野马 ❷使屈从;使服从:*subjugate* one's will to authorities 使自己的意志屈从于权威 ‖ **sub·ju·ga·tion** /ˌsʌbdʒəˈgeiʃᵊn/ *n.* [U]

sub·junc·tive /səbˈdʒʌŋᵏtiv/ 【语】I *adj.* [无比较级]虚拟的:*subjunctive* mood 虚拟语气 II *n.* [C] ❶虚拟语气 ❷(动词的)虚拟式 ‖ **subˈjunc·tive·ly** *adv.*

sub·lease I /ˈsʌbˌliːs/ *n.* [C]转租;分租:grant [assign] a *sublease* 同意[安排]转租 II /ˌsʌbˈliːs/ *vt.* ❶将…转租(或分租)出:John *subleased* his apartment (to a friend). 约翰把他的公寓房转租(给一个朋友)了。❷转租到,分租入:He *subleased* his present apartment from us. 他是从我们这儿租了他现在的房子。—*vi.* 转租,分租:We were not allowed to *sublease*. 我们不允许把房子转租出去。

sub·let I /ˌsʌbˈlet, ˈsʌbˌlet/ *vt.* & *vi.* (**-let**; **-let·ting**) = sublease II /ˈsʌbˌlet/ *n.* 转租(分租)的财产;转租(或分租)的房屋

sub·li·mate /ˈsʌbliˌmeit/ *vt.* 使升华:The original love is *sublimated* towards a more balanced ideology which embraces family, security, ambition. 本能之爱被升华为一种更加均衡地把家庭、安全感和理想融合在一起的观念。‖ **sub·li·ma·tion** /ˌsʌbliˈmeiʃᵊn/ *n.* [U]

sub·lime /səˈblaim/ I *adj.* ❶至高的,崇高的;高尚的;高贵的:*sublime* devotion 崇高的奉献 ❷令人敬畏的:She never got on with Dad, he was too *sublime*. 她跟爸爸不对脾气,他太令人敬畏了。❸卓越的,出众的;极好的;极美妙的:The book contains *sublime* descriptive passages. 书中有很多精彩的描述。II *n.* [the ~] ❶超凡出众(的事物):a master of *the sublime* in prose style 风格卓越的散文大师 ❷至高,崇高;高尚

sub·lim·i·nal /səbˈliminᵊl/ *adj.* [无比较级]阈下的,潜意识的 ‖ ˌ**subˈlim·i·nal·ly** *adv.*

sub·ma·rine /ˌsʌbmᵊˈriːn, ˈsʌbmᵊˌriːn/ *n.* [C]潜(水)艇:a nuclear-powered *submarine* 核潜艇

sub·merge /səbˈməːdʒ/ *vt.* ❶浸泡;浸没:Did you *submerge* the clothes in the sudsy water? 你把衣服泡进肥皂水里了吗?❷淹没:The fields were *submerged* by the flood. 农田被洪水淹没了。❸湮灭,埋没;隐藏,隐瞒:Certain facts were *submerged* by the witness. 有些事

实被证人隐瞒了。—*vi.* 潜入水下：The submarine *submerged* immediately. 潜艇很快下潜了。‖ **sub'mer·gence** /-dʒ°ns/ *n.* [U] —**sub·mer·sion** /-'məːʃ°n/ *n.* [U]

sub·mis·sion /səb'miʃ°n/ *n.* ❶[U]屈服，服从；投降，归顺：be brought [forced] into *submission* 被迫屈服 / be in total *submission* to sb. 完全听命于某人 ❷[U]上交，提交，呈递：the *submission* of applications 申请书的提交 ❸[C]提交物，呈递物

sub·mis·sive /səb'misiv/ *adj.* 谦恭的；恭顺的，顺从的；屈服的：Tom stood perfectly *submissive*. 汤姆低声下气地站着。

sub·mit /səb'mit/ (**-mit·ted**; **-mit·ting**) *vi.* 屈服，服从；归顺，投降(*to*)(见 yield)：*submit to* the rules of regulations of the school 遵守学校的规章制度 —*vt.* ❶[～ **oneself**]使屈服，使服从；使归顺：We *submitted ourselves* to their wishes. 我们只好按他们的意愿行事。❷提交，呈递：*submit* a resignation 递交辞呈

sub·nor·mal /ˌsʌb'nɔːm°l/ *adj.* [无比较级]正常值以下的，低于正常水平的：This summer has seen *subnormal* temperatures in the region. 今年夏天该地区气温比往年低。

sub·or·di·nate I /sə'bɔːdinət/ *adj.* ❶下级的，下属的；从属的，隶属的：He is *subordinate* to the manager of our company. 他的地位仅次于我们公司经理。❷次要的：a *subordinate* role 次要角色 ❸【语】从属的；从句的：a *subordinate* construction 从属结构 II /sə'bɔːdinət/ *n.* [C] ❶下级，下属 ❷从属物，附属物 III /sə'bɔːdiˌneit/ *vt.* 使处于次要地位，将…置于第二位：He urges that personal life is *subordinated* to career. 他认为事业是第一位的，而个人生活是第二位的。‖ **sub·or·di· na·tion** /səˌbɔːdi'neiʃ°n/ *n.* [U]

sub·scribe /səb'skraib/ *vi.* ❶订阅；订购(*to*, *for*)：We didn't *subscribe to* cable television. 我们没有申请安装有线电视。❷捐款；捐助，捐赠；认捐；认购(*to*)：*subscribe to* a relief fund 为救灾基金捐款 ❸同意，赞许，赞同(*to*)：We do not *subscribe to* the view. 我们不赞成这种观点。—*vt.* 捐(钱)，捐助，赞助；认捐；认购：*subscribe* £20,000 annually to the charity 每年向那所慈善机构捐助两万英镑 ‖ **sub'scrib·er** *n.* [C]

sub·script /'sʌbskript/ I *adj.* [无比较级]写(或印)在下方(或下角)的 II *n.* [C]【数】下标，脚注

sub·scrip·tion /səb'skripʃ°n/ *n.* ❶[C；U]捐助(款)，捐赠(款)；认捐(款)；认购(额)：a *subscription* of over 5,000 dollars 一笔5 000多美元的捐款 ❷[C](报纸、杂志等的)订阅(费)；订购(款)：The yearly *subscription* of the magazine is £80. 这份杂志的年订费是 80 英镑。

sub·se·quent /'sʌbsikw°nt/ *adj.* [无比较级]后继的，随后的；接连的，连续的(*to*)：The changes are causally *subsequent to* development. 这些变化是发展带来的必然结果。‖ **'sub·se·quent·ly** *adv.*

sub·ser·vi·ent /səb'səːvi°nt/ *adj.* ❶卑躬屈膝的；唯命是从的；屈服的，服从的：He was *subservient* and eager to please his girlfriend. 他一味迁就，急于要讨好女友。❷附属的，从属的；次要的：A good leader's policies must be *subservient* to the needs of the people. 一个好领导的政策必须满足人民的需要。‖ **sub'ser·vi·ence** *n.* [U]

sub·set /'sʌbˌset/ *n.* [C]【数】子集

sub·side /səb'said/ *vi.* ❶(洪水等)减退，下降：The flooded river was *subsiding* slowly. 泛滥的河水正在慢慢地消退。❷(情绪或风雨等)减弱；平息，平静：The storm seems to be *subsiding*. 暴风雨似乎要转弱了。‖ **sub·sid·ence** /-'said°ns, 'sʌbsid°ns/ *n.* [U]

sub·sid·i·ar·y /səb'sidiəri/ I *adj.* [无比较级]❶隶属的，附属的：*subsidiary* organs 附属机构 ❷辅助(性)的；次要的：a *subsidiary* question 次要问题 II *n.* [C] ❶辅助者，助手，副手 ❷附属物；附件，配件 ❸子公司

sub·si·dize, sub·si·dise /'sʌbsiˌdaiz/ *vt.* 给…以补贴(或补助)；资助：The federal government has *subsidized* defense industries. 联邦政府为国防工业提供补贴。‖ **sub·si·di·za·tion**, **sub·si·di·sa·tion** /ˌsʌbsidai'zeiʃ°n；-di'z-/ *n.* [U]

sub·si·dy /'sʌbsidi/ *n.* [C] ❶补贴，补助：reduce price *subsidies* 减少价格补贴 ❷资助，拨款

sub·sist /səb'sist/ *vi.* ❶存在；留存：These traditions have *subsisted* through the ages. 这些

传统习俗经过世世代代留存至今。❷生存，活下去；维持生活(*on*)：*subsist* by hunting and fishing 靠狩猎和捕鱼为生

sub·sist·ence /səbˈsistᵊns/ *n.* [U] ❶生存；维持生活：We produce food only for our own *subsistence*. 我们生产食品只是为自己填饱肚皮。❷最低的生活供给：My salary provides a mere *subsistence*. 我的收入只够生活费。

sub·soil /ˈsʌbˌsɔil/ *n.* [U]【农】(表层土壤下面的)底土，心土

sub·stance /ˈsʌbstᵊns/ *n.* ❶[U]实质，本质：form and *substance* 形式与本质 ❷[C]物质；材料；(泛指)事物，东西：an organic *substance* 有机物 / metallic *substances* 金属材料 ❸[U]实质内容：The *substance* is more important than the form. 内容比形式更重要。❹[U]主题，要旨；概要：The *substance* of his speech is as follows. 他讲话的主要内容如下。‖ ***in substance*** *adv.* 总体上，大体上；事实上，实际上：Your explanation is *in substance* acceptable. 从总体上讲，你的解释是可以接受的。***of substance*** *adv.* 有钱地；重要地；地位高地：He is a man *of substance* in the city. 他是该市的一位达官贵人。

sub·stand·ard /ˌsʌbˈstændəd/ *adj.* [无比较级] ❶低于标准的，不符合标准的；低劣的，质次的：His boss considered his work *substandard*. 他的老板认为他的工作不符合标准。❷(语言)不标准的，不规范的：*substandard* French 不规范的法语

sub·stan·tial /səbˈstænʃᵊl/ *adj.* ❶大量的，大规模的，数目可观的：a *substantial* majority 绝大多数/ a *substantial* amount of money 一大笔钱 ❷实在的，真实的，现实的 ❸坚固的，牢固的；结实的，坚实的；壮实的：The reservoir is *substantial* enough to last fifty years. 这座水库很坚固，足以用上 50 年。

sub·stan·tial·ly /sʌbˌstænʃᵊli/ *adv.* ❶可观地，大量地：The expenditure on raw materials increased *substantially* last year. 去年购买原材料的开支大幅增加了。❷重大地：The situation has changed *substantially* since January. 自 1 月份以来，形势有了重大转变。

sub·stan·ti·ate /səbˈstænʃiˌeit/ *vt.* 证明…的真实性；证实：Witnesses have been called to *substantiate* these stories. 证人被传来证实这些说法。‖ **sub·stan·ti·a·tion** /-ˌstænʃiˈeiʃᵊn/ *n.* [U]

sub·stan·tive /ˈsʌbstᵊntiv/ **I** *adj.* [无比较级] ❶实际的；实质性的，根本性的：*substantive* discussions of the issues 对这些问题的实质性讨论 / provide *substantive* help 提供实质性帮助 ❷大量的，可观的：*substantive* reduction in atomic weapons 原子武器的大幅削减 ❸重要的；重大的：Health care and jobs are *substantial* to most Americans. 对大多数美国人来说，医疗保健和工作是非常重要的。**II** *n.* [C]【语】名词；体词，实词；名词性词组

sub·sti·tute /ˈsʌbstiˌtʲuːt/ **I** *n.* [C;U]替换者，代替者；替代物，替换物(*for*)：The coach sent in a *substitute* when his star player was injured. 当球星队员受伤后教练派了一名替补队员上场。**II** *vt.* 用…代替，以…替换；由…接替，派…替代(*for*, *with*)：*substitute* y *for* x in the equation 在等式中用 *y* 替换 *x* —*vi.* 取代，代替；接替，替代：Who will *substitute* when the teacher is sick? 老师生病期间由谁来替班？‖ **sub·sti·tu·tion** /ˌsʌbstiˈtʲuːʃᵊn/ *n.* [U]

☆**substitute** 和 **replace** 均可表示"替代，替换"之意，但两者的句法结构不同。当表示用 A 替换 B 时需用 *substitute* A for B 或 *replace* B with A，如：He *substituted* a new tyre *for* the old one. =He *replaced* the worn tyre *with* a new one.（他用新轮胎把破旧的轮胎换了。）

sub·strate /ˈsʌbstreit/ *n.* =substratum

sub·stra·tum /ˈsʌbˌstreitᵊm,-ˈstræ-, ˌsʌbˌstreitᵊm,-ˌstrætᵊm/ *n.* [C]([复]-**ta** /-tə/) ❶下层，底层 ❷基础，根基：a *substratum* of truth 事实依据

sub·struc·ture /ˌsʌbˈstrʌktʃəʳ, ˈsʌbˌstrʌktʃəʳ/ *n.* [C] ❶(建筑物等的)基础，地基：The explosion damaged the bridge, but the *substructure* remained intact. 爆炸毁坏了大桥，但其桥墩仍完好无损。❷基础，根基

sub·sume /səbˈsʲuːm/ *vt.* 将…划入(或归入、纳入)；包括，包含：*subsume* vegetables, meats, and grains under the broader category of food 将蔬菜、肉类和谷类划入食品这一大类中

sub·ter·fuge /ˈsʌbtəˌfjuːdʒ/ *n.* [C;U](为逃避指责或避免失败而采用的)欺骗手段，诡计：obtain the information by *subterfuge* 骗取情报

sub·ter·ra·ne·an /ˌsʌᵇtᵊˈreiniᵊn/, **sub·ter-**

ne·ous /-ˈreiniəs/ *adj*. [无比较级] ❶在地下的；位于地下的；在地下进行的：*subterranean* works 地下工事 ❷秘密的，暗中的；隐蔽的，隐藏的：*subterranean* laughter 窃笑

sub·ti·tle /ˈsʌbˌtaitᵊl/ **I** *n*. [C] ❶副标题；小标题 ❷(尤指译制电影或电视的)对白字幕 **II** *vt*. ❶给…加副标题(或小标题) ❷为…加上对白字幕

sub·tle /ˈsʌtᵊl/ *adj*. ❶隐约的，依稀的；稀薄的；清淡的：This soup tastes *subtle*. 这道汤口味清淡。❷奥妙的，深奥莫测的；隐晦的：a *subtle* symbol 奥秘的符号 ❸微妙的，难以捉摸的：She is too *subtle* for you. 你捉摸不透她。❹诡秘的，狡诈的：Advertisements persuade us to buy things in very *subtle* ways. 广告总是用非常巧妙的方式诱使我们购买东西。‖ ˈ**sub·tly** *adv*.

sub·tle·ty /ˈsʌtᵊlti/ *n*. ❶[U]隐约难辨；稀薄；清淡：the *subtlety* of the perfume 淡淡的幽香 ❷[U]微妙；难以捉摸；深奥 ❸[C]细微之处，微妙之处；深奥之处：legal *subtleties* 法律细节

sub·to·tal /ˈsʌbˌtəutᵊl/ *n*. [C]部分总和，小计：Did you add the cost of postage to the *subtotal*? 你在费用小计中加上邮费了吗？

sub·tract /səbˈtrækt/ *vt*. & *vi*. 减去，减掉；减少：Five *subtracted* from seven equals two. 7 减去 5 等于 2。‖ **sub·trac·tion** /-ˈtrækʃᵊn/ *n*. [U;C]

sub·trop·i·cal /sʌbˈtrɔpikᵊl/ *adj*. [无比较级] 亚热带的：*subtropical* plants 亚热带植物

sub·urb /ˈsʌbəːb/ *n*. [C] ❶城郊住宅区，近郊住宅群 ❷[**the ～s**]城郊，郊区：in *the suburbs* of New York 在纽约郊区 ‖ **sub·ur·ban** /səˈbəːbᵊn/ *adj*.

sub·ur·bi·a /səˈbəːbiə/ *n*. [U]郊区，城郊，近郊：in the heart of *suburbia* 在城郊的中心地带

sub·ver·sion /səbˈvəːʒᵊn,-ʃᵊn/ *n*. [U]颠覆；破坏

sub·ver·sive /səbˈvəːsiv/ **I** *adj*. [无比较级]颠覆性的；破坏性的：*subversive* warfare 颠覆性战事 **II** *n*. [C]颠覆者；破坏分子

sub·vert /səbˈvəːt/ *vt*. 颠覆；破坏：*subvert* the temporary government 颠覆临时政府

sub·way /ˈsʌbˌwei/ *n*. [C;U] ❶地铁：go by *subway* 乘地铁 ❷〈主英〉地下通道

suc·ceed /səkˈsiːd/ *vi*. ❶奏效，取得成效：Our efforts *succeeded*. 我们的努力取得了成效。❷成功，做成，办妥；达到目的(*in*)：If you keep on trying, you'll *succeed* in the end. 你只要继续努力，终会成功的。❸发迹；发家(*in*)：Don't you expect to *succeed in* business? 你难道不指望生意兴隆吗？❹继承；继任，继位(*to*)：*succeed to* the throne 继承王位 —*vt*. ❶继承；继任；继(位)；接替：He *succeeded* his father in the business. 他子承父业。❷继…之后，接在…后面(见 follow)：These two passions *succeeded* each other. 这两种感情相继出现。

suc·cess /səkˈses/ *n*. ❶[U]成功；成就；胜利：Hard work is the key to *success*. 勤奋是成功的钥匙。❷[U]发达，发迹；兴旺；升迁：I wanted my *success* when I was young. 我希望年轻时就能功成名就。❸[C]成功的事物；取得成就的人：She was not a *success* as an actress. 她并不是一位出色的演员。

suc·cess·ful /səkˈsesfᵘl/ *adj*. ❶成功的；达到预期目的的：I was *successful* in arranging an interview with the general manager for you. 我已经替你安排好跟总经理见面的事儿。❷奏效的，有成效的：a *successful* attempt to quit smoking 卓有成效的戒烟努力 ‖ **sucˈcess·ful·ly** *adv*.

suc·ces·sion /səkˈseʃᵊn/ *n*. ❶[U]连续，接连：Dishes were served in *succession*. 菜一道接一道地上。❷[C](连续的)一连串人；(接连发生的)一系列事件(见 series)：He worked for a *succession* of companies. 他曾在多家公司工作过。❸[U]继承；继任；接替(*to*)：the order of *succession to* the throne 王位的继承顺序

suc·ces·sive /səkˈsesiv/ *adj*. [无比较级]接连的，连续的：*successive* temperature increments 连续不断的升温 ‖ **sucˈces·sive·ly** *adv*.

suc·ces·sor /səkˈsesəʳ/ *n*. [C] ❶后继事物，接替物：Intel introduced a year later the *successor* of the 8008, the 8080. 英特尔公司一年后推出了 8008 的换代产品——8080。❷继承人；继任者，接替者：a possible *successor* to the throne 有可能继承王位者

suc·cinct /səkˈsiŋkt/ *adj*. 简洁的，简短的，精练的，扼要的：His answers were always *succinct* and direct. 他的回答简明扼要，切中要害。‖ **sucˈcinct·ly** *adv*. —**sucˈcinct·ness** *n*.

[U]

suc·cor /ˈsʌkəʳ/ *n.* & *vt.* 〈主美〉＝succour

suc·cour /ˈsʌkəʳ/ **I** *n.* [U]帮助，救助；援助：provide medical *succour* to the wounded 为伤者提供医疗援助 **II** *vt.* 帮助；救助，援助：These patients should be encouraged, supported and *succoured*. 这些患者应当得到鼓励、支持和帮助。〔亦作 **succor**〕

suc·cu·lent /ˈsʌkjulᵊnt/ **I** *adj.* ❶(水果、肉类等)多汁的；美味的：*succulent* plums and peaches 汁多味美的李子和桃子 ❷[无比较级]【植】肉质的 **II** *n.* [C]【植】(仙人掌等)多汁植物，肉质植物 ‖ ˈ**suc·cu·lence**, ˈ**suc·cu·lency** *n.* [U]

suc·cumb /səˈkʌm/ *vi.* ❶妥协，让步；屈服，屈从(*to*)(见 yield)：She has *succumbed* to his charms. 她为他的风度倾倒。❷死亡(*to*)；被压垮：Plagued by one malady after another he finally *succumbed*. 病魔接踵而至，他最终病死了。

such /sʌtʃ/ **I** *adj.* [无比较级] ❶这种的，这类的：I have never heard *such* stories as he tells. 我从未听过像他讲的这种故事。❷如此等等的，诸如此类的，类似的：*Such* good luck intoxicated him. 诸如此类的幸运使他飘飘然。❸如此(程度)的，这么的，那么的：I'm not *such* a fool *as to* believe them. 我不会蠢到会相信他们。❹这个的：Allow *such* an amount for rent. 可将这笔钱用于租金。❺[作定语]这样的，那样的：If any member be late, *such* member shall be suspended. 任何一个会员迟到了，那这样的会员就会被取消会员资格。**II** *adv.* ❶这么地，如此，那么：*such* a nice book 那么好的一本书 ❷以这种方式地，以此方法地 **III** *pron.* ❶类似的人(或事物)，诸如此类的人(或事物)：I bought some food — bread and milk and *such*. 我买了点吃的东西——面包、牛奶以及诸如此类的食品。❷这样的人(或事物)，此类的人(或事物)：*Such* are the results. 结果就是这样。‖ ***such as*** *conj.* & *prep.* ❶像…这样的，如…那种的；诸如…之类的：Here is a pleasant shade *such as* shepherds love. 这里有块宜人的树阴，正是牧羊人所喜欢的。❷例如，比如：He had many pastimes, *such as* reading and chess. 他有许多业余爱好，比如看书和下棋。***such…that*** *conj.* 如此…以至于：He received *such* a shock *that* he nearly passed out. 他受了这么大的打击后差点就晕过去了。

☆❶ **such** 用作限定词时，通常用于否定句、疑问句或 if 引导的条件句。**such** 单独使用时往往不用于肯定句；肯定句中多用 like that, that sort of, that kind of 来限定。People like that should be ignored. (这样的人就该不去理会。)不宜说成 *Such* people should be ignored. ❷ **such** 修饰名词时，若与不定冠词连用则置于不定冠词之前，若与 all, another, any, some, no, many, few 等词连用时则须置于这些词之后。❸在口语中 **such** 可表示"非常地"之义，此时 **such** 可与 so 替换使用，但应注意冠词的位置，如：*such* a nice man ＝*so* nice a man (多好的一个人)；such… that 表示程度或结果：It was *such* a cold day *that* there was nobody on the street. (天太冷了，因此大街上一个人都没有。)

such and such **I** *adj.* [无比较级]某某的；这样那样的：at *such and such* time 在某个时间 **II** *pron.* 某某人；某某事物；这样那样的人；这样那样的事物：We should take *such and such* into account. 我们应该将这样那样的事情考虑在内。

suck /sʌk/ *vt.* ❶吸食(汁液)；吮吸(乳汁)：You can *suck* the yoghurt out of the bottle through a straw. 你可以用吸管来喝瓶子里的酸奶。❷吸入，吸取：Plants *suck* moisture from the air. 植物从空气中吸取水分。❸从…中吸食液汁(或液体)：*suck* an orange 吸食橙汁 ❹含吮，舔食，咂，啜：*suck* an acid sweetie 啜甜酸蜜饯 —*vi.* ❶吸食，吮吸：The baby was *sucking at* his mother's breast. 婴儿正在吮吸妈妈的乳头。❷吸食液汁(或液体)：*suck* at an orange 吸食橙子 ‖ ***suck up*** *vi.* 巴结，讨好：Look, he is again *sucking up* to the boss. 瞧，他又在拍老板马屁了。

suck·er /ˈsʌkəʳ/ *n.* [C] ❶乳婴，乳儿；(尤指猪或乳鲸等的)哺乳期幼兽；吮吸者 ❷吸盘 ❸〈俚〉易受骗的人，轻信的人

suck·le /ˈsʌkᵊl/ *vt.* 给…哺乳，给…喂奶：We stood there watching the cow *suckling* her calves. 我们站在那儿看着母牛给小牛喂奶。—*vi.* 吃奶，吸奶：The puppies went back to their mother to *suckle*. 小狗崽们跑回妈妈身边去吃奶。

suck·ling /ˈsʌkliŋ/ *n.* [C](未断奶的)乳儿，乳婴；乳兽，幼兽

S

su·crose /ˈsʲuːkrəus/ *n.* [U]【化】蔗糖

suc·tion /ˈsʌkʃᵊn/ *n.* [U]吸力;抽吸

sud·den /ˈsʌdᵊn/ **I** *adj.* [无比较级] ❶突然的,忽然的;意外的;突发的:Her marriage was very *sudden.* 她的结婚太意外了。❷迅速的,快的:a *sudden* drop in the temperature 气温的骤降 **II** *adv.* [无比较级]〈诗〉突然地;出乎意料地:*Sudden* there an eagle swooped down on the prey. 突然一只老鹰朝着猎物猛扑下来。‖ ***all of a sudden*** *adv.* 突然地;出乎意料地;冷不防地:*All of a sudden* the enemy were surrounded. 敌人一下子被包围了。‖ **ˈsud·den·ly** *adv.* —**ˈsud·den·ness** *n.* [U]

sudden death *n.* [C]【体】突然死亡法(因打成平局而延长赛时的先得分者胜的决胜法)

sudden infant death syndrome *n.* [U]【医】婴儿猝亡综合征(略作 **SIDS**)〔亦作 **crib death**〕

suds /sʌdz/ [复] *n.* (有泡沫的)肥皂水〔亦作 **soapsuds**〕‖ **ˈsuds·y** *adj.*

sue /sʲuː/ *vt.*【律】对…提起诉讼,起诉,控告(*for*)(见 appeal):*sue* sb. *for* damages 对某人提出赔偿诉讼 —*vi.* ❶【律】提起诉讼,控告(*for*):They can not afford a lawyer to *sue* in this civil case. 他们请不起律师打这场民事官司。❷恳求,请求;祈求;要求:*sue* for damages 要求赔偿 / *sue* for mercy 求饶

suede, suède /sweid/ *n.* [U]【纺】❶绒面革 ❷仿麂皮织物;人造麂皮

su·et /ˈsʲuːɪt/ *n.* [U](牛、羊等腰部的)板油(常用以制作布丁等食品)‖ **ˈsu·et·y** *adj.*

suf·fer /ˈsʌfəʳ/ *vi.* ❶忍受疼痛(或痛苦);遭受苦难(或折磨)(*from*):She *suffered* greatly as a child. 她在孩提时代受了不少苦。❷变差,变坏:My work *suffers* when I'm distracted. 我由于思想不集中,把工作干砸了。❸患(病)(*from*):He has been *suffering from* cancer for many years. 他得癌症已经很多年了。❹受损害,遭受损失:The engine *suffered* severely. 发动机损坏得很严重。—*vt.* ❶遭受,蒙受:The people of the ghetto *suffer* most of the crime in the city. 贫民区里的居民是这座城市中犯罪的主要受害者。❷患(病):*suffer* a heart attack 患心脏病 ❸经历,经受:*suffer* a change 经历变革 ❹容忍;允许,容许(见 bear):I had to *suffer* her complaining for more than an hour last night. 昨天晚上,我只好忍着听她发了一个多小时的牢骚。‖ **ˈsuf·fer·er** *n.* [C]

suf·fer·ance /ˈsʌfᵊrᵊns/ *n.* [U]容忍,忍受:grief beyond a mortal *sufferance* 远非常人所能忍受的悲伤

suf·fer·ing /ˈsʌfəriŋ/ *n.* ❶[U]受苦,遭难(见 distress):The famine caused the great hardship and *suffering.* 饥荒带来极大的艰难困苦。❷[常作～s]苦难的经历;令人痛苦的事情;苦难:the *sufferings* of the slaves 奴隶们遭受的苦难

suf·fice /səˈfais/ *vi.* [不用进行时态]足够,充足:A few payments will *suffice.* 付一点钱就行了。‖ ***suffice it to say*** *vt.* 只需(说)…就足够了:*Suffice it to say* that we won't be going to her birthday party. 只要说我们不会去参加她的生日聚会就行了。

suf·fi·cient /səˈfiʃᵊnt/ *adj.* [无比较级]充足的,足够的(见 adequate):It should be *sufficient* for three people. 这应该够三个人用。‖ **sufˈfi·cien·cy** *n.* [U] —**sufˈfi·cient·ly** *adv.*

suf·fix **I** /ˈsʌfiks/ *n.* [C]【语】后缀,词尾 **II** /ˈsʌfiks,səˈfiks/ *vt.*【语】加…作后缀;加后缀于 ‖ **suf·fix·a·tion** /ˌsʌfikˈseiʃᵊn/ *n.* [U]

suf·fo·cate /ˈsʌfəˌkeit/ *vt.* ❶使窒息;使闷死:The man *suffocated* him with a cushion over his mouth. 那人用垫子捂住他的嘴,将他闷死了。❷使产生窒息感,使感到压抑:The hot classroom is *suffocating* the students. 闷热的教室让学生们喘不过气来。❸扼制,压制:The press was obviously *suffocated* by the Party. 新闻界显然是受到了该党的扼制。—*vi.* ❶被闷死,窒息而死:The victims had *suffocated* in the fumes. 受害者是在浓烟之中窒息而死的。❷感到窒息,喘不过气来:We're *suffocating* in this room. 在这个房间里我们有点喘不过气来了。❸被扼制,受压制:The students are *suffocating* from the rigid discipline. 学生们受到这一严格纪律的管束。‖ **suf·fo·ca·tion** /ˌsʌfəˈkeiʃᵊn/ *n.* [U]

suf·frage /ˈsʌfridʒ/ *n.* [U]选举权,投票权:universal *suffrage* 普选权 / female *suffrage* 妇女投票权 ‖ **ˈsuf·fra·gist** *n.* [C]

suf·fra·gette /ˌsʌfrəˈdʒet/ *n.* [C]争取女性选举权的女子

S

suf·fuse /səˈfjuːz/ *vt.* (颜色、水汽等)漫延于,弥漫于;充满,布满:Her face was *suffused* with colour. 她满脸红晕。‖ **suf·fu·sion** /-ˈfjuːʒᵊn/ *n.* [U]

sug·ar /ˈʃugəʳ/ *n.* ❶[U]糖,食糖:coffee black with no *sugar* 不加糖的咖啡 ❷[C]一块糖;一勺糖:I'd like two *sugars* for my coffee. 我想在咖啡里加两勺糖。‖ **ˈsug·ar·less** *adj.* —**ˈsug·ar·y** *adj.*

sugar beet *n.* [U]【植】甜菜

sug·ar·cane /ˈʃugəˌkein/, **sugar cane** *n.* [U]【植】甘蔗〔亦作 **cane**〕

sug·ar·coat /ˈʃugəˌkəut/ *vt.* ❶裹糖于,给包上糖衣:*sugarcoated* pills 糖衣片 ❷使变得易于接受;粉饰:*sugarcoat* the real fact 掩饰事实真相

sug·gest /səˈdʒest/ *vt.* ❶提出(理论、计划或设想等);提议,建议;推荐:The teacher *suggested* several solutions to the problem. 老师提出了几种解决该问题的方法。❷暗示;(间接地)表明:Smoke *suggests* fire. 有烟就有火。❸使人想到(主意等);让人产生(回忆、联想等):The music *suggests* a still, moonlit night. 这首曲子让人想到一个宁静的月夜。

☆**suggest**, **hint**, **imply**, **insinuate**, **intimate** 均有"意指,暗示"之意。**suggest** 常指人们通过联想、提醒或提示使人想到某种观念或可能性:The white look on her face *suggested* illness. (从她苍白的脸色可以看出她病了。) **hint** 常指给以模糊的暗示或提供细微的线索,带有间接提醒的意味:He *hinted* that he was interested in the position. (他暗示自己对这一职位有兴趣。) **imply** 指不是公开或明确地说出某一想法或事情,而是用某种含蓄的方法来暗含这一想法或事情,往往要进行逻辑推理才能明白:Silence sometimes *implies* consent. (有时沉默暗示着赞同。) **insinuate** 尤指诡秘地、含沙射影地说出或旁敲侧击地指出令人不快的事情,常用于贬义:Are you *insinuating* that she is cheating me? (你是否暗示她在欺骗我?) **intimate** 提供的暗示比 hint 更不易捉摸,侧重方式的微妙而不是缺乏坦诚:As a coward, he only dared to *intimate* his feelings. (他很胆小,不敢明白地表示自己的感情。)

sug·gest·i·ble /səˈdʒestibᵊl/ *adj.* ❶易受影响的:highly *suggestible* clients 很容易受别人意见影响的顾客 ❷[无比较级]可提出的;可提议的,可建议的:a *suggestible* plan 可提议的计划 ‖ **sug·gest·i·bil·i·ty** /səˌdʒestiˈbiliti/ *n.* [U]

sug·ges·tion /səᵍˈdʒestʃᵊn/ *n.* ❶[U;C]建议,提议;意见(见 proposal):Your father made a *suggestion* that we talk over the matter. 你父亲建议我们就此事谈谈。❷[U]暗示;细微的迹象:There was no *suggestion* that he was implicated in the conspiracy. 没有迹象表明他跟这起阴谋有牵连。❸[U]微量,一点点:There was only the merest *suggestion* of a breeze. 只有一点点微风。❹[U]启发;联想:the power of *suggestion* 联想力

sug·ges·tive /səˈdʒestiv/ *adj.* [无比较级] ❶提示的,暗示的;引起联想的:The painting is *suggestive* of 19th-century New York. 这幅画让人想起 19 世纪的纽约。❷启发性的;富于暗示的:This fact is *suggestive*. 这一事实发人深省。❸富有挑逗性的,色情的,下流的:*suggestive* remarks 下流的话语 ‖ **sugˈges·tive·ly** *adv.*

su·i·cid·al /ˌsʲuːiˈsaidᵊl/ *adj.* [无比较级] ❶自杀的;引起自杀的;有自杀倾向的:Six of the patients felt *suicidal*. 那些病人中有六个人想自杀。❷自杀性的,自我毁灭的;灾难性的:It would be *suicidal* for him to fight the famous boxer. 他和那个著名拳击手较量无异于自寻短见。

su·i·cide /ˈsʲuːiˌsaid/ *n.* ❶[U]自杀:The number of *suicides* has increased drastically in recent years. 近年来自杀人数急剧上升。❷[U]自我毁灭,自取灭亡:It was *suicide* for him to admit his mistake then. 那时他要是承认自己犯了错误就是自毁前程。❸[C]自杀者;自杀行为:the high incidence of *suicides* 很高的自杀发生率

suit /sʲuːt/ **I** *n.* [C] ❶套装;套裙:a skirt *suit* 套裙 ❷(衣服、盔甲或篷帆等的)(一)套;(一)副;(一)组:a dark *suit* of clothes 一套深色衣服 ❸(用作特殊用途的)全套服装:a bathing *suit* 泳装 ❹【牌】(纸牌或麻将牌等中的)同花色(或同点数)的一种牌:a *suit* of hearts 一组红桃(牌) **II** *vt.* ❶使适合,使适宜;使符合(*to*):The book is *suited to* freshmen. 这本书适合大学一年级学生。❷[不用进行时态和被动语态]适合,符合:Black *suits* you. 你穿黑颜色衣服好看。‖

S

suit up *vi*. & *vt*. (给…)穿上特殊用途的服装:The players went in their locker room and *suited up*. 运动员们进入更衣室换上运动服。

suit•a•ble /ˈsʲuːtəbᵊl/ *adj*. 适合的,适当的;适宜的;符合的;适用的(*to*, *for*)(见 fit):The job was just *suitable to* him. 那活儿正适合他去干。‖ **suit•a•bil•i•ty** /ˌsʲuːtəˈbiliti/ *n*. [U] —ˈ**suit•a•bly** *adv*.

suit•case /ˈsʲuːˌkeis/ *n*. [C](旅行用的)(小)手提箱,小行李箱

suite /swiːt/ *n*. [C] ❶(同一类物品的)(一)套;(一)组;(一)系列:a *suite* of furniture 一套家具 ❷套房:a bridal *suite* 结婚套房 ❸ /sjuːt/ 成套家具:a new bathroom *suite* 一套新的浴室家具 / a bedroom *suite* 一套寝具

suit•ed /ˈsʲuːtid/ *adj*. ❶合适的,适当的,适宜的:a person who is well *suited* to the job 干这份工作的最合适人选 ❷匹配的,般配的:a well *suited* couple 天造地设的一对

suit•ing /ˈsʲuːtiŋ/ *n*. [U]【纺】套装衣料,西服面料

suit•or /ˈsʲuːtəʳ/ *n*. [C] ❶求婚者,求爱者 ❷【律】原告,起诉者 ❸(企业或公司的)收购者

sulk /sʌlk/ *vi*. 生闷气,愠怒:*sulk* over [about, at] losing the game 因打输比赛而生气

S

sulk•y /ˈsʌlki/ *adj*. ❶生闷气的,怄气的:He is *sulky* with Bob about the new bike. 他因为新自行车的事在跟鲍勃怄气。❷阴沉的,阴郁的:*sulky* weather 阴沉沉的天气 ‖ ˈ**sulk•i•ly** *adv*. —ˈ**sulk•i•ness** *n*. [U]

sul•len /ˈsʌlᵊn/ *adj*. ❶生闷气的,愠怒的,闷闷不乐的:He received merely a *sullen* glare. 他遭到的只是横眉冷对。❷(天气等)阴沉的,阴郁的:a *sullen* weather 阴郁的天气 ‖ ˈ**sul•len•ly** *adv*. —ˈ**sul•len•ness** *n*. [U]

sul•ly /ˈsʌli/ *vt*. ❶弄脏,污损:No speck of dirt *sullied* the white table cloth. 这块白桌布一尘不染。❷玷污:*sully* sb.'s reputation 玷污某人的名声

sul•phur /ˈsʌlfəʳ/ *n*. [U] ❶【化】硫,硫黄(符号 S)〔亦作 **brimstone**〕❷硫黄色,淡黄绿色〔亦作 **sulfur**〕

sul•tan /ˈsʌltᵊn/ *n*. [C] ❶苏丹 ❷[the ~]【史】(土耳其)苏丹王 ‖ ˈ**sul•ta•nate** /-ˌneit/ *n*. [C]

sul•tan•a /sʌlˈtænə;-ˈtɑː-/ *n*. [C] ❶(做布丁或蛋糕用的)无核提子;无核葡萄干 ❷苏丹女眷(指苏丹的母亲、王后、女儿等) ❸嫔妃

sul•try /ˈsʌltri/ *adj*. ❶湿热的;闷热的;酷热的,炎热的:a *sultry* summer afternoon 一个闷热的夏日下午 ❷感情热烈的;脉脉含情的;风骚的:*sultry* eyes 脉脉含情的双眸

sum /sʌm/ **I** *n*. [C] ❶总数,总额;总和:The *sum* of 4 and 5 is 9. 4与5的和是9。❷(一笔)款项(或金额等):a *sum* of $ 50 一笔50美元的款项 ❸待加的一系列数字 ❹总共,全部:This is the *sum* of knowledge we have learned. 这就是我们所学的全部知识。❺概要,要点:the *sum* of the conference 会议的要点 **II** *vt*. (**summed**; **sum•ming**) 计算…的总数,求…的和:*sum* the numbers in the vertical columns 求纵向各列的数字之和 ‖ ***in sum*** *adv*. 简言之;总之:The meeting was, *in sum*, a success. 总的来说,这次会议是成功的。***sum up*** *vt*. & *vi*. ❶(作)概述;(作)总结;(作)概括:To *sum up*, he is an honest man. 总之,他是个老实人。❷估计;判断,评判:I *summed* him *up* as a kind man. 我觉得他是个好人。

sum•ma•rize, sum•ma•rise /ˈsʌmᵊˌraiz/ *vt*. 概括,总结:*summarize* the main points in a few words 用几句话概括主要观点

sum•ma•ry /ˈsʌmᵊri/ **I** *n*. [C]概要;摘要;总结:a plot *summary* 剧情概要 / a news *summary* 新闻摘要 / in *summary* 总之 **II** *adj*. [无比较级][作定语] ❶简要的,概括的;总结性的:a *summary* description 概述 ❷立刻的,迅即的,即刻的:a *summary* disposition 果断的性格 / *summary* executions 立即处决

sum•mer /ˈsʌməʳ/ *n*. ❶[U;C]夏天;【天】(夏至到秋分之间的)夏季:in (the) *summer* 在夏天 / a rainy *summer* 一个多雨的夏天 ❷[C]鼎盛期,巅峰期:the *summer* of life 壮年 ‖ ˈ**sum•mer•y** *adj*.

sum•mer-house /ˈsʌməˌhaus/ *n*. [C]([复] **-hous•es** /-ˌhauziz/)(花园、公园中的)凉亭

sum•mit /ˈsʌmit/ *n*. [C] ❶山顶,山峰:the *summit* of the mountain 山顶 / climb to the *summit* 爬上山顶 ❷巅峰,最高点,顶点,极点:The *summit* of his ambition is to be a lawyer. 当律师是他最大的抱负。❸首脑会议,最高级会议,峰会:at annual economic *summit* 在每年

一度的经济峰会上

summit meeting, summit conference *n.* [C]首脑会议,最高级会议,峰会(=summit)

sum·mon /ˈsʌmᵊn/ *vt.* ❶召唤:*Summon* the police quickly! 快报警! ❷请求,要求;求助于:He *summoned* her to take a message. 他请她捎个口信。❸【律】传唤,传讯(被告或证人):*summon* a witness 传唤证人 ❹召集:The prime minister *summoned* an emergency meeting. 首相召集了一次紧急会议。❺唤起(*up*):The name didn't *summon up* his memory of the past. 这个名字并未唤起他对过去的记忆。‖ ˈ**sum·mon·er** *n.* [C]

sum·mons /ˈsʌmᵊnz/ *n.* [C]([复]**-mons·es**) ❶召唤;命令:issue a *summons* 发布命令 ❷【律】传唤,传讯;传票:receive a *summons* 接到一张传票

sump·tu·ous /ˈsʌmᵖtjuəs/ *adj.* ❶豪华的;奢侈的,奢靡的;昂贵的:a *sumptuous* room with gold paint 用金镀墙的豪华房间 / *sumptuous* evening gowns 华贵的晚礼服 ❷丰盛的:a *sumptuous* feast 盛宴

sun /sʌn/ **I** *n.* ❶[通常作 **the** ~]太阳,日:*The sun* is the centre of the solar system. 太阳是太阳系的中心。❷[C;U]阳光,日光;(太阳的)光热:The *sun* burned the fog off the ocean. 太阳发出耀眼的光芒,驱散了海上的大雾。**II** (**sunned**; **sun·ning**) *vt.* 晒;曝晒:He *sunned* himself on the turf of the spacious lawns. 他躺在大草坪上晒太阳。—*vi.* 晒太阳 ‖ ***under the sun*** *adv.* [用以加强语气] ❶到底,究竟:What *under the sun* does she mean? 她到底是什么意思? ❷天底下,世上,在人世间:There's nothing like this *under the sun*. 天底下没有这样的东西。

Sun. *abbr.* Sunday

sun·bathe /ˈsʌnˌbeið/ *vi.* 进行日光浴 ‖ ˈ**sun ˌbath·er** *n.* [C]

sun·beam /ˈsʌnˌbiːm/ *n.* [C]太阳光,日光

sun·bon·net /ˈsʌnˌbɔnit/ *n.* [C]宽边遮阳女帽,阔边女用太阳帽

sun·burn /ˈsʌnˌbəːn/ **I** *n.* [C;U]【医】晒斑;晒伤:a lotion for *sunburn* 防晒霜 **II** (**-burned** 或 **-burnt**) *vi.* (皮肤)被晒伤;被晒黑,被晒红:My skin doesn't *sunburn* easily. 我的皮肤不容易晒黑。—*vt.* 晒伤;将…晒黑,把…晒红:Several hours in the sun *sunburned* her severely. 在太阳下晒了几个小时,她被严重晒伤了。

Sun·day /ˈsʌndei,-di/ *n.* [U;C]星期日,星期天:On *Sunday* they go to church. 他们每星期天都去做礼拜。

sun·di·al /ˈsʌnˌdaiᵊl/ *n.* [C]【天】日晷,日晷仪(一种古代测时仪器,根据太阳在晷盘不同位置上不同长度的投影确定时间)

sun·dry /ˈsʌndri/ *adj.* [无比较级][作定语]各式各样的,形形色色的;杂多的,种种的:*sundry* objects 杂七杂八的各种物件 ‖ ***all and sundry*** 所有的人,每一个人:We should restrict the number of guests; we can't invite *all and sundry*. 我们必须限制客人的人数,我们不能邀请所有人。

sun·flow·er /ˈsʌnˌflauəʳ/ *n.* [C]【植】向日葵

sung /sʌŋ/ *v.* sing 的过去分词

sun·glass·es /ˈsʌnˌglɑːsiz/ *n.* [复]太阳镜,墨镜

sunk /sʌŋk/ **I** *v.* sink 的过去分词 **II** *adj.* 〈口〉完全毁了的;完蛋了的:Our business was *sunk*. 我们的企业彻底完了。

sunk·en /ˈsʌŋkᵊn/ *adj.* [无比较级] ❶沉没的;浸没的:*sunken* ships 沉船 ❷低于表面的,下陷的:In his grounds there is a *sunken* rose garden. 他庭院里有一个凹下的玫瑰花园。❸(眼睛或双颊)凹陷的:Captain Beard had hollow eyes and *sunken* cheeks. 比尔德船长两眼空洞,双颊凹陷。❹(情绪)低落的:restore one's *sunken* spirits 振作精神

sun·light /ˈsʌnˌlait/ *n.* [C]阳光,日光:*Sunlight* streamed unhindered down the slope. 阳光毫无遮拦地洒下山坡。

sun·lit /ˈsʌnˌlit/ *adj.* [无比较级]阳光照耀的,阳光灿烂的;充满阳光的:gaze at the *sunlit* prospect 眺望着阳光普照的景色

sun·ny /ˈsʌni/ *adj.* ❶阳光灿烂的,阳光明媚的;日光充足的;阳光照射的;暖和的:Periods of *sunny* weather with an east wind seldom come and soon go. 东风吹拂、阳光和煦的时间极少,而且去得也急。❷乐观的,开朗的;欢快的,快活的:the *sunny* faith 乐观信念

sun·rise /ˈsʌnˌraiz/ *n.* ❶[C;U]日出;朝霞,晨曦:The sky was brilliant with the *sunrise*. 天

空被旭日照得绚丽多彩。❷[U]拂晓，黎明：We found the lost child at *sunrise*. 我们在黎明时分找到了那个走失的孩子。〔亦作 **sun-up**〕

sun•set /ˈsʌnˌset/ *n.* ❶[U]日落；傍晚，黄昏：The flower bud of a water lily opens at *sunset*. 睡莲的花蕾在傍晚时分绽开。❷[C]晚霞，夕阳，落日余晖：I like sitting on the beach watching the *sunset*. 我喜欢坐在海边看夕阳西下。〔亦作 **sunset**〕

sun•shine /ˈsʌnˌʃain/ *n.* ❶[U]阳光，日光：The bright stream flashed in *sunshine*. 清澈的小溪在阳光下波光粼粼。❷[C]有阳光的地方，阳光照射的地方 ‖ **ˈsunˌshin•y** *adj.*

sun•spot /ˈsʌnˌspɔt/ *n.* [C] ❶【天】太阳黑子 ❷斑，雀斑

sun•stroke /ˈsʌnˌstrəuk/ *n.* [C]【医】中暑，日射热：suffer from *sunstroke* 中暑

sun•tan /ˈsʌnˌtæn/ **I** *n.* [常用单](皮肤的)晒黑：My brother wore a white T-shirt to show off his *suntan*. 我弟弟穿了一件白色T恤来炫耀他晒黑的皮肤。**II** *vi.* & *vt.* (**-tanned**; **-tan•ning**) (使)晒黑皮肤

sun-up /ˈsʌnˌʌp/ *n.* =sunrise

sup /sʌp/ **I** (**supped**; **sup•ping**) *vt.* ❶啜，呷，小口地喝：She *supped* the hot tea slowly. 她慢慢地小口喝着热茶。❷〈英口〉喝(酒)，饮(酒)：He must be in the pub *supping* beer. 他肯定在酒吧喝啤酒呢。—*vi.* 啜，呷，小口喝

su•per /ˈsʲuːpəˈ/ **I** *adj.* [无比较级] ❶〈口〉极好的，特棒的，顶好的：The film is *super*. 这片子棒极了。❷〈口〉极端的，过度的：*a super* realist 极端的现实主义者 **II** *n.* [C]〈口〉监管人，监督人；主管人，管理人

su•per- /ˈsʲuːpəˈ/ *comb. form* [用以构成名词、形容词和动词等] ❶表示“上”，“上方”；“超”，“超出”：*super*script，*super*structure，*super*normal，*super*impose ❷表示“极端”，“过度”：*super*abundant，*super*eminent ❸表示“极好”，“特大”，“超级”：*super*tanker，*super*computer，*super*model (超级名模) ❹表示“更高级的”：*super*class ❺表示“进一步”，“更加”：*super*add

su•per•a•bun•dant /ˌsʲuːpᵊrəˈbʌndᵊnt/ *adj.* [无比较级]过多的，过滥的，过剩的；极多的，大量的：*Superabundant* population encourages immigration into more prosperous societies. 人口过多会促使移民进入更繁荣的社会。‖ **su•per•a•bun•dance** /ˌsʲuːpᵊrəˈbʌndᵊns/ *n.*

su•perb /sʲuːˈpəːb/ *adj.* [无比较级] ❶隆重的，盛大的；庄严的；豪华的，奢侈的；高贵的：a *superb* train 豪华列车 ❷〈口〉极好的，特棒的，最佳的，一流的：This chocolate cake is really *superb*. 这巧克力蛋糕真是太好吃了。‖ **suˈperb•ly** *adv.*

su•per•charge /ˈsʲuːpəˌtʃɑːdʒ/ *vt.* ❶使过度，使过分：There was a *supercharged* atmosphere during the debate. 在辩论过程中，气氛异常紧张激烈。❷用增压器对(内燃机)增加动力；对…增压：*supercharge* a diesel engine 给内燃机增压 ‖ **ˈsu•perˌcharg•er** *n.* [C]

su•per•cil•i•ous /ˌsʲuːpəˈsiliəs/ *adj.* 轻蔑的，鄙视的；高傲的，傲慢的：a *supercilious* tone 高傲自大的口吻

su•per•e•go /ˌsʲuːpᵊrˈiːgəu,-ˈegəu/ *n.* [C]([复]**-gos**)【心】超我

su•per•fi•cial /ˌsʲuːpəˈfiʃᵊl/ *adj.* ❶[无比较级](仅限)表面的，外表的，浅表的：The light penetrates the *superficial* layers of water. 光穿过了水的表层。❷[无比较级]表面性的，表面上的，外表看来的：*superficial* changes 表面变化 ❸肤浅的；浅薄的，缺乏内涵的：I only have a *superficial* knowledge of Latin. 我对拉丁文只是略知皮毛。‖ **su•per•fi•ci•al•i•ty** /ˌsʲuːpəˌfiʃiˈæliti/ *n.* [U] —**ˌsu•perˈfi•ci•al•ly** *n.* [U]

su•per•flu•ous /sʲuːˈpəːfluəs/ *adj.* [无比较级]多余的，不必要的；过多的；过滥的，过剩的：The companies shed *superfluous* manpower in an effort to become competitive. 该公司为了增强竞争力而裁减冗员。‖ **su•per•flu•i•ty** /ˌsʲuːpəˈfluːiti/ *n.* [C]

su•per•he•ro /ˈsʲuːpəˌhiərəu/ *n.* [C]([复]**-ros**)超级英雄(指连环画中具有超级魔力与邪恶势力斗争的人物)

su•per•hu•man /ˌsʲuːpəˈhjuːmᵊn/ *adj.* [无比较级] ❶超人的；神的，神奇的：There is something *superhuman*，even magic，about the Great Wall. 长城颇有点神奇，甚至可以说不可思议。❷(力量、身材、能力等)超出常人的，非凡的：But for his *superhuman* efforts，we would have drowned. 要不是他费了九牛二虎之力，我们早已葬身鱼腹了。

su•per•im•pose /ˌsʲuːpᵊrimˈpəuz/ *vt.* ❶将…

置于他物之上;强加于…之上:*superimpose* one's own views on the text of the committee' report 把自己的观点塞进委员会的报告中 ❷【摄】叠印,使(图像或文字等)叠加于其他图像(或文字)之上:The picture showed her body, but with someone else's head *superimposed* on it. 这张照片上有她的身影,但被另外一个人的头挡住了。

su·per·in·tend /ˌsʲuːpᵊrinˈtend/ *vt.* 组织;指挥,主管;监督,监管:I will *superintend* the shop in Mr James' absence. 詹姆斯先生不在期间,店里由我负责。—*vi.* 组织;指挥,主管;监督,监管 ‖ **ˌsu·per·inˈtend·ence** /-ᵊns/ *n.* [U] —**ˌsu·per·inˈtend·en·cy** /-ᵊnsi/ *n.* [U]

su·per·in·tend·ent /ˌsʲuːpᵊrinˈtendᵊnt/ *n.* [C] ❶组织者;指挥者,主管人,负责人;监督人,监管人:a division *superintendent* 部门负责人 ❷楼房管理员,看门人

su·pe·ri·or /sʲuːˈpiəriəʳ, su-; sə-/ **I** *adj.* [无比较级] ❶(级别、地位等)高级的;上级的(*to*):the *superior* classes of a society 社会高层 ❷(质量等)优的;品优的,上等的;优质的;优秀的(*to*):a *superior* grade of tea 优等茶叶 ❸(力量、大小、数量等)较大的,较强的;庞大的,强大的;有优势的(*to*):The country stood *superior* in total nuclear warheads. 这个国家核弹头总数处于领先地位。❹傲慢的,高傲的,自以为是的;有优越感的:He shrugged his shoulders and looked *superior*. 他耸了耸肩膀,做出一副不屑一顾的样子。❺在高处的,较高的;在上部的,在上方的 **II** *n.* [C] ❶长官;上级;长者:yield to the wishes or will of a *superior* 服从长官的愿望或意志 ❷优胜者,优越者,有优势者:She is your equal like anything — probably your *superior*. 她哪一点也不比你差,也许还胜你一筹呢。‖ **su·pe·ri·or·i·ty** /sʲuːˌpiəriˈɔriti, su-; sə-/ *n.* [U]

☆**superior** 往往与 to 连用,构成具有比较含义的结构,该结构中 to 不能用 than 替代:His handwriting is *superior to* his brother's. (他的书法比他哥哥的好。)

su·per·la·tive /sʲuːˈpəːlətiv; sə-/ *n.* [C] ❶【语】(形容词或副词的)最高级;最高级形式(词):He used many *superlatives* in his essay. 他在文章中用了很多最高级形式的词汇。❷最佳的人(或事物);(事物的)最高级形式,最高程度

su·per·man /ˈsʲuːpᵊˌmæn/ *n.* [C]([复]**-men** /-ˌmen/) ❶【哲】完人,理想人,超人 ❷〈口〉(具有超凡力量或智慧的)超人:To succeed in such a task, you need to be a *superman*. 你得有超凡的能力才能顺利完成这样的任务。

su·per·mar·ket /ˈsʲuːpᵊˌmɑːkit/ *n.* [C]超(级)市(场),大型自选市场:Did you meet her at the *supermarket*? 你在超市碰到她了吗?

su·per·nat·u·ral /ˌsʲuːpᵊˈnætʃᵊrᵊl/ **I** *adj.* [无比较级]超自然的,科学无法理解的,自然法则无法解释的;神奇的;不可思议的;异常的:This is the most remarkable and *supernatural* sort of house! 这是一所最稀奇和最不可思议的房子! **II** *n.* [**the** ~]超自然事物;超自然力量;超自然现象

su·per·no·va /ˌsʲuːpᵊˈnəuvə/ *n.* [C]([复]**-vae** /-viː/或**-vas**)【天】超新星

su·per·pow·er /ˈsʲuːpəˌpauəʳ/ *n.* [C]超级大国:join the ranks of the economic *superpowers* 跻身超级经济大国的行列 / the *superpower* summit 大国首脑会议

su·per·script /ˈsʲuːpəˌskript/ **I** *adj.* [无比较级]写在(或标在)上面的;【数】上标的:These *superscript* numbers refer to the bibliography. 这些上标的数字表示引文的文献出处。**II** *n.* [C;U]写在(或标在)上面的数字(或符号);【数】上标

su·per·sede /ˌsʲuːpəˈsiːd/ *vt.* ❶接替,接任;停止任用,使让位(见 replace):It is said that John will probably *supersede* him as the headmaster. 听说约翰很有可能接替他当校长。❷(物)替换,取代;停止使用,搁置:Computers are easily *superseded*. 计算机的淘汰速度很快。

su·per·son·ic /ˌsʲuːpəˈsɔnik/ *adj.* [无比较级]超音速的,超声速的

su·per·star /ˈsʲuːpəˌstɑːʳ/ *n.* [C](尤指文艺界或体育界的)超级明星,超级巨星:a basketball *superstar* 超级篮球明星

su·per·sti·tion /ˌsʲuːpəˈstiʃᵊn/ *n.* [U;C]迷信;迷信观念(或说法、行为):Only knowledge can dispel *superstition*. 只有知识才能破除迷信。

su·per·sti·tious /ˌsʲuːpəˈstiʃəs/ *adj.* 迷信的,受迷信思想支配的:Darkness and strange blue streetlights made him *superstitious*. 黑暗与古

S

怪的蓝色街灯使他疑神疑鬼。

su·per·struc·ture /ˈsʲuːpəˌstrʌktʃəʳ/ *n.* [C] ❶(建筑物等的)上部,上层:We have now begun on building the *superstructure* of the new library. 我们现在已经开始建新图书馆的上层了。❷(建于他物之上的)上层建筑物 ❸〈喻〉上层建筑

su·per·vise /ˈsʲuːpəˌvaiz/ *vt.* 监管,监督;指导;管理;指挥:These workers are *supervised* by their own foreman. 这些工人归他们自己的工头管理。

su·per·vi·sion /ˌsʲuːpəˈviʒᵊn/ *n.* [U]监管,监督;管理;指导:exercise an effective *supervision* over a large fund 对一笔巨款实施有效监督

su·per·vi·sor /ˈsjuːpəvaizəʳ/ *n.* [C]监督人;管理人;指导者 ‖ ˈ**su·perˌvi·so·ry** /-zᵊri/ *adj.*

sup·per /ˈsʌpəʳ/ *n.* ❶[C;U]晚餐,晚饭:Shall we have pasta for *supper* tonight? 我们今天晚上吃意大利面食好吗? ❷[C](尤指以慈善活动为目的的)晚餐会

sup·plant /səˈplɑːnt;-ˈplænt/ *vt.* ❶取代,代替(见 replace):Parents are anxious about *supplanting* the role of the teacher. 做父母的急于取代教师的作用。❷(以不光彩的手段)篡夺;排挤;撵走:The police arrested a group of high-ranking officers who had plotted to *supplant* the king. 警方逮捕了一批阴谋篡夺王位的高级军官。

S

sup·ple /ˈsʌpᵊl/ *adj.* ❶柔韧的,柔软的;易弯的;灵活的:The old man is not *supple* enough to be able to touch the floor to get his stick. 那个老人身体僵硬,弯不下身去捡拐棍。❷机灵的,应变能力强的:have a *supple* mind 头脑灵活

sup·ple·ment I /ˈsʌplimᵊnt/ *n.* [C] ❶补给品;增补物,补充物;添加剂:The job will provide a *supplement* to my income. 干这个活儿可以额外增加我的收入。❷(书籍等的)补编;补遗;附录:a *supplement* to the *Oxford English Dictionary*《牛津英语词典》补编本 ❸(报纸或杂志的)增刊,副刊:The newspaper publishes a sports *supplement* every Friday. 该报每周五出一份体育副刊。II /ˈsʌplimᵊnt,ˌsʌpliˈment/ *vt.* 增补,补充:We can compare notes afterwards, and each will *supplement* the other. 以后我们可以交换意见,这样将会互相取长补短。‖ **sup·ple·men·tal** /ˌsʌpliˈmentᵊl/ *adj.*

sup·ple·men·ta·ry /ˌsʌpliˈmentᵊri/ *adj.* [无比较级]补充的,增补的;附加的,添加的:The money we make from selling toys is *supplementary* to the income of our family. 我们卖玩具所挣的钱增加了家里的收入。

sup·pli·ant /ˈsʌpliᵊnt/ I *adj.* [无比较级](表示)恳求的,(表示)祈求的;(表示)哀求的 II *n.* [C]恳求者,祈求者;哀求者 ‖ ˈ**sup·pli·ant·ly** *adv.*

sup·pli·cate /ˈsʌpliˌkeit/ *vt.* 恳求,祈求;哀求(见 appeal):*supplicate* the God 祈求上帝—*vi.* 恳求,祈求;哀求:*supplicate* for help 恳求帮助 ‖ ˈ**sup·pli·ca·tion** /ˌsʌpliˈkeiʃᵊn/ *n.* [U;C]

sup·ply /səˈplai/ I *vt.* ❶提供,供给,供应(所需物品):Electrical power in most cities is *supplied* by underground cables. 大多数城市都是由地下电缆供电的。❷为…提供,(将…)供应给(*with*):We can *supply* you *with* enough food and drinking water. 我们可以给你提供足够的食物和饮用水。II *n.* ❶[U]提供,供应,供给:At present, *supply* can be effected only in small quantities. 目前仅能小批量供应。❷[U;C]供应量,供给量;批量,数量;【经】(与需求相对应的)供应:The *supply* is not adequate to the demand. 供不应求。❸[常作 **supplies**]供给物;储备,存货;(军队等的)给养,补给;必需品:You should take sufficient *supplies* with you when you are going camping. 你们去野营时应该带足必需品。‖ **supˈpli·er** *n.* [C]

sup·port /səˈpɔːt/ I *vt.* ❶支撑,支承;承受;扶持:He was so drunk that had to be *supported* home. 他醉得一塌糊涂,只得由人扶着回家。❷支持;支援;赞成;拥护;【体】做(球队等)的支持者(或追随者):We *support* protests against cuts in education. 我们支持对削减教育经费的抗议。❸供养,抚养;赡养:John has to *support* two children from his previous marriage. 约翰要抚养和前妻所生的两个子女。❹证实(理论、罪行等):What do you have to *support* what you say? 你有什么证据来支持你说的话? II *n.* ❶[U]支撑,支承;承受;扶持:You have to get your arm bandaged to give it some *support*. 你得用绷带把胳膊包扎起来吊住。

❷[C]支撑物，撑托物(如支柱、支座等)；承受物；【医】支持物，托：Did you put a *support* under it? 你有没有用东西把它撑住？❸[U]支持；支援；帮助；赞成，拥护；鼓励；安慰：economic *support* 经济援助 ❹[C]支持者；支援者；帮助者；拥护者：You've been a great *support* for me. 你帮了我大忙。‖ ***in support of*** *prep.* 支持；支援；赞成；拥护：Steve spoke *in support of* the proposal. 斯蒂夫发言赞成这个提案。‖ **sup'port·er** *n.* [C] —**sup'port·a·ble** *adj.* — **sup·por·tive** /sə'pɔːtiv/ *adj.*

☆**support, advocate, back** 均有"拥护，支持"之意。**support** 为普通用词，词义和使用范围很广，既可表示支撑某物，也可指积极支持或援助，还可表示只是赞同或认可而已：He has a big family to *support*. (他有一大家子人要养活。) **advocate** 指以口头或书面形式表示支持，强调力劝或吁请：He *advocates* a reduction in importation. (他提倡削减进口。) **back** 表示从后方提供强有力的支持以使某人或某事业免遭失败，可用于后备力量或经济上的援助：The organization is *backed* by the UN. (这个组织得到了联合国的支持。)

sup·pose /sə'pəuz/ **I** *vt.* ❶猜想，料想；认为，以为：It is *supposed* to cloud over this afternoon. 预计今天下午多云。❷假定，假设；设定；(理论、观点等)需要以…的存在为条件；意味着：*Suppose* A equals C. 假设甲等于丙。❸[用祈使句]让我建议：*Suppose* we shelve the matter pending future developments. 让我们把这件事先放一放，视将来情况发展而定。❹[用被动语态]期望；认为应该；认为必须；认为…必要 ❺[用否定句]〈口〉允许，认为可以：The band did not fade away as they were *supposed* to. 那帮人并没有如人们希望的那样销声匿迹。**II** *conj.* 假使，倘若(＝if)：*Suppose* you won a million dollars, what would you do? 假使你赢了100万美元，你会做什么？‖ ***I suppose so.*** 我看是这样。

sup·posed /sə'pəuzd,-'pəuzid/ *adj.* [无比较级]所谓的；想象中的；假定的：sb.'s *supposed* enemy 某人假想中的敌人 ‖ **sup·pos·ed·ly** /sə'pəuzidli/ *adv.*

sup·po·si·tion /ˌsʌpə'ziʃᵊn/ *n.* [C;U]推测，假设：The *supposition* is that the traitor knew the raids were to take place. 据猜测，那叛徒知道会有偷袭。

sup·press /sə'pres/ *vt.* ❶压制；镇压；禁止：*suppress* a rebellion 镇压叛乱 / *suppress* criticism 压制批评 ❷禁止发表；禁止披露；封锁；查禁：The authorities were careful to *suppress* such information. 行政当局小心翼翼地封锁这一消息。❸隐瞒，保守…的秘密：*suppress* the truth 隐瞒真相 ❹抑制(感情、思想、欲望等)；忍住；阻止：He often attempted to speak, and as often *suppressed* his words at the very point of utterance. 好几回他想说话，可是话到嘴边又咽回去了。‖ **sup·pres·sant** /sə'presᵊnt/ *n.* [C;U]—**sup·'pres·sion** *n.* [U;C]

su·prem·a·cy /suː'preməsi,sə-/ *n.* [U]至高无上，至上：She had the most entire faith in her own *supremacy* in her father's heart. 她对自己是父亲的掌上明珠心头没有丝毫怀疑。

su·preme /suː'priːm/ *adj.* [无比较级][作定语] ❶(权力或地位)最高的：be appointed *supreme* commander of the army 被任命为这支军队的最高指挥官 ❷最大的；最重要的：the *supreme* value 最大的价值 ❸[作定语]极度的；强烈的：be of *supreme* importance 极为重要 ‖ **su'preme·ly** *adv.*

sur·cease /səː'siːs/ **I** *n.* [U]停止，终止 **II** *vt.* & *vi.* (使)停止，(使)终止

sur·charge I /'səːtʃɑːdʒ/ *n.* [C]增收费，附加费：impose a 29% import *surcharge* on these goods 对这些商品征收29%的进口附加税 **II** /'səːtʃɑːdʒ,səː'tʃɑːdʒ/ *vt.* 向…收取增收费(或附加费)：We are *surcharged* on our extra baggage. 我们因行李超重额外交费。

sure /ʃuəʳ,ʃɔːʳ/ **I** *adj.* ❶[无比较级][作表语]确信的；有把握的；自信的：I'm not *sure* what to do next. 接下来该做什么我也拿不准。❷[作定语]可靠的；稳妥的：There is one *sure* way to solve this problem. 有个办法定能解决这个问题。❸[作定语]极灵验的，极有效的：There is no *sure* remedy for AIDS. 没有治疗艾滋病的灵丹妙药。❹[作定语]无可置疑的，确实的：A noise like that is a *sure* sign of trouble. 发出这种噪音肯定是有问题。❺[无比较级][作表语]一定的，必定的：If you work hard you are *sure* to pass the exam. 如果你用功，你考试一定能通过。**II** *adv.* 〈口〉❶无疑，确实：*Sure* she knew what he was going to say. 他要说什么她心中很清楚。❷[用于应答]当然，没

S

问题：A：Excuse me. B：*Sure*. 甲：对不起。乙：没关系。‖ ***be sure*** *vi*. 务必，一定要：*Be sure* to write and tell me what happens. 别忘了来信告诉我那边的情况。***for sure*** *adv*.〈口〉确切地；无疑地；肯定：I can't say *for sure* when I can finish it. 什么时候能完成我可说不准。***make sure*** *vt*. & *vi*.（把…）查明；（把…）弄清楚；确保：I think they will come at eight, but you'd better go and *make sure*. 我想他们会在八点钟到，不过你最好还是去问问清楚。***sure enough*** *adv*. 果然，果真：Sam checked his telephone records, and *sure enough*, he found Sally's number. 萨姆检查了他的电话记录，果不其然，他找到了萨莉的号码。‖ '**sure·ness** *n*. [U]

☆**sure** 与 **surely** 均可表示"肯定地，无疑地"之意。**sure** 用作副词时，意为"的确；一定"，多用于口语。美国人常用 **sure** 表示赞同对方的意见或接受他人的委托：A：Move up a little, please. B：*Sure*!（甲：请往上面挪挪。乙：好的！）美国日常口语中也用 **sure** 替代 **surely**：He will *sure* do it.（他肯定会做的。）此用法在英国英语中宜少用。该词也可作形容词，意为"有把握的；确信的"，常用于 be sure of sth. 和 be sure to do sth. 等含有主观意义的结构中：He *is sure of* success. /He *is sure to* succeed.（他肯定会成功的。）**surely** 只能作副词，意为"肯定地"，常置于助动词之后或动词之前：He will *surely* fail. **surely** 还可表示"大概，想必"，意指极有可能实现但又无十分把握的希望，此时 **surely** 常置于句首或句末。

☆**sure, certain, cocksure, confident, positive** 均有"确信的"之意。**sure** 表示很有把握，强调主观或直觉感受，带有不怀疑、不犹豫的意味：I'm *sure* you understand what I say.（我相信你能听懂我的话。）**certain** 词义较 sure 更为确信，强调在证据确凿的基础上得出结论或产生坚定信心：I am not *certain* whether he will come today.（他今天来不来，我不敢肯定。）**cocksure** 表示过于自信、自以为是，带有傲慢、冒昧的意味：You're always so *cocksure* about yourself.（你总是那么自以为是。）**confident** 尤指以事实为根据对未来抱有坚定信心：We are *confident* that next year's production will be increased substantially.（我们深信明年生产将会大幅度增长。）**positive** 尤指深信自己的意见或结论正确无疑，有时带有过分自信的意味：I was *positive* that I had heard this song before.（我以前肯定听过这首歌。）

sure·ly /ˈʃuəli/ *adv*. [无比较级] ❶确实，无疑（见 sure）：This will *surely* cause problems. 这一定会带来问题。❷[用以强调推断]想必：*Surely* that can't be right. 想必那不可能正确。❸稳当地：The goat planted its feet *surely*. 那山羊稳稳地站着。❹[用作答语]当然：A：May I leave now? B：*Surely*. 甲：我可以走了吗？乙：当然。

☆**surely, certainly** 均有"确信，一定，必定"之意。在英国英语里，surely 表示某人的希望或看法；而 certainly 则意指某人了解或知道某一事情：He *surely* doesn't expect me to pay him immediately.（他肯定没有指望我马上掏钱给他。）在美国英语里，surely 常用 sure 代替，可以像 certainly 或 of course 那样，用以回答问题，表示乐意或愿意帮助：A：Can I borrow this book? B：Yes, *certainly*（或 *of course*，或 *surely*，或 *sure*）.（甲：我可以借这本书么？乙：当然可以了。）

sure·ty /ˈʃuəriti, ˈʃuəti/ *n*. ❶[C]保证人，担保人：On his own *surety*, he raised enormous sums to equip a fleet. 他通过亲自担保募集了巨额资金装备一支舰队。❷[C；U]保证金，担保金

surf /səːf/ **I** *n*. [U]激浪，碎波，破波；（拍岸浪涛的）白沫，白色浪花；浪涛拍岸声，激浪拍击声：the roar of the *surf* 激浪拍岸的哗哗声 **II** *vi*. ❶作冲浪运动，冲浪：go *surfing* 去冲浪 ❷【计】上网冲浪，上网浏览 ‖ ˈ**surf·er** *n*. [C]

sur·face /ˈsəːfis/ **I** *n*. ❶[C]表面；面：A ring of bubbles will gather on the *surface* of the liquid. 液体的表面上会聚集一圈泡沫。❷[C]地面；地表：The gold here is mined 1 km below the *surface*. 此处的金矿在地表下 1000 米处开采。❸[用单]水面；液面：An oil slick appeared on the *surface* of the water. 一片浮油漂在水面上。❹[用单]〈喻〉表面，表层；表象；外观，外表：Everybody seems very friendly but there are a lot of tensions beneath the *surface*. 每个人似乎都很友善，但在这表面之下关系却十分紧张。**II** *vt*. ❶对…进行表面处理；给…加上表面：*surface* a road with tarmac 用柏油碎石铺路 ❷使升到地面（或水面）：He *surfaced* his nostrils, leaking the air out. 他把鼻孔伸出水面，呼出气息。—*vi*. ❶升到地面（或

水面):Our submarine *surfaced* a few miles off the coast. 我们的潜水艇在离海岸几英里的地方冒出水面。❷出现,显现,显露;浮现;被公开;重新为人所知:At least two books on marine ecology have *surfaced*. 至少有两本关于海洋生态学的书已出版。‖ ***come to the surface*** *vi*. 显露:Their antipathies *came to the surface*. 他们表现出反感。***scratch the surface*** *vi*. 对待或处理一问题不深入彻底:The government's plan to reduce unemployment only *scratches the surface* of the problem. 政府减少失业的计划只触及问题的表面。

surf•board /ˈsəːfˌbɔːd/ *n*. [C]冲浪板

sur•feit /ˈsəːfit/ *n*. [常用单]过度,过量:a *surfeit* of caution 谨小慎微

surf•ing /ˈsəːfiŋ/ *n*. 冲浪运动

surge /səːdʒ/ **I** *n*. [常用单] ❶(波涛或似波涛般的)汹涌,澎湃;奔腾,翻腾:A *surge* in the crowd behind him jolted him forwards. 人群中一阵涌动把他向前搡去。❷(感情、情绪等的)突发;(剧烈的)一阵感受:There was a great *surge* of patriotic feeling. 一股巨大的爱国热情涌动着。**II** *vi*. ❶(波浪、大海等)汹涌;奔腾;翻腾:The river *surges* through a narrow gorge. 大河奔涌着穿过峡谷。❷(感情、情绪等)突然涌起;剧烈波动:Slowly, I felt a warmth *surging* throngh me. 慢慢地,我感到有一股暖流通过全身。❸(价格、电压等)急剧上升;激增:Oil prices *surge* ahead. 石油价格蹿升。

sur•geon /ˈsəːdʒᵊn/ *n*. [C]外科医生:I have an appointment with an eye *surgeon*. 我同眼外科医生预约了。

sur•ger•y /ˈsəːdʒᵊri/ *n*. ❶[U]外科(学):the chief of cardiac *surgery* 心脏外科主任 ❷[C;U]〈英〉诊所;门诊处;门诊时间:His *surgery* is near the station. 他的诊所在火车站附近。❸[U]手术:Will went into *surgery* at the new Medical Centre. 威尔在新开的医疗中心接受了外科手术。❹[C]手术室

sur•gi•cal /ˈsəːdʒikᵊl/ *adj*. [无比较级] ❶外科的;外科手术的;外科用的:*surgical* operation 外科手术 ❷(如外科手术般)一举彻底解决问题的;精确的;敏锐的;锋利的:*surgical* bombing 精确轰炸 ‖ ˈ**sur•gi•cal•ly** *adv*.

sur•ly /ˈsəːli/ *adj*. 乖戾的;脾气坏的;不友好的;粗暴的:a *surly* mood 坏情绪 ‖ ˈ**sur•li•ness** *n*. [U]

sur•mise /sᵊˈmaiz/ **I** *vt*. [通常后接从句]推测;猜测,臆测:John suggested what Sam afterwards *surmised*. 约翰的分析与萨姆后来的推测不谋而合。**II** *n*. [C;U]推测;猜测,臆测

sur•mount /sᵊˈmaunt/ *vt*. 克服(困难);越过(障碍):I think I can *surmount* most of the dangers. 我认为我能对付大部分的艰难险阻。‖ **surˈmount•a•ble** *adj*.

sur•name /ˈsəːˌneim/ *n*. [C]姓:Many women take their husband's *surname* when they get married. 许多妇女结婚后随夫姓。

sur•pass /səˈpɑːs/ *vt*. 胜过;超过;好于,优于;强于;超出…的界限(或范围);非…所能理解(或办到)的:His skill as a cooker *surpassed* his wife. 他的厨艺高出他的妻子。‖ **surˈpass•ing** *adj*.

sur•plus /ˈsəːpləs/ **I** *n*. ❶[C;U]剩余;过剩:Rice was in *surplus* these years. 这几年水稻的产量出现过剩。❷[U;C]【会计】盈余;顺差:achieve a handsome *surplus* of 3 million dollars 取得 300 万美元的数目不菲的盈余 **II** *adj*. [无比较级][作定语]剩余的;过剩的;过度的:*surplus* seats 剩余的座位

sur•prise /səˈpraiz/ **I** *n*. ❶[C]令人惊奇的事物,使人意想不到的事物:Human creativity always comes as a *surprise* to us. 人类的创造性总会给我们带来意想不到的奇迹。❷[U]惊奇,惊讶,吃惊,诧异:A look of *surprise* came onto his face. 他脸上现出惊奇的神色。**II** *vt*. ❶使惊奇,使诧异,使感到意外;使震惊;使产生反应:You needn't be *surprised* at that. 对这件事你不用大惊小怪。❷撞见;碰巧发现;当场捉住:We *surprised* the burglars just as they were leaving our house. 窃贼要离开我们家时刚好被我们撞见。❸出其不意地攻击(或攻占);使措手不及:I *surprised* her by arriving early. 我早早赶到,把她弄了个措手不及。‖ ***take by surprise*** *vt*. ❶出其不意地攻占(或俘获);冷不防地…把逮个正着;突然出现在…面前;使措手不及:He *took* the thief *by surprise*. He caught the latter's hand as it sneaked into his pocket. 他在扒手刚把手伸进他口袋里的时候,把他逮了个正着。❷使吃惊,使诧异,使感到意外:His critical remarks *took* me *by sur-*

S

prise. 他的评论令我有些愕然。

sur·prised /sə'praizd/ *adj*. 吃惊的:She was *surprised* to learn that he was forty. 她真没想到他已经40岁了。

sur·pris·ing /sə'praiziŋ/ *adj*. 令人惊奇的,惊人的;出人意料的;不可思议的:It's *surprising* (that) so many adults can't read or write. 竟有这么多成人文盲,真是不可思议。‖ **sur'pris·ing·ly** *adv*.

sur·re·al /sə'riəl/ *adj*. [无比较级] ❶超现实主义的 ❷奇异的,古怪的;荒诞的;离奇的;不真实的

sur·re·al·ism /sə'riəˌlizəm/ *n*. [U]超现实主义

sur·re·al·is·tic /səˌriə'listik/ *adj*. ❶超现实主义的 ❷离奇的,荒诞不经的

sur·ren·der /sə'rendə/ I *vt*. ❶放弃;交出;让出:The court ordered him to *surrender* his passport. 法庭命他呈上护照。❷[～ **oneself**]使投降;使自首(*to*):The armed rebels *surrendered themselves to* the police. 武装叛乱分子向警方投降。❸[～ **oneself**]使沉溺(*to*):*surrender oneself* to the mood of hills 忘情地沉浸于山色之中—*vi*. ❶投降,降服(*to*):He would rather die than *surrender*. 他宁死不降。❷让步;屈服(*to*):He never let any of us *surrender to* despair. 他从不让我们中的任何人绝望。II *n*. [U;C]❶放弃,交出:We will never agree on any *surrender* of sovereignty. 我们决不同意放弃任何主权。❷投降,降服:The enemies are on the point of *surrender*. 敌人马上就要投降了。

sur·rep·ti·tious /ˌsʌrəp'tiʃəs/ *adj*. [无比较级]保密的,私下的;秘密的,偷偷的:Lovers delight in exchanging *surreptitious* glances. 情侣们喜欢偷偷地眉目传情。‖ **ˌsur·rep'ti·tous·ly** *adv*.

sur·ro·gate /'sʌrəgət,-geit,-git/ *n*. [C] ❶替代者;替代物;代用品;代理者,代理人:She regarded him as a *surrogate* for her dead father. 她把他看成是死去父亲的替身。❷(人工授精的)代孕母亲

sur·round /sə'raund/ *vt*. ❶包围;围困;围住:The army sent three units to *surround* the rebels. 部队派了三个分队去包围叛乱分子。❷围绕;环绕:The house is *surrounded* by a beautiful garden. 这所房子为一座漂亮的花园环绕。

sur·round·ing /sə'raundiŋ/ I *n*. [C] ❶围绕物 ❷[～**s**]周围的事物;周围的情况:In such *surroundings*, how could children live a normal life? 在这样的环境中,孩子们如何能过正常的生活呢? II *adj*. [无比较级][作定语]周围的:the city and the *surrounding* suburbs 城市及其周围的郊区

sur·tax /'səːtæks/【经】I *n*. [用单]附加税 II *vt*. 对…征收附加税

sur·veil·lance /səː'veiləns/ *n*. [U]监视,监控;看守:Managers exercised more *surveillance* in the name of efficiency and accountability. 经理们以提高效率和负责的名义实施更严密的监控。

sur·vey I /sə'vei/ *vt*. ❶全面考察;概括评述:The collection aims to *survey* the field. 文集旨在对该领域进行全面论述。❷调查(民意等);检查;查验;鉴定:*survey* the damage inside the house 查验房内的损坏情况 ❸仔细观察;审视:She *surveyed* the grouping of furniture. 她打量着家具的摆放。❹测量;勘测,勘查;测绘:*survey* the land for the public park 勘测公园的用地 II /'səːvei/ *n*. [C] ❶调查(报告);检验(报告);民意调查;查验:conduct a sample *survey* 进行抽样调查 ❷全面考察;概观,概述,概况;评论:*a survey* course in English Literature 英国文学概论课 ❸审视:Fane's glance swept over him in one swift, comprehensive *survey*. 费恩迅速向他瞥了一眼,把他全面地打量了一遍。❹测量,勘测,测绘;勘测部门;测量图,勘测图:geological *survey* 地质勘探 ‖ **sur·vey·or** /səː'veiə/ *n*. [C]

sur·vi·val /sə'vaivəl/ *n*. ❶[U]幸存;残存;继续生存:All life is dependent on the sun for *survival*. 万物生长靠太阳。❷[C]幸存者;继续生存者;残存物:The festival is a *survival* from pre-Christian times. 这是个由前基督时代流传至今的节日。

sur·vi·val·ist /sə'vaivəlist/ *n*. [C](储备必需品以应付大规模灾难的)未雨绸缪者,活命主义者

sur·vive /sə'vaiv/ *vt*. ❶比…活得长;比…存在时间长:Mathews is *survived* by his wife. 马修已先他妻子而去世。❷从…中逃生;经历…后继续存在;从(困境)中挺过来:He *survived* the earthquake. 他是地震的幸存者。—*vi.* 活着;残留;幸存;继续存在:The doctor had a glimmer of hope that the accident victims would *survive*. 医生对事故受害人能活下来抱有一线希望。‖ ***survive on*** *vt.* 靠…勉强活下来(或勉强维持):*survive* on fruit and water 靠水果和水活下来

sur·vi·vor /sə'vaivəʳ/ *n.* [C] 幸存者;生还者;残存物:I was one of the three children and only *survivor*. 我父母亲有三个孩子,如今只剩我一个。

sus·cep·ti·ble /sə'septibᵊl/ *adj.* ❶易动感情的,多情的;感情脆弱的:You are of too *susceptible* a nature. 你这人呀太容易动感情了。❷[作表语]易受影响的;敏感的;过敏的(*to*):He is very *susceptible*. 他这个人很是没有主见。‖ **sus·cep·ti·bil·i·ty** /səˌsepti'biliti/ *n.* [U]

sus·pect I /sə'spekt/ *vt.* ❶怀疑…的存在,疑有:The police *suspect* poisoning. 警察怀疑有人投毒。❷怀疑(有罪等):He was *suspected* of working for Japanese intelligence. 他们怀疑他为日本间谍部门工作。❸对…怀疑;对…不信任;对…有疑问:I *suspected* the answer. 我对这一答案表示怀疑。❹猜,推测,猜想;认为;料想:I *suspect* that my cat is conscious and that my computer isn't. 我认为我的猫有意识,而电脑却没有。II /'sʌspekt/ *n.* [C]嫌疑人;被怀疑者:A *suspect* is now in custody. 一嫌疑人现已被拘押。III /'sʌspekt/ *adj.* 可疑的;不可靠的;不可信的;站不住脚的:Silence was automatically *suspect*. 沉默不语自然让人怀疑。

sus·pend /sə'spend/ *vt.* ❶悬挂,吊:He *suspended* the swing from a tree branch. 他把秋千挂在一根树枝上。❷暂停,延迟;中止;停止(见 defer):I request them to *suspend* their decision until they have read my story. 我请求他们在看完我写的报道以前,别轻率地先下断语。❸暂时剥夺…的权利;暂缓执行(已作出的刑罚等);使暂时不起作用(见 exclude):A six-month jail was *suspended* for two years. 六个月的徒刑缓期两年执行。—*vi.* ❶悬挂,挂;悬浮:The coal dust *suspended* in the air. 煤灰悬浮在空气中。❷暂停

sus·pend·ed /sə'spendid/ **animation** *n.* [U]【医】生命暂停,假死(指身体机能暂时停止)

sus·pend·er /sə'spendəʳ/ *n.* [C] ❶吊袜带 ❷[~s]背带

sus·pense /sə'spens/ *n.* [U] ❶担心,挂念,挂虑;悬念;悬疑:There was a sharp *suspense* about him. 他显得心事重重。❷悬而未决;不确定;迟疑:Everything seemed to be in *suspense*. 仿佛一切都悬而未决。‖ **sus'pense·ful** *adj.*

sus·pen·sion /sə'spenʃᵊn/ *n.* ❶[U]悬挂,挂,吊 ❷[C]【机】(用弹簧等托住车身的)悬架;悬置物;悬置机构 ❸[U]暂停;延缓;中止;暂令停职(或休学);(权利等的)暂时剥夺;(刑罚的)缓期执行;(判断等的)暂缓作出:The result was the *suspension* of the decade-long civil war. 结果是持续10年之久的内战中止了。

suspension bridge *n.* [C]悬索桥,吊桥

sus·pi·cion /sə'spiʃᵊn/ *n.* ❶[U]被怀疑;被猜疑,涉嫌:She herself became the subject of *suspicion* too. 她本人也成为被猜疑的对象。❷[C]疑心,疑忌;猜疑;怀疑;猜测,猜想:He regarded even real disease with paranoid *suspicion*. 甚至对真的疾病,他也近乎偏执地怀疑。❸[C]猜测,猜想:We have a sneaking *suspicion* that they will have the last laugh. 我们私下里感觉他们会笑到最后。‖ ***above suspicion*** *adj.* 无可怀疑的;不受怀疑的:His uprightness is *above suspicion*. 他为人正直,这一点不容怀疑。***under suspicion*** *adj.* 遭到怀疑的,有嫌疑的:Your own extraordinary conduct has laid you *under suspicion*. 你自己行为反常,因而难脱嫌疑。

sus·pi·cious /sə'spiʃəs/ *adj.* ❶可疑的,引起怀疑的;有嫌疑的:They decided to follow the *suspicious* guy. 他们决定跟踪那个可疑的家伙。❷表示怀疑的:cast *suspicious* glances 投以怀疑的目光 ❸猜疑的,多疑的;产生疑心的;感到怀疑的(*of*):Peter was *suspicious* of these radicals. 彼得对这些激进分子心存疑虑。‖ **sus'pi·cious·ly** *adv.*

sus·tain /sə'stein/ *vt.* ❶(长期)承受(压力、重量等);支撑,支承:*sustain* the weight of the building 承受建筑物的重量 ❷支持;鼓励:His doctrine is a little too abstract to *sustain* anyone in a genuine crisis. 他的学说有点太抽象,对处于真正危机中的人帮不了什么忙。❸(食物)提供(养分);供养,赡养;维持(生命);使存

活:The fish and fruit diet *sustained* them well. 靠吃鱼和水果他们过得很好。❹经历(失败、伤痛等);遭受:*sustain* bumps and bruises along the way 一路上颠簸,免不了这里青一块那里紫一块 ❺使(声音、努力等)持续下去;保持:Economic growth can *sustain* political stability. 经济增长可以使政治保持稳定。

sus·tained /səˈsteind/ *adj*. 持续的,持久的

sus·te·nance /ˈsʌstinᵊns/ *n*. [U] ❶营养,养料;粮食;生活资料:Water is crucial to the *sustenance* of life on Earth. 水对地球上生命的生存至关重要。❷(精神上的)支持;维持:People were searching for spiritual *sustenance* from the past. 人们努力从过去寻找精神寄托。❸生活来源;生计

su·ture /ˈsuːtʃəʳ/ *n*. ❶[C;U]【医】缝合术;缝合;缝:The doctor put eight *sutures* in his wound. 医生给他的伤口缝了八针。❷[C]【解】(尤指头颅骨)骨缝,缝 ❸[C]【动】【植】缝线

SW *abbr*. ❶ south-west ❷ south-western

swab /swɔb/ *n*. [C] ❶拖把 ❷【医】(手术用的)拭子,药签:clean the blood with a *swab* 用药签把血迹擦掉

swad·dle /ˈswɔdᵊl/ *vt*. ❶用长布条缠包(婴儿或衣物等):*swaddle* a baby in a blanket 用毯子把婴儿裹好 ❷包扎,绑

swag·ger /ˈswægəʳ/ I *vi*. ❶大摇大摆地走:*swagger* into the room 大摇大摆地走进了房间 ❷妄自尊大;趾高气扬 II *n*. [U] ❶昂首阔步 ❷妄自尊大;趾高气扬;得意忘形;盛气凌人:Underneath all his *swagger*, he is actually very timid. 他外表神气,其实很胆小。

swal·low[1] /ˈswɔləu/ I *vt*. ❶吞下,咽下:He said he couldn't *swallow* anything. 他说他什么都咽不下去。❷承受;忍受(侮辱):I found it hard to *swallow* his insults. 我不能忍受他的侮辱。❸〈口〉轻信,轻易接受:He said he didn't falsify the documents and his boss *swallowed* it whole. 他说自己没有伪造文件,老板对此深信不疑。❹控制,抑制(感情):He had no choice but to *swallow* his pride and enter into an agreement. 他别无选择,只好忍气吞声签了协议。❺(说话时)吞(音);含糊地发(音):He'd *swallowed* his voice, choking on the words. 他嗫嚅着,字没说出来就哽住了。❻淹没;吞没;卷入;耗尽;使消失(*up*):This darkness curled around the light and *swallowed* it *up*. 黑暗包围了灯光,将其淹没。—*vi*. 吞咽:He reached for the pillbox, groped, and *swallowed*. 他把手伸向药盒,摸索着,把药吞了下去。II *n*. [C] ❶吞,咽:He gulped the whiskey in a *swallow*. 他把一杯威士忌一饮而尽。❷一次吞咽量

swal·low[2] /ˈswɔləu/ *n*. [C]【鸟】❶燕科鸟类 ❷家燕 ‖ ***One swallow does not make a summer.*** 〈谚〉一燕不成夏(指不可仅凭偶然事件而贸然下结论)

swam /swæm/ *v*. swim 的过去式

swamp /swɔmp/ I *n*. [C]沼泽,沼泽地:The plane crashed into the *swamp*. 飞机坠入了沼泽地。II *vt*. ❶淹没;浸湿:The coast was *swamped* by the rising tides. 潮水不断上涨,淹没了海岸。❷[常用被动语态]压倒;难倒;使受不了:A feeling of remorse *swamped* her. 一股悔恨之情让她难受至极。—*vi*. 被浸湿 ‖ **ˈswamp·y** *adj*.

swan /swɔn/ *n*. [C]【鸟】天鹅属鸟类;天鹅

swank /swɔŋk/ I *n*. [U]〈口〉出风头;炫耀:Despite all his *swank*, he has never accomplished anything. 别看他经常吹嘘,却是一事无成。II *vi*. 出风头;吹嘘;炫耀:Just because you are a champion, there is no need to *swank*. 你是冠军,但没必要炫耀。

swank·y /ˈswæŋki/ *adj*. ❶(人)爱出风头的,炫耀的:I am sick of his *swanky* talk. 我受不了他说话时那副神气的样子。❷时髦的,漂亮的:a *swanky* new dress 漂亮的新衣服 ‖ **ˈswank·i·ness** *n*. [U] —**ˈswank·y** *adj*.

swan·song /ˈswɔnˌsɔŋ/ *n*. [C]最后的作品(或言行);告别演出(或比赛)

swap /swɔp/ I (**swapped**;**swap·ping**) *vt*. 以…作交换(或交易);与…作交换(或交易):The movie idol *swapped* gossip with visitors. 那位电影偶像明星与游客们闲谈交流。—*vi*. 交换;做交易:You have oil, and I have food, shall we *swap*? 你有石油,我有粮食,我们交换好吗? II *n*. [C]交换:He was kept in jail for several years before being exchanged in an spy *swap*. 他被关了几年才在一次交换间谍时被换回。〔亦作 **swop**〕

swarm /swɔːm/ I *n*. [C] ❶(离巢的)蜂群,分

蜂群 ❷(尤指昆虫等集体飞行或迁移的)一大群,一大批(见 crowd):in a great *swarm* 成群结队 ❸[~s]许多,大量(*of*):*Swarms of* stars came out above the shadowy earth. 繁星闪烁在朦胧大地的上空。**II** *vi.* ❶(成群地)移动;聚集:A press army *swarmed* around the singer. 一群新闻记者团团围住这位歌手。❷(地方)拥挤,充满(*with*):The beach today *swarms with* crabs. 今天的沙滩上爬满了螃蟹。

swarth•y /ˈswɔːði/ *adj.* 黑的,(肤色)黝黑的:a *swarthy* face 黝黑的脸 / The sailor was *swarthy* and unsmiling. 那水手皮肤黝黑,不苟言笑。

swash•buck•ling /ˈswɔʃˌbʌkliŋ/ *adj.* 神气活现的,虚张声势的:a *swashbuckling* swordsman 神气活现的剑手

swat /swɔt/ *vt.* (**swat•ted**; **swat•ting**) 重拍(苍蝇等),猛击:He *swatted* a fly with his book. 他用书拍苍蝇。‖ ˈ**swat•ter** *n.* [C]

swath /swɔːθ/ *n.* [C]([复] **swaths** /swɔːðs, swɔːθs/或 **swathes**) ❶一刈幅的草;一刈幅的作物:cut the grass in *swathes* 一行一行地割草 ❷(割草机割后的)空地 ❸长而宽的地带;大范围:huge *swathes* of forest 大面积森林

swathe /sweið/ **I** *vt.* ❶包扎;绑;包裹;缠;捆:The driver came out of the hospital *swathed* in bandages. 那司机裹着绷带从医院出来了。❷包围;封住 **II** *n.* [C]绷带,包扎带;包装物:cut a *swathe* 裁剪一条绷带

sway /swei/ *vt.* ❶摇晃,晃动;摆动:He was *swaying* his head in time to the song. 他摇头晃脑地和着这首歌的节拍。❷使改变看法;使动摇:He tried to *sway* his colleagues into supporting the plan. 他试图说服他的同事支持这项计划。❸统治,支配;影响:We should never allow ourselves to be *swayed* by our feelings. 我们不应该让自己受到感情的支配。—*vi.* 摇摆;摇动;摆动;晃动:The bus *swayed* through the lanes. 公共汽车在小巷里一摇一晃地行驶。

swear /sweəʳ/ (**swore** /swɔːʳ/, **sworn** /swɔːn/) *vt.* ❶[不用进行时态]宣(誓);发(誓):*swear* an oath of allegiance to sb. 向某人宣誓效忠 ❷郑重保证;发誓要[不用进行时态]:I *swear* that he did say that. 我发誓,他就是这么说的。❸使宣誓;以誓言约束(*to*):She *swore* herself *to* silence on that matter. 她发誓要对那件事保持沉默。—*vi.* ❶咒骂(*at*):When his girl friend started to *swear at* him, he walked away. 女友开始骂他时,他走开了。❷宣誓,发誓:Now take it to your breast and *swear*. 现在把它放在你的胸前并发誓。‖ ***swear by*** *vt.* ❶凭…发誓,以…名义发誓,对…起誓(不用进行时):I *swear by* God that I was not involved in it. 我对上帝发誓,我绝对没有牵连此事。❷对…极其信赖;对…深信不疑:She *swears by* her *Qigong*. 她认定气功极为灵验。***swear in*** *vt.* 使宣誓就职:Flanked by the entire Cabinet, he was *sworn in* as acting President. 在全体内阁成员的簇拥下,他宣誓就任代总统。***swear off*** *vt.* 〈口〉决定放弃;保证戒掉:*swear off* drugs completely 彻底戒了毒 ‖ ˈ**swear•er** *n.* [C]

swear-word /ˈsweəˌwəːd/ *n.* [C]骂人话,诅咒语;亵渎语

sweat /swet/ **I** *n.* ❶[U]汗,汗水:Now and again he wiped the *sweat* from his forehead. 他不时擦前额上的汗。❷[用单]〈口〉紧张,不安:be [get] in a *sweat* about sth. 为某事紧张 **II** (**sweat•ed**或 **sweat**) *vi.* ❶出汗;发汗;排汗:The boxes were transferred from the truck, carried by the workers who *sweated* under the effort. 箱子被汗流浃背的工人们从卡车上搬了下来。❷恐惧,惊恐;紧张,焦虑;烦恼:I really *sweated* until I saw him safely out of there. 在看到他从那里安然出来之前,我着实捏了一把汗。❸I've *sweated* over all this for six months, and I'm not going to see that work wasted. 我辛辛苦苦六个月做这件事,我不会眼睁睁地看到这一切付之东流。—*vt.* 使出汗,使流汗;发汗逼出:She went home and put herself to bed and *sweated* the chill out. 她回到家,上了床,出了一身汗把寒气逼了出来。

sweat•er /ˈswetəʳ/ *n.* [C]羊毛(针织)套衫;厚运动衫

sweat•pants /swetp nts/, **sweat pants** *n.* [C][复](运动员运动前后穿的)宽松长运动裤

sweat•shirt /ˈswetˌʃəːt/ *n.* [C](运动员运动前后穿的)有袖棉制套衫,运动衫

sweat•shop /ˈswetˌʃɔp/ *n.* [C](工时长、条件差、报酬低的)血汗工厂

sweat sock *n.* [C]运动袜

S

sweat•suit /ˈswetˌsjuːt/ *n.* [C](运动员等穿的)运动套装

sweat•y /ˈsweti/ *adj.* ❶出汗的;满是汗的:His *sweaty* hand felt cold. 他汗津津的手摸上去很冰凉。❷引起出汗的,吃力的,劳累的:*sweaty* work 劳累的工作

Swede /swiːd/ *n.* [C]瑞典人;瑞典人后裔

Swed•ish /ˈswiːdiʃ/ I *adj.* [无比较级] ❶瑞典的 ❷瑞典人的 ❸瑞典语的 II *n.* ❶[U]瑞典语 ❷[**the** ～][总称]瑞典人

sweep[1] /swiːp/ I (**swept** /swept/) *vt.* ❶扫;拂;掸;打扫,清扫:The lake has been *swept* clean of snow by the wind. 风把湖面上的积雪吹干净了。❷扫去;拂去;扫除,清除:Once her mind is made up, she *sweeps* everything before her. 女人一旦拿定主意,是会扫除面前一切障碍的。❸清扫,清除出(道路、空地等):*sweep* a passage through the minefield 在布雷区清出一条道路 ❹席卷;迅速蔓延;波及:The coast was *swept* by storms. 风暴席卷了海岸。❺掠过,拂掠;(眼睛)扫视;扫掠:Her glance *swept* the room. 她双眼朝房间扫视了一下。❻使快速移动;挥动:*sweep* the flag 挥舞旗帜 —*vi.* ❶打扫,清扫;扫除 ❷扫视;扫掠:His cool glance *swept* over her. 他冷冷的目光扫视了她一下。❸(迅速)蔓延;传播;扩展:Now the changes have *swept* through society. 如今变革已遍及社会。II *n.* ❶[常用单]扫;打扫,清扫:give the bedroom a *sweep* 打扫卧室 ❷[C]扫动;挥动;拂掠;掠过:With a *sweep* of its tail, the alligator knocked him under the water. 那鳄鱼尾巴一扫,将他击入水中。‖ ***sweep away*** *vt.* ❶扫走;刮走;冲走;卷走:*sweep away* the dirt 扫去灰尘 ❷迅速废除;清除掉;消灭;打消:*sweep away* the noblemen's special rights 废除贵族特权 ‖ **sweep•er** /ˈswiːpəʳ/ *n.* [C]

☆**sweep, brush** 均有"打扫,刷擦"之意。**sweep** 表示用双手握住长柄扫帚或毛刷打扫或清洁地面、庭院等:She *swept* the yard clean.(她把院子扫干净了。)**brush** 尤指用一只手握住短柄毛刷或刷帚来刷擦架子、衣服、牙齿等的表面:You should *brush* your teeth every day.(你必须每天刷牙。)

sweep[2] /swiːp/ *n.* [C]赌金的独得,彩票

sweep•ing /ˈswiːpiŋ/ *adj.* [无比较级] ❶扫掠的,拂掠的;(衣裙等)拖曳的:take a *sweeping* glance 扫视 ❷大规模的,大范围的;广阔的:*sweeping* reduction in prices 大幅度的降价 ❸[作定语]全面的;总括的;〈贬〉笼统的:*sweeping* reforms 全面改革 ❹[作定语]决定性的;意义深远的;势不可挡的:a course of action which might have quite *sweeping* effects 可能具有深远影响的行动方针 ‖ **ˈsweep•ing•ly** *adv.*

sweet /swiːt/ I *adj.* ❶有甜味的,甜的:Pears are as *sweet* as dates are crisp. 枣儿有多脆,梨儿就有多甜。❷香的,芳香的:a *sweet*-smelling flower 一朵芳香扑鼻的花 ❸(声音等)悦耳的,好听的;和谐的:How *sweet* the music was on the water in the shining night. 乐声飘荡在月光皎洁的水面上,多么美妙! ❹温柔的;和蔼的;亲切的;心肠好的:It's *sweet* of you to help me. 多谢你的帮助。II *n.* ❶[C]糖果:*sweets* business 糖果业〔亦作 **candy**〕❷[C;U]〈主英〉(一餐中的)甜点:make a *sweet* 做甜点 ‖ (***be***) ***sweet on*** *adj.* 〈口〉极喜欢;爱上:She *was sweet on* the new boy in school. 她爱上了学校里那个新来的男孩。‖ **ˈsweet•ish** *adj.* —**ˈsweet•ly** *adv.* —**ˈsweet•ness** /ˈswiːtnis/ *n.* [U]

sweet corn *n.* [U]【植】甜玉米

sweet•en /ˈswiːtᵊn/ *vt.* ❶使变甜,加糖(或甜味剂)于:*sweeten* the coffee with sugar 加糖使咖啡变甜 ❷使干净;使清新;使纯净:*sweeten* the air of an office 使办公室的空气清新 ❸(通过赠送礼品或给好处等)使亲和;使软化;使愿意效力:You should *sweeten* him up before you ask him for a loan. 向他借钱之前,你要先说好话捧捧他。‖ **ˈsweet•en•er** *n.* [C]

sweet•heart /ˈswiːtˌhɑːt/ *n.* [C] ❶心上人,恋人 ❷[用以称呼丈夫、妻子等]亲爱的人

sweetmeat *n.* [C]果脯,蜜饯;糖衣果仁

sweet pepper *n.* [C]【植】甜椒

sweet potato *n.* [C]【植】甘薯〔亦作 **yam**〕

swell /swel/ I (过去式 **swelled**,过去分词 **swol•len** /ˈswəulᵊn/或 **swelled**) *vi.* ❶肿胀;膨胀;涨大:The boots made my ankles *swell* on the lengthy tours. 在漫长的旅行中这双靴子把我脚踝磨肿了。❷增加,增长;壮大:Total employment *swelled* by almost 50 percent. 就业总人数增加了 50%。❸(河水等)上涨;(海洋等)波涛汹涌:Land prices *swell*. 地价日益

上涨。❹隆起；凸起，鼓出（*up*）：The belly *swells* out under the belt. 肚子挺起来，撑着腰带。❺（情绪）高涨；（感情）迸发（见 expand）：His heart *swelled* with pride. 他满怀自豪。❻（声音）增强，变响亮 —*vt.* ❶使膨胀；使肿胀；使凸起：Chivalry *swelled* his bosom. 他满腔侠胆义肠。❷使增长；使壮大；使充实：The many holiday-makers *swelled* the local population. 大量的度假者使当地的人口大增。**II** *n.* ❶[C；U]肿胀；膨胀；凸起（处），鼓出（处）❷[U]增长；壮大；增大：There is a growing *swell* of support for the reform. 对这项改革的支持程度不断增强。❸[C]（风暴后的）滚滚浪潮：The *swell* lifted him. 海浪把他卷起。

swell·ing /ˈsweliŋ/ *n.* [C；U] ❶（身体的）肿块；肿胀：There were many *swellings* on Mike's cheeks because bees stung him. 迈克脸上起了许多包，这是蜜蜂螫的。❷凸起（处），鼓出（处）：pat the slight *swelling* of one's stomach 拍打稍微隆起的腹部

swel·ter /ˈsweltəʳ/ **I** *vi.* 闷热，热得难受：On the deck everyone was *sweltering* in the still air. 甲板上没有一丝风，每个人都热得难受。**II** *n.* [U]热得难受；闷热：The soldiers suffered a lot in the *swelter*. 士兵们热得苦不堪言。

swel·ter·ing /ˈsweltəriŋ/ *adj.* ❶闷热的，热得难受的：a *sweltering* room 一间闷热的房间 ❷感到热得难受的：The *sweltering* students could hardly keep their mind on their lessons. 学生们感到闷热，无法集中精神听讲。

swept /swept/ *v.* sweep 的过去式和过去分词

swerve /swəːv/ **I** *vt.* 使突然转向；使背离：We *swerved* the car to avoid hitting that dog. 我们把车突然转向，以免撞到那条狗。—*vi.* 突然转向；背离：He *swerved* around her and kept going. 他把车往旁边一拐，躲开她，继续往前开。**II** *n.* [C] 突然的转向：This footballer is famous for his brilliant *swerves* around and between opposition defenders. 这名足球运动员以其超常的突破防守能力而出名。

swift /swift/ *adj.* ❶（能）快速进行的；速度快的：The advance was *swift*. 进展神速。❷到来（或发生、完成）的快的；立即作出的：a *swift* reaction 及时的反应 ❸[通常作表语]（行动上）迅速的，机警的；动辄…的（*to*）：I am *swift to* fall asleep. 我头一挨枕头就能睡着。‖ ˈ**swift·ly** *adv.* —ˈ**swift·ness** *n.* [U]

swig /swig/ **I** *vt.* & *vi.* （**swigged；swig·ging**）〈口〉大喝，痛饮：Finding no glasses，I *swigged* the beer directly from the bottle. 找不到杯子，我就直接对着啤酒瓶痛饮。**II** *n.* [C]一大口，大喝，痛饮：take a *swig* of whisky 喝一大口威士忌

swill /swil/ *vt.* ❶〈主英〉冲洗，冲刷（*out*）：He is *swilling out* that dirty bathtub. 他正在洗那脏澡盆。❷贪婪地喝，大口喝：That big man *swilled* his beer in one gulp. 那大个子将啤酒一饮而尽。—*vi.* 贪婪地喝，大口喝

swim /swim/ **I**（**swam** /swæm/，**swum** /swʌm/；**swim·ming**）*vi.* ❶游，游泳，游水：I can't *swim* good. 我不太会游泳。❷摇晃；眩晕，头昏；眼花：The furniture *swam* before his eyes around him. 他感到家具在晃动。❸浸，泡；充满（*in*，*with*）：The carpet was *swimming* in water. 毯子浸泡在水中。—*vt.* 游（过）；横渡；与…比赛游泳；以（某种姿势）游；使游泳：Tomorrow they will *swim* a race of 1,000 metres. 明天他们要参加1 000米游泳比赛。**II** *n.* [C]游泳：A *swim* in the morning is very nice. 在早晨游泳很不错。‖ ***in the swim*** *adj.* ❶熟知内情的：It's predicted by those *in the swim* that the current cabinet will resign in a couple of week. 据消息灵通人士预言，现任内阁将于一两周内辞职。❷合潮流的；赶时髦的：Henry spent his summer vacation at a popular resort in order to be *in the swim*. 亨利为了赶时髦，去一避暑胜地度假。***out of the swim*** *adj.* ❶不了解内情的 ❷不合潮流的 ‖ ˈ**swim·mer** *n.* [C]

swim·ming /ˈswimiŋ/ *n.* [C；U]游泳；游泳运动

swim·ming·ly /ˈswimiŋli/ *adj.* 成功的，极好的

swimming suit *n.* [C]（女）游泳衣

swin·dle /ˈswindᵊl/ **I** *vt.* ❶欺诈；诈骗：The man was caught who *swindled* the insurance company. 诈骗保险公司的人抓到了。❷骗取；诈取（*out*）：*swindle* money *out* of insurers 从投保人那里骗取保金 **II** *n.* ❶[C；U]欺诈行为，诈骗行为：attempt a huge *swindle* with a forged coupon 企图用伪造票证实施大宗诈骗 ❷[C]骗局：a tax *swindle* 逃税骗局 ‖ ˈ**swind·ler** *n.* [C]

S

swine /swain/ *n.* [单复同] ❶〈书〉猪 ❷〈口〉猪猡；下流呸；令人不快的事；难做的事 ‖ ˈ**swin·ish** *adj.*

swing /swiŋ/ I (**swung** /swʌŋ/) *vi.* ❶摆动，摇荡，摇摆，摇晃：Two monkeys *swing* from tree to tree. 两只猴子在树间吊来荡去。❷悬，挂 ❸旋转：The door *swung* shut. 门转动着关上了。❹(抓住某物)纵身一跃，跳跃：She *swung* on to the bus. 她纵身一跃跳上汽车。❺(情绪、观点、兴趣等)改变；剧变，大变：Within two minutes，the instruments *swung* back into the correct settings. 两分钟之内，仪器又恢复到了正确的设置。❻挥拳击打，(挥臂)猛击(*at*) —*vt.* ❶使摇摆，使摆动，使摇晃：The dog *swung* his tail at his master. 那狗朝主人摇尾巴。❷使旋转；使转向；使转动：He *swung* himself onto the horse. 他跃身上马。❸挥动；挥舞：The boy *swung* his arm back and snapped forward. 男孩的胳膊朝后甩去，接着又刷地向前甩。❹使改变(立场、观点、兴趣等)；(尤指选举等中)对…起决定性作用，对…产生巨大影响：*swing* sb. into opposition 影响某人使其持反对立场 ❺〈口〉应付，处理；成功地做好：*swing* a business deal 做成一笔生意 II *n.* ❶[U；C]摆动，摇晃；摇动；摆荡 ❷[U]挥动，挥舞 ❸[U；C]振幅，摆程：adjust the *swing* of the pendulum 调整钟的摆幅 ❹[C]秋千；荡秋千：play on a *swing* 荡秋千 ‖ ***in full swing*** *adj.* & *adv.* (活动等)全速进行(的)；飞速(的)：The spectacular advance in computer is *in full swing*. 计算机的飞速发展已达到了极盛时期。

swipe /swaip/ I *vt.* 〈口〉❶猛打，挥击 ❷〈俚〉扒窃，偷窃 —*vi.* 猛打，挥击(*at*) II *n.* [C] ❶猛打，挥击 ❷碰擦，擦过 ❸尖锐的批评，尖刻的话

swirl /swəːl/ I *vt.* & *vi.* ❶(使)打转，(使)旋转：The old man was *swirled* away on the current. 那个老人被水流卷走了。❷晕眩，昏乱：Noise made my head *swirl*. 喧闹声使我头脑发晕。II *n.* [C] ❶(水、大气等的)漩涡 ❷头发的卷曲；卷曲的线条，形状或图形 ❸[用单]混乱：Things were in a *swirl* at home. 家里一片混乱。

swish /swiʃ/ I *vt.* ❶唰地(或嗖地)挥动(镰刀、棍棒等)：*swish* the scythe 唰唰地挥动镰刀 / Somebody was *swishing* newspapers. 有人在哗哗地翻动报纸。❷嗖地割去(花、树枝等)(*off*)：He *swished off* the branches of the tree. 他嚓的一声将树枝砍断。❸发出唰唰声 —*vi.* 唰唰地移动(或挥动)：The snake *swished* through the grass. 蛇嗖嗖地从草里穿过。II *n.* ❶[C；U]挥动；(镰刀、棍棒等挥动时发出的)唰唰(或嗖嗖)声音 ❷[C]鞭子；杖 ❸搞同性恋的男子；脂粉气的男子 III *adj.* [无比较级]〈口〉〈主英〉漂亮的；时髦的：The young woman has a *swish* sports car. 这个年轻女子有一辆漂亮的跑车。

Swiss /swis/ I *adj.* [无比较级] ❶瑞士的 ❷瑞士人的 II *n.* [单复同]瑞士人；瑞士人后裔

switch /switʃ/ I *n.* [C] ❶开关；电闸，电键；转换器：Please don't fiddle with the light *switch*. 请不要乱摸电灯开关。❷改变；转换；转移：The Gallup Poll showed that there was a *switch* to Labor. 盖洛普民意测验表明，人们转而支持工党了。II *vt.* ❶打开；关上(*on*，*off*)：*switch on* the lights 开灯 ❷改变，转变；转移；转换；调动：Convincing consumers to *switch* brands can be a long and arduous task. 说服顾客改换品牌是件费时费力的工作。❸调换…的位置；调换；交换：He *switched* his shift with mine. 他同我换班。—*vi.* ❶变换；改变，转变；转移：He was trained as an engineer but later *switched* into sales and marketing. 原先他是个工程师，但后来改行搞市场营销。❷调换，换班：I'm on duty Monday but I will *switch* with one of the other men. 我星期一上班，可我想和另一个人换班。❸迅速地摆动 ‖ ***switch off*** *vt.* & *vi.* ❶(通过开关)关掉，切断：*switch off* the electricity 切断电源 ❷〈口〉不再注意，不再关注：When I get bored，I just *switch off* and look out of the window. 我觉得烦的时候，就停下来朝窗外看看。***switch over*** *vi.* 交换，转变；改变，变换：Britain *switched over* to a decimal currency in 1971. 英国于1971年通货改用十进制。‖ ˈ**switch·er** *n.* [C]

switch·board /ˈswitʃˌbɔːd/ *n.* [C] ❶开关板，配电板，配电盘 ❷电话的交换台：All the calls into their company go through the *switchboard*. 所有打进他们公司的电话都通过总机。

swiv·el /ˈswivᵊl/ I *n.* [C]【机】转体；(链的)转环(节)；转轴 II *vt.* & *vi.* (**-el(l)ed**；**-el·(l)ing**) (使)旋转；(使)转动：The little boy is *swivelling* his chair around. 那小男孩在玩转椅。

swol·len /ˈswəulᵊn/ **I** *v.* swell 的过去分词 **II** *adj.* ❶肿胀的;膨胀的:Her eyes were *swollen* under the make-up. 虽然化了妆,她的眼睛还是肿着。❷隆起的;涨满的;壮大的:The river was *swollen* with the heavy rain. 下了这场大雨,河里涨满了水。

swoon /swuːn/〈书〉**I** *vi.* ❶昏厥,昏倒:The poor boy *swooned* with hunger. 那可怜的男孩饿昏了过去。❷狂喜;心醉神迷:bring sb. out of the *swoon* 使某人苏醒 / We two fell in love, and *swooned* in each other's arms. 我们俩坠入爱河,忘情地拥抱在一起。**II** *n.* [C]昏厥,昏倒:Because of the wounds he was in a half *swoon*. 他受了伤,处于半昏迷状态。

swoop /swuːp/ **I** *vi.* ❶(猛禽等捕食时)飞扑,猛扑;突然下降,下落(*down*):He was watching how the eagle *swooped down* on its prey. 他正在观察老鹰如何扑向猎物。❷从远处猛扑,猛攻:*swoop* down onto the street 向街头猛冲下去 —*vt.*〈口〉突然抓取,攫取(*up*):She *swooped up* the cat and ran away. 她突然抓起猫跑了。**II** *n.* [C]飞扑,猛扑;抓取,攫取;突然行动,偷袭:They must have made another *swoop*. 他们一定又偷袭过一次。‖ ***at* [*in*] *one fell swoop*** *adv.* 一下子

swop /swɔp/ *vt.*, ***vi.*** (**swopped**; **swop·ping**) & *n.* =swap ‖ ˈ**swop·per** *n.* [C]

sword /sɔːd/ *n.* ❶[C]剑,刀:Knowledge is a double-edged *sword*. 知识是一把双刃剑。❷[常作 **the** ~]战争;武力 ‖ ***cross swords with*** *vt.* ❶与…较量;与…搏斗 ❷与…辩论,与…争论:It is about this point that we two *cross swords with* each other. 正是在这一点上,我们俩争论起来。***draw the sword*** *vi.* ❶拔剑 ❷开战:They tried to *draw the sword* against the government. 他们试图以武力反抗政府。***put to the sword*** *vt.* ❶杀死,处死:The captives were *put to the sword* indiscriminately. 所有的俘虏毫无例外地都被杀了。❷屠杀:They took the city and *put* it *to the sword*. 他们攻占该城后,进行了大屠杀。***wear the sword*** *vi.* 从军,当兵:Being tired of the monotonous work, he quitted his job and *wore the sword*. 厌倦了单调的工作,他离职参军了。

sword·fish /ˈsɔːdˌfiʃ/ *n.* [C]([复]-**fish**(**·es**))【鱼】箭鱼

swore /swɔːʳ/ *v.* swear 的过去式

sworn /swɔːn/ **I** *v.* swear 的过去分词 **II** *adj.* ❶[作定语][无比较级]宣过誓的,发过誓的:sign a *sworn* testimony 在宣誓证词上签字 ❷[作定语]十足的,不可改变的:*sworn* enemies 不共戴天之敌

swum /swʌm/ *v.* swim 的过去分词

swung /swʌŋ/ *v.* swing 的过去式和过去分词

syl·lab·ic /siˈlæbik/ *adj.* [无比较级]【语】❶音节的;分音节的;由音节组成的 ❷(符号)代表音节的

syl·la·ble /ˈsiləbᵊl/ *n.* [C]【语】音节

syl·la·bus /ˈsiləbəs/ *n.* [C]([复]-**bus·es**或-**bi** /-ˌbai/)教学大纲;课程大纲;(论文、演说等的)提纲,摘要;考试要求简编

syl·lo·gism /ˈsiləˌdʒizᵊm/ *n.* [C] ❶【逻】三段论;演绎推理 ❷推论,推断 ‖ **syl·lo·gis·tic** /ˌsiləˈdʒistik/ *adj.*

syl·van /ˈsilvᵊn/ **I** *adj.* [无比较级] ❶森林的;有森林的;树木的:He lives in a *sylvan* area. 他住在林区。❷有树木的,林木构成的 ❸乡村的,田园的 **II** *n.* [C] ❶生活(或出没)于森林的人(或动物);林区居民;林区工人 ❷林中精灵

sym·bi·o·sis /ˌsimbaiˈəusis/ *n.* [U;C]([复]-**ses** /-siːz/)❶【生】共生;共生现象 ❷合作;合作(互利)关系 ‖ ˌ**sym·bi·ot·ic** /-ˈɔtik/ *adj.*

sym·bol /ˈsimbᵊl/ *n.* [C] ❶象征;标志:White is the *symbol* of purity. 白色象征着纯洁。❷符号;记号;代号:The *symbol* for hydrogen is H. 氢的符号是 H。

sym·bol·ic /simˈbɔlik/, **sym·bol·i·cal** /-kᵊl/ *adj.* [无比较级] ❶象征性的;象征的;作为象征的;使用象征的(*of*):*symbolic* meanings 象征意义 ❷符号的;使用符号的;用作符号的:We need a *symbolic* method of writing to record easily. 我们需要符号书写法以方便记录。‖ symˈ**bol·i·cal·ly** /-kᵊli/ *adv.*

sym·bol·ism /ˈsimbᵊˌlizᵊm/ *n.* [U] ❶符号的使用 ❷符号体系 ❸象征主义;象征意义;象征作用:These plays lie in a limbo between ordinariness and *symbolism*. 这些剧本是介乎平淡与象征之间的东西。

sym·bol·ize /ˈsimbᵊˌlaiz/ *vt.* ❶作为…的象征,象征,标志:*symbolize* the power of the Al-

S

mighty 象征上帝的力量 ❷用符号代表：We often *symbolize* a nation by its flag. 我们经常以国旗代表一个国家。‖ **sym·bol·i·za·tion** /ˌsimbəlaiˈzeiʃən;-liˈz-/ *n.* [U]

sym·met·ri·cal /siˈmetrikəl/ *adj.* 对称的；匀称的；整齐的 ‖ **symˈmet·ri·cal·ly** /-kəli/ *adv.*

sym·me·try /ˈsimitri/ *n.* ❶[U]对称(性)：His sense of *symmetry* was satisfied. 他终于找到了对称感。❷[U]匀称；对称美：The *symmetry* of his face was spoiled because of great anger. 他本来匀称的脸气歪了。

sym·pa·thet·ic /ˌsimpəˈθetik/ *adj.* ❶同情的；有同情心的；表示同情的：He was *sympathetic* to the poor. 他对穷人很同情。❷意气相投的；投契的：be *sympathetic* to each other 意气相投 ❸赞同的；支持的(*to*)：I was most *sympathetic to* the plan. 我非常赞成这项计划。‖ **ˌsym·paˈthet·i·cal·ly** /-kəli/ *adv.*

sym·pa·thize, sym·pa·thise /ˈsimpəˌθaiz/ *vi.* ❶同情，表示同情；体谅；谅解；怜悯(*with*)：Morris asks us to *sympathize with* their emotional tangles. 莫里斯先生要求我们体谅他们的情感困惑。❷赞同；支持(*with*)：He would *sympathize with* the people in their struggle over the dictatorship. 他支持人民反独裁的斗争。‖ **ˈsym·paˌthiz·er, ˈsym·paˌthis·er** *n.* [C]

sym·pa·thy /ˈsimpəθi/ *n.* ❶[C;U]同情(心)：have immense *sympathy for* sb. 对某人表示深切同情 ❷[U]赞同；支持(*for*)：The statement expressed *sympathy for* the worker's demands. 该项声明对工人的要求表示支持。❸[U]有同感；意气相投(*with*)：He has *sympathy with* you in your love for popular music. 他和你一样都喜欢流行音乐。

sym·pho·ny /ˈsimfəni/ *n.* [C] ❶【音】交响乐，交响曲：compose a great *symphony* 创作一部伟大的交响曲 ❷(绘画、色彩等)和谐，协调；一致 ‖ **sym·phon·ic** /simˈfɔnik/ *adj.*

symp·tom /ˈsimptəm/ *n.* [C] ❶【医】病症，症状(见 sign)：Coughing is thought of as the prototypical TB *symptom*. 咳嗽被认为是典型的肺结核的症状。❷征候，征兆；现象(见 sign)：It was perhaps a *symptom* of the unresolved dilemmas. 这也许是那个难题难以解决的一个征兆。‖ **symp·to·mat·ic** /ˌsimptəˈmætik/ *adj.*

syn·a·gogue /ˈsinəˌgɔg/ *n.* [C] ❶犹太教堂，犹太会堂 ❷犹太教徒的集会，犹太教徒的聚会 ‖ **ˈsyn·aˌgog·al** /-gəl/ *adj.*

syn·apse /ˈsainæps, ˈsin-/ *n.* [C] ❶【解】突触，神经键 ❷【解】突触隙缝

sync(h) /siŋk/ **I** *n.* [C;U] ❶同步，同期；同时性；整步，同步现象；同期录音 ❷和谐；协调：The president has to stay in *sync* with the times. 总统必须跟上时代潮流。**II** *vi.* & *vt.* ＝synchronize

syn·chro·nize /ˈsiŋkrəˌnaiz/ *vt.* ❶使同期录音；使声像同步：This movie is badly *synchronized*. 这部电影声像不同步。❷使协调，使配合；使结合：We have to *synchronize* our efforts to develop this business. 我们须共同努力发展这项业务。‖ **syn·chro·ni·za·tion** /ˌsiŋkrənaiˈzeiʃən;-niˈz-/*n.* [U]

syn·chro·nous /ˈsiŋkrənəs/ *adj.* ❶[无比较级]同时的，时间上一致的；同时发生的；同步的(见 contemporary)(*with*)：His recovery was *synchronous with* the therapy he received. 接受治疗的同时，他的身体也在恢复。❷与地球的相对位置不变的：a *synchronous* orbit 与地球的相对位置不变的轨道

syn·co·pate /ˈsiŋkəˌpeit/ *vt.* 【音】切分

syn·di·cate I /ˈsindikət/ *n.* [C]【经】❶辛迪加，企业联合组织；财团 ❷(以促进一事业为目的的)私人联合会 ❸(向多家报刊或电视台提供稿件的)稿件辛迪加，报刊辛迪加；连锁报社 **II** /ˈsindiˌkeit/ *vt.* ❶把…组成辛迪加 ❷[通常用被动语态](通过稿件辛迪加在多家报刊或电视台)同时发表

syn·drome /ˈsindrəum/ *n.* ❶[C;U]【医】综合征群，综合症状：the post-Vietnam War *syndrome* 越战后综合征 ❷[C]一组同时存在(或发生)的事物；(某一事物的)一组表现(或特征)：Her uttering the vicious remarks was one of a jealousy *syndrome*. 她那些恶毒的话说明她很嫉妒。

syn·o·nym /ˈsinənim/ *n.* [C]【语】同义词，近义词："Shut" and "close" are *synonyms*. shut 和 close 是近义词。

sy·non·y·mous /siˈnɔniməs/ *adj.* [无比较级]与…同义的，是…的同义词的(*with*)

sy·nop·sis /siˈnɔpsis/ *n.* [C]([复]**-ses** /-siːz/)

S

大纲,提要,概要,梗概

syn·tax /ˈsintæks/ *n.* [U] ❶【语】句法;语法 ❷句法学,句子结构关系学 ‖ **synˈtac·ti·c** /-kᵊl/ *adj.* —**synˈtac·ti·cal** /-kᵊli/ *adj.*

syn·the·sis /ˈsinθisis/ *n.* ([复]-**ses** /-ˌsiːz/) [C;U]结合,综合;综合体:Opera is a *synthesis* of music and theatre. 歌剧综合了音乐和戏剧的特点。

syn·the·size /ˈsinθiˌsaiz/ *vt.* ❶综合:The double agent is busying himself in *synthesizing* the information. 那双重间谍正忙着整理情报。❷【化】使合成 ❸(用音响合成器)合成音乐

syn·the·siz·er /ˈsinθiˌsaizəʳ/ *n.* [C] ❶合成器,综合器;音响合成器 ❷合成者,综合者

syn·thet·ic /sinˈθetik/ *adj.* [无比较级] ❶合成的;人造的;合成燃料的(见 artificial):*synthetic* rubber 合成橡胶 ❷(感情)不诚实的,虚伪的 ❸【哲】【逻】合题的,综合(性)的 ‖ **synˈthet·i·cal·ly** /-kᵊli/ *adv.*

syph·i·lis /ˈsifilis/ *n.* [U]【医】梅毒:primary *syphilis* 一期梅毒(亦作 pox) ‖ **syph·i·lit·ic** /ˌsifiˈlitik/ *adj.*

Syr·i·an /ˈsiriᵊn/ **I** *adj.* [无比较级]叙利亚的;叙利亚人的;叙利亚语的;叙利亚文化的 **II** *n.* [C]叙利亚人

sy·ringe /siˈrindʒ,ˈsi-/ **I** *n.* [C]【医】❶注射器,注射筒,针筒 ❷喷射器,冲洗器 **II** *vt.* (用注射器)清洗,冲洗,灌洗

syr·up /ˈsirəp/ *n.* [C;U]糖浆;果子露:a jug of maple *syrup* 一罐枫叶糖浆〔亦作 **sirup**〕

syr·up·y /ˈsirəpi/ *adj.* ❶甜的,像糖浆般的 ❷[无比较级]糖浆的 ❸过分甜蜜的;感情太外露的:a *syrupy* earnestness 过于较真

sys·tem /ˈsistᵊm/ *n.* ❶[C]系统;体系:the trade *system* 贸易体系 ❷[C](机体内多个器官组成的)系统;身体(指把人体看成一个整体):Excessive drinking is very bad for the *system*. 过量饮酒对身体很有害。❸[C]方法,方式:a scientific *system* of classification 一种科学分类法 ❹[用单]制度,体制:The seniority *system* has broken down. 论资排辈制度瓦解了。

sys·te·mat·ic /ˌsistiˈmætik/ *adj.* [无比较级] ❶有系统的;系统化的;成体系的;系统的:The teaching and learning of languages has to be *systematic* in some sense. 从某种意义上说,语言的教与学必须有系统性。❷做事有条理的:He was never *systematic* about his papers. 他的论文从来就是乱糟糟的。‖ **ˌsys·teˈmat·i·cal·ly** /-kᵊli/ *adv.*

sys·tem·a·tize, sys·tem·a·tise /ˈsistiməˌtaiz/ *vt.* 使系统化;使成体系;使有组织 —*vi.* 系统化;组织化

sys·tem·ic /siˈstemik,-ˈstiːm-/ *adj.* [无比较级] ❶【生理】全身的;全身系统的;影响全身的 ❷系统的;体系的:In this decade there has been a *systemic* reduction in political risk around the world. 这10年里,世界各国都在有计划地减少政治风险。‖ **sysˈtem·i·cal·ly** /-kᵊli/ *adv.*

systems analysis *n.* [C]系统分析 ‖ **system analyst** *n.* [C]

S

T t

T, t /tiː/ *n.* [C]([复]**Ts, ts** 或 **T's, t's** /tiːz/) 英语字母表中第二十个字母

tab /tæb/ *n.* [C] ❶(物体上供手拉、悬挂、装饰等用的)拉手;搭扣;拉环;勒带;(服装上的)拉襻;垂边,垂片:collect metal *tabs* from beer cans 收集啤酒罐上的金属拉环 ❷(导卡、书册等的)检索凸舌;标签,标牌:The *tab* on the card was labelled "Top Secret". 卡片的标签上标有"绝密"字样。❸〈口〉账单;费用:I picked up the *tab* for dinner (for her). 我(为她)支付了餐费。‖ ***keep tabs*** [(***a***) ***tab***] ***on*** [***upon***] *vt.* 密切注意,监视;控制:The mother keeps *tabs on* her daughter to be sure she is clean and neat. 做母亲的督促女儿保持整洁。

T

ta·ble /ˈteibᵊl/ *n.* ❶[C]桌子,台子;餐桌:prepare the *table* 准备开饭 ❷[用作单或复]一桌(吃饭或娱乐)的人:Our *table* all want beer. 我们这一桌的人都要喝啤酒。❸[C]目录:the *table* of contents in the front of a book 卷首的目录 ❹[C]一览表,表格;[~s]乘法口诀表:She knows her *tables* already. 她已经背会了乘法口诀表。‖ ***on the table*** *adv.* & *adj.* (议案等)已被提出供讨论(的);(议案等)被搁置着(的):The proposal is still on the table. 该项议案依然被搁置。***turn the tables*** *vi.* 转而控制局面,反败为胜;扭转形势(*on*):Our camp was encircled, but we *turned the tables on* the enemy by counterattacking at dawn. 我们的营地被包围了,可我们在黎明时向敌人反攻,扭转了战局。***under the table*** *adv.* & *adj.* 〈口〉暗中(的),私下(的):They slipped the tax officials some money *under the table*. 他们偷偷给税务官员塞了一些钱。

ta·ble·cloth /ˈteibᵊlˌklɔθ;-ˌklɔːθ/ *n.* [C]([复]**-cloths** /-ˌklɔðz,-ˌklɔθs;-ˌklɔːðz,-ˌklɔːθs/) (餐桌的)桌布

table napkin *n.* [C](餐桌上用的)餐巾;餐巾纸〔亦作 **napkin**〕

ta·ble·spoon /ˈteibᵊlˌspuːn/ *n.* [C] ❶〈英〉(餐桌上用以分菜、舀汤等的)大餐匙,大汤匙 ❷【烹】一大餐匙的量(相当于 1/2 液盎司或 14.8 毫升) ‖ **ˈta·bleˌspoon·ful** *n.* [C]

tab·let /ˈtæblit/ *n.* [C] ❶(药品、糖等的)小片,小块:a sugar-coated *tablet* 糖衣药片 ❷(用以展示或铭刻文字的)木板;石板;匾,牌;碑:a granite *tablet* engraved with the hero's memorial 刻有纪念英雄铭文的花岗石碑

table tennis *n.* [U]乒乓球〔亦作 **ping-pong**〕

ta·ble·ware /ˈteibᵊlˌweəʳ/ *n.* [总称][用作单]餐具:The china shop stocks a large selection of unusual *tableware*. 这个瓷器店备有很多精美的餐具供挑选。

tab·loid /ˈtæblɔid/ *n.* [C]〈常贬〉(版面较小、常用大字标题和大幅照片的)通俗小报:Information on the personal life of a film star is the sort of story the *tabloids* love. 电影明星的私生活是通俗小报喜欢刊登的内容。

ta·boo /təˈbuː,tæ-/ **I** *n.* ([复]**-boos**) [C] ❶忌讳,禁忌;应避忌的事物:It was once a *taboo* to discuss pregnancy on television. 在电视上讨论怀孕曾经是个忌讳。❷戒条,戒律:place a *taboo* upon smoking in offices 禁止在办公室抽烟 **II** *adj.* [无比较级] ❶被禁止的,忌讳的:*taboo* words 忌讳的语言❷因神圣而禁止进入(或触及)的:The temple was *taboo* for women. 这座庙宇曾是神圣的禁地,妇女禁入。

tab·u·lar /ˈtæbjuləʳ/ *adj.* [无比较级][作定语]列表的,表格的:some additional information in *tabular* form 以表格形式提供的一些补充信息

ta·bu·late /ˈtæbjuˌleit/ *vt.* 〈书〉把…列表:It took us three hours to *tabulate* the results. 我们用了三个小时才将结果列成表。‖ **tab·u·la·tion** /ˌtæbjuˈleiʃᵊn/ *n.* [U] —**ˈtab·uˌla·tor** *n.*

[C]

tac·it /ˈtæsit/ *adj.* [无比较级][通常作定语] ❶默许的,默认的:They had by *tacit* agreement not renewed the contract. 他们彼此心照不宣,没有续签合同。❷缄默的,不说话的:a *tacit* partner 不言不语的伙伴 ‖ **ˈtac·it·ly** *adv.* —**ˈtac·it·ness** *n.* [U]

tack /tæk/ **I** *n.* [C] ❶小的平头钉,宽头钉:hammer a few *tacks* into the rug 在小地毯上钉几只平头钉 ❷〈美〉图钉:There is a *tack* on the wall and you can hang your picture from it. 你可用墙上那只图钉挂你的画片。❸(正式缝合前临时固定用的)长针脚,粗缝针脚:The tailor will unpick the *tacks* after machining the seam. 裁缝用机器把缝缝好后要把长针脚拆掉。**II** *vt.* ❶用平头钉(或图钉)钉住(*down*):He moved the table away and *tacked* the carpet *down*. 他把桌子搬开,把地毯用平头钉钉住。❷(正式缝合前)用长针脚缝住,用粗针脚缝住:The tailor *tacked* the sleeves on and then sewed them up. 裁缝先把袖子用长针脚缝住,然后正式缝合。‖ **ˈtack·er** *n.* [C]

tack·le /ˈtækᵊl/ **I** *n.* ❶[U]设备,器械,用具:fishing *tackle* 钓鱼用具 / heavy lifting *tackle* 重型起吊设备 ❷[C;U](一套)滑轮和绳子,滑车,辘轳;(船的)索具 ❸[U](包括钩和绳在内的)起锚设备 ❹[C]【足】阻挡,阻截,(对对方带球队员的)拦截;【橄】抱摔;抱拦:He made a good *tackle*. 他拦截成功。❺[C]【美橄】紧靠前锋线最后的位置;紧靠前锋线最后的球员。**II** *vt.* ❶(设法)解决,处理:The new measures aimed at *tackling* unemployment. 新措施的目的是为了解决失业问题。❷抓住,擒拿,与…扭打;(试图)制服:The thief tried to get away but the policeman ran and *tackled* him. 那小偷想跑,可警察冲过去抓住了他。❸【足】阻挡,阻截,拦截;【橄】擒抱(对方带球的队员):He was injured when a player from the opposite team *tackled* him. 他在被对方队员拦截时受伤了。—*vi.* 【足】阻挡,阻截,拦截;【橄】擒抱(对方带球的队员) ‖ **ˈtack·ler** *n.* [C]

tack·y[1] /ˈtæki/ *adj.* 〈主英〉(胶水、油漆等)仍有黏性的,未干的:Be careful! The paint on the chair is still *tacky* (to the touch). 小心! 椅子上油漆未干。‖ **ˈtack·i·ness** *n.* [U]

tack·y[2] /ˈtæki/ *adj.* 〈主美口〉❶没有品位的,俗气的:She talked in a manner of slightly *tacky*. 她的言谈有点土气。❷质量差的,破旧的:*tacky* souvenirs and ornaments 劣质的纪念品和装饰品 ❸衣衫褴褛的,破烂的 ❹过时的,俗艳的 ‖ **ˈtack·i·ness** *n.* [U]

tact /tækt/ *n.* [U]机敏,干练;得体:She showed great *tact* in handling the rather delicate situation. 在处理这种相当微妙的情况时,她表现得很机敏。‖ **ˈtact·ful** *adj.* —**ˈtact·ful·ly** *adv.* —**ˈtact·less** *adj.* —**ˈtact·less·ly** *adv.*

tac·tic /ˈtæktik/ *n.* [C]战术,策略,手段,方法:a smart *tactic* to get the job 一种得到工作的巧妙手法

tac·tics /ˈtæktiks/ [复] *n.* ❶[用作单]战术,作战技巧,兵法:*Tactics* has always been their strong point in war. 战争的战术技巧一直是他们的强项。❷战术调动,战术进攻:The new general planned his *tactics* for this battle. 新上任的将军为这次战斗制定了战术调动计划。❸(机敏的)手段,方法,策略:The government's *tactics* were to divide the opposition party and so bring some of them back into line. 政府的策略是要使反对党分化,并把其中一部分人争取过来。‖ **ˈtac·ti·cal** *adj.* —**ˈtac·ti·cal·ly** *adv.* —**tac·ti·cian** /tækˈtiʃᵊn/ *n.* [C]

tad·pole /ˈtædˌpəul/ *n.* [C]【动】蝌蚪

tag /tæg/ **I** *n.* [C] ❶(标有价格、产地等的)标签,标牌;标识符:a computer with a $ 2,000 price *tag* 标价 2 000 美元的一台计算机 ❷(鞋带等头上的金属或塑料)包头,束头 ❸(参差不齐或松散的)尾端 **II** (**tagged**;**tag·ging**) *vt.* ❶为…加标签;挂标牌于:They *tagged* the garments with the wrong prices. 他们给衣服挂错了价格牌。❷附加,增加(*on*, *on to*):This information was revealed in a throwaway line, *tagged on to* the end of a casual conversation. 这个信息是在闲谈最后无意增加的一句话中透露的。—*vi.* 〈口〉尾随,跟随:The boys *tagged* along behind the procession. 男孩们跟着队伍走。‖ **ˈtag·ger** *n.* [C]

tail /teil/ **I** *n.* ❶[C]尾巴:wag one's *tail* 摇尾巴 ❷[C](位置或外形)像尾巴一样的东西:the *tail* of a comet 彗星的尾巴 ❸[C](飞机、火箭、汽车等的)尾部:The airline's symbol was painted on the *tail* of the aircraft. 航空公司的

T

标志漆在飞机的尾部。❹[～s]〈口〉燕尾服；(男子的)晚礼服：The orchestra was smartly attired in white tie and *tails*. 乐队成员打着白领结，穿着燕尾服，个个精神抖擞。❺[～s](硬币的)反面，文字面：We tossed a coin and it came down *tails*. 我们掷了一枚硬币，结果是反面(向上)。❻[C]〈口〉跟踪人；密探：The police have put a *tail* on him, so they know his every move. 警察派人跟踪他，因此了解他的一举一动。**II** *vt*. 〈口〉跟踪：Prior to their detention, they were *tailed* by plain-clothes police. 他们被拘留之前已被便衣警察跟踪了。‖ ***turn tail*** *vi*. 退走，逃走，掉转屁股跑掉 ***with one's tail between one's legs*** *adv*. & *adj*. 夹起尾巴(的)；灰溜溜(的)；受到羞辱(的)：After losing 6-0 our football team went home *with the tails between their legs*. 我们的足球队以0∶6输了之后就灰溜溜地回家了。‖ **ˈtail·less** *adj*.

tail·coat /ˈteilˌkəut/ *n*. [C]燕尾服

tail·gate /ˈteilˌgeit/ **I** *n*. [C](客货两用车的)后门，仓门式后门 **II** 〈口〉 *vi*. 紧跟另一车辆行驶：Look! Some jerk behind us is *tailgating*. 你瞧，有个家伙一直紧贴在我们后面开车。—*vt*. ❶紧跟(另一车辆)行驶：The truck *tailgated* the little car. 那辆卡车紧贴在小汽车之后行驶。❷在(客货两用车)的后挡板上进行旅途野餐 ‖ **ˈtailˌgat·er** *n*. [C]

tai·lor /ˈteiləʳ/ **I** *n*. [C](量裁男士外衣的)裁缝，成衣匠：He went to the *tailor* to be measured for a new suit this morning. 今天早上他去找裁缝量体定做新西装了。**II** *vt*. ❶裁剪；缝制：*tailor* sb. a special uniform 为某人特制一套制服 ❷〈喻〉调整，修改：We can *tailor* the insurance policy to your special needs. 我们可以根据您的具体需要来订立保险单。—*vi*. 当裁缝：She used to make a living at *tailoring*. 她从前靠当裁缝谋生。

tail·pipe /ˈteilˌpaip/ *n*. [C](汽车等的)排气管尾部，尾喷管

taint /teint/ **I** *n*. [C] ❶腐烂的迹象；腐烂部分；感染部分；质量很差的部分：Is the fish free from *taint*? 这鱼是新鲜的吗？❷腐败(或堕落)的迹象；污点；不光彩的事：The enquiry cleared her of any *taint* of suspicion. 这次调查排除了对她的一切怀疑。**II** *vt*. ❶玷污；使变坏；使堕落：His reputation was greatly *tainted* by these rumours. 这些谣传使他的名誉大受影响。❷使(食物等)腐坏；弄脏，污染：The river water is *tainted* by chemicals from their factory. 他们工厂排放的化学物质污染了河水。

take /teik/ (**took** /tuk/, **tak·en** /ˈteikᵊn/) *vt*. ❶拿(住)；握(住)；执；抱；取(见 bring 和 receive)：Shall I *take* your coat? 我来帮你拿大衣好吗？❷[通常不用进行时态]争取；获得；赚得，赢得；控制；占领；俘获：The French player *took* the gold in the 200 metres. 法国选手赢得了200米比赛的金牌。❸挑选，选取：*take* any letter from A to H 在A至H中任选一个字母 ❹[不用进行时态]食用；饮用；服用；享用：*Take* this medicine twice a day. 这种药每天服两次。❺乘，搭乘，坐(交通工具)：You need to *take* a taxi to the airport. 你需乘出租车去机场。❻[通常不用进行时态]占有，占据(空间)；就座于：Please *take* a chair and have a rest! 请坐下休息一会儿！❼[不用进行时态]使(朝某一方向)走；带领：*take* the next turning on the right 在右边下一个路口转弯 ❽[不用进行时态]忍耐，经受；接受，相信…是真的：A gentleman should *take* a joke in good part. 绅士应当有风度地容忍别人的玩笑。❾[通常不用进行时态或被动语态]要求(有)；需要(用)；(要)消耗，(要)花费：It *took* courage to admit his mistake. 他需要巨大的勇气承认错误。❿受…影响；染上(病)；(疾病等)袭击：I *take* cold easily. 我易患感冒。⓫感受，体验；体会；使起作用：The mother *took* comfort in her two lovely children. 这位母亲从她一对可爱的孩子身上得到安慰。⓬探知，弄清；检查；测量；记下：Do you *take* notes of the lectures? 你听讲座做笔记吗？⓭[常不用进行时态]明白，理解：A phrase should not be *taken* literally. 不应该从字面上去理解短语的含义。⓮(以特定的方式)对待，处理：She *took* his death calmly. 她冷静地面对他的死亡。⓯[不用进行时态]把…当作，认为…是(*for*, *as*)：Don't *take* my silence to mean that I agree. 别把我的沉默视为同意。⓰作出；进行；执行，履行；从事：There are many problems, but let's *take* one at a time. 问题很多，但我们一次解决一个。⓱承担(责任、任务等)；扮演…角色：*take* the part of the hero 饰演男主角 ⓲教；学习；参加(某科目)的考试：I *took* a course in marine biology at university.

我在大学攻读的是海洋生物学。⑲【摄】拍摄(照片或录像);拍摄(人或物)的照片(或录像):She has been out all day *taking* pictures [photos]. 她在外面拍了一天照片。⑳[不用进行时态]【语】后接,需要有:A preposition usually *takes* a word or word group as its object. 介词后面常跟一个单词或词组作宾语。—*vi.* ❶起作用,生效;取得成功:Fortunately the graft *took*, and her skin is like what it used to be. 好在移植成功了,她的皮肤又跟过去一样了。❷[不用进行时态,后接形容词]变得,成为 ‖ ***be taken up with*** 将时间和精力多用于:Mary's very *taken up with* her writing at the moment. 玛丽目前大部分时间和精力都用在写作上了。***take aback*** *vt.* 使感到惊奇,使震惊:The violent reaction of the crowd quite *took* him *aback*. 那一群人的激烈反应令他震惊。***take after*** *vt.* [不用被动语态] ❶(长相、行为等)与…相像:Liza is a beauty. She *takes after* her mother in that respect. 莉莎是个美人胚子,这一点像她的母亲。❷追赶,追捕:The police *took after* him. 警察在后面追捕他。***take apart*** *vt.* 拆散,拆开:*take* a radio *apart* 拆卸收音机 ***take away*** *vt.* ❶带走;拿走:This hope of mine was soon *taken away*. 我的这个希望不久便成了泡影。❷[用简单时态]【数】减去,去掉:If you *take* seven *away* from thirty-nine, that leaves 32. 39 减去 7 余 32。***take back*** *vt.* ❶收回(讲过的话):What you said is not true; you had better *take* it *back*. 你说的不是真话,你最好把它收回。❷退(货),退还:I am going to *take* these gloves *back* to the store; they do not fit. 我要把这副手套退给商店,它们不合手。***take down*** *vt.* ❶记下,写下:I want you to *take down* every word I'm going to say. 我要你把我所说的每一个字都记下来。❷扯下;拆掉(建筑物);把…拆散:In the evening the tourists put up a tent, but they *took* it *down* the next morning. 旅游者晚上支起帐篷,第二天早上又拆掉它。***take off*** *vt.* & *vi.* ❶脱掉,除去(衣物);除掉,撤去:*Take* your feet *off* the table! 把脚从桌子上移开!❷〈口〉(使)离开,(使)走开;出发:And so he *took* himself *off*. 他就这样告辞而去。❸扣除:Your boss will *take off* some of your wages to pay your national insurance contribution. 老板会扣除你的一部分工资去支付劳动保险金。❹(飞机)起飞:The plane will *take off* at noon. 飞机在正午起飞。❺(想法等)获得成功;(开始)受到欢迎;流行起来:This plan really *took off* among young people. 这个计划在青年人中真是大受欢迎。***take on*** *vt.* & *vi.* ❶承担;接受(工作、责任等):She *took on* more work than is good for her. 她承担了过量的工作。❷雇用:Mr. Harris decided to open a new store and *take on* many clerks. 哈里斯先生决定开家新店,雇用许多职员。***take out*** *vt.* & *vi.* ❶取出,拿出;除去,扣除:*Take* your hands *out* of your pocket and let me have a look. 你把手从口袋里拿出来让我看看。❷(与)(女性)约会:He *took out* several girls before he found the right one. 他找到合适的女友前和好几个女孩子约会过。❸(通过付款等)争取;申请到;领取,领填(执照、证书等):Have you *taken out* insurance on your car yet? 你给你的汽车买保险了吗? ***take* (*sth.*) *out on* (*sb.*)** *vi.* 向…发泄(情绪等);拿…出气:It's not the kid's fault you've had a bad day; don't *take* it *out on* them. 你今天事事不顺心可不是孩子们的错,别拿他们来出气。***take over*** *vt.* & *vi.* 接管(财产、管理权等);接着进行(工作);占(…的)上风;(被)取代:Who do you think will *take over* this big factory? 你看谁将接管这个大工厂? ***take to*** *vt.* ❶致力于;养成…的习惯;对…上瘾:He *took* again *to* his pen. 他再度拿起笔来。❷对…一见钟情;(一下子)喜欢上:Mary *took to* Jack as soon as they met. 玛丽对杰克一见倾心。***take up*** *vt.* & *vi.* ❶(开始)干;从事;承担;学习;对…有兴趣:I decided to *take up* medicine as a career. 我决定从医。❷占据,占用(时间或空间):That huge bed *takes up* most of the room. 那张大床占了大半个房间。***take upon oneself*** *vt.* 承担,以…为己任:He *takes* it *upon himself* to help me. 他主动帮助我。***take up with*** *vt.* 与…建立联系;与…来往:She's *taken up* with many European scholars. 她已经与许多欧洲学者建立了联系。‖ **'tak(e)·a·ble** *adj.* —**'tak·er** *n.* [C]

☆**take, clutch, grab, grasp, seize, snatch** 均有"抓住,紧握"之意。**take** 为最普通用词,词义和使用范围最广,泛指用手去抓、取、握或拿,也可用于抽象意义,表示占有、采取、获得、接受、抓住等:Don't forget to *take* your umbrella with you. (别忘了带雨伞。) / I find his views a little bit difficult to *take*. (我感到他的观点有点

儿难以接受。)/ It *took* him about five minutes to solve the problem.(解这道题花去他大约五分钟的时间。)**clutch** 语义较强,指用手或手指死劲抓住或握住某一事物,往往带有抓不住、不安全的意味:She *clutched* the child's hand as she crossed the street.(过马路时她紧紧抓着孩子的手。)**grab** 为非正式用词,强调抓的动作很快、很粗野,含对人不尊重之意味:The kidnappers *grabbed* her by the arm and forced her into their car.(绑架者抓住她的胳膊,把她硬推进他们的汽车里。)该词有时带有贪婪的意味:He is a man that would *grab* any chance.(他是那种一有机会就会抓住不放的人。)**grasp** 表示用手紧紧握住某物,也可喻指完全掌握一般人不易理解的思想、概念:I think I *grasped* the main ideas of the passage.(我想我已经领会了文章的要点。)**seize** 尤指猛然抓住某物,强调突然、用力的动作,也可用于稍纵即逝、不易抓住的抽象事物:He *seized* my hand, shook it and said how happy he was to see me.(他一把抓住我的手握着,说他见到我有多高兴。)/ We were *seized* by a sudden impulse to jump for joy.(我们都高兴得身不由己地想跳起来。)**snatch** 表示突然将某物抢走,着重指动作快、具暴力性质,有时指偷窃:The thief *snatched* the old lady's handbag and ran off.(盗贼抢了老妇人的手提包就跑。)/ *snatch* half an hour's rest(抓紧时间休息半小时)

take•off /ˈteikˌɔf,-ˌɔːf/ *n.* [C;U]起飞:We had a smooth *takeoff*. 我们平稳起飞。

take•out /ˈteikˌaut/ *adj.* [无比较级](食品)外卖的;带出商店(或饭店)吃的:I want a *takeout* chicken patty. 我要买一份鸡肉饼带走。

take•o•ver /ˈteikˌəuvəʳ/ *n.* [C] ❶收购(产业):My organization was involved in a *takeover* last year. 我所在的机构去年参与了一起收购活动。❷接受,接管:a military *takeover* 军事接管

tak•ing /ˈteikiŋ/ *n.* [C] ❶[常作~s]收入;(尤指)票房收入:count the day's *takings* on closing time 打烊时清点当日的收入 ❷拿;取;获得

tal•cum /ˈtælkəm/ **powder** *n.* [U]滑石粉;爽身粉

tale /teil/ *n.* [C] ❶(编造或想象的)故事;(对奇异事件的)叙述:a *tale* of adventures 历险故事 ❷谎言:They are telling (me) *tales* again. 他们又(对我)撒谎。

tal•ent /ˈtælᵊnt/ *n.* ❶[C;U]天才;特殊才能(见 genius):a man of many *talents* 多才多艺的人 ❷[C]有天才的人;[总称]有天才的人们:She is a real *talent*. 她是一个真正的天才。‖ ˈ**tal•ent•ed** *adj.*

talk /tɔːk/ **I** *vi.* ❶说话,讲话;谈话,交谈(*to, with*);讨论,谈论(*on*)(见 speak):The guide *talks* all the time. 导游滔滔不绝地讲述着。❷洽谈,商谈,商讨,商议:If you two want to *talk*, please go in the next room. I am working. 你们俩要商谈什么事情,请到隔壁房间去,我要工作呢。❸(尤指被迫)吐露秘密;招供,交代:He would rather die than *talk*. 他宁死不招。❹演讲,做报告:The professor *talked* on modern physics. 教授做了一场关于现代物理学的报告。—*vt.* ❶说,讲:He was *talking* nonsense after a couple of drinks. 几杯酒下了肚,他便胡言乱语起来。❷讨论,谈论;洽谈,商谈:He doesn't like to *talk* politics. 他不喜欢谈论政治。**II** *n.* ❶[C]说话,讲话;谈话,交谈;(尤指非正式的)演讲,讲座(见 speech):give a *talk* on ancient Rome 做关于古罗马的讲座 ❷[常作~s]讨论,谈论;洽谈,商谈;(正式)会谈,会议:peace *talks* 和平谈判❸[U]闲话,流言蜚语;话题,谈资:There is *talk* of prices coming down. 有传闻说要降价。❹[U]空话,空谈:He's all *talk* and no action. 他是光放空炮不行动。‖ ***talk back*** *vi.* 回话;回嘴,顶嘴(*to, at*):He lost several jobs, just because he dared to *talk back*. 就因为敢顶嘴,所以他丢了好几回工作。***talk down to*** *vt.* 用高人一等的口气说话:Now that he is promoted, he *talks down to* all his friends. 他得到了提拔,跟朋友们讲话竟用居高临下的口气。***talk over*** *vt.* 详细地商议;透彻地讨论:We *talked over* the plan and put forward some suggestions. 我们详细地讨论了计划,并提出了一些建议。‖ ˈ**talk•er** *n.* [C]

talk•a•tive /ˈtɔːkətiv/ *adj.* 爱说话的,健谈的;话多的,饶舌的:She isn't *talkative*, but she is pleasant to be with. 她不爱说话,但是挺好相处。‖ ˈ**talk•a•tive•ly** *adv.* —ˈ**talk•a•tive•ness** *n.* [U]

☆**talkative, garrulous, loquacious, voluble** 均有"健谈的,话多的,饶舌的"之意。**talkative** 为普

通用词,指喜爱说话,随时准备与人交谈,话很多,作为中性词使用时有说话者性格开朗、善于交际的意味,有时也可用于贬义:Shy students are sometimes discouraged by the more *talkative* members of the class.(腼腆的学生有时会因班上有踊跃发言的同学而欲言又止。)**garrulous** 尤指为琐碎小事而进行的那种冗长乏味、令人腻烦的唠唠叨叨,一般用于贬义:She's only a foolish *garrulous* woman.(她不过是一个没有脑子,唠唠叨叨的女人。)**loquacious** 表示能够清楚而流利地表达自己的思想,带有伶牙俐齿、能言善辩的意味:They are advertising for a spokesperson who is *loquacious* and telegenic.(他们正在招聘一位既上镜又有口才的发言人。)该词也可用于贬义,表示只管自己说话而不顾听者的感受:That *loquacious* guide would not let you look at a masterpiece in silence.(那位自顾自滔滔不绝的向导不肯让人安安静静地欣赏一幅杰作。)**voluble** 为正式用词,指谈吐自如、能说会道、口若悬河、滔滔不绝,既可用于赞许,也可用于宽容性的批评:He became *voluble* on the subject.(一谈起这个题目他就口若悬河。)

talk·ing-to /ˈtɔːkiŋˌtuː/ *n.* [C]([复]**talk·ing-tos** 或**talk·ings-to**)[常用单]〈口〉训斥;责骂:That child needs a good *talking-to*. 那孩子得说他一顿。

talk show *n.* [C](电视、无线电广播的)访谈节目,脱口秀

tall /tɔːl/ *adj.* ❶(较平均高度)高的,高出的;高大的(见 high):Some populations tend to be *tall* and often heavy in build. 有些人种身材高大健壮。❷[无比较级][置于名词后]有…高度的:He was over six feet *tall*, and his charm was famous. 他身高超过 6 英尺,是个有名的美男子。‖ ˈ**tall·ness** *n.* [U]

tal·ly /ˈtæli/ **I** *n.* [C]计账;计数;计分:keep a running *tally* 记流水账 **II** *vi.* ❶相应,一致(*with*):The amount he said failed to *tally with* the figure shown in the record. 他讲的数量与记录显示的数字不相符。❷(比赛中)进一球,得一分:The team failed to *tally* in the last minute of the game. 比赛的最后一刻球队未能进球。—*vt.* ❶计(数);记(账):*Tally* the cargo before payment is done. 先点货后付款。❷使相应,使一致 ❸(比赛中)进一球,得一分:He *tallied* his last three points in the final minute of the game. 他在比赛最后一分钟得了最后三分。‖ ˈ**tal·li·er** *n.* [C]

tal·on /ˈtælᵊn/ *n.* [C](猛禽的)爪:The eagle sank its *talons* into its victim. 鹰的利爪扎入了猎物。

tam·bou·rine /ˌtæmbəˈriːn/ *n.* [C](装有金属片的)手鼓:play (on) the *tambourine* 演奏手鼓

tame /teim/ **I** *adj.* ❶驯服的;驯养的:a *tame* tiger 驯养的老虎 ❷〈口〉无生气的,沉闷的;枯燥的;无趣的:a rather *tame* party 毫无生气的聚会 **II** *vt.* ❶驯服:It's hard to *tame* a tiger. 驯虎很难。❷使变得平淡,使乏味 ❸控制;克制;利用:*tame* the power of the atom 利用原子能 ‖ ˈ**tam(e)·a·ble** *adj.* —ˈ**tame·ly** *adv.* —ˈ**tame·ness** *n.* [U] —ˈ**tam·er** *n.* [C]

tam·per /ˈtæmpəʳ/ *vi.* ❶弄乱,玩弄;擅自变动(*with*):He *tampered with* the girl's feeling. 他玩弄这位姑娘的感情。❷贿赂;干预(*with*):A relative of the robber being tried in court *tampered with* a witness. 正在法庭受审的盗贼的亲戚收买了一个证人作伪证。❸篡改,经篡改损害:*tamper with* the text of the report 篡改报告的原文 ‖ ˈ**tam·per·er** *n.* [C]

tam·pon /ˈtæmpɔn/ *n.* [C]月经棉塞,卫生栓

tan /tæn/ **I** *n.* ❶[C](紫外射线照射形成的)棕色皮肤,晒黑的皮肤:Her arms and legs had a good *tan*. 她的胳臂和腿都晒得很黑。❷[U]黄棕色;黄褐色:It took a long time for her bare legs and arms to lose all their *tan*. 很长时间后她的胳臂和腿才从棕黄色变成白色。**II** (**tanned**;**tan·ning**) *vt.* ❶(通过日晒)使变黑;晒黑:Most of her free time she divides between swimming and skiing and tennis, so she's trim and always *tanned*. 她在业余时间里要么去游泳,要么去滑雪,再不就是去打网球,所以她总是身材苗条、皮肤黝黑。❷制(革),鞣(革);将(皮)制成革:*tan* reindeer skins and sew them into clothing 鞣制驯鹿的皮并制成衣物 —*vi.* 变黑;被晒黑:She went swimming a lot and her skin had *tanned* to a golden brown. 她常去游泳,她的皮肤被晒成了黄棕色。

tan·dem /ˈtændᵊm/ *n.* [C]前后联挂式车辆(如卡车等) ‖ ***in tandem*** *adj.* & *adv.* ❶成纵列的(地),前后相继的(地) ❷协同;同时:Scientists from these two universities are working *in tandem* on this project. 这两所大学的科学家正在合作开展这个项目。

T

tan•gent /ˈtændʒ^{ə}nt/ *n.* [C]【数】❶切线;切面;正切曲线 ❷(直角三角形的)正切(比) ‖ ***off at* [*on*] *a tangent*** *adj.* & *adv.* 背离原方向,离题:She's always going *off at a tangent* and we think it's hard to get a firm decision out of her. 她总是东拉西扯,很难从她那里得到明确结果。‖ **tan•gen•tial** /tænˈdʒenʃ^{ə}l/ *adj.*

tan•ge•rine /ˌtændʒəˈriːn; ˈtændʒəˌriːn/ **I** *n.* ❶[C]柑橘,橘子;【植】柑橘树:*tangerine* oil 红橘油 ❷[U](深)橘红色,橙红色 **II** *adj.* 橘红色的,橙红色的

tan•gi•ble /ˈtændʒib^{ə}l/ *adj.* ❶[无比较级]〈书〉可触及的;有形的:Sculpture is a *tangible* art form. 雕塑是一种有形的艺术形式。❷[通常作定语]明确的,清楚的;真实的:*tangible* proof 确凿证据 ❸(资产等)有形的,价值易估计的:*tangible* assets 有形资产 ‖ **tan•gi•bil•i•ty** /ˌtændʒiˈbiliti/ *n.* [U] —ˈ**tan•gi•ble•ness** *n.* [U] —ˈ**tan•gi•bly** *adv.*

tan•gle /ˈtæŋg^{ə}l/ *n.* [C] ❶(一团)缠结的东西;乱七八糟的东西:Her hair was a *tangle*. 她的头发乱蓬蓬的。❷复杂情况;混乱局面:I am in an awful *tangle* with my work, can you help? 我的工作一团混乱,你能帮帮忙吗?

tan•gled /ˈtæŋg^{ə}ld/ *adj.* ❶缠结在一起的,纠缠的:The new gardener lets the plants grow to a *tangled* mass. 新来的园丁让那些植物长成杂乱的一丛。❷混乱的;纷杂的:They are worried about getting caught in the *tangled* web of investigation. 他们担心被牵扯进错综复杂的调查之中。

tan•go /ˈtæŋgəu/ **I** *n.* [C]([复]-gos) ❶探戈舞:Can you do the *tango*? 你会跳探戈吗? ❷探戈舞曲 **II** *vi.* 跳探戈舞:We waltzed and *tangoed*. 我们跳华尔兹和探戈。

tank /tæŋk/ *n.* [C] ❶(装液体或气体的)大容器;箱;柜;桶;罐;缸;槽;池 ❷【军】坦克:a heavy *tank* 重型坦克 ‖ ˈ**tank•ful** *n.* [C]

tank•er /ˈtæŋkə^{r}/ *n.* [C]油船;油罐车;运油飞机

tan•ta•lize /ˈtæntəˌlaiz/ *vt.* (用可望而不可即的东西)逗弄,撩拨,烦扰;使燃起希望又失望:They've been *tantalizing* her with vague hints about what's happening. 对发生的事他们只含混地露了点口风,这使得她心痒难挠。

tan•ta•liz•ing /ˈtæntəˌlaiziŋ/ *adj.* 挑逗性的,使备尝可望而不可即之苦的:a *tantalizing* smell 有开胃作用的气味 ‖ ˈ**tan•taˌliz•ing•ly** *adv.*

tan•trum /ˈtæntr^{ə}m/ *n.* [C](发)脾气:get into a *tantrum* 发脾气

tap[1] /tæp/ **I** (**tapped; tap•ping**) *vi.* ❶轻敲;轻拍(*at, on*):I *tapped on* the desk to let them know our teacher had arrived. 我敲敲课桌,让他们知道老师来了。❷跳踢踏舞:Let me play something you can *tap to*. 我来弹一支曲子,你好跟着跳踢踏舞。—*vt.* ❶轻敲;轻拍:He *tapped* my shoulder and winked slyly. 他拍拍我的肩头,诡秘地眨眨眼睛。❷用…轻轻叩击:*tap* one's fingers on the desk 用手指轻击书桌 ❸轻轻敲掉(或敲上、敲成):*tap* a nail into a wall 把钉子敲进墙壁 **II** *n.* [C] ❶轻敲;轻拍:She gave him a little *tap* on the arm. 她轻轻地拍了一下他的胳膊。❷轻敲声;轻拍声:I heard a *tap* at the door. 我听见有人敲门。‖ ˈ**tap•per** *n.* [C]

tap[2] /tæp/ **I** *n.* [C] ❶龙头;旋塞,开关,阀门:the boiler *tap* 锅炉的龙头 ❷搭线窃听电话:put a *tap* on sb.'s telephone 窃听某人的电话 **II** *vt.* (**tapped; tap•ping**) ❶〈英〉从…取得信息(或资源、供应品);开发;开采;利用:We found a new way of *tapping* the sun's energy. 我们找到了利用太阳能的新方法。❷(用监听设备)窃听(电话或电报线路):*tap* a telephone (line) 窃听电话 ‖ ˈ**tap•per** *n.* [C]

tap-dance /ˈtæpˌdɑːns; -ˌdæns/ **I** *n.* [C]踢踏舞:do a *tap-dance* 表演踢踏舞 **II** *vi.* 跳踢踏舞:They *tap-danced* to the light of the moon. 他们在月光下跳踢踏舞。‖ ˈ**tap-ˌdanc•er** *n.* [C]

tape /teip/ **I** *n.* ❶[C](捆扎物品用的)狭长织物;捆扎带,捆扎条;带子:You've got to break the *tapes* attached to the packet before opening it. 你得把捆包裹的带子弄断才能打开包裹。❷[**the ～**]【体】终点拉线:The crowd cheered loudly when the runner broke *the tape*. 赛跑选手冲过终点线时,人群大声欢呼。❸[U](粘)胶带;粘连带,黏合带(= adhesive tape):a piece of insulating *tape* 一条绝缘胶带 ❹[C; U]磁带;(盒式)录音带;(盒式)录像带(= magnetic tape):If you give me a blank *tape* I'll record the interview for you. 给我一盒空白带,我帮你把面试的经过录下来。❺[C]卷尺,皮尺,软尺 **II** *vt.* ❶用带子捆扎,把…捆起来(*up*):I've *taped* (*up*) the box securely so it won't burst open. 箱子我已捆扎结实,不会张开。❷用磁带录制;给…录音(或录像):The scientist's talk was *taped* so that it would be heard later by those who were unable to be present. 科学家的报告用磁带录下来了,这样不能来的人事后就可以听了。

tape deck *n.* [C](录音机等音响设备中驱动磁带的)走带装置;录音装置

tape-meas·ure /ˈteipˌmeʒəʳ/ *n.* [C]卷尺,皮尺,软尺

tape recorder *n.* [C]磁带录音机(或录像机)

tap·es·try /ˈtæpistri/ *n.* ❶[U;C]仿花毯织物;绒绣:a *tapestry* bag 绒绣袋 ❷[C]〈喻〉(像花毯一样)五光十色的事物:a dazzling *tapestry* of history 令人眼花缭乱的历史画卷

tape·worm /ˈteipˌwəːm/ *n.* [C]【动】绦虫;绦虫纲扁虫

tap·i·o·ca /ˌtæpiˈəukə/ *n.* [U]木薯淀粉:*tapioca* pudding 木薯粉布丁

tar /tɑːʳ/ *n.* [U]【化】❶(从木头或煤中提炼、用于木材防腐和铺路的)沥青,柏油:It was so hot that the *tar* on the road melted. 天气太热,路面的沥青熔化了。❷(烟草燃烧产生的)焦油

ta·ran·tu·la /təˈræntjulə/ *n.* [C]([复]**-las** 或**-lae** /-liː/)【动】❶鸟蛛科蜘蛛 ❷欧洲狼蛛

tar·dy /ˈtɑːdi/ *adj.* 〈书〉❶(行动)缓慢的;懒洋洋的 ❷迟到的;延迟(发生)的:We apologize for our *tardy* response to your letter. 来信复迟,深表歉意。‖ **ˈtar·di·ly** *adv.* —**ˈtar·di·ness** *n.* [U]

tar·get /ˈtɑːgit/ **I** *n.* [C] ❶(画有同心圆的)靶子:I had five shots but only the last two hit the *target*. 我打了五发子弹,但只有最后两发中靶。❷被瞄准的人(或物);暴露在炮火中的人(或物):study the *targets* through binoculars 透过望远镜观察目标 ❸目标;指标;预期的结果:The government set a *target* for economic growth in excess of 6% a year. 政府确定了年增长率6%以上的经济发展指标。❹招致非议的人(或事物):I'm afraid that your outspoken views will make you an easy *target* for mockery. 我担心你说话坦率容易成为嘲笑的对象。**II** *vt.* ❶将…作为目标;挑选;判定:It is hoped that the common people will not be *targeted* during any war. 人们希望在任何战争中都不要把平民百姓作为攻击的目标。❷使瞄准;把…导向:a missile *targeted* on the enemy city 瞄准敌方城市的导弹 ‖ ***on target*** *adj.* 击中要害的;准确的:The criticisms were right *on target*. 批评一针见血。

tar·iff /ˈtærif/ *n.* [C] ❶(固定收费的)价格表,价目单;收费表:The *tariff* pinned to the wall shows the prices of various rooms charges of the hotel. 钉在墙上的价格表列出了旅馆中不同房间的收费情况。❷(政府对进出口商品征收的)关税;关税税率表(见 tax):a preferential *tariff* 优惠关税

tar·nish /ˈtɑːniʃ/ *vt.* ❶使失去光泽;使变得暗淡:The damp atmosphere *tarnished* the brass plate. 潮湿的气候使黄铜牌子失去了光泽。❷玷污…的名声;损害…的纯洁:be involved in a lot of charity work in order to restore one's *tarnished* reputation 做很多慈善工作以期恢复受损的名声 —*vi.* (金属等)失去光泽;变得暗淡:Copper *tarnishes* easily if not polished. 如果不擦拭,铜很容易失去光泽。

ta·ro /ˈtɑːrəu/ *n.* [C]([复]**-ros**) ❶【植】芋 ❷芋的块茎,芋头

tar·pau·lin /tɑːˈpɔːlin/ *n.* [U;C](一张)增固防水布;(一张)焦油帆布:a sheet of *tarpaulin* 一张防水布

tar·ra·gon /ˈtærəgᵊn/ *n.* ❶[C]【植】龙蒿 ❷[U]龙蒿叶

tart[1] /tɑːt/ *adj.* ❶酸的;辛辣的(见 sour):Gooseberries are too *tart* for my taste. 醋栗太酸,不对我的胃口。❷(评论等)尖酸的,刻薄的:His *tart* reply upset the boss. 他的尖酸回答激怒了上司。‖ **ˈtart·ly** *adv.* —**ˈtart·ness** *n.* [U]

tart[2] /tɑːt/ **I** *n.* [C;U]〈主英〉(内含水果或其他甜料的)果馅饼;甜馅饼:an apple *tart* the size of a cartwheel 大如车轮的苹果饼 **II** *vt.* 〈主英口〉❶[通常作~ **oneself**](俗艳地)打扮(*up*):Mathilde *tarted herself up* before she went out to the party. 玛蒂尔德浓妆艳抹了一番才去参加晚会。❷(俗艳地)装饰(*up*):It is obviously seen that the house had been *tarted up* before it was offered for sale. 很显然这所房子拿出去

T

卖之前曾刻意装修过。

tar•tan /ˈtɑːtᵊn/ *n.* [U]【纺】(苏格兰)格子呢(织物);多色方格呢绒:a skirt made of *tartan* 格子呢裙

task /tɑːsk;tæsk/ *n.* [C](分派的)任务;(指定的)工作;差事;作业:This is the *task* of life. 这便是生活的使命。‖ ***take*** [***bring***] (***sb.***) ***to task*** *vt.* 斥责(某人)(*about*, *for*, *over*):I *took* my assistant *to task for* his carelessness. 我斥责助手的马虎。

☆**task, assignment, chore, duty, job, stint** 均有"工作,任务"之意。**task** 常指上级或某一组织分配、规定给某人、需要一番努力才能完成的具体任务:The new assistant quickly performed the *tasks* he had been set. (新来的助手很快地完成了被指派的任务。) **assignment** 较为正式,指分配给某人做的一种特定任务,常指长期性的职务,带有非自愿去做的意味:She's going to India on a special *assignment* for her newspaper. (她受委派到印度去执行报社的一项特殊任务。) **chore** 指日常零星工作、家庭杂务或农场杂活,强调单调乏味:She finds cooking a *chore*. (她认为做饭是件烦人的事。) **duty** 既可指对他人应尽的义务,也可指对自己应尽的责任,还可指具体工作岗位上的职责:When a fire was sighted, the firemen were called to *duty*. (发现火情,消防员就应召到岗。) **job** 指自己去找或自愿接受的事情,也可指任何有报酬的工作:She got a part-time *job* as a governess. (她找到份兼职工作,当家庭教师。) **stint** 指定量的或定额的工作,强调工作的临时性或一次性:I've done my *stint* for today. (我今天的工作已经做完了。)

T

tas•sel /ˈtæsᵊl/ *n.* [C] (垫子、头巾、帽子等边上的)穗状装饰物,饰穗;璎珞;丝带;流苏:a short skirt with *tassels* around the hem 折边饰满流苏的短裙 ‖ ˈ**tas•seled** *adj.*

taste /teist/ **I** *n.* ❶[C]味道,口味,滋味:I enjoy foods that have a sweet *taste*. 我喜欢有甜味的食物。❷[U]味觉:A cold dulls one's *taste*. 感冒使味觉迟钝。❸[通常用单](供品尝的食物或饮料的)一点,少量:Just a *taste* for me, thanks. 请给我一点,谢谢。❹[通常用单](初次的)经验,领略;尝试:He gave me a *taste* of his skill. 他使我领略到了他的手腕。❺[C]喜爱,爱好;兴趣;胃口(*for*):The food is very much to my *taste*. 食物很合我的胃口。❻[U]鉴赏力,欣赏力;品味,韵味;(对行为是否得体的)判断力:His presents were chosen with a fine *taste*. 他的礼物选得颇有品味。❼[C]品尝(食物、饮料等) **II** *vt.* ❶品尝:The cook *tastes* everything to see if it is right. 厨师品尝每样东西看看味道是否合适。❷[不用进行时态,亦用于独立结构]吃出…的味道:I can *taste* pepper in the pudding. 我吃出布丁中有胡椒味。❸[不用进行时态]略进(食物或饮料);吃到;尝到:I have not *tasted* fish for a long time. 我很长时间未吃到鱼了。

taste bud *n.* [C]【解】味觉细胞,味蕾

taste•ful /ˈteistfᵘl/ *adj.* 高雅的,有品位的;有吸引力的:The bedroom was simple but *tasteful*. 卧室虽简朴但很雅致。‖ ˈ**taste•ful•ly** *adv.*

taste•less /ˈteistlis/ *adj.* ❶[无比较级]没有味道的:The soup is *tasteless* without salt. 汤不放盐没味道。❷不高雅的,庸俗的;没有品位的;难看的:a *tasteless* remark 不得体的评论 ‖ ˈ**taste•less•ly** *adv.* —ˈ**taste•less•ness** *n.* [U]

tast•y /ˈteisti/ *adj.* (食物)美味可口的;开胃的:This soup is so *tasty* and I love it. 汤的味道这么好,我可爱喝了。‖ ˈ**tast•i•ness** *n.* [U]

tat•ter /ˈtætəʳ/ *n.* ❶[C](破衣服、破旗帜等上挂下的)破布条,碎片:a few *tatters* of clothing 几块残破的衣片 ❷[常作~s]破布;破纸;破烂:The same *tatters* of wash hung for weeks in the same cold air. 在仍是那样清冷的风中挂着的仍是那些洗过的破烂衣服。

tat•tle /ˈtætᵊl/ 〈口〉〈常贬〉 **I** *vi.* 闲聊,闲扯,说闲话:*tattle* on others 说别人的闲话 **II** *n.* [C] 闲聊,闲扯,闲话 ‖ ˈ**tat•tler** *n.* [C]

tat•too /təˈtuː,tæ-/ **I** *vt.* ❶刺花(纹)于,文(身):His arm was *tattooed* with a snake. 他的胳膊上刺了一条蛇。❷刺出(图案),文出:An eagle was *tattooed* on her shoulder. 她肩上刺着一只苍鹰图。**II** *n.* [C]([复]-**toos**) 文身;文出的图案;刺花,刺青 ‖ **tat**ˈ**too•er**, **tat**ˈ**too•ist** *n.* [C]

taught /tɔːt/ *v.* teach 的过去式和过去分词

taunt /tɔːnt/ **I** *n.* [C]讥笑,嘲讽;伤人的言词;奚落;恶语,辱骂:Mr. Round ignored their cruel *taunts* about his obesity. 朗德先生面对别人对他臃肿体形的冷嘲热讽毫不理会。**II** *vt.* ❶

恶语伤害，辱骂；轻蔑地责备，奚落：He followed them and *taunted* them with shouts of "crooks!" 他跟在他们身后，大骂他们"骗子"。❷讥笑；嘲弄：The young man was *taunted* by his colleagues for being rather sissy. 这位年轻人因为有些女人气而受到同事们的嘲笑。‖ ˈ**taunt·er** *n.* [C] —ˈ**taunt·ing·ly** *adv.*

taut /tɔːt/ *adj.* ❶(绳索、肌肉等)绷紧的：I told Leo to pull the string *taut*. 我告诉利奥把带子拉紧。❷(神经等)紧张的：Vivian looked *taut* and anxious before the exam. 薇薇安考试前显得紧张不安。‖ ˈ**taut·ly** *adv.* —ˈ**taut·ness** *n.* [U]

tau·tol·o·gy /tɔːˈtɔlədʒi/ *n.* [U;C]同义重复，赘述：Your weakness for repetition results in *tautology*. 你说话爱重复，造成了赘述。‖ **tau·to·log·ic** /ˌtɔːtəˈlɔdʒik/，ˌ**tau·to**ˈ**log·i·cal** /-kᵊl/ *adj.* —**tau**ˈ**tol·o·gous** /-gəs/ *adj.*

tav·ern /ˈtævᵊn/ *n.* [C]〈书〉〈旧〉小酒店；小客栈：at the neighbourhood *tavern* 在附近酒馆

tax /tæks/ **I** *n.* [C;U]税，赋税；税款，税金；税务(*on*)：evade *taxes* 偷税 **II** *vt.* ❶对(人或货物等)征税，课(人或货物等的)税款：*tax* high earners heavily 对高收入者课以重税 ❷苛求(人、人的精力或资源等)；使承受负担：Watching TV *taxes* the eyes. 看电视费眼睛。‖ ˈ**tax·a·ble** *adj.* —**tax·a·tion** /tækˈseiʃᵊn/ *n.* [U]

☆**tax, dues, duty, tariff** 均有"税，税款"之意。**tax** 为最普通用词，泛指国家或地方政府在财产、收入、商业活动等方面按一定比例征收的税款：The state government plans to increase *taxes* by three per cent over the next year. (州政府计划在明年之内加税3%。) **dues** 指因使用某一事物或因获得某种利益而正式交纳的税款：harbour *dues* (入港税) **duty** 常指对特定货物、财物征收的特定税款：estate *duty* (遗产税) **tariff** 指国家或政府对进出口货物征收的关税：There is a very high *tariff* on jewelry. (对珠宝征收的关税特别高。) 该词还可表示旅馆或公用事业的价目表或定价表：The *tariff* at the hotel ranges from $20 to $40 a day for a single room. (旅馆单人房间一天的房价从20美元到40美元不等。)

tax·i /ˈtæksi/ **I** *n.* [C]([复]**tax·i(e)s**) 出租(汽)车，的士，计程车(＝taxicab)：I think I'd take a *taxi* to the airport. 我想乘出租车去飞机场。**II** (**tax·ied**; **tax·i·ing**或**tax·y·ing**; **tax·i(e)s**) *vi.* ❶(飞机或飞行员)(在跑道等上)滑行：The plane *taxied* to the centre of the runway. 飞机向跑道中心滑行。❷坐出租车(或船等)，坐的士，打的：As Finnie *taxied* uptown he glimpsed at the lingering sunset. 芬尼打的出城时瞥了一眼缓缓西沉的落日。—*vt.* 使(飞机)滑行：The pilot *taxied* the plane along the runway to the terminal building. 飞行员让飞机沿跑道向机场大楼滑行。

tax·i·cab /ˈtæksiˌkæb/ *n.* [C]〈书〉出租(汽)车，的士，计程车

tax·ing /ˈtæksiŋ/ *adj.* 繁重的，费劲的，累人的，艰难的：dull and *taxing* jobs 枯燥而繁重的工作

tax·on·o·my /tækˈsɔnᵊmi/ *n.* [U;C]〈书〉分类学；分类：language *taxonomy* 语言分类学 ‖ **tax·o·nom·ic** /ˌtæksəˈnɔmik/，ˌ**tax·o**ˈ**nom·i·cal** /-mikᵊl/ *adj.*

tax·pay·er /ˈtæksˌpeiəʳ/ *n.* [C]纳税人；纳税单位，纳税机构 ‖ ˈ**tax**ˌ**pay·ing** *adj.*

tax shelter *n.* [C](合法的)避税手段：seek *tax shelters* 采取避税手段 ‖ ˌ**tax-**ˈ**shel·tered** *adj.*

TB, tb *abbr.* tuberculosis

tbs., tbsp. *abbr.* ❶ table spoon ❷ tablespoonful

tea /tiː/ *n.* ❶[U]【植】茶树 ❷[U](干的)茶(树)叶：The price of *tea* is ten dollars a pound. 茶叶价每磅10美元。❸[U;C](一份或一杯)茶(水)，以茶叶和开水浸泡的饮料：a cup of *tea* 一杯茶 ❹[U](用植物叶子或花等炮制的)类似茶水的饮料 ❺[U;C]〈主英〉(由茶和面包点心等组成的)茶点；下午茶；晚茶：She made sandwiches and a cake for *tea*. 她准备了三明治和一块蛋糕作茶点。

teach /tiːtʃ/ (**taught** /tɔːt/) *vt.* ❶教，教授；传授；指导；训练：He *taught* her English. 他教她英文。❷(以道德原则等)教育，教导；向…提倡；使懂得，使获知：His upbringing *taught* him to put duty above all else. 他所受的教育教会了他把责任看得重于一切。—*vi.* 当教师，教书；讲课，教课：Sam *teaches* at the local high school, and he *teaches* well. 萨姆在当地中学当老师，教得不错。

☆ **teach, coach, educate, indoctrinate, instruct, school, train, tutor** 均有"教"或"传授知识、技能"之意。**teach** 为普通用词，指传授知识、帮助他人掌握技能的过程，包括讲解指导、布置作业、组织训练、提供范例等，既可用于学术方面，也可用于其他方面：I *teach* physics at a local junior high school.（我在一所初中教物理。）**coach** 表示进行具体指点、辅导或纠正，尤其适用于课外的考试指导或某项体育运动：I *coach* people for IELTS exams.（我为准备雅思考试的人做辅导。）**educate** 为正式用词，指以长期而正式的系统教学来培养学生、发展其潜在能力，强调教育的意图或最后结果：He was born in China but was *educated* in America.（他出生在中国，但在美国受的教育。）**indoctrinate** 强调反复灌输而强迫他人接受某一信念或观点：He tried to *indoctrinate* me with his prejudices.（他试图把他的偏见硬灌给我。）该词也可表示教导或传授军事知识：The recruits were *indoctrinated* for a month.（新兵接受了为期一个月的军事训练。）**instruct** 比较正式，常指在特定情形下系统地传授必要的知识或技能：He *instructed* her how to signal with flags.（他教她如何打旗语。）**school** 尤指在某一方面进行特别严格、彻底的训练，带有克制自己以忍受难以忍受的事情的含义：You should *school* yourself to control temper.（你要学会控制自己的脾气。）**train** 常指带有明确目的进行专门训练、掌握某种特定的技能技巧，以便从事、胜任某种专业工作或职业：She was *trained* as a guitarist under a famous musician.（她的吉他弹奏技艺接受过一位有名的音乐家的指导训练。）**tutor** 用于师生间的个人关系，表示进行个别教学或讨论：His parents engaged a university student to *tutor* him in English.（他父母请了一名大学生给他做英语家教。）

teach·er /ˈtiːtʃəʳ/ *n.* [C]教师，老师，教员：The first-grade *teacher* has 17 kids in her class. 一年级的那位老师班里有 17 名学生。

teach·ing /ˈtiːtʃiŋ/ *n.* ❶[U]教学；教书，任教：Our *teaching* in algebra is quite poor. 我们的代数课教得相当糟。❷[常作～s]教学的内容；教条，主义，学说；(宗教的)教义：the *teachings* of Buddha 佛教教义

tea·cup /ˈtiːˌkʌp/ *n.* [C] ❶茶杯：discuss over the *teacups* 边喝茶边讨论 ❷一茶杯的量(约合 150 毫升)

teak /tiːk/ *n.* ❶[C]【植】(产于印度和东南亚的)柚木(树) ❷[U]柚木材

team /tiːm/ **I** *n.* [用作单或复] ❶【体】(比赛一方选手组成的)队：a basketball *team* 篮球队 ❷(两个以上在一起工作的成员组成的)队，班，组；小组：a *team* of investigators 调查小组 **II** *vt.* 把…组成队(或班、组等)；使参加联合行动，使合作(*up*) —*vi.* 组成队(或班、组等)；参加联合行动，合作(*up*)：Bill and I had *teamed* together a long time. 比尔和我已经搭档了很长时间。

team-mate /ˈtiːmˌmeit/ *n.* [C]队友；工友

tea·pot /ˈtiːˌpɔt/ *n.* [C]茶壶

tear¹ /tiəʳ/ *n.* [C] [常作～s] ❶眼泪，泪滴，泪珠：Tears came to my eyes. 我的热泪夺眶而出。❷哭泣；悲痛；伤心：There were *tears* in his voice. 他声音里有哭腔。‖ ˈ**tear·ful** *adj.* —ˈ**tear·y** *adj.*

tear² /teəʳ/ **I** (**tore** /tɔːʳ/, **torn** /tɔːn/) *vt.* ❶撕开，撕碎(*up*)：Don't *tear* the paper. 不要把纸撕掉。❷撕裂，扯破；在…上撕出裂口；撕出(裂口或洞)：She *tore* her dress on the shabby chair as she stood up. 她从那破椅子上站起来时撕破了裙子。❸(用力)拉，扯，撕；夺；拔(*away*, *up*)：Storms *tear away* many plants. 暴风雨刮倒了很多植物。—*vi.* 〈口〉冲，急奔；飞驰；猛进：A car came *tearing* down along the road. 一辆汽车沿路飞奔过来。**II** *n.* [C] ❶撕，扯 ❷撕破之处；裂口：She had a *tear* in her dress. 她的连衣裙破了一个洞。‖ ***tear down*** *vt.* 拆倒，拆毁(建筑物)：Hansel *torn down* a big bit of the roof. 汉塞尔拆下一大块屋顶。***tear up*** *vt.* 撕毁，撕碎：The magician *tore up* a photo and then made it whole again. 魔术师把一张照片撕碎，然后又使它恢复原样。

☆ **tear, cleave, rend, rip, split** 均有"扯开，撕开"之意。**tear** 为普通用词，指将某物用力扯开或撕开，留下粗糙而不整齐的边缘，既可以是有意的，也可以是无意的：The hunter *tore* his trousers on a thorn.（猎人的裤子被荆棘钩破了。）该词也可用于比喻义，表示造成分裂或使人痛苦：The old lady's heart was *torn* by grief.（老妇人悲痛欲绝。）**cleave** 指用刀砍、斧劈或用其他工具重击以使物体顺着纹理或裂纹裂开：The old man can *cleave* a tree with one

T

blow of his axe.（这位老者一斧头就能砍断一棵树。）该词还多用于比喻义：The vessel *cleft* the billowing sea.（船破浪前进。）**rend** 文学色彩较重，指用暴力残酷无情地将某物撕开、震裂或强使某物与他物分离或隔绝：The gangsters were *rending* his clothes.（歹徒们在撕他的衣服。）**rip** 尤指沿着线缝、接缝或接合处一下子用力快速撕或扯开：The sudden high wind *ripped* the sail to pieces.（突如其来的狂风将船帆刮得粉碎。）**split** 常指某物顺着纹理或沿着层面直向破裂或分裂：His shirt had *split* down the back.（他的衬衫背面绽线了。）

tear-drop /ˈtiəˌdrɔp/ *n.* [C] ❶（一滴）眼泪，泪滴，泪珠：I saw *tear-drops* running down her cheeks. 我看见她脸上流下了泪珠。❷泪珠状物；（尤指项链或耳环上的）宝石坠子

tear-gas /ˈtiəˌgæs/ *n.* [U]催泪瓦斯；催泪弹：use *tear-gas* to disperse the peace protesters 用催泪弹驱散和平示威者

tease /tiːz/ *vt.* ❶逗弄，戏弄；取笑：I hate being *teased* about my red hair. 我讨厌人家嘲笑我的红头发。❷（在感情方面）挑逗，撩拨：She thought he really liked her, but he was just *teasing* her. 她以为他真爱她，但他只不过是挑逗她而已。—*vi.* ❶逗弄，戏弄；取笑：Don't take it seriously — he was only *teasing*. 别当真，他仅仅是逗着玩的。❷（在感情方面）挑逗，撩拨

tea·spoon /ˈtiːˌspuːn/ *n.* [C] ❶茶匙，小匙 ❷一茶匙的量（1/6 液盎司或 4.9 毫升）‖ ˈ**tea·spoon·ful** *n.* [C]

teat /tiːt/ *n.* [C] ❶（尤指动物的）奶头 ❷奶头状物；橡皮奶嘴

tech /tek/〈口〉**I** *adj.* [无比较级]技术的 **II** *n.* ❶[U] 技术，工艺 ❷[C]技术员

tech. *abbr.* ❶ technical ❷ technology

tech·ni·cal /ˈteknikᵊl/ *adj.* ❶[无比较级][作定语]技术的；应用科学的；工艺的：*technical* skill 技能 / *technical* services 技术服务 ❷（书本或论述等）使用专门术语的；具有（较强）专业性的：The engineer gets very *technical* when discussing his job. 工程师谈工作时满口的术语。❸[作定语]技艺的，表现技巧的，体现技术的：The skaters were judged on their *technical* ability. 评价滑冰选手是根据他们的技术能力。❹[无比较级]严格意义上的；从法律意义上说的；技术上的：a *technical* offense 技术犯规 ‖ ˈ**tech·ni·cal·ly** *adv.*

tech·ni·cal·i·ty /ˌtekniˈkæliti/ *n.* ❶[常作 **technicalities**]技术表达（法），专门用语：explain some legal *technicalities* 解释一些法律术语 ❷[C]技术细节，规则细节：Because of a *technicality* the suspect in the murder case went free. 鉴于技术细节，这个谋杀案的嫌疑人被释放了。

tech·ni·cian /tekˈniʃᵊn/ *n.* [C] ❶技师，技术（人）员，技术专家 ❷（艺术、工艺等方面的）行家，能手

tech·nique /tekˈniːk/ *n.* ❶[U]技巧；技能，能力：If you want a new job, you must improve your interview *technique*. 要想找到新工作，你必须提高面试技巧。❷[C]技术（方法）；工艺；手段：I found a new *technique* for making sure I don't mix these books. 我发现一种新方法可确保不把这些书搞混了。

tech·nol·o·gy /tekˈnɔlədʒi *n.* ❶[U]（应用）技术，工艺；工业技术：science and *technology* 科学技术 ❷[C]技术发明（指机械或设备）：The end of the 20th century saw new *technologies* for computer chip manufacturing. 20 世纪末出现了生产计算机芯片的新工艺。❸[U]工程知识；应用科学 ‖ **tech·no·log·ic** /ˌteknəˈlɔdʒik/ *adj.* —ˌ**tech·no**ˈ**log·i·cal** /-kᵊl/ *adj.* —ˌ**tech·no**ˈ**log·i·cal·ly** /-kᵊli/ *adv.* —**tech**ˈ**nol·o·gist** *n.* [C]

tec·ton·ics /tekˈtɔniks/ [复] *n.* [通常用作单]【地质】构造地质学，大地构造学

ted·dy /ˈtedi/ **bear** *n.* [C]玩具熊

te·di·ous /ˈtiːdiəs/ *adj.* 冗长乏味的；讨人厌的：a *tedious* book 无趣的书 ‖ ˈ**te·di·ous·ly** *adv.* —ˈ**te·di·ous·ness** *n.* [U]

te·di·um /ˈtiːdiəm/ *n.* [U]冗长乏味；讨厌：In the waiting room of the station some passengers are reading magazines to relieve the *tedium*. 在车站的候车室里，有些旅客在看杂志以解闷。

tee /tiː/ *n.* [C] ❶【高尔夫】发球区；托球座 ❷【美橄】（发定位球前放置球的）球垫

teem /tiːm/ *vi.* 被充满；盛产（*with*）：I couldn't sleep, as my head was *teeming with* new ideas. 我睡不着，因为头脑里充满了各种新想法。

teen /tiːn/〈口〉**I** *adj.* [无比较级][作定语]十

T

几岁的(＝teenage)：pre-*teen* schoolgirls 12 岁以下女学生 **II** *n.* [C](13 至 19 岁之间的)青少年；十几岁的孩子

teen·age /ˈtiːnˌeidʒ/ *adj.* [无比较级][作定语](为了)青少年的；十几岁(的孩子)的：They have two *teenage* daughters. 他们有两个十几岁的女儿。‖ **ˈteenˌag·er** *n.* [C]

teens /tiːnz/ [复] *n.* ❶ 13 到 19 岁之间的数字 ❷ 13到 19 岁之间的年龄；十几岁：The girl is in her late *teens*, vibrant, lithe, handsome. 那少女正值豆蔻年华，精神饱满，端庄健美。

teeth /tiːθ/ *n.* tooth 的复数

teethe /tiːð/ *vi.* [常用进行时](婴儿)出牙，长出乳牙：Babies have much saliva when they're *teething*. 婴儿长牙时口水很多。

tee·to·tal·(l)er /tiːˈtəutᵊləʳ/ *n.* [C]完全戒酒者，滴酒不沾的人

tel. *abbr.* ❶ telegram ❷ telegraph ❸ telephone

tel·e- /ˈteli/ *comb. form* ❶表示"远距离的"：*tele*-control (遥控)，*tele*kinesis ❷表示"电视"：*tele*-course (电视教程)，*tele*fan (电视迷)，*tel*-*egenic* ❸表示"电信"，"电报"，"电话"：*tele*cord (电话记录器)，*tele*graphone (录音电话机)

tel·e·com·mu·ni·ca·tions /ˌtelikəˌmjuːniˈkeiʃᵊnz/ *n.* [U]❶电信；(电报、电话、广播、电视等)远程通信：*telecommunications* satellite 通信卫星 ❷[常作 **telecommunication**]电信学；电信技术；电信业：advanced *telecommunications* technology 先进的电信技术合作

tel·e·con·fer·ence /ˈteliˌkɔnfᵊrᵊns/ **I** *n.* [C]【电信】电话会议 **II** *vi.* 参加电话会议

tel·e·gram /ˈteliˌgræm/ *n.* [C；U]电报：send sb. a *telegram* of congratulations 向某人发贺电

tel·e·graph /ˈteliˌgrɑːf；-ˌgræf/ **I** *n.* [U]【电信】电报系统；[C]电报装置：The news came by *telegraph* on Monday. 消息是周一用电报发来的。**II** [亦作 **phone**] *vt.* ❶给…发电报；用电报发送：The news was *telegraphed* across the ocean. 该消息用电报传到大洋彼岸。❷〈喻〉事先流露出，预先透露；提前暴露：We did not realize that his speech *telegraphed* the trouble to come. 我们没有意识到他的讲话竟然透露了将要出现的麻烦。‖ **ˈte·legˌra·pher**, **ˈte·legˌra·phist** *n.* [C]

tel·e·graph·ic /ˌteliˈgræfik/ *adj.* ❶[无比较级]电报的：*telegraphic* enquiry 电报查询 ❷文字简短的：Daniel delivered his message with *telegraphic* brevity. 丹尼尔用电报式的简洁文体发送信息。

te·leg·ra·phy /tiˈlegrəfi/ *n.* [U]【电信】电报学，电报(通讯)术

te·lep·a·thy /tiˈlepəθi/ *n.* [U]心灵感应(术)，传心术；〈口〉心心相通：Men and women while deeply in love have miraculous gift of *telepathy*. 深深爱慕的男女都心有灵犀，可以奇妙地相互感应。‖ **tel·e·path·ic** /ˌteliˈpæθik/ *adj.* —**ˌtel·eˈpath·i·cal·ly** /-kᵊli/ *adv.*

tel·e·phone /ˈteliˌfəun/ **I** *n.* ❶[C；U]电话，打电话，通电话：answer the *telephone* 接电话 ❷[C]电话机：a cellular [mobile] *telephone* 移动电话 **II** *vt.* ❶给…打电话：He *telephoned* me to say that he opened a shop. 他打电话给我说开了一家商店。❷打电话传送(信息)：Mr. Rich *telephoned* that there had been an accident at the crossroads. 里奇先生打电话说那个路口出了事故。—*vi.* 打电话：They *telephoned* home with the good news. 他们打电话把这个好消息告诉家人。[亦作 **phone**] ‖ **ˈtel·eˌphon·er** *n.* [C]

telephone exchange *n.* ＝ **exchange**

tel·e·mar·ket·ing /ˈteliˌmɑːkitiŋ/ *n.* [U]电话营销，电话推销；远程交易，远程经销；电话广告 ‖ **ˈtel·eˌmar·ket·er** *n.* [C]

telephone tag *n.* [U]电话捉迷藏：We played *telephone tag*: I left her a message, she returned it when I wasn't there, and when I called back again she had gone. 我们玩了一把电话捉迷藏：我给她留了个口信，她回电的时候我正巧不在，我再打回给她的时候，她却已经走了。

tel·e·scope /ˈteliˌskəup/ *n.* [C]望远镜：an astronomical [a space] *telescope* 天文望远镜 / a binocular *telescope* 双筒望远镜

tel·e·scop·ic /ˌteliˈskɔpik/ *adj.* [无比较级] ❶望远镜的；借助于望远镜的：the *telescopic* picture of the moon 用望远镜拍摄的月球照片 ❷(像望远镜一样)可伸缩的：The tripod for my camera has *telescopic* legs. 我的照相机三脚架腿是可伸缩的。

tel·e·vise /ˈteliˌvaiz/ *vt.* & *vi.* 电视转播：Which station will *televise* the football match tonight? 今天晚上哪个台将转播这场足球比赛?

tel·e·vi·sion /ˈteliˌviʒ°n,ˌteliˈviʒ°n/ *n.* ❶[U] 电视;电视传播系统:a cable *television* network 有线电视网络❷[C]〈口〉电视机:an interactive *television* 交互式电视机 ❸[U]电视广播(事业);电视传播(技术):major in *television* 主修电视广播技术〔亦作 **telly**〕

tel·ex, Tel·ex /ˈteleks/ *n.* ❶[U]电传(系统);打字电报(系统),用户电报(系统):Send them the reply of our company by *telex*. 把我们公司的答复用电传发给他们。❷[C]电传

tell /tel/ (**told** /təuld/) *vt.* ❶(以口头或书面形式)说,叙述,讲(述): A few survived to *tell* the tale after the war. 有几个幸存者战后叙述这段故事。❷告诉,告知;使知晓,使了解:The clock *tells* the time. 时钟报时。❸[通常不用进行时态]向…显示,向…表明;显示出:Your expression *tells* me everything. 你的表情向我表明了一切。❹说,讲:*tell* the truth 讲真话 ❺命令;吩咐:Open the door, I *tell* you! 把门打开,听见没有! ❻[不用进行时态]保证,确保;肯定:Everything will be OK, I *tell* you. 我向你保证,一切都没有问题。❼[不用进行时态,常与 can, could, be able to 等连用]确定,判定;区分,识别,分辨:You can *tell* by the clouds that it is going to rain. 根据云层可以断定天会下雨。❽用语言表达(思想、感情等);说出:tell one's love 表达某人的爱意 —*vi.* ❶泄露秘密,透露情报;宣布,公布(*of*, *about*):I promise not to *tell*. 我答应不泄露出去。❷〈书〉显出效果;起作用,产生影响(*on*, *against*): Mr. Hart's drinking certainly will *tell on* him. 饮酒肯定会对哈特先生造成影响。❸判定;区分,识别,分辨:It's too early to *tell*. 现在要作出判断为时还早。‖ ***all told*** *adv.* 总共,合计,总括起来:There are 23 guests coming, *all told*. 总共来了23位客人。***tell on*** *vt.* 〈口〉揭发(尤指向负责人报告):Mary caught her brother smoking and *told on* him. 玛丽发现弟弟吸烟就告了他一状。

☆**tell, narrate, recount, relate, report** 均有"讲述,告诉"之意。**tell** 为普通用词,词义和使用范围最广,指通过口头或书面形式把有关事情、情况、消息等告诉他人:I *told* the good news to everybody. (我把好消息告诉了大伙。)**narrate** 常指运用情节、悬念等手段来安排细节,强调叙述生动有趣、引人入胜:*narrate* one's adventurous experiences (讲述某人的冒险经历) **recount** 表示凭记忆详细叙述某事并列举具体细节:The hunter *recounted* how he had shot the tiger. (猎人讲述了他射死那只老虎的经过。) **relate** 常指详细地、有条不紊地讲述自己耳闻目睹的事情:He *related* to us the story of his escape. (他向我们讲述了他逃跑的经过。) **report** 常指经过调查以后向他人通报有关事实情况,注重细节和准确性:The accident should be *reported* immediately to the police. (应立即将事故向警方报告。)

tell·er /ˈteləʳ/ *n.* [C] ❶(银行)出纳员:a qualified bank *teller* 合格的银行出纳 ❷(故事等的)讲述人:a fortune *teller* 算命人

tell·ing /ˈteliŋ/ *adj.* ❶有力的,有效的;能说明问题的;效果显著的(见 valid):Statistics are *telling*. 统计数字很能说明问题。❷重要的;有意义的:He did one strange, *telling* thing. 他做了一件深有含意的怪事。‖ **ˈtell·ing·ly** *adv.*

tell-tale /ˈtelˌteil/ *adj.* [无比较级][作定语] ❶暴露的;表明的:She found cigarette butts under the table — the *tell-tale* sign that Tod had been around again. 她在桌子底下发现有烟蒂,这表明托德又来过了。❷(机械装置等)报警的:a *tell-tale* lamp 报警灯

tel·ly /ˈteli/ *n.* 〈主英澳口〉=television

temp /temp/ 〈口〉 **I** *n.* [C]临时工;(尤指)临时秘书 **II** *vi.* (当)临时工:Bob has been *temping* for about three months while looking for a permanent appointment. 鲍勃在寻找固定工作之际,已经做了差不多三个月的临时工。

temp. *abbr.* ❶ temperature ❷ temporary

tem·per /ˈtempəʳ/ *n.* ❶[C]脾气;性情:have a bad *temper* 暴躁的脾气 ❷[U]烦躁的心情;生气,发怒(见 mood):Joanna had a sudden fit of *temper* and threw a tea cup at John. 乔安娜突然发了一阵脾气,把一个茶杯扔向约翰。

tem·per·a·ment /ˈtempᵊrəmᵊnt/ *n.* ❶[C;U] 气质;性情,秉性;性格:The twins look alike, but in *temperament* they are different. 这对双胞胎看起来一样,但是性情却不一样。❷[U] 活跃的个性:He is full of *temperament*. 他精

神饱满。

tem·per·ance /ˈtempᵊrᵊns/ *n.* [U] ❶(饮酒、言行等方面的)自我节制:I could think much more clearly because of my *temperance* in eating and drinking. 因为我饮食有度所以头脑才更灵活。❷戒酒

tem·per·ate /ˈtempᵊrət/ *adj.* ❶能自我克制的;有节制的 ❷[无比较级]【气】温带的;温和的:mild and *temperate* climate 温和的气候 ❸饮食有节制的 ‖ ˈ**tem·per·ate·ly** *adv.* —ˈ**tem·per·ate·ness** *n.* [U]

tem·per·a·ture /ˈtempᵊritʃəˈ/ *n.* ❶[C;U]温度(略作 **temp.**):There was a sudden fall in *temperature* during the past week. 在过去的一周里,温度突然降低了。❷[C]【医】体温:bring down *temperature* 降体温

tem·ple[1] /ˈtempᵊl/ *n.* [C] ❶寺,庙;神殿:an ancient Roman *temple* 古罗马神殿 ❷犹太教会堂

tem·ple[2] /ˈtempᵊl/ *n.* [C] ❶【解】太阳穴,颞:She has a large bruise on her right *temple.* 她右太阳穴上青肿了一块。❷眼睛脚,眼镜腿

T

tem·po /ˈtempəu/ *n.* [C] ([复]-**pos** 或-**pi** /-piː/) ❶【音】速度,节奏;拍子:play the music at a fast *tempo* 用快拍演奏音乐 ❷(行动或活动的)速度;步调:She has become used to the busy *tempo* of city life. 她已习惯了城市生活的快节奏。

tem·po·rar·y /ˈtempᵊrᵊri/ **I** *adj.* [无比较级] 临时(性)的;暂时(性)的:a *temporary* resident 暂住居民/ a *temporary* construction 临时性建筑 **II** *n.* [C]临时工 ‖ ˈ**tem·po·rar·i·ly** *adv.* —ˈ**tem·po·rar·i·ness** *n.* [U]

tem·po·rize /ˈtempəˌraiz/ *vi.* 〈书〉(为了争取时间)拖延;敷衍:"I just don't know," he *temporized*, "We'll have to wait and see." "我不清楚。"他敷衍道,"我们还得等等看。" ‖ ˈ**tem·poˌriz·er** *n.* [C]

tempt /ˈtempt/ *vt.* ❶引诱,勾引;怂恿:The good reward *tempted* him to reveal his secret. 优厚的奖赏诱使他泄露了秘密。❷吸引:The bank is offering higher rates of interest to *tempt* new savers. 该银行正以较高的利息吸引新储户。❸拿…冒险:You are *tempting* fate by giving up your job before finding a new one. 你在没有找到新工作之前就放弃原有的工作,这是拿命运冒险。‖ **temp·ta·tion** /tempˈteiʃᵊn/ *n.* [C;U]

ten /ten/ *n.* [C] ❶十;十个(人或物):a *ten-*seater bus 十座面包车 ❷表示十的符号(如10,x,X) ❸十个(人或物)一组

te·na·cious /tiˈneiʃəs/ *adj.* ❶紧握的,抓住不放的;坚持(原则等)的;不轻易放弃的(*of*):The baby took my finger in its *tenacious* little fist. 婴儿的小拳头紧紧地攥住我的手指。❷好记性的;强记的:have a *tenacious* memory 记性好 ❸坚持不懈的;坚忍不拔的:He is very *tenacious* in spite of all the obstacles in his path. 尽管前进路上障碍重重,他仍坚持不懈。‖ **teˈna·cious·ly** *adv.* —**teˈna·cious·ness** *n.* [U]

te·nac·i·ty /tiˈnæsiti/ *n.* [U] ❶坚持,顽强,固执:Mountain climbing requires courage and *tenacity.* 爬山需要勇气和顽强意志。❷保持力:a memory of uncommon *tenacity* 异常强的记忆力

ten·an·cy /ˈtenᵊnsi/ *n.* ❶[U]租佃,租赁:I have sole *tenancy* of the flat. 这个套间是我一个人租用的。❷[C]租期:We have a three-year *tenancy* on the apartment. 我们租赁这个套间的期限为三年。

ten·ant /ˈtenᵊnt/ *n.* [C] ❶佃户;租赁人 ❷(一个地方的)承租人;租户;房客(*of*):the *tenants of* this building 这栋楼的租户 ❸居住者,占用者

tend[1] /tend/ *vi.* ❶[后接不定式]易于,倾向于:We all *tend* to forget unpleasant incidents. 我们都容易忘记不愉快的事件。❷有助于,有利于(*to*, *toward*):Power *tends to* corrupt. 权力容易导致腐败。❸趋于;通向;移向(*to*, *toward(s)*):Interest rates are *tending* downwards. 利率正逐步下调。

tend[2] /tend/ *vt.* 照料,看护;为…服务;看管:He was sent to the hospital and a nurse gently *tended* his cuts and bruises. 他被送往医院,一位护士轻柔地为他处理伤口和青肿处。—*vi.* 关心;看管(*to*):Harry will be here to *tend to* this kid. 哈里会来这儿照看孩子。

tend·en·cy /ˈtendᵊnsi/ *n.* [C]倾向,趋势(*to*, *towards*):There is a *tendency* for interest rates to fall in the new year. 在新的一年中,利率有可能会下降。

☆**tendency**, **current**, **tenor**, **trend** 均有"倾向,趋

势,动向”之意。**tendency** 通常指人或事物因某种内在特性或外部力量而按特定的方向运动,用于个人时常表示意愿、意向:He's always had a *tendency* to be fat.(他总是容易发胖。)/ She has artistic *tendencies*.(她有艺术气质。)**current** 常指明确可辨的流向或趋向,也可能指变动或改变:Newspapers influence the *current* of public opinion.(报纸影响舆论。)**tenor** 指可以清楚地觉察出来的意思、目的或要旨,强调持续不偏的路线或明确的走向:There has been a shift in the whole *tenor* of the antinuclear campaign.(整个反核运动的方向已发生了变化。)/ Life continues in the even *tenor* for him.(他的生活继续过得平静安定。)**trend** 表示总趋向或大致走向,会受外力作用影响而有曲折、波动或变动:an upward *trend* of prices(物价上涨的趋势)/ The rise in juvenile delinquency is a disturbing new *trend*.(少年犯罪率上升这种新倾向令人十分不安。)

ten·der¹ /ˈtendəʳ/ *adj.* ❶嫩的;(柔)软的;易咀嚼的:My steak was juicy and beautifully *tender*. 我的牛排多汁而且非常鲜嫩。❷敏感的;微妙的:Don't mention her divorce. It's a *tender* subject. 别提她离婚的事,这是一个敏感话题。❸易受伤害的;过敏性的:He got a bruise on his left eye,and it is still *tender*. 他左眼有一块青肿的地方,一碰就痛。❹纤弱的;幼嫩的;脆弱的:*tender* eggs 易打碎的蛋 ❺温柔的,柔情的;仁慈的;体贴的:a *tender* mother 慈母 ‖ ˈ**ten·der·ly** *adv.* —ˈ**ten·der·ness** *n.* [U]

☆ **tender, compassionate, sympathetic, warm** 均有“对他人充满爱心或同情心的”之意。**tender** 表示待人温柔亲切、体贴入微的:Be *tender* towards children.(对儿童要和善。)**compassionate** 指对他人的烦恼、痛苦或不幸易于产生同情和怜悯的:She was among the most *compassionate* of women.(她是最富同情心的那一类女性。)**sympathetic** 的词义和使用范围比 compassionate 要广泛,表示能够设身处地感受他人的痛苦、不幸、忧愁或分享他人的喜悦的,强调具有与他人一样的观点、信念或产生与他人一样的思想方法、情感:My colleagues were very *sympathetic* when my father died.(对我父亲的去世同事们深表同情。)**warm** 指对他人表示出极大的兴趣、爱心或热情的,强调温暖热忱:She had a *warm* generous heart.(她有一颗慈爱而宽厚的心。)

ten·der² /ˈtendəʳ/ I *vt.* 〈书〉提交(辞呈等);提供(服务等);表达(歉意、祝贺等):The minister *tendered* his resignation to the Queen. 部长向女王提交了辞呈。II *n.* [C] ❶投标;标书;标价:The council will invite *tenders* openly for the building contract. 该委员会将对这个建筑合同进行公开招标。❷(正式的)提出,提议,提供 ‖ ˈ**ten·der·er** *n.* [C]

ten·der³ /ˈtendəʳ/ *n.* [C] ❶照看人,看管人:a machine *tender* 机器工人 ❷交通船;补给船,驳运船

ten·der-heart·ed /ˌtendəˈhɑːtid/ *adj.* 心肠软的;易被打动的:The nurse is so *tender-hearted* that all patients like to tell her their problems. 这位护士心肠很软,病人们都愿意向她诉苦。‖ ˌ**ten·derˈheart·ed·ly** *adv.* —ˌ**ten·derˈheart·ed·ness** *n.* [U]

ten·don /ˈtendᵊn/ *n.* [C]【解】筋,(肌)腱:rip [strain] a *tendon* 撕裂[拉伤]肌腱

ten·dril /ˈtendril/ *n.* [C] ❶【植】卷须:The *tendrils* of the grape vine grow up quickly. 葡萄藤的卷须向上爬得很快。❷(头发等的)卷儿;卷须状物:Thin *tendrils* of smoke are rising from his pipe. 他的烟斗里升起一圈圈的薄烟雾。

ten·e·ment /ˈtenimᵊnt/ (**house**) *n.* [C](大城市中较为贫困地段的)多户分租房;低租金住房,经济公寓

ten·nis /ˈtenis/ *n.* [U]【体】网球运动:She plays a lot of *tennis* in the spring. 春季她经常打网球。

ten·or /ˈtenəʳ/ I *n.* ❶[U]【音】男高音声部 ❷[C]男高音歌手 ❸[C](演讲或文件等的)思路;大意(*of*):The *tenor of* the meeting was one of tenseness. 本次会议总的来说是紧张的。II *adj.* [无比较级][作定语]【音】男高音的

ten·pin /ˈtenˌpin/ *n.* 【体】❶[C](十柱球游戏中的)瓶形柱,木瓶柱 ❷[~s][用作单]【体】保龄球

tense¹ /tens/ I *adj.* ❶紧张的;拉紧的:*tense* nerves 紧张的神经 ❷令人紧张的;感到(或显得)紧张的:During the negotiation there was a long,*tense* silence. 谈判当中出现了一阵令人紧张的长时间的沉默。II *vt.* & *vi.* (使)感到紧张,(使)变得紧张;(使)绷紧:When Simms lifted the piano the muscles in his arms *tensed* visibly. 西姆斯搬动钢琴时,胳臂上的肌肉明显地绷紧了。‖ ˈ**tense·ly** *adv.* —ˈ**tense·ness** *n.* [U]

tense² /tens/ *n.* [C;U]【语】(动词的)时态:How many verb *tenses* are there in French? 法语动词有多少种时态?

ten·sion /ˈtenʃᵊn/ *n.* ❶[U]拉伸(状态);绷紧(程度):adjust the *tension* of the tennis racket 调整网球拍弦的松紧 ❷[U](精神上的)紧张(状态);兴奋:Everyone could feel the *tension* in the operating room. 人人都能感到手术室里气氛紧张。❸[C;U][具数时通常用复]紧张关系;紧张局面:alleviate international *tensions* 缓解国际紧张关系

tent /tent/ *n.* [C]帐篷,营帐:put up [erect] a *tent* 支起帐篷

ten·ta·cle /ˈtentəkᵊl/ *n.* [C]【动】触须;触角;触手 ‖ ˈ**ten·ta·cled** *adj.*

ten·ta·tive /ˈtentətiv/ *adj.* ❶[无比较级]试探性的,试验性的;暂行的:a *tentative* proposal 试探性提议 ❷犹豫不决的;不肯定的:I think we are moving to a better flat in April, but that's only *tentative*. 我想我们4月份就能搬到一套更好的套房里去住,但是这事还不能肯定。‖ ˈ**ten·ta·tive·ly** *adv.* —ˈ**ten·ta·tive·ness** *n.* [U]

ten·ter·hook /ˈtentəˌhuk/ *n.* [C]【纺】(拉幅机上的)拉幅钩 ‖ ***on tenterhooks*** *adj.* & *adv.* 坐卧不安的(地),提心吊胆的(地):They were kept *on tenterhooks* waiting for the results of the lab test. 他们一直在心神不定地等待着实验结果。

tenth /tenθ/ **I** *n.* [C] ❶第十 ❷第十位的东西:My birthday is on the *tenth* of June. 我的生日是6月10日。❸十分之一:a *tenth* of a second 1/10秒 **II** *adj.* [无比较级] ❶第十的:Today is the *tenth* day of the strike. 今天是罢工的第十天。❷十分之一的

ten·u·ous /ˈtenjuəs/ *adj.* ❶微弱的;轻微的:make a *tenuous* connection between the two events 在两起事件之间寻找蛛丝马迹的联系 ❷〈书〉纤细的,细小的(见 thin):She was frightened to see a spider hanging from a *tenuous* silk thread. 她看见一根细丝上吊着一只蜘蛛,可吓坏了。‖ ˈ**ten·u·ous·ly** *adv.* —ˈ**ten·u·ous·ness** *n.* [U]

ten·ure /ˈtenjuəʳ,ˈtenjəʳ/ *n.* 〈书〉❶[U]【律】(财产等的)占有(条件);保有(权);持有(期限) ❷[C]任职时间,任期(*of*):She had made many important changes during her brief *tenure of* office. 她任职虽短但进行了多项重要的变革。❸[U](教师等的)终身任职(权):Professor West was awarded *tenure* after she finished 20 years of teaching at the university. 威斯特教授在大学里任教20年之后获得了终身教职权。

tep·id /ˈtepid/ *adj.* ❶(液体)温热的,微热的:*tepid* water 温水 ❷不热情的,不冷不热的;不积极的:*Tepid* applause greeted her performance. 她的表演引来了零零落落的掌声。‖ **te·pid·i·ty** /teˈpiditi/, **tep·id·ness** *n.* [U] —ˈ**tep·id·ly** *adv.*

te·qui·la /təˈkiːlə/ *n.* [U](墨西哥的)龙舌兰酒,特奎拉酒;一杯龙舌兰酒

term /təːm/ **I** *n.* ❶[C]术语,专门用语,学科用语:medical *terms* 医学术语 ❷[~s]条件;条款:departure from the *terms* of the contract 违背合同条款 ❸[C](职位等的)任期:In our country the President is elected for a four-year *term* of office. 在我们国家,总统每四年换届选举。❹[U]〈书〉期限;到期,期满:They will pay you a high rate of interest at *term*. 到期他们会付给你高额利息。❺[C]学期:The spring *term* begins in January and ends before Easter. 春季学期从1月份到复活节之前。**II** *vt.* 把…称为,把…描述为:The media *termed* the visit a triumph. 媒体称这次访问是一次胜利。‖ ***come to terms*** *vi.* 达成协议:The two fighting nations must *come to terms*. 交战两国必须达成协议。***in the short*** [***long***] ***term*** 就短期[长期]而言:*In the short term* we expect to lose money on this book, but *in the long term* we hope to make large profits. 从短期来说,我们在这本书上可能要赔钱,但从长远来说我们有希望赚大钱。

ter·mi·nal /ˈtəːminᵊl/ **I** *adj.* [无比较级] ❶(疾病)致命的,不治的;(病人)垂死的;(病况)晚期的,末期的:a *terminal* coma 临终昏迷 ❷终点的,终端的(见 last):*terminal* station 终点站 **II** *n.* [C] ❶端头,终极:Work has started on the construction of a piping line *terminal*.

修建管线终端的工作已经开始。❷(火车或长途汽车的)终点站:The new *terminal* has a good restaurant. 新车站有一家好餐馆。❸机场大楼,候机楼;候机厅:Your flight to New York will leave from *Terminal* 2 at the airport. 您乘坐的到纽约的飞机将从2号候机厅起飞。❹【计】(计算机)终端:conduct one's business through *terminals* 通过计算机处理事务 ‖ ˈ**ter·mi·nal·ly** *adv.*

ter·mi·nate /ˈtəːmiˌneit/ *vt.* ❶〈书〉终止,使停下;制止:They should *terminate* the useless discussion immediately. 他们应立即停止这场毫无用处的讨论。❷解雇:He was *terminated* from the company almost immediately after the scandal came up. 丑闻一出现,他差不多就被赶出了公司。—*vi.* 〈书〉被终止;停下;结束:Her contract will *terminate* next month. 她的合同将于下个月终止。

ter·mi·nol·o·gy /ˌtəːmiˈnɔlədʒi/ *n.* [C;U](专用)术语(体系):employ a *terminology* 使用术语 ‖ **ter·mi·no·log·i·cal** /ˌtəːminəˈlɔdʒikᵊl/ *adj.* —ˌ**ter·mi·no**ˈ**log·i·cal·ly** /-kᵊli/ *adv.* —ˌ**ter·mi**ˈ**nol·o·gist** *n.* [C]

ter·mi·nus /ˈtəːminəs/ *n.* [C]([复]**-ni** /-ˌnai/或**-nus·es**) ❶(火车或公共汽车等的)终点站 ❷终点,(最终)目标

ter·mite /ˈtəːmait/ *n.* [C]【昆】白蚁;白蚁目昆虫

ter·race /ˈterəs,-ris/ *n.* [C] ❶(用于耕种的)台阶形地;梯田 ❷(房屋前的)铺地;草坪:In summer we often ate lunch on the *terrace*. 夏天我们常在屋前平台吃午餐。

ter·ra·cot·ta /ˌterəˈkɔtə/ *n.* ❶[C]赤土陶器;赤土陶像:The yard was full of flowers in *terracotta* pots. 院子里摆满了陶土盆栽的花。❷[U]赤陶土:Our kitchen tiles are made from *terracotta*. 我们厨房的瓷砖是赤陶土做的。

ter·rain /təˈrein,ˈterein,teˈrein/ *n.* [U]地形,地势;地域,地带:hilly *terrain* 山丘地带

ter·res·tri·al /təˈrestriəl/〈书〉*adj.* [无比较级] ❶地球的;世界的:*terrestrial* atmosphere 地球大气层 ❷陆地上的:*terrestrial* habitats 陆上的栖息地

ter·ri·ble /ˈterəbᵊl/ *adj.* ❶[无比较级]〈口〉(数量或程度)很大的;非常的;极度的:You're a *terrible* fool, aren't you? 你是天字第一号的笨蛋,对不对?❷[无比较级]极坏的,极差的:We had a *terrible* time on holiday in Italy. 我们在意大利的假期过得糟透了。❸可怕的;令人恐惧的(见 awful):a *terrible* accident 可怕的事故 ‖ ˈ**ter·ri·ble·ness** *n.* [U] —ˈ**ter·ri·bly** *adv.*

ter·ri·er /ˈteriəʳ/ *n.* [C]【动】㹴;小猎狗

ter·rif·ic /təˈrifik/ *adj.* ❶[无比较级]〈口〉巨大的;极度的;强力的;非常好的:We had a *terrific* vacation last month. 我们上个月的假期过得好极了。❷令人恐怖的;可怕的:a *terrific* air alarm 令人恐怖的空袭警报 ‖ **ter**ˈ**rif·i·cal·ly** /-kᵊli/ *adv.*

ter·ri·fied /ˈteriˌfaid/ *adj.* 害怕的,恐惧的,受惊的:My sister was too *terrified* to say anything. 我妹妹吓得什么也说不出来。

ter·ri·fy /ˈteriˌfai/ *vt.* 使惊恐,使受到惊吓;使感到害怕(见 frighten):The horror movie *terrified* the child. 那部恐怖电影吓坏了孩子。

ter·ri·fy·ing /ˈteriˌfaiiŋ/ *adj.* 令人害怕的,可怕的:a *terrifying* nightmare 可怕的梦魇 ‖ ˈ**ter·ri**ˌ**fy·ing·ly** *adv.*

ter·ri·to·ri·al /ˌteriˈtɔːriəl/ *adj.* ❶[无比较级]领土的:*territorial* integrity 领土完整 ❷[无比较级](有)地域性的,区域性的:These regulations are strictly *territorial*. 这些规定完全是地区性的。

ter·ri·to·ry /ˈteritᵊri/ *n.* ❶[C;U]领土,领地;版图:across the country's entire *territory* 遍及该国的全部领土 ❷[U](知识、兴趣、思想等的)领域,范围:Medieval literature is not my *territory*. 中世纪文学不是我的研究领域。❸[C](商业和贸易的)区域 ❹[U;C]【动】地盘:The robin keeps other birds off that part of the garden — that's his *territory*. 那只知更鸟不许别的鸟进入花园的那边,那是它的地盘。❺[U](一大片有某种地形特征的)地带:We'll soon go through mountainous *territory*. 我们很快要穿越山区。

ter·ror /ˈterəʳ/ *n.* ❶[U]恐怖,惊骇:He was filled with *terror* at the thought of death. 一想到死,他就万分恐惧。❷[C]令人恐怖的人(或事物):He is the *terror* of the youth of the community. 他是社区那些小伙子中的一霸。❸[C]〈口〉讨厌的人(或物);淘气的孩子:When you were young, you were a little *terror*.

T

你小时候是个调皮蛋。❹[U]恐怖主义;恐怖活动:Do you think that they would use *terror* to achieve political aims? 你认为他们会使用恐怖手段达到政治目的吗?

ter·ror·ism /ˈterəˌriz²m/ *n.* [U]恐怖主义: These measures failed to bring acts of *terrorism* to an end. 这些措施没能结束恐怖主义行动。‖ **ˈter·ror·ist** *n.* [C] & *adj.*

ter·ror·ize /ˈterəˌraiz/ *vt.* 使充满恐怖;恐吓(见 frighten):He was *terrorized* into handing over the money. 他吓得交出了钱。

terse /təːs/ *adj.* ❶(语言)简洁明了的,言简意赅的;直切主题的:Her newspaper articles are *terse* and to the point. 她在报上发表的文章,文字简短却切中要害。❷粗鲁的,无礼的;粗暴的:Her response was a *terse* rejection. 她粗鲁地拒绝了,这就是她的回答。‖ **ˈterse·ly** *adv.* —**ˈterse·ness** *n.* [U]

ter·tia·ry /ˈtəːʃ³ri/ *adj.* [无比较级]〈书〉第三的;第三位的;第三级的;第三等的:*tertiary* industry 第三产业

T

test /test/ **I** *n.* [C] ❶(对素质或能力等的)考试;测验;检测;考验(见 trial):They must take a *test*, or examination, before they can qualify. 他们要通过考试才能获得资格。❷测试手段;比较(或测试)标准:Success is not a fair *test*. 不能以成败论英雄。❸测验:an oral *test* 口头测验❹化验;检查;试验:eye *test* 眼睛检查 **II** *vt.* ❶检验;试验;测验,测试;考试:We *tested* the equipment for accuracy. 我们检验了该设备的精确度。❷(在耐力等方面)考验;(严格)考查(*on*):*test* students *on* their writing ability 考查学生的写作能力 ❸【化】【医】化验;检查:We'll *test* your blood type. 我们要查你的血型。

tes·ta·ment /ˈtest³m³nt/ *n.* [C]〈书〉❶【律】遗嘱:Mrs. Maat wanted her solicitor to draw up her last will and *testament*. 玛特太太想让她的律师草拟她临终遗言和遗嘱。❷证据(*to*):His success is a *testament to* his skills. 他的成功便是他技艺娴熟的证据。

tes·ti·cle /ˈtestik³l/ *n.* [C]【解】睾丸

tes·ti·fy /ˈtestiˌfai/ *vi.* ❶证明,证实(*to*, *for*, *against*):The open door *testified to* the fact that he had left in a hurry. 敞开的房门证明他离开时很匆忙。❷【律】出庭作证:None of the onlookers would appear in court to *testify* against him. 没有一个旁观者愿意出庭指证他。—*vt.* 作为…的证据,证明:Her nervous behaviour *testified* that she told a lie. 她行为局促不安,表明她说谎了。‖ **ˈtes·tiˌfi·er** *n.* [C]

tes·ti·mo·ni·al /ˌtestiˈməuniəl/ **I** *n.* [C] ❶(品行、资格等的)证明书;推荐信;鉴定书:All applicants for the job must come with *testimonials*. 本工作的申请人必须带有推荐信。❷馈赠物;感谢信;表扬信;奖章;奖状:The manager gave her a *testimonial* at her retirement. 退休时经理送了她一件礼品。**II** *adj.* (作)证明的;表示感谢的;纪念的:He was honoured at a *testimonial* dinner. 他在纪念筵席上备受礼待。

tes·ti·mo·ny /ˈtestim³ni/ *n.* ❶[U]【律】证词,证供:Some doubt has been expressed about whether their *testimony* was really true. 有人怀疑他们的证词是否真实可信。❷[C]对事实的陈述:He gave a *testimony* to the correctness of his decision. 他就其决定的正确性做了陈述。❸[C;U]证据,证明:produce *testimony* 出示证据

tes·tos·ter·one /teˈstɔstəˌrəun/ *n.* [U]【生化】睾丸素,睾酮

test-tube /ˈtesˈˌtʲuːb/ *n.* [C]试管

teth·er /ˈteðəʳ/ **I** *n.* [C] (拴动物等的)绳;链:He kept a cow on a *tether* when it was grazing. 他把牛拴在绳子上,让它去吃草。**II** *vt.* (似)用绳(或链)拴(动物);限制;约束:He *tethered* his cow to a tree. 他把牛拴到树上。‖ ***at the end of one's tether*** *adj.* (才智、耐心、精力等)到最大限度的:She is *at the end of her tether* and explodes with anger. 她忍无可忍,勃然大怒。

text /tekst/ *n.* ❶[U](书、文件等的)正文;文本:You should not only look at the pictures but also read the *text*. 你不光要看插图,还得阅读正文。❷[常作 **the ~**](与翻译、改写作品等相对的)原文,原稿:A fidelity to *the text* is a laudable feature of translation. 忠实于原文是翻译作品的可贵特点。❸[C]主旨,主题:What's the *text* of your speech? 你讲演的主题是什么? ❹[C]教科书,课本:Have the *texts* arrived for our class? 我们班的教材到了吗? ‖ **tex·tu·al** /ˈtekstʃuəl/ *adj.*

text·book /ˈtekstˌbuk/ *n.* [C]课本,教材,教科

书:the standard *textbooks* for the history of Spain 西班牙历史的标准教科书

tex·tile /ˈtekstail;-til/ *n.* [C] ❶纺织原料 ❷纺织品;布匹:cotton *textiles* 棉纺织品

tex·ture /ˈtekstʃəʳ/ *n.* [C;U] ❶质地;质感;质相:You can't plant this crop in the soil with a loose sandy *texture*. 这种作物不能种在质地松散的沙质土里。❷结构,组织;纹理:The chemist is testing for the *texture* of the mineral. 那位化学家正在测试该矿物的结构。‖ ˈ**tex·tur·al** *adj.*

-th /θ/ *suf.* [用于基数词后以构成序数词]表示"第…":four*th*,fif*th*

thal·a·mus /ˈθæləməs/ *n.* [C]([复]-**mi** /-ˌmai/)【解】丘脑

than /强 ðæn,弱 ðən/ *conj.* ❶[用于形容词或副词的比较级之后,引导表示比较关系的第二个部分]比,超过:My wife usually gets up earlier *than* I do. 我妻子通常比我起床早。❷〈书〉[用于 other,otherwise,else,anywhere,different,differently,rather 等之后,引导选择情况或表示种类、身份的不同等]除去,除了…之外;而不是:None other *than* my parents can help me. 除父母外没人能帮助我。❸[尤用于 barely,hardly,scarcely,no sooner 等之后]一…就,刚…就:We barely arrived *than* it began to rain. 我们刚到,天就下起了雨。

thank /θæŋk/ **I** *vt.* ❶感谢,感激:*Thank* you for coming to see me. 谢谢你来看我。❷要…负责任;归咎于:Mrs. Maat has him to *thank* for this lawsuit. 玛特太太把吃的这场官司怪罪于他。**II** *n.* [~**s**] ❶感谢,感激:Please accept my best *thanks*. 请接受我最真挚的谢意。❷谢谢;多谢:A:Here is a cup of tea for you. B:Many *thanks*! 甲:请喝杯茶。乙:非常感谢! ‖ ***thank god*** [***goodness***] 谢天谢地:*Thank goodness* you're safe. 谢天谢地,你平安无事。***thanks to*** *prep.* 因为;多亏:The baby is awake *thanks to* your loud music. 因为你把音乐放得这么响,小宝宝醒了。

thank·ful /ˈθæŋkfᵘl/ *adj.* [作表语]感激的;高兴的,欣慰的;致谢的:She was most *thankful* for her own knowledge of him. 她庆幸自己认清了他这个人。‖ ˈ**thank·ful·ly** *adv.* —ˈ**thank·ful·ness** *n.* [U]

thank·less /ˈθæŋklis/ *adj.* [无比较级] ❶未表示(或未感到)感激的;忘恩负义的:How can you be so *thankless* to your friend, Jack? 你怎么能够对朋友这么忘恩负义,杰克?❷(任务等)无好处的;无利可图的:The task of these trailblazers is *thankless*. 开拓者的任务毫无好处可言。‖ ˈ**thank·less·ly** *adv.* —ˈ**thank·less·ness** *n.* [U]

thanks·giv·ing /ˈθæŋksˌgiviŋ;ˌθæŋksˈgiviŋ/ *n.* ❶[C;U](尤指对上帝)感恩的表示;感恩祈祷:The cross stood in the centre of the table throughout Easter as a symbol of *thanksgiving*. 整个复活节期间,在桌子中部放有一个十字架作为感谢上帝的象征。❷[C]感恩祈祷辞;感谢的言辞;致谢 ❸[T-] = Thanksgiving Day

Thanksgiving Day *n.* [C;U]感恩节(美国和加拿大的公众假日,在美国是 11 月的第四个星期四,在加拿大是 10 月的第二个星期一)

that /强 ðæt,弱 ðət/ **I** *pron.* ([复]**those** /ðəuz/) ❶[用以表示提到的、指明的、知道的人或事物,尤指说话人观察到的或听话人熟悉的人或事物]那(个);那个人;那事儿;那东西:*That* is what he said. 那就是他说的话。❷[用以指与 this 相对的、较远的、不那么直接的人或事物]那(个);那个人;那事儿;那东西:Do you see *that* over there? 你见到那边那个东西了吗?❸[用以指上文讲述的动作、行为、状态等]那个;那样的事:I'll never do *that* again. 我再不会干那样的事。❹〈口〉[指已提到的一种强烈感情]那样:A:Are you satisfied? B:I am *that*. 甲:你满意了吧?乙:当然满意了。❺[尤用作关系结构中的先行词,表示以某种方式描述或限定的人或物]那个;那人:They often mysticize *that* which they cannot explain. 对于不能解释的东西他们往往会加以神秘化。❻ /ðət/ [单复同][用作关系代词,代替 which 或 whom,引导形容词性从句]那个;那些:We saw the house *that* was burnt down. 我们看见了那所被烧毁的房子。**II** *adj.* [无比较级]([复]**those** /ðəuz/) ❶[用以指提到的、指明的、知道的人或事物,尤指说话人观察到的或听话人熟悉的人或事物]那(个):From *that* moment he was completely changed. 从那时起他完全变了。❷[用以指与 this 相对的、较远的、不那么直接的人或事物]那(个):This house is much better than *that* one. 这座房子比那座好得多。**III** *adv.* [无比较级] ❶[用以表示程度,相当于 so]如此，那样，那么：I'm old and I can't walk *that* far. 我年纪大了，不能走那么远。❷〈英口〉[用以表示程度，相当于 very]很，非常：I guess it's not *that* important. 我想此事并不是非常重要。❸/ðət/ [用作关系副词，引导副词性从句，相当于 at which 或 on which 等，常可省略]：This was the reason *that* we raised the temperature. 这是我们升高温度的原因。**IV** /ðət, ðæt/ *conj.* [用以引导从句] ❶[引导表示陈述或假设等的名词性从句，常可省略]：I am sure *that* you'll like it. 我相信你会喜欢它的。❷[引导目的状语从句]：Bring it closer so *that* I can see it better. 拿近点，让我能看得更清楚些。❸[引导结果状语从句，常可省略]：I am so tired (*that*) I can hardly stand. 我累得站不住了。❹[引导表示原因或理由的从句]：We rejoice *that* you are safe. 因为你平安无事，我们非常高兴。‖ ***at that*** *adv.* [用以加强语气]而且；还是：It was rush hour, but he arrived on time *at that*. 虽然是上班高峰时间，但他还是准时到达。***that is*** (***to say***) *adv.* 也就是说，亦即；意思就是：She is too fat, *that is*, she weighs over 150kg. 她太胖了，更确切地说，体重超过 150 千克。

thatch /θætʃ/ **I** *n.* [U] ❶(用以盖屋顶的)茅草(或稻草等) ❷盖顶物 **II** *vt.* & *vi.* (用茅草或稻草等)盖(屋顶)：I still remember the first house I *thatched* on my own. 我仍记得自己用茅草盖的第一座房子。‖ **thatched** *adj.*

thaw /θɔː/ **I** *vi.* ❶(冰、雪或冰冻物)解冻；融化(见 melt)：She left the steaks to *thaw out* completely before cooking them. 她让牛排完全解冻后再烧。❷[通常用 it 作主语](天气)转暖(至冰雪融化)：In late February it began to *thaw*. 到了 2 月底，天气转暖，冰雪消融。—*vt.* ❶使解冻；使融化：Use the microwave to *thaw* the meat. 用微波炉将肉解冻。❷使变得热情(或友好)起来；使活跃起来(*out*)：The children's cheerful talk will help to *thaw* our guests *out*. 孩子们欢快的话语将有助于让客人们活跃起来。**II** *n.* ❶[U;C]融化；解冻：in the March *thaw* 在冬雪初化的 3 月 ❷[U;C]变友好；变活跃：There are signs of a *thaw* in relations between the two countries. 两国关系有解冻的迹象。❸[U]化雪的温暖天气：The *thaw* has set in early this year. 今年天气暖和，化冻早。

the /元音前 ði，辅音前 ðə，强 ðiː，弱 ðᵊ/ **I** *def. art.* ❶[表示已提过的、正在讨论的、暗示的或熟悉的人或事物]：There's someone at *the* door. 门口有个人。❷[表示世界上唯一的事物]：*The* sky was full of stars. 天空中繁星点点。❸[后接限定性形容词或序数词]：I shall never forget *the* first time we met. 我永远不会忘记我们初次见面的情景。❹[后接形容词以表示一类]：It seems that *the* deceased had no living relatives. 看来死者所有亲属都已不在人世。❺[常重读]最为著名的，最名副其实的；正是：Hawaiian beach is *the* place to go. 夏威夷海滩是最好的去处。❻[后接限定性的形容性从句或短语]：He poured into his writing all *the* pain of his life. 他把生活中的一切痛苦都倾注进了作品之中。❼[用于单数名词前以表示种类]：*The* panda is becoming an increasingly rare animal. 熊猫正日渐变得稀少。❽[用于某些地名前，某些以 s 结尾的地名及地名简称前]：*the* Alps 阿尔卑斯山 ❾[用于表示乐器的名词前]：play *the* piano 弹钢琴❿[用以表示一生中或一个世纪中的 10 年]：in *the* sixties of the twentieth century 在 20 世纪 60 年代 **II** *adv.* [无比较级] ❶[用于形容词或副词比较级前]为了那个，在那种程度上；由于那种原因：Our novelists concern themselves with *the* more smiling aspects of life. 我们的小说家关心的是生活中充满欢笑的一面。❷[并列地置于两个比较级前以表示"越…越…"]：*The* more horrifying this world becomes, *the* more abstract art becomes. 世界越恐怖，艺术就越抽象。

the·a·tre, the·a·ter /ˈθiətəʳ/ *n.* ❶[C]剧院；室外舞台；电影院：This *theatre* is off the beaten track. 这家电影院看电影的人很少。❷[U]戏，剧；歌剧；好的戏剧素材；戏剧效果：He has studied *theatre*. 他学过戏。❸[C]讲演厅，报告厅；阶梯教室：a lecture *theatre* 报告厅

the·at·ri·cal /θiˈætrikᵊl/ *adj.* ❶[无比较级]戏剧的；剧院的；表演的；演员的：With his skill in *theatrical* invention, he combined a genius for applying poetic language to drama. 他将自己的把诗意语言运用到戏剧中去的天赋同他的舞台艺术创造的技巧结合在一起。❷(举止、言行、动作、人等)戏剧性的；做作的；引人注目的：He made a very *theatrical* display of being apologetic. 他的道歉显得很做作。‖

the'at·ri·cal·ly *adv.*

theft /θeft/ *n.* [C;U] ❶偷窃案件;偷窃行为;失窃:a *theft* by insiders 监守自盗 ❷【律】盗窃罪

their /ðeəʳ,弱 ðəʳ/ *pron.* [they 的所有格][作定语] ❶他们的;她们的;它们的:The couple sold *their* old car and bought a house of *their* own. 夫妇俩卖掉旧车,买了一座属于自己的房子。❷[用作第三人称单数,意为非特指的]他的;她的:Has anyone lost *their* purse? 有人丢了钱包吗?

theirs /ðeəz/ *pron.* [they 的物主代词]他们(或她们、它们)的东西:*Theirs* are the ones in blue envelops. 蓝色信封里装的是他们的。

the·ism /'θiːɪzᵊm/ *n.* [U]有神论;一神论 ‖ 'the·ist *n.* [C] —the·is·tic /θiː'istik/ *adj.*

them /ðem,弱 ðᵊm/ *pron.* ❶ they 的宾格 ❷〈口〉[用于表语中]他们;她们;它们

theme /θiːm/ *n.* [C] (说话、写作、思考的)主题,题目:Expo'1986 was held in Los Angeles with the *theme* of "Man the Inventor." 1986 年博览会在洛杉矶举行,主题为"人类—发明者"。 ‖ the·mat·ic /θi'mætik/ *adj.* —the'mat·i·cal·ly /-kᵊli/ *adv.*

theme song, theme tune *n.* [C] ❶主题歌 ❷(广播节目开始或结束时的)信号曲

them·selves /ðᵊm'selvz/ *pron.* ❶[they 或 them 的强调式]:These facts are unimportant in *themselves*. 这些事实本身并不重要。❷[them 的反身代词形式]他们(或她们、它们)自己

then /ðen/ *adv.* [无比较级] ❶当时,那时:We lived in the country *then*. 我们那时住在乡下。❷后来,之后,然后,于是,立即:He took a shower and *then* went to bed. 他洗了个淋浴,然后上床睡觉。❸那么,因此:And *then* the lady gave him her hand as a matter of course. 因而这个女子答应和他结婚是理所当然的事。❹就你所说;在此情况下:Perhaps she would always remain here, and *then* he could be as happy as he had been before. 她也许要永远在这儿住下来了,果真那样,那他又能跟从前一样快活了。❺[暗含不情愿的让步]那么,既然如此;[用作插入语]于是:If I haven't heard from you by Sunday, *then* I'll assume you're not coming. 如果星期天还没有你的消息,那我就当你不来了。 ‖ ***then and there*** *adv.* [无比较级]当场,立即:Marge threw a fit right *then and there*. 玛吉当场就歇斯底里大发作。

thence /ðens/ *adv.* [无比较级]〈古〉〈书〉从那儿;以此为源:During the Christmas holidays, we travelled to my parents' home and *thence* to my sister's. 圣诞节期间,我们先去父母家,随后又从那里去了姐姐家。

the·o- /'θiːəᵘ,'θi-/ *comb. form* 表示"上帝","神仙":*theo*logy

the·o·lo·gi·an /ˌθiə'ləudʒiən,-dʒᵊn/ *n.* [C]神学者;神学家

the·ol·o·gy /θi'ɔlədʒi/ *n.* ❶[U](尤指基督教的)神学,宗教学,宗教研究:The most striking examples of this process are to be found in *theology*. 这一过程最为引人注目的范例可以在宗教学中找到。❷[C;U]神学理论;宗教信仰制度 ‖ the·o·log·i·cal /ˌθiə'lɔdʒikᵊl/ *adj.*

the·o·ret·i·cal /ˌθiə'retikᵊl/ *adj.* [无比较级] ❶理论上的:*theoretical* and applied linguistics 理论语言学和应用语言学 ❷理论上存在的:a *theoretical* possibility 理论上的可能性 ‖ ˌthe·o'ret·i·cal·ly *adv.*

the·o·rize, the·o·rise /'θiəˌraiz/ *vi.* 谈理论;空谈理论:It is easy to *theorize* about what might have happened. 对于可能已经发生的一切空发议论并非难事。 ‖ the·o·re·ti·cian /ˌθiəri'tiʃᵊn/ *n.* [C]—'the·o·rist *n.* [C] —'the·oˌriz·er, 'the·oˌris·er *n.* [C]

the·o·ry /'θiəri/ *n.* ❶[C]学说,理论,原理:The results of the experiment bear out your *theory*. 实验结果证明你的理论是正确的。❷[C;U]观点,看法:You have a *theory* for everything. 你什么事都有先见之明。/ He's all *theory* and big words. 他满口大道理,只会讲大话。❸[C]【数】法则,理论:the study of number *theory* 数论研究

ther·a·peu·tic /ˌθerə'pjuːtik/ *adj.* ❶治疗用的;有疗效的:the *therapeutic* effects of a high-fibre diet 高纤维饮食的治疗效果 ❷有益身心的,益于健康的 ‖ ˌther·a'peu·ti·cal·ly /-kᵊli/ *adv.*

ther·a·pist /'θerəpist/ *n.* [C] ❶治疗专家 ❷心理疗法专家

ther·a·py /'θerəpi/ *n.* [U;C] ❶【医】(尤指通

T

过锻炼、按摩等方式而非手术的)治疗(方法):shock *therapy* 休克疗法 ❷物理疗法 ❸【心】心理疗法:speech *therapy* 语言疗法

there /ðeəʳ/ I *adv.* [无比较级] ❶在那儿;往那里,去那里:Are you happy *there*, Sybil? 你在那儿过得舒心吗,西比尔? ❷(言谈、写作、行动等)在那一点(上);那一部分:The teacher stopped *there* and declared that class could be dismissed. 老师讲到那里停住了,宣布下课。❸在那方面,在那件事情上:"At last, you have him *there*!" said father to Bob's teacher. "你终于把他制住了。"父亲对鲍勃的老师说道。❹[用以引起注意或强调]:*There* comes the bus! 公共汽车来了。II *pron.* ❶[用于 there be 句型,表示存在或具有]:*There* was no knowing at what moment he might put in an appearance. 无法知道他什么时候出现。❷[代替人名,用于问候]:Hello, *there*. 喂!

there·a·bout(s) /ˈðeərəˌbaut(s), ˌðeərəˈbaut(s)/ *adv.* [无比较级] ❶在那附近:He lives in a rented house *thereabouts*. 他住在附近一栋租赁的房子里。❷大约,左右:at the age of eighteen or *thereabouts* 18 岁左右

there·af·ter /ˌðeərˈɑːftəʳ; -ˈæf-/ *adv.* [无比较级]〈书〉之后,随后:Thereafter, he turns to the novel. 从那以后,他转而从事小说创作。

there·by /ˌðeəˈbai, ˈðeəˌbai/ *adv.* [无比较级]〈书〉由此,从而:He started his mower at dawn, *thereby* enraging the whole neighbourhood. 他一大早就开动割草机除草,此举把所有的邻居都激怒了。

there·fore /ˈðeəˌfɔːʳ/ *adv.* [无比较级]因此,因而;所以:Certain chemicals are highly soluble in water and are *therefore* easily dispread throughout ecosystems. 一些化学品极易溶于水,很容易在生态系统中散开。

there·in /ˌðeərˈin/ *adv.* [无比较级]〈书〉❶在那儿 ❷在那一点上:Susan is a socialist but her boyfriend votes Conservative — *therein* lies the reason why they argue. 苏珊是社会党人,但她男友投票支持保守党——那就是他们争吵的原因所在。

there·of /ˌðeərˈɔv/ *adv.* [无比较级]〈书〉在其中;关于那:the network problem and solution *thereof* 网络问题及其解决办法

there·up·on /ˌðeərəˈpɔn/ *adv.* [无比较级] ❶于是,因此:Several bags of heroin were found in his room; *thereupon*, he was arrested. 在他的房间搜出几袋海洛因,他因此而被捕。❷随即,立即:*Thereupon*, all the audience applauded enthusiastically. 全场观众随即热烈鼓掌。

ther·mal /ˈθəːmᵊl/ I *adj.* [无比较级] ❶热的;产生热的:*thermal* energy 热能 ❷保暖的;隔热的:*thermal* underwear 保暖内衣 ❸温泉的:*thermal* waters 温泉水 II *n.* ❶[C](可为气球、滑翔机所利用的)上升暖气流:Birds and gliders circle in *thermals* to gain height. 鸟类和滑翔机借助上升热气流上升。❷[~s][复]衣服,(尤指)保暖内衣 ‖ ˈ**ther·mal·ly** *adv.*

ther·mom·e·ter /θəˈmɔmitəʳ/ *n.* [C]温度计:Last night the *thermometer* fell below freezing. 昨晚温度降到冰点以下。

ther·mos /ˈθəːməs/ (**bottle**) *n.* [C]热水瓶

ther·mo·stat /ˈθəːməᵘˌstæt/ *n.* [C]恒温器;自动调温装置 ‖ **ther·mo·stat·ic** /ˌθəːməᵘˈstætik/ *adj.* —ˌ**ther·mo**ˈ**stat·ic·al·ly** /-kᵊli/ *adv.*

the·sau·rus /θiˈsɔːrəs/ *n.* [C]([复]**-ri** /-rai/或**-ru·ses**)同义(或反义)词词典

these /ðiːz/ *pron.* this 的复数

the·sis /ˈθiːsis/ *n.* [C]([复]**-ses** /-siːz/) ❶命题;论点:It cements together your introduction, your *thesis*, and your classroom observation. 它把你文章中的引言、主题和你在教室里的观察结果结合起来。❷论文;学位论文:a master's *thesis* 硕士论文

they /ðei/ *pron.* ❶[he, she, it 的复数形式]他们;她们;它们 ❷(泛指)人们:If we two should dine again, *they* will talk. 如果我们两人再一起吃饭的话,人们可要说闲话了。❸[用作单数第三人称]〈贬〉他,她,它:Anyone can apply for the post as long as *they* think *they* are eligible for it. 任何人都可以申请这一职位,只要他(或她)认为自己能够胜任。

they'd /ðeid/ ❶=they had ❷=they would

they'll /ðeil, ðel/ =they will

they've /ðeiv/ =they have

thick /θik/ I *adj.* ❶厚的;粗的,粗壮的:The 20cm *thick* book is too heavy for me to carry. 这本 20 厘米厚的书籍太重了,我搬不动。❷很明显的,重的:speak in a *thick* brogue 说话带很重的土腔 ❸排列紧密的;密集的,稠密的;

浓密的：The air was so *thick* it was scarcely possible to breathe. 空气如此滞重，简直令人窒息。❹厚厚地覆盖的；充满的(*with*)：The meadows were *thick with* flowers. 草地上开满了鲜花。❺(液体、汤饮等)黏的；稠的，浓的：*thick* gruel 浓稠的燕麦粥 ❻混浊的；模糊的；朦胧的：He had pulled the curtains and there was a sort of *thick* pink twilight in the room. 他已将帘子拉开，房间里有了一种朦胧的粉红色微光。❼〈口〉迟钝的，愚笨的：I told you not to touch the paint — are you deaf or just *thick*? 我告诉过你不要去碰油漆，你是聋了还是傻了？**II** *n.* [**the ～**]最厚(或粗、密、浓)处；最繁忙的地方；最拥挤的地方：*the thick* of winter 隆冬 ‖ ***through thick and thin*** *adv.* 任何情况下；不顾重重困难：Frank stuck to me *through thick and thin*, so I know he is reliable. 弗兰克在任何情况下都与我同甘共苦，所以我知道他很可靠。‖ ˈ**thick·ly** *adv.* —ˈ**thick·ness** *n.* [U]

thick·en /ˈθikᵊn/ *vt.* ❶使增厚；使变稠；使变浓：*Thicken* the sauce with a little flour. 用少许面粉将沙司弄稠一些。❷使(声音)沙哑；使哽住：Her kindness to Tom *thickened* his throat as he remembered it. 一想到她的好，汤姆便哽咽起来。—*vi.* ❶增厚；变稠；变浓：Gradually the black mass had lengthened and *thickened*. 黑团逐渐变长变浓。❷变得更复杂：The world is *thickening*. 这世界变得越发纷繁。‖ ˈ**thick·en·er** *n.* [C] —ˈ**thick·en·ing** *n.* [U]

thick·set /ˌθikˈset/ *adj.* ❶粗壮的；厚重的；结实的：a *thickset* wrestler 一名结实的摔跤运动员 ❷稠密的，繁茂的：a *thickset* hedge 浓密的树篱

thick-skinned /ˈθikˌskind/ *adj.* ❶皮厚的 ❷厚脸皮的，(对批评等)麻木不仁的

thief /θiːf/ *n.* [C]([复]**thieves** /θiːvz/) 贼，小偷：Stop *thief*! 抓贼啊！

thieve /θiːv/ *vi.* 当贼，做贼：She breathes, therefore she *thieves*. 她只要还有口气，就会去偷。‖ ˈ**thiev·ing** [作定语] —ˈ**thiev·ish** *adj.*

thigh /θai/ *n.* [C] ❶【解】(人的)大腿，股 ❷【动】腿；腿部；股节

thim·ble /ˈθimbᵊl/ *n.* [C] (金属或塑料)顶针，针箍 ‖ ˈ**thim·ble·ful** *n.* [C]

thin /θin/ **I** *adj.* (**thin·ner**, **thin·nest**) ❶薄的：*thin* summer clothes 单薄的夏装 ❷(线条或字体等)细的，窄的；【印】细体的：a *thin* line 一条细线 ❸瘦削的，不丰满的：When he came back, he was very silent, very *thin*. 他回来时，变得沉默寡言，形销骨立。❹稀疏的；零落的：He is *thin* on top. 他有些谢顶。❺(液体)稀的，不稠的，清的，薄的：a *thin* soup 清汤 **II** *vt.* ❶使变薄；使稀疏；使变细；稀释：*Thin* the sauce with a little stock. 加些原汤把调料稀释。❷使减少；使变瘦(*out*) —*vi.* ❶变薄；变细；变稀：His *thinning* hair was neatly combed. 他日渐稀少的头发梳得非常整齐。❷变瘦；减少(*out*)：Mary *thined out* a lot this summer. 玛丽这个夏天清瘦了许多。‖ ˈ**thin·ly** *adv.* —ˈ**thin·ness** *n.* [U]

☆**thin**, **lean**, **skinny**, **slender**, **slight**, **slim**, **tenuous** 均有"瘦的"之意。**thin** 为最普通用词，可指身体生来单薄、腰细、骨架窄、瘦弱、体重偏轻的，也指因疾病或疲劳而消瘦的：You look rather *thin* after illness. (你病后看上去瘦了。)该词也可表示稀薄、淡薄、稀疏等：The air on top of the mountain was very *thin*. (山顶的空气非常稀薄。)**lean** 强调缺乏脂肪，表示清瘦但健康有力的：His body became *lean*. (他的身体变瘦了。)**skinny** 为普通用词，表示太瘦或皮包骨头的：He's tall and *skinny*. (他又高又瘦。)**slender** 表示修长的、苗条的，用于女性时常含优美、匀称之意，用于男性时指体格较小，也可指身体某一部分修长：She was *slender* and had long blond hair. (她身材苗条，长着一头长长的金发。)该词也可表示微薄的或微量的：a *slender* income (菲薄的收入) **slight** 常指身体瘦小的：He was a *slight* man of about five feet seven. (他是个身高约5英尺7英寸的瘦小男子。)**slim** 与 slender 的区别在于含有纤弱的意味，通常指个高体轻，可用于减轻体重的人：Regular exercise will make you *slimmer*. (经常锻炼会使你形体苗条。)该词也可表示贫弱、稀少或微薄：Our chances of winning are *slim*. (我们赢的机会很渺茫。)**tenuous** 既可表示结构极其单薄细小的，也可喻指脆弱、轻薄或微细的：He was arrested on the basis of two extremely *tenuous* charges. (他是根据两个完全站不住脚的罪名被捕的。)

thing /θiŋ/ *n.* ❶[C]东西，物件；(泛指)事物：That *thing* on his hat is an eagle. 他帽子上的那个玩意儿是一只鹰。❷[C](包括行为、思想、

言语在内的)事情;成绩:Then he grew up and began to learn *things*. 于是他长大成人,开始懂得事理。❸[C]事件:A strange *thing* happened. 发生了一件怪事。❹[C][用以指人或动物,表示可怜、轻蔑或喜爱]东西;家伙;人:You damned, ugly *thing*! 你这可恶的、丑陋的东西!❺[**the ~**]〈口〉适当的事情;流行的事物;正确的事情;需考虑的事情;重要的事:Example is *the* only *thing* in influencing others. 只有以身作则才能影响他人。❻[**~s**]个人物品,个人衣物:You'd better put your *things* in your own room. 你最好把个人物品放在自己的房间里。❼[**~s**]用品;设备;工具:repairing *things* 维修工具 ❽[**~s**]情形,情况;形势,局面:This was not as *things* had been once. 这同以往可不一样。❾[**~s**]环境;条件:It was at a time when *things* were hard. 那是在一个环境恶劣的年代。‖ ***do one's own thing*** *vi*. 〈口〉做自己感兴趣的事;按自己的意愿行事 ***for one thing*** *adv*. [用以引出某事的理由]一方面:*For one thing*, I've no money; and for another I'm too busy. 一来我没钱,二来我太忙。***hear*** [***see***] ***things*** *vi*. 产生幻觉

T

think /θiŋk/ I (**thought** /θɔːt/) *vt*. ❶认为,觉得;判断;断定:She *thinks* basically he's trustworthy. 她认为他基本上还是值得信任的。❷考虑,思考;想出,想到;想起(*of*, *about*):They stood together, each *thinking* his or her own thoughts. 他们两个人站在一起,各人想着各人的心事。❸打算,盘算:I *think* I'll move to New York City, and see if I can make it in the TV business. 我打算迁居纽约,看看能否在电视业方面有所成就。❹想象出;明白;形成(概念):I can't *think* how you do it. 我无法想象你是如何做出来的。❺想要;计划;期望:He *thought* to arrive early. 他本打算早点到达。❻[常用否定形式,后接不定式]想到,料到:Simon had not *thought* to run into such heavy weather. 西蒙从未料到会遇到如此恶劣的天气。❼[后接不定式]记起,想起:He did not *think to* lock the door. 他忘了锁门。—*vi*. ❶思考,思索,考虑;反省:She begged him to *think* again on the subject. 她求他在这件事情上要三思而行。❷认为;料想;相信:It's more difficult than one *thinks*. 这比想象的要困难。**II** *n*. ❶[U]思考,考虑:You must have a *think* for that. 那一点你必须好好考虑。❷[C]想法;思想:Joyce recreated a mode of expression which would permit us to have "two *thinks* at a time". 乔伊斯重建了解读模式,能够让我们"同时拥有两种思想"。‖ ***think better of*** *vt*. 改变(初衷):Others will *think better of* them if these people live in such an area. 如果这些人住进了这样的地区,别人就会对他们另眼相待。***think over*** *vt*. ❶(通常单独一人)认真思考;推敲;琢磨:I'm *thinking over* the new proposal. 我正在考虑这条新建议。❷重新考虑;改变(计划等):"I'll *think* it *over*," he said. "我会重新考虑的。"他说道。***think through*** *vt*. 彻底考虑,周详地考虑:I need some time to *think* it *through* — I don't want to make sudden decisions. 我需要时间来仔细考虑——我可不想匆忙做出决定。‖ **ˈthink·er** *n*. [C]

☆**think, cogitate, deliberate, reason, reflect, speculate** 均有"想,思考"之意。**think** 为普通用词,泛指任何思维活动,单独使用时指开动脑筋从而形成观念或得出结论:She *thought* about dyeing her hair red. (她考虑好了,要把头发染成红色。) **cogitate** 表示专心致志地深刻思考,常带有诙谐或戏谑的意味:That lady lay *cogitating* over the past evening. (那位太太躺着细细回想前一晚发生的事。) **deliberate** 指在宣布某一结论、作出某一决定前进行周密考虑、反复斟酌,强调决策过程缓慢:They are *deliberating* their next move. (他们正在考虑下一步的行动。) **reason** 指从某一前提或假设出发进行合乎逻辑的推理或经验性概括,从而作出判断或得出结论:He *reasoned* the problem out and came to a conclusion. (他对这个问题加以分析之后得出了结论。) **reflect** 指冷静地、认真地反复思考某个问题,尤指对已经发生的事情进行反思:Please *reflect* on your actions. (请你反省一下自己的行为吧。) **speculate** 常指在证据不足的基础上对理论问题或疑点进行推测,作出设想:The doctor *speculated* that a virus caused the disease. (医生推测是某种病毒引起了这种疾病。)

think·ing /ˈθiŋkiŋ/ I *adj*. ❶[无比较级]爱动脑筋的 ❷ 有理性的;沉思的 **II** *n*. [U] ❶想法,观点;判断:I'll have to do some *thinking* about how to best arrange the wedding. 我需要好好考虑如何把婚礼安排得最好。❷思想:organize one's *thinking* 使思想有条理

think-tank /ˈθiŋkˌtæŋk/ *n*. [C]智囊团〔亦作

think factory]

thin·ner /ˈθinəʳ/ *n.* [C;U]稀释剂

third /θəːd/ **I** *n.* [C] ❶第三;第三名;第三等;第三个:There was a room for my wife and me, another for our daughters, and the *third* for the three boys. 我和妻子有一个房间,另一间是几个女儿用的,第三间给了三个男孩。❷三分之一 ❸(汽车等变速器的)第三挡 ❹第三等,丙级 **II** *adj.* [无比较级]第三的;三分之一的;三等的;(汽车等变速器的)第三挡的:Many marriages seem to break up because of a "*third* party". 许多婚姻似乎是因为有了"第三者"才破裂的。

third-class /ˈθəːdˌklɑːs;-ˌklæs/ *adj.* [无比较级] ❶三等的 ❷质量最差的,次的

third degree *n.* [**the t- d-**]〈口〉(警察等的)逼供,拷问:I got *the third degree* when I got home last night. 我昨天晚上回家后受到好一阵拷问。

third party *n.* [C] ❶(当事双方之外的)第三者,第三方 ❷(两党制政体下的)第三党;小政党

third person *n.* ❶=third party ❷[C]【语】第三人称

third-rate /ˈθəːdˌreit/ *adj.* [无比较级]三等的;三流的,质量低劣的

Third World *n.* [通常作 **the T- W-**,时作 **t- w-**]第三世界(即发展中国家)

thirst /θəːst/ *n.* ❶[用单](口)渴;干渴:The buffalo satisfied its *thirst* at the river. 那头水牛在河边饮水解渴。❷[U]渴望(*for*):These vividly convey her *thirst for* books. 这些生动地传达了她对书籍的渴求。

thirst·y /ˈθəːsti/ *adj.* ❶口渴的:As he came to, he realized that he was *thirsty*. 他苏醒过来时感到非常口渴。❷焦急的,急切的;渴望的(*for*,*after*):She was *thirsty for* news of her aging parents. 她渴望了解年迈双亲的消息。

thir·teen /ˌθəːˈtiːn/ **I** *n.* [C] ❶十三,13;十三个(人或物)一组 ❷代表十三的符号(如 13, xiii,XIII) **II** *adj.* [无比较级]十三(的);十三个(的) ‖ **ˌthirˈteenth** *adj.*

thir·ty /ˈθəːti/ **I** *n.* ❶[C]三十,30;三十个(人或物)一组:*Thirty* days has April, June, September and November. 4 月、6 月、9 月和 11 月都是 30 天。❷[C]代表三十的符号(如 30, xxx,XXX) ❸[**thirties**]三十几;从 30 至 39 岁的年龄;(世纪的)30 年代:My sister is in her *thirties*. 我姐姐已三十多岁。**II** *adj.* [无比较级][作定语]三十的 ‖ **ˈthir·ti·eth** *adj.* & [C] *n.*

this /ðis/ **I** *pron.* ([复]**these** /ðiːz/) ❶[表示说话者附近的、已指明的或说话双方都知道的人或事物]此人;此物:A problem like *this* is likely to occur. 像这样的问题很可能会发生。❷以上所述;(已提及的)这一点:*This* is the way we can beat gravity. 以上就是我们摆脱地心引力的方法。❸(未实施的或考虑中的)这种办法,这个主意;这种情况:I'm sure *this* will not work. 我敢肯定这不会有效果的。**II** *adj.* [无比较级][后接复数名词时用 **these**] ❶这,这个:*This* contrivance peels and cores apples. 这种装置可以给苹果去皮、去核。❷〈口〉[用于叙述,表示前文没有特别提到的人或事物]一个:Then up came *this* policeman. 然后上来了一个警察。

this·tle /ˈθisᵊl/ *n.* [C]【植】蓟属植物;飞廉属植物;大蓟属植物

thong /θɔŋ/ *n.* [C] ❶皮带;皮鞭;鞭绳,鞭梢:He held the *thong* with both hands. 他双手握住鞭子。❷〈澳新〉人字凉鞋

tho·rax /ˈθɔːræks/ *n.* [C]([复]**-rax·es**或**-ra·ces** /-rəˌsiːz/) ❶【解】胸;胸廓 ❷【昆】胸(部) ‖ **tho·rac·ic** /θɔːˈræsik/ *adj.*

thorn /θɔːn/ *n.* ❶[C](植物的)刺,棘:a twig covered with *thorns* 长满刺的细枝 ❷[C;U]带刺灌木;荆棘 ❸[C]使人苦恼(或生气)的事(或人) ‖ **ˈthorn·y** *adj.*

thor·ough /ˈθʌrə/ *adj.* ❶[无比较级]完全的,全面的;彻底的;透彻的:You are very *thorough*. 你事事都要刨根问底。❷(动作、行为)仔细的,精细的;(工作等)缜密的:The police are *thorough* and they work long and hard. 警方办事一丝不苟,干活卖力,肯下功夫。❸[无比较级]详尽的:a *thorough* introduction to the paintings 对画作的详尽介绍 ❹[无比较级]绝对的,十足的;纯粹:It was a *thorough* waste of money. 那纯粹是浪费金钱。‖ **ˈthor·ough·ly** *adv.* —**ˈthor·ough·ness** *n.* [U]

thor·ough·bred /ˈθʌrəˌbred/ **I** *adj.* [无比较级](马等)纯种的:a *thoroughbred* racehorse 纯种赛马 **II** *n.* [C]纯种动物;(尤指)纯种马

T

those /ðəuz/ *pron.* & *adj.* that 的复数

though /ðəu/ I *conj.* ❶虽然，尽管（见 although）：*Though* too numerous to list here, there are some particular points worthy to mention. 虽然不能一一 列举，但还有几个具体问题值得一提。❷即使，纵然：The Prince would not attend the ceremony *though* the Queen herself were there. 即使女王本人到场，王子也不想去出席典礼。II *adv.* [无比较级]〈口〉可是，然而，不过，尽管如此：I'll take your bet, *though*. 尽管如此，我还是要和你打赌。

thought[1] /θɔːt/ *n.* ❶[U]思想活动；思考；思维；推理能力：He was deep in *thought* when someone knocked at the door. 就在他陷入沉思的时候有人敲响了门。❷[U]关心，考虑：He doesn't give any *thought* to her appearance. 他丝毫没有考虑她的外表。❸[C]思想，观点，想法，主意（见 idea）：She clung to this *thought* even now. 即使现在，她仍然抱有这个想法。❹[C]念头，打算（*of*，*to*）：He had no *thought* to go. 他不打算去。

thought[2] /θɔːt/ *v.* think 的过去式和过去分词

T

thought·ful /ˈθɔːtfʷl/ *adj.* ❶沉思的，思考的：They were all *thoughtful* and considerate. 他们为人都很谨慎，三思而后行。❷（书、作家、评论等）发人深省的，富有思想性的：We want our colleges to turn out *thoughtful*, cultured men and women. 我们希望大学培养出有思想、有教养的人。❸体贴的，关心人的；考虑周到的（*of*）：It was very *thoughtful of* you to arrange for a man to meet us in the railway station. 你安排人来火车站接我们，真是考虑得太周到了。‖ ˈ**thought·ful·ly** *adv.* —ˈ**thought·ful·ness** *n.* [U]

☆ **thoughtful**, **attentive**, **considerate** 均有"关心的，体贴的"之意。**thoughtful** 指能考虑到他人的需要和意愿，主动、无私地关心、帮助别人：It was *thoughtful* of you to make all the necessary arrangements for me.（你考虑得真周到，为我做了一切必要的安排。）**attentive** 指对他人热情周到，关怀备至，可能出于真诚也可能出于自私：She was always *attentive* to his needs.（她总是无微不至地关心他。）**considerate** 表示能设身处地为有困难的人着想，注意不给别人带来不方便，强调能考虑别人的感情：He is *considerate* of older people.（他对年长者照顾很周到。）

thought·less /ˈθɔːtlis/ *adj.* ❶不顾后果的；不考虑他人感受的（*of*）：It's quite natural that a boy of seven is *thoughtless of* the future. 7 岁的小男孩当然不会考虑到将来的事。❷欠考虑的，轻率的；没有思想的，愚笨的：That was a *thoughtless* thought. 这未免想得太简单了。‖ ˈ**thought·less·ly** *adv.* —ˈ**thought·less·ness** *n.* [U]

thou·sand /ˈθauzᵊnd/ I *n.* [C]（[复] **thousand(s)**）❶一千：two *thousand* and eight 2008 / It's a *thousand* to one nothing comes of it. 十之八九不会有什么结果。❷表示一千的符号（如 1000，m，M）❸由一千个人（或物）构成的一组：Innocents were slain by *thousands*. 数以千计的无辜者惨遭杀戮。❹[通常作～s]大量的人（或物）；成千上万：*thousands* upon *thousands* 千千万万 II *adj.* [无比较级]一千的：A *thousand* probabilities cannot make one truth. 纵然有一千种可能，也构不成一个事实。‖ ˈ**thou·sandth** *adj.*

thrash /θræʃ/ *vt.* ❶棒打，鞭打；痛击：And if it had come to blows Cooper could have *thrashed* him. 要是动起手来，库珀可能会狠狠揍他一顿。❷（在竞赛中）彻底击败：We *thrashed* the visiting team 4-0. 我们以 4：0 击败了客队。—*vi.* ❶（桨轮、枝条等）如连枷般不断抽打；连续拍击：He seized the club and *thrashed* about unmercifully. 他抓起棍子，毫不留情地挥舞起来。❷拼命挣扎，剧烈扭动；翻来覆去（*about*，*around*）：The patient *thrashed about* in bed with pain. 病人在床上翻来覆去，痛苦不堪。‖ ***thrash out*** [***over***] *vt.* 讨论解决，经讨论得出（结果、解决办法等）：After a whole night of argument we *thrashed out* the following plan. 经过整夜的争论，我们制定了下列计划。

thread /θred/ I *n.* ❶[C；U]（棉、丝、尼龙、玻璃等的）细丝线；线状物：A *thread* of light came through the keyhole. 一束光线从锁孔中透过。❷[C；U]纺线；（尤指）缝纫（或纺织）用线：The *thread* has knotted. 线打结了。❸[C]思路；脉络；线索；主线：I was unable to follow the *thread* of the plot. 这个情节的来龙去脉把我搞糊涂了。II *vt.* ❶将（线）从针眼穿过；给（针）穿线：*thread* a needle 穿针 ❷以线串起（珠子）：*Thread* the beads onto a shorter string. 将珠子串在一根较短的线上。‖

ˈthread·er *n.* [C]

thread·bare /ˈθredˌbeəʳ/ *adj.* ❶(衣服、织物等)磨出线的,破旧的,露底的:a *threadbare* coat 破旧的外套 ❷(人)穿着破旧的,衣衫褴褛的:a clean,*threadbare* old lady 一位衣着虽旧但干净整洁的老太太 ❸薄弱的,不足的,贫乏的;无力的:a *threadbare* majority 不足半数

threat /θret/ *n.* [C] ❶威胁,恐吓:Lack of respect for the rights of man constitutes a *threat* to peace. 无视人权是对和平的威胁。❷恶兆,凶兆;预兆:There is a *threat* of snow. 天要下雪了。❸构成威胁的人(或事物):The present onslaught of vehicles poses a serious *threat* to urban life. 当前,车辆横冲直撞,严重地威胁着城市生活。

threat·en /ˈθretᵊn/ *vt.* ❶威胁,恐吓,恫吓;威胁要,扬言要;对…构成威胁:The man *threatened* him with death. 那人用死来威胁他。❷有…的趋势;预示,是…的预兆:The dark clouds were *threatening* heavy rain. 乌云预示着大雨的到来。—*vi.* 构成威胁;似将来临,可能发生:Unless economic crisis *threatens*, the government would not intervene. 除非有发生经济危机的危险,政府是不会干预的。

three /θriː/ **I** *n.* [C] ❶三;三个(人或物) ❷表示三的符号(如 3,iii,III 等) **II** *adj.* [无比较级][作定语]三(的);三个(的)

three-di·men·sion·al /ˌθriːdiˈmenʃᵊnᵊl,-dai-/ *adj.* [无比较级](三度)空间的,三维的,立体的;有真实感的,栩栩如生的:The picture has a *three-dimensional* effect. 这幅图画有三维立体效果。

thresh /θreʃ/ **I** *vt.* & *vi.* 打(麦、谷物等);(使)脱粒:the man *threshing* in the barn 在粮仓脱粒的男人 **II** *n.* [C]打谷,脱粒 ‖ **thresh·er** /ˈθreʃəʳ/ *n.* [C]

thresh·old /ˈθreʃʰəuld/ *n.* [C] ❶门槛;门口:She would not let him set foot across her *threshold*. 她不让他踏进家门。❷入门;开始,开端:on the *threshold* of an important discovery 即将有一项重大的发现 ❸【生理】【心】阈,临界,下限;临界值

threw /θruː/ *v.* throw 的过去式

thrift /θrift/ *n.* ❶[U]节约,节俭,节省:To practise *thrift* is a virtue. 节俭是一种美德。❷[C]互助储蓄银行,储蓄借贷协会 ‖ ˈ**thrift·less** *adj.*

thrift·y /ˈθrifti/ *adj.* 节约的,节俭的,节省的:a *thrifty* housewife 节俭的主妇 ‖ ˈ**thrift·i·ly** *adv.* —ˈ**thrift·i·ness** *n.* [U]

thrill /θril/ **I** *n.* [C] ❶兴奋,激动;紧张感;刺激感:I felt a *thrill* of admiration for her. 我心中激荡着对她的仰慕之情。❷引起激动的事物:In their young years a summer holiday trip was a *thrill*. 他们年轻的时候,夏季度假旅游可是一桩令人极为兴奋的事呢。**II** *vt.* 使感到兴奋,使非常激动;使震撼;使紧张:a voice that *thrilled* millions 使千百万人激动不已的声音 —*vi.* 激动;兴奋;感到震撼;感到紧张:She *thrilled* to his voice. 听到他的声音,她非常兴奋。‖ ˈ**thrill·er** *n.* [C]

thrive /θraiv/ *vi.* (过去式 **throve** /θrəuv/ 或 **thrived**,过去分词 **thriv·en** /ˈθrivᵊn/ 或 **thrived**) ❶兴旺,繁荣;蓬勃发展:A firm cannot *thrive* without good management. 一个企业若管理不善就不会兴旺发达。❷(儿童、动植物等)茁壮成长,茂盛生长:Insects *thrive* well in warm climates. 昆虫在温暖的气候环境里容易生长。

throat /θrəut/ *n.* [C]【解】咽,咽喉,喉(咙);喉道,食管;颈前部:A fish bone got stuck in my *throat*. 一根鱼刺卡在我的喉咙里了。‖ ***cut one's own throat*** *vi.* 〈口〉自己害自己,自取灭亡:He *cut his own throat* by being nasty to the policeman. 他对警察不敬是自讨苦吃。***jump down sb.'s throat*** *vi.* 猛烈抨击某人,猛烈批评某人 ***ram down sb.'s throat*** *vt.* 强迫某人接受(意见、观点等):They *rammed* a pro-company contract *down the union's throat*. 他们强迫工会接受有利于资方的合同。***stick in sb.'s throat*** *vi.* 令某人难以接受;令某人说不出口

throb /θrɔb/ **I** *vi.* (**throbbed**; **throb·bing**) ❶(急促有力地)搏动;悸动;突突跳动:My heart *throbbed* fast. 我的心怦怦直跳。❷有节奏地震动,有规律地颤动:The music of evil *throbbed* in his head and nearly drove out the singer's song. 邪恶的音乐在他头脑里震响起来,几乎驱走了那歌手的歌。**II** *n.* [C] ❶(急促有力的)搏动;跳动;悸动:A *throb* of pain shot through his chest. 他感到胸部一阵剧烈的抽痛。❷有规律的颤动;有节奏的抖动

throm·bo·sis /θrɔmˈbəusis/ *n.* [C;U]([复]-**ses** /-siːz/)【医】血栓形成:a coronary *thrombo-*

T

sis 冠状动脉血栓形成 ‖ **throm·bot·ic** /-ˈbɔtik/ *adj*.

throm·bus /ˈθrɔmbəs/ *n*. [C]([复]-**bi** /-bai/)【医】血栓

throne /θrəun/ *n*. ❶[C]宝座，御座 ❷[**the** ～] 王位，帝位；王权：before sb.'s accession to *the throne* 在某人登上王位之前

throng /θrɔŋ/ **I** *n*. [C]一大群人(见 crowd)：the worldly *throng* 芸芸众生 **II** *vt*. 拥入；使挤满；在…聚集：The sight of the streets were *thronged* with buyers. 街道上熙来攘往的尽是购物的人们。—*vi*. 大量涌入；聚集，汇集：The demonstrators *thronged* over the bridge towards the city hall. 示威者聚集在通往市政厅的大桥上。

throt·tle /ˈθrɔtᵊl/ **I** *n*. [C] ❶【机】节气阀；节流阀，节流圈；风门 ❷【机】节流杆；风门杆；油门杆 **II** *vt*. ❶扼死；使窒息；抑制：High tariffs *throttle* trade between nations. 高额关税制约着国际贸易。❷(使)减速：*throttle* the engine down 调小油门 ‖ ***at full throttle*** 全速地：We were going *at full throttle*. 我们正以全速前进。‖ ˈ**throt·tler** *n*. [C]

through /θruː/ **I** *prep*. ❶穿过，贯穿；从…的一头到另一头：The bullet went clean *through* his left leg. 枪弹直接洞穿他的左腿。❷完成：We're *through* school at four o'clock. 我们下午 4 点放学。❸从…开始到结束；在…整个期间：She would follow him as her man *through* the world. 她要嫁给他，跟他走到天涯海角。❹靠，借助，凭借(见 by)：It was all *through* you that we were late. 都是由于你，我们才迟到了。❺直至；到：Monday *through* Friday 从周一到周五 **II** *adv*. [无比较级] ❶贯穿，从头至尾；从一头(边)到另一头(边)；一直到底；直至结束：We must fight it *through*. 我们要作战到底。❷全部地，完全地：He is wet *through*. 他浑身湿透。‖ ***through and through*** *adv*. 完全，彻底：He was a European *through and through*. 他是个彻头彻尾的欧洲人。

through·out /θruːˈaut/ **I** *prep*. 贯穿，遍及；自始至终：Heavy rain fell *throughout* the night. 大雨下了一整夜。**II** *adv*. [无比较级]始终；到处：The timber was rotten *throughout*. 木料全部烂了。

throve /θrəuv/ *v*. thrive 的过去式

throw /θrəu/ **I** *vt*. (**threw** /θruː/，**thrown** /θrəun/) ❶投，扔，掷，抛：He *threw* the ball to me，and I hurriedly caught it. 他把球扔给我，我匆忙接住了。❷使猛烈撞击；猛地推动：The doors were *thrown* open. 门霍地开了。❸使突然陷入：The heat will expand the rubber bands，*throwing* the wheel out of balance. 橡胶带受热膨胀，使轮子失去平衡。❹猛动(头、臂、腿等)，急伸：He *threw* his arms about me. 他张开双臂抱住我。❺投射(光线、阴影等)；发射；喷射：She *threw* a quick sharp look in my direction. 她目光锐利地向我扫了一眼。❻(摔跤时)将(对手)摔倒在地；(马)摔下(骑手)：I was lifted and *thrown* heavily onto the metal floor. 我被举起，重重地摔在金属地板上。❼〈口〉使困窘，使仓皇失措，使为难：The question *threw* him for a moment. 这个问题一时间让他颇感为难。**II** *n*. [C] ❶投，抛，掷，扔：He lost 1,000 dollars on a *throw* of dice. 他掷骰子输了1 000美元。❷掷骰子；骰子掷出的点数 ‖ ***throw in*** *vt*. 外加，额外奉送，附送：If you buy 10 books，I'll *throw in* another. 如果你购买10 本图书，我将奉送 1 本。***throw off*** *vt*. & *vi*. ❶扔掉；抛弃脱掉(衣物)：He had *thrown off* his coat. 他已经脱了大衣。❷摆脱；消除：*throw off* pursuit 甩掉尾巴 ***throw oneself into*** *vt*. 投身于；拼命干：Did you think I would *throw myself into* your arms? 你认为我会投入你的怀抱吗？***throw oneself on*** [***upon***] *vt*. ❶完全信赖：She finally resolved to *throw herself* entirely *on* his generosity，and instructed him with her whole history. 她决定完全信赖他的侠义心肠，就把自己的来历对他和盘托出。❷攻击 ***throw out*** *vt*. ❶扔掉，抛掉：We never keep a cracked cup，but *throw* it *out*. 我们从来不把碎杯子留下来，而是扔掉。❷开除，撵走(捣乱者等)：He made a disturbance，so the bartenders *threw* him *out*. 他因为胡闹，被侍者轰了出去。❸否决(议会的提案)；拒绝 ***throw up*** *vt*. & *vi*. ❶放弃：I wouldn't have *thrown up* my new hope. 我本不想放弃我新的希望。❷辞(职)；放弃(工作等)：He's *thrown up* his job and gone off to Europe. 他已经辞职去了欧洲。❸〈口〉呕吐，吐出："One night，I got so drunk. I woke up *throwing up* blood，" he recalls. 他回忆道："有天晚上，我烂醉如泥，醒来时都吐血了。"

☆**throw, cast, fling, hurl, pitch, toss** 均有"投,掷,抛"之意。**throw** 为普通用词,可与其他词换用,表示任何方式的扔或投掷,不附带感情色彩:Someone *threw* a stone at me.(有人向我扔了块石头。)**cast** 表示投掷较轻的物体,有时也指抛撒,可用于喻指:The fishermen *cast* their nets into the sea.(渔民向海里撒网。)/ *cast* a black look(恶狠狠地瞪某人一眼)**fling** 常指由于愤怒、鄙夷、激动等强烈感情而用力扔东西:She *flung* her shoe at the cat.(她把鞋朝猫掷去。)**hurl** 表示用力投掷大而重的物体,有时带有速度快和距离远的意味:*Hurl* a javelin(掷标枪)**pitch**指瞄准某一目标小心地投或扔,目的性、方向性较强,有一定技巧,常用于垒球等体育项目:*pitch* a ball(投球)**toss** 指漫不经心、毫无目的地向上或横向轻轻地抛或扔:The children *tossed* the ball to each other.(孩子们把球抛来抛去。)

throw·a·way /ˈθrəuəˌwei/ *adj*. [无比较级] ❶用后抛弃的,一次性(使用)的:*throwaway* cups and plates 一次性杯子和盘子 ❷【戏】(台词等)轻轻带过的;脱口而出的

thru /θruː/ *prep.*, *adv.* & *adj*.〈口〉=through

thrush /θrʌʃ/ *n*. [C]【鸟】鸫亚科鸟类;(尤指)歌鸫;槲鸫

thrust /θrʌst/ **I** (**thrust**) *vt*. ❶(用力)推:She *thrust* back the chair and rushed out of the classroom. 她把椅子往后一推,冲出教室。❷强使;迫使接受:We have *thrust* it on them. 我们迫使他们接受此事。❸(用力)挤;插:I *thrust* myself in to stand next to her. 我挤进去站在她的身旁。—*vi*. (用力)挤;插(*through*, *past*):*thrust through* the crowd to meet sb. 挤进人群去接某人 **II** *n*. ❶[C]猛推;刺,戳;挤;插:The boy hid the novel in the drawer with a quick *thrust*. 男孩把小说猛地一推塞进抽屉里。❷[**the** ~]要点,主旨;目标(*of*):*the* main *thrust of* a story 小说的主题

thud /θʌd/ **I** *n*. [C]砰(或嘭)的一声;重击:His head hit the wall with a *thud*. 他头撞在墙上,发出砰的一声。**II** *vi*. (**thud·ded**; **thud·ding**) 砰地落下;发出沉闷的声响:The boss *thudded* angrily on the table with his fist. 老板愤怒地用拳头嘭嘭地敲桌子。

thug /θʌg/ *n*. [C]恶棍,暴徒;凶手,刺客;罪犯

thumb /θʌm/ **I** *n*. [C] ❶大拇指;(动物的)第一指:A baby sucks its *thumb*. 婴儿爱吮吸大拇指。❷(手套的)拇指部位 **II** *v*. 用拇指翻动;迅速翻阅:He *thumbed* page after page, unaware of the food his mother set on the table. 他一页一页地翻着书看,浑然不知母亲放在桌上的食品。‖ ***under sb.'s thumb*** *adj*. & *adv*. 在某人的支配(或控制)下:Her husband is completely *under her thumb*. 她丈夫完全听任她的摆布。

thump /θʌmp/ **I** *vt*. (用…)重击,(用…)捶击;(用…)撞击:He *thumped* me hard on the back. 他在我背上重重地打了一拳。—*vi*. 重击,捶击;砰砰作响:I *thumped* on the door but nobody came. 我把门敲得砰砰直响,但就是没人答应。**II** *n*. [C] ❶重击,捶击:give sb. a *thump* on the head 对某人头部猛击一拳 ❷重击声,嘭声:The boy threw his book on the desk with a *thump*. 那男孩砰的一声把书摔在桌子上。

thun·der /ˈθʌndəʳ/ **I** *n*. ❶[U]雷,雷声:a clap of *thunder* 一声霹雳 ❷[U;C]雷鸣般的响声;轰隆声:The *thunder* of applause had died away. 雷鸣般的掌声已经平息下来。**II** *vi*. ❶[用 it 作主语]打雷:It *thunders* hard. 雷声震耳欲聋。❷发出雷鸣般响声;轰隆作响;轰隆隆地移动:The sea *thundered* against the rocks. 海水打在礁石上发出轰鸣。❸怒喝,大声斥责;威胁,恐吓(*against*):The media *thundered against* corruption. 媒体猛烈抨击腐败现象。‖ ˈ**thun·der·er** *n*. [C]

thun·der·bolt /ˈθʌndəˌbəult/ *n*. [C]雷电,霹雳:A *thunderbolt* struck the lighthouse. 雷电击中了灯塔。

thun·der·clap /ˈθʌndəˌklæp/ *n*. [C] ❶雷鸣,雷声;霹雳 ❷晴天霹雳,意外突发事件

thun·der·cloud /ˈθʌndəˌklaud/ *n*. [C]【气】雷雨云,产生雷电的云

thun·der·ous /ˈθʌndᵊrəs/ *adj*. [无比较级] ❶(要)打雷的;多雷的,阵阵雷鸣的:a *thunderous* grey cloud 预示着即将打雷的一片阴云 ❷打雷般的,雷鸣般的:a *thunderous* applause 雷鸣般的掌声 ‖ ˈ**thun·der·ous·ly** *adv*.

thun·der·storm /ˈθʌndəˌstɔːm/, **thun·der·strick·en** /-ˌstrikᵊn/ *n*. [C]【气】雷暴

thun·der·struck /ˈθʌndəˌstrʌk/ *adj*. [无比较级][通常作表语]惊呆的,吓坏了的,大吃一惊

的：They seemed to be *thunderstruck* at the news. 看来，这条消息让他们大吃了一惊。

Thur. *abbr.* Thursday

Thurs. *abbr.* Thursday

Thurs•day /ˈθəːzdei,-di/ *n.* [C]星期四(略作 **Thur.**, **Thurs.**)：We go sporting *Thursdays.* 我们每周四都去参加体育活动。

thus /ðʌs/ *adv.* [无比较级] ❶以此方式，如此，这样：They shook hands and the contract was *thus* agreed. 他们相互握手，也就这样将合同条款达成了共识。❷因此，从而：They planned to reduce waste and *thus* to cut costs. 他们计划减少浪费，从而降低成本。❸到如此程度：*thus* charitable 如此乐善好施 ❹ 例如，作为一个例子

thwart /θwɔːt/ *vt.* 使受挫，挫败；反对，阻挠：She is constantly trying to *thwart* my efforts to go abroad. 她一直试图阻挠我出国。

thyme /taim/ *n.* [C]【植】百里香

thy•mus /ˈθaiməs/ *n.* [C]([复]**-mi** /-mai/)【解】胸腺

T

thy•roid /ˈθairɔid/ **I** *n.* ＝thyroid gland **II** *adj.* [无比较级]【解】甲状腺的 ‖ ˈ**thy•roi•dal** *adj.*

thyroid gland *n.* [C]【解】甲状腺

tib•i•a /ˈtibiə/ *n.* [C]([复]**-ae** /-iː/或**-as**) ❶【解】胫骨〔亦作 **shin-bone**〕❷【昆】胫节 ‖ ˈ**tib•i•al** *adj.*

tic /tik/ *n.* [C]【医】抽搐，痉挛：He developed a nasty *tic* in his face when he was depressed. 他不开心的时候，脸部常会难受地抽搐。

tick /tik/ **I** *n.* [C] ❶(钟表等发出的)滴答声：the steady *tick* of a clock 时钟有规律的滴答声 ❷(表示正确、核对项目等的)"√"记号：Put a *tick* against the name of the students who have attended the class. 在来上课的同学姓名前打个"√"。**II** *vi.* 发出滴答声；用滴答声报知；(时间)滴滴答答过去：A grandfather clock *ticked* steadily in the corner. 那只老式时钟在角落里滴答滴答不紧不慢地走着。—*vt.* 在…上打钩；给…做记号：Take a pen and *tick* any item that you feel is fine. 用钢笔在你满意的项目上做记号。

tick•et /ˈtikit/ **I** *n.* ❶[C]票，券；车票；入场券；票证：an admission *ticket* 入场券 ❷[C](交通)罚款通知单，违章通知单：a *ticket* for speeding 超速违章通知单 ❸[C](商品上表明价格、尺码等的)标签，签条：a price *ticket* 价格标签

tick•le /ˈtikᵊl/ **I** *vt.* ❶轻触…使有痒感；使感到痒：The wind rushed by my face, *tickling* my ears. 疾风吹过脸庞，弄得我的耳朵痒酥酥的。❷使欢娱；使发笑；使高兴；使满足：The jest *tickled* him immensely. 那句俏皮话把他逗得开心极了。—*vi.* ❶有痒感，觉得痒；怕痒：My nose is *tickling*, I think I'm going to sneeze. 我鼻子发痒，恐怕要打喷嚏。❷使人觉得痒；呵痒：Woollen trousers *tickle.* 羊毛裤穿了使人发痒。**II** *n.* [C] ❶轻触使痒；呵痒：The little girl giggled when her brother gave her a *tickle.* 哥哥呵痒小妹妹，呵得她咯咯直笑。❷痒，痒感：I've got a *tickle* in the middle of my back. 我后背中间有点痒。

tick•lish /ˈtikliʃ/ *adj.* ❶怕痒的；易痒的：He's *ticklish* on the feet. 他的脚怕痒。❷棘手的，难以对付的；需小心对付的：The job is quite *ticklish* to the ear. 这工作听起来非常棘手。

tid•al /ˈtaidᵊl/ *adj.* [无比较级]潮(汐)的；有潮的；受潮汐影响的：This part of the river is *tidal.* 这段河流受潮汐影响。

tidal wave *n.* [C] ❶【地理】异常高潮位；潮(汐)波，浪潮；海啸 ❷〈喻〉(强烈情感的)浪潮；热潮；怒潮：There was a *tidal wave* of complaints about telecommunications service. 对电信服务的投诉似潮涌般滚滚而来。

tid•bit /ˈtidˌbit/ *n.* ❶量少味美的食品，珍品 ❷趣闻；花絮：a juicy *tidbit* about sb. 关于某人的趣闻(尤指桃色逸闻)

tide /taid/ *n.* ❶[C;U]潮，潮汐；潮水：The *tide* is ebbing. 正在落潮。❷[C]消长；涨落；盛衰：There is a *tide* in the affairs of men. 世事如潮，有涨有落。❸[通常用单](舆论、事件等的)潮流，浪潮，趋势：The *tide* turned against him. 形势变得对他不利。‖ ***tide over*** *vt.* & *vi.* (使)渡过(难关)；(使)摆脱(困难)：The money is enough to *tide over* the difficulties. 这笔钱足够渡过难关了。

tid•ings /ˈtaidiŋz/ [复] *n.* [用作单或复]〈书〉消息，信息，音讯：She broke into tears at the mournful *tidings* of her father. 听到父亲的噩耗，她不禁失声痛哭。

ti•dy /ˈtaidi/ **I** *adj.* ❶整洁的，整齐的(见 neat)：a pretty *tidy* living room 小巧而整洁的

起居室 ❷有条理的,精确的,工整的:He's got a *tidy* mind. 他是个思维严谨的人。**II** *vt.* 使整洁,使整齐;整理,收拾(*up*):Go and *tidy* your room or you won't watch television tonight. 去把你的房间收拾干净,不然的话今晚就休想看电视。—*vi.* 整理,收拾(*up*):Who is going to *tidy up* after the party? 晚会过后有谁来打扫? ‖ **'ti·di·ness** *n.* [U]

tie /tai/ **I** *vt.* ❶(用绳、线、带等)捆,扎,缚,拴,系(见 fasten):See that the boat is securely *tied*. 注意要把小船拴牢。❷将(带子等)打结;打(结):*tie* knots 打结❸连接;联合;使有关联;〈口〉使结为夫妇:When will the two lovers *tie* the knot? 这一对情人什么时候举行婚礼呀? ❹束缚,约束;限制;牵制:I won't *tie* you too strictly, but I expect you to do what I wish. 我不想太多地束缚你,但希望你按我的意愿去做。❺ 与…打成平局;与…势均力敌:The home team tied the visiting team yesterday evening. 昨晚的比赛中主队与客队打成了平局。—*vi.* 打成平局;势均力敌;得相同比分(或选票)(*with*):They *tied with* a team from the north in the tournament. 这次比赛他们同一支北方队打成了平局。**II** *n.* ❶[C](系紧、捆扎物品用的)绳,线,带;鞋带 ❷[C;U]饰结(如蝴蝶结等);领带;蝴蝶结领结:The shirt is usually worn with a *tie*. 穿衬衫通常是要打领带的。〔亦作 **necktie**〕 ❸[C]纽带;联系;关系:break the marriage *tie* 解除婚姻关系 / diplomatic *ties* 外交关系 ❹[C](比赛等的)等分,平局;势均力敌;(选票等的)同数:The game ended in a *tie*. 比赛以平局告终。 ‖ ***tie down*** 限制,约束;束缚;牵制:*tie down* the workers 约束工人 ***tie in*** *vt.* & *vi.* (使)连接起来;(使)有联系;(与…)相一致;(使)相配(*with*):The teacher *tied in* what he said *with* the vocabulary in the previous lesson. 教师把他所讲的同前一课的词汇联系起来。***tie up*** *vt.* & *vi.* ❶系紧;捆绑;捆住;包扎;拴住:Can you *tie up* this parcel for me? 你能替我捆好这只包裹吗? ❷[常用被动语态]使无法分身:I'm sorry I won't be able to attend your lecture. I'm really *tied up* at the moment. 很抱歉,我怕是不能来听你的演讲,我眼下实在抽不出空来。

tie clasp, tie clip *n.* [C]领带夹

tier /tiə/ *n.* [C] (阶梯式的)(一)排;(一)层:Their wedding cake had 5 *tiers*. 他们的婚礼蛋糕有五层。

ti·ger /'taigə/ *n.* [C] ❶【动】虎,老虎:*Tigers* growl. 虎啸。❷凶残的人;勇猛的人;精力充沛的人;令人敬畏的人:The soldier was a *tiger* in fight. 那名士兵作战勇猛。 ‖ **'ti·ger·ish** *adj.*

tight /tait/ **I** *adj.* ❶紧的,牢固的,不松动的:The stopper is too *tight* that it can't be withdrawn. 塞子太紧,拔不出来。❷紧密的;密集的;(时间表等)排得满满的;(时间)不够用的,紧的:We can't stop; we're *tight* for time. 我们不能停下来,时间太紧了。❸紧身的,紧贴的:These shoes are too *tight* for me. 这双鞋我穿挤脚。❹[常用以构成复合词]密封的,不漏的,透不过的:Are you sure this joint is completely *tight*? 你能肯定接合处完全密封吗? ❺拉紧的,绷紧的:She had to balance on that *tight* rope. 她得在那根拉紧的绳子上保持身体平衡。❻控制严格的;严厉的,严格的:Security had been *tight* at the court. 当时法庭上采取了严密的安全措施。**II** *adv.* ❶紧,紧紧地,牢牢地:The baby held on *tight* to its mother when the light was out. 灯一灭,孩子便紧紧抓住母亲。❷充分地,彻底地:be *tight* sleep 酣睡 ‖ ***run a tight ship*** 管理严格而高效:The captain *runs a tight ship*. 船长对船员们管得很严。 ‖ **'tight·ly** *adv.* —**'tight·ness** *n.* [U]

tight·en /'taitᵊn/ *vt.* ❶使变紧;使绷紧;使更加牢固(*up*):He *tightened* his right hand into a fist. 他的右手用力握成拳头。❷使更严格;使更有效(*up*):*tighten* discipline 严肃纪律—*vi.* ❶变紧;绷紧;变得更牢固:As the thief struggled, the ropes *tightened* even more. 窃贼越是挣扎,绳子勒得越紧。❷变得紧张:Nerves *tightened* throughout the occupied territories. 整个被占领土人心惶惶。 ‖ ***tighten one's belt*** *vi.* 束紧裤带;省吃俭用,忍饥挨饿:When father lost his job, we had to *tighten our belts*. 父亲失业时,我们只得节衣缩食。 ‖ **'tight·en·er** *n.* [C]

tight-fist·ed /ˌtait'fistid/ *adj.* [无比较级]吝啬的,小气的;抠门的;舍不得花钱的

tight·rope /'taitˌrəup/ *n.* [C]❶(杂技表演用的)绷紧的绳索(或钢丝):an acrobat who walks the *tightrope* at the circus 马戏团里走钢丝的杂技演员 ❷苦难的(或棘手的、危险的)处

境：He's on a *tightrope* and his premiership is a balancing act. 他的处境正如走钢丝，当首相得处处小心行事。

tights /taits/ [复] *n.* ❶连裤袜：Oh, no, I've got a ladder in my *tights.* 噢，糟了，我的连裤袜抽丝了。❷(舞蹈和杂技演员所穿的)紧身连衣裤：a dancer in *tights* 穿紧身衣的舞蹈演员

til·de /ˈtildə/ *n.* [C]【语】腭化符号"~"(西班牙语中字母 n 读作 ny 时上方所加的记号，或葡萄牙语中元音字母或二合元音中第一个字母鼻音化时上方所加记号)

tile /tail/ **I** *n.* [C] ❶(盖屋顶、贴墙、铺地等用的)瓦片；瓷砖，花砖；板，片：roof a house with *tiles* 给屋盖瓦 ❷[总称]瓦；瓷砖：the linoleum *tile* 油毡瓦 **II** *vt.* 盖瓦于；铺地砖于：I'm going to *tile* the kitchen myself. 我打算自己贴厨房瓷砖。‖ ˈ**til·er** *n.* [C] —ˈ**til·ing** *n.* [U]

till[1] /til/ **I** *prep.* ❶直到…为止：I made myself a cup of tea and read *till* dinner time. 我给自己泡了杯茶，看书一直看到吃饭时间。❷[用于否定句]在…以前，直到(…才)：He didn't come *till* today. 他今天才来。❸在…以前，差；到：My watch says ten *till* four. 我的表差10分4点。**II** *conj.* 直到…为止：Walk on *till* you come to the gas station. 一直向前走，走到加油站为止。

till[2] /til/ *n.* [C](商店、银行等中)放钱的抽屉，钱箱，钱柜；(尤指)现金出纳机

till[3] /til/ *vt.* 犁，耕：This piece of land has been *tilled* for hundreds of years. 这片土地已经耕种数百年了。‖ ˈ**till·a·ble** *adj.*

tilt /tilt/ **I** *vt.* ❶使倾斜，使倾侧：He had a way of *tilting* his head up when he spoke. 他讲话时总是侧仰着头。❷使有倾向性；使偏向于：We are wasting our educational resources unless we *tilt* the system towards them. 我们纯粹是在浪费教育资源，除非教育体制向其倾斜。—*vi.* ❶倾斜；倾侧 ❷倾向，偏向：He was *tilting* towards a new economic course. 他倾向于采取新经济政策。**II** *n.* [C] ❶倾斜，倾侧：She wore her hat at a *tilt.* 她歪戴着帽子。❷倾向，偏向：There has been a *tilt* to the Democratic among this group of people. 这一群人倾向于民主党派。‖ (*at*) *full* [*high*] *tilt adv.* 全速地；全力地：The child ran *full tilt* into me at the gate. 那孩子在门口跟我撞了个满怀。

tim·ber /ˈtimbəʳ/ *n.* ❶[U]原木；木材：a block of *timber* 一大块木材 ❷[C；U](用以建造桥梁、屋顶等的)大木料，栋木；〈英〉(制木条、木板等的)木料：roof *timbers* 梁材 ❸[U](可作木材的)树木，林木 ❹[U]树林，森林；林地：the *timber* around the lake 环湖树林 ‖ ˈ**tim·bered** *adj.*

tim·bre /ˈtimbəʳ/ *n.* [C；U]【音】音色

time /taim/ **I** *n.* ❶[U]时间，时光；[**T-**][拟人化用法]时间老人：All things exist in space and *time.* 所有物质都存在于空间和时间之中。❷[**a** ～](从事某一活动的)一部分时间；(经历的)一段(艰难或欢乐的)时间：They spent *a* most agreeable *time* there. 他们在那儿过得非常愉快。❸[C；U]时刻，钟点；时令，季节：It's very hot for this *time* of year. 就一年中这个季节而言，天气是很热的。❹[通常作～**s**]时代，历史时期；[**the** ～(**s**)]当代；那个时代：*Times* have changed since the 1990s. 20世纪90年代以来，时代已经发生了变化。❺[～**s**][用作单或复]时期；时势；世道；景况，境况：Bad *times* were always followed by good *times.* 否极泰来。❻[U]所需时间；空余时间；占用时间；记录时间：I didn't have *time* for coffee. 我可没闲工夫喝咖啡。❼[U]时限，期限；规定时间；(从事特定活动的)合适时间：You could have come at a better *time.* 你来得不是时候。❽[～**s**]倍；乘：It has become three *times* as difficult as it used to be. 此事的难度比以前大了两倍。❾[C]次，回；轮次：He got drunk only one *time.* 他只喝醉过一回。**II** *vt.* ❶[常用被动语态]为…选择时机：Her speech was well *timed.* 她的发言正合时宜。❷[常用被动语态]为…定时；安排…的时间：The start of the marathon is *timed* for 8 o'clock. 马拉松比赛定于8点钟开始。❸测定(或记录)…所需(或所花)时间：He was *timed* in 4.3 seconds for the 40-yard sprint. 他40码短跑的成绩为4.3秒。‖ ***against time*** *adv.* 争分夺秒地，抓紧时间地：The journalist wrote rapidly, *against time* an article for the magazine. 这位记者争分夺秒，为杂志赶写文章。***ahead of time*** *adv.* 在原定时间之前，提前：fulfil one's output quota two months *ahead of time* 提前两个月完成生产指标 ***at one time*** *adv.* ❶曾经：He was a teacher *at one* *time*, but now he works for foreign trade. 他曾做过教师，现在做外贸工作。❷一次，同时：He can play two chess games *at one time*. 他能同时下两盘棋。***at the same time*** *adv*. 然而，不过：This is a difficult problem, *at the same time* it is very interesting. 这个问题很棘手，但很有趣。***at times*** *adv*. 时而，有时：He spoke with firmness, but his face was very sad and his eyes *at times* were dim. 他讲话时，态度坚定，但面带愁容，时而眼神暗淡。***behind the times*** *adv*. & *adj*. 落后于时代(的)，过时(的)，老式(的)：His way of thinking is a century *behind the times*. 他的思维方式落后时代100年。***for the time being*** *adv*. 暂时，眼下：I'm sorry I can tell you nothing about this *for the time being*. 很抱歉，关于此事眼下我无可奉告。***from time to time*** *adv*. 不时，偶尔，间或，有时：They come to see us *from time to time*. 他们有时过来看看我们。***in good time*** *adv*. 及时地，不拖拉地；准时：The students finished their schoolwork *in good time*. 学生们及时做完了家庭作业。***in no time*** *adv*. 很快，立刻，马上：Take this medicine and you'll feel better *in no time*. 把这药吃下去，很快就会觉得舒服些的。***in time*** *adv*. ❶及时；按时：Cancer can be cured if discovered *in time*. 癌症若发现及时可以治愈。❷到时候；迟早；终究：If you keep studying, the subject will become clearer to you *in time*. 只要坚持学下去，到时总会学通这门学问的。***on time*** *adv*. 准时，按时：Please be here *on time* tomorrow. 请你明天准时到达这里。***take one's time*** 不着急；不慌忙；慢吞吞：You can *take your time* about it. 这事你且慢慢做好了。***time after time*** *adv*. 一再，屡次：This comes out *time after time* in his letters. 这在他的信里是反复出现的。***time and (time) again*** *adv*. 屡次地，几次三番地：*Time and time again* we warned him not to do it, but he wouldn't listen to us. 我们几次三番地警告他不要那样做，可他就是不听。‖ **'tim·er** *n*. [C]

time·keep·er /'taimˌkiːpə/ *n*. [C] ❶(比赛中的)计时员 ❷＝timepiece

time·less /'taimlis/ *adj*. [无比较级] ❶不受时间影响的；无时间性的；永不过时的：a *timeless* classic 亘古永存的经典著作 ❷永恒的；无始无终的：Our mission is *timeless*. 我们的使命是永恒的。‖ **'time·less·ly** *adv*. —**'time·less·ness** *n*. [U]

time·ly /'taimli/ *adj*. 及时的；适时的：The newspaper is one of the most *timely* of the major media. 报纸是最及时的主要媒体之一。

time out, time-out /'taimˌaut/ *n*. [C;U](比赛或谈话中的)暂停时间；暂停活动：call for a *time out* from the match 请求暂停比赛

time-shar·ing /'taimˌʃeəriŋ/ *n*. [U] ❶【计】分时，时间共享 ❷(度假住房的)分时享用

time·ta·ble /'taimˌteibᵊl/ *n*. [C]时间表；(火车、飞机等的)时刻表；课程表：the railway *timetable* 铁路运行时刻表

time zone *n*. [C]时区(全球分为24个时区，每一时区均使用该区标准时)：If you go from Beijing to London, you cross eight *time zones*. 从北京到伦敦，要跨越8个时区。

tim·id /'timid/ *adj*. 易受惊的；胆小的；羞怯的：He was a cautious man, indeed a *timid* one. 他为人小心谨慎，甚至胆小怕事。‖ **ti·mid·i·ty** /ti'miditi/ *n*. [U] —**'tim·id·ly** *adv*. —**'tim·id·ness** *n*. [U]

tim·ing /'taimiŋ/ *n*. [U] ❶时机选择；时间安排；时机掌握：The precise *timing* of my departure can't be decided. 我动身的确切时间安排还不能确定。❷(喜剧演员念台词时)对时间的把握能力

tin /tin/ *n*. ❶[U]【化】锡(符号Sn) ❷[C]马口铁容器；镀锡器皿：a biscuit *tin* 一只饼干筒 ❸[C]〈英〉罐头：put all the *tins* in a bag 将所有的罐头放在一个袋子里

tinge /tindʒ/ *n*. [C](轻淡的)色调，色彩(见colour)：The water has a yellowish *tinge*. 水呈淡黄色。

tin·gle /'tiŋgᵊl/ I *vi*. 感到刺痛：Her toes and fingers *tingled* with cold. 她的脚趾和手指都冻得刺痛。II *n*. [通常用单] ❶刺痛：have a *tingle* in one's back 背部感到刺痛 ❷震颤；激动：a *tingle* of excitement 一阵激动

tink·er /'tiŋkə/ *vi*. 很不熟练地修补，瞎捣鼓，摆弄；笨手笨脚地做事(*at*, *with*)：There is no need to *tinker with* your paper. 不必改动你的论文了。‖ **'tink·er·er** *n*. [C]

tin·kle /'tiŋkᵊl/ I *vi*. 发出叮当声，发出丁零声：The little bell *tinkles* when you open the door. 有人推门时小铃铛就叮当叮当响。—*vt*. 使发

出叮当声：*tinkle* a bell 打铃 **II** *n.* [通常用单]叮当声，丁零声

tin·sel /ˈtinsᵊl/ *n.* [U](闪光的)金属片；金属丝，金属线：looping pieces of *tinsel* on the Christmas tree 圣诞树上一圈圈闪亮的金属片 ‖ ˈ**tin·selˌlike** *adj.* —ˈ**tin·sel·ly** *adj.*

tint /tint/ **I** *n.* [C] ❶色彩；色调(见 colour)：The paint is white with a yellow *tint.* 这个颜料白中带黄。❷(尤指添加白色后形成的)浅色，淡色：She had red *tints* put in her hair. 她把头发染成淡红色。❸染发剂 **II** *vt.* 使带上色彩(或色调)；给…着色(或染色)：Some fashionable boys had their hair *tinted* red. 一些赶时髦的男孩把头发染成淡红色。‖ ˈ**tin·ted** *adj.* —ˈ**tint·er** *n.* [C]

ti·ny /ˈtaini/ *adj.* 极小的，微小的：a *tiny* drops of dew 微小的露珠 ‖ ˈ**ti·ni·ness** *n.* [U]

tip[1] /tip/ **I** *n.* [C] ❶末梢，末端；尖端，顶端：*tips* of the fingers 手指指尖 ❷顶端附加物：a pencil with a rubber *tip* 有橡皮头的铅笔 **II** *vt.* (**tipped; tip·ping**) ❶在…的顶端装附加物：a spear *tipped* with poison 尖头蘸毒的矛 ❷标出…的顶端

tip[2] /tip/ (**tipped; tip·ping**) *vi.* ❶倾斜，倾侧：The table *tips* up. 这桌子歪了。❷翻倒，倾覆：Babies should be strapped into the buggies, otherwise they might *tip* out. 应该用带子把婴儿系在童车里，否则他们会倾翻出来的。—*vt.* ❶使倾斜，使倾侧：His chair was *tipped* back. 他的椅子向后倾倒。❷使翻倒，使倾覆：That cat *tipped* over the vase when it jumped into the room through the window. 那猫从窗子跳进房间时把花瓶打翻了。

tip[3] /tip/ **I** *vt.* (**tipped; tip·ping**)给…小费；送…一点钱：*tip* the driver $5 给司机5美元小费 **II** *n.* [C] 小费，小账：give sb. a *tip* 给某人小费 ‖ ˈ**tip·per** *n.* [C]

tip-off /ˈtipˌɔf/ *n.* [C]【篮】(比赛开始时的)中圈跳球

tip·toe /ˈtipˌtəu/ **I** *n.* [C]脚趾尖：She led him on *tiptoe* to a small room. 她蹑手蹑脚地把他带到一个小房间。**II** *vi.* 踮着脚走；蹑手蹑脚地走：The children *tiptoed* in and stared at the arrival. 孩子们蹑手蹑脚地走进来，盯着这位刚来的人看。

tire[1] /taiəʳ/ *vt.* ❶使感到疲劳，使感到累：Do daily chores *tire* you? 你做日常杂活儿感到累吗？❷使厌倦，使厌烦：It *tires* the viewers that the TV dramas are always interrupted by commercials. 电视剧总是被广告打断，令观众颇为厌烦。—*vi.* ❶感到疲劳，感到累：The old man *tires* easily. 这位老人很容易疲劳。❷厌倦，厌烦(*of*)：They talked of John, a subject on which Ms. Price could never *tire.* 他们谈到了约翰，这个话题普莱斯太太是百谈不厌的。‖ ***tire out*** *vt.* 使筋疲力尽

tire[2] /taiəʳ/ *n.* [C](轮子边的金属)轮箍：a steel-studded snow *tire* 不锈钢的雪地防滑轮箍

tired /taiəd/ *adj.* ❶疲劳的，累的；困倦的：a *tired* look 倦容 ❷厌倦的，厌烦的(*of*)：I think you're *tired of* me. 看来，你嫌我了。

☆**tired, exhausted, fatigued, weary, worn-out** 均有"疲倦的，累的"之意。**tired** 为普通用词，泛指因工作紧张、活动过度而没有气力、缺乏兴趣或耐心：He was a *tired* man when the project was over. (项目完成了，他也感到疲倦了。) **exhausted** 指精力和体力消耗殆尽的，需经长时间的休息才能恢复，也可能恢复不了：The enemy troops were *exhausted* and demoralized. (敌军疲劳不堪，士气低落。) **fatigued** 指由于心理紧张、疾病或劳累而引起疲惫：The boss felt irritable and *fatigued* after the long journey. (长途旅行之后，老板感到又急躁又疲倦。) **weary** 有时可与 tired 换用，指无精打采、十分疲乏，但常表示由于长时间做单调乏味或不愉快的事而产生厌倦或不耐烦：be extremely *weary* with 30 days continuous fighting (连续作战30天而筋疲力尽) **worn-out** 用于口语中，可泛指任何疲惫状态：She was *worn-out* after three sleepless nights. (她一连三夜未合眼，感到筋疲力尽。)

tire·less /ˈtaiəlis/ *adj.* [无比较级]不觉得累的，不知疲倦的；不易疲劳的，精力充沛的；不厌倦的：be *tireless* in teaching 诲人不倦 ‖ ˈ**tire·less·ly** *adv.* —ˈ**tire·less·ness** *n.* [U]

tire·some /ˈtaiəsᵊm/ *adj.* 使人疲劳的，累人的；烦人的，令人厌倦的：Regular weeding is a *tiresome* but essential job. 定期除草虽累人，但很有必要。‖ ˈ**tire·some·ly** *adv.* —ˈ**tire·some·ness** *n.* [U]

tir·ing /ˈtaiəriŋ/ *adj.* 令人厌倦的，烦人的

tis·sue /ˈtiʃʲuː,ˈtisjuː/ *n.* ❶[U;C]【生】组织：destroy the muscular *tissues* 破坏肌肉组织 ❷ =tissue-paper ❸[C]纸巾：facial *tissue* 面巾纸 ❹[C]一系列，一连串(*of*)：a *tissue of* events 一系列的事件

tit /tit/ *n.* [C] ❶〈口〉奶头，乳头；乳房 ❷〈俚〉〈粗〉胸部

ti·tan·ic /taiˈtænik/ *adj.* 巨大的，庞大的；强大的：a *titanic* disaster 大灾难

ti·ta·ni·um /taiˈteiniəm,ti-/ *n.* [U]【化】钛(符号 Ti)

ti·tle /ˈtaitᵊl/ **I** *n.* ❶[C](书籍、文章等的)标题，题目：The book takes its *title* from a Shakespeare play. 该书书名取自莎士比亚的剧作。❷[C]称号；称呼；职称；头衔：deserve the *title* of 配得上…的称号 ❸[C]第一名，冠军：the holder of the *title* 冠军保持者 **II** *vt.* ❶给…加标题；给…定题目：*title* a book 给书定题目 ❷授予…称号(或头衔、职称等)

tit·ter /ˈtitəʳ/ **I** *vi.* 窃笑；傻笑：The speaker dropped his notes and the audience *tittered*. 看到发言人掉了讲稿，听众们都吃吃笑了起来。**II** *n.* [C]窃笑；傻笑：raise a *titter* 引起一阵窃笑

tit·tle /ˈtitᵊl/ *n.* [C] ❶(书写或印刷中加于字母上方标明变音的)小点，小符号 ❷一点儿：I don't care a *tittle*. 我一点儿也不在乎。

TM *abbr.* trademark 商标

TN *abbr.* [用于邮政编码] Tennessee 田纳西州(美国州名)

TNT *abbr.* trinitrotoluene 梯恩梯，三硝基甲苯

to[1] /强 tuː,弱 tə/ **I** *prep.* ❶[表示方向]向，朝，往；到：from west *to* east 从西到东 ❷[表示状态或性质的变化]趋于；倾向于；成为：change from bad *to* worse 每况愈下 ❸[表示动作对象]对，于：Let us be true *to* one another. 让我们真诚相待。❹[表示所属关系]属于，归于：the key *to* the car 汽车钥匙 ❺[表示比较、对比]比：compare the heart *to* a pump 把心脏比作打气筒 ❻[表示数量的比例关系]每：100c *to* the dollar 100 美分为 1 美元 ❼[表示范围、程度]至，达：He did his part *to* a miracle. 他把角色演得出神入化。❽[表示反应、对立]于；针对：respond *to* a stimulus 对刺激作出反应 ❾[表示目的、意图]为了；作为：come *to* sb.'s rescue 前来解救某人 ❿[表示关联、关系]对，对于；关于；〈古〉作为：He believed that his first duty was *to* his country. 他认为，他的首要职责是效忠祖国。⓫[表示结果、效果]致，致使：all *to* no purpose 毫无结果 ⓬[表示相符、适合、依据]与…一致；按，按照；随同，伴随着：It is not *to* my taste. 这不合我的口味。⓭[用以引导间接宾语]对，于：Show the book *to the girl*. 把那本书给这位小姑娘看看。**II** *adv.* [无比较级] ❶[表示由动而静或恢复常态](门、窗等)关着，虚掩着；(船等)停下来：He pulled the door *to* behind him. 他随手把身后的门带上。❷[表示由静而动]苏醒过来，恢复知觉：Nancy fainted but came *to* a few minutes. 南希昏倒了，但几分钟后就苏醒过来了。‖ ***to and fro*** *adv.* 往复地，来回地：The slender branches swayed *to and fro* in the wind. 柔枝在风中摇曳。

to[2] /强 tuː,弱 tə/ [构成动词不定式的符号，本身无意义] ❶[用作主语]：It takes ten years *to* make the tree grow. 十年树木。❷[用作宾语]：I decided *to* take flying lessons. 我决定上飞行课。❸[作表语]：To see is *to* believe. 百闻不如一见。❹[用作定语]：He was the last person *to* leave the room last night. 昨晚他是最后一个离开房间的人。❺[用作状语]：She'd be delighted *to* hear from you，I'm sure. 我肯定，她听到你的消息会高兴的。❻[用作插入语]：*To* tell the truth，I forgot it was your birthday last week. 说实话，我忘了上星期的那天是你的生日。❼[用以代替动词不定式或不定短语，避免重复]：We didn't want to go but we had *to*. 我们不想去，但又不得不去。

toad /təud/ *n.* [C] ❶【动】蟾蜍 ❷讨厌(或可鄙)的人(或物)

toad·stool /ˈtəudˌstuːl/ *n.* [C]【植】伞菌；毒蕈，毒菌

toad·y /ˈtəudi/ **I** *n.* [C]谄媚者，马屁精 **II** *vi.* 奉承，讨好，拍(…的)马屁(*to*)：He gave the floor only to pretty girls and lads who *toadied to* him. 他只把发言权赐给那些漂亮的女生和拍他马屁的男生。

toast /təust/ **I** *n.* ❶[U]烤面包(片)：two pieces [slices] of *toast* 两片烤面包片 ❷[C]干杯；敬酒，祝酒；祝酒词：Let's drink [propose] a *toast* to our friends! 为我们的朋友干杯！**II** *vi.* ❶(面包等)烤，烘，烤热 ❷干杯；举杯祝酒 —*vt.* ❶烤，烘(面包等) ❷使暖和：He is just *toas-*

ting his feet by the fire. 他正在火炉边烘脚。❸为…举杯祝酒，提议为…干杯：We *toasted* him champagne at his leaving party. 在他的告别晚会上我们用香槟向他祝酒。

toast·er /ˈtəustəʳ/ *n.* [C] ❶烤面包机；烤面包片机；(电)烤炉，(电)烤箱 ❷烤面包(片)者；烘烤者

toast·y /ˈtəusti:/ *adj.* 暖烘烘的，温暖舒适的

to·bac·co /təˈbækəu/ *n.* [U;C]([复]**-co(e)s**)烟草；烟叶：cultivate *tobacco* 种植烟草 ‖ **toˈbac·co·less** *adj.*

to·bac·co·nist /təˈbækᵊnist/ *n.* [C]烟草商；烟草制品零售商

to·bog·gan /təˈbɔgᵊn/ *n.* [C] ❶平底雪橇，长橇 ❷(用以在雪地或冰上滑行的)轻便木制雪橇 ‖ **toˈbog·gan·er** *n.* [C] —**toˈbog·gan·ist** *n.* [C]

to·day /təˈdei/ **I** *adv.* [无比较级] ❶在今天，在今日：That's two strokes of luck we've had *today*! 我们今天是双喜临门！❷现今，如今，在当代：People travel more *today* than they used to. 人们现在外出旅游要比以前多。**II** *n.* [U] ❶今天，今日：*Today* is yesterday's pupil. 今天是昨天的学生。❷如今，当代，现在：The youth of *today* don't know how lucky they are. 如今的年轻人不知道自己有多么幸运。

tod·dle /ˈtɔdᵊl/ *vi.* (孩童学步等时)蹒跚行走：The little boy was in the room learning to *toddle*. 那小男孩在房间里蹒跚学步。

tod·dler /ˈtɔdləʳ/ *n.* [C]学步的儿童(通常指一至两岁半的孩子)；蹒跚行走的人

toe /təu/ **I** *n.* [C] ❶脚指；足尖；〈口〉脚：from *toe* to heel 从脚尖到脚跟 ❷(鞋、袜的)足尖部；蹄铁前部：the *toe* of a shoe 鞋头 ❸脚指状物；(位置或功能方面)似脚指状物 **II** *vt.* 用脚尖触碰(或伸及)；用脚尖踢(或踩)

toe·nail /ˈtəuˌneil/ *n.* [C]脚指甲：paint one's *toenails* 涂脚指甲

tof·fee, tof·fy /ˈtɔfi/ *n.* [C]乳脂糖，太妃糖

to·fu /ˈtəufu:/ *n.* [U]豆腐

to·ga /ˈtəugə/ *n.* [C]【史】(古罗马市民所穿的宽松)托加袍 ‖ **ˈto·gaed** *adj.*

to·geth·er /təˈgeðəʳ/ **I** *adv.* [无比较级] ❶在一起，共同；合力地，合作地：My brother and I grew up *together*, so we have a lot in common. 我们兄弟俩在一起长大，因此有许多共同之处。❷同时，同步，一齐：At the appointed time, my three visitors arrived *together*. 在约定的时间，我那三位客人一起到来。❸到一起，集合地，集拢着；总合地：To my surprise, I was able to string notes *together*. 想不到我可以把各个音符串起来。**II** *adj.* [无比较级]〈口〉头脑清楚的；情绪稳定的；有自制力的；有能力的：A *together* person knows what he is doing. 镇定自若的人总是知道自己在干什么。‖ **toˈgeth·er·ness** *n.* [U]

tog·gle /ˈtɔgᵊl/ **I** *n.* [C] ❶(尤指收紧外套的)棒形纽扣 ❷【机】肘节；肘环套节，套环 ❸【计】双态元件 **II** *vt.* & *vi.* ❶系紧；拴牢 ❷【计】切换：Use this key to *toggle* between two typefaces. 用此键可在两种字体之间切换。

toil /tɔil/ **I** *vi.* ❶苦干，辛勤劳动；辛苦从事：There are men who *toil* because work is a pleasure to them. 有些人辛勤工作，因为工作对他们来说是一种乐趣。❷艰难而缓慢地行进：He *toiled* along the road with all his luggage. 他背负行李在路上吃力地走着。**II** *n.* ❶[U]辛苦，劳累：earn one's daily bread by *toil* 辛劳度日 ❷[U;C]苦工，苦活；难事(见 work) ‖ **ˈtoil·er** *n.* [C] —**ˈtoil·some** *adj.*

toi·let /ˈtɔilit/ *n.* [C]❶厕所；卫生间；盥洗室，浴室：an outdoor *toilet* 室外卫生间 ❷便池；抽水马桶

toilet paper *n.* [U]手纸，草纸，卫生纸〔亦作 **toilet tissue**〕

toi·let·ry /ˈtɔilitri/ *n.* [通常作～**s**]化妆品

toilet tissue *n.* ＝toilet paper

to·ken /ˈtəukᵊn/ **I** *n.* [C] ❶表示；标志；象征；记号(见 sign)：The white flag is a *token* of surrender. 白旗是投降的标志。❷证明；信物：He gave his wife a ring as a *token* of his love. 他送给妻子一枚戒指，作为爱情的信物。❸纪念品：She kept the medals as a *token* by which to remember her dead husband. 她保存奖章以悼念她的丈夫。❹专用辅币；(公用电话、投币游戏机等所用的形似硬币的)筹码：You buy *tokens* and deposit them in a slot. 购买代用币，投入投币口。**II** *adj.* [无比较级][作定语]作为标志的；象征性的；装点门面的；表意的：a small *token* gift 象征性的小礼物

told /təuld/ *v.* tell 的过去式和过去分词 ‖ ***all***

told adj. & *adv*. 总共,一共

tol·er·a·ble /ˈtɔlᵊrəbᵊl/ *adj*. ❶(痛苦等)可以忍受的;(错误等)可容忍的,可宽恕的:exceed *tolerable* limits 超过可以容忍的限度 ❷尚好的,还可以的,差强人意的;过得去的:The goods arrived in a *tolerable* condition with a few cases slightly damaged. 货物到达时除有几箱稍有损坏外,总体情况还过得去。‖ ˈ**tol·er·a·bly** *adv*.

tol·er·ance /ˈtɔlᵊrᵊns/ *n*. ❶[U]忍受,容忍;宽容,宽恕:the *tolerance* of corruption 对腐败现象的容忍 ❷[C;U]忍耐(力):She has no *tolerance* to cold. 她一点也不耐寒。

tol·er·ant /ˈtɔlᵊrᵊnt/ *adj*. 忍受的,容忍的;宽容的,宽恕的:an open, *tolerant* society 一个开放、宽容的社会 ‖ ˈ**tol·er·ant·ly** *adv*.

tol·er·ate /ˈtɔləˌreit/ *vt*. ❶容忍,忍受;宽容,宽恕(见 bear):While most people *tolerate* the status quo, some make their own alterations. 大多数人安于现状,而另一些人要改变现状。❷容许,不干预;承认:There will be no terrorist activities to be *tolerated* here in this country. 在这里,在这个国度里,决不会对恐怖活动听之任之。‖ **tol·er·a·tion** /ˌtɔləˈreiʃᵊn/ *n*. [C]

toll[1] /təul/ *n*. [C] ❶(道路、桥梁等的)通行费:impose a *toll* on users of the tunnel 向隧道使用者征收通行费 ❷[通常用单](付出的)代价;(遭受的)损失;(事故等的)伤亡人数:The environmental *toll* of the policy has been high. 这项政策使环境付出了沉重的代价。❸长途电话费

toll[2] /təul/ *vt*. ❶(缓慢且有节奏地)鸣(钟),敲(钟):Bells were *tolled* all over the country at the King's death. 国王驾崩,举国上下鸣钟致哀。❷(钟)发出(钟声、报时声等);鸣钟报告(时辰、噩耗等);为…鸣钟;鸣钟召唤(或解散):The clock *tolls* the hour of day. 时钟报时。—*vi*. (钟)发出缓慢而有节奏的声响:*For Whom the Bell Tolls*《丧钟为谁而鸣》

to·ma·to /təˈmɑːtəu;-mei-/ *n*. [C]([复]**-toes**) ❶西红柿(指果实),番茄 ❷【植】西红柿

tomb /tuːm/ *n*. [C]坟墓,冢;葬身之地

tom·boy /ˈtɔmˌbɔi/ *n*. [C]假小子,野丫头,顽皮姑娘 ‖ ˈ**tomˌboy·ish** *adj*.

tomb·stone /ˈtuːmˌstəun/ *n*. [C]墓碑,墓石

tom-cat /ˈtɔmˌkæt/ *n*. [C]雄猫〔亦作 **tom**〕

to·mor·row /təˈmɔrəu/ **I** *adv*. [无比较级] ❶在明天,在明日:Perhaps it will be cooler *tomorrow*. 也许明天会凉快些。❷不久;在(不久的)将来:Who knows what changes *tomorrow* may bring? 谁知道将来会有什么变化? **II** *n*. [U] ❶明天,明日:*Tomorrow* was far away and there was nothing to trouble about. 明天还早呢,没有什么可以操心的。❷来日,未来:an established composer of *tomorrow* 未来杰出的作曲家

ton /tʌn/ *n*. ([复]**ton(s)**) ❶[C]〈英〉长吨 ❷[C]短吨 ❸公吨(=metric ton) ❹[常作~**s**]〈口〉大量,许多:*tons* of sea shells 大量的海洋贝壳

ton·al /ˈtəunᵊl/ *adj*. [无比较级][作定语] ❶声调的,音调的:a *tonal* structure 音调结构基础 ❷【音】调性的:*tonal* harmony 调性和谐 ‖ ˈ**ton·al·ly** *adv*.

tone /təun/ **I** *n*. ❶[C;U]音;口声;乐音;音调;音色,音质:That piano has a beautiful *tone*. 那架钢琴的音色很美。❷[C]语气;口气,口吻;腔调;调子:assume a threatening *tone* 带有胁迫的口气/❸[C;U]【音】音,全音;(格列高利圣歌中的)调:There is a *tone* between B and C sharp. B 调和 C 调之间相隔一个音程。❹[C]【画】色调;色度;明暗;影调:warm *tones* such as vivid reds and golden yellows 诸如鲜红色和金黄色之类的暖色调 ❺[U]风气,气氛;风格,情调;风度;特征:His speech altered the *tone* of the meeting. 他一发言,整个会场的气氛为之一变。**II** *vt*. ❶给…定基调;给(乐器)定音调;给(图画)定色调 ❷使改调;使…的音调(或色调)变得和谐(或柔和) ❸增强,提高 —*vi*. ❶呈现悦目色调(*to*) ❷(尤指颜色)协调,和谐(*with*) ‖ ***tone down*** *vt*. & *vi*. (使)柔和;(使)缓和;(使)协调;(使)降低:The excitement among the crowd gradually *toned down*. 人群中的激动情绪逐渐平息了下来。‖ ˈ**tone·less** *adj*.

tone-deaf /ˈtəunˌdef/ *adj*. [无比较级]不能(准确)辨别音高的 ‖ ˈ**tone-ˌdeaf·ness** *n*. [U]

tongs /tɔŋz/ [复] *n*. [用作单或复]钳(子),夹具:a pair of *tongs* 一把钳子

tongue /tʌŋ/ *n*. ❶[C]舌,舌头;(软体动物的)齿舌:cluck one's *tongue* 用舌头打响儿 ❷[C;

T

U]（用作食品的牛、羊等的）口条 ❸[C]说话方式；说话能力；[～s]（圣灵所赐的）口才：Speaking exercises one's *tongue*. 说话训练人的口齿。❹[C]语言；方言，土语，口语：the French *tongue* 法语 ‖ ***at the tip of one's [the] tongue*** *adj.* & *adv.* （话）到嘴边的；差点就要说出的：It was *on the tip of my tongue* to disagree. 我差点就要说不同意。***hold one's tongue*** *vi.* 一言不发，保持缄默 ***on the tip of one's [the] tongue*** *adj.* & *adv.* ＝at the tip of one's [the] tongue

tongue-tied /ˈtʌŋˌtaid/ *adj.* [无比较级]（因窘迫等）说不出话的，张口结舌的：Usually he was *tongue-tied* with strangers. 他在陌生人跟前通常显得木讷寡言。

tongue-twist·er /ˈtʌŋˌtwistəʳ/ *n.* [C]拗口的句子（或词组等）；绕口令似的句子（或词组等）；绕口令（如 She sells sea-shells on the seashore.）

ton·ic /ˈtɔnik/ *n.* ❶[C；U]补药，补剂，强壮药，滋补品：gin and *tonic* 杜松子酒补剂 / health *tonics* 保健药 ❷[U]奎宁水 ‖ ˈ**ton·i·cal·ly** /-kᵊli/ *adv.*

to·night /təˈnait/ **I** *adv.* [无比较级]今夜，今晚：She has a date *tonight*. 她今晚有个约会。**II** *n.* [U]今夜，今晚：How did you know that the robbery was planned for *tonight*? 你怎么知道今晚有人要打劫？

ton·sil /ˈtɔnsᵊl/ *n.* [C]【解】扁桃体

ton·sil·lec·to·my /ˌtɔnsiˈlektᵊmi/ *n.* [C]【医】扁桃体切除术

ton·sil·li·tis /ˌtɔnsiˈlaitis/ *n.* [U]【医】扁桃体炎

too /tuː/ *adv.* [无比较级] ❶[用于形容词或副词前]太，过于：The book is rather *too* difficult for the juniors. 这本书对低年级学生来说太难了。❷〈口〉很，十分，非常，极其：I'm only *too* glad to help you. 我非常乐意帮助你。❸也；还；还是；而且：As soon as she smiled, Fred's face brightened *too*. 她莞尔一笑，弗雷德的脸上随即放亮了。❹[用以强调前面否定的陈述]确实地：A：You're late and you're not ready to go. B：I am *too*! 甲：你迟了，而且还没准备好。乙：我已准备走了。

took /tuk/ *v.* take 的过去式

tool /tuːl/ *n.* [C] ❶工具，用具，器具；刀具；器械；机床（见 device 和 implement）：early *tools* of stone and bone 早期石制和骨制工具 ❷起工具作用的东西；方法，手段；【律】谋生器具：the communications *tool* of the future 未来的通信工具 ❸被用作工具的人，走狗，爪牙，傀儡：the paid *tools* of the capitalists 资本家花钱雇来的爪牙

tooth /tuːθ/ *n.* [C]（[复]**teeth** /tiːθ/）❶牙，牙齿：extract a *tooth* 拔牙 / false *teeth* 假牙 ❷齿状物，齿状突出；轮齿；锯齿；梳齿 ‖ ***grit one's teeth*** *vi.* 咬紧牙关；鼓起勇气下定决心：When faced with difficulties, you just have to *grit your teeth* and persevere. 遇到困难只需咬紧牙关坚持下去。***in the teeth of*** *prep.* 直对，迎着；不顾；对抗：sail *in the teeth of* the huge wave 迎着巨浪航行 ***sink one's teeth into*** *vt.* 专注于；（开始）认真处理；紧紧抓住 ‖ **toothed** *adj.* —ˈ**tooth·less** *adj.*

☆**tooth, fang, tusk** 均有"牙，牙齿"之意。**tooth** 为普通用词，表示人或绝大多数动物嘴里用来撕咬和咀嚼食物的牙（齿）：His son's first front *teeth* are just coming through.（他儿子的门牙刚长出来。）**fang** 既可指食肉动物撕咬猎物的长而锋利的牙齿，也可表示毒蛇等长而中空的毒牙：The tiger roared and showed its *fangs*.（老虎猛吼一声，露出尖牙。）**tusk** 尤指大象、野猪或海象突出在嘴巴外面的长而尖的巨牙，又称长牙或獠牙。

tooth·ache /ˈtuːθˌeik/ *n.* [C]牙痛：He's got a bad *toothache*. 他牙疼得厉害。

tooth·brush /ˈtuːθˌbrʌʃ/ *n.* [C]牙刷

tooth·paste /ˈtuːθˌpeist/ *n.* [C]牙膏

tooth·pick /ˈtuːθˌpik/ *n.* [C]牙签：use a *toothpick* to clean the spaces between teeth 用牙签剔牙缝

tooth·some /ˈtuːθsᵊm/ *adj.* ❶美味的，可口的 ❷令人愉快的，有吸引力的 ‖ ˈ**tooth·some·ness** *n.* [U]

tooth·y /ˈtuːθi/ *adj.* [无比较级]露齿的：a *toothy* grin 露齿一笑 ‖ ˈ**tooth·i·ly** *adv.*

top /tɔp/ **I** *n.* [C] ❶顶，顶端，顶部；山顶；头顶，头：the *top* of the house 屋顶 ❷[用单]（某领域或行业中的）最高的地位（或职位）；首位；居首位的人，首脑，首领：He is at the *top* of his profession. 他在同行中高居首位。❸[用单]极点，顶点；最高度；最高层：These two novelists are at the *top* of the best-seller lists. 这两位小说家的小说在畅销书中独占鳌头。❹上装；袜口；高筒靴口：Take off your *top(s)*. 把你的上衣脱掉。❺(瓶、壶、盒等的)盖；顶盖；(车)篷：I can't get the *top* on. 这个盖子我放不上去。**II** *adj*. [无比较级][通常作定语] ❶顶的；顶上的，顶端的，最上面的：the *top* floor 顶层 ❷最高级的；最重要的；居首位的：Give this report *top* priority. 要最先处理这份报告。❸最高的；最大的；最优的：apply to *top* colleges 申请进入名牌大学 **III** *vt*. (**topped**; **top·ping**) ❶[尤用被动语态]盖；给…加盖(或顶)；附在…的上面；给…涂上装饰层(或保护层)：His head was *topped* with a cloud of fine, snowwhite hair. 他头顶上的头发又细又白。❷为(植物)减顶(或打尖) ❸到达…的顶部；上升到…的顶点；高过；超过；胜过；压倒：Tourism this year *topped* wool as Australia's biggest foreign exchange earner. 旅游业今年超过羊毛成为澳大利亚最大的创汇源。‖ ***off the top of one's head*** *adv*. 即兴地，即席地；不假思索地：He didn't prepare his lecture beforehand, but only talked *off the top of his head*. 他事先没有准备，在讲演时只是想到哪里，讲到哪里。***on top*** *adv*. 成功地；领先地：He went *on top* at the last lap. 他跑到最后一圈时领先了。***on top of*** *prep*. ❶在…上面：A clock *on top of* the building sat frozen at 6:21. 楼顶上的时钟定格在6点21分。❷完全掌握(或控制)着；对…了如指掌：be able to get *on top of* the situation 有能力驾驭局势 ❸紧挨着；与…靠得很近：The bus was so crowded that everybody was *on top of* everybody else. 公共汽车上太拥挤了，乘客们一个紧挨着一个地站着。❹除…以外；另加；还有：I missed the train and *on top of* that I lost my purse. 我没赶上这班火车，除此之外我还丢了钱包。

to·paz /ˈtəupæz/ *n*. [U;C]【矿】黄玉

top-flight /ˈtɔpˌflait/ *adj*. [无比较级]第一流的，最高档的，最高层的：a *top-flight* designer 一流设计师

top-heav·y /ˌtɔpˈhevi/ *adj*. ❶上部过重的；头重脚轻的；失去平衡的；易倾倒的：During the quake, the *top-heavy* houses swayed and collapsed. 地震中，那些上部过重的房屋纷纷震摇倒塌。❷(企业等)高级官员(或行政管理人员)过多的：a *top-heavy* organizational structure 领导层过于庞大的组织结构 ‖ **ˌtop-ˈheav·i·ness** *n*. [U]

top·ic /ˈtɔpik/ *n*. [C] ❶(文章、讲演等的)题目；论题；话题；主题：Race relations are a touchy *topic* in this area. 种族关系是这一地区的敏感话题。❷(提纲、大纲等的)标题；细目

top·ic·al /ˈtɔpikᵊl/ *adj*. [无比较级]有关时事的；时下关注的；成为话题的：The discussion focused on *topical* issues in medicine. 讨论集中在一些人们时下关注的医学话题上。‖ **top·i·cal·i·ty** /ˌtɔpiˈkæliti/ *n*. [U] —**top·i·cal·ly** *adv*.

top·knot /ˈtɔpˌnɔt/ *n*. [C] ❶顶髻；头饰 ❷【鸟】羽冠

top·less /ˈtɔplis/ *adj*. [无比较级] ❶无顶的；无盖的；无篷的：a *topless* car 无顶汽车 ❷(衣服)袒胸的；(尤指妇女)穿袒胸衣的，胸部裸露的：a *topless* dress 袒胸衣

top-lev·el /ˈtɔpˌlevᵊl/ *adj*. [无比较级][作定语]最高级的：*top-level* talks 最高级会谈

top·mast /ˈtɔpˌmɑːst,-məst;-ˌmæst/ *n*. [C]【船】中桅

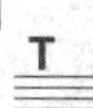

top·most /ˈtɔpˌməust/ *adj*. [作定语]最高的，最上面的

to·pog·ra·phy /təˈpɔgrəfi/ *n*. [U]地形学；地形测量学；地形描绘 ‖ **toˈpog·ra·pher** *n*. [C] —**top·o·graph·ic** /ˌtɔpəˈgræfik/, **ˌtop·oˈgraph·i·cal** /-kᵊl/ *adj*.

top·ple /ˈtɔpᵊl/ *vt*. 使倒塌；推翻，颠覆：The opposition parties decided to try to *topple* him. 反对党派决定推翻他。—*vi*. ❶倒塌，坍塌，倒下(*over*, *down*)：*topple* into a river 倒入河中 ❷摇摇欲坠：Practice in a doorway so you can catch yourself if you start to *topple*. 在门廊里练习，如果身体摇晃你可以站稳。

top secret *n*. [C]绝密

top·soil /ˈtɔpˌsɔil/ *n*. [U]【农】表土(层)

tor /tɔːʳ/ *n*. [C] ❶石山 ❷【地质】突岩

To·rah /ˈtɔːrə/ *n*.【宗】[the ～]《圣经》的首五卷；《摩西五经》；写有《摩西五经》的羊皮纸卷轴

torch /tɔːtʃ/ *n*. [C] ❶〈主英〉手电筒〔亦作 **flashlight**〕❷火炬，火把；火炬式灯 ❸引导(或启迪)之物：light the *torch* of freedom for the whole world 为全世界点亮自由的火炬

torch•light /ˈtɔːtʃˌlait/ *n.* [U]火炬(光)

tore /tɔːʳ/ *v.* tear 的过去式

tor•ment I /ˈtɔːment/ *n.* ❶[C;U]痛苦;苦恼;折磨:She suffered *torments.* 她遭受了巨大的痛苦。❷[C]使人痛苦的根源;折磨人的东西:Nothing can describe the *torments* we went through while we were waiting for news. 我们等待消息时的焦灼无以言表。**II** /tɔːˈment/ *vt.* 折磨;使痛苦;使苦恼;烦扰:*be tormented* with worry 忧心如焚 ‖ **torˈment•ing•ly** *adv.* —**torˈmen•tor, torˈmen•ter** *n.* [C]

☆**torment, rack, torture** 均有"折磨,使痛苦,使苦恼"之意。**torment** 指持续不断地反复进行迫害、施加痛苦或烦扰,多用于精神方面:She was *tormented* by her alcoholic husband. (她饱受酒鬼丈夫的折磨。)**rack** 指像受肢刑(旧时一种以转轮牵拉四肢使关节脱离的酷刑)一样,身心被猛烈撕拉而产生剧烈疼痛或痛苦:The couple have been *racked* by bitter quarrels. (激烈的争吵使这两口子不得安生。)**torture** 表示在肉体或精神上残酷折磨人,引起难以忍受的痛苦,强调折磨者及其采用的折磨手段:The cops *tortured* a confession from the suspect. (那些警察对嫌疑人逼供。)

T

torn /tɔːn/ **I** *v.* tear 的过去分词 **II** *adj.* [无比较级]左右为难的:We were *torn* between our love for our parents and our need to be independent. 我们深爱自己的父母,舍不得离开他们,可又想独立,真是进退两难。

tor•na•do /tɔːˈneidəu/ *n.* [C]([复]-**does**)【气】龙卷风;陆龙卷;(尤指)旋风;(美国等地区的)飓风;(非洲西海岸的)大雷飑(见 storm)

tor•pe•do /tɔːˈpiːdəu/ *n.* [C]([复]-**does**) ❶鱼雷:fire *torpedoes* 发射鱼雷 ❷水雷:a ground *torpedo* 海底水雷

tor•pid /ˈtɔːpid/ *adj.* 〈书〉❶迟钝的;呆滞的;不活泼的;有气无力的;行动缓慢的:Life in the tropics often makes the natives too *torpid* to work efficiently. 热带生活使得当地人很懒散,做事效率低下。❷麻木的,麻痹的:All too often the vigorous youth of yesterday becomes the *torpid* gentleman of today. 昨天血气方刚的年轻人,今天变成麻木不仁的绅士,这种情况屡见不鲜。‖ ˈ**tor•pid•ly** *adv.*

tor•rent /ˈtɔrᵊnt/ *n.* [C] ❶(水、熔岩等的)激流,奔流,急流;洪流:a flooded *torrent* 洪水急流 ❷[~s](雨水的)倾泻:It rains in *torrents.* 大雨倾盆。‖ **tor•ren•tial** /təˈrenʃᵊl/ *adj.*

tor•sion /ˈtɔːʃᵊn/ *n.* [U] 扭转;扭曲;扭力 ‖ ˈ**tor•sion•al** *adj.*

tor•so /ˈtɔːsəu/ *n.* [C]❶(人体的)躯干:the exposed *torso* 暴露的躯体 ❷裸体躯干雕像

tort /tɔːt/ *n.* [C]【律】民事侵权行为

tor•til•la /tɔːˈtiːjə/ *n.* [C](未经发酵的)玉米饼

tor•toise /ˈtɔːtəs/ *n.* [C] ❶【动】乌龟,龟科动物 ❷行动迟缓的人(或物)

tor•tu•ous /ˈtɔːtjuəs/ *adj.* ❶曲折的;弯弯曲曲的:The route to success is steep and *tortuous.* 通往成功之路陡峭且曲折。❷居心叵测的;欺骗的;狡猾的:a *tortuous* salesman 狡猾的商品推销员 ❸转弯抹角的,绕圈子的;复杂的,曲折的:Legal procedure could be *tortuous.* 司法程序有时曲里拐弯挺绕人的。‖ ˈ**tor•tu•ous•ly** *adv.* —ˈ**tor•tu•ous•ness** *n.* [U]

tor•ture /ˈtɔːtʃəʳ/ **I** *n.* [C;U] ❶拷打,拷问;严刑,酷刑:No *torture* would make him speak. 任何严刑拷打都撬不开他的嘴。❷折磨;痛苦;苦恼;引起痛苦(或苦恼)的事物:The sight of her sick daughter was *torture* to her. 看着女儿生病的样子,母亲心里非常难过。**II** *vt.* ❶拷打;拷问;虐待;用拷打的方式获得;拷打出(见 torment):be *tortured* to death 被拷打致死 ❷折磨;使痛苦;使苦恼:She had been *tortured* by Billy's presence in the house. 见比利在屋里,她感到如坐针毡。‖ ˈ**tor•tur•er** *n.* [C] —ˈ**tor•tur•ous** *adj.*

tor•tured /ˈtɔːtʃəd/ *adj.* ❶扭曲的,歪曲的 ❷绕圈子的,(有意使)复杂的,曲折的

toss /tɔs/ **I** *vt.* ❶抛,掷,扔,投(见 throw):The catcher *tossed* the ball back to the pitcher. 接球手把球抛回给击球手。❷甩;突然抬起(或举起):She *tossed* her head, endeavouring to be very stern and cross. 她把头一挺,硬摆出严厉、生气的样子来。❸把…抛来抛去;到处扔;使摇荡,使摇摆;使颠簸:The ship *tossed* the quick foam from her bows. 船儿激起四溅的浪花。❹(打赌等时)掷(钱币);与…掷钱币;掷钱币决定(*for*):Let's *toss* the coin *for* the chance. 我们掷硬币来决定谁将得到这次机会。—*vi.* ❶被抛来抛去;被到处扔;摇荡,摇摆;颠簸:The branches were *tossing* in the wind. 树枝在风中摇曳。❷翻来覆去,辗转反

侧：He was *tossing* about in bed, full of cares and worry. 他在床上辗转反侧，牵肠挂肚，忧心忡忡。❸掷硬币做决定：Let's *toss* for the chance. 我们来掷钱币决定谁将获得这次机会。**II** *n.* [C] ❶抛，掷，扔，投 ❷〈英〉(尤指从马背上的)摔下 ❸猛抬；猛举：give a *toss* of one's head 把头一甩 ❹摇荡，摇摆；颠簸：the *toss* of the waves 波涛的翻滚 ❺掷钱币决定胜负；由掷钱币决定的事：on the *toss* of a coin 以投掷硬币的方式

tot[1] /tɔt/ *n.* [C] ❶小孩：a tiny *tot* 小娃娃 ❷一杯酒，少量酒；少量：a *tot* of brandy 一杯白兰地

tot[2] /tɔt/ (**tot·ted**; **tot·ting**) *vt.* 把…加起来，算出…的总和(*up*)：*tot up* the cost 计算总成本 —*vi.* 合计，共计(*up*)：Their correspondence *totted up* in extent to four novels. 他们之间的通信累计起来有四部小说那么厚。

to·tal /ˈtəutᵊl/ **I** *adj.* [无比较级][作定语] ❶总的，总括的；全部的，全体的：the *total* number of participants 总的参加人数 ❷完全的；彻底的：It is beyond a lie. It is *total* trash. 这岂止是撒谎，完全是一派胡言！**II** *n.* [C]总数，总额；总量，总和；全体，全部：a *total* of 200 guests 总共 200 名客人 **III** (**-tal(l)ed**; **-tal·(l)ing**) *vt.* ❶共计为，总数达：The government's budget deficit *totalled* $ 10 billion. 政府的预算赤字总计 100 亿美元。❷计算…的总和，把…相加 —*vi.* 总计，共计(*to*, *up to*)：The costs *totalled up* to $ 100. 费用合计 100 美元。‖ ˈ**to·tal·ly** *adv.*

to·tal·i·tar·i·an /təuˌtæliˈteəriən/ **I** *adj.* [无比较级]极权主义的 **II** *n.* [C]极权主义者 ‖ **toˌtal·iˈtar·i·an·ism** /-ˌnizᵊm/ *n.* [U]

to·tal·i·ty /təuˈtæliti/ *n.* [U] ❶总数，总额，总量 ❷全体，整个，全部：an organic *totality* 有机的整体

to·tem /ˈtəutᵊm/ *n.* [C] ❶图腾(用作家族或部落族等的标志的动植物或自然物体) ❷图腾形象 ‖ **to·tem·ic** /təuˈtemik/ *adj.*

tot·ter /ˈtɔtəʳ/ *vi.* ❶蹒跚，踉踉跄跄，跌跌撞撞：*totter* with age 因年迈而步履蹒跚 ❷变得不稳；动摇；摇摇欲坠：The government is *tottering* on the edge of ruin. 该政府摇摇欲坠，已到了垮台的边缘。❸摇晃；抖动：His breast heaved, his knees *tottered*. 他胸口起伏，双膝颤抖。‖ ˈ**tot·ter·er** *n.* [C]

tou·can /ˈtuːkᵊn/ *n.* [C]【鸟】巨嘴鸟

touch /tʌtʃ/ **I** *vt.* ❶触摸；接触；触碰；碰到：The willows hung down and *touched* the water. 柳枝低垂，轻拂水面。❷使接触；使触碰：They *touched* hands. 他们俩握了握手。❸与…接界；与…毗连：one of the apartment buildings that *touch* the alley 临街公寓楼中的一幢 ❹触动，感动：Everyone in presence was *touched* by his remarks. 他的一席话感动了所有在场的人。❺轻击，轻敲，轻按；弹拨(琴键、琴弦等)；弹拨(钢琴等)的琴键(或琴弦)：*touch* a chord 拨弄琴弦 ❻[常与否定词连用]比得上，超过，相媲美：No one can *touch* him in chess. 他在下棋方面，无人能出其右。—*vi.* 触摸；触碰；接触：Their fingers were almost *touching*. 他们的手指几乎触到一起了。**II** *n.* ❶[C; U]触，碰，摸；触摸；轻击，轻按：At the *touch* of a button the door opened. 按钮一按，门即洞开。❷[U]触觉；触感：read by *touch* 凭触觉读书 ❸[用单]一点儿，少许：There is a *touch* of spring in the air. 空气中透出丝丝春意。❹[用单](乐器的)演奏，弹奏；演奏法，弹奏法；(按键的)指触；(琴键、琴弦等的)弹性，弹力：His *touch* was brilliant and firm. 他的指法高明而稳健。❺[用单]手法；风格，格调；特色，特性；(人的)特有姿态(或作风等)：an Oriental *touch* 东方情调❻[常作~s](画笔等的)笔触；润色，修饰，装点：His farewell speech still needs a few *touches*. 他的告别演说还需稍加润色。❼[U]交往，接触，联系：Over the years we lost *touch*. 经过了这些年，我们彼此失去了联系。‖ ***touch down*** *vi.* (飞机或宇宙飞船等)降落，着陆：The plane *touched down* at 11:45. 飞机在 11 点 45 分降落。***touch on*** *vt.* (简略或顺便)谈及，提及；写到：I did *touch on* this problem a good many years ago in an essay I wrote. 好多年以前，我在一篇文章中的确谈过这个问题。***touch up*** *vt.* 修改；修饰；对…进行润色：*touch up* a poem 给一首诗润色 ‖ ˈ**touch·a·ble** *adj.*

touch-and-go /ˌtʌtʃᵊnˈgəu/ *adj.* [无比较级][通常作表语]危急的，一触即发的；悬乎的，不确定的：It was *touch-and-go* whether we'd catch the train. 我们能不能赶上火车还很难说。

touch·down /ˈtʌtʃˌdaun/ *n.* [C] ❶(飞行器等的)着陆，降落 ❷【橄】攻方持球触地；攻方持球

T

触地得分,底线得分

touched /tʌtʃt/ *adj*. [无比较级] ❶有些疯癫的,精神不太正常的 ❷(因感激等)受感动的,受触动的

touch·ing /ˈtʌtʃiŋ/ *adj*. ❶感人的,动人的;令人同情的:It is a *touching* moment. 这是令人感动的时刻。❷有联系的;有接触的 ‖ ˈ**touch·ing·ly** *adv*.

touch·screen /ˈtʌtʃˌskriːn/, **touch screen** *n*. [C](计算机上的)触摸屏

touch·y /ˈtʌtʃi/ *adj*. ❶动辄生气的,易怒的;过于敏感的:You mustn't be so *touchy*. 你不应该一点小事就发脾气。❷(问题、情况等)需小心对付的;棘手的,难办的;危险的,危急的:For him, the issue is particularly *touchy*. 对他来说,这个问题特别棘手。 ‖ ˈ**touch·i·ness** *n*. [U]

tough /tʌf/ *adj*. ❶牢固的,坚实的,坚固的;坚韧的;煮得太老的:The cake is good to look but *tough* to eat. 这蛋糕样子好看但吃起来太硬。❷强壮的;坚强的;能吃苦耐劳的:You know how *tough* he is. 你知道他是个经得起摔打的人。❸固执的,顽固的;难缠的:a very *tough* old judge 一位当法官的倔老头 ❹〈口〉困难的,艰难的,艰苦的:It could have been a *tough* day. 这一天本来会是很难过的。❺〈口〉不幸的;倒运的,倒霉的:*Tough* luck! 真倒霉! ❻(态度、措施等)强硬的;生硬的;没有余地的:a range of *tougher* measures 一系列更加强硬的措施 ‖ ***tough it* (*out*)** *vi*. 〈口〉坚持到底:It was hard work, but she *toughed it out*. 这是一份苦差事,但她还是挺了过来。 ‖ ˈ**tough·ly** *adv*. —ˈ**tough·ness** *n*. [U]

tough·en /ˈtʌfᵊn/ *vt*. & *vi*. ❶(使)变坚韧 ❷(使)变强硬 ❸(使)变坚强 ❹(使)变困难

tou·pee /ˈtuːpei/, **tou·pet** /tuːˈpei/ *n*. [C] ❶男用假发;(遮秃)假发:wear a *toupee* 戴着假发 ❷带顶髻的假发

tour /tuəʳ/ **I** *n*. [C] ❶旅行,旅游;(短时间)游览,观光;参观(见 journey):a walking *tour* 徒步旅行 ❷(军人或外交人员等在海外的)服役期,任职期:end one's *tour* in Egypt 终止在埃及的任职期 ❸巡视;巡回;巡回演出(或比赛等):an inspection *tour* 巡视 **II** *vt*. 在…旅行(或旅游);参观;巡视:He *toured* Mexico with his wife and children in a mobile home. 他与妻儿驾着房车游历了墨西哥。—*vi*. 旅行,旅游;参观;巡视;巡回演出(或比赛等):*tour* about [around, round] the world 环游世界

tour·ism /ˈtuərizᵊm/ *n*. [U] ❶旅游,观光:the most popular region for domestic *tourism* 国内旅游人气最旺的地区 ❷旅游业,观光业:*Tourism* is the country's second biggest industry. 旅游业是该国的第二大产业。

tour·ist /ˈtuərist/ *n*. [C]旅游者;游览者,观光者

tour·na·ment /ˈtuənᵊmᵊnt, ˈtɔː-, ˈtəː-/ *n*. [C]比赛;联赛;锦标赛;巡回赛:a friendship invitational *tournament* 友好邀请赛 / a chess *tournament* 象棋锦标赛

tour·ni·quet /ˈtuəniˌkei, ˈtɔː-/ *n*. [C]【医】压脉器,止血带:The nurse applied a *tourniquet* to his arm. 护士将止血带扎在他臂膊上。

tou·sle /ˈtauzᵊl/ *vt*. ❶(尤指)弄乱(头发等);使蓬松;弄皱 ❷粗暴地对待

tout /taut/ **I** *vi*. 招徕顾客;兜售东西;拉选票(或生意等)(*for*):*tout for* business 招徕生意 —*vt*. ❶招徕;兜售;兜揽:The report *touts* a number of high-tech advances indeed. 这份报告的确招徕了几笔高科技项目预付款项。❷吹捧,吹嘘:The magazine is still proudly *touted* by editor and publisher for its creative style. 编辑和出版者仍然在洋洋得意地吹捧这本杂志的独创风格。**II** *n*. [C]招徕顾客者;兜售者;拉选票者:A ticket *tout* offered me a £2 ticket for £10. 一个票贩子给我一张 2 英镑的票,但要价 10 英镑。

tow /təu/ **I** *vt*. 拖,拉,拽;牵引,拖带(见 pull):Cars illegally parked will be *towed* away. 非法停泊的车辆将被拖走。—*vi*. 拖行,被拖带:We set up a yell, rang bells to attract their attention; they *towed* on. 我们又是叫喊又是敲钟以唤起他们注意,可他们只是继续向前拖行。**II** *n*. ❶[用单]拖,拉,拽;牵引,拖带:I got a *tow* as far as the nearest service station. 有人把我的汽车拖到最近的加油站。❷[C]拖(或拉)的东西(如车、船等) ‖ ***in tow*** *adj*. & *adv*. 跟随着,陪伴着:The movie star walked down the street, autograph hounds *in tow*. 电影明星走在大街上,大帮要求签名者紧随其后。

to·ward(s) /təˈwɔːd(z)/ *prep*. ❶朝,向;面对:The house faces *towards* the south. 那房子

朝南。❷关于；对，对于：His early education was biased *towards* physics and mathematics. 他的早期教育偏重于数学和物理。❸为；有助于；可用于：A student progresses *towards* his qualification. 学生为获得资格不断进取。❹接近，将近：The summer mounted *towards* its climax. 已经到了大伏天了。

tow·el /ˈtauəl/ *n.* [C]毛巾；纸巾：a bath *towel* 浴巾

tow·el·(l)ing /ˈtauəliŋ/ *n.* [U]毛巾布，毛巾料：a *towelling* bath robe 毛巾布浴袍

tow·er /ˈtauəʳ/ *n.* [C] ❶塔，塔楼；高楼；(飞机场的)塔台：The Eiffel *Tower* was erected in 1889. 埃菲尔铁塔建于1889年。❷堡垒，碉堡，要塞；监狱：level the *tower* to the ground 将堡垒夷为平地

tow·er·ing /ˈtauəriŋ/ *adj.* [作定语] ❶高耸的，屹立的；高大的：a *towering* monument 高耸的纪念碑 ❷杰出的：a *towering* figure in world literature 世界文学巨匠 ❸强烈的，激烈的；极大的，极度的：He was still in a *towering* passion. 他仍盛怒不息。

town /taun/ *n.* ❶[C]镇，市镇，城镇：The *town* boasts a beautiful lake. 镇上有个美丽的湖。❷[U](同农村或郊区相对的)城市，都市：Paris isn't *town*. London is *town*. 巴黎不能算是城市，伦敦才有城市生活的味儿。❸[the ～]全体镇民；全体市民：*The* whole *town* knows of it. 这件事闹得满城风雨。❹[U][不用冠词]自己居住的(或附近的)城镇；闹市区；市内商业中心 ‖ ***go to town*** *vi.* 〈口〉❶全力以赴，十分卖力：While she was washing the clothes, she remembered she had a date with her boyfriend; then she really *went to town*. 她在搓洗衣服的当儿，突然想起和男朋友还有个约会，于是劲头十足地赶紧把衣服洗完。❷大量花钱，挥霍；毫无克制地说(或做)：You seem to have *gone to town* on the decoration of your house. 看样子你在房屋装修上确实不惜工本。***on the town*** *adv.* 〈口〉享受城镇生活(尤指夜生活)；在城里寻欢作乐：When the sailors got off their ship they went out *on the town*. 水手们离开轮船后，就到城里找乐子去了。

town hall *n.* [C]镇公所；市政厅

towns·peo·ple /ˈtaunzˌpiːpᵊl/ [复] *n.* 镇民，市民；城里人〔亦作 **townsfolk**〕

tox·ic /ˈtɔksik/ *adj.* ❶(有)毒的；毒性的；有害的：*toxic* gases 毒气 ❷[无比较级]中毒的；由毒性引起的：*toxic* symptoms 中毒症状 ‖ **tox·ic·i·ty** /tɔkˈsisiti/ *n.* [U]

tox·i·col·o·gy /ˌtɔksiˈkɔlədʒi/ *n.* [U]【医】【药】毒理学，毒物学 ‖ ˌ**tox·iˈcol·o·gist** *n.* [C]

tox·in /ˈtɔksin/ *n.* [C；U]【生化】毒素，毒质：a buildup of *toxins* in the body 体内毒素的积累

toy /tɔi/ **I** *n.* [C] ❶玩具；玩物：a *toy* for children 儿童玩具 ❷无价值的东西，微不足道的事物；儿戏；游戏文章；小摆设，小玩意儿：As for petitioning, that is a child's *toy*. 至于请愿，那就是小孩子的玩意儿了。**II** *vi.* ❶玩弄，摆弄，把玩；戏耍(*with*)：A gold chain dangled about her neck, and her fingers *toyed with* it. 一条金链在她的脖子上晃荡，她用手指把玩着。❷随随便便地对待，把…当作儿戏(*with*)(见 trifle)：They were *toying with* the performance. 他们把这次演出不当回事。

trace /treis/ **I** *n.* ❶[C；U]痕迹，遗迹；踪迹，形迹，足迹：I will keep *trace* of you. 我要随时打听你的下落。❷[C]少许，微量；痕量：She managed a *trace* of smile. 她挤出一丝笑容。**II** *vt.* ❶追踪，跟踪(*along*, *through*, *to*)：The team *traced* their footprints in the mud. 小分队顺着他们在泥地里留下的脚印跟踪他们。❷追溯，查考，追究，考证(*back*)：The roots of the idea can be *traced back* for at least 600 years. 这种思想的根源可以追溯到至少600年前。❸查出，探出，找出，看出：It was the action of freezing his bank accounts that finally *traced* him. 最后通过冻结他的账户才把他查了出来。❹描摹，映描；誊写，刻印(*over*)：Unable to draw, she *traced* a pattern for a knot garden from a book of garden design. 由于不会绘画，她从一本花园设计书上描下一张设计精致的花园图案。‖ ˈ**trac·er** *n.* [C] —ˈ**trace·a·ble** *adj.*

☆**trace**, **track**, **vestige** 均有"踪迹，痕迹"之意。**trace** 可表示人或动物的足迹或车辆行驶后压出的痕迹，也常指过去事件或事物留下的印记或线索：Did the police find any *trace* of the suspect? (警察是否发现嫌疑人的任何踪迹?) **track** 常指可以察觉的轨迹或连续不断的印记，侧重能够被跟踪或跟随：The hunter followed the game's *tracks* into the woods. (猎人循着猎物的足迹跟踪到了树林。) **vestige** 指能证明某

T

一事物现今虽已消失但过去确实存在的碎片、残墟遗迹等实物：Some upright stones in wild places are the *vestiges* of ancient religions.（荒野里那几根直立的石柱是古代宗教的遗迹。）

trace element *n.* [C]【化】痕量元素，微量元素

trac·ing /ˈtreisiŋ/ *n.* [C] ❶描摹；映描 ❷摹图；映描图

track /træk/ **I** *n.* [C] ❶踪迹；形迹；轨迹；航迹；车辙；[~s]足迹（见 trace）：cover up one's *tracks* 隐匿行踪 ❷（尤指踩出的）小径，小道；路径（见 way）：*a mountain track* 山路❸（铁路的）轨道，路线：lay three miles of *track* 铺设三英里铁轨 ❹【体】跑道，赛道；径赛运动，田径运动：a Formula One *track* 一级方程式赛道 ❺（唱片的）声槽；（录音磁带的）声轨；（电影胶片的）声迹；（唱片或录音磁带上的）一段录音；歌曲；乐曲：This side has six *tracks*. 这一面有六首曲子。**II** *vt.* 跟踪；追踪：The spy was closely *tracked* by the police. 那名间谍被警察紧紧地盯住了。—*vi.* ❶跟踪；追踪 ❷留下印迹 ‖ ***keep track of*** *vt.* 跟上…的进展；保持与…的联系；记录：*keep track of* each other 保持相互联系 ***lose track of*** *vt.* 不能跟上…的进展；失去与…的联系；记（或看、听、算）不清：He *lost track of* what was happening. 他跟不上发展的步伐。***off the beaten track*** [*path*] *adj.* & *adv.* 离开常规；不落俗套：We found a little restaurant *off the beaten track*. 我们找到了一家别致的小饭馆。***off the track*** *adj.* & *adv.* 偏离正道，离题，偏离目标；出错：The speaker was reminded time and again not to get *off the track*. 发言者不时地被提醒不要离题。‖ ˈ**track·age** *n.* [U] —ˈ**track·a·ble** *adj.* —ˈ**track·er** *n.* [U]

tract /trækt/ *n.* [C] ❶（土地等的）大片；大片土地，广阔地带：a *tract* of wooded country 一大片森林地带 ❷【解】道；束：the digestive *tract* 消化道

tract·a·ble /ˈtræktəbᵊl/ *adj.* ❶（人或动物）易对付的，易驾驭的；温顺的，听从的，驯服的：a *tractable* horse 驯良的马 ❷（材料等）易处理的；易加工的：Copper is a *tractable* metal. 铜是可锻金属。‖ ˈ**tra·cta·bly** *adv.*

trac·tion /ˈtrækʃᵊn/ *n.* [U] ❶牵引，拖拉；牵引力，拉力：mechanical *traction* 机械牵引 ❷【医】牵引（术）：skeletal *traction* 骨骼牵引 ❸（肌肉等的）收缩 ❹【物】附着摩擦力：Wheels slip on ice because there is too little *traction*. 由于附着摩擦力太小，车轮在冰面上打滑。

trac·tor /ˈtræktəʳ/ *n.* [C] ❶拖拉机 ❷牵引车

trade /treid/ **I** *n.* [U;C]❶贸易，商业；交易，买卖，生意（见 business）：*Trade* for him never boomed. 他做生意从没有发达过。❷职业；行业；手艺：He is a tailor by *trade*. 他以做裁缝为生。**II** *vi.* ❶从事贸易；进行交易，做买卖，做生意（*in*，*with*）：He *traded* as a car merchant. 他是做汽车生意的商人。❷进行交换，对换（*with*，*for*）：If you don't like your seat, I'll *trade with* you. 如果你不喜欢自己的座位，我和你换。—*vt.* 用…进行交换；互相交换（见 sell）：The boy *traded* his drum for a knife. 那男孩用一面鼓换了把小刀。‖ ***trade in*** *vt.* 以（旧物）折价贴换同类新物：He *traded in* his pickup for a motorcycle. 他用自己的轻型货车折价换了一辆摩托车。

trade mark *n.* [C] ❶商标，牌号 ❷（人或物的）标记，特征：Long hair was the *trade mark* of the hippy. 蓄长发是嬉皮士的标记。

trade-off /ˈtreidˌɔf/ *n.* [C] ❶（公平）交易；（平等）交换：political *trade-offs* 政治交易 ❷平衡，协调

trad·er /ˈtreidəʳ/ *n.* [C] ❶商人：a retail *trader* 零售商 ❷商船，贸易船

trades·man /ˈtreidzmᵊn/ *n.* [C]（[复]**-men** /-mᵊn/）❶商人；店主；零售商 ❷手艺人；技工，熟练工人

trade union *n.* [C]（为保护和争取工人权利而组织起来的）工会〔亦作 **union**〕

trade wind *n.* [C][常作 **trade winds**]【气】贸易风，信风

tra·di·tion /trəˈdiʃᵊn/ *n.* [U;C] ❶传统；传统思想（或习俗、信仰等）：They are cattle-farmers by *tradition*. 他们是传统的牧民。❷传说，口传；沿袭：*The stories of Robin Hood* are based on *traditions*. 罗宾汉的故事主要是根据传说而来的。‖ **traˈdi·tion·al** *adj.* —**traˈdi·tion·al·ly** *adv.*

traf·fic /ˈtræfik/ *n.* [U] ❶交通；通行，往来：The newly-built railway is now open to [for] *traffic*. 这条新建铁路现已通车了。❷行驶的车流（或船队等）；流动的车辆和行人；交通

量：A speeding motorist moved in and out of *traffic*. 快速行驶的摩托车手在车流中穿梭而行。❸运输；运载量：*vehicles of traffic* 运输车辆 / goods *traffic* 货物运输（量）❹贸易，交易；贸易量；非法买卖（*in*）：curb the *traffic in* guns 打击武器贩运 ‖ ˈ**traf·fick·er** *n.* [C]

traffic light *n.* [常作 **traffic lights**]交通信号灯：When you drive, you hope to catch all the *traffic* lights green. 人们开车时总希望一路亮绿灯。〔亦作 **stoplight**〕

tra·ge·di·an /trəˈdʒiːdiən/ *n.* [C] ❶悲剧作家 ❷悲剧演员

trag·e·dy /ˈtrædʒidi/ *n.* ❶[C;U]灾难；不幸：The year ended in *tragedy*. 这一年就在灾难中结束了。❷[C]〈口〉悲惨事件；惨案：The defeat of Netherlands is a *tragedy*. 荷兰队输得很惨。❸[C]（一出）悲剧：one of Shakespeare's best known *tragedies* 莎士比亚最著名的悲剧之一 ❹[U]悲剧作品；悲剧体裁

trag·ic /ˈtrædʒik/, **trag·i·cal** /-kᵊl/ *adj.* ❶悲惨的；可悲的：John's is a *tragic* story. 约翰的经历十分悲惨。❷悲痛的，悲哀的：the *tragic* eyes of a bereaved wife 孀妇悲哀的眼神 ‖ ˈ**trag·i·cal·ly** *adv.*

trail /treil/ **I** *n.* [C] ❶痕迹；足迹；踪迹；印迹；臭迹：We didn't want to put the folks on our *trail*. 当时我们不想让家里人知道我们的下落。❷（荒野中踏出的）小道，小径；路线，路径：a steep zigzag *trail* 陡峭的羊肠小道 **II** *vt.* ❶跟踪；追踪；追猎，循…的臭迹：They used hounds to *trail* the escaped convicts. 他们用猎犬追赶逃犯。❷跟随；追随；落后于：*trail* one's classmates 落后于班上的同学 ❸拖，拽，拉；使拖在后面：He *trailed* Harry into the room. 他把哈里拽进房间。—*vi.* ❶（被）拖，（被）拉，（被）拽：The bride's long skirt *trailed* along behind her. 新娘的长裙曳地。❷无精打采地行走；拖沓地行进，缓缓而行：hikers who *trailed* into camp hours after the first ones had arrived 在第一批到达数小时后才慢吞吞走进营地的徒步旅行者 ❸落后；输：The challenger *trailed* 3-1 at half time. 挑战者在半场时以3∶1落后。❹伸展开；蔓生，蔓延；（缓慢地）飘动；流出：There are Boston ivies *trailing* over the walls. 墙上到处都是爬山虎。

trail·er /ˈtreiləʳ/ *n.* [C] ❶拖车，挂车，拖斗；载货挂车 ❷（由汽车拖动的）活动房屋

train /trein/ **I** *vt.* ❶培养，训练，教育；驯养（见teach）：The aim of the course was primarily to *train* health educators. 该课程的目的首先是要培养卫生教育工作者。❷锻炼：My term of service in India had *trained* me to stand heat better than cold. 我在印度工作过一段时间，练就了一身怕冷不怕热的本领。❸把…瞄准，将…对准（*on*）：She saw in the far distance that Paul had his binoculars *trained on* her. 她发现保罗在远处用望远镜对着她看。—*vi.* ❶受培养，受训练，受教育；受驯养：He decided to *train* as a doctor. 他决定接受医生的培训。❷进行锻炼：He is *training* for the marathon. 他正在为参加马拉松赛跑而训练。❸〈口〉乘火车，坐火车：*train* to London 乘火车去伦敦 **II** *n.* ❶[C;U]火车，列车：travel by *train* 乘火车旅行 ❷[C]（一）连串，（一）系列：A *train* of ideas came into my mind after I heard his speech. 听了他的一番话，我思绪万千。‖ ˈ**train·a·ble** *adj.*

train·ee /treiˈniː/ *n.* [C]受培训者，实习生

train·er /ˈtreinəʳ/ *n.* [C] ❶教员；（体育运动等的）教练（员）❷驯马师；驯兽师

train·ing /ˈtreiniŋ/ *n.* [U]培养，训练，教育；锻炼；驯养

trait /treit/ *n.* [C]特征，特点，特性，特质：Generosity is his best *trait*. 慷慨是他的最大特点。

trait·or /ˈtreitəʳ/ *n.* [C]卖国贼；叛徒；背叛者；背信弃义者：Our doubts are *traitors*, and make us lose the good we might often win, by fearing to attempt it. 怀疑是会坏事的，不敢尝试，本来可以得到的益处，结果却失去了。‖ ˈ**trai·tor·ous** *adj.*

tra·jec·to·ry /trəˈdʒektᵊri, ˈtrædʒik-/ *n.* [C]【物】轨道；弹道；轨线：the *trajectory* of an artillery shell 炮弹的弹道

tram /træm/, **tram·car** /ˈtræmkɑːʳ/ *n.* [C] ❶〈英〉（有轨）电车 ❷缆车，吊车；煤车；矿车

tramp /træmp/ **I** *vi.* ❶步履沉重地走；踏着坚实的脚步走：We all *tramped* back to base. 我们一个个拖着沉重的脚步返回基地。❷踩，踏：Don't let the kids play in the garden, they might *tramp* on my flowers. 别让这些小家伙到花园里去玩，他们会踩坏我的花。❸步行；

T

长途跋涉;徒步旅行:*tramp* up the hill 徒步登山 —*vt.* (尤指长距离)行走在,走过:Thousands of feet had *tramped* this route in times past before railways. 早在铁路建成之前,成千上万的人就走过这条路。**II** *n.* ❶[用单](行进中等的)脚步声,坚实(或沉重的)脚步声:the *tramp* of marching troop 行军部队重重的脚步声 ❷[C]步行;长途跋涉;徒步旅行(者):a long day's *tramp* 一整天的长途跋涉 ‖ **ˈtramp·er** *n.* [C]

tram·ple /ˈtræmpᵊl/ *vt.* ❶踩,践踏:The fence had been *trampled* down. 树篱被踩倒了。❷轻蔑(或粗暴)地对待;伤害;蹂躏:I'm the kind you can *trample* for a time, but not all the time. 我这个人你伤害个把次没问题,但老是这样那可不行。—*vi.* ❶踩,踏 ❷轻蔑(或粗暴)地对待;伤害;蹂躏:*trample* on human rights 践踏人权 ‖ **ˈtram·pler** *n.* [C]

tram·po·line /ˈtræmpəˌliːn/ *n.* [C](杂技表演中翻筋斗用的)蹦床,弹床

trance /trɑːns;træns/ *n.* [C][用单] ❶昏睡状态;催眠状态:She was in a *trance* for several hours. 她昏睡了几个小时。❷恍惚;出神;发呆:She gazed blankly at the great smoke cloud as if in a *trance.* 她表情木然地凝视那大片烟云,仿佛进入一种神思恍惚状态。

T

tran·quil /ˈtræŋkwil/ *adj.* 平静的;安静的;安宁的:a place of *tranquil* repose 宁静祥和之地 ‖ **tran·quil·(l)i·ty** /træŋˈkwiliti/ *n.* [U] —**ˈtran·quil·ly** *adv.*

tran·quil·(l)ize, tran·quil·(l)ise /ˈtræŋkwiˌlaiz/*vt.* 使平静;使安静;使安宁;(用药物)使镇静:The tired brain is *tranquilized* in sleep. 疲劳的大脑在睡眠中获得安宁。

tran·quil·(l)iz·er, tran·quil·(l)is·er /ˈtræŋkwiˌlaizəʳ/ *n.* [C;U]【药】镇静剂;止痛药:take a *tranquilizer* 服用镇静剂

trans- /trɑːns,træns,trɑːnz,trænz/ *comb. form* ❶表示"横穿","横断","穿越","跨越":*trans*continental,*trans*gress,*trans*bay (跨越海湾的) ❷表示"在那一边","在另一边","到另一边","彼岸":*trans*atlantic,*trans*border (边界另一边的) ❸表示"转移","变化","转化","转换":*trans*form,*tran*scribe,*trans*calent (传热的)

trans·act /trænˈzækt,trɑːn-,-ˈsækt/ *vt.* 办理,处理;商谈,商议;做(生意):*transact* private business 处理私事 ‖ **transˈact·or** *n.* [C]

trans·ac·tion /trænˈzækʃᵊn,trɑːn-,-ˈsækʃᵊn/ *n.* ❶[U]办理,处理:The *transaction* took two months. 这件事办了两个月。❷[C]业务;交易:finalize a *transaction* with sb. 同某人达成交易 ‖ **transˈac·tion·al·ly** *adv.*

trans·at·lan·tic /ˌtrænzətˈlæntik, ˌtrɑːnz-,-sət-/ *adj.* [无比较级]横渡大西洋的,横穿大西洋的,飞越大西洋的:*transatlantic* flight 飞越大西洋的航班

tran·scend /trænˈsend,trɑːn-/ *vt.* 〈书〉❶超越,超出(经验、理性、信念等)的范围:*transcend* self 超越自我❷优于,胜过,超过;克服:*transcend* obstacles 扫除障碍 ‖ **tranˈscend·ence** *n.* [U] —**tranˈscend·ent** *adj.*

tran·scribe /trænˈskraib,trɑːn-/ *vt.* ❶抄写,誊写;录入(文字),用打字机打出:Please *transcribe* the first two paragraphs. 请抄写开头的两段。❷全文写下(或印出):She *transcribed* into paint what she saw. 她将所见绘入画中。❸译;意译:understand and *transcribe* the same idea in very different ways 以不同的方式理解并诠释同一种观点 ‖ **tranˈscrib·er** *n.* [C]

tran·script /ˈtrænskript,ˈtrɑːn-/ *n.* [C] ❶抄本,誊本;打印本 ❷(泛指)副本,复本

tran·scrip·tion /trænˈskripʃᵊn,trɑːn-/ *n.* ❶[U]抄写,誊写;(打字机的)打印;(速记符号等的)翻译 ❷[C]抄本,誊本,复本

trans·duc·er /trænsˈdʲuːsəʳ,trɑːns-/ *n.* [C]【计】转录器;读数计

trans·fer **I** /trænsˈfəːʳ, trɑːns-/ (**-ferred**;**-fer·ring**) *vt.* ❶搬;迁移;转运;转移:The head office has been *transferred* from Nanjing to Shanghai. 总部由南京迁到了上海。❷【律】转让,让与(财产、权利、头衔等):He intends to *transfer* his property to his daughter. 他打算把财产让与他女儿。❸改变;转变,转换:*transfer* industrial wastes from liability into assets 把工业废料由废变宝 —*vi.* ❶搬;迁移;转运;转移 ❷调动,转职;(运动员)转会;(学生)转学,转系:*transfer* to a new classroom 转班❸转乘,转搭:*transfer* at Beijing 在北京转车 **II** /ˈtrænsfəːʳ,ˈtrɑːns-/ *n.* ❶[C;U]迁移;转运;转移;移交;转账:population *transfer* 人口迁移❷[C;U](职务等的)调动,调任;(运动员

的)转会;(学生的)转学:a *transfer* to another club 转会 ❸[C]供转印的图画(或图案等);(用以转印图案等的)转印纸:a T-shirt with a *transfer* 印有转印画的T恤衫 ❹[U]【律】(财产、所有权、头衔等的)转让,让与:*transfer* of technology 技术转让 ❺[C]转车(或船、飞机)票;转车(或船、飞机)处;(汽车或火车的)摆渡处;(汽车或火车的)渡轮:a streetcar *transfer* 电车换车票 ‖ **trans'fer·a·ble** *adj.* —**trans'fer·(r)al** *n.* [C]

trans·fig·ure /træns'figəʳ,trɑːns-/ *vt.* 使变形,使改观;改变…的外貌:She cried, lifting towards him a face that was *transfigured* with joy and love. 她嘴里嚷嚷着,一边抬头望着他,脸上因欢喜和慈爱而改变了神色。‖ **trans,fig·u'ra·tion** *n.* [U]

trans·form I /træns'fɔːm,trɑːns-/ *vt.* ❶使变形,使变样,使改观:The detective was *transformed* when he was hot upon such a scent as this. 每当这位侦探热切地探究线索的时候,他变得和原来判若两人。❷使改变性质(或结构、作用等);使改变性情(或个性等):*transform* a debt-ridden newspaper into a sensational bestseller 使一家负债累累的报纸转而成为颇具轰动效应的畅销报刊 ❸改造;改革;改善:He *transformed* the old sitting-room into a beautiful kitchen. 他把旧起居室改造成漂亮的厨房。II /'træns,fɔːm,'trɑːns-/ *n.* [C]【数】变换(式):cosine *transform* 余弦变换 ‖ **,trans·for'ma·tion** *n.* [U;C]

trans·form·er /træns'fɔːməʳ, trɑːns-, trænz-, trɑːnz-/ *n.* [C] ❶【电】变压器,变换器:a crossbar *transformer* 纵横变换器 ❷引起变化的人(或事物);改革者

trans·fu·sion /træns'fjuːʒᵊn,trɑːns-/ *n.* [C] ❶倾注,灌输,渗透,感染❷【医】输血(法)

tran·si·ent /'trænziənt,'trɑːnz-,-siənt/ *adj.* [无比较级]〈书〉短暂的,片刻的,倏忽的,转瞬即逝的;无常的:*transient* lightning 倏忽即逝的闪电 ‖ **'tran·si·ence**, **'tran·si·en·cy** *n.* [U] —**'tran·si·ent·ly** *adv.*

☆ **transient**, **ephemeral**, **fleeting**, **fugitive**, **momentary**, **transitory** 均有"短暂的,一时的"之意。**transient** 指持续或停留时间很短的:She snatched a *transient* glance of the landscape. (她只是走马观花看了一下周围的景色。) **ephemeral** 原意为只能生存一天的,现多用于生命短暂或延续时间不长的事物:A butterfly's existence is *ephemeral*. (蝴蝶的寿命很短。) **fleeting** 表示消逝或消失速度很快,无法捕捉或难以留住:a *fleeting* smile (一闪即逝的笑容) **fugitive** 指只存在一瞬间、很快就消逝或消失的,令人难以理解的:The *fugitive* hours were gone and would not return. (匆匆流逝的光阴一去不复返。) **momentary** 常用于某一较长持续状态或过程的一时中断,带有瞬时即逝的意味:Her feeling of fear was only *momentary*. (她的恐惧心理只有一瞬间。) **transitory** 表示从性质或本质上来说很快或注定要改变、流逝或结束的:Fame is *transitory*. (荣誉只是暂时的。)

tran·sis·tor /træn'zistəʳ,trɑːn-,-'sis-/ *n.* [C] ❶【电】晶体管 ❷〈口〉晶体管收音机,半导体收音机

trans·it /'trænzit,'trɑːn-,-sit/ I *n.* [U] ❶载运,运输:*transit* by rail 铁路运输❷公共交通运输系统;公共交通设备:Our luggage got lost in *transit*. 我们的行李在运输中遗失了。II *vi.* 通过,经过,越过

tran·si·tion /træn'ziʃᵊn,trɑːn-,-'si-/ *n.* [C;U] ❶过渡(时期);转变,变迁:a period of literary *transition* 文学转型期❷(文章中连接上下文的)转折语,转折句 ‖ **tran'si·tion·al** *adj.*

tran·si·tive /'trænsitiv,'trɑːn-,-zi-/ I *adj.* [无比较级]【语】(动词)及物的:*transitive* use of a verb 动词的及物用法 II *n.* [C]【语】及物动词 ‖ **'tran·si·tive·ly** *adv.* —**'tran·si·tive·ness** *n.* [U] —**tran·si·tiv·i·ty** /,trænsi'tiviti/ *n.* [U]

tran·si·to·ry /'trænsitᵊri,'trɑːn-,-zi-/ *adj.* 短暂的,片刻的,瞬息的;过渡的;无常的:News in some daily newspapers were of *transitory* value. 某些日报的新闻只有一时的价值。

trans·late /træns'leit,trɑːns-,trænz-,trɑːnz-/ *vt.* 译,翻译:Marxism has been widely *translated*. 马克思主义被广为传译。—*vi.* ❶译,翻译;(可)被翻译:Ancient poetry does not *translate* easily. 古诗不易翻译。❷转变,转化(*into*):Her intelligence did not *translate into* books that could be called brilliant. 她的聪明才智没有转化成才华横溢的作品。‖ **trans'la·tor** *n.* [C]

trans·la·tion /træns'leiʃᵊn, trɑːns-, trænz-,

trɑːnz-/ *n.* ❶[C;U]译,翻译:I used to do *translations* for a publishing house. 我曾为一家出版社做翻译。❷[C]译文,译本:faithful *translations* 忠实的译文 ❸[U;C]转变,变化:the swift *translation* of thought to action 思想向行动的快速转化

trans·lu·cent /trænzˈluːsᵊnt, trɑːnz-, træns-, trɑːns-/ *adj.* [无比较级]半透明的:The windows are *translucent* enough to admit some light. 这些窗户是半透明的,可以透些光进来。‖ **transˈlu·cence** /-sᵊns/, **transˈlu·cen·cy** /-sᵊnsi/ *n.* [U]

trans·mis·sion /trænzˈmiʃᵊn, trɑːnz-, træns-, trɑːns-/ *n.* ❶[U]传送,传输;传递,传达:digital *transmission* 数字传输 ❷[U](知识、思想等的)传授,传播;(疾病的)传染:oral *transmission* 口头传授 ❸[U](无线电、电视等的)播发,播送,发射,发送;(无线电发射台与接收台之间的)传输:a live TV *transmission* 现场电视直播 ❹[C]传送物;电报;(广播、电视播送的)节目:a news *transmission* 新闻节目 ❺[C;U]【机】传动器;变速器;联动机件:step *transmission* 有挡变速器

trans·mit /trænzˈmit, trɑːnz-, træns-, trɑːns-/ *vt.* (**-mit·ted;-mit·ting**) ❶传送,输送;传递,传达(见 carry):Without stimulation, the auditory nerve may lose its ability to *transmit* information to the brain. 没有刺激,听神经将丧失其向大脑传递信息的功能。❷传授,传播(知识、思想等);传染(疾病):*transmit* skills 传授技艺 ❸传(光、声、热等);透(光等);使(光、声、热等)通过空气(或其他介质);传递(力等):Iron *transmits* heat. 铁传热。❹播送,发送:The program will be *transmitted* at 8:00. 节目将在8点整播出。‖ **trans·mis·si·ble** /-ˈmisəbᵊl/ *adj.* —**transˈmit·ta·ble** *adj.* —**transˈmit·tal** *n.* [U] —**transˈmit·tance** *n.* [U]

trans·mit·ter /trænsˈmitəʳ, trɑːns-, trænz-, trɑːnz-/ *n.* [C] ❶(电话的)送话器,话筒:a battery-operated *transmitter* 使用电池的话筒 ❷【电信】发射机;发报机

trans·par·en·cy /trænsˈpærᵊnsi, trɑːns-, -ˈpeər-/ *n.* ❶[U]透明(性);透明度;透光度:market *transparency* 市场透明度 ❷[C]【摄】透明正片,幻灯片,透明物:a colour *transparency* 彩色幻灯片

trans·par·ent /trænsˈpærᵊnt, trɑːns-, -ˈpeər-/ *adj.* ❶透明的,透光的;清澈的,明净的:Those *transparent* curtains will never keep the light out. 那些透明窗帘根本挡不了光。❷显而易见的,一目了然的;易识破的,易觉察出的:After the war, he came to me pretending to be my nephew, but it was a *transparent* fraud. 战后他来到我跟前,自称是我的侄子,这显然是个骗局。❸坦诚的,坦白的,直率的:a *transparent* face 一张坦诚的脸 ‖ **transˈpar·ent·ly** *adv.*

tran·spire /trænˈspaiəʳ, trɑːn-/ *vi.* ❶[用 it 作主语]结果是,最终成为:It *transpired* he knew nothing about it. 结果是他对此毫不知情。❷〈口〉发生,产生:He wondered what would *transpire* next. 他猜测着接下来会发生什么事。❸(汗水、气体等)蒸发,散发,排出 —*vt.* 出(汗);排(汗);使(气体等)蒸发 ‖ **tran·spir·a·tion** /ˌtrænspəˈreiʃᵊn/ *n.* [U]

trans·plant I /trænsˈplɑːnt, trɑːns-; -plænt/ *vt.* ❶移植,移种:He *transplanted* new and beautiful flowers from the wilderness to his garden. 他把野地里美丽的新花移种到自己的花园里。❷使迁移;使迁居:It was proposed to *transplant* the club to the vacant site at Elland Road. 有人建议把俱乐部迁到埃兰路那块空地上。❸【医】移植(组织、器官):*transplant* kidney 移植肾脏 II /ˈtrænsˌplɑːnt, ˈtrɑːns-; -ˌplænt/ *n.* ❶[U;C]【医】(组织、器官的)移植(手术);移植的器官(或组织):The *transplant* was rejected by the surrounding tissue. 移植器官受到周围组织的排斥。❷[C]【植】被移植的苗木:The *transplant* flourished in new soil. 移植的苗木在新土壤里茁壮成长。‖ **trans·plant·a·tion** /ˌtrænsplɑːnˈteiʃᵊn; -plænt-/ *n.* [U] —**transˈplant·er** *n.* [C]

trans·port I /trænsˈpɔːt, trɑːns-/ *vt.* 运输,运送,输送;搬运(见 carry):*transport* oxygen from the lungs to the tissues 把氧气从肺部输向身体各组织 II /ˈtrænsˌpɔːt, ˈtrɑːns-/ *n.* ❶[U]运输,运送,输送;搬运:national long distance *transport* 国内长途运输 ❷[U;C]运输工具;交通车辆:arrange *transport* and visiting services 安排交通工具和观光事宜

trans·por·ta·tion /ˌtrænspɔːˈteiʃᵊn, ˌtrɑːns-/ *n.* [U] ❶运输,运送;输送;搬运:the overland *transportation* 陆路运输 ❷公共交通(网),交

通运输系统；运输工作，运输业：urban *transportation* 城市交通运输系统❸运输工具；交通车辆：The truck is my family's sole *transportation*. 这辆卡车是我家唯一的交通工具。

trans•pose /træns'pəuz, trɑːns-, trænz-, trɑːnz-/ *vt.* ❶互换…的位置(或顺序)；使换位，颠倒(见 reverse)：*transpose* the first and second letters of a word 将某词的第一个字母和第二个字母交换顺序 ❷【音】使变调，使移调：*transpose* the song down into E flat 将歌曲变为降 E 调 ‖ **trans•po•si•tion** /ˌtrænspəu'ziʃᵊn, trɑːns-, trænz-, trɑːnz-/ *n.* [C;U]

trans•verse /'trænzvəːs, 'trɑːnz-, 'træns-, 'trɑːns-/ *adj.* [无比较级]横的，横向的；横断的，横截的，横切的 ‖ '**trans•verse•ly** *adv.*

trans•ves•tite /trænz'vestait, trɑːnz-, træns-, trɑːns-/ *n.* [C]【心】(尤指男性)异性装扮癖者，易装癖者 ‖ **trans'ves•tism** *n.* [U]

trap /træp/ **I** *n.* [C] ❶(捕鸟、兽的)陷阱，罗网，夹子，捕捉机；(捕鱼的)渔栅，陷阱网：be caught into a *trap* 落入陷阱 ❷〈喻〉圈套，陷阱，诡计；牢笼，困境：a death *trap* 死亡陷阱 **II** *vt.* (**trapped**; **trap•ping**) ❶设陷阱捕捉；用捕捉器捕捉；在…设陷阱捕捉野兽：*trap* rabbits for their fur 为谋毛皮而设陷阱捕捉野兔 ❷使落入圈套；设计陷害(或捉拿等)；使陷入困境；使受限制(见 catch)：The police *trapped* the kidnapper. 警察设计捉拿了绑匪。 ‖ '**trap•per** *n.* [C]

trap•door /'træpˌdɔːʳ/ *n.* [C] ❶【建】地板门，活板门；活动天窗 ❷【计】陷阱门；天窗(指偷取其他用户计算机数据的方法)

tra•peze /trə'piːz/ *n.* [C]高秋千，吊架

trap•e•zoid /'træpiˌzɔid/ *n.* [C]〈英〉【数】不规则四边形；梯形 ‖ '**trap•eˌzoid•al** *adj.*

trap•pings /'træpiŋz/ [复] *n.* ❶(外表的)装饰；装饰品，饰物：the *trappings* of Christmas 圣诞节装饰品 ❷(作为官职标志的)服饰；礼服：all the *trappings* of prime ministerial power 标志着首相权力的全套官服服饰

trash /træʃ/ 〈口〉 *n.* [U] ❶垃圾，废物：The street collects *trash* on Tuesdays. 该街道每周二清理垃圾。❷不中用的人；窝囊废，可怜虫；社会渣滓，败类：Why do you tarnish yourself by mixing with *trash*? 你为什么要跟这些败类混在一起，损害自己的形象呢？

trash can *n.* [C]垃圾箱，废物桶

trash•y /'træʃi/ *adj.* 垃圾似的，废物似的；一钱不值的；廉价的，蹩脚的；拙劣的：It's *trashy*, but somehow true. 这话虽是废话，不过多少还是有点儿道理。

trau•ma /'trɔːmə, 'trau-/ *n.* ([复] **-ma•ta** /-mətə/或 **-mas**) ❶[C; U]【医】损伤，外伤：*trauma* of hands and feet 手足损伤❷[U]【心】创伤：the deep *trauma* of that decade of horror 那 10 年恐怖造成的深深创伤 ‖ **trau•mat•ic** /trɔː'mætik, trau-/ *adj.*

trav•el /'trævᵊl/ **I** (**-el(l)ed**; **-el•(l)ing**) *vi.* ❶(长途)旅行；游历(见 migrate)：Mike has *travelled* a lot in China. 迈克到过中国很多地方。❷(以特定方式或速度)行进；行驶；运行：*travel* at a speed of 50 miles per hour 以每小时 50 英里的速度行驶 ❸被传输，被运送；被传送；被传播：Microwaves *travel* in straight lines. 微波直线传输。—*vt.* ❶在…旅行(或游历)：*travel* the world over 周游世界 ❷经过，通过；走过；驶过：*travel* miles to see one's friends 长途跋涉去访友 **II** *n.* ❶[C; U](长途)旅行；游历：a space *travel* 太空旅行❷[常作～s]漫游；一系列旅行游览：Their bodies were heavy with the fatigue of *travels*. 他们因在外奔波而疲惫不堪。 ‖ '**trav•el•(l)er** *n.* [C]

trawl /trɔːl/ **I** *vi.* 用拖网(或排钩)捕鱼：*trawl* off the coast 在海岸边拖网捕鱼 —*vt.* 用拖网(或排钩)捕(鱼) **II** *n.* [C] ❶(捕海鱼的)排钩〔亦作 **trawl line**〕❷(捕海鱼的)拖网〔亦作 **trawl net**〕：a bottom *trawl* 水底拖网

trawl•er /'trɔːləʳ/ *n.* [C] ❶拖网渔船 ❷拖网捕鱼者，拖网渔民

tray /trei/ *n.* [C](托)盘；碟；(浅)缸；盒：tea [ash] *trays* 茶盘[烟灰缸]

treach•er•ous /'tretʃᵊrəs/ *adj.* ❶不忠的，背叛的；奸诈的：The *treacherous* nibble stabbed his friend in back. 那奸佞小人在背后捅了朋友一刀。❷靠不住的；变化莫测的；阴险的：It was a *treacherous* place to pick one's steps in a dark night. 在昏暗的夜晚，这地方可不容易下脚呀。 ‖ '**treach•er•ous•ly** *adv.* —'**treach•er•ous•ness** *n.* [U]

treach•e•ry /'tretʃᵊri/ *n.* ❶[U]背叛，变节；背信；奸诈：His *treachery* led to the capture and

T

imprisonment of his friend. 他的背叛使他的朋友被捕入狱。❷[常作 **treacheries**]背叛行为，变节行为；背信行为；叛逆罪：be punished for one's *treacheries* 因自己的背叛行为受到惩罚

trea•cle /ˈtriːkəl/ *n.* [U] ❶〈主英〉(炼制蔗糖时产生的)糖浆，糖蜜：the table with legs like twisted *treacle* 桌子腿像麻花糖似的桌子 ❷恭维话；甜言蜜语

tread /tred/ **I** (**trod** /trɔd/, **trod•den** /ˈtrɔdən/ *vi.* ❶踩，踏；践踏(*on*，*upon*)：Do not *tread on* the grass. 勿踩踏草地。❷举步；走，步行：It is a hard road to *tread*. 这条路可不好走呀。❸蹂躏；压迫；虐待(*down*)：The despot *trod down* his enemies. 那位暴君虐待他的政敌。—*vt.* ❶踩，踏；在…上践踏；踏碎：*tread* dirt into the carpet 把灰尘踩到地毯上 ❷在…上走，行走于；沿…走，走过：*tread* the floor 走在地板上 ❸踩出，踏成：*tread* out a narrow path 踏出一条羊肠小道 **II** *n.* ❶[C]踩，踏；走，行走：His rubbers wore from *tread*. 他的橡胶帆布运动鞋走路走坏了。❷[用单]步态，步法；脚步声，足音：the *tread* of feet 脚步声 ❸[C；U]着地面，踏面；钢轨踏面；(车胎)外胎花纹：rail *tread* 钢轨踏面 ‖ ˈ**tread•er** *n.* [C]

T

trea•son /ˈtriːzən/ *n.* [U] ❶叛国罪，重叛逆罪：be executed for *treason* 因叛国罪被处死 ❷背叛；不忠；背信：My father would consider my revelation the most extreme *treason*. 我父亲会认为我把事情揭露出来是大逆不道的。‖ ˈ**trea•son•ous** *adj.*

treas•ure /ˈtreʒə/ **I** *n.* ❶[U]金银财宝，珍宝；财富：buried *treasure* 地下宝藏 ❷[C]极其难得的人；[用以称呼姑娘或孩子]宝贝；珍品；珍贵物：He is a real *treasure* to our company. 他真是我公司不可多得的人才。**II** *vt.* 珍藏，秘藏；珍爱，珍视，珍惜(见 appreciate)：Mother knitted a white cotton quilt before she married, which I *treasure* to this day. 母亲结婚前缝的一条白棉布被子我珍藏至今。

treas•ur•er /ˈtreʒərə/ *n.* [C]财务主管，司库；财务官员：*Treasurer* of the Household (英国)皇室财务主管

treas•ur•y /ˈtreʒəri/ *n.* [C] ❶金库，宝库；库房，珍藏室：financial *treasury* 金库 ❷国库：municipal *treasury* 市库 ❸[**T-**](国家)财政部；财政官员：*Treasury* Department (美国)财政部

treat /triːt/ **I** *vt.* ❶对待：*treat* the conflicts 处理纠纷 ❷【化】处理；加工，精制；为…涂上保护层：*treat* sth. with acid 用酸液处理某物 ❸看待；把…视为，把…看作(*as*)：*treat* sth. *as* a joke 把某事视作儿戏 ❹治疗，医治：The doctor is *treating* me with the new drug. 医生正用新药为我治病。❺讨论，探讨；详述；(文学、艺术作品中)描绘，描述；表现：*treat* a complex topic 探讨一个复杂的问题 ❻款待，招待；请(客)(*to*)：*treat* sb. *to* dinner 请某人吃饭 —*vi.* ❶讨论，探讨；论述(*of*)：It is very difficult to *treat of* them asunder. 把它们分开来进行讨论是很困难的。❷请客，做东：I'll *treat* this evening. 今晚我请客。**II** *n.* [C] ❶(尤指出乎意料或难得的)乐事，乐趣：It's a *treat* to listen to him. 听他神聊真有意思。❷款待，招待，请客，做东：This is my *treat*. 这次我请客。‖ ˈ**treat•a•ble** *adj.*

treat•ment /ˈtriːtmənt/ *n.* ❶[U]对待；待遇：This is a preferential *treatment* accorded only in this special case. 这种优先待遇只限于此特殊事例。❷[C；U]医治，治疗；疗法；疗程：Hospital *treatment* is needed. 需要住院治疗。

trea•ty /ˈtriːti/ *n.* [C] ❶(尤指国家间的)条约；协定：multilateral *treaties* 多边协议 ❷(尤指当事人之间关于财产处理的)契约；合同：His influence could be fatal to any *treaty* that he disapproved. 他的影响力足以使任何他不同意的合同无法签订。

tre•ble /ˈtrebəl/ **I** *adj.* [无比较级][作定语]三倍的；三重的；三用的；有三个部分的：a *treble* portion 三倍的份额 **II** *n.* ❶[C]三倍；三重 ❷[C]【音】(尤指乐器或男童声的)最高声部；最高声部演唱者；最高声部乐器：This part is for a boy *treble*. 这一部分是男童高音。❸[U]高音，高声；尖利声 —*vi.* 成为三倍，增加两倍：Hard-currency indebtedness has *trebled* inside three years. 三年里硬通货负债增加了两倍。

tree /triː/ *n.* [C] ❶树，树木，乔木：a pine *tree* 松树❷树(指有似树直茎的草本植物)：a banana *tree* 香蕉树 ‖ ˈ**tree•less** *adj.*

trek /trek/〈主南非〉**I** *vi.* (**trekked**；**trek•king**)(缓慢或艰难地)旅行；长途跋涉：It took me two months to *trek* to the foot of the mountain. 我花了两个月的时间才艰苦跋涉到山脚下。**II** *n.* [C] 旅行；(旅行中的)一段旅程；(缓慢或艰

苦的)跋涉:a long *trek* to freedom 追求自由的漫长旅程‖ˈ**trek·ker** *n.* [C]

trel·lis /ˈtrelis/ *n.* [C] ❶(木或金属)格子,格子结构 ❷(葡萄等的)棚,架

trem·ble /ˈtremb°l/ **I** *vi.* ❶(因恐惧、激动、虚弱而)颤抖,战栗,哆嗦:His hand *trembled* as he offered her a cigarette. 在给她递烟时他的手在颤抖。❷摇晃,晃动:Leaves *trembled* in the breeze. 树叶在微风中荡漾。**II** *n.* [C;U] ❶颤抖,战栗,哆嗦:speak with a *tremble* 哆嗦着说 ❷摇晃,摇动;震动

tre·men·dous /triˈmendəs/ *adj.* ❶巨大的,极大的;惊人的;非常的:a *tremendous* change 巨变 ❷〈口〉精彩的,极棒的,了不起的:It is altogether a *tremendous* achievement. 这绝对是一项伟大的成就。‖ **treˈmen·dous·ly** *adv.*

trem·o·lo /ˈtremᵊləu/ *n.* [C]([复]-**los**)【音】❶(演奏或歌唱时的)颤音,震音 ❷(风琴等的)震音装置

trem·or /ˈtreməʳ/ *n.* [C] ❶(因恐惧、兴奋等引起的)颤抖,战栗:The mere thought brought a *tremor* to her legs. 一想起这事,她两腿不由得哆嗦起来。❷震动;微动:The early *tremors* of another earthquake are beginning to be felt. 又一次地震开始有了早期震感。❸震颤声:The *tremor* in his voice went unnoticed. 他说话时嗓音微颤,但无人察觉到。

trench /trentʃ/ *n.* [C] ❶【军】战壕,堑壕,散兵壕;[~s]防御工事,堑壕阵地 ❷海(底)沟:a deep-sea *trench* 深海沟

trend /trend/ *n.* [C] ❶趋势,趋向;动态,动向;倾向(见 tendency):The *trend* of price is still downward. 价格仍有下跌的趋势。❷时新款式,流行样式;时髦,时尚:the new *trend* in women's hairdos 妇女的最新发式

trend·y /ˈtrendi/ *adj.* 〈常贬〉流行的,时髦的;赶时髦的,追逐时尚的:*trendy* magazines 时尚杂志 ‖ ˈ**trend·i·ness** *n.* [U]

tres·pass /ˈtrespəs/ *vi.* ❶擅自进入;【律】侵入;侵占;侵犯,侵害(*on*, *upon*):*trespass upon* the rights of native people 侵犯土著人的权利 ❷〈书〉冒犯;违背,违反(*against*):Those who *trespass against* the law should be punished. 违反法律者应该受到惩罚。‖ ˈ**tres·pass·er** *n.* [C]

☆**trespass**, **encroach**, **infringe**, **intrude**, **invade** 均有"侵占,侵犯"之意。**trespass** 表示非法占用他人财产,亦常指未经允许擅自闯入他人土地:A group of hunters *trespassed* on a farmer's land. (一群猎人闯入了一个农场主的土地。) **encroach** 强调侵占行动的缓慢和微小因而不易察觉,起初并不引起人们抱怨,只是到最后才显示其威胁性:Be careful not to *encroach* on his sphere of authority. (小心不要介入他的权利范围。) **infringe** 指明显违法、侵犯他人权利或特权:They refused to sell the product that *infringes* upon another's patent. (他们拒绝出售侵犯别人专利的产品。) **intrude** 主要限于指对私人生活或事务并非有意识的突然介入或侵犯:He was embarrassed at finding that he had *intruded* on the young lovers. (他尴尬地发现自己置身于一群年轻恋人之中。) **invade** 语气较强,指有意识的、突然的、野蛮的武力入侵:The Nazis *invaded* France in 1940. (纳粹于 1940 年入侵法国。)

tri- /trai/ *comb. form* [用以构成名词和形容词] 表示"三";"三倍";"三次";"三重":*tri*carpellary (【植】三心皮的)

tri·al /ˈtraiəl/ *n.* [C;U] ❶讯问;审讯;审理;审判:Westminster Hall was the scene of many famous *trials*. 威斯敏斯特大厅曾是审讯许多名人的地方。❷(质量、性能等的)测试,试验;(物品的)试用:A *trial* of the goods will bear out our statement. 一试此货,便知言之不谬。❸(人的)试用:three months' *trial* 三个月试用期 ❹麻烦;考验;磨难,磨炼:The book depicts her German period of intense activity and *trial*. 这本书写的是她在德国期间的紧张活动和磨炼。

☆**trial**, **experiment**, **test** 均有"试验,测试"之意。**trial** 意指对某人或某物进行测试以确定或证实其实际或实用价值:The new system is on *trial*. (新的系统正在试运行中。) **experiment** 既可意指测试某一事物是否有效,也可表示进行某种操作或从事某种活动以作出创造发明,或检验某种科学理论是否正确:He began a series of *experiments* in a new field. (他在新的领域里开始了一系列实验。) **test** 表示在受制或有节制的情况下,运用规定或确定的标准对人或事物进行彻底的检查或检验,以得出明确的验证或证据:I've passed the driving *test*. (我通过了驾驶考试。)

tri·an·gle /ˈtraiˌæŋg°l/ *n.* [C] ❶【数】三角

(形)：solution by a *triangle* 三角形解法 ❷三角形物；三角形工具：a *triangle* of land 三角形的土地 ❸(直角)三角板，三角尺 ‖ **tri·an·gu·lar** /traiˈæŋgjuləʳ/ *adj.*

tribe /traib/ *n.* [C]部落(见 race)：primitive *tribes* 原始部落 ‖ ˈ**trib·al** *adj.* —ˈ**tri·bal·ism** *n.* [U]

trib·u·la·tion /ˌtribjuˈleiʃᵊn/ *n.* ❶[C；U]苦难，艰辛；忧患；磨难：Life is uncertain and full of *tribulation(s)*. 人生变幻莫测，充满艰辛。❷[C]引起苦难的事物；磨难的缘由

tri·bu·nal /traiˈbjuːnᵊl，tri-/ *n.* [C] ❶〈英〉(政府指定审理特别案件的)专案组，特别法庭：military *tribunal* 军事法庭❷审判员席，法官席

trib·u·tar·y /ˈtribjutᵊri/ *n.* [C] 支流，细流：It is a *tributary* instead of a river. 它不是一条干流，而是一条支流。

trib·ute /ˈtribjuːt/ *n.* ❶[C；U](表示敬意的)礼物，献礼；颂词，称赞：send floral *tributes* 献花❷[C；U]贡，贡品，贡金；贡赋，贡税：pay an annual *tribute* 年年纳贡❸[用单]有效(或有价值)的标示：His victory in the championship was a *tribute* to his persistence. 他夺冠成功说明他坚持不懈的努力没有白费。

tri·ceps /ˈtraiseps/ *n.* [C]【解】三头肌；(尤指上臂部的)肱三头肌

trick /trik/ **I** *n.* [C] ❶诡计，计谋，花招，伎俩；欺诈，骗局：He is at his *tricks* again. 他又在玩鬼花样了。❷技巧，技艺；解数；窍门：a rhetorical *trick* 修辞技巧❸戏法，把戏；(动物经过训练的)表演绝技：perform card *tricks* 用牌变戏法 **II** *vt.* 哄骗，欺诈；愚弄(*out of*，*into*)：He felt that they had *tricked* him *into* cheap surrender. 他觉得上了当，他们轻而易举就让他投降了。

☆**trick，artifice，ruse，stratagem，wile** 均有"策略，诡计"之意。**trick** 为普通用词，泛指任何骗人的具体伎俩、花招或诡计，既可以是恶意的，也可以是玩笑性的：Jackson got the money by a *trick*. (杰克逊的这笔钱是骗来的。)**artifice** 尤指在某一特定情况下为达到目的而采取的别出心裁的手段、妙计或使用的机械装置，不一定带有不道德含义：social *artifice* (社交技巧) **ruse** 尤指制造假象以掩盖真实意图或事实真相：Carol's apparent illness was merely a *ruse*. (卡罗尔的病是装出来的。) **stratagem** 指精心设计、周密筹划以胜过对手或敌方，以智取胜：The colonel planned a *stratagem* to trap the enemy. (上校想出了一个伏击敌人的妙计。)**wile** 表示使用巫术、诱惑物使人落入圈套，现常有企图施加魅力的意味：He used all of his *wiles* to win the duchess's favour. (他用各种手段来讨公爵夫人的欢心。)

trick·le /ˈtrikᵊl/ **I** *vi.* ❶滴，淌；成小股流动：The sand *trickled* through his fingers. 沙粒从他指缝间漏下。❷慢慢来(或去)；逐渐出现(或消失)：Evidence was now beginning to *trickle* in. 现在开始逐步收集到一些证据。—*vt.* 使滴，使淌；使成小股流动 **II** *n.* ❶[C]滴，淌：Somewhere near was the gurgle and *trickle* of water. 附近什么地方传来了汩汩流水声。❷[C]涓流，细流：At low water，the river is little more than a *trickle*. 水位低的时候，这条河几乎成了涓涓细流。❸[**a** ～]小量：The village has attracted only *a trickle* of visitors. 这个村庄仅仅招来少量的游客。

trick·y /ˈtriki/ *adj.* ❶微妙的，难以捉摸的；需慎重对待的；难对付的：Negotiations had reached a *tricky* stage. 谈判进入了微妙阶段。❷诡计多端的；(会)耍花招的，狡猾的；欺诈的，欺骗的：Tweed，I suspect，is both *tricky* and cunning. 依我看，特威德这个人很诡诈。‖ ˈ**trick·i·ly** *adv.* —ˈ**trick·i·ness** *n.* [U]

tri·cy·cle /ˈtraisikᵊl/ *n.* [C]三轮脚踏(童)车

tri·dent /ˈtraidᵊnt/ *n.* [C] ❶三叉戟 ❷[**T-**]三叉戟核潜艇；三叉戟弹道导弹

tri·fle /ˈtraifᵊl/ *n.* ❶[C]琐事，小事；细故：I won't waste my time on *trifles* any more. 我不会再把时间浪费在小事上。❷[C]小量，少许；少许的钱：The coat costs a mere *trifle*. 这件上衣只花了一点点钱。❸[C；U]〈英〉特里弗尔松糕(一种有果冻、水果、奶油等的蛋糕)：There's *trifle* for dessert. 甜食有特里弗尔松糕。‖ ˈ**tri·fler** *n.* [C]

☆**trifle，dally，flirt，toy** 均有"不严肃地对待"之意。**trifle** 为普通用词，泛指对待人或事物缺乏应有的严肃或尊重，采取轻慢、小看、戏弄或不当真的态度：The manager is not a person to be *trifled* with. (那位经理可不是一个任人嘲弄的人。)**dally** 常指对某一想法、计划、活动并不认真考虑和对待，只是作为消遣、取乐：He likes to *dally* with the idea of writing a book

T

someday.（他总喜欢梦想着哪一天写本书。）**flirt** 表示对人或事物只有表面、短暂的兴趣或注意，很快就会转移到其他人或事物上去，现多指调情：He *flirted* with every woman at the party.（他和宴会上的每个女人调情。）**toy** 表示漫不经心地对待某人或摆弄某物，没有集中注意力，缺乏全身心投入：He *toyed* with the idea of buying a yacht.（他曾想过买一艘游艇，但却没有当真。）

tri·fling /ˈtraifliŋ/ *adj.* ❶不重要的，无足轻重的；微不足道的，没有多少价值的：matters of *trifling* importance 无足轻重的事务 ❷轻浮的，轻佻的

trig·ger /ˈtrigəʳ/ **I** *n.* [C] ❶（枪等的）扳机；触发（或引爆）器：pull the *trigger* 扣动扳机 ❷引起反应（或一连串事件）的行动（或冲动等）：The incident may act as a *trigger* for further violence. 这一事件有可能触发进一步的暴力行动。**II** *vt.* ❶扣扳机开（枪）；触发；发射：*trigger* a gun 扣扳机开枪 ❷激发起，引起；发动；促使（*off*）：During the discussion the question raised by Tom *triggered off* a hot debate. 在讨论中汤姆提出的问题引起了一场激烈的争论。

trig·o·nom·e·try /ˌtrigəˈnɔmitri/ *n.* [U]【数】三角；三角学 ‖ ˌ**trig·o·no·met·ric** /-nəˈmetrik/ *adj.*

trill /tril/ *n.* [C] ❶颤动 ❷（鸟的）啭鸣 ❸【音】颤音

tril·lion /ˈtriljən/ **I** *n.* ❶[C]一万亿：$4 *trillion* 4 万亿美元 ❷[C]〈主英〉百万兆 ❸[～s]〈口〉大量 **II** *adj.* [用于数字后名词前]万亿的，兆的；（英）百万兆的 ‖ ˈ**tril·lionth** *n.* [C] & *adj.*

trim /trim/ **I** (**trimmed; trim·ming**) *vt.* ❶使整齐；使整洁：She's busy *trimming* the bedroom. 她正忙着整理卧室。❷剪，修剪；整修，修理：*trim* dead leaves off 剪去枯叶 ❸装饰，装点，点缀；修饰；打扮；布置（商店橱窗等）（*with, up*）：She *trimmed* her hat *with* ribbon. 她给帽子系上缎带。**II** *adj.* (**trim·mer, trim·mest**) ❶整齐的；整洁的（见 neat）：She always looks neat and *trim*. 她看上去总是那么干净利落。❷苗条的，修长的；健美的：stay *trim* and slim 保持体形苗条和健美 ‖ ˈ**trim·ly** *adv.* —ˈ**trim·ness** *n.* [U]

tri·mes·ter /traiˈmestəʳ/ *n.* [C] ❶三个月时间：She found the second *trimester* to be the easiest part of her pregnancy. 她觉得怀孕时中间的三个月是最好过的。❷（美国大学一学年分为三个学期的）一学期：the second *trimester* 第二学期

trim·ming /ˈtrimiŋ/ *n.* [C; U]装饰；饰物：a big wedding celebration with all the *trimmings* 张灯结彩的盛大婚礼

trin·i·ty /ˈtriniti/ *n.* ❶[C]三人一组；三件一套；三合一 ❷[**the Trinity**]【宗】（基督教）三位一体（即圣父、圣子、圣灵合成一神）；三位一体论：the adoration of *the Trinity* 信奉三位一体（论）

trin·ket /ˈtriŋkit/ *n.* [C]小饰品；廉价首饰；小玩意儿

tri·o /ˈtriːəu/ *n.* [C]（[复]**-os**）❶三件一套；三人一组：a *trio* of showgirls in a nightclub 夜总会里三人一组的歌女 ❷【音】三重奏曲，三重唱曲 ❸三重奏小组，三重唱小组

trip /trip/ **I** *n.* [C] ❶旅行，出行，旅游；旅程，行程（见 journey）：It's a short *trip* to my office. 到我办公室没有多远。❷失足，失误，错误：a *trip* of the tongue 口误 **II** (**tripped; trip·ping**) *vi.* ❶绊，绊倒（*on, over*）：He *tripped on* a tree root and fell into the river. 他被树根绊了一下，掉进了河里。❷失误，犯错，出错（*up*）：She kept *tripping up* over new words. 她在用生词时总出错。—*vt.* ❶使绊倒，使摔倒（*up*）：He put out his foot to *trip* her *up*. 他伸出脚把她绊倒。❷使犯错，使出错，难住（*up*）：The difficult question *tripped up* most of the students. 这个难题难住了大部分同学。‖ ˈ**trip·per** *n.* [C]

tri·par·tite /traiˈpɑːtait/ *adj.* [无比较级] ❶由三部分组成的，分为三部分的：the *tripartite* division of genres 三种分类 ❷三方的，有三方参加的：a *tripartite* trade agreement 三方贸易协议

tripe /traip/ *n.* [U] ❶肚子（牛、羊、猪等的可食用的胃）：a piece of *tripe* 一块肚子 ❷〈俚〉废话；胡说：Her essay was complete *tripe*. 她的论文完全是一派胡言。

trip·le /ˈtripᵊl/ **I** *adj.* [无比较级][作定语] ❶三倍的；三重的：The attention we received had a *triple* effect. 我们所受到的关注具有三重作用。❷由三部分组成的：the *triple* entrance of a cave 三叠洞口 **II** *v.* 增至三倍,增加两倍:In four years the property almost *tripled* in value. 四年内,财产几乎增值了两倍。‖ **'trip·ly** *adv.*

trip·let /'triplit/ *n.* [C] ❶三胞胎中的一个:The doctor told her that she was going to have *triplets.* 医生告诉她,她怀的是三胞胎。❷三个一组,三个一套

trip·li·cate /'triplikət/ *adj.* [无比较级][通常作定语] ❶一式三份的;(一式三份中)第三份的:a *triplicate* copy 第三副本 ❷有三个相同部分的:In him, one possesses a *triplicate* treasure in one person. 有了他这么个人,一个可顶三个活宝。

tri·pod /'traipɔd/ *n.* [C] ❶(照相机等的)三脚架:mount a camera on a *tripod* 把照相机支在三脚架上 ❷三脚凳;三脚桌;三脚用具 ‖ **trip·o·dal** /'tripəd°l/ *adj.*

trip·tych /'triptik/ *n.* [C] ❶(圣坛背壁等处的)三联(装饰)画(或浮雕) ❷(古希腊和罗马人用的)三折写板,三折书牒

T

tri·umph /'traiəmf,-ʌmf/ **I** *n.* ❶[C;U]胜利,得胜(见 victory):return in *triumph* 凯旋 ❷[U](胜利或成功后的)喜悦;狂喜:In his thrill of *triumph*, she felt chilled. 见他得意忘形,她感到不寒而栗。**II** *vi.* 获胜,得胜;成功;战胜(*over*):Our team *triumphed over* the visiting team. 我队打败了客队。

tri·um·phant /trai'ʌmf°nt/ *adj.* ❶胜利的,得胜的;成功的:She made a *triumphant* return to the stage several years later. 几年之后她又成功地回到了舞台上。❷(因胜利或成功)欢欣鼓舞的,得意扬扬的;耀武扬威的:a *triumphant* smile 满面春风 ‖ **tri'um·phant·ly** *adv.*

triv·i·a /'triviə/ [复] *n.* 琐事,小事:the *trivia* of everyday life 日常琐事

triv·i·al /'triviəl/ *adj.* 无价值的,不重要的;琐细的,轻微的:His death in 1941 was due to a *trivial* mishap. 他 1941 年死于一桩不幸的小事故。‖ **tri·via·lize** *vt.*

trod /trɔd/ *v.* tread 的过去式和过去分词

trod·den /'trɔd°n/ *v.* tread 的过去分词

trol·ley /'trɔli/ *n.* [C] ❶(主英)(机场或超级市场的)台车,小手推车:luggage *trolleys* 行李车 ❷(装食物、茶具等的)小推车:The tea was brought in on a *trolley.* 茶是用小推车送进来的。

trom·bone /trɔm'bəun/ *n.* [C]【音】长号,拉管:play the *trombone* 吹长号

troop /tru:p/ *n.* ❶[C]一群,一队,一大批:a *troop* of horse and foot 千军万马 ❷[常作~s]军队,部队;警察部队;士兵:the invading *troops* 侵略军 ❸[C]骑兵队,骑兵连:the King's *Troop* of the Royal Horse Artillery 国王的皇家骑兵队

tro·phy /'trəufi/ *n.* [C] ❶(比赛等的)奖杯,奖牌;奖品:win a major *trophy* 赢得大奖 ❷胜利纪念品,战利品

trop·ic /'trɔpik/ *n.* ❶[通常用单]【地理】(北或南)回归线 ❷[**the Tropics**](南北回归线之间的)热带地区

trop·i·cal /'trɔpik°l/ *adj.* [无比较级] ❶热带的;位于热带的;生活在热带的;有热带特性的;产于(或发生于)热带的:*tropical* countries 热带国家 rainforests 热带雨林 ❷炎热的,酷热的:The weather was *tropical* last summer. 去年夏天天气极其炎热。

trop·o·sphere /'trɔpəˌsfiə',ˈtrəup-/ *n.* [C]【气】对流层

trot /trɔt/ **I** (**trot·ted;trot·ting**) *vi.* ❶(人)小跑,慢跑,快步走:He found himself nearly *trotting* to keep the proper two paces behind his father. 为了要在他父亲后面保持两步远的距离,他发现自己几乎是在小跑了。❷(马、狗等)小跑:His dog went *trotting* and sniffing this way and that in the fields below. 他的狗在下面的田野中东奔西跑,这里闻闻那里嗅嗅。—*vt.* ❶使(人、马等)小跑:The man *trotted* his horse to the end of the lane. 那人策马跑到巷子的尽头。❷小跑穿过,小跑走过 **II** *n.* [C]小跑,快步走;快步马跑蹄声:She kicked her horse into a *trot.* 她踢了马一脚,马就跑起来了。‖ **'trot·ter** *n.* [C]

troub·le /'trʌb°l/ **I** *n.* ❶[C;U]烦恼,苦恼;忧虑:As soon as matters are settled, I will take care of the child; you shall have no *trouble* about it. 一旦商定,我就负责照料这个孩子,你不需操心。❷[C;U]困难;不幸;灾祸:They have *trouble* making decisions. 他们很难做出决定。❸[U]麻烦;烦扰,打扰:Thank you for the *trouble.* 谢谢你,让你费心了。❹[U]纠

纷,纷争;动乱,骚乱:He ruled so wisely that there was no more *trouble* among the people. 他治理有方,非常贤明,因此人民之间再没有纷争了。❺[U]病,疾病;病痛,苦痛,不适:the mental *trouble* that wrecked Rank 把兰克毁了的精神疾患 **II** *vt.* ❶使烦恼,使苦恼;使忧虑:Most of us are deeply *troubled* by his decision. 我们大多数人都为他的决定感到不安。❷(病痛)折磨;使疼痛,使痛苦:The back injury *troubled* me. 背伤使我感到疼痛不已。—*vi.* 费神,费事,费力:No, no, please don't *trouble* about it. 不,不,你别费心了。‖ ***in trouble*** *adj.* 陷入困境中的:He realized that the company was *in* deep *trouble.* 他意识到公司遇到了大麻烦。‖ **troub·le·some** /ˈtrʌbᵊlsᵊm/ *adj.*

troub·le·mak·er /ˈtrʌbᵊlˌmeikəʳ/ *n.* [C]惹是生非者,闹事者;破坏分子

troub·le·shoot·er /ˈtrʌbᵊlˌʃuːtəʳ/ *n.* [C] ❶(政治、商务、劳资等方面的)纠纷调停人 ❷(机械工程技术方面的)故障检修员

trough /trɔf/ *n.* [C] ❶槽;饲料槽;饮水槽:a watering *trough* 饮水槽 ❷檐槽;天沟;引水道;排水沟:leap across a narrow *trough* 跨过一条窄水沟

troupe /truːp/ *n.* [C](歌舞演员、杂技演员等组成的)剧团,戏班:a *troupe* of actors 一班演员 ‖ ˈ**troup·er** *n.* [C]

trou·sers /ˈtrauzəz/ [复] *n.* 裤子,长裤:a pair of *trousers* 一条裤子

trout /traut/ *n.* [C]([复]**trout(s)**)【鱼】鲑属鱼类;鳟

trow·el /ˈtrauəl/ *n.* [C] ❶【建】瓦刀,抹子,镘刀 ❷(挖土等用的)小铲子

tru·ant /ˈtruːənt/ *n.* [C] ❶逃学者,旷课者 ❷玩忽职守者,逃避责任者 ‖ ***play truant*** *vi.* 逃学:His daughter has been *playing truant* from school. 他的女儿一直在逃学。‖ ˈ**tru·an·cy** *n.* [U]

truce /truːs/ *n.* [C] ❶休战;休战协定 ❷(争吵等的)暂停:This selection might bring a *truce* among factions. 这种选择可以促成各派别间的和解。‖ ˈ**truce·less** *adj.*

truck /trʌk/ **I** *n.* [C] ❶卡车,运货汽车:an army *truck* 军用卡车 / unload the *trucks* 卸货车上的货 ❷〈英〉敞篷火车,运货火车 **II** *vi.* 〈口〉(轻松愉快地)前进,走 ‖ ˈ**truck·er** *n.* [C]

trudge /trʌdʒ/ *vi.* 步履艰难地走;费力(或疲惫)地走:They *trudged* along the muddy track to the top of the hill. 他们步履艰难地沿着泥泞的小路爬上山顶。—*vt.* 步履艰难地走过;费力(或疲惫)地走过:*trudge* one's way home through the city streets 疲惫地穿街走巷回家去

true /truː/ *adj.* ❶[无比较级]真实的,确实的,如实的(见 genuine):Call things by their *true* names. 要实事求是。❷[无比较级][作定语]真的,真正的,非仿造的:*True* friendship lasts forever. 真正的友谊万古长青。❸[作定语]实质的,基本的:discover one's *true* self 发现真实的自我 ❹忠实的,忠诚的;(对宗教信仰)虔诚的(*to*):He became a *true* believer. 他成了一个忠实的信徒。‖ ***come true*** *vi.* 实现,成为现实:With the passage of time, those warnings have *come true*. 随着时间的推移,那些预言都变成了现实。‖ ˈ**true·ness** *n.* [U]

tru·ly /ˈtruːli/ *adv.* ❶[常用于信末署名前的客套语]真诚地;忠实地:yours *truly* [信末署名前的客套语]您的忠实的 ❷[无比较级][常用作插入语]的确,确实,真的:Why, *truly*, I don't know. 真的,我实在不知道呀。❸[无比较级]真实地;真正地;如实地:She didn't let anyone know what she *truly* felt. 她不让别人知道她的真实感受。❹准确地;确切地;精确地:Mushrooms cannot *truly* be described as vegetables. 严格地说,蘑菇不能算作蔬菜。

trump /trʌmp/ *n.* [C] ❶【牌】王牌,将牌:play a *trump* 出王牌 ❷〈口〉好人,靠得住的人 ‖ ***trump up*** *vt.* 编造,捏造:*trump up* charges 捏造指控;诬告

trump card *n.* [C] ❶【牌】主牌,将牌 ❷〈喻〉王牌;有效办法;最后手段,撒手锏

trum·pet /ˈtrʌmpit/ *n.* [C] ❶喇叭,号角;【音】小号:He plays the *trumpet* in the band. 他是乐队的小号手。❷喇叭声,小号声;(喇叭声似的)响亮声音:His shouting sounds like a *trumpet*. 他的叫喊声像喇叭声一样嘹亮。‖ ˈ**trum·pet·er** *n.* [C]

trun·cheon /ˈtrʌntʃᵊn/ *n.* [C] ❶〈主英〉警棍 ❷(尤指英国王室典礼大臣的)权杖,官杖

trun·dle /ˈtrʌndᵊl/ *vt.* (沉重、困难地)移动;使滚动:The old lady *trundled* the wheelbarrow

T

down the street. 老太太推着手推车在街上走。—*vi*. 滚动,转动:A lot of trucks *trundled* across the border. 许多卡车隆隆开过边境。‖ ˈ**trun·dler** *n*. [C]

trunk /trʌŋk/ *n*. [C] ❶树干:the *trunk* of an oak 橡树树干 ❷(人或动物的)躯干:These exercises can develop the muscles in your *trunk*. 这种体操可以使你的躯干肌肉得到锻炼。❸(铁道、航线等的)干线 ❹大行李箱,大衣箱:unpack the *trunks* 打开箱子 ❺(汽车的)行李箱〔亦作 **boot**〕❻象鼻:As we all know, elephants can use their *trunks* for grasping or lifting things. 我们都知道,大象能用鼻子抓取东西。❼[~s]男用运动短裤,游泳裤:swimming *trunks* 游泳裤

trust /trʌst/ **I** *n*. ❶[U]信任,信赖:She has *trust* in God. 她信仰上帝。❷[C;U]【律】信托,信托财产;受托人,受托机构;托管财产的所有权;受益人对信托财产的应享权力:form an investment *trust* 建立投资信托公司 **II** *v*. 相信,信任,信赖:We *trust* you will accord this matter your serious attention. 我们相信你会对此事予以认真的考虑。

T

trus·tee /trʌsˈtiː/ *n*. [C] ❶【律】受托人,受托管理人 ❷托管国 ‖ **trusˈtee·ship** *n*. [U]

trust·wor·thy /ˈtrʌstˌwəːði/ *adj*. 值得信任的;可信的;可靠的,靠得住的:My car is totally *trustworthy*. 我的汽车笃定不会出问题。‖ ˈ**trust·wor·thi·ness** *n*. [U]

truth /truːθ/ *n*. ([复]**truths** /truːðz,truːθs/) ❶[U]真实,真实性:He tells lies like *truth*. 他的谎话说得像真的一样。❷[U]实情,真相,事实:tell the *truth* 说实话❸[C;U]真理:in quest for *truth* 追求真理 ‖ ˈ**truth·less** *adv*.

truth·ful /ˈtruːθfᵊl/ *adj*. ❶讲真话的;诚实的:To be *truthful*, I'm not much of a drinker. 说真的,我并不经常喝酒。❷(讲话、作品等)真实的,如实的;现实主义的:a *truthful* account 真实的陈述 ‖ ˈ**truth·ful·ly** *adv*. —ˈ**truth·ful·ness** *n*. [U]

try /trai/ **I** *vt*. ❶试,尝试;试用;试验:Consumers who *try* the new product may purchase it a second time. 试用了这种新产品的客户可能还会再买。❷试图,想要;设法,努力(见 attempt):Kitty *tried* to chuckle. 基蒂勉强打了个哈哈。❸审查;审理,审判:Twelve members were *tried* by a military court, and sentenced to death. 有 12 位成员受到军事法庭的审判,并被判处死刑。—*vi*. 尝试;试验;试图;努力:He said, if this was the case, he would be tempted to *try*. 他说,如果情况是这样,他颇有跃跃欲试之感。**II** *n*. [C]尝试;试验;试图;努力:Have a *try* at the exam. I am sure you will pass. 试试看,我相信你能通过考试。‖ ***try on*** *vt*. 试穿;试戴:*try on* new clothes 试穿新衣服 ***try out*** *vt*. & *vi*. 试,试用;试验;考验:He was watching his child *try out* his first steps. 他注视着他的孩子试探着迈出第一步。

try·ing /ˈtraiiŋ/ *adj*. 磨炼脾气(或耐心)的;令人厌烦的;难以忍受的;难堪的:The result was very *trying* for those who were acting as his agents and assistants. 这一结果使他的那些代理人和助手们感到非常难堪。‖ ˈ**try·ing·ly** *adv*.

tset·se /ˈtsetsi,ˈtetsi/ *n*. [C]【昆】舌蝇,采采蝇

T-shirt /ˈtiːˌʃəːt/ *n*. [C] T形衫,T恤衫,短袖圆领衫〔亦作 **teeshirt**〕

tsp. *abbr*. ❶ teaspoon ❷ teaspoonful 一匙量

T-square /ˈtiːˌskweəʳ/ *n*. [C]丁字尺

tsu·na·mi /tsuːˈnɑːmi/ *n*. [C]【地质】【海】海震;海啸

tub /tʌb/ *n*. [C] ❶盆;大木盆,洗衣盆:a laundry *tub* 洗衣盆❷浴盆,浴缸:bathe in the *tub* 在浴盆里洗澡 ❸桶,提桶 ❹(宽大、结实的)划桨训练船

tu·ba /ˈtʲuːbə/ *n*. [C]【音】大号:He played his *tuba* late into the night. 他吹长号一直吹到深夜。

tube /tʲuːb/ *n*. ❶[C]管,管子;软管:The paint was sprayed directly through a *tube*. 直接用管子喷涂料。❷[常作 **the** ~]〈口〉(伦敦的)地下铁道:I can't face travelling on *tubes*. 我无法忍受出门坐地铁。‖ ˈ**tube·less** *adj*.

tu·ber /ˈtʲuːbəʳ/ *n*. [C]【植】块茎 ‖ ˈ**tu·ber·ous** *adj*.

tu·ber·cu·lo·sis /tjuˌbəːkjuˈləusis/ *n*. [U]【医】结核;肺结核(略作 **TB, t. b.**):pulmonary *tuberculosis* 肺结核

tub·ing /ˈtʲuːbiŋ/ *n*. ❶[U]乘坐轮胎漂流运动 ❷[总称][用作单]管子;管道系统:plastic *tubing* 塑料管

tuck /tʌk/ *vt.* ❶把(衬衫、被子、餐巾等)的边塞到下面(或里面)(*in*, *up*): She *tucked in* her blouse to look like the male. 她把衬衫塞进裤子,打扮成男人样。❷把…舒适地盖(或裹)在里面,用被子把…裹住: *tuck* one's children into bed 把孩子们裹在被窝里使其安睡 ❸把…折起塞入;使挤在一起: Max folded the paper and *tucked* it away into his worn leather wallet. 迈克斯把纸折好,塞进他那破旧的皮夹里。❹把…夹入,把…藏入;收藏: He *tucked* the thick catalogue under his arm and hurried away. 他把厚厚的目录夹在胳膊下,匆匆离去。

Tues., **Tue.** *abbr.* Tuesday

Tues·day /ˈtʲuːzdi,ˈtʲuːzdei/ *n.* [C]星期二(略作 **Tues.**, **Tue.**): on *Tuesday* 在星期二 / in *Tuesday's* debate 在星期二的辩论中

tuft /tʌft/ *n.* [C](羽毛、头发、草等的)一束,一簇,一丛: The lawn was left with only a few *tufts* of grass. 草坪上只剩下几丛草。

tug /tʌg/ **I** (**tugged**; **tug·ging**) *vt.* ❶使劲拖(或拉),猛拖,用力拽(见 pull): The fisherman *tugged* the boat to shore. 渔夫把船拖到岸边。❷用拖船拖 —*vi.* 使劲拖(或拉)(*at*): The child *tugged at* the chair but it wouldn't move. 孩子使劲拉椅子,却没有拉动。**II** *n.* [C] 猛拖,狠拽: He gave the door a *tug* and it opened. 他拉了一下门,门就开了。

tu·i·tion /tʲuːˈiʃᵊn/ *n.* [U] ❶(尤指收费的)讲授,指导: receive formal *tuition* in economics 接受经济学方面的正规教育 ❷学费: college *tuition* 大学学费

tu·lip /ˈtʲuːlip/ *n.* [C] ❶【植】郁金香属植物 ❷郁金香花

tum·ble /ˈtʌmbᵊl/ **I** *vi.* ❶跌倒,跌跤,摔倒;被绊跌,被绊倒: He staggered forwards and then *tumbled* down the step. 他向前一个踉跄,跌下了台阶。❷滚下,掉下;坠落,飘落: Autumn leaves *tumbled* in the air. 空中秋叶飘零。❸倒塌,坍塌: The walls are *tumbling* down and boundaries are overflowed. 墙壁纷纷倒塌,到处是残垣破壁。❹(价格等)暴跌;(权力、地位等)急遽下降;被推翻,被颠覆: He claimed that collectible-car values have *tumbled* from their peak. 他说车的收藏价值已经从最高点急剧下跌。—*vt.* ❶使跌倒;使落下;使翻倒: The accident *tumbled* all the passengers out of the bus. 车祸中,所有乘客都被甩出了汽车。❷使倒塌: The earthquake *tumbled* a lot of buildings. 地震震倒了许多楼房。❸使(价格等)暴跌;使(权力、地位等)急剧下降;推翻,颠覆 **II** *n.* [C] ❶跌跤,摔倒;绊倒;坠落: A *tumble* of rain down the chimney caused the fire to spit. 顺着烟囱往下落的雨水使炉火发出毕剥声。❷倒塌,坍塌 ❸(价格等的)暴跌;(权力、地位等的)急遽下降;倒台,垮台: He said that their profits took a *tumble* last year. 他说他们去年的利润急遽下降。

tum·ble·down /ˈtʌmbᵊlˌdaun/ *adj.* [无比较级]摇摇欲坠的,破败的: a *tumbledown* shed 一间破败的小屋

tum·bler /ˈtʌmbləʳ/ *n.* [C] ❶平底酒杯 ❷翻筋斗者;杂技演员 ❸(锁的)制栓

tum·my /ˈtʌmi/ *n.* [C]〈口〉〈儿〉胃,肚子

tu·mo(u)r /ˈtʲuːməʳ/ *n.* [C]【医】肿块;肿瘤: His father died of a *tumour* of the brain. 他父亲死于脑瘤。‖ **ˈtu·mo(u)r·ous** *adj.*

tu·mul·tu·ous /tʲuːˈmʌltjuəs/ *adj.* [通常作定语] 吵闹的,喧哗的,喧闹的: The team celebrated its victory in a *tumultuous* fashion. 队员们一片欢腾,庆祝胜利。

T

tu·na /ˈtʲuːnə/ *n.* ❶[C]([复]-**na(s)**)【鱼】金枪鱼科鱼类 ❷[U]金枪鱼肉

tun·dra /ˈtʌndrə/ *n.* [C]【生态】冻原,苔原,冻土带: the frozen *tundras* of Siberia 西伯利亚的冻原地区

tune /tʲuːn/ **I** *n.* ❶[C]曲调,曲子;主旋律: the theme *tune* 主旋律❷[U]和谐,融洽;协调,一致: The piano is *in tune* with the singer. 钢琴伴奏和歌手的演唱很合拍。**II** *vt.* ❶为(乐器)调音(或定弦);使(音乐、嗓音等)适合特定的音高(或音调、感情等): His guitar is *tuned* and ready. 他的吉他已调好音,可以演奏了。❷调整,调节;使和谐,使一致(*to*): You can ask him to *tune* the engine for you. 你可以请他帮你调整发动机。‖ ***tune in*** *vi.* & *vt.* 【无】调谐;收听,收看: The whole world would *tune in* for this one. 全世界都将收听这个节目。***to the tune of*** *prep.* 共计为,达…之多: repairs *to the tune of* several thousand dollars 达数千美元的修理费

tune·ful /ˈtʲuːnfᵘl/ *adj.* 音调优美的,声音悦耳的: They write songs that are *tuneful*, stirring.

他们创作的歌曲，音调优美，动人心弦。‖ ˈ**tune·ful·ly** *adv.* —ˈ**tune·ful·ness** *n.* [U]

tung·sten /ˈtʌŋstᵊn/【化】钨(符号 W)

tu·nic /ˈtʲuːnik/ *n.* [C] ❶(警察、士兵的)紧身短上衣 ❷宽松束腰上衣 ❸(妇女的)束腰外衣

tun·nel /ˈtʌnᵊl/ **I** *n.* [C]隧道，坑道，地道：a railway *tunnel* 铁路隧道 **II** (**-neled; -nel·ing**) *vi.* 掘隧道，凿地道；挖洞穴(或洞穴通道)；使用隧道(或地道等)：They haven't decided whether to *tunnel* under the river or build a bridge over it. 他们还没有决定究竟是在水下挖隧道，还是在河上架桥。—*vt.* ❶挖，掘，凿(隧道、地道、洞穴等)：A route can be *tunneled* through the mountain if the road can't be built around it. 如果无法修建盘山公路，就要穿山挖一条隧道。❷在…掘隧道(或地道等)；在…下掘隧道(或地道等)：nests *tunneled* under plants can seriously interfere with the root system. 庄稼地下筑的巢穴严重影响庄稼根系的生长。‖ ˈ**tun·nel·er** *n.* [C]

tur·ban /ˈtəːbᵊn/ *n.* [C] ❶(尤指穆斯林和锡克教徒戴的)包头巾：wear *turbans* 裹着头巾 ❷头巾式女帽：She walked about in a white *turban.* 她头戴白色头巾式女帽漫步。

tur·bine /ˈtəːbain/ *n.* [C]【机】透平(机)，叶轮机，汽轮机，涡轮(机)：a gas *turbine* 燃气涡轮机

tur·bot /ˈtəːbət/ *n.* [C]【鱼】❶大菱鲆 ❷庸鲽

tur·bu·lent /ˈtəːbjulᵊnt/ *adj.* ❶骚乱的，骚动的；动乱的，动荡的；混乱的：*turbulent* political and social conditions 动荡的政治和社会状况❷湍流的，紊流的，涡旋的：*turbulent* fluctuations [motions] 紊动[涡动] ‖ ˈ**tur·bu·lent·ly** *adv.*

turf /təːf/ **I** *n.* ([复]**turfs** 或〈英〉**turves** /təːvz/) ❶[U]草皮，草坪：sun oneself on the *turf* 在草坪上晒暖儿 ❷[C]草皮块：They have planned to lay *turfs* behind their house to make a lawn. 他们计划在房屋背后植草建一块草坪。**II** *vt.* 用草皮覆盖：It may cost us a lot of effort to *turf* the whole garden. 我们得花很大力气才能给整个花园铺上草坪。

Turk /təːk/ *n.* [C]土耳其人

tur·key /ˈtəːki/ *n.* ❶[C]【鸟】火鸡，吐绶鸡 ❷[U]【烹】火鸡肉：We have *turkey*, seafood, steaks — everything. 我们有火鸡、海味、牛排——什么都有。

Turk·ish /ˈtəːkiʃ/ **I** *n.* [U]土耳其语 **II** *adj.* [无比较级]土耳其的；土耳其人的；土耳其语的

tur·moil /ˈtəːmɔil/ *n.* [常用单]骚动；动乱；混乱：My thoughts were in (a) *turmoil.* 我的脑子里一团乱麻。

turn /təːn/ **I** *vt.* ❶使转动；使旋转：The wheel is *turned* by electricity. 轮子由电驱动。❷旋动，拧动：He *turned* the faucet on loud. 他把水龙头开得很大。❸翻转，翻动；把…翻过来；把…翻面：Please *turn* your book to page 10. 请把书翻到第十页。❹使倒置，使颠倒；把…弄乱：Don't *turn* the facts upside down! 不要颠倒事实！❺使(物体、目光等)转向，使转弯；使朝向，使对着：To *turn* the car in this narrow lane was not easy. 汽车在这么窄的巷子里转弯可不容易。❻拐过，绕过，迂回：She *turned* the street corner, and disappeared in the dusk. 她拐过街角，消失在暮色之中。❼使变化；改变：Frost *turns* water into ice. 寒冷使水结成冰。❽使变质；使变坏；使变酸；使变色：The leaves on the trees are *turning* colour from green to gold. 树上的叶子由绿变为金黄。❾[不用进行时态](在年龄、时间、数量等方面)达到；超过，逾：He has not yet *turned* sixty. 他还没上60岁。—*vi.* ❶转动，旋转：The rotor *turns* smoothly. 转子转动顺畅。❷旋动，拧动：*turn* at the knob 旋动把手❸翻转；翻动：*Turn* to page 28 of your book. 把书翻到28页。❹转向；转弯：*Turning* southward, they paddled down the stream. 掉舟向南，他们划桨顺流而下。❺变得；成为(见 become)：He has *turned* informer. 他成了一名告密者。❻变质；变坏；变酸；变色：The milk had *turned* sour. 牛奶已变酸了。❼(话题、注意力等)转移；(想法、行动等)转变；向…求助(*to*)：Where can he *turn* for help? 他会转向何处寻求帮助？**II** *n.* ❶[C]转动，旋转；转动(或旋转)的一周；盘绕；盘绕的一圈：Hold the *turns* of wire together after the winding is complete. 线圈绕好后把它们放在一起。❷[C]旋动，拧动；旋锁：a *turn* of the handle 拧把手 ❸[C]转向，转弯；转弯处：He made an abrupt *turn* to avoid another car. 他为了避开另一辆车，来了个急转弯。❹[C]变化，改变；转变，转机；转折(点)：His illness takes a downward *turn.* 他的病情有所恶化。❺[通常

用单]顺次;(轮到的)机会:*Her turn* to speak came. 轮到她发言了。‖ ***by turns*** *adv.* 轮流地;交替地:While he was ill, his friends looked after him *by turns*. 他生病期间,他的朋友们轮流看护他。***in turn*** *adv.* 依次,轮流:The students were summoned *in turn* for the oral test. 学生们被一个个地叫去进行口试。***take turns*** *vi.* & *vt.* 依次,轮流:Mike and I *take turns* doing dishes. 我和麦克轮流洗碗碟。***turn away*** *vt.* & *vi.* (使)转变方向;把(脸等)转过去;转过脸去;不看:He *turned away* from his father and looked down into the fire. 他转过脸不看父亲,眼睛直向下盯着火苗。***turn down*** *vt.* & *vi.* ❶调低;关小:Can you *turn down* your radio a little? I can't hear you. 你能把收音机音量调低点儿吗?我听不见你说话。❷拒绝;摒弃(见 decline):I was *turned down* at a dozen houses. 我去了十多户人家,都吃了闭门羹。***turn off*** *vt.* ❶(被)关;(被)关上;(被)关断:Remember to *turn* the gas *off*. 记住关掉煤气。❷(行人等)拐弯;(路)叉开:*turn off* the highway 驶离公路 ***turn on*** *vt.* & *vi.* (被)开;(被)旋开;(被)开动:*turn* a machine *on* 开动机器 ***turn out*** *vt.* & *vi.* ❶关掉,旋熄:*turn out* the light 关灯 ❷结果是;(最后)证明是:Everything has *turned out* satisfactorily. 结果一切都令人满意。***turn over*** *vt.* & *vi.* ❶(把…)翻过来;(使) 翻身;(使) 翻滚:She stayed on her blanket, *turning* herself *over* and *over*. 她睡在毯子上,辗转反侧,不能成寐。❷ (使)转动;(使)发动:*turn* an engine *over* 发动引擎 ***turn up*** *vt.* & *vi.* ❶开大,调高:*turn up* the gas 把煤气开大❷(偶然)(被)发现,(被)找到:I thought I'd lost the thing, but it *turned up* again. 我以为这个东西已经丢了,但又找到了。❸露面,出现;重现;来到:A visitor *turned up* just as we were leaving. 正当我们要走时,一个客人突然来了。‖ ˈ**turn·er** *n.* [C]

turn·a·round /ˈtəːnəˌraund/ *n.* ❶[通常用单](观点、态度等的)彻底改变,变卦:the government's *turnaround* on interest rate policies 政府有关利率政策的改变 ❷[通常用单](营业、经济等的)突然好转:be on the brink of an economic *turnaround* 处于经济好转的边缘

turn·ing /ˈtəːniŋ/ *n.* [C]转弯;转弯处;岔路口;岔道:We passed the *turning*. 我们经过了岔道口。

turn·ing-point /ˈtəːniŋˌpɔint/ *n.* [C]转折点;转机:The Renaissance marked a *turning-point* in the history of portraiture. 文艺复兴标志着肖像绘画史上的一次转折。

tur·nip /ˈtəːnip/ *n.* ❶[C]【植】芜菁 ❷[C;U]芜菁块根;大头菜

turn·off /ˈtəːnˌɔf,-ˌɔːf/ *n.* [C] ❶岔道,支路:This is the *turnoff* for London. 这是通往伦敦的岔道。❷岔开;拐弯

turn·out /ˈtəːnˌaut/ *n.* [C][通常用单] 聚集的人群,出席者,投票人;聚集人数,出席人数,投票数:There was a huge *turnout* at the press conference. 有很多人出席了记者招待会。

turn·over /ˈtəːnˌəuvəʳ/ *n.* ❶[C][用单]翻倒(物);翻转(物) ❷[用单]营业额;成交量:the *turnover* of foreign trade 对外贸易额❸[用单](货物或人员等的)流通,流动:high *turnover* and vacancy rates 很高的流动率和闲置率 ❹[用单]人员流动率(数);人员调整:the *turnover* of staff 职员的变动

turn·pike /ˈtəːnˌpaik/ *n.* [C] ❶收税路;收税高速公路 ❷收税栅,收税卡

turn·stile /ˈtəːnˌstail/ *n.* [C] ❶(只允许人们逐个通过的)旋转式栅门 ❷(缴款后方能通过的)绕杆;回转栏

turn·ta·ble /ˈtəːnˌteibᵊl/ *n.* [C] ❶转(车)台,旋车盘 ❷转盘:a multiway *turntable* 多线路转盘

tur·pen·tine /ˈtəːpᵊnˌtain/ *n.* [U]松脂;松木油;松节油

tur·quoise /ˈtəːkwɔiz,-kwɑːz/ *n.* ❶[C;U]【矿】绿松石 ❷[U]绿松石色,青绿色

tur·ret /ˈtʌrit/ *n.* [C]【建】塔楼,角楼;角塔

tur·tle /ˈtəːtᵊl/ *n.* [C] ❶【动】海龟属动物 ❷(包括乌龟、水龟、玳瑁在内的)海龟科动物

tur·tle-neck /ˈtəːtᵊlˌnek/ *n.* [C] ❶(针织的)高圆套领 ❷高领(或圆领)毛衣

tusk /tʌsk/ *n.* [C](象、海象等的)长牙,獠牙 ‖ **tusked** *adj.*

tus·sle /ˈtʌsᵊl/ *n.* [C] ❶争斗;扭打 ❷争吵;争辩,争论,争执:have a *tussle* with sb. about sth. 就某事与某人发生争论

tu·tor /ˈtʲuːtəʳ/ *n.* [C] ❶家庭教师,私人教师:a private *tutor* 私人教师 ❷〈英〉(大学中的)导师;(大学中的)助教;(学生为考试而聘请的)

T

辅导教师:a college *tutor* 大学导师

tu·to·ri·al /tʲuːˈtɔːriəl/ *n.* [C]受个别指导(或辅导)时间;受大学教育时间:the individual *tutorial* 个别辅导时间

tux·e·do /tʌkˈsiːdəu/ *n.* ([复]**-do(e)s**)(男子的)无尾礼服,小礼服;餐服〔亦作 **dinner jacket**〕

TV *abbr.* ❶television ❷television set

twang /twæŋ/ I *n.* [C] ❶(拨)弦声;"嘣"的一声 ❷鼻音:He has a strong *twang* in his accent. 他的口音中鼻音很重。II *vi.* 发出"嘣"的响声;发拨弦声:The guitar string *twanged*. 吉他的弦发出"嘣"的声音。—*vt.* 使发出拨弦声;使发出"嘣"的响声

tweed /twiːd/ *n.*【纺】❶[U](粗)花呢 ❷[~**s**](粗)花呢衣服 ‖ ˈ**tweed·y** *adj.*

tweez·ers /ˈtwiːzəz/ [复] *n.* 镊子

twelfth /twelfθ/ I *n.* [C] ❶第十二;第十二个(人或物) ❷十二分之一 ❸第十二日 II *adj.* [无比较级] ❶第十二的 ❷十二分之一的

twelve /twelv/ I *n.* [C] ❶十二,12;十二个❷表示十二的符号(12,XII,xii) II *adj.* [无比较级][作定语]十二的;十二个的

twen·ty /ˈtwenti/ I *n.* ❶[C]二十,20 ❷[C]表示二十的符号(如 20,xx,XX) ❸[C]二十个(人或物)一组 ❹[**twenties**](20 到 29 岁之间)二十多岁:be in one's late *twenties* 年近三十 ❺[**twenties**](世纪的)20 年代:the films of the *twenties* 20 年代的电影 II *adj.* [无比较级][作定语]二十的;二十个的 ‖ ˈ**twen·ti·eth** *adj.* & [U] *n.*

twen·ty-one /ˌtwentiˈwʌn/ *n.* ❶[C]二十一,21;二十一个 ❷[U]【牌】二十一点

twice /twais/ *adv.* [无比较级] ❶两倍;加倍:The population in this town may be *twice* the city's average. 该小镇的人口也许是城市平均人口的两倍。❷两次;两回:Ian tells the story *twice*. 这个故事伊恩讲了两遍。

twig /twig/ *n.* [C]小枝,细枝,嫩枝:a leafless *twig* 无叶的小树枝 ‖ ˈ**twig·gy** *adj.*

twi·light /ˈtwaiˌlait/ *n.* [U] ❶暮光;曙光:The *twilight* sank. 暮色苍茫。❷黄昏;黎明:He hung around at *twilight* and well into the dark he went home. 黄昏时分他四处游荡,天完全黑下来后才回家。

twin /twin/ *n.* [C] ❶双胞胎,孪生儿:A girl called Jeanne is perhaps his *twin*. 一个叫珍妮的女孩可能是他的孪生姐姐(或妹妹)。❷两个非常相像(或关系密切)的人(或物)之一:This bracelet is the exact *twin* of that one. 这只手镯和那只一模一样。

twinge /twindʒ/ *n.* [C] ❶剧痛,刺痛;阵痛:He felt a *twinge* in his left side. 他感到身子左边一阵剧痛。❷痛苦;难过;内疚:a *twinge* of conscience 良心上的谴责

twin·kle /ˈtwiŋkᵊl/ I *vi.* ❶闪烁,闪耀;闪闪发光:The stars *twinkled* in transparent clarity. 星星在清澈的晴空中闪烁。❷(眼睛)闪光,发亮:His eyes *twinkle* behind horn-rims. 他的眼睛在角质镜框后闪闪发亮。II *n.* [通常用单] ❶(眼睛的)闪光;愉快的表情:He saw a *twinkle* of amusement in Cooper's eyes. 他见到库珀两眼放光,神情愉悦。❷瞬息,一刹那,一眨眼:in a *twinkle* of an eye 转瞬之间 ❸闪烁,闪耀

twirl /twəːl/ I *vt.* ❶使轻快地转动;快速旋转:A spurt of wind *twirled* the paper high in the air. 一阵狂风把纸卷入高空。❷捻弄,捻转;扭转;卷曲:She *twirled* a coloured thread around her pen. 她把一根彩线绕在钢笔上。—*vi.* ❶快速旋转;转圈;扭转:They *twirled* merrily around the dance floor. 他们开心地在舞场上旋转着。❷卷曲,卷绕 II *n.* [C]转动;旋转:He gave his walking stick a *twirl*. 他挥了挥手杖。

twist /twist/ I *vt.* ❶捻,搓;编织;把…编成:She sat and *twisted* her hands together. 她坐着,两手交叠在一起。❷盘绕,缠绕:Her hair was *twisted* into an attractive bun. 她的头发盘成了一个魅力十足的小圆髻。❸拧动;转动;旋动;扭动:Few could refrain from *twisting* their heads towards the door. 谁都忍不住回头朝门口望去。❹使弯曲;扭弯:Take care not to *twist* the pipe severely. 小心别把管子弯得太厉害。❺扭歪;扭伤;使成畸形:I *twisted* my ankle when climbing up the stairs. 我上楼梯时扭伤了脚踝。❻扭脱;扭断;拧开;掰开;脱落(*off*):*Twist* the lid *off*. 把盖子拧开。❼歪曲;曲解:I'm afraid that you have *twisted* my words. 恐怕你曲解了我的话。—*vi.* ❶弯曲;弯成螺旋形;呈螺旋形;呈螺旋形移动(或生长):Shoots may *twist*, leaves may curl. 嫩芽会弯曲,叶子会卷起。❷转向,转身:She began turning and *twisting*, trying to force herself to think of something. 她辗转反侧，尽量迫使自己想一点事。❸(快速)转动，旋转：A flock of seagulls *twisted* and glided over the water. 成群的海鸥在水面上盘旋滑翔。❹扭曲，变形；扭伤：The other turned, his face *twisted* with wonder. 另一个人转过身来，吃惊得脸都变了形。**II** *n.* [C]❶转弯，弯曲；弯曲处，曲折处：The accident happened at the *twist* in the road. 事故发生在这条路的拐弯处。❷扭歪；扭伤：a *twist* in the backbone 脊柱的扭伤 ❸捻合成的东西；缠绕成的东西；编织出的东西；扭结，缠结，环结：Straighten out any *twists* or tangles. 把扭结或缠绕的所有地方弄直。❹(事物的)曲折变化；意外的转折：plot *twists* 情节的一波三折

twit /twit/ *n.* [C]〈英俚〉蠢瓜，笨蛋，白痴

twitch /twitʃ/ **I** *vi.* ❶(肌肉、四肢等)抽搐，抽动；颤动：His face *twitched* with fury. 他愤怒得脸部抽搐。❷猛拉，急扯：He stopped me from speaking by *twitching* at my sleeve. 他扯了一下我的袖子，让我不要说话。❸抽痛，刺痛：His arms *twitched* with pain. 他的手臂阵阵刺痛。—*vt.* ❶猛拉，急扯：The wind *twitched* the paper out of my hand. 一阵风把我手中的纸刮走了。❷使抽动：The donkeys *twitched* their ears against the flies. 驴子扇动耳朵驱赶苍蝇。**II** *n.* [C] ❶抽搐，抽动，颤动：The bird gave a slight *twitch* and died. 鸟儿微微抽搐了一下就死了。❷阵痛，刺痛：a *twitch* of conscience 良心上的刺痛

twit·ter /ˈtwitəʳ/ *vi.* ❶(鸟等)鸣啭，啁啾；如鸟般吱吱地叫：Birds were *twittering* in the woods. 鸟儿在林子中叽叽喳喳地叫着。❷叽叽喳喳地讲话，喋喋不休地说话：He *twittered* and made excuses for his lateness. 他喋喋不休地为迟到找借口。‖ ˈ**twit·ter·y** *adj.*

two /tuː/ **I** *n.* [C]([复]**twos**) ❶二：There were six votes in favour, *two* against. 有 6 票赞成，2 票反对。❷表示二的符号(如 2, ii, II) **II** *adj.* [无比较级][作定语]二的；两个的：a *two*-year-old baby 一个两岁的宝宝

two-faced /ˈtuːˌfeist/ *adj.* ❶[无比较级]有两面的，双面的 ❷两面派的；奸诈的；虚伪的；不可靠的

two-ply /ˈtuːˌplai/ *adj.* [无比较级]两层的；双重的；双股的

two-way /ˌtuːˈwei/ *adj.* [无比较级][作定语] ❶(交通等)双行道的；双向的：*two-way* traffic 双向交通 ❷两方(或两人)参加的；相互的：Marriage is a *two-way* street. 婚姻是双行道。❸(开关等)双路的：a *two-way* switch 双路开关 ❹(无线电)收发两用的，双向的：the *two-way* radio communication 双向无线电通信

ty·coon /taiˈkuːn/ *n.* [C]企业界大亨，企业界巨头；政界巨头

type /taip/ **I** *n.* ❶[C]类型；种类；品种：blood *types* 血型❷[C]具有代表性的人(或物)；典型，典范，榜样：a civil service *type* 一位文职人员的典范 ❸[C; U]【印】铅字，活字；字体：I worked at setting the *type* and printing the paper. 我干排版和印刷报纸的活儿。**II** *vt.* ❶(用打字机等)打(字)；【计】键入，敲入：I *typed* out the letter in a few minutes. 我几分钟就把信打好了。❷(按类型)把…分类；归入…类型；测定…类型：*type* one's blood 验血型 —*vi.* 打字：Sorry about the chicken scratch, but I never learned to *type*. 不好意思，我写字像鸡爪刨似的，但我总是学不会打字。‖ ***be not one's type*** *vi.* 不是某人所喜欢的那种类型的人

type·script /ˈtaipˌskript/ *n.* [C; U](文件等的)打字稿；打印件；打印材料：His later *typescripts* were turned down in 1954. 他后来的打印稿在 1954 年遭拒用。

type·writ·er /ˈtaipˌraitəʳ/ *n.* [C]打字机

ty·phoid /ˈtaifɔid/ (**fever**) *n.* [U]【医】伤寒

ty·phoon /taiˈfuːn/ *n.* [C]【气】台风

typ·i·cal /ˈtipikᵊl/ *adj.* ❶典型的；有代表性的(*of*)：The more *typical* works of his career have been short stories. 他的生涯中更具代表性的作品是短篇小说。❷[无比较级]象征性的：a *typical* icon 象征性的图标❸[无比较级]特有的，独特的：features *typical* of Gothic culture 哥特文化独有的特征

typ·i·fy /ˈtipiˌfai/ *vt.* ❶是…的典型特征；作为…的代表：The ever-green vegetation *typifies* this subtropical area. 长青植物是这个亚热带地区的典型特征。❷代表；象征：Dragon *typifies* the Chinese. 龙是炎黄子孙的象征。‖ **typ·i·fi·ca·tion** /ˌtipifiˈkeiʃᵊn/ *n.* [U]

typ·ist /ˈtaipist/ *n.* [C]打字员；打字者

ty·pog·ra·phy /taiˈpɔgrəfi/ *n.* [U] ❶印刷术

T

❷印刷风格 ‖ **ty·po·graph·ic** /ˌtaipəˈgræfik/, **ˌty·poˈgraph·i·cal** /-kᵊl/ *adj.* —**ˌty·poˈgraph·i·cal·ly** /-kᵊli/ *adv.*

tyr·an·nize, tyr·an·nise /ˈtirəˌnaiz/ *v.* ❶施行暴政；实行专制统治(*over*) ❷施行暴虐；横行霸道：*tyrannize* over the people 对人民实行暴政

tyr·an·ny /ˈtirᵊni/ *n.* ❶[U;C]苛政，暴政；专制：verses attacking *tyranny* 抨击苛政的诗篇 ❷[U]专横，暴虐，残暴：resist the *tyranny* of the oppressor 反抗压迫者的残暴 ❸[U]严苛，苛刻；严酷：the *tyranny* of fact 事实的严酷 ❹[C;U]残暴专横的行为：an irrational *tyranny* 非理性的残暴行为

ty·rant /ˈtaiərᵊnt/ *n.* [C] ❶暴君；专制君主 ❷似暴君的人；压制他人者；专横残暴的人：a sex-crazed *tyrant* 色迷心窍的暴君

tzar /zɑː, tsɑː/ *n.* [C]俄国沙皇(＝czar)

U u

U,u /juː/ *n.* [C]([复]**U's, u's** 或 **Us, us** /juːz/) 英语字母表中的第二十一个字母

U. *abbr.* ❶ union ❷ unit ❸ university ❹ unsatisfactory

u·biq·ui·tous /juːˈbikwitəs/ *adj.* [无比较级] 无处不在的,普遍存在的:the *ubiquitous* American tourists 遍及各地的美国游客 ‖ **uˈbiqui·tous·ly** *adv.* —**uˈbiq·ui·ty** *n.* [U]

ud·der /ˈʌdəʳ/ *n.* [C](牛、羊等的)乳房;乳腺:a cow's *udder* 母牛的乳房

UFO /ˈjuːfəu, ˌjuːefˈəu/ *n.* [C]([复]**UFOs** 或 **UFO's**) 不明飞行物,飞碟

ugh /uk, uh, ʌh, ʌg, ʌk, ʌ/ *int.* [用以表示厌恶、恐怖、咳嗽声或咕哝声等]啊! 唷! 哎! 呀! 呦!

ug·ly /ˈʌgli/ *adj.* ❶难看的,丑(陋)的:an *ugly* face 难看的脸 ❷令人不愉快的,讨厌的;难听的:This very tollman was an *ugly* chap. 就是这个收税人是个难缠的家伙。❸使人为难的;令人不安的;不祥的;爱争吵的;脾气坏的;(尤指自然现象)险恶的,凶险的:An *ugly* storm is brewing. 正酝酿着一场狂风暴雨。‖ **ˈug·li·ness** *n.* [U]

UHF, uhf *abbr.* Ultra High Frequency【无】超高频,特高频

ul·cer /ˈʌlsəʳ/ *n.* [C]【医】溃疡:a gastric *ulcer* 胃溃疡

ul·te·ri·or /ʌlˈtiəriəʳ/ *adj.* [作定语]隐秘不明的,故意隐瞒的,不可告人的,别有用心的:Mary suspected him of *ulterior* aims. 玛丽怀疑他有什么不可告人的目的。

ul·ti·mate /ˈʌltimət,-mit/ **I** *adj.* [无比较级][作定语] ❶最后的,最终的(见 last):Her *ultimate* destination was New York. 她的最终目的地是纽约。❷无法超越的;最大的;最高的;决定性的:Infidelity is the *ultimate* betrayal. 不忠是最大的背叛。❸根本的,基本的;首要的:The brain is the *ultimate* source of ideas. 大脑是思想的根本源泉。**II** *n.* [**the ～**]终点;结局;终极:This video-sound system is *the ultimate* in home entertainment technology. 这个音响系统是家庭娱乐技术领域里的最高成就。‖ **ˈul·ti·mate·ly** *adv.*

ul·ti·ma·tum /ˌʌltiˈmeitəm/ *n.* [C]([复]**-tums** 或 **-ta** /-tə/) 最后通牒:They issued the toughest *ultimatum* yesterday, demanding that all of us accept wage reductions. 昨天,他们发出了最强硬的最后通牒,要我们全都接受减薪。

ul·tra /ˈʌltrə/ *adj.* [无比较级](尤指在宗教或政治等方面)极端的;过激的;过分的:an *ultra* nationalist 极端民族主义者

ul·tra- /ˈʌltrə/ *pref.* ❶表示"在…之外","在…的那一边":*ultra*montane (山那边的) ❷表示"极端","过度";"超过","超越":*ultra*conservative, *ultra*modern

ul·tra·son·ic /ˌʌltrəˈsɔnik/ *adj.* [无比较级]【物】超声(波)的;超音速的;采用超声波的:*ultrasonic* waves 超声波 ‖ **ˌul·traˈson·i·cal·ly** /-kəli/ *adv*

ul·tra·sound /ˈʌltrəˌsaund/ *n.* [U] ❶【物】超声;超声波 ❷【医】超声诊断,超声治疗

ul·tra·vi·o·let /ˌʌltrəˈvaiələt/ *adj.* [无比较级]【物】❶紫外的;紫外线的:*ultraviolet* light 紫外(光)线 ❷产生紫外线的;应用紫外线的:an *ultraviolet* lamp 紫外线灯

um·bil·i·cal cord /ʌmˈbilikəl/ *n.* [C]【解】脐带

um·brel·la /ʌmˈbrelə/ *n.* [C] ❶伞;雨伞;阳伞:open a folding *umbrella* 打开折叠伞 ❷有众多组成部分的事物:a research *umbrella* formed of many different institutes 由多家研究所组成的伞形研究组织

um·laut /ˈumlaut/ *n.* [C]【语】(在元音上加两点标示元音变化的)曲音;曲音符号(¨)

um·pire /ˈʌmpaiəʳ/ **I** *n.* [C] ❶【体】(棒球、板球、网球等的)裁判员:have an altercation over the *umpire's* decision 因裁判员的裁决而争执 ❷仲裁人,公断人:A federal *umpire* will try to settle the labour dispute. 有个联邦仲裁员试图解决这一劳动纠纷。**II** *vt.* 当…的裁判;对…进行仲裁(或公断):Have you *umpired* a cricket match before? 你以前担任过板球裁判员吗? —*vi.* 当裁判员(或仲裁人、公断人)(*for*,*in*):He *umpired in* the tennis match. 他在网球比赛中担任裁判员。

ump·teen /ʌmpˈtiːn/ *adj.* [无比较级][作定语]〈口〉数不清的,许许多多的:I know these new products were tested *umpteen* times. 我知道这些新产品已经测试过很多次了。‖ ˈ**ump·teenth** *adj.*

U

un- /ʌn/ *pref.* ❶[尤用于形容词、副词或过去分词前]表示"否定","不","非";"无","未":*un*usable,*un*educated,*un*fair,*un*faithful,*un*expected,*un*selfish,*un*sociable,*un*scientific ❷[尤用于名词前]表示"缺乏","不","没有":*un*rest,*un*truth,*un*certainty ❸[尤用于名词前]表示"使自由","从…解放出";"由…取出";"脱离","除去":*un*earth,*un*horse,*un*mask,*un*burden

un·a·bat·ed /ˌʌnəˈbeitid/ *adj.* [无比较级]〈书〉不减弱的,不减退的;不减轻的:The storm continued *unabated* throughout the night. 暴风雨刮了整整一夜,势头始终没减。

un·a·ble /ʌnˈeibᵊl/ *adj.* [无比较级][作表语,后常接不定式]不能的,不会的:She was *unable* to adapt her expenditure to her altered circumstances. 她不懂得量入为出以适应境遇的改变。

un·ac·cept·a·ble /ˌʌnəkˈseptəbᵊl/ *adj.* 不能接受的;不能令人满意的,不合意的;不受欢迎的:There are also slips *unacceptable* in an academic book. 学术著作中也会出现这类不能容忍的错讹。‖ **un·acˈcept·a·bly** *adv.*

un·ac·com·pa·nied /ˌʌnəˈkʌmpᵊnid/ *adj.* [无比较级] 无人陪伴的;没带伴侣的:*Unaccompanied* girls will not be admitted. 无人陪伴的少女谢绝入内。

un·ac·cus·tomed /ˌʌnəˈkʌstəmd/ *adj.* ❶不习惯的(*to*):I am *unaccustomed to* a mango. 我不习惯吃杧果。❷不寻常的;奇怪的;不熟悉的:The *unaccustomed* sights were fascinating. 这些奇观令人心驰神往。

un·a·dul·ter·at·ed /ˌʌnəˈdʌltəˌreitid/ *adj.* [无比较级] ❶无杂质的,不掺杂的,纯粹的;浓缩的:*unadulterated* drinking water 纯净饮用水 ❷[作定语]〈口〉完全的,十足的;非常的,极其的:What *unadulterated* nonsense! 一派胡言!

un·af·fect·ed /ˌʌnəˈfektid/ *adj.* [无比较级] ❶未受影响的;未改变的,没变化的;未被感动的(*by*):Passers-by were *unaffected by* the beggar's plea. 行人对乞丐的哀求无动于衷。❷不矫揉造作的;真挚的;自然的:*unaffected* writing 流畅自然的文笔

un·am·big·u·ous /ˌʌnæmˈbigjuəs/ *adj.* [无比较级]不含糊的,无歧义的;清楚的;明确的,确切的:The law is quite *unambiguous* on this point. 在这一点上,法律规定得清清楚楚。‖ ˌ**un·amˈbig·u·ous·ly** *adv.*

u·nan·i·mous /juːˈnænimǝs/ *adj.* [无比较级] 全体一致的;意见相同的,无异议的:The kids were *unanimous* for a picnic. 孩子们一致赞成去野餐。‖ **u·nan·i·mi·ty** /ˌjuːnəˈnimiti/ *n.* [U] —**uˈnan·i·mous·ly** *adv.*

un·ap·proach·a·ble /ˌʌnəˈprəutʃəbᵊl/ *adj.* [无比较级] ❶无法靠近的;无法到达的:Floods made the village *unapproachable.* 洪水使得人们无法接近这个村庄。❷(人)不易接近的,不可亲近的;冷漠的;孤傲的:They described him as *unapproachable.* 他们说他为人孤傲。

un·armed /ʌnˈɑːmd/ *adj.* [无比较级] 无武装的;无武器的;徒手的,赤手空拳的:*unarmed* defence 徒手防御

un·a·shamed /ˌʌnəˈʃeimd/ *adj.* [无比较级] ❶无羞耻心的,不害臊的,恬不知耻的:He was *unashamed* of what he had done. 他对自己的所作所为毫不知耻。❷公然的;无顾忌的;大胆的,放肆的:She is *unashamed* of her rather extreme views. 她对自己相当极端的观点毫无顾忌。‖ ˌ**un·aˈsham·ed·ly** /-midli/ *adv.*

un·as·sum·ing /ˌʌnəˈsjuːmiŋ/ *adj.* [无比较级]没有架子的,随和的;谦逊的;不装腔作势的:He was shy and *unassuming* and not at all how you expect an actor to be. 他腼腆、谦逊，丝毫不是你想象中演员的样子。

un·at·tached /ˌʌnəˈtætʃt/ *adj.* [无比较级] ❶不联结的，不接连的：an *unattached* building 独立式的大楼 ❷(同组织、集团或机构等)无隶属关系的，非附属的，独立的；(大学生有学籍但)不属于特定学院的(*to*)：The nursery is *unattached to* any primary school. 这家幼儿园不附属于任何一所小学。❸未婚的；未订婚的：an *unattached* girl 待字闺中的姑娘

un·at·tend·ed /ˌʌnəˈtendid/ *adj.* [无比较级] 无人陪伴的；无人随从的；没人侍候的；无人看管的：Don't leave your things *unattended*. 看管好你自己的物品。

un·at·trac·tive /ˌʌnəˈtræktiv/ *adj.* [无比较级] ❶没有吸引力的；不引人注目的；不美的，没有魅力的：This sort of novel has been *unattractive* to children. 这类小说对孩子们已经没有吸引力了。❷讨厌的：It is a very *unattractive* wisdom. 这是一种不讨人喜欢的聪明。

un·au·thor·ized /ʌnˈɔːθəˌraizd/ *adj.* [无比较级][作定语]未经授权的，越权的；未受委托的；未经许可的，未得到批准的；非特许的：an *unauthorized* biography 未经授权的传记

un·a·vail·a·ble /ˌʌnəˈveiləbᵊl/ *adj.* [无比较级][作表语]不可获得的；达不到的：Funding for the new project is *unavailable*. 新项目的经费无法到位。‖ **un·a·vail·a·bil·i·ty** /ˌʌnəˌveiləˈbiliti/ *n.* [U]

un·a·ware /ˌʌnəˈweəʳ/ *adj.* [无比较级][通常作表语]不知道的；未察觉到的(*of*)：We were *unaware* that it had been the scene of a hold-up a few days earlier. 我们并不知道那里几天以前曾是一起抢劫案的案发现场。

un·a·wares /ˌʌnəˈweəz/ *adv.* [无比较级]意外地，突然地，出其不意地：The police caught the thief *unawares*. 警察出其不意地捉住了小偷。

un·bal·anced /ʌnˈbælᵊnst/ *adj.* [无比较级] ❶不平衡的，不均衡的，失衡的：Is the structure of the sentence *unbalanced*? 此句的结构不平衡吗？❷(人或情绪等)不稳定的；错乱的，失常的：The experiences of the past few weeks have left her mentally *unbalanced*. 过去几个星期的经历使她精神紊乱。

un·bear·a·ble /ˌʌnˈbeərəbᵊl/ *adj.* [无比较级] 难以忍受的；不能容忍的；经受不住的：The thought of losing the game was *unbearable* to him. 一想到比赛失利，他就感到难以忍受。‖ **unˈbear·a·bly** *adv.*

un·beat·a·ble /ʌnˈbiːtəbᵊl/ *adj.* [无比较级] ❶打不败的，无法战胜的：He was *unbeatable* at chess. 他这个棋手打遍天下无敌手。❷无与伦比的，不可超越的：a catalogue that offers *unbeatable* value for money 一份提供无比的物有所值的价目表

un·be·liev·a·ble /ˌʌnbiˈliːvəbᵊl/ *adj.* [无比较级]难以置信的，不可信的；惊人的：The place was halfway up the mountain, and the view was *unbelievable*. 这地方位于半山腰，景色真是美不胜收。‖ **ˌun·beˈliev·a·bly** *adv.*

un·bi·as(s)ed /ʌnˈbaiəst/ *adj.* [无比较级]无偏见的；不偏不倚的，公正的：an *unbiased* estimation 公允的评价

un·born /ˌʌnˈbɔːn/ *adj.* [无比较级] ❶未诞生的，未出生的：get involved in the killing of the *unborn* babies 涉嫌谋杀尚未出生的婴儿 ❷将来的，未来的：the living, the dead, or the *unborn* 活人、死去和未出生的人

un·bro·ken /ʌnˈbrəukᵊn/ *adj.* [无比较级] ❶未被打碎的；未破损的，完好的：She knocked my glasses flying and they fell, though *unbroken*, on the kitchen floor. 她把我的眼镜打飞，尽管没有摔碎，但掉到厨房地板上。❷(马等)未被驯服的；未被征服的；未打垮的；不屈服的：Her mind remained *unbroken*, and her will was still perfect. 她的思想依然清晰，她的意志仍坚不可摧。❸连续不断的；未中断的，未被阻断的，完整的：an *unbroken* spell of wet weather 阴雨连绵的天气

un·called-for /ʌnˈkɔːldfɔːʳ/ *adj.* [无比较级] (观点、行动等)不恰当的；毫无理由的，无缘无故的；不必要的，多此一举的：I resented his *uncalled-for* criticisms. 我憎恶他种种无端的指责。

un·can·ny /ʌnˈkæni/ *adj.* [无比较级] ❶超人(似)的；非同寻常的：His powers of observation were *uncanny*. 他有非凡的洞察力。❷奇怪的；怪异的，离奇的；神秘的；可怕的(见 weird)：*an uncanny* car 造型怪异的汽车

un·ceas·ing /ʌnˈsiːsiŋ/ *adj.* [无比较级]不停的，不断的，连续的，持续的：The bell rang *unceasing* and brazen. 钟声洪亮，久久回荡，不绝

于耳。‖ **un'ceas·ing·ly** *adv.*

un·cer·tain /ʌn'səːtᵊn/ *adj.* [无比较级] ❶不确知的；未确定的；不能断定的：He was *uncertain* how to respond. 他吃不准该作什么样的反应。❷未被确切了解的，未明确的；未定的，难以预料的：It is *uncertain* what the result will be. 结局如何，尚难预料。❸多变的，易变的，无常的；不可靠的；无法捉摸的：The weather is *uncertain.* 天气变幻无常。❹犹豫的，迟疑不决的：an *uncertain* smile 似笑非笑 ‖ **un'cer·tain·ly** *adv.* —**un'cer·tain·ty** *n.* [U]

un·changed /ʌn'tʃeindʒd/ *adj.* [无比较级]未改变的；无变化的；稳定的：Nothing fades so quickly as what is *unchanged.* 没有什么比一成不变的东西更易陈旧的了。

un·char·ac·ter·is·tic /ˌʌnkæriktə'ristik/ *adj.* [无比较级]不代表(某人或某物)特征的；不典型的：It is *uncharacteristic* of her to be late. 她向来是难得迟到的。‖ **ˌun·char·ac·ter'is·tic·al·ly** /-kᵊli/ *adv.*

un·checked /ʌn'tʃekt/ *adj.* [无比较级]不受约束的；不受抑制的；未加制止的；未被遏制的：This rapid development continued *unchecked* for more than twenty years. 这种高速发展持续了二十多年。

un·cle /'ʌŋkᵊl/ *n.* [C]叔父；伯父；舅父；姑父；姨父：My *uncle* lives within call. 我叔叔就住在附近。

un·clear /ʌn'kliəʳ/ *adj.* [无比较级] ❶不清楚的；含糊的；不明确的；不肯定的：His argument was *unclear* and difficult to follow. 他的论点不明确，难以弄懂。❷(人)疑惑的，不明白的：I am *unclear* as to what you mean. 我不清楚你是什么意思。❸难以看透的：*unclear* water 混浊的水

un·com·fort·a·ble /ʌn'kʌmfᵊtəbᵊl/ *adj.* [无比较级] ❶不舒服的；不舒适的；令人不舒服的，让人难受的：This chair feels *uncomfortable.* 这把椅子坐起来不舒服。❷不安的；不自在的：I felt *uncomfortable*, talking about it. 谈这个话题，我有种芒刺在背的感觉。‖ **un'com·fort·a·bly** *adv.*

un·com·mon /ʌn'kɔmᵊn/ *adj.* ❶异乎寻常的，特别的；杰出的，非凡的，出色的：Ha! Ha! What an *uncommon* little fellow you are! 哈哈！你真是个了不起的小家伙！❷罕见的；稀有的，少有的：Unusual times demand *uncommon* actions. 非常时期需要非常行动。❸(在数量或程度上)超出一般的 ‖ **un'com·mon·ly** *adv.*

un·com·pro·mis·ing /ʌn'kɔmprəˌmaiziŋ/ *adj.* [无比较级]不妥协的，不让步的；不屈服的，坚定的；固执的：He spoke English with the most *uncompromising* French accent. 他说英语时总有改不掉的法国口音。

un·con·cern /ˌʌnkᵊn'səːn/ *n.* [U]漠不关心；不感兴趣；冷淡；冷漠：They looked with *unconcern* on a man struggling for life in the water. 他们坐视行将溺水者在水中挣扎而无动于衷。‖ **ˌun·con'cerned** *adj.*

un·con·di·tion·al /ˌʌnkᵊn'diʃᵊnᵊl/ *adj.* [无比较级]无条件的；无保留的；无限制的；绝对的，完全的：Then the real undertaking at present is the *unconditional* freeing of the people. 那么目前真正要做的是将这些人无条件释放。‖ **ˌun·con'di·tion·al·ly** *adv.*

un·con·scious /ʌn'kɔnʃəs/ **I** *adj.* [无比较级] ❶未意识到的，未察觉的，未发觉的：She was quite *unconscious* of her own beauty. 她并未意识到自己的美貌。❷不省人事的，失去知觉的：Day and night found her still by the pillow of her *unconscious* husband. 她日日夜夜守在不省人事的丈夫枕旁。❸不知不觉的，无意的；非故意的 **II** *n.* [常作 the ～]【心】潜意识，无意识 ‖ **un'con·scious·ly** *adv.* —**un'con·scious·ness** *n.* [U]

un·con·trol·la·ble /ˌʌnkᵊn'trəuləbᵊl/ *adj.* [无比较级] ❶难以控制的，控制不住的；无法管束的：in *uncontrollable* fury 怒不可遏 / They mourned their brother with *uncontrollable* grief. 兄弟之死使他们悲痛欲绝。❷不受上级控制的；难管理的 ‖ **ˌun·con'trol·la·bly** *adv.*

un·con·ven·tion·al /ˌʌnkᵊn'venʃᵊnᵊl/ *adj.* [无比较级]非常规的，不依惯例的；不落俗套的；不符合传统的；非正统的；异常的：*unconventional* weapons 非常规武器 ‖ **ˌun·con'ven·tion·al·ly** *adv.*

un·con·vinced /ˌʌnkᵊn'vinst/ *adj.* [无比较级]未信服的，怀疑的：He admitted the force of the argument but remained *unconvinced.* 虽然他承认那论点有力，但仍对它有怀疑。

un·count·a·ble /ʌnˈkauntəbᵊl/ *adj.* [无比较级] ❶无法估计的,无限的,无穷的;无数的,数不清的:*uncountable* wealth 无法估量的财富 ❷【语】(名词)不可数的,不具数的

un·cov·er /ʌnˈkʌvəʳ/ *vt.* ❶揭开…的盖子;移掉…的覆盖物:Taking off the bandage, the doctor *uncovered* the wound. 医生解开绷带,伤口露了出来。❷发现;暴露;揭露:Fox hoped to *uncover* this mystery. 福克斯希望能够揭开这一秘密。

un·de·cid·ed /ˌʌndiˈsaidid/ *adj.* [无比较级][通常作表语] ❶未定的,未决的:The whole question is still *undecided*. 整个问题尚未决定。❷犹豫不定的;优柔寡断的:How could he make it, being so *undecided*? 他这样优柔寡断的,怎么能成事呢?

un·de·ni·a·ble /ˌʌndiˈnaiəbᵊl/ *adj.* [无比较级] ❶不可否认的,无可争辩的;毋庸置疑的,确凿无疑的:Mr. Jones' good intentions are *undeniable*. 琼斯先生的好意毋庸置疑。❷公认优秀的;无可挑剔的,无懈可击的:Her skill is *undeniable*, but she works too slowly. 她的技艺无可挑剔,可就是做起来手脚太慢。‖ **ˌun·deˈni·a·bly** *adv.*

un·der /ˈʌndəʳ/ **I** *prep.* ❶在…的下面;在…底下;在…里面;往…下面(或里面);经由…底下(或下面):He has a kind heart *under* a stern exterior. 在他严厉的外表下跳动着一颗善良的心。❷(尺寸、级别、数量、价值、标准或程度等方面)在…以下;次于;低于;少于:My salary is *under* $5,000. 我的薪金不足 5000 美元。❸(在职位、权势等方面)低于;在…手下;在…之下:A captain is *under* a major. 上尉的级别低于少校。❹在…中;在…期间:Your suggestion is now *under* active study. 你方的建议正在积极研究中。❺归类于;属于:That book goes *under* biography. 那本书属于传记作品。**II** *adv.* [无比较级] ❶在下面;在下方;在底下;往底下;由(或经)下面:Because I'm a bad swimmer, I often go *under* and swallow a lot of water. 我游泳游得不好,所以常常会沉下去呛水。❷更少(或低,小等)地:cost two dollars or *under* 值两美元或不到两美元 ❸从属地,服从地

☆**under, below, beneath, underneath** 均有"在…之下"之意。**under** 为普通用词,与 **over** 相对,表示某物在另一物正下方,引申喻指直接在某人或某物下面,关系具体而明确:The cat is *under* the table. (那猫在桌子下面。)该词也常用于某人或某物在另一物下面移动的场合:The water flows *under* the bridge. (水从桥下流过。) **below** 与 above 相对,泛指在另一事物下面的任何位置:Please do not write *below* this line. (请不要写在这条线的下面。) **beneath** 与 under 和 below 同义,常带有社会、道德方面的含义:They thought she had married *beneath* her. (他们认为她下嫁给了社会地位比她低的人。)该词常用于文学作品:They strolled together *beneath* the summer moon. (他们在夏夜月光之下散步。) **underneath** 常表示某物隐藏在另一物下面:The letter had been pushed *underneath* the carpet by accident. (那封信偶然给推到地毯下面去了。)

un·der- /ˈʌndəʳ/ *pref.* ❶表示"在…下面","在…以下","在…之下","在…底下","置于…之下":*under*ground, *under*carriage ❷表示"次于","低于","从属于","附属于":*under*graduate, *under*secretary ❸表示"不足","不够","不充分":*under*estimate, *under*developed

un·der·arm /ˈʌndərˌɑːm/ *adj.* [无比较级][作定语] ❶(板球、网球等)低手的:an *underarm* pitching delivery 低手投球 ❷腋下的;肩下侧的 ❸腋窝的

un·der·car·riage /ˈʌndəˌkæridʒ/ *n.* [C] ❶(汽车等的)底盘,底架 ❷〈主英〉飞机脚架,起落架

un·der·clothes /ˈʌndəˌkləuðz, -ˌkləuz/, **un·der·cloth·ing** /-kləuðiŋ/ [复] *n.* 内衣,底衣,衬衣:Have you packed my vest and other *underclothes*? 你把我的背心和其他内衣都放进去了吗?

un·der·cov·er /ˌʌndəˈkʌvəʳ/ *adj.* [无比较级][作定语]秘密从事的;隐秘的;保密的;被雇从事秘密(或间谍)工作的:an *undercover* detective 卧底密探

un·der·cur·rent /ˈʌndəˌkʌrᵊnt/ *n.* [C] ❶潜流,底流 ❷〈喻〉潜流,暗流;潜伏的情绪;潜在的倾向:There was an *undercurrent* of melancholy beneath his jokes. 他的调侃玩笑中藏着忧郁。

un·der·cut /ˌʌndəˈkʌt/ *vt.* (**-cut**; **-cut·ting**) 削价出售与…抢生意;拿低工资报酬与…争就业机会;索价低于(竞争价等):He's *undercutting* my prices by several pounds. 他的售价要比我

U

的低好几镑。

un·der·de·vel·oped /ˌʌndədiˈveləpt/ *adj.* [无比较级] ❶发育不全的;发育不良的;未长成的:Because of lack of protein his muscles are *underdeveloped*. 因为缺乏蛋白质,他的肌肉发育不良。❷(国家、地区等)未充分发展的;不发达的,落后的:*underdeveloped* western region 落后的西部地区

un·der·dog /ˈʌndəˌdɔg/ *n.* [C] ❶(争斗中)失败的人(或一方),被打败的人(或一方);处于弱(或劣)势的人(或一方):Do you suppose that he is an *underdog*? 你认为他是失败者吗? ❷(社会的)弱者;受压迫者;受害者:come to the aid of a weak *underdog* 帮助弱小者

un·der·es·ti·mate I /ˌʌndərˈestiˌmeit/ *vt.* 对…估计不足;低估;小看:I told you not to *underestimate* him, didn't I? 我不是跟你说过此人不可小看吗? II /ˌʌndərˈestimət/ *n.* [C]过低估价;低估,不足估计:Clearly $100 was a serious *underestimate*. 估价 100 美元显然太低了。‖ **ˌun·der·es·ti·ma·tion** /-ˌestiˈmeiʃ°n/ *n.* [U]

U

un·der·foot /ˌʌndəˈfut/ *adv.* [无比较级] 在脚底下;在地上;在底下,在下面:After a frost it is hard *underfoot*. 下霜后地上很硬。

un·der·go /ˌʌndəˈgəu/ *vt.* (**-went** /-ˈwent/, **-gone** /-ˈgɔn/) 经受;经历;遭受;忍受:The school has *undergone* many changes during the past decade. 过去 10 年中这所学校经历了许多变化。

un·der·grad·u·ate /ˌʌndəˈgrædjuət/ *n.* [C]大学本科生,(尚未取得学位的)大学生;大学肄业生:The book should be in the hands of college *undergraduates*. 这书应是大学生手头所必备的。

un·der·ground I /ˌʌndəˈgraund/ *adv.* [无比较级] ❶在地(面)下;往地(面)下:Moles live *underground*. 鼹鼠生活在地面下。❷秘密地,不公开地,暗中进行地;〈喻〉在地下:Several political parties had to operate *underground* for many years. 有好几年几个政党只得转入地下进行活动。II /ˈʌndəˌgraund/ *adj.* [无比较级] ❶地(面)下的;位于地下的,置于地下的;生长在地下的;在地下使用(或运行)的:an *underground* river 地下河流 ❷秘密的,不公开的,暗中进行的;〈喻〉地下的:*underground* press 地下刊物 III /ˈʌndəˌgraund/ *n.* [C] 地下空间;地下通道

un·der·growth /ˈʌndəˌgrəuθ/ *n.* [U]下层灌丛,下木:The corpse was discovered in thick *undergrowth*. 死尸是在浓密的灌木丛中间找到的。

un·der·hand /ˈʌndəˌhænd/ *adj.* [无比较级] 秘密的;偷偷摸摸的;不光彩的,卑劣的;欺骗的;狡诈的:an *underhand* scheme 秘密计划

un·der·lie /ˌʌndəˈlai/ *vt.* (**-lay** /-ˈlei/, **-lain** /-ˈlein/; **-ly·ing** /-ˈlaiiŋ/) ❶位于…之下;置于…之下:Shale *underlies* the coal. 煤层底下是页岩层。❷构成…的基础;是…的潜在根源;使发生;潜存于…之下:It must *underlie* everything. 一切都必须以此为基础。

un·der·line /ˌʌndəˈlain/ *vt.* ❶在…下面画线,加下划线于:*underline* the title of an essay 在文章标题下面画线 ❷强调;使突出:This tragic incident *underlined* the need for immediate action. 这一悲惨事件的发生凸现了立即采取行动的必要性。

un·der·ly·ing /ˌʌndəˈlaiiŋ/ *adj.* ❶隐晦的;潜在的:the deeper and *underlying* aim of sb.'s travels 隐藏在某人出行背后的深层目的 ❷基本的,根本的:The *underlying* message of the investigation report was pessimistic. 调查报告的基调是很悲观的。

un·der·mine /ˌʌndəˈmain/ *vt.* ❶暗中伤害(或破坏);逐渐损害(或削弱):Morphia had *undermined* his grasp of reality. 吗啡已使他丧失了对现实的把握能力。❷(海、风等)侵蚀…的基础:The shifting sands *undermined* the foundation of the beach house. 流沙毁掉了海滨住宅的地基。

un·der·neath /ˌʌndəˈniːθ/ I *prep.* ❶在…下面,在…底下;往…下面,向…下面(见 under):The letter was pushed *underneath* the office door. 信是从办公室门下塞进来的。❷在…的支配(控制)下;隶属于:*underneath* the prime minister 在首相的管辖下 ❸在…的形式下;在…的掩盖下;在…的伪装下:She's a tough lady *underneath* that quiet exterior. 她外表安详恬静,但骨子里却是个铁女人。II *adv.* [无比较级]在下面,在底下;往下,向下:On these slabs is an inscription asking for a prayer for the person buried *underneath*. 在这些墓碑上镌刻着

碑文，吁请人们为埋在下面的人祈祷。

un·der·nour·ished /ˌʌndəˈnʌriʃt/ *adj.* [无比较级]营养不足的；半饥饿状态：Many of the African children are *undernourished*. 许多非洲儿童都营养不足。

un·der·pants /ˈʌndəˌpænts/ [复] *n.* (尤指男式)内裤，衬裤

un·der·pass /ˈʌndəˌpɑːs;-ˌpæs/ *n.* [C](供行人穿越公路或铁路等用的)地道，地下通道；高架桥下通道

un·der·pay /ˌʌndəˈpei/ *vt.* (**-paid**) [常用被动语态]少付(某人)报酬(或工资)，付给(某人)过低的报酬(或工资)；过少支付，过低支付：The new employee reckons we have been *underpaying* her by $60 a week. 新雇员认为我们每周少付她60美元的工资。

un·der·priv·i·leged /ˌʌndəˈprivilidʒd/ *adj.* [无比较级] ❶享有的权益(或机会)比别人少的；不能享受正当权益的；〈婉〉社会地位低下的，下层社会的：*underprivileged* women and children 下层社会的妇女和儿童 ❷低于正常生活水准的，生活贫困的：*underprivileged* farmers 贫困的农民

un·der·rate /ˌʌndəˈreit/ *vt.* (**-rated;-rating**) 对…估计过低；过低评价；轻视：At last, she had to admit that she *underrated* the young man. 最后，她不得不承认自己小看了那个年轻人。

un·der·score I /ˌʌndəˈskɔːʳ/ *vt.* ❶在…下面画线，加下划线于：Twenty lines of it were heavily *underscored* in red ink for emphasis. 为了强调，其中有20行用红墨水画了粗线。❷强调；加强：The conference *underscored* the importance of women in society. 会议强调了妇女在社会中的重要性。❸为(影片中的动作)配乐 **II** /ˈʌndəskɔːʳ/ *n.* [C]下划(横)线

un·der·shirt /ˈʌndəˌʃəːt/ *n.* [C](男子或儿童的)贴身内衣；汗衫；汗背心

un·der·side /ˈʌndəˌsaid/ *n.* [常用单]下面；下侧；底面：The *underside* of the car was covered in oil and mud. 汽车底部全是油泥。

un·der·staffed /ˌʌndəˈstɑːft;-ˈstæft/ *adj.* [无比较级]人员配备不足的，人力太少的，缺员的：The hospital was overcrowded and desperately *understaffed*. 医院病员太多，医护人员极度匮乏。

un·der·stand /ˌʌndəˈstænd/ [不用进行时态] (**-stood** /-stud/) *vt.* ❶懂，明白，清楚：Her father couldn't help her with her homework since he didn't *understand* math. 她父亲不能帮助她做家庭作业，因为他不懂数学。❷理解；谅解；认识到，意识到：We don't *understand* your attitude at all. 对你的态度我们完全不能理解。❸了解，熟知，通晓(见 know)：I *understand* your not willing to marry him. 我知道你不愿意嫁给他。❹[后常接 that 引导的从句]得知，获悉，听说：I *understand* that you're a friend of Jack. 我听说你是杰克的一个朋友。❺[后常接以 that 引导的从句]领悟，领会；推断，猜想；以为，认为：As he spoke there was a sort of smile, which Jean fancied she *understood*. 他说话的当儿，不禁一笑，琼觉得自己领会他一笑的深意。—*vi.* ❶理解；懂得；通晓；领悟，领会；体谅：Do animals *understand*? 动物有理解力吗？❷表示同情，给予谅解：If you can not do it, I will *understand*. 这事如果你干不了，我会谅解的。‖ **ˌun·derˈstand·a·ble** *adj.* —**ˌun·derˈstand·a·bly** *adv.*

☆**understand, appreciate, comprehend** 均有"理解"之意。**understand** 表示掌握或明白某一事情，强调理解的结果：She spoke so fast I couldn't *understand* her. (她说话太快，我没法听懂她说的话。) **appreciate** 指能认识到事物的确切价值、作出公正的评价，多用于可能会被错误地过高或过低估计的人和事：I don't think you *appreciate* the difficulties this will cause. (我认为你不完全了解这件事会造成怎样的困难。) **comprehend** 表示对较复杂的事物能有清晰、透彻的了解，常用于理解、领会的过程：The child read the story but did not *comprehend* its full meaning. (那孩子看了这篇故事，但没有理解它的全部意思。)

un·der·stand·ing /ˌʌndəˈstændiŋ/ **I** *n.* ❶[U]理解力；洞察力；判断力；思维能力；智力：a person of *understanding* 理解力强的人 ❷[C][用单]理解；了解；熟知；通晓；领悟；认识：He listened with all his *understanding* and soul. 他听了心领神会。❸[C][通常用单]谅解；(非正式)协议，协定：a secret *understanding* 秘密谅解 ❹[用单]相互理解；同情；同感；和谐，融洽：Personal contact conduces to mutual *understanding*. 人与人之间的交往有助于互相理解。**II** *adj.* 通情达理的，善解人意的；有同情心的；宽厚的，宽容的：an *understanding* wife

U

善解人意的妻子 ‖ ***on the understanding that*** *conj*. 在…条件下,只要:I'll let you use the room *on the understanding that* you keep it clean. 只要你保持房间清洁,我就让你使用这个房间。

un·der·state /ˌʌndəˈsteit/ *vt*. ❶不充分如实地陈述;淡化:I think you have *understated* the seriousness of the situation. 我认为你把局势的严重性缩小了。❷少说,少报:*understate* one's income figures to avoid tax 为逃税而少报收入数字 ‖ **un·derˈstate·ment** *n*. [C]

un·der·stood /ˌʌndəˈstud/ **I** *v*. understand 的过去式和过去分词 **II** *adj*. [无比较级]含蓄的,不明言的

un·der·stud·y /ˈʌndəˌstʌdi/ *n*. [C]【戏】预备演员,替身:I can't sing tonight — my *understudy* will have to go on. 我今晚不能唱了,我的替身代我演唱。

U

un·der·take /ˌʌndəˈteik/ *vt*. (**-took** /-ˈtuk/, **-tak·en** /-ˈteikᵊn/) ❶开始做,着手进行;从事:*undertake* a mission 执行一项使命 ❷试图,企图:This is what I *undertake* to do for you. 这正是我要为您效劳的事。❸接受;承担:It is a task no library has been able to *undertake*. 这是任何一家图书馆都无法承担的任务。❹许诺;答应;保证:He *undertook* to be there at five o'clock. 他答应5点钟到那里。

un·der·tak·er /ˈʌndəˌteikəʳ/ *n*. [C]丧事承办人,殡仪员

un·der·tak·ing /ˌʌndəˈteikiŋ/ *n*. [C] ❶任务;事业;企业:charitable *undertakings* 慈善事业 ❷担保,保证;承诺,许诺:I must have a written *undertaking* from you. 你必须给我写一份书面保证。

un·der·tone /ˈʌndəˌtəun/ *n*. [C] ❶低音;低声:talk in *undertones* 低声细气地谈话 ❷背景声音 ❸内在的性质(或气质、因素等);潜在的情感(或意思);含意,意味:There was an *undertone* of sadness in her gaiety. 她活泼中透出丝丝忧伤。

un·der·val·ue /ˌʌndəˈvæljuː/ *vt*. ❶低估…的价值;对…估价过低:He often *undervalued* the things he did not know. 他常常低估自己不了解的事物的价值。❷低估,轻视,小看:You should not *undervalue* yourself. 你不应该妄自菲薄。‖ **ˌun·der·val·u·a·tion** /-ˌvæljuːˈeiʃᵊn/ *n*. [U]

un·der·weight /ˌʌndəˈweit/ *adj*. [无比较级] ❶重量不足的,未达到标准(或要求)重量的:*underweight* coins 重量不足的硬币 ❷体重不足的,低于正常体重的;体重过轻的,太瘦的:You are 10 pounds *underweight*. 你比标准体重轻了10磅。

un·der·world /ˈʌndəˌwəːld/ *n*. [C][常用单] ❶下层社会;下流社会;罪犯社会;黑社会:It is said that he has *underworld* connections. 据说他同黑社会有联系。❷下界,阴间,地狱

un·der·write /ˌʌndəˈrait, ˈʌndəˌrait/ (**-wrote** /-ˈrəut, ˈʌndəˌrəut/, **-writ·ten** /-ˈritᵊn, ˈʌndəˌritᵊn/) *vt*. ❶为…保险;通过保险承担…的责任;签署(保险单):*underwrite* worldwide risks for multinational corporations 承保跨国公司的全球风险 ❷同意承担…的费用(或经济责任),承诺支付(经济赔偿等):In the United States, the rich *underwrite* symphony halls and museums. 在美国,有钱人资助交响音乐厅和博物馆。‖ **un·der·writ·er** /ˈʌndəˌraitəʳ/ *n*. [C]

un·de·sir·a·ble /ˌʌndiˈzaiərəbᵊl/ *adj*. [无比较级]令人不快的,讨厌的;不合意的,不合需要的;不受欢迎的:Some of these drugs have *undesirable* side effects. 这中间有些药会产生不良副作用。

un·de·vel·oped /ˌʌndiˈveləpt/ *adj*. [无比较级]未(充分)开发的;未发展的;不发达的:an *undeveloped* area 未开发地区

un·dig·ni·fied /ʌnˈdigniˌfaid/ *adj*. [无比较级]无尊严的;有失尊严的;不严肃的;笨拙的:He sat down with an *undignified* crash. 他一屁股坐了下去,椅子吱呀吱呀地响着。

un·dis·put·ed /ˌʌndiˈspjuːtid/ *adj*. [无比较级]无需争辩的;无可置疑的:man of *undisputed* competence 毫无疑问有能力的人

un·di·vid·ed /ˌʌndiˈvaidid/ *adj*. [无比较级]未分开的;未分享的,未分担的;完整的,全部的:1989 saw the rebirth of an *undivided* Germany. 1989年诞生了统一的新德国。

un·do /ʌnˈduː/ *vt*. (**-did** /-ˈdid/, **-done** /-ˈdʌn/; 第三人称单数现在式**-does** /-ˈdʌz/) ❶解开;松开;打开;将…的衣服解开(或脱去):*undo* one's belt by a couple of holes 将皮带松几个眼儿 ❷取消;废除;使无效;使恢复原状:What's done cannot be *undone*. 覆水难收。

un·done /ʌnˈdʌn/ *adj*. [无比较级] ❶没有做的;未完成的,未结束的,未尽的:There were a great many things left *undone* in this place. 这里留下了一大堆没做的事情。❷解开的;松开的;打开的;拆开的:His package come *undone*. 他的包裹送来时就是开的。

un·doubt·ed /ʌnˈdauti/ *adj*. [无比较级]无疑的;肯定的;确实的:He produced several *undoubted* masterpieces. 他写了几本毋庸置疑的杰作。‖ **unˈdoubt·ed·ly** *adv*.

un·dress /ʌnˈdres/ *vt*. 为…脱衣服:He *undressed* himself and went to bed. 他脱衣上床。‖ **un·dressed** /ʌnˈdrest/ *adj*.

un·due /ʌnˈdʲuː/ *adj*. [无比较级] ❶过度的,过分的:do one's work with *undue* haste 做事过急 ❷不适当的:*undue* use of power 权力的滥用

un·du·ly /ʌnˈdʲuːli/ *adv*. ❶过分的,过度的 ❷不适当的;不正当的

un·earth /ʌnˈəːθ/ *vt*. ❶(从地下)发掘;掘出,挖出:*unearth* a storehouse 发掘地下宝藏 ❷(经仔细寻找而)发现;揭露,使公开:*unearth* the secrets of a forgotten kingdom 公开一个已被人遗忘的王国的秘密

un·earth·ly /ʌnˈəːθli/ *adj*. [无比较级] ❶非人世间的,超自然的;神秘的:*unearthly* powers 超自然力量 ❷反常的;不自然的;荒谬的;(时间上)早(或迟)得荒唐的:He got up at an *unearthly* hours. 他天不亮就起床了。❸怪异的;可怕的;令人毛骨悚然的:There was an *unearthly* smell from the kitchen. 厨房里散发出一股怪味儿。

un·eas·y /ʌnˈiːzi/ *adj*. ❶心神不安的;担心的;忧虑的:Don't be *uneasy* on that score. 别为了这个不放心。❷令人不安(或担心、忧虑)的;不稳定的:*uneasy* suspicion 令人不安的疑虑 ‖ **ˌunˈeas·i·ness** *n*. [U] —**unˈeas·i·ly** *adv*.

un·em·ployed /ˌʌnimˈplɔid/ **I** *adj*. [无比较级] 未被雇用的,失业的,没工作的:Employed women enjoy better mental health than *unemployed* women do. 就业妇女比失业妇女心理更健康。**II** *n*. [(the) ~][用作复]未被雇用的人,失业者:the number of *the unemployed* 失业人数 ‖ **un·emˈploy·ment** *n*. [U]

un·e·qual /ʌnˈiːkwᵊl/ *adj*. [无比较级] ❶不平等的:an *unequal* distribution of opportunity 机会的分配不均 ❷(在大小、数量、程度、实力、价值等方面)不相等的,不同的:planks of *unequal* length 长度不等的厚板 ❸不合适的;不相称的;不能胜任的(*to*):We felt that he was *unequal to* the task. 我们觉得他不能胜任这项工作。

un·even /ʌnˈiːvᵊn/ *adj*. [无比较级] ❶不平坦的;不平滑的;凹凸不平的;崎岖的;参差不齐的:*uneven* teeth 参差不齐的牙齿 ❷不一致的;不规则的;不均匀的;不平衡的;不稳定的;多变的:Such is the *uneven* state of human life. 人生就是这样变幻无常。‖ **ˌunˈe·ven·ly** *adv*.

un·ex·cep·tion·al /ˌʌnikˈsepʃᵊnᵊl/ *adj*. [无比较级]平常的;并不特别的;非例外的:It is a bit too *unexceptional*. 它有点儿太一般了。

un·ex·pect·ed /ˌʌnikˈspektid/ *adj*. [无比较级]想象不到的,出乎意料的;突如其来的;令人惊讶的:His election was *unexpected*. 他的当选令人颇感意外。‖ **ˌun·exˈpect·ed·ly** *adv*.

un·fail·ing /ʌnˈfeiliŋ/ *adj*. [无比较级] ❶经久不衰的;永不减退的;不倦的:That was her *unfailing* topic. 这是她常谈不厌的话题。❷无穷尽的;持续不断的;永不止息的;永恒的:*unfailing* friendship 永恒的友谊 ❸(永远)可靠的;忠贞不渝的:an *unfailing* friend 忠实的朋友 ‖ **unˈfail·ing·ly** *adv*.

un·fair /ʌnˈfeəʳ/ *adj*. [无比较级] ❶不公平的,不公正的:This man had been dealt *unfair*. 这个人受了委屈。❷不正当的;不正派的;不诚实的:*unfair* business practices 不正当的经营手段 ‖ **unˈfair·ly** *adv*.

un·faith·ful /ʌnˈfeiθfᵘl/ *adj*. [无比较级] ❶(对配偶)不忠贞的;有外遇的:His wife has been *unfaithful* on him more than one occasion. 他妻子不止一次对他不忠。❷不确切的;不可靠的,靠不住的:an *unfaithful* translated version 不可靠的译本 ❸不诚实的;不守信的:an *unfaithful* friend 不忠实的朋友 ‖ **unˈfaith·ful·ly** *adv*.

un·fa·mil·iar /ˌʌnfəˈmiljəʳ/ *adj*. [无比较级] ❶不熟悉的;陌生的:They had to adapt themselves to *unfamiliar* climates. 他们只得使自己适应并不习惯的气候。❷不常见的,不一样的;非常的:This soup has an *unfamiliar* taste.

这道汤别有一种风味。

un·fash·ion·a·ble /ʌnˈfæʃᵊnəbᵊl/ *adj.* [无比较级]不时髦的,不流行的,不合潮流的;过时的;不受欢迎的:Feminism is *unfashionable* nowadays. 如今女权运动已不受社会欢迎。‖ **unˈfash·ion·a·bly** *adv.*

un·fas·ten /ʌnˈfɑːsᵊn;-ˈfæs-/ *vt.* & *vi.* 解开;松开;打开;(使)脱开:*unfasten* a button 解开纽扣

un·fa·vo(u)r·a·ble /ʌnˈfeivᵊrəbᵊl/ *adj.* [无比较级] ❶不利的;不顺利的;不适宜的:The weather is *unfavourable* to our plans for a holiday. 这种天气对于我们安排假期颇为不利。❷相反的;反对的,不赞同的:an *unfavourable* view of the film 对影片的批评意见 ❸不讨人喜欢的;令人不愉快的:I hear he's in an *unfavourable* position with his boss. 我听说他同老板关系不妙。‖ **unˈfa·vo(u)r·a·bly** *adv.*

U

un·fin·ished /ʌnˈfiniʃt/ *adj.* [无比较级]未完成的,未结束的:His case was left *unfinished*. 他的案子悬而不决。

un·fit /ʌnˈfit/ *adj.* [无比较级] ❶不适合的,不适宜的;不适当的,不恰当的(*for*):He has been ill and is quite *unfit* to travel. 他一直生病,不宜旅行。❷不能胜任的;没有能力的;不相称的;不合格的(*for*):She has been judged mentally *unfit* to stand trial for it. 已经有鉴定说她的精神状态不能就此出庭受审。❸身体欠佳的;虚弱的:In my present *unfit* state I couldn't play soccer. 我目前身体状况欠佳,无法去踢足球。

un·fold /ʌnˈfəuld/ *vt.* ❶展开;打开;铺开;摊开:She stood straight, *unfolding* her hands. 她站得笔直,双手摊开。❷展现;展示;披露:The writer *unfolds* his plot from several angles. 作者从几个角度来展开故事情节。—*vi.* ❶展开;伸展;张开 ❷呈现;展示;披露:A brave new world *unfolds* before the little female's eyes. 一个全新世界展现在这个小女子的眼前。

un·fore·seen /ˌʌnfɔːˈsiːn/ *adj.* [无比较级]未料到的;未预见到的;意料之外的:*Unforeseen* circumstances thwarted his hope. 意外的情况使他没了指望。

un·for·get·ta·ble /ˌʌnfəˈgetəbᵊl/ *adj.* [无比较级]不会被遗忘的;难以忘怀的:The journey was *unforgettable*. 那次旅行令人难忘。‖ **ˌun·forˈget·ta·bly** *adv.*

un·for·giv·a·ble /ˌʌnfəˈgivəbᵊl/ *adj.* [无比较级]不能原谅的,不可饶恕的:the *unforgivable* sin 不可饶恕的罪过 ‖ **ˌun·forˈgiv·a·bly** *adv.*

un·for·tu·nate /ʌnˈfɔːtjunət,-tʃᵊnət/ *adj.* [无比较级] ❶不幸的;倒霉的,时运不济的:These old creatures all had been *unfortunate* in life. 这些老人在生活中都曾饱尝辛酸。❷令人遗憾的;可悲的;可叹的:an *unfortunate* choice 令人遗憾的选择 ❸不合时宜的;不恰当的;不得体的;粗鲁的:He has an *unfortunate* manner. 他的举止很不得体。‖ **un·for·tu·nate·ly** *adv.*

un·found·ed /ʌnˈfaundid/ *adj.* [无比较级]没(事实)依据的;毫无理由的;无稽的;虚幻的:The optimism was *unfounded*. 那种乐观情绪完全是盲目的。

un·friend·ly /ʌnˈfrendli/ *adj.* ❶不友好的,不友善的;冷漠的,有敌意的:Her songs echo these *unfriendly* sentiments. 她的歌声充斥着这种敌意。❷不利的;不顺利的;不祥的:the *unfriendly* environment 不利的环境 ‖ **unˈfriend·li·ness** *n.* [U]

un·gain·ly /ʌnˈgeinli/ *adj.* ❶模样不好的,难看的;不优雅的:*ungainly* conduct 不优雅的举止 ❷笨拙的,笨手笨脚的;不利的:an *ungainly* boy 笨手笨脚的男孩

un·grate·ful /ʌnˈgreitfᵘl/ *adj.* [无比较级] ❶不感激的;不领情的;忘恩负义的:You are an *ungrateful* wicked girl. 你真是个不知冷热的坏丫头。❷令人不满意的;不受欢迎的;使人不快的;令人生厌的:Nothing is *ungrateful* to the hungry. 饥不择食。

un·guard·ed /ʌnˈgɑːdid/ *adj.* [无比较级] ❶不留神的;不谨慎的;轻率的:In an *unguarded* moment, she told the truth. 她一时不慎,说出了真相。❷无防卫的;毫无戒备的;易受攻击的:You shouldn't leave your luggage *unguarded* here. 你不能把行李搁在这儿没人看着。

un·happy /ʌnˈhæpi/ *adj.* ❶不幸福的;不愉快的,不快乐的;痛苦的;悲惨的:She was *unhappy* in the newcomer's promotion. 她对于新来雇员的提升深感不快。❷不成功的;不幸的,倒霉的;令人遗憾的:His only daughter is *unhappy* in her marriage. 他的独生女婚姻不幸。

❸不恰当的,不合适的,不妥的:an *unhappy* comment 措辞不当的评论‖**un'hap·pi·ly** *adv.* —**un'hap·pi·ness** *n.* [U]

un·health·y /ʌn'helθi/ *adj.* ❶不健康的,身体不好的;身心不健全的,有病的;显出病态的:He has been *unhealthy* since childhood. 打小时候起他就一直体弱多病。❷不利于身体健康的;不卫生的:the *unhealthy* living conditions of the urban areas 有害身体健康的市区生活环境 ❸〈喻〉不健康的,有害身心的;不道德的:A home where the parents fight constantly is an *unhealthy* environment for a child. 父母经常吵架的家庭环境不利于孩子的身心健康。

un·heard /ʌn'hɜːd/ *adj.* [无比较级]无人听见的,未被听到的:Unfortunately, the ship's SOS was *unheard*. 不幸的是,没有人听见那艘船的呼救信号。

u·ni- /'juːni/ *comb. form* 表示"单一","一":*uni*axial, *uni*cycle

u·ni·corn /'juːniˌkɔːn/ *n.* [C]独角兽(传说中头和身子像马,后腿像牡鹿,尾巴像狮子,前额中间有一螺旋状兽角)

un·i·den·ti·fied /ˌʌnai'dentiˌfaid/ *adj.* [无比较级] ❶未被认出(或识别)的;无法辨认的;来路不明的;身份不明的:The words had been spoken by an *unidentified* Greek poet. 这些话是位不知姓名的希腊诗人所言。❷不愿透露姓名的:She married an *unidentified* hero. 她嫁给了一个尚不知其为何许人的英雄。

u·ni·form /'juːniˌfɔːm/ **I** *adj.* [无比较级] ❶(同一事物)恒定的;经久不变的;一贯的:Human bodies are *uniform* in their structure and functions. 人体的结构和功能始终如一。❷(不同事物)统一标准(或规则、形式)的;划一的,一律的;不掺杂的,清一色的:These collected works are in *uniform* hardback. 这批文集一律硬皮装帧。**II** *n.* [C;U](一套)制服;制服式样;特种服装(式样):a nurse's *uniform* 护士制服 ‖ **'u·ni·form·ly** *adv.* —**u·ni·form·i·ty** /ˌjuːni'fɔːmiti/ *n.* [C]

u·ni·fy /'juːniˌfai/ *vt.* 使成一体;统一,使联合:Spain was *unified* in the 16th century. 西班牙在16世纪统一。‖ **ˌu·niˌfi·ca·tion** /ˌjuːnifi'keiʃᵊn *n.* [U]

u·ni·lat·er·al /ˌjuːni'lætᵊrᵊl/ *adj.* [无比较级]单边的;单方面的;一个人(或一方)承担(或受影响)的:a *unilateral* undertaking 单方面的承诺

un·i·mag·i·na·ble /ˌʌni'mædʒinəbᵊl/ *adj.* [无比较级]不可想象的;想象不到的;难以理解的:And nearly *unimaginable* nuclear contamination had caused many of the world's worst ecological disasters. 几乎无法想象的核污染造成世界上众多危害最大的生态灾难。

un·in·hab·it·a·ble /ˌʌnin'hæbitəbᵊl/ *adj.* [无比较级]无法居住的,不能居住的;不适合居住的:The house is not *uninhabitable*. 这栋房子并不是不能居住。

un·in·hab·it·ed /ˌʌnin'hæbitid/ *adj.* [无比较级]无人居住的;荒无人烟的,荒凉的:An *uninhabited* house of two storeys stood at the other side of the river. 在河的对岸,有一座无人居住的两层楼房。

un·in·hib·it·ed /ˌʌnin'hibitid/ *adj.* [无比较级]不受压抑(或限制)的;无拘无束的;随意的,尽情的:give a loud *uninhibited* laugh 朗声大笑

un·in·tel·li·gi·ble /ˌʌnin'telidʒibᵊl/ *adj.* [无比较级]令人费解的;无法弄懂的;晦涩艰深的:The dialect is totally *unintelligible* to the tourists. 游客根本无法听懂这种方言。‖ **ˌun·in'tel·li·gi·bly** *adv.*

un·in·tend·ed /ˌʌnin'tendid/ *adj.* [无比较级]非故意的,非存心的;非计划中的,非预计的,非预期的;非预谋的:They laughed at the suitableness of the *unintended* pun. 这脱口而出的双关语贴切自然,令他们哈哈大笑起来。

un·in·ten·tion·al /ˌʌnin'tenʃᵊnᵊl/ *adj.* [无比较级]非故意的,无意的,无心的:*unintentional* injuries无意伤害

un·in·ter·est·ed /ʌn'intᵊristid/ *adj.* [无比较级] 不感兴趣的;不注意的;不关心的;冷淡的,冷漠的:He seems *uninterested* in the content of the speech. 他对演讲内容似乎一点也不感兴趣。

un·in·ter·est·ing /ʌn'ɪntᵊristiŋ/ *adj.* [无比较级]乏味的,没意思的,引不起兴趣的:Life was dull and *uninteresting* until she returned. 直到回国之前,她的生活单调沉闷,索然无味。‖ **un'in·ter·est·ing·ly** *adv.*

un·ion /'juːnjən,-niən/ *n.* ❶[C][用单]连接;结

U

合：The successful *union* of science and technology spurred rapid economic growth. 科学与技术的成功结合促进了经济的迅猛发展。❷[C](尤指政治方面的)联合；合并：the *union* of East and West Germany 东德和西德的合并 ❸[U]团结；和谐，融洽；一致：In *union* there is strength. 团结就是力量。❹[C](尤指美国、英国、苏联或南非等的)联盟，联邦；[**the U-**]美国，美利坚合众国；〈英〉联合王国；南非共和国；苏维埃社会主义共和国联盟，苏联；〈美〉(南北战争时期)联邦政府派各州：the *Union* of Writers 作家同盟

u·nique /juːˈniːk/ *adj*. [无比较级] ❶独一无二的；唯一的；独特的；无与伦比的(见 single)：The style of his prose is *unique*. 他散文风格独树一帜。❷〈口〉罕见的；极不寻常的；极好的；珍奇的：a *unique* case 罕见的案例 ‖ **uˈnique·ly** *adv*. —**uˈnique·ness** *n*. [U]

U

u·ni·sex /ˈjuːniˌseks/ *adj*. [无比较级](尤指发型或服装等)男女通用(或适用)的，不分男女的，中性的：*unisex* clothes sizes 男女通用的衣服尺寸

u·nit /ˈjuːnit/ *n*. [C] ❶(计量或计数等用的)单位；单元：The pound is the standard *unit* of money in Britain. 镑是英国的标准货币单位。❷单位(构成整体的人、物、团体等)：an administrative *unit* 行政单位❸(机械等的)组件，部件，元件，构件：The main *unit* of the computer is often called the processor. 计算机的主要部件是处理器。❹(家具等配套用中的)组合件，配件；设备：bookshelf *units* 书橱组合件

u·nite /juːˈnait/ *vt*. ❶使接合；使黏合；使混合(见 join)：*unite* the different pieces into a whole 把不同的部件组合成一个整体 ❷使团结；使统一；使联合：The oceans do not so much divide the world as *unite* it. 与其说海洋把世界分隔开来，不如说把世界连接起来。—*vi*. ❶接合；混合；黏合 ❷团结；联合；统一；一致行动，联合行动：By *uniting* we stand, by dividing we fall. 团结则立，分裂则败。

u·nit·ed /juːˈnaitid/ *adj*. ❶[无比较级]统一的；联合的；共同的；(家庭)和睦的：Let us make a *united* effort to finish the work soon. 让我们共同努力，早日完成任务。❷团结的；一致的；和睦的：Her parents were *united* in their insistence that she go to college. 她父母一致坚持让她上大学。

u·ni·ty /ˈjuːniti/ *n*. ❶[U]团结；联合；统一(性)；一致(性)；整体性：*Unity* is strength. 团结就是力量。❷[U]和睦，和谐，协调，融洽：The figure in the picture spoils its *unity*. 画中的人物与画面格格不入。❸[C]完整的东西；统一体；整体；个体

u·ni·ver·sal /ˌjuːniˈvəːsᵊl/ *adj*. [无比较级] ❶全体的；共同的；影响全体的；普遍的；普通的，一般的：The cinema, television and VCD provide *universal* entertainment. 电影、电视以及光碟提供大众化的娱乐。❷全世界的；宇宙的；万物的；普遍存在的：Football is a *universal* game. 足球是全球性运动项目。❸通用的；万能的：a *universal* credit card 通用的信用卡 ‖ **ˌu·ni·ver·sal·ity** /-vəːˈsæliti/ *n*. [U] —**ˌu·niˈver·sal·ly** *adv*.

☆ **universal, general, generic** 均有"普遍的"之意。**universal** 指有关种类、范畴中的每一个成员，主要用于逻辑学和哲学：There was *universal* agreement as to when the next meeting was to be held. (下次会议什么时候召开，大家的意见是一致的。) **general** 指有关种类、范畴、类型、团体中几乎所有成员或大部分成员：There is no *general* rule without exception. (有常规必有例外。) 该词也常用于范围、意义不太明确的术语、概念、观点等：be *general* in one's statements (说话笼统) **generic** 指同一类或同一属中的每一个成员，尤其适用于生物学：The *generic* term for wine, spirits and beer is "alcoholic beverages". (葡萄酒、烈性酒和啤酒的通称是酒类饮料。)

u·ni·verse /ˈjuːniˌvəːs/ *n*. [通常用单] ❶宇宙；万象，天地万物：the exploration of the *universe* 宇宙探索❷(思想、活动等的)领域，范围，体系：Her family is the centre of her *universe*. 家庭就是她的天地的中心。

u·ni·ver·si·ty /ˌjuːniˈvəːsiti/ *n*. [C; U](综合性)大学：go to (a) *university* 上大学

un·just /ʌnˈdʒʌst/ *adj*. [无比较级]非正义的；不公正的；不公平的；不合理的：It is *unjust* to punish a person who has done nothing wrong. 惩罚没有做错事的人是不公道的。‖ **unˈjust·ly** *adv*.

un·kind /ʌnˈkaind/ *adj*. [无比较级] ❶不和善的；不仁慈的；不亲切的；不友好的：I don't see how you can say such *unkind* and unjust things. 我不知道你怎么居然说出这种无情无义和不公道的话来。❷冷酷无情的；严酷的；苛刻的；残忍的：It was *unkind* of him to say so. 他这样说太冷酷无情了。❸(天气)使人不愉快的，不宜人的，酷烈的 ‖ **un'kind·ness** *n.* [U]

un·kind·ly /ʌn'kaindli/ *adv.* 不仁慈地，不友好地，严酷地，苛刻地

un·known /ʌn'nəun/ I *adj.* [无比较级] ❶不知道的，不了解的，未知的；不懂的，不理解的；未被认识的；不熟悉的，陌生的：The play was written by an *unknown* author. 这个剧本出自一个无名氏之手。❷不出名的，不著名的；未得到承认的：an *unknown* singer 不出名的歌手 II *n.* [C;U]未知的人(或事物、因素等)；不出名的人：exploration into the *unknown* 探索未知世界

un·law·ful /ʌn'lɔːfᵊl/ *adj.* [无比较级]不法的；非法的；犯法的；违法的：It is *unlawful* to practice racial discrimination. 施行种族歧视是非法的。‖ **un'law·ful·ly** *adv.* —**un'law·ful·ness** *n.* [U]

un·leash /ʌn'liːʃ/ *vt.* ❶解皮带放开：*unleash* a falcon 解带放飞猎鹰 ❷把…释放出来；发泄；发出；发动：Enormous forces are *unleash* in a thunder-storm. 雷暴中释放出巨大的能量。

un·leav·ened /ʌn'levᵊnd/ *adj.* [无比较级](面包、糕饼等)未经发酵的；不含酵母的，无酵的：The bread is *unleavened*. 这种面包是不含酵母的。

un·less /ʌn'les,ən-/ *conj.* 除非，如果不；除在…情况之外：You'll never really know what happiness is *unless* you have something to compare it to. 只有通过对比，才能了解幸福的含义。

un·like /ʌn'laik/ I *adj.* [无比较级]〈书〉不相似的，相异的；不同的，不一样的：*Unlike* things are stuck together to make a new reality. 不同的事物结合在一起可产生新的事物。II *prep.* ❶不像；与…不同：He looked very *unlike* my baby brother. 他跟童年时代的小弟弟已经判若两人。❷非…的特征，没有…的特性：It is *unlike* her to be so patient. 她可不像是这么有耐心的人。

un·like·ly /ʌn'laikli/ *adj.* [无比较级] ❶未必的，不大可能的；不像是真的；不大可靠的：an *unlikely* explanation 不大可靠的解释 ❷[后接不定式]未必会发生的：She's *unlikely* to arrive before 7:00 pm. 她不可能在下午 7 点之前赶到。❸[作定语]不大会成功的；没多大希望的：an *unlikely* project 似乎不会成功的工程 ‖ **un'like·li·hood** *n.* [U]

un·lim·it·ed /ʌn'limitid/ *adj.* [无比较级] ❶无界限的；无边无际的：an *unlimited* expanse of sky 寥廓的苍穹 ❷无限制的；无约束的：But even the life of the fir was not *unlimited*. 但是银枞树的寿命毕竟也不是漫无止境的。❸无数的；不限量的：He has drunk *unlimited* alcohol. 他喝了大量的酒。

un·load /ˌʌn'ləud/ *vt.* ❶从…卸下货物(或其他东西)；卸(货等)；让(乘客)下来：The train is *unload-ing* its passengers at the station. 火车到站下客。❷〈口〉泄露(消息等)；发泄；倾诉(*on*)：She began to *unload* her troubles *on* her boyfriend. 她开始把自己的烦恼向男朋友和盘托出。—*vi.* 卸货；下客：We watched the ship *unloading*. 我们看见那条船在卸货。

un·lock /ʌn'lɔk/ *vt.* ❶开…的锁；开(锁)：I couldn't *unlock* my suitcase. 我打不开手提箱的锁。❷揭开，表露；解决；给…提供答案：They began to *unlock* the secrets of this desolate land. 人们开始揭开这块荒无人烟的土地的神秘面纱。

un·luck·y /ʌn'lʌki/ *adj.* [无比较级] ❶不幸的；不走运的，倒霉的；不顺利的：an *unlucky* man 命运坎坷的人 ❷不吉的，不祥的；带来厄运的：Thirteen is believed to be an *unlucky* number in some countries. 有些国家的人认为 13 是一个不吉利的数字。‖ **un'luck·i·ly** *adv.* —**un'luck·i·ness** *n.* [U]

un·manned /ʌn'mænd/ *adj.* [无比较级]空无一人的；无人操纵的，无人驾驶的；不载人的：an *unmanned* factory 无人工厂

un·marked /ʌn'mɑːkt/ *adj.* [无比较级] ❶未做记号(或标记)的；无记号(或标记)的；没有伤疤(或瑕疵等)的：They were *unmarked* when they died from concussion. 他们因脑震荡而死亡，根本看不出外伤。❷未被识别的；未被注意的，被忽略的：The police car passed *unmarked*. 警车驶过时未被人发现。

un·mis·tak·a·ble /ˌʌnmi'steikəbᵊl/ *adj.* [无比较级]不会被弄错的，不会被误解的；显而易见的，清楚明白的：His meaning was *unmistak-*

able. 他的意思很清楚。‖ ˌ**un•misˈtak•a•bly** *adv.*

un•moved /ʌnˈmuːvd/ *adj.* [无比较级] ❶没有动过的:He sat there keeping his body *unmoved.* 他一动也不动地坐在那里。❷不感动的,无动于衷的;冷静的,平静的:He heard the news quite *unmoved.* 他听了这消息毫不动声色。

un•nat•u•ral /ʌnˈnætʃᵊrᵊl/ *adj.* [无比较级] ❶反自然的,不合乎自然规律的;违背天理的;违反常情的,不合人情的;不正常的,异常的;怪异的:Her character becomes *unnatural.* 她的性格变得很反常。❷不自然的,做作的,虚假的,矫揉造作的:She began to cry,and it was an *unnatural*,tearless sort of weeping. 她哭了起来,但是装模作样,没有一滴泪水。‖ **unˈnat•u•ral•ly** *adv.*

un•nec•es•sary /ʌnˈnesəsᵊri,-ˌseri/ *adj.* [无比较级]不必要的;不必需:What you did was quite *unnecessary.* 你做的一切都很多余。‖ **unˈnec•es•sar•i•ly** *adv.*

un•nerve /ʌnˈnəːv/ *vt.* ❶使失去勇气,使胆怯;使失去自信:He was *unnerved* by the accident, and for a long time refused to drive the car. 他被那次车祸吓坏了,好长时间都不愿再开车。❷使不能自制;使心慌意乱,使紧张不安:His father's silence really *unnerved* him. 父亲的沉默不语着实让他紧张不安。

un•ob•tru•sive /ˌʌnəbˈtruːsiv/ *adj.* [无比较级]不显眼的,不引人注目的:The change was so *unobtrusive* that no one noticed. 这种变化悄然而至,谁都没有发觉。‖ ˌ**un•obˈtru•sive•ly** *adv.* —ˌ**un•obˈtru•sive•ness** *n.* [U]

un•of•fi•cial /ˌʌnəˈfiʃᵊl/ *adj.* [无比较级]非正式的;非官方的;非法定的:Anyway,his comment is *unofficial.* 不管怎么说,他的意见并不代表官方意见。‖ ˌ**un•ofˈfi•cial•ly** *adv.*

un•or•tho•dox /ʌnˈɔːθəˌdɔks/ *adj.* [无比较级]非正统的;非传统的;不守旧的:He went out of his way to show himself strong and *unorthodox.* 他故意一反常态地显示出自己坚强而离经叛道。

un•pack /ʌnˈpæk/ *vt.* ❶从包裹(或箱子等)中取出(东西);打开(包裹等)取出东西:*unpack* a trunk 开箱取物 ❷卸掉(牲畜、车辆等)的负荷 —*vi.* 打开包裹(或箱子等)取出东西:I was getting tired of packing and *unpacking.* 我让打包和拆包给搞累(烦)了。

un•pleas•ant /ʌnˈplezᵊnt/ *adj.* [无比较级] ❶使人不愉快的;不讨喜欢的;不合意的;讨厌的:When moments of revelation come,they are inevitably *unpleasant.* 内幕揭露的时刻难免让他们很不舒服。❷(两人之间)不和的,不友好的,不客气的:an *unpleasant* letter 很不客气的信件 ‖ **unˈpleas•ant•ly** *adv.* —**unˈpleas•ant•ness** *n.* [U]

un•plug /ʌnˈplʌg/ (**-plugged;-plug•ging**) *vt.* ❶拔去…的电源插头;拔掉(电源插头):*unplug* a washing-machine 关掉洗衣机 ❷拔掉…的塞子;拔去…的栓 —*vi.* 被拔掉电源插头;被拔掉塞栓;被除去障碍物

un•pop•u•lar /ʌnˈpɔpjuləʳ/ *adj.* [无比较级]不受欢迎的,不得人心的,不被喜欢的;不流行的;不普及的:an *unpopular* president candidate 不得人心的总统候选人 ‖ **un•pop•u•lar•i•ty** /ʌnˌpɔpjuˈlæriti/ *n.* [C]

un•prec•e•dent•ed /ʌnˈpresiˌdentid/ *adj.* [无比较级]无前例的,空前的,前所未有的;绝无仅有的;新奇的:an *unprecedented* storm 一场前所未闻的风暴

un•pre•dict•a•ble /ˌʌnpriˈdiktəbᵊl/ *adj.* 无法预测的,不可预知的;不定的,多变的:The climate,at least to some degree,is *unpredictable.* 天气现象至少在某种程度上是无法预测的。

un•prin•ci•pled /ʌnˈprinsipᵊld/ *adj.* [无比较级]不讲道德的;不正直的;无法无天的:They will never condone Richard's *unprincipled* actions. 他们绝不会饶恕理查德的不道德行为。

un•pro•fes•sion•al /ˌʌnprəˈfeʃᵊnᵊl/ *adj.* [无比较级] ❶违反职业道德的;违反行规的:an *unprofessional* operation 违章操作 ❷非职业(性)的;非专业的;外行的:This bandage looks a bit *unprofessional.* 这种包扎像出自非专业人员之手。

un•pro•nounce•a•ble /ˌʌnprəˈnaunsəbᵊl/ *adj.* [无比较级]发不出音的;难正确发音的:*unpronounceable* names 拗口的名字

un•pro•voked /ˌʌnprəˈvəukt/ *adj.* [无比较级]非因被触犯而致的,未受刺激而发生的;无端的,无缘无故的:On two subsequent days,a series of *unprovoked* attacks were mounted on them. 接下来的两天，他们遭受了一系列无端的攻击。

un·qual·i·fied /ʌnˈkwɔliˌfaid/ *adj*. [无比较级] ❶不合格的，不能胜任的；不够格的，不具备…资格的：She was *unqualified* for the job. 她不能胜任这项工作。❷无条件的，无限制的：*unqualified* fraise 无条件的称赞 ❸[作定语]绝对的，完全的：an *unqualified* denial 完全否定

un·ques·tion·a·ble /ʌnˈkwestʃənəbəl/ *adj*. [无比较级]不成问题的；毋庸置疑的；无可非议的；确实的，肯定的：*unquestionable* proof 确凿的证据

un·ques·tioned /ʌnˈkwestʃənd/ *adj*. [无比较级]没有争议的；不被怀疑的；被认可的：*unquestioned* authority 公认的权威 / Those principles gain a similarly *unquestioned* acceptance among many. 那些原理同样被许多人毫无疑问地接受。

un·ques·tion·ing /ʌnˈkwestʃəniŋ/ *adj*. [无比较级]不提出疑问的；不加质询的；不怀疑的；不犹豫的：She had an *unquestioning* trust in him. 她对他绝对是言听计从。‖ **unˈques·tion·ing·ly** *adv*.

un·rav·el /ʌnˈrævəl/ (-el(l)ed;-el(l)ing) *vt*. ❶解开；拆散：I had to *unravel* both sleeves since they had been knitted too small. 因为两只袖子织得太小了，我只好把它们都拆掉。❷弄清；廓清；阐明；解决：*unravel* the mysteries 解开谜团 —*vi*. ❶解开；散开；拆开：The whole sweater started to *unravel*. 整件毛衣都慢慢散开了。❷被弄清，被廓清；被阐明；被解决：Now, if we swing back to the previous questions, the poem will begin to *unravel*. 现在，如果我们再回过头去看前面的问题，那这首诗的含义就会慢慢清楚了。

un·re·al /ʌnˈriəl, -ˈriːl/ *adj*. [无比较级] ❶不真实的，不实在的，假的；不真诚的：This strategy lends a somewhat *unreal* air to the proceedings. 这种策略给整个进程带来了些许不真诚的气氛。❷想象的，虚构的；虚幻的，梦幻的：an *unreal* world 梦幻世界

un·rea·son·a·ble /ʌnˈriːzənəbəl/ *adj*. [无比较级] ❶超出常理(或常情)的；过度的，过分的：I desire nothing that is *unreasonable*. 我并没有什么不近情理的要求。❷不讲道理的，无理的，不合理的；荒谬的；不切实际的：*unreasonable* arguments 强词夺理 ❸缺乏理智的，无理性的：It was *unreasonable* to have such thoughts. 有这些想法是缺乏理智的表现。‖ **unˈrea·son·a·ble·ness** *n*. [U] —**unˈrea·son·a·bly** *adv*.

un·rea·son·ing /ʌnˈriːzəniŋ/ *adj*. [无比较级] ❶无理性的：Tiger is an *unreasoning* creature. 老虎是无理性的动物。❷不讲道理的；不合理的 ❸不凭理智的，盲目冲动的；未加思量的，未经考虑的

un·re·lent·ing /ˌʌnriˈlentiŋ/ *adj*. [无比较级] ❶不妥协的，不退让的；坚定不移的；不屈不挠的：one's *unrelenting* opposition to divorce 对离婚的坚决反对 ❷不松懈的，不放慢的；未得缓和的，未得缓解的，未被减轻的：*unrelenting* energy 依然旺盛的精力 ‖ **ˌun·reˈlent·ing·ly** *adv*. —**ˌun·reˈlent·ing·ness** *n*. [U]

un·re·served /ˌʌnriˈzəːvd/ *adj*. [无比较级] ❶(座位等)未被预订的，非预留的：the *unreserved* area in the cinema 影院里非预订座位区 ❷无条件的；毫无保留的；完全的：*unreserved* approval 完全赞同 ❸不隐瞒的；坦率的；直爽的：She was a warm-hearted, *unreserved* woman. 她是个心直口快的热心肠女人。

un·re·spon·sive /ˌʌnriˈspɔnsiv/ *adj*. [无比较级]不回答的；无应答的；没反应的，不响应的；反应迟钝的；冷淡的，冷漠的：He met her appealing gaze with an *unresponsive* eye. 他对她那祈求的目光漠然置之。‖ **ˌun·reˈspon·sive·ly** *adv*. —**ˌun·reˈspon·sive·ness** *n*. [U]

un·re·strained /ˌʌnriˈstreind/ *adj*. [无比较级]未克制的；不受控制(或约束)的；放纵的：a chorus of *unrestrained* cheers 纵情的欢呼声

un·re·strict·ed /ˌʌnriˈstriktid/ *adj*. [无比较级]无限制的；不受限制(或束缚)：*unrestricted* sales of opiates and cocaine 大肆销售鸦片和可卡因

un·ri·val(l)ed /ʌnˈraivəld/ *adj*. [无比较级]无(匹)敌的，无(竞争)对手的；无双的，无比的；至尊的：As a poet, he is *unrivaled*. 作为诗人，无人可与他媲美。

un·roll /ʌnˈrəul/ *vt*. ❶铺开，展开：*Unroll* the picture and hang it up. 请把画展开挂起来。❷显露，显示，展现，呈现：Over and over I *unrolled* the life story in my head. 我在心里一遍

又一遍地背诵我的身世。—*vi.* ❶(卷着的东西)(被)铺开,(被)展开:The bandage may *unroll.* 绷带会松开的。❷显露,显示,展现,呈现:The pleasant memories of a Spanish summer *unrolled* in my mind. 在西班牙度过的夏日的种种赏心乐事在我脑海中展现。

un·ru·ly /ʌnˈruːli/ *adj.* [无比较级] ❶难驾驭的,不驯服的;难控制的;不服管束的:an *unruly* child 不服管教的孩子 ❷不守规矩(或秩序)的;不(守)法的:the *unruly* people of carnival 狂欢节上无法无天的人们 ‖ **unˈru·li·ness** *n.* [U]

☆ **unruly, headstrong, intractable, recalcitrant, refractory, ungovernable, willful** 均有"任性的"之意。**unruly** 表示生性不服管教,要冲破束缚、限制,有狂暴、倔强的意味:Father would smooth his *unruly* hair before going out. (出门之前父亲总要把头发梳理平整。) **headstrong** 指一意孤行、刚愎自用、听不进他人忠告或建议的:My niece used to be stubborn and *headstrong.* (我侄女过去一向很固执,事事我行我素。) **intractable** 用于人时指顽固地不愿屈服、不顾一切地反对企图领导、指挥、控制或影响的任何努力的,用于物时表示难以操纵或对付的:*intractable* metal (不易加工的金属) **recalcitrant** 原意为"踢回去的",反抗色彩比 **refractory** 更为强烈,指毫不妥协进行对抗或挑战的:The taxpayers are becoming increasingly *recalcitrant* about open-ended programs. (纳税人对于资助那些无底洞似的项目越来越持抗拒态度。) **refractory** 表示主动而不是被动地对抗的,往往含敢于向权威挑战的意味:a *refractory* subordinate (不服管的下属) 该词用于金属等物质时,指耐火、耐熔或不易处理的:*refractory* brick (耐火砖) **ungovernable** 表示难以控制或抑制的,常有已经失控的意味:an *ungovernable* temper (控制不住的脾气) **willful** 表示执意去做自己想做的事情的,带有固执、无理、喜怒无常以及不顾及他人的意味:*willful* disregard of others' advice (对他人的劝告置若罔闻) / be discharged for *willful* neglect (因故意玩忽职守而被解雇)

un·safe /ʌnˈseif/ *adj.* 不安全的,危险的;不保险的,不牢靠的:The ice on that pond is *unsafe* for skating. 池塘里的冰不能滑,有危险。‖ **unˈsafe·ly** *adv.*

un·said /ʌnˈsed/ *adj.* [无比较级]未说出口的;未用言词表达出来的:He had said things that should have been *unsaid.* 不该说的东西他却说了。

un·sat·is·fac·to·ry /ˌʌnsætisˈfæktᵊri/ *adj.* [无比较级]不能令人满意的,不使人称心如意的;不能解决问题的;令人不能接受的:an *unsatisfactory* business 不如意的生意

un·sat·is·fied /ʌnˈsætisˌfaid/ *adj.* [无比较级]未得到满足的,未感到心满意足的;不满意的:Two-thirds of the patients are *unsatisfied* with their doctors. 2/3的病人都对医生不满。

un·sat·is·fy·ing /ʌnˈsætisˌfaiiŋ/ *adj.* [无比较级]不能令人满足的;不能使人满意的;不让人高兴的;不合适的,不恰当的:It is on the whole an *unsatisfying* book. 这本书总的来说不能让人满意。

un·sa·vo(u)r·y /ʌnˈseivᵊri/ *adj.* [无比较级] ❶味道(或气味)不好的;难吃(或难闻)的;无滋味(或香味)的:an *unsavoury* food 难以下咽的饭菜 ❷(品德方面)令人讨厌的,使人不快的;丑恶的,可憎恶的:Sam was rather an *unsavoury* character. 萨姆这个人真可恶。❸无吸引力的,不能打动人的:an *unsavoury* part of town 城里毫无意趣的地区

un·scathed /ʌnˈskeiðd/ *adj.* [无比较级]未受损伤的,未遭受伤害的:He has sailed *unscathed* through the second debate. 他已顺利地通过了辩论的第二轮。

un·sched·uled /ʌnˈʃedjuːld;-ˈskedʒuᵊld/ *adj.* [无比较级]不按时间表(或计划、日程表等)的;事先没做安排的;班期不定的:the evidently *unscheduled* stop 显然是计划之外的逗留

un·screw /ʌnˈskruː/ *vt.* 旋出…的螺丝;(旋出螺丝以)拆卸;取下:I can't *unscrew* that lid. 我拧不开那个盖子。

un·scru·pu·lous /ʌnˈskruːpjuləs/ *adj.* [无比较级]肆无忌惮的,无法无天的;无道德原则的,无耻的;不严格认真的,不审慎的:An *unscrupulous* person will use dishonest means to get what he wants. 一个不择手段的家伙会使用一切卑鄙手段来达到自己的目的。

un·seal /ʌnˈsiːl/ *vt.* 打开…的蜡封(或铅封等);开启(封缄物);拆开(信等):*unseal* a jar of strawberry preserves 打开一罐草莓果酱

un·sea·son·a·ble /ʌnˈsiːzᵊnəbᵊl/ *adj.* [无比较级]❶不合时令(或季节)的;节令不顺的;在特

定季节里显得不正常的：*unseasonable* vegetables 不当令的蔬菜 ❷不合时宜的；不合适的，不适当的：pounce in upon sb. at *unseasonable* hours 在不合适的时间里闯到某人那里 ‖ **un'sea·son·a·bly** *adv.*

un·see·ing /ʌn'siːiŋ/ *adj.* [无比较级] ❶不注意观察的，不留心的；未看到的；视而不见的：The monkey stares out of the cage with *unseeing* eyes. 那猴子目光茫然地盯着笼外。❷盲的，看不见的

un·seem·ly /ʌn'siːmli/ *adj.* [无比较级]不适宜的，不合适的，不恰当的；不得体的；不体面的：Midnight is an *unseemly* hour for a casual visit. 午夜串门是很不合适的。

un·self·ish /ʌn'selfiʃ/ *adj.* [无比较级]不自私的，无私(心)的；忘我的，替他人着想的；大方的，慷慨的：My teacher was always *unselfish*. 我的老师总是替别人着想。

un·set·tle /ʌn'setᵊl/ *vt.* ❶使移动，使松动；使不稳定，使不稳固：This news would probably *unsettle* the stock market. 这则消息很可能会引起股市的动荡不稳。❷使变动；使不确定；削弱：The sudden joy had *unsettled* his understanding. 他由于一阵狂喜，有些神志不清了。

un·set·tled /ʌn'setᵊld/ *adj.* [无比较级] ❶未解决的；未确定的；未落实的：Let's leave it *unsettled*. 咱们把问题先放一放。❷不稳定的；动荡的，动乱的：The weather in this part of the country is *unsettled*. 这个地区的天气反复无常。❸未偿付的；未结算的；未付清的；(保险)未理赔的：an *unsettled* account 未结清的账目 ❹不安宁的；精神失衡的：His wits began to be *unsettled*. 他的神志开始有些不正常了。

un·sight·ly /ʌn'saitli/ *adj.* [无比较级]不悦目的，不好看的，难看的：To him, smoking had been forgivable but *unsightly*. 当时在他看来，吸烟情有可原，但是见不得人。

un·skilled /ʌn'skild/ *adj.* [无比较级] ❶无技术的，没技能的；未经专门培训的；没经验的；不擅长的；不熟练的；不灵巧的：an *unskilled* worker 非熟练工人 ❷无需特殊技能的；不需专门训练的：There's plenty of *unskilled* labour. 有许多不需专门训练的劳动。

un·skill·ful /ʌn'skilfᵘl/ *adj.* 无技术的，不灵巧的，不熟练的

un·so·phis·ti·cat·ed /ˌʌnsə'fistiˌkeitid/ *adj.* [无比较级] ❶不懂世故的；天真的，纯朴的；头脑简单的：He has aimed his text at an audience that is musically *unsophisticated*. 他的作品主要面向那些音乐修养不高的听众。❷简单的，不复杂的；清楚易懂的：an *unsophisticated* adding machine 简单的加法计算机

un·sound /ʌn'saund/ *adj.* [无比较级] ❶不正常的；不健全的，不健康的，有病的：an *unsound* body 不健康的身体 ❷不坚固的，不稳固的，不牢靠的；不可靠的，不安全的：an *unsound* business 不可靠的生意 / a bridge that is structurally *unsound* 结构不牢固的桥

un·speak·a·ble /ʌn'spiːkəbᵊl/ *adj.* [无比较级] ❶说不出来的，难以言表的，无法形容的：In his eyes there was *unspeakable* horror. 他眼睛里流露出一种不可言喻的恐怖。❷恶劣(或下流)得说不出口的；难以启齿的；极坏的；可怕的：His behaviour has been *unspeakable*. 他的行为都叫人说不出口。

un·spoiled /ʌn'spɔild/ *adj.* [无比较级] ❶未受损坏的；未遭到破坏的；未丧失原有的自然美的：He was lost in the trackless, *unspoiled* wilderness. 他迷失在无路可走的原始荒野中。❷(孩子)未被宠坏的，未沾染恶习的

un·spo·ken /ʌn'spəukᵊn/ *adj.* [无比较级]未说出口的；未言明的：an *unspoken* wish 内心的愿望

un·sta·ble /ʌn'steibᵊl/ *adj.* [无比较级] ❶不稳定的；不坚定的；易动摇的：an *unstable* political environment 不稳定的政治环境 ❷不稳固的，不牢固的；不牢靠的；不安全的：an *unstable* region 动荡不安的地区 ❸易变的；不确定的：The climate in that country is *unstable* and doesn't agree with her. 那个国家的气候变幻莫测，她很不适应。❹(思想、情绪等)反复无常的，多变的：an *unstable* personality 反复无常的个性

un·stead·y /ʌn'stedi/ *adj.* [无比较级] ❶不平稳的；不稳固的；不坚固的；摇晃的，摇摆的：The patient is still a bit *unsteady* on her feet. 患者现在走路还有点不稳。❷不稳定的；不坚决的，不坚定的；易变的，不可靠的：the *unsteady* plateau of a cure 治愈后的不稳定期 ❸无规律的，反复无常的：The wind blew with a fitful and *unsteady* fury. 风力间歇不定，发出变化无常的阵阵怒号。‖ **un'stead·i·ly** *adv.*

U

—un'stead•i•ness *n.* [U]

un•stuck /ʌn'stʌk/ *adj.* 紊乱的,失控的,失灵的,失败的

un•sub•stan•tial /ˌʌnsəb'stænʃ°l/ *adj.* [无比较级] ❶非物质的;非实体的;非实质的:Some of them were in swimming, and the water felt thin and clear and *unsubstantial*. 他们有些人在游泳,感觉河里的水柔软细滑、清澈透明,就好像没有一样。❷缺乏事实根据的;不切实际的,不现实的:an *unsubstantial* idea 不切实际的想法 ❸不充实的;不坚固的,不结实的;薄弱的;没分量的;乏力的:But for other reasons, *unsubstantial* enough, I was glad. 但是还有别的原因令我高兴,虽然这些原因不够充分。

un•suc•cess•ful /ˌʌnsək'sesf°l/ *adj.* [无比较级]不成功的,失败的;未获得预期结果的;不走运的:She tried to smile back, but was *unsuccessful*. 她想回笑一下,但未笑成。‖ ˌun•sucˈcess•fully *adv.*

U

un•sure /ʌn'ʃuə^r, ʌn'ʃɔː^r/ *adj.* [无比较级][常作表语]❶缺乏信心的;无把握的;不肯定的;不确知的:His speech was *unsure* and pleading. 他说话期期艾艾,带着央求的口气。❷无把握的;不肯定的;不确知的:She is *unsure* how to pitch her work. 她拿不准如何为自己的作品定音。

un•sus•pect•ed /ˌʌnsə'spektid/ *adj.* [无比较级] ❶未被怀疑的,无嫌疑的:So he invented a way to get rid of him and remain *unsuspected*. 于是他想出一个两全之计,既可置他于死地,又可使自己免遭猜疑。❷未被想到的;预料不到的;意外的:A strict analysis yields *unsuspected* insights. 通过严密的分析,获得了意想不到的见解。

un•sus•pect•ing /ˌʌnsə'spektiŋ/ *adj.* [无比较级]不怀疑的,不猜疑的;未起疑心的;信任的:He stole all her money and she was completely *unsuspecting*. 他偷去了她所有的钱,她却浑然不知。‖ ˌun•susˈpect•ing•ly *adv.*

un•sym•pa•thet•ic /ˌʌnsimpə'θetik/ *adj.* [无比较级]不(表示)同情的;缺乏同情心的,冷漠的;没有反应的:They are *unsympathetic* with the views held by the majority of the citizens. 他们对大多数市民的看法显得十分冷淡。‖ ˌun•sym•paˈthet•i•cal•ly /-k°li/ *adv.*

un•tan•gle /ʌn'tæŋg°l/ *vt.* ❶解开…的缠结:*untangle* the knots in one's hair with a comb 梳开头发中的纠结 ❷清理,整理,整顿;使不再紊乱:They tried to *untangle* the legal complexities of the case, but failed. 他们试图把这件案子错综复杂的法律问题弄清楚,可是徒劳无功。

un•tapped /ʌn'tæpt/ *adj.* [无比较级]未开发的,未发掘的;未利用的:*untapped* mineral deposits 未开采的矿藏

un•think•a•ble /ʌn'θiŋkəb°l/ *adj.* [无比较级]不可想象的,不可思议的:an *unthinkable* notion 不可思议的想法

un•think•ing /ʌn'θiŋkiŋ/ *adj.* [无比较级] ❶非故意的,无心的;漫不经心的,粗心大意的:His *unthinking* words had hurt her deeply. 他无意中说的话重重伤害了她。❷欠思考的,考虑欠妥的;轻率的,草率的:the parents' *unthinking* abuse of their children 家长对孩子的肆意谩骂

un•ti•dy /ʌn'taidi/ *adj.* [无比较级] ❶不整洁的,邋遢的;不修边幅的;随便的,懒散的:She's one of the most *untidy* people I've ever met. 她是我见过的最邋遢的人之一。❷不整齐的,杂乱的,凌乱的;混乱的,没有条理的:a very *untidy* room 凌乱之极的房间

un•tie /ʌn'tai/ *vt.* (-ty•ing或-tie•ing) ❶解开;松开;打开:*untie* one's shoe laces 解鞋带 ❷解放,使自由;使解除束缚:*untie* a prisoner 释放囚犯

un•til /ən'til, ʌn-/ I *prep.* ❶到…的时候,直到…为止:Payment may be deferred *until* the end of the month. 可以推迟到月底再付款。❷[用于否定句]在…之前,直到…才:No human is known to have set foot upon Antarctica *until* 19th century. 据悉在19世纪之前人类没有涉足南极洲。II *conj.* ❶到…为止,直到…时:Please defer shipment *until* you receive our further instructions. 在我方另有通知以前,请暂停装运。❷[用于否定句]直到…才:Life was dull and uninteresting *until* she returned. 在她回来之前生活枯燥乏味,没有意思。

un•told /ʌn'təuld/ *adj.* [无比较级][通常作定语] ❶未被说出的,未被讲述的;未透露的:an *untold* world 奥妙的世界 ❷未被数过(计量过)的;数不清的,无数的;无法计量的,无穷的:The quake left *untold* thousands of people homeless. 地震使成千上万的人无家可归。❸巨大的;极度的;难以形容的:the *untold* misery 难言的痛苦

un·touched /ʌn'tʌtʃt/ *adj.* [无比较级] ❶未触摸过的,未被碰过的:We still have the thirty thousand *untouched*. 我们那 3 万元还原封未动呢。❷未受损伤的;原样的;处于原始状态的:The house had survived the bomb *untouched*. 炸弹爆炸过后,那幢房子未受损坏,幸存了下来。❸未改变的;未受到影响的:His aesthetic theory seems *untouched* by Romantic influences. 他的美学理论并未因浪漫派的影响而有所改变。

un·to·ward /ˌʌntə'wɔːd,ʌn'təuəd/ *adj.* [无比较级] ❶不幸的,运气不好的;不祥的,不吉利的:This young gentleman had been reduced to poverty by a variety of *untoward* events. 不料命途多舛,这位公子哥儿沦为贫困。❷不适宜的;不妥当的:He may indeed have found the reverence shown a little *untoward*. 或许他确实已经发觉那表现出来的尊严有点儿不妥了。

un·true /ʌn'truː/ *adj.* [无比较级] ❶不真实的,与事实不符的;不正确的,虚假的,虚妄的:His remarks were irresponsible and *untrue*. 他说的话很不负责任,而且与事实不符。❷[作表语]不忠实的,不忠诚的(*to*):She suspected her husband of being *untrue to* her. 她怀疑丈夫对她不忠。

un·truth /ʌn'truːθ/ *n.* ([复]**-truths** /-'truːðz,-'truːθs/) ❶[U]不真实;虚假,虚妄的:The *untruth* of his statement has been discerned. 人们已认清他陈述的虚假。❷[C]假话,谎言:condemn an *untruth* 谴责谎言

un·used /ʌn'juːzd/ *adj.* ❶[无比较级]不在使用的;闲置着的;空着的:The apartment had lain *unused* for years. 这公寓好几年都空着。❷从未用过的,待用的;仍旧是崭新(或干净)的:a newly bought and *unused* computer 刚买来尚未用过的计算机 ❸ /ʌn'juːst/ [作表语](对…)不习惯的(*to*):The old people were *unused to* adolescent high jinks. 老年人不太习惯年轻人的狂欢嬉闹。

un·u·su·al /ʌn'juːʒuəl/ *adj.* [无比较级] ❶不平常的,异乎寻常的;少见的:He had an *unusual* ability to get swiftly to the heart of any problem. 他具有非凡的能力,能够一下子抓住问题的实质。❷独特的,与众不同的;奇异的,特异的:He made his account of the most *unusual* adventure tedious. 他把十分离奇的冒险故事讲得索然无味。‖ **un'u·su·al·ly** *adv.*

un·veil /ʌn'veil/ *vt.* ❶揭去…面纱:The bridegroom *unveiled* the bride's face. 新郎揭开新娘脸上的面纱。❷使公开;使暴露;揭示,揭露:*unveiling* the proposal 公布计划

un·wel·come /ʌn'welkᵊm/ *adj.* [无比较级] 不受欢迎的;不被接受的;令人不快的,让人讨厌的:He is *unwelcome* here. 他在这里不得人心。

un·well /ʌn'wel/ *adj.* [无比较级][常作表语](身体)不舒服的;有病的,生病的:She felt *unwell* last night. 她昨晚身体不舒服。

un·wield·y /ʌn'wiːldi/ *adj.* [无比较级] ❶庞大的;笨重的;难看的;笨拙的:*unwieldy* boots 笨重的靴子 ❷(因庞大或笨重等而)不灵便的,难操作的,不易使用的;不易控制的:an *unwieldy* bureaucracy 庞大的官僚机构

un·will·ing /ʌn'wiliŋ/ *adj.* [无比较级] ❶[作表语]不愿意的,不乐意的,不同意的:She had been *unwilling* to do so, because she was sorry for Mary. 她以前那样做是出于无奈,因为她为玛丽担心。❷[作定语]很不情愿的;勉强做(或给)的:At length she gave an *unwilling* consent. 最后她才勉勉强强地同意了。‖ **un'will·ing·ly** *adv.*

un·wind /ʌn'waind/ (**un·wound** /-'waund/) *vt.* ❶解开(缠绕或卷绕之物);打开;展开:The nurse gently *unwinds* his bandage. 护士为他轻轻解开绷带。❷〈口〉使松弛,使放松,使不紧张:That drug will *unwind* your muscles. 这药会松弛你的肌肉。—*vi.* ❶解开;打开;展开:A watch-spring starts tightly coiled and gradually *unwinds*. 表的发条开始上得很紧,然后再慢慢松开。❷〈口〉松弛,放松:A glass of wine in the evening helps me *unwind*. 晚上喝杯酒能使我身心放松。

un·wise /ʌn'waiz/ *adj.* [无比较级]不明智的;愚蠢的;不审慎的;轻率的,鲁莽的:Once you've made your point, it is *unwise* to keep iterating the argument. 一旦表明了自己的观点,再喋喋不休就不明智了。‖ **un'wise·ness** *n.* [U]

un·wit·ting /ʌn'witiŋ/ *adj.* [无比较级][作定语] ❶不知情的,不明情况的;没有意识到的:

U

Market is particularly hazardous for *unwitting* outsiders. 对于不了解情况的局外人来说，市场是有风险的。❷不经意的，无心的：an *unwitting* offense 无意的冒犯

un·wor·thy /ʌnˈwəːðɪ/ *adj.* [无比较级] ❶[作表语]不值得的；不配得到的(*of*)：The phenomenon seems *unworthy of* our attention. 这种现象似乎不值得我们关注。❷[通常作表语](与…)不相配的，不相称的，不恰当的，不合身份的(*of*)：The books have been condemned as *unworthy of* young children. 有人指责这些书不适合小孩子们看。‖ **unˈwor·thi·ness** *n.* [U]

un·wrap /ʌnˈræp/ (**-wrapped**; **-wrapp·ing**) *vt.* 除去…的包装；拆开…的包裹物；打开；展开：The little girl *unwrapped* the gift. 小女孩打开礼品包。

un·zip /ʌnˈzɪp/ (**-zipped**; **-zip·ping**) *vt.* 拉开(拉链)；拉开…的拉链：*unzip* a jacket 拉开上衣拉链 —*vi.* 拉开拉链：For about eight seconds earth's crust *unzipped* at more than two kilometers a second. 大约8秒钟的时间，地壳以每秒2千米以上的速度迸裂开来。

up /ʌp/ **I** *adv.* [无比较级；最高级 **up·per·most** /ˈʌpəˌməust/ 或 **up·most** /ˈʌpˌməust/] ❶在高处；在上面；在楼上；在地平线以上；在顶部；靠近顶端：The sun was *up* now. 太阳升起来了。❷向上，往上，朝上；向(或往、朝)较高处：Pick your clothes *up* and put them away. 把衣服拾起来收好。❸〈口〉朝前，往前，向前；接近，靠近：He went straight *up*, no one stopping him. 他直往前走，没人拦他。❹处于直立姿势；呈竖立状：Would you stand *up* or sit down? 你愿意站着，还是坐着？❺向(或朝)较高地位；向(或朝)较好状况：Be nice to people on your way *up* because you'll meet them on your way down. 得意时，善待人；失意时，人善待。❻(价格、质量、产量等)由低到高；(数量等)由小到大：Prices are firming *up*. 价格正稳步上涨。❼全部，完全，彻底：They have used *up* their credibility. 他们已完全丧失了人们的信任。❽(音量等)增强，变高，变响亮；(情绪等)高涨起来，变激烈：Can you speak *up*? There's a lot of interference on the line. 请你大声点说，电话里面干扰声很大。❾完成地；达到结束(或停止)状态：He went out after he buttoned *up* his jacket. 他系好上衣扣子就出去了。❿一起，一共；收拢地，聚拢地：Add *up* the figures and then tell me what the sum is. 把数字加一下，然后告诉我总数。⓫(尤指不寻常或意外地)发生；涌现，出现：Tears crowded *up* into his eyes and his throat tightened. 他的泪水溢满双眼，喉头一阵哽塞。**II** *prep.* ❶向…的上方，往…的上面，朝…的高处，沿着…往上：The cat climbed *up* the tree. 猫爬上了树。❷由底部往…的顶端，从底下到…的顶上 ❸在…的较高处，位于…的上面：Most of the people there live *up* the hill. 那里大多数人都住在山上。❹沿…而去，朝…而去；向…的较远处；在…的较远处：The policemen moved *up* the avenue impressively. 警察队伍威严地行进在大街上。**III** *n.* ❶[C]好运，幸事；成功；兴盛时期 ❷[U]上升，上移；(物价等的)上涨，上抬 ‖ ***up for*** *prep.* 打算，准备；可作…之用；考虑作…之用：This contract is *up for* renewal. 这份合同正考虑展期。***up to*** *prep.* ❶(时间上)直至，一直到：They put the thief away for *up to* ten years. 他们把这个盗贼关了10年。❷(数目上)直到，不多于，多达：*Up to* two thousand people were on board the ship. 船上有不到2 000名乘客。❸达到；接近于；可与…相比较；赶得上：They can teach dancers *up to* intermediate level. 他们能把舞蹈学员培养到中等水平。❹取决于，须由…决定：All I needed was a chance. You've granted it, now it's *up to* me. 我需要的只是一次机会。这种机会，你们已经给我了，现在就看我的了。

up·beat /ˈʌpˌbiːt/ *adj.* 〈口〉积极向上的，乐观的；充满希望的；开心的，活泼的；生气勃勃的：I feel very *upbeat* about my job. 我对自己的工作充满了希望。

up·bring·ing /ˈʌpˌbrɪŋɪŋ/ *n.* [U；C][常用单] ❶抚育，抚养，养育：the *upbringing* of children 养育孩子 ❷教育，培养：His manner is at variance with his *upbringing*. 他的行为举止与他所受的教育不相符。

up·date I /ˈʌpˌdeɪt, ʌpˈdeɪt/ *vt.* 更新，使不落后；使现代化：The software will need to be *updated* regularly. 软件必须不断地更新。**II** /ˈʌpˌdeɪt/ *n.* ❶[U；C]更新；修改 ❷[C]最新版本；最新报道；更新的内容(或数据)：What was the last news *update*? 最后一条最新消息是什么？

up·front /ʌpˈfrʌnt, ˈʌpˌ-/ **I** *adv.* [无比较级]

(付款等)提前地,预先地:He wants all the money *up front* or he won't do the job. 他要求预先拿到所有的钱,否则就不干这份工作。**II** *adj.* [无比较级] ❶[常作表语]诚实的;坦率的,公开的:He's very *upfront* about why he comes this time. 他坦率说了这次来的缘由。❷(付款)预先的,提前的:*upfront* payment 预付款

up•grade I /ʌp'greid/ *vt.* ❶提升,使升级:His job has been *upgraded* from "assistant manager" to "manager". 他由"助理经理"升任"经理"。❷提高;改进,改善:We need to *upgrade* the pay and status of teachers. 我们需要提高教师的工资和地位。**II** /'ʌpˌgreid/ *n.* ❶[U;C]提升;升级;提高 ❷[C]改进(或更新)的设施 ❸上坡

up•heav•al /ʌp'hiːvᵊl/ *n.* [C;U] 剧变;动荡;动乱:It was quite an *upheaval* when we moved out office. 我们搬迁办公室时简直乱得一团糟。

up•hill I /ʌp'hil/ *adv.* [无比较级]往山上;往上坡;向上:run *uphill* 往(山)上跑 **II** /ʌp'hil/ *adj.* [无比较级] ❶上山的;上坡的;向上的:an *uphill* climb 向(山)上爬 ❷吃力的,费劲的,艰难的:It was an *uphill* work. 这件事办起来如同爬山,吃力得很。

up•hold /ʌp'həuld/ *vt.* (**-held** /-'held/) ❶赞成;维持;确认:The board director *upheld* the manager's decision. 董事长赞同经理的决定。❷维护;支持并鼓励:Police officers are expected to *uphold* the law. 警察理应维护法律的尊严。

up•hol•ster /ʌp'həulstəʳ/ *vt.* 给(沙发、软椅等)装上坐垫(或套子、弹簧、填塞料等)(*in*, *with*):*upholster* a sofa *in* [*with*] leather 给沙发装上皮革面子

up•hol•ster•y /ʌp'həulstᵊri/ *n.* [总称]家具被覆材料;(沙发、软椅等家具的)垫衬料;帷帘织物

up•keep /'ʌpˌkiːp/ *n.* [U] ❶(房屋、设备等的)保养,维修,修缮 ❷保养费,维修费,修缮费:The *upkeep* of the house is more than he can afford. 房子的维修费高得他付不起了。

up•land /'ʌplᵊnd,-ˌlænd/ **I** *n.* [常作~**s**]高地,高原,山地:the poor soil quality in the *uplands* 高原地区贫瘠的土壤 **II** *adj.* [无比较级](有关)高地的,高原的,山地的:the vast *upland* plain 广阔的山区平原

up•lift /ʌp'lift/ *vt.* ❶抬起,举起,提起,升起:*uplift* one's brows 扬起眉毛 ❷(在精神或道德等方面)提高,促进;使振奋,鼓舞:We were *uplifted* by the glorious news. 我们受到这个好消息的鼓舞。

up•lift•ing /ʌp'liftiŋ/ *adj.* 振奋人心的,鼓舞人心的

up•on /ə'pɔn/ *prep.* =on

up•per /'ʌpəʳ/ *adj.* [无比较级][作定语] ❶较高的;较上的;上层的:in the *upper* left corner of the painting 画的左上角 ❷(地位、出身、身份、职务、等级等)较高(级)的;高层的;高等的:the *upper* class 上流社会 ❸上游的;北部的:*Upper* Egypt and Lower Egypt 上埃及和下埃及

upper case *n.* [C]【印】(西文)大写体,大写铅字(略作 **u. c.**)

upper class *n.* [常作 **the u- c-**]上流社会(的人们),上层阶级(的人们),上等阶层(的人们):an *upper class* of rulers 上层统治阶层

up•per-class /'ʌpəˌklɑːs;-ˌklæs/ *adj.* [无比较级]〈时贬〉上流社会的,上层阶级的,上等阶层的:an *upper-class* woman 贵妇人

up•per•most /'ʌpəˌməust/ [up 的最高级] *adj.* 首要的,最主要的;最突出的,最显著的;最重要的:Inflation and unemployment remain the *uppermost* economic problems in the minds of voters. 在选民心目中,通货膨胀和失业是最主要的经济问题。〔亦作 **upmost**〕

up•right /'ʌpˌrait,ˌʌp'rait/ **I** *adj.* [无比较级] ❶竖立的;垂直的;挺直的:She sat there, her *upright* torso motionless as that of an idol. 她直挺挺地坐在那里,像尊泥塑木雕似的一动不动。❷[作定语](钢琴、书、画等)竖的,竖式的,立式的:an *upright* piano 竖式钢琴 ❸(人或言行等)诚实的;正派的;正直的;公正的:I have a wife, two children and lead an *upright* life. 我有妻子和两个孩子,正正派派地过日子。**II** *adv.* [无比较级]竖立着;挺直着;垂直地:sit *upright* 身子笔挺地坐着

☆ **upright, honest, honourable, just, scrupulous** 均有"正直的,诚实的"之意。**upright** 指光明正大、坚持道德原则的,强调内在的道德力量,多用于有修养的人:Beneath their *upright* digni-

U

ty, the people were, at heart, warm and kindly. (这些人神态刚正威严，实际上为人热情，心地善良。) **honest** 为普通用词，表示拥有诚实、正直、公正等美德的，强调不欺骗、不作假或不撒谎等：Doctors must be *honest* with the terminally ill. (医生对绝症患者不得隐瞒实情。) **honourable** 意指为人正直并讲道德、严格遵守行为准则、具有高度的荣誉感和责任感的：Old Mike has been *honourable* in his dealings. (老迈克做生意一向很规矩。) **just** 强调判断、抉择和行为，含正当、公正或合理的意思，既可用以指人，也可用以指事：He was a *just* man, listening to both sides of every complaint. (他为人公正，每次都能倾听双方的不满意见。) **scrupulous** 表示唯恐犯错误，因此谨小慎微、一丝不苟地按良心办事的，常用于行为、目的等方面：Soldiers must pay *scrupulous* attention to orders. (士兵必须不折不扣地执行命令。)

U

up·ris·ing /ˈʌpˌraiziŋ/ *n.* [C]起义，暴动：seize power in an armed *uprising* 在武装暴动中夺取政权

up·roar /ˈʌpˌrɔːʳ/ *n.* [U][用单] ❶骚动，骚乱：The news caused the public *uproar*. 这条消息引发了公众骚乱。❷吵闹，喧嚣：This only increased the *uproar*, when they heard him speak. 当人们一听到他这样说话，就更加起哄。

up·root /ʌpˈruːt/ *vt.* ❶连根拔除(见 exterminate)：All the weeds have been *uprooted* and burnt. 所有的杂草都被拔掉烧了。❷使离开家园(或祖国)；使迁往他处居住：The war has *uprooted* the poor population there. 战争使那里所有的穷苦人都流离失所，浪迹他乡。

up·set I /ʌpˈset/ (**-set; -set·ting**) *vt.* ❶打翻，翻倒，弄翻：The cat *upset* the cup, spilling coffee all over the table. 猫把杯子打翻，咖啡洒了一桌子。❷使苦恼，使心神不定，使心烦意乱：She was *upset* by the whole matter. 她已经被整个事情搞得心烦意乱。❸扰乱，打乱：The rumour would *upset* the good working relationships which have developed. 谣言会搅乱建立起来的良好工作关系。❹使(身体或肠胃等)不适：Grapes may *upset* him. 他吃葡萄胃里会不舒服。II /ˈʌpˌset/ *n.* [C; U](比赛、竞争等中的)意外结果；意外挫败：We won one by an *upset*, and we lost one by an *upset*. 我们稀里糊涂地赢了一盘，又稀里糊涂地输了一盘。III /ʌpˈset/ *adj.* [无比较级]烦恼的，苦恼的，不安的：She was very *upset* to hear that news. 听到那个消息她心里很不安。

up·shot /ˈʌpˌʃɔt/ *n.* [用单]结局，结果：What was the final *upshot* of the discussion? 讨论的结果是什么?

upside down [无比较级] *adv.* ❶颠倒着，倒置地：read the newspaper *upside down* 把报纸倒着看 ❷乱七八糟，混乱不堪：Turn the universe *upside down* 把世界搅得天翻地覆

up·stairs /ʌpˈsteəz/ I *adv.* [无比较级]在楼上；往楼上：They live *upstairs*. 他们住在楼上。II *n.* [用作单或复]楼上：The *upstairs* of the house is totally furnished. 楼上的房间已经完全装修好了。

up·stand·ing /ʌpˈstændiŋ/ *adj.* 〈书〉〈褒〉❶直立的，竖立的 ❷挺立的，挺拔的；强壮的，强健的：fine, *upstanding* people 顶天立地的优秀公民 ❸诚实的，正直的：an *upstanding* young man 诚实的年轻人

up·stream /ˈʌpˌstriːm/ *adj.* & *adv.* [无比较级]逆流的(地)；往上游的(地)；在上游的(地)：the *upstream* part of the river 河流的上游

up·surge /ˈʌpˌsəːdʒ/ *n.* [用单] ❶急剧上升，猛然增长：the *upsurge* in violence 暴力事件的急剧上升 ❷(尤指情绪等的)高涨，迸发：the *upsurge* of national emotions 民族情绪的高涨

up·take /ˈʌpˌteik/ *n.* ❶[U]〈口〉理解，领会：a student quick on the *uptake* 理解力强的学生 ❷[U; C]拿起；举起

up·tight /ʌpˈtait, ˈʌpˌtait/ *adj.* 〈口〉❶紧张不安的，焦虑的：Don't get so *uptight*, young man. 小伙子，别这么紧张。

up-to-date /ˌʌptuˈdeit/ *adj.* ❶切合目前情况的，包含最新信息的：an *up-to-date* newspaper 包含最新信息的报纸 ❷掌握最新信息的，跟上时代的；新式的：Our school uses all the most *up-to-date* teaching methods. 我们学校采用所有最新教学法。

up·turn /ˈʌpˌtəːn/ *n.* [C](尤指经济方面的)上升趋势；情况好转：an economic *upturn* 经济好转

up·ward /ˈʌpwəd/ [无比较级] I *adj.* ❶向上的，往高处的；上升的：an *upward* trend in inflation 日益严重的通货膨胀 ❷向较好条件的，

向较高社会地位的：Her social progression, through marriage, has been *upward*. 她的社会地位随着婚姻提高了。**II** *adv.* ❶向上地，往高处地；上升地：She turned her face *upward* to the moon. 她抬头望月。❷在上部，向上部

up·wards /ˈʌpwədz/ *adv.* = upward ‖ ***upwards of*** *prep.* 多于；在…以上

ur·ban /ˈəːbᵊn/ *adj.* [通常作定语]城市的，都市的；市区的；居住于城市(或都市)的：*urban* life 城市生活

ur·bane /əːˈbein/ *adj.* 彬彬有礼的，有礼貌的；温文尔雅的，优雅得体的：He was an *urbane* and much-travelled man. 他是个举止得体、见多识广的人。‖ **ur·ban·i·ty** /əːˈbæniti/ *n.* [U]

ur·ban·ize /ˈəːbəˌnaiz/ *vt.* 使城市化，使都市化 ‖ **ur·ban·i·za·tion** /ˌəːbᵊnaiˈzeiʃᵊn;-niˈz-/ *n.* [U]

urge /əːdʒ/ **I** *vt.* ❶驱策；推进；鼓励，激励；使加快，使加速(*on*)：The coach *urged* his team to greater efforts. 教练员激励他的队员们作出更大努力。❷催促，敦促；力劝；怂恿：I *urge* you to reconsider your position. 我劝你重新考虑你的立场。❸极力主张；强烈要求；强调(*on*, *upon*)：I have long *urged* this change. 我一向极力主张进行这项改革。**II** *n.* [C] ❶激励，鼓励，鞭策；驱策力，推动力 ❷强烈欲望；迫切要求；冲动：satisfy sb.'s *urge* 满足某人的欲望

☆**urge, exhort, importune, press** 均有"敦促，催促；力劝"之意。**urge** 常指用恳求、辩论或力劝的方法来敦促某人去做某一事情，以达某一目的：They *urged* the union to accept the compromise. (他们竭力劝说工会接受妥协。) **exhort** 尤指恳请、力劝或告诫他人要行为正当或行为正确：*exhort* the people to fight to the last drop of their blood (激励民众战斗，不惜流尽最后一滴血) **importune** 尤指持续不断地反复强求，带有使人厌倦或令人腻烦的意味：My nephew *importuned* me for ice cream. (我外甥硬缠着我要买冰激凌吃。) **press** 语气较强，表示持续不断地坚决要求，带有坚决、紧急和强求的意味：Our aunt *pressed* us to stay for another day. (姑姑坚持要我们再待一天。)

ur·gent /ˈəːdʒᵊnt/ *adj.* ❶紧急的，紧迫的，急迫的：Steiner saw the real world as more *urgent* than theory. 斯坦纳认为，现实世界要比理论更重要。❷坚持要求的；紧逼的，催逼的：Her *urgent* pleas of innocence made no difference to us. 她一个劲辩解自己清白，但我们不予理会。‖ **ur·gen·cy** /ˈəːdʒᵊnsi/ *n.* [U] —ˈ**ur·gent·ly** *adv.*

u·ri·nal /juəˈrainᵊl, ˈjuərinᵊl/ *n.* [C] ❶(男用)小便池，小便处 ❷尿壶，便壶，夜壶；储尿器

u·ri·nar·y /ˈjuərinᵊri/ *adj.* [无比较级][作定语] ❶(有关)尿的，尿液的 ❷(有关或影响)泌尿系统的：the *urinary* symptoms of an enlarged prostate 前列腺增大的泌尿症状

u·ri·nate /ˈjuəriˌneit/ *vi.* 排尿，小便

u·rine /ˈjuərin/ *n.* [U]尿，小便

urn /əːn/ *n.* [C] ❶瓮；缸；罐；坛 ❷骨灰瓮，骨灰罐 ❸(用以炮制茶或咖啡的)保温壶

US *abbr.* United States (of America) 美国

us /ʌs, əs/ *pron.* ❶[we 的宾格，用作动词或介词的宾语]我们：Age strikes *us* all before we know it. 岁月在不知不觉中流逝。❷(用在 V-ing 前)代替"our"：She graciously forgave *us* spilling the gravy. 她很宽厚，没有责怪我们把肉汁洒泼了。

us·age /ˈjuːsidʒ/ *n.* ❶[U]使用；用法：Correctness rests upon *usage*. 正确与否，要看使用。❷[C;U]风俗，习俗；习惯，习用(见 use)：This ceremony is a *usage* that has persisted in this area for centuries. 这种仪式是这个地区沿袭多个世纪的习俗。

use I /juːz/ *vt.* ❶用，使用：*Use* this door in case of emergency. 有紧急情况时请使用这扇门。❷运用；行使；发挥；使出：Why don't they *use* their brains? 他们为什么不动动脑子呢？❸利用；自私地利用：The company *used* my past against me. 公司翻我的老账来反对我。❹消耗，耗费：They have *used* nearly all of the food. 他们几乎把食物都吃光了。—*vi.* [**used** /ˈjuːst/]过去常常，惯常；以往是：She's a fine singer, as her mother *used to* be. 和她母亲以前一样，她也是位出色的歌手。**II** /juːs/ *n.* ❶[U]用，使用；运用；应用；利用：He diverted much of the public money to his personal *use*. 他把许多公款中饱私囊。❷[U]使用权；运用能力：Is the car available for *use* during the daytime? 今天白天我可以开这辆汽车吗？❸[U;C]使用价值；益处；效用：Are these papers any *use*? 这些论文有用吗？❹[C;U]用途，用处：What *use* does this machine have? 这台机器有

U

什么用途? ❺[C;U]用法:This modern *use* of the word "ideology" can be traced back to Marx. "思想"这个词的现代用法可追溯到马克思。‖ ***make use of*** *vt*. 使用;利用:He *made use of* the old lumber to repair the shed. 他利用旧木料去修复车库。***put to use*** *vt*. 使用;派上用场:The waste water, after being filtered, was *put to* good *use*. 废水经过滤,得到了很好的利用。‖ **us·er** /ˈjuːzəʳ/ *n*. [C]

☆❶**use, employ, utilize** 均有"用,使用"之意。**use** 为普通用词,指将某人或某物作为工具而使用,以协助达到某一目的或实现某一目标:He was being *used* and manipulated. (他受人操纵利用。) **employ** 有时可与 **use** 互用,但常表示起用处于休闲状态的人或物,使其忙于正事,侧重有选择地使用:They *employ* men according to their abilities. (他们量才用人。) **utilize** 强调发现某物被人忽视的实用性、有用性或赢利性:Wind power can be *employed* for generating power. (风力可以用来发电。) ❷ **use, usage** 均有"用法"之意。**use** 指个人或特定群体有鲜明特征的习惯性行为、方式或方法:confirm to the *uses* of polite society (符合文明社会的习惯做法) 该词也指对人或事物的利用、使用或事物的用途、效用:Is this book of any *use* to freshmen? (这本书对新生有用吗?) **usage** 指为人们普遍接受、成为社会规范的习惯做法或用法:Meals based on rice are not in common *usage* in England. (米饭为主食不是英国的习俗。)

used *adj*. [无比较级] ❶ /juːzd/ 用过的;旧的;二手的:a *used* plane 旧飞机 ❷ /juːst/ (对…)习惯的,习以为常的(*to*):He was *used to* a great many things that you are not *used to*. 很多你不习惯的事情,他却司空见惯。

use·ful /ˈjuːsfᵊl/ *adj*. 有用的;可用的;实用的;有益的,有帮助的;有效的:The computer is *useful* in processing data. 计算机在处理数据方面很有用。‖ **ˈuse·ful·ly** *adv*. —**ˈuse·ful·ness** *n*. [U]

use·less /ˈjuːslis/ *adj*. [无比较级] ❶无用的;无价值的;无益的;无效的(见 futile):It is *useless* to say it, I know, but it rises out of my soul. 我知道,这么说没什么用,但这是发自我内心的。❷〈口〉无能的,差劲的,窝囊的,愚笨的:He's *useless* when it comes to repairing cars. 说到修车,他派不上一点儿用场。‖ **ˈuse·less·ly** *adv*. —**ˈuse·less·ness** *n*. [U]

ush·er /ˈʌʃəʳ/ **I** *n*. [C] ❶(戏院等公共场所的)引座员,(婚礼上的)男迎宾员,招待员 ❷(法院等的)门房,传达 **II** *vt*. & *vi*. ❶引,领,带领;招待;陪同:The porter *ushered* us into the waiting room. 服务员把我们引进了候车室。❷开辟,创始(*in*):The change of policy *ushered in* a period of prosperity. 政策的改变开始了一个经济繁荣期。

u·su·al /ˈjuːʒuəl/ *adj*. [无比较级]通常的,平常的;惯常的,惯例的(见 common):Let's meet at the *usual* place. 咱们老地方碰头。‖ ***as usual*** *adv*. 像往常一样,照例:I worked *as usual* in the morning and went for a walk in the afternoon. 像往常一样,我上午工作,下午散步。‖ **ˈu·su·al·ly** *adv*.

☆ **usual, accustomed, customary, habitual** 均有"通常的;惯常的"之意。**usual** 用于经常不断出现或发生的事情,强调没有陌生感、符合常规:It is *usual* with him to go to the office on foot. (他惯常步行去办公室。) **accustomed** 常与 **customary** 换用,但固定不变的意思较 **customary** 要弱:I'm not *accustomed* to getting up so early at weekends. (周末我不习惯起这么早。) **customary** 指特定个人、群体或社团带有鲜明特色的习惯性、习俗性的行为:It is *customary* for the Chinese to invite relatives and friends to dinner during the Spring Festival. (中国人习惯于春节期间宴请亲朋好友。) **habitual** 表示经常重复而形成习惯或固定的素质:He's a *habitual* coffee drinker — he gets through about ten cups a day. (他习惯喝咖啡,每天大约要喝10杯。)

u·surp /juˈzəːp,-ˈsəːp/ *vt*. 篡夺,僭夺;(用武力)夺取;侵占;非法使用;(错误地)取代:*usurp* the throne 篡夺王位 ‖ **u·sur·pa·tion** /ˌjuːzəˈpeiʃᵊn/ *n*. [U] —**uˈsurp·er** *n*. [C]

u·ten·sil /juːˈtensᵊl/ *n*. [C](尤指家用的)器皿,用具:kitchen *utensils* 厨房用具

u·ter·us /ˈjuːtᵊrəs/ *n*. [C]([复]**-ter·i** /-ˌrai/)【解】子宫 ‖ **u·ter·ine** /ˈjuːtəˌrain,-rin/ *adj*.

u·til·i·ty /juːˈtiliti/ *n*. ❶[U]功用,效用,实用,功利:the *utility* of the equipment 设备的功用 ❷[C]公用事业公司(=public utility)公用事业;公用事业设施;[**utilities**]公用事业公司股票(或证券):Railroads are public *utilities*. 铁

路是公共设施。

utility room *n*. [C](放置洗衣、熨烫及其他生活设施的)附属生活设施间;杂物间

u·ti·lize /ˈjuːtiˌlaiz/ *vt*. (有效地)利用(见 use): *utilize* the power of the wind 利用风力 ‖ **u·ti·li·za·tion** /ˌjuːtiˌlaiˈzeiʃᵊn;-liˈz-/ *n*. [U]

ut·most /ˈʌtˌməust/ **I** *adj*. [无比较级][作定语]极度的;最大的:Everyone will do this duty with *utmost* efforts. 每个人都将尽心尽职。**II** *n*. [常作 **the** ~]极限,极点,极度;最大可能:Her endless demands tried his patience to *the utmost*. 她没完没了的要求让他忍无可忍了。〔亦作 **uttermost**〕

U·to·pia /juːˈtəupiə/ *n*. ❶[U]乌托邦,理想中最美好的社会:a man circumnavigating the earth in search for *Utopia* 环航全球寻觅乌托邦的人 ❷[常作 **u-**][C]理想国;理想的完美境界;空想的社会改革计划 ‖ **Uˈto·pi·an**, **uˈto·pi·an** *adj*. & [C] *n*.

ut·ter[1] /ˈʌtəʳ/ *adj*. [无比较级][作定语]完全的,彻底的,十足的:The rehearsal was an *utter* shambles. 彩排搞得一塌糊涂。‖ **ˈut·ter·ly** *adv*. —**ˈut·ter·ness** *n*. [U]

ut·ter[2] /ˈʌtəʳ/ *vt*. 发出(声音等);讲,说;(口头或书面)表达,吐露:Jack *uttered* a cry of surprise. 杰克吃惊地叫了起来。

ut·ter·ance /ˈʌtᵊrᵊns/ *n*. ❶[U]发声;说话;表达:Excitement deprived me of all power of *utterance*. 我兴奋得什么话也说不出来。❷[C]所说的话;言语,言词;言论:Secretaries record his every appointment and *utterance*. 秘书们把他的每项任命、每句话都记录下来。

U-turn /ˈjuːˌtəːn/ *n*. [C] ❶(车、船等的)掉头,U形转弯,180°转弯 ❷〈口〉〈常贬〉(政策等的)急剧变化,180°大转变:The Prime Minister was yesterday accused of performing a "humiliating *U-turn*". 昨日总理因突然非常丢人地改变政策而受到指责。

UV *abbr*. ultraviolet

V v

v. *abbr.* ❶ verb ❷ verse ❸ version ❹ versus

va·can·cy /ˈveikənsi/ *n.* ❶[U]空;空白;空间:All was blackness and *vacancy*. 四下里一团漆黑,空空荡荡。❷[C]空缺;空职:There will be only five postgraduate *vacancies* in our faculty next year. 明年我们系只有5个研究生名额。❸[C](宾馆等待租的)空房:He wanted to book a double room but was told that there were no *vacancies*. 他想订一间双人房,但被告知已经客满。

va·cant /ˈveikənt/ *adj.* ❶[无比较级]空着的;未使用的;未被占用的:His mind was *vacant* of purpose. 他头脑里没有任何想法。❷(工作、职位)空缺的:He scanned the *Situations Vacant* columns in the newspapers. 他浏览了报纸上的"招聘广告"栏。❸空虚的;心不在焉的;茫然的:His eyes were *vacant* in expression. 他的两眼茫然无神。

va·cate /vəˈkeit/ *vt.* ❶空出;腾出;撤离:Because of the shortage of money, they had to *vacate* their room. 因为没有钱,他们只好退房。❷辞去,退出(职务,职位):The position *vacated* was filled by younger generation. 空出的职务由年轻人填上了。

va·ca·tion /vəˈkeiʃən/ *n.* [C;U] ❶(一年中定期的)休息;休假;假期(见 holiday):summer *vacation* 暑假 ❷假日,休息天;节日:take a three-week *vacation* 度假三个星期 ‖ **vaˈca·tion·er** *n.* [C]

vac·ci·nate /ˈvæksiˌneit/ *vt.* 给…接种疫苗,给…打预防针:The government decided to *vaccinate* all the children against smallpox. 政府决定给所有小孩种牛痘。—*vi.* 接种疫苗,打预防针:*vaccinate* against measles 种麻疹疫苗 ‖ **vac·ci·na·tion** /ˌvæksiˈneiʃən/ *n.* [C;U]

vac·cine /ˈvæksiːn/ *n.* [C]【医】疫苗,菌苗:stamp out polio by using *vaccine* 注射疫苗消灭小儿麻痹症

vac·u·um /ˈvækjuəm/ **I** *n.* [C]([复]**-u·ums**或**-u·a** /-juə/) ❶真空;封闭状态;隔绝状态:Translation does not occur in a *vacuum*. 翻译不是在真空中进行的。❷【物】真空;真空度:a perfect *vacuum* 完全真空 ❸空白;空虚;沉寂:fill the power *vacuum* 填补权力真空 ❹([复]**-u·ums**)〈口〉真空吸尘器〔亦作 **vacuum cleaner**〕 **II** *vt.* 用真空吸尘器打扫:The young lady is *vacuuming* the carpets. 那位年轻女士正在用真空吸尘器扫地毯。—*vi.* 使用真空吸尘器(=vacuum):Finishing his breakfast hurriedly, he began to *vacuum*. 匆匆吃过早饭,他就开始用真空吸尘器打扫了。

vacuum cleaner *n.* [C]真空吸尘器(=vacuum):a upright *vacuum cleaner* 筒式吸尘器〔亦作 **vacuum sweeper**〕

va·gar·y /ˈveigəri/ *n.* [C]反复无常(或难以琢磨)的行为;奇特的行为;奇想,狂想:He must take his chances with the *vagaries* of human nature. 人性变幻莫测,他得试试运气。

va·gi·na /vəˈdʒainə/ *n.* [C]([复]**-nas** 或**-nae** /-niː/)【解】阴道;鞘 ‖ **vaˈgi·nal** *adj.*

va·grant /ˈveigrənt/ *n.* [C]流浪汉,流浪者;漂泊者 ‖ **ˈva·gran·cy** *n.* [U]

☆**vagrant, bum, hobo, vagabond** 均有"流浪者;游民"之意。**vagrant** 指无家可归、从一个地方漂泊或流浪到另一个地方的人,往往靠打散工、乞讨或偷盗来维持生活,名声不好,常作法律用语:a juvenile *vagrant* (一个少年流浪汉) **bum** 为美国俚语,常指游手好闲、一事无成的懒汉、醉鬼:John lost his job and went on the *bum*. (约翰丢了工作,开始了游手好闲的生活。) **hobo** 指打季节性短工的流动劳力,常常扒铁路货车四处流浪:*Hoboes* are traveling workers.（流动劳力是指到处找活干的打工者。）**vagabond** 强调流浪动作本身，指懒散、快活的流浪汉，常作文学或一般用语：that young *vagabond* of genius（那个才华横溢的流浪汉）

vague /veig/ *adj*. ❶含糊的，模糊的，不明确的：To me all this explanation has been a *vague* mystery. 我听这种解释真有些玄妙莫测。❷（人或思维）不精确的：They are a pessimistic lot with a *vague* sense of impending disaster. 他们这一群人前途悲观，对即将来临的灾难没有清醒的认识。❸没有表情的，茫然的：A *vague* stare was characteristic of him. 他经常傻傻地盯着东西看。‖ ˈ**vague•ly** *adv*. —ˈ**vague•ness** *n*. [U]

vain /vein/ *adj*. ❶自负的，高傲的，过分看重自己外表（或成就）的：Don't be *vain* and thoughtless, but sombre-minded. 不要轻浮，不要随随便便；要严肃认真。❷徒劳的，无用的（见 futile）：They were in a *vain* attempt to discover the mythical city. 他们想找到那座神秘的城市，却无功而返。‖ ***in vain*** *adj*. & *adv*. ❶徒劳的（地），白费力的（地）：Dick, his throat paralyzed with anguish, tried *in vain* to cry out. 因为悲伤，迪克的嗓子哑了，想哭也哭不出声。❷轻慢；不敬：It was designed to avoid taking holy names in *vain*. 这是为了不妄称主的名。‖ ˈ**vain•ly** *adv*.

☆**vain, empty, hollow, idle** 均有"空洞；无效"之意。**vain** 表示因不中用、无益于事而没有任何价值或意义：It is *vain* to resist.（抵抗是没有用的。）**empty** 和 **hollow** 都表示缺乏实质性的内容，只是表面上显得有价值、有意义，做出真实诚恳的样子：His words rang *hollow*.（他的话听起来缺乏诚意。）**idle** 指缺乏坚实基础、没有根据或道理，因而不能产生有效作用或结果：It is *idle* to expect help from him.（指望他帮忙只会是一场空。）

val•en•tine /ˈvælənˌtain/ *n*. [C] ❶在情人节时赠送给爱人的礼物 ❷在情人节时选定的情人

val•et /ˈvælit/ *n*. [C] ❶贴身男仆 ❷（饭店、宾馆等处）帮人洗衣（或停车）的人，侍者

val•iant /ˈvæljənt/ *adj*. 英勇的，勇猛的，勇敢的：Their reputation for being *valiant* is dear to them. 他们很珍惜自己勇猛的名声。‖ ˈ**val•iant•ly** *adv*.

val•id /ˈvælid/ *adj*. ❶有理的；有根据的；令人信服的：*valid* complaint 有理有据的投诉 ❷【律】合法的，有法律效力的；按法律手续执行的：a *valid* contract 有法律效力的合同 ❸有效的；能产生预期效果的：His passport is *valid* for another one year. 他的护照有效期还有一年。‖ **vaˈlid•i•ty** /vəˈliditi/ *n*. [U] —ˈ**val•id•ness** *n*. [U]

☆**valid, cogent, convincing, sound, telling** 均有"有说服力的"之意。**valid** 表示具有法律效力，以客观事实为基础或有效验：The marriage was held to be *valid*.（这一婚姻关系是有效的。）**cogent** 强调论点或论证过程本身无懈可击、有分量，阐述明白易懂，使人心服口服：The arguments are *cogent* enough.（这些论据足以使人信服。）**convincing** 表示能够克服疑虑、消除反对意见、说服他人欣然同意或接受：She is very *convincing*.（她很令人信服。）**sound** 指以确凿论据或严谨的逻辑推理为基础，不是匆忙作出决定，强调没有差错：That's very *sound* advice; you should take it.（那是非常明智的忠告，你应当接受。）**telling** 强调因有针对性或有力而立即产生至关重要的效果，或能点出问题的实质：The most *telling* factor in their defeat was their lack of reliable supplies.（他们战败的一个最重要因素是他们缺乏可靠的供应。）

val•i•date /ˈvæliˌdeit/ *vt*. ❶使生效，使具有法律效力；批准，通过：The parties concerned have to sign the agreement in order to *validate* it. 有关各方应在协议书上签字，才能生效。❷证实，确证；认可：The data was *validated* by computer. 数据被计算机认可了。‖ **val•i•da•tion** /ˌvæliˈdeiʃᵊn/ *n*. [U]

val•ley /ˈvæli/ *n*. [C] ❶山谷，溪谷；低凹处 ❷流域：the Yangtze *valley* 长江流域 ❸低谷，低潮；不景气，萧条时期：peaks and *valleys* in the stock market 股市的大涨时期与低迷时期

val•o(u)r /ˈvæləʳ/ *n*. [U]勇敢，勇武，英勇：Only now do I appreciate the name's weight and *valour*. 只有现在我才体会到这个名字的分量和它所表示的英武之气。‖ ˈ**val•or•ous** *adj*. —ˈ**val•or•ous•ly** *adv*.

val•u•a•ble /ˈvæljuəbᵊl/ *adj*. ❶贵重的，值钱的：As every thread of gold is *valuable*, so is every moment of time. 一寸光阴一寸金。❷珍贵的；重要的；有用的：The by-product is some-

V

times more *valuable* than the product. 副产品有时比产品本身更有价值。

val·u·a·tion /ˌvælju'eiʃᵊn/ *n.* ❶[C;U](尤指专业人员的)估价;估定的价格:An expert was asked to make a *valuation* of the famous painting. 请了一位专家来给这幅名画估价。❷[C]评价;估计:The public has a low *valuation* of the movie. 公众对这部电影的评价不高。

val·ue /'vælju:/ **I** *n.* ❶[U]价值(见 worth):Heat has therapeutic *value*. 热有治病的功能。❷[U]交换价值:Inflation has debased the *value* of the dollar. 通货膨胀使美元贬值。❸[U]等值;等价物:She opened a snack bar, and gave good *value*. 她开了一家快餐馆,她的饭菜货真价实。❹[常作～s]价值观念;社会准则;标准:moral *values* 道德标准 **II** *vt.* ❶给…估价,给…定价;评价:We will *value* it and give you the best price. 我们给它估一估,再给你一个最好的价钱。❷尊重;珍视,重视(见 appreciate):*value* anything good 珍惜一切美好的事物 ‖ **'val·ue·less** *adj.*

valve /vælv/ *n.* [C]【机】(尤指单向)阀;活门

vam·pire /'væmpaiəʳ/ *n.* [C] ❶吸血鬼(传说或迷信中夜间离开坟墓去吸睡眠人的血的尸体) ❷〈喻〉吸血鬼,无情掠夺者,敲诈勒索者

van /væn/ *n.* [C] ❶(有棚的)运货车,箱式运货车:a delivery *van* 送货车 ❷(用以运输、搭载乘客或野营等的)小型厢式卡车

van·dal /'vændᵊl/ *n.* [C]故意毁坏他人(或公共)财物者;故意毁坏文物者:*Vandals* daubed the bridge with slogans in thick yellow paint. 破坏分子用浓重的黄漆在桥上涂满了标语。

van·dal·ism /'vændəˌlizᵊm/ *n.* [U]故意毁坏他人(或公共)财物的行为,故意毁坏文物的行为:a surge of cultural *vandalism* 对文化大肆摧残

van·dal·ize, van·dal·ize /'vændəˌlaiz/ *vt.* 肆意破坏(公共或他人财物):My new Benz was *vandalized* when I got back. 我回来的时候,我的新奔驰车已被人肆意损坏了。

van·guard /'vængɑːd/ *n.* [C] ❶先头部队(或舰队);前卫,尖兵:The peace-keeping *vanguard* arrived in the Gaza Strip yesterday. 担任维和任务的先头部队昨天抵达加沙地带。❷[通常用单][常作 **the** ～](运动、研究等领域的)先驱,先锋,领导者:Radio 3 was in *the vanguard* of the early music revival. 无线三台是早期音乐复兴的领导者。

va·nil·la /və'nilə/ *n.* ❶[C]【植】香子兰,香草 ❷[C]香子兰荚 ❸[U]香子兰香精,香草浸液,香草提取液(用于巧克力、冰激凌等)

van·ish /'væniʃ/ *vi.* ❶消失;突然不见;(尤指鬼鬼祟祟或神秘地)离开:The boy *vanished* on his way home after a game of tennis. 打过网球后,那男孩一溜烟跑回家去。❷结束;消灭:If things did not move on and *vanish*, we should see no beauty anywhere. 如果万物不是继续运动而又消失无遗,我们就哪儿也看不见美了。

☆**vanish, disappear, fade** 均有"消失;消退"之意。**vanish** 表示突然完全而彻底地消失或不再能看见,带有神秘莫测或突然化为乌有的意味,有时也可表示不再存在,可用于具体事物或抽象概念:With a wave of his hand, the magician made the rabbit *vanish*. (魔术师手一挥,把兔子变没了。) **disappear** 为普通用词,常指具体而有形的事物突然地或逐渐地消失、消散或失踪:The plane *disappeared* behind a cloud. (飞机飞入云中不见了。) **fade** 表示逐步地全部或部分消失或褪色,常用于颜色、光泽或声音方面,也经常用其比喻义:These curtains were once bright green but the sun has *faded* them. (这些窗帘一度是鲜绿色的,但现在已经被晒得褪色了。) / The sound of the cheering *faded* (away) in the distance. (欢呼声在远处逐渐消失了。)

van·i·ty /'væniti/ *n.* ❶[U]自负,自大:the *vanity* of that politician 那位政客的自负 ❷[C](某人)感到自负之物 ❸[C]无意义之物;琐碎之物;无价值之物:He believed in the *vanity* of human achievements. 他认为人类的成就是徒劳无功的。❹[U]虚荣(心):The position he found himself in flattered his *vanity*. 找到自己的满意的位置,他的虚荣心得到了满足。

va·por·ize /'veipəˌraiz/ *vt.* 使蒸发;使汽化:A nearby nuclear hit could *vaporize* those devices. 如核打击就发生在附近,这些装置便会随之同归于尽。—*vi.* 蒸发;汽化 ‖ **va·por·i·za·tion** /ˌveipərai'zeiʃᵊn;-ri'z-/ *n.* [U]

va·pour /'veipəʳ/ *n.* ❶[U;C]蒸汽;汽;烟雾:A massive quantity of carbon dioxide and water *vapor* has been put into its atmosphere. 大量的二氧化碳和水蒸气排放到大气中。❷【物】

雾状物 ‖ 'va·pour·a·ble *adj*. —'va·pour·er *n*. [C]

var·i·a·ble /'veəriəb°l/ I *adj*. [无比较级]可变的,易变的,多变的:His temper is *variable*. 他的脾气反复无常。II *n*. ❶[C]易变的事物:the major *variable* in risk assessment 对风险进行评估的主要因素 ❷[C]【数】变量;变量符号:independent *variable* 自变量 ‖ **var·i·a·bil·i·ty** /ˌveəriə'biliti/ *n*. [U] —'**var·i·a·bly** *adv*.

var·i·ance /'veəriəns/ *n*. [U] 不同,差异:the stark *variance* between two versions of the same event 对同一事件截然不同的报道 ‖ ***at variance*** *adj*. (事物之间)不一致,不相符(*with*):What he did was *at variance with* his earlier promises. 他的所作所为与早先的那些许诺不符。

var·i·ant /'veəriənt/ *n*. [C] ❶变体,变形,变异 ❷(词等的)异读(拼);(故事或书的)不同版本:Post-colonial regimes in Africa embraced one *variant* or another of Marxism. 非洲后殖民时期的政权接受的是形形色色的马克思主义。

var·i·a·tion /ˌveəri'eiʃ°n/ *n*. ❶[U]变动,变更:Date of departure is subject to *variation*. 启程日期可能会有变更。❷[C]变化程度;变化量:Sign languages exhibit the same types of *variation* that spoken languages do. 手势语和口头语言一样,也有同种类型的变化。❸[C]变体;变化了的东西:Today, more than 1,000 computer viruses and *variations* are reportedly sweeping through the world. 据报道,目前有1 000多种计算机病毒及其变种正席卷全球。

var·ied /'veərid/ *adj*. 各种各样的,各不相同的:His friendships were extremely *varied*. 他交游甚广,不拘一格。

va·ri·e·ty /və'raiəti/ *n*. ❶[U]变化,多样化:We don't have enough *variety* in our lives. 我们的生活很单调。❷[通常用单]种种;总量:a *variety* of feelings 百感交集 ❸[C]类,种类:Cold and drought tolerant, the new *variety* is adaptable to north China. 这一新品种耐寒耐旱,适合在中国北方生长。

var·i·ous /'veəriəs/ *adj*. [通常作定语] 不同的,各种各样的:All these islands are very beautiful, and distinguished by *various* qualities. 所有这些岛屿都风景秀丽,各有千秋。‖ '**var·i·ous·ly** *adv*. —'**var·i·ous·ness** *n*. [U]

var·nish /'vɑːniʃ/ I *n*. ❶[U;C]清漆,罩光漆,凡立水,釉子:scratch the *varnish* on a desk 刮擦桌上的清漆 ❷[U](人工或天然的)光泽;光泽的表面:The penholder shone with its new *varnish*. 刚买时,笔杆是油光锃亮的。II *vt*. ❶给…上清漆;使变光亮:I decided to spend the weekend *varnishing* my cabin. 我决定这个周末给小木屋上清漆。❷粉饰,文饰,掩饰:It would be unbefitting to *varnish* the facts or withhold the truth. 渲染事实或隐瞒真相都是不妥当的。

var·y /'veəri/ *vt*. ❶使不同;更改,改变:He gives a regular monthly donation to the charities while I *vary* the amount from time to time. 他每月定期定量捐钱给慈善机构,而我则是不定期捐不同数目的钱。❷使有变化;使多样化:The master often *varied* his dog's food to make sure that it was in good health. 狗的主人经常使狗食多样化,以确保它的健康。—*vi*. ❶变化,有所不同:The demand greatly *varies* with the season. 市场需求随季节不同,变化很大。❷偏离,脱离:*vary* from the norm 偏离规范

vase /veis, veiz; vɑːz/ *n*. [C] ❶花瓶:a *vase* of flowers 花瓶 ❷(装饰用的)瓶,瓶饰

va·sec·to·my /və'sektəmi/ *n*. [U;C]【医】输精管切除术

vas·sal /'væs°l/ I *n*. [C] ❶【史】(中世纪的)封臣,陪臣,家臣 ❷仆从;附庸 II *adj*. [作定语]附庸的;臣属的 ‖ '**vas·sal·age** *n*. [U]

vast /væst; vɑːst/ *adj*. ❶广阔的;广大的:There, forests are *vast* and primeval. 那里的原始森林广阔无垠。❷〈口〉巨大的,相当大的,相当多的:They represent a *vast* variety of printmaking techniques. 它们体现了多种形式的版画复制术。‖ '**vast·ness** *n*. [U] —'**vast·ly** *adv*.

VAT /ˌviːei'tiː, væt/ *abbr*. value added tax

vault[1] /vɔːlt/ *n*. [C] ❶拱顶;穹隆:Mayan architects preferred not the arch but the narrow corbeled *vault*. 玛雅的建筑者们不喜欢拱门状的构造,他们选择了突拱。❷(有拱顶的)洞穴;(拱顶)地下室;地窖 ❸穹状覆盖物:the *vault* of heaven 天穹 ❹(银行等的)地下金库,

保险库:*Vaults* are often made of steel. 保险库一般是钢铁制的。❺教堂的地下室;(坟地的)墓穴:Her ashes were interred in the family *vault*. 她的骨灰埋在家族墓地中。‖ ˈ**vault·ed** *adj*.

vault² /vɔːlt/ *vi*. ❶(尤指用手或撑杆)跳,跳跃;腾跃:It *vaulted* into air, taking its course to the east. 它腾空而起,朝东方飞去。❷通过某种成功而超越他人;一举成名:*vault* to fame 一举成名 —*vt*. ❶(尤指用手或撑杆)跳过,跃过:The escaped prisoner *vaulted* the wall and kept running. 逃犯跃过墙,继续往前奔。❷(使)通过某种成功而超越他人;一举成名:Her electrifying gymnastics performance *vaulted* her from obscurity to worldwide renown. 她那令人叹为观止的体操表演使她从无名小卒一跃而成为世界名人。‖ ˈ**vault·er** *n*. [C]

V

VCR *n*. [C]录像机

veal /viːl/ *n*. [U]小牛肉;肉用犊牛:*veal* calf 屠用犊牛

vec·tor /ˈvektəʳ/ *n*. [C]【数】【物】矢量,向量;向量元素

veer /viəʳ/ *vi*. ❶(风等)改变方向:The wind *veered* to the North. 风向转北了。❷(态度、立场、行为等)转变,改变:Their discussion soon *veered* onto the subject of boxing. 他们很快就转到了拳击这个话题。—*vt*. 改变;转变(方向、航向、立场、态度等)

veg·e·ta·ble /ˈvedʒitəbᵊl/ *n*. [C]【植】蔬菜:pickled *vegetables* 腌菜

veg·e·tar·i·an /ˌvedʒiˈteəriən/ **I** *n*. [C]素食者,素食主义者 **II** *adj*. [无比较级] ❶素食的,素食主义的:My family eat a primarily *vegetarian* diet. 我们家主要吃蔬菜。❷(全是)蔬菜的;没有肉类的:a *vegetarian* meal 一顿素餐 ‖ ˌ**veg·eˈtar·i·anˌism** *n*. [U]

veg·e·ta·tion /ˌvedʒiˈteiʃᵊn/ *n*. [U][总称]植物;植被:*vegetation* zones 植被带

ve·he·ment /ˈviːəmᵊnt/ *adj*. ❶充满激情的,热烈的;强烈的,激烈的,猛烈的:When one of his dormant grievances happened to be aroused, he became *vehement* and oratorical. 有人唤醒了他那沉眠的伤心事时,他就会情绪激动,滔滔不绝。❷强有力的,用力的:a *vehement* shake of the head 狠狠地甩了下头 ‖ ˈ**ve·he·mence**, ˈ**ve·he·men·cy** *n*. [U] —ˈ**ve·he·ment·ly** *adv*.

ve·hi·cle /ˈviːikᵊl, ˈviəkᵊl/ *n*. [C] ❶(尤指陆上的)运载工具,交通工具;车辆;机动车:She leaped out just before the *vehicle* burst into flames. 就在车子着火之前,她跳下了车。❷传播媒介;(表达思想感情等的)工具,手段:Air is the *vehicle* of sound. 空气是传播声音的媒介。‖ **ve·hi·cu·lar** /viˈhikjuləʳ/ *adj*.

veil /veil/ *n*. ❶[C]面纱,面罩:put on the white *veil* 戴上白面纱 ❷[C](修女的)头巾;[**the ～**]修女生活 ‖ ***take the veil*** *vi*. 当修女

veiled /veild/ *adj*. ❶蒙上面纱的;有东西遮蔽的:a *veiled* woman 戴面纱的女人 ❷隐藏的;掩饰的;不明言的:a *veiled* suggestion 含蓄的建议

vein /vein/ *n*. [C] ❶【解】静脉;血管,脉:They expected him to pull out a razor blade and slit open a *vein*. 他们以为他会用剃须刀切开血管。❷趋势;气质;风格(见 mood):The old man had a *vein* of stubbornness. 这个老汉性格有点儿倔。‖ **veined** *adj*.

Vel·cro /ˈvelkrəu/ *n*. [U]([复]-**cros**)"维可牢"搭链,尼龙胶带

vel·lum /ˈveləm/ *n*. [U] ❶精制犊皮纸 ❷仿犊皮纸;仿犊皮布

ve·loc·i·ty /viˈlɔsiti/ *n*. [C] ❶【物】(沿一定方向的)速度,速率:Light travels at the highest achievable *velocity* in the universe. 光以在宇宙中能达到的最高速度运行。❷高速,迅速:The *velocity* with which the coup was successfully carried out stunned the world. 这场政变以如此快的速度得手,让世界震惊。

ve·lour(s) /vəˈluə(z)/ *n*. [U]【纺】丝绒,天鹅绒

vel·vet /ˈvelvit/ *n*. [U] ❶【纺】丝绒,平绒,天鹅绒:a dress of blue *velvet* 蓝色天鹅绒的衣服 ❷似丝绒般柔滑的东西

ve·nal /ˈviːnᵊl/ *adj*. ❶(人)腐败的,腐化的,贪赃的:*venal* judges 贪赃枉法的法官 ❷用金钱买得的;用贿赂得到的:*venal* votes 用金钱收买来的选票 ‖ **ve·nal·i·ty** /viːˈnæliti/ *n*. [U]

ven·det·ta /venˈdetə/ *n*. [C](家族间的)世仇,血仇,宿仇

ven·dor /ˈvendəʳ, -dɔːʳ/ *n*. [C] 小贩,摊贩:a news *vendor* 报贩

ve•neer /vi'niəʳ/ *n.* ❶[U]光滑贴面,饰面薄板:a pine *veneer* 松木饰面 ❷[C][通常用单]外表,虚饰(*of*):A *veneer of* self-confidence can not hide his nervousness. 他表面上自信,但掩盖不住内心的紧张。

ve•ne•re•al /və'niəriəl/ *adj.* [无比较级]性交传染的;性病的;染有性病的:*venereal* infections 性病感染

venge•ance /'vendʒᵊns/ *n.* [U] ❶复仇,报复,报仇:He swore *vengeance* for the murder of his son. 他发誓为他儿子的死报仇。❷报复心;报仇欲望:be full of *vengeance* 一心要报仇 ‖ ***with a vengeance** adv.* ❶激烈地,猛烈地:The wind's blowing *with a vengeance.* 风刮得非常猛烈。❷十分卖力地,全力以赴地:set to work *with a vengeance* 加倍努力地干起活来

ven•i•son /'vəːʃən/ *n.* [U]鹿肉

ven•om /'venəm/ *n.* [U] ❶(蛇、蝎子等咬或刺时分泌的)毒液:the *venom* extracted from bees 蜂毒 ❷恶毒;恶意;恶毒的言(行):The woman was still free to go about spreading her *venom.* 这女人还在到处恶毒攻击别人。

ven•om•ous /'venəməs/ *adj.* ❶有毒液的,分泌毒液的;(蛇等)注入(或刺入)毒液的:a *venomous* snake 毒蛇 ❷(人等)恶毒的;恶意的:He was among the most *venomous* of the aristocracy. 他是贵族中最恶毒的一个。

vent /vent/ *n.* [C]❶通风口,通风孔:a *vent* on the roof 房顶上的通风口 ❷(液体的)排放口,出口:a small plug used to stop the *vent* of a cask 堵酒桶口的小塞子

ven•ti•late /'ventiˌleit/ *vt.* ❶使通风,使空气流通:I opened the windows and door to *ventilate* the room. 我打开门窗,把房间通通风。❷把(问题、观点等)公开,公开讨论:We are required not to *ventilate* the financial problems in our company outside the meeting. 公司要求我们会议之外不要公开谈论公司的财政问题。‖ **ven•ti•la•tion** /ˌventi'leiʃᵊn/ *n.* [U] —'**ven•ti•la•tor** *n.* [C]

ven•tral /'ventrᵊl/ *adj.*【解】腹的,腹部的,腹面的

ven•tri•cle /'ventrikᵊl/ *n.* [C]【解】室;心室;脑室 ‖ **ven•tri•cu•lar** /ven'trikjuləʳ/ *adj.*

ven•ture /'ventʃəʳ/ **I** *n.* [C] ❶冒险;冒险的行动;投机活动,商业冒险;(为赢利而投资的)企业:His manufacturing *ventures* were not always successful. 他在制造业上的大胆尝试往往不是一帆风顺的。❷用于冒险投机的东西(如资金、财产等) **II** *vi.* 冒险;冒险行进;冒险行事;大胆行事:*venture* to laugh 贸然一笑 —*vt.* ❶敢于;敢说;敢做;大胆表示:I would *venture* that the landscape of our country alone would justify the use of this lofty adjective. 我敢说,用这个玄妙的词形容我们国家的风景完全合适。❷拿…去冒险;冒…的险:Who would *venture* his life in such a shapeless old cockleshell as that? 有谁敢坐着这种不像样的小破船去玩命呢?

☆**venture, adventure** 均有"冒险"之意。**venture** 表示冒生命危险或有经济损失的风险,既可作名词,也可作动词:He *ventured* his whole fortune on one throw of the dice. (他把全部财产都押在骰子的这一掷上。) **adventure** 为普通用词,多指使人激动、兴奋的活动或事件,强调探索未知事物产生的刺激性、而不是危险性;其复数形式指小说虚构人物充满惊险的生活经历:The network has access to 4 percent of the prime time for *adventure* and mysteries. (那家电台播放的冒险和疑案节目可占去黄金时间的4%。)

ven•ue /'venjuː/ *n.* [C] (行动、事件等的)发生地点,举行场所;会场:an ideal *venue* for international conference 召开国际会议的理想场所

Ve•nus /'viːnəs/ *n.* [C] ❶【罗神】(爱与美的女神)维纳斯 ❷维纳斯像 ❸〈诗〉美女,美人

ve•ran•da(h) /və'rændə/ *n.* [C](房屋侧面有顶的)游廊,走廊;阳台:I sat outside on the *veranda* behind my office. 我坐在办公室后的走廊上。

verb /vəːb/ *n.* [C]【语】动词:an auxiliary *verb* 助动词

ver•bal /'vəːbᵊl/ *adj.* [无比较级] ❶用言词的,用文字的;文字上的(见 oral):This is a *verbal* trick. 这是玩弄字眼儿。❷口头的,非书面的:a *verbal* contract 口头契约 ‖ '**ver•bal•ly** *adv.*

ver•dant /'vəːdᵊnt/ *adj.* 〈书〉❶(草等)绿的,青翠的 ❷(田野等)长满绿草的,绿油油的

ver•dict /'vəːdikt/ *n.* [C] ❶【律】裁定,裁决,决定:It is a *verdict* for the plaintiff. 裁决是原告胜诉。❷判断,定论:pass a final *verdict* on

V

sb. 对某人下定论

verge /vəːdʒ/ I *n*. [C][通常用单] ❶边缘,边沿,边界(见 border):the *verge* of a forest 森林的边缘 ❷(新情况发生的)临界点:bring sb. to the *verge* of beggary 使某人几乎沦为乞丐 II *vi*. ❶[通常不用于进行时]接近,濒于:Your words *verge on* libel. 你的话几乎就是诽谤。❷处于,近于(*on*):His farm *verges on* forests. 他的农场靠近森林。

ver·i·fy /ˈveriˌfai/ *vt*. 证实,证明:A few days later,however,he was able to *verify* that they had been subjected to terrible brutality. 然而,几天后,他证实了他们受到了残暴的对待。‖ **ˈver·iˌfi·a·ble** *adj*. —**ver·i·fi·ca·tion** *n*. [U]

V

ver·i·ta·ble /ˈveritəbᵊl/ *adj*. [作定语]真实的,名副其实的:This Rick was a *veritable* giant of a man. 这个雷克的确是一个巨人。

ver·i·ty /ˈveriti/ *n*. ❶[C]真理,真实的话,真实的陈述:the eternal *verities* 永恒的真理 ❷[U]真实(性):deny the *verity* of sb.'s experiments 否认某人试验的真实性

ver·mil·ion /vəˈmiliən/ I *n*. [U]朱红色,鲜红色 II *adj*. 朱红色的,鲜红色的

ver·min /ˈvəːmin/ *n*. [单复同] ❶害鸟;害兽:The *vermin* must be kept under control. 必须控制住害虫。❷卑鄙的人;害人虫,歹徒:a village infested by *vermin* 经常受歹徒骚扰的村庄 ‖ **ˈver·min·ous** *adj*.

ver·nac·u·lar /vəˈnækjuləʳ/ *n*. [C] ❶本地话,土语,方言:The old man talks in broad *vernacular*. 这位老人方言很重。❷通俗语,白话:He was the first novelist who wrote in the *vernacular*. 他是第一个用白话文写小说的人。

ver·nal /ˈvəːnᵊl/ *adj*. [无比较级][作定语]春天的,春季的:*vernal* equinox 春分

ver·sa·tile /ˈvəːsəˌtail;-til/ *adj*. ❶多才多艺的,有多种才能的:She was *versatile* at writing. 她是写作的多面手。❷(装置等)有多种用途的,有多种功能的:A pickup is *versatile* in function. 轻型货车有多种功能。‖ **ver·sa·til·i·ty** /ˌvəːsəˈtiliti/ *n*. [U]

verse /vəːs/ *n*. ❶[C;U]诗体作品,诗歌;诗句,诗行,歌词:chant *verse* 吟诗 ❷[U]诗体,韵:blank *verse* 无韵诗 ❸[C](诗或韵文的)节,诗节:3 *verses* of a poem 一首诗的三节

ver·sion /ˈvəːʃᵊn/ *n*. [C] ❶(某人的或从某一角度出发的、对一事件的)说法;描述:This is a capsule *version* of the situation. 这是一个情况简介。❷译本,译文:Carner studies in considerable detail the four *versions* of *Madame Butterfly*. 卡纳详细研究了《蝴蝶夫人》的四种译本。❸版本:an updated *version* of a computer program 一个计算机程序的升级版本

ver·sus /ˈvəːsəs/ *prep*. ❶(尤以诉讼或竞赛)对,以…为对手(略作 **v.**, **vs.**):The match is China *versus* America. 比赛是中国队对美国队。❷与…相对,与…相比:There's also something known as risk *versus* benefit. 还存在权衡利弊的问题。

ver·te·bra /ˈvəːtibrə/ *n*. [C]([复] **-brae** /-briː/)【解】脊柱,脊椎;椎骨 ‖ **ˈver·te·bral** *adj*.

ver·te·brate /ˈvəːtibrət,-ˌbreit/【动】I *n*. [C]脊椎动物 II *adj*. 有脊椎的,脊椎动物的;脊椎动物门的

ver·tex /ˈvəːteks/ *n*. [C]([复] **-ti·ces** /-tiˌsiːz/ 或 **-tex·es**) ❶顶点,最高点:the *vertex* of a tower 塔顶 ❷【数】顶,极点:*vertex* angle 顶角

ver·ti·cal /ˈvəːtikᵊl/ *adj*. [无比较级] ❶垂直的,竖的:*vertical* distribution 垂直分布 ❷陡直的;陡峭的:a *vertical* cliff 悬崖峭壁 ‖ **ˈver·ti·cal·ly** *adv*.

verve /vəːv/ *n*. [U](文学作品或艺术品中的)气势;激情;神韵

ve·ry /ˈveri/ [无比较级] I *adv*. ❶很,非常,颇:Great grey clouds filled the sky and it was *very* still. 天空乌云密布,万籁俱寂。❷[后接 own 或形容词最高级]及其;完全;正是:It is the *very* same story we heard last time. 这和我们上次听到的一模一样。II *adj*. [作定语] ❶[通常用于 the, this, his 等后]正是的,恰好的:You are the *very* man I am looking for. 你就是我要找的人。❷完全的;十足的:the *very* joy of life 纯粹的生活之乐 ❸仅仅,只是:The *very* thought of it burnt him like fire. 单单这一想法就令他火烤般难受。

ves·sel /ˈvesᵊl/ *n*. [C] ❶(盛液体的)容器(如桶、瓶、杯等):a drinking *vessel* 饮具 ❷船,舰(尤指大型的):We can accommodate the largest *vessel* in the world in our dock. 我们码头可停泊世界上最大的船。

vest /vest/ *n.* [C] ❶贴身内衣,汗衫:a cotton *vest* 棉内衣 ❷背心,马甲(= waistcoat):life *vest* 救生衣

vested interest *n.* [C] ❶【律】当然利益,既得利益 ❷[常作 **vested interests**][总称]既得利益者

ves·tige /ˈvestidʒ/ *n.* [C] ❶痕迹,迹象(见 trace):A human being still has the *vestige* of a tail. 人仍然有尾巴的痕迹。❷一点儿,些许:There is no *vestige* of hope that the lost watch will be found. 丢失的手表是没有丝毫找到的希望了。‖ **ves·tig·i·al** /veˈstidʒiəl,-dʒᵊl/ *adj.*

vet /vet/ **I** *n.* [C]〈口〉兽医:Do not supplement a pet's diet with vitamins A or D unless your *vet* specifically advises it. 不要随便给宠物的饮食添加维生素 A 或 D,除非兽医特别建议你这么做。**II** *vt.* (**vet·ted**;**vet·ting**) ❶检查,审查(计划、工作、候选人等):The bank *vets* everyone who applies for a loan. 申请贷款的每个人,银行都要审查。❷诊治(动物)

vet·er·an /ˈvetᵊrᵊn/ *n.* [C] ❶老兵,老战士:a disabled *veteran* 残废军人 ❷老手,经验丰富的人:The sea *veteran* has a weather-beaten face. 老水手的脸饱经风霜。

vet·er·i·nar·y /ˈvetəˌrinəri/ *adj.* 兽病的,兽医的:I didn't major in *veterinary* medicine at university. 我在大学里不是兽医专业的。

vex /veks/ *vt.* 使烦恼;使恼火:This issue continued to *vex* the government. 这个问题一直困扰着政府。

VHF, vhf, V. H. F. *abbr.* very high frequency 超高频

vi·a /ˈvaiə/ *prep.* ❶经,由:We have to route the shipment *via* Hong Kong or Japan. 我们必须由香港地区或日本转航发送此货。❷凭借,通过:a virus transmitted *via* physical contact 通过身体接触传染的病毒

vi·a·ble /ˈvaiəbᵊl/ *adj.* ❶(计划等)可行的,可实施的(尤指从经济的角度出发):They felt that the only *viable* weapon they had left was the strike. 他们觉得唯一可用的武器就是罢工。❷有望竞选成功的:a *viable* candidate 有希望当选的候选人 ‖ **vi·aˈbil·i·ty** /ˌvaiəˈbiliti/ *n.* [U]

vi·a·duct /ˈvaiəˌdʌkt/ *n.* [C]高架桥,跨铁路线的桥

vi·brant /ˈvaibrənt/ *adj.* ❶震动的,颤动的:He was *vibrant* with emotion. 他激动得颤抖起来。❷充满生气的,活跃的:Oxford is a *vibrant* centre of cultural activity. 牛津是一个生机盎然的文化活动中心。‖ **ˈvi·bran·cy** *n.* [U] —**ˈvi·brant·ly** *adv.*

vi·brate /vaiˈbreit;ˈvaib-/ *vt.* 使震动,使颤动,使抖动:Seeing a rat, the rattlesnake *vibrated* its tail. 看到田鼠,那响尾蛇的尾巴直颤。—*vi.* 震动,颤动,抖动,震颤:The houses seemed to *vibrate* as the tanks rolled along. 坦克轰然开过时,房子似乎都震动了。

vi·bra·tion /vaiˈbreiʃᵊn/ *n.* ❶[U]震动,颤动,抖动,震颤:the period of *vibration* 振动周期 ❷[C](钟摆的)摆动

vi·bra·to /viˈbrɑːtəu/ *n.* [C]([复]-tos)【音】(演奏或演唱的)颤音;颤音效果

vic·ar /ˈvikəʳ/ *n.* [C](英国国教的)教区牧师,教区教堂主持

vic·ar·age /ˈvikəridʒ/ *n.* [U] ❶教区牧师职位(或职权),教区教堂主持职位 ❷教区牧师住所

vi·car·i·ous /viˈkeəriəs/ *adj.* (凭想象)体验他人感受的;间接感受的,有同感的:*vicarious* pleasure in reading books about travel 阅读游记带来身临其境的乐趣 ‖ **viˈcar·i·ous·ly** *adv.*

vice /vais/ *n.* ❶[C]邪恶行为;道德败坏的行为:As a boy, he had his share of petty *vices*. 孩提时,他也做过一些小小的坏事。❷[U]邪恶,道德败坏,堕落:wretches given over to all mean and filthy *vice* 五毒俱全的恶棍 ❸[C]不良习惯,恶习:indulge in a *vice* 沉迷于某种恶习

vice- /vais/ *comb. form* 表示"副","代替":*vice*-president, *vice*-chairman, *vice*-chancellor

vice-pres·i·dent /vaisˈprezidᵊnt/ *n.* [C] ❶副总统;国家副主席:When the President is ill, his duties devolve upon the *Vice-President*. 当总统生病时,其职务交由副总统代理。❷副校长;副院长;副会长;副总裁 ‖ **vice-ˈpres·i·den·cy** *n.* [U]

vi·ce ver·sa /ˌvaisiˈ vəːsə/ *adv.* 反之亦然,反过来也一样:The virus can be easily transported from computer to floppy disks or *vice versa*. 这种病毒可由计算机向软盘传播,反之

亦然。

vi·cin·i·ty /viˈsiniti/ *n.* [U]邻近地区：Pumping out any more ground water in the city's *vicinity* is now forbidden. 现在禁止开采这个城市周围的地下水。‖ ***in the vicinity*** *adj.* & *adv.* 靠近，接近(*of*)：There isn't a good school in the *vicinity*. 附近没有好学校。

vi·cious /ˈviʃəs/ *adj.* ❶恶毒的，狠毒的：It is *vicious* of her to make such an accusation. 她这么指责人真是恶毒。❷猛烈的，剧烈的：This is a place of *vicious* contrasts — mostly between religion and reality. 这地方充满了令人触目惊心的鲜明对照——主要是在宗教与现实之间。❸恶意的；邪恶的，道德败坏的：He is a *vicious* and heartless snob who has taken her for her money. 他是个行为不端、无情无义的势利小人，和她结婚就为了她的钱。‖ **ˈvi·cious·ly** *adv.* —**ˈvi·cious·ness** *n.* [U]

☆**vicious, infamous, nefarious** 均有“邪恶的；凶恶的”之意。**vicious** 表示怀有恶意，行为凶狠残暴，有面目狰狞、使用破坏性暴力的意味：He gave the dog a *vicious* blow with his stick.（他用手杖恶狠狠地打那只狗。）**infamous** 指由于行径恶劣、无耻而声名狼藉，既可用于人，也可用于事情：Steve's *infamous* for his practical jokes.（史蒂夫以其恶作剧声名狼藉。）**nefarious** 指公然违反确立已久的法律和传统，难以想象的邪恶，常有密谋策划的含义：a *nefarious* scheme（一个恶毒的阴谋）

vic·tim /ˈviktim/ *n.* [C] 牺牲者，受害者；罹难者；罹病者；受骗上当者；牺牲品：The child becomes the real *victim* of the breakdown of a marriage. 孩子成为婚姻解体的真正受害者。

vic·tim·ize /ˈviktiˌmaiz/ *vt.* ❶使受害；使成为牺牲品；使受惩罚（或不公正的待遇等）：It is one of countless ways Americans are said to *victimize* Japanese visitors to the United States. 据说这是美国人骗来美的日本游客的许多伎俩之一。❷诈骗；欺骗 ‖ **vic·tim·i·za·tion** /ˌviktimaiˈzeiʃᵊn/ *n.* [U]

vic·tor /ˈviktəʳ/ *n.* [C]胜利者，获胜者，战胜者：He proved sole *victor* over all the rest. 他把所有的人都打败了。

Vic·to·ri·an /vikˈtɔːriən/ I *adj.* ❶维多利亚女王的，维多利亚女王时代的 ❷有维多利亚时代特点的；过分拘谨的，正经的：The prudery of the *Victorian* critics obscured these poems from the public. 维多利亚时代评论家的假道学使公众无法接触到这些诗。❸(装饰、建筑等)维多利亚式的；维多利亚时代建筑风格的 II *n.* [C]维多利亚时代的人(尤指作家) ‖ **Vicˈto·ri·an·ism** *n.* [U]

vic·to·ry /ˈviktᵊri/ *n.* [U;C]成功，胜利；战胜，获胜：a decisive *victory* 决定性胜利 ‖ **vic·to·ri·ous** /vikˈtɔːriəs/ *adj.*

☆**victory, conquest, triumph** 均有“胜利；战胜”之意。**victory** 指在竞赛、斗争或战争中取得胜利、击败对手：He only managed a narrow *victory* in the election; he won by 23 votes.（他在选举中勉强获胜，只比对手多 23 票。）**conquest** 表示征服，强调不仅战胜对手，还将其置于完全控制之下；也指赢得青睐或博得欢心：She's one of his numerous *conquests*.（她是他众多的爱情俘虏之一。）**triumph** 表示决定性的胜利或巨大的成功，常有因取得辉煌胜利而赢得喝彩或感到洋洋得意的含义：They held a party to celebrate their election *triumph*.（他们设宴庆祝选举胜利。）

vid·e·o /ˈvidiəu/ *n.* ([复]-**os**) ❶[U]视频，视频信号 ❷[C]录像节目：watch a *video* 看录像

video cassette recorder *n.* [C]盒(式磁)带录像机(略作 **VCR**)

vid·e·o·tape /ˈvidiəuˌteip/ *n.* ❶[U]录像磁带 ❷[C]录像带：make a *videotape* of (用录像机)将…录下来

view /vjuː/ I *n.* ❶[U]视野，视阈：The sea was full in my *view*. 大海映入了我的眼帘。❷[C]从某处看见的东西；景色(见 scenery)：He was gazing at the *view* which so much delighted him. 他欣赏着眼前这一派赏心悦目的大好风光。❸[C;U](个人的)观点、态度、判断；(从某一特殊角度的)看法，见解：She did not think it was her nature to take a questioning *view* of life. 她觉得，怀疑生活不是她的本性。II *vt.* ❶看，观看：*Viewing* too much television is harmful to your eyes. 电视看得太多对眼睛有害。❷察看，检视：He was not quite the first American to *view* Western life with disenchantment. 确切地说，他并不是第一个以清醒的头脑观察西方生活的美国人。❸考虑，估量：They tend to *view* liquor as taboo. 他们常常认为酒精是禁忌之物。‖ ***in view of*** *prep.*

考虑到,鉴于,由于:*In view of* our long relations we will stretch a point and grant your request. 鉴于我们的多年关系,我们愿意让步,同意你们的要求。***with a view to prep.*** 为了,以…为目标:We specially agree to your request *with a view to* solidifying our relations. 为了巩固我们之间的关系,我们破例同意贵方的要求。

view·er /ˈvjuːəʳ/ *n.* [C] ❶观看者,观众;电视观众:The film-makers kept the pace fast enough for the *viewer* to overlook most of the plot's absurdities. 制片人保持电影的快节奏,这样观众就看不到情节的许多荒谬之处了。❷观看器;观察镜;取镜器

view·point /ˈvjuːpɔint/ *n.* [C] ❶视点,看得见某种景物的地点 ❷观点,看法:I gave my *viewpoint* that the rich should be taxed heavily. 我提出了我的观点:应该对富人课以重税。

vig·il /ˈvidʒil/ *n.* [U;C](夜间的)看守,警戒,值班:keep *vigil* against the thieves 守夜防盗

vig·i·lant /ˈvidʒilənt / *adj.* 警惕的,警觉的(见 watchful):We will be ever *vigilant* and never vulnerable. 我们始终要保持警惕,永远不给人以可乘之机。‖ **vig·i·lance** /ˈvidʒiləns/ *n.* [U]

vig·i·lan·te /ˌvidʒiˈlænti/ *n.* [C]警戒会(或类似组织)的会员;(非官方的)治安维持会会员 ‖ **ˌvig·iˈlan·tism** *n.* [U]

vig·or /ˈvigəʳ/ *n.* 〈美〉= vigour ‖ **ˈvig·or·less** *adj.*

vig·or·o(u)s /ˈvigərəs/ *adj.* ❶精力充沛的,强壮有活力的:He is a broad healthy figure of a man, rosy and *vigorous*. 他是个魁梧健壮的男子,红光满面,神采奕奕。❷有力的,强劲的:We met *vigorous* opposition to the proposal at the meeting. 会上,我们的提议遭到强烈反对。‖ **ˈvig·or·ous·ly** *adv.*

☆ **vigorous, energetic, strenuous** 均有"精力充沛"之意。**vigorous** 表示身体强健、精力旺盛,强调生气勃勃、富有活力:These tomato plants are very *vigorous*. (这些番茄秧正茁壮地成长。)/ The minister made a *vigorous* defence of the government's policies. (部长为政府的各项政策做了强有力的辩护。) **energetic** 表示有从事紧张、忙碌活动的能力和精力:an *energetic* tennis player (精力旺盛的网球运动员) **strenuous** 常表示在面对需要付出辛劳的艰巨任务、艰苦条件时,能经受考验,保持昂扬斗志,进行不懈努力:a *strenuous* climb (艰难的攀登) /He made *strenuous* attempts to stop her. (他为阻止她作出了极大的努力。)

vig·o(u)r /ˈvigəʳ/ *n.* [U] ❶精力,活力;体力:I bounded along with youthful *vigour*. 我走路像年轻人一样有力。❷气魄,气势,魄力:The general commanded his troops with *vigour*. 将军指挥他的军队很有魄力。‖ **ˈvig·our·less** *adj.*

vile /vail/ *adj.* ❶令人厌恶的:*Vile* dirty words have been painted everywhere inside the elevators. 电梯里到处都写着让人恶心的脏话。❷卑鄙的,可耻的:carry out a *vile* attack 无耻地发动进攻 ‖ **ˈvile·ness** *n.* [U]

vil·la /ˈvilə/ *n.* [C] ❶(有钱人在市郊或乡村的)住所;别墅 ❷〈英〉(住宅区的)独立住宅,半分离住宅

vil·lage /ˈvilidʒ/ *n.* [C] ❶村庄,乡村:The *village* is blanketed by a dense grey fog. 村庄被一层浓浓的灰雾包裹。❷村民,乡村居民:The entire *village* is [are] fighting for freedom. 全村的人都在为自由而战。‖ **ˈvil·lag·er** *n.* [C]

vil·lain /ˈvilən/ *n.* [C] ❶恶棍,流氓:condemn *villain* 谴责坏人 ❷(戏剧等中的)反派角色,反面人物:They are always getting in trouble and teacher says that I am the real *villain* of the piece. 他们老是惹祸,老师说我是真正的祸首。‖ **ˈvil·lain·ous** *adj.*

vin·di·cate /ˈvindiˌkeit/ *vt.* ❶证明…无辜(或清白):His words *vindicated* the young man who had been in prison for two months. 他的供词证明,那在狱中已待了两个月的年轻人是无辜的。❷证明…的正确:My scepticism was *vindicated* by my later findings. 后来我的发现证实了我的怀疑。‖ **vin·di·ca·tion** /ˌvindiˈkeiʃ°n/ *n.* [C; U] —**ˈvin·diˌca·tor** *n.* [C]

vin·dic·tive /vinˈdiktiv/ *adj.* 报复的;报复心强的:He said that they were not a *vindictive* people. 他说他们报复心不强。‖ **vinˈdic·tive·ly** *adv.* —**vinˈdic·tive·ness** *n.* [U]

vine /vain/ *n.* [C] ❶葡萄属植物;葡萄 ❷藤,藤蔓 ❸葡萄藤

vin·e·gar /ˈvinigəʳ/ *n.* [U]醋:The housewife

dilutes tomato ketchup with *vinegar* as an economy measure. 这位家庭妇女为了省钱，用醋稀释番茄酱。‖ ˈ**vin·e·gar·y** *adj*.

vine·yard /ˈvinjɑːd, -jəd/ *n*. [C]（尤指用于酿酒的）葡萄园

vin·tage /ˈvintidʒ/ **I** *n*. [C]特定地方（或年份）制的佳酿：As far as I know, the 1982 *vintage* is one of the best. 据我所知，1982年产的酒是最好的酒之一。**II** *adj*. [作定语] ❶特定地方（或年份）酿制的：a 1978 *vintage* wine 1978年酿造的红葡萄酒 ❷最佳的；最优秀的：a *vintage* year for the theatre in London 伦敦戏剧界全盛之年

vi·nyl /ˈvainil/ *n*. ❶[U]【化】乙烯基；乙烯基塑料 ❷[C]〈俚〉唱片

V

vi·o·la /viˈəulə/ *n*. [C]【音】中提琴（小提琴族的中音乐器，比小提琴大）：play the *viola* 拉中提琴〔亦作 **fiddle**〕‖ **viˈol·ist** *n*. [C]

vi·o·late /ˈvaiəˌleit/ *vt*. ❶违反，违背；违犯：*violate* the rules of collective assent 违反大家一致同意的规则 ❷亵渎，对…不敬：*Violating* a sanctuary is forbidden. 禁止在神圣场所有不敬行为。❸（粗暴地）妨碍，打扰；干涉；侵犯：*violate* the territorial waters 侵犯领海

vi·o·la·tion /ˌvaiəˈleiʃᵊn/ *n*. [U;C]❶违反（行为），违背（行为）；违犯（行为）：You have only had to pay fines of $ 55 for each *violation* of traffic rules. 每次违反交通规则，你只要交55美元的罚金。❷侵犯（行为）；妨碍（行为）：commit a *violation* of dignity 侵犯尊严

vi·o·lence /ˈvaiələns/ *n*. [U] ❶猛烈，剧烈，强烈：I slammed the door with *violence*. 我用力砰地把门关上。❷暴力（行为）；强暴（行为）：acts of *violence* 暴力行为

vi·o·lent /ˈvaiələnt/ *adj*. ❶暴力的，强暴的，狂暴的；暴力引起的：He had naturally *violent* animal spirits. 他生来是个血气旺的人。❷猛烈的，剧烈的，狂烈的，激烈的：It was winter, and the winds were becoming *violent*. 时已冬日，北风日益凛冽。‖ ˈ**vi·o·lent·ly** *adv*.

vi·o·let /ˈvaiələt/ **I** *n*. ❶[C]【植】堇菜；赤莲 ❷[U]紫罗兰色，紫色 **II** *adj*. 紫罗兰色的，紫色的

vi·o·lin /ˌvaiəˈlin/ *n*. [C]【音】小提琴：play the *violin* 拉小提琴〔亦作 **fiddle**〕‖ ˈ**vi·o·lin·ist** *n*. [C]

VIP, V. I. P. *abbr*. very important person 重要人物，大人物：the *VIP* lounge at the airport 机场贵宾候机厅 / They were given the full *VIP* treatment. 他们受到了十分隆重的接待。

vi·per /ˈvaipəʳ/ *n*. [C] ❶【动】蝰蛇；响尾蛇科毒蛇 ❷恶毒的人，阴险的人：He walked into a nest of *vipers* when he joined the new company. 到了那家新公司，他算是进蛇窝了。‖ ˈ**vi·per·ous** *adj*.

vir·gin /ˈvəːdʒin/ **I** *n*. [C] ❶童男，童女 ❷处女：a charming *virgin* 迷人的未婚少女 **II** *adj*. [作定语] ❶处女的，贞洁的：a *virgin* bride 贞洁的新娘 ❷处女般的 ❸未用过的，未开发的：*virgin* land 生荒地（或处女地）❹纯洁的，未被玷污的：*virgin* snow 洁白的雪

vir·gin·i·ty /vəˈdʒiniti/ *n*. [U]处女（或处男）身份；童贞：She lost her *virginity* to Dick that night. 那天晚上她失身于迪克。

vir·ile /ˈvirail/ *adj*. 男性的，男性特征的；精力充沛的：a young and *virile* man 有阳刚之气的年轻男子 ‖ **vi·ril·i·ty** /viˈriliti/ *n*. [U]

vir·tu·al /ˈvəːtjuəl/ *adj*. ❶[作定语]实际上的，事实上的：Procrastination to open the L/C is a *virtual* breach of contract. 拖延开信用证实际上是违反合同。❷【计】虚的，虚拟的：*virtual* memory 虚拟存储器 ‖ ˈ**vir·tu·al·ly** *adj*.

vir·tue /ˈvəːtjuː, -tʃuː/ *n*. ❶[U]高尚的道德；正直的品性；德性：promote *virtue* 提高道德修养 ❷[C;U]美德，德行：I do not consider excessive modesty a great *virtue*. 我并不认为过分谦虚是一大美德。❸[C]优点，长处：All this writer's *virtues* meet in this prose. 在这篇散文中，这位作家的长处发挥到了极致。‖ ***by*** [***in***] ***virtue of*** *prep*. 借助于；由于，因为：Human rights are generally taken to be rights which everyone has *by virtue of* being human. 人们普遍认为人权是每个人都应享有的。

vir·tu·o·so /ˌvəːtjuˈəusəu, -zəu/ *n*. [C]（[复]-**si** /-siː/或-**sos**）（尤指音乐）艺术家，艺术名家 ‖ ˌ**vir·tu·os·i·ty** /-ˈɔsiti/ *n*. [U]

vir·tu·ous /ˈvəːtjuəs/ *adj*. ❶道德高尚的，有德行的：She is as *virtuous* as she is pretty. 她不但容颜美丽，而且品行端正。❷贞洁的；有操守的：Not all of them are *virtuous* and law-abiding. 他们不是都有操守并守法的。‖ ˈ**vir·tu·ous·ly** *adv.* —ˈ**vir·tu·ous·ness** *n.* [U]

vir·u·lent /ˈvirulənt,ˈvirju-/ *adj.* ❶剧毒的；致命的；传染性极强的：The botulin toxin is *virulent*. 肉毒毒素是剧毒。❷恶毒的，有敌意的：*virulent* abuse 恶毒的谩骂 ‖ ˈ**vir·u·lence** *n.* [U]

vi·rus /ˈvairəs/ *n.* [C] ❶【微】病毒：This *virus* ruins the immune system. 这种病毒破坏人体免疫系统。❷(病毒所致的)病毒病；病毒感染 ❸(道德方面的)毒害，有害影响 ❹【计】计算机病毒(＝computer virus)

vi·sa /ˈviːzə/ *n.* [C](护照的)签证：His *visa* expired [ran] out in September. 他的签证 9 月份到期。

vise, vice /vais/ **I** *n.* [C]虎钳 **II** *vt.* 钳住，夹住

vis·i·bil·i·ty /ˌviziˈbiliti/ *n.* ❶[U]可见性：It seems more likely that the apparent *visibility* of a ghost is an hallucination. 光天化日之下看见幽灵，是幻觉的可能性似乎更大。❷[C;U]能见性，能见度，可见度；能见距离：Underwater *visibility*, even with a strong light, is limited to a few feet. 即使光线强，水下能见距离也只有几英尺。

vis·i·ble /ˈvizibᵊl/ *adj.* ❶可看见的，看得见的：This industry, *visible* to our neighbours, began to give us character and credit. 街坊们看到我们工作勤奋，开始看重我们，给我们以好评。❷明显的，易察觉的：a *visible* sign of depravity 明显的堕落的迹象 ‖ ˈ**vis·i·bly** *adv.*

vi·sion /ˈviʒᵊn/ *n.* ❶[U]视力；视觉：The rain running down the panes blurred his *vision*. 雨顺着玻璃淌下，他的视觉模糊了。❷[C]幻觉，幻象，幻想：The very word conjures up *visions*. 单是这个词就使人浮想联翩。❸[U]眼力，眼光；看法：a man of great *vision* 极富眼光的人

vi·sion·ar·y /ˈviʒᵊnəri/ **I** *adj.* ❶幻觉的，幻象的：Jesus appears as the *visionary* teacher. 耶稣在人的幻觉中以启蒙者出现。❷空想的；好想象的；不切实际的：a *visionary* student 好幻想的学生 ❸有眼力的，有预见的 **II** *n.* [C] ❶空想者；好想象的人 ❷有远见的人，有眼力的人

vis·it /ˈvizit/ **I** *vt.* ❶访问，拜访；在…逗留：The writer contemplates *visiting* China in the near future. 这个作家打算近期访问中国。❷参观，游览：I *visited* a few galleries while I was in Paris. 在巴黎的时候，我参观了几个画廊。—*vi.* 参观，游览；访问；逗留；做客：No one came to *visit* this early on a Saturday morning. 星期六早晨这么早没有人来。**II** *n.* [C] ❶访问，参观；游览：That place is worthy of a *visit*. 那地方值得一游。❷逗留：I don't live here; I am only here on a *visit*. 我不住这儿，我只是在这儿待几天。❸探望；拜访：Midnight is an unseemly hour for a casual *visit*. 午夜随便造访不大合适。

vis·it·or /ˈvizitəʳ/ *n.* [C]参观者，游客；来访者，来客：*visitors* from all over the country 来自全国各地的游客

vi·sor /ˈvaizəʳ/ *n.* [C] ❶(头盔上的)面罩，护面(板) ❷帽舌，帽檐 ❸(遮光)眼罩；(汽车挡风玻璃上的)遮阳板〔亦作 **vizor**〕

vis·ta /ˈvistə/ *n.* [C](两排树木间看去的)长条形景色，深景：The view from these mountains is stupendous, a moving *vista*. 从这些山上看去，远处的景色让人惊叹、感动。

vis·u·al /ˈvizjuəl,ˈviʒjuəl/ *adj.* [无比较级]视觉的；视力的：This test was as a basis for judging his *visual* acuity. 根据这个测试可判断他视觉的敏锐程度。‖ ˈ**vis·u·al·ly** *adv.*

vis·u·al·ize /ˈvizjuəˌlaiz,ˈviʒju-/ *vt.* 使形象化，想象：I am having problems *visualizing* the jacket you are looking for. 你在找什么夹克衫，我想象不出来。‖ **vis·u·al·i·za·tion** /ˌvizjuəlaiˈzeiʃᵊn,ˌviʒju-;-liˈz-/ *n.* [U] —ˈ**vis·u·alˌiz·er** *n.* [C]

vi·tal /ˈvaitᵊl/ *adj.* ❶生命的，维持生命所必需的：*vital* processes 生命过程 ❷必不可少的，极其重要的：That is a *vital* point. 那是一个非同小可的问题。❸充满生机的，生气勃勃的：A *vital* literary culture is always on the move. 一个有生机的文学圈总是很活跃的。❹生死攸关的；有关成败的：The man was being done to death, and every hour might be *vital*. 那人的性命危在旦夕，真是千钧一发啊！‖ ˈ**vi·tal·ly** *adv.*

vi·tal·i·ty /vaiˈtæliti/ *n.* [U] ❶生机，活力：inexhaustible *vitality* 无穷的活力 ❷生命力，生存力：Cancer is thought to cripple *vitality*. 人们认为癌症会摧残人的生命。

vit·a·min /ˈvitəmin;ˈvait-/ *n.* [C]【生化】维生素

vi·va·cious /viˈveiʃəs/ *adj.* 活泼的,活跃的,轻快的:Her eyes had remained young and *vivacious.* 她的眼睛非常年轻,炯炯有神。‖ **viˈva·cious·ly** *adv.* —**viˈva·cious·ness** *n.* [U] —**vi·vac·i·ty** /viˈvæsiti/ *n.* [U]

viv·id /ˈvivid/ *adj.* ❶(光、色彩)强烈的,鲜艳的;鲜明的:Warm tones,such as *vivid* reds and golden yellows,dominate. 鲜红色、金黄色这样的暖色调是主体。❷生动的,逼真的;清晰的:She dreamed dreams of him,*vivid*,unforgetable. 她每次梦见他,梦中的形象栩栩如生,令人难忘。‖ **ˈviv·id·ly** *adv.* —**ˈviv·id·ness** *n.* [U]

V

vi·vip·a·rous /viˈvipərəs/ *adj.*【动】胎生的

viv·i·sec·tion /ˌviviˈsekʃᵊn/ *n.* [U]活体解剖 ‖ **ˌviv·iˈsec·tion·al** *adj.*

vix·en /ˈviksᵊn/ *n.* [C] ❶雌狐 ❷恶妇,悍妇 ‖ **ˈvix·en·ish** *adj.*

V-neck /viːˈnek,ˈviːnek/ *n.* [C] V形领,V字领 ‖ **ˈV-necked** *adj.*

vo·cab·u·lar·y /vəˈkæbjuləri/ *n.* ❶[C;U](语言、个人或专业用的)词汇,词汇量:You have such a large *vocabulary* for such a little girl. 你这么小的姑娘竟有如此大的词汇量。❷[C]词汇表

vo·cal /ˈvəukᵊl/ *adj.* [无比较级] ❶嗓音的,用嗓音的;歌唱的:*vocal* tract 声道 ❷畅所欲言的,自由地表达的:That country was pressed by *vocal* nationalists at home to play a role that it was no longer able to sustain. 为国内呼声极高的民族主义者所迫,那个国家扮演了一个它再也无法维持下去的角色。‖ **ˈvo·cal·ly** *adv.*

vocal cords [复] *n.*【解】声带

vo·cal·ist /ˈvəukəlist/ *n.* [C](尤指爵士乐或流行歌曲的)歌唱者,歌唱家;声乐家:a back-up *vocalist* 伴唱歌手

vo·ca·tion /vəˈkeiʃᵊn/ *n.* [C] ❶(从事某项职业或活动的)强烈愿望或冲动:He did not always have a *vocation* for the church. 对于宗教,他并不总是非常向往。❷(尤指需投身其中的)职业,工作:a regular *vocation* 固定职业

vo·ca·tion·al /vəˈkeiʃᵊnᵊl/ *adj.* [无比较级](教育、培训)为职业做准备的;职业的:Higher education means more than *vocational* training. 高等教育不仅仅是职业培训。

vo·cif·er·ous /vəˈsifərəs/ *adj.* ❶大叫大嚷的,喧嚷的:After hearing some of the White House tapes, even Nixon's most *vociferous* supports became disaffected. 听了白宫的录音带以后,甚至高声支持尼克松的人也对他不满了。❷强行表达自己观点的,坚持表达自己观点的 ‖ **voˈcif·er·ous·ly** *adv.*

vod·ka /ˈvɔdkə/ *n.* [U]伏特加(酒)(尤指俄罗斯的用麦酿制的烈性酒)

vogue /vəug/ *n.* [U;C]时尚,流行;流行(或时髦)事物;时髦人物:These styles had a great *vogue* years ago but not now. 这些式样是前几年流行的,现在已过时了。‖ **ˈvogu·ish** *adj.*

voice /vɔis/ **I** *n.* ❶[C;U]说话声,嗓音:He had a loud and clear *voice.* 他的声音清晰洪亮。❷[U]发声能力,语言力:The boy has no *voice* today because of his sore throat. 这个男孩喉咙疼,今天说不出话。❸[C;U]话语的表达;(说出的)观点,意见:You have the determining *voice.* 你的意见是决定性的。❹发言权:Students demanded a real *voice* in running the university. 学生们要求在管理学校时有真正的发言权。**II** *vt.* 说(话),表达,吐露,道出:The book *voiced* the thoughts of the thousands of Americans. 这本书道出了成千上万的美国人的心声。‖ **ˈvoice·less** *adj.*

void /vɔid/ **I** *adj.* [无比较级] ❶空的,空虚的:a *void* space 空间 ❷没有的,缺乏的(*of*):He was cast upon a horrible island, *void of* all hope of recovery. 他陷在一个可怕的荒岛上,没有重见天日的希望。❸【律】(合同、诺言等)无效的,无约束力的:They declared that the race was *void.* 他们宣布比赛无效。**II** *n.* [U]空白,空虚:He found ideal aims suspended in a *void.* 他发现理想的目标悬在空虚之中。‖ **ˈvoid·a·ble** *adj.*

vol. *abbr.* volume

vol·a·tile /ˈvɔləˌtail;-til/ *adj.* ❶易挥发的;挥发性的:Petrol is *volatile.* 汽油易挥发。❷易变的;易激动的;反复无常的;不稳定的:Demographic trends are *volatile* and difficult to predict. 人口统计方面的发展趋势多变,因而难以预见。❸暴躁的,易动粗的,易发火的:a hard-driving workaholic with a *volatile* temper 一个

脾气暴躁、咄咄逼人的工作狂 ‖ **vol·a·til·i·ty** /ˌvɔləˈtiliti/ *n.* [U]

vol·ca·no /vɔlˈkeinəu/ *n.* [C]([复]-**noes**) ❶火山口 ❷火山:The *volcano* burst into eruption. 火山突然喷发了。

vole /vəul/ *n.* [C]【动】田鼠;仓鼠

vo·li·tion /vəˈliʃ°n/ *n.* [U]〈书〉决断,取舍,选择 ‖ ***of one's own volition*** *adv.* 志愿地,主动地:I didn't tell her to go; she went *of her own volition.* 我没有叫她去,是她自己要去的。 ‖ **voˈli·tion·al** *adj.*

vol·ley /ˈvɔli/ **I** *n.* [C] ❶(武器的)齐射,齐发;(石块等的)齐投:A *volley* of stones rained down upon the attacking soldiers. 一阵石头像雨点一样落到进攻的士兵身上。❷(齐射等射出的)子弹;(齐投等投出的)石块 ❸(许多事情的)连发,并发(*of*):For the past six years, the magazine has provided an outlet for a *volley of* comments and opinions. 在过去的六年里,这家杂志连续发表了许多评论和观点。**II** *vt.* ❶(在球落地之前)回球 ❷齐射,齐发 —*vi.* (在球落地之前)回球

vol·ley·ball /ˈvɔliˌbɔːl/ *n.*【体】❶[C]排球 ❷[U]排球运动

volt /vəult/ *n.* [C]【电】伏特,伏

volt·age /ˈvəultidʒ/ *n.* [C;U]【电】电压(量),伏特数,电压值:a high *voltage* 高电压

vol·ume /ˈvɔljuːm/ *n.* ❶[C]册,(书)卷,部:a fat *volume* 厚厚的一册 ❷[U;C]体积;容量,容积:The tank has a *volume* of 400 cubic feet. 水箱的容量是400立方英尺。❸[U]分量,额,量(*of*):the *volume of* business 营业额 ❹[U]音量,声量,(音)响(强)度:turn the *volume* down 将音量开小

vo·lu·mi·nous /vəˈljuːminəs, viˈluː-/ *adj.* 〈书〉❶大部头的,浩繁的,冗长的:The *voluminous* account of his life bores the reader. 关于他一生的长篇记录让读者厌倦。❷容积大的,容量大的 ❸(衣服等)宽松的,宽大的;多褶的:a *voluminous* silk dress 宽松的丝裙 ‖ **voˈlu·mi·nous·ly** *adv.*

vol·un·tar·y /ˈvɔlənt°ri/ *adj.* [无比较级] ❶自愿的,自发的,自动的:It is compulsory and not *voluntary.* 这是必须做的,而不是自愿的。❷义务的,无偿的:*voluntary* work 义工 ❸故意的,有意的:*voluntary* man slaughter 故意杀人 ❹(运动、肌肉、四肢)由意志控制的,随意的:the *voluntary* muscles 随意肌 ❺(犯罪分子的供词)主动的,非强迫而作出的:a *voluntary* confession 自愿供认(或自动招供) ‖ **ˈvol·un·tar·i·ly** *adv.*

☆**voluntary, deliberate, intentional, willful, willing** 均有"出于自愿的"之意。**voluntary** 表示没有外界压力,不受外界影响,采取的行动是自愿的,作出的决定是自由选择的结果:She took *voluntary* redundancy. (她心甘情愿地被裁减。) **deliberate** 表示在充分意识到所采取行动的性质、后果和影响的情况下决定行事:The car crash wasn't an accident; it was a *deliberate* attempt to kill him. (这次撞车并不是什么意外事故,而是有人蓄意要谋害他。) **intentional** 主要用以为达到某一明确目的而采取的行动或打算,完全排除偶然因素起作用的可能性:His exclusion from the meeting was quite *intentional.* (不让他参加会议,这显然是有意如此的。) **willful** 表示完全明白别人反对的理由,但对所有劝告、意见或指令采取拒绝态度而一意孤行:sb.'s *willful* abuse of his children (某人执意打骂孩子) / *willful* blindness to ascertained truth (对确凿的事实视而不见) **willing** 表示在顺从他人意愿、接受他人指示或替他人做事时表现得很热切、很乐意,没有一点不情愿:Are you *willing* to accept responsibility? (你愿意承担责任吗?)

vol·un·teer /ˌvɔlənˈtiə/ **I** *n.* [C] ❶自愿者,自愿参加者:Any *volunteers*? 有自告奋勇的吗? ❷(英国的)志愿军 **II** *vt.* ❶[常接动词不定式]主动,自愿:He *volunteered* to work his way through college. 他自己愿意靠做工读完大学。❷主动说(告诉或交流);自由地说(交流):*volunteer* an explanation 主动作出解释 —*vi.* 主动提供服务;自愿参军,自愿服兵役(*for*):*volunteer for* the army 自愿参军

vom·it /ˈvɔmit/ **I** *vt.* ❶呕吐,吐,呕:He *vomited* up the foul water he had swallowed. 他将吞下去的脏水全部吐出。❷(火山、烟囱等)喷发,喷:The volcano is *vomiting* volumes of black smoke. 火山正在喷出滚滚黑烟。—*vi.* 呕吐,吐,呕:She feels like *vomiting.* 她觉得想呕吐。**II** *n.* [U]呕吐物:She breaks her ankle slipping in a pool of *vomit* on the ill-lit stairs. 她在灯光昏暗楼梯里的一摊呕吐物上滑了一

下，脚踝扭了。

vo·ra·cious /vəˈreiʃəs/ *adj.* ❶贪吃的，贪婪的：He had the most *voracious* appetite! 他真贪吃！❷急切的，如饥似渴的：The British are the most *voracious* newspaper readers in the world. 英国人是全世界最爱读报的。‖ **voˈra·cious·ly** *adv.* —**vo·rac·i·ty** /vəˈræsiti/ *n.* [U]

vor·tex /ˈvɔːteks/ *n.* [C]（[复]-**tex·es**或-**ti·ces** /-tiˌsiːz/）旋风；旋涡：a *vortex* flow 涡流

vote /vəut/ **I** *n.* ❶[C]投票；表决；选举：lose the farmers' *vote* 失去农场主的选票 ❷[**the** ～]投票权；表决权；选举权：They are not interested in getting *the vote*. 他们对获得选举权不感兴趣。❸[U]表决结果；投票结果：The *vote* was for the proposal. 表决结果是赞成这项提议。❹[通常用单]（某团体）得票（选票）的总数：At least, they secured the largest *vote* in Moscow. 至少在莫斯科他们的选票是最多的。❺[C]票，选票：Dukakis steamrollered over Jackson by almost a 3-to-1 *vote*. 杜卡基斯几乎以3比1的选票击溃了杰克逊。**II** *v.* 投票通过，投票实行（或决定、赞成等）：The party was *voted* into office. 该党派选举后开始掌权。‖ ***a vote of thanks*** *n.* 要求大家表示感谢的讲话（尤指请大家鼓掌）：propose *a vote of thanks* 提议鼓掌致谢 ‖ **ˈvot·er** *n.* [C]

vouch /vautʃ/ *vi.* （为…）担保；保证，证明（*for*）：*vouch for* the accuracy of the information 保证消息的准确性

vouch·er /ˈvautʃəʳ/ *n.* [C] ❶（代替现金的）票券，代金券：This *voucher* is valid within two months. 这张代金券两个月内有效。❷证件，证书；收据，凭单 ❸担保人，保证人，证明人

vow /vau/ **I** *n.* [C] ❶【宗】（向上帝等神灵的）誓，誓约，誓言：*Vows* of love flew from their lips. 两人信誓旦旦，情意绵绵。❷忠诚的誓言：lovers' *vows* 爱人的誓言 **II** *vt.* ❶立誓给予；起誓做，发誓履行：If I do *vow* a friendship, I'll perform it to the last article. 要是我发誓帮助一个朋友，我一定会帮到底。❷〈古〉庄严宣告，宣布 —*vi.* 许愿，发誓：At the end of that expedition, she *vowed* never to return. 那次探险末期，她发誓永远不再踏上这片土地。‖ ***take vows*** *vi.* 发愿当修士（或修女）

vow·el /ˈvauᵊl/ *n.* [C]【语】❶元音 ❷元音字母

voy·age /ˈvɔiidʒ/ *n.* [C]航海；航空；旅行；航行（见 journey）：set out upon a *voyage* 开始航行 ‖ **ˈvoy·ag·er** *n.* [C]

v. t. *abbr.* verb transitive (transitive verb) 及物动词

vul·can·ize /ˈvʌlkəˌnaiz/ *vt.* 硫化，往…加硫，硬化 ‖ **vul·can·i·za·tion** /ˌvʌlkənaiˈzeiʃᵊn; -niˈz-/ *n.* [U]

vul·gar /ˈvʌlgəʳ/ *adj.* ❶粗俗的，不雅的：They were seen as *vulgar*, money-grubbing upstarts. 他们被看成是俗不可耐、唯利是图的暴发户。❷猥亵的；下流的：a *vulgar* gesture 下流的动作 ‖ **ˈvul·gar·ly** *adv.*

vul·ner·a·ble /ˈvʌlnᵊrəbəl/ *adj.* ❶易受伤的，易受伤害的：This made them all the more *vulnerable* to the diseases brought by the Europeans. 这使他们更加容易受到欧洲人带来的疾病的侵袭。❷易受武力攻击的；易受到批评的（*to*）：Thomas was made particularly *vulnerable to* attacks on his character. 托马斯的为人特别容易受到别人的指责。‖ **vul·ner·a·bil·i·ty** /ˌvʌlnᵊrəˈbiliti/ *n.* [U] —**ˈvul·ner·a·ble·ness** *n.* [U] —**ˈvul·ner·a·bly** *adv.*

vul·ture /ˈvʌltʃəʳ/ *n.* [C] ❶【鸟】秃鹫；美洲鹫：He has all the patience of a *vulture*. 他有着秃鹫般全部的耐心。❷贪得无厌者，劫掠者 ‖ **ˈvul·tur·ous** *adj.*

W w

W, w /ˈdʌblju:/ *n.* [C]([复]**Ws, ws** 或 **W's, w's** /-lju:z/) 英语字母表中第二十三个字母

W *abbr.* ❶ watt ❷ west ❸ western

wack·y /ˈwæki/ *adj.* 〈俚〉❶新奇的,稀奇的;古怪的,怪异的: Financial markets turned downright *wacky* in May. 5月份的金融市场变得古怪莫测。❷愚蠢的;无聊的: a *wacky* clown 笨手笨脚的小丑 ❸有点疯狂的,神经兮兮的:Her son is a bit *wacky*, and he always has some strange ideas. 他的儿子有点儿神经兮兮的,总是满脑子的怪念头。〔亦作 **whacky**〕‖ ˈ**wack·i·ly** *adv.* —ˈ**wack·i·ness** *n.* [U]

wad /wɔd/ *n.* [C] ❶(软)填料;(软)衬料;填絮:Before swimming, Tony put *wads* of cotton in his ears to keep out the water. 托尼在游泳之前用棉花团塞住耳朵以防里面进水。❷一大沓钞票: I added a few bills to the *wad*. 我在那叠钞票上又加了几张。❸(尤指钱)大量,许多:*wads* of money 大笔的钱 / a big *wad* of leisure time 大把的空闲时间

wad·dle /ˈwɔdᵊl/ *vi.* (如鸭、鹅一般)摇摇晃晃地走,蹒跚而行: The geese *waddled* across the bridge one by one. 那群鹅摇摇摆摆一只接一只地过了桥。

wade /weid/ *vi.* ❶蹚水,涉水: They managed to *wade* across the muddy river. 他们设法蹚过了那条泥沙河。❷(在泥地、雪地或沙地中)费力行走,跋涉: Daniel *waded* through the ruins alone. 丹尼尔独自一人艰难地穿过了那片废墟。‖ ***wade through*** *vt.* & *vi.* 吃力地做完(或读完);艰难地完成: I tried to *wade through* the long report but failed. 我想硬着头皮把那份长篇报告看完,可没能办到。

wad·i /ˈwɔdi, ˈwɑ:di/ *n.* [C](中东、北非等地仅在雨季有水的)干河床,干河谷

wa·fer /ˈweifəʳ/ *n.* [C] ❶(通常和冰激凌一起吃的)华夫饼干,威化饼干,甜薄酥饼,甜薄脆饼 ❷圣饼(指圣餐用的未发酵的薄圆面包片) ❸晶片,薄片,圆片 ‖ ˈ**wa·fer·like** *adj.*

W

waf·fle¹ /ˈwɔfᵊl, ˈwɑ:fᵊl/ *n.* [C]〈美〉蛋奶烘饼,华夫饼,威化饼

waf·fle² /ˈwɔfᵊl, ˈwɑ:fᵊl/ *vi.* ❶〈英口〉胡扯,胡言乱语:I asked her a question but she just kept *waffling* on and on. 我只问他一个问题,他却唠叨个没完没了。❷含糊其词,回避,推诿:He seemed likely to *waffle* on these crucial issues. 他似乎要在这些重大问题上和稀泥。‖ ˈ**waf·fler** *n.*

waft /wɔft, wɑ:ft/ *vt.* 使(轻轻地)随风(或水)漂荡;使飘荡,使漂浮:A sudden gust of wind *wafted* the documents off the shelf. 一阵风把书架上的文件吹掉了。—*vi.* 随风飘荡;顺水漂浮:The flute sound *wafted* on the breeze. 那笛声随风飘荡。

wag /wæg/ (**wagged; wag·ging**) *v.* (来回往复地)摇摆,摇动,摆动,晃动: The dogs were *wagging* their tails there. 几只狗在那儿来回地摇着尾巴。

wage /weidʒ/ **I** *n.* [U;C][常作~s] ❶(尤指体力劳动者或非技术工人的)工钱,工资,薪水: I mean the real *wages* have declined. 我是说实际工资的购买力下降了。❷[常作~s][用作单]报酬,酬劳;报答,报应(见 pay): The *wages* of honesty is trust. 对诚实的奖赏是信任。**II** *vt.* 进行,从事,开展: There's still much we can do to *wage* the fight. 要开展这项斗争,我们还是有很多事情要做的。

wag·gle /ˈwægᵊl/ *vt.* (来回或上下往复地)摇动,摇摆:Can you *waggle* your ears? 你会摇耳朵吗?

wag·(g)on /ˈwægᵊn/ *n.* [C] ❶四轮运货马车(或牛车等);(载客的)大篷马车;轻便马车: a *covered wagon* 大篷马车❷〈口〉客货两用轿车,旅行轿车;小型客车;四轮(厢式)货车:a blue station *wagon* 一辆蓝色的旅行轿车

waif /weif/ *n.* [C]〈书〉❶无家可归者;流浪儿:He's just like a street *waif*. 他看上去就像是个街头的流浪儿。❷迷路的动物,无主动物

wail /weil/ **I** *vi.* ❶〈时贬〉号啕,恸哭:She *wailed* over her son's remains. 她对着儿子的遗体号啕大哭。❷(风等号啕般地)呼啸:The wind began to *wail*. 风开始飒飒悲号。—*vt.*〈古〉〈诗〉哭着哀悼;〈古〉哀号着诉说:"Tommy's beating me, dad!" she *wailed*. "爸爸,汤米打我!"她尖声哭叫道。**II** *n.* [C] ❶号啕大哭(声),恸哭(声);(尖厉的)哭叫(声):She laughed, in a sort of crazy *wail* like a bird. 她大笑起来,那笑声仿佛鸟儿某种疯狂的尖利鸣叫。❷(似号啕痛哭的)呼啸(声):the *wail* of the police sirens 警笛的尖啸声 ‖ ˈ**wail·er** *n.* [C]

W

waist /weist/ *n.* [C] ❶腰,腰部;腰围:She has a 25-inch *waist* 她的腰围是25英寸。❷(衣服的)腰身(或腰以上)部分;背心;〈美〉紧身胸衣;儿童内衣:She was fitting the skirt to her *waist*. 她试着裙子的腰身。

waist·band /ˈweistˌbænd/ *n.* [C]腰带,裤带,裙带:He had his pistol tucked into the *waistband* of his trousers and walked out. 他把手枪往裤腰带里一别就走了出去。

waist·coat /ˈweistˌkəut, ˈweskət/ *n.* [C]〈英〉西装背心,马甲〔亦作 **vest**〕

waist·line /ˈweistˌlain/ *n.* [C] ❶腰围;腰身部分:You have to go on a diet to reduce your bulging *waistline*. 你得节食减肥才能缩小日渐扩大的腰围。❷(衣服上的)腰围线

wait /weit/ **I** *vi.* ❶等,等待,等候:You keep us *waiting* for ages! 你让我们等死了!❷已备好,在手边,可得,可用(*for*):My bicycle *waited for* you there. 我的自行车放在那儿,你随时可用。❸[不用进行时态]耽搁,搁置;推迟,延缓:This can *wait*. 这事不急。❹期待,盼望(*for*):He was always there *waiting for* the girl to show up again. 他总是在那儿盼着那位姑娘的再次出现。—*vt.* 等待,期待(时机等);等候,听候(命令等):You have to *wait* your turn. 你得等着轮到你。**II** *n.* [C]等待(的时间),等候(的时间):You will probably have a long *wait* for the bus. 你们等车很可能要等很长时间。‖ ***wait on*** *vt.* & *vi.* ❶给(顾客)提供食品;接待(顾客等):She *waits on* guests at a bar. 她在酒吧里当女招待。❷侍候,服侍:While I was sick, my sister *waited on* me day and night. 我生病期间,姐姐日夜不断地照顾我。***wait up*** *vi.* 熬夜等待,不睡觉等候:I'm afraid I have to go now, my parents must be *waiting up* for me at home. 我恐怕得走了,我父母肯定在家没睡觉等着我呢。

☆**wait, await, expect** 均有"等待;期待"之意。**wait** 和 **await** 都可用以表示期待某人来临或某事发生,强调活动过程。**wait** 为普通用词,通常作不及物动词用,后跟介词 for:A: Why are you standing there? B: I'm *waiting* for John. (甲:你站在那里干什么? 乙:我在等约翰。) **await** 为书面用词,作及物动词用:We have *awaited* your coming for days. (我们等你来等了几天了。) **expect** 表示有信心、有把握地等待或期待某事发生或某人来临,强调心理状态,带有热切盼望的意味:I'm *expecting* guests. (我在等客人。)

wait·er /ˈweitəʳ/ *n.* [C]男侍者,男招待,男服务员:He is not the head *waiter*. 他并不是侍者领班。

waiting list *n.* [C]等候者名单:put sb. on the *waiting list* for a wage increase 把某人的名字列入等待加薪者的名单

waiting room *n.* [C]等候室,等待室;候车(或船、机)室;候诊室

wait·ress /ˈweitris/ *n.* [C]女侍者,女招待,女服务员

waive /weiv/ *vt.* 〈书〉不再坚持,放弃(权利、机会或要求等);不再要求执行(规定):Have you *waived* all claim to the money? 你不再坚持要这笔钱了吗?

waiv·er /ˈweivəʳ/ *n.* [C]【律】❶弃权 ❷弃权书:sign a *waiver* 在弃权书上签字

wake[1] /weik/ **I**(过去式 **woke** /wəuk/ 或 **waked**;过去分词 **wok·en** /ˈwəukᵊn/ 或 **waked**) *vi.* ❶醒(来)(*up*);醒着:He looked as though he would never *wake*. 他看上去好像总也睡不醒似的。❷意识到,认识到;警觉起来(*to*):She hasn't *woken to* the hypocrisy of her finance yet. 她还没有看出她未婚夫的虚伪。—*vt.* ❶使醒来,唤醒,弄醒(*up*):Sunlight on his face *woke* him. 阳光照在他脸上，把他弄醒了。❷引起，唤起，激起；使认识到，使意识到，使察觉到(*up*)：He needs someone to *wake* him *up*. 他需要人激励。**II** *n*. [C]守候(状态)；(葬礼前的)守夜，守灵：hold *wakes* that go on for days 一连数天地守灵

wake² /weik/ *n*. [C] ❶(航行船只尾部的)尾波，尾流；航迹；(飞机等的)尾流：The *wake* spread out in a V-shape behind our ship. 那尾波呈V形在我们的船后扩散开来。❷行踪；痕迹；路线：The cargo left clouds of dust in its *wake*. 那辆马车一路飞奔，扬起阵阵尘土。‖ ***in the wake of*** *prep*. 尾随；紧跟…而来，在…之后；作为…的结果：There was a great deal of hunger and disease *in the wake of* the war. 战争过后，饥饿和疾病接踵而来。

wak·en /ˈweikᵊn/ *vi*. ❶醒来，睡醒(*up*)(见 stir)：I *wakened* (*up*) very late this morning. 今天早上我醒得很迟。❷觉醒；振奋 —*vt*. ❶弄醒，唤醒(*up*)：During the night I was *wakened* by a loud noise. 夜里我被一阵嘈杂的响声吵醒。❷激起，引起；使觉醒，使振奋：The report *wakened* the reader's sympathy for the orphan. 这篇报道激起了读者对那个孤儿的同情。

walk /wɔːk/ **I** *vi*. 行走，步行；散步，漫步；(四足动物)慢步走；(物体)移动，前行(见 go)：Shall we *walk* home? 我们走回家去，好吗？—*vt*. ❶沿着…行走；在…上行走；走过，走遍：We *walked* the streets all night looking for you. 整整一夜，为了找你我们走遍了大街小巷。❷陪…走；护送…走：Can you *walk* me home? 你能陪我回家吗？**II** *n*. ❶[C]行走，步行；散步，漫步：A *walk* might do you good. 散散步或许会对你有好处。❷[C]行走速度，步速；行走姿态：He slowed the old horse to a *walk*. 他让那匹老马慢慢行走。❸[U;C]步行路程，步行距离：My office is only ten minutes' *walk* from my house. 我的办公室离家只有10分钟路程。❹[C](理想的)散步场所，散步路线；人行道，人行小径：Do you know any nice *walk* around here? 你知道附近有哪些散步的好去处吗？‖ ***walk out on*** *vt*. 遗弃；抛弃；摒弃：He *walked out on* his family. 他抛弃了自己的家庭。

walk·ie-talk·ie /ˈwɔːkiˌtɔːki/ *n*. [C]〈口〉步话机，对讲机

walking stick *n*. [C] 手杖

walk-on /ˈwɔːkˌɔn,-ˌɔːn/ *n*. [C]龙套角色

walk-o·ver /ˈwɔːkəuvəʳ/ *n*. [C] ❶走过场的比赛 ❷轻易取得的胜利

wall /wɔːl/ *n*. [C] ❶墙，墙壁；围墙；城墙：The Great *Wall* was faced and topped with stone. 长城用石头铺面、盖顶。❷外表似墙的事物；屏障；壁垒；隔阂：The rocks presented a high impenetrable *wall*. 耸立的岩壁好像一道不可逾越的高墙。‖ **wall·ed** *adj*.

wal·la·by /ˈwɔləbi/ *n*. [C]([复]**-bies** 或**-by**)【动】沙袋鼠

wal·let /ˈwɔlit/ *n*. [C](放钱币或证件等物的)钱包，皮夹子：He found his black leather *wallet* gone. 他发现他的黑皮夹子丢了。

wal·lop /ˈwɔləp/ *vt*. ❶痛击，猛击；袭击：The hurricane *walloped* the whole island last night. 昨晚飓风袭击了整个岛屿。❷(在比赛中)轻取，彻底打败：She *walloped* me at badminton. 羽毛球赛中她把我打得惨败。

wal·low /ˈwɔləu/ *vi*. ❶(动物在泥、沙、水中)打滚：Little pigs like *wallowing* in the mud. 小猪崽喜欢在烂泥里打滚。❷〈喻〉沉溺；深陷(*in*)：*wallow in* self-pity 顾影自怜

wall·pa·per /ˈwɔːlˌpeipəʳ/ **I** *n*. [C;U]墙纸，壁纸：flowery *wallpaper* 花墙纸 **II** *vt*. 糊墙纸于：*wallpaper* a room 给房间贴墙纸

wall-to-wall /ˌwɔːltəˈwɔːl/ *adj*. [无比较级] ❶(地毯)铺满的：a *wall-to-wall* carpet 铺满整个地板的地毯 ❷大量的；满场的；到处都有的；包容一切的：*wall-to-wall* dancing 满场舞蹈

wal·nut /ˈwɔːlˌnʌt,-nət/ *n*. ❶[C]胡桃(果)；【植】胡桃树；胡桃属植物 ❷[U]胡桃木：a cabinet made of *walnut* 胡桃木柜子

wal·rus /ˈwɔːlrəs,ˈwɔl-/ *n*. [C]([复]**-rus**(**·es**))【动】海象

waltz /wɔːls,wɔːlts,wɑːlts/ **I** *n*. [C] ❶华尔兹舞 ❷华尔兹舞曲，圆舞曲：Strauss *waltzes* 施特劳斯的圆舞曲 **II** *vi*. ❶跳华尔兹舞：I can't *waltz*. 我不会跳华尔兹。❷〈口〉轻快前进；顺利通过：The little girl *waltzed* into the room. 小姑娘脚步轻快地走进房间。—*vt*. 与…跳华尔兹舞；(像跳华尔兹一样)轻快地引领(某人)：Do you know the gentleman *waltzing* her round the room? 你认识那个带着她满屋子跳华尔兹的先生吗？‖ ˈ**waltz·er** *n*. [C]

wan /wɔn/ *adj.* 面色苍白的;形容倦怠的;满面愁容的:She gave me a *wan* smile. 她对我惨然一笑。

wand /wɔnd,wɑːnd/ *n.* [C] ❶(魔术师等的)魔杖:a magic *wand* 魔杖 ❷(表示官职的)权杖,权标

wan·der /ˈwɔndəʳ/ *vi.* ❶漫游;漫步,闲逛;徘徊:The cows were *wandering* down the lane. 奶牛沿着小路慢悠悠地走着。❷(思想等)走神,开小差,胡思乱想;(神志)错乱,恍惚;(谈话等)离题,东拉西扯;(行为等)背离正道,走邪路:Why is your mind so often inclined to *wander* in class? 为什么你上课总爱走神呢? ❸(尤指人)迷路,走失;偏离正道;离家,流浪:Some of the kids have *wandered* away. 有些孩子走失了。—*vt.* 在…漫游(或徘徊、漫步、闲逛):Don't *wander* the streets after school! 放学后别在街上东游西荡! ‖ ˈ**wan·der·er** *n.* [C]

☆**wander, ramble, roam, rove, stray** 均有"漫游;徘徊"之意。**wander** 为普通用词,指缓慢平稳地行走,常有悠闲、无明确目的或路线的含意,也可用于人的思想或水的流动:Look at that little boy *wandering* about — perhaps he's lost his mother. (看那个徘徊的小家伙,也许他与他母亲走失了。) **ramble** 指身心放松、信步闲逛,常有因漫不经心、不注意路线而走到了不应该去的地方的意味。有时也可表示毫无目的地漫谈:We went *rambling* through the park every weekend. (每个周末我们都去公园逛逛。) / The speaker *rambled* on without ever coming to the point. (演讲者东拉西扯,没有谈到点子上。) **roam** 表示在较大范围内自由自在、愉快地漫游。有时带有一定的目的或目标:The lovers *roamed* across the fields in complete forgetfulness of the time. (那对恋人在田野上漫步,完全忘掉了时间。) **rove** 常指充满活力,并带着明确目的从一个地方走到另一个地方。用于爱情时,有朝三暮四的意味:Armed brigands *roved* over the countryside. (武装土匪在乡下横行霸道。) **stray** 强调偏离正常路线或迷路:constantly *stray* from the main point of the talk (总是偏离谈话的主题)

wane /wein/ **I** *vi.* ❶减少,缩小;衰退,衰落;减弱;消逝:The chance for large profits was *waning.* 赚大钱的可能性越来越小了。❷退潮;(月亮)亏缺 **II** *n.* [C] ❶减少,缩小;衰退,衰落;减弱;消逝 ❷衰退期;尾声 ‖ ***on the wane*** *adj.* & *adv.* ❶(月)亏:The moon is now *on the wane.* 现在正值月亏。❷日益衰落,逐渐败落:The autumn is *on the wane.* 秋天即将逝去。

wan·gle /ˈwæŋgᵊl/ *vt.* 〈口〉用诡计获得,要手腕弄到,骗到:*I wangled* a ticket out of him. 我想法从他那里骗到了一张票。 ‖ ˈ**wan·gler** *n.* [C]

wan·na·be(e) /ˈwɔnəbi/ *n.* [C]〈口〉狂热仰慕名流者,追星族;盲目崇拜的人;想成为…的人:rock star *wannabes* 摇滚明星的崇拜者

want /wɔnt,wɔːnt/ **I** *vt.* ❶[不用进行时态]想要;要;希望:Do you *want* a drink? 想喝一杯吗? ❷[常用被动语态]想见;想要(某人)到场:You are not *wanted* this evening. 你们今天晚上就不用来了。❸[不用进行时态]〈主英口〉需要,该要:The reading room *wants* a new coat of paint. 阅览室需要重新油漆一遍。—*vi.* 需要,想要;缺乏,缺少(*for*):We don't *want for* anything. 我们什么也不缺。**II** *n.* ❶[常作～s]需求,必需品:daily *wants* 日用必需品 ❷[U]需要,愿望,渴望(*of*):I feel the *want* of a baby. 我想要个孩子。 ‖ ˈ**want·er** *n.* [C]

want·ing /ˈwɔntiŋ,ˈwɔːnt-/ *adj.* [无比较级][作表语] ❶〈书〉(数量)不足的,不够的,缺少的;不具备的,没有的:A letter is *wanting* here. 这儿缺一个字母。❷〈书〉(质量)不合格的,不符合要求的;不令人满意的:In my eyes, her behaviour was obviously *wanting* in curtesy. 在我看来,她的举动显然是不够礼貌的。

wan·ton /ˈwɔntᵊn,ˈwɔːn-/ *adj.* ❶是非不分的;不负责任的;不人道的,残忍的:*wanton* cruelty 残忍的暴行 ❷胡乱的,无理由的,无端的:*wanton* bombing 狂轰滥炸 ❸〈书〉淫乱的,放荡的;色情的:*wanton* words 淫词秽语 / *wanton* glances 挑逗的目光 ‖ ˈ**wan·ton·ly** *adv.* —ˈ**wan·ton·ness** *n.* [U]

war /wɔːʳ/ *n.* [U;C] ❶战争;战争状态;战争时期:We had a bad time during the *war.* 战时我们过着艰苦的日子。❷斗争;较量,竞争;敌对,对抗,冲突:a trade *war* 贸易战

ward /wɔːd/ **I** *n.* [C] ❶行政区;选区;(英国英格兰北部和苏格兰的相当于百户的)分区 ❷病房,病室;看护室,监护室;(养老院等的)收容

室:an isolation *ward* 隔离病室 ❸被监护人,受保护人(指由法院或父母指定监护人保护的未成年人或精神病人等):The orphan was made a *ward* of her uncle. 这个孤儿由她的叔叔监护。**II** *vi.* 避开,挡开,避免(*off*):*ward off* a blow 挡开一击 —*vt.* 避开,挡开,避免

ward·en /ˈwɔːdᵊn/ *n.* [C] ❶保管人;看护人;管理人 ❷〈美〉监狱长,看守长 ❸[常用以构成复合词]监督人;监管人;监护人;监察:traffic *wardens* 交通管理员

ward·robe /ˈwɔːdˌrəub/ *n.* ❶[U](个人的)全部服装,所有衣服;(某个季节穿的或某种活动用的)全套服装;(剧团或电影公司的)全部戏(服)装,所有行头:Who is in charge of the *wardrobe*? 戏装是由谁负责的? ❷[C](可移动或固定于墙壁上的)衣柜,衣橱;藏衣室;(剧场的)戏装室:a built-in *wardrobe* 壁橱 ❸[C]衣服保管库;服装部

ware /weəʳ/ *n.* [C;U] ❶[常作~s]商品,货物:a pedlar's *wares* 商贩的货物 ❷[总称][用以构成复合词]物品,器皿:china *ware* 瓷器

ware·house /ˈweəˌhaus/ *n.* [C]([复]**-hous·es** /-ˌhauziz/) 仓库,货栈

war·fare /ˈwɔːˌfeəʳ/ *n.* [U] 战争(状态);交战,作战:nuclear *warfare* 核战争

war·like /ˈwɔːˌlaik/ *adj.* ❶好战的,尚武的:a *warlike* tribe 尚武的部落 ❷有战争危险的,有战争预兆的;有敌意的,敌对的;要打斗的(见 martial):These boys were extremely *warlike*. 这些男孩子极其好斗。❸战争的;军事的:*warlike* preparations 备战

warm /wɔːm/ **I** *adj.* ❶温暖的,暖和的;(使人)感到暖和的(见 hot):Are you *warm* enough? 你觉得够暖和吗? ❷(人或动物等身体)(感到)热的:be *warm* from a fever 因发烧而感觉热 ❸(衣物等)保暖的:a *warm* winter coat 暖和的冬大衣 ❹有感情的,有爱意的;亲切的;友好的,友爱的:a *warm* relationship 友爱的关系❺热情的;热烈的;热心的;诚挚的,真心的(见 tender):Please accept our *warmest* congratulations. 请接受我们最热烈的祝贺。**II** *vt.* ❶使温暖,使暖和;使变热:The suns of March and April *warmed* the ground. 三四月份的阳光晒得大地回暖变热。❷使变热,加热:She was *warming* her baby's milk. 她正在给孩子温牛奶。—*vi.* 变温暖,变暖和;变热;取暖:The porridge is *warming* in the pot. 粥正在锅里热着。‖ **warm up** *vi.* (运动员等)热身,做赛前准备活动;(表演者)做演前准备练习:Let's sing a song to *warm up* first. 我们先唱支歌练练声吧。‖ ˈ**warm·er** *n.* [C] —ˈ**warm·ish** *adj.* —ˈ**warm·ly** *adv.* —ˈ**warm·ness** *n.* [U]

warm-blood·ed /ˌwɔːmˈblʌdid/ *adj.* [无比较级](动物)温血的,恒温的 ‖ ˌ**warm-ˈblood·ed·ness** *n.* [U]

warm-heart·ed, **warm·heart·ed** /ˌwɔːmˈhɑːtid/ *adj.* 热心的;慈爱的,富于同情心的;友好的 ‖ ˌ**warmˈheart·ed·ly** *adv.* —ˌ**warmˈheart·ed·ness** *n.* [U]

war·mon·ger /ˈwɔːˌmʌŋgəʳ,-ˌmɔŋ-/ *n.* [C]战争贩子 ‖ ˈ**warˌmon·ger·ing** *adj.*

warmth /wɔːmθ/ *n.* [U] ❶温暖,暖和:The light and *warmth* were gone. 天色暗了下来,同时也带来了凉意。❷热情;热烈;激动:His manner lacks a certain *warmth*. 他的态度缺少一种热情。❸友好;关心,关怀:the *warmth* of affection 爱的温暖

warm-up /ˈwɔːmʌp/ *n.* ❶[U](发动机等机器的)预热 ❷[C](赛前的)准备活动,热身活动;(演出前的)准备练习:The swimmers are having a *warm-up* before the game. 游泳者正做赛前准备运动。

warn /wɔːn/ *vt.* ❶警告,告诫;提醒(*of*, *against*):I did *warn* you *of* possible risk. 对于可能存在的风险,我是警告过你的。❷建议,告诫(*to*):I *warn* you not *to* take such chances. 我建议您不要冒这样的险。❸告诫(某人)离开;告诫(某人)不得靠近(*away*, *off*):The farmer *warned* the hunters *off* his property. 农场主告诫狩猎者们不得靠近他的领地。—*vi.* 告诫;发出警告,发出预告:signs *warning* of fog 雾警

warn·ing /ˈwɔːniŋ/ *n.* [U;C] ❶警告;告诫;警报:attack the enemy without *warning* 不宣而战❷预告,预报;预兆,前兆:The pain in her arms and hands began without *warning*. 她的双臂和双手突然开始疼痛。

warp /wɔːp/ **I** *vt.* ❶使(因受热或受潮而)变形;使歪斜;使弯曲;使翘:The storm *warped* those willow-trees. 暴风雨袭弯了那些柳树。❷〈喻〉使(心灵等)扭曲;使反常,使乖戾:A moralistic training *warps* the thinking process.

充满道德说教的训练会扭曲人的思维方式。—*vi.* ❶(尤指木材等因受热或受潮而)变形，歪斜；弯曲；翘：This wooden door *warps* easily in damp condition. 这种木头门在潮湿的环境下很容易变形。❷(性格等)变得反常，被扭曲；(言行等)被曲解 **II** *n.* ❶[C]变形，歪斜；弯曲；翘：There's a *warp* in this record. 这张唱片有点变形。❷[C](性格等的)乖戾，反常；扭曲心理；反常心理；偏见：the *warp* in sb.'s nature 某人性格中的乖戾 ❸[用单]【纺】经，经纱

war·path /ˈwɔːˌpɑːθ;-ˌpæθ/ *n.* [C](美洲印第安人的)远征 ‖ ***on the warpath*** *adj.* 〈口〉暴跳如雷的，怒不可遏的：It's her mother who is *on the warpath* this time. 这次可是她妈妈暴跳如雷了。

W

war·rant /ˈwɔrᵊnt,ˈwɔː-/ **I** *n.* ❶[C]【律】令状；授权令；逮捕令；搜查令：a *warrant* of attachment 财产扣押令 ❷[U]授权；批准；认可；担保，保证；证明：You have no *warrant* for signing this new contract. 你们无权签这份新的合同。❸[C]准许证，许可证；委任书；委托书；证书：a *warrant* of attorney 给律师的委托书 **II** *vt.* 〈书〉证明…有理，成为…的根据；应该受到；必须要：Nothing can *warrant* such insolence. 这种蛮横无理是无可辩解的。

war·ran·ty /ˈwɔrᵊnti,ˈwɔː-/ *n.* ❶[U](对所售或所租物品的质量或所有权等有法律约束的)承诺，保证，担保：This *warranty* is no sales gimmick. 这种承诺不是什么商业促销的噱头。❷[C](有关商品质量的)保证书，担保书；保(修或用)单：a *warranty* of quality for the goods 商品质量保证书

war·ren /ˈwɔrᵊn,ˈwɔː-/ *n.* [C] ❶养兔场；养兔场的(所有)兔子 ❷(如兔子窝一般拥挤而易迷失的)拥挤住处(住地)；狭窄居住区：They live on a great concrete *warren* of a housing estate. 他们住在一个像大兔子窝般的住宅区里。

war·ri·or /ˈwɔriəʳ,ˈwɔː-/ *n.* [C]〈书〉武士，勇士；(老)战士；(原始部落等的)斗士

war·ship /ˈwɔːˌʃip/ *n.* [C]军舰，舰艇

wart /wɔːt/ *n.* [C] ❶【医】疣，肉赘 ❷【植】树瘤 ‖ ˈ**wart·y** *adj.*

wart hog *n.* [C]【动】疣猪

war·time /ˈwɔːˌtaim/ *n.* [U]战时

war·y /ˈweəri/ *adj.* ❶警觉的，警惕的；小心翼翼的，非常谨慎的：We were *wary* in our movements. 我们的行动非常谨慎小心。❷[常作表语]提防…的，谨防…的；怀疑…的；害怕…的(*of*, *about*)：I'm very *wary about* believing these rumours. 我不敢相信这些谣言。‖ ˈ**war·i·ly** *adv.* —ˈ**war·i·ness** *n.* [U]

was /wɔz,wʌz,弱 wəz/ *v.* be 的单数第一、第三人称过去式

wash /wɔʃ,wɔːʃ/ **I** *vt.* ❶洗涤，洗刷；洗去，洗掉(*from*, *off*, *away*)：*Wash* the dishes! 把盘子刷了！❷〈喻〉洗刷：*wash* one's soul *from* sins 洗刷掉心灵的罪恶 ❸(波浪等)冲击，拍打：The waves *washed* our boat gently. 波浪轻轻地拍打着我们的小船。❹(流水等)冲走；冲掉；冲出：We were *washed* overboard by a huge wave. 我们被一个大浪卷进海中。—*vi.* ❶清洗，洗涤；洗脸；洗手；洗澡；洗衣：She *washed* for a living. 她靠洗衣为生。❷(污迹等)被洗掉，被洗去；〈喻〉洗刷掉：His guilty *washed* away. 他的罪恶感(被冲刷)消失了。❸〈主书〉(波涛等)冲击，拍打；溅泼；漂流；流过(*over*, *along*)：Huge waves *washed over* the deck. 大浪溅泼在甲板上。❹(衣料或染料等)耐洗，经洗：This new fabric does *wash* well. 这种新面料确实很耐洗。❺冲走；冲掉；冲出：The bridge *washed* away during the storm. 暴风雨中桥(被冲)坍塌了。**II** *n.* ❶[通常用单]洗，洗涤；冲洗；洗澡，沐浴：Those curtains need a good *wash*. 这些窗帘要好好地洗一洗。❷[**the** ~]要洗(或洗好)的衣物；洗衣店；洗东西处：I did a full day's *wash* yesterday. 我昨天洗了一天的衣服。❸[用单](水的)拍击，撞击；(水等的)奔流，汹涌：the *wash* of waves 阵阵涛声 ‖ ***wash one's hands of*** *vt.* 洗手不干(某事)，不再过问(某事)；对(某事)不再负责：He *washed his hands of* the problem. 他对该问题不再过问了。***wash out*** *v.* 被洗涤；洗掉：Don't worry about the stain on your coat; it will easily *wash out*. 别为你衣服上的污迹发愁，那很容易洗掉。***wash up*** *vi.* 洗手洗脸：*wash up* before dinner 饭前洗手 —*vt.* 洗；洗掉，洗去：*wash up* dinner things 洗餐具

wash·a·ble /ˈwɔʃəbᵊl,ˈwɔːʃ-/ *adj.* 可洗的，能洗的；耐洗的 ‖ **wash·a·bil·i·ty** /ˌwɔʃəˈbiliti,ˌwɔːʃ-/ *n.* [U]

washed-out /ˈwɔʃtˌaut,ˈwɔːʃt-/ *adj.* [无比较级] ❶洗得褪色的，洗得发白的：a *washed-out* jacket 洗得发白的夹克衫 ❷〈口〉没精神的，无

生气的;筋疲力尽的:You seem all *washed-out*, what's the matter? 你看起来一点精神都没有,怎么回事?

wash·er /ˈwɔʃəʳ, ˈwɔːʃ-/ *n.* [C] ❶洗衣人 ❷洗衣机;洗涤器 ❸【机】垫圈

wash·ing /ˈwɔʃiŋ, ˈwɔːʃ-/ *n.* [U] ❶(清)洗,洗涤;洗衣;冲洗:Doing the *washing* is such a bore! 洗衣服真烦人! ❷待洗(或已洗)的衣物:Peg out the *washing*. 用木夹把洗好的衣服夹在晒衣绳上。

washing machine *n.* [C]洗衣机

wash·room /ˈwɔʃˌrum, ˈwɔːʃ-/ *n.* [C]盥洗室,厕所

was·n't /ˈwɔznt, ˈwʌznt/ =was not

wasp /wɔsp, wɔːsp/ *n.* [C]【昆】黄蜂,马蜂;胡蜂

wast·age /ˈweistidʒ/ *n.* [U] ❶浪费(量);损耗(量):cut down on *wastage* 降低损耗 ❷废物,废料

waste /weist/ **I** *vt.* ❶浪费;滥用;未能充分利用:Turn that tap off. Don't *waste* water. 把那个水龙头关掉,不要浪费水! ❷错过,失去(机会等):*waste* a golden opportunity 错失良机 ❸销蚀;耗损;折磨;使消瘦;使虚弱,使衰弱;使耗尽精力:The long illness *wasted* his strength. 久病使他变得气虚力衰。—*vi.* 变消瘦;变虚弱,变衰弱;变得筋疲力尽:He *wasted* away to a skeleton. 他消瘦得成了皮包骨头。**II** *n.* ❶[U;C][作可数名词时通常用单]浪费,滥用;挥霍:Betting is a complete *waste* of money. 打赌完全是糟蹋钱财。❷[U;C]一大片废弃的地区;一片荒凉(或空旷);[常作~s]荒地;荒原;处女地:We travelled through treeless *wastes*. 我们穿过了没有树木的荒地。❸[U]废(弃)物,废料:industrial *waste* 工业废料 ❹[U]垃圾;污水排泄物:kitchen *waste* 厨房垃圾 **III** *adj.* [无比较级][通常作定语] ❶(土地)未开垦的;荒芜的,无人烟的;荒凉的;成为废墟的:*waste* ground 荒地 ❷废的;丢弃的;被浪费的;多余的,过剩的,不再有用的:*waste* material 废料 ❸用以排放废物的,盛放废物的:a *waste* container 废物箱 ‖ ***go to waste*** *vi.* 被浪费,白费:It's a pity to see all the time *going to waste*. 眼看着这所有时光都虚掷了,真可惜。

wast·ed /ˈweistid/ *adj.* [无比较级] ❶浪费掉的,滥用掉的;无用的;未能利用的,错过的:*Wasted* hours destroy your life. 浪费时间无异于浪费生命。❷衰弱的;消瘦的;筋疲力尽的:At the sight of her pale face and *wasted* figure, he shed a few tears himself. 他一见她那苍白的面孔和瘦削的身子,不免也掉了几滴眼泪。❸〈俚〉喝醉了的;(吸毒后)迷幻的,神思恍惚的:I really feel *wasted*. 我真的觉得喝醉了。

waste·ful /ˈweistfᵊl/ *adj.* 浪费的,滥用的;挥霍的;耗费的:It's very *wasteful* (of electricity) to have so many lights on at once. 一下子开这么多灯太费电了。‖ **ˈwaste·ful·ly** *adv.* —**ˈwaste·ful·ness** *n.* [U]

waste·land /ˈweistˌlænd, -lᵊnd/ *n.* [C] ❶荒地,荒原;不毛之地;未垦地;沙漠;废墟:reclaim a rural *wasteland* 开垦乡间的荒地 ❷〈喻〉贫乏,单调;(精神、文化上的)荒漠:Their relationship had become an emotional *wasteland*. 他们的关系已成为一片感情荒漠。

waste·pa·per /ˈweistˌpeipəʳ/ *n.* [U]废纸

watch /wɔtʃ, wɔːtʃ/ **I** *vt.* ❶注意,关注;照看;看护,守护;监视(见 see):*Watch* your health, dad. 注意身体,爸爸。❷(专注地)观看;注视(见 see):Do you let the child *watch* a lot of television? 你让孩子多看电视吗? ❸守候;等候,等待:*watch* one's opportunity 等待时机 ❹守卫,保卫;看守,看管:The building was *watched* by the armed guards. 那幢楼由持枪的卫兵们把守着。—*vi.* ❶注视;观看;观察:He sat there *watching*, but said nothing. 他坐在那儿看着,但什么话也没有说。❷守护,看护;守卫,保卫;看守,看管;监视:There are several policemen *watching* outside the restaurant. 有几个警察在餐馆外面监视着。❸注意,当心,留神:*Watch* when you play with that gun. 你玩枪的时候要当心! ❹等待;等候;守候 **II** *n.* ❶[C]手表;挂表;计时装置:I forgot to put my *watch* forward. 我忘了把表拨快。❷[常用单]观察;注视;注意;监视;守护;守卫:They would keep a close *watch* over the machines and quickly fix any glitches. 他们会密切监视这些机器的运转情况并迅速修理出现的小故障。‖ ***keep watch for*** *vt.* 守候,等候;提防,警惕:Mum asked me to *keep a watch for* the baby-sitter. 妈妈要我注意等着那个临时保姆。***watch over*** *vt.* 看守;照管;监视:The dog *watches over* his master's house. 这条狗为它的主人看家护院。‖ **ˈwatch·er** *n.* [C]

watch·dog /ˈwɔtʃˌdɔg, ˈw/ *n.* [C] ❶看门狗，看家犬：His *watchdog* is rather fierce towards us. 他的看家狗对我们很凶。❷〈喻〉维护者，护卫者：a *watchdog* of public morals 社会公德的捍卫者

watch·ful /ˈwɔtʃfᵘl, ˈw/ *adj.* 警惕的，警觉的；提防的，戒备的；注意的，留意的：*He is watchful* of his health. 他很注意自己的健康。

☆**watchful**, **alert**, **vigilant**, **wide awake** 均有"警惕的，警觉的"之意。**watchful** 为普通用词，表示留心观察并做好准备，以便及时防止危险或抓住时机：She was *watchful* for any signs in the empty house.（她警惕地注视着这幢空房子是否有任何活动的迹象。）**alert** 指时刻处于戒备状态，敏锐察觉变化，强调遇到情况（尤其是危险或威胁）能迅速做出反应、采取行动：They were both *alert* to the dangers in the grim business.（他俩对生意上的危险非常敏感。）**vigilant** 表示保持高度警惕，严密注视任何危险或危害，带有迫切需要加以警惕的意味：The police said the public should remain *vigilant*.（警方说公众应常保持警惕。）**wide awake** 表示头脑清醒，了解或熟悉周围环境情况，随时准备抓住机遇，以图发展，较少用于防范危险：*a wide awake* young salesman（有商业头脑的年轻推销员）

wa·ter /ˈwɔːtəʳ, ˈwɔ-/ **I** *n.* ❶[U]（天然的）水；自来水；水源，供水：cut off the *water* 断水 ❷[～s][用作单]（矿）泉水：The local people drank the *waters* for rheumatism. 当地人喝矿泉水治风湿病。❸[C；U][作可数名词通常用复数]大片的水；（江、海、湖、池等）水体，水域：fishing *waters* 捕鱼水域❹[常作～s]（某国所属的）海域，领海：in home *waters* 在本国领海内 **II** *vt.* ❶用水喷洒，给…洒水（浇水）；浸湿，浇透；灌溉：*water* the roses 给玫瑰浇水❷给…供水；给…加水；给…喂水：The horses had been fed and *watered*. 已经给马喂过料饮过水了。—*vi.* 流泪；淌口水：That cold wind has made my eyes *water*. 冷风吹得我的眼睛流泪。‖ ***keep one's head above water*** *vi.* 未举债、未陷入困境等：I'm managing to *keep my head above water*, though I'm not earning much. 我尽管收入不多，却能设法不欠债。

water buffalo *n.* [C]【动】水牛

water closet *n.* [C] 盥洗室，卫生间（略作 WC）

wa·ter-col·o(u)r /ˈwɔːtəˌkʌləʳ, ˈwɔ-/ *n.* ❶[U；C][常用复]水彩（颜料）：a painting done in *water-colour* 水彩画❷[U]水彩画技法 ❸[C]水彩画：Do you like *watercolours*? 你喜欢水彩画吗？

wa·ter·course /ˈwɔːtəˌkɔːs, ˈwɔ-/ *n.* [C]水道；河道；沟渠

water cress *n.* [U]❶【植】水田芥 ❷（用以做色拉或装饰菜的）水田芥叶

wa·ter·fall /ˈwɔːtəˌfɔːl, ˈwɔ-/ *n.* [C]（天然或人工）瀑布

wa·ter·fowl /ˈwɔːtəˌfaul, ˈwɔ-/ *n.* [C]（[复] **-fowl(s)**）水禽，水鸟

wa·ter·front /ˈwɔːtəfrʌnt, ˈwɔ-/ *n.* [C]（城市中的）滨水区；码头区

water hole *n.* [C]【地质】（干涸河床上的）水坑，水池，（沙漠里的）水泉，（冰层表面的）水洞

water lily *n.* [C]【植】睡莲

water-line /ˈwɔːtəˌlain, ˈwɔ-/ *n.* [C]【海】水平线，吃水线

wa·ter-logged /ˈwɔːtəˌlɔgd, ˈwɔ-/ *adj.* [无比较级] ❶（木材等）吸足水的，浸透水的；（土地）被水浸的，受涝的，被淹的：The field was *water-logged* and the match had to be postponed. 球场被淹了，比赛只好推迟。❷（船等）进水满舱的；进水失控的：a *water-logged* ship 进水满舱的船

wa·ter·mark /ˈwɔːtəˌmɑːk, ˈwɔ-/ *n.* [C] ❶【印】透明水印：the *watermark* on [in] the banknote 纸币上的水印 ❷水位标记：a record high *watermark* 历史上的最高水位

wa·ter·mel·on /ˈwɔːtəˌmelᵊn, ˈwɔ-/ *n.* [C；U]【植】西瓜

water polo *n.* [U]【体】水球（运动）

wa·ter·proof /ˈwɔːtəˌpruːf, ˈwɔ-/ *adj.* [无比较级]防水的，防潮（湿）的，不透水的；不怕水的，耐水的：*waterproof* trousers 防水裤 ‖ **ˈwa·terˌproof·ing** *n.* [U]

wa·ter·shed /ˈwɔːtəˌʃed, ˈwɔ-/ *n.* [C] ❶流域：the *watershed* of the Yellow River 黄河流域 ❷（河流、海洋或流域等的）分水岭，分水线，分水界 ❸〈喻〉转折点；重要关头；决定性因素：It marked an important *watershed* in the poet's short life. 它标志着诗人短暂一生中的一个重要转折。

wa·ter·side /ˈwɔːtəˌsaid, ˈwɔ-/ *n.* [C][常用单]河边;湖畔;海滨:on the *waterside* 在水边

wa·ter-ski /ˈwɔːtəˌskiː, ˈwɔ-/ **I** *n.* [C]([复]-ski(s))(由快艇拖曳的)(滑)水橇〔亦作 **ski**〕**II** *vi.* (-ski'd 或-skied) 作水橇滑水 ‖ ˈ**wa·ter-ski·er** *n.* [C] —ˈ**wa·ter-ski·ing** *n.* [U]

water table *n.* [C]地下水位

wa·ter·tight /ˈwɔːtəˌtait, ˈwɔ-/ *adj.* [无比较级] ❶防水的,不透水的,水密的:*watertight* joints 不漏水的接头❷(论点、计划等)严密的,无懈可击的;完美的,天衣无缝的:The book is a *watertight* piece of economic analysis. 这本书对经济活动做了严密的分析。

water tower *n.* [C](自来)水塔;(救火用的)高喷水塔

wa·ter·way /ˈwɔːtəˌwei, ˈwɔ-/ *n.* [C]水路,航道:a *waterway* to the heart of the continent 通往大陆中心的航道

wa·ter·y /ˈwɔːtᵊri, ˈwɔ-/ *adj.* ❶[无比较级]水的;含水的;由水组成的:*watery* soil 泥泞的土地 ❷水分过多的:*watery* residence 水乡 ❸(浓度)太稀薄的,像水的:a *watery* liquid 稀薄的液体❹(色、光等)浅淡的:a *watery* smile 浅笑

watt /wɔt/ *n.* [C]【电】瓦(特)(功率单位,略作 **W** 或 **w**):25-*watt* light bulbs 25 瓦的灯泡

wave /weiv/ **I** *n.* [C] ❶波浪,波涛:The ship floated like a bird on the *waves.* 那条船就像一只鸟儿一样漂浮在浪尖上。❷(手或物的)挥动;摇动;晃动:He punctuated his remarks with violent *waves* of his arm. 他讲话时不时地用力挥挥手臂。❸鬈;波状运动,起伏:the natural *waves* in Brenda's hair 布兰达自然卷的头发 ❹〈喻〉浪潮;(活动等的)高潮;(人群等的)潮涌,涌动;(情绪等的)突发,高涨;(影响等的)激增:the *wave* of immigration 移民浪潮 **II** *vi.* ❶飘动;摆动,摇晃;起伏,波动:Her hair *waved* in the breeze. 她的头发在微风中飘扬。❷挥手(或物)致意(或示意、指挥等):Mary *waved* until her husband was out of sight. 玛丽朝着丈夫挥手,直到他的身影消失为止。—*vt.* ❶使摇晃;使波动;使飘动:The elder boy *waved* his fist in her face. 那个大一点的男孩子在她眼前晃了晃拳头。❷向…挥手(或挥物)示意(或致意、指挥);挥手(或挥物)表示:They *waved* good-bye in the rain. 他们在雨中挥手告别。

☆**wave, billow, breaker, ripple, roller** 均有"波;波浪"之意。**wave** 为普通用词,意指海洋或其他水域表面的隆起或起伏:The *waves* crashed against the rocks. (海浪冲击着岩石。) **billow** 意同 wave,为诗歌用词,强调浪峰高:An angry *billow* almost swallowed the ship. (愤怒的浪涛几乎将船只吞没。) **breaker** 指在海岸或岩石上溅开而变成一片白沫的碎浪或浪花:Foaming *breakers* lashed the rocks. (泡沫般的浪花冲刷着岩石。) **ripple** 指由微风吹拂或物体落水在水面荡起的涟漪:The light wind caused *ripples* to appear on the pool. (微风拂过,池面泛起一阵涟漪。) **roller** 指从风暴中心向海岸翻滚而来的不规则长浪:The great Atlantic *rollers* surged in. (大西洋的巨浪滚滚而来。)

wave·length /ˈweivˌleŋᵏθ/ *n.* [C]【无】波长:effective *wavelength* 有效波长 ‖ ***on the same wavelength*** *adj.* 相互协调;有相同观点(或兴趣):We seldom found ourselves on the same *wavelength.* 我们很难发现自己是琴瑟和谐的。

wa·ver /ˈweivəʳ/ *vi.* ❶摇摆;摇晃:He *wavered* back and forth as he laughed. 他笑得前仰后合。❷(火焰等)摇曳;(光等)闪动,闪烁:The flame *wavered* in the draught. 火苗在风口摇曳不定。❸动摇;踌躇;犹豫不决,摇摆不定:Did your courage *waver* just now? 刚才你的勇气动摇了吗?

wav·y /ˈweivi/ *adj.* ❶起浪的;多浪的,波涛汹涌的:a *wavy* sea 波涛汹涌的大海 ❷波动的,晃动的;动摇的,不稳的 ❸波状的,有波纹的;波浪式的;卷的:a *wavy* line 波浪线

wax¹ /wæks/ **I** *n.* [U] ❶蜂蜡(=beeswax):Bees make honey and *wax.* 蜜蜂产蜂蜜和蜂蜡。❷(用以生产蜡制品、上光剂或闭合剂等的)蜂蜡提纯物;(从其他物质中提炼出的)人造蜡;蜡状物:sealing *wax* 封蜡 ❸耳垢,耳屎;(某些动植物的)蜡状分泌物:*wax* in the ears 耳屎 **II** *vt.* 给(地板等)上蜡(或打蜡):Have you *waxed* my boots? 你给我的靴子上蜡了吗?

wax² /wæks/ *vi.* (过去式 **waxed**;过去分词 **waxed** 或〈古〉**wax·en** /ˈwæksn/) ❶增加;增强;变大:The wealth of the nation *waxed.* 该国的财力大增。❷【天】(月亮)渐圆,渐满

way /wei/ *n.* ❶[C](达到目的的)方法,手段;

方式；途径；样式：I do like the *way* you've had your hair done. 我真喜欢你头发做成这种样式。❷[C]风俗，习惯；作风，风度：It has not been our *way* of doing things. 这不是我们一贯的作风。❸[C]（某个）方面；（某一）点：We can certainly help you in many *ways*. 毫无疑问，我们能在许多方面给你帮助。❹[C]方向；方位：Which *way* is the Summer Palace? 颐和园在哪个方向？❺[用单]出口；出路；通道：This gate is the only *way* out of the yard. 这个大门是这个院子的唯一出口。❻[常作～s]路途；（一段）路程，距离：Your birthday is still a long *way* off. 你的生日还早着哩。❼[英用单；美用复]（尤指最好的）路线，路径；（道）路；（大）道：I'm sorry that your office is out of my *way*. 很抱歉，我不路过你的办公室。‖ ***by the way*** *adv.* 〈口〉顺便说说，顺便提一下：*By the way*, did you know that they have already divorced? 顺便问一下，你知道他们已经离婚了吗？***give way*** *vi.* ❶让路；让位；让步；后退；屈服(*to*)：We can't *give way to* student demands like that! 我们不能那样迁就学生的要求！❷倒塌；塌陷；（身体）垮下来：The thin ice will surely *give way* under so many skaters. 这么多人溜冰，薄薄的冰层肯定会塌陷的。***go out of one's* [*the*] *way*** *vi.* 特意地；尽力地，不怕麻烦地；主动地：She *went out of her way* to help us. 她是特意来帮我们的。***have a way with*** *vt.* 善于处理，有能力对付：He *has a way with* children. 他应付孩子们很有一套。***in a way* [*in one way*, *in some ways*]** *adv.* 在某一点上；在某些方面；在某种程度上；有几分：*In a way*, this statement is true. 这个说法在某种程度上是对的。***in the way*** *adv.* 挡路；碍事：Don't stand *in the way*. 不要挡住路。***lead the way*** *vi.* ❶引路，领头；示范：Let her *lead the way* to the classroom. 让她领着到教室去吧。❷领先：In fashion she has always *led the way*. 她总是最赶时髦的。***no way*** *int.* 〈口〉[用以表示强烈反对或断然拒绝]不行！不可能！：A：Can I have another chocolate? B：*No way*. 甲：我再吃一块巧克力好吧？乙：没门儿！***under way*** *adj.* ❶（船）在航行中，（车）已开动：When does the train get *under way*? 火车什么时候开？❷在进行中，在进展中：Plans for the year 2008 are *under way*. 2008年的计划正在制订。

☆**way**, **pass**, **path**, **road**, **track** 均有"道路；路径"之意。**way** 为最普通用词，词义和使用范围也最广，泛指途径、通道、线路或方向。考虑某一特定或具体的道路时，一般不用该词：A man asked me the *way* to Tower Bridge.（一位男士问去塔桥的路。）**pass** 尤指崇山峻岭中或两山之间的窄路：A *pass* crosses the mountains.（小路在山间蔓延。）**path** 表示人们在穿过森林或翻山越岭时所走出来的长而窄的土路：We followed a muddy *path* through the forest.（我们在森林里走了一条泥泞的小路。）该词也可指人们在花园、公园或大路旁边铺建的水泥或石子小路：He went up the *path* to his front door.（他走上通往他家前门的小径。）**road** 为普通用词，词义也很广，表示城市或乡村中可供车辆通行的任何道路，既可用于土路或煤渣路，也可用于现代化的高速公路：There's a car outside parked in the *road*.（外面的马路上停着一辆车。）**track** 尤指崎岖不平的乡间、林间或山间小路、小径：a *track* through a forest（林间小路）该词也可表示跑道、车辙或踪迹：The dog followed the fox's *tracks* into the woods.（狗跟踪狐狸的踪迹进了树林。）

WC *abbr.* water closet

we /wiː,wi/ *pron.* [主格，I的复数] ❶我们：*We* don't sell cheap quality goods. 我们不卖质量低下的商品。❷〈书〉（泛指包括说话者在内的）人们，我们；人类：*We* should try to protect the world in which *we* live. 我们应该设法保护我们所居住的这个星球。

weak /wiːk/ *adj.* ❶不牢固的；易损坏的：Don't stand on that table — it's got a *weak* leg! 别站在那张桌子上，它有条腿不牢！❷虚弱的，衰弱的；无力的；（器官）功能差的：She's a little bit *weak* in the legs. 她的腿有点发软。❸无权威的；无权利的；无战斗力的：a *weak* president 软弱无能的总统 ❹（论据等）无说服力的，不充分的；不周密的：I thought the plot was a bit *weak*. 我觉得这个情节不大经得起推敲。❺（智商、能力、技能等）差的，弱的：She's *weak* in [at] Chinese. 她的汉语水平差。❻（意志或性格等）薄弱的，软弱的，脆弱的：I know sometimes how *weak* men are. 我知道有时候男人有多脆弱。❼微弱的；淡薄的；稀薄的：Her pulse is *weak*. 她脉相微弱。❽【商】（市场）疲软的；（股票市价等）低落的：The market is getting *weak*. 市场正日趋疲软。‖ ˈ**weak·ly** *adv.*

☆**weak**, **decrepit**, **feeble**, **frail**, **infirm** 均有"虚弱的;软弱的"之意。**weak** 为普通用词,词义和使用范围最广,表示没有力量,可用于人的身体、精神意志或道德,也常指缺乏威信、权势、影响力或能力:I still feel a bit *weak* after my illness.(病好了,但我仍觉得有点虚弱。)**decrepit** 用于人指因年迈而衰老;用于物则指因长期使用而坍坏:*decrepit* old people in the rest home(敬老院里的老人)/ Musty stairs so *decrepit* that they groaned under a child's weight.(这段楼梯破旧不堪,孩子走在上面都会吱嘎作响。)**feeble** 主要用于人及其言行,表示身体、精神、道德方面的力量受到损伤或耗尽,往往带有怜悯可悲的意味,用于事物时,表示虚弱无力或无效:a *feeble*, tottering old man(一位衰弱、步履蹒跚的老人)**frail** 表示体格纤弱或单薄,用于具体事物指容易破碎或折断,用于抽象事物指无力抵抗来自外部的反对力量或破坏力量:She is now eighty, and becoming too *frail* to live alone.(她已有 80 岁,身体衰弱,不能一个人生活。)**infirm** 尤指由于年迈、疾病等原因而变得虚弱、不稳定或不牢固:Clearly the argument is *infirm*.(很明显,这个论据是不充分的。)

weak·en /ˈwiːkᵊn/ *vt.* ❶使虚弱;使衰弱:Stress can *weaken* the immune system. 紧张会减弱免疫系统的功能。❷削弱,减弱;冲淡:The rumour *weakened* his resolve. 谣言使他的决心动摇了。—*vi.* ❶变虚弱,变衰弱:The patient is *weakening* daily. 病人日见衰弱下去。❷变软弱;变薄弱;(立场等)动摇,松动:In the end they *weakened* and let me go. 最后他们松口,放我走了。‖ ˈ**weak·en·er** *n.* [C]

weak·ness /ˈwiːknis/ *n.* ❶[U]虚弱,衰弱;薄弱;脆弱;软弱,懦弱;不坚定:The government is accused of *weakness* in dealing with terrorists. 有人指责政府对恐怖分子打击不力。❷[C]弱点,缺点:Gambling is his *weakness*. 好赌是他的弱点。❸[常用单]爱好;癖好;嗜好;宠爱的人(或物):Candy is her *weakness*. 她特别爱吃糖果。

wealth /welθ/ *n.* ❶[U]财富;财产;财物;资源:exploit natural *wealth* 开发自然资源 ❷[C]大量;充足;丰富:a whole *wealth* of teaching experience 丰富的教学经验

wealth·y /ˈwelθi/ *adj.* ❶大量的;充足的,丰富的:The old man is *wealthy* in wisdom. 这位老人见多识广。❷富裕的,有钱的:a *wealthy* family 有钱人家(或富户)‖ ˈ**wealth·i·ness** *n.*

wean /wiːn/ *vt.* ❶使断奶:*wean* a baby 给婴儿断奶 ❷使断绝;使脱离;使放弃;使戒除(*from*, *off*):We tried to *wean* him *from* gambling. 我们设法让他戒赌。

weap·on /ˈwepᵊn/ *n.* [C] ❶武器,兵器:a *weapon* of offence 攻击武器 ❷〈喻〉武器,制胜法宝,斗争手段:Are tears a woman's *weapon*? 眼泪是女人的制胜法宝吗? ‖ ˈ**weap·on·less** *adj.*

wear /weəʳ/ I (**wore** /wɔːʳ/, **worn** /wɔːn/) *vt.* ❶身穿,穿着;戴着;佩带(见 dress):*wear* coat and tie 穿西装系领带 ❷面带,面露;显出,呈现;保持,带着:She was flushed; she *wore* an nervous air. 她的脸在发红,看上去神色相当紧张。❸穿破;用旧;磨损:The jacket has scarcely been *worn*. 这件夹克衫几乎还没穿旧。❹(某物因不断受摩擦或经水侵蚀)穿出(破洞);磨出(道痕);冲出(沟);使(某物)穿成,磨成(*to*, *into*):Look, you have *worn* your new shoes *into* holes! 瞧瞧,你把新买的鞋子都穿出洞来了! —*vi.* ❶磨损;穿破;变旧;用坏;耗尽:You may have this shirt, but the collar has *worn*. 这件衬衫可以给你,只是领子已经磨破了。❷耐穿;耐用;耐磨;经得起考验:This cloth has *worn* well. 这布很耐穿。II *n.* [U] ❶穿;戴;佩带;使用:I need a heavy coat for *wear* in cold days. 我需要一件冷天穿的厚外套。❷[常用以构成复合词](特殊时候或场合穿的)服装;时装;饰物;佩带物;(服装等的)流行款式,时兴样式:sports *wear* 运动服 ❸磨损;损耗(量):The new material is hard enough to resist *wear*. 这种新材料的硬度足以耐磨了。❹耐用性,耐久性:There is still some *wear* in your jeans. 你这条牛仔裤还能穿些时候。‖ ***wear down*** *vt.* & *vi.* ❶磨损;用坏;用旧:You have *worn down* the point of my pencil. 你把我的铅笔都用秃了。❷使衰弱;使消瘦;使厌倦;使变弱:She was still young, but the illness *wore* her *down*. 她仍然很年轻,但是疾病折磨得她衰弱不堪。***wear off*** *vi.* 逐渐减弱;慢慢消失:The novelty soon *wore off*. 新奇感很快就消失了。***wear out*** *vt.* & *vi.* ❶磨损;磨出;穿破;用坏;擦掉:Things *wear out* quickly from bad use. 东西使用不当坏得快。❷(使)疲劳;(使)厌倦;(使)消耗;慢慢耗掉:Don't *wear* yourself *out* by working too hard. 工作别太累，别把身体搞垮了。‖ ˈ**wear·a·ble** *adj.* —ˈ**wear·er** *n.* [C]

wear and tear *n.* [U]磨损；损耗；〈喻〉劳累；折磨：Who will go through the *wear and tear* of endless rehearsals? 谁愿意没完没了地排练受折腾？

wea·ry /ˈwiəri/ *adj.* 疲倦的，倦怠的，困乏的；消沉的，萎靡的(见 tired)：Let me sit down and rest my *weary* legs. 让我坐下来放松放松疲惫不堪的双腿。‖ ˈ**wea·ri·ly** *adv.* —ˈ**wea·ri·ness** *n.* [U]

W

wea·sel /ˈwiːzᵊl/ *n.* [C]【动】鼬；鼬属动物 ‖ ˈ**wea·sel·ly** *adj.*

weath·er /ˈweðəʳ/ **I** *n.* [U]天气，气象；天气预报：It's heaven to go out in this beautiful *weather*. 天气这么好，出门走走真不错。**II** *vt.* ❶使受风吹雨打；使受风雨侵蚀；使经风吹日晒而褪色；使风化；使风干：The paint here has been *weathered* by the sun. 这里的油漆已经被太阳晒得褪了色。❷经受住，安然度过(暴风雨、困难或危机等)：The economy will *weather* this storm without being seriously impaired. 整个经济将经受住这次风暴的考验而不致受到严重的打击。—*vi.* ❶(因风吹雨打等)褪色，掉色；风化；风干；受风蚀：When rock *weathers* it crumbles. 岩石风化即粉碎成片。❷耐用，耐久；经受风雨：Wood will *weather* better if it is treated in a special way. 木材经过特殊处理后会更耐用。‖ ***under the weather*** *adj.* & *adv.* 〈口〉❶不舒服，身体不适：I am feeling a bit *under the weather*. 我觉得有点儿不舒服。❷微醉，醉酒：Many accidents are caused by drivers who are *under the weather*. 很多车祸都是因驾驶员醉酒引起的。

weath·er-beat·en /ˈweðəˌbiːtᵊn/ *adj.* [无比较级] ❶经受风吹雨打的；受风雨侵蚀的：What patched and *weather-beaten* matter is this? 这破烂不堪、受尽风吹雨打的东西是什么呀？❷饱经风霜的；晒黑的：a *weather-beaten* old sailor 饱经风霜的老水手

weath·er·ing /ˈweðᵊriŋ/ *n.* [U](风雨等自然气象的)侵蚀(作用)；风化(过程)

weave /wiːv/ (过去式 **wove** /wəuv/或 **weaved**；过去分词**wo·ven** /ˈwəuvᵊn/或 **wove** 或 **weaved**) *vt.* ❶(纺)织：The dress was *woven* with silver thread. 这件连衣裙是用银丝线织成的。❷编(织)：*weave* a basket 编织篮筐 ❸使交织，使组合；将…编入：He skillfully *weaves* into the fabric of his argument most of the key issues. 他巧妙地将大部分关键问题包含在自己的论点之中。❹(为了避让等而)使迂回行进，蜿蜒行进：She *weaved* her way along the sandy beach. 她沿着沙滩绕来绕去地往前走。—*vi.* ❶纺织；织布；编结：knit and *weave* 编织 ❷迂回前进，蜿蜒前进：Taxis *wove* through the traffic. 出租车在车流中穿来穿去。‖ ˈ**weav·er** *n.* [C]

web /web/ *n.* [C] ❶【纺】织物；棉网，毛网 ❷(蜘蛛等编织的)网：the spider's *web* 蜘蛛网 ❸网状物：a *web* of railways 铁路网 / a *web* of branches 交错盘结的枝杈 ❹错综复杂的事物，牵连纠缠的事物；网络：a *web* of relationships 关系网 ‖ **webbed** *adj.*

we'd /wiːd, wid/ ❶＝we had ❷＝we should ❸＝we would

Wed. *abbr.* Wednesday

wed·ding /ˈwediŋ/ *n.* [C]结婚；婚礼，结婚庆典：She was determined to have both her divorced parents at her *wedding*. 她决意要让离异的双亲都出席她的婚礼。

wedge /wedʒ/ **I** *n.* [C] ❶(木制或金属等的)楔子；三角木：Push a *wedge* under the door to keep it open. 在门下塞一块楔子让门敞开着。❷楔形；楔形物；楔形队列(形)：a *wedge* of chocolate 楔形巧克力 **II** *vt.* ❶把…楔住，将…楔牢，用楔把…固定：The table is unsteady and must be *wedged* up. 这桌子不稳，必须楔牢。❷(用楔子)劈开；使分开；楔入 ❸挤入，插入，塞入：Can you try to *wedge* another item into the bag? 你能想办法往包里再塞一件东西吗？

Wednes·day /ˈwenzdi, -dei/ *n.* [C；U]星期三(略作 **Wed.**, **Weds.**, **W.**)：He'll arrive (on) *Wednesday*. 他将于星期三到达。

wee /wiː/ *adj.* [无比较级] ❶〈苏〉〈口〉极小的；很少的：I'm afraid he's a *wee* bit drunk. 我担心他有点儿醉了。❷很早的，极早的：the *wee* hours of the morning 凌晨时分

weed /wiːd/ **I** *n.* [C；U]杂草；野草，莠草，稗草；水草：Man is a *weed* in those regions. 人在这些地区犹如草芥。**II** *vt.* ❶除(草)；除去…的草：Let's *weed* the grass out of the rose garden. 我们把玫瑰园的杂草清除掉吧。❷清除，剔除；淘汰（*out*）：The slow pupils will surely be *weeded out* from this class. 学习跟不上的学生肯定要被这个班淘汰掉。—*vi.* 除草；除害；清除废物：I spend the morning *weeding*. 我花了一个早晨除草。‖ ˈ**weed·er** *n.* [C]

weed·y /ˈwiːdi/ *adj.* ❶[无比较级]长满野草的，杂草丛生的：the *weedy* jungle 杂草丛生的密林 ❷(人或动物)瘦弱难看的；干瘦的，骨瘦如柴的；虚弱无力的；发育不良的：a *weedy* bald-headed man 骨瘦如柴的秃顶男人

week /wiːk/ *n.* [C] ❶星期，周，礼拜；(从任何时候算起的)连续七天，一周，一礼拜：The agreement will expire a *week* hence. 此协议一星期后失效。❷(两个周末之间或除去例行休假的)工作周；周工作量：the five-day *week* 5 天工作周

week·day /ˈwiːkˌdei/ *n.* [C](星期日或周末及星期日以外的)工作日，周日：People usually work on *weekdays*, not at weekends. 人们通常是周日工作，周末休息。

week·end /ˌwiːkˈend, ˈwiːˌkend/ *n.* [C]周末，周末休息日(通常指星期六和星期日)：He is looking forward to a quiet *weekend*. 他盼着能过个安静的周末。

week·ly /ˈwiːkli/ **I** *adj.* [无比较级][作定语] ❶每周(一次)的：They lived in an end house, at higher *weekly* payments. 他们住在最末尾的房子里，每周的房租要高一些。❷按周计算的；(持续)一周的：By doing this you can work out your average daily, *weekly* and monthly sales. 这样你就能算出每日、每周以及每月的销售量。**II** *adv.* [无比较级]按周地；每周(一次)地：Are you paid *weekly* or monthly? 你拿周薪还是月薪？**III** *n.* [C]周报；周刊：I have bought two *weeklies* and a local daily. 我买了两份周刊(或周报)和一份当地的日报。

weep /wiːp/ (**wept** /wept/) *vi.* ❶哭泣；流泪：We all *wept* at the sight of those poor orphans. 看到那些可怜的孤儿，我们全都落泪了。❷(液体)缓慢地流；渗出液体：The blood is *weeping* from my heart. 我的心在慢慢地流血。—*vt.* ❶〈书〉流(泪)；为…哭泣；使哭得：*weep* oneself to sleep 哭得睡着❷(缓慢地)流下，渗出(液体) ‖ ˈ**weep·er** *n.* [C]

weft /weft/ *n.* [通常用单] ❶【纺】纬，纬纱〔亦作 **woof**〕❷织物

weigh /wei/ *vt.* ❶[不用进行时态和被动语态]重达；重量为：Baby blue whales *weigh* two tons at birth. 蓝鲸一生下来就有两吨重。❷称…的重量，称：*weigh* the fruit on the scales 用磅秤称水果 ❸权衡，斟酌；考虑；比较(*with, against*)：*weigh* the advantages and disadvantages 权衡利弊—*vi.* [不用进行时态]称得重量：He *weighed* exactly the same as his twin brother. 他和他的双胞胎兄弟一样重。

weight /weit/ **I** *n.* ❶[U；C][具数时通常用单]重量；分量；体重：advise sb. to lose *weight* 劝某人减肥 ❷[C]重物；重体：lift heavy *weights* 搬重物 ❸[C](尤指精神或心理方面的)重负；负担，压力：❹[C]【体】投掷器械(如铁饼或铅球等)；哑铃 **II** *vt.* ❶加重量于；增加…的重量：Don't *weight* the truck too heavily. 别把卡车装得太重。❷使有负担，使有压力；压迫；使负重：She was obviously *weighted* with troubles. 很显然，她的烦恼多多，压力很大。‖ ***pull one's (own) weight*** 做好本分工作：My assistant hasn't been *pulling her weight* recently. 我的助手最近没有尽本分做好工作。

weight·less /ˈweitlis/ *adj.* [无比较级]失重的；无重力的：carry out experiments in the *weightless* conditions 在失重条件下进行实验 ‖ ˈ**weight·less·ness** *n.* [U]

weight lifting *n.* [U]【体】举重(运动) ‖ ˈ**weightˌlift·er** *n.* [C]

weight·y /ˈweiti/ *adj.* ❶重的，沉重的；笨重的：There must be *weighty* matter on his mind. 他一定是心事很重。❷重大的，重要的；有影响的，举足轻重的；权威性的：a *weighty* dicision 重大决定 ‖ ˈ**weight·i·ness** *n.* [U]

weir /wiəʳ/ *n.* [C] ❶堰，低坝，拦河坝；导流坝；量水堰 ❷(用木桩、枝条编成，用以在河中捕鱼的)(拦)鱼梁

weird /wiəd/ *adj.* ❶神秘的；超自然的；非人世所有的 ❷〈口〉奇特的，怪异的：a *weird* ritual 奇特的礼仪/ a *weird* logic 奇怪的逻辑 ‖ ˈ**weird·ly** *adv.* —ˈ**weird·ness** *n.* [U]

☆**weird, eerie, uncanny** 均有"怪异的，离奇的"之意。**weird** 在古英语中作名词，表示命运，莎士比亚将该词用作形容词，有神秘、超自然的意味，现常指古怪、异常：It was a *weird* old house, full of creaks and groans.（这是一所神

W

秘而可怕的旧宅，到处嘎吱嘎吱作响。）**eerie** 表示隐约感觉到某种神秘或邪恶力量在暗中运作，主要用以营造令人恐惧的气氛：It's *eerie* to walk through a dark wood at night.（夜晚在漆黑的森林中行走真是恐怖。）**uncanny** 表示神秘、离奇和异乎寻常，叫人不可思议、无法解释，从而引起不安，可用于人的言行、特征、思维、感觉或具体事物：He bore an *uncanny* resemblance to my dead brother.（他和我死去的弟弟出奇的相似。）

W

wel·come /ˈwelkəm/ **I** *n.* [C]欢迎；款待；（特定方式的）迎接；接受：extend sb. a warm *welcome* 向某人表示热烈欢迎 **II** *int.* 欢迎：*Welcome* to our home! 欢迎到我们家来做客！**III** *vt.* ❶（以特定方式）迎接；接待；款待：They *welcomed* me to their university. 他们欢迎我去他们的大学。❷欢迎；接受：We gratefully *welcome* corrections. 我们热忱欢迎批评指正。**IV** *adj.* ❶受欢迎的；来得正好的：a *welcome* visitor 受欢迎的来访者 ❷令人愉快的；宜人的：Through the window the rays of the sun touched my feet, and the slight warmth was very *welcome*. 阳光从窗外射到我的脚上，微微的温暖使人非常舒服。❸[作表语]被允许的；可随意使用的；不必感谢的：You are *welcome* to any dictionary I have. 我的词典你可随意使用。‖ ˈ**wel·come·ness** *n.*

weld /weld/ *vt.* ❶焊接，熔接；锻接：*weld* parts together 焊接零件 ❷使紧密结合；使连成整体(*into*)：*weld* a strong friendship 结成牢固的友谊 —*vi.* 焊牢，能被焊接：Copper *welds* easily. 铜容易焊接。‖ ˈ**weld·er** *n.* [C]

wel·fare /ˈwelfeəʳ/ *n.* [U] ❶福利；康乐，幸福安康：the *welfare* of mankind 人类的幸福 ❷福利救济；[W-]〈口〉（政府的）福利救济机构：She is finally off *welfare*. 她终于摆脱了福利救济。

welfare state *n.* [C]福利国家

well[1] /wel/ **I** *adv.* （**bet·ter** /ˈbetəʳ/, **best** /best/）❶好；成功地；有利地；令人满意（或愉快）地：She sings very *well*. 她歌唱得很好。❷足够地，充分地；完全地，彻底地：a *well*-lit room 光线充足的房间 ❸正确地；恰当地，合适地：You understand it wonderfully *well*, man. 老兄，你对这个问题理解得真到家。❹很，相当；可观地，远远地：A visit to this famous museum is *well* worthwhile. 这个有名的博物馆很值得一看。**II** *adj.* （**bet·ter** /ˈbetəʳ/, **best** /best/）[通常作表语] ❶健康的；康复的，病愈的：She doesn't look very *well*. 她看上去身体不是太好。❷良好的；妥善的；令人满意（或愉快）的：All's *well* that ends well. 凡事结局好则全局都好。❸正确的；恰当的；明智的，可取的：It is *well* that you didn't go. 你没走是很明智的。**III** *int.* ❶[表示惊讶、责备或规劝等]咳；唷；嘿；嗳，哎；那么：*Well*, *well*! Who would have guessed it? 咳！谁能料得到？❷[用以接续或引入话题]唔，噢，喔；这个：*Well*, frankly, I'm a little dazed. 这个嘛，说实在的，我感到有点晕头转向。‖ ***as well*** *adv.* 同样地；也：He is a scientist, but he is a musician *as well*. 他既是科学家又是音乐家。***as well as*** *prep.* 与…一样（程度）；除…之外（也），不但…而且；和：She's clever *as well as* beautiful. 她既聪明又漂亮。

well[2] /wel/ **I** *n.* [C]（水、气或油）井：drill an oil *well* 钻油井 **II** *vi.* 涌出；冒出；溢出；涌起，涌上(*out*, *up*)：Tom could see tears *welling* in her eyes. 汤姆能看见她眼里泪光莹莹。

we'll /wiːl, wil/ ❶＝we shall ❷＝we will

well-bal·anced /ˌwelˈbælənst/ *adj.* ❶均衡的；匀称的；（饮食）搭配合理的：a *well-balanced* diet 搭配均匀的饮食 ❷头脑清醒的；冷静的：a *well-balanced* individual 头脑清醒的人

well-be·haved /ˌwelbiˈheivd/ *adj.* 品行端正的；有礼貌的：a *well-behaved* girl 正派的姑娘

well-be·ing /ˈwelˌbiːiŋ/ *n.* [U]健康；福利；幸福；康乐：Business executives believe that holidays are vital to their *well-being*. 公司企业的经理们认为休假对他们的健康是至关重要的。

well-done /ˌwelˈdʌn/ *adj.* [无比较级] ❶做得好的，做得出色的 ❷【烹】（肉等）烧得烂的，煮得透的；火候到家的：a *well-done* steak 烧得透的牛排

well-fed /ˌwelˈfed/ *adj.* 胖胖的；丰满的

well-in·formed /ˌwelinˈfɔːmd/ *adj.* 信息灵通的；见识广博的：a *well-informed* guide 见识广博的向导

wel·ling·ton /ˈweliŋtən/ *n.* [C]〈英〉（塑料或橡胶的）威灵顿长筒雨靴；威灵顿高帮靴；威灵顿军用皮靴

well-known /ˌwelˈnəun/ *adj.* ❶出名的，有名的，著名的；广为人知的，众所周知的：That restaurant is *well-known* for its excellent service. 那家餐馆以其上乘的服务而闻名。❷被熟知的,熟悉的:My quiet life was *well-known* to everybody. 我日子过得平平静静,大家有目共睹。

well-mean•ing /ˌwelˈmiːniŋ/ *adj.* 心地好的,善意的,好心好意的,本意良好的:He is not a bad fellow, perhaps a little weak, but *well-meaning*. 他倒不是什么坏人,也许有些软弱,但是心地好。

well-read /ˌwelˈred/ *adj.* 学识渊博的,博学的;博览群书的:She is *well-read* in international law. 她在国际法方面知识广博。

well-to-do /ˌweltəˈduː/ *adj.* 宽裕的,小康的,富有的:She came from a *well-to-do* scholarly family. 她出身于殷实的读书人家。

Welsh /welʃ,weltʃ/ *adj.* [无比较级]威尔士的;威尔士人的;威尔士语的

went /went/ *v.* go 的过去式

wept /wept/ *v.* weep 的过去式和过去分词

were /wəː,wə/ *vi.* be 的复数、第二人称的过去式和各人称的虚拟语气形式

we're /wiəʳ/ =we are

weren't /wəːnt/ =were not

west /west/ **I** *n.* ❶[U]西;西面,西边,西方:Does the wind blow from the *west*? 刮的是西风吗?❷[常作 **the W-**](相对于东方文明而言的)西洋(国家),西半球(国家),西方(国家);(非共产党执政的)欧美国家:The technology gap between East and *West* was fast widening. 东西方国家之间的技术差距正在迅速拉开。❸[常作 **the W-**](一个国家或城镇的)西部,西部地区,西部地带:Her husband works in *the west* of the city. 她的丈夫在城西地区工作。**II** *adj.* [无比较级] ❶[时作 **W-**](在)西方的;西面的,西边的;西部的;靠西的,近西的;朝西的,面向西的:the *west* gate of a school 学校的西门 ❷来自西方的,从西面来的:a *west* wind 西风 **III** *adv.* [无比较级]在西方;朝西方,向西方;来自西方,从西方:My window faces *west*, so we get the evening sun. 我的窗户朝西,所以有西晒。

west•er•ly /ˈwestᵊli/ *adj.* [无比较级] ❶朝西的,向西的:a *westerly* room 朝西的房间 ❷(风)从西吹面来的:The prevailing winds there are south-*westerly*. 那里常刮西南风。

west•ern /ˈwestᵊn/ **I** *adj.* [无比较级][最高级 **west•ern•most** /ˈwestᵊnˌməust/] ❶(在)西面的,西边的,西方的;西部的;向西的,朝西的;从西边来的,来自西方的:a *western* wind 西风 ❷[常作 **W-**]西洋(国家)的,西方(国家)的,欧美(国家)的;南北美洲的;西方集团的:*Western* civilization 西方文明 **II** *n.* [C][常作 **W-**](取材于19世纪下半叶美国西部牛仔或边民生活的)西部电影;(小说或电视剧等)西部作品 ‖ **ˈwest•ern•er** *n.* [C]

West•ern•ize /ˈwestəˌnaiz/ *vt.* & *vi.* (使)西方化,(使)西洋化;(使)欧(美)化;(使)具有美国西部特征 ‖ **west•ern•i•za•tion** /ˌwestᵊnaiˈzeiʃᵊn;-niˈz-/ *n.* [U]

west•ward /ˈwestwəd/ **I** *adj.* [无比较级]向西(的):a *westward* journey 向西的旅行 **II** *adv.* [无比较级]朝西地;向西地:We sailed *westward*. 我们向西航行。

wet /wet/ **I** *adj.* (**wet•ter**, **wet•test**) ❶湿的,潮的,潮湿的:Her worn face was *wet* with tears. 她那憔悴的脸上泪痕斑斑。❷(天气等)可能会下雨的;下雨(或雪、雾)的;多雨的;雨天的:a *wet* and roaring night 雨打风啸的夜晚 ❸(油漆或墨迹等)未干的:Is the ink still *wet*? 墨水还没有干吗? **II** (**wet(•ted)**;**wet•ting**) *vt.* ❶把…弄湿;使潮湿:He began to swallow and *wet* his lips. 他开始咽唾沫,舔嘴唇。❷把…尿湿,在…上撒尿:Your son *wetted* the bed last night. 你儿子昨天晚上尿床了。—*vi.* 变潮湿:His shirt has *wet* through. 他的衬衫已经湿透了。‖ **ˈwet•ly** *adv.* —**ˈwet•ness** *n.* [U] — **wet•ter** *n.* [C]

☆**wet**,**damp**,**dank**,**humid**,**moist** 均有"潮湿的"之意。**wet** 为普通用词,通常表示湿透,也指表面有水或还没有干:I can't go out until my hair's dry; it's still *wet* from being washed. (我要等头发干了才能出去,我的头发洗了还湿着呢。) **damp** 表示潮湿度比 wet 要轻,往往给人以不舒适的感觉:*damp* clothes (有潮气的衣服) **dank** 专指不舒适、对人健康不利的那种阴湿,常有缺乏新鲜空气、见不到阳光的意味:The prison was cold and *dank*. (监狱里又冷又湿。) **humid** 尤指暖热空气中含有大量水蒸气,使人感到气闷或不舒适:The hot, *humid* conditions brought on heatstroke. (炎热潮湿的天气状况导致了中暑。) **moist** 表示不干燥,往往带

W

有湿度适当、使人感到舒适的意味：Water the plant regularly to keep the soil *moist*.（按时给植物浇水以保持土壤湿润。）

wet·land /ˈwetˌlændz/ *n.* [常作～**s**]沼泽地，湿地

wet suit *n.* [C]（用橡胶或海绵等制成的）紧身保暖潜水服，湿式潜水服

we've /wiːv, wiv/ ＝we have

whack /ʰwæk/〈口〉*vt.* & *vi.*（用棍棒等）狠打，猛打，痛击，重击：The old man *whacked* the floor with his stick angrily. 老人怒气冲冲，用拐杖将地板捣得咚咚直响。‖ ˈ**whack·er** *n.* [C]

whack·y /ˈʰwæki/ *adj.* ＝wacky

whale /ʰweil/ *n.* [C]（[复]**whale(s)**）❶【动】鲸 ❷[通常用单]（在同类中）极好或极出色的事物：I had a *whale* of a time in Europe. 我在欧洲玩得非常愉快。

whal·ing /ˈʰweiliŋ/ *n.* [U]捕鲸（业）；鲸加工（业）

wharf /ʰwɔːf/ *n.* [C]（[复]**wharves** /ʰwɔːvz/或**wharfs**）码头；停泊处：moor at a *wharf* 停泊在码头

what /ʰwɔt, ʰwʌt/ **I** *adj.* [无比较级] ❶[疑问形容词]什么，什么样的；〈口〉哪个，哪些：*What* colour did you choose for your new car? 你的新车选了什么颜色？❷[关系形容词]（特指部分人或事物）…的；尽可能多的，所有的：I will give you *what* paper I don't use. 我会把不用的纸都给你的。**II** *pron.* ❶[疑问代词]什么；什么样的人（或事物）：*What* are you saying? 你们在说什么呀？❷[用以询问某人（或某物）的特征、渊源、身份或价值]：*What* is the meaning of life? 人生的意义是什么？❸[用以要求重复所说过的话]（你说的）什么：*What*? You don't want to go?（你说）什么？你不想去？❹[用以引出感叹，或表强调]多么，怎样，何等：*What* a pity! 真遗憾！‖ ***So what*?**〈口〉那有什么了不起？那又怎么样？：His father is a millionaire. *So what*? He has to pay his tuition all by himself. 他父亲是个百万富翁，可那又怎么样呢？他还得全靠自己来交学费。***what for*** *adv.*〈口〉为何，干什么：*What* is the box *for*? 这个箱子是干什么用的？***what if*** *conj.* 如果…将会如何，如果…将会怎样；即使…又怎么样，即便…又有何关系：*What if* I don't go? 即使我不去，又怎么样？

what·ev·er /ʰwʌtˈevəʳ, ʰwɔt-, ʰwət-/ **I** *pron.* ❶[连接代词，用以引导副词从句]无论什么，不管什么：You have to go to school *whatever* the weather. 不管天气怎么样，你都得去上学。❷[关系代词，用以引导名词从句]凡是…的事物；任何…的东西：In her mind, *whatever* her mum said was right. 在她的心目中，凡是她妈妈说的话都是对的。❸〈口〉[疑问代词，用于否定句或疑问句，相当于 what ever]究竟什么，到底什么：*Whatever* are you afraid of? 你到底害怕什么？❹任何其他类似的东西，诸如此类的东西，如此等等：Show me your passport, ID card, or *whatever* it is. 把你的护照、身份证或其他诸如此类的东西拿给我看看。**II** *adj.* [无比较级] ❶[连接形容词，用以引导副词分句]无论什么样的，不管怎样的：*Whatever* weather it is, we have to finish the task. 不管天气怎样，我们都要完成这项任务。❷[关系形容词，用以引导名词分句]任何…的：The poet catches *whatever* clues of Paradise vouchsafed in the external world. 诗人捕捉着尘世中有关天堂的任何线索。❸[用于否定或疑问句中被修饰的名词之后，相当于 at all]任何的，丝毫的：I have no interest *whatever*. 我一点儿兴趣也没有。‖ ***or whatever (it is)*** *adv.*〈口〉其他类似的东西，其他诸如此类的东西，等等

what's /ʰwɔts, ʰwʌts/ ❶＝what does ❷＝what has ❸＝what is

what·so·ever /ˌʰwɔtsəuˈevəʳ, ˌʰwʌt-/ *pron.* & *adj.* [与否定词或词组连用，用以加强语气]任何的；丝毫的：She has no friends *whatsoever*. 她没有任何朋友。

wheat /ʰwiːt/ *n.* [U] ❶【植】小麦：a field of *wheat* 小麦田 ❷（用以生产面粉的）麦粒：several grains of *wheat* 几颗麦粒 ‖ ˈ**wheat·en** *adj.*

wheel /ʰwiːl/ **I** *n.* ❶[C]轮（子）；车轮；机轮：lock the *wheels* 刹车 ❷[**the** ～]驾驶盘，方向盘；【海】舵轮：Who will take *the wheel* then? 那谁来掌舵呢？❸[C]像轮子的东西，轮状物 **II** *vi.* ❶旋转；转动；改变方向，转向：Does the moon *wheel* on its own centre? 月亮是以它自己为中心转动吗？❷乘车；开车；架车；（车辆等）平稳前进：We'll *wheel* home tomorrow. 我们明天乘车回家。—*vt.* 推动；用手推；用车运

送(货物等):Our products will be *wheeled* everywhere. 我们的产品将被运送到各个地方。‖ **wheeled** *adj*.

wheel·bar·row /ˈʰwiːlˌbærəu/ *n*. [C]手推车;独轮车〔亦作 **barrow**〕

wheel·chair /ˈʰwiːlˌtʃeəʳ/ *n*. [C](残疾人或病人等使用的)轮椅

wheeze /ʰwiːz/ *vi*. 喘,喘息,喘气:Her baby still coughed and *wheezed*. 她的宝宝还是咳嗽气喘。‖ ˈ**wheez·y** *adj*.

when /ʰwen,弱ʰwᵊn/ **I** *adv*. [无比较级]❶[疑问副词]什么时候,何时:*When* is the ceremony? 仪式何时举行? ❷[疑问副词]在何种情况(或场合)下:To know *when* to go that is one of the great necessities of life. 该引退的时候就引退——这是生活中最关紧要的事情之一。**II** *conj*. ❶在…的时候,当…的时候:*When* I heard the song,I couldn't help crying. 听到这首歌的时候,我忍不住哭了。❷一…就;在任何时候,每当…就:I went home *when* the meeting was finished. 会议一结束,我就回家了。❸无论何时:The dog barks when the doorbell rings. 每次门铃一响,这狗总是叫个不停。❹虽然,尽管;然而,可是:My aunt usually does the housework herself *when* she might ask her servant for help. 我姑姑总是亲自干家务活儿,尽管她可以叫她的佣人来帮忙。

whence /ʰwens/ *adv*. [无比较级]〈书〉[疑问副词]从哪里,从何处;何以,怎么会:*Whence* came this puppy? 这只小狗是从哪儿来的?

when·ev·er /ʰwenˈevəʳ,ʰwᵊn-/ **I** *conj*. 无论何时,在任何时候;在任何场合;每次,每当:You may leave *whenever* you like. 你想什么时候走就什么时候走。**II** *adv*. [无比较级]无论什么时候,不管什么时候;无论什么场合

where /ʰweəʳ,弱ʰwəʳ/ **I** *adv*. [无比较级] ❶[疑问副词]在哪里;到哪里;从哪里:*Where* are your parents? 你的父母在哪儿? ❷在哪一方面;在何种境地,到什么地步:*Where* does your own trouble concern me? 你自己的麻烦与我有何相干? ❸从…来:*Where* did you get such a notion? 你怎么会有这样的想法? **II** *conj*. ❶在…地方(方面、方向);到…地方;到…地步:Go *where* you like. (你)爱去哪儿就去哪儿。❷不论去哪儿;无论到哪里:I will go *where* you go. 你去哪儿,我就去哪儿。

where·a·bouts I /ˌʰweərəˈbauts/ *adv*. [无比较级](大致)在哪里,(大概)在哪一带,(大概)靠近什么地方;在某地附近,在某地周围:*Whereabouts* did you leave my umbrella? 你把我的雨伞放哪儿了? **II** /ˈʰweərəˌbauts/ [复] *n*. [用作单或复](人或物大致所在的)位置;下落;行踪:Those children's *whereabouts* are unknown. 那些孩子们的下落不明。

where·as /ʰweərˈæz/ *conj*. [表示对比、转折等](然)而,可是,但是;尽管,虽然:You spend all their money on their house,*whereas* we prefer to spend ours on travelling. 你们把所有的钱花在房子上,可是我们宁愿拿钱去旅游。

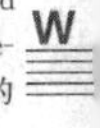

where·by /ʰweəˈbai/ *conj*. 以…方式;凭借;根据…的规定

wher·ev·er /ʰweərˈevəʳ/ **I** *adv*. [无比较级]〈口〉究竟在哪儿,究竟到何处:*Wherever* did you get this silly idea? 你这愚蠢的念头究竟从哪儿冒出来的? **II** *conj*. 无论在哪儿;无论到哪里;无论在什么情况下;只要,但凡:Anyway,she is all right *wherever* she is. 不管怎样,她总是随遇而安的。

whet /wet/ *vt*. (**whet·ted**;**whet·ting**) ❶磨利,磨快:*whet* a knife on the stone 在砥石上磨刀 ❷激起,引起;促进;增强(食欲、愿望、兴趣等):It is my hope that some of my questions will *whet* the interest of those who read them. 希望我提出的某些问题会引起读者们的兴趣。

wheth·er /ˈʰweðəʳ/ *conj*. ❶是不是,是否:I am doubtful *whether* he is still alive. 我怀疑他是否还活着。❷[与 or 连用,引导间接疑问句或选择性条件状语从句]是…(还是);或者…(或者);不论…(还是),不管…(还是);不是…(就是):They hardly knew *whether* to laugh *or* to be angry. 他们觉得笑也不是,气也不是。‖ ***whether or no*** [***not***] *adv*. 无论在什么情况下,不管怎样:*Whether or not* it rains,we're playing football on Saturday. 无论下不下雨,我们星期六都踢足球。

whey /ʰwei/ *n*. [U](牛奶凝结时形成的)乳清,乳水

which /ʰwitʃ/ **I** *adj*. [无比较级][作定语][疑问形容词]哪个;哪些:*Which* university did she go to,Nanjing University or Beijing University? 她上了哪一所大学,南京大学还是北京大

学? **II** *pron.* ([所有格]**whose**) ❶[疑问代词]哪一件;哪个人;哪一些;哪些人:Tell me *which* to choose. 告诉我选哪个。❷无论哪个,不管哪个;无论哪些,不管哪些:Choose *which* appeals to you. 你喜欢哪个就选哪个。❸[非限制性关系代词,可代替前面的整句或部分句子,通常用于 in 或 that 之后]那个;那些;那情况;这一点:The police arrived, after *which* the situation became calmer. 警察赶到了,此后局势便趋于平静。

which·ev·er /ʰwitʃˈevəʳ/ **I** *pron.* 任何一个;无论哪个;无论哪些:You may choose *whichever* of the books here. 这里的书你可以随便挑。**II** *adj.* [无比较级][作定语]任何的;无论哪个的;无论哪些的:*Whichever* design we choose there'll be disadvantages. 不论我们选择哪种设计图案,总有一些缺点。

whiff /ʰwiff,ʰwif/ *n.* [C] ❶(风、烟等的)(一)阵;(一)股;(一)喷;(一)吹:The fragrant wind came in *whiffs*. 阵阵香风扑面而来。❷(烟味等的)(一)吸,(一)嗅:I coughed at the first *whiff* of the smoke. 我刚一闻到那烟味就咳了起来。❸(信息、气息、感觉等的)些许,一点点,一丝:a *whiff* of revolution 一点革命的气息

while /ʰwail/ **I** *n.* [用单](一段)时间;(一)会儿:Just wait a *while*, please. 请稍等片刻。**II** *conj.* ❶在…之时,当…的时候;和…同时:I like listening to the radio *while* having breakfast. 我喜欢吃早饭的时候听收音机。❷[表示让步]虽然,尽管:*While* a successful scientist, he was a poor husband. 虽说他是个成功的科学家,可却不是一个合格的丈夫。❸只要:*While* there's quiet I can sleep. 只要安静我就睡得着。**III** *vt.* (悠闲或愉快地)消磨(时光),打发(时间)(*away*):She *whiled away* several hours shopping. 她上街采购了好几个小时。‖ ***worth one's while*** *adj.* 值得某人花时间(金钱或精力等):It is *worth your while* to read the novel. 这部小说值得你一看。

whim /ʰwim/ *n.* [C]一闪而过的念头;一时的兴致;(尤指)突发的奇想,异想天开,心血来潮,冲动:The *whim* struck him to become a writer. 他突发奇想,要当一名作家。

whim·per /ˈʰwimpəʳ/ **I** *vi.* 抽泣,抽搭:*whimper* over one's sorrows 哭诉不幸 **II** *n.* [C]抽泣,啜泣;呜咽声;哭诉;牢骚,抱怨;抗议:the moaning *whimper* of the saxophone 如泣如诉的萨克斯管乐声

whip /ʰwip/ **I** *n.* [C] ❶鞭子;鞭状物;当鞭子用的东西:The cold wind has a *whip* in it. 寒风像鞭打般吹在身上。❷鞭打,抽打;(一)击;(一)挥:a *whip* of eyes 两眼一扫 ❸〈英〉(有权执行党纪并敦促本党议员出席议会的)组织秘书 **II** (**whipped** 或 **whipt** /ʰwipt/; **whip·ping**) *vt.* ❶鞭打,抽;鞭笞,以鞭打责罚;挥鞭驱赶:*whip* a horse forward 扬鞭策马 ❷搅打(奶油、鸡蛋等)使成糊状:*whip* the eggs 搅打鸡蛋 ❸猛然抓取(或移动、脱去等);快速完成;匆忙作出(*away*, *off*, *out*, *up*):She *whipped* her baby *off*, unwilling to let him touch it. 她突然把宝宝抱开,不愿意让他碰。❹(鞭子般地)抽打;驱使;促使;迫使:A fierce freezing wind *whipped* torrential rain into our faces. 冰冷刺骨的狂风卷着倾盆大雨,抽打在我们的脸上。—*vi.* ❶鞭打;抽打;拍打:The storm *whipped* across the plain. 风暴在旷野上席卷而过。❷猛然移动;急行;猛冲:He *whipped* behind the palm bole. 他忽地躲到棕榈树干背后。‖ ***whip off*** *vt.* & *vi.* 匆忙写完;快速完成:*whip off* a book report 匆匆完成一篇读书报告 ***whip up*** *vt.* ❶匆匆做(饭等):I can easily *whip* you *up* some scrambled eggs. 我马上就能给你炒点鸡蛋。❷激发(情绪、热情等),激励;唤起:She tried to *whip up* some interest in the idea. 她试图激起人们对这个想法的兴趣。‖ ˈ**whip·per** *n.* [C]

whir /ʰwəːʳ/ **I** *n.* [常用单](鸟类扇翅或机器等开动时持续快速的)嗡嗡声,呼呼声:I heard nothing but the *whir* of the fire. 我只听到火焰燃烧的呼呼声。**II** (**whirred**; **whir·ring**) *vi.* & *vt.* 嗡嗡(或呼呼)作响;嗡嗡(或呼呼)作响地飞快运动:the *whirring* sound of the helicopter 直升机的隆隆声〔亦作 **whirr**〕

whirl /ʰwəːl/ **I** *vi.* ❶旋转,打转,回旋;急速转动:The eddies of the river *whirled* menacingly. 河里的旋涡凶猛地急速旋转。❷(突然)转向,转身:She *whirled* and stopped. 她突然转过身来,止住了脚步。**II** *n.* [用单] ❶旋转,打转,回旋;急速转动:a *whirl* of dead leaves 枯叶的纷飞 ❷(接连不断的)繁忙活动,忙乱事务:the frenzied social *whirl* at New Year's time 新年期间狂乱忙碌的社交活动

whirl·pool /ˈʰwəːlˌpuːl/ *n.* [C]旋涡,涡流:be

caught in a *whirlpool* of the river 被卷入河水旋涡之中。

whirl·wind /ˈʰwɜːlˌwind/ *n.* [C] ❶【气】旋风，旋流，龙卷风：The old church was seriously damaged by a *whirlwind*. 那座古老的教堂遭到了旋风的严重破坏。❷旋风似的事物；猛烈的破坏力量：a political *whirlwind* 一场政治风暴

whirr /ʰwɜːʳ/ *n.*, *vi.* & *vt.* ＝whir

whisk /ʰwisk/ I *vt.* ❶拂去，掸掉；扫开；赶走(*away*, *off*)：He tried to *whisk* the flies *away*. 他想挥手把苍蝇轰走。❷突然拿走；快速带走；急忙送走：My newspaper was *whisked away* before I'd even finished it. 我的报纸还没看完就被人突然拿走了。❸搅打(奶油、蛋等)：*whisk* the egg whites until stiff 把蛋白打稠 II *n.* [C] ❶掸，拂；扫；赶：a *whisk* of the cow's tail 母牛尾巴的一甩 ❷掸子；刷子；小笤帚(＝whisk broom) ❸打蛋器；(奶油等的)搅拌器

whisk broom *n.* [C](刷衣服等用的)掸帚，小笤帚

whisk·er /ˈʰwiskəʳ/ *n.* [C] ❶(一根)须；[常作～s](长在男子面颊两边的)络腮胡须，髯：thick and grizzled *whiskers* 灰白浓密的络腮胡须 ❷(猫或鼠等动物脸上的)胡须；(昆虫等的)触须 ‖ ˈ**whisk·ered** *adj.*

whis·k(e)y /ˈʰwiski/ *n.* ❶[U]威士忌酒 ❷[C]一杯(或一份)威士忌酒：How many *whiskies* have you had? 你喝了几杯威士忌酒？

whis·per /ˈʰwispəʳ/ I *vi.* ❶轻声低语；耳语，私语；密谈：What are they *whispering* about? 他们在悄悄议论什么？❷(树叶)发沙沙声；(风)发萧萧声；(水流)发潺潺声：The pine trees *whispered* soft and low. 松树林簌簌低吟。—*vt.* 私下说出，悄悄告诉：What did he *whisper* in your ear? 他跟你说什么悄悄话来着？II *n.* [C] ❶柔声细语，轻声低语；耳语，私语：He said it in a *whisper*, so we couldn't hear. 他是低声说的，我们听不见。❷沙沙响；萧萧声；潺潺声：The summer coolness mingled with the *whisper* of water. 夏日里的潺潺流水使人感到清凉。❸私下议论的话；秘闻；流言；传闻：Have you heard the *whisper* that he's going to resign? 你们听说他要辞职的传闻了吗？‖ ˈ**whis·per·er** *n.* [C]

whis·tle /ˈʰwisᵊl/ I *n.* [C] ❶口哨声；哨子声；(汽)笛声；(鸟儿等的)鸣叫声；(风等的)呼啸声：a shrill *whistle* 尖利刺耳的哨子声 ❷口哨；哨子；笛；汽笛：The train will move as soon as the *whistle* blows. 汽笛一响，火车就要开动了。II *vi.* ❶吹口哨；吹哨子；鸣汽笛：Didn't you hear the referee *whistle*? 你没听见裁判吹哨子吗？❷(鸟类)鸣叫，鸣啭；(兽类)吼叫，啸叫；(风、子弹或炮弹等)呼啸：the wind *whistling* through the trees 在林中呼啸的风 —*vt.* ❶用口哨(或哨子等)吹奏出(曲调等)：*whistle* a tune 用口哨吹一首曲子 ❷吹口哨(或哨子等)召唤(或命令等)(*up*)：He *whistled* me off. 他吹哨子命令我走开。

white /ʰwait/ I *adj.* ❶白色的；洁白的，雪白的；乳白的：He flashed a grin of his *white* teeth. 他咧嘴一笑，亮出一口白牙。❷(肤色)白净的，白皙的；(尤指脸色)苍白的，惨白的：His pasty *white* face carries a sad, dazed expression. 他那病态苍白的脸上挂着一种沮丧茫然的表情。❸[W-]白皮肤的，肤色白的；白(色)人(种)的：the *white* people [population] 白(种)人 ❹(头发)变白的；(人)头发变白的，白头发的：*white* beard 银须 II *n.* ❶[U]白(颜)色：a woman dressed in *white* 穿着白色衣服的女人 ❷[C]白色物；浅色东西：yolks and *whites* 蛋黄与蛋白 ❸[C]白(种)人：*white*-ruled areas 白人统治的地区 ‖ ˈ**white·ness** *n.* [U]

white-col·lar /ˈʰwaitˈkɔləʳ/ *adj.* [无比较级][作定语]白领阶层的；脑力劳动的：*white-collar* workers 白领工作者

white elephant *n.* [C]昂贵但利用价值不高的东西；花费多而获益少的事情；大而无用的东西；大累赘，沉重包袱：That office building is a real *white elephant* — it's been empty ever since it was built. 那幢办公大楼简直就是个累赘，自从建造到现在一直空着。

white goods [复] *n.* (指桌布、床单及餐巾等)家用漂白织物

White House *n.* 白宫；美国政府

white lie *n.* [C](为避免伤害他人感情或不让人难堪而编出的)善意谎言，无害谎言；小谎：The doctor told him a *white lie*, so he wouldn't be too sad. 医生善意地对他撒了个谎，这样他就不会过于难过了。

whit·en /ˈʰwaitᵊn/ *vt.* (通过洗、刷或漂等方式)使变白;使增白,使更白:Mum has *whitened* my tennis shoes. 妈妈已经把我的网球鞋刷白了。—*vi.* 渐渐变白,渐渐发白;变苍白:The sea *whitens* with foam. 泡沫使海水发白了。‖ ˈ**whit·en·er** *n.* [C]

white·wash /ˈʰwaitwɔʃ,-wɔːʃ/ **I** *n.* ❶[U](粉刷墙壁用的)石灰水;白涂料 ❷[C;U](用以掩饰错误或缺点的)粉饰,掩饰;粉饰性言行,掩饰性行径:Don't you think it's simply a *whitewash*? 你们不觉得这简直就是文过饰非吗? **II** *vt.* ❶(用石灰水等)把…刷白;在…刷白涂料:*whitewash* the new house 粉刷新房子 ❷粉饰,掩饰;遮盖:We should not *whitewash* the event. 我们不应该掩盖事情的真相。

white water *n.* [U]急流;浅滩;(急流、瀑布等溅起)白色泡沫,白浪

whit·tle /ˈʰwitᵊl/ *vt.* ❶削;削制,削成:*whittle* a stick 削成一根拐杖 ❷削减;削弱(*away*, *down*):Will you *whittle* the waist for me, mum? 妈妈,你能替我把这个腰身改小点儿吗? —*vi.* 削;削木头(*at*):The old man was sitting there *whittling at* a branch. 老人坐在那里削着一根树枝。‖ ˈ**whit·tler** *n.* [C]

whiz(z) /ʰwiz/ **I** *n.* ([复]**whiz·zes**) [常用单] ❶〈口〉(人急速行动时发出的)呼呼声,嗖嗖声,飕飕声:We could hear bullets *whizzing* above us. 我们能听到子弹在头顶上呼啸而过。❷〈口〉(某一方面的)能手;老手;杰出专家;奇才;极出色的人(或物):a computer *whiz* 电脑专家 **II** *vi.* (**whizzed**;**whiz·zing**) ❶呼呼作响;飕飕作响:*whizzing* bullets 嗖嗖飞过的子弹 ❷(嗖嗖或呼呼地)飞驰而过;疾驶:Cars were *whizzing* past. 汽车一辆接一辆地嗖嗖而过。

who /huː,hu/ *pron.* ([宾格]**who** 或〈口〉**whom**;[所有格]**whose**) ❶[疑问代词]谁,什么人:*Who* are still playing cards this time? 这会儿还有什么人在玩纸牌? ❷[限制性关系代词]…的人(或拟人化的动物等):There was somebody *who* called just now. 刚才有人打电话过来。❸[非限制性关系代词]他,她,它;他们;她们;它们:Mr. Young, *who* is in charge of the club, is busy making new rules. 负责管理俱乐部的扬格先生正忙着制订新规则。

who·ev·er /huːˈevəʳ/ *pron.* ([宾格]**whomever** 或 **whoever**;[所有格]**whosever**) ❶[关系代词,用以引导名词性从句]谁;不管谁,无论谁:*Whoever* gossips to you will gossip of you. 跟你说别人闲话的人也会说你的闲话。❷[表示强调]〈口〉无论谁,不管哪个:*Whoever* visits, don't let him in. 甭管谁来访,别让他进来。

whole /həul/ **I** *adj.* [无比较级] ❶[作定语]完整的,整体的;齐全的;未经缩减的:She ran the *whole* distance. 她跑完了全程。❷[作定语]全部的;全体的,所有的;整个的:the *whole* situation 整个局势 **II** *n.* ❶[C]统一体;体系:The system is a *whole*. 这个组合装置是个统一体。❷[常用单](包括几个组成部分的)整体,整个:Four quarters make a *whole*. 4 个 1/4 构成一个整体。❸[C]全部,所有;全体(*of*):reveal the *whole of* the mystery 把秘密和盘托出 ‖ ***as a whole*** *adv.* 总体上,整个看来:The country *as a whole* is fairly prosperous. 这个国家总体上看是相当富裕的。***on the whole*** *adv.* 基本上,大体上;总的来看:Your ideas are *on the whole* the same. 你们的想法大体上是一致的。‖ ˈ**whole·ness** *n.* [U]

whole·heart·ed /ˈhəulˈhɑːtid/ *adj.* [无比较级](人)全身心投入的;全神贯注的;诚心诚意的,衷心的:*wholehearted* support 真诚的支持 ‖ ˈ**wholeˈheart·ed·ly** *adv.* —ˈ**wholeˈheart·ed·ness** *n.* [U]

whole·sale /ˈhəulseil/ **I** *n.* [U]批发,趸售 **II** *adj.* [无比较级] ❶(有关)批发的,成批售出的;批发价的:a *wholesale* business 批发商店 ❷大规模的;全部的;不加区别的:the *wholesale* application of the new method 新方法的广泛应用 **III** *adv.* [无比较级] ❶以批发方式,成批地;以批发价:They only sell *wholesale*. 他们只搞批发销售。❷大规模地,大量地;不加区别地;彻底地 ‖ ˈ**wholeˌsal·er** *n.* [C]

whole·some /ˈhəulsəm/ *adj.* ❶促进(或表现)健康的;有益健康的:The air about the place was sweet and *wholesome*. 这地方四周的空气十分清新宜人。❷(思想内容等)有益的;有益于身心健康的:It isn't *wholesome* for kids to read such books. 孩子们看这样的书籍对身心健康不利。‖ ˈ**whole·some·ly** *adv.* —ˈ**whole·some·ness** *n.* [U]

who'll /huːl/ who will

whol·ly /ˈhəulli/ *adv.* [无比较级] ❶完全地,彻底地:devote oneself *wholly* to one's work 完

全地投入到工作中 ❷全部地，无一例外地；独一地，专门地：The land is used *wholly* for vegetables. 所有的田地全都用来种蔬菜。

whom /huːm，弱 hum/ *pron.* [who 的宾格] ❶[疑问代词]谁，什么人：With *whom* did she travel? 她和谁一起去旅行的？❷[限制性关系代词]…的人：This is not the man to *whom* we sent the letter yesterday. 这人不是我们昨天送信给他的那个人。❸[非限制性关系代词]他(们)；她(们)；它(们)：I have 40 classmates, some of *whom* have become professors and top people. 我有 40 位同学，他们当中有些人已经成了教授和顶尖人才。

whoop /huːp，ʰwuːp/ **I** *n.* [C] ❶(战斗中的)呼喊，呐喊；(欢乐、激动时的)狂呼，大喊，高叫：*whoops* of victory 胜利的欢呼❷(百日咳等患者的)咳喘声，气喘声 **II** *vi.* (尤指因激动或欢乐等而)呼喊，呐喊；喊叫，狂呼："They made it!" he *whooped* over his radio. "他们成功了！"他在无线电接收机里激动地欢呼道。‖ ˈ**whoop·er** *n.* [C]

whoop·ing /ˈʰwuːpiŋ/ **cough** *n.* [U]【医】百日咳

whoosh /ʰwuʃ/ **I** *vi.* 嗖嗖地飞速而过；嗖嗖地快速移动：The water *whooshed* up suddenly. 水突然嘶嘶地朝上喷了出来。**II** *n.* [C][常用单]嗖的一声，呼的一声；嗖嗖而过，嗖嗖移动：The train sped through the station with a *whoosh*. 火车嗖的一声穿过车站。

whore /hɔːʳ/ *n.* [C]娼妓，妓女：She did not want her daughter to be a *whore*. 她不喜欢自己的女儿去卖笑。‖ ˈ**whor·ish** *adj.*

who're /huːə/ ＝who are

whorl /ʰwɔːl，ʰwəːl/ *n.* [C] ❶【植】轮，轮生体 ❷【解】(指纹等的)涡 ‖ **whorled** *adj.*

who's /huːz/ ❶＝who has ❷＝who is

whose /huːz/ *pron.* [who 和 which 的所有格] ❶[疑问代词]谁的，什么人的：*Whose* are these dictionaries? 这些词典是谁的？❷[关系代词，前置词为人]那个人的；那些人的；他(或她)的；他们(或她们)的：It reads like the work of an old man *whose* hope is evaporated. 这本书读起来倒像是一个希望破灭的老人的作品。❸[关系代词，前置词为物]那一个的；那一些的；它的；它们的：the house *whose* windows are broken 窗子破了的房屋

why /ʰwai/ *adv.* [无比较级][疑问副词]为什么，为何：*Why* are you so afraid of telling the story in public? 你为什么这么怕当众讲这件事呢？

wick /wik/ *n.* [C]灯芯；烛芯；油绳：the *wick* of an oil-lamp 油灯芯

wick·ed /ˈwikid/ *adj.* ❶邪恶的；坏的；罪恶的；伤天害理的，缺德的(见 bad)：He is too *wicked* not to meet a bad end some day. 他太缺德，总有一天会得恶报。❷有害的；危险的：a *wicked* storm 灾难性风暴 ❸淘气的，调皮捣蛋的；恶作剧的：a *wicked* child 顽童 ❹〈口〉恶劣的，极坏的，讨厌的：*wicked* weather 恶劣的天气 ❺〈俚〉绝妙的，极好的，特别棒的；技艺非凡的：This wine is *wicked*. 这葡萄酒棒极了。‖ ˈ**wick·ed·ly** *adv.* —ˈ**wick·ed·ness** *n.* [U]

wick·er /ˈwikəʳ/ *n.* [C;U](用以编制篮筐、席垫或座椅的)柳条；枝条

wick·et /ˈwikit/ *n.* [C] ❶【板】三柱门：at the *wicket* 击球 / be caught at the *wicket* 击球被守门员接住 ❷(建筑物大门边上或门上的)小门，便门，边门 ❸(售票处或银行营业窗口等开在墙上或门上的)小窗口 ❹(门球游戏中的)拱门

wide /waid/ **I** *adj.* ❶宽的，宽阔的；广阔的；广大的(见 broad)：Our new meeting room is very *wide*. 我们的新会议室很宽敞。❷[无比较级](尺寸)宽(度为)…的，…宽的：a plank six inches *wide* 6 英寸宽的木板❸范围大的；包罗很多的，涉及面广的，广泛的；很大程度上的：a *wide* reader 博览群书的人 ❹完全张开的，完全伸展的，张大的：His eyes were *wide* and painful. 他两眼大睁着，很是痛苦。❺差很多的；离主题(或目标)太远的；未中目标的；跑题的(*of*)：His answer is *wide of* the mark. 他的回答离题太远。**II** *adv.* ❶广大地；广泛地，普遍地：We searched far and *wide* for the missing child. 我们到处寻找失踪的孩子。❷完全地，充分地；全部地：The door was *wide* open. 门大开着。❸完全张开地，完全伸展地，张大地：The harder I tried to go to sleep, the *wider* awake I grew. 我越是想要入睡，越是头脑清醒。‖ ˈ**wide·ly** *adj.* —ˈ**wide·ness** *n.* [U]

wid·en /ˈwaidᵊn/ *vt.* 使变宽，放宽，加宽：The road was *widened* last year. 这条路是去年拓宽的。—*vi.* 变宽；(范围等)扩大：The river

W

widens at this point. 在这里河流变宽了。‖ ˈ**wid•en•er** *n.* [C]

wide•spread /ˈwaidspred, waidˈspred/ *adj.* ❶分布(或扩散)广的；大范围的，大面积的：a *widespread* tornado 造成大面积破坏的龙卷风 ❷广泛的；普遍的；普及的(见 prevailing)：receive *widespread* support 受到广泛的支持 / the most *widespread* art form of our time 当代一种最普及的艺术形式

wid•ow /ˈwidəu/ *n.* [C] 寡妇，遗孀，未亡人 ‖ ˈ**wid•ow•hood** *n.* [U]

W

wid•owed /ˈwidəud/ *adj.* [无比较级]守寡的，丧夫的：He lives with his *widowed* mother. 他和孀居的母亲一起生活。

wid•ow•er /ˈwidəuəʳ/ *n.* [C]鳏夫，丧妻人：He was a *widower* again. 他又断弦了。

width /widθ, witθ/ *n.* ❶[U;C]宽(阔)度；幅面；广度：Our bedroom is four meters in *width*. 我们的卧室有 4 米宽。❷[C]一块整幅面料：four *widths* of curtain material 四块窗帘料子

wield /wiːld/ *vt.* ❶手持(武器或工具等)；使用，操纵(武器或工具等)(见 handle)：soldiers *wielding* swords 手持利剑的武士们 ❷运用，行使(权力或权威等)；施加(影响等)；支配，控制：You should *wield* greater power in determining it. 在决定此事时，你们应该行使更大的权力。‖ ˈ**wield•er** *n.* [C]

wie•ner /ˈwiːnəʳ/ *n.* [C]维也纳香肠，熏猪肉香肠〔亦作 **weenie**, **wienie**〕

wife /waif/ *n.* [C]([复]**wives** /waivz/) 妻子，夫人，太太；已婚妇女：a good *wife* 贤妻 ‖ ˈ**wife•ly** *adj.*

wig /wig/ *n.* [C] (尤指为掩饰秃顶而戴的)假发；(法官、律师等在正式场合戴的)(鬈的白色)假发套：They didn't wear *wigs* in court that day. 那天在法庭上他们没有戴假发套。

wig•gle /ˈwigᵊl/ 〈口〉 **I** *vi.* (快速地来回)摆动；晃动；扭动：He *wiggled* his toes. 他扭动着脚趾。—*vt.* 使摆动；使晃动；使扭动 **II** *n.* [C] 摆动；晃动；扭动；波状曲线：walk with a *wiggle* of one's hips 扭着屁股走 ‖ ˈ**wig•gler** *n.* [C] —ˈ**wig•gly** *adj.*

wig•wam /ˈwigwæm, -wɔm/ *n.* [C](北美印第安人的)兽皮(或树皮)棚屋

wild /waild/ **I** *adj.* ❶[无比较级](动、植物)野(生)的；未驯化的；天然(出产)的；非栽培的：a *wild* ox 野牛 ❷(人、部落等)原始的，未开化的，野蛮的：The times in which he lived were *wild*, and rude. 他所处的时代是个不文明的野蛮时代。❸(景象、地方等)荒凉的，没有人烟的；荒芜的；未开垦的：a *wild* garden 荒芜的花园 ❹难以约束的；无节制的；放纵的，放荡的；无法无天的：Our captain was a strange, *wild* man. 我们的船长是个胆大包天的奇才。❺暴风雨(般)的；狂暴的；凶猛的：The boat was out crossing the *wild* sea at night. 夜晚，那条船起航横渡波涛汹涌的大海。❻〈口〉急切的，迫不及待的；渴求的，盼望的；十分热衷的：The girls were *wild* for dancing. 姑娘们对跳舞喜欢得如痴如醉。❼毫无根据的；远离目标的；胡乱的，任意的；轻率的：Her talk was getting so *wild*. 她说话太不着边际。**II** *n.* [**the ～s**]荒野，荒地；未开垦地带；穷乡僻壤：They went to *the wilds* of Africa to hunt zebras. 他们深入非洲的蛮荒之地去捕杀斑马。‖ ˈ**wild•ly** *adv.* —ˈ**wild•ness** *n.* [U]

wil•der•ness /ˈwildᵊnis/ *n.* [通常用单]荒无人烟的地区；荒漠；荒野；旷野；未开垦地区：We should maintain the *wilderness* so that fur-bearing animals would continue to flourish. 我们应该保护野生环境。这样，产毛皮的动物才能继续繁殖下去。

wil•ful /ˈwilfᵘl/ *adj.* ＝willful

will[1] /wil, wəl/ (单数及复数现在式 **will** 或 **'ll**；单数及复数过去式 **would**；第二人称单数过去式 **wouldst** /wudst/或 **would•est** /ˈwudist/；否定省略式 **won't** 或 **wouldn't**) *v. aux* ❶[表示单纯的将来，后接不带 to 的动词不定式，书面语中用于第二、第三人称，口语中亦用于第一人称]将，将要，会：The ballet *will* premiere in New York next month. 这出芭蕾舞剧将于下个月在纽约首次公演。❷[表示意愿、意图、建议、请求等]要，定要；想，愿：I *will* stop drinking — I really *will*! 我要戒酒了——我真的要戒！❸[表示命令、指示等]必须，定要，务必：*Will* you stop the quarrel this instant! 你们马上给我停止争吵！❹[表示习惯、倾向等]总是，惯于，经常发生：Car accidents *will* happen on this road. 这个路段车祸时有发生。❺[表示能力、功能等]能，行：How much liquid *will* the container hold? 这个容器能装多少液体呢？❻[表示推测、期望]可能，大概；想必，肯定：They'*ll* be watching TV. 他们一定在看电视。

will² /wil/ **I** *n.* ❶[U]意愿,心愿;希望;目的;旨意:He said it was not the *will*, but the power that was deficient. 他说他是心有余而力不足。❷[C]意志;毅力;自制力,自控力:He made an effort of *will* to overcome the pain. 他以顽强的意志忍住了疼痛。❸[U]决心;决断;主见:You should have your own *will*. 你应该有自己的主见。❹[C]【律】遗嘱:I was left $ 50,000 in my grandfather's *will*. 我祖父在他的遗嘱中给我留下了5万美元的遗产。**II** *vt.* 用意志力促使(或控制);决心做,决意做;决定:She *willed* herself to be calm, listening. 她强使自己镇静勿慌,张耳谛听。‖ ***at will*** *adv.* & *adj.* 任意地,随意地;随时的:You are free to come and go *at will*. 你们可以来去自由。

will·ful /ˈwilfᵊl/ *adj.* ❶有意的,故意的,存心的:It seemed *willful*. 这看来是故意的。❷固执的,执拗的,任性的;刚愎自用的(见 unruly):a *willful* and difficult child 执拗而任性的孩子〔亦作 **willful**〕 ‖ **ˈwill·ful·ly** *adv.* —**ˈwill·ful·ness** *n.* [U]

will·ing /ˈwiliŋ/ *adj.* ❶[作表语]愿意的,乐意的:Are you *willing* to pay the price? 你愿意出这个价吗? ❷[作定语]积极的,热心的;有干劲的;反应灵敏的:Once more she had given the strength of her frail, *willing* body. 她再一次不辞辛劳地贡献了她微弱的体力。❸[作定语]出于自愿的,自愿的 ‖ **ˈwill·ing·ly** *adv.* —**ˈwill·ing·ness** *n.* [U]

wil·low /ˈwiləu/ *n.* ❶[C]【植】柳,柳树 ❷[U]柳木,柳材

will-pow·er /ˈwilˌpauəʳ/ *n.* [用单]意志力,毅力:have a strong *will-power* 有顽强的毅力

wil·ly-nil·ly /ˌwiliˈnili/ *adv.* [无比较级] ❶不管愿意不愿意,无可奈何地:He would be forced to collaborate *willy-nilly*. 他愿意也罢不愿意也罢,将不得不采取合作态度。❷乱七八糟地,杂乱无章地:throw one's clothes *willy-nilly* into a drawer 把衣服杂乱地塞进抽屉

wilt /wilt/ *vi.* ❶(树叶、花草等)打蔫,枯萎,凋谢:The grass *wilted* under the hot sun. 草地在烈日的炙烤之下打蔫了。❷(人等)无精打采,有气无力;变得虚弱(或疲倦);支撑不住:We're all *wilting* in this heat. 天气如此炎热,我们全都无精打采的。❸变得软弱,失去勇气;退缩,畏缩:When all the hostile faces towards me, I *wilted* suddenly. 面对那些充满敌意的面孔,我突然间失去了勇气。—*vt.* 使打蔫;使枯萎;使凋谢

wil·y /ˈwaili/ *adj.* 诡计多端的;奸诈的;狡猾的:*wily* tricks 狡猾的骗术 ‖ **ˈwil·i·ness** *n.* [U]

wimp /wimp/ 〈口〉 *n.* [C]懦弱的家伙,软骨头;没用的人,窝囊废:He looks like such a *wimp*. 他看上去像个软骨头。 ‖ **ˈwimp·y** *adj.*

win /win/ **I** (**won** /wʌn/; **win·ning**) *vt.* ❶在…中获胜;获得…的第一名:Both sides expected to *win* a quick victory. 双方都希望能够迅速获胜。❷打赢(战斗、战争等):We *won* the war. 我们打赢了这场战争。❸赢得;获得;夺得;争得:This did *win* him a wide acclaim. 这的确使他赢得了广泛的赞誉。—*vi.* 赢,获胜;得第一,夺冠:You're bound to *win*. 你一定会获胜的。**II** *n.* [C]〈口〉胜利,赢;(赛马的)第一名:We need a *win* in Congress. 我们需要在议会中获胜。

wince /wins/ *vi.* (因疼痛或受惊吓等而)脸部肌肉抽搐;皱眉蹙额;(本能地)退缩,畏缩:It makes me *wince* even thinking about the operation. 一想到这个手术我心里就发怵。

wind¹ /wind/ **I** *n.* ❶[U;C]【气】(天然形成或人工促成的)风;气流:the soft *wind* of spring 和煦的春风❷[C](一件)管乐器;[总称]管乐器类;[**the** ~(**s**)](管弦乐队中的)管乐器部;管乐器演奏者:music for *wind* 管乐器乐曲 ❸[U]呼吸;气息;喘息:She leaned against the wall catching her *wind*. 她靠着墙,大口喘气。❹[U]风声,(小道)消息;传言,传闻:Did you catch the *wind* of it? 你听到这事儿的风声了吗? ❺[U]肠气;胃气;肠胃胀气(不适):Your baby got [suffered from] *wind*. 您的宝宝有肠气。**II** *vt.* 使气急,使喘气;使呼吸急促:I was *winded* by a sudden blow to the stomach. 我肚子上突然挨了一拳,喘不过气来。

☆**wind**, **breeze**, **gale**, **gust**, **zephyr** 均有"风"之意。**wind** 最普通和最常用,泛指空气流动现象,不管风速和风力多大:We couldn't play tennis because there was too much *wind*. (风太大,我们打不了网球了。)**breeze** 常指令人愉快或舒适的轻柔和风:A gentle *breeze* was blowing. (微风轻吹。)**gale** 表示风速在每小时 39

至75英里的大风，具有一定的破坏性：The ship lost its masks in the *gale*. (风暴将船的桅杆中刮掉了。) **gust** 尤指空气突然强烈地快速流动，带有疾风或阵风的含义：A *gust* of wind blew the door shut. (一阵大风吹来，把门关上了。) **zephyr** 为诗歌用词，表示和煦的微风：The fresh, clear air, moved agreeably by a *zephyr* breeze, held a scent of jasmine. 和风吹动的清新空气带有茉莉花香。

wind² /waind/ (**wound** /waund/) *vi*. 弯曲向前；曲折行进；蜿蜒；迂回：The river *winds* across the forest. 这条河蜿蜒穿过森林。—*vt*. ❶使弯曲向前；使曲折行进；使蜿蜒；使迂回：They *wound* their way through the narrow streets. 他们迂回曲折地穿过一条条窄巷。❷绕；缠绕，卷绕；把…绕成团：Would you *wind* the rope onto the tree for me? 你能帮我把这根绳子绕在树上吗？❸给…上发条，上紧…的发条：He *winds* (up) his watch every evening. 他每天晚上给手表上紧发条。‖ ***wind down*** *vi*. ❶渐渐结束；停止运作：The civil war is *winding down*. 内战在逐渐平息。❷平静下来，放松一下：This year has been frantically busy for us — I need a holiday just to *wind down*. 今年我们忙得要命——我需要有一段假期放松一下。***wind up*** *vi*. & *vt*. ❶(使)结束；得出结论：The meeting *wound up* at about 4:30。会议大概4:30结束。❷(以…)告终；落得个(…的下场)：You'll *wind up* in hospital if you drive so fast. 如果你开车开这么快，早晚会落得个进医院的下场。❸使某人高度兴奋或激动：He gets so *wound up* when he's arguing. 他一辩论起来就十分激动。‖ **'wind·er** *n*. [C]

windchill /'windtʃil/ **factor** *n*. [U]风寒指数

wind·fall /'windfɔːl/ *n*. [C](尤指遗赠物或遗产等)意外的收获；意外之财：Their *windfall* made a mighty stir in the poor little village. 他们发了横财的消息在这个贫穷的小村庄引起了极大的轰动。

wind /wind/ **instrument** *n*. [C]【音】管乐器

wind·mill /'windmil/ **I** *n*. [C]风车；风车房 **II** *vi*. & *vt*. (使)作风车般转动

win·dow /'windəu/ *n*. [C] ❶窗户；窗口；窗框：a ceiling-to-floor *window* 落地窗 ❷【计】窗口 ❸〔亦作 **launch window**〕(有利的)时机，机会：There might be a *window* in his busy schedule next Monday when the president could see you. 总裁的日程排得很满，下星期一可能有个机会可以见你。

wind·ow-box /'windəuˌbɔks/ *n*. [C](置于窗台上种花用的)窗台花坛

win·dow-pane /'windəuˌpein/ *n*. [C]窗玻璃

win·dow-shop /'windəuˌʃɔp/ *vi*. (**-shopped**, **-shop·ping**) 浏览商店橱窗；逛街：I believe people go to Regent Street to *window-shop*, but they go to Oxford Street to buy. 我相信人们到摄政街只是逛逛而已，他们去牛津街才是购物。‖ **'win·dow-ˌshop·per** *n*. [C]

win·dow-sill /'windəuˌsil/ *n*. [C]窗沿；窗台

wind·pipe /'windpaip/ *n*. [C]气管

wind·shield /'windʃiːld/ *n*. [C](汽车的)挡风玻璃

wind-sock /'windsɔk/ *n*. [C]【气】风向袋

wind·surf·ing /'windˌsəːfiŋ/ *n*. [U]风帆冲浪运动

wind·swept /'windswept/ *adj*. [无比较级]风吹的；临风的，迎风的；受大风侵袭的：It was cold and *windswept*. 天气很冷，那地方又迎风。

wind·ward /'windwəd/*adj*. & *adv*. [无比较级]向风(的)，迎风(的)，受风(的)，顶风(的)，逆风(的)：We steered *windward*. 我们逆风航行。

wind·y /'windi/ *adj*. ❶【气】有风的，刮风的；风大的：a *windy* day 刮风天 ❷多风的；受风的，迎风的，被风刮的：a *windy* hillside 迎风的山坡 ‖ **'wind·i·ness** *n*. [U]

wine /wain/ *n*. [C;U]葡萄酒；酒：the *wines* of Bordeaux 波尔多产的各种葡萄酒

wing /wiŋ/ *n*. [C] ❶(鸟、蝙蝠或昆虫等的)翅，翅膀，翼；翼状器官：a butterfly with beautiful markings on its *wings* 翅上有美丽图纹的蝴蝶 ❷翼状物，翼状部分；(扶手椅靠背顶端两边往前突出的)翼部 ❸(飞行器的)翼，机翼：the plane's *wing* 飞机机翼 ❹【建】房屋翼部，侧厅，厢房；(大型建筑物的)突出部分，延伸部分，翼：A *wing* of the main building collapsed. 主楼的一侧倒塌了。❺(政党、团体等的)派别，宗派，翼：the right *wing* of the Democratic party 民主党的右翼 ❻【体】(足球或冰球等运动中的)边锋(位置),侧翼(队员):Who is that boy playing left *wing* in the school team? 在校队里踢左边锋的那个男生是谁? ❼【戏】(舞台的)侧面;侧景;[～s]舞台两侧 ‖ **winged** *adj*. —'**wing·less** *adj*.

wing-span /ˈwiŋspæn/ *n*. [C](鸟、昆虫或飞机等的)翼展:an aircraft with a *wing-span* of 30 meters 翼展 30 米的飞机

wink /wiŋk/ **I** *vi*. ❶眨眼;眨眼示意,递眼色:She *winked* at me to let me know she understood. 她对我眨眼示意她明白了。❷(灯光或信号等)闪烁;明灭;频闪发信号:I saw the car's small lights on the left hand side *wink* when it turned left. 我看见那辆车往左拐的时候,左手的那些小灯频频闪烁发信号。—*vt*. ❶眨(眼);眨眼表示;递(眼色)示意:I don't like being *winked* at. 我不喜欢别人对我挤眉弄眼的。❷打(灯光信号等);发送(灯光信号等):We *winked* our flashlights hopefully. 我们满怀希望地将手电筒一开一关,发送示意信号。**II** [C] ❶(尤指作为信号的)眨眼;眼色;递眼色,使眼色,眨眼示意:She gave me a friendly *wink*. 她朝我友好地眨了眨眼睛。❷〈口〉(尤指打盹等的)片刻,瞬间,眨眼工夫:I'll be back in a *wink*. 我马上就回来。

win·ner /ˈwinəʳ/ *n*. [C]赢者,获得者;获胜者;优胜的事物;成功的事物:a Pulitzer prize *winner* 普利策奖得主

win·ning /ˈwiniŋ/ **I** *adj*. [通常作定语] ❶获胜的;赢的;有优势的:the *winning* entry 获胜选手 ❷吸引人的;动人的;迷人的;可爱的:The young ladies were pretty, their manners *winning*. 那些年轻小姐长得很漂亮,一个个风采动人。**II** *n*. [～s] ❶(尤指在赌博时)赢的钱:What are you going to spend your *winnings* on? 你打算怎样花你赢的钱呢? ❷获胜,胜利 ‖ '**win·ning·ly** *adv*.

win·ter /ˈwintəʳ/ *n*. ❶[C;U]冬天,冬季:It was *winter* everywhere. 到处是一派冬令景象。❷[U]寒冷的天气

win·ter·time /ˈwintəˌtaim/ *n*. [U]冬季,冬天

win-win /ˈwinˈwin/ *adj*. [无比较级]双赢的,有利于双方的:a *win-win* situation 双赢的局面

wipe /waip/ **I** *vt*. ❶擦,拭,抹;擦净;抹干,揩干:*Wipe* the blackboard clean, John. 约翰,把黑板擦擦干净。❷擦去,抹去,揩掉;消除:Time will never *wipe* his image from my memory. 无论时间如何变迁,他的形象永远不会从我的记忆中抹去。**II** *n*. [C] 擦;拭;抹;揩:Give your face a good *wipe*. 把你的脸好好擦擦干净。‖ ***wipe out*** *vt*. & *vi*. ❶摧毁,毁灭:Whole cities were *wiped out* in the war. 战争中整座整座的城市遭到毁灭。❷消除,去除:*wipe out* deficits 消灭赤字 ‖ '**wip·er** *n*. [C]

wire /ˈwaiəʳ/ **I** *n*. ❶[C;U]金属丝;金属线:copper *wire* 铜丝 ❷[C]导线,电线;电话线;电报线;电缆;线路:ground *wire* 地线 **II** *vt*. ❶在…上装金属丝;用金属丝捆扎(或加固、串接等):*wire* two things together 用金属丝把两个东西扎在一起 ❷给…装电线(*up*):The new building has not been *wired up* yet. 新大楼的电线还没有布好。❸用金属网把…围起;给…装金属线(尤指电线) ❹〈口〉用电报传送;给…发电报:He *wired* me that he had arrived in New York. 他给我发电报说他已经抵达纽约。—*vi*. 〈口〉发电报,打电报:*wire* for help 发电报求救 / Did you *wire* to him? 你给他发电报了吗? ‖ ***down to the wire*** *adv*. 到最后一刻;直至最后;最终 ***under the wire*** *adv*. 在最后期限前

wire·less /ˈwaiəlis/ *adj*. [无比较级] ❶无线的;用无线电波传送的:digital *wireless* phone 数字无线电话 ❷〈主英〉无线电报(或电话)的:my favourite *wireless* station 我最喜欢的无线电台

wir·ing /ˈwaiəriŋ/ *n*. [U]【电】线路:A lot of old *wiring* here should be replaced. 这里很多旧的线路都该换掉了。

wir·y /ˈwaiəri/ *adj*. ❶像金属丝的:He ran his left hand through his *wiry* black hair. 他用左手梳理了一下他那柔韧的黑发。❷(人或动物)精瘦结实的:a dancer's *wiry* frame 舞蹈家结实而苗条的身材 ‖ '**wir·i·ness** *n*. [U]

wis·dom /ˈwizdᵊm/ *n*. [U]聪明,聪慧;明智;英明;智能,才智:The *wisdom* of the saying was verified in this instance. 这个例子证明了这是句极聪明的话。

wisdom tooth *n*. [C]【解】智牙,智齿

wise /waiz/ *adj*. ❶聪明的,智能的;精明的;有判断力的,明智的;英明的:It was *wise* of you to tell him the truth. 你把实情告诉他是对

W

的。❷博学的,有学问的;有见识的:a *wise* scholar 博学多知的学者 ‖ ***be*** [***get***] ***wise to*** *vt*. 〈口〉知道,了解;发现,察觉;明白,醒悟:We were not *wise to* her then. 当时我们对她不太了解。‖ ˈ**wise·ly** *adv*.

☆**wise, judicious, prudent, sage, sane, sapient** 均有"明智的"之意。**wise** 表示对人或形势有透彻了解、做事高明、判断正确,常含知识广博、经验丰富的意味:You'll understand when you are older and *wiser*.(等你长大懂事了,你就会明白的。)**judicious** 表示作出的决断是明智的,常有善于辨别真伪、思想稳健、不带偏见、公正公道的意味:A *judicious* parent encourages his children to decide many things for themselves.(明智的家长鼓励孩子对许多事情自己做决定。)**prudent** 指具有丰富的阅历或经验,善于自我克制而作出审慎的判断:It would be *prudent* to save some of the money.(存点钱是有远见的。)**sage** 表示具有哲人的气质、阅历丰富、知识渊博,常用于受人敬重的智者及其忠告或建议等:I was grateful for the old man's *sage* advice.(我很感谢那位老人贤明的忠告。)**sane** 强调头脑清醒冷静,行为处事稳妥、合情合理:take a *sane* view of the situation(对局势持清醒的态度)**sapient** 指观察能力很强,表现出非凡的洞察力和睿智,也常用作反语,表示貌似聪明或小聪明:the *sapient* observations of a veteran foreign correspondent(资深驻外记者敏锐的观察)。

wish /wiʃ/ **I** *vt*. ❶希望;想要(见 hope):Don't you *wish* to buy anything? 你不想买点儿什么吗?❷[表示不能实现或与现实相悖的愿望,后常接宾语从句,从句常用虚拟语气]但愿:She *wished* now she had put on a coat. 她后悔自己没穿上一件外套。❸祝,祝愿,祝福:*Wish* you well! 希望您走运!—*vi*. ❶盼望,期盼;想要(*for*):*wish for* peace 期盼和平❷祷告,祈求(*for*,*on*,*upon*):Let's *wish*! 让我们祈祷吧!**II** *n*. ❶[C;U]希望;愿望,心愿:His dearest *wish* was to see your club. 他的最大奢望就是看看你们的俱乐部。❷[U]盼望的事情;希望得到的东西:He has finally got his *wish*, a beautiful wife. 他最终如愿以偿,娶了一位美丽的妻子。‖ ˈ**wish·er** *n*. [C]

wish·ful /ˈwiʃfᵊl/ *adj*. 渴望的;向往的;热切希望的:be *wishful* to do sth. 急切地想做某事 ‖ ˈ**wish·ful·ly** *adv*. —ˈ**wish·ful·ness** *n*. [U]

wisp /wisp/ *n*. [C] ❶(稻草等的)小捆,小把,小束:*wisps* of grass 几束青草 ❷(须发或烟雾等的)(一)绺;(一)缕;(一)丝,(一)根:A *wisp* of smoke curled up from the chimney. 一缕轻烟从烟囱里袅袅而上。‖ ˈ**wisp·y** *adj*.

wist·ful /ˈwistfᵊl/ *adj*. ❶(人或神情等)渴望的,热望的;渴求的,神往的;思念的;眷恋的,恋恋不舍的:*wistful* reminiscences of one's lost youth 对逝去青春的眷恋之情 ❷沉思的;愁闷的,愁苦的:There was a *wistful* look upon his wrinkled face. 他有皱纹的脸上带着一种沉思的神情。‖ ˈ**wist·ful·ly** *adv*. —ˈ**wist·ful·ness** *n*. [U]

wit /wit/ *n*. ❶[U;C]头脑;智力,才智:exercise one's *wits* 动脑筋❷[U]风趣,诙谐,幽默;风趣的话语,妙语:His speech doesn't contain any *wit*. 他的演说一点都不风趣。❸[C]说话风趣的人,机智幽默的人:the world's greatest *wit* 世界上最了不起的幽默大师 ❹[常用复]领悟力;理解力:have not the *wits* to see sth. 缺乏理解某事的能力 ‖ ***at one's wit's*** [***wits'***] ***end*** *adv*. & *adj*. 智穷计尽,全然不知所措:Finding himself *at his wit's end*, he went to his colleagues for help. 他发觉自己实在想不出什么好办法,就去向同事们请教。

☆**wit, humour, irony, repartee, satire** 均有"能引起兴致、产生特殊效果的表达方式"之意。**wit** 表示能出人意料地看到矛盾,言词机智巧妙:Everybody appreciated the *wit* of Wilde and Shaw.(每个人都很欣赏王尔德和萧伯纳的机智。)**humour** 指能觉察并表达生活中滑稽、可笑或荒唐的方面,但语气亲善,不带怨恨,能激起听众或观众的共鸣:She could appreciate the *humour* of the remark.(她能体会到话语中的幽默。)**irony** 指故意说的反话:I have been struck dumb with his *irony*.(他的讥讽使我哑口无言。)**repartee** 指机智幽默、妙趣横生的如流对答:the flippant *repartee* of political comedy(政治喜剧中不假思索的巧辩)**satire** 为文学用词,表示通过反语、模仿、嘲弄或漫画来揭露或批评恶行或蠢事:His new play is a *satire* on the fashion industry.(他的新剧对时装业进行了嘲讽。)

witch /witʃ/ *n*. [C] ❶女巫,巫婆;〈英方〉巫师,男巫 ❷丑老太婆;凶婆子,母夜叉 ‖ ˈ**witch·y** *adj*.

witch•craft /ˈwitʃkrɑːft;-kræft/ *n.* [U]巫术,妖术;法术,魔法

witch-hunt /ˈwitʃhʌnt/ *n.* [U](尤指对持不同政见者的)搜捕和迫害

with /wið,wiθ/ *prep.* ❶[表示所使用的工具、手段或材料等]用,拿;靠,借助;以(见 by):He studied me *with* his sharp eyes. 他用锐利的目光仔细打量着我。❷[表示联合或陪伴等]和…在一起;和,同,跟,与:Oil will not mix *with* water. 油和水不相容。❸[表示原因]因,由于:He went pale *with* rage. 他气得脸煞白。❹[表示人或事物所具有的特点或特征]具有;带有;拥有;穿戴着;具有…的特点(或特征):an old man *with* white hair 白发老翁❺[表示随身、随同、携带等]在…身边;在…身上,随身带着:I know that you always have some money *with* you. 我知道你总是会随身带些钱的。❻在…情形之下:You don't have to agree *with* reluctance. 你不必勉强同意。❼[表示同时、同方向或同等程度进行](伴)随着,与…同时;在…后:Temperatures vary *with* the time of the year. 温度随时节而变化。❽[表示所采用的行为方式]以,带着:*with* an effort 费力地❾[表示理解、赞同或支持等]理解,明白;在…一边,与…一致:They were completely *with* me. 他们完全站在我的一边。/ I don't quite agree *with* what he has just said. 我不太赞同他刚才说的话。❿[表示竞争、反对、对抗或分离等]和,与,跟,同:Stop fighting *with* him! 别跟他打了!⓫[表示对照和比较]和,与,跟,同:He's got nothing in common *with* his father. 他跟他父亲一点也不一样。⓬[表示责任]交给,留给,由…处理(或负责):Leave the baby *with* her nurse. 把宝宝交给她的保姆去照看。⓭[表示涉及范围和方面]就…来说,在…看来;在…那里;至于;对于:*With* some women, work is more important than family. 对有些女性来说,事业比家庭更重要。

with•draw /wiðˈdrɔː,wiθ-/ (**-drew** /-ˈdruː/, **-drawn** /-ˈdrɔːn/) *vt.* ❶缩回,抽回,拉回;挪开,移开;拿走,拿开:The kid quickly *withdrew* his hand from the food on the table as soon as he saw me. 那孩子一看见我就立刻把伸向桌上食品的手缩回去了。❷收回;取回;取消;撤销;撤回:*withdraw* the charges against sb. 撤销对某人的指控❸撤离,撤出;使退出;使离开:*withdraw* troops from the battlefield 把部队从战场上撤下来 ❹(从银行)提(款),取(钱):*withdraw* money from the bank 从银行提款 —*vi.* 退出;离开;撤离,撤退(见 go):After dinner, they *withdrew* into the sitting room to chat about their plan. 晚宴之后,他们又回到客厅闲聊他们的计划。

with•draw•al /wiðˈdrɔːəl,wiθ-/ *n.* ❶[U;C]缩回;收回,取回;提款;取消,撤销;撤退,撤离;退出:the *withdrawal* of troops 撤军 ❷[C]戒毒过程,脱瘾过程

with•drawn /wiðˈdrɔːn,wiθ-/ **I** *v.* withdraw 的过去分词 **II** *adj.* ❶怕羞的;性格内向的;沉默寡言的:Tom was more like his father, thoughtful and rather *withdrawn*. 汤姆更像他父亲,喜欢沉思默想,性格内向。❷不与人交往的;离群索居的:As resumes went unanswered, he became depressed and *withdrawn*. 寄出的简历得不到回音,他随之变得消沉和孤僻了。

with•er /ˈwiðəʳ/ *vi.* ❶变干枯,变干瘪;凋落,凋谢(*away*,*up*):The leaves usually *wither* and fall off the trees in autumn. 树叶通常是在秋天凋落。❷萎缩;变枯槁;衰落,衰退;破灭;消失(*up*,*away*):The colour *withers* easily. 这种颜色很容易褪。—*vt.* ❶使干枯,使干瘪;使凋谢,使凋落:The drought *withered* the crops. 干旱使农作物枯萎。❷使萎缩;使枯槁;使衰落,使衰退;使破灭,使消失:Age *withered* her. 年龄不饶人,她衰老了。❸使畏缩;使难堪:*wither* sb. with a look 瞪某人一眼使他畏缩(或羞惭) ‖ ˈ**with•er•ing•ly** *adv.*

with•hold /wiðˈhəuld,wiθ-/ (**-held** /-ˈheld/) *vt.* ❶使停止;阻止,阻挡(*from*):My poor health *withheld* me *from* making the attempt. 我的健康状况使我无法做此尝试。❷拒给,不给(*from*):*withhold* one's consent 不予同意 / *withhold* payment 拒绝付款 ❸扣除,代扣(所得税等):His salary has been *withheld*. 他的薪水被扣发了。—*vi.* 抑制,克制(*from*):*withhold from* tears 忍住眼泪 ‖ **withˈhold•ing** *n.* [U]

with•in /wiˈðin,-ˈθin/ **I** *prep.* ❶在…里面,在…内部;往…里面,向…内部:*Within* the church all was quiet. 教堂里一片寂静。❷(时间、距离等)不超过,不到,在…之内:*within* an hour's drive 在一个小时的车程之内 ❸在…范

围(或限度)之内:We should keep *within* the law. 我们应该遵纪守法。**II** *adv.* [无比较级]〈古〉〈书〉❶在(或从)里面;在(或从)内部:paint a house *within* and without 里里外外粉刷房屋 ❷在内心,内心里;思想上:a man whose blood is cold *within* 一个内心冷漠的人

with•out /wiˈðaut,-ˈθaut/ **I** *prep.* ❶没有,缺少,缺乏,无:As is very natural,man can't live *without* air. 离开空气人就无法生存,这很自然。❷免除,排除:a world *without* hunger 一个消除了饥饿的世界 ❸没有…陪伴:Don't go *without* me. 别不和我一起走。**II** *adv.* [无比较级]〈古〉〈书〉❶在外面;从外面:Let him wait *without*! 让他在外面等着! ❷在户外,在室外:remain shivering *without* 在户外发抖 ❸在没有(或缺少)的情况下:I could be happy when I had money,but sometimes even happier *without*. 我有钱固然幸福,但有时没钱却更幸福。

with•stand /wiðˈstænd,wiθˈ-/ (**-stood** /-ˈstud/) *vi.* 对抗;反抗;抵抗 —*vt.* 经受(住),承受(住);顶(得)住;抵住:I just couldn't *withstand* her taunts. 我就是受不了她的冷嘲热讽。

wit•ness /ˈwitnis/ **I** *n.* ❶[C]见证人;目击者:There was no *witness* around at that time. 当时现场没有目击者。❷[C]【律】证人;连署人:Only two *witnesses* testified at the trial yesterday. 昨天只有两个证人在审判中作证。❸[U]见证;证据;证言,证词:Her smile is a *witness* to her happy marriage. 她脸上的笑容证明她婚姻幸福。**II** *vt.* ❶目击,目睹,亲眼看见;注意到:The child who had *witnessed* the murder was killed. 亲眼那个谋杀案的孩子被杀害了。❷表明,证明,是…的证据;给…作证;连署:He *witnessed* my signature. 他为我的签署作了证。—*vi.* 作证,证明(*to*):I *witnessed to* having seen him shoplift in the supermarket. 我证明他在超市里行窃了。

witness box *n.* [C](法庭上的证人席)〔亦作 **stand**〕

wit•ted /ˈwitid/ *adj.* [无比较级][常用以构成复合词]智力…的,头脑…的:a slow-*witted* man 头脑迟钝的人

wit•ti•cism /ˈwitiˌsizᵊm/ *n.* [C]诙谐话,俏皮话;妙语:a dialogue full of *witticisms* 妙语连珠的对话

wit•ty /ˈwiti/ *adj.* ❶说话风趣的,谈吐诙谐的:Poets make men *witty*. 读诗使人灵秀。❷(言辞等)巧妙的;诙谐的,风趣的,妙趣横生的:a *witty* conversation 妙趣横生的对话 ‖ **ˈwit•ti•ly** *adv.* —**ˈwit•ti•ness** *n.* [U]

☆ **witty, facetious, humorous, jocose, jocular** 均有"诙谐,幽默"之意。**witty** 指思维灵敏,善于抓住滑稽可笑之处,语言机智俏皮,有时带有嘲讽、挖苦的意味:He wrote to her every week his direct,rather *witty* letters.(他每星期都给她写信,措辞直率而又妙语如珠。)**facetious** 尤指不严肃、不合时宜或粗俗的玩笑或戏谑性语言,多用于贬义:He was being *facetious* and Grandmother got crosser and crosser.(他说话不正经,祖母听了越来越生气。)**humorous** 用于引人发笑的人或事,较侧重情感而不是俏皮,往往亲切友善而不是超脱冷漠,表现出奇异古怪的情趣而不是敏锐的洞察力:Pope is often described as a witty,Burns as a *humorous*,poet.(人们常认为蒲伯是一个机智风趣的诗人,而彭斯则是一个诙谐幽默的诗人。)**jocose** 表示喜欢说笑话、开玩笑但有不问场合、调皮捣蛋的意味:*jocose* proposals(令人捧腹的建议)**jocular** 强调生性乐观开朗、喜欢开玩笑和打趣:He is a *jocular* man,especially around women.(他是个爱开玩笑的人,尤其是在女人堆里。)

wives /waivz/ *n.* wife 的复数

wiz•ard /ˈwizəd/ *n.* [C] ❶巫师,术士,魔法师 ❷〈口〉天才,奇才;能手,行家:a *wizard* at maths 数学天才 ❸变戏法的人,魔术师 ‖ **ˈwiz•ard•ry** /-dri/ *n.* [U]

wk. *abbr.* ❶ week ❷ work

wob•ble /ˈwɔbᵊl/ *vi.* ❶摇摆,摇晃:He stood there with his head *wobbling*. 他站在那里,头不停地摇晃着。❷摇摆不定:The president *wobbled* on the Middle East. 总统在中东问题上举棋不定。❸(声音等)颤动;抖动:Her voice *wobbled* dangerously,but she brought it under control. 她的声音颤抖得厉害,但是她还是控制住了。—*vt.* 使摇摆,使摇晃:Don't *wobble* the table like that! 别那样晃桌子! ‖ **wob•bly** /ˈwɔbli/*adj.* —**ˈwob•bli•ness** *n.* [U]

woe /wəu/ *n.* [U]〈古〉〈书〉❶悲伤,悲哀;痛苦,苦恼:a face full of *woe* 极度悲伤的面孔 ❷[常作～s]困难;灾难;不幸:Don't add to my *woes.* 别再给我添乱啦。

wok /wɔk/ *n.* [C](中国式)煎炒锅

woke /wəuk/ *v.* wake 的过去式

wo·ken /ˈwəukᵊn/ *v.* wake 的过去分词

wolf /wulf/ *n.* [C]([复]**wolves** /wulvz/) ❶【动】狼;类似狼的动物 ❷〈俚〉色狼,色鬼 ❸贪婪成性的人,强取豪夺的人;凶残的人 ‖ ˈ**wolf·ish** *adj.*

wom·an /ˈwumᵊn/ *n.* ([复]**wom·en** /ˈwimin/) ❶[C]成年女子,女人,妇女:a married *woman* 已婚妇女 ❷[总称][不用冠词]女性,女人,女子:Generally speaking, *woman* lives longer than man. 一般说来,女人比男人长寿。

-wom·an /ˈwumᵊn/ *comb. form* [用以构成名词]表示"职业(身份)的女人":chair*woman*; spokes*woman*

wom·an·hood /ˈwumᵊnˌhud/ *n.* [U] ❶女性成年期:a teenage girl's journey towards *womanhood* 一个妙龄少女走向成熟的过程 ❷女性特征,女性气质,女人味

wom·an·ly /ˈwumᵊnli/ *adj.* ❶女人气的;女子应有的,女子特有的:She is a *womanly* woman. 她是个很有女人味的女人。❷妇女的;女子般的;适合成年女子的:a *womanly* suit 女式套装 ‖ ˈ**wom·an·li·ness** *n.* [U]

womb /wuːm/ *n.* [C] ❶【解】子宫 ❷发祥地,发源地,孕育处:the *womb* of Judaism 犹太教的发祥地

won /wʌn/ *v.* win 的过去式和过去分词

won·der /ˈwʌndəʳ/ **I** *n.* ❶[U]惊异,惊诧;惊叹;惊羡;惊奇:The foreign tourists were all filled with *wonder* at the sight of the Great Wall. 看见长城,外国游客都惊叹不已。❷[C]奇异(或非凡)的人(或事物);奇迹:It is a *wonder* that you were not hurt. 你那次没有受伤,真是个奇迹。**II** *vi.* ❶感到疑惑;感到好奇;想要知道(*about*):I've been *wondering about* your health recently. 近来我一直在担心你的身体状况。❷感到惊诧,感到惊讶(*at*):We all *wondered at* her calmness. 我们都对她的沉着镇定感到吃惊。—*vt.* ❶对…感到疑惑;对…感到好奇;想要知道:I really *wonder* why they hate you. 我真弄不明白,他们为什么恨你。❷对…感到吃惊,对…感到诧异:Don't you *wonder* that he was not punished? 他并未受到惩罚,你们不觉得诧异吗? ❸[用以表示礼貌]请求;询问;建议:I *wonder* if you could lend me your new dictionary. 你的新词典能否借我一用。

won·der·ful /ˈwʌndəfᵘl/ *adj.* ❶奇妙的;令人惊奇(或惊叹)的;极好的;绝妙的;了不起的:Laura, you look absolutely *wonderful*. 劳拉,你看起来简直太迷人了! ❷令人愉快的,让人高兴的:Did you have a *wonderful* time? 你们玩得开心吗? ‖ ˈ**won·der·ful·ly** *adv.* —ˈ**won·der·ful·ness** *n.* [U]

won't /wəunt; wʌnt/ =will not

wood /wud/ *n.* ❶[U]木(质) ❷[U;C]木头;木材,木料:a bed made of *wood* 木头床 ❸[U]木柴,柴火:Gather more *wood*. 多捡点儿柴火来。❹[常作~s][作~s时用作单或复]森林,树林;林地:beat the *woods* 从树林中驱出猎物

wood·cut·ter /ˈwudˌkʌtəʳ/ *n.* [C]伐木工人 ‖ ˈ**woodˌcut·ting** *n.* [U]

wood·ed /ˈwudid/ *adj.* [无比较级]长满树木的,林木茂密的:*wooded* hills 林木蓊郁

wood·en /ˈwudᵊn/ *adj.* ❶[无比较级]木头的,木质的,木制的:a *wooden* box 木盒 ❷像木头的;呆板的;死板的;毫无生气的;面无表情的:His expression became *wooden*. 他变得面无表情。❸笨手笨脚的,动作不灵活的;僵硬的,不自然的:a rather *wooden* performance 极不自然的僵硬表演 ❹反应迟钝的;呆笨的:a *wooden* head 榆木脑袋(或笨人) ‖ ˈ**wood·en·ly** *adv.* —ˈ**wood·en·ness** *n.* [U]

wood·land /ˈwudlᵊnd,-lænd/ *n.* ❶[U]林地,林区:large areas of *woodland* 几大片林地 ❷[C]森林:You may find some rare animals in these *woodlands*. 在这些森林地带,你会发现一些珍稀动物。

wood·wind /ˈwudwind/【音】*n.* ❶[总称]木管乐器部;木管乐器演奏部分:The *woodwind* was still haunting. 管乐器的音响仍在耳边萦绕。❷[常作~s]木管乐器:the *woodwinds* that are out of tune 吹跑调的木管乐器

wood·work /ˈwudˌwəːk/ *n.* [U](尤指门框、窗框、墙裙等建筑物中的)木制件,木构件;木建部分;木制品:the *woodwork* on the doors and windows 门架和窗框等木构件 ‖ ˈ**woodˌwork·er** *n.* [C]

woof /wuːf/ *n.* [C](狗的)吠声,汪汪叫声:

"Miaow, miaow" went the cat, "*woof*, *woof*" went the dog. 猫叫"喵,喵",犬吠"汪,汪"。

wool /wul/ *n.* [U] ❶羊毛:blankets made from *wool* 羊毛毯子 ❷毛线,绒线;毛线织物;毛线衣;羊毛织物;羊毛服装:Put on your new *wool*. 穿上你的新羊绒衫。❸羊毛状物,毛绒状的东西;羊毛状人造纤维:rock *wool* 石绒

wool·(l)en /ˈwulᵊn/ *adj.* [无比较级]全羊毛的;毛料的;含羊毛的,呢绒的:a *woolen* rug 羊毛毯

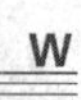

wool·(l)y /ˈwuli/ *adj.* ❶[无比较级]羊毛的:*wooly* mittens 羊毛连指手套 ❷像羊毛的,羊毛状的;羊毛覆盖的,羊毛状物覆盖的;毛茸茸的:a *wooly* beard 羊毛似的胡子 ❸含混的,不清楚的;混乱的,糊涂的 ‖ ˈ**wool·(l)i·ness** *n.* [U]

word /wəːd/ **I** *n.* ❶[C]字;(单)词:How many *words* does this long sentence contain? 这个长句子由多少个词组成? ❷[C](尤指区别于行动的)言语,言词;词语,词句;话语:I hope you'll put in a good *word* for me with the boss. 希望你能在老板面前替我美言几句。❸[用单]承诺,应允;保证:A *word* spoken is past recalling. 一言既出,驷马难追。**II** *vt.* 用言词(或话语)表达;措辞表达:He could not *word* his gratitude. 他无法用言语表达自己的感激心情。‖ ***in a word*** *adv.* 一言以蔽之;总之;简言之;一句话:*In a word*, if we want to do our work well, we must make preparations carefully. 总之,如果我们想把工作做好,就要好好准备准备。***keep one's word*** *vi.* 讲信用,信守诺言:I can't think of any time when he didn't *keep his word*. 我真想不起来他哪一次是失信的。***put in a (good) word for*** *vt.* 为…说好话 ***take sb. at one's word*** *vi.* 相信某人的话:I knew her well enough to *take her at her word*. 我很了解她,因而她的话我信得过。

word·ing /ˈwəːdiŋ/ *n.* [U]措辞,用词;表达法,表达方式:The *wording* of the agreement needs adjustment. 这个协议的措辞需要修改。

wore /wɔːʳ/ *v.* wear 的过去式

work /wəːk/ **I** *n.* ❶[U;C](体力或脑力的)工作;劳动:We have *work* to do. 我们有正事要干呢。❷[U]任务;作业;工件,工作物;[**the** ~](在特定时间内完成的)工作量:*Work* became increasingly harder to get. 活计愈来愈难找了。❸[U]工作成果;成品,产品:It would be to ruin the *work* of three months. 那就使我三个月心血白费了。❹[U]职业,差事:He retired from *work*. 他退休了。❺[U]工作地点;工作场所:get to *work* on time 按时上班 ❻[C](文学或音乐等的)作品;著作:an art *work* 工艺品 ❼[~**s**][用作单或复]工厂:Will the *works* open again soon? 工厂不久会复工吗? ❽[U]【物】功;作功:convert heat into *work* 转热能为功 **II** *vi.* ❶工作;劳动,干活:She had to *work* for a living. 她必须自食其力。❷从事职业;担任职务;当差:*work* as a secretary 当秘书 ❸渐渐变得;渐渐处于特定状态:The button *worked* loose. 纽扣松掉了。❹起作用,有效,奏效,管用:At last my drinks were beginning to *work*. 我的酒意终于上来了。❺(机器、器官等)活动,运行,运转:I dropped the watch on the floor, but it still *works* perfectly. 我把手表掉在了地上,可它还是走得很准。—*vt.* ❶使运转,开动;操作:He could not *work* the machine. 这台机器他开动不了。❷使工作;使劳动,使干活:*work* the staff very hard 使职工们工作得非常辛苦 ❸经营,管理;控制:This private school is *worked* rather well. 这所私立学校办得相当成功。❹使渐渐变得;使渐渐处于特定状态:*work* a nail loose 使钉子松脱 ‖ ***at work*** *adv.* & *adj.* 在工作(的);在劳动(的),在干活(的);在运作中(的):Don't phone me *at work*. 别在我上班时来电话。***out of work*** *adj.* 失业的 ***work off*** *vi.* & *vt.* (通过活动或工作等)渐渐消除;慢慢减轻:You will soon feel your headache *work off* with the beautiful music. 听着美妙的音乐,你的头疼会逐渐减轻。***work on*** *vt.* 对…起作用;对…产生影响;试图影响(或说服):The Chinese medicine did *work on* her illness. 中药对她的病症确有疗效。***work out*** *vi.* & *vt.* ❶被算出;数额为,价值为(*at*);合计为,总计为(*to*):Will the figure *work out* automatically? 这个数额会自动被算出来吗? ❷计算出;解答出:Can you *work out* this math problem all by yourself? 你能自己解出这道数学题吗? ❸作出;想出;制定出;努力获得:*work out* a policy 制定政策 / We have been trying to *work out* the best method. 我们一直试图想出最好的办法。❹产生结果(或效果);进行;运作;发展:How did your meeting *work out*? 你们的会议结果如何? ❺锻炼,训

练:keep fit by *working out* for one hour every morning 每天晨练一小时保持身体健康 ***work through*** *vi*. 成功处理,解决:*work through* one's problems 成功解决了问题 ***work up*** *vt*. & *vi*. ❶逐步引起(或激起),激发;使激动:The mother was very *worked up* about seeing his lost son again. 这位母亲见到失散的儿子无比激动。❷制定出;精心作出;(使)发展到:*work up* a plan 制订计划

☆**work, drudgery, labour, toil** 均有"工作,劳动"之意。**work** 为普通用词,可泛指体力、脑力劳动或劳动的结果,也可指机器或自然力量:Digging the garden is hard *work*. (在花园里翻地是件苦活。) / This statue is the *work* of a gifted but unknown sculptor. (这尊雕像出自一名默默无闻但有天赋的雕刻家之手。) **drudgery** 尤指单调乏味、令人厌倦的苦活或杂活:Her whole life was spent in *drudgery*. (她一生干的全是单调乏味的苦活。) **labour** 主要指人的体力劳动,有时也指脑力劳动,带有繁重艰苦、花费力气的意味:Clearing the field of stones took ten days of back-breaking *labour*. (将石场清理完毕需要十天艰苦的劳动。) **toil** 与 labour 的区别在于时间长并且非常累人:workers exhausted by years of *toil* (长年辛劳而筋疲力尽的工人)

work·a·ble /ˈwəːkəbᵊl/ *adj*. ❶可加工的;可操作的;可工作的:*workable* clay for making pots 制罐用的可加工陶土 ❷切实可行的;切合实际的;实用的:The system is *workable* only in an ideal society. 该体系只有在理想的社会中才行得通。

work·a·hol·ic /ˌwəːkəˈhɔlik/ *n*. [C]〈口〉沉迷于工作的人,工作狂:He is a real *workaholic*. 他简直是个工作狂。

work·bench /ˈwəːkbentʃ/ *n*. [C](尤指木工的)工作台,操作台

work·book /ˈwəːkbuk/ *n*. [C]教学参考书;教科书的练习册

work·day /ˈwəːkdei/ *n*. [C] ❶工作日,上班日:Today is my *workday*. 今天我要上班。❷(一个)工时日;一天的工作时间:a 9-to-5 *workday* 朝九晚五的工时日

work·er /ˈwəːkəʳ/ *n*. [C]工人,劳动者:a manual *worker* 体力劳动者

work·ing /ˈwəːkiŋ/ *adj*. [无比较级][作定语] ❶工作(用)的;劳动(用)的,干活(用)的;工作上的:*working* conditions 更好的工作条件 ❷有工作的,有职业的:She wants to be a voice for *working* women. 她想做职业妇女的代言人。❸可行的;运转中的;实行中的,使用中的;起作用的,有效用的,奏效的:*working* theory 有效的理论

work·load /ˈwəːkləud/ *n*. [C]工作量,作业量;工作负荷:reduce sb.'s *workload* 减轻某人的工作量

work·man /ˈwəːkmᵊn/ *n*. [C]([复]**-men** /-mᵊn/) ❶体力劳动者;工人:We need about 500 *workmen*. 我们大约需要 500 名劳力。❷工匠;技术工人:all-round *workmen* 技术全面的工匠

work·man·like /ˈwəːkmᵊnˌlaik/ *adj*. 能工巧匠般的;技术娴熟的;工艺精细的:Their performance was *workmanlike* but hardly inspired. 他们的表演技艺娴熟,但很难说有什么灵气。

work·man·ship /ˈwəːkmᵊnˌʃip/ *n*. [U] ❶(成品的)做工,工艺;(工匠的)手艺,技艺:a bracelet of fine *workmanship* 做工精细的手镯 ❷工艺品,作品:Is this teapot your *workmanship*? 这把茶壶是你做的吗?

work·out /ˈwəːkaut/ *n*. [C] ❶〈口〉(尤指紧张激烈的)体育锻炼;体育训练:I was rather tired after the morning *workout*. 晨练之后,我感觉很累。❷考验;试验

work·place /ˈwəːkpleis/ *n*. [C]工作场地,工作场所(如办公室、车间或工场等):the safety standards in the *workplace* 工作场地的安全标准

work·shop /ˈwəːkʃɔp/ *n*. [C] ❶(工厂的)车间,工作间,厂房;(手工业的)工场,作坊:a repair *workshop* 修理车间 ❷(专题)研讨会,交流会;(为定期举办研讨活动而成立的)研讨班,研究会:a five-day *workshop* on management technique 历时五天的管理经验交流会

work·sta·tion /ˈwəːkˌsteiʃn/ *n*. [C] ❶(生产流程中的)操作岗位,工区,工段 ❷【计】工作站

world /wəːld/ *n*. ❶[the ~]地球:make a journey round *the world* 环球旅行 ❷[U;C]世界,天下:We live in a competitive *world*. 我们生活在一个充满竞争的世界里。❸[C](类似地球的)天体;星球,行星:nine *worlds* going

W

round the sun 围绕太阳运行的九大行星 ❹ [the ～]全人类,天下人;普通人,世人;公众,众人:Do you want *the* whole *world* to know about it? 你想把这事弄得尽人皆知吗? ❺[the W-]世界(指地球的某个区域);(某些)国家;(某个)地区;(某个)集团:the Third *World* nations 第三世界国家 ‖ ***in the world*** *adv*. [用以加强语气]到底;究竟;竟然:What *in the world* are you going to do? 你们究竟要干什么? ***world without end*** *adv*. 永远地,永久地:Mankind goes on *world without end*. 人类繁衍生生不息。

W

world-class /ˈwəːldklɑːs;-klæs/ *adj*. [无比较级]世界级水准的,具世界水平的,世界一流的:Their performance is *world-class*. 他们的演出是世界水平的。

world·ly /ˈwəːldli/ *adj*. ❶[无比较级][作定语]现世的,今世的;尘世的,世俗的;物质的;地球(上)的:*worldly* comforts 世俗的一切享受 ❷处事老练的,老于世故的:Elizabeth seems to be much more *worldly* than the other children in her family. 伊丽莎白似乎比家里的其他孩子处事老练得多。 ‖ **ˈworld·li·ness** *n*. [U]

world·wide /ˈwəːldˌwaid/ [无比较级] **I** *adj*. 全世界的,世界范围内的,世界性的:a *worldwide* financial crisis 世界性的金融危机 **II** *adv*. 在全世界,在世界范围内:Chinese silk is famous *worldwide*. 中国丝绸世界闻名。

worm /wəːm/ **I** *n*. [C] ❶【动】(尤指蚯蚓等)(无骨)蠕虫;虫:a species of *worm* 一种蠕虫 ❷[～s][用作单]【医】肠虫病;寄生虫病:Your puppy had *worms*. 你们的小狗患了寄生虫病。❸(卑微的)小人物;可怜虫;可鄙的人;讨厌的人:Shut up! You little *worm*! 住嘴! 你这个讨厌的小东西! **II** *vt*. ❶[常作～ **oneself**]使蠕动;使缓慢(或悄悄)地前行;使潜入;使钻入(*into*):*worm oneself* under the fence 在篱笆下面缓慢爬行❷设计套出(机密),刺探(情报);设法获取:How could you *worm* the secret out of him? 你怎么会从他那里套出秘密呢? ‖ **ˈworm·y** *adj*.

worn¹ /wɔːn/ *v*. wear 的过去分词

worn² /wɔːn/ *adj*. ❶穿旧(或破)的;用旧(或坏)的:*worn* rugs 破旧的毛毯❷疲惫的,筋疲力尽的;憔悴的:He was *worn* and exhausted. 他形销骨立,憔悴不堪。

worn-out /ˈwɔːnˈaut/ *adj*. ❶不能再用(或穿)的,破旧的;耗尽的:*worn-out* clothes 破旧的衣服 ❷疲惫不堪的,精疲力竭的(见 tired):He looks *worn-out*. 他看上去一脸的倦容。

wor·ried /ˈwʌrid;ˈwəːrid/ *adj*. 担心的,发愁的:We were all very *worried* about him. 当时我们都替他捏把汗。

wor·ry /ˈwʌri;ˈwəːri/ **I** *vi*. 担心,担忧,发愁:I know you *worry* because you love me. 我知道,你是因为爱我才提心吊胆的。—*vt*. 使担心,使发愁;使不安,使焦虑;使苦恼,使烦恼:You *worried* us by not replying in time. 你没及时答复,让我们很担心。**II** *n*. ❶[C]令人担忧(或烦恼)的人(或事)(见 care):Lack of money is a major *worry* for this poor family. 对这个贫困的家庭来说,缺钱是最主要的烦恼。❷[C;U]担忧,忧虑;不安,焦虑;烦恼,苦恼:*Worry* and fear made her hair turn white. 由于担惊受怕,她的头发都白了。 ‖ **ˈwor·ri·er** *n*. [C] —**ˈwor·ry·ing·ly** *adv*.

worse /wəːs/ **I** *adj*. ❶[bad 的比较级]更坏的;更糟的,更差的;更恶化的:Her attitude is even *worse* than her husband's. 她态度甚至比她丈夫的更恶劣。❷[ill 的比较级][作表语]健康状况更差的,病情更恶化的:The patient was no better but rather got *worse*. 病人情况不但没有好转反而进一步恶化了。❸更有害的;更不利的 **II** *adv*. [bad 和 ill 的比较级]更坏地;更糟地,更差地;病情更恶化地:We have been treated *worse* than strangers. 我们所受到的待遇比外人还要差。**III** *n*. ❶[C;U]更坏的事物,更差的事物,更糟的事物:from bad to *worse* 愈来愈坏 ❷[the ～]更不利的情况,更糟糕的情况;失败的情况:a change for *the worse* 向更坏的方面转化

wors·en /ˈwəːsᵊn/ *vi*. 变得更坏(或更差、更糟等);恶化:The economy seems certain to *worsen* during the campaign. 在竞选期间,经济状况看来肯定会每况愈下。—*vt*. 使变得更坏(或更差、更糟等);使恶化:*worsen* the condition 使情况变得更糟糕

wor·ship /ˈwəːʃip/ **I** *n*. [U] ❶【宗】礼拜(活动或仪式):Do you regularly attend *worship*? 你们定期做礼拜吗? ❷崇拜;崇敬,崇仰:hero-*worship* 英雄崇拜 **II** (-ship(p)ed;

-ship·(p)ing) *vt.* ❶崇拜,崇奉;信奉:*worship* God 崇奉上帝 ❷钟爱,深爱;敬慕,仰慕;尊敬,敬重:*worship* one's older brother 敬重兄长 —*vi.* ❶做礼拜:Where do you usually *worship*? 你们一般在哪个教堂做礼拜? ❷崇拜;崇敬;敬慕,仰慕 ‖ **ˈwor·ship·(p)er** *n.* [C] —**wor·ship·ful** /ˈwəːʃipfᵘl/ *adj.*

worst /wəːst/ **I** *adj.* [bad 和 ill 的最高级]最坏的,最差的,最糟的;最恶劣的;最严重的;最不利的;最不幸的:the *worst* cough 最严重的咳嗽 **II** *adv.* [bad, badly, ill 和 illy 的最高级]最坏地;最差地,最糟地;最恶劣地;最严重地;最不利地;程度最大地:Many of my friends played tennis badly, but Andy played *worst*. 我的很多朋友网球都打得不好,可安迪打得最差。**III** *n.* [**the ~**]最坏(或最差、最糟)的人;最坏(或最差、最糟)的部分(或事情、情形、可能性等):You should not keep the best for yourself and give *the worst* to us. 你不应该把最好的留给自己,把最差的给我们。‖ ***at (the) worst*** *adv.* 从最坏的角度看;顶多,最多,充其量:*At the worst*, I will be sacked. 最多,我会被炒鱿鱼。***if the worst comes to the worst*** *adv.* 如果最坏的情况发生(或出现):*If the worst comes to the worst*, we have to leave our home town. 如果最坏的情况发生,我们也只得远走他乡。***in the worst way*** *adv.* 极其;非常;强烈地:He wanted to buy the car *in the worst way*. 他渴望买下那辆车。

worth /wəːθ/ **I** *prep.* ❶相当于…价值,值…钱:Nothing was *worth* my six years. 我这 6 年的代价简直无法估量。❷有…价值,值得:Is it *worth* a try? 这值得一试吗? ❸拥有价值为…的财产:She married a foreigner who is *worth* a million dollars. 她嫁给了一个拥有百万美元财产的外国人。**II** *n.* [U] ❶(指人或事物的)价值,长处;作用:I know her *worth*. 我了解她的人品。❷经济价值,(价格)值一定金额的数量;相当于特定单位的数量:There was about $ 50,000 *worth* of damage in this accident. 这次车祸造成了大约 5 万美元的损失。❸财产,财富:His personal *worth* is several million. 他个人财产有几百万。

☆**worth, value** 均有"价值"之意。**worth** 常指事物的内在价值,强调事物本身的优异品质:They stole fifty thousand dollars' *worth* of equipment. (他们偷了价值 5 万元的设备。) **value** 侧重事物的使用价值,其有用性及重要性往往通过评估产生:Their research into ancient language seems to have little practical *value*. (他们对古代语言的研究似乎没什么实用价值。)

worth·less /ˈwəːθlis/ *adj.* [无比较级]无价值的;不值钱的;没有用处的:A design is *worthless* unless it is manufacturable. 具有可制造性的设计才有价值。‖ **ˈworth·less·ly** *adv.* —**ˈworth·less·ness** *n.* [U]

worth·while /ˌwəːθˈwail;-hwail/ *adj.* 值得的;值得去做的;值得花费时间(或精力)的:Our effort seemed *worthwhile*. 我们的努力看来是值得的。

wor·thy /ˈwəːði/ *adj.* ❶有价值的;有意义的;好的,优秀的:a *worthy* enemy 劲敌 ❷[常作表语]值得的,应得的;相配的,相称的(*of*):You'll never find a woman who is *worthy of* you. 你永远也找不到配得上你的姑娘。‖ **ˈwor·thi·ly** *adv.* —**ˈwor·thi·ness** *n.* [U]

would /wud, 弱 wəd, əd, d/ *v. aux* [will 的过去式,用于第二、三人称;也用于第一人称] ❶ will 的过去式 ❷[常用于间接引语,表示过去将来时]将,将会:Paul was so angry that he said he *would* quit the team. 保尔非常生气,他说要退出球队。❸[常用于条件句,表示虚拟语气]就会,就要;愿意,想要:But for your advice I *would* have failed my driving test. 要是没有你的建议,我的驾驶考试早就失败了。❹[表示习惯性动作]老是,总是;总会:The young man *would* wait for me there every evening. 那个小伙子每天傍晚老是在那里等我。❺[表示礼貌的提问、请求或建议]请;会;情愿:*Would* you take a seat, please? 您请坐吧。❻[表示可能、推测或想象]大概,也许,可能:Without surgery, she *would* die. 不做手术,她也许就会死掉。❼[表示同意、愿意或喜欢等]愿;要;偏要:They *would* not lend the record to me. 他们不愿意把那张唱片借给我。‖ ***would like*** 想要:I *would like* to go right now. 我想现在就走。

would-be /ˈwudbiː/ *adj.* [无比较级][作定语] ❶想要成为…的:a *would-be* actor 想当演员的人 ❷自吹的,自诩的,自称的,假冒的:a *would-be* politician 一个自诩的政治家

would·n't /ˈwudᵊnt/ 〈口〉= would not

wound[1] /wuːnd/ **I** *n.* [C] ❶(人或动物所受的)伤,创伤;伤口,创口:The *wound* was healing. 伤口正在愈合。❷(人在名誉或情感等方面所受的)损害,伤害;创伤,痛苦:Their divorce caused deep psychological *wounds* that have never healed. 他们的离婚造成了难以愈合的严重心理创伤。**II** *vt.* ❶使受伤,打伤:He was severely *wounded*. 他受了重伤。❷使(在名誉或情感等方面)受伤害,使受创伤;伤害,损害:We were *wounded* by his ingratitude. 我们都为他的忘恩负义感到痛心。

☆**wound**, **hurt**, **injure** 均有"受伤;伤害"之意。**wound** 常指由枪弹或利器造成外部肌肉的严重损伤,也可表示感情受到伤害,程度可轻可重:The bullet *wounded* his arm.(子弹伤了他的手臂。)**hurt** 较为口语化,主要用于有生命的生物,既可指机体的受伤,也可指精神、感情方面的创伤,伤害程度可以十分严重,也可以很轻微:The two cars collided, but luckily no one was seriously *hurt*.(两辆汽车相撞,但幸运的是无人受重伤。)/ He didn't want to *hurt* her feelings.(他不想伤害她的感情。)**injure** 为普通用词,原指不公正地对待或伤害他人,现通常指对他人的外表、健康、心理或事业造成暂时的伤害:He *injured* his leg in an accident.(他的腿在一次事故中受了伤。)/ I hope I didn't *injure* her feelings.(但愿我没有伤害她的感情。)

wound[2] /waund/ *v.* wind[2] 的过去式和过去分词

wove /wəuv/ *v.* weave 的过去式和过去分词

wo•ven /ˈwəuvᵊn/ *v.* weave 的过去分词

wow /wau/ *int.* [用以表示惊讶、钦佩、羡慕、高兴或失望等情绪]哇,呀:*Wow*, I passed my driving test. 哇!我的驾驶考试通过啦!

WP *abbr.* word processing

wran•gle /ˈræŋgᵊl/ **I** *n.* [C]争吵,吵架;争论,争辩:a legal *wrangle* 法律纠纷 **II** *vi.* 争吵,吵架;争论,争辩:*wrangle* with sb. over sth. 为某事与某人争吵 —*vt.* (费口舌地)争得,取得:*wrangle* sth. for sb. 为某人争得某物 ‖ ˈ**wran•gler** *n.* [C]

wrap /ræp/ *vt.* (**wrapped**; **wrap•ping**) ❶包;裹;包扎(*up*, *around*, *round*, *about*);缠绕;环绕:*wrap* the gift in tissue paper 用绵纸包礼品 ❷遮蔽,覆盖;笼罩,包围:She was *wrapped* in a veil. 她脸上罩着面纱。‖ ***be wrapped up in*** *vt.* 〈口〉❶被…掩蔽;被…笼罩:The general's death *has* long *been wrapped up in* mystery. 这位将军的死一直是个谜。❷专心于,全神贯注于;被…迷住:She *is* too *wrapped up in* her charity work to take care of her children. 她太热衷于慈善工作而无法照顾自己的孩子们。***wrap up*** *vt.* & *vi.* ❶把…包好,将…裹起来:*wrap up* a parcel 打包裹 ❷(使)穿暖和:Are they well *wrapped up*? 他们穿得暖和吗?

wrap•per /ˈræpəʳ/ *n.* [C] ❶包裹物,包装材料;包装纸;糖果纸 ❷包装工

wrap•ping /ˈræpiŋ/ *n.* [常作~**s**]包裹物,包裹材料;包装材料

wrap-up /ˈræpʌp/ *n.* [C] ❶综合性报告;摘要,提要 ❷结尾;结局;定论

wrath /rɔθ;ræθ,rɑːθ/ *n.* [U]〈书〉愤怒,愤慨;暴怒(见 anger):break out into *wrath* 大发雷霆

wreak /riːk/ *vt.* ❶发泄,宣泄(愤怒等);实施(报复)(*on*, *upon*):*wreak* vengeance on [upon] sb. 向某人报仇 ❷造成(损失),引起(损毁):the hurricane *wreaking* havoc on crops 给庄稼带来灾难的飓风

wreath /riːθ/ *n.* [C]([复]**wreaths** /riːðz,riːθs/) ❶(用鲜花或绢质材料制作的)花圈;花环;花冠:We placed a *wreath* at the tomb of the heroine. 我们向那位女英雄的墓献了花圈。❷环状物,圈状物;烟圈;【气】涡卷云:*wreaths* of smoke 缭绕的团团烟圈

wreathe /riːð/ *vt.* ❶围绕,环绕;缠绕;使布满,使笼罩:He drew on his pipe and *wreathed* himself in smoke. 他抽着板烟,一口口抽得烟雾在身边缭绕。❷将…做成花圈(或花环、花冠等);扎制(花圈、花环或花冠等):*wreathe* natural flowers into a garland 把鲜花扎成花环

wreck /rek/ **I** *n.* ❶[U;C](尤指船只或飞机等的)失事,遇难;破坏,毁坏:We were ordered to save the passenger liner from *wreck*. 我们奉命去营救那艘遇难的客轮。❷[C]失事船只,遇难船只:He jumped from the *wreck* before it sank. 在失事船只沉没之前,他从船上跳了下来。❸[C]遭受严重损害的人(或物):Isn't the car a *wreck*? 难道这辆车还不够破烂吗?**II** *vt.* ❶使(船只等)遇难(或失事):The ship was *wrecked* on the rocks. 那船触礁失事了。❷损

毁,毁坏;破坏,损害:The weather has completely *wrecked* our plans. 天气彻底破坏了我们的计划。

wreck·age /ˈrekidʒ/ *n.* [U] ❶(尤指船只、车辆或飞机等失事后的)残骸,残体;残存物,残余物:remove the *wreckage* 清除残骸 ❷遇难,失事:an aerial photograph of the *wreckage* site 从空中拍摄的失事地点的照片 ❸损毁,破坏;破灭:weep at the *wreckage* of one's hope 因某人的希望破灭而哭泣

wrench /rentʃ/ **I** *n.* [C] ❶猛扭,猛拧;猛拽;扭伤:With one quick *wrench* I opened the jam jar. 我猛地一扭,把果酱瓶打开了。❷(可调节的)扳手,扳头,扳钳,扳子:an adjustable *wrench* 活动扳手 ❸(尤指离别等时的)一阵心痛,一阵伤心;令人心痛的离别:Leaving his lovely wife at home was a great *wrench*. 告别家中的娇妻使他很伤心。**II** *vt.* ❶猛拧,猛扭;猛拽;扭伤:*wrench* one's ankle 扭伤脚踝 ❷使痛苦:It *wrenched* her to say goodbye. 要她说再见使她痛苦。‖ **ˈwrench·ing·ly** *adv.*

wres·tle /ˈresᵊl/ *vi.* ❶(与…)摔跤;角力(*with*):How many years have you *wrestled* professionally? 你从事职业摔跤多少年了?❷(与…)斗争;竞争;奋斗;全力解决,尽力对付(*with, against*):They attempted to *wrestle with* the budget deficit. 他们试图尽力解决预算赤字问题。—*vt.* 与…摔跤;与…搏斗;进行(一场摔跤比赛),摔(一场摔跤或一个回合):The two players will *wrestle* each other for the championship. 这两名选手将相互摔跤来争夺冠军。‖ **ˈwres·tler** *n.* [C]

wres·tling /ˈresᵊliŋ/ *n.* [U]【体】摔跤

wretch /retʃ/ *n.* [C] ❶不幸的人;可怜的人:poor homeless *wretches* 可怜的无家可归者 ❷〈贬〉〈谑〉卑鄙小人;无耻之徒;坏家伙:a dishonest *wretch* 不要脸的下流胚

wretch·ed /ˈretʃid/ *adj.* ❶不幸的,可怜的;(感到)痛苦的,(感到)苦恼的:She kept him at bay, left him restless and *wretched*. 她把他驱入了绝境,使他坐立不安,心神不宁。❷劣质的,恶劣的;不足道的;可鄙的:*wretched* weather 恶劣天气❸令人不满的,让人讨厌的;使人烦恼的:The migraine makes him *wretched*. 偏头疼困扰着他。‖ **ˈwretch·ed·ly** *adv.* —**ˈwretch·ed·ness** *n.* [U]

wrig·gle /ˈrigᵊl/ *vi.* ❶蠕动;扭动:She was *wriggling* in excitement at the story. 她听了这个故事激动得坐立不安。❷曲折向前,蜿蜒行进:He *wriggled* across the corn field. 他绕来绕去穿过玉米地。—*vt.* ❶使蠕动;使扭动:The snake *wriggled* itself out of the hole. 那条蛇蠕动着从洞中钻了出来。❷使曲折向前,使蜿蜒行进:*wriggle* one's way 蜿蜒前进 ‖ ***wriggle out of*** *vt.* 摆脱:*wriggle out of* an embarrassing situation 摆脱难堪的处境 ‖ **ˈwrig·gler** /ˈriglәʳ/ *n.* [C] —**ˈwrig·gly** *adj.*

wring /riŋ/ *vt.* (**wrung** /rʌŋ/) ❶拧(出),绞(出)(*out*):*wring* (*out*) wet towels 拧湿毛巾 ❷猛拧,狠绞;拧断,扭断:I'll *wring* your neck if you bully him again! 如果你再欺负他,我就拧断你的脖子!❸紧握,紧抓:He *wrung* my hand. 他紧握我的手。

wrin·kle /ˈriŋkᵊl/ **I** *n.* [C] ❶(因年老皮肤上出现的)皱;皱纹:a face covered with *wrinkles* 布满皱纹的脸 ❷皱褶,皱痕,褶子:press the *wrinkles* out of a dress 烫平衣服的皱褶 **II** *vt.* 使起皱纹,皱起:She started to sigh and *wrinkle* her forehead and even to sniff a little. 她开始叹气,皱起了眉头,甚至轻声抽泣起来。—*vi.* 起皱纹,有皱纹;起褶子,有皱褶:The fabric *wrinkles* easily. 这种面料很容易起皱。‖ **ˈwrink·ly** *adj.*

wrist /rist/ *n.* [C]手腕;腕关节:take sb. by the *wrist* 抓住某人的手腕

wrist·watch /ˈrisˌwɔtʃ;-wɔːtʃ/ *n.* [C]手表

writ /rit/ *n.* [C](由法院颁布的)书面命令;令状:a *writ* of summons (法院的)传票

write /rait/ (**wrote** /rәut/, **writ·ten** /ˈritᵊn/) *vi.* ❶写,书写;写字:This pen does not *write* smoothly. 这支钢笔写起来不太流畅。❷写作;作曲:All this time, by fits and starts, I had been *writing* away at a novel. 这一时期我在断断续续地写一本小说。❸写信(*to*):You'd better *write* directly *to* Mr. Smith. 你最好直接致函史密斯先生。—*vt.* ❶写,书写;抄写;写出,写下:He *wrote* the prices on the back of the paper. 他把价格都写在了这张纸的背面。❷记载,记述;用文字表述,描述,描写:The man *wrote* what he witnessed. 那个人描述了他亲眼看见的一切。❸填写(单子或支票等);写满:*write* a cheque 开支票 ❹写,撰写;编写;谱

W

写:*write* a ghost story 写鬼怪故事 ‖ ***write down vt.*** 写下,记下;记(笔记):***Write down*** your name and address. 写下你的姓名和地址。***write off*** *vi.* & *vt.* ❶(为索取赠品或资料等而)写信,发信:*write off* for a catalogue 写信索取一份目录 ❷注销;勾销;取消:*write off* a debt 勾销一笔债务 ❸〈口〉放弃;把…看作是失败:She *wrote* her teaching career *off*. 她认为自己的教书生涯是失败的。***write out*** *vt.* 写;写出;全部写出:*write out* a first draft 写出初稿 ***write up*** *vt.* & *vi.* 完整记述,详细描述;把…写成文,将…整理成文;报道:You may *write up* the notes into an article. 你可以把这些笔记整理成一篇文章。

W

write-off /ˈraitɔf,ˈraitɔːf/ *n.* [C] ❶【会计】(尤指坏账或无用资产等的)注销,勾销,冲销;注销(或勾销、冲销)的坏账(或无用资产等);注销数额;损失数额 ❷(因无用或无效而)被抛弃的人(或物);失败的人(或物):That day was a *write-off* and we found nothing. 那天一事无成,我们什么也没找到。

writ·er /ˈraitəʳ/ *n.* [C] ❶写作者,撰写者;执笔者;[**the** ～][在文章中用以代替 I 或 me 等]笔者,本文作者:one of the president's speech *writers* 总统演说拟稿人之一 ❷作者;编著者;作家;作曲者;作曲家:an ad *writer* 广告文字作者

write-up /ˈraitʌp/ *n.* [C]〈口〉(尤指报刊上的)文章;报道;评论;故事:The local paper gave her new novel a good *write-up*. 当地报纸对她的新小说给予了好评。

writhe /raið/ (**writhed** 或〈古〉**writh·en** /ˈriðᵊn/) *vi.* ❶(因疼痛等)扭动;翻滚,滚动:The wounded soldier was *writhing* on the ground in agony. 受伤的士兵正痛得在地上打滚。❷痛苦;苦恼;难堪;不安:I used to *writhe* at the thought of it. 过去我常常想起此事就很苦恼。

writ·ing /ˈraitiŋ/ *n.* ❶[U]文字形式,书面形式:He was much more likely to express his real views in *writing* than face to face. 他更会用书面形式表达他的真实看法,而非面对面地表达。❷[U]书法(＝handwriting);笔迹;字迹:The *writing* on the card is difficult to read [recognize]. 这卡片上的笔迹很难辨认。❸[U]文体;文笔:Her *writing* is reticent, yet not trivial. 她的文笔很平易,但不琐细。❹[U]写;书写;写作:The newspaper is known for its interesting news *writing*. 该报以其趣闻写作而著称。❺[常作～s]作品;著作;文章;铭:He poured into his *writing* all the pain of his life. 他在作品里倾诉了自己一生的痛苦。

writ·ten /ˈritᵊn/ *v.* write 的过去分词

wrong /rɔŋ;rɔːŋ/ **I** *adj.* [无比较级] ❶错误的;不正确的;不符合事实的;弄错的,搞错了的:You gave the *wrong* answer this time. 这次你答错了。❷不合适的,不恰当的;不适用的;不合意的,不太受欢迎的:It would be *wrong* to raise the question at her wedding. 在她的婚礼上提出那个问题不合适。❸不合法的;不道德的;不正当的;邪恶的:It's *wrong* to rob a bank. 抢银行是犯法的。❹失常的,不正常的;不好的,坏的;有缺陷的,有毛病的:What's *wrong* with you? 你怎么啦? **II** *adv.* [无比较级][常用于句末](方法或方向)错误地,不对地;不恰当地;不公平地;不成功地:I got you *wrong*. 我弄错了。**III** *n.* [C;U] ❶错误;过失;不道德行为,坏事;邪恶:a sense of right and *wrong* 是非观念 ❷不公正(之事),不公平(之事);冤枉;委屈;亏待:I have done you a *wrong*, and I am very sorry. 是我使你受了委屈,我非常抱歉。**IV** *vt.* ❶不公正地对待;冤枉,使受委屈:I *wronged* you by [in] saying you had taken my book away. 我说你拿走了我的书是冤枉了你。❷中伤;羞辱,使丢脸:You *wronged* him by calling him a pig. 你骂他贪吃,使他很没面子。‖ ***get (hold of) the wrong end of the stick*** *vi.* 完全搞错了;完全误会了,完全误解了 ***go wrong*** *vi.* ❶走错路;走入歧途,失足,堕落:help young girls who *go wrong* 帮助失足女青年 ❷弄错,搞错 ❸(计划等)失败;不如意;(机器等)发生故障,出毛病 ***in the wrong*** *adj.* (尤指对争执、错误或罪行等)负有责任的;理亏的;错,不对:You are obviously *in the wrong*. 显然是你的不是。‖ **ˈwrong·ly** *adv.* —**ˈwrong·ness** *n.* [U]

☆❶ **wrong, abuse, oppress, persecute** 均有"迫害;伤害"之意。**wrong** 表示无端地、不公正地对待或伤害他人,使其蒙受不白之冤,带有冤枉或委屈的意味:I *wronged* him by saying he had lied. (我说他撒谎是冤枉了他。) **abuse** 为一般用语,指用侮辱性语言或粗暴行为伤害他人:The arrested men have been physically *abused*. (囚犯们受到了虐待。) **oppress** 语气强

烈,指残酷和不公正地使用武力压服,给他人施加难以承受的沉重负担:The people were *oppressed* by the dictator's secret police.(人民受独裁者秘密警察的压迫。)**persecute** 尤指因政治、宗教、种族、信仰等原因而进行迫害,使其无休止地遭受烦扰、苦恼或苦难:The heretic was *persecuted* for his beliefs.(由于信仰不同,异教徒受到了迫害。)❷**wrong, fault** 均有“错误,过失,缺点”之意。**wrong** 为正式用词,表示不正当的、非正义的或邪恶的行为,往往带有给人以伤害的意味:You do an honest man a *wrong* to call him a liar or a thief.(你骂一个老实人小偷或说谎者,真不应该。)**fault** 常指在性格、习惯、行为或道德方面没有达到完善标准而出现的缺点或过失,但不一定要受到责罚:She loves me in spite of all my *faults*.(尽管我有不少缺点,她仍然爱我。)

wrong·ful /ˈrɔŋfˈl/ *adj.* [无比较级] ❶不公平的,不公正的;非正义的,邪恶的;不正当的;不良的,恶劣的;不道德的:*wrongful* dealings 不公平的交易 ❷不合法的,非法的;犯法的,违法的:a *wrongful* heir 非法继承人 ‖ **ˈwrong·ful·ly** *adv.* —**ˈwrong·ful·ness** *n.* [U]

wrote /rəut/ *v.* write 的过去式

wrought iron *n.* [U]【冶】锻铁;熟铁 ‖ **wrought-iron** /ˈrɔːtˌaiən/ *adj.*

wrung /rʌŋ/ *v.* wring 的过去式和过去分词

wry /rai/ *adj.* (**wry·er** 或 **wri·er**, **wry·est** 或 **wri·est**) ❶扭歪的,扭曲的;(往一边)歪斜的:a *wry* nose 歪鼻子 ❷(幽默)冷面的;讽刺的;冷嘲的,挖苦的:I just love the *wry* humour of his poem. 我简直太喜欢他诗中的冷幽默了。‖ **ˈwry·ly** *adv.* —**ˈwry·ness** *n.* [U]

W

X x

X, x /eks/ *n.* [C] ([复] **X's, x's** 或 **Xs, xs** /ˈeksiz/) 英语字母表中第二十四个字母

X-chro·mo·some /ˈeksˌkrəuməˌsəum/ *n.* [C] 【生】X 染色体(一种性染色体)

xen·on /ˈzenɔn; ˈziː-/ *n.* [U]【化】氙(符号为 **Xe**)

xen·o·pho·bia /ˌzenəˈfəubiə/ *n.* [U]对外国人(或事物)的恐惧(或憎恨);恐外症 ‖ **ˌxen·oˈpho·bic** /-bik/ *adj.*

Xe·rox /ˈziərɔks, ˈze-/ **I** *n.* ❶[U](施乐)静电复印机商标名 ❷[亦作 **x-**][C]静电复印件,影印件:The *Xerox* of the letter is quite clear. 这封信的复印件相当清晰。**II** *vt.* & *vi.* [常作 **x-**]用静电复印法复印,静电复印:Would you please *xerox* 15 copies of this document? 请给我把这份文件复印 15 份,好吗?

XL *abbr.* ❶ extra large 特大号 ❷ extra long 特长号

X·mas /ˈkrisməs, ˈeksməs/ *n.* =Christmas

X-ray, x-ray /ˈeksrei/ **I** *n.* ❶[常作～s] X 射线,X 光,伦琴射线:The shorter the wavelength of an *X-ray*, the more powerful it is. X 射线的波长愈短,其穿透力就愈强。❷[C] X 光照片:He gave me a chest *X-ray*. 他给了我一张 X 光胸透照片。**II** *vt.* 用 X 光为…拍照;用 X 光检查;用 X 光治疗:Luggage bound for the hold is *X-rayed*. 手提捆绑行李已经 X 光检查过了。

XS *abbr.* extra small 特小号

xy·lo·phone /ˈzailəˌfəun/ *n.* [C]【音】木琴(一种由长短不一的木条或金属条组成的打击乐器) ‖ **ˈxy·loˌphon·ist** /-nist/ *n.* [C]

Y

Y y

Y, y /wai/ *n.* [C]([复]**Y's,y's** 或 **Ys,ys** /waiz/)英语字母表中第二十五个字母

yacht /jɔt/ *n.* [C]快艇;游艇;【体】帆船:a private oceangoing *yacht* 一艘私人远洋游艇 ‖ ˈ**yachts·man** *n.* [C]

yak /jæk/ *n.* [C]([复]**yak(s)**)【动】(中国西藏产的)牦牛

yank /jæŋk/〈口〉**I** *vt.* ❶急拉,猛拉,使劲拉:*Yank* the door-knob and step back quickly. 握住门把手使劲一拉,同时身子迅速往后退。❷使劲推;赶走:He was *yanked* out of school. 他被人拖出了学校。—*vi.* 急拉,猛拉,使劲拉:He *yanked* on the door-knob. 她猛地拉了一下门把。**II** *n.* [C]急拉,猛拉,使劲的一拉:Give the cork a *yank* and the bottle will be opened. 猛拉瓶塞,就会打开瓶子。

yap /jæp/ *vi.* (**yapped;yap·ping**) ❶狂吠;尖叫:The dachshunds *yapped* at his heels. 那几条达克斯猎狗紧跟在他身后汪汪叫着。❷〈俚〉哇啦哇啦地瞎说;愚蠢地喋喋不休;闲扯;大声抱怨:Who's *yapping* so much in here? 谁在这儿大发牢骚呀?

yard[1] /jɑːd/ *n.* [C] ❶码(英美长度单位,相当于 3 英尺,合公制 0.9144 米,略作 **yd.**):two *yards* of cloth 两码布 ❷立方码

yard[2] /jɑːd/ *n.* [C] ❶院子;天井:My house has a *yard* at the back. 我的屋后有个院子。❷庭院;(包括花园等在内的)后院:wooded *yards* lined with flowers 一座座四周繁花环绕树木葱茏的庭院 ❸操练场:in the exercise *yard* of a state prison 在州立监狱的操练场上 ❹[常用于构成复合词]场;库:a ship *yard* 船场

yard·stick /ˈjɑːdstik/ *n.* [C] ❶码尺(指直尺) ❷比较(或衡量、计算)标准;尺度:The *yardstick* of truth is practice. 实践是检验真理的标准。

yarn /jɑːn/ *n.* ❶[U]纱,纱线;纺线;绳索股线:Her ball of *yarn* rolled from her lap. 纱线团从她的膝上掉落下来。❷[C]〈口〉故事;奇谈:adventure *yarns* 探险故事

yawn /jɔːn/ **I** *vi.* ❶ 打呵欠,打哈欠,欠伸:He began *yawning* and looking at his watch. 他开始哈欠连连,不停地看手表。❷(深坑、峡谷等)裂开,张开,豁开:He saw the gap between the mountains *yawning* wide before him. 他看到面前是一个张着大口的山谷。—*vt.* 打着呵欠说:He just *yawned* a few words the whole time his wife was talking to him. 他老婆跟他说话时,他只是打着哈欠敷衍几句。**II** *n.* [C] ❶呵欠,哈欠:His eyes watered as he tried to stifle a *yawn*. 他极力想憋住哈欠,憋得两眼泪汪汪。❷〈口〉乏味的人(或事):It was a *yawn* from the opening curtain straight through to the end. 那场演出从幕启到幕落没劲透了。‖ ˈ**yawn·er** *n.* [C]

Y-chro·mo·some /ˈwaiˌkrəuməˌsəum/ *n.* [C]【生】Y 染色体(性染色体的一种,仅出现在雄性配子中)

yd. *abbr.* yard

yeah /jeə/ *adv.* 〈口〉[表示难以置信] =yes:Oh *yeah*? 噢,是吗?

year /jiəʳ,jəːʳ/ *n.* [C] ❶(任何历制的)年;年份:next *year* 明年❷(任何时期起算的)一年时间:After a *year* or two we lost track of each other. 一两年以后我们相互失去了联系。❸(行星绕日公转一圈的)年:a Martian *year* 火星年 ❹年度:the academic *year* 学年 ❺[~s]年岁;年纪;年龄(尤指高龄):She is five *years* old. 她 5 岁。❻[~s]年代,时代:There had been wet *years* and dry *years*. 有多雨的岁月,也有干旱的年头。❼[常作 ~s]多年,很久:It took *years* to get the job done. 干完这个

工作花了很长时间。❽年级，班级：We are in the same *year* at college. 我们在大学里同一个年级。‖ ***year in and year out*** [***year in, year out***] *adv.* 年复一年地，一年又一年，不断地：He works hard, *year in, year out*. 他始终辛勤工作。

year•book /ˈjiəbuk, ˈjəː-/ *n.* [C] ❶年鉴，年刊 ❷(学校的)毕业班年刊

year•ly /ˈjiəli, ˈjəː-/ I *adj.* [无比较级][作定语] ❶一年一度的：a *yearly* conference 年会 ❷持续一年的：a *yearly* study 持续一年的学习 ❸一年的；每年的：a *yearly* salary of £30,000 3万英镑的年薪 II *adv.* [无比较级]一年一度地；每年：The earth makes a revolution around the sun *yearly*. 地球每年绕太阳转一周。III *n.* [C]年刊

yearn /jəːn/ *vi.* 渴望；向往；怀念；思慕(*for, after*)：*yearn* to be understood 渴望得到人们的理解

yearn•ing /ˈjəːniŋ/ *n.* [C;U]渴望；向往；怀念；思慕：a strong *yearning* for freedom 对自由的强烈渴望

yeast /jiːst/ *n.* [U;C] ❶酵母 ❷鲜酵母块

yell /jel/ I *vi.* 叫喊，叫嚷；号叫：Then a crowd came down the street, *yelling*. 后来一群人挤到街心，破口大骂。—*vt.* 叫喊着说：The children began to *yell* and scream that they wanted to see the house. 孩子们开始叫喊起来，嚷嚷着要去看房子。II *n.* [C]叫喊，叫嚷；号叫：a shrill derisive *yell* 嘲笑的尖叫声

yel•low /ˈjeləu/ I *n.* ❶[U;C]黄，黄色；黄色颜料；黄色染料：be painted in vivid blues and *yellows* 用鲜艳的蓝黄两色颜料油漆 ❷[U]黄色衣服(或面料)：be dressed in *yellow* 身着黄色衣服 ❸[U]蛋黄 II *adj.* ❶黄的，黄色的：The haystacks were dull *yellow*. 干草堆呈黄褐色。❷[无比较级]皮肤带黄色的；黄色人种的：the *yellow* races 黄色人种 ❸(因病或年久等)变黄的，发黄的，泛黄的：newspapers *yellow* with age 因年代久远而泛黄的报纸 ‖ **ˈyel•low•ish** *adj.*

yellow fever *n.* [U]【医】黄热病(一种由病毒引起的热带急性传染病)

yellow pages [复] *n.* [亦作 **y- p-**](用黄色纸印刷的电话簿或其中部分按公司、厂商等类别排列并附有分类广告的)黄页电话号码簿；(电话号码簿中的)黄页部分

yelp /jelp/ I *vi.* 尖声急叫，叫喊；狺吠；嗥叫：The dog *yelped* when it was hit by stone. 那条狗被一块石子击中，痛得狺狺狂吠。II *n.* [C](因疼痛或兴奋等而发出的)尖声急叫，叫喊；狺吠；嗥叫：She let out a *yelp* of fear. 她发出害怕的尖叫。

yes /jes/ I *adv.* [无比较级] ❶[用以表示同意、肯定的回答，与 no 相对]是，是的，好的：A: Is that your book? B: *Yes*, it is. 甲：那是你的书吗？乙：是的。❷[用于应答呼唤或称呼]是，嗳，到，我在这儿，您要点什么：A: Kate! B: *Yes*? 甲：凯特！乙：什么事？❸[用升调表示疑问、好奇等]是吗，真的吗：A: Yesterday morning he ran forty miles. B: *Yes*? 甲：昨天早晨他跑了40英里。乙：真的吗？II *n.* [C]([复] **yes•es** /ˈjesiːz/) ❶是，同意，赞同：He is waiting for my *yes*. 他在等着我的同意。❷赞成票；投赞成票者：Most people voted *yeses* about the new law. 大多数人对新法律投赞成票。

yes-man /ˈjesmæn/ *n.* [C]([复]**-men** /-mən/)〈口〉唯唯诺诺的人：He'd like to be surrounded by *yes-men*. 他喜欢周围都是些俯首听命的人。

yes•ter•day /ˈjestəˌdei/ I *adv.* [无比较级] ❶在昨天，在昨日：*Yesterday* I went to the park. 昨天我去了公园。❷最近，前不久：The book was not published *yesterday*. 这本书并不是新近出版的。II *n.* ❶[U]昨天，昨日：*Yesterday* has been dismissed and pined for. 昨天已成过去，但也值得留恋。❷[常作～s]昔日，往昔，过去的日子：Cheerful *yesterdays* had gone forever. 欢乐的往昔一去不复返。

yet /jet/ I *adv.* [无比较级] ❶现在，此刻；马上，立刻：Do I have to go to bed *yet*? 我现在是不是必须去睡觉？❷[常与否定词或短语连用，或用于疑问句；常用现在完成时态](迄今)还，尚；已经：Pubs have not gone metric *yet*. 酒吧尚未采用十进位制。❸还，仍然：I advise you to think, while there is *yet* time. 我劝你考虑考虑，现在还为时不晚。❹[常与最高级连用]迄今，至此；到那时为止：This is the best way *yet*. 至此这是最好的办法。❺再，还：Read the text *yet* once more. 把课文再朗读一遍。❻[与比较级连用，用以加强语气]甚至：a *yet* more difficult task 更艰巨的任务 ❼然而，不过，尽管：He is aged *yet* energetic. 他上了年纪，但是精力充沛。❽在将来某个时候，终归，

迟早：Further research may *yet* explain the enigma. 今后的研究终将解开这个谜。**II** *conj.* 而，然而，可是：I won, *yet* what good has it done? 我赢了，然而对我有什么好处？‖ ***as yet*** *adv.* 到目前为止，迄今为止：The evidence is *as yet* inconclusive. 这个证据至此还不能令人信服。

yew /juː/ *n.* ❶[C]【植】紫杉属树木(尤指浆果紫杉)；红豆杉；水松 ❷[U](用于制家具等的)紫杉木材

yield /jiːld/ **I** *vt.* ❶出产，产，出；长出(作物等)：The land *yields* grapes and tobacco. 这片土地出产葡萄和烟草。❷产生(效果、利润等)；带来：This wellpoint should not be expected to *yield* large quantities of water. 不要指望这井眼会流出大量的水来。❸给，给予：The bedroom would *yield* me no shelter. 那间卧室不会给我遮风挡雨。❹让出；放弃：*yield* office 让位❺使屈服；使顺从；使放纵：They *yielded* themselves prisoners. 他们束手就擒。—*vi.* ❶出产；(投资等)生息：The land *yields* poorly. 这块地产量很低。❷让步；让路；让权；让位；失去领先(或优先)地位；(辩论等中)让发言权(*to*)：I would *yield to* your superior skill. 我对你的出色本领只能甘拜下风。❸屈服；投降；服从，顺从；任凭(*to*)：He *yielded to* his self-reproach and shame. 他痛责自己，羞愧难当，不能自已。**II** *n.* [U;C] ❶出产：This book will help you get more *yield* from your garden. 本书可以帮助你从菜园子里出产更多的东西。❷产量；产物：The Summit's *yield* was meager. 最高级会议收获甚微。❸收益；利润；股息(或红利)率：The wool samples 85% *yield*. 羊毛样品检验结果净毛率为85%。

☆**yield, capitulate, defer, relent, submit, succumb** 均有"让步；顺从"之意。**yield** 用于人时指屈从于外部的力量、别人的意见或请求；用于物时指承受不住重压而变柔软弯曲：We were forced to *yield*. (我们被迫作出让步。) **capitulate** 指投降，强调停止一切抵抗：He finally *capitulated* and allowed his daughter to go on holidays with her friends. (他最后勉强同意让女儿同她的朋友们一起去度假。) **defer** 常指出于对他人的尊重、敬重或爱慕而自愿让步或服从：His military service was *deferred* until he finished college. (他服兵役的日期被延缓到大学毕业以后再开始。) **relent** 指强者出于怜悯、宽大或慈悲向弱者作出让步：At first she threatened to dismiss us all, but later she *relented*. (起初她威胁要解雇我们所有的人，可后来她态度软化了。) **submit** 指经过抵抗或斗争以后完全顺从他人的意志或控制：He was losing the fight but he would not *submit*. (他在拳击中节节败退，但是他并不服输。) **succumb** 表示因自己力量弱小、孤立无援或因对方力量强大、不可抗拒而屈服或屈从，常有带来灾难性结局的含义：After an artillery bombardment lasting several days the town finally *succumbed*. (经过几天的连续炮轰，该城终于投降了。)

yield·ing /ˈjiːldiŋ/ *adj.* ❶顺从的，依从的；让步的；屈从的：He is of too *yielding* and indecisive a character. 他这个人百依百顺，优柔寡断。❷易弯曲的，易变形的：Baby toys are usually made out of *yielding* materials. 婴儿玩具通常是由易弯曲的材料制成的。❸出产的；产生收益(或效果等)的：Such efforts are very slow *yielding*, and therefore evoke little public support. 这种努力收效甚微，因此得不到公众的支持。

yo·ga /ˈjəugə/ *n.* 【宗】❶[U]瑜伽 ❷瑜伽修行法

yo·gi /ˈjəugi/, **yo·gin** /ˈjəugin/ *n.* [C]【宗】瑜伽信徒，瑜伽修行者

yo·gurt, yo·ghurt, yo·ghourt /ˈjəugət/ *n.* [U]酸乳，酸奶

yoke /jəuk/ *n.* ❶[C]轭，车轭 ❷[C]轭状物；轭架 ❸[C]轭形扁担 ❹[用单]〈喻〉枷锁；束缚；奴役；统治；管辖：throw off the *yoke* 挣脱枷锁

yolk /jəuk/ *n.* [C; U]蛋黄：I used three egg *yolks* in this pastry. 在这个蛋糕里我用了三个蛋黄。‖ ˈ**yolk·y** *adj.*

yoo-hoo /ˈjuːhuː/ *int.* [用以表示引起注意或招呼等]喂！

you /juː/ *pron.* [主格或宾格] ❶你；你们：I'll give *you* the signal when *you*'re on camera. 当你进入镜头时，我会给你信号。❷[用作不定代词表示泛指，相当于 one]你，任何人：*You* can never be too strong. 身体强壮有万利而无一弊。

young /jʌŋ/ **I** *adj.* (**young·er** /ˈjʌŋgəʳ/, **young·est** /ˈjʌŋgist/) ❶幼小的；年青的，年轻的：The *younger* generation don't like classical music. 年青一代不大喜欢古典音乐。❷年轻人似的;有朝气的,青春焕发的:He was perennially *young* in mind. 他在精神上永远年轻。**II** *n.* [总称] ❶[常作 **the ~**]年轻人,青年 ❷幼小动物,幼畜;幼禽:a mother hen and her *young* 母鸡和小鸡 ‖ **young·ish** /ˈjʌŋiʃ/ *adj.*

☆ **young**, **adolescent**, **juvenile**, **puerile**, **youthful** 均有"年轻的;青少年的"之意。**young** 为普通用词,指处于生命、生长、发育等早期或初期,往往带有年纪轻、富有活力但尚未成熟的意味:He may be 60, but he's *young* at heart. (他尽管有 60 岁了,但他人老心不老。) **adolescent** 表示处于青少年发育期,有动作不灵便、头脑尚未成熟、感情不稳定的意味:an *adolescent* outpatient clinic (青春期疾病门诊所) **juvenile** 适用于少年,常带有身体和思想不成熟、缺乏经验的意味:a *juvenile* correctional center (少年教养中心) **puerile** 指言行幼稚可笑、孩子气,现多用于成年人,有贬义:his *puerile* sense of humor (他那孩子气的幽默感) **youthful** 表示具有青年人的特征或特性,带有青春年少、朝气蓬勃、精力旺盛的意味:She's over fifty but has a *youthful* complexion. (她虽然已 50 多岁了,但面貌仍然姣好。)

young·ster /ˈjʌŋstəʳ/ *n.* [C] ❶小孩,儿童 ❷年轻人,小伙子

your /jɔːʳ, juəʳ, 弱 jəʳ/ *pron.* [you 的所有格] [作定语] ❶你的;你们的:*Your* orange sweater and purple skirt clash. 你的橘红色套衫和紫色裙子不匹配。❷[表示泛指]你的,任何人的:The sight is enough to break *your* heart. 那场面谁见了都会伤心。

you're /juəʳ, jɔːʳ, 弱 jəʳ/ =you are

yours /jɔːz, juəz/ *pron.* [you 的物主代词绝对形式]你(们)的(所有物),属于你(们)的东西;你(们)的亲属(或有关的人):Everything I have is *yours*; take what you will. 我的一切都是你的,要啥就拿啥。

your·self /jɔːˈself, juə-, 弱 jə-/ *pron.* ([复]-**selves** /-ˈselvz/) ❶[反身代词]你自己:Stop it! Are you going to make an ass of *yourself*? 停下!你想出洋相吗? ❷[用以加强语气]你本人,你亲自:You said so *yourself*. 你亲口这么说的。

yours truly *n.* [用于信末署名前,作客套语]你的忠实的

youth /juːθ/ *n.* ([复] **youths** /juːðz, juːθs/) ❶[U]年轻,青春;青春的活力(或热情):*Youthful* fantasies can often outlive *youth* itself. 青年人的种种幻想往往不会随着青春的逝去而消失。❷[U]初期,早期:the *youth* of the world 世界的初期 ❸[U]青(少)年时代,青年时期:The scene awakened reminiscences of my *youth*. 这个场景唤起我对青年时代的回忆。❹[U][总称](男女)青年们:*Youth* recognizes age by fits and starts. 年轻人经常觉察到人的衰老。❺[C](尤指)男青年,小伙子:He was attacked by a gang of *youths*. 他遭到了一伙年轻人的攻击。

youth·ful /ˈjuːθfᵊl/ *adj.* ❶年轻的,青年的(见 young):He lived happily in his *youthful* days. 他在青年时期生活得很幸福。❷富于青春活力的,朝气蓬勃的:They all hope his *youthful* image will help rejuvenate the party. 人们都希望他那富有朝气的形象将有助于使该党重新焕发活力。‖ ˈ**youth·ful·ly** *adv.* —ˈ**youth·ful·ness** *n.* [U]

youth hostel *n.* =hostel

yowl /jaul/ **I** *vi.* 惨叫,哀号;号叫:I was woken up by cats *yowling* outside my window. 我被窗外猫的号叫声吵醒了。**II** *n.* [C]惨叫,哀号;号叫

yo-yo /ˈjəujəu/ *n.* ([复]-**yos**) ❶[C]游游拉线盘(一种玩具) ❷[C]忽上忽下起落不定的事物

yr. *abbr.* ❶ year(s) ❷ your

yt·tri·um /ˈitriəm/ *n.* [U]【化】钇(符号 **Y**)

yuck /jʌk/ *int.* 〈俚〉[表示强烈的讨厌、反感等]呸,啐:Oh *yuck*! Get the horrible thing out of here! 呸!快把这可怕的东西弄出去!

yum·my /ˈjʌmi/ *adj.* 〈口〉美味的,可口的:Who made this *yummy* cake? 这么好吃的蛋糕是谁做的?

yup·py, yup·pie /ˈjʌpi/ *n.* [C]雅皮士

Z

Z z

Z, z /ziː;zed/ *n.* ([复] **Z's, z's** 或 **Zs, zs** /ziːz;zedz/) ❶[C]英语字母表中第二十六个字母 ❷[C]字母 Z,z 所表示的读音

za·ny /ˈzeini/ *adj.* 小丑般的;滑稽可笑的;稀奇古怪的:gift for creating *zany* images 在塑造滑稽可笑的人物形象方面的天赋 ‖ **ˈza·ni·ness** *n.* [U]

zap /zæp/ 〈俚〉(**zapped; zap·ping**) *vt.* ❶压倒;制服;毁坏:The visiting team *zapped* us 10 to 8. 客队以 10 比 8 的比分击败了我们。❷(用电流、激光、枪械等)杀死,干掉,除掉:I was afraid that one of those of thugs would *zap* me. 我真担心那帮歹徒中哪个家伙会要了我的命。❸(在录音机上使用快进设备)跳过(一段带子);(在电视机上快速更换频道)跳过(广告节目) —*vi.* 快速移动:They *zapped* on toward the enemy. 他们快速向敌人挺进。

zeal /ziːl/ *n.* [U]热情,热忱;热心:*zeal* for revolution 革命热情

zeal·ous /ˈzeləs/ *adj.* 热心的;充满热情的;狂热的:He was a *zealous* man, however. Really he was. 不管怎么说,他是个热心肠的人。这一点不假。‖ **ˈzeal·ous·ly** *adv.*

zeb·ra /ˈzebrə,ˈziː-/ *n.* [C]([复]**-ra(s)**) ❶【动】斑马 ❷〈俚〉橄榄球赛裁判员(或巡边员)

Zen /zen/ *n.* [U] ❶【宗】禅宗 ❷禅定(指安静而止息杂虑,佛教的修行方法)

zen·ith /ˈzeniθ,ˈziː-/ *n.* [用单] ❶【天】天顶:The sun reached its *zenith*. 太阳升到了顶点。❷(权力、事业、繁荣等的)最高点,顶点,顶峰;辉煌期,极盛时期:It seems that the wool market has come to its *zenith*. Any change will be a downturn. 羊毛市场似乎已达到顶峰,再有变化只会是下降。

ze·ro /ˈziərəu,ˈziː-/ *n.* ([复]**-ros**) ❶[C;U]零,0,零数:The number one thousand has a one and three *zeros*. 1 000这个数有 1 个 1 和 3 个 0。❷[U](刻度表上的)零点,零位;(坐标的)起点;(气温的)零度:The temperature reached below *zero* today. 今天气温达到零度以下。❸[U]没有,全无:The risks were lost to *zero*. 几乎没有什么危险。‖ ***zero in on*** *vt.* ❶瞄准;针对:His opponent in the boxing has *zeroed in on* his weakness. 他的拳击对手瞅准了他的弱点。❷把精力集中于;注意,重视:They *zeroed in on* their target. 他们把注意力集中在目标上。❸聚集于:The squadron of planes *zeroed in on* the aircraft carrier. 飞行中队聚集于航空母舰之上。

zest /zest/ *n.* [U]兴趣,兴味,兴致,热情:He had a *zest* for knowledge and for the distribution of knowledge. 他有强烈的追求知识、传播知识的欲望。‖ **ˈzest·ful** /-fᵊl/ *adj.* —**ˈzest·y** *adj.*

zig·zag /ˈzigˌzæg/ **I** *n.* [C] ❶曲折线条;之字形道路(或壕沟);锯齿形凸出物(或图案):The mountainous areas are full of *zigzags*. 山区尽是曲曲折折的羊肠小道。❷[常用复]曲折,拐弯 **II** *adj.* Z 字形的,之字形的,锯齿形的;弯曲的,曲折的:a *zigzag* coastline 锯齿状的海岸线 **III** (**-zagged; -zag·ging**) *vi.* 呈之字形行进;曲折前进:The little child *zigzagged* along the road. 这个小孩子左拐右拐地在路上走过。—*vt.* 使曲折前进,使呈之字形行进:*zigzag* ships so as to avoid torpedoes 让船曲折前进以避让鱼雷

zilch /ziltʃ/ *n.* [U]〈俚〉没有,无;零;一无所有:There's absolutely *zilch* to do today. 今天丝毫无事可做。

zil·lion /ˈziljən/ *n.* [C]〈口〉无限大的数目:It does lots of *zillion* things to keep my body going. 它对我的生长有无穷的好处。

Zim·ba·bwe·an /zimˈbɑːbweiən/ **I** *adj.* 津巴

Z

布韦的 **II** *n.* 津巴布韦(非洲东南部国家)

zinc /ziŋk/ *n.* [U]【化】锌(符号 **Zn**)

zip/zip/ (zipped;zip·ping) **I** *vt.* 用拉链拉开(或扣上):*zip* one's mouth 闭嘴—*vi.* 使用拉链;拉开(或扣上)拉链(*up*):*zip up* the dress 拉上裙子的拉链〔亦作 **zipper**〕 **II** *n.* [C](主英)拉链

Zip code, zip code *n.* [U]邮政编码制度

zip·per /ˈzipəʳ/ **I** *n.* [C] ❶拉链 ❷使用拉链的人;装上拉链的物件 **II** *vt.* & *vi.* =zip

zit /zit/ *n.* [C]〈俚〉小脓疱,丘疹

zith·er /ˈziðəʳ/ *n.* [C]【音】齐特琴

zo·di·ac /ˈzəudiˌæk/ *n.* [C]一周,圆周;周期;罗盘 ‖ **zo·di·a·cal** /zəˈdaiəkᵊl/ *adj.*

zom·bie /ˈzɔmbi/ *n.* [C] ❶使尸体起死回生的魔力;还魂尸 ❷〈口〉木讷呆板的人;古怪的人:Molly's getting to look like a *zombie.* Is she well? 莫莉变得越来越怪了,该不会有什么毛病吧?

zone /zəun/ **I** *n.* [C] ❶区,地区;区域;范围;界:a danger *zone* 危险地区 ❷带,地带;(动植物)分布带;(地球)气候带:*a plant zone* 植物带 ❸邮区;时区;(铁路等的)区段 **II** *vt.* 将…分区;把…划成地带;指定…为区:This area has been *zoned* for tourist and leisure use. 这块地区已被划出,专供人游览和休闲。‖ ˈ**zon·al** *adj.* —**zoned** *adj.*

zoo /zuː/ *n.* [C] ❶动物园 ❷乱糟糟的地方:This place is a *zoo* on Monday mornings. 每到星期一早上,这地方总是乱糟糟的。

zo·ol·o·gy /ˌzəuˈɔlədʒi, ˌzuː-/ *n.* [U]动物学 ‖ **zoo·log·i·cal** /ˌzəuəˈlɔdʒikᵊl/ *adj.* —**zoˈol·o·gist** *n.* [C]

zoom /zuːm/ *vi.* ❶嗡嗡地疾行:The fly *zoomed* over my head. 苍蝇在我头上嗡嗡飞行。❷快行,猛冲:In the last few metres of the race, he suddenly *zoomed* ahead. 在赛跑的最后几米,他突然冲到了前面。❸〈口〉(价格、开支等)急剧上升,激增:Unemployment *zooms.* 失业人数激增。‖ ***zoom in*** (***on***) *vt.* (摄影机)拉近,推进;拉开,拉远:The camera *zoomed in on* the child's face. 摄影机向小孩的脸部推进。

zoom lens [复] *n.*【摄】可变焦距镜头(或透镜)

zuc·chi·ni /zuːˈkiːni/ *n.* [C]([复]**-ni(s)**)【植】密生西葫芦

附 录

一 英语常用不规则动词表

不定式	过去式	过去分词
abide	abided, abode	abided, abode
arise	arose	arisen
awake	awoke, awaked	awoken, awaked
be	was/were	been
bear	bore	borne, born
beat	beat	beaten
become	became	become
begin	began	begun
bend	bent	bent
bet	bet, betted	bet, betted
bid	bade, bid	bidden, bid
bind	bound	bound
bite	bit	bitten, bit
bleed	bled	bled
blend	blended, blent	blended, blent
bless	blessed, blest	blessed, blest
blow	blew	blown
break	broke	broken
breed	bred	bred
bring	brought	brought
broadcast	broadcast(ed)	broadcast(ed)
build	built	built
burn	burnt, burned	burnt, burned
burst	burst	burst
buy	bought	bought
cast	cast	cast
catch	caught	caught
choose	chose	chosen
cling	clung	clung
clothe	clothed, clad	clothed, clad
come	came	come
cost	cost	cost

Z

不定式	过去式	过去分词
creep	crept	crept
crow	crowed,crew	crowed
cut	cut	cut
deal	dealt	dealt
dig	dug	dug
do	did	done
draw	drew	drawn
dream	dreamed,dreamt	dreamed,dreamt
drink	drank	drunk
drive	drove	driven
dwell	dwelt	dwelt
eat	ate	eaten
fall	fell	fallen
feed	fed	fed
feel	felt	felt
fight	fought	fought
find	found	found
flee	fled	fled
fling	flung	flung
fly	flew	flown
forbid	forbade	forbidden
forecast	forecast(ed)	forecast(ed)
foresee	foresaw	foreseen
foretell	foretold	foretold
forget	forgot	forgot,forgotten
forgive	forgave	forgiven
freeze	froze	frozen
gainsay	gainsaid	gainsaid
get	got	got,gotten
give	gave	given
go	went	gone
grind	ground	ground
grow	grew	grown
hang	hung,hanged	hung,hanged
have,has	had	had
hear	heard	heard
hide	hid	hidden,hid
hit	hit	hit

不定式	过去式	过去分词
hold	held	held
hurt	hurt	hurt
keep	kept	kept
kneel	knelt, kneeled	knelt, kneeled
knit	knitted, knit	knitted, knit
know	knew	known
lay	laid	laid
lead	led	led
lean	leaned, leant	leaned, leant
leap	leapt, leaped	leapt, leaped
learn	learnt, learned	learnt, learned
leave	left	left
lend	lent	lent
let	let	let
lie	lay	lain
light	lit, lighted	lit, lighted
lose	lost	lost
make	made	made
mean	meant	meant
meet	met	met
melt	melted	melted, molten
mistake	mistook	mistaken
overcome	overcame	overcome
overgrow	overgrew	overgrown
overhear	overheard	overheard
overthrow	overthrew	overthrown
pay	paid	paid
prove	proved	proved, proven
put	put	put
quit	quitted, quit	quitted, quit
read	read	read
rebuild	rebuilt	rebuilt
recast	recast	recast
rend	rent	rent
repay	repaid	repaid
retell	retold	retold
rid	rid, ridded	rid, ridded
ride	rode	ridden

Z

不定式	过去式	过去分词
ring	rang	rung
rise	rose	risen
run	ran	run
saw	sawed	sawn, sawed
say	said	said
see	saw	seen
seek	sought	sought
sell	sold	sold
send	sent	sent
set	set	set
sew	sewed	sewn, sewed
shake	shook	shaken
shave	shaved	shaved, shaven
shed	shed	shed
shine	shone, shined	shone, shined
shoe	shod, shoed	shod, shoed
shoot	shot	shot
show	showed	shown, showed
shrink	shrank, shrunk	shrunk, shrunken
shut	shut	shut
sing	sang	sung
sink	sank	sunk, sunken
sit	sat	sat
sleep	slept	slept
slide	slid	slid, slidden
smell	smelt, smelled	smelt, smelled
sow	sowed	sown, sowed
speak	spoke	spoken
speed	sped, speeded	sped, speeded
spell	spelt, spelled	spelt, spelled
spend	spent	spent
spill	spilt, spilled	spilt, spilled
spin	spun	spun
spit	spat, spit	spat, spit
split	split	split
spoil	spoilt, spoiled	spoilt, spoiled
spread	spread	spread
spring	sprang	sprung

不定式	过去式	过去分词
stand	stood	stood
steal	stole	stolen
stick	stuck	stuck
sting	stung	stung
strike	struck	struck, stricken
string	strung	strung
strive	strove, strived	striven, strived
swear	swore	sworn
sweat	sweat, sweated	sweat, sweated
sweep	swept	swept
swim	swam	swum
swing	swung	swung
take	took	taken
teach	taught	taught
tear	tore	torn
tell	told	told
think	thought	thought
throw	threw	thrown
thrust	thrust	thrust
understand	understood	understood
uphold	upheld	upheld
uprise	uprose	uprisen
upset	upset	upset
wake	waked, woke	waked, woken, woke
wear	wore	worn
weave	wove, weaved	woven, weaved
weep	wept	wept
wet	wetted, wet	wetted, wet
win	won	won
wind	winded, wound	winded, wound
withdraw	withdrew	withdrawn
work	worked, wrought	worked, wrought
write	wrote	written

Z

二 英语度量衡单位对照表

1. 公 制

类别	英文名称	符号	中文名称	对主单位的比	折合市制
长度	kilometre	km	千米(公里)	1 000 米	2 市里
	metre	m	米	主单位	3 市尺
	decimetre	dm	分米	1/10 米	3 市寸
	centimetre	cm	厘米	1/100 米	3 市分
	millimetre	mm	毫米	1/1 000 米	3 市厘
	micron	μm	微米	1/1 000 000 米	
	nanometre	nm	纳米	1/1 000 000 000 米	
重量(或质量)	metric ton	t	吨	1 000 千克	
	kilogram(me)	kg	千克(公斤)	主单位	2 市斤
	gram(me)	g	克	1/1 000 千克	2 市分
	decigram(me)	dg	分克	1/10 000 千克	2 市厘
	centigram(me)	cg	厘克	1/100 000 千克	2 市毫
	milligram(me)	mg	毫克	1/1 000 000 千克	
容积	litre	L,l	升	主单位	1 市升
	decilitre	dL,dl	分升	1/10 升	1 市合
	centilitre	cL,cl	厘升	1/100 升	1 市勺
	millilitre	mL,ml	毫升	1/1 000 升	1 市撮
面积	square kilometre	km^2	平方千米(平方公里)	1 000 000 平方米	4 平方市里
	hectare	ha	公顷	10 000 平方米	15 市亩
	square metre	m^2	平方米	主单位	9 平方市尺
	square decimetre	dm^2	平方分米	1/100 平方米	9 平方市寸
	square centimetre	cm^2	平方厘米	1/10 000 平方米	9 平方市分
	square millimetre	mm^2	平方毫米	1/1 000 000 平方米	9 平方市厘

2. 英美制

(1) 度量表

类别	名　　称	缩写	汉译	换　　算	折合公制
长度	league		里格	3 miles	4.828 千米
	(statute) mile	m,mi	英里	8 furlongs	1.609 千米
	furlong	fur	浪	4 rods	201.17 米
	pole,rod	rd	杆	5½ yards	5.029 米
	yard	yd	码	3 feet	0.914 米
	foot	ft (或 ′)	英尺	12 inches	30.48 厘米
	inch	in (或 ″)	英寸		2.54 厘米
水程长度	nautical mile		海里	10 cable's lengths	1.852 千米
	cable's length		链	[英] 100 fathoms [美] 720 feet	[英] 185.2 米 [美] 219 米
	fathom	f,fm	英寻,拓	6 feet	1.829 米
	foot	ft	英尺		0.305 米
面积	square mile	mi^2	平方英里	640 acres	2.59 平方千米
	acre	a	英亩	4 840 sq yd	40.469 公亩
	square rod	rd^2	平方杆	30.25 sq yd	25.293 平方米
	square yard	yd^2	平方码	9 sq ft	0.836 平方米
	square foot	ft^2	平方英尺	144 sq in	929 平方厘米
	square inch	in^2	平方英寸		6.452 平方厘米
干量	bushel	bu	蒲式耳	4 pecks	36.367 升
	peck	pk	配克	8 quarts	9.092 升
	quart	qt	夸脱	2 pints	[英] 1.136 升 [美] 1.101 升
	pint	pt	品脱,量磅		[英] 0.568 升 [美] 0.5506 升
液量	gallon	gal	加仑	4 quarts	4.546 升
	quart	qt	夸脱	2 pints	[英] 1.136 升 [美] 0.946 升
	pint	pt	品脱,量磅	4 gills	[英] 0.568 升 [美] 0.473 升
	gill	gi	及耳		0.142 升

(2) 衡制表

类别	名称	缩写	汉译	换算	折合公制
常衡	ton	tn,t	吨	20 hundredweights	
	long ton［英］	lt	长吨	2 240 pounds	1 016.05 千克
	short ton［美］	st	短吨	2 000 pounds	907.18 千克
	hundredweight	cwt	英担	［英］112 pounds ［美］100 pounds	［英］50.80 千克 ［美］45.36 千克
	stone	st	英石	14 pounds	6.35 千克
	pound	lb	磅	16 ounces	0.454 千克
	ounce	oz	盎司	16 drams	28.35 克
	dra(ch)m	dr	打兰		1.772 克
金衡	pound	lb t	磅	12 ounces	373.24 克
	ounce	oz t	盎司	20 pennyweights	31.103 克
	pennyweight	dwt	本尼威特	24 grains	1.555 克
	carat	car	开	3 086 grains	0.2 克
	grain	gr	格令		0.0648 克
药衡	pound	lb ap	磅	12 ounces	373.24 克
	ounce	oz ap	盎司	8 drams	31.103 克
	dra(ch)m	dr ap	打兰,英钱	3 scruples	3.888 克
	scruple	scr ap	英分	20 grains	1.296 克
	grain	gr	格令		50 毫克

新版国际音标发音表

	发 音	例 词
单元音	[iː]	tea three piece receive
	[ɪ]	six picture decide
	[e]	any lesson head bread
	[æ]	hand happy
	[ʌ]	bus come blood trouble
	[ɜː]	girl turn work learn
	[ə]	China today teacher doctor dollar
	[uː]	do food room blue
	[ʊ]	put look foot should
	[ɔː]	small autumn short warm four
	[ɒ]	hot watch
	[ɑː]	car garden class plant
双元音	[eɪ]	name play great rain they
	[aɪ]	bike night my
	[ɔɪ]	boy soil voice
	[əʊ]	go know boat
	[aʊ]	house flower
	[ɪə]	beer near here fierce idea
	[eə]	bear chair there care
	[ʊə]	tour poor sure
半元音	[w]	when window
	[j]	your yellow
舌侧音	[l]	long world